KB115600

현대 한국어로 보는

한불자전

지은이

파리외방전교회

펠릭스 클레르 리델

옮긴이

이은령(李恩姈, Eunryoung Lee) 부산대학교 인문학연구소 HK부교수. EHESS 언어학박사

김영주(金英珠, Youngju Kim) 부산대학교 불어불문학과 강사. Paris 8대학 문학박사

윤애선(尹愛善, Aesun Yoon) 부산대학교 불어불문학과 교수. Paris 4대학 언어학박사

부산대학교 인문학연구소 지능형 개화기 한국어사전 연구 총서 01

현대 한국어로 보는 한불자전

초판인쇄 2014년 10월 1일 **초판발행** 2014년 10월 15일

지은이 파리외방전교회 · 펠릭스 클레르 리델 **옮긴이** 이은령 · 김영주 · 윤애선

펴낸이 박성모 **펴낸곳** 소명출판 **출판등록** 제13-522호

주소 서울시 서초구 서초중앙로6길 15(란빌딩 1층)

전화 02-585-7840 **팩스** 02-585-7848 **전자우편** somyong@korea.com **홈페이지** www.somyong.co.kr

값 80,000원

ISBN 978-89-5626-881-1 91710
ISBN 978-89-5626-880-4 (세트)

이 책은 2007년 정부(교육과학기술부)의 재원으로 한국연구재단의 지원을 받아 수행된 연구임 (NRF-2007-361-AM0059).

부 산 대 학 교 인 문 학 연 구 소
지능형 개화기 한국어사전 연구 총서 01

현대 한국어로 보는 **한불자전**

Korean-French Dictionary(1880)
Translated into Contemporary Korean

파리외방전교회 · 펠릭스 클레르 리델 지음
이은령 · 김영주 · 윤애선 옮김

소명출판

발간사

■ 이 책이 출간되기까지 참으로 많은 사람이 오랜 기간 함께 했습니다.

처음 『한불ᄌᆞ뎐』 영인본을 접한 것은 7년 전입니다. 20여 년을 언어학, 프랑스어, 사전 분야의 연구자로 자처했지만, 1880년에 인쇄되었다는 이 영인본을 당시 처음 접했고 솔직히 놀라지 않을 수 없었습니다. 얼핏 보기에도 600쪽이 넘는 분량에 2만 개가 훌쩍 넘는 표제어가 들어 있고 아주 정형화된 형식을 갖추고 있었습니다. 하지만, 이 사전의 대표 집필자가 '파리외방전교회(Les Missions Etrangères de Paris)' 소속 프랑스 선교사인 리델(F. C. Ridel) 신부라는 사실에, 계몽주의 시대 이후로 사전 편찬에 강한 전통을 가진 프랑스적인 방법론과 경험이 이전되었고, 이 사전의 체제와 분량이 그리 놀라운 것이 아닐 것이라는 생각이 들었습니다. 역사적으로 이개어 사전(bilingual dictionary)을 필요로 하는 사람들은 늘 해당 언어를 배우는 외국인이었으니 이들이 사전을 편찬하는 게 특별한 일은 아니었기 때문입니다. 특히 16세기 말부터 기독교 선교사는 포교라는 '절대절명'의 목적을 갖고 사명감으로 무장하고 외국에 들어갔고, 포교 단계에서 해당 언어로 된 사전이나 문법서를 만드는 게 이전 3세기에 걸쳐 제국시대에 세계 도처에서 일어났던 현상이었기 때문입니다. 『한불ᄌᆞ뎐』에서는 한국어가 대상이 된 것이고, 프랑스의 사전 편찬 지식이 추가되었다고 단순하게 평가를 했습니다. 제국주의에 대해 우리가 공통으로 가진 부정적인 기억이 저의 첫 평가의 바닥에 자리잡았음을 부정할 수 없습니다.

그러나 편찬 목적 등과 관련된 외적인 환경에서 시선을 거두자, 바로 연구자로서의 호기심이 발동되었습니다. 『한불ᄌᆞ뎐』에는 어떤 내용이 들어있을까? 19세기 한국어, 좀 더 정확히 한국어 어휘의 모습은 어떠한가? 다른 언어권의 선교사들도 이런 사전을 펴냈을까? 『한불ᄌᆞ뎐』은 한국어 사전사에 어떤 영향을 주었을까? 이를 편찬한 파리외방전교회와 리델 주교 등은 누구이며, 어떤 과정을 거쳤을까?

높고 빽빽한 가시덤불을 헤쳐 나가는 느낌이었습니다.

우선, 『한불ᄌᆞ뎐』의 표제어 자모 배열은 현재 우리에게 익숙한 방식이 아닙니다. 한글 자모의 음가를 알파벳으로 바꾸고, 알파벳의 순서대로 한글 자모를 재배치한 것이지요. 자음은 'ㅎ, ㄱ, ㅋ, ㅁ, ㄴ, ㅇ, ㅂ, ㅍ, ㄹ, ㅅ, ㄷ, ㅌ, ㅈ, ㅊ' 순으로, 모음은 '아, 야, ᄋᆞ, 어, 여, 으, 이, 오, 요, 우, 유' 순으로 되어 있어, 원하는 단어를 찾으려면 수없이 사전의 앞뒤를 뒤적여야 했습니다. 적어도 저는 종이 사전을 손으로 찾는 데 아주 익숙한 세대인데도 불구하고 말입니다. 물론 이 가시덤불의 높이에는 제 무지함도 보태져 있었습니다. 19세기 한국어 어휘를 잘 알지 못했고, 당시 합의된 한글 표기법이 없었기 때문에, 제가 찾기를 원하는 단어가 사전에 등재된 것인지를 알아내는 것조차 끈질긴 인내심을 요하는 일이었습니다. 그래서인지 국어학계의 극소수 연구자만이 이 사전에 등재된 어휘를 연구 대상으로 삼았을 따름이었습니다.

그럼 한국어 사전사에서 『한불ᄌᆞ뎐』은 어떤 위상을 갖고 있을까? 별로 중요한 자료가 아니라면, 프랑스 신부들에 의해 사전이 만들어졌다는 역사적 기록만 있는 것만으로 충분하지는 않을까? 『한불ᄌᆞ뎐』 이전에 만들어진 대역사전으로는 영국인 선교사 메드허스트(W. H. Medhurst)의 『*Translation of a Comparative Vocabulary of the Chinese, Corean and Japanese Languages*』(1835), 프랑스 페롱(S. Féron) 신부의 『*Dictionnaire Français-Coréen*』(1869), 러시아 지방관리인 푸칠로(Пуцилло)의 『露韓辭典』(1874)이 있었으나, 두세 언어 간 등가어를 배열한 단어장 내지 대역 단어장에 예문을 약간 더한 정도의 수준이었고, 수록된 표제어 수는 3~4천 개에서 1만 개 정도에 불과했다고 하며, 오류를 많이 포함하고 있었습니다. 최초의 한국어 단일어 사전으로 평가받으나 완성되지 못한 『말모이』도 같은 형편이었습니다.[1] 한국어 사전사에서 높이 평가받는 미국 선교사 언더우드(H. Underwood)의 『*Korean-English Dictionary*』(1890), 캐나다 선교사 게일(J. S. Gale)의 『한영ᄌᆞ뎐 *A Korean-English Dictionary*』 1판(1897)의 모델이 된 것이 바로 『한불ᄌᆞ뎐』이었다는 사실을 언더우드와 게일 등이 스스로도 밝힌 바 있습니다.

또한 리델 등은 『한불ᄌᆞ뎐』과 함께 한국어 문법책인 『*Grammaire coréenne*』의 집필을 오랫동안 준비했고, 1881년 일본 요코하마의 같은 인쇄소에서 출간했습니다. 한국어를 배우기 위해 '문법 규칙'과 '어휘집'이라는 상호보완적인 저작물이 1860년대부터 체계적으로 계획되고 실제 출판까지 된 것입니다. 리델 스스로도 파리외방전교회에 보낸 서신에서 밝

1 『말모이』는 주시경, 김두봉, 권덕규, 이규영 등을 중심으로 조선광문회가 1911년부터 편찬을 시작했으나 완성하지 못했다.

힌 바에 따르면, "중국에 있는 프로테스탄트 선교사들은 리델 신부에게 두 출판물(『한불ᄌᆞ뎐』과 『Grammaire coréenne』)을 영어로 번역하게 해주면 인쇄비 일체를 부담하겠으며, 조선 교회를 위해서 그의 작업에 대해 후한 사례를 하겠다고 제안했으며, 독일인들은 한층 더 유혹적인 제안을 해왔다"[2]라고 합니다. 한국어를 대상으로 한 최초의 체계적인 이개어 사전이라는 수식어를 받기에 충분한데도 불구하고, 아주 이상하게도 『한불ᄌᆞ뎐』에 대한 국어학계의 평가는 그리 온당해 보이지 않았습니다.

국어학계에는 다른 종류의 가시덤불을 마주하고 있었습니다. 프랑스어학자에게 19세기 한국어가 장벽이듯 국어학자에게는 바로 프랑스어가 큰 장벽이었습니다. 『한불ᄌᆞ뎐』을 이해하는 데 매우 중요한 언어인 프랑스어의 해독력이 낮았으며, 20세기 후반에 들어서면서 국어학계의 프랑스어 해독력은 전무한 상태로 떨어집니다. 영어, 일본어, 중국어를 제외한 다른 외국어 해독력도 비슷한 처지입니다. 알지 못하는 언어로 기술된 자료를 연구대상으로 삼을 수는 없는 일이니 어쩌면 당연한 현상입니다.

고심은 더 깊어졌습니다.

이 가시덤불을 어떻게 없애야 하나? 방법을 모르지는 않지만 산더미 같은 일을 해야 한다는 점을 잘 아는 터라, 이기적인 생각도 들었습니다.

---

2 Ridel, F, 유소연 역, 『나의 서울 감옥생활 1878－프랑스 선교사 리델의 19세기 조선 체험기』, 살림, 2008, 45면(*Ma captivité dans les prisons de Séoul, Avec une biographie de l'auteur par Adrien Launay* (아드리엥 로네이가 쓴 저자 생애 첨부), Brouwer, 1901).

그 힘든 일을 꼭 우리가 해야 하나? 주저하는 마음을 채찍질한 것은 비교적 좋은 여건이 갖춰졌기 때문입니다. 한국 연구재단의 '인문한국(Humanity Korea)' 연구를 함께 수행하는 여러 전공의 연구자가 한자리에 모여 힘을 합칠 수 있었고, 장기간의 연구 계획을 설계할 수 있었습니다.

검색의 어려움을 덜기 위해 『한불ᄌᆞ뎐』을 지식베이스(knowledge base)로 만들기로 했습니다. 또한 이에 영향을 받고 한국 사전사에서 중요성을 인정받은 게일의 『한영ᄌᆞ뎐』 2판(1911)도 지식베이스화하기로 했습니다. 다행히 지식베이스를 개발하는 게 제 전공이라서 설계는 순조로웠으나, 입력하는 데는 다양한 전공의 많은 전문가가 함께 했습니다. 두 사전의 지식베이스를 함께 개발한 부산대학교 언어학과의 김인택 선생님, 인문학연구소의 서민정 선생님이 19세기 한국어와 한자어 해독을 담당해 주셨고, 인문학연구소의 이은령 선생님이 프랑스어 입력을 지휘해 주셨습니다. 두 사전이 인쇄본이이기는 하지만, 뭉개진 한자가 꽤 많았으며, 유니코드 전문가를 동원했지만 옛 한자와 옛 한글의 코드 지원이 안 되어 많은 애를 먹었습니다. 마지막 교열 과정에서는 점필재 연구소의 신상필 선생님의 조언을 얻어 뭉개진 한자의 형태를 바로잡고 없는 글자는 그림으로 만들어 넣었습니다. 2008년 6월에 입력을 시작하여 3번의 교정 끝에 2009년 4월에는 '웹으로 보는 한불자뎐 1880 v. 2.0', 2009년 9월에 '웹으로 보는 한영자뎐 1911 v. 1.0'이 구현되었고, 모든 연구자가 사용할 수 있도록 웹(http://corpus.fr.pusan.ac.kr/dicSearch/Default.aspx)에 공개했습니다. 이 결과에는 뿌듯했지만, 우리는 지쳐 있었습니다.

하지만 프랑스어는 여전히 장벽으로 남아 있었습니다. 큰 숨을 몇 번이나 들이쉬었습니다. 프랑스어로 된 정의문이나 설명문을 한국어로 해석하는 것은 지식베이스를 만드는 것과는 다른 성격의 일이었습니다. 요즘 한국에서 연구자에게 사전을 만든다는 것은 거의 논문 연구를 포기하는 것과 마찬가지입니다. 사전은 연구 업적이 안 된다는 현실적인 면을 고려하지 않을 수 없으니까요. 하지만, 인문학연구소의 김영주 선생님이 번역에 참여해 주어 천군만마를 얻었습니다. 2011년 7월부터 약 2만 7천 개 표제어의 정의문과 설명문을 번역하기 시작했습니다. 번역 경험이 있는 누구나 잘 알듯이, 굴러 떨어지는 돌을 하염없이 굴려 올리는 시지프와 같은 일의 연속이었습니다. 어느 선에서 끝을 낸다고 결정해야 비로소 끝이 나는 일이었습니다. 2013년 5월에 번역을 끝내기로 했습니다.

이 모든 결과를 웹에 올려 누구나 접근할 수 있도록 만들면 되리라고 했으나, 많은 관련 연구자들이 종이로 된 사전을 출판해 달라는 요청을 해왔습니다. 잘 만들어진 지식베이스가 있으니 출판은 비교적 쉬우리라고 판단했지만, 여전히 코드 문제가 발목을 잡았습니다. 지식베이스를 만들 때부터 정보통신산업진흥원 공개SW역량프라자의 수석컨설턴트인 정휘웅 선생님이 지속적으로 코드 문제를 해결해 주었습니다. 2013년 5월~2013년 10월간 결국 3번의 교정을 거쳐 이 『현대 한국어로 보는 한불자전』이 출간될 수 있었습니다.

▪ 우리의 일도 뒤돌아보니 6년이란 세월이 흘렀습니다.

물론 이 일에만 전력을 다한 것은 아니지만, 컴퓨터로 무장하고 연구를 업으로 삼는 우리가 걸린 시간입니다. 힘들 때마다 『한불ᄌᆞ뎐』의 집필진을 생각했습니다. 19세기 중반 『한불ᄌᆞ뎐』을 집필하고 출간했던 당시 여건은 정말 처절하고 열악했습니다. 조선에 들어와 포교 활동을 한 다블뤼(M. N. A. Daveluy) 신부가 사전과 문법책을 집필하고 있었다고 하나 병인박해(1866) 때 다블뤼 신부의 순교와 함께 모두 소실되었다고 합니다. 1861년에 조선에 처음 입국하여 활발한 목회 활동을 하다가 병인박해를 피해 만주에 머무르고 있었던 리델 신부 등이 조선 입국을 기다리면서 1867년 1월과 2월에 문법책 초본을 먼저 만들고, 같은 해 3월까지 『한불ᄌᆞ뎐』에 등재할 약 7천 개의 표제어를 정리했다고 합니다.[3] 조선에서 남의 눈을 피하며 늘 도망 다니고, 만주로 피신해서도 집필을 계속 했고, 심지어는 중국에서 한글 목활자도 직접 만들었습니다. 병이 들어 쇠약해진 모습이지만, 『한불ᄌᆞ뎐』과 『*Grammaire coréenne*』의 육필본 원고를 코스트(E. J. G. Coste) 신부에게 넘겨주면서 인쇄를 부탁했고, 코스트 신부는 일본의 요코하마에서 인쇄하게 됩니다. 이 세월이 15년 남짓입니다.

무슨 일이든 첫 번째가 된다는 것은 예기치 않은 많은 어려움을 극복했다는 것을 함의합니다. 세종대왕이 창제한 한글이 경탄을 금할 수 없는 우수한 문자지만, 사회언어학적 관점에서 보면 19세기 당시 한글 사용은 특정 계층에 국한되고 대부분 구어의 음을 받아 적는 데 그쳤지요. 편지, 소설 등이 그 예입니다. 따라서 철자법이 정해져 있는 게 아니었습니다. 문법은 더한 상황이었습니다. 『한불ᄌᆞ뎐』과 『*Grammaire coréenne*』은 처음으로 기준을 정해 한국어를 기술했고, 뒤이어 출간된 한국어 사전과 문법서의

3 조현범, 「제4부 제1장 : 조불조약과 선교의 자유」, 『한국천주교회사』 제4권, 한국교회사연구소, 2011, 17~72면.

전범으로 자리한 것은 분명합니다. 물론 리델 신부 등이 언어학자가 아니었고, 따라서 자신이 알고 있는 라틴어와 프랑스어를 기준으로 한국어를 재단하려고 했던 점 등과 같은 단점은 비판받아야 하겠지요. 그렇지만 지금까지 한국어 사전사 및 문법사에서 폄하되거나 왜곡되었던 점은 반성해야 하며, 1차 자료에 근거한 정당한 평가가 필요합니다. 미흡한 점이 아직도 많지만 '웹으로 보는 한불자뎐 1880 v. 2.0'과 『현대 한국어로 보는 한불자전』으로 『한불ᄌᆞ뎐』을 둘러쌌던 큰 가시덤불은 제거되었다고 생각합니다.

많은 사람들이 『한불ᄌᆞ뎐』을 만드는 데 기여했지만 리델 신부라는 구심점이 없었으면 이 사전이 세상에 나오지 못했을 것입니다. 마찬가지로, 지난 6년간 수많은 전문가들이 힘을 합했지만 이은령 선생님이라는 지휘자가 없었더라면, 지식베이스와 종이사전이 탄생하지 못했을 것이고, 『한불ᄌᆞ뎐』은 높은 가시덤불 안에 갇혀 연구자들로부터 영원히 잊혔을 것입니다. 또한 부산대학교의 인문한국(HK) '고전번역+비교문화학 연구단'의 지속적인 지원에도 깊이 감사합니다.

2014년 6월
늘 푸른 금정산을 바라보며
윤애선

한불ᄌᆞ뎐
韓佛字典

DICTIONNAIRE
CORÉEN-FRANÇAIS

CONTENANT

I. — PARTIE LEXICOGRAPHIQUE

1° Le mot écrit en caractères alphabétiques coréens; 2° sa prononciation; 3° le texte chinois correspondant; 4° la traduction française.

II. — PARTIE GRAMMATICALE

Les terminaisons d'un verbe modèle arrangées par ordre alphabétique.

III. — PARTIE GÉOGRAPHIQUE

Les noms et la position des villes, des montagnes, des cours d'eau, etc., les divisions administratives, etc., avec une carte de Corée.

PAR LES MISSIONNAIRES DE CORÉE
DE LA SOCIÉTÉ DES MISSIONS ÉTRANGÈRES DE PARIS

YOKOHAMA
C. LÉVY, IMPRIMEUR-LIBRAIRE
1880

『한불자전』 원본 표지

역자 일러두기

1. 입력원칙

1) 본 『현대 한국어로 보는 한불자전』은 1880년 일본 요코하마의 레비 출판사를 통해서 프랑스 파리외방전교회의 펠릭스 클레르 리델 신부가 간행한 『한불ᄌᆞ뎐』 *Dictionnaire Coréen-Français*(이후, 『한불ᄌᆞ뎐』)의 어휘부를 입력하여 번역한 것이다. 『현대 한국어로 보는 한불자전』은 『한불ᄌᆞ뎐』에 기록된 대로 원문에 충실하게 입력한다.

2) 『한불ᄌᆞ뎐』의 오류는 따로 수정하지 않는다. 오류가 명확한 경우라도 한불자전에 있는 형태대로 입력한다. 예를 들면 '강목슈싱'剛木水生(desséché, bois, eau, sortir)에서 '剛'은 '마른'(desséché)의 개념이 아닌 '굳세다'의 개념으로서 해당 표제어의 의미에 맞지 않는 것이지만, 본 사전에서는 그대로 옮겼다. 또한, '소학언히'의 프랑스어 뜻풀이에서 나타나는 'cicilité'는 'civilité'가 올바른 형태이지만 원문 그대로 둔다.

3) 활자의 인쇄상태가 인식하기 어려운 경우 가장 가까운 형태로 복원한다. 현재 쓰이지 않는 형태의 한자는 조자(造字)를 하여 원문의 한자 형태를 유지한다.

2. 『한불ᄌᆞ뎐』과 『현대 한국어로 보는 한불자전』의 표제어 항목 배치

『한불ᄌᆞ뎐』	『현대 한국어로 보는 한불자전』
*간, KAN,-I. 間. Cabane. Réduit. ‖ Une travée. ‖ Intervalle entre deux poutres transversales, espace suffisant pour une petite chambre. ‖ Entre. ‖ Intervalle. ‖ Espace. ‖ Partie. ‖ 간에 **Kan-ei**, *Dans l'intervalle.*	동음이의어 어깨번호 · 프랑스어 원 뜻풀이 · 한국어 번역 뜻풀이 [2]*간 [KAN,-I] (間) 명 [126] [불] Cabane. Réduit. ‖ Une travée. ‖ Intervalle entre deux poutres transversales, espace suffisant pour une petite chambre. ‖ Entre. ‖ Intervalle. ‖ Espace. ‖ Partie. ‖ 간에 Kan-ei, Dans l'intervalle. [한] 오두막집 | 초라한 집 | 기둥 사이의 공간 | 가로 놓인 두 들보사이의 간격, 작은 방으로 충분한 공간 | 사이에 | 간격 | 공간 | 부분 | [용례] 간에, Kan-ei], 그사이에 『한불ᄌᆞ뎐』 내 위치 쪽수 · 용례와 같이 뜻풀이 내의 다양한 사전적 정보

3. 표제어 배열

1) 『한불ᄌᆞ뎐』 원문에서는 한국어 표제어를 프랑스어로 발음 전사한 것을 기준으로 알파벳순으로 배열되어 있다. 이러한 배열은 표제어 검색을 매우 어렵게 하는 원인이므로, 『현대 한국어로 보는 한불자전』에서는 이러한 표제어 배열을 한국어 자모순으로 바꾸어 배열하며 초·중·종성의 순서는 『표준국어대사전』(국립국어원 편, 1999)을 따른다. 더불어 『한불ᄌᆞ뎐』 원문의 쪽수를 표시하여, 『현대 한국어로 보는 한불자전』과의 대조를 용이하게 한다. 다음은 표제어의 자모 배열 순서이다.

초성	ㄱ, ㄲ, ㄴ, ㅥ, ㅦ, ㄷ, ㄸ, ㄹ, ᄛ, ㅁ, ㅱ, ㅂ, ㅲ, ㅳ, ㅃ, ㅄ, ㅴ, ㅵ, ㅶ, ㅷ, ㅸ, ㅅ, ㅺ, ㅼ, ㅽ, ㅆ, ㅾ, ᄻ, ㅿ, ㅇ, ㆀ, ㆁ, ㅈ, ㅉ, ㅊ, ㅋ, ㅌ, ㅍ, ㆄ, ㅎ, ㆅ, ㆆ
중성	ㅏ, ㅐ, ㅑ, ㅒ, ㅓ, ㅔ, ㅕ, ㅖ, ㅗ, ㅘ, ㅙ, ㅚ, ㅛ, ㆉ, ㅜ, ㅝ, ㅞ, ㅟ, ㅠ, ᆒ, ㆊ, ㆌ, ㅡ, ㅢ, ㅣ, ㆍ, ㆎ
종성	ㄱ, ㄲ, ㄳ, ᇄ, ㄴ, ᇅ, ㅦ, ㅧ, ㅨ, ㄵ, ㄶ, ㄷ, ㄹ, ㄺ, ㅩ, ㅪ, ᇐ, ㄻ, ᇑ, ㄼ, ㄽ, ㄾ, ㄿ, ㅀ, ㅭ, ᄛ, ㅁ, ᇚ, ㅯ, ㅱ, ㅂ, ㅄ, ㅶ, ᇥ, ㅸ, ㅅ, ㅺ, ㅼ, ㅆ, ㅾ, ㅿ, ㅇ, ᇬ, ㆀ, ㆁ, ㅈ, ㅊ, ㅋ, ㅌ, ㅍ, ㆄ, ㅎ

2) 『현대 한국어로 보는 한불자전』에는 『한불ᄌᆞ뎐』 원문에 표제어 항목으로 제시되지 않았던 어휘 462개가 표제어로 다음과 같은 경우에 추가 등재되었다.

① 한 항목에 표제어가 'ou'를 통해서 두 개 이상의 이철어가 제시된 어휘는 모두 표제어 항목으로 등재한다. 이렇게 한 항목에 표제어가 두 개 이상 제시된 경우, 첫 번째 제시된 표제어에 프랑스어 원 뜻풀이와 번역문을 제시한다. 두 번째 이후에 제시되는 이철어는 모두 첫 번째 표제어 항목을 참조할 수 있도록 '☞' 기호를 붙인다.

『한불ᄌᆞ뎐』	『현대 한국어로 보는 한불자전』
***쟝고**, TJYANG-KO, *ou* **쟝구** TJYANG-KOU. 長鼓. Tambour long.	1* 쟝고 [TJYANG-KO] (長鼓) 원533 불 Tambour long. 한 긴 북 1 쟝구 [TJYANG-KOU] 원533 ☞ 1 쟝고

② 하나의 표제어에 ‘‖’ 기호를 통해 두 개 이상의 한자가 제시되어 있고, 각각의 한자에 다른 뜻풀이가 제시된 경우 표제어를 분리하여 등재한다. 예를 들어 ‘졀음식ᄒᆞ다’는 뜻풀이에서 ‘節飮食’(간소하다, 소식하다, 절식하다)과 ‘絶飮食’(더 이상 먹지 않다, 음식을 끊다(병))가 ‘‖’ 기호를 통해 분리되어 제시된다. 따라서 본 사전에서는 ‘[1]졀음식ᄒᆞ다’(節飮食)와 ‘[2]졀음식ᄒᆞ다’(絶飮食)를 동음이의어로 처리하여 표제어로 각각 등록한다.

『한불ᄌᆞ뎐』	『현대 한국어로 보는 한불자전』
*졀음식ᄒᆞ다, TJYEL-EUM-SIK-HĂ-TA. 節飮食. Etre sobre, frugal, tempérant. ‖ 絶飮食. Ne plus manger, cesser de manger (maladie).	[1]*졀음식ᄒᆞ다 [TJYEL-EUM-SIK-HĂ-TA] (節飮食) [원]551 [불] Etre sobre, frugal, tempérant. [한] 간소하다, 소식하다, 절식하다 [2]졀음식ᄒᆞ다 [TJYEL-EUM-SIK-HĂ-TA] (絶飮食) [원]551 [불] Ne plus manger, cesser de manger (maladie). [한] 더 이상 먹지 않다, 음식을 끊다(병)

③『한불ᄌᆞ뎐』에서 편집의 일관성이 지켜지지 않았던 부분이 종종 있는데, 이철어가 로마자 표기 내에 포함된 경우가 그중 하나이다. 본 사전에서는 한글을 로마자로 표기한 [ ] 내에 ‘ou’ 뒤에 다른 형태의 표제어가 들어가 있을 때에는 이것을 표제어로 올리고 이철어 관계를 표시한다. 그러나 로마자 표기 내에 ‘ou’로 연결되어 있더라도 표제어의 위상이 아닌 조사가 붙은 형태나 동사의 활용 형태를 보여줄 때에는 표제어로 독립시키지 않는다. 예를 들어 표제어 ‘식젼’의 항목에 ‘ou’로 연결된 ‘식젼에’는 표제어로 등재하지 않는다.

④ ‘심슐내다’의 표제어 항목에서 볼 수 있듯이 ‘=’기호가 붙어서 ‘=부리다’와 ‘=쓰다’가 함께 제시되어 있다.[1]『현대 한국어로 보는 한불자전』에서는 이를 모두 다른 표제어로 등재한다. 단, 이 경우 표제어의 어원 정보인 ‘*’ 기호는『한불ᄌᆞ뎐』에 나열된 순서 중 첫 번째 표에만 부착하고 뜻풀이 또한 첫 번째 표제어의 것으로 참조한다.

1 ‘=’는 ‘공부= 하다, 외상= 놋타, 대법= 국’처럼 접미사 파생어와 ‘캉캉= 울다, 캉캉= 깃츰ᄒᆞ다’처럼 연어를 나타낼 때, 표제어 반복을 대신한다. 이렇게 생성된 파생어나 연어 바로 뒤에서, ‘–’는 표제어 로마자 표기의 반복을 대치한다.(윤애선, 「지식베이스 구축을 위한『한불자뎐』‘어휘부’의 미시구조 분석」,『불어불문학연구』78집, 한국불어불문학회, 2009, 263~304면 참고)

『한불ᄌᆞ뎐』	『현대 한국어로 보는 한불자전』
*심슐, SIM-SYOUL, = 쓰다 — SSEU-TA, ou =. 부리다 — POU-RI-TA, ou = 내다 — NAI-TA. 心術. Empêcher, par envie, par jalousie, une affaire de réussir ; mettre des entraves à la réussite des affaires d'autrui ; méchanceté ; malice, disposition à nuire.	심슐내다 [SIM-SYOUL,NAI-TA] 원417 ☞ 심슐쓰다 심슐부리다 [SIM-SYOUL,POU-RI-TA] 원417 ☞ 심슐쓰다 *심슐쓰다 [SIM-SYOUL,SSEU-TA] (心術) 원417 불 Empêcher, par envie, par jalousie, une affaire de réussir; mettre des entraves à la réussite des affaires d'autrui; méchanceté; malice, disposition à nuire. 한 질투하여, 시기하여 일이 성공하지 못하도록 방해하다 | 타인의 일이 성공하는 것에 훼방을 놓다 | 심술궂음 | 악의, 해를 끼치려는 경향

3) 『한불ᄌᆞ뎐』에서 표제어로 제시된 동음이의어는 원문에 제시된 순서대로 나열한다. 『현대 한국어로 보는 한불자전』에서는 현대의 일반 사전들과 마찬가지로 어깨번호를 붙여 구분한다. 다만 참조 기호 '☞' 뒤에서 동음이의어 중 하나를 참고해야 하는 경우는 어깨번호를 참조하도록 한다.

4. 번역 원칙

1) 번역에 쓰인 사전

① 『프라임 불한사전』(두산동아, 1998)

② 『네이버 프랑스어사전』(http://frdic.naver.com/)

출처: 『프라임 불한사전』(두산동아, 1998), 『엣센스 한불사전』(민중서림, 미간행)

③ 『새한불사전』(한국외대, 2008)

④ TLFi(http://atilf.atilf.fr/)(CNRS, 2001)

⑤ *Le Nouveau Petit Robert*(Dictionnaire Le Robert, 1996)

⑥ *Le Dictionnaire de l'Académie française*(Académie française, 8판, 1932~1935)

2) 프랑스어 뜻풀이의 번역은 직역을 원칙으로 한다.

① 수동태로 표현된 것은 우리말에서 능동으로 고쳐야 매끄러운 표현이 되지만, 원문에 충실하게 수동태의 표현으로 번역한다.

예) 가관

불 Qui mérite d'être vu.
한 보여질 만한 것.

다만, 사전에 자주 등장하는 대명동사 se dit는 '말해진다'로 번역해야 하지만 용법을 설명하는 사전 용어로 간주하여 '쓴다'로 번역한다.

예) 아희

불 (Enfant. Se dit de tous ceux qui ne sont pas mariés).
한 아이(결혼하지 않은 모든 사람들에 대해 쓴다)

② 프랑스어 뜻풀이가 한국어 표제어의 의미를 은유적으로 풀이한 경우라도 직역을 원칙으로 한다.

예) 가납산이 soupage de soufflet

'가납산이'는 현대 국어에서 '가납사니'로 표기한다. 그 의미는 『표준국어대사전』에서 '쓸데없는 말을 지껄이기 좋아하는 수다스러운 사람'으로 제시되고 있다. '가납산이'에 대한 프랑스어 뜻풀이에 제시된 'soupage de soufflet', 즉 송풍기의 밸브는 현대 프랑스어에서는 'soupage à soufflet'로 쓰인다. 바람을 끊임없이 불어넣는 장치에 '가납사니'를 대역한 것은 심상적으로 유사한 의미를 연상시키기는 하지만 이를 은유적으로 '수다스러운 사람'이라고 번역하기는 어렵다. 또한, 이 표현이 당시 프랑스어에서 일반적으로 통용되는 '수다스러운 사람'에 대한 은유 표현인지도 확인되지 않는다.

3) 문장부호 및 기호

① 프랑스어 뜻풀이에서 쓰인 문장부호 중 괄호와 물음표는 번역된 뜻풀이에 그대로 쓴다.

② 프랑스어 뜻풀이에서 쓰인 약호 뒤의 문장부호는 약어 번역 목록에 기술된 규칙에 따른다.

③ 프랑스어 뜻풀이에서 다의어를 구분하기 위해 쓴 다양한 기호, 즉 ';'(쌍반점) 및 '.'(온점)과 'ǁ' 기호는 번역된 뜻풀이에 쓰지 않고, '|' 기호로 구분한다. 따라서 현대어로 번역된 뜻풀이 구역 내에서는 단어 사이에 쉼표와 '|' 기호만 쓴다.[2]

4) 품사별 번역 표현

① 표제어의 품사와 관계없이 프랑스어 뜻풀이의 중심어가 명사일 때 한국어의 명사로 번역하는 것을 원칙으로 한다.

② 표제어의 품사와 관계없이 프랑스어 뜻풀이의 중심어가 동사나 형용사인 경우, 한국어 용언의 기본형으로 번역하는 것을 원칙으로 한다.

예) convenable ; 적절하다.

예) Etre oblique : 비스듬하다.

③ 프랑스어 뜻풀이의 중심어가 분사형인 경우, 한국어 관형형으로 번역하는 것을 원칙으로 한다.

예) vexant ; 기분을 상하게 하는

5) 현대 프랑스어 사전에 없는 단어라면 원칙적으로 번역하지 않지만, 부연 뜻풀이에 따라 유추가 가능한 경우는 번역한다.

6) 프랑스어 단어의 의미를 찾을 수 없는 경우 뜻풀이에 프랑스어를 그대로 둔다. 프랑스어 단어의 의미를 찾을 수 없는 경우는 아래와 같다.

예) 곡두순이(prednmain), 명아지(arrache), 낙지(sarpouille)

7) 뜻풀이에 쓰인 프랑스어 표현이 구문상 성립되지 않는 오류일 때 번역하지 않는다.

8) 학명이 뜻풀이에 쓰였을 때 백과사전을 참조하여 번역하고, 번역이 어려운 경우 우리말로 음역해서 둔다.

예) 상실 Quercus sinensis 케르쿠스 시넨시스

9) 라틴어 뜻풀이의 번역은 〈 〉기호로 표시한다.

---

2 '‖'이 어휘의미 크기(sense grain)가 가장 큰 대분류를 나타내고, ' . '은 동일한 대분류 내에서 품사의 구분을, ' ; '은 이보다 더 하위분류를 나타낸다. 참고로 ' , '는 표제어에 대한 프랑스어 등가 표현의 열거를 나타낸다.(위의 글)

예) 잡슐 maloe artes 〈나쁜 기술〉

10) 현대 프랑스어 표현이 아니지만 부연 뜻풀이에서 의미가 유추되는 경우에는 한국어로 번역한다.

예) 샹샹년 l'année d'avant la prochaine, d'avant la dernière. [[syn. 젼젼년 Tjyen-tjyen-nyen.]]

l'année d'avant la prochaine → l'année après la prochaine (현대 표현 '후년')

11) 한글 번역만으로 의미가 확실치 않을 때 [역주] 기호를 쓰고 한자나 덧붙임 설명을 표기한다.

12) 문장 중 한글 예가 있는 경우 한글과 로마자 표기를 그대로 쓴다.

5. 약어 및 문법 용어 번역

약어·문법 용어	번역어
adv.	부사
au fig.	비유적으로
conjonct.	접속사
constell.	별자리
contract.	축약
corrupt.	잘못된 표현, 오용
désinence du nominatif	주격의 곡용
en agr.	한자어로
(en médec.) (en médecine) (médec.)	(의학에서)
esp. de ~	~의 종류
Ex. ex.	예를 들어
express.	표현
fact.	사동형
infér.	아랫사람

약어·문법 용어	번역어
infinitif	부정법
lang.	언어
lang. familier	구어
m. à m.	말 그대로
méd.	약
navg.	항해
négat. nég.	부정, 부정어, 부정형
numéral	수사
ordin.	일반적으로
par ex.	예를 들어
par ex	
par exemple	
partic. relat.	관계분사
pass.	피동형
passif	
popul.	속어
pop.	
probab.	아마도
quelquef.	때때로
respect.	존중
termin. terminais.	어미
v.g.	예. 예를 들면, [용례]
	cf. 예문을 제시했을 때에는 [용례]를 쓴다.
	cf. 해당 단어의 쓰임 방법이나 맥락을 설명할 때에는 '예를 들면'을 쓴다.
	cf. 그 외 오자에 의한 것 : vg에 대해 cg가 쓰인 예도 있다.

6. 프랑스어 측정 단위

아래 목록에 있는 단위 명사는 프랑스어 단위 명사를 그대로 사용하여 번역한다. 그 외에는 우리말 단위명사로 바꾸어 번역한다.

pouce : 푸스(길이 단위 '인치'에 해당)

boisseau : 브와소(부피 단위 '말'에 해당)

lieue : 리외(거리 단위 '리'와 유사)

pied : 피에(길이 단위 '척'에 해당)

coudée : 쿠데(길이 단위로서 약 50cm)

livre : 리브르(무게단위 '근'과 유사)

7. 기호 목록

| : ① 한자 사이에 있는 | 는 '또는'이라는 의미

② 번역 부분에서 뜻풀이 간 경계. 프랑스어 뜻풀이에서 [||, ;, .] 기호를 대체함.

= : 표제어가 반복됨을 나타냄

역주 : 역자 주

동의어 : 동의어 표지와 해당 단어 및 발음 기호

반의어 : 반의어 표지와 해당 단어 및 발음 기호

참조어 : 참조어 표지와 해당 단어 및 로마자 표기

〈 〉: 라틴어 번역

☞ : 뜻풀이는 다음의 표제어를 참조하는 기호

현대 한국어로 보는 한불자전

한불자전 사용 설명서

한불자전 사용 설명서

이 사전에서 만나게 되는 첫 번째 어려움일지도 모를 한국어 문자의 기이한 모습을 보고, 한국 밖에서는 아직 알려지지 않은 이 언어의 비밀을 알아내고 싶은 이들 중에는 처음부터 용기를 잃을 자가 있을 것이다. 친애하는 독자들은 안심하시길 바란다. 만약 이집트의 상형문자나 표의문자인 중국의 한자를 연구해야 할 경우라면 독자들이 가질 이러한 첫인상은 한마디로 이해될 수 있다. 그러나 이것은 그러한 경우가 전혀 아니다. 한국어의 문자는 알파벳과 같이 자모순인데, 25자만으로 구성되어 있다. 한국어 자모는 히브리어, 그리스어, 아랍어, 러시아어 등의 자모만큼이나 쉽게 그리고 더 빨리 배울 수 있다고 하겠다. 독자들에게 익숙한 방법으로 설명하면 한국어 쓰기 체계의 단순성을 이해할 수 있을 것이다.

세로 획(가장 기본적인 기호)을 긋게 되면 한국어의 I에 해당하는데 우리 유럽문자의 I와 가깝다: ㅣ.

이 세로 줄에서 오른쪽으로 가로 획을 긋게 되면 한국어의 A가 된다: ㅏ.

여기서 가로 획을 하나 더 추가하면 YA로 발음되는 글자가 된다: ㅑ.

작은 A는 우리가 앞으로 (Ă)라는 단축형으로 나타낼 것인데 우리의 쉼표를 엎어놓은 형태와 다를 바 없다: ㆍ.

이와 같이 세 가지 종류의 A가 있다: ㅏ, ㅑ, ㆍ.

여기서 ㅣI 로 돌아가서 오른 쪽에 획을 그었던 것처럼 왼쪽에도 해보자. 그렇게 하면 ㅓ가 되는데 (E)로 표현할 수 있겠고, ㅕ는 (YE)로 표현할 수 있다. 수평으로 획을 그으면 (ㅡ)가 되는데 (EU)에 해당한다. 위로 수직으로 작은 획을 긋게 되면 (ㅗ)로, O로 표현할 수 있으며 두 획을 긋게 되면 (ㅛ), 즉 (YO)가 된다.

이 두 글자로 다시 돌아와서, 밑으로 작은 획을 차례로 그으면 ㅜ(OU) 그리고 ㅠ(YOU)가 된다.

이로써 한글 자모의 구성에 포함된 11개의 모음을 모두 보았다. 가능한 한 프랑스 알파벳의 모음 순서에 따라가면서 다시 정리해보자.

ㅏ,	ㅑ,	·,	ㅓ,	ㅕ,	ㅡ,	ㅣ,	ㅗ,	ㅛ,	ㅜ,	ㅠ.
A,	YA,	Ă,	E,	YE,	EU,	I,	O,	YO,	OU,	YOU.

이러한 기하학적 방식을 자음에도 적용해보면 동일하게 같은 결과를 얻게 된다. 예를 들면 ㄱ과 같이 꺾인 글자는 (K), 같은 꺾인 글자지만 반대 방향으로 놓으면 ㄴ이 되고 (N)으로 표현할 수 있다. 그러나 독음은 아랫줄에 표현한 알파벳을 써서 참고를 달 것이다. 나머지 읽기에 대한 보다 상세한 지침을 위해서는 한국어문법을 참고하라. 여기서는 한국어 쓰기체계가 초보자에게 반감을 갖게 할 그 무엇도 없다는 점을 강조할 뿐이다.

사전의 각 단락은 한국어 문자로 쓰인 단어로 시작하며 그 다음은 이 단어를 작은 알파벳 대문자로 옮겨 쓴 것이 배열된다. 이러한 쓰기체계는 학생들의 적성에 더 잘 맞는 것이라고 주장하면서 왜 우리가 그 반대

순서, 즉 발음을 먼저 놓고 그다음에 한국어 문자로 단어를 발화하지 않았는지 궁금할 것이다. 우리가 보기에, 한국어의 쓰기 체계가 특별히 쉽다는 것을 전제로 한 이전의 논의들은 이러한 우리의 반대 의사를 옹호하는 것이며 우리의 방식을 정당화하는 데 충분하다. 그럼에도 우리는 한 가지 점을 더 지적하고자 한다. 그리스어, 히브리어, 아랍어로 된 자료를 공부하면 해당 언어의 고유한 글자로 된 단어를 제시하는 사전을 쓰게 되는데, 우리는 한국어 공부에도 그러한 방법을 따르고자 한다.

사실 다른 방식으로 제시되는 사전들도 있다. 예컨대 유럽인을 위한 일본어 사전들이 그러하다. 그러나 일본어 사전을 연구하는 유럽인들이 얼마나 극소수이던가! 일본인들조차도 그들의 가나문자(혹은 48개의 글자로 된 단순 자모)를 책에서 나오는 한자 발음만을 표시하기 위해 쓰고 있다. 일본인들은 일상적으로 혹은 일본어에 있는 특별한 어미변화형을 통해 단어나 문장의 의미를 보충하기 위해 한자를 쓰고 있다. 개개인마다 달라질 수 있는 그들의 초서체는 너무 독특한 형태여서 아주 강한 의지를 갖고 부지런히 노력하는 학생들을 좌절시키는 경향이 있다. 한국어의 글자는 그렇지 않다. 이것은 누구나 이해할 수 있다. 비록 이 나라에서 한자가 경의의 대상이 된다고 하더라도 한국의 문자는 일상의 글자로서, 심지어 흘림체로 제시된다고 하더라도 항상 그 자체의 특성인 단순성을 유지하고 있으며 이 글자를 배우는 사람이라면 누구라도 유럽의 문학작품처럼 쉽게 글을 읽을 수 있게 된다.

우리가 이러한 사전을 기획하던 초창기부터 한국어의 글자에 관한 이러한 생각은 너무나도 당연한 것이었기에 다른 체계들은 배제하고 우리의 체계를 쓰리라고 생각했다. 더구나 알파벳으로 전사된 발음에

만 의존하려고 했던 이들도 우리가 제시한 순서를 따라가면 사전을 유용하게 쓸 수 있을 것이다.

단어의 배열에는 두 가지 방법이 있다. 그 하나는 하나의 동일한 음절을 가진 모든 단어를 다른 음절을 가진 단어군으로 넘어가기 전에 한 번에 끝까지 나열하는 것이다. 따라서 이것은 음절순이 되겠다. 다른 하나는 단어 결합에서 글자가 차지하는 위치에 따라서만 배열하는 것인데, 이것은 자모순이라고 하겠다. 첫 번째 방법은 단음절 단위로 배열되는 중국어 어휘에 적합하다고 본다. 그러나 우리는 자모순을 더 선호한다. 자모순을 쓰면 찾고자 하는 단어를 가장 빠르게, 그리고 확실하게 찾을 수 있고 특히 거리(KE-RI) / 걸이(KER-I), 심요(SIM-YO) /시묘(SI-MYO)와 같은 동음어의 경우나, 음절을 구분하기 어려운 경우라도 찾을 수 있다. 게다가 이 방법은 유럽의 사전 편찬 방식을 따른다는 장점도 있으며 결국 우리가 대상으로 하는 사용자가 더 쉽게 이 사전을 이용할 수 있게 될 것이다.

다음은 한국어 자모로 결합된 글자를 이 사전에서 사용하는 순서에 따라 배열한 것이다.

		아,	야,	ᄋᆞ,	어,	여,	으,	이,	오,	요,	우,	유,	
		A,	YA,	Ă,	E,	YE,	EU,	I,	O,	YO,	OU,	YOU.	
ㅎ,	ㄱ,	ㅋ,	ㅁ,	ㄴ,	ㅇ,	ㅂ,	ㅍ,	ㄹ,	ㅅ,	ㄷ,	ㅌ,	ㅈ,	ㅊ.
H,	K,	HK,	M,	N,	NG,	P,	HP,	R(L),	S(T),	T,	HT,	TJ,	TCH.

위에서 볼 수 있듯이 자음과 모음의 구분은 가능한 한 우리 독자들에게 가장 친숙한 알파벳순을 따랐다. 한국어 글자에서 ㅇ 기호는 두 가지 용법이 있다.

① 음절의 끝에서[3] 모음의 아래에 놓인다. 그래서 (NG)의 소리가 나고 한국어 자모로서 기능한다.

② 음절의 처음에서[4] 모음의 앞에 놓인다. 자모로서 기능하지 않는다. 그것은 묵음을 표시하는 것이며 다음에 오는 모음을 시각적으로 장식하는 기능만 갖는다. 따라서 유럽어로 쓴 텍스트 내에서는 이것의 발음을 표시하지 않는다.

단어의 초성에 오는 ㄹ은 ㄴ으로 발음되는데, 때로는 'ㄹ'인지 'ㄴ'인지 판단하기 어려울 때도 있다. 이러한 이유로 'ㄹ'로 시작하는 모든 단어가 'ㄴ'으로 쓰이므로 'ㄴ'으로 시작하는 표제어 항목에 배치했다.

단어에서 'ㄹ'은 자모의 가치를 가지지만, 문법에서 설명한 음운조화 때문에 이 글자는 초성에서는 (R)로 표기되고 종성에서는 (L)로 표기한다.

ㅅ은 위의 경우와 다르다. 이 자음은 종성에서 ㄷ(T)로 발음되는데 이 경우에는 ㅅ에 ㄷ(T)으로 표시하는 것이 자연스럽다. 이 규칙에 따르게 되면, 예컨대 '홧홧ᄒᆞ다'를 '화독' 뒤에 배열하게 되는데 이는 그리 이상한 일이 아니다.

초성으로서 ㅅ(S)은 때로 ㄱ(K), ㅂ(P), ㄷ(T)과 같은 자음 앞에 나타나는데 이러한 자음을 대신하여 반복을 표현하기 위함이다. 이 경우 ㅅ은 사전에서 배열하는 자모순에 아무런 영향을 미치지 않고 ㄱ(K), ㅂ(P), ㄷ(T), ㅈ(TJ)과 같은 글자에 의해 그 순서가 결정되는 것이다. 이때 ㅅ은 ㄱ(K), ㅂ(P), ㄷ(T), ㅈ(TJ)의 순서를 따르게 된다.

---

3 【역자 주】 음절의 끝, 즉 종성의 위치를 말한다. 앞으로는 동일한 표현에 대해서 '종성'으로 번역한다.

4 【역자 주】 음절의 처음, 즉 초성의 위치를 말한다. 앞으로는 동일한 표현에 대해서 '초성'으로 번역한다.

보통 서로 같은 것으로 간주되기도 하는 ㄴ과 ㄹ로 시작하는 단어는 우리 사전에서 ㄴ(N)의 항목에 배열한다고 이미 언급한 바 있다. 덧붙여 이들 초성 글자들은 때로 활음화가 되는데 특히 몇몇 지방어에서 그러한 현상이 일어남을 주의할 필요가 있다. 따라서 같은 단어가 때로는 ㄴ으로 때로는 ㄹ로 시작하거나 아니면 이 두 자음 중 어느 하나 뒤에 오는 모음과 함께 시작하기도 한다. 이 경우에는 ㄴ이나 ㄹ의 항목에서 찾지 못하는 단어는 모음으로 찾아보아야 할 것이며 그 반대의 경우도 마찬가지이다. 예를 들어 니염(NI-YEM)은 일종의 챙 없는 모자인데 이염(I-YEM)으로 쓰이고 이마를 뜻하는 니마(NI-MA)는 이마(I-MA)로 쓰기도 한다.

마찬가지로 댜(TYA), 뎌(TYE), 됴(TYO), 듀(TYOU)는 쟈(TJYA), 져(TJYE), 죠(TJYO), 쥬(TJYOU) 혹은 자(TJA), 저(TJE), 조(TJO), 주(TJOU)로 발음되는데 찾고자 하는 단어를 바로 찾지 못하면 결국 찾는 방식을 바꿔가면서 찾아야 할 것이다.

또한 ㅡ(EU)는 때로는 ㅜ(OU)(브릭다 PEU-RĀ-TA, 부릭다 POU-RĀ-TA)나 ㆍ(Ă)(업슨 EP-SEUN, 업ᄉᆞᆫ EP-SĂN)와 동등하게 다루어짐을 유의하자.

음절을 형성하기 위해 한국어 글자는 ㅇ을 포함해서 둘, 셋, 넷 혹은 다섯 개씩 모여 무리를 이루며. 이러한 결합의 모양은 모음의 형태에 달려있다. 다음에서 볼 수 있듯이 수직적 형태의 모음이 있다.

ㅏ,	ㅑ,	ㅓ,	ㅕ,	ㅣ.
A,	YA,	E,	YE,	I.

그리고 수평적 모양의 모음이 있다.

ㅗ,	ㅛ,	ㅜ,	ㅠ,	ㅡ,	ᆞ.
O,	YO,	OU,	YOU,	EU,	Ă.

수직적 형태의 모음은 초성 이응이나 초성 자음의 오른쪽에, 그리고 같은 높이에 쓴다. 예를 들면, 이(I), 러(RE), 가(KA), 마(MA). 수평적 모양의 모음은 항상 아래에 놓인다. 예를 들면, 고(KO), 교(KYO), 부(POU), 모(MO), 오(O), ᄉᆞ(SĂ)처럼 쓰인다.

두 개 혹은 세 개의 모음이 이중모음으로 결합될 때, 두 번째 모음은 첫 번째 것의 오른쪽에 쓴다. 세 번째 건은 두 번째 것의 오른쪽에 쓴다. 예를 들면, 와(OA), 궈(KOUE), 괴(KOI), 웨(OUEI), 왜(OAI).

종성 자음은 항상 모음이나 음절 내에서 선행하는 이중모음의 아래에 놓인다. 예를 들면 십(SIP), 즁(TJYOUNG), 국(KOUK), 웬(OUEIN), 놈(NOM)과 같다.

사전에서 볼 수 있듯이, 이렇게 형성된 음절은 단어를 구성하기 위해 차례대로 놓인다.

위에서 이미 언급하였지만, 이 사전은 한국어 단어를 먼저 배열한다. 그런 다음 단어의 대략적 소리를 유럽의 문자로 전사된 발음으로 제시한다. 우리는 '대략적'이라고 했는데, 그 이유는 한국어에 프랑스어에는[5] 없는 음운적 차이가 있기 때문이다.

그런 다음 다양한 의미가 소개되는 단어의 뜻풀이가 온다.

표제어는 순수하게 한국어인 것도 있고 한자어도 있다. 한자어는 중국어에서 한국어로 수용된 것으로서 중국어의 발음과 조금 유사한 한

5 발음 규칙은 『한어문전(*Grammaire Coréenne*)』에 상세하게 소개되어 있으며(XI쪽과 그 이후), 그것을 요약한 것은 이 서문의 마지막에 표에서 찾아볼 수 있다.

국어의 발음을 하는 것으로서 (*) 기호로 표시한다. 발음 뒤에는 한자가 제시되어 있는데, 이 한자는 소리와 의미라는 이중적 관계에 상응한다.

순수 한국어 표제어 뒤의 한자는 (*) 기호가 붙어 있지 않은데 이들은 한국어 표제어의 한자 번역이며 발음을 표시하지 않는다.

순수 한국어 어미가 종종 한자어에 덧붙여지는 경우가 있는데 이는 특히 동사의 경우에 해당한다. 그러한 경우, 한자는 어미를 제외한 처음 한자어 음절에만 상응하는 것이다. 따라서 '이샹ᄒᆞ다'(I-SYANG-HĀ-TA), '이샹이넉이다'(I-SYANG-I-NEK-I-TA)에서처럼 '異常'이라는 두 글자의 발음은 이샹(I-SYANG)이라는 두 음절에만 해당하는 것이다.

이탤릭체로 괄호 안에 들어 있는 직역은 때로 뜻풀이 대역 앞에 온다.

동사 'ᄒᆞ다'(HĂ-TA)와 그 외 다른 동사들은 종종 체언과 결합하여 동사를 형성하는데 이 때 동사의 의미는 두 단어의 결합 결과가 된다. 이 결합을 구성하는 두 부분은 떼어놓을 수 없기 때문에 우리는 체언 부분만 번역하고 동사적 의미를 덧붙이는 것은 학습자에게 맡기는 정도로 만족하고자 한다. 예를 들어 'ᄒᆡᆼ신'(HĂING-SIN)(체언)과 'ᄒᆞ다'(HĂ-TA)(동사)가 결합된 'ᄒᆡᆼ신ᄒᆞ다'(HĂING-SIN-HĂ-TA)를 살펴보자.

사전은 '활동', '행동', '처신', '행실'과 같이 첫 부분의 의미만을 밝혀 놓았을 뿐이다. 나머지 부분에 대해서는 학습자가 다음과 같은 방법으로 보충하면 된다 : 행위를 하다, 어떠한 행동을 하다. 어떠한 처신을 하다, 등.

발음전사가 나타나는 유럽어 텍스트에서는 어떤 글자 위에 있는 (-) 기호는 'âme'와 'même'에서처럼 장음을 표시한다. 이음표(-)는 (HĂ-TA)와 (SA-RĂM IL-TA)처럼 한 단어 내에서 음절을 서로 구분하는 데 쓰인다.

자음으로 끝나는 모든 체언은 그것의 주격 조사가 표시된다. 따라서 문법에서 제시한 규칙에 의거하여 어미변화의 어려움을 덜어 줄 것이다. '밥'(PAP)을 예로 들어 보자. 사전에서는 발음이 표시된 후 (-I)를 덧붙여 놓았는데 이것은 이 단어가 주격 '밥이'(PAP-I)로 쓰이게 됨을 의미한다. 이(-I)라는 주격조사와 ㄱ어간의 종성인 ㅂ(P)을 알고 있으면 우리는 밥이라는 단어가 '사룸'이 대표하는 변이형 1군의 규칙을 따르게 됨을 알 수 있다.[6] 마찬가지로 '옷'(OT)의 경우, 주격은 (-SI)가 되는데 '갓'(KAT)(3군 변이형)과 같이 변화하게 되며 그 외에도 마찬가지 이다.

부정사뿐만 아니라 동사에는 모든 문장서법과 시제에 어미변화를 쉽게 할 수 있는 지식과 함께 과거시제(동사성 분사 과거시제)와 형용사성 분사(관계형 분사 과거시제)를 표시했다. 이러한 표식들이 기록된 약술 방식을 두 가지 예를 들어 밝혀보도록 하자.

문지다(MĂN-TJI-TA, -TJYE, -TJIN).

이러한 표현 방식은 우리가 사전에서 보는 그대로인데 다음과 같이 명시적으로 기술될 수 있겠다.

문지다(MAN-TJI-TA)(부정법), 문져(MAN-TJYE)(동사성 분사 과거시제), 문진(MĂN-TJIN)(관계형 분사 과거시제).

6 【역자 주】『한불ᄌᆞ뎐』을 집필한 리델의 저작인 『한어문전』에서는 격조사에 따른 명사의 발음 규칙을 다섯 군으로 나누어 제시하고 있다. 여기서 언급하는 '사룸'이 예로 제시된 1군 변이형은 『한어문전』의 3쪽의 표에서 확인할 수 있다.

또 다른 간략한 형태는

망녕스럽다(MANG-NYENG-SEU-REP-TA, -RE-OUE, -RE-ON).

이에 상응하는 명시적인 표현 형태는

망녕스럽다(MANG-NYENG-SEU-REP-TA)(부정법),

망녕스러워(MANG-NYENG-SEU-RE-OUE)(동사성 분사 과거시제),

망녕스러온(MANG-NYENG-SEU-RE-ON)(관계형 분사 과거시제).

철자가 다르게 반복된 몇몇 단어가 등재되어 있다. 실제로 이 단어들은 두 가지 방법으로 쓸 수 있는데 이는 용법 때문이거나 혹은 지방에 따라 변화하는 이들 단어의 발음 때문이다.

몇몇 속담들은, 특히 거의 모두가 한자어 속담으로서 한국에서 가장 많이 쓰이는 것들 또한 이 사전에 실었다.

동물계(포유류, 조류, 어류, 곤충류), 식물계, 광물계 등에서 가져온 다수 명사에 대해서는 일종의 기술로서 개괄적인 의미의 대역어 하나만을 제시했다. 이렇게 여러 범주에 속하고 아직 탐험되지 않은 나라에 산재해 있는 이러한 존재나 대상에 대해 엄격한 분류를 이루어 내고 항상 과학적 용어를 적용하기란 어렵다는 것을 깨달았다. 이러한 빈틈은 (이 사전의 개정판이 나온다면) 조금씩 보완될 것이다.

동사는 'ᄒᆞ고'(HĂ-KO), 'ᄒᆞ며'(HĂ-MYE), 'ᄒᆞ니'(HĂ-NI), 'ᄒᆞᆯ거시니'(HĂL-KE-SI-NI), 'ᄒᆞᄂᆞ니라'(HĂ-NĂ-NI-RA), 'ᄒᆞᆯ지니라'(HĂL-TJI-NI-RA)에서와 같

이 수많은 어미변화를 한다. 여기에 대해서는 문법에서[7] 길게 다루고 있다. 그러나 이러한 어미변화형을 찾기란 어려우므로 우리는 이 사전에 부록을 달아 두는 것이 매우 유용할 것으로 판단했다. 이 부록에서는 다양한 의미를 반영하여 가장 많이 사용되는 'ᄒᆞ다'(HĂ-TA) 동사의 모든 어미 변화형을 자모순으로 나타냈다.

'일다'(IL-TA)(이다) 동사는 특히 체언 뒤에서 매우 빈번하게 사용되고 그 어미변화에서 나타나는 약간의 특수성 때문에 'ᄒᆞ다'(HĂ-TA) 동사와 같은 체계로 주요 어미변화형 중 몇몇을 더욱 쉽게 제시하였다. '일다' 동사는 'ᄒᆞ다' 동사 뒤에 배치하여, 상응하는 형태는 'ᄒᆞ다' 동사를 참고할 수 있도록 했으며 그럼으로써 학습자가 원하는 설명을 보충할 수 있다.

두 번째 부록에는 도, 시, 강, 산 등의 이름을 자모순 목록으로 사전에 붙였으며, 지리적 위치(위도와 경도), 행정, 사법, 군사, 해상 등의 구역 지표를 한국의 지도와 함께 제시했다.

이 사전의 제목에도 나와 있는 '한'(韓)(HAN)이라는 단어는 연보에서 삼한'(SAM-HAN)의[8] 이름으로 사용된 것으로, 고대 한국 반도를 차지했던 세 국가를 말한다. 기원후 11세기 말 이 세 국가 중 하나가 다른 두 국가보다 우위를 차지하고 이들 두 나라를 병합했다. 그 나라는 '고려'(KO-RYE)로 불리며 여기서 CORÉE라는 이름이 유래했다. 결국, 14세기에 현 왕조의 시조가 '한양'(HAN-YANG)(Sye-oul)으로[9] 수도를 정하고 오늘날에도 존속되는 여덟 개의 도로 나누었는데 왕국은 현지인들에게는

7 【역자 주】『한어문전』을 말함.

8 이 단어를 사전에서 보라.

9 서울 Sye-oul (Séoul)은 수도를 의미한다.

'됴션'(TYO-SYEN)이라는 이름으로, 유럽인에게는 'CORÉE'로 불리고 있다. 이렇게 다양한 이름은 역사적 이름으로서 이 사전의 본문에 실렸다. 두 번째 부록은 특히 현재의 한국 지리를 다룬 것이다.

사전에서 쓰인 배열에 따른 한국어 자모

본 사전에서 적용한 전사 방법과 함께 각 글자의 발음을 제시함

ㅇ 기호는 초성 모음 앞에서 쓰이는 무음			
순서	모음	발음	발음 전사
1e	아	A	A.
2e	야	IA, 한 번에 소리를 냄. S소리 앞에 오면 A로 발음. 예) '샤'는 sa로 읽음	YA.
3e	ᄋᆞ	Ă, EU, A.	Ă.
4e	어	짧은 O , O 와 무음 E 사이의 소리	E.
5e	여	IO, 한번에 소리를 냄 예) IA. - '셔'는 so로 읽음	YE.
6e	으	EU	EU.
7e	이	I.	I.
8e	오	O	O.
9e	요	IO, 한번에 소리를 냄 예) IA. - '쇼'는 so	YO.
10e	우	OU	OU.
11e	유	IOU, 한번에 소리를 냄 예) IA. - '슈' 는 sou .	YOU.
	자음		
12e	ㅎ	H, 항상 기음	H.
13e	ㄱ	K, a 소리 앞에서 가끔 G	K.
13e bis	ㅺ	K 경음, 즉, 보다 딱딱하고 좀 더 예리한 소리	KK.
14e	ㅋ	K 기음	HK.
15e	ㅁ	M, 가끔 B	M.
16e	ㄴ	N, 가끔 L	N.
17e	ㅇ	NG 과 GN, (비음의 기호), g는 발음되지 않음 - 기음화된 모음 앞에서 gn	NG.
18e	ㅂ	P.	P.
18e bis	ㅽ	P 경음	PP.
19e	ㅍ	P 기음	HP.
20e	ㄹ	R, L, N, (『한어문전』 XIV쪽을 보라)	R, L(*).
21e	ㅅ	S, (그리고 종성에서 T) ; Z 소리 나는 예는 없음	S, T (**).

ㅇ 기호는 초성 모음 앞에서 쓰이는 무음			
순서	모음	발음	발음 전사
21e bis	ㅆ	S 경음	SS.
22e	ㄷ	T ye, yo, you 앞에서 TJ로 발음	T.
22e bis	ㅼ	T 경음	TT.
23e	ㅌ	T 기음	HT.
24e	ㅈ	TJ, DJ	TJ.
24e bis	ㅾ	TJ 경음	TTJ.
25e	ㅊ	TCH	TCH.
(*) 초성에서 R, 종성에서 L. - (**) 초성에서 S, 종성에서 T.			

기호와 약어

*	중국어에서 파생된 단어
-	전사된 발음에서 이음표가 붙은 모음은 그것이 포함된 음절을 길게 발음함 이음표는 한 단어 내에서 음절과 음절 간을 구분하는데 사용된다.
‖	온점보다는 더 뚜렷한 구분을 나타냄. 의미가 다름을 나타냄.
=	한국어 글의 반복을 대체함.
—	전사된 발음의 반복을 대체함

약어	프랑스어 주석	한국어 번역어
Ablat.	Ablatif.	탈격
Abrév.	Abréviation.	약어
Accus.	Accusatif.	대격
c. a. d.	c'est-à-dire.	즉
Capit.	Capitale (ville capitale).	수도
Conjug.	Conjugaison.	어미 변화
Dat.	Datif.	여격
Déclin.	Déclinaison.	곡용
En agr.	En agrégation (s'emploie en agrégation).	(한자어) 상응
Esp.	Espèce.	종류
Génit.	Génitif.	속격
gonv.	gouverne.	(통사적으로) 지배하다
h.	heure.	시(時)

약어	프랑스어 주석	한국어 번역어
Hon. ou Honor.	Honorifique (terme honorifique).	경칭(경어)
Indic.	Indicatif.	직설법
Inj.	Injure (terme injurieux).	욕(욕설)
Instrum.	Instrumental (cas).	도구격(격)
Interj.	Interjection.	감탄사
Litt.	Littéralement.	글자대로
Locat.	Locatif (cas).	처격(격)
m. à m.	mot à mot.	축어적으로
M. chr.	Mot chrétien.	기독교 어휘
Nég.	Négatif.	부정
Nornin.	Nominatif.	주격
Opp.	Opposé (terme opposé).	대립어(반의어)
p. ê.	peut-être.	아마도
Popul.	Populaire (terme populaire).	속된(속어)
Provinc.	Provincialisme (langage particulier à une province).	지방어(지방 특수적 언어)
qq.	quelque, quelqu'un.	어떤, 얼마, 어떤 이
St. épist.	Style épistolaire.	서간체
Subst.	Substantif.	명사
Superst.	Superstition, superstitieux.	미신, 미신적인
Syn.	Synonyme.	동의어
V.	Voir.	참조
v. a. ou v. act	verbe actif.	능동형 동사. 혹은 타동사
v. g.	cerbi gratid, par exemple.	용례. 예를 들면
v. n. ou v. neut.	verbe neutre.	자동사
vulg.	vulgairement.	속칭으로, 속되게

한불자전

ㄱ

ㄱ [K] 원119
불 13e lettre de l'alphabet, 2e consonne correspondant à k.
한 알파벳의 열세 번째 글자로, K에 상응하는 두 번째 자음

1*가 [KA] (假) 원119
불 En agr. Faux.
한 한자어로 가짜

2*가 [KA] (可) 원119
불 Vrai.
한 옳음

3가 [KA] 원119
불 Désinence du nominatif pour les mots terminés par une voyelle.
한 모음으로 끝나는 단어의 주격의 곡용

4가 [KA] 원119
불 Après les noms de famille, signifie nom de famille et se décline: 가 Ka, 가의, Ka-eui 가를 Ka-răl, etc… 김가 Kim-ka, nom de famille Kim.
한 성씨 뒤에 붙어서, 성씨를 나타내며 어미가 변한다: 가 Ka, 가의 Ka-eui, 가를 Ka-răl 등 | [용례 김가, Kim-ka], 김씨성

5가 [KA] (邊) 원119
불 plage, bord, rivage, rive.
한 바닷가, 연안, 물가, 강가

6*가 [KA] (歌) 원119
불 En agr. Chant, surtout chant grave et religieux, c. a. d. cantique.
한 한자어로 노래, 특히 엄숙하고 종교적인 노래, 즉 성가

7*가 [KA] (家) 원119
불 En agr. Habitation, maison.
한 한자어로 거주지, 집

8*가 [KA] (價) 원119
불 Prix.
한 가격

*가가 [KA-KA] (街家|棚) 원122
불 Case de marchands forains; baraque.
한 시장 상인의 작은 집 | 가건물

*가간 [KA-KAN,-I] (家間) 원122
불 Qui est attenant à la maison, tout ce qui est en dedans de l'enceinte.
한 집에 인접해 있는 것, 울타리 안에 있는 모든 것

*가감 [KA-KAM,-I] (加減) 원122
불 Plus et moins. Le plus et le moins, variation (en augmentant ou en diminuant)
한 더하고 빼기 | 더 많음과 더 적음(증가 또는 감소하는)변화

*가계 [KA-KYEI] (家計) 원122
불 Etat de la fortune.
한 재산의 상태

가계쥬 [KA-KYEI-TJYOU] 원122
불 Esp. de soie fleurie.
한 꽃무늬가 있는 비단의 종류

1*가관 [KĀ-KOAN,-I] (可觀) 원122
불 Qui mérite d'être vu.
한 보여질 만한 것

2가관 [KA-KOAN,-I] 원122
불 Turbulent; dissolu.
한 난폭하다 | 문란하다

*가괴ᄒᆞ다 [KĀ-KOI-HĂ-TA] (可恠) 원122
불 Mauvais, laid, vilain à voir. Chose mauvaise, étonnante et pas belle.
한 나쁘다, 추하다, 보기 흉하다 | 나쁜, 뜻밖이고 아름답지 않은 것

*가교 [KA-KYO] (加轎) 원122
불 Palanquin du roi.
한 왕의 가마

*가구 [KA-KOU] (家口, (Maison, bouche)) 원122
불 Les bouches de la maison; personnes de la maison.
한 집안 식구들 | 집안사람들

*가군 [KA-KOUN,-I] (家君, (Maison, roi)) 원122
불 Maître ou roi de la maison. Chef de la maison. Le père; le mari.
한 집안의 주인 또는 왕 | 집안의 우두머리 | 아버지 | 남편

*가권 [KA-KOUEN,-I] (家眷) 원122
불 Personnes de la maison (infér.)
한 집안사람들(아랫사람)

가귀 [KA-KOUI] 원122
불 Esp. de jeu, jeu de cartes.
한 놀이의 종류, 카드놀이

1* 가극ᄒᆞ다 [KA-KEUK-HĂ-TA] (加劇) [원]122

[불] Augmenter.

[한] 증가하다

2* 가극ᄒᆞ다 [KA-KEUK-HĂ-TA] (加棘) [원]122

[불] Prison entourée d'épines, où l'on met les grands criminels. Etre exilé et enfermé dans une prison entourée d'épines.

[한] 중죄인을 가두는, 가시로 둘러싸인 감옥 | 추방되어 가시로 둘러싸인 감옥에 가둬지다

*가긍ᄒᆞ다 [KĀ-KEUNG-HĂ-TA] (各矜) [원]122

[불] Digne de pitié, qui fait pitié.

[한] 동정 받아 마땅하다, 가엾다

1* 가긔 [KA-KEUI] (家基) [원]122

[불] Propriétés qui sont depuis longtemps dans la famille; biens de famille.

[한] 집안의 오래된 소유 재산 | 집안의 재산

2* 가긔 [KA-KEUI] (家記) [원]122

[불] Registre mortuaire de la famille (les païens le gardent pour les sacrifices).

[한] 집안의 사망자 장부 (이방인들은 제사를 위해 이를 보관한다)

3* 가긔 [KA-KEUI] (假碁) [원]122

[불] Nom d'un jeu de cartes.

[한] 카드놀이의 이름

*가긱 [KA-KĂIK,-I] (歌客) [원]122

[불] Chanteur, chanteuse.

[한] 가수, 여가수

가난ᄒᆞ다 [KA-NAN-HĂ-TA] (貧) [원]126

[불] Etre pauvre. Misère, pauvreté.

[한] 빈곤하다 | 곤궁, 가난

가납산이 [KA-NAP-SAN-I] [원]126

[불] Soupape de soufflet.

[한] 송풍기 밸브

*가년ᄒᆞ다 [KA-NYEN-HĂ-TA] (加年) [원]126

[불] Dépasser l'âge.(Se dit v. g. d'un garçon ou d'une fille, qui, étant âgés de vingt ans, ont dépassé l'époque ordinaire du mariage).

[한] 나이를 초과하다 | (예. 20살의 나이로, 결혼 적령기를 넘긴 총각이나 처녀에 대해 쓴다)

가느다 [KA-NEU-TA,-NEU-RE,-NEUN](細) [원]127

[불] Etre fin, délié, menu.

[한] 가느다랗다, 가냘프다, 작다

가느닷다 [KA-NEU-TĂT-TA,-TĂ-RA,-TĂ-RĂN] (傾) [원]127

[불] Etre oblique.

[한] 비스듬하다

가늠보다 [KA-NEUM-PO-TA,-PO-A,-PON] [원]127

[불] Mirer, ajuster, viser. ‖ Prendre mesure. ‖ Prendre une direction. ‖ Prendre la hauteur. ‖ Faire le point pour connaître la route. ‖ 산가늠보다 San-ka-neum-po-ta, Estimer la hauteur d'une montagne.

[한] 유심히 보다, 조정하다, 겨냥하다 | 치수를 재다 | 방향을 잡다 | 높이를 재다 | 길을 알기 위해 위치를 측정하다 | [[용례] 산가늠보다, San-ka-neum-po-ta], 산의 높이를 측정하다

가늬 [KA-NEUI] [원]127

[불] Entre, dans l'intervalle de.

[한] 사이, ~동안에

가눔쇠 [KA-NĂM-SOI] [원]126

[불] Mire(d'un fusil)

[한] (총의)가늠새

*가닉 [KA-NĂI] (家內, (Maison, intérieur)) [원]126

[불] Maisonnée, les gens de la maison.

[한] 동거하는 가족 전원, 집안사람들

1 가다 [KA-TA,KA,KAN] (去) [원]136

[불] (impérat. irrég.: 가거라 Ka-ke-ra) aller. ‖ Se joint au participe verbal passé d'un autre verbe, pour experimer que l'action est en train de se faire: 희여가다 Heui-ye-ka-ta, Blanchir, devenir blanc. 늙어가다 Neulk-e-ka-ta, Vieillir, aller vieillissant.

[한] (불규칙 명령형:가거라 Ka-ke-ra) 가다 | 진행 중인 동작을 나타내기 위해 다른 동사의 과거분사와 결합한다 | [[용례] 희여가다, Heui-ye-ka-ta], 희어지다, 희게 되다 | [[용례] 늙어가다, Neulk-e-ka-ta], 늙다, 나이를 먹다

2 가다 [KĀ-TA] (割) [원]136

[불] Couper les bords pour embellir.

[한] 아름답게 하기 위해 가장자리를 잘라내다

*가당ᄒᆞ다 [KĀ-TANG-HĂ-TA] (可當) [원]136

[불] Convenable. ‖ Qu'on peut faire.

[한] 적절하다 | 할 수 있다

*가뎡지학 [KA-TYENG-TJI-HAK] (家庭之學, (Maison, paternelle, doctrine)) [원]136

[불] Doctrine de famille, reçue des ancètres. Chose que l'on apprend chez soi sans secours étranger. Chose apprise dans la famille.

[한] 선조들에게서 받은 가정의 교의 | 집에서 외부의

도움 없이 배우는 것 | 가정 내에서 배운 것

*가도 [KA-TO] (家道, (Maison, route)) [원]136
[불] Conduite de la maison, des personnes de la maison. Conduite de la famille.
[한] 집안, 집안사람들의 행실 | 가정의 행실

가도이다 [KA-TO-I-TA,-TO-YE,-TO-IN] (囚) [원]137
[불] Etre renfermé. (pass. de 가도다 Ka-to-ta).
[한] 가둬지다 | (가도다 Ka-to-ta의 피동형)

*가돈 [KA-TON,-I] (家豚) [원]137
[불] Le cochon de la maison,c. a. d. mon fils. Nom par lequel quelqu'un désigne son fils propre. (Style épist.).
[한] 집안의 돼지, 즉 아들 | 누군가가 자신의 아들을 가리킬 때 쓰는 이름 | (서간체)

가동이질ᄒᆞ다 [KA-TONG-I-TJIL-HĂ-TA] [원]137 ☞가동이치다

가동이치다 [KA-TONG-I-TCHI-TA] [원]137
[불] Faire aller les jambes sans toucher à terre (enfant) Gigotter.
[한] (아이가) 땅에 닿지 않고 다리를 차고 흔들다

가드락가드락ᄒᆞ다 [KA-TEU-RAK-KA-TEU-RAK-HĂ-TA] (搖搖) [원]136
[불] Vaciller. ‖ Etre impertinent.
[한] 흔들거리다 | 버릇없다

가드락질ᄒᆞ다 [KA-TEU-RAK-TJIL-HĂ-TA] (搖搖) [원]136
[불] Se bousculer, se débattre, se démener.
[한] 서로 떼밀다, 몸부림치다, 날뛰다

*가득지물 [KĀ-TEUK-TJI-MOUL] (可得之物, (on peut, obtenir, que, chose)) [원]136
[불] Chose qu'on peut obtenir. ‖ Chose qu'on doit donner et qui peut être reçue. ‖ Acceptable, convenable.
[한] 얻을 수 있는 것 | 지불해야 받을 수 있는 것 | 적당하다, 알맞다

가득ᄒᆞ다 [KA-TEUK-HĂ-TA] (滿) [원]136
[불] Etre plein.
[한] 가득하다

가든가든ᄒᆞ다 [KA-TEUN-KA-TEUN-HĂ-TA] (輕) [원]136
[불] Léger. Etre de facile transport.
[한] 가볍다 | 옮기기 쉽다

가든ᄒᆞ다 [KĀ-TEUN-HĂ-TA] (輕) [원]136
[불] Léger, facile.
[한] 가볍다, 쉽다

가들가들ᄒᆞ다 [KA-TEUL-KA-TEUL-HĂ-TA] (搖搖) [원]136
[불] Plaisanteries. Etre gai, s'amuser.
[한] 농담 | 쾌활하다, 즐기다

가ᄃᆞᆷ다 [KA-TĂ-TEUM-TA,-TEUM-E,-TEUM-EUN] (勸) [원]136
[불] S'efforcer de. ‖ Faire avec soin. ‖ Préparer; disposer, orner; purifier; nettoyer; rendre net, clair, brillant. ‖ Exhorter, encourager.
[한] ~하려고 애쓰다 | 주의해서 하다 | 준비하다 | 배치하다, 장식하다 | 정화하다 | 깨끗이 하다 | 깨끗하게, 밝게, 빛나게 만들다 | 권하다, 격려하다

가ᄃᆞᆰ [KA-TĂLK,-I] (緣故) [원]136
[불] Motif, raison, cause, principe. 가ᄃᆞᆰ에 Ka-tălk-ei, ou 가ᄃᆞᆰ으로 Ka-tălk-eu-ro, a cause de.
[한] 동기, 이유, 원인, 근원 | [[용례] 가ᄃᆞᆰ에, Ka-tălk-ei] 또는 [[용례] 가ᄃᆞᆰ으로, Ka-tălk-eu-ro], ~때문에

*가ᄃᆡ [KA-TĂI] (家垈, (maison,entourage)) [원]136
[불] Propriété; ferme; métairie. Maison avec champ.
[한] 소유지 | 농지 | 반타작 소작지 | 밭을 소유한 집

가라앉사 [KA-RA-AN-TTA,-AN-TJYE,-AN-TJEUN] (沉坐) [원]132
[불] Aller au fond de l'eau. Déposer. Tomber au fond, comme le sédiment d'un liquide. ‖ 마음가라안따 Mă-ăm kara-an-tta, S'apaiser; la colère tomber; être paisible, tranquille.
[한] 물 밑바닥으로 내려가다 | 침전하다 | 액체의 침전물처럼 바닥으로 가라앉다 | [[용례] 마음가라안따, mă-ăm kara-an-tta], 진정되다, 화가 가라앉다, 평온하다, 침착하다

가라지 [KA-RA-TJI] (梯) [원]133
[불] Grande herbe inutile; zizanie.
[한] 쓸데없는 큰 풀 | 줄[[역주] 풀]

¹가락 [KA-RAK,-I] (指) [원]133
[불] Doigt.
[한] 손가락

²가락 [KA-RAK,-I] [원]133
[불] Fuseau en fer. ‖ Petite broche en fer sur laquelle s'enroule le fil du rouet. ‖ les deux pivots de l'égreneuse.
[한] 철로 된 가락 | 물레의 실이 감기는 작은 쇠꼬챙이 | 탈곡기의 두 축

가락잡이 [KA-RAK-TJAP-I] [원]133
[불] Celui qui redresse les 가락 Ka-rak en fer. ‖ Celui

qui a un œil presque fermé (injur.) Celui qui, pour voir, ferme un œil (comme le redresseur de 가락 ka-rak).
한 철가락 Ka-rak을 바로 잡아 주는 사람 | 한쪽 눈을 거의 감은 사람(욕설), (가락 ka-rak을 바로 세워 주는 사람처럼) 보기 위해 한쪽 눈을 감는 사람

가락지 [KA-RAK-TJI] (指環) 원133
불 Bague, anneau.
한 반지, 가락지

가랏 [KA-RAT,-SI] (稊) 원133
불 Grande herbe inutile; ivraie.
한 무용한 큰 풀 | 가라지

*가랑 [KA-RANG,-I] (佳郞) 원133
불 Joli jeune marié. ‖ Homme aimable.
한 젊고 멋있는 새신랑 | 다정한 남자

가랑비 [KA-RANG-PI] (細雨) 원133
불 Petite pluie, bruine.
한 조금 내리는 비, 이슬비

1가래 [KA-RAI] (鍤) 원132
불 Esp. de bêche, de grande pelle à bêcher.
한 가래, 가래질용 큰 삽의 종류

2가래 [KA-RAI] (楸) 원132
불 Noyer sauvage (?) (employé en menuiserie). ‖ Ecorce du noyer sauvage. ‖ Noix sauvage.
한 (목공용으로 사용된) 야생 호두나무(?) | 야생 호두나무의 껍질 | 야생 호두

3가래 [KA-RAI] (痰) 원132
불 Crachat.
한 가래

4가래 [KA-RAI] 원132
불 Esp. de petit insecte (remède contre la rage)
한 작은 곤충(광견병의 치료제)의 종류

가래나무 [KA-RAI-NA-MOU] (楸木) 원133
불 Noyer sauvage.
한 야생 호두나무

가래암질ᄒᆞ다 [KA-RAI-AM-TJIL-HĂ-TA] (弄) 원133
불 Se bousculer en luttant; lutter sans art, sans règle.
한 싸우며 서로 떼밀다 | 기술 없이, 규칙 없이 싸우다

1가래장이 [KA-RAI-TJANG-I] 원133
불 Les deux jambes.
한 두 다리

2가래장이 [KA-RAI-TJANG-I] (木器匠) 원133
불 Fabricant de vases en bois.
한 나무 그릇 제조인

가래춤 [KA-RAI-TCHOUM,-I] (痰涎) 원133
불 Salive et morve. Graillon. Pituite. Crachat gras.
한 침과 콧물 | 가래 | 신물 | 끈적끈적한 가래

가량 [KĀ-RYANG] (假令) 원133
불 Ainsi; à peu près; environ; par comparaison.
한 그처럼 | 거의 | 약 | 비교적

가량비컨대 [KA-RYANG-PI-HKEN-TAI] (假令譬) 원133
불 Ainsi par exemple; par comparaison.
한 예를 들어 | 비교하여

*가량ᄒᆞ다 [KĀ-RYANG-HĂ-TA] (加量) 원133
불 Présumer approximativement; supputer; délibérer; examiner; réfléchir.
한 대략 추측하다 | 산정하다 | 숙고하다 | 심사하다 | 검토하다

*가력ᄒᆞ다 [KA-RYEK-HĂ-TA] (加力) 원133
불 Augmenter le travail. Avoir plus de peine. ‖ Se dit v. g. d'un champ recouvert par un éboulement; d'une récolte endommagée par trop de pluie.
한 작업을 증가시키다 | 더 수고하다 | 예. 무너진 토사로 뒤덮인 밭, 너무 많은 비로 인해 피해를 입은 수확물에 대해 쓴다

*가련ᄒᆞ다 [KĀ-RYEN-HĂ-TA] (可憐) 원133
불 Pitoyable, digne de pitié. Misérable.
한 가엾다, 동정 받아 마땅하다 | 불쌍하다

가렵다 [KA-RYEP-TA,-RYE-OUE,-RYE-ON] (癢) 원133
불 Qui démange; qui pique. Sentir une démangeaison.
한 근질근질하다 | 따가운 느낌을 주다 | 가려움을 느끼다

*가령 [KA-RYENG,-I] (假令) 원133
불 Supposition; comparaison. Par exemple.
한 가정 | 비교 | 예를 들면

*가례 [KA-RYEI] (嘉禮) 원133
불 Noces du roi, mariage du roi.
한 왕의 혼례, 왕의 결혼식

1가로 [KĀ-RO] (横) 원133
불 Horizontalement; en largeur; de droite à gauche ou de gauche à droite.
한 수평으로 | 가로로 | 오른쪽에서 왼쪽으로 또는 왼쪽에서 오른쪽으로

2가로 [KA-RO] (屑) 원133
불 Farine.
한 가루

ㄱ

가로닷다 [KA-RO-TAT-TA,-TA-RA,-TA-RAN] (橫去) 원133
불 Etre oblique. Obliquer à droite ou à gauche. ‖ Changer, faire autrement ou autre chose que ce qu'on doit faire.
한 비스듬하다 | 오른쪽 또는 왼쪽으로 비스듬히 돌아가다 | 바꾸다, 다르게 하다 또는 해야 하는 것과 다른 것을 하다

가로획 [KA-RO-HOIK,-I] (橫畫) 원133
불 Ecriture horizontale, en lignes horizontales.
한 가로의, 가로줄 글씨

1*가루 [KA-ROU] (家累) 원133
불 Empêchement, obstacle, chagrin à la maison.
한 지장, 장애, 집안의 괴로움

2가루 [KA-ROU] (屑) 원133
불 Farine.
한 가루

가르릉가르릉ᄒᆞ다 [KA-REU-REUNG-KA-REU-REUNG-HĂ-TA] 원133
불 Exprime le ronron d'un chat, d'un tigre; le bruit de la respiration (v. g. d'un enfant) en dormant. Râler; avoir la gorge embarrassée.
한 고양이, 호랑이의 가르랑거리는 소리를 표현한다 | (예. 아기의) 잠잘 때 호흡 소리 | 헐떡거리다 | 목구멍에 장애가 생기다

1*가리 [KA-RI] (假吏) 원133
불 Celui qui exerce nouvellement les fonctions de prétorien, ou qui est d'un district différent de celui où il exerce ses fonctions. ‖ Réception d'un aspipirant dans le corps des prétoriens.
한 새로 친위병의 직무를 이행하는 사람 또는 자신의 직무를 행하는 곳과는 다른 지역에서 온 사람 | 친위대 지망자 입대식

2가리 [KA-RI] 원133
불 Instrument qui sert à polir au tour les objets ronds. Esp. de ciseau pour le tour.
한 둥근 물체의 윤곽을 다듬는 데에 쓰는 도구 | 돌림판용 끌의 종류

3*가리 [KA-RI] (價理) 원133
불 Qualité d'un objet.
한 어떤 물건의 질

4가리 [KA-RI] (肋) 원133
불 Côtes, os des côtes.
한 갈비, 갈비뼈

1가리다 [KA-RI-TA,-RYE,-RIN] (擇) 원133
불 Choisir, trier.
한 선택하다, 선별하다

2가리다 [KA-RI-TA,-RYE,-RIN] (積) 원133
불 Amonceler, mettre en tas.
한 쌓아 올리다, 쌓다

가리ᄃᆡ [KA-RI-TĂI] 원133
불 Côtes, os des côtes.
한 갈비, 갈비뼈

가리박 [KA-RI-PAK,-I] (磨朴) 원133
불 Vase fait au tour.
한 돌림판에서 만들어진 그릇

1가리새 [KA-RI-SAI] 원133
불 Manière (d'être, d'agir, etc.); qualité.
한 (존재하는, 행동하는 등의) 방식 | 자질

2가리새 [KA-RI-SAI] 원133
불 Bec-en-ciseaux ou coupeur d'eau (esp. d'oiseau)
한 제비갈매기류 또는 제비갈매기 (새의 종류)

가리우다 [KA-RI-OU-TA,-RE-OUE,-RI-OUN] (掩) 원133
불 Voiler, cacher, couvrir, pallier.
한 가리다, 감추다, 덮다, 은폐하다

가ᄅᆞ치다 [KA-RĂ-TCHI-TA] 원133
불 V. ᄀᆞᄅᆞ치다 Kă-ră-tchi-ta.
한 [참조어 ᄀᆞᄅᆞ치다, Kă-ră-tchi-ta]

1가마 [KĂ-MA] (釜|窰) 원124
불 Grande chaudière, four. ‖ Numéral des fournées, des marmites de bouillon.
한 큰 솥, 화덕 | 한 가마분, 한 국물 냄비의 양을 세는 수사

2가마 [KA-MA] (轎) 원124
불 Chaise à porteurs couverte. Palanquin. Litière couverte.
한 가마, 가마, 지붕 있는 가마

3가마 [KA-MA] 원124
불 Dessus de la tête (où les cheveux sont en spirale) ‖ Numéral des centaines de chignous ou faux cheveux, etc.
한 (머리카락이 소용돌이 모양인) 머리 윗부분 | 쪽진 머리 또는 가모 등을 백 개씩 세는 수사

가마귀 [KA-MA-KOUI] (烏) 원124
불 Corbeau.

한 까마귀

가마죵이 [KA-MA-TJYONG-I] 원124

불 Esp. de plante. Morelle noire.

한 식물의 종류 | 까마종이

가막쇠 [KA-MAK-SOI] 원124

불 Crochet en fer. Crochet aux extrémités de la corde dont on se sert pour lier les coupables. || Chaîne en fer que portent les satellites pour lier les gens qu'ils arrêtent. || Menottes.

한 쇠로 된 고리 | 죄인을 묶기 위해 사용되는 밧줄 끝에 달린 고리 | 체포한 사람들을 묶기 위해 부하들이 소지하는 쇠로 된 사슬 | 어린아이의 손들

*가망 [KĀ-MANG,-I] (可望) 원124

불 Possibilité, chace de succès. 가망이잇다 Ka-mang-i it-ta, Etre possible.

한 가능성, 성공할 확률 | [용례 가망이잇다, Ka-mang-i it-ta], 가능하다

*가모 [KA-MO] (家母, (Maison, mère)) 원124

불 Epouse, maîtresse, reine de la maison.

한 아내, 여주인, 집안의 여왕

*가문 [KA-MOUN,-I] (家門, (Maison, porte)) 원124

불 Maison célèbre, bonne maison, nom illustre, || Esprit de la famille. || Position de la famille dans le monde. || Rang, extraction. Rang dans la société.

한 유명한 집안, 좋은 집안, 저명한 이름 | 가족의 정신 | 세상에서의 가문의 위치 | 지위, 혈통 | 사회에서의 지위

*가문셔 [KĀ-MOUN-SYE] (假文書) 원124

불 Faux billet, faux écrit.

한 가짜 증명서, 가짜 서류

*가문셜화 [KĀ-MOUN-SYEL-HOA] (假紋說話, (Fausse, ornée, parole)) 원124

불 Nouvelles intéressantes. Parole qui change, qui augmente le sens faussement. Parole qui renchérit.

한 흥미로운 이야기 | 바뀌는, 뜻을 거짓되게 부풀리는 말, 한 술 더 뜨는 말

가뭇가뭇ᄒᆞ다 [KA-MEUT-KA-MEUT-HĂ-TA] (玄玄) 원124

불 Etre marqué de toute petites taches blanches ou noires. || Se dit de ce qu'on ne distingue pas bien à cause de l'éloignement.

한 희거나 검은 아주 작은 점들이 찍혀 있다 | 멀리 떨어져 있어서 잘 구별할 수 없을 때 쓰인다.

*가변 [KA-PYEN,-I] (家變) 원131

불 Malheur domestique; accident ou chose fâcheuse dans la maison.

한 집안의 불행 | 집안의 사고나 난처한 일

*가복 [KA-POK,-I] (加卜, (augmenter, contribution des biens fonds)) 원132

불 Supplément de contribution imposé par le prétorien. Concussion, impôt exorbitant.

한 친위병에 의해 과해진 조세의 추가분 | 공무원의 공금횡령, 지나친 조세

*가봉ᄌᆞ [KA-PONG-TJĂ] (加捧子, (en surplus, recevoir, enfant)) 원132

불 Enfant don't le père est mort, et qui suit sa mère chez un beau-père. Enfant d'un premier mari.

한 아버지가 죽어서 엄마를 따라 의붓아버지의 집으로 온 아이 | 첫 번째 남편의 아이

1*가부 [KA-POU] (家夫) 원132

불 Mari; père de famille; maître de maison.

한 남편 | 집안의 아버지 | 집안의 주인

2*가부 [KĀ-POU] (可否) 원132

불 Le vrai et le faux.

한 옳음과 그름

3*가부 [KA-POU] (家富) 원132

불 Maison ou famille riche.

한 부유한 집 또는 가정

1가분ᄒᆞ다 [KA-POUN-HĂ-TA] (輕) 원132

불 Etre léger.

한 가볍다

2가분ᄒᆞ다 [KA-POUN-HĂ-TA] (分) 원132

불 Partager.

한 나누다

3*가분ᄒᆞ다 [KA-POUN-HĂ-TA] (可忿) 원132

불 Vexant; qui fait mettre en colère.

한 기분을 상하게 하는 | 화나게 하는

1*가빙ᄒᆞ다 [KA-PING-HĂ-TA] (家殯) 원132

불 Préparer un endroit pour y déposer un mort jusqu'à l'enterrement.

한 매장 때까지 시신을 둘 장소를 마련하다

2*가빙ᄒᆞ다 [KA-PING-HĂ-TA] (加氷) 원132

불 Amasser de la glace dans une glacière.

한 지하 얼음 창고에 얼음을 모으다

가ᄇᆞ얍다 [KA-PĂ-YAP-TA,-YA-OUE,-YA-ON] (輕) 원131

불 Léger.

한 가볍다

1* 가사 [KA-SA] (家舍) 원135

불 Maison.

한 집

2* 가사 [KA-SA] (歌詞) 원135

불 Nom d'une esp. de chant.

한 노래의 종류의 이름

3* 가사 [KA-SA] (袈裟) 원135

불 Habit de cérémonie des bonzes.

한 승려들이 종교의식 때 입는 옷

*가산 [KA-SAN,-I] (家産, (Maison, meubles et immeubles)) 원135

불 Tout ce qui appartient à une maison. Choses domestiques. Maison et revenu; fortune.

한 집에 속하는 모든 것 | 집안의 것들 | 집과 소득 | 재산

가살지다 [KA-SAL-TJI-TA,-TJYE,-TJIN] 원135

불 Etre précoce, vif; être plus vite développé. ‖ Adroit sophiste qui sait bien payer de paroles, rusé, fourbe.

한 조숙하다, 활발하다 | 더 빨리 발달하다 | 번지르르한 말로 잘 때울 줄 아는 능란한 궤변가, 교활하다, 음흉하다

*가삼 [KA-SAM,-I] (家蔘) 원135

불 Gen-sen ou jen-sen cultivé (il est de moindre qualité que le sauvage).

한 재배된 인삼 또는 인삼 (야생의 것보다 질이 낮다)

가새 [KA-SAI] (剪刀) 원135

불 Ciseaux.

한 가위

가새쥬리 [KA-SAI-TJYOU-REUI] 원135

불 Supplice de la courbure des os des jambes, au moyen de deux bâtons passés en travers, se croisant, et qu'on tire en sens inverse.

한 가로로 엇갈리게 하여 반대 방향으로 잡아당기는 두 개의 막대기를 이용하여 양쪽 다리뼈의 만곡부에 가하는 체형

*가셕ᄒᆞ다 [KA-SYEK-HĂ-TA] (可惜) 원136

불 Regrettable. C'est dommage.

한 애석하다 | 유감스럽다

*가셰 [KA-SYEI] (家勢) 원136

불 Etat de la maison, de la ferme. ‖ Fortune de la famille, revenus.

한 집, 소작지의 상태 | 가족의 재산, 수입

가솔 [KA-SOL,-I] 원136 ☞가숄

*가쇼롭다 [KĀ-SYO-ROP-TA,-RO-OA,-RO-OUN] (可笑) 원136

불 Risible, ridicule.

한 조롱받을 만하다, 우습다

*가쇽 [KA-SYOK,-I] (家屬) 원136

불 Toutes les personnes de la maison. ‖ Epouse.

한 집안의 모든 사람 | 아내

*가숄 [KA-SYOL] (家率) 원136

불 Epouse. ‖ Les personnes de la famille, de la maison; la maisonnée.

한 아내 | 가족, 집안사람들 | 동거하는 한 가족 전체

*가수 [KA-SOU] (家數) 원136

불 Liste ou énumération des maisons nobles. ‖ Le nombre des maisons.

한 귀족 집안의 목록 또는 열거 | 집들의 수

1 가스싀 [KA-SEU-SĂI] 원136

불 Traverses de bois placées horizontalement dans la carcasse d'une muraille, avant de la couvrir de terre.

한 흙으로 덮기 전에 벽의 뼈대 안에 수평으로 놓는 나무로 된 가로장

2 가스싀 [KA-SEU-SĂI] (滌) 원136

불 Nettoyage.

한 청소

가슬가슬ᄒᆞ다 [KA-SEUL-KA-SEUL-HĂ-TA] 원136

불 Etre rude; vif; turbulent; fringant; susceptible; indocile; insoumis. ‖ Etre dur au toucher.

한 거칠다 | 격렬하다 | 소란하다 | 팔팔하다 | 격하기 쉽다 | 온순하지 않다 | 순종하지 않다 | 촉감이 거칠다

*가승 [KA-SEUNG,-I] (家承, (Maison, succession)) 원136

불 Généalogie.

한 족보

가싀다 [KA-SEUI-TA,-SEUI-YE,-SEUIN] (洗滌) 원136

불 Laver, nettoyer v. g. un vase.

한 씻다, 예. 그릇을 세척하다

가싀아비 [KA-SEUI-A-PI] (聘父) 원136

불 Beau-père, père de la femme. (se dit surtout en parlant des esclaves).

한 장인, 부인의 아버지 | (특히 노예들에 대해 말할 때 쓴다)

*가식지물 [KA-SIK-TJI-MOUL,-I] (可食之物, (On peut, manger, que, chose)) 원136

불 Chose mangeable. Chose bonne à manger, qu'on peut manger.
한 먹을 수 있는 것 | 먹기 좋은, 먹을 수 있는 것

1*가신 [KA-SIN,-I] (家臣) 원136
불 Intendant d'une maison. Homme d'affaires.
한 집안의 관리인 | 가신(家臣)

2*가신 [KĀ-SIN,-I] (家信) 원136
불 Lettre venant de la maison, de chez soi.
한 집에서, 자기 집에서 온 편지

3*가신 [KA-SIN,-I] (家神) 원136
불 Génies domestiques, dieux lares, pénates.
한 집안의 정령들, 집안의 수호신들, [역주 가정, 도시의] 수호신들

*가신ᄒᆞ다 [KA-SIN-HĂ-TA] (可信, (On peut, croire)) 원136
불 Croyable, qu'on peut croire.
한 믿을 만하다, 믿을 수 있다

*가ᄉᆞ [KA-SĂ] (家事) 원135
불 Les affaires de la maison.
한 집안일

*가ᄉᆞ목 [KA-SĂ-MOK,-I] (袈裟木) 원136
불 Chêne. esp. de bois rouge très-dur.
한 떡갈나무 | 매우 단단한 붉은 나무의 종류

*가ᄉᆞ비 [KĀ-SĂ-PI] (可使婢, (On peut, se servir, esclave)) 원136
불 Esclave industrieux. Esclave don't on peut se servir, dont on peut tirer parti.
한 부지런한 노예 | 부리고 이용할 수 있는 노예

가ᄉᆞᆷ [KA-SĂM,-I] (胸) 원136
불 Poitrine.
한 가슴

가ᄉᆡ [KA-SĂI] (棘茨) 원135
불 Epine.
한 가시

가ᄉᆡ당ᄭᅩᆺ [KA-SĂI-TANG-KKOT,-TCHI] 원136
불 Rose, fleur du rosier.
한 장미꽃, 장미나무의 꽃

가ᄉᆡ음ᄒᆞ다 [KA-SĂI-EUM-HĂ-TA] 원135
불 Se laver v. g. la bouche, après avoir bu une liqueur amère, un remède. Laver v. g. un vase.
한 예. 쓴 액체, 약을 마신 후 입을 씻다 | 예. 단지를 씻다

가약고 [KA-YAK-KO] (小琴) 원119
불 Esp. de petite harpe, violoncelle, mandoline.
한 작은 하프, 첼로, 만돌린의 종류

가얌 [KA-YAM,-I] (榛) 원119
불 Esp. de noisette.
한 개암열매의 종류

1가얌이 [KA-YAM-I] (蟻) 원119
불 Fourmi. syn. ᄀᆡ야미 Kăi-ya-mi.
한 개미 | [동의어 ᄀᆡ야미, kăi-ya-mi]

2가얌이 [KA-YAM-I] 원139 ☞ᄀᆡ야미

가얌지ᄅᆞ다 [KA-YAM-TJI-RĂ-TA,-TJIL-NE,-TJI-RĂN] 원119
불 Faire manger du coton imbibé de sang de faisan au faucon qui doit chasser dans la journée (pour le faire vomir, lui enlever la graisse des entrailles, et le forcer ainsi à chasser).
한 (매를 토하게 하고 그 내장의 지방을 제거하며 이렇게 하여 매에게 사냥을 강제하기 위해) 낮 동안 사냥해야 하는 매에게 꿩의 피에 젖은 솜을 먹이다

1*가양 [KA-YANG,-I] (家釀) 원119
불 Vin fait à la miason. Vin du cru.
한 집에서 만든 술 | 지방특유의 술

2*가양 [KA-YANG,-I] (家樣) 원119
불 Etat de fortune. Situation pécuniaire.
한 재산의 상태 | 재정 상태

*가어ᄉᆞ [KĀ-Ē-SA] (假御使) 원119
불 Faux 어ᄉᆞ E-să. Homme qui simule l'envoyé secret du gouvernement.
한 가짜 어ᄉᆞ E-să | 정부의 비밀 사자인 체하는 사람

*가업 [KA-EP,-I] (家業) 원119
불 Possession, fortune. ‖ Profession, surtout profession commerciale.
한 소유물, 재산 | 직업, 특히 상업적 직업

*가역 [KA-YEK,-I] (家役) 원119
불 Construction d'une maison. Grande réparation d'une maison. Travaux de construction d'une maison.
한 집짓기 | 집의 대수리 | 집 짓는 일

가오리 [KA-O-RI] (假洪魚) 원121
불 Esp. de raie blanche (poisson de mer). Limule.
한 흰가오리(바닷물고기)의 종류, 투구게

가온대 [KA-ON-TAI] (中) 원121
불 Au milieu, au centre, entre.
한 가운데, 중심에, ~의 중간에

가옷 [KA-OT,-SI] (折半) 원121

불 Moitié, demi, et demi. 말가옷 Mal-ka-ot, Un boisseau et demi.
한 절반, 반, ~와(과) 1/2 | [용례 말가옷, Mal-ka-ot], 한 브와소(약 13리터)와 1/2

*가옹 [KA-ONG,-I] (家翁) 원121
불 Le plus vieux d'une maison.
한 집안에서 가장 나이 많은 사람

*가왕 [KA-OANG,-I] (家王, (Maison, roi)) 원121
불 Epoux, mari.
한 배우자, 남편

*가외 [KA-OI] (可畏) 원121
불 Peur, sujet de crainte.
한 무서움, 두려움의 동기

1*가용 [KA-YONG,-I] (家用) 원121
불 Les choses d'un usage journalier; la dépense de chaque jour.
한 매일 사용하는 것들 | 매일 쓰는 돈

2*가용 [KA-YONG,-I] (可用) 원121
불 Utile.
한 유용

*가용지인 [KA-YONG-TJI-IN,-I] (可用之人) 원121
불 Homme utile, ou qui peut être utile.
한 유용한 또는 유용할 수 있는 사람

*가운 [KA-OUN,-I] (家運) 원121
불 Génie de la maison. Le destin, la chance de la maison (superst.)
한 집안의 령 | 집안의 운명, 운(미신)

*가원ᄒᆞ다 [KA-OUEN-HĂ-TA] (可寃) 원121
불 Regretter, être regrettable.
한 애석해하다, 유감스럽다

1*가위 [KA-OUI] (可謂) 원121
불 En agr. Dont on peut parler; remarquable.
한 한자어로 [역주 ~에 대해] 말할 수 있다 | 주목할 만하다

2가위 [KA-OUI] (剪刀) 원121
불 Ciseaux.
한 가위

*가위일식이 [KĀ-OUI-IL-SĂIK-I] (可謂一色) 원121
불 Remarquable par la beauté; beauté qu'on peut vanter.
한 뛰어난 미인 | 칭찬할 만한 아름다움

가위쥬리 [KA-OUI-TJYOU-ROI] 원121
불 Instrument de torture avec lequel on fait l'écartement des jambs. Il consiste en deux pièces de bois longues de 5 pieds, qu'on passe entre les jambes serrées par des cordes au genou et à la cheville; en les écartant comme des leviers ou des ciseaux, on fait plier les os, qui se brisent, si les exécuteurs ne sont pas habiles.
한 다리 사이를 벌리는 데 쓰는 고문 기구 끈으로 발목과 무릎을 꽉 죈 다리 사이로 통과시키는 5피에 길이 나무 조각 두 개로 구성된다 | 지레 또는 가위처럼 다리를 벌려 뼈를 휘게 하는데, 집행자가 능란하지 않다면 뼈가 부러진다

*가위지도 [KĀ-OUI-TJI-TO] (可爲之道) 원121
불 Possible; chose possible; qui ne dépasse pas les forces.
한 할수있는 일 | 할 수 있는 것 | 힘을 넘어서지 않는 것

가을 [KA-EUL,-I] (秋) 원120
불 Automne.
한 가을

가음 [KA-EUM] (材料) 원120
불 Matière. ‖ Numéral de tout ce qui est nécessaire pour la confection ou la préparation d'une chose, v. g. la quantité d'étoffe nécessaire pour un habit, ce qu'il faut pour un repas.
한 재료 | 어떤 것을 제작하거나 가공하는 데 필요한 모든 것을 세는 수사 | 예. 옷을 만드는 데 필요한 직물의 양, 식사를 위해 필요한 것

가음알다 [KA-EUM-AL-TA,-A,-AN] (司) 원120
불 Administrer, avoir soin de, gouverner, avoir l'intendance de. Syn. ᄀᆞ음아다 Kă-eum-a-ta.
한 관리하다, ~을 돌보다, 다스리다, ~을 감독하다 | [동의어 ᄀᆞ음아다, kă-eum-a-ta]

가음여다 [KA-EUM-YE-TA,-YE-RE,-YEN] (富) 원120
불 Opulent, riche.
한 호사스럽다, 부유하다

*가의동가의셔ᄒᆞ다 [KA-EUI-TONG-KA-EUI-SYE-HĂ-TA] (可以東可以西) 원120
불 Aller à l'est ou aller à l'ouest. C'est indécis. C'est probable. N'être pas certain. Syn. 가이동가이셔ᄒᆞ다 Ka-i-tong-ka-i-sye-hă-ta.
한 동쪽 또는 서쪽으로 가다 | 미확정이다 | 있을 법하다 | 확실하지 않다 | [동의어 가이동가이셔ᄒᆞ다, Ka-i-tong-ka-i-sye-hă-ta]

1*가의ᄒᆞ다 [KA-EUI-HĂ-TA] (加意, (Ajouter, pensée)) 원119

불 Penser une seconde fois avec plus d'attention. Réfléchir profondément, penser à plusieurs reprises.
한 주의 깊게 두 번째 생각하다 | 깊게 숙고하다, 여러 번 다시 생각하다

[2]*가의ᄒᆞ다 [KA-EUI-HĂ-KA] (可意) 원120
불 Etre conforme-à la pensée, au sentiment.
한 생각과 감정에 일치하다

*가이동가이셔ᄒᆞ다 [KA-I-TONG-KA-I-SYE-HĂ-TA] (可以東可以西) 원121
불 (Aller à l'est ou aller à l'Ouest). Etre incertain, être indécis.
한 (동쪽 또는 서쪽으로 가다) 불확실하다, 미확정이다

[1]*가인 [KA-IN,-I] (家人) 원120
불 Habitant de la maison. ‖ La femme, l'épouse.
한 집의 거주자 | 부인, 아내

[2]*가인 [KA-IN,-I] (佳人) 원120
불 Belle femme.
한 아름다운 여자

*가일년 [KA-IL-NYEN,-I] (加一年) 원121
불 Une année de plus, encore un an. (Se dit pour les mandarins dont l'emploi est prorogé d'un an).
한 한 해 더, 1년 더 | (직무가 1년 연장되는 관리들에 대해 쓴다)

*가입ᄒᆞ다 [KA-IP-HĂ-TA] (加入) 원121
불 Ajouter(v. g. ajouter des remèdes à la formule ordinaire).
한 추가하다(예. 보통의 처방에 약재를 추가하다)

가ᄋᆡ [KA-ĂI] (剪刀) 원119
불 ciseaux.
한 가위

가잠나롯 [KA-TJAM-NA-ROT,-SI] (美鬚) 원137
불 Dont la barbe peu fournie s'étend en rayons. Barbe rare sur les joues, favoris clair-semés.
한 방사상으로 성기게 난 수염 | 뺨에 성기게 난 수염, 듬성듬성 난 구레나룻

가잠이 [KA-TJAM-I] (傾口魚) 원137
불 Poisson de mer. Barbue.
한 바닷물고기 | 가자미

[1]*가쟝 [KA-TJYANG,-I] (家長) 원137
불 Chef de la maison. Mari, époux. Chef de la famille.
한 집안의 우두머리 | 남편, 배우자 | 가족 중 우두머리

[2]가쟝 [KA-TJYANG,-I] (最) 원137
불 Surtout, le premier, le meilleur, ce qu'il y a de mieux.
한 특히, 첫 번째 것, 가장 좋은 것, 최고의 것

[3]가쟝 [KA-TJYANG,-I] (狗肉) 원137
불 Chair de chien.
한 개고기

가져가다 [KA-TJYE-KA-TA,-KA,-KAN] (持去, (ayant pris, aller)) 원137
불 Prendre et aller; emporter.
한 가지고 가다 | 가져가다

가져오다 [KA-TJYE-O-TA,-OA,-ON] (持來, (ayant pris, venir)) 원137
불 Prendre et venir; apporter.
한 가지고 오다 | 가져오다

*가젼가후 [KĀ-TJYEN-KĀ-HOU] (駕前駕後, (troupe, avant, troupe, après)) 원137
불 Garde royale. Cortége du roi. (가젼 Ka-tjyen, ceux qui le précèdent, avant-garde: 가후 Ka-hou, ceux qui le suivent, arrière garde).
한 왕의 근위대 | 왕의 수행원 | (가젼 Ka-tjyen은 왕의 앞에 가는 사람들, 전위[역주 前衛] | 가후 Ka-hou는 근위대 뒤로 왕을 뒤따르는 사람들, 후위)

[1]*가졀 [KA-TJYEL,-I] (佳節) 원137
불 Temps heureux, beau; bon temps.
한 행복한, 아름다운 시절 | 좋은 시절

[2]*가졀 [KA-TJYEL,-I] (價折) 원138
불 Prix d'une chose.
한 어떤 물건의 값

*가졔 [KA-TJYEI] (家猪) 원137
불 Cochon domestique.
한 집에서 키우는 돼지

가좌 [KA-TJOA] 원138
불 Recensement, dénombrement par maisons, par familles; (il se fait tous les 3 ans, dans les années où il y a une lune supplémentaire). syn. 호적 Ho-tjyek.
한 인구 조사, 집안 단위, 가족 단위 [역주 통계적인] 조사 | (3년마다 추가 되는 달이 있는 해에 실행된다) | [동의어 호적, Ho-tjyek]

가죠긔 [KA-TJYO-KEUI] (魚脯) 원138
불 Le 죠긔 Tjyo-keui ouvert en deux et desséché. Poisson sec, p. ê. le merlan.
한 둘로 갈라 말린 죠긔 Tjyo-keui, 말린 생선 | 말린 생선, 아마도 대구의 일종

가죡 [KA-TJYOK,-I] (皮) 원138
불 Peau, cuir.
한 가죽, 피혁

가족장이 [KA-TJOK-TJYANG-I] (皮匠) 원138
불 Corroyeur.
한 무두장이

1*가쥬 [KA-TJYOU] (家主) 원138
불 Maître de la maison. ‖ Papier qui remplace les tablettes chez les pauvres et les hommes du peuple. ‖ Génie protecteur des habitations.
한 집안의 주인 | 가난한 이들과 서민들의 집에서 패를 대체하는 종이 | 거주지를 보호하는 수호신

2*가쥬 [KĀ-TJOU] (假主) 원138
불 Faux maître.
한 가짜 주인

*가쥬젼ᄒᆞ다 [KA-TJYOU-TJYEN-HĂ-TA] (假鑄錢, (faux, fabriquer, monnaie)) 원138
불 Faux monnayage. Faire de la fausse monnaie.
한 가짜 화폐 주조 | 가짜 화폐를 만들다

*가즁 [KA-TJYOUNG,-I] (家中) 원138
불 Intérieur de la maison, de la famille.
한 집, 가정의 내부

가즁나무 [KA-TJYOUNG-NA-MOU] (樗木) 원138
불 Nom d'un arbre. V.Syn. ᄀᆡ쥭나무 Kăi-tjyouk-namou.
한 나무의 이름 | [동의어 ᄀᆡ쥭나무, kăi-tjyouk-namou]

가즉ᄒᆞ다 [KA-TJEUK-HĂ-TA] (齊) 원138
불 Etre égaux, droits, alignés, etc. ‖ Etre près, voisin, peu, éloigné.
한 고르다, 바르다, 정렬되다 등 | 가깝다, 인접하다, 별로 멀리 떨어져 있지 않다

*가증ᄒᆞ다 [KA-TJEUNG-HĂ-TA] (可憎, (On peut, mépriser)) 원138
불 Odieux: haïssable; détestable. ‖ Imbécile qui fait le savant. ‖ Paresseux.
한 가증스럽다 | 혐오스럽다 | 밉살스럽다 | 학자인 체하는 바보 | 게으르다

1가지 [KA-TJI] (枝) 원138
불 Branche d'arbre.
한 나무의 가지

2가지 [KA-TJI] (茄) 원138
불 Aubergine.
한 가지

3가지 [KA-TJI] (件) 원138
불 Nature spécifique des choses. (Une) espèce, (une) sorte. Numéral des choses.
한 사물의 특성 | 종류, 부류 | 사물의 수를 세는 수사

가지가지 [KA-TJI-KA-TJI] (枝枝, (Chaque chaque)) 원138
불 Chaque chose en particulier; tout sans exception.
한 개별적으로 각각의 것 | 예외 없이 전부

가지다 [KA-TJI-TA,KA-TJYE,KA-TJIN] (取) 원138
불 Prendre; faire sa propriété de. ‖ Posséder.
한 갖다 | ~을 자기 것으로 하다 | 소유하다

*가직이 [KA-TJIK-I] (家直) 원138
불 Veuf qui épouse une veuve. Veuf remarié (inj.).
한 과부와 결혼하는 홀아비 | 재혼한 홀아비(욕설)

가직ᄒᆞ다 [KA-TJIK-HĂ-TA] (齊) 원138
불 Etre ajusté, adapté, propre à sa fin. ‖ Etre bien préparé, être en ordre. ‖ Etre égaux.
한 적합하게 되다, 맞춰지다, 목적에 적합하다 | 잘 마련되어 있다, 질서 정연하다 | 고르다

가진찬물 [KA-TJIN-TCHAN-MOUL,-I] (盛饌) 원138
불 Toutes sortes de mets.
한 온갖 종류의 요리

가짐 [KA-TJIM,-I] 원138
불 Menstruaire (linge d'un usage spécial aux femmes).
한 생리대 (여자들에게 특별한 용도의 천)

1*가ᄌᆡ [KA-TJĂI] (家財) 원137
불 Fortune de la maison, état de fortune d'une maison.
한 집의 재산, 집 재산의 상태

2*가ᄌᆡ [KA-TJĂI] (加資) 원137
불 Diplôme d'une dignité que délivre le gouvernement.
한 정부에서 교부하는 고관 면허
한 가짜 부하 | 관리를 섬긴다고 주장하는 도둑

1가차ᄒᆞ다 [KA-TCHA-HĂ-TA] 원138
불 Ordinaire, qui n'a rien d'extraordinaire.
한 평범하다, 특별한 것이 전혀 없다.

2*가차ᄒᆞ다 [KA-TCHA-HĂ-TA] (假借) 원138
불 Emprunter un nom; supposer un titre, un prétexte.
한 이름을 차용하다 | 지위, 구실을 위조하다

*가축ᄒᆞ다 [KA-TCHYOUK-HĂ-TA] (加築) 원138
불 Réparer; rétablir; refaire: relever; embellir. ‖ Gouverner; administrer. ‖ Mettre en ordre.
한 수리하다 | 복원하다 | 다시 만들다 | 재건하다 | 아름답게 하다 | 다스리다 | 관리하다 | 정돈하다

*가취지물 [KA-TCHOUI-TJI-MOUL] (加取之物, (On peut, emporter, chose)) 원138

불 Chose qui appartient et qu'on peut emporter. ‖ Chose belle, estimable, précieuse.
한 속해 있거나 가질 수 있는 것 | 아름다운, 가치 있는, 귀중한 것

1*가취ᄒᆞ다 [KA-TCHYOUI-HĂ-TA] (嫁娶) 원138
불 Aller à la maison des beaux-parents (le mari ou la femme). ‖ Se marier.
한 (남편 또는 부인의) 부모님 집에 가다 | 결혼하다

2*가취ᄒᆞ다 [KA-TCHYOUI-HĂ-TA] (可取) 원138
불 Estimer (rendre précieux). ‖ Désirable; qui excite l'envie, la convoitise.
한 높이 평가하다(소중하게 만들다) | 탐스럽다 | 욕망, 갈망을 부추기다

가치 [KA-TCHI] (鵲) 원138
불 Pie.
한 까치

*가친 [KA-TCHIN,-I] (家親) 원138
불 Père (propre): 내가친 Nai-ka-tchin, Mon père; ou plutôt 우리가친 Ou-ri-ka-tchin, Notre père. (Honorif. -style épist.).
한 (자신의) 아버지 | [용례 내가친, Nai-ka-tchin], 나의 아버지 | 보다 정확하게는 [용례 우리가친, Ou-ri-ka-tchin], 우리 아버지 | (경칭. 서간체)

*가칭ᄒᆞ다 [KA-TCHING-HĂ-TA] (假稱) 원138
불 Faux, supposer v. g. un titre honorifique. ‖ Prendre un faux titre. ‖ Fausse couleur.
한 거짓되다, 예. 경칭을 위조하다 | 가짜 칭호를 쓰다 | 가짜 색깔

*가채ᄉᆞ [KĀ-TCHĂI-SĂ] (假差使) 원138
불 Faux satellite. Voleurs qui se prétendent au service du mandarin.

*가탁 [KA-HTAK,-I] (假托) 원137
불 Mensonge, tromperie. Faux. Faux prétexte.
한 거짓말, 기만 | 거짓 | 거짓 핑계

1*가통 [KA-HTONG,-I] (加痛) 원137
불 Rechute (dans une maladie, surtout la peste).
한 (병, 특히 흑사병에 있어서의) 재발

2*가통 [KA-HTONG] (假筒) 원137
불 Etui vide, c. a. d. apparence vaine, homme qui n'a que les dehors.
한 빈 갑, 즉 쓸데없는 외관, 외모만 번드르르한 사람

*가통ᄒᆞ다 [KA-HTONG-HĂ-TA] (可痛, (On peut, regretter.)) 원137
불 Digne de mépris, d'aversion. ‖ Etre fâcheux, être regrettable.
한 경멸, 혐오를 받아 마땅하다 | 유감스럽다, 애석하다

가파ᄅᆞ다 [KA-HPA-RĂ-TA,-HPA-RE,-HPĂ-RĂN] (傾急) 원132
불 Etre à pic; escarpé.
한 준험하다 | 가파르다

1*가포 [KĀ-HPO] (家布) 원132
불 Contribution directe (en coton).
한 (면포로 내는) 직접세

2*가포 [KA-HPO] (假捕) 원132
불 Faux satellite, voleur déguisé en gendarme.
한 가짜 부하 | 헌병으로 변장한 도둑

*가포교 [KĀ-HPO-KYO] (假捕校) 원132
불 Faux satellite. Voleur déguisé en gendarme.
한 가짜 부하 | 헌병으로 변장한 도둑

1*가풍 [KA-HPOUNG,-I] (家風) 원132
불 Etat intérieur ou tenue de la maison.
한 집안의 내부 상태 또는 품위

2가풍 [KA-HPOUNG,-I] (佳風) 원132
불 Bon caractère; sociable.
한 좋은 성격 | 사교적이다

1*가픔 [KA-HPEUM,-I] (家品) 원132
불 Etat de la fortune, de la tenue de la famille.
한 집안의 재산, 경영의 상태

2가픔 [KA-HPEUM,-I] (佳品) 원132
불 Bon caractère.
한 좋은 성격

*가합ᄒᆞ다 [KĀ-HAP-HĂ-TA] (可合) 원121
불 S'associer. Convenable; qui s'accorde; bien fait pour cadrer ou s'accorder avec.
한 협력하다 | 적절하다 | 일치하다 | ~와 합치 또는 일치하기 위해 합당하다

1*가화 [KA-HOA] (佳花) 원122
불 Jolis pots de fleurs.
한 예쁜 꽃병

2*가화 [KA-HOA] (假花) 원122
불 Fausses fleurs, fleurs artificielles.
한 가짜 꽃, 조화

3*가화 [KA-HOA] (家禍, (Maison, malheur)) 원122
불 Malheur de la famille, de la maison.
한 가족, 집안의 불행

ㄱ

*가환 [KA-HOAN,-I] (家患, (Maison, inquiétude)) 원 122
불 Malheur, accident fâcheux dans la famille(se dit surtout des maladies)
한 집안의 불행, 유감스러운 일(특히 병에 대해 쓴다)

1*가후 [KA-HOU] (家後) 원 122
불 Derrière de la maison.
한 집의 뒤

2*가후 [KA-HOU] (駕後) 원 122
불 Les soldats qui suivent le roi.
한 왕을 따르는 군인들

*가히 [KĀ-HI] (可) 원 121
불 Il faut, Licitement, il est possible on peut, suffisamment, nécessairement, justement, en justice.
한 해야 하다, 합법적으로, 가능하다, 충분히, 반드시, 당연히, 정당하게

*가ᄒᆞ다 [KĀ-HĂ-TA] (可) 원 121
불 Falloir, il faut, il est nécessaire. Etre permis, convenable, possible, licite. Pouvoir, être à même de… 가ᄒᆞ니라 Ka-hă-ni-ra. C'est ce qu'il faut, on peut.
한 ~이 필요하다, ~해야만 한다, ~하는 것이 필요하다 | 허가되다, 적절하다, 가능하다, 적법하다 | 할 수 있다, ~할 수 있다 | [용례 가ᄒᆞ니라, Ka-hă-ni-ra] | 필요한, 할 수 있는 것이다

1*각 [KAK,-I] (脚) 원 122
불 Jambe.
한 다리

2*각 [KAK] (各) 원 122
불 Chaque, chacun. ‖ A part, séparément.
한 각각의, 각자 | 따로, 별개로

3*각 [KAK,-I] (角) 원 122
불 En agr. Corne.
한 한자어로 뿔

4*각 [KAK,-I] (刻) 원 122
불 Un quart-d'heure.
한 15분

*각각 [KAK-KAK] (各各) 원 122
불 Chaque. ‖ Un peu chacun.
한 각각의 | 각자 조금

*각거ᄒᆞ다 [KAK-KE-HĂ-TA] (各居, (Chaque, habiter)) 원 122
불 Vivre à part, séparément.
한 따로, 떨어져 살다

각계슈리 [KAK-KYEI-SYOU-RI] 원 122
불 Meuble à tiroirs et à battants. Armoire à tiroirs.
한 서랍과 문짝이 있는 가구 | 서랍이 달린 장롱

*각고 [KAK-KO] (覺苦) 원 122
불 Sensation de douleur. La peine du sens en enfer.
한 고통의 느낌 | 지옥 같은 감각의 고통

*각골감은 [KAK-KOL-KAM-EUN,-I] (刻骨感恩, (Gravé, os, remercier, bienfait)) 원 122
불 La reconnaissance des bienfaits est gravée sur les os.
한 은혜에 대한 감사가 뼈에 새겨지다

*각골난망 [KAK-KOL-NAN-MANG,-I] (刻骨難忘, (Gravé, os, difficile, oublier)) 원 122
불 Qui est gravé dans les os et qu'on ne peut oublier ou arracher.
한 뼈에 새겨지고 잊거나 떼어낼 수 없음

*각골지통 [KAK-KOL-TJI-HTONG] (刻骨之痛, (Gravé, os, être peiné)) 원 122
불 Douleur gravée dans les os.
한 뼈에 새길 만큼 큰 고통

*각국 [KAK-KOUK,-I] (各國) 원 122
불 Chaque royaume, chaque pays.
한 각 왕국, 각 나라

*각궁반장 [KAK-KOUNG-PAN-TJYANG,-I] (角弓反張) 원 122
불 Maladie dans laquelle les membres sont contournés. ‖ Le rebours, le contraire de ce qui devrait être.
한 사지가 비뚤어지는 병 | 역, 마땅히 되어야 하는 것의 반대

각금 [KAK-KEUM] 원 122
불 Souvent, toujours. ‖ Chaque. ‖ Tous sans exception.
한 자주, 언제나 | ~마다 | 예외 없이 모두

*각긔 [KAK-KEUI] (脚氣) 원 122
불 Maladie des jambes. ‖ Force ou état des jambes.
한 다리의 질병 | 다리의 힘 또는 상태

1*각기 [KAK-KI] (各) 원 122
불 Chaque, chacun.
한 각각의, 각자의

2*각기 [KAK-KI] (各技) 원 122
불 Chaque habileté.
한 각자의 재주

각단 [KAK-TAN,-I] (各斷) 원 123
불 Interruption, discontinuation. Ligne de démarcation.
한 중단, 중지 | 경계선

각단없다 [KAK-DAN-EP-TA, -EP-SE,-EP-SĂN] (無各斷) [원]123

[불] De suite, continuellement, continu, sans interruption.

[한] 연속으로, 계속해서, 연속되다, 끊임없이

*각도 [KAK-TO] (刻刀) [원]123

[불] Burin, grattoir, racloir.

[한] [[역주] 금속 조각용의]끌, 긁는 연장, 긁는 도구

각두 [KAK-TOU] [원]123

[불] Instrument d'immoralité employé par les veuves, par les femmes dont les maris sont absents. = 질ᄒᆞ다-tjil-hă-ta, S'en servir.

[한] 과부, 남편이 없는 여인들에 의해 사용된 부도덕한 도구 | [[용례] = 질ᄒᆞ다-tjil-hă-ta], 그것을 사용하다

각듯시ᄃᆡ접ᄒᆞ다 [KAK-TEUT-SI-TĂI-TJYEP-HĂ-TA] (敬待) [원]123

[불] Traiter très-bien, avec distinction, poliment.

[한] 매우 잘, 특별히, 예의 바르게 대하다

각듯ᄒᆞ다 [KAK-TEUT-HĂ-TA] [원]123

[불] Très-poli, honnête, civil.

[한] 매우 예의 바르다, 정중하다, 상냥하다

*각ᄃᆡ [KAK-TĂI] (角帶) [원]123

[불] Ceinture en corne de boeuf. Baudrier (des mandarins et des mouveau mariés. — La corne est divisée par plaques).

[한] 소뿔로 된 띠 | 어깨끈(관리들과 새신랑 새신부의 — 뿔은 여러 판으로 나뉘어져 있다)

*각류 [KAK-RYOU] (各類) [원]123

[불] Chaque nature, chaque espèce. Toute espèce de.

[한] 각각의 본성, 각각의 종류 | ~의 모든 종류

*각리 [KAK-RI] (各里) [원]123

[불] Chaque village, chaque canton.

[한] 각각의 마을, 각각의 면

*각리ᄒᆞ다 [KAK-RI-HĂ-TA] (各離) [원]123

[불] Se séparer. Aller chacun de son côté. Se disperser.

[한] 서로 헤어지다, 각자의 길을 가다, 흩어지다

*각립ᄒᆞ다 [KAK-RIP-HĂ-TA] (各立) [원]123

[불] Faire chacun suivant sa volonté. S'en tenir chacun à son sentiment.

[한] 각자 자신의 의지에 따라하다 | 각자 감정에 충실하다

*각면 [KAK-MYEN,-I] (各面) [원]123

[불] Chaque arrondissement.

[한] 각각의 구

*각명 [KAK-MYENG,-I] (各名) [원]123

[불] Chaque nom, chaque homme.

[한] 각각의 이름, 각각의 사람

*각물 [KAK-MOUL,-I] (各物) [원]123

[불] Chaque chose, toute espèce de choses.

[한] 각각의 것, 모든 종류의 것

*각별ᄒᆞ다 [KAK-PYEL-HĂ-TA] (刻別) [원]123

[불] Spécial, tout particulier, très-différent. Distinct.

[한] 특별하다, 아주 특이하다 | 매우 다르다 | 서로 구분되다

*각산진비ᄒᆞ다 [KAK-SAN-TJIN-PI-HĂ-TA] (各散盡飛) [원]123

[불] S'en aller chacun de son côté, se séparer, se disperser.

[한] 각자의 길로 떠나다, 서로 헤어지다, 흩어지다

*각산ᄒᆞ다 [KAK-SAN-HĂ-TA] (各散) [원]123

[불] Etre séparés.

[한] 헤어지다

*각슈 [KAK-SYOU] (刻手) [원]123

[불] Sculpteur, graveur.

[한] 조각가, 판화가

[1]각시 [KAK-SI] [원]123

[불] Poupée.

[한] 인형

[2]각시 [KAK-SI] (新婦女) [원]123

[불] Jeune mariée.

[한] 새색시

각시노름 [KAK-SI-NO-REUM,-I] [원]123

[불] Jeu de la poupée.

[한] 인형 놀이

*각신 [KAK-SIN,-I] (閣臣, (Ordre de dignité, courtisan)) [원]123

[불] Nom du rang de dignité. Une dignité. Rang de dignité le plus élevé.

[한] 고관직 지위의 이름, 고관직, 가장 높은 고관직 지위

*각심 [KAK-SIM,-I] (各心) [원]123

[불] Chaque sentiment.

[한] 각각의 감정

*각심소위 [KAK-SIM-SO-OUI] (各心所爲, (Chaque, cœur, sa chose, faire)) [원]123

[불] Faire suivant sa volonté, son sentiment.

[한] 자신의 의지, 자신의 감정에 따라 행하다

*각쇡 [KAK-SĂIK,-I] (各色) [원]123

[불] Chaque couleur. Chaque espèce de. De diverses

espèces. De toute espèce.
한 각각의 색 | ~의 각 종류 | 다양한 종류의 | 모든 종류의

각띄 [KAK-TTEUI] (各帶) 원123
불 Baudrier, ceinture en corne.
한 어깨끈, 뿔로 된 띠

*각씨 [KAK-SSI] (各氏) 원123
불 Chaque nom de famille.
한 각각의 성씨

*각양 [KAK-YANG,-I] (各樣) 원122
불 Toutes choses, toute espèce de choses, chaque chose.
한 모든 것, 모든 종류의 것들, 각각의 것

*각읍 [KAK-EUP,-I] (各邑) 원122
불 Chaque ville résidence d'un mandarin. Chaque district. Chaque ville.
한 관리가 주재하는 각 도시 | 각 관할구 | 각 도시

*각인 [KAK-IN] (各人) 원122
불 Chaque homme, chacun.
한 각각의 사람, 각자

각작각작 [KAK-TJAK-KAK-TJAK] 원123
불 Bruit d'un petit grattement(v. g. d'une souris qui ronge).
한 (예. 갉아먹는 쥐의) 작게 긁는 소리

*각죵 [KAK-TJYONG,-I] (各種, (Chaque, graine)) 원123
불 Chaque espèce de graine.
한 곡식의 각 종류

[1]*각지 [KAK-TJI] (角指) 원123
불 Doigtier, dé en corne de bœuf pour les archers.
한 손가락 씌우개, 궁수용 소뿔로 된 골무

[2]각지 [KAK-TJI] (箕) 원123
불 Cosse, gousse, peau, pelure.
한 깍지, 깍지, 표피, 껍질

*각ᄌᆞ도싱 [KAK-TJĂ-TO-SĂING,-I] (各自圖生, (A part, soi-même, délibérer, vivre)) 원123
불 Ne pas s'inquiéter des autres, penser à soi. Egoïsme. Chacun pour soi, Chacun ne pense qu'à soi.
한 남을 걱정하지 않는 것, 자기 자신을 생각하는 것 | 이기주의 | 각자는 자기 자신을 위한다, 각자는 자기 자신만 생각한다

*각쳐소문 [KAK-TCHYE-SYO-MOUN,-I] (各處所聞) 원123
불 Nouvelle de tous les pays.
한 모든 지방의 소식

*각츄렴ᄒᆞ다 [KAK-TCHYOU-RYEM-HĂ-TA] (各椎斂, (Chaque, contribuer, faire une collecte)) 원123
불 Contribuer, payer chacun sa part.
한 분담금을 내다, 각자의 몫을 지불하다

*각톄 [KAK-HIYEI] (各體) 원123
불 Chaque substance.
한 각각의 실체

*각통 [KAK-HTONG,-I] (脚痛) 원123
불 Maladie des jambes. Douleur dans les jambes.
한 다리의 병 | 다리의 통증

*각파 [KAK-HPA] (各派) 원123
불 Chaque branche (de parenté).
한 (혈족의)각각의 분파

*각판ᄒᆞ다 [KAK-HPAN-HĂ-TA] (刻板) 원123
불 Graver une planche d'imprimerie.
한 인쇄판을 새기다

*각패 [KAK-HPAI] (角牌) 원123
불 Tablette, médaille en corne des bacheliers. (Elle est décernée aux hommes constitués en dignité, aux soldats d'élite).
한 바칼로레아 합격자들의 패, 뿔로 된 메달(이 패는 고관직에 임명된 사람들, 정예 군사들에게 수여된다)

*각패ᄒᆞ다 [KAK-HPAI-HĂ-TA] (各佩) 원123
불 Cote-part. Mettre sa cote-part. Contribuer pour une affaire, pour une dépense.
한 분담금 | 분담금을 내놓다 | 어떤 일, 지출에 대해 분담하다

*각픔 [KAK-HPEUM,-I] (各品) 원123
불 Chaque dignité, chaque ordre, chaque qualité. ‖ Rang de dignité.
한 각각의 고관, 각각의 신분, 각각의 지위 | 고관직의 지위

각학 [KAK-HAK,-I] (各學) 원122
불 Chaque doctrine. Toutes les sciences.
한 각각의 학설 | 모든 학문

*각혼 [KAK-HON,-I] (覺魂, (Instinct, âme)) 원122
불 Ame sensitive, âme des bêtes. Sensations de l'âme.
한 예민한 마음, 짐승의 마음 | 마음의 감각

*각ᄒᆞ다 [KAK-HĂ-TA] (刻) 원122
불 Graver, sculpter.
한 새기다, 조각하다

*각힝 [KAK-HĂNG,-I] (各項) ⓔ122
불 Toutes choses, chaque chose.
한 모든 것, 각각의 것

1*간 [KĀN,-I] (肝) ⓔ126
불 Foie.
한 간

2*간 [KAN,-I] (間) ⓔ126
불 Cabane. Réduit. ‖ Une travée. ‖ Intervalle entre deux poutres transversales, espace suffisant pour une petite chambre. ‖ Entre. ‖ Intervalle. ‖ Espace. ‖ Partie. ‖ 간에 Kan-ei, Dans l'intervalle.
한 오두막집 | 초라한 집 | 기둥 사이의 공간 | 가로 놓인 두 들보사이의 간격, 작은 방으로 충분한 공간 | 사이에 | 간격 | 공간 | 부분 | [용례 간에, Kan-ei], 그사이에

3*간 [KAN,-I] (乾) ⓔ126
불 En agr. Sec; net. ‖ Salé.
한 한자어로 건조하다 | 깨끗하다 | 짭짤하다

1*간각 [KAN-KAK,-I] (看覺) ⓔ127
불 Intelligence, esprit.
한 지성, 기지

2*간각 [KAN-KAK,-I] (間刻) ⓔ127
불 Intervalle, espace compris entre. Entre lignes.
한 간격, 사이에 포함된 공간 | 선 사이

간간대쇼ᄒᆞ다 [KAN-KAN-TAI-SYO-HĂ-TA] ⓔ127
불 (Jubiler, grandement, rire). Etouffer de rire. Rire aux éclats.
한 (몹시 기뻐하다, 크게 웃다), 숨이 넘어갈 만큼 웃다, 웃음을 터뜨리다

*간간이 [KAN-KAN-I] (間間) ⓔ127
불 De temps en temps, de place en place.
한 이따금, 여기저기

1간간ᄒᆞ다 [KAN-KAN-HĂ-TA] ⓔ127
불 Etre hors de soi, ne se posséder pas (de joie, de sensation, de satisfaction). Jubiler.
한 흥분하다, (기쁨을, 감동을, 만족을) 자제하지 못하다, 몹시 기뻐하다

2간간ᄒᆞ다 [KAN-KAN-HĂ-TA] ⓔ127
불 Avoir goût de sel.
한 짠맛이 나다

간거리 [KAN-KE-RI] (間) ⓔ127
불 Intervalle. ‖ De temps en temps. ‖ De deux en deux. ‖ L'entre-deux. ‖ Ce qui est passé, omis. -Ainsi, dans 1,3,5 etc., 2 et 4 sont le 간거리 Kan-ke-ri.
한 간격 | 이따금 | 두 개씩 | 두 개 사이 | 건너뛴, 누락된 것 | 이렇게 1, 3, 5…에서 2와 4는 간거리 Kan-ke-ri 이다

*간검ᄒᆞ다 [KAN-KEM-HĂ-TA] (看檢) ⓔ127
불 Surveiller, avoir l'intendance de. ‖ Coopérer.
한 감시하다, 감독하다 | 협력하다

*간경 [KĀN-KYENG,-I] (肝經) ⓔ127
불 Foie, la région du foie.
한 간, 간 부위

*간경풍 [KĀN-KYENG-HPOUNG,-I] (肝經風) ⓔ127
불 Vent dans le foie, c. a. d. épilepsie, haut mal.
한 간 속의 바람, 즉 간질, 중병

*간계 [KAN-KYEI] (奸計) ⓔ127
불 Ruse trompeuse, fourberie, tromperie, fraude.
한 기만적인 꾀, 음흉한 짓, 속임수, 사기

*간고 [KAN-KO] (艱苦) ⓔ127
불 Difficulté, tourment. Affliction, douleur, état pénible.
한 곤란, 고통 | 고뇌, 고통, 괴로운 상태

*간교ᄒᆞ다 [KAN-KYO-HĂ-TA] (奸巧) ⓔ127
불 Etre fourbe, hypocrite.
한 음흉하다, 위선적이다

1*간구ᄒᆞ다 [KAN-KOU-HĂ-TA] (懇求, (Instamment, demander)) ⓔ127
불 Prier avec ferveur, supplier.
한 열성적으로 기도하다, 애원하다

2*간구ᄒᆞ다 [KAN-KOU-HĂ-TA] (艱苟) ⓔ127
불 Être pauvre, indigent, mendiant.
한 가난하다, 빈곤하다, 빌어먹다

*간군ᄒᆞ다 [KAN-KOUN-HĂ-TA] (艱窘) ⓔ127
불 Ardu et pressant. ‖ Etre difficile. ‖ Etre indigent, être pauvre. ‖ Manquer de.
한 어렵고 절박하다 | 어렵다 | 빈곤하다, 가난하다 | ~이 없다

*간긔ᄒᆞ다 [KĀN-KEUI-HĀ-TA] (間氣) ⓔ127
불 Spirituel et adroit. Très-capable, très-intelligent.
한 재치있고 능란하다 | 매우 유능하다, 매우 영리하다

1*간긱 [KAN-KĂIK,-I] (奸客) ⓔ127
불 Homme d'esprit. finesse d'un homme qui sait prendre son monde.
한 기지 있는 사람 | 부하를 취할 줄 아는 사람의 술책

2*간긱 [KAN-KĂIK,-I] (間刻) ⓔ127

불 Intervalle.
한 간격

간나의 [KAN-NA-EUI] (婠女) 원127
불 Prostituée, femme impudique.
한 매춘부, 음란한 여자

*__간난ᄒᆞ다__ [KAN-NAN-HĂ-TA] (艱難) 원127
불 Difficile, pénible, plein de difficultés. Peine, difficulté. embarras.
한 어렵다, 괴롭다, 난점이 많다 | 고통, 곤란 | 난처함

*__간닌__ [KAN-NIN,-I] (慳吝) 원127
불 Avarice.
한 인색

1*__간단ᄒᆞ다__ [KAN-TAN-HĂ-TA] (簡斷|簡端) 원128
불 Diminuer de volume. ‖ abréger ‖ Cesser. ‖ Léger, pas lourd. ‖ 간단ᄒᆞ게말ᄒᆞ다 Kan-tan-hă-kei mal-hă-ta, S'expliquer clairement et facilement, en peu de paroles. Syn. 간략ᄒᆞ다 Kan-ryak-hă-ta.
한 부피를 줄이다 | 줄이다 | 중지하다 | 가볍다, 무겁지 않다 | [용례 간단ᄒᆞ게말ᄒᆞ다, Kan-tan-hă-kei mal-hă-ta], 짧은 말로 명백하고 쉽게 자신의 생각을 밝히다 | [동의어 간략ᄒᆞ다, Kan-ryak-hă-ta]

2*__간단ᄒᆞ다__ [KĀN-TAN-HĂ-TA] (間斷) 원128
불 De deux en deux; tous le deux jours, etc. ‖ Interrompre, cesser. ‖ Mettre de l'intervalle. ‖ Avoir du repos.
한 두 개 씩 | 이틀마다 등 | 중단하다, 중지하다 | 간격을 두다 | 휴식을 갖다

*__간담__ [KĀN-TĀM,-I] (肝膽) 원128
불 Foie et fiel. Le foie et la bile.
한 간과 담즙 | 간과 담즙

간담말ᄒᆞ다 [KAN-TAM-MAL-HĂ-TA] (肝膽之言) 원128
불 Dire toute sa pensée, découvrir toute sa pensée.
한 자신의 생각을 모두 말하다, 자신의 생각을 모두 털어놓다

*__간독__ [KAN-TOK,-I] (簡牘) 원128
불 Instruction sur la manière d'écrire une lettre. Recueil de modèles de lettres: livre qui sert de modèle pour le style épistolaire.
한 편지 쓰는 방법에 관한 교시 | 편지의 견본집:서간체에 대한 견본으로 쓰이는 책

간듯간듯 [KAN-TEUT-KAN-TEUT] 원128
불 Fier, qui fait le fier. ‖ Un peu, légèrement (vaciller.)
한 오만하다, 오만떨다 | 조금, 가볍게 (흔들거리다)

간ᄃᆡ로 [KAN-TĂI-RO] 원128
불 En diminuant. ‖ C'est trop. Trop. ‖ Médiocrement, légèrement, pas trop, un peu.
한 줄어들면서 | 지나치다 | 지나치게 | 평범하게, 가볍게, 지나치지 않게, 약간

*__간략ᄒᆞ다__ [KAN-RYAK-HĂ-TA] (簡略) 원128
불 Etre en petite quantité, en petit nombre. Rester en petit nombre après un choix.
한 적은 양이다, 적은 수이다 | 선택 후 적은 수로 남다

*__간릉ᄒᆞ다__ [KĀN-REUNG-HĂ-TA] (幹能) 원128
불 Qui trompe facilement. Adroit, fin, subtil, rusé.
한 쉽게 속이다 | 능란하다, 능숙하다, 교묘하다, 꾀바르다

*__간리__ [KAN-RI] (奸吏) 원128
불 Prétorien intéressé, avare, dur, rusé.
한 타산적인, 인색한, 무자비한, 꾀바른 친위병

간먹다 [KAN-MEK-TA,-MEK-E,-MEK-EUN] 원127
불 Etre salé, être imprégné de sel, s'imprégner de sel.
한 소금이 쳐지다, 소금이 배어들게 되다, 소금이 배어들다

*__간목__ [KAN-MOK,-I] (乾木) 원127
불 Bois sec.
한 마른 나무

1__간물__ [KAN-MOUL,-I] (醎水) 원127
불 Eau salée, eau de sel, saumure.
한 소금이 들어간 물, 소금물, 간수

2__간물__ [KAN-MOUL,-I] 원127
불 Fourbe (injure)
한 음흉한 사람(욕설)

*__간방__ [KAN-PANG,-I] (艮方) 원127
불 Entre l'est et le sud. Entre le nord et l'est.
한 동쪽과 남쪽의 사이 | 북쪽과 동쪽의 사이

*__간병ᄒᆞ다__ [KAN-PYENG-HĂ-TA] (看病) 원127
불 Examiner la maladie (médecin)
한 병을 진찰하다(의사)

간보다 [KAN-PO-TA,-PO-A,-PON] (侮) 원127
불 Mépriser.
한 멸시하다

*__간부__ [KĀN-POU] (間夫) 원127
불 Second mari pris du vivant du premier. Amant d'une femme mariée.
한 첫 번째 남편이 살아 있으면서 얻은 두 번째 남편 | 결혼한 여자의 애인

*간사ᄒᆞ다 [KAN-SA-HĂ-TA] (奸詐) 원128
불 Fourbe, rusé, sournois, fin, subtil. ‖ Délié, trop menu.
한 음흉하다, 꾀바르다, 엉큼하다, 능숙하다, 교묘하다 | 섬세하다, 너무 잘다

*간살 [KAN-SAL,-I] (間箭) 원128
불 Espace entre deux choses, intervalle.
한 두 물건 사이의 공간, 간격

*간삽ᄒᆞ다 [KAN-SAP-HĂ-TA] (簡澁) 원128
불 Ardu, difficile, étroit. Plein de difficultés.
한 힘들다, 어렵다, 좁다 | 곤란함이 많다

1*간샤ᄒᆞ다 [KAN-SYA-HĂ-TA] (姦邪) 원128
불 Entre impudique, libertin, lascif. Avoir des rapports illicites, déshonnêtes.
한 음란하다, 방탕하다, 음탕하다 | 부정한, 파렴치한 관계를 갖다

2*간샤ᄒᆞ다 [KAN-SYA-HĂ-TA] (奸詐) 원128
불 Etre fourbe, rusé, trompeur. 간샤ᄒᆞᆫ군Kan-sya-hăn-koun, Un trompeur, un fourbe.
한 간사하다, 교활하다, 기만적이다 | [용례 간샤ᄒᆞᆫ군, Kan-sya-hăn-koun], 기만자, 간사한 사람

*간셔ᄒᆞ다 [KAN-SYE-HĂ-TA] (看書, (Voir, caractère d'écriture)) 원128
불 Lire.
한 읽다

*간션ᄒᆞ다 [KĀN-SYEN-HĂ-TA] (揀選) 원128
불 Choix, élection. Choisir, trier.
한 선택, 선거 | 선택하다, 선별하다

*간셥ᄒᆞ다 [KAN-SYEP-HĂ-TA] (干涉) 원128
불 Aider, secourir, coopérer. Se mêler de; être mêlé à une affaire.
한 돕다, 구원하다, 협력하다 | ~에 참견하다 | 어떤 일에 연루되다

*간슈 [KAN-SYOU] (乾水) 원128
불 Saumure; eau qui s'échappe des sacs de sel; eaux mères du sel.
한 간수 | 소금 자루에서 빠져나온 물 | 소금의 근원이 되는 물

*간슈ᄒᆞ다 [KAN-SYOU-HĂ-TA] (看守, (Voir, surveiller)) 원128
불 Surveiller; faire attention; prendre soin de; garder (v. g. la maison, etc.).
한 감시하다 | 주의하다 | ~을 돌보다 | (예. 집 등을) 지키다

*간시 [KĀN-SI] (間時) 원128
불 Intervalle, temps.
한 간격, 시간

*간신 [KAN-SIN,-I] (奸臣) 원128
불 Courtisan chargé de tromper le roi, de lui faire tout voir en beau. Courtisan rusé, flatteur, perfide.
한 왕을 속이면서 왕이 무엇이건 좋은 면만 보게 만드는 일을 담당하는 조신 | 꾀바른, 아첨하는, 신의가 없는 조신

*간신ᄒᆞ다 [KAN-SIN-HĂ-TA] (艱辛) 원128
불 Ardu, difficile. Avec peine, avec effort.
한 힘들다, 어렵다 | 간신히, 힘들게

간실간실ᄒᆞ다 [KAN-SIL-KAN-SIL-HĂ-TA] 원128
불 Etre chatouillé. Ressentir un chatouillement.
한 간지럽다 | 간지러움을 느끼다

*간ᄉᆞ [KAN-SA] (幹事) 원128
불 Intendant, courtier; qui surveille une affaire.
한 관리인, 중개인 | 일을 감시하는 사람

간ᄉᆞ위 [KAN-SĂ-OUI] (智覺) 원128
불 Esprit, intelligence.
한 기지, 지성

*간ᄉᆞᄒᆞ다 [KAN-SĂ-HĂ-TA] (幹事) 원128
불 Surveiller, avoir soin de.
한 감시하다, 돌보다

*간ᄉᆡ [KAN-SĂI] (間刷) 원128
불 Intervalle.
한 간격

*간ᄉᆡᆨᄒᆞ다 [KAN-SĂIK-HĂ-TA] (看色) 원128
불 Voir les couleurs. Examiner la couleur, la qualité.
한 색을 보다 | 색, 품질을 검사하다

*간악쇼인 [KAN-AK-SYO-IN] (姦惡小人) 원126
불 Homme fourbe, faux et petit.
한 음흉하고 위선적인 못난 사람

*간악ᄒᆞ다 [KAN-AK-HĂ-TA] (姦惡) 원126
불 Fourbe, hypocrite, rusé. Fourbe et méchant.
한 음흉하다, 위선적이다, 꾀바르다 | 음흉하고 고약하다

*간언ᄒᆞ다 [KAN-EN-HĂ-TA] (間言) 원127
불 Discorde, division. Susciter une dissension par des paroles. Mettre la division, la discorde.
한 불화, 분열 | 말로 대립을 일으키다 | 분열, 불화를 일으키다

*간여ᄒᆞ다 [KAN-YE-HĂ-TA] (干與, (Relation, avec)) 원127

불 Aider, secourir, coopérer, prendre part à, avoir part à. ‖ Etre mêlé dans une affaire. ‖ S'occuper de. ‖ Avoir des rapports avec, avoir des relations; accointance.

한 돕다, 구원하다, 협력하다, ~에 참여하다, ~에 관계하다 | 어떤 일에 연루되다 | 돌보다 | 관계하다, 관계를 갖다 | 교제

*간역ᄒᆞ다 [KAN-YEK-HĂ-TA] (看役) 원127

불 Surveiller les travaux.

한 공사를 감시하다

*간음 [KAN-EUM,-I] (姦婬) 원127

불 Fornication, adultère.

한 간음, 간통

*간인 [KAN-IN,-I] (姦人) 원127

불 Homme fourbe, faux, trompeur.

한 음흉한, 위선적인, 기만적인 사람

*간일ᄒᆞ댜 [KAN-IL-HĂ-TA] (間日) 원127

불 Faire tous les deux jours. Semi-quotidien.

한 이틀마다 하다 | 격일

간잔ᄌᆞ론ᄒᆞ다 [KAN-TJAN-TJĂ-RĂN-HĂ-TA] 원128

불 Etre arrangés, ajustés, en ordre. (Se dit d'objets nombreux).

한 정리되다, 질서 있게 조정되다 | (많은 물건들에 대해 쓴다)

*간장 [KAN-TJANG,-I] (淸醬) 원128

불 Saumure liquide noire.

한 검은 액체의 소금물

*간쟝 [KAN-TJYENG,-I] (肝腸) 원128

불 Foie,entrailles,c. a. d. le cœur. =셕다- syek-ta, Le cœur se décomposer. =마ᄅᆞ다- ma-ră-ta, Le cœur se dessécher. =녹다- nok-ta, Le cœur se fondre.

한 간, 내장 | 즉, 마음 | [용례 =셕다, syek-ta], 마음이 무너지다 | [용례 =마ᄅᆞ다, ma-ră-ta], 마음이 메마르다 | [용례 =녹다, nok-ta], 마음이 녹다

*간졍ᄒᆞ다 [KAN-TJYENG-HĂ-TA] (乾淨) 원128

불 Pur, propre, net.

한 순수하다, 깨끗하다, 깔끔하다

*간죠ᄒᆞ다 [KAN-TJYO-HĂ-TA] (乾燥) 원128

불 Desséché; être sec. ᄆᆞ음이간죠ᄒᆞ다 ‖ Mă-ăm-i-kan-tjyo-hă-ta, Etre d'un caractère vif, irritable, impatient.

한 메마르다 | 건조하다 | [용례 ᄆᆞ음이간죠ᄒᆞ다, mă-ăm-i-kan-tjyo-hă-ta], 성마른, 신경질적인, 참을성 없는 성격이다

*간쥬 [KĀN-TJYOU] (間珠) 원129

불 Les gros grains du chapelet, les Pater.

한 묵주의 굵은 알, 묵주의 큰 알

*간쥭 [KĀN-TJYOUK,-I] (簡竹) 원129

불 Long manche de pipe en bambou.

한 대나무로 된 긴 담뱃대

*간지 [KĀN-TJI] (簡紙) 원128

불 Papier à lettres.

한 편지지

간지럽다 [KAN-TJI-REP-TA,-RE-OUE,-RE-ON] (癢) 원128

불 Eprouver, sentir un chatouillement.

한 간지럼을 겪다, 느끼다

간지리다 [KAN-TJI-RI-TA,-RYE,-RIN] 원128

불 Chatouiller. (Verb. act.)

한 간질이다 | (능동사)

간직ᄒᆞ다 [KAN-TJIK-HĂ-TA] (藏) 원128

불 Ramasser avec soin; conserver avec soin; cacher soigneusement. Bien conserver.

한 정성들여 모으다 | 정성 들여 보관하다, 잘 보관하다 | 철저하게 감추다

*간질 [KAN-TJIL,-I] (癎疾) 원128

불 Epilepsie, mal caduc.

한 간질, 뇌전증

*간츄ᄒᆞ다 [KAN-TCHYOU-HĂ-TA] (看秋) 원129

불 Examiner les produits des champs à l'automne, surveiller la récolte.

한 가을에 밭의 생산물을 검사하다, 수확을 감시하다

*간츅 [KĀN-TCHYOUK,-I] (簡軸) 원129

불 Paquet de dix feuilles de papier à lettres. ‖ Grand nombre de lettres.

한 편지지 열 장 묶음 | 많은 수의 편지

*간특ᄒᆞ다 [KAN-HTEUK-HĂ-TA] (奸慝) 원128

불 Fourbe, rusé.

한 음흉하다, 교활하다

간틱ᄒᆞ다 [KAN-HTĂIK-HĂ-TA] (揀擇) 원128

불 Prendre, choisir. Choix, élection. Choisir (v. g. une femme pour le roi.).

한 취하다, 선택하다 | 선택, 선거 | (예. 한 여자를 왕으로) 선출하다

*간판 [KAN-HPAN,-I] (簡板) 원127

불 Planchette qui supporte le papier pour écrire les lettres. ‖ Grand cœur, grand courage.
한 편지를 쓰기 위해 종이를 지탱하는 작은 판 | 열의, 큰 용기

*간필 [KĀN-HPIL,-I] (簡筆) 원127
불 Pinceau à écrire les lettres. Pinceau spécial pour écrire les lettres. Pinceau à écrire.
한 편지를 쓰기 위한 붓 | 편지를 쓰기 위한 특별한 붓 | 글쓰기용 붓

*간호ᄒᆞ다 [KAN-HO-HĂ-TA] (看護) 원127
불 Surveiller et garder. Protéger, prendre soin.
한 감시하고 지키다 | 보호하다, 돌보다

*간혹 [KĀN-HOK] (間或) 원127
불 Ou. (V. 혹 Hok) ‖ De temps en temps. ‖ Un peu, très-peu. ‖ Rarement. ‖ Intervalle.
한 또는 | [참조어 혹 Hok] | 때때로 | 약간, 아주 적게 | 드물게 | 간격

*간혼ᄒᆞ다 [KAN-HON-HĂ-TA] (間婚) 원127
불 Conter des histoires, faire des rapports pour rompre un mariage projeté.
한 계획된 결혼을 깨뜨리기 위해 꾸며낸 이야기를 하다, 증언하다

간힘쓰다 [KAN-HIM-SSEU-TA,-SSE,-SSEUN] 원127
불 Soupirer après un effort, soupirer en faisant un effort.
한 노력한 후에 탄식하다, 노력하면서 탄식하다

1*간ᄒᆞ다 [KĀN-HĂ-TA] (諫) 원127
불 Exhorter. dire la vérité, rentenir, empêcher. (Se dit d'un inférieur qui conseille un supérieur).
한 권고하다 | 진실을 말하다, 만류하다, 못 하게 하다 | (상관에게 조언하는 아랫사람에 대해 쓴다)

2*간ᄒᆞ다 [KAN-HĂ-TA] (乾) 원127
불 Saler, mettre du sel.
한 소금을 치다, 소금을 넣다

1갈 [KAL,-I] (蘆) 원132
불 Roseau.
한 갈대

2갈 [KĀL,-I] (槲) 원132
불 Chêne.
한 떡갈나무

3*갈 [KAL,-I] (葛) 원132
불 En agr. Dolic. syn. 츩 Tcheulk.
한 한자어로 까치콩 | [동의어 츩 Tcheulk.]

갈가마귀 [KAL-KA-MA-KOUI] (葛鴉) 원134
불 Esp. de corbeau noir et blanc. Corneille.
한 검정과 흰색의 까마귀의 종류 | 작은 까마귀

갈가지 [KAL-KA-TJI] (豹虎) 원134
불 Petit tigre.
한 작은 호랑이

갈갈이 [KAL-KAL-I] (片片) 원134
불 En ésordre. Confusément. Désordre, pêle-mêle.
한 뒤죽박죽으로 | 어수선하게 | 무질서, 난잡하게

갈강갈강 [KAL-KANG-KAL-KANG] 원134
불 Grincement(v. g. d'une scie, d'une lime).
한 (예. 톱으로, 줄연장으로) 긁히는 소리

갈개 [KAL-KAI] 원134
불 Toute petite chaussée dans les rizières, pour retenir l'eau.
한 논 안의 물을 막기 위한 아주 작은 두렁

갈개군 [KAL-KAO-KOUN,-I] 원134
불 Celui qui enlève la première peau de l'arbre à papier.
한 종이 만들 나무의 첫 번째 표피를 제거하는 것

*갈건 [KAL-KEN,-I] (葛巾) 원134
불 Mouchoir fait avec le 갈포 Kal-hpo. ‖ Bonnet en 츩 Tcheulk.
한 갈포 Kal-hpo로 만든 두건 | 츩 Tcheulk으로 만든 챙 없는 모자

갈경갈경 [KAL-KYENG-KAL-KYENG] 원134
불 Svelte; fin; mince; délié; gracieux; long et mince.
한 날렵하다 | 가냘프다 | 날씬하다 | 가녀리다 | 맵시 있다 | 길고 날씬하다

갈고라지 [KAL-KO-RA-TJI] (鉤) 원134
불 Croc, crochet, crosse.
한 갈고리, 작은 갈고리, [역주 지팡이 끝 따위의] 구부러진 부분

갈고리 [KAL-KO-RI] (鉤) 원134
불 Croc, crochet.
한 갈고리, 작은 갈고리

*갈골ᄒᆞ다 [KAL-KOL-HĂ-TA] (渴汨) 원134
불 Etre pressant, pressé; avoir hâte.
한 간절하다, 긴급하다 | 서두르다

갈공이 [KAL-KONG-I] (鉤) 원134
불 Crochet, crosse. Punaise.
한 작은 갈고리, [역주 지팡이 끝 따위의] 구부러진 부분 | 압정

갈구리 [KAL-KOU-RI] (鉤) 원134

불 Croc, Crochet.
한 갈고리, 작은 갈고리

*갈구ᄒᆞ다 [KAL-KOU-HĂ-TA] (渴求) 원134
불 Pressé de demander ce que l'on désire. ‖ Supplier, prier instamment.
한 바라는 것을 구하기에 급하다 | 애원하다, 간곡하게 빌다

*갈근 [KAL-KEUN,-I] (葛根) 원134
불 Racine de 츩 Tchilk.
한 츩 Tchilk뿌리

*갈급ᄒᆞ다 [KAL-KEUP-HĂ-TA] (渴急) 원134
불 Pressé d'obtenir ce que l'on désire vivement. Etre pressant. Avoir bàte.
한 열렬히 바라는 것을 얻는 데 급하다 | 긴박하다 | 서두르다

갈기 [KAL-KI] (鬣) 원134
불 Crinière. Syn. 갉이 Kălk-i.
한 갈기 | [동의어 갉이 Kălk-i]

갈기다 [KAL-KI-TA,-KYE,-KIN] 원134
불 Frapper, couper à coups de.
한 때리다, ~로 쳐서 자르다

갈납 [KAL-NAP,-I] 원134
불 Omelette aux poissons ou à la viande. Tranche de viande cuite avec un enduit d'œufs. (Provinc.). Syn. 산유어 San-you-e.
한 생선이나 고기를 넣은 오믈렛 | 계란을 입혀 익힌 고기 조각 | (지역어) | [동의어 산유어 San-you-e]

갈내 [KAL-NAI] (派) 원134
불 Ramification. Embranchement, division. Numéral des bifurcations dans les courants d'eau.
한 갈래 | 분기점, 분할 | 물의 흐름에 있어 분기 수를 세는 수사

갈니다 [KAL-NI-TA,-NYE,-NIN] (分離) 원134
불 Etre révoqué. Etre changé, recevoir son changement: (Pass. de 갈다 Kal-ta). ‖ Se séparer, se diviser en plusieurs branches. Se bifurquer, se ramilier.
한 철회되다 | 바뀌다, 변화를 받아들이다(갈다 Kal-ta의 피동형) | 분리되다, 여러 가지로 나뉘다 | 분기하다, 여러 갈래로 나뉘다

갈니다 [KAL-NI-TA,-NYE,-NIN] (磨) 원134
불 Etre poli par le frottement. Etre moulu, réduit en poudre.
한 문질러서 반들반들하다 | 가루로 되다, 가루로 만들어지다

갈니이다 [KAL-NI-I-TA,-NI-YE,-NI-IN] (分離) 원134
불 Séparer, diviser. Changer, révoquer.
한 분리하다, 나누다 | 바꾸다 | 철회하다

갈님 [KAL-NIM,-I] (分離) 원134
불 Embranchement de deux routes. Ramification, division.
한 두 길의 분기점 | 분기, 분할

[1]갈다 [KAL-TA,KAL-E,KAN] (磨) 원135
불 Aiguiser, affiler. Polir par le frottement. 니갈다 Ni-kal-ta, Grincer des dents. ‖ Moudre, faire de la farine, réduire en farine.
한 날카롭게 하다, 갈다 | 문질러서 반들반들하게 하다 | [용례 니갈다 Ni-kal-ta], 이를 갈다 | 찧다, 가루를 만들다, 가루로 만들다

[2]갈다 [KĀL-TA,KAL-E ou KAL-A,KAN] (耕) 원135
불 Labourer les champs; semer.
한 밭을 갈다 | 씨를 뿌리다

[3]갈다 [KAL-TA,KA-RA,KAN] (替) 원135
불 Changer. ‖ Révoquer(un homme en place, un ordre) ‖ 옷가라닙다 Ot-ka-ra nip-ta, Changer d'habit. ‖ 니갈다 Ni-kal-ta, Faire sa dentition.
한 바꾸다 | (사람을 자리에서, 명령을) 철회하다 | [용례 옷가라닙다 Ot-ka-ra nip-ta], 옷 갈아입다 | [용례 니갈다 Ni-kal-ta], 이가 나다

갈대기 [KAL-TAI-KI] (大蚊) 원135
불 Gros moustique. Cousin.
한 큰 모기 | 모기

갈동말동 [KAL-TONG-MAL-TONG] 원135
불 Aller ou ne pas aller, je ne sais. ira-t-on, n'ira-t-on pas? ‖ Indécision, embarras, hésitation.
한 갈지 가지 않을지, 모르겠다 | 갈까, 말까? | 우유부단, 난처함, 망설임

*갈등 [KAL-TEUNG,-I] (葛藤) 원135
불 (츩 Tcheulk et 등 Teung). Désaccord.
한 (츩 Tcheulk 과 등 Teung) | 불화

갈등나다 [KAL-TEUNG-NA-TA,-NA,-NAN] (葛藤生) 원135
불 Désaccord, incompatibilité. N'être pas d'accord, être en désaccord. Ne pas s'entendre, ne pas s'accorder.
한 불화, 부조화 | 동의하지 않다, 불화 상태이다 | 서로 뜻이 맞지 않다, 일치하지 않다

*갈등츩 [KAL-TEUNG-TCHEULK,-I] (葛藤) 원135

불 Rotin et liane,c. a. d. choses qui ne vont pas ensemble.
한 등나무와 칡, 즉 어울릴 수 없는 것들

갈ᄃᆡ [KAL-TĂI] (蘆竹) 원135
불 Roseau, tige de roseau.
한 갈대, 갈대의 줄기

*갈력ᄒᆞ다 [KAL-RYEK-HĂ-TA] (竭力) 원135
불 S'efforcer, faire tous ses efforts.
한 노력하다, 자신의 온 힘을 다하다

갈마드다 [KAL-MA-TEU-TA,-TEU-RE,-TEUN] (輪次) 원134
불 Etre changé, être remplacé. ‖ Servir tour à tour.
한 바뀌다, 대체되다 | 차례차례로 쓰이다

갈마드리다 [KAL-MA-TEU-RI-TA,-TEU-RYE,-TEU-RIN] (替入) 원134
불 Changer, casser, rappeler. ‖ Employer tour à tour. -fact. de 갈마드다 Kal-ma-teu-ta.
한 바꾸다, 해임하다, 다시 부르다 | 차례차례로 고용하다 | 갈마드다 Kal-ma-teu-ta의 사동형

갈막이 [KAL-MAK-I] (鷗) 원134
불 Esp. d'oiseau de mer. Goëland.
한 바닷새 종류 | 갈매기

갈막이분지 [KAL-MANK-I-POUN-TJI] 원134
불 Astérie rougeâtre, étoile de mer (m. à m. vase de nuit du goëland).
한 불그스름한 성상광채, 불가사리(말 그대로 갈매기 요강단지)

갈망못ᄒᆞ다 [KAL-MANG-MOT-HĂ-TA] 원134
불 Ne pas pouvoir répondre de. Ne pas pouvoir réussir. Ne pouvoir venir à bout de. Ne pouvoir arriver à son but.
한 ~을 책임질 수 없다 | 성공할 수 없다 | ~을 끝장낼 수 없다 | 목표에 도달할 수 없다

갈망ᄒᆞ다 [KAL-MANG-HĂ-TA] 원134
불 Arriver à son but à force de. réussir; venir à bout de.
한 ~ 덕분에 목표에 다다르다 | 성공하다 | ~을 끝장내다

갈매 [KAL-MAI] (染青) 원134
불 Couleur verte tirée de l'écorce du 갈매나무 Kal-mai-na-mou.
한 갈매나무 Kal-mai-na-mou 껍질에서 나온 초록색 염료

갈매나무 [KAL-MAI-NA-MOU] (染青木) 원134
불 Arbre dont l'écorce donne une couleur verte.
한 껍질에서 초록색 염료를 얻는 나무

갈물 [KAL-MOUL] (槲水, (Chêne, eau)) 원134
불 Séve du chêne avec laquelle on teint les filets en noir. Teinture d'eau de chêne (bouillie dans l'eau).
한 가는 끈을 검게 물들이는 떡갈나무 수액 | (물에 끓인) 떡갈나무 물의 염료

갈바람 [KAL-PA-RAM,-I] 원134
불 Vent du s. o.
한 남서풍

갈범 [KAL-PEM,-I] (葛虎) 원134
불 Grand tigre rayé et très-féroce.
한 줄무늬가 있고 매우 사나운 큰 호랑이

갈보리 [KĀL-PO-RI] (秋牟) 원134
불 (Pour: 가을보리 Ka-eul-po-ri). Orge d'automne, semé en automne.
한 (가을보리 Ka-eul-po-ri 대신) 가을에 씨가 뿌려지는 가을의 보리

갈비 [KAL-PI] (脇) 원134
불 Côtes des animaux, côte-lettres.
한 동물들의 갈비뼈, 갈비

갈삿갓 [KAL-SAT-KAT,-SI] (蘆笠) 원135
불 Grand chapeau tressé en roseau pour les paysans.
한 농부들이 쓰는 갈대로 엮은 큰 모자

갈속 [KAL-SOK] 원135
불 Moelle du roseau.
한 갈대의 골수

갈ᄯᅡ귀 [KAL-TTA-KOUI] (大蛟) 원135
불 Cousin, moustique, gros moustique.
한 모기, 모기, 큰 모기

갈으다 [KAL-EU-TA,KAL-NE ou-NA,KAL-EUN] (折分) 원133
불 Fendre, scier, partager, diviser, séparer.
한 쪼개다, 톱으로 켜다, 나누다, 분할하다, 분리하다

갈이 [KAL-I] (窩) 원133
불 Esp. de cage pour enfermer les poulets. ‖ Instrument pour la pèche.
한 닭을 가두기 위한 우리의 종류 | 낚시 도구

갈인스럽다 [KAL-IN-SEU-REP-TA,-RE-OUE,-RE-ON] 원133
불 Qui cherche à plaire, à attirer, à séduire.
한 환심을 사려고, 마음을 끌려고, 유혹하려고 애쓰다

갈자리 [KAL-TJA-RI] (蘆簟) 원135
불 Natte de roseau.
한 갈대 돗자리

갈작갈작ᄒᆞ다 [KAL-TJAK-KAL-TJAK-HĂ-TA] [원]135
[불] Gratter très-doucement (comme une seuris). ‖ S'efforcer, se donner de la peine.
[한] (쥐처럼) 아주 살살 긁다 | 노력하다, 수고하다

*갈증나다 [KAL-TJEUNG-NA-TA,-NA,-NAN] (渴症) [원]135
[불] Avoir le gosier sec, avoir soif, avoir une soif inextinguible. ‖ Etre empressé de; pressant; tarder de; être impatient de.
[한] 목구멍이 마르다, 목마르다, 해소되지 않는 갈증이 나다 | ~하기를 열망하다 | 간절하다 | ~하기가 기다려지다 | 안달하다

*갈진ᄒᆞ다 [KAL-TJIN-HĂ-TA] (竭盡) [원]135
[불] Achever. ‖ Faire tous ses efforts. ‖ Consumer entièrement. ‖ Etre tout consommé.
[한] 끝마치다 | 온 힘을 다하다 | 전부 소모하다 | 전부 소모되다

갈찰찬타 [KAL-TCHAL-TCHAN-HTA,-TCHAN-A,-TCHAN-EUN] (不齊) [원]135
[불] Etre sans soin; n'être pas soigneux. ‖ Etre inégaux. ‖ N'être pas ajusté.
[한] 주의를 기울이지 않다 | 주의하지 않다 | 고르지 않다 | 정돈되어 있지 않다

갈창 [KAL-TCHANG,-I] [원]135
[불] Pellicule intérieure du roseau. Esp. d'écorce intérieure ou de moelle du roseau.
[한] 갈대 안의 얇은 껍질 | 갈대의 속껍질 또는 고갱이의 종류

*갈츙보국ᄒᆞ다 [KAL-TCHYOUNG-PO-KOUK-HĂ-TA] (竭忠報國) [원]135
[불] Dévouement patriotique. Aider le gouvernement de toutes ses forces. S'efforcer de rendre service au pays, au royaume.
[한] 애국적인 헌신 | 온 힘을 다해 정부를 돕다 | 국가, 왕국에 공헌하려고 노력하다

갈치 [KAL-TCHI] [원]135
[불] Poisson de mer long et plat comme une épée, et blanc comme de l'argent.
[한] 검처럼 길고 납작하며 은처럼 흰 바닷물고기

갈키 [KAL-HKI] (鉤) [원]134
[불] Râteau.
[한] 갈퀴

*갈통 [KAL-HTONG,-I] (蘆筒) [원]135
[불] etui en roseau.
[한] 갈대로 된 상자

갈팡질팡ᄒᆞ다 [KAL-HPANG-TJIL-HPANG-HĂ-TA] [원]135
[불] Embarras, hésitation. Aller et venir, se démeuer; hésiter. Ne pas savoir prendre un parti.
[한] 당황, 망설임 | 왔다 갔다 하다, 동분서주하다 | 망설이다 | 결심할 줄을 모르다

*갈포 [KAL-HPO] (葛布) [원]135
[불] Toile faite avec l'écorce de 츩 Tcheulk.
[한] 츩 Tcheulk의 껍질로 만든 베

갈픔 [KAL-HPEUM,-I] (蘆花) [원]135
[불] Duvet qui entoure la graine de diverses plantes (v. g. roseau, fleurs des roseaux). Graine de clématite, vulgairement appelée herbe aux gueux.
[한] 다양한 식물의 씨를 감싸고 있는 솜털 (예. 갈대, 갈대 꽃) 거지풀이라 속되게 부르는 참으아리속의 씨앗

1*갈피 [KAL-HPI] (葛皮) [원]135
[불] Ecorce de 츩 Tcheulk (liane).
[한] 츩 tcheulk (칡의 일종)의 껍질

2갈피 [KAL-HPI] (區) [원]135
[불] Limite de séparation. ‖ Espace vide entre deux objets; entre-deux. ‖ Ecorce de chêne, tan.
[한] 구분의 경계 | 두 물건 사이의 빈 공간 | 중간 | 떡갈나무의 나무껍질, 떡갈나무 껍질의 가루

갈화 [KAL-HOA] (葛花) [원]133
[불] Fleurs de 칡 Tchilk ou 츩 Tcheulk, Esp. de liane.
[한] 칡 Tchilk 또는 츩 Tcheulk의 꽃, 칡의 종류

갈희다 [KAL-HEUI-TA,-HEUI-YE,-HEU-IN] (擇) [원]133
[불] Choisir, trier.
[한] 선택하다, 분류하다

1*갈ᄒᆞ다 [KAL-HĂ-TA] (碣) [원]133
[불] Interrompre. Achever, finir.
[한] 중단하다 | 끝마치다, 끝내다

2*갈ᄒᆞ다 [KAL-HĂ-TA] (渴) [원]133
[불] Avoir le gosier sec, avoir soif. Avoir besoin de, manquer de.
[한] 목구멍이 마르다, 목마르다 | ~을 필요로 하다, ~이 없다

갉다 [KALK-TA,-E,-EUN] (去皮) [원]134
[불] Gratter avec un instrument pour polir. ‖ Gratter, peler, écorcher.
[한] 반들반들하게 하기 위해 도구로 긁다 | 긁다, 껍질을 벗기다, 가죽을 벗기다

갉이 [KALK-I] ㉮134
㊋ Ciseau pour polir le fer, polissoir.
㊉ 철을 반들반들하게 하는 끌, 연마기

갉이다 [KALK-I-TA,KALK-YE,KALK-IN] (剪) ㉮134
㊋ Emonder les arbres. || Amincir. amenuiser. || Couper des arbres.
㊉ 나무의 필요 없는 가지를 쳐내다 | 가느다랗게 하다 | 깎아서 작게 하다 | 나무들을 베다

1*감 [KĀM,-I] (柑) ㉮124
㊋ Kaki, esp. de fruit rouge. La sapodille. Nèfle d'Amérique. Fruit du Lotus diospyros.
㊉ 감, 붉은 과일의 종류 | 사포딜라 열매 | 아메리카 모과 | 고욤나무의 열매

2감 [KĀM,-I] ㉮124
㊋ Basse marée, temps où il y a peu d'eau.
㊉ 썰물, 물이 적을 때

3*감 [KAM,-I] (監) ㉮124
㊋ (Après un nom, est très-honorifique. Terminais. honorif.). Excellence (titre d'honneur). V. 대감 Tai-kam.
㊉ (이름 뒤에서 매우 경칭이다. 경칭 어미) | 각하(명예 칭호) | [참조어 대감, Tai-kam]

*감가ᄒᆞ다 [KAM-KA-HĂ-TA] (減價) ㉮124
㊋ Déprécier. Diminuer le prix. Rabattre du prix.
㊉ 가치를 하락시키다 | 값을 내리다 | 값을 낮추다

감감ᄒᆞ다 [KAM-KAM-HĂ-TA] (茫茫) ㉮124
㊋ Impatient, qui désire vivement. Ce mot exprime un certain ennui d'être sans nouvelle. Etre obscur, silencieux, taciturne.
㊉ 안달하다, 격하게 바라다 | 이 단어는 소식이 없어서 생기는 어떤 걱정을 나타내는 단어 | 어둡다, 조용하다, 과묵하다

*감격ᄒᆞ다 [KĀM-KYEK-HĂ-TA] (感激) ㉮124
㊋ Reconnaissance, gratitude. Remercier, être reconnaissant.
㊉ 감사, 감사의 마음 | 감사하다, 감사의 뜻을 표하다

*감결 [KAM-KYEL,-I] (甘結) ㉮124
㊋ Ordre d'un gouverneur.
㊉ 지사의 명령

*감고 [KAM-KO] (甘苦) ㉮125
㊋ Le doux et l'amer. Douceur et amertume.
㊉ 단것과 쓴 것 | 단맛과 쓴맛

감곽 [KAM-KOAK,-I] ㉮125
㊋ Esp. d'herbe marine qui donne du lait aux nourrices qui en mangent.
㊉ 그것을 먹는 젖먹이는 여자에게 젖을 나오게 해주는 해초의 종류

*감관 [KAM-KOAN,-I] (監官) ㉮125
㊋ Préposé aux greniers de l'Etat.
㊉ 국가의 곳간 담당자

*감긔 [KĀM-KEUI] (感氣) ㉮124
㊋ Rhume de cerveau. Syn. 운감 Oun-kam.
㊉ 코감기, [동의어 운감, Oun-kam]

1감기다 [KAM-KI-TA,-KYE,-KIN] ㉮124
㊋ Baigner, faire baigner.
㊉ [역주 물·액체에] 적시다, [역주 물·액체에] 젖어들게 하다

2감기다 [KAM-KI-TA] ㉮124
㊋ Etre pelotonné, entortillé.
㊉ 둥글게 감기다, 휘감기다

감나무 [KĀM-NA-MOU] (柑木) ㉮125
㊋ Sapotillier, arbre qui produit le 감 kam (Lotus diospyros).
㊉ 사포딜라, 감 kam 이 열리는 나무(Lotus diospyros)

*감내ᄒᆞ다 [KAM-NAI-HĂ-TA] (堪耐) ㉮125
㊋ Souffrir avec patience. Patienter. Supporter.
㊉ 인내심을 가지고 견디다 | 참다 | 감당해 내다

*감농ᄒᆞ다 [KAM-NONG-HĂ-TA] (監農, (Surveiller, agriculture)) ㉮125
㊋ Surveiller les travaux de l'agriculture, de la culture.
㊉ 농사일, 경작을 감시하다

*감누 [KĀM-NOU] (感淚) ㉮125
㊋ Larmes.
㊉ 눈물

1감다 [KAM-TA,-A,-EUN] (玄) ㉮125
㊋ Etre très-noir, d'un beau noir.
㊉ 매우 검다, 대단히 검다

2감다 [KAM-TA,-A,-EUN] ㉮126
㊋ Fermer(les yeux)
㊉ (두 눈을) 감다

3감다 [KĀM-TA,-A,-EUN] ㉮126
㊋ Pelotonner, entortiller.
㊉ 둥글게 감다, 휘감다

4감다 [KĀM-TA,-A,-EUN] (沐浴) ㉮126
㊋ Se baigner.
㊉ 목욕하다

*감당ᄒᆞ다 [KAM-TANG-HĂ-TA] (堪當, (Soutenir,

supporter)) [원] 126

[불] Répondre de…ou pour… Etre caution. Se faire garant. Ne pas craindre de cautionner.

[한] ~을 책임지다 또는 보증인이 되다 | 보증인이 되다 | 보증하는 것을 두려워하지 않다

*감뎡ᄒᆞ다 [KAM-TYENG-HĂ-TA] (監定, (Voir, certifier)) [원] 126

[불] Approuver un livre.

[한] 책을 허가하다

감도다 [KĀM-TO-TA,-TO-RE,-TON] (盤回) [원] 126

[불] Revenir à la charge, tourner autour·(v. g. autour d'une maison où l'on n'ose entrer, afin de s'y faire inviter).

[한] 다시 직무에 착수하다 | (예. 자기를 그 집에 초대하게 하려고 감히 들어갈 수 없는 집의 주위를) 주위를 돌다

감도리 [KAM-TO-RI] [원] 126

[불] Morelle noire. (On en mange les baies; les feuilles servent en médecine. Il y a: 당감도리 Tang-kam-to-ri, 명쥬감도리 Myeng-tjyou-kam-to-ri).

[한] 검은 까마종이 | (장과는 먹고, 잎은 내복약으로 쓰인다. 당감도리 Tang-kam-to-ri, 명쥬감도리 Myeng-tjyou-kam-to-ri가 있다)

*감동ᄒᆞ다 [KĀM-TŌNG-HĂ-TA] (感動) [원] 126

[불] Battement de cœur. Etre ému, excité, touché.

[한] 심장의 고동 | 감동되다, 흥분되다, 감동받다

감ᄃᆡ [KAM-TĂI] [원] 126

[불] Titre peu honorifique appliqué à un vieillard. ‖ Vieux bonhomme (terme de mépris).

[한] 노인에게 쓰는 별로 경칭이 아닌 칭호 | 늙은 영감 (멸시하는 말)

*감목 [KAM-MOK,-I] (監牧, (Surveiller. paître)) [원] 125

[불] Evêque. Pasteur. (Signifie primitivement: berger, et par métaphore: évêque).

[한] 주교 | 목회자 | (원래는 목동을 의미하고 비유적으로 주교를 의미한다)

*감목관 [KAM-MOK-KOAN,-I] (監牧官) [원] 125

[불] Mandarin militaire, lieutenant. ‖ Chef d'un haras. Inspecteur des haras du roi.

[한] 군대의 고급관리, 육군 중위 | 종마 사육장의 책임자 | 왕의 종마 사육장의 감독관

*감미 [KAM-MI] (甘味) [원] 125

[불] Douceur, (goût) sucré.

[한] 단맛, 달콤한 (맛)

감박ᄒᆞ다 [KAM-PAK-HĂ-TA] [원] 125

[불] Etre sans sentiment, sans connaissance. Etre absorbé.

[한] 감정이 없다, 의식이 없다 | 정신을 빼앗기다

감발 [KAM-PAL,-I] (裸足) [원] 125

[불] Pièce de toile dont ou s'enveloppe les pieds et une partie de la jambe, en place des bas, pour la route et le travail.

[한] 길을 가거나 일을 하기 위해 양말 대신에 발과 다리 부분을 감싸는 천 조각

*감발ᄒᆞ다 [KĀM-PAL-HĂ-TA] (感發) [원] 125

[불] Exciter à la contrition, au repentir, S'exciter à.

[한] 회개, 뉘우침을 불러일으키다, ~하기 위해 들뜨다

*감복ᄒᆞ다 [KAM-POK-HĂ-TA] (感服) [원] 125

[불] Remercier humblement en approuvant. ‖ Etre subjugué, entraîné par les raisons.

[한] 인정하면서 겸손하게 감사하다 | 굴복되다, 이성(理性)에 의해 인도되다

*감불싱심 [KAM-POUL-SĂING-SIM] (敢不生心) [원] 125

[불] Ne pas oser exprimer sa pensée. Syn. 불감싱심 Poul-kam-săing-sim.

[한] 감히 생각을 표현하지 못하다 | [동의어] 불감싱심, Poul-kam-săing-sim.]

*감빈ᄒᆞ다 [KAM-PIN-HĂ-TA] (甘貧) [원] 125

[불] Souffrir la pauvreté avec patience, avec joie.

[한] 인내와 기쁨으로 가난을 견디다

*감샤롭다 [KĀM-SYA-ROP-TA,-RO-OA,-RO-ON] (感謝) [원] 125

[불] Digne d'être remercié. Digne de remerciement.

[한] 감사받을 만하다 | 감사를 받아 마땅하다

*감샤무디 [KĀM-SYA-MOU-TI] (感謝無地) [원] 125

[불] Impossible de remercier. Impossible de remercier dignement, de reconnaître un bienfait.

[한] 감사하는 것이 불가능하다 | 응당 받아야 할 만큼에 어울리게 감사하는 것이, 어떤 선행에 대해 사의를 표명하는 것이 불가능하다

*감샤ᄒᆞ다 [KĀM-SYA-HĂ-TA] (感謝) [원] 125

[불] Remercier avec reconnaissance.

[한] 감사하다

1*감샹관 [KAM-SYANG-KOAN] (監象官) [원] 125

[불] Astronomes, observatoire.

[한] 천문학자, 천문대

2*감샹관 [KAM-SYANG-KOAN] (監嘗官) [원] 125

[불] Maître d'hôtel du roi ou du gouverneur, qui goûte

d'abord tout ce qui leur est servi. Pour les gouverneurs c'est le 비쟝 Pi-tjyang qui fait ce service.

한 왕 또는 지사에게 내놓는 모든 것을 먼저 맛보는 그들의 관저의 장 | 지사들에게 있어서 이 일을 하는 사람은 비쟝 Pi-tjyang 이다

1*감샹ᄒᆞ다 [KĀM-SYANG-HĂ-TA] (監嘗) 원125

불 Voir et goûter les mets.

한 요리를 보고 맛보다

2*감샹ᄒᆞ다 [KAM-SYANG-HĂ-TA] (感傷) 원125

불 Gagner l'affection, se faire des amis, avoir les bonnes grâces de, attirer par de bons procédés.

한 정을 얻다, 친구들을 사귀다, ~의 총애를 받다, 좋은 태도로 호감을 사다

*감셰 [KĀM-SYEI] (減勢) 원125

불 La guérison, le mieux (d'une maladie). (Honorif.).

한 회복, (병의) 호전 (경칭)

*감슈 [KAM-SYOU] (甘遂) 원125

불 Esp. de remède (amer, pour la poitrine).

한 (폐병에 쓰는, 맛이 쓴) 약의 종류

*감슈인내 [KAM-SYOU-IN-NAI] (甘受忍耐) 원125

불 Patience. longanimité.

한 인내 | 참을성

1*감슈ᄒᆞ다 [KĀM-SYOU-HĂ-TA] (甘受, (Volontiers, recevoir)) 원125

불 Recevoir volontiers, avec patience, avec plaisir.

한 쾌히, 참을성 있게, 기꺼이 받아들이다

2*감슈ᄒᆞ다 [KAM-SYOU-HĂ-TA] (減壽, (Abréger, respiration)) 원125

불 Abréger la vie, abréger les jours.

한 삶을 단축하다, 수명을 단축하다

*감식ᄒᆞ다 [KAM-SIK-HĂ-TA] (甘食, (Bon au goût, nourriture)) 원125

불 Faire bonne chère. ‖ Manger avec appétit.

한 맛있는 식사를 하다 | 왕성한 식욕으로 먹다

*감실 [KĀM-SIL,-I] (龕室) 원125

불 Chambre pour les tablettes. Petit oratoire ou temple pour les tablettes.

한 패[역주 牌]를 두기 위한 방 | 패[역주 牌]를 두기 위한 작은 기도실 또는 전당

*감심 [KAM-SIM,-I] (甘心, (Doux, cœur)) 원125

불 Plein gré, volontiers, de bon cœur.

한 내 스스로 자진하여, 쾌히, 진심으로

*감ᄉᆞ [KAM-SĂ] (監使) 원125

불 Gouverneur de province, le 1er des mandarins dans l'ordre civil (il y a cinq ordres ou rangs de préfets); il réside à la capitale de chaque province.

한 지방의 지사, 문민 신분에서 가장 높은 관리(도지사에는 다섯 개의 신분 또는 계급이 있다) | 각 지방의 수도에 거주한다

*감ᄉᆡᆨ [KAM-SĂIK,-I] (監色) 원125

불 Fonction, charge. ‖ Commis chargé d'examiner la bonne qualité des blés. ‖ Echantillon.

한 직무, 책임 | 밀의 좋은 질을 검사할 책임을 맡은 사무원 | 견본

*감ᄉᆡᆨᄒᆞ다 [KAM-SĂIK-HĂ-TA] (監色) 원125

불 Examiner la qualité. Syn. 간ᄉᆡᆨᄒᆞ다. Kan-săik-hă-ta.

한 품질을 검사하다 | [동의어 간ᄉᆡᆨᄒᆞ다, Kan-săik-hă-ta]

감ᄲᆞᆯ니다 [KAM-PPAL-NI-TA,-NYE,-NIN] (甘吮) 원125

불 Etre savoureux; être sucé; être baisé; être apprécié, estimé (objet).

한 맛있다 | 빨리다 | 입맞춤을 받다 | [역주 물건이] 애호되다, 높이 평가되다

감ᄲᆞᆯ다 [KAM-PPAL-TA,-PPAL-A,-PPAN] (甘吮) 원125

불 Baiser; sucer.

한 입 맞추다 | 빨다

*감역관 [KAM-YEK-KOAN,-I] (監役官) 원124

불 Surveillant des travaux publics.

한 공공 토목공사의 감독관

*감역ᄒᆞ다 [KAM-YEK-HĂ-TA] (監役, (Voir, ouvrage)) 원124

불 Surveiller l'ouvrage, les travaux.

한 작업, 토목공사를 감독하다

*감영 [KAM-YENG,-I] (監營, (Gouverneur, fotrification)) 원124

불 Capitale d'une province, ville où réside le gouverneur.

한 지방의 수도, 지사가 거주하는 도시

*감예 [KAM-YEI] (堪與) 원124

불 Maison pour les tablettes. Petite maison servant de temple pour les tablettes.

한 패(牌)를 두기 위한 집 | 패(牌)를 두기 위한 신당으로 쓰이는 작은 집

감위다 [KAM-OUI-TA,-OUI-YE,-OUIN] (監爲) 원124

불 Montrer, faire voir. (Honorif.)

한 보여주다, 보게하다 | (경칭)

감으다 [KAM-EU-TA,-KAM-EU-RE,-KAM-EUN] (旱) [원] 124

[불] Faire sec, la sécheresse règne.

[한] 건조하게 하다, 가뭄이 유지되다

감으러지다 [KAM-EU-RE-TJI-TA,-TJYE,-TJIN] [원] 124

[불] Etre sans connaissance, être évanoui. ‖ Se calmer, s'éteindre, s'affaisser, cesser, tombre de soi-même. (v. g. bruit de guerre).

[한] 의식이 없다, 정신을 잃다 | 진정되다, 약화되다, 약해지다, 멎다, 저절로 약해지다(예. 싸움 소리)

*감은ᄒᆞ다 [KĀM-EUN-HĂ-TA] (感恩) [원] 124

[불] Remercier, rendre grâces pour un bienfait. Bienfait.

[한] 감사하다, 은혜에 감사하다 | 은혜

감을감을ᄒᆞ다 [KAM-EUL-KAM-EUL-HĂ-TA] (玄玄) [원] 124

[불] Vacillation qui semble se produire en regardant au loin. Difficile à distinguer à cause de l'éloignement.

[한] 멀리서 볼 때 생기는 듯한 흔들거림 | 멀리 떨어져서 구별하기 어렵다

감을드다 [KAM-EUL-TEU-TA,-TEU-RE,-TEUN] (旱毒) [원] 124

[불] Souffrir de la sécheresse (plante).

[한] (식물이) 가뭄을 겪다

감을치 [KAM-EUL-TCHI] (鱻) [원] 124

[불] Poisson noir et long,p. ê. le brochet.

[한] 검고 긴 물고기, 아마도 곤들매기

감음 [KAM-EUM,-I] (旱) [원] 124

[불] Sécheresse.

[한] 가뭄

감이 [KAM-I] [원] 124 ☞감히

감이샹토 [KAM-I-SYANG-HTO] [원] 124

[불] Toupet en bigorneau ou limaçon. Petit toupet des hommes bien tressé, en spirale bien faite, commençant par le bas.

[한] 고동 또는 달팽이 모양의 타래 | 아래쪽에서 시작되어 나선형으로 잘 만들어진, 잘 짜인 남자들의 작은 타래

감작감작ᄒᆞ다 [KAM-TJAK-KAM-TJAK-HĂ-TA] [원] 126

[불] Petites taches noires sur du blanc. Marqueté de petites taches.

[한] 흰색 위에 작고 검은 반점 | 작은 반점으로 얼룩지다

감작놀나다 [KAM-TJAK-NOL-NA-TA,-NA,-NAN] (倅驚) [원] 126

[불] Etre saisi tout à coup de crainte.

[한] 갑자기 두려움에 사로잡히다

*감장ᄒᆞ다 [KAM-TJANG-HĂ-TA] (監葬) [원] 126

[불] Faire un enterrement, faire les funérailles.

[한] 매장하다, 장례를 치르다

감젹감젹ᄒᆞ다 [KAM-TJYEK-KAM-TJYEK-HĂ-TA] [원] 126

[불] Etre noirâtre. Eprouver un mouvement subit. ‖ Ciller, ouvrir et fermer rapidement les yeux.

[한] 거무스름하다 | 급작스러운 움직임을 느끼다 | 깜박거리다, 두 눈을 빠르게 뜨고 감다

*감쥬 [KAM-TJYOU] (甘酒) [원] 126

[불] Vin doux.

[한] 단맛의 술

[1]*감질 [KAM-TJIL,-I] (疳疾) [원] 126

[불] Nom d'une esp. de maladie.

[한] 질병의 종류의 이름

[2]*감질 [KAM-TJIL,-I] [원] 126

[불] Agacement; chose vexante et qu'on ne peut éviter.

[한] 역정 | 기분을 상하게 하고 피할 수 없는 것

[1]감ᄌᆞ [KAM-TJĂ] (薯) [원] 126

[불] Pomme de terre, patate, igname. 남감ᄌᆞ Nam-kam-tjă, Patate douce.

[한] 감자, 고구마, 마 | [[용례] 남감ᄌᆞ Nam-kam-tjă], 고구마

[2]감ᄌᆞ [KAM-TJĂ] (柑子) [원] 126

[불] Esp. de petite orange.

[한] 작은 오렌지의 종류

*감찰 [KAM-TCHAL,-I] (監察) [원] 126

[불] Nom d'une petite dignité.

[한] 낮은 관직의 명칭

*감챵 [KAM-TCHYANG,-I] (疳瘡) [원] 126

[불] Maladie. Esp. de scorbut, de cancer (maladie de la bouche).

[한] 질병 | 괴혈병, 암의 종류(입의 질병)

*감챵ᄒᆞ다 [KĀM-TCHYANG-HĂ-TA] (感悵) [원] 126

[불] Etre triste, désolé; être chagrin.

[한] 슬프다, 비탄에 잠기다 | 우울하다

*감초 [KAM-TCHO] (甘草, (Doux, herbe)) [원] 126

[불] Réglisse (la racine).

[한] 감초(뿌리)

감초다 [KAM-TCHO-TA,-TCHO-E,-TCHON] (藏) [원] 126

[불] Cacher.

한 감추다

*감쵹ᄒᆞ다 [KĀM-TCHYOUK-HĂ-TA] (感祝) 원 126

불 Remercier, rendre grâces.

한 감사하다, ~에게 감사하다

[1]감쵹ᄒᆞ다 [KAM-TCHYOUK-HĂ-TA] 원 126

불 Cacher.

한 감추다

[2*]감쵹ᄒᆞ다 [KAM-TCHYOUK-HĂ-TA] (減縮) 원 126

불 Diminuer, maigrir, dépérir, devenir moindre.

한 줄다, 여위다, 쇠약해지다, 아주 작아지다

감치다 [KAM-TCHI-TA,-TCHYE,-TCHIN] 원 126

불 Ourler; faufiler; coudre à grands points. ‖ Relever avec le doigt (v. g. de l'huile qui coule des bords d'un vase, pour la faire rentrer). ‖ River, abattre la pointe(v. g. d'un clou, pour le fixer).

한 옷단을 감치다 | 시침질하다 | 듬성듬성 꿰매다 | (예. 단지 가장자리에 흐르는 기름, 그것을 다시 넣기 위해) 손가락으로 모으다 | (예. 못, 그것을 고정하기 위해) 끝을 구부리다, 끝부분을 옆으로 눕히다

감탕 [KAM-HTANG,-I] (泥濘) 원 126

불 Boue. ‖ Résidu de saumure. Jus ou eau des haricots bouillis pour préparer le 메쥬 Mei-tjyou.

한 진흙 | 소금물의 찌꺼기 | 메쥬 Mei-tjyou를 만들기 위해 삶은 제비콩의 즙 또는 물

감투 [KAM-HTOU] 원 126

불 Bonnet en feutre; calotte.

한 펠트로 된 챙 없는 모자 | 빵모자

[1]감풀 [KAM-HPOUL,-I] 원 125

불 Colle noire faite avec des kakis, et dont on enduit le bonnet des candidats aux examens.

한 수험생들의 챙 없는 모자에 바르는 감으로 만든 검은 풀

[2]감풀 [KAM-HPOUL,-I] (Ficeler, délier) 원 125

불 Supplice (qui consiste à lier l'aretre avec une ficelle, et à lâcher en tirant avec force).

한 (동맥을 끈으로 묶고 강하게 당기며 느슨하게 하는 것으로 이루어진) 고문

*감화ᄒᆞ다 [KĀM-HOA-HĂ-TA] (感化) 원 124

불 Etre persuadé, entraîné par les bons exemples.

한 설득되다, 좋은 예로 인해 마음이 끌리다

*감환 [KĀM-HOAN,-I] (感患) 원 124

불 (Honorif.). Rhume de cerveau.

한 (경칭) 코감기

*감히 [KAM-HI] (敢) 원 124

불 Osément, hardiment. Pour oser. 엇지감히그리ᄒᆞᄂᆞ냐 Et-tji kam-hi keu-ri hă-nă-nya, (Comment osément ainsi faites-vous?) Comment osez-vous faire ainsi?

한 감히, 대담하게 | 감행하기 위해 | [용례 엇지감히그리ᄒᆞᄂᆞ냐 Et-tji kam-hi keu-ri hă-nă-nya], (어떻게 감히 그렇게 하느냐?) 어떻게 감히 그렇게 하는가?

*감히ᄒᆞ다 [KĀM-HI-HĂ-TA] (敢) 원 124

불 Oser. litt. faire osément, c. a. d. oser faire. 감히… 못ᄒᆞ다 Kam-hi…mot-hă-ta, N'oser pas faire.

한 감히 하다 | 글자대로 감히 하다, 즉 대담하게 하다 | [용례 감히… 못ᄒᆞ다 Kam-hi…mot-hă-ta], 대담하게 하지 않다

*감ᄒᆞ다 [KĀM-HĂ-TA] (減) 원 124

불 Diminuer, abréger, Etre moindre. Varier.

한 줄이다, 단축시키다, 아주 작다 | 변화시키다

[1*]갑 [KAP,-I] (匣) 원 131

불 Couverture de livre; couverture pour préserver un objet.

한 책의 표지 | 물건을 보호하기 위한 덮개

[2]갑 [KAP,-SI] (價) 원 131

불 Prix, valeur d'une chose; ce qu'elle coûte.

한 값, 물건의 가치 | 물건의 값

[3*]갑 [KAP,-I] (甲) 원 131

불 Cycle de 60ans. ‖ Très, extrêmement, le plus, le mieux. ‖ Cuirasse.

한 60년 주기 | 매우, 극도로, 최고로, 최선으로 | 갑옷

갑갑ᄒᆞ다 [KAP-KAP-HĂ-TA,-HĂN,-HI] (沓沓) 원 132

불 Affligeant, désolant, ennuyeux. ‖ Etre inquiet.

한 비통하다, 딱하다, 지루하다 | 불안하다

*갑년 [KAP-NYEN,-I] (甲年) 원 132

불 Anniversaire séculaire ou cyclique de la naissance, après soixante ans. ‖ Année du cycle.

한 60세 이후, 출생으로부터 100년 만에 또는 주기적으로 돌아오는 생일 | 순환 주기의 해

갑다 [KAP-TA,KAP-HA,KAP-HEUN] (報) 원 132

불 Payer; rembourser; rendre ce qui est dû; donner le prix. ‖ 원슈를갑다 Ouen-syou-răl kap-ta, Se venger.

한 갚다 | 상환하다 | 빚진 것을 돌려주다 | 값을 치르다 | [용례 원슈를갑다 Ouen-syou-răl kap-ta], 원수를 갚다

[1*]갑반 [KAP-PAN,-I] (甲班) 원 132

불 Le premier des nobles; le noble le plus élevé, des

ㄱ

plus hautes familles, de la plus haute lignée.
한 귀족들 중에서 가장 으뜸 | 가장 지체 높은 집안의, 가장 지체 높은 혈통 중에서도 가장 높은 귀족

2*갑반 [KAP-PAN,-I] (甲盤) 원132
불 Le plus beau service de table. Service de belle porcelaine.
한 가장 아름다운 식기 | 아름다운 자기로 된 식기

*갑부 [KAP-POU] (甲富) 원132
불 Le plus riche. très-riche. Des plus riches du royaume.
한 왕국의 부자들 중 가장 부유한 | 매우 부유한 사람

*갑슐 [KAP-SYOUL,-I] (甲戌) 원132
불 11e année du cycle de 60 ans. 1694, 1754, 1814, 1874.
한 60년 주기의 열한 번째 해 | 1694, 1754, 1814, 1874년

*갑신 [KAP-SIN,-I] (甲申) 원132
불 21e année du cycle de 60 ans. 1704, 1764, 1824, 1884.
한 60년 주기의 21번째 해 | 1704, 1764, 1824, 1884년

1*갑ᄉᆞ [KAP-SĂ] (甲士) 원132
불 Celui(de l'endroit) qui sait le mieux les caractères. ‖ Cuirassier.
한 그 특징을 가장 잘 아는 (지역의)사람 | 흉갑 기병

2*갑ᄉᆞ [KAP-SĂ] (甲紗) 원132
불 Esp. de soierie très-légère. Esp. de gaze de soie.
한 아주 가벼운 비단의 종류 | 비단 박사[역주 薄紗]의 종류

1*갑오 [KAP-O] (甲午) 원132
불 31e année du cycle de 60 ans. 1714, 1774, 1834, 1894.
한 60년 주기의 31번째 해 | 1714, 1774, 1834, 1894년

2갑오 [KAP-O] 원132
불 Jeu de hasard.
한 도박

갑옷 [KAP-OT,-SI] (甲衣) 원132
불 Cuirasse.
한 갑옷

*갑인 [KAP-IN,-I] (甲寅) 원131
불 51e année du cycle de 60ans. 1734, 1794, 1854, 1914…
한 60년 주기의 51번째 해 | 1734, 1794, 1854, 1914년…

갑작기 [KAP-TJAK-I] (猝然) 원132
불 Tout à coup. Dans un instant.
한 갑자기 | 곧

갑작부리 [KAP-TJAK-POU-RI] 원132
불 Esp. de jeu de cartes.
한 카드놀이의 종류

갑작쓰레 [KAP-TJAK-SSEU-REI] (猝然) 원132
불 Tout à coup.
한 갑자기

*갑쟝 [KAP-TJYANG,-I] (甲丈) 원132
불 Né le premier dans la même année.
한 같은 해에 맨 먼저 태어난 사람

갑졀 [KAP-TJYEL] (倍) 원132
불 Deux fois; le double; une fois plus. ‖ 삼갑졀 Sam-kap-tjyel, Le triple. ‖ 열갑졀 Yel-kap-tjyel, Dix fois plus. ‖ 갑졀더쒸다 Kap-tjyel-te ttoui-ta, Etre plus du double.
한 두 번 | 두 배 | 한 번 더 | [용례 삼갑졀 Sam-kap-tjyel], 세 배 | [용례 열갑졀 Yel-kap-tjyel], 열 배 더 | [용례 갑졀더ᄒᆞ다 Kap-tjyel-te ttoui-ta], 두 배 더 많다

*갑족 [KAP-TJYOK,-I] (甲族) 원132
불 Parent du premier des nobles. noble de la plus haute volée, de famille très-nombreuse.
한 귀족들 중 으뜸가는 이의 친척 | 아주 많은 집안 중에 가장 높은 등급의 귀족

*갑쥬 [KAP-TJYOU] (甲冑) 원132
불 Cuirasse et casque.
한 갑옷과 투구

*갑진 [KAP-TJIN,-I] (甲辰) 원132
불 41e année du cycle de 60 ans. 1724, 1784, 1844, 1904.
한 60년 주기의 41번째 해 | 1724, 1784, 1844, 1904년

*갑ᄌᆞ [KAP-TJĂ] (甲子) 원132
불 1re année du cycle de 60 ans. 1684, 1744, 1804, 1924.
한 60년 주기의 첫 번째 해 | 1684, 1744, 1804, 1924년

갑풀 [KAP-HPOUL,-I] (膠) 원132
불 Colle de peau de bœuf. Syn. 아교 A-kyo.
한 소가죽으로 만든 풀 | [동의어 아교, A-kyo.]

갑흠이 [KAP-HEUM-I] 원132
불 (de 갑다 Kap-ta) Le prix, ce qui est dû.
한 (갑다 Kap-ta에서) 값, 빚진 것

1갓 [KAT,KAT-SI] (笠) 원136
불 Chapeau (en tissu de bambou recouvert de toile de chanvre, le fond long et étroit, les bords larges).
한 (속이 길고 좁으며, 챙이 넓은, 삼베로 덮인 대나무 직물로 된) 모자

2갓 [KAT] (纔) 원136

불 Au moment de; sur-le-champ; aussitôt; tout de suite; il n'y a pas long-temps; il n'y a qu'un instant. Syn. 적 Tjyek.

한 ~때에 | 즉시로 | 곧 | 당장에 | 얼마 전에 | 바로 잠깐 전에 | [동의어 적, Tjyek]

³갓 [KAT,KA-SI] (芥) 원136

불 Moutarde. ‖ 산갓 San-kat, Cresson.

한 겨자 | [용례 산갓 San-kat], 물냉이

⁴갓 [KAT,KA-SI] (葑韮) 원136

불 Numéral des paquets de 10 harengs, des couples de poulets.

한 청어 열 마리 묶음과 닭 두 마리의 수를 세는 수사

갓가지 [KAT-KA-TJI] (各樣) 원137

불 Chaque espèce, chaque chose, chaque, toute espèce de.

한 각 종류, 각각의 것, 각각의, 모든 종류의

갓갑다 [KAT-KAP-TA,KAT-KA-OA,KAT-KA-ON] (近) 원137

불 Proche, être près.

한 인접하다, 가깝다

갓갓웃다 [KAT-KAT-OUT-TA,-OU-SYE,-OU-SEUN] 원137

불 Rire aux éclats.

한 웃음을 터트리다

갓거리 [KAT-KE-RI] 원137

불 Brochettes qui servent à consolider le chapeau contre le vent et à soutenir le 갓모 Kat-mo. Petite charpente en bambou pour tenir le parapluie sur le chapeau.

한 모자가 바람에 날아가지 않게 튼튼히 해 주고 갓모 Kat-mo를 지탱하는 데에 쓰이는 작은 꼬치 | 모자 위에 우산을 고정시키기 위한 대나무로 된 작은 뼈대

갓골 [KAT-KOL,-I] (笠骨) 원137

불 Ouverture du chapeau qui s'adapte à la tête. ‖ forme à chapeau.

한 머리에 들어맞는 모자의 열린 부분 | 모자의 틀

갓냥 [KAT-NYANG,-I] (笠兩) 원137

불 Bord du chapeau. ‖ Charpente en bambou du chapeau.

한 모자의 챙 | 모자의 대나무로 된 틀

갓다드리다 [KAT-TA-TEU-RI-TA,-TEU-RYE,-TEU-RIN] (持去獻) 원ADDENDA

불 Porter en allant et présenter (à un supérieur), apporter. Syn. 드리다 Teu-ri-ta.

한 (윗사람에게)들고 가서 내놓다, 가져오다 | [동의어 드리다, Teu-ri-ta]

갓다주다 [KAT-TA-TJOU-TA,-TJOU-E,-TJOUN] (持去給) 원ADDENDA

불 Porter en allant et donner, apporter. Syn. 가져가다 Ka-tjye-ka-ta.

한 들고 가서 주다, 가져오다 | [동의어 가져가다, Ka-tjye-ka-ta]

갓도다 [KA-TO-TA,-TO-A,-TON] (囚) 원137

불 Ramasser, renfermer, enfermer, mettre à part, enfermer.

한 모으다, 유폐하다, 가두다, 따로 떼어두다, 가두다

갓모 [KAT-MO] (笠帽) 원137

불 Papier huilé qui se deploie en cône et s'assujétit sur le chapeau pour le préserver de la pluie. Parapluie coréen, c. a. d. esp. D'entonnoir en papier huilé qu'on fixe sur le chapeau.

한 원추형으로 펼쳐지는, 비를 막기 위해 모자 위에 고정하는 기름종이 | 조선의 우산, 즉 모자 위에 고정시키는 기름종이로 된 깔때기의 종류

갓바치 [KAT-PA-TCHI] (皮匠) 원137

불 Cordonnier, celui qui fait des souliers en cuir.

한 제화공, 가죽으로 된 신발을 만드는 사람

갓버셧 [KAT-PE-SYET,-SI] (笠茸) 원137

불 Champignon comestible. agaric champètre (en forme de chapeau).

한 식용 버섯 | (모자 모양의) 주름버섯

갓부다 [KAT-POU-TA,KAT-PA,KAT-PEUN] (疲) 원137

불 Etre essoufflé; être fatigué: être oppressé: respirer péniblement: être oppressé (après avoir mangé).

한 숨이 가쁘다 | 피곤하다 | 호흡이 곤란하다 | 간신히 숨 쉬다 | (먹고 난 뒤) 호흡이 곤란하다

갓신 [KAT-SIN,-I] (皮鞋) 원137

불 Soulier en cuir.

한 가죽으로 된 신발

갓끈 [KAT-KKEUN,-I] (纓) 원137

불 Attaches du chapeau.

한 모자의 끈

갓떼 [KAT-TTEI] 원137

불 Grand tapis en peau de chien.

한 개 가죽으로 된 큰 카펫

갓떼ᄒᆞ다 [KAT-TTEI-HĂ-TA] (改莎草) 원137

불 Réparer un tombeau; y mettre du gazon neuf.

한 묘지를 손질하다 | 묘지에 새로운 잔디를 입히다

갓옷 [KAT-OT,-SI] (裘) 원137

불 Habit avec fourrure, habit de peau.
한 모피로 만든 옷, 가죽으로 된 옷

1갓장이 [KAT-TJANG-I] (笠工) 원137
불 Chapelier.
한 모자 제조인

2갓장이 [KAT-TJANG-I] (皮鞋匠) 원137
불 Cordonnier qui fait les souliers en cuir.
한 가죽으로 된 신발을 만드는 제화공

갓짐치 [KAT-TJIM-TCHĂI] (芥沉菜) 원137
불 Salaison de feuilles de moutarde.
한 겨자 잎을 소금에 절인 식품

갓집 [KAT-TJIP,-I] (笠匣) 원137
불 Etui du chapeau, boite à chapeau.
한 모자 상자, 모자 넣는 상자

갓초다 [KAT-TCHO-TA,-TCHO-A,-TCHON] (備) 원137
불 Ajuster; faire cadrer; adapter; rendre propre à sa fin. ‖ Préparer, mettre en ordre.
한 적합하게 하다 | 일치시키다 | 맞추다 | 목적에 적합하게 만들다 | 준비하다, 정리하다

갓칙갓칙ᄒᆞ다 [KAT-TCHIK-KAT-TCHIK-HĂ-TA] 원137
불 Etre embarassé v.g. d'une épine sous la peau.
한 예. 피부 안의 가시 때문에 불편하다

갓탈거롬 [KAT-HTAL-KE-RĂM] 원137
불 Allure du cheval (en sautant). Galop. trot du cheval.
한 (뛰어 오르는) 말의 걸음걸이 | 말의 질주, 속보

*강 [KANG,-I] (江) 원129
불 Fleuve, rivière.
한 대하, 강

*강강ᄒᆞ다 [KANG-KANG-HĂ-TA] (剛剛) 원129
불 Etre ferme. ‖ Etre en bonne santé, en bon état. ‖ Etre bien conservé pour son âge (vieillard)
한 단단하다 | 건강하다, 상태가 좋다 | (노인이) 나이에 비해 아주 젊어 보인다

*강건ᄒᆞ다 [KANG-KEN-HĂ-TA] (剛健) 원129
불 Bien portant, sans maladie. Fort, vigoureux. (Hon.)
한 질병 없이 건강하다 | 강하다, 기운차다 | (경칭)

*강경ᄒᆞ다 [KĀNG-KYENG-HĂ-TA] (講經) 원129
불 Se préparer aux examens. ‖ Réciter des livres chinois par cœur.
한 시험을 준비하다 | 중국 책을 암송하다

*강골 [KANG-KOL,-I] (剛骨, (Dur, os)) 원129
불 Os fort,c. a. d. homme robuste, solide.
한 강한 뼈 | 즉, 건장한, 튼튼한 사람

*강교 [KANG-HYO] (江橋) 원129
불 Pont sur un fleuve, sur une rivière. ‖ Bord de la rivière. Les bords du fleuve de la capitale.
한 대하 위, 강 위의 다리 | 강가 | 수도의 큰 강가

*강굴 [KANG-KOUL,-I] (石花) 원129
불 Huître desséchée. c. a. d. sans eau.
한 말린 | 즉, 물이 없는 굴

강귀 [KANG-KOUI] 원129
불 Cancrelat, blatte des cuisines. Syn. 박휘 Pak-houi.
한 부엌의 바퀴벌레 | [동의어 박휘, Pak-houi]

1*강긔 [KANG-KEUI] (綱氣) 원129
불 Solidité. ‖ Dur et fort. ‖ Force, vigueur. = 잇다 -it-ta, Etre fort.
한 견고함 | 단단하고 강하다 | 힘, 기운 | [용례 = 잇다 -it-ta], 힘 있다

2*강긔 [KANG-KEUI] (綱紀) 원129
불 Chaîne du filet. Corde qui soutient le filet tout autour. ‖ Les lois essentielles du royaume, les lois fondamentales, qui soutiennent, qui sont comme le gond, le pivot.
한 그물의 사슬. 그물 전체 둘레를 지탱하는 끈 | 지탱하는, 돌쩌귀, 축과 같은 왕국의 주요한 법, 기본법

*강ᄀᆡᄒᆞ다 [KANG-KĂI-HĂ-TA] (慷慨) 원129
불 Ferme, constant. ‖ Désintéressé, dévoué. ‖ Etre peiné de, désolé.
한 확고하다, 변함없다 | 공평하다, 헌신적이다 | ~으로 마음 아프다, 유감스럽다

*강남 [KANG-NAM,-I] (江南, (Fleuve, sud)) 원130
불 Province de Kiang-nan en Chine.
한 중국의 강남 지방

강남조 [KANG-NAM-TJO] 원130
불 Queue de renard. Amarante à queue.
한 여우꼬리 | 줄맨드라미

강남콩 [KANG-NAM-HKONG,-I] (江南太) 원130
불 Haricots du Kiang-nan. ‖ Haricots européens.
한 강남의 제비콩 | 유럽의 제비콩

*강논ᄒᆞ다 [KANG-NON-HĂ-TA] (講論, (Parler, délibérer)) 원130
불 Prêcher, discourir, disserter, haranguer, expliquer la doctrine.
한 설교하다, 길게 늘어놓다, 논하다, 연설하다, 교리를 설명하다

강놈 [KANG-NOM,-I] (江人) 원130
불 Riverain.
한 강가에 사는 사람

강다리 [KANG-TA-RI] (小石漁) 원131
불 Petit poisson de mer.
한 작은 바닷물고기

강다짐ᄒᆞ다 [KANG-TA-TJIM-HĂ-TA] (乾食) 원131
불 Ne manger que du riz sec. Ne pas détremper son riz dans de l'eau en mangeant.
한 마른 밥만 먹다 | 먹을 때 자신의 밥을 물에 섞지 않다

*강단 [KANG-TAN,-I] (剛斷) 원131
불 Solidité, force, vigueur.
한 견고, 힘, 기운

*강당 [KĀNG-TANG,-I] (講堂) 원131
불 Ecole de chinois. Collége. Lieu où les lettrés se réunissent pour étudier. Académie.
한 중국어 학교 | 중학교 | 공부하기 위해 학식 있는 사람들이 모이는 곳 | 아카데미

*강도 [KANG-TO] (强盜) 원131
불 Voleur qui enlève de force; brigand; voleur de grand chemin.
한 힘으로 빼앗는 도둑 | 강도 | 큰길의 도둑

강동강동ᄒᆞ다 [KANG-TONG-KANG-TONG-HĂ-TA] 원131
불 Désigne le mouvement v.g. d'enfants qui sautent. Gambader.
한 예. 뛰어 오르는 아이들의 움직임을 가리킨다 | 깡충깡충 뛰다

*강등ᄒᆞ다 [KĀNG-TEUNG-HĂ-TA] (降等, (Descendre, degré)) 원131
불 Dégénérer. Etre de rang inférieur (comme un bâtard dans la famille). Etre dégradé. Descendre ou diminuer d'importance (naturellement ou par punition).
한 악화되다 | (집안의 서자처럼) 계급이 낮다, 박탈되다 | (저절로 또는 징계로) 위세가 낮아지거나 떨어지다

*강력 [KNAG-RYEK,-I] (剛力) 원130
불 Solidité, force, dureté. vigueur.
한 견고, 힘, 굳기 | 기운

*강령 [KANG-RYENG,-I] (綱領) 원130
불 Chaîne de filet et collet d'habit. au fig. : pivot; gond; essence; fondement.
한 그물의 사슬과 옷의 깃 | 비유적으로 | 축 | 돌쩌귀 | 본질 | 토대

*강림ᄒᆞ시다 [KANG-RIM-HĂ-SI-TA,-SYE,-SIN] (降臨, (Descendre, se présenter ou arriver)) 원130
불 Descendre. (Honorif.)
한 내려오다 | (경칭)

*강명ᄒᆞ다 [KANG-MYENG-HĂ-TA] (剛明) 원130
불 Enseigner clairement, instruire avec clarté. ‖ Parler clairement. ‖ Agir avec droiture, être ouvert.
한 분명하게 가르치다, 명확하게 가르치다 | 분명하게 말하다 | 올바르게 행동하다, 개방적이다

*강모 [KANG-MO] (剛牟) 원130
불 Orge sec.
한 마른 보리

*강목 [KANG-MOK,-I] (剛木) 원130
불 Bois dur, bois sec.
한 딱딱한 나무, 마른 나무

*강목슈싱 [KANG-MOK-SYOU-SĂING,-I] (剛木水生, (Desséché, bois, eau, sortir)) 원130
불 Tirer de la séve d'un bois desséché (impossible). La séve viendra-t-elle au bois sec.? c.a.d. peut-on faire l'impossible?
한 말라붙은 나무에서 수액을 추출하다(불가능하다) | 마른 나무에서 수액이 나올까? | 즉, 불가능한 일을 할 수 있을까?

강물 [KANG-MOUL,-I] (江水) 원130
불 Rivière, eau de rivière, fleuve.
한 강, 강의 물, 큰 강

*강박ᄒᆞ다 [KANG-PAK-HĂ-TA] (强迫) 원130
불 Violenter, contraindre, violer, user de violence.
한 강요하다, 강제하다, 유린하다, 폭력을 사용하다

강밥 [KANG-PAP,-I] (乾食) 원130
불 Esp. de gâteau. ‖ Riz cuit et sec., c.a.d. sans condiment (comme pain sec.).
한 과자의 종류 | 익고 마른, 즉 (아무것도 안 바른 빵처럼) 양념이 없는 밥

*강벽 [KANG-PYEK,-I] (剛愊) 원130
불 Invincible, caractère ferme. ‖ Effort, grand effort, effort désespéré.
한 물리칠 수 없다, 확고한 성격 | 노력, 큰 노력, 필사적인 노력

*강변 [KAN-PYEN,-I] (江邊) 원130
불 Rive d'un fleuve.
한 큰 강가

1*강병 [KAN-PYENG,-I] (强兵) 원130
불 Soldat valeureux.
한 용감한 병사

2*강병 [KANG-PYENG,-I] (剛病) 원130
불 Maladie sèche, c.a.d. dans laquelle la sueur qui devrait venir pour opérer la guérison, ne vient pas.
한 마른, 즉 회복의 효과가 있기 위해 나와야 하는 땀이 나오지 않는 병

*강보 [KANG-PO] (襁褓) 원130
불 Langes, maillot. ‖ enfance.
한 기저귀, 배내옷 | 유년기

*강복ᄒᆞ다 [KĀNG-POK-HĂ-TA] (降福, (descendre, bonheur)) 원130
불 Litt.: faire descendre le bonheur sur. Bénir.
한 글자대로, 행복이 위에 내리게 하다 | 축복하다

*강분 [KANG-POUN,-I] (薑粉) 원130
불 Poudre (farine) de gingembre.
한 생강의 가루(분말)

*강분환 [KANG-POUN-HOAN,-I] (薑粉丸) 원130
불 Pilule de farine de gingembre.
한 생강의 분말로 만든 환약

*강산 [KANG-SAN,-I] (江山) 원130
불 Fleuve et montagne.
한 큰 강과 산

*강삼 [KANG-SAM,-I] (江蔘) 원130
불 Jen-sen de kang-ouen-to, (c.a.d. le meilleur de tous, diton).
한 강원도에서 나는 인삼, (즉, 소위 모든 것 중 가장 좋은 인삼)

강새암 [KANG-SAI-AM,-I] (空嫉妬) 원130
불 Jalousie, rivalité d'amour.
한 질투, 사랑의 경쟁

강새옴ᄒᆞ다 [KANG-SAI-OM-HĂ-TA] (空嫉妬) 원130
불 Avoir de la jalousie, de la rivalité (en amour).
한 (사랑에 있어) 질투하다, 경쟁하다,

1*강샹 [KANG-SYANG,-I] (綱常) 원130
불 Les trois grands liens: 1e des sujets envers le roi; 2e de la femme envers son mari; 3e de l'esclave envers son maître.
한 중요한 세 가지 관계 : 첫째, 왕에 대한 신하의 관계, 둘째, 남편에 대한 부인의 관계, 셋째, 주인에 대한 노예의 관계

2*강샹 [KANG-SYANG,-I] (綱傷) 원130
불 Chaine de filet brisée. fig.: déboité, déraillé; renversement, ruine.
한 끊어진 그물의 사슬 | 비유적으로, 탈구되다, 탈선하다 | 전복, 파괴

*강샹죄 [KANG-SYANG-TJOI] (綱常罪) 원130
불 Parricide, régicide. crime de parricide, c.a.d. révolte ou manque de respect à l'égard du roi, de ses parents, de son mari, de ses maîtres.
한 존속 살해죄, 시역죄, 존속 살해의 범죄 | 즉, 왕, 부모, 자신의 남편, 자신의 주인들에 대한 반항 또는 불경

*강셔 [KANG-SYE] (江西) 원130
불 Ouest du fleuve.
한 큰 강의 서쪽

1*강셔ᄒᆞ다 [KANG-SYE-HĂ-TA] (講書, (Réciter, écriture)) 원130
불 Réciter.
한 암송하다

2*강셔ᄒᆞ다 [KANG-SYE-HĂ-TA] (强恕, (De force, pardonner)) 원130
불 Pardonner à contre-cœur.
한 마지못해 용서하다

*강셕 [KĀNG-SYEK,-I] (講席) 원131
불 Natte à prêcher; chaire, tribune pour expliquer les livres.
한 설교하는 자리 | 강단, 책을 설명하는 연단

*강셕ᄒᆞ다 [KANG-SYEK-HĂ-TA] (降席, (Descendre, place)) 원131
불 S'asseoir en un lieu plus bas (marque de déférence).
한 더 낮은 곳에 앉다(공경의 표시)

1*강션 [KANG-SYEN,-I] (江鮮) 원131
불 Poisson de fleuve.
한 큰 강의 물고기

2*강션 [KANG-SYEN,-I] (江船) 원131
불 Bateau de rivière.
한 강배

*강셩 [KĀNG-SYENG,-I] (講聲) 원131
불 Chant, bruit d'un enfant qui étudie les caractères. Bruit de la récitation faite à haute voix. Intonation de quelqu'un qui étudie en chantant.
한 노래, 글자를 공부하는 아이의 소리 | 큰 목소리로 암송하는 소리 | 노래 부르는 듯하면서 공부하는 사람의 억양

*강셩ᄒᆞ다 [KANG-SYENG-HĂ-TA] (强盛) [원] 131
[불] Fort, prospère, florissant, puissant, abondant.
[한] 강하다, 건강이 왕성하다, 번영하다, 강력하다, 풍부하다

*강쇠ᄒᆞ다 [KĀNG-SOI-HĂ-TA] (降衰) [원] 131
[불] S'en aller peu à peu; baisser; n'être plus comme autrefois. Perdre ses forces; s'user; s'épuiser; diminuer.
[한] 점차 사라지다 | 낮아지다 | 더 이상 예전 같지 않다 | 힘을 잃다 | 쇠약해지다 | 지쳐버리다 | 줄어들다

*강슈 [KANG-SYOU] (江水) [원] 131
[불] Eau du fleuve, de la rivière, Rivière.
[한] 큰 강의, 강의 물, 강

*강습ᄒᆞ다 [KĀNG-SEUP-HĂ-TA] (講習, (Réciter, s'exercer)) [원] 131
[불] Savoir par cœur. Réciter par cœur pour apprendre et ne pas oublier.
[한] 외워서 알다 | 배우고 잊지 않기 위해 암송하다

*강시 [KANG-SI] (殭尸) [원] 131
[불] Cadavre d'un inconnu trouvé mort de faim le long de la route. Cadavre gisant au bord du chemin.
[한] 길을 따라 아사한 채 발견된 모르는 이의 시체 | 길가에 누워 있는 시체

1강심살이 [KANG-SIM-SAL-I] (苦生) [원] 131
[불] Dénné de tout.
[한] 모든 것이 결핍되다

2강심살이 [KANG-SIM-SAL-I] [원] 131
[불] Habitation sur les bords de la rivière.
[한] 강가에서의 거주

강심살이하다 [KANG-SIM-SAL-I-HĂ-TA] [원] 131
[불] Demeurer sur les bords de la rivière.
[한] 강가에 살다

*강ᄉᆡᆼᄒᆞ다 [KANG-SĂING-HĂ-TA] (降生, (Descendre, naître)) [원] 130
[불] S'incarner. (Mot chr.).
[한] 강생하다 | 기독교 어휘

강아지 [KANG-A-TJI] (兒狗) [원] 129
[불] Petit du chien, petit chien, jeune chien.
[한] 새끼 개, 작은 개, 어린 개

*강악ᄒᆞ다 [KANG-AK-HĂ-TA] (剛惡) [원] 129
[불] Très-mauvais; fort et méchant.
[한] 아주 나쁘다 | 강하고 고약하다

*강약부동 [KANG-YAK-POU-TONG,-I] (强弱不同) [원] 129
[불] Le fort et le faible étant différents, ne peuvent lutter ensemble. Le pot de fer ne peut lutter contre le pot de terre.
[한] 강자와 약자는 달라서 함께 싸울 수 없다 | 철 단지는 흙 단지와 대적할 수 없다

*강어 [KANG-E] (江魚) [원] 129
[불] Poisson de rivière.
[한] 강 물고기

강엿 [KANG-YET,-SI] (剛飴) [원] 129
[불] Gâteau jaune (ou noir) fait avec la farine brute de germe d'orge mêlée avec du sorgho.
[한] 보리싹 천연 분말과 수수속을 섞어 만든 노란(또는 검은)과자

강요ᄌᆞ [KANG-YO-TJĂ] (大蛤) [원] 129
[불] Grand coquillage (à deux valves).
[한] (껍데기가 두 개인)큰 조개

*강용ᄒᆞ다 [KANG-YONG-HĂ-TA] (剛勇) [원] 129
[불] Etre fort, ferme, vigoureux.
[한] 강하다, 굳세다, 기운차다

*강운 [KANG-OUN,-I] (江韻) [원] 129
[불] Primitivement signifie: une composition littéraire difficile. ‖ Difficulté, chose difficile.
[한] 원래는 어려운 문학 창작을 의미한다 | 어려움, 어려운 것

*강원도 [KANG-OUEN-TO] (江原道) [원] 129
[불] Province de l'est de la Corée, cap. 원쥬 Ouen-tjyou.
[한] 조선의 동쪽 지방 | 수도. 원쥬 Ouen-tjyou

*강유 [KANG-YOU] (剛柔) [원] 129
[불] Fermeté et souplesse. ‖ Dureté et élasticité. ‖ Force et douceur.
[한] 굳셈과 부드러움 | 굳기와 유연성 | 힘과 부드러움

*강유겸젼ᄒᆞ다 [KANG-YOU-KYEM-TJYEN-HĂ-TA] (剛柔兼全, (Ferme, souple, réunis, tout à fait)) [원] 129
[불] Ferme et souple, dur et pliant, fort et doux tout à la fois.
[한] 굳세고 유연하다, 단단하고 잘 휘어지다, 강한 동시에 부드럽다

*강의ᄒᆞ다 [KANG-EUI-HĂ-TA] (剛毅) [원] 129
[불] Invincible; être fort, ferme.
[한] 이길 수 없다 | 강하다, 굳세다

*강잉ᄒᆞ다 [KANG-ING-HĂ-TA] (强仍) [원] 129
[불] A contre cœur; agir à contre cœur; faire par force.

한 억지로 | 억지로 행동하다 | 강제로 하다

*강잉ᄒᆞ시다 [KANG-ING-HĂ-SI-TA] (降孕) 원129

불 Incarnation. S'incarner. (Se dit de N. S. Jésus-Christ.)

한 화신 | 화신하다 | 강생하다(우리 주 예수 그리스도에 대해 쓰인다)

*강작ᄒᆞ다 [KANG-TJYAK-HĂ-TA] (强作) 원131

불 Faire à contre-cœur. ‖ Etre contraint, être forcé de. ‖ User de violence, de contrainte.

한 억지로 하다 | 강요되다, 강제로 ~ 하게 되다 | 폭력을 쓰다, 강요하다

*강쟝ᄒᆞ다 [KANG-TJYANG-HĂ-TA] (彊壯) 원131

불 Grande force. ‖ Fort, robuste, vigoureux.

한 큰 힘 | 강하다, 건장하다, 기운차다

*강적 [KANG-TJEK,-I] (强敵) 원131

불 Brigand, voleur à main armée, voleur de grand chemin.

한 강도, 무장한 도둑, 큰길의 도둑

*강졉 [KANG-TJYEP,-I] (强接) 원131

불 Le premier entre plusieurs, le plus instruit.

한 여럿 중에 가장 으뜸가는 사람, 가장 학식 있는 사람

1*강졍 [KANG-TJYENG,-I] (江亭) 원131

불 Maison de plaisir sur le bord du fleuve.

한 큰 강가에 있는 유곽

2강졍 [KANG-TJYENG,-I] 원131

불 Esp. de gâteau.

한 과자의 종류

*강족 [KĀNG-TJYOK,-I] (降族) 원131

불 Parents dégénérés. ‖ Bàtard; fils de concubine.

한 쇠퇴한 친척들 | 서출 | 첩의 아들

*강즙 [KANG-TJEUP,-I] (薑汁) 원131

불 suc de gingembre. Jus de gingembre.

한 생강액 | 생강즙

*강직ᄒᆞ다 [KANG-TJIK-HĂ-TA] (剛直) 원131

불 Fort; ferme; courageux. ‖ Franc, loyal.

한 강하다 | 굳세다 | 용감하다 | 솔직하다, 충성스럽다

*강쳥ᄒᆞ다 [KANG-TCHYENG-HĂ-TA] (强請, (De force, demander)) 원131

불 Solliciter, presser, insister avec importunité.

한 간청하다, 압박하다, 성가시게 재촉해서 끈질기게 요구하다

강쳐리 [KANG-TCHYE-RI] (毒龍) 원131

불 Feu follet, météore enflammé.

한 도깨비불, 불타는 대기현상

*강촌 [KANG-TCHON,-I] (江村) 원131

불 Village sur le bord d'un fleuve.

한 큰 강가에 있는 마을

1*강취ᄒᆞ다 [KĀNG-TCHYOUI-HĂ-TA] (降娶) 원131

불 Se marier à une fille de condition inférieure. Se mésallier.

한 낮은 신분의 처녀와 결혼하다 | 신분 낮은 사람과 결혼하다

2*강취ᄒᆞ다 [KANG-TCHYOUI-HĂ-TA] (强取) 원131

불 Exaction. Obtenir par ruse, par ses importunités.

한 수탈 | 술책, 성가신 재촉으로 얻다

*강ᄎᆞ [KANG-TCHĂ] (薑茶) 원131

불 Décoction ou infusion de gingembre.

한 생강 탕약 또는 생강차

*강탈ᄒᆞ다 [KANG-HTAL-HĂ-TA] (强奪) 원131

불 Arracher de force, avec violence, contre le gré. Faire des exactions.

한 폭력을 사용해, 의사에 반해서 강제로 빼앗다 | 강탈하다

*강텰 [KANG-HTYEL,-I] (剛鐵) 원131

불 Fer de bonne qualité, très-dur. acier.

한 좋은 품질의 아주 단단한 철 | 강철

강파련ᄒᆞ다 [KANG-HPA-RYEN-HĂ-TA] 원130

불 Etre très-maigre, n'avoir que la peau et les os.

한 매우 말랐다, 뼈와 가죽뿐이다

1강판 [KANG-HPAN,-I] 원130

불 Râpe; instrument pour faire la farine, pour hacher; Esp. de râpe à légumes.

한 강판 | 분말을 만들거나 잘게 썰기 위한 도구 | 야채 강판의 종류

2*강판 [KANG-HPAN,-I] (剛板) 원130

불 Planche sèche. planche solide. ‖ Table rase.

한 마른 판자 | 튼튼한 판자 | 아무것도 써 있지 않은 평평한 판

3*강판 [KANG-HPAN,-I] (講板) 원130

불 Livre imprimé en gros caractères sans ou avec très-peu d'explications, et que récitent les bacheliers aux examens. v. 대젼 Tai-tjyen (l'opposé).

한 아주 적은 설명이 달려 있거나 없기도 하며 큰 글자로 인쇄된, 그리고 시험에서 바칼로레아 합격자들이 암송하는 책 | 참조어 대젼 Tai-tjyen (반대)

강판사다 [KANG-HPAN-SA-TA,-SAL-A,-SAN] 원130 ☞강

판살다

강판살다 [KANG-HPAN-SAL-TA] (乾居) [원]130

[불] Vivre sans avoir aucun moyen d'existence.

[한] 어떠한 생활 수단도 없이 살다

강판으로 [KANG-HPAN-EU-RO] (乾局) [원]130

[불] Sans motif; sans raison; sans objet; sans le moyen de.

[한] 동기 없이 | 이유 없이 | 근거 없이 | ~의 방법 없이

*강퍅ᄒᆞ다 [KANG-HPYAK-HĂ-TA] (強叵) [원]130

[불] Susceptible, irritable. Petit esprit obstiné. Sot et rageur.

[한] 격하기 쉽다, 성마르다 | 도량이 넓지 못하고 고집 센 기질 | 어리석고 성미가 급하다

*강포ᄒᆞ다 [KANG-HPO-HĂ-TA] (強暴) [원]130

[불] Fureur. ‖ Brutal, féroce, méchant.

[한] 격분 | 난폭하다, 사납다, 고약하다

강풀 [KNAG-HPOUL,-I] [원]130

[불] Colle forte, colle épaisse.

[한] 강한 풀, 두꺼운 풀

*강하 [KANG-HA] (江河) [원]129

[불] Grande rivière, fleuve.

[한] 큰 강, 대하

*강한 [KANG-HAN,-I] (紅漢) [원]129

[불] Cours d'eau, eau courante.

[한] 하천, 흐르는 물

*강호 [KANG-HO] (江湖) [원]129

[불] Petite rivière, fleuve, rivière.

[한] 작은 강, 큰 강, 강

*강호령ᄒᆞ다 [KANG-HO-RYENG-HĂ-TA] (剛號令) [원]129

[불] Gronder ou réprimander fortement sans motif. ‖ Se dit v. g. d'un noble qui, sans raison, fait prendre un homme du peuple pour lui extorquer de l'argent.

[한] 이유 없이 야단치거나 강하게 질책하다 | 예. 돈을 갈취하기 위해 이유 없이 서민 한 명을 잡게 하는 귀족에 대해 쓴다

1*강혼ᄒᆞ다 [KĀNG-HON-HĂ-TA] (降婚, (Descendre, se marier)) [원]129

[불] Se mésallier. Se marier à une personne de condition inférieure.

[한] 신분이 낮은 사람과 결혼하다 | 낮은 신분의 사람과 결혼하다

2*강혼ᄒᆞ다 [KANG-HON-HĂ-TA] (強婚) [원]129

[불] Obtenir de force une fille en mariage. ‖ Faire un mariage forcé. ‖ Marier de force.

[한] 결혼으로 처녀를 강제로 얻다 | 강제 결혼을 하다 | 강제로 결혼시키다

*강화ᄒᆞ다 [KĀNG-HOA-HĂ-TA] (講和) [원]129

[불] Faire des propositions de paix. ‖ Faire alliance, faire amitié. ‖ S'accorder.

[한] 평화를 제안하다 | 결연하다, 우정을 맺다 | 일치하다

1*강회 [KANG-HOI] (剛灰) [원]129

[불] Chaux vive, pierre de chaux cuite et durcie.

[한] 생석회, 구워서 굳힌 석회석

2강회 [KANG-HOI] [원]129

[불] Mets d'herbes cuites (Mi-na-ri)

[한] 익힌 풀(미나리) 요리

*강희 [KANG-HEUI] (康熙) [원]129

[불] Kang-hi(empereur de Chine).

[한] 강희(중국의 황제)

*강희ᄌᆞ뎐 [KANG-HEUI-TJĂ-TYEN,-I] (康熙字典, (Kang-hi, caractères d'écriture, régles)) [원]129

[불] Grand Dictionnaire chinois de Kang-hi.

[한] 강희의 중국어 대사전

1*강ᄒᆞ다 [KĀNG-HĂ-TA] (强) [원]129

[불] Dur, fort, ferme.

[한] 단단하다, 강하다, 굳세다

2*강ᄒᆞ다 [KĀNG-HĂ-TA] (講) [원]129

[불] Réciter, prêcher, parler.

[한] 암송하다, 설교하다, 말하다

*강ᄒᆡ [KANG-HĂI] (江海) [원]129

[불] Mer; fleuve et mer.

[한] 바다 | 큰 강과 바다

1개 [KAI] (浦) [원]120

[불] Canal où entre la mer, baie. Estuaire, fausse rivière, où il n'y a de l'eau qu'à la marée haute. Aroyo.

[한] 바다가 들어가는 수로, 작은 만 | 만조에만 물이 차는 모래톱, 가짜 강 | 운하

2개 [KĂI] (犬) [원]120

[불] Chien. ‖ Se met aussi devant le nom de certaines plates amères et qu'on ne peut manger, pour les distinguer d'autres semblables qui se mangent; signifie·alors: faux, mauvais sauvage.

[한] 개 | 먹을 수 있는 다른 비슷한 것들과 구별하기 위해, 먹을 수 없는 몇몇 쓴 음식의 이름 앞에도 놓인

다 | 따라서 가짜, 나쁜, 야생을 의미한다

[3]개 [KAI] ㊐120

불 Rayon de miel.

한 벌집

[4]*개 [KAI] (開) ㊐120

불 En agr. Commencement. ‖ Ouvrir.

한 한자어로 시작 | 열다

[5]*개 [KAI] (箇) ㊐120

불 Numéral des fruits, des pilules, des gâteaux, des objets ronds ou approchant, des pièces de bois arrondies pour colonnes,des arbres,des poissons,des coups de verge,des bagues.

한 과일, 환약, 과자, 둥글거나 그 비슷한 사물, 기둥으로 쓰는 둥근 나무 조각, 나무, 생선, 매질, 반지의 수를 세는 수사

[1]*개간ᄒᆞ다 [KAI-KAN-HĂ-TA] (改刊) ㊐120

불 Corriger une planche d'imprimerie. ‖ Recopier.

한 인쇄판을 수정하다 | 다시 베끼다

[2]*개간ᄒᆞ다 [KAI-KAN-HĂ-TA] (開看) ㊐120

불 Se souvenir.

한 회상하다

[3]*개간ᄒᆞ다 [KAI-KAN-HĂ-TA] (開簡) ㊐120

불 Ouvrir une lettre.

한 편지를 뜯다

개개다 [KAI-KAI-TA,-KAI-YE,-KAIN] ㊐120

불 Ruiner, causer la perte, ravager, détruire, gâter.

한 무너뜨리다, 손실을 야기하다, 큰 피해를 주다, 파괴하다, 망치다

*개견ᄒᆞ다 [KAI-KYEN-HĂ-TA] (開見) ㊐120

불 Ouvrir et lire une lettre, décacheter et lire.(Peu honorif.).

한 편지를 뜯어서 읽다 | 개봉하고 읽다(경칭이 아님)

개고리 [KAI-KO-RI] (蛙) ㊐120

불 Grenouille.

한 개구리

*개관ᄒᆞ다 [KAI-KOAN-HĂ-TA] (開棺) ㊐120

불 Ouvrir un cercueil.

한 관을 열다

*개구ᄒᆞ다 [KAI-KOU-HĂ-TA] (開口) ㊐120

불 Ouvrir la bouche pour parler. Parler.

한 말하기 위해 입을 열다 | 말하다

*개국ᄒᆞ다 [KAI-KOUK-HĂ-TA] (開國) ㊐120

불 Commencement du royaume. Fonder un royaume, une dynastie.

한 왕국의 시작 | 왕국, 왕조를 세우다

개금 [KAI-KEUM] ㊐120

불 Noisette (provinc.). =나무--na-mou, Noisetier, avelinier.

한 개암(지역어), [용례 =나무--na-mou], 개암나무, 개암나무

개금좃다 [KAI-KEUM-TJOT-TA,-TJO-TCHYE,-TJO-TCHĂN] ㊐120

불 Aller à cloche-pied.

한 한쪽 발로 가다

*개금ᄒᆞ다 [KAI-KEUM-HĂ-TA] (改金) ㊐120

불 Redorer.

한 ~에 금박을 다시 입히다

개ᄀᆞ재 [KAI-KĂ-TJAI] ㊐120

불 Homard, écrevisse de mer, langouste.

한 바다 가재, 민물가재, 집게발이 없는 바다 가재

*개답ᄒᆞ다 [KAI-TAP-HĂ-TA] (開沓) ㊐121

불 Etablir des rizières. Faire de nouvelles rizières.

한 논을 일구다 | 새로운 논을 만들다

*개동ᄒᆞ다 [KAI-TONG-HĂ-TA] (開東) ㊐121

불 L'orient s'ouvre. Aurore. Le jour commence.

한 동쪽 하늘이 열리다 | 여명 | 하루가 시작되다

*개두보 [KAI-TOU-PO] (盖頭帕) ㊐121

불 Amict.

한 사제가 미사 때 목에 두르는 흰 천

*개두포 [KAI-TOU-HPO] (盖頭袍) ㊐121

불 Amict.

한 사제가 미사 때 목에 두르는 흰 천

*개로ᄒᆞ다 [KAI-RO-HĂ-TA] (開路) ㊐121

불 Ouvrir une route, faire un passage. ‖ Etablir des relations.

한 길을 열다, 통로를 만들다 | 관계를 구축하다

개마늘 [KAI-MA-NEUL,-I] (狗蒜草) ㊐120

불 Ail de chien. Esp. de petit lis jaune. Faux ail.

한 개마늘 | 작고 노란 백합의 종류 | 가짜 마늘

개막 [KAI-MAK,-I] (浦幕) ㊐120

불 Cabane sur le bord de l'eau, cabane de pêcheur. Petit bateau et pêcheur.

한 물가의 오두막집, 어부의 집 | 작은 배와 어부

개맛 [KAI-MAT,-TCHI] (浦口) ㊐120

불 Port, rade, baie.

한 항구, 정박지, 작은 만

*개문ᄒᆞ다 [KAI-MOUN-HĂ-TA] (開門) [원] 120
[불] Ouvrir une porte.
[한] 문을 열다

개물 [KAI-MOUL,-I] (浦) [원] 120
[불] Baie, estuaire, fausse rivière.
[한] 작은 만, 모래톱, 가짜 강

개밥ᄇᆞ락이 [KAI-PAP-PĂ-RAK-I] (長庚星) [원] 120
[불] Etoile du soir, qui indique le temps de manger le riz du soir.
[한] 저녁밥 먹는 시간을 알려주는 저녁의 별

1*개벽ᄒᆞ다 [KAI-PYEK-HĂ-TA] (改壁) [원] 120
[불] Crépir pour la seconde fois, donner une seconde couche.
[한] 두 번째로 초벽 바르다, 두 번째 칠을 하다

2*개벽ᄒᆞ다 [KAI-PYEK-HĂ-TA] (開闢) [원] 120
[불] Création (du ciel et de la terre, de l'univers). Créer. ‖ Dans la bouche des païens, veut dire: le cataclysme qui mettra fin au monde actuel, pour arriver à la création d'un autre.
[한] (천지, 우주의) 창조, 창조하다 | 이교도들의 말에 따르면, 다른 세상의 창조에 이르기 위해 현재의 세상을 멸망시키는 재난을 의미한다.

*개소ᄒᆞ다 [KAI-SO-HĂ-TA] (開素) [원] 121
[불] Se mettre à manger de la viande. Cesser l'abstinence de viande.
[한] 고기를 먹기 시작하다 | 금육을 그만두다

*개시ᄒᆞ다 [KAI-SI-HĂ-TA] (開市) [원] 121
[불] Etablir, tenir une foire, un marché, avec un royaume étranger. Ouvrir une maison de commerce.
[한] 다른 왕국과 장, 시장을 세우다, 유지하다 | 상가를 열다

개ᄯᅩᆼ파리 [KAI-TTONG-HPA-RI] (螢) [원] 121
[불] Mouche luisante, luciole.
[한] 빛이 나는 파리, 반딧불이

개아지 [KAI-A-TJI] (狗雛) [원] 120
[불] Petit chien, petit du chien.
[한] 새끼 개, 개의 새끼

개악고 [KAI-AK-KO] (短琴) [원] 120
[불] Esp. de petit violon, de guitare.
[한] 작은 바이올린, 기타의 종류

*개안ᄒᆞ다 [KAI-AN-HĂ-TA] (開晏) [원] 120
[불] Avoir un bon goût dans la bouche. Laisser un goût agréable dans la bouche. ‖ Etre à l'aise(cœur).
[한] 입속 맛이 좋다 | 입속에 좋은 맛을 남기다 | (마음이) 편하게 있다

개암 [KAI-AM] (榛) [원] 120
[불] Noisette. =나무-na-mou, Noisetier, avelinier.
[한] 개암 | [용례] =나무-na-mou], 개암나무, 개암나무

개암드다 [KAI-AM-TEU-TA,-TEU-RE,-TEUN] [원] 120
[불] Etre malade à la suite des couches. Ne pouvoir reprendre ses forces à la suite des couches. Langeur à la suite d'une maladie.
[한] 아이를 낳은 뒤에 병이 들다 | 아이를 낳은 뒤에 체력을 회복하지 못하다 | 질병에 따른 쇠약

개암이 [KAI-AM-I] (蟻) [원] 120
[불] Fourmi.
[한] 개미

*개야ᄒᆞ다 [KAI-YA-HĂ-TA] (開野, (S'ouvrir, plaine)) [원] 120
[불] Entrée d'une plaine au sortir d'une gorge. S'étendre en plaine.
[한] 협곡이 끝나는 평원의 입구 | 평원이 펼쳐지다

개울 [KAI-OUL,-I] (川) [원] 120
[불] Ruisseau.
[한] 시냇물

개지 [KAI-TJI] (兒狗) [원] 121
[불] Petit de chien, petit chien.
[한] 개의 새끼, 새끼 개

개지네 [KAI-TJI-NEI] (石蜈蚣) [원] 121
[불] Néréide, scolopendre de mer.
[한] 갯지렁이, 바다의 지네

개지미 [KAI-TJI-MI] [원] 121
[불] Linge de menstrues.
[한] 월경대

1개ᄌᆞᄒᆞ다 [KAI-TJĂ-HĂ-TA] [원] 121
[불] Etre élégant, joli.
[한] 우아하다, 예쁘다

2개ᄌᆞᄒᆞ다 [KAI-TJĂ-HĂ-TA] (改字) [원] 121
[불] Changer son nom.
[한] 자신의 이름을 바꾸다

*개ᄌᆡᄒᆞ다 [KAI-TJĂI-HĂ-TA] (開齋) [원] 121
[불] Congédier le jeûne et l'abstinence, c. a. d. fin du jeûne. Cesser le jeûne et l'abstinence.
[한] 단식과 금욕을 몰아내다, 즉 단식의 끝 | 단식과 금욕을 중단하다

*개창ᄒᆞ다 [KAI-TCHANG-HĂ-TA] (開倉) 원121
불 Ouvrir les greniers publics (pour recevoir ou pour donner des grains).
한 (곡식을 받거나 주기 위해) 공동 곡식 창고를 열다

*개챵ᄒᆞ다 [KAI-TCHYANG-HĂ-TA] (開創) 원121
불 Commencer.
한 시작하다

개쳔 [KAI-TCHYEN,-I] (溝) 원121
불 Ruisseau.
한 시냇물

*개츈ᄒᆞ다 [KAI-TCHYOUN-HĂ-TA] (開春) 원121
불 Commencer le printemps. Le printemps commencer. Le dégel se faire.
한 봄이 시작되다 | 봄이 시작하다 | 해빙되다

*개탁ᄒᆞ다 [KAI-HTAK-HĂ-TA] (開坼) 원121
불 Décacheter une lettre. || Commencer, entreprendre.
한 편지의 겉봉을 뜯다 | 시작하다, 손대다

개펄 [KAI-HPEL,-I] 원121
불 Vase des marais, des fleuves, etc.
한 늪, 큰 강 등의 진흙

*개폐ᄒᆞ다 [KAI-HPYEI-HĂ-TA] (開閉) 원121
불 Ouvrir et fermer. Ouvrir et fermer les portes. (Se dit pour les portes d'une ville.-La fermeture de ces portes, qui a lieu à la nuit close, et l'ouverture, au milieu de la nuit, sont signalées par de grands cris).
한 열고 닫다 | 문을 열고 닫다 | (도시의 문에 대해 쓴다-이 문은 밤이 이슥할 때 닫히고, 한밤중에 열리며, 이를 큰 고함소리로 알린다)

갸륵ᄒᆞ다 [KYA-REUK-HĂ-TA] (猗) 원138
불 Vrai, juste, droit, saint.
한 옳다, 정당하다, 바르다, 성스럽다

갸슈물 [KYA-SOU-MOUL,-I] (洗器水) 원138
불 Eau à laver la vaisselle. Lavure de vaisselle.
한 설거지할 때 쓰는 물 | 설거지할 때 쓴 개숫물

갸슈통 [KYA-SYOU-HTONG,-I] (洗器桶) 원138
불 Bassin qui sert à mettre l'eau pour laver la vaisselle. Vase pour laver la vaisselle.
한 설거지하기 위한 물을 담는 데에 쓰이는 대야 | 설거지하기 위한 그릇

갸웃갸웃ᄒᆞ다 [KYA-OUT-KYA-OUT-HĂ-TA] (傾傾) 원138
불 Regarder en se cachant pour ne pas être vu. || Remuer la tête à droite et à gauche (pour regarder).
한 보이지 않도록 숨어서 보다 | (보기 위해) 머리를 오른쪽 왼쪽으로 움직이다

[1]갸ᄌᆞ [KYA-TJĂ] 원138
불 Piége pour prendre les oiseaux.
한 새를 잡기 위한 덫

[2]갸ᄌᆞ [KYA-TJĂ] 원138
불 Plateau pour porter les mets.
한 요리를 나르기 위한 큰 쟁반

[3]갸ᄌᆞ [KYA-TJĂ] 원138
불 Perchoir du faucon privé.
한 길들여진 매의 횃대

갸ᄌᆡ [KYA-TJĂI] 원138
불 Lattres pour supporter le toit de la maison.
한 집의 지붕을 받치기 위한 오리목

거 [KE,KE-I] 원141
불 Pour: 것 Ket. Voy. 것 Ket.
한 것 Ket 대신에 | [참조어 것 Ket]

[1]*거가 [KĒ-KA] (巨家) 원142
불 Grande maison.
한 큰 집

[2]*거가 [KĒ-KA] (擧家) 원142
불 Toute la maison; maisonnée.
한 모든 집 | 동거하는 한 가족 전체

*거가ᄉᆞ [KĒ-KA-SĂ] (巨家舍, (Grande, maison, maison)) 원142
불 Belle et grande maison.
한 아름답고 큰 집

*거가에 [KE-KE-EI] (居家, (Habiter, maison)) 원142
불 Habituellement, ordinairement, toujours.
한 보통, 일반적으로, 언제나

*거각 [KE-KAK,-I] (巨閣) 원142
불 Grande maison, château.
한 큰 집, 성

*거간 [KE-KAN,-I] (居間) 원142
불 Entremetteur, prxénète.
한 중개인, 매춘 알선자

*거간인 [KE-KAN-IN] (居間人) 원142
불 Entremetteur, courtier.
한 중개인, 중개자

*거간ᄒᆞ다 [KE-KAN-HĂ-TA] (居間, (Etre [habiter], au milieu)) 원142
불 Entremetteur. Entremettre. Servir d'intermédiaire.
한 중개인 | 중개하다 | 중개인으로 일하다

*거갑 [KE-KAP,-I] (居甲) [원] 142
[불] Le premier; le meilleur; le principal; le plus considérable.
[한] 으뜸가는 사람 | 가장 나은 사람 | 주요 인물 | 가장 중요한 인물

1*거관ᄒᆞ다 [KE-KOAN-HĂ-TA] (居官, (Résider, dignité)) [원] 142
[불] Etre en possession d'une dignité ‖ Sauter du grade de sergent à celui de capitaine.
[한] 고관직에 있다 | 중사에서 대위 계급으로 건너뛰다

2*거관ᄒᆞ다 [KE-KOAN-HĂ-TA] (居關, (Résider, palais ou académie)) [원] 143
[불] Demeurer au 태학관 Ktai-hak-koan, c. a. d. Etre docteur (il y en a toujours trois cents).
[한] 태학관 Ktai-hak-koan에 머무르다, 즉 박사이다 (항상 300명이 있다)

3*거관ᄒᆞ다 [KE-KOAN-HĂ-TA] (擧棺) [원] 143
[불] Faire un support pour le cercueil. ‖ Enlever le cercueil de la maison pour les funérailles, faire la levée du corps.
[한] 관을 받치다 | 장례를 위해 집의 관을 실어가다, 시체를 들어올리다

*거괴 [KE-KOI] (巨魁) [원] 143
[불] Chef de bande, instigateur. ‖ Le premier, le chef, celui qui l'emporte sur tous les autres.
[한] 무리의 우두머리, 선동자 | 으뜸가는 사람, 우두머리, 다른 모든 사람보다 우세한 사람

*거국 [KĒ-KOUK,-I] (擧國) [원] 143
[불] Tout le royaume.
[한] 온 왕국

*거궐 [KE-KOUEL,-I] (巨闕) [원] 143
[불] Grande maison royale, grand palais royal.
[한] 왕의 큰 궁궐, 큰 왕궁

*거근ᄒᆞ다 [KĒ-KEUN-HĂ-TA] (去根) [원] 142
[불] Extirper, déraciner.
[한] 근절하다, 뿌리를 뽑다

거긔 [KE-KEUI] (彼處) [원] 142
[불] Là, illic (hors de la vue), là-bas. 거긔로 Ke-keui-ro, Par là-bas. 거긔셔 Ke-keui-sye, De là-bas.
[한] 거기에, (시야에서 벗어난) 그곳에, 저기 | [[용례] 거긔로, Ke-keui-ro], 거기로 | [[용례] 거긔셔, Ke-keui-sye], 거기서

*거기즁ᄒᆞ다 [KE-KI-TJYOUNG-HĂ-TA] (居其中) [원] 142
[불] N'être ni trop long ni trop court. Etre au milieu, entre les deux; être moyen.
[한] 너무 길지도 짧지도 않다 | 가운데에 있다, 둘 사이에 있다 | 중간 정도이다

*거납ᄒᆞ다 [KE-NAP-HĂ-TA] (拒納) [원] 144
[불] Ne pas payer ou différer de payer les contributions. Ne pas payer ce qu'on doit en impôtes, en fermage.
[한] 조세를 지불하지 않거나 지불을 미루다 | 내야하는 조세, 소작료를 지불하지 않다

*거년 [KĒ-NYEN,-I] (去年) [원] 144
[불] L'an passé, l'année dernière.
[한] 지난 해, 작년

거늑ᄒᆞ다 [KE-NEUK-HĂ-TA] [원] 144
[불] Etre à peu près fait; s'en falloir peu; être presque fait, presque achevé.
[한] 거의 만들어지다 | 거의 ~하다 | 거의 만들어지다, 거의 완성되다

거ᄂᆞ리다 [KE-NĂ-RI-TA,-RYE,-RIN] (率) [원] 144
[불] Protéger; veiller sur; surveiller; garder. Conduire, avoir sous sa conduite. Prendre soin de.
[한] 보호하다 | 돌보다 | 감시하다 | 지키다 | 인도하다, 이끌다 | 돌보다

1거다 [KE-TA,KE-RE,KEN] (掛) [원] 149
[불] Accrocher, s'accrocher, s'embarrasser.
[한] 걸다, 매달리다, 거추장스럽다

2거다 [KE-TA,KE-RE,KEN] (沃) [원] 149
[불] Etre fertile, gras, épais.
[한] 풍부하다, 기름지다, 빽빽하다

거더지르다 [KE-TE-TJI-REU-TA,-TJIL-NE,-TJI-REUN] [원] 149
[불] Relever; retrousser; relever en haut ce qui est abaissé.
[한] 일으켜 세우다 | 걷어 올리다 | 내려간 것을 다시 위로 올리다

거더질니다 [KE-TE-TJIL-NI-TA,-NYE,-NIN] [원] 149
[불] Se relever; être retroussé.
[한] 다시 일어나다 | 걷어 올려지다

거덕거덕ᄒᆞ다 [KE-TEK-KE-TEK-HĂ-TA] [원] 149
[불] Etre presque sec; être un peu humide.
[한] 거의 마르다 | 조금 습하다

*거독ᄒᆞ다 [KĒ-TOK-HĂ-TA] (去毒, (Enlever, l'amertume)) [원] 149
[불] Détremper; mitiger; affaiblir; adoucir; enlever l'amertume des plantes ou des remèdes. Neutraliser ou

enlever le venin.
한 녹이다 | 완화시키다 | 약화시키다 | 부드럽게 하다 | 풀이나 약의 쓴맛을 제거하다 | 독을 중화시키거나 제거하다

*거동 [KE-TONG,-I] (居動) 원149
불 Maintien, conduite, tenue, manière, dégaine, tournure, attitude, façon. || Passage.
한 몸가짐, 품행, 태도, 방식, 꼴불견, 풍채, 자세, 투 | 통행

*거동ᄒᆞ다 [KĔ-TONG-HĂ-TA] (巨動) 원149
불 Cortége du roi quand il sort. Procession, sortie du roi. Sortir de son palais, (le roi) passer.
한 왕이 나갈 때의 수행원들의 행렬 | 왕의 행렬, 외출 | 왕이 궁을 나오다, (왕이)지나가다

거두다 [KE-TOU-TA,-TOU-E,-TOUN] (収) 원149
불 Cueillir, recueillir, ramasser.
한 따다, 모으다, 그러모으다

거두어드리다 [KE-TOU-E-TEU-RI-TA,-RYE,-RIN] (収) 원149
불 Accueillir. Recueillir. Récolter.
한 맞아들이다 | 모으다 | 수확하다

*거두절미ᄒᆞ다 [KĔ-TOU-TJYEL-MI-HĂ-TA] (去頭折尾, (Rejeter, tête, couper, queue)) 원149
불 enlever, couper la tète et la queue.
한 머리와 꼬리를 제거하다, 자르다

*거두ᄒᆞ다 [KĔ-TOU-HĂ-TA] (擧頭, (Lever, tête)) 원149
불 Relever la tête, redresser la tête.
한 머리를 다시 들다, 머리를 쳐들다

거드다 [KE-TEU-TA,-TEU-RE,-TEUN] (扶助) 원149
불 Aider; prèter son assistance; favoriser; soutenir.
한 돕다 | 도움을 주다 | 장려하다 | 지원하다

거드러거리다 [KE-TEU-RE-KE-RI-TA] (豪習) 원149
불 Etre très-réjoui, gai; paraître heureux.
한 아주 즐겁다, 쾌활하다 | 행복해 보이다

거드럭ᄃᆡ다 [KE-TEU-REK-TĂI-TA,-TĂI-YE,-TĂIN] (無禮) 원149
불 Etre peu poli; impertinent.
한 공손하지 않다 | 무례하다

거드림 [KE-TEU-RIM,-I] 원149
불 Vanité, orgueil déplacé.
한 자만심, 부적당한 자만심

거든거든ᄒᆞ다 [KE-TEUN-KE-TEUN-HĂ-TA] (輕輕) 원149
불 Vite, promptement. Alerte, allègre.
한 재빨리, 신속하게 | 기민하다, 민첩하다

거들거들ᄒᆞ다 [KE-TEUL-KE-TEUL-HĂ-TA] 원149
불 Ne pas se tenir de joie. || Vaciller, branler, être agité, ne pas se tenir traquille.
한 기쁨을 자제하지 않다 | 흔들거리다, 흔들리다, 동요되다, 침착하게 있지 않다

거들마 [KE-TEUL-MA] 원149
불 Cheval de renfort. cheval de plus ou de rechange (qui sert dans les mariages ou à l'enterrement du roi).
한 보강된 말 | (결혼식이나 왕의 장례에 쓰이는) 추가되거나 교체된 말

*거디 [KE-TI] (居地) 원149
불 Domicile, lieu où l'on demeure, habitation.
한 주거, 거주하는 곳, 거주지

거ᄃᆞᆲ [KE-TĂLP] (復) 원149
불 Bis, deux fois, de nouveau, derechef. || Continuel. 거ᄃᆞᆲ새로이 Ke-tălp-sai-ro-i, De nouveau.
한 다시 한 번, 두 번, 또다시, 다시금 | 연속적이다 | [용례 거ᄃᆞᆲ새로이, Ke-tălp-sai-ro-i], 또다시

거란지 [KE-RAN-TJI] (髖髀) 원146
불 Viande du ventre du bœuf. || Os de l'arrière-train du bœuf, les hanches et tout le bassin.
한 소의 배 부분 고기 | 소의 엉덩이 뼈, 엉덩이와 골반 전체

*거량 [KĔ-RYANG,-I] (巨量) 원146
불 Grand ventre, grands boyaux. || Grand appétit, disposition habituelle à manger beaucoup. || Grand caractère, grande capacité, grande intelligence.
한 큰 배, 큰 장 | 대단한 식욕, 많이 먹는 데에 익숙한 체질 | 대단한 기개, 대단한 능력, 대단한 지성

거러가다 [KE-RE-KA-TA,-KA,-KAN] (步行) 원147
불 Marcher, aller à pied.
한 걷다, 걸어서 가다

거러안다 [KE-RE-AN-TA,-AN-TJYE,-AN-TJĂN] (踞) (suspendre, être assis) 원147
불 Etre assis dans une chaise sur qq. Chose d'élevé.
한 높은 곳의 어떤 물건 위 의자에 앉다

*거렬ᄒᆞ다 [KE-RYEL-HĂ-TA] (車裂, (Char, écarteler)) 원147
불 Ecarteler au moyen de chars. Ecarteler, tirer à quatre bœuf attachés aux quatre membres d'un criminel. Tirer à quatre chevaux ou plutôt à quatre bœufs.

한 수레로 능지처참하다 | 죄인의 사지에 묶인 네 마리 소로 능지처참하다, 잡아당기다 | 네 마리 말 또는 소로 잡아당기다

거로 [KE-RO] 원147 ☞거루

***거론ᄒᆞ다** [KĒ-RON-HĂ-TA] (擧論) 원147

불 Délibérer. ‖ S'immiscer dans. Se mêler de.

한 숙고하다 | ~에 간섭하다 | ~에 참견하다

거루 [KE-ROU] (舟) 원147

불 Petite barque, batelet.

한 작은 배

¹거루다 [KE-ROU-TA,KEL-OUE,KEL-OUN] 원147

불 Mettre à sec (un bateau), le tirer à terre.

한 (배를) 물 없는 곳에 두다, 배를 육지로 끌다

²거루다 [KE-ROU-TA,KEL-OUE,KEL-OUN] 원147

불 Fumer le champs, épandre du fumier sur les terres. Fumer la terre, l'engraisser.

한 밭에 거름을 주다, 토지에 거름을 뿌리다 | 토지에 거름을 주다, 토지를 비옥하게 하다

거륵ᄒᆞ다 [KE-REUK-HĂ-TA,-HĂN,-HI] (聖) 원147

불 Sacré; saint; juste.

한 신성하다 | 성스럽다 | 올바르다

거름 [KE-REUM,-I] (糞土) 원147

불 Fumier, engrais.

한 거름, 비료

¹거리 [KE-RI] (街) 원147

불 Route, chemin, carrefour, lieu où plusieurs routes se croisent.

한 도로, 길, 교차로, 여러 길이 교차하는 곳

²거리 [KE-RI] (站) 원147

불 Marée, flux et reflux.

한 조수, 간조와 만조

³거리 [KE-RI] 원147

불 Numéral des cordes d'emballage appelées 바 Pa.

한 바 Pa라고 부르는 포장용 끈의 수를 세는 수사

거리다 [KE-RI-TA] 원147

불 Terminaison qui s'ajoute à une foule de mots, avec le sens de: faire (une action) d'une manière inconvenante, sans retenue.

한 조심성 없이 부적절한 방식으로(행동)을 하다 라는 뜻으로 많은 단어에 붙는 어미

거리끼다 [KE-RI-KKI-TA,-KKYE,-KKIN] (拘) 원147

불 Avoir des pensées importunes, ennuyeuses, des scrupules. ‖ Répugner, sentir de la répugnance ou des remords. ‖ ᄆᆞ음의거리끼다 Mă-ăm-eui ke-ri-kki-ta, Avoir la conscience troublée, répugner à une chose, se faire scrupule.

한 귀찮은, 성가신 생각, 거리낌이 들다 | 마음이 안 내키다, 불쾌감이나 후회를 느끼다 | [용례 ᄆᆞ음의거리끼다, mă-ăm-eui ke-ri-kki-ta], 양심이 동요되다, 어떤 것에 마음이 안 내키다, 주저하다

거ᄅᆞᆷ [KE-RĂM,-I] (步) 원146

불 Pas; marche; allure; démarche. ‖ Pas (mersure de distance. Le pas coréen se compte sur le même pied: il en vaut donc deux des nôtres).

한 걸음 | 걷기 | 걸음걸이 | 거동 | 걸음(거리의 단위. 조선의 걸음은 같은 발에 센다. 그러므로 우리 식으로는 두 걸음에 상당한다)

***거ᄅᆡᄒᆞ다** [KĒ-RĂI-HĂ-TA] (去來) 원146

불 Aller et venir. ‖ Echanger (v. g. des lettres). Correspondre par lettres. Se prêter mutuellement de l'argent ou autre chose. ‖ Annoncer au mandarin l'arrivée d'un visiteur.

한 가고 오다 | (예. 편지를) 주고받다, 편지로 연락하다 | 상호간에 돈이나 다른 것을 빌려 주다 | 관리에게 방문객의 도착을 알리다

거ᄅᆡᆼᄒᆞ다 [KĒ-RĂING-HĂ-TA] (去冷) 원146

불 Faire chauffer un peu, rendre tiède une chose trop froide. Réchauffer, faire réchauffer.

한 조금 데우다, 아주 차가운 것을 미지근하게 만들다 | 데우다, 데우다

***거마** [KE-MA] (車馬) 원143

불 Char traîné par un cheval. Voiture et cheval; l'équipage.

한 말이 끄는 수레 | 수레와 말 | 거마

***거만ᄒᆞ다** [KĒ-MAN-HĂ-TA] (倨慢) 원143

불 Irrévérent, orgueilleux, hautain, suffisant.

한 불경하다, 교만하다, 거만하다, 자만하다

거문고 [KE-MOUN-KO] (琴) 원143

불 Esp. de grande guitare, instrument de musique; esp. de harpe, de vielle, de contre-basse.

한 큰 기타의 종류, 악기 | 하프, 교현금, 콘트라베이스의 종류

거물거물ᄒᆞ다 [KE-MOUL-KE-MOUL-HĂ-TA] 원143

불 Devenir noir peu à peu. de plus en plus noir. ‖ Etre noirâtre. ‖ Etre marqué de petite vérole. ‖ Etre marqueté, truité.

한 점차 검어지다, 점점 검어지다 | 거무스름하다 |

천연두 자국이 있다 | 반점 무늬가 있다, 작은 반점이 있다

거뭇ᄒᆞ다 [KE-MOUT-HĂ-TA] (黑) ㉻143

불 Etre noir, noirâtre.

한 검다, 거무스름하다

*거민 [KE-MIN,-I] (居民, (habiter, peuple)) ㉻143

불 Indigènes; peuple; habitants.

한 토착민 | 백성 | 거주자

*거ᄆᆡᄒᆞ다 [KE-MĂI-HĂ-TA] (居媒) ㉻143

불 Entremetteur de mariage. Arranger un mariage.

한 결혼 중매인 | 결혼을 중매하다

*거방지다 [KĒ-PANG-TJI-TA,-TJYE,-TJIN] (巨芳) ㉻146

불 Gigantesque; homme gros et grand. gros, lourd, pesant, massif.

한 거대하다 | 뚱뚱하고 큰 사람 | 뚱뚱하다, 무겁다, 육중하다, 묵직하다

*거번 [KĒ-PEN,-I] (去番) ㉻146

불 La fois d'avant, les fois d'avant, l'autre fois.

한 지난번, 전번, 지난번

*거번에 [KE-PEN-EI] (去番) ㉻146

불 Cette fois-là, huit à dix jours avant.

한 지난번에, 8일에서 10일 전에

*거벽 [KĒ-PYEK,-I] (巨劈) ㉻146

불 Lettré qui sait bien les caractères. Savant lettré.

한 글을 잘 아는 학식 있는 사람 | 학식 있는 학자

*거볍ᄒᆞ다 [KĒ-PEP-HĂ-TA] (擧法) ㉻146

불 Corriger, châtier. ‖ Tourmenter, mettre à la question et à la torture corporelle.

한 수정하다, 다듬다 | 괴롭히다, 질문과 육체적 고문에 처하다

*거병ᄒᆞ다 [KĒ-PYENG-HĂ-TA] (擧兵) ㉻146

불 Livrer bataille. S'en aller en guerre. Marcher à la tête de son armée.

한 전투를 개시하다 | 전쟁하러 가다 | 군대의 선두에서 행군하다

*거부 [KĒ-POU] (巨富) ㉻146

불 Grand richard. Très-opulent.

한 대단한 부자 | 아주 부유하다

거북 [KE-POUK,-I] (龜) ㉻146

불 Grande tortue de mer.

한 큰 바다거북

거북ᄒᆞ다 [KE-POUK-HĂ-TA,-HAN,-HI] ㉻146

불 Etre embarrassé. ‖ Difficile à débrouiller. ‖ Qui n'est pas facile; un peu difficile. ‖ Souffrir un peu de l'estomac. ‖ Ne pas aller, c.a.d. n'être pas tout à fait exact, ce à quoi il manque qq. chose. 말=Mal-, Ce n'est pas tout à fait le mot propre.

한 난처하다 | 해결하기 힘들다 | 쉽지 않다 | 조금 어렵다 | 위에 약간의 고통을 느끼다 | 가지 않다, 즉, 완전히 정확하지는 않다, 어떤 것이 부족한 것 | [용례 말 = Mal-], 그것은 완전히 적절한 말은 아니다

*거산 [KE-SAN,-I] (巨山) ㉻148

불 grande montagne.

한 큰 산

1*거산ᄒᆞ다 [KE-SAN-HĂ-TA] (擧散) ㉻148

불 Abandonner son ménage, pour aller mendier avec sa femme et ses enfants. Se disperser pour aller chacun de son côté (une famille, un village).

한 자신의 부인과 아신의 아이들과 함께 구걸하러 가기 위해 자신의 세간을 버리다 | (가족, 마을 사람들이) 각자의 길을 가기 위해 흩어지다

2*거산ᄒᆞ다 [KE-SAN-HĂ-TA] (居山) ㉻148

불 Habiter les montagnes.

한 산에 살다

1*거상 [KE-SANG,-I] (居喪, (Demeurer en deuil)) ㉻148

불 Deuil à la mort du père ou de la mère.

한 아버지나 어머니의 초상(初喪)

2거상 [KE-SANG,-I] ㉻148

불 Concert, sérénade.

한 음악회, 소야곡

1*거상ᄒᆞ다 [KE-SANG-HĂ-TA] (居喪) ㉻148

불 Etre en deuil, demeurer en deuil.

한 상중에 있다, 상중인 채로 있다

2거상ᄒᆞ다 [KE-SANG-HĂ-TA] ㉻148

불 Donner un concert, une sérénade.

한 음악회를 열다, 소야곡을 부르다

거샹 [KE-SYANG,-I] ㉻148

불 Grande soie.

한 큰 비단

*거샹에 [KE-SYANG-EI] (居常) ㉻148

불 toujours; communément; ordinairement.

한 항상 | 일반적으로 | 보통

*거셕홍안 [KĒ-SYEK-HONG-AN] (擧石紅顔) ㉻148

불 Si on lève une pierre, la face rougit, c. a. d. le rèsultat est proportionné aux efforts; à tout effet correspond

une cause. ‖ Qui ne gagne pas sa nourriture (reproche).
한 돌을 들면 얼굴이 붉어진다, 즉 결과는 노력과 비례한다 | 모든 결과에는 어떤 원인이 상응한다 | 자기 밥벌이를 하지 않다(비난)

거셥 [KĒ-SYEP,-I] (拒柴) 원148
불 Branches que l'on met pour boucher le trou d'une chaussée éboutée.
한 끝을 제거한 둑의 구멍을 막기 위해 놓는 나뭇가지들

1*거셩 [KĒ-SYENG,-I] (巨聲) 원148
불 Basse, voix de basse, ton bas.
한 저음, 저음의 목소리, 낮은 음조

2*거셩 [KE-SYENG,-I] (去聲) 원148
불 Accent ou prononciation longue sur certaines syllabes. 4e ton dans la prononciation des caractères chinois.
한 몇몇 음절에 대한 강세 또는 긴 발음 | 중국 글자의 발음에 있어서의 사성

*거셰 [KĒ-SYEI] (擧世) 원148
불 Le monde; toute la terre; tout l'univers.
한 세상 | 온 세상 | 전 세계

거셰다 [KE-SYEI-TA,-SYEI-YE,-SYEIN] (强) 원148
불 Fort, rude, solide. ‖ Revêche, indocile, acariâtre.
한 강하다, 거칠다, 굳건하다 | 무뚝뚝하다, 제어하기 어렵다, 까다롭다

*거슈 [KE-SYOU] (渠首) 원149
불 Chef.
한 우두머리

거스러미 [KE-SEU-RE-MI] 원148
불 Le cône intérieur plus petit du verveux ou de la nasse, qui est destiné à empêcher le poisson de sortir. Partie intérieure conique dans certains engins de pêche. ‖ Excroissance de chair près des ongles. ‖ Eclat de bois; épine.
한 둥근 테 달린 그물 또는 통발의 가장 작은 내부의 원추로, 물고기가 빠져나가는 것을 막는 용도로 마련된다 | 몇몇 낚시 도구의 원추형 내부 부분 | 손발톱 가까이에 있는 피부의 혹 | 나무의 파편 | 가시

거슬거슬ᄒᆞ다 [KE-SEUL-KE-SEUL-HĂ-TA] 원148
불 Rude; revêche; qui manque de souplesse. Mal obligeant.
한 거칠다 | 꺼칠꺼칠하다 | 유연성이 부족하다 | 친절하지 않다

거시 [KE-SI] 원148
불 Ver intestinal.
한 회충

거시기 [KE-SI-KI] 원148 ☞거식이

거식이 [KE-SIK-I] (語助辭) 원148
불 Mot qui sert à appeler, à attirer l'attention: eh! eh! dis donc; ou bien, que l'on intercale dans la conversation, en attendant qu'on trouve le mot que l'on cherche.
한 부를 때, 주의를 끌 때 쓰는 말: 아~아! 그러니까 | 또는, 대화에서 말하려는 단어를 찾을 때까지 중간에 넣는 말

1*거심ᄒᆞ다 [KĒ-SIM-HĂ-TA] (去心, (Rejeter, l'intérieur)) 원148
불 Enlever l'écorce pour rejeter l'intérieur qui est inutile.
한 불필요한 내부를 버리기 위해 껍질을 제거하다

2*거심ᄒᆞ다 [KĒ-SIM-HĂ-TA] (去甚) 원149
불 Excessif, excessivement, trop. 거심히구다 Ke-sim-hi kou-ta, Trop maltraiter.
한 지나치다, 지나치게, 너무 | [용례 거심히구다, Ke-sim-hi kou-ta], 너무 가혹하게 대하다

1*거ᄉᆞ [KĒ-SĂ] (巨事) 원148
불 Grande affaire, chose importante.
한 큰일, 중요한 것

2*거ᄉᆞ [KE-SĂ] (居士) 원148
불 Bonze de Tao-tze. serviteur des bonzes. ‖ Mari qui accompagne sa femme, désignée sous le nom de ᄉᆞ당 Să-tang, la fait chanter en public et la prostitue au premier venu.
한 도교의 승려 | 승려들의 하인 | ᄉᆞ당 Să-tang이라는 이름으로 지명된 자신의 부인을 동반하는, 사람들 앞에서 부인에게 노래를 시키고 누구라도 원하면 부인을 매음시키는 남편

거ᄉᆞ리다 [KE-SĂ-RI-TA,-RYE,-RIN] (逆) 원148
불 Transgresser, enfreindre. ‖ Contrarier; prendre a rebours: repousser. être à rebours, aller contre, aller dans le sens contraire à.
한 어기다, 위반하다 | 거역하다 | 거꾸로 잡다, 밀어내다 | 반대 방향에 있다, 반대로 가다, 반대 방향으로 가다

*거ᄉᆞᄒᆞ다 [KE-SĂ-HĂ-TA] (擧事) 원148
불 Commencer, mettre la main à l'œuvre; entreprendre une grande affaire, une chose importante.
한 시작하다, 작업에 착수하다 | 큰일, 중요한 것을

감행하다

*거양ᄒᆞ다 [KĒ-YANG-HĂ-TA] (擧揚) ㉮141

불 Elever pour montrer, manifester. 셩톄거양 Syeng-htyei-ke-yang, Elécation de la sre hostie à la messe.

한 보이기 위해 올리다, 드러내다 | [용례 셩톄거양, Syeng-htyei-ke-yang], 미사에서 성체를 들어 올리는 것

거어지 [KE-E-TJI] (乞人) ㉮141

불 Mendiant.

한 거지

1*거역ᄒᆞ다 [KĒ-YEK-HĂ-TA] (拒逆) ㉮141

불 Désobéissance. Désobéir; contrarier.

한 불복 | 거역하다 | 반대하다

2*거역ᄒᆞ다 [KĒ-YEK-HĂ-TA] (巨役) ㉮141

불 Grande entreprise, grande affaire; affaire importante, difficile. grand travail. L'entreprendre, le faire.

한 큰 기획, 큰일 | 중요한, 어려운 일 | 큰일 | 큰일을 감행하다, 큰일을 하다

*거연이 [KE-YEN-I] (居然) ㉮141

불 Déjà. ‖ De suite. ‖ A la légère, sans raison.

한 벌써 | 연이어 | 경솔하게, 이유 없이

거연쟝쟈 [KĒ-YEN-TJYANG-TJYA] (遽然長者) ㉮141

불 Savant, homme érudit. ‖ Homme très-grave, très-posé.

한 학자, 박식한 사람 | 아주 엄숙한, 아주 침착한 사람

거염내다 [KE-YEM-NAI-TA,-NAI-YE,-NAIN] ㉮141

불 Voir de mauvais œil ce que les autres trouvent bon. ‖ Pointilleux, susceptible. ‖ Envier, porter envie.

한 다른 사람들이 좋다고 생각하는 것을 백안시하다 | 지나치게 꼼꼼하다, 격하기 쉽다 | 부러워하다, 부러워하다

*거오ᄒᆞ다 [KĒ-O-HĂ-TA] (倨傲) ㉮142

불 Orgueilleux, insolent.

한 오만하다, 무례하다

1*거우 [KE-OU] (巨牛) ㉮142

불 Grand bœuf.

한 큰 소

2*거우 [KE-OU] (巨宇) ㉮142

불 Grande maison.

한 큰 집

거우다 [KE-OU-TA,-OU-RE,-OUN] (傾) ㉮142

불 Etre penché, oblique, incliné dans le sens de la longueur. Etre peu solide; être exposé à tomber, placé sur le bord peu solidement.

한 기울어지다, 비스듬하다, 세로로 기울어지다 | 튼튼하지 않다 | 떨어질 위험이 있다, 가장자리에 튼튼하지 않게 놓이다

거우듬ᄒᆞ다 [KE-OU-TEUM-HĂ-TA] (傾) ㉮142

불 V. 거우다 Ke-ou-ta.

한 [참조어 거우다, Ke-ou-ta]

1거울 [KE-OUL,-I] (鏡) ㉮142

불 Glace, miroir.

한 거울

2거울 [KE-OUL,-I] ㉮142

불 Copeaux, vrillons (faits v. g. avec un rabot). ‖ Pellicule de la paille. ‖ Débris de paille. rebut, ce que l'on rejette lorsqu'on choisit la meilleure paille pour un travail.

한 부스러기, 나선형의 깎아낸 부스러기 (예. 대패로 생긴) | 짚의 얇은 껍질 | 짚의 파편 | 찌꺼기, 작업을 위해 가장 좋은 짚을 선택할 때 버리는 것

*거월 [KĒ-OURL,-I] (去月) ㉮142

불 Mois qui vient de s'écouler. Le mois dernier.

한 막 지나간 달 | 지난 달

*거유 [KĒ-YOU] (巨儒) ㉮142

불 Grand lettré. lettré qui sait bien les caractères.

한 대단히 학식 있는 사람 | 글을 잘 아는 학식 있는 사람

*거유ᄒᆞ다 [KĒ-YOU-HĂ-TA] (去油) ㉮142

불 Enlever l'huile. Dégraisser.

한 기름을 제거하다 | 지방을 제거하다

거으다 [KE-EU-TA,KE-E,KE-EUN] (逆命) ㉮141

불 Transgresser les ordres d'un supérieur.

한 상관의 명령을 어기다

1거의 [KE-EUI] (庶幾) ㉮141

불 Presque; à peu près; il s'en faut un rien; peu s'en faut que; c'est à peu près tout; il ne reste que peu à faire.

한 거의 | 약 | 약간 부족하다 | 자칫하면 | 거의 전부다 | 할 것이 조금만 남아 있다

2거의 [KE-EUI] (蛔) ㉮141

불 Vers intestinaux.

한 회충

3*거의 [KE-EUI] (巨醫) ㉮141

불 Grand médecin.

한 저명한 의사

거의ᄇᆡ [KE-EUI-PĂI] (蛔腹) ㉮141

불 Maladie vermiculaire. ‖ Ver intestinal.

한 회충으로 인한 병 | 회충

*거윅ᄒᆞ다 [KĒ-ĂIK-HĂ-TA] (去液, (Rejeter, jus)) 원 141

불 Dégraisser. ‖ Nettoyer une plaie. Faire sortir le pus d'un furoncle (par le moyen des remèdes, et non en pressant). ‖ Piler des plantes pour les débarrasser du suc.

한 기름기를 제거하다 | 상처를 깨끗이 하다 | (짜는 것이 아니라 약을 써서) 절종의 고름을 나오게 하다 | 즙을 제거하기 위해 풀을 찧다

거져 [KET-TJYE] 원 150

불 Gratuitement, sans raison. V. 그져 Keu-tjye.

한 무상으로, 이유 없이 | [참조어 그져, Keu-tjye]

거젹 [KE-TJYEK,-I] (空石) 원 150

불 Tissu de paille de riz pour confectionner une poche à grain (셤Syem). ‖ Esp. de grosse natte qui sert à s'asseoir (à l'usage surtout des hommes en deuil). V.Syn. 것치 Ket-tchi.

한 곡식을 담을 자루를 만들기 위해 볏짚으로 짠 것 (셤 Syem) | (특히 상중인 사람들용의) 앉는 데 쓰이는 큰 돗자리의 종류 | [동의어 것치, Ket-tchi]

거젹갑 [KE-TJYEK-KAP,-I] 원 150

불 Qui est difforme, mal bàti.

한 흉하다, 잘못 세워지다

거젹눈 [KE-TJYEK-NOUN,-I] (空石目) 원 150

불 Qui a les yeux baissés, les paupières abaissées.

한 처진 눈, 처진 눈꺼풀

거젹문 [KE-TJYEK-MOUN,-I] (空石門) 원 150

불 Porte pendante, abaissée.

한 늘어져 있는, 처진 문

*거졉 [KĒ-TJYEP,-I] (巨接, (Grande,réunion)) 원 150

불 Nombreux compagnons d'étude. ‖ Grande réunion (ne se dit que pour les aspirants aux examens).

한 많은 학우들 | 큰 회합 (수험생들에 대해서만 쓴다)

*거졉ᄒᆞ다 [KE-TJYEP-HĂ-TA] (居接) 원 150

불 Habiter, être domicilié à. ‖ Demeurer ensemble (pour étudier).

한 살다, ~에 거주하다 | (공부하기 위해) 함께 거주하다

*거죠 [KĒ-TJYO] (巨條) 원 150

불 Chose; affaire; affaire importante; grande entreprise; chose difficile à exéuter.

한 것 | 일 | 중요한 일 | 큰 기획 | 실행하기 어려운 것

¹거죡 [KE-TJYOK,-I] (表) 원 150

불 Extérieur, l'endroit (d'un habit, d'une étoffe).

한 외부, (옷의, 옷감의) 표면

²*거죡 [KE-TJYOK,-I] (巨族) 원 150

불 Nombreuse et puissante famille.

한 많고 강력한 가족

*거쥬ᄒᆞ다 [KE-TJYOU-HĂ-TA] (居住) 원 150

불 Habiter, être domicilié, demeurer.

한 살다, 정주하다, 거주하다

*거즁ᄒᆞ다 [KE-TJYOUNG-HĂ-TA] (居中) 원 150

불 Etre moyeu; qui est au milieu. N'être ni trop (long) ni trop (court). Etre au milieu, entre les deux.

한 중간이다 | 가운데에 있다 | 너무 (길지도) 너무 (짧지도) 않다, 가운데에, 둘 사이에 있다.

거즛 [KE-TJĂT] (假) 원 150

불 Faux.

한 거짓

*거챵ᄒᆞ다 [KE-TCHANG-HĂ-TA] (巨敞) 원 150

불 Grand; être très-grand, énorme, très-important.

한 크다 | 아주 크다, 거대하다, 아주 중요하다

*거쳐ᄒᆞ다 [KE-TCHYE-HĂ-TA] (居處) 원 150

불 Domicile, résidence. Habiter, demeurer.

한 주거, 거주 | 살다, 거주하다

¹*거촌ᄒᆞ다 [KE-TCHON-HĂ-TA] (居村) 원 150

불 Habiter la campagne.

한 시골에 살다

²*거촌ᄒᆞ다 [KE-TCHON-HĂ-TA] (去寸) 원 150

불 Rayer du nombre des parents, ne plus compter comme de la famille.

한 혈족의 수에서 삭제하다, 더 이상 가족으로 고려하지 않다

*거츄군 [KE-TCHYOU-KOUN,-I] (擧取軍) 원 150

불 Celui qui fait préparer.

한 준비시키는 사람

*거츄ᄒᆞ다 [KE-TCHYOU-HĂ-TA] (擧取) 원 150

불 Faire préparer.

한 준비시키다

거츔거츔 [KE-TCHYOUM-KE-TCHYOUM] 원 150

불 Faire vite, à la hàte; faire le plus pressé seulement. Par manière d'acquit, sans soin.

한 빨리, 서둘러 하다 | 가장 급한 것만 하다 | 형식적으로, 정성 없이

¹*거취ᄒᆞ다 [KE-TCHYOUI-HĂ-TA] (去就) 원 150

불 Aller.

한 가다

2*거취ᄒᆞ다 [KE-TCHYOUI-HĂ-TA] (擧取) 원150
불 Apprêter, préparer, faire préparer.
한 채비하다, 준비하다, 준비시키다

거츠다 [KE-TCHEU-TA] (荒) 원150
불 Etre abrupt, difforme, mal arrangé; n'être pas net.
한 거칠다, 흉하다, 정리가 안 되어 있다 | 깨끗하지 않다

거츨다 [KE-TCHEUL-TA,-TCHEU-RE,-TCHEUN] 원150
☞거츠다

거츰업다 [KE-TCHEUM-EP-TA,-EP-SE,-EP-SĂN] (無荒) 원150
불 Ne pas broncher (en récitant). ‖ Etre sans obstacles (v. g. route).
한 (암송하면서) 망설이지 않다 | (예. 길이) 장애가 없다

1거치다 [KE-TCHI-TA,-TCHYE,-TCHIN] 원150
불 Toucher avec le pied dans l'obscurité. ‖ S'arrêter en route.
한 어둠 속에서 발로 건드리다 | 길을 멈추다

2거치다 [KE-TCHI-TA,-TCHYE,-TCHIN] 원150
불 Ramasser, rentrer.
한 모으다, 안으로 들이다

거치레 [KE-TCHI-REI] 원150
불 Insecte, esp. de ver ou chenille à longs poils. Syn. 그림화 Keu-rim-hoa.
한 곤충, 긴 털이 있는 벌레 또는 애벌레의 종류 | [동의어 그림화, Keu-rim-hoa]

1거치레ᄒᆞ다 [KE-TCHI-REI-HĂ-TA] (荒) 원150
불 Etre rude, raboteux.
한 거칠다, 울퉁불퉁하다

2거치레ᄒᆞ다 [KE-TCHI-REI-HĂ-TA] (外飾) 원150
불 Etre bon à l'extérieur, être beau au-dehors
한 외관이 좋다, 외관상 아름답다

거칠거칠ᄒᆞ다 [KE-TCHIL-KE-TCHIL-HĂ-TA] 원150
불 Etre rude (au toucher), raboteux.
한 (촉감이) 거칠다, 울퉁불퉁하다

거칫거칫ᄒᆞ다 [KE-TCHIT-KE-TCHIT-HĂ-TA] 원150
불 Apre au toucher, gênant, (pointe qui dépasse; petit caillou dans le soulier; scrupule dans la conscience). Rude, raboteux, malaisé.
한 촉감이 우둘투둘하다, 불편하다, (비죽 나온 뾰족한 끝 | 신발 안의 작은 자갈 | 양심의 거리낌) 거칠다, 울퉁불퉁하다, 어렵다

거통 [KĒ-HTONG,-I] 원150
불 Fierté, orgueil, vanité, arrogance.
한 자존심, 오만, 허영심, 거만

거판지다 [KĒ-HPAN-TJI-TA,-TJYE,-TJIN] 원146
불 Grandiose. Etre très-grand, énorme.
한 웅대한 | 매우 크다, 거대하다

*거판ᄒᆞ다 [KE-HPAN-HĂ-TA] (擧板) 원146
불 Etre ruiné; faire banqueroute; se déclarer en banqueroute.
한 파산하다 | 파산하다 | 자기가 파산했다고 공언하다

*거폐 [KĒ-HPYEI] (巨弊) 원146
불 Grand embarras, grand souci. ‖ Grande charge, obligation gènante. ‖ Chose très-fâcheuse.
한 큰 곤경, 큰 걱정거리 | 큰 부담, 난처한 의무 | 매우 난처한 것

1*거풍ᄒᆞ다 [KĒ-HPOUNG-HĂ-TA] (去風) 원146
불 Faire prendre l'air. Mettre à l'air, exposer au soleil pour empêcher de moisir, pou enlever l'humidité, purilier des odeurs. aérer. ‖ Etre exposé au vent, battu par le vent.
한 바람 쐬게 하다 | 곰팡이 피는 것을 막기 위해, 습기를 제거하기 위해 한 데에 두다, 볕에 노출시키다, 냄새를 정화하다 | 환기시키다 | 바람을 쐬다, 바람을 맞다

2거풍ᄒᆞ다 [KĒ-HPOUNG-HĂ-TA] 원146
불 Apprendre à se bien conduire, apprendre à se tenir en punissant, en inlligeant un supplice.
한 잘 처신하는 것을 배우다, 벌을 주면서, 고문을 가하면서 처신하는 것을 배우다

거프집 [KE-HPEU-TJIP,-I] (鎔) 원146
불 Partie extérieure du moule en terre destiné à recevoir la fonte, le bronze, etc. ‖ Couverture (v. g. de livre).
한 주철, 청동 등을 수용할 용도로 마련된 흙으로 된 거푸집의 외부 부분 | (예. 책의) 덮개

거픔 [KE-HPEUM,-I] (泡) 원146
불 Ecume.
한 거품

*거피삼십리 [KE-HPI-SAM-SIP-RI] (去皮三十里) 원146
불 Un homme qui, écorché, ferait trois lieues, c.a.d. homme dur, fort.
한 살갗이 벗겨진 채로 30리외를 갈 사람, 즉 강경한, 강한 사람

*거피ᄒᆞ다 [KĒ-HPI-HĂ-TA] (去皮) 원146

불 Ecorcher; écorcer; peler. Peau d'animal, cuir.
한 가죽을 벗기다 | 껍질을 벗기다 | 껍질을 벗기다 | 동물의 가죽, 가죽

*거ᄒᆞ다 [KE-HĂ-TA] (居) 원142
불 Habiter, résider, être.
한 살다, 거주하다, 있다

*거ᄒᆡᄒᆞ다[KĒ-HĂI-HĂ-TA] (去核, (Enlever, grain)) 원142
불 Egrainer, égrener (le coton). Enlever la graine, le noyau (des fruits), les racines (d'un furoncle).
한 낟알을 까내다, (목화의) 씨를 뽑다 | 씨, (과일의) 씨, (절종의)뿌리를 제거하다

*거ᄒᆡᆼᄒᆞ다 [KĒ-HĂING-HĂ-TA] (擧行) 원142
불 Faire suivant les ordres reçus. exécuter les ordres (d'un supérieur). ‖ Faire, célébrer (la messe). ‖ Observer ses obligations, remplir ses fonctions.
한 받은 명령에 따라서 하다 | (윗사람의) 명령을 실행하다 | 하다, (미사를) 집전하다 | 의무를 준수하다, 직무를 다하다

걱졍 [KEK-TJYENG,-I] (憂情) 원143
불 Souci, inquiétude, sollicitude.
한 걱정, 근심, 염려

걱졍ᄭᅮ럭이 [KEK-TJYENG-KKOU-REK-I] (愁) 원143
불 Qui est toujours inquiet, soucieux. ‖ Qui cause de l'inquiétude aux autres (v. g. un enfant à ses parents).
한 항상 불안하다, 걱정하다 | 다른 사람들에게 불안을 야기하다 (예. 아이가 부모에게)

걱졍ᄒᆞ다 [KEK-TJYENG-HĂ-TA] (愁) 원143
불 S'inquiéter. Soucis, inquiétude, sollicitude.
한 염려하다 | 걱정, 근심, 염려

걱쿨지다 [KEK-HKOUL-TJI-TA,-TJYE,-TJIN] 원143
불 Qui a une grande force d'âme, de caractère. Courageux. ‖ Etre fort. ‖ Dominer, avoir de l'autorité sur les autres. ‖ Etre capable.
한 강한 정신력, 기개가 있다 | 용감하다 | 강하다 | 지배하다, 다른 사람들에 대해 권위가 있다 | 능력 있다

1*건 [KEN,-I] (巾) 원144
불 Bonnet en toile de chanvre d'un homme en deuil. Mouchoir de tête.
한 상중에 있는 사람이 쓰는 삼베로 된 챙 없는 모자 | 머릿수건

2*건 [KEN,-I] (健) 원144
불 Gras, fertile.
한 기름지다, 비옥하다

3*건 [KEN,-I] (乾) 원144
불 Desséché, sec.
한 메마르다, 마르다

*건갈 [KEN-KAL,-I] (乾葛) 원144
불 Racine desséchée du 츩Tcheulk. (remède).
한 츩 Tcheulk의 말린 뿌리 | (약)

건갈이ᄒᆞ다 [KEN-KAL-I-HĂ-TA] (乾耕) 원144
불 Labourer une rizière desséchée.
한 메마른 논을 경작하다

*건감 [KEN-KAM,-I] (乾柑) 원144
불 Kaki (감 Kam) desséché, recouvert d'une farine blanche, qu'on prendrait pour une matière étrangère au fruit, mais qui est formée du suc.
한 과일과 관계없는 물질로 여겨질 수 있겠지만, 즙에서 만들어진 흰 분말로 덮인 말린 감 (감 Kam)

*건강 [KEN-KANG,-I] (乾薑) 원144
불 Gingembre sec.
한 마른 생강

건건ᄒᆞ다 [KEN-KEN-HĂ-TA] (醎) 원144
불 Salé. Goût de sel. Un peu salé.
한 짜다 | 소금 맛 | 조금 짜다

1*건곡 [KEN-KOK,-I] (乾谷) 원145
불 Vallée sans eau; vallée stérile, déserte.
한 물 없는 계곡 | 메마른, 황량한 계곡

2*건곡 [KEN-KOK,-I] (乾穀) 원145
불 Grain sec.
한 마른 곡식

*건곤 [KEN-KON,-I] (乾坤, (Ciel, terre)) 원145
불 Le ciel et la terre, le monde.
한 하늘과 땅, 세상

*건골 [KEN-KOL,-I] (乾骨) 원145
불 Jonc qui vient dans un terrain sec. Souchet de terre. Le souchet d'eau s'appelle 슈골 Syou-kol; (il est meilleur pour faire les nattes).
한 마른 땅에서 자라는 골풀 | 방동사니 | 슈골 Syou-kol이라 불리는 물방동사니 | (거적 만들기에 더 좋다)

*건긔ᄒᆞ다 [KEN-KEUI-HĂ-TA] (愆期) 원144
불 Différer d'accomplir sa promesse, retarder l'accomplissement de l'engagement, de la convention.
한 자신의 약속을 이행하기를 미루다, 약속, 협약의 이행을 늦추다

*건긱 [KĒN-KĂIL,-I] (蹇客) 원144

불 Boîteux.
한 절름발이

건너 [KEN-NE] (越) 원145
불 Au-delà;de l'autre côté (de l'eau, d'une vallée traversée par un ruisseau, etc.); de l'autre bord(du chemin).
한 ~의 저쪽에 | (물, 시냇물이 가로지르는 골짜기 등의) 맞은편의 | (길의) 맞은편의

건너다 [KEN-NE-TA,-NE,-NEN] (渡) 원145
불 Traverser l'eau, aller de l'autre côté de l'eau, d'une route, d'une vallée.
한 물을 건너다, 물, 길, 계곡의 맞은편으로 가다

건넌방 [KEN-NEN-PANG] (越房) 원145
불 Chambre située de l'autre côté, à l'opposé.
한 맞은편, 반대쪽에 위치한 방

건넌숫막꾸짓다 [KEN-NEN-SOUT-MAK-KKOU-TJIT-TA,-TJI-TJYE,-TJI-TJEUN] 원145
불 Gronder le maître de l'auberge en face, c.a.d. adresser. Des reproches à une autre personne pour qu'elle fasse la leçon à elle qui les a mérites.
한 맞은편 여인숙의 주인을 꾸짖다, 즉 훈계를 받을 만한 사람에게 훈계하기 위해 다른 사람을 비난하다

*건답 [KEN-TAP,-I] (乾畓) 원145
불 Rizière sans eau, rizière sèche.
한 물이 없는 논, 마른 논

*건더르다 [KEN-TE-REU-TA,-TE-RE,-TE-REUN] 원145
불 Pousser; exciter. V. 검졉ᄒᆞ다 Kem-tjyep-hă-ta.
한 부추기다 | 자극하다 | [참조어 검졉ᄒᆞ다, Kem-tjyep-hă-ta]

건더리다 [KEN-TE-RI-TA,-RYE,-RIN] 원145
불 Pousser; exciter; pousser quelqu'un à bout.
한 부추기다 | 자극하다 | ~을 참을 수 없게 하다

건듯건듯ᄒᆞ다 [KEN-TEUT-KEN-TEUT-HĂ-TA] 원145
불 De temps en temps; par intervalles; par rafales; de distance en distance.
한 이따금 | 때때로 | 돌발적으로 | 여기저기에

*건ᄃᆡ [KEN-TĂI] (巾帶) 원145
불 Le bonnet et la ceinture de deuil, que le fils du défunt doit donner à ses proches parents.
한 고인의 아들이 자신의 가까운 친척들에게 줘야 하는 상례용 챙 없는 모자와 띠

*건령슈 [KEN-RYENG-SYOU] (建瓴水) 원145
불 Courant rapide; cascade; cataracte; chute d'eau.
한 급류 | 폭포 |폭포 | 폭포

*건립셩톄 [KEN-RIP-SYENG-HIYEI] (建立聖體) 원145
불 Institution de la sre eucharistie.
한 성찬식 제도

*건립ᄒᆞ다 [KEN-RIP-HĂ-TA] (乞粒) 원145
불 Faire la quête (ne se dit que des sorcières, après qu'elles ont rempli leurs fonctions).
한 (마녀들에게만 쓰며, 마녀들이 그들의 직무를 다한 뒤) 헌금을 모으다

*건립ᄒᆞ다 [KEN-RIP-HĂ-TA] (建立) 원145
불 Instituer, établir.
한 세우다, 설립하다

*건망증 [KEN-MANG-TJEUNG,-I] (愆忘症) 원145
불 Qui oublie toujours. Facilité à oublier. Faut de mémoire.
한 항상 잊어버리다 | 잊어버리기 쉬움 | 기억력 부족

1건목 [KEN-MOK,-I] 원145
불 Esquisse, ébauche. =치다-tchi-ta, Ebaucher.
한 초벌그림, 초안 | [용례 =치다, -tchi-ta], 초안을 잡다

2*건목 [KEN-MOK,-I] (乾木) 원145
불 Bois sec.
한 마른 나무

*건물쟉젼ᄒᆞ다 [KEN-MOUL-TJYAK-TJYEN-HĂ-TA] (乾物作錢) 원145
불 Faire vendre meubles d'un débiteur insolvable. Prendre autre chose comme compensation de ce qu'on ne peut obtenir. Vendre le bien d'autrui.
한 지불 능력이 없는 채무자의 비품을 팔게 하다 | 얻을 수 없는 것의 보상으로서 다른 것을 취하다 | 남의 재산을 팔다

*건부죵 [KEN-POU-TJYONG,-I] (乾付種, (Sec, poser, semence)) 원145
불 Semer dans une rizière desséchée.
한 메마른 논에 씨를 뿌리다

*건삼 [KEN-SAM,-I] (乾蔘) 원145
불 Jen-sen desséché.
한 말린 삼

*건시 [KEN-SI] (乾柹) 원145
불 Kaki desséché
한 말린 감

*건어 [KEN-E] (乾魚, (Sec, poisson)) 원144
불 Poisson sec.
한 마른 생선

건이다 [KĒN-I-TA,KEN-I-RE,KEN-IN] (徘徊) 원144
불 Aller et venir, se promener de long en large.
한 가고 오다, 이리저리 산책하다

건이채다 [KEN-I-TCHAI-TA,-TCHAI-E ou TCHAI-YE, -TCHAIN] 원144
불 Lire sur la figure de quelqu'un ce qu'il est. Chercher par des questions, etc. A connaître les affaires. Les secrets des autres. leur tirer les vers du nez.
한 어떤 사람의 얼굴에서 그가 어떤 사람인지 읽어내다 | 질문 등을 통해 다른 사람의 일, 비밀을 알아내려고 하다 | 그들로 하여금 입을 열게 하다

건잠 [KĒN-TJAM,-I] 원145
불 Insecte qui mange la moelle du pied du riz et le fait mourir. ‖ Epi qui sèche sur pied sans rien contenir. Epi vide.
한 벼의 밑동 고갱이를 먹어 벼를 죽게 만드는 벌레 | 아무것도 들어 있지 않고 밑동이 마르는 이삭 | 빈 이삭

건잠머리ᄒᆞ다 [KEN-TJAM-ME-RI-HĂ-TA] 원145
불 Prévision; prévoir, présumer. ‖ Epier, être aux aguets. ‖ Deviner les affaires des autres.
한 예측 | 예측하다, 추측하다 | 살피다, 망보다 | 다른 사람들의 일을 예견하다

*건쟝ᄒᆞ다 [KEN-TJYANG-HĂ-TA] (健壯) 원145
불 Etre grand et fort, vigoureux.
한 크고 강하다, 기운차다

건조 [KEN-TJO] 원145 ☞ ²건초

건즁건즁ᄒᆞ다 [KEN-TJYOUNG-KEN-TJYOUNG-HĂ-TA] 원145
불 Choisir, séparer, trier. ‖ A peu près.
한 선택하다, 구분하다, 분류하다 | 대략

건즘쓰다 [KEN-TJEUM-TTEU-TA,-TTE,-TTEUN] 원145
불 Epier. ‖ Faire une supposition pour connaître la vérité. ‖ Chercher à savoir, user de ruse pour savoir.
한 엿보다 | 진실을 알기 위해 추측하다 | 알려고 하다, 알아내려 술책을 쓰다

건지 [KEN-TJI] (滓) 원145
불 Légumes, viande, etc., du bouillon. Tout ce qui est dans le bouillon pour le faire. ‖ Matière, matériaux.
한 수프에 든 채소, 고기 등 | 수프를 만들기 위해 수프에 넣는 모든 것 | 물질, 재료

건지다 [KEN-TJI-TA,-TJYE,-TJIN] (極) 원145
불 V. g. enlever les légumes, la viande, de la soupe pour ne laisser que le bouillon. ‖ Tirer de l'eau, et figur.; tirer d'un mauvais pas, sauver.
한 예. 국물만 남기기 위해 수프에서 채소와 고기를 제거하다 | 물에서 꺼내다 | 그리고 비유적으로, 난관에서 꺼내다, 구출하다

*건직국 [KEN-TJĂI-KOUK,-I] (乾材局) 원145
불 Pharmacie où l'on vend les drogues en gros et non en détail.
한 소매가 아닌 도매로 약을 파는 약국

*건쳔 [KEN-TCHYEN,-I] (乾川) 원145
불 Ruisseau desséché. Lit d'un ruisseau desséché.
한 메마른 시냇물 | 메마른 시냇물의 밑바닥

¹*건초 [KEN-TCHO] (乾草) 원145
불 Herbe sèche; foin. ‖ Tabac desséché.
한 마른 풀 | 건초 | 말린 담배

²*건초 [KEN-TCHO] (乾棗) 원145
불 Jujube desséchée.
한 말린 대추

*건취ᄒᆞ다 [KEN-TCHYOUI-HĂ-TA] (乾醉) 원145
불 Etre gai après avoir bu du vin; être en train, de bonne humeur, sans être entièrement ivre. Etre à demi ivre.
한 술을 마신 뒤 거나하다 | 쾌활하다, 기분이 좋다 | 완전히 취하지 않다 | 반쯤 취하다

*건치 [KEN-TCHI] (乾雉) 원145
불 Faisan desséché.
한 말린 꿩고기

*건치 [KEN-TCHĂI] (乾菜) 원145
불 Légumes desséchés.
한 말린 채소

*건탕 [KEN-HTANG,-I] (巾宕) 원145
불 Bonnet de crin. V.Syn. 탕건 Htang-ken.
한 말총으로 만든 챙 없는 모자 | [동의어] 탕건, Htang-ken]

*건파ᄒᆞ다 [KEN-HPA-HĂ-TA] (乾播) 원145
불 Semer du riz dans une rizière desséchée.
한 메마른 논에 벼의 씨를 뿌리다

¹*건포 [KEN-HPO] (巾布) 원145
불 Toile de chanvre qui sert à faire le bonnet de deuil.
한 상례용 모자를 만드는 데에 쓰이는 삼베

²*건포 [KEN-HPO] (乾脯) 원145
불 Viande de bœuf desséchèe. Viande ou poisson sec.
한 말린 소고기 | 마른 고기 또는 물고기

*건혼나다[KEN-HON-NA-TA,-NA,-NAN] (乾魂, (Desséchée, âme, sortir)) 원144

불 Etre effrayé, être éperdu.

한 놀라다, 제정신을 잃다

건화드리다 [KEN-HOA-TEU-RI-TA,-TEU-RYE,-TEU-RIN] 원144

불 Faire sécher, en la tournant, la terre des rizières.

한 논의 흙을 뒤집어 마르게 하다

걸걸ᄒᆞ다 [KEL-KEL-HĂ-TA] 원147

불 Généreux, magnanime, libéral. ‖ Alerte, éveillé, qui n'est pas embarrassé de sa personne, dégourdi.

한 너그럽다, 도량이 크다, 관대하다 | 민첩하다, 활발하다, 어떤 태도를 취해야 할지 모르지 않다, 약삭빠르다

*걸군ᄒᆞ다 [KEL-KOUN-HĂ-TA] (乞郡, (Demander, district)) 원147

불 Demander un mandarinat avant le temps ordinaire. Mendier un mandarinat.

한 일반적인 시기 전에 관직을 부탁하다 | 관직을 구걸하다

[1]걸귀 [KEL-KOUI] 원147

불 Vieille et grande truie, truie.

한 늙고 큰 암퇘지, 암퇘지

[2]*걸귀 [KEL-KOUI] (乞鬼) 원147

불 Diable affamé.

한 굶주린 악마

*걸귀들니다 [KEL-KOUI-TEUL-NI-TA,-NYE,-NIN] (乞鬼) 원147

불 Etre possédé du diable affamé, c. a. d. être insatiable, très-vorace, avoir la faim-valle.

한 굶주린 악마가 붙다, 즉 만족을 모르다, 아주 게걸스럽게 먹다, 배고파 못 견디다

걸근걸근ᄒᆞ다 [KEL-KEUN-KEL-KEUN-HĂ-TA] 원147

불 Piailler; piauler; demander en pleurant. ‖ Avoir l'air affamé, avoir l'air de chercher à manger.

한 울부짖다 | 울다 | 울면서 부탁하다 | 굶주린 것처럼 보이다, 먹을 것을 찾는 것처럼 보이다

*걸긱 [KEL-KĂIK,-I] (乞客) 원147

불 Mendiant (un peu honorif.). ‖ Parasite.

한 거지(약간 경칭) | 식객

걸넉걸넉 [KEL-NEK-KEL-NEK] 원147

불 Exprime le bruit d'une toux opiniâtre.

한 끈질긴 기침소리를 나타낸다

걸네 [KEL-NEI] 원147

불 Torchon, bouchon de vaisselle.

한 걸레, 설거지 수세미

걸니다 [KEL-NI-TA,KEL-NYE,KEL-NIN] (掛) 원147

불 (Pass. de 걸다 Kel-ta). Accrocher; être accroché, retenu. ‖ Etre embarrassé. ‖ Etre retenu par, empêtré, empêché. S'empêtrer, s'embarrasser dans. ‖ Se trouver en un lieu élevé.

한 (걸다 Kel-ta의 피동형) 걸다 | 걸리다, 붙잡히다 | 거북스럽다 | 붙잡히다, 옭매이다, 막히다 | 옭매이다, 얽히다 | 높은 곳에 있다

*걸닙ᄒᆞ다 [KĒL-NIP-HĂ-TA] (乞粒) 원147

불 Chercher auprès de plusieurs personnes sa nourriture et de l'argent pour vivre. ‖ Se dit de l'autorisation donnée par le mandarin ou le gouverneur, en vertu de laquelle les bonzes peuvent recueiller de l'argent pour réparer leurs pagodes.

한 살기 위해 여러 사람들에게 자신이 먹을 식량과 돈을 구하다 | 자신들의 탑을 고치기 위해 승려들이 돈을 거둘 수 있도록 관리나 지사에게 받은 허가에 대해 쓴다

[1]걸다 [KĒL-TA,KEL-E,KEN] (掛) 원148

불 Retenir, empêcher, empêtrer. ‖ Accrocher, suspendre. ‖ Mettre dans un lieu élevé. ‖ Fermer à boucle (v. g. une porte). ‖ 문걸다 Moun-kel-ta, Accrocher la porte. ‖ 옷걸다 Ot-kel-ta, Suspendre les habits.

한 붙잡다, 막다, 옭아매다 | 걸다, ~에 매어 달다 | 높은 곳에 두다 | (예. 문) 고리를 잠그다 | [용례 문걸다, Moun-kel-ta], 문을 걸다 | [용례 옷걸다, Ot-kel-ta], 옷을 걸다

[2]걸다 [KEL-TA,KEL-E,KEN] (沃) 원148

불 Etre gras, fertile.

한 기름지다, 비옥하다

[3]걸다 [KEL-TA,KEL-E,KEN] 원148

불 Etre épais (pas opposition à limpide, -v. g. encre qui ne se dissout pas entièrement, bouillie épaisse).

한 짙다 (맑은 것과 대조적으로, -예. 완전히 용해되지 않는 잉크, 짙고 걸쭉한 죽)

걸덕걸덕ᄒᆞ다 [KEL-TEK-KEL-TEK-HĂ-TA] 원148

불 Piailler. ‖ Demander toujours. ‖ Etre intrigant. ‖ Montrer une grande envie de. ‖ Ne pas se contenir de. ‖ Etre essoufflé.

한 울부짖다 | 항상 부탁하다 | 음모 꾸미기를 좋아하다

| 큰 갈망을 보여주다 | 억누를 수 없다 | 숨을 헐떡이다

걸령고 [KEL-RYENG-KO] (指南鐵) 원 148

불 Boussole.

한 나침반

걸맛다 [KĒL-MAT-TA,-MA-TJE,-MA-TJEUN] (相適) 원 147

불 Etre semblables; se convenir; s'adapter.

한 닮다 | 서로 적합하다 | 적합하다

걸머지다 [KEL-ME-TJI-TA,-TJYE,-TJIN] (負) 원 147

불 Etre chargé (de dettes, de péchés, etc.). ‖ Porter sur le dos un fardeau (ne se dit que des hommes).

한 (빚, 죄 등을) 지다 | 등에 짐을 지다 (남자들에 대해서만 쓴다)

걸방이 [KEL-PANG-I] (乞丐) 원 148

불 Mendiant.

한 거지

걸삼스럽다 [KEL-SAM-SEU-REP-TA,-RE-OUE,-RE-ON] (僅) 원 148

불 Etre actif, empressé à l'ouvrage.

한 활동적이다, 일을 서두르다

걸새 [KĒL-SAI] (釪) 원 148

불 Agrafe; boucle et piton pour fermer une porte; anneau de fer pour fermer la porte.

한 걸쇠 | 문을 잠그기 위한 고리와 배목 | 문을 잠그기 위한 쇠로 된 고리

***걸식ᄒᆞ다** [KEL-SIK-HĂ-TA] (乞食) 원 148

불 Mendier par occasion, mendier une fois en passant.

한 어쩌다가 구걸하다, 지나가며 한 번 구걸하다

***걸신** [KEL-SIN,-I] (乞神) 원 148

불 Diable affamé. ‖ Faim-valle. faim.

한 굶주린 악마 | 허기증 | 굶주림

걸신ᄒᆞ면 [KEL-SIN-HĂ-MYEN] 원 148

불 Pour un rien, à tout propos, sans raison.

한 아무것도 아닌 일로, 걸핏하면, 이유 없이

걸ᄭᅡ리지다 [KEL-KKA-RI-TJI-TA] 원 147

불 Etre grand et fort; avoir des proportions excessives, au dessus du commun.

한 크고 강하다 | 보통 수준 이상의 엄청난 규모를 가지다

걸싸다 [KĒL-SSA-TA,-SSA,-SSAN] (健) 원 148

불 Avoir des proportions gigantesques, être grand et fort (homme, animal). ‖ Etre actif, empressé à l'ouvrage.

한 거대한 규모를 갖다, (남자, 동물이) 크고 강하다 | 활동적이다, 일을 서두르다

걸으다 [KEL-EU-TA,KEL-NE,KEL-EUN] (漉) 원 147

불 Filtrer un liquide (v. g. du vin) à travers un tamis. Tamiser, passer au tamis.

한 액체 (예. 술)를 체에 여과하다 | 체로 치다, 체를 통과하다

걸이 [KEL-I] (材料) 원 147

불 Matière, matériaux. Numéral de tout ce qui est nécessaire pour préparer quelque chose, la quantité d'étoffe nécessaire pour un habit, ce qu'il faut pour un repas. Syn. 가음 Ka-eum.

한 소재, 재료 | 어떤 것을 준비하는 데에 필요한 모든 것의 수를 세는 수사, 옷에 필요한 옷감의 양, 식사에 필요한 것 | [동의어 가음, Ka-eum]

걸인 [KEL-IN] (乞人) 원 147

불 Mendiant.

한 거지

걸적걸적ᄒᆞ다 [KEL-TJYEK-KEL-TJYEK-HĂ-TA] 원 148

불 Généreux, libéral. ‖ Alerte; dégourdi; vif; empressé au travail; diligent; soigueux; assidu à rendre service au prochain.

한 너그럽다, 관대하다 | 재빠르다 | 약삭빠르다 | 활발하다 | 일을 서두르다 | 부지런하다 | 정성들이다 | 부지런히 이웃사람을 도와주다

걸태ᄒᆞ다 [KEL-HTAI-HĂ-TA] (求乞) 원 148

불 Aller demander des secours d'argent, de vivres et d'habits à un parent ou un ami en place. ‖ Prier, demander, mendier.

한 그 자리에 있는 친척이나 친구에게 돈과 음식, 옷의 원조를 구하려 하다 | 간청하다, 부탁하다, 구걸하다

걸픗 [KEL-HPEUT] 원 148

불 Vite.

한 빨리

***검** [KEM,-I] (劍) 원 143

불 Sabre (il y en a de plusieurs espèces, recourbés, ronds, etc.); cimeterre.

한 검 (구부러지고 둥근 모양 등 여러 종류가 있다) | 언월도

***검극** [KEM-KEUK,-I] (劍戟) 원 143

불 Sabre et lance.

한 검과 창

검금 [KEM-KEUM,-I] (黑礬) 원 143

불 Poudre qui sert à faire de l'encre noire. Couperose (?) esp. de pierre mordante, qu'on emploie pour faire

une couleur noire et rougeâtre en la cuisant, p. ê. le sulfate de fer effruité.
한 검은 잉크를 만들 때 쓰는 가루 | 반(礬)(?), 구워서 검고 불그스름한 색을 만들기 위해 사용하는 매염석의 종류, 아마도 풍화된 철의 황산염

검기다 [KEM-KI-TA,-KYE,-KIN] (黔色) 원 143
불 Noircir, teindre en noir.
한 검게 하다, 검게 물들이다

검다 [KĒM-TA,KĒM-E,KĒM-EUN] (흳) 원 144
불 Noir; être noir.
한 검다 | 검다

*검독 [KĒM-TOK,-I] (檢督) 원 144
불 Percepteur des contributions d'un 리 Ri, c. a. d. de plusieurs villages. Recors, homme chargé de presser le recouvrement des impôts.
한 리 Ri, 즉 여러 마을의 세리 | 집달리의 보좌역, 세의 징수를 독촉할 임무를 지닌 사람

검률단 [KEM-RYOUL-TAN,-I] 원 144
불 Ecole de droit. Syn. 률학 Ryoul-hak.
한 법학교 | [동의어 률학, Ryoul-hak]

*검무 [KĒM-MOU] (劍舞) 원 143
불 Danse aux couteaux. Danse des sabres (exécutée ordinairement par les 기셩 Ki-sǎing ou les sorcières).
한 칼춤 | (보통 기셩 Ki-sǎing 또는 마녀가 추는) 검무

*검박ᄒᆞ다 [KĒM-PAK-HĂ-TA,-HĂN,-HI] (儉朴) 원 143
불 Ménager, économiser, bien régler ses dépenses. Sobre, frugal, modéré dans sa dépense.
한 아끼다, 절약하다, 자신의 지출을 잘 조정하다 | 절제하다, 검소하다, 자신의 지출에 있어 절제가 있다

검버셧 [KEM-PE-SYET,-SI] (黔黳) 원 144
불 Taches noirâtres qui viennet sur le visage des vieillards.
한 노인들의 얼굴에 생기는 거무스름한 반점들

검불 [KEM-POUL,-I] (亂草) 원 144
불 Mauvaise paille toute brisée; détritus de paille, de feuilles d'arbres, etc.; fétu.
한 모두 부서진 좋지 않은 짚 | 짚, 나뭇잎 등의 부스러기 | 지푸라기

검소ᄒᆞ다 [KĒM-SO-HĂ-TA,-HĂN,-HI] (儉素) 원 144
불 Ménager, économiser. Sobre, frugal, tempérant, modeste.
한 아끼다, 절약하다 | 절제하다, 검소하다, 절제를 지키다

검슈 [KEM-SYOU] (黔首) 원 144
불 Le peuple, tous les citoyens d'un pays.
한 백성, 한 나라의 모든 국민

*검시ᄒᆞ다 [KEM-SI-HĂ-TA] (檢尸) 원 144
불 Examiner le cadavre d'un homme assassiné (se dit du mandarin) pour découvrir le genre de mort, le crime.
한 죽음의 종류, 죄를 밝히기 위해 살해된 사람의 시체를 검사하다 (관리에 대해 쓴다)

검실검실ᄒᆞ다 [KEM-SIL-KEM-SIL-HĂ-TA] 원 144
불 Noircir peu à peu (le riz dans les rizières). ‖ Marqueter de noir. ‖ Paraître noir.
한 점점 검어지다(논의 벼) | 검게 얼룩지게하다 | 검게 나타나다

검얼못 [KEM-EL-MOT,-SI] (蛭釘) 원 143
불 Crampon de fer.
한 꺾쇠

검얼이 [KEM-EL-I] (蛭) 원 143
불 Sangsue.
한 거머리

검으스럼ᄒᆞ다 [KEM-EU-SEU-REM-HĂ-TA] 원 143
불 Gris; qui tire sur le noir; être noirâtre, de couleur grise.
한 회색이다 | 검은 색을 띠다 | 거무스름하다, 회색이다

검으죽죽ᄒᆞ다 [KEM-EU-TJOUK-TJOUK-HĂ-TA] (黑黑) 원 143
불 Qui tire sur le noir; noirâtre.
한 검은 색을 띠다 | 거무스름하다

검은ᄌᆞ의 [KEM-EUN-TJĂ-EUI] (目瞳) 원 143
불 Prunelle, pupille de l'œil, iris.
한 눈동자, 동공, 홍채

검읏 [KEM-EUT] 원 143
불 Noirâtre.
한 거무스름하다

검읏검읏ᄒᆞ다 [KEM-EUT-KEM-EUT-HĂ-TA] (黑黑) 원 143
불 Qui a des taches noires; noirâtre.
한 검은 얼룩이 있다 | 거무스름하다

검의 [KEM-EUI] (蜘蛛) 원 143
불 Araignée.
한 거미

검의약 [KEM-EUI-YAK,-I] (膏藥) 원 143
불 Onguent selon la formule. Esp. d'onguent noir pour les furoncles. V. 고약 Ko-yak.

한 처방에 따른 연고 | 절종을 위한 검은 연고의 종류 [참조어 고약, Ko-yak]

검의양 [KEM-EUI-YANG,-I] (煤) 원143

불 Suie, noir de fumée. V.Syn. 구재, Kou-tjai; 쳘미 Tchyel-mǎi.

한 그을음, 연기의 검정 | [동의어 구재, Kou-tjai] | [동의어 쳘미, Tchyel-mǎi]

검젹검젹ᄒᆞ다 [KEM-TJYEK-KEM-TJYEK-HĂ-TA] 원144

불 Tacheté de noir, être noirâtre. || Ciller. ouvrir et fermer lentement les yeux. || Etre empressé, affairé pour rien, pour des choses qui ne sont pas du ressort.

한 검은 반점이 있다, 거무스름하다 | 깜박거리다 | 천천히 두 눈을 뜨고 감다 | 열성적이다, 별 이유 없이, 사소한 것, 권한이 없는 것에 분주하다

검졉ᄒᆞ다 [KEM-TJYEP-HĂ-TA] (著手) 원144

불 S'attacher de force aux pas de quelqu'un. Compagnon importun. Se joindre à. || S'occuper de, se mèler de. || Se toucher les mains, pour jouer ou pour se battre et se défendre.

한 어떤 사람을 억지로 쫓아다니다 | 귀찮은 동무 | ~에 끼어들다 | 상관하다, 참견하다 | 경기하거나 싸우고 방어하기 위해 양손이 서로 닿다

검즐긔다 [KEM-TJEUL-KEUI-TA] 원144

불 Très-solides, très-fort (corde). || Ferme; constant sans dureté.

한 (끈이) 아주 튼튼하다, 아주 강하다 | 군세다 | 단단하지 않고 끈기 있다

검질 [KEM-TJIL,-I] (亂草) 원144

불 Débris de paille; détritus; fétu; balayure.

한 짚의 파편 | 부스러기 | 지푸라기 | 쓰레기

검차다 [KĒM-TCHA-TA,KĒM-TCHA,KĒM-TCHAN] 원144

불 Avoir la maladie de. Maladie qui rend les gencives des chevaux toute noires et les empèche de manger.

한 ~의 병이 있다 | 말의 잇몸을 아주 검게 만들고 말들이 못 먹게 만드는 병

검차다 [KEM-TCHA-TA,KEM-TCHA,KEM-TCHAN] 원144

불 Ferme, constant sans violence, doux et ferme.

한 군세다, 격렬하지 않고 끈기 있다, 부드럽고 군세다

*검츄ᄒᆞ다 [KEM-TCHYOU-HĂ-TA] (儉麁) 원144

불 Qui sait attirer l'eau à son moulin. Indélicat, qui veut arriver par toutes sortes de voies. Envieux, avide.

한 자신의 방아로 물을 끌어올 줄 알다 | 야비하다, 모든 수단을 동원해 도달하고자 하다 | 부러워하다, 갈망하다

*검탄 [KEM-HTAN,-I] (黔炭) 원144

불 Charbon de sapin, de pin.

한 소나무, 전나무 숯

*검특ᄒᆞ다 [KEM-HTEUK-HĂ-TA] (黔慝) 원144

불 Etre avide, avoir de l'envie.

한 갈망하다, 부럽다

검프ᄅᆞ다 [KĒM-HPEU-RĂ-TA,-HPEU-RĂ-RE,-HPEU-RĂN] (玄蒼色) 원144

불 D'un noir vert; noir et vert. Etre de couleur noire bleue, couleur d'ardoise.

한 검푸르다 | 검고 녹색이다 | 검푸른 색, 청회색이다

검ᄑᆡᆼ [KĒM-HPĂING,-I] (檢) 원144

불 Corail. Pierre précieuse semblable au corail.

한 산호 | 산호와 닮은 보석

검ᄑᆡᆼ나무 [KEM-HPĂING-NA-MOU] (檢木) 원144

불 Arbre de corail, branche de corail. || Esp. de bois dur.

한 산호나무, 산호의 가지 | 단단한 나무의 종류

검흐ᄅᆞ다 [KĒM-HEU-RĂ-TA,-HEUL-NE,-HEU-RĂN] (濫漏) 원143

불 Suinter, couler le long du vase.

한 배어 나오다, 단지를 따라 흐르다

*겁 [KEP,-I] (怯) 원146

불 Peur, crainte, terreur, effroi, épouvante.

한 무서움, 두려움, 공포, 두려움, 격렬한 공포

겁겁ᄒᆞ다 [KEP-KEP-HĂ-TA] 원146

불 Etre vif, empressé; pressé; pressant.

한 활발하다, 열성적이다 | 바쁘다 | 급박하다

겁나다 [KEP-NA-TA,-NA,-NAN] (怯出) 원146

불 Craindre, trembler, avoir peur.

한 두려워하다, 떨다, 무섭다

*겁박ᄒᆞ다 [KEP-PAK-HĂ-TA] (劫迫) 원146

불 Ravir, enlever avec violence, prendre de force.

한 강탈하다, 거칠게 빼앗다, 강제로 취하다

겁ᄭᅮ럭이 [KEP-KKOU-REK-I] 원146

불 M. à. m. vase à peur. Se dit d'une personne qui s'effraie facilement. Poltron; peureux.

한 말 그대로 두려움 단지 | 쉽게 겁을 내는 사람에 대해 쓴다 | 겁쟁이 | 겁 많은 사람

겁쟝이 [KEP-TJYANG-I] (劫人) 원146

불 Peureux, poltron.

한 겁 많은 사람, 겁쟁이

겁질 [KEP-TJIL,-I] (皮) 원146

불 Peau, écorce, pellicule, pelure.

한 표피, 껍질, 얇은 막, 얇은 껍질

*겁탈ᄒᆞ다 [KEP-HTAL-HĂ-TA] (劫奪) 원146

불 Rapt; rapine. Entrainer de force. Faire violence.

한 유괴 | 약탈 | 강제로 끌고 가다 | 폭력을 쓰다

겁프ᄒᆞ다 [KEP-HPEU-HĂ-TA] (再番) 원146

불 Réitérer; répéter; recommencer; faire une seconde fois.

한 반복하다 | 되풀이하다 | 다시 시작하다 | 두 번째로 하다

[1]것 [KET,-TCHI] (表) 원149

불 Extérieur; endroit.

한 외부 | 표면

[2]것 [KET,KE-SI] 원149

불 Civière.

한 들것

[3]것 [KET,KE-SI] (件) 원149

불 Chose, affaire.

한 사물, 일

것구로 [KET-KOU-RO] (倒) 원149

불 A la renverse, sens dessus dessous.

한 반대 방향으로, 위아래를 뒤바꾸어

[1]것다 [KET-TA,KE-RE,KET-EUN] (步) 원149

불 Marcher. (Prés.: 것는 Ket-năn).

한 걷다 | (현재형 : 것는 Ket-năn)

[2]것다 [KET-TA,KET-E,KET-EUN] (捲) 원149

불 Détacher (le linge à sécher); ramasser, mettre à l'abri; rouler (v. g. un lit). ‖ Retrousser; relever.

한 (말릴 세탁물을) 떼어내다 | 그러모으다, 피난시키다 | (예. 침구를) 말다 | 걷어 올리다 | 올리다

것도다 [KET-TO-TA,-TO-RA,-TON] (不和合) 원149

불 Etre antipathique, opposé, contraire (l'eau et l'huile); ne pas fusionner; avoir de l'aversion, de la répugnance.

한 상반되다, 반대다, 대조적이다(물과 기름) | 통합하지 않다 | 매우 싫어하다, 혐오를 느끼다

것보리 [KET-PO-RI] (荒牟) 원149

불 Orge commune, orge à barbe.

한 일반 보리, 수염 보리

것봉 [KET-PONG,-I] (外封) 원149

불 Seconde enveloppe de lettre; enveloppe extérieure, qui renferme entièrement la première.

한 두번째 편지 봉투 | 첫 번째 봉투가 완전히 들어가는 겉봉투

것뽄안이란 [KET-PPOUN-AN-I-RAN] 원149

불 En voyant l'extérieur on connait l'intérieur.

한 겉을 보면 속을 안다

것ᄭᅮ러지다 [KET-KKOU-RE-TJI-TA,-TJYE,-TJIN] (倒) 원149

불 Tomber sur le coup; être renversé.

한 곧바로 쓰러지다 | 넘어지다

것ᄭᅮ러트리다 [KET-KKOU-RE-HTEU-RI-TA,-RYE,-RIN] (倒) 원149

불 Abattre sur le coup; faire tomber; renverser.

한 즉시 쓰러뜨리다 | 쓰러지게 하다 | 넘어뜨리다

것ᄭᅳ리다 [KET-KKEU-RI-TA,-RYE,-RIN] (詐僞) 원149

불 Hypocrite; qui feint. farder, orner le dehors; faire l'hypocrite.

한 위선적이다 | 가장하다 | 겉치레하다, 외관을 장식하다 | 위선적인 행위를 하다

것잡다 [KET-TJAP-TA,-TJAP-A,-TJAP-EUN] (壓) 원149

불 Réprimer; modérer; retenir; comprimer; apaiser; tempérer; contenir.

한 억누르다 | 절제하다 | 참다 | 억압하다 | 가라앉히다 | 진정시키다 | 억제하다

[1]것츨다 [KET-TCHEUL-TA,-TCHEU-RE,-TCHEUX] (荒) 원149

불 Etre difforme, abrupt, mal arrangé, mal préparé, mal formé. N'être pas net.

한 모양이 바르지 못하다, 거칠다, 어수선하다, 준비가 잘못되다, 잘못 만들어지다 | 깨끗하지 않다

[2]것츨다 [KET-TCHEUL-TA,-TCHEU-RE,TCHEUX] 원149

불 (Celui ou celle) qui dérobe, qui prend furtivement, qui vole en cachette de petits objets.

한 훔치는, 몰래 취하는, 작은 물건을 남몰래 훔치는 (남자 또는 여자)

것치 [KET-TCHI] 원149

불 Vieille poche en paille tres-sée, qui, après avoir servi à mettre le grain, sert à toute autre chose, v. g. comme couverture de bœuf, comme tapis, comme natte.

한 엮은 짚으로 된 낡은 주머니로, 곡식을 넣는 데 쓰고 난 뒤, 전혀 다른 일, 예. 소의 덮개로, 깔개로, 돗자리로 쓰인다

[1]것치다 [KET-TCHI-TA,KET-TCHYE,KET-TCHIN] 원149

불 Se détacher (linge à sécher, etc.).

한 (말릴 세탁물 등이) 떨어져 나가다

[2]것치다 [KET-TCHI-TA,KET-TCHYE,KET-TCHIN] 원150

불 Etre arrêté, accroché, heurté; s'arrêter en route.

한 멈춰지다, 걸리다, 부딪히다 | 도중에 멈춰서다

것치례ᄒᆞ다 [KET-TCHI-RYEI-HĂ-TA] (外美) 원149

불 Etre beau à l'extérieur et vilain à l'interieur.

한 겉은 아름답고 속은 흉하다

겅금 [KEN-KEUM,-I] (黑礬) 원146

불 Esp. de couperose (sert à la teinture). V. 흑반 Houk-pan.

한 각종 유산염의 반(礬)의 종류 (염료로 쓰인다) | [참조어 흑반, Houk-pan]

겅동겅동쒸다 [KENG-TONG-KENG-TONG-TTOUI-TA, -TTOUI-TE,-TTOUIN] 원146

불 Sautiller, gambader. Manière de sauter.

한 깡충깡충 뛰다, 깡충거리다 | 뛰어오르는 방식

겅청거리다 [KENG-TCHYENG-KE-RI-TA,-RYE,-RIN] 원146

불 Etre sans tenue, sans retenue, trop libre en ses allures.

한 행실이 좋지 않다, 조심성이 없다, 행동이 너무 자유분방하다

겅청겅청ᄒᆞ다 [KENG-TCHYENG-KENG-TCHYENG-HĂ-TA] 원146

불 Sautiller, gambader. Manière de marcher en sautillant.

한 깡충깡충 뛰다, 깡충거리다 | 깡충깡충 뛰며 걷는 방식

[1]게 [KĒI] (蟹) 원141

불 Cancre, crabe.

한 대서양의 큰 게, 게

[2]게 [KEI] (你) 원141

불 Toi (ᄌᆞ네 Tjă-nei).

한 너 (ᄌᆞ네 Tjă-nei)

[3]게 [KEI] (彼處) 원141

불 Là, là-bas, en cet endroit.

한 거기, 저기, 그 곳에

게가 [KEI-KA] (你) 원142

불 Toi.

한 너

게걸 [KEI-KEL,-I] (饕) 원142

불 Qui ne songe qu'à manger, goulu. avidité. Faim canine, faim dévorante. =들다-teul-ta, Avoir une faim canine.

한 먹는 것만 생각하는 사람, 식충이 | 탐욕 | 심한 허기증, 걸귀 같은 허기증 | [용례 =들다, -teul-ta] | 심하게 배고프다

게걸게걸ᄒᆞ다 [KEI-KEL-KEI-KEL-HĂ-TA] 원142

불 Paroles incohérentes dans l'ivresse. ‖ Disputer beaucoup. brailler.

한 술이 취해서 하는 조리가 맞지 않는 말 | 많이 다투다 | 고함치다

게걸장이 [KEI-KEL-TJANG-I] 원142

불 Qui mange beaucoup; goulu.

한 많이 먹는 사람 | 식충이

게나예나 [KEI-NA-YEI-NA] (彼處此處) 원142

불 Ici ou là, là ou ici.

한 여기나 거기나, 거기나 여기나

게다 [KĒI-TA,KEI-YE,KEIN] (吐) 원142

불 Vomir.

한 토하다

게목 [KEI-MOK,-I] 원142

불 Esp. d'herbe, de légume (comme les asperges).

한 (아스파라거스 같은) 풀, 채소의 종류

게셜그ᄅᆞ다 [KEI-SYEL-KEU-RĂ-TA,-KEUL-NE,-KEU-RĂN] 원142

불 Insupportable (v. g. enfant qui pleure toujours).

한 참을 수 없다 (예. 항상 우는 아이)

[1]게심이 [KEI-SIM-I] (最) 원142

불 Très, extrêmement.

한 아주, 극도로

[2]게심이 [KEI-SIM-I] 원142

불 Larve noire qui détruit les moissons. Ver qui mange les racines des plantes. Par métaphore; envieux, qui cherche à nuire.

한 수확을 망쳐버리는 검은 애벌레 | 식물의 뿌리를 먹는 벌레 | 비유로 | 해를 끼칠 궁리를 하는 샘을 내는 사람

게어ᄅᆞ다 [KEI-E-RĂ-TĂ,KEI-EL-NE,KEI-E-RĂN] (懈) 원141

불 Paresseux, lâche, nonchalant. Etre paresseux, fainéanter.

한 게으르다, 무기력하다, 나른하다 | 게으르다, 게으름 부리다

게우 [KEI-OU] (鵝) 원142

불 Oie domestique.

한 집에서 키우는 거위

게우다 [KEI-OU-TA,KEI-OUE,KEI-OUN] (吐) 원142

불 Vomir, avoir des nausées.

한 토하다, 구역질 나다

게졍군 [KEI-TJYENG-KOUN,-I] 원142

불 Importun, querelleur.

한 성가신 사람, 싸우기 좋아하는 사람

게졍먹다 [KEI-TJYENG-MEK-TA,-MEK-E,-MEK-EUN] 원142

불 Etre ennuyeux; être à charge à tout le monde; fatiguer par ses paroles et sa conduite; fâcheux. chercher querelle.

한 성가시다 | 모든 사람에게 부담이 되다 | 말과 행실로 지치게 하다 | 귀찮게 굴다 | 싸움을 걸다

게줄 [KĒI-TJOUL,-I] 원142

불 Corde que l'on tire par les deux bouts pour acquérir de l'abondance (susperst.).

한 풍요를 얻기 위해 양쪽 끝에서 잡아당기는 줄(미신)

게질게질ᄒᆞ다 [KEI-TJIL-KEI-TJIL-HĂ-TA] 원142

불 Etre inconvenant, v. g. disputer, brailler, manger sans tenue.

한 무례하다, 예. 다투다, 고함치다, 모양새 없이 먹다

게트림 [KĒI-HTEU-RIM,-I] (噫) 원142

불 Rot.

한 트림

겨 [KYE] (糠) 원150

불 Pellicule des grains qui constitue le son; son. Ecorce du riz, du millet, de l'orge.

한 겨를 구성하는 곡식의 얇은 막 | 겨 | 벼, 조, 보리의 껍질

겨누다 [KYE-NOU-TA,-NOU-E,-NOUN] 원153

불 S'apprêter à percer, à transpercer (d'une épée ou autre instrument). Pointer, diriger, ajuster; viser avec l'arc, le fusil; lever la main pour frapper. ‖ Mesurer, prendre les dimensions.

한 뚫을, 찌를 준비를 하다(검 또는 다른 도구로), 겨냥하다, 향하게 하다, 겨누다 | 활, 총으로 겨냥하다 | 때리기 위해 손을 들다 | 측정하다, 크기를 재다

겨드랑이 [KYE-TEU-RANG-I] (腋) 원159

불 Aisselle.

한 겨드랑이

[1]겨레 [KYE-REI] (戚) 원158

불 Parenté, famille, parent.

한 혈족, 집안, 친척

[2]겨레 [KYE-REI] (兩) 원158

불 Numéral des paires de souliers, de bas.

한 신, 양말의 짝의 수를 세는 수사

[3]겨레 [KYE-REI] (快) 원158

불 Vite.

한 빨리

[1]겨루다 [KYE-ROU-TA,KYE-ROUE,KYE-ROUN] 원158

불 Oindre, huiler.

한 기름칠하다, 기름을 치다

[2]겨루다 [KYE-ROU-TA,KYE-ROUE,KYE-ROUN] 원158

불 Entrelacer (comme un panier).

한 (바구니처럼) 섞어 짜다

겨름ᄒᆞ다 [KYE-REUM-HĂ-TA] 원158

불 Rivaliser à qui fera le plus vite, à qui finira ou arrivera le premier (courses de chevaux, régates, etc.).

한 누가 가장 빨리 하는지, 누가 제일 먼저 끝내거나 도착하는지 겨루다 (경마, 경조 등)

겨리 [KYE-RI] (耦) 원158

불 Couple. Etre de front (hommes). Paire. Numéral des paires de bœufs attelés.

한 한 쌍, (사람이) 나란히 있다, 짝 | 멍에를 멘 소의 쌍을 세는 수사

겨리반나다 [KYE-RI-PAN-NA-TA,-NA,-NAN] 원158

불 C'est décidé, c'en est fait, factum est. ‖ Etre hors de service, inutile, impossible.

한 그것은 확정되었다, 만사 다 틀렸다, 그 일은 일어났다 | 사용할 수 없다, 무용하다, 불가능하다

겨ᄅᆞᆯ [KYE-RĂL,-I] (暇) 원158

불 Temps, espace de temps libre. Loisir; temps de repos, de récréation.

한 시간, 자유로운 시간의 기간 | 여가 | 휴식 시간, 쉬는 시간

겨요 [KYE-YO] (纔) 원152

불 Seulement; rien de plus; avec peine.

한 겨우 | 더도 덜도 아니고 정확하게 | 간신히

[1]겨우살이 [KYE-OU-SAL-I] (冬衣) 원152

불 Habit d'hiver.

한 겨울옷

[2]겨우살이 [KYE-OU-SAL-I] (蔦) 원152

불 Gui (plante), plante qui verdit l'hiver.

한 겨우살이 (식물), 겨울에 잎이 무성해지는 식물

겨울 [KYE-OUL,-I] (冬) 원152

불 Hiver.

한 겨울

겨유 [KYE-YOU] 원152

불 Seulement; rien de plus; uniquement; juste; justement.
한 단지 | 더도 덜도 아니고 정확하게 | 오로지 | 정확하게 | 바로

겨을 [KYE-EUL,-I] (冬) 원150
불 Hiver.
한 겨울

겨ᄌᆞ [KYE-TJĂ] (芥) 원159
불 Moutarde, sénevé.
한 겨자, 야생 겨자

*격 [KYEK,-I] (格) 원152
불 Proportion; analogie; conformité; convenance; symétrie. ‖ La moitié d'une paire; ce qu'il faut pour faire un tout complet. ‖ Confortable.
한 조화 | 유사 | 적합 | 적당 | 어울림 | 한 쌍의 반 | 전체를 완벽하게 만드는 데 필요한 것 | 편안하다

*격군 [KYEK-KOUN,-I] (格軍) 원152
불 Camarade: compagnon; deux hommes qui s'aident pour faire, qui font ensemble le même ouvrage. Travailleur, ouvrier.
한 동료, 동무 | 일을 하기 위해 서로 돕는, 같은 일을 함께 하는 두 사람 | 노동자, 일꾼

*격권ᄒᆞ다 [KYEK-KOUEN-HĂ-TA] (激勸) 원152
불 S'efforcer d'exhorter; exciter et exhorter. ‖ Nourrir, fournir des vivres.
한 격려하려고 애쓰다 | 자극하고 격려하다 | 양육하다, 식량을 공급하다

격기ᄒᆞ다 [KYEK-KI-HĂ-TA] 원152
불 Tracas, embarras (se dit surtout d'un festin et du désordre qu'il cause dans la maison). Syn. 격다 Kyek-ta.
한 근심, 걱정거리(특히 잔치와 그것이 집안에 일으키는 무질서에 대해 쓴다) | [동의어 격다, Kyek-ta]

*격닌 [KYEK-NIN,-I] (隔隣) 원152
불 Voisin très-proche; voisin; le voisinage.
한 아주 가까운 이웃 | 이웃 | 이웃 사람들

[1]격다 [KYEK-TA,KYEK-KE,KYEK-KEUN] 원152
불 Qui a de l'expérience. ‖ Exécuter, faire, agir.
한 경험이 많다 | 실행하다, 행하다, 행동하다

[2]격다 [KYEK-TA,KYEK-KE,KYEK-KEUN] 원152
불 Etre pris dans, embarrassé dans, enveloppé dans (se dit des personnes, en latin involvi). ‖ Souffrir, supporter.
한 ~안에 잡히다, ~속에 막히다, ~속에 싸이다 (사람들에 대해 쓴다, 라틴어로 involvi) | 겪다, 참다

*격댱 [KYEK-TYANG,-I] (隔墻) 원152
불 Mur ou haie de séparation. 격댱가 Kyek-tyang-ka, Maison voisine, maison attenante, séparée par un seul mur, contiguë, adjacente.
한 분리하는 벽 또는 울타리 | [용례 격댱가, Kyek-tyang-ka], 이웃집, 이웃한, 단 하나의 벽으로 나눠진, 인접한, 부근의 집

*격동ᄒᆞ다 [KYEK-TONG-HĂ-TA] (激動) 원152
불 Engager; persuader; exciter, émouvoir; décider à; déterminer à. ‖ Défier; provoquer. ‖ Etre ému, induit; se laisser émouvoir.
한 끌어들이다 | 설득하다 | 자극하다, 동요시키다 | ~을 결정하다 | ~을 결정짓다 | 도전하다 | 도발하다 | 감격하다, 결과로서 얻어지다 | 동요되는 대로 자신을 내버려 두다

*격됴ᄒᆞ다 [KYEK-TYO-HĂ-TA] (隔阻) 원152
불 Etre interrompu (nouvelles. communications). ‖ Ne pas recevoir de nouvelles, de lettres.
한 (소식, 연락이) 중단되다 | 소식, 편지를 받지 않다

*격면ᄒᆞ다 [KYEK-MYEN-HĂ-TA] (隔面) 원152
불 Se brouiller; se désunir; rompre pour toujours les liens de l'amitié. Ne pas se voir, s'éviter à cause de quelque difficulté précédente.
한 사이가 나빠지다 | 분리되다 | 영원히 절교하다 | 서로 보지 않다, 이전의 어떤 갈등 때문에 서로 피하다

*격물궁리ᄒᆞ다 [KYEK-MOUL-KOUNG-RI-HĂ-TA] (格物窮理) 원152
불 Science naturelle; philosophie; recherche des lois qui gouvernent les choses naturelles. ‖ Examiner, réfléchir profondément.
한 자연과학 | 철학 | 자연의 사물을 지배하는 법칙을 찾다 | 조사하다, 깊이 연구하다

*격물치지ᄒᆞ다 [KYEK-MOUL-TCHI-TJI-HĂ-TA] (格物致知) 원152
불 Philosophie; connaissance des lois qui gouvernent les choses. Comprendre la nature des choses.
한 철학 | 사물들을 지배하는 법칙을 앎 | 사물들의 성질을 이해하다

*격벽 [KYEK-PYEK,-I] (隔壁) 원152
불 Mur de séparation, cloison.
한 분리하는 벽, 칸막이

*격셔 [KYEK-SYE] (檄書) 원152
불 Déclaration de guerre. Ecrit qu'on envoie avant la guerre.

[한] 전쟁의 선언 | 전쟁 전에 보내는 문서

*격슈 [KYEK-SYOU] (激手, (Battre, mains)) [원]152

[불] Mesure, battement des mains. V. 쟝단치다 Tjyang-tan-tchi-ta.

[한] 박자, 손뼉 | [[참조어] 장단치다, Tjyang-tan-tchi-ta]

*격양가 [KYEK-YANG-KA] (擊壤歌) [원]152

[불] Chant de réjouissance en travaillant.

[한] 일할 때 부르는 기쁨의 노래

격에틀니다 [KYEK-EI-HTEUL-NI-TA,-NYE,-NIN] (違格) [원]152

[불] Manquer de symétrie, de convenance, d'analogie.

[한] 균형, 조화, 비례가 부족하다

*격외 [KYEK-OI] (格外) [원]152

[불] Exception; par exception; par extraordinaire; spécial. ‖ Endehors de la pensée.

[한] 예외 | 예외적으로 | 만에 하나 | 특별하다 | 생각 외에

*격졀이 [KYEK-TJYEL-I] (激切) [원]153

[불] Fervent; instamment; avec ardeur.

[한] 열렬하다 | 간곡하게 | 열렬히

1*격졀ᄒᆞ다 [KYEK-TJYEL-HĂ-TA] (隔絕) [원]153

[불] Etre intercepté; ne pouvoir communiquer avec.

[한] 가로막히다 | ~와 통할 수 없다

2*격졀ᄒᆞ다 [KYEK-TJYEL-HĂ-TA] (激切) [원]153

[불] Prendre une détermination ferme (en frappant avec le poing).

[한] (주먹으로 치면서)확고한 결의를 하다

격지 [KYEK-TJI] (區) [원]153

[불] Qui a plusieurs feuilles ou pellicules superposées. ‖ Feuilles superposées. =나다-na-ta, Se détacher en feuilles. =닐다-nil-ta, S'effeuiller. ‖ Papier ou image dans un livre pour servir de marque.

[한] 겹쳐진 여러 개의 종잇장 또는 얇은 막 | 겹쳐진 종잇장들 | [[용례] =나다, -na-ta], 낱장으로 떨어져 나가다 | [[용례] =닐다, -nil-ta], 낙엽지다 | 표시를 하는 데에 쓰이기 위한 책 속의 종이 또는 그림

*격징ᄒᆞ다 [KYEK-TJĂING-HĂ-TA] (擊錚) [원]153

[불] Frapper le grand timbre, à la porte du palais, pour demander audience au roi. ‖ Présenter au roi un palcet que le mandarin ou le gouverneur ne veut pas voir. (Le plaignant se met sur la route du roi en sortie, frappe sur une boule creuse en fer, est arrêté, mis en prison par les satellites, qui remettent au roi la pétition écrite trouvée sur lui).

[한] 왕에게 알현을 요청하기 위해 궁의 문에 있는 큰 종을 치다 | 관리 또는 지사가 보기를 원하지 않는 청원서를 왕에게 제출하다 | (하소연하고자 하는 사람이 왕이 행차하는 길에 서서 오목한 쇠공을 치며 멈춰서다)

*격회 [KYEK-HOI] (隔灰) [원]152

[불] Préparation en maçonnerie pour déposer le cercueil en terre.

[한] 관을 땅에 내려놓기 위한 돌 공사의 준비

*견 [KYEN,-I] (繭) [원]153

[불] Cocon de ver à soie.

[한] 누에고치

*견갑 [KYEN-KAP,-I] (堅甲) [원]154

[불] Cuirasse forte, solide. ‖ Petit espace au-devant du tombeau. ‖ Omoplate.

[한] 강하고 튼튼한 갑옷 | 묘지 앞의 작은 공간 | 견갑골

*견강ᄒᆞ다 [KYEN-KANG-HĂ-TA] (堅强) [원]154

[불] Dur, ferme, solide, fort.

[한] 굳다, 단단하다, 튼튼하다, 강하다

*견고ᄒᆞ다 [KYEN-KO-HĂ-TA,-HĂN,-HI] (堅固) [원]154

[불] Dur; ferme; solide; constant; stable; durable; fort.

[한] 굳다 | 단단하다 | 튼튼하다 | 한결같다 | 안정되다 | 지속적이다 | 강하다

*견긔이쟉ᄒᆞ다 [KYEN-KEUI-I-TJYAK-HĂ-TA] (見機而作, (Voir, l'état des choses, conséquemment, faire)) [원]154

[불] Saisir l'occasion. ‖ Régler ses démarches ou sa conduite sur celle d'un autre (v. g. rendre mépris pour mépris, froideur pour froideur).

[한] 기회를 잡다 | 타자의 거동이나 품행을 토대로 자신의 거동 또는 자신의 품행을 정하다 (예. 경멸에는 경멸로, 냉담에는 냉담으로 돌려주다)

견달다 [KYEN-TAL-TA,-TAL-A,-TAN] [원]154

[불] Ecrire le nom de témoins, de ceux qui ont vu une affaire d'un homme ivre.

[한] 목격자의 이름, 취한 사람의 일을 본 사람들의 이름을 쓰다

견ᄃᆡ다 [KYEN-TĂI-TA,-TĂI-YE,-TĂIN] (耐) [원]154

[불] Supporter, endurer, tolérer, soutenir, patienier, être calme.

[한] 참다, 견디다, 인내하다, 지탱하다, 참고 기다리다, 침착하다

견ᄃᆡ미 [KYEN-TĂI-MI] [원]154

[불] Esp. de bobine ou baguette sur laquelle on dévide

le fil.
한 실을 감는 실패 또는 막대기의 종류

견틸셩 [KYEN-TĂIL-SYENG,-I] (忍耐性) 원154
불 Patience; résignation; caractère calme; caractère partient.
한 인내심 | 체념 | 침착한 성격 | 참을성 있는 성격

*견련ᄒᆞ다 [KYEN-RYEN-HĂ-TA] (牽連, (Entraîner [attirer], unir)) 원154
불 Occasion, cause, raison, motif. ‖ être lié à engagé avec (se dit des hommes seulement).
한 기회, 원인, 이유, 동기 | 결합되다, 정혼하다(남자들에 대해서만 쓴다)

*견마 [KYEN-MA] (牽馬) 원154
불 Longe du cheval que tient le 마부 Ma-pou pour le conduire.
한 마부 Ma-pou가 말을 몰기 위해 잡는 말의 끈

*견마드다 [KYĒN-MA-TEU-TA,-TEU-RE,-TEUN] (牽馬) 원154
불 Conduire un cheval à la main.
한 손으로 말을 끌다

*견모ᄒᆞ다 [KYĒN-MO-HĂ-TA] (見侮, (Voir, mépris)) 원154
불 Etre méprisé, être couvert de confusion. Syn. 견욕ᄒᆞ다 Kyen-yok-hă-ta.
한 멸시당하다, 창피를 당하다 | [동의어 견욕ᄒᆞ다, Kyen-yok-hă-ta]

*견문발검 [KYĒN-MOUN-PAL-KEM] (見蚊發劍, (Voir, moustique, dégainer, sabre)) 원154
불 Qui prend un sabre pour tuer un moustique.
한 모기를 죽이기 위해 칼을 잡다

*견물싱심 [KYĒN-MOUL-SĂNG-SIM,-I] (見物生心, (Voir, objet, naître, envie[cœur])) 원154
불 Envie qui naît en voyant une chose. L'envie fait venir le désir.
한 사물을 보면 생기는 선망 | 선망은 욕망을 일으킨다

견신 [KYEN-SIN,-I] (堅信) 원154
불 Foi ferme.
한 굳센 믿음

*견실ᄒᆞ다 [KYEN-SIL-HĂ-TA] (堅實, (Dur, entier)) 원154
불 Etre solide, ferme.
한 튼튼하다, 굳세다

*견실ᄒᆞ다 [KYEN-SIL-HĂ-TA] (見失) 원154
불 Perdre. ‖ Offenser ou mal faire par distraction, négligence, étourderie.
한 잃다 | 방심, 부주의, 덤벙거림으로 규칙을 어기거나 잘못하다

*견양ᄒᆞ다 [KYEN-YANG-HĂ-TA] (見樣) 원153
불 Dimensions; mesure. mesurer, prendre mesure. ‖ Viser, ajuster. ‖ Examiner.
한 크기 | 측정 | 측정하다, 치수를 재다 | 조준하다, 겨누다 | 조사하다

*견여금석 [KYEN-YE-KEUM-SYEK] (堅如金石, (Dur, semblable, fer, pierre)) 원153
불 Dur ou solide comme le fer et la pierre.
한 철과 돌처럼 굳거나 튼튼하다

*견욕ᄒᆞ다 [KYEN-YOK-HĂ-TA] (見辱) 원153
불 Injure, insulte, outrage. Etre injurié; être insulté, outragé.
한 욕설, 모욕, 치욕 | 욕을 듣다 | 모욕되다, 능욕을 당하다

*견우셩 [KYEN-OU-SYENG] (牽牛星) 원153
불 Le Capricorne (constell.). Le Bouvier (constellation chinoise), homme qui, dans le ciel, d'un côté de la voie lactée, reçoit tous les ans, le 7 de la 7e lune, la visite de 직녀 Tgik-nye, la Tisserande, laquelle habite de l'autre côté. (견우 Kyen-ou et 직녀 Tjik-nye sont regardés comme les inventeurs et patrons de l'agriculture du-tissage).
한 염소자리(성좌) | 목동좌(중국의 성좌), 하늘의 은하수 한 쪽에서 매년 일곱 번째 달 7일, 다른 쪽에 살고 있는 직녀 Tjik-nye, 직녀성의 방문을 맞이하는 남자 | (견우 Kyen-ou와 직녀 Tjik-nye는 농업과 베 짜기의 발명자와 수호신으로 여겨진다)

*견인증 [KYEN-IN-TJEUNG] (牽引症) 원153
불 Douteur pongitive dans un côté de la poitrine.
한 가슴 한 편에 찌르는 듯한 고통

*견인ᄒᆞ다 [KYEN-IN-HĂ-TA] (牽引) 원153
불 Saisir et attirer; entraîner.
한 잡고 끌어당기다 | 이끌다

견조다 [KYEN-TJO-TA,-TJOA,-TJON] (比) 원154
불 Comparer, confronter.
한 비교하다, 대조하다

[1]견주다 [KYEN-TJOU-TA,-TJOU-E,-TJOUN] (比) 원154
불 Comparer à, confronter avec.
한 ~와 비교하다, ~와 대조하다

[2]견주다 [KYEN-TJOU-TA,-TJOU-E,-TJOUN] 원154

불 Viser, ajuster. ‖ Avoir la main levée pour frapper.
한 겨냥하다, 겨누다 | 치기 위해 손을 들어 올리다

[1]*견지 [KYEN-TJI] (堅志) 원154
불 opinion ferme, volonté ferme.
한 굳은 견해, 굳은 의지

[2]견지 [KYEN-TJI] (釣) 원154
불 Hameçon.
한 낚시[역주 바늘]

[3]*견지 [KYEN-TJI] (肩肢) 원154
불 Les épaules. (Se dit des animaux ou de soi-même, non des autres).
한 어깨 | (다른 사람들이 아닌, 동물이나 자기 자신에 대해 쓴다)

*견진 [KYEN-TJIN,-I] (堅振) 원154
불 Contirmation (sacrem).
한 견진[역주 성사]

*견집스럽다 [KYEN-TJIP-SEU-REP-TA,-RE-OUE,-RE-ON] (堅執) 원154
불 Qui se venge sur un plus faible d'un outrage reçu d'un plus puissant que soi (v. g. un domestique qui, mécontent de son maître, se venge sur le chien). ‖ Avoir l'air de chercher querelle.
한 자신보다 강한 자에게서 받은 모욕을 더 약한 자에게 복수하다 (예. 주인에게 불만이 있어 개에게 복수하는 하인) | 싸움을 거는 것처럼 보인다

*견집ᄒᆞ다 [KYEN-TJIP-HĂ-TA] (堅執) 원154
불 Etre entêté, être opiniâtre, chercher quérelle.
한 고집이 세다, 완강하다, 싸움을 걸다

*견확ᄒᆞ다 [KYEN-HOAK-HĂ-TA,-HĂN,-HI] (堅確) 원154
불 Dur, ferme, solide.
한 굳다, 견고하다, 튼튼하다

[1]*결 [KYEL,-I] (結) 원157
불 Contribution foncière, de la terre. Le même que 먹 Mek, c. a. d. la valeur de cent gerbes de riz à payer en impôts (vaut 10짐 Tjim ou 100뭇 Mout).
한 토지에 대한 토지세 | 먹 Mek, 즉 조세로 지불하는 벼 100단의 가치와 같음 (10짐 Tjim 또는 100뭇 Mout의 가치가 있다)

[2]결 [KYEL,-I] 원157
불 En agr. Accès (de folie, de colère).
한 한자어로 (광기의, 분노의) 폭발

[3]결 [KYEL,-I] (波) 원157
불 Vague, lames, ondes (de la mer).
한 물결, 파도, (바다의) 파동

[4]결 [KYEL,-I] (紋) 원157
불 Veines du bois, du marbre.
한 나뭇결, 대리석의 무늬

*결가ᄒᆞ다 [KYEL-KA-HĂ-TA] (決價, (Décider, prix)) 원158
불 Fixer le prix d'un objet.
한 물건의 가격을 정하다

결결ᄒᆞ다 [KYEL-KYEL-HĂ-TA] 원158
불 Franc; qui parle selon la vérité; loyal; sincère; vrai. Résolu. opiniâtre; têtu.
한 솔직하다 | 진실에 따라 말하다 | 성실하다 | 진지하다 | 참되다 | 단호하다 | 완강하다 | 고집불통이다

*결곡ᄒᆞ다 [KYEL-KOK-HĂ-TA] (結曲) 원158
불 Trapu; bien proportionné. Ferme, solide (plus que l'apparence ne le ferait supposer). Ferme (de corps, de volonté).
한 땅딸막하다 | 균형이 잘 잡히다 | 굳세다, (겉모습으로 추측할 수 있는 것보다 더) 튼튼하다 | (신체, 의지가) 굳세다

*결곤ᄒᆞ다 [KYEL-KON-HĂ-TA] (決棍, (décider, planche)) 원158
불 Planchette longue de 5 pieds, large de 12 centimètres, pour frapper les coupables. Planche de chêne pour battre les voleurs. Frapper avec cette planche.
한 죄인들을 치기 위한 길이 5피에, 폭 12㎝의 작은 판자 | 도둑을 때리기 위한 떡갈나무 판자 | 이 판자로 치다

[1]결니다 [KYEL-NI-TA,-NYE,-NIN] 원158
불 sentir des élancements à l'intérieur (maladie).
한 내부의 통증을 느끼다 (병)

[2]결니다 [KYEL-NI-TA,-NYE,-NIN] 원158
불 être engagé, empêtré, embarrassé. être entrelacé comme un ouvrage de vannerie.
한 구속되다, 옭매이다, 막히다 | 광주리를 작업처럼 서로 얽히다

*결단나다 [KYEL-TAN-NA-TA,-NA,-NAN] (決斷) 원159
불 se gâter; être hors de service, usé, détérioré. c'en est fait. c'est fini (il n'y a plus à y penser).
한 상하다 | 사용할 수 없다, 낡다, 손상되다 | 만사 다 틀렸다 | 끝났다(더 이상 그것에 대해 생각할 필요가 없다)

*결단내다 [KYEL-TAN-NAI-TA,-NAI-YE,-NAIN] (決斷) 원159
불 Détruire, ruiner.
한 파괴하다, 무너뜨리다

*결단코 [KYEL-TAN-HKO] (決斷) 원159
불 Absque dubio; assurément; sans aucun doute.
한 의심의 여지 없이 | 굳건하게 | 틀림없이

*결단ᄒᆞ다 [KYEL-TAN-HĂ-TA] (決斷) 원158
불 Décider; juger en dernier ressort; résondre.
한 결심하다 | 종심[역주 終審]하다 | 결정하다

*결덕 [KYEL-TEK,-I] (潔德) 원159
불 Pureté (vertu de). Pudicité.
한 순결(의 미덕) | 정숙함

*결뎡ᄒᆞ다 [KYEL-TYENG-HĂ-TA] (結定, (Décider et régler)) 원159
불 Déterminer; décider; fixer; régler.
한 결정하다 | 결심하다 | 정하다 | 결말을 짓다

*결말나다 [KYEL-MAL-NA-TA,-NA,-NAN] (結末) 원158
불 Décision. décider, se décider, être décidé. Apparaitre. (se dit d'une affaire).
한 결정 | 결심하다, 결단을 내리다, 결정되다 | 명백해지다 | (일에 대해 쓴다)

*결말내다 [KYEL-MAL-NAI-TA,-NAI-YE,-NAIN] (結末) 원158
불 Décider; résoudre; fixer; déterminer; arrêter irrévo cablement.
한 결심하다 | 결심시키다 | 정하다 | 결정짓다 | 최종적으로 멈추다

*결목 [KYEL-MOK,-I] (結木) 원158
불 Contribution en toile de coton.
한 면포로 내는 조세

*결박ᄒᆞ다 [KYEL-PAK-HĂ-TA] (結縛, (Lier, attacher)) 원158
불 Lier les bras derrière le dos. Garrotter.
한 두 팔을 등 뒤로 묶다 | 졸라매다

*결발ᄒᆞ다 [KYEL-PAL-HĂ-TA] (結髮, (Lier, cheveux)) 원158
불 Défaire la chevelure des enfants pour l'arranger à la manière des gens mariés (à l'époque du mariage). Relever ses cheveux, c. a. d. se coiffer comme les gens mariés.
한 (결혼할 시기에) 결혼한 사람들과 같은 방법으로 머리를 정리하기 위해 아이의 머리를 풀다 | 자신의 머리를 올리다, 즉 결혼한 사람들처럼 머리를 매만지다

*결복 [KYEL-POK,-I] (結卜) 원158
불 Contribution pour le terrain. Contributions foncières.
한 토지에 대한 조세 | 토지세

1*결복ᄒᆞ다 [KYEL-POK-HĂ-TA] (闋服) 원158
불 Quitter le deuil (au bout de 26 mois).
한 (26개월이 지나고) 상복을 벗다

2*결복ᄒᆞ다 [KYEL-POK-HĂ-TA] (結服) 원158
불 Lier un paquet (gros), une charge, un faix.
한 (큰) 상자, 짐, 무거운 짐을 묶다

*결ᄫᆡᆨᄒᆞ다 [KYEL-PĂIK-HĂ-TA] (潔白, (Limpide, blanc)) 원158
불 Blanc, d'un blanc pur.
한 하얗다, 순수한 흰색이다

*결션ᄒᆞ다 [KYEL-SYEN-HĂ-TA] (結船, (Lier, barques)) 원158
불 Remorquer. Aller à la remorque. Attacher ensemble plusieurs barques.
한 배를 밧줄로 끌다 | 끌고 가다 | 작은 배 여럿을 함께 묶다

*결슌 [KYEL-SYOUN,-I] (缺脣) 원158
불 Bee-de-lièvre; qui a la lèvre supérieure fendue.
한 언청이 | 윗입술이 갈라진 사람

1*결실ᄒᆞ다 [KYEL-SIL-HĂ-TA] (結實, (Nouer, fruit)) 원158
불 Maturité. Se nouer (fruit). ‖ Bien monter en graine ou en grain(riz). ‖ Se bien développer (homme).
한 성숙 | (열매가) 맺어지다 | 씨 또는 곡식알(쌀)을 잘 맺다 | (사람이) 잘 성장하다

2*결실ᄒᆞ다 [KYEL-SIL-HĂ-TA] (缺失) 원158
불 Omettre.
한 빠뜨리다

*결ᄯᅡᆨ이 [KYEL-TTAK-I] 원158
불 Qui se met facilement en colère. Mouvement impétueux; premier mouvement.
한 쉽게 화를 내는 사람 | 격렬한 움직임 | 즉각적인 움직임

*결안ᄒᆞ다 [KYEL-AN-HĂ-TA] (結案, (Juger[décider], lois écrites)) 원157
불 Sentence; prononcer la sentence. Condamner; prononcer la condamnation d'un coupable.
한 판결 | 선고하다 | 유죄 판결을 내리다 | 죄인의 유

죄 판결을 선고하다

*결약ᄒᆞ다 [KYEL-YAK-HĂ-TA] (結約, (Décider, alliance)) [원] 157

[불] Contrat; traité d'alliance; pacte. Faire un accord, une convention.

[한] 계약 | 동맹 조약 | 조약 | 협정, 협약을 체결하다

*결연ᄒᆞ다 [KYEL-YEN-HĂ-TA,-HĂN,-HI] (缺然) [원] 158

[불] Etre ému, affligé (v. g. au départ d'un ami). Avoir du regret; être fâché de.

[한] 감동하다, (예. 친구가 떠나서) 가슴 아프다, 애석하다 | ~에 대해서 유감스럽게 생각하다

*결옥ᄒᆞ다 [KYEL-OK-HĂ-TA] (決獄, (Décider, prison)) [원] 158

[불] Prononcer une sentence pour mettre en prison ou en retirer. || Mettre hors de prison, c. a. d. tuer ou mettre en liberté.

[한] 투옥하거나 석방하는 판결을 내리다 | 감옥 밖에 두다, 즉 죽이거나 석방하다

결우다 [KYEL-OU-TA,KYEL-OUE,KYEL-OUN] (抗拒) [원] 158

[불] Etre en opposition, en désaccord. || Rivaliser à qui fera le plus vite, à qui fera le mieux. || Répondre en disputant, chacun prétendant avoir raison. || N'être pas soumis, désobéir.

[한] 대립하다, 의견이 엇갈리다 | 누가 가장 빨리 하는지, 누가 가장 잘하는지를 겨루다 | 언쟁하며, 각자가 옳다고 주장하면서 반박하다 | 복종하지 않다, 거역하다

결의ᄒᆞ다 [KYEL-EUI-HĂ-TA] (結義, (Lier, parenté blanche ou sèche)) [원] 158

[불] Se traiter comme parents. Se lier intimement comme frères.

[한] 친족처럼 서로를 대우하다 | 형제처럼 친밀하게 연결되다

*결쟈히지 [KYEL-TJYA-HĂI-TJI] (結者解之) [원] 159

[불] Que celui qui l'a attaché le détache. || Il faut que celui qui a commencé finisse.

[한] 그것을 묶은 사람이 풀기를 | 시작한 사람이 끝내야 한다

*결젼 [KYEL-TJYEN,-I] (結錢, (Contribution, sapèques)) [원] 159

[불] Argent des contributions, argent des impôts fonciers.

[한] 조세금, 토지세금

*결졍 [KYEL-TJYENG,-I] (結政) [원] 159

[불] Perception des impôts fonciers.

[한] 토지세의 징수

*결졍ᄒᆞ다 [KYEL-TJYENG-HĂ-TA] (潔淨) [원] 159

[불] Pureté. Etre pur, chaste.

[한] 순수함 | 순수하다, 순결하다

결증 [KYEL-TJEUNG,-I] (觖症) [원] 159

[불] Emporté; vif; qui se met facilement en colère. Colère, accès de colère.

[한] 성마르다 | 격하다 | 쉽게 화를 내다 | 분노, 분노의 폭발

*결진ᄒᆞ다 [KYEL-TJIN-HĂ-TA] (結陣, (Lier, armée)) [원] 159

[불] Grand rassemblement de soldats. Réunir une armée.

[한] 큰 군사 집합 | 군대를 소집하다

*결포 [KYEL-HPO] (結布) [원] 158

[불] Toile de chanvre que le gouvernement priélève comme impôt. || Contribution foncière et argent pour l'entretien des soldats.

[한] 정부에서 조세로 징수하는 삼베 | 토지세와 군사 유지비

*결합ᄒᆞ다 [KYEL-HAP-HĂ-TA] (結合, (Lier, unir)) [원] 158

[불] S'accorder; s'unir; s'adapter; cadrer; convenir. Etre unis (plusieurs) de manière à ne faire qu'un.

[한] 일치되다 | 합쳐지다 | 들어맞다 | 일치하다 | 맞다 | 하나만 되도록 (여러 개가) 합쳐지다

*결혼ᄒᆞ다 [KYEL-HON-HĂ-TA] (結婚, (Lier, mariage)) [원] 158

[불] Conclure, déterminer un mariage. Fixer un mariage.

[한] 결혼을 성사시키다, 결정하다 | 결혼을 정하다

*결환 [KYEL-HOAN,-I] (結還) [원] 158

[불] Contribution du 환ᄌᆞ Hoan-tjă.

[한] 환ᄌᆞ Hoan-tjă의 세금

*결ᄒᆞ다 [KYEL-HĂ-TA] (缺) [원] 158

[불] Omettre. || ébrécher. || Avoir une lacune.

[한] 빠뜨리다 | 축내다 | 결함이 있다

*겸 [KYEM,-I] (兼) [원] 153

[불] En agr. Double; ensemble; à la fois.

[한] 한자어로 이중 | 함께 | 동시에

*겸공ᄒᆞ다 [KYEM-KONG-HĂ-TA] (謙恭) [원] 153

[불] Etre humble, s'humilier.

[한] 겸손하다, 겸손해지다

*겸관 [KYEM-KOAN,-I] (兼官) 원153
불 Charge double, dignité double. ‖ Mandarin qui gouverne deux districts, le sien propre et celui d'un autre, pendant l'absence de celui-ci.
한 이중의 직무, 이중의 고관직 | 다른 관리가 없는 동안 자신의 구역과 다른 관리의 구역, 두 구역을 통치하는 관리

*겸노샹뎐 [KYEM-NO-SYANG-TYEN] (兼奴上典) 원153
불 Maître et esclave à la fois. Noble pauvre, qui, n'ayant pas d'esclave pour le service de sa maison, se sert lui-même, fait la fonction de serviteur chez lui. ‖ Intendant d'une maison.
한 주인이자 동시에 노예 | 집안일을 할 노예가 없는 가난한 귀족이 스스로 일하고, 그의 집에서 하인의 역할을 대신하다 | 집의 집사

*겸덕 [KYEM-TEK,-I] (謙德) 원153
불 Humilité.
한 겸손

*겸비ᄒᆞ다 [KYEM-PI-HĂ-TA] (謙卑) 원153
불 Etre humble, Bas. S'humilier.
한 겸손하다, 비천하다 | 겸손해지다

*겸상ᄒᆞ다 [KYEM-SANG-HĂ-TA] (兼床) 원153
불 Table pour deux personnes. Manger deux à la même table. Etre à la même table.
한 두 사람을 위한 식탁 | 같은 식탁에서 두 사람이 먹다 | 같은 식탁에 있다

*겸손ᄒᆞ다 [KYEM-SON-HĂ-TA] (謙遜) 원153
불 Etre humble.
한 겸손하다

*겸ᄉᆞ [KYEM-SĂ] (謙辭) 원153
불 Humble parole; humilié; parole humble.
한 겸손한 말 | 모욕을 당하다 | 겸손한 말

*겸양ᄒᆞ다 [KYEM-YANG-HĂ-TA,-HĂN,-HI] (謙讓) 원153
불 Renvoyer à un autre des éloges mérités. ‖ S'humilier, être humble.
한 다른 사람에게 마땅한 찬사를 되돌려 보내다 | 겸손해지다, 겸손하다

*겸어ᄉᆞ [KYEM-E-SĂ] (兼御使) 원153
불 Qui a deux places: celle de 어ᄉᆞ E-să et une autre. Qui a la dignité de 어ᄉᆞ E-să jointe à une autre dignité.
한 어ᄉᆞ E-să 의 지위와 다른 지위, 두 지위를 가지는 사람 | 다른 고관직과 결합된 어ᄉᆞ E-să 고관직을 가지는 사람

*겸어ᄉᆞᄒᆞ다 [KYEM-E-SĂ-HĂ-TA] (兼於事) 원153
불 Surveiller en travaillant (comme un maître avec ses ouvriers). ‖ Faire deux ouvrages à la fois. Faire d'une pierre deux coups.
한 (일꾼들과 함께하는 주인처럼) 일하면서 감독하다 | 동시에 두 가지 일을 하다 | 일거양득하다

*겸억ᄒᆞ다 [KYEM-EK-HĂ-TA] (謙抑) 원153
불 Se considérer au-dessous de tout le monde. S'humilier.
한 자신을 모든 사람의 아래로 간주하다 | 겸손해지다

*겸연ᄒᆞ다 [KYEM-YEN-HĂ-TA] (慊然) 원153
불 Rougir, être peiné de s'entendre louer. ‖ N'oser se plaindre de crainte de n'être pas compris, de blesser.
한 얼굴을 붉히다, 칭찬을 듣는 것이 어색하다 | 이해받지 못할, 상처 입힐 두려움에 감히 불평하지 못하다

*겸영장 [KYEM-YENG-TJYANG,-I] (兼營將) 원153
불 Qui a la charge de mandarin jointe à la fonction de prendre les voleurs. ‖ Mandarin à la fois civil et militaire.
한 도둑을 잡는 직무에 합쳐진 관리의 직무를 갖는 사람 | 민간인이면서 동시에 군인인 관리직

*겸젼ᄒᆞ다 [KYEM-TJYEN-HĂ-TA] (兼全) 원153
불 Avoir plusieurs qualités à la fois. ‖ Réunir, faire ou être à la fois.
한 동시에 여러 자질을 갖다 | 모으다, 동시에 하거나 동시에 ~이다

겸죵 [KYEM-TJYONG,-I] (傔奴) 원153
불 Valet de chambre. ‖ Secrétaire; intendant; confident.
한 몸종 | 비서 | 집사 | 속내 이야기를 할 수 있는 사람

*겸찰ᄉᆞ [KYEM-TCHAL-SĂ] (兼察使) 원153
불 Gouverneur qui a une autre dignité. Gouverneur chargé de plusieurs fonctions à la fois.
한 다른 고관직을 가지고 있는 지사 | 여러 직무를 동시에 책임지고 있는 지사

*겸퇴ᄒᆞ다 [KYEM-HTOI-HĂ-TA] (謙退) 원153
불 Refuser (les honneurs) par humilité.
한 겸손하게 (명예를) 거절하다

*겸하ᄒᆞ다 [KYEM-HA-HĂ-TA] (謙下) 원153
불 Mettre au dernier rang un mandarin que le gouverneur, dans son compte-rendu au gouvernement, avait mis au premier. ‖ S'humilier, être humble.
한 정부 보고서에서 지사가 첫 번째로 두었던 관리를 마지막 열에 두다 | 겸손해지다, 겸손하다

*겸ᄒᆞ다 [KYEM-HĂ-TA,-HĂ-YE,-HĂN] (兼) 원153

불 Faire à la fois, ensemble. ‖ Accoupler; doubler; cumuelr, réunir. ‖ Réunir en soi, en sa personne. ‖ 겸ᄒᆞ야 Kyein-hă-ya, Ensemble, à la fois.
한 동시에, 함께 하다 | 결합하다 | 두 배로 하다 | 겸하다, 겸비하다 | 자기 자신이 겸비하다 | [용례 겸ᄒᆞ야, Kyein-hă-ya], 함께, 동시에

겹 [KYEP,-I] (匝) 원157
불 Double. Numéral des doubles. Des habits doubles. En double. Deux feuilles superposées.
한 이중 | 이중의 수를 세는 수사 | 두 겹의 옷 | 이중으로 | 겹쳐진 두 장

겹말 [KYEP-MAL,-I] (匝言, (Double, parole)) 원157
불 Parole double; deux mots pour exprimer la même chose; pléonasme. ‖ Une parole exprimant deux idées, deux sens différents, v. g. calembour.
한 이중의 말 | 같은 것을 표현하기 위한 두개의 말 | 중복법 | 두 가지 생각, 두 가지 다른 의미를 표현하는 하나의 말, 예. 말장난

겹옷 [KYEM-OT,-SI] (重衣) 원157
불 Habit double, vètement double.
한 두 겹의 옷, 두 겹의 옷

[1]겻 [KYET,KYET-TCHI] (傍) 원159
불 Côté; à côté; qui est latéral.
한 옆 | 곁에 | 측면에 있는 것

[2]겻 [KYET] 원159
불 Son (du blé). Syn. 겨 Kye.
한 (밀의) 겨 | [동의어 겨, Kye]

겻가지 [KYET-KA-TJI] (傍枝) 원159
불 Branche latérale.
한 측면의 가지

겻거니틀거니ᄒᆞ다 [KYET-KE-NI-THEUL-KE-NI-HĂ-TA] 원159
불 Semer la discorde par ses paroles (entre deux individus).
한 (두 사람 사이에) 자신의 말로 불화의 씨를 뿌리다

겻금낙이ᄒᆞ다[KYET-KEUM-NAK-I-HĂ-TA] (替番) 원159
불 Succession. Se succéder, se remplacer.
한 연속 | 계승하다, 대체되다

겻누리 [KYET-NOU-RI] (哺食) 원159
불 Petite collation entre les repas.
한 식간의 간단한 식사

겻눈질ᄒᆞ다 [KYET-NOUN-TJIL-HĂ-TA] (側目) 원159
불 Avertir secrètement, par un signe des yeux, sans que personne s'en aperçoive. Faire signe de l'œil. Regarder un peu de côté (sans être vu) pour faire un signe secret.
한 아무도 눈치채지 못하게 눈 신호로 비밀리에 알리다 | 눈 신호를 하다 | 비밀 신호를 하기 위해 (보이지 않게) 약간 비스듬히 바라보다

겻다 [KYĒT-TA,KYE-RE,KYE-RĂN] (抗) 원159
불 Entrelacer (comme un ouvrage de vannerie, des nattes). ‖ 칼노겻다 Hkal-no- kyet-ta, Mettre à la cangue. ‖ Garnir (la navette de til). Peloter du til en croisant chaque tour. ‖ Désobéir, ne pas remplir les ordres. ‖ Se disputer, contester. ‖ Se dit du cri que pous
한 (광주리, 거적을 만드는 일처럼) 서로 얽히게 하다 | [용례 칼노겻다, Hkal-no- kyet-ta], 칼을 씌우다 | (베틀 북에 실을) 갖추다 | 매번 돌릴 때마다 교차하면서 실을 둥글게 감다 | 거역하다, 명령을 따르지 않다 | 서로 다투다, 이의를 제기하다 | 외침에 대해 쓴다

겻드다 [KYET-TEU-TA,-TEU-RE,-TEUN] 원159
불 Aider, soutenir (sous les aisselles).
한 돕다, (겨드랑이 밑에서) 받치다

겻마 [KYET-MA] (牽馬) 원159
불 Cheval conduit par la bride (à pied).
한 (걸어서) 고삐로 끄는 말

겻방 [KYET-PANG,-I] (夾房) 원159
불 Petite chambre à côté. Chambre latérale.
한 곁에 붙은 작은 방 | 측면의 방

겻씰니다 [KYET-TTJIL-NI-TA,-NYE,-NIN] 원159
불 Faire obstacle.
한 방해하다

겻즐니다 [KYET-TJEUL-NI-TA,-NYE,-NIN] 원159
불 Faire obstacle, empêcher.
한 방해하다, 막다

겻치 [KYET-TCHI] (傍齒) 원159
불 Dents du veau en naissant.
한 나기 시작하는 송아지의 이빨

겻ᄒᆡ [KYET-HĂI] (傍) 원159
불 A côté, auprès.
한 곁에, 옆에

[1*]경 [KYENG,-I] (經) 원154
불 Prière; livre sacré.
한 기도 | 성스러운 책

[2*]경 [KYENGM,-I] (卿) 원154
불 Dénomination que le roi applique à ses ministres et aux grands dignitaires. Titre que le roi donne aux

ministres et aux grands dignitaires, en leur adressant la parole.
한 왕이 대신과 고급 고관들에게 붙이는 호칭 | 왕이 대신과 중요 고관들에게 말을 걸 때 붙이는 칭호

[3]*경 [KYENG,-I] (景) 원154
불 En agr. Vue, spectacle.
한 한자어로 전망, 광경

[4]*경 [KYENG,-I] (慶) 원154
불 Réjouissance, événement heureux.
한 기쁨, 경사

[5]*경 [KYENG,-I] (京) 원154
불 Capitale.
한 수도

[6]경 [KYENG,-I] 원154
불 Supplice (ne se dit que pour les voleurs).
한 형벌 (도둑들에 대해서만 쓴다)

[7]*경 [KYENG,-I] (更) 원154
불 Heure de la nuit. Nom des différentes veilles de la nuit divisée en cinq parties égales. 경초 Kyeng-tcho, Commencement de l'heure; 경즁 Kyeng-tjyoung, Le milieu; 경령 Kyeng-ryeng, La fin.
한 밤 시간 | 똑같이 다섯으로 나눈 각기 다른 야경의 이름 | [용례 경초, Kyeng-tcho], 시간의 시작 | [용례 경즁, Kyeng-tjyoung], 중간 | [용례 경령, Kyeng-ryeng], 끝

*경각 [KYENG-KAK,-I] (頃刻) 원155
불 Un instant; moment.
한 순간 | 잠깐

*경경ᄒᆞ다 [KYENG-KYENG-HĂ-TA] (耿耿) 원155
불 Vaciller (flamme).
한 (불꽃이) 가물거리다

*경계 [KYENG-KYEI] (經界) 원155
불 Perspicacité. =잇다-it-ta, Etre perspicace. =업다-ep-ta, N'être pas perspicace. Syn. 눈치보다 Noun-tchi-po-ta.
한 통찰력 | [용례 =잇다, -it-ta], 통찰력이 있다 | [용례 =업다, -ep-ta], 통찰력이 없다 | [동의어 눈치보다, Noun-tchi-po-ta]

*경계ᄒᆞ다 [KYĒNG-KYEI-HĂ-TA] (警戒) 원155
불 Prendre la résolution, former le ferme propos. ‖ Réprimander, punir. ‖ Enseigner, diriger.
한 결심하다, 굳은 결심을 하다 | 질책하다, 벌하다 | 가르치다, 지도하다

[1]*경골 [KYENG-KOL,-I] (鯨骨) 원155
불 Os de baleine.
한 고래의 뼈

[2]*경골 [KYENG-KOL,-I] (京骨, (Capitale, forme)) 원155
불 Homme de province qui ressemble à un homme de la capitale par ses manières distinguées, par un beau visage, etc.
한 품위 있는 태도와 아름다운 얼굴 등이 수도의 사람과 닮은 지방의 사람

*경공 [KYENG-KONG,-I] (經工) 원155
불 Travail de ceux qui apprennent par cœur les 52 livres des examens et les récitent, pour être reçus docteurs.
한 박사로 공인되기 위해 시험에 나오는 52권의 책을 암기하고 암송하는 이들의 공부

*경과 [KYENG-KOA] (慶科) 원155
불 Examen extraordinai redonné en signe de réjouissance, à la suite d'un événement heureux en Corée.
한 조선에서 경사에 따른 기쁨의 표시로 다시 치는 특별한 시험

*경과ᄒᆞ다 [KYENG-KOA-HĂ-TA] (經過) 원155
불 S'écouler; passer, passer par; avoir éprouvé. 밤을 경과ᄒᆞ다 Pam-eul Kyeng-koa-hă-ta, Passer la nuit sans dormir.
한 경과하다 | 지나가다, 겪다 | 겪었다, [용례 밤을 경과ᄒᆞ다, Pam-eul Kyeng-koa-hă-ta], 자지 않고 밤을 보내다

*경교비 [KYENG-KYO-PI] (景教碑, (Glorifier, religion, pierre)) 원155
불 Pierre sur laquelle l'empereur de Chine avait fait graver les principales époques de la religion chrétienne (sous la dynastie de Tang).
한 중국의 황제가 (당 왕조의 치하에서) 기독교의 중요한 시기들을 새기게 했던 비석

*경구 [KYENG-KOU] (輕口) 원155
불 Bouche légère, qui ne sait se taire, qui divulgue tout, c. a. d. indiscrète.
한 가벼운, 잠자코 있을 수 없는, 전부 폭로하는, 즉 삼가지 않는 입

*경군 [KYENG-KOUN,-I] (京軍) 원155
불 soldats de la capitale.
한 수도의 군사

[1]*경긔 [KYENG-KEUI] (京畿) 원155

불 Les cinq quartiers de la capitale. la capitale tout entière.
한 수도의 다섯 구역 | 수도 전체

[2]*경긔 [KYENG-KEUI] (輕騎) 원155
불 Soldat de cavalerie légère, rapide.
한 가벼운, 빠른 경기병

*경긔도 [KYENG-KEUI-TO] (京畿道) 원155
불 La province où se trouve la capitale en Corée.
한 조선의 수도가 있는 지방

*경낙 [KYENG-NAK,-I] (經絡) 원156
불 Système des nerfs, des artères, etc., suivant la médecine coréene (système faux et sans fondement, qui ne dénote aucune connaissance de l'anatomie). ‖ Aiguille fine et plate pour l'acuponcture.
한 조선의 의학에 따르면, 신경, 동맥 등의 체계(부정확하고 근거 없는 체계로, 해부학에 대한 어떤 이해도 드러내지 않는다) | 침술을 위한 가늘고 납작한 바늘

*경난ᄒᆞ다 [KYENG-NAN-HĂ-TA] (經難) 원156
불 Qui a beaucoup vu, entendu, joui, supporté. Eprouver des malheurs, de l'adversité.
한 많이 보고, 듣고, 즐기고, 참았다 | 불행, 시련을 경험하다

*경녁 [KYENG-NYEK,-I] (經歷) 원156
불 On appelle ainsi le mandarin de Kang-hoa et de Kai-syeng ou Syong-to. (Ee mandarin vient après le Ryou-syou).
한 강화와 개성 또는 송도의 관리를 이렇게 부른다 | (유수 다음에 오는 관리)

*경뉸ᄒᆞ다 [KYENG-NYOUN-HĂ-TA] (經綸, (Chaîne, trame[d'une pièce de toile])) 원156
불 Préméditer; réfléchir; considérer; prévoir. ‖ Préparer; prendre ses dispositions d'avance pour bien faire, pour réussir.
한 미리 숙고하다 | 숙고하다 | 고려하다 | 예견하다 | 준비하다 | 잘 하기 위해, 성공하기 위해 미리 준비를 갖추다

경단ᄒᆞ다 [KYENG-TAN-HĂ-TA] (輕斷, (Léger, court)) 원156
불 Léger, peu lourd. ‖ Etre clair. Etre succinct, v. g. employer peu de mots en parlant, et cependant parler clairement.
한 가볍다, 무겁지 않다 | 명백하다 | 간결하다, 예. 말할 때 말을 별로 사용하지 않지만 명백하게 말하다

*경답 [KYENG-TAP,-I] (京畓, (Capitale, rizière)) 원156
불 Rizière don't le propriétaire habite la capitale.
한 수도에 사는 지주의 논

*경덕 [KYENG-TEK,-I] (敬德) 원157
불 Vertu de respect.
한 경의의 덕

*경덕경 [KYENG-TEK-KYENG,-I] (敬德經) 원157
불 Acte d'adoration.
한 숭배 기도문

*경뎍ᄒᆞ다 [KYENG-TEK-HĂ-TA] (輕敵) 원157
불 Faire fiasco pour avoir méprisé son adversaire.
한 자신의 적수를 무시하여 실패하다

[1]*경뎐 [KYENG-TYEN,-I] (經典) 원157
불 Vie des saints, histoire des hommes de bien. ‖ Livre sacré. ‖ Code pénal du royaume. Code civil. Recueil de lois.
한 성인들의 삶, 선인들의 이야기 | 성스러운 책 | 왕국의 형법전 | 민법전 | 법률집

[2]*경뎐 [KYENG-TYEN,-I] (京田, (capitale, champ)) 원157
불 Champ dont le propriétaire habite la capitale.
한 수도에 사는 지주의 밭

*경뎜 [KYENG-TYEM,-I] (更點) 원157
불 Timbre d'horloge. ‖ Son de l'heure frappée sur le timbre.
한 괘종시계의 종 | 종을 쳐 시각을 알리는 소리

[1]*경도 [KYENG-TO] (京都) 원157
불 Environs de la capitale; son emplacement et les alentours; la banlieue.
한 수도 부근 | 수도의 자리와 부근 | 교외

[2]*경도 [KYENG-TO] (鏡道) 원157
불 Nom abrégé de Ham-kyeng-to (province).
한 함경도(지방)의 축약된 이름

[1]*경도ᄒᆞ다 [KYENG-TO-HĂ-TA] (驚倒, (Etre effrayé, être renversé)) 원157
불 Avoir peur, être effrayé.
한 무서워하다, 겁먹다

[2]*경도ᄒᆞ다 [KYENG-TO-HĂ-TA] (輕跳) 원157
불 Etourdi, léger, inconsidéré.
한 덤벙거리다, 가볍다, 경솔하다

*경동ᄒᆞ다 [KYENG-TONG-HĂ-TA] (驚動, (Etre effrayé, être dans l'agitation)) 원157

불 Etre épouvanté, avoir un grand effroi. Mettre en émoi.
한 무서워하다, 큰 공포를 느끼다 | 흥분하여 가슴이 두근거리다

*경디 [KYENG-TI] (境地) 원157
불 Lieu; endroit; limite; territoire.
한 장소 | 곳 | 경계 | 영토

*경ᄃᆡ [KYENG-TĂI] (鏡臺, (Miroir, étage)) 원157
불 Cassette pour les parfums, dont se servent les femmes. Petite commode surmontée d'une glace. Boite à toilette des femmes, avec un miroir au-dessus et au-dessous, et divers petits titoirs pour mettre des objets de toilette.
한 여자들이 사용하는 향수를 담는 작은 상자 | 거울이 얹힌 작은 서랍장 | 위와 아래에 거울이 있고, 화장품을 넣기 위한 각양각색의 작은 서랍이 있는 여자들의 화장 상자

*경ᄃᆡᄒᆞ다 [KYENG-TĂI-HĂ-TA] (敬待, (Honorablement, traiter)) 원157
불 Honorer; rendre hommage. Recevoir avec respect. Traiter avec honneur.
한 존경하다 | 존경을 표하다 | 공손하게 맞이하다 | 경의를 가지고 대하다

*경만ᄒᆞ다 [KYENG-MAN-HĂ-TA] (輕慢) 원155
불 Mépriser. mépris, dédain. ‖ Léger et malhonnête.
한 경멸하다 | 경멸, 멸시 | 경솔하고 무례하다

*경망ᄒᆞ다 [KYENG-MANG-HĂ-TA] (輕妄) 원155
불 Léger, folâtre, étourdi, inconsidéré.
한 가볍다, 장난기가 많다, 덤벙거리다, 경솔하다

*경면쥬ᄉᆞ [KYENG-MYEN-TJYOU-SĂ] (鏡面朱砂, (Réfléchissant, visage, rouge, caillou)) 원155
불 Cinabre. Esp. de pierre rouge, dure, plate. Semblable au verre. Elle sert en médecine, et surtout en matière superstitieuse, pour obtenir du diable tout ce que l'on veut.
한 진사 | 붉고 단단한, 평평한 돌의 종류 | 유리와 닮다 | 내복약으로 쓰이며 특히 악마에게서 원하는 모든 것을 얻기 위한 미신적인 물질로 쓰인다

1*경모 [KYNEG-MO] (京耗) 원155
불 Contributions qui montent à la capitale.
한 수도로 올라가는 세금

2*경모 [KYNEG-MO] (京毛) 원155
불 Nouvelles de la capitale.
한 수도의 소식

*경모ᄒᆞ다 [KYENG-MO-HĂ-TA] (敬慕) 원155
불 Respecter et aimer.
한 존경하고 좋아하다

*경문 [KYENG-MOUN,-I] (經文) 원155
불 Prière, oraison ‖ Livre de prières.
한 기도, 기도 | 기도서

*경미 [KYENG-MI] (粳米) 원155
불 Riz écossé. Syn. 닙쌀 Nip-ssal.
한 껍질을 깐 쌀 | [동의어 닙쌀, Nip-ssal]

*경박ᄒᆞ다 [KYENG-PAK-HĂ-TA,-HĂN,-HI] (輕薄) 원156
불 Folâtre; enjoué; dissolu. ‖ Léger et mince. ‖ Sans profondeur.
한 장난기가 많다 | 쾌활하다 | 방탕하다 | 경솔하고 하찮다 | 깊이가 없다

*경방ᄌᆞ [KYENG-PANG-TJĂ] (京榜子) 원156
불 Courrier qui porte les dépêches du gouvernement aux mandarins.
한 정부의 급송 공문서를 관리들에게 전달하는 우편 배달부

*경변 [KYENG-PYEN,-I] (輕邊, (Petit, intérêt)) 원156
불 Taux peu élevé de l'argent; intérêt peu élevé de l'argent (par rapport à d'autres). Intérêt léger (v.g.30%), pour les prêts peu considérables. (Il n'y pas de taux légal; le gouvernement ne s'en occupe pas. Ordinairement on suit la coutume, qui est très-différente suivant les lieux, les personnes).
한 돈에 대한 낮은 이율 | (다른 것에 비하면) 낮은 돈의 이자 | 많지 않은 차입금에 대한 가벼운 이자 (예. 30%) | (법률상의 이율은 없다 | 정부는 이율에 상관하지 않는다 | 일반적으로 사람들은 관습을 따르는데, 관습은 지역과 사람에 따라 매우 다르다)

*경보 [KYENG-PO] (輕寶, (Léger, précieux)) 원156
불 Petite chose précieuse et chère. Trésor léger (comme un diamant, de l'or, ou encore l'habileté, la science).
한 소중하고 귀중한 작은 물건 | (다이아몬드, 금 또는 솜씨, 수완 같은) 가벼운 보물

*경본 [KYENG-PON,-I] (經本) 원156
불 Livre de prières; bréviaire; missel, etc.
한 기도서 | 지침서 | 미사경본 등

*경분 [KYENG-POUN,-I] (輕粉) 원156
불 Fard, couleur blanche que les femmes se mettent sur le visage. Céruse. ‖ Oxyde de mercure ou oxyde

mercurique, c.a.d. bioxyde de mercure (?) (Remède).
한 여자들이 얼굴에 바르는 흰색 분 | 백연 | 산화제일수은 또는 산화제이수은, 즉 이산화수은(?)(약)

*경ᄇᆡᄒᆞ다 [KYENG-PĂI-HĂ-TA] (敬拜, (Honorer et saluer)) 원156
불 Saluer par honneur.
한 경의를 가지고 인사하다

*경산 [KYENG-SAN,-I] (京山) 원156
불 Les montagnes qui entourent la capitale.
한 수도를 둘러싸고 있는 산들

*경산ᄒᆞ다 [KYENG-SAN-HĂ-TA] (逕產) 원156
불 Avorton, enfant ou petit des animaux venu avant le terme.
한 조생아, 산월 전에 나온 아기 또는 동물들의 새끼

*경상 [KYENG-SAN,-I] (境上) 원156
불 Etat, position.
한 상태, 상황

*경샹도 [KYENG-SYANG-TO] (慶尙道) 원156
불 Province au S.E. de la Corée, capitale 대구 Tai-kou.
한 조선의 남동쪽 지방, 수도 대구 Tai-kou

*경셔 [KYENG-SYE] (經書) 원156
불 Livre sacré (v. g. livres de Confucius, de Mon-tze).
한 신성한 책 (예. 공자, 맹자의 책들)

*경션ᄒᆞ다 [KYENG-SYEN-HĂ-TA] (輕儇) 원156
불 Dissolu; folâtre; léger; emprssé. ‖ Etre sans calme. s'empresser de faire, d'achever.
한 방탕하다 | 장난기가 많다 | 경솔하다 | 서두르다 | 침착하지 않다 | 행하기를, 끝마치기를 서두르다

*경셩 [KYENG-SYENG,-I] (京城) 원156
불 Fortifications de la capitale, murs de la capitale. ‖ La capitale du royaume.
한 수도의 요새, 수도의 성벽 | 왕국의 수도

1*경셰ᄒᆞ다 [KYENG-SYEI-HĂ-TA] (輕世, (Léger, monde)) 원156
불 Fragilité des choses du monde. Les choses de ce monde être fragiles. ‖ Mépriser le monde.
한 세상의 사물들의 허약함 | 이 세상의 사물들이 허약하다 | 세상을 경멸하다

2*경셰ᄒᆞ다 [KYENG-SYEI-HĂ-TA] (警世) 원156
불 Commander aux animaux (v. g. les sorciers).
한 (예. 마녀들이) 동물들에게 명령하다

*경쇠 [KYĒNG-SOI] (磬) 원156
불 Timbre d'horloge; cloche; timbre en fer.
한 괘종시계의 종 | 종 | 철로 된 종

*경솔ᄒᆞ다 [KYENG-SYOL-HĂ-TA,-HĂN,-HI] (輕率) 원156
불 Folâtre, léger, vif, étourdi; faire étourdiment.
한 장난기가 많다, 가볍다, 활발하다, 덤벙거리다 | 경솔하게 행동하다

1*경슈 [KYENG-SYOU] (鯨鬚, (baleine, barbe)) 원156
불 Barbe de baleine. Fanon de baleine.
한 고래수염 | 고래수염

2*경슈 [KYENG-SYOU] (經水) 원156
불 Menstrues, règles.
한 월경, 생리

*경슐 [KYENG-SYOUL,-I] (庚戌) 원156
불 47e année du cycle de 60 ans. 1730, 1790, 1850, 1910.
한 60년 주기의 47번째 해 | 1730, 1790, 1850, 1910년

*경시관 [KYENG-SI-KOAN,-I] (京試官, (Capitale, examen, charge ou dignité)) 원156
불 Examinateur de la capitale, qui vient en province faire l'exmen du baccalaurént. Examinateur ou juge des examens de littérature.
한 지방에서 바칼로레아 시험을 시행하러 수도에서 온 시험관 | 문학 시험의 시험관 또는 심사원

*경신 [KYENG-SIN,-I] (庚申) 원156
불 57e année du cycle de 60 ans. 1740, 1800, 1860, 1920.
한 60년 주기의 57번째 해 | 1740, 1800, 1860, 1920년

*경ᄉᆞ [KYENG-SĂ] (慶事) 원156
불 Evénement heureux (dans la famille); chose réjouissante (à la maison). Bonheur. 경ᄉᆞ의날 Kyeng-să-eui-nal, Jour de bonheur.
한 (집안의) 경사 | (가정에서) 기쁜 일, 행복 | [용례 경ᄉᆞ의날, Kyeng-să-eui-nal], 행복한 날

*경ᄉᆞ롭다 [KYENG-SĂ-ROP-TA,-RO-OA,-RO-ON] (慶事) 원156
불 Agréable; réjouissant; heureux; joyeux. ‖ Qui mérite les félicitations. ‖ Reconnaissant.
한 기분 좋다 | 기쁘다 | 행복하다 | 즐겁다 | 축하할 만하다 | 감사하게 여기다

*경야ᄒᆞ다 [KYENG-YA-HĂ-TA] (經夜, (Passer, nuit)) 원154
불 Passer la nuit (sans dormir).
한 (자지 않고) 밤을 보내다

1*경언 [KYENG-EN,-I] (警言) 원154

불 Exhortation.

한 권고

2*경언 [KYENG-EN,-I] (經言) 원154

불 Paroles d'Evangile. (Mot chrét.).

한 복음서의 말 | (기독교 어휘)

3*경언 [KYENG-EN,-I] (京言, (De la capitale, parole)) 원154

불 Manière de parler à la capitale; langage des habitants de 셔울 Sye-oul.

한 수도에서 말하는 방식 | 셔울 Sye-oul 거주자들의 언어

*경영ᄒᆞ다 [KYENG-YENG-HĂ-TA] (經營) 원154

불 Projeter, faire des projets. Préméditer, prévoir. avoir la pensée, l'idée que. Réfléchir, examiner, mûrir dans son esprit.

한 계획하다, 계획을 세우다 | 미리 숙고하다, 예견하다 | ~을 할 의향이다, ~할 생각이다 | 숙고하다, 검토하다, 자신의 사유 속에서 무르익다

*경오 [KYENG-O] (庚午) 원155

불 7e année du cycle de 60 ans. 1690, 1750, 1810, 1870, 1930.

한 60년 주기의 일곱 번째 해 | 1690, 1750, 1810, 1870, 1930년

*경외ᄒᆞ다 [KYĒNG-OI-HĂ-TA] (敬畏, (Respect, crainte)) 원155

불 Crainte repectueuse. Révérer.

한 공경하는 두려움 | 존경하다

*경위 [KYENG-OUI] (經緯, (Chaîne et trame)) 원155

불 En long et en travers. ‖ Connaissance du bien et du mal. ‖ Raison, intelligence, esprit. ‖ Menstrue des femmes.

한 아주 세세하게 | 선악의 식별 | 이성, 지성, 기지 | 여자들의 월경

*경위지다 [KYENG-OUI-TJI-TA,-TJYE,-TJIN] (傾危) 원155

불 Incliné; en pente; plus haut d'un côté que de l'autre; inégal.

한 기울어지다 | 경사지다 | 다른 쪽 보다 한 쪽이 더 높다 | 같지 않다

*경이ᄒᆞ다 [KYENG-I-HĂ-TA,-HĂN,-HI] (輕易, (Léger, facile)) 원154

불 Facile, aisé.

한 쉽다, 용이하다

*경인 [KYENG-IN,-I] (庚寅) 원155

불 27e année du cycle de 60 ans. 1710, 1770, 1830, 1890.

한 60년 주기의 27번째 해 | 1710, 1770, 1830, 1890년

*경일 [KYĒNG-IL,-I] (慶日) 원155

불 Jour de fête, de réjouissance.

한 축제의, 기쁨의 날

*경일ᄒᆞ다 [KYENG-IL-HĂ-TA] (經日) 원155

불 Passer la journée.

한 하루를 보내다

*경ᄋᆡ [KYĒNG-ĂI] (敬愛) 원154

불 Respect et amour.

한 공경과 사랑

*경조 [KYENG-TJO] (京造, (Capitale, objet)) 원157

불 Objet fabriqué à la capitale.

한 수도에서 만들어진 물건

*경조ᄒᆞ다 [KYENG-TJO-HĂ-TA] (輕燥, (Léger, empressé)) 원157

불 Léger; étourdi; empressé de faire, d'achever.

한 가볍다 | 덤벙거리다 | 행하기를, 끝마치기를 서두르다

*경즁 [KYENG-TJYOUNG,-I] (輕重, (Léger et lourd)) 원157

불 Poids en général. Légèreté. Et pesanteur. 경즁대로 Kyeng-tjyoung-tai-ro, Suivant sa gracité; selon son poids, sa pesanteur.

한 일반적인 무게 | 가벼움 | 그리고 중량 | [용례 경즁대로, Kyeng-tjyoung-tai-ro], 그 중대성에 따라 | 그 무게, 그 중량에 따라

*경진 [KYENG-TJIN,-I] (庚辰) 원157

불 37e année du cycle de 60 ans. 1700, 1760, 1820, 1880.

한 60년 주기의 37번째 해 | 1700, 1760, 1820, 1880년

*경ᄌᆞ [KYENG-TJĂ] (庚子) 원157

불 17e année du cycle de 60 ans. 1720, 1780, 1840, 1900.

한 60년 주기의 열일곱 번째 해 | 1720, 1780, 1840, 1900년

*경쳐 [KYENG-TCHYE] (景處, (Brillant, lieu)) 원157

불 Lieu, paysage d'un aspect agréable. Lieu de promenade, bel endroit.

한 장소, 보기 좋은 경치 | 산책 장소, 아름다운 곳

*경쳑ᄒᆞ다 [KYENG-TCHYEK-HĂ-TA] (輕擲, (Léger

et rejeter)) 원157

불 Rejeter comme une chose de peu de valeur. || Gaspiller, dissiper.

한 가치가 없는 것처럼 버리다 | 낭비하다, 탕진하다

*경쳔ᄒᆞ다 [KYENG-TCHYEN-HĂ-TA] (輕賤, (Léger et bas)) 원157

불 De peu d'importance, qui ne mérite pas qu'on en fasse cas.

한 별로 중요하지 않다, 중시할 가치가 없다

[1]경쳡 [KYENG-TCHYEP,-I] 원157

불 Ferrure d'un coffre.

한 상자에 다는 철물

[2]경쳡 [KYENG-TCHYEP,-I] 원157

불 V. 경칩 Kyeng-tchip.

한 [참조어 경칩, Kyeng-tchip]

[3]경쳡 [KYENG-TCHYEP] 원157 ☞경칩

*경쳡ᄒᆞ다 [KYENG-TCHYEP-HĂ-TA] (輕捷, (Léger, agile)) 원157

불 Léger, de facile transport, lin et léger. || Clair et précis; éloquent.

한 가볍다, 옮기기 쉽다, 가늘고 가볍다 | 명백하고 정확하다 | 유창하다

*경치 [KYENG-TCHI] (景致) 원157

불 Aspect agréable d'un paysage. Chose agréable a voir, digne d'être vue.

한 보기 좋은 풍경 | 보기에 좋은 것, 보일 만한 것

*경칩 [KYENG-TCHIP] (驚蟄) 원157

불 Les insectes sortent de leur engourdissement. || 3e quinzaine du printemps; 4 ou 6 Mars.

한 동면에서 나오는 곤충들 | 봄의 세 번째 2주간 | 3월 4일 또는 6일

*경칙ᄒᆞ다 [KYENG-TCHĂIK-HĂ-TA] (警責) 원157

불 Corriger, gronder, redresser, réprimander, gourmander.

한 견책하다, 꾸짖다, 바로잡다, 질책하다, 몹시 꾸짖다

*경쾌ᄒᆞ다 [KYENG-HKOAI-HĂ-TA] (輕快, (léger, rapide)) 원155

불 Agile, rapide, léger.

한 민첩하다, 빠르다, 가볍다

*경탈셰쇽ᄒᆞ다 [KYENG-HTAL-SYE-SYOK-HĂ-TA] (輕脫世俗, (Léger, dépouiller, de ce monde , les affaires)) 원157

불 Indifférent pour toutes choses. Mépriser le monde, n'en tenir pas compte. Se retirer du monde.

한 모든 것에 개의치 않다 | 세상을 경멸하다, 세상을 고려하지 않다 | 세상으로부터 물러나다

*경판 [KYENG-HPAN,-I] (經板) 원156

불 Pale du calice, || Pupitre du missel.

한 성배의 성작개 | 미사경본의 서적대

*경판일다 [KYENG-HPAN-IL-TA] (京板) 원156

불 Planche d'imprimerie faite à la capitale. C'est un livre imprimé à la capitale.

한 수도에서 만들어진 인쇄판 | 수도에서 인쇄된 책이다

*경패 [KYENG-HPAI] (經牌) 원156

불 Cartons d'autel, canons d'autel.

한 제단 상자, 독송 액자

*경편ᄒᆞ다 [KYENG-HPYEN-HĂ-TA,-HAN,-HI] (輕便, (Léger, à l'aise)) 원156

불 Oppotun; commode; sans embarras; facile; aisé.

한 적절하다 | 편리하다 | 부담 없이 | 쉽다 | 용이하다

*경포 [KYENG-HPO] (京捕) 원156

불 Satellites de la capitale.

한 수도의 부하들

*경풍 [KYENG-HPOUNG,-I] (驚風) 원156

불 Convulsions des petits enfants. épilepsie des enfants.

한 어린아이들에게 나타나는 경련 | 어린아이들의 간질

*경하ᄒᆞ다 [KYĒNG-HA-HĂ-TA] (慶賀, (Réjouissance, saluer)) 원155

불 Congratuler, remercier; féliciter. Présenter ses félicitations, un jour de fête, ou pour un événement heureux.

한 경축하다 | 감사하다 | 축하하다 | 축제날, 또는 경사에 대해 축하하다

*경향 [KYENG-YANG,-I] (京鄕) 원155

불 Capitale et province, tout le royaume.

한 수도와 지방, 왕국 전체

*경험ᄒᆞ다 [KYENG-HEM-HĂ-TA] (經驗) 원155

불 Eprouver l'effet; essayer; expérimenter. Etre habitué.

한 효과를 느끼다 | 시험하다 | 실험하다 | 익숙해지다

*경홀ᄒᆞ다 [KYENG-HOL-HĂ-TA] (輕忽) 원155

불 Léger; étourdi; négligent. Machinalement, sans attention. Sans importance.

한 가볍다 | 덤벙거리다 | 소홀하다 | 기계적으로, 부주의하게 | 중요하지 않다

*경황 [KYENG-HOANG,-I] (慶遑) 원155

불 Goût pour une chose; attrait; inclination; plaisir; foie; bonheur.

한 어떤 것에 대한 기호 | 매력 | 경향 | 즐거움 | 기쁨 | 행복

경황업다 [KYENG-HOANG-EP-TA,-EP-SE,-EP-SĂN] (無慶遑) 원155

불 Ne savoir où donner de la tête; n'avoir pas de goût pour.

한 어찌할 바를 모르다 | ~에 대한 기호가 없다

경히먹이다 [KYENG-HI-NEK-I-TA,-NEK-YE,-NEK-IN] (輕視, (De peu d'importance, regarder)) 원155

불 Mépriser.

한 경멸하다

*경ᄒᆞ다 [KYENG-HĂ-TA] (輕) 원155

불 Léger; étourdi; de peu de conséquence.

한 가볍다 | 덤벙거리다 | 중요하지 않다

1*경힝ᄒᆞ다 [KYENG-HĂING-HĂ-TA] (京行, (Capitale, voyager vers)) 원155

불 Aller de la province à la capitale, monter à la capitale.

한 지방에서 수도로 가다, 수도로 올라가다

2*경힝ᄒᆞ다 [KYENG-HĂING-HĂ-TA] (慶行) 원155

불 C'est bien heureux.

한 참 다행이다

1*계 [KYEI] (季) 원150

불 Cadet d'un frère aîné.

한 손위 형의 손아래 동생

2*계 [KYEI] (契) 원150

불 Association (v. g. de secours mutuel, etc.). Société pour v. g. prêter de l'argent à intérêt. Société pour faire valoir de l'argent.

한 (예. 서로 돕는 등의) 회, 예로 이자를 받고 돈을 빌려주는 단체 | 돈을 운용하여 증식하기 위한 단체

3*계 [KYEI] (啓) 원150

불 Verset, première partie du verset. v.

한 절[역주 節], 절[역주 節]의 첫 번째 부분

4*계 [KYEI] (誡) 원150

불 Commandement de dieu. 십계 Sip-kyei, Les dix commandements (de dieu).

한 신의 명령 | [용례 십계, Sip-kyei], (신의) 십계

5*계 [KYEI] (繼) 원150

불 En agr. Désigne les parents ou alliés par la seconde femme du père.

한 한자어로 친척들 또는 아버지의 두 번째 부인에 의한 인척들을 가리킨다

6*계 [KYEI] (鷄) 원150

불 En agr. Poule.

한 한자어로 닭

*계강환 [KYEI-KANG-HOAN,-I] (桂薑丸, (Cannelle, gingembre, pilule)) 원151

불 Remède fait avec du gingembre et de la cannelle. Pastille ou pilule de cannelle et de gingembre.

한 생강과 계피로 만든 약 | 계피와 생강으로 만든 정제 또는 환약

*계견 [KYEI-KYEN,-I] (鷄犬, (Poule et chien)) 원151

불 Chien et poule.

한 개와 닭

*계고 [KYEI-KO] (鷄膏) 원151

불 Graisse de poule, bouillon de poule, suc de poule.

한 닭기름, 닭국, 닭으로 만든 액

*계관 [KYEI-KOAN,-I] (係關) 원151

불 Importance. ‖ Relation. ‖ 내게계관업다 Nai-kei kyei-koan ep-ta, Je n'ai pas à m'en mêler.

한 중요성 | 관계 | [용례 내게 계관업다, Nai-kei kyei-koan ep-ta], 나와 관계가 없다

*계관화 [KYEI-KOAN-HOA] (鷄冠花) 원151

불 Amarante, crête de coq, passe-velours, célosie à crête. Syn. 뮌드람이 Măin-teu-ram-i.

한 맨드라미, 맨드라미, 맨드라미 | [동의어 뮌드람이, măin-teu-ram-i]

계교ᄒᆞ다 [KYEI-KYO-HĂ-TA] (計) 원151

불 Délibérer; penser; méditer; chercher le moyen d'arriver à ses fins. ‖ Ruse; artifice; stratagème; excellent moyen de faire; embûches. ‖ 계교ᄅᆞᆯ베풀다 Kyei-kyo-răl poi-hpoul-ta, Dresser des embûches.

한 심의하다 | 생각하다 | 심사숙고하다 | 목적에 도달하기 위한 방법을 찾다 | 꾀 | 기교 | 계략 | 행할 묘책 | 함정 | [용례 계교ᄅᆞᆯ 베풀다, Kyei-kyo-răl poi-hpoul-ta], 함정을 설치하다

*계당쥬 [KYEI-TANG-TJYOU] (桂糖酒) 원152

불 Nom du meilleur vin de riz de corée. Eau-de-vie où l'on a mis du sucre et de la cannelle.

한 조선의 쌀로 만든 최고의 술의 이름 | 설탕과 계피를 넣은 화주

*계란 [KYEI-RAN,-I] (鷄卵) 원151

불 Œuf de poule.
한 닭의 알

[1]*계량ᄒᆞ다 [KYEI-KYANG-HĂ-TA] (契量) 원151
불 Méditer; penser à une affaire; penser.
한 심사숙고하다 | 한 가지 일에 대해 생각하다 | 생각하다

[2]*계량ᄒᆞ다 [KYEI-RYANG-HĂ-TA] (繼粮) 원151
불 Récolte qui doit servir de subsistance pendant une année; provisions pour une année. ‖ Avoir de quoi se nourrir; n'être pas contraint de jeuner.
한 한 해 동안 생계에 소용될 수확물 | 한 해를 위한 식량 | 먹을 것이 있다 | 밥을 굶어야 하지 않다

[1]*계롱 [KYEI-RONG,-I] (鷄農) 원151
불 Culture des poules. ‖ Culture de la terre.
한 암탉의 사육 | 땅 농사

[2]*계롱 [KYEI-RONG,-I] (鷄籠) 원151
불 Cage pour mettre les petits poulets.
한 작은 병아리들을 두기 위한 우리

[1]계명 [KYEI-MYENG,-I] (誡命) 원151
불 Commandement, ordre.
한 명령, 명령

[2]*계명 [KYEI-MYENG,-I] (鷄鳴) 원151
불 Chant du coq.
한 수탉의 울음소리

[1]*계모 [KYEI-MO] (繼母) 원151
불 Belle-mère; seconde femme que le père prend après la mort de la première; marâtre.
한 의붓어머니 | 첫 번째 부인이 죽은 뒤 아버지가 얻은 두 번째 부인 | 계모

[2]계모 [KYEI-MO] (芥) 원151
불 Sénevé, moutarde.
한 야생 겨자, 겨자

*계묘 [KYEI-MYO] (癸卯) 원151
불 40e année du cycle de 60 ans. 1723, 1783, 1843, 1903.
한 60년 주기의 40번째 해 | 1723, 1783, 1843, 1903년

*계문 [KYEI-MOUN,-I] (啓文, (Ouvrir, écriture)) 원151
불 Rapport sur son administration de la province, que chaque gouverneur envoie au gouvernement. ‖ Lettre d'un gouveneur de province au roi, sur une affaire importante.
한 각 지사가 정부에 보내는 자신의 지방 행정에 관한 보고 | 중요한 일에 대해 지방의 지사가 왕에게 보내는 공문

*계미 [KYEI-MI] (癸未) 원151
불 20e année du cycle de 60 ans. 1703, 1763, 1823, 1883.
한 60년 주기의 20번째 해 | 1703, 1763, 1823, 1883년

*계부 [KYEI-POU] (季父) 원151
불 Le plus jeune, le dernier frère du père. Frère cadet du père.
한 아버지의 가장 어린, 가장 막내 형제 | 아버지의 손아래 형제

*계셔ᄒᆞ다 [KYEI-SYA-HĂ-TA] (啓書) 원151
불 présenter un avis au roi sur les affaires de l'Etat.
한 왕에게 국정에 대한 의견을 제시하다

계수 [KYEI-SOU] 원151 ☞ [1]계슈

[1]*계슈 [KYEI-SYOU] (季嫂) 원151
불 Femme du frère cadet (ainsi appelée par les frères aînés de son mari).
한 손아래 남동생의 부인(자신의 남편의 형들에게 이렇게 불린다)

[2]*계슈 [KYEI-SYOU] (契首, (Société chef)) 원151
불 Chef d'une société, d'une association.
한 단체의, 회의 우두머리

*계슈나무 [KYEI-SYOU-NA-MOU] (桂樹) 원152
불 Cannellier.
한 계수나무

계슈ᄒᆞ다 [KYEI-SYUO-HĂ-TA] (稽首) 원151
불 Remuer la tête en signe d'approbation, de consentement. Incliner la tète en signe de respect.
한 찬성, 동의의 표시로 머리를 움직이다 | 존경의 표시로 고개를 숙이다

계시다 [KYEI-SI-TA,KYEI-SYE,KYEI-SIN] (在) 원151
불 Etre. (Honorif. de 잇다 It-ta). Nég.: 아니계시다 A-ni-kyei-si-ta, ou 안계시다 An-kyei-si-ta.
한 있다 | (잇다 It-ta의 경칭) | 부정: 아니 계시다 A-ni-kyei-si-ta, 또는 안계시다 An-kyei-si-ta.

[1]*계ᄉᆞ [KYEI-SĂ] (癸巳) 원151
불 30e année du cycle de 60 ans. 1713, 1773, 1833, 1893.
한 60년 주기의 30번째 해 | 1713, 1773, 1833, 1893년

[2]*계ᄉᆞ [KYEI-SĂ] (計士) 원151
불 Ecole de calcul.
한 회계 학교

[3]*계ᄉᆞ [KYEI-SĂ] (啓事) 원151

불 Receveur général des impôts. Commis du ministère des finances.

한 세금 총괄 징수인 | 재무부의 사무원

*계ᄉᆞᄒᆞ다 [KYEI-SĂ-HĂ-TA] (繼思, (Succéder, pensée)) 원151

불 Penser en second lieu.

한 둘째로 생각하다

*계씨 [KYEI-SSI] (季氏) 원151

불 Frère cadet d'un garçon. Sœur cadette d'une fille.

한 사내아이의 손아래 남동생 | 여자아이의 손아래 여동생

계오 [KYEI-O] 원150

불 A peine. Vix. V.Syn. 계유 Kyei-you.

한 겨우 | 〈겨우〉 | [동의어 계유, Kyei-you]

*계외가 [KYEI-OI-KA] (繼外家) 원151

불 En agr. Désigne les parents par la marâtre ou la seconde femme du père.

한 한자어로 계모 또는 아버지의 두 번째 부인으로 인한 친척들을 가리킨다

계우 [KYEI-OU] 원151 ☞ [2]계유

계운일 [KYEI-OUN-IL,-I] 원151

불 Chose excessive, qui dépasse les forces.

한 지나친, 벅찬 것

계웁다 [KYEI-OUP-TA,KYEI-OUE,KYEI-OUX] 원151

불 Etre excessif, dépasser les forces.

한 지나치다, 벅차다

[1]*계유 [KYEI-YOU] (癸酉) 원151

불 10e année du cycle de 60 ans. 1693, 1753, 1813, 1873, 1933.

한 60년 주기의 열 번째 해 | 1693, 1753, 1813, 1873, 1933년

[2]계유 [KYEI-YOU] (僅) 원151

불 Seulement, à grand'peine, à peine, vix.

한 단지, 간신히, 겨우, 〈겨우〉

[3]*계유 [KYEI-YOU] (鷄油) 원151

불 Graisse de poule.

한 암탉의 기름

*계응ᄒᆞ다 [KYEI-EUNG-HĂ-TA] (啓應) 원150

불 Verset et répons. réciter ou chanter alternativement au chœur.

한 [역주 성서의] 절과 답창 | 성가대에서 교대로 암송 또는 노래하다

*계장 [KYEI-YJANG,-I] (繼葬) 원152

불 Tombeau placé au-dessous des tombeaux des ancètres pour les descendants. =ᄒᆞ다- hă-tă, Le faire.

한 조상들의 무덤 아래에 자손들을 위해 위치한 묘 | [용례 =ᄒᆞ다, - hă-tă], 조상들의 무덤 아래에 자손들을 위해 묘를 두다

*계장지쳐 [KYEI-TJANG-TJI-TCHYE] (繼葬之處) 원152

불 Emplacement pour les tombeaux des descendant.

한 자손들의 묘를 위한 용지

*계쟝 [KYEI-TJYANG,-I] (契長) 원152

불 Chef d'une association.

한 회의 우두머리

[1]*계졀 [KYEI-TJYEL,-I] (階砌) 원152

불 Tertre gazonné au-devant du tombeau. Esp. d'autel situé au-devant des tombeaux.

한 무덤 앞에 잔디를 심은 언덕 | 무덤 앞에 위치한 제단의 종류

[2]*계졀 [KYEI-TJYEL,-I] (季節) 원152

불 Le temps de l'hiver, l'hiver.

한 겨울철, 겨울

[1]*계지 [KYEI-TJI] (誡指) 원152

불 Bague, anneau.

한 반지, 고리

[2]*계지 [KYEI-TJI] (桂枝) 원152

불 Petit fragment de cannelle, petite branche de cannellier.

한 계피의 작은 조각, 계수나무의 작은 가지

계집 [KYEI-TJIP,-I] (女) 원152

불 Femme; femelle; du sexe féminin.

한 여자 | 암컷 | 여성의

계집아ᄒᆡ [KYEI-TJIP-A-HĂI] (女兒) 원152

불 Fille, personne du sexe féminin non mariée.

한 여자아이, 결혼하지 않은 여성

계ᄌᆞ [KYEI-TJĂ] (芥) 원152

불 Sénevé, moutarde.

한 야생 겨자, 겨자

*계츅 [KYEI-TCHYOUK,-I] (癸丑) 원152

불 50e année du cycle de 60 ans. 1733, 1793, 1853, 1913.

한 60년 주기의 50번째 해 | 1733, 1793, 1853, 1913년

계츌이 [KYEI-TCHYOUL-I] (苧布) 원152

불 Toile de chanvre très-fine ou claire.

한 아주 가늘거나 성긴 삼베

*계칙 [KYEI-TCHĂIK,-I] (誡責) 원152

불 Commandement et censure ou reproche.

한 명령과 검열 또는 비난

1*계통ᄒᆞ다 [KYEI-HTONG-HĂ-TA] (繼痛, (se succéder, maladie)) 원152

불 Se propager (maladie). ‖ Etre malades tour à tour.

한 (병이) 유행하다 | 차례차례로 아프다

2*계통ᄒᆞ다 [KYEI-HTONG-HĂ-TA] (繼通) 원152

불 Succéder par adoption au roi défunt.

한 채택에 의해 작고한 왕의 뒤를 잇다

*계피 [KYEI-HPI] (桂皮) 원151

불 Ecorce de cannelle; cannelle. Ecorce extérieure du cannellier. Ecorce fine.

한 계피의 껍질 | 계피 | 계수나무의 겉껍질 | 얇은 껍질

*계하 [KYEI-HA] (階下, (Escalier, en bas)) 원151

불 Roi. Sa majesté. (Pas usité en s'adressant au roi; dans ce dernier cas on dit: 뎐하 Tyen-ha).

한 왕 | 폐하 | (왕에게 말할 때 사용되지 않는다 | 그런 경우 뎐하 Tyen-ha라고 한다)

*계화 [KYEI-HOA] (桂花) 원151

불 Fleur du cannellier. ‖ Couronne de fleurs que le roi donne aux nouveaux 급뎨 Keup-tyei.

한 계수나무의 꽃 | 왕이 새로운 급뎨 Keup-tyei자들에게 주는 화관

*계화쳥삼 [KYEI-HOA-TCHYENG-SAM,-I] (桂花靑衫, (Fleur de cannellier, habit bleu de ciel)) 원151

불 Décoration que donne le roi à ceux qui sont reçus 급뎨 Keup-tyei.

한 급뎨 Keup-tyei 가 된 사람들에게 왕이 주는 장식

*계회ᄒᆞ다 [KYEI-HOI-HĂ-TA] (契會, (Société, s'assembler)) 원151

불 Assemblée, congrès. ‖ S'assembler en société. ‖ Etre réunis ensemble. ‖ Se réunir, faire une réunion (se dit des membres d'une société). ‖ Former une société pour faire valoir de l'argent commun.

한 모임, 회의 | 단체로 모이다 | 함께 모이다 | 모이다, 집회를 갖다(단체의 회원들에 대해 쓴다) | 공동 재산을 운용하여 증식하기 위해 단체를 형성하다

*계희 [KYEI-HĂI] (癸亥) 원151

불 60e année du cycle de 60 ans. 1743, 1803, 1863, 1923.

한 60년 주기의 60번째 해 | 1743, 1803, 1863, 1923년

겹다 [KYEIP-TA,KYEI-OUE,KYEI-OUN] 원151

불 Etre excessif, dépasser les forces.

한 지나치다, 벅차다

1*고 [KO] (庫) 원176

불 Cellier, magasin à marchandises, etc. ‖ Magasin du gouvernement. (Il y en a un ou plusieurs en chaque district. -Il y a un 고 ko pour chaque espèce de choses).

한 지하 저장실, 상품을 위한 창고 등 | 정부의 창고 | (각 구역마다 하나 또는 여러 개가 있다. 물건의 종류마다 하나의 고 ko가 있다)

2*고 [KO] (苦) 원176

불 En agr. Douleur, peine, souffrance, affliction.

한 한자어로 고통, 아픔, 괴로움, 고뇌

3*고 [KO] (罟) 원176

불 Boucle d'un cordon, d'une ficelle.

한 밧줄, 끈의 매듭

4*고 [KO] (古) 원176

불 Ancien, vieux, antique.

한 오래되다, 낡다, 아주 오래되다

5*고 [KO] (膏) 원176

불 Extrait, essence, quintessence. ‖ Huile, graisse pour onguent.

한 농축물, 정유, 진수 | 기름, 고약을 만들기 위한 기름

6고 [KO] (此彼) 원176

불 Ce, celui-ci, celui-là.

한 그, 이 사람, 저 사람

7*고 [KO] (高) 원176

불 En agr. Haut, hauteur. (Quelquefois sans agrégation).

한 한자어로 높다, 높이 | (때때로 한자어 없이)

8*고 [KO] (孤) 원176

불 Orphelin, qui a perdu ses parents.

한 자신의 부모를 잃은 고아

9*고 [KO] (故) 원176

불 En agr. Cause, motif, raison.

한 한자어로 원인, 동기, 이유

10고 [KO] (故死) 원176

불 Mort, mourir, défunt.

한 죽음 | 죽다 | 작고하다

*고가 [KO-KA] (高價) 원184

불 Cherté; cher; prix élevé.

한 값비쌈 | 비싸다 | 높은 가격

1*고각 [KO-KAK,-I] (高閣) 원184

불 Haute maison.
한 높은 집

[2]*고각 [KO-KAK,-I] (鼓角) (원)184
불 Musique militaire, musique instrumentale.
한 군악, 기악

*고견ᄒᆞ다 [KO-KYEN-HĂ-TA] (顧見) (원)185
불 Prendre soin de; protéger; patronner; prendre les intérêts de.
한 ~을 돌보다 | 보호하다 | 수호하다 | ~을 옹호하다

[1]*고경 [KO-KYENG,-I] (古經) (원)185
불 Ancien Testament.
한 구약 성서

[2]*고경 [KO-KYENG,-I] (苦境) (원)185
불 Etat pénible; détresse; Infortune.
한 괴로운 상태 | 비통 | 불행

고곰 [KO-KOM,-I] (瘧疾) (원)185
불 Maladie (dans les grandes chaleurs). Fièvre tierce. Syn. 학질 Hak-tjil.
한 (혹서기의) 질병 | 3일 간격으로 일어나는 간헐열 | [동의어 학질, Hak-tjil]

[1]*고공 [KO-KONG,-I] (苦功) (원)185
불 Croix et mérites. || Œuvre pénible.
한 고난과 공적 | 괴로운 일

[2]*고공 [KO-KONG,-I] (雇工) (원)185
불 Domestique, serviteur à gages.
한 하인, 급료를 받는 하인

*고과 [KO-KOA] (苦果) (원)185
불 Fève St. Ignace. Syn. 보두 Po-tou.
한 성 이그나티우스 잠두콩 | [동의어 보두, Po-tou]

*고과ᄒᆞ다 [KO-KOA-HĂ-TA] (告課) (원)185
불 Lire, énoncer, exposer au mandarin le contenu d'un placet.
한 관리에게 청원서의 내용을 읽다, 진술하다, 설명하다

*고관대쟉 [KO-KOAN-TAI-TJYAK,-I] (高官大爵) (원)185
불 Haute dignité. Le sommet des honneurs, le faîte des dignités.
한 고위 고관 | 명예의 절정, 고관의 절정

*고교 [KŌ-KYO] (古敎) (원)185
불 Ancienne loi, loi judaïque, loi mosaïque.
한 오래전의 율법, 유태의 율법, 모세의 율법

*고국 [KŌ-KOUK,-I] (故國) (원)185
불 Le propre royaume, c.a.d. le nôtre, notre pays; la patrie.
한 자신의 왕국, 즉, 우리들의 왕국, 우리 나라 | 조국

*고군 [KŌ-KOUN] (故軍) (원)185
불 Soldat d'autrefois. || Ancien chef-lieu de canton qui a cessé de l'être.
한 예전 군인 | 지금은 그렇지 않은 옛날 면 소재지

*고극ᄒᆞ다 [KO-KEUK-HĂ-TA,-HĂN,-HI] (苦劇) (원)185
불 Beaucoup et difficile. || Extrèmement pénible.
한 많고 어렵다 | 매우 괴롭다

*고금 [KŌ-KEUM] (古今) (원)185
불 En ce temps-là, en ce temps-ci. Autrefois et maintenant. De tout temps.
한 그 당시, 요즘 | 예전과 지금 | 예로부터 언제나

[1]*고급ᄒᆞ다 [KO-KEUP-HĂ-TA] (告急) (원)185
불 Surprendre, prendre à l'improviste, v.g. annoncer au roi ou au mandarin une nouvelle pressante.
한 뜻하지 않게 오다, 기습하다, 예. 왕이나 관리에게 긴박한 소식을 알리다

[2]*고급ᄒᆞ다 [KO-KEUP-HĂ-TA] (顧給) (원)185
불 Entretenir; pourvoir aux besoins; fournir le vivre et le couvert.
한 부양하다 | 생활에 필요한 것들을 공급하다 | 먹을 것과 거처를 공급하다

*고긔 [KO-KEUI] (故基) (원)185
불 Endroit habité anciennement.
한 옛날에 살았던 장소

고긔앙 [KO-KEUI-ANG,-I] (원)185
불 Moelle; intérieur des plantes, d'un arbre. || Nom d'un arbre.
한 고갱이 | 식물의, 나무의 내부 | 나무의 이름

[1]고기 [KO-KI] (魚) (원)185
불 Poisson.
한 물고기

[2]고기 [KO-KI] (肉) (원)185
불 Chair, viande. quelquefois: animal vivant.
한 살, 고기 | 때때로: 살아있는 동물

고기잡다 [KO-KI-TJAP-TA,-TJAP-A,-TJAP-EUN] (漁) (원)185
불 Pêcher, attraper du poisson.
한 낚시하다, 물고기를 잡다

[1]고ᄀᆡ [KO-KĂI] (峙) (원)184
불 Gorge, col ou passage élevé dans les montagnes.
한 산의 협곡, 재 또는 높은 길

[2]고기 [KO-KĂI] (項) [원]185
[불] Le cou, le derrière du cou.
[한] 목, 목의 뒷부분

*고긱 [KO-KĂIK,-I] (苦客) [원]185
[불] Hôte à charge, ennuyeux.
[한] 부담이 되는, 귀찮은 손님

*고낙 [KO-NAK,-I] (苦樂) [원]187
[불] Chagrin et joie, douleur et plaisir. (La vraie orthographe est 고락 ko-rak.)
[한] 슬픔과 기쁨, 고통과 즐거움 | (실제 철자법은 고락 ko-rak이다)

*고난 [KO-NAN,-I] (苦難) [원]187
[불] Souffrance, passion.
[한] 고통, 괴로움

고내 [KO-NAI] (蝸) [원]187
[불] Esp. de bigorneau, de limaçon.
[한] 경단고둥, 달팽이의 종류

*고녀 [KO-NYE] (孤女) [원]187
[불] Femme sans mari, sans enfant. ‖ Femme impuissante, stérile.
[한] 남편이 없는, 아이가 없는 여성 | 무능한, 불임인 여자

[1]고노 [KO-NO] [원]187
[불] Jeu de marelle ou de la chaise (se joue à deux, avec huit jetons chacun).
[한] 돌차기나 의자 놀이 (두 명씩, 각자가 여덟 개의 표를 갖고 놀이한다)

[2]*고노 [KO-NO] (苦奴) [원]187
[불] Domestique.
[한] 하인

[3]*고노 [KO-NO] (故老) [원]187
[불] Vieillard.
[한] 노인

고노두다 [KO-NO-TOU-TA,-TOUE,-TOUN] [원]187
[불] jouer à la marelle, à la chaise.
[한] 돌차기 놀이, 의자놀이를 하다

고노ᄡᅳ기 [KO-NO-TTEU-KI] [원]187
[불] Jeu qui consiste en ce que les joueurs viennent piquer une baguette dans le sable, où un anneau a été caché; celui dont la baguette passe à travers l'anneau a gagné.
[한] 놀이를 하는 사람들이 고리가 숨겨진 모래에 와서 막대기를 찌르는 것으로 이루어진 놀이 | 막대기로 고리를 관통시키는 사람이 이겼다

[1]*고단ᄒᆞ다 [KO-TAN-HĂ-TA] (苦短|困) [원]195
[불] Etre fatigué, épuisé de fatigue.
[한] 피곤하다, 녹초가 되다

[2]*고단ᄒᆞ다 [KO-TAN-HĂ-TA] (孤單) [원]195
[불] Etre seul, isolé, sans famille.
[한] 외롭다, 고립되다, 가족이 없다

고달 [KO-TAL,-I] [원]195
[불] Piton; extrémité d'un objet percée d'un trou pour y introduire un anneau.
[한] 대가리가 고리로 된 못 | 고리를 넣기 위한 구멍이 뚫린 물건의 끝

고달부리다 [KO-TAL-POU-RI-TA,-RYE,-RIN] [원]195
[불] Traiter les autres avec hauteur. ‖ User de ruse.
[한] 다른 사람들을 거만하게 대하다 | 꾀를 쓰다

[1]*고달ᄒᆞ다 [KO-TAL-HĂ-TA] (高達) [원]195
[불] Etre orgueilleux, fier; trancher du grand. ‖ Etre grand, majestueux.
[한] 오만하다, 거만하다 | 고위층의 사람인 척하다 | 위대하다, 장엄하다

[2]*고달ᄒᆞ다 [KO-TAL-HĂ-TA] (告達) [원]195
[불] Souhaiter, dire. 안령이줌으심을고달ᄒᆞ다 An-ryeng-i tjoum-eu-sim-eul ko-tal-hă-ta, Souhaiter (à ses parents) le dormir en paix; souhaiter bonne nuit.
[한] 바라다, 말하다 | [[용례] 안령이줌으심을고달ᄒᆞ다, An-ryeng-i tjoum-eu-sim-eul ko-tal-hă-ta], (자신의 부모에게) 편안한 수면을 바라다 | 잘 자라고 인사하다

[1]*고담 [KO-TAM,-I] (古談) [원]195
[불] Parole d'autrefois. Roman.
[한] 옛날 말 | 소설

[2]*고담 [KO-TAM,-I] (高談) [원]195
[불] Grand et haut cri, parole haute. ‖ Conversation ou paroles sur des sujets très-graves.
[한] 크고 높은 외침, 교만한 말 | 매우 심각한 주제에 관한 대화 또는 말

*고뎍ᄒᆞ다 [KO-TYEK-HĂ-TA] (孤寂) [원]195
[불] Demeurer peu ensemble. ‖ Etre seul, sans famille. ‖ Etre retiré, désert, tranquille, solitaire.
[한] 거의 함께 머물러 있지 않다 | 외롭다, 가족이 없다 | 은둔하다, 쓸쓸하다, 고요하다, 고독하다

*고뎡ᄒᆞ다 [KO-TYENG-HĂ-TA] (固貞) [원]195
[불] Droit, franc, simple, sincère, probe, loyal, propre.

한 바르다, 솔직하다, 소박하다, 진지하다, 청렴하다, 성실하다, 정직하다

[1]고도리 [KO-TO-RI] 원196

불 Os de la hanche.

한 엉덩이 뼈

[2]고도리 [KO-TO-RI] 원196

불 Ressort de serrure; tout ce qui sert à ouvrir et fermer en tournant sur soi-même, comme la clef d'un robinet.

한 자물쇠의 태엽 | 수도꼭지처럼 빙글 돌려 열고 잠그는 데 쓰이는 모든 것

고도어 [KO-TO-E] 원196

불 Esp. de poisson.

한 물고기 종류

*고독ᄒᆞ다 [KO-TOK-HĂ-TA] (孤獨) 원196

불 Qui n'a pas de frère. Etre seul, sans soutien, sans famille.

한 형제가 없다 | 외롭다, 후원자가 없다, 가족이 없다

[1]고동 [KO-TONG,-I] 원196

불 Languette d'un piége, pène de serrure, gâchette d'un fusil.

한 덫에 쓰이는 작은 혀 모양의 것, 자물쇠의 빗장, 총의 방아쇠

[2]고동 [KO-TONG,-I] 원196

불 Conque marine. Esp. de bigorneau, d'animal de mer dont le coquillage est en spirale.

한 바다 소라고둥 | 경단고둥, 조개껍질이 나선형으로 된 바다 동물 종류

[3*]고동 [KO-TONG,-I] (苦冬) 원196

불 Hiver rigoureux.

한 혹독한 겨울

*고동ᄒᆞ다 [KO-TONG-HĂ-TA] (皷動) 원196

불 Presser, exciter, encourager, aiguillonner. ‖ Jubilation. jubiler; exprimer la joie.

한 압박하다, 부추기다, 격려하다, 자극하다 | 환희 | 몹시 기뻐하다 | 기쁨을 표현하다

*고됴ᄒᆞ다 [KO-TYO-HĂ-TA] (顧助) 원196

불 Aider, soigner, prendre soin de, secourir.

한 돕다, 보살피다, 돌보다, 구원하다

고두룸 [KO-TOU-RĂM,-I] 원196

불 Glace pendue au toit en forme de chandelle. Eau geléc en forme de cierge.

한 양초 모양으로 지붕에 매달린 얼음 | 양초 모양으로 언 물

[1]고두머리 [KO-TOU-ME-RI] 원196

불 Cheveux frisés, bouclés. Faire son toupet sans le secours d'autres cheveux.

한 곱슬한, 굽슬한 머리 | 다른 머리카락의 도움 없이 윗머리 털 뭉치를 만들다

[2]고두머리 [KO-TOU-ME-RI] 원196

불 Extrémité.

한 끝

고두쇠 [KO-TOU-SOI] (斫刀楄) 원196

불 Pivot du couteau à manche, à hachis. Cheville de fer qui sert à fixer le grand couteau pour couper la paille aux bestiaux. Goupille.

한 손잡이가 있는, 다짐용 칼의 굴대 | 가축들에게 짚을 잘라 주기 위해 큰 칼을 고정하는 데 쓰는 철로 된 쐐기 | 쐐기 못

*고두ᄒᆞ다 [KO-TOU-HĂ-TA] (叩頭) 원196

불 Courber la tête, incliner la tête; saluer.

한 머리를 굽히다, 머리를 숙이다 | 인사하다

고둘ᄲᅡ귀 [KO-TOUL-PPA-KOUI] (菫菾) 원196

불 Esp. d'herbe potagère amère. Esp. de séneçon. jacobée. Herbe de St.-Jacques.

한 맛이 쓴 식용 풀 종류 | 개쑥갓 종류 | 개쑥갓무리 | 개쑥갓무리

고드릐 [KO-TEU-RĂI] 원196

불 Pierres qui servent à retenir les fils de la chaine lorsqu'on fait des nattes.

한 돗자리를 만들 때 날줄을 고정시키는 데에 쓰이는 돌

[1]고들ᄀᆡ [KO-TEUL-KĂI] 원196

불 Liens de paille qui restent aux extrémités d'une tresse de tabac, et servent à la suspendre. ‖ Chevron pour soutenir la couverture de paille sur les barques coréenes.

한 엮은 담배의 끝에 남아 있고 그것을 매다는 데 쓰이는 짚으로 된 끈 | 조선의 작은 배 위에 짚으로 된 덮개를 받치기 위한 서까래

[2]고들ᄀᆡ [KO-TEUL-KĂI] (打鞭) 원196

불 Baguette, verge, fouet. (Syn. 채 Tchai).

한 막대기, 채, 회초리 | [동의어 채, Tchai]

고등어 [KO-TEUNG-E] 원196

불 Nom d'un poisson de mer, le maquereau.

한 바닷물고기의 이름, 고등어

*고등에 [KO-TEUNG-EI] (高等) 원196

불 D'abord, en premier lieu.
한 우선, 맨 처음으로

[1]* 고등ᄒᆞ다 [KO-TEUNG-HĂ-TA] (高等) 원196
불 Etre le premier v.g. en composition; l'emporter de beaucoup sur les autres.
한 예. 시험에 있어서 으뜸이다 | 다른 사람들보다 많이 우세하다

[2]* 고등ᄒᆞ다 [KO-TEUNG-HĂ-TA] (高騰) 원196
불 Augmentation prompte du prix des blés. Renchérir tout à coup; devenir très-cher. Cher (en parlant du prix des denrées); trop cher.
한 곡물 가격의 급속한 상승 | 갑자기 값을 올리다 | 매우 비싸지다 | (식료품 가격을 말할 때) 비싸다 | 너무 비싸다

[1]* 고ᄃᆡ [KO-TĂI] (苦帶) 원195
불 Ceinture en cilice, cilice en forme de ceinture.
한 거친 피륙으로 된 띠, 띠 모양의 거친 피륙

[2]* 고ᄃᆡ [KO-TĂI] (高臺) 원195
불 Tour élevée.
한 높은 탑

[3] 고ᄃᆡ [KO-TĂI] (今時) 원195
불 Tout de suite, il n'y a qu'un instant. (Provinc.).
한 즉시, 바로 조금 전에 | (지역어)

* 고ᄃᆡᄒᆞ다 [KO-TĂI-HĂ-TA] (苦待) 원195
불 Attendre avec impatience.
한 애타게 기다리다

고라마 [KO-RA-MA] 원193
불 Cheval de couleur cendrée, gris cendré.
한 잿빛의, 비둘기색의 말

고라실 [KO-RA-SIL,-I] 원193
불 Rizières au-devant de la maison. ‖ Rizière qui conserve bien l'eau.
한 집 앞의 논 | 물을 잘 저장하는 논

* 고락 [KO-RAK,-I] (苦樂) 원192
불 Peine et plaisir. Douloureux et réjouissant.
한 괴로움과 즐거움 | 고통스럽고 기쁘다

고락스럽다 [KO-RAK-SEU-REP-TA,-RE-OUE,-RE-ON] 원193
불 Etre excessif, être trop.
한 과도하나, 너무하나

고락이 [KO-RAK-I] 원193
불 Moisissure, corruption, esp. de mousse qui indique une altération. Vase.
한 곰팡이, 부패, 변질을 나타내는 이끼 종류 | 진흙

[1] 고랑 [KO-RANG,-I] (畝間) 원193
불 Fossé.
한 도랑

[2]* 고랑 [KO-RANG,-I] (錮囊) 원193
불 Entraves, fers qu'on met aux pieds d'un coupable traîné en prison. Menottes.
한 족쇄, 죄인을 감옥에 끌고 갈 때 발에 채우는 쇠사슬 | 수갑

[1] 고랑이 [KO-RANG-I] (谷畓) 원193
불 Rizières de montagne.
한 산의 논

[2] 고랑이 [KO-RANG-I] 원193
불 Esp. de chevreuil avec des cornes.
한 뿔이 있는 노루 종류

고래 [KO-RAI] (鯨) 원192
불 Baleine, cétacée.
한 고래, 고래류

* 고량진미 [KO-RYANG-TJIN-MI] (膏粱珍味) 원193
불 Bons mets, mets succulents, bonne nourriture, bonne chère.
한 맛있는 요리, 맛이 풍부한 요리, 좋은 음식, 맛있는 식사

고량틀 [KO-RYANG-HTEUL,-I] (錮樑) 원193
불 Entraves, ceps, grandes pièces de bois avec des entailles pour emboîter les pieds des coupables.
한 족쇄, 차꼬, 죄인들의 발을 끼워 넣기 위한 홈이 있는 큰 나무 조각

* 고려국 [KO-RYE-KOUK,-I] (高麗國) 원193
불 Royaume de Corée. (C'est l'ancien nom. dans le pays et au Japon, on ne l'appelle plus que Tyo-syen).
한 조선의 왕국 | (이것은 옛날 이름이다. 나라 안에서 그리고 일본에서는 더 이상 조선이라고밖에 부르지 않는다)

* 고려셕 [KO-RYE-SYEK,-I] (高麗石) 원193
불 Chaux des vieilles murailles du temps des 고려 Ko-rye, et qui sert de remède, d'onguent pour les furoncles.
한 절종에 대한 약, 고약으로 쓰이는 고려 Ko-rye 시대의 오래된 성벽의 석회

* 고려장 [KO-RYE-TJANG,-I] (高麗葬) 원193
불 Ancien usage d'enterrer les vieillards vivants. Tombeau sous forme de caverne en pierre, où les Coréens, autrefois, mettaient les vieillards trop âgés et

les y laissaient mourir tranquillement. (La dynastie actuelle a aboli cette coutume).
한 살아 있는 노인을 매장하는 옛날 풍습 | 예전에 조선 사람들이 아주 나이 많은 노인들을 두고 평온하게 죽도록 내버려 두었던, 돌로 된 동굴 형태의 무덤 | (현 왕조가 이 관습을 폐지했다)

*고련근 [KO-RYEN-KEUN,-I] (苦練根) 원193
불 Epinevinette. Sorte d'herbe médicinale, esp. de plante liliacée, amère. (Se trouve à Quelpaërt). Esp. de racine vermifuge.
한 매자나무 | 약용 풀의 종류, 쓴맛이 나는 백합 모양 식물 종류 | (제주도에 있다) | 구충제로 쓰는 뿌리 종류

*고렴ᄒᆞ다 [KO-RYEM-HĂ-TA] (顧念) 원193
불 Regarder avec commisération. Aider. Penser à, s'occuper de.
한 연민을 갖고 보다 | 돕다 | ~에 유념하다, 돌보다

*고령셕 [KO-RYENG-SYEK,-I] (古灵石) 원193
불 Pierre médicinale, sorte de remède.
한 약용 돌, 약의 종류

*고례 [KO-RYEI] (古禮) 원193
불 Usages antiques, rites et cérémonies d'autrefois.
한 옛날의 예법, 예전의 제례와 의식

1*고로 [KO-RO] (故) 원193
불 Instrum. de 고 Ko. Pour cette raison, pour ce motif, pour cette cause, c'est pourquoi, par conséquent, donc.
한 고 Ko의 도구격 | 그런 이유로, 그런 동기로, 그런 원인으로, 그 때문에, 그러므로, 따라서

2*고로 [KO-RO] (苦路) 원193
불 Route pénible.
한 고된 길

3*고로 [KO-RO] (故老) 원193
불 Vieillard.
한 노인

4*고로 [KO-RO] (雇奴) 원193
불 Domestique à gages.
한 급료를 받는 하인

고로게하다 [KO-RO-KEI-HĂ-TA] (調) 원193
불 Ne pas faire d'acception de personnes.
한 사람을 차별하지 않다

고로옴 [KO-RO-OM,-I] (苦) 원193
불 Souffrance, peine, affliction, rude labeur.
한 고통, 아픔, 고뇌, 고된 일

고롭다 [KO-ROP-TA,-RO-OA,-RO-ON] (苦) 원193
불 Etre à charge, affliger, faire souffrir.
한 부담이 되다, 괴롭히다, 고통을 겪게 하다

고롱고롱ᄒᆞ다 [KO-RONG-KO-RONG-HĂ-TA] 원193
불 Personne épuisée par une longue maladie. Etre bien malade. Sembler sur le point de mourir de maladie ou de vieillesse.
한 오랜 병으로 기진맥진한 사람 | 많이 아프다 | 병이나 노화로 막 죽으려는 듯하다

*고루거각 [KO-ROU-KE-KAK,-I] (高樓巨閣, (Haut, étage, grand, maison)) 원193
불 Château; palais; très-grande maison.
한 성 | 궁궐 | 매우 큰 집

*고루ᄒᆞ다 [KO-ROU-HĂ-TA] (孤陋) 원193
불 Imbécile; qui sait peu; ignorant; qui n'en sait pas long; niais.
한 어리석다 | 별로 아는 것이 없다 | 무식하다 | 자세히 모르다 | 멍청하다

고르다 [KŌ-REU-TA,KOL-NA,KO-REUN] (調) 원193
불 Etre plan, égal, droit, juste, uni. Accorder un instrument.
한 평평하다, 고르다, 곧다, 공평하다, 단조롭다 | 악기를 조율하다

1고름 [KO-REUM,-I] (膿) 원193
불 Pus, sanie, bave.
한 고름, 혈농, 점액

2고름 [KO-REUM,-I] (襻) 원193
불 Attache d'habit, cordon.
한 옷을 매는 데 쓰는 끈, 끈

고릐 [KO-REUI] (環) 원193
불 Anneau de fer, cercle, boucle.
한 철로 된 고리, 원형의 물건, 고리쇠

고리다 [KO-RI-TA,-RYE,-RIN] (穢臭) 원193
불 Fétide; avoir l'odeur de pieds, d'aisselle. Puer, sentir le poisson pourri.
한 냄새가 역하다 | 발, 겨드랑이에서 냄새가 나다 | 악취가 풍기다, 생선 썩는 냄새가 나다

고리쌱 [KO-RI-TTJAK] (柳器) 원193
불 Panier, corbeille d'osier, van, esp. de grande corbeille.
한 광주리, 버들가지로 만든 바구니, 키, 큰 바구니 종류

고리장이 [KO-RI-TJANG-I] (柳匠) 원193
불 Vannier; vannerie. Ouvrier qui fait des corbeilles en osier, etc. (Les vanniers appartiennent à la dernière classe

de la société, comme les bouchers, les cordonniers). V. 빅쟝놈 Păik-tjang-nom.
한 광주리 만드는 사람 | 광주리 제조업 | 버들가지 등으로 바구니를 만드는 직공 (백정들이나 제화공들처럼, 광주리 만드는 사람들은 사회 최하위 계층에 속한다) | [참조어 빅쟝놈, Păik-tjang-nom]

[1] 고ᄅᆞ다 [KO-RĂ-TA,KOL-NE ou KOL-NA,KO-RĂN] (擇) 원193
불 Choisir, chercher et élire, trier.
한 선택하다, 찾고 뽑다, 고르다

[2] 고ᄅᆞ다 [KO-RĂ-TA,KOL-NE ou KOL-NA,KO-RĂN] (均) 원193
불 Etre semblable, égal, d'accord.
한 비슷하다, 같다, 일치하다

*고ᄅᆡ [KŌ-RĂI] (古來) 원193
불 Antique; de tout temps de toute antiquité.
한 옛날의 | 옛날 옛적부터

*고마 [KO-MA] (雇馬) 원186
불 Cheval du gouvernement, mis au service du mandarin. cheval qui porte le bagage du mandarin.
한 관리가 쓰는 정부의 말 | 관리의 짐을 나르는 말

[1]* 고마ᄒᆞ다 [KO-MA-HĂ-TA] (叩馬) 원186
불 Saisir par la bride et arrêter le cheval du mandarin, pour présenter un placet à celui-ci.
한 관리에게 청원서를 제출하기 위해 관리의 말을 고삐를 잡아 세우다

[2] 고마ᄒᆞ다 [KO-MA-HĂ-TA] 원186
불 Etre aimé, affectionué.
한 사랑받다, 애정이 깃들다

고만 [KO-MAN] 원186
불 Assez.
한 충분히

[1]* 고명 [KO-MYENG,-I] (告明) 원186
불 Confession claire, aveu sincère, une des cinq parties du sacrement de pénitence.
한 명백한 자백, 진실한 고백, 고해성사의 다섯 부분 중 하나

[2] 고명 [KO-MYENG,-I] 원186
불 Condiment, assaisonnement, épices.
한 양념, 조미료, 향신료

*고명달ᄉᆞ [KO-MYENG-TAL-SĂ] (高明達士) 원186
불 Savant, qui sait tout. Lettré très-habile, très-intelligent.
한 모든 것을 아는 학자 | 매우 유능하고, 매우 총명한 학식 있는 사람

[1]* 고명ᄒᆞ다 [KO-MYENG-HĂ-TA] (告明) 원186
불 Faire la confession, se confesser.
한 자백하다, 고백하다

[2]* 고명ᄒᆞ다 [KO-MYENG-HĂ-TA] (高名) 원186
불 Obtenir, avoir une grande réputation.
한 큰 명성을 얻다, 가지다

*고모 [KO-MO] (姑母) 원186
불 Tante paternelle, sœur du père.
한 고모, 아버지의 여자 형제

*고모부 [KO-MO-POU] (姑母夫) 원186
불 Oncle, mari de la sœur du père.
한 삼촌, 아버지 여자 형제의 남편

[1]* 고목 [KO-MOK,-I] (告目) 원186
불 Lettre d'un homme du peuple à un noble élevé.
한 서민이 높은 귀족에게 쓰는 편지

[2]* 고목 [KO-MOK,-I] (古木) 원186
불 Vieil arbre. Vieux bois.
한 늙은 나무 | 오래된 나무

고무락이 [KO-MOU-RAK-I] 원186
불 Petite boule, boulette (de coton, de papier, etc). ‖ poussière, débris.
한 (솜, 종이 등으로 만든) 작은 구, 작은 공 | 부스러기, 파편

*고무ᄒᆞ다 [KO-MOU-HĂ-TA] (鼓舞) 원186
불 Danser au son du tambour. Danser en remuant les bras et les jambes, en chantant.
한 북소리에 춤을 추다 | 팔과 다리를 휘저으며, 노래를 하며 춤을 추다

*고문 [KŌ-MOUN] (古文) 원186
불 Ecriture antique. L'ancienne écriture chinoise (qui sert pour les cachets).
한 옛날의 글씨 | (도장으로 쓰이는) 중국의 옛날 글씨

[1]* 고문ᄒᆞ다 [KO-MOUN-HĂ-TA] (叩問) 원186
불 Interroger, s'informer, s'enquérir.
한 질문하다, 문의하다, 캐묻다

[2]* 고문ᄒᆞ다 [KO-MOUN-HĂ-TA] (叩門) 원186
불 Frapper à la porte avant d'entrer, crier pour s'annoncer.
한 들어가기 전에 문을 두드리다, 알리기 위해 소리치다

[1]* 고물 [KO-MOUL,-I] (故物) 원186

불 Vieil objet, chose ancienne.
한 오래된 물건, 옛것

[2]고물 [KO-MOUL,-I] 원186
불 Farine de pois ou de haricots, dans laquelle on roule les gâteaux pour les empêcher de se coller.
한 콩이나 제비콩의 가루로, 떡이 달라붙는 것을 막기 위해 떡을 그 속에 굴린다

[1]고믈 [KO-MEUL,-I] (舡) 원186
불 Le derrière ou l'arrière d'un bateau, d'un navire.
한 배의, 선박의 뒷부분

[2]고믈 [KO-MEUL,-I] 원186
불 Poussière, débris.
한 부스러기, 파편

고믈고믈ᄒᆞ다 [KO-MEUL-KO-MEUL-HĂ-TA] 원186
불 Avoir peur (petit enfant). ‖ Etre très-nombreux, fourmiller.
한 (어린 아이가) 무서워하다 | 매우 많다, 득실거리다

고미ᄅᆡ [KO-MI-RĂI] (丁) 원186
불 Racloir. ‖ Battoir.
한 긁는 연장 | 빨래 방망이

고밀기 [KO-MIL-KĂI] (丁) 원186
불 Racloir. instrument à manche pour réunir le grain en tas. (Provinc.).
한 긁는 연장 | 낟알을 더미로 모으기 위한 자루 달린 도구 | (지역어)

*고반 [KŌ-PAN,-I] (古班) 원191
불 Noble d'autrefois. Ancien noble. Ancienne famille noble tombée.
한 이전의 귀족 | 예전의 귀족 | 몰락한 이전의 귀족 집안

[1*]고방 [KO-PANG,-I] (庫房) 원191
불 Chambre de décharge.
한 헛간

[2*]고방 [KO-PANG,-I] (古方) 원191
불 Ancienne formule, ancienne rccette (méd.).
한 옛날의 처방, 옛날의 처방(약)

*고벌 [KO-PEL,-I] (苦罰) 원191
불 Punition douloureuse. Supplice ou châtiment pénible.
한 고통스러운 처벌 | 고문 또는 고통스러운 벌

*고범ᄒᆞ다 [KO-PEM-HĂ-TA] (故犯) 원191
불 Pécher exprès. Commettre de propos délibéré.
한 고의로 죄를 범하다 | 고의로 죄를 저지르다

*고법 [KO-PEP,-I] (古法) 원191
불 Ancienne loi. Ancien usage.
한 옛날의 법 | 옛날의 관례

*고벽ᄒᆞ다 [KO-PYEK-HĂ-TA] (古僻) 원191
불 Opiniâtre, entêté.
한 완고하다, 고집 세다

*고변 [KO-PYEN,-I] (故變) 원191
불 Raison, motif. V. 변고 Pyen-ko.
한 이유, 동기 | [참조어 변고, Pyen-ko]

*고변ᄒᆞ다 [KŌ-PYEN-HĂ-TA] (告變) 원191
불 Traître. Trahir les partisans en les dénonçant; dénoncer une révolte. Accuser, dénoncer.
한 배반하다 | 같은 편을 고발하여 배신하다 | 반란을 고발하다 | 고소하다, 고발하다

[1*]고복 [KO-POK,-I] (苦服) 원192
불 Cilice.
한 모포

[2*]고복 [KO-POK,-I] (孤僕) 원192
불 Esclave qui n'a pas de camarade; seul chez un maître.
한 동료가 없는 노예 | 주인의 집에 유일한 사람

고복다짐 [KO-POK-TA-TJIM] (考服考音) 원192
불 Aveu par lequel un coupable reconnait avoir mérite la mort et s'y soumet sans regret. =ᄒᆞ다-hă-ta, Signer sa propre condamnation à mort.
한 죽어 마땅하다는 것을 인정하고 그것에 미련 없이 따르는 범인의 자백 | [용례 =ᄒᆞ다, -hă-ta], 자신의 사형선고에 서명하다

*고복ᄒᆞ다 [KO-POK-HĂ-TA] (考服) 원192
불 Condamner à mort.
한 사형선고를 내리다

*고봉졀뎡 [KO-PONG-TJYEL-TYENG] (高峯絕頂, (Elevé, sommet de montagne, cassé, front)) 원192
불 Pic élevé et abrupt. Haute montagne taillée à pic.
한 높고 가파르며 뾰족한 산봉우리 | 깎아지른 높은 산

*고봉ᄒᆞ다 [KO-PONG-HĂ-TA] (庫封) 원192
불 Mettre les scellés sur un greuier rempli de grains. Fermer le grenier au cadenas.
한 곡식으로 가득 찬 곡간을 봉인하다 | 맹꽁이 자물쇠로 곡간을 잠그다

*고부 [KO-POU] (姑婦) 원192
불 Belle-mère et bru.
한 시어머니와 며느리

고부랑ᄒᆞ다 [KO-POU-RANG-HĂ-TA] (曲) 원192
불 Etre légèrement recourbé.

[한] 살짝 구부러지다

*고부셔 [KO-POU-SYE] (告計書) [원]192

[불] Acte mortuaire; lettre de faire part d'une mort.

[한] 사망 증명서 | 죽음을 알리는 공문

고븟 [KO-PEUT,-TCHI] [원]192

[불] Tour autour, rond autour. Les tours redoublés, comme aux deux bouts d'un écheveau, d'une corde en roulée plusieurs fois. || Angles d'un zigzag. || Un pli, un cintre, une courbure.

[한] 둘레를 한 바퀴 돌기, 둘레가 둥근 것 | 실타래, 여러 번 감긴 줄의 양 끝에서처럼 반복적으로 감긴 것 | 갈 지 자의 모난 부분들 | 주름, 활모양, 구부러짐

*고붕 [KO-POUNG,-I] (故朋) [원]192

[불] Ancien ami. ami honorable d'un degré inférieur.

[한] 오래된 친구 | 낮은 신분의 훌륭한 친구

고븨 [KO-PEUI] [원]191

[불] Crise dans une maladie. Le paroxysme d'une maladie. Le moment critique, le point décisif d'une affaire.

[한] 병의 고비 | 병의 절정 | 위급한 순간, 일의 결정적인 순간

1 고비 [KO-PI] [원]192

[불] Porte-lettres; petite bourse, faite avec une bande ou feuille de papier collée au mur par la partie inférieure et les deux bouts latéraux, pour recevoir les lettres, les billets, etc.

[한] 편지꽂이 | 편지, 쪽지 등을 넣기 위해 아랫부분과 양쪽 측면 끝이 벽에 붙은 종이 띠나 종잇장으로 만든 작은 주머니

2 고비 [KO-PI] (薇) [원]192

[불] Légume, esp. de fougère.

[한] 채소, 고사리 종류

*고비원듀 [KO-PI-OUEN-TYOU] (高飛遠走, (Elevé, s'envoler, loin, fuir)) [원]192

[불] S'envoler haut et fuir au loin. Fuite dans une contrée éloignée.

[한] 높이 날아서 멀리 달아나다 | 멀리 떨어진 지방으로 달아남

1* 고비ᄒᆞ다 [KO-PĂI-HĂ-TA] (叩拜) [원]191

[불] S'incliner pour saluer.

[한] 인사하기 위해 몸을 굽히다

2* 고비ᄒᆞ다 [KO-PĂI-HĂ-TA] (高排) [원]191

[불] Entasser. Mettre dans un plat des vivres par-dessus les bords; amonceler les vivres.

[한] 쌓다 | 접시 가장자리 위로 올라오도록 음식을 두다 | 음식을 쌓아 올리다

3 고비ᄒᆞ다 [KO-PĂI-HĂ-TA] [원]191

[불] Fond encadrement. Préparer la muraille pour y mettre une image, une statue.

[한] 토대, 틀 | 그림, 입상을 놓기 위해 벽을 준비하다

1* 고사 [KO-SA] (古寺) [원]194

[불] Ancienne bonzerie.

[한] 오래된 절

2* 고사 [KO-SA] (告辭) [원]194

[불] Sorte de sacrifice au démon.

[한] 수호신에게 바치는 제물의 종류

고사리 [KO-SA-RI] (蕨) [원]194

[불] Sorte d'herbe, de légume. Fougère commune.

[한] 풀, 채소의 종류 | 보통의 고사리

고사풍 [KO-SA-HPOUNG,-I] (馬病) [원]194

[불] Maladie de cheval, de bœuf. maladie des bestiaux (probab. le charbon).

[한] 말, 소의 병 | 가축의 병(아마도 탄저병)

1* 고사ᄒᆞ다 [KO-SA-HĂ-TA] (姑舍) [원]194

[불] S'arrêter, se désister, cesser.

[한] 멈추다, 단념하다, 중지하다

2* 고사ᄒᆞ다 [KO-SA-HĂ-TA] (告辭) [원]194

[불] Offrir une tasse de riz au génie pour le prier (les marins).

[한] (선원들이) 청원하기 위해 수호신에게 밥 한 그릇을 바치다

고삭부리 [KO-SAK-POU-RI] [원]194

[불] Homme qui mange très-peu et qui n'a aucune force. (Pop.). || Barbe peu épaisse, peu longue. Barbe de vilaine apparence.

[한] 너무 적게 먹고 아무 힘도 없는 사람 | (속어) | 듬성듬성한, 별로 길지 않은 수염 | 보기 흉한 외관의 수염

*고삼 [KO-SAM,-I] (苦蔘) [원]194

[불] Nom d'un remède. Esp. de racine très-amère.

[한] 약의 이름 | 아주 쓴 뿌리 종류

*고샹 [KO-SYANG,-I] (苦像, (Douleur, image)) [원]194

[불] Crucifix.

[한] 예수의 수난상

1* 고셕 [KO-SYEK,-I] (蠱石) [원]194

[불] Monstre en pierre. || Granit, rocher artificiel. || Pierre couverte de trous.

[한] 돌로 된 괴물 | 화강암, 인공적인 바위 | 구멍으로 뒤덮인 돌

[2]**고셕** [KO-SYEK,-I] (古石) [원]194

[불] Vieille pierre.

[한] 오래된 돌

[3*]**고셕** [KO-SYEK,-I] (古昔) [원]194

[불] Autrefois, l'antiquité.

[한] 예전, 고대

고셥 [KO-SYEP,-I] (枯柴) [원]195

[불] Branches de chêne pour faire les haies. ‖ Bois sec, branches de bois desséchées pour chauffage.

[한] 울타리를 만들기 위한 떡갈나무의 가지들 | 마른 나무, 난방을 위해 말린 나뭇가지들

[1*]**고셩** [KO-SYENG,-I] (高聲) [원]194

[불] Grand cri; ton haut; prononciation élevée. =ᄒᆞ다 -hă-ta, Crier haut.

[한] 큰 외침 | 높은 음조 | 높은 발음 | [[용례] =ᄒᆞ다, -hă-ta], 크게 외치다

[2*]**고셩** [KO-SYENG,-I] (孤城) [원]194

[불] Murailles isolées; fort ou fortification éloignée de toute autre.

[한] 외딴 성벽 | 다른 것과 멀리 떨어진 요새 또는 축성

[3*]**고셩** [KO-SYENG,-I] (古城) [원]195

[불] Vieilles murailles, anciennes fortifications.

[한] 오래된 성벽, 예전의 축성

[4*]**고셩** [KO-SYENG,-I] (高城) [원]195

[불] Hautes murailles, mur élevé.

[한] 높은 성벽, 높은 벽

[5*]**고셩** [KO-SYENG,-I] (古聖) [원]195

[불] Saint de l'antiquité. les Saints de l'Ancienne Loi.

[한] 옛날의 성인 | 옛날 율법의 성인들

*__고셩소__ [KŌ-SYENG-SO] (古聖所, (Antique, saint, lieu)) [원]195

[불] Lieu où se trouvaient les Saints de l'antiquité. ‖ Elysée coréen. ‖ Les limbes (mot chrét.).

[한] 옛날 성인들이 있었던 장소 | 조선의 극락세계 | 고성소[[역주] 古聖所] (기독교 어휘)

[1*]**고셰** [KO-SYEI] (苦世) [원]194

[불] Douleurs du siècle présent.

[한] 현세의 고통

[2*]**고셰** [KO-SYEI] (古世) [원]194

[불] Autrefois, l'antiquité.

[한] 예전, 고대

*__고쇼__ [KO-SYO] (苦蔬) [원]195

[불] Esp. d'herbe potagère (elle a l'odeur de punaise).

[한] 식용 풀 종류(빈대 냄새가 난다)

[1]**고쇼ᄒᆞ다** [KO-SYO-HĂ-TA] (美味) [원]195

[불] Etre doux à la bouche.

[한] 입에 달다

[2*]**고쇼ᄒᆞ다** [KO-SYO-HĂ-TA] (告訴) [원]195

[불] Confesser, avouer, dire.

[한] 고백하다, 자백하다, 말하다

*__고슈__ [KO-SYOU] (苦修) [원]195

[불] Moine, anacharète, ermite. Litt. se livrer à la mortification. (M. chr.).

[한] 수도사, 은자, 은둔자 | 글자대로 고행에 자신을 내맡기다 | (기독교 어휘)

고슈례 [KO-SYOU-RYEI] (祭飯語) [원]195

[불] Parole, cri superstitieux que prononcent les païens, en jetant une cuillerée de riz, avant de prendre leur repas.

[한] 식사를 하기 전에 밥 한 숟가락을 던지면서 이교도들이 하는 말, 미신적인 외침

고슈머리 [KO-SYOU-ME-RI] (曲髮頭) [원]195

[불] Cheveux frisés.

[한] 곱슬머리

*__고슈원__ [KO-SYOU-OUEN,-I] (苦修院) [원]195

[불] Couvent, abbaye, monastère.

[한] 수녀원, 수도원, 승원

*__고슈원회쟝__ [KO-SYOU-OUEN-HOI-TJYANG] (苦修院會長) [원]195

[불] Abbé. Prieur d'un couvent.

[한] 수도원장 | 수도원의 소수도원장

고슌돗 [KO-SYOUN-TOT,-TCHI] (蝟) [원]195

[불] Porc-épic, hérisson.

[한] 고슴도치, 고슴도치

고스락 [KO-SEU-RAK,-I] [원]195

[불] Le moment difficile, le point décisif, le paroxysme d'une maladie.

[한] 힘든 순간, 결정적인 순간, 병의 절정

고스락고스락ᄒᆞ다 [KO-SEU-RAK-KO-SEU-RAK-HĂ-TA] [원]195

[불] Etre frisé (barbe, cheveux).

[한] (수염, 머리카락이) 곱슬곱슬하다

고스락이 [KO-SEU-RAK-I] [원]195

[불] Qui est trop contourné, frisé. cheveux ou barbe

frisée. ‖ Qui s'effile (habit).
한 매우 꼬이다, 곱슬곱슬하다 | 곱슬곱슬한 머리카락 또는 수염 | (옷의) 올이 풀리다

*고슬 [KO-SEUL,-I] (鼓瑟) 원195
불 Guitare à 25 cordes. Syn. 비파 Pi-hpa.
한 25줄짜리 기타 | [동의어 비파, Pi-hpa.]

고슬고슬ᄒᆞ다 [KO-SEUL-KO-SEUL-HĂ-TA] 원195
불 Etat d'une chose frisée. Etre frisé, bouclé.
한 곱슬곱슬한 물건의 상태 | 곱슬곱슬하다, 곱슬곱슬하다

*고시ᄒᆞ다 [KO-SI-HĂ-TA] (顧視) 원195
불 Regarder de côté, en arrière.
한 비스듬히, 뒤로 바라보다

1*고식 [KO-SIK,-I] (姑媳) 원195
불 Belle-mère et bru.
한 시어머니와 며느리

2*고식 [KO-SIK,-I] (古式) 원195
불 Ancien usage, ancienne loi.
한 옛날의 관례, 옛날의 법

1*고식지계 [KO-SIK-TJI-KYEI] (古式之計) 원195
불 Pour le moment, provisoire.
한 당분간, 일시적이다

2고식지계 [KO-SIK-TJI-KYEI] (姑食之計) 원195
불 Travail et expédient pour avoir à manger.
한 먹을 것을 갖기 위한 일과 수단

*고신ᄒᆞ다 [KO-SIN-HĂ-TA] (苦身) 원195
불 Souffrances corporelles. mortifier le corps. Se donner du mal.
한 육체의 고통 | 육체를 괴롭히다 | 고생하다

1*고ᄉᆞ [KŌ-SĂ] (古事) 원194
불 Action antique, d'autrefois.
한 옛날의, 예전의 행동

2*고ᄉᆞ [KO-SĂ] (高士) 원194
불 Grand lettré.
한 대단히 학식 있는 사람

*고ᄉᆞᄒᆞ다 [KO-SĂ-HĂ-TA] (姑舍) 원194
불 Cesser; être assez.
한 멈추다 | 충분하다

고ᄉᆞᆺ [KO-SĂT,-TCHI] 원194
불 Quartier d'une ville.
한 도시의 구역

*고ᄉᆡᆼᄒᆞ다 [KO-SĂING-HĂ-TA] (苦生) 원194
불 Se donner de la peine pour se procurer la nourriture et les habits. Etre dans une position pénible. Souffrir.
한 양식과 옷을 얻기 위해 수고하다 | 힘든 상황에 있다 | 고통을 겪다

*고아 [KO-A] (孤兒) 원176
불 Enfant dont le père est mort. Orphelin. Enfant abandonné ou sans support.
한 그 아버지가 죽은 아이 | 고아 | 버려진 또는 후원자가 없는 아이

고암지르다 [KO-AM-TJI-RĂ-TA,-TJIL-NE,-TJI-RĂN] (叩喊) 원178
불 Grand cri. Pousser un grand cri.
한 큰 소리 | 크게 소리치다

*고약 [KO-YAK,-I] (膏藥) 원182
불 Remède reudu épais et gluant par la cuisson. Emplâtre, cataplasme, onguent. (On fait dissoudre par décoction différents ingrédients dans l'huile; on purifie cette huile, que l'on mêle ensuite avec de la poudre de 황단 Hoang-tan).
한 익혀서 농후하고 끈적거리게 된 약 | 고약, 찜질, 연고 | (기름에 상이한 성분들을 달여내어 녹인다 | 이 기름을 정제한다, 그러고 나서 황단 Hoang-tan 가루를 섞는다)

*고양 [KO-YANG,-I] (羔羊, (Chècre et mouton)) 원183
불 Agneau; agneau pascal de l'Ancien Testament.
한 어린양 | 구약성서에 나오는 유월절에 먹는 양고기

고양나무 [KO-YANG-NA-MOU] (槐) 원183
불 Nom d'un arbre. Se dit d'un vieil arbre creux, encore debout, mais supporté seulement par son écorce.
한 나무 이름 | 여전히 서 있긴 하지만, 껍질에 의해서만 지탱되는 속이 비고 오래된 나무에 대해 쓰인다

고양이 [KO-YANG-I] (猫) 원183
불 Chat. ‖ Tigre.
한 고양이 | 호랑이

*고어 [KO-E] (古語, (Ancienne, parole)) 원183
불 Parole d'autrefois; vieux langage; vieux style; ancien proverbe.
한 옛말 | 오래된 말 | 오래된 문체 | 옛날 속담

*고역 [KO-YEK,-I] (苦役) 원183
불 Travail pénible, labeur.
한 힘든 일, 노고

*고연ᄒᆞ다 [KO-YEN-HĂ-TA] (故然) 원183
불 Etre vrai.
한 사실이다

*고열 [KO-YEL,-I] (苦熱) 원183

불 Chaleur pénible. Temps des grandes chaleurs.
한 견디기 힘든 더위 | 아주 더운 날씨

고요하다 [KO-YO-HĂ-TA,-HĂN,-HI] (寥) 원184
불 Seul, solitaire. Tranquille, paisible (lieu).
한 고독하다, 쓸쓸하다 | 평온하다, (장소가) 조용한

*고욕 [KO-YOK,-I] (苦辱) 원184
불 Douleur et injure. Souffrance et injure. Supplice douloureux.
한 고통과 욕설 | 괴로움과 욕설 | 고통스러운 형벌

고욤 [KO-YOM,-I] (古柿) 원184
불 Petit kaki sauvage.
한 작은 야생 감

고욤나무 [KO-YOM-NA-MOU] (假柑木) 원184
불 Esp. d'arbre qui ressemble au kaki. Kaki sauvage.
한 감나무와 비슷한 나무 종류 | 야생 감나무

*고유지디 [KO-YOU-TJI-TI] (膏油之地) 원184
불 Terre grasse, fertile.
한 기름진, 비옥한 땅

고으다 [KO-EU-TA,KO-A,KO-EUN] 원183
불 Distiller; faire bouillir.
한 증류하다 | 끓이다

고으리 [KO-EU-RI] 원183
불 Distillatoire. Alambic.
한 증류기 | 증류기

고을 [KO-EUL,-I] (州) 원183
불 District d'un mandarin; ville; canton.
한 관리의 관할지 | 도시 | 주

1* 고의 [KO-EUI] (苦衣) 원183
불 Cilice, habit de pénitence.
한 [역주 고행자가 입는] 마모직 셔츠, 고행의 옷

2 고의 [KO-EUI] (禪) 원183
불 Caleçon, culotte simple.
한 [역주 남자용] 팬츠, 간편한 짧은 바지

3* 고의 [KO-EUI] (故誼) 원183
불 Amitié ancienne.
한 오랜 우정

1 고이다 [KO-I-TA,KO-I-YE,KO-IN] (撑) 원184
불 Caler, appuyer.
한 괴다, 받치다

2 고이다 [KO-I-TA,-I-YE,-IN] (寵) 원184
불 Aimer, donner des marques de préférence ou d'amitié (un sup. à l'égard d'un infér.).
한 사랑하다, (윗사람이 아랫사람에 대하여) 애호 또는 우의의 증거를 보여주다

고이목 [KO-I-MOK,-I] (撑木) 원183
불 Cale en bois. 고이돌 Ko-i-tol, Cale en pierre; pierre qui sert à caler.
한 나무로 된 받침대 | [용례 고이돌, Ko-i-tol], 돌로 된 받침대 | 괴기 위해 쓰는 돌

*고임 [KO-IM,-I] (苦任) 원183
불 Charge difficile, fonction pénible.
한 어려운 임무, 힘든 직무

고작 [KO-TJAK,-I] 원197
불 Ce qu'il y a de mieux, de meilleure qualité. ‖ Le toupet des hommes (pop.). ‖ Extrémité supérieure.
한 가장 나은, 가장 좋은 품질의 것 | 남자들의 윗머리 털 뭉치(속어) | 위쪽 끝

1 고장이 [KO-TJANG-I] (處所) 원197
불 Lieu, endroit.
한 장소, 곳

2 고장이 [KO-TJANG-I] (木錐) 원197
불 Pieu, piquet.
한 말뚝, 푯말

3 고장이 [KO-TJANG-I] (直耟) 원197
불 Soc de charrue non recourbé.
한 구부러지지 않은 쟁기의 날

4 고장이 [KO-TJANG-I] (袴衣) 원197
불 Caleçon de femme.
한 여성용 팬츠

1 고쟈 [KO-TJYA] (閹宦者) 원197
불 Eunuque; châtré.
한 환관 | 거세된 사람

2* 고쟈 [KŌ-TJYA] (告者) 원197
불 Délateur, dénonciateur. ‖ Courrier au roi en temps de guerre.
한 밀고자, 고발자 | 전쟁 때 왕에게 보내는 서신

3* 고쟈 [KO-TJYA] (瞽者) 원197
불 Aveugle.
한 맹인

4* 고쟈 [KO-TJYA] (庫者) 원197
불 Serviteur chargé des provisions de bouche du mandarin.
한 관리의 식량을 담당하는 하인

*고져 [KO-TJYE] (高低) 원197
불 Haut et bas. Ton de certains caractères chinois.
한 높고 낮음 | 몇몇 중국 글자의 성조

*고졍 [KŌ-TJYENG,-I] (故情) [원]197
[불] Ancienne amitié.
[한] 오랜 우정

1*고졍고졍ᄒᆞ다 [KO-TJYENG-KO-TJYENG-HĂ-TA] (固情固情) [원]197
[불] Refuser les secours, les offres de service du prochain.
[한] 이웃 사람의 도움, 원조를 거절하다

2고졍고졍ᄒᆞ다 [KO-TJYENG-KO-TJYENG-HĂ-TA] (强健) [원]197
[불] Etre fort, solide (se dit d'un vieillard en bonne santé).
[한] 건장하다, 튼튼하다 (건강한 노인에 대해 쓴다)

1*고졍ᄒᆞ다 [KO-TJYENG-HĂ-TA] (告情) [원]197
[불] S'épancher, ouvrir son cœur, dire sa pensée.
[한] 고백하다, 자신의 마음을 드러내다, 생각을 말하다

2*고졍ᄒᆞ다 [KO-TJYENG-HĂ-TA] (固淨) [원]197
[불] Etre pur, chaste, propre.
[한] 순수하다, 순결하다, 깨끗하다

3*고졍ᄒᆞ다 [KO-TJYENG-HĂ-TA] (姑停) [원]197
[불] S'interrompre, interrompre une chose commencée.
[한] 도중에 그만두다, 시작된 것을 중단하다

4*고졍ᄒᆞ다 [KO-TJYENG-HĂ-TA] (固情) [원]197
[불] Ne pas accepter les offres d'autrui, ne pas aimer à se servir des choses des autres.
[한] 타인의 제안을 받아들이지 않다, 다른 사람들의 물건을 사용하는 것을 좋아하지 않다

*고죄경 [KŌ-TJOI-KYENG,-I] (告罪經) [원]197
[불] Prière de la confession. Confiteor.
[한] 고백의 기도 | 고해의 기도

*고죄ᄒᆞ다 [KŌ-TJOI-HĂ-TA] (告罪) [원]197
[불] Avouer une faute, confesser ses péchés.
[한] 잘못을 고백하다, 자신의 죄를 고백하다

*고죠 [KO-TJYO] (高祖) [원]197
[불] Trisaïeul, ascendant au 5e degré.
[한] 고조부, 다섯 번째 촌수에 해당하는 조상

*고죠모 [KO-TJYO-MO] (高祖母) [원]197
[불] Femme du trisaïeul.
[한] 고조부의 부인

*고죠부 [KO-TJYO-POU] (高祖父) [원]197
[불] Trisaïeul.
[한] 고조부

*고죵 [KO-TJYONG,-I] (孤種) [원]197
[불] Qui n'a pas de parents au-delà du 4e ou 5e degré. Homme sans famille.
[한] 네 번째 또는 다섯 번째 촌수 이상의 친척이 없는 사람 | 가족이 없는 사람

*고죵매 [KO-TJYONG-MAI] (姑從妹) [원]197
[불] Fille de la sœur du père.
[한] 아버지 여자 형제의 딸

*고죵씨 [KO-TJYONG-SSI] (姑從氏) [원]197
[불] Cousin germain, fils de la sœur du père.
[한] 사촌 형제, 아버지 여자 형제의 아들

1고지 [KO-TJI] [원]197
[불] Citrouille desséchée en lanières.
[한] 얇고 길게 썰어 말린 호박

2고지 [KO-TJI] (彀) [원]197
[불] Les deux extrémités de l'arc à l'endroit où s'attache la corde.
[한] 줄을 매다는 부분에 있는 활의 양쪽 끝

3고지 [KO-TJI] (今時) [원]197
[불] Maintenant, au temps présent.
[한] 지금, 현재

4고지 [KO-TJI] (信) [원]197
[불] Foi, confiance. V. 고지듯다 Ko-tji-teut-ta.
[한] 믿음, 신뢰 | [참조어 고지듯다, Ko-tji-teut-ta]

5고지 [KO-TJI] [원]197
[불] Salaire pour la culture d'une rizière ou d'un champ, sans donner la nourriture, etc.
[한] 음식 등을 주지 않는, 논이나 밭의 경작에 대한 삯

고지듯다 [KO-TJI-TEUT-TA,-TEU-RE,-TEU-RĂN] (信聽) [원]197
[불] Croire, se fier à.
[한] 믿다, ~을 신뢰하다

고지식ᄒᆞ다 [KO-TJI-SIK-HĂ-TA,-HĂN,-HI] (老實) [원]197
[불] Franc; vrai; crédule; sincère;simple.
[한] 솔직하다 | 참되다 | 순진하다 | 진지하다 | 소박하다

1고지주다 [KO-TJI-TJOU-TA,-TJOU-E,-TJOUN] [원]197
[불] Donner le salaire pur et net pour un travail, sans donner la nourriture.
[한] 식사를 주지 않고, 일에 대한 순수하고 순전한 삯을 주다

2고지주다 [KO-TJI-TJOU-TA,-TJOU-E,-TJOUN] [원]197
[불] Donner maintenant.
[한] 지금 주다

*고직이 [KO-TJIK-I] (庫直) [원]197
[불] Gardien du 곳집 Kot-tjip. Gardien du magasin

public.

한 곳집 Kot-tjip의 관리자 | 공동 창고의 관리자

*고진감릭 [KO-TJIN-KAM-RĂI] (苦盡甘來, (Amer, passé, doux, vient)) 원197

불 Après la pluie vient le beau temps; après la douleur, la joie; après l'amer, le doux.

한 비가 온 뒤 좋은 날씨가 온다 | 고통 뒤에 기쁨 | 쓴 것 뒤에 단 것

1*고질 [KO-TJIL,-I] (古疾) 원197

불 Ancienne maladie.

한 오래된 병

2고질 [KO-TJIL,-I] (痼疾) 원197

불 Maladie incurable. || Impossibilité.

한 불치병 | 불가능

*고집ᄒᆞ다 [KO-TJIP-HĂ-TA,-HĂN,-HI] (固執) 원197

불 Entêtement, opiniâtreté. Etre entêté, opiniâtre, obstiné, tenace, revêche, désobéissant. S'opiniâtrer.

한 고집, 완고함 | 고집세다, 완고하다, 끈질기다, 집요하다, 까다롭다, 반항적이다 | 고집부리다

1*고ᄌᆞ [KŌ-TJĂ] (故字) 원197

불 Ancien caractère d'écriture, écriture d'autrefois (un peu différente de celle d'aujourd'hui).

한 옛날의 문자, 예전의 글씨(오늘날의 글씨와 조금 다르다)

2고ᄌᆞ [KO-TJĂ] (彀) 원197

불 Les deux extrémités de l'arc où la corde se trouve retenue.

한 끈을 잡아 두는 활의 양쪽 끝

*고찰ᄒᆞ다 [KO-TCHAL-HĂ-TA] (考察) 원197

불 S'assurer si ou a exécuté les ordres donnés. Interroger un accusé après chaque coup de bâton.

한 주어진 명령을 실행했는지 확인하다 | 몽둥이로 매번 때린 후 피고를 심문하다

*고창 [KO-TCHANG,-I] (蠱脹|痼脹) 원197

불 Hydropisie. || Faim insatiable (maladie). || Faim-valle.

한 수종 | 채워지지 않는 허기 (병) | 허기증

1고초 [KO-TCHO] (辣子) 원198

불 Piment.

한 고추

2*고초 [KO-TCHO] (苦楚) 원198

불 Souffrances, peines, afflictions.

한 괴로움, 징벌의 고통, 불행

고초장 [KO-TCHO-TJANG,-I] (辣醬) 원198

불 Confiture de haricots, de piment et de sel (qui sert d'assaisonnement pour manger le riz).

한 (밥을 먹기 위한 양념으로 쓰이는)제비콩, 고추 그리고 소금으로 만든 잼

*고초ᄒᆞ다 [KO-TCHO-HĂ-TA] (孤楚) 원198

불 Habiter seul, s'isoler. Syn. 외롭다, Oi-rop-ta.

한 혼자 살다, 고립되다 | [동의어 외롭다, Oi-rop-ta]

*고촌 [KO-TCHON,-I] (孤村) 원198

불 Petit vilage isolé.

한 외따로 떨어져 있는 작은 마을

1고치 [KO-TCHI] 원196 ☞곳치

2고치 [KO-TCHI] (繭) 원198

불 Cocon de ver à soie.

한 누에고치

3고치 [KO-TCHI] 원198

불 Filasse préparée pour faire le fil. Flocon de cocon préparé pour être filé.

한 실을 뽑기 위해 준비된 섬유질 | 실을 뽑기 위해 준비된 고치 뭉치

4고치 [KO-TCHI] (串) 원198

불 Brochette qui sert à enfiller des objets; fuseau, etc.

한 물건을 꿰기 위한 작은 꼬챙이 | 가락 등

*고침 [KO-TCHIM,-I] (高枕) 원198

불 Oreiller en bois un peu élevé. Gros oreiller.

한 조금 높은 나무로 된 베개 | 큰 베개

고쿨 [KO-HKOUL] (曲窟) 원186

불 Foyer, âtre. Cheminée à l'intérieur et à l'angle d'une chambre. Petit foyer où l'on brûle des morceaux de bois de pin pour éclairer la chambre.

한 화덕, 아궁이 | 실내와 방의 구석에 있는 난로 | 방을 밝히기 위해 소나무 조각을 태우는 작은 화덕

고킈ᄒᆞ다 [KOK-HKEUI-HĂ-TA] (穀饑) 원186

불 Régal. se régaler. Faire un extra dans le manger; faire un petit festin. Manger beaucoup.

한 좋아하는 음식 | 맛있는 것을 먹다 | 특별한 음식을 먹다 | 작은 잔치를 하다 | 많이 먹다

*고토 [KŌ-HTO] (故土) 원197

불 Patrie, lieu où l'on est né.

한 고국, 태어난 곳

고토리 [KO-HTO-RI] 원197

불 Cosse (de pois), gousse.

한 (콩의)깍지, [역주 콩의] 깍지

*고통ᄒᆞ다 [KO-HTONG-HĂ-TA] (苦痛) 원197

불 Souffrir beaucoup, être très-malade.

[한] 몹시 고통을 겪다, 매우 아프다

*고판 [KO-HPAN,-I] (古板) [원] 192

[불] Ancienne planche d'imprimerie.

[한] 옛날의 인쇄판

*고편 [KO-HPYEN,-I] (苦鞭) [원] 192

[불] Discipline, flagellation cruelle.

[한] 채찍, 가혹한 매질

고폐 [KO-HPYEI] (苦獘) [원] 192

[불] Grand désagrément; fâcheux accident; inconvénient fâcheux. maladie incurable.

[한] 심한 불쾌감 | 난처한 사고 | 난처한 고난 | 불치병

고품 [KO-HPOUM,-I] [원] 192

[불] Le moment critique, l'instant décisif.

[한] 고비, 결정적인 순간

1* 고풍 [KŌ-HPOUNG,-I] (故風) [원] 192

[불] Anciens usages.

[한] 옛날의 풍습

2* 고풍 [KŌ-HPOUNG,-I] (古風) [원] 192

[불] Phrase faite avec cinq ou sept caractères donnés d'avance, exercice des enfants. Développement, narration, amplification sur un sujet quelconque. Pièce de dix-huit vers.

[한] 미리 주어진 다섯 또는 일곱 개의 글자로 만들어진 문장, 아이들의 연습문제 | 어떠한 주제에 관한 상세한 설명, 서술, 부연 | 18행의 작품

*고하 [KO-HA] (高下) [원] 184

[불] Haut et bas.

[한] 높고 낮음

*고함지ᄅᆞ다 [KO-HAM-TJI-RĂ-TA,-TJIL-NE,-TJI-RĂN] (叩喊) [원] 184

[불] Grand cri. Pousser un grand cri.

[한] 큰 외침 | 크게 소리 지르다

*고향 [KO-HYANG,-I] (故鄕) [원] 184

[불] Patrie; lieu d'habitation; domicile.

[한] 고국 | 거주지 | 거처

*고헐간 [KO-HEL-KAN] (高歇間) [원] 184

[불] A quelque prix que ce soit.

[한] 값이 얼마든지

*고헐ᄒᆞ다 [KO-HEL-HĂ-TA] (苦歇) [원] 184

[불] Cher et bon marché, tantôt cher et tantôt bon marché.

[한] 비싸고 저렴하다, 때로는 비싸고 때로는 저렴하다

*고호ᄒᆞ다 [KO-HO-HĂ-TA] (顧護) [원] 184

[불] Se détourner pour regarder. ‖ Prendre soin de. Protéger.

[한] 보기 위해 얼굴을 옆으로 돌리다 | 보살피다 | 보호하다

*고혹ᄒᆞ다 [KO-HOK-HĂ-TA] (蠱惑) [원] 184

[불] Ensorceler, rendre fou, fasciner. ‖ Etre plongé dans, être enfoncé dans (ne se dit qu'au moral).

[한] 매혹하다, 미치게 만들다, 매료시키다 | ~에 빠지다, ~에 몰두하다(정신에 대해서만 쓴다)

*고혼 [KŌ-HON,-I] (故魂) [원] 184

[불] Ame affligée, en peine.

[한] 괴로워하는, 고통스러운 마음

*고황지질 [KO-HOANG-TJI-TJIL,-I] (膏肓之疾) [원] 184

[불] Maladie sans remède, qu'on ne peut changer ni guérir.

[한] 바꿀 수도, 고칠 수도 없는, 약이 없는 병

고히 [KO-HI] [원] 184

[불] Bien.

[한] 잘

고히다 [KO-HI-TA,-HYE,-HIN] (撐) [원] 184

[불] Etre appuyé ‖ Pass. de 고이다 Ko-i-ta et de 괴다 koi-ta.

[한] 받쳐지다 | 고이다 Ko-i-ta와 괴다 koi-ta의 피동형

*고ᄒᆞ다 [KO-HĂ-TA] (告) [원] 184

[불] Avouer; confesser; accuser; dire; annoncer; informer; dénoncer.

[한] 자백하다 | 고백하다 | 고해하다 | 말하다 | 통고하다 | 알리다 | 선언하다

1* 고ᄒᆡ [KO-HĂI] (告解) [원] 184

[불] Pénitence (sacrement), confession, aveu. =ᄒᆞ다 -hă-ta, Confesser (ses péchés); avouer. =밧다-pat-ta, Recevoir la confession, l'aveu.

[한] 고해(성사), 고백, 자백 | [[용례] =ᄒᆞ다, -hă-ta], (자신의 죄를)고백하다 | 자백하다 | [[용례] =밧다, -pat-ta], 고백, 자백을 받다

2* 고ᄒᆡ [KO-HĂI] (苦海, (Douleur, mer)) [원] 184

[불] Mer d'afflictions, c.a.d. le monde. Douleurs de l'humanité.

[한] 고뇌의 바다, 즉 세상 | 인류의 고통

*곡 [KOK,-I] (哭) [원] 184

[불] Lamentations, pleurs.

[한] 비탄, 눈물

*곡가 [KOK-KA] (穀價) [원] 185

[불] Prix des blés, des grains.

한 곡물의, 곡식의 가격

*곡간 [KOK-KAN,-I] (穀間) 원185

불 Lieu où l'on serre les blés. Grenier pour le riz.

한 곡식을 보관하는 장소 | 쌀을 보관하기 위한 곡간

*곡긔 [KOK-KEUI] (穀氣) 원185

불 Avantage (de la nourriture), force provenant du riz que l'on a mangé.

한 (음식의) 이점, 먹은 밥에서 생기는 힘

*곡됴 [KOK-TYO] (曲調) 원186

불 Harmonie, symphonie, accord, mesure du chant. || Un couplet, une phrase de musique.

한 화음, 교향곡, 조율, 노래의 박자 | 절, 한 악절

곡두머리 [KOK-TOU-ME-RI] 원186

불 Manivelle de la petite égreneuse de coton. || chevelure des femmes en tresses roulées autour de la tête.

한 작은 조면기의 핸들 | 땋아서 머리 주위로 둥글게 만 여자들의 머리

곡두순이 [KOK-TOU-SOUN-I] (plante) 원186

불 Prendmain. Plante don't la racine produit la couleur rouge. Garance(?)

한 prendmain | 그 뿌리가 붉은 염료를 만드는 식물 | 꼭두서니(?)

곡두시 [KOK-TOU-SI] 원186

불 Garance.

한 꼭두서니[역주 식물명]

[1]곡뒤 [KOK-TOUI] (腦後) 원186

불 Nuque, l'occiput, le derrière de la tête.

한 목덜미, 후두부, 머리의 뒷부분

[2]곡뒤 [KOK-TOUI] (穀後) 원186

불 Blé de qualité inférieure.

한 질이 낮은 밀

[1]*곡반 [KOK-PAN,-I] (穀飯) 원185

불 Riz, ou orge, on millet cuit à l'eau. Syn. 밥 Pap.

한 물에 익힌 쌀 또는 보리, 또는 좁쌀 | [동의어] 밥, Pap]

[2]*곡반[KOK-PAN,-I] (哭飯, (Lamentations, repas)) 원185

불 Le riz de la douleur. Trois tasses de riz sur une table, devant laquelle le peuple vient pousser des lamentations, à la mort du roi. || Mets offerts devant la tablette du défunt, avec accompagnement de lamentations (superst.).

한 고통의 밥 | 왕의 죽음에 통곡을 하러 온 백성들의 앞, 식탁 위에 올려진 밥 세 그릇 | 비탄을 수반한, 고인의 패 앞에 제공된 요리(미신)

*곡비 [KOK-PI] (哭婢) 원185

불 Esclave pleureuse à l'enterrement des grands dignitaires.

한 높은 고관들의 장례에 우는 여자 노예

[1]곡새 [KOK-SAI] (鵠) 원185

불 Nom d'un oiseau.

한 새의 이름

[2]곡새 [KOK-SAI] (曲盖草) 원185

불 Herbe de la toiture, chaume.

한 지붕 이는 재료인 풀, 짚

[1]*곡셩 [KOK-SYENG,-I] (哭聲) 원185

불 Cri des lamentations, cri d'un homme qui pleure.

한 통곡의 소리, 사람이 우는 소리

[2]*곡셩 [KOK-SYENG,-I] (曲聲) 원185

불 Chant, modulations dans le chant; chanson.

한 노래, 노래의 전조, 노래

[3]*곡셩 [KOK-SYENG,-I] (曲城) 원185

불 Mur recourbé, mur rentrant. muraille en zigzag, qui n'est pas droite.

한 구부러진 벽, 움푹 들어간 벽 | 갈지 자 꼴의 곧지 않은 성벽

*곡수 [KOK-SOU] (穀數) 원185

불 La quantité des grains; la qualité des grains.

한 곡식의 양 | 곡식의 질

*곡슈ᄒᆞ다 [KOK-SYOU-HĂ-TA] (曲穗) 원185

불 Epis recourbés; les grains incliner; leurs épis mûrs.

한 구부러진 이삭 | 곡식이 고개를 숙이다 | 그 익은 이삭

*곡식 [KOK-SIK,-I] (穀食) 원185

불 Grains; céréales. Tout ce qui produit des grains, blé, pois, etc.

한 곡식 | 곡물 | 곡식을 생산하는 모든 것, 밀, 콩 등

*곡우 [KOK-OU] (穀雨, (Pluie de grains)) 원185

불 6e quinzaine du printemps. 19 avril.

한 봄의 여섯 번째 2주간 | 4월 19일

*곡읍ᄒᆞ다 [KOK-EUP-HĂ-TA] (哭泣) 원185

불 Cris, pleurs, lamentations, pleurer, se lamenter.

한 부르짖음, 눈물, 비탄, 울다, 한탄하다

*곡졀 [KOK-TJYEL,-I] (曲折) 원186

불 Raison; motif; cause; circonstance.

한 이유 | 동기 | 원인 | 사정

*곡직 [KOK-TJIK,-I] (曲直) 원186

불 Le bon, le mauvais. le juste, l'injuste.

한 선, 악 | 정당함, 부당함

ㄱ

*곡직ᄒᆞ다 [KOK-TJIK-HĂ-TA] (曲直) 원186
불 courbé et droit; juste et injuste.
한 굽고 곧다 | 정당하고 부당하다

*곡진ᄒᆞ다 [KOK-TJIN-HĂ-TA] (曲盡) 원186
불 Très; fort; extrème. ‖ Très-poli.
한 매우 | 대단히 | 극도의 | 매우 예의 바르다

*곡ᄌᆞ [KOK-TJĂ] (麯子) 원186
불 Levain pour faire le vin.
한 술을 만들기 위한 누룩

1*곡ᄒᆞ다 [KOK-HĂ-TA] (哭) 원185
불 Se lamenter, crier sans pleurer.
한 통곡하다, 눈물을 흘리지 않고 고함치다

2*곡ᄒᆞ다 [KOK-HĂ-TA] (曲) 원185
불 Etre serré, bandé; étroit, mesquin. (Se dit du caractère d'un homme).
한 매우 가깝다, 단호하다 | 편협하다, 쩨쩨하다 | (사람의 성격에 대해 쓴다)

*곤경 [KŌN-KYENG,-I] (困境) 원187
불 Fatigue; inquiétude; extrémité. Position pénible, fatigante.
한 피로 | 불안 | 곤경 | 힘든, 고된 상황

*곤고ᄒᆞ다 [KON-KO-HĂ-TA,-HĂN,-HI] (困苦) 원187
불 Etre douloureux et fatigant; pénible.
한 괴롭고 고되다 | 힘들다

1*곤곤ᄒᆞ다 [KON-KON-HĂ-TA] (困困) 원187
불 Etre très-fatigué, harassé. Etre très-fatigant, très pénible.
한 매우 지치다, 기진맥진하다 | 매우 고되다, 매우 힘들다

2*곤곤ᄒᆞ다 [KON-KON-HĂ-TA] (滾滾) 원187
불 Couler avec majesté, avec aisance, avec rapidité (l'eau d'un fleuve, d'un ruisseau)
한 (큰 강물, 시냇물이) 장엄하게, 여유 있게, 빨리 흐르다

*곤궁ᄒᆞ다 [KON-KOUNG-HĂ-TA] (困窮) 원188
불 Lassé et pauvre. Misérable; accablé; épuisé; n'en pouvant plus.
한 지치고 가난하다 | 빈곤하다 | 짓눌리다 | 기진맥진하다 | 더 이상 버틸 수 없다

1*곤드람이 [KON-TEU-RAM-I] 원188
불 Esp. d'herbe potagère.
한 식용 풀의 종류

2*곤드람이 [KON-TEU-RAM-I] 원188
불 Axe; pivot; essieu; pièce de bois ou de fer qui tourne.
한 축 | 굴대 | 나무 또는 철로 되어 회전하는 것

*곤드래만드래ᄒᆞ다 [KON-TEU-RAI-MAN-TEU-RAI-HĂ-TA] 원188
불 Parler à tort et à travers (homme ivre).
한 (술 취한 사람이) 함부로 말하다

*곤룡포 [KŌN-RYONG-HPO] (袞龍袍) 원188
불 Grand habit de dessus, fait en forme de chasuble, envoyé par l'empereur de Chine au roi de Corée, qui le revêt dans les circonstances solennelles.
한 중국의 황제가 조선의 왕에게 보낸, 상제의[역주 上祭依] 형태로 만들어진 중요한 겉옷으로, 공식적인 상황에 입는다

1*곤마 [KON-MA] (困馬) 원188
불 Cheval sans force, fatigué. rosse.
한 힘없는, 지친 말 | 노마

2*곤마 [KON-MA] (袞馬) 원188
불 Cheval du roi. Syn. 어마 E-ma.
한 왕의 말 | [동의어 어마, E-ma]

1*곤보 [KŌN-PO] (困步) 원188
불 Qui ne marche pas bien.
한 잘 걷지 못하다

2*곤보 [KON-PO] (袞寶) 원188
불 Sceau royal. Syn. 어인 E-in.
한 국새 | [동의어 어인, E-in]

*곤복 [KON-POK,-I] (袞服) 원188
불 Les habits du roi dans les cérémonies. Habit royal.
한 의식 때 입는 임금의 옷 | 임금의 옷

*곤뷔ᄒᆞ다 [KON-POUI-HĂ-TA] (困憊) 원188
불 Etre fatigué, sans force. Etre épuisé.
한 피곤하다, 힘이 없다 | 기진맥진하다

*곤셜 [KON-SYEL,-I] (困說) 원188
불 Paroles ennuyeuses, pénibles. réprimande, gronderie. =ᄒᆞ다- hă-ta, Injurier, dire des choses désagréables.
한 성가신, 고약한 말 | 꾸지람, 질책 | [용례 =ᄒᆞ다, -hă-ta], 욕설을 하다, 불쾌한 것을 말하다

*곤슉ᄒᆞ다 [KŌN-SYOUK-HĂ-TA] (困宿) 원188
불 Sommeiller de fatigue. Dormir d'un profond sommeil.
한 피곤하여 졸다 | 깊은 잠을 자다

*곤욕 [KŌN-YOK] (困辱) 원187
불 Injure, affront, vexation. =밧다-pat-ta ou =보다 -po-ta, Recevoir une injure.
한 욕설, 치욕, 괴롭히기 | [용례 =밧다 또는 =보다,

-pat-ta ou -po-ta], 욕을 당하다

*곤이 [KON-I] (鵾) ⓦ187

불 Oiseau à peu près semblable à une oie. Gygne ou outarde.

한 거위와 거의 비슷한 새 | 백조 또는 너새

*곤익ᄒᆞ다 [KON-ĂIK-HĂ-TA] (困扼) ⓦ187

불 Peine; position pénible, difficile. Impossible.

한 고통 | 힘든, 어려운 상황 | 불가능하다

*곤쟝 [KON-TJYANG,-I] (棍) ⓦ188

불 Baguette pour frapper les coupables. Planche de chêne pour frapper les voleurs. V. 결곤ᄒᆞ다 Kyel-kon -hă-ta.

한 죄인을 치기 위한 막대기 | 도둑을 치기 위한 떡갈나무 판자 | [참조어 결곤ᄒᆞ다, Kyel-kon-hă-ta]

*곤츙 [KON-TCHYOUNG,-I] (昆虫) ⓦ188

불 Insecte, toutes sortes d'insectes.

한 곤충, 온갖 종류의 곤충

*곤틱 [KŎN-HTĂI] (困態) ⓦ188

불 Couché de fatigue. Fatigue.

한 피곤하여 자리에 눕다 | 피곤

*곤핍ᄒᆞ다 [KŎN-HPIP-HĂ-TA] (困乏) ⓦ188

불 Lassitude. être épuisé, sans force, fatigué. N'en pouvoir plus.

한 피로 | 기진맥진하다, 힘이 없다, 피곤하다 | 더 이상 견딜 수 없다

*곤히 [KŎN-HI] (困) ⓦ187

불 Avec effort. ‖ Avec soin, avec application.

한 간신히 | 정성 들여, 열심히

*곤ᄒᆞ다 [KŎN-HĂ-TA] (困) ⓦ187

불 Etre lassé, fatigué, harassé. Se lasser. Etre lourd, appesanti; avoir besoin de dormir.

한 지치다, 피곤하다, 기진맥진하다 | 싫증나다 | 무겁다, 둔하다 | 잠이 필요하다

1골 [KOL,-I] (谷) ⓦ192

불 Vallée.

한 골짜기

2골 [KOL,-I] (邑) ⓦ192

불 District gouverné par un mandarin. (Chaque 골 Kol ou district se subdivise en 면 Myen, 리 Ri et 동늬 Tong-năi).

한 관리가 통치하는 지방 | (각 골 Kol 또는 지방은 면 Myen, 리 Ri 그리고 동늬 Tong-năi로 세분화된다)

3골 [KOL,-I] (骨) ⓦ192

불 En agr. Os. ‖ Moelle, cervelle. ‖ Cœur de l'arbre. ‖ Apparence. ‖ Moule, forme (d'un cordonnier)(pour les souliers et pour le 망건 Mang-ken).

한 한자어로 뼈 | 골수, 뇌장 | 나무의 심 | 외관 | 틀, (신과 망건 Mang-ken을 만들기 위한)(제화공의) 형[역주 꼴]

4골 [KOL,-I] ⓦ192

불 Nom d'une herbe, esp. de jonc.

한 풀의 이름, 골풀 종류

골거리 [KOL-KE-RI] ⓦ194

불 De deux en deux. Entre-deux des sillons.

한 둘씩 | 두 밭고랑의 사이

*골격 [KOL-KYEK,-I] (骨格) ⓦ194

불 Apparence, dehors, air de visage.

한 외관, 외모, 얼굴 모습

1*골골ᄒᆞ다 [KOL-KOL-HĂ-TA] (汨汨) ⓦ194

불 Etre accablé d'affaires. Syn. 분주ᄒᆞ다 Poun-tjou-hă-ta. ‖ Désigne un homme pauvre, peu courageux, petit d'esprit, de peu de cœur et de fortune.

한 일에 짓눌리다 | [동의어 분주ᄒᆞ다, Poun-tjou-hă-ta] | 가난한, 용기가 없는, 마음이 좁은, 인정과 재산이 거의 없는 사람을 가리킨다

2골골ᄒᆞ다 [KOL-KOL-HĂ-TA] ⓦ194

불 Glousser.

한 꼬꼬댁거리다

*골니ᄒᆞ다 [KOL-NI-HĂ-TA] (汨利) ⓦ194

불 Gagner, avoir du bénéfice. ‖ Etre attentif au gain. Etre égoïste.

한 이득을 얻다, 갖다 | 이익에 주의가 깊다 | 이기적이다

골다 [KOL-TA,KOL-E ou KOL-A,KON] ⓦ194

불 Faire des glouglous; remuer à l'intérieur; être gâté à l'intérieur sans qu'il y paraisse au dehors (œuf pourri, citrouille, etc.).

한 콸콸거리다 | 내부에서 동요하다 | (썩은 계란, 호박 등이) 겉은 그렇게 보이지 않지만 내부에서 상하다

골답 [KOL-TAP,-I] (谷畓) ⓦ194

불 Belle rizière.

한 훌륭한 논

*골독ᄒᆞ다 [KOL-TOK-HĂ-TA] (䯻獨) ⓦ194

불 Etre occupé de; penser à; être absorbé. S'efforcer.

한 ~에 몰두하다 | ~에 대해서 생각하다 | 열중하다 | 애쓰다

골동 [KOL-TONG] (洞) ⓦ194

불 Petite vallée, petit vallon. (Pop.).

한 작은 골짜기, 작은 계곡 | (속어)

골둥 [KOL-TOUNG,-I] 원194 ☞골동

골동반 [KOL-TONG-PAN] 원194

불 Mélange de tous les mets.

한 모든 요리의 혼합

골디기 [KOL-TI-KI] 원194

불 Esp. de poisson, de poulpe de mer.

한 물고기, 바다 낙지 종류

*골모 [KOL-MO] (骨冒) 원194

불 Dé à coudre. (Il se place à l'index dans presque tout le royaume, excepté à Quelpaërt, etc.).

한 바느질할 때 쓰는 골무 | (제주도 등을 제외하고 거의 모든 왕국에서 검지에 놓인다)

골목 [KOL-MOK,-I] (洞口) 원194

불 Vallon, vallée. ‖ Quartier d'une ville, de la capitale. ‖ Grande rue.

한 작은 계곡, 골짜기 | 마을, 수도의 구역 | 큰길

*골몰ᄒᆞ다 [KOL-MOL-HĂ-TA] (汨沒) 원194

불 S'efforcer; être entièrement appliqué à; avoir l'esprit absorbé. Etre accablé d'affaires. Syn. 분주ᄒᆞ다 Poun- tjou-hă-ta.

한 애쓰다 | 완전히 전념하다 | 열중하다 | 일에 짓눌리다 | [동의어 분주ᄒᆞ다, Poun-tjou-hă-ta]

골무 [KOL-MOU] 원194

불 Dé à coudre.

한 바느질용 골무

골미리 [KOL-MI-RI] 원194

불 Instrument de menuiserie pour faire les moulures. Rabot, varlope.

한 쇠시리를 하기 위한 목공소의 도구 | 대패, 큰 대패

*골불견 [KOL-POUL-KYEN,-I] (骨不見) 원194

불 Qui n'a pas l'air de ce qu'il est, v.g. savant dont la mine ressemble à celle d'un imbécile. Il ne faut pas regarder aux apparences. ‖ Qui est désagréable à la vue.

한 외관이 됨됨이와 같지 않다, 예. 용모가 바보를 닮은 학자 | 외관에 신경 써서는 안 된다 | 보기에 불쾌하다

*골슈 [KOL-SYOU] (骨髓) 원194

불 Os.

한 뼈

*골육 [KOL-YOUK,-I] (骨肉) 원193

불 Os et chair, c.a.d. très-proche parent, comme père et fils, frères.

한 뼈와 살, 즉 아버지와 아들, 형제들처럼 아주 가깝다

골작이 [KOL-TJAK-I] (谷中) 원194

불 Vallée, petit vallon. (Pop.).

한 골짜기, 작은 계곡 | (속어)

*골초 [KOK-TCHO] (骨草) 원194

불 Nervure, côte des feuilles de tabac. Tabac gâté, de rebut.

한 잎맥, 담뱃잎의 맥상 | 상한, 질이 매우 나쁜 담배

골퉁이 [KOL-HTOUNG-I] 원194

불 Colère.

한 분노

*골패 [KOL-HPAI] (骨牌, (os, jeton)) 원194

불 Jeu de dominos. Domino.

한 도미노 놀이 | 도미노

*골회 [KOL-HOI] (骨膾, (os [arêtes de poissons], salade)) 원193

불 Salade d'arêtes de poissons. (On prend les arêtes crues, on les hache menu; on y met de la moutarde, de l'huile, du vinaigre, du sel, etc.) ‖ Salade d'os v.g. de pattes de poulets hachées.

한 물고기 등뼈 샐러드 | (날로 된 등뼈를 발라낸다, 그 등뼈를 잘게 썬다; 거기에 겨자, 기름, 식초, 소금 등을 넣는다) | 예. 잘게 썬 닭발의 뼈 샐러드

[1]곰 [KOM,-I] (熊) 원186

불 Ours.

한 곰

[2]곰 [KOM,-I] (膏) 원186

불 Bouillon rempli de morceaux de viande. Consommé de viande.

한 고기 조각을 가득 넣고 끓인 국 | 고기 콩소메

곰곰싱각ᄒᆞ다 [KŌM-KŌM-SĂING-KAK-HĂ-TA] (默思) 원187

불 Penser peu à peu; peu à peu se ressouvenir.

한 조금씩 생각하다 | 조금씩 다시 생각나다

곰다 [KŌ-TA,KOL-ME,KOL-MEUN] 원187

불 Etre mûr (furoncle); être entièrement pourri; venir à maturité; se remplir de pus.

한 (종기가) 곪다 | 완전히 썩다 | 무르익다 | 고름으로 가득 차다

곰바란ᄒᆞ다 [KOM-PA-RAN-HĂ-TA] 원187

불 Etre chiche, avare, mesquin.

한 인색하다, 아끼다, 쩨쩨하다

곰바리 [KOM-PA-RI] 원187

불 Avorton, mal fait, mal bâti.
한 잘못 만들어진, 보기 흉한 조생아

곰바지란ᄒᆞ다 [KOM-PA-TJI-RAN-HĂ-TA] (勤) 원187
불 Qui ne perd pas son temps; qui est toujours un peu occupé; qui travaille doucement et continuellement.
한 시간을 허비하지 않다 | 항상 조금 바쁘다 | 천천히 계속 일하다

곰뷔곰뷔 [KOM-POUI-KOM-POUI] 원187 ☞ 곰븨임븨

곰븨임븨 [KOM-PEUI-IM-PEUI] 원187
불 Sans cesse, sans intervalle. Très-souvent, à tout moment.
한 끊임없이, 간격을 두지 않고 | 매우 자주, 항상

곰ᄇᆡ [KOM-PĂI] 원187
불 Batte, sorte de maillet pour refaire les chaussées en frappant la terre. || Manchot, qui a les nerfs d'un bras retirés.
한 방망이, 흙을 쳐서 둑을 다시 만들기 위한 나무 망치의 종류 | 제거된 한쪽 팔의 신경을 가지고 있는 팔이 없는 불구자

곰ᄇᆡ몰 [KOM-PĂI-MĂL,-I] 원187
불 Cheval qui a l'épine dorsale très-arquée, raide.
한 척추골이 매우 구부러진, 뻣뻣한 말

곰ᄇᆡ팔 [KOM-PĂI-HPAL,-I] 원187
불 Bras crochu; bras raide, hors de service.
한 갈고리 모양으로 굽은 팔 | 뻣뻣한, 쓸모없는 팔

1곰삭다 [KOM-SAK-TA,-SAK-A,-SAK-EUN] 원187
불 Tomber (le vent), cesser après un certain temps. Etre passé, avoir cesse.
한 (바람이) 약해지다, 얼마 뒤 중단되다 | 지나가다, 멈추다

2곰삭다 [KŌM-SAK-TA,-SAK-A,-SAK-EUN] 원187
불 Se faire, se confire de manière à composer un tout dont on ne distingue pas les parties. Se dissoudre, s'en aller en poussière, se réduire à rien.
한 만들어지다, 부분을 구별할 수 없는 총체를 구성하도록 절여지다 | 용해되다, 먼지가 되어 사라지다, 완전히 사라지다

곰살갑다 [KŌM-SAL-KAP-TA,-KA-OA,-KA-ON] 원187
불 Etre évasé en cône; être conique; être plus large à la base qu'à l'ouverture, qu'au sommet, etc.
한 원추형으로 너부죽하게 벌어지다 | 원추형이다 | 바닥이 입구, 꼭대기 등보다 더 넓다

곰압다 [KOM-AP-TA,KOM-A-OA,KOM-A-ON] 원186
불 Remercier, dire merci. Merci. || Ce qui arrive heureusement par les soins d'autrui.
한 감사하다, 고맙다고 말하다 | 감사 | 타인의 배려로 유리하게 일어나는 일

곰의ᄯᆞᆯ기 [KOM-EUI-TTAL-KI] (覆盆) 원186
불 Mûre, fruit ou baie des églantiers. Esp. de framboise noire.
한 오디, 들장미의 열매 또는 장과 | 검은 나무딸기 종류

곰취 [KOM-TCHOUI] (香蔬) 원187
불 Esp. d'herbe potagère de bon goût. Esp. d'herbe aromatique, comestible.
한 맛이 좋은 식용 풀 종류 | 향기로운, 식용 풀 종류

1곰탕ᄊᆞ다 [KOM-HTANG-SSĂ-TA] 원187 ☞ 곰팡쓰다

2곰탕ᄊᆞ다 [KOM-HTANG-SSĂ-TA] 원187
불 V.Syn. 곰팡쓰다 Kom-hpang-sseu-ta.
한 [동의어 곰팡쓰다, Kom-hpang-sseu-ta]

곰팡쓰다 [KOM-HPANG-SSEU-TA,-SSE,-SSEUN] 원187
불 Moisissure; moisir.
한 곰팡이 | 곰팡이가 피다

1곱 [KOP,-I] (倍) 원191
불 Après un nom de nombre signifie: fois autant. 네곱 Nei-kop, Quatre fois autant, c.a.d. le quadruple.
한 수 명사 뒤에서 같은 수의 배수를 의미한다 | [용례 네곱, Nei-kop], 네 배만큼, 즉 네 배

2곱 [KOP,-I] (濃) 원191
불 Pourriture, pus (d'un furoncle). || Chassie blanchâtre des yeux.
한 부패, (절종의) 고름 | 두 눈의 희끄무레한 눈꼽

3곱 [KOP,-I] (痢) 원191
불 Matière blanchâtre dans la dyssenterie.
한 이질에 걸렸을 때 나오는 희끄무레한 물질

1곱다 [KOP-TA,KO-A,KO-EUN] (姸) 원192
불 Beau.
한 아름답다

2곱다 [KOP-TA,KOP-A,KOP-EUN] (曲) 원192
불 Courber; être courbé, courbe.
한 구부리다 | 굽어 있다, 휘어져 있다

3곱다 [KOP-TA,KOP-A,KOP-EUN] (屈指) 원192
불 Compter sur ses doigts en les courbant.
한 자신의 손가락을 구부리며 수를 세다

곱돌 [KOP-TOL,-I] (滑石) 원192
불 Marbre ou esp. de pierre tendre. V.Syn. 활셕 Hoal-syek.

ㄱ

한 대리석 또는 연한 돌 종류 | [동의어 활셕, Hoal-syek]

곱새 [KOP-SAI] 원192

불 Faitière d'une maison couverte en paille. Syn. 룡구새, Ryong-kou-sai.

한 짚으로 덮인 집의 용마름 | [동의어 룡구새, Ryong-kou-sai]

[1]**곱쇠** [KOP-SOI] (曲鐵) 원192

불 Fer recourbé. ‖ Courbé (prétorien devant le mandarin).

한 굽은 쇠 | (관리 앞의 친위병이) 몸을 굽히다

[2]**곱쇠** [KOP-SOI] 원192

불 Nom d'un jeu de cartes. Syn. 투젼 Htou-tjyen.

한 카드놀이의 이름 | [동의어 투젼, Htou-tjyen]

곱실곱실ᄒᆞ다 [KOP-SIL-KOP-SIL-HĂ-TA] 원192

불 Etre en zigzag.

한 갈지자 모양이다

곱ᄉᆞ등이 [KOP-SĂ-TEUNG-I] (皺背) 원192

불 Rein courbé; qui a l'épine du dos courbée; un bossu (pop.).

한 굽은 허리 | 척추골이 굽다 | 꼽추(속어)

곱쏭 [KOP-TTONG,-I] (痢糞) 원192

불 Glaire, les matières qui sont rejetées dans la dyssenterie

한 점액, 이질에 걸렸을 때 나오는 물질

곱으랑ᄒᆞ다 [KOP-EU-RANG-HĂ-TA] (曲) 원192

불 Etre légèrement recourbé.

한 살짝 구부러지다

곱으러지다 [KOP-EU-RE-TJI-TA,-TJYE,-TJIN] (曲) 원192

불 Etre légèrement recourbé, avoir une courbe peu sensible.

한 약간 구부러지다, 거의 눈에 띄지 않을 정도로 휘다

곱을곱을ᄒᆞ다 [KOP-EUL-KOP-EUL-HĂ-TA] (屈折) 원192

불 Etre en zigzag.

한 갈지 자 모양이다

곱장골 [KOP-TJANG-KOL,-I] 원192

불 Soulier pointu. Souliers à bouts recourbés en l'air. ‖ Vallée recourbée.

한 뾰족한 신발 | 끝이 공중으로 구부러진 신발 | 구부러진 계곡

곱졀 [KOP-TJYEL,-I] (倍) 원192

불 Double, le double, une fois plus.

한 두 배의, 두 배, 한 번 더

곱패 [KOP-HPAI] 원192

불 Plein cintre. bois courbé en plein cintre. ‖ Les tours d'un écheveau ou d'une corde roulée. Syn. 고붓 Ko-peut.

한 반원형 | 반원형으로 휜 나무 | 실타래 또는 둥글게 말린 끈이 감긴 모양 | [동의어 고붓, Ko-peut]

곱픠ᄒᆞ다 [KOP-HPĂI-HĂ-TA] (伏謁) 원192

불 Courber, se courber devant un grand.

한 구부리다, 고위층 사람 앞에서 머리를 숙이다

곱흐다 [KOP-HEU-TA,KOP-HA,KOP-HEUN] (飢, (estomac)) 원192

불 Vide, creux. Souffrir de la faim. ᄇᆡ곱흐다 Păi-kop-heu-ta, Avoir faim.

한 비다, 속이 비다 | 배고픔을 겪다 | [용례 ᄇᆡ곱흐다, Păi-kop-heu-ta], 배고프다

[1]**곳** [KOT,KOT-I] (處) 원195

불 Lieu, endroit, place.

한 장소, 곳, 자리

[2]**곳** [KOT] (即) 원195

불 Tout de suite, maintenant, aussitôt. Bref. Seulement. Ainsi; par exemple. Vraiment. Ut, afin que.

한 즉시, 지금, 곧 | 요컨대 | 단지 | 이렇게 | 예를 들면 | 참말로 | 목적, ~하기 위하여

[3]**곳** [KOT,-I et -SI] 원195

불 Chose. V.Syn. 것 ket.

한 것 | [동의어 것, ket]

[4]**곳** [KOT,KOT-I] 원195

불 Cap, promontoire; passage difficile en mer.

한 곶, 갑 | 바다에서의 힘든 항해

[5]**곳** [KOT,KOT-I] (串) 원195

불 Numéral des brochettes, des enfilades (v.g. de kakis, de moules, etc.).

한 (예. 감, 홍합 등의) 꼬치, 꿴 것의 수를 세는 수사

곳감 [KOT-KAM,-I] (乾柿) 원196

불 Kaki sec; kam sec; fruit kam enfilé dans des baguettes et séché.

한 마른 감 | 마른 감 | 막대기에 꿰어 말린 감 열매

곳곳이 [KOT-KOT-I] (處處) 원196

불 Partout, en tous lieux.

한 도처에, 모든 장소마다

곳광이 [KOT-KOANG-I] 원196

불 Bèche ronde et étroite, pic, pioche.

한 둥글고 좁은 삽, 괭이, 곡괭이

곳다 [KOT-TA,KOT-E,KOT-EUN] (直) 원196
불 Etre droit, c.a.d. non courbé. Etre droit (perpendiculaire ou vertical).
한 곧다, 즉 굽지 않다 | 수직이다(직각 또는 수직이다)

곳불 [KOT-POUL,-I] (感氣) 원196
불 Rhume de cerveau avec mal de tête.
한 두통을 동반한 코감기

곳비 [KOT-PI] (轡) 원196
불 Licou, bride, bridon, licol, longe.
한 고삐, 말굴레, 작은 말굴레, 말을 매는 끈

곳이듯다 [KOT-I-TEUT-TA,-TEU-RE,-TEU-REUN] (信聽) 원196
불 Croire; se fier à; être convaincu.
한 믿다 | 신뢰하다 | 확신하다

곳집 [KOT-TJIP,-I] (倉庫) 원196
불 Maison où se trouve le trésor. Trésor, cellier, grenier, magasin.
한 수장고가 있는 집 | 수장고, 지하 저장실, 곳간, 창고

곳치 [KOT-TCHI] 원196
불 Cocon de ver à soie.
한 누에고치

곳치다 [KOT-TCHI-TA,-TCHYE,-TCHIN] (改) 원197
불 Changer, guérir (une maladie), remédier. Corriger, refaire ce qui a été mal fait, réparer. (Verb. act., gouv. l'accus.).
한 바꾸다, (병을) 고치다, 치료하다 | 수정하다, 잘못된 것을 다시 하다, 수리하다 | (능동형 동사, 대격을 지배한다)

1*공 [KONG,-I] (功) 원188
불 En agr. Mérite.
한 한자어로 공적

2*공 [KONG,-I] (工) 원188
불 Art mécanique, métier.
한 공예, 수공업

3*공 [KONG,-I] (公) 원188
불 En agr. Général, universel; public; commun. || Juste.
한 한자어로 일반적이다, 보편적이다 | 공중의 | 공동의 | 공정하다

4*공 [KONG] (空) 원188
불 Vide, vain, inutile.
한 비다, 쓸데없다, 무익하다

5*공 [KONG,-I] (貢) 원188
불 Présent; impôt; tribut.
한 선물 | 조세 | 조공

6*공 [KONG,-I] 원188
불 Boule en bois du jeu de marotte. (Chaque joueur est armé d'un bâton, avec lequel il frappe sur la petite boule pour la lancer)
한 지팡이 놀이의 나무로 된 공 | (각 놀이꾼은 막대기를 하나씩 가지고, 작은 공을 던져 보내기 위해 막대기로 작은 공을 친다)

*공각 [KONG-KAK,-I] (空殼) 원188
불 Epi vide, noix pourrie et vide, etc.
한 빈 이삭, 썩고 비어 있는 호두 등

*공격ᄒᆞ다 [KONG-KYEK-HĂ-TA] (攻擊) 원189
불 Frapper l'un contre l'autre; heurter. || Renverser; détruire.
한 서로 때리다 | 부딪치다 | 뒤집다 | 파괴하다

*공경ᄒᆞ다 [KONG-KYENG-HĂ-TA] (恭敬) 원189
불 Respecter; honorer; adorer; vénérer.
한 존경하다 | 공경하다 | 경배하다 | 숭배하다

*공계 [KONG-KYEI] (公鷄) 원189
불 Coq. (M. chinois).
한 수탉 | (중국 어휘)

1*공고 [KONG-KO] (工庫) 원189
불 Maison où se trouvent tous les ustensiles à l'usage du mandarin; garde-meuble de la préfecture.
한 관리가 사용하는 모든 기구가 있는 시설 | 도청의 비품 창고

2*공고 [KONG-KO] (公苦) 원189
불 Affaires du roi ou du gouvernement.
한 왕 또는 정부의 일

공고빗 [KONG-KO-PIT,-SI] (工庫色) 원189
불 Administration du 공고 Kong-ko.
한 공고 Kong-ko의 관리

*공고직이 [KONG-KO-TJIK-I] (工庫直) 원189
불 Gardien du 공고 Kong-ko. Prétorien chargé du garde-meuble.
한 공고 Kong-ko의 관리자 | 가구 창고를 책임지는 친위병

공골ᄎᆞ다 [KONG-KOL-TCHĂ-TA,-TCHĂ,-TCHĂN] 원189
불 Avoir une surface ronde ou courbe, très-unie, très-polie. objet rond sans aspérités. || Etre plein, rond, gros, bien rempli (blés, fruits, etc.).
한 둥근 또는 굽은, 매우 평평한, 매우 반들반들한 표면을 가지고 있다 | 우둘투둘하지 않고 둥근 물체

| (밀, 열매 등이) 가득하다, 둥글다, 굵다, 꽉 차다

*공공이 [KONG-KONG-I] (公公) 원189

불 Généralement, communément. ‖ Avec justice.

한 일반적으로, 보통 | 정당하게

*공과 [KONG-KOA] (功課) 원189

불 Prières do chaque jour; exercices de chaque jour. Recucil de prières pour les dimanches, les fêtes et différentes circonstances; eucologe; diurnal.

한 매일의 기도 | 매일의 예배 올리기 | 일요일, 축제일, 그리고 다른 여러 상황에 대한 기도집 | 기도서 | 일과 기도서

*공관 [KONG-KOAN,-I] (空官) 원189

불 Absence du mandarin. Vacance de la préfecture.

한 관리의 부재 | 도청의 공석

공교ᄒᆞ다 [KONG-KYO-HĂ-TA,-HĂN,-HI] (巧) 원189

불 Fin, adroit, industrieux, habile. ‖ Bien fait, fait avec art. ‖ Etrange, singulier. ‖ Admirable.

한 능숙하다, 능란하다, 솜씨 좋다, 재주 있다 | 잘 되다, 능란하게 되다 | 이상하다, 기이하다 | 감탄할 만하다

*공구ᄒᆞ다 [KONG-KOU-HĂ-TA] (恐懼) 원189

불 Crainte, effroi. Craindre, être effrayé

한 두려움, 공포 | 두려워하다, 겁내다

*공권 [KONG-KOUEN,-I] (空拳) 원189

불 Main vide; point de présent.

한 빈 손 | 현재 시점

*공궐 [KONG-KOUEL,-I] (空闕) 원189

불 Maison au roi non habitée. Palais vide (où le roi n'est pas). ‖ Omission, ce qui est omis, ce qui manque au tout, déficit.

한 사람이 살지 않는 왕의 집 | (왕이 없는) 빈 궁궐 | 생략, 생략된 것, 전체에서 부족한 것, 부족

*공궤ᄒᆞ다 [KONG-KOUEI-HĂ-TA] (供饋) 원189

불 Nourriture préparée par les enfants pour être présentée aux parents. nourrir; offrir à manger (à un supérieur).

한 부모에게 내놓기 위해 자식들이 준비한 음식 | 부양하다 | (윗사람에게) 먹을 것을 제공하다

*공극ᄒᆞ다 [KONG-KEUK-HĂ-TA] (孔劇) 원189

불 Difficile; pressé, urgent. ‖ Etrange, singulier.

한 어렵다 | 다급하다, 긴급하다 | 이상하다, 기이하다

*공근ᄒᆞ다 [KONG-KEUN-HĂ-TA] (恭謹) 원189

불 Souple, obéissant. ‖ Prudent précautionneux.

한 유순하다, 온순하다 | 신중하다, 조심성 있다

*공급ᄒᆞ다 [KONG-KEUP-HĂ-TA] (供給) 원189

불 Offrir des mets, bien traiter.

한 요리를 제공하다, 잘 대접하다

공긔 [KONG-KEUI] 원189

불 Balle, sorte de pelotte ronde servant à jouer. Pierre ronde qu'on lance d'un main dans l'autre. =두다-tou-ta, Jongler avec des balles.

한 공, 놀이에 사용하는 둥근 공의 종류 | 한 손에서 다른 손으로 던지는 둥근 돌 | [용례 =두다, - tou-ta], 공 여러 개로 곡예를 부리다

1*공긱 [KONG-KĂIK,-I] (空客) 원189

불 Homme pauvre, sans moyen d'existence, dénué de tout, qui, sans raison, mange à la maison.

한 생계 수단이 없는, 모든 것이 없는, 이유 없이 집에서 밥을 먹는 가난한 사람

2*공긱 [KONG-KĂIK,-I] (空刻) 원189

불 Temps libre, temps de récréation.

한 자유로운 시간, 휴식 시간

*공납 [KONG-NAP,-I] (公納) 원189

불 Contributions, impôts, tribut à payer au gouvernement.

한 조세, 세금, 정부에 바치는 조공

*공낭 [KONG-NANG,-I] (空囊) 원189

불 Petit sac vide. Bourse vide.

한 작고 빈 주머니 | 빈 돈주머니

*공노 [KONG-NO] (功勞) 원189

불 Mérite.

한 공적

*공단 [KONG-TAN,-I] (貢緞) 원190

불 Soie noire, satin.

한 검은 비단, 사틴

공달이 [KONG-TAL-I] 원190

불 Tige. Navet pour graine. Pousse tendre des choux, des navets qui montent en graines.

한 줄기 | 씨를 얻기 위한 순무 | 씨를 맺는 배추, 순무의 부드러운 싹

*공담 [KONG-TAM,-I] (空談) 원190

불 Paroles inutiles, vides, oiseuses.

한 쓸데없는, 무의미한, 무익한 말

1*공당 [KONG-TANG,-I] (公堂) 원190

불 Maison du gouvernement, maison commune.

한 정부의 공공건물, 면사무소

[2]*공당 [KONG-TANG,-I] (空堂) 원190
불 Maison vide.
한 빈 집

*공덕 [KONG-TEK,-I] (功德) 원190
불 Mérite et vertu.
한 공적과 덕

*공도 [KONG-TO] (公道, (juste, route)) 원190
불 Justice, impartialité.
한 공정, 공평함

[1]공돈 [KONG-TON,-I] (空錢) 원190
불 Argent extra. v.g. pourboire en dehors du salaire.
한 여분의 돈 | 예. 임금 이외의 행하

[2]공돈 [KONG-TON,-I] (工錢) 원190
불 Prix du travail, salaire.
한 품삯, 임금

*공동ᄒᆞ다 [KONG-TONG-HĂ-TA] (攻動) 원190
불 Presser, exciter, engager, inciter.
한 압박하다, 부추기다, 권장하다, 자극하다

*공득지물 [KONG-TEUK-TJI-MOUL] (空得之物) 원190
불 Tout ce qu'on obtient sans argent. Chose obtenue sans peine, comme ce que l'on trouve en chemin.
한 돈 없이 얻는 모든 것 | 길에서 발견한 것처럼 어려움 없이 얻은 것

*공ᄃᆡᄒᆞ다 [KONG-TĂI-HĂ-TA] (恭待) 원190
불 Traiter avec respect; parler avec respect; parler le langage respectueux; respecter en parlant.
한 공손히 대우하다 | 공손히 말하다 | 공손한 말을 하다 | 말함에 있어 존중하다

*공력 [KONG-RYEK,-I] (工力) 원190
불 (Force du travail). travail. force employée.
한 (노동력) 노동 | 사용된 힘

*공론ᄒᆞ다 [KONG-RON-HĂ-TA] (公論) 원190
불 Délibération. avis commun, opinion commune. Délibérer en commun.
한 심의 | 공동의 견해, 공동의 의견 | 공동으로 심의하다

[1]*공명 [KONG-MYENG,-I] (功名) 원189
불 Dignité, charge, honneur. ‖ Mérite.
한 고관, 직무, 명예 | 공적

[2]*공명 [KONG-MYENG,-I] (空名) 원189
불 Gloire bumaine, vaine renommée.
한 인간적인 영광, 덧없는 명성

*공문 [KONG-MOUN,-I] (公文) 원189
불 Laisser-passer, passe-port. ‖ Circulaire du gouvernement aux mandarins.
한 통행 허가증, 여권 | 관리에게 보내는 정부 공문

[1]*공물 [KONG-MOUL,-I] (貢物) 원189
불 Fournitures pour le gouvernement. La ferme de ces fournitures.
한 정부 납입품 | 이 납입품의 소작지

[2]*공물 [KONG-MOUL,-I] (公物) 원189
불 Chose qui appartient à plusieurs; propriété commune.
한 여러 사람에게 속한 물건 | 공동의 소유물

[3]*공물 [KŌNG-MOUL,-I] (空物) 원189
불 Bien vacant. Bien obtenu fortuitement. Bien sans maître.
한 공허한 이익 | 뜻밖에 얻은 이익 | 주인이 없는 이익

공밧치다 [KONG-PAT-TCHI-TA,-TCHYE,-TCHIN] (貢) 원189
불 Payer le tribut, présenter le tribut. ‖ Offrir des présents.
한 조공을 내다, 조공을 바치다 | 선물을 제공하다

[1]*공방 [KONG-PANG,-I] (工房) 원189
불 Administration du 공고 Kong-ko. Le 6e prétorien en charge; celui qui est chargé du ménage du mandarin, des travaux et des commissions. Prétorien chargé de la natte du mandarin.
한 공고 Kong-ko의 관리 | 직무를 맡은 여섯 번째 친위병 | 관리의 집안 손질, 직무, 그리고 위임을 맡은 사람 | 관리의 돗자리를 맡은 친위병

[2]*공방 [KONG-PANG,-I] (空房) 원189
불 Chambre vide.
한 빈 방

공번되다 [KONG-PEN-TOI-TA,-TOI-YE,-TOIN] (公) 원189
불 Commun; général; public; universel; catholique. ‖ Equitable; juste; impartial. 공번되지안케 kong-pen-toi-tji an-hkei, Injustement.
한 보통의 | 일반적인 | 공공의 | 보편적인 | 가톨릭의 | 공평하다 | 올바르다 | 편파성이 없다 | [용례 공번되지안케, kong-pen-toi-tji an-hkei], 부당하게

*공복 [KONG-POK,-I] (空腹) 원189
불 Ventre vide. A jeûn.
한 빈 배 | 아무 것도 먹지 않고

[1]*공부 [KONG-POU] (公府) 원189
불 Résidence du mandarin.
한 관리의 관저

[2]*공부 [KONG-POU] (工夫) [원]189
[불] Travail, ouvrage, œuvre. ‖ Etude. =ᄒᆞ다- hă-ta, faire ses classes, ses études.
[한] 일, 작업, 작업 | 공부 | [[용례] =ᄒᆞ다, - hă-ta], 수업을 하다, 공부를 하다

*공부ᄌᆞ [KONG-POU-TJĂ] (孔夫子) [원]190
[불] Confucius, philosophe chinois.
[한] 공자, 중국 철학자

*공산 [KONG-SAN,-I] (空山) [원]190
[불] Montagne sans maître, sans possesseur.
[한] 주인 없는, 소유자가 없는 산

*공삼치ᄉᆞ [KŌNG-SAM-TCHĂI-SĂ] (貢蔘差使, (présent, jen-sen, administrateur, envoyé)) [원]190
[불] Mandarin accompagnant le jen-sen qu'une province envoie au roi.
[한] 지방에서 왕에게 보내는 인삼을 가져오는 관리

[1]*공샹 [KONG-SYANG,-I] (貢上) [원]190
[불] Tribut en nature offert au roi.
[한] 왕에게 바치는 현물로 된 조공

[2]*공샹 [KONG-SYANG,-I] (空上) [원]190
[불] Banc, escabeau.
[한] 긴 의자, [[역주] 팔과 등이 없는] 나무걸상

[3]공샹 [KONG-SYANG,-I] [원]190
[불] Ce qui reste de la viande d'un bœuf, après avoir, par la vente en détail, récupéré le prix d'achat de l'animal (c'est le bénéfice).
[한] 소매로 판매하여 동물의 구입 금액을 회수한 뒤, 남은 소고기(남은 이윤)

*공샹치ᄉᆞ [KONG-SYANG-TCHĂI-SĂ] (貢上差使) [원]190
[불] Serviteur qui presse le recouvrement du tribut en nature.
[한] 현물로 내는 공물의 징수를 재촉하는 관리

*공셕 [KONG-SYEK,-I] (空石) [원]190
[불] Sac vide. Sac à riz vide.
[한] 비어 있는 자루 | 비어 있는 쌀자루

*공셰 [KONG-SYEI] (貢稅) [원]190
[불] Contribution, impôt, tribut.
[한] 조세, 세금, 조공

*공소 [KONG-SO] (公所) [원]190
[불] Chapelle, lieu de réunion pour les chrétiens. ‖ Chrétiens qui en font partie.
[한] 예배당, 기독교 신자들의 집회 장소 | 예배당에 속하는 기독교 신자들

*공손ᄒᆞ다 [KONG-SON-HĂ-TA] (恭遜) [원]190
[불] Obéissant, soumis, humble, modeste, respectueux.
[한] 온순하다, 유순하다, 겸손하다, 공손하다, 정중하다

*공슈 [KONG-SYOU] (空手) [원]190
[불] Main vide.
[한] 빈 손

*공슌ᄒᆞ다 [KONG-SYOUN-HĂ-TA] (恭順) [원]190
[불] Soumis, obéissant, humble, modeste, respectueux, docile.
[한] 순종하다, 온순하다, 겸손하다, 존중하다, 순하다

*공식ᄒᆞ다 [KONG-SIK-HĂ-TA] (空食) [원]190
[불] Obtenir sa nourriture gratis, sans donner d'argent. Nourriture qui n'est pas gagnée.
[한] 돈을 주지 않고, 무료로 자신의 음식을 얻다 | 벌어들이지 않은 음식

*공신 [KONG-SIN,-I] (功臣) [원]190
[불] Ministre qui a des mérites. Grand qui a bien mérité de la patrie.
[한] 공적이 있는 장관 | 조국에 크게 공헌한 귀족

*공심지 [KONG-SIM-TJĂI] (空心齋, (vide, cœur, abstinence)) [원]190
[불] Jeûne absolu (comme le jeûne eucharistique). Jeûne = 직희다-tjik-heui-ta, L'observer, le garder; être à jeûn.
[한] (성찬의 단식처럼) 완전한 단식 | 단식 | [[용례] =직희다, -tjik-heui-ta], 단식을 준수하다, 단식을 지키다 | 단식 중이다

*공심판 [KONG-SIM-HPAN,-I] (公審判, (Public [général], examen, décider)) [원]190
[불] Jugement général, jugement dernier.
[한] 총괄적인 심판, 최후의 심판

[1]공ᄉᆞ [KONG-SĂ] (公事) [원]190
[불] Affaire publique. =ᄒᆞ다- hă-ta, Décider, juger.
[한] 공무 | [[용례] =ᄒᆞ다, - hă-ta], 결정하다, 판단하다

[2]*공ᄉᆞ [KONG-SĂ] (公舍) [원]190
[불] Maison du gouvernement, maison commune.
[한] 정부 건물, 공공건물

[3]*공ᄉᆞ [KONG-SĂ] (空舍) [원]190
[불] Maison vide, sans possesseur.
[한] 소유자가 없는 빈 집

공알 [KONG-AL,-I] [원]188
[불] Vagin.
[한] 질

*공양ᄒᆞ다 [KONG-YANG-HĂ-TA] (供養, (Honorer et

nourrir)) [원]188

[불] Nourrir, entretenir ses parents.

[한] 자신의 부모를 부양하다, 부양하다

*공언 [KONG-EN,-I] (公言) [원]188

[불] Parole commune, c.a.d. voix unanime; parole juste, vraie.

[한] 공동의 말, 즉 만장일치의 말 | 올바른, 참된 말

[1*]공업 [KONG-EP,-I] (工業) [원]188

[불] Métier et travail. Travail.

[한] 수공업과 일 | 일

[2]공업 [KONG-EP,-I] (功業) [원]188

[불] Action digne de récompense, mérite.

[한] 상을 받아 마땅한 행동, 공적

*공연ᄒᆞ다 [KONG-YEN-HĂ-TA] (空然) [원]188

[불] Vain; en vain; inutile; sans but; sans motif.

[한] 쓸데없다 | 헛되이 | 무익하다 | 목적 없이 | 이유 없이

*공용ᄒᆞ다 [KONG-YONG-HĂ-TA] (公用) [원]188

[불] Public, général, commun. ‖ Se servir en commun; user en commun; user également.

[한] 공공의, 보편의, 공동의 | 공동으로 쓰이다 | 공동으로 사용하다 | 동등하게 사용하다

*공육 [KONG-YOUK,-I] (空肉) [원]188

[불] Viande extraite de la part équivalente au profit obtenu sur la vente d'un bœuf.

[한] 소를 팔아서 얻은 이익에 상응하는 부분에서 뽑아낸 고기

*공은 [KONG-EUN,-I] (公恩) [원]188

[불] Bienfait public, universel, général. Bienfait général, qui s'étend à plusieurs.

[한] 공공의, 보편적인, 전반적인 은혜 | 여러 사람들에게 미치는 전반적인 은혜

[1*]공의 [KONG-EUI] (公義) [원]188

[불] Justice publique, universelle, générale. =ᄒᆞ다 -hă-ta, Etre intègre (en justice).

[한] 공공의, 보편적인, 전반적인 정의 | [[용례] =ᄒᆞ다, -hă-ta], (재판에서) 공정하다

[2*]공의 [KONG-EUI] (公議) [원]188

[불] Délibération en commun. Avis ou opinion commune, générale.

[한] 공동의 심의 | 공동의, 대다수의 견해나 의견

[1]공이 [KONG-I] (杵) [원]188

[불] Pilon (pour le mortier).

[한] (유발용) 막자

[2]공이 [KONG-I] [원]188

[불] Moignon; ce qui reste sur le tronc. Après avoir coupé une branche; reste de branche coupée. Nœud dans le bois.

[한] 그루터기 | 가지를 자른 뒤 나무 밑동에 남는 것 | 잘린 가지의 나머지 | 나무의 마디

[3*]공이 [KONG-I] (空) [원]188

[불] Gratuitement, sans raison. Syn. 기져 Ke-tjye ou 그져 Keu-tjye.

[한] 무상으로, 이유 없이 | [[동의어] 기져, Ke-tjye] 또는 [[동의어] 그져, Keu-tjye]

*공임 [KONG-IM,-I] (公任) [원]188

[불] Procuration; mandat; droit, faculté de faire; autorité pour faire. ‖ Fonction publique.

[한] 대리권 | 위임 | 권리, 행할 권리 | 행동하기 위한 권한 | 공직

*공작미 [KONG-TJAK-MI] (孔雀尾) [원]191

[불] Plumes de la queue de paon. plume de paon.

[한] 공작 꼬리의 깃털 | 공작의 깃털

*공작이 [KONG-TJAK-I] (孔雀) [원]191

[불] Paon.

[한] 공작

*공장이 [KONG-TJANG-I] (工匠) [원]191

[불] Artisan, ouvrier, faber.

[한] 장인, 직공, faber〈장인〉

*공쟝 [KONG-TJYANG,-I] (公狀) [원]191

[불] Délibération, avis commun, opinion publique. 공쟝ᄒᆞ다 Kong-tjyang-hă-ta, Délibérer.

[한] 심의, 공동의 견해, 공공의 의견 | [[용례] 공쟝ᄒᆞ다, Kong-tjyang-hă-ta], 심의하다

공쟝이 [KONG-TJYANG-I] [원]191

[불] Petit arbuste dont les branches très-fines servent à faire des corbeilles.

[한] 그 매우 가는 가지가 바구니를 만드는 데 쓰이는 소관목

[1*]공젹 [KONG-TJYEK,-I] (功蹟) [원]191

[불] Mérites nombreux.

[한] 수많은 공로

[2]공젹 [KONG-TJYEK,-I] [원]191

[불] Celui qui fait un faux en empruntant le nom d'un autre.

[한] 다른 사람의 이름을 빌려 위조하는 사람

*공젼 [KONG-TJYEN,-I] (工錢) 원191
불 Salaire, paiement, prix du travail. Syn. 공돈 kong-ton.
한 임금, 보수, 품삯 | [동의어 공돈, kong-ton]

*공졍 [KONG-TJYENG,-I] (公正) 원191
불 Impartialité, justice.
한 공평함, 공정

*공조 [KONG-TJO] (工曹) 원191
불 Ministère ou tribunal des travaux publics (un des six ministères). ‖ L'hôtel du 공조판셔 Kong-tjo-hpan-sye.
한 공적인 일을 맡아보는 성[역주 省] 또는 법원 (6개의 성[역주 省] 중 하나) | 공조판셔 Kong-tjo-hpan-sye의 관저

*공조판셔 [KONG-TJO-HPAN-SYE] (工曹判書) 원191
불 ministre des travaux publics et de la maison du roi.
한 공공 토목공사와 왕궁의 일을 맡아보는 장관

1*공쥬 [KONG-TJYOU] (公主) 원191
불 Fille légitime du roi. ‖ Sœur du roi.
한 왕의 합법적인 딸 | 왕의 여자 형제

2*공쥬 [KONG-TJYOU] (空酒) 원191
불 Vin gratuit. Vin qui ne coûte rien. =먹다-mek-ta, Boire gratuitement, obtenir du vin sans argent.
한 공짜 술 | 비용이 전혀 들지 않는 술 | [용례 =먹다, -mek-ta], 무료로 마시다, 돈 없이 술을 얻다

*공즁 [KONG-TJYOUNG] (空中) 원191
불 Entre ciel et terre; dans le vide; en haut; en l'air. ‖ Sans but; sans motif; sans raison; en vain; vainement; gratuitement.
한 하늘과 땅 사이 | 허공에 | 위에 | 공중에 | 목적 없이 | 동기 없이 | 이유 없이 | 보람 없이 | 헛되이 | 무료로

공지 [KONG-TJI] (尾) 원191
불 Queue.
한 꼬리

1*공ᄌ [KONG-TJĂ] (孔子) 원191
불 Confucius.
한 공자

2*공ᄌ [KONG-TJĂ] (公子) 원191
불 Fils précieux, le fils d'un grand noble.
한 귀중한 아들, 대귀족의 아들

1*공ᄌᆡ [KONG-TJĂI] (公財) 원191
불 Richesses communes; les biens du gouvernement.
한 공동의 부 | 정부의 재산

2*공ᄌᆡ [KONG-TJĂI] (空財) 원191
불 Matériaux inutiles pour le moment. richesses inutiles.
한 당장은 불필요한 자재 | 불필요한 부

*공채 [KONG-TCHAI] (公債) 원191
불 Dettes du gouvernement; dettes du roi.
한 정부의 빚 | 왕의 빚

공채다리 [KONG-TCHAI-TA-RI] (曲脚) 원191
불 Jambe hors de service. Bancal; qui a les jambes courbés en dehors.
한 못 쓰게 된 다리 | 절름발이 | 두 다리가 바깥으로 휜 사람

1*공쳐 [KONG-TCHYE] (空處) 원191
불 Terre en friche, qui n'est pas cultivée. Désert; lieu inhabité; maison vide.
한 경작되지 않는 황무지 | 사막 | 사람이 살지 않는 곳 | 빈 집

2*공쳐 [KONG-TCHYE] (公處) 원191
불 Lieu public, commun.
한 공공의, 공동의 장소

1공치 [KONG-TCHI] 원191
불 Courbure de la faucille et du sarcloir.
한 낫과 호미의 만곡

2공치 [KONG-TCHI] 원191
불 Nom d'un poisson de mer.
한 바닷물고기의 이름

3공치 [KONG-TCHI] 원191
불 Chose qui ne coûte rien.
한 비용이 전혀 들지 않는 물건

공치다 [KONG-TCHI-TA,-TCHYE,-TCHIN] 원191
불 Jouer à la marotte, à la crosse.
한 지팡이, 홀장을 놀리다

*공치ᄒᆞ다 [KONG-TCHI-HĂ-TA] (攻治) 원191
불 Menacer, invectiver, gronder.
한 위협하다, 욕설하다, 꾸짖다

공칙ᄒᆞ다 [KONG-TCHIK-HĂ-TA] 원191
불 Etre embarrassant. ‖ Avoir du guignon. n'avoir pas de chance. ‖ Survenir tout à coup; être inopiné, imprevu. étrange, singulier, extraordinaire.
한 성가시다 | 불운하다 | 운이 없다 | 갑자기 돌발하다 | 뜻밖이다, 의외다 | 이상하다, 기이하다, 비상하다

공텩 [KONG-HTEK] (空得) 원190
불 Gratuit. sans droit. Sans mérite.
한 무료이다 | 권리 없이 | 공적 없이

1*공텽 [KONG-HTYENG,-I] (公廳) 원190

[불] Maison commune.
[한] 공공건물

2* 공텽 [KONG-HTYENG,-I] (空廳) [원] 190
[불] Maison vide.
[한] 빈 집

* 공판 [KONG-HPAN,-I] (工判) [원] 190
[불] L'un des six ministres. le 6e 판셔 Hpan-sye. Le ministre de la maison du roi.
[한] 여섯 장관 중 하나 | 여섯 번째 판서 Hpan-sye | 궁궐의 장관

1* 공패 [KONG-HPAI] (公牌) [원] 190
[불] Tablette publique du gouvernement. || Petite tablette de bois qui sert aux veilleurs de nuit. || Celui qui avertit les personnes chargées de nourrir les veilleurs cette nuit-là.
[한] 정부의 공적인 패 | 야간 초병들이 쓰는 나무로 된 패 | 그날 밤의 초병들에게 식사를 제공하는 일을 맡은 사람들에게 알리는 사람

2* 공패 [KONG-HPAI] (空牌) [원] 190
[불] Tablette qui n'a pas de possesseur, de maître déter miné.
[한] 소유자가 없는, 정해진 주인이 없는 패

3* 공패 [KONG-HPAI] (空敗) [원] 190
[불] Malheur fortuit.
[한] 뜻밖의 불행

* 공평ᄒᆞ다 [KONG-HPYENG-HĂ-TA,-HĂN,-HI] (公平) [원] 190
[불] Egal, équitable. || Général, universel.
[한] 동등하다, 공정하다 | 일반적이다, 보편적이다

1* 공포 [KONG-HPO] (悾布) [원] 190
[불] Esp. d'étendard qui se porte aux funérailles.
[한] 장례식에 드는 깃발의 종류

2* 공포 [KONG-HPO] (公布) [원] 190
[불] Impôt en toile.
[한] 직물로 내는 조세

3* 공포 [KONG-HPO] (公逋) [원] 190
[불] Impôt injuste ou qui n'est pas donné au gouvernement. Impôt que les agents gardent pour eux.
[한] 부당하거나 정부에 전해지지 않는 세금 | 직원들이 자신들을 위해 남겨두는 세금

* 공핍ᄒᆞ다 [KONG-HPIP-HĂ-TA] (空乏) [원] 190
[불] N'être pas, n'avoir pas. Pauvre, misérable.
[한] 아니다, 가지지 않다 | 가난하다, 빈곤하다

* 공한지디 [KONG-HAN-TJI-TI] (空閑之地) [원] 188
[불] Friche; terrain non cultivé, abandonné
[한] 황무지 | 경작하지 않는, 버려진 땅

* 공허ᄒᆞ다 [KONG-HE-HĂ-TA] (空虛) [원] 188
[불] Vide.
[한] 비다

* 공형 [KONG-HYENG,-I] (公兄) [원] 188
[불] Les trois conseillers d'un mandarin (좌슈 Tjoa-syou, 리방 Ri-pang, 호쟝 Ho-tjyang).
[한] 관리의 세 고문(좌슈 Tjoa-syou, 리방 Ri-pang, 호쟝 Ho-tjyang)

* 공회 [KONG-HOI] (公會) [원] 188
[불] Assemblée générale, réunion générale. || Religion chrétienne. L'Eglise catholique.
[한] 전체 모임, 전체 회의 | 기독교 | 카톨릭 교회

* 공효 [KONG-HYO] (功效) [원] 188
[불] Effet, efficacité, résultat.
[한] 효과, 유효성, 결과

* 공훈 [KONG-HOUN,-I] (功勳) [원] 188
[불] Grand mérite. || bon effet.
[한] 큰 공적 | 좋은 결과

1* 공ᄒᆞ다 [KONG-HĂ-TA] (貢) [원] 188
[불] Payer le tribut.
[한] 공물을 바치다

2* 공ᄒᆞ다 [KONG-HĂ-TA] (空) [원] 188
[불] Devenir naturellement, arriver forfuitement. Syn. 그져되다 keu-tjye-toi-ta.
[한] 저절로 되다, 우연히 일어나다 | [동의어] 그져되다, keu-tjye-toi-ta]

1 과 [KOA] [원] 176
[불] Et; encore; de plus; avec; aussi. Se met après les mots terminés par une consonne. -S'emploie devant ᄀᆞᆺ치 Kăt-tchi, semblablement, avec le sens de la préposition à. ᄯᅳᆺ과ᄀᆞᆺ치 Tteut-koa-kăt-tchi, Conformément à la pensée.
[한] 그리고 | 그러고도 | 게다가 | 함께 | 역시 | 자음으로 끝나는 단어들 뒤에 온다 | -전치사 à의 의미와 동일하게 ᄀᆞᆺ치 Kăt-tchi 앞에 쓰인다 | [용례] ᄯᅳᆺ과ᄀᆞᆺ치, Tteut-koa-kăt-tchi], 생각에 따라서

2* 과 [KOA] (果) [원] 176
[불] Fruit.
[한] 열매

3* 과 [KOA] (寡) [원] 176

불 Veuve.
한 과부

4* 과 [KOA] (科) 원176
불 Examen.
한 시험

5* 과 [KOA] (過) 원176
불 Trop.
한 너무

1* 과가 [KOA-KA] (過價) 원177
불 Excès dans le prix. Prix trop élevé.
한 값에 있어서의 지나침 | 너무 높은 가격

2* 과가 [KOA-KA] (科) 원177
불 Examen.
한 시험

* 과갈지의 [KOA-KAL-TJI-EUI] (苽葛之義, (Melon, liane, affection)) 원177
불 Entremêlé, croise, passé l'un dans l'autre. ‖ Alliance de famille, parenté éloignée.
한 섞이다, 교차되다, 하나가 다른 하나 속으로 지나가다 | 가족의 인척관계, 먼 혈족관계

1* 과감ᄒᆞ다 [KOĀ-KAM-HĂ-TA] (過感) 원177
불 Remercier beaucoup.
한 매우 감사하다

2* 과감ᄒᆞ다 [KOĀ-KAM-HĂ-TA] (過堪) 원177
불 Etre de trop, excessif.
한 과하다, 지나치다

3* 과감ᄒᆞ다 [KOA-KAM-HĂ-TA] (果敢) 원177
불 Etre ferme, solide, fort (caractère, coeur). Etre décidé, intrépide.
한 (성격, 마음이) 확고하다, 굳건하다, 굳세다 | 결단력 있다, 대담하다

1* 과거 [KOA-KE] (過擧) 원177
불 Excès.
한 과격 행위

2* 과거 [KOA-KE] (科擧) 원177
불 Examen de baccalauréat. ‖ Candidature aux fonctions publiques. ‖ Début dans la carrière officielle; entrée en charge; première dignité obtenue; première promotion.
한 바칼로레아 시험 | 공직에의 입후보 | 관직의 시작 | 취임 | 처음 얻은 고관 | 첫 진급

1* 과거ᄒᆞ다 [KOA-KE-HĂ-TA] (科擧) 원177
불 Réussir aux examens; obtenir le diplôme de 급뎨 keup-tyei.
한 시험에 합격하다 | 급뎨 keup-tyei의 자격을 얻다

2* 과거ᄒᆞ다 [KOĀ-KE-HĂ-TA] (寡居) 원177
불 Vivre veuve, rester veuve.
한 과부로 살다, 과부로 남다

3* 과거ᄒᆞ다 [KOA-KE-HĂ-TA] (過去) 원177
불 Passer, s'écouter (v.g. le temps, un homme).
한 (예. 시간, 사람이) 지나다, 경과하다

1* 과격 [KOĀ-KYEK,-I] (科格) 원177
불 Science des caractères.
한 문자학

2* 과격 [KOĀ-KYEK,-I] (過格) 원177
불 Vivacité, pétulance, orgueil qui dépasse les bornes. Excès.
한 활발함, 걷잡을 수 없는 격정, 한계를 넘는 오만함 | 과도한 행위

* 과겸ᄒᆞ다 [KOA-KYEM-HĂ-TA] (過謙) 원177
불 Humilité excessive. Etre trop humble.
한 지나친 겸손 | 너무 겸손하다

1* 과경 [KOA-KYENG,-I] (科景) 원177
불 Candidature au baccalauréat.
한 바칼로레아에 응시

2* 과경 [KOA-KYENG,-I] (科慶) 원177
불 Réjouissance chez celui qui a obtenu un diplôme.
한 자격을 얻은 사람의 기쁨

1* 과계 [KOA-KYEI] (科契) 원177
불 Mise de fonds en commun, afin de payer, avec les intérêts, les frais du voyage entrepris pour le baccalauréat.
한 바칼로레아를 위해 시작된 여행의 비용을 이자와 함께 지불하기 위하여 공동으로 돈을 모으는 것

2* 과계 [KOA-KYEI] (過計) 원177
불 Ruse excessive.
한 과도한 꾀

1* 과공 [KOA-KONG,-I] (科工) 원177
불 Préparer les examens de baccalauréat. Travail pour préparer son examen. ‖ Composition pour les examens.
한 바칼로레아 시험을 준비하다 | 자신의 시험을 준비하기 위한 공부 | 시험을 위한 답안

2* 과공 [KOĀ-KONG,-I] (過恭) 원177
불 Trop humble, qui s'abaisse trop.
한 너무 겸손하다, 자신을 너무 낮추다

3* 과공 [KOA-KONG,-I] (過工) 원177
불 Travail excessif.

한 과도한 일

*과군 [KOA-KOUN,-I] (科軍) 원178

불 Qui se présente aux examens de baccalauréat; candidat.

한 바칼로레아 시험에 응시하는 사람 | 수험자

1*과긔 [KOĀ-KEUI] (科期) 원177

불 Temps fixé pour les examens.

한 시험으로 정해진 시기

2*과긔 [KOĀ-KEUI] (過期) 원177

불 Dépasser le terme.

한 기한을 넘기다

*과킥 [KOĀ-KĂIK,-I] (過客) 원177

불 Hôte vagabond, qui court chez l'un, chez l'autre. || Hôte. Etranger qui reçoit l'hospitalité en passant.

한 이집 저집을 돌아다니며 방랑하는 손님 | 손님 | 지나가면서 무료로 숙식을 제공받는 낯선 사람

*과년 [KOA-NYEN,-I] (科年) 원178

불 Année où a lieu l'examen des bacheliers (ordinairement tous les 3 ans).

한 바칼로레아 합격자들의 시험이 치러지는 해 (보통 3년 마다)

1*과년ᄒᆞ다 [KOA-NYEN-HĂ-TA] (過年) 원178

불 Dépasser l'âge où l'on se marie ordinairement.

한 일반적으로 결혼할 나이를 넘기다

2과년ᄒᆞ다 [KOA-NYEN-HĂ-TA] (苽年) 원178

불 Avoir l'âge de se marier. =되다-toi-ta, Etre en âge de se marier.

한 결혼할 나이를 먹다 | [용례 =되다, -toi-ta], 결혼할 나이가 되다

*과념ᄒᆞ다 [KOA-NYEM-HĂ-TA] (過念) 원178

불 Trop penser.

한 너무 생각하다

*과댱 [KOA-TYANG] (科場) 원182

불 Enclos pour le baccalauréat, lieu où se font les compositions.

한 바칼로레아를 위한 울 안의 땅, 답안이 작성되는 장소

*과도ᄒᆞ다 [KOĀ-TO-HĂ-TA,-HĂN,-HI] (過度) 원182

불 Trop; plus qu'il n'en faut. Etre excessif.

한 너무 | 필요 이상으로 | 지나치다

*과동ᄒᆞ다 [KOĀ-TONG-HĂ-TA] (過冬) 원182

불 Hiverner, passer l'hiver.

한 겨울을 나다, 겨울을 보내다

*과두 [KOA-TOU] (蝌頭) 원182

불 Forme des caractères d'écriture chinois. || Orgine des caractères. (Le premier empereur de Chine, 복희씨 Pok-heul-ssi, les a inventés, en examinant un insecte se promener sur la poussière).

한 중국 문자의 형태 | 문자의 기원 | (중국의 첫 번째 황제 복희씨 Pok-heul-ssi가 먼지 위를 돌아다니는 벌레를 관찰하여 문자를 발명했다)

*과딕 [KOA-TĂIK,-I] (寡宅) 원182

불 Veuve. || Maison d'une veuve.

한 과부 | 과부의 집

*과람ᄒᆞ다 [KOA-RAM-HĂ-TA] (過濫) 원182

불 Passer les bornes, être excessif. || Royal; de roi; semblable au roi.

한 경계를 넘다, 지나치다 | 왕의 | 왕의 | 왕과 비슷하다

*과량 [KOA-RYANG,-I] (科粮) 원182

불 Dépenses occasionnées par l'examen du baccalauréat. Provisions ou argent pour aller aux examens.

한 바칼로레아 시험에 의해 유발된 지출 | 시험 치러 가기 위해 드는 생활필수품 또는 돈

1*과량ᄒᆞ다 [KOA-RYANG-HĂ-TA] (褁粮) 원182

불 Emporter sa nourriture, pour vivre dans un endroit où l'on va s'établir, afin d'y passer quelque temps.

한 자리 잡으려는 곳에서 얼마간 지내며 살기 위해 자신의 음식을 가져가다

2*과량ᄒᆞ다 [KOA-RYANG-HĂ-TA] (過粮) 원182

불 trop manger, se bourrer l'estomac.

한 지나치게 먹다, 위를 가득 채우도록 먹다

*과렴ᄒᆞ다 [KOA-RYEM-HĂ-TA] (過念) 원182

불 Trop aimer; trop penser à; être trop généreux; trop s'inquiéter.

한 너무 좋아하다 | 너무 ~에 대해 생각하다 | 너무 너그럽다 | 너무 걱정하다

*과만 [KOA-MAN] (苽滿) 원178

불 Espace de 24 lunes ou deux ans que dure la tenue d'un emploi (pour les grands dignitaires). Le temps que dure régulièrement l'administration d'un mandarin (2, ou 3, ou 5 ans).

한 (주요 고관들을 위한) 일자리가 유지되는 24달 또는 2년의 기간 | 정기적으로 관리의 행정권이 지속되는 시간 (2년 또는 3년, 또는 5년)

*과말ᄒᆞ다 [KOA-MAL-HĂ-TA] (過末) 원178

불 Finir, achever.

한 끝내다, 끝마치다

ㄱ

*과목 [KOA-MOK,-I] (果木) ㉗178
불 Arbre fruitier.
한 유실수

과목밧 [KOA-MOK-PAT,-TCHI] (果木田) ㉗178
불 Verger, champ planté d'arbres fruitiers.
한 과수원, 유실수가 심어진 밭

1*과몽ᄒᆞ다 [KOA-MONG-HĂ-TA] (科夢) ㉗178
불 Rêve de candidat aux examens. Songe qui annonce qu'on sera reçu bachelier. Rêver qu'on a réussi aux examens.
한 시험에 응시하는 수험자의 꿈 | 바칼로레아 합격자로 받아들여질 것을 알리는 꿈 | 시험에 합격했다는 꿈을 꾸다

2*과몽ᄒᆞ다 [KOA-MONG-HĂ-TA] (過蒙) ㉗178
불 Etre accablé de bienfaits.
한 은혜를 잔뜩 받다

*과문 [KOA-MOUN,-I] (科文) ㉗178
불 Se préparer d'une manière spéciale à passer ses examens. Composition pour les examens.
한 특별한 방법으로 자신의 시험을 치를 준비를 하다 | 시험을 위한 답안

*과문불입 [KOA-MOUN-POUL-IP,-I] (過門不入, (passer, porte, non, entrer)) ㉗178
불 Passer devant sa porte sans entrer.
한 들어가지 않고 자신의 문 앞을 지나가다

*과문ᄒᆞ다 [KOĀ-MOUN-HĂ-TA] (過門, (passer, porte)) ㉗178
불 Passer sans entrer. Passer la porte.
한 들어가지 않고 지나치다 | 문을 지나치다

과믹뎐대취 [KOA-MĂIK-TYEN-TAI-TCHYOUI] (過麥田大醉, (Passer, blé, champ, grandement, s'enivrer)) ㉗178
불 Qui s'enivre rien qu'en passant devant un champ de blé, c.a.d. qui ne peut boire une goutte de vin, qui ne boit pas de vin.
한 밀밭 앞을 지나는 것만으로 취하다, 즉 술을 한 방울도 마시지 못하다, 술을 마시지 않다

1*과방 [KOA-PANG,-I] (果房) ㉗181
불 Homme qui prépare les mets. ‖ Chambre où l'on prépare les mets, aux jours de réception. ‖ Office d'une cuisine; magasin de vivres, de provisions.
한 요리를 준비하는 사람 | 접대하는 날에 요리를 준비하는 방 | 부엌의 찬방 | 식료품, 식량의 창고

2*과방 [KOA-PANG,-I] (科榜) ㉗181
불 Liste des lauréats au concours.
한 경합 수상자들의 명단

*과벽 [KOA-PYEK,-I] (科僻) ㉗181
불 Envie du baccalauréat; désir ardent d'être reçu aux examens. Acharnement à concourir pour les dignités.
한 바칼로레아에 대한 갈망 | 시험에 합격하겠다는 열렬한 욕망 | 고관직을 위해 경쟁하는 데에 열중함

*과부 [KOA-POU] (寡婦) ㉗182
불 Veuve.
한 과부

*과분ᄒᆞ다 [KOA-POUN-HĂ-TA] (過分) ㉗182
불 Excéder; être de trop; passer les bornes. ‖ Dépenses exorbitantes. Dépenser plus que ne le permettent les facultés.
한 초과하다 | 지나치다 | 한계를 넘다 | 지나친 소비 | 능력이 허락하는 것보다 더 많이 소비하다

1*과셥 [KOA-SYEP,-I] (過攝) ㉗182
불 Se dit de l'action de quelqu'un (v.g. d'un noble) qui prend de force un bateau avec tout son équipage, pour s'en servir sans le payer.
한 값을 지불하지 않고 사용하기 위해, 배와 모든 선원을 강제로 취하는 어떤 사람(예. 귀족의)의 행동에 대해 쓴다

2과셥 [KOA-SYEP,-I] (過柴) ㉗182
불 Provision de bois pour l'hiver.
한 겨울을 위한 나무 비축

*과셰ᄒᆞ다 [KOA-SYEI-HĂ-TA] (過歲) ㉗182
불 Premier jour de l'an chinois. Passer le jour de l'an.
한 그 해의 중국식 첫 날 | 정월 초하루를 보내다

*과수 [KOA-SOU] (科數) ㉗182
불 Chance d'être reçu bachelier; destinée pour y réussir. ‖ Bonheur, chance causée par l'heureuse coïncidence de certains nombres (superst.).
한 바칼로레아 합격자로 받아들여질 운 | 바칼로레아 시험에 합격할 운명 | 몇몇 수의 운 좋은 일치에 의해 생긴 행운, 운 (미신)

*과슈 [KOA-SYOU] (寡守) ㉗182
불 veuve.
한 과부

*과시 [KOA-SI] (科時) ㉗182
불 Temps du baccalauréat. Des examens.
한 바칼로레아의, 시험의 시기

*과시ᄒᆞ다 [KOA-SI-HĂ-TA] (過時) [원]182
[불] Dépasser le temps de. Etre tard. après le temps ordinaire, après le temps convenable. Temps trop avancé. Laisser passer l'occasion.
[한] ~의 시기를 지나다 | 늦다 | 보통의 시기 후에, 적절한 시기 후에 | 너무 늦은 시기 | 기회를 놓치다

*과식ᄒᆞ다 [KOĀ-SIK-HĂ-TA] (過食) [원]182
[불] Trop manger. gourmandise.
[한] 지나치게 먹다 | 식탐

1*과실 [KOĀ-SIL,-I] (果實) [원]182
[불] Fruit des arbres.
[한] 나무의 열매

2*과실 [KOĀ-SIL,-I] (過失) [원]182
[불] Défaut, faute.
[한] 결점, 잘못

*과언ᄒᆞ다 [KOĀ-EN-HĂ-TA] (過言) [원]176
[불] Babillard. Trop parler.
[한] 수다쟁이 | 지나치게 말하다

*과연 [KOĀ-YEN] (果然) [원]176
[불] Vraiment, réellement, en effet.
[한] 정말로, 실제로, 정말이지

1*과욕 [KOA-YOK,-I] (科慾) [원]177
[불] Ambition de réussir aux examens. Désir, pensée d'être reçu bachelier.
[한] 시험에 합격하고자 하는 야심 | 바칼로레아 합격자가 되려는 욕망, 생각

2*과욕 [KOA-YOK,-I] (過辱) [원]177
[불] Injure atroce.
[한] 끔찍한 욕설

*과용ᄒᆞ다 [KOĀ-YONG-HĂ-TA] (過用) [원]177
[불] Dépense excessive. Prodiguer.
[한] 과도한 소비 | 낭비하다

*과원 [KOA-OUEN,-I] (果園) [원]177
[불] Verger, lieu planté d'arbres fruitiers.
[한] 과수원, 유실수가 심어진 곳

*과유 [KOA-YOU] (科儒) [원]177
[불] Homme qui sait assez de caractères pour se présenter au baccalauréat. Candidat aux examens.
[한] 바칼로레아에 응시할 만큼 문자를 꽤 아는 남자 | 시험에 응시하는 수험자

*과음ᄒᆞ다 [KOĂ-EUM-HĂ-TA] (過飮) [원]176
[불] Ivresse. Boire trop de vin.
[한] 취기 | 술을 지나치게 마시다

*과인ᄒᆞ다 [KOA-IN-HĂ-TA] (過人) [원]176
[불] Exceller, l'emporter sur.
[한] 뛰어나다, ~보다 우세하다

1*과쟝ᄒᆞ다 [KOA-TJYANG-HĂ-TA] (誇張) [원]182
[불] Se vanter, se louer, se glorifier. Louer à l'excès.
[한] 자기 자랑을 하다, 자찬하다, 자만하다 | 지나치게 칭찬하다

2*과쟝ᄒᆞ다 [KOĀ-TJYANG-HĂ-TA] (過長) [원]182
[불] Trop avancé. Trop poussé, trop grand (plante).
[한] 너무 앞서다 | 너무 자라다, (식물이) 너무 크다

*과적 [KOA-TJEK,-I] (科賊) [원]182
[불] Voleur de baccalauréat, qui se fait recevoir par supercherie, en trompant, en signant la copie d'un autre.
[한] 속여서, 다른 사람의 답안지에 서명하여 속임수로 합격하는 바칼로레아의 표절자

1*과죵 [KOA-TJYONG,-I] (髁腫) [원]182
[불] Plaie à la cheville du pied. Furoncle venimeux entre le talon et la cheville du pied.
[한] 발목에 난 상처 | 뒤꿈치와 발목 사이의, 독이 있는 절종

2*과죵 [KOA-TJYONG,-I] (瓜種) [원]182
[불] Graine de pastèque, de concombre.
[한] 수박의, 오이의 씨

과줄 [KOA-TJOUL,-I] (藥果) [원]182
[불] Gâteaux. esp. D'échaudés en farine de riz.
[한] 과자 | 쌀가루로 만든 비스킷의 종류

*과즁에 [KOA-TJYOUNG-EI] (科中) [원]182
[불] Espace de temps entre le commencement et la fin de l'examen du baccalauréat; durée de l'examen. ‖ Entre les examens.
[한] 바칼로레아 시험의 시작과 끝 사이 시간의 간격 | 시험 시간 | 시험 사이

*과즁ᄒᆞ다 [KOA-TJYOUNG-HĂ-TA] (過重) [원]182
[불] Trop grave, trop important, trop lourd.
[한] 너무 중대하다, 너무 중요하다, 너무 무겁다

*과츄 [KOĀ-TCHYOU] (過秋) [원]182
[불] Passer l'automne.
[한] 가을을 보내다

*과츈ᄒᆞ다 [KOĀ-TCHYOUN-HĂ-TA] (過春) [원]182
[불] Passer le printemps.
[한] 봄을 보내다

*과취 [KOĀ-TCHYOUI] (過醉) [원]182
[불] S'enivrer profondément. Etre tout à fait ivre.

[한] 심하게 취하다 | 완전히 취하다

*과치 [KOA-TCHI] (過) [원] 182

[불] Trop. 과치아니냐 Koa-tchi a-ni-nya, N'est-ce pas trop?

[한] 지나치게 | [[용례] 과치아니냐, Koa-tchi a-ni-nya], 지나치지 않느냐?

*과ᄎᆞ [KOĂ-TCHĂ] (過次) [원] 182

[불] En passant devant. occasion dont on profite en passant.

[한] 앞을 지나가는 | 지나가면서 이용하는 기회

*과하쥬 [KOĀ-HA-TJYOU] (過夏酒) [원] 177

[불] Nom d'une esp. de vin. Vin de riz, auquel on a mêlé de l'eau-de-vie.

[한] 술의 종류의 이름 | 화주를 섞은, 쌀로 만든 술

*과하ᄒᆞ다 [KOĀ-HA-HĂ-TA] (過夏) [원] 177

[불] Finir l'été. Passer l'été.

[한] 여름이 끝나다 | 여름을 보내다

*과혼ᄒᆞ다 [KOĀ-HON-HĂ-TA] (過婚) [원] 177

[불] Dépasser l'âge ordinaire de se marier.

[한] 보통의 결혼하는 나이를 넘기다

*과히 [KOA-HI] (過) [원] 177

[불] Trop.

[한] 너무

*과ᄒᆞ다 [KOĀ-HĂ-TA,-HĂN,-HI] (過) [원] 177

[불] Dépasser surpasser, être au-dessus de. Excessif, trop, beaucoup. Etre de trop, excessif. 힘에과ᄒᆞ다 Him-ei koa-hă-ta, Surpasser la force; être au-dessus des forces.

[한] 초과하다, 능가하다, ~ 이상이다 | 과도하다, 너무, 많이, 과하다, 지나치다 | [[용례] 힘에과ᄒᆞ다, Him-ei koa-hă-ta], 힘을 능가하다, 능력 이상이다

*과ᄒᆞᆫᄒᆞ다 [KOĀ-HĂN-HĂ-TA] (過限) [원] 177

[불] Dépasser le terme fixé.

[한] 정해진 기한을 넘기다

*곽긔 [KOAK-KEUI] (藿氣) [원] 178

[불] Esp. de maladie prompte dans les temps de chaleur (p.ê. le choléra). Indisposition, esp. de choléra ou d'indigestion violente en été; cholérine.

[한] 더운 시기에 돌연히 생기는 병의 종류(아마도 콜레라의 종류), 몸이 불편함, 콜레라나 여름에 심한 소화불량의 종류 | 유사 콜레라

*곽난 [KOAK-NAN,-I] (藿亂) [원] 178

[불] Esp. de maladie dans les temps de chaleur (p.ê. le choléra). Indigestion violente.

[한] 더운 시기에 생기는 병의 종류(아마도 콜레라), 심한 소화 불량

1*관 [KOAN,-I] (冠) [원] 178

[불] Couronne; diadème; barrette; turban; mître; tiare; bonne de crin des nobles.

[한] 관 | 왕관 | 테 없는 납작한 작은 모자 | 두건 | 승모 | 왕관 | 귀족들의 말총으로 된 챙이 없는 모자

2*관 [KOAN,-I] (舘) [원] 178

[불] Académie, lieu de réunion pour les lettrés. 태학관 Htai-hak-koan, Académie, université.

[한] 학교, 학식 있는 사람들의 모임 장소 | [[용례] 태학관, Htai-hak-koan], 학교, 대학

3*관 [KOAN,-I] (舘) [원] 178

[불] Lieu où l'on conserve la tablette du roi. V. 긱사 Kăik-sa.

[한] 임금의 패[[역주] 牌]를 보관하는 장소 | [[참조어] 긱사, Kăik-sa]

4*관 [KOAN,-I] (棺) [원] 178

[불] Bière, cercueil.

[한] 관, 관

5*관 [KOAN,-I] (官) [원] 178

[불] Préfecture, mandarinat.

[한] 도청, 관직

6*관 [KOAN,-I] (貫) [원] 178

[불] Le centre du pavois, du blanc, pour tirer de l'arc.

[한] 활을 쏘기 위한 방패의, 과녁의 중심

7관 [KOAN,-I] (貫兩) [원] 178

[불] Numéral des dizaines de nyang, c.a.d. de 1,000 sapèques coréennes; enfilade de sapèques.

[한] 10개의 냥, 즉 조선 엽전 1,000개를 세는 수사 | 엽전 꾸러미

*관가 [KOAN-KA] (官家) [원] 179

[불] Préfecture; maison du préfet; prétoire; maison du mandarin; l'hôtel du mandarin.

[한] 도청 | 도지사의 집 | 법원 | 관리의 건물 | 관리의 저택

*관견 [KOAN-KYEN,-I] (管見) [원] 179

[불] Petit esprit.

[한] 소인배

*관견ᄒᆞ다 [KOAN-KYEN-HĂ-TA] (觀見) [원] 179

[불] Regarder, voir.

[한] 바라보다, 보다

*관계 [KOAN-KYEI] (官桂) [원]179
[불] Nom d'un remède, la cannelle, l'écorce intérieure, la meilleure espèce de cannelle.
[한] 약의 이름, 계피, 계피의 속껍질, 가장 좋은 종류의 계피

관계찬타[KOAN-KYEI-TCHAN-HTA,-TCHAN-A,-TCHAN-EUN] (不關係) [원]179
[불] Ce n'est pas important; peu importe; cela ne fait rien; cela a peu d'importance.
[한] 중요하지 않다 | 상관없다 | 소용없다 | 중요성이 별로 없다

*관계ᄒᆞ다 [KOAN-KYEI-HĂ-TA] (關係) [원]179
[불] Importance, soin. être important; importer; il importe.
[한] 중요성, 세심한 주의 | 중요하다 | 중대하다 | 중요하다

*관고 [KOAN-KO] (官告) [원]179
[불] Déclaration, pétition au mandarin, avertissement. =ᄒᆞ다-hă-ta, Déclarer au mandarin, lui donner avis de.
[한] 관리에게 하는 진술, 청원, 경고 | [[용례] =ᄒᆞ다, -hă-ta], 관리에게 선언하다, 관리에게 통고하다

*관곡ᄒᆞ다 [KOAN-KOK-HĂ-TA] (款曲) [원]179
[불] Soigner bien les hôtes, traiter bien les hôtes. ‖ Presser instamment.
[한] 손님들을 잘 보살피다, 손님들을 잘 대하다 | 간곡하게 재촉하다

*관골 [KOAN-KOL,-I] (髖骨) [원]179
[불] Pommette. L'os des tempes.
[한] 광대뼈 | 관자놀이의 뼈

*관곽 [KOAN-KOAK,-I] (棺槨) [원]179
[불] Les deux cercueils, l'un intérieur l'autre extérieur, des hauts dignitaires. Cercueil.
[한] 중요 고관들의 안과 밖 두 개의 관 | 관

*관구 [KOAN-KOU] (棺柩) [원]179
[불] Cercueil.
[한] 관

*관구ᄒᆞ다 [KOAN-KOU-HĂ-TA] (款舊) [원]179
[불] Traiter bien les hôtes. Syn. 관곡ᄒᆞ다 Koan-kok-hă-ta.
[한] 손님들을 잘 대하다 | [[동의어] 관곡ᄒᆞ다, Koan-kok-hă-ta]

*관군 [KOAN-KOUN,-I] (官軍) [원]179
[불] Soldat au service du mandarin. ‖ Se dit du peuple faisant l'ouvrage d'un des amis du mandarin, sur l'ordre de celui-ci.
[한] 관리에게 소속된 군대 | 관리의 명령에 따라, 관리의 친구 중 한 사람의 일을 하는 백성에 대해 쓴다

*관기동졍ᄒᆞ다 [KOAN-KI-TONG-TJYENG-HĂ-TA] (觀其動靜) [원]179
[불] Attendre la marche des événements; suivre le cours des affaires. ‖ Examiner la contenance.
[한] 사건의 진행을 기다리다 | 일의 추이를 주시하다 | 태도를 관찰하다

*관기모ᄌᆞᄒᆞ다 [KOAN-KI-MO-TJĂ-HĂ-TA] (觀其貌子, (Voir, lui, visage)) [원]179
[불] Physionomie, aspect du visage et des yeux. Physiognomonie; action ou art de juger le caractère par l'inspection des yeux. Examiner la figure, la contenance, la physionomie.
[한] 용모, 얼굴과 두 눈의 모습 | 관상학 | 두 눈을 검사하여 성격을 판단하는 행위 또는 기술 | 얼굴, 태도, 용모를 검사하다

*관노 [KOAN-NO] (官奴) [원]179
[불] Esclave mâle attaché au palais du mandarin.
[한] 관저에 속한 남자 노예

1*관뎡 [KOAN-TYENG,-I] (官庭) [원]180
[불] Cour de la maison du mandarin.
[한] 관리의 집 뜰

2*관뎡 [KOAN-TYENG,-I] (官定) [원]180
[불] Décision du mandarin.
[한] 관리의 결정

*관뎨 [KOAN-TYEI] (官題) [원]180
[불] Réponse du mandarin à une pétition. ‖ Ordre du mandarin.
[한] 청원서에 대한 관리의 회답 | 관리의 명령

*관등ᄒᆞ다 [KOAN-TEUNG-HĂ-TA] (觀燈) [원]180
[불] Aller voir le feu que l'on fait le 8 de la 4e lune pour honorer la naissance de Fo.
[한] 석가의 탄생을 경배하기 위해서 네 번째 달 8일에 켜는 등불을 보러 가다

1*관ᄃᆡ [KOAN-TĂI] (冠帶) [원]180
[불] Chapeau et ceinture.
[한] 모자와 띠

2관ᄃᆡ [KOAN-TĂI] [원]180
[불] Termin, interrogative et humble. V. 완대 Oan-tai.
[한] 의문 어미와 공손 어미 | [[참조어] 완대 Oan-tai]

*관ᄃᆡᄒᆞ다 [KOĀN-TĂI-HĂ-TA] (款待) [원]180

불 Traiter bien les hôtes.
한 손님들을 잘 대하다

*관량이 [KOAN-RYANG-I] (管梁) 원180
불 Sorte d'employés qui perçoivent les droits imposés sur les bateaux, etc; qui arrêtent les bateaux.
한 배 등에 과세되는 세금을 징수하는, 배를 압류하는 직원들의 부류

관량이 [KOANG-RYANG-I] 원180
불 Fille, femme effrontée. ‖ Homme de plaisir, bohême, jeune libertin.
한 파렴치한 처녀, 여자 | 방탕한 사람, 자유분방한 생활을 하는 사람, 방탕한 젊은이

1*관렴ᄒᆞ다 [KOAN-RYEM-HĂ-TA] (欵念) 원180
불 Très-charitable, généreux, libéral.
한 아주 인정 많다, 너그럽다, 관대하다

2*관렴ᄒᆞ다 [KOAN-RYEM-HĂ-TA] (關念) 원180
불 S'inquiéter, penser avec anxiété.
한 걱정하다, 걱정스럽게 생각하다

관령이 [KOAN-RYENG-I] 원180
불 Homme chargé de recueillir les impôts des barques. V. 관량이 Koan-ryang-i.
한 작은 배의 세금을 거두는 일을 맡은 사람 | [참조어 관량이, Koan-ryang-i]

*관례 [KOAN-RYEI] (冠禮) 원180
불 Cérémonie de la prise du chapeau (mariage d'un jeune homme). Cérémonie de coiffer les jeunes gens avant leur mariage.
한 모자를 쓰는 예식 (젊은 남자의 결혼식) | 결혼식 전에 젊은 사람들에게 모자를 씌우는 예식

관마 [KOAN-MA] (官馬) 원179
불 Cheval du mandarin.
한 관리의 말

1*관망ᄒᆞ다 [KOAN-MANG-HĂ-TA] (冠網) 원179
불 Chapeau et serre-tête. Mettre son serre-tête.
한 모자와 머리띠 | 머리띠를 쓰다

2*관망ᄒᆞ다 [KOAN-MANG-HĂ-TA] (觀望) 원179
불 Regarder au loin comme pour attendre.
한 기다리기 위한 것처럼 멀리서 바라보다

*관면ᄒᆞ다 [KOAN-MYEN-HĂ-TA] (寬免, (Indulgemment, changer)) 원179
불 Dispense. Dispenser; accorder une dispense.
한 면제 | 면제하다 | 면제해 주다

*관명 [KOAN-MYENG,-I] (冠名, (Chapeau, nom)) 원179
불 Nom légal, civil; prendre un nom civil (jeune homme, à l'époque du mariage. -le nom légal est différent du ᄌᆞ썸 ou nom vulgaire).
한 법률상의, 민법상의 이름 | 민법상 이름을 취하다 (결혼할 시기의 젊은 남자-법적인 이름은 ᄌᆞ썸 또는 속칭과는 다르다)

관목이 [KOAN-MOK-I] 원179
불 Hareng sec.
한 마른 청어

1*관문 [KOAN-MOUN,-I] (官門, (Mandarin, porte)) 원179
불 Tribunal du mandarin.
한 관리의 재판소

2*관문 [KOAN-MOUN,-I] (官文) 원179
불 Registre du mandarin.
한 관리의 등록부

*관물 [KOAN-MOUL,-I] (官物) 원179
불 Filles pour le service de la maison du mandarin. ‖ Mobilier de la préfecture, esclaves compris.
한 관리의 집에서 일하는 처녀들 | 노예들을 포함한 도청의 집기

*관변 [KOAN-PYEN,-I] (官變) 원179
불 Exposé d'une affaire devant le mandarin. Pétition, plainte adressée au mandarin.
한 관리 앞에서 하는 일의 보고 | 관리에게 하는 청원, 하소연

*관복 [KOAN-POK,-I] (冠服) 원180
불 Chapeau et habit de cour. Habit de cérémonie pour paraître devant le mandarin ou le roi.
한 궁정의 모자와 옷 | 관리 또는 왕 앞에 나타나기 위해 입는 예복

1*관부 [KOAN-POU] (官府) 원180
불 Résidence du mandarin. ‖ Mandarin.
한 관리의 거주지 | 관리

2*관부 [KOAN-POU] (官付) 원180
불 Nom d'un remède. V.Syn. 관계 Koan-kyei.
한 약의 이름 | [동의어 관계, Koan-kyei]

*관비 [KOAN-PI] (官婢) 원179
불 Femme esclave attachée au palais du mandarin. (Les femmes, les brus, les filles, etc. D'un condamné politique deviennent 관비 Koan-pi).
한 관저에 속하는 여자 노예 | (정치적으로 유죄선고를 받은 사람의 부인들, 며느리들, 딸들 등이 관비 Koan-pi가 된다)

*관비ᄌᆞ [KOAN-PĂI-TJĂ] (官排子) ㉔179
불 Ordre d'arrêter donné par le mandarin.
한 관리가 발행한 체포 명령서

*관빅 [KOAN-PĂIK,-I] (關伯) ㉔179
불 Taï-koun, grand dignitaire qui, au Japon, remplace le roi pour toutes les affaires. Les daïmios du Japon.
한 대군, 일본에서 모든 일에 있어 왕을 대신하는 중요 고관 | 일본의 다이묘

*관상감 [KOAN-SANG-KAM,-I] (觀象監) ㉔180
불 Ecole des sciences (elle se devise en trois branches; 1e astronomie; 2e géoscopie; 3e art de choisir les jours favorables).
한 과학 학교 (세 가지로 나뉜다; 첫 번째는 천문학, 두 번째는 풍수지리, 세 번째는 좋은 날을 선택하는 기술)

*관샤ᄒᆞ다 [KOAN-SYA-HĂ-TA] (寬赦) ㉔180
불 Pardonner, remettre une faute avec bonté.
한 용서하다, 친절하게 잘못을 용서해 주다

*관샹 [KOAN-SYANG,-I] (觀相) ㉔180
불 Physiognomonie, horoscope; art de dire la bonne aventure à un individu en examinant son visage.
한 관상학, 점성 | 그 얼굴을 관찰하여 개인에게 좋은 운수를 말하는 기술

*관셔ᄒᆞ다 [KOAN-SYE-HĂ-TA] (寬恕) ㉔180
불 Pardonner; accorder; être indulgent.
한 용서하다 | 허락하다 | 너그럽다

*관쇼 [KOAN-SYO] (官訴) ㉔180
불 Procès porté devant le mandarin.
한 관리 앞에서 제기하는 소송

*관쇼ᄒᆞ다 [KOAN-SYO-HĂ-TA] (盥漱) ㉔180
불 Se laver la figure, la bouche et les dents.
한 얼굴, 입 그리고 이를 씻다

*관쇽 [KOAN-SYOK,-I] (官屬) ㉔180
불 Valet du mandarin.
한 관리의 하인

관솔 [KOĀN-SYOL,-I] (松枝) ㉔180
불 Bois de sapin très-résineux qui sert d'allumette et de torche pour éclairer.
한 불을 밝히기 위해 성냥과 횃불로 사용하는 진이 많이 나는 전나무 재목

관솔패다 [KOĀN-SYOL-HPAI-TA,-HPAI-YE,-HPAIN] (松明) ㉔180
불 Faire des allumettes; tailler, fendre le bois de sapin.
한 성냥을 만들다 | 전나무를 깎다, 쪼개다

*관심ᄒᆞ다 [KOAN-SIM-HĂ-TA] (貫心) ㉔180
불 Penser, réfléchir.
한 생각하다, 숙고하다

*관ᄉᆞ [KOAN-SĂ] (官舍) ㉔180
불 Maison du mandarin.
한 관리의 집

1관역 [KOAN-YEK] (的) ㉔178
불 Cible, but contre lequel on tire, but du tir à l'arc.
한 과녁, 화살을 쏘는 표적, 궁술의 표적

2*관역 [KOAN-YEK,-I] (官役) ㉔178
불 Travaux de la préfecture. ‖ Valet de préfecture.
한 도청의 공사 | 도청의 하인

*관영 [KOAN-YENG] (貫盈) ㉔178
불 Le comble (des forfaits), le nec plus ultra (du crime).
한 (대죄의) 극치, (범죄의) 극치

*관예 [KOAN-YEI] (官隸) ㉔178
불 Valet de préfecture; esclave de la préfecture.
한 도청의 하인 | 도청의 노예

*관옥 [KOAN-OK,-I] (冠玉) ㉔178
불 Pierre de marbre, marbre blanc, la plus belle espèce de jade blanc
한 대리석, 흰 대리석, 가장 아름다운 종류의 흰 경옥

*관욕 [KOAN-YOK,-I] (官辱) ㉔178
불 Tortures que subit un accusé à la préfecture.
한 도청에서 피고인이 당하는 고문

*관원 [KOAN-OUEN,-I] (官員) ㉔178
불 Préfet, mandarin.
한 도지사, 관리

*관유ᄒᆞ다 [KOAN-YOU-HĂ-TA] (寬宥) ㉔178
불 Miséricordieux; indulgent; libéral. epargner; pardonner. (Gouv. l'accus.).
한 자비롭다 | 너그럽다 | 관대하다 | 너그럽게 봐주다 | 용서하다 | (대격을 지배한다)

*관음보살 [KOAN-EUM-PO-SAL] (觀音菩薩) ㉔178
불 La déesse Koang-in, la Vénus chinoise. ‖ Cri ou prière des bonzes. (En la récitant au moment de la mort, on obtient le pardon de tous ses péchés. -Superst.).
한 광인Koang-in 여신, 중국의 비너스 | 승려들의 부르짖음 또는 기도 | (죽는 순간에 그것을 암송하면 자신의 모든 죄를 용서받는다-미신)

1*관이ᄒᆞ다 [KOAN-I-HĂ-TA] (貫耳) ㉔178
불 Passer une flèche dans les oreilles d'un condamné à mort.
한 사형수의 두 귀를 화살에 꿰다

[2*] 관이ᄒᆞ다 [KOAN-I-HĂ-TA] (慣耳) 원178
불 Entendre fréquemment ce que l'on a entendu plusieurs fois.
한 여러 번 들은 것을 자주 듣다

[1*] 관인 [KOAN-IN,-I] (官人) 원178
불 Employé de préfecture, valet du mandarin.
한 도청에 고용된 사람, 관리의 하인

[2*] 관인 [KOAN-IN,-I] (官印) 원178
불 Cachet de la préfecture.
한 도청의 도장

[3*] 관인 [KOAN-IN,-I] (寬仁) 원178
불 Homme libéral, indulgent.
한 관대한, 너그러운 사람

*관쟝 [KOAN-TJYANG,-I] (官長) 원180
불 Mandarin; dignité.
한 관리 | 고관직

[1*] 관젼 [KOAN-TJYEN,-I] (官錢) 원180
불 Argent du mandarin.
한 관리의 돈

[2*] 관젼 [KOAN-TJYEN,-I] (官前) 원180
불 En face du mandarin, vis-à-vis le mandarin.
한 관리의 면전에서, 관리와 마주보고

*관쥬 [KOĀN-TJYOU] (貫珠) 원180
불 Petits cercles(o) marqués sur les caractères bien formés de l'écriture d'un enfant.
한 아이의 글쓰기에서 잘 쓴 문자 위에 표시하는 작은 동그라미(o)

관쥬노리 [KOAN-TJYOU-NO-RI] 원180
불 Les tempes. ‖ L'endroit où sont fixés les anneaux du serre-tête.
한 관자놀이 | 머리띠의 고리가 고정되는 곳

*관즁 [KOAN-TJYOUNG,-I] (關重) 원180
불 Importance.
한 중요성

*관즁ᄒᆞ다 [KOAN-TJYOUN-HĂ-TA] (關重) 원180
불 Nécessaire; très-utile.
한 필요하다 | 매우 유용하다

[1*] 관ᄌᆞ [KOAN-TJĂ] (貫子) 원180
불 Anneaux du serre-tête.
한 머리띠의 고리

[2*] 관ᄌᆞ [KOAN-TJĂ] (關子) 원180
불 Lettre ou ordre du gouverneur au mandarin. ‖ Ordonnance du gouverneur transmise et appliquée par le mandarin.
한 지사가 관리에게 보내는 공문 또는 명령 | 관리가 전하고 실행하는 지사의 명령

*관ᄌᆡ [KOAN-TJĂI] (官災) 원180
불 Mauvaise affaire avec le mandarin. =잇다-it-ta, L'avoir.
한 관리와의 나쁜 일 | [용례 =잇다, -it-ta], 관리와 나쁜 일이 있다

*관찰ᄉᆞ [KOAN-TCHAL-SĂ] (觀察使) 원180
불 Gouverneur de province.
한 지방의 지사

*관칠ᄒᆞ다 [KOAN-TCHIL-HĂ-TA] (棺漆) 원180
불 Enduire le cercueil d'un vernis.
한 유약으로 관을 칠하다

*관침 [KOAN-TCHIM,-I] (官侵) 원180
불 Concussion du mandarin.
한 관리의 횡령

*관ᄎᆡ [KOAN-TCHĂI] (官差) 원180
불 Valet envoyé pour arrêter un malfaiteur.
한 악인을 체포하기 위해 파견된 하인

*관텽 [KOAN-HIYENG,-I] (官廳) 원180
불 Maison où l'on prépare la nourriture du mandarin.
한 관리의 음식을 준비하는 건물

관텽빗 [KOAN-HIYENG-PIT,-SI et -TCHI] (官廳色) 원180
불 Le prétorien chargé de préparer la nourriture du mandarin.
한 관리의 음식을 준비하는 일을 맡은 친위병

[1*] 관통 [KOAN-HIONG,-I] (貫通) 원180
불 Savant, science universelle.
한 학자, 보편적인 학문

[2*] 관통 [KOAN-HIONG,-I] (官筒) 원180
불 Mesure de 15 boisseaux (conforme à celle du gouvernement). Syn. 휘 Houi.
한 15브와소의 단위 (정부의 단위와 일치한다) | [동의어 휘, Houi]

*관폐 [KOAN-HPYEI] (官弊) 원180
불 Concussion du mandarin.
한 관리의 횡령

*관하긔 [KOAN-HA-KEUI] (官下記) 원178
불 Compte des dépenses du mandarin.
한 관리의 회계 장부

*관한 [KOAN-HAN,-I] (寬限) 원178

불 Accorder plus de temps qu'il n'en faut pour faire une chose.
한 어떤 일을 하는 데 필요한 이상으로 시간을 더 부여하다

*관한 [KOAN-HAN,-I] (官限) 원179
불 Terme fixé par le mandarin.
한 관리에 의해 정해진 기한

*관할ᄒᆞ다 [KOAN-HAL-HĂ-TA] (管轄) 원179
불 Avoir juridiction, avoir autorité sur. Gouverner, avoir sous sa juridiction.
한 재판권을 갖다, ~에 대한 권한을 갖다 | 통치하다, 자신의 관할하에 있다

*관향 [KOAN-HYANG,-I] (貫鄕) 원179
불 Origine de la famille; lieu d'où sont sortis les ancêtres.
한 가문의 기원 | 조상들이 난 곳

*관향ᄒᆞ다 [KOAN-HYANG-HĂ-TA] (管餉) 원179
불 Salaire que le mandarin donne à ses employés. Payer ce salaire.
한 관리가 자신의 직원들에게 주는 임금 | 이 임금을 지불하다

[1]관혁 [KOĂN-HYEK,-I] 원178 ☞ [1]관역

[2]*관혁 [KOĂN-HYEK,-I] (貫革) 원179
불 pavois, blanc, pour tirer de l'arc.
한 활을 쏘기 위한 방패, 과녁

*관형찰식ᄒᆞ다 [KOAN-HYENG-TCHAL-SĂIK-HĂ-TA] (觀形察色, (Voir, figure, examiner, couleur [du visage])) 원179
불 Examiner le visage ou la contenance. Art de lire sur le visage la pensée d'un homme.
한 얼굴 또는 태도를 관찰하다 | 얼굴에서 사람의 생각을 읽는 기술

*관형ᄒᆞ다 [KOAN-HYENG-HĂ-TA] (觀形) 원179
불 Deviner sur la figure, lire sur le visage.
한 얼굴을 보고 짐작하다, 얼굴에서 읽어내다

*관홍ᄒᆞ다 [KOAN-HONG-HĂ-TA] (寬弘) 원179
불 Immense; grand; étendu. libéral; généreux; magnanime.
한 거대하다 | 크다 | 넓다 | 관대하다 | 너그럽다 | 도량이 넓다

관황 [KOAN-HOANG,-I] (官貺) 원179
불 La fourniture de la maison du mandarin.
한 관리의 건물의 조달

*관후ᄒᆞ다 [KOAN-HOU-HĂ-TA] (寬厚) 원179
불 Libéral; généreux; indulgent; accommodant.
한 관대하다 | 자비롭다 | 너그럽다 | 원만하다

괄다 [KOĀL-TA,KOAL-A,KOAN] 원182
불 Trop sec, trop facile à briser (le bois, l'acier trop trempé). ‖ Brillant, vif (feu).
한 (나무, 너무 담금질된 강철이) 너무 마르다, 너무 부서지기 쉽다 | 빛나다, (빛이) 강렬하다

*괄ᄃᆡᄒᆞ다 [KOAL-TĂI-HĂ-TA] (恝待) 원182
불 Ne pas bien traiter.
한 잘 대하지 않다

*괄셰ᄒᆞ다 [KOAL-SYEI-HĂ-TA] (恝勢) 원182
불 Ne pas bien recevoir.
한 잘 접대하지 않다

*괄시ᄒᆞ다 [KOAL-SI-HĂ-TA] (恝視) 원182
불 Ne pas bien recevoir; ne pas bien traiter. Traiter avec mépris; mépriser.
한 잘 접대하지 않다 | 잘 대하지 않다 | 멸시하는 태도로 대하다 | 멸시하다

[1]*광 [KOANG,-I] (光) 원180
불 En agr. Lumière; splendeur; gloire.
한 한자어로 빛 | 광채 | 영광

[2]*광 [KOANG,-I] (廣) 원181
불 Laize, largeur d'une étoffe entre les lisières.
한 피륙의 폭, 피륙의 양 가장자리 사이에 있는 옷감의 폭

[3]*광 [KOANG,-I] (狂) 원181
불 Fou, imbécile.
한 미친 사람, 바보

[4]광 [KOANG,-I] (庫) 원181
불 Cellier, magasin.
한 지하 저장실, 창고

*광경 [KOANG-KYENG,-I] (光景) 원181
불 Effet. ‖ Manière. ‖ Emotion. ‖ Etat, position, situation. ‖ Embarras.
한 결과 | 방법 | 감정 | 상태, 입장, 상황 | 곤경

*광구ᄒᆞ다 [KOĀNG-KOU-HĂ-TA] (廣求, (Grandement, demander)) 원181
불 S'informer pour obtenir, demander.
한 얻기 위해, 구하기 위해 알아보다

*광긔 [KOANG-KEUI] (狂氣) 원181
불 Air de folie, de rage, de furie.
한 광기, 분노, 격노의 기미

*광긱 [KOANG-KĂIK,-I] (狂客) 원181

불 Fou, homme fou; rusé; fourbe.
한 미치광이, 미친 사람 | 교활한 사람 | 음흉한 사람

광대쌀이 [KOĀNG-TAI-SSAL-I] (傀杻) 원181
불 Esp. de plante (sa feuille est comme celle de l'airelle).
한 식물의 종류 (그 잎이 월귤나무 잎과 비슷하다)

*광대ᄒᆞ다 [KOĀNG-TAI-HĂ-TA] (廣大) 원181
불 Long et large, immense, très-vaste.
한 길고 넓다, 거대하다, 매우 광대하다

*광두뎡 [KOĀNG-TOU-TYENG,-I] (廣頭釘) 원181
불 Clou à tête ronde et large.
한 대가리가 둥글고 넓은 못

광ᄃᆡ [KOĀNG-TĂI] (傀) 원181
불 Masque (il y en a de toutes sortes; figures de vieux, de jeunes, de femmes, de lions, etc.). ‖ Charlatan; bouffon; funambule; acrobate; bateleur; qui fait des tours de force; baladin; comédien.
한 가면 (온갖 종류가 다 있다 | 노인들, 젊은이들, 여자들, 사자 등의 얼굴) | 사기꾼 | 어릿광대 | 줄타기 곡예사 | 곡예사 | 요술쟁이 | 힘쓰는 묘기를 하는 사람 | 어릿광대 | 희극배우

1*광망ᄒᆞ다 [KOANG-MANG-HĂ-TA] (廣望, (Grandement, espérer)) 원181
불 Espérer fermement.
한 굳게 희망을 갖다

2*광망ᄒᆞ다 [KOANG-MANG-HĂ-TA] (狂妄) 원181
불 Furie, rage, folie. Etre fou et déraisonner.
한 격노, 격분, 광기 | 미치고 헛소리를 하다

*광면 [KOĂNG-MYEN,-I] (廣面) 원181
불 Connaissance; personnes avec lesquelles on a des relations.
한 아는 사람 | 관계가 있는 사람들

*광명두 [KOANG-MYENG-TOU] (光明頭) 원181
불 Support de la lampe, pied de lampe.
한 등잔걸이, 등잔의 하단

*광명ᄒᆞ다 [KOANG-MYENG-HĂ-TA] (光明) 원181
불 Clair, lucide, brillant, transparent.
한 밝다, 환하다, 빛나다, 투명하다

*광문ᄒᆞ다 [KOĀNG-MOUN-HĂ-TA] (廣問) 원181
불 S'informer de tous côtés.
한 모든 방면으로 알아보다

1*광비 [KOANG-PI] (廣費) 원181
불 Prodigalité, profusion.
한 낭비, 과잉

2*광비 [KOANG-PI] (狂婢) 원181
불 Esclave folle, c.a.d. bête, étourdie.
한 미친, 즉 어리석은, 덤벙거리는 노예

3*광비 [KOANG-PI] (筐篚) 원181
불 Grande corbeille.
한 큰 바구니

*광야 [KOĀNG-YA] (廣野) 원181
불 Désert large, vaste désert.
한 넓은 사막, 광대한 사막

*광양ᄒᆞ다 [KOĀNG-YANG-HĂ-TA] (廣揚) 원181
불 Se répandre; s'élargir et paraître. ‖ Se faire en grand. ‖ Devenir commun. ‖ Avoir la liberté de s'étendre. ‖ =되다-toi-ta, Devenir libre.
한 퍼지다 | 넓어지고 눈에 띄다 | 크게 되다 | 평범해지다 | 확장될 자유가 있다 | [용례 =되다, -toi-ta], 자유로워지다

*광어 [KOĀNG-E] (廣魚) 원181
불 Poisson large et plat (p.ê. la raie, on la barbue, ou le turbot).
한 폭이 넓고 납작한 물고기 (아마도 가오리 또는 넙치 또는 가자미의 일종)

*광언망셜ᄒᆞ다 [KOANG-EN-MANG-SYEL-HĂ-TA] (狂言妄說) 원181
불 Dire des balivernes; dire des folies, des sottises, des choses futiles.
한 허튼소리를 하다 | 터무니없는 말, 어리석은 말, 쓸데없는 말을 하다

*광영 [KOANG-YENG] (光榮) 원181
불 Gloire. =ᄒᆞ다-hă-ta, Glorifier.
한 영광 | [용례 =ᄒᆞ다, -hă-ta], 찬양하다

광우리 [KOANG-OU-RI] (筐) 원181
불 Grande corbeille.
한 큰 바구니

*광음 [KOANG-EUM,-I] (光陰) 원181
불 Le jour et la nuit. Le mois. l'année. Le temps.
한 낮과 밤 | 월 | 년 | 시간

광이 [KOANG-I] (钁) 원181
불 Bèche (outil de jardinage); houe; hoyau.
한 삽 (원예 도구) | 괭이 | 작은 괭이

*광익 [KOANG-IK,-I] (廣益) 원181
불 Vie des Saints (livre chr.).
한 성인들의 삶 (기독교 책)

*광인 [KOANG-IN,-I] (狂人) 원181

불 Fou; enragé; homme fou.
한 미치광이 | 광적인 사람 | 미친 사람

*광쟉ᄒᆞ다 [KOĀNG-TJYAK-HĂ-TA] (廣作) 원181
불 Faire grandement (se dit d'une culture considérable). Cultiver sur une grande étendue.
한 크게 하다(상당한 경작에 대해 쓴다) | 큰 면적 위에 경작하다

광쥬리 [KOANG-TJYOU-RI] (筐) 원181
불 Grand corbeille.
한 큰 바구니

*광증 [KOANG-TJEUNG,-I] (狂症) 원181
불 Rage, fureur, folie, démence.
한 격노, 분노, 광기, 발광

*광직ᄒᆞ다 [KOANG-TJIK-HĂ-TA] (匡直) 원181
불 Etre droit (homme, au moral). Etre honnète. V.Syn. 정직ᄒᆞ다 Tjyeng-tjik-hă-ta.
한 (사람이, 정신적으로) 바르다 | 정직하다 | [동의어 정직ᄒᆞ다, Tjyeng-tjik-hă-ta]

광치다 [KOANG-TCHI-TA,-TCHYE,-TCHIN] (潤色) 원181
불 Briller; reluire; avoir de l'éclat. faire briller; rendre brillant. Polir ou brunir un métal.
한 반짝이다 | 빛나다 | 광채를 띠다 | 빛나게 하다 | 빛나게 만들다 | 금속을 반들반들하게 닦거나 광내다

*광채 [KOANG-TCHĂI] (光彩) 원181
불 Eclat, lumière, splendeur. Couleur brillante.
한 광채, 빛, 광휘 | 영채

*광판 [KOĀNG-HPAN,-I] (廣板) 원181
불 Planche large. ‖ Largeur, laize.
한 폭이 넓은 판자 | 폭, 피륙의 폭

*광풍 [KOANG-HPOUNG,-I] (狂風) 원181
불 Vent fou; vent furieux; vent impétueux; typhon.
한 엄청난 바람 | 거센 바람 | 격렬한 바람 | 태풍

*광패ᄒᆞ다 [KOANG-HPĂI-HĂ-TA,-HĂN,-HI] (狂悖) 원181
불 Débauché. ‖ Etre fou, furibond, insensé.
한 방탕하다 | 미치다, 격노하다, 몰상식하다

*광활ᄒᆞ다 [KOANG-HOAL-HĂ-TA] (廣闊) 원181
불 Grand; vaste; magnifique; grandiose.
한 크다 | 광대하다 | 웅장하다 | 웅대하다

*광휘 [KOANG-HOUI] (光輝) 원181
불 Lumière, splendeur, gloire.
한 빛, 광채, 영광

*괘겸ᄒᆞ다 [KOAI-KYEM-HĂ-TA] (掛鎌) 원176
불 Scier les blés. Couper les blés avec la faucille. Faucher.
한 곡식을 톱으로 자르다 | 낫으로 곡식을 베다 | 낫으로 베다

괘락 [KOAI-RAK,-I] (快樂) 원177
불 Convoitise de la chair. V. 쾌락 Hkoai-rak
한 육체에 대한 탐욕 | [참조어 쾌락 Hkoai-rak]

괘렴ᄒᆞ다 [KOAI-RYEM-HĂ-TA] (掛念) 원177
불 Penser, réfléchir. ‖ Etre inquiet, s'inquiéter.
한 생각하다, 숙고하다 | 불안하다, 걱정하다

1*괘방ᄒᆞ다 [KOAI-PANG-HĂ-TA] (掛榜) 원176
불 Mettre une affiche pour réclamer un objet perdu. 괘방나다 Koai-pang-na-ta, C'en est fait.
한 잃어버린 물건을 요청하기 위해 게시문을 붙이다 | 만사 다 틀렸다 [용례 괘방나다, Koai-pang-na-ta]

2*괘방ᄒᆞ다 [KOAI-PANG-HĂ-TA] (掛謗) 원177
불 Médire, calomnier. ‖ Publier.
한 욕을 하다, 비방하다 | 폭로하다

*괘셔ᄒᆞ다 [KOAI-SYE-HĂ-TA] (掛書) 원177
불 Publier un malheur, un méfait. ‖ Mettre un écriteau. Mettre une affiche, un placard, surtout contre le gouvernement.
한 불행과 피해를 폭로하다 | 게시하다 | 특히 정부에 반대하는 게시문, 벽보를 붙이다

*괘심ᄒᆞ다 [KOAI-SIM-HĂ-TA] (掛心) 원177
불 Impudent, insolent, arrogant. Libertin, mauvais, méchant, abominable. (Terme très-injurieux. Ne se dit qu'à des enfants ou à des esclaves).
한 파렴치하다, 무례하다, 건방지다 | 방탕하다, 나쁘다, 악독하다, 밉살스럽다 | (매우 모욕적인 용어. 아이들이나 노예들에게만 쓴다)

1*괘치ᄒᆞ다 [KOAI-TCHI-HĂ-TA] (掛齒, (Suspendre, dents)) 원177
불 Parler, dire, prononcer.
한 말하다, 말하다, 의사를 표명하다

2*괘치ᄒᆞ다 [KOAI-TCHI-HĂ-TA] (掛治) 원177
불 Mettre en ordre, disposer, préparer, arranger.
한 정리하다, 배치하다, 준비하다, 정돈하다

1괴 [KOI] (猫) 원183
불 Chat.
한 고양이

2*괴 [KOI] (塊) 원183
불 Boule hystérique (maladie).

한 홍분증(질병)

[3]*괴 [KOI] (恠) 원183

불 Extraordinaire, remarquable.

한 기이하다, 놀랍다

*괴건 [KOI-KEN,-I] (恠件) 원183

불 Monstre. || chose mauvaise.

한 괴물 | 나쁜 것

[1]*괴괴ᄒᆞ다 [KOI-KOI-HĂ-TA] (恠恠) 원183

불 Très-mauvais, très-étrange.

한 매우 언짢다, 매우 이상하다

[2]괴괴ᄒᆞ다 [KOI-KOI-HĂ-TA] (寂) 원183

불 Etre retiré, tranquille, silencieux.

한 외지다, 평온하다, 조용하다

[1]괴다 [KOI-TA,KOI-YE,KOIN] 원184

불 Faire fermenter.

한 발효시키다

[2]괴다 [KOI-TA,KOI-YE,KOIN] 원184

불 Etre stagnant (eau); empêcher l'eau de couler.

한 (물이) 흐르지 않다 | 물을 흐르지 못하게 하다

*괴란ᄒᆞ다 [KOI-RAN-HĂ-TA] (乖亂) 원184

불 Mauvais, difforme, de travers. || Etre étourdissant.

한 온전치 못하다, 기형이다, 비뚤게 | 깜짝 놀랄 만하다

*괴려ᄒᆞ다 [KOI-RYE-HĂ-TA] (恠戾) 원184

불 Mauvais, difforme, contourné, de travers, disjoint, étrange, bizarre.

한 온전치 못하다, 기형이다, 비뚤어지다, 비뚤게, 분리되다, 이상하다, 괴상하다

괴로옴 [KOI-RO-OM,-I] (苦) 원184

불 Affliction, amertume, tourment, chagrin, ennui, vexation, peine, douleur, difficulté, croix, souffrance.

한 고뇌, 쓰라림, 고민, 슬픔, 비통, 괴롭히기, 아픔, 고통, 어려움, 십자가, 번민

괴롭다 [KOI-ROP-TA,-RO-OA,-RO-ON] (苦) 원184

불 Etre difficile, importun, pénible, affligeant, fâcheux, incommode, pernicieux, laborieux, ennuyeux.

한 힘들다, 성가시다, 고통스럽다, 슬프다, 유감스럽다, 불편하다, 해롭다, 벅차다, 난처하다

*괴망ᄒᆞ다 [KOI-MANG-HĂ-TA] (恠妄) 원183

불 Singulier, étrange. || Excès de propreté.

한 기이하다, 이상하다 | 지나치게 깨끗함

괴머리 [KŌI-ME-RI] (猫首) 원183

불 Pièce qui, dans le rouet, supporte le fuseau (ainsi appelée parce qu'elle est censée imiter la tête d'un chat).

한 물레 안에 방추를 받치고 있는 부분(고양이 머리를 모방한 것으로 여겨지기 때문에 그렇게 불린다)

*괴목 [KOI-MOK,-I] (槐木) 원183

불 Esp. de grand arbre. Sophora du Japon. Orme. Syn. 늣틔나무 Neut-hteui-na-mou.

한 큰 나무의 종류 | 일본의 회화나무 | 느릅나무 | [동의어 늣틔나무, Neut-hteui-na-mou]

*괴물 [KOI-MOUL,-I] (恠物) 원183

불 Monstre. chose rare, extraordinaire. || Chose nuisible, mauvaise (se dit aussi des hommes).

한 괴물 | 희귀한, 기이한 것 | 해로운, 나쁜 것(사람들에 대해서도 쓴다)

*괴벽ᄒᆞ다 [KOI-PYEK-HĂ-TA] (恠僻) 원183

불 Extraordinaire, étrange (se dit surtout du caractère des hommes). || Etre trop opiniâtre, très-entêté. || Excès de propreté.

한 기이하다, 이상하다(특히 사람들의 성격에 대해 쓴다) | 아주 완고하다, 매우 고집이 세다 | 지나치게 깨끗함

*괴변 [KOI-PYEN,-I] (恠變) 원183

불 Surprise; chose inattendue, extraordinaire. Bizarrerie, étrange caprice.

한 놀라움 | 뜻밖의, 기이한 것 | 별난 행동, 이상한 변덕

괴불쥬먼이 [KOI-POUL-TJYOU-MEN-I] 원184

불 Esp. de breloques des enfants. Esp. de bourse.

한 아이들의 작은 장신구 종류 | 주머니 종류

*괴샹ᄒᆞ다 [KŌI-SYANG-HĂ-TA] (乖常) 원184

불 Grotesque, burlesque, extravagant, étrange, extraordinaire. Manière extraordinaire, bizarre.

한 기괴하다, 우스꽝스럽다, 기상천외이다, 이상하다, 기이하다 | 기이한, 이상한 양식

*괴셕 [KŌI-SYEK,-I] (恠石) 원184

불 Pierre extraordinaire, singulière. Pierre de figure bizarre, couverte d'aspérités.

한 괴상한, 기이하게 생긴 돌 | 이상한 모양의, 표면이 우툴두툴한 돌

*괴셰 [KOI-SYEI] (壞世) 원184

불 Chute de l'espèce humaine par le pêché originel. || Temps de décadence d'un royaume.

한 원죄로 인한 인류의 타락 | 왕국의 쇠퇴기

*괴슈 [KOI-SYOU] (魁首) 원184

불 Chef, le premier entre plusieurs.
한 우두머리, 여럿 중에서 으뜸가는 사람

괴싀영 [KŌI-SEUI-YENG,-I] (酸草) 원184
불 Oseille sauvage.
한 야생 수영

*괴악ᄒᆞ다 [KOI-AK-HĂ-TA] (恠惡) 원183
불 Méchant, mauvais.
한 악독하다, 나쁘다

1*괴이 [KOI-I] (恠異) 원183
불 Désastre, fléau, malheur.
한 재난, 재앙, 화

2괴이 [KOI-I] (撑) 원183
불 Cale; petit support sous les pieds d'un meuble. Pierre ou morceau de bois sous un vase, pour le préserver du contact de la terre.
한 받침대 | 가구 발치 아래 작은 버팀목 | 그릇이 땅에 닿는 것을 막기 위해, 그릇 밑에 둔 돌이나 나무 조각

1괴이다 [KOI-I-TA,KOI-I-YE,KOI-I-IN] (寵) 원183
불 Aimer, chérir, affectionner.
한 좋아하다, 애지중지하다, 애정을 느끼게 하다

2괴이다 [KOI-I-TA,-I-YE,-I-IN] (撑) 원183
불 Caler; mettre un morceau de bois sous un objet pour le consolider.
한 고정시키다 | 물건을 고정시키기 위해 그 아래에 나무 조각을 두다

괴이졉다 [KOI-I-TJYEP-TA,-TJYEP-E,-TJEP-EUN, ou TJYE-OUE,-TJYE-OUN] (恠異) 원183
불 Etre suspect, scandaleux, digne de défiance.
한 수상하다, 추잡하다, 의심을 할 만하다

*괴이히넉이다 [KOI-I-HI-NEK-I-TA,-YE,-IN] (恠異) 원183
불 Etre surpris, stupéfait; trouver étrange; regarder avec surprise, avec stupéfaction.
한 놀라다, 아연실색하다 | 이상하다고 생각하다 | 놀라서, 경악해서 쳐다보다

*괴이ᄒᆞ다 [KOI-I-HĂ-TA] (恠異) 원183
불 Etre difforme, monstrueux, étrange, drôle, surprenant, étonnant, rare, extraordinaire, inconcevable, stupéfiant.
한 보기 흉하다, 흉측하다, 이상하다, 기묘하다, 놀랍다, 놀랄 만하다, 드물다, 기이하다, 생각조차 할 수 없다, 몹시 놀랍다

괴죄ᄒᆞ다 [KOI-TJOI-HĂ-TA] 원184
불 Avoir les joues inondées de larmes. || Avoir des habits sales. Etre sale, dégoûtant.
한 뺨에 눈물이 넘쳐흐르다 | 더러운 옷을 입다 | 더럽다, 불결하다

*괴질 [KŌI-TJIL,-I] (恠疾) 원184
불 Maladie (inconnue) qui tue en quelques heures, et dans laquelle le corps devient bleu, noir. Choléra (maladie).
한 몇 시간 내에 몸이 파랗게, 검게 되어 죽는 (알지 못하는) 병 | 콜레라(병)

괴찬다 [KOI-TCHAN-TA] (不恠) 원184
불 N'être pas mauvais. Pas méchant. Nég. de 괴ᄒᆞ다 koi-hă-ta.
한 나쁘지 않다, 악독하지 않다 | 괴ᄒᆞ다 koi-hă-ta의 부정

*괴퍅ᄒᆞ다 [KOI-HPYAK-HĂ-TA] (乖愎) 원184
불 Esprit étroit, égoïste, qui se fâche facilement et souvent. Etrange et méchant, bizarre.
한 소인배, 쉽게 그리고 자주 화내는 이기적인 사람 | 이상하고 악독하다, 괴상하다

*괴화 [KOI-HOA] (槐花) 원183
불 Arbre semblable à l'acacia, avec la fleur duquel on fait une teinture jaune (p.ê. le gaïac).
한 꽃으로 노란 염료를 만드는, 아카시아와 닮은 나무(아마도 유창목)

*괴ᄒᆞ다 [KOI-HĂ-TA] (恠|乘) 원183
불 Etrange, extraordinaire, singulier. || Mauvais, méchant.
한 이상하다, 기이하다, 특이하다 | 나쁘다, 악독하다

괵갈 [KOIK-KAL,-I] (衲) 원183
불 Esp. de bonnet de bonze.
한 승려의 챙 없는 모자의 종류

*굉걸ᄒᆞ다 [KOING-KEL-HĂ-TA] (宏傑) 원183
불 Vaste, grand. || Grande et riche maison. || D'un grand esprit, très-intelligent.
한 광대하다, 크다 | 크고 호화로운 집 | 매우 재치 있다, 매우 똑똑하다

*굉쟝ᄒᆞ다 [KOING-TJYANG-HĂ-TA,-HĂN,-HI] (宏壯) 원183
불 Grand, opulent, élevé, fastueux. Grand et large, vaste.
한 크다, 호사스럽다, 고급이다, 화려하다 | 크고 넓다, 광대하다

1* 교 [KYO] (教) ㊥198
[불] Doctrine; enseignement; religion; secte.
[한] 교리 | 교육 | 종교 | 종파

2* 교 [KYO] (驕) ㊥198
[불] Orgueil.
[한] 교만

3* 교 [KYO] (橋) ㊥198
[불] Pont.
[한] 다리

4* 교 [KYO] (轎) ㊥198
[불] Palanquin, chaise à porteurs.
[한] 가마, 가마

5 교 [KYO] (巧) ㊥198
[불] Adresse, habileté physique.
[한] 솜씨, 육체적인 숙련

1* 교갈ᄒᆞ다 [KYO-KAL-HĂ-TA] (教喝) ㊥198
[불] Instruire, éduquer (avec rudesse).
[한] 가르치다, (혹독하게) 교육하다

2 교갈ᄒᆞ다 [KYO-KAL-HĂ-TA] ㊥198
[불] Couvrir la femelle. Se dit des quadrupèdes (comme le chien), surtout des animaux rampants et petits (serpents, grenouilles), des oiseaux (poules, faisans), des insectes (mouches, etc.).
[한] 암컷을 보호하다 | (개와 같은) 네 발 짐승, 특히 기어 다니고 작은 동물(뱀, 개구리), 새(암탉, 꿩), 벌레(파리 등)에 대해 쓴다

* 교강 [KYO-KANG,-I] (教綱) ㊥198
[불] Les règles, les lois de la religion chrétienne.
[한] 기독교의 계율, 율법

* 교계 [KYO-KYEI] (交契) ㊥198
[불] Affection, sentiment d'affection. Syn. 교분 Kyo-poun.
[한] 애정, 애정의 감정 | [동의어 교분, Kyo-poun]

* 교계ᄒᆞ다 [KYO-KYEI-HĂ-TA] (校計) ㊥198
[불] Délibérer. comparer.
[한] 숙고하다 | 비교하다

1* 교골 [KYO-KOL,-I] (交骨) ㊥198
[불] Engrenage, emboîtement (v.g. des os chez la femme, et qui peuvent s'écarter).
[한] (예. 사이가 벌어질 수 있는 여자 몸의 뼈를) 서로 맞물림, 끼워 맞추기

2* 교골 [KYO-KOL,-I] (驕骨) ㊥198
[불] Orgueilleux (litt. os orgueilleux).
[한] 오만하다(글자대로 오만한 뼈)

* 교교ᄒᆞ다 [KYO-KYO-HĂ-TA] (皎皎) ㊥198
[불] briller (la lune); faire beau clair de lune.
[한] (달이) 빛나다 | 달이 아름답고 밝다

* 교군 [KYO-KOUN,-I] (轎軍) ㊥198
[불] Porteurs de palanquin. (On dit souvent 교군군 Kyo-koun-koun, mais ce n'est pas exact).
[한] 가마 운반인들 | (종종 교군군 Kyo-koun-koun이라 말하지만, 그것은 정확하지 않다)

* 교긍ᄒᆞ다 [KYO-KEUNG-HĂ-TA] (驕矜) ㊥198
[불] Se vanter; chercher à paraître.
[한] 자부하다 | 눈에 띄려고 애쓰다

* 교긔 [KYO-KEUI] (驕氣) ㊥198
[불] Sentiment d'orgueil, air d'orgueil, vapeur d'orgueil, force d'orgueil.
[한] 자만심, 오만한 태도, 자만의 기운, 자만의 힘

1* 교노 [KYO-NO] (校奴) ㊥198
[불] Domestique des temples de Confucius.
[한] 공자 사원의 하인

2* 교노 [KYO-NO] (驕奴) ㊥198
[불] Esclave orgueilleux.
[한] 오만한 노예

* 교뎡ᄒᆞ다 [KYO-TYENG-HĂ-TA] (校定) ㊥199
[불] Approuver (v.g. un livre). ‖ Choisir le meilleur.
[한] (예. 책을) 허가하다 | 최고를 선택하다

* 교동 [KYO-TONG,-I] (狡童) ㊥199
[불] Enfant gâté. ‖ Faiblesse. Ne pas corriger (les défauts d') un enfant.
[한] 응석받이 아이 | 결점 | 아이(의 결점)를 꾸짖지 않다

1* 교ᄃᆡ [KYO-TĂI] (交代) ㊥199
[불] Changement, remplacement v.g. d'un mandarin.
[한] 예. 관리의 교대, 교체

2* 교ᄃᆡ [KYO-TĂI] (校對) ㊥199
[불] Partie de la méditation.
[한] 명상의 일부

1* 교ᄃᆡᄒᆞ다 [KYO-TĂI-HĂ-TA] (交代) ㊥199
[불] Se remplacer; se succéder; être changé.
[한] 대체되다 | 뒤이어 오다 | 바뀌다

2* 교ᄃᆡᄒᆞ다 [KYO-TĂI-HĂ-TA] (校對) ㊥199
[불] Comparer, mettre en comparaison.
[한] 비교하다, 비교하다

* 교룡 [KYO-RYONG,-I] (蛟龍) ㊥199
[불] Serpent, dragon d'eau (insecte).

한 뱀, 물에 사는 용(곤충)

*교리 [KYŌ-RI] (校理) 원199

불 Dignité obtenue après le baccalauréat. Esp. de dignité.

한 바칼로레아 이후 얻은 고관직 | 고관직의 종류

*교마 [KYO-MA] (轎馬) 원198

불 Cheval qui porte un palanquin.

한 가마를 운반하는 말

*교만ᄒᆞ다 [KYO-MAN-HĂ-TA] (驕慢) 원198

불 Irrespectueux. être orgueilleux, suffisant, insolent.

한 무례하다 | 오만하다, 자만하다, 건방지다

*교봉ᄒᆞ다 [KYO-PONG-HĂ-TA] (交鋒) 원198

불 Rencontrer, se battre en bataille rangée.

한 전면충돌하여 대전하다, 싸우다

교부리다 [KYO-POU-RI-TA] 원344

불 S'enorgueillir (de 교 Kyo, orgueil; 부리다 Pou-ri-ta, employer).

한 뽐내다 (교 Kyo, 자만을 | 부리다 Pou-ri-ta, 사용하다)

*교분 [KYO-POUN,-I] (交分) 원198

불 Degré d'amitié, d'intimité. Amitié, liaison. Syn. 교계 Kyo-kyei.

한 우정의, 친밀함의 정도 | 우정, 교제 | [동의어 교계, Kyo-kyei]

*교붕 [KYO-POUNG,-I] (交朋) 원199

불 Ami.

한 친구

1*교ᄇᆡᄒᆞ다 [KYO-PĂI-HĂ-TA] (交拜) 원198

불 Faire les premières prostrations du mariage. Se saluer matuellement (le marié et la mariée).

한 결혼식에서 첫 절을 하다 | (신랑과 신부가) 서로 인사하다

2교ᄇᆡᄒᆞ다 [KYO-PĂI-HĂ-TA] 원578 ☞ 죠ᄇᆡᄒᆞ다

1*교샤ᄒᆞ다 [KYŌ-SYA-HĂ-TA,-HĂN,-HI] (驕奢, (Orgueil et lave)) 원199

불 Etre orgueilleux et prodigue; se bien vêtir, se bien nourrir, etc.

한 오만하고 낭비하다 | 옷을 잘 입다, 잘 먹다 등

2*교샤ᄒᆞ다 [KYO-SYA-HĂ-TA,-HĂN,-HI] (巧詐) 원199

불 Adroit; avisé; captieux; frauduleux; rusé; fin; malin; trompeur; fourbe; astucieux; artificieux.

한 솜씨 좋다 | 신중하다 | 교활하다 | 부정하다 | 꾀바르다 | 교묘하다 | 약삭빠르다 | 속이다 | 음흉하다 | 간계를 쓰다 | 교활하다

*교셔 [KYO-SYE] (校書) 원199

불 La 5ᵉ des cinq classes de docteurs. V. 분관 Poun-koan.

한 박사의 다섯 개 계급 중 다섯 번째 | [참조어 분관, Poun-koan]

*교ᄉᆡᆼ [KYO-SĂING,-I] (校生) 원199

불 Qui est employé au service des temples de Confucius. Maître de cérémonies ou sacrificateur dans les sacrifices à Confucius.

한 공자의 사당에서 일하는 사람 | 공자에 대한 희생제사에 있어 제례의 우두머리 또는 제물을 바치는 사람

1*교어 [KYO-E] (巧語) 원198

불 Parole fourbe, rusée, habile.

한 교활한, 꾀바른, 능란한 말

2*교어 [KYO-E] (鮫魚) 원198

불 Poisson-homme (qui ressemble à l'homme). Esp. de chien de mer; possible de la famille des squales (p.ê. le veau marin). Il a une chevelure, du moins sa queue est ornée de crins. Il allaite ses petits es verse des larmes lorsqu'on les lui enlève. Les Coréens ne le tuent pas. Ses larmes sont employées en médecine. Il se trouve à Quelparët et dans le S. E. de la Corée.

한 (사람을 닮은) 사람 물고기 | 돔발상어의 종류 | 상어과의 물고기(아마도 바다표범) | 털이 나 있는데, 적어도 그 꼬리 부분은 털로 덮여 있다 | 제 새끼들에게 젖을 먹이고 새끼를 빼앗으며 눈물을 흘린다 | 조선인들은 그것을 죽이지 않는다. 그 눈물은 내복약으로 쓰인다. 그것은 제주도와 조선의 남동쪽바다에 있다.

*교언영식 [KYO-EN-YENG-SĂIK] (巧言令色, (Admirable, parole, insinuantes, manières)) 원198

불 Langage spirituel et air imposant. Eloquence de la parole et expression du visage. ‖ Perfidie du langage et séduction des manières. Paroles artificieuses et air insinuant.

한 재치 있는 말과 위엄 있는 태도 | 웅변술과 얼굴 표정 | 말로 하는 배신과 품행으로 하는 유혹 | 간사한 말과 잘 구슬리는 태도

*교역ᄒᆞ다 [KYO-YEK-HĂ-TA] (交易) 원198

불 Echanger, faire du commerce, vendre et acheter.

한 주고받다, 장사를 하다, 팔고 사다

*교오ᄒᆞ다 [KYO-O-HĂ-TA] (驕傲) 원198

불 Orgueil, fierté, arrogance, hauteur. Hautain, su-

perbe. Etre orgueilleux. 교오이긔다. Kyo-o-i-keui-ta, Voincre l'orgueil.
한 자만심, 자랑, 건방짐, 거만 | 거만하다, 오만하다 | 오만하다 | [용례 교오이긔다, Kyo-o-i-keui-ta], 자만심을 억제하다

*교우 [KYO-OU] (敎友) 원198
불 Chrétien.
한 기독교 신자

*교육ᄒᆞ다 [KYO-YOUK-HĂ-TA] (敎育) 원198
불 Instruire et nourrir. Elever.
한 가르치고 양육하다 | 기르다

[1]교의 [KYO-EUI] (椅) 원198
불 Chaise, fauteuil, tabouret.
한 의자, 안락의자, 등받이 없는 걸상

[2]*교의 [KYO-EUI] (交義) 원198
불 Affection mutuelle.
한 상호 간의 애정

[1]교인어 [KYO-IN-E] 원198 ☞ [2]교어

[2]*교인어 [KYO-IN-E] (鮫人魚) 원198
불 Poisson de la fammille des squales. Esp. de chien de mer. Il a 3 ou 4 coudées de long. Monstre marin dont les larmes deviennent ou produisent des perles. Syn. 교어 Kyo-e ; 인어 In-e.
한 상어과의 물고기 | 돔발상어의 종류 | 그것은 길이 3이나 4 쿠데[역주 약 50㎝ 단위]이다 | 그 눈물이 진주가 되거나 진주를 만드는 바다 괴물 | [동의어 교어 Kyo-e] | [동의어 인어 In-e]

*교젼비 [KYO-TJYEN-PI] (轎前婢, (Palanquin, devant, esclave)) 원199
불 Esclave femelle qui accompagne la chaise à porteurs, lorsqu'une jeune mariée se rend à la maison de son mari. ‖ Esclave particulière qu'une nouvelle mariée emmène de la maison de ses parents.
한 신부가 자신의 남편의 집에 갈 때, 가마를 수행하는 여자 노예 | 신부가 자신의 부모님의 집에서부터 데리고 가는 개인 노예

*교졉ᄒᆞ다 [KYO-TJYEP-HĂ-TA] (交接) 원199
불 Fréquenter; s'allier; être liés ensemble; être amis. ‖ Aller dans un royaume étranger. ‖ Bien traiter les hôtes.
한 친하게 지내다 | 동맹 관계를 맺다 | 함께 결합되다 | 친하게 지내다 | 낯선 왕국으로 가다 | 손님들을 잘 대접하다

[1]*교졍ᄒᆞ다 [KYO-TJYENG-HĂ-TA] (交情) 원199
불 S'unir, se lier d'amitié.
한 결합되다, 우정을 맺다

[2]*교졍ᄒᆞ다 [KYO-TJYENG-HĂ-TA] (矯正) 원199
불 Corriger; réprimander; amender; refondre; redresser.
한 수정하다 | 질책하다 | 개선하다 | 고치다 | 다시 바르게 하다

[3]*교졍ᄒᆞ다 [KYO-TJYENG-HĂ-TA] (校定) 원199
불 Approuver; examiner un livre et l'approuver.
한 허가하다 | 책을 검토하고 그것을 허가하다

*교졸 [KYO-TJOL,-I] (校卒) 원199
불 Valet on soldat des satellites. ‖ Esclaves des temples de Confucius.
한 부하들의 하인 또는 병사 | 공자 사원의 노예들

*교종 [KYO-TJONG,-I] (敎宗, (religion, chef)) 원199
불 Pape, le Souverain Pontife.
한 로마 교황, 교황

*교좌 [KYO-TJOA] (校座) 원199
불 Chaise, fauteuil, siége, tabouret.
한 의자, 안락의자, 좌석, 등받이 없는 걸상

*교죄 [KYO-TJOI] (絞罪) 원199
불 Crime qui mérite l'étranglement.
한 교수형에 해당하는 범죄

*교쥬고슬 [KYO-TJYOU-KO-SEUL,-I] (膠柱鼓瑟, (Fixée, colonne, pincer, harpe)) 원199
불 Un poteau jouer de la harpe (impossible). Se dit d'un homme qui manque d'expédients, qui ne sait et ne peut rien faire.
한 말뚝이 하프를 연주하다(불가능하다) | 술책이 부족하고 아무것도 모르고 아무것도 할 수 없는 사람에 대해 쓴다

*교즁 [KYO-TJYOUNG,-I] (敎中) 원199
불 En agr. Religion; qui concerne la religion chrétienne.
한 한자어로 기독교 | 기독교와 관련된 것

*교지 [KYO-TJI] (敎旨) 원199
불 Nomination écrite que le roi donne à ceux qui ont obtenu une dignité. Diplôme de dignité.
한 왕이 고관직을 획득한 사람들에게 주는 서면으로 된 임명 | 고관직의 자격증서

*교직 [KYO-TJIK,-I] (校直) 원199
불 Gardien du temple de Confucius (향교 Hyang-kyo).
한 공자 사원(향교 Hyang-kyo)의 관리인

[1]* 교조 [KYO-TJĂ] (轎子) ⓦ199
불 Chaise à porteurs, palanquin.
한 가마, 가마

[2] 교조 [KYO-TJĂ] ⓦ199
불 Grande table.
한 큰 식탁

* 교조ᄒ다 [KYO-TJĂ-HĂ-TA] (教子) ⓦ199
불 Instruire ses enfants.
한 자신의 아이들을 가르치다

* 교톄ᄒ다 [KYO-HTYEI-HĂ-TA] (交替) ⓦ199
불 Se succéder à tour de rôle. Se remplacer successivement.
한 교대로 뒤를 잇다 | 연달아 대체되다

* 교통ᄒ다 [KYO-HTONG-HĂ-TA] (交通) ⓦ199
불 Commettre la fornication, l'adultère, etc. ‖ Faire alliance; fréquenter; être liés d'amitié; s'entre-visiter comme amis. ‖ Aller dans un pays étranger.
한 간음, 간통 등을 범하다 | 결연하다 | 친하게 지내다 | 우정을 맺다 | 친구로 서로 방문하다 | 외국에 가다

[1]* 교틱 [KYO-HTĂI] (驕態) ⓦ199
불 Air orgueilleux, manière hautaine.
한 오만한 태도, 거만한 태도

[2]* 교틱 [KYO-HTĂI] (嬌態) ⓦ199
불 Jolie manière.
한 아름다운 태

[3]* 교틱 [KYO-HTĂI] (交泰) ⓦ199
불 Palais de la reine, appartements de la reine.
한 왕비의 궁, 왕비의 거처

* 교판 [KYO-HPAN,-I] (橋板) ⓦ199
불 Planche qui sert de pont.
한 다리로 쓰이는 판자

* 교화황 [KYO-HOA-HOANG,-I] (教化皇, (Religion, vertu [influence], roi)) ⓦ198
불 Pape, le souverain Pontife. Syn. 교종 Kyo-tjong.
한 교황, 교황 성하 | [동의어 교종, Kyo-tjong]

* 교활ᄒ다 [KYO-HOAL-HĂ-TA] (狡猾, (Habile, méchant)) ⓦ198
불 Rusé, fourbe, artificieux.
한 꾀바르다, 교활하다, 간사하다

* 교훈ᄒ다 [KYO-HOUN-HĂ-TA] (教訓) ⓦ198
불 Instruire, éduquer, élever. ‖ Avertir (avec douceur).
한 가르치다, 교육하다, 기르다 | (부드럽게)주의를 주다

* 교ᄒ다 [KYO-HĂ-TA] (絞) ⓦ198
불 Etrangler.
한 교살하다

[1]* 구 [KOU] (九) ⓦ199
불 Neuf, 9. (S'emploie avec les mots chinois).
한 아홉, 9 | (중국 단어들과 함께 사용된다)

[2]* 구 [KOU] (舊) ⓦ199
불 Ancien.
한 오래되다

[3]* 구 [KOU] (狗) ⓦ199
불 Chien.
한 개

[4]* 구 [KOU] (灸) ⓦ199
불 Cautérisation. V. 뜸질ᄒ다 Tteum-tjil-hă-ta.
한 소작법 | [참조어 뜸질ᄒ다 Tteum-tjil-hă-ta]

[5]* 구 [KOU] (口) ⓦ199
불 Bouche.
한 입

* 구간ᄒ다 [KOU-KAN-HĂ-TA,-HĂN,-HI] (苟艱) ⓦ203
불 Pauvre, indigent. ‖ Etre difficile.
한 가난하다, 빈곤하다 | 힘들다

* 구갈 [KOU-KAL,-I] (口渴) ⓦ203
불 Gosier sec; soif. =ᄒ다-hă-ta, Avoir soif.
한 마른 목 | 갈증 | [용례 =ᄒ다, -hă-ta], 목마르다

* 구감창 [KŌU-KAM-TCHYANG,-I] (口疳瘡) ⓦ203
불 Scorbut. Cancer à la bouche.
한 괴혈병 | 입에 생기는 암

* 구갑쥬ᄒ다 [KOU-KAP-TJYOU-HĂ-TA] (具甲冑, (tout, cuirasse et casque)) ⓦ203
불 Armure complète. Etre armé de pied en cap.
한 완비된 갑옷 | 머리에서 발끼지 완전 무장하다

[1]* 구강 [KŌU-KANG,-I] (舊薑) ⓦ203
불 Vieux gingembre. Gingembre de l'année précédente.
한 오래된 생강 | 지난해의 생강

[2] 구강 [KŌU-KANG,-I] (灸薑) ⓦ203
불 Gingembre rôti ou grillé (médec.).
한 불에 굽거나 석쇠에 구운 생강 (약제)

* 구걸ᄒ다 [KOU-KEL-HĂ-TA] (求乞) ⓦ203
불 Demander des secours pour vivre. Mendier.
한 살기 위해 원조를 구하다 | 구걸하다

* 구격 [KOU-KYEK,-I] (句格) ⓦ203
불 Mesure (du chant).; cadence; harmonie; accord des sons ou des mouvements.
한 (노래의) 박자 | 리듬 | 조화 | 소리 또는 박자의 일치

*구격ᄒᆞ다 [KOU-KYEK-HĂ-TA] (具格) [원]203
[불] Etre complet; avoir son complément (comme une paire de souliers).
[한] 완전하다 | (신발 한 켤레처럼) 제 보완물을 가지다

*구경 [KOU-KYENG] (究竟) [원]203
[불] Fin, torme, achèvement; enfin, à la fin.
[한] 끝, 한계, 완성 | 마침내, 마지막에

*구경하 [KOU-KYENG-HA] (具慶下) [원]203
[불] Qui a son père, et sa mère, et son grand-père, et sa grand'mère.
[한] 아버지와 어머니, 그리고 할아버지와 할머니가 있음

*구경ᄒᆞ다 [KOU-KYENG-HĂ-TA] (求景) [원]203
[불] Voir; considérer; regarder; inspecter; flâner; aller voir; regarder une chose curieuse; se promener.
[한] 보다 | 주시하다 | 바라보다 | 감독하다 | 거닐다 | 보러 가다 | 신기한 것을 바라보다 | 산책하다

1*구고 [KOU-KO] (舅姑) [원]204
[불] Beaux-parents, les parents du mari (en parlant d'une femme).
[한] 시부모, (여자에 대해 말할 때) 남편의 부모

2*구고 [KOU-KO] (狗膏) [원]204
[불] Consommé de viande de chien. Bouillon de viande de chien très-consommé.
[한] 개고기로 만든 맑은 수프 | 매우 많이 소비되는 개고기 국물

3*구고 [KOU-KO] (舊故) [원]204
[불] Ancienne amitié.
[한] 오랜 우정

*구곡 [KŌŪ-KOK,-I] (舊穀) [원]204
[불] Blé de l'année précédente.
[한] 지난해의 곡물

*구관 [KŌŪ-KOAN,-I] (舊官) [원]204
[불] Mandarin précédent (tous ceux qui ont précédé le mandarin actuel).
[한] 이전의 관리(현재 관리를 앞섰던 모든 관리)

1*구교 [KŌŪ-KYO] (舊敎) [원]204
[불] Ancien chrétien, chrétien depuis longtemps.
[한] 옛날 기독교 신자, 오래전부터의 기독교 신자

2*구교 [KŌŪ-KYO] (舊交) [원]204
[불] Ancienne amitié; vieil ami.
[한] 오랜 우정 | 오랜 친구

구구구 [KOU-KOU-KOU] [원]204
[불] Cri pour appeler les poules; =부르다-pōu-reu-ta, Appeler les poules. =ᄒᆞ다-hă-ta, Chérir ses enfants, les caresser et ne pas les instruire.
[한] 닭들을 부르기 위한 소리 | [[용례] =부르다, -pău-reu-ta], 닭들을 부르다 | [[용례] =ᄒᆞ다, -hă-ta], 자기 자식을 애지중지하여 아이들을 쓰다듬고, 가르치지 않는다

*구구법 [KOU-KOU-PEP,-I] (九九法) [원]204
[불] La méthode de 9 fois 9. table de multiplication. calcul.
[한] 9×9의 방식 | 곱셈표 | 셈

1*구구ᄒᆞ다 [KOU-KOU-HĂ-TA] (區區) [원]204
[불] Petit, bas, vil, indigent.
[한] 시시하다, 저속하다, 비루하다, 초라하다

2*구구ᄒᆞ다 [KOU-KOU-HĂ-TA] (九九) [원]204
[불] La méthode de 9 fois 9. Table de multiplication. Compter; chiffrer; faire des opérations de calcul; calculer.
[한] 9×9의 방식 | 구구표 | 계산하다 | 숫자로 계산하다 | 연산을 하다 | 계산하다

*구군 [KŌŪ-KOUN,-I] (舊軍) [원]204
[불] Ancien soldat, vétéran; vieux. Homme depuis longtemps en fonction, depuis longtemps dans un emploi. Ancien fonctionnaire. Opp. à 신군 Sin-koun.
[한] 고참 군인, 고참병 | 고참자 | 오래전부터 일을 맡았던, 오래전부터 일자리에 있던 남자 | 옛날 공무원 | [[반의어] 신군, Sin-koun]

*구급ᄒᆞ다 [KOU-KEUP-HĂ-TA] (救急) [원]204
[불] Sauver la vie de quelqu'un qui se trouve dans un danger pressant, d'un homme qui est sur le point de la perdre. Aider dans un besoin pressant.
[한] 긴박한 위험에 처한 어떤 사람, 막 목숨을 잃을 뻔한 사람의 목숨을 구하다 | 긴박한 필요에 처해서 돕다

1*구긔 [KŌŪ-KEUI] (舊基) [원]203
[불] Ancienne place, ancien emplacement.
[한] 옛날 장소, 옛날 부지

2*구긔 [KŌŪ-KEUI] (舊器) [원]203
[불] Vieux outils (ou appelle ainsi tous les biens qui viennent des ancêtres).
[한] 오래된 연장(또는 조상들에게 물려받은 모든 재산을 이렇게 부른다)

구긔다 [KOU-KEUI-TA,-KEUI-YE,-KEUIN] (皺) [원]203

불 Chiffonné, bouchonné, chiffonner, bouchonner.
한 구겨지다, 뭉쳐지다, 구기다, 뭉치다

*구긔ᄌᆞ [KOU-KEUI-TJĂ] (枸杞子) 원203
불 Nom d'un arbre; esp. d'épine-vinette. Esp. de petit fruit en grappe comme le raisin(remède).
한 나무의 이름 | 매자나무의 종류 | 포도처럼 송이로 된 작은 열매의 종류(약)

구김살 [KOU-KEUIM-SAL,-I] (皺) 원203
불 Pli, ride sur le visage; marque qui reste à une étoffe, à un papier qui a été plié, froissé, chiffonné.
한 주름, 얼굴의 주름살 | 접혔던, 구겨졌던 옷감, 종이에 남아 있는 표시

구녕 [KOU-NYENG,-I] (孔) 원206
불 Trou, cavité.
한 구멍, 공동

구다 [KOU-TA,KOU-RE,KOUN] 원212
불 Faire; traiter; maltraiter. 심ᄒᆞ게구다 Sim-hă-kei kou-ta, Maltraiter habituellement.
한 행동하다 | 대하다 | 학대하다 | [용례 심ᄒᆞ게구다, Sim-hă-kei kou-ta], 습관적으로 학대하다

*구답 [KOŬ-TAP,-I] (舊畓) 원212
불 Vieilles rizières, rizières anciennes.
한 오래된 논, 옛날 논

1구덕이 [KOU-TEK-I] (坑) 원212
불 Fosse, trou en terre.
한 구덩이, 땅의 구멍

2구덕이 [KOU-TEK-I] (蛆) 원212
불 Ver de pourriture.
한 썩은 것에 생기는 벌레

구덩이 [KOU-TENG-I] (坑) 원212
불 Trou; trou pour enterrer; four à charbon; fosse; cavité.
한 구멍 | 파묻기 위한 구멍 | 숯가마 | 구멍 | 공동

*구뎍 [KOU-TYEK,-I] (仇敵) 원212
불 Ennemi.
한 원수

1*구두 [KOŬ-TOU] (口頭) 원212
불 Dispute. ‖ Premier mot d'une période, d'une phrase, d'un membre de phrase. ‖ Fin d'une période, d'un membre de phrase. ‖ Terminaison d'un mot.
한 논쟁 | 총합문의, 문장의, 문장의 구성 성분의 첫 번째 단어 | 총합문, 문장의 구성 성분의 끝 | 단어의 어미

2*구두 [KOU-TOU] (狗頭) 원212
불 Tête de chien.
한 개의 대가리

구둑구둑ᄒᆞ다 [KOU-TOUK-KOU-TOUK-HĂ-TA] (乾貌) 원212
불 Ferme; être fort; séché; avancé; solide; dur. Etre durci, compacte.
한 단단하다 | 강하다 | 마르다 | 때를 넘기다 | 견고하다 | 굳은 | 굳다, 꽉 들어차다

*구둔ᄒᆞ다 [KOŬ-TOUN-HĂ-TA] (口鈍) 원212
불 Mauvaise prononciation. Prononciation embarrassée. Ne pas parler facilement; avoir la parole embarrassée.
한 나쁜 발음 | 거북스러운 발음 | 쉽게 말하지 않다 | 말을 더듬다

구들 [KOU-TEUL,-I] (房) 원212
불 Sol d'un appartement, plancher; chambre.
한 거처의 바닥, 방바닥 | 방

구듬츠다 [KOU-TEUM-TCHEU-TA,-TCHEU-RE,-TCHEUN] 원212
불 Faire l'ouvrage des autres. ‖ Etre chargé d'une peine indue (v.g. si un étranger tombe malade chez moi). ‖ Remplacer, suppléer.
한 다른 사람의 일을 하다 | 부당한 고통을 떠맡다(예. 낯선 사람이 우리 집에서 갑자기 병이 나다) | 대체하다, 대신하다

1구량 [KOU-RYANG,-I] 원209
불 Nom d'une plante.
한 식물의 이름

2구량 [KOU-RYANG,-I] 원209
불 Planches des côtés du navire ou de la barque, bordage.
한 선박이나 작은 배의 양쪽 측면의 판, 외피판

3*구량 [KOŬ-RYANG,-I] (舊兩) 원209
불 Vieux bord de chapeau qui n'a pas encore servi.
한 아직 쓰지 않은 모자의 오래된 챙

*구량ᄒᆞ다 [KOŬ-RYANG-HĂ-TA] (久諒) 원209
불 Délibérer, calculer, examiner dans son esprit.
한 숙고하다, 예측하다, 머릿속으로 검토하다

구럭 [KOU-REK,-I] (網槖) 원209
불 Corbeille; sac en filet; sac. ‖ Se met après les mots vin, riz, gâteaux, et se dit d'un homme qui boit, mange beaucoup. 술구럭이 Soul-kou-rek-i, Sac à vin…dormeur, etc.
한 바구니 | 그물로 된 가방 | 가방 | 술, 쌀, 떡 단어 뒤에 오며, 술을 많이 마시고 많이 먹는 사람에 대해

쓴다 | [용례 술구럭이, Soul-kou-rek-i], 술부대…잡꾸러기 등

구럭도게도일타 [KOU-REK-TO-KEI-TO-IL-HTA] (蟹綱俱失) 원210

불 Perdre les deux à la fois (Kourek et Kei étaient deux amis, le premier laid, le second très-beau. La femme du premier aimant le second, voulut l'épouser; et pour cela, elle tua son mari en le laissant choir du haut d'un rocher où il cueillait des champignons. Mais le second apprenant la mort de son ami, en mourut de douleur sur sa tombe).

한 동시에 둘을 잃다 | (구럭과 게는 친구였다. 구럭은 못생겼고 게는 아주 잘생겼었다. 구럭의 아내는 게를 사랑하여 그와 결혼하기를 원했다. 그래서 그녀는 버섯을 따고 있던 남편을 암벽 꼭대기에서 떨어지게 내버려 둬 죽였다. 그러나 자기 친구의 죽음을 알고 게는 그 무덤 위에서 고통으로 인해 죽었다)

구럿나무 [KOU-RET-NA-MOU] 원210

불 Esp. d'arbre.

한 나무의 종류

구렁 [KOU-RENG,-I] (溝) 원210

불 Fossé; lit de ruisseau; trou; sillon.

한 도랑 | 시냇물의 하상 | 구멍 | 밭고랑

구렁이 [KOU-RENG-I] (蟒) 원210

불 Esp. de gros serpent venimeux.

한 큰 독사의 종류

구레 [KOU-REI] (羈) 원209

불 Bride, bridon, licou.

한 말굴레, 작은 말굴레, 고삐

구레나룻 [KOU-REI-NA-RĂT,-SI] (羈鬚) 원209

불 Barbe avec les favoris, favoris, barbe des joues.

한 구레나룻을 포함한 수염, 구레나룻, 볼수염

구력 [KOU-RYEK,-I] (孔) 원210

불 Trou. 바늘구력이 Pa-neul kou-ryek-i, Le chas d'une aiguille.

한 구멍 | [용례 바늘구력이, Pa-neul kou-ryek-i], 바늘귀

*구령ᄒᆞ다 [KOU-RYENG-HĂ-TA] (救灵) 원210

불 Salut. Faire son salut, se sauver. (M. chr.).

한 구원 | 구원받을 수 있도록 바르게 살다, 영혼을 구세받다 | (기독교 어휘)

1*구로 [KOU-RO] (舊路) 원210

불 Ancienne route.

한 옛날 길

2*구로 [KOU-RO] (舊奴) 원210

불 Vieil esclave.

한 늙은 노예

*구로ᄒᆞ다 [KOU-RO-HĂ-TA] (呴劳) 원210

불 S'efforcer pour élever ses enfants.

한 자신의 아이들을 기르기 위해 애쓰다

구록피 [KOU-ROK-HPI] (狗皮) 원210

불 Peau de chien, cuir de chien.

한 개 가죽, 개의 가죽

*구류 [KOU-RYOU] (久留) 원210

불 Longtemps.

한 오랫동안

*구류간 [KOU-RYOU-KAN,-I] (拘留間) 원210

불 Prison ordinaire de chaque district. Prison. (Elle se divise en 4 parties selon les 4 points cardinaux : 남간 Nam-kan, prison du sud; 셔간 Sye-kan, prison de l'Ouest, etc.)

한 각 지역의 평범한 감옥 | 감옥 | (감옥은 4개의 방위기점에 따라 네 부분으로 나뉜다 : 남간 Nam-kan, 남쪽 감옥, 셔간 Sye-kan, 서쪽 감옥 등)

1*구류ᄒᆞ다 [KOU-RYOU-HĂ-TA] (久留) 원210

불 Rester longtemps.

한 오랫동안 머무르다

2*구류ᄒᆞ다 [KOU-RYOU-HĂ-TA] (拘留) 원210

불 Prisonnier. mettre en prison; être en prison.

한 죄수 | 감옥에 가두다 | 감옥에 있다

3구류ᄒᆞ다 [KOU-RYOU-HĂ-TA] 원210

불 Remettre en place, ramasser, recueillir.

한 자리에 다시 놓다, 모으다, 거두어들이다

구름 [KOU-REUM,-I] (雲) 원210

불 Nuage.

한 구름

구릅 [KOU-REUP,-I] 원210

불 Neuf ans (âge pour les bestiaux).

한 아홉 살 (짐승들의 나이)

구리 [KOU-RI] (銅) 원210

불 Cuivre rouge.

한 붉은 구리

구리다 [KOU-RI-TA,-RYE,-RIN] (穢) 원210

불 Avoir l'odeur d'excrément humain.

한 사람의 배설물의 냄새가 나다

1구리ᄃᆡ [KOU-RI-TĂI] 원210

불 Plante en forme de bambou, dont la racine sert de remède. Esp. d'angélique officinale.

한 대나무 모양의 식물로, 그 뿌리는 약으로 쓰인다 | 약용 안젤리카의 종류

2구리듸 [KOU-RI-TĂI] (銅竹) 원210
불 Pipe en cuivre.
한 구리로 된 담뱃대

구린내 [KOU-RIN-NAI] (穢臭) 원210
불 Odeur d'excrément humain.
한 사람 배설물의 냄새

*구립 [KŌU-RIP,-I] (舊笠) 원210
불 Vieux chapeau.
한 오래된 모자

구롬 [KOU-RĂM,-I] (雲) 원209
불 Nuage, nuée, vapeur.
한 구름, 큰 구름, 수증기

*구마 [KOU-MA] (駒馬) 원205
불 Jeune cheval, poulain.
한 어린 말, 망아지

*구마픔 [KOU-MA-HPEUM,-I] (驅魔品) 원205
불 Exorciste. L'ordre d'exorciste.
한 마귀를 쫓는 사람 | 마귀를 쫓는 사람의 명령

1*구마ᄒᆞ다 [KOU-MA-HĂ-TA] (驅魔) 원205
불 Exorcisme. Exorciser, chasser le diable.
한 마귀를 쫓는 주문 | 마귀를 쫓다, 악마를 몰아내다

2*구마ᄒᆞ다 [KOU-MA-HĂ-TA] (驅馬) 원205
불 Chasser, pousser, exciter un cheval. V. 몰다 Mol-ta.
한 말을 몰다, 전진시키다다, 부추기다 | [참조어 몰다, Mol-ta]

3*구마ᄒᆞ다 [KOU-MA-HĂ-TA] (具馬) 원205
불 Voyager à cheval avec des valets. Syn. 구인마ᄒᆞ다 Kou-in-ma-hă-ta.
한 하인들과 함께 말을 타고 여행하다 | [동의어 구인마ᄒᆞ다, Kou-in-ma-hă-ta]

*구망 [KOU-MANG,-I] (舊網) 원205
불 Vieux serre-tête en crin. Vieux filet.
한 말총으로 된 낡은 머리띠 | 오래된 망

*구망ᄒᆞ다 [KOU-MANG-HĂ-TA] (求望) 원205
불 Demander et espérer.
한 구하고 기대하다

구멍 [KOU-MENG] (孔) 원205
불 Tron. V. 구녕 Kou-nyeng.
한 구멍 | [참조어 구녕, Kou-nyeng]

*구면 [KOU-MYEN,-I] (舊面) 원205
불 Visage connu. Connaissance; personnes qui se sont connues autrefois.
한 아는 얼굴 | 아는 사람 | 예전에 서로 알았던 사람들

*구명도싱ᄒᆞ다 [KOU-MYENG-TO-SĂING-HĂ-TA] (求命圖生, (Chercher, vie, s'efforcer, vivre)) 원205
불 Demande de sauver la vie; salut; conservation pour vivre. ‖ Conserver sa vie par la fuite. ‖ Vivre à grand'peine, joindre à peine les deux bouts.
한 목숨을 구해 달라는 요구 | 구원 | 살기 위한 보존 | 도망쳐서 목숨을 유지하다 | 간신히 살다, 겨우 생계를 유지하다

*구몰ᄒᆞ다 [KOU-MOL-HĂ-TA] (具沒, (Tout, mort)) 원205
불 Etre tous morts (les parents).
한 (부모가) 모두 죽다

구무 [KOU-MOU] (穴) 원205
불 Trou. (Provinc.).
한 구멍 | (지역어)

1*구문 [KOU-MOUN,-I] (口文, (Bouche, prix)) 원205
불 Prix donné de part et d'autre à l'entremetteur d'un marché. Prix du courtage, prix de commission.
한 거래 중개인에게 양쪽에서 다 주는 돈 | 중개료, 수수료

2*구문 [KOU-MOUN,-I] (舊文) 원205
불 Ancienne écriture chinoise. ‖ Vieux contrat. Contrat écrit très-ancien.
한 옛 중국 글씨 | 오래된 계약서 | 아주 오래된 서면으로 된 계약서

구물거리다 [KOU-MOUL-KE-RI-TA,-RYE,-RIN] 원205
불 Remuer, bouger.
한 몸을 움직이다, 움직이다

1*구미 [KŌU-MI] (口味) 원205
불 Goût, saveur.
한 입맛, 맛

2*구미 [KŌU-MI] (舊米) 원205
불 Vieux riz. Riz écossé de l'année précédente.
한 오래된 쌀 | 지난해에 껍질을 깐 쌀

*구박ᄒᆞ다 [KOU-PAK-HĂ-TA] (驅迫) 원209
불 Ne pas prendre soin de; ne pas bien soigner, pas bien traiter. Abandonner. Maltraiter, traiter durement.
한 ~를 돌보지 않다 | 잘 보살피지 않다, 잘 대하지 않다 | 버리다 | 학대하다, 매정하게 대하다

*구반 [KŌU-PAN,-I] (舊班) 원209
불 Ancien noble, noble d'ancienne famille.

ㄱ

한 옛날 귀족, 옛 가문의 귀족

구벅구벅ㅎ다 [KOU-PEK-KOU-PEK-HĂ-TA] (俯仰) 원209

불 S'incliner, se courber et se relever tour à tour. Se dandiner, c.a.d. remuer la tête en avant comme pour dire : oui, oui.

한 몸을 굽히다, 잇달아 몸을 굽히고 다시 일어나다 | 몸을 좌우로 흔들다, 즉 '예, 예'라고 말하기 위한 것처럼 머리를 앞으로 움직이다

1*구변 [KŌŪ-PYEN,-I] (口辯) 원209

불 éloquence, facilité à s'exprimer, facilité d'élocution.

한 유창함, 자기 생각을 나타내는 데에 능란함, 화법의 능란함

2*구변 [KOU-PYEN,-I] (具邊) 원209

불 Intérêt de l'argent.

한 돈의 이자

*구벽토 [KŌŪ-PYEK-HTO] (舊壁土) 원209

불 Vieux mortier. Terre de vieux mur, ruine.

한 오래된 회반죽 | 오래된 벽의 흙, 붕괴

*구별ㅎ다 [KOU-PYEL-HĂ-TA] (區別, (Distinguer, différence)) 원209

불 Voir la différence, se rendre compte de la différence de deux objets; examiner le bon ou le mauvais d'une chose, d'une affaire. ‖ Distribuer l'ouvrage; mdiqure l'ouvrage, indiquer la fonction de chacun.

한 차이를 보다, 두 사물의 차이를 이해하다 | 사물, 사건의 장단점을 조사하다 | 일을 할당하다 | 일을 지시하다, 각자의 직무를 지시하다

*구병ㅎ다 [KOU-PYENG-HĂ-TA] (救病) 원209

불 Soigner, aider un malade; soigner une maladie, la guérir.

한 환자를 돌보다, 돕다 | 질병을 치료하다, 질병을 고치다

*구복 [KŌŪ-POK,-I] (口腹) 원209

불 Bouche et ventre.

한 입과 배

구불구즁 [KOU-POUL-KOU-TJYOUNG] 원209

불 Ce qui est courbé, v.g. une branche d'arbre. ‖ Valet à pied qui suit un homme à cheval. ‖ Homme de rien, inutile (injur.).

한 휘어진 것, 예. 나뭇가지 | 말에 탄 사람을 걸어서 뒤따르는 하인 | 하찮은, 무용한 사람(욕설)

구불직이 [KOU-POUL-TJIK-I] 원209 ☞ 구불구즁

구붓ㅎ다 [KOU-PEUT-HĂ-TA] (俯) 원209

불 Etre incliné, penché, ployé.

한 기울어지다, 숙여지다, 휘어지다

*구붕 [KŌŪ-POUNG,-I] (舊朋) 원209

불 Ancien ami, ami de vieille date, vieil ami.

한 옛 친구, 오래전부터의 친구, 오래된 친구

구븨 [KOU-PEUI] (曲隅) 원209

불 Sinuosité en S, détour, coude.

한 S모양의 굴곡, 굴곡, 굽이

*구비ㅎ다 [KOU-PI-HĂ-TA] (俱備) 원209

불 Adroit pour tout faire; à qui rien ne manque. ‖ Mettre en état, préparer, mettre en ordre. ‖ Etre complet. (Syn. ᄀᆞㅈ다 Kăt-ta).

한 모든 것을 하기에 솜씨 좋다 | 아무것도 부족하지 않다 | 정비하다, 준비하다, 정돈하다 | 완전하다 | [동의어 ᄀᆞㅈ다, Kăt-ta.]

*구사 [KOU-SA] (狗砂) 원211

불 Matière jaune qui se trouve dans le chien près du foie, et s'emploie en médecine (p.ê. le fiel, calcul biliaire, ou bézoard de chien).

한 내복약으로 사용되는, 개의 간 근처에 있는 노란 물질(아마도 담즙, 담석 또는 개의 분석[역주 糞石])

*구산 [KŌŪ-SAN,-I] (舊山) 원211

불 Montagne où se trouvent les tombeaux des ancêtres.

한 조상들의 무덤이 있는 산

*구산ㅎ다 [KŌŪ-SAN-HĂ-TA] (求山) 원211

불 Chercher une montagne convenable pour y placer les tombeaux de sa famille.

한 자신의 가족의 무덤들을 두기에 적합한 산을 찾다

구새통 [KŌŪ-SAI-HTONG,-I] (烟筒) 원211

불 Cheminée; conduit de la fumée; tuyau de poêle. Extrémité du tuyau de cheminée.

한 굴뚝 | 연기 도관 | 난로의 관 | 굴뚝 관의 끝

*구샤ㅎ다 [KOU-SYA-HĂ-TA] (驅邪) 원211

불 Chasser le diable, exorciser.

한 악마를 내몰다, 마귀를 쫓다

*구샹뎐 [KŌŪ-SYANG-TYEN,-I] (舊上典) 원211

불 Ancien maître (d'un esclave affranchi). Maître des ancêtres (famille qui avait pour esclaves les ancêtres de tel individu qui parle).

한 (해방된 노예의) 옛 주인 | 조상들의 주인(말하는 어느 사람의 조상들을 노예로서 가졌었던 집안)

*구셰쟈 [KOU-SYEI-TJYA] (救世者) ㉻211
불 Sauveur du monde, messie.
한 세상의 구원자, 구세주

[1]구셕 [KOU-SYEK,-I] ㉻211
불 Pierre de touche pour éprouver l'or. Syn. 규셕 Kyou-syek.
한 금을 시험하기 위한 시금석 | [동의어 규셕, Kyou-syek]

[2]구셕 [KOU-SYEK,-I] (隅) ㉻211
불 Coin; angle rentrant; enfoncement; fond. 구셕니 Kou-syek-ni, Dents du fond, c.a.d. les molaires.
한 모퉁이 | 요각 | 외진 곳 | 깊숙한 곳 | [용례 구셕니, Kou-syek-ni], 깊숙한 곳에 있는 치아, 즉 어금니

*구셜 [KŌŪ-SYEL,-I] (口說) ㉻211
불 Parole. ‖ Mauvaise parole, accusation.
한 말 | 나쁜 말, 비난

구셩지다 [KOU-SYENG-TJI-TA,-TJYE,-TJIN] ㉻211
불 Etre admirable, joli, agréable.
한 훌륭하다, 멋지다, 뜻에 맞다

*구셰자 [KOU-SYEI-TJYA] (救世者) ㉻211
불 Sauvenr du monde, Messie.
한 세상의 구원자, 메시아

*구셰쥬 [KOU-SYEI-TJYOU] (救世主) ㉻211
불 Sauveur, Dieu Sauveur du monde.
한 구원자, 신, 세상의 구원자

*구셰ᄒᆞ시다 [KOU-SYEI-HĂ-SI-TA,-SYE,-SIN] (救世) ㉻211
불 Sauver le monde (se dit de N.S. seul).
한 세상을 구원하다 (오직 우리 주님에 대해서만 쓴다)

[1]*구속ᄒᆞ다 [KOU-SOK-HĂ-TA] (拘束) ㉻212
불 empêcher de sortir; retenir à la tâche; réduire en esclavage.
한 나가지 못하게 막다 | 일에 붙잡아 놓다 | 노예로 만들다

[2]*구속ᄒᆞ다 [KOU-SOK-HĂ-TA] (但束) ㉻212
불 Arranger, disposer.
한 배열하다, 배치하다

*구쇽ᄒᆞ다 [KOU-SYOK-HĂ-TA] (救贖) ㉻212
불 Sauver et racheter; délivrer; libérer; litt. sauver et racheter, sauver en rachetant. (M. chr.).
한 구원하고 대속하다 | 해방하다 | 풀어주다 | 글자대로 구원하고 대속하다, 속죄하면서 구원하다 | (기독교 어휘)

[1]*구슈 [KOU-SYOU] (仇讎) ㉻212
불 Ennemi.
한 원수

[2]*구슈 [KŌŪ-SYOU] (舊囚) ㉻212
불 Prisonnier depuis longtemps.
한 오래전부터 징역살이를 하는 죄수

*구슈문들다 [KOU-SYOU-MĂN-TEUL-TA,-TEUL-E,-TEUN] (成獄) ㉻212
불 Condamner à une prison perpétuelle.
한 종신형을 선고하다

*구슌ᄒᆞ다 [KOU-SYOUN-HĂ-TA] (俱順) ㉻212
불 Etre bien d'accord; s'entendre bien; être en paix; vivre en bonne intelligence.
한 잘 일치하다 | 서로 뜻이 잘 맞다 | 평온하다 | 사이좋게 살다

구슬 [KOU-SEUL,-I] (珠) ㉻211
불 Grain de chapelet; graine percée d'un trou pour être enfilée. ‖ Bijou, perle, pierre précieuse.
한 묵주의 알 | 실에 꿰기 위해 구멍을 뚫은 씨 | 보석, 진주

구슬구슬ᄒᆞ다 [KOU-SEUL-KOU-SEUL-HĂ-TA] ㉻211
불 Etre frisé, être bouclé (cheveux, barbe).
한 (머리카락, 수염이) 곱슬곱슬하다, 굽슬굽슬하다

구슬프다 [KOU-SEUL-HPEU-TA,-HPE,-HPEUN] ㉻211
불 Etre touché; être ému; sentir du trouble dans l'âme et changer de conduite.
한 감동하다 | 감격하다 | 마음속에 혼란을 느끼고 행실을 바꾸다

[1]*구습 [KŌŪ-SEUP,-I] (口習) ㉻211
불 Mauvaise langue mauvaise habitude de la langue.
한 나쁜 말, 말의 나쁜 습관

[2]구습 [KŌŪ-SEUP,-I] (舊習) ㉻211
불 Vieille habitude, habitude invétérée.
한 오래된 습관, 뿌리 깊은 습관

구시 [KOU-SI] (九十) ㉻211
불 9 ou 10, environ 9 ou 10. ‖ 90 livres (en poids).
한 9 또는 10, 약 9 또는 10 | 90리브르 (무게)

[1]구실 [KOU-SIL,-I] (税) ㉻212
불 Impôt, contribution, tribut.
한 조세, 세금, 조공

[2]구실 [KOU-SIL,-I] (所仕) ㉻212
불 Emploi, fonction, office des employés du gouvernement. Charge ou dignité. (V. 쇼임 Syo-im, 마두

Ma-tou, 명식 Myeng-săik). Fonction à laquelle le peuple peut aspirer.
한 일자리, 직무, 정부에서 고용한 사람들의 직책 | 공직 또는 고관직 | [참조어 쇼임 Syo-im], [참조어 마두 Ma-tou], [참조어 명식 Myeng-săik] | 백성이 동경할 수 있는 직무

3구실 [KOU-SIL,-I] (官屬) 원212
불 Porter les armes, exercer la profession de soldat. (Ce mot implique souvent l'idée d'une petite fonction subalterne rémunérée).
한 무장하다, 군인의 직업을 영위하다 | (이 단어는 흔히 보수를 받는 하찮은 하급 직무라는 생각을 내포한다)

구실ᄃᆞᆫ니다 [KOU-SIL-TĂN-NI-TA] 원212 ☞ 2구실

구실ᄒᆞ다 [KOU-SIL-HĂ-TA] 원212 ☞ 2구실

*구ᄉᆞᄒᆞ다 [KOU-SĂ-HĂ-TA] (求仕) 원211
불 Intriguer pour obtenir une dignité. Faire la cour pour obtenir une place. chercher à obtenir une dignité. Demander une dignité.
한 고관직을 얻기 위해 음모를 꾸미다 | 지위를 얻기 위해 아첨하다 | 고관직을 얻기 위해 애쓰다 | 고관직을 요구하다

*구ᄉᆡᆨ [KOU-SĂIK,-I] (俱色) 원211
불 Assortiment de marchandises diverses. Réunion d'hommes de toutes sortes, de différents états ou conditions. Toutes sortes de, plusieurs sortes de.
한 다양한 상품의 조합 | 다른 국가 또는 다른 신분의 온갖 사람들의 모임 | 모든 종류의, 여러 종류의

1*구ᄉᆡᆨᄒᆞ다 [KOU-SĂIK-HĂ-TA] (求索) 원211
불 Chercher, s'acharner à. Instigateur.
한 찾다, ~에 열중하다 | 주동자

2*구ᄉᆡᆨᄒᆞ다 [KOU-SĂIK-HĂ-TA] (口塞) 원211
불 Avoir la bouche fermée, être à quia, être réduit au silence.
한 입을 다물다, 대답이 궁해지다, 아무 말도 못하다

구ᄉᆡᆼ [KOU-SĂING,-I] (舅甥) 원211
불 Frère de la mère et fils de la sœur. ‖ Beau-père et gendre.
한 어머니의 남자 형제와 여자 형제의 아들 | 장인과 사위

*구ᄉᆡᆼ유취 [KŌŪ-SĂING-YOU-TCHYOUI] (口生乳臭) 원211
불 Sentir encore le lait. Etre à peine sorti de la coque. Blanc-bec qui a encore le lait sur les lèvres, c.a.d. qui ne sait rien de rien.
한 아직 젖내가 나다 | 겨우 껍질을 깨고 나왔다 | 입술에 아직 젖이 있는 풋내기, 즉 아무것도 모르는 사람

1구역 [KOU-YEK,-I] 원201
불 Angle intérieur, coin, angle rentrant.
한 내각, 구석, 요각

2*구역 [KOU-YEK,-I] (狗疫) 원201
불 Maladie épizootique sur les chiens.
한 개가 걸리는 수역성의 병

*구역나다 [KOU-YEK-NA-TA,-NA,-NAN] (口逆) 원201
불 Avoir des nausées; ‖ Avoir envie de vomir.
한 메슥거리다 | 구토증을 느끼다

*구역ᄒᆞ다 [KOU-YEK-HĂ-TA] (口逆) 원201
불 Vomissement; vomir.
한 구토 | 토하다

*구열 [KOU-YEL,-I] (口熱) 원201
불 Maladie de la bouche (causée par la chaleur).
한 (더위로 인한) 입의 질병

구완ᄒᆞ다 [KOU-OAN-HĂ-TA] (救) 원203
불 Aider, secourir, venir au secours. Secourir (un malade, un allié pressé par ses ennemis).
한 돕다, 구제하다, 도우러 오다 | (환자, 자신의 적들에 의해 압박을 받고 있는 동맹국을) 구제하다

구요 [KOU-YO] 원203
불 V. 구유 Kou-you.
한 [참조어 구유, Kou-you]

구원ᄒᆞ다 [KOU-OUEN-HĂ-TA] (救援) 원203
불 Aider, secourir (un malade, un allié pressé par ses ennemis).
한 (환자, 자신의 적들에 의해 압박을 받고 있는 동맹국을) 돕다, 구제하다

구유 [KOU-YOU] (槽) 원203
불 Crèche, mangeoire des bestiaux; auge pour les animaux.
한 여물통, 짐승들의 사료통 | 동물들을 위한 여물통

구유리 [KOU-YOU-RI] (假牟) 원203
불 Avoine.
한 귀리

구으다 [KOU-EU-TA,-EU-RE,-EUN] (轉) 원201
불 (Pass. de 굴다 Koul-ta) Etre fait rouler, être fait rouler en descendant. rouler. Etre roulé.
한 (굴다 Koul-ta의 피동형) 구르게 되다, 내려오면서 구르게 되다 | 구르다 | 굴려지다

구을니다 [KOU-EUL-NI-TA,-NYE,-NIN] (轉) [원]201
[불] Faire rouler, rouler en jetant.
[한] 구르게 하다, 던지며 굴리다

구이 [KOU-I] (炙) [원]201
[불] Rôti, le rôti.
[한] 구운 고기, 구운 고기

*구인마ᄒᆞ다 [KOU-IN-MA-HĂ-TA] (具人馬) [원]202
[불] Voyager avec des valets et des chevaux.
[한] 하인들과 말과 함께 여행하다

*구입ᄒᆞ다 [KOU-IP-HĂ-TA] (俱入) [원]202
[불] Tout dépenser; employer tout son avoir. Gagner seulement le nécessaire pour vivre. Ne gagner que sa nourriture. Avoir juste le suffisant. Atteindre avec peine. Syn. 젹자라다 Tjyek-tja-ra-ta.
[한] 모두 소비하다 | 모든 재산을 사용하다 | 살기 위해 필요한 것만 벌다 | 자신의 식량만 벌다 | 꼭 필요한 것만을 갖다 | 힘들게 달성하다 | [[동의어] 젹자라다, Tjyek-tja-ra-ta]

*구ᄋᆡ [KOU-ĂI] (拘碍) [원]199
[불] Empêchement, barre, obstacle.
[한] 방해, 한계, 장애

1*구ᄋᆡᄒᆞ다 [KOU-ĂI-HĂ-TA] (拘碍) [원]199
[불] Endommagé; empêché par une autre affaire. Endommager; porter atteinte; nuire. Etre incompatible avec. Avoir de la répugnance; répugner.
[한] 손해를 입다 | 다른 일로 인해 형편이 여의치 않다 | ~에게 손해를 입히다 | ~을 해치다 | ~에 해가 되다 | ~와 상충되다 | 혐오를 느끼다 | 싫어하다

2*구ᄋᆡᄒᆞ다 [KOU-ĂI-HĀ-TA] (求愛) [원]ADDENDA
[불] Secourir par compassion.
[한] 동정심에서 구조하다

구재 [KŌŪ-TJAI] (煤) [원]213
[불] Suie, cendres mêlées de suie. V. 검의양 Kem-eui-yang.
[한] 그을음, 그을음이 섞인 재 | [[참조어] 검의양, Kem-eui-yang]

1*구젼 [KŌŪ-TJYEN,-I] (舊錢) [원]213
[불] Vieilles sapèques, qui sont très-grandes; ancienne monnaie.
[한] 아주 큰 옛날 엽전들 | 옛날 화폐

2*구젼 [KOU-TJYEN,-I] (口錢) [원]213
[불] Argent ou salaire de l'entremetteur d'un marché.
[한] 거래 중개인의 돈 또는 임금

1*구젼ᄒᆞ다 [KŌŪ-TJYEN-HĂ-TA] (口傳) [원]213
[불] instruire de vive voix.
[한] 구두로 알리다

2*구젼ᄒᆞ다 [KOU-TJYEN-HĂ-TA] (俱全) [원]213
[불] Etre entier, intact. n'avoir souffert aucune diminution. Etre plein.
[한] 온전하다, 손대지 않은 그대로이다 | 어떠한 감축도 겪지 않다 | 가득하다

*구졀 [KOU-TJYEL,-I] (句節) [원]213
[불] Phrase, membre de phrase. Vers de 5 ou 7, etc. pieds ou syllabes.
[한] 문장, 문장의 구성 성분 | 5행 또는 7행 등으로 된 시, 운각 또는 음절

*구졀고 [KOU-TJYEL-KO] (九節膏) [원]213
[불] Esp. de pâte, d'enduit, d'onguent, d'extrait fait avec la plante 구졀초 Kou-tjyel-tcho. ‖ Onguent fait avec la chenille 구졀츙 Kou-tjyel-tchyoung.
[한] 연고, 도료, 고약, 구졀초 Kou-tjyel-tcho 식물의 추출물 종류 | 구졀츙 Kou-tjyel-tchyoung 애벌레로 만들어진 도료

*구졀초 [KOU-TJYEL-TCHO] (九節草) [원]213
[불] Esp. de plante médicinale qui se cueille à la 9e lune. Esp. d'absinthe.
[한] 아홉 번째 달에 따는 약용 식물의 종류 | 약쑥의 종류

*구졀츙 [KOU-TJYEL-TCHYOUNG,-I] (九節虫) [원]213
[불] Esp d'insecte, de chenille, qui a neuf articulations.
[한] 벌레, 마디가 아홉 개인 애벌레의 종류

구졍물 [KOU-TJYENG-MOUL,-I] (濃汁) [원]213
[불] Eau sale, eau qui a servi à laver, eau de vaisselle.
[한] 더러운 물, 씻을 때 사용한 물, 설거지물

*구졔ᄒᆞ다 [KOU-TJYEI-HĂ-TA] (救濟) [원]213
[불] Faire l'aumône. Aider, secourir.
[한] 적선하다 | 돕다, 구제하다

*구존ᄒᆞ다 [KOU-TJON-HĂ-TA] (俱存) [원]213
[불] Etre en entier; être tous. ‖ Bien conserver, conserver sans rien perdre.
[한] 온전하다 | 전부이다 | 잘 보존하다, 하나도 잃어버리지 않고 보존하다

1*구죡 [KOU-TJYOK,-I] (九族) [원]213
[불] Les neuf plus proches parents.
[한] 가장 가까운 아홉 친척

2*구죡 [KOU-TJYOK,-I] (舊族) [원]213
[불] Ancien noble, famille tombée.

한 옛 귀족, 몰락한 집안

3*구죡 [KOU-TJYOK,-I] (狗足) 원213

불 Patte de chien.

한 개의 발

*구쥬 [KOU-TJYOU] (九州) 원213

불 Les neuf divisions de la Chine (anciennement).

한 (옛날에) 중국의 아홉 개의 주

*구쥬인 [KŌŪ-TJYOU-IN,-I] (舊主人) 원213

불 Le premier maître de maison. Ancien maître. ancien propriétaire.

한 집의 첫 번째 주인 | 옛 주인 | 옛 소유자

1*구즁 [KOU-TJYOUNG,-I] (口中) 원213

불 Intérieur de la bouche. Dans la bouche.

한 입의 내부 | 입 안

2*구즁 [KOU-TJYOUNG,-I] (驅衆) 원213

불 Valet de cheval, conducteur de chevaux.

한 마부, 말몰이꾼

3*구즁 [KOU-TJYOUNG,-I] (俱衆) 원213

불 Commun, en commun, tous.

한 공동의, 공동으로, 모두

*구즁궁궐 [KOU-TJYOUNG-KOUNG-KOUEL,-I] (九重宮闕, (Neuf, divisions, palais royal)) 원213

불 le palais royal.

한 왕궁

구즁즁ᄒᆞ다 [KOU-TJYOUNG-TJYOUNG-HĂ-TA] (心亂) 원213

불 Avoir le cœur, l'esprit agité.

한 마음, 정신이 동요되다

*구지부득 [KOU-TJI-POU-TEUK,-I] (求之不得) 원213

불 Vain; demandé en vain; vains désirs; vaine demande. Introuvable. Impossible à obtenir malgré ses recherches et ses prières.

한 헛되다 | 헛되이 요구되다 | 헛된 욕망 | 헛된 요구 | 보기 드물다 | 자신이 찾고 간청했음에도 불구하고 얻기 불가능하다

*구진ᄒᆞ다 [KŌŪ-TJIN-HĂ-TA] (久盡) 원213

불 Gâté, détérioré(le vin, les mets); se gâter, s'éventer. ‖ Etre tout consommé. N'y avoir rien de reste.

한 (술, 요리가) 못쓰게 되다, 상하다 | 상하다, 변질되다 | 진부 소모되다 | 남은 것이 전혀 없다

1구진 [KOU-TJĂI] (房灰) 원213

불 Vieux matériaux, démolitions.

한 오래된 자재, 잔해

2*구진 [KOU-TJĂI] (口才) 원213

불 Facilité à s'exprimer. Eloquence. =잇다-it-ta, Etre habile à parler, être bon parleur. syn. 언변 En-pyen; 구변 Kou-pyen.

한 표현에 있어서의 용이성 | 유창함 | [용례 =잇다, -it-ta], 말하는 데 능란하다, 말을 잘 하는 사람이다 | [동의어 언변, En-pyen] | [동의어 구변, Kou-pyen]

1*구창 [KOU-TCHANG,-I] (舊瘡) 원213

불 Vieille loupe, vieille tumeur sous la peau.

한 오래된 혹, 피부 아래의 오래된 종양

2*구창 [KOU-TCHANG,-I] (舊倉) 원213

불 Vieux ou ancien grenier public.

한 낡은 또는 오래된 공동 창고

*구채 [KŌŪ-TCHAI] (舊債) 원213

불 Vieilles dettes.

한 오래된 빚

구챠ᄒᆞ다 [KOU-TCHYA-HĂ-TA] 원213

불 Etre pauvre.

한 가난하다

구쳐 [KOU-TCHYE] (區處) 원213

불 Décision, arrangement. =ᄒᆞ다-hă-ta, Préparer, arranger, décider.

한 결정, 조정 | [용례 =ᄒᆞ다, -hă-ta], 준비하다, 조정하다, 결정하다

구쳑쟝신 [KOU-TCHYEK-TJYANG-SIN,-I] (九尺長身) 원213

불 Corps qui a neuf pieds de haut. Homme de neuf pieds de haut.

한 키가 9피에가 되는 몸 | 키가 9피에가 되는 사람

*구쳥ᄒᆞ다 [KOU-TCHYENG-HĂ-TA] (求請) 원213

불 Demander; prier; emprunter.

한 구하다 | 간청하다 | 빌리다

1*구쳬 [KOU-TCHYEI] (狗彘) 원213

불 Chien et porc.

한 개와 돼지

2*구쳬 [KŌŪ-TCHYEI] (久滯) 원213

불 Vieille maladie d'estomac, vieille gastrite, indigestion invétérée.

한 오래된 위병, 위염, 만성 소화 불량

*구초 [KŌŪ-TCHO] (舊草) 원213

불 Vieux tabac (de l'année précédente).

한 (지난해의) 오래된 담배

*구초ᄒᆞ다 [KŌŪ-TCHO-HĂ-TA] (口招) 원214

불 Dénonciation. Avouer, confesser son crime.
한 고발 | 자신의 범죄를 고백하다, 자백하다

*구촌 [KOU-TCHON,-I] (九寸) 원214
불 9e degré; parent au 9e degré.
한 아홉 번째 촌수 | 아홉 번째 촌수의 친척

*구축ᄒᆞ다 [KOU-TCHYOUK-HĂ-TA] (驅逐) 원214
불 Chasser, éloigner en chassant.
한 내쫓다, 내쫓으며 물리치다

1구치 [KOU-TCHI] (舊的) 원213
불 Vieille chose, vieillerie.
한 옛날 물건, 고물

2*구치 [KOU-TCHI] (驅馳) 원213
불 Voyageur.
한 여행자

*구치ᄒᆞ다 [KOU-TCHI-HĂ-TA] (驅馳) 원213
불 Voyager.
한 여행하다

*구챠ᄒᆞ다 [KOU-TCHYĂ-HĂ-TA,-HĂN,-HI] (拘且) 원213
불 Etre misérable, dans une grande indigence. Etre dénué, négligé, malpropre, sans ordre.
한 대단히 궁핍하여 불쌍하다 | 궁핍하다, 허술하다, 더럽다, 엉성하다

*구타ᄒᆞ다 [KOU-HTA-HĂ-TA] (毆打) 원213
불 Reprocher; médire; faire des malédictions. ‖ Battre, frapper quelqu'un.
한 비난하다 | 욕을 하다 | 욕설을 하다 | 누군가를 치다, 때리다

*구톄 [KOU-HTYEI] (口軆) 원213
불 Bouche et corps.
한 입과 육체

1*구판 [KOŪ-HPAN,-I] (舊板) 원209
불 Ancienne planche d'imprimerie.
한 이전의 인쇄판

2*구판 [KOU-HPAN,-I] (龜板) 원209
불 Ecaille de tortue.
한 거북이의 등딱지

*구편ᄒᆞ다 [KOU-HPYEN-HĂ-TA] (俱便, (Tout, en paix)) 원209
불 Avoir la paix partout, en tout. Etre en paix.
한 사방에, 모든 것에 있어 평온하다 | 평안하다

*구폐 [KOU-HPYEI] (久弊) 원209
불 Abus invétéré, vice ou défaut invétéré.
한 뿌리 깊은 악습, 악습 또는 뿌리 깊은 결점

1*구폐ᄒᆞ다 [KOŪ-HPYEI-HĂ-TA] (救弊, (Corriger, abus)) 원209
불 Corriger les abus.
한 악습을 고치다

2*구폐ᄒᆞ다 [KOU-HPYEI-HĂ-TA] (俱弊) 원209
불 Tout abandonner, ne plus s'occuper de.
한 모두 버리다, ~을 더 이상 돌보지 않다

*구피 [KOU-HPI] (狗皮) 원209
불 Peau de chien.
한 개의 가죽

*구합ᄒᆞ다 [KOU-HAP-HĂ-TA] (俱合) 원203
불 S'accorder; cadrer; être bien ajusté. ‖ Réunir; amasser; entasser. ‖ Se réunir, s'assembler.
한 일치하다 | ~와 합치하다 | 잘 맞춰지다 | 모으다 | 쌓다 | 축적하다 | 모이다, 결합하다

*구혐 [KOŪ-HYEM,-I] (舊嫌) 원203
불 Vieille haine, rancune invétérée.
한 오래된 증오, 뿌리 깊은 원한

1*구호 [KOU-HO] (救護) 원203
불 Protection.
한 보호

2*구호 [KOU-HO] (舊戶) 원203
불 Famille ancienne, établie depuis longtemps dans l'endroit. (Opposé de 신호 Sin-ho).
한 지역에서 오래전부터 자리 잡은, 오래된 집안 | [반의어 신호 Sin-ho]

*구호ᄒᆞ다 [KOU-HO-HĂ-TA] (救護) 원203
불 Recueillir (v.g. un enfant orphelin). ‖ Protéger.
한 (예. 고아를) 거두어들이다 | 보호하다

구혼ᄒᆞ다 [KOU-HON-HĂ-TA] (求婚) 원203
불 Demander en mariage.
한 청혼하다

1*구활노 [KOU-HOAL-NO] (救活奴) 원203
불 Homme du peuple auquel on a sauvé la vie, et qui devient esclave de son sauveur.
한 목숨을 구해 준, 그리고 자신의 구원자의 노예가 되는 평민

2*구활노 [KOU-HOAL-NO] (救活路) 원203
불 Moyen de salut.
한 구원의 방법

1*구ᄒᆞ다 [KOU-HĂ-TA] (求) 원203
불 Demander; prier; invoquer. Supplier. ‖ Chercher pour, quérir, courir après.

㉿ 요구하다 | 부탁하다 | 기원하다 | 애원하다 | ~를 위해 찾다, 구하다, 추구하다

[2]*구ᄒᆞ다 [KOU-HĂ-TA] (灸) ㉚203

불 Faire griller, rôtir, griller. (Se dit pour les remèdes seulement).

한 굽게 하다, 굽다, 석쇠에 굽다 | (오직 약에 대해서만 쓴다)

[3]*구ᄒᆞ다 [KOU-HĂ-TA] (救) ㉚203

불 Sauver, affranchir, délivrer, absoudre.

한 구하다, 해방하다, 풀어주다, 용서하다

*구ᄒᆡᆨᄒᆞ다 [KOU-HĂIK-HĂ-TA] (究覈) ㉚203

불 Instruire un procès; juger. Examiner avec soin.

한 소송의 예심을 하다 | 재판하다 | 주의하여 조사하다

[1]국 [KOUK,-I] (羹) ㉚203

불 Soupe; bouillon; potage; ragoût liquide; esp. de purée; sauce.

한 수프 | 국물 | 진한 수프 | 액체로 된 스튜 | 퓨레의 종류 | 소스

[2]*국 [KOUK,-I] (國) ㉚203

불 En agr. Royaume; empire; pays; gouvernement; état; nation. ‖ Roi; reine; mère du roi; famille royale.

한 한자어로 왕국 | 제국 | 나라 | 정부 | 국가 | 국가 | 왕 | 왕비 | 왕의 어머니 | 왕실

*국가 [KOUK-KA] (國家) ㉚204

불 Maison du roi.

한 왕의 집안

국가음 [KOUK-KA-EUM] (羹材料) ㉚204

불 Matière du bouillon. légume, hrbes potagères, plantes, racines, etc. Bonnes à manger, et tout ce qui sert à faire du bouillon.

한 국의 재료 | 채소, 식용 풀, 식물, 뿌리 등 먹기 좋은 것과 국을 만드는 데에 쓰이는 모든 것

국걸이 [KOUK-KEL-I] ㉚204 ☞국가음

*국결 [KOUK-KYEL,-I] (國結) ㉚204

불 Contributions sur les terres. La part des impôt qui revient au roi. Impôt en général.

한 토지에 대한 세금 | 왕에게 귀속되는 조세 부분 | 일반적인 조세

*국곡 [KOUK-KOK,-I] (國穀) ㉚204

불 Blés du gouvernement. Riz du roi. V.Syn. 환ᄌᆞ Hoan-tjă.

한 정부의 곡물 | 왕의 쌀 | [동의어 환ᄌᆞ, Hoan-tjă]

*국궁ᄒᆞ다 [KOUK-KOUNG-HĂ-TA] (鞠躬) ㉚204

불 Inclination en signe de respect. Etre incliné, se courber, se prosterner, s'incliner (ne se dit guère qu'à l'égard du roi).

한 존경의 표시로 하는 절 | 숙이다, 허리를 굽히다, 엎드리다, 몸을 굽히다 (거의 왕에 대해서만 쓴다)

*국금 [KOUK-KEUM,-I] (國禁) ㉚204

불 Prohibition du gouvernement.

한 정부의 금지

[1]*국긔 [KOUK-KEUI] (國忌) ㉚204

불 Epoque des sacrifices offerts par le roi ou par l'Etat, à l'anniversaire de la mort de rois précédents.

한 이전 왕들의 죽음을 기리는 기념일에 왕 또는 국가가 제공하는 제사를 올리는 기간

[2]*국긔 [KOUK-KEUI] (國記) ㉚204

불 Les annales du royaume.

한 왕국의 연대기

*국녹 [KOUK-NOK] (國祿) ㉚204

불 Solde que le gouvernement donne à ses employés. Pension sur le gouvernement. Traitement.

한 정부가 그 고용인들에게 주는 봉급 | 정부에서 주는 연금 | 봉급

*국뉼 [KOUK-NYOUL,-I] (國律) ㉚204

불 Lois de l'Etat.

한 나라의 법률

[1]*국뎍 [KOUK-TYEK,-I] (國敵) ㉚205

불 Royaumes ennemis.

한 적대 관계에 있는 왕국들

[2]*국뎍 [KOUK-TYEK,-I] (國賊) ㉚205

불 Voleur des biens de l'Etat. Rebelle, insurgé.

한 국가의 재산을 훔치는 도둑 | 반역자, 반란자

국록 [KOUK-ROUK,-I] ㉚204 ☞국녹

*국마 [KOUK-MA] (國馬) ㉚204

불 Cheval du gouvernement.

한 정부의 말

국말이 [KOUK-MAL-I] (羹飯) ㉚204

불 Riz détrempé dans le bouillon.

한 국에 적셔진 밥

[1]*국명 [KOUK-MYENG,-I] (國命) ㉚204

불 Ordre du gouvernement.

한 정부의 명령

[2]국명 [KOUK-MYENG,-I] (國名) ㉚204

불 Nom du roi.

[한] 왕의 이름

*국모 [KOUK-MO] (國母) [원]204
[불] Mère du royaume. Reine. mère du roi. Son èpouse.
[한] 왕국의 어머니 | 왕비 | 왕의 어머니 | 왕의 부인

*국문하다 [KOUK-MOUN-HĂ-TA] (鞫問) [원]204
[불] Interrogation du juge. Interroger un accusé.
[한] 재판관의 신문 | 피고를 신문하다

국밥 [KOUK-PAP,-I] (羹飯) [원]204
[불] Bouillon au riz.
[한] 밥을 넣어 끓인 국

*국법 [KOUK-PEP,-I] (國法) [원]204
[불] Lois du royaume.
[한] 왕국의 법

[1]*국보 [KOUK-PO] (國譜) [원]204
[불] Généalogie écrite du gouvernement.
[한] 서면으로 된 정부의 계보

[2]국보 [KOUK-PO] (國寶) [원]204
[불] Sceau royal.
[한] 왕의 도장

*국상 [KOUK-SANG,-I] (國喪) [원]205
[불] Mort d'une personne royale. ‖ Deuil du royaume à la mort du roi.
[한] 왕실 사람의 죽음 | 왕의 죽음에 따른 왕국의 초상

국솟 [KOUK-SOT,-TCHI] (羹鼎) [원]205
[불] Petite chaudière pour le bouillon.
[한] 국을 끓이기 위한 작은 가마솥

[1]*국슈 [KOUK-SYOU] (局手) [원]205
[불] Qui est habile au jeu de 바독 Pa-tok.
[한] 바독 Pa-tok 놀이에 능란한 사람

[2]국슈 [KOUK-SYOU] (國手) [원]205
[불] Le plus habile ouvrier du royaume.
[한] 왕국의 가장 노련한 일꾼

[3]국슈 [KOUK-SYOU] (麵) [원]205
[불] Sorte de vermicelle.
[한] 버미첼리[[역주] 가느다란 서양 국수의 일종]의 종류

[1]국슈집 [KOUK-SYOU-TJIP,-I] (麵家) [원]205
[불] Maison où l'on vend le vermicelle.
[한] 버미첼리를 파는 집

[2]국슈집 [KOUK-SYOU-TJIP,-I] [원]205
[불] Vermicelle tubulé, creux.
[한] 관 모양의, 속이 빈 국수

*국ᄉᆞ [KOUK-SĂ] (國事) [원]205
[불] Affaires de l'Etat, du gouvernement.
[한] 국가의, 정부의 일

*국역 [KOUK-YEK,-I] (國役) [원]203
[불] Travaux du gouvernement. travail pour le gouvernement.
[한] 정부의 [[역주] 토목]공사 | 정부를 위한 일

*국왕 [KOUK-OANG,-I] (國王) [원]204
[불] Roi.
[한] 왕

*국용 [KOUK-YONG,-I] (國用) [원]204
[불] Trésor de l'Etat. Tout ce qui sert au roi ou au gouvernement.
[한] 국가의 보물 | 왕이나 정부를 위해 쓰이는 모든 것

국이 [KOUK-I] [원]204
[불] Petite cuiller à manche relevé à angle droit. Petite écuelle à bec pour verser sans entonnoir.
[한] 직각으로 쳐들려진 손잡이가 달린 국자 | 깔때기 없이 액체를 따를 때 쓰는 주둥이가 뾰족한 작은 사발

[1]국자 [KOUK-TJA] (羹箸) [원]205
[불] Cuillère à pot dont le manche est perpendiculaire.
[한] 손잡이가 수직으로 된 국자

[2]*국자 [KOUK-TJA] (國資) [원]205
[불] Provision pour le gouvernement.
[한] 정부를 위한 비축

*국장 [KOUK-TJANG,-I] (國葬) [원]205
[불] Enterrement du roi. ‖ Obsèques d'une personne royale. ‖ Temps des obsèques (à peu près 3 mois après la mort).
[한] 왕의 장례 | 왕실 사람의 장례 | 장례 기간 (대략 사후 3개월)

[1]*국젼 [KOUK-TJYEN,-I] (國錢) [원]205
[불] Argent du gouvernement, du roi.
[한] 정부의, 왕의 돈

[2]*국젼 [KOUK-TJYEN,-I] (國典) [원]205
[불] Les lois du royaume.
[한] 왕국의 법률

*국쪽 [KOUK-TJYOK,-I] (國族) [원]205
[불] Parents du roi, famille du roi.
[한] 왕의 친척들, 왕의 집안

국쥭 [KOUK-TJYOUK,-I] (粥羹) [원]205
[불] Mets composé de saumure, d'herbes et de riz, de viande, etc.
[한] 소금물, 풀, 그리고 쌀, 고기 등으로 구성된 요리

[1]국주 [KOUK-TJĂ] ㉻205
불 Cuillère à pot, cuillère à soupe dont le manche est perpendiculaire.
한 국자, 손잡이가 수직으로 된 수프용 숟가락

[2]*국주 [KOUK-SĂ] (麴子) ㉻205
불 Levain pour faire le vin (de riz).
한 (쌀로) 술을 만들기 위한 누룩

*국직 [KOUK-TJĂI] (國財) ㉻205
불 Richesse de l'Etat; biens du roi.
한 국가의 부 | 왕의 재산

*국쳑 [KOUK-TCHYEK,-I] (國戚) ㉻205
불 Parents du roi du côté de la mère. Famille du roi par les femmes. Syn. 귀쳑 Koui-tchyek.
한 왕의 어머니 쪽 친척들 | 여자들 쪽으로의 왕의 가족 | [동의어 귀척, Koui-tchyek]

*국츅ᄒᆞ다 [KOUK-TCHYOUK-HĂ-TA] (跼蹜) ㉻205
불 Etre en garde (un chat devant un chien). Se tenir courbé ou prosterné.
한 (고양이가 개 앞에서) 경계하다 | 몸을 굽히거나 엎드린 채 있다

*국텽 [KOUK-HTYENG,-I] (鞫廳) ㉻205
불 Maison, palais où les dignitaires se rassemblent pour juger un grand criminel.
한 중죄인을 심판하기 위해 고관들이 모이는 건물, 관저

*국폐 [KOUK-HPYEI] (國弊) ㉻205
불 Charge du gouvernement. ‖ Chose fâcheuse pour le roi ou dans le gouvernement.
한 정부의 책무 | 왕이나 정부에 난처한 일

*국혼 [KOUK-HON] (國婚) ㉻204
불 Mariage du roi ou d'une personne royale.
한 왕이나 왕실 사람의 결혼

*국화 [KOUK-HOA] (菊花) ㉻204
불 Chrysanthème (fleur), reine-marguerite.
한 국화(꽃), 과꽃

*국화쥬 [KOUK-HOA-TJYOU] (菊花酒) ㉻204
불 Vin de chrysanthème.
한 국화로 만든 술

[1]*국황 [KOUK-HOANG,-I] (菊黃) ㉻204
불 Chrysanthème jaune.
한 노란 국화

[2]*국황 [KOUK-HOANG,-I] (國皇) ㉻204
불 L'empereur de Chine.
한 중국의 황제

*국후 [KOUK-HOU] (國后) ㉻204
불 Reine. la mère du roi. Sa femme.
한 왕비 | 왕의 어머니 | 왕의 부인

*국휼 [KOUK-HYOUL,-I] (國恤) ㉻204
불 Mort du roi. deuil du royaume à la mort d'une personne royale (roi, reine ou fils ainé).
한 왕의 죽음 | 왕실 사람(왕, 왕비 또는 장남)이 죽었을 때의 왕국의 초상

[1]*군 [KOUN,-I] (君) ㉻206
불 Particule qui, à la fin d'un nom, indique quelquefois un proche parent du roi.
한 이름 끝에서 때때로 왕의 가까운 친척을 가리키는 소사

[2]*군 [KOUN,-I] (軍) ㉻206
불 En agr. Soldat. ‖ Particule qui, ajoutée à un mot, lui donne le sens de la terminaison ator ou arius du latin. 일 Il, travail; 일군 Il-koun, travailleur. 나무군 Na-mou-koun, (lignarius), bûcheron. ‖ Quelquef.: individu (en mauvaise part). 완악ᄒᆞᆫ군 Oan-ak-hăn-koun, Mautais sujet.
한 한자어로 군인 | 단어에 덧붙여져, 라틴어 어미 ator나 arius의 의미를 부여하는 소사 | [용례 일, Il], 일 | [용례 일군, Il-koun], 노동자 | [용례 나무군, Na-mou-koun], (〈목수〉), 벌목인부 | 때때로 (나쁜 의미로) 작자 | [용례 완악ᄒᆞᆫ군, Oan-ak-hăn-koun], 불량배

[3]군 [KOUN,-I] (虛) ㉻206
불 Vain, inutile; hors de propos; hors de saison.
한 헛되다, 무익하다 | 당치 않다 | 때아니다

군것질 [KŌŪN-KET-TJIL,-I] (空食) ㉻206
불 Petite collation avant le repas de midi. Gourmandise (comme celle des enfants qui mangent à tous moments).
한 점심 식사 전에 먹는 가벼운 간식 | (끊임없이 먹는 아이들의 식탐과 같은) 식탐

*군결환 [KOUN-KYEL-HOAN,-I] (軍結還) ㉻206
불 Les trois grandes choses difficiles ; 1e 군젼 Koun-tjyen, 2e 결젼 Kyel-tjyen, 3e 환샹 Hoan-syang.
한 중요하고 힘든 세 가지 일 | 첫 번째, 군젼 Koun-tjyen, 두 번째, 결전 Kyel-tjyen, 세 번째, 환샹 Hoan-syang

*군경 [KŌŪN-KYENG,-I] (窘境) ㉻206
불 Circonstance difficile, position difficile.

한 어려운 상황, 곤란한 입장

*군곤ᄒᆞ다 [KŌŪN-KON-HĂ-TA] (窘困) 원206

불 Pauvre, indigent; pénible et fatigant.

한 가난하다, 빈곤하다 | 고통스럽고 힘들다

*군관 [KOUN-KOAN,-I] (軍官) 원206

불 Certain nombre de soldats commandés par un chef, escouade, division, escadron, troupe. ‖ Satellite. V. 쟝교 Tjyang-kyo.

한 지휘관이 통솔하는 어떤 수의 군인들, 분대, 사단, 기병대, 부대 | 부하 | [참조어 쟝교, Tjyang-kyo]

*군긔 [KOUN-KEUI] (軍器) 원206

불 Armes, armures des soldats.

한 무기, 군인들의 갑옷

*군난 [KŌŪN-NAN,-I] (窘難) 원206

불 Persécution.

한 박해

*군노 [KOUN-NO] (軍奴) 원206

불 Esclabes ou valets qui accompagnent le mandarin. ‖ Panache bleu du mandarin.

한 관리를 수행하는 노예들이나 하인들 | 관리의 푸른 깃털 장식

군두거리다 [KOUN-TOU-KE-RI-TA,-RYE,-RIN] 원207

불 Sa vanter, faire le fameux, le brave.

한 자기 자랑을 하다, 유명한 척, 용감한 척하다

군두구녕 [KOUN-TOU-KOU-NYENG,-I] 원207

불 Trou fait à la crèche pour y attacher l'animal. Trou fait à l'extrémité des troncs d'arbre pour les réunir en train.

한 동물을 묶어 두기 위해 구유에 만들어진 구멍 | 나무 몸체들을 대열로 연결하기 위해 나무 몸체의 끝에 만들어진 구멍

군돌 [KŌŪN-TĂL,-I] (閏月) 원207

불 Lune on mois supplémentaire dans les années de 13 lunes ou 13 mois; lune intercalaire.

한 달수가 13달 또는 13개월인 해에 추가되는 달 또는 월 | 윤달

*군량 [KOUN-RYANG,-I] (軍糧) 원207

불 Nourriture des soldats; ration. Vivres pour les soldats.

한 군인들의 식량 | 병사 1인의 1일분 식량 | 군인들을 위한 식량

*군령 [KOUN-RYENG,-I] (君令) 원207

불 Ordre du général; ordres à l'armée.

한 장군의 명령 | 군사상의 명령

*군례 [KOUN-RYEI] (軍禮) 원207

불 Coutume, usage militaire. Exercice militaire.

한 군대의 관습, 풍습 | 군사훈련

*군마 [KOUN-MA] (軍馬) 원206

불 Cheval de soldat.

한 군인의 말

*군막 [KOUN-MAK,-I] (軍幕) 원206

불 Tente de soldat. Syn. 쟝막 Tjyang-mak.

한 군인의 천막 | [동의어 쟝막, Tjyang-mak]

1*군명 [KOUN-MYENG,-I] (軍名) 원206

불 Nom des différents corps de soldats.

한 여러 군부대의 이름

2군명 [KOUN-MYENG,-I] (君命) 원206

불 Ordre du roi.

한 왕의 명령

*군목 [KOUN-MOK,-I] (軍木) 원206

불 Toile de coton donnée aux soldats pour se faire des habits.

한 옷을 지어 입도록 군인에게 주어지는 면포

*군문 [KOUN-MOUN,-I] (軍門) 원206

불 Caserne, maison de soldats, camp.

한 병영, 군인들의 시설, 주둔지

*군문효슈 [KOUN-MOUN-HO-SYOU] (軍門梟首, (Soldat, endroit, couper et suspendre, la tête)) 원206

불 cérémonial des exécutions solennelles (qui ont lieu ordinairement à 새남터 Sai-nam-the, non loin du fleuve, en dehors de la capitale).

한 장중한 사형 집행 의식 (보통 큰 강에서 멀지 않은, 수도의 바깥, 새남터 Sai-nam-the에서 일어난다)

*군물 [KOUN-MOUL,-I] (軍物) 원206

불 Armure, armes, tout ce qui sert à l'armée.

한 갑주, 무기, 군대에서 쓰이는 모든 것

1*군민 [KOUN-MIN,-I] (軍民) 원206

불 L'armée et le peuple.

한 군대와 백성

2군민 [KOUN-MIN,-I] (君民) 원206

불 Roi et peuple.

한 왕과 백성

*군박ᄒᆞ다 [KŌŪN-PAK-HĂ-TA,-HĂN,-HI] (窘迫) 원206

불 Impossible; difficile. Très-malheureux; n'être pas à son aise.

한 불가능하다 | 어렵다 | 매우 불행하다 | 안락하지

않다

*군법 [KOUN-PEP,-I] (軍法) 원206
불 Lois militaires; discipline dans l'armée.
한 군대의 법 | 군대 안의 규율

*군병 [KOUN-PYENG,-I] (軍兵) 원206
불 Soldat.
한 군인

*군복 [KOUN-POK,-I] (軍服) 원206
불 Habit militaire.
한 군인의 옷

*군부 [KOUN-POU] (君父) 원206
불 Roi et père; le roi.
한 왕과 아버지 | 왕

군소리 [KŌŪN-SO-RĂI] (虛聲) 원207
불 Vaines paroles. ‖ Murmure, bruit d'un homme qui s'ennuie.
한 쓸데없는 말 | 투덜거림, 지루한 사람이 하는 소리

*군슈 [KOUN-SYOU] (郡守) 원207
불 Mandarin civil de 4e degré. Sorte de mandarin au-dessus du 현감 [현령] Hyen-kam [Hyen-ryeng], le 4e dans l'ordre civil, le 1er au-dessous du 부ᄉᆞ Pou-să.
한 네 번째 계급의 문민의 관리 | 현감[현령] Hyen-kam [Hyen-ryeng]보다 높은 관리의 종류, 문민의 네 번째 계급, 부ᄉᆞ Pou-să 아래의 첫 번째 계급

*군신 [KOUN-SIN,-I] (君臣) 원207
불 Le roi et les grands. Le roi et les courtisans ou les ministres. roi et sujets.
한 왕과 귀족들 | 왕과 조신들 또는 장관들 | 왕과 신하들

*군신유의 [KOUN-SIN-YOU-EUI] (君臣有義) 원207
불 La seconde des cinq relations naturelles de la société; relation de roi à grands, de roi à sujets; justice.
한 사회의 다섯 가지 자연적인 관계 중 두 번째 | 왕에서 귀족으로, 왕에서 신하들의 관계 | 정의

군실군실ᄒᆞ다 [KOUN-SIL-KOUN-SIL-HĂ-TA] 원207
불 Se vanter, faire le fameux. ‖ Démangeaison, picotement. ‖ Frissonner, reculer de dégoût.
한 자기 자랑을 하다, 유명한 척하다 | 근질근질함, 따끔따끔한 느낌 | 소스라치나, 거부감으로 뒷걸음치다

*군ᄉᆞ [KOUN-SĂ] (軍士) 원207
불 Soldat.
한 군인

*군식ᄒᆞ다 [KŌŪN-SĂIK-HĂ-TA,-HĂN,-HI] (窘塞) 원207
불 Manque de. très-malheureux, très-pauvre. Syn. 옹식ᄒᆞ다 Ong-săik-hă-ta.
한 ~의 부족 | 매우 불행하다, 매우 가난하다 | [동의어 옹식ᄒᆞ다, Ong-săik-hă-ta]

*군안 [KOUN-AN,-I] (軍案) 원206
불 Liste des soldats; inscriptions militaires; cadre de l'armée; registre des soldats.
한 군인들의 명부 | 군인 등록 | 군대의 병적부 | 군인들의 명부

*군양미 [KOUN-YANG-MI] (軍養米) 원206
불 Riz des soldats; riz pour l'armée.
한 군인들이 먹는 쌀 | 군용 쌀

*군역 [KOUN-YEK,-I] (軍役) 원206
불 Cote personnelle des plébéiens. Syn. 번 Pen.
한 평민들에게 개별적으로 부과되는 부과금 | [동의어 번, Pen.]

군우 [KOUN-OU] (軍號) 원206
불 Mot d'ordre, de ralliement. Cri ou signal de reconnaissance dans les montagnes.
한 [역주 군대의] 암호, 집합 암호 | 산에서 식별할 수 있도록 보내는 외침 또는 신호

*군젼 [KOUN-TJYEN,-I] (軍錢) 원207
불 Argent pour l'entretien des troupes. ‖ Impôt en argent que paient les soldats.
한 군대를 유지하기 위한 자금 | 군인들이 화폐로 내는 세금

1*군졍 [KON-TJYENG,-I] (軍丁) 원207
불 Soldats. compagnons d'ouvrage, ouvriers.
한 군인 | 작업 동료, 노동자

2군졍 [KON-TJYENG,-I] (軍情) 원207
불 Esprit militaire.
한 군인 정신

3군졍 [KON-TJYENG,-I] (軍政) 원207
불 Affaires militaires, service militaire.
한 군대의 일, 병역

*군졍칙 [KOUN-TJYENG-TCHĂIK,-I] (軍丁冊) 원207
불 Registre militaire. Syn. 군안 Koun-an.
한 군대의 등록부 | [동의어 군안, Koun-an]

군쥬ᄒᆞ다 [KOUN-TJYOU-HĂ-TA] 원207
불 Revenir sur ce qui a été fait, décidé. Murmurer après un arrangement terminé. Maugréer.

한 만들어졌던, 결정되었던 것을 재검토하다 | 협상이 끝난 후에 투덜거리다 | 불평하다

1* 군즁 [KOUN-TJYOUNG,-I] (軍衆) 원207
불 Troupe de soldats.
한 군부대

2 군즁 [KOUN-TJYOUNG,-I] (軍中) 원207
불 Dans l'armée; parmi les soldats.
한 군대에서 | 군인들 중에서

*군직 [KOUN-TJIK,-I] (軍職) 원207
불 Nom d'une dignité militaire (qui est le début, le commencement).
한 (처음, 시작인) 군대 고관직의 명칭

*군ᄌᆞ [KOUN-TJĂ] (君子) 원207
불 Savant, érudit. homme de bien, honnête homme, homme vertueux.
한 박식한 사람, 학식이 풍부한 사람 | 선인, 신사, 덕이 높은 사람

*군총 [KOUN-TCHONG,-I] (軍緫) 원207
불 Nombre des soldats; les soldats.
한 군인들의 수 | 군인들

*군포 [KOUN-HPO] (軍布) 원206
불 Toile de chanvre donnée aux soldats pour se faire des habits. Toile pour habiller les soldats.
한 자신의 옷을 지어 입도록 군인들에게 주어지는 삼베 | 군인들을 입히기 위한 직물

*군핍ᄒᆞ다 [KŌŪN-HPIP-HĂ-TA] (窘乏) 원206
불 Disette, misère. Très-malheureux, très-pauvre.
한 결핍, 빈곤 | 매우 불행하다, 매우 가난하다

*군호 [KOUN-HO] (軍號) 원206
불 Mot d'ordre, de ralliement.
한 [역주 군대의] 암호, 집합 암호

군ᄒᆞ다 [KOUN-HĂ-TA] 원206
불 Etre difficile, pénible.
한 어렵다, 괴롭다

1 굴 [KOUL,-I] (石花) 원209
불 Huître.
한 굴

2* 굴 [KŌŪL,-I] (窟) 원209
불 Conduits de cheminée sous la maison. ‖ Caverne; antre; grotte; cavité; souterrain; tanière; terrier.
한 집 아래에 있는 굴뚝의 관 | 동굴 | 소굴 | 동굴 | 구멍 | 지하실 | 굴 | 땅굴

굴갓 [KOUL-KAT,-SI] (屈笠) 원210
불 Chapeau de bonze, des supérieurs de bonzes.
한 승려의, 고위직 승려들의 모자

*굴건 [KOUL-KEN,-I] (屈巾) 원210
불 Petite pièce de toile de chanvre que les hommes en deuil portent au-dessus de leur bonnet, pour l'enterrement et les sacrifices.
한 상중인 사람들이 장례와 제사를 위해, 자신들의 챙 없는 모자 위에 쓰는 삼베로 만든 작은 헝겊

굴네 [KOUL-NEI] 원210
불 Bride, bridon, licou. Syn. 구레 kou-rei.
한 말굴레, 작은 말굴레, 굴레 | [동의어 구레, kou-rei]

1 굴다 [KOUL-TA,KOU-RE,KOUN] (轉) 원211
불 Rouler (voiture, etc.).
한 구르다 (마차 등)

2 굴다 [KOUL-TA,KOU-RE,KOUN] 원211
불 En agr. Traiter. 몹시굴다 Mop-si koul-ta, Maltraiter. 착히굴다 Tchak-hi koul-ta, Bien traiter.
한 한자어로 대하다 | [용례 몹시굴다 Mop-si koul-ta], 가혹하게 대하다 | [용례 착히굴다 Tchak-hi koul-ta], 잘 대하다

굴독 [KŌŪL-TOK,-I] (烟突) 원211
불 Conduits de la cheminée (en dehors). Orifice des conduits de la fumée.
한 (밖에 있는) 굴뚝의 관 | 연기가 나가는 관의 입구

1 굴독ᄉᆡ [KŌŪL-TOK-SĂI] 원211
불 Petit oiseau (dans les haies).
한 (울타리 안의) 작은 새

2 굴독ᄉᆡ [KOUL-TOK-SĂI] (烟突通) 원211
불 Extrémité de la cheminée.
한 굴뚝의 끝

1 굴밤 [KOUL-PAM,-I] (橡實) 원210
불 Gland de chêne.
한 참나무의 도토리

2 굴밤 [KOUL-PAM,-I] (栗實) 원210
불 Châtaigne avec sa gaîne épineuse.
한 가시 있는 제 껍질 속의 밤

*굴복ᄒᆞ다 [KOUL-POK-HĂ-TA] (屈伏) 원210
불 Se soumettre à; se reconnaître inférieur à; céder à. se prosterner contre terre.
한 복종하다 | 자신이 ~보다 못하다는 것을 인정하다 | ~에 굴하다 | 땅에 엎드리다

굴썩굴썩ᄒᆞ다 [KKOU-KKEK-KOUL-KKEK-HĂ-TA] 원

210

불 Exprime l'état, le bruit v.g. d'un enfant qui, étant grondé, s'efforce de retenir les soupirs, les gémissements qui sortent cependant de sa poitrine oppressée. || Bruit d'un vomissement.

한 예. 야단을 맞으면서, 참으려 해도 그 억누른 가슴에서 나오는 한숨, 신음을 참으려 하는 아이의 상태, 소리를 나타낸다 | 토하는 소리

굴씨 [KOUL-KKĂI] 원210

불 Ecaille d'huître.

한 굴의 껍질

굴으다 [KOUL-EU-TA,KOUL-NE,KOUL-EUN] (蹴踏) 원210

불 Frapper du pied à terre, remuer les pieds.

한 발로 땅을 구르다, 발을 움직이다

굴젓 [KOUL-TJYET,-SI] (石花醢) 원211

불 Huîtres confites dans le sel.

한 소금에 절인 굴

굴쥭 [KOUL-TJYOUK,-I] (石花粥) 원211

불 Bouillie de riz aux huîtres.

한 굴을 넣은 쌀죽

굴지 [KOUL-TJI] 원211

불 La plus vilaine partie, l'objet le moins bon.

한 가장 비루한 부분, 가장 좋지 못한 물건

*굴지ᄒᆞ다 [KOUL-TJI-HĂ-TA] (屈指) 원211

불 Compter sur ses doigts.

한 자신의 손가락을 꼽아 세다

*굴총ᄒᆞ다 [KOUL-TCHONG-HĂ-TA] (掘塚) 원211

불 Déterrer un cercueil de son autorité privée. Déterrer le corps ou le cercueil d'une autre famille.

한 자신의 사적인 권한으로 관을 파내다 | 다른 집안의 시체 또는 관을 파내다

굴침스럽다 [KOUL-TCHIM-SEU-REP-TA,-SEU-RE-OUE,-SEU-RE-ON] 원211

불 Qui dérobe en secret. || Glouton, gourmand.

한 몰래 훔치다 | 게걸스럽다, 탐욕스럽다

굴춤나무 [KOUL-TCHĂM-NA-MOU] 원211

불 Esp. de chêne-vert dont les feuilles peu larges ressemblent à celles du châtaigner.

한 그 넓지 않은 잎이 밤나무의 잎과 닮은 털가시나무의 종류

1굴통 [KŌŪL-HTONG,-I] (轉通) 원211

불 Axe d'une roue; essieu; ligne traversant à angle droit le centre d'un cercle, d'une sphère, d'un pivot.

한 바퀴의 축 | 굴대 | 원, 구, 축의 중앙을 직각으로 가로지르는 선

2*굴통 [KŌŪL-HTONG,-I] (窟通) 원211

불 Conduits de la fumée en dehors.

한 밖에 있는 연기 도관

*굴포 [KOUL-HPO] (掘浦) 원211

불 Réservoir d'eau; petit étang. || Canal rectiligne pour dessécher un terrain coupé par un autre canal curviligne. || Canal d'irrigation.

한 저수지 | 작은 연못 | 다른 곡선 수로에 의해 막힌 땅을 말리기 위한 직선 수로 | 관개수로

굴피 [KOUL-HPI] 원210

불 Liége, chêneliége. V.Syn. 황경피 Hoang-kyeng-hpi.

한 코르크나무, 코르크 떡갈나무 | [동의어 황경피, Hoang-kyeng-hpi]

굴피나무 [KOUL-HPI-NA-MOU] 원210 ☞굴피

*굴함 [KOUL-HAM,-I] (窟陷) 원210

불 Trou, fosse.

한 구멍, 구덩이

굴헝 [KOUL-HENG,-I] (壑) 원210

불 Lit profond de ruisseau; ravin; fossé; trou dans la terre; fosse; précipice.

한 개울의 깊은 하상 | 골짜기 | 도랑 | 땅 속의 구멍 | 구덩이 | 낭떠러지

굴헝텅이 [KOUL-HENG-HTENG-I] (壑) 원210

불 Trou profond en terre; fosse.

한 땅 속에 팬 깊은 구멍 | 구덩이

1*굴혈 [KOUL-HYEL,-I] (窟穴) 원210

불 Caverne; trou; terrier; tanière; trou horizontal en terre. || Origine de la famille, lieu de naissance.

한 동굴 | 굴 | 땅굴 | 굴 | 땅 속에 수평 방향으로 팬 굴 | 가문의 시초, 출생지

2굴혈 [KOUL-HYEL,-I] 원210

불 Beaucoup, nombreux.

한 많다, 수많다

굴회 [KOUL-HOI] (石花膾) 원210

불 Salade d'huîtres; huîtres fraîches apprêtées à une sauce de saumon.

한 굴 샐러드 | 연어 소스로 조리된 생굴

*굴ᄒᆞ다 [KOUL-HĂ-TA,-HĂ-YE,-HĂN] (屈) 원210

불 Etre battu, vaincu; n'avoir pas raison; céder; se

soumettre.

한 지다, 패배하다 | 옳지 않다 | 굴하다 | 복종하다

굵다 [KOULK-TA,KOULK-E,KOULK-EUN] (麤) 원210

불 Gros; être grossier.

한 굵다 | 거칠다

*굵어지다 [KOULK-E-TJI-TA,-TJYE,-TJIN] (麤大) 원210

불 Grossir; devenir gros.

한 굵어지다 | 굵게 되다

굼굼ᄒᆞ다 [KOUM-KOUM-HĂ-TA] (窭窭) 원206

불 Ennuyeux, inquiétant. S'ennuyer, attendre avec im patience.

한 지루하다, 걱정스럽다 | 지루하다, 애타게 기다리다

굼긔 [KOUM-KEUI] (穴) 원206

불 Trou.

한 구멍

굼기 [KOUM-KI] (穴) 원206

불 Trou, cavité. (Provinc.).

한 구멍, 움푹한 곳 | (지역어)

굼다 [KŌŪM-TA,KOUL-ME,KOUL-MEUN] (飢) 원206

불 Ne pas manger; souffrir de la faim.

한 먹지 않다 | 배고픔을 겪다

굼벙슌 [KOUM-PENG-SYOUN,-I] (螬芽) 원206

불 Troisieme et dernière pousse de tabac.

한 담배의 세 번째이자 마지막 순

굼벙이 [KŌŪM-PENG-I] (螬) 원206

불 Ver blanc de terre. Larve de hanneton.

한 땅 속에 있는 하얀 애벌레 | 풍뎅이의 애벌레

굼실굼실 [KOUM-SIL-KOUM-SIL] 원206

불 Ramper doucement, remuer, branler doucement (v. act.).

한 천천히 기어가다, 천천히 움직이다, 흔들다 (능동형 동사)

굼쓰다 [KŌŪM-TTEU-TA,KOUM-TTE,KOUM-TTEUN] (遲緩) 원206

불 Etre lâche, mou, lent. Etre long, lourd.

한 느슨하다, 늘어지다, 느리다 | 더디다, 굼뜨다

굼에농ᄉᆞ [KOUM-EI-NONG-SĂ] (穴農) 원205

불 Culture alternativement bien réussie dans un endroit, mal réussie dans un autre. Récolte inégale, bonne ici, mauvaise là.

한 교대로 한 곳은 잘 성공하고 다른 곳은 실패한 농사 | 여기는 좋고, 저기는 나쁜, 고르지 못한 수확

굼에밥 [KOUM-EI-PAP,-I] (孔飯) 원205

불 Riz des prisonniers, qu'on leur passe par un trou ou guichet, sans ouvrir la porte.

한 문을 열지 않고 구멍이나 감시창으로 건네주는 죄수들의 밥

굼치 [KOUM-TCHI] (跟) 원206

불 Talon, coude.

한 발뒤꿈치, 팔꿈치

굼틀굼틀ᄒᆞ다 [KOUM-HIEUL-KOUM-HIEUL-HĂ-TA] 원206

불 Bamper, s'insinuer avec force. S'allonger et se contracter en marchant (v.g. un serpent, une chenille); ramper (se dit aussi des poissons).

한 기어가다, 강하게 비집고 들어가다 | (예. 뱀, 애벌레가) 나아가면서 길어졌다가 수축되다 | 기어가다 (물고기에 대해서도 쓴다)

굽 [KOUP,-I] (蹄) 원208

불 Pied des gros animaux; sabot du cheval; corne du pied des animaux, de l'âne, du mulet, du bœuf. ‖ Montants en guise de talons sous les sabots. Pieds ou socle sous le fond de certains vases.

한 큰 동물들의 발 | 말의 발굽 | 동물들, 당나귀, 수노새, 소의 발에 있는 뿔 모양의 돌기 | 나막신 아래에 굽 대신에 달린 수직 기둥 | 몇몇 그릇의 바닥 아래에 있는 발 또는 받침

[1]굽다 [KŌŪP-TA,KOU-E,KOU-EUN ou KOUN] (炙) 원209

불 Rôtir, griller, faire rôtir. (Act. et neut.).

한 불에 굽다, 석쇠에 굽다, 굽게 하다 (능동형과 자동형)

[2]굽다 [KOUP-TA,KOUP-E,KOUP-EUN] (曲) 원209

불 Etre courbe; être vouté. Etre incliné; s'incliner.

한 휘다 | 굽다 | 기울어지다 | 굽히다

굽두레 [KOUP-TOU-REI] 원209

불 Anneau, cercle, boucle. ‖ Anneau de bois passé dans le nez des bœufs pour les conduire. Syn. 굿두레 Kout-tou-rei.

한 고리, 동그라미, 고리쇠 | 소들을 몰기 위해 그 코에 꿰는 나무 고리 | [동의어 굿두레, Kout-tou-rei]

굽두리 [KOUP-TOU-RI] 원209

불 Le bas, la partie inférieure, le soubassement d'un mur; socle, base d'une colonne, etc.

한 하부, 아랫부분, 벽의 토대 | 기둥의 받침돌, 초석 등

굽바ᄌᆞ [KOUP-PA-TJĂ] (藩籬) 원209

불 Tresse, treillis, entrelacement (v.g. une natte), croisement.

한 엮은 줄, 격자, 얽힘 (예. 돗자리), 교차

굽어듣다 [KOUP-E-TEUT-TA,-TEU-RE,-TEU-RĂN] (俯聽, (Incliné, écouter)) 원209

불 Se pencher pour entendre; écouter favorablement; exaucer.

한 듣기 위해 몸을 구부리다 | 호의적으로 들어 주다 | [역주 청, 소원을] 들어 주다

굽으러지다[KOUP-EU-RE-TJI-TA,-TJYE,-TJIN] (俯) 원209

불 S'accourcir en se courbant beaucoup.

한 많이 휘면서 짧아지다

굽쥐다 [KOUP-TJYOUI-TA,-TJYOUI-YE,THYOUIN] (跼蹐) 원209

불 Etre intimidé par la présence d'un personnage plus élevé que soi et ne pas. Bien faire ce que, ordinairement, on fait bien étant seul. ‖ Etre inférieur en forces; céder; se laisser marcher sur le pied. Syn. 져즙다 Tjye-tjoup-ta.

한 자신보다 더 높은 사람의 존재로 인해 위축되고 보통 혼자 있을 때 잘하던 것을 잘하지 못하다 | 힘에서 열등하다 | 굴하다 | 자기 발이 밟히게 두다 | [동의어 져즙다, Tjye-tjoup-ta]

굽지 [KOUP-TJI] 원209

불 Papier blanc chiffonné. Papier qui garnit le bas du mur dans un appartement.

한 구겨진 백지 | 거처 안의 벽 아래를 덮는 종이

굽통 [KOUP-HTONG,-I] (蹄筒) 원209

불 Corne du pied d'un animal; pied des gros animaux à sabots.

한 동물의 발에 있는 뿔 모양의 돌기 | 발굽이 있는 큰 동물들의 발

굽흐리다 [KOUP-HEU-RI-TA,-RYE,-RIN] (俯) 원209

불 Etre courbé; se courber; être vouté; fléchir; gauchir.

한 휘다 | 굽다 | 구부러지다 | 구부러지다 | 비틀리다

굽히다 [KOUP-HI-TA,-HYE,-HIN] (俯) 원209

불 Courber, incliner. (V. act., fact. de 굽다 Koup-ta).

한 굽히다, 기울이다 | (굽다Koup-ta의 능동형, 사동형 동사)

1굿 [KOUT,-SI] 원212

불 Sorte de sacrifice de famille. ‖ Grande cérémonie des sorciers, sabbat. Tapage, grande fête, grande cérémonie.

한 집안의 제사 종류 | 마녀들의 큰 의식, 마녀 집회 | 떠들썩한 소리, 큰 축제, 큰 의식

2굿 [KOUT] (坑) 원212

불 Trou; fosse; four à charbon. =ᄒᆞ다-hă-ta ou =지다-tji-ta, Commencer à creuser la fosse pour l'enterrement.

한 구멍 | 구덩이 | 숯가마 | [용례 =ᄒᆞ다-hă-ta] 또는 [용례 =지다-tji-ta], 매장하기 위해 묘혈을 파기 시작하다

1굿기다 [KOUT-KI-TA,-KYE,-KIN] 원212

불 N'avoir pas de chance; avoir du malheur; être ép rouvé.

한 운이 없다 | 불행에 빠지다 | 시련을 겪다

2굿기다 [KOU-KI-TA,-KYE,-KIN] 원212

불 Mourir. (Honorif.).

한 죽다 (경칭)

1굿다 [KOU-TA,KOUT-E,KOUT-EUN] (堅) 원212

불 Etre dur, fort, ferme, massif.

한 단단하다, 강하다, 굳세다, 묵직하다

2굿다 [KOUT-TA,KOU-TJYE,KOU-TJEUN] (歹) 원212

불 Gros, grossier, brut, rude, mal travaillé. ‖ Etre ma uvais. 날굿다 Nal kout-ta, Jour mauvais, c.a.d. jour pluvieux.

한 조악하다, 거칠다, 있는 그대로이다, 투박하다, 제대로 다듬어지지 않다 | 불량하다 | [용례 날굿다, Nal kout-ta], 궂은 날, 즉 비가 오는 날

굿두레 [KOUT-TOU-REI] (鼻穿) 원212

불 Morceau de bois passé dans le nez des bœuf pour les conduire. Syn. 굽두레 Koup-tou-rei.

한 소들을 몰기 위해 그 코에 꿰는 나무 조각 | [동의어 굽두레, Koup-tou-rei]

1굿두레ᄒᆞ다 [KOUT-TOU-REI-HĂ-TA] 원212

불 Avoir une odeur appétissante, un bon goût.

한 식욕을 돋우는 냄새가 나다, 맛이 좋다

2굿두레ᄒᆞ다 [KOUT-TOU-REI-HĂ-TA] 원212

불 Avoir changé de goût, être gâté.

한 맛이 변하다, 상하다

1굿ᄇᆡ암 [KOUT-PĂI-AM,-I] 원212

불 Repaire de serpents, masse de serpents dans un trou.

한 뱀들의 굴, 구멍 속에 있는 뱀들의 무리

2굿ᄇᆡ암 [KOUT-PĂI-AM,-I] 원212

불 Nom d'un oiseau.

한 새의 이름

굿세다 [KOUT-SEI-TA,-SEI-YE,-SEIN] (强) 원212

불 Etre vigoureux, valeureux, fort, dur, robuste, ferme.

한 기운차다, 용감하다, 강하다, 단단하다, 건장하다, 굳세다

굿으러지다 [KOUT-EU-RE-TJI-TA,-TJYE,-TJIN] (乾枯) [원]212
[불] Etre durci, devenu ferme (v.g. gâteau).
[한] (예. 떡이) 굳어지다, 단단해지다

굿은힘쓰다 [KOUT-EUN-HIM-SSEU-TA] [원]212
[불] Soupirer en faisant un effort et en désapprouvant une chose. Montrer son mécontentement par un soupir.
[한] 노력하면서도 일에 찬성하지 않으며 한숨짓다 | 한숨을 쉬며 자신의 불만을 드러내다

굿이 [KOUT-I] (固) [원]212
[불] (Adv. de 굿다 Kout-ta). Durement, fortement, fermement.
[한] (굿다 Kout-ta의 부사) | 단단하게, 강하게, 확고하게

1굿치다 [KOUT-TCHI-TA,-TCHYE,-TCHIN] (成實) [원]212
[불] Durcir, endurcir, rendre dur, affermir. Devenir dur.
[한] 단단하게 만들다, 굳히다, 굳게 하다, 단단하게 하다 | 단단하게 되다

2굿치다 [KOUT-TCHI-TA,-TCHYE,-TCHIN] (陰雨) [원]212
[불] Etre mauvais (v.g. le temps).
[한] (예. 날씨가) 궂다

3굿치다 [KOUT-TCHI-TA,-TCHYE,-TCHIN] [원]212
[불] Etre tué par le tigre. ‖ Tuer.
[한] 호랑이에게 죽임을 당하다 | 죽이다

1*궁 [KOUNG,-I] (宮) [원]207
[불] Désigne la maison du 군 Koun, d'un parent du roi. Palais des proches parents du roi.
[한] 군 Koun의, 왕의 친척의 집을 가리킨다 | 왕의 가까운 친척들이 사는 궁

2*궁 [KOUNG] (窮) [원]207
[불] En agr. Pauvre, faible, épuisé.
[한] 한자어로 가난하다, 약하다, 지치다

*궁가 [KOUNG-KA] (宮家) [원]207
[불] Maison d'un parent du roi. Palais des parents du roi.
[한] 왕의 친척의 집 | 왕의 부모의 궁

1*궁각 [KOUNG-KAK] (弓角) [원]207
[불] Corne de bœuf, de buffle, qui entre dans la confection d'un arc.
[한] 활을 만드는 데 쓰는 소의, 물소의 뿔

2*궁각 [KOUNG-KAK,-I] (宮閣) [원]207
[불] Palais du roi ou de ses parents.
[한] 왕 또는 그 부모의 궁

궁겁다 [KOUNG-KEP-TA,-KE-OUE,-KE-ON] [원]207
[불] Inquiétant, ennuyeux. Etre dans l'attente, dans l'anxiété. ‖ Penser à manger ou à boire.
[한] 염려스럽다, 난처하다 | 기다리다, 불안하다 | 먹거나 마실 생각을 하다

*궁계 [KOUNG-KYEI] (窮計) [원]207
[불] Hésitation; essai; mauvais expédient; dernier moyen; dernier expédient.
[한] 망설임 | 시도 | 나쁜 방편 | 마지막 방법 | 마지막 방편

*궁곤ᄒᆞ다 [KOUNG-KON-HĂ-TA] (窮困) [원]208
[불] Pauvre et fatigué. Faible et épuisé.
[한] 가난하고 피곤하다 | 약하고 지치다

*궁교빅 [KOUNG-KYO-PĂI] (窮交輩) [원]208
[불] Pauvres assemblés; réunion de pauvres. Les pauvres; les misérables; association de pauvres.
[한] 모여 있는 빈민들 | 빈민들의 모임 | 빈민들 | 극빈자들 | 빈민들의 단체

*궁구ᄒᆞ다 [KOUNG-KOU-HĂ-TA] (窮究) [원]208
[불] Présumer, prévoir, pressentir, penser d'avance. Pen ser, réfléchir profondément.
[한] 추정하다, 예견하다, 예감하다, 미리 생각하다 | 생각하다, 심사숙고하다

궁굼ᄒᆞ다 [KOUNG-KOUM-HĂ-TA] [원]208
[불] S'ennuyer.
[한] 지루하다

궁궁이 [KOUNG-KOUNG-I] (川芎) [원]208
[불] Sorte d'herbe odorante. Esp. de racine dont l'odeur, qui tient du musc. Est bien désagréable.
[한] 향내가 나는 풀 종류 | 그 냄새가 사향과 비슷하고 아주 불쾌한 뿌리의 종류

*궁궐 [KOUNG-KOUEL,-I] (宮闕) [원]208
[불] maison du gouvernement. palais du roi.
[한] 정부의 건물 | 왕궁

*궁극ᄒᆞ다 [KOUNG-KEUK-HĂ-TA,-HĂN,-HI] (窮極) [원]208
[불] Etre extrême. ‖ Etre secret, en secret.
[한] 극심하다 | 비밀스럽다, 비밀스럽다

궁글다 [KOUNG-KEUL-TA,-KEU-RE,-KEUN] [원]208
[불] Remuer; vaciller; n'être pas solide. ‖ A demi plein, où l'on peut mettre encore beaucoup de choses. ‖ (Se dit des hommes dans le sens de) être capable, avoir beaucoup de moyens.

한 움직이다 | 흔들거리다 | 견고하지 않다 | 반쯤 차 있어서 많은 것들을 더 넣을 수 있다 | (남자들에 대해서 다음의 뜻으로 쓴다) 할 수 있다, 많은 능력이 있다

*궁납 [KOUNG-NAP,-I] (宮納) 원208
불 Présents offerts par le peuple à la maison d'un parent du roi.
한 왕족의 집에 백성이 바치는 선물들

*궁녀 [KOUNG-NYE] (宮女) 원208
불 Fille du palais, servante du palais.
한 궁에 고용된 소녀, 궁의 하녀

*궁늉ᄒᆞ다 [KOUNG-NYOUNG-HĂ-TA] (穹隆) 원208
불 Inventeur. avoir en tête; avoir une idée fixe; bâtir des châteaux en Espagne.
한 발명자 | 생각이 있다 | 고정관념이 있다 | 공중누각을 짓다

*궁답 [KOUNG-TAP,-I] (宮畓) 원208
불 Rizières attenantes à la maison d'un parent du roi.
한 왕족의 집에 인접한 논

1*궁댱 [KOUNG-TYANG,-I] (宮庄) 원208
불 Cour à l'intérieur d'un palais royal. Terrain appartenant à quelque parent du roi.
한 왕궁 내부의 안마당 | 어느 왕족에 속한 땅

2궁댱 [KOUNG-TYANG,-I] (宮墻) 원208
불 Murs d'enceinte du palais royal.
한 왕궁의 성벽

1*궁뎐 [KOUNG-TYEN,-I] (宮殿) 원208
불 Palais royal. Palais.
한 왕궁 | 궁

2궁뎐 [KOUNG-TYEN,-I] (宮田) 원208
불 Champs du palais royal.
한 왕궁의 밭

궁둥이 [KOUNG-TOUNG-I] (臀) 원208
불 Cul, le derrière.
한 엉덩이, 궁둥이

*궁량 [KOUNG-RYANG,-I] (窮量) 원208
불 Pensée; invention; intelligence; capacité intellectuelle.
한 사고력 | 창의력 | 지능 | 지적 능력

*궁리ᄒᆞ다 [KOUNG-RI-HĂ-TA] (窮理) 원208
불 Scruter la raison des choses; rechercher les premiers principes des choses. Réfléchir profondément.
한 사물들의 이치를 탐색하다 | 사물들의 근본 원리를 탐구하다 | 심사숙고하다

*궁박ᄒᆞ다 [KOUNG-PAK-HĂ-TA] (窮迫) 원208
불 Pauvre, misérable. Etre réduit à l'extrémité.
한 가난하다, 불쌍하다 | 말단의 신세가 되다

*궁반 [KOUNG-PAN,-I] (窮班) 원208
불 Noble pauvre, noble gueux.
한 가난한 귀족, 가난뱅이 귀족

*궁방 [KOUNG-PANG,-I] (弓房) 원208
불 Maison où l'on confectionne des arcs.
한 활을 제조하는 시설

*궁벽ᄒᆞ다 [KOUNG-PYEK-HĂ-TA,-HĂN,-HI] (窮僻) 원208
불 Peu fréqueté; retiré. pauvre et reculé (se dit d'une province).
한 인적이 드물다 | 외지다 | 척박하고 외지다 (지방에 대해 쓴다)

*궁빈ᄒᆞ다 [KOUNG-PIN-HĂ-TA] (窮貧) 원208
불 Très-pauvre.
한 매우 가난하다

*궁샹스럽다 [KOUNG-SYANG-SEU-REP-TA,-RE-OUE,-RE-ON] (窮象) 원208
불 Fait pour être toujours misérable. Avoir une figure qui prédit la misère (en métoposcopie). ‖ Etre original, drôle. ‖ Qui aime la proprete.
한 항상 궁핍하도록 타고나다 | (관상으로 보아) 얼굴이 가난을 예언해 주다 | 기묘하다, 이상하다 | 청결함을 좋아하다

*궁샹각치우 [KOUNG-SYANG-KAK-TCHI-OU] (宮商角徵羽) 원208
불 Les cinq tons de la musique, les cinq notes de la gamme, les cinq sons de la gamme.
한 음악의 5음, 음계의 5음, 음계의 다섯 가지 소리

*궁쇽 [KOUNG-SYOK,-I] (宮屬) 원208
불 Valet de la maison d'un parent du roi. Habitant du palais.
한 왕족 집의 하인 | 궁의 거주자

*궁시 [KOUNG-SI] (弓矢) 원208
불 Arc et flèche.
한 활과 화살

*궁실 [KOUNG-SIL,-I] (宮室) 원208
불 Belle et grande maison; palais. Ordin. Grande maison du gouvernement. Palais des parents du roi.
한 아름답고 큰 집 | 궁궐 | 일반적으로 정부의 큰 건물 | 왕의 부모의 궁

*궁심멱득ᄒᆞ다 [KOUNG-SIM-MYEK-TEUK-HĂ-TA] (窮心覓得) 원208
불 Rechercher avec soin, scruter, fureter. ‖ Faire tous ses efforts pour arriver, s'épuiser en efforts.
한 공들여서 찾다, 탐색하다, 샅샅이 뒤지다 | 성공하기 위해서 자신의 모든 노력을 기울이다, 모든 노력을 기울이다

*궁유 [KOUNG-YOU] (窮儒) 원207
불 Lettré indigent; noble pauvre.
한 빈곤한 학자 | 가난한 귀족

*궁인 [KOUNG-IN,-I] (窮人) 원207
불 Homme pauvre, pauvre homme.
한 가난한 사람, 불쌍한 사람

*궁인지력 [KOUNG-IN-TJI-RYEK,-I] (窮人之力, (Epuiser, de l'homme, forces)) 원207
불 Mettre tous ses soins à.
한 ~에 자신의 모든 정성을 기울이다

*궁일지력 [KOUNG-IL-JI-RYEK,-I] (窮日之力, (De tout, le jour, forces)) 원207
불 Employer toutes ses forces du matin au soir.
한 아침부터 저녁까지 온 힘을 쓰다

*궁장이 [KOUNG-TJANG-I] (弓匠) 원208
불 Fabricant d'arcs, archer.
한 활 제조인, 사수

*궁즁 [KOUNG-TJYOUNG,-I] (宮中) 원208
불 Intérieur du palais royal. Dans le palais.
한 왕궁의 내부 | 궁궐 안에

*궁진ᄒᆞ다 [KOUNG-TJIN-HĂ-TA] (窮盡) 원208
불 Anéantir, détruire, défaire. Etre épuisé, fini.
한 없애다, 파괴하다, 해체하다 | 다 써버리다, 끝나다

*궁초 [KOUNG-TCHO] (窮綃) 원208
불 Etoffe, tissu de soie violette de très-belle qualité. serge de soie.
한 매우 질이 좋은 보라색 명주로 된 옷감, 직물 | 명주로 된 서지

*궁촌 [KOUNG-TCHON,-I] (窮村) 원208
불 Pauvre village.
한 가난한 마을

*궁츈 [KOUNG-TCHYOUN,-I] (窮春) 원208
불 Printemps pauvre; être pauvre au printemps. ‖ La fin du printemps.
한 가난한 봄 | 봄에 가난하다 | 봄의 끝

*궁틔 [KOUNG-HTĂI] (窮態) 원208
불 Apparence de pauvreté, air misérable.
한 가난한 모습, 불쌍한 모양

*궁통ᄒᆞ다 [KOUNG-HTONG-HĂ-TA] (窮通) 원208
불 Inventeur. avoir de l'intelligence, de la capacité; savoir tout.
한 발명자 | 영리하다, 능력이 있다 | 모든 것을 알다

*궁핍ᄒᆞ다 [KOUNG-HPIP-HĂ-TA] (窮乏) 원208
불 Pauvre. Etre épuisé, n'en pouvoir plus.
한 가난하다 | 다 써버리다, 더 이상 견딜 수 없다

*궁합[맛다] [KOUNG-HAP[-MAT-TA]] (宮合) 원207
불 Concorder. Se dit des tablettes sur lesquelles on écrit l'année, la lune, le jour, l'heure de la naissance de deux fiancés. On les envoies au devin, qui les examine, pour voir si les deux personnes seront heureuses ensemble. Si ces tablettes ne concordent pas, on rompt le mariage.
한 부합하다, 두 약혼자가 태어난 연월일시가 적힌 패[역주 牌]에 대해 쓴다 | 두 사람이 함께 행복할 것인지를 알아보기 위해 그것들을 점쟁이에게 보내면 점쟁이는 그것들을 검토한다 | 만약 이 패[역주 牌]들이 맞지 않으면, 결혼을 취소한다

*궁향 [KOUNG-HYANG,-I] (窮鄕) 원207
불 Pauvre pays. Village où ne se trouvent que des familles pauvres.
한 가난한 고장 | 가난한 집안들만 있는 마을

*궁협 [KOUNG-HYEP,-I] (窮峽) 원207
불 Misérable vallée. ‖ Vallon dans la montagne. Vallée très-reculée.
한 초라한 골짜기 | 산의 골짜기 | 매우 외진 골짜기

*궁흉ᄒᆞ다 [KOUNG-HYOUNG-HĂ-TA] (窮凶) 원207
불 Etre très-mauvais, abominable, affreux.
한 매우 나쁘다, 고약하다, 끔찍하다

*궁ᄒᆞ다 [KOUNG-HĂ-TA,-HA-YE,-HĂN] (窮) 원207
불 Etre pauvre, faible, épuisé.
한 가난하다, 약하다, 기진맥진하다

*궁획ᄒᆞ다 [KOUNG-HĂIK-HĂ-TA] (窮覈) 원207
불 Informer, prendre des informations sur une affaire.
한 알려주다, 어떤 일에 대한 정보를 얻다

1*권 [KOUEN,-I] (權) 원200
불 Autorité; puissance; dignité; honneurs.
한 권위 | 권력 | 위엄 | 권세

2*권 [KOUEN,-I] (卷) 원200
불 Volume; tome; livre; cahier de papier; main de

papier. Numéral des cahiers de papier; des livres, des volumes d'un même ouvrage.

한 [역주 책의] 권 | [역주 책의] 권 | 책 | 종이로 된 공책 | 종이의 묶음, 종이로 된 공책을 세는 수사 | 같은 작품의 여러 책, 여러 권

*권계ᄒᆞ다 [KOUEN-KYEI-HĂ-TA] (勸誡) 원200

불 Exhorter et enseigner.

한 설교하고 가르치다

*권고ᄒᆞ다 [KOUEN-KO-HĂ-TA] (眷顧) 원200

불 Surveiller, administrer.

한 감시하다, 관리하다

*권교ᄒᆞ다 [KOUEN-KYO-HĂ-TA] (勸教, (Exhorter, religion)) 원200

불 Enseigner la religion; instruire de la religion. Exhorter à pratiquer la religion.

한 종교를 가르치다 | 종교에 대해 가르치다 | 종교를 실천하도록 권고하다

1*권귀ᄒᆞ다 [KOUEN-KOUI-HĂ-TA] (權貴) 원200

불 Autorité précieuse. Avoir une grande puissance et être estimé.

한 대단한 권위 | 권력이 있고 존경받다

2*권귀ᄒᆞ다 [KOUEN-KOUI-HĂ-TA] (眷歸) 원200

불 Aller pour la première fois à la maison de son mari; se rendre chez son mari (se dit d'une nouvelle mariée).

한 처음으로 자신의 남편의 집에 가다 | 자신의 남편의 집에 가다 (신부에 대해 쓴다)

*권당 [KOUEN-TANG] (眷堂|戚) 원200

불 Parent, allié

한 친척, 인척

권당바ᄂᆞ질 [KOUEN-TANG-PA-NĂ-TJIL] (並縫) 원200

불 Couture qui a pris une autre partie de l'habit. En cousant, passer l'aiguille dans une troisième partie sans s'en apercevoir.

한 옷의 다른 부분에 한 바느질 | 바느질하면서, 부지불식간에 세 번째 부분에 바늘을 통과시키다

*권도 [KOUEN-TO] (權道) 원200

불 Procuration, mandat, permission spéciale (v.g. du prêtre qui donne la confirmation).

한 대리, 위임, (예. 견진성사를 해주는 신부의) 특별한 허가

*권력 [KOUEN-RYEK,-I] (權力) 원200

불 Force de l'autorité. grande autorité; puissance.

한 권위의 힘 | 큰 권위 | 권력

*권롱ᄒᆞ다 [KOUĒN-RONG-HĂ-TA] (勸農) 원200

불 Exhorter à la culture. Exhorter à bien travailler aux champs. (Le roi simule la culture avec ses courtisans pour encourager le peuple).

한 농사를 권하다 | 밭에서 잘 일하라고 격려하다 | (왕이 자신의 백성들을 격려하기 위해서 조신들과 함께 농사를 가장하다)

*권릉 [KOUEN-RONG,-I] (勸農) 원200

불 Derniers domestiques du mandarin; serviteur de la préfecture qui va de la part du mandarin exhorter les paysans à bien travailler à leur culture.

한 관리의 최하급 하인들 | 농부들에게 농사일을 잘 하라고 격려하기 위해 관리 대신 가는 도청의 하인

*권면ᄒᆞ다 [KOUĒN-MYEN-HĂ-TA] (勸勉) 원200

불 Exhorter; encourager.

한 권고하다 | 격려하다

1*권병 [KOUEN-PYENG,-I] (權柄, (autorité, manche)) 원200

불 Insigne de l'autorité, de la puissance, v.g. sceau, cachet, crosse, bâton. ‖ Puissance, autorité.

한 권위, 권력의 표상, 예. 관인, 도장, 석장, 단장 | 권력, 권위

2*권병 [KOUEN-PYENG,-I] (勸病) 원200

불 Maladie supposée. Prétexter une maladie fausse pour s'exempter de.

한 꾀병 | ~을 면하기 위해 가짜 병으로 핑계를 대다

*권샹ᄒᆞ다 [KOUEN-SYANG-HĂ-TA] (勸賞) 원200

불 Encourager par la vue des récompenses décernées à la vertu. Récompenser des hommes vertueux pour exciter les autres à les imiter.

한 덕행에 수여되는 상을 보는 것을 통해 장려하다 | 다른 사람들이 본받도록 부추기기 위해 덕 있는 사람들에게 상을 주다

*권셰 [KOUEN-SYEI] (權勢) 원200

불 Grande autorité; puissance; pouvoir.

한 큰 권위 | 권력 | 권한

*권솔 [KOUĒN-SOL,-I] (眷率) 원200

불 Membre de la famille; les habitants de la maison.

한 가족의 일원 | 집의 거주자들

*권쇽 [KOUEN-SYOK,-I] (眷屬) 원200

불 Membre de la famille, de la maison.

한 가족의, 집안의 구성원

권실방ᄒᆞ다 [KOUEN-SIL-PANG-HĂ-TA] 원200

불 S'enivrer.

한 취하다

1* 권장 [KOUEN-TJYANG,-I] (權杖) 원200
불 Sceptre; crosse (d'évêque). ‖ Autorité.
한 왕홀 | (주교의) 홀장 | 권위

2* 권장 [KOUEN-TJYANG,-I] (棍杖) 원200
불 Verge avec laquelle on frappe le derrière dans les tortures.
한 고문을 할 때 볼기를 치는 막대

1 권장소리 [KOUEN-TJYANG-SO-RĂI] (勸獎) 원200
불 Cri pour exciter.
한 부추기기 위한 외침

2 권장소리 [KOUEN-TJYANG-SO-RĂI] (禁杖聲) 원200
불 Clameurs que poussent les soldats pendant la torture ou l'exécution, afin d'étouffer les cris du patient. V. 금쟝 Keum-tjyang.
한 고문이나 처형을 하는 동안 수형자의 고함을 가리기 위해 군인들이 내는 함성 | [참조어 금쟝, Keum-tjyang]

* 권장ᄒᆞ다 [KOUEN-TJYANG-HĂ-TA] (勸獎) 원200
불 Exhorter.
한 권고하다

* 권쥬가 [KOUĒN-TJYOU-KA] (勸酒歌) 원201
불 Chanson pour exciter à boire.
한 술을 마시도록 부추기기 위한 노래

* 권징족하 [KOUEN-TJĂI-TJOK-HA] (權在足下, (Autorité, être, pied, au-dessous)) 원201
불 Qui tient sous ses pieds le succès ou l'insuccès d'une affaire. De qui dépend le succès ou l'insuccès. Le pouvoir est entre vos mains.
한 일의 성공이나 실패를 발 아래에 휘어잡고 있는 사람 | 성공이나 실패를 좌우하는 사람 | 권한은 당신 손에 달려 있다

권츄 [KOUEN-TCHYOU] (鸛) 원201
불 Esp. de grand oiseau, p.ê. la grue ou la cigogne. Héron commun (blanc avec des taches noires). V. 회우라비 Hăi-ou-ra-pi.
한 큰 새의 종류, 아마도 두루미 또는 황새 | (검은 점이 박힌 흰색의) 보통 왜가리 | [참조어 회우라비, Hăi-ou-ra-pi]

* 권화ᄒᆞ다 [KOUĒN-HOA-HĂ-TA] (勸化) 원200
불 eEngager, exhorter, exciter à se convertir, à pratiquer la religion.
한 개종하도록, 종교를 실천하도록 권장하다, 권고하다, 부추기다

* 권ᄒᆞ다 [KOUĒN-HĂ-TA] (勸) 원200
불 Exhorter; exciter; persuader; aiguillonner; conseiller; engager à; pousser à.
한 권고하다 | 부추기다 | 설득하다 | 자극하다 | 권하다 | ~하도록 권장하다 | ~하도록 부추기다

* 궐 [KOUEL,-I] (厥) 원201
불 Lui, à lui, celui-ci, celui-là.
한 그, 그에게, 이자, 저자

* 궐닉 [KOUEL-NĂI] (闕內) 원201
불 Intérieur du palais royal, la cour (royale).
한 왕궁의 내부, (왕의) 궁정

* 궐뎡 [KOUEL-TYENG,-I] (闕丁) 원201
불 Punition d'une omission, châtiment infligé pour une omission.
한 태만에 대한 처벌, 태만에 대해 적용되는 징벌

* 궐어 [KOUEL-E] (鱖魚) 원201
불 Nom d'un excellent poisson d'eau douce de la famille des Salmones, truite ou 누치 Nou-tchi. Poisson qui a une large bouche et de petites écailles. Esp. de marsouin.
한 연어과의 맛이 좋은 민물고기의 이름, 송어 또는 누치 Nou-tchi | 큰 입과 작은 비늘들이 있는 물고기 | 돌고래 종류

* 궐ᄒᆞ다 [KOUEL-HĂ-TA] (闕) 원201
불 Omission. Omettre.
한 빠뜨림 | 빠뜨리다

* 궤 [KOUEI] (櫃) 원199
불 Boite, coffre, malle, caisse.
한 상자, 궤, 짐 가방, 함

* 궤계 [KOUEI-KYEI] (詭計) 원200
불 Tromperie, ruse, perfidie.
한 사기, 속임수, 배신

* 궤봉ᄒᆞ다 [KOUEI-PONG-HĂ-TA] (櫃封) 원200
불 Fermer une caisse à clef; mettre le scellé sur un coffre. Enfermer dans une caisse.
한 상자를 열쇠로 잠그다 | 상자에 넣어 봉인하다 | 상자에 넣어 두다

* 궤빅ᄒᆞ다 [KOUEI-PĂI-HĂ-TA] (跪拜) 원200
불 Prosternement devant les génies, devant les idoles. se prosterner.
한 정령들 앞에, 우상 앞에 엎드림 | 엎드리다

* 궤샹육 [KOUEI-SYANG-YOUK,-I] (几上肉, (billot, sur,

viande)) ㊊200

불 Viande sur le billot. Bifteck, tranche de viande battue avec des bâtonnets. ‖ Se dit d'un criminel qui certainement sera mis à mort, ou d'un homme dans un état désespéré.

한 도마 위의 고기 | 스테이크, 작은 막대기로 두들긴 고기조각 | 확실히 죽음에 처해질 죄인 또는 절망적인 상태에 빠진 사람에 대해 쓴다

*궤슐 [KOUEI-SYOUL,-I] (詭術) ㊊200

불 Embûche, ruse, tromperie, perfidie.

한 계략, 속임수, 사기, 배신

1*궤연 [KOUEI-YEN,-I] (几筵) ㊊199

불 Offrande de riz devant les tablettes des ancêtres.

한 조상들의 패[역주 牌] 앞에 하는 쌀 봉헌

2*궤연 [KOUEI-YEN,-I] (塊然) ㊊199

불 Motte de terre.

한 흙덩어리

*궤휼 [KOUEI-HYOUL,-I] (詭譎) ㊊200

불 Embûche, tromperie, ruse, perfidie. =ᄒᆞ다 -hă-ta, Tromper.

한 계략, 사기, 속임수, 배신 | [용례 =ᄒᆞ다, -hă-ta], 배신하다

1귀 [KOUI] (耳) ㊊201

불 Oreille. ouïe (sens) ‖ Bassinet d'un fusil.

한 귀 | 청각 (감각) | 총의 도화선부

2귀 [KOUI] (隅) ㊊201

불 Cornière, angle, coin, angle sortant.

한 골, 모서리, 모퉁이, 튀어나온 모서리

3*귀 [KOUI] (貴) ㊊201

불 En agr. Cher(d'un prix élevé); précieux; noble; illustre; honorable. Estimer; apprécier; honorer. Honneur.

한 한자어로 비싸다 (고가이다) | 귀중하다 | 고귀하다 | 저명하다 | 명예롭다 | 존경하다 | 높이 평가하다 | 공경하다 | 명예

4*귀 [KOUI] (鬼) ㊊201

불 En agr. Démon.

한 한자어로 귀신

5*귀 [KOUI] (句) ㊊201

불 Phrase.

한 문장

귀걸이 [KOUI-KEL-I] ㊊201

불 Lunettes dont la monture est une ficelle qui se passe en boucles sur les oreilles. ‖ Cordons pour attacher les lunettes aux oreilles. ‖ Ulcère au-dessous de l'oreille.

한 그 안경테가 고리 모양으로 귀에 거는 가는 줄로 된 안경 | 안경을 귀에 붙잡아 매기 위한 줄 | 귀 아래쪽의 궤양

*귀골 [KOUI-KOL,-I] (貴骨) ㊊201

불 Apparence précieuse. ‖ Homme rare, éminent, chéri. ‖ os précieux. c.a.d. homme élevé délicatement.

한 귀한 외관 | 비범한, 탁월한, 애지중지하는 사람 | 귀중한 뼈, 즉 품위 있게 자란 사람

*귀구 [KOUI-KOU] (歸咎) ㊊201

불 Responsabilité, culpabilité.

한 책임, 유죄

*귀국 [KOUI-KOUK,-I] (貴國, (précieux, royaume.)) ㊊201

불 rRoyaume honorable, estimé. (Terme de politesse pour désigner la patrie de quelqu'un, en lui parlant).

한 명예로운, 존경받는 왕국 | (누군가에게 말할 때, 그 사람의 조국을 가리키기 위한 예의 바른 표현)

*귀국ᄒᆞ다 [KOUI-KOUK-HĂ-TA] (歸國) ㊊202

불 Rentrer dans son pays.

한 자신의 나라로 돌아가다

귀글 [KOUI-KEUL,-I] (句文) ㊊201

불 Phrase; vers; poésie; poème; écrit mesure; chant.

한 문장 | 운문 | 시 | 시 | 운율이 있는 작품 | 시편

*귀ᄀᆡᆨ [KOUI-KĂIK,-I] (貴客) ㊊201

불 Hôte considéré; précieux hôte.

한 존경받는 손님 | 귀한 손님

귀나다 [KOUI-NA-TA,-NA,-NAN] ㊊202

불 Etre en angle; anguleux; être oblique; qui est de biais, incliné.

한 모나다 | 각지다 | 기울어지다 | 비스듬하다, 경사지다

귀덕이 [KOUI-TEK-I] (蛆虫) ㊊202

불 Ver qui naît dans la pourriture. Ver de mouche.

한 썩은 것 안에서 생기는 애벌레 | 파리의 애벌레

*귀뎡ᄒᆞ다 [KOUI-TYENG-HĂ-TA] (歸定) ㊊202

불 Décider, résoudre une question. Déterminer; préparer; disposer.

한 어떤 문제를 결정하다, 해결하다 | 결심시키다 | 준비시키다 | 각오하게 하다

*귀동ᄌ [KOUI-TONG-TJĂ] (貴童子, (précieux, enfant, fils)) ㊊202

불 Enfant unique. Fils de famille noble. ‖ Charmant enfant.

한 외동 | 귀족 가문의 아들 | 호감이 가는 아이

귀드람이 [KOUI-TEU-RAM-I] (蟋蟀) 원202

불 Cri-cri, grillon domestique, insecte. Syn. 뵈쨩이 Poi-ttjang-i.

한 귀뚜라미, 인가에 사는 귀뚜라미, 곤충 | [동의어 뵈쨩이, Poi-ttjang-i]

[1]귀막다 [KOUI-MAK-TA,-MAK-A,-MAK-EUN] (隅防) 원202

불 Couper les angles, les coins, en les arrondissant. boucher les angles.

한 모서리, 모퉁이를 둥글리면서 잘라내다 | 모서리를 막다

[2]귀막다 [KOUI-MAK-TA,-MAK-A,-MAK-EUN] (耳聾) 원202

불 Etre sourd; qui a les oreilles bouchées.

한 귀먹다 | 귀가 막히다

*귀매 [KOUI-MAI] (鬼魅) 원202

불 Diable, démon, génie. (Mot païen).

한 마귀, 악마, 귀신 | (이교도 어휘)

귀먹다 [KOUI-MEK-TA,-MEK-E,-MEK-EUN] (聾) 원202

불 Sourd (litt. qui a mangé ses oreilles).

한 귀먹다 (글자대로 자신의 귀를 먹었다)

귀먹먹ᄒᆞ다 [KOUI-MEK-MEK-HĂ-TA] (耳塞) 원202

불 Etre étourdi comme par une détonation de canon.

한 대포의 폭발음에 의한 것처럼 얼빠지다

[1]귀먹어리 [KOUI-MEK-E-RI] (耳聾) 원202

불 Sourd.

한 귀머거리

[2]귀먹어리 [KOUI-MEK-E-RI] (聾) 원202

불 Blé dont l'épi, à l'époque de la floraison, a coulé, et qui ne produit rien.

한 꽃이 피는 시기에, 이삭이 떨어져서 아무것도 생산하지 못하는 곡식

[1]귀목 [KOUI-MOK,-I] (槐木) 원202

불 Esp. d'orme (arbre). Syn. 늣틔나무 Neut-hteui-na-mou.

한 느릅나무의 종류(나무) | [동의어 늣틔나무, Neut-hteui-na-mou]

[2]귀목 [KOUI-MOK,-I] (鬼木) 원202

불 Fils inutiles et qu'on rejette en tissant la toile; filasse.

한 베를 짜면서 버려지는 쓸모없는 실 | 삼실 뭉치

[1]귀문 [KOUI-MOUN,-I] (耳門) 원202

불 (Porte de l'oreille). Orifice du conduit auditif. Trou de l'oreille.

한 (귀의 입구) | 이도[역주 耳道]의 입구 | 귓구멍

[2]*귀문 [KOUI-MOUN,-I] (貴門) 원202

불 Précieuse maison. (on désigne ainsi par politesse la maison d'autrui, celle d'un homme en place).

한 귀한 집안 | (남의 집안, 유력한 사람의 집안을 이렇게 공손하게 지칭한다)

*귀물 [KOUI-MOUL,-I] (貴物) 원202

불 Chose rare, précieuse.

한 드문, 귀중한 것

귀물의것 [KOUI-MOUL-EUI-KET,-SI] 원202

불 Chose commune, de peu de valeur (injur.).

한 평범한, 별로 가치 없는 것 (욕설)

귀밀 [KOUI-MIL,-I] (病麥) 원202

불 Froment noir, pourri, qu'on ne peut manger. Epi de froment pourri avant maturité.

한 썩어서 먹을 수 없는 검은 밀 | 익기 전에 썩은 밀의 이삭

귀밋 [KOUI-MIT,-HI et -TCHI] (鬢) 원202

불 Dessous de l'oreille, place des favoris, au-dessous des tempes.

한 귀 아래쪽, 구레나룻 자리, 관자놀이 아래쪽

귀박회 [KOUI-PAK-HOI] (耳輪) 원202

불 (Roue de l'oreille). Pavillon de l'oreille, tout l'extérieur de l'oreille.

한 (귓바퀴) | 외이, 귀의 바깥쪽 전체

*귀ᄇᆡ [KOUI-PĂI] (龜背) 원202

불 Bossu.

한 곱사등이

귀살스럽다 [KOUI-SAL-SEU-REP-TA,-SEU-RE-OUE,-SEU-RE-ON] 원202

불 Ridicule; hors de saison. Etre en désordre; vilain; désagréable à voir. Syn. 귀져분ᄒᆞ다 Koui-tjyo-poun-hă-ta.

한 터무니없다 | 부적절하다 | 뒤죽박죽이다 | 보기 흉하다 | 보기에 불쾌하다 | [동의어 귀져분ᄒᆞ다, Koui-tjyo-poun-hă-ta]

*귀속쳐 [KOUI-SYOK-TCHYE] (歸屬處) 원202

불 Lieu où l'on peut mettre quelque chose, et par extens.: voie, moyen, il y a moyen. Appui, support, refuge, aide, protection, asile.

한 어떤 것을 놓을 수 있는 곳, 그리고 넓은 의미에서: 길, 수단, 할 수 있다 | 원조, 지원, 피난처, 도움, 보호, 은신처

귀쇽쳐업다 [KOUI-SYOK-TCHYE-EP-TA,-EP-SE,-EP-SĂN] (無歸屬處) 원202

불 On ne sait comment se tirer d'affaire, où se réfugier. Il n'y a pas moyen.

한 어떻게 난관에서 벗어나야 할지, 어디로 피난해야 할지 모르다 | 할 수 없다

*귀신 [KOUI-SIN,-I] (鬼神) 원202

불 Génie; les dieux; les diables; démon; mauvais génies.

한 귀신 | 우상 | 악마 | 마[역주 魔] | 악령

귀ᄯᅡᆨ이 [KOUI-TTAK-I] 원202

불 Joue (pop.). ‖ Le flanc, le côté, partie latérale.

한 볼 (속어) | 옆구리, 옆면, 측면

귀ᄯᆡ [KOUI-TTĂI] 원202

불 Sonde, instrument dont on se sert pour vérifier le contenu d'un sac. Vase à oreille, écuelle à bec pour vers-er les liquides.

한 관측기, 자루의 내용물을 확인하는 데 쓰이는 도구 | 손잡이 달린 그릇, 액체를 따르기 위한 주둥이가 달린 사발

귀알 [KOUI-AL,-I] 원201

불 Pinceau pour la colle, gros pinceau, brosse de pein tre.

한 풀을 바를 때 쓰는 붓, 굵은 붓, 화가의 붓

귀약 [KOUI-YAK,-I] (耳藥) 원201

불 Amorce, poudre spéciale qui se met dans le bassinet d'un fusil.

한 뇌관, 총의 도화선에 놓이는 특수한 화약

귀약통 [KOUI-YAK-HTONG,-I] (耳藥筒) 원201

불 Bassinet du fusil.

한 총의 도화선부

*귀어허디ᄒᆞ다 [KOUI-E-HE-TI-HĂ-TA] (歸於虛地) 원201

불 Perdre, jeter au vent.

한 놓치다, 바람에 날려 보내다

귀여지 [KOUI-YE-TJI] (耳苔) 원201

불 Humeur liquide de l'oreille.

한 귀의 체액

귀엿골 [KOUI-YET-KOL,-I] (璫) 원201

불 Pendant d'oreille, boucle d'oreille.

한 귀걸이의 늘어뜨린 장식, 귀걸이

귀영ᄌᆞ [KOUI-YENG-TJĂ] (纓子) 원201

불 Ornement du chapeau à l'endroit où s'attachent les liens. Petites attaches ou anneaux au moyen desquels le cordon tient au chapeau.

한 끈이 달린 부분의 모자 장식 | 줄을 모자에 고정시키는 데 이용하는 짧은 끈 또는 고리

[1]귀우ᄀᆡ [KOUI-OU-KĂI] (耳匙) 원201

불 Cure-oreille. ‖ Humeur desséchée de l'oreille.

한 귀이개 | 귀의 말라붙은 체액

[2]귀우ᄀᆡ [KOUI-OU-KĂI] (槽) 원201

불 Crèche.

한 구유

귀유리 [KOUI-YOU-RI] (假牟) 원201

불 Avoine.

한 귀리

*귀이ᄒᆞ다 [KOUI-I-HĂ-TA] (貴異) 원201

불 Curieux, rare et extraordinaire(objet).

한 신기하다, (물건이) 희귀하고 기이하다

귀인셩스럽다 [KOUI-IN-SYENG-SEU-REP-TA] (貴人樣) 원201

불 Aimable, attrayant, mignon, joli (v.g. petit enfant).

한 (예. 어린아이가) 사랑스럽다, 매력 있다, 귀엽다, 예쁘다

*귀졀 [KOUI-TJYEL,-I] (句節) 원203

불 Notes de la gamme, tons de la musique. ‖ Phrase, membre de phrase, alinéa.

한 음계의 음, 음악의 음 | 문장, 문장의 구성 요소, 별행

귀제비 [KOUI-TJYEI-PI] 원202

불 Martinet (oiseau). Syn. 명막이 Myeng-mak-i.

한 명매기 (새) | [동의어 명막이, Myeng-mak-i]

*귀즁 [KOUI-TJYOUNG] (貴中) 원203

불 Vous (style épist, honorif.).

한 당신 (서간체, 경칭)

*귀즁ᄒᆞ다 [KOUI-TJYOUNG-HĂ-TA] (貴重) 원203

불 Elevé; important; précieux et rare.

한 고급이다 | 중요하다 | 소중하고 희귀하다

귀찬타 [KOUI-TCHAN-HTA,-TCHAN-A,-TCHAN-EUN] (不貴) 원203

불 Ennuyeux; insupportable; vilain; mauvais; désagré -able. (Nég. de 귀ᄒᆞ다 Koui-hă-ta).

한 귀찮다 | 참을 수 없다 | 비천하다 | 형편없다 | 불쾌하다 | (귀ᄒᆞ다 Koui-hă-ta의 부정)

귀쳐분ᄒᆞ다 [KOUI-TJYE-POUN-HĂ-TA] 원203
불 Etre en désordre. Syn. 귀살스럽다 Koui-sal-seu-rep-ta.
한 뒤죽박죽이다 | [동의어 귀살스럽다, Koui-sal-seu-rep-ta]

*귀쳑 [KOUI-TCHYEK,-I] (貴戚) 원203
불 Parent considéré. ‖ Famille maternelle du roi et famille de sa femme, de sa sœur, etc.
한 존경받는 친척 | 왕의 외가와 그 부인의, 그 누이 등의 가족

*귀쳔 [KOUI-TCHYEN,-I] (貴賤) 원203
불 Noble et vil; rare et commun. Noblesse et bassesse.
한 귀하고 천하다 | 희귀하고 평범하다 | 고귀함과 천함

1귀틀 [KOUI-HTEUL,-I] (㮼) 원202
불 Figure composée de quatre lignes droites qui se coupent perpendiculairement, en formant un carré et seize angles, comme le caractère chinois (井) qui désigne un puits. Châssis, instrument, ouvrage affectant cette forme.
한 우물을 가리키는 중국 글자(井)처럼, 1개의 정사각형과 16개의 각을 형성하면서 수직으로 교차하는 네 개의 직선으로 이루어진 도형 | 이런 형태를 띠는 틀, 도구, 제작물

2귀틀 [KOUI-HTEUL,-I] 원202
불 Apparence, forme, manière de, à en juger par.
한 외관, 형태, ~하는 방식, ~로 판단하면

1*귀판 [KOUI-HPAN,-I] (龜板) 원202
불 Ecailles du ventre de la tortue.
한 거북의 배에 있는 껍질

2귀판 [KOUI-HPAN,-I] (柩板) 원202
불 Pièce de bois destinée à faire un cercueil.
한 관을 만들 용도로 마련된 나무 조각

귀향 [KOUI-HYANG,-I] (竄流) 원201
불 Exil. Syn. 빅소 Păi-so.
한 유배 | [동의어 빅소, Păi-so]

*귀화 [KOUI-HOA] (鬼火) 원201
불 Feu follet.
한 도깨비불

*귀화ᄒᆞ다 [KOUI-HOA-HĂ-TA] (歸化) 원201
불 Se convertir; changer de conduite; tourner.
한 개종하다 | 행실을 바꾸다 | 변하다

*귀ᄒᆞ다 [KOUI-HĂ-TA] (貴) 원201
불 Rare; cher; digne; estimé;considéré; précieux.
한 희귀하다 | 소중하다 | 의젓하다 | 인정받다 | 존경받다 | 귀중하다

*규 [KYOU] (規) 원214
불 Loi, commandement, règle.
한 법, 계율, 규칙

*규계 [KYOU-KYEI] (規誡) 원214
불 Loi; précepte; règle; usage.
한 법 | 규범 | 규칙 | 관습

*규곽 [KYOU-KOAK,-I] (葵藿) 원214
불 Soleil, hélianthe, tournesol. Syn. 히ᄇᆞ라기 Hăi-pă-ra-ki.
한 해, 헬리안투스, 해바라기 | [동의어 히ᄇᆞ라기 Hăi-pă-ra-ki]

*규구 [KYOU-KOU] (規矩) 원214
불 Précepte; loi; règle.
한 규범 | 법 | 규칙

*규녀 [KYOU-NYE] (閨女) 원214
불 Jeune fille nubile (vers l'époque du mariage), en âge d'être mariée.
한 (결혼할 시기의) 다 큰, 결혼할 나이의 처녀

*규뎡 [KYOU-TYENG,-I] (規程) 원214
불 Usage, règle.
한 관습, 규칙

*규뎡ᄒᆞ다 [KYOU-TYENG-HĂ-TA] (規定) 원214
불 Approuver; permettre. ‖ Examiner et décider. ‖ Décider avec justice. ‖ Demander justice. ‖ Donner des ordres. Faire des lois.
한 승인하다 | 허가하다 | 검토하고 결정하다 | 공정하게 결정하다 | 정의를 구하다 | 명하다 | 법을 만들다

1*규례 [KYOU-RYEI] (規禮) 원214
불 Préceptes; loi; formalités; usages.
한 규범 | 법 | 의례 | 관습

2규례 [KYOU-RYEI] (規例) 원214
불 Usages anciens qui ne sont plus en vigueur.
한 더 이상 유효하지 않은 오래된 관습

*규모 [KYOU-MO] (規模) 원214
불 Loi; usage; règle. ‖ Economie.
한 법 | 관습 | 규칙 | 경제

*규셕 [KYOU-SYEK,-I] (鏐石) 원214
불 Pierre de touche pour éprouver l'or
한 금을 시험하기 위한 시금석

*규슈 [KYOU-SYOU] (閨秀) 원214
불 Fille nubile, fille qui a atteint l'âge de se marier. jeune fille, demoiselle. (honorif.).
한 결혼 적령기의 처녀, 결혼할 나이에 이른 처녀 | 젊은 처녀, 규수 | (경칭)

*규식 [KYOU-SIK,-I] (規式) 원214
불 Loi; règle; méthode; usage; précepte; rit.
한 법 | 규칙 | 방식 | 관습 | 규범 | 관례

*규양 [KYOU-TANG,-I] (閨養) 원214
불 Fille nublie, qui a l'âge de se marier. Jeune personne, demoiselle. (un peu honorif.).
한 결혼할 나이가 된 다 큰 처녀 | 젊은 사람, 미혼 여자 | (약경칭)

*규쟝각 [KYOU-TJYANG-KAK,-I] (奎章閣) 원214
불 Haute dignité. Esp. d'académie.
한 고위 관직 | 아카데미 종류

*규즁 [KYOU-TJYOUNG,-I] (閨中) 원214
불 L'intérieur de la maison, l'appartement des femmes. Chambre retirée où doit rester une fille nubile jusqu'à l'époque de son mariage.
한 집의 내부, 여자들의 거처 | 결혼 적령기의 처녀가 결혼할 때까지 머무르도록 되어 있는 구석진 방

*규화 [KYOU-HOA] (葵花) 원214
불 Fleur de tournesol. Althaea rosea. 히ㅂ라기쏫 Hăi- pă-ra-ki-kkot.
한 해바라기 꽃 | 접시꽃 | [동의어 히ㅂ라기쏫 Hăi-pă-ra-ki-kkot]

*균평ᄒᆞ다 [KYOUN-HPYENG-HĂ-TA,-HĂN,-HI] (均平) 원214
불 Etre plan, aplani, égal; juste, équitable.
한 평평하다, 평탄해지다, 고르다 | 공정하다, 공평하다

*귤 [KYOUL,-I] (橘) 원214
불 Oranger, orange.
한 오렌지 나무, 오렌지

*귤감 [KYOUL-KAM,-I] (橘柑) 원214
불 Orange et kaki.
한 오렌지와 감

*귤병 [KYOUL-PYENG,-I] (橘餠) 원214
불 Compote d'oranges, confiture d'oranges.
한 설탕에 졸인 오렌지, 오렌지 잼

*귤쥬 [KYOUL-TJYOU] (橘酒) 원214
불 Orange et vin. Vin d'orange.
한 오렌지와 술 | 오렌지로 담근 술

*귤피 [KYOUL-HPI] (橘皮) 원214
불 Ecorce d'orange.
한 오렌지의 껍질

그 [KEU] (其) 원159
불 Ce, cet, cette, celui-ci, lui, celui-là, ceci, cela.
한 이, 그, 저, 이것, 그, 그것, 이것, 저것

그게 [KEU-KEI] (其) 원163
불 Cela; cette chose; ainsi.
한 그것 | 그것 | 그렇게

그그럭게 [KEU-KEU-REK-KEI] (上來年) 원164
불 L'année après l'année qui suit la prochaine, c. a. d. dans trois ans.
한 다음 해를 뒤따르는 해 이후의 해, 즉 3년 후

그글피 [KEU-KEUL-HPI] (來後日) 원164
불 Après le surlendemain. Dans quatre jours; le quatrième jour après aujourd'hui.
한 모레 이후 | 4일 후 | 오늘 이후로 네 번째 날

그ᄂᆞ다 [KEU-NEU-RĂ-TA,-RE,-RĂN] (庇) 원167
불 Protéger; condure; veiller sur.
한 보호하다 | 관리하다 | ~을 돌보다

그늘 [KEU-NEUL,-I] (陰) 원167
불 Ombre, ombrage.
한 그늘, 나무 그늘

그늘지다 [KEU-NEUL-TJI-TA,-TJYE,-TJIN] (藏陽) 원167
불 Avoir de l'ombre; il y a de l'ombre. Ombreux. ombrager. Projeter de l'ombre.
한 그늘이 있다 | 그늘이 있다 | 그늘지다 | 그늘지게 하다 | 그림자를 드리우다

그늬 [KEU-NEUI] (鞦韆) 원167
불 Balançoire. Escarpolette. Syn. 츄쳔 Tchyou-tchyen.
한 그네 | 그네 | [동의어 츄쳔, Tchyou-tchyen]

그ᄂᆡ [KEU-NĂI] 원167
불 Les deux petits morceaux de bois en forme de pincettes, qui servent à égrainer les épis de riz.
한 벼의 이삭을 떼어내는 데에 쓰이는 부젓가락 모양의 두 개의 작은 나무 조각

그덩이 [KEU-TENG-I] 원172
불 Tête; chef; principal.
한 지도자 | 우두머리 | 중심 인물

그득ᄒᆞ다 [KEU-TEUK-I IĂ-TA] (盈盈) 원172
불 Etre plein, abondant.
한 가득하다, 풍부하다

그듸 [KEU-TĂI] (君) 원172

불 Tu, toi (dans les livres). (Se dit entre amis égaux).
한 너 | (책 속에서) | 너 (동등한 친구 사이에 쓴다)

그딗도록 [KEU-TĂI-TO-ROK] (太過) 원172
불 Trop; beaucoup; tout cela.
한 매우 | 많이 | 그것 모두

그딗지 [KEU-TĂI-TJI] 원172 ☞그딗도록

그랴도 [KEU-RYA-TO] (然而) 원170
불 Bien que; quoique; néanmoins; quoique ce soit.
한 ~임에도 불구하고 | 그럼에도 불구하고 | 그러나 | 무엇이건

그랴야도 [KEU-RYA-YA-TO] (然而) 원170
불 Quand ce serait.
한 그렇다고 해도

그러 [KEU-RE] (曰然) 원170
불 Ainsi.
한 그렇게

그러나 [KEU-RE-NA] (然而) 원170
불 Mais; cependant; quoiqu'il en soit ainsi; au moins; néanmoins.
한 그러나 | 그렇지만 | 그럼에도 불구하고 | 적어도 | 그러나

그러나뎌러나 [KEU-RE-NA-TYE-RE-NA] (或然或彼) 원170
불 Ainsi ou autrement. Quoi qu'il en soit.
한 그렇게 또는 다르게 | 아무튼

그러매 [KEU-RE-MAI] (然故) 원170
불 Eh bien soit!… Eh bien! (je l'avais dit). S'il en est ainsi. Puisqu'il en est ainsi. Eh bien!…Quand bien même.
한 그래 좋아!… 그러면! (내가 그렇다고 말하지 않았습니까) | 그렇다면 | 사정이 그러한 이상 | 글쎄!… 설령 ~해도

그러찬타 [KEU-RE-TCHAN-HTA] (不然) 원171
불 Négat. de 그러타 keu-re-hta.
한 그러타 keu-re-hta의 부정형

그러치 [KEU-RE-TCHI] (果然) 원171
불 C'est vrai; oui; bien; bon; c'est ainsi; c'est comme cela; il en est ainsi; être ainsi.
한 사실이다 | 그래 | 옳지 | 좋다 | 그러하다 | 그와 같다 | 그러하다 | 그러하다

그러치뎌려치 [KEU-RE-TCHI-TYE-RE-TCHI] 원171
불 Comme ceci, comme cela.
한 이렇게, 저렇게

그러케 [KEU-RE-HKEI] (如此) 원170
불 De cette manière; ainsi; de la sorte.
한 그런 방식으로 | 그렇게 | 그런 식으로

그러타 [KEU-RE-HTA] (曰然) 원171
불 (Pour: 그리ᄒᆞ다 Keu-ri-hă-ta; 그 keu, cette; 리 ri, manière; ᄒᆞ다 hă-ta, être). C'est vrai; oui; bien; bon; c'est ainsi; c'est comme cela; il en est ainsi; être ainsi.
한 (그리ᄒᆞ다 Keu-ri-hă-ta에 대해, 그 keu, 그 | 리 ri, 방식 | ᄒᆞ다 hă-ta, 이다) 사실이다 | 그래 | 옳지 | 좋다 | 그러하다 | 그와 같다 | 사정이 그러하다 | 그러하다

그러ᄒᆞ다 [KEU-RE-HĂ-TA] (曰然) 원170
불 Etre ainsi; c'est ainsi; il en est ainsi; être vrai.
한 그러하다 | 그러하다 | 사정이 그렇다 | 사실이다

그럭게 [KEU-REK-KEI] 원170
불 L'année devant la précédente.
한 지난해 이전의 해

그럭긔 [KEU-REK-KEUI] 원170 ☞그럭게

그럭뎌럭 [KEU-REK-TYE-REK] 원170
불 Ni bien ni mal, comme ci comme ça, de la sorte.
한 좋지도 나쁘지도 않게, 그럭저럭, 그렇게

그런 [KEU-REN] (此等) 원170
불 Un tel; une telle chose; ce, cet; cette chose.
한 아무개 | 그런 일 | 이, 그 | 이것

그런고로 [KEU-REN-KO-RO] (然故) 원170
불 Par conséquent; pour ce motif. C'est pourquoi. Ergo.
한 그러므로 | 그런 이유 때문에 | 그래서 | 따라서

그런즉 [KEU-REN-TJEUK] (然則) 원171
불 S'il en est ainsi.
한 그렇다면

그럴리 [KEU-REL-RI] (然矣, (De cette manière, la raison)) 원171
불 Un tel motif, une telle raison.
한 그런 동기, 그런 이유

그럴진대 [KEU-REL-TJIN-TAI] (若然則) 원171
불 S'il en est ainsi.
한 그렇다면

그럿긔 [KEU-RET-KEUI] (去年) 원171
불 L'année dernière, l'an passé.
한 작년, 지난해

그렁그렁ᄒᆞ다 [KEU-RENG-KEU-RENG-HĂ-TA] (由由然) 원171
불 Comme ci comme ça; avec peine. Qui a à peine v.g. du goût; n'être pas bien assaisonné; à quoi il manque

quelque chose pour être bon; ni bien ni mal.
한 그럭저럭 | 겨우 | 예. 맛이 거의 없다 | 잘 조미되지 않다 | 맛이 좋기에는 무엇인가 부족하다 | 좋지도 나쁘지도 않다

그렁뎌렁 [KEU-RENG-TYE-RENG] (此日彼日) 원171
불 Ni bien ni mal; ainsi peu à peu; comme ci comme ça; de la sorte; ainsi.
한 좋지도 나쁘지도 않은 | 조금씩 그렇게 | 그럭저럭 | 그런 식으로 | 그렇게

그렁이 [KEU-RENG-I] 원171
불 Sorte de rabot, esp. de grand racloir dont on se sert dans les salines; esp. de râteau, de pioche.
한 대패의 종류, 염전에서 쓰이는 큰 긁개의 종류 | 쇠스랑, 곡괭이의 종류

그레도 [KEU-REI-TO] (猶然) 원170
불 Quoique (je dise). Malgré ma parole. Quoique j'aie défendu.
한 (내가 말하)더라도 | 내 말에도 불구하고 | 내가 옹호했음에도 불구하고

그려 [KEU-RYE] 원171
불 C'est vrai. Vrai. En vérité! C'est ainsi! (Exclamat ; mot souvent sans signification).
한 정말이다 | 정말로 | 정말로! 그러하다! (감탄사; 자주 의미 없는 말)

그려도 [KEU-RYE-TO] (然而) 원171
불 Quoique, malgré, quand bien même, bien que ce soit.
한 ~함에도 불구하고, ~에도 불구하고, 설령 ~해도, 그렇다고 해도

그령풀 [KEU-RYENG-HPOUL,-I] (藺菅) 원171
불 Esp. d'herbe (sur le bord des chemins), p. ê. le chiendent.
한 (길가의) 풀의 종류, 아마도 개밀

그르릉 [KEU-REU-REUNG] 원171
불 Bruit de la gorge embarrassée. =ᄒᆞ다- hă-ta, Râler.
한 [역주 가래 등으로] 막힌 목구멍에서 나는 소리 [용례 =ᄒᆞ다, -hă-ta], 헐떡이다

그를스 [KEU-REUI-SEU] 원171
불 Peut-être bien; sans doute; apparemment. (Réponse ni affirmative, ni négative)
한 아마 | 아마 | 언뜻 보아 | (긍정적이지도, 부정적이지도 않은 대답)

그리 [KEU-RI] 원171
불 Ici, par ici; là, par là. ‖ De cette manière, ainsi, comme cela, de cette façon, sic. 그리면 Keu-ri-myen, Si c'est ainsi; s'il en est ainsi. ‖ A peu près.
한 여기, 이쪽으로 | 저기, 저쪽으로 | 그런 방식으로, 그렇게, 그것처럼, 그런 식으로, 원문대로 | [용례 그리면 Keu-ri-myen], 그렇다면 | 사정이 그렇다면 | 거의

그리다 [KEU-RI-TA,-RYE,-RIN] (畵圖) 원171
불 Peindre, dessiner, esquisser, tracer.
한 그리다, [역주 선으로] 그리다, 초벌을 그리다, [역주 선을] 그리다

그리뎌리 [KEU-RI-TYE-RI] 원171
불 Ici et là, çà et là, d'ici de là ;de cette manière-ci, de cette manière-là.
한 이곳저곳, 여기저기, 이리저리 | 이렇게, 저렇게

*__그리스당__ [KEU-RI-SEU-TANG,-I] (基利斯當) 원171
불 Chrétien. (Mot chrét.).
한 기독교인 | (기독교 어휘)

*__그리스도__ [KEU-RI-SEU-TO] (基利斯督) 원171
불 Christ. (Mot chrét.).
한 그리스도 | (기독교 어휘)

그림 [KEU-RIM,-I] (畵) 원171
불 Peinture, tableau, dessin, portrait, esquisse.
한 회화, 그림, 소묘, 초상화, 초벌 그림

그림아 [KEU-RIM-A] 원171
불 Lithobie fourchue (ordre des chilopodes).
한 갈래 돌지네 (지네강[역주 綱]의 목[역주 目])

그림장이 [KEU-RIM-TJANG-I] (畵員) 원171
불 Peintre.
한 화가

그림ᄌᆞ [KEU-RIM-TJĂ] (影) 원171
불 Ombre, silhouette, image formée par l'ombre d'un corps exposé à la lumière.
한 그림자, 실루엣, 빛에 노출된 몸체의 그림자에 의해 만들어지는 상

그림화 [KEU-RIM-HOA] 원171
불 Chilopode, insecte, esp. de chenifle à longs poils.
한 지네강[역주 綱], 곤충, 털이 긴 송충이의 종류

그ᄅᆞ다 [KEU-RĂ-TA,KEUL-NE,KEU-RĂN] (悞) 원170
불 Etre dans l'erreur; être trompé; être faux, déraisonnable, injuste; être de travers, être mal. (Opposé de 올타 Ol-hta).
한 잘못하다 | 실수하다 | 잘못되다, 사리에 어긋나다, 부당하다 | 틀리다, 그르다 | [역주 (올타 Ol-hta의

반대)]

[1]그릇 [KEU-RĂT] (誤) 원170

불 Faux, injuste, mauvais.

한 틀리다, 부당하다, 나쁘다

[2]그릇 [KEU-RĂT,KEU-RĂT-SI] (器) 원170

불 Vase; urne; cruche; panier; boîte.

한 그릇 | 항아리 | 단지 | 바구니 | 상자

그릇쓰다 [KEU-RĂT-SSEU-TA,-SSE,-SSEUN] (誤書) 원170

불 Ecrire fautivement, faire une faute d'écriture.

한 글을 잘못 쓰다, 글씨에서 실수를 하다

그릇치다 [KEU-RĂT-TCHI-TA,-TCHYE,-TCHIN] (誤錯) 원170

불 Fausser, gâter, pervertir. ‖ Se tromper; être dans l'erreur; errer.

한 망치다, 못쓰게 만들다, 변질시키다 | 실수하다 | 잘못 생각하다 | 잘못하다

그만 [KEU-MAN] (止) 원165

불 Assez; c'est assez; cesse; fin; terme.

한 그만[역주 하면 충분하다] | 그만하면 충분하다 | 중지 | 끝 | 종말

그만두다 [KEU-MAN-TOU-TA,-TOU-E,-TOUN] (停止) 원165

불 Cesser.

한 그만두다

그만일다 [KEU-MAN-IL-TA] 원165

불 C'en est fait. ‖ C'est ce qu'il y a de mieux; c'est le superfin, le fini, le plus extrême.

한 끝장이다 | 이것이 그중 제일 나은 것이다 | 이것이 최상품, 완결된, 가장 최종의 것이다

그만치 [KEU-MAN-TCHI] 원165

불 Ainsi; de telle sorte; de telle quantité.

한 그렇게 | 그런 식으로 | 그런 양으로

그믈 [KEU-MEUL,-I] (網) 원165

불 Filet, rets (de pêcheur).

한 그물, (어부의) 그물

그믈그믈ᄒᆞ다 [KEU-MEUL-KEU-MEUL-HĂ-TA] 원165

불 Vaciller (flamme de bougie). ‖ Incertain, variable. (Se dit du temps qui semble vouloir se mettre à la pluie).

한 (촛불이) 흔들거리다 | 불안정하다, 변하기 쉽다 | (막 비가 오기 시작하려는 것처럼 보이는 날씨에 대해 쓴다)

그분 [KEU-POUN] (其人) 원169

불 Cet homme.

한 그 사람

그스럭부리다 [KEU-SEU-REK-POU-RI-TA,-RYE,-RIN] 원172

불 Simuler la pauvreté, l'indigence.

한 가난한 체, 궁핍한 체하다

그슬니다 [KEU-SEUL-NI-TA,-NYE,-NIN] 원172

불 Flamber, passer par le feu ou par-dessus le feu (v.g. une peau, pour en enlever les poils).

한 불에 태우다, (예. 털을 제거하기 위해서 가죽을) 불로, 또는 불 위로 통과시키다

그씔이 [KEU-KKIL-I] 원164

불 Avec eux, avec.

한 그들과 함께, 함께

그ᄭᆞ닭으로 [KEU-KKĂ-TĂLK-EU-RO] (其故) 원163

불 Donc, c'est pourquoi, à cause de cela.

한 따라서, 그래서, 그것 때문에

그ᄭᆞ짓것 [KEU-KKĂ-TJIT-KET] 원163

불 Pour ce que ça vaut…, c'est pas la peine.

한 그것이 갖는 가치에 비해…, 그럴 필요가 없다

그뿐 [KEU-PPOUN] (其啻) 원169

불 Seulement cela; que cela; assez.

한 그것만 | 그것뿐 | 충분하다

그연고로 [KEU-YEN-KO-RO] 원159

불 Donc; c'est pourquoi; pour cette raison; par ce motif.

한 따라서 | 그래서 | 이런 이유로 | 이런 이유에 의해서

그예이 [KEU-YEI-I] (期必) 원159

불 Beaucoup; ardemment; certainement. ‖ Présomption qui fait certifier une chose qu'on ignore.

한 많이 | 열심히 | 확실히 | 모르는 것을 보증하게 하는 자만

그와ᄀᆞᆺ치 [KEU-OA-KĂT-TCHI] (如其) 원163

불 De cette façon; ainsi; de même.

한 그런 방식으로 | 그렇게 | 마찬가지로

그으다 [KEU-EU-TA,KEU-EU-RE,KEU-EUN] 원159

불 Traîner, tirer à soi.

한 끌어당기다, 자기 쪽으로 끌다

그윽ᄒᆞ다 [KEU-EUK-HĂ-TA,-HĂN,-HI] (幽) 원159

불 Etre désert, v. g. lieu où personne n'habite; silencieux, retiré. Etre profond, solitaire.

한 황량하다, 예. 사람이 아무도 살지 않는 곳 | 고요하다, 외지다 | 심오하다, 고독하다

[1]그이 [KEU-I] (旣而) 원159

ㄱ

불 Déjà.
한 이미

[2]그이 [KEU-I] (其) 원159
불 Celui-ci, cet homme, iste. (Mauvais langage).
한 이 사람, 그 사람, ~하는 사람 | (불량한 말)

[3]그이 [KEU-I] (畫) 원159
불 Trait (d'écriture).
한 (문자의) 획

그이긋다 [KEU-I-KEUT-TA,-KEU-E,-KEU-EUN] (畫) 원160
불 Tracer des traits (d'écriture).
한 (글자의) 획을 긋다

그져 [KEUT-TJYE] (空然) 원172
불 Ainsi…; tel…; parce que…; gratuitement; sans raison; sans but; sans motif; pour rieu. (Mot bien souvent sans signification).
한 그렇게 | 그러한 | 왜냐하면 | 근거 없이 | 이유 없이 | 목적 없이 | 동기 없이 | 쓸데없이 | (아주 자주 의미 없이 사용되는 단어)

그져되다 [KEU-TJYE-TOI-TA,-TOI-YE,-TOIN] 원172
불 Arriver fortuitement.
한 뜻밖에 발생하다

그져씌 [KEU-TJYEN-KKEUI] (再昨日) 원172
불 Avant hier.
한 엊그제

그젼에 [KEUI-TJYEN-EI] (其前) 원172
불 Avant cela.
한 그것 전에

그지 [KEU-TJI] 원172
불 Fin, borne, limite.
한 끝, 경계, 한도

그지업다 [KEU-TJI-EP-TA,-EP-SE,EP-SĂN] (無盡) 원172
불 Etre sans bornes, immense, infini; n'avoir pas de limites; cela ne finit pas.
한 경계가 없다, 거대하다, 끝이 없다 | 한계가 없다 | 끝나지 않는다

*극 [KEUK] (極) 원163
불 en agr. très; extrèmement; grandement; le plus. ‖ étoile correspondant à quelque région extrème du firmament. 북극 Pouk-keuk, étoile polaire ou pôle nord.
한 한자어로 매우 | 극히 | 크게 | 가장 | [용례] 북극 Pouk-keuk], 창공 맨 끝 어떤 지역에 상응하는 별, 북극의 별 또는 북극

*극간ᄒᆞ다 [KEUK-KAN-HĂ-TA] (極艱, (Excessivement, pauvre)) 원164
불 Très-difficile, impossible (à cause de la pauvreté).
한 매우 어렵다, 불가능하다 (가난 때문에)

*극고 [KEUK-KO] (極苦) 원164
불 Très-grande souffrance, souffrance excessive.
한 매우 큰 고통, 지나친 고통

*극고ᄒᆞ다 [KEUK-KO-HĂ-TA] (克苦, (Dompter, souffrance)) 원164
불 vaincre le corps en le mortifiant.
한 육체를 괴롭혀 육체를 이겨내다

*극과ᄒᆞ다 [KEUK-KOA-HĂ-TA] (極過, (Grandement, dépasser)) 원164
불 Etre trop abondant. Être excessif, trop grand.
한 너무 풍부하다 | 지나치다, 너무 크다

*극구참욕 [KEUK-KOU-TCHAM-YOK,-I] (極口讒辱, (Excessif, bouche, mauvaise, injure)) 원164
불 Grossières injures. Injure mortelle, la plus grave qui se puisse imaginer.
한 거친 욕설 | 치명적인, 상상할 수 있는 것 중에서 가장 심각한 욕설

*극구포쟝ᄒᆞ다 [KEUK-KOU-HPO-TJANG-HĂ-TA] (極口褒奬, (excessif, bouche, vanter)) 원164
불 Louange excessive. Vantard. Se vanter trop ou vanter trop les autres.
한 지나친 찬사 | 허풍떠는 사람 | 너무 자기 자랑을 하거나 다른 사람들을 너무 칭찬하다

*극귀ᄒᆞ다 [KEUK-KOUI-HĂ-TA] (極貴) 원164
불 Très-rare, très-prècieux, très-cher.
한 매우 드물다, 매우 귀중하다, 매우 소중하다

*극긔 [KEUK-KEUI] (克己, (Dompter, soi-même)) 원164
불 Mortification, austérité. Vanicre la chair, la concupis cence. Se dompter soi-même.
한 고행, 엄중함 | 육신을, 음욕을 이겨내다 | 스스로를 억제하다

*극낙세계 [KEUK-NAK-SYEI-KYEI] (極樂世界, (Excessif, jouissance, monde)) 원164
불 Elysée des coréens. Lieu de délices où vont les âmes des hommes vertueux qui honorent bien Fo. Paradis des bonzes. C'est le Nirvana de Bouddha.

한 조선인들의 낙원 | 부처를 잘 공경하는 고결한 사람들의 영혼이 가는 낙원 | 승려들의 천국 | 이는 부처의 열반이다

*극난ᄒᆞ다 [KEUK-NAN-HĂ-TA,-HĂN,-HI] (極難) 원164

불 Très-difficile.

한 매우 어렵다

*극뉼 [KEUK-NYOUL,-I] (極律, (Extrême, ordonnance)) 원164

불 Peine de mort; sentence trop sévère; le dernier supplice.

한 사형 | 매우 엄한 선고 | 최대의 형벌

*극다ᄒᆞ다 [KEUK-TA-HĂ-TA] (極多) 원165

불 Etre très-nombreux.

한 매우 많다

*극대ᄒᆞ다 [KEUK-TAI-HA-TA] (極大) 원165

불 Très-grand, énorme.

한 매우 크다, 거대하다

*극력쥬션ᄒᆞ다 [KEUK-RYEK-TJOU-SYEN-HĂ-TA] (極力周旋, (Excessif, effort, pourvoir, autour)) 원164

불 S'efforcer pour préparer. Faire tous ses efforts pour mener à bonne fin les affaires d'autrui, pour aider le prochain.

한 갖추기 위해 애쓰다 | 남의 일을 좋게 끝마치기 위해, 이웃을 돕기 위해 자신의 모든 노력을 기울이다

*극력ᄒᆞ다 [KEUK-RYEK-HĂ-TA] (極力, (Excessif, effort)) 원164

불 S'efforcer; faire de grands efforts; faire tous ses efforts; mettre toutes ses forces.

한 애쓰다 | 큰 노력을 기울이다 | 자신의 모든 노력을 다하다 | 자신의 모든 힘을 들이다

*극렴ᄒᆞ다 [KEUK-RYEM-HĂ-TA] (克念, (Se dompter et réfléchir)) 원164

불 Songer beaucoup, réfléchir profondément. ‖ Dompter ses mauvaises pensées, et penser à de bonnes choses.

한 많이 생각하다, 깊히 숙고하다 | 자신의 나쁜 생각을 억누르고 좋은 것들을 생각하다

*극벌 [KEUK-PEL,-I] (極罰) 원164

불 Grande punition, chàtiment sévère, très-grand supplice.

한 큰 처벌, 엄한 벌, 매우 큰 형벌

*극변 [KEUK-PYEN,-I] (極邊) 원164

불 Frontière. L'extrémité, l'extréme limite.

한 국경 | 끝, 극한

*극변원찬 [KEUK-PYEN-OUEN-TCHAN,-I] (極邊遠竄, (Extrême, frontière, loin, envoyer en exil)) 원164

불 Envoyer très-loin en exil, jusqu'à l'extrémité des frontières.

한 국경의 끝까지, 아주 멀리 유배 보내다

*극북 [KEUK-POUK,-I] (極北, (Extrême, nord)) 원164

불 Frontière du nord. L'extrême nord (du monde ou d'un royaume en particulier).

한 북쪽 국경 | (세상 또는 특히 왕국의) 북쪽의 끝

*극붕 [KEUK-POUNG,-I] (極朋, (très, ami)) 원164

불 Grand ami, ami intime.

한 중요한 친구, 친한 친구

*극샹 [KEUK-SYANG,-I] (極上, (très, élevé)) 원164

불 De bonne qualité. Le point le plus élevé, le suprème degré, la 1re qualité.

한 질이 좋은 | 가장 높은 지점, 최고의 단계, 최고의 질

*극셔 [KEUK-SYE] (極西) 원164

불 L'extrême occident. L'extrémité du côté de l'ouest (pour un lieu ou un royaume, etc.).

한 서쪽의 맨 끝 | (한 장소 또는 한 왕국 등에 있어서) 서쪽의 맨 끝

*극셩ᄒᆞ다 [KEUK-SYĔNG-HĂ-TA,-HĂN,-HI] (極盛, (Extrêmement, florissant)) 원164

불 Touffu(plante); vif(caractère); florissant; vigoureux; prospère. ‖ Etre à l'apogée de sa propérité, à la limite extrême de sa puissance. ‖ Abuser de ses forces.

한 (식물이) 무성하다 | (성격이) 생기발랄하다 | 융성하다 | 기운차다 | 번영하다 | 번영의 정점에, 권력의 극한에 있다 | 자신의 권력을 남용하다

*극슌ᄒᆞ다 [KEUK-SYOUN-HĂ-TA] (極順) 원164

불 Très soumis; très-doux; très-pacifique.

한 매우 유순하다 | 매우 온화하다 | 매우 평온하다

*극심ᄒᆞ다 [KEUK-SIM-HĂ-TA] (極甚) 원164

불 Très-intense; trop fort; qui dépasse les bornes. très; trop; excessif; extrême.

한 매우 강력하다 | 너무 강하다 | 한도를 넘어서다 | 매우 | 너무 | 과도하다 | 극심하다

*극악ᄒᆞ다 [KEUK-AK-HĂ-TA] (極惡) 원163

불 Très-mauvais; très-méchant; abominable; affreux.

한 매우 나쁘다 | 매우 악독하다 | 밉살스럽다 | 흉측하다

[1]*극역 [KEUK-YĔK,-I] (極逆, (Grandement, transgresser)) 원163

불 Grand rebelle, traître à la patrie.
한 중대한 반역자, 조국의 배신자

2*극역 [KEUK-YEK,-I] (極役) 원163
불 Très-grand travail, très-grand ouvrage.
한 매우 중한 일, 매우 중대한 작업

*극열 [KEUK-YEL,-I] (極熱, (Extrêmement, chaud)) 원163
불 Temps des plus grandes chaleurs; chaleurs excessives.
한 가장 더운 시기 | 극심한 더위

*극욕 [KEUK-YOK,-I] (極辱) 원164
불 Grande injure. Injure très-grave.
한 대단한 모욕 | 매우 심한 모욕

*극욕ᄒᆞ다 [KEUK-YOK-HĂ-TA] (剋慾) 원164
불 Réprimer ses passions; ne pas agir suivant ses instincts, suivant la concupiscence.
한 자신의 열정을 억누르다 | 자신의 본능에 따라, 탐욕에 따라 행동하지 않다

*극존ᄒᆞ다 [KEUK-TJON-HĂ-TA] (極尊) 원165
불 Très-haut; très-élevé; très-illustre; très-grand; très-noble.
한 매우 높다 | 매우 고상하다 | 매우 저명하다 | 매우 중대하다 | 매우 고귀하다

*극즁ᄒᆞ다 [KEUK-TJYOUNG-HĂ-TA] (極重) 원165
불 Très-illustre; très-haut. ‖ Très-grave; très-important.
한 매우 저명하다 | 매우 높다 | 매우 중대하다 | 매우 중요하다

*극진ᄒᆞ다 [KEUK-TJIN-HĂ-TA] (極盡) 원165
불 Extrême; très; beaucoup; fort. Accompli.
한 극심하다 | 매우 | 많이 | 강하다 | 완전하다

*극층 [KEUK-TCHEUNG] (極層) 원165
불 De bonne qualité. Tout ce qu'il y a de mieux, de plus excellent.
한 좋은 품질의 | 가장 좋은, 가장 훌륭한 것

*극통ᄒᆞ다 [KEUK-HTONG-HĂ-TA] (極痛) 원165
불 Très-malade. ‖ Etre très-affligeant, très-triste. ‖ Très-affligé.
한 매우 아프다 | 매우 비통하다, 매우 슬프다 | 매우 괴로워하다

*극튁ᄒᆞ다 [KEUK-HTĂIK-HĂ-TA] (極擇) 원165
불 Choisir, prendre ce qu'il y a de meilleur.
한 선택하다, 가장 좋은 것을 취하다

*극픔 [KEUK-HPEUM,-I] (極品, (Suprême, qualité)) 원164
불 De bonne qualité. Le suprême degré; la 1re qualité.
한 좋은 품질의 | 최고의 등급 | 최고의 품질

*극한 [KEUK-HAN,-I] (極寒) 원164
불 Extrêmement, froid). Temps des plus grands froids. Froid excessif.
한 극도로 춥다 | 가장 추운 날씨 | 극심한 추위

*극호ᄉᆞ [KEUK-HO-SĂ] (極豪奢) 원164
불 Vie de plaisir. luxe des habits et de la table, des jeux. Toilette recherchée.
한 쾌락의 삶 | 옷과 식사, 유희의 호사 | 멋을 부린 옷차림

*극흉ᄒᆞ다 [KEUK-HYOUNG-HĂ-TA] (極凶, (Grandement, mauvais)) 원164
불 Très-mauvais, très-abominable.
한 매우 나쁘다, 매우 밉살스럽다

*극히 [KEUK-HI] (極) 원164
불 Beaucoup; extrêmement; très; fort; excessivement.
한 많이 | 극도로 | 매우 | 몹시 | 과도하게

극ᄒᆞ다 [KEUK-HĂ-TA] (極) 원164
불 Etre à son apogée. ‖ Etre au point le plus difficile (d'une affaire, d'une maladie). ‖ Etre nombreux, fort, grand, extrême, excessif.
한 절정에 이르다 | (일, 병의) 가장 힘든 지점에 있다 | 많다, 강하다, 크다, 극심하다, 과하다

*극ᄒᆡ [KEUK-HĂI] (極害) 원164
불 Très-grand dommage.
한 매우 큰 손실

1*근 [KEUN,-I] (斤) 원167
불 Une livre (poids). 16냥 nyang ou onces; 160돈 ton; 1600푼 hpoun; 16000리 ri. (La livre pèse 120 sapèques coréennes).
한 리브르(무게) | 16냥 nyang 또는 온스 | 160돈 ton | 1,600푼 hpoun | 1,6000리 ri | (리브르는 한국 엽전 120개 무게가 나간다)

2*근 [KEUN,-I] (根) 원167
불 Racine. ‖ Filament d'un clou, d'un furoncle, d'un cor.
한 뿌리 | 못, 정, 티눈의 대

*근간 [KĔŪ-KAN,-I] (近間) 원168
불 Espace de temps qui a précédé le moment présent. De nos jours; dans ce temps; depuis peu; il n'y a pas longtemps; récemment.
한 현재의 순간보다 앞선 기간 | 오늘날 | 요즘 | 조금 전부터 | 얼마 전에 | 최근에

*근검ᄒᆞ다 [KEUN-KEM-HĂ-TA] (勤儉) [원]168

[불] Etre actif et économe. Travail et économie. ‖ Nombreux, beaucoup, grand nombre. Bien venant(se dit d'une famille).

[한] 부지런하고 검소하다 | 일과 절약 | 수많다, 많이, 다수 | 잘 성장하다 (가족에 대해 쓴다)

*근경ᄒᆞ다 [KEUN-KYENG-HĂ-TA] (根耕) [원]168

[불] Labourer pour la seconde fois, dans l'année, un champs qui a déjà produit une première moisson, afin d'y semer les ᄃᆡ우 Tăi-ou(v.g. des pois, des haricots, après la récolte de l'orge).

[한] ᄃᆡ우 Tăi-ou (예. 보리를 수확한 후에 콩, 깍지콩)를 파종하기 위해, 이미 첫 번째 수확물을 배출한 밭에 그 해에 두 번째로 경작하다

*근고 [KEUN-KO] (勤苦, (Travail, douleur)) [원]168

[불] Ennui; tracas; douleur; peine. =ᄒᆞ다-Hă-ta, Se donner de la peine; prendre beaucoup de peine. ‖ Fonction, état, position.

[한] 걱정 | 근심 | 괴로움 | 고통 | [[용례] =ᄒᆞ다-hă-ta], 애쓰다 | 많이 수고하다 | 직무, 상태, 위치

*근곡 [KEUN-KOK,-I] (根穀) [원]168

[불] Céréales qui se sèment en second lieu dans un champ: pois, sarrasin, etc. Syn. ᄃᆡ우 Tăi-ou.

[한] 한 밭에 두 번째로 파종되는 곡식 : 콩, 메밀 등 | [[동의어] ᄃᆡ우, Tăi-ou]

*근근득ᄉᆡᆼᄒᆞ다 [KEUN-KEUN-TEUK-SĂING-HĂ-TA] (僅僅得生) [원]168

[불] Vivre avec peine, difficilement. Avoir juste ce qu'il faut pour ne pas mourir de faim.

[한] 근근이, 어렵게 살다 | 배고파 죽지 않기에 필요할 만큼만 갖다

*근근이 [KEUN-KEUN-I] (僅僅) [원]168

[불] Avec peine, difficilement.

[한] 간신히, 어렵게

근근ᄒᆞ다 [KEUN-KEUN-HĂ-TA] [원]168

[불] Sentir une démangeaison.

[한] 가려움을 느끼다

*근긔 [KEUN-KEUI] (根基, (Origine, place)) [원]168

[불] Origine; racine; source; fondement; principe. ‖ Emplacement; place.

[한] 기원 | 뿌리 | 원천 | 토대 | 근원 | 부지 | 자리

*근노ᄒᆞ다 [KEUN-NO-HĂ-TA] (勤勞, (Diligence, peine)) [원]168

[불] Souffrance, peine. Se donner beaucoup de peine(pour le travail).

[한] 고통, 괴로움 | (일을 위해) 많이 애쓰다

*근덕 [KEUN-TEK,-I] (勤德) [원]169

[불] Vertu, force.

[한] 덕, 정신력

근덕이다 [KEUN-TEK-I-TA,-TEK-YE,TEK-IN] (搖) [원]169

[불] Remuer, bouger, branler. Faire remuer.

[한] 움직이다, 움직이다, 흔들다 | 흔들리게 하다

*근동 [KĒUN-TONG,-I] (近洞) [원]169

[불] Village voisin, proche.

[한] 이웃한, 가까운 마을

근두박질ᄒᆞ다 [KEUN-TOU-PAK-TJIL-HĂ-TA] (跳躍) [원]169

[불] Tomber dans un précipice. ‖ Sauter de colère; faire des mouvements désordonnés dans un accès de colère.

[한] 낭떠러지로 떨어지다 | 화가 나서 펄쩍 뛰다 | 화가 폭발하여 무질서한 동작을 하다

1*근디 [KEUN-TI] (近地) [원]169

[불] Lieu voisin.

[한] 이웃한 곳

2*근디 [KEUN-TI] (根址) [원]169

[불] Racine, origine, extraction. Emplacement.

[한] 뿌리, 근원, 혈통 | 부지

근ᄃᆡ [KEUN-TĂI] [원]169

[불] Sorte d'herbe, légume.

[한] 풀의 종류, 채소

*근량 [KEUN-RYANG,-I] (斤兩, (Livre, once)) [원]168

[불] Une livre(poids) ‖ Poids, pesanteur.

[한] 리브르(무게) | 무게, 중량

*근력 [KEUN-RYEK,-I] (筋力, (Santé, force)) [원]168

[불] Santé, état de la santé, les forces (honorif). Force, vigueur(du corps).

[한] 건강, 건강 상태, 활력 (경칭) | (몸의) 힘, 기운

*근렴ᄒᆞ다 [KEUN-RYEM-HĂ-TA] (僅念, (Profonde, pensée)) [원]168

[불] Penser avec amouf (un sup. À un inf.). ‖ Penser profondément, penser fortement.

[한] (윗사람이 아랫사람에 대해) 애정을 갖고 생각하다 | 깊이 생각하다, 열심히 생각하다

*근롱ᄒᆞ다 [KEUN-RONG-HĂ-TA] (勤農, (Diligem-

ment, cultiver)) 원168

불 Mettre de l'activité dans les travaux des champs; faire la culture avec diligence; se livrer activement à l'agriculture.

한 밭일에 있어 활력을 쏟아 넣다 | 열심히 경작하다 | 농업에 적극적으로 전념하다

*근리ᄒᆞ다 [KEŪN-RI-HĂ-TA] (近理, (Proche, raison)) 원168

불 Etre assez juste; être probable; être approchant de la vérité; approcher de la raison.

한 꽤 정확하다 | 있을 법하다 | 진실에 가깝다 | 이치에 근접하다

*근ᄅᆡ [KEŪN-RĂI] (近來, (Voisin, venir)) 원168

불 Dans ce temps; depuis ce temps. Récemment.

한 그동안 | 그때 이후로 | 최근에

*근ᄆᆡᆨ [KEUN-MĂIK,-I] (根脈, (Racine et pouls)) 원168

불 Nerf et artère. ‖ Etat social, position sociale. ‖ Manière d'agir. =보다-po-ta, Surveiller la conduite.

한 신경과 동맥 | 사회적 신분, 사회적 지위 | 행동 방식 | [용례 =보다-po-ta], 행실을 지켜보다

*근방 [KEŪN-PANG,-I] (近方, (Voisin, lieu)) 원168

불 Voisinage, proximité. Lieu voisin.

한 인근, 부근 | 이웃한 곳

*근본 [KEUN-PON,-I] (根本) 원168

불 Racine; origine; source; principe; commencement; méthode.

한 뿌리 | 기원 | 원천 | 근원 | 기초 | 기초지식

*근봉 [KEŪN-PONG,-I] (謹封, (Précaution, cacheter)) 원168

불 Lettre cachetée. Cachet ou plutôt deux caractères que l'on trace sur le cachet.

한 봉인된 편지 | 봉인, 보다 정확히 말해 봉인 위에 써진 두 글자

*근수 [KEUN-SOU] (斤數) 원169

불 Poids, pesanteur.

한 무게, 중량

1*근시ᄒᆞ다 [KEŪN-SI-HĂ-TA] (近視, (Proche, voir)) 원169

불 Vue myope. Etre myope; avoir la vue courte; voir de près.

한 근시안 | 근시이다 | 근시이다 | 가까이에서 보다

2*근시ᄒᆞ다 [KEŪN-SI-HĂ-TA] (近侍) 원169

불 Les eunuques du palais, qui approchent toujours de la personne du roi. ‖ Entourer par honneur, être auprès par respect. ‖ Approcher de la personne du roi, c. a. d. demeurer dans le palais pour son service.

한 항상 왕의 곁에 가는 궁의 환관들 | 존경하여 주위에 있다, 경외심으로 곁에 있다 | 왕의 곁에 가다, 즉 왕을 섬기기 위해 궁에 머물다

근신스럽다 [KEUN-SIN-SEU-REP-TA,-RE-OUE,-RE-ON] 원169

불 Qui fait semblant de ne rien avoir, d'être pauvre.

한 아무것도 가지지 않은 체, 가난한 체하다

근신장이 [KEUN-SIN-TJANG-I] 원169

불 Celui qui se plaint continuellement sans sujet.

한 이유 없이 계속 불평하는 사람

1*근신ᄒᆞ다 [KEŪN-SIN-HĂ-TA] (謹身) 원169

불 Tenir à sa vie, à son corps.

한 자신의 목숨을, 자신의 몸을 아끼다

2*근신ᄒᆞ다 [KEŪN-SIN-HĂ-TA] (謹愼) 원169

불 Veiller; faire attention; être vigilant; prendre garde; être sur ses gardes.

한 감시하다 | 주의하다 | 조심하다 | 주의하다 | 조심하다

근실근실ᄒᆞ다 [KEUN-SIL-KEUN-SIL-HĂ-TA] (癢) 원169

불 Sentir une démangeaison.

한 가려움을 느끼다

*근실ᄒᆞ다 [KEUN-SIL-HĂ-TA] (勤實, (Diligent, vrai)) 원169

불 S'appliquer à, être actif. ‖ Vrai, véridique; être digne de confiance.

한 ~에 전념하다, 부지런하다 | 참되다, 진실하다 | 믿을 만하다

근심ᄒᆞ다 [KEUN-SIM-HĂ-TA] (愁) 원169

불 Inquiétude, anxiété, affliction. Etre triste, sombre, en peine, inquiet, affligé, chagrin, anxieux.

한 근심, 불안, 고뇌 | 슬프다, 우울하다, 괴롭다, 불안하다, 번민하다, 침울하다, 근심하다

*근ᄉᆞ [KEUN-SĂ] (勤事) 원168

불 Fonction, position, état. ‖ Laborieux; homme laborieux.

한 직무, 지위, 신분 | 부지런하다 | 부지런한 사람

1*근ᄉᆞᄒᆞ다 [KEŪN-SĂ-HĂ-TA] (近似, (Proche, semblable)) 원168

불 Approcher de la vérité; être probablement juste. ‖ Etre presque semblables.

한 진실에 가깝다 | 아마도 정확하다 | 거의 유사하다

2*근ᄉᆞᄒᆞ다 [KĒŪN-SĂ-HĂ-TA] (勤事) 원168

불 Se donner bien de la peine pour réussir.

한 성공하기 위해 많은 노력을 기울이다

3*근ᄉᆞᄒᆞ다 [KEUN-SĂ-HĂ-TA] (覲仕) 원169

불 Fréquenter les ministres, les servir, leur offrir des présents pour obtenir des dignités.

한 고관직을 얻기 위해서 장관들을 자주 만나 그들을 대접하고, 그들에게 선물을 주다

*근원 [KEUN-OUEN,-I] (根原) 원168

불 Source; commencement; origine; principe. ‖ Auteur; producteur; inventeur.

한 원천 | 기초 | 기원 | 근원 | 창조자 | 생산자 | 발명자

*근읍 [KĒŪN-EUP,-I] (近邑, (Voisine, ville)) 원167

불 Villes voisines les unes des autres.

한 서로 이웃한 도시들

*근일근일ᄒᆞ다 [KEUN-IL-KEUN-IL-HĂ-TA] (疴瘙) 원167

불 Sentir une démangeaison, une irritation à la peau.

한 피부에 가려움, 자극을 느끼다

*근일에 [KĒŪN-IL-EI] (近日) 원167

불 Ces jours derniers; hier ou avant-hier; demain; ces jours-ci.

한 최근 며칠 | 어제 또는 그저께 | 내일 | 요즈음

*근족 [KĒŪN-TJYOK,-I] (近族) 원169

불 Proche parent.

한 가까운 친척

1*근죵 [KEUN-TJYONG,-I] (根瘇) 원169

불 Racine d'un furoncle, d'un cor; le bourbillon. ‖ Racine (en général), origine, extraction.

한 절종, 티눈의 뿌리 | 종기의 뿌리 | 뿌리 (일반적으로), 기원, 혈통

2*근죵 [KEUN-TJYONG,-I] (根種) 원169

불 Semence de pois dans un champ où restent les racines de blé.

한 곡식의 뿌리가 남아 있는 밭에 심는 콩 종자

*근즁ᄒᆞ다 [KEUN-TJYOUNG-HĂ-TA] (斤重, (Poids, gravité)) 원169

불 Pesant. ‖ Grave, important. ‖ (Homme) de poids, solide, raisonnable. ‖ =잇다- it-ta, Avoir de la gravité.

한 무겁다 | 중대하다, 중요하다 | 영향력이 있는, 건실한, 온당한 (사람) | [용례 =잇다- it-ta], 근엄하다

1*근쳐 [KĒŪN-TCHYE] (近處, (Proche, endroit)) 원169

불 Lieux voisins.

한 이웃한 곳들

2*근쳐 [KEUN-TCHYE] (根處) 원169

불 L'endroit où est la racine d'un furoncle.

한 절종의 뿌리가 있는 곳

*근쳔스럽다 [KEUN-TCHYEN-SEU-REP-TA,-RE-OUE,-RE-ON] (近淺) 원169

불 Etre avare, pingre, mesquin; gourmand.

한 인색하다, 쩨쩨하다, 보잘것없다 | 탐욕스럽다

*근친ᄒᆞ다 [KĒŪN-TCHIN-HĂ-TA] (覲親) 원169

불 Aller voir ses parents (se dit d'une jeune femme).

한 자신의 부모를 보러 가다 (젊은 여자에 대해 쓴다)

근ᄐᆡ [KEUN-HTĂI] (根太) 원169

불 Pois qui se sèment à la 5e lune. V. 글우 Keul-ou; 근곡 Keun-kok.

한 다섯 번째 달에 파종되는 콩 | [참조어 글우, Keul-ou] | [참조어 근곡, Keun-kok]

*근포ᄒᆞ다 [KEUN-HPO-HĂ-TA] (跟捕, (Talon, [traces], attraper)) 원168

불 Chercher un malfaiteur, un coupable. Epier, espionner (se dit des satellites). Faire la garde. Suivre la piste d'un coupable.

한 악인, 죄인을 찾다 | 염탐하다, 정탐하다 (심복 부하들에 대해 쓴다) | 감시하다 | 죄인의 종적을 쫓아가다

*근피 [KEUN-HPI] (跟皮, (Talon, cuir)) 원168

불 Morceau de cuir à l'intérieur et au talon du soulier en cuir. Cuir du derrière du soulier en cuir.

한 가죽신의 안과 뒤축에 대는 가죽 조각 | 가죽신의 뒤에 대는 가죽

*근피ᄒᆞ다 [KEUN-HPI-HĂ-TA] (謹避, (Précaution, fuir)) 원168

불 Se mettre en garde. Prendre garde. Eviter avec soin. S'apprêter à fuir.

한 조심하다 | 경계하다 | 주의하여 피하다 | 달아날 준비를 하다

*근협ᄒᆞ다 [KĒŪN-HYEP-HĂ-TA] (近峽, (Voisin, montagne)) 원168

불 Lieu voisin d'une montagne. Etre voisin d'une montagne. ‖ Ressembler à une vallée sauvage, à ses habitants.

한 산과 가까운 장소 | 산과 가깝다 | 미개의 골짜기, 그 주민들과 비슷하다

1* 근ᄒᆞ다 [KEUN-HĂ-TA,-HĂ-YE,-HĂN] (近) 원168
불 Etre voisin, peu éloigné.
한 이웃하다, 멀지 않다

2* 근ᄒᆞ다 [KEUN-HĂ-TA,-HĂ-YE,-HĂN] (勤) 원168
불 Fervent, laborieux. Etre actif, alerte.
한 열렬하다, 근면하다 | 부지런하다, 민첩하다

1 글 [KEUL,-I] (文) 원170
불 Ecriture; caractère d'écriture; écrit; style; belles-lettres.
한 글자 | 문자 | 문서 | 문체 | 문학

2 글 [KEUL,-I] (根耕) 원170
불 Seconde semence dans la même année.
한 같은 해의 두 번째 파종

글겅이 [KEUL-KENG-I] 원171
불 Sorte de peigne, étrille, racloir, râteau.
한 빗의 일종, 글겅이, 긁는 연장, 갈퀴

글겅이질ᄒᆞ다 [KEUL-KENG-I-TJIL-HĂ-TA] (釣民) 원171
불 Racler, c. a. d. tirer de l'argent de côté et d'autre, ramasser pour soi. ‖ Ratisser. ‖ Racler, gratter (se dit des filets des pècheurs quand on les tire de l'eau).
한 긁어내다, 즉 이쪽저쪽에서 돈을 빼앗다, 자신을 위해 모으다 | 갈퀴로 긁어모으다 | 긁어내다, 긁다 (물에서 그물을 끌어당길 때, 어부들의 그물에 대해 쓴다)

글게 [KEUL-KEI] 원171
불 Râteau.
한 갈퀴

글귀 [KEUL-KOUI] (詩句) 원171
불 Vers, versification, poésie.
한 운문, 작시법, 시

글내 [KEUL-NAI] 원172
불 A cause de cela.
한 그것 때문에

글너지다 [KEUL-NE-TJI-TA,-TJYE,-TJIN] (爲誤) 원172
불 Changer en mal, se pervertir.
한 나쁘게 바뀌다, 변질하다

글녜 [KEUL-TYEI] (詩題) 원172
불 Thème, sujet d'une composition; matière d'écriture; titre, canevas, plan d'une narration.
한 주제, 작문의 주제 | 글쓰기의 소재 | 제목, 초안, 서술의 구상

글노지다 [KEUL-NO-TJI-TA] 원172 ☞글너지다

글닑다 [KEUL-NIKL-TA,-NILK-E,NILK-EUN] (讀書) 원172
불 Etudier les caractères, repasser sa leçon, apprendre par cœur.
한 문자를 공부하다, 수업을 복습하다, 암기하다

1 글다 [KEUL-TA,KEUL-E,KEUN] 원172
불 Racler, ratisser. ‖ Attirer, tirer, trainer.
한 긁어내다, 긁어모으다 | 끌어당기다, 당기다, 끌다

2 글다 [KEUL-TA,KEUL-E,KEUN] 원172
불 Etre grillé, roussi. ‖ Etre imprégné, etc. V.Syn. 글우다 keul-ou-ta.
한 그슬리다, 약간 눋다 | 배어들다 등 | [동의어 글우다, keul-ou-ta]

글방 [KEUL-PANG,-I] (文房) 원172
불 Salle d'étude.
한 자습실

글셰 [KEUL-SYEI] 원172
불 Sans doute, c'est ainsi. (Terme d'approbation. -Le synonyme 그러치 keu-re-tchi en diffère pour l'emploi).
한 아마, 그러하다 | (동의하는 말, 동의어 그러치 keu-re-tchi는 용법에 있어 이것과 다르다)

글시 [KEUL-SI] (寫手) 원172
불 Ecriture, écrit, caractère chinois.
한 글씨, 문서, 중국 글자

글썽글썽 [KEUL-KKENG-KEUL-KKENG] 원171
불 Cri du tigre, de la panthère.
한 호랑이, 표범의 울음소리

글어쥐다 [KEUL-E-TJOUI-TA,-TJOUI-YE,-TJOUIN] 원171
불 Prendre avec la main en raclant. (De 글다 Keul-ta et 쥐다 tjoui-ta).
한 긁어내어 손으로 잡다 | (글다 Keul-ta 와 쥐다 tjoui-ta 로 만들어진)

글외오다 [KEUL-OI-O-TA,-OI-OA,-OI-ON] (誦書) 원171
불 Réciter les caractères, réciter l'écriture.
한 글자를 암송하다, 문자를 암송하다

1 글우 [KEUL-OU] (根田) 원171
불 Secondes semailles de l'année dans le même champ. Champ ensemencé pour la seconde fois dans l'année.
한 같은 밭에 그 해의 두 번째 파종 | 그 해에 두 번째로 씨가 뿌려진 밭

2 글우 [KEUL-OU] (木尖) 원171
불 chicot de bois coupé en biais, en biseau, très-ras de terre.
한 경사지게, 비스듬히, 땅에서 아주 가깝게 잘린 나무의 그루터기

글우다 [KEUL-OU-TA,-OU-E,-OUN] [원]171
[불] Faire de secondes semailles. ‖ Imprégner; faire prendre peu à peu une couche. 연긔글우다 Yen-keui-keul-ou-ta, Faire fumer; faire flamber pour enlever les petits poils; faire griller; griller.
[한] 두 번 파종을 하다 | 스며들게 하다 | 한 층에 조금씩 스며들게 하다 | [[용례] 연긔글우다 Yen-keui-keul-ou-ta], 연기가 나게 하다 | 짧은 털을 없애기 위해 불에 태우다 | 석쇠에 굽다 | 석쇠로 굽다

글월 [KEUL-OUEL,-I] (牋牒) [원]171
[불] Note; écrit; billet; document; dépèche; archives. ‖ Nom d'un caractère.
[한] 메모 | 문서 | 짧은 편지 | 문헌 | 전보 | 고문서 | 글자의 이름

글짓다 [KEUL-TJIT-TAL,-TJI-E,-TJI-EUN] (作文) [원]172
[불] Rassembler des caractères de manière à leur donner un sens. Faire une narration, une composition.
[한] 하나의 의미를 부여하기 위해 글자들을 모으다 | 서술, 작문을 하다

글ᄌᆞ [KEUL-TJĂ] (文字) [원]172
[불] Caractère d'écriture, signe, lettre.
[한] 글씨의 글자, 기호, 글자

글피 [KEUL-HPI] (再明月) [원]172
[불] Le surlendemain, le jour d'après-demain.
[한] 그다음다음 날, 모레

글획 [KEUL-HOIK,-I] (書畫) [원]171
[불] Trait, trait d'un caractère d'écriture, coup de pinceau en écrivant.
[한] 선, 글자의 획, 글씨를 쓰면서 하는 붓질

긁다 [KEULK-TA,KEULK-E,KEULK-EUN] (搔) [원]172
[불] Racler, gratter, ratisser.
[한] 긁어내다, 긁다, 긁어모으다

1*금 [KEUM,-I] (金) [원]165
[불] Or. ‖ Objet très-précieux. ‖ Valeur, prix. 금치다 Keum-tchi-ta, Fixer le prix. ‖ Métal. ‖ Valeur de 100 sapèques. 십금 Sip-keum, ᄇᆡᆨ금 Păik-keum, 만금 Man-keum, 1,000 sap., 10,000 sap., 1,000,000 sap.
[한] 금 | 매우 귀중한 물건 | 가치, 가격 | [[용례] 금치다 Keum-tchi-ta], 가격을 정하다 | 금속 | 엽전 100개의 가치 | [[용례] 십금 Sip-keum], 십금(엽전 1,000개), [[용례] ᄇᆡᆨ금 Păik-keum], 백금(엽전 10,000개), [[용례] 만금 Man-keum], 만금(엽전 100만 개)

2금 [KEUM,-I] [원]165
[불] Linéaments de la main; lignes, traits des mains. veines du bois, des pierres, etc.
[한] 손의 선 | 손의 줄, 선 | 나무, 돌 등의 결

3*금 [KEUM,-I] (今) [원]165
[불] En agr. Ce, celle-ci. V. G. 금월 Keum-ouel, Cette lune-ci; 금년 Keum-nyen, Cette année.
[한] 한자로 이, 이것 | 예. 금월 Keum-oue, 이번 달 | 금년 Keum-nyen, 올해

*금각ᄃᆡ [KEUM-KAK-TĂI] (金角帶, (Or. corne, ceinture)) [원]165
[불] Baudrier en corne incrusté d'or. Ceinture dorée des grands mandarins.
[한] 금을 박아 넣은 뿔로 만든 어깨끈 | 높은 관리들이 두르던 금박을 입힌 허리띠

*금강셕 [KEUM-KANG-SYEK,-I] (金剛石, (Or. dur, pierre)) [원]165
[불] Diamant.
[한] 금강석

*금고죵신ᄒᆞ다 [KEŪM-KO-TJYONG-SIN-HĂ-TA] (禁錮終身, (Empêcher, enfermer, jusqu'à la mort, corps)) [원]166
[불] Etre exilé à vie. Terminer son exil par la mort. Mourir en prison (se dit des mandarins). ‖ Etre dégrandé et ne pouvoir plus obtenir de dignité de toute la vie.
[한] 종신토록 유배되다 | 죽어서야 유배를 끝마치다 | 감옥에서 죽다 (관리들에 대해 쓴다) | 강등되고 평생토록 더 이상 고위직을 얻을 수 없다

*금관됴복 [KEUM-KOAN-TYO-POK] (金冠朝服, (Or, chapeau, saluer le roi, habit)) [원]165
[불] Habit de cour. Habit que doivent revêtir les grands dignitaires pour paraître devant le roi.
[한] 궁궐에서 입는 옷 | 고관대작들이 왕 앞에 나타나기 위해 입어야 하는 옷

*금관ᄌᆞ [KEUM-KOAN-TJĂ] (金貫子) [원]166
[불] Anueau d'or du serre-tête (insigne de dignité).
[한] 망건에 다는 금으로 된 고리 (고관직의 상징)

1금나다 [KEUM-NA-TA,-NA,-NAN] (開隙) [원]166
[불] Commencer à se fendre.
[한] 금이 가기 시작하다

2금나다 [KEUM-NA-TA,-NA,-NAN] (定價) [원]166
[불] Le prix être fixé. Le cours du marché être connu, fixé. ‖ Connaître le prix. la valeur.
[한] 가격이 정해지다 | 시장의 시세가 알려지다, 정해

지다 | 가격, 가치를 알다

*금난군 [KĔŪM-NAN-KOUN,-I] (禁亂軍) [원]166
[불] Sergents de ville; policemen; employés à la police. Satellites qui veillent à l'exécution des prohibitions.
[한] 순경들 | 경찰관들 | 경찰서의 직원들 | 금지된 일들의 실행을 감시하는 부하들

*금난ᄒᆞ다 [KEUM-NAN-HĂ-TA] (禁亂) [원]166
[불] Empêcher le trouble, le désordre. Maintenir l'ordre, la paix, la tranquillité.
[한] 동요, 혼란을 막다 | 질서, 평화, 치안을 유지하다

*금낭 [KEUM-NANG,-I] (錦囊) [원]166
[불] Bourse en soie brodée en or.
[한] 금으로 수놓인 비단 돈주머니

*금낭화 [KEUM-NANG-HOA] (錦囊花, (Soie, bourse, fleur)) [원]166
[불] Diclytra, fleur Cœur de Marie.
[한] 금낭화, 금낭화

*금년 [KEUM-NYEN,-I] (今年) [원]166
[불] Cette année, l'année présente.
[한] 올해, 현재의 해

금닐다 [KEUM-NIL-TA,-NIL-E,-NIN] (淘金) [원]166
[불] Puritier l'or en le lavant. Enlever les matières étrangères, pour recueillir l'or pur.
[한] 금을 세척하면서 정화하다 | 순수한 금을 모으기 위해 이물질을 제거하다

*금단ᄒᆞ다 [KEUM-TAN-HĂ-TA] (禁斷, (Défendre et briser)) [원]167
[불] Défendre, prohiber.
[한] 금지하다, 금하다

*금뎜 [KEUM-TYEM,-I] (金店, (Or,fabrique)) [원]167
[불] Etablissement pour recueillir et épurer l'or.
[한] 금을 모으고 정제하기 위한 시설

*금뎡ᄒᆞ다 [KEUM-TYENG-HĂ-TA] (金定) [원]167
[불] Fixer le prix.
[한] 가격을 정하다

*금령 [KĔŪM-RYENG,-I] (禁令, (Défendre, ordonner)) [원]166
[불] Loi prohibitive; défense; prohibition.
[한] 금지법 | 금지 | 금지

*금명간 [KEUM-MYENG-KAN] (今明間) [원]166
[불] Aujourd'hui ou demain.
[한] 오늘이나 내일

*금목슈화토 [KEUM-MOK-SYOU-HOA-HTO] (金木水火土) [원]166
[불] Les cinq éléments: métal, bois, cau, feu, terre.
[한] 다섯 가지 원소: 금속, 나무, 물, 불, 흙

1*금물 [KEUM-MOUL,-I] (禁物) [원]166
[불] Choses prohibées.
[한] 금지된 것들

2금물 [KEUM-MOUL,-I] (Or, eau) [원]166
[불] Or fondu liquide.
[한] 액체 상태로 녹은 금

금바독 [KEUM-PA-TOK,-I] (金棋文) [원]166
[불] Petit damier en or que les femmes riches portent parmi leurs breloques.
[한] 부유한 여자들이 패물 속에 가지고 다니는 금으로 된 작은 체커놀이판

*금박ᄒᆞ다 [KEUM-PĂK-HĂ-TA] (金箔) [원]166
[불] Incrustation d'or. Dorure. Dorer.
[한] 금 상감 | 금박 | 금박을 입히다

1*금방 [KEUM-PANG,-I] (金房) [원]166
[불] Maison d'orfèvre. Chambre où l'on fait le commerce de l'or, où l'on travaille l'or. ‖ Belle maison.
[한] 금은세공사의 상점 | 금을 거래하는, 금을 세공하는 방 | 멋진 집

2*금방 [KEUM-PANG] (今方) [원]166
[불] Maintenant.
[한] 지금

*금번 [KEUM-PEN,-I] (今番) [원]166
[불] Cette fois-ci.
[한] 이번

*금법 [KEUM-PEP,-I] (禁法, (Défendre, loi)) [원]166
[불] Lois prohibitives; prohibition du gouvernement.
[한] 금지법 | 정부에서 금지함

*금보 [KEUM-PO] (錦褓, (Orné, tissu)) [원]166
[불] Très-belle soie semée d'or et d'argent.
[한] 금과 은이 점점이 흩뿌려진 매우 아름다운 비단

*금봉지 [KEUM-PONG-TJI] (金封紙, (Or, enveloppe)) [원]166
[불] Rouleau de papier attaché avec un filet de papier doré.
[한] 금박지의 가는 끈으로 묶인 두루마리

*금봉차 [KEUM-PONG-TCHA] (金鳳釵) [원]166
[불] Aiguille en or, dont se servent les femmes riches pour retenir le chignon des cheveux. Aiguille de tête à l'usage des femmes, avec les bouts en or figurant un

oiseau.

한 부유한 여성들이 쪽머리를 고정시키기 위해 사용하는 금비녀 | 양끝이 금으로 되어 새를 나타내는, 여자들이 사용하는 머리 비녀

*금부 [KĒŪM-POU] (禁府) ⓦ166

불 Prison où sont renfermés les criminels dont le jugement est réservé au roi(elle n'existe qu'à la capitale). ‖ Prison des grands dignitaires et des criminels d'Etat. Prison royale à la capitale. (On y enferme les dignitaires les rebelles et les criminels de lèse-majesté). ‖ Tribunal spécial gui juge les fonctionnaires publics et les actes de rébeillon et de lèse-majesté(à la capitale seulement).

한 판결이 왕에게 유보된 범죄자들이 가두어지는 감옥 (수도에만 있다) | 중요 고관들과 국사범들의 감옥수도에 있는 왕립 감옥 | (이곳에는 고관들, 반역자들, 대역죄인들을 가둔다) | (수도에만 있는) 공직자들과 반란과 대역 행위를 심판하는 특수한 법정

*금부나장이 [KĒŪM-POU-NA-TJANG-I] (禁府羅長) ⓦ166

불 Employés de la prison des mandarins (ils sont ordinairement 80).

한 관리들의 감옥에서 일하는 직원들 (일반적으로 80명이다)

*금부도스 [KĒŪM-POU-TO-SĂ] (禁府都事) ⓦ166

불 Mandarin de la prison des dignitaires.

한 고관들의 감옥의 관리

1*금사 [KEUM-SA] (金絲) ⓦ166

불 Fil d'or.

한 금실

2*금사 [KEUM-SA] (金沙) ⓦ166

불 Sable jaune. Sable (dans la province de Hoang-hăi) couvert de roses d'églantier.

한 노란 모래 | 들장미나무의 장미로 덮인 (황해 지방의) 모래

*금사오죽 [KEUM-SA-O-TJYOUK,-I] (金沙烏竹, (Or, sable, noir, bambou)) ⓦ166

불 Tuyau de pipe couvert de petits points d'or.

한 금으로 된 작은 점들로 덮인 담뱃대

1*금셕 [KEUM-SYEK] (今夕) ⓦ166

불 Ce soir.

한 오늘 저녁

2*금셕 [KĒŪM-SYEK,-I] (金石) ⓦ166

불 Fer et pierre. ‖ Ferme, solide.

한 쇠와 돌 | 단단하다, 굳다

*금셕샹약ᄒᆞ다 [KEUM-SYEK-SYANG-YAK-HĂ-TA] (金石相約) ⓦ166

불 fFaire une alliance solide comme le fer et la pierre. Alliance ferme, indissoluble.

한 쇠와 돌처럼 굳은 동맹을 맺다 | 굳은, 확고한 동맹

금션 [KEUM-SYEN,-I] (金緣, (or, bordure)) ⓦ166

불 Bordure en or, tranche dorée.

한 금으로 된 가장자리 장식, 금박을 입힌 단면

*금셩 [KEUM-SYENG,-I] (金聲) ⓦ166

불 Son de métal, son d'un instrument métallique. (Cymbales, tam-tam, cloche, etc.).

한 금속의 소리, 금속 기구의 소리 | (심벌즈, 징, 종 등)

*금셰 [KEUM-SYEI] (今世) ⓦ166

불 Le monde actuel. ce monde.

한 현재의 세상 | 이 세상

*금숑ᄒᆞ다 [KEUM-SYONG-HĂ-TA] (禁松, (Défendre, pin)) ⓦ167

불 Défense de couper les pins. Porter cette défense.

한 소나무 베기 금지 | 이 금지를 제정하다

*금슈 [KEUM-SYOU] (禽獸) ⓦ167

불 Oiseau et quadrupède. Animal en général.

한 새와 네발짐승 | 일반적인 짐승

*금슬 [KEUM-SEUL,-I] (琴瑟) ⓦ167

불 Harpe et guitare. ‖ Harmonie, accord, concorde. (Se dit de deux époux bien unis). V. 비파 Pi-hpa.

한 하프와 기타 | 조화, 일치, 화합 | (매우 화목한 부부 두 사람에 대해 쓴다) | [참조어 비파 Pi-hpa]

*금시 [KEUM-SI] (今時) ⓦ167

불 Maintenant, tout présentement. 금시에 Keum-si-ei, A l'instant!

한 지금, 바로 지금 | [용례 금시에 Keum-si-ei], 방금

*금시발복 [KEUM-SI-PAL-POK,-I] (今時發福, (Subitement, naître, bonheur)) ⓦ167

불 Bonheur subit. (Superst.).

한 급작스러운 행복 | 미신

금실 [KEUM-SIL,-I] (金絲) ⓦ167

불 Fil d'or.

한 금실

*금ᄉᆞ화 [KEUM-SĂ-HOA] (禁蛇花) ⓦ166

불 Fleur qui a la propriété d'éloigner les serpents. Œillet d'Inde. tagète.

한 뱀을 물리치는 특성을 가진 꽃 | 전륜화 | 전륜화

*금쉭 [KEUM-SĂIL,-I] (金色) 원166
불 Couleur d'or.
한 금색

*금어 [KEUM-E] (金魚) 원165
불 Nom d'une esp. de poisson de couleur jaune.
한 노란색 물고기 한 종류의 이름

*금옥 [KEUM-OK,-I] (金玉) 원165
불 Or et jade ou diamant.
한 금과 경옥 또는 금강석

*금옥탕챵 [KEUM-OK-HTANG-THYANG,-I] (金玉宕氅, (Or, argent, fleur)) 원165
불 Or, jade ou diamant, bonnet de crin à fanons en forme d'ailes, et toge ou grand habit fendu par derrière. Insignes des mandarins. ‖ Grand dignitaire en uniforme.
한 금, 경옥 또는 금강석, 말발굽 위의 털로 만든 날개 모양의 챙 없는 모자, 그리고 예복 또는 뒤쪽이 트인 큰 옷 | 관리들의 상징 | 유니폼을 입은 중요 고관

*금월 [KEUM-OUEL,-I] (今月) 원165
불 La lune presente; cette lune-ci; le mois présent.
한 현재의 달 | 이번 달 | 이번 달

*금위군 [KEUM-OUI-KOUN,-I] (禁衛軍) 원165
불 Soldat du palais du 3e général. Soldat attaché au 금위영 Keum-oui-yeng.
한 세 번째 장성의 관저에 있는 군사 | 금위영 Keum-oui-yeng에 매인 군사

*금위대쟝 [KEUM-OUI-TAI-TJYANG,-I] (禁衛大將) 원165
불 Le dernier des trois généraux résidant à la capitale. général du 금위영 Keum-oui-yeng.
한 수도에 거주하는 세 장성들 중 최하위 장성 | 금위영 Keum-oui-yeng의 장성

*금위영 [KEUM-OUI-YENG,-I] (禁衛營) 원165
불 Palais du 3e général à la capitale; un des cinq arsen-aux à la capitale.
한 수도에 있는 세 번째 장성의 관저 | 수도에 있는 다섯 개의 병기창 중 하나

*금은 [KEUM-EUN,-I] (金銀) 원165
불 Or et argent.
한 금과 은

*금은화 [KEUM-EUN-HOA] (金銀花, (Or, argent, fleur)) 원165
불 Fleur du chèvrefeuille (인동 In-tong). Lonicera caprifolium. (Sert en médec.)
한 인동덩굴 (인동 In-tong)의 꽃 | 인동덩굴 | (내복약으로 쓰인다)

금음 [KEUM-EUM,-I] (晦) 원165
불 Le dernier jour de la lune, le 29e jour dans les petits lunes, le 30e jour dans les grandes.
한 그 달의 마지막 날, 작은 달에는 29번째 날, 큰 달에는 30번째 날

*금의 [KEUM-EUI] (錦衣) 원165
불 Habit de soie.
한 비단옷

*금의야힝ᄒᆞ다 [KEUM-EUI-YA-HĂING-HĂ-TA] (錦衣夜行, (Soie, habit, nuit, voyage)) 원165
불 Prendre de beaux habits pour vayager la nuit, c. a. d… Faire une belle action qui restera iconnue, travailler pour le roi de Prusse.
한 밤에 여행하기 위해 멋진 옷을 입다, 즉 줄곧 알려지지 않을 훌륭한 행동을 하다, 무보수로 봉사하다

*금의옥식 [KEUM-EUI-OK-SIK,-I] (錦衣玉食) 원165
불 (Habit de soie et riz blanc). Luxe des habits et de la table, c. a. d. beaux habits et bonne chère.
한 (비단옷과 흰 쌀밥) | 옷과 식탁의 호사스러움, 즉 멋진 옷과 좋은 식사

*금일 [KEUM-IL,-I] (今日) 원165
불 Aujourd'hui.
한 오늘

*금잔 [KEUM-TJAN,-I] (金杯) 원167
불 Coupe d'or.
한 금으로 된 술잔

*금잡인ᄒᆞ다 [KEUM-TJAP-IN-HĂ-TA] (禁雜人, (Empêcher, toute sorte, homme)) 원167
불 Empêcher d'entrer, ne pas laisser l'entrée libre. Qui n'est pas ouvert au public.
한 들어가는 것을 막다, 자유롭게 들어가도록 내버려 두지 않다 | 일반인들에 개방되지 않다

*금장이 [KEUM-TJANG-I] (金匠) 원167
불 Ouvrier en or, orfèvre.
한 금 장인, 금은세공사

*금장ᄒᆞ다 [KEUM-TJANG-HĂ-TA] (禁葬, (Défendre, enterrer)) 원167
불 Empêcher d'enterrer sur son terrain.
한 자신의 땅에 매장하는 것을 막다

1*금쟝 [KEUM-TJYANG,-I] (禁杖) 원167
불 Bruit de la torture.

한 고문하는 소리

[2]*금쟝 [KEUM-TJYANG,-I] (禁將) 원167
불 Le dernier des trois généraux résidant à la capitale.
한 수도에 거주하는 세 장성들 중 최하위

*금쟝군 [KĒŪM-TJYANG-KOUN,-I] (禁將軍) 원167
불 Soldat du 금쟝 Keum-tjyang.
한 금쟝 Keum-tjyang의 군인

*금쟝군 [KĒŪM-TJYANG-KOUN,-I] (禁杖軍) 원167
불 Bourreau employé aux tortures.
한 고문하는 데 고용된 형리

금젹금젹ᄒᆞ다 [KEUM-TJEK-KEUM-TJEK-HĂ-TA] 원167
불 Remuer (les paupières). Remuer un peu. Bouger.
한 (눈꺼풀을) 움직이다 | 약간 움직이다 | 움직이다

*금젼지 [KEUM-TJYEN-TJI] (金殿紙) 원167
불 Papier doré. ‖ Petit triangle d'étoffe brodée (que portent les enfants à la queue de leur chevelure).
한 금박지 | (아이들이 길게 땋은 머리에 다는) 수놓인 작은 삼각형의 천

*금졉ᄒᆞ다 [KEUM-TJYEP-HĂ-TA] (檎接) 원167
불 Empêcher.
한 막다

[1]*금졍 [KEUM-TJYENG,-I] (金井) 원167
불 Rebord d'un puits, margelle, garde-fou pour empêcher d'y tomber.
한 우물의 가장자리, 우물의 둘레 돌, 우물에 떨어지는 것을 막기 위한 난간

[2]*금졍 [KEUM-TJYENG,-I] (金穽) 원167
불 Fosse pour déposer le cercueil. ‖ Forme en bois qui sert à mesurer la dimension de la fosse (pour le cercueil).
한 관을 놓기 위한 구덩이 | (관을 놓기 위한) 구덩이의 크기를 재는 데 쓰이는 나무로 만든 틀

금줄 [KĒŪM-TJOUL,-I] (禁絃, (Empêcher, corde)) 원167
불 Corde tendue pour empêcher de passer. Corde marquant les limites d'une enceinte.
한 지나가는 것을 막기 위해 쳐진 줄 | 구내의 경계를 표시하는 줄

*금쥰 [KEUM-TJYOUN,-I] (金罇) 원167
불 Coupe d'or, bouteille d'or.
한 금으로 된 잔, 금으로 된 병

*금지ᄒᆞ다 [KĒŪM-TJI-HĂ-TA] (禁止) 원167
불 Défendre, interdire, empêcher.
한 금하다, 금지하다, 못 하게 하다

금직이 [KEUM-TJIK-I] 원167
불 Extrêmement; beaucoup; abondamment; entièrement; très; fort; tout à fait.
한 극히 | 많이 | 많이 | 전부 | 매우 | 몹시 | 완전히

금직ᄒᆞ다 [KEUM-TJIK-HĂ-TA] 원167
불 Extrême; excessif; abondant.
한 극심하다 | 과도하다 | 풍부하다

*금창 [KEUM-TCHANG,-I] (金瘡) 원167
불 Blessure; blessure faite avec un fer (comme sabre, couteau).
한 상처 | (검, 칼과 같은) 도검으로 인한 상처

*금창산 [KEUM-TCHANG-SAN,-I] (金瘡散) 원167
불 Remède en poudre pour les blessures dites 금창 Keum-tchang.
한 이른바 금창 Keum-tchang이라는 상처를 위한 가루약

금치다 [KEUM-TCHI-TA,-TCHYE,-TCHIN] (定價) 원167
불 Fixer la valeur, le prix; apprécier, estimer.
한 가치, 가격을 정하다 | 평가하다, 감정하다

*금칙ᄒᆞ다 [KEUM-TCHIK-HĂ-TA] (禁飭) 원167
불 Empêcher.
한 못 하게 하다

*금침 [KEUM-TCHIM,-I] (衾枕) 원167
불 Couverture et oreiller.
한 이불과 베개

[1]*금패 [KEUM-HPAI] (金珮) 원166
불 Petit objet précieux de couleur jaune.
한 노란색의 작고 귀중한 물건

[2]*금패 [KEUM-HPAI] (金牌) 원166
불 Médaille d'or.
한 금으로 된 메달

금핑 [KEUM-HPĂING,-I] 원166
불 Ambre jaune.
한 호박

*금혈 [KEUM-HYEL,-I] (金穴) 원165
불 Impôts ou droits perçus sur l'argent qui sort de Corée. (Pour une once d'or on paie 8 ligatures de 100 sapèques coréenes, c. a. d. à peu près 5%).
한 조선에서 나가는 은에 대해 징수되는 조세 또는 세금 | (금 1온스당 조선 엽전으로 8 꾸러미, 즉 대략 5%)

*금화금벌ᄒᆞ다 [KEUM-HOA-KEUM-PEL-HĂ-TA] (禁火禁伐, (Défendre[empêcher], de brûler, défendre

[empêcher], de couper)) 원165
불 Veiller à la garde d'un tombeau; empêcher l'incendie et la coupe des bois.
한 무덤의 관리를 감시하다 | 화재와 나무 베기를 막다

*금ᄒᆞ다 [KĒŪM-HĂ-TA,-HĂ-YE,-HĂN] (禁) 원165
불 Défendre, prohiber, empêcher.
한 금지하다, 금하다, 못 하게 하다

*급경 [KEUP-KYENG,-I] (急境, (Pressée, affaire)) 원170
불 Affaire pressée, urgente. Chose pressante. Circonstance pressante.
한 다급한, 긴급한 일 | 급박한 일 | 급박한 상황

*급긴ᄒᆞ다 [KEUP-KIN-HĂ-TA,-HĂN,-HI] (急緊) 원170
불 Promptement nécessaire, pressant et nécessaire, c. a. d. indispensable.
한 신속하게 필요하다, 절박하고 필요하다, 즉 필수적이다

*급뎨 [KEUP-TYEI] (及第) 원170
불 Docteur ès-lettres. Docteur. (Ce grade est le plus élevé qui soit décerné dans les examens. Celui qui l'obtient reçoit un dipiôme sur papier rouge orné de guirlandes de fleurs. -Pour les militaires on dit; 호반급뎨 Ho-pan-keup-tyei, ou 션달 Syen-tal.)
한 문학박사 | 박사 | (이 등급은 시험에서 수여되는 가장 높은 것이다. 이 등급을 획득한 사람은 화환으로 장식된 붉은 종이 위에 쓰인 공문서를 받는다. 군인들에 대해서는 호반급뎨 Ho-pan-keup-tyei, 또는 션달 Syen-tal이라고 한다)

급박ᄒᆞ다 [KEUP-PAK-HĂ-TA] (急迫) 원170
불 Pressé, précipité; urgent, très-pressant. Détresse, difficulté.
한 긴급하다, 급하다 | 긴급하다, 매우 급박하다 | 조난, 곤란

1*급보 [KEUP-PO] (急報, (Pressée, nouvelle)) 원170
불 Nouvelles pressantes.
한 긴급한 소식

2*급보 [KEUP-PO] (急步) 원170
불 Marche rapide, précipitée, précipitation.
한 빠른, 급한 걸음, 서두름

*급살 [KEUP-SAL,-I] (急殺) 원170
불 Mort subite, imprévue.
한 갑작스러운, 예기치 못한 죽음

급살맛다 [KEUP-SAL-MAT-TA,-MA-TJYE ou -MAT-TJA, -MA-TJEUN] (急殺) 원170
불 Mourir subitement (frappé de la tondre, atteint de la peste). Mourir subitement frappé de la flèche du diable (superst.).
한 (벼락에 맞아, 흑사병에 걸려) 급작스럽게 죽다 | 악마의 화살에 맞아 급작스럽게 죽다 (미신)

*급슈군 [KEUP-SYOU-KOUN,-I] (汲水軍, (Tirer, eau)) 원170
불 Soldats qui apportent l'eau. ‖ Porteur d'eau, marchand d'eau.
한 물을 운반하는 군인 | 물 운반인, 물장수

*급우 [KEUP-OU] (急雨, (Soudaine, pluie)) 원169
불 Pluie subite, imprévue.
한 갑작스러운, 예기치 못한 비

*급작스레 [KEUP-TJAK-SEU-REI] (急作) 원170
불 Subitement, de suite, vite.
한 갑자기, 즉시, 재빨리

*급작이 [KEUP-TJAK-I] (急作) 원170
불 Vite, subitement.
한 재빨리, 갑자기

급쟝이 [KEUP-TJANG-I] (吸唱) 원170
불 Valets qui accompagnent le mandarin. Valet de préfecture; celui qui transmet les ordres du mandarin.
한 관리를 수행하는 하인들 | 도청의 하인 | 관리의 명령을 전달하는 사람

*급젼 [KEUP-TJYEN,-I] (急錢) 원170
불 Argent dont on a un besoin urgent.
한 급하게 필요한 돈

1*급젼ᄒᆞ다 [KEUP-TJYEN-HĂ-TA] (急傳) 원170
불 Transmettre promptement, faire parvenir promptement.
한 신속히 전하다, 신속히 전달시키다

2*급젼ᄒᆞ다 [KEUP-TJYEN-HĂ-TA] (急煎) 원170
불 Frire à la hâte; cuire promptement.(v.g. un remède pressé, dont le besoin est urgent).
한 서둘러서 기름에 튀기다 | (예. 급히 필요한 긴급한 약을) 신속히 익히다

*급조ᄒᆞ다 [KEUP-TJO-HĂ-TA,-HĂN,-HI] (急譟) 원170
불 Vite, prompt, très-pressé; très-vif, très bouillant.
한 빠르다, 신속하다, 매우 급하다 | 매우 성마르다, 매우 격렬하다

*급질 [KEUP-TJIL,-I] (急疾) 원170
불 Maladie subite, violente.
한 급작스러운, 심한 병

*급풍 [KEUP-HPOUNG,-I] (急風) [원]170
[불] Vent violent, subit.
[한] 거친, 급작스러운 바람

*급화 [KEUP-HOA] (急禍, (Subit, malheur)) [원]170
[불] Malbeur subit, imprévu.
[한] 급작스러운, 예기치 못한 불행

*급히 [KEUP-HI] (急) [원]170
[불] Subitement; vite; promptement. C'est urg-ent
[한] 급작스럽게 | 재빨리 | 신속하게 | 긴급하다

*급ᄒᆞ다 [KEUP-HĂ-TA,-HĂN,-HI] (急) [원]169
[불] Prompt; vif; rapide; alerte; pressé; urgent; subit; soudain. Etre pressant; bouillant.
[한] 신속하다 | 격하다 | 빠르다 | 민첩하다 | 급하다 | 긴급하다 | 급작스럽다 | 갑작스럽다 | 급하다 | 격렬하다
[불] Subitement; vite; promptement. C'est urgent.
[한] 급작스럽게 | 재빨리 | 신속하게 | 긴급하다

긋그럿긔 [KEUT-KEU-RET-KEUI] [원]172
[불] Il y a trois ans, l'année avant l'année dernière.
[한] 3년 전, 지난해의 바로 전 해

긋그져긔 [KEUT-KEU-TJYE-KKEUI] (再再昨日) [원]172
[불] Le jour d'avant avant-hier.
[한] 그저께의 전날

긋다 [KEUT-TA,KEU-E,KEU-EUN] (畫) [원]172
[불] Tracer, faire un trait, tirer(un trait, une ligne).
[한] 그리다, 선을 긋다, (선, 줄을) 긋다

긋치다 [KEUT-TCHI-TA,-TCHYE,-TCHIN] (止) [원]172
[불] Finir, cesser, s'arrêter, terminer. (Act. et neut.).
[한] 마치다, 중지하다, 멈추다, 끝마치다 | (능동형과 자동형)

*긍긍업업ᄒᆞ다 [KEUNG-KEUNG-EP-EP-HĂ-TA] (兢兢業業) [원]169
[불] Etre sur ses gardes, prendre garde, faire attention (par respect).
[한] 조심하다, 주의하다, (경의로) 주의하다

*긍련이 [KEUNG-RYEUN-I] (矜憐) [원]169
[불] Avec compassion.
[한] 동정심으로

*긍련이녁이다 [KEUNG-RYEN-I-NEK-I-TA,-NEK-YE,-NEK-IN] (矜憐) [원]169
[불] Regarder en pitié, avoir pitié.
[한] 측은하게 여기다, 불쌍하게 여기다

*긍련ᄒᆞ다 [KEUNG-RYEN-HĂ-TA] (矜憐) [원]169
[불] Faire pitié, être digne de pitié.
[한] 가엾다, 동정할 만하다

*긍측이녁이다 [KEUNG-TCHEUK-I-NEK-I-TA,-NEK-YE,NEK-IN] (矜惻) [원]169
[불] Avoir pitié.
[한] 불쌍하게 여기다

*긍측ᄒᆞ다 [KEUNG-TCHEUK-HĂ-TA] (矜惻) [원]169
[불] Faire pitié, être misérable.
[한] 가엾다, 불쌍하다

*긍휼ᄒᆞ다 [KEUNG-HYOUL-HĂ-TA] (矜恤) [원]169
[불] Regarder en pitié. Avoir compassion. (Se dit d'un supér. à l'égard d'un infér.).
[한] 측은하게 여기다 | 가엾게 여기다 | (아랫사람에 관하여, 윗사람에 대해 쓴다)

1*긔 [KEUI] (氣) [원]159
[불] En agr. Air; gaz; atmosphère; émanation. ‖ Force. ‖ Influence. ‖ Sentiment, humeur, passion(v. g. la colère); tempérament.
[한] 한자어로 공기 | 가스 | 대기 | 발산 | 힘 | 영향 | 감정, 기분, 정념 (예. 분노) | 기질

2*긔 [KEUI] (旗) [원]159
[불] Drapeau. étendard, oriflamme pavillon.
[한] 깃발 | 기, [[역주] 장식용의] 기, [[역주] 선박의] 깃발

3*긔 [KEUI] (器) [원]159
[불] Vase.
[한] 그릇

4*긔 [KEUI] (簸) [원]159
[불] Van.
[한] 키

*긔가ᄒᆞ다 [KEUI-KA-HĂ-TA] (起家, (Enrichir, famille)) [원]160
[불] De pauvre devenir riche. S'enrichir.
[한] 가난한 사람이 부자가 되다 | 부자가 되다

*긔간ᄒᆞ다 [KEUI-KAN-HĂ-TA] (起墾, (Soulever, ouvrir)) [원]160
[불] Défricher; faire de nouveaux champs, de nouvelles rizières dans un terrain inculte.
[한] 개간하다 | 황무지에 새로운 밭, 새로운 논을 만들다

*긔갈 [KEUI-KAL,-I] (飢渴) [원]160
[불] Faim et soif.
[한] 배고픔과 목마름

*긔강 [KEUI-KANG,-I] (紀綱) [원]160
[불] Corde du filet, etc. ‖ Les lois du royaume.

한 그물 등의 줄 | 왕국의 법

[1]긔강ᄒᆞ다 [KEUI-KANG-HĂ-TA] ㉻160 ☞긔간ᄒᆞ다

[2]긔강ᄒᆞ다 [KEUI-KANG-HĂ-TA] ㉻160

불 Défricher.

한 개간하다

[3]*긔강ᄒᆞ다 [KEUI-KANG-HĂ-TA] (氣剛) ㉻160

불 Etre fort, robuste, puissant, vigoureux.

한 강하다, 강건하다, 강력하다, 기운차다

*긔개 [KEUI-KAI] (氣槪) ㉻160

불 Courage, vigueur (morale), force d'âme.

한 용기, (정신적) 활력, 정신력

*긔거 [KEUI-KE] (起居, (Mouvement, repos)) ㉻160

불 Circonstances. ‖ Occupation, affaire. ‖ Santé.

한 상황 | 일거리, 일 | 건강

*긔거ᄒᆞ다 [KEUI-KE-HĂ-TA] (起居) ㉻160

불 Sortir et se promener; relever de maladie; commencer à sortir.

한 외출하고 산책하다 | 병에서 회복되다 | 나가기 시작하다

*긔겁ᄒᆞ다 [KEUI-KEP-HĂ-TA] (氣㤼, (Esprit, craindre)) ㉻160

불 Crainte, auxiété. Etre saisi d'effroi.

한 두려움, 불안 | 공포에 사로잡히다

*긔경ᄒᆞ다 [KEUI-KYEN-HĂ-TA] (起耕, (Soulever, labourer)) ㉻160

불 Défrichement. Défricher, faire le premier labour avant d'ensemencer.

한 개간 | 개간하다, 씨를 뿌리기 전에 첫 밭갈이를 하다

*긔계 [KEUI-KYEI] (器械) ㉻160

불 Instrument, outil, arme, etc.

한 도구, 연장, 무기 등

[1]*긔고 [KEUI-KO] (旗鼓, (Drapeau, tambour)) ㉻161

불 Sorte de contribution. Impôt qu'on lève en parcourant le pays avec un drapeau et un tambour, en temps de guerre.

한 세금의 종류 | 전시에 깃발과 북을 가지고 지방을 돌아다니면서 징수하는 세금

[2]*긔고 [KEUI-KO] (忌故, (Répugnance, cause)) ㉻161

불 Anniversaire de la mort du père ou de la mère, des ancètres.

한 아버지나 어머니, 조상들의 기일

*긔골 [KEUI-KOL,-I] (氣骨, (Force et os)) ㉻161

불 c. a. d. la constitution du corps. ‖ Corps. ‖ Mine, aspect, maintien.

한 즉 신체 체격 | 신체 | 용모, 외관, 풍모

*긔과 [KEUI-KOA] (譏過) ㉻161

불 Péché; faute; défaut.

한 죄 | 잘못 | 결점

*긔관 [KEUI-KOAN,-I] (奇觀) ㉻161

불 Etranger à voir. ‖ Prétentions risibles. ‖ Choses curieuses, dignes d'être vues; chose extraordinaire.

한 보기에 낯설다 | 우스꽝스러운 주장 | 기묘한, 볼 만한 일 | 기이한 일

*긔관례 [KEUI-KOAN-RYEI] (起棺禮, (Soulever, cercueil, cerémonie)) ㉻161

불 Rit des funérailles. La levée du corps. (Mot chrét.).

한 장례 의식 | 발인 | (기독교 어휘)

*긔괴ᄒᆞ다 [KEUI-KOI-HĂ-TA] (奇怪, (Etrangement, mauvais)) ㉻161

불 Mauvais. Extraordinaire, étonnant. (Se dit souvent en mal).

한 불길하다 | 기이하다, 놀랍다 | (흔히 나쁜 뜻으로 쓴다)

*긔구 [KEUI-KOU] (器具) ㉻161

불 Pompe, appareil, apprêt. ‖ Instrument. ‖ Choses nécessaires pour··· (v. g. pour un voyage).

한 펌프, 기구, 준비물 | 도구 | ~하는 데 필요한 것들 (예. 여행하는 데)

[1]*긔구ᄒᆞ다 [KEUI-KOU-HĂ-TA] (祈求) ㉻161

불 Prière. Prier et demander à··(datif). Prier, demander, supplier.

한 기도 | ~에게 간청하고 요구하다 (여격) | 간청하다, 요구하다, 애원하다

[2]*긔구ᄒᆞ다 [KEUI-KOU-HĂ-TA] (崎嶇) ㉻161

불 Difficile, raide, abrupt (v. g. route dans une montagne escarpée). ‖ Extraordinaire, excessif. ‖ Horrible, abominable.

한 (예. 험준한 산 속의 길이) 통행하기 힘들다, 가파르다, 험하다 | 기이하다, 과도하다 | 끔찍하다, 가증스럽다

*긔군망샹ᄒᆞ다 [KEUI-KOUN-MANG-SYANG-HĂ-TA] (欺君罔上, (Tromper, roi, en imposer à, supérieurs)) ㉻161

불 Tromper le roi, se moquer de lui, abuser de sa confiance. Tromper le roi et se railler des supérieurs.

한 왕을 속이다, 왕을 놀리다, 왕의 신뢰를 악용하다 | 왕을 속이고 윗사람들을 비웃다

*긔군ᄒᆞ다 [KEUI-KOUN-HĂ-TA] (起軍) 원161
불 Lever des troupes, lever une armée.
한 군대를 징집하다, 군대를 모집하다

*긔년 [KEUI-NYEN,-I] (朞年) 원161
불 Espace d'un an, de 12 ou 13 lunes l'année révolu ; l'année. L'année entière. Le 1er anniversaire.
한 1년의, 12 또는 13개월의 기간, 만 1년 | 해 | 꼬박 1년 | 1주년

*긔념ᄒᆞ다 [KEUI-NYEM-HĂ-TA] (記念) 원161
불 Penser, réfléchir, rappeler à sa pensée. ‖ Mettre un peu, assaisonner légèrement.
한 생각하다, 숙고하다, 기억하다 | 약간 넣다, 약간 양념하다

*긔ᄂᆡ [KEUI-NĂI] (畿內) 원161
불 La capitale et les environs. La province de Kyeng-keui.
한 수도와 그 부근 | 경기도

긔다 [KEUI-TA,KEUI-YE,KEUIN] (蚑) 원162
불 Marcher (les quadrupèdes); marcher à quatre peids (enfants); (les insectes) ramper.
한 (네발짐승이) 기다 | (아이가) 네 발로 기다 | (곤충들이) 기다

*긔단 [KEUI-TAN,-I] (氣端) 원162
불 Force, vigueur. ‖ Retenue.
한 힘, 기운 | 자제

1*긔단ᄒᆞ다 [KEUI-TAN-HĂ-TA] (氣短, (Santé, courte [petite])) 원162
불 Faible de complexion, de santé. Tempérament faible.
한 체질, 건강이 약하다 | 허약한 체질

2*긔단ᄒᆞ다 [KEUI-TAN-HĂ-TA] (起端) 원162
불 Entreprendre une chose, mettre la main à l'œuvre.
한 어떤 일에 착수하다, 일에 손을 대다

긔달 [KEUI-TAL,-I] (氣疸, (Santé, jaunisse)) 원162
불 Maladie causée par la faiblesse de constitution. Pâleur causée par l'épuisement, par un jeûne prolongé.
한 체질의 허약으로 인한 병 | 쇠약함으로, 오랜 단식으로 인한 창백함

1*긔담 [KEUI-TAM,-I] (奇談, (Admirable, parole)) 원162
불 Bon mot.
한 재담

2*긔담 [KEUI-TAM,-I] (譏談) 원162
불 Paroles légères, dissolues, badines, dévergondées. moqueries.
한 경박한, 문란한, 익살스러운, 음탕한 말 | 빈정거림

*긔답ᄒᆞ다 [KEUI-TAP-HĂ-TA] (起畓, (Etablir, rizières)) 원162
불 Faire des rizières. Recommencer à labourer des rizières abandonnées.
한 논을 만들다 | 버려진 논을 다시 경작하기 시작하다

*긔도ᄒᆞ다 [KEUI-TO-HĂ-TA] (祈禱) 원162
불 Sapplication, prière, intercession. Faire des prières, prier.
한 기원, 기도, 중재 | 기도를 하다, 기도하다

*긔동ᄒᆞ다 [KEUI-TONG-HĂ-TA] (起動) 원163
불 Etre remué; se lever; bouger; se mouvoir; se remuer.
한 움직여지다 | 일어나다 | 움직이다 | 움직이다 | 몸을 움직이다

*긔등 [KEUI-TEUNG,-I] (氣燈) 원162
불 Ballon.
한 큰 공

*긔디 [KEUI-TI] (基址) 원162
불 Emplacement. Fondement. tTerre, terrain.
한 부지 | 토대 | 땅, 토지

*긔ᄃᆡ [KEUI-TĂI] (氣臺, (Air, degrés)) 원162
불 Atmosphère, air.
한 대기, 공기

*긔ᄃᆡᄒᆞ다 [KEUI-TĂI-HĂ-TA] (起待) 원162
불 Se lever pour recevoir un visiteur.
한 손님을 맞이하기 위해 일어나다

*긔력 [KEUI-RYEK,-I] (氣力) 원161
불 Santé, tempérament, état de la santé, force.
한 건강, 기질, 건강 상태, 체력

*긔렴ᄒᆞ다 [KEUI-RYEM-HĂ-TA] (記念, (Se rappeler, penser)) 원161
불 Penser. Se souvenir, se rappeler.
한 생각하다 | 회상하다, 기억하다

*긔록ᄒᆞ다 [KEUI-ROK-HĂ-TA] (記錄) 원162
불 Prendre note d'une chose pour ne pas l'oublier. ‖ Mentionner. ‖ Se ressouvenir, rappeler à la mémoire, repasser dans sa mémoire.
한 잊지 않기 위해 어떤 일에 대해 기록하다 | 기재하다

| 회상하다, 기억에 상기시키다, 기억 속에 회상하다

*긔롱ᄒᆞ다 [KEUI-RONG-HĂ-TA] (譏弄) [원]162

[불] Etre dévergondé, être dissolu. S'amuser, badiner, rire et folâtrer, jouer.

[한] 방탕하다, 방종하다 | 놀리다, 희롱하다, 웃고 장난치다, 장난하다

*긔린 [KEUI-RIN,-I] (騏驎) [원]161

[불] Nom d'un quadrupéde. Licorne, animal fabuleux célèbre par sa douceur, et qui n'apparait qu'aux hommes vertueux (corps d'un cerf, queue de bœuf, pied de cheval).

[한] 네발짐승의 이름 | 일각수, 온화하기로 유명하고 미덕을 지닌 사람들에게만 나타나는 전설상의 동물 (사슴의 몸, 소의 꼬리, 말의 발)

*긔마긱 [KEUI-MA-KĂIK,-I] (騎馬客) [원]161

[불] Hôte à cheval, qui voyage à cheval.

[한] 말을 탄 손님, 말을 타고 여행하는 사람

*긔마ᄒᆞ다 [KEUI-MA-HĂ-TA] (騎馬, (Etre assis sur, cheval)) [원]161

[불] Cheval de selle. Aller à cheval.

[한] 승용마 | 말을 타고 가다

긔막히다 [KEUI-MAK-HI-TA,-HYE,-HIN] (氣塞) [원]161

[불] Etre étouffé de, être suffoqué v. g. de colère. Etre hors de soi. suffoquer de.

[한] ~으로 인해 숨이 막히다, 예. 화가 나서 숨 막히다 | 격노하다 | ~으로 인해 기가 막히다

*긔망ᄒᆞ다 [KEUI-MANG-HĂ-TA] (欺罔) [원]161

[불] Tromper (un supérieur).

[한] (윗사람을) 속이다

*긔명 [KEUI-MYENG,-I] (器皿) [원]161

[불] Vase; toute espèce de vases. Ustensile de ménage.

[한] 그릇 | 그릇의 전 종류 | 살림 도구

*긔묘 [KEUI-MYO] (己卯) [원]161

[불] 16e année du cycle de 60 ans. 1699, 1759, 1819, 1879.

[한] 60년 주기의 열여섯 번째 해 | 1699, 1759, 1819, 1879년

*긔묘ᄒᆞ다 [KEUI-MYO-HĂ-TA] (奇妙) [원]161

[불] Admirable, étonnant, merveilleux.

[한] 감탄할 만하다, 놀랍다, 훌륭하다

*긔문벽셔 [KEUI-MOUN-PYEK-SYE] (奇文僻書, (Etrange, pièce de littérature, extraordinaire, écrit)) [원]161

[불] Sorcellerie. Livre secret de magie, de superstition.

[한] 마법 | 마술, 미신에 관한 신비한 책

1*긔미 [KEUI-MI] (幾微) [원]161

[불] Prévision, présomption; apparence, espérance de succès; lueur d'espoir.

[한] 예측, 추정 | 기대, 성공의 기색 | 희망의 서광

2*긔미 [KEUI-MI] (己未) [원]161

[불] 56e année du cycle de 60 ans. 1739, 1799, 1859, 1919.

[한] 60년 주기의 56번째 해 | 1739, 1799, 1859, 1919년

*긔민 [KEUI-MIN,-I] (饑民) [원]161

[불] Peuple sans nourriture. Peuple affamé.

[한] 양식이 없는 백성 | 굶주린 백성

*긔박ᄒᆞ다 [KEUI-PAK-HĂ-TA,-HĂN,-HI] (奇薄) [원]161

[불] N'avoir pas de chance, de bonheur. ‖ Etre réduit à la dernière extrémité.

[한] 운, 복이 없다 | 극한의 처지에 놓이다

긔발 [KEUI-PAL,-I] (旗脚) [원]161

[불] Etendard, drapeau.

[한] 기, 깃발

*긔발ᄒᆞ다 [KEUI-PAL-HĂ-TA] (起發, (Se lever, marcher)) [원]161

[불] Etre convalescent, reprendre des forces après une maladie. ‖ Commencer à marcher (un petit enfant, les petits des animaux).

[한] 회복기이다, 병을 앓고 난 후 기력을 되찾다 | (어린아이, 동물의 새끼들이) 걷기 시작하다

*긔벽 [KEUI-PYEK,-I] (氣癖) [원]161

[불] Instances, force d'instances pour obtenir. ‖ Fermeté; force de volonté, de caractère. ‖ Esprit entreprenant.

[한] 간청, 얻기 위한 간청의 힘 | 꿋꿋함 | 의지력, 정신력 | 적극적인 정신

*긔별군 [KEUI-PYEL-KOUN,-I] (寄別軍) [원]161

[불] Soldat qui porte les dépêches; facteur.

[한] 급송 공문서를 전달하는 군인 | 우체부

*긔별ᄒᆞ다 [KEUI-PYEL-HĂ-TA] (寄別) [원]161

[불] Annonce, nouvelle, avis d'un événement, journal, gazette. Annoncer, faire savoir, mander, avertir.

[한] 안내, 소식, 사건의 통지, 신문, 잡지 | 알리다, 알려 주다, 통지하다, 알리다

긔병 [KEUI-PYENG,-I] [원]161

[불] Perdrix.

[한] [[역주] 조류] 자고

*긔병ᄒᆞ다 [KEUI-PYENG-HĂ-TA] (起兵) [원]161

불 Convoquer les soldats; faire une levée de soldats.
한 군인들을 소집하다 | 군인들을 소집하다

*긔샹 [KEUI-SYANG,-I] (氣象) 원162
불 Mine, apparence, air, manières, maintien. Forme et apparence, figure.
한 용모, 외모, 풍채, 품행, 태도 | 모습과 외모, 얼굴

긔셔 [KEUI-SYE] 원162
불 Termin. du désignatif honorifique. 샹감긔셔 Syang-kam- keui-sye, Le roi.
한 경칭 지시 어미 | [용례 샹감긔셔, Syang-kam-keui-sye], 국왕

긔션 [KEUI-SYEN,-I] (氣船) 원162
불 Bateau d'air, ballon. ‖ Bateau à vapeur.
한 공기배, 기구 | 증기선

*긔셩명ᄒᆞ다 [KEUI-SYENG-MYENG-HĂ-TA] (記姓名, (Ecrire, nom de famille, nom particulier)) 원162
불 Qui sait lire son nom et son prénom, qui sait écrire son nom et son prénom. ‖ Inscrire le nom.
한 자신의 성과 이름을 읽을 줄 알다, 자신의 성과 이름을 쓸 줄 알다 | 이름을 기입하다

*긔셩ᄒᆞ다 [KEUI-SYENG-HĂ-TA] (氣盛) 원162
불 Fier; faire le fier. Etre fort. être puissant; florissant; audacieux.
한 거만하다 | 거만을 떨다 | 강하다 | 강력하다 | 건강이 아주 좋다 | 대담하다

*긔셰 [KEUI-SYEI] (氣勢) 원162
불 Pompe, appareil. ‖ Autorité, pouvoir. ‖ Droit d'insolence, insolence, hardiesse excessive. ‖ Force et richesse. ‖ Puissance.
한 펌프, 기구 | 권한, 권력 | 무례할 당위성, 무례함, 지나친 대담함 | 힘과 부 | 권력

*긔쇼ᄒᆞ다 [KEUI-SYO-HĂ-TA] (譏笑, (Badiner, rire)) 원162
불 Se moquer, rire de quelqu'un. Mépriser.
한 누군가를 놀리다, 비웃다 | 멸시하다

*긔솔ᄒᆞ다 [KEUI-SYOL-HĂ-TA] (騎率) 원162
불 Etre monté à cheval et être accompagné de valets. Voyager sur un cheval conduit par un valet. Voyager avec équipage et domestique.
한 말에 타고 하인을 대동하다 | 하인이 인도하는 말을 타고 여행하다 | 행장을 갖추고 하인과 함께 여행하다

1*긔숑ᄒᆞ다 [KEUI-SYONG-HĂ-TA] (起訟) 원162
불 Présenter une affaire au mandarin; entreprendre un procès.
한 관리에게 소송을 제시하다 | 소송을 제기하다

2*긔숑ᄒᆞ다 [KEUI-SYONG-HĂ-TA] (起送) 원162
불 Envoyer (un homme) porter une chose.
한 어떤 물건을 가져오도록 (사람을) 보내다

1*긔슈 [KEUI-SYOU] (旗手) 원162
불 Gardes des palais.
한 궁들의 근위대

2*긔슈 [KEUI-SYOU] (機數) 원162
불 Apparences qui tranissent un secret. Maintien, mine.
한 어떤 비밀을 드러내는 기색 | 태도, 안색

긔슈보다 [KEUI-SYOU-PO-TA,-PO-A,-PON] (見機數) 원162
불 Comprendre par les apparences, deviner un signe de l'œil. Surveiller la conduite pour connaître la pensée.
한 기색으로 깨닫다, 눈짓을 짐작하다 | 생각을 알기 위해 행동을 지켜보다

*긔습 [KEUI-SEUP,-I] (氣習) 원162
불 Habitude. ‖ Fermeté pour corriger les enfants.
한 습관 | 아이들을 바로잡기 위한 단호함

*긔승ᄒᆞ다 [KEUI-SEUNG-HĂ-TA,-HĂN,-HI] (氣勝, (Force, supérieure)) 원162
불 Fier, qui aime à surpasser les autres. ‖ Etre puissant, florissant; avoir une bonne santé.
한 오만하다, 남들을 능가하는 것을 좋아하다 | 강력하다, 건강이 아주 좋다 | 건강이 좋다

1*긔식ᄒᆞ다 [KEUI-SIK-HĂ-TA] (寄食) 원162
불 Sommeil et nourriture. Dormir et manger. ‖ Manger à la maison d'un autre.
한 수면과 식사 | 잠자고 먹다 | 다른 사람의 집에서 식사하다

2긔식ᄒᆞ다 [KEUI-SIK-HĂ-TA] (起食) 원162
불 Commencer à prendre de la nourriture. (Se dit d'un malade, mais non d'un supérieur).
한 음식을 먹기 시작하다 | (윗사람이 아닌 환자에 대해 쓴다)

*긔ᄉᆞ [KEUI-SĂ] (己巳) 원162
불 6e année du cycle de 60 ans. 1689, 1749, 1809, 1869, 1929.
한 60년 주기의 여섯 번째 해 | 1689, 1749, 1809, 1869, 1929년

1* 긔ᄉᆞᄒᆞ다 [KEUI-SĂ-HĂ-TA] (飢死, (De faim, mourir)) [원]162

[불] Mourir de faim.

[한] 굶어 죽다

2* 긔ᄉᆞᄒᆞ다 [KEUI-SĂ-HĂ-TA] (起事, (Entreprendre, affaire)) [원]162

[불] Entreprendre; mettre la main à l'œuvre.

[한] 시작하다 | 일에 착수하다

* 긔ᄉᆡᆨ [KEUI-SAIK,-I] (起色) [원]162

[불] Air, maintien, mine, apparence, manières. Air du visage qui trahit un secret.

[한] 기색, 몸가짐, 안색, 기미, 태도 | 비밀을 드러내는 얼굴의 기색

긔ᄭᅥᆺ [KEUI-KKET,-SI] (氣盡, (Force, complet)) [원]160

[불] Selon ses forces, toutes ses forces.

[한] 자기 힘만큼, 힘껏

긔쓰다 [KEUI-SSEU-TA,-SSE,-SSEUN] (用氣, (Forces, employer)) [원]162

[불] Employer le reste de ses forces. Mettre toutes ses forces à.

[한] 자신의 남은 힘을 쓰다 | ~에 모든 힘을 쏟다

* 긔안 [KEUI-AN,-I] (氣岸) [원]159

[불] Audace; force; tempérament; courage; trempe d'esprit.

[한] 대담 | 힘 | 기질 | 용기 | 정신적 강인함

1* 긔약ᄒᆞ다 [KEUI-YAK-HĂ-TA] (期約) [원]159

[불] Temps fixé. fixer une époque, un terme ou un jour.

[한] 정해진 때 | 때, 기한 또는 날을 정하다

2* 긔약ᄒᆞ다 [KEUI-YAK-HĂ-TA] (氣弱) [원]159

[불] Etre faible, affaibli.

[한] 약하다, 쇠약하다

* 긔억ᄒᆞ다 [KEUI-EK-HĂ-TA] (記憶) [원]159

[불] Se souvenir; se rappeler; ne pas oublier; être gravé dans la mémoire.

[한] 기억하다 | 회상하다 | 잊지 않다 | 기억에 새겨지다

* 긔엄 [KEUI-EM,-I] (奇嚴) [원]160

[불] Aspect terrible.

[한] 무시무시한 광경

긔엄되다 [KEUI-EM-TOI-TA] [원]160 ☞ 긔엄ᄒᆞ다

* 긔엄ᄒᆞ다 [KEUI-EM-HĂ-TA] (氣掩) [원]160

[불] Etre sans connaissance (un malade).

[한] (환자가) 의식이 없다

긔우다 [KEUI-OU-TA,KEUI-OUE,KEUI-OUN] (欺) [원]160

[불] Se taire. tromper. Se cacher de.

[한] 입을 다물다 | 속이다 | ~을 숨기다

* 긔운 [KEUI-OUN,-I] (氣運) [원]160

[불] Air; gaz. ‖ Santé; force; tempérament; force (des choses). ‖ Chance; prospérité; fortune (fatum). ‖ Tète, c. a. d. présence d'esprit, sentiment, âme, esprit.

[한] 공기 | 가스 | 건강 | 힘 | 체질 | (사물의) 힘 | 운 | 행운 | 운 (운명) | 머리, 즉 재치, 감정, 마음, 정신

* 긔유 [KEUI-YOU] (己酉) [원]160

[불] 46e année du cycle de 60 ans. 1729, 1789, 1849, 1909.

[한] 60년 주기의 46번째 해 | 1729, 1789, 1849, 1909년

긔이다 [KEUI-I-TA,-I-YE,-IN] (欺) [원]160

[불] User de subreption; ne pas dire toute la vérité; tromper.

[한] 거짓 주장을 이용하다 | 모든 진실을 말하지 않다 | 속이다

* 긔이ᄒᆞ다 [KEUI-I-HĂ-TA] (奇異) [원]160

[불] Prodigieux, admirable. Etre étonnant, merveilleux.

[한] 경이적이다, 감탄할 만하다 | 놀랍다, 훌륭하다

1* 긔일 [KEUI-IL,-I] (忌日, (répugnant, jour)) [원]160

[불] Anniversaire de la mort des parents, des ancêtres.

[한] 부모, 조상들의 죽음을 기념하는 날

2* 긔일 [KEUI-IL,-I] (朞日) [원]160

[불] Anniversaire; jour anniversaire.

[한] 기념일 | 기념일

3 긔일 [KEUI-IL,-I] (期日) [원]160

[불] Jour fixé.

[한] 정해진 날

1* 긔장ᄒᆞ다 [KEUI-TJANG-HĂ-TA] (氣壯) [원]163

[불] Avoir une grande force.

[한] 큰 힘이 있다

2* 긔장ᄒᆞ다 [KEUI-TJANG-HĂ-TA] (忌葬) [원]163

[불] Refuser ou craindre d'assister à la descente du cercueil dans la fosse (superst.).

[한] 묘혈에 관을 내릴 때 도와주는 것을 거부하거나 두려워하다 (미신)

3* 긔장ᄒᆞ다 [KEUI-TJANG-HĂ-TA] (起賬) [원]163

[불] Entreprendre du commence, commencer à faire du commence.

[한] 거래를 시작하다, 장사를 시작하다

* 긔쟝ᄒᆞ다 [KEUI-TJYANG-HĂ-TA] (飢腸) [원]163

[불] Boyaux vides. faim. Avoir faim.

[한] 빈 창자 | 배고픔 | 배고프다

*긔졀ᄒᆞ다 [KEUI-TJYEL-HĂ-TA] (氣絶) (원)163

[불] Etre accablé de douleurs; être oppressé de chagrins. être suffoqué. mourir; viribus deficere.

[한] 고통에 시달리다 | 괴로움으로 숨 막히다 | 숨 막히다 | 쇠진하다 | 기운이 없어지다

1*긔졍ᄒᆞ다 [KEUI-TJYENG-HĂ-TA] (欺情) (원)163

[불] Faire des compliments, flatter, parler autrement qu'on ne pense.

[한] 칭찬을 하다, 아첨하다, 생각과 다르게 말하다

2*긔졍ᄒᆞ다 [KEUI-TJYENG-HĂ-TA] (起程) (원)163

[불] Se mettre en route.

[한] 길을 나서다

*긔졔ᄒᆞ다 [KEUI-TJYEI-HĂ-TA] (忌祭) (원)163

[불] Faire les sacrifices le jour anniversaire de la mort (pour les ancètres; mais ne se dit pas pour le père et la mère).

[한] 기일에 제사를 지내다 (조상들을 위한; 그러나 아버지와 어머니에게는 쓰지 않는다)

긔쥬 [KEUI-TJYOU] (蒸麥餠) (원)163

[불] Gâteau de farine Délayée dans du vin.

[한] 술에 풀어 놓은 밀가루로 만든 과자

*긔쥬ᄒᆞ다 [KEUI-TJYOU-HĂ-TA] (忌酒) (원)163

[불] Etre incompatible avec le vin.

[한] 술과 맞지 않다

긔지 [KEUI-TJI] (원)162 ☞긔디

*긔진ᄒᆞ다 [KEUI-TJIN-HĂ-TA] (氣盡) (원)163

[불] Etre lassé, fatigué, languissant, énervé. êEtre épuisé de forces.

[한] 지치다, 피곤하다, 쇠약하다, 무기력하다 | 힘이 소진되다

*긔질 [KEUI-TJIL,-I] (氣質) (원)163

[불] Constitution, tempérament (du corps). || Air, apparence.

[한] 체격, (신체의) 기질 | 외모, 외관

*긔ᄌᆞ [KEUI-TJĂ] (箕子) (원)163

[불] Le 1er roi de Corée.

[한] 조선의 첫 번째 왕

*긔찰ᄒᆞ다 [KEUI-TCHAL-HĂ-TA] (譏察) (원)163

[불] Faire la police secréte. Espionner. Rechercher un coupable.

[한] 비밀 경찰 업무를 하다 | 염탐하다 | 범인을 찾다

*긔창 [KEUI-TCHANG,-I] (起瘡) (원)163

[불] Commencement des boutons de petite vérole. Pustule de la petite vérole, lorsqu'elle commence à sortir.

[한] 천연두 부스럼의 시작 | 나오기 시작하는 단계의 천연두 농포

*긔쳬ᄒᆞ다 [KEUI-TCHYEI-HĂ-TA] (氣滯) (원)163

[불] Oppression, difficulté de respirer. Etre suffoqué(de colère, de crainte, etc.).

[한] 숨 막힘, 호흡곤란 | (화, 두려움 등으로) 숨 막히다

*긔총 [KEUI-TCHONG,-I] (騎總) (원)163

[불] Compagnie de 120 soldats.

[한] 군인 120명으로 이루어진 부대

*긔쵸 [KEUI-TCHYO] (騎哨) (원)163

[불] Compagnie de 25 soldats.

[한] 군인 25명으로 이루어진 부대

*긔츄 [KEUI-TCHYOU] (騎趨, (Monter, cheval rapide)) (원)163

[불] Archer à cheval.

[한] 말을 탄 궁수

긔츄노타 [KEUI-TCHYOU-NO-HTA,-NO-HA,-NO-HEUN] (放騎趨) (원)163

[불] Archer à cheval. Décocher un flèche, tout en étant sur un cheval au galop.

[한] 말을 탄 궁수 | 질주하는 말을 타면서도, 화살을 쏘다

*긔츅 [KEUI-TCHYOUK,-I] (己丑) (원)163

[불] 26e année du cycle de 60 ans. 1709, 1769, 1829, 1889.

[한] 60년 주기의 26번째 해 | 1709, 1769, 1829, 1889년

*긔츌 [KEUI-TCHYOUL,-I] (己出) (원)163

[불] Propres enfants, les enfants (soboles, progenies).

[한] 친자식, 아이들, 자손 (자손, 후손)

*긔치 [KEUI-TCHI] (旗幟) (원)163

[불] Drapeau militaire, étendard; bannière.

[한] 군대의 깃발, 군기 | 기

긔치노타 [KEUI-TCHI-NO-HTA,-NO-HA,-NO-HEUN] (放騎馳) (원)163

[불] Décocher une flèche, tout en étant sur un cheval au galop.

[한] 질주하는 말을 타고 있으면서도, 화살을 쏘다

*긔침ᄒᆞ다 [KEUI-TCHIM-HĂ-TA] (起寢) (원)163

[불] Se lever (le matin); sortir du lit. (honorif.).

[한] (아침에) 일어나다 | 침대에서 나오다 (경칭)

*긔탄 [KEUI-HTAN,-I] (忌憚) (원)163

[불] Danger; crainte; difficulté; encombre. Répug-

nance. pudeur; honte.
한 위험 | 두려움 | 어려움 | 장애 | 혐오 | 수치심 | 창피함

긔탄업시 [KEUI-HTAN-EP-SI] (無忌憚) 원163
불 Sans honte; effrontément. Sans danger; sans encombre. en liberté; au gré.
한 부끄러움 없이 | 뻔뻔스럽게 | 위험 없이 | 지장 없이 | 자유롭게 | 뜻대로

*긔텰ᄒᆞ다 [KEUI-HTYEL-HĂ-TA] (忌鐵) 원163
불 Se gâter au contact du fer. Ne pas aimer le fer (remède). (Se dit de certains remèdes qu'il ne faut pas préparer dans un vase de métal).
한 쇠와 닿아 변질되다 | 쇠를 좋아하지 않다 (약재) | (금속으로 된 그릇에 준비해서는 안 되는 몇몇 약재들에 대해 쓴다)

*긔톄 [KEUI-HTYEI] (氣體) 원163
불 Santé (honorif.). Les forces du corps.
한 건강 (경칭) | 신체의 힘

*긔톄후 [KEUI-HTYEI-HOU] (氣體候) 원163
불 Santé (honorif.; style épist.).
한 건강 (경칭; 서간체)

*긔특ᄒᆞ다 [KEUI-HTEUK-HĂ-TA] (奇特) 원163
불 Charmant; agréable; beau; joli. Admirable; merveilleux. drôle; original.
한 매력적이다 | 상냥하다 | 아름답다 | 예쁘다 | 놀랍다 | 훌륭하다 | 이상하다 | 독창적이다

긔틀 [KEUI-HTEUL] (機) 원163
불 L'état des choses; la position. Forme; apparence.
한 일의 상태 | 상황 | 형태 | 외관

*긔패관 [KEUI-HPAI-KOAN,-I] (騎牌官) 원161
불 Chef militaire qui commande à.
한 ~을 지휘하는 군대의 우두머리

*긔픔 [KEUI-HPEUM,-I] (氣稟) 원161
불 Santé, tempérament, constitution du corps.
한 신체의 건강, 기질, 체격

*긔필ᄒᆞ마 [KEUI-HPIL-HĂ-TA] (期必) 원161
불 Déterminer, fixer. Etre certain, fixé irrévocablement.
한 결정짓다, 결정하다 | 확실하다, 최종적으로 결정되다

긔픠 [KEUI-HPĂI] 원161
불 Courage. =잇다-it-ta, Avoir de courage, être courageux.
한 용기 | [용례 =잇다-it-ta], 용기가 있다, 용감하다

1*긔하 [KEUI-HA] (幾何) 원160
불 Combien? (nombre).
한 얼마? (수)

2*긔하 [KEUI-HA] (幾何冊) 원160
불 Nom d'un livre chrétien.
한 기독교 서적의 이름

3*긔하 [KEUI-HA] (記下) 원160
불 Dénomination qu'on s'applique à soi-même dans une lettre adressée a un homme qu'on respecte.
한 존경하는 사람에게 보내는 편지에서 자신에게 붙이는 호칭

*긔하싱 [KEUI-HA-SĂING] (記下生) 원160
불 Moi. expression dont on se sert dans les lettres adressées à une personne plus élevée, qu'on doit respecter (se dit entre nobles).
한 나 | 존경해야 하는 더 높은 사람에게 보내는 편지에서 사용하는 표현 (귀족들 사이에서 쓴다)

*긔학 [KEUI-HAK,-I] (氣瘧) 원160
불 Fièvre causée par le défaut de nourriture, de force. Fièvre.
한 음식, 체력의 부족으로 인한 열병 | 열병

*긔한 [KEUI-HAN,-I] (飢寒, (Faim et froid)) 원160
불 Pauvre, qui n'a ni nourriture, ni habits.
한 먹을 것도, 입을 것도 없는 가난한 사람

*긔한ᄒᆞ다 [KEUI-HAN-HĂ-TA] (期限) 원160
불 Fixer un temps. Epoque fixée, Temps marqué. terme, fin. 긔한이 지나다 Keui-han-i tji-na-ta, Le terme fixé passer, être venu.
한 때를 정하다 | 정해진 시기, 표시된 때 | 기한, 끝 | [용례 긔한이 지나다, Keui-han-i tji-na-ta], 정해진 기간이 지나다, 도래하다

1*긔함 [KEUI-HAM,-I] (記含) 원160
불 Mémoire. (Mot chrét.).
한 기억 | (기독교 어휘)

2*긔함 [KEUI-HAM,-I] (氣陷) 원160
불 Perte de forces, Affaiblissement des facultés dans un malade.
한 힘을 잃음, 환자에게서 능력이 쇠함

*긔허ᄒᆞ다 [KEUI-HE-HĂ-TA] (氣虛, (Santé, vide)) 원160
불 Etre d'une santé faible. Etre faible, affaibli.
한 건강이 좋지 못하다 | 허약하다, 쇠약하다

*긔혈 [KEUI-HYEL] (氣血) 원160
불 Santé et sang. La force et le sang.
한 건강과 혈기 | 힘과 혈기

1*긔화 [KEUI-HOA] (奇花) 원160

불 Belle fleur, fleur rare.
한 아름다운 꽃, 희귀한 꽃

2* 긔화 [KEUI-HOA] (奇畵) 원160
불 Beau tableau; peinture admirable.
한 아름다운 그림 | 뛰어난 그림

3* 긔화 [KEUI-HOA] (奇貨) 원160
불 Trésor, chose précieuse.
한 보물, 귀중한 것

* 긔화요초 [KEUI-HOA-YO-TCHO] (琪花瑤草) 원160
불 Belle fleur et belle plante (herbe) ‖ Se dit d'un homme accompli, beau de visage, parlant bien, écrivant bien, adroit, etc.
한 아름다운 꽃과 아름다운 식물(풀) | 얼굴이 아름답고 말을 잘하며 글을 잘 쓰고 솜씨가 좋은 등 완벽한 사람에 대해 쓴다

* 긔회 [KEUI-HOI] (機會) 원160
불 Occasion, rencontre, circonstance. 긔회룰투다 Keui-hoi-răl htă-ta, Profiter de l'occasion.
한 기회, 우연한 기회, 계제 | [용례 긔회룰투다 Keui-hoi-răl htă-ta], 기회를 이용하다

1* 긔후 [KEUI-HOU] (紀候) 원160
불 Division de l'année en quatre saisons et en 24 quinzaines de jours.
한 사계절과 24개의 2주간으로 해를 나눔

2* 긔후 [KEUI-HOU] (氣候) 원160
불 Santé (honorif.). Force et santé
한 건강 (경칭) | 체력과 건강

* 긔ᄒᆞ다 [KEUI-HĂ-TA] (忌) 원160
불 Ne pas aimer; ne pas pouvoir souffrir. Répugner, causer ou avoir de la répugnance. ‖ Faire à l'insu, se cacher pour faire.
한 좋아하지 않다 | 견딜 수 없다 | 싫어하다, 혐오감을 불러일으키거나 갖다 | 몰래 하다, 행하기 위해 숨다

* 긔ᄒᆡ [KEUI-HĂI] (己亥) 원160
불 36e année du cycle de 60 ans. 1719, 1779, 1839, 1899.
한 60년 주기의 36번째 해 | 1719, 1779, 1839, 1899년

긜즘승 [KEUIL-TJEUM-SEUNG,-I] (走獸) 원162
불 Tous les animaux qui marchent, tous les animaux qui ne volent pas.
한 걸어 다니는 모든 짐승, 날지 못하는 모든 짐승

* 기가구진 [KI-KA-KOU-TJIN] (棄假求眞, (Rejeter, le faux, chercher, le crai)) 원173
불 Conversion (en bien).
한 (좋은 쪽으로의) 전향

* 기각 [KI-KAK,-I] (枳角) 원173
불 Nom d'une esp. de remède.
한 약재의 종류의 이름

* 기간 [KI-KAN] (其間) 원173
불 Depuis ce temps. Dans cet espace de temps. Ces jours-ci.
한 그때 이후 | 그 기간 동안 | 요즈음

1* 기년 [KI-NYEN,-I] (耆年) 원173
불 Vieille année; année passée depuis longtemps. ‖ Vieil âge. ‖ Vieillard; vieillesse (après 80 ans).
한 예전의 해 | 오래전부터 지나간 해 | 늙은 나이 | 노인 | 노년 (80세 이후)

2* 기년 [KI-KYEN,-I] (其年) 원173
불 Cette année, l'année présente.
한 올해, 금년

기다 [KI-TA,XI-RE,KIN] (長) 원175
불 Etre long.
한 길다

기동 [KI-TONG,-I] (柱) 원175
불 Colonne, pilier, support.
한 기둥, 지주, 버팀대

기ᄃᆞ리다 [KI-TĂ-RI-TA,-RYE,-RIN] (待) 원175
불 Attendre.
한 기다리다

기ᄃᆡ다 [KI-TĂI-TA,-TĂI-YE,-TĂIN] (倚) 원175
불 Appuyer, s'appuyer, s'accoter. Heurter, accrocher en passant.
한 기대다, 의지하다, 기대다 | 부딪치다, 지나가면서 [역주 가볍게] 충돌하다

기러주다 [KI-RE-TJOU-TA,-TJOU-E,-TJOUN] (納利息) 원174
불 Payer les intérêts.
한 이자를 지불하다

기럭이 [KI-REK-I] (鴈) 원174
불 Oie, oison (sauvage).
한 기러기, (야생의) 거위 새끼

* 기로소 [KI-RO-SYO] (耆老所, (Vieillard, vieux, lieu [maison])) 원174
불 Maison où l'on nourrit les vieillards à 셔울 Sye-oul.
한 셔울 Sye-oul에 있는 노인들을 부양하는 건물

기르마 [KI-REU-MA] (鞍) 원174
불 Bât (du bœuf, des chevaux, etc.) pour porter des

fardeaux. Syn. 길마 kil-ma.
한 짐을 옮기기 위한(소, 말 등의) 길마 | [동의어 길마, kil-ma]

기름ᄒᆞ다 [KI-REUM-HĂ-TA] (長) 원174
불 Longueur. Etre long.
한 길이 | 길다

기리 [KI-RI] (永) 원174
불 (Adv. de 길다 kil-ta). Eternellement. Longtemps. Longuement; long.
한 (길다 kil-ta의 부사) 영원히 | 오랫동안 | 길게 | 많이

기리다 [KI-RI-TA,-RYE,-RIN] (譽) 원174
불 Louer, vanter, donner des louanges.
한 찬양하다, 칭찬하다, 찬양하다

기리로 [KI-RI-RO] (長勢) 원174
불 En long, de long.
한 세로로, 세로로

기ᄅᆞ다 [KI-RĂ-TA,KIL-NE,KI-RĂN] (養) 원174
불 Nourrir; élever; entretenir; alimenter.
한 양육하다 | 키우다 | 부양하다 | 양식을 주다

기ᄅᆞᆷ [KI-RĂM,-I] (油) 원174
불 Huile, graisse, suif, etc.
한 기름, 지방, 비계 등

기ᄅᆞᆷ졋다 [KI-RAM-TJYET-TA,-TJYE,-TJIN] (膏腴) 원174
불 Etre luisant, gras. ‖ Enduire d'huile.
한 반드럽다, 기름지다 | 기름을 칠하다

기ᄅᆞᆷ지다 [KI-RĂM-TJI-TA,-TJYE,-TJIN] (脂) 원174
불 Etre gras; avoir de la graisse, de l'huile (poisson). ‖ Engraisser. ‖ Fertile.
한 기름지다 | (물고기가) 기름기, 기름이 있다 | 기름지게 하다 | 기름지다

*기셰냥난 [KI-SYEI-NYANG-NAN,-I] (其勢兩難, (Cette, position, deux, difficile)) 원175
불 Difficultés de tous côtés, embarras.
한 사방의 어려움, 곤경

*기셰ᄒᆞ다 [KI-SYEI-HĂ-TA] (棄世) 원175
불 Quitter le monde, c. a. d. mourir; périr.
한 세상을 떠나다, 즉 죽다 | 죽다

기스리 [KI-SEU-RI] 원175
불 Bord, corniche; dessous du plafond.
한 기슭, 코니스 | 천장의 아래

기ᄉᆞᆰ [KI-SĂLK,-I] (麓) 원175
불 Bord; frange; corniche; pan d'habit; lisière; rivage.
한 기슭 | 가장자리 | 코니스 | 옷자락 | 가장자리 | 기슭

기ᄉᆡᆼ [KI-SĂING,-I] (妓) 원175
불 Courtisane, fille publique (avouée, inscrite); comédienne (on appelle ainsi celles qui sont entretenues pour le service des mandarins et inscrites sur les registres).
한 창녀, (공개된, 등록된) 매춘부 | 여배우 (관리들의 시중을 들기 위해 유지되며 장부에 등록되어 있는 여성들을 이렇게 부른다)

기억 [KI-EK,-I] 원173
불 Nom du ㄱ k, lettre de l'alphabet coréen, consonne qui répond à k.
한 한글 자모 ㄱk의 이름, k에 대응하는 자음

기와 [KI-OA] (瓦) 원173
불 Tuile. Toiture en tuiles.
한 기와 | 기와로 된 지붕

기와장이 [KI-OA-TJANG-I] (瓦匠) 원173
불 Tuilier, fabricant de tuiles. ‖ Couvreur (en tuiles); celui qui place les tuiles sur la toiture.
한 기와 제조공, 기와 제조업자 | (기와로) 지붕 잇는 일꾼 | 지붕에 기와를 놓는 사람

*기외에 [KI-OI-EI] (其外) 원173
불 En dehors de cela.
한 그 이외에

기우다 [KI-OU-TA,-OUL-E,OUN] 원173 ☞기울다

기우듬ᄒᆞ다 [KI-OU-TEUM-HĂ-TA] (傾) 원173
불 Pencher d'un côté; être plus d'un côté que de l'autre.
한 한쪽으로 기울다 | 한쪽이 다른 한쪽보다 더하다

기우러지다 [KI-OU-RE-TJI-TA,-TJYE,-TJIN] (傾) 원173
불 Incliner, pencher, être courbé.
한 기울어지다, 기울다, 휘어지다

기우러터리다 [KI-OU-RE-HIE-RI-TA,-HIE-RYE,-HIE-RIN] (傾) 원173
불 Incliner un objet, pencher une chose, faire pencher, courber.
한 물건을 기울이다, 물건을 기울이다, 기울게 하다, 구부리다

기우리다 [KI-OU-RI-TA,-RYE,-RIN] (傾) 원173
불 Prêter l'oreille pour écouter avec attention. Pencher la tête pour écouter. ‖ Incliner, courber.
한 유심히 듣기 위해 귀를 기울이다 | 듣기 위해 머리를 기울이다 | 기울이다, 구부리다

기울 [KI-OUL,-I] 원173

불 Son, partie la plus grossière du blé moulu.
한 밀기울, 빻은 밀의 가장 거친 부분

기울다 [KI-OUL-TA] (傾) 원173
불 Pencher; incliner; être courbé; pencher de côté, incliner sur le côté.
한 기울다 | 기울어지다 | 휘어지다 | 옆으로 기울다, 옆으로 기울어지다

기웃거리다 [KI-OUT-KE-RI-TA,-RYE,-RIN] (傾貌) 원173
불 Rouler, avoir du roulis, se balancer de droite à gauche.
한 [역주 배가] 좌우로 흔들리다, 흔들림이 있다, 좌우로 흔들리다

기웃기웃ᄒᆞ다 [KI-OUT-KI-OUT-HĂ-TA] 원173
불 Rouler, se balancer d'un côté sur l'autre. ‖ Regarder de droite à gauche, de côté et d'autre.
한 [역주 배가] 좌우로 흔들리다, 이쪽저쪽으로 흔들리다 | 좌우로, 이쪽저쪽을 보다

기워주다 [KI-OUE-TJOU-TA,-TJOUE,-TJOUN] (補還) 원173
불 Réparer les torts, le dommage.
한 손해, 손실을 배상하다

기음 [KI-EUM,-I] (蕪草) 원173
불 Ivraie, mauvaise herbe.
한 독보리, 잡초

기음ᄆᆡ다 [KI-EUM-MĂI-TA,-MĂI-YE,-MĂIN] (除草) 원173
불 Sarcler (litt. enfouir les mauvaises herbes).
한 김매다 (글자대로 잡초를 묻다)

기쟝 [KI-TJYANG,-I] (黍) 원176
불 Millet, esp. de gros millet. Millet commun, millet à panicules, avec lequel on fait des balais.
한 좁쌀, 수수의 종류 | 보통의 조, 빗자루를 만드는 데 쓰이는 원추화서의 조

기저귀 [KI-TJYE-KOUI] (襁褓) 원176
불 Lange, maillot.
한 기저귀, 배내옷

*기졀 [KI-TJYEL,-I] (棄絶) 원176
불 Excommunication.
한 파문

*기졀시기다 [KI-TJYEL-SI-KI-TA,-KYE,-KIN] (棄絶) 원176
불 Excommunier, rejeter.
한 파문하다, 배척하다

*기졀ᄒᆞ다 [KI-TJYEL-HĂ-TA] (棄絶) 원176
불 Etre excommunié; être rejeté; mettre de côté.
한 파문당하다 | 배척당하다 | 따로 떼어놓다

*기졍측의 [KI-TJYENG-TCHEUK-EUI] (其情惻矣) 원176
불 Pitoyable, digne de pitié. C'est déplorable.
한 불쌍하다, 동정할 만하다 | 가엾다

*기쥬호식ᄒᆞ다 [KI-TJYOU-HO-SĂIK-HĂ-TA] (嗜酒好色, (Se délecter, vin, se complaire, libertinage)) 원176
불 Débauche. Aimer les femmes et le vin. Aimer le vin et la débauche.
한 방탕 | 여자와 술을 좋아하다 | 술과 방탕함을 좋아하다

기지게혀다 [KI-TJI-KEI-HYE-TA,-HYE,-HYEN] (欠伸) 원176
불 Se détirer; allonger ses membres.
한 기지개를 켜다 | 사지를 뻗다

1*기참ᄒᆞ다 [KI-TCHAM-HĂ-TA] (棄斬, (Rejeter, couper)) 원176
불 rompre avec. ‖ Décapiter.
한 ~와 관계를 끊다 | 참수하다

2기참ᄒᆞ다 [KI-TCHAM-HĂ-TA] (咳唾) 원176
불 Toux. Tousser.
한 기침 | 기침하다

*긴급ᄒᆞ다 [KIN-KEUP-HĂ-TA,-HĂN,-HI] (緊急, (Utile, pressé)) 원173
불 Promptement utile. Très-pressant.
한 신속히 필요하다 | 긴박하다

*긴막긴ᄒᆞ다 [KIN-MAK-KIN-HĂ-TA] (緊莫緊, (Nécessaire, le plus, nécessaire)) 원173
불 Le plus nécessaire; le plus utile; urgent.
한 가장 필요하다 | 가장 유용하다 | 긴급하다

*긴박ᄒᆞ다 [KIN-PAK-HĂ-TA] (緊迫) 원173
불 Très-utile; nécessaire. Très-pressant.
한 매우 유용하다 | 필요하다 | 긴박하다

긴병 [KIN-PYENG,-I] (長病, (Longue, maladie)) 원173
불 Esp. de fièvre. Maladie de langueur. Longue maladie.
한 열병의 종류 | 쇠약증 | 오랜 병치레

*긴쇽ᄒᆞ다 [KIN-SYOK-HĂ-TA] (緊速, (Utile, prompt)) 원173
불 Très-utile; nécessaire; chose nécessaire.

한 매우 유용하다 | 필요하다 | 필요한 것

*긴요ᄒᆞ다 [KIN-YO-HĂ-TA,-HĂN,-HI] (緊要) 원173

불 Utile; nécessaire; urgent; instant; pressant.

한 유용하다 | 필요하다 | 긴급하다 | 급박하다 | 긴박하다

*긴용ᄒᆞ다 [KIN-YONG-HĂ-TA] (緊用) 원173

불 Se servir utilement de. Mettre à profit. ‖ Très-utile.

한 ~을 유용하게 쓰다 | 이용하다 | 매우 유용하다

*긴졀ᄒᆞ다 [KIN-TJYEL-HĂ-TA] (緊切) 원173

불 Fervent, ardent. ‖ Très-nécessaire, indispensable; urgent.

한 열렬하다, 정열적이다 | 매우 필요하다, 필수적이다 | 절박하다

*긴착ᄒᆞ다 [KIN-TCHAK-HĂ-TA] (緊着) 원174

불 Très-utile; indispensable; très-nécessaire.

한 매우 유용하다 | 필수적이다 | 매우 필요하다

*긴탁ᄒᆞ다 [KIN-HTAK-HĂ-TA] (緊托) 원173

불 Nécessité de confier, confier nécessairement. ‖ Recommander instamment.

한 맡길 필요성, 반드시 맡기다 | 간곡하게 부탁하다

*긴ᄒᆞ다 [KIN-HĂ-TA] (緊) 원173

불 Utile; nécessaire.

한 유용하다 | 필요하다

[1]길 [KIL,-I ou -HI] (路) 원174

불 Route; chemin; voie; sentier; passage. ‖ Après un participe futur signifie; moyen ou route, via. ᄒᆞᆯ길잇다 Hăl kil it-ta, Il y a moyen de faire; on peut faire. ᄒᆞᆯ길이 업다 Hăl kil-i ep-ta, Il n'y a pas moyen de faire; on ne peut pas faire.

한 도로 | 길 | 길 | 오솔길 | 통로 | 미래 분사 뒤에서 다음과 같은 의미를 나타낸다 | 방법이나 길, ~을 통하여 | [용례 ᄒᆞᆯ길잇다 Hăl kil it-ta], 할 방법이 있다 | 할 수 있다 | [용례 ᄒᆞᆯ길이업다 Hăl kil-i ep-ta], 할 방법이 없다 | 할 수 없다

[2]길 [KIL,-I] (丈) 원174

불 Taille, hauteur d'un homme. ‖ Mesure de hauteur et de profondeur.

한 키, 사람의 키 | 높이와 깊이의 단위

길거리 [KIL-KE-RI] (街) 원174

불 Carrefour. Le long du chemin. Chemin.

한 네거리 | 도로의 길이 | 길

*길거ᄒᆞ다 [KIL-KE-HĂ-TA] (拮据) 원174

불 Payer ses dettes.

한 자신의 빚을 갚다

길게ᄒᆞ다 [KIL-KEI-HĂ-TA] (長) 원174

불 Allonger, prolonger. ‖ Faire longuement, faire toujours.

한 늘이다, 연장하다 | 오랫동안 하다, 언제나 하다

[1]*길경 [KIL-KYENG,-I] (吉慶, (Bon, chose réjouissante)) 원174

불 Tout beau, entièrement beau. Heureux événement; réjouissance.

한 매우 아름답다, 전적으로 아름답다 | 경사 | 기쁨

[2]*길경 [KIL-KYENG,-I] (桔梗) 원174

불 Plante, esp. de campanule, appelée aussi 도라지 To-ra-tji.

한 식물, 도라지 To-ra-tji라고도 불리는 초롱꽃의 종류

길경이 [KIL-KYENG-I] (芣苢) 원174

불 Esp. d'herbe médicinale, plantain, graine de plantain. ‖ Syn. 차젼ᄌᆞ, Tcha-tjyen-tjă.

한 약용 풀의 종류, 질경이, 질경이의 씨앗 | [동의어 차젼ᄌᆞ, Tcha-tjyen-tjă.]

길구낙 [KIL-KOU-NAK,-I] (路歌) 원174

불 Chanson de voyage. Nom d'un chant populaire.

한 여행의 노래 | 대중적인 노래의 이름

길군 [KIL-KOUN,-I] (行人) 원174

불 Courrier, voyageur.

한 우편배달부, 여행가

길나쟝이 [KIL-NA-TJANG-I] (前陪羅卒) 원175

불 Heraut, valet qui va en tête du cortége d'un mandarin, pour faire évacuer la route. Guide du mandarin en voyage.

한 선구자, 길을 비우도록 하기 위해 관리의 행렬에서 선두에 가는 하인 | 여행 중인 관리의 안내인

[1]길다 [KIL-TA,KIL-E,KIN] (永) 원175

불 Etre long (pour le temps, l'espace, etc).

한 (시간, 공간 등에 있어서) 길다

[2]길다 [KIL-TA] 원175 ☞기다

길드다 [KIL-TEU-TA,-TEU-RE,-TEUN] (慣) 원175

불 S'apprivoiser; s'adoucir; être apprivoisé.

한 길들다 | 부드러워지다 | 길들여지다

길드리다 [KIL-TEU-RI-TA,-TEU-RYE,-TEU-RIN] (馴) 원175

불 Apprivoiser, adoucir.

한 길들이다, 부드럽게 하다

*길례 [KIL-RYEI] (吉禮) [원]175
[불] Cérémonies heureuses. c.a.d. cérémonies du mariage. ‖ Le jour fixé pour quitter le deuil.
[한] 기쁜 예식 | 즉 결혼식 | 탈상하기로 정해진 날

길마 [KIL-MA] (鞍) [원]174
[불] Bât.
[한] 길마

[1]길목 [KIL-MOK,-I] (行襪) [원]174
[불] Bas usés, c. a. d. bas de voyage, bas pour la route.
[한] 낡은 양말, 즉 여행 양말, 여정을 위한 양말

[2]길목 [KIL-MOK,-I] (道項) [원]174
[불] Chemin très-fréquenté; passage, délilé, qu'on ne peut éviter.
[한] 왕래가 매우 잦은 길 | 피할 수 없는 통로, 협로

길물 [KIL-MOUL,-I] (丈水, (Une hauteur, eau)) [원]174
[불] Eau don't la profondeur égale la hauteur d'un homme.
[한] 깊이가 사람의 키와 같은 물

길미 [KIL-MI] (生息) [원]174
[불] Intérêt de l'argent.
[한] 돈의 이자

*길복 [KIL-POK,-I] (吉服) [원]175
[불] Habit de bonheur, c. a. d. habit de noces; habit de fête; habit que prend l'homme en deuil quand il quitte le deuil. =ᄒᆞ다- hă-ta, Prendre les habits ordinaires (v.g. après le deuil); quitter le deuil.
[한] 행복의 옷, 즉 혼례복 | 축제에 입는 옷 | 탈상할 때 상중이던 사람이 입는 옷 | [[용례] =ᄒᆞ다- hă-ta], (예. 복상 기간 후에) 평상복을 입다 | 탈상하다

*길복 [KIL-POK,-I] (吉福) [원]175
[불] Bonheur; chance; heureux succès. ‖ Homme heureux, qui réussit en tout.
[한] 행복 | 행운 | 행복한 결말 | 모든 면에서 성공하는 행복한 사람

길쌈ᄒᆞ다 [KIL-SSAM-HĂ-TA] (紡績) [원]175
[불] Tisser. Tissage, art de tisser, ouvrage de couture (tout ce que font les femmes en ce genre).
[한] [[역주] 베를] 짜다 | 직조, 직조법, 재봉 작업 (여자들이 하는 이런 종류의 모든 일)

길이 [KIL-I] (長) [원]174
[불] Longueur.
[한] 길이

길일 [KIL-IL,-I] (吉日) [원]174
[불] Beau jour, jour heureux, jour de bonheur, jour chanceux. ‖ Le 1er jour de chaque lune.
[한] 좋은 날, 기쁜 날, 길일, 운이 좋은 날 | 매달의 첫 번째 날

길잡이 [KIL-TJAP-I] (指路軍) [원]175
[불] Valet qui va en tête du cortége d'un mandarin, pour l'annoucer et préparer la route. ‖ Guide, celui qui montre le chemin.
[한] 관리가 지나감을 알리고 길을 준비하기 위해 관리의 행렬에서 선두에 가는 하인 | 안내인, 길을 일러주는 사람

길장귀 [KIL-TJYANG-KOUI] (芣苢) [원]175
[불] Esp. d'herbe médicinale, plantain.
[한] 약용 풀의 종류, 질경이

길직ᄒᆞ다 [KIL-TJIK-HĂ-TA] (長) [원]175
[불] Etre long.
[한] 길다

길짐 [KIL-TJIM,-I] (竹笼) [원]175
[불] Paquet de voyage. Fardeau que le maître fait porter gratis d'auberge en auberge.
[한] 여행의 짐 | 주인이 이 여인숙 저 여인숙으로 무료로 옮기게 하는 짐

길치 [KIL-TCHI] [원]175
[불] Bœuf qui vient de loin (apporter une charge).
[한] 먼 곳에서 오는 소 (짐을 운반하다)

길텽 [KIL-HTYENG,-I] (秩廳) [원]175
[불] Maison où se tient le chef des prétoriens; son cabinet. La salle où se réunissent les prétoriens chez le mandarin. Syn. 질텽 Tjil-htyeng.
[한] 친위병들의 우두머리가 있는 집 | 그의 집무실 | 관리의 집에서 친위병들이 모이는 방 | [[동의어] 질텽, Tjil-htyeng]

길혀 [KIL-HYE] (脾) [원]174
[불] La rate. Membrane dans l'appareil nutritif. Syn. 비 Pi.
[한] 비장 | 영양 섭취 기관 안의 막 | [[동의어] 비, Pi]

*길흉 [KIL-HYOUNG,-I] (吉凶) [원]174
[불] Bon et mauvais. Présage de bonheur ou de malheur.
[한] 좋음과 나쁨 | 행복 또는 불행의 징조

*길ᄒᆞ다 [KIL-HĂ-TA] (吉) [원]174
[불] Etre heureux; favorisé. Venir à propos (se dit des événements); être de bon augure.
[한] 만족스럽다 | 특혜를 입다 | 때마침 일어나다 (사건에 대해 쓴다) | 좋은 징조이다

[1]김 [KIM,-I] (除草) 원173
불 Sarclage. 김미다 Kim-măi-ta, Sarcler.
한 김매기 | [용례 김미다 Kim-măi-ta], 김매다

[2]김 [KIM,-I] 원173
불 Herbe marine. V.Syn. 짐 Tjim.
한 해초 | [동의어 짐, Tjim.]

[3]김 [KIM,-I] (氣臭) 원173
불 Vapeur; souffie; baleine; exhalaison.
한 증기 | 입김 | 고래 | 발산물

[1]김나다 [KIM-NA-TA,-NA,-NAN] (出氣) 원173
불 Evaporer; exhaler, faire de la vapeur; remplir de vapeur. S'évaporer; s'éventer; exhaler des vapeurs.
한 증발시키다 | 발산하다, 김을 내다 | 증기로 채우다 | 증발하다 | 김빠지다 | 증기를 발산하다

[2]김나다 [KIM-NA-TA,-NA,-NAN] (生草) 원173
불 Pousser (mauvaises herbes dans un champ).
한 (밭에서 잡초가) 자라다

김치 [KIM-TCHI] (沉菜) 원173
불 Salaison de navets, de choux, etc.
한 무, 배추 등을 소금에 절인 식품

[1]깁 [KIP,-I] (繭) 원174
불 Cocon de ver à soie.
한 누에고치

[2]깁 [KIP,-I] (羅) 원174
불 Canevas. Toile de soie très-claire. Toile de crin pour tainis.
한 화포 | 매우 성긴 비단 천 | 체를 만들기 위해 말총으로 만든 천

[3]깁 [KIP,-I] (海衣) 원174
불 Herbe marine. (Provinc.). V.Syn. 짐 Tjim
한 해초 | (지역어) | [동의어 짐, Tjim]

[1]깁다 [KIP-TA,KI-OUE,KI-OUN] (補) 원174
불 Raccommoder, refaire, restaurer, réparer (v.g. un habit, une maison, etc, le tort fait à quelqu'un, la réputation).
한 (예. 옷, 집 등, 누군가에게 행해진 잘못, 평판을) 수선하다, 개조하다, 보수하다, 고치다

[2]깁다 [KIP-TA,KI-OUE,KI-OUN] 원174
불 Avoir beaucoup de choses étrangères; être encombré, sale (v.g. un champ couvert de mauvaises herbes, une table couverte de poussière).
한 생소한 것들을 많이 가지고 있다 | (예. 잡초로 뒤덮인 밭, 먼지로 뒤덮인 탁자가) 혼잡하다, 지저분하다

[3]깁다 [KIP-TA,KIP-HE,KIP-HEUN] (深) 원174
불 Etre profond.
한 깊다

[1]깁두리 [KIP-TOU-RI] (蚕絲網) 원174
불 Filet en soie.
한 비단실

[2]깁두리 [KIP-TOU-RI] (深處) 원174
불 Profondément, dans un lieu bien retiré.
한 깊숙이, 아주 외딴 곳에

[3]깁두리 [KIP-TOU-RI] (深畓) 원174
불 Rizière profonde, basse.
한 깊은, 낮은 논

깁슉ᄒᆞ다 [KIP-SYOUK-HĂ-TA] (深貌) 원174
불 Etre écarté, retiré, profond.
한 외따로 있다, 외지다, 깊다

깁쳬 [KIP-TCHYEI] (羅篩) 원174
불 Sas, crible très-fin, tamis très-fin en 깁 Kip, soie très-claire ou toile de crin.
한 체, 매우 가는 체, 깁 Kip으로 만든 매우 가는 체, 매우 성긴 비단이나 말총으로 만든 천

깁히 [KIP-HI] (深) 원174
불 Profondément.
한 깊히

[1]깃 [KIT,-KI-SI] (羽) 원175
불 Grande plume des ailes des oiseaux.
한 새들의 날개에 있는 커다란 깃털

[2]깃 [KIT,-KI-SI] (襟) 원175
불 Col d'habit.
한 옷깃

[3]깃 [KIT,-SI] (巢) 원175
불 Linge d'enfant.
한 아이의 내의

[4]깃 [KIT,-SI] 원175
불 Matériaux dont se servent les oiseaux pour bâtir leur nid, les animaux pour faire leurs tanières, etc.
한 새들이 둥지를 짓기 위해, 짐승들이 그들의 은신처 등을 만들기 위해 쓰는 재료

[5]깃 [KIT,KIT-SI] (目) 원175
불 Part, portion, lot.
한 몫, [역주 나누어진] 부분, 몫

[6]깃 [KIT] 원175
불 Habit non empesé.
한 풀을 먹이지 않은 옷

깃겁다 [KIT-KEP-TA,-KE-OUE,-KE-ON] (歡) 원175

불 Réjouissant; être heureux, réjoui. Etre content, joyeux. Causer de la joie.
한 즐겁다 | 행복하다, 기뻐하다 | 만족하다, 즐겁다 | 기쁨의 원인이다

[1]깃다 [KIT-TA,KIT-HE,KIT-HEUN] 원175
불 Charge trop lourde; trop chargé par le haut; qui n'est pas en équilibre.
한 너무 무거운 짐 | 짐이 위로 과도하게 실리다 | 균형이 잡히지 않다

[2]깃다 [KIT-TA,KIT-HE,KIT-HEUN] 원175
불 Réparer, raccommoder.
한 수리하다, 수선하다

[3]깃다 [KIT-TA,KIT-HE,KIT-HEUN] (餘) 원175
불 Rester, être de reste. (Provinc.).
한 남다, 남아 있다 | (지역어)

[4]깃다 [KIT-TA,KI-RE,KI-RĂN] (汲) 원176
불 Puiser dans un puits.
한 우물에서 [역주 물을] 긷다

깃두루막이 [KIT-TOU-ROU-MAK-I] (羽周衣) 원176
불 Habit de coton non empesé d'un homme en deuil. Habit de toile brute.
한 상중인 사람이 입는 풀 먹이지 않은 면직 옷 | 생삼베로 만든 옷

깃드리다 [KIT-TEU-RI-TA,-RYE,-RIN] (棲) 원176
불 Placer dans, être dans son nid. Apporter des matériaux pour faire son nid.
한 ~안에 놓다, 자기 둥지 안에 있다 | 자기 둥지를 만들기 위해 재료를 가져오다

깃버ᄒᆞ다 [KIT-PE-HĂ-TA] (欣) 원175
불 Réjouissant. Etre réjoui.
한 즐겁다 | 기뻐하다

깃부다 [KIT-POU-TA] 원175 ☞깃브다

깃분ᄒᆞ다 [KIT-POUN-HĂ-TA] (分財) 원175
불 Partager l'héritage entre ses enfants; donner chaque enfant sa part d'héritage. Diviser.
한 유산을 자식들끼리 나누다 | 각각의 자식에게 유산의 몫을 주다 | 배분하다

깃붓 [KIT-POUT,-SI] (羽筆) 원175
불 Plume d'oie pour écrire.
한 글씨기용 거위의 깃털

깃브다 [KIT-PEU-TA, KIT-PE,KIT-PEUN] (欣) 원175
불 Réjouissant. Etre réjoui. Etre content, joyeux. Causer de la joie. (Opposé de 이ᄃᆞᆲ다 Ăi-tălp-ta, Etre triste, chagrin).
한 즐겁다 | 기뻐하다 | 만족하다, 즐겁다 | 기쁨을 가져오다 | [역주 (이ᄃᆞᆲ다 Ăi-tălp-ta, 슬프다, 우울하다의 반대)]

깃옷 [KIT-OT] 원175
불 Habit de toile brute, non lissée, (pour les gens en deuil).
한 투박한, 반들반들하지 않은 천의 옷(상중인 사람들용)

깃주다 [KIT-TJOU-TA,-TJOU-E,-TJOUN] 원176
불 Donner du fourrage ou de la litière aux animaux. ‖ Mettre des branchages dans l'eau pour prendre le poisson qui vient s'y abriter. ‖ Faire part de, faire participer à, donner une part dans.
한 동물들에게 꼴이나 건초를 주다 | 숨으러 오는 물고기를 잡기 위해 나뭇가지들을 물속에 넣다 | 알리다, ~에 참여하게 하다, ~에 있어 한몫을 주다

깃츰ᄒᆞ다 [KIT-TCHEUM-HĂ-TA] (咳唾) 원176
불 Tousser.
한 기침하다

ᄀᆞ름 [KĂ-REUM,-I] 원141
불 Esp. d'herbe qui sert à fabriquer des souliers.
한 신발을 만드는 데 쓰이는 풀의 종류

ᄀᆞ리 [KĂ-RI] 원141
불 Tas, amas.
한 더미, 무더기

ᄀᆞ리오다 [KĂ-RI-O-TA,-OA,-ON] (蔽) 원141
불 Voiler, cacher, couvrir.
한 가리다, 감추다, 덮다

ᄀᆞᄅᆞ치다 [KĂ-RĂ-TCHI-TA,-TCHYE,-TCHIN] (教) 원141
불 Enseigner, instruire.
한 가르치다, 교육하다

ᄀᆞ만이 [KĂ-MAN-I] (暗) 원140
불 Furtivement; secrètement. ᄀᆞ만잇거라. Kă-man-it-ke-ra, Silence! paix! ᄀᆞ만두어라 Kă-man-tou-e-ra, Cesse, ne dis rien.
한 남몰래 | 슬그머니 | [용례 ᄀᆞ만잇거라, Kă-man-it-ke-ra], 조용히! 잠잠히! | [용례 ᄀᆞ만두어라, Kă-man-tou-e-ra], 그만둬, 아무 말도 하지 마

[1]ᄀᆞ음 [KĂ-EUM,-I] 원120 ☞가음

[2]ᄀᆞ음 [KĂ-EUM,-I] 원138
불 La marée basse, l'instant de la basse mer.
한 간조, 해수면이 낮은 순간

ᄀᆞ음아다 [KĂ-EUM-A-TA,-AL-A,-AN] 원138 ☞ᄀᆞ음알다

ᄀᆞ음알다 [KĂ-EUM-AL-TA] (司) [원]138
[불] Gouverner, diriger, administrer. || Etre chargé de. || Conserver et diriger.
[한] 통치하다, 통솔하다, 다스리다 | ~을 맡다 | 보존하고 관리하다

ᄀᆞ장 [KĂ-TJANG] (最) [원]141
[불] Beaucoup, surtout, très, fort, le plus.
[한] 많이, 특히, 매우, 몹시, 가장

ᄀᆞ재 [KĂ-TJAI] (鰲) [원]141
[불] Ecrevisse, crabe, crustacé.
[한] 가재, 게, 갑각류

¹ᄀᆞ초다 [KĂ-TCHO-TA] [원]137 ☞갓초다

²ᄀᆞ초다 [KĂ-TCHO-TA,-TCHO-A,-TCHON] (合) [원]141
[불] Ajuster; faire cadrer; adapter; rendre propre à sa fin; préparer; mettre en ordre; arranger.
[한] 꼭 맞추다 | 일치하게 하다 | 맞추다 | 자신의 목적에 알맞게 만들다 | 마련하다 | 정돈하다 | 준비하다

*ᄀᆞᆫ구ᄒᆞ다 [KĂN-KOU-HĂ-TA] (懇求, (Fervent, demander)) [원]140
[불] Supplier; prier instamment, ardemment.
[한] 애원하다 | 간절히, 열렬히 기도하다

*ᄀᆞᆫ졀ᄒᆞ다 [KĂN-TJYEL-HĂ-TA,-HĂN,-HI] (懇切) [원]141
[불] Fervent, ardent, pieux, instant, pressant(prière). ᄀᆞᆫ졀ᄒᆞᆫ ᄆᆞᄋᆞᆷ Kăn-tjyel-hăn mă-ăm. Cœur fervent, ferveur, zèle, cif désir.
[한] 열성적이다, 열렬하다, 효성스럽다, 간곡하다, 간절하다 (기도) | [[용례] ᄀᆞᆫ졀ᄒᆞᆫ ᄆᆞᄋᆞᆷ, Kăn-tjyel-hăn mă-ăm], 간절한 마음, 열정, 열성, 강한 욕망

*ᄀᆞᆫ쳥ᄒᆞ다 [KĂN-TCHYENG-HĂ-TA] (懇請, (Ardemment, demander)) [원]141
[불] Prier ardemment; supplier; demander instamment; insister; faire instance; solliciter. Instances, sollicitation pressante.
[한] 열렬히 부탁하다 | 애원하다 | 간곡하게 부탁하다 | 간청하다 | 탄원하다 | 청원하다 | 탄원, 간절한 청원

*ᄀᆞᆫ측ᄒᆞ다 [KĂN-TCHEUK-HĂ-TA,-HĂN,-HI] (懇側) [원]141
[불] Malheureux, pauvre, pitoyable. || Instant, pressant, fervent.
[한] 불쌍하다, 가련하다, 가엾다 | 간곡하다, 간절하다, 열렬하다

ᄀᆞᆯ셔다 [KĂL-SYE-TA,-SYE,-SYEN] (並) [원]141
[불] Aller de front, aller côte à côte.
[한] 나란히 가다, 나란히 가다

ᄀᆞᆯ은 [KĂL-EUN] [원]141
[불] Partie. relat. passé de ᄀᆞᆯᄋᆞ듸 Kăl-ă-tăi. Appelé, nommé, dit, dite.
[한] ᄀᆞᆯᄋᆞ듸 Kăl-ă-tăi의 과거형 관계 분사 | ~라 일컫는, ~라는 이름의, ~라고 불리는, ~라고 통칭하는

ᄀᆞᆯᄋᆞ듸 [KĂL-Ă-TĂI] (曰) [원]141
[불] Il dit:…(Ce verbe, usité dans les livres, ne présente que cette forme, qui est susceptible de la modification honorif. [ᄀᆞᆯᄋᆞ샤듸 Kăl-ă-sya-tăi], et celle du participe relatif passé [ᄀᆞᆯ은 Kăl-eun]).
[한] 말하건대:…(책에서 흔히 사용되는 이 동사는 경칭 [ᄀᆞᆯᄋᆞ샤듸 Kăl-ă-sya-tăi] 변형과 과거 관계분사 [ᄀᆞᆯ은 Kăl-eun]의 변형이 가능한 이 형태만 나타낸다)

ᄀᆞᆯᄋᆞ샤듸 [KĂL-Ă-SYA-TĂI] (曰) [원]141
[불] Il dit… (Honorif. de ᄀᆞᆯᄋᆞ듸 Kăl-ă-tăi).
[한] 말하건대… (ᄀᆞᆯᄋᆞ듸 kăl-ă-tăi의 경칭)

ᄀᆞᆯ츙이 [KĂL-TCHYOUNG-I] (槲虫) [원]141
[불] Insecte du chêne, qui mange les feuilles. Chenille du chêne.
[한] 잎을 먹고 사는 떡갈나무의 곤충 | 떡갈나무의 애벌레

ᄀᆞᆰ이 [KĂLK-I] (鬣) [원]141
[불] Crinière de cheval, crin du cou de certains animaux.
[한] 말의 갈기, 몇몇 동물들의 목에 난 갈기

ᄀᆞᆲ [KĂLP] (並) [원]141
[불] De front, côte à côte. || De nouveau, une seconde fois.
[한] 나란히, 서로 가지런히 | 또다시, 두 번째

ᄀᆞᆺ기야ᄒᆞ다 [KĂT-KI-YA-HĂ-TA] [원]141 ☞ᄀᆞᆺ지야ᄒᆞ다

¹ᄀᆞᆺ다 [KĂT-TA,KĂT-HA,KĂT-HEUN ou KĂT-HĂN] (似) [원]141
[불] Etre semblable; ressembler.
[한] 비슷하다 | 닮다

²ᄀᆞᆺ다 [KĂT-TA,KĂ-TJA,KĂ-TJĂN] [원]141
[불] Etre en ordre, être complet. V.Syn. 구비ᄒᆞ다 Kou-pi- hă-ta.
[한] 정연하다, 완전하다 | [[동의어] 구비ᄒᆞ다, Kou-pi-hă-ta]

ᄀᆞᆺ지 [KĂT-TJI] [원]141 ☞ᄀᆞᆺ치

ᄀᆞᆺ지야ᄒᆞ다 [KĂT-TJI-YA-HĂ-TA] (似) [원]141
[불] Etre semblable.

한 닮다

ᄀᆞᆺ치 [KĂT-TCHI] (同) 원141

불 Comme, semblablement, de même que, pareillement.

한 ~처럼, 비슷하게, ~와 마찬가지로, 똑같이

ᄀᆞᆺᄒᆞ다 [KĂT-HĂ-TA] (似) 원141

불 Etre semblable.

한 비슷하다

[1]기 [KĂI] 원120 ☞ [4]개

[2*]기 [KĂI] (盖) 원138

불 Etendard, dais ou bannière en forme d'ombrelle, qu'on fait porter à la tête d'un cortége de mandarin. V.Syn. 일산 Il-san.

한 군기, 관리의 행렬 선두에서 드는 작은 양산 모양의 천개 또는 기 | [동의어 일산, Il-san]

*기가ᄒᆞ다 [KĂI-KA-HĂ-TA] (改嫁, (De nouveau, se marier)) 원139

불 Se remarier (une veuve).

한 (과부가) 재혼하다

기갑이 [KĂI-KAP-I] 원139

불 Pie grièche.

한 때까치

*기걸ᄒᆞ다 [KĂI-KEL-HĂ-TA] (丐乞) 원139

불 Mendier son pain.

한 제 양식을 구걸하다

*기과ᄒᆞ다 [KĂI-KOA-HĂ-TA] (改過, (Changer, défaut)) 원139

불 Réformer sa vie. Se corriger. Se convertir.

한 자신의 생활 방식을 개선하다 | 행실을 고치다 | 전향하다

기구ᄒᆞ다 [KĂI-KOU-HĂ-TA] (開口) 원139

불 Ouvrir la bouche pour parler. Parler.

한 말하려고 입을 열다 | 말하다

*기금ᄒᆞ다 [KĂI-KEUM-HĂ-TA] (改金) 원139

불 Redorer, dorer.

한 다시 금박을 입히다, 금박을 입히다

*기기 [KĂI-KĂI] (箇箇) 원139

불 Tout; entièrement; un à un; tous sans exception.

한 모두 | 전부 | 하나씩 | 예외 없이 전부

기나리 [KĂI-NA-RI] 원139

불 Esp. de petit arbuste à fleurs. Tubéreuse (fl.). Hémérocalle (?).

한 꽃이 피는 소관목의 종류 | 월하향(꽃) 왕원추리속(?)

[1]기다 [KĂI-TA,KĂI-E ou KĂI-YE,KĂIN] (霽) 원140

불 Se rasséréner. Cesser (la pluie). 날기다 Nal-kăi-ta, Le temps se mettre au beau.

한 다시 평온해지다 | (비가) 멎다 | [용례 날기다, Nal-kăi-ta], 날씨가 화창해지다

[2]기다 [KĂI-TA,KĂI-E ou KĂI-YE,KĂIN] (扱) 원140

불 Plier, ramasser, serrer, mettre à l'abri.

한 접다, 모으다, 사이를 촘촘히 하다, 안전하게 두다

[3]기다 [KĂI-TA,KĂI-E ou KĂI-YE,KĂIN] (和合) 원140

불 Délayer dans l'eau. Délayer de la colle, la rendre bien homogène.

한 물에 녹이다 | 풀을 물에 타다, 그것을 균질의 것으로 만들다

*기량ᄒᆞ다 [KĂI-RYANG-HĂ-TA] (改量) 원140

불 Changer le rôle des contributions pour les répartir avec justice. ‖ Remesurer.

한 분담금을 공평하게 분배하기 위해 분담금의 명부를 바꾸다 | 새로 측정하다

기머리 [KĂI-ME-RI] 원139

불 Crosse de fusil.

한 총의 개머리판

*기명ᄒᆞ다 [KĂI-MYENG-HĂ-TA] (改名) 원139

불 Changer son prénom. Changer de nom.

한 이름을 바꾸다 | 성을 바꾸다

*기복ᄒᆞ다 [KĂI-POK-HĂ-TA] (改服, (Changer, s'habiller)) 원140

불 Revêtir des habits différents soit de couleur soit de forme. S'habiller de neuf.

한 색깔이든 형태든 다른 옷을 입다 | 새것으로 입다

*기분관ᄒᆞ다 [KĂI-POUN-KOAN-HĂ-TA] (改分官) 원140

불 Changer l'ordre, le rang d'un docteur en le faisant monter ou descendre. ‖ Dignité, place.

한 승진시키거나 강등시켜서 박사의 지위, 서열을 바꾸다 | 고위직, 지위

*기비ᄒᆞ다 [KĂI-PI-HĂ-TA] (改備, (de nouveau, préparer)) 원140

불 Réparer, raccommoder. ‖ Refaire à neuf. ‖ Vendre le vieux pour acheter du neuf.

한 수리하다, 수선하다 | 새로 다시 하다 | 새것을 사기 위해 헌것을 팔다

기상 [KĂI-SANG,-I] (打石) 원140

불 Bûche ou pierre sur laquelle on frappe les gerbes

de blé pour les égrainer.

한 낟알을 떼어내기 위해 곡식 다발을 그 위에 때리는 장작 또는 돌

*기ᄉᆞ초ᄒᆞ다 [KĂI-SĂ-TCHO-HĂ-TA] (改莎草, (Changer, herbe)) 원140

불 Réparer les tombeaux. Recouvrir un tombeau de gazon neuf.

한 묘를 고치다 | 묘비를 새 잔디로 다시 덮다

기석 [KĂI-TTEK,-I] (荏餠) 원140

불 Mauvais gâteau. Gâteau fait avec l'écorce intérieure de l'orge.

한 형편없는 떡 | 보리의 속껍질로 만든 떡

*기야미 [KKĂI-YA-MI] (蛾) 원139

불 Fourmi.

한 개미

*기연ᄒᆞ다 [KĂI-YEN-HĂ-TA] (慨然) 원139

불 Digne de pitié. ‖ Etre triste; s'affliger.

한 동정할 만하다 | 슬프다 | 상심하다

기우치다 [KKĂI-OU-TCHI-TA,-TCHYE,-TCHIN] (提擢) 원139

불 Rappeler à l'esprit, faire se ressouvenir. ‖ Aider à comprendre, faire comprendre. ‖ Comprendre enfin, se rappeler enfin. ‖ Eveiller, s'éveiller.

한 마음에 상기시키다, 회상하게 하다 | 깨닫게 돕다, 이해시키다 | 마침내 이해하다, 마침내 기억하다 | 깨우다, 깨다

*기제군ᄌᆞ [KĂI-TJYEI-KOUN-TJĂ] (豈弟君子) 원140

불 Homme vertueux. Homme dont les manières sont belles.

한 덕이 높은 사람 | 행실이 훌륭한 사람

기제쥬ᄒᆞ다 [KĂI-TJYEI-TJYOU-HĂ-TA] (改題主, (De nouveau, écrire, tablettes)) 원140

불 Réparer les tablettes d'ancètres.

한 선조들의 작은 판들을 고치다

*기제ᄒᆞ다 [KĂI-TJYEI-HĂ-TA] (豈弟) 원140

불 Propre, net, beau, joli.

한 청결하다, 깨끗하다, 아름답다, 예쁘다

기쥭나무 [KĂI-TJYOUK-NA-MOU] (樗) 원140

불 Ailanthe glanduleux qui sert à nourrir le 뚱나뷔 Ttoung-na-poui, lequel produit la soie appelée 츙경ᄉᆞ Tchyoung-kyeng-să.

한 츙경ᄉᆞ Tchyoung-kyeng-să라 불리는 비단을 만드는 뚱나뷔 Ttoung-na-poui를 먹이는 데 쓰이는 가죽나무

*기창 [KĂI-TCHANG,-I] (疥瘡) 원140

불 Gale (maladie).

한 옴(병)

기초ᄒᆞ다 [KĂI-TCHO-HĂ-TA] (蓋草, (Couvrir, herbes)) 원140

불 Grandes herbes pour la toiture d'une maison. Couvrir de paille ou d'herbe le toit d'une maison. Refaire le toit.

한 집 지붕에 덮는 큰 풀 | 집 지붕을 짚이나 풀로 덮다 | 지붕을 보수하다

*기칠ᄒᆞ다 [KĂI-TCHIL-HĂ-TA] (改漆) 원140

불 Donner une seconde couche en peinture. ‖ Reprendre, changer une lettre mal formée ou un dessin mal fait.

한 두 번째 칠을 하다 | 잘못 쓴 글자 또는 잘못 그려진 그림을 손질하다, 바꾸다

*기탄ᄒᆞ다 [KĂI-HTAN-HĂ-TA] (慨嘆) 원140

불 Etre désolant, ennuyeux. Regretter; soupirer; se chagriner: se désoler; se plaindre.

한 몹시 가슴 아프다, 서글프다 | 애석해하다 | 한숨짓다 | 슬퍼하다, 비탄에 잠기다 | 눈물을 흘리다

1*긱 [KĂIK,-I] (客) 원139

불 Hôte; étranger qui recoit l'hospitalité, qui n'est pas chez soi mais chez un autre. (Opposé à 쥬인 Tjyou-in).

한 손님 | 환대를 받는, 자신의 집이 아니라 다른 사람의 집에 있는 외부인 | (쥬인 Tjyou-in과 반대이다)

2*긱 [KĂIK,-I] (刻) 원139

불 La 8e partie d'une heure coréenne. Répond à notre quart-d'heure, c. a. d. à 15 minutes. Quart-d'heure.

한 조선식 1시간의 여덟 번째 부분 | 우리의 1/4시간, 즉 15분에 해당한다 | 15분

*긱고 [KĂIK-KO] (客苦, (Hôte, douleur)) 원139

불 La douleur des hôtes. Ennui d'un homme qui n'est pas chez soi.

한 손님들의 괴로움 | 자신의 집에 있지 않는 사람이 겪는 난처한 일

*긱관 [KĂIK-KOAN,-I] (客官) 원139

불 Hôte élevé, hôte qui est dans les dignités. ‖ Mandarin étranger, qui est sur le territoire d'un autre.

한 높은 손님, 고위직에 있는 손님 | 다른 사람의 관할 구역에 있는 외부 관리

긱광어새 [KĂIK-KOANG-E-SĂI] 원139

불 Goëland.
한 갈매기

*긱군 [KĂIK-KOUN,-I] (客軍) 원139
불 Hôte inattendu, importun, surnuméraire, venu sans être invité
한 뜻밖의, 귀찮은, 정원 외의, 초대받지 않고 온 손님

*긱긔 [KĂIK-KEUI] (客氣) 원139
불 Force empruntée. Surexcitation.
한 부자연스러운 힘 | 과도한 흥분 상태

*긱니 [KĂIK-NI] (客裏, (Hôte, dans)) 원139
불 Esprit des hôtes. ‖ Le temps du voyage. ‖ Lieu étranger. ‖ Absence de chez soi.
한 손님들의 기지 | 여행의 시간 | 외부 장소 | 자신의 집에 없음

*기뎡ᄒᆞ다 [KĂI-TYENG-HĂ-TA] (改定, (Changer, déterminer)) 원140
불 Se décider à faire autrement; prendre une nouvelle décision. ‖ Contremander.
한 다른 것을 하려고 결심하다 | 새로운 결정을 내리다 | 취소하다

*긱디 [KĂIK-TI] (客地) 원139
불 Terre étrangère.
한 이국땅

*긱반위쥬 [KAIK-PAN-OUI-TJYOU] (客反爲主, (Hôte, au contraire, devenir, maître)) 원139
불 Hôte, devenu maître par l'absence du maître de la maison.
한 손님이, 집주인이 없어서 주인이 되다

*긱샤 [KĂIK-SYA] (客舍) 원139
불 Maison du mandarin pour recevoir les hôtes. ‖ Maison où l'on conserve la tablette du roi, et où le mandarin va, deux fois par mois, faire ses salutation.
한 손님들을 맞이하기 위한 관리의 건물 | 왕의 패를 보관하고, 한 달에 두 번 관리가 인사를 하러 가는 집

*긱샹 [KĂIK-SYANG,-I] (客商) 원139
불 Marchand ambulant. Marchand étranger, qui vient de loin, qui n'est pas du pays.
한 행상인 | 멀리서 오는, 고향에 있지 않은 외부 상인

*긱셜스럽다 [KĂIK-SYEL-SEU-REP-TA,-RE-OUE,-RE-ON] (客說) 원139
불 Dire des niaiseries, des bagatelles. ‖ Inutile, sans but.
한 어리석은 말, 쓸데없는 일을 말하다 | 쓸데없다, 목적 없다

*긱슈 [KĂIK-SYOU] (客水) 원139
불 Pluie inutile, trop abondante. Pluie excessive. ‖ Eau qui vient d'un autre endroit.
한 도움이 안 되는, 너무 많은 비 | 지나친 비 | 다른 곳에서 오는 물

*긱실 [KĂIK-SIL,-I] (客室) 원139
불 Chambre des hôtes. Chambre de réception pour les étrangers. Syn. 사랑 Sa-rang.
한 손님방 | 외부인들을 위한 접대실 | [동의어 사랑, Sa-rang]

*긱ᄉᆞᄒᆞ다 [KĂIK-SĂ-HĂ-TA] (客死, (hôte, mourir)) 원139
불 Mourir chez un autre; mourir étant hôte, hors de chez soi.
한 다른 사람의 집에서 죽다 | 제 집에서 벗어나 손님으로 죽다

긱젹다 [KĂIK-TJYEK-TA,-TJYEK-E,-TJYEK-EUN] (不緊) 원139
불 Ennuyeux, inutile, gênant.
한 성가시다, 쓸데없다, 불편하다

긱접다 [KĂIK-TJYEP-TA,-TJYEP-E,-TJYEP-EUN] (無用) 원139
불 Ennuyeux, importun, inutile.
한 귀찮다, 성가시다, 쓸데없다

*긱쥭 [KĂIK-TJYOUK,-I] (客竹) 원139
불 Pipe pour les étrangers.
한 외부 사람들을 위한 담뱃대

*긱즁 [KĂIK-TJYOUNG] (客中) 원139
불 Le temps pendant lequel on est étranger, hôte. ‖ absence. ‖ En voyage.
한 외부 사람, 손님으로 지내는 동안의 시간 | 부재 | 여행 중

*긱초 [KĂIK-TCHO] (客草) 원139
불 Tabac pour les hôtes. ‖ Tabac pour le voyage.
한 손님용 담배 | 여행용 담배

*긱텽 [KĂIK-HIYENG,-I] (客廳) 원139
불 Chambre des étrangers; lieu où l'on reçoit les étrangers.
한 외부 사람들을 위한 방 | 외부 사람들을 접대하는 곳

1*깅 [KĂING,-I] (羹) 원139
불 Soupe, bouillon.
한 수프, 국물

[2*] 긩 [KĂING] (更) [원]139
[불] En agr. De nouveau; changer.
[한] 한자어로 또다시 | 바꾸다

*긩긔ᄒᆞ다 [KĂING-KEUI-HĂ-TA] (更起, (De nouveau, se lever)) [원]140
[불] Se relever. || Refaire. || Recommencer après une interruption.
[한] 다시 일어서다 | 다시 만들다 | 중단 후 다시 시작하다

*긩발ᄒᆞ다 [KĂING-PAL-HĂ-TA] (更發, (De nouveau, agir)) [원]140
[불] Recommencer, se renouveler, reprendre. Reprendre ses forces, revenir à soi.
[한] 다시 시작하다, 다시 일어나다, 다시 계속하다 | 자신의 힘을 회복하다, 의식을 회복하다

*긩복텽 [KĂING-POK-HTYENG,-I] (更腹廳, (Changer, habit, appartement)) [원]140
[불] Lieu où l'on change d'habit.
[한] 옷을 갈아입는 곳

[1*] 긩쇼ᄒᆞ다 [KĂING-SYO-HĂ-TA] (更訴, (De nouveau, exposer)) [원]140
[불] Recommencer à plaider, à pétitionner auprès du mandarin. || Interjeter appel. Appeler du jugement d'un procès. || Faires une nouvelle exposition des faits.
[한] 소송을 다시 하다, 고급관리에게 다시 청원하다 | 공소를 제기하다 | 소송 판결에 대해 상소하다 | 사실을 새로 설명하다

[2*] 긩쇼ᄒᆞ다 [KĂING-SYO-HĂ-TA] (更小) [원]140
[불] Redevenir jeune, c. a. d. prendre de nouvelles forces (vieillard).
[한] 다시 젊어지다, 즉 새로운 힘을 얻다 (노인)

*긩의쇼 [KĂING-EUI-SYO] (更衣所, (Changer, habit, lieu)) [원]139
[불] Lieu où l'on change d'habits.
[한] 옷을 갈아입는 곳

ㄲ

ㄲ [KK] [원]119
[불] Le même que ㄱ K prononcé d'un son sec.
[한] 거친 소리로 발음되는 ㄱ K와 같다

ㄴ

ㄴ [N] [원]261
[불] 16e lettre de l'alphabet, consonne qui répond à n ou l.
[한] 알파벳의 열여섯 번째 글자, n 또는 l에 대응하는 자음

[1] 나 [NA] (吾) [원]261
[불] Moi, je.
[한] 나, 나

[2] 나 [NA,-HI] (年) [원]261
[불] Agé.
[한] [[역주] 나이가] ~살이다

[3] 나 [NA] [원]261
[불] Terminaison très-employée, qui, ajoutée à certains mots, a le sens de; du moins, mais, soit, ou. Se met après les mots terminés par une voyelle(혹날마다나혹주일에나 Hok nal ma-ta-na hok tjou-il-ei-na, Ou chaque jour ou le dimanche); tandis que 이나 I-na se place après les mots terminés par une consonne. V. 이나 I-na.
[한] 자주 사용되는 어미로, 몇몇 단어에 덧붙여져서 다음과 같은 의미를 지닌다 | 그러나 어쨌든, 적어도, 그러나, ~이거나, 또는 | 모음으로 끝나는 단어의 뒤에 놓인다 [[용례] 혹날마다나혹주일에나 Hok nal ma-ta-na hok tjou-il-ei-na] 혹은 날마다 혹은 일요일마다 | 반면에 ~이나I-na는 자음으로 끝나는 단어들의 뒤에 놓인다 | [[참조어] 이나, I-na]

나가다 [NA-KA-TA,NA-KA,NA-KAN] (出去) [원]262
[불] Sortir et aller; aller dehors; aller en sortant.
[한] 나가서 가다 | 밖으로 가다 | 나가면서 가다

[1*] 나각 [NA-KAK,-I] (螺殼) [원]262
[불] Coquille de bigorneau, de limace. Gros coquillage en forme de bigorneau. Syn. 쇼라 Syo-ra.
[한] 경단고둥, 괄태충의 껍질 | 경단고둥 모양의 큰 조개 | [[동의어] 쇼라, Syo-ra]

[2*] 나각 [NA-KAK,-I] (螺角) [원]262
[불] Cornes de limace. V. 달팽이 Tal-hpang-i.
[한] 괄태충의 촉각 | [[참조어] 달팽이, Tal-hpang-i]

*나경 [NA-KYENG,-I] (羅鏡) [원]262
[불] Boussole.
[한] 나침반

*나경ᄒᆞ다 [NA-KYENG-HĂ-TA] (懶畊) [원]262
[불] Etre paresseux à labourer ses champs.
[한] 자신의 밭을 경작하는 데 게으르다
*나공이 [NĀ-KONG-I] (懶工) [원]262
[불] Jeune homme paresseux.
[한] 게으른 젊은이
나귀 [NA-KOUI] (驢) [원]262
[불] Ane.
[한] 당나귀
나그내 [NA-KEU-NAI] (旅) [원]262
[불] Etranger; hôte; voyageur.
[한] 외부인 | 손님 | 나그네
나긋나긋ᄒᆞ다 [NA-KEUT-NA-KEUT-HĂ-TA] [원]262
[불] Etat de la chair, de la viande des petits animaux encore trop jeunes. Tendre à mâcher.
[한] 아직 너무 어린 작은 동물들의 살, 고기의 상태 | 씹기에 부드럽다
나기ᄒᆞ다 [NA-KI-HĂ-TA] (賭) [원]262
[불] Pari; gageure; enjeu. Parier; gager. Syn. 내기ᄒᆞ다 Nai-ki-hă-ta.
[한] 내기 | 내기 | 내기 | 내기에 걸다 | [[역주] 내기에 돈을] 걸다 | [[동의어] 내기ᄒᆞ다, Nai-ki-hă-ta]
*나긱 [NA-KĂIK,-I] (懶客) [원]262
[불] Hôte paresseux; un paresseux.
[한] 게으른 손님 | 게으름뱅이
1나ᄂᆞ리 [NA-NĂ-RI] (日日) [원]265
[불] Tous les jours; chaque jour; de tous les jours.
[한] 매일 | 나날이 | 매일매일의
2나ᄂᆞ리 [NA-NĂ-RI] [원]265
[불] Guêpe; esp. de guêpe.
[한] 말벌 | 말벌의 종류
1나다 [NA-TA,NA-A,NA-EUN] (勝) [원]269
[불] L'emporter sur; valoir mieux; prévaloir.
[한] ~보다 우세하다 | 더 낫다 | 우월하다
2나다 [NA-TA,NA,NAN] (生) [원]269
[불] Naître; venir au monde.
[한] 태어나다 | 탄생하다
3나다 [NA-TA,NAR-A,NAN] (飛) [원]269
[불] Voler, volare (oiseau). Syn. 날다 Nal-ta.
[한] 날다, (새가) 비행하다 | [[동의어] 날다, Nal-ta]
4나다 [NA-TA,NA-RA,NAN] (經立) [원]269
[불] Tendre les fils de la chaîne pour préparer une pièce de toile. Ourdir une toite.
[한] 베 한 조각을 마련하기 위해 날줄을 걸다 | 베를 짜다
5나다 [NA-TA,NA,NAN] (出) [원]269
[불] Sortir; aller dehors; apparaître; venir; se lever, paraître (astres).
[한] 나가다 | 밖으로 가다 | 나타나다 | 오다 | (별들이) 떠오르다, 나타나다
6나다 [NA-TA,NA-A,NA-EUN] (瘳) [원]269
[불] Guérir.
[한] 낫다
나두밤나무 [NA-TOU-PAM-NA-MOU] [원]269
[불] Et moi aussi je suis un châtaignier. Nom d'un arbre qui ressemble au châtaignier. alisier.
[한] 나 또한 밤나무이다 | 밤나무를 닮은 나무의 이름 | 마가목
나드락나드락ᄒᆞ다 [NA-TEU-PAM-NA-TEU-RAK-HĂ-TA] [원]269
[불] V. 마드락마드락 Ma-teu-rak-ma-teu-rak.
[한] [[참조어] 마드락마드락, Ma-teu-rak-ma-teu-rak]
나라 [NA-RA] (國) [원]268
[불] Etat; nation; gouvernement; roi.
[한] 국가 | 나라 | 정부 | 왕
나라가다 [NA-RA-KA-TA,-KA,-KAN] (飛去) [원]268
[불] Voler en s'en allant; s'envoler; s'en aller en volant (oiseau, etc.). ‖ Aller vite.
[한] 가면서 날다 | 날아가다 | (새 등이) 날아서 가다 | 빨리 가다
나라오다 [NA-RA-O-TA,-OA,-ON] (飛來) [원]268
[불] Venir en volant, voler et venir. ‖ Venir vite (homme, etc.).
[한] 날아서 오다, 날아서 오다 | (사람 등이) 빨리 오다
나락 [NA-RAK,-I] (穀植) [원]268
[불] Riz non écossé. toute esp. de céréales non écossées.
[한] 껍질을 까지 않은 벼 | 껍질을 까지 않은 모든 종류의 곡식
나란이 [NA-RAN-I] (齊) [원]268
[불] De front; côté à côté
[한] 같은 선상에 | 나란히
나람이 [NA-RAM-I] [원]268
[불] Longueur d'un objet. ‖ La longueur d'un couteau. ‖ Bord d'une feuille de papier.
[한] 물건의 길이 | 칼의 길이 | 종잇장의 가장자리
1나래 [NA-RAI] [원]268

불 Herse pour les rizières. Grande pelle large trainée par un bœuf pour enlever le sable des rizières.
한 논에 쓰는 쇠스랑 | 논의 모래를 없애기 위해 소가 끄는 크고 넓은 삽

[2]나래 [NA-RAI] 원268
불 Esp. de paillasson pour préserver de la pluie différents objets.
한 여러 물건들을 비로부터 보호하는 데 쓰이는 거적의 종류

[3]나래 [NA-RAI] (翼) 원268
불 Aile d'oiseau.
한 새의 날개

나려보다 [NA-RYE-PO-TA] 원273 ☞ ᄂᆞ려보다

*나력 [NA-RYEK,-I] (瘰癧) 원268
불 Scrofules, écrouelles; humeurs froides; humeurs à la gorge (elles vont en descendant).
한 연주창, 나력 | 연주창 | 목에 생기는 농양 (농양들은 내려간다)

*나력ᄒᆞ다 [NA-RYEK-HĂ-TA] (懶力) 원268
불 Indolent.
한 나태하다

*나렬 [NA-RYEL,-I] (羅列) 원268
불 Nombreux. Cercle de valets.
한 많다 | 하인들 무리

*나렬ᄒᆞ다 [NA-RYEL-HĂ-TA] (懶劣) 원268
불 Faible et paresseux; indolent.
한 약하고 나태하다 | 게으르다

나로여 [NA-RO-YE] (徐) 원268
불 Doucement, lentement.
한 서서히, 천천히

나로질ᄒᆞ다 [NĂ-RO-TJIL-HĂ-TA] (津渡) 원273
불 Faire le passage (batelier qui passé).
한 (지나가는 뱃사공이) 통행하다

*나록 [NA-ROK,-I] (羅祿) 원268
불 Riz non écossé; céréales non écossées.
한 껍질을 까지 않은 벼 | 껍질을 까지 않은 곡식

나롭 [NA-ROP,-I] (獸四歲) 원268
불 4 ans (âge pour les bestiaux).
한 네 살 (동물에게 쓰는 나이)

나롯 [NA-ROT,-SI] (鬚) 원268
불 Barbe.
한 수염

*나롱ᄒᆞ다 [NA-RONG-HĂ-TA] (懶農) 원268
불 Labourer lâchement, avec paresse. Etre paresseux à la culture de ses champs.
한 무기력하게, 나타하게 경작하다 | 자신의 밭을 경작하는 데 게으르다

*나룡 [NA-RYONG,-I] (懶龍) 원268
불 Montagne en pente douce. Crête de montagne, les arêtes d'une montagne.
한 경사가 완만한 산 | 산봉우리, 산등성이

[1]나른ᄒᆞ다 [NA-REUN-HĂ-TA] 원268
불 Pulvériser; réduire en poudre fine; réduire en farine.
한 빻다 | 고운 가루로 만들다 | 가루로 만들다

[2]나른ᄒᆞ다 [NA-REUN-HĂ-TA] (困) 원268
불 Etre las, fatigué.
한 지치다, 피곤하다

나릅 [NA-REUP,-I] (獸四歲) 원268
불 Veau ou poulain de 4 ans. 4 ans (pour les bœufs).
한 네 살 된 송아지 또는 망아지 | 네 살 (소에 대해)

나리 [NA-RI] (下) 원268
불 En bas; de haut en bas, ‖ Nom que donnent les valets à leur maître qui n'a qu'une petite dignité. Les gens du peuple appellent ainsi tous les mandarins qui n'ont pas les anneaux blancs.
한 아래에 | 위에서 아래로 | 하인들이 낮은 관직을 가진 주인에게 붙이는 이름 | 서민 남자들이 흰색의 고리를 가지고 있지 않은 모든 관리들을 이렇게 부른다

나리우다 [NA-RI-OU-TA,-OUE,-OUN] 원273 ☞ ᄂᆞ리우다

나ᄅᆞ다 [NA-RĂ-TA,NAL-NA,NAL-EUN] (持) 원268
불 Prendre.
한 잡다

나ᄅᆞᆷ [NA-RĂM,-I] (好不好) 원268
불 Qualité; différence.
한 자질 | 차이

*나ᄅᆡᄒᆞ다 [NA-RĂI-HĂ-TA] (拿來) 원268
불 Arrêter, mettre en état d'arrestation (en parlant d'un ordre du roi) arrêter un mandarin par ordre du roi.
한 (왕의 명령에 대해 말하면서) 체포하다, 구금하다 | 왕의 명령으로 관리를 체포하다

나무 [NA-MOU] (樹) 원264
불 Arbre; bois. (Après un nom de fruit, désigne l'arbre qui produit ce fruit).
한 나무 | 나무 | 열매 이름 뒤에, 그 열매를 생산하는 나무를 가리킨다

나무군 [NA-MOU-KOUN,-I] (柴軍) [원]264
[불] Bûcheron.
[한] 나무꾼

나무라다 [NA-MOU-RA-TA,-MOU-RA,-MOU-RAN] (詈罵) [원]264
[불] Blâmer; gronder; réprimander.
[한] 비난하다 | 야단치다 | 질책하다

나무신 [NA-MOU-SIN,-I] (木鞋) [원]264
[불] Sabot; chaussure de bois.
[한] 나막신 | 나무로 만든 신발

나무깟 [NA-MOU-KKAT,-SI] (柴場) [원]264
[불] Bois réservé; propriété particulière sur la montagne.
[한] 보호림 | 산 위의 개인 소유지

나무끔 [NA-MOU-KKEUM,-I] (柴價) [원]264
[불] Qualité du bois; prix du bois; valeur intrinsèque du bois.
[한] 나무의 품질 | 나무의 값 | 나무의 고유한 가치

나문재 [NA-MOUN-TJAI] [원]264
[불] Algue marine; varech; goëmon.
[한] 해초 | 해조 | 바닷말

나물 [NA-MOUL,-I] (菜) [원]264
[불] Herbe, légume; herbe qu'on peut manger.
[한] 풀, 채소 | 먹을 수 있는 풀

*__나발__ [NA-PAL,-I] (懶叭) [원]267
[불] Trompette, clairon. Syn. 쥬라 Tjyou-ra, 호긔 Ho-keui.
[한] 트럼펫, 나팔 | [[동의어] 쥬라, Tjyou-ra], [[동의어] 호긔, Ho-keui]

*__나병__ [NĂ-PYENG,-I] (奶餠) [원]267
[불] Gâteau de lait; fromage.
[한] 우유 과자 | 치즈

*__나복__ [NA-POK,-I] (蘿蔔) [원]267
[불] Navet et chou, rave.
[한] 무와 배추, 순무

*__나복즈__ [NA-POK-TJĂ] (蘿蔔子) [원]267
[불] Graine de navet et de chou. Graine de rave.
[한] 무와 배추의 씨 | 순무의 씨

나부랑이 [NA-POU-RANG-I] [원]267
[불] Haillon; chiffon; guenille; guenillon. ‖ Son de blé noir; son de sarrasin.
[한] 누더기 | 넝마 | 남루한 옷 | 누더기 조각 | 메밀의 밀기울 | 메밀의 밀기울

나불나불ᄒᆞ다 [NA-POUL-NA-POUL-HĂ-TA] [원]267
[불] Etre en guenille ‖ Bruire, faire du froufrou (v. g. papier froissé, agité).
[한] 누더기 차림이다 | (예. 구겨지는, 흔들리는 종이가) 살랑대는 소리를 내다, 가볍게 스치는 소리를 내다

나뷔 [NA-POUI] (蝴蝶) [원]267
[불] Papillon.
[한] 나비

1**나븨질ᄒᆞ다** [NA-PEUI-TJIL-HĂ-TA] (簸揚) [원]267
[불] Vauner. Eventer. Exposer au vent pour purifier.
[한] 키로 까부르다 | 부채질하다 | 깨끗하게 하기 위해 바람에 노출시키다

2**나븨질ᄒᆞ다** [NA-PEUI-TJIL-HĂ-TA] [원]267
[불] Faire la chaîne pour transporter v.g. des tuiles.
[한] 예. 기와를 운반하기 위해 사슬처럼 연이어 서다

*__나빅__ [NA-PĂIK,-I] (羅伯) [원]267
[불] Gouverneur de Quelpaërt.
[한] 제주도의 지사

*__나사뎡__ [NA-SA-TYENG,-I] (螺絲釘) [원]269
[불] Vis; bois ou fer cannelé en spirale.
[한] 나사못 | 나선형으로 홈을 판 나무 또는 쇠

*__나삼__ [NA-SAM,-I] (羅衫) [원]269
[불] Grand habit que le roi donne à un nouveau bachelier. ‖ Manches d'habit.
[한] 왕이 바칼로레아 합격자에게 주는 큰 옷 | 옷의 소매

나셔다 [NA-SYE-TA,NA-SYE,NA-SYEN] (挺立) [원]269
[불] Etant sorti, se tenir debout. Sortir et se montrer; se montrer en sortant. Paraître. 나셔지못ᄒᆞ다 Na-sye-tji mot hă-ta, Ne pas oser paraître.
[한] 나가다, 서 있다 | 나가서 모습을 나타내다 | 나가면서 모습을 나타내다 | 나타나다 | [[용례] 나셔지못ᄒᆞ다, Na-sye-tji mot hă-ta], 감히 나타나지 못하다

1*__나션__ [NĂ-SYEN,-I] (蠟線) [원]269
[불] Petite bougie très-mince, queue-de-rat.
[한] 매우 가늘고 작은 양초, 술이 적은 땋은 머리

2*__나션__ [NA -SYEN,-I] (羅扇) [원]269
[불] éventail qui ne se plie pas.
[한] 접히지 않는 부채

나아가다 [NA-A-KA-TA,-KA,-KAN] (進就) [원]261
[불] (Litt. s'étant produit, aller; s'étant avancé, aller). S'avancer, avancer, procéder.
[한] (글자대로 나타나서 가다; 나아가서 가다) | 앞으로 나가다, 나아가다, 전진하다

나아오다 [NA-A-O-TA,-OA,-ON] (進來) 원261
불 (Litt. s'étant produit, venir; s'étant avancé, venir). S'avancer.
한 (글자대로 나타나서 오다; 나아가서 오다) | 나아오다

*나약ᄒᆞ다 [NA-YAK-HĂ-TA] (懶弱) 원261
불 Inerte; fainéant et faible.
한 무기력하다 | 나태하고 약하다

나여름 [NA-YE-REUP] 원261
불 Dix ans (âge, pour les bestiaux).
한 열 살 (나이, 동물에 있어서)

나오다 [NA-O-TA,NA-OA,NA-ON] (出來) 원262
불 Sortir et venir; venir dehors; venir en sortant.
한 나가고 오다 | 밖으로 오다 | 나가면서 오다

*나옹 [NA-ONG,-I] (懶翁) 원262
불 Vieillard paresseux.
한 게으른 노인

나외다 [NA-OI-TA,-OI-YE,-OIN] (進) 원262
불 Avancer, approcher un objet de. Honor. de 주다 Tjou-ta.
한 내밀다, 물건을 ~가까이 가져가다 | 주다 Tjou-ta의 경칭

[1]나이ᄒᆞ다 [NA-I-HĂ-TA] (善爲) 원261
불 Clément; doux; charitable. ‖ Intelligent, spirituel.
한 관대하다 | 온화하다 | 자비롭다 | 영리하다, 재치가 있다

[2]나이ᄒᆞ다 [NA-I-HĂ-TA] (紡績) 원261
불 Tisser, faire de la toile.
한 베를 짜다, 만들다

*나장이 [NA-TJANG-I] (羅杖) 원270
불 Valets du 금부 Keum-pou. Satellites aux ordres du roi seul, ou d'un mandarin.
한 금부 Keum-pou의 하인들 | 왕 혼자 또는 한 관리의 명령에 따르는 부하들

나졀 [NA-TJYEL,-I] (午) 원270
불 Moitié du jour (se dit du matin ou du soir); une moitié de jour.
한 하루의 반 (아침 또는 저녁에 대해 쓴다) | 반나절

나조 [NA-TJO] (夕) 원270
불 Crépuscule du soir.
한 저녁의 황혼

*나졸 [NA-TJYOL,-I] (邏卒) 원270
불 Valets du 금부 Keum-pou. Satellites aux ordres du roi seul, ou d'un mandarin.
한 금부 Keum-pou의 하인들 | 왕 혼자 또는 한 관리의 명령에 따르는 부하들

나죵 [NA-TJYONG] (終) 원270
불 Enfin; en dernier lieu; à la fin; ensuite.
한 결국 | 마지막으로 | 마침내 | 곧이어

나ᄌᆞᆨ나ᄌᆞᆨ [NA-TJĂK-NA-TJĂK] 원270
불 A voix basse; assez bas; pas élevé.
한 낮은 목소리로 | 꽤 낮게 | 높지 않게

나ᄌᆞᆯ [NA-TJĂL,-I] (午) 원270
불 Moitié du jour.
한 하루의 반

나ᄌᆡ [NA-TJĂI] (午) 원270
불 A midi; de jour; dans la journée; vers le milieu du jour.
한 정오에 | 낮에 | 낮 동안에 | 한낮 무렵

*나창 [NA-TCHANG,-I] (癩瘡) 원270
불 Lèpre (maladie)
한 나병 (병)

*나창이 [NA-TCHANG,-I] (癩瘡) 원270
불 Lépreux.
한 나환자

나초다 [NA-TCHO-TA,NA-TCHO-A,NA-TCHON] (卑) 원270
불 Abaisser; surbaisser; rabaisser.
한 내리다 | 유난히 낮게 하다 | 낮추다

나치우다 [NA-TCHI-OU-TA,-TCHI-OUE,-TCHI-OUN] (卑) 원270
불 Abaisser.
한 낮추다

나타내다 [NA-HTA-NAI-TA,-NAI-YE,-NAIN] (現) 원269
불 Manifester; faire paraître; élever en dignité. Dévoiler; mettre en lumière; démontrer. Paraître; apparaître.
한 나타내다 | 드러내 보이다 | 위엄을 드높이다 | 드러내다 | 밝히다 | 보여주다 | 나타나다 | 나타나다

나탈나탈 [NA-HTAL-NA-HTAL] 원270
불 Etre mou et élastique, v. g. comme la gélatine.
한 예. 젤라틴처럼 물렁하고 탄력이 있다

*나ᄐᆡ [NA-HTĂI] (懶怠) 원270
불 Paresse; lâcheté; torpeur.
한 게으름 | 무기력 | 무기력

나흘 [NA-HEUL,-I] (四日) 원262

불 Le 4 de la lune; 4e jour; quatre jours.
한 그달의 4일 | 네 번째 날 | 4일

나히 [NA-HI] (年歲) 원262
불 L'âge.
한 나이

*나ᄒᆞ다 [NA-HĂ-TA] (懶) 원262
불 Etre paresseux.
한 게으르다

1*낙 [NAK,-I] (樂) 원262
불 Bonheur; joie; plaisir.
한 행복 | 기쁨 | 즐거움

2*낙 [NAK,-I] (落) 원262
불 En agr. Chute. Tomber; faillir; descendre. || Mesure agraire. ᄒᆞᆫ말낙이, Hăn-mal-nak-i, Surface de terre où l'on peut semer un boisseau de grain.
한 한자어로 추락 | 떨어지다 | 쇠퇴하다 | 내려가다 | 토지측량의 단위 | [용례 ᄒᆞᆫ말낙이, Hăn-mal-nak-i], 낟알 한 브와소를 뿌릴 수 있는 땅의 면적

낙검의 [NAK-KEM-EUI] 원262
불 Esp. d'araignée qui n'a pas de toile.
한 줄집이 없는 거미의 종류

1*낙과ᄒᆞ다 [NAK-KOA-HĂ-TA] (落科) 원262
불 Qui n'a pas pu se faire recevoir bachelier. Ne pas réussir aux examens.
한 바칼로레아 합격자로 받아들여질 수 없었다 | 시험에 합격하지 못하다

2낙과ᄒᆞ다 [NAK-KOA-HĂ-TA] 원262
불 Ne pas réussir dans un procès. Syn. 낙숑ᄒᆞ다 Nak-syong-hă-ta.
한 소송에서 좋은 결과를 얻지 못하다 | [동의어 낙숑ᄒᆞ다, Nak-syong-hă-ta.]

*낙ᄀᆡ [NAK-KĂI] (落蓋) 원262
불 Croûte d'une cicatrice, d'une blessure, de la petite vérole. || Ecorce du blé noir.
한 흉터, 상처, 천연두의 딱지 | 메밀의 껍질

*낙낙쟝숑 [NAK-NAK-TJYANG-SYONG] (落落長松) 원262
불 Arbre de sapin très-élevé. Bois de grands pins.
한 키가 매우 큰 전나무 | 키가 큰 소나무의 숲

*낙누 [NAK-NOU] (落漏) 원263
불 Horloge hydraulique. Syn. 누슈 Nou-syou.
한 물시계 | [동의어 누슈, Nou-syou]

*낙누ᄒᆞ다 [NAK-NOU-HĂ-TA] (落淚) 원263
불 Pleurs; larmes. Pleurer. Les larmes coulent.
한 눈물 | 눈물 | 울다 | 눈물이 흐르다

낙다 [NAK-TA,NAK-KA,NAK-KEUN] (漁) 원263
불 Pêcher à l'hameçon; prendre du poisson à l'hameçon, à la ligne.
한 낚싯바늘로 낚시하다 | 낚싯바늘, 낚싯줄로 물고기를 잡다

*낙담샹혼 [NAK-TAM-SYANG-HON] (落膽傷魂, (Tomber, courage, blessée, âme)) 원263
불 Etre perdu de découragement.
한 낙담해서 넋을 잃다

*낙담ᄒᆞ다 [NAK-TAM-HĂ-TA] (落膽) 원263
불 Désespérer. Perdre son sang-froid; perdre courage. Syn. 낙심ᄒᆞ다 Nak-sim-hă-ta.
한 절망하다 | 침착성을 잃다 | 낙담하다 | [동의어 낙심ᄒᆞ다, Nak-sim-hă-ta]

*낙뎜ᄒᆞ다 [NAK-TYEM-HĂ-TA] (落點) 원263
불 Désigner; choisir; déterminer. Marquer d'un point le nom sur une liste de candidats (ne se dit que du roi).
한 지명하다 | 선택하다 | 결정하다 | 후보자들의 명단에 있는 이름에 점으로 표시하다 (왕에 대해서만 쓴다)

*낙뎡 [NAK-TYENG,-I] (落庭) 원263
불 Riz tombé en transvasant. Ce qui est tombé du riz du gouvernement. Ce qui est tombé du riz du gouvernement, et que ramassent les valets, les ouvriers, les employés.
한 다른 그릇에 옮기다가 떨어진 쌀 | 정부의 쌀에서 떨어진 것. 정부의 쌀에서 떨어진 것을, 하인들, 노동자들, 직원들이 모으는 것

*낙뎡ᄒᆞ다 [NAK-TYENG-HĂ-TA] (落井) 원263
불 Tomber dans un puits.
한 우물에 빠지다

낙ᄃᆡ [NAK-TĂI] (漁竿) 원263
불 Manche de la ligne à pêcher; bambou auquel est attachée une ligne à pêcher.
한 낚싯줄의 손잡이 | 낚싯줄이 매인 대나무

*낙마ᄒᆞ다 [NAK-MA-HĂ-TA] (落馬) 원262
불 Tomber de cheval.
한 말에서 떨어지다

*낙망ᄒᆞ다 [NAK-MANG-HĂ-TA] (落望, (Tomber, espoir)) 원262
불 N'avoir plus d'espoir. Espérance trompée. Sans espoir. Etre trompé dans son espérance.

한 더 이상 희망이 없다 | 어긋난 기대 | 희망 없이 | 기대가 어긋나다

*낙명ᄒᆞ다 [NAK-MYENG-HĂ-TA] (落名) 원262

불 Perder son nom, sa réçutation. Se déshonorer; être déshonoré.

한 자신의 명성, 자신의 평판을 잃다 | 명예가 손상되다 | 체면이 깎이다

*낙반식 [NAK-PAN-SIK,-I] (落盤食, (Tomber, table, riz)) 원263

불 Riz tombé sur la table. Miettes tombées de la table.

한 식탁 위에 떨어진 쌀 | 식탁에서 떨어진 부스러기

*낙방ᄒᆞ다 [NAK-PANG-HĂ-TA] (落榜) 원263

불 Qui n'est pas inscrit sur la liste des bacheliers reçus à l'examen. Ne pas réussir aux examens.

한 시험에 합격한 바칼로레아 합격자 명부에 이름이 기재되지 않다 | 시험에 합격하지 못하다

*낙복지 [NAK-POK-TJI] (落卜紙) 원263

불 Copie qui n'a pas été reçue et qui devient la propriété des examinateurs. Copie présentée aux examens.

한 시험에 합격되지 않고 시험관의 소유가 된 답안지 | 시험에 제출된 답안지

*낙본ᄒᆞ다 [NAK-PON-HĂ-TA] (落本) 원263

불 Perdre dans le commerce. Syn. 밋지다 Mit-tji-ta.

한 거래에서 손해보다 | [동의어 밋지다, Mit-tji-ta]

*낙샹ᄒᆞ다 [NAK-SYANG-HĂ-TA] (落傷) 원263

불 Se blesser en tombant; tomber de haut.

한 떨어지면서 상처를 입다 | 높은 데에서 떨어지다

1*낙숑ᄒᆞ다 [NAK-SYONG-HĂ-TA] (落訟) 원263

불 Perdre son procès.

한 소송에서 지다

2*낙숑ᄒᆞ다 [NAK-SYONG-HĂ-TA] (落誦) 원263

불 Réciter les prières fautivement. Passer qq.chose en récitant.

한 기도문을 잘못 암송하다 | 암송하면서 어떤 것을 빠뜨리다

3*낙숑ᄒᆞ다 [NAK-SYOUNG-HĂ-TA] (樂送) 원263

불 Envoyer avec plaisir.

한 기꺼이 보내다

*낙슈 [NAK-SYOU] (落水) 원263

불 Eau qui tombe du toit ou des gouttières.

한 지붕 또는 처마에서 떨어지는 물

낙시 [NAK-SI] (釣) 원263

불 Hameçon; croc. = 질ᄒᆞ다-tjil-hâ-ta, Pêcher à la ligne.

한 낚시 [역주 바늘] | 갈고리 | [용례 = 질ᄒᆞ다 -tjil-ha-ta], 낚시질하다

낙시질ᄒᆞ다 [NAK-SI-TJIL-HĂ-TA] (釣漁) 원263

불 Pêcher à l'hameçon.

한 낚시[역주 바늘]로 낚시하다

*낙심ᄒᆞ다 [NAK-SIM-HĂ-TA] (落心) 원263

불 Désespérer; perdre courage; être désolé.

한 절망하다 | 기운을 잃다 | 애석하다

1*낙ᄉᆞᄒᆞ다 [NAK-SĂ-HĂ-TA] (落仕) 원263

불 Perdre sa place; être cassé de sa position.

한 실직하다 | 지위에서 해임되다

2*낙ᄉᆞᄒᆞ다 [NAK-SĂ-HĂ-TA] (落死) 원263

불 Mourir d'une chute.

한 떨어져 죽다

*낙양 [NAK-YANG,-I] (洛陽) 원262

불 Lieu remarquable par sa situation. La capitale. Ancien nom de Sye-oul ou de Péking.

한 그 위치로 인해 눈에 띄는 장소 | 수도 | 서울 또는 북경의 옛 이름

*낙역ᄒᆞ다 [NAK-YEK-HĂ-TA] (絡繹) 원262

불 Etre sans interruption; se succéder, se suivre sans interruption.

한 끊임없다 | 잇달아 오다, 끊임없이 잇따르다

*낙엽 [NAK-YEP,-I] (落葉) 원262

불 Feuille morte qui tombe; feuille desséchée et tombée.

한 떨어지는 낙엽 | 메말라서 떨어진 나뭇잎

낙제 [NAK-TJYEI] 원263 ☞낙지

1*낙죵ᄒᆞ다 [NAK-TJYONG-HĂ-TA] (落種) 원263

불 Grain tombé pendant la récolte ou dans l'aire. ‖ Semer, ensemencer, mettre la semence en terre.

한 수확하는 동안 또는 타작마당에 떨어진 낟알 | 파종하다, 씨를 뿌리다, 땅에 씨를 뿌리다

2*낙죵ᄒᆞ다 [NAK-TJYONG-HĂ-TA] (樂從) 원263

불 Se laisser entraîner avec plaisir; être séduit; se laisser percuader; consentir avec plaisir.

한 기꺼이 끌려가다 | 현혹되다 | 설득되다 | 기꺼이 동의하다

*낙지 [NAK-TJI] (絡只魚) 원263

불 Poulpe; Pieuvre; sarpouille. Esp. de polype de mer. Mollusque céphalopode. Esp. de poisson à pieds comme le 문어 Moun-e, mais plus petits. Seiche.

한 낙지 | 문어 | 바다 폴립의 종류 | 두족류의 연체동물 | 문어 Moun-e처럼 발이 달렸지만 더 작은 물고기의 종류 | 오징어

[1*]낙질 [NAK-TJIL,-I] (落秩) 원263

불 Qui n'est pas complet (v. g. ouvrage auquel il manque un ou plusieurs volumes).

한 완비되지 않은 것 (예. 하나 또는 여러 권이 부족한 저작물)

[2]낙질 [NAK-TJIL,-I] (釣漁) 원263

불 Pêche à la ligne.

한 낚시질

*낙ᄌᆞ [NAK-TJĂ] (落字) 원263

불 Lettre omise; caractère passé.

한 빠진 글자 | 빠뜨린 글자

*낙치ᄒᆞ다 [NAK-TCHI-HĂ-TA] (落齒) 원263

불 Dent tombée. Perdre ses dents.

한 빠진 이 | 이가 빠지다

*낙타 [NAK-HTA] (駱駝) 원263

불 Chameau; dromadaire.

한 낙타 | 단봉낙타

*낙텰 [NAK-HTYEL,-I] (落鐵) 원263

불 Etincelles, bluettes qui s'échappent d'un fer rouge lorsqu'on le bat au marteau.

한 달군 쇠를 망치로 칠 때 나오는 불똥, 광채

[1*]낙토 [NAK-HTO] (樂土) 원263

불 Pays de bonheur; lieu de délices. Site agréable; bel endroit.

한 행복의 나라 | 낙원 | 쾌적한 지역 | 아름다운 곳

[2*]낙토 [NAK-HTO] (落土) 원263

불 Dégel (au printemps).

한 (봄에) 눈이 녹음

*낙틱ᄒᆞ다 [NAK-HTĂI-HĂ-TA] (落胎, (Tomber, fœtus)) 원263

불 Avorter. V. ᄉᆞ틱 Să-htăi.

한 유산하다 | [참조어 ᄉᆞ틱, Să-htăi]

[1*]낙판ᄒᆞ다 [NAK-HPAN-HĂ-TA] (落板) 원263

불 Tomber hors de la natte mise pour recevoir les grains qui jaillissent. ‖ Tomber de sa place sur une planche. ‖ Perdre au jeu; être battu; être vaincu.

한 솟아나는 곡식을 받기 위해 놓인 돗자리 밖으로 떨어지다 | 제자리에서 판자 위로 떨어지다 | 시합에서 지다 | 패하다 | 지다

[2*]낙판ᄒᆞ다 [NAK-HPAN-HĂ-TA] (烙板) 원263

불 Teindre un tuyau de pipe en le roulant sur une planche enduite de couleurs.

한 여러 색으로 칠해진 판자 위에 담뱃대를 굴려서 물들이다

[1*]낙편 [NAK-HPYEN] (落篇) 원263

불 Qui n'est pas; qui manque; qui est en moins (v. g. volumes qui manquent à un ouvrage).

한 없는 것 | 모자라는 것 | 부족한 것 (예. 저작물에서 없는 권)

[2*]낙편 [NAK-HPYEN,-I] (洛便) 원263

불 Occasion pour Sye-oul ou par Sye-oul.

한 서울을 위한, 또는 서울로 인한 기회

*낙한ᄒᆞ다 [NAK-HAN-HĂ-TA] (落汗) 원262

불 Suer; être en sueur. Suer dans la peste; transpiration qui se produit vers le cinquième jour, et qui est un signe de guérison.

한 땀을 흘리다 | 땀을 흘리고 있다 | 흑사병에 걸려 땀을 흘리다 | 5일째 즈음에 나타나는 발한으로, 회복의 징후이다

*낙함ᄒᆞ다 [NAK-HAM-HĂ-TA] (落頷) 원262

불 Chute de la mâchoire inférieure; déboîtement de la mâchoire. Le menton tombe (maladie).

한 아래턱이 빠짐 | 턱의 탈구 | 턱이 빠지다 (병)

*낙향ᄒᆞ다 [NAK-HYANG-HĂ-TA] (落鄕, (Descendre, province)) 원262

불 Quitter la capitale pour aller habiter en province.

한 지방에 살러 가기 위해 수도를 떠나다

*낙호 [NAK-HO] (落戶) 원262

불 Maisons ou familles oubliées dans le recensement, non écrites sur le registre. ‖ =ᄒᆞ다-hă-ta, Retourner chez soi (se dit des valets qui ont accompagné un personnage jusqu'aux frontières du district).

한 조사에서 누락된, 장부에 기록되지 않은 집안 또는 가문 | [용례 =ᄒᆞ다-hă-ta], 집으로 돌아가다 (구역의 경계까지 어떤 인물을 수행한 하인들에 대해 쓴다)

*낙화 [NAK-HOA] (落火) 원262

불 Lampes flottantes.

한 떠다니는 등불들

*낙화싱 [NAK-HOA-SĂNG,-I] (落花生) 원262

불 Arachide souterraine, pistache de terre.

한 땅속 땅콩, 땅 피스타치오

*낙화ᄒᆞ다 [NAK-HOA-HĂ-TA] (落花, (Tomber, fleurs)) 원262

불 Les arbres défleurissent.
한 나무들에서 꽃이 진다

*낙후ᄒᆞ다 [NAK-HOU-HĂ-TA] (落後) 원262
불 Rester en chemin; s'arrêter; ne pas aller plus loin; rester en arrière; traîner.
한 도중에 그만두다 | 멈추다 | 더 멀리 가지 않다 | 낙오하다 | 뒤처지다

*난 [NAN (ou 란 Ran en agr.)] (難) 원265
불 Difficile.
한 어렵다

*난가 [NAN-KA] (亂家) 원265
불 Maison ruinée, en confusion, en tumulte.
한 몰락한, 혼란스러운, 동요되는 집안

난간 [NAN-KAN,-I] (軒) 원265
불 Balustrade; barrière; palissade; grille. Plancher en dehors des chambres et sous le pronlongement de la toiture. V. 마루 Ma-rou.
한 난간 | 울타리 | 방책 | 철책 | 방 바깥에, 그리고 지붕의 연장된 부분 아래의 널빤지 | [참조어 마루, Ma-rou]

*난감ᄒᆞ다 [NAN-KAM-HĂ-TA] (難堪) 원265
불 Difficile à supporter; ennuyeux; insupportable.
한 견디기 힘들다 | 지루하다 | 참을 수 없다

1*난계 [NAN-KYEI] (難繫) 원265
불 Difficile à nouer, à joindre. Chose difficile.
한 매기가, 합치기가 어렵다 | 어려운 일

2난계 [NAN-KYEI] (亂階) 원265
불 Source d'une difficulté. Cause ou origine de l'embarras.
한 어려움의 원인 | 곤경의 이유 또는 원인

1*난당 [NAN-TANG,-I] (亂黨) 원266
불 Troupe de bandits, de séditieux, de conspirateurs. ‖ Ruine causée par la mauvaise conduite.
한 산적, 폭도, 음모자 들의 무리 | 나쁜 행실로 인한 몰락

2*난당 [NAN-TANG,-I] (難當) 원266
불 Difficulté de s'opposer à l'adversaire. Irrésistible; à qui on peut difficilement résister.
한 적에게 저항하기 어려움 | 저항할 수 없다 | 버티기 어려운 것

*난뎐 [NAN-TTEN,-I] (亂廛) 원266
불 Magasin d'objets spéciaux et déterminés. ‖ = 치다 -tchi-ta. Intenter un procès pour contrebande.
한 특별하고 한정된 물건들을 파는 가게 | [용례 = 치다-tchi-ta], 밀수입에 대한 소송을 하다

*난도ᄒᆞ다 [NAN-TO-HĂ-TA] (亂刀) 원266
불 Hacher, couper en petits morceaux.
한 잘게 베다, 작은 조각으로 자르다

*난득ᄒᆞ다 [NAN-TEUK-HĂ-TA] (難得) 원266
불 Difficile à obtenir. ‖ Difficile à décider. (V. 난쳐ᄒᆞ다 Nan-tchye-hă-ta)
한 얻기 어렵다 | 결정하기 어렵다 | [참조어 난쳐ᄒᆞ다, Nan-tchye-hă-ta]

난듸집 [NAN-TEUI-TJIP,-I] 원266
불 Qui laisse un peu d'espoir; qui donne un peu de prise (v. g. filament, poil qui se relève sur un papier collé, etc.). ‖ Premier trou, première ouverture qui donne entrée à l'eau. ‖ Entamure. ‖ Fils formant la chaine d'une étoffe.
한 약간의 희망을 남겨두는 것 | 약간의 실마리를 주는 것 (예. 붙여진 종이 위에 일어난 가는 섬유, 털 등) | 물이 들어오도록 열린 첫 번째 구멍, 첫 번째 입구 | 벤 상처 | 옷감의 날실을 만드는 실

*난렵ᄒᆞ다 [NAN-RYEP-HĂ-TA] (攔躐) 원265
불 Excellent; clair; prompt; habile; adroit; intelligent; savant. Syn. 민쳡ᄒᆞ다 Min-tchyep-hă-ta.
한 훌륭하다 | 명석하다 | 명민하다 | 솜씨 좋다 | 능란하다 | 똑똑하다 | 박식하다 | [동의어 민쳡ᄒᆞ다, Min-tchyep-hă-ta]

*난류 [NĂN-RYOU] (亂類) 원266
불 Renversement, trouble. (V. 난봉나다 Nan-pong-nă-ta) ‖ Canaille; gens dénaturés. (V. 난봉 Nan-pong)
한 전복, 혼란 | [참조어 난봉나다, Nan-pong-nă-ta] | 불량배 | 비뚤어진 사람들 | [참조어 난봉, Nan-pong]

*난리 [NAN-RI] (亂離) 원265
불 Guerre; trouble; guerre civile.
한 전쟁 | 혼란 | 내란

*난리ᄒᆞ다 [NAN-RI-HĂ-TA] (亂離) 원265
불 Faire la guerre; être en guerre. 난리나다 Nan-li na-ta. La guerre naître; avoir la guerre. ‖ Emigrer à cause de la misère.
한 전쟁을 하다 | 전쟁 중이다 | 난리나다 Nan-li na-ta, 전쟁이 나다 | 전쟁을 하다 | 재난 때문에 이주하다

*난만ᄒᆞ다 [NĂN-MAN-HĂ-TA] (爛漫) 원265
불 Avoir grande abondance (de blé, de nourriture, etc.).

Etre en grande abondance. Très-abondant.
한 대단히 풍성하다(곡물, 양식 등) | 대단히 풍부하다 | 매우 풍부하다

*난망 [NAN-MANG] (難忘) 원265
불 Difficile à oublier.
한 잊기 어렵다

*난민 [NĂN-MIN,-I] (亂民) 원265
불 Sujet qui jette le trouble; homme turbulent. Trouble dans le peuple; sédition.
한 불화를 일으키는 인물 | 거친 사람 | 백성 사이에서의 동요 | 반란

*난발 [NĂN-PAL,-I] (亂髮) 원265
불 Cheveux en désordre.
한 헝클어진 머리털

*난보지셰 [NAN-PO-TJI-SYEI] (難保之勢) 원265
불 Etat de pauvreté où il est difficile de vivre. Difficile à sauver, à préserver.
한 살기 어려운 빈곤한 상태 | 보전하기, 보존하기 어렵다

1* 난봉 [NAN-PONG,-I] (鸞鳳) 원265
불 Nom d'un bel oiseau. V. 란죠 Ran-tjyo.
한 아름다운 새의 이름 | [참조어 란죠, Ran-tjyo]

2* 난봉 [NAN-PONG,-I] (亂蓬) 원265
불 Vaurien, débauché, qui a une mauvaise conduite.
한 무뢰한, 난봉꾼, 행실이 나쁜 사람

난봉나다 [NAN-PONG-NA-TA,-NA,-NAN] (亂蓬) 원265
불 Pauvreté extrême. Perte; ruine. Devenir pauvre, misérable, par sa mauvaise conduite. Etre ruiné, faire banqueroute.
한 극도의 빈곤 | 손실 | 파산 | 나쁜 행실로 인해 가난하게, 비참하게 되다 | 몰락하다, 파산하다

1* 난산 [NĂN-SAN,-I] (亂山) 원266
불 Pays montagneux, trop montagneux.
한 산이 많은, 산이 매우 많은 고장

2* 난산 [NAN-SAN,-I] (難産) 원266
불 Accouchement difficile.
한 힘든 출산

*난셰 [NAN-SYEI] (亂世) 원266
불 Calamité; trouble; temps de guerre; pays en guerre.
한 재난 | 혼란 | 전시 | 전쟁 중인 국가

*난시 [NAN-SI] (亂時) 원266
불 Temps de guerre, de trouble; temps orageux.
한 전쟁의, 혼란의 시기 | 어수선한 시기

*난신 [NAN-SIN,-I] (亂臣) 원266
불 Ministre turbulent. Rebelle. Grand personnage perturbateur du royaume. V. 난적 Nan-tjek.
한 소란을 일으키는 장관 | 반역자 | 왕국을 혼란에 빠뜨리는 주요 인물 | [참조어 난적, Nan-tjek]

*난싱 [NAN-SĂING,-I] (卵生) 원266
불 Oiseau, insecte produit par un œuf. 1re partie de l'entomologie chinoise. Génération ovipare.
한 알을 통해 태어나는 새, 곤충 | 중국 곤충학의 제1부 | 난생을 통한 발생

*난안ᄒᆞ다 [NAN-AN-HĂ-TA] (難安) 원265
불 Difficile à supporter; malaisé. Difficile de ne pas accorder, de s'opposer à.
한 견디기 어렵다 | 힘들다 | 동의하지 않는 것이, ~에 반대하는 것이 어렵다

난자ᄒᆞ다 [NAN-TJA-HĂ-TA] 원266
불 Outrer; être sans mesure; excéder; extrême; outrepass er. V. 낭쟈ᄒᆞ다 Nang-tjya-hă-ta.
한 지나치다 | 도를 넘어서다 | 초과하다 | 극심하다 | 넘어서다 | [참조어 낭쟈ᄒᆞ다, Nang-tjya-hă-ta]

난작난작ᄒᆞ다 [NAN-TJAK-NAN-TJAK-HĂ-TA] 원266
불 Etre sans consistance (v. g. viande trop molle d'un animal tué trop jeune) Tendre à mâcher.
한 (예. 너무 어려서 죽인 동물의 몹시 무른 고기가) 물컹하다 | 씹기에 부드럽다

*난잡ᄒᆞ다 [NAN-TJAP-HĂ-TA] (亂雜) 원266
불 Mélanger; être mêlé; être embrouillé; être en désordre; désordonné.
한 섞다 | 섞이다 | 얽히다 | 무질서하다 | 뒤죽박죽이다

*난장 [NAN-TJANG,-I] (亂杖) 원266
불 Supplice de la bastonnade sur la plante du pied. ‖ Bastonnade sans mesure, sans compter les coups.
한 발바닥을 몽둥이질하는 형벌 | 제한 없이, 마구 때리는 몽둥이질

난장이 [NAN-TJANG-I] (倭人) 원266
불 Nain.
한 난쟁이

*난적 [NAN-TJEK,-I] (亂賊) 원266
불 Perturbateur du repos public; voleur qui met le trouble partout; brigand. V. 난신 Nan-sin.
한 공공의 평화를 방해하는 사람 | 도처에 혼란을 일으키는 도적 | 불한당 | [참조어 난신, Nan-sin]

난졋 [NAN-TJYET,-SI] (卵醢) 원266

불 Œufs de poisson confits dans la saumure.
한 소금물에 절인 생선 알

[1*]난질 [NAN-TJIL,-I] (難疾) 원266
불 Maladie incurable.
한 불치병

[2]난질 [NAN-TJIL,-I] 원266
불 Voyage entrepris pour vagabondage. Voyager pour trouver l'occasion de jouer.
한 방랑을 위해 시작된 여행 | 놀 기회를 찾기 위해 여행하다

*난쳐ᄒᆞ다 [NAN-TCHYE-HĂ-TA] (難處) 원266
불 Difficile à décider, à déterminer, à arranger.
한 결심하기, 결정하기, 해결하기 어렵다

*난초 [NAN-TCHO] (蘭草) 원266
불 Herbe longue; grandes herbes. ‖ Iris (plante)
한 긴 풀 | 큰 풀 | 붓꽃 (식물)

*난치 [NAN-TCHI] (難治) 원266
불 (Maladie) difficile à guérir. Difficile à traiter, à soigner, à conduire (maladie, homme, peuple, etc.).
한 (병이) 고치기 어렵다 | (병, 사람, 백성 등이) 치료하기, 돌보기, 관리하기 어렵다

[1]난틀 [NAN-HTEUL,-I] (卵機) 원266
불 Petit vase pour placer un œuf mollet; coquetier.
한 반숙 달걀을 담기 위한 작은 그릇 | 반숙 달걀을 담는 그릇

[2]난틀 [NAN-HTEUL,-I] 원266
불 Détritus rejetés par la mer ou le fleuve sur la côté, sur le rivage. Limon laissé par l'inondation sur des plantes.
한 바다 또는 강에 의해 해안, 기슭에 쓸려온 찌꺼기 | 범람한 물에 의해 식물 위에 남겨진 진흙

[1*]난틔 [NAN-HTĂI] (卵胎) 원266
불 Reproduction par les œufs (se dit des oiseaux, des insectes) Génération ovipare.
한 알을 통한 생식 (새들, 곤충들에 대해 쓴다) | 난생을 통한 생식

[2]난틔 [NAN-HTĂI] 원266
불 Esp. de poussière végétale.
한 식물성 부스러기의 종류

*난편 [NAN-HPYEN,-I] (卵扁) 원265
불 Esp. d'omelette en forme de galette mince.
한 얇은 전병 모양의 오믈렛의 종류

난편네 [NAN-HPYEN-NEI] (丈夫) 원265
불 Homme, époux, vir. (Lang. des femmes, en parlant des hommes).
한 남자, 남편, 남성 | 남자들에 대해 말할 때, 여자들이 쓰는 말

*난편ᄒᆞ다 [NAN-PYEN-HĂ-TA] (難便) 원265
불 Difficile à exécuter.
한 실행하기 어렵다

*난형난뎨 [NAN-HYENG-NAN-TYEI] (難兄難弟) 원265
불 Il est aussi difficile de remplir les fonctions de l'aîné que du cadet. ‖ Difficile de dire quel est l'aîné. quel est le cadet. ‖ Etre semblables, n'avoir pas de différence.
한 동생 만큼이나 형의 역할을 하기가 어렵다 | 어느 쪽이 형이고 어느 쪽이 동생인지 말하기 어렵다 | 비슷하다, 차이가 없다

*난화지민 [NAN-HOA-TJI-MIN,-I] (難化之民) 원265
불 Peuple difficile à gouverner. ‖ Etre toujours le même, ne pas s'améliorer, ne pas changer, ne pas faire de progrès.
한 다스리기 어려운 백성 | 여전히 같다, 개선되지 않다, 변하지 않다, 발전하지 않다

*난ᄒᆞ다 [NAN-HĂ-TA] (難) 원265
불 Difficile; brouillé; confus.
한 어렵다 | 분명치 않다 | 혼잡하다

[1]날 [NAL,-I] (日) 원268
불 Jour, le jour (par opposition à nuit) ‖ Soleil, c. a. d. jour. ‖ Jour, c. a. d. le temps, la température.
한 날, 낮 (밤과 대조적으로) | 해, 즉 햇빛 | 날, 즉 날씨, 온도

[2]날 [NAL,-I] (經) 원268
불 Fils qui composent la chaîne d'une pièce de toile, d'une natte. Chaîne d'une pièce de toile.
한 천 조각, 돗자리의 날을 짜는 실 | 천 조각의 날

[3]날 [NAL,-I] (刃) 원268
불 Lame (d'un couteau, etc.); tranchant.
한 (칼 등의) 날 | [역주 칼 따위의] 날

[4]날 [NAL] (生) 원268
불 Cru, non cuit.
한 날것이다, 익지 않다

[5]날 [NAL] (我) 원268
불 Pour 나를 Na-răl, accus. de 나 Na, moi.
한 나를 Na-răl에 대해, 나 Na의 대격, 나

날거리 [NA-KE-RI] (日氣) 원268

불 Le temps, état de l'atmosphère.
한 날씨, 대기의 상태

날것 [NA-KET,-SI] (生) 원268
불 Cru, non cuit, chose crue.
한 날것, 익히지 않은 것, 생것

[1]날군 [NA-KOUN,-I] (樂君) 원268
불 Débauché; ivrogne, etc.
한 난봉꾼 | 술꾼 등

[2]날군 [NA-KOUN,-I] (生軍) 원268
불 Non habitué; non dressé; novice; inexpérimenté.
한 익숙하지 않다 | 훈련이 안 되다 | 경험이 없다 | 미숙하다

날긔 [NA-KĂI] (羽) 원268
불 Aile d'oiseau; aile.
한 새의 날개 | 날개

날나가다 [NAL-NA-KA-TA,-KA,-KAN] (持去) 원268
불 (De 나ᄅᆞ다 Na-ră-ta et 가다 Ka-ta). emporter, transporter d'un endroit dans un autre.
한 (나ᄅᆞ다 Na-ră-ta 와 가다 Ka-ta로) | 한 곳에서 다른 곳으로 가져가다, 옮기다

날나다 [NAL-NA-NA-TA,NAL-NA,NAL-NAN] (出板) 원268
불 Chaîne paraître (se dit des souliers tissés de paille presque usés, dont la trame disparait; des habits, etc.) ‖ Etre ruiné (homme riche qui perd tout).
한 날실이 보이다 (씨실이 사라진, 짚으로 짠 거의 닳은 신발, 옷 등에 대해 쓴다) | 파산하다 (모든 것을 잃는 부유한 사람)

날나리 [NAL-NA-RI] (胡笛) 원268
불 Esp. de petite trompette.
한 작은 나팔의 종류

날노 [NAL-NO] 원268
불 Sans motif; en vain. ‖ Mauvais sujet qui invente des chefs d'accusation pour frapper et voler quelqu'un. vaurien.
한 이유 없이 | 헛되이 | 누군가를 때리고 갈취하려고 죄목을 꾸며내는 행실이 나쁜 사람 | 무뢰한

날니다 [NAL-NI-TA,-NYE,-NIN] (揚) 원268
불 Etre agité, emporté par le vent. Faire voler, faire s'envoler.
한 바람에 흔들리다, 날리다 | 날게 하다, 날아가게 하다

날ᄂᆡ다 [NAL-NĂI-TA,NĂI-YE,-NĂIN] (勇) 원268
불 Agile; leste; actif; vif; prompt.
한 민첩하다 | 재빠르다 | 활기차다 | 기민하다 | 신속하다

[1]날다 [NAL-TA,NAL-A,NAN] (飛) 원269
불 Voler, s'envoler.
한 날다, 날아가다

[2]날다 [NAL-TA,NAL-A,NAN] (經立) 원269
불 Croiser, tendre les fils de la chaîne suivant la longueur que l'on veut donner à la pièce de toile. ourdir une toile.
한 천 조각에 부여하고자 하는 길이에 따라 날줄을 교차시키다, 치다 | 베를 짜다

[1]날밤 [NAL-PAM,-I] (生栗) 원269
불 Châtaigne crue.
한 생밤

[2]날밤 [NAL-PAM,-I] (日夜) 원269
불 Jour et nuit.
한 낮과 밤

날빗 [NAL-PIT,-TCHI] (日光) 원269
불 Lumière du jour.
한 햇빛

날샹날샹 [NAL-SYANG-NAL-SYANG] 원269
불 Etre mou et élastique (v. g. la gélatine).
한 (예. 젤라틴이) 물렁하고 탄력이 있다

날셔다 [NAL-SYE-TA,-SYE,-SYEN] (銳) 원269
불 Etre affilé, aiguisé. ‖ Agile; leste; actif; vif; prompt.
한 날카롭다, 날이 서다 | 민첩하다 | 재빠르다 | 활기차다 | 활발하다 | 신속하다

날셰우다 [NAL-SYEI-OU-TA,-SYEI-OUE,-SYEI-OUN] (磨刃) 원269
불 Aiguiser, affiler.
한 날카롭게 하다, 날을 세우다

날싸다 [NAL-SSA-TA,-SSA,-SSAN] (膂力) 원269
불 Etre agile.
한 민첩하다

날직 [NAL-TJIK,-I] (出處) 원269
불 Richesses d'un district. Le produit qui doit revenir d'une chose; d'une place; les émoluments.
한 어떤 지역의 재산 | 어떤 사물 또는 어떤 장소로부터 돌아와야 하는 이익 | 이익

날치 [NAL-TCHI] (羽) 원269
불 Animal à ailes; oiseau; volatile.
한 날개가 있는 동물 | 새 | 가금

날카다 [NAL-HKA-TA] (銳) 원268

불 Affilé, aiguisé (couteau).

한 (칼이) 날카롭다, 날이 서다

날캅다 [NAL-HKAP-TA,-HKA-OA,-HKA-ON] 원268 ☞ 날카다

날탕 [NAL-HTANG,-I] 원269

불 Débauché; ivrogne, etc.

한 난봉꾼 | 술꾼 등

날틀 [NAL-HTEUL,-I] (經機) 원269

불 Ourdissoir; outil dont on se sert pour ourdir. Bois percé de dix trous dans lesquels sont passés les fils de la chaîne.

한 날틀 | 날실을 거는 데 쓰는 도구 | 날실이 통과되는 열 개의 구멍이 뚫린 목제품

날포 [NAL-HPO] (隔日) 원269

불 Plusieurs jours.

한 여러 날

날푹ᄒᆞ다 [NAL-HPOUK-HĂ-TA] (日燠) 원269

불 S'adoucir, être moins froid (température en hiver).

한 (겨울에 기온이) 완화되다, 덜 차갑다

날픔 [NAL-HPEUM,-I] (日品) 원269

불 Journalier qui reçoit chaque jour son salaire. Homme de journée.

한 매일 삯을 받는 날품팔이꾼 | 날품팔이하는 사람

날피 [NAL-HPI] 원269

불 Nouveau soc de charrue; soc neuf.

한 새로운 쟁기의 날 | 새 보습

낡다 [NALK-TA,NALK-E,NALK-EUN] (舊) 원268

불 Vieillir; être vieux.

한 낡다 | 오래되다

1*남 [NAM,-I] (南) 원263

불 Sud, midi.

한 남쪽, 남부

2*남 [NAM,-I] (男) 원263

불 Mâle; homme.

한 수컷 | 남자

3*남 [NAM,-I] (藍) 원263

불 Herbe qui donne la couleur bleue. Bleu; couleur bleue. Pastel. Syn. 쪽 Ttjyok.

한 파란색을 내는 풀 | 파랑 | 파란색 | 청남색, [동의어 쪽, Ttjyok]

1*남간 [NAM-KAN,-I] (男間) 원264

불 Prison des hommes; partie de la prison assignée aux hommes.

한 남자들의 감옥 | 남자들에게 지정된 감옥의 부분

2*남간 [NAM-KAN] (男簡) 원264

불 Lettre d'un homme (rir).

한 남자의 편지 (rir)

*남감 [NAM-KAM,-I] (南蔗) 원264

불 Pomme de terre du sud; igname; patate douce (tubercule).

한 남쪽의 감자 | 마 | 고구마 (덩이줄기)

*남감ᄌᆞ [NAM-KAM-TJĂ] 원264 ☞남감

*남경 [NAM-KYENG,-I] (南京) 원264

불 Capitale du sud. Ville de Nankin. ‖ Pays méridional.

한 남쪽의 수도 | 남경시 | 남쪽의 지방

*남극셩 [NAM-KEUK-SYENG,-I] (南極星) 원264

불 Etoiles du sud. V. 노인셩 No-in-syong.

한 남쪽의 별 | [참조어 노인셩, No-in-syong]

*남긔 [NAM-KEUI] (嵐氣) 원264

불 Vapeur malfaisante sur la montagne. Brume, brouillard sur la montagne.

한 산 위의 해로운 안개 | 산 위의 안개, 안개

남기 [NAM-KI] (木) 원264

불 Bois, arbre. Syn. 나무 Na-mou.

한 나무, 나무 | [동의어 나무, Na-mou]

남기다 [NAM-KI-TA,-KYE,-KIN] (餘) 원264

불 Etre de reste; rester; ce qui reste.

한 남아 있다 | 남다 | 남은 것

남날ᄀᆡ [NAM-NAL-KĂI] 원264

불 Poudrière, boîte à poudre des soldats.

한 군인들의 화약고, 화약통

*남녀 [NAM-NYE] (男女) 원264

불 Homme et femme. Garçon et fille. Les deux sexes.

한 남자와 여자 | 소년과 소녀 | 양성[역주 兩性]

남녁 [NAM-NYEK,-I] (南方) 원264

불 Côté du sud, le midi. Syn. 남편 Nam-hpyen.

한 남쪽, 남부 | [동의어 남편, Nam-hpyen]

1*남노 [NAM-NO] (男奴) 원264

불 Esclave mâle.

한 남자 노예

2*남노 [NAM-NO] (南老) 원264

불 Deux des quatre partis civils; 남인 Nam-in et 노론 No-ron.

한 네 문민 정당 중의 두 정당 | 남인 Nam-in과 노론 No-ron

*남누ᄒᆞ다 [NĂM-NOU-HĂ-TA] (襤褸) 원264

불 Habit usé, déchiré; sale, déguenillé.
한 낡은, 찢어진 옷 | 더럽다, 누더기를 걸치다

*남뎡 [NAM-TYENG,-I] (男丁) 원265
불 Homme (par opposition à femme). Personne du sexe masculin.
한 (여자와 대조적으로) 남자 | 성별이 남자인 사람

*남매 [NAM-MAI] (男妹) 원264
불 Frère et sœur.
한 남자 형제와 누이

*남무아미타불 [NAM-MOU-A-MI-HTA-POUL] (南無阿彌陀佛) 원264
불 Prière des bonzes, cri en forme d'aspiration des sectateurs de Lao-tze (남무 Nam-mou, exclam., Oh!; 아 A et 미 Mi, noms des deux euvoyés de l'empereur de Chine; 타불 hta-poul, apportèrent Fo, c. a. d. son image peinte aux Indes).
한 승려들의 기도, 노자의 신봉자들이 하는 숨을 들이쉬는 형태의 외침 (남무 Nam-mou, 감탄사, Oh! | 아 A 그리고, 미 Mi, 중국 황제의 두 사신의 이름 | 타불 hta-poul, 부처, 즉 인도제국에서 그려진 그의 그림을 가져왔다)

*남방 [NAM-PANG,-I] (南方) 원264
불 Côté du sud; le midi. Syn. 남녁 Nam-nyek.
한 남쪽 | 남부 | [동의어 남녁, Nam-nyek.]

*남보셕 [NAM-PO-SYEK,-I] (藍寶石) 원264
불 Améthyste; pierre violette.
한 자수정 | 자색의 보석

*남복 [NAM-POK,-I] (男服) 원264
불 Habit de garçon. = ᄒᆞ다-hă-ta, Revêtir des habits d'homme (femme).
한 청년의 옷 | [용례 = ᄒᆞ다-hă-ta], (여자가) 남자의 옷을 입다

*남부 [NAM-POU] (南部) 원264
불 Un des quatre quartiers de la capitale, celui du sud.
한 수도의 네 구역 중 하나로, 남쪽의 것

*남부녀ᄃᆡᄒᆞ다 [NAM-POU-NYE-TĂI-HĂ-TA] (男負女載) 원264
불 Homme chargé sur le dos, qui fait route avec sa femme chargée sur la tête. L'homme porte sur son dos, la femme sur sa tête.
한 머리에 짐을 인 자신의 아내와 함께 길을 가는, 등에 짐을 진 남자 | 남자는 자신의 등에 지고, 여자는 자신의 머리에 인다

*남북 [NAM-POUK,-I] (南北) 원264
불 Sud et nord.
한 남쪽과 북쪽

*남비 [NAM-PI] (濫沸) 원264
불 Poêle à frire; chaudière plate; poêle sans manche; poêlon.
한 프라이팬 | 납작한 가마솥 | 손잡이가 없는 팬 | 작은 냄비

*남비ᄒᆞ다 [NAM-PI-HĂ-TA] (濫費) 원264
불 Dépenser de l'argent à des riens. Syn. 남용 Nam-yong et 낭비ᄒᆞ다 Nang-pi-hă-ta.
한 아무것도 아닌 데에 돈을 쓰다 | [동의어 남용, Nam-yong], [동의어 낭비ᄒᆞ다, Nang-pi-hă-ta]

남빗 [NAM-PIT,-TCHI] (藍色) 원264
불 Couleur bleu tendre.
한 부드러운 파란색

1*남상 [NAM-SANG,-I] (男喪) 원264
불 Homme en déuil; déuil pour la mort d'un homme qui n'est pas le père.
한 상중인 남자 | 아버지가 아닌 남자가 죽어서 난 초상

2*남상 [NAM-SANG,-I] (男像) 원265
불 Femme qui ressemble à un homme, qui a la figure d'un homme.
한 남자를 닮은, 남자의 얼굴을 한 여자

남샹남샹ᄒᆞ다 [NAM-SYANG-NAM-SYANG-HĂ-TA] 원265
불 Hésiter à parler, à dire. Ne pas savoir si on doit dire une chose.
한 이야기하기를, 말하기를 주저하다, 어떤 것을 말해야 할지 알지 못하다

*남셩 [NAM-SYENG] (南星) 원265
불 Esp. de tortue de terre. ‖ Nom d'une plante médicinale, vénéneuse, qui a des baies rouges, la racine comme un œuf. V.Syn. 텬남셩 Htyen-nam-syeng.
한 육지 거북의 종류 | 붉은 장과, 알 같은 뿌리가 있는, 독을 지닌 약용 식물의 이름 | [동의어 텬남셩, Htyen-nam-syeng]

*남셩이 [NAM-SYENG-I] 원265 ☞남셩

*남슈 [NAM-SYOU] (濫水) 원265
불 Eau qui déborde, eau d'inondation.
한 넘쳐흐르는 물, 범람한 물

*남식ᄒᆞ다 [NAM-SIK-HĂ-TA] (濫食) 원265
불 Manger beaucoup; trop manger. (Se dit d'un mandarin concussionnaire)

한 많이 먹다 | 과식하다 | 공금을 횡령하는 관리에 대해 쓴다

1*남ᄉᆞ [NAM-SĂ] (濫事) 원265

불 Ostentation, faste.

한 과시, 허영

2*남ᄉᆞ [NAM-SĂ] (藍絲) 원265

불 Fil de couleur bleue.

한 푸른색의 실

*남ᄉᆞᄒᆞ다 [NĂM-SĂ-HĂ-TA] (喃蛇) 원265

불 Personne mordue par un serpent.

한 뱀에 물린 사람

*남ᄉᆡᆨ [NAM-SĂIK,-I] (男色) 원265

불 Sodomie.

한 남색

남아 [NAM-A] (餘) 원263

불 Le reste, ce qui reste.

한 나머지, 남은 것

*남예 [NAM-YEI] (藍輿) 원264

불 Palanquin du mandarin, et qui se porte sur les épaules.

한 어깨에 메는 관리의 가마

*남용ᄒᆞ다 [NAM-YONG-HĂ-TA] (濫用) 원264

불 Dépenser de l'argent pour des bagatelles; dépenser inutilement; user largement; dépenser beaucoup. Syn. 낭비ᄒᆞ다 Nang-pi-hă-ta.

한 사소한 일에 돈을 쓰다 | 쓸데없이 소비하다 | 아낌없이 소모하다 | 많이 쓰다 | [동의어 낭비ᄒᆞ다, Nang-pi-hă-ta.]

1*남인 [NAM-IN,-I] (南人) 원264

불 Homme du midi. ‖ Un des quatre partis politiques. Parti politique auquel s'est joint celui des 동인 Tong-in. (Ce parti, fier, très-puissant et longtemps maître, a été renversé par le parti des 노론 No-ron, actuellement au pouvoir. Ils sont très-ennemis l'un de láutre).

한 남부 사람 | 네 정당 중 하나 | 동인 Tong-in들의 정당이 합류한 정당 | 오만하고 매우 강력하며 오랫동안 지배층이었던 이 당은 현재 권력을 쥐고 있는 노론 No-ron의 당에 의해 쓰러졌다. 그들은 서로 매우 적대적이다.

2*남인 [NAM-IN,-I] (男人) 원264

불 Homme, vir, garçon, personne du sexe masculin.

한 남자, 남성, 청년, 남성인 사람

*남진 [NAM-TJIN,-I] (男眞) 원265

불 Epoux, mari(bas). Mari et femme.

한 남편, 남편 (낮춤) | 남편과 아내

*남ᄌᆞ [NAM-TJĂ] (男子) 원265

불 Mâle; homme; personne du sexe masculin; garçon.

한 남성 | 남자 | 남성인 사람 | 청년

*남창의 [NAM-TCHANG-EUI] (藍氅衣) 원265

불 Grand habit de diguitaire. Esp. de grand habit à larges manches, comme celles du grand habit, et fendu par derrière.

한 고관의 큰 옷 | 큰 옷의 소매처럼 소매가 넓고, 뒤쪽이 트인 큰 옷의 종류

*남초 [NAM-TCHO] (南草) 원265

불 Tabac; une des espèces de tabac.

한 담배 | 담배의 종류들 중 하나

*남ᄐᆡ [NAM-HTĂI] (男胎) 원265

불 Secondines après la naissance d'un enfant mâle (remède).

한 사내아이를 낳은 후 나오는 태반과 난막(약)

1남편 [NAM-HPYEN,-I] (南邊) 원264

불 Côté sud, méridional; midi.

한 남쪽, 남쪽 편 | 남부

2*남편 [NAM-HPYEN,-I] (男便) 원264

불 Epoux.

한 남편

*남풍 [NAM-HPOUNG,-I] (南風) 원264

불 Vent du sud.

한 남풍

*남향ᄒᆞ다 [NAM-HYANG-HĂ-TA] (南向) 원264

불 L'ourné au sud, vers le sud.

한 남으로, 남쪽으로 향하다

*남혼 [NAM-HON,-I] (男婚) 원264

불 Mariage du fils. Jeune homme bon à marier; homme à marier. Mariage d'un garçon.

한 아들의 결혼 | 결혼시키기에 적당한 젊은이 | 결혼할 남자 | 청년의 결혼

*남ᄒᆡᆼ [NAM-HĂNG,-I] (南行) 원264

불 Mandarin élevé aux dignités sans avoir été reçu licencié, ni bachelier. (Il ne peut aspirer aux dignités qu'après quarante ans).

한 학위를 받지도 않고, 바칼로레아 합격자도 아니면서 고관직으로 승진된 관리 | (40세가 넘어야만 고위직을 바랄 수 있다)

1납 [NAP,-I] (鉛) 원267

불 Plomb.
한 납

2*납 [NAP,-I] (蠟) 원267
불 Ciré.
한 밀랍

*납빈ᄒᆞ다 [NAP-PĂI-HĂ-TA] (納拜) 원267
불 Se prosterner; saluer en se prosternant.
한 엎드리다 | 엎드려 인사하다

납사ᄒᆞ다 [NAP-SA-HĂ-TA] 원267
불 Etre effronté; n'avoir pas froid aux yeux; avoir du front.
한 염치없다 | 조금도 기죽지 않다 | 뻔뻔하다

*납쇽ᄒᆞ다 [NAP-SYOK-HĂ-TA] (納贖) 원267
불 S'affranchir; se racheter; donner le prix de son affranchissement (esclave). ‖ Acheter un titre de dignité.
한 벗어나다 | 자신의 명예를 회복하다 | 해방이라는 상을 주다 (노예) | 고관직 지위를 사다

납신납신ᄒᆞ다 [NAP-SIN-NAP-SIN-HĂ-TA] 원267
불 Faire semblant de faire beaucoup; se donner des airs d'importance. ‖ Onduler, flotter au vent. V.Syn. 나불나불ᄒᆞ다 Na-poul-na-poul-hă-ta.
한 많이 하는 체하다 | 잘난 체하다 | 일렁이다, 바람에 나부끼다 | [동의어 나불나불ᄒᆞ다, Na-poul-na-poul-hă-ta]

납심이 [NAP-SIM-I] 원267
불 Pièce de charpente dans la toiture d'une maison, au bord inférieur du toit. ‖ Bâton pour supporter la hotte (le 지게 Tji-kei).
한 지붕의 아래쪽 가장자리에 있는, 집의 지붕에서 뼈대가 되는 부분 | 채롱(지게 Tji-kei)을 지탱하기 위한 막대기

*납월 [NA-POUEL,-I] (臘月) 원267
불 La dernière lune de l'année (la 12e, et quelquefois la 13e).
한 그 해의 마지막 달 (열두 번째, 때때로 열세 번째)

*납유 [NAP-YOU] (臘油) 원267
불 Graisse de porc tué le jour du 납일 Nap-il et qui est un remède
한 납일 Nap-il에 잡은 돼지의 기름으로, 약으로 쓰인다

*납일 [NAP-IL,-I] (臘日) 원267
불 V. 납평 Nap-hpyeng.
한 [참조어 납평, Nap-hpyeng]

납작코 [NAP-TJAK-HKO] (蝎鼻) 원268
불 Nez aplati.
한 납작코

납작ᄒᆞ다 [NAP-TJAK-HĂ-TA] (面板) 원268
불 Etre plat, uni, plan; être aplani.
한 평평하다, 고르다, 평탄하다 | 평평해지다

*납치 [NAP-TCHĂI] (納彩) 원268
불 Présent du fiancé à la fiancée. Trousseau d'une jeune mariée envoyé par la maison de son fiancé quelques jours avant le mariage.
한 약혼자가 약혼녀에게 주는 선물 | 결혼하기 며칠 전에 약혼자의 집에서 보내는 새색시의 혼수

*납평 [NAP-HPYENG,-I] (臘平) 원267
불 Jour de sacrifice au ciel à la 12e lune. ‖ Fin du froid (vers le 2 ou 3 février). syn. 납일 Nap-il.
한 열두 번째 달에 하늘에 제사를 지내는 날 | 추위의 끝 (2월 2일 또는 3일경) | [동의어 납일, Nap-il]

*납폐ᄒᆞ다 [NAP-HPYEI-HĂ-TA] (納幣) 원267
불 Offrir des aliments, des rafraîchissements à une personne que l'on respecte. Offrir des présents à son beau-père et à sa belle-mère (une nouvelle mariée). V. 납치 Nap-tchăi.
한 존경받는 사람에게 음식, 다과를 제공하다 | (새신부가) 자신의 시아버지와 시어머니에게 선물을 주다 | [참조어 납치, Nap-tchăi]

납픈납픈ᄒᆞ다 [NAP-HPEUN-NAP-HPEUN-HĂ-TA] 원267
불 Vacillation d'un objet suspendu. Flotter au vent; onduler au vent. ‖ Etre léger, volage.
한 매달린 물체의 흔들거림 | 바람에 나부끼다 | 바람에 일렁이다 | 변덕스럽다, 지조가 없다

1낫 [NAT,NAT-SI] (鎌) 원269
불 Faucille.
한 낫

2낫 [NAT,NAT-TCHI] (面) 원269
불 Figure, face. Syn. ᄂᆞᆺ Năt.
한 얼굴, 낯 | [동의어 ᄂᆞᆺ, Năt]

3낫 [NAT,NAT-SI] 원269
불 Numéral des petits objets, comme grains de sable, grains de riz. (Syn. ᄂᆞᆺ Năt)
한 모래알, 쌀알처럼 작은 물건들을 세는 수사 | [동의어 ᄂᆞᆺ, Năt]

4낫 [NAT,NAT-SI] (禾) 원269

불 Céréales non écossées.
한 껍질을 까지 않은 곡식

[5]낫 [NAT,NAT-SI et NA-TJI] (午) 원269
불 (loc. 나지 NA-TJĂI). Midi, milieu du jour; jour, journée (par opposition à la nuit).
한 (나지 NA-Tjăi의 처격) 정오, 한낮 | 낮, 낮 동안(밤과 대조적으로)

[1]낫고나 [NAT-KO-NA] (低) 원269
불 Etre inférieur à.
한 ~보다 못하다

[2]낫고나 [NAT-KO-NA] (勝) 원269
불 Etre supérieur à.
한 ~을 능가하다

낫나다 [NAT-NA-TA,-NA,-NAN] (生色) 원269
불 La face naître, avoir la face, c. a. d. pouvoir porter la tête haute; être fier; être glorieux.
한 낯이 나다, 낯이 있다, 즉 낯을 높이 들 수 있다 | 자랑스러워하다 | 뽐내다

낫낫치 [NAT-NAT-TCHI] (箇箇) 원269
불 Un à un jusqu'au dernier. exactement; distinctement. tout.
한 마지막까지 하나씩 | 정확히 | 분명히 | 모두

[1]낫다 [NĂT-TA,NA-HA,NA-HEUN] (勝) 원269
불 L'emporter sur; valoir mieux; exceller; prévaloir; mieux que; meilleur,
한 ~보다 우세하다 | 더 낫다 | 뛰어나다 | 우세하다 | ~보다 더 잘 | 더 낫다

[2]낫다 [NAT-TA,NA-TJYE,NA-TJĂN] (卑) 원269
불 Bas; inférieur.
한 낮다 | 못하다

[3]낫다 [NĂT-TA,NA-HA,NA-HEUN] (瘳) 원269
불 Se guérir, aller mieux (maladie).
한 (병이) 낫다, 나아지다

낫부다 [NAT-POU-TA,-NAT-PE (ou -PA),-PEUN] (不足) 원269
불 Etre insuffisant. manger peu.
한 불충분하다 | 적게 먹다

낫비보다 [NAT-PI-PI-TA,-PO-A,-PON] (下示) 원269
불 Dédaigner mépriser.
한 경멸하다, 무시하다

낫셜다 [NAT-SYEL-TA,-SYE-RE,-SYEN] (生面) 원269
불 Ne pas connaître le visage. Personne qu'on n'a jamais vue.
한 얼굴을 모르다 | 본 적이 없는 사람

낫씻다 [NAT-SSIT-TA,-SSI-SE,-SSI-SĂN] (洗顔) 원269
불 Se laver la figure.
한 얼굴을 씻다

낫업다 [NAT-EP-TA,-EP-SYE,-EP-SĂN] (無顔) 원269
불 N'avoir pas la face; être couvert de honte; être honteux.
한 낯이 없다 | 망신스럽다 | 수치스럽다

낫잡다 [NAT-TJAP-TA,-TJAP-A,-TJAP-EUN] (多) 원269
불 Mettre davantage; augmenter.
한 더 많이 놓다 | 증가시키다

낫타 [NAT-HTA,NA-HA et NA-HEU,NĂ-HEUN] (産) 원269
불 Mettre au monde; engendrer; enfanter. Pondre. ‖ produire; fabriquer.
한 출산하다 | 낳다 | 낳다 | 알을 낳다 | 생산하다 | 만들다

낭 [NANG,-I] (崖) 원266
불 Chaussée, jetée. Syn. 언덕 En-tek.
한 둔덕, 부두 | [동의어 언덕, En-tek]

*낭군 [NANG-KOUN,-I] (郎君) 원266
불 Epoux, homme, mari.
한 남편, 남자, 남편

*낭긱 [NANG-KĂIK,-I] (浪客) 원266
불 Désœuvré; farceur; coureur; vagabond; homme de plaisir.
한 할 일이 없는 사람 | 성실하지 못한 사람 | 나돌아 다니는 사람 | 방랑자 | 방탕한 사람

*낭능 [NANG-NEUNG,-I] (朗綾) 원266
불 Soie trèslégère dont on fait des habits d'été.
한 여름옷을 짓는 매우 가벼운 비단

낭력 [NANG-RYEK,-I] (腎) 원267
불 Poches des parties des mammiferes. Virilia, parties sexuelles de l'homme.
한 포유류의 신체 부분들에 있는 주머니 | 남성 생식기, 남자의 생식기

*낭묵 [NANG-MOUK,-I] (囊墨) 원266
불 Encre de la seiche(remède). Eau noire comme l'encre du 오젹어 O-tjyek-e.
한 갑오징어의 먹물 (약) | 오젹어O-tjyek-e의 먹물처럼 검은 물

*낭비ᄒᆞ다 [NANG-PI-HĂ-TA] (浪費) 원266
불 Prodiguer, dépenser inconsidérément. Syn. 남용

ᄒᆞ다 Nam-yong-hă-ta.
한 낭비하다, 무분별하게 소비하다 | [동의어 남용ᄒᆞ다, Nam-yong-hă-ta]

낭새 [NANG-SAI] (崖鳥) 원267
불 Oiseau de chaussée. Martin-pêcheur.
한 둑에 사는 새 | 물총새

*냥셔 [NYANG-SYE] (兩西) 원270
불 Les deux provinces de Hoang-hăi et de Hpyeng-an.
한 황해와 평안의 두 지방

*낭셜 [NANG-SYEL,-I] (浪說) 원267
불 Vain cri; nouvelle fausse; vaine parole; mensonge.
한 근거 없는 소리 | 근거 없는 소문 | 근거 없는 말 | 거짓말

*낭쇼ᄒᆞ다 [NANG-SYO-HĂ-TA] (浪笑) 원267
불 Grands éclats de rire. Rire aux éclats.
한 큰 폭소 | 웃음을 터뜨리다

*낭쇽 [NANG-SYOK,-I] (廊屬) 원267
불 Valet de noble; esclave. Syn. 낭하 Nang-ha.
한 귀족의 하인 | 노예 | [동의어 낭하, Nang-ha]

*낭아 [NANG-A] (狼牙) 원266
불 Nom d'un remède. Plante officinale appelée aussi 집신나물 Tjip-sin-na-moul.
한 약의 이름 | 집신나물Tjip-sin-na-moul로도 불리는 약용 식물

낭이 [NANG-I] (薺) 원266
불 Nom d'une herbe potagère (au printemps). Bursa pastoris. Capsella.
한 (봄) 식용 풀의 이름 | 냉이 | 냉이

*낭쟈ᄒᆞ다 [NANG-TJYA-HĂ-TA] (浪藉) 원267
불 Etre connu; divulgué; répandu; publié; éparpillé. Faire du bruit. faire parler beaucoup (nouvelle).
한 알려지다 | 폭로되다 | 널리 알려지다 | 공표되다 | 흩어지다 | 시끄럽게 하다 | (소식이) 소란스럽게 하다

1*낭졍ᄒᆞ다 [NANG-TJYENG-HĂ-TA] (郎貞) 원267
불 Fille parfaite, bien faite et bien élevée.
한 체격이 좋고 예의가 바른, 흠잡을 데 없는 여자

2*낭졍ᄒᆞ다 [NANG-TJYENG-HĂ-TA] (郎情) 원267
불 Doux; compatissant; qui a bon cœur.
한 온화하다 | 관대하다 | 인정이 많다

*낭즁취물 [NANG-TJYOUNG-TCHYOUI-MOUL] (囊中取物, (Bourse, dedans, extraire, objet)) 원267
불 Tirer un objet de sa poche, facile à cacher dans la poche, c. a. d. très-facile, chose facile à faire.
한 어떤 물건을 자기 주머니에서 꺼내다, 주머니 속에 감추기 쉽다, 즉 매우 쉽다, 하기에 쉬운 일

1*낭ᄌᆞ [NANG-TJĂ] (郎子) 원267
불 Enfant à marier; garçon en âge d'être marié; fils à marier; jeune homme à marier. ‖ Fille en âge de se marier.
한 결혼시켜야 할 자식 | 결혼할 나이가 된 청년 | 결혼시켜야 할 아들 | 결혼시켜야 할 젊은이 | 결혼할 나이가 된 딸

2*낭ᄌᆞ [NANG-TJĂ] (娘子) 원267
불 Chignon des femmes.
한 여자들의 쪽을 진 머리

*낭텽 [NANG-HTYENG,-I] (郎廳) 원267
불 Nom d'une petite dignité. Esp. de secrétaire ou de chef. de bureau des ministères.
한 낮은 관직의 이름 | [역주 정부의] 부[역주 部] 집무실 보좌관 또는 수장의 종류

*낭핍일젼 [NANG-HPIP-IL-TJYEN] (囊乏一錢, (Bourse, n'avoir pas, une, sapèque)) 원267
불 N'avoir pas le sou; n'avoir pas même une sapèque dans sa poche.
한 한 푼도 없다 | 자신의 주머니에 엽전 하나조차 없다

*낭픠되다 [NANG-HPĂI-TOI-TA] (狼狽) 원267
불 Affaire qui ne réussit pas, flasco. Dommage, détriment, calamité. (Le 낭Nang et le 픠Npai sont deux quadrupèdes fabuleux dont chacun n'a qu'une aile. Ils ne peuvent voler qu'en s'appuyant l'un sur l'autre. Le 낭Nang a les pieds de devant longs, et ceux de derrière courts; c'est le contraire pour le 픠Npai. Le 낭Nang ne peut pas se tenir sans le 픠Npai et le 픠Npai ne peut pas marcher sans le 낭Nang. Si l'un tombe, l'autre tombe. De là quand une affaire ne réussit pas, on dit 낭픠되엿다Nang-Npai-toi-yet-ta.)
한 성공하지 못한 일, 실패손해, 손실, 재난 | (낭Nang과 픠Npai는 각각 날개 하나만을 가진 네발짐승이다. 그들은 서로 기대서만 날아갈 수 있다. 낭Nang은 긴 앞발과 짧은 뒷발을 가지고 있다 | 이것은 픠Npai와는 반대되는 것이다. 낭은 패가 없이는 있을 수 없고, 픠Npai는 낭Nang이 없으면 나아갈 수 없다. 만약 하나가 넘어지면, 다른 하나도 넘어진다. 그에 따라, 어떤 일이 성공하지 못했을 때, 낭픠되엿다 Nang- Npai-toi-yet-ta 라고 말한다)

*낭하 [NANG-HA] (廊下) 원266
불 Valets d'un noble; esclaves; gens de service. Syn.

힝낭것 Hăing-nang-ket.
한 귀족의 하인들 | 노예들 | 하인들 | [동의어 힝낭것, hăing-nang-ket.]

*낭한 [NANG-HAN,-I] (廊漢) 원266
불 Vassal. Hommes qui relèvent d'un noble et sont sous sa protection. Serviteurs; esclaves; gens de service. Syn. 낭하 Nang-hă.
한 가신 | 귀족에게 예속하여 그의 보호하에 있는 사람들 | 하인들 | 노예들 | 하인들 | [동의어 낭하, Nang-hă.]

¹내 [NAI] (烟) 원261
불 Fumée.
한 연기

²내 [NAI] (吾) 원261
불 Je, moi. ‖ Mon, ma, mes.
한 나, 나 | 나의, 나의, 나의

³내 [NAI] (川) 원261
불 Grand ruisseau; petite rivière.
한 큰 시냇물 | 작은 강

⁴내 [NAI] (終) 원261
불 Fin.
한 끝

⁵내 [NAI] (臭) 원261
불 Odeur.
한 냄새

내기ᄒᆞ다 [NAI-KI-HĂ-TA] (賭) 원261
불 Enjeu; gageure; pari. Parier. Mettre un enjeu.
한 내기 | 내기 | 내기 | [역주 내기에] 걸다 | 내기에 걸다

내나다 [NAI-NAI-TA,NAI-NAI-YE,NAI-NAIN] (出臭) 원261
불 Sentir; avoir de l'odeur; répandre une odeur.
한 냄새가 나다 | 냄새가 나다 | 냄새를 풍기다

내내 [NAI-NAI] (終始) 원261
불 Toujours; sans cesse; sans fin.
한 항상 | 끊임없이 | 계속

¹내내다 [NAI-NAI-TA,NAI-NAI-YE,NAI-NAIN] (動臭) 원261
불 Emettre une odeur.
한 냄새를 내다

²내내다 [NAI-NAI-TA,NAI-NAI-YE,NAI-NAIN] 원261
불 Chercher l'occasion.
한 기회를 엿보다

³내내다 [NAI-NAI-TA,NAI-NAI-YE,NAI-NAIN] 원261
불 Ne vouloir pas; abhorrer; avoir de l'horreur pour.
한 원하지 않다 | 몹시 싫어하다 | ~에 대해 진저리를 치다

¹내다 [NAI-TA,NAI-YE,NAIN] (冒烟) 원261
불 Fumer; jeter de la fumée. Se dit de la fumée qui revient par le bas, au lieu de passer par le haut.
한 연기를 내다 | 연기를 퍼뜨리다 | 위쪽으로 지나가지 않고 아래로 다시 돌아오는 연기에 대해 쓴다

²내다 [NAI-TA,NAI-YE,NAIN] (出物) 원261
불 Tirer de; faire sortir de; mettre dehors; produire; arracher; extraire; manifester; créer; faire naître. surgir. (Fact. de 나다 Na-ta)
한 ~에서 꺼내다 | ~에서 나오게 하다 | 밖으로 내몰다 | 초래하다 | 끌어내다 | 이끌어내다 | 나타내다 | 만들어내다 | ~을 생기게 하다 | 갑자기 나타나다 | (나다 Na-ta의 사동형)

내다보다 [NAI-TA-PO-TA,-PO-A,-PON] (出視) 원262
불 Regarder par la porte, par la fenêtre.
한 문으로, 창문으로 바라보다

내닷다 [NAI-TAT-TA,-TA-RE,-TA-REUN] (出走) 원262
불 S'élancer, sortir avec force, avec effort; se précipiter hors de.
한 돌진하다, 힘차게, 힘들게 나가다 | ~밖으로 돌진하다

내맛다 [NAI-MAT-TA,-MAT-HE,-MAT-HEUN] (嗅) 원261
불 Percevoir une odeur. Flairer, sentir (par l'odorat).
한 냄새를 느끼다 | 냄새를 맡다, (후각으로) 느끼다

¹내밀다 [NAI-MIL-TA,-MI-RE,-MIN] (推出) 원261
불 Eloigner; pousser en éloignant.
한 멀리 보내다 | 멀리하면서 밀어내다

²내밀다 [NAI-MIL-TA,-MI-RE,-MIN] (尖出) 원261
불 Etre preéminent.
한 뛰어나다

내쇠다 [NAI-SOI-TA,-SOI-YE,-SOIN] (燀烟) 원261
불 Fumigation. Fumiger; exposer à la fumée une partie malade du corps (méd.)
한 훈증 | 더운 연기를 쐬다 | 신체의 아픈 부위를 연기에 노출시키다 (약)

내암새 [NAI-AM-SAI] (臭氣) 원261
불 Odeur.
한 냄새

내여놋타 [NAI-YE-NOT-HTA,-NO-HA,-NO-HEUN] (出放) 원261

불 Mettre en liberté; faire s'évader; lâcher; relâcher.
한 해방시키다 | 탈옥시키다 | 놓아주다 | 풀어주다

내여던지다 [NAI-YE-TEN-TJI-TA,-TJYE,-TJIN] (投) 원261
불 Rejeter; abandonner.
한 내던지다 | 버리다

내여ᄇᆞ리다 [NAI-YE-PĂ-RI-TA,-RYE,-RIN] (放棄) 원261
불 Abandonner; rejeter; délaisser; jeter dehors.
한 버리다 | 내던지다 | 내버려두다 | 밖으로 내몰다

내여쫏다 [NAI-YE-TTJOT-TA,-TTJO-TCHA,-TTJO-TCHAN] (逐出) 원261
불 Chasser, jeter dehors; mettre à la porte; renvoyer en chassant.
한 내쫓다, 밖으로 내몰다 | 내쫓다 | 내몰면서 돌려보내다

내이 [NAI-I] 원261
불 Tisserand, fabricant de toile. ‖ Toile de coton fine.
한 방직공, 천 제조인 | 가는 면포

*내인 [NAI-IN,-I] (內人) 원261
불 Fille servante du palais. ‖ (Pour 녀인 Nye-in) Femme.
한 궁정에서 잡일을 하는 여자 아이 | (녀인Nye-in에 대해) 성인 여자

1내차다 [NAI-TCHA-TA,-TCHA,-TCHAN] (放逐) 원262
불 Etre revêche, colère, boudeur.
한 까다롭다, 화를 잘 내다, 뿌루퉁하다

2내차다 [NAI-TCHA-TA,-TCHA,-TCHAN] (了事) 원262
불 Achever, aller jusqu'au bout.
한 완성하다, 끝까지 가다

내치다 [NAI-TCHI-TA,-TCHYE,-TCHIN] (黜) 원262
불 Rejeter; ne pas traiter comme; ne pas reconnaître pour. Chasser, expulser, renvoyer sa femme pour cause de divorce.
한 몰아내다 | ~처럼 대접하지 않다 | 몰라보다 | 내쫓다, 몰아내다, 이혼을 이유로 부인을 돌려보내다

내치락드리치락 [NAI-TCHI-RAK-TEU-RI-TCHI-RAK] (出打入打) 원262
불 Va-et-vient; aller et venir (v, g. mieux d'une maladie).
한 왕복 | 왔다 갔다 함 (예. 병의 차도)

낸내 [NAIN-NAI] (烟氣) 원261
불 Odeur de fumeron, de fumée.
한 생숯의, 연기의 냄새

냐옹ᄒᆞ다 [NYA-ONG-HĂ-TA] 원270
불 Bruit du miaulement. Miauler.
한 고양이 울음소리 | [역주 고양이가] 야옹하고 울다

냠냠ᄒᆞ다 [NYAM-NYAM-HĂ-TA] (噴噴) 원270
불 Avoir envie de manger; avoir encore de l'appétit. ‖ Bruit que l'on fait en mangeant.
한 먹고 싶다 | 여전히 식욕이 있다 | 먹으면서 내는 소리

1*냥 [NYANG,-I] (兩) 원270
불 Deux, double.
한 둘, 두 배

2*냥 [NYANG,-I] (兩) 원270
불 Enfilade de 100 sapèques coréennes. ‖ Taël d'argent.
한 조선의 엽전 100개를 꿴 묶음 | 은량

3*냥 [NYANG,-I] (兩) 원270
불 Once (poids). (Egale 10 돈 Ton, ou 100 푼 Hpoun, ou 1,000 리 Ri. 16 냥 Nyang égalent 1 근 Keun ou livre)
한 온스 (무게) | (10돈Ton 또는 100푼Hpoun 또는 1,000리 Ri와 같다. 16냥Nyang은 1근 Keun 또는 리브르와 같다)

4*냥 [NYANG] (良) 원270
불 En agr. Bon. probe, honnète.
한 한자어로 좋다 | 성실하다, 정직하다

*냥공 [NYANG-KONG,-I] (兩工) 원270
불 Excellent ouvrier; ouvrier habile.
한 훌륭한 일꾼 | 솜씨 좋은 일꾼

*냥난 [NYANG-NAN] (兩難) 원270
불 Deux cas difficiles. difficulté de deux côtés. les deux choses sont difficiles.
한 두 가지 어려운 일 | 두 쪽의 어려움 | 두 가지 일이 어렵다

냥냥ᄒᆞ다 [NYANG-NYANG-HĂ-TA] 원270
불 Parler d'une voix de fausset; miauler.
한 가성으로 말하다 | [역주 고양이가] 울음소리를 내다

*냥년 [NYĂNG-NYEN] (兩年) 원270
불 Deux ans.
한 두 해

*냥능 [NYANG-NEUNG,-I] (良能) 원270
불 Raison; intelligence; esprit; courage; force; adresse; capacité.
한 이성 | 지성 | 기지 | 용기 | 힘 | 솜씨 | 능력

*냥단간 [NYĂNG-TAN-KAN] (兩端間) 원271
불 Entre deux choses; entre-deux; entre les deux.
한 두 가지 가운데 | 중간 | 둘 사이에

*냥도 [NYANG-TO] (兩道) 원271
불 Deux provinces.
한 두 지방

1*냥동 [NYĂNG-TONG,-I] (兩洞) 원271
불 Deux villages.
한 두 마을

2*냥동 [NYANG-TONG,-I] (兩童) 원271
불 Deux enfants, deux garçons.
한 두 아이, 두 소년

*냥동일다 [NYANG-TONG-IL-TA] (兩同) 원271
불 Les deux sont égaux.
한 양쪽이 같다

*냥두필 [NYĂNG-TOU-HPIL,-I] (兩頭筆) 원271
불 Pinceau double; pinceau aux deux bouts d'un même manche.
한 이중으로 된 붓 | 같은 손잡이의 양 끝에 있는 붓

*냥득ᄒᆞ다 [NYĂNG-TEUK-HĂ-TA] (兩得) 원271
불 Deux choses à la fois. gagner des deux côtés à la fois.
한 한꺼번에 두 가지 | 양쪽에서 한꺼번에 얻다

1*냥미 [NYANG-MI] (粮米) 원270
불 Riz écossé.
한 껍질을 깐 벼

2*냥미 [NYANG-MI] (兩眉) 원270
불 Sourcils.
한 눈썹

*냥미간 [NYANG-MI-KAN,-I] (兩眉間) 원270
불 Espace entre les deux sourcils; entre-deux des sourcils.
한 양 눈썹 사이의 공간 | 양 눈썹의 사이

*냥민 [NYANG-MIN,-I] (良民) 원270
불 Homme du peuple; homme libre; peuple, population paisible.
한 서민 | 자유로운 사람 | 백성, 온화한 주민

*냥반 [NYĂNG-PAN,-I] (兩班) 원270
불 Noble. || Les deux côtés du roi.
한 귀족 | 왕의 양편

*냥슈거지ᄒᆞ다 [NYANG-SYOU-KE-TJI-HĂ-TA] (兩手據地) 원271
불 Se tenir courbé les deux mains à terre. Se tenir dans une postrue humble et respectueuse devant un supérieur(la tête un peu inclinée et les deux mains jointes et croisées l'une sur l'autre).
한 두 손을 땅에 대고 구부린 채로 있다 | 윗사람 앞에서 겸손하고 공손한 자세로 있다(머리는 약간 숙이고, 두 손을 모아서 포갠다)

*냥슈집병 [NYĂNG-SYOU-TJIP-PYENG] (兩手執餠) 원271
불 Avoir un gâteau en chaque main, difficulté; ne savoir lequel manger le premier; être comme l'âne de Buridan.
한 두 손에 과자를 가지고 있다, 어려움 | 어떤 것을 먼저 먹어야 할지 모르다 | 우유부단하게 망설이다

*냥실ᄒᆞ다 [NYANG-SIL-HĂ-TA] (兩失) 원271
불 Oubli de deux choses; perte de deux espèces de choses. Perdre des deux côtés à la fois.
한 두 개를 누락함 | 두 가지 것들을 잃음 | 양쪽에서 한꺼번에 잃다

*냥ᄉᆡᆨ단 [NYANG-SĂIK-TAN,-I] (兩色緞) 원270
불 Soierie de deux couleurs. étoffe de deux couleurs.
한 두 가지 색으로 된 견직물 | 두 가지 색으로 된 옷감

냥알 [NYANG-AL,-I] (兩卵) 원270
불 Deux balles dans un fusil.
한 총 안의 총알 두 개

*냥역 [NYANG-YEK,-I] (兩役) 원270
불 Deux espèces d'ouvrage à la fois; deux occupations.
한 한꺼번에 맡는 두 종류의 일 | 두 가지 일

*냥월 [NYANG-OUEL,-I] (兩月) 원270
불 Deux lunes; deux mois.
한 두 달 | 두 달

냥위분 [NYANG-OUI-POUN,-I] (兩位主) 원270
불 Tous deux (en parlant de son père et de sa mère). Père et mère.
한 (자신의 아버지와 어머니를 말할 때) 둘 모두 | 아버지와 어머니

*냥인 [NYANG-IN,-I] (兩人) 원270
불 Deux hommes.
한 두 사람

*냥일 [NYANG-IL,-I] (良日) 원270
불 Deux jours.
한 2일

냥쟝진ᄉᆞ [NYĂNG-TJYANG-TJIN-SĂ] 원271 ☞ 냥쟝초시

*냥쟝초시 [NYĂNG-TJYANG-TCHO-SI] (兩場初試) 원271
불 Etat de celui qui réussit bien aux deux examens de baccalauréat qui ont lieu dans un même jour. Qui donne deux compositions aux examens, et est cour-

onné pour les deux.
한 같은 날 열리는 두 바칼로레아 시험에서 좋은 점수를 얻은 사람의 신분 | 시험에서 두 답안을 써서 양쪽에서 상을 받은 사람

*냥쥬 [NYANG-TJYOU] (兩主) 원271
불 Les deux maîtres. le maître et la maîtresse de la maison. mari et femme. époux et épouse.
한 양주인 | 집안의 남자 주인과 여자 주인 | 남편과 아내 | 남편과 아내

*냥진 [NYĂNG-TJIN,-I] (兩陣) 원271
불 Troupe de soldats des deux côtés; entre deux feux. deux armées.
한 양편의 군대 | 두 전투 사이 | 양군

*냥쳑 [NYĂNG-TCHYEK,-I] (兩隻) 원271
불 Les deux parties discutant un procès devant le mandarin; les deux plaideurs, les deux parties dans un procès.
한 관리 앞에서 소송을 논의하는 양측 | 양 소송인, 소송에서 양측

*냥초 [NYANG-TCHO] (兩草) 원271
불 Tabac coupé et préparé en paquets de 100 sapèques
한 엽전 100개의 무게가 나가는 묶음들로 준비된 자른 담배

*냥친 [NYĂNG-TCHIN,-I] (兩親) 원271
불 Parents; le père et la mère.
한 부모 | 아버지와 어머니

*냥틱 [NYANG-THĂI] (輛暈) 원271
불 Bords du chapeau en bambou. Rebords du chapeau.
한 대나무로 만든 모자의 테두리 | 모자의 가장자리

[1]냥판 [NYANG-HPAN] (兩半) 원270
불 Une ligature et demie, c. a. d. 150 sapèques.
한 한 꾸러미 반, 즉 엽전 150개

[2]냥판 [NYANG-HPAN,-I] 원270
불 Cuvette en airain. Syn. 냥푼 Nyang-hpoun.
한 청동으로 만든 양푼 | [동의어 냥푼, Nyang-hpoun]

[3]냥판 [NYANG-HPAN,-I] 원270
불 Deux endroits; chacun de son côté.
한 두 곳 | 각자 자기 편으로

*냥편 [NYANG-HPYEN,-I] (兩便) 원270
불 Les deux côtés.
한 양편

냥푼 [NYANG-HPOUN,-I] 원270
불 Cuvette en airain.
한 청동으로 만든 양푼

*냥혈 [NYANG-HYEL,-I] (兩穴) 원270
불 Deux trous. fusil à deux, trois ou quatre coups, à deux, trois ou quatre canons.
한 두 개의 구멍 | 두 발, 세 발, 또는 네 발씩 나가는, 총구가 두 개, 세 개, 또는 네 개인 총

너 [NE] (爾) 원273
불 Tu, toi.
한 너, 너

너겁 [NE-KEP,-I] 원274
불 Grandes herbes ou joncs au bord de l'eau. Buisson dans l'eau, et où se retirent les poissons.
한 물가에 있는 큰 풀 또는 골풀 | 물고기들이 은거하는 물속의 수풀

너겁이 [NE-KEP-I] 원274
불 Branchages dans l'eau où les pêcheurs prennent le poisson. Herbes et bois entraînés par les grandes eaux.
한 어부들이 물고기를 잡는 물속의 가지들 | 큰물에 휩쓸려 온 풀과 나무들

너고나고 [NE-KO-NA-KO] (爾我) 원274
불 Toi et moi.
한 너와 나

너구리 [NE-KOU-RI] (貉) 원274
불 Petit quadrupède don't la fourrure est recherchée en Chine. Blaireau.
한 중국에서 그 모피가 인기 있는 작은 네발짐승 | 오소리

너그럽다 [NE-KEU-REP-TA,-RE-OUE,-RE-ON] (寬) 원274
불 Généreux; libéral; clément; noble; large; indulgent; accommodant.
한 너그럽다 | 관대하다 | 관대하다 | 고귀하다 | 대범하다 | 관대하다 | 양순하다

너널 [NE-NEL,-I] (綿襪) 원275
불 Grands bas fourrés de dessus pour l'hiver.
한 겉에 모피를 덧댄 겨울용 큰 양말

너다 [NE-TA,NEL-E,NEN] (鋪) 원275
불 Etendre (pour faire sécher). ‖ Etre large.
한 (말리기 위해) 펼치다 | 넓다

너덕너덕ᄒᆞ다 [NE-TEK-NE-TEK-HĂ-TA] (弊貌) 원275
불 Rapiécé en plusieurs endroits.

[한] 여러 군데가 기워져 있다

너덜거리다 [NE-TEL-KE-RI-TA,-RYE,-RIN] (원)275
[불] Etre agité. S'enfler. Faire le fier.
[한] 들뜨다 | 커지다 | 잘난 체하다

너덧 [NE-TET,-SI] (四) (원)276
[불] A peu près quatre; environ quatre.
[한] 거의 넷 | 약 넷

너럭이 [NE-REK-I] (원)275
[불] Vase en terre large et peu élevé; large terrine.
[한] 흙으로 만든 넓고 높지 않은 단지 | 큰 단지

너ᄅᆞ다 [NE-RĂ-TA,NEL-NE,NE-RĂN] (廣) (원)275
[불] Large; vaste; spacieux; ample; étendu.
[한] 넓다 | 광대하다 | 널찍하다 | 넓다 | 광활하다

너머지다 [NE-ME-TJI-TA,-TJYE,-TJIN] (趺) (원)274
[불] Tomber; tomber à la renverse. Tomber en ruine.
[한] 넘어지다 | 뒤로 넘어지다 | 쓰러지다

너머터리다 [NE-ME-HIE-RI-TA,-RYE,-RIN] (仆) (원)274
[불] Renverser; démolir; terrasser; abattre.
[한] 넘어뜨리다 | 망가뜨리다 | 쓰러뜨리다 | 쓰러뜨리다

너무 [NE-MOU] (過) (원)274
[불] Trop.
[한] 너무

너벅션 [NE-PEK-SYEN] (津舡) (원)275
[불] Esp. de bateau de rivière très-plat, très-large.
[한] 매우 평평한, 매우 넓은 강배의 종류

너부할미 [NE-POU-HAL-MI] (원)275
[불] Esp. de rata, nom d'un fricot, tranche de bœuf, bifteck.
[한] 맛없는 음식의 종류, 대강 만든 음식의 이름, 얇은 쇠고기 조각, 비프스테이크

너불가지 [NE-POUL-KA-TJI] (원)275
[불] Complaisant; obligeant, bonté.
[한] 호의적이다 | 친절하다, 친절

너븨 [NE-PEUI] (廣) (원)275
[불] Largeur.
[한] 넓이

너삼 [NE-SAM,-I] (苦蔘) (원)275
[불] Esp. d'herbe médicinale au goût très-amer.
[한] 맛이 매우 쓴 약용 풀의 종류

너순이 [NE-SYOUN-I] (원)275
[불] Doucement; mollement; pas fortement.
[한] 천천히 | 부드럽게 | 강하지 않게

너스레 [NE-SEU-REI] (원)275
[불] Pièce de charpente posée en travers sur le toit pour empêcher la maçonnerie en terre de tomber. ‖ Traverses de bois ou grille dans une chaudière, pour supporter ce que l'on veut cuire à la vapeur.
[한] 흙벽돌이 떨어지지 않도록 하기 위해 지붕 위에 가로로 놓이는 골조 조각 | 찌려는 것을 지탱하기 위한 가마솥 안의 나무 가로장이나 석쇠

너시 [NE-SI] (원)275
[불] Esp. d'oiseau semblable à une oie.
[한] 기러기와 비슷한 새의 종류

너울 [NE-OUL,-I] (長幕衣) (원)274
[불] Esp. de voile ou de capuchon que les filles du palais mettent sur leur tête, pour voir sans être vues, quand elles sortent.
[한] 궁의 처녀들이 외출할 때, 눈에 띄지 않고 보기 위해서 머리 위에 쓰는 베일 또는 두건의 종류

너으다 [NE-EU-TA,NE-EU-RE,NE-EUN] (嚙) (원)273
[불] Mâcher.
[한] 씹다

너츌 [NE-TCHYOUL,-I] (蔓) (원)276
[불] Tige (d'une citrouille), pied, tige rampante ou grimpante.
[한] (호박의) 줄기, 밑동, 넝쿨 또는 덩굴

너털거리다 [NE-HIEL-KE-RI-TA,-RYE,-RIN] (원)276
[불] Etre sans consistance, sans retenue. Etre agité. (V. g. un homme qui parle à tort et à travers, qui fait le fier).
[한] 신용이 없다, 조심성이 없다 | (예. 함부로 말하고 잘난 체하는 사람이) 들뜨다

너털너털ᄒᆞ다 [NE-HIEL-NE-HIEL-HĂ-TA] (弊貌) (원)276
[불] Etre déchiré. Etre en lambeaux, être usé. (V. g. franges d'un habit déchiré, usé; laine, poils qui s'échappent et tombent de l'animal.).
[한] 찢어지다 | 너덜거리다, 낡다 | (예. 찢어지고 낡은 옷의 가장자리; 양모, 동물에게서 빠지고 떨어져 나오는 털)

너테 [NE-HIEI] (氷冱) (원)275
[불] Glace qui rend la route difficile; gelée; terre gelée; verglas.
[한] 길의 통행을 힘들게 하는 얼음 | 서리 | 언 땅 | 빙판

너픈너픈ᄒᆞ다 [NE-HPEUN-NE-HPEUN-HĂ-TA] (원)275
[불] Vacillation. agitation de droite à gauche ou de haut en bas. Etre agité, remuant, toujours en mouvement.

한 흔들거림 | 좌우로 또는 위아래로 흔들림 | 흔들리다, 가만히 있지 못하다, 항상 움직이다

너홰 [NE-HOAI] (如瓦) 원274

불 Toiture en planche.

한 널빤지로 된 지붕

너희 [NE-HEUI] (爾們) 원274

불 Vous, vos, votre. (Pluriel).

한 너희들, 너희들의, 너희들의 | (복수)

1넉 [NEK,-SI] (魂) 원274

불 Esprit, vie, sorte d'âme dont parlent les païens. Une des âmes que les bonzes supposent aux hommes, et qui descend en terre.

한 영혼, 생명, 이교도들이 말하는 영혼의 종류 | 승려들이 사람들에게 있다고 생각하는, 그리고 땅 속으로 내려가는 영혼들 중의 하나

2넉 [NEK,-SI] (四) 원274

불 Quatre.

한 넷, 4

넉넉이 [NEK-NEK-I] (裕足) 원274

불 Assez de; assez pour; suffisamment.

한 ~으로 충분하다 | ~할 만큼 충분히 | 넉넉히

넉넉ᄒᆞ다 [NEK-NEK-HĂ-TA] (穀) 원274

불 Suffisant; suffire.

한 충분하다 | 충분하다

넉닐타 [NEK-NIL-HTA,-NIL-HE,-HIL-HEUN] (喪魄) 원274

불 S'abrutir.

한 우둔해지다

넉닐ᄒᆞ다 [NEK-NIL-HĂ-TA] (喪魄) 원274

불 Etre abruti.

한 맹하다

넉더듬이ᄒᆞ다 [NEK-TE-TEUM-I-HĂ-TA] (搜漁) 원274

불 Action de fouiller dans les branchages avec la main pour prendre le poisson. Battre les herbes dans l'eau pour en faire sortir le poisson, ou les fouiller pour le prendre.

한 물고기를 잡기 위해 손으로 가지 속을 뒤지는 행동 | 물고기를 나오게 하기 위해서 물속 풀들을 치거나 물고기를 잡기 위해 물속 풀들을 뒤지다

넉마 [NEK-MA] (弊衣) 원274

불 Friperie; vente d'habits qui ont déjà servi. Vieux habits; haillons.

한 헌옷 | 이미 입었던 옷의 판매 | 오래된 옷 | 누더기 옷

넉살 [NEK-SAL,-I] 원274

불 Impassibilité, sang-froid. Qui sait s'empêcher de rougir, de trembler. fermeté.

한 평정, 침착 | 부끄러워하거나 떨리는 것을 자제할 줄 아는 사람 | 확고함

넉살됴타 [NEK-SAL-TYO-HTA,-TYO-HA,-TYO-HEUN] 원274

불 Ne s'étonner de rien.

한 아무것에도 놀라지 않다

넉새 [NEK-SAI] (四升) 원274

불 Toile de coton grossière. Quatre cents fils de la chaîne d'une toile (la plus large que les Coréens sachent tisser).

한 거친 면포 | (조선인들이 짤 줄 아는 가장 넓은) 직물의 사백 개의 날줄

넉실넉실ᄒᆞ다 [NEK-SIL-NEK-SIL-HĂ-TA] 원274

불 Qui ne sait pas se fâcher; qui a toujours le sourire sur les lèvres. ‖ Facile à élever, bien portant, gai (se dit des petits enfants nouveau-nés).

한 화낼 줄 모르는 사람 | 항상 입가에 미소를 띠고 있는 사람 | 양육하기 쉽다, 건강하다, 명랑하다 (갓난 아이들에 대해 쓴다)

넉이다 [NEK-I-TA,NEK-YE,NEK-IN] 원274

불 Regarder; voir. ‖ Passer pour; être estimé pour; existimari.

한 바라보다 | 보다 | ~로 간주되다 | ~로 인정받다

넉일타 [NEK-IL-HTA,-IL-HE,-IL-HEUN] (喪魄) 원274

불 Perdre la tramontane; perdre la tête, l'esprit.

한 어찌할 바를 모르다 | 분별을 잃다, 정신이 나가다

넉쟝거리 [NEK-TJYANG-KE-RI] (四張) 원274

불 Esp. de jeu de cartes. prendre plus de jetons, plus de cartes au jeu que la règle ne le permet (tricherie).

한 카드놀이의 종류 | 규칙이 허용하는 것보다 더 많은 표, 더 많은 카드를 갖다(속임수)

넉지근ᄒᆞ다 [NEK-TJI-KEUN-HĂ-TA] 원274

불 Conserver son sang-froid, sa tranquillité, sa présence d'esprit. ‖ Etre fatigué en voyage, comme si les nerfs ne se détendaient pas.

한 침착함, 평정, 재치를 유지하다 | 마치 신경이 느슨해지지 않는 것처럼 여행 중에 지치다

넌덜나다 [NEN-TEL-NA-TA,-NA,-NAN] 원275

불 Ennuyeux; à charge. avoir une répugnance extrême.

한 지루하다 | 부담이 되다 | 극도로 혐오하다

넌츌 [NEN-TCHYOUL,-I] (蔓) 원275
불 Tige d'une plante grimpante.
한 덩굴 식물의 줄기

[1]널 [NEL,-I] (棺) 원275
불 Cercueil, bière.
한 관, 관

[2]널 [NEL,-I] (板) 원275
불 Pièce de bois; planche.
한 나무 조각 | 널빤지

널니다 [NEL-NI-TA,NEL-NYE,NEL-NIN] (鋪滿) 원275
불 Elargir; agrandir; dilater. être étalé. Etendu.
한 넓히다 | 늘리다 | 확장시키다 | 펼쳐지다 | 퍼지다

널다 [NELP-TA,NEL-E,NEN] (鋪) 원275
불 Entendre pour faire sécher (habits). ‖ Etre large.
한 (옷을) 말리기 위해 펼치다 | 넓다

널다리 [NELP-TA-RI] (板橋) 원275
불 Pont en bois; planche qui sert de pont.
한 나무로 된 다리 | 다리의 구실을 하는 널빤지

널대문 [NELP-TAI-MOUN,-I] (板大門) 원275
불 Grande porte en bois.
한 나무로 된 대문

널롯 [NELP-HTOT,-TCHI] 원275
불 Pièce de bois pour faire des planches, pour débiter en planches.
한 널빤지를 만들기 위한, 널빤지 형태로 자르기 위한 나무 조각

널빈지 [NEL-PIN-TJI] (板壁) 원275
불 Cloison; mur en bois.
한 칸막이 | 나무로 된 벽

널쒸다 [NELP-TTOUI-TA,-TTOUI-YE,-TTOUIN] (躍板) 원 275
불 Jouer à la bascule; sauter sur la bascule.
한 시소 놀이를 하다 | 시소 위에서 뛰어오르다

널쒸엄 [NELP-TTOUI-EM] (躍板) 원275
불 Bascule (jeu d'enfant); planche en travers sur une pierre (à chaque extrêmité se trouve une personne debout).
한 시소(아이의 놀이) | 돌 하나 위에 가로로 놓인 널빤지 (양 끝에 사람이 서있다)

널즉ᄒᆞ다 [NELP-TJEUK-HĂ-TA] (廣) 원275
불 Etre spacieux, large.
한 널찍하다, 넓다

널직널직ᄒᆞ다 [NELP-TJIK-NEL-TJIK-HĂ-TA] (廣廣) 원275
불 Etre espacé, un peu large.
한 간격이 있다, 조금 넓다

널판 [NELP-HPAN,-I] (木板) 원275
불 Planche.
한 널빤지

넓다 [NELP-TA,NELP-E,NELP-EUN] (廣) 원275
불 Large.
한 넓다

넘거집다 [NEM-KE-TJIP-TA,-TJIP-HE,-TJIP-HEUN] (越度) 원274
불 Deviner; voir d'avance; prévoir.
한 추측하다 | 미리 보다 | 예상하다

넘겨씨우다 [NEM-KYE-SSI-OU-TA,-SSI-OUE,-SSI-OUN] (移施) 원274
불 Prendre sur soi la responsabilité d'une faute.
한 어떤 잘못에 대한 책임을 떠맡다

넘기다 [NEM-KI-TA,-KYE,-KIN] (逾) 원274
불 Porter de l'autre côté (d'une montagne, etc.); transporter. faire passer par-dessus; faire déborder. ‖ abuser de.
한 (산 등의) 건너편으로 가져가다 | 옮기다 | ~을 넘어가게 하다 | 넘치게 하다 | ~을 남용하다

넘나드다 [NEM-NA-TEU-TA,-TEU-RE,-TEUN] (出沒) 원274
불 Etre capricieux; être inégal; tantôt trop, tantôt trop peu.
한 변화무쌍하다 | 고르지 않다 | 때로는 과하고 때로는 너무 적다

넘넙ᄒᆞ다 [NEM-NEP-HĂ-TA] 원274
불 Suffisant; aller bien; cadrer.
한 충분하다 | 어울리다 | 일치하다

넘느다 [NEM-NEU-TA,-NEU-RE,-NEUN] 원274
불 Bien organiser; bien décider. surveiller.
한 잘 조직하다 | 잘 결정하다 | 감시하다

넘다 [NEM-TA,NEM-E,NEM-EUN] (溢) 원275
불 Excéder; déborder; regorger; passer par-dessus; être de trop; superflu.
한 초과하다 | 넘치다 | 넘쳐흐르다 | ~을 넘어가다 | 과하다 | 남아돌다

넘셩넘셩 [NEM-SYENG-NEM-SYENG] 원275
불 Etre curieux; chercher à voir, à savoir.
한 궁금하다 | 보려고, 알려고 하다

넘어 [NEM-E] (逾) 원274

불 Au-delà, de l'autre côté (d'une montagne, d'une élévation), par-delà.
한 저쪽에, (산, 언덕) 너머에, ～저쪽에

넘우 [NEM-OU] 원274 ☞너무

넘치다 [NEM-TCHI-TA,-TCHYE,-TCHIN] (漲溢) 원275
불 Etre trop plein; regorger; surabonder; redonder. Faire passer par-dessus. jeter par-dessus.
한 너무 가득하다 | 넘쳐흐르다 | 지나치게 많다 | [역주 말이] 지나치게 많다 | ～을 넘어가게 하다 | 위로 던지다

넘허터리다 [NEM-HE-HTE-RI-TA,-RYE,-RIN] (顚仆) 원274
불 Renverser.
한 넘어뜨리다

넘희치다 [NEM-HEUI-CHI-TA,-TCHYE,-TCHIN] 원274 ☞넘허터리다

넙가래 [NEP-KA-RAI] (廣鍤) 원275
불 Grande pelle en bois.
한 나무로 된 큰 삽

넙느다 [NEP-NEU-TA,-NEU-RE,-NEUN] 원275
불 Surveiller; diriger. Aller et venir de çà de là pour s'occuper de.
한 감시하다 | 관리하다 | ～을 돌보기 위해 이리저리 왔다갔다하다

넙덕다리 [NEP-TEK-TA-RI] (上股) 원275
불 Cuisse; fémur.
한 넓적다리 | 대퇴골

넙덕이 [NEP-TEK-I] 원275
불 Plat. Plateau; plateforme.
한 판판한 부분 | 판 | 플랫폼

넙덕이로노타 [NEP-TEK-I-RO-NO-HTA,-NO-HA,-NO-HEUN] 원275
불 Poser à plat.
한 납작하게 놓다

넙살문 [NEP-SAL-MOUN,-I] 원275
불 Barreaux de porte grossiers.
한 문의 거친 창살

넙젹넙젹ᄒᆞ다 [NEP-TJYEK-NEP-TJYEK-HĂ-TA] 원275
불 Plat. Large et peu élevé.
한 납작하다 | 넓고 별로 높지 않다

넙치 [NEP-TCHI] (廣魚) 원275
불 Esp. de poisson de mer plat.
한 납작한 바다 물고기 종류

넛손ᄌᆞ [NET-SON-TJĂ] (從孫子) 원275
불 Petit-fils du frère ou du neveu.
한 남자 형제 또는 조카의 손자

넛타 [NET-HTA,NET-HE,NE-HEUN] (盛) 원275
불 Mettre dans; poser; déposer; renfermer.
한 ～ 안에 넣다 | 놓다 | 두다 | 안에 넣다

넛한미 [NET-HAN-MI] (從祖母) 원275
불 Femme du frère du grand-père.
한 할아버지의 남자 형제의 부인

넛한아비 [NET-HAN-A-PI] (從祖父) 원275
불 Frère du grand-père.
한 할아버지의 남자 형제

넝 [NENG,-I] (崖) 원275
불 Précipice.
한 낭떠러지

넝ᄯᅥ러지 [NENG-TTE-RE-TJI] 원275 ☞넝

[1]네 [NEI] (爾) 원273
불 Tu, toi, ton, tien, ta, tes.
한 네가, 너, 너의, 너의 것, 너의, 너의

[2]네 [NEI,-HI] (四) 원274
불 Quatre, 4.
한 넷, 4

네나내나 [NEI-NA-NAI-NA] (爾與我) 원274
불 Toi ou moi (c'est la même chose).
한 너나 나나 (마찬가지이다)

네들 [NEIT-TEUL,-I] 원274
불 (Termin. du pluriel). 신ᄉᆞ네들이 Sin-să-nei-teul-i, Les prêtres.
한 (복수 어미) | [용례 신ᄉᆞ네들이, Sin-să-nei-teul-i], 사제들

네ᄃᆡ앗 [NEI-TĂI-AT,-SI] (四五) 원274
불 Quatre ou cinq.
한 넷 또는 다섯

네모지다 [NEI -MO-TJI-TA,-TJYE,-TJIN] (四方) 원274
불 Qui a quatre angles. Quadrilatère.
한 네 각이 있다 | 사각이다

네주졔 [NEI-TJOU-TJYEI] (爾貌樣) 원274
불 Un homme comme toi; toi. (mépris).
한 너 같은 사람 | 너 | (경멸)

넬내 [NEIL-NAI] (汝故) 원274
불 C'est à cause de toi que je…
한 내가 ～한 것은 바로 너 때문이다

넷 [NEIT,-SI et NEI-HI] (四) 원274

불 Quatre.
한 넷

*녀 [NYE] (女) 원276
불 En agr. Femme.
한 한자어로 여자

1*녀가 [NYE-KA] (閭家) 원276
불 Maison d'un homme du peuple.
한 서민의 집

2*녀가 [NYE-KA] (女家) 원276
불 Maison de la fille, c. a. d. du gendre.
한 딸의, 즉 사위의 집

*녀공 [NYE-KONG,-I] (女功) 원276
불 Ouvrage de femme; habileté dans les ouvrages des femmes; couture, tissage, cuisine, etc.
한 여자의 일 | 여자들의 일에서 능란함 | 바느질, 직조, 요리 등

*녀관 [NYE-KOAN,-I] (旅館) 원276
불 Maison où l'on résidé en passant, où un voyageur se loge et prend ses repas (v. g. une auberge).
한 지나는 길에 묵는, 여행자가 숙박하고 식사를 하는 집 (예. 여인숙)

*녀교우 [NYE-KYO-OU] (女敎友) 원276
불 Chrétienne, femme chrétienne.
한 기독교 여신자, 여성 기독교 신자

*녀긱 [NYE-KĂIK,-I] (旅客) 원276
불 Auberge, hôtel pour les voyageurs.
한 여행자들을 위한 여인숙, 여관

녀네 [NYE-NEI] (他) 원277
불 Autre, différent. 녀네사름 Nye-nei-sa-răm, Un autre homme. 녀네것 Nye-nei-ket, Une autre chose.
한 별개이다, 다르다 | [용례 녀네사름 Nye-nei-sa-răm], 다른 사람 | [용례 녀네것 Nye-nei-ket], 다른 것

녀롬짓다 [NYE-ROM-TJIT-TA,-TJI-E,-TJI-EUN] (夏作) 원280
불 Labourer.
한 경작하다

녀롬 [NYE-RĂM,-I] (夏) 원280
불 Eté.
한 여름

*녀막 [NYE-MAK,-I] (旅幕) 원277
불 Petite maison élevée en l'honneur des parents défunts, où les enfants vont faire des prosternations en pleurant, et où l'homme en deuil reçoit les visites de condoléance.
한 고인이 된 부모에게 경의를 표하는 높고 작은 집으로, 자식들은 울면서 절을 하러 가고 상중인 사람은 조문객들을 맞이하는 곳

녀물 [NYE-MOUL] (拙豆) 원277
불 Foin, paille hachée pour les bestiaux.
한 건초, 가축을 위해 잘게 썬 짚

*녀복 [NYE-POK,-I] (女服) 원280
불 Vêtement de femme.
한 여자의 옷

*녀복ᄉ [NYE-POK-SĂ] (女服事) 원280
불 Servante; femme domestique.
한 하녀 | 하녀

*녀상 [NYE-SANG,-I] (女喪) 원281
불 Mort d'une femme; femme morte. ‖ deuil pour la mort d'une femme (v. g. de la mère).
한 여자의 죽음 | 죽은 여자 | 여자 (예. 어머니의)의 죽음에 대한 초상

*녀샹 [NYE-SYANG,-I] (女狀) 원281
불 Homme qui ressemble à une femme. figure de femme.
한 여자와 비슷한 남자 | 여자의 얼굴

*녀셩 [NYE-SYENG,-I] (女聲) 원281
불 Voix de femme.
한 여자의 목소리

*녀식 [NYE-SIK,-I] (女息) 원281
불 Fille; enfant du sexe féminin.
한 딸 | 성별이 여자인 아이

*녀의 [NYE-EUI] (女醫) 원276
불 Femme médecin.
한 여의사

*녀인 [NYE-IN,-I] (女人) 원276
불 Femme, mulier.
한 여자, 여성

*녀쥬녀왕 [NYE-TJYOU-NYE-OANG] (女主女王) 원281
불 Femme roi, reine.
한 여자 임금, 여왕

*녀쥭 [NYE-TJYOUK,-I] (女竹) 원281
불 Pipe de femme.
한 여자의 담뱃대

*녀즁군ᄌ [NYE-TJYOUNG-KOUN-TJĂ] (女中君子) 원281
불 Femme spirituelle et habile en tout. Remarquable

entre les femmes. Femme d'un mérite éminent.
한 재치 있고 모든 것에 능한 여자 | 여자들 가운데서 뛰어난 사람 | 훌륭한 공덕이 있는 여자

*녀즁호걸 [NYE-TJYOUNG-HO-KEL,-I] (女中豪傑) 원281
불 La plus remarquable des femmes.
한 여자들 중에서 가장 뛰어난 사람

*녀ᄌᆞ [NYE-TJĂ] (女子) 원281
불 Femme, personne du sexe féminin.
한 여자, 성별이 여자인 사람

1*녀텽 [NYE-HTYENG,-I] (女廳) 원281
불 Lieu, endroit réservé aux femmes.
한 여자들 전용의 장소, 곳

2녀텽 [NYE-HTYENG,-I] (女唱) 원281
불 Voix grêle comme une voix de femme.
한 여자 목소리처럼 가냘픈 목소리

녀ᄐᆡ [NYE-HĂI] 원281
불 Jusqu'à présent.
한 지금까지

녀편네 [NYE-HPYEN-NEI] (女人) 원280
불 Femme.
한 여자

*녀필 [NYE-HPIL,-I] (女筆) 원280
불 Ecriture de femme.
한 여자의 글씨

*녀필죵부 [NYE-HPIL-TJYONG-POU] (女必從夫) 원280
불 Femme soumise à son mari.
한 자신의 남편에게 순종하는 여자

*녀혜 [NYE-HYEI] (女鞋) 원276
불 Souliers en cuir des femmes.
한 여자들의 가죽신

*녀혼 [NYE-HEUL,-I] (女婚) 원276
불 Mariage d'une fille(par rapport aux parents).
한 딸 (부모에 대해)의 결혼

녀흘 [NYE-HEUL,-I] (灘) 원276
불 Cascade; chute d'eau; le courant de la rivière. V.Syn. 여흘 Ye-heul ou 여을 Ye-eul.
한 폭포 | 폭포 | 강의 흐름 | [동의어 여흘, Ye-heul] 또는 [동의어 여을, Ye-eul]

*녁녀건곤 [NYEK-NYE-KEN-KON,-I] (逆旅乾坤) 원276
불 La vie, le voyage, ce monde de passage; la vie passagère; le monde périssable ou fugitif.
한 생애, 여행, 잠시 동안 머무는 이 세상 | 덧없는 삶 | 일시적인 또는 덧없는 세상

녁녁잔타 [NYEK-NYEK-TJAN-HTA,-TJAN-A,-TJAN-EUN] (不歷歷) 원276
불 N'être pas intelligent.
한 똑똑하지 않다

1년 [NYEN,-I] (女) 원277
불 Femelle, femme. (Terme bas et injurieux).
한 계집, 여자 | (저속하고 모욕적인 말)

2*년 [NYEN,-I] (鳶) 원277
불 Cerf-volant.
한 연

3*년 [NYEN,-I] (輦) 원277
불 Chaise à porteurs du roi.
한 왕의 가마

4*년 [NYEN,-I] (年) 원277
불 An, année.
한 해, 년

5*년 [NYEN,-I] (蓮) 원277
불 Nénuphar; populage, souci d'eau, lotus ou lotos.
한 수련 | 산동이나물, 미나리아재비, 연꽃 또는 연

*년갑 [NYEN-KAP,-I] (年甲) 원278
불 De la même année; du même temps; du même âge.
한 같은 해의 | 동시대의 | 같은 나이의

1*년경 [NYEN-KYENG] (烟境) 원278
불 Lunettes en cristal noirâtre.
한 거무스름한 수정으로 만든 안경

2*년경 [NYEN-KYENG] (連畊, (Etre contigu, labouré)) 원278
불 Champs labourés et se touchant.
한 경작되고 서로 인접한 밭들

3년경 [NYEN-KYENG] (連境) 원278
불 Limites, frontières contiguës.
한 인접한 경계, 국경

*년경ᄒᆞ다 [NYEN-KYENG-HĂ-TA] (連境) 원278
불 Etre contigu, limitrophe; confiner.
한 인접하다, 이웃하다 | ~와 국경을 접하다

*년관 [NYEN-KOAN,-I] (聯貫) 원278
불 Enfilade.
한 일련

*년광 [NYEN-KOANG] (年光) 원278
불 Année; âge.
한 년 | 나이

*년구ᄒᆞ다 [NYEN-KOU-HĂ-TA] (年久) 원278

불 Etre ancien, vieux, antique. Litt. l'année est ancienne.
한 오래되다, 구식이다, 낡다 | 글자대로 해가 오래되다

*년근 [NYEN-KEUN,-I] (蓮根) 원278
불 Racine de nénuphar.
한 수련의 뿌리

*년긔 [NYEN-KEUI] (年記) 원278
불 L'année; l'âge.
한 년 | 나이

*년당 [NYEN-TANG,-I] (蓮堂) 원278
불 Maison au milieu d'un lac. pavillon sur une pièce d'eau recouverte de nénuphars.
한 연못 한가운데 있는 집 | 수련으로 덮인 정원의 연못 위의 정자

*년리지 [NYEN-RI-TJI] (連理枝) 원278
불 Esp. d'arbre dont les branches s'élèvent perpendiculairement et forment un faisceau avec le tronc.
한 그 가지들이 직각으로 교차하여 자라서 몸체와 한 묶음을 이루는 나무의 종류

*년만ᄒᆞ다 [NYEN-MAN-HĂ-TA] (年滿) 원278
불 Etre très-vieux, très-âgé. Litt. plein d'années.
한 매우 늙다, 매우 나이가 많다 | 글자대로 나이가 가득차다

*년면ᄒᆞ다 [NYEN-MYEN-HĂ-TA] (連棉) 원278
불 Continuation sans interruption. Ne pas discontinuer; ne pas cesser.
한 중단 없는 연속 | 중단하지 않다 | 멈추지 않다

*년명ᄒᆞ다 [NYEN-MYENG-HĂ-TA] (連命) 원278
불 Vivre par petits bouts, c. a. d. vivre chétirement; vivoter. (Se dit d'un homme pauvre qui n'a à manger que juste ce qui peut l'empêcher de mourir).
한 조금씩 살다, 즉 빈약하게 살다 | 근근이 살아가다 | (겨우 죽지 않게 할 수 있는 정도의 먹을 것만 가진 가난한 사람에 대해 쓴다)

*년반 [NYEN-PAN,-I] (連盤) 원278
불 Torche allumée qui sert aux funérailles; lanterne funèbre.
한 장례에 쓰이는 켜진 횃불 | 장례의 등

년밤 [NYEN-PAM,-I] (蓮實) 원278
불 Fruit du nénuphar, graine du nénuphar.
한 수련의 열매, 수련의 종자

*년벽ᄒᆞ다 [NYEN-PYEK-HĂ-TA] (連壁) 원278
불 Etre contigus, voisins, séparés par un mur mitoyen. ‖ Voisins d'examen, reçus ensemble.
한 인접하다, 이웃하다, 경계벽에 의해 분리되다 | 함께 시험에 합격한 시험에서의 옆 사람

*년복ᄒᆞ다 [NYEN-POK-HĂ-TA] (連幅) 원278
불 Etre collé à la file, à la suite. Raboutir; joindre les bouts.
한 잇달아, 연이어 붙어 있다 | 맞대어 접합하다 | 끝을 합치다

*년부년 [NYEN-POU-NYEN] (年復年) 원278
불 Chaque année; tous les ans.
한 해마다 | 매년

*년분 [NYEN-POUN,-I] (連分) 원278
불 Destin, destinée (pour le mariage). Abrév. de 년홀분수 Nyen-hăl-poun-sou, Moyen d'arrière, de réussir.
한 운명, (결혼할) 운명 | 년홀분수Nyen-hăl-poun-sou의 약어, 성공하는, 출세하는 방법

*년비 [NYEN-PI] (連臂) 원278
불 Ami intime.
한 절친한 친구

*년비ᄒᆞ다 [NYEN-PI-HĂ-TA] (連比) 원278
불 Par le moyen de; par; à cause de.
한 ~의 덕분으로 | ~에 의해 | ~ 때문에

*년사 [NYEN-SA] (連查) 원278
불 Allié; alliance par le mariage des enfants.
한 인척 | 자식들의 결혼으로 인한 인척 관계

*년상 [NYEN-SANG,-I] (連喪) 원278
불 Mort successive dans une maison; mourir les uns après les autres, à la suite les uns des autres en peu de temps.
한 한집에서의 잇단 죽음 | 단기간에 차례로, 연달아 죽다

년셕 [NYEN-SYEK,-I] (漢) 원 ADDENDA
불 Individu. Syn. 놈 Nom.
한 녀석 | [동의어 놈, Nom]

*년셰 [NYEN-SYEI] (年歲) 원278
불 Année (âge des vieillards).
한 ~세 (노인들의 나이)

*년쇼ᄒᆞ다 [NYEN-SYO-HĂ-TA] (年小) 원278
불 Jeune homme ; homme jeune. Etre jeune (se dit des hommes).
한 젊은이 | 젊은 남자 | 젊다 (남자들에 대해 쓴다)

*년쇽부졀ᄒᆞ다 [NYEN-SYOK-POU-TJYEL-HĂ-TA] (連

續不絶) ㊊278

불 Etre continu, sans interruption ; se succéder sans interruption.

한 끊이지 않고 꾸준하다 | 끊이지 않고 계속 일어나다

*년숑ᄒᆞ다 [NYEN-SYONG-HĂ-TA] (連誦) ㊊278

불 Réciter à la suite sans interruption.

한 쉬지 않고 계속해서 암송하다

*년습ᄒᆞ다 [NYEN-SEUP-HĂ-TA] (鍊習) ㊊278

불 Exercer les troupes; faire la petite guerre; faire une représentation de guerre.

한 군대를 훈련하다 | 모의 전쟁을 하다 | 전쟁을 재연하다

*년실 [NYEN-SIL,-I] (蓮實) ㊊278

불 Fruit du nénuphar.

한 수련의 열매

*년ᄉᆞ [NYEN-SĂ] (年事) ㊊278

불 Les choses de l'année, l'affaire de l'année, c. a. d. la récolte; culture des champs; état de la culture.

한 한 해의 상황, 한 해의 일, 즉 수확 | 밭의 경작 | 경작 상태

*년역 [NYEN-YEK,-I] (連役) ㊊277

불 Corvée.

한 부역

*년역ᄒᆞ다 [NYEN-YEK-HĂ-TA] (連譯) ㊊277

불 Traduire et commenter.

한 번역하고 주해하다

*년엽쥬 [NYEN-YEP-TJYOU] (蓮葉酒) ㊊277

불 Vin de feuilles de nénuphar (il n'existe pas, ce n'est qu'un nom).

한 수련의 잎으로 만든 술 (이름만 있을 뿐, 존재하지 않는다)

*년옥사 [NYEN-OK-SA] (煉玉沙) ㊊277

불 Pierre pour polir le verre; émeri; sable pour polir le jade.

한 유리를 반들반들하게 닦는 데 쓰는 돌 | 금강사 | 경옥을 반들반들하게 닦는 데 쓰는 모래

*년월일시 [NYEN-OUEL-IL-SI] (年月日時) ㊊277

불 Année et mois et jour et heure.

한 년과 월과 일과 시

[1]*년육 [NYEN-YOUK,-I] (蓮肉) ㊊277

불 Amande et graine de nénuphar (c'est un remède).

한 수련의 씨와 종자 (약이다)

[2]*년육 [NYEN-YOUK,-I] (煉肉) ㊊277

불 Peau de boeuf tannée, très-molle et très-douce. gélatine de peau de bœuf.

한 아주 무르고 아주 연한 무두질한 소가죽 | 소가죽의 젤라틴

*년익 [NYEN-IK,-I] (年益) ㊊277

불 L'année utile (titre d'une vie des Saints en chinois et en coréen).

한 유익한 해 (중국어 또는 조선어로 된 성인전의 제목)

*년인ᄒᆞ다 [NYEN-IN-HĂ-TA] (連人) ㊊277

불 Se marier. allié. Maison ou gens alliés par un mariage.

한 결혼하다 | 인척 | 결혼으로 인척 관계를 맺은 집안 또는 사람들

*년일 [NYEN-IL] (連日) ㊊277

불 Chaque jour, tous les jours, sans interruption.

한 나날이, 매일, 계속해서

*년쟝졉옥 [NYEN-TJYANG-TJYEP-OK,-I] (連墻接屋) ㊊278

불 Agglomération de maisons; maisons bâties tout près les unes des autres; n'être séparés que par un mur (v. g. deux maisons).

한 주거 밀집 지역 | 서로 아주 가까이 지어진 집들 | (예. 두 집이) 벽 하나로만 나뉘어져 있다

*년졉ᄒᆞ다 [NYEN-TJYEP-HĂ-TA] (連接) ㊊279

불 Etre voisins de composition d'examen et reçus ensemble. ‖ Raboutir. ‖ Etre contigu, tenir l'un à l'autre.

한 시험의 답안이 비슷하고 함께 합격하다 | 맞대어 접합하다 | 인접하다, 서로 붙어 있다

*년젼 [NYEN-TJYEN] (年前) ㊊279

불 Avant; auparavant; l'année d'avant; l'année précédente, ou les année précédentes.

한 전에 | 전에 | 그 전해 | 전년 또는 전년들

[1]*년쥬 [NYEN-TJYOU] (連主) ㊊279

불 Homme qui a établi un marché.

한 계약을 맺은 사람

[2]*년쥬 [NYEN-TJYOU] (連珠瘡) ㊊279

불 Ecrouelles, humeurs froides.

한 나력, 임파선염

*년쥬창 [NYEN-TJYOU-TCHANG] ㊊279 ☞ [2]년쥬

*년쳔ᄒᆞ다 [NYEN-TCHYEN-HĂ-TA] (年淺) ㊊279

불 Jeune (homme).; être jeune.

한 젊은 (남자) | 젊다

*년츄 [NYEN-TCHYOU] (連楸) ㊊279

불 Bois ou bambou passé en travers sur un brancard, pour pouvoir mettre un plus grand nombre de porteurs. Brancard des chaises de mandarin à deux ou plusieurs porteurs.
한 더 많은 운반인들을 둘 수 있도록 들것 위를 가로로 지나는 나무 또는 대나무 | 두 명 또는 여러 명의 운반인들이 드는 관리의 의자 들것
*년치 [NYEN-TCHI] (年齒) 원279
불 Par rang d'âge; âge.
한 나이순으로 | 나이
*년포지목 [NYEN-HPO-TJI-MOK,-I] (連抱之木) 원278
불 Une brassée de bois. Arbre de la grosseur au moins d'une brasse.
한 한아름의 나무 | 굵기가 적어도 한아름은 되는 나무
*년풍 [NYEN-HPOUNG,-I] (連豊) 원278
불 Chaque année abondance. Année d'abondance.
한 해마다 풍년 | 풍년
*년한 [NYEN-HAN,-I] (年限) 원277
불 Age fixé pour. Age requis pour.
한 ~하는 데 정해진 나이 | ~에 필요한 나이
*년호잡역 [NYEN-HO-TJAP-YEK,-I] (連戶雜役) 원278
불 Corvée.
한 부역
*년혼ᄒᆞ다 [NYEN-HON-HĂ-TA] (連婚) 원278
불 Alliance par un mariage; se marier; s'allier.
한 결혼으로 인한 인척 관계 | 결혼하다 | 인척 관계를 맺다
*년화 [NYEN-HOA] (蓮花) 원278
불 Fleur de nénuphar.
한 수련의 꽃
*년ᄒᆞ다 [NYEN-HĂ-TA] (連) 원277
불 Etre attaché à la file sans interruption; lié, joint, soudé. Se succéder sans interruption. Se tenir réciproque ment.
한 끊이지 않고 연달아 묶여 있다 | 묶이다, 결합되다, 결속되다 | 끊이지 않고 잇달아 오다 | 서로 연관되다
년ᄒᆞᆯ분수 [NYEN-HĂL-POUN-SOU] 원277
불 Destin, etc V.Syn. 년분 Nyen-poun.
한 운명 등 | [동의어 년분, Nyen-poun]
*녈 [NYEL] (列) 원280
불 En agr. Tout, chaque.
한 한자어로 모두, 각각의
*녈교 [NYEL-KYO] (裂敎) 원280
불 Héritique; schismatique.
한 이교자 | 이교자
*녈국 [NYEL-KOUK,-I] (列國) 원280
불 Tous les gouvernements; tous les Etats; tous les royaumes; plusieurs royaumes.
한 모든 정부 | 모든 국가 | 모든 왕국 | 여러 왕국
녈남ᄒᆞ다 [NYEL-NAM-HĂ-TA] (閱覽) 원280
불 Très-occupé; très-affairé. Lire beaucoup, feuilleter beaucoup de livres; voir beaucoup d'affaires.
한 매우 바쁘다 | 매우 분주하다 | 많이 읽다, 많은 책을 훑어보다 | 많은 일을 보다
*녈녁ᄒᆞ다 [NYEL-NYEK-HĂ-TA] (閱歷) 원280
불 Etre habitué; avoir de l'expérience; avoir beaucoup vu; en savoir long.
한 익숙하다 | 경험이 있다 | 많이 경험하다 | 많이 알다
*녈명긔 [NYEL-MYENG-KEUI] (列名記) 원280
불 Liste.
한 명부
*녈문 [NYEL-MOUN] (鬧門) 원280
불 Maison très-fréquentée. Etre très-fréquenté (maison).
한 사람이 많이 드나드는 집 | 사람이 많이 드나들다(집)
*녈셩됴 [NYEL-SYENG-TYO] (列聖朝) 원281
불 Plusieurs rois. les ancêtres du roi.
한 여러 왕 | 왕의 선조들
[1]*녈셰 [NYEL-SYEI] (熱洗) 원281
불 Baptême de désir. (Mot. chrét.).
한 욕망의 세례 [역주 열세] | (기독교 어휘)
[2]*녈셰 [NYEL-SYEI] (閱世) 원281
불 Ancien; plusieurs années; un grand nombre d'années.
한 옛날의 | 여러 해 | 많은 세월
*녈약ᄒᆞ다 [NYEL-YAK-HĂ-TA] (劣弱) 원280
불 Faible et idiot.
한 약하고 멍청하다
*녈읍 [NYEL-EUP,-I] (列邑) 원280
불 Toutes les villes. Plusieurs villes. Chaque canton.
한 모든 도시 | 여러 도시 | 지역마다
*녈인ᄒᆞ다 [NYEL-IN-HĂ-TA] (閱人) 원280
불 Etre habitué à la société; voir beaucoup de monde.
한 교류에 익숙하다 | 많은 사람들을 보다
*녈입셩픔ᄒᆞ다 [NYEL-IP-SYENG-HPEUM-HĂ-TA] (列入聖品) 원280
불 Catalogue des Saints; martyrologe. Etre canonisé;

être mis au nombre des Saints.

한 성인들의 목록 | 순교자 명부 | 성인의 반열에 오르다 | 시성되다

*녈품 [NYEL-HPOUM] (列品) 원281

불 Tous les grades; tous les degrés.

한 모든 계급 | 모든 신분

녋다 [NYELP-TA,NYELP-E,NYELP-EUN] (薄) 원280

불 Mince.

한 얇다

*념 [NYEM,-I] (念) 원277

불 Pensée.

한 생각

*념경ᄒᆞ다 [NYEM-KYENG-HĂ-TA] (念經) 원277

불 Prières vocales; les réciter. prier; réciter des prières; dire l'office.

한 소리 내어 드리는 기도들 | 그것들을 암송하다 | 기도하다 | 기도문들을 암송하다 | 미사를 드리다

*념나대왕 [NYEM-NA-TAI-OANG,-I] (閻羅大王) 원277

불 Grand roi des enfers, des morts, qui envoie ses valets prendre l'âme d'un mort(doctr. des bonzes).

한 죽은 사람의 영혼을 잡기 위해 자신의 하인들을 보내는 지옥의, 죽은 사람들의 대왕 (승려들의 교리)

*념녀ᄒᆞ다 [NYEM-NYE-HĂ-TA] (念慮) 원277

불 Inquiétude; souci; saisissement. Trembler de crainte; prévoir un danger. ‖ Pensée; penser. 념녀ᄒᆞᆫ덕 Nyem-nye -hăn-tek, Bienfait de la pensée.

한 걱정 | 근심 | 오싹한 한기 | 두려움에 떨다 | 위험을 예상하다 | 생각 | 생각하다 | [용례 념녀ᄒᆞᆫ덕 Nyem-nye-hăn-tek], 생각 덕분

*념념불망 [NYEM-NYEM-POUL-MANG,-I] (念念不忘) 원277

불 Qui ne peut oublier. Profondément gravé dans la mémoire, dans le cœur. Chose à laquelle on pense et ou pensera toujours, sans jamais l'oublier.

한 잊을 수 없는 것 | 기억 속에, 마음속에 깊이 새겨진 것 | 절대 잊지 않고, 생각하고 있고 그리고 또는 항상 생각할 것

*념려ᄒᆞ다 [NYEM-RYE-HĂ-TA] (念慮) 원277

불 Penser avec inquiétude.

한 걱정스럽게 생각하다

*념문ᄒᆞ다 [NYEM-MOUN-HĂ-TA] (廉問) 원277

불 Informations. prendre des informations secrètes (le grand espion)

한 정보 수집 | (높은 첩자가) 기밀을 수집하다

*념발ᄒᆞ다 [NYEM-PAL-HĂ-TA] (斂髮) 원277

불 Mettre le serre-tête, renouer ses cheveux (le fils du défunt, après avoir mis dans le cercueil le corps de son père).

한 (아버지의 시체를 관에 넣은 뒤 고인의 아들이) 머리띠를 착용하다, 자신의 머리를 다시 묶다

념밧긔 [NYEM-PAT-KEUI] (念外) 원277

불 En dehors de la pensée.

한 생각 밖에

*념블ᄒᆞ다 [NYEM-POUL-HĂ-TA] (念佛) 원277

불 Prier. (Ne se dit que des bonzes).

한 기도하다 | (승려들에 대해서만 쓴다)

*념습ᄒᆞ다 [NYEM-SEUP-HĂ-TA] (殮襲) 원277

불 Position que l'on donne à un cadavre en l'habillant. Ensevelir, habiller un mort, avant de la mettre dans le cercueil. Ensevelir dans un linceul.

한 옷을 입히면서 시체에 주는 자세 | 시신을 관에 넣기 전에 그에게 수의를 입히다, 옷을 입히다 | 수의를 입히다

*념시 [NYEM-SI] (殮尸) 원277

불 Se dit d'un mort revêtu de ses habits; cadavre enseveli.

한 자신의 옷을 입은 시신에 대해 쓴다 | 수의를 입힌 시체

*념의 [NYEM-EUI] (廉義) 원277

불 Pudeur; retenue; tact; honneur; honte.

한 부끄러워하는 태도 | 조심성 | 단정함 | 체면 | 수치심

*념장ᄒᆞ다 [NYEM-TJANG-HĂ-TA] (斂葬) 원277

불 Enterrer un mort. ‖ Ensevelir dans un linceul.

한 시신을 매장하다 | 수의를 입히다

1*념쥬 [NYEM-TJYOU] (念珠) 원277

불 Chapelet.

한 묵주

2념쥬 [NYĒM-TJOU] 원277

불 Os saillant de la colonne vertébrale, au-dessous du cou, par derrière.

한 목 아래, 뒤쪽에 척추의 튀어나온 뼈

*념찰ᄒᆞ다 [NYEM-TCHAL-HĂ-TA] (廉察) 원277

불 Informations. Prendre des informations secrètes.

한 정보 | 비밀 정보를 입수하다

*념탐ᄒᆞ다 [NYEM-HTAM-HĂ-TA] (廉探) 원277

불 Informations, recherches. Prendre des information secrètes. (Le grand espion du 어사 E-sa).

한 정보 수집, 수집 | (어사 E-sa의 고위 정보원이) 비밀 정보를 입수하다

*념통 [NYEM-HTONG,-I] (念筒) 원277
불 Le cœur (viscère).
한 심장 (내장)

1*념ᄒᆞ다 [NYEM-HĂ-TA] (念) 원277
불 Réciter.
한 암송하다

2*념ᄒᆞ다 [NYEM-HĂ-TA] (殮) 원277
불 Ensevelir un mort.
한 시신에 수의를 입히다

녑 [NYEP,-HI] (夾) 원280
불 Côté.
한 옆구리

녑거롬ᄒᆞ다 [NYEP-KE-RAM-HĂ-TA] (橫步) 원280
불 Marcher de côté (comme les crabes).
한 (게처럼) 옆으로 걷다

녑구레 [NYEP-KOU-REI] (夾助) 원280
불 Reins, partie latérale entre les côtés et les hanches.
한 허리, 옆구리와 둔부 사이의 옆쪽 부분

녑귀 [NYEP-KOUI] (蔘) 원280
불 Esp. d'herbe, p. ê. la menthe.
한 풀의 종류, 아마도 박하

*녑녑ᄒᆞ다 [NYEP-NYEP-HĀ-TA] (燁燁) 원280
불 Très-fin; très-intelligent; très-spirituel; avisé.
한 매우 명민하다 | 매우 똑똑하다 | 매우 재치 있다 | 신중하다

녑눈주다 [NYEP-NOUN-TJOU-TA,-TJOU-E,-TJOUN] (橫視) 원280
불 Regarder de côté (pour faire signe à une troisième personne, de manière que celle à qui l'on parle ne s'en aperçoive pas).
한 (말하는 상대방이 알아차리지 못하도록 제삼자에게 신호를 주기 위해) 곁눈질하다

*녑등ᄒᆞ다 [NYEP-TEUNG-HĂ-TA] (躐等) 원280
불 Monter à la fois plusieurs marches d'un escalier. ‖ Très-intelligent; très-capable.
한 한꺼번에 여러 계단을 오르다 | 매우 똑똑하다 | 매우 능력 있다

녑문 [NYEP-MOUN,-I] (夾門) 원280
불 Porte, placée à côté.
한 옆에 있는 문

녑방 [NYEP-PANG,-I] (夾房) 원280
불 Chambre à côté d'une autre.
한 다른 방 옆의 방

녑벽 [NYEP-PYEK,-I] (夾壁) 원280
불 Mur à côté; mur voisin.
한 옆벽 | 인접한 벽

녑지르다 [NYEP-TJI-RĂ-TA,-TJIL-NE,-TJI-RĂN] (觸傍) 원280
불 Frapper sur le côté pour avertir.
한 알려주기 위해 옆구리를 치다

녑질ᄒᆞ다 [NYEP-TJIL-HĂ-TA] (轉輾) 원280
불 Etre agité de droite à gauche. rouler, etc. avoir du roulis. roulis. (Se dit du balancement d'un vaisseau, d'un bœuf).
한 좌우로 흔들다 | [역주 몸의 일부를] 좌우로 흔들다 | 좌우로 흔들리다 | [역주 배의] 옆질 | (배, 소가 흔들리는 것에 대해 쓴다)

녑헤 [NYEP-HEI] (夾) 원280
불 A côté de, par côté.
한 옆에, 옆으로

녑힘 [NYEP-HIM,-I] (夾力) 원280
불 Equilibre instable (navire ou bœuf trop chargé par le haut). ‖ Côté, flanc d'un navire.
한 불안정한 균형 (위쪽에 짐을 너무 많이 실은 배 또는 소) | 배의 측면, 옆구리

녓 [NYET,NYET-SI] (飴) 원281
불 Esp. de gâteau fait avec de la farine de germe d'orge et du riz.
한 보리와 쌀의 싹의 가루로 만든 과자의 종류

녓기롬 [NYET-KI-RĂM,-I] (麥芽) 원281
불 Germe d'orge, orge germée pour faire le 녓 Nyet.
한 보리의 싹, 녓 Nyet을 만들기 위한 싹튼 보리

1녓다 [NYET-TA,NYET-HE,NYET-HEUN] (淺) 원281
불 Etre peu profond.
한 별로 깊지 않다

2녓다 [NYET-TA] 원281
불 Tiens, voilà. tiens, prends. Tiens. (Expression pour exciter l'attention et donner quelque chose).
한 여기 있어요, 여기 있습니다 | 자, 가져라 | 자 | (관심을 불러일으키고 어떤 것을 줄 때 쓰는 표현)

*녕 [NYENG] (令) 원279
불 Ordre; commandement.
한 지시, 명령

녕그다 [NYENG-KEU-TA,-KEU-RE,-KEUN] (稔) 원279

불 Mûrir, être mûr(blé); se former en grains.
한 (곡식이) 여물다, 익다 | 종자가 열리다

1*녕긔 [NYENG-KEUI] (令旗) 원279
불 Esp. d'étendard qui sert aux généraux pour transmettre leurs ordres. (C'est un signe d'authenticité qu'ils confient à leur envoyé).
한 장군들이 자신의 명령을 전달하는 데 사용하는 깃발의 종류 | (그들이 그들의 사절에게 위임하는 진정함의 표시이다)

2*녕긔 [NYENG-KEUI] (靈氣) 원279
불 Bon effet d'un remède; mieux produit par un remède.
한 약의 좋은 효능 | 약을 통해 생긴 호전

녕낙업시 [NYENG-NAK-EP-SI] (無零落) 원279
불 Sans doute, certainement.
한 틀림없이, 확실히

*녕남 [NYENG-NAM,-I] (嶺南) 원279
불 Tout le pays situé au sud de la grande montagne appelée 죠령 Tjyo-ryeng c. a. d. la province de 경샹도 Kyeng-syang-to.
한 죠령 Tjyo-ryeng 이라고 불리는 큰 산의 남쪽에 위치한 지방 전체, 즉 경샹도 Kyeng-syang-to 지방

*녕독ᄒᆞ다 [NYENG-TOK-HĂ-TA] (獰毒) 원280
불 Mauvais; qui n'est pas charitable; dur envers le prochain; méchant; cruel; barbare; féroce.
한 나쁘다 | 인정이 없다 | 이웃에게 몰인정하다 | 악독하다 | 비정하다 | 잔인하다 | 흉폭하다

*녕롱ᄒᆞ다 [NYENG-RONG-HĂ-TA] (玲瓏) 원279
불 Beauté, beau (comme les couleurs de l'arc-en-ciel). Etre émaillé de diverses couleurs.
한 아름다움, (무지개 색깔처럼) 아름답다 | 갖가지 색을 입다

*녕망ᄒᆞ다 [NYENG-MANG-HĂ-TA] (令望) 원279
불 Avoir bonne réputation, grande estime. Syn. 물망 Mou-mang.
한 좋은 평판, 높은 평가를 얻다 | [동의어 물망, Mou-mang]

*녕물 [NYENG-MOUL,-I] (灵物) 원279
불 Instinct de la conservation (presque spirituel). Chose intelligente (se dit des animaux qui montrent beaucoup de sagacité).
한 (거의 영적인) 생존본능 | 영리한 것 (많은 통찰력을 드러내는 동물들에 대해 쓴다)

*녕민ᄒᆞ다 [NYENG-MIN-HĂ-TA] (伶敏) 원279
불 Avoir de l'esprit, de l'intelligence.
한 재치, 지혜가 있다

*녕별ᄒᆞ다 [NYENG-PYEL-HĂ-TA] (靈別) 원279
불 Avoir de l'esprit; être intelligent, fin, ingénieux, spirituel.
한 재치가 있다 | 똑똑하다, 명민하다, 영리하다, 재치가 있다

*녕보 [NYENG-PO] (領報) 원279
불 Annonciation.
한 성모영보

*녕악ᄒᆞ다 [NYENG-AK-HĂ-TA] (獰惡) 원279
불 Excessif. avare; dur; intéressé; féroce; méchant.
한 과도하다 | 인색하다 | 몰인정하다 | 탐욕스럽다 | 잔인하다 | 악독하다

녕틔 [NYENG-HTEUI] (嶺) 원280
불 Col d'une montagne. Passage très-élevé dans les montagnes.
한 산의 고개 | 산의 매우 높은 통행로

녜 [NYEI] (昔) 원276
불 Ancien; antique; autrefois.
한 예부터의 | 아주 오래되다 | 옛날에

녜다 [NYEI-TA,NYEI-YE,NYEIN] 원276
불 Couvrir(v. g. une maison).
한 (예. 집을) 덮다

녜편네 [NYEI-HPYEN-NEI] (女人) 원276
불 Une femme, mulier.
한 여자, 부인

녯 [NYEIT] (昔) 원276
불 Ancien; antique; d'autrefois.
한 예부터의 | 아주 오래되다 | 예전의

1노 [NO] (繩) 원286
불 Corde; ficelle; lien.
한 끈 | 가는 끈 | 줄

2*노 [NO] (櫓) 원286
불 Rame; aviron; godille des barques coréennes ou chinoises.
한 [역주 배의] 노 | [역주 배의] 노 | 조선 또는 중국식 작은 배의 노

3*노 [NO] (奴) 원286
불 En agr. esclave.
한 한자어로 노예

4*노 [NO] (怒) 원286

[불] Colère.
[한] 화

5* 노 [NO] (路) [원]286
[불] Route; chemin.
[한] 도로 | 길

6 노 [NO] [원]286
[불] Toujours; sans cesse.
[한] 항상 | 줄곧

노가쥬 [NO-KA-TJYOU] [원]287
[불] Genièvre, genévrier commun (arbre). Arbuste don't les feuilles sont comme des épines.
[한] 노간주나무, 보통의 노간주나무 (나무) | 잎이 가시 같은 소관목

노감투 [NO-KAM-HTOU] (繩巾) [원]287
[불] Esp. de bonnet, de calotte tressée en ficelle (pour les bonzes).
[한] 챙 없는 모자, (승려용) 가는 끈으로 짠 빵모자의 종류

1 노고 [NO-KO] (小鼎) [원]287
[불] Petite chaudière.
[한] 작은 가마솥

2* 노고 [NO-KO] (勞苦) [원]287
[불] Peine; fatigue; tourment; travail.
[한] 아픔 | 고역 | 고통 | 고난

* 노곤ᄒᆞ다 [NO-KON-HĂ-TA] (勞困) [원]287
[불] Etre fatigué (par le travail).
[한] (일로 인해) 피곤하다

노구 [NO-KOU] (小鼎) [원]288
[불] Petite chaudière plate.
[한] 작고 납작한 솥

노구거리 [NO-KOU-KE-RI] [원]288
[불] Cornes de cerf qui vont en se joignant presque par le haut (symériquement).
[한] 위쪽에서 (대칭으로) 거의 합쳐지려는 사슴의 뿔

노구메 [NO-KOU-MEI] (炊飯) [원]288
[불] Riz préparé pour le génie (superst.). sacrifice au génie.
[한] 정령을 위해 준비된 밥 (미신) | 정령에게 바치는 공물

노나ᄭᅳᆫ [NO-NA-KKEUN,-I] (繩索) [원]288
[불] Corde; ficelle.
[한] 끈 | 가는 끈

노다 [NŌ-TA,NO-RE,NON] (遊) [원]291
[불] N'avoir pas d'ouvrage; ne pas travailler; jouer; s'amuser; se reposer; ne rien faire.
[한] 일이 없다 | 일하지 않다 | 놀다 | 즐기다 | 쉬다 | 아무것도 하지 않다

노닥노닥ᄒᆞ다 [NO-TAK-NO-TAK-HĂ-TA] (弊) [원]291
[불] (Habit) tout rapiécé. Etre tout rapiécé; n'être que pièces et morceaux.
[한] (옷이) 잔뜩 기워지다 | 잔뜩 기워져 있다 | 조각조각만 있다

1* 노뎐 [NO-TYEN,-I] (蘆田) [원]291
[불] Champ de roseaux, lieu plein de roseaux.
[한] 갈대밭, 갈대로 가득한 곳

2 노뎐 [NO-TYEN,-I] [원]291
[불] Chambre du principal, du maître des bonzes dans une grande bonzerie.
[한] 큰 절에서 주요인물의, 승려들의 우두머리의 방

노뎜 [NO-TYEM,-I] [원]291
[불] Maladie causée par l'excès du coït. (Froid, perte des forces, dégoût général pour toute nourriture). Commencement d'une maladie d'épuisement.
[한] 과도한 성교로 인한 병 | (오한, 무기력, 모든 음식에 대한 전반적인 거부감) | 쇠약증의 시작

* 노독 [NO-TOK,-I] (路毒) [원]291
[불] Fatigue d'une longue route, du voyage.
[한] 긴 여정, 여행의 피로

* 노둔ᄒᆞ다 [NO-TOUN-HĂ-TA] (駑鈍) [원]291
[불] Idiot; imbécile; lourd; qui a l'esprit peu ouvert.
[한] 멍청하다 | 어리석다 | 둔하다 | 별로 개방적이지 않다

노랑이 [NO-RANG-I] (黃色畜) [원]290
[불] Jaune; qui a les cheveux et le poil jaunes. ‖ bête fauve; bœuf jaune.
[한] 노란색 | 머리카락과 털이 노랗다 | 엷은 황갈색의 짐승 | 황색의 소

노략이 [NO-RYAK-I] (穢臭虫) [원]290
[불] Esp. de petit cent-pieds qui a une odeur détestable lorsqu'on l'écrase.
[한] 눌러질 때 고약한 냄새가 나는 작은 지네의 종류

* 노략질 [NO-RYAK-TJIL,-I] (虜掠) [원]290
[불] Pillard; brigand; pirate; maraudeur, pillage.
[한] 약탈자 | 강도 | 해적 | 밭도둑, 약탈

노량으로 [NO-RYANG-EU-RO] (閑游) [원]290
[불] Sans se presser, sans se fatiguer.

한 서두르지 않고, 애쓰지 않고

노려보다 [NO-RYE-PO-TA,-PO-A,-PON] (慍視) 원290

불 Regarder sévèrement.

한 엄격하게 바라보다

*노력ᄒᆞ다 [NO-RYEK-HĂ-TA] (勞力) 원290

불 S'efforcer; être très-fatigué. Très-fatigant; très-pénible.

한 애쓰다 | 매우 피곤하다 | 매우 힘들다 | 매우 고되다

*노령 [NO-RYENG,-I] (奴令) 원290

불 Esclaves et bas employés de préfecture. Esclaves mâles de la préfecture.

한 도청의 노예들과 신분이 낮은 직원 | 도청의 남자 노예들

노로 [NO-RO] (獐) 원290

불 chevreuil.

한 노루

*노론 [NO-RON,-I] (老論) 원290

불 Un des quatre partis politiques, celui qui est actuellement au pouvoir, division des 셔인 Sye-in. Il a renversé le parti des 남인 Nam-in. Il occupe la plupart des dignités et charges importantes.

한 네 개의 정당 중에 하나로, 현재 집권하고 있으며 셔인 Sye-in들에게서 분리된 것 | 남인 Nam-in들의 당파를 타도했다 | 대부분의 고위직과 중요한 직무를 차지한다

노르다 [NO-REU-TA,NO-REU-RE,NO-REUN] (黃) 원290

불 Jaune clair. Etre de couleur jaune-clair.

한 밝은 노란색 | 담황색이다

노르락푸르락ᄒᆞ다 [NO-REU-RAK-HPOU-REU-RAK-HĂ-TA] (黃淸) 원290

불 Changer de couleur, de visage, (v. g. quand on est en colère.).

한 (예. 화가 날 때) 색, 안색이 변하다

노른ᄌᆞ의 [NO-REUN-TJĂ-EUI] (黃瞳) 원290

불 Jaune d'œuf.

한 달걀의 노른자위

노릇노릇ᄒᆞ다 [NO-REUT-NO-REUT-HĂ-TA] (黃黃) 원290

불 Qui a de toute petites taches jaunes.

한 매우 작고 노란 얼룩들이 있다

노리기 [NO-RI-KĂI] (佩物) 원290

불 Breloques que les jeunes dames portent à l'attache de leur habit, au côté droit. (Ce sont des bijoux de peu de valeur et petits; couteau, hache, corne, sachet à parfums, damier en or, etc. etc.).

한 젊은 여자들이 옷이나 오른쪽에 달고 다니는 장신구 | (값싸거나 하찮은 보석들이다 | 칼, 도끼, 뿔, 향 주머니, 금으로 된 체커놀이 판 등)

[1]노리다 [NO-RI-TA,NO-RYE,NO-RIN] (羶) 원290

불 Se dit de l'odeur du 노략이 No-ryak-i. Avoir une odeur fétide.

한 노략이 No-ryak-i의 냄새에 대해 쓴다 | 고약한 냄새가 나다

[2]노리다 [NO-RI-TA,-RYE,-RIN] (慍) 원290

불 Etre sévère avec quelqu'un. Recevoir sévèrement.

한 누군가에게 엄하다 | 엄격하게 맞아들이다

노린내 [NO-RIN-NAI] (羶臭) 원290

불 Odeur fétide.

한 고약한 냄새

노름 [NO-RĂM,-I] (雜技) 원290

불 Jeu.

한 노름

노름군 [NO-RĂM-KOUN,-I] (要軍) 원290

불 Joueur.

한 노름꾼

노름노리ᄒᆞ다 [NO-RĂM-NO-RI-HĂ-TA] 원290

불 Jouer à un jeu de.

한 ~놀이를 하다

노름방 [NO-RĂM-PANG,-I] (雜技房) 원290

불 Maison de jeu.

한 도박장

노릇 [NO-RĂT,-SI] (事) 원290

불 Affaire; chose; œuvre. 착ᄒᆞᆫ노릇 Tchak-hăn no-răt, Bonne œuvre.

한 일 | 일 | 활동 | [용례 착ᄒᆞᆫ노릇 Tchak-hăn no-răt], 착한 일

노릇ᄒᆞ다 [NO-RĂT-HĂ-TA] (做事) 원290

불 Faire comme; imiter; singer; mener le train de. 냥반노릇ᄒᆞ다 | Nyang-pan no-răt hă-ta, Faire le noble.

한 ~처럼 하다 | 모방하다 | 흉내 내다 | 선두 노릇을 하다 | [용례 냥반노릇ᄒᆞ다, Nyang-pan no-răt hă-ta], 귀족 노릇을 하다

노릐 [NO-RĂI] (歌) 원290

불 Cantique; chant; hymne; chanson.

한 찬송가 | 가곡 | 찬가 | 노래

노릐브르다 [NO-RĂI-PEU-RĂ-TA,-PEUL-NE,-PEU-

RĂN] (唱歌) [원]290
[불] Chanter un chant, une chanson, une hymne.
[한] 가곡, 노래, 찬가를 부르다
노망틔 [NO-MANG-HTĂI] (繩網橐) [원]288
[불] Vase en corde de papier. Sac en filet.
[한] 종이로 된 줄로 만든 그릇 | 그물로 된 가방
*노명 [NO-MYENG,-I] (奴名) [원]288
[불] Nom de l'esclave, qui, ordinairement, sur les listes civiles, s'écrit en place de celui du maître.
[한] 보통, 국왕의 세비에 주인의 이름 대신에 쓰여 있는 노예의 이름
*노문 [NO-MOUN,-I] (路聞) [원]288
[불] Itinéraire du gouverneur en voyage; indication du jour de l'arrivée.
[한] 여행 중인 지사의 여정 | 도착일에 대한 보고
노미 [NO-MI] [원]288
[불] Esclave d'un autre.
[한] 다른 사람의 노예
*노방 [NŌ-PANG,-I] (路傍) [원]289
[불] Près de la route, du chemin. Le côté de la route.
[한] 도로, 길 가까이에 | 길옆
노방귀 [NO-PANG-KOUI] [원]289
[불] Plante, esp. de seringat (?).
[한] 식물, 고광나무(?)의 종류
*노방텽 [NO-PANG-HTYENG] (奴房廳) [원]289
[불] Maison située à l'entrée du mandarinat, et destinée aux valets de bas étage, aux esclaves de la préfecture.
[한] 신분이 낮은 하인들, 도청의 노예들을 위해 마련된, 관청 입구에 위치한 집
*노변 [NŌ-PYEN,-I] (路邊) [원]289
[불] Près du chemin.
[한] 길 가까이에
1*노복 [NO-POK,-I] (奴僕) [원]290
[불] Esclave.
[한] 노예
2노복 [NO-POK,-I] (老僕) [원]290
[불] Vieil esclave.
[한] 늙은 남자 노예
1*노비 [NO-PI] (路費) [원]290
[불] Viatique, argent pour la route.
[한] 노자, 여정을 위한 돈
2*노비 [NO-PI] (奴婢) [원]290
[불] Esclave mâle et esclave femelle.
[한] 남자 노예와 여자 노예
3노비 [NO-PI] (老婢) [원]290
[불] Vieille esclave.
[한] 늙은 여자 노예
노새 [NO-SAI] (騾) [원]290
[불] Mulet.
[한] 수노새
1*노샹 [NŌ-SYANG,-I] (路上) [원]290
[불] En route; sur la route. Voyage.
[한] 길에서 | 길 위에서 | 여행
2노샹 [NO-SYANG] [원]291
[불] Toujours. ‖ Trop; très.
[한] 항상 | 너무 | 매우
*노셰 [NO-SYEI] (路貰) [원]291
[불] Argent pour le voyage; viatique.
[한] 여행을 위한 돈 | 노자
*노쇽 [NO-SYOK,-I] (奴屬) [원]291
[불] Progéniture d'un esclave (par rapport au maître). esclave.
[한] (주인과 관련한) 노예의 자녀 | 노예
*노승발검 [NO-SEUNG-PAL-KEM] (怒繩拔鈐, (Colère, mouche, dégainer, sabre)) [원]291
[불] Se mettre en colère pour une mouche.
[한] 파리 한 마리 때문에 화를 내다
*노심초ᄉᆞᄒᆞ다 [NO-SIM-TCHO-SĂ-HĂ-TA] (勞心焦思) [원]291
[불] Penser creux; être inquiet; être très-inquiet; sécher d'inquiétude.
[한] 쓸데없는 생각을 하다 | 불안해하다 | 매우 불안해하다 | 불안해서 신경이 쇠약해지다
노끈 [NO-KKEUN,-I] (繩) [원]287
[불] Corde; ficelle.
[한] 끈 | 가는 줄
*노어 [NO-E] (鱸) [원]286
[불] Esp. de poisson de mer.
[한] 바닷고기의 종류
노여워ᄒᆞ다 [NO-YE-OUE-HĂ-TA] (惱怒) [원]286
[불] Se fâcher.
[한] 화를 내다
1*노역 [NO-YEK,-I] (勞役) [원]286
[불] Affaire délicate, difficile.
[한] 까다로운, 어려운 일
2*노역 [NO-YEK,-I] (老域) [원]286

[불] Vieil endroit, c. a. d. vieux, vieillesse.
[한] 오래된 곳, 즉 늙은이, 노년

*노염 [NŌ-YEM,-I] (老炎) [원]286
[불] Chaleur. dernières chaleurs de l'été, ver le mois de septembre.
[한] 더위 | 9월 무렵 여름의 마지막 더위

노염ᄒᆞ다 [NO-YEM-HĂ-TA] (易怒) [원]286
[불] Se fâcher facilement, être susceptible.
[한] 쉽게 화내다, 격하기 쉽다

*노예 [NO-YEI] (奴隸) [원]286
[불] Esclave.
[한] 노예

노을 [NO-EUL] (紅色雲) [원]286
[불] Ciel rouge, rutilant.
[한] 붉은, 붉게 빛나는 하늘

노을치다 [NO-EUL-TCHI-TA,-TCHYE,-TCHIN] (波擊) [원]286
[불] Vagues, lames de la mer. Faire des vagues (la mer).
[한] 파도, 바다의 물결 | (바다가) 물결을 일으키다

노이다 [NO-I-TA,NO-YE,-NO-IN] (放) [원]287
[불] Etre délivré de prison. ‖ Etre placé, posé.
[한] 감옥에서 풀려나다 | 배치되다, 놓이다

*노쟈 [NŌ-TJYA] (路資) [원]291
[불] Argent pour le voyage.
[한] 여행을 위한 돈

*노젹ᄒᆞ다 [NO-TJYEK-HĂ-TA] (露積) [원]291
[불] Mettre des grains dehors quand il n'y a plus de place à la maison. ‖ Amasser, accumuler.
[한] 집에 더 이상 자리가 없을 때, 곡식을 밖에 두다 | 쌓다, 축적하다

노젓다 [NO-TJYET-TA,NO-TJYET-SYE. ou NO-TJYE-E, NO-TJYE-SEUN ou NO-TJYE-EUN] (搖櫓) [원]291
[불] Ramer, godiller.
[한] 노를 젓다, 고물노를 저어가다

*노졍 [NO-TJYENG,-I] (老丁) [원]291
[불] Vieillard.
[한] 노인

*노졍긔 [NO-TJYENG-KEUI] (路程記) [원]291
[불] Itinéraire; nom des endroits par où l'on doit passer pour arriver; écrit indiquant la route à suivre avec les distances.
[한] 여정 | 도착하기 위해서 지나가야 하는 장소의 이름 | 따라서 갈 진로를 거리와 함께 알려주는 문서

*노쥬 [NO-TJYOU] (奴主) [원]291
[불] Esclave et maître.
[한] 노예와 주인

*노쥬간 [NO-TJYOU-KAN,-I] (奴主間) [원]291
[불] Différence entre le maître et l'esclave. ‖ Extrême.
[한] 주인과 노예의 차이 | 극도

*노즁 [NŌ-TJYOUNG] (路中) [원]291
[불] Au milieu de la route; sur la route; en route; en voyage.
[한] 길 한복판에서 | 길 위에서 | 도중에 | 여행 중에

*노ᄌᆞ [NO-TJĂ] (奴子) [원]291
[불] Enfant d'esclave.
[한] 노예의 자식

노창ᄒᆞ다 [NO-TCHANG-HĂ-TA] (老蒼) [원]291
[불] Jeune homme qui a l'air d'un vieillard. Paraître vieux avant l'âge.
[한] 노인처럼 보이는 젊은 남자 | 나이보다 늙어 보이다

1* 노ᄎᆡ [NO-TCHĂI] (癆瘵) [원]291
[불] Esp. de maladie héréditaire (que le moribond lègue à celui qui l'approche au moment de la mort).
[한] (위독한 병자가 죽을 때 가까이 다가오는 사람에게 물려주는) 유전병의 종류

2* 노ᄎᆡ [NO-TCHĂI] (奴差) [원]291
[불] Esclave.
[한] 노예

노타 [NO-HTA,NO-HA,NO-HEUN] (放) [원]291
[불] Relâcher, délivrer de prison. ‖ Poser, placer, mettre.
[한] 석방하다, 감옥에서 풀어주다 | 위치시키다, 배치하다, 놓다

노파리 [NO-HPA-RI] (繩鞋) [원]290
[불] Soulier en corde.
[한] 끈으로 만든 신발

노하주다 [NO-HA-TJOU-TA,-TJOU-E,-TJOUN] (放送) [원]287
[불] Relâcher. Donner la faculté de se retirer. Mettre en liberté. Laisser libre. Laisser s'échapper. Faire s'évader.
[한] 풀어주다 | 떠날 권리를 주다 | 자유를 주다 | 자유롭게 내버려두다 | 도망치게 내버려두다 | 해방시키다

*노회 [NO-HOI] (蘆薈) [원]287
[불] Aloës.
[한] 알로에

노히다 [NO-HI-TA,NO-HYE,NO-HIN] (釋) [원]287

불 Etre relâché, délivré de prison, mis en liberté.
한 석방되다, 감옥에서 풀려나다, 해방되다

*노ᄒᆞ다 [NO-HĂ-TA] (怒) 원287
불 Se mettre en colère; s'irriter ; s'emporter.
한 화를 내다 | 성내다 | 격분하다

1*녹 [NOK,-I] (祿) 원287
불 Riz et argent que le roi donne aux mandarins, aux dignitaires. Traitement du gouvernement à ses employés.
한 왕이 관리들, 고관들에게 주는 쌀과 돈 | 정부가 관리에게 주는 급여

2*녹 [NOK] (綠) 원287
불 Vert, verte.
한 녹색, 녹색의

3*녹 [NOK,-I] (鹿) 원287
불 En agr. Cerf.
한 한자어로 사슴

4*녹 [NOK,-I] (碌) 원287
불 Rouille.
한 녹

*녹각 [NOK-KAK,-I] (鹿角) 원288
불 Grande corne de cerf (remède).
한 사슴의 큰 뿔 (약)

*녹각교 [NOK-KAK-KYO] (鹿角膠) 원288
불 Gélatine de corne de cerf. Extrait des grandes cornes de cerf et qui ressemble à de la colle forte.
한 사슴뿔의 젤라틴 | 아교와 비슷한 사슴의 큰 뿔의 추출물

*녹간 [NOK-KAN,-I] (鹿肝) 원288
불 Foie de cerf.
한 사슴의 간

*녹골 [NOK-KOL,-I] (鹿骨) 원288
불 Os de cerf (remède).
한 사슴의 뼈 (약)

*녹골고 [NOK-KOL-KO] (鹿骨膏) 원288
불 Gélatine d'os de cerf (remède).
한 사슴 뼈의 젤라틴 (약)

녹나다 [NOK-NA-TA,NOK-NA,NOK-NAN] (綠生) 원288
불 Se rouiller; s'oxyder.
한 녹슬다 | 산화하다

*녹녹ᄒᆞ다 [NOK-NOK-HĂ-TA] (碌碌) 원288
불 Inutile, bon à rien. Sale (terme injurieux, ne s'applique qu'à un homme). || Etre dégoûtant, nauséabond. || Mou, flasque, souple.
한 쓸데없다, 무용하다 | 더럽다 (모욕적인 말, 남자한테만 적용된다) | 불쾌하다, 혐오감을 주다 | 무르다, 연하다, 유연하다

녹다 [NOK-TA,NOK-A,NOK-EUN] (消) 원288
불 Etre fondu; se fondre.
한 녹다 | 녹다

*녹두 [NOK-TOU] (綠豆) 원288
불 Esp. de très-petits pois. Pois-chiches.
한 아주 작은 콩의 종류 | 병아리 콩

*녹말 [NOK-MAL,-I] (綠末) 원288
불 Farine de pois (de très-petits pois verts). Fécule.
한 (아주 작은 청완두의) 콩가루 | 녹말가루

1*녹슈 [NOK-SYOU] (綠水) 원288
불 Eau verte ou bleue.
한 초록빛 또는 푸른 물

2*녹슈 [NOK-SYOU] (綠樹) 원288
불 Verdure; feuillage vert des arbres.
한 초목 | 나무의 푸른 잎

녹실녹실ᄒᆞ다 [NOK-SIL-NOK-SIL-HĂ-TA] 원288
불 Mou comme de la cire encore chaude. Tendre.
한 아직 따뜻한 밀랍처럼 무르다 | 연하다

*녹ᄉᆡᆨ [NOK-SĂIK,-I] (綠色) 원288
불 Couleur verte ou bleue.
한 녹색 또는 파란색

녹ᄊᆞᆯ [NOK-SSĂL,-I] 원288
불 Blé noir mondé. grain de sarrasin écorcé.
한 껍질을 제거한 메밀 | 껍질을 벗긴 메밀의 낟알

*녹용 [NOK-YONG,-I] (鹿茸) 원287
불 Corne de cerf nouvellement sortie, encore jeune; nouvelle corne de cerf (remède).
한 새로 돋아난, 아직 얼마 되지 않은 사슴의 뿔 | 사슴의 새 뿔 (약)

녹으러지다 [NOK-EU-RE-TJI-TA,-TJYE,-TJIN] 원287
불 Etre en bon ordre.
한 정갈하다

녹을녹을ᄒᆞ다 [NOK-EUL-NOK-EUL-HĂ-TA] 원287
불 Etre élastique, flasque.
한 탄성이 풍부하다, 연하다

*녹음방초 [NOK-EUM-PANG-TCHO] (綠陰芳草) 원287
불 Ombre verte et fleurs odoriférantes. Temps où les feuilles et le gazon ont recommencé à pousser.
한 녹음과 향기로운 꽃 | 나뭇잎과 잔디가 다시 돋아

나기 시작한 시기

*녹의 [NOK-EUI] (綠衣) ㊊287

㊍ Petit habit vert ou bleu des femmes.

㊁ 여자들이 입는 녹색 또는 푸른색의 작은 옷

녹이다 [NOK-I-TA,NOK-YE,NOK-IN] ㊊287

㊍ Fondre; jeter en fonte; faire fondre.

㊁ 녹이다 | 주조하다 | 용해시키다

*녹정혈 [NOK-TJYENG-HYEL,-I] (鹿頂血) ㊊288

㊍ Sang du front du cerf.

㊁ 사슴의 앞머리에서 난 피

*녹포 [NOK-HPO] (鹿脯) ㊊288

㊍ Viande sèche de cerf; chair de cerf desséchée.

㊁ 마른 사슴 고기 | 말린 사슴 살코기

*녹피 [NOK-HPI] (鹿皮) ㊊288

㊍ Peau de cerf.

㊁ 사슴의 가죽

녹피에ᄀᆞᆯᄋᆞ왈ᄌᆞ [NOK-HPI-EI-KĂL-Ă-OAL-TJĂ] (鹿皮曰字) ㊊288

㊍ Qui est toujours de l'avis de celui qui parle.

㊁ 말하는 사람과 항상 생각이 같은 사람

*녹혈 [NOK-HYEL,-I] (鹿血) ㊊288

㊍ Sang de cerf (remède).

㊁ 사슴의 피 (약)

논 [NON,-I] (畓) ㊊288

㊍ Rizière.

㊁ 논

*논가ᄒᆞ다 [NON-KA-HĂ-TA] (論價) ㊊288

㊍ Discuter sur la valeur intrinsèque d'une chose, sur le vrai prix, le prix raissonnable. Marchander.

㊁ 물건의 고유한 가치, 제값, 적당한 가격에 대해 논의하다 | 흥정하다

논농ᄉᆞ [NON-NONG-SĂ] (畓農) ㊊288

㊍ Culture des rizières.

㊁ 논농사

논단이 [NON-TAN-I] ㊊289

㊍ Courtisane; fille de joie; femme de mauvaise vie.

㊁ 유녀 | 창부 | 창녀

논둑 [NON-TOUK,-I] (畓堤) ㊊289

㊍ Digues ou chaussés qui bordent les rizières. Conduit d'eau pour une rizière.

㊁ 논의 가장자리에 쌓아올린 둑 또는 제방 | 논을 위한 수도관

*논박ᄒᆞ다 [NON-PAK-HĂ-TA] (論駁) ㊊288

㊍ Notes du gouvernement sur chaque mandarin. ‖ Blâmer en commun, blâmer d'une voix commune.

㊁ 각 관리에 대한 정부의 평가 | 공동으로 비난하다, 한 목소리로 비난하다

*논어 [NON-E] (語論) ㊊288

㊍ Nom d'un livre de Confucius.

㊁ 공자의 책의 이름

¹논용 [NON-YONG,-I] ㊊288

㊍ Titre (d'un livre), de deux livres.

㊁ (책의), 책 두 권의 제목

²논용 [NON-YONG,-I] ㊊288

㊍ Douceur dans les paroles.

㊁ 말투에서의 부드러움

논이다 [NON-I-TA,NON-YE,NON-IN] (游) ㊊288

㊍ Se réjouir.

㊁ 놀다

논호다 [NON-HO-TA,NON-HOA,NON-HEUN] (分) ㊊288

㊍ Partager; diviser.

㊁ 나누다 | 가르다

논화주다 [NON-HOA-TJOU-TA,-TJOU-E,-TJOUN] (分給) ㊊288

㊍ Répartir; diviser et donner.

㊁ 나누어주다 | 나누어서 주다

¹놀 [NOL,-I] ㊊286 ☞노을

²놀 [NOL,-I] (黃雲) ㊊290

㊍ Nuage rouge ou jaune. ‖ Azur des cieux.

㊁ 붉고 노란 구름 | 하늘의 푸른빛

³놀 [NOL,-I] (怒濤) ㊊290

㊍ Lame, vagues furieuses dans une tempête.

㊁ 풍랑 속의 거센 물결, 파도

놀나다 [NOL-NA-TA,NOL-NA,NOL-NAN] (驚) ㊊290

㊍ Avoir peur; être effrayé. Etre surpris et effrayé.

㊁ 두려워하다 | 겁먹다 | 놀라고 겁먹다

놀납다 [NOL-NAP-TA,NOL-NA-OA,NOL-NA-ON] (可駭) ㊊290

㊍ Etre effroyable; admirable; surprenant et effrayant (surprise subite en bien ou en mal).

㊁ 무시무시하다 | 감탄할 만하다 | 놀랍고 무섭다 (좋게든 나쁘게든 갑작스럽게 놀람)

놀내다 [NOL-NAI-TA,-NAI-YE,-NAIN] (驚) ㊊290

㊍ Faire peur, effrayer. Surprendre et effrayer.

㊁ 두렵게 하다, 무섭게 하다 | 깜짝 놀라게 하고 무섭게 하다

놀니다 [NOL-NI-TA,NOL-NYE,NOL-NIN] (遊) 원290
불 Ne pas faire travailler; faire jouer; faire se reposer.
한 일을 시키지 않다 | 놀게 하다 | 쉬게 하다

놀다 [NOL-TA,NOL-E,NON] (遊) 원290
불 Jouer; s'amuser; ne rien faire; ne pas travailler; se reposer.
한 놀다 | 즐기다 | 아무것도 하지 않다 | 일을 하지 않다 | 쉬다

놈 [NOM,-I] (漢) 원288
불 Individu (terme qui dénote peu de considération). Mâle; homme, (terme bas, et quelquefois injurieux, très-usité. Il se met souvent après les pronoms démonstrarifs, les participes, les adjectifs, etc. Se dit en parlant d'un animal, ou d'une chose, ou d'un homme de basse condition).
한 놈(별로 경의를 드러내지 않는 말) | 남자 | 남자, (저속하고 때때로 모욕적인, 매우 흔히 사용되는 말. 종종 지시대명사, 분사, 형용사 등의 뒤에 놓여 동물이나 사물 또는 비천한 신분의 사람에 대해 말할 때 쓴다)

놈나리 [NOM-NA-RI] 원288
불 Vente de certains objets, surtout du poisson salé, dont le rembouresement doit s'effectuer en grains à l'automne suivant.
한 다음 가을에 곡물로 상환해야 하는 어떤 물품, 특히 소금에 절인 생선의 판매

놈샹이 [NOM-SYANG-I] (漢) 원288
불 Homme de la 3e classe. Homme du peuple.
한 삼류인 사람 | 서민

놈팡이 [NOM-HPANG-I] (漢) 원288
불 Homme de la 3e classe. Individu (terme très-méprisant).
한 삼류인 사람 | 놈 (아주 경멸하는 말)

1놉 [NOP,-HI] (不束) 원289
불 Se dit de ce qui est épars sans être réuni en paquet; brindilles, sarments; plantes coupées nom réunies en gerbes.
한 다발로 합쳐져 있지 않고 흩어져 있는 것에 대해 쓴다 | 잔가지, 포도나무 가지 | 다발로 합쳐져 있지 않고 잘린 식물들

2놉 [NOP,-HI] 원289
불 Ouvrier, journalier pour la culture des champs.
한 밭농사를 위한 노동자, 날품팔이꾼

놉다 [NOP-TA,NOP-HA,NOP-HEUN] (高) 원290
불 Etre haut, élevé.
한 높다, 높다

놉드리 [NOP-TEU-RI] 원290
불 Lieu élevé.
한 높은 곳

놉식 [NOP-SĂI] (東風) 원290
불 Vent d'est.
한 동풍

놉흐락ᄂᆞᄌᆞ락ᄒᆞ다 [NOP-HEU-RAK-NĂ-TJĂ-RAK-HĂ-TA] (高低) 원290
불 S'élever et s'abaisser successivement.
한 연달아 높아졌다 낮아졌다 하다

놉흔톄ᄒᆞ다 [NOH-HEUN-HTYEI-HĂ-TA] (自高) 원290
불 Faire le grand.
한 잘난 체하다

놉히다 [NOP-HI-TA,NOP-HYE,NOP-HIN] (高) 원290
불 Elever; exhausser; soulever; rendre haut; exalter; hausser; faire monter; placer plus haut.
한 드높이다 | 높이다 | 들어올리다 | 높게 하다 | 두드러지게 하다 | 높이다 | 올리다 | 더 높이 두다

놋 [NOT,-SI] (鍮) 원291
불 Composition de différents métaux qui sert à faire les cuillères, etc. airain, cuivre jaune (1re qualité). Cuivre rouge et plomb.
한 숟가락 등을 만드는 데 쓰이는 여러 가지 금속 성분, 청동, 황동 (최고급) | 구리와 납

놋그릇 [NOT-KEU-RĂT,-SI] (鍮器皿) 원291
불 Vase en composition de différents métaux.
한 여러 가지 금속 성분으로 된 그릇

놋긔명 [NOT-KEUI-MYENG,-I] 원291 ☞놋그릇

놋납 [NOT-NAP,-I] (鍮鉛) 원291
불 Esp. de mélange de différents métaux. Etain.
한 여러 가지 금속 혼합물의 종류 | 주석

놋뎜 [NOT-TYEM,-I] (鍮店) 원291
불 Fabrique où l'on fait des vases de composition.
한 혼합물로 그릇을 만드는 공장

놋유 [NOT-YOU] (鍮字) 원291
불 Nom d'un caractère d'écriture chinoise.
한 중국 글자의 이름

놋장인 [NOT-TJYANG-IN,-I] (鍮匠) 원291
불 Ouvrier en métaux.
한 금속을 다루는 직공

놋치다 [NOT-TCHI-TA,-TCHYE,-TCHIN] (放) 원291

불 Laisser s'échapper; lâcher; perdre.
한 도망치게 내버려두다 | 놓아주다 | 잃다

놋타 [NOT-HTA,NO-HA,NO-HEUN] (置) 원291
불 Poser; placer; mettre.
한 놓다 | 배치하다 | 놓다

*농 [NONG,-I] (籠) 원289
불 Caisse; malle; caisse carrée en bois.
한 상자 | 여행용 가방 | 나무로 된 네모난 상자

*농곡 [NONG-KOK,-I] (農穀) 원289
불 Toutes sortes de blés; les blés cultivés. ‖ Céréales, provisions pour le temps des travaux de la campagne.
한 온갖 종류의 곡물 | 재배된 곡물 | 농사철을 위한 곡물, 식량

*농구 [NONG-KOU] (農具) 원289
불 Tous les instruments de labourage.
한 모든 경작 도구

*농군 [NONG-KOUN,-I] (農軍) 원289
불 Ouvrier pour cultiver; cultivateur.
한 경작하기 위한 일꾼 | 농부

*농긔 [NONG-KEUI] (農器) 원289
불 Instruments, ustensiles de labourage.
한 용구, 경작 도구

1*농니 [NONG-NI] (農利) 원289
불 Avantage, gain de la culture.
한 경작의 수익, 이익

2농니 [NONG-NI] (農理) 원289
불 Art de l'agriculture.
한 농업 기술

*농니편 [NONG-NI-HPYEN,-I] (農理篇) 원289
불 Titre d'un livre que les païens croient entre les mains des chrétiens. A qui il enseigne à mieux faire la culture qu'eux-mêmes.
한 이교도들이 기독교인들의 손에 있다고 믿는 것으로, 그들보다 경작을 더 잘하도록 가르쳐주는 책의 제목

*농댱 [NONG-TYANG,-I] (農庄) 원289
불 Rizières et champs. terrain à cultiver; terrain que chacun cultivé.
한 논과 밭 | 경작지 | 각자가 경작하는 땅

1*농뎡 [NONG-TYENG,-I] (農程) 원289
불 Chemin qui conduit aux champs à labourer.
한 경작할 밭으로 난 길

2농뎡 [NONG-TYENG,-I] (農政) 원289
불 Agriculture.
한 영농

*농란ᄒᆞ다 [NONG-RAN-HĂ-TA] (弄難) 원289
불 Excellent; parfait; perfectionné; achevé; délavé jusqu'à ce qu'il ne reste plus la plus petite motte de farine.
한 뛰어나다 | 완전하다 | 나무랄 데 없다 | 완벽하다 | 가장 작은 분말 덩어리만 남을 때까지 물에 용해되다

*농량 [NONG-RYANG,-I] (農糧) 원289
불 Provisions; nourriture pour le temps des travaux de l'agriculture.
한 식량 | 농사철을 위한 양식

*농막 [NONG-MAK,-I] (農幕) 원289
불 (Maison pour cultiver). villa; maison des champs; maison de campagne.
한 (경작하기 위한 집) 별장 | 밭에 있는 집 | 시골의 별장

*농민 [NONG-MIN,-I] (農民) 원289
불 Cultivateurs; laboureurs.
한 농부 | 경작인

*농부 [NONG-POU] (農夫) 원289
불 Laboureur; cultivateur.
한 경작인 | 농부

농삼쟝 [NONG-SAM-TJANG,-I] (裹籠) 원289
불 Esp. de filet pour envelopper les caisses de voyage. Syn. 삼쟝 Sam-tjang.
한 여행용 상자를 싸는 데 쓰는 가느다란 끈의 종류 | [동의어 삼쟝 Sam-tjang]

*농쇼 [NONG-SYO] (農所) 원289
불 Métairie.
한 소작지

*농시 [NONG-SI] (農時) 원289
불 Temps du labourage. Temps des travaux de la culture.
한 농사철 | 농사철

*농ᄉᆞᄒᆞ다 [NONG-SĂ-TĂ-TA] (農事) 원289
불 Culture; labourage; agriculture. Cultiver; labourer.
한 농사 | 경작 | 농업 | 농사짓다 | 경작하다

*농업 [NONG-EP,-I] (農業) 원289
불 Culture, agriculture.
한 경작, 농업

*농역 [NONG-YEK,-I] (農役) 원289
불 Travail de la culture.
한 농사일

*농욕 [NONG-YOK,-I] (農慾) [원]289
[불] Désir ardent de la culture, de faire une belle culture.
[한] 농사, 풍작을 하는 것에 대한 갈망

*농우 [NONG-OU] (農牛) [원]289
[불] Bœuf de labour.
[한] 경작용 소

*농인 [NONG-IN,-I] (農人) [원]289
[불] Cultivateur; la boureur.
[한] 농부 | 경작인

*농졀 [NONG-TJYEL,-I] (農節) [원]289
[불] Temps de la culture; temps des travaux des champs.
[한] 농사철 | 밭일을 하는 시기

*농혈 [NONG-HYEL,-I] (濃血) [원]289
[불] Sang corrompu et de toutes couleurs d'une plaie. Ulcère d'un abcès.
[한] 상처에서 나는 썩고 울긋불긋한 피 | 종기의 궤양

*농형 [NONG-HYENG,-I] (農形) [원]289
[불] Manière de labourer. Apparence des moissons.
[한] 경작 방식 | 수확의 형세

¹뇌골ᄒᆞ다 [NOI-KOL-HĂ-TA] [원]287
[불] Se moquer de; critiquer; murmurer; mépriser.
[한] ~을 비웃다 | 비난하다 | 투덜거리다 | 멸시하다

²뇌골ᄒᆞ다 [NOI-KOU-HĂ-TA] [원]287
[불] Eprouver des nausées.
[한] 토기를 느끼다

*뇌뎡ᄒᆞ다 [ROI-TYENG-HĂ-TA] (牢定) [원]287
[불] Arrêter fortement; fixer irrévocablement. Déterminer; fixer.
[한] 단단히 결정하다 | 최종적으로 결정하다 | 확정하다 | 결정하다

*뇌두 [NOI-TOU] (顱頭) [원]287
[불] Tête d'une racine de jen-sen. Le bas de la tige de jen-sen qui tient immédiatement à la racine.
[한] 인삼 뿌리의 상부 | 뿌리에 직접적으로 붙어 있는 인삼 줄기의 아랫부분

*뇌물 [NOI-MOUL,-I] (賚物) [원]287
[불] Somme ou prix que reçoit un mandarin pour relâcher un prisonnier. Présent donné à un juge pour le gagner.
[한] 죄수를 풀어 주기 위해 관리가 받는 금액 또는 값 | 그것[[역주] 석방]을 얻기 위해 재판관에게 주는 선물

*뇌실ᄒᆞ다 [NOI-SIL-HĂ-TA] (牢實) [원]287
[불] Etre ferme, fort, courageux, sûr, constant, à l'épreuve.
[한] 굳세다, 강하다, 용감하다, 확신하다, 의연하다, 고난 중에 있다

*뇌약ᄒᆞ다 [NOI-YAK-HĂ-TA] (牢約) [원]ADDENDA
[불] Se lier par un contrat ferme, s'engager fortement.
[한] 굳은 약속으로 맺어지다, 단단히 약속하다

뇌염ᄒᆞ다 [NOI-YEM-HĂ-TA] [원]286 ☞뢰약ᄒᆞ다

뇌엿ᄒᆞ다 [NOI-YET-HĂ-TA] [원]286 ☞뢰약ᄒᆞ다

*뇌옥ᄒᆞ다 [NOI-OK-HĂ-TA] (牢獄) [원]286
[불] Prison. mettre en prison; être en prison.
[한] 감옥 | 감옥에 가두다 | 투옥되다

*뇌후 [NOI-HOU] (腦後) [원]287
[불] Nuque.
[한] 목덜미

¹*뇨 [NYO] (褥) [원]292
[불] Matelas; tapis; lit
[한] 매트리스 | 양탄자 | 침대

²*뇨 [NYO] (料) [원]292
[불] Solde, paye des soldats, ration en rix et argent donnée aux soldats.
[한] 봉급, 군인의 급료, 쌀이나 돈으로 군인들에게 주어지는 몫

*뇨량ᄒᆞ다 [NYO-RYANG-HĂ-TA] (料量) [원]292
[불] Prévoir; délibérer; examiner; conjecturer.
[한] 예상하다 | 숙고하다 | 검토하다 | 추측하다

*뇨령 [NYO-RYENG] (鐃鈴) [원]292
[불] Clochette.
[한] 방울

*뇨리ᄒᆞ다 [NYO-RI-HĂ-TA] (料理) [원]292
[불] Compter et gouverner. ‖ Supputer le gain. revenu; gain; manière de gagner sa vie.
[한] 셈하고 관리하다 | 이익을 계산하다 | 수익 | 이득 | 생계를 유지하는 방법

*누 [NOU] (累) [원]292
[불] Plusieurs; plusieurs fois.
[한] 여러 | 여러 번

누가 [NOU-KA] (誰) [원]292
[불] Qui? quel? quelqu'un.
[한] 누구? 어떤? 누군가

누구 [NOU-KOU] (誰) [원]293
[불] Qui? quel? (Interr., pour les personnes).
[한] 누구? 어떤? (사람에게 쓰는 의문사)

누굴넌지 [NOU-KOUL-NEN-TJI] (無論誰) [원]293

불 Qui que ce soit.
한 누구이건

누긋누긋ᄒᆞ다 [NOU-KOUT-NOU-KOUT-HĂ-TA] 원293
불 Etre élastique, flexible; être un peu mou, un peu tendre.
한 탄력적이다, 유연하다 | 약간 무르다, 약간 부드럽다

*누누히 [NOU-NOU-HI] (累累) 원293
불 Plusieurs fois, à plusieurs reprises.
한 여러 번, 여러 번 되풀이하여

누님 [NOU-NIM,-I] (姊) 원293
불 Sœur. (Un garçon désigne ainsi sa sœur.-Honorif.).
한 누이 | (사내아이가 자신의 여자 형제를 그렇게 지칭한다. - 경칭)

누다 [NOU-TA,NOU-E,NOUN] (瀉) 원294
불 Lâcher. 똥누다 Ttong nou-ta, 오좀누다 O-tjyom nou-ta, Faire (en parlant des besoins naturels).
한 놓다 | [용례 똥누다 Ttong nou-ta], [용례 오좀누다 O-tjyom nou-ta], 누다 (생리적 욕구에 대해 말할 때)

누덕누덕ᄒᆞ다 [NOU-TEK-NOU-TEK-HĂ-TA] (弊貌) 원294
불 Etre tout rapiécé.
한 잔뜩 기워져 있다

누덕이 [NOU-TEK-I] (衲) 원294
불 Objet ou habit tout rapiécé.
한 잔뜩 기운 물건 또는 옷

*누ᄃᆡ [NOU-TĂI] (累代) 원294
불 Plusieurs générations; plusieurs fois.
한 여러 세대 | 여러 번

누루락붉으락ᄒᆞ다 [NOU-ROU-RAK-POULK-EU-RAK-HĂ-TA] (黃紅) 원294
불 Changer du jaune au rouge (figure v. g. d'un homme en colère).
한 (예. 화난 사람의 얼굴이) 노란색에서 빨간색으로 바뀌다

누루뚱뚱ᄒᆞ다 [NOU-ROU-TTOUNG-TTOUNG-HĂ-TA] 원294
불 Etre de couleur jaune sale.
한 칙칙한 노란색이다

누룩 [NOU-ROUK,-I] (麯子) 원294
불 Levain; ferment.
한 누룩 | 효모

누룽기 [NOU-ROUNG-KI] 원294 ☞누룽이

누룽이 [NOU-ROUNG-I] 원294
불 Gratin du riz, partie grillée et jaune qui reste au fond de la chaudière après avoir fait cuire le riz.
한 밥의 누룽지, 밥을 짓고 난 후에 가마솥 바닥에 남아 있는 타서 노란 부분

[1]누르다 [NOU-REU-TA,NOUL-NE,NOU-REUN] (壓) 원293
불 Peser; presser; étouffer; écraser; comprimer; oppressei; déprimer; réprimer; dompter.
한 짓누르다 | 누르다 | 억누르다 | 내리누르다 | 억누르다 | 짓누르다 | 침체시키다 | 억누르다 | 억제하다

[2]누르다 [NOU-REU-TA,NOU-REU-RE,NOU-REUN] (黃) 원293
불 Etre jaune.
한 노랗다

누르시룸ᄒᆞ다 [NOU-REU-SI-REUM-HĂ-TA] (淺黃) 원293
불 Etre jaunâtre.
한 노르스름하다

누릇누릇ᄒᆞ다 [NOU-REUT-NOU-REUT-HĂ-TA] 원294
불 Qui a des taches jaunes.
한 노란 얼룩들이 있다

[1]누리 [NOU-RI] (雹) 원294
불 Grêle.
한 우박

[2]누리 [NOU-RI] 원294
불 Esp. de chenille jaune du chêne, dont le poil est très-venimeux.
한 털에 강한 독성이 있는, 노란 떡갈나무 쐐기의 종류

[3]누리 [NOU-RI] (積) 원294
불 Monceau; tas; amas.
한 무더기 | 더미 | 무더기

[1]누리다 [NOU-RI-TA,NOU-RYE,NOU-RIN] (積) 원294
불 Mettre en tas, en monceau.
한 더미, 무더기로 쌓다

[2]누리다 [NOU-RI-TA,-RYE,-RIN] (享) 원294
불 Jouir de; posséder; obtenir; recevoir.
한 ~을 즐기다 | 가지다 | 얻다 | 받다

[3]누리다 [NOU-RI-TA,NOU-RYE,NOU-RIN] 원294
불 Sentir la graisse, la viande.
한 기름, 고기 냄새가 나다

*누명 [NOU-MYENG] (累名) 원293
불 Nom injurieux faussement appliqué. Nom injurieux donné à un homme innocent. Mauvaise répu-

tation; réputation flétrie ou ternie.
한 잘못 붙여진 부당한 명목 | 결백한 사람에게 붙여진 부당한 명목 | 나쁜 평판 | 실추되거나 손상된 명예

누비다 [NOU-PI-TA,-PYE-PIN] (加) 원293
불 Piquer un habit.
한 옷을 꿰매다

1* 누슈 [NOU-SYOU] (漏水) 원294
불 Horloge hydraulique. Syn. 낙누 Nak-nou.
한 물시계 | [동의어] 낙누, Nak-nou]

2* 누슈 [NOU-SYOU] (淚水) 원294
불 Larme.
한 눈물

누습ᄒᆞ다 [NOU-SEUP-HĂ-TA,-HAN,-HI] (濕) 원294
불 Etre humide.
한 축축하다

누에 [NOU-EI] (蚕) 원292
불 Ver à soie du mûrier.
한 뽕나무의 누에

누에꼿치 [NOU-EI-KKOT-TCHI] (蚕繭) 원292
불 Cocon de ver à soie.
한 누에고치

누역 [NOU-YEK,-I] (蓑) 원292
불 Manteau en herbes contre la pluie.
한 비를 막기 위해 풀로 만든 외투

누의 [NOU-EUI] (妹) 원292
불 Sœur (un frère appelle ainsi sa sœur).
한 누이 (남자 형제가 자신의 여자 형제를 이렇게 부른다)

1 누이다 [NOU-I-TA,NOU-YE,NOU-IN] (臥) 원292
불 Coucher quelqu'un. Fact. de 눕다 Noup-ta.
한 어떤 사람을 눕히다 | 눕다Noup-ta의 사동형

2 누이다 [NOU-I-TA,NOU-YE,NOU-IN] 원292
불 Faire lâcher. Fact. de 누다 Nou-ta.
한 놓게 하다 | 누다Nou-ta의 사동형

누츄ᄒᆞ다 [NOU-TCHYOU-HĂ-TA] (累醜) 원294
불 Etre sale, malpropre.
한 더럽다, 불결하다

누치 [NOU-TCHI] (鱖魚) 원294
불 Esp. de poisson d'eau douce semblable un peu à une auguille et ayant des écailles.
한 뱀장어와 약간 유사하고 비늘이 있는 민물고기의 종류

* 누ᄎᆞ [NOU-TCHĂ] (累次) 원294
불 Plusieurs fois.
한 여러 번

눅게 [NOUK-HKEI] (濕地) 원293
불 Terrain humide, marécageux.
한 축축한, 질퍽한 땅

눅게주다 [NOUK-HKEI-TJOU-TA,-TJOU-E,-TJOUN] 원293
불 Relâcher peu à peu; détendre.
한 차차 느슨하게 하다 | 풀다

눅게ᄒᆞ다 [NOUK-HKEI-HĂ-TA] 원293
불 Relâcher peu à peu; détendre.
한 차차 느슨하게 하다 | 풀다

눅굿눅굿ᄒᆞ다 [NOUK-KOUT-NOUK-KOUT-HĂ-TA] 원293
불 Etre élastique, flexible; être un peu mou, un peu tendre.
한 탄성이 있다, 잘 휘어지다 | 약간 무르다, 약간 부드럽다

눅다 [NOUK-TA,NOUK-E,NOUK-EUN] 원293
불 Etre détendu, tendre, flexible, mou, très-détrempé.
한 느슨하다, 부드럽다, 유연하다, 무르다, 매우 약하다

눅실눅실ᄒᆞ다 [NOUK-SIL-NOUK-SIL-HĂ-TA] 원293
불 Etre mou, attendri, tendre.
한 무르다, 부드러워지다, 부드럽다

눅으러지다 [NOUK-EU-RE-TJI-TA,-TJYE,-TJIN] 원292
불 Indolent; lent; lambin; lâcher. ‖ S'attendrir; s'amollir.
한 느릿하다 | 느리다 | 느리다 | 느슨하다 | 측은히 여기다 | 부드러워지다

1 눅이다 [NOUK-I-TA,-YE,-IN] 원292
불 Amollir; ramollir; détendre; fléchir; attendrir.
한 부드럽게 하다 | 무르게 하다 | 풀다 | 누그러뜨리다 | 연하게 하다

2 눅이다 [NOUK-I-TA,-YE,-IN] (濕) 원293
불 Humecter; rendre humide.
한 적시다 | 축축하게 하다

눅진눅진ᄒᆞ다 [NOUK-TJIN-NOUK-TJIN-HĂ-TA] 원293
불 Etre lent, lâche, paresseux, mou, flexible.
한 더디다, 느슨하다, 나태하다, 무르다, 잘 휘어지다

눅히다 [NOUK-HI-TA,-HYE,-HIN] 원293
불 Se relâcher; se desserrer; s'amollir; amollir, attendrir; fléchir.
한 느슨해지다 | 풀리다 | 누그러지다 | 부드럽게 하다, 연하게 하다 | 누그러뜨리다

1 눈 [NOUN,-I] (雪) 원293
불 Neige.

한 눈

[2]눈 [NOUN,-I] (眼) 원293
불 Œil; vue. ‖ Bourgeon.
한 눈 | 시각 | 싹

눈가 [NOUN-KA] (眦) 원293
불 Bord des paupières.
한 눈꺼풀의 가장자리

눈감다 [NOUN-KAM-TA,-KAM-A,-KAM-EUN] (瞑) 원293
불 Fermer les yeux.
한 눈을 감다

눈구녕 [NOUN-KOU-NYENG,-I] (眼穴) 원293
불 Trou des yeux; ouverture de l'œil.
한 눈의 구멍 | 눈의 입구

눈금족이다 [NOUN-KEUM-TJĂK-I-TA,-YE,-IN] (瞥) 원293
불 Clignoter.
한 깜박거리다

눈놉다 [NOUN-NOP-TA,-NOP-HA,-NOP-HEUN] (眼高) 원293
불 Regarder avec fierté; être fier.
한 오만하게 바라보다 | 오만하다

눈단 [NOUN-TAN,-I] (臥緣) 원293
불 Pli en forme de bordure au bas d'un habit.
한 옷의 아랫부분에 테두리 형태로 된 주름

눈동ᄌᆞ [NOUN-TONG-TJĂ] (瞳子) 원293
불 Pupille de l'œil; prunelle.
한 눈의 동공 | 눈동자

눈두에 [NOUN-TOU-EI] (瞼) 원293
불 Proéminence de l'œil.
한 눈의 돌출부

눈망울 [NOUN-MANG-OUL,-I] (眸) 원293
불 Intérieur de l'œil; globe de l'œil.
한 눈의 내부 | 안구

눈머다 [NOUN-ME-TA,-ME-RE,-MEN] (盲) 원293
불 Etre myope. Etre aveugle. Voir de loin.
한 근시이다 | 눈이 멀다 | 멀게 보다

눈물 [NOUN-MOUL,-I] (淚) 원293
불 Eau des yeux. Pleurs; larmes.
한 눈의 물 | 눈물 | 눈물

눈발 [NOUN-PAL] 원293
불 Yeux de travers. =사으납다-sa-o-nap-ta, Regarder de travers (de mauvais œil, par mécontentement).
한 흘기는 눈 | [용례 =사으납다-sa-o-nap-ta], (불만스러워서 심술궂은 눈초리로) 눈을 흘기다

눈발셔다 [NOUN-PAL-SYE-TA,-SYE,-SYEN] 원293
불 Avoir apparence de neige; menacer de neiger.
한 눈이 올 기미가 있다 | 눈이 올 우려가 있다

눈병 [NOUN-PYENG,-I] (眼病) 원293
불 Ophthalmie; maladie des yeux.
한 안염 | 눈병

눈부처 [NOUN-POU-TCHYE] (瞳) 원293
불 Le Fo de l'œil; image reproduite par l'œil.
한 눈의 부처 | 눈을 통해 재현된 상

눈셥 [NOUN-SYEP,-I] (眉) 원293
불 Cils; poils des yeux; sourcils.
한 속눈썹 | 눈언저리에 난 털 | 눈썹

눈깜족이다 [NOUN-KKAM-TJĂK-I-TA,-YE,-IN] (瞬) 원293
불 Ouvrir et fermer les yeux; agiter les paupières; clignoter.
한 눈을 떴다 감았다 하다 | 눈꺼풀을 움직이다 | 깜박거리다

눈꼽 [NOUN-KKOP,-I] (眼苔) 원293
불 Chassie.
한 눈꼽

눈쌀 [NOUN-SSAL,-I] 원293
불 Œil.
한 눈

눈ᄌᆞ의 [NOUN-TJĂ-EUI] (眼睛) 원293
불 Globe de l'œil; blanc de l'œil.
한 안구 | 눈의 흰자위

눈치 [NOUN-TCHI] 원293
불 Clin d'œil; un instant
한 눈짓 | 한순간

눈치보다 [NOUN-TCHI-PO-TA,-PO-A,-PON] (觀眸) 원293
불 Comprendre un signe de l'œil; présusumer, deviner une affaire sur certaines apparences. Etre perspicace. V.Syn. 경계 Kyeng-kyei; opp. 무경계ᄒᆞ다 Mou-kyeng-kyei-hă-ta.
한 눈짓을 이해하다 | 몇몇 외양을 토대로 일을 추측하다, 짐작하다 | 통찰력이 있다 | [동의어 경계, Kyeng-kyei] | [반의어 무경계ᄒᆞ다, Mou-kyeng-kyei-hă-ta]

눈치ᄒᆞ다 [NOUN-TCHI-HĂ-TA] 원293
불 Indiquer des yeux; faire signe avec les yeux; faire signe de l'œil.

한 눈으로 가리키다 | 눈으로 신호를 보내다 | 눈으로 신호를 보내다

눈폴다 [NOUN-HPĂL-TA,-HPĂL-A,-HPĂN] (泛看) 원293

불 Regarder ailleurs; détourner la vue.

한 다른 곳을 쳐다보다 | 시선을 돌리다

눈확 [NOUN-HOAK,-I] (眼匡) 원293

불 Tour de l'œil; tour extérieur de l'œil.

한 눈언저리 | 눈의 바깥쪽 언저리

눌 [NOUL,-I] 원293

불 Numéral des milliers de tuiles. Syn. 률 Ryoul.

한 천 장 단위의 기와를 세는 수사 | [동의어 률, Ryoul]

*눌눌ᄒᆞ다 [NOUL-NOUL-HĂ-TA] (訥訥) 원294

불 Avoir une difficulté à parler; être bègue; bégayer.

한 말하는 데 어려움을 겪다 | 말을 더듬다 | 더듬더듬 말하다

눌니다 [NOUL-NI-TA,-NYE,-NIN] (壓) 원294

불 Ecraser; peser dessus.

한 내리누르다 | ~을 짓누르다

눕다 [NOUP-TA,NOU-OUE ou NOU-E,NOU-EUN] (臥) 원293

불 Se coucher; être couché; étendu.

한 눕다 | 누워 있다 | 누워 있다

눗다 [NOUT-TA,NOU-RE,NOU-REUN] 원294

불 Etre roussi (être brûlé, grillé par le feu). Brûler un peu (en parlant du riz qui s'attache au fond de la chaudière).

한 눋다 (타다, 불에 그을리다) | (가마솥 바닥에 붙어 있는 밥에 대해 말하면서) 조금 타다

눗치ᄒᆞ다 [NOU-TCHI-HĂ-TA] 원294

불 Sentir la graisse, la viande brûlée.

한 기름, 탄 고기 냄새가 나다

눙노다 [NOUNG-NO-TA,-NO-RA,-NON] (緩) 원293

불 Suffisant. ‖ Faire doucement, lentement, à loisir, sans se presser.

한 충분하다 | 서서히, 천천히, 한가롭게, 느긋하게 하다

[1]뉘 [NOUI] (誰) 원292

불 Qui? quel? (Pronom interrag. pour les personnes).

한 누구? 어느? (사람에게 쓰는 의문 대명사)

[2]뉘 [NOUI] 원292

불 Grain de riz non écossé qui se trouve dans le riz écossé.

한 껍질을 깐 쌀 속에 있는 껍질을 까지 않은 쌀 낟알

뉘가 [NOUI-KA] (誰) 원292

불 Qui? quel? (Pronom interrog. pour les personnes).

한 누구? 어느? (사람에게 쓰는 의문 대명사)

뉘엿뉘엿ᄒᆞ다 [NOUI-YET-NOUI-YET-HĂ-TA] (口逆症) 원292

불 Avoir envie de vomir.

한 토할 것 같다

뉘완ᄃᆡ [NOUI-OAN-TĂI] 원292

불 Qui suis-je? (Par humilité).

한 (겸손하게) 나는 누구인가?

뉘웃다 [NOUI-OUT-TA,-OUT-TCHE,-OUT-TCHĂN] (悔恨) 원292

불 Se repentir; être fâché de; faire pénitence; regretter.

한 뉘우치다 | ~에 대해 유감스럽게 생각하다 | 회개하다 | 뉘우치다

[1]뉘이다 [NOUI-I-TA,NOUI-YE,NOUI-IN] (臥) 원292

불 Coucher (quelqu'un ou quelque chose); renverser; coucher à terre; étendre dans un lit. Fact. de 눕다 Noup-ta.

한 (어떤 사람 또는 어떤 것을) 눕히다 | 넘어뜨리다 | 바닥에 눕히다 | 침대에 눕히다 | 눕다Noup-ta의 사동형

[2]뉘이다 [NOUI-I-TA,-YE,-IN] 원292

불 Blanchir une toile neuve.

한 새 천을 희게 하다

*뉴뉴샹죵 [NYOU-NYOU-SYANG-TJYONG] (類類相從) 원295

불 Qui se ressemble s'assemble. Se plaire chacun avec ceux de son espèce.

한 서로 비슷한 사람들끼리 모인다 | 각자 자신과 같은 종류의 사람들과 함께 어울리기 좋아하다

*뉴젼ᄒᆞ다 [NYOU-TJYEN-HĂ-TA] (流傳) 원296

불 Propager; se propager; se répandre; répandre; transmettre à ses descendants, à la postérité.

한 번식시키다 | 번식하다 | 퍼지다 | 퍼뜨리다 | 자손들, 후손에게 물려주다

늇 [NYOUT,-TCHI] (陸) 원296

불 Esp. de jeu (avec quatre bâtonnets).

한 (네 개의 작은 막대기로 하는) 놀이의 종류

늇노다 [NYOUT-NO-TA,-NO-RE,-NON] (擲陸) 원296

불 Jeter les quatre jetons du jeu de Nyout. Jouer en jetant ces quatre bâtonnets.

한 네 개의 윷의 표를 던지다 | 이 네 개의 작은 막대기를 던지면서 놀다

*늉셩ᄒᆞ다 [NYOUNG-SYENG-HĂ-TA] (隆盛) 원295

불 Nombreux; grand nombre. Etre très-grand, immense (se dit des bienfaits, des vertus).
한 수가 많다 | 많은 수 | 아주 크다, 거대하다 (선행, 덕행에 대해 쓴다)

*늉슝ᄒᆞ다 [NYOUNG-SYOUNG-HĂ-TA] (隆崇) 원295
불 Haut; magnifique. Etre très-grand, immense (se dit des bienfaits, des vertus).
한 높다 | 웅장하다 | 아주 크다, 거대하다(선행, 덕행에 대해 쓴다)

느긋느긋ᄒᆞ다 [NEU-KEUT-KEU-KEUT-HĂ-TA] 원281
불 Envie de vomir. Avoir des nausées; sentir des nausées.
한 토할 것 같다 | 메스껍다 | 토기를 느끼다

느다 [NEU-TA,NEU-RE,NEUN] 원283
불 Etre accru. s'acccroître. Etre multiplié, augmenté. S'allonger; s'élargir; s'agrandir; s'augmenter.
한 불어나다 | 성장하다 | 증가되다, 증가되다 | 길어지다 | 넓어지다 | 커지다 | 늘다

느러가다 [NEU-RE-KA-TA,-KA,-KAN] (長) 원282
불 S'augmenter; s'accroître; s'élargir.
한 늘다 | 성장하다 | 넓어지다

느러셔다 [NEU-RE-SYE-TA] (羅立) 원282
불 Etre debout à la file, en rang.
한 줄지어, 나란히 서있다

1느러지다 [NEU-RE-TJI-TA,-TJYE,-TJIN] (長) 원282
불 s'élargir.
한 넓어지다

2느러지다 [NEU-RE-TJI-TA,-TJYE,-TJIN] (無脈) 원282
불 Paralysé; sans force.
한 마비되다 | 힘없이

느럭느럭ᄒᆞ다 [NEU-REK-NEU-REK-HĂ-TA] 원282
불 Spacieux; éloignés l'un de l'autre. Etre élastique; s'élargir par la traction.
한 널찍하다 | 서로 멀다 | 탄성이 풍부하다 | 늘여서 넓어지다

느르광이 [NEU-REU-KOANG-I] (緩人) 원282
불 Paresseux.
한 게으름뱅이

느르다 [NEU-REU-TA] 원282
불 Allonger; élargir; augmenter. Syn. 늘우다 Neul-ou-ta.
한 늘리다 | 넓히다 | 증가시키다 | [동의어 늘우다, Neul-ou-ta]

느르쳡은ᄒᆞ다 [NEU-REU-TCHYEP-EUN-HĂ-TA] 원282
불 Etre paresseux, mou, lambin; se traîner avec peine.
한 게으르다, 나태하다, 굼뜨다 | 힘들게 간신히 가다

느른ᄒᆞ다 [NEU-REUN-HĂ-TA] 원282
불 Etre élastique.
한 탄성이 풍부하다

느릅나무 [NEU-REUP-NA-MOU] (楡) 원282
불 Nom d'un arbre dont l'écorce est employée à faire des cordes, et la séve sert d'enduit, de vernis, pour les murs.
한 껍질은 끈을 만드는 데에 사용되고, 수액은 벽에 칠하는 도료, 와니스로 쓰이는 나무의 이름

느리광이 [NEU-RI-KOANG-I] 원282
불 Paresseux.
한 게으름뱅이

느리다 [NEU-RI-TA,NEU-RYE,NEU-RIN] (緩) 원282
불 Aller doucement; faire une chose avec, paresse. Etre paresseux, mou, nonchalant, lambin.
한 천천히 가다 | 어떤 것을 나태하게 하다 | 게으르다, 나태하다, 무기력하다, [역주 동작이] 느리다

느릿느릿 [NEU-RIT-NEU-RIT] (緩緩) 원282
불 Lentement; doucement.
한 느리게 | 천천히

느믈느믈ᄒᆞ다 [NEU-MEUL-NEU-MEUL-HĂ-TA] 원281
불 Impassible; indifférent. Effronté; impudent; trop hardi.
한 태연하다 | 무관심하다 | 뻔뻔하다 | 파렴치하다 | 매우 대담하다

느실느실ᄒᆞ다 [NEU-SIL-NEU-SIL-HĂ-TA] 원283
불 Spacieux; espacé; non rapproché. S'allonger ou sélargir peu à peu; se relâcher.
한 널찍하다 | 간격이 뜨다 | 밀착되지 않다 | 차차 길어지거나 넓어지다 | 느슨해지다

1느졍이 [NEU-TJYENG-I] 원283
불 Fleur de blé noir, ou de haricots, de pois.
한 메밀 또는 강낭콩, 콩의 꽃

2느졍이 [NEU-TJYENG-I] 원283
불 Corde lâche, peu tendue, relâchée.
한 느슨한, 별로 팽팽하지 않은, 늘어진 끈

느직느직ᄒᆞ다 [NEU-TJIK-NEU-TJIK-HĂ-TA] (緩緩) 원283
불 Lentement. mou, pas serré, pas tendu.
한 느리게 | 늘어지다, 조이지 않다, 팽팽하지 않다

는ᄀᆡ [NEUM-KĂI] 원281

불 Pluie fine; brouillard épais; grosse brume.
한 가랑비 | 짙은 안개 | 심한 안개

는젹는젹ᄒᆞ다 [NEUN-TJYEK-NEUN-TJYEK-HĂ-TA] 원281
불 Pourri; sans résistance; sans force. Trop attendri, vieux (comme de la viande qui commence à se gâter).
한 썩다 | 무력하게 | 힘없이 | (상하기 시작하는 고기처럼) 너무 연해지다, 오래되다

늘 [NEUL,-I] 원282
불 Plante assez semblable au roseau.
한 갈대와 상당히 닮은 식물

늘골나다 [NEUL-KOL-NA-TA,-NA,-NAN] 원283
불 Attendre longtemps. ‖ Etre excessivement fatigué, exténué de fatigue.
한 오래 기다리다 | 몹시 피곤하다, 피로로 기진맥진하다

늘부 [NEUL-POU] (緩夫) 원283
불 Paresseux.
한 게으름뱅이

늘삿갓 [NEUL-SAT-KAT,-SI] (草蓑笠) 원283
불 Chapeau contre la pluie ou contre le soleil en 늘 Neul.
한 비 또는 햇볕을 가리기 위해 늘 Neul로 만든 모자

늘우다 [NEUL-OU-TA,NEUL-OUE,NEUL-OUN] 원282
불 Augmenter.
한 증가시키다

늘이다 [NEUL-I-TA,NEUL-YE,NEUL-IN] 원282
불 Agrandir; élargir; augmenter.
한 늘리다 | 넓히다 | 증가시키다

늘자리 [NEUL-TJA-RI] (草席) 원283
불 Natte faite de 늘 Neul.
한 늘 Neul로 만든 돗자리

늘컹늘컹 [NEUL-HKEUNG-NEUL-HYEUNG] (緩緩) 원283
불 Etre flasque, mou.
한 연하다, 물렁물렁하다

늘큰늘큰 [NEUL-HKEUN-NEUL-HKEUN] 원283 ☞늘컹늘컹

늘히다 [NEUL-HI-TA,-HYE,-HIN] 원282
불 Etre augmenté. Fact. de 늘우다 Noul-ou-ta.
한 증가되다 | 늘우다 Noul-ou-ta의 사동형

늙다 [NEULK-TA,NEULK-E,NEULK-EUN] (老) 원283
불 Etre vieux; vieillir.
한 늙다 | 나이 먹다

늙다리 [NEULK-TA-RI] (老畜) 원283
불 Vieux (bœuf, cheval). (Appliqué à un homme, c'est une injure).
한 늙은이 (소, 말) | (사람에게 붙이면 욕설이다)

늙은이 [NEULK-EUN-I. (de 늙다 NEULK-TA)] (老人) 원283
불 (De 늙다 NEULK-TA); vieux; vieillard; ancien.
한 (늙다 NEULK-TA에서) | 노인 | 늙은이 | 오래되다

*__늠__ [NEUM,-I] (廩) 원281
불 Grenier public. Garde-meuble du roi.
한 공공의 창고 | 왕의 가구 창고

*__늠늠ᄒᆞ다__ [NĒUM-NĒUM-HĂ-TA] (凜凜) 원281
불 Majestueux, imposant. ‖ Sans inquiétude.
한 장엄하다, 위엄 있다 | 걱정 없이

늠실늠실ᄒᆞ다 [NĒUM-SIL-NEUM-SIL-HĂ-TA] 원281
불 Impassible, indirrérent, effronté; impudent; trop hardi.
한 태연하다, 무관심하다, 뻔뻔하다 | 파렴치하다 | 너무 대담하다

*__늠연ᄒᆞ다__ [NĒUM-YEN-HĂ-TA] (凜然) 원281
불 Majestueux; imposant. ‖ Non inquiet.
한 장엄하다 | 위엄 있다 | 불안하지 않다

늡 [NEUP,-HI] (澤) 원282
불 Etang profond, entouré de bois. Lac; pièce d'eau.
한 나무로 둘러싸인 깊은 못 | 호수 | 정원의 연못

늡늡ᄒᆞ다 [NEUP-NEUP-HĂ-TA] 원282
불 Courageux; qui souffre sans donner des signes de douceur. ‖ Etre suffisant; facile; être plus convenable; dépasser.
한 용감하다 | 고통스러운 기색을 보이지 않고 참다 | 충분하다 | 용이하다 | 더 알맞다 | 능가하다

[1]**늣** [NEUT,-TCHI] (蝗) 원283
불 Esp. d'insecte qui dévore les moissons.
한 수확물을 먹어치우는 곤충의 종류

[2]**늣** [NEUT,-SI] (木荀) 원283
불 Bourgeon d'arbre; châton d'arbre.
한 나무의 싹 | 나무의 미상화

[1]**늣게** [NEUT-KEI] (晩) 원283
불 Tard; tardivement.
한 늦게 | 늦은 시기에

[2]**늣게** [NEUT-KEI] 원283
불 Respiration embarrassée.
한 호흡 곤란

늦곡 [NEUT-KOK,-I] (晩穀) ㉻283
불 Culture en retard; blé non mûr au temps ordinaire; grain tardif.
한 늦은 재배 | 통상적인 시기에 익지 않은 곡물 | 철 늦은 곡물

늣기다 [NEUT-KI-TA,-KYE,-KIN] (感) ㉻283
불 Frissonner. ‖ Respirer difficilement, avec bruit. Etre essoufflé.
한 오한을 느끼다 | 간신히 소리 내어 숨 쉬다 | 숨이 가쁘다

늣다 [NEUT-TA,NEU-TJYE,NEU-TJEUN] (晩) ㉻283
불 Etre tard; tardif.
한 늦다 | 때늦다

늣바룸 [NEUT-PA-RĂM] ㉻283
불 Vent d'ouest.
한 서풍

늣추다 [NEUT-TCHOU-TA,-TCHOU-E ou TCHOU-OUE, -TCHOUN] ㉻283
불 Serrer fort. ‖ Relâcher, détendre.
한 세게 조이다 | 느슨하게 하다, 풀다

늣츰홀니다 [NEUT-TCHEUM-HEUL-NI-TA,-NYE, -NIN] ㉻283
불 Se dit d'une corde lâche, peu tendue, relâchée.
한 느슨한, 별로 팽팽하지 않은, 느슨해진 줄에 대해 쓴다

늣틔나무 [NEUT-HTEUI-NA-MOU] (槐) ㉻283
불 Esp. de grand arbre. Sophora du Japon. Orme. Syn. 괴목 Koi-mok.
한 큰 나무의 일종 | 일본의 회화나무속 | 느릅나무 | [동의어 괴목, Koi-mok]

1* 능 [NEUNG,-I] (陵) ㉻281
불 Tombeau du roi.
한 왕의 무덤

2* 능 [NEUNG,-HI] (能) ㉻281
불 Puissance, pouvoir.
한 힘, 능력

3* 능 [NEUNG,-I] (綾) ㉻281
불 Etoffe de soie.
한 견직물

4 능 [NEUNG,-I] ㉻281
불 Excédant; surcroît; reste.
한 초과 | 부가 | 나머지

*능간ᄒᆞ다 [NEUNG-KAN-HĂ-TA] (能幹) ㉻281
불 Prudent et fort; hardi et puissant. Adroit; spirituel; habile; capable.
한 신중하고 강하다 | 대담하고 유력하다 | 재주가 있다 | 재치 있다 | 능숙하다 | 할 수 있다

*능갈치다 [NEUNG-KAL-TCHI-TA,-TCHYE,-TCHIN] (能喝) ㉻281
불 Etre remarquable, habile.
한 주목할 만하다, 능숙하다

*능견난ᄉᆞ [NEUNG-KYEN-NAN-SĂ] (能見難思, (Pouvoir, voir, difficile, penser [comprendre])) ㉻281
불 On appelle ainsi les douze vases de même grandeur, qui s'emboîtent les uns dans les autres dans quelque ordre qu'on les mette. ‖ Chose qu'on voit sans la comprendre; incompréhensible; chose qu'on voit et qu'on ne peut expliquer (il y en a trois en Corée, par ex.; 부셕 Pou-syek, Pierre flottante, pierre ponce).
한 크기가 같은 12개의 단지를 그렇게 부르는데, 그것들은 놓이는 어떤 순서대로 서로 끼워 맞춰져 있다 | 이해하지 못하지만 눈에 보이는 일 | 이해할 수 없다 | 눈에 보이지만 설명할 수 없는 일(조선에는 세 가지가 있다, 예를 들어. 부셕 Pou-syek, 뜨는 돌, 경석)

*능관 [NEUNG-KOAN,-I] (陵官) ㉻282
불 Mandarin préposé à la garde des tombeaux du roi.
한 왕의 무덤을 지키는 임무를 맡은 관리

*능구리 [NEUNG-KOU-RI] ㉻282
불 Nom d'une esp. de serpent rouge et noir, qui sert en médecine.
한 의학에서 쓰이는 붉고 검은 뱀의 종류의 이름

*능군 [NEUNG-KOUN,-I] (陵軍) ㉻282
불 Soldats qui gardent les tombeaux du roi.
한 왕의 무덤들을 지키는 군인들

능금 [NEUNG-KEUM,-I] (檎) ㉻282
불 Pomme.
한 사과

*능나 [NEUNG-NA] (綾羅) ㉻282
불 Nom d'une esp. d'étoffe de soie très-légère.
한 아주 가벼운 견직물의 종류의 이름

*능난ᄒᆞ다 [NEUNG-NAN-HĂ-TA] (能爛) ㉻282
불 Adroit; exquis (habileté).; admirable; merveilleux.
한 능란하다 | 뛰어나다(능숙함) | 감탄할 만하다 | 훌륭하다

*능니 [NEUNG-NI] (能吏) ㉻282
불 Prétorien très-adroit.
한 매우 숙련된 친위대

*능당ᄒᆞ다 [NEUNG-TANG-HĂ-TA] (能當) [원]282
[불] Avoir la force de résister, de surmonter. Capable de faire face, de tenir tête.
[한] 견뎌낼, 극복할 힘이 있다 | 마주 대할, 대항할 능력이 있다

*능대능쇼 [NEUNG-TAI-NEUNG-SYO] (能大能小) [원]282
[불] Elastique; qui se conforme à tout.
[한] 융통성 있다 | 모든 일에 순응하다

*능덕 [NEUNG-TEK,-I] (能德) [원]282
[불] Adresse; habileté. || Force (vertu de).
[한] 솜씨 | 능숙함 | 힘 (~의 미덕)

*능력 [NEUNG-RYEK,-I] (能力) [원]282
[불] Puissance, force.
[한] 역량, 힘

*능만ᄒᆞ다 [NEUNG-MAN-HĂ-TA] (凌慢) [원]282
[불] Mépriser; traiter avec mépris.
[한] 경멸하다 | 경멸로 대하다

*능모ᄒᆞ다 [NEUNG-MO-HĂ-TA] (凌侮) [원]282
[불] Mépriser; traiter avec mépris.
[한] 경멸하다 | 경멸하는 태도로 대하다

*능소 [NEUNG-SO] (陵所) [원]282
[불] Lieu où se trouvent les tombeaux du roi.
[한] 왕의 무덤들이 있는 곳

*능쇼능대ᄒᆞ다 [NEUNG-SYO-NEUNG-TAI-HĂ-TA] (能小能大) [원]282
[불] Pouvoir le moins et le plus. Se dit d'un enfant intelligent, précoce, qui répond bien et qui interroge sur des choses importantes.
[한] 가장 적게도 가장 많게도 할 수 있다 | 총명하고 조숙한, 대답을 잘하고 중요한 것들에 대해 질문을 하는 아이에 대해 쓴다

*능쇽 [NEUNG-SYOK,-I] (陵屬) [원]282
[불] Soldat qui garde les tombeaux de la famille royale.
[한] 왕실의 무덤들을 지키는 군인

능슈버들 [NEUNG-SYOU-PE-TEUL,-I] [원]282
[불] Saule pleureur(un peu rouge). || Esp. d'euphorbe don't la racine est très-vénéneuse.
[한] (약간 붉은) 수양버들 | 뿌리가 매우 유독한 버들옷의 종류

*능욕ᄒᆞ다 [NEUNG-YOK-HĂ-TA] (凌辱) [원]281
[불] Affront; infure; ignominie; opprobre; honte; moquerie. injurier. etc.
[한] 모욕 | 욕설 | 치욕 | 불명예 | 수치심 | 우롱 | 모욕하다 등

*능이ᄒᆞ다 [NEUNG-I-HĂ-TA] (陵夷) [원]281
[불] Tomber en désuétude.
[한] 폐지되다

*능쟝 [NEUNG-TJYANG,-I] (稜杖) [원]282
[불] Bâton que portent les soldats, et avec lequel ils frappent les coupables. Esp. d'assommoir que portent les soldats quand ils font la garde de nuit.
[한] 군인들이 가지고 다니고 죄인들을 때리는 막대기 | 군인들이 밤에 보초를 설 때 가지고 다니는 곤봉의 종류

*능쥰ᄒᆞ다 [NEUNG-TJYOUN-HĂ-TA] (能準) [원]282
[불] Suffisant.
[한] 충분하다

*능지쳐참ᄒᆞ다 [NEUNG-TJI-TCHYE-TCHĂM-HĂ-TA] (陵遲處斬) [원]282
[불] Tuer en écartelant.
[한] 능지처참하여 죽이다

*능지ᄒᆞ다 [NEUNG-TJI-HĂ-TA] (凌遲) [원]282
[불] Ecarteler (supplice).
[한] 능지처참하다 (형벌)

*능참봉 [NEUNG-TCHAM-PONG,-I] (陵參奉) [원]282
[불] Dignité constituée pour la garde d'un tombeau de la famille royale.
[한] 왕실의 무덤을 지키기 위해 임명되는 고위직

능쳥스럽다 [NEUNG-TCHYENG-SEU-REP-TA,-RE-OUE,-RE-ON] [원]282
[불] Menteur; qui ment facilement, artificieux; perfide; habile pour le mal. || Adroit; habile.
[한] 거짓말쟁이의 | 쉽게 거짓말하다, 교활하다 | 신의가 없다 | 악한 일에 능하다 | 재주가 있다 | 능숙하다

능츅 [NEUNG-TCHYOUK,-I] (剩縮) [원]282
[불] Plus que suffisant; excès ou insuffisance.
[한] 충분하고도 남다 | 초과 또는 부족

능츅업다 [NEUNG-TCHYOUK-EP-TA] (無剩縮) [원]282
[불] Il n'y a ni trop ni trop peu.
[한] 넘치지도 모자라지도 않다

능칙ᄒᆞ다 [NEUNG-TCHIK-HĂ-TA] [원]282
[불] Menteur; qui ment; fourbe; habile pour le mal.
[한] 거짓말쟁이의 | 거짓말하는 사람 | 교활하다 | 악한 일에 능하다

*능통ᄒᆞ다 [NEUNG-HTONG-HĂ-TA] (能通) [원]282

불 Prudent; capable; intelligent; habile.
한 용의주도하다 | 능력 있다 | 현명하다 | 능숙하다

*능필 [NEUNG-HPIL,-I] (能筆) 원282
불 Pinceau habile. belle écriture.
한 솜씨 좋은 필치 | 잘 쓴 글씨

*능화 [NEUNG-HOA] (陵花) 원281
불 Papier où il y a des dessins, des traits; papier à tapisserie; image en papier destinée à être collée sur le mur.
한 그림, 선들이 있는 종이 | 벽지 | 벽에 붙이려고 만들어진 종이 그림

*능활ᄒᆞ다 [NEUN-HOAL-HĂ-TA] (能濶) 원281
불 Etre remarquable, excellent, habile.
한 뛰어나다, 훌륭하다, 능숙하다

*능히 [NEUNG-HI] (能) 원281
불 (Afin que) il puisse, il ait la force, le pouvoir.
한 할 수 있(도록), 힘, 능력을 가지(도록)

*능히ᄒᆞ다 [NEUNG-HI-HĂ-TA] (能) 원281
불 La puissance est; il est possible; on peut; on peut faire.
한 힘이 있다 | 가능하다 | ~할 수 있다 | 할 수 있다

*능ᄒᆞ다 [NEUNG-HĂ-TA] (能) 원281
불 Puissant; intelligent; qui peut; possible; capable; habile; adroit.
한 유력하다 | 현명하다 | 할 수 있다 | 가능하다 | 할 수 있다 | 능숙하다 | 능란하다

*능힝 [NEUNG-HĂING] (陵行) 원281
불 Visite du roi au tombeau de ses ancêtres, de ses prédécesseurs.
한 선조, 조상 들의 무덤에 하는 왕의 방문

1*니 [NI] (齒) 원283
불 Dent.
한 이[역주 치아]

2니 [NI] (虱) 원283
불 Pou.
한 이 [역주 곤충]

*니각ᄒᆞ다 [NI-KAK-HĂ-TA] (離却) 원284
불 Guérison (d'une maladie). La flèvre cesse, est coupée.
한 (병의) 회복 | 열병이 그치다, 중단되다

*니간ᄒᆞ다 [NI-KAN-HĂ-TA] (離間) 원284
불 Eloignement, froideur de deux amis; antipathie survenue; brouillerie; mésintelligence. semer la discorde.
한 두 친구의 반감, 냉담 | 갑자기 생겨난 반감 | 일시적 불화 | 알력 | 이간하다

1니갈다 [NI-KAL-TA,-KAL-E ou-A,-KAN] (切齒) 원284
불 Grincer des dents.
한 이를 갈다

2니갈다 [NI-KAL-TA,-KAL-E,-KAN] (齒落更生) 원284
불 Changer de dents (enfant); faire sa dentition.
한 (아이가) 치아를 갈다 | 이가 나다

니거지다 [NI-KE-TJI-TA,-TJYE,-TJIN] (習) 원284
불 Etre habitué.
한 익숙해지다

*니기ᄒᆞ다 [NI-KĂI-HĂ-TA] (離開) 원284
불 Entière séparation de deux amis pour cause de fâcherie, de brouillerie, de mésintelligence. ‖ Se séparer (mari et femme); divorcer.
한 불화, 일시적 불화, 알력으로 인한 두 친구의 완전한 결별 | (남편과 부인이) 갈라서다 | 이혼하다

니다 [NI-TA,NYE,NIN] (戴) 원286
불 Porter sur la tête.
한 머리 위에 지다

니뎜 [NI-TTEM,-I] (痢疾) 원286
불 Diarrhée très-avancée; dyssenterie.
한 많이 진행된 설사 | 이질

니러나다 [NI-RE-NA-TA,-NA,-NAN] (起) 원285
불 Se lever; se redresser; se produire.
한 일어나다 | 다시 몸을 일으키다 | 발생하다

니러셔다 [NI-RE-SYE-TA,-SYE,-SYEN] (起立) 원 ADDE NDA
불 Se mettre debout, se lever.
한 서다, 일어서다

*니력 [NI-RYEK,-I] (履歷, (soulier, s'élever)) 원285
불 Avancement. =ᄎᆞ다-tcheu-ta, Commencer à remplir les plus basses fonctions et s'élever peu à peu par ses mérites.
한 승진 | [용례 =ᄎᆞ다-tcheu-ta], 가장 낮은 직무들을 수행하기 시작해서 공적에 따라 점점 승진하다

니롭 [NI-ROP,-I] 원285
불 7 ans (âge pour les bestiaux).
한 일곱 살 (짐승들에게 쓰는 나이)

니루다 [NI-ROU-TA,-ROU-E,-ROUN] (起) 원285
불 Relever; se lever; soulever; mettre sur sa base une chose couchée, renversée; dresser; mettre debout.
한 일으켜 세우다 | 일어나다 | 들어 올리다 | 눕혀진, 넘어진 것을 바로 놓다 | 세우다 | 세우다

니르다 [NI-RĂ-TA,NI-RĂ-RE,NI-RĂN] (到) 원285

불 Arriver à; aboutir à; parvenir à; atteindre.
한 ~에 이르다 | ~로 다다르다 | ~에 도달하다 | 도착하다

니ᄅᆞ러 [NI-RĂ-RE] (至) 원285
불 Jusque; jusqu'à.
한 ~까지 | ~까지

니ᄅᆞ키다 [NI-RĂ-HKI-TA,-HKYE,-HKIN] (起) 원285
불 Faire une levée; se lever; redresser (une chose tombée); dresser; lever; excitre; faire naître.
한 기립하다 | 일어서다 | (넘어진 것을) 다시 일으키다 | 세우다 | 들어올리다 | 불러일으키다 | ~을 일으키다

니ᄅᆞ히다 [NI-RĂ-HI-TA,-HYE,-HIN] (起) 원285
불 Produire; redresser; exciter.
한 일으키다 | 다시 일으키다 | 불러일으키다

1* 니마 [NI-MA] (理馬) 원284
불 Vélérinaire.
한 수의사

2 니마 [NI-MA] (額) 원284
불 Front.
한 이마

니마장이 [NI-MA-TJANG-I] (理馬) 원284
불 Vétérinaire, médecin pour les chevaux; maréchal.
한 수의사, 말들을 위한 의사 | 기마 관리 장교

니맛다 [NI-MAT-TA,-MA-TJA,-MA-TJĂN] (合齒) 원284
불 Avoir des dents qui se joignent bien en fermant la bouche.
한 입을 다물 때 치아가 서로 잘 합쳐지다

니모음 [NI-MO-EUM,-I] (齦) 원284
불 Support des dents; mâchoire où les dents sont enchâssées; gencives.
한 치아의 받침대 | 치아가 박혀 있는 턱 | 잇몸

* 니문 [NI-MOUN,-I] (理文) 원284
불 Astronomie.
한 천문학

니물 [NI-MOUL,-I] 원284
불 Le devant d'un navire.
한 배의 앞부분

니불 [NI-POUL,-I] (襟) 원285
불 Couverture de lit.
한 침대의 이불

* 니산ᄒᆞ다 [NI-SAN-HĂ-TA] (離散) 원286
불 S'enfuir chacun de son côté; se disperser.
한 제각각의 방향으로 달아나다 | 흩어지다

1* 니쇽 [NI-SYOK,-I] (吏屬) 원286
불 Les prétoriens ou employés de la préfecture, du mandarinat.
한 도청, 관청의 친위병들이나 사무원들

2* 니쇽 [NI-SYOK,-I] (異俗) 원286
불 Autre usage, usage différent.
한 다른 풍속, 다른 관습

3 니쇽 [NI-SYOK,-I] (吏俗) 원286
불 Usage des prétoriens, leur manière de vivre.
한 친위병들의 관습, 그들이 사는 방식

1* 니습 [NI-SEUP,-I] (吏習) 원286
불 Défaut d'un prétorien.
한 친위병의 결점

2* 니습 [NI-SEUP,-I] (異習) 원286
불 Autre habitude; usage différent.
한 다른 풍속 | 다른 풍습

* 니식 [NI-SIK,-I] (利式) 원286
불 Gain; profit; intérêt de l'argent.
한 이익 | 이득 | 돈의 이자

니쏘슈ᄀᆡ [NI-SSO-SYOU-KĂI] (穿齒) 원286
불 Curedents.
한 이쑤시개

니야기 [NI-A-KI] (古談) 원283
불 Histoire; fable, historiette; conte; parabole; récit.
한 이야기 | 우화, 일화 | 짧은 이야기 | 우화 | 이야기

니야기장이 [NI-A-KI-TJANG-I] (古談人) 원283
불 Conteur d'histoires.
한 이야기하는 사람

니여ᄒᆞ다 [NI-YE-HĂ-TA] 원283
불 Faire sans interruption (de 닛다 Nit-ta).
한 계속해서 하다 (닛다 Nit-ta에서)

1* 니역 [NI-YEK,-I] (吏役) 원283
불 Affaire de prétorien, des employés de préfecture, des officiers de mandarin.
한 친위병, 도청의 사무원, 관리의 하인들이 하는 일

2* 니역 [NI-YEK,-I] (異域) 원283
불 Lieu différent.
한 다른 곳

니영 [NI-YENG,-I] (蓋草) 원283
불 Tresse en paille pour couvrir les maisons contre la pluie; toiture.
한 비에 대비해 집을 가리기 위한 짚으로 된 엮음장식 | 지붕

니웃 [NI-OUT,-SI] (隣) [원]283
[불] Voisin.
[한] 이웃

니은 [NI-EUN] [원]283 닌졉ᄒᆞ다 [NIN-TJYEP-HĂ-TA]
[불] Nom de la consonne coréenne ㄴ n.
[한] 조선 자음 ㄴn의 이름

니져ᄇᆞ리다 [NI-TJYE-PĂ-RI-TA,-RYE,-RIN] (忘却) [원]286
[불] Oublier.
[한] 잊어버리다

*니질 [NI-TJIL,-I] (痢疾) [원]286
[불] Dyssenterie.
[한] 이질

니함박 [NI-HAM-PAK] (齒木匏) [원]283
[불] Vase à étages, en forme de pas de vis à l'intérieur, pour laver le riz.
[한] 안이 나사의 나선 형태로 여러 층이 나 있는, 쌀을 씻기 위한 단지

니해업다 [NI-HAI-EP-T,-EP-SE,-EP-SĂN] (無利害) [원]283
[불] Etre sans avantage et sans désavantage; sans gain, ni perte; être indifférent.
[한] 이점도 결점도 없다 | 득도 실도 없다 | 상관없다

*니회ᄒᆞ다 [NI-HOI-HĂ-TA] (里會) [원]284
[불] Rassembler plusieurs villages pour délibérer.
[한] 심의하기 위해 여러 마을의 사람들을 모으다

*니회ᄒᆞ다 [NI-HOI-HĂ-TA] (泥灰) [원]284
[불] Blanchir à la chaux; crépir à la chaux. Eteindre de la chaux.
[한] 석회를 바르다 | 석회로 초벽질하다 | 생석회를 소석회로 만들다

닉다 [NIK-TA,NIK-E,NIK-EUN] (熟) [원]284
[불] Mûr; cuit. ‖ Exercé; habitué; accoutumé; avoir coutume; être exercé, habile. ‖ Bien pétri.
[한] 익다 | 익다 | 숙련되다 | 익숙하다 | 의례적이다 | 습관이 있다 | 숙련되다, 능숙하다 | 잘 빚어지다

닉답 [NIK-TAP,-I] (好畓) [원]284
[불] Rizière établie depuis longtemps. Rizière en plein rapport.
[한] 오래전부터 자리가 잡힌 논 | 수익이 많은 논

닉반쥭 [NIK-PAN-TJYOUK,-I] (熟合) [원]284
[불] Farine délayée avec de l'eau chaude. Pâte bien pétrie.
[한] 따뜻한 물로 이긴 밀가루 | 잘 반죽된 반죽

닉식ᄒᆞ다 [NIK-SIK-HĂ-TA] (慣熟) [원]284
[불] Avoir l'habitude de; être exercé à, expert, accoutumé; être habitué. Rendre habile par l'exercice.
[한] ~하는 습관이 있다 | ~에 숙련되다, 능숙하다, 익숙하다 | 익숙해지다 | 연습을 통해 능숙하게 만들다

1닉이다 [NIK-I-TA,NIK-YE,NIK-IN] (習) [원]284
[불] S'habituer; se former à; s'exercer.
[한] 익숙해지다, ~을 도야하다 | 연습하다

2닉이다 [NIK-I-TA,NIK-YE,NIK-IN] [원]284
[불] Délayer; bien mélanger; pétrir. ‖ Eteindre la chaux.
[한] 녹이다 | 잘 섞다 | 반죽하다 | 생석회를 소석회로 만들다

*닉ᄋᆡᄒᆞ다 [NIK-ĂI-HĂ-TA] (溺愛) [원]284
[불] Etre fou d'amour, se perdre par trop d'amour. aimer à l'excès, Aimer éperdument.
[한] 사랑에 미치다, 지나친 사랑으로 정신이 혼미해지다 | 지나치게 사랑하다, 미친 듯이 사랑하다

1닉히다 [NIK-HI-TA,-HYE,-HIN. -HYE -HIN] (熟) [원]284
[불] Faire cuire. cuire. Faire ou laisser mûrir.
[한] 익게 하다 | 익히다 | 여물도록 만들거나 두다

2닉히다 [NIK-HI-TA, HYE, HIN] (習讀) [원]284
[불] Etudier; Se faire à; apprendre.
[한] 공부하다, 익숙해지다, 배우다

3닉히다 [NIK-HI-TA, HYE, HIN] (教) [원]284
[불] Former quelqu'un, c. a. d. enseigner le métier, exercer.
[한] 누군가를 양성하다, 즉 일을 가르치다, 연습시키다

*닌국 [NIN-KOUK,-I] (隣國) [원]284
[불] Royaume voisin limitrophe; pays voisin.
[한] 이웃에 인접하고 있는 왕국, 이웃 나라

*닌동 [NIN-TONG,-I] (隣洞) [원]285
[불] Village voisin.
[한] 이웃 마을

*닌리 [NIN-RI] (隣里) [원]285
[불] Maison voisine. Village voisin.
[한] 이웃집 | 이웃 마을

*닌식ᄒᆞ다 [NIN-SĂIK-HĂ-TA] (吝塞) [원]285
[불] Avarice; être avare.
[한] 인색 | 인색하다

*닌읍 [NIN-EUP,-I] (隣邑) [원]284
[불] District proche, voisin, peu éloigné.
[한] 가까운, 이웃한, 별로 멀지 않은 지방

*닌졉ᄒᆞ다 [NIN-TJYEP-HĂ-TA] (隣接) 원285
불 Tentes d'examen proches l'une de l'autre; voisins d'examen. ‖ Etre contigu.
한 서로 가까운 시험 천막들 | 시험에서 이웃한 사람들 | 인접하다

*닌ᄒᆞ다 [NIN-HĂ-TA] (吝) 원284
불 Etre avare.
한 인색하다

닐곱 [NIL-KOP,-I] (七) 원286
불 Sept, 7.
한 일곱, 7

닐너주다 [NIL-NE-TJOU-TA,-TJOU-E,-TJOUN] (指謂) 원286
불 Dire; avouer; confier.
한 말하다 | 자백하다 | 토로하다

닐다 [NIL-TA,NIL-E,NIN] (起) 원286
불 Lever, (la pâte) se lever, (vent) naître, être produit.
한 부풀다, (반죽이) 일어나다, (바람이) 일다, 발생하다

닐더내닷다 [NIL-TE-NAI-TAT-TA,-TA-RA,-TA-RĂN] (起出) 원286
불 Se lever et s'en aller précipitamment.
한 일어나서 황급히 가버리다

닐ᄭᅵ오다 [NIL-KKĂI-O-TA,-OA,-ON] (提醒) 원286
불 Rappeler; faire souvenir d'une chose oubliée; rappeler à la mémoire, faire comprendre.
한 상기시키다 | 잊었던 것을 다시 기억하게 하다 | 기억을 상기시키다, 깨닫게 하다

닐은 [NIL-EUN] (所謂) 원285
불 Sus-dit (dans les livres).
한 (책에서) 앞에서 말한

닐ᄋᆞ다 [NIL-Ă-TA,NIL-NE,NIL-ĂN] (謂) 원285
불 Dire; faire connaître; faire savoir; avertir; instruire de; indiquer; déclarer; notifier.
한 말하다 | 알게 하다 | 알게 하다 | 알리다 | 통지하다 | 알려주다 | 공표하다 | 통고하다

닐ᄏᆞᄅᆞ다 [NIL-HKĂ-RĂ-TA,NIL-HKĂ-RE,NIL-HKĂ-REUN] (稱) 원286
불 Désigner; appeler; qualifier. célébrer; louer; vanter.
한 가리키다 | 부르다 | 규정짓다 | 찬양하다 | 칭찬하다 | 찬양하다

닐ᄏᆞᆺ다 [NIL-HKĂT-TA,NIL-HKĂ-RE,NIL-HKĂ-RĂN] 원286
☞닐ᄏᆞᄅᆞ다

닐해 [NIL-HEI] (七日) 원286
불 Le 7e jour de la lune; 7 jours.
한 그달의 일곱 번째 날 | 일곱 날

닐흔 [NIL-HEUN,-I] (七十) 원286
불 Soixante-dix, 70.
한 일흔, 70

닑다 [NILK-TA,NILK-E,NILK-EUN] (讀) 원286
불 Repasser; étudier; apprendre.
한 복습하다 | 공부하다 | 배우다

님 [NIM,-I] (主) 원284
불 Maître. (Termin. honorif. après les mots), 형님 Hyeng-nim, Frère aîné.
한 님 | (단어 뒤에 오는 경칭 어미) | 형님 Hyeng-nim, 손위 형제

*님갈굴뎡 [NIM-KAL-KOUL-TYENG,-I] (臨渴掘井) 원284
불 Creuser une fontaine au fort de la soif, c. a. d. n'être pas préparé à l'avance. ‖ Disposé à tout pour obtenir ce qu'on demande; flatteur de passage.
한 갈증이 심할 때 우물을 판다, 즉, 미리 준비되지 않다 | 요구되는 것을 얻기 위해 모든 준비가 되다 | 일시적인 아첨꾼

님군 [NIM-KOUN,-I] 원284 ☞님금

님금 [NIM-KEUM,-I] (君王) 원284
불 Roi.
한 왕

*님질 [NIM-TJIL,-I] (淋疾) 원284
불 Maladie dans laquelle il y a de la pourriture, du pus, qui sort des parties naturelles. Maladie vénérienne. Maladie de la vessie qui fait rendre du pus.
한 생식기에서 발생하는, 부패, 고름이 생기는 병 | 성병 | 고름이 생기는 방광의 질병

1닙 [NIP,-HI] (葉) 원285
불 Feuille.
한 잎

2닙 [NIP,-HI et -I] (葉分) 원285
불 Sapèque (une sapèque).
한 엽전 (엽전 하나)

3닙 [NIP,-HI et -I] (立介) 원285
불 Numéral des chapeaux, des nattes.
한 모자, 돗자리를 세는 수사

*닙낙ᄒᆞ다 [NIP-NAK-HĂ-TA] (立諾) 원285
불 Permission; accorder; permission accordée; faire une concession verbale; donner une permission verbale.

한 허락 | 허락하다 | 받아들여진 허락 | 구두로 양보하다 | 구두로 허락을 하다

닙다 [NIP-TA,NIP-E,NIP-EUN] (被) 원285

불 Revêtir, mettre ses habits. Se revêtir, s'habiller.

한 자기 옷을 입다, 착용하다 | [역주 옷을] 입다, 옷을 입다

닙사귀 [NIP-SA-KOUI] (葉) 원285

불 Feuille, feuillage.

한 잎, 잎이 우거진 잔가지

[1]닙쌀 [NIP-SSAL,-I] 원285

불 Ni, nom de la dynastie actuelle.

한 이, 현재 왕조의 이름

[2]닙쌀 [NIP-SSAL,-I] (大米) 원285

불 Riz écossé.

한 껍질을 깐 벼

닙팔이 [NIP-HPAL-I] (葉) 원285

불 Feuille d'arbre.

한 나뭇잎

*닙표 [NIP-HPYO] (立表) 원285

불 Marque de propriété, comme les bornes d'un champ; un but, un blanc(pour tirer).

한 밭의 경계 표지와 같은 소유권의 표시 | (쏘기 위한) 과녁, 표적

*닙표ᄒᆞ다 [NIP-HPYO-HĂ-TA] (立表) 원285

불 Donner l'exemple.

한 예를 들다

닙히다 [NIP-HI-TA,NIP-HYE,-NIP-HIN] (蒙) 원285

불 Revêtir, habiller un autre, mettre les habits à un autre, lui donner des habits. Fact. de 닙다 Nip-ta.

한 입히다, 다른사람에게 옷을 입히다, 다른사람에게 옷을 입히다, 다른 사람에게 옷을 주다 | 닙다 Nip-ta의 사동형

닛 [NIT,-SI] 원286

불 Plante dont la fleur sert à teindre en rouge. Garance.

한 그 꽃이 붉게 염색하는 데에 사용되는 식물 | 꼭두서니 염료

닛그다 [NIT-KEU-TA,-KEU-RE,-KEUN] (牽) 원286

불 Aller en tenant par la main.

한 손을 잡은 채로 가다

닛기 [NIT-KI] (苔) 원286

불 Mousse sur les pierres dans l'eau et aussi sur les rochers.

한 물속의 돌 위와 바위 위에도 있는 이끼

[1]닛다 [NIT-TA,-TJYE,-TJĂN] (忘) 원286

불 Oublier.

한 잊다

[2]닛다 [NIT-TA,NI-E,NI-EUN] (連) 원286

불 Raboutir; joindre. Se succéder sans interruption; se tenir l'un l'autre.

한 끝과 끝을 잇다 | 잇다 | 중단 없이 연결되다 | 서로 연관되다

닛치다 [NIT-TCHI-TA,-TCHYE,-TCHIN] 원286

불 S'user par le frottement; frotter.

한 마찰에 의해 닳아 떨어지다 | 비비다

닝닝 [NING-NING] 원285

불 Bruit de pleurnichement. =ᄒᆞ다-hă-ta, Pleurnicher.

한 훌쩍거리는소리 | [용례 =ᄒᆞ다-hă-ta], 훌쩍거리다

ᄂᆞ려가다 [NĂ-RYE-KA-TA,-KA,-KAN] (下去) 원273

불 Descendre et aller. Aller en descendant.

한 내리고 가다 | 내리며 가다

ᄂᆞ려다보다 [NĂ-RYE-TA-PO-TA,-PO-A,-PON] 원273 ☞ ᄂᆞ려보다

ᄂᆞ려보다 [NĂ-RYE-PO-TA] (下視) 원273

불 Descendre voir. Regarder en bas.

한 보러 내려가다 | 아래를 바라보다

ᄂᆞ려오다 [NĂ-RYE-O-TA,-O-A,-ON] (下來) 원273

불 Descendre et venir. Venir en descendant.

한 내리고 오다 | 내려서 오다

ᄂᆞ로 [NĂ-RO] (津) 원273

불 Passage, où l'on passe en bateau.

한 배로 지나가는 통로

ᄂᆞ리다 [NĂ-RI-TA,NĂ-RYE,NĂ-RIN] (降) 원273

불 Descendre; faire descendre; abaisser.

한 내려가다 | 내려가게 하다 | 낮추다

ᄂᆞ리우다 [NĂ-RI-OU-TA] (拿下) 원273

불 (Verbe act., gouv. l'acc.). Faire descendre. Etre abaissé.

한 (능동형 동사, 대격을 지배한다) | 내려가게 하다 | 낮아지다

ᄂᆞ리치다 [NĂ-RI-TCHI-TA,-TCHYE,-TCHIN] 원273

불 Laisser retomber.

한 다시 내려가게 두다

ᄂᆞᆺ지리녁이다 [NĂT-TJI-RI-NEK-I-TA,-YE,-IN] (蔑視) 원273

불 Mépriser; regarder comme rien. 卑

한 멸시하다 | 무가치한 것으로 생각하다 | 천하다

ᄂᆞᆫ [NĂN] 원273

불 Quant à; pour ce qui est de; mais. 나ᄂᆞᆫ Na-năn, Quant à moi. 내게ᄂᆞᆫ Nai-kei-năn, Mais envers moi.
한 ~으로서는 | ~로 말하자면 | 그러나 | [용례 나ᄂᆞᆫ Na-năn], 나로 말할 것 같으면 | [용례 내게ᄂᆞᆫ Nai-kei-năn], 그러나 나에게

[1]ᄂᆞᆫ호다 [NĂN-HO-TA] (分) 원265
불 Partager, diviser; séparer.
한 나누다, 분할하다 | 분리하다

[2]ᄂᆞᆫ호다 [NĂN-HO-TA,-HOA,-HON] (分) 원273
불 Séparer; partager; diviser. ᄂᆞᆫ화주다 Năn-hoa-tjou-ta, Donner, répandre en donnant.
한 분리하다 | 나누다 | 나누다 | [용례 ᄂᆞᆫ화주다, Năn-hoa-tjou-ta], 주다, 주면서 퍼뜨리다

[3]ᄂᆞᆫ호다 [NAN-HO-TA] 원265
불 Ou.
한 또는

ᄂᆞᆯ [NĂL,-I] (日) 원273
불 Aujourd'hui.
한 오늘

ᄂᆞᆷ [NĂM,-I] (別人) 원273
불 Autre; autrui; prochain; étranger.
한 다른 사람 | 타인 | 이웃 사람 | 외부 사람

ᄂᆞᆷ다 [NĂM-TA,NĂM-A,NĂM-EUN] (餘) 원273
불 Rester; être de reste; être de trop.
한 남다 | 남아 있다 | 여분이 있다

ᄂᆞᆷ븟그럽다 [NĂM-PEUT-KEU-REP-TA,-UE-OUE,-RE-ON] (羞恥) 원273
불 Avoir du respect humain; avoir honte des autres; rougir devant les autres.
한 다른 사람들의 이목을 받다 | 남들이 부끄럽다 | 남들 앞에서 얼굴을 붉히다

ᄂᆞᆷ의잔치에감노아라ᄇᆡ노아라 [NĂM-EUI-TJAN-TCHAI-EI-KAM-NO-A-RA-PĂI-NO-A-RA] 원273
불 Dire dans un festin d'un autre; "mets des Kam, mets des poires." Se mêler des affaires des autres, se mêler de ce qui ne regarde pas.
한 다른 사람의 잔치에서 "감을 놓아라, 배를 놓아라" 말하다 | 다른 사람들의 일에 참견하다, 상관없는 일에 참견하다

ᄂᆞᆷ잡이나잡이 [NĂM-TJAP-I-NA-TJAP-I] (害人害己) 원273
불 Tomber soi-même dans son propre piège.
한 자기 자신이 파놓은 자신이 함정에 빠지다

ᄂᆞᆷ져지 [NĂM-TJYE-TJI] (餘物) 원273
불 Reste; ce qui reste.
한 나머지 | 남아 있는 것

[1]ᄂᆞᆺ [NĂT,-SI] 원273
불 Grain, brin. Syn. 낫 Nat.
한 낟알, 가느다란 조각 | [동의어 낫, Nat]

[2]ᄂᆞᆺ [NĂT,NĂT-TCHI] (面) 원273
불 Figure, face
한 얼굴, 얼굴

[1]ᄂᆞᆺ다 [NĂT-TA,NĂ-HA,NĂ-HEUN] (勝) 원273
불 L'emporter sur; valoir mieux; prévaloir. Mieux que. ‖ Se guérir; aller mieux.
한 ~에 우세하다 | 더 낫다 | 우세하다 | ~보다 더 잘 | 치유되다 | 나아지다

[2]ᄂᆞᆺ다 [NĂT-TA,NĂ-TJĂ,NĂ-TJĂN] (下) 원273
불 Bas; petit; inférieur. Etre bas, peu élevé.
한 낮다 | 작다 | 못하다 | 낮다, 높지 않다

ᄂᆞᆺ초다 [NĂT-TCHI-TA,-TCHO-A,-TCHON] (卑) 원273
불 Abaisser.
한 낮추다

ᄂᆞᆺ치우다 [NĂT-TCHO-OU-TA,-TCHI-OUE,-TCHI-OUN] (卑) 원273
불 Etre abaissé, rabaissé.
한 낮춰지다, 격하되다

ᄂᆞᆺ치움이 [NĂT-TCHI-OUM-I] (卑) 원273
불 Abaissement.
한 내리기

[1]ᄂᆡ [NĂI] (川) 원271
불 Grand ruisseau; petite rivière.
한 큰 시냇물 | 작은 강

[2*]ᄂᆡ [NĂI] (內) 원271
불 En agr. Dedans; intérieur (de la maison).
한 한자어로 속 | (집의) 내부

[1*]ᄂᆡ간 [NĂI-KAN,-I] (內簡) 원272
불 Lettre d'une femme.
한 여성의 편지

[2]ᄂᆡ간 [NĂI-KAN,-I] (內間) 원272
불 Les femmes de la maison. ‖ Mort d'une femme.
한 집의 여자들 | 여성의 죽음

[1*]ᄂᆡ과 [NĂI-KOA] (內踝) 원272
불 Le derrière de la cheville du pied au-dessus du talon.
한 발뒤꿈치 위에 있는 발목의 뒤쪽

2* 닉과 [NĂI-KOA] (內過) 원272
불 Maladie intérieure. ‖ Défaut secret.
한 내부의 병 | 비밀스러운 결점

1* 닉관 [NĂI-KOAN,-I] (內官) 원272
불 Eunuque du palais.
한 궁의 환관

2* 닉관 [NĂI-KOAN,-I] (內棺) 원272
불 Cercueil intérieur, châsse intérieure (quand il y a cercueil double).
한 (관이 이중으로 되어 있을 때) 내부의 관, 내부의 틀

* 닉국 [NĂI-KOUK,-I] (內局) 원272
불 Pharmacie royale.
한 왕립 약국

* 닉근ᄒᆞ다 [NĂI-KEUN-HĂ-TA] (內近) 원272
불 Chambre des femmes trop rapprochée. Ne pas bien observer la séparation des sexes.
한 너무 가까운 여자들의 방 | 남녀의 격리를 잘 지키지 않다

* 닉ᄀᆡᆨ [NĂI-KĂIK,-I] (內客) 원272
불 Femme hôte, étrangère; femme qui reçoit l'hospitalité.
한 여자 손님, 여자 외부 사람 | 환대를 받는 여자

* 닉뎡 [NĂI-TYENG,-I] (內庭) 원273
불 Cour au-devant de la chambre des femmes, cour intérieure.
한 여자들의 방 앞에 있는 마당, 안마당

닉물 [NĂI-MOUL,-I] (川水) 원272
불 Eau d'un ruisseau; ruisseau.
한 개울물 | 시냇물

* 닉복 [NĂI-POK,-I] (內腹) 원272
불 Viscères; les intestins; les entrailles (se dit des animaux).
한 장기 | 창자 | 내장 (동물들에 대해 쓴다)

* 닉ᄉᆞ복 [NĂI-SĂ-POK,-I] (內司僕) 원273
불 Ecurie royale à l'intérieur. Maison à l'intérieur du palais, où l'on nourrit les chevaux du roi.
한 내부에 있는 왕의 마구간 | 왕의 말들을 키우는, 궁 안에 있는 시설

* 닉상 [NĂI-SANG,-I] (內喪) 원272
불 Mort d'une femme.
한 여자의 죽음

1* 닉샹 [NĂI-SYANG,-I] (內相) 원272
불 Nom par lequel au désigne la femme d'un autre. Femme, épouse. (honor.).
한 남의 아내를 가리키는 이름 | 부인, 아내 | (경칭)

2* 닉샹 [NĂI-SYANG,-I] (內傷) 원272
불 Maladie venant d'une cause intérieure. (Il y en a sept; joie, colère, ennui, pensée, chagrin, peur, effroi, subit). V. 외감 Oi-kam et 칠졍 Tchil-tjyeng.
한 정신적인 원인에서 오는 질병 | (일곱 가지가 있다; 기쁨, 분노, 권태, 생각, 슬픔, 두려움, 갑작스러운 공포) | [참조어 외감, Oi-kam], [참조어 칠졍, Tchil-tjyeng]

* 닉셩 [NĂI-SYENG,-I] (內城) 원273
불 Muraille intérieure; fortifications intérieures.
한 내부의 성벽 | 안쪽의 축성

* 닉소박ᄒᆞ다 [NĂI-SO-PAK-HĂ-TA] (內疏薄) 원273
불 Femme qui refuse de recevoir, de voir son mari. Faire divorce (femme).
한 남편을 받아들이기를, 보기를 거부하는 부인 | (부인이) 이혼하다

* 닉시 [NĂI-SI] (內侍) 원273
불 Eunuque du palais.
한 궁의 환관

* 닉실 [NĂI-SIL,-I] (內室) 원273
불 Chambre où sont les femmes; le gynécée; l'appartement des femmes.
한 여자들이 있는 방 | 규방 | 여자들의 거처

* 닉아 [NĂI-A] (內衙) 원271
불 Maison de la femme d'un mandarin; le gynécée, l'appartement des femmes (pour les mandarins).
한 관리의 부인 집 | 규방, 여자들의 거처 (관리들에게 있어서)

* 닉영 [NĂI-YENG,-I] (內營) 원271
불 Soldats à l'intérieur du palais royal; garde royale.
한 궁궐 내부의 병사 | 근위대

* 닉영삼긔춍 [NĂI-YENG-SAM-KEUI-TCHONG] (內營三旗摠) 원271
불 Chef du régiment du palais royal, grande dignité du peuple.
한 왕궁의 근위대장, 백성의 중요 고위직

* 닉외 [NĂI-OI] (內外) 원271
불 Dedans et dehors. ‖ Femme et mari; époux et épouse; les deux époux.
한 안과 밖 | 아내와 남편 | 남편과 부인 | 부부

* 닉외부동 [NĂI-OI-HOU-TONG,-I] (內外不同) 원271
불 Beau à l'extérieur, mauvais à l'intérieur. Apparence trompeuse. Syn. 표리부동 Hpyo-ri-pou-tong.
한 겉은 훌륭하고 속은 나쁘다 | 거짓된 겉모습 |

[동의어 표리부동, Hpyo-ri-pou-tong]

ᄂᆡ외술집 [NĂI-OI-SOUL-TJIP,-I] (內外酒家) 원271

불 Maison où l'on ne vend que du vin à emporter, sans en vendre à boire sur place.

한 그 자리에서 마시도록 술을 팔지 않고 가져갈 술만 파는 집

*ᄂᆡ외ᄒᆞ다 [NĂI-OI-HĂ-TA] (內外) 원271

불 Séparer les hommes des femmes. Ne pas voir les femmes. Les femmes ne pas voir les hommes. garder la séparation des sexes, c. a. d. ne pas avoir de conversation avec les femmes, ni aucune entrée. Dans la partie de la maison où sont les femmes.

한 남자들과 여자들을 떼어놓다 | 여자들을 보지 않다 | 여자들이 남자들을 보지 않다 | 남녀 간의 격리를 지키다, 즉 여자들과 이야기를 나누지도 않고, 여자들이 있는 집의 일부에 결코 들어가지 않다

*ᄂᆡ응ᄒᆞ다 [NĂI-EUNG-HĂ-TA] (內應) 원271

불 Trahison; traître (intérieur). Trahir son roi, son chef, son maître. Prendre les intérêts des ennemis de sa patrie.

한 배반 | (내부의) 배신자 | 자신의 왕, 자신의 우두머리, 자신의 주인을 배신하다 | 자신의 조국의 적들을 이롭게 하다

*ᄂᆡ의 [NĂI-EUI] (內醫) 원271

불 Médecin du roi.

한 왕의 주치의

*ᄂᆡ인 [NĂI-IN,-I] (內人) 원271

불 Filles du palais.

한 궁의 처녀들

*ᄂᆡ장 [NĂI-TJANG,-I] (內腸) 원273

불 Viscères; boyaux; entrailles.

한 장기 | 창자 | 내장

*ᄂᆡ죵 [NĂI-TJYONG,-I] (內瘇) 원273

불 Dépôt d'humeurs à l'intérieur. ‖ Ulcère au-dessous de l'aisselle plus bas que les côtes.

한 내부의 체액 침전물 | 갈비뼈보다 더 아래에 있는 겨드랑이 밑의 궤양

*ᄂᆡ죵매 [NĂI-TJYONG-MAI] (內從妹) 원273

불 Fille de la sœur du père.

한 아버지의 여자 형제의 딸

*ᄂᆡ죵매부 [NĂI-TJYONG-MAI-POU] (內從妹夫) 원273

불 Mari de la fille de la sœur du père.

한 아버지의 여자 형제의 딸의 남편

*ᄂᆡ죵ᄉᆞ촌 [NĂI-TJYONG-SĂ-TCHON,-I] (內從四寸) 원273

불 Enfant de la sœur du père.

한 아버지의 여자 형제의 아이

*ᄂᆡ죵씨 [NĂI-TJYONG-SSI] (內從氏) 원273

불 Le fils du frère de la mère; cousin germain par la sœur du père.

한 어머니의 남자 형제의 아들 | 아버지의 여자 형제에 의해 생긴 사촌

*ᄂᆡ직 [NĂI-TJIK,-I] (內職) 원273

불 Dignité propre aux mandarins qui restent auprès du roi. dignité de la capitale (quelle qu'elle soit; il y en a 3,000).

한 왕의 곁에 머무는 관리들에게 알맞은 고위직 | 수도의 고위직 (그것이 어떤 것이건 3,000개가 있다)

*ᄂᆡ직외직 [NĂI-TJIK-OI-TJIK] (內職外職) 원273

불 Les dignités de la capitale (au nombre de 3,000), les dignités de province (800).

한 수도의 고위직 (총 3,000개), 지방의 고위직 (800)

*ᄂᆡᄌᆞ [NĂI-TJĂ] (內子) 원273

불 Femme, épouse.

한 부인, 아내

*ᄂᆡ측 [NĂI-TCHEUK,-I] (內厠) 원273

불 Latrines des femmes.

한 여자들의 변소

*ᄂᆡ치 [NĂI-TCHI] (內治) 원273

불 Adresse, habileté de la femme, de l'épouse, pour les ouvrages de son sexe. Le gouvernement intérieur de la maison; le ménage; l'affaire des femmes. ‖ Remède qui se prend à l'intérieur; potion.

한 여성이 하는 일에 있어서의, 부인, 아내의 재주, 좋은 솜씨 | 집안 관리 | 살림 | 아내의 일 | 내부로 스며드는 약 | 물약

*ᄂᆡ흉ᄒᆞ다 [NĂI-HYOUNG-HĂ-TA] (內凶) 원272

불 Mauvais à l'intérieur. ‖ Penser beaucoup.

한 속으로 나쁘다 | 많이 생각하다

ᄂᆡᆸ다 [NĂIP-TA,NĂI-OA,NĂI-ON] (烟臭) 원272

불 Avoir de la fumée; faire de la fumée; fumer. Enfumé; fumeux; plein de fumée. (Ce mot exprime l'action de la fumée sur les organes).

한 연기가 있다 | 연기를 내다 | 연기가 나다 | 연기로 가득하다 | 연기가 나다 | 연기로 가득하다 | (이 단어는 기구 위로 나오는 연기의 활동을 표현한다)

*닝 [NĂING,-I] (冷) 원272

불 (Souvent en agr.). Frais; tiède; froid.

한 (흔히 한자어로) 서늘하다 | 미지근하다 | 차갑다

닝괄이 [NĂING-KOAL-I] (烟炭) 원272

불 Morceau de bois non entièrement brûlé, qui, dans un brasier, répand de la fumée en brûlant. Fumeron dans le charbon.

한 화로에서 연기를 퍼뜨리는 완전히 불에 타지 않은 나무 조각 | 석탄 속의 숯

닝큼 [NĂING-HKEUM] (速) 원272

불 Vite.

한 재빨리

닝큼닝큼 [NĂING-HKEUM-NĂING-HKEUM] (速速) 원272

불 vite.

한 신속하게

ㄷ

ㄷ [T] 원447

불 22e lettre de l'alphabet, consonne, correspond à t. Placée sous une voyelle, elle s'écrit ㅅ.

한 자모의 22번째 글자, 자음, t에 대응한다 | 모음 아래에 위치하면 ㅅ으로 쓴다.

다 [TA] (皆) 원448

불 Tout; beaucoup; plusieurs; tous; entièrement.

한 모두 | 많이 | 여러 | 모두 | 전부

다갈 [TA-KAL,-I] 원453

불 Clous pour ferrer les chevaux. Syn. 마텰 Ma-htyel.

한 말에 편자를 박을 때 쓰는 징 | [동의어 마텰, Ma-htyel]

다갈이 [TA-KAL-I] (小鼎) 원453

불 Petite chaudière.

한 작은 가마솥

*다겁ᄒᆞ다 [TA-KEP-HĂ-TA] (多怯) 원453

불 Craintif, timide, peureux, poltron, pusillanime. Avoir grand peur.

한 겁이 많다, 소심하다, 겁이 많다, 비겁하다, 심약하다 | 몹시 두려워하다

다견ᄒᆞ다 [TA-KYEN-HĂ-TA] (多緊) 원453

불 Utile, nécessaire. Etre très-nécessaire. Venir très-à propos.

한 쓸모 있다, 필요하다 | 매우 필요하다 | 매우 때맞추어 오다

다고 [TA-KO] (要賜) 원453

불 Donne-moi.

한 내게 줘

*다과 [TA-KOA] (多寡) 원453

불 Beaucoup et peu.

한 많고 적음

1*다급ᄒᆞ다 [TA-KEUP-HĂ-TA] (多急) 원453

불 Pressé; empressé; qui a beaucoup d'affaires.

한 바쁘다 | 서두르다 | 일이 많다

2다급ᄒᆞ다 [TA-KEUP-HĂ-TA] 원453

불 S'emparer de.

한 점령하다

다긋다 [TA-KEUT-TA,-KEU-E,-KEU-EUN] (內噏) 원453

불 Retirer à soi; aspirer; absorber.

한 자기 쪽으로 끌어내다 | 열망하다 | 열중시키다

*다긔잇다 [TA-KEUI-IT-TA,-IT-SE,-IT-SĂN] (多氣) 원453

불 Courageaux.

한 용감하다

*다긔지다 [TA-KEUI-TJI-TA,-TJYE,-TIN] (多氣) 원453

불 Courageux, qui n'a pas peur, intrépide, audacieux, présomptueux. Avor du sang-froid, de l'intrépidité.

한 용감하다, 겁이 없다, 대담하다, 뻔뻔하다, 건방지다 | 침착하다, 대담하다

*다남ᄌᆞ [TA-NAM-TJĂ] (多男子) 원455

불 Plusieurs garçons, plusieurs enfants mâles, beaucoup de fils, beaucoup de garçons.

한 여러 명의 소년, 여러 명의 남자 아이, 많은 아들, 많은 소년

*다년 [TA-NYEN,-I] (多年) 원455

불 Plusieurs années.

한 여러 해

다님 [TA-NIM,-I] (短衽) 원455

불 Jarretière.

한 양말대님

다닥다닥 [TA-TAK-TA-TAK] (稠疊) 원463

불 Désigne l'état d'un bois noueux, couvert de dessins et de veines, etc. ‖ De tous côtés, en quantité (se dit des fruits sur les arbres).

한 마디가 많은, 나뭇결 등으로 덮인 나무의 상태를

가리킨다 | 사방에, 다량으로 (나무에 있는 열매에 대해 쓴다)

다동다동 [TA-TONG-TA-TONG] ㉔463

불 Désigne l'action de presser pour faire entrer beaucoup dans un vase et unir ce qui y est.

한 항아리에 많이 넣고, 그 안에 있는 것을 합치기 위해서 누르는 행동을 가리킨다

다두드려 [TA-TOU-TEU-REY] (盡打) ㉔463

불 En un mot.

한 한마디로

다듬다 [TA-TEUM-TA,-TEUM-E,-TEUM-EUN] (攻治) ㉔463

불 Battre le linge, le papier avec des maillet, des bâtonnets, pour le lisser, le polir, lui donner du brillant. ‖ Trier. ‖ Equarrir, aplanir, égaliser, raboter.

한 매끄럽게, 윤이 나게, 반짝거리게 하기 위해서 방망이와 막대기로 세탁물, 종이를 두드리다 | 고르다 | 네모지게 하다, 평평하게 하다, 고르게 하다, 다듬다

다듬이돌 [TA-TEUM-I-TOL,-I] (搗板石) ㉔463

불 Grosse pierre polie dont on se sert pour battre avec des maillets.

한 방망이로 두드리는 데 사용하는 반들거리는 큰 돌

다듬이질ᄒᆞ다 [TA-TEUM-I-TJIL-HĂ-TA] (搗衣) ㉔463

불 Action de battre le linge pour le rendre lisse, poli. (c'est à peu près ce que font les foulons pour le drap).

한 주름이 없게, 반들거리게 하기 위해서 세탁물을 두드리는 행동 | (시트에 축융기를 사용하는 것과 거의 비슷하다)

다라가다 [TA-RA-KA-TA,-KA,-KAN] (走去) ㉔460

불 Courir en allant, aller en courant.

한 가면서 달리다, 달리면서 가다

다라나다 [TA-RA-NA-TA,-NA,-NAN] ㉔461

불 (impér. : -NA-KE-RA) S'enfuir, s'échapper, fuir.

한 (명령형. : -NA-KE-RA) 달아나다, 도망가다, 도주하다

다라보다 [TA-RA-PO-TA,-PO-A,-PON] (稱) ㉔461

불 Peser voir, peser avec une balance pour voir.

한 달다 보다, 무게를 알기 위해 저울로 달다

다라오다 [TA-RA-O-TA,-OA,-ON] (走來) ㉔460

불 Courir en venant, venir en courant.

한 오면서 달리다, 달리면서 오다

다락 [TA-RAK,-I] (樓) ㉔460

불 Esp. de petit plancher à hauteur d'homme, dans une chambre, pour y déposer des objets. Grenier de décharge ou servant de garde-meuble.

한 방 안에 있는, 사람 높이의 낮은 천장의 종류로, 이곳에 물건들을 놓아둔다 | 하역 창고 또는 가구 창고의 선반

다락기 [TA-RAK-KI] (杻器) ㉔460

불 Esp. de petit panier; toute petite corbeille en bois de 비사리 Pi-sa-ri.

한 작은 바구니 종류 | 비사리Pi-sa-ri 나무로 된 매우 작은 바구니

다락다락ᄒᆞ다 [TA-RAK-TA-RAK-HĂ-TA] ㉔460

불 Etre abondant, fourmiller (herbe, eau, poisson, fumée, etc.).

한 (풀, 물, 물고기, 연기 등) 풍부하다, 많다

다람나무 [TA-RAM-NA-MOU] (茶果木) ㉔460

불 Nom d'une espèce d'arbre à l'écorce blanche, qui a l'intérieur rouge.

한 껍질이 하얗고 속은 붉은 나무 종류의 명칭

다랍다 [TA-RAP-TA,-RA-OA,-RA-ON] (慳吝) ㉔461

불 Pingre, avare, mesquin, chiche.

한 인색하다, 욕심 많다, 쩨쩨하다, 인색하다

다랏기 [TA-RAT-KI] (眼瘇) ㉔461

불 Maladie des paupières; chassie. orgelet, bouton sur le bord des paupières.

한 눈꺼풀에 생기는 병 | 눈꼽 | 다래끼, 눈꺼풀 가장자리에 생기는 부스럼

¹다래 [TA-RAI] (韂) ㉔460

불 Grand morceau de cuir de chaque côté du cheval, un peu au-dessous de la selle, pour préserver les pieds du cavalier des éclaboussures de boue.

한 말 타는 사람의 발을 진흙이 튀는 것으로부터 보호하기 위해 안장의 약간 아래, 말 양쪽에 두는 큰 가죽 조각

²다래 [TA-RAI] (藟) ㉔460

불 Esp. de petit fruit sauvage qui a le goût de la groseille verte; mais il croît sur une plante sarmenteuse, sans épines.

한 초록 구즈베리 맛이 나는 작은 야생 열매의 종류 | 그러나 가시 없는 덩굴식물 위에서 자란다

³다래 [TA-RAI] ㉔461 ☞ ¹다릐

다려 [TA-RYE] ㉔461

불 Avec. À, au.

한 ~와 함께 | ~에게, ~에

다려ᄀᆞ다 [TA-RYE-KA-TA,-KA,-KAN] (領去) 원461

불 Emmener, conduire en allant; aller en conduisant, en entraînant.

한 데려가다, 가면서 인도하다 | 인도하면서, 이끌면서 가다

다려오다 [TA-RYE-O-TĂ,-OA,-ON] (率來) 원461

불 Amener, conduire en venant, venir en conduisant.

한 데리고 오다, 오면서 인도하다, 인도하여 오다

다루리 [TA-ROU-RI] (鑋) 원461

불 Esp. de fer à repasser en fer épais, fait comme une casserole, avec une queue dans laquelle s'emboîte un manche en bois.

한 두꺼운 철로 된 다리미의 종류, 냄비처럼 생겼고, 나무로 된 손잡이가 박혀 있는 자루가 있다

다르다 [TA-REU-TA,TAL-NA,TA-RĂN] (異) 원461

불 Différer, être différent.

한 다르다, 다르다

다릐다 [TA-REUI-TA,-REUI-YE,-REUIN] 원461

불 Alléguer.

한 [역주 유력한 증명·논거를] 끌어내다

[1]다리 [TA-RI] (橋) 원461

불 Pont. ‖ Numéral des hommes qui servent d'intermédiaire pour bâcler une affaire dont on ne peut se tirer seul.

한 다리 | 혼자 해낼 수 없는 일을 대강 해치우기 위해 중개인 역할을 하는 사람들을 세는 수사

[2]다리 [TA-RI] (脚) 원461

불 Jambe.

한 다리

다리고 [TA-RI-KO] (與俱) 원461

불 (de 다리다 Ta-ri-ta) Avec.

한 [역주 (다리다 Ta-ri-ta에서)] 함께

[1]다리다 [TA-RI-TA,TA-RYE,TA-RIN] (率) 원461

불 Conduire; emmener; amener. Etre accompagné, se faire suivre de. Accompagner; suivre; être avec; faire avec.

한 안내하다 | 데려가다 | 데리고 오다 | 동반하다, 따르게 하다 | 동행하다 | 따르다 | 함께 있다 | 함께 하다

[2]다리다 [TA-RI-TA,TA-RYE,TA-RIN] (煎) 원461

불 Préparer les remèdes; faire des infusions, des décoctions de remèdes, etc.

한 약재를 준비하다 | 우려내다, 탕약 등을 만들다

[3]다리다 [TA-RI-TA,TA-RYE,TA-RIN] (彎) 원461

불 Tirer, tendre.

한 끌어당기다, 잡아당기다

[4]다리다 [TA-RI-TA,TA-RYE,TA-RIN] 원461

불 Repasser le linge.

한 세탁물을 다림질하다

다리쇠 [TA-RI-SOI] (脚鐵) 원461

불 Ustensile de cuisine. Trépied. petites barres de fer en triangle ou autrement, qui servent à retenir un vase sur un réchaud.

한 주방 도구 | 삼발이 | 향로 위에 단지를 고정시키는 데 사용하는 삼각형이나 다른 모양으로 된 작은 쇠막대기들

다림 [TA-RIM,-I] (向方) 원461

불 Mire d'un fusil.

한 총의 조준

다림보다 [TA-RIM-PO-TA,-PO-A,-PON] (看向方) 원461

불 Mire d'un fusil. ajuster. Viser, mirer. ‖ Fil-à-plomb. Elever une perpendiculaire. Voir si les choses sont de niveau.

한 총의 조준 | 조준하다 | 겨냥하다, 겨누다 | 다림추 | 수직선을 올리다 | 물건들이 수평인지 보다

다림이 [TA-RIM-I] (鑋) 원461

불 Esp. de fer à repasser fait comme une casserole en fer épais, dans laquelle on met du feu (on le tient avec un manche en bois).

한 두꺼운 철로 된 냄비처럼 만들어진 다리미 종류로, 그 안에 불을 놓는다 (나무로 된 손잡이로 그것을 잡는다)

다ᄅᆞ나다 [TA-RĂ-NA-TA,-NA,-NAN] (逃走) 원461

불 S'enfuir, s'échapper.

한 도망가다, 도망치다

다ᄅᆞ다 [TA-RĂ-TA,TAL-NA,TA-RĂN] (異) 원461

불 Etre différent; être autre; l'autre; les autres.

한 다르다 | 별개다 | 다른 것[역주 사람] | 다른 것들[역주 사람들]

다ᄅᆞᆷ박질ᄒᆞ다 [TA-RĂM-PAK-TJIL-HĂ-TA] (急步) 원461

불 Courir promptement.

한 신속하게 달리다

다ᄅᆞᆷ아니라 [TA-RĂM-A-NI-RA] (無他) 원461

불 Ce n'est pas autre chose; voici ce que c'est; c'est ceci;

c'est cela.
한 다른 것이 아니라 | 바로 이것이다 | 이것이다 | 그것이다

다룸이 [TA-RĂM-I] (別) 원461
불 Différence, autre chose.
한 차이, 다른 것

다룸쥐 [TA-RĂM-TJOUI] (鼯) 원461
불 Ecureuil commun. Esp. de petit rat liron, ou de petit écureuil rayé. Rat liron.
한 보통의 다람쥐 | 작은 설치류과 쥐, 또는 작은 줄무늬 다람쥐 종류 | 설치류과의 쥐

¹다릐 [TA-RĂI] 원461
불 Esp. de petit fruit ou baie verte, douce au goût, et dont la tige ressemble à vigne.
한 단맛이 나고 그 줄기가 포도와 비슷한 작은 열매 또는 초록 장과 종류

²다릐 [TA-RĂI] 원461
불 Chevelure réunie en tresse par derrière. (C'est ainsi que la portent tous les enfants, c.a.d. toutes les personnes non mariées des deux sexes). ‖ Cosse des pois.
한 뒤로 땋아서 합쳐진 머리 (모든 아이, 즉 결혼을 하지 않은 남녀 모두가 그런 머리를 한다) | 콩의 깍지

다릐다릐 [TA-RĂI-TA-RĂI] (檖檖) 원461
불 Cri de joie que poussent les enfants en apercevant sous l'arbre des fruits du 다릐 Ta-răi. En grande quantité, de tous côtés (se dit des fruits sur les arbre).
한 나무 아래에서 다릐 Ta-răi 열매들을 발견하고 아이들이 지르는 기쁨의 함성 | 다량으로, 사방에 (나무 위 열매들에 대해 쓴다)

다만 [TA-MAN] (但) 원454
불 seulement, mais.
한 다만, 그러나

다목 [TA-MOK,-I] (丹木) 원454
불 Bois du Brésil, bois de campêche, qui vient de Quelpaërt.
한 브라질산 나무, 제주도산 로그우드 나무

¹다못 [TA-MOT,-I] (只) 원454
불 Seulement.
한 다만

²다못 [TA-MOT,-I] (與) 원454
불 Le suivant, qui vient ensuite; ensuite; et; puis; et enfin.
한 다음 것, 다음에 오는 | 그러고 나서 | 그리고 | 그러고 나서 | 그리고 마침내

다뭇 [TA-MĂT] 원454 ☞다만

다발 [TA-PAL,-I] (束) 원460
불 Fagot, brassée, paquet, gerbe. (Ne se dit guère que du bois et des légumes).
한 나뭇단, 한 아름, 꾸러미, 다발 | (나무와 채소에 대해서가 아니면 거의 쓰지 않는다)

다방머리 [TA-PANG-ME-RI] (竪頭) 원460
불 Chevelure courte. Celui qui a les cheveux coupés à une certaine longueur, v.g. tous les Européens.
한 짧은 머리 | 머리카락을 어떤 길이로 자른 사람, 예. 모든 유럽인

다보록ᄒᆞ다 [TA-PO-ROK-HĂ-TA] 원460
불 Etre très-touffu, court et touffu.
한 털이 매우 무성하다, 짧고 무성하다

다복다복ᄒᆞ다 [TA-POK-TA-POK-HĂ-TA] (萋萋) 원460
불 Etre très-touffu, bas et touffu.
한 털이 매우 무성하다, 짧고 무성하다

다복숄 [TA-POK-SYOL,-I] (兒松) 원460
불 Petit pin qui s'élève peu de terre et s'étend en branches. Jeunes pins qui ne sont bons qu'à brûler.
한 땅에서 얼마 자라지 않아 나뭇가지들이 뻗어 가는 작은 소나무 | 불 피우기에만 알맞은 어린 소나무들

다복쑥 [TA-POK-SSOUK,-I] (蓬) 원460
불 Nom d'une esp. de plante qui ressemble à l'absinthe, (armoise).
한 약쑥과 유사한 식물의 종류의 이름, (쓴 쑥속)

¹*다복쟈 [TA-POK-TJYA] (多福者) 원460
불 Qui a beaucoup de chance, beaucoup de bonheur.
한 복이 많은, 행운이 많은 사람

²*다복쟈 [TA-POK-TJYA] (多卜者) 원460
불 Homme qui a beaucoup de contributions à payer.
한 낼 세금이 많은 사람

*다산 [TA-SAN,-I] (多産) 원462
불 Femme qui a accouché plusieurs fois.
한 여러 번 아이를 낳은 여자

*다산ᄒᆞ다 [TA-SAN-HĂ-TA] (多産) 원462
불 Avoir beaucoup d'enfants (femme).
한 아이가 많다 (여자)

다솝 [TA-SOP,-I] 원463 ☞다솝

*다쇼 [TA-SYO] (多少) 원463
불 Beaucoup et peu; un grand nombre et un petit

nombre; grand et petit; quantité.
한 많고 적다 | 큰 수와 작은 수 | 크고 작다 | 수량

*다숄 [TA-SYOL,-I] (多率) 원463
불 Personnel nombreux d'une maison. Nombreuse maisonnée.
한 한집안의 많은 고용인 | 많은 수의 가족 전원

다스마 [TA-SEU-MA] (海帶) 원463
불 Herbe marine, aigue (comestible).
한 바다에서 나는 풀, (먹을 수 있는) 해초

다스ᄒᆞ다 [TA-SEU-HĂ-TA] (溫) 원462
불 Tiède, qui a de la tiédeur, qui est entre le chaud et le froid. Etre un peu chaud, d'une chaleur douce. Refroidi. ‖ Qui manque d'ardeur, de zèle.
한 미지근하다, 미지근하다, 따뜻함과 차가움의 중간이다 | 약간 따뜻하다, 적당히 따뜻하다 | 식다 | 열기, 열성이 부족하다

다습 [TA-SEUP] (五歲牲) 원463
불 Cinq ans (âge pour les bestiaux).
한 다섯 살 (가축의 나이)

다시 [TA-SI] (復) 원463
불 De nouveau, de rechef, encore, plus, encore une fois.
한 새롭게, 다시금, 또 다시, 더욱, 한 번 더

*다식 [TA-SIK,-I] (茶食) 원463
불 Nom d'une esp. de confiture de fleurs de pin et de miel; de châtaignes et de miel, etc. etc. Esp. de macaron.
한 소나무 꽃과 꿀로 만든 잼의 종류의 이름 | 밤과 꿀 등등으로 만든 잼의 종류의 이름 | 마카롱 과자 종류

*다식ᄒᆞ다 [TA-SIK-HĂ-TA] (多食) 원463
불 Manger beaucoup.
한 많이 먹다

*다ᄉᆞ [TA-SĂ] (多士) 원462
불 Plusieurs lettrés.
한 여러 명의 학식 있는 사람들

다ᄉᆞ리다 [TA-SĂ-RI-TA,-RYE,-RIN] (治) 원462
불 Gouverner, gérer, conduire, administrer, surveiller, diriger, régir.
한 통치하다, 관리하다, 운영하다, 다스리다, 감시하다, 지휘하다, 지배하다

다ᄉᆞ스럽다 [TA-SĂ-SEU-REP-TA,-RE-OUE,-RE-ON] (多事) 원462
불 Etre très-occupé, très-affairé, en avoir l'air. ‖ Etre très-difficile, très-compliqué. ‖ Curieux, qui fait semblant de connaître, qui prétend savoir les affaires d'autrui.
한 매우 바쁘다, 매우 분주하다, 그렇게 보이다 | 매우 어렵다, 매우 복잡하다 | 호기심이 많다, 아는 체하다, 타인의 일을 안다고 주장하다

1*다ᄉᆞᄒᆞ다 [TA-SĂ-HĂ-TA] (多事) 원462
불 Avoir beaucoup d'ouvrage, d'occupations. Etre très-occupé, très-affairé.
한 일, 일거리가 많다 | 매우 바쁘다, 매우 분주하다

2다ᄉᆞᄒᆞ다 [TA-SĂ-HĂ-TA] 원462 ☞다스ᄒᆞ다

다ᄉᆞᆺ [TA-SĂT,-SI] (五) 원462
불 Cinq. 5.
한 다섯, 5

다야 [TA-YA] (盥鍮器) 원448
불 Bassin en cuivre, en bronze, pour se laver.
한 씻을 때 사용하는 구리, 청동으로 된 대야

*다언ᄒᆞ다 [TA-EN-HĂ-TA] (多言) 원448
불 Babiller; parler beaucoup; être bavard. être le thème des conversations; donner beaucoup à parler.
한 종알거리다, 말을 많이 하다, 수다스럽다 | 대화의 주제가 되다 | 말할 거리를 많이 제공하다

다음 [TA-EUM,-I] (副) 원448
불 Le suivant; celui qui vient après; postérieur; qui va à la suite.
한 다음 것, 다음에 오는 것, 후의, 연이어 되는 것

다음다음 [TA-EUM-TA-EUM] (次次) 원448
불 De plus en plus; sans cesse; sans discontinuer. A la suite.
한 점점 | 멈추지 않고, 중단하지 않고 | 연이어

다음에 [TA-EUM-EI] (副) 원448
불 En second lieu; à la suite; ensuite; immédiatement après. (Se met après le mot au nominatif).
한 두 번째로, 이어서, 다음에, 바로 후에 | (주격 낱말의 다음에 놓인다)

다잡다 [TA-TJAP-TA,-TJAP-A,-TJAP-EUN] 원463
불 Commander avec force, avec violence.
한 강하게, 난폭하게 명령하다

*다졍ᄒᆞ다 [TA-TJYENG-HĂ-TA] (多情) 원463
불 Affectionné; qui a beaucoup d'affection, d'amour. Avoir beaucoup d'affection.
한 애정을 느끼다 | 애정, 사랑이 많다 | 많은 애정을 가지다

다종 [TA-TJONG] 원463

불 A peu près.
한 대략

*다죡ᄒᆞ다 [TA-TJYOK-HĂ-TA] (多族) 원463
불 Celui qui a beaucoup de parents, qui est d'une nombreuse famille. Avoir une nombreuse parenté.
한 친척이 많은, 가족의 수가 많은 사람 | 많은 수의 친척이 있다

다지ᄅᆞ다 [TA-TJI-RĂ-TA,-TJIL-NE,-TJI-RĂN] (觸) 원463
불 Percer; piquer. Frapper comme un sourd; aller brutalement à son fait; heurter brutalement. ‖ Faire ou parler à l'aveugle.
한 뚫다 | 찌르다 | 힘껏 때리다 | 급격하게 본론으로 들어가다 | 난폭하게 부딪치다 | 맹목적으로 하거나 말하다

다질니다 [TA-TJIL-NI-TA,-NYE,-NIN] (衝鼈) 원463
불 Etre choqué, heurté, blessé par un choc. ‖ Etre percé, être piqué.
한 충돌하다, 부딪히다, 충격에 의해 상처 입다 | 뚫리다, 찔리다

다짐ᄒᆞ다 [TA-TJIM-HĂ-TA] 원463
불 Sentence de mort. signer la sentence de mort. Approuver, déclarer qu'on se soumet à la sentence de mort.
한 사형선고 | 사형선고에 서명하다 | 사형선고에 처해지는 것을 승인하다, 선언하다

다담 [TA-TAM,-I] (茶饌) 원463
불 Abondance de mets, de plats divers, festin. Table servie en grande cérémonie pour le mandarin.
한 요리, 다양한 음식의 풍부함, 잔치 | 관리를 위해 격식을 갖춰 차려진 상

다토다 [TA-HTO-TA,-HTO-A,-HTON] (爭) 원463
불 Se disputer; se quereller; lutter contre; être aux prises avec; contester; plaider; combattre.
한 말다툼하다 | 다투다 | 맞서 싸우다 | ~와 실랑이하다 | 반론을 제기하다 | 변호하다 | 싸우다

다톰이 [TA-HTOM-I] (爭) 원463
불 Dispute, querelle.
한 말다툼, 싸움

*다홍 [TA-HONG,-I] (茶紅) 원453
불 Couleur rouge.
한 붉은 색

[1]다히다 [TA-HI-TA,TA-HYE,TA-HIN] 원453
불 Unir, joindre, mettre bout à bout, faire toucher. ‖ Etre mis en rapport, en communication avec; être attachés ensemble. ‖ Aborder (au port). ‖ Dénoncer, dévoiler, découvrir, indiquer. V.Syn. ᄃᆞ히다 Tă-hi-ta.
한 결합하다, 조합하다, 연결하다, 닿게 하다 | 관련되어 있다, ~와 연락하다, 함께 결부되어 있다 | (항구에) 도달하다 | 고발하다, 폭로하다, 발견하다, 가리키다 | [동의어 ᄃᆞ히다, Tă-hi-ta]

[2]다히다 [TA-HI-TA,-HYE,-HIN] (灌) 원453
불 Faire couler l'eau dans les canaux, dans les conduits.
한 운하, 도관에 물이 흐르게 하다

[3]다히다 [TA-HI-TA,-HYE,-HIN] 원453
불 Faire brûler.
한 타게 하다

다히이다 [TAI-HI-I-TA,-HI-YE,-HI-IN] 원453
불 (pass de. 다히다 Ta-hi-ta). Etre uni, joint, attaché à; se toucher. ‖ Etre dénoncé, dévoilé, découvert par. V. ᄃᆞ히다 Tă-hi-ta.
한 (다히다 Ta-hi-ta의 피동형) 모이다, 합쳐지다, 관련되다 | 인접하다 | ~에 의해 알려지다, 밝혀지다, 밝혀지다 | [참조어 ᄃᆞ히다, Tă-hi-ta]

다ᄒᆞ다 [TA-HĂ-TA,-HĂ-YE,-HĂN] (完了) 원453
불 Terminer, achever, conclure, parfaire, finir, clore, tout faire, accomplir, mettre à fin.
한 마치다, 완성하다, 결론을 내다, 성취하다, 끝맺다, 모두 하다, 완수하다, 끝나다

*다ᄒᆡᆼᄒᆞ다 [TA-HĂING-HĂ-TA] (多幸) 원453
불 Fortune, bonheur, chance, bonne affaire. Fortuné, heureux, chanceux, être très-heureux, très-à propos.
한 행운, 행복, 운, 유리한 거래 | 운이 좋다, 행복하다, 행운이다, 매우 행복하다, 매우 적절하다

닥 [TAK,-I] (楮) 원453
불 Mûrier à papier. Arbuste don't l'écorce sert à faire du papier. (Ecorce du) mûrier à papier.
한 닥나무 | 그 껍질이 종이를 만드는 데 쓰이는 소관목 | 닥나무 (껍질)

[1]닥기다 [TAK-KI-TA,TAK-KYE,TAK-KIN] (面囑) 원453
불 Importuner pour faire payer les dettes.
한 빚을 갚게 하기 위해 귀찮게 굴다

[2]닥기다 [TAK-KI-TA,-KYE,-KIN] (修) 원453
불 Etre nettoyé.
한 청소가 되다

닥긔 [TAK-KĂI] (落疥) 원453
불 Croûte d'une plaie, d'un furoncle.

한 상처, 종기의 딱지

닥나무 [TAK-NA-MOU] (楮木) 원453

불 Arbrisseau dont les branches, en forme d'osier, sont coupées chaque année pour en avoir l'écorce, qui sert à faire un papier solide. Mûrier à papier.

한 단단한 종이를 만드는 데 쓰이는 관목으로, 버들 모양의 나뭇가지는 껍질을 얻기 위해 매년 자른다 | 닥나무

닥다 [TAK-TA,TAK-KA,TAK-KEUN] (修) 원453

불 Nettoyer; purifier; polir; fourbir; perfectionner; cultiver; embellir; amender; corriger; châtier; réprimer.

한 깨끗이 하다 | 정화시키다 | 닦다 | 윤을 내다 | 다듬다 | 재배하다 | 아름답게 하다 | 개선하다 | 고치다 | 다듬다 | 억누르다

닥닥 [TAK-TAK] 원454

불 Bruit d'une souris qui ronge le bois

한 나무를 갉아 먹는 생쥐의 소리

닥달ᄒᆞ다 [TAK-TAL-HĂ-TA] (琢磨) 원454

불 Nettoyer, essuyer.

한 깨끗이 하다, 닦다

닥더리다 [TAK-TE-RI-TA,-RYE,-RIN] 원454

불 Frapper contre.

한 ~을 두드리다

닥밧 [TAK-PAT,-TCHI] (楮田) 원453

불 Champ d'arbres à papier.

한 종이 만드는 데 쓰이는 나무의 밭

닥작닥작 [TAK-TJAK-TAK-TJAK] 원454

불 Désigne l'état d'un bois noueux, rempli de nœuds.

한 마디로 가득한, 마디가 많은 나무의 상태를 가리킨다

닥지 [TAK-TJI] (楮疵紙) 원454

불 Tache, défaut dans le papier. Papier grossier pour emballage.

한 종이에 있는 얼룩, 결점 | 포장하는 데 쓰는 거친 종이

닥ᄌᆞ [TAK-TJĂ] 원469 ☞덕ᄌᆞ

1닥치다 [TAK-TCHI-TA,-TCHYE,-TCHIN] 원454

불 Arriver, approcher.

한 도착하다, 근접하다

2닥치다 [TAK-TCHI-TA,-TCHYE,-TCHIN] 원454

불 Donner un jeton parce qu'on n'en a pas de semblable à celui qui est demandé (jeu). Perdre un jeton.

한 요구되는 것과 비슷한 것을 가지고 있지 않기 때문에 동전 모양의 표를 주다(놀이) | 동전 모양의 표를 잃다

닥치 [TAK-TCHĂI] (楮叢) 원454

불 Baguette de 닥 Tak dépouillée, de son écorce.

한 껍질이 벗겨진 닥 Tak으로 된 막대기

1*단 [TAN,-I] (壇) 원455

불 Tour, tour d'observation, plate-forme.

한 망루, 감시 망루, 기단

2*단 [TAN,-I] (緞) 원455

불 En agr. Etoffe de soie.

한 한자어로 견직물

3*단 [TAN,-I] (單) 원455

불 Un seul, unique.

한 단 하나의, 유일한

4*단 [TAN,-I] 원455

불 Bordure des habits, bord.

한 옷의 가장자리 장식, 가장자리

5단 [TAN,-I] (束) 원455

불 Numéral des gerbes.

한 다발을 세는 수사

6*단 [TAN,-I] (端) 원455

불 Article, chapitre. Ce mot signifiant article, on l'emploie pour désigner les mystères du rosaire.

한 항목, 장 | 항목을 의미하는 이 단어는 로자리오의 신비를 가리키기 위해 사용된다

*단간 [TAN-KAN,-I] (單間) 원455

불 Chambre qui n'a qu'une travée, qui a à près sept à huit pieds de long. Une seule chambre de la grandeur d'un 간 Kan ou deux mètres carrés environ.

한 약 7~8피에 길이의, 한 기둥 사이의 거리 밖에 안 되는 방 | 한 간Kan 또는 약 2m^2크기의 단칸방

단거리 [TAN-KE-RI] (單介) 원455

불 Un seul, chose unique.

한 단 하나의 것, 유일한 것

*단골 [TAN-KOL,-I] (丹骨) 원455

불 Marchand habituel, qui a la pratique d'une maison. Pratique habitué. (Un aubergiste et celui qui descend toujours chez lui sont mutuellement 단골 Tan-kol).

한 한 집을 드나드는 관례적인 상인 | 익숙해진 고객 | (여인숙 주인과 그 여인숙에 항상 묵는 사람은 서로 단골 Tan-kol이다)

*단교군 [TAN-KYO-KOUN,-I] (單轎軍) 원455

불 Les deux porteurs de chaise, seulement deux porteurs au palanquin, une seule paire de porteurs au palanquin.

한 두 명의 가마 운반꾼, 단 두 명의 가마 운반꾼, 단

한 쌍의 가마 운반꾼

1* 단구 [TAN-KOU] (短晷) ㊊456

불 Jour court, v.g. en hiver.

한 예. 겨울에 짧은 하루

2 단구 [TAN-KOU] ㊊456

불 Une seule maison, maison isolée.

한 단 하나의 집, 고립된 집

3* 단구 [TAN-KOU] (單狗) ㊊456

불 Un seul chien.

한 단 한 마리의 개

* 단긔ᄒᆞ다 [TAN-KEUI-HĂ-TA] (單騎) ㊊455

불 N'avoir qu'un seul cheval. Etre seul à cheval avec le conducteur. N'avoir pas de cortége.

한 단 하나의 말만 가지다 | 몰이꾼이 있는 말을 홀로 타다 | 행렬이 없다

단기다 [TAN-KI-TA] ㊊455

불 V. ᄃᆞᆫ니다 Tăn-ni-ta.

한 [참조어] ᄃᆞᆫ니다, Tăn-ni-ta]

단니다 [TAN-NI-TA] ㊊456

불 V. ᄃᆞᆫ니다 Tăn-ni-ta.

한 [참조어] ᄃᆞᆫ니다, Tăn-ni-ta]

단단ᄒᆞ다 [TAN-TAN-HĂ-TA] (堅) ㊊456

불 Dur solide, endurci, ferme.

한 단단하다, 견고하다, 굳다, 딱딱하다

* 단독일신 [TAN-TOK-IL-SIN,-I] (單獨一身) ㊊456

불 Seul, isolé en ce monde, sans parents et sans amis, sans famille.

한 부모와 친구 없이, 가족이 없이 이 세상에서 혼자인 사람, 고립된 사람

단동치기 [TAN-TONG-TCHI-KI] ㊊456

불 Celui qui, la veille, gagne juste de quoi manger le lendemain, qui n'a rien de reste, qui n'a pas d'épargne. Seule occupation, unique occupation (pop.). (Se dit d'un petit commerce).

한 전날에, 그다음 날 먹을 것만 겨우 버는 사람, 아무 여유가 없는 사람, 저축한 돈이 없는 사람 | 단 하나의 직업, 유일한 직업(속어) | (작은 가게에 대해 쓴다)

* 단련ᄒᆞ다 [TAN-RYEN-HĂ-TA] (煅煉) ㊊456

불 Forger, battre le fer. purifier au feu; épurer; puritier; éprouver. exercer; s'exercer; étudier.

한 쇠를 벼리다, 두드려 펴다 | 불에 정화하다 | 정화하다 | 정련하다 | 시험하다 | 훈련하다 | 수련하다, 공부하다

* 단령 [TAN-RYENG,-I] (團領) ㊊456

불 Collet d'habit en rond (sur la poitrine, sur le cou) bord supérieur de l'habit taillé en rond; cet habit lui-même (c'est celui des prétoriens).

한 (가슴에, 목에) 둥근 모양의 옷깃, 둥글게 재단된 옷의 위쪽 가장자리 | 그 옷 그 자체 (근위병의 옷이다)

* 단망 [TAN-MANG,-I] (單望) ㊊456

불 Un seul espoir; la seule ressource. ‖ Seul candidat. Un seul nom.

한 유일한 희망 | 유일한 방편 | 단일 후보 | 유일한 이름

* 단망ᄒᆞ다 [TAN-MANG-HĂ-TA] (斷望) ㊊456

불 Désespoir. Sans espoir, perdre tout espoir.

한 절망 | 희망 없이, 모든 희망을 잃다

* 단목 [TAN-MOK,-I] (丹木) ㊊456

불 Bois du Brésil; bois de teinture pour la couleur rouge; bois du Brésil donnant une couleur rouge.

한 브라질 나무 | 붉은 색을 내기 위한 염료 나무 | 붉은 색을 내는 브라질 나무

* 단발치ᄌᆞ [TAN-PAL-TCHI-TJĂ] (短髮稺子) ㊊456

불 Petit enfant qui n'a pas encore les cheveux longs.

한 아직 머리카락이 길지 않은 어린 아이

* 단방 [TAN-PANG,-I] (單房) ㊊456

불 Une seule chambre.

한 단 하나의 방

* 단방약 [TAM-PANG-YAK,-I] (單方藥) ㊊456

불 Mélange de deux ou trois sortes de remèdes seulement. Remède dont on n'use qu'en petite quantité et à une seul dose à la fois.

한 두 가지 또는 세 가지 종류의 약만 섞은 것 | 소량으로만, 그리고 한 번에 1회 복용량만 사용하는 약

* 단방ᄒᆞ다 [TAN-PANG-HĂ-TA] (單房) ㊊456

불 Coucher séparément, se séparer de chambre, ne pas coucher ensemble pendant quelque temps (les époux).

한 (부부가) 따로 떨어져서 자다, 방이 떨어져 있다, 얼마간 같이 자지 않다

단벌 [TAN-PEL,-I] (單件) ㊊456

불 Un seul objet (habit, livre, image). Une seule couche de peinture. Un seul habit.

한 단 하나의 물건 (옷, 책, 그림) | 단 한 번의 칠 | 단 한 벌의 옷

* 단복고창 [TAN-POK-KO-TCHANG,-I] (單腹痼脹) ㊊456

불 Esp. de maladie dans laquelle le ventre seul est enflé,

p.ê. l'hydropisie.
한 단지 배만 부푸는 병의 종류, 아마도 수종

*단비 [TAN-PI] (單婢) 원456
불 Une seul esclave.
한 단 한 명의 여자 노예

*단션 [TAN-SYEN,-I] (團扇) 원456
불 Eventail en limbe, tout rond et plat, qui ne plie pas.
한 접어지지 않고 가장자리가 둥글고 평평한 부채

*단속것 [TAN-SOK-KET,-I] (短裏衣) 원456
불 Caleçon de femme; caleçon simple.
한 여성용 팬츠 | 간소한 팬츠

*단쇽ᄒᆞ다 [TAN-SYOK-HĂ-TA] (短速) 원456
불 défendre de dire ce qu'on a entendu en secret; défendre de dire une chose confiée. recommander.
한 비밀리에 들었던 것을 말하지 못하게 막다 | 비밀인 것을 말하지 못하게 막다 | 당부하다

*단수뎜 [TAM-TOU-TYEM,-I] (單數占) 원456
불 horoscope, bonne aventure. (superst.).
한 점성, 운수 | (미신)

1*단수ᄒᆞ다 [TAN-SOU-HĂ-TA] (短壽) 원456
불 abréger sa vie.
한 자신의 목숨을 단축하다

2*단수ᄒᆞ다 [TAN-SOU-HĂ-TA] (單數) 원456
불 Nombre impair. Etre impair.
한 홀수 | 홀수이다

*단슉ᄒᆞ다 [TAN-SYOUK-HĂ-TA] (端肅) 원456
불 Modeste et respectueux. || Recommander de prendre soin.
한 겸손하고 공손하다 | 주의를 기울이라고 권하다

*단신 [TAN-SIN,-I] (單身) 원456
불 Qui est sans frère; enfant unique.
한 형제가 없는 사람 | 외동

단ᄉᆞ자리 [TAN-SĂ-TJA-RI] (丹絲痕) 원456
불 Marque rouge indélébile que laissent sur les bras, au-dessus du coude, les cordes avec les quelles on a lié un criminel en lui attachant les bras derrière le dos. || Trace des coups (ne se dit que pour les coupables).
한 범죄자의 팔을 등 뒤로 붙잡아 매었을 때 묶은 밧줄이 팔 위, 팔꿈치 위에 남기는 지워지지 않는 붉은 자국 | 맞은 자국 (죄인들에 대해서만 쓴다)

단ᄭᅳ럽다 [TAN-KKEU-REP-TA,-RE-OUE,-RE-ON] 원455
불 Etre avare,pingre.
한 인색하다, 쩨쩨하다

단아 [TAN-A] (喉病) 원455
불 Nom d'une esp. de maladie de la langue (sous laquelle il se produit comme une espèce de petite langue). Excroissance de chair sous la langue.
한 혀에 생기는 질병 (일종의 작은 혀 같은 것이 혀 아래에 생긴다) 종류의 이름 | 혀 아래 살의 피부 돌기

*단아ᄒᆞ다 [TAN-A-HĂ-TA] (端雅) 원455
불 Agréable; admirable; bon; intéressant; modeste; retenu; modéré. Etre décent, convenable, de bonne tenue.
한 마음에 들다 | 훌륭하다 | 좋다 | 훌륭하다 | 정숙하다 | 신중하다 | 온화하다 | 단정하다, 예의바르다, 행실이 바르다

단오 [TAN-O] (端午) 원455
불 Sacrifices du 5 de la 5e lune.
한 다섯 번째 달 5일의 제사

*단의 [TAN-EUI] (短衣) 원455
불 Habit court.
한 짧은 옷

단작스럽다 [TAN-TJAK-SEU-REP-TA,-RE-OUE,-RE-ON] 원456
불 Peu; être peu abondant, insuffisant.
한 조금 | 별로 풍부하지 않다, 부족하다

*단쟝ᄒᆞ다 [TAN-TJYANG-HĂ-TA] (丹粧) 원456
불 Orné, bleu habillé. Faire sa toilette (femme).
한 꾸미다, 차려입다 | (여자가) 몸단장하다

*단졍ᄒᆞ다 [TAN-TJYENG-HĂ-TA] (端正) 원457
불 Modeste, modéré, retenu, tempérant, poli, posé, agréable. Etre propre, net, en ordre.
한 정숙하다, 온건하다, 신중하다, 절제하다, 예의바르다, 신중하다, 상냥하다 | 깔끔하다, 청결하다, 정갈하다

단지 [TAN-TJI] (小缸) 원457
불 Tout petit pot rond en terre. Esp. de vase de terre.
한 흙으로 된 둥글고 아주 작은 항아리 | 흙으로 빚은 단지의 종류

*단지ᄒᆞ다 [TAN-TJI-HĂ-TA] (斷指) 원457
불 Se couper un doigt pour en faire un remède à son père ou à sa mère. Action par laquelle un bon fils se coupe la première phalange de l'annulaire pour pouvoir faire boire, comme remède, un peu de son sang à ses parents dangereusement malades (on prétend que c'est un remède).

한 자신의 아버지나 자신의 어머니에게 약을 만들어 주기 위해서 자기 손가락을 베다 | 착한 아들이 위독하게 아픈 자신의 부모에게 자신의 피 조금을 약으로 마시게 할 수 있도록 약지의 첫마디를 자르는 행위(사람들은 그것을 약이라 주장한다)

[1]단ᄌᆞ [TAN-TJĂ] (小缸) 원456

불 Pot de terre.

한 흙으로 빚은 항아리

[2*]단ᄌᆞ [TAN-TJĂ] (單子) 원456

불 Carte de visite, ou quelque chose dans ce genre, qui ne porte que le nom de celui qui l'envole. ‖ Circulaire qui indique le jour où l'on fera un travait public, pour que tous ceux qui doivent y prendre part puissent s'y rendre. ‖ Recensement qui se fait tous les trois ans.

한 명함, 또는 보내는 사람의 이름만 적는 그런 종류의 어떤 것 | 참여해야 하는 모든 사람이 거기에 갈 수 있도록 공동 작업을 할 날을 알려주는 공문 | 인구조사

*단쳐 [TAN-TCHYE] (短處) 원457

불 Position fausse; défaut; action mauvaise.

한 잘못된 위치 | 결점 | 나쁜 행동

*단쳥ᄒᆞ다 [TAN-TCHYENG-HĂ-TA] (丹靑) 원457

불 Traverses de dessous le toit, en dehors de la maison, ornées de peintures de toutes couleurs. Peindre de toutes couleurs une maison en dehors et en dedans (cela est réservé aux palais).

한 온갖 색의 칠로 장식된, 집 밖에 있는 지붕 아래의 굄목 | 집 안팎을 온갖 색깔로 칠하다(이는 궁궐 전용이다)

단쵸 [TAN-TCHO] (鈕子) 원457

불 Bouton; petite boule pour boutonner; bouton d'habit.

한 단추 | 단추를 채우기 위한 작은 공 모양의 것 | 옷의 단추

*단쵹ᄒᆞ다 [TAN-TCHYOK-HĂ-TA] (短促) 원457

불 Court, pas assez long. Etre court, bref, vite fini.

한 짧다, 충분히 길지 않다 | 짧다, 간결하다, 빨리 끝나다

단츌ᄒᆞ다 [TAN-TCHYOUL-HĂ-TA] 원457

불 Orner une maison; y faire des dessins, des peintures, y mettre de la tapisserie, etc. ‖ Etre léger, portatif.

한 집을 장식하다 | 거기에 그림을 그리다, 칠을 하다, 거기에 벽지 등을 바르다 | 가볍다, 운반하기 쉽다

*단통 [TAN-HTONG] (單通) 원456

불 De suite; une seule fois; tout d'un coup.

한 계속해서 | 단 한 번 | 갑자기

단퇴내다 [TAN-HTOI-NAI-TA,-NAI-YE,NAIN] (大得利) 원456

불 Faire un grand bénéfice, gagner beaucoup dans un commerce, dans une vente, dans une opération commerciale. Gagner beaucoup d'un seul coup.

한 큰 이익을 얻다, 거래, 판매, 상업 활동을 통해 많은 돈을 벌다 | 한 번에 많이 벌다

*단파의 [TAN-HPA-EUI] (單罷意) 원456

불 Se dédire de suite; refuser de suite; se désister dès le commencement; se dédire sans remède.

한 계속해서 취소하다 | 계속해서 거절하다 | 처음부터 단념하다 | 대책 없이 취소하다

단판 [TAN-HPAN,-I] (單局) 원456

불 Une seule fois; une seule partie de jeu. ‖ Décison prise d'un seul coup; décidé du premier coup.

한 단 한 번 | 놀이의 단 한 판 | 단번의 결정 | 대번에 결정되다

*단풍 [TAN-HPOUNG,-I] (丹楓) 원456

불 Erable rouge (par allusion à la couleur de ses feuilles en automne). Feuilles desséchées, rougies, jaunies (à l'automne).

한 (가을에 그 나뭇잎들의 색깔을 암시하여) 붉은 단풍나무 | (가을에) 붉게, 노랗게 물든 마른 나뭇잎들

단풍나무 [TAN-POUNG-NA-MOU] (丹楓木) 원456

불 Erable (arbuste).

한 단풍나무 (소관목)

단홀아시 [TAN-HOL-A-SI] (鰥寡) 원455

불 Epoux qui n'ont pas un seul enfant, qui sont seulement tous les deux. ‖ Veuve sans enfants;.

한 아이가 하나도 없는, 단 둘만 있는 부부 | 아이가 없는 과부

*단ᄒᆞ다 [TAN-HĂ-TA] (短) 원455

불 Etre court.

한 짧다

*달 [TAL,-I] (獺) 원460

불 Castor, loutre.

한 비버, 수달

달각달각ᄒᆞ다 [TAL-KAK-TAL-KAK-HĂ-TA] 원461

불 Désigne le bruit d'un petit objet qui se trouve dans un vase vide. Faire du bruit en remuant la vaisselle (comme un rat).

한 빈 그릇에 담겨 있는 작은 물건이 내는 소리를 가리킨다 | (쥐처럼) 식기류를 움직여 소리를 내다

달각발이 [TAL-KAK-PAL-I] 원461
불 Noble gueux, gueux noble. Qui porte des sabots faute d'avoir de quoi acheter des souliers. (Popul.).
한 궁색한 귀족, 귀족인 가난뱅이 | 신발을 살 돈이 없어서 나막신을 신은 사람 | (속어)

1달강달강 [TAL-KANG-TAL-KANG] 원462
불 V. 달각달각 Tal-kak-tal-kak.
한 [참조어 달각달각, Tal-kak-tal-kak]

2달강달강 [TAL-KANG-TAL-KANG] 원461 ☞ 달각달각ᄒᆞ다

달강이질 [TAL-KANG-I-TJIL] 원461
불 Cri ou chant pour apaiser un petit enfant qui pleure.
한 우는 어린아이를 달래기 위한 소리 또는 노래

달개집 [TAL-KAI-TJIP,-I] 원461
불 Partie ajoutée à une maison, appendice, petite maison ajoutée à une autre, appentis.
한 집에 보태어진 부분, 부속 건물, 다른 것에 보태어진 작은 집, 곁채

달구지 [TAL-KOU-TJI] (車) 원462
불 Char, charrette.
한 짐수레, 가벼운 수레

달구질ᄒᆞ다 [TAL-KOU-TJIL-HĂ-TA] (捄) 원462
불 Presser le mortier avec les pieds; battre le terrain pour l'affermir.
한 발로 회반죽을 압착하다 | 단단하게 하기 위해 땅을 다지다

달근달근이먹이다 [TAL-KEUN-TAL-KEUN-I-NEK-I-TA,-NEK-YE,-NEK-IN] 원462
불 Mépriser.
한 멸시하다

달근달근ᄒᆞ다 [TAL-KEUN-TAL-KEUN-HĂ-TA] 원462
불 Prendre part à. être en appétit. Réjouissant. réjoui.
한 ~에 참여하다 | 구미가 당기다 | 즐겁다 | 기뻐하다

*달긔 [TAL-KEUI] (妲己) 원462
불 Nom d'une femme célèbre par ses crimes (louve).
한 그 범죄로 유명한 한 여인의 이름 (늑대 암컷)

달나다 [TAL-NA-TA,TAL-NA,TAL-NĂN] (求得) 원462
불 Demander.
한 요구하다

달나ᄒᆞ다 [TAL-NA-HĂ-TA] (求得) 원462
불 (Donne dire; dire donne). Demander.
한 (주다 말하다 | 말하다 주다) | 요구하다

달낭달낭 [TAL-NANG-TAL-NANG] 원462
불 Désigne le bruit d'une clochette. =방울흔드다 -pang-oul heun-teu-ta, Agiler une sonnette.
한 작은 종의 소리를 가리킨다 | [용례 =방울흔드다, -pang-oul heun-teu-ta], 방울을 흔들다

달녀가다 [TAL-NYE-KA-TA,-KA,-KAN] (馳去) 원462
불 Fuir, éviter, courir, s'enfuir, s'élancer.
한 달아나다, 피하다, 달리다, 도망가다, 돌진하다

달녀들다 [TAL-NYE-TEUL-TA,-TEUL-E,-TEUN] (跳入) 원462
불 Envahir, entrer avec impétuosité, se jeter sur, fondre sur.
한 침입하다, 맹렬하게 들어가다, 덤벼들다, 습격하다

달뇌 [TAL-NOI] 원462
불 Esp d'ail. V.Syn 달ᄂᆡ Tal-năi.
한 마늘의 종류 | [동의어 달ᄂᆡ, Tal-năi]

1달니다 [TAL-NI-TA,-NYE,-NIN] (附去) 원462
불 Suivre en courant.
한 뛰어서 따르다

2달니다 [TAL-NI-TA,-NYE,-NIN] (褻) 원462
불 User par le frottement.
한 마찰에 의해 낡아지다

3달니다 [TAL-NI-TA,-NYE,-NIN] (懸) 원462
불 Dépendre de, pendre au-dessus; être pendu, suspendu, accroché à. 때에ᄃᆞᆯ니다 Ttai-ei tăl-ni-ta, Dépendre du temps.
한 ~에 달려 있다, ~위에 매달리다 | 매달리다, 매달리다, ~에 걸려 있다 | [용례 때에ᄃᆞᆯ니다, Ttai-ei tăl-ni-ta], 시간에 예속되다

4달니다 [TAL-NI-TA,-NYE,-NIN] (馳) 원462
불 Aller à cheval au galop, aller au galop, galoper (se dit du cheval et du cavalier).
한 말을 타고 질주하다, 말을 달리다, 질주하다 (말과 기수에 대해 쓴다)

달ᄂᆡ [TAL-NĂI,(vulg. 달뇌 Tal-noi)] (辛草) 원462
불 (vulg. 달뇌 Tal-noi). esp. d'ail, petite échalote sauvage.
한 (속칭으로 달뇌 Tal-noi) 마늘 종류, 작은 야생 염교

달ᄂᆡ다 [TAL-NĂI-TA,-NĂI-YE,-NĂIN] (誘) 원462
불 Adoucir, amadouer, tromper, apaiser un enfant, amuser v.g. un enfant pour l'empêcher de pleurer, un homme pour le faire succomber à une tentation (le diable).

한 아이를 달래다, 감언이설로 꾀다, 달래다, 진정시키다, 예. 아이가 우는 것을 막기 위해, (악마가) 사람이 유혹에 넘어가게 하기 위해 즐겁게 해주다

[1]달다 [TAL-TA,TAL-A,TAN] (甘) 원462
불 Doux, saveur douce.
한 달콤하다, 단 맛

[2]달다 [TAL-TA,TAL-A,TAN] (懸) 원462
불 Peser avec une balance, accrocher, pendre à une balance pour peser, suspendre.
한 저울로 무게를 재다, 매달다, 무게를 재기 위해 저울에 걸다, 매달다

달달달 [TAL-TAL-TAL] 원462
불 Entièrement, complétement, en détail, tout. ‖ Bruit d'une voiture ou brouette roulant légèrement.
한 전체적으로, 완전히, 상세하게, 모두 | 마차나 손수레가 가볍게 구르는 소리

*달마 [TAL-MA] (韃馬) 원462
불 Grand cheval.
한 큰 말

달막달막움즉이다 [TAL-MAK-TAL-MAK-OUM-TJEUK-I-TA] (動貌) 원462
불 Désigne le mouvement qu'imprime un rat à un objet Dans lequel il se trouve caché. Remuer peu à peu, un peu, par petits coups.
한 쥐가 숨겨져 있는 물건에 내는 움직임을 가리킨다 | 조금씩, 조금, 미적미적 움직이다

달막이다 [TAL-MAK-I-TA,-YE,-IN] 원462
불 Remuer peu à peu, un peu.
한 조금씩, 조금 움직이다

달밋 [TAL-MIT,-TCHI] 원462
불 Dessous d'une chaudière, le pied, le bas d'une chaudière qui est en pointe un peu avancée.
한 큰 가마솥의 바닥, 발치, 약간 뾰족하게 튀어나온 큰 가마솥의 아래쪽

달보 [TAL-PO] 원462
불 Pauvre, indigent, dénné de tout. ‖ Qui dit et redit sans cesse la même chose, soit pour presser, soit pour gronder.
한 가난하다, 빈곤하다, 모든 것이 결핍되다 | 재촉하거나 야단치기 위해 같은 것을 끊임없이 말하고 또 말하는 사람

달삭달삭 [TAL-SAK-TAL-SAK] 원462
불 Désigne le mouvement d'un objet agité par un petit animal (rat, oieau, etc.). V. 달막달막 Tal-mak-tal-mak.
한 작은 동물 (쥐, 새 등)에 의해서 흔들리는 물체의 움직임을 가리킨다 | [참조어 달막달막, Tal-mak-tal-mak]

*달숑ᄒᆞ다 [TAL-SYONG-HĂ-TA] (達誦) 원462
불 Bien réciter, réciter couramment.
한 잘 암송하다, 유창하게 암송하다

*달ᄉᆞ [TAL-SĂ] (達士) 원462
불 Savant, habile lettré. Homme d'Etat.
한 박식한 사람, 학식 있는 노련한 사람 | 위정자

*달야ᄒᆞ다 [TAL-YA-HĂ-TA] (達夜) 원461
불 Passer la nuit sans dormir. Veiller la nuit.
한 잠을 자지 않고 밤을 지새우다 | 밤샘하다

달우다 [TAL-OU-TA,-OU-E,-OU-EUN] (爍) 원461
불 Faire chauffer, faire rougir v.g. le fer en le mettant dans le feu pour le forger.
한 뜨거워지게 하다, 예. 쇠를 벼리기 위해서 그것을 불 속에 놓아 붉게 하다

달이 [TAL-I] (月子) 원461
불 Faux cheveux des femmes.
한 여자들의 가발

달ᄌᆞ [TAL-TJĂ] 원462
불 Nom d'un poisson, p.ê. le grondin.
한 물고기의 이름, 아마도 성대

*달초ᄒᆞ다 [TAL-TCHO-HĂ-TA] (撻楚) 원462
불 Frapper sur les mollets avec une baguette (punition). Battre quelqu'un sur les mollets.
한 막대기로 장딴지를 때리다 (벌) | 어떤 사람의 장딴지를 치다

달타 [TAL-HTA,TAL-HA,TAL-HEUN] (獘) 원462
불 S'user ou être usé par le frottement. Râper, limer.
한 마찰에 의해 닳거나 낡아지다 | 옷이 해지도록 입다, [역주 옷 따위가] 닳아서 떨어지게 하다

*달통ᄒᆞ다 [TAL-HTONG-HĂ-TA] (達通) 원462
불 Bien réciter. Etre très-intelligent, très-capble, d'une capacité extraordinaire.
한 잘 암송하다 | 매우 영리하다, 매우 능력 있다, 대단한 능력이 있다

달팡이 [TAL-HPANG-I] (蝸) 원462
불 Limace, planorbe.
한 괄태충, 늦들이 명주말이

[1]담 [TĂM,-I] (氈) 원454
불 Drap; étoffe de laine, à poils; couverture de laine.

한 침대 시트 | 모직물, 털로 된 직물 | 양모로 된 이불

²담 [TAM,-I] (墻) 원454
불 Mur; muraille, chaussée, mur d'enceinte en pierre.
한 벽 | 성벽, 제방, 돌로 된 성벽

³*담 [TĂM,-I] (痰) 원454
불 Humeur; humeurs flegmatiques; fiel; pituite.
한 체액 | 점액질의 체액 | 담즙 | 가래

⁴*담 [TAM,-I] (膽) 원454
불 Audace, courage, intrépidité, sang-froid, flegme.
한 대담, 용기, 용감, 냉정, 침착

담결니다 [TAM-KYEL-NI-TA,-NYE,-NIN] (痰牽引) 원454
불 Sentir un point de côté, des picotements dans le côté.
한 옆구리 통증이, 옆구리에 따끔따끔한 느낌이 느껴지다

담긔 [TAM-KEUI] (膽氣) 원454
불 Audace, intrépidité, résolution, sang-froid.
한 대담, 용감, 결단성, 냉정

담기다 [TAM-KI-TA,TAM-KYE,TAM-KIN] (盛) 원454
불 Etre mis, placé dans; coutenu, gravé dans la mémoire.
한 놓이다, 안에 놓이다 | 포함되다, 기억에 새겨지다

*담뇨 [TAM-NYO] (氈褥) 원454
불 Esp. de tapis, de feutre ou de laine. couverture en laine.
한 펠트나 양모로 만들어진 양탄자 종류 | 양모로 된 이불

담다 [TAM-TA,TAM-A,TAM-EUN] (盛) 원455
불 Mettre dans (un vase, une caisse); introduire; enfermer, faire entrer dans; insérer; remplir; garnir de; contenir; bourrer (une pipe); inculquer.
한 (그릇, 상자) 안에 넣다 | 넣다 | 가두다, 안에 들어가게 하다 | 삽입하다 | 채우다 | 갖추다 | 포함하다 | (담배 파이프) 속을 채우다 | 주입시키다

*담담ᄒᆞ다 [TAM-TAM-HĂ-TA] (淡淡) 원455
불 Etre silencieux; se taire; se tenir en silence.
한 말이 없다 | 침묵을 지키다 | 묵묵히 있다

*담당ᄒᆞ다 [TAM-TANG-HĂ-TA] (擔當) 원455
불 Répondre pour; cautionner; se porter caution; se rendre responsable pour quelqu'un; garantir; se charger de; prendre la charge, la reponsabilité.
한 책임지다 | 보증하다 | 보증을 서다 | 어떤 사람을 책임지다 | 보장하다 | 맡다 | 부담, 책임을 지다

*담대ᄒᆞ다 [TĂM-TAI-HĂ-TA] (膽大) 원455
불 Intrépide, courageux, audacieux, hardi.
한 대담하다, 용감하다, 과감하다, 담대하다

*담력 [TAM-RYEK,-I] (膽力) 원455
불 Force de caractère, courage, volonté. ‖ Convoitise, passion.
한 기개, 용기, 의지 | 갈망, 열정

¹*담박 [TĂM-PAK] (淡泊) 원454
불 Ordinaire; commun; comme tout le monde.
한 보통이다 | 평범하다 | 누구나 그렇듯

²담박 [TAM-PAK,-I] (膽大) 원454
불 Etre intrépide, avoir beaucoup de sang-froid.
한 대담하다, 매우 침착하다

담방담방ᄒᆞ다 [TAM-PANG-TAM-PANG-HĂ-TA] 원454
불 L'état d'un homme qui a beaucoup d'affaires et qui ne sait que faire, ni par où commencer. Indécision. Etre léger, mobile.
한 일이 많고 무엇을 해야 할지, 어디서부터 시작해야 할지 모르는 사람의 상태 | 우유부단 | 경솔하다, 산만하다

*담복 [TAM-POK,-I] (禪服) 원454
불 Habillement de transition après le demi-deuil. Habit que l'on porte deux ou trois mois en quittant le demi-deuil avant de prendre les habits ordinaires. Habit d'un bleu très-pâle qui revêtent les soldats en deuil quand ils doivent aller au palais du roi.
한 상[역주 喪]의 후반기 이후 중간 단계의 복장 | 평상복을 입기 전에 약식 상복을 벗고서 두세 달 동안 입는 옷 | 상중인 군인들이 왕궁에 가야 할 때 입는 매우 연한 푸른색의 옷

담북장 [TAM-POUK-TJANG-I] (新醬) 원454
불 Saumure préparée à la hâte.
한 급히 마련된 소금물

¹담불 [TAM-POUL,-I] (叢) 원454
불 Monceau; tas. Endroit où il y a beaucoup de pierres. Pierreux, rocailleux.
한 더미 | 무더기 | 돌이 많이 있는 장소 | 돌투성이의, 자갈투성이의

²담불 [TAM-POUL,-I] 원455
불 Dix ans (pour les bestiaux).
한 (동물에 대해) 열 살

*담불침 [TĂM-POUL-TCHIM,-I] (痰不針) 원455
불 Esp. de maladie où l'on ne pratique pas l'acu-

puncture
한 침술을 사용하지 않는 병 종류

담뷔 [TAM-POUI] 원454 ☞담븨

담븨 [TAM-PEUI] (貛) 원454
불 Animal sauvage. Esp. de chat sauvage très-long et mince. (Les animaux de cette espèce vont en troupe et font la chasse aux grosses bêtes). P.ê. une esp. de martre. blaireau.
한 야생동물 | 매우 길고 날렵한 야생 고양이의 종류 | (이 종류의 동물들은 무리로 다니고, 큰 짐승들을 사냥한다) 아마도 담비 종류 | 오소리

담ᄇᆡ [TAM-PĂI] (南草) 원454
불 Tabac.
한 담배

담ᄇᆡ간 [TAM-PĂI-KAN,-I] (南草間) 원454
불 Hangar pour sécher le tabac.
한 담배를 건조시키기 위한 창고

담ᄇᆡ대 [TAM-PĂI-TAI] (烟竹) 원454
불 Pipe.
한 담배 파이프

*담사 [TAM-SA] (禫祀) 원455
불 Sacrifices que l'on fait au temps où l'on quitte le demi-deuil, deux ou trois mois après avoir quitté le grand deuil, en revêtant le 담복 Tam-pok.
한 정식 상복을 벗고 두세 달 후에 약식 상복을 벗을 때, 담복 Tam-pok을 입으며 하는 제의

담샹담샹 [TAM-SYANG-TAM-SYANG] 원455
불 Etre à distance (v.g. plantes dans un champ).
한 거리가 떨어져 있다 (예. 밭에 있는 식물들)

*담쇼ᄒᆞ다 [TĂM-SYO-HĂ-TA] (膽小) 원455
불 Timide, pusillanime ‖ Etre frugal ‖ Médiocre
한 소심하다, 심약하다 | 검소하다 | 평범하다

담쇽담쇽 [TAM-SYOK-TAM-SYOK] 원455
불 En abondance; sans épargner.
한 풍족하게 | 아끼지 않고

*담습 [TĂM-SEUP,-I] (痰濕) 원455
불 Esp. de maladie causée par des humeurs humides, causée par l'humidité. Humeurs épaisses, pituite.
한 축축한 체액에 의해 발생되는, 습기에 의해 발생되는 질병 종류 | 농도가 짙은 체액, 점액

담싸다 [TAM-SSA-TA,-SSA-HA,-SSA-HEUN] (築垣) 원455
불 Faire un mur en pierres; mettre des pierres les unes sur les autres pour faire une muraille.
한 돌로 벽을 만들다 | 커다란 벽을 만들기 위해 돌을 차곡차곡 놓다

담아두다 [TAM-A-TOU-TA,-TOU-E,-TOUN] (盛置) 원454
불 Mettre dans; mettre en caisse; empoter, etc.
한 안에 두다 | 상자 안에 두다 | [역주 식물을] 화분에 심다 등

*담약ᄒᆞ다 [TĂM-YAK-HĂ-TA] (膽弱) 원454
불 Courage faible, timide.
한 부족한 용기, 소심하다

[1]담으다 [TAM-EU-TA] (盛) 원454
불 Mettre en pot.
한 단지에 넣다

[2]담으다 [TAM-EU-TA] (淬) 원454
불 Tremper, mettre dans un liquide. tremper le fer, l'acier.
한 액체에 적시다, 넣다 | 쇠, 철을 담금질하다

담은담은 [TAM-EUN-TAM-EUN] 원454
불 De loin en loin; rarement; éloigné; dispersé; distant; clair-semé.
한 이따금 | 드물게 | 멀리 떨어지다 | 흩어지다 | 거리가 멀다 | 듬성듬성하다

담을총 [TAM-EUL-TCHONG,-I] (記含, (Introduire, intelligence)) 원454
불 Case de l'intelligence, de la mémoire; coffre de la mémoire, mémoire.
한 지식의, 기억의 칸 | 기억의 상자, 기억

담이씨우다 [TAM-I-SSI-OU-TA,-SSI-OUE,-SSI-OUN] 원454
불 Rejeter la faute commune sur un seul.
한 한 명에게 공동의 잘못을 전가하다

담장이 [TAM-TJANG-I] 원455
불 Nom d'une esp. d'herbe. Esp. de lierre ou de vigne vierge, dont les feuilles tombent en hiver.
한 풀의 종류의 이름 | 겨울에 그 잎이 떨어지는 송악 또는 개머루 종류

*담죵 [TĂM-TJTONG,-I] (痰腫) 원455
불 Furoncle causé par le flegme, par les humeurs.
한 점액, 체액에 의해 생긴 절종

*담착ᄒᆞ다 [TAM-TCHAK-HĂ-TA] (擔着) 원455
불 Répondre pour; garantir; cautionner; se rendre responsable pour quelqu'un; se charger de; prendre la responsabilité de.

한 책임을 지다 | 보장하다 | 보증하다 | 어떤 사람을 위해 책임을 지다 | 책임을 맡다 | ~에 책임을 지다

담탁스럽다 [TAM-HTAK-SEU-REP-TA,-RE-OUE,-RE-ON] 원455
불 Désigne l'état des plantes qui montent peu et s'étendent en branches touffues. Pommé (chou). Petit et robuste, trapu, gros et court.
한 크기는 조금 자라고 가지가 무성하게 뻗어 나가는 식물의 상태를 가리킨다 | 속이 꽉 차다(배추) | 작고 견고하다, 작달막하다, 굵고 짧다

담틀 [TAM-HTEUIL,-I] (墻機) 원455
불 Deux planches vis-à-vis l'une de l'autre, ayant entre elles un intervalle que l'on remplit de terre ou de mortier pour construire un mur. Planches qui servent de moule pour construire un mur en terre. Echafaudage pour les maçons.
한 벽을 세우기 위해서 그 사이를 흙이나 회반죽으로 채우는 서로 마주 보는 두 개의 판 | 흙으로 된 벽을 세우기 위한 틀로 사용되는 판들 | 벽돌공들을 위한 발판

*담파고 [TAM-HPA-KO] (痰破姑) 원455
불 Tabac. 담을파ᄒᆞᄂᆞᆫ풀 Tam-eul hpa-hă-năn hpoul, Herbe qui détruit la bile.
한 담배 | [용례 담을파ᄒᆞᄂᆞᆫ풀 Tam-eul hpa-hă-năn hpoul], 화를 없애는 식물

*담ᄒᆞ다 [TĂM-HĂ-TA] (淡) 원454
불 Etre clair, c.a.d. qui laisse l'esprit libre (se dit des aliments, v.g. du pain, de l'eau). Qui n'a pas un goût bien prononcé. D'une seule couleur. Terne, qui n'a pas ou qui a peu d'éclat. Insipide, sans goût.
한 명백하다, 즉 정신을 자유롭게 내버려 두다(음식에 대해 쓴다, 예. 빵, 물) | 뚜렷한 맛을 가지지 않다 | 단 한 가지 색의 | 흐릿하다, 빛이 없거나 별로 없다 | 맛이 없다, 무미

1* 답 [TAP,-I] (答) 원460
불 En agr. Réponse. répondre.
한 한자어로 대답 | 대답하다

2* 답 [TAP,-I] (畓) 원460
불 En agr. Rizière.
한 한자어로 논

*답간 [TAP-KAN,-I] (答簡) 원460
불 Lettre en réponse.
한 답장

*답곡 [TAP-KOK,-I] (畓穀) 원460
불 Récolte des rizières, riz.
한 논에서의 수확물, 쌀

*답곳 [TAP-KOT,-SI] (畓庫) 원460
불 Lieu où il y a des rizières.
한 여러 논이 있는 장소

*답교ᄒᆞ다 [TAP-KYO-HĂ-TA] (踏橋) 원460
불 Piétiner les ponts. esp de fête dans la nuit du 15 de la 1er lune, où tout le monde de la capitale sort pour aller passer et repasser sur les petits ponts en pierre. (Cette nuit-là, on permet de sortir).
한 다리를 쿵쿵 밟다 | 수도의 모든 사람이 작은 돌다리들 위를 왔다 갔다 하러 가기 위해 나오는, 첫 번째 달 15일 밤에 하는 축제 종류 | (그날 밤, 외출하는 것이 허락된다)

답다 [TAP-TA,TA-OA,TA-ON] 원460
불 Ce verbe ne s'emploie jamais seul. Joint à un nom, il signifie; d'accord avec, vrai, véritable, bon, de bonne qualité, conforme à. 례답다 Ryei-tap-ta, Conforme aux convenances, aux rites.
한 이 동사는 결코 홀로 사용되지 않고 명사와 결합한다 | 동의하다, 참되다, 사실이다, 좋다, 질이 좋다, 부합하다를 의미한다 | [용례 례답다, Ryei-tap-ta], 예법, 의식에 맞추다

*답답ᄒᆞ다 [TAP-TAP-HĂ-TA] (沓沓) 원460
불 Inquiet, oppressé, impatient.
한 불안하다, 가슴이 답답하다, 초조하다

*답례ᄒᆞ다 [TAP-RYEI-HĂ-TA] (答禮) 원460
불 Rendre une politesse, une visite, un cadeau, un salut. Rendre politesse pour politesse, salut pour salut.
한 예의, 방문, 선물, 인사를 도로 갚다 | 예의에 대해 예의를, 인사에 대해 인사를 도로 갚다

*답론ᄒᆞ다 [TAP-RON-HĂ-TA] (答論) 원460
불 Correspondre, répondre et délibérer.
한 대응하고 답하고 토의하다

답삭맛나다 [TAP-SAK-MAT-NA-TA] 원460 ☞답삭보다

답삭보다 [TAP-SAK-PO-TA,-PO-A,-PON] 원460
불 Mépriser. trouver des difficultés; être injurié ou battu par plusieurs.
한 업신여기다 | 어려움을 만나다 | 여러 명에 의해 욕을 당하거나 얻어맞다

답삭이 [TAP-SAK-I] 원460
불 Balayure.
한 쓰레기

*답산ᄒᆞ다 [TAP-SAN-HĂ-TA] (踏山) 원460
불 Fouler les montagnes, c.a.d. les parcourir (ne se dit que des géoscopes). Parcourir les montagnes afin de chercher un emplacement pour les tombeaux.
한 산들을 밟아 다지다, 즉 그곳을 돌아다니다 (지관들에 대해서만 쓰인다) | 무덤의 자리를 찾기 위해 산들을 돌아다니다

*답셔 [TAP-SYE] (答書) 원460
불 Réponse, billet en réponse à une lettre.
한 응답, 편지에 답하는 짧은 쪽지

답셕이 [TAP-SYEK-I] 원460
불 Poussière, balayure.
한 먼지, 쓰레기

답싸리 [TAP-SSA-RI] 원460
불 Esp. de plante dont on fait des balais.
한 빗자루를 만드는 식물 종류

*답인ᄒᆞ다 [TAP-IN-HĂ-TA] (踏印) 원460
불 Mettre un cachet, un sceau.
한 도장, 인장을 찍다

*답장 [TAP-TJYANG,-I] (答狀) 원460
불 Réponse à une lettre; lettre en réponse.
한 편지에 대한 응답 | 응답하는 편지

*답쥬 [TAP-TJYOU] (畓主) 원460
불 Possesseur, maître des rizières; propriétaire de rizières.
한 논의 소유자, 주인 | 논의 소유자

답팔답팔 [TAP-HPAL-TAP-HPAL] 원460
불 Désigne le mouvement des cheveux longs à chaque pas de quelqu'un qui va ainsi tête nue. ‖ Etre agité par le vent (v.g. les cheveux, l'herbe).
한 모자를 쓰지 않고 가는 사람이 걸을 때마다 긴 머리카락이 움직이는 것을 가리킨다 | 바람에 의해 움직이다 (예. 머리카락, 풀)

*답픔ᄒᆞ다 [TAP-HPEUM-HĂ-TA] (踏品) 원460
불 Appréciation, examen, expertise que fait d'une rizière celui qui veut l'acheter. Examiner les rizières.
한 논을 사고자 하는 사람이 그 논에 대해 하는 평가, 검사, 감정 | 논을 조사하다

1닷 [TAT,-TCHI] (矴) 원463
불 Ancre de navire.
한 선박의 닻

2닷 [TAT] 원ADDENDA
불 Pour 다ᄉᆞᆺ Ta-săt. 五. Cinq.
한 다ᄉᆞᆺ Ta-săt에 대해 | 5

1닷다 [TAT-TA,TA-RA,TA-RĂN] (走) 원463
불 Courir, s'enfuir.
한 달리다, 달아나다

2닷다 [TAT-TA,TAT-E,TAT-EUN] (閉) 원463
불 Fermer, clore, enclore.
한 닫다, 닫다, 둘러싸다

3닷다 [TĂT-TA,TAT-E,TAT-EUN] (捄) 원463
불 Piler pour durcir (v.g. la terre). Au moral; parler dur à quelqu'un, être insolent envers lui, et, pour ainsi dire, le piler.
한 (예. 땅을) 단단하게 하기 위해 찧다 | 정신적으로 | 어떤 사람에게 심하게 말하다, 그를 무례하게 대하다, 그리고 말하자면 그를 짓밟다

4닷다 [TAT-TA,TA-RA,TA-RĂN] (走) 원467
불 Courir.
한 달리다

닷셰ᄒᆞ다 [TAT-SYEI-HĂ-TA] 원463
불 Lever l'ancre pour la jeter aussitôt de nouveau. Changer l'ancre des jonques selon que la marée monte ou descend (sans quoi la barque irait à la dérive).
한 닻을 곧 다시 던지기 위해 올리다 | 조수의 오르내림에 따라 정크선의 닻을 바꾸다 (그렇지 않고는 배가 표류할 수도 있을 것이다)

닷ᄉᆡ [TTA-SĂI] (五日) 원463
불 Le 5er jour de la lune, cinq jours. 초닷ᄉᆡ Tcho-tat-săi, Le 5 de la lune.
한 달의 다섯 번째 날, 5일 | [용례 초닷ᄉᆡ, Tcho-tat-săi], 그달의 5일

닷져구리 [TAT-TJYE-KOU-RI] (鴷) 원463
불 Esp. d'oiseau qui pique les arbre, p.ê. Le pivert, le grimpereau, le pic.
한 나무를 쪼는 새 종류, 아마도 청딱다구리, 나무발바리, 딱다구리

닷줄 [TAT-TJOUL,-I] (纜) 원463
불 Cable de l'ancre, chaîne de l'ancre.
한 닻줄, 닻의 사슬

1닷치다 [TAT-TCHI-TA,-TCHYE,-TCHIN] (輕打) 원463
불 Etre contusionné, un peu blessé (comme par une chute, un choc).
한 (추락이나 충격 같은 것에 의해) 타박상을 입다, 약간 상처 입다

2닷치다 [TAT-TCHI-TA,TAT-TCHYE,TAT-TCHIN] (閉)

[원]463

[불] Se fermer, être fermé.

[한] 닫히다, 닫혀 있다

1* 당 [TANG,-I] (唐) [원]457

[불] Devant un mot, désigne les objets venus de Chine.

[한] 단어 앞에 쓰여 중국에서 온 물건들을 가리킨다

2* 당 [TANG,-I] (堂) [원]457

[불] Maison, temple, édifice.

[한] 집, 사원, 건물

3* 당 [TANG] (當) [원]457

[불] Soutenir; supporter; être sous le coup de.

[한] 지지하다 | 받치다 | ~의 영향을 받고 있다

4* 당 [TANG,-I] (黨) [원]457

[불] En agr. De la même famille; troupe; clique.

[한] 한자어로 같은 가족, 무리, 패거리의

*당가 [TANG-KA] (當家) [원]457

[불] Econome, procureur, administrateur d'une maison. Chef de maison.

[한] 집의 집사, 대리인, 관리인 | 집의 우두머리

당감이 [TANG-KAM-I] [원]457

[불] Corde qui entoure le dessus de soulier et sert à l'allonger ou à le raccourcir. Syn. 울거미 Oul-ke-mi.

[한] 신발 위쪽을 두르는 끈으로, 그것을 늘이거나 줄이는 데에 쓰인다 | [[동의어] 울거미, Oul-ke-mi]

*당견ᄒᆞ다 [TANG-KYEN-HĂ-TA] (當見) [원]457

[불] Voir de ses propres yeux.

[한] 목격하다

*당고모 [TANG-KO-MO] (堂姑母) [원]458

[불] Nièce de l'aïeul.

[한] 조부의 조카딸

*당고모부 [TANG-KO-MO-POU] (堂姑母夫) [원]458

[불] Mari de la nièce de l'aïeul.

[한] 조부의 조카딸의 남편

*당고ᄒᆞ다 [TANG-KO-HĂ-TA] (當故) [원]458

[불] Etre en deuil. Perdre ses parents. subir, soutenir la perte de ses parents.

[한] 상중이다 | 자신의 부모를 잃다 | 자신의 부모를 잃는 일을 겪다, 견디다

*당권ᄒᆞ다 [TANG-KOUEN-HĂ-TA] (當權) [원]458

[불] Avoir une autorité solide; être libre; avoir toute puissance; avoir l'autorité en main.

[한] 강한 권한을 갖다 | 자유롭다 | 절대 권력을 갖다 | 권력을 손에 쥐다

*당귀 [TANG-KOUI] (當歸) [원]458

[불] Nom d'une esp. de remède; racine médicinale d'une certaine plante.

[한] 약재 종류의 이름 | 어떤 식물의 약용 뿌리

당그다 [TANG-KEU-TA,TANG-KA,TANG-KEUN] (沉) [원]458

[불] Tremper (le fer pour le durcir).

[한] (쇠를 단단하게 하기 그것을) 담금질하다

*당근 [TANG-KEUN,-I] (唐根) [원]458

[불] Esp. de petite carotte.

[한] 작은 당근의 일종

*당금 [TANG-KEUM,-I] (當金) [원]457

[불] Cherté; qui est cher, d'un prix élevé.

[한] 값비쌈 | 비싼, 가격이 높은 것

당긋당긋 [TANG-KEUT-TANG-KEUT] [원]458

[불] Etre espacé, semé de distance en distance.

[한] 듬성듬성하다, 간격을 두고 뿌려지다

1* 당긔 [TANG-KEUI] (唐記) [원]457

[불] Ruban qui se trouve au bas de la queue des cheveux tressés de tous les enfants.

[한] 모든 아이의 땋은 머리카락 아랫부분에 있는 리본

2* 당긔 [TANG-KEUI] (唐器) [원]457

[불] Porcelaine de Chine.

[한] 중국 도자기

당긔다 [TANG-KEUI-TA,-KEUI-YE,-KEUIN] (引) [원]457

[불] Tirer, attirer, entraîner de force. Tendre, bander, tirer pour serrer. 비위 =Pi-oui-, Cela est appétissant, cela fait venir l'eau à la bouche.

[한] 끌다, 끌어 당기다, 강제로 끌고 가다 | 당기다, 팽팽하게 매다, 조이기 위해 잡아당기다 | [[용례] 비위 =Pi-oui-], 식욕을 돋우다, 구미를 당기다

당기 [TANG-KI] [원]458

[불] Virole, anneau, petit cercle de fer ou de cuivre autour du manche de certains outils.

[한] 쇠테, 고리, 몇몇 도구의 손잡이 둘레에 있는 쇠 또는 구리로 된 작은 테

당나귀 [TANG-NA-KOUI] (驢) [원]458

[불] Ane.

[한] 당나귀

*당낭 [TANG-NANG,-I] (螳螂) [원]458

[불] Bousier, esp. d'insecte (qui emporte le crottin du cheval, la bouse de bœuf).

[한] 똥구더기, (말똥, 쇠똥을 끌고 가는) 곤충 종류

*당낭거텰 [TANG-NANG-KE-HTYEL] (螳螂拒轍) [원] 458
[불] Le bousier peut-il arrêter la charrette? (Proverbe pour dire qu'une chose est impossible, qu'on ne peut pas empêcher un événement.)
[한] 똥구더기가 짐수레를 멈추게 할 수 있는가? (일이 불가능함, 사건을 막을 수 없음을 말하기 위한 속담)

*당년 [TANG-NYEN,-I] (當年) [원] 458
[불] Cette année-là, en cette année-là. Cette année-ci, l'année présente.
[한] 그 해, 그 해에 | 이 해, 올해

*당닋 [TANG-NĂI] (堂內) [원] 458
[불] Parents jusqu'au 8e degré. Les personnes de la maison.
[한] 여덟 번째 등급까지의 친족들 | 가문의 사람들

*당닋지친 [TANG-NĂI-TJI-TCHIN,-I] (堂內至親) [원] 458
[불] Parents jusqu'au 8e degré. Personne de la famille. Tous ceux qui ne sont pas au-delà du 10e degré.
[한] 여덟 번째 등급까지의 친족들 | 가문의 사람 | 열 번째 등급을 넘지 않는 모든 사람

당답싸리 [TANG-TAP-SSA-RI] (唐箒草) [원] 459
[불] Esp. d'arbuste jaune implanté de Chine et qui sert à faire des balais.
[한] 중국에서 도입된 노란 소관목 종류로 빗자루를 만드는 데 사용된다

당당당 [TANG-TANG-TANG] [원] 459
[불] Bruit du tambour. =북치다-pouk-tchi-ta, Frapper un petit tambour à coups précipités.
[한] 북소리 | [용례 =북치다, -pouk-tchi-ta], 작은 북을 빠르게 치다

당당이 [TANG-TANG-I] [원] 459
[불] Esp. de livre très mince.
[한] 매우 얇은 책 종류

*당당홍의 [TANG-TANG-HONG-EUI] (堂堂紅衣) [원] 459
[불] Habit rouge des gardes du roi, des pages dans le palais.
[한] 왕의 근위병, 왕궁의 시동들의 붉은 옷

*당당ᄒᆞ다 [TANG-TANG-HĂ-TA] (堂堂) [원] 459
[불] Grand. Etre fort.
[한] 크다 | 강하다

*당댱 [TANG-TYANG,-I] (當場) [원] 459
[불] Maintenant ici; de suite ici; en ce lieu sans différer; se temps-là.
[한] 지금 여기 | 여기서 즉시 | 미루지 않고 그 자리에서 | 그 때

1당뎌 [TANG-TYE] [원] 459
[불] Autrefois.
[한] 옛날

2*당뎌 [TANG-TYE] (當宁) [원] 459
[불] Roi, le roi.
[한] 왕, 당대의 왕

당도리 [TANG-TO-RI] (大船) [원] 459
[불] Navire, jonque de grandeur moyenne. Barque à quille semblable à celle des Européens.
[한] 선박, 중형 정크 | 용골이 유럽의 그것과 닮은 배

*당돌 [TANG-TOL,-I] (唐突) [원] 459
[불] Courage, bravoure, hardiesse.
[한] 용기, 용감, 대담

*당돌ᄒᆞ다 [TANG-TOL-HĂ-TA] (唐突) [원] 459
[불] Intelligent, courageux, brave. Etre hardi.
[한] 영리하다, 담대하다, 용감하다 | 과감하다

당동당동 [TANG-TONG-TANG-TONG] [원] 459
[불] Bruit du tambour. =북치다-pouk-tchi-ta, Frapper un gros tambour.
[한] 북소리 | [용례 =북치다-pouk-tchi-ta], 큰 북을 치다

*당두ᄒᆞ다 [TANG-TOU-HĂ-TA] (當頭) [원] 459
[불] Imminent; être sur le point d'arriver, de se faire. ‖ Etre en tête, aller en tête; être le chef, le premier.
[한] 촉박하다 | 막 도착하려는, 막 이루어지는 참이다 | 선두에 있다, 앞서가다 | 장, 일인자가 되다

*당ᄃᆡ [TANG-TĂI] (當代) [원] 459
[불] La génération présente. De son temps. Une seule génération.
[한] 현재 세대 | 당대 | 단 하나의 세대

*당랑 [TANG-RANG,-I] (螳螂) [원] 458
[불] Bousier (insecte). V.Syn. 당낭 Tang-nang.
[한] 똥구더기 (곤충) | [동의어 당낭 Tang-nang]

*당록 [TANG-ROK,-I] (堂祿) [원] 458
[불] Nom d'une dignité
[한] 고관직의 이름

*당면 [TANG-MYEN,-I] (唐麵) [원] 458
[불] Vermicelle de Chine.
[한] 중국의 버미첼리

*당면ᄒᆞ다 [TANG-MYEN-HĂ-TA] (當面) [원] 458
[불] Etre tournés en face l'un de l'autre; se regarder l'un,

l'autre; être face à face; se voir mutuellement.
한 서로 마주하여 돌려져 있다 | 서로 마주보다 | 서로 마주하고 있다 | 서로 보고 있다

*당목 [TANG-MOK,-I] (唐木) 원458
불 Toile de Chine; toile européenne.
한 중국의 직물 | 유럽의 직물

*당묵 [TANG-MOUK,-I] (唐墨) 원458
불 Encre de Chine.
한 중국의 잉크

*당물 [TANG-MOUL,-I] (唐物) 원458
불 Objet de Chine, chose qui vient de la Chine.
한 중국의 물건, 중국에서 온 것

*당미 [TANG-MI] (糖米) 원458
불 Graine de sorgho écossée.
한 껍질을 깐 수수속[역주 屬]의 종자

당부ᄒᆞ다 [TANG-POU-HĂ-TA] (咐囑) 원458
불 Recommander avec instances.
한 간곡히 권하다

*당비샹 [TANG-PI-SYANG,-I] (唐砒礵) 원458
불 Arsenic chinois; arsenic de Chine. Préparation d'arsenic dont on fait des pilules excitantes. Préparation arsenicale, qu'on prend en petite quantité, pour se réchauffer le matin, en hiver.
한 중국 비소 | 중국의 비소 | 각성제 환약을 만드는 비소의 조제 | 겨울에 아침에 몸을 데우기 위해서 소량으로 먹는 비소의 조제

*당빅젼 [TANG-PĂIK-TJYEN,-I] (當百錢) 원458
불 Grande sapèque qui équivaut à une ligature, mais dont la valeur réelle n'est que de 4 sapèques.
한 한 꾸러미와 대등한 가치가 있으나 실제 가치는 엽전 네 개밖에 되지 않는 큰 엽전

*당삭ᄒᆞ다 [TANG-SAK-HĂ-TA] (當朔) 원458
불 Le mois des couches. Etre à terme (femme enceinte). Etre près du terme de la charge (se dit pour le dernier mois de la gestion, de l'administration d'un mandarin).
한 출산의 달 | (임신한 여자가) 기한에 달해 있다 | 임무가 거의 끝나가다 (고급관리의 관리, 행정의 마지막 달에 대해 쓴다)

*당상ᄒᆞ다 [TANG-SANG-HĂ-TA] (當喪) 원458
불 Perdre ses parents; soutenir la perte de ses parents; supporter, éprouver la perte des parents.
한 자신의 부모를 잃다 | 자신의 부모를 잃는 일을 견디다 | 부모의 죽음을 겪다, 당하다

*당샹 [TANG-SYANG,-I] (堂上) 원458
불 Range élevé; honorable supérieur. (On appelle ainsi tous les mandarins qui ont le droit de porter l'anneau de jade à leur serre-tête). ‖ Le père et la mère (style épist.).
한 높은 신분 | 상급의 국회의원 | (머리띠에 옥으로 된 고리를 달 권리가 있는 모든 관리를 이렇게 부른다) | 아버지와 어머니 (서간체)

1*당션 [TANG-SYEN,-I] (唐扇) 원458
불 Eventail de Chine.
한 중국의 부채

2*당션 [TANG-SYEN,-I] (唐船) 원458
불 Barque chinoise.
한 중국식 배

1*당셰 [TANG-SYEI] (當世) 원458
불 Ce temps-là.
한 그 시대

2*당셰 [TANG-SYEI] (當勢) 원458
불 Avoir une autorité absolue, solide. avoir toute puissance. Etre libre.
한 절대적인, 확고한 권력을 가지다 | 절대 권력을 가지다 | 자유롭다

*당슉 [TANG-SYOUK,-I] (堂叔) 원459
불 Cousin germain du père. Neveu de l'aïeul. parent de degré égal avec le père (on y ajoute le nombre de degrés). Oncle à la mode de Bretagne.
한 같은 할머니에게서 태어난 아버지의 사촌 형제 | 조부모의 조카, 아버지와 같은 등급의 친족 (거기에 촌수를 붙인다) | 브레타뉴식의 삼촌

*당슉모 [TANG-SYOUK-MO] (堂叔母) 원459
불 Femme du cousin germain du père. Femme du neveau de l'aïeul.
한 같은 할머니에게서 태어난 아버지의 사촌 형제의 부인 | 조부모의 조카의 부인

1*당시 [TANG-SI] (唐詩) 원458
불 Poésie chinoise; écrit chinois.
한 중국의 시 | 중국의 저서

2*당시 [TANG-SI] (唐時) 원458
불 Le temps des empereurs 당 Tang en Chine.
한 중국 당 Tang 황제들의 시대

3*당시 [TANG-SI] (當時) 원458
불 En ce temps-là, ce temps-là.
한 그 시대에, 그 시기

*당신 [TANG-SIN,-I] (當身) 원459

불 Titre honorifique dont on se sert à l'égard d'un supérieur pour le désigner. Monsieur, monseigneur, grand personnage (titre d'honneur).

한 상급자를 가리킬 때 사용하는 경칭 | 님, 전하, 큰 인물 (경칭)

당싯당싯웃다 [TANG-SIT-TANG-SIT-OUT-TA,-OUT-SE,-OUT-SĂN] 원459

불 Désigne les premières contraction des lèvres que fait un tout petit enfant qui veut sourire. Rire joyeux des petits enfants.

한 미소를 지으려는 아주 어린 아이가 하는 최초의 입술 근육수축을 가리킨다 | 어린 아이들의 유쾌한 웃음

*당ᄉᆞ [TANG-SĂ] (唐絲) 원458

불 Fil de Chine.

한 중국산 실

당ᄭᆡ [TANG-KKĂI] 원457

불 Datura; stramonium; herbe du diable, des magiciens.

한 가시독말풀 | 흰독말풀 | 악마의, 마법사들의 풀

당쌀이 [TANG-SSAL-I] (唐柮) 원458

불 Plante, arbuste (fleurs et feuilles semblables à celles de l'acacia)

한 식물, 소관목(꽃과 나뭇잎이 아카시아의 그것과 닮았다)

*당약 [TANG-YAK,-I] (唐藥) 원457

불 remède de Chine. bon excellent remède.

한 중국의 약 | 좋은 탁월한 약

*당양시절 [TANG-YANG-SI-TJYEL,-I] (唐梁時節) 원457

불 Temps des dynasties Tang et Yang en Chine. temps de la prospérité.

한 중국에서 당과 양 왕조의 시대 | 번영의 시대

*당연 [TANG-YEN,-I] (唐硯) 원457

불 Encrier de Chine en pierre.

한 돌로 만든 중국의 잉크병

*당연ᄒᆞ다 [TANG-YEN-HĂ-TA] (當然) 원457

불 Bon, bien, vrai, sûr, certain. Etre convenable. Syn. 맛당ᄒᆞ다 Mat-tang-hă-ta.

한 좋다, 좋다, 옳다, 틀림없다, 확실하다 | 적절하다 | [동의어 맛당ᄒᆞ다, Mat-tang-hă-ta]

*당옥 [TANG-OK,-I] (堂獄) 원457

불 Le ciel et l'enfer.

한 천국과 지옥

*당월 [TANG-OUEL,-I] (當月) 원457

불 Cette lune, la lune dans laquelle on est.

한 이달, 현재의 달

*당음 [TANG-EUM,-I] (唐音) 원457

불 Compositions poétiques contemporaines des Tang en Chine. ‖ Nom d'un livre d'étude pour les enfants (dont chaque phrase est composée de cinq ou sept caractères).

한 중국 당나라와 동시대의 시작[역주 詩作] | 아이들을 위한 공부책의 이름 (각 문장은 다섯 또는 일곱 개의 글자로 구성되어 있다)

*당일 [TANG-IL,-I] (當日) 원457

불 En ce jour; ce jour-là; aujourd'hui. 당일에 Tang-il-ei, En ce temps-là.

한 그날에 | 그날 | 오늘 | [용례 당일에, Tang-il-ei], 바로 그때

*당쟈 [TANG-TJYA] (當者) 원459

불 Maître de maison. ‖ Qui rencontre; qui est en face, près de.

한 집의 주인 | 만나는 사람 | 앞에 있는, 가까이 있는 사람

*당져 [TANG-TJYEI] (當宁) 원459

불 Titre du roi régnant; nom par lequel on désigne le roi pendant sa vie.

한 통치하는 왕의 칭호 | 왕이 살아있는 동안 그를 가리키는 이름

*당젼 [TANG-TJYEN,-I] (唐錢) 원459

불 Sapèques chinoises.

한 중국 엽전들

*당졍 [TANG-TJYENG,-I] (堂正) 원459

불 Nom d'une esp. de dignité à laquelle peuvent parvenir les hommes du peupel.

한 서민들이 도달할 수 있는 고관직의 종류의 이름

1*당제 [TANG-TJYEI] (當製) 원459

불 Remède opportun, remède bien approprié à la maladie, remède efficace.

한 적절한 약, 병에 아주 적합한 약, 효과가 있는 약

2당제 [TANG-TJYEI] (唐製) 원459

불 Remède de Chine.

한 중국의 약

당조 [TANG-TJO] 원460 ☞ 1당초

당줄 [TANG-TJOUL,-I] (網巾絃) 원459

불 Cordons du serre-tête.

한 머리띠의 끈

*당지 [TANG-TJI] (唐紙) 원459

불 Papier de Chine.

한 중국의 종이

1* 당직 [TANG-TJIK,-I] (糖稷) 원459

불 Le sorgho et le millet noir, 슈슈 Syou-syou et 피 Hpi.

한 수수속[역주 屬]과 메밀, 슈슈 Syou-syou와 피 Hpi

2* 당직 [TANG-TJIK,-I] (當職) 원459

불 Charge qu'on exerce actuellement.

한 현재 수행하는 임무

* 당직이 [TANG-TJIK-I] (堂直) 원459

불 Gardien d'une habitation, d'un temple.

한 거처의, 사원의 관리인

당직ᄒᆞ다 [TANG-TJIK-HĂ-TA] 원459

불 Se parler directement l'un à l'autre sans interprète; traiter une affaire sans entremetteur.

한 통역자 없이 서로서로 직접 말하다 | 중개인 없이 일을 처리하다

* 당질 [TANG-TJIL,-I] (堂姪) 원459

불 Fils du cousin germain paternel. Cousin issu de germain (neveu à la monde de Bretagne). Tout parent d'un degré inférieur (en y ajoutant le nombre de degrés).

한 부계의 사촌 형제의 아들 | 같은 할머니에서 나온 사촌 (브레타뉴식의 조카) | 한 등급 낮은 모든 친척 (여기에 촌수를 붙인다)

* 당질녀 [TANG-TJIL-NYE] (堂姪女) 원459

불 Fille du cousin germain paternel.

한 부계의 사촌 형제의 딸

* 당질부 [TANG-TJIL-POU] (堂姪婦) 원459

불 Femme du fils du cousin germain parternel.

한 부계의 사촌 형제의 아들의 부인

* 당질셔 [TANG-TJIL-SYE] (堂姪婿) 원459

불 Mari de la fille du cousin germain paternel.

한 부계의 사촌 형제의 딸의 남편

* 당지 [TANG-TJĂI] (唐材) 원459

불 Remèdes de Chine.

한 중국의 약재들

* 당창 [TANG-TCHANG,-I] (唐瘡) 원459

불 (Nom d'une esp. de) maladie vénérienne qui fait tomber le nez, les dents, etc., des personnes qui en sont atteintes. Syphilis. (Les Coréens en renvoient l'origine aux Chinois). V.Syn. 창질 Tchang-tjil.

한 코, 치아 등이 빠지는 성병(의 일종의 명칭), 그것에 걸린 사람들 | 매독 | (조선인들은 중국인들에게 그 원인을 돌린다) | [동의어 창질, Tchang-tjil]

* 당쳐 [TANG-TCHYE] (當處) 원459

불 Sur l'emplacement même, juste sur l'endroit. Lieu, place (d'un furoncle).

한 같은 자리에, 바로 그 장소에 | (절종의) 장소, 위치

* 당쳑 [TANG-TCHYEK,-I] (唐尺) 원459

불 Mesure de longueur chinoise pour les étoffes.

한 옷감의 길이를 재는 중국식 측정 단위

* 당청홍 [TANG-TCHYENG-HONG,-I] (唐青紅, (Chine, bleu, rouge)) 원ADDENDA

불 Esp. de teinture.

한 염료의 종류

1* 당초 [TANG-TCHO] (唐椒) 원460

불 Esp. de piment. ‖ Queue de renard. Amarante, à queue.

한 고추의 종류 | 줄맨드라미 | 줄맨드라미

2* 당초 [TANG-TCHO] (唐醋) 원460

불 Excellent vinaigre, vinaigre très-fort.

한 탁월한 식초, 매우 강한 식초

* 당초에 [TANG-TCHO-EI] (當初) 원460

불 Au commencement, autrefois.

한 처음에, 예전에

* 당층 [TANG-TCHEUNG,-I] (唐稱) 원459

불 Balance chinoise.

한 중국식 저울

* 당침 [TANG-TCHIM,-I] (唐針) 원459

불 Aiguille de Chine.

한 중국의 바늘

* 당칭 [TANG-TCHING,-I] (唐稱) 원459

불 Balance de Chine.

한 중국의 저울

당틔 [TANG-HTĂI] (去核花) 원459

불 Coton débarrassé de sa graine. ‖ Le cotonnier.

한 씨앗을 없앤 솜 | 목화

당파 [TANG-HPA] (唐葱) 원458

불 Gros ognon de Chine; esp. d'ognon ou de ciboule.

한 중국의 큰 양파 | 양파 또는 파의 종류

* 당판 [TĂN-HPAN,-I] (唐板) 원458

불 Livre imprimé en Chine; impression chinois; planche à imprimer de Chine.

한 중국에서 인쇄된 책 | 중국식 인쇄 | 중국에서 온 인쇄판

* 당팔ᄾ [TANG-HPAL-SĂ] (唐八絲) 원458

불 Cordon de bourse acheté en Chine.
한 중국에서 구입한 돈주머니의 끈

*당포 [TANG-HPO] (唐布) 원458
불 Toile de chanvre de Chine.
한 중국에서 온 마직물

*당피마즈 [TANG-HPI-MA-TJĂ] (唐皮麻子) 원458
불 Ricin de Chine.
한 중국의 아주까리

*당필 [TANG-HPIL,-I] (唐筆) 원458
불 Pinceau de Chine.
한 중국의 붓

*당하 [TANG-HA] (堂下) 원457
불 Degré d'en bas. on appelle ainsi tous les mandarins qui n'ont pas le droit de porter les anneaux de jade à leur serre-tête.
한 낮은 계급 | 머리띠에 옥으로 된 고리를 달 권리가 없는 모든 관료를 이렇게 부른다

*당학 [TANG-HAK,-I] (唐瘧) 원457
불 Fièvre tierce. fièvre quotidienne.
한 2일 간격으로 일어나는 간헐열 | 매일 다시 나는 열

*당혀 [TANG-HYE] (唐鞋) 원457
불 Esp. de souliers (pantoufles en cuir ou en drap) brodés.
한 수가 놓인 신발의 종류 (가죽이나 나사[역주 羅紗]로 된 슬리퍼)

*당호 [TANG-HO] (堂號) 원457
불 Nom d'une maison, d'un temple, une chambre, écrit en gros caractères, en grosses lettres.
한 큰 글자로, 굵은 글씨로 쓰인, 집, 사원, 방의 이름

*당혼ᄒᆞ다 [TANG-HON-HĂ-TA] (當婚) 원457
불 Temps du mariage. Etre d'âge nubile.
한 결혼할 시기 | 결혼 적령기가 되다

*당홍 [TANG-HONG,-I] (唐紅) 원457
불 Toile teinte en rouge; étoffe rouge. Teinture rouge de Chine.
한 붉은색으로 염색된 직물 | 붉은 옷감 | 중국에서 온 붉은색 염료

*당화긔 [TANG-HOA-KEUI] (唐畵器) 원457
불 Porcelaine de Chine ornée de fleurs.
한 꽃무늬로 장식된 중국 도자기

*당황ᄒᆞ다 [TANG-HOANG-HĂ-TA] (瞠恍) 원457
불 Etre effrayé, avoir peur, craindre
한 겁에 질리다, 무서워하다, 두려워하다

*당ᄒᆞ다 [TANG-HĂ-TA] (當) 원457
불 Rencontrer; être en face; faire face; être à; faire à. ‖ Répondre pour ou de. ‖ Soutenir, supporter, souffrir. 욕을당ᄒᆞ다 Yok-eul tang-hă-ta, Supporter une injure, un outrage.
한 만나다 | 마주하다 | 맞서다 | ~하는 중이다 | ~와 상대하다 | ~을 책임지다 | 견디다, 감수하다, 겪다 | [용례 욕을당ᄒᆞ다, Yok-eul tang-hă-ta], 욕, 모욕을 당하다

[1]대 [TAI] (竹) 원448
불 Bambou; pipe; tige creuse; tuyau.
한 대나무 | 파이프 | 속이 빈 줄기 | 관

[2]*대 [TAI] (大) 원448
불 Grand.
한 크다

[1]*대가 [TAI-KA] (大駕) 원449
불 Grand palanquin royal; le char du roi; le roi lui-même.
한 왕족의 큰 가마 | 왕의 마차 | 왕 그 자신

[2]*대가 [TAI-KA] (大家) 원449
불 Grande maison; palais. ‖ Maison illustre; famille puissante.
한 큰 집 | 궁전 | 저명한 집안 | 권세 있는 가문

대가리 [TAI-KA-RI] (頭) 원449
불 Tête. (Popul.).
한 머리 | (속어)

대가치 [TAI-KA-TCHI] 원449
불 Nom d'un oiseau qui ressemble un peu à la pie.
한 까치와 약간 닮은 새의 이름

*대각 [TAI-KAK,-I] (大角) 원449
불 Grande corne. Grand chevreuil.
한 큰 뿔 | 큰 노루

[1]*대간 [TAI-KAN,-I] (大諫) 원449
불 Nom d'une dignité, p.ê. conseiller du roi. Mentor des examinateurs, surveillant des 시관 Si-koan.
한 고위직의 이름, 아마도 왕의 고문 | 시험관들의 지도자, 시관 Si-koan들의 감독관

[2]*대간 [TAI-KAN,-I] (大簡) 원449
불 Grand papier à lettres.
한 큰 편지지

*대감 [TAI-KAM,-I] (大監) 원449
불 Excellence. Titre honorifique donné à un grand personnage (à un ministre, à un gouverneur, aux eunuques du palais).

한 각하 | 큰 인물 (장관, 지사, 궁의 환관들)에게 수여하는 경칭

[1]대강 [TAI-KANG] (大槪) 원449
불 A peu près, environ, presque, ainsi, en quelque sorte, comme.
한 거의, 약, 거의, 그렇게, 어떤 의미로는, ~처럼

[2]*대강 [TAI-KANG,-I] (大江) 원449
불 Grand fleuve. Grand rivière.
한 거대한 강 | 큰 강

대강이 [TAI-KANG-I] (顱) 원449
불 Tête, crâne. (Popul.).
한 머리, 두개골 | (속어)

*대개 [TAI-KAI] (大槪) 원449
불 A peu près; presque; environ; ainsi; en quelque sorte; comme; quia, nam, car.
한 대략 | 거의 | 대부분 | 그렇게 | 어떤 의미로는 | 마찬가지로 | 아무개, 왜냐하면

*대겁 [TAI-KEP,-I] (大怯) 원449
불 Grande crainte; grande peur; grand effroi, grande frayeur.
한 큰 두려움 | 큰 공포 | 큰 공포, 큰 걱정

*대격 [TAI-KYEK,-I] (大格) 원449
불 Chance au jeu, au jeu de domino.
한 놀이, 도미노 놀이에서의 운

*대경대법 [TAI-KYENG-TAI-PEP,-I] (大經大法) 원449
불 Coutume universelle, loi générale. A peu près.
한 보편적인 관습, 거의 일반적인 법

*대경쇼괴 [TAI-KYENG-SYO-KOI] (大驚小恠) 원449
불 Grande surprise dont on se remet promptement en voyant les preuves du contraire; grande peur; étonnement extrême.
한 반대 증거들을 보고 신속히 진정되는 매우 놀란 느낌 | 큰 공포 | 극도의 놀라움

*대경실식ᄒᆞ다 [TAI-KYENG-SIL-SĂIK-HĂ-TA] (大驚失色, (Grand, peur, perdre, couleur)) 원449
불 Pâlir de frayeur.
한 두려움으로 창백해지다

*대계 [TAI-KYEI] (大計) 원449
불 Supplique solennelle au roi. Lettre par laquelle les grands dignitaires font connaître au gouvernement leur sentiment sur une affaire.
한 왕에게 보내는 공식적인 청원서 | 지위 높은 고관들이 어떤 일에 대한 그들의 의견을 정부에 알리는 공문

*대고 [TAI-KO] (大故) 원449
불 Grande cause, c.a.d. la mort du père ou de la mère. ‖ Dénomination par laquelle, en parlant à un autre, on désigne un homme en deuil de ses parents.
한 큰 사건, 즉 아버지나 어머니의 죽음 | 다른 사람에게 말할 때, 자기 부모의 상중에 있는 사람을 가리키는 명칭

*대고모 [TAI-KO-MO] (大姑母) 원449
불 Grand tante paternelle, sœur du grand-père paternel, sœur de l'aïeul.
한 부계의 대고모, 부계의 할아버지의 여자 형제, 조부모의 여자 형제.

*대곡 [TAI-KOK,-I] (大哭) 원449
불 Grands gémissements, grandes larmes, pleurs, lamentations, grands pleurs et cris.
한 큰 탄식, 큰 슬픔, 눈물, 비탄, 크게 울고 외침

*대곤 [TAI-KON,-I] (大棍) 원449
불 Grandes verges, grand et gros bâton pour la bastonnade.
한 큰 회초리, 태형을 위한 크고 굵은 막대기

[1]*대공 [TAI-KONG,-I] (大功) 원449
불 Grand mérite, grande œuvre de piété.
한 대단한 공로, 신앙심의 위대한 성과

[2]*대공 [TAI-KOUG,-I] (大工) 원449
불 Grand travail.
한 중대한 작업

[3]대공 [TAI-KOUG,-I] (梲) 원449
불 Pièce de bois perpendiculaire qui, appuyée sur le milieu de la poutre transversale, soutient le faite du toit.
한 횡단하는 들보의 중앙 위에 기대어 지붕의 용마루를 지탱하는 수직의 나무 조각

*대과 [TAI-KOA] (大科) 원449
불 Examen de doctorat où sont reçus les 급데 Keup-tyei. Le grand de 급데 Keup-tyei ou docteur.
한 급데 Keup-tyei자들이 받아들여지는 박사 시험 | 급데 Keup-tyei의 으뜸 또는 박사

*대광보국 [TAI-KOANG-PO-KOUK] (大匡輔國) 원449
불 Premier dignitaire après le roi, esp. de connétable.
한 왕 다음의 첫 번째 고관, 일종의 원수

*대광판 [TAI-KOANG-HPAN,-I] (大廣板) 원449
불 Grande et large pièce de bois de sapin dont on doit faire un cercueil. Longue planche.

한 관을 만드는 크고 넓은 전나무의 조각 | 긴 판자

*대교 [TAI-KYO] (大敎) 원449

불 Esp. de grande dignité réservée aux docteurs.

한 박사들 전용의 중요 고관직의 종류

*대구 [TAI-KOU] (大口) 원449

불 Morue commune.

한 보통 대구

대구리 [TAI-KOU-RI] (頭) 원449

불 Tête. (Popul.)

한 머리 | (속어)

*대국 [TAI-KOUK,-I] (大國) 원449

불 Grand empire (la Chine).

한 큰 제국 (중국)

*대군 [TAI-KOUN,-I] (大君) 원449

불 Grand roi. ‖ Parent du roi.

한 위대한 왕 | 왕의 친척

1*대궁 [TAI-KOUNG,-I] (大宮) 원449

불 Maison d'un parent du roi.

한 왕의 친척의 집

2*대궁 [TAI-KOUNG,-I] (大窮) 원449

불 Grande pauvreté.

한 매우 가난함

*대궐 [TAI-KOUEL,-I] (大闕) 원449

불 Palais du roi.

한 왕의 궁전

*대극 [TAI-KEUK,-I] (大戟) 원449

불 Longue lance. ‖ Nom d'un remède.

한 긴 창 | 약의 이름

대글대글ᄒᆞ다 [TAI-KKEUL-TAI-KKEUL-HĂ-TA] 원449

불 Désigne l'état d'un fruit bien venu, gros, arrondi, etc. ‖ Rouler, tomber en roulant (se dit d'un petit objet).

한 잘 익은, 굵은, 둥근 등의 과일의 상태를 가리킨다 | 구르다, 구르면서 떨어지다 (작은 물체에 대해 쓴다)

1*대긔 [TAI-KEUI] (大起) 원449

불 Grande soulèvement. Grand, devenir grand, se faire en grand.

한 크게 높이기 | 크다, 커지다, 커 보이게 하다

2*대긔 [TAI-KEUI] (大旗) 원449

불 Grand oriflamme royale, grand drapeau, grande bannière, grand étendard.

한 왕실의 큰 깃발, 큰 깃발, 큰 선박용 기, 큰 군기

3*대긔 [TAI-KEUI] (大忌) 원449

불 Grande répuguance. ‖ Grand anniversaire de la mort, le second, qui se fait deux ans après le 1er jour de la 3e année qui suit le décès.

한 크게 꺼려함 | 큰 기일, 사망한 후 이어 오는 세 번째 해의 첫째 날로부터 1년 후에 이루어지는 두 번째 기일

*대긔치 [TAI-KEUI-TCHI] (大旗幟) 원449

불 Grande tenue militaire, étendards déployés, lance au bras, etc. Grand déploiement d'insignes militaires. Grand oriflamme.

한 위엄 있는 군복, 펼쳐진 군기, 손에 든 창 등 | 군대 휘장이 크게 펼쳐진 상태 | 큰 깃발

*대길 [TAI-KIL,-I] (大吉) 원449

불 Grande chance, grand bonheur. ‖ Grande réjouissance au premier jour du printemps.

한 큰 행운, 큰 행복 | 봄의 첫째 날의 큰 기쁨

*대내 [TAI-NAI] (大內) 원450

불 Palais de la reine.

한 왕후의 궁전

*대노 [TAI-NO] (大怒) 원450

불 Grande colère, grande passion, fureur.

한 큰 화, 큰 격정, 분노

1*대농 [TAI-NONG,-I] (大農) 원450

불 Grande récolte, grande culture.

한 큰 수확, 큰 농사

2*대농 [TAI-NONG,-I] (大籠) 원450

불 Boîte ou corbeille en bambou.

한 대나무로 된 상자 또는 바구니

*대단 [TAI-TAN,-I] (大緞) 원451

불 Belle étoffe de soie.

한 명주로 된 아름다운 옷감

*대단ᄒᆞ다 [TAI-TAN-HĂ-TA] (大端) 원451

불 Fort; véhément; violent; très; furieux; énorme. Etre très-grand, très-considérable.

한 강하다 | 맹렬하다 | 격렬하다 | 매우 | 격노하다 | 굉장하다 | 매우 크다, 매우 중요하다

1*대담 [TAI-TAM,-I] (大膽) 원451

불 Grand sang-froid, intrépidité.

한 매우 냉정함, 대담함

2*대담 [TAI-TAM,-I] (大談) 원451

불 Grand cri, grande parole, gros mot.

한 큰 고함, 큰 언쟁, 상스러운 말

*대댱 [TAI-TYANG,-I] (大庄) 원451

불 Grandes possessions de rizière et de champs;

grande propriété; grande métairie.
[한] 많은 논과 밭의 소유 | 큰 소유지 | 큰 소작지

*대덕군ᄌ [TAI-TEK-KOUN-TJĂ] (大德君子) [원]451
[불] Homme de beaucoup de vertu; grand homme de bien.
[한] 덕이 많은 사람 | 매우 선한 사람

대뎐 [TAI-TYEN,-I] [원]452 ☞ 3대전

*대뎐통편 [TAI-TYEN-HTONG-HPYEN,-I] (大典通編) [원]451
[불] Code civil des lois de la Corée.
[한] 조선 법의 민법전

*대뎨학 [TAI-TYEI-HAK,-I] (大提學) [원]451
[불] Nom d'une dignité. Esp. de ministre d'instruction publique. Grand dignitaire qui est censé le plus grand lettré du royaume.
[한] 고관직의 이름 | 일종의 공공 교육 장관 | 왕국의 가장 학식 있는 사람으로 여겨지는 중요한 고관

*대도독 [TAI-TO-TOK,-I] (大都督) [원]452
[불] Général d'armée, général en chef, généralissime.
[한] 군대의 장군, 총사령관, 총통

*대도샹 [TAI-TO-SYANG,-I] (大道上) [원]452
[불] La grand'route, le grand chemin.
[한] 큰길, 대로

대돈 [TAI-TON,-I] (十分) [원]452
[불] Valeur de dix sapèques, 10 sapèques.
[한] 엽전 열 개의 가치, 엽전 열 개

1*대동 [TAI-TONG,-I] (大洞) [원]452
[불] Grand village.
[한] 큰 마을

2*대동 [TAI-TONG,-I] (大同) [원]452
[불] Calamité publique, générale. ‖ Riz payé au gouvernement comme impôt.
[한] 공동의, 전반적인 재난 | 세금처럼 정부에 내는 쌀

*대동쇼이ᄒᆞ다 [TAI-TONG-SYO-I-HĂ-TA] (大同小異, (Beaucoup, semblable, peu, différent)) [원]452
[불] Presque semblable, qui n'a qu'une petite différence; analogie, conformité, proportion, ressemblance. Avoir beaucoup de ressemblance.
[한] 거의 비슷하다, 약간의 차이만 있다 | 유사, 일치, 어울림, 비슷함 | 많은 유사성이 있다

*대동지환 [TAI-TONG-TJI-HOAN,-I] (大同之患) [원]452
[불] Etre enveloppé dans la même persécution; être exposé au même malheur. Calamité publique.
[한] 같은 박해 속에 끌어넣어지다 | 같은 불행에 처해지다 | 공공의 재난

*대두 [TAI-TOU] (大斗) [원]452
[불] Grande mesure (qui contient trois boisseaux). Grand boisseau.
[한] 큰 측량 단위 (3브와소의 용량이다) | 큰 브와소

*대두황권 [TAI-TOU-HOANG-KOUEN,-I] (大豆黃拳) [원]452
[불] Esp. de lierre officinal qui croît sur les bords de la mer et ressemble au 콩나물 Hkong-na-moul (pois, haricot).
[한] 바닷가에서 자라고 콩나물 Hkong-na-moul(콩, 제비콩)과 비슷한 약용 송악 종류

*대득ᄒᆞ다 [TAI-TEUK-HĂ-TA] (大得) [원]452
[불] Grand bénéfice, grand profit. Venir très-à-propos, à point nommé.
[한] 큰 이익, 큰 혜택 | 매우 적절한 시기에, 때마침 일어나다

*대디 [TAI-TI] (大地) [원]452
[불] Grande terre, c.a.d. le monde, la terre entière.
[한] 큰 땅, 즉 세상, 땅 전체

*대락 [TAI-RAK,-I] (大樂) [원]450
[불] Grande réjouissance. Grand plaisir.
[한] 큰 환희 | 큰 기쁨

1*대란 [TAI-RAN,-I] (大亂) [원]450
[불] Grande guerre. Grand tumulte; grand désordre.
[한] 큰 전쟁 | 큰 소란 | 큰 혼란

2대란 [TAI-RAN,-I] (大難) [원]450
[불] Grande difficulité.
[한] 큰 어려움

*대략 [TAI-RYAK] (大畧) [원]451
[불] A peu près, environ, presque, en quelque sorte, ainsi, comme.
[한] 거의, 약, 대부분, 어떤 의미로는, 그처럼, 마찬가지로

1*대력 [TAI-RYEK,-I] (大曆) [원]451
[불] Grand calendrier, (il y a aussi le petit calendrier, 쇼력 Syo-ryek, et le moyen, 즁력 Tjyoung-ryek).
[한] 큰 달력, (작은 달력, 쇼력 Syo-ryek, 그리고 중간 것, 즁력 Tjyoung-ryek도 있다)

2*대력 [TAI-RYEK,-I] (大力) [원]451
[불] Grande force.
[한] 큰 힘

*대련 [TAI-RYEN,-I] (大練) 원451

불 Poche en cuir ou en toile pour mettre la couverture lorsqu'on voyage; sac de voyage. Esp. de couverture ou de bât pour le cheval.

한 여행할 때 이불을 넣기 위한 가죽 또는 직물로 된 주머니 | 여행 가방 | 말에 사용하는 덮개 또는 짐 싣는 안장 종류

*대례 [TAI-RYEI] (大禮) 원451

불 Grande cérémonie (de mariage), solennité.

한 큰 (결혼) 의식, 제전

[1]대로 [TAI-RO] 원451

불 Selon. S'emploie après le mot au radical: 규식대로 Kyou-sik-tai-ro, Suivant la méthode.

한 ~에 따라 | 단어의 어간 다음에 사용된다 | [용례 규식대로, Kyou-sik-tai-ro], 방법에 따라

[2]*대로 [TAI-RO] (大路) 원451

불 Grand'route.

한 큰 길

*대로ᄒᆞ다 [TAI-RO-HĂ-TA] (大怒) 원451

불 Se mettre en grande fureur, en grande colère.

한 격노하다, 대노하다

*대론 [TAI-RON,-I] (大論) 원451

불 Grande délibération. Délibération des grands dignitaires de la capitale sur une affaire d'Etat (du gouvernement).

한 중요한 토의 | (정부의) 국무에 대한 수도의 중요한 고관들의 토의

*대리 [TAI-RI] (大利) 원451

불 Grand avantage, grand gain, grand profit.

한 큰 이익, 큰 이윤, 큰 혜택

[1]*대마 [TAI-MA] (大馬) 원450

불 Grand cheval.

한 큰 말

[2]*대마 [TAI-MA] (大魔) 원450

불 Grand diable.

한 큰 악마

대마루 [TAI-MA-ROU] (大樑) 원450

불 Faîte; faîtage; pièce de bois au sommet du toit dans le sens de la longueur.

한 마룻대 | 용마루 | 지붕의 꼭대기에 길이로 있는 나무 조각

대마루판 [TAI-MA-ROU-HPAN,-I] (三板) 원450

불 Partie décisive au jeu, point décisif, moment critique, partie d'honneur.

한 놀이에서 결정적인 부분, 결정적인 지점, 결정적인 순간, 결승전

*대망 [TAI-MANG,-I] (大蟒) 원450

불 Grand serpent.

한 큰 뱀

대머리 [TAI-ME-RI] 원450

불 Surtout, très.

한 특히, 매우

*대목 [TAI-MOK,-I] (大木) 원450

불 Ouvrier en bois; charpentier de maison; fabricant d'objets en bois.

한 목재 노동자 | 집 짓는 목수 | 목제품 제조업자

대못 [TAI-MOT,-SI] (大釘) 원450

불 Clou en bambou, cheville en bambou.

한 대나무로 된 못, 대나무로 된 쐐기

대못박이 [TAI-MOT-PAK-I] 원450

불 Qui commence tard à étudier les caractères (vers 20 ans). ‖ Homme brusque, bourru, qui va son chemin sans faire attention aux autres.

한 문자 공부를 늦게 (20세쯤에) 시작하는 사람 | 퉁명스럽고 무뚝뚝하고, 다른 이들에게 신경 쓰지 않고 자신의 길을 가는 사람

*대무관 [TAI-MOU-KOAN,-I] (大廡官) 원450

불 Grande ville, ville capital de province. Ville dans laquelle la statue de Confucius est environnée de trente-deux tablettes de grands hommes, seize à droite, seize à gauche. (Il y a des villes où il y en a soixante-douze, du nombre des disciples de Confucius).

한 큰 마을, 지방의 주요 도시 | 좌우 각각 16개 위인들의 패 32개로 둘러싸인 공자의 상[역주 像]이 있는 마을 | (공자의 제자 수에 해당하는 72개의 위패가 있는 마을들이 있다) | 무엇이든 중요한 고관직, 계급이 높은 관리

[1]*대문 [TAI-MOUN,-I] (大門) 원450

불 Grande porte.

한 큰 문

[2]*대문 [TAI-MOUN,-I] (大文) 원450

불 Texte (par opposition au commentaire); paragraphe; phrase; période; alinéa.

한 본문(주해와는 대조적으로) | 문단 | 문장 | 절 | 줄바꿈

*대미 [TAI-MI] (大米) 원450

불 Riz écossé, riz blanc.

한 껍질을 깐 쌀, 흰 쌀

*대민 [TAI-MIN,-I] (大民) 원450
불 Noble sans dignité.
한 품위 없는 귀족
*대박 [TAI-PAK,-I] (大舶) 원450
불 Grand bateau, grande jonque.
한 큰 배, 큰 범선
대밧 [TAI-PAT,-TCHI] (竹田) 원450
불 Champ de bambous.
한 대나무 밭
*대방가 [TAI-PANG-KA] (大方家) 원450
불 Grande maison. ‖ Maison de ressources, bien montée. ‖ Homme habile, savant, adroit.
한 큰 집 | 재력이 있는, 잘 정비된 집안 | 학식 있는, 박식한, 능란한 사람
대방뎐 [TAI-PANG-TYEN,-I] 원450
불 Nom d'un livre d'histoire, histoire de 대방 Tai-pang.
한 이야기책의 이름, 대방 Tai-pang의 이야기
*대범 [TAI-PEM] (大凡) 원450
불 A peu près, presque, environ, ainsi, en quelque sorte, comme.
한 대략, 거의, 약, 그처럼, 어떻게 보면, 마찬가지로
*대법 [TAI-PEP] (大法) 원450
불 France. =인-in, Français (homme). =국-kouk, Royaume de France.
한 프랑스 | [용례 =인, -in], 프랑스인 (사람) | [용례 =국, -kouk], 프랑스 왕국
1*대변 [TAI-PYEN,-I] (大變) 원450
불 Grand prodige calamiteux; grande calamité. Grand inconvénient. Grand mécompte. Grand abus.
한 대단한 재난의 경이 | 큰 재난 | 큰 불편 | 큰 착오 | 큰 잘못
2*대변 [TAI-PYEN,-I] (大便) 원450
불 Grands besoins naturels, excréments, selles. =보다-po-ta, Faire ses grands besoins.
한 중요한 생리적 욕구, 배설물, 대변 | [용례 =보다, -po-ta], 중요한 용변을 보다
*대보 [TAI-PO] (大寶) 원450
불 Grand trésor. ‖ Cachet royal.
한 큰 보물 | 왕의 도장
*대보단 [TAI-PO-TAN,-I] (大報壇) 원450
불 Observatoire, grande tour consacrée aux observations astronomiques, (à la capitale). ‖ Temple où l'on honore le premier empereur de la dynastie des Ming.
한 천문대, 천체 관측에 할애된 큰 탑 (수도에) | 명 왕조의 첫 황제를 기리는 사원
1*대복 [TAI-POK,-I] (大福) 원450
불 Grand bonheur.
한 큰 행운
2*대복 [TAI-POK,-I] (大鰒) 원450
불 Grande huître à perles.
한 큰 진주 조개
*대부 [TA-POU] (大父) 원450
불 Père vénérable (se dit de Dieu). 대부모 Tai-pou-mo, (même sens).
한 존경하는 아버지 (신에 대해 쓴다) | [용례 대부모, Tai-pou-mo], (같은 의미)
*대부인 [TAI-POU-IN,-I] (大夫人) 원450
불 Mère, grande dame.
한 어머니, 귀부인
*대비 [TAI-PI] (大妃) 원450
불 Reine, femme du roi. mère du roi. Reine veuve, régente du royaume.
한 왕비, 왕의 부인 | 왕의 어머니 | 과부인 왕비, 왕국을 섭정하는 여인
*대빈 [TAI-PIN,-I] (大賓) 원450
불 Hôte élevé, grand.
한 고귀한, 중요한 손님
*대사 [TAI-SA] (大師) 원451
불 Bonze instruit, grand bonze (titre honorif.).
한 유식한 승려, 위대한 승려 (경칭)
*대상 [TAI-SANG,-I] (大祥) 원451
불 Second anniversaire de la mort des parents (deux ans après), grand anniversaire.
한 부모님 죽음의 두 번째 기일 (2년 후에), 중요한 기일
*대샤 [TAI-SYA] (大赦) 원451
불 Grande indulgence; grande amnistie; aministie générale.
한 큰 관용 | 큰 용서 | 전체 사면
*대셔 [TAI-SYE] (大暑) 원451
불 Grande chaleur. 6e quinzaine d'été, (elle commence vers le 20 ou 22 Juillet)
한 큰 더위 | 여름의 여섯 번째 2주간 (7월 20일이나 22일쯤에 시작한다)
*대션 [TAI-SYEN,-I] (大船) 원451

불 Grande barque.

한 큰 배

*대셜 [TAI-SYEL,-I] (大雪) 원451

불 Grande neige. 3e quinzaine d'hiver, (elle commence vers le 7 Décembre).

한 큰 눈 | 겨울의 세 번째 2주간 (12월 7일쯤에 시작한다)

1*대셩 [TAI-SYENG,-I] (大姓) 원451

불 nNom de famille très-répandu, très-commun.

한 매우 잘 알려진, 매우 보편적인 가문의 이름

2*대셩 [TAI-SYENG,-I] (大聲) 원451

불 Grand cri, grand bruit.

한 큰 고함, 큰 소리

3*대셩 [TAI-SYENG,-I] (大聖) 원451

불 Grand saint.

한 위대한 성인

*대셩뎐 [TAI-SYENG-TYEN,-I] (大聖殿) 원451

불 Temple de Confucius.

한 공자의 사원

*대셩통곡 [TAI-SYENG-HTONG-KOK,-I] (大聲痛哭) 원451

불 Grands gémissements, grandes lamentations, grands pleurs et cris, sanglots. =ᄒᆞ다-hă-ta, Pousser de grands gémissements.

한 큰 한탄, 큰 탄식, 큰 눈물과 외침, 흐느낌 | [용례 =ᄒᆞ다, -hă-ta], 큰 한탄을 내지르다

*대쇼 [TAI-SYO] (大小) 원451

불 Grand et petit, grands et petits.

한 크고 작다, 큰 것들과 작은 것들

*대쇼ᄒᆞ다 [TAI-SYO-HĂ-TA] (大笑) 원451

불 Rire aux éclats, rire avec grand bruit.

한 웃음을 터뜨리다, 큰 소리로 웃다

*대슈 [TAI-SYOU] (大水) 원451

불 Grandes eaux, c.a.d. inondation.

한 큰 물, 즉 홍수

대슙 [TAI-SYOUP,-I] (竹藪) 원451

불 Forêt, bois de bambous.

한 대나무의 숲, 삼림

*대식 [TAI-SIK,-I] (大食) 원451

불 Bouillie de riz. || Grand repas, repas entier, les trois repas du jour (par opposition aux petites réfections qu'on peut prendre en dehors de ces repas).

한 쌀죽 | (이 식사를 제외하고 먹을 수 있는 간단한 식사와는 대조적으로) 중요한 식사, 식사 전체, 하루의 세 번 식사

*대신 [TAI-SIN,-I] (大臣) 원451

불 Grands courtisans; grands dignitaires de la cour du royaume. Conseil du roi composé de vingt-un ministres; (mais en réalité, toute l'autorité est dans les mains du conseil suprême des trois premiers ministres de 1er ordre; les dix-huit autres ne font qu'approuver et confirmer leurs décisions).

한 지위가 높은 조신들 | 궁정의 중요한 고관들 | 21명의 장관으로 구성된 왕의 고문 | (그러나 실제로, 모든 권한은 서열의 첫 번째인 3명의 으뜸가는 장관들의 최고 회의의 손에 있다. 나머지 18명은 단지 그들의 결정에 동의하고 확고하게 할 뿐이다)

*대ᄉᆞ [TAI-SĂ] (大事) 원451

불 Grande affaire, affaire de grande importance, c.a.d. le mariage de ses enfants.

한 큰일, 매우 중요한 일, 즉 자기 자식들의 결혼

*대ᄉᆞ간 [TAI-SĂ-KAN,-I] (大司諫) 원451

불 Nom d'une dignité. cenceur du roi. Conseiller du roi.

한 고위직의 명칭 | 왕의 감사 | 왕의 고문

대ᄉᆞ롭다 [TAI-SĂ-ROP-TA,-RO-OA,-RO-ON] (壯貌) 원451

불 Prendre de l'importance, devenir une grande affaire.

한 중요성을 띠다, 중요한 일이 되다

대ᄉᆞ롭잔다 [TAI-SĂ-ROP-TJAN-TA] (不壯貌) 원451

불 Prendre peu d'importance; c'est une petite affaire.

한 중요성을 띠지 않다 | 하찮은 일이다

*대ᄉᆞ셩 [TAI-SĂ-SYENG,-I] (大司成) 원451

불 Nom de la dignité de censeur ou conseiller du roi.

한 왕의 감사나 고문인 고위직 명칭

*대ᄭᅳᆨ [TAI-KKEUK,-I] (大戟) 원449

불 Nom d'un remède (purgatif).

한 약재의 명칭 (하제)

대아 [TAI-A] 원448

불 Grande cuvette en métal, grand vase en bronze pour se laver. Grande terrine ou cuvette en terre cuite.

한 금속으로 된 큰 대야, 씻는 데 사용되는 청동으로 된 큰 용기 | 흙으로 구운 큰 항아리나 대야

*대악 [TAI-AK,-I] (大惡) 원448

불 Grand mal, grande perversité, grande méchanceté.

한 큰 악행, 대단히 사악함, 매우 심술궂음

*대양 [TAI-YANG,-I] (大洋) 원448

불 Grande mer, haute ou pleine mer (loin du rivage).

한 큰 바다, 먼바다 또는 (강에서 멀리 떨어진) 원해

*대언 [TAI-EN] (大言) 원448

불 Grosse parole. grande vanterie.

한 거친 말 | 큰 허풍

*대여 [TAI-YE] (大轝) 원448

불 Cercueil du roi, où se trouve le corps du roi défunt. ‖ Grande litière pour porter le cercueil du roi ou des grands.

한 죽은 왕의 시신이 있는 왕의 관 | 왕이나 귀족들의 관을 옮기기 위한 큰 가마

1*대역 [TAI-YEK,-I] (大逆) 원448

불 Rébellion, révolte. grande rebelle, rebelle abominable.

한 반역, 반란 | 큰 반역자, 가증스러운 반역자

2*대역 [TAI-YEK] (大役) 원448

불 Grande affaire.

한 큰일

*대역부도 [TAI-YEK-POU-TO] (大逆不道) 원448

불 Grand rebelle. rebelle infâme et sans crainte.

한 큰 반역자 | 비열하고 당돌한 반역자

*대연 [TAI-YEN] (大宴) 원448

불 Grand festin.

한 큰 잔치

대완고 [TAI-OAN-KO] (大碗) 원448

불 Canon.

한 대포

1*대욕 [TAI-YOK,-I] (大辱) 원448

불 Grande injure, grande affront.

한 큰 욕, 큰 치욕

2*대욕 [TAI-YOK,-I] (大慾) 원448

불 Grande envie, grande passion.

한 큰 갈망, 큰 열정

*대욕쇼관 [TAI-YOE-SYO-KOAN,-I] (大慾所關) 원448

불 Le sujet d'un grand désir, d'une grande passion; l'objet de son désir.

한 큰 바람의, 큰 열망의 동기 | 바람의 대상

*대원 [TAI-OUEN,-I] (大院) 원448

불 Grande maison; grand établissement.

한 큰 집 | 큰 시설

*대원군 [TAI-OUEN-KOUN,-I] (大院君) 원448

불 Titre par lequel on désigne le régent, c.a.d. le père du roi actuel. (C'est un titre particulier).

한 섭정, 즉 현재 왕의 아버지를 가리키는 칭호 | (특별한 칭호이다)

*대원슈 [TAI-OUEN-SYOU] (大元帥) 원448

불 Le principal des généraux; maréchal; général en chef.

한 장군들의 우두머리 | 원수 | 총사령관

*대월 [TAI-OUEL,-I] (大月) 원448

불 Grande lune, lune de trente jours.

한 큰 달, 30일이 있는 달

*대은 [TAI-EUN,-I] (大恩) 원448

불 Grand bienfait.

한 대단한 선행

1*대의 [TAI-EUI] (大義) 원448

불 Grande justice.

한 위대한 정의

2대의 [TAI-EUI] 원448

불 A peu près.

한 거의

*대인 [TAI-IN,-I] (大人) 원448

불 Grand homme, homme remarquable, grand personnage.

한 위대한 사람, 뛰어난 사람, 큰 인물

1*대장 [TAI-TJANG,-I] (大匠) 원452

불 Forgeron. V.Syn. 대졍 Tai-thyeng.

한 대장장이 | [동의어 대졍, Tai-thyeng.]

2대장 [TAI-TJANG,-I] 원452 ☞ 대졍

1*대쟉 [TAI-TJYAK] (大作) 원452

불 Grande culture bien réussie. =ᄒᆞ다-hă-ta, Cultiver en grand et bien réussir.

한 잘된 큰 농사 | [용례 =ᄒᆞ다, -hă-ta], 큰 규모로 경작하고 좋은 성과를 올리다

2*대쟉 [TAI-TJYAK] (大爵) 원452

불 Grande dignité

한 중요한 고위직

*대쟝 [TAI-TJYANG,-I] (大將) 원452

불 Grand mandarin militaire, général, général d'armée.

한 군대의 높은 관료, 장군, 군대의 장군

*대쟝부 [TAI-TJANG-POU] (大丈夫) 원452

불 Homme. Personne du sexe masculin.

한 남자 | 남성인 사람

*대적 [TAI-TJEK] (大賊) 원452

불 Grand voleur, brigand.

한 큰 도둑, 강도

*대져 [TAI-TJYE] (大抵) 원452

불 Environ, à peu près, ainsi. Ce mot, dans les livres, au commencement d'une phrase, répond au latin videlicet.
한 약, 거의, 그처럼 | 책에서 이 단어는, 문장 첫머리에서 명백히라는 라틴어에 부합한다

1* 대젼 [TAI-TJYEN,-I] (大傳) 원452
불 Livre entièrement chinois, où il n'y a pas de caractères coréens, où se trouvent un grand nombre d'explications en remarque. V. 강판 Kang-hpan.
한 전부 중국어로 된 책으로 한글이 없고, 주석에 많은 설명이 있다 | [참조어 강판, Kang-hpan]

2* 대젼 [TAI-TJYEN,-I] (大戰) 원452
불 Rixe acharnée; grande bataille; grand combat particulier, singulier.
한 격렬한 싸움 | 큰 전투 | 개개의 단독적인 큰 교전

3* 대젼 [TAI-TJYEN] (大殿) 원452
불 Roi.
한 왕

대졍 [TAI-TJYENG] (大匠) 원452
불 Fabricant d'outils, de vases de fer ou de terre. Taillandier, ouvrier qui fait des outils pour les charpentiers, les laboureurs, etc. Potier, fabricant de porcelaine, de faïence, etc. Statuaire. Syn. 야쟝이 Ya-tjang-i.
한 도구, 쇠나 흙으로 된 그릇을 만드는 제조업자 | 날붙이 제조인, 목수들, 농부들 등을 위한 연장들을 만드는 장인 | 도기 제조공, 자기, 도기 등의 제조업자 | 조상 제조인 | [동의어 야장이 Ya-tjang-i]

* 대졔 [TAI-TJYEI] (大祭) 원452
불 Grands sacrifices du gouvernement.
한 정부의 큰 제사들

* 대조 [TAI-TJO] (大棗) 원452
불 Jujube (fruit).
한 대추 (과일)

* 대죄 [TAO-TJOI] (大罪) 원452
불 Crime, grand péché.
한 범죄, 큰 죄

* 대죵 [TAI-TJYONG,-I] (大腫) 원452
불 Grande plaie, gros furoncle.
한 큰 상처, 큰 종기

* 대진 [TAI-TJIN,-I] (大陣) 원452
불 Grande armée rangée en bataille.
한 전투 대형을 취한 대군

1* 대지 [TAI-TJĂI] (大齋) 원452
불 Jeûne, grande abstinence.
한 단식, 식음의 전폐

2* 대지 [TAI-TJĂI] (大才) 원452
불 Grande habileté, grande adresse.
한 매우 솜씨 있음, 대단한 솜씨

* 대찰 [TAI-TCHAL,-I] (大刹) 원452
불 Grande pagode, grande bonzerie.
한 큰 탑, 큰 사찰

1* 대창 [TAI-TCHANG,-I] (大瘡) 원452
불 Maladie caractérisée par des furoncles répandus sur tout le corps; humeurs froides, écrouelles.
한 온 몸에 퍼진 종기를 특징으로 하는 병 | 연주창, 나력

2 대창 [TAI-TCHANG,-I] 원452
불 Pellicule à l'intérieur du roseau.
한 갈대 안에 있는 얇은 껍질

3* 대창 [TAI-TCHANG,-I] (大漲) 원452
불 Ruisseau ou rivière où l'eau coule à pleins bords.
한 물이 많이 가득 흐르는 개울 또는 강

* 대쳥 [TAI-TCHYENG,-I] (大淸) 원452
불 Nom de la dynastie actuelle de la Chine. La Chine.
한 중국의 현재 왕조의 명칭 | 중국

대초 [TAI-TCHO] (大棗) 원453
불 Jujube (fruit).
한 대추 (과일)

* 대총 [TAI-TCHONG] (大總) 원453
불 A peu près, environ, presque, ainsi, en quelque sorte.
한 거의, 약, 대부분, 그처럼, 어떤 의미로는

* 대총믹 [TAI-TCHONG-MĂIK,-I] (大總脈) 원453
불 Pouls, battement des artères, pouls au-dessous de la cheville du pied.
한 맥박, 동맥의 고동, 발목 아래에 있는 맥

* 대치 [TAI-TCHI] (大致) 원453
불 Grand épidémie.
한 큰 전염병

* 대치ᄒᆞ다 [TAI-TCHI-HĂ-TA] (大熾) 원453
불 Se déclarer avec violence (maladie, guerre civile).
한 (병, 내전이) 격렬히 일어나다

* 대침 [TAI-TCHIM,-I] (大針) 원453
불 Grande aiguille, grosse aiguille, carrelet.
한 큰 바늘, 굵은 바늘, [역주 마구 제조공·제본공이 사용하는] 큰 바늘

*대칭 [TAI-TCHING,-I] (大稱) [원]453
[불] Grande balance pour peser les lourds fardeaux.
[한] 무거운 짐의 무게를 재기 위한 큰 저울

대취틔 [TAI-TCHOUI-HTĂI] (大吹打) [원]453
[불] Grande musique avec des instruments de toute sorte, concert. (Se dit des musiciens qui jouent devant le roi ou un grand personnage).
[한] 온갖 종류의 악기로 하는 큰 곡, 연주회 | (왕이나 큰 인물 앞에서 연주하는 음악가들에 대해 쓴다)

*대취ᄒᆞ다 [TAI-TCHYOUI-HĂ-TA] (大醉) [원]453
[불] Ivresse profonde. Etre compliétement ivre.
[한] 몹시 취함 | 완전히 취하다

*대칙ᄒᆞ다 [TAI-TCHĂIK-HĂ-TA] (大責) [원]452
[불] Gronder très-sévèrement, gourmander fortement.
[한] 매우 엄하게 질책하다, 몹시 꾸짖다

1대칼 [TAI-HKAL,-I] (竹刀) [원]449
[불] Couteau en bambou.
[한] 대나무로 된 칼

2대칼 [TAI-HKAL,-I] (大刀) [원]449
[불] Grand couteau. Un seul coup de sabre (suffisant pour couper la tête).
[한] 큰 칼 | 단 한 번 검을 내려침 (머리를 베기에 충분하다)

*대탁 [TAIT-HTAK,-I] (大橐, (Grand, sac)) [원]452
[불] Grande cupidité. ‖ Mets abondants; festin; grand repas; bombance.
[한] 큰 욕심 | 풍성한 요리 | 향연 | 성대한 식사 | 진수성찬

*대탈 [TAI-HTAL,-I] (大頉) [원]452
[불] Grand contre-temps; malheur; grand inconvénient; chose très-fâcheuse.
[한] 매우 난처한 일 | 불행 | 큰 불행 | 매우 유감스러운 일

*대탐 [TAI-HTAM,-I] (大貪) [원]452
[불] Grande envie, grand désir, grande avidité, grande cupidité.
[한] 큰 선망, 큰 욕구, 큰 탐욕, 큰 욕심

*대테 [TAI-HTEI] [원]452
[불] Cercle en bambou.
[한] 대나무로 만든 원형 물건

*대텬신 [TAI-HTYEN-SIN,-I] (大天神) [원]452
[불] Archange.
[한] 대천사

*대텰 [TAI-HTYEL,-I] (大鐵) [원]452
[불] Balle, gros grain de plomb (ou plutôt de fer).
[한] 총알, 납으로 된 (보다 정확히 말해서 철로 된) 굵고 작은 알

*대텽 [TAI-HTYENG,-I] (大廳) [원]452
[불] Grand plancher; parquet on planches, en bois.
[한] 넓은 마루 | 나무로 된 마룻바닥, 목판

*대통 [TAI-HTONG,-I] (大筒) [원]452
[불] Grand tonneau, grande barrique, grand vase; et par métaphore; homme de grande sagesse; grand cœur; grand courage.
[한] 큰 통, 큰 용량, 큰 그릇 | 그리고 은유적으로, 현명하고 아량이 넓으며 용기 있는 사람

*대판 [TAI-HPAN,-I] (大板) [원]450
[불] Grande planche. ‖ Grands jeux, amusements publics.
[한] 큰 판자 | 큰 놀이, 공공의 오락거리들

대패 [TAI-HPAI] (準) [원]450
[불] Rabot, varlope.
[한] 대패, 큰 대패

*대평슈 [TAI-HPYENG-SYOU] (大平手) [원]450
[불] Grande trompette; esp. de trompette d'une longueur démesurée.
[한] 큰 트럼펫 | 엄청난 길이의 트럼펫 종류

*대포 [TAI-HPO] (大砲) [원]450
[불] Grand fusil, canon.
[한] 큰 총, 대포

1*대풍 [TAI-HPOUNG,-I] (大豊) [원]450
[불] Grand abondance, grande récolte.
[한] 매우 풍성함, 큰 수확

2*대풍 [TAI-HPOUNG,-I] (大風) [원]450
[불] Grande vent.
[한] 큰 바람

*대풍류 [TAI-HPOUNG-RYOU] (大風流) [원]450
[불] Grande musique, concert où les artistes sont nomb- reux.
[한] 거장들의 음악, 연주자들이 많은 대규모의 음악회

*대풍창 [TAI-HPOUNG-TCHANG,-I] (大瘋瘡) [원]450
[불] Lèpre (mal).
[한] 나병 (병)

*대필 [TAI-HPIL,-I] (大筆) [원]450
[불] Grand pinceau, gros pinceau.
[한] 큰 붓, 굵은 붓

*대픠ᄒᆞ다 [TAI-HPĂI-HĂ-TA] (大敗) [원]450
[불] Grande perte, grande ruine, grand mécompte, grand fiasco.

한 큰 손실, 큰 파산, 큰 착오, 큰 실패

1*대하 [TAI-HA] (大河) 원448

불 Grande mer, grandes eaux.

한 큰 바다, 많은 해수

2*대하 [TAI-HA] (大鰕) 원448

불 Grosse crevette de mer.

한 굵은 바다 새우

*대학 [TAI-HAK,-I] (大學) 원448

불 Grande science. Nom d'un livre chinois de 증조 Tjeung-tjă.

한 위대한 학문 | 증조 Tjeung-tjă의 중국 책의 이름

*대학관 [TAI-HAK-KOAN,-I] (大學舘) 원448

불 Maison du gouvernement où se retirent les grands letrrés. Université.

한 큰 학자들이 은퇴하여 머무는 관사 | 대학

1*대한 [TAI-HAN,-I] (大旱) 원448

불 Grande sécheresse.

한 큰 가뭄

2*대한 [TAI-HAN,-I] (大寒) 원448

불 Grand froid. nom de la 6e quinzaine d'hiver (elle commence vers le 2 janvier).

한 큰 추위 | 겨울의 여섯 번째 2주간의 명칭 (1월 2일 쯤에 시작된다)

3*대한 [TAI-HAN,-I] (大恨) 원448

불 Grand regret; grande inimitié; grand désir.

한 큰 후회 | 큰 반감 | 큰 욕망

*대합 [TAI-HAP,-I] (大蛤) 원448

불 Grand coquillage bivalve. Esp. de grosse huître.

한 큰 쌍각의 조개 | 큰 굴의 종류

*대허 [TAI-HE] (大虛) 원448

불 Grande faiblesse, défaut de forces.

한 큰 약점, 기력의 부족

*대험ᄒᆞ다 [TAI-HEM-HĂ-TA] (大險) 원448

불 Très-dangereux; très-mauvais; très-abrupt.

한 매우 위험하다 | 매우 나쁘다 | 매우 거칠다

1*대호 [TAI-HO] (大虎) 원448

불 Grand tigre.

한 큰 호랑이

2*대호 [TAI-HO] (大戶) 원448

불 Grande maison qui a beaucoup de dépendances et paie beaucoup d'impôts.

한 예속된 땅이 많고, 세금을 많이 내는 큰 집안

*대혹ᄒᆞ다 [TAI-HOK-HĂ-TA] (大惑) 원448

불 Grand doute. ‖ Grande passion.

한 커다란 의심 | 큰 열정

1*대화 [TAI-HOA] (大禍) 원448

불 Grande calamité.

한 큰 재난

2*대화 [TAI-HOA] (大鰕) 원448

불 Grande chevrette.

한 큰 암노루

*대환 [TAI-HOAN,-I] (大患) 원448

불 Grande affliction; grande malheur; grande calamité; grande inquiétude.

한 큰 고뇌 | 큰 불행 | 큰 재난 | 큰 근심

*대황 [TAI-HOANG,-I] (大黃) 원448

불 Nom d'un remède. Rhubarbe. Racine de 소로쟝 So-ro-tjyang, p.ê. panais sauvage.

한 약재의 이름 | 대황 | 소로쟝 So-ro-tjyang의 뿌리, 아마도 야생 방풍나무

*대회 [TAI-HOI] (大會) 원448

불 Grande assemblée.

한 큰 모임

*대희 [TAI-HEUI] (大喜) 원448

불 Grande réjouissance; grand plaisir; grande joie.

한 큰 환희 | 큰 즐거움 | 큰 기쁨

1*대ᄒᆞ다 [TAI-HĂ-TA] (對) 원448

불 Comparer, mettre en comparaison; être en face.

한 비교하다, 비교하다 | 맞대다

2*대ᄒᆞ다 [TAI-HĂ-TA] (大) 원448

불 Grand.

한 크다

*대ᄒᆡ [TAI-HĂI] (大海) 원448

불 Grande mer.

한 큰 바다

*대ᄒᆡᆼᄒᆞ다 [TAI-HĂING-HĂ-TA] (大行) 원448

불 Se répandre. Se faire en grand. Devenir commun. ‖ Avoir la liberté. ‖ Etre très-heureux, très-à-propos.

한 널리 알려지다 | 크게 되다 | 일반적인 것이 되다 | 자유가 있다 | 매우 행복하다, 매우 적절하다

댓가치 [TAIT-KA-TCHI] (唐鵲) 원452

불 Nom d'une esp. de pie.

한 까치 한 종류의 이름

1댱 [TYANG,-I] (場) 원464

불 Marché.

한 시장

²댱 [TYANG,-I] [원]527 ☞ ¹장
댱변리 [TYANG-PYEN-RI] [원]527 ☞ 장변리
댱터 [TYANG-HTE] (場墟) [원]464
[불] Place du marché.
[한] 시장 터
더 [TE] (加) [원]467
[불] Plus, davantage, encore, autre, et même.
[한] 더욱, 보태어, 그 위에, ~이외에도, ~까지도
더고나 [TE-KO-NA] (又況) [원]468
[불] à plus forte raison, de plus, plus, d'autant plus.
[한] 말할 것도 없이, 게다가, 더욱이, 그만큼 더
더늠되다 [TE-NEUM-TOI-TA,-TOI-YE,-TOIN] [원]469
[불] Etre protégé, soutenu, garanti, entretenu cantionné. Devenir le sujet, l'objet de la caution. Qui est à la charge de (v.g. un orphelin à la charge de son oncle).
[한] 보호되다, 옹호되다, 보장되다, 보존되다, 보증되다 | 담보의 대상, 대상물이 되다 | ~에게 부양되는 사람 (예. 그 삼촌이 부양하는 고아)
더덕 [TE-TEK,-I] (沙蔘) [원]472
[불] Esp. de plante dont la racine se mange comme légume.
[한] 뿌리를 채소처럼 먹는 식물 종류
더덕더덕ᄒᆞ다 [TE-TEK-TE-TEK-HĂ-TA] (加添) [원]472
[불] Etre nombreux, aggloméré. Désigne l'état d'une chose couverte de saietés (v.g. le derrière d'un bœuf couvert de bouse sur les hanches).
[한] 많다, 집적되다 | 오물로 덮인 것의 상태를 가리킨다 (예. 둔부 쪽 쇠똥으로 덮인 소의 엉덩이)
더덧치다 [TE-TET-TCHI-TA,-TCHYE,-TCHIN] (加增) [원]472
[불] S'aggraver; devenir plus grave, plus mal.
[한] 악화되다 | 더 심각해지다, 더 나빠지다
더덩이 [TE-TENG-I] (瘇盖) [원]472
[불] Callosité, durillon.
[한] 못, 경결
¹더데 [TE-TEI] [원]472
[불] Esp. de pierre précieuse.
[한] 보석의 종류
²더데 [TE-TEI] (疥) [원]472
[불] Croûte d'une plaie.
[한] 상처의 딱지
³더데 [TE-TEI] [원]472
[불] Esp. d'habit en forme de tablier ou de cotillon que l'homme en deuil porte quelquefois au-dessus de ses habits.
[한] 상중인 사람이 때때로 그 옷 위에 입는 앞치마나 코티용 모양인 옷 종류
더듬다 [TE-TEUM-TA,-TEUM-E,-TEUM-EUN] (探) [원]472
[불] Tâtonner; chercher dans l'obscurité en tâtant; manier, palper, fouiller avec les mains; hésiter.
[한] 더듬다 | 어둠 속에서 더듬으며 찾다 | 만지다, 손으로 만져보다, 손으로 뒤지다 | 더듬거리다
더듬더듬ᄒᆞ다 [TE-TEUM-TE-TEUM-HĂ-TA] [원]472
[불] Tâtonner; hésiter (surtout en récitant); bégayer.
[한] 더듬다 | (특히 암송하면서) 더듬거리다 | 더듬으며 말하다
더듸 [TE-TEUI] (遲) [원]472
[불] Lentement.
[한] 느리게
더ᄃᆡ [TE-TĂI] (遲) [원]472
[불] Lentement, trop lentement, nonchalamment.
[한] 천천히, 매우 천천히, 무사태평하게
더ᄃᆡ다 [TE-TĂI-TA,-TĂI-YE,-TĂIN] (遲) [원]472
[불] Etre en retard; retarder; s'arrêter; faire lentement, nonchalamment; être lent. Syn. 마듸다 Ma-teui-ta.
[한] 늦다 | 늦추다 | 멈추다 | 천천히, 무사태평하게 하다 | 느리다 | [[동의어] 마듸다, Ma-teui-ta.]
더ᄃᆡ이 [TE-TĂI-I] [원]472 ☞ 더ᄃᆡ
¹더러 [TE-RE] (減) [원]471
[불] Pas tout, non entièrement, pas encore.
[한] 전부는 아닌, 모두는 아닌, 아직 아닌
²더러 [TE-RE] [원]471
[불] Quelqu'un, quelques-uns, quelques, de plus, encore.
[한] 누군가, 몇몇, 얼마간, 게다가, 더
³더러 [TE-RE] [원]471
[불] A. (Préposit., corruption de ᄃᆞ려 Tă-rye. Termin. d'un substantif, indique le datif).
[한] ~에게 | (전치사. ᄃᆞ려 Tă-rye의 음성적 변형. 체언의 어미, 여격을 표시한다)
더러먹다 [TE-RE-MEK-TA,-MEK-E,-MEK-EUN] (除食) [원]471
[불] Ne pas tout manger, manger moins que sa ration.
[한] 전부 먹지 않다, 자기 몫보다 덜 먹다
더러이다 [TE-RE-I-TA,-YE,-IN] (汚) [원]471
[불] Polluer, corrompre, déshonorer, salir, profaner, souiller.

한 더럽히다, 오염시키다, 명예를 훼손하다, 더럽히다, 신성을 더럽히다, 명예를 더럽히다

더럭더럭 [TE-REK-TE-REK] 원471

불 Beaucoup, avec vitesse, vigoureusement, avec avidité.

한 많이, 빠르게, 맹렬히, 탐욕스럽게

더럭먹다 [TE-REK-MEK-TA,-MEK-E,-MEK-EUN] (多食) 원471

불 Manger beaucoup; manger gloutonnement.

한 많이 먹다 | 게걸스럽게 먹다

더럽다 [TĔ-REP-TA,-RE-OUE,-RE-ON] (醜) 원471

불 Sale, souillé, profané, immonde, hideux, honteux, sordide.

한 더럽다, 더럽혀지다, 모독을 당하다, 불결하다, 흉측스럽다, 불명예스럽다, 불결하다

더렁더렁ᄒᆞ다 [TE-RENG-TE-RENG-HĂ-TĂ] (優游) 원471

불 Désigne le bruit des voix de plusieurs individus qui s'entretiennent. Bruit de querelles, de disputes. Faire du tapage; être bruyant.

한 서로 이야기하는 여러 사람의 목소리를 가리킨다 | 싸움하는, 언쟁하는 소리 | 소란을 피우다 | 소란스럽다

더리다 [TE-RI-TA, TE-RYE, TE-RIN] (可笑) 원471

불 Ridicule, Méprisable. mauvais, bon à rien. Bas, vil, au-dessous de ce que la condition demande.

한 형편없다, 무시해도 상관없다 | 나쁘다, 아무 쓸모없다 | 야비하다, 비루하다, 상황이 요구하는 것에 미치지 못하다

더바지 [TE-PA-TJI] (前夫所生) 원470

불 Nom qu'un père donne aux enfants que sa femme a eus d'un premier mariage, et qu'elle a amenés avec elle dans la maison de son souveau mari. 더바지아들 Te-pa-tji a-tăl, Fils surnuméraire.

한 자기 부인이 첫 번째 결혼에서 얻어서, 새로운 남편의 집에 데려온 아이들에게 아버지가 붙이는 이름 | [용례 더바지아들, Te-pa-tji a-tăl], 데려온 자식.

더벅더벅 [TE-PEK-TE-PEK] 원470

불 Désigne la manière d'être de l'herbe, de petites tiges disposées çà et là en monceaux, en buissons, en bouquets. ‖ Bruit du pas d'un cheval.

한 무더기로, 덤불로, 다발로 여기저기에 놓인 작은 줄기나 풀의 존재 방식을 가리킨다 | 말의 발소리

더벅머리 [TE-PEK-ME-RI] (竪頭) 원470

불 Chevelure courte.

한 짧은 머리카락

더벙이 [TE-PENG-I] 원470

불 Résidu, dépôt, marc du vin.

한 잔재, 침전물, 포도주 찌꺼기

더부러 [TE-PEU-RE] (與) 원470

불 Avec, ensemble. Encore.

한 함께, 같이 | 더욱

더부룩ᄒᆞ다 [TO-POU-ROUK-HĂ-TA] (茂盛) 원470

불 S'épanouir, s'étendre.

한 활짝 피다, 퍼지다

더부살이 [TE-POU-SAL-I] (雇工) 원470

불 Domestique d'une autre personne. Domestique, serviteur (non esclave, mais au même rang).

한 다른 사람의 하인 | 하인, 종(노예는 아니지만, 같은 지위)

더북더북 [TE-POUK-TE-POUK] (萋萋) 원470

불 Désigne la manière d'être des plantes disposées çà et là en touffes, en buissons, en bosquets.

한 뭉치로, 덤불로, 수풀로 여기저기에 놓인 식물들의 존재 방식을 가리킨다

더불다 [TE-POUL-TA, TE-POU-RE, TE-POUN] (與) 원470

불 Etre avec, accompagner. Prendre avec soi, mener avec soi.

한 함께 있다, 동반하다 | 함께 택하다, 함께 데리고 가다

더브러 [TE-PEU-RE] (與) 원470

불 Avec, ensemble.

한 함께, 같이

더슈군이 [TE-SYOU-KOUN-I] 원471

불 Occiput, le derrière de la tête au dessus du cou.

한 후두부, 목 위에 있는 머리의 뒷부분

더ᄭᅳᆷ더ᄭᅳᆷᄒᆞ다 [TE-KKEUM-TE-KKEUM-HĂ-TA] (加疊) 원468

불 Faire peu à peu, de plus en plus. beaucoup, coup sur coup.

한 조금씩, 점차로 하다 | 많이, 거듭해서

더옥 [TE-OK] (尤) 원468

불 Plus, davantage, encore plus, d'autant plus. v. ᄉᆞ록 Să-rok.

한 더욱, 더 많이, 더욱 더, 그만큼 더 | [참조어 ᄉᆞ록, Să-rok]

더웁다 [TE-OUP-TA, TE-OUE, TE-OUN] (暑) 원468

불 Etre chaud, faire chaud.
한 따뜻하다, 덥다

더위 [TE-OUI] (暑) 원468
불 Chaleur, accès de fièvre, inflammation.
한 열, 발열, 발화

더위치다 [TE-OUI-TCHIL-TA,-TCHYE,-TCHIN] (攫) 원468
불 Emporter une proie (tigre, chat). Saisir entrer ses bras.
한 (호랑이, 고양이가) 먹이를 앗아가다 | 자신의 팔로 붙잡다

더으다 [TE-EU-TA,TE-E,TE-EUN] (加) 원467
불 Augmenter, faire plus, faire davantage.
한 증가시키다, 더 하다, 더 많이 하다

더음 [TE-EUM,-I] (加) 원467
불 Augmentation, accroissement, bénéfice sur des objets achetés en gros (v.g. châtaignes coûtent 1 sapèque; pour 10 sap. on en aura 35 ou 36 au lieu de 30, si on les achète à la fois; ces 5 ou 6 en plus seront le 더음 Te-eum, le bénéfice).
한 증가, 증대, 대량으로 구입한 물건의 이익 (예. 밤은 엽전 하나의 가격이다. 만약 그것들을 한 번에 산다면, 엽전 10개로 30개가 아닌 35개나 36개를 갖게 될 것이다; 이 추가된 5개나 6개의 밤이 더음 Te-eum, 이익이다)

더져브리다 [TE-TJYE-PĂ-RI-TA,-RYE,-RIN] (擲棄) 원472
불 Rejeter, exclure, repousser, chasser, expulser, jeter au loin, abjicere, projicere.
한 물리치다, 배제하다, 배척하다, 내쫓다, 몰아내다, 멀리 던지다, 버리다, 던지다

더지다 [TE-TJI-TA,-TJYE,-TJIN] (投) 원473
불 Jeter, rejeter, lancer,
한 던지다, 다시 던지다, 쏘다

더치안타 [TE-TCHI-AN-HTA] (未增) 원473
불 Ce n'est pas autre chose, ce n'est pas plus, c'est tout.
한 다른 것이 아니다, 더 이상이 아니다, 이것이 전부다

[1]더테나다 [TE-HTEI-NA-TA,-NA,-NAN] 원472
불 Demander.
한 요구하다

[2]더테나다 [TE-HTEI-NA-TA,-NA,-NAN] (加氷, (Augmenter, glace)) 원472
불 Etre glacé; être couvert de glace, de verglas.
한 얼다 | 얼음, 빙판으로 덮이다

더펄개 [TE-HPEL-KAI] (狵) 원471
불 Chien couvert de longs poils.
한 긴 털로 덮인 개

더플더플ᄒᆞ다 [TE-HPEUL-TE-HPEUL-HĂ-TA] 원471
불 Désigne le mouvement que fait la chevelure d'un enfant qui marche. Onduler au vent, flotter au vent.
한 걸어가는 아이의 머리카락의 움직임을 가리킨다 | 바람에 물결치다, 바람에 나부끼다

더히다 [TE-HI-TA,-HYE,-HIN] (拒冷) 원468
불 Faire chauffer, réchauffer.
한 덥히다, 데우다

더ᄒᆞ다 [TE-HĂ-TA,-HA-YE,-HĂN] (增) 원468
불 Faire davantage, faire plus, ajouter, augmenter, agrandir, enchérir, accroître, exagérer, s'augmenter. ‖ Mettre, déposer, placer.
한 더 많이 하다, 그 이상으로 하다, 덧붙이다, 증가시키다, 확장하다, 능가하다, 증대시키다, 과장하다, 증가하다 | 놓다, 두다, 위치시키다

*덕 [TEK,-I] (德) 원468
불 Vertu, courage, qualité. ‖ Bienfait, grâce, service, faveur.
한 미덕, 의기, 장점 | 선행, 친절, 봉사, 호의

덕겅이 [TEK-KENG-I] (覆盖) 원469
불 Callosité, durillon.
한 경결, 못

*덕긔 [TEK-KEUI] (德氣) 원469
불 Air de vertu, apparence vertueuse, vertu.
한 덕스러운 외모, 덕 있는 외모, 미덕

[1]덕기다 [TEK-KI-TA,TEK-KYE,TEK-KIN] 원469
불 Etre pris et maltraité par un noble.
한 귀족에게 사로잡혀 학대를 당하다

[2]덕기다 [TEK-KI-TA,TEK-KYE,TEK-KIN] 원469
불 Se durcir en calus.
한 [역주 피부가] 가피로 굳어지다

*덕능 [TEK-NEUNG,-I] (德能) 원469
불 Vertu et puissance; puissance de la vertu; vertu et esprit.
한 미덕과 권력 | 미덕의 위력 | 미덕과 기지

덕다 [TEK-TA,TEK-KE,TEK-KEUN] (胼胝) 원469
불 Calleux; couvert de cals, de durillons. S'endurcir, endurcir. Avoir des durillons.
한 피부가 굳다 | [역주 손발에 생기는] 못, 경결에 덮이다 | 굳어지다, 굳게 하다 | [역주 손발에 생기는] 못이 있다

덕닥다 [TEK-TAK-TA,-TAK-KA,-TAK-KEUN] (修德)

[원]469
[불] Acquérir les vertus.
[한] 미덕을 얻다

*덕담 [TEK-TAM,-I] (德談) [원]469
[불] Chant des comédiens. prièrir au démon. (Superst.).
[한] 배우들의 노래 | 악마에게 하는 기도 | (미신)

[1]덕대 [TEK-TAI] [원]469
[불] Toiture au-dessus d'un cercueil avant de le déposer en terre.
[한] 땅 속에 내려놓기 전의 관 위에 있는 지붕

[2]덕대 [TEK-TAI] [원]469
[불] Corps d'un enfant mort de la petite vérole, qu'on laisse enseveli et exposé sur deux tréteaux (par superstition).
[한] 천연두로 죽은 아이의 시체로, (미신에 의해) 수의를 입혀서 두 사각대 위에 내놓도록 맡긴다

*덕두화 [TEK-TOU-HOA] (德頭花) [원]469
[불] Passe-rose, rose trémière.
[한] 접시꽃, 접시꽃

*덕망 [TEK-MANG,-I] (德望) [원]469
[불] Vertu et renommée; renommée de vertu; apparence de vertu.
[한] 미덕과 명성 | 미덕의 명성 | 덕 있는 외양

*덕변 [TEK-PYEN,-I] (德變) [원]469
[불] Ruse, détour pour connaître la vérité.
[한] 진실을 알기 위한 술수, 수단

*덕분 [TEK-POUN,-I] (德分) [원]469
[불] Vertu, bienfiat.
[한] 미덕, 선행

*덕분에 [TEK-POUN-EI] (德分) [원]469
[불] De grâce, par votre vertu. Cri d'un homme frappé par les esclaves d'un noble et qui supplie en grâce le maître de cesser le supplice, la torture. 네덕분에사자 Nei-tek-poun-ei sa-tja, Laissez-moi vivre, je vous en prie.
[한] 호의로, 당신 덕택으로 | 귀족의 노예들에게 맞아서 주인에게 형벌, 고문을 멈추어 줄 것을 애원하는 사람의 외침 | [[용례] 네덕분에사자 Nei-tek-poun-ei sa-tja], 나를 살게 해 주세요, 부탁합니다

*덕셔도문 [TEK-SYE-TO-MOUN,-I] (德敍禱文) [원]469
[불] Litanies de (la S te vierge).
[한] (성모 마리아)의 신도송

덕셕 [TEK-SYEK,-I] (牛被) [원]469
[불] Couverture de bœuf (en paille), esp. de housse. paille sous le bât du bœuf.
[한] (짚으로 된) 소의 덮개, 마의[[역주] 馬衣]의 종류 | 소의 안장 아래에 있는 짚

*덕셩스럽다 [TEK-SYENG-SEU-REP-TA,-RE-OUE,-RE-ON] (德性) [원]469
[불] Avoir l'air vertueux; sentiment vertueux; vertu.
[한] 덕스럽다 | 덕스러운 감정 | 덕

덕실덕실ᄒᆞ다 [TEK-SIL-TEK-SIL-HĂ-TA] (衆多) [원]469
[불] Beaucoup; être nombreux; multiplié.
[한] 많이 | 많다 | 수많다

덕ᄉᆞᆸ히닙다 [TEK-SĂP-HI-NIT-TA,-NIP-E,-NIP-EUN] (被誣) [원]469
[불] Porter la peine des fautes d'un autre, en être accusé.
[한] 다른사람의 잘못에 대한 벌을 짊어지다, 그것으로 고소당하다

덕ᄉᆞᆸ히쓰다 [TEK-SĂP-HI-SSEU-TA,-SSE-SSEUN] [원]469
☞덕습히닙다

*덕ᄉᆡᆨ [TEK-SĂIK,-I] (德色) [원]469
[불] Vanterie.
[한] 허풍

*덕ᄉᆡᆨ질ᄒᆞ다 [TEK-SĂIK-TJIL-HĂ-TA] (德色) [원]469
[불] Se vanter de l'intervention que l'on a prêtée pour obtenir la délivrance d'un supplicié. Essayer de tirer les vers du nez en montrant que l'on sait, en faisant semblant de savoir. Deviner, pressentir.
[한] 사형수의 석방 허가를 얻기 위해 제공된 도움을 자랑하다 | 알고 있다는 것을 보여주면서, 아는 척하면서 입을 열게 하려고 시도하다 | 추측하다, 예감하다

덕젹덕젹 [TEK-TJYEK-TEK-TJYEK] [원]469
[불] Désigne d'état d'une chose tachetée de saletés. ‖ Beaucoup, en grand nombre.
[한] 때로 얼룩덜룩한 물건의 상태를 가리킨다 | 많은, 많은 수의

덕졍이 [TEK-TJYENG-I] (胼) [원]469
[불] Callosité, durillon.
[한] 경결, 못

덕ᄌᆞ [TEK-TJĂ] [원]469
[불] Nom d'une esp. de poisson de mer.
[한] 바닷물고기 종류의 이름

덕턱ᄒᆞ다 [TEK-HTEK-HĂ-TA] [원]469
[불] Etre clair.

한 분명하다

*덕틱 [TEK-HTĂI] (德態) 원469

불 Apparence de vertu, vertu, air de vertu.

한 덕 있는 모습, 덕, 덕 있는 태도

*덕틱 [TEK-HTĂIK,-I] (德澤) 원469

불 Bienfait, grâce, vertu.

한 선행, 친절, 미덕

*덕표 [TEK-HPYO] (德表) 원469

불 Bon exemple.

한 좋은 예

*덕화 [TEK-HOA] (德化) 원468

불 Force du bon exemple, force de la vertu, vertu.

한 좋은 예의 힘, 덕의 힘, 덕

*덕힝 [TEK-HĂING,-I] (德行) 원468

불 Action de vertu, bonnes actions.

한 덕 있는 행동, 선행

던지다 [TEN-TJI-TA,-TJYE,-TJIN] (投) 원470

불 Rejeter, jeter de côté.

한 내던지다, 옆으로 던지다

[1]덜 [TEL,-I] (野) 원471

불 Plaine, pays plat.

한 평야, 평평한 지방

[2]덜 [TEL,-I] (茂) 원471

불 Broussailles, amas de pierres ou de roches couvertes de broussailles.

한 가시덤불, 가시덤불로 덮인 돌이나 바위들의 더미

[3]덜 [TEL] (減) 원471

불 Moins. pas tout, non entièrement, pas tout à fait, pas assez, pas encore.

한 덜 | 전부는 아닌, 모두는 아닌, 완전히는 아닌, 충분하지 않은, 아직 아닌

덜걱덜걱 [TEL-KEK-TEL-KEK] 원471

불 Désigne le bruit d'une chose qui remue. Bruit de vaisselle remuée.

한 움직이는 것의 소리를 가리킨다 | 움직여지는 식기의 소리

덜걱이 [TEL-KEK-I] (雄雉) 원471

불 Faisan mâle.

한 수꿩

덜넝이 [TEK-NENG-I] (浪客) 원471

불 Qui remue en faisant semblant de faire quelque chose. Jacasse, girouette, écervelé.

한 어떤 것을 하고 있는 척하면서 움직이는 사람 | 수다스러운 여자, 변덕쟁이, 경솔한 사람

덜넝이다 [TEL-NENG-I-TA,-YE,-IN] (浪客) 원471

불 Remuer en faisant semblant de faire quelque chose. Etre léger, étourdi, écervelé.

한 어떤 것을 하는 척하면서 움직이다 | 경박하다, 경솔하다, 지각없다

덜녁 [TEK-NYEK,-I] (野地) 원471

불 Plaine, pays plat.

한 벌판, 평평한 지방

덜녁ᄒᆞ다 [TEL-NYEK-HĂ-TA] 원471

불 Enlever; voler; supplanter.

한 빼앗다 | 훔치다 | 지위를 빼앗다

덜니다 [TEK-NI-TA,TEL-NYE,TEL-NIN] (損) 원471

불 Se diminuer, être diminué, s'amoindrir, diminuer; n'être pas aussi considérable, souffrir du déchet.

한 줄어들다, 축소되다, 감소되다, 줄다 | 그만큼 많지 않다, 손실로 피해를 입다

덜닉다 [TEL-NIK-TA,-NIK-E,-NIK-EUN] (未熟) 원471

불 Qui n'est pas entièrement mûr, pas entièrement cuit, pas assez exercé, pas tout à fait habitué.

한 완전히 여물지 않다, 완전히 익지 않다, 충분히 능숙하지 않다, 완전히 숙련되지 않다

덜다 [TEL-TA,TEL-E,TEN] (除) 원471

불 Diminuer, retrancher, ôter, amoindrir, enlever, réduire. (V.a.).

한 줄이다, 떼내다, 제거하다, 감소시키다, 제거하다, 줄이다 | (능동형 동사)

덜덜덜썰다 [TEL-TEL-TEL-TTEL-TA,-TTEL-E,-TTEN] 원471

불 Trembler (en parlant des meubles, des portes, etc.).

한 떨다 (가구, 문 등에 대해 말할 때)

덜되다 [TEL-TOI-TA,-TOI-YE,-TOIN] (不善爲) 원471

불 Qui n'est pas entièrement fait, pas tout à fait réussi.

한 완전히 완료되지 않다, 완전히 성공적이지 않다

덜미집다 [TEL-MI-TJIP-TA,-TJIP-HE,-TJIP-HEUN] (扼項) 원471

불 Prendre, saisir par la nuque, saisir au collet. ‖ Soupçonner; former un jugement avant de connaître l'affaire.

한 잡다, 목덜미를 잡다, 멱살을 잡다 | 의심하다 | 사건을 알기 전에 판단하다

덜벙덜벙 [TEL-PENG-TEL-PENG] 원471

불 Désigne l'état d'un homme qui se donne du

mouvement, qui s'agite en faisant semblant de faire quelque chose (quoiqu'il ne fasse rien). V. 덜넝이 Tel-neng-i.
한 매우 애쓰는, (아무것도 안하지만) 어떤 것을 하는 척하면서 분주히 움직이는 사람의 상태를 가리킨다 | [참조어 덜넝이, Tel-neng-i]

덜셕덜셕ᄒᆞ다 [TEL-SYEK-TEL-SYEK-HĂ-TA] 원471
불 Désigne l'état d'une montagne en pente, à pic, qui s'écroule continuellement. ‖ Fourmiller, foisonner.
한 계속해서 무너지는, 경사진, 깎아지른 산의 상태를 가리킨다 | 득실거리다, 많이 있다

덜슝덜슝ᄒᆞ다 [TEL-SYOUNG-TEL-SYOUNG-HĂ-TA] (雜色) 원471
불 Bigarré; mélangé de couleurs diverses.
한 얼룩덜룩하다 | 다양한 색이 섞이다

덜퍽지다 [TEL-HPEK-TJI-TA,-TJYE,-TJIN] (多) 원471
불 Beaucoup; être en grande quantité.
한 많이 | 양이 많다

덤댱 [TEM-TYANG,-I] (魚箭) 원469
불 Esp. de filet en paille; barrage en tringles de bois minces pour prendre le poisson. Filet de pêcheur.
한 짚으로 된 가는 그물 종류 | 물고기를 잡기 위한 가는 나무 막대로 된 장벽 | 어부의 그물

덤덤ᄒᆞ다 [TEM-TEM-HĂ-TA] 원469
불 Garder le silence; être silencieux; ne pas parler; se tenir en silence sans rien dire.
한 침묵을 지키다 | 침묵하다 | 말하지 않다 | 아무것도 말하지 않고 입을 다물다

덤벙덤벙 [TEM-PENG-TEM-PENG] 원469
불 De cette manière, comme ceci. A l'étourdi, sans attention.
한 이와 같이, 이처럼 | 부주의하게, 경솔하게

덤벙ᄃᆡ다 [TEM-PENG-TĂI-TA,-TĂI-YE,TĂIN] 원469
불 Faire semblant de savoir; prétendre savoir tout, savoir faire toutes choses.
한 아는 체하다 | 모든 것을 안다고, 모든 것을 할 줄 안다고 주장하다

덤벙이다 [TEM-PENG-I-TA,-YE,-IN] (奔走) 원469
불 Se donner du mouvement, se démener.
한 매우 애쓰다, 동분서주하다

[1]덤불 [TEM-POUL,-I] 원469
불 Tige, plante grimpante, plante sarmenteuse, liane.
한 줄기, 넝쿨 식물, 덩굴 식물, 칡의 일종

[2]덤불 [TEM-POUL,-I] 원469
불 Monceau, amas, tas.
한 무더기, 더미, 무리

[3]덤불 [TEM-POUL,-I] 원469
불 Tour, le tour, bord de la crèche. ‖ gencive, chair autour des dents.
한 둘레, 주변, 여물통의 가장자리 | 잇몸, 치아 주위에 있는 살

덤븨다 [TEM-PEUI-TA,-PEUI-YE,-PEUIN] (攀) 원469
불 Accoster un passant pour lui chercher dispute (homme ivre). S'élancer sur, se jeter sur. Saisir, entraîner, pousser, renverser.
한 (취한 사람이) 행인에게 싸움을 걸기 위해 느닷없이 다가가다 | 돌진하다, 뛰어들다 | 잡다, 이끌다, 밀다, 넘어뜨리다

덤비이다 [TEM-PE-I-TA,-YE,-IN] (擾動) 원469
불 Etre en agitation, en effervescence.
한 흥분한 상태, 동요된 상태이다

덤셩이다 [TEM-SYENG-I-TA,-YE,-IN] 원469
불 Vantard, qui croit tout savoir, prétend pouvoir tout faire. Se donner du mouvement, se démener.
한 허풍선이, 모든 것을 안다고 생각하고, 모든 것을 할 수 있다고 주장하다 | 매우 애쓰다, 동분서주하다

덤이 [TEM-I] (積處) 원469
불 Amas de plusieurs paquets de bois; monceau, tas.
한 여러 나뭇단의 더미 | 무더기, 무리

덤치 [TEM-TCHI] 원469
불 Couverture du cheval ou du bœuf sous la selle, sous le bât. Syn. 덕셕 Tek-syek.
한 안장, 길마 아래에 있는 말이나 소의 덮개 | [동의어 덕셕, Tek-syek]

덥개 [TEP-KAI] (盖) 원470
불 Couverture, enveloppe, couvercle, tout ce qui sert à couvrir.
한 덮개, 싸개, 뚜껑, 덮는 데에 사용하는 모든 것

덥거츠다 [TEP-KE-TCHEU-TA,-TCHEU-RE,-TCHEUN] 원470
불 Etre obstrué, impraticable, couvert de difficultés.
한 막혀 있다, 실행 불가능하다, 난관투성이이다

[1]덥다 [TEP-TA,-HE,-HEUN] (盖) 원470
불 Couvrir; se couvrir; protéger; cacher en couvrant.
한 덮다 | 뒤덮이다 | 보호하다 | 덮어서 숨기다

[2]덥다 [TEP-TA,TE-OUE,TE-OUN] (熱) 원470

불 Etre chaud (air); avoir chaud; faire chaud.
한 (공기가) 덥다 | 더위를 느끼다 | 덥다

덥살미 [TEP-SAL-MI] (面薄) 원470
불 Recommandation réitérée jusqu'à l'importunité, litt. :seconde cuisson.
한 지긋지긋할 때까지 반복되는 충고, 글자대로 : 두 번째 삶기

덥살미ᄒᆞ다 [TEP-SAL-MI-HĂ-TA] 원470
불 Couvrir les semences; ramener la terre sur les graines, après avoir ensemencé.
한 종자들을 덮다 | 씨를 뿌린 다음, 씨앗 위에 흙을 다시 덮다

덥쑥덥쑥 [TEP-SSOUK-TEP-SSOUK] 원470
불 Désigne la manière d'être de l'herbe, du bois disposé çà et là en buissons, en bouquets, en touffes. buissonneux.
한 덤불로, 다발로, 작은 수풀로, 여기저기에 놓인 나무, 풀의 존재 방식을 가리킨다 | 관목이 무성하다

덥져거리다 [TEP-TJYE-KE-RI-TA,-RYE,-RIN] 원470
불 Prétendre savoir tout, faire comme si ou savait tout.
한 모든 것을 아는 체 하다, 마치 모든 것을 아는 것처럼 행동하다

[1]덥치기 [TEP-TCHI-KI] 원470
불 Qui vient se mêler de ce qui ne le regarde pas. Qui, n'osant se mettre en tête, se met à la remorque d'un plus fort.
한 관계없는 일에 참견하는 사람 | 감히 앞장서지 못하고, 더 강한 사람에게 맹종하는 사람

[2]덥치기 [TEP-TCHI-KI] (攫取) 원470
불 Trappe, piége pour prendre les bêtes (oiseau, rats, etc.)
한 짐승들(새, 쥐 등)을 잡기 위한 덫, 함정

덥침ᄒᆞ다 [TEP-TCHIM-HĂ-TA] 원470
불 Cacher, ne pas déclarer l'argent que l'on a dépensé à l'insu du maître. Se tenir en silence sans rien dire.
한 숨기다, 주인 몰래 지출한 돈을 알리지 않다 | 아무 말도 하지 않고 침묵을 지키다

덥허주다 [TEP-HE-TJOU-TA,-TJOU-E,-TJOUN] (覆掩) 원470
불 Couvrir, jeter un voile sur, dissimuler, cacher.
한 덮다, ~을 감추다, 숨기다, 감추다

덥혀두다 [TEP-HE-TOU-TA,-TOU-E,-TOUN] 원470
불 Cesser.
한 멈추다

[1]덧 [TET,-SI] (加) 원471
불 De plus, encore, augmentation, aggravation.
한 더욱, 더욱이, 증가, 가중

[2]덧 [TET,-SI] 원472
불 Piége, trappe, machine pour attraper les animaux.
한 덫, 함정, 동물들을 잡기 위한 기구

[3]덧 [TET,-SI] 원472
불 Espace de temps, de lieu; intervalle.
한 시간, 장소의 간격 | 간격

덧갑이 [TET-KAP-I] (偶從) 원472
불 Supplémentaire; surnuméraire; importun; inutile.
한 추가의 | 여분의 | 귀찮다 | 무익하다

[1]덧거리 [TET-KE-RI] (衍辭) 원472
불 Ruse, détour pour connître la vérité.
한 진실을 알기 위한 교활한 수단, 책략

[2]덧거리 [TET-KE-RI] (加飾) 원472
불 Augmentation, pièce rapportée ou ajoutée.
한 증가, 갖다 붙이거나 덧붙여진 조각

덧거치다 [TET-KE-TCHI-TA,-TCHYE,-TCHIN] 원472
불 S'augmenter, s'aggraver.
한 증가하다, 가중되다

덧나다 [TET-NA-TA,TET-NA,TET-NAN] (觸) 원472
불 Irriter, exciter, aigrir; causer une irritation, une inflammation.
한 성나게 하다, 자극하다, 격하게 하다 | 화, 격분을 야기하다

덧내다 [TET-NAI-TA,-NAI-YE,-NAIN] 원472
불 Agacer, irriter, exciter, provoquer. ‖ faire augmenter, aggraver.
한 성가시게 하다, 성나게 하다, 자극하다, 도발하다 | 증가시키다, 가중시키다

덧니 [TET-NI] (加齒) 원472
불 Dent qui est de trop, qui est venue au-dessus des autres; surdent.
한 쓸데없는, 다른 이들 위로 나온 이 | 덧니

덧덧ᄒᆞ다 [TET-TET-HĂ-TA] (常) 원472
불 Perpétuel, continuel, éternel; sans cesse, toujours.
한 영속적이다, 끊임없다, 영원하다 | 끊임없이, 항상

덧들다 [TET-TEUL-TA,-TEUL-E,-TEUN] (加入) 원472
불 Aider, mettre la main pour aider (se dit pour plus de deux personnes). ‖ S'ingérèr. ‖ Dépasser le nombre nécessaire. ‖ Manquer l'occasion, manquer son coup, et ensuite chercher en vain à réussir (v.g. enfiler une ai-

guille : si l'on manque le premier coup, on y parvient difficilement).

한 돕다, 돕기 위해 손을 대다(두 사람 이상에 대해 쓴다) | 개입하다 | 필요한 수를 초과하다 | 기회를 놓치다, 자신에게 주어진 기회 따위에서 실패하고 나서 헛되이 성공하려고 애쓰다(예. 바늘에 실을 꿰다 : 만약 처음에 실패하면, 어렵게 성공한다)

덧물 [TET-MOUL,-I] (氷上水) 원472

불 Eau qui surnage sur un sédiment qu'elle a laissé déposer, sur la glace formée avant la pluie, etc. Autre choses semblables, v.g. l'écume d'un métal refroidi; petits morceaux de fer, de fonte, adhérents à une chaudière qui vient d'être foudue, et qui doivent être détachés.

한 물속에 가라앉게 된 침전물 위, 비 등이 오기 전에 형성된 얼음 위에 잔재하는 물, 비슷한 다른 것들, 예. 식은 금속의 쇠똥 | 막 주조된 큰 가마솥에 달라붙지만 떨어져야 하는 철, 주철의 작은 조각들

[1]덧방 [TET-PANG,-I] (加添) 원472

불 Augmentation, rapiéçage. =질ᄒᆞ다 -tjil-hă-ta, Augmenter, rapiécer.

한 증가, 깁기 | [용례 =질ᄒᆞ다, -tjil-hă-ta], 증가시키다, 깁다

[2]덧방 [TET-PANG,-I] 원472

불 Cheville ou traverse mobile qui passe dans les deux montants d'un timon de charrue, et sert à élever ou à abaisser le timon suivant le besoin.

한 쟁기의 채에 있는 두 개의 기둥을 지나가고, 필요에 따라 채를 올리거나 낮추기 위해서 사용되는 쐐기 또는 움직이는 빗장

덧부루가다 [TET-POU-ROU-KĂ-TA,-KA,-KAN] 원472 ☞덧부르다

덧부루다 [TET-POU-ROU-TA,-POUL-NE,-POU-ROUN] 원472 ☞덧부르다

덧부룩ᄒᆞ다 [TET-POU-ROUK-HĂ-TA] 원472 ☞덧부르다

덧부ᄅᆞ다 [TET-POU-RĂ-TA,-POUL-NE,-POU-RĂN] (飽滯) 원472

불 Etre enflé, distendu, ballonné (le ventre). N'avoir pas la sensation de la faim quoiqu'on ait le ventre creux.

한 (배가) 부풀다, 팽창하다, 부풀어 오르다 | 공복인데도 불구하고 배고픔을 느끼지 않다

덧업다 [TET-EP-TA,-EP-SYE,-EP-SĂN] (無暇) 원472

불 N'avoir pas le temps de, pas l'espace de; il n'y a pas de place.

한 ~할 시간, 공간이 없다 | 자리가 없다

덧잡다 [TET-TJAP-TA,-TJAP-A,-TJAP-EUN] (加執) 원472

불 Réclamer plus qu'on n'a perdu. ‖ Médire, accuser faussement d'avoir dit une parole ou fait une action.

한 잃어버린 것 이상을 요구하다 | 어떤 말을 하고 어떤 행동을 했다고 잘못 비방하다, 비난하다

덩 [TENG,-I] (人轎) 원470

불 Nom d'une esp. de palanquin très-beau pour les femmes d'un haut rang.

한 신분이 높은 여자들을 위한 매우 아름다운 가마의 일종의 이름

덩구다 [TENG-KOU-TA,-KOUE,-KOUN] 원470

불 S'accoupler (les animaux), couvrir la femelle (le mâle). (Se dit surtout des gros animaux, bœuf, cheval, etc.)

한 (동물들이) 교미하다, (수컷이) 암컷과 교미하다 | (특히 소, 말 등의 큰 동물들에 대해 쓴다).

덩굴 [TENG-KOUL,-I] (蔓) 원470

불 Tige grimpante, cep de vigne, plante grimpante.

한 덩굴을 뻗는 줄기, 포도나무 그루, 덩굴을 뻗는 식물

덩금덩금 [TENG-KEUM-TENG-KEUM] 원470

불 Désigne l'état d'objets placés à certaine distance ou peu éloignés. Clair-semé, peu serré, écarté. Rarement, de loin en loin.

한 어느 정도 거리에 있거나 얼마 멀지 않은 곳에 위치한 물건들의 상태를 가리킨다 | 성기다, 촘촘하지 않다, 크게 벌어지다 | 드물게, 군데군데

덩다라ᄒᆞ다 [TENG-TA-RA-HĂ-TA] (追類) 원470

불 Avoir une idée suggérée par la vue de l'action d'une ature personne. Ne pas céder, vouloir ne pas rester en arrière (s'il le fait, je le ferai aussi).

한 다른 사람의 행동을 보고 생각이 떠오르다 | 양보하지 않다, 뒤처지지 않으려 하다(만약 그 사람이 그것을 하면, 나도 그것을 할 것이다).

덩덩덩 [TENG-TENG-TENG] 원470

불 Bruit du tambour ou d'une cloche. =북치다 -pouk-tchi-ta, Frapper lentement un gros tambour, frapper à coups de poing (coups sourds).

한 북이나 종의 소리 | [용례 =북치다, -pouk-tchi-ta], 큰 북을 천천히 치다, 주먹으로 때리다(둔탁한 타격)

덩싯덩싯웃다 [TENG-SIT-TENG-SIT-OUT-TA,-OU-SYE,-OU-SEUN] (笑貌) 원470

불 Désigne l'état d'une personne qui a l'air de rire, qui

a la figure souriante, manière de rire joyeuse des petits enfants.

한 웃는 기색을 하는 사람, 미소 짓는 얼굴을 한 사람의 상태를 가리킨다, 어린 아이들이 유쾌하게 웃는 투

덩쑤지닙다 [TENG-TTOU-TJI-NIP-TA] (蒙亂) 원470

불 Affaire ennuyeuse, importune; contre-temps. porter la peine des fautes d'un autre; être puni pour un autre.

한 지겨운, 귀찮은 일 | 불의의 사고 | 다른 사람의 잘못을 책임지다 | 다른 사람을 위해 벌을 받다

덩쑤지쓰다 [TENG-TTOU-TJI-SSEU-TA] 원470 ☞ 덩쑤지닙다

덩어리 [TENG-E-RI] (塊) 원470

불 Motte de terre, bloc, masse, morceau de, paquet.

한 흙덩이, 덩어리, 더미, 덩어리, 꾸러미

덩이 [TENG-I] (壤) 원470

불 Masse, bloc, pâte, motte, paquet, boulette. ‖ Numéral des morceaux de 메쥬 Mei-tjyou, de bois, de métal, des mottes de terre, des centaines de mains de papier.

한 더미, 덩어리, 반죽, 덩어리, 꾸러미, 작은 구 | 메쥬 Mei-tjyou, 목재, 금속의 덩어리, 흙덩이, 수백여 권의 종이를 세는 수사

덩치 [TENG-TCHI] 원470

불 Taille, forme du corps. ‖ Motte, masse, boulette.

한 크기, 체형 | 덩어리, 덩이, 작은 구

덩ᄐᆞ다 [TENG-HTA-TA,-HTĂ,-HTĂN] (乘轎) 원470

불 Aller, être dans le palanquin appelé 덩 Teng.

한 덩Teng이라고 불리는 가마 안에 타고 가다, 있다

데 [TEI] 원467

불 Pas encore, pas assez.

한 아직 아니다, 불충분하다

데닉다 [TEI-NIK-TA,-NIK-E,-NIK-EUN] (不熟) 원468

불 Qui n'est pas encore entièrement mûr. N'être pas cuit, pas mûr.

한 아직 완전히 여물지 않다 | 익지 않다, 여물지 않다

데다 [TEI-TA,TEI-E,TEIN] (燔) 원468

불 Brûler, chauffer. echauffer, s'échauffer.

한 불태우다, 덥히다 | 뜨겁게 하다, 더워지다

데되다 [TEI-TOI-TA,-TOI-YE,-TOIN] (不善爲) 원468

불 Qui n'est pas entièrement fait, n'être pas achevé tout à fait. N'être pas encore fini. Pas achevé. être mal fait, mal bâti, mal tourné.

한 전부 만들어지지는 않다, 완전히 완성되지 않다 | 아직 끝나지 않다 | 완성되지 않다 | 잘못 만들어지다, 잘못 세워지다, 모양이 나쁘다

데면데면ᄒᆞ다 [TEI-MYEN-TEI-MYEN-HĂ-TA] 원468

불 Faire promptement, vite, sans trop d'attention. = 보다-po-ta, Ne jeter qu'un coup d'œil sur.

한 주의를 많이 기울이지 않고 신속하고 빠르게 하다 | [용례 =보다, -po-ta], 슬쩍 보기만 하다

데삼기다 [TEI-SAM-KI-TA,-KYE,-KIN] (未完烹) 원468

불 Qui n'est pas achevé, pas parfait; avorton (se dit des hommes et des animaux). N'être pas encore fini, pas achevé. Mal fait, mal bâti, mal tourné.

한 완성되지 않다, 완벽하지 않다 | 조생아 (사람들과 동물에 대해 쓴다) | 아직 끝나지 않다, 완성되지 않다 | 잘못 만들어지다, 잘못 세워지다, 모양이 나쁘다

데숭데숭 [TEI-SOUNG-TEI-SOUNG] (穿貌) 원468

불 Etre percé de trous, vermoulu.

한 구멍이 뚫리다, 벌레 먹다

데억지다 [TEI-EK-TJI-TA,-TJYE,-TJIN] (欽鑠) 원467

불 Nombreaux et grand. Majestueux et brillant.

한 많고 크다 | 위엄 있고 뛰어나다

데이다 [TTEI-I-TA,TEI-YE,TEI-IN] (火傷) 원468

불 Se brûler, être brûler. ‖ Réchauffer; faire chauffer; être chauffé.

한 불에 데다, 타다 | 다시 데우다 | 데우다 | 데워지다

데히다 [TEI-HI-TA,-HYE,-HIN] 원468 ☞ 데이다

덴가솜 [TEIN-KA-SĂM,-I] (驚心) 원468

불 Sein brûlé, c.a.d. frémissement, agitation de poitrine, crainte d'un homme qui a échappé à un péril et qui se trouve en face d'un nouveau danger; qui se souvient d'avoir passé par de difficiles circonstances et en est plus timide. Chat échaudé craint l'eau froide.

한 탄 가슴 즉, 떨림, 가슴의 동요, 위기를 모면했으나 새로운 위험에 당면한 사람의 두려움 | 어려운 상황을 지나온 것을 기억하고 그것 때문에 더 과감하지 못한 사람 | 뜨거운 물에 덴 고양이가 찬 물을 두려워한다

덴겁ᄒᆞ다 [TEIN-KEP-HĂ-TA] (驚怯) 원468

불 Etre épouvanté. Avoir peur, frémir. Aller très vite, se hâter, comme quand on est pressé par l'épouvante.

한 겁에 질리다 | 무서워하다, 떨다 | 격렬한 공포감 때문에 다급할 때처럼 매우 빠르게 가다, 서두르다

덴득ᄒᆞ다 [TEIN-TEUK-HĂ-TA] (忌貌) 원468

불 Avoir de la répugnance. Se dit des mets qui in-

spirent de la répugnance, du dégoût, qui coupent l'appétit et qu'on ne peut manger que très-difficilement.
한 반감을 갖다 | 불쾌감, 거부감을 불러일으키는, 입맛을 떨어지게 하고 아주 간신히 먹을 수 있는 음식들에 대해 쓴다

뎬ᄌᆞ식 [TEIN-TJĂ-SIK,-I] (火傷子) 원468
불 Enfant brûlé. ‖ Canaille d'enfant, gredin.
한 신용을 잃은 아이 | 부랑배 아이, 무뢰한

뎅걸뎅걸 [TEING-KEL-TEING-KEL] (轉聲) 원468
불 Bruit d'un roulement quelconque. Bruit des paroles de plusieurs individus qui s'entretiennent ensemble. rouler sur soi-même (comme les roues d'une voiture).
한 어떤 구르는 소리 | 함께 대화하는 여러 사람들의 말소리 | (마차의 바퀴처럼) 스스로 굴러가다

뎅겅 [TEING-KENG] 원468
불 Vite, promptement.
한 빠르게, 신속하게

뎅뎅 [TEING-TEING] (諠聲) 원468
불 Bruit de paroles, de voix confuses.
한 말소리, 어렴풋한 목소리

1뎌 [TYE] (笛) 원473
불 Flûte traversière
한 가로로 된 플루트

2뎌 [TUE] (彼) 원473
불 Celui-là, lui, elle, ce, cet, cette. (Pronom démonst, désigne un objet éloigné, plus éloigné qu'un autre, ou dont on parle en second lieu).
한 저 사람, 그, 그녀, 이, 그, 저 | (지시대명사, 멀리 떨어진, 다른 것보다 더 멀리 떨어져 있는, 또는 두 번째로 말해지는 물건을 가리킨다)

3뎌 [TYE] 원542 ☞ 2져

4뎌 [TYE] 원542 ☞ 3져

*뎌간 [TYE-KAN] (這間) 원473
불 En cet espace de temps, pendant ou dans cet intervalle de temps.
한 이 시간 동안, 이 시간의 간격 동안이나 내에

*뎌거번에 [TYE-KE-PEN-EI] (這去番) 원473
불 Cette fois-là.
한 저번에

1뎌긔 [TYE-KEUI] (彼處) 원473
불 Là (adv. démonst., détermine le lieu, la place). Là-bas. 뎌긔로 Tye-keui-ro, Par-là. 뎌긔셔 Tye-keui-sye, De là.
한 저기 (지시부사. 장소, 위치를 결정한다) | 저기에 | [용례 뎌긔로, Tye-keui-ro], 저기로 | [용례 뎌긔셔, Tye-keui-sye], 저기서

2뎌긔 [TYE-KEUI] 원545 ☞ 1져긔

1뎌년 [TYE-NYEN,-I] (前年) 원474
불 L'année dernière.
한 작년

2뎌년 [TYE-NYEN,-I] (彼女) 원474
불 Expression injurieuse en parlant d'une femme; se dit facilement d'une petite fille; cette gamine.
한 여자에 대해 말할 때의 모욕적인 표현 | 여자아이에 대해 쉽게 쓴다 | 이 말괄량이

뎌놈 [TYE-NOM,-I] (彼漢) 원474
불 Expression injurieuse en parlant d'un homme; se dit facilement d'un enfant ou d'un homme du peuple; ce gamin, ce mauvais sujet.
한 남자에 대해 말할 때의 모욕적인 표현 | 어린아이나 서민 계급의 남자에 대해 쉽게 쓴다 | 이 개구쟁이, 이 망종

뎌다 [TYE-TA,TYE-RE,TYEN] (蹇) 원476
불 Boiter, marcher en clochant.
한 다리를 절다, 절뚝거리면서 걷다

*뎌당ᄒᆞ다 [TYE-TANG-HĂ-TA] (抵當) 원476
불 Empêcher, empêchement, obstacle, opposition. Résister à; soutenir le choc.
한 방해하다, 방해, 장애물, 반대 | 견뎌내다 | 충격을 버티다

뎌들 [TYE-TEUL,-I] (他們) 원476
불 Ceux-là; ceux, celles, ces, pronom démonstre., pluriel de 뎌 Tye, désigne les objets plus éloignés ou dont on parle en second lieu.
한 저들 | 저들, 저들, 이, 지시대명사, 뎌 Tye의 복수, 더 멀리 떨어져 있거나 두 번째로 말하는 물건을 가리킨다

뎌러 [TYE-RE] 원476
불 De cette manière-là, ainsi.
한 저와 같이, 저렇게

1*뎌리 [TYE-RI] (這裏) 원476
불 Là. 이리뎌리 I-ri-tye-ri, Ici là.
한 저기 | [용례 이리뎌리, I-ri-tye-ri], 이리저리

2뎌리 [TYE-RI] 원552 ☞ 져리

1*뎌리로 [TYE-RI-RO] (這裏) 원476
불 Là, par là.

한 저곳, 저리로

[2]뎌리로 [TYE-RI-RO] 원552 ☞저리로

*뎌슈ᄒᆞ다 [TYE-SYOU-HĂ-TA] (賭水) 원476

불 Conserver l'eau des rizières depuis l'hiver jusqu'au moment de la culture; endiguer l'eau, la retenir, l'empêcher de couler.

한 겨울부터 농사를 지을 시기까지 논에 물을 보존하다 | 물을 막다, 그것을 저장하다, 그것이 흐르는 것을 막다

*뎌ᄉᆞᄒᆞ다 [TYE-SĂ-HĂ-TA] (抵死) 원476

불 Mourir plutôt que (de faire ou de ne pas faire); être dans la disposition de mourir plutôt que de… Fallut-il en mourir. Se résoudre à mourir plutôt que de…

한 (~하느니 또는 ~하지 않느니) 죽다 | ~하느니, 그것으로 죽더라도 차라리 죽을 준비가 되다 | ~하느니 차라리 죽을 것을 각오하다

*뎌작ᄒᆞ다 [TYE-TJAK-HĂ-TA] (咀嚼) 원476

불 Mâcher, broyer avec les dents.

한 씹다, 이로 부수다

*뎌쥬 [TYE-TJYOU] (苧紬) 원476

불 Crêpe de Chine (en soie).

한 (명주로 된) 중국의 비단

*뎌쥬ᄒᆞ다 [TYE-TJYOU-HĂ-TA] (呪罵) 원476

불 Imprécation, malédiction, souhait de malheur contre quelqu'un.

한 주술, 저주, 어떤 사람에게 불행을 바람

*뎌츅ᄒᆞ다 [TYE-TCHYOUK-HĂ-TA] (賭蓄) 원476

불 Réserver, mettre en réserve, mettre de côté pour s'en servir plus tard; amasser pour l'avenir.

한 저장하다, 저장해 두다, 후에 사용하기 위해서 따로 떼어 놓다 | 미래를 위해 축적하다

[1]뎌포 [TYE-HPO] 원542 ☞저포

[2]뎌포 [TYE-HPO] 원551 ☞ [2]져포

*뎌희ᄒᆞ다 [TYE-HEUI-HĂ-TA] (沮戱) 원473

불 Empêcher la réussite d'une affaire.

한 어떤 일의 성공을 방해하다

[1]*뎍 [TYEK,-I] (嫡) 원473

불 Vraie femme du père. Particule qui, devant les noms de parenté, désigne les parents du père d'un enfant né d'une concubine; titre que les enfants de la concubine donnent aux parents du côté du père: 뎍형 Tyek-hyeng, Frère aîné paternel, né de la vraie femme ; 뎍삼촌 Tyek-sam-tchon, Oncle paternel dún neveu né dúne concubine.

한 아버지의 진짜 부인 | 친척의 명칭 앞에서, 첩에게서 태어난 아이들의 아버지 쪽 친척들을 가리키는 접두사 | 첩의 아이들이 아버지 쪽의 친척들을 부르는 칭호: 뎍형 Tyek-hyeng, 진짜 부인에게서 태어난 아버지 쪽의 형 | 뎍삼촌 Tyek-sam-tchon, 첩에게서 태어난 조카의 아버지 쪽 삼촌

[2]*뎍 [TYEK,-I] (積) 원473

불 Maladie intérieure causée par un amas de… dans l'estomac.

한 위장 속에 ~의 축적에 의해 생긴 몸 안의 병

*뎍간ᄒᆞ다 [TYEK-KAN-HĂ-TA] (摘奸) 원473

불 Expertise que le mandarin fait faire par ses employés pour s'assurer si les réclamations du peuple son justes. examiner.

한 백성의 요구가 정당한지 확인하기 위해 관리가 그 직원들로 하여금 행하게 하는 사정 | 조사하다

*뎍견 [TYEK-KYEN,-I] (謫譴) 원473

불 Exil.

한 유배

*뎍견ᄒᆞ다 [TYEK-KYEN-HĂ-TA] (的見) 원473

불 Voir clair; avoir la vue claire, perçante.

한 똑똑히 보다 | 밝은, 예리한 눈을 갖다

*뎍구지병 [TYEK-KOU-TJI-PYENG,-I] (適口之餠) 원473

불 Gâteau qu'on trouve bon, qui est bien adapté au goût du palais. Chose, objet, personne selon son goût.

한 맛있다고 생각되는, 궁궐의 기호에 잘 맞추어진 과자 | 자신의 기호에 따른 사항, 물건, 사람

*뎍누 [TYEK-NOU] (敵樓) 원473

불 Tour d'observation pour suivre les mouvements de l'ennemi et pour examiner les voleurs. Pavillon d'observation au-dessus des portes de la ville.

한 적의 움직임을 추적하고 도둑들을 살펴보기 위한 감시 망루 | 마을의 성문 위에 있는 감시동[역주 棟]

뎍니다 [TYEK-NI-TA,-NYE,-NIN] 원473

불 Bâiller, s'ouvrir, se décoller.

한 벌어지다, 열리다, 벗겨지다

*뎍당ᄒᆞ다 [TYEK-TANG-HĂ-TA] (適當) 원474

불 Convenable, avantageux, juste, ce qu'il faut, ni trop ni trop peu, bien assorti.

한 알맞다, 잘 어울리다, 올바르다, 정확히 필요한 정도이다, 너무 많지도 적지도 않다, 걸맞다

*덕모 [TYEK-MO] (嫡母) ㉔473
불 Vraie femme du père. Que les enfants nés d'une concubine appellent leur 덕모 tyek-mo. Femme légitime du père (ainsi l'appelle le fils de la concubine).
한 첩에게서 태어난 아이들이 자신들의 덕모 tyek-mo 라고 부르는, 아버지의 진짜 부인 | 아버지의 합법적인 부인 (첩의 아들이 그녀를 이렇게 부른다)

덕바르다 [TYEK-PA-REU-TA,-PAL-NA,-PA-REUN] (不足) ㉔473
불 Etre trop juste; à quoi il manque quelque chose; n'être pas tout à fait suffisant.
한 너무 빠듯하다 | 무엇인가 부족하다 | 완전히 충분하지 않다

*덕셔 [TYEK-SYE] (嫡庶) ㉔473
불 Enfants de la vraie femme et enfants de la concubine. Légitime et bâtard.
한 정실의 아이들과 첩의 아이들 | 적출과 서출

*덕소 [TYEK-SO] (謫所) ㉔474
불 Lieu d'exil.
한 유배지

*덕손 [TYEK-SON,-I] (嫡孫) ㉔474
불 Petit-fils légitime. Descendant de la vraie femme (par opposition aux descedants de la concubine).
한 적출 손자 | (첩의 후손에 대비해) 진짜 부인의 후손

*덕실 [TYEK-SIL,-I] (嫡室) ㉔473
불 Femme légitime. Particule qui, mise devant les noms de parenté, désigne les parents du côte du père d'un enfant né d'une concubine. Titre que les enfants nés d'une concubine donnent à leurs parents du côte du père. 덕실형 Tyek-sil-hyeng, Frère aîné parternel. 덕실ᄉᆞ촌 Tyek-sil-sā-chon, Cousin parternel.
한 합법적인 부인 | 친척의 명칭 앞에 놓여 첩에게서 태어난 아이들의 아버지 쪽 친척들을 가리키는 접두어 | 첩에게서 태어난 아이들이 그들의 아버지 쪽 친척들을 부르는 칭호 | [용례 덕실형, Tyek-sil-hyeng], 아버지 쪽 형 | [용례 덕실ᄉᆞ촌, Tyek-sil-să-tchon]

*덕ᄌᆞ [TYEK-TJĂ] (嫡子) ㉔474
불 Fils légitime. Fils de la vraie femme, de la femme légitime.
한 적자[역주 適子] | 진짜 부인의, 합법적인 부인의 아들

*덕형 [TYEK-HYENG,-I] (嫡兄) ㉔473
불 Frère aîné du côté du père. (On désigne ainsi l'enfant aîné né d'un mariage légitime, par rapport à un frère cadet né d'une concubine).
한 아버지 쪽의 형 | (첩에게서 난 손아래 아우와 비교해서 합법적인 결혼에서 태어난 손위 아이를 가리킨다)

1*뎐 [TYĒN] (廛) ㉔474
불 Boutique, magasin.
한 상점, 가게

2*뎐 [TYEN,-I] (殿) ㉔474
불 Palais du roi.
한 왕궁

3*뎐 [TYEN,-I] (田) ㉔474
불 Champ.
한 밭

4*뎐 [TYEN,-I] (典) ㉔474
불 Loi, règle.
한 법, 규칙

5*뎐 [TYEN,-I] (氈) ㉔474
불 Drap, étoffe de drap.
한 나사[역주 羅紗], 나사[역주 羅紗] 직물

*뎐계 [TYEN-KYEI] (田界) ㉔474
불 Limite d'un champ.
한 밭의 경계

1*뎐골 [TYĒN-KOL,-I] (煎骨) ㉔474
불 Nom d'une esp. de mets, viande de bœuf grillée en tranches minces, rosbif (roastbeef).
한 요리의 종류의 이름, 얇은 조각으로 된 구운 소고기, 구운 소고기 (로스트 비프)

2뎐골 [TYĒN-KOL,-I] ㉔474
불 Esp. de casserole.
한 냄비의 종류

1뎐구ᄒᆞ다 [TYEN-KOU-HĂ-TA] (轉求, (En place de, prier.)) ㉔474
불 Intercéder pour, prier pour, plaider pour, s'entremettre pour prier.
한 ~을 위해 중재하다, ~을 위해 기도하다, ~을 위해 변호하다, 기도하기 위해 중재하다

2뎐구ᄒᆞ다 [TYEN-KOU-HĂ-TA] ㉔547 ☞ 2젼구ᄒᆞ다

뎐다리 [TYĒN-TA-RI] (蹇脚) ㉔475
불 Jambe boiteuse. boiteux.
한 절뚝거리는 다리 | 절름발이

*뎐달ᄒᆞ다 [TYĒN-TAL-HĂ-TA] (轉達, (En place de, porter la parole)) ㉔475
불 Intercéder pour, plaider pour, prier pour; s'en-

tremettre pour prier, pour défendre. S'interposer comme médiateur. Faire pour, faire à la place de.
한 ~를 위해 중재하다, ~를 위해 변호하다, ~를 위해 기도하다 | 기도하기 위해, 지키기 위해 개입하다 | 중재인으로 개입하다 | ~을 위해 하다, ~대신에 하다

*뎐답 [TYEN-TAP,-I] (田畓) 원475
불 Champs et rizières. territoire ferme.
한 밭과 논 | 영토 농지

*뎐당 [TYEN-TANG,-I] (典當) 원475
불 Mont-de-piété. Donner en gage, mettre en gage, déposer un objet en gage, en attendant qu'on ait de quoi payer ce qu'on vient d'acheter.
한 공영 전당포 | 담보로 주다, 저당을 잡히다, 방금 구입한 것의 값을 치를 능력이 있기를 기다리면서 어떤 물건을 담보로 두다

*뎐댱 [TYEN-TYANG,-I] (田庄) 원475
불 Champs et rizières; ferme.
한 밭과 논 | 농지

뎐도 [TYEN-TO] (里數) 원475
불 Route, chemin. 뎐도가얼마나먼가 Tyen-to-ka el-ma-na men-ka, 《la route, combien est-elle loin?》 Qulle distance y a-t-il?
한 도로, 길 | [용례 뎐도가얼마나먼가 Tyen-to-ka el-ma-na men-ka], 《길이 얼마나 먼가?》거리가 얼마나 되는가?

뎐동 [TYĒN-TONG,-I] (箭筒) 원475
불 Carquois.
한 화살통

*뎐디 [TYEN-TI] (田地) 원475
불 Champ et rizière; champs et terre; métairie; propriété.
한 밭과 논 | 밭과 토지 | 소작지 | 소유지

*뎐립 [TYĒN-RIP,-I] (戰笠) 원474
불 Sorte de chapeau noir que le roi et les généraux mettent quelquefois.
한 왕과 장군들이 가끔씩 쓰는 검은 모자의 종류

*뎐반 [TYĒN-PAN,-I] (剪板) 원474
불 Règle en bois pour tracer des lignes.
한 선을 긋기 위한 나무로 된 자

*뎐부 [TYEN-POU] (田夫) 원474
불 Maître d'un champ, propriétaire d'un champ. Laboureur.
한 밭의 주인, 밭의 소유자 | 경작인

뎐불지다 [TYĒN-POUL-TJI-TA,-TJYE,-TJIN] 원474
불 Tomber à côté, en dehors du bassinet. (Se dit de la mèche d'un fusil qui doit tomber dans le bassinet pour mettre le feu à la poudre.).
한 옆에, 도화선부의 밖에 떨어지다 | (화약에 불을 붙이기 위해서 도화선부 안에 떨어뜨려야 하는 총의 도화선에 대해 쓴다)

*뎐실ᄒᆞ다 [TYEN-SIL-HĂ-TA] (典實) 원474
불 Solide; ferme; dur; constant; fidèle; à qui on peut se fier.
한 튼튼하다 | 견고하다 | 단단하다 | 변함없다 | 충실하다 | 믿을 수 있다

뎐안날 [TYEN-AN-NAL,-I] (奠鴈日, (Porter, l'oie, jour)) 원474
불 Jour où l'on porte l'oie (où le futur portant l'oie va à la maison de son beau-père pour se marier). Jour du mariage.
한 기러기를 가져오는 (미래의 신랑이 결혼하기 위해 장인의 집에 기러기를 가지고 가는) 날 | 결혼식 날

*뎐안텽 [TYEN-AN-HTYENG,-I] (奠鴈廳) 원474
불 Lieu où l'on dépose l'oie avant la cérémonie du mariage.
한 결혼식 전에 기러기를 놓아두는 장소

*뎐의고쥬ᄒᆞ다 [TYEN-EUI-KO-TJYOU-HĂ-TA] (典衣沽酒) 원474
불 Vendre ses habits pour boire. Laisser ses habits en gage pour du vin.
한 [역주 술을] 마시기 위해서 자신의 옷가지를 팔다 | 술을 위해서 자신의 옷가지를 담보로 맡기다

*뎐인 [TYĒN-IN,-I] (廛人) 원474
불 Employé dans les grands magasins de la capitale.
한 수도의 큰 상점들에 있는 직원

*뎐쥬 [TYEN-TJYOU] (田主) 원475
불 Propriétaire, maître du champ.
한 지주, 밭의 주인

뎐ᄎᆞ로 [TYEN-TCHĂ-RO] 원548 ☞ 젼ᄎᆞ로

*뎐ᄎᆞ로ᄒᆞ다 [TYEN-TCHĂ-RO-HĂ-TA] (轉次) 원475
불 Faire pour, à la place de; remplacer. Intercéder pour. Etre entre. Intervenir; par intercession.
한 ~을 위해서, 대신에 하다 | 대체하다 | ~을 위해 중재하다 | 끼어들다 | 개입하다 | 중재에 의해

*뎐텰 [TYEN-HTYEL,-I] (煎鐵) 원475
불 Esp. de casserole.
한 냄비의 종류

*뎐토 [TYEN-HTO] (田土) 원475

불 Champ et rizière; champs et terre; métairie; propriété.
한 밭과 논 | 밭과 토지 | 소작지 | 소유지

*뎐하 [TYĒN-HA] (殿下) 원474
불 Titre que les ministres et tous les dignitaires donnent au roi. Expression qui désigne le roi, usitée par qui que ce soit en parlant au roi. Votre Majesté.
한 장관들과 모든 고위 관료가 왕을 부르는 호칭 | 왕에게 말하는 누구라도 사용하는 왕을 가리키는 표현 | 전하

*뎐화위복 [TYĒN-HOA-OUI-POK] (轉禍爲福) 원474
불 Malheur qui se change en bonheur. Le mal se tourne en bien. Tirer le bien du mal.
한 불행이 행운으로 바뀐다 | 나쁜 것이 좋은 것으로 변한다 | 나쁜 일에서 좋은 일을 끌어내다

1*뎜 [TYĒM,-I] (店) 원474
불 Fabrique, atelier, forge. 사긔뎜. Sa-keui-tyem, Fabrique de porcelaine.
한 제조소, 작업장, 대장간 | [용례 사긔뎜Sa-keui-tyem], 도자기 제조소

2*뎜 [TYĒM,-I] (占) 원474
불 Bonne aventure, oracle, sort. (Superst.).
한 운수, 신탁, 운명 | (미신)

3*뎜 [TYEM,-I] (點) 원474
불 Point, accent, petite marque. Marque faite avec le bout du pinceau. ‖ Petite tranche, petit morceau. ‖ Un peu, un tant soit peu.
한 점, 악센트 부호, 작은 표시 | 붓 끝으로 낸 표시 | 작은 박편, 작은 조각 | 조금, 약간

*뎜고ᄒᆞ다 [TYĒM-KO-HĂ-TA] (點考) 원474
불 Voir si tout est en règle, examiner avec soin ; surveiller ; faire l'appel ; examiner si le catalogue est exact.
한 모든 것이 규정에 맞는지를 보다, 주의해서 검사하다 | 감시하다 | 점호하다 | 목록이 정확한지 확인하다

*뎜뎜 [TYEM-TYEM] (漸漸) 원474
불 Peu à peu, insensiblement, par degrés.
한 점점, 서서히, 점차로

뎜뎜이오리다 [TYEM-TYEM-I-O-RI-TA] (點點副) 원474
불 Couper par petits morceaux; diviser par lambeaux, par petites tranches.
한 작은 조각들로 자르다 | 조각들로, 작은 박편들로 나누다

*뎜뎜ᄒᆞ다 [TYEM-TYEM-HĂ-TA] (漸漸) 원474
불 Faire peu à peu.
한 조금씩 하다

뎜돈 [TYEM-TON,-I] (占錢) 원474
불 Argent pour les superstitions, sapèque superstitieuse.
한 미신을 위한 돈, 미신적인 엽전

*뎜병 [TYEM-PYENG,-I] (點餠) 원474
불 Galette, crêpe.
한 갈레트, 크레이프

*뎜심 [TYĒM-SIM,-I] (點心) 원474
불 Repas du milieu du jour, riz de midi, le diner.
한 하루 중간의 식사, 정오의 밥, 저녁 식사

1*뎜쟝이 [TYEM-TJANG-I] (店匠) 원474
불 Ouvrier en chef d'une forge, d'une porterie…
한 대장간의, 도기 제조소의 장인 일꾼

2뎜쟝이 [TYEM-TJANG-I] (占客) 원474
불 Tireur, diseur de bonne aventure; magicien, sorcier.
한 점술가, 점장이 | 마법사, 마녀

*뎜쥬 [TYEM-TJYOU] (店主) 원474
불 Chef d'une forge, d'une poterie.
한 대장간, 도기 제조소의 우두머리

1뎜치다 [TYEM-TCHI-TA,-TCHYE,-TCHIN] (打點) 원474
불 Marquer d'un point.
한 점으로 표시하다

2뎜치다 [TYEM-TCHI-TA,-TCHYE,-TCHIN] (占) 원474
불 Tirer la bonne aventure. Deviner, prédire l'avenir. Deviner une chose cachée. Faire métier de sorcier.
한 운명을 점치다 | 예언하다, 미래를 예견하다 | 숨겨진 것을 알아맞히다 | 마법사를 직업으로 삼다

1뎜치이다 [TYEM-TCHI-I-TA,-TCHI-YE,-TCHI-IN] (占) 원474
불 Faire tirer la bonne aventure.
한 운명을 점치게 하다

2뎜치이다 [TYEM-TCHI-I-TA,-TCHI-YE,-TCHI-IN] (點) 원474
불 Etre marqué d'un point.
한 점으로 표시되다

1*뎡 [TYENG,-I] (丁) 원475
불 Clou.
한 못

2*뎡 [TYENG] (正) 원475
불 En agr. Droit, vrai, légitime, juste.
한 한자어로 바르다, 참되다, 합법적이다, 올바르다

3*뎡 [TYENG] (定) 원475

불 Fixer.
한 고정시키다

[4]*뎡 [TYENG] (貞) 원475
불 Pur; chaste.
한 순수하다 | 정숙하다

[5]뎡 [TYENG] (淨) 원475
불 Propre, net.
한 깨끗하다, 청결하다

[6]뎡 [TYENG,-I] 원548 ☞[4]경

[7]뎡 [TYENG,-I] 원548 ☞[5]경

*뎡가ᄒᆞ다 [TYENG-KA-HĂ-TA] (定價) 원475
불 Fixer le prix.
한 가격을 고정하다

*뎡거ᄒᆞ다 [TYENG-KE-HĂ-TA] (停拒) 원475
불 Empêcher de réussir. Déshonorer, être déshonoré. Qui a donné sa sœur veuve à un autre; qui a fait remarier sa sœur veuve.
한 성공을 방해하다 | 명예를 훼손하다, 명예가 훼손되다 | 과부인 자신의 여자 형제를 다른 사람에게 준 사람 | 과부인 자신의 여자 형제를 재혼시킨 사람

*뎡결ᄒᆞ다 [TYENG-KYEL-HĂ-TA] (貞潔) 원475
불 Pur, chaste. V.Syn. 졍결ᄒᆞ다 Tjyeng-kyel-hă-ta.
한 순수하다, 정숙하다 | [동의어 졍결ᄒᆞ다, Tjyeng-kyel-hă-ta]

*뎡궁 [TYENG-KOUNG] (正宮) 원475
불 Désigne la véritable femme du roi, la femme légitime, la reine.
한 왕의 진짜 부인, 합법적인 부인, 왕비를 가리킨다

*뎡긔 [TYENG-KĂI] (定改) 원475
불 Ferme propos, résolution.
한 굳은 결심, 결의

*뎡긔ᄒᆞ다 [TYENG-KĂI-HĂ-TA] (定改) 원475
불 Avoir le ferme propos.
한 굳은 결심을 하다

*뎡남 [TYENG-NAM,-I] (貞男) 원475
불 Célibataire.
한 독신

뎡녕이 [TYENG-NYENG-I] (叮嚀) 원475
불 Certainement, strictement, rigoureusement.
한 확실히, 엄밀히, 엄격하게

*뎡녕ᄒᆞ다 [TYENG-NYENG-HĂ-TA] (叮嚀) 원475
불 Certain, exprès, strict, enjoindre; intimer un ordre.
한 확실하다, 단호하다, 엄밀하다, 명령하다 | 엄히 명령을 내리다

*뎡대ᄒᆞ다 [TYENG-TAI-HĂ-TA] (正大) 원476
불 Raisonnable; sage; grand; noble et élevé; important; imposant.
한 이치에 맞다 | 현명하다 | 위대하다 | 고귀하고 뛰어나다 | 중요하다 | 위엄 있다

*뎡덕 [TYENG-TEK] (貞德) 원476
불 Continence, vertu de chasteté.
한 절제, 순수함의 미덕

[1]*뎡도 [TYENG-TO] (正道) 원476
불 Voie droite, vraie doctrine.
한 바른 길, 진실된 가르침

[2]뎡도 [TYENG-TO] 원550 ☞졍도

*뎡렬부인 [TYENG-RYEL-POU-IN,-I] (貞烈夫人) 원475
불 Esp. de titre honorifique accordé par le roi à la femme de quelque haut dignitaire. Epouse d'un dévouement héroïque.
한 왕이 어떤 높은 지위의 여인에게 주는 경칭의 종류 | 영웅적인 헌신을 한 부인

[1]뎡령ᄒᆞ다 [TYENG-RYENG-HĂ-tA] 원475 ☞뎡녕ᄒᆞ다

[2]*뎡령ᄒᆞ다 [TYENG-RYENG-HĂ-TA] (叮嚀) 원475
불 Etre certain, évident, clair; strict, rigoureux. Commander expressément.
한 확실하다, 분명하다, 명백하다 | 정확하다, 엄격하다 | 단호하게 명령하다

*뎡묘 [TYENG-MYO] (丁卯) 원475
불 4e année du cycle du 60 ans. 1687, 1747, 1807, 1867, 1927.
한 60년 주기의 네 번째 해 | 1687, 1747, 1807, 1867, 1927년

*뎡미 [TYENG-MI] (丁未) 원475
불 44e année du cycle du 60 ans. 1727, 1787, 1847, 1907.
한 60년 주기의 44번째 해 | 1727, 1787, 1847, 1907년

[1]*뎡부 [TYENG-POU] (正婦) 원475
불 Epouse légitime.
한 합법적인 부인

[2]뎡부 [TYENG-POU] (正夫) 원475
불 Mari légitime.
한 합법적인 남편

[1]*뎡빅 [TYENG-PĂI] (定配) 원475
불 Exil.
한 유배

2*뎡빅 [TYENG-PĂI] (貞配) ⓦ475
불 Fidélité conjugale.
한 부부간의 정조
3뎡빅 [TYENG-PĂI] (定配) ⓦ475
불 Epoux, épouse, conjoint.
한 남편, 부인, 배우자
*뎡살ᄒᆞ다 [TYENG-SAL-HĂ-TA] (釘殺, (Clou, tuer)) ⓦ475
불 Tuer en clouant, crucifier.
한 못 박아 죽이다, 십자가에 못 박아 죽이다
뎡슈리 [TYENG-SYOU-RI] (頂首) ⓦ476
불 Le dessus de la tête, partie de la tête au-dessus du front.
한 머리의 위쪽, 이마 위의 머리 부분
*뎡실 [TYENG-SIL] (正室) ⓦ476
불 Epouse légitime.
한 합법적인 아내
*뎡심공부 [TYENG-SIM-KONG-POU] (正心工夫) ⓦ476
불 Travail de récollection, de méditation.
한 묵상의, 명상의 훈련
*뎡ᄉᆞ [TYENG-SĂ] (丁巳) ⓦ475
불 54e année du cycle de 60 ans. 1737, 1797, 1857, 1917.
한 60년 주기의 54번째 해 | 1737, 1797, 1857, 1917년
1*뎡ᄉᆡᆨ [TYENG-SĂIK,-I] (正色) ⓦ475
불 Rapport légitime des époux entre eux.
한 부부간에 합법적인 관계
2*뎡ᄉᆡᆨ [TYENG-SĂIK] (定色) ⓦ476
불 Gravité, dignité de maintien. =ᄒᆞ다-hă-ta, Avoir l'air sévère, sérieux.
한 엄숙함, 품위의 유지 | [용례 =ᄒᆞ다, -hă-ta], 엄격해, 심각해 보이다
뎡아비 [TYENG-A-PI] (偶人) ⓦ475
불 Epouvantail en forme d'homme pour effrayer les oiseaux.
한 새들을 겁먹게 하기 위한 사람 형태로 된 허수아비
*뎡원 [TYENG-OUEN,-I] (政院) ⓦ475
불 Chambre du conseil. Appartement attenant au palais royal et où les ministres se retirent pour délibérer sur les affaires, ou passer agréablement leur temps.
한 회의실 | 장관들이 일에 대해 토의하거나 그들의 시간을 즐겁게 보내기 위해 물러나는 왕궁에 인접한 처소
*뎡유 [TYENG-YOU] (丁酉) ⓦ475
불 34e année du cycle de 60ans. 1717, 1777, 1837, 1897.
한 60년 주기의 34번째 해 | 1717, 1777, 1837, 1897년
*뎡육 [TYENG-YOUK,-I] (正肉) ⓦ475
불 Chair de bœuf dans les meilleures parties, comme le filet, la fesse.
한 안심, 둔부와 같은 가장 좋은 부위에 있는 소의 살
*뎡져와 [TYENG-TJYE-OA] (井底蛙, (Puits, au fond, grenouille)) ⓦ476
불 Qui ne voit rien et ne sait rien, ne comprend rien; qui vit retiré dans un trou; sans instruction.
한 아무것도 보지 못하고 아무것도 모르고 아무것도 이해하지 못하는 사람 | 굴속에 은둔해서 사는 사람 | 교양 없이
*뎡지 [TYENG-TJI] (定志) ⓦ476
불 Détermination, ferme propos, résolution. =ᄒᆞ다-hă-ta, La prendre
한 결정, 굳은 결심, 결의 | [용례 =ᄒᆞ다, -hă-ta], 결심하다
*뎡직ᄒᆞ다 [TYENG-TJIK-HĂ-TA] (正直) ⓦ476
불 Juste, vrai, véridique, droit, loyal.
한 올바르다, 참되다, 진실하다, 바르다, 충실하다
*뎡쳐 [TYENG-TCHYE] (正妻) ⓦ476
불 Epouse légitime.
한 합법적인 부인
*뎡츅 [TYENG-TCHYOUK,-I] (丁丑) ⓦ476
불 14e année du cycle de 60 ans. 1697, 1757, 1817, 1877.
한 60년 주기의 열네 번째 해 | 1697, 1757, 1817, 1877년
*뎡친ᄒᆞ다 [TYENG-TCHIN-HĂ-TA] (定親) ⓦ476
불 Déterminer, fixer, arrêter un mariage; flancer. Choisir une bru ou un gendre.
한 결정하다, 정하다, 결혼을 정하다 | 약혼시키다 | 며느리나 사위를 고르다
*뎡향 [TYENG-HYANG,-I] (丁香) ⓦ475
불 Clou de girofle, fleur du giroflier.
한 정향, 정향나무의 꽃
*뎡향화 [TYENG-HYANG-HOA] (丁香花) ⓦ475
불 Fleur du giroflier, girofle. ‖ Fleur de lilas, lilas.
한 정향나무의 꽃, 정향 | 라일락 꽃. 라일락
*뎡혼ᄒᆞ다 [TYĒNG-HON-HĂ-TA] (定婚) ⓦ475
불 Promettre, déterminer, décider un mariage; en demeurer d'accord.
한 결혼을 약속하다, 결정하다, 결심하다 | 그것에 동의하다

뎡히 [TYENG-HI] ㉪548 ☞경히

*뎡ᄒᆞ다 [TYĒNG-HĂ-TA,-HĂ-YE,-HĂN] (定) ㉪475

불 Déterminer, décider, arrêter, fixer. Certifier, rendre certain.

한 결정하다, 결심하다, 결정하다, 정하다 | 보증하다, 확실히 하다

*뎡ᄒᆞᆫᄒᆞ다 [TYĒNG-HĂN-HĂ-TA] (定限) ㉪475

불 Limiter, fixer le terme, le temps, un délai.

한 기한, 시간, 기한을 제한하다, 정하다

*뎡히 [TYENG-HĂI] (丁亥) ㉪475

불 24ᵉ année du cycle de 60 ans. 1707, 1767, 1827, 1887.

한 60년 주기의 24번째 해 | 1707, 1767, 1827, 1887년

[1]뎨 [TYEI] ㉪473

불 Son, sa, ses.

한 자신의, 자신의, 자신의

[2]*뎨 [TYEI] (弟) ㉪473

불 Cadet (d'un frère), cadette (d'une sœur).

한 (남자 형제의) 손아래 동생, (여자 형제의) 손아래 여동생

[3]*뎨 [TYEI] (第) ㉪473

불 Particule qui, devant les noms de nombre chinois, les rend ordinaux, et équivant à notre désinence ième. 뎨ᄉᆞ Tyei-să, Le quatrième.

한 중국식 수사 앞에서, 그것을 서수를 만들고 우리의 ~번째라는 곡용과 마찬가지인 접두사 | [용례 뎨ᄉᆞ, Tyei-să], 네 번째

[4]뎨 [TYEI] ㉪542 ☞ [1]졔

*뎨긔ᄒᆞ다 [TYEI-KEUI-HĂ-TA] (題起) ㉪473

불 Se lever; se soulever, soulever (une question); commencer; lever le lièvre.

한 일어나다 | 봉기하다, (문제를) 제기하다 | 시작하다 | 문제를 제기하다

*뎨뎨창창ᄒᆞ다 [TYEI-TYEI-TCHANG-TCHANG-HĂ-TA] (躋躋蹌蹌) ㉪473

불 Pompeux, majestueux, somptueux, magnifique. ‖ par ordre, par rang.

한 장중하다, 위엄 있다, 화려하다, 훌륭하다 | 순서대로, 서열대로

*뎨목 [TYEI-MOK,-I] (題目) ㉪473

불 Titre d'un livre, matière dont il traite; sujet de composition; une partie, un alinéa.

한 책의 제목, 그것이 다루는 주제 | 작문의 주제 | 한부분, 별행

[1]*뎨셩ᄒᆞ다 [TYEI-SYENG-HĂ-TA] (提醒) ㉪473

불 Exciter, éveiller. Faire comprendre, rappeler à la mémoire, à l'esprit.

한 불러일으키다, 일깨우다 | 이해시키다, 기억, 의식에 상기시키다

[2]뎨셩ᄒᆞ다 [TJYEI-SYENG-HĂ-TA] ㉪544 ☞졔셩ᄒᆞ다

*뎨슈 [TYEI-SYOU] (弟嫂) ㉪473

불 Femme d'un frère cadet (par rapport à un frère aîné).

한 손아래 남동생의 부인 (손위 형에 비해서)

*뎨슐 [TYEI-SYOUL] (題術) ㉪473

불 Auteur d'une poésie (en vers), poëte, versificateurs.

한 (운문으로 된) 시의 작가, 시인, 시인들

*뎨씨 [TYEI-SSI] (弟氏) ㉪473

불 Frère cadet. (Honor.).

한 손아래 남동생 | (경칭)

*뎨왕 [TYEI-OANG,-I] (帝王) ㉪473

불 Roi, empereur.

한 왕, 황제

*뎨일 [TYEI-IL] (第一) ㉪473

불 Le premier; le meilleur ; premièrement, principalement, surtout. 뎨일에 Tyei-il-ei, D'abord, en premier lieu.

한 으뜸 | 최상의 것 | 우선, 주로, 특히 | [용례 뎨일에 Tyei-il-ei], 우선, 첫째로

*뎨작 [TYEI-TJAK] (制作) ㉪473

불 Fabricant.

한 제조인

*뎨ᄌᆞ [TYEI-TJĂ] (弟子) ㉪473

불 Elève, disciple, écolier, apprenti.

한 학생, 제자, 신참자, 초심자

*뎨차 [TYEI-TCHĂ] (第次) ㉪473

불 Ordre, rang, disposition des choses mises en leur rang.

한 순서, 열, 열 맞춰져 있는 물건들의 배치

*뎨피 [TYEI-HPI] (猪皮) ㉪473

불 Peau de cochon, couenne.

한 돼지의 가죽, 돼지가죽

*뎨형 [TYEI-HYENG,-I] (弟兄) ㉪473

불 Le frère cadet et l'aîné, ou les frères cadets et l'aîné, les sœurs cadettes et l'aînée, c.a.d. frères (par association et non par génération).

한 손아래 남동생과 맏형, 또는 손아래 형제들과 맏

형, 손아래와 여동생들과 만언니 즉, (생식에 의해서가 아니라 결속에 의한) 형제들

[1]* 도 [TO] (道) ㉟483

불 Route. ‖ Doctrine, dogme. ‖ Province.

한 길 | 학설, 교리 | 지방

[2]* 도 [TO] (刀) ㉟483

불 Couteau.

한 칼

[3]* 도 [TO] (桃) ㉟483

불 Pêche, pêcher (arbre).

한 복숭아, 복숭아나무 (나무)

[4]* 도 [TO] (島) ㉟483

불 Ile.

한 섬

[5]* 도 [TO] (圖) ㉟483

불 Carte géographique.

한 지도

[6] 도 [TO] ㉟483

불 Après un mot, signifie; quoique, quand bien même, bien que, même. 사랑홈도 Să-rang-hăm-to, Quoiqu'il aime. 명으로도, Myeng-eu-ro-to, Même avec l'esprit.

한 어떤 단어 뒤에서 ~이지만 | 그래도, ~에도 불구하고, ~조차를 의미한다 | [용례 사랑홈도 Să-rang-hăm-to], 그가 무엇을 좋아하든 | [용례 명으로도, Myeng-eu-ro-to], 재치로도

[7] 도 [TO] ㉟483

불 particule finale des termes contraires, s'ajoutant aux radicaux pour en exprimer l'opposition. 쓰도달도 Sseu-to tal-to, amer et doux.

한 대립을 표현하기 위해서 어간에 붙는, 상반되는 말들의 접미사 | [용례 쓰도달도, Sseu-to tal-to], 쓰고 달다

[8] 도 [TO] ㉟483

불 Aussi, et, encore, également. 나도 Na-to, Moi aussi. 게도 Kei-to. Là aussi. (Se met après les mots et aussi après les membres de phrase d'une énumération).

한 또한, 그리고, 더욱이, 역시 | [용례 나도, Na-to], 나도 역시 | [용례 게도, Kei-to], 거기도 역시 | (단어들 다음에, 또한 열거하는 문장의 구성요소들 다음에도 놓인다)

[1]* 도가 [TO-KA] (道街) ㉟485

불 Endroit public, où aboutissent plusieurs routes; gare, embarcadère; commun, de tout le monde, tout ce qui est à l'usage du public.

한 여러 개의 길이 연결되는 공공장소 | 역, 부두 | 보통의, 모두의, 공공으로 사용하는 모든 것

[2]* 도가 [TO-KA] (都家) ㉟485

불 Maison où se réunissent les membres d'une société appelée 계 Kyei.

한 계Kyei라고 불리는 공동체의 구성원들이 모이는 집

* 도감 [TO-KAM,-I] (都監) ㉟485

불 Maison de réunion pour les employés à une même affaire du gouvernement. ‖ Nom d'une petite dignité des hommes du peuple. Gardien d'un 고 Ko, grenier du gouvernement(il a sous lui un prétorien). ‖ Le premier des cinq généreux ou 대쟝 Tai-tjyang. (V.훈련도감 Houn-ryen-to-kam). Il soldat de la division de 도감 To-kam, à la capitale.

한 정부의 같은 일을 하는 직원들을 위한 모임 시설 | 서민 남자들의 낮은 직위의 명칭 | 고Ko, 정부의 곡간의 관리자 (그 밑에 친위병이 한 명 있다) | 5명의 장군들 중 일인자 또는 대장 Tai-tjyang | ([참조어 훈련도감, Houn-ryen-to-kam]). | 수도에 도감 To-kam 사단의 군인

* 도감관 [TO-KAM-KOAN,-I] (都監官) ㉟485

불 Nom d'une petite dignité que remplissent les hommes du peuple. le dignitaire, le chef de ceux qui travaillent pour le gouvernement, le président.

한 서민 남자들이 수행하는 낮은 직위의 명칭 | 정부, 의장을 위해 일하는 사람들의 고관, 우두머리

* 도감당상 [TO-KAM-TANG-SYANG,-I] (都監堂上) ㉟485

불 Nom d'une dignité.

한 한 고관직의 명칭

* 도강ᄒᆞ다 [TO-KANG-HĂ-TA] (渡江) ㉟485

불 Traverser la rivière, passer le fleuve.

한 강을 건너다, 큰 강을 지나다

도거리 [TO-KE-RI] (都總) ㉟485

불 Tout, tout à la fois, en somme, en gros (acheter)

한 모두, 모두 한꺼번에, 요컨대, 도매로 (사다)

* 도계 [TO-KYEI] (道啓) ㉟485

불 Lettre d'affaire du gouverneur au gouvernement, au roi.

한 정부, 왕에게 보내는 지사의 공문서

[1]* 도고 [TO-KO] (都雇) ㉟485

불 Monopole, privilége exclusif de vendre seul certaines marchandises, accaparement.

한 독점, 어떤 상품들을 혼자 판매하는 독점적인 특권, 매점

2* 도고 [TO-KO] (鞉鼓) [원]485
[불] Esp. de tambour.
[한] 북 종류

* 도고ᄒᆞ다 [TŌ-KO-HĂ-TA] (道高) [원]485
[불] Voie élevée, c. a. d. probité, vertu, distinction. Pratiquer les doctrines d'une manière supérieure.
[한] 고귀한 길, 즉 성실, 미덕, 기품 | 우월한 방식으로 가르침을 실천하다

* 도곡 [TO-KOK,-I] (都谷) [원]485
[불] Vallon dont l'extrémité est fermée en cercle par les montagnes.
[한] 그 끝이 여러 산에 의해 둥글게 막힌 작은 골짜기

* 도관 [TO-KOAN,-I] (道觀) [원]485
[불] Esp. de temple du diable, pagode.
[한] 악마의 사원의 종류, 파고다

도관이 [TO-KOAN-I] [원]485
[불] Rotule du genou des bœufs. ‖ Creuset en terre.
[한] 소의 무릎의 슬개골 | 흙으로 된 도가니

* 도교 [TO-KYO] (道教) [원]485
[불] Doctrine des sectateurs de la raison, instituée par le philosophe chinois Lao-tse, presque contemporain de Confucius (450 av. J. -C.).
[한] 공자와 거의 동시대(기원전 450년)의 중국인 철학자 노자에 의해 창시된, 이성을 신봉하는 자들의 학문

* 도군노 [TO-KOUN-NO] (都軍奴) [원]485
[불] Chef des valets, des soldats de la préfecture. Chef des esclaves de la préfecture, (esclave).
[한] 하인들의, 도청 군인들의 우두머리 | 도청 노예들의 우두머리, (노예)

* 도귀 [TO-KEUI] (都記) [원]485
[불] Examen sur la littérature dans les chefs-lieux de province.
[한] 지방의 도청 소재지에서 보는 문학에 관한 시험

* 도금ᄒᆞ다 [TŌ-KEUM-HĂ-TA] (塗金) [원]485
[불] Dorer.
[한] 도금하다

* 도긔쟝 [TO-KEUI-TJYANG,-I] (都記狀) [원]485
[불] Liste envoyée au gouvernement portant le nom des lauréats dans les examens appelés 도긔 To-keui.
[한] 도긔 To-keui라고 불리는 시험의 수상자들의 이름이 기재된, 정부로 보내지는 명부

도다 [TO-TA,TO-RA,TON] (旋) [원]496
[불] Tourner.
[한] 돌다

* 도당록 [TO-TANG-ROK,-I] (都堂錄) [원]496
[불] Nom du chef des dignitaires de 3e degré. Liste des dignitaires de 1er degré.
[한] 세 번째 계급의 고관들의 우두머리의 명칭 | 첫 번째 계급의 고관들의 명부

* 도대쟝 [TO-TAI-TJYANG,-I] (都大將) [원]496
[불] Généralissime, chef des généraux, général en chef.
[한] 총사령관, 장군들의 우두머리, 우두머리 장관

* 도대톄 [TO-TAI-HIYEI] (都大體) [원]496
[불] Tout, en un mot, en général, en principe.
[한] 모두, 간단히 말해, 일반적으로, 원칙적으로

* 도댱 [TO-TYANG,-I] (都庄) [원]497
[불] Rizières affectées au 궁 Koung.
[한] 궁 Koung에 할당된 논

* 도덕 [TO-TEK,-I] (道德) [원]497
[불] Doctrine et vertu.
[한] 교리와 미덕

* 도뎡 [TO-TYENG,-I] (都政) [원]497
[불] Nom d'une esp. de dignité honorifique très-élevée, à la capitale, et qu'obtiennent les 진ᄉᆞ Tjin-să.
[한] 수도에서 진ᄉᆞ Tjin-să들이 얻는, 일종의 매우 높은 명예직의 명칭

도도다 [TO-TO-TA,TO-TO-A,TO-TON] (挑) [원]497
[불] Exciter, animer.
[한] 부추기다, 고무하다

* 도도ᄒᆞ다 [TO-TO-HĂ-TA] (陶陶) [원]497
[불] Jubiler, être ivre de joie, de plaisir. ‖ Etre orgueilleux, être insolent.
[한] 몹시 기뻐하다, 기쁨, 환희에 취하다 | 오만하다, 건방지다

* 도독 [TO-TOK,-I] (都督) [원]497
[불] Gouverneur de province.
[한] 지방의 지사

도독도독ᄒᆞ다 [TO-TOK-TO-TOK-HĂ-TA] [원]497
[불] De plus en plus, de mieux en mieux. ‖ Epais, gros.
[한] 점점 더, 점점 더 잘 | 두껍다, 굵다

도두다 [TO-TOU-TA,TO-TOU-E,TO-TOUN] (挑) [원]497
[불] Caler, appuyer, soutenir par dessous une chose qui penche: chausser les plantes. ‖ Faire de plus en plus. ‖ Exciter, animer.
[한] 기울어진 것을 아래에서 괴다, 받치다, 떠받치다: 식물을 흙으로 덮다 | 점점 더 하다 | 부추기다, 고무하다

도둥놈 [TO-TOUNG-NOM,-I] (賊漢) [원]497
[불] Voleur.
[한] 도둑

*도득ᄒᆞ다 [TO-TEUK-HĂ-TA] (圖得) [원]497
[불] Œuvre entreprise, effort fait pour arriver au but. S'efforcer pour réussir, s'ingénier pour obtenir. Désirer et obtenir.
[한] 시작된 일, 목표에 도달하기 위해 행해진 노력 | 성공하기 위해 노력하다, 얻기 위해 애쓰다 | 바라고 얻다

도듬 [TO-TEUM,-I] [원]497
[불] Sorte d'appui, de coussin pour placer commodément un malade, un vieillard.
[한] 받침대, 환자, 노인을 편안하게 앉히기 위한 쿠션 종류

도등 [TO-TEUNG,-I] [원]497
[불] Siége bas, escabeau, tout ce qui sert à s'élever au-dessus du sol pour s'asseoir.
[한] 낮은 의자, [[역주] 팔과 등이 없는] 나무걸상, 앉기 위해 바닥 위로 높아지는 데에 쓰이는 모든 것

*도디 [TO-TI] (賭地) [원]497
[불] Bail à ferme. Esp. de bail à cheptel.
[한] 토지 임대차 | 가축 임대차 종류

도라가다 [TO-RA-KA-TA,-KA,-KAN] (回去) [원]493
[불] S'en retourner, retourner en allant, aller de nouveau.
[한] 되돌아가다, 가다가 되돌아가다, 다시 가다

도라드다 [TO-RA-TEU-TA,-TEU-RE,-TEUN] (旋入) [원]494
[불] Revenir ayant tourné; ayant fait un tour, revenir; revenir après un tour (homme, astre, jour).
[한] 돌아서 다시 오다 | 한 바퀴 돌아 다시 오다 | (사람, 천체, 날이) 한 바퀴 돈 후에 다시 오다

도라ᄃᆞᆫ니다 [TO-RA-TĂN-NI-TA,-TĂN-NYE,-TĂN-NIN] (周流) [원]493
[불] Se promener çà et là, aller et venir, roder, aller çà et là autour; circuler.
[한] 여기저기 산책하다, 왔다 갔다 하다, 돌아다니다, 여기저기 주위를 돌아다니다 | 통행하다

도라보내다 [TO-RA-PO-NAI-TA,-NAI-YE,-NAIN] (廻送) [원]493
[불] Renvoyer, rendre, relâcher.
[한] 돌려보내다, 돌려주다, 풀어주다

도라보다 [TO-RA-PO-TA,-PO-A,-PON] (顧) [원]493
[불] Regarder en arrière. ‖ Regarder favorablement, regarder en pitié; avoir égard.
[한] 돌아보다 | 호의적으로 바라보다, 측은하게 바라보다 | ~을 고려하다

도라오다 [TO-RA-O-TA,-OA,-ON] (回來) [원]493
[불] Revenir, retourner en revenant, venir de nouveau, s'en revenir.
[한] 돌아오다, 되돌아서 돌아오다, 다시 오다, 돌아오다

도라지 [TO-RA-TJI] (桔梗) [원]494
[불] Esp. d'herbe, de campanule à fluers bleues (appelée tête de bonze), dont la racine sert de légume, après l'avoir fait macérer dans l'eau pour lui faire perdre son amertume.
[한] (승려의 머리라고 불리는) 푸른 꽃이 피는 초롱꽃, 풀의 종류로 그 뿌리는 쓴맛을 없애기 위해 물에 담근 후 채소로 쓰인다

도랑 [TO-RANG,-I] (渠) [원]493
[불] Fossé d'écoulement, ruisseau, petit canal, aqueduc.
[한] 배수 도랑, 개울, 작은 운하, 수로

도래 [TO-RAI] (旋械) [원]493
[불] Virole, écrou dans lequel passe une cheville mobile qui peut tourner sur elle-même. (On s'en sert pour le licou, la bride des chevaux).
[한] 빙그르르 돌 수 있는 움직이는 볼트가 지나는 쇠테, 너트 | (말의 고삐, 말굴레에 사용한다)

도래ᄆᆡ돕 [TO-RAI-MĂI-TOP] (旋結) [원]493
[불] Nœud pour attacher.
[한] 묶기 위한 매듭

도래송곳 [TO-RAI-SONG-KOT,-SI] (旋錐) [원]493
[불] Pointe en forme de vis d'un perçoir, d'une vrille. vilebrequin.
[한] 천공기의, 나사 모양으로 된 나사송곳 | 드릴

*도량 [TO-RYANG,-I] (度量) [원]494
[불] Délibération, réflexion; capacité, portée d'esprit.
[한] 심의, 숙고 | 능력, 재능의 범위

도련님 [TO-RYEN-NIM,-I] [원]494
[불] (Corrupt. de 도령 To-ryeng). Titre que le peuple donne au fils non marié d'un noble. (hon.).
[한] (도령 To-ryeng의 음성적 변형) | 서민들이 귀족의 결혼하지 않은 아들에게 붙이는 명칭 | (경칭)

도련ᄒᆞ다 [TO-RYEN-HĂ-TA] (旋緣) [원]494
[불] Tailler, couper les bords (d'un livre, d'un habit), rogner.
[한] 재단하다, (책, 옷의) 가장자리를 자르다, 가장자리를 잘라내다

도렷도렷ᄒᆞ다 [TO-RYET-TO-RYET-HĂ-TA] ㊊494
불 Regarder à droite, à gauche; tourner la tête de tous côtés. ‖ Scintiller.
한 오른쪽, 왼쪽을 보다 | 모든 방향으로 머리를 돌리다 | 반짝거리다

도렷ᄒᆞ다 [TO-RYET-HĂ-TA] (完然) ㊊494
불 Clair, distinct, brillant, luisant.
한 확실하다, 분명하다, 빛나다, 빛을 발하다

*__도령__ [TO-RYENG,-I] (道令) ㊊494
불 Titre (un peu honorif.) que le peuple donne au fils non marié d'un homme du peuple. Titre qu'on donne à un jeune homme noble.
한 서민의 결혼하지 않은 아들에게 서민이 붙이는 칭호 (약경칭) | 젊은 남자 귀족에게 붙이는 칭호

1*__도로__ [TŌ-RO] (道路) ㊊494
불 Route, chemin.
한 도로, 길

2__도로__ [TO-RO] ㊊494
불 Mot qui, placé devant certains verbes, signitie très-souvent: de nouveau; encore; répond à la syllabe française re.
한 몇몇 동사 앞에 위치해서 빈번히 다시라는 의미를 나타내는 단어 | 다시 | 프랑스 음절 re에 대응된다

도로가다 [TO-RO-KA-TA,-KA,-KAN] (還去) ㊊494
불 Retourner et aller; s'en retourner.
한 돌아서 가다 | 돌아가다

도로니 [TO-RO-NI] ㊊494
불 Etoffe de laine (drap, mérinos).
한 양모로 된 직물 (나사[역주 羅紗], 메리노 양털)

도로락이 [TO-RO-RAK-I] ㊊494 ☞도로래

1__도로랑이__ [TO-RO-RANG-I] ㊊494 ☞도로래

2__도로랑이__ [TO-RO-RANG-I] ㊊494
불 Courtilière commune.
한 보통의 땅강아지

도로래 [TO-RO-RAI] (螻) ㊊494
불 Gale des chiens.
한 개들로부터 옮은 옴

도로리 [TO-RO-RI] ㊊494
불 Mettre de l'argent en commun pour manger et boire ensemble. Repas ou régal à frais communs. Cotisation pour se régaler.
한 함께 먹고 마시기 위해서 공동으로 돈을 대다 | 공동경비로 마련된 식사나 잔치 | 맛있는 것을 먹기 위한 분담금

도로오다 [TO-RO-O-TA,-OA,-ON] (還) ㊊494
불 S'en retournant, venir. S'en revenir.
한 돌아서 오다 | 돌아오다

도로주다 [TO-RO-TJOU-TA,-TJOU-E,-TJOUN] (還給) ㊊494
불 Donner de nouveau; rendre; rapporter.
한 다시 주다 | 돌려주다 | 도로 가져오다

도로찻다 [TO-RO-TCHAT-TA,-TCHA-TJA,-TCHA-TJEUN] (環徵) ㊊494
불 Recouvrer.
한 회수하다

도로키다 [TO-RO-HKI-TA,-HKYE,-HKIN] ㊊494
불 S'en retourner. être retourné. V. 도로혀다 To-ro-hye-ta.
한 돌아서다 | 돌아오다 | [참조어 도로혀다, To-ro-hye-ta]

도로혀 [TO-RO-HYE] (反) ㊊494
불 C'est le contraire; au contraire; les rôles sont renversés, changés; c'est le monde renversé; bien plus, imô, à fortiori.
한 반대다 | 반대로 | 역할이 전도되다, 바뀌다 | 이치에 어긋나다 | 게다가, 그뿐만 아니라, 하물며

도로혀다 [TO-RO-HYE-TA] ㊊494
불 Tourner en arrière, tourner de côté, retourner.
한 뒤로 돌다, 옆으로 돌다, 돌아오다

1*__도록__ [TO-ROK,-I] (都錄) ㊊494
불 Registre.
한 장부

2__도록__ [TO-ROK] ㊊494
불 (Termin.). Jusque, jusqu'à.
한 (어말) | ~까지, ~까지

도롱뇽 [TO-RONG-RYONG,-I] (蛟) ㊊494
불 Esp. de sourd, de petit lézard d'eau, de salamandre. ‖ Dragon, serpent dragon.
한 귀머거리, 도롱뇽, 불도마뱀 종류 | 용, 뱀용

도롱대 [TO-RONG-TAI] ㊊494
불 Esp. de lézard.
한 도룡뇽 종류

도롱이 [TO-RONG-I] (蓑) ㊊494
불 Manteau en herbe que les ouvriers portent contre la pluie.
한 비를 막기 위해 일꾼들이 쓰는 풀로 된 망토

1 도루다 [TO-ROU-TA,TOL-NE,TO-ROUN] [원]494
[불] Revenir (pour sortir, pour s'en aller) (v. g. nourriture, mets, qui sortent par le vomissement; maladie qui disparaît).
[한] (나가기 위해, 가버리기 위해서) 돌아오다 (예. 토해서 나오는 음식, 요리 | 사라지는 병)

2 도루다 [TO-ROU-TA,TOL-NE,TO-ROUN] (周給) [원]494
[불] Partager entre plusieurs, partager à la ronde.
[한] 여럿에게 나누다, 사방으로 나누다

*도륙ᄒᆞ다 [TO-RYOUK-HĂ-TA] (屠戮) [원]494
[불] Carnage, dégât, ruine, destruction (des maisons, etc., v. g. en temps de guerre). Massacrer tout.
[한] 살육, 피해, 파멸, (예. 전시에 집 등의) 파괴 | 모두를 학살하다

1 도르락이 [TO-REU-RAK-I] [원]494
[불] Esp. de jeu d'enfant (c'est un papier qui tourne au vent comme un moulin à vent).
[한] 아이들 놀이 종류 (풍차처럼 바람에 의해 도는 종이)

2 도르락이 [TO-REU-RAK-I] [원]494
[불] Gale des chiens (qui fait tomber le poil).
[한] 개들로부터 옮은 옴 (털을 빠지게 한다)

1* 도리 [TŌ-RI] (道理) [원]494
[불] Doctrine, enseignement, science. = 강논ᄒᆞ다 Kang-non- hă -ta, Prêcher la doctrine, enseigner.
[한] 교리, 교육, 학문 | [[용례] = 강논ᄒᆞ다, Kang-non-hă-ta], 교리를 설교하다, 가르치다

2 도리 [TO-RI] [원]494
[불] Poutre qui soutient les chevrons comme une corniche.
[한] 코니스처럼 서까래를 떠받치는 들보

도리다 [TO-RI-TA,TO-RYE,TO-RIN] (割去) [원]494
[불] Enlever avec un couteau l'endroit pourri,gâté. Couper en rond, couper tout autour, couper jusqu'à la racine.
[한] 썩고, 상한 곳을 칼로 제거하다 | 둥글게 자르다, 주위를 빙 둘러 자르다, 뿌리까지 자르다

도리깨 [TO-RI-KKAI] (枷) [원]494
[불] Fléau à battre le grain.
[한] 곡식을 떠는 도리깨

도리옥 [TO-RI-OK,-I] (玉貫子) [원]494
[불] Anneau de jade, esp. de jade.
[한] 옥고리, 경옥 종류

도리질ᄒᆞ다 [TO-RI-TJIL-HĂ-TA] (掉頭) [원]494
[불] Remuer la tête de droite à gauche (amusement des petits enfants).
[한] 머리를 좌우로 흔들다 (어린 아이들의 장난)

도리채 [TO-RI-TCHAI] (枷子) [원]494
[불] Fléau à battre.
[한] 도리깨

도리칼 [TO-RI-HKAL,-I] (枷) [원]494
[불] Petite cangue de prisonnier pour la route.
[한] 길을 가기 위해 죄수에게 씌우는 작은 칼

도리ᄒᆞ다 [TO-RI-HĂ-TA] (掉頭) [원]494
[불] Remuer la tête de droite à gauche, etc. (Jeu des petits enfants).
[한] 오른쪽에서 왼쪽 등으로 머리를 흔들다 | (어린 아이들의 놀이)

도마 [TO-MA] (俎) [원]487
[불] Esp. de bout de planche, de plateau, de billon en bois pour hâcher les viandes à la cuisine.
[한] 주방에서 고기를 다지기 위한 판자 조각, 쟁반, 통나무의 종류

도마름 [TO-MA-REUM,-I] (都舍音) [원]487
[불] Chef des 마름 Ma-răm. Intendant en chef.
[한] 마름 Ma-răm들의 우두머리 | 우두머리 집사

도마ᄇᆡ암 [TO-MA-PĂI-AM,-I] [원]487
[불] Lézard gris.
[한] 회색 도마뱀

1 도막 [TO-MAK,-I] (俎) [원]487
[불] Planche qui sert à hacher. V.Syn. 도마 To-ma.
[한] 잘게 써는 데에 쓰이는 판자 | [[동의어] 도마, To-ma]

2 도막 [TO-MAK,-I] (絕同) [원]487
[불] Un morceau; partie séparée d'un corps; portion d'une chose; bout, c. a. d. une certaine longueur de fil, de ficelle.
[한] 한 부분 | 본체에서 분리된 부분 | 물건의 일부 | 일부, 즉 어느 정도 길이의 실, 줄

1 도막이 [TO-MAK-I] (洞長) [원]487
[불] Esp. de chef, de maire de village.
[한] 일종의 우두머리, 마을의 시장

2 도막이 [TO-MAK-I] [원]487
[불] Paratonnerre; préservatif; chose ou personne qui préserve les autres.
[한] 피뢰침 | 예방물 | 다른 것[[역주] 사람]들을 보호하는 물건이나 사람

*도망ᄒᆞ다 [TO-MANG-HĂ-TA] (逃亡) [원]487

불 S'évader, s'enfuir, se réfugier, s'échapper, fuir.
한 도망가다, 달아나다, 피신하다, 도망치다, 피하다

1* 도매ᄒᆞ다 [TO-MAI-HĂ-TA] (都賣) 원487
불 Vendre tout sans qu'il y ait du reste.
한 남김없이 모두 팔다

2 도매ᄒᆞ다 [TO-MAI-HĂ-TA] (都買) 원487
불 Acheter tout en bloc.
한 모두 한데 묶어서 사다

* 도면ᄒᆞ다 [TO-MYEN-HĂ-TA] (圖免) 원487
불 Entreprendre de s'affaranchir de; chercher le moyen d'éviter.
한 ~에서 벗어나려고 시도하다 | 피할 방법을 찾다

도모지 [TO-MO-TJI] (都總) 원487
불 En un seul mot, en général, en somme.
한 한마디로, 일반적으로, 요컨대

* 도모ᄒᆞ다 [TO-MO-HĂ-TA] (圖謀) 원487
불 S'efforcer d'obtenir; entrepredre; tramer; préparer; tendre à; aspirer à; avoir pour but; chercher un moyen; délibérer seul en soi-même.
한 얻으려 애쓰다 | 시도하다 | 획책하다 | 준비하다 | ~을 목표로 하다 | ~을 지향하다 | ~을 목적으로 삼다 | 방법을 구하다 | 홀로 심사숙고하다

* 도목 [TO-MOK,-I] (都目) 원487
불 Changement des mandarins à des époques fixes, à la 6e et à la 12e lune. Grand conseil du roi deux fois l'an (il examine les notes données par le gouverneur sur les mandarins).
한 여섯 번째, 그리고 열두 번째 달에, 정해진 때에 하는 관리들의 교체 | 1년에 한 번 있는 왕의 큰 회의 (왕은 정부가 관리들에게 준 점수를 검사한다)

* 도묘ᄒᆞ다 [TO-MYO-HĂ-TA] (到墓) 원487
불 Etre porté à sa dernière demeure; prendre possession du tombeau (se dit d'un mort). Se rendre à un tombeau pour les sacrifices.
한 자신의 묘지로 옮겨지다 | 무덤을 차지하다 (죽은 사람에 대해 쓴다) | 제를 위해 무덤에 가다

* 도문 [TŌ-MOUN] (禱文) 원487
불 Litanies.
한 연도

* 도문ᄒᆞ다 [TO-MOUN-HĀ-TA] (到門) 원487
불 Recevoir à sa maison après avoir obtenu le grade de bachelier, et y faire une fête de réjouissance.
한 바칼로레아 합격자가 된 후에 자신의 집에 초대하고, 거기서 축하 연회를 하다

도미 [TO-MI] 원487
불 Nom d'une esp. de poisson de mer.
한 일종의 바닷고기의 명칭

1* 도방 [TŌ-PANG] (道傍) 원493
불 Auprès de la route.
한 길가

2* 도방 [TO-PANG,-I] (都方) 원493
불 Endroit très-fréquenté, où il y a un grand mouvement; entrepôt; lieu de grand commerce.
한 왕래가 많은, 이동이 많은 장소 | 창고 | 큰 상거래의 장소

* 도방쳐 [TO-PANG-TCHYE] (都方處) 원493
불 Lieu où il y a beaucoup de mouvement; lieu de passage très-commerçant.
한 이동이 많은 장소 | 많은 상거래가 행해지는 통행 구역

* 도벽ᄒᆞ다 [TO-PYEK-HĂ-TA] (塗壁) 원493
불 Mur tapissé. enduire un mur, le tapisser.
한 도배된 벽 | 벽을 칠하다, 벽지를 바르다

* 도보ᄒᆞ다 [TO-PO-HĂ-TA] (徒步) 원493
불 Marcher, aller à pied.
한 걷다, 걸어서 가다

* 도봉 [TO-PONG,-I] (逃峰) 원493
불 Abeilles qui se sont échappées.
한 달아난 꿀벌들

* 도봉ᄒᆞ다 [TO-PONG-HĂ-TA] (都封) 원493
불 Rassembler et mettre en réserve en apposant des sceaux. ramasser et sceller. ‖ Ressembler à son père ou à sa mère.
한 도장을 찍은 채로 모아 두거나 따로 떼어 놓다 | 모아서 봉하다 | 자신의 아버지나 자신의 어머니를 닮다

1* 도부 [TO-POU] (到付) 원493
불 Ecrit ou circulaire du mandarin.
한 관리의 서류 또는 공문

2* 도부 [TO-POU] (道負) 원493
불 Colporteur, marchand colporteur.
한 행상인, 도붓장수

도부쟝ᄉᆞ [TO-POU-TJANG-SĂ] (道負商) 원493
불 Marchand forain, marchand colporteur.
한 시장 상인, 도붓장수

1* 도분ᄒᆞ다 [TO-POUN-HĂ-TA] (塗粉) 원493

불 Peindre, blanchir avec de la céruse; se farder avec de la céruse.
한 분으로 칠하다, 희게 칠하다 | 분으로 화장하다

2*도분ᄒᆞ다 [TO-POUN-HĂ-TA] (桃忿) 원493
불 Faire augmenter la colère, exciter la colère de quelqu'un.
한 화를 북돋우다, 어떤 사람에게 분노를 불러일으키다

*도ᄇᆡ쟝이 [TO-PĂI-TJANG-I] (塗排狀) 원493
불 Tapissier; ouvrier qui tapisse les appartements, qui colle le papier de tapisserie sur les murs.
한 도배하는 사람 | 거처들을 도배하는 노동자, 벽에 벽지를 붙이는 사람

*도ᄇᆡ쟝 [TO-PĂI-TJYANG,-I] (到配狀) 원493
불 Certificat qu'un mandarin envoie au gouvernement pour lui faire savoir qu'un condamné à l'exil lui a été remis. Feuille de route d'un homme qui s'en va en exil.
한 유배 선고를 받은 사람이 자신에게 넘겨진 것을 알리기 위해 관리가 정부에 보내는 증명서 | 유배 가는 사람의 이동 명령서

1*도ᄇᆡᄒᆞ다 [TO-PĂI-HĂ-TA] (道配) 원493
불 Exil; aller en exil, exiler (dans la même province, mais dans un district différent).
한 유배 | (같은 지방이지만, 다른 구역으로) 유배 가다, 유배하다

2*도ᄇᆡᄒᆞ다 [TO-PĂI-HĂ-TA] (塗排) 원493
불 Tapisserie; tapisser un mur de papier, tapisser avec du papier.
한 실내 장식 | 종이로 벽을 도배하다, 종이로 도배하다

*도ᄇᆡᆨ [TŌ-PĂIK,-I] (道伯) 원493
불 Gouverneur de province, 감ᄉᆞ Kam-sa. Les habitants d'une province donnent ce titre au gouverneur de leur province. Titre d'un gouverneur.
한 지방의 지사, 감ᄉᆞ, Kam-sa | 그 지방의 주민들이 그들 지방의 지사에게 이 칭호를 붙인다 | 지사의 칭호

*도사 [TO-SA] (道師) 원496
불 Secte des Tao-sse instituée par le philosophe Lao-tze. || Homme qui passe sa vie dans la mortification, se prive de tout, jeûne continuellement, etc., pour devenir 신션 Sin-syen.
한 철학자 노자에 의해 창시된 도가사상 | 신션 Sin-syen이 되기 위해 모든 것을 스스로 금하고 계속 단식하는 등 자신의 삶을 고행 속에서 보내는 사람

*도산 [TO-SAN,-I] (道算) 원496
불 Viatique pour la route, argent de voyage.
한 여정을 위한 노자, 여행에 쓰이는 돈

*도산직이 [TO-SAN-TJIK-I] (都山直) 원496
불 Chef des gardiens des montagnes où sont les tombeaux.
한 무덤이 있는 산의 관리인들의 우두머리

*도산ᄒᆞ다 [TO-SAN-HĂ-TA] (逃散) 원496
불 S'enfuir et se cacher.
한 달아나서 숨다

도삽스럽다 [TO-SAP-SEU-REP-TA,-SEU-RE-OUE, -SEU-RE-ON] (幻態) 원496
불 Imbécile. (Esp. de petite injure que disent surtout les femmes en murmurant, en grondant). Etre capricieux, bizarre, fantasque.
한 어리석다 | (특히 여자들이 투덜거리거나 잔소리하면서 사용하는 사소한 욕설 종류) | 변덕스럽다, 이상하다, 제멋대로이다

*도셔 [TO-SYE] (圖書) 원496
불 Cachet, sceau gravé.
한 도장, 새겨진 도장

도셔다 [TO-SYE-TA,TO-SYE,TO-SYEN] (更立) 원496
불 Commencer à revenir (un homme en voyage, un malade qui commence à aller mieux, à se guérir). Etre dans le même état, sans plus ni moins (maladie). Etre dans un moment d'arrêt.
한 (여행 중인 사람, 나아지기 시작하는, 치유되기 시작하는 병자가) 돌아오기 시작하다, (병이) 더하지도 덜하지도 않고 같은 상태에 있다, 잠깐 멈춘 상태로 있다

*도셔원 [TO-SYE-OUEN,-I] (都書員) 원496
불 Le chef des prétoriens chargés d'enregistrer les contributions foncières. Chef des collecteurs d'impôts.
한 토지세를 기입하는 임무를 맡은 친위병들의 우두머리 | 세금 징수원들의 우두머리

*도션 [TO-SYEN,-I] (徒善) 원496
불 Mou, faible (âme, caractère, esprit, volonté). Tout bon, bonasse, débonnaire, trop bon (rien que cela).
한 (영혼, 성질, 기질, 의지가) 무르다, 약하다, 아주 착하다, 순진하다, 유순하다, 너무 착하다 (그뿐이다)

*도션이 [TO-SYEN-I] (道銑) 원496
불 Nom d'un prophete païen. Nom d'un célèbre bonze géoscope.
한 한 이교도 선지자의 이름 | 한 유명한 지관 승려의 이름

도셥ᄒᆞ다 [TO-SYEP-HĂ-TA] 원496
불 Métamorphose (fausse). Tromper les yeux en faisant voir des choses qui n'existent pas. V. 환슐 Hoan-syoul.
한 (가짜) 변신, 존재하지 않는 것들을 보게 해서 눈을 속이다 | [참조어 환슐, Hoan-syoul]

*도셩 [TO-SYENG,-I] (都城) 원496
불 Fortifications de la capitale. La ville capitale.
한 수도의 보루 | 수도

*도셩덕립ᄒᆞ다 [TŌ-SYENG-TEK-RIP-HĂ-TA] (道成德立) 원496
불 Qui a beaucoup de vertus et de mérites. Etre consommé dans sa partie, surtout dans la science et la vertu.
한 덕과 공적이 많은 사람 | 자신의 분야에서, 특히 학문과 덕성에서 완벽하다

1* 도수 [TO-SOU] (都數, (Tout, nombre)) 원496
불 Somme, réunion complète de nombres, total.
한 합계, 수의 완전한 합집합, 총계

2* 도수 [TO-SOU] (度數, (Tour, nombre)) 원496
불 Nombre des tours, des tournées; périodes.
한 회전의, 순회의 횟수 | 주기

*도슈 [TO-SYOU] (都首, (Tout, tête)) 원496
불 Le chef, le premier.
한 우두머리, 장

*도슐 [TO-SYOUL,-I] (道術) 원496
불 Habileté dans les sciences occultes. Art de deviner l'avenir d'un homme en voyant sa figure, de trouver de bons emplacements pour les tombeaux.
한 신비술에 있어서의 능숙함 | 그 얼굴을 보고서 사람의 미래를 예견하는, 무덤을 위한 좋은 부지들을 찾는 기술

도스락 [TO-SEU-RAK,-I] (簞) 원496
불 Toute petite corbeille d'osier ou de branches de saule dépouillées de leur écorce.
한 버들가지나 껍질이 벗겨진 버드나무의 가지로 만든 매우 작은 바구니

1 도스리다 [TO-SEU-RI-TA,-SEU-RYE,-SEU-RIN] (刷) 원496
불 Couper, tailler les extrémités pour enlever les aspérités; rogner (bâton, ongles, etc.).
한 우툴두툴한 것을 제거하기 위해 끝을 자르다, 깎다 | 가장자리를 잘라내다 (막대, 손톱 등)

2 도스리다 [TO-SEU-RI-TA,-RYE,-RIN] 원496
불 Affermir sa volonté, prendre une forte résolution.
한 자신의 의지를 확고히 하다, 강한 결심을 하다

도습지다 [TO-SEUP-TJI-TA,-TJYE,-TJIN] (詭德) 원496
불 Changeant, inconstant, léger. Métamorphose.
한 변하기 쉽다, 쉽게 바뀌다, 가볍다 | 변신

*도승 [TŌ-SEUNG,-I] (道僧) 원496
불 Bonze instruit, savant, fervent.
한 학식 있는, 박식한, 열렬한 승려

*도승지 [TO-SEUNG-TJI] (都承旨) 원496
불 Chambellan en chef, de 1er ordre. Chef des secrétaires qui sont employés au palais royal à écrire toutes les actions, les paroles du roi. Chef des 승지 Seung-tji.
한 첫 번째 계급의 시종장 | 왕의 모든 행동과 말을 기록하도록 궁에 고용된 서기관들의 우두머리 | 승지 Seung-tji들의 우두머리

1* 도시 [TO-SI] (都試) 원496
불 Petit ou premier examen de baccalauréat.
한 소규모 또는 첫 번째 바칼로레아 시험

2* 도시 [TO-SI] (都是) 원496
불 En somme.
한 요컨대

*도식ᄒᆞ다 [TO-SIK-HĂ-TA] (都食) 원496
불 Tout manger; manger tout ce qu'il y a; manger tout soi-même.
한 모두 먹다 | 있는 것을 모두 먹다 | 모든 것을 혼자 먹다

1* 도ᄉᆞ [TO-SĂ] (都使) 원496
불 Grande dignité honorifique accordée à un docteur (une seule en chaque province). Censeur du gouvernement. ‖ Nom d'une petite dignité par où l'on débute ordinaire ment. (Les 도ᄉᆞ To-să président à l'arrestation des grands criminels et à leur exécution).
한 박사에게 부여되는 명예로운 중요 고위직 (각 지방에 단 한 명), 정부의 검열관 | 보통 처음으로 맡는 낮은 직위의 명칭 | (도ᄉᆞ To-să들은 중죄인의 체포와 그들의 집행을 주관한다)

2* 도ᄉᆞ [TŌ-SĂ] (道士) 원496
불 Sectateur de Lao-tze.
한 노자의 신도

*도ᄉᆞ공 [TO-SĂ-KONG,-I] (都師工) 원496
불 Le capitaine, le premier de l'équipage d'un navire, chef des bateliers qui font passer le fleuve.
한 함장, 배 승무원의 우두머리, 큰 강을 건네주는

뱃사공들의 우두머리

*도ᄉᆞ령 [TO-SĂ-RYENG,-I] (都使令) 원496

불 Le chef des satellites du mandarin; chef des ᄉᆞ령 Să-ryeng.

한 관리의 부하들의 우두머리 | ᄉᆞ령 să-ryeng의 우두머리

*도ᄉᆡᆼᄒᆞ다 [TO-SĂING-HĂ-TA] (圖生) 원496

불 Tâcher d'éviter la mort; s'efforcer, s'ingénier pour vivre; entreprendre une œuvre pour conserver sa vie.

한 죽음을 피하려고 애쓰다 | 살기 위해 애쓰다, 노력하다 | 생명을 보전하기 위해 어떤 활동을 도모하다

도아주다 [TO-A-TJOU-TA,-TJOU-E,TJOUN] (助佑) 원483

불 Aider, seconder, favoriser, secourir, protéger.

한 돕다, 보좌하다, 혜택을 주다, 구원하다, 후원하다

*도안 [TO-AN] (都案) 원483

불 Registre général.

한 전체 장부

도요새 [TO-YO-SAI] (鷸) 원484

불 Nom d'une esp. d'oiseau.

한 새의 종류의 이름

*도우탄이 [TO-OU-HTAN-I] (屠牛坦) 원484

불 Boucher, qui tue les bœufs, tueur de bœufs. Syn. ᄇᆡᆨ장 Păik-tjang.

한 푸주한, 소를 죽이는 사람, 소 도살업자 | [동의어 ᄇᆡᆨ장 Păik-tjang]

*도원 [TO-OUEN,-I] (桃源) 원484

불 Jardin planté de pêchers. Plants de pêchers.

한 복숭아나무가 심어진 정원 | 복숭아나무의 묘목들

*도원슈 [TO-OUEN-SYOU] (都元帥) 원484

불 Généralissime.

한 총사령관

*도유ᄉᆞ [TO-YOU-SĂ] (都有司) 원484

불 Le chef, celui qui est chargé d'une chose (se dit surtout pour le noble qui a la direction des sacrifices à Confucius); chef de ceux qui honorent Confucius (en chaque temple).

한 우두머리, 일을 책임지는 사람 (특히 공자의 제사 지휘를 맡은 귀족에 대해 쓴다) | (각각의 사원에서) 공자를 공경하는 사람들의 우두머리

*도읍 [TO-EUP,-I] (都邑) 원483

불 Capitale, ville résidence du roi.

한 수도, 왕이 사는 도시

[1]*도인 [TO-IN,-I] (道人) 원484

불 Homme qui a de la doctrine.

한 교리를 가진 사람

[2]*도인 [TO-IN,-I] (桃仁) 원484

불 Noyau de pêche (en médec.).

한 (내복약으로서의) 복숭아씨

*도임ᄒᆞ다 [TO-IM-HĂ-TA] (到任) 원484

불 Jour de l'arrivée ou du retour du mandarin. se rendre à son poste (un nouveau mandarin).

한 관리가 도착 또는 귀환하는 날 | (새로운 관리가) 자신의 자리로 가다

*도장ᄒᆞ다 [TŌ-TJANG-HĂ-TA] (倒葬, (à l'envers, enterrer)) 원497

불 Enterrement à contresens (le fils au-dessus du père) || Faire le contraire, faire à l'envers (placer la tête en bas).

한 거꾸로 매장 (아버지 위에 아들) | 반대로 하다, 거꾸로 하다 (머리를 아래에 두다)

[1]*도쟝 [TO-TJYANG,-I] (賭長) 원497

불 Homme que le propriétaire envoie dans ses champs le jour où l'on doit battre le blé, le riz. Afin de surveiller les ouvriers et d'empêcher le vol. Intendant envoyé pour surveiller le mesurage du riz appartenant au 궁 Koung.

한 밀, 쌀을 타작해야 하는 날에 노동자들을 감시하고 도둑질을 막기 위해 소유주가 자신의 밭에 보내는 사람 | 궁 Koung에 소속된 쌀의 측정을 감시하기 위해서 파견된 관리인

[2]도쟝 [TO-TJYANG,-I] (閨) 원497

불 Grenier, cave, chambre de décharge; appartement des femmes.

한 곡간, 지하실, 헛간 | 여자들의 거처

[3]*도쟝 [TO-TJYANG,-I] (賭場) 원497

불 Esp. de commissaire de police qui veille sur les marchés.

한 시장을 감시하는 일종의 경찰서장

도적놈 [TO-TJEK-NOM,-I] (賊漢) 원497

불 Voleur.

한 도둑

도적질ᄒᆞ다 [TO-TJEK-TJIL-HĂ-TA] (偷盜) 원497

불 Voler.

한 도둑질하다

*도져ᄒᆞ다 [TO-TJYE-HĂ-TA] (到底) 원497

불 Fervent. être très-fort. (exprime le superlatif).

한 열렬하다 | 매우 강하다 | (최상급을 표현한다)

*도젼ᄒᆞ다 [TO-TJYEN-HĂ-TA] (刀剪, (couteau, couper)) 원497

불 Tailler les bords d'un livre relié. (Ne se dit que pour les livres. On coupe le haut, le bas et le dos au-dessous de la couture, mais non la partie qui correspond à la tranche antérieure des livres européens).

한 제본된 책의 가장자리를 자르다 | (책에 대해서만 쓴다. 위, 아래, 이음새 아래의 책등을 자른다, 그러나 유럽 책의 예전 가장자리 단면에 해당하는 부분은 아니다)

*도죠샹 [TO-TJYO-SYANG,-I] (都祖上) 원498

불 Le premier grand-père. Le premier des ancêtres (adam).

한 첫 번째 조상 | 최초의 조상 (아담)

*도쥬ᄒᆞ다 [TO-TJYOU-HĂ-TA] (逃走) 원498

불 S'enfuir.

한 도망가다

1*도즁 [TO-TJYOUNG,-I] (島中) 원498

불 Dans les îles; dans une île.

한 섬들 속에서 | 한 섬에서

2*도즁 [TO-TJYOUNG,-I] (都中) 원498

불 En gros (sans détail). Chose donnée à la fois pour plusieurs, sans distinguer les parts. en commun. || Dans l'assemblée, dans la société.

한 대체로 (세부 없이) 부분들을 구별하지 않고 여럿에게 한꺼번에 주어진 것 | 공동으로 | 모임에서, 단체에서

1도지 [TO-TJI] (賭) 원497

불 Revenu fixe, somme fixe de blé que doit recevoir le propriétaire d'un champ, d'une rizière. (Dans ce contrat de rente fixe, c'est le fermier qui doit payer les contributions).

한 고정 수입, 소유주가 하나의 밭, 하나의 논에서 받게 되어 있는 밀의 고정된 총계 | (고정된 금리의 계약에 따라, 소작인이 세금을 내야 한다)

2도지 [TO-TJI] 원498

불 Esp. de giboulée (au printemps), grain.

한 (봄에 내리는) 소나기의 일종, 돌풍

*도집ᄉᆞ [TO-TJIP-SĂ] (都執事) 원498

불 Chef des hommes du peuple qui sont toujours auprès du gouverneur et qui transmettent ses ordres. Chef des 집ᄉᆞ Tjip-să.

한 항상 관리인의 옆에 있고 그의 명령을 전달하는 서민들의 우두머리 | 집ᄉᆞ Tjip-să들의 우두머리

*도ᄌᆞ [TO-TJĂ] (刀子) 원497

불 Couteau.

한 칼

*도찰ᄉᆞ [TO-TCHAL-SĂ] (都察使) 원498

불 Grand généralissime. (Sorte de haute puissance devant laquelle le roi lui-même s'incline). Le premier des surveillants (dignité).

한 총사령관 | (왕 자신도 복종하는 높은 권력 종류), 감시관들의 장 (고위직)

1*도쳐 [TO-TCHYE] (到處) 원498

불 Le lieu où l'on tend.

한 향하는 곳

2*도쳐 [TO-TCHYE] (都處) 원498

불 Chaque endroit, chaque lieu.

한 각 장소, 각 지역

*도쳑문 [TO-TCHYEK-MOUN,-I] (都尺文) 원498

불 Registre général de la quantité de blé livré à chaque individu par le mandarin.

한 관리에 의해서 각각의 개인에게 양도된 밀의 양을 적은 전체 등록 장부

*도쳑이 [TO-TCHYEK-I] (盜蹠) 원498

불 Nom d'un homme célèbre par les méchancetés qu'il fit pour se rendre illustre. (On emploie ce mot pour désigner un méchant). Avare, extrêmement avare.

한 저명해지기 위해 행한 악행으로 유명한 사람의 이름 | (이 단어는 악인을 가리키기 위해 사용된다) | 구두쇠, 극도로 인색한 사람

*도쳔 [TO-TCHYEN,-I] (道薦) 원498

불 Sage, homme renommé par sa doctrine, qui obtient une charge sans avoir passé les examens de baccalauréat. Obtenir une dignité sans être bachelier. || Demande du peuple au roi à l'effet de promouvoir un homme très-estimé par ses vertus morales et civiles.

한 학자, 자신의 교리로 이름난 사람, 바칼로레아 시험을 치지 않고 직책을 얻은 사람 | 바칼로레아 합격자가 아니면서 고위직을 얻다 | 정신적이고 정중한 미덕으로 매우 높이 평가받는 사람을 진급시킬 목적으로 백성이 왕에게 하는 요구

1*도쳥ᄒᆞ다 [TO-TCHYENG-HĂ-TA] (倒淸) 원498

불 Décanter, transvaser doucement un liquide qui a déposé.

한 맑은 물을 따라 옮기다, 가라앉힌 액체를 천천히

옮겨 붓다

2* 도청ᄒᆞ다 [TO-TCHYENG-HĂ-TA] (道聽) [원]498

[불] Entendre en passant sur la route, c. a. d. entendre une fausseté ou une chose peu digne de confiance. Entendre de travers, comprendre à rebours.

[한] 길을 지나가면서 듣다, 즉 거짓말이나 신뢰할 만하지 못한 것을 듣다 | 틀리게 듣다, 반대로 이해하다

도쳬 [TO-TCHYEI] (都合) [원]498

[불] Total général, somme générale.

[한] 전체 합계, 전체의 총계

*도쳬ᄒᆞ다 [TO-TCHYEI-HĂ-TA] (倒滯) [원]498

[불] Etre délivré d'une oppression d'estomac. Guérir une indigestion.

[한] 위가 답답했던 것에서 벗어나다 | 소화불량을 치유하다

*도춍 [TO-TCHONG,-I] (都總) [원]498

[불] Tout, entièrement, en un mot, en général, en somme.

[한] 모두, 전부, 간단히 말해, 일반적으로, 결국

도치다 [TO-TCHI-TA,-TCHYE,-TCHIN] [원]498

[불] Faire plus, augmenter.

[한] 더 하다, 증가하다

*도침ᄒᆞ다 [TO-TCHIM-HĂ-TA] (搗砧) [원]498

[불] Battre le papier ou le linge avec des maillets pour le rendre lisse, pour l'aplanir.

[한] 종이나 천을 매끈하고 평평하게 하기 위해서 나무망치로 치다

도ᄎᆡ [TO-TCHĂI] [원]498

[불] Hache.

[한] 도끼

*도탄 [TO-HTAN,-I] (塗炭) [원]497

[불] Bourbier et brasier. Embarras; difficulté; fléau; calamité. 도탄가온대잇다 To-htan ka-on-tai it-ta, Etre au milieu de l'eau et du feu, être dans une passe difficile.

[한] 흙탕과 화염덩어리 | 걱정거리 | 어려움 | 재앙 | 재난 | [[용례] 도탄가온대잇다, To-htan ka-on-tai it-ta], 물과 불의 한 가운데에 있다, 어려운 상황에 있다

*도탄이 [TO-HTAN-I] (屠坦) [원]497

[불] Boucher qui tue les bœufs ; tueur de bœufs.

[한] 소를 죽이는 푸주한, 소 도살업자

*도탈ᄒᆞ다 [TO-HTAL-HĂ-TA] (逃脫) [원]497

[불] S'échapper, s'enfuir. ‖ Dépouiller entièrement par force.

[한] 도망가다, 달아나다 | 힘으로 전부 빼앗다

도토리 [TO-HTO-RI] (橡實) [원]497

[불] Gland de chêne.

[한] 떡갈나무의 도토리

도토말이 [TO-HTO-MAL-I] (絲纏板) [원]497

[불] Rouleau où sont enroulés les fils de la chaîne (confection de la toile).

[한] 날실이 감겨 있는 두루마리 (천의 제작)

도톨토톨ᄒᆞ다 [TO-HTOL-TO-HTOL-HĂ-TA] [원]497

[불] Faire saillie (boutons, cors, furoncle, blé dans un sac, gravier sur un mur). Etre d'une surface inégale, couverte de petites aspérités.

[한] (부스럼, 티눈, 절종, 부대 안에 있는 밀, 담 위의 자갈이) 튀어나오다, 표면이 매끈하지 않다, 우둘투둘함으로 뒤덮이다

도톰ᄒᆞ다 [TO-HTOM-HĂ-TA] (裏) [원]497

[불] Etre épais, ferme, fort (v. g. feuille de papier).

[한] 두껍다, 단단하다, 강하다 (예. 종잇장)

*도통ᄒᆞ다 [TŌ-HTONG-HĂ-TA] (道通) [원]497

[불] Savoir, connaître très-bien toute la doctrine; approfondir la doctrine, la bien posséder.

[한] 알다, 교리 전체를 매우 잘 알다 | 교리를 깊이 파고들다, 그것에 매우 정통하다

*도포 [TO-HPO] (道袍) [원]493

[불] Habit selon les rites, grand habit de cérémonie qu'on revêt par dessus le grand habit 큰창옷 Hkeun-tchang-ot.

[한] 의식에 따른 복장, 큰 옷 위에 입는 위엄 있는 예복 | 예. 큰 창옷, Hkeun-tchang-ot

*도학 [TO-HAK,-I] (道學) [원]484

[불] Doctrine, dogme.

[한] 학파, 교리

*도합 [TO-HAP,-I] (都合) [원]484

[불] Somme, total d'une addition.

[한] 합계, 덧셈의 총계

*도합ᄒᆞ다 [TO-HAP-HĂ-TA] (道合) [원]484

[불] Etre d'accord, se ressembler (se dit des différentes doctrines).

[한] 동의하다, 서로 유사하다 (여러 학파들에 대해 쓴다)

*도현ᄒᆞ다 [TO-HYEN-HĂ-TA] (倒懸) [원]484

[불] Etre renversé, être en désordre. Mettre le haut en bas (v. g. la tête).

[한] 뒤집히다, 뒤죽박죽이다 | 위를 아래에 두다 (예. 머리)

*도형 [TO-HYENG,-I] (圖形) ㉕484
불 Forme, plan, tracé, dessin, peinture, paysage.
한 형태, 도면, 설계도, 그림, 회화, 풍경

1*도화 [TO-HOA] (圖畫) ㉕484
불 Ecole de dessin pour les cartes, les plans et les portraits des rois. Ecole de peinture à la capitale.
한 지도, 도면, 그리고 왕들의 초상화를 위한 그림 학교 | 수도에 있는 미술학교

2*도화 [TO-HOA] (桃花) ㉕485
불 Fleur de pêcher.
한 복숭아꽃

*도화분 [TO-HOA-POUN,-I] (桃花粉) ㉕485
불 Fard dont la couleur ressemble à celle des fleurs du pêcher; fard blanc et un peu rouge.
한 복숭아꽃과 비슷한 색의 분 | 희고 약간 붉은 분

*도화쥬 [TO-HOA-TJYOU] (桃花酒) ㉕485
불 Vin dans lequel on a fait macérer des fleurs de pêcher.
한 복숭아꽃으로 담근 술

*도회쟝 [TO-HOI-TJYANG,-I] (都會長) ㉕485
불 Catéchiste principal; catéchiste en chef. (Mot chrét.).
한 전도사의 장, 우두머리 전도사 (기독교 단어)

*도회쳐 [TO-HOI-TCHYE] (都會處) ㉕485
불 Lieu où il y a des gens de toutes les nations.
한 온갖 국적의 사람들이 있는 장소

*도회텽 [TO-HOI-HTYENG,-I] (都會廳) ㉕485
불 Maison de réunion dans un village, pour jouer. Se récréer; cercle, club.
한 마을에서, 놀기 위해, 기분 전환을 위해 모이는 집 | 모임, 클럽

1*도회ᄒᆞ다 [TO-HOI-HĂ-TA] (都會) ㉕485
불 Réunion complète, assemblée au complet.
한 만원인 모임, 전원이 모인 모임

2*도회ᄒᆞ다 [TŌ-HOI-HĂ-TA] (塗灰) ㉕485
불 Crépir avec la chaux.
한 석회로 초벽하다

1독 [TOK,-I] (瓮) ㉕485
불 Très-grand vase de terre cuite, grande jarre.
한 구운흙으로 만든 매우 큰 항아리, 큰 단지

2*독 [TOK,-I] (毒) ㉕485
불 Poison, venin.
한 독, 독액

3*독 [TOK,-I] (櫝) ㉕485
불 Les boîtes des tablettes superstitieuses.
한 위패를 두는 상자

*독각슈 [TOK-KAK-SYOU] (獨角獸) ㉕486
불 Unicorne. animal qui n'a qu'une corne au milieu de la tête.
한 일각수 | 머리 중간에 뿔이 하나뿐인 동물

*독감 [TOK-KAM,-I] (毒感) ㉕486
불 Rhume, coriza violent.
한 감기, 지독한 코감기

독갑이 [TOK-KAP-I] (魑魎) ㉕486
불 Lutin, esprit follet, démon.
한 작은 요정, 짓궂은 꼬마 악마, 악마

독갑이블 [TOK-KAP-I-POUL,-I] (甲火) ㉕486
불 Feu follet (les Coréens appellent ainsi les allumettes chimiques, les capsules, etc.).
한 도깨비 불 (조선인들은 화학 성냥, [역주 총포의] 뇌관 등을 그렇게 부른다)

1*독경ᄒᆞ다 [TOK-KYENG-HĂ-TA] (讀經) ㉕486
불 Prière des aveugles, sous sans aucun sens en forme de prière; les réciter.
한 아무 의미 없는 기도 형태인, 맹인들의 기도 | 그것들을 암송하다

2*독경ᄒᆞ다 [TOK-KYENG-HĂ-TA] (篤敬) ㉕486
불 Honorer profondément, révérer. ‖ Etre juste, fidèle.
한 깊이 공경하다, 숭배하다 | 올바르다, 충실하다

독고마리 [TOK-KO-MA-RI] (蒼耳草) ㉕486
불 Nom d'une esp. de plante, d'herbe; esp. de grateron.
한 식물, 풀의 종류의 이름 | 갈퀴덩굴 종류

*독교 [TOK-KYO] (獨轎) ㉕486
불 Palanquin qui se place sur le dos d'un cheval ou d'un bœuf.
한 말이나 소 등 위에 놓이는 가마

1독긔 [TOK-KEUI] (斧) ㉕486
불 Hache; cognée.
한 도끼 | 도끼

2*독긔 [TOK-KEUI] (毒氣) ㉕486
불 Air nuisible; force du poison; venin.
한 해로운 기운 | 독의 강도 | 독액

*독노시하 [TOK-NO-SI-HA] (獨老侍下) ㉕486
불 Qui n'a plus que l'un de ses parents (son père ou sa

mère) avec lequel il demeure.
한 자신의 부모님 중 함께 사는 쪽이 하나(아버지 또는 어머니)만 있는 사람

*독당ᄒᆞ다 [TOK-TANG-HĂ-TA] (獨當) 원486
불 Etre seul responsable de; supporter seul.
한 ~을 혼자 책임지다 | 홀로 지지하다

독독 [TOK-TOK] 원486
불 Bruit d'une horloge, d'une montre. = 긁다-keulk-ta, Faire du bruit en grattant.
한 괘종시계, 회중시계 소리 | [용례 = 긁다, -keulk-ta], 긁어서 소리를 내다

독ᄃᆡ [TOK-TĂI] 원486
불 Pièce de bois sur laquelle repose une pierre plate, où l'on entretient le feu qui éclaire les ouvriers, pendant les soirées d'automne ou d'hiver.
한 가을이나 겨울 저녁 시간 동안 노동자들을 비추는 불이 유지되는, 평평한 돌이 놓이는 나무 조각

*독물 [TOK-MOUL] (毒物) 원486
불 Mauvaise chose; mauvais; méchant. chose venimeuse, vénéneuse.
한 나쁜 것 | 나쁘다 | 해롭다 | 유독한, 독을 지닌 것

*독보 [TOK-PO] (獨步) 원486
불 Le premier, le mieux, le meilleur (de tous ceux qui sont présents).
한 (참석한 모든 이 중에서) 첫 번째, 최고, 가장 훌륭한 사람

*독보ᄒᆞ다 [TOK-PO-HĂ-TA] (獨步) 원486
불 Marcher seul, c. a. d. être seul de son avis.
한 혼자 걷다, 즉 혼자만의 견해를 갖다

1*독부 [TOK-POU] (毒夫) 원486
불 Homme que personne ne veut fréquenter à cause de sa méchanceté.
한 그 심술궂은 언행 때문에 아무도 어울리기를 원하지 않는 사람

2*독부 [TOK-POU] (獨夫) 원486
불 Homme seul, isolé, sans famille.
한 고독한, 고립된, 가족이 없는 사람

*독살스럽다 [TOK-SAL-SEU-REP-TA,-RE-OUE,-RE-ON] (毒殺) 원486
불 Sauvage, barbare, qui fait du carnage. Avoir l'air méchant, rude, dur.
한 미개인, 야만인, 살육하는 사람 | 태도가 심술궂고, 무례하고, 냉혹하다

*독삼탕 [TOK-SAM-HTANG,-I] (獨蔘湯) 원486
불 Remède de jen-sen, bouillon de jen-sen pur.
한 인삼으로 만든 약, 순수한 인삼으로 만든 수프

독상 [TOK-SANG,-I] 원486 ☞ 1독샹

1독샹 [TOK-SYANG,-I] (獨床) 원486
불 Une seule table; servir pour un seul; être seul à une table.
한 단 하나의 식탁 | 한 사람을 위해 식탁을 차리다 | 한 식탁에 혼자 있다

2*독샹 [TOK-SYANG,-I] (獨相) 원486
불 Seul et unique maréchal ou connétable, seul grand ministre.
한 단 하나이고 유일한 원수 또는 총사령관, 단 하나의 중요 장관

*독션 [TOK-SYEN,-I] (獨船) 원486
불 Bateau de passage unique; une seule barque.
한 단독으로 통행하는 배 | 유일한 배

1*독수 [TOK-SOU] (毒數) 원486
불 Ruse méchante; embûches nuisibles.
한 심술궂은 계략 | 해로운 함정

2*독수 [TOK-SOU] (讀數) 원486
불 Nombre de fois qu'on a étudié un passage.
한 한 대목을 공부한 횟수

독슈리 [TOK-SYOU-RI] (鷲) 원486
불 Esp. d'oiseau, p. ê. l'aigle.
한 새의 종류, 아마도 독수리

*독슉공방ᄒᆞ다 [TOK-SYOUK-KONG-PANG-HĂ-TA] (獨宿空房) 원486
불 Chambre où l'on est seul à dormir. Dormir seul dans sa chambre, c. a. d. n'être pas marié.
한 혼자서 잠을 자는 방 | 자신의 방에서 혼자 잠을 자다, 즉 결혼하지 않았다

*독신 [TOK-SIN,-I] (獨身) 원486
불 Unique; fils unique; enfant qui n'a pas de frère. Homme seul, c. a. d. sans proches parents.
한 유일하다 | 외아들 | 형제가 없는 아이 | 혼자인, 즉, 가까운 친척이 없는 사람

*독실ᄒᆞ다 [TOK-SIL-HĂ-TA] (篤實) 원486
불 Faire avec ardeur avec ferveur. Etre ferme, probe, digne de confiance.
한 열정적으로 열렬히 하다 | 확고하다, 성실하다, 신뢰할 만하다

*독ᄉᆞ [TOK-SĂ] (毒蛇) 원486

불 Serpent venimeux (esp.). Vipère.
한 독이 있는 뱀 (종류) | 살모사

*독약 [TOK-YAK,-I] (毒藥) 원485
불 Poison; remède nuisible, violent.
한 독 | 해로운, 지독한 약

독이 [TOK-I] (獨) 원485
불 Seulement.
한 혼자서

*독쟝 [TOK-TJANG,-I] (獨長) 원486
불 Celui qui est le plus habile, le plus ardent au jeu entre plusieurs.
한 여럿 중 놀이에서 가장 능숙한, 가장 열렬한 사람

*독좌ᄒᆞ다 [TOK-TJOA-HĂ-TA] (獨坐) 원486
불 Etre assis seul; être seul.
한 혼자 앉다 | 혼자 있다

1*독죵 [TOK-TJYONG,-I] (毒種) 원486
불 Espèce mauvaise; souche mauvaise; graine dégénérée. Méchante graine, c. a. d. méchant homme; race dépravée.
한 해로운 종 | 해로운 그루터기 | 퇴화한 종자 | 해로운 종자, 즉, 악인 | 변성된 품종

2*독죵 [TOK-TJYONG,-I] (毒瘇) 원487
불 Esp. de plaie dangereuse; ulcère; p. ê. le charbon; furoncle venimeux.
한 위험한 상처의 종류 | 궤양 | 아마도, 흑수병 | 독성이 있는 절종

*독쥬 [TOK-TJYOU] (毒酒) 원487
불 Mauvais vin; vin fort.
한 해로운 술 | 도수가 높은 술

*독진관 [TOK-TJIN-KOAN,-I] (獨鎭管) 원486
불 Chef militaire qui remplace le 영장 Yeng-tjyang dans les endroits où ce chef n'est pas. Mandarin qui réunit à la fois les attributions civiles et militaires.
한 우두머리가 없는 곳에서 영쟝 Yeng-tjyang을 대신하는 지휘관 | 민간과 군에 대한 권한을 동시에 겸비한 관리

*독질 [TOK-TJIL,-I] (毒疾) 원486
불 Maladie dangereuse, grave.
한 위험한, 심각한 병

*독ᄌᆞ [TOK-TJĂ] (獨子) 원486
불 Fils unique.
한 외아들

독ᄌᆞ상 [TOK-TJĂ-SANG,-I] 원486
불 Table chargée de mets pour le marié et la mariée, qui y sont assis l'un vis-à-vis de l'autre. Table devant laquelle se font les cérémonies du mariage.
한 서로 마주보고 앉는, 신랑과 신부를 위한 음식이 차려진 식탁 | 그 앞에서 결혼 예식이 이루어지는 식탁

1독창 [TOK-TCHANG,-I] 원487
불 Race dangereuse, mauvaise, gâtée.
한 위험한, 해로운, 상한 품종

2*독창 [TOK-TCHANG,-I] (毒瘡) 원487
불 Furoncle dangereux.
한 위험한 절종

*독촉ᄒᆞ다 [TOK-TCHOK-HĂ-TA] (督促) 원487
불 Exciter, presser, activer, hâter, accélérer.
한 부추기다, 압박하다, 독촉하다, 서두르다, 촉진하다

독판 [TOK-HPĂN,-I] (獨局) 원486
불 Monopole; avoir le monopole, privilége exclusif de vendre seul certaines marchandises. Chance unique; bonheur pour un seul.
한 독점 | 독점권, 몇몇의 상품들을 혼자만 판매하는 독점적인 권리를 갖다 | 유일한 기회 | 한 사람에게만 기쁨

*독해ᄒᆞ다 [TOK-HAI-HĂ-TA] (毒害) 원485
불 Rendre très-nuisible par l'envie de nuire, par méchanceté. nuire beaucoup, être très-pernicieux.
한 해할 욕망으로, 악의로 매우 해롭게 하다 | 해를 많이 끼치다, 매우 해롭다

*독혈 [TOK-HYEL,-I] (毒血) 원485
불 Sang nuisible, corrompu et corrosif (v. g. celui d'un ulcère).
한 해롭고, 부패하고 부식된 피 (예. 궤양에 있는 것)

*독호 [TOK-HO] (獨戶) 원485
불 Maison isolée.
한 고립된 집

*독호ᄒᆞ다 [TOK-HO-HĂ-TA] (獨戶) 원485
불 Etre seul dans un village à donner la liste de ses ancêtres.
한 자신의 조상들의 명부를 제공할 수 있는 사람으로 마을에서 유일하다

*독활 [TOK-HOAL,-I] (獨活) 원485
불 Nom d'une esp. de remède.
한 한 약재 종류의 이름

1*독흉 [TOK-HYOUNG,-I] (獨凶) 원485

(불) Disette extrême dans un seul endroit (une province, un district, une famille). Stérilité particulière qui ne tombe que sur un champ, une propriété, quand les autres ont de belles récoltes.

(한) 단 한 장소(지방, 구역, 가문)에서의 극심한 기근, 다른 사람들은 수확이 좋았는데도, 하나의 밭, 하나의 소작지에만 닥친 특이한 불모

[2]*독흉 [TOK-HYOUNG,-I] (毒凶) (원)485

(불) Disette extrême et générale.

(한) 극심하고 전반적인 흉작

*독ᄒᆞ다 [TOK-HĀ-TA] (毒) (원)485

(불) Venimeux, nuisible, vénéneux; violent, farouche, cruel, méchant, affreux. ‖ Fort enivrant (le vin).

(한) 독성이 있다, 해롭다, 유독하다 | 난폭하다, 사납다, 잔인하다, 심술궂다, 지독하다 | 몹시 취하게 하다 (술)

[1]돈 [TŌN,-I] (錢) (원)487

(불) Sapèque, monnaie, argent. ‖ Représente la valeur de 10 sapèques coréennes. ‖ Comme poids, 1돈 Ton égale 10푼 Hpoun ou 100리 Ri. 10돈 Ton égalent 1냥 Nyang (poids).

(한) 엽전, 화폐, 돈 | 조선의 엽전 열 개의 가치를 나타낸다 | 무게로, 1돈 Ton은 10푼 Hpoun이나 100리Ri와 같다 | 10돈 Ton은 1냥 Nyang과 같다 (무게)

[2]돈 [TON,-I] (貂) (원)487

(불) Nom d'une esp. de petit quadrupède, p. ê. la zibeline ou martre.

(한) 작은 네발짐승 한 종류의 이름, 아마도 검은담비 또는 담비

돈고 [TON-KO] (錢庫) (원)487

(불) Trésor public; maison du trésor; grenier pour les sapèques.

(한) 국고 | 보물고 | 엽전들을 두기 위한 창고

*돈독ᄒᆞ다 [TON-TOK-HĂ-TA] (敦篤) (원)487

(불) Etre un peu épais.

(한) 약간 두텁다

*돈ᄃᆡ [TON-TĂI] (墩臺) (원)487

(불) Lieu un peu plus élevé qu'un autre; élévation faite de main d'homme; esplanade; tumulus; belvédère.

(한) 다른 곳보다 조금 높은 장소 | 사람의 손으로 만들어진 언덕 | 전망대 | 봉분 | 망루

*돈령 [TON-RYENG,-I] (敦令) (원)487

(불) Nom d'une dignité à la capitale.

(한) 수도에 있는 고관직의 명칭

*돈령부 [TON-RYENG-POU] (敦令府) (원)487

(불) Palais du 돈령 Ton-ryeng.

(한) 돈령 Ton-ryeng의 관저

*돈슈지ᄇᆡ [TŌN-SYOU-TJĂI-PĂI] (頓首再拜) (원)487

(불) Formule qu'on emploie en écrivant à un supérieur. Votre serviteur, votre très-humble. = ᄒᆞ다-hă-ta, Saluer deux fois.

(한) 상관에게 편지를 쓸 때 사용하는 관례적인 문구 | 배상, 인사드립니다 | [(용례) = ᄒᆞ다, -hă-ta], 두 번 인사하다

돈ᄉᆞ [TON-SĂ] (零錢數) (원)487

(불) Numéral des dizaines de sapèques en plus d'un nombre rond de 100 sapèques; fraction de ligature; ce qu'il y a en plus de 100 sapèques. (V. g. dans 1냥 Nyang 2돈 Ton, 2돈 ton est le 돈ᄉᆞ Ton-să).

(한) 어림수로 엽전 100개에다가 몇십 개의 엽전을 더한 수를 나타내는 수사 | 작은 꾸러미 | 100개 이상의 엽전의 양 | (예. 1냥 Nyang 2돈 Ton에서, 2돈이 돈ᄉᆞ Ton-să 이다)

돈연ᄒᆞ다 [TON-YEN-HĂ-TA] (원)487

(불) Etre entièrement, tout à fait; v. g. ne pas parvenir (nouvelles).

(한) 전적이다, 완전하다 | 예. (소식이) 당도하지 않다

*돈의문 [TON-EUI-MOUN,-I] (敦義門) (원)487

(불) Porte de l'ouest de la capitale.

(한) 수도의 서쪽 문

돈인ᄒᆞ다 [TON-IN-HĂ-TA] (원)487

(불) Etre bon.

(한) 좋다

돈일다 [TON-IL-TA,-IL-E,-IN. (de 돌다 TOL-TA)] (盤遊) (원)487

(불) (De 돌다 TOL-TA). Aller de tous côtés; voir et entendre beaucoup; qui circule.

(한) (돌다 TOL-TA에서) | 사방으로 가다 | 많이 보고 듣다 | 통행하다

돈피 [TON-PHI] (貂皮) (원)487

(불) Fourrure du 돈 Ton (couleur jaune rouge), fourrure de martre zibeline.

(한) 돈 Ton의 모피 (붉은 노란색), 검은 단비의 모피

*돈화문 [TON-HOA-MOUN,-I] (敦化門) (원)487

(불) Porte de l'est de la capitale. Nom d'une des portes du palais.

한 수도의 동쪽 문 | 궁궐 문들 중 하나의 이름

[1]돌 [TOL,-I] (石) 원493

불 Pierre. ‖ Devant les noms d'animaux, désigne les femelles qui ne peuvent avoir de petits, qui sont stériles.

한 돌 | 동물의 이름 앞에서, 새끼를 가질 수 없는 불임인 암컷을 가리킨다

[2]돌 [TOL,-I] (梁) 원493

불 Anniversaire.

한 기념일

[3]돌 [TOL,-I] 원493

불 Fossé d'écoulement, ruisseau, aqueduc, petit canal.

한 배수 도랑, 개울, 수로, 작은 도랑

[4]돌 [TOL,-I] 원493

불 Seul, sans ami, rejeté de tous.

한 홀로, 친구가 없는, 모두에게 거부당한

돌겻 [TOL-KYET,-SI] 원495

불 Dévidoir.

한 얼레

돌계집 [TOL-KYEI-TJIP,-I] (石女子) 원495

불 Femme stérile.

한 아이를 낳지 못하는 여자

돌기동 [TOL-KI-TONG,-I] (石柱) 원495

불 Colonne de pierre, pilier en pierre.

한 돌로 만든 기둥, 돌로 만든 지주

돌기총 [TOL-KI-TCHONG,-I] (履餙) 원495

불 Esp. de montant qui, dans les souliers de paille, retient le talon, et où viennent aboutir les courroies en paille du devant des souliers. Le point où s'attachent les cordons ou la coulisse (saudales).

한 짚으로 된 신에서 뒤축을 고정시키는, 신발 정면의 짚으로 된 끈이 연결되는 지주 종류 | 끈 또는 홈이 고정되는 지점 (샌들)

돌날 [TOL-NAL,-I] (朞日) 원495

불 Jour anniversaire.

한 기념일

돌녀 [TOL-NYE] 원495

불 Femme originale, qui fait des choses drôles.

한 독특한 여자, 이상한 행동을 하는 여자

돌놈 [TOL-NOM,-I] 원495

불 Homme original, homme différent des autres (injur.). Homme sans ami, avec qui personne ne veut frayer.

한 독특한 사람, 다른 사람들과는 다른 사람(욕설) | 아무도 함께 어울리기를 원하지 않는, 친구가 없는 사람

[1]돌니다 [TOL-NI-TA,TOL-NYE,TOL-NIN] 원495

불 Circuler, faire circuler, faire tourner; revenir. (Fact. de 돌다 Tol-ta).

한 돌다, 순환시키다, 돌리다 | 돌아오다 | (돌다 Tol-ta의 사동형)

[2]돌니다 [TOL-NI-TA,-NYE,-NIN] (還送) 원495

불 Rendre (v. g. une chose prêtée).

한 돌려주다 (예. 빌린 물건)

[3]돌니다 [TOL-NI-TA,-NYE,-NIN] (擯) 원495

불 Laisser à l'écart, compter pour rien. Etre laissé à l'écart, être compté pour rien.

한 거리를 두다, 무시하다 | 거리를 둔 채로 있다, 무시당하다

돌님 [TOL-NIM,-I] 원495

불 Epidémie, maladie courante.

한 전염병, 널리 퍼진 병

돌다 [TOL-TA,TO-RA,TON] (旋斡) 원495

불 Tourner: faire la roue; faire un tour; revenir au même endroit.

한 돌다 | 옆으로 땅재주를 넘다 | 순회하다 | 같은 장소로 되돌아오다

돌다리 [TOL-TA-RI] (石橋) 원495

불 Pont en pierre.

한 돌로 만든 다리

돌담 [TOL-TAM,-I] (石墻) 원495

불 Mur d'enclos en pierre pour une maison particulière.

한 개개의 집을 위한 돌로 된 울타리 벽

돌돌 [TOL-TOL] (流聲) 원495

불 Murmure d'un ruisseau sur un lit de pierres. = 흐르다 -heu-rou-ta, Murmurer en bondissant (ruisseau).

한 돌바닥 위로 졸졸 흐르는 시냇물 소리 | [용례 = 흐르다, -heu-rou-ta], 뛰어 오르면서 졸졸 흐르는 소리를 내다 (시냇물)

돌모 [TOL-MO] 원495

불 Esp. de bonnet en chanvre noir que portent certains baladins, charlatans, etc.

한 몇몇 광대, 약장수 등이 쓰는 검은 삼으로 만든 챙 없는 모자 종류

돌모로잇다 [TOL-MO-RO-IT-TA] 원495

불 Etre intempestif; être de trop, importun; imiter la

mouche du coche.
한 성가시다 | 과도하다, 성가시다 | 중뿔나게 나서다

돌밋 [TOL-MĂI] (石磨) 원495
불 Meule en pierre.
한 돌절구

*돌변 [TOL-PYEN,-I] (突變) 원495
불 Evénement malheureux, imprévu; malheur inopiné. ‖ Usure énorme (2% tous les 5 jours, sans déduction du capital. 280%. Les païens eux-mêmes la ragardent comme un crime).
한 불행한, 뜻밖의 사건 | 뜻밖의 불행 | 과도한 고리의 이자 (원금의 공제 없이, 5일마다 2%. 280%. 이교도 자신들도 그것을 범죄로 여긴다)

돌보다 [TOL-PO-TA,-PO-A,-PON] (顧見) 원495
불 Se détourner pour regarder. ‖ Etre propice, indulgent, favorable. favoriser. Prendre soin.
한 보기 위해서 얼굴을 옆으로 돌리다 | 순조롭다, 관대하다, 호의적이다 | 호의를 베풀다 | 돌보다

돌비 [TOL-PI] (石碑) 원495
불 Pierre sur le chemin, en forme de colonne, où il y a une inscription. Inscription sur une pierre. Borne monumentale en pierre.
한 길 위의, 기둥 모양의, 비문이 있는 돌 | 돌에 새겨진 비문 | 돌로 된 기념 경계표

돌빗 [TOL-PĂI] (山梨) 원495
불 Poire sauvage dure et pierreuse.
한 딱딱하고 껄끄러운 야생 배

*돌숑ᄒᆞ다 [TOL-SYONG-HĂ-TA] (突誦) 원495
불 Réciter rondement et sans faute.
한 신속하고 틀림없이 암송하다

돌씌 [TOL-TTEUI] (盤帶) 원495
불 Attache de l'habit des enfants qui entoure le corps en forme de ceinture.
한 허리띠의 형태로 몸에 두르는 아이들의 옷에 있는 끈

돌옷 [TOL-OT,-SI] (石衣) 원494
불 Mousse ou lichen, sorte de plante qui croit sur les pierres.
한 이끼 또는 태선, 돌멩이 위에 자라는 식물 종류

돌입닋뎡ᄒᆞ다 [TOL-IP-NĂI-TYENG-HĂ-TA] (突入內庭) 원494
불 Entrer insolemment dans la cour intérieure, dans l'endroit où se tiennent ordinairement les femmes. Violer l'enceinte réservée aux femmes. (C'est un cas assez grave qui se punit par la flagellation et même par l'exil).
한 안뜰에, 보통 여자들만 있는 장소에 무례하게 들어가다 | 여자들 전용의 구내를 침범하다 | (태형으로, 그리고 유배에 이르는 처벌을 할 정도로 상당히 중죄이다)

돌져귀 [TOL-TJYE-KOUI] (樞) 원495
불 Gond d'une porte; charnière.
한 문의 돌쩌귀 | 경첩

돌지 [TOL-TJI] 원495
불 Homme qui est seul, sans appui (sans parents, ni amis). Homme rejeté de tout le monde.
한 혼자인, 의탁할 곳 없는 (부모도 친구도 없는) 사람, 모든 사람에게 따돌림을 당하는 사람

돌진아비 [TOL-TJIN-A-PI] (水虫) 원495
불 Capricorne des Alpes.
한 알프스의 영양

돌직악 [TOL-TJĂI-AK,-I] (瓦礫) 원495
불 Macadam, cailloux ou petites pierres mises sur une route pour la garnir.
한 마카담식 포장법, 길을 포장하기 위해서 길 위에 놓인 자갈이나 작은 돌멩이

*돌츌ᄒᆞ다 [TOL-TCHYOUL-HĂ-TA] (突出) 원495
불 Homme original, différent des autres. Quitter la compagnie. S'échapper avec précipitation; s'enfuir rapidement.
한 독특한, 다른 이들과 다른 사람 | 무리를 떠나다 | 황급히 도망가다 | 재빨리 달아나다

돌탑 [TOL-HTAP,-I] (石塔) 원495
불 Tour en pierre.
한 돌로 된 탑

돌팔매질ᄒᆞ다 [TOL-HPAL-MAI-TJIL-HĂ-TA] 원495 ☞ 돌팔매치다

돌팔매치다 [TOL-HPAL-MAI-TCHI-TA] (擲石) 원495
불 Lancer une pierre avec la main.
한 손으로 돌을 던지다

돌팔매ᄒᆞ다 [TOL-HPAL-MAI-HĂ-TA] 원495 ☞ 돌팔매치다

돌팟 [TOL-HPAT,-TCHI] (石豆) 원495
불 Pois ou haricots venus dans un champ qui n'a pas été cultivé pendant l'année. Pois cécoltés dans une jachère.
한 그 해 동안 경작되지 않은 밭에서 난 콩 또는 강낭콩 | 휴한지에서 수확된 콩

돌피 [TOL-HPI] (稗) 원495

불 Millet ou esp. de grain qui, l'année suivante, vient de lui-même et sans culture. ‖ Esp. d'ivraie du riz.
한 이듬해에 재배하지 않고 스스로 자라난 조 또는 곡식의 일종 | 벼 가라지 종류

돌ᄑᆞ리 [TOL-HPĂ-RI] (周回人) 원495
불 Diseurs de bonne aventure qui vont de maison en maison. ‖ Ambulant. qui circule pour voir. 돌ᄑᆞ리쟝ᄉᆞ Tol-hpă-ri tjang-să, Marchand ambulant. 돌ᄑᆞ리의원 Tol-hpă-ri eui-ouen, Médecin ambulant, qui va voir ses malades.
한 집집마다 다니는 점쟁이 | 행상인 | 경험하기 위해서 돌아다니는 사람 | 떠돌이 장수 | [용례 돌ᄑᆞ리쟝ᄉᆞ, Tol-hpă-ri tjang-să], 병자들을 보러 가는 떠돌이 의원 | [용례 돌ᄑᆞ리의원, Tol-hpă-ri eui-ouen], 환자를 보러 다니는 의사

돌함 [TOL-HAM,-I] (石函) 원495
불 Boîte, coffre, caisse en pierre.
한 돌로 만든 상자, 금고, 함

돌확 [TOL-HOĂK,-I] (石臼) 원495
불 Cuvette, mertier en pierre de la bascule, où on met le riz pour l'écosser.
한 대야, 껍질을 까기 위해 벼를 넣는, 돌로 만든 계량 막자사발

*돌ᄒᆞ다 [TOL-HĂ-TA] (突) 원495
불 Etre élevé en monticule, en bosse.
한 작은 산, 둔덕 높이로 높다

돔바ᄅᆞ다 [TOM-PA-RĂ-TA,-PAL-NA,-PA-REUN] (吝) 원487
불 Chiche, pingre, avare, qui veut tirer du profit des plus petites choses.
한 인색하다, 쩨쩨하다, 인색하다, 작은 것들에서 이익을 얻기를 바라다

돕다 [TOP-TA,TO-A,TO-EUN] (助) 원493
불 Aider, secourir, assister, soulager. (Honorif.: 도으시다 To-eu-si-ta.)
한 돕다, 구호하다, 보조하다, 도와주다 | (경칭 : 도으시다 To-eu-si-ta)

돕비늘 [TOL-PI-NEUL,-I] (雲母) 원495
불 Mica, écaille ou feuille mince de pierre brillante et transparente; lapis specularis.
한 운모, 빛나고 투명한 돌의 비늘이나 얇은 판 | 운모상의 청금석

[1]돗 [TOT,-TCHI] (豕) 원496
불 Porc, cochon.
한 돼지고기, 돼지

[2]돗 [TOT,-TCHI] (席) 원496
불 Natte.
한 돗자리

[3]돗 [TOT,-TCHI] (帆) 원496
불 Voile de navire.
한 선박의 돛

돗갑이 [TOT-KAP-I] (魍魎) 원497
불 Esprit follet, lutin (démon).
한 장난꾸러기 요정, 작은 악마(악마)

[1]돗고기 [TOT-KO-KI] 원497
불 Esp. de petit poisson de ruisseau dans les montagnes.
한 산 속 개울에 사는 작은 물고기 종류

[2]돗고기 [TOT-KO-KI] (猪肉) 원497
불 Viande de porc.
한 돼지고기

돗나물 [TOT-NA-MOUL,-I] 원497
불 Esp. d'herbe potagère. Esp. d'orpin, de sedum comestible.
한 식용 풀 종류 | 꿩의 비름, 식용 꿩이비름속의 식물 종류

돗다 [TOT-TA,TOT-A,TOT-EUN] (生) 원497
불 Se lever (soleil, lune); naître; apparaître; revivre; verdir (herbe); devenir de plus en plus; s'élever.
한 (해, 달이) 떠오르다 | 태어나다 | 나타나다 | 소생하다 | (풀이) 푸르러지다 | 점점 ~이 되다 | 오르다

돗ᄃᆡ [TOT-TĂI] (棹) 원497
불 Mât de navire; bambou de la voile.
한 선박의 돛대 | 돛의 대나무 단장

돗바ᄂᆞᆯ [TOT-PA-NĂL,-I] (大針) 원497
불 Grande aiguille d'emballage, carrelet.
한 포장용 큰 바늘, [역주 마구장수의] 큰 바늘

돗바듸 [TOT-PA-TEUI] (織席械) 원497
불 Pièce de bois ou traverse percée de trous pour laisser passer les fils de la chaîne, et qui sert à confectionner des nattes.
한 돗자리를 만드는 데에 사용하는, 날실을 통과시키기 위한 구멍이 뚫린 나무 조각이나 가로장

돗자리 [TOT-TJA-RI] (盲席) 원497
불 Natte dont les fils de la chaîne sont à l'intérieur, natte en 돗 Tot.
한 안이 날실로 된 자리, 돗 Tot으로 된 자리

[1]* 동 [TONG,-I] (東) 원487
불 Orient. est.
한 동양 | 동쪽

[2]* 동 [TONG,-I] (童) 원487
불 Enfant, jeune homme non marié.
한 아이, 결혼하지 않은 젊은 남자

[3]* 동 [TONG,-I] (垌) 원487
불 Chaussée pour diriger l'eau.
한 물을 관리하기 위한 둑

[4] 동 [TONG,-I] 원487
불 Terminais. Qui se met après les participes, avec le sens de; la chose de. 밋└동 마└동 Mit-năn-tong ma-năn-tong, De croire ou de ne pas (croire). V.Syn. 동이 Tong-i.
한 ~하는 것이라는 의미로 분사 다음에 오는 어미 | [용례 밋└동 마└동, Mit-năn-tong ma-năn-tong], 믿거나 (믿지) 않거나 | [동의어 동이, Tong-i]

[5]* 동 [TONG,-I] (冬) 원488
불 Hiver.
한 겨울

[6]* 동 [TONG,-I] (同) 원488
불 Numéral des dizaines de pinceaux, des bâtons d'encre, des pièces de toile, des faix, des fagots ou charges de bois, des gerbes, des centaines de mains de papier, des souliers.
한 몇십 개의 붓, 먹, 천 조각, 짐, 나뭇단 또는 나뭇짐, 다발, 수백 권의 종이, 신발을 세는 수사

[7]* 동 [TONG] (同) 원488
불 En agr. Ensemble; avec; avoir ou faire en commun.
한 한자어로 함께 | 같이 | 공동으로 갖거나 하다

[8]* 동 [TONG,-I] (動) 원488
불 En agr. Remuer.
한 한자어로 움직이다

[9]* 동 [TONG,-I] (銅) 원488
불 En agr. Cuivre.
한 한자어로 구리

*동가 [TONG-KA] (同價) 원488
불 Même prix, même valeur, prix identique.
한 같은 가격, 같은 가치, 동일한 가격

동가숨 [TONG-KA-SĂM,-I] (上胸) 원489
불 Poitrine, haut de la poitrine, le thorax.
한 가슴, 가슴의 윗부분, 흉부

*동가홍샹 [TONG-KA-HONG-SYANG] (同價紅裳) 원488
불 Pour le même prix j'aime mieux acheter chez mon ami.
한 같은 가격이면 친구의 가게에서 사는 것이 낫다

*동갑 [TONG-KAP,-I] (同甲) 원489
불 Contemporain; de la même année; du même âge. après les nombres, signifie; fois autant. 혼동갑 Hăn tong-kap, Une fois plus, c. a. d. le double. 네동갑 Nei tong-kap, Quatre fois autant, c. a. d. quadruple.
한 같은 시대의 | 같은 해의 | 같은 나이의 | 숫자들 다음에, 같은 횟수를 의미한다 | [용례 혼동갑, Hăn tong-kap], 한 배 더, 즉 두 배 | [용례 네동갑, Nei tong-kap], 그만큼 네 배, 즉 네 배

동강 [TONG-KANG,-I] (絕同) 원489
불 Morceau; partie séparée d'un corps; portion d'une chose; bout de corde, de fil.
한 부분 | 몸통에서 분리된 부분 | 한 물건의 나누어진 부분 | 밧줄의, 끈의 끝

동거리 [TONG-KE-RI] 원489
불 Nom d'une esp. de maladie du bœuf, des bestiaux (p. ê. le charbon.).
한 소, 짐승들이 걸리는 병의 일종의 명칭 (아마도 탄저병)

*동거인 [TONG-KE-IN,-I] (同居人) 원489
불 Compagnons; hommes de la même compagnie, de la même société; consorts, confrères, qui habitent ensemble.
한 동료 | 같은 패의, 같은 모임의 사람들 | 일당, 동료, 함께 사는 사람들

*동거취호다 [TONG-KE-TCHYOUI-HĂ-TA] (同去就) 원489
불 Etre ensemble; aller ensemble.
한 함께 있다 | 함께 가다

*동거호다 [TONG-KE-HĂ-TA] (同居) 원489
불 Etre ensemble; vivre ensemble; demeurer ensemble; habiter ensemble dans une même maison, dans un même village.
한 함께 있다 | 함께 살다 | 함께 거주하다 | 같은 집, 같은 마을에서 함께 살다

*동결 [TONG-KYEL,-I] (洞結) 원489
불 Contributions d'un village.
한 마을의 세금

동경이 [TONG-KYENG-I] (尾短) 원489
불 Animal qui n'a pas de queue, dont la queue est retranchée avant de naître.

한 꼬리가 없는, 태어나기 전에 꼬리가 떼어진 동물

동경이개 [TONG-KYENG-I-KAI] 원489
불 Chien qui a de grands yeux blancs.
한 희고 큰 눈을 가진 개

1* 동계 [TONG-KYEI] (洞契) 원489
불 Assemblée d'un village.
한 마을의 모임

2* 동계 [TONG-KYEI] (冬季) 원489
불 Les quatre-temps d'hiver.
한 동계소재

3* 동계 [TONG-KYEI] (凍鷄) 원489
불 Poule gelée pour être conservée.
한 보관하기 위해서 얼린 닭

*동계쇼지 [TŌNG-KYEI-SYO-TJĂI] (冬季小齋) 원489
불 L'abstinence des quatre-temps d'hiver.
한 동계소재의 금육

*동고 [TONG-KO] (同苦) 원489
불 Compassion; passion, souffrance endurée ensemble; misère ou affliction commune.
한 동정 | 괴로움, 함께 견딘 고통 | 공동의 재난이나 불행

동고람이 [TONG-KO-RAM-I] (圓圈) 원489
불 Rond, cercle, circonférence.
한 둥근 모양, 원, 원주

동고리 [TONG-KO-RI] 원489
불 Corbeille ronde de petite dimension.
한 작은 크기의 둥근 바구니

*동고ᄒᆞ다 [TONG-KO-HĂ-TA] (同苦) 원489
불 Compatir, souffrir avec, partager la douleur.
한 동정하다, 함께 견디다, 고통을 나누다

동골다 [TONG-KOL-TA,TONG-KOL-E,TONG-KON] (圓) 원489
불 Etre rond, être en cercle, en forme de circonférence, de boule, de globe. Etre roulé; rouler.
한 둥글다, 둥근 모양, 원주, 공, 구 모양이다 | 둥글게 말리다 | 둥글게 말다

동골동골 [TONG-KOL-TONG-KOL] 원489
불 En rond. Se dit d'un objet renfermé dans un sac et qui, au toucher, paraît rond.
한 둥그렇게 | 가방 안에 틀어박힌, 만졌을 때 둥근 듯한 물건에 대해 쓴다

동곳 [TONG-KOT,-SI] (簪) 원489
불 Cheville ou épingle pour maintenir le toupet des cheveux des hommes.
한 남자들의 머리카락 뭉치를 고정시키기 위한 갈고리나 핀

동곳동곳 [TONG-KOT-TONG-KOT] 원489
불 Désigne la manière dont un objet est coupé en petits morceaux ronds, ou carrés. en rond.
한 물건이 둥글거나 네모난 모양의 작은 조각으로 잘리는 방식을 가리킨다 | 둥그렇게

*동과 [TONG-KOA] (東瓜) 원489
불 Nom d'une esp. de pastèque, concombre.
한 수박의 종류의 이름, 오이

*동관 [TONG-KOAN,-I] (同官) 원489
불 Collègue de dignité; camarade de promotion; qui ont les mêmes dignités.
한 고관직의 동료 | 동기생 | 같은 고위직을 가진 사람

1* 동교 [TONG-KYO] (同教) 원489
불 Disciples d'un même maître, qui suivent une même doctrine. ‖ Qui sont également chrétiens, cochrétiens.
한 같은 스승의, 같은 학파를 따르는 제자들 | 같은 기독교 신자들, 동료 기독교 신자들

2* 동교 [TONG-KYO] (東郊) 원489
불 Faubourg de l'est avec ses dépendances; la banlieue du côté de l'est (jusqu'à la distance de trois lieues).
한 그 종속지가 있는 동쪽 교외 | 동쪽의 외곽지방 (3리외의 거리까지)

*동구 [TONG-KOU] (洞口) 원489
불 Fin d'une vallée, commencement de la plaine.
한 계곡의 끝, 평원의 시작

동구스름ᄒᆞ다 [TONG-KOU-SEU-REUM-HĂ-TA] (圓貌) 원489
불 Etre arrondi, rond, sphérique.
한 둥그스름하다, 둥글다, 구형이다

*동국 [TONG-KOUK,-I] (東國) 원489
불 Royaume de l'est.
한 동쪽의 왕국

*동국통감 [TONG-KOUK-HTONG-KAM] (東國通鑑, (Est, royaume, général. miroir)) 원489
불 Titre d'un ouvrage qui contient les annales historiques de la Corée.
한 조선의 역사적인 기록을 포함하는 저작물의 명칭

1* 동군 [TONG-KOUN,-I] (東君) 원489
불 Fils du roi. ‖ Génie du printemps (superst.).
한 왕의 아들 | 봄의 수호신 (미신)

2* 동군 [TONG-KOUN,-I] (同郡) 원489

불 Compatriote du même district, dépendant du même mandarin.
한 같은 지역의 동향인, 같은 관리에게 종속된 사람

3*동군 [TONG-KOUN,-I] (洞軍) 원489
불 Ouvrier pour un ouvrage public du village; corvée du village.
한 마을 공동의 일을 하는 노동자 | 마을의 부역

*동군ᄒᆞ다 [TONG-KOUN-HĂ-TA] (動軍) 원489
불 Mettre l'armée en marche.
한 군대를 행군시키다

*동궁 [TONG-KOUNG,-I] (東宮) 원489
불 Fils du roi, fils aîné du roi, l'héritier présomptif.
한 왕의 아들, 왕의 첫째 아들, 추정 상속인

*동긔간 [TONG-KEUI-KAN,-I] (同氣間) 원489
불 Frères et sœurs; fraternité; parenté de deux frères entre eux.
한 남자 형제들과 여자 형제들 | 형제 관계 | 두 형제 사이의 혈족 관계

*동기 [TONG-KĂI] (筒盖) 원489
불 Carquois; étui de l'arc; l'étui où l'on met ensemble l'arc et les flèches.
한 전동 | 화살통 | 활과 화살을 함께 넣어 두는 통

동나다 [TONG-NA-TA,TONG-NA,TONG-NAN] (同柴) 원490
불 Etre privé de; n'avoir pas; n'avoir plus; n'être plus. Etre rompu, interrompu.
한 ~이 없다 | 갖고 있지 않다 | 더 이상 없다 | 더 이상 아니다 | 파기되다, 중단되다

동나무 [TONG-NA-MOU] 원490
불 Bois, morceau de bois, fagot de bois, gerbe d'herbes à brûler.
한 나무, 나무 조각, 나뭇단, 태우기 위한 풀의 다발

*동남간 [TONG-NAM-KAN,-I] (東南間) 원490
불 Sud-est.
한 남동쪽

*동남풍 [TONG-NAM-HPOUNG,-I] (東南風) 원490
불 Vent de sud-est.
한 남동풍

*동녀 [TONG-NYE] (童女) 원490
불 Vierge, femme qui ne s'est jamais mariée.
한 처녀, 결혼을 한 번도 하지 않은 여자

동녁 [TONG-NYEK,-I] (東) 원490
불 Est, orient, côté de l'est.
한 동쪽, 동양, 동쪽

*동녹 [TONG-NOK,-I] (銅綠) 원490
불 Rouille, oxyde, vert-de-gris, moisissure.
한 녹, 산화물, 녹청 산화구리, 곰팡이

*동녹쓰다 [TONG-NOK-SSEU-TA,-SSE,-SEUN] (銅錄) 원490
불 Se rouiller, s'oxyder.
한 녹슬다, 산화하다

동뉴 [TONG-NYOU] 원491 ☞동류

동니이 [TONG-NI-I] (連同) 원490
불 Morceau rapporté, ajouté; pièce mise pour allonger ou consolider; jointure, point de réunion de deux choses entre elles.
한 덧붙여진, 첨가된 부분 | 늘이거나 강화하기 위해서 놓아둔 조각 | 이음새, 두 개가 서로 만나는 지점

*동ᄂᆡ [TŎNG-NĂI] (洞內) 원490
불 Village; quartier d'une ville; rue; division du canton.
한 마을 | 한 도시의 구역 | 길 | 구역의 나눔

*동답 [TONG-TAP,-I] (洞畓) 원491
불 Rizières.
한 논

1*동당 [TONG-TANG,-I] (東堂) 원491
불 Nom d'une esp. d'examen de bacheliers.
한 일종의 바칼로레아 시험의 명칭

2*동당 [TONG-TANG,-I] (同黨) 원491
불 De même clique, de même espèce, de même nature.
한 같은 도당의, 같은 종류의, 같은 기질의

1동당이치다 [TONG-TANG-I-TCHI-TA,-TCHYE,-TCHIN] 원491
불 Faire arrêter un homme et le faire tenir par le toupet en le faisant frapper. (Se dit d'un noble qui fait ainsi arrêter un homme du peuple).
한 남자를 붙잡게 하고 그를 두들겨 패게 하면서 앞의 올림머리를 휘어잡게 하다 | (서민 남자를 이렇게 붙잡게 하는 귀족에 대해 쓴다)

2동당이치다 [TONG-TANG-I-TCHI-TA,-TCHYE,-TCHIN] 원491
불 Lancer un objet qui tombe en roulant.
한 굴러 떨어지는 물체를 던지다

*동뎡 [TŎNG-TYENG] (童貞) 원491
불 Vierge, virginité.
한 처녀, 동정

*동뎡식ᄒᆞ다 [TONG-TYENG-SIK-HĂ-TA] (同鼎食) 원491

불 Préparer le riz pour tout le monde dans une seule chaudière. Une chudière. Une seule chaudière de riz pour toute la maison. ‖ Manger le riz de la même marmite, c. a. d. être amis.
한 단 하나의 가마솥에 모두를 위한 밥을 짓다 | 한 가마솥 | 온 가족을 위한 단 하나의 밥솥 | 같은 냄비의 밥을 먹다, 즉 친구이다

*동도 [TONG-TO] (同道) 원491
불 Semblable doctrine. qui suivent la même doctrine.
한 비슷한 교리 | 같은 교리를 추구하는 사람

*동동 [TONG-TONG] (憧憧) 원492
불 Bruit du tambour. 동동동치다 Tong-tong-tong-tchi-ta, Battre un petit tambour à coups précipités.
한 북소리 | [용례 동동동치다, Tong-tong-tong-tchi-ta], 작은 북을 빠르게 두드리다

*동동촉촉 [TONG-TONG-TCHOK-TCHOK] (洞洞屬屬) 원492
불 Faire attention, être sur ses gardes, être attentif. ‖ Très-vite, avec beaucoup de hâte, d'ardeur.
한 주의를 기울이다, 조심하다, 주의하다 | 매우 빠르게, 매우 급하게, 매우 열정적으로

*동됴 [TONG-TYO] (東朝) 원492
불 Gouvernement de l'est; cour de l'est. ‖ Reine régente.
한 동쪽의 정부 | 동쪽의 왕궁 | 섭정 여왕

*동등 [TONG-TEUNG,-I] (同等) 원491
불 Similitude, ressemblance. De même ordre, de même rang, de même qualité.
한 공통점, 유사성 | 같은 서열의, 같은 등급의, 같은 질의

*동탕ᄒᆞ다 [TONG-HTANG-HĂ-TA] (動盪) 원492
불 Emouvoir les sentiments (v.g. la musique) ‖ Joli, beau, gracieux (de figure). Etre d'un bel extérieur, d'une figure imposante.
한 감동시키다 (예. 음악) | 예쁘다, 아름답다, 우아하다 (모습) 외모가 아름답다, 위엄있는 얼굴이다

*동량 [TONG-RYANG,-I] (棟樑) 원491
불 Grands matériaux; colonnes et poutres, matériaux qui supportent l'édifice. Au figuré; grand homme qui est le fondement d'un royaume, etc.
한 큰 자재 | 기둥과 들보, 건물을 받치는 자재 | 비유적으로; 왕국 등의 기반이 되는 큰 인물

동량앗치 [TONG-RYANG-AT-TCHI] (乞粮人) 원491
불 Mendiant.
한 거지

동량ᄒᆞ다 [TONG-RYANG-HĂ-TA] (請糧) 원491
불 Mendier.
한 동냥하다

*동렴ᄒᆞ다 [TONG-RYEM-HĂ-TA] (動念) 원491
불 Penser. Consentir. Etre de même avis; penser comme; avoir la même idée, le même sentiment, la même opinion, la même pensée.
한 생각하다 | 동의하다 | 같은 생각이다 | ~처럼 생각하다 | 같은 생각, 같은 느낌, 같은 의견, 같은 사고를 가지다

*동령ᄒᆞ다 [TONG-RYENG-HĂ-TA] (動鈴) 원491
불 Mendier en agitant une clochette ou en frappant deux bâtonnets.
한 작은 종을 흔들거나 두 개의 작은 막대기를 치거나 구걸하다

*동류 [TONG-RYOU] (同類) 원491
불 De même genre, de même espèce.
한 같은 유형의, 같은 종류의

1*동명 [TONG-MYENG,-I] (同名) 원489
불 De même nom, homonyme, qui a le même nom.
한 같은 이름의, 동음이의[역주 同音異義]의, 같은 이름을 갖다

2*동명 [TONG-MYENG,-I] (洞名) 원489
불 Nom du village.
한 마을의 이름

동모 [TONG-MO] (伴) 원489
불 Condisciple, camarade, compagnon, égal.
한 학우, 동료, 동무, 동등한 사람

*동몽 [TONG-MONG,-I] (童蒙) 원490
불 Petit enfant, impubère.
한 어린 아이, 결혼 적령기에 이르지 않은 사람

*동문 [TONG-MOUN,-I] (東門) 원490
불 Porte de l'est.
한 동쪽 문

*동문셔답 [TONG-MOUN-SYE-TAP,-I] (東問西答, (Est, interroger, ouest, répondre)) 원490
불 Répondre à côté de la question, en dehors de l'interrogation. Réponse qui est tout à fait en dehors de la question.
한 질문 이외의, 질문에서 벗어난 답을 하다 | 전혀 질문 외의 대답

*동문슈학 [TONG-MOUN-SYOU-HAK,-I] (同門受學) 원

490
불 Camarades d'école, disciples d'un même maître. Etudier à la mê me école.
한 학교의 동료, 같은 스승의 제자들 | 같은 학교에서 공부하다

*동민 [TŌNG-MIN,-I] (洞民) 원489
불 Villageois, homme du peuple qui habite un village.
한 마을 사람, 한 마을에 사는 서민

1*동반 [TONG-PAN,-I] (同班) 원490
불 De même classe, de même espèce (homme).
한 같은 교실의, 같은 종류의 (사람)

2*동반 [TONG-PAN,-I] (東班) 원490
불 Noble de l'est, c. a. d. de l'ordre civil. V. 문관 Moun-koan.
한 동쪽의, 즉 민간 신분의 귀족 | [참조어 문관, Moun-koan]

동발이 [TONG-PAL-I] 원490
불 Cale, appui, petit morceau de bois placé sous une poutre transversale pour l'empêcher de plier; soutien, support, étai.
한 굄목, 받침대, 가로 들보가 휘는 것을 막기 위해서 그 아래에 놓이는 작은 나무 조각 | 지지물, 받침대, 지주

1*동방 [TONG-PANG,-I] (東方) 원490
불 Pays de l'est. Côté de l'est.
한 동쪽 지방 | 동쪽

2*동방 [TONG-PANG,-I] (同榜) 원490
불 Camarade ou collègue d'examen, de dignité.
한 시험, 고관직의 동지 또는 동료

*동방ᄒᆞ다 [TONG-PANG-HĂ-TA] (同房) 원490
불 Etre dans la même chambre, y demeurer.
한 같은 방에 있다, 그곳에서 머물다

*동범ᄒᆞ다 [TONG-PEM-HĂ-TA] (同犯) 원490
불 Complice; pécher ensemble; être complice.
한 공범 | 함께 죄를 짓다 | 공범이다

1*동벽 [TONG-PYEK,-I] (東壁) 원490
불 Mur du côté de l'est.
한 동쪽의 벽

2*동벽 [TONG-PYEK,-I] (同辟) 원490
불 Nom d'une esp. d'examen de bacheliers.
한 일종의 바칼로레아 시험의 명칭

*동변 [TŌNG-PYEN,-I] (童便) 원490
불 Urine de petit garçon de dix à douze ans (remède).
한 10~12세의 어린 소년의 소변 (약)

동보리 [TONG-PO-RI] (秋牟) 원490
불 Orge éventail.
한 부채 모양의 보리

1*동복 [TŌNG-POK,-I] (冬服) 원490
불 Habit d'hiver.
한 겨울 옷

2*동복 [TONG-POK,-I] (同腹) 원490
불 Né d'une même mère, né du même sein.
한 같은 어머니에게서 태어나다, 같은 태에서 태어나다

*동본 [TONG-PON,-I] (同本) 원490
불 Origine semblable, même source, de famille.
한 비슷한 혈통, 같은 본, 가족의

1동부 [TONG-POU] 원490
불 Esp. de haricot (ou pois) dont la cosse est très-allongée.
한 깍지가 매우 길쭉한 제비콩(또는 콩)의 종류

2*동부 [TONG-POU] (東府) 원490
불 Le mandarinat de l'est; un des quatre quartiers de la capitale, celui de l'est; tribunal de l'est à la capitale.
한 동쪽의 고급 관리직 | 수도의 4개 구역 중의 하나, 동쪽에 있는 것 | 수도에서 동쪽의 재판관

*동부동 [TONG-POU-TONG] (同不同) 원490
불 Certainement.
한 틀림없이

*동북간 [TONG-POUK-KAN,-I] (東北間) 원490
불 Nord-est.
한 북동

*동북풍 [TONG-POUK-HPOUNG,-I] (東北風) 원490
불 Vent de N. E.
한 북동풍

*동빙 [TŌNG-PING,-I] (冬氷) 원490
불 Glace.
한 얼음

1*동빅 [TONG-PĂIK,-I] (冬柏) 원490
불 Stramoine, datura, stramonium, herbe du diable, herbe des magiciens. Syn. 당씌 Tang-kkăi.
한 흰독말풀, 가시독말풀, 가시독말풀, 악마의 풀, 마법사들의 풀 | [동의어 당씌, Tang-kkăi]

2*동빅 [TONG-PĂIK,-I] (東柏) 원490
불 Titre du gouverneur de 강원도 Kang-ouen-to.
한 강원도 Kang-ouen-to 지사의 칭호

1* **동산** [TONG-SAN,-I] (東山) [원]491
[불] Montagne du côté de l'est.
[한] 동쪽에 있는 산

2 **동산** [TONG-SAN,-I] (園) [원]491
[불] Jardin, verger sur une petite élévation; bouquet d'arbres fruitiers sur le penchant de la montagne (ordin. derrière la maison).
[한] 약간 높은 곳에 있는 정원, 과수원 | 산비탈에 있는 과실나무의 숲 (보통. 집 뒤)

* **동샹례** [TONG-SYANG-RYEI] (東床禮) [원]491
[불] Usage d'après lequel le nouveau marié est obligé de régaler ceux qu'il rencontre, ses amis, pour payer sa bienvenue dans la confrérie des gens mariés.
[한] 결혼한 남자들의 단체에 입회연을 베풀기 위해 새신랑이 만나는 사람들, 그의 친구들을 대접해야만 하는 풍습

1* **동셔** [TONG-SYE] (同婿) [원]491
[불] Le mari de la sœur de la femme, la femme du frère du mari, les maris des deux sœurs, les épouses des deux frères, etc. S'appellent ainsi.
[한] 부인의 여자 형제의 남편, 남편의 남자 형제의 부인, 두 여자 형제의 남편들, 두 남자 형제의 부인들 등을 그렇게 부른다

2* **동셔** [TONG-SYE] (東西) [원]491
[불] Est et ouest.
[한] 동쪽과 서쪽

* **동셔남북** [TONG-SYE-NAM-POUK] (東西南北) [원]491
[불] Est, ouest, sud, nord. les quatre points cardinaux.
[한] 동, 서, 남, 북 | 주요 네 지점

* **동셔다** [TONG-SYE-TA,TONG-SYE,TONG-SYEN] [원]491
[불] Pousser une tige qui donnera des fleurs et de la graine. (Se dit des plantes qui, n'ayant encore que des feuilles, poussent une tige qui fleurira, v. g. hyacinthe, ail, ognon, légumes).
[한] 꽃과 종자가 나게 될 줄기가 돋아나다 | (아직은 잎만 가지고 있지만, 꽃이 필 줄기가 돋아나는 식물들에 대해 쓴다, 예. 수선화, 마늘, 양파, 채소들)

1* **동셕ᄒᆞ다** [TONG-SYEK-HĂ-TA] (同席) [원]491
[불] Etre assis sur la même natte.
[한] 같은 자리에 앉다

2* **동셕ᄒᆞ다** [TONG-SYEK-HĂ-TA] (動石) [원]491
[불] Remuer une pierre; tourner, changer de place une pierre pour la travailler.
[한] 돌을 움직이다 | 돌을 다듬기 위해 돌리다, 위치를 옮기다

1* **동셩** [TONG-SYENG,-I] (同姓) [원]491
[불] De même nom. qui porte le même nom de famille sans être parent.
[한] 같은 성의 | 친척은 아니지만 같은 성을 갖다

2* **동셩** [TONG-SYENG,-I] (同性) [원]491
[불] Même caractère; même constitution de tempérament.
[한] 같은 성격 | 같은 기질의 구성

* **동쇼** [TONG-SYO] (洞訴) [원]491
[불] Réunion des habitants d'un même village, pour offrir un placet ou pétition écrite au mandarin.
[한] 관리에게 진정서나 청원서를 제출하기 위한 같은 마을 사람들의 모임

* **동신** [TŌNG-SIN,-I] (童身) [원]491
[불] Corps d'enfant vierge; virginité; qui a gardé la continence.
[한] 동정의 아이 몸 | 순결 | 정조를 지킨 사람

동실동실ᄒᆞ다 [TONG-SIL-TONG-SIL-HĂ-TA] (浮貌) [원]491
[불] Désigne la manière dont une plume d'oiseau, un morceau de papier, etc., est emporté par le vent. Etre légèrement balancé sur l'eau.
[한] 새의 깃털, 종잇조각 등이 바람에 휩쓸리는 모양을 가리킨다 | 물 위에서 가볍게 흔들리다

* **동심ᄒᆞ다** [TONG-SIM-HĂ-TA] (同心) [원]491
[불] Etre de même avis; avoir la même pensée, le même sentiment, le même cœur, la même opinion, la même idée; s'entendre pour.
[한] 같은 생각이다 | 같은 생각, 같은 감정, 같은 마음, 같은 견해, 같은 사고를 가지다 | 서로 뜻이 맞다

* **동심합력ᄒᆞ다** [TONG-SIM-HAP-RYEK-HĂ-TA] (同心合力) [원]491
[불] Réunir ses forces dans le même but, le même dessein.
[한] 같은 목적, 같은 의도로 자신의 힘을 모으다

* **동ᄉᆞ** [TONG-SĂ] (同事) [원]491
[불] Associé, compagnon (d'ouvrage de commerce). (Ne se dit que des associés pour le commerce et des hommes qui montent la même barque).
[한] (거래하는 일을 함께 하는) 협력자, 동료 | (거래를 위한 협력자, 그리고 같은 배에 타는 사람들에 대해서만 쓴다)

* **동ᄉᆞᄒᆞ다** [TONG-SĂ-HĂ-TA] (凍死) [원]491

불 Mourir de froid, mourir glacé.

한 추위로 죽다, 얼어 죽다

*동식 [TONG-SĂIK,-I] (同色) 원491

불 Affilié au même parti civil; qui est du même parti.

한 같은 문민의 정당에 가입되다 | 같은 당이다

동식친구 [TONG-SĂIK-TCHIN-KOU] (同色友) 원491

불 Amis du même parti civil.

한 같은 문민의 정당의 동료들

*동싱 [TONG-SĂING,-I] (同生) 원491

불 Frère cadet (par rapport à un frère aîné). Sœur cadette (par rapport à une sœur aînée).

한 (손위의 형과 비교해서) 손아래 남자 형제 | (손위의 여자 형제와 비교해서) 손아래 여자 형제

동싸다 [TONG-SSA-TA,-SSA,-SSAN] 원491

불 Couper une pièce de bois en deux, de travers; scier un arbre ou le couper avec la hache par le milieu et en travers.

한 하나의 나무 조각을 둘로, 비스듬히 자르다 | 나무를 톱질하거나 그 가운데를 가로로 도끼로 자르다

동아 [TONG-A] 원488

불 Nom d'une esp. de pastèque, concombre, citrouille.

한 일종의 수박 이름, 오이, 서양호박

동아리 [TONG-A-RI] 원488

불 Confrère, camarade, de la même secte, de la même entreprise. Espèce, genre, troupe. (Pop.).

한 같은 분야, 같은 회사의 동업자, 동료 | 종류, 류, 무리 | (속어)

동안 [TONG-AN,-I] 원488

불 Espace; délai; intervalle; espace de temps; pendant; entre; durant. 동안에 Tong-an-ei, En l'espace de.

한 사이 | 기간 | 간격 | 시간의 간격 | ~동안 | ~사이에 | ~동안 | [용례 동안에, Tong-an-ei], ~하는 동안에

*동양 [TONG-YANG,-I] (東洋) 원488

불 Mer orientale, mer du Japon.

한 동쪽의 바다, 일본해

*동어 [TŌNG-E] (冬魚) 원488

불 Nom d'une esp. de petit poisson de mer, petit de 슝어 Syoung-e.

한 작은 바닷고기의 종류의 명칭, 슝어 Syoung-e의 새끼

동옷 [TONG-OT,-SI] (夾袖) 원488

불 Habit long à petites manches, petit habit long, gilet, veste.

한 소매가 짧은 긴 옷, 작고 긴 옷, 조끼, 앞이 트인 웃옷

*동요 [TONG-YO] (童謠) 원488

불 Chant des enfants, quelquefois sans aucune signification, et auquel on attache un sens prophétique. Esp. de chant qui annonce des événements futurs, esp. de chant prophétique.

한 때때로 아무 의미 없는, 그리고 예언적인 의미를 붙이는 어린이들의 노래 | 미래의 사건을 예고하는 노래 종류, 예언적인 노래 종류

*동월동일 [TONG-OUEL-TONG-IL,-I] (同月同日) 원488

불 La même lune, le même jour.

한 같은 달, 같은 날

*동유 [TONG-YOU] (同油) 원488

불 Objet huilé, vernis d'huile bouillie.

한 기름칠한 물건, 끓인 기름으로 된 윤내는 약

*동읍 [TONG-EUP,-I] (同邑) 원488

불 Du même district; qui dépend du même mandarin; concitoyen, habitant de la même ville.

한 같은 구역의 | 같은 관리에게 속해 있는 사람 | 동향인, 같은 마을에 사는 주민

[1]*동의 [TŌNG-EUI] (冬衣) 원488

불 Habit d'hiver.

한 겨울 옷

[2]동의 [TONG-EUI] (瓮) 원488

불 Vase en terre pour porter l'eau, amphore, vase à deux anses contenant vingt à vingt-cinq écuelles.

한 물을 가져가는 데 쓰는 흙으로 만든 항아리, 항아리, 사발로 20개에서 25개의 양을 담을 수 있는 손잡이가 두 개 달린 항아리

*동의보감 [TONG-EUI-PO-KAM,-I] (東醫寶鑑) 원488

불 Nom d'un livre coréen de médecine, fait par les Coréens, traduit et imprimé en chinois.

한 조선인들에 의해 만들어진, 중국어로 번역되어 인쇄된 한 조선 의서의 명칭

*동의ᄒᆞ다 [TONG-EUI-HĂ-TA] (同議) 원488

불 Délibérer en commun.

한 공동으로 토의하다

*동이 [TONG-I] 원488

불 Chose, affire. Termin. après les participes. 밋ᄂᆞᆫ동마ᄂᆞᆫ동동이둘히오 Mit-năn tong ma-năn tong tong-i toul-hi o. 《chose de croire, chose de ne pas

(croire) choses deux c'est,》 c. a. d. ce sont deux choses (différentes) V. 동 Tong.
한 사항, 일, 분사 뒤의 어미 | [용례 밋는동마는동동이둘히오, Mit-năn tong ma-năn tong tong-i toul-hi o], 《믿는 것과 (믿지) 않는 것, 두 가지이다》 | 즉 (서로 다른) 두 개의 것이다 | [참조어 동, Tong]

1*동인 [TONG-IN,-I] (銅人) 원488
불 Statue d'homme en cuivre.
한 구리로 된 사람의 조각상

2*동인 [TONG-IN,-I] (東人) 원488
불 Homme de l'est. parti civil qui s'est réuni aux 남인 Nam-in.
한 동쪽의 사람 | 남인 Nam-in에 통합된 문민의 당파

3*동인 [TONG-IN,-I] (同人) 원488
불 Nom d'un livre païen. Recueil des compositions qui ont obtenu le prix aux concours.
한 한 이교도 책의 이름 | 선발 대회에서 상을 받은 작문들의 모음집

1*동임 [TŌNG-IM,-I] (洞任) 원488
불 Esp. de chef, de maire de village.
한 마을의 우두머리, 시장과 같은 사람

2*동임 [TONG-IM,-I] (同任) 원488
불 Homme chargés de fonctions semblables, de la même chose.
한 유사한 임무, 같은 일을 맡은 사람

*동쟝 [TŌNG-TJYANG,-I] (洞長) 원492
불 Chef d'un village.
한 마을의 장

1*동젼 [TŌNG-TJYEN] (洞錢) 원492
불 Trésor, argent en commun pour les besoins d'un village.
한 마을에 필요한 것들을 위한 공동의 재물, 돈

2*동젼 [TŌNG-TJYEN,-I] (銅錢) 원492
불 Sapèque de cuivre, monnaie de cuivre.
한 구리로 된 엽전, 구리로 된 돈

*동졀 [TŌNG-TJYEL,-I] (冬節) 원492
불 Temps d'hiver, l'hiver.
한 겨울철, 겨울

*동졉ᄒᆞ다 [TONG-TJYEP-HĂ-TA] (同接) 원492
불 Etre compagnon d'examen ou de classe; étudier ensemble; être condiciple, compagnon d'étude.
한 시험이나 수업의 동무이다 | 함께 공부하다 | 동창생, 학우이다

1동졍 [TONG-TJYENG,-I] 원491 ☞동뎡

2*동졍 [TONG-TJYENG,-I] (童貞) 원492
불 Vierge, virginité.
한 처녀, 동정

3*동졍 [TŌNG-TJYENG,-I] (動靜) 원492
불 Le va-et-vient, la marche, le mieux, ou le pis, ou l'état stagnant. Mouvement et repos. La manière, la marche, la tournure d'une affaire.
한 왕래, 운행, 최고 또는 최악, 또는 정체된 상태 | 움직임과 활동 정지 | 방식, 걸음걸이, 일의 국면

4동졍 [TONG-TJYENG,-I] 원492
불 Bordure pour conserver propre le collet des habits.
한 옷깃을 깨끗하게 유지하기 위한 가장자리 장식

*동졍ᄒᆞ다 [TŌNG-TJYENG-HĂ-TA] (動情) 원492
불 Remuer les sentiments du cœur; exciter la contrition; émouvoir; parler au cœur.
한 마음의 감정들을 동요시키다 | 후회를 불러일으키다 | 감동시키다 | 감성에 말을 걸다

*동죡 [TONG-TJYOK,-I] (同族) 원492
불 Parents du côté du père. ceux qui ont le même nom de famille. de même famille.
한 부계 쪽의 친척들 | 같은 성을 가진 사람들 | 같은 가문의

동죵 [TONG-TJYONG,-I] (同宗) 원492
불 Parents du côté du père, Ceux qui descendent d'une même souche par les hommes. De même famille et de même nom.
한 부계 쪽의 친척들, 같은 선조에서 남자 쪽으로 내려오는 후손들 | 같은 가문과 같은 이름의

동줄 [TONG-TJOUL,-I] 원492
불 Corde en zigzag qui passe, en se croisant, de l'un à l'autre des rayons de la roue du rouet, et sert à retenir le fil qu'on y dévide. Corde pour lier les paquets, qui sert à attacher un paquet par le milieu.
한 물레바퀴의 바큇살을 이쪽에서 저쪽으로 서로 교차하며 지나고, 거기에 감긴 실을 고정하는 데에 쓰이는 갈지 자 모양의 끈 | 꾸러미를 묶기 위한 것으로, 꾸러미를 가운데로 묶는 데 사용하는 끈

동줄기 [TONG-TJOUL-KI] 원492
불 Corde qui sert à lier un paquet (par le milieu).
한 꾸러미를 (가운데로) 묶는 데 사용하는 끈

1*동즁 [TONG-TJYOUNG,-I] (洞中) 원492
불 Milieu d'un village, milieu ou fond d'une vallée.

한 마을의 가운데, 계곡의 가운데 또는 저지대

2*동즁 [TONG-TJYOUNG,-I] (同衆) 원492
불 Camarades, associés.
한 동료들, 회원들

1*동지 [TONG-TJI] (冬至) 원492
불 Hiver plein. 4e quinzaine d'hiver, solstice d'hiver, 22 décembre.
한 한겨울 | 겨울의 네 번째 2주간, 동지, 12월 22일

2*동지 [TONG-TJI] (同知) 원492
불 Titre honorique qu'on donne à un homme qui a exercé une charge. Esp. de dignité honorifique.
한 임무를 수행한 사람에게 부여하는 경칭 | 명예로운 고위직의 종류

동지ᄃᆞᆯ [TONG-TJI-TĂL,-I] (冬至月) 원492
불 La 11e lune, l'avant-dernière lune.
한 열한 번째 달, 끝에서 두 번째 달

*동지ᄉᆞ [TONG-TJI-SĂ] (冬至使) 원492
불 Ambassadeur qui va à Péking à la 11e lune.
한 열한 번째 달에 북경으로 가는 사절

1*동ᄌᆞ [TONG-TJĂ] (童子) 원492
불 Enfant, jeune enfant de 10 à 15 ans, enfant mâle, garçon.
한 아이, 10~15세의 어린 아이, 남자 아이, 소년

2*동ᄌᆞ [TONG-TJĂ] (瞳子) 원492
불 La pupille de l'œil.
한 눈의 동공

*동ᄌᆞ삼 [TONG-TJĂ-SAM] (童子蔘) 원492
불 Jen-sen des montagnes qui ressemble à un homme. Qui a un peu la forme d'un homme. Racine de jen-sen fourchue.
한 산에서 나는, 사람을 닮은, 약간 사람의 모양을 한 인삼 | 갈래를 이룬 인삼의 뿌리

*동ᄌᆞ셕 [TŌNG-TJĂ-SYEK] (童子石) 원492
불 Statue d'enfant en pierre, que l'on met quelquefois devant un tombeau. Petite statue de pierre.
한 때때로 무덤 앞에 두는 돌로 된 아이의 조각상 | 돌로 된 작은 조각상

1*동ᄌᆡ [TONG-TJĂI] (洞財) 원492
불 Richesses d'un village.
한 한 마을의 재산

2동ᄌᆡ [TONG-TJĂI] (東齋) 원492
불 Chambre à l'est dans les temples de Confucius et où se réunissent les nobles.
한 공자의 사원에서 동쪽에 있고 귀족들이 모이는 방

*동창 [TONG-TCHANG,-I] (東窓) 원492
불 Fenêtre à l'est, fenêtre qui donne du côté de l'orient (elle ne s'ouvre pas).
한 동쪽에 있는 창, 동쪽으로 난 창 (열리지 않는다)

*동쳥 [TŌNG-TCHYENG,-I] (冬靑) 원492
불 Nom d'une esp. d'arbre vert qui a toujours les feuilles rouges.
한 항상 잎들이 붉은 일종의 생나무 명칭

*동초 [TONG-TCHO] (同招) 원493
불 Torture, question, interrogatoire d'un accusé. = ᄒᆞ다-ha-ta, Subir la question. = 밧다-pat-ta, Torturer, mettre à la torture, pour questionner, pour obtenir des révélations.
한 고문, 심문, 피고인의 심문 | [용례 = ᄒᆞ다, -ha-ta], 심문을 받다 | [용례 = 밧다, -pat-ta], 고문하다, 심문하기 위해, 정보를 얻기 위해 고문에 처하다

*동치 [TONG-TCHI] (童雉) 원493
불 Petit enfant de 7 à 8 ans.
한 일곱 살에서 여덟 살 되는 어린 아이

*동치셔주 [TONG-TCHI-SYE-TJOU] (東馳西走) 원493
불 S'enfuir à l'est et à l'ouest; aller dans toutes les directions.
한 동쪽과 서쪽으로 달아나다 | 모든 방향으로 가다

*동침 [TONG-TCHIM,-I] (銅鍼) 원493
불 Sorte d'aiguille ronde pour l'acuponcture. (La pointe en est acérée comme celle d'une aiguille; la tête est dépolie pour faciliter le mouvement de rotation qu'on lui imprime avec l'index et le pouce, afin de la faire entrer très-avant dans les chaires).
한 침술에 쓰이는 둥근 바늘의 종류 | (바늘처럼 그 끝이 뾰족하다; 살 속에 아주 깊이 들어가도록 검지와 엄지를 사용하는 회전 동작을 용이하게 하기 위해 머리 부분은 광택이 지워져 있다)

*동침이 [TONG-TCHIM-I] (冬沈) 원493
불 Nom d'une esp. de conserve ou salaison de navets où l'eau est très-abondante. Légumes salés d'hiver, c. a. d. salés frais en hiver pour être mangés tout de suite.
한 물이 매우 많은, 무의 보존식품 또는 소금 절임 한 종류의 이름 | 겨울에 소금을 뿌린, 즉 겨울에 당장 먹기 위해서 싱싱한 상태로 소금을 뿌린 채소들

*동침ᄒᆞ다 [TONG-TCHIM-HĂ-TA] (同枕) 원493
불 Dormir dans la même chambre (se dit ordin. des

époux).
한 같은 방에서 잠을 자다 (보통 부부에 대해 쓴다)

[1]동테 [TONG-HIEI] 원492
불 Roue de brouette, de voiture, de char, etc. roue.
한 외바퀴 손수레, 마차, 짐수레 등의 바퀴 | 바퀴

[2]동테 [TONG-HIEI] (動頉) 원492
불 Occasion donnée au démon de nuire, en faisant quelque chose qui lui a déplu. (Superst.).
한 그 기분을 거스르는 어떤 행동을 함으로써, 악마에게 주어진 해를 끼칠 기회 | (미신)

[1]*동텰 [TŌNG-HIYEL,-I] (冬鐵) 원492
불 Fer à cheval et clou dont on se sert pour ferrer un cheval pendant l'hiver; fer à glace.
한 말의 편자와 겨울 동안 말에게 편자를 박기 위해서 사용하는 못 | 미끄럼 방지용 편자

[2]*동텰 [TONG-HIYEL,-I] (銅鐵) 원492
불 Cuivre rouge, airain.
한 붉은색 구리, 청동

동트다 [TONG-HTEU-TA,TONG-HTE,TONG-HTEUN] (開東) 원492
불 Litt.; l'orient s'ouvre, se déchire. L'orient blanchit. Se lever (le soleil) commencer, se faire, apparaître (l'aurore, le jour)
한 글자대로 | 동쪽이 열리다, 찢어지다 | 동쪽이 희어지다 | (태양이) 떠오르다, (여명, 날이) 시작하다, 되다, 나타나다

동틀 [TONG-HTEUL,-I] (刑具) 원492
불 Esp. de fauteuil dans lequel est assis le patient pendant les tortures; chevalet, instrument de supplice.
한 고문을 당하는 동안 수형자가 앉아 있는 의자 종류 | 고문대, 고문 기구

동틔나다 [TONG-HTEUI-NA-TA,-NA,-NAN] (動頉) 원492
불 Porter malheur; irriter le génie et s'attirer sa fureur, sa vengeance. (superst.).
한 불행을 초래하다 | 수호신을 화나게 해서 그의 분노를 초래하다, 그의 복수 | (미신)

*동틱 [TONG-HTĂI] (凍鮐) 원492
불 Esp. de poisson de mer, le même que le 북어 Pouk-e, celui qui se pêche pendant l'hiver et est gelé pour être conservé.
한 겨울 동안 잡히고 저장하기 위해서 얼리는 북어 Pouk-e와 같은 바닷고기 종류

*동틱ᄒᆞ다 [TŌNG-HTĂI-HĂ-TA] (動胎) 원492
불 Se remuer (se dit des mouvements de l'enfant dans le sein de sa mère).
한 움직이다 (제 어머니 태내에 있는 아이의 움직임들에 대해 쓴다)

[1]*동파 [TONG-HPA] (同派) 원490
불 Descendants de, tous ceux qui descendent d'une même souche; de la même tribu ou branche de famille.
한 ~의 후손들, 같은 선조의 모든 후예 | 같은 부족 또는 집안 분파의

[2]*동파 [TONG-HPA] (冬葱) 원490
불 Ognon d'hiver. Ognon qui a de la graine.
한 겨울 양파 | 종자를 가진 양파

*동편 [TONG-HPYEN,-I] (東便) 원490
불 Orient, est, côté de l'est.
한 동양, 동쪽, 동쪽 편

*동폐 [TONG-HPYEI] (洞弊) 원490
불 Vilaine affaire dans un village, chose fâcheuse dans un village.
한 한 마을의 수치스러운 일, 한 마을의 거북스러운 일

*동포 [TONG-HPO] (洞布) 원490
불 Contribution imposée au village en gros sans déterminer la cote-part personnelle. Répartition égale des impôts entre tous les habitants.
한 개인의 할당액을 정하지 않고 대강 마을에 부과된 세금 | 모든 주민 사이에 세금의 공평한 분담

*동포형뎨 [TONG-HPO-HYENG-TYEI] (同胞兄弟) 원490
불 Frères et sœurs, aînés et cadets, nés d'une même mère et d'un même père. Frères nés de la même mère.
한 남자 형제들과 여자 형제들, 첫째들과 손아래 동생들, 같은 어머니와 같은 아버지에게서 태어난 사람들 | 같은 어머니에게서 태어난 남자 형제들

*동풍 [TONG-HPOUNG,-I] (東風) 원491
불 Vent d'est.
한 동풍

*동픔 [TONG-HPEUM,-I] (同品) 원490
불 Semblable dignité; de même dignité
한 유사한 고위직 | 같은 고위직의

[1]동픔ᄒᆞ다 [TONG-HPEUM-HĂ-TA] (同宿) 원490
불 Dormir embrassés, coucher emsemble, faire l'acte conjugal.
한 껴안은 채 자다, 함께 자다, 부부행위를 하다

[2]* 동픔ᄒᆞ다 [TONG-HPEUM-HĂ-TA] (同稟) 원490
불 Exposer ensemble au supérieur (plusieurs personnes).
한 (여러 사람들이) 함께 진급하다

[1]* 동학 [TONG-HAK,-I] (同學) 원488
불 Condisciple.
한 동창생

[2]* 동학 [TONG-HAK,-I] (東學) 원488
불 Doctrine de l'est.
한 동쪽의 교의

[1]* 동향 [TONG-HYANG,-I] (東向) 원488
불 Exposition ou façade à l'est. Regarder vers l'est.
한 동쪽으로 난 채광 또는 정면 | 동쪽을 바라보다

[2]* 동향 [TONG-HYANG,-I] (同鄕) 원488
불 Compatriote; du même pays; du même royaume ou de la même province; du même district ou du même village.
한 동국인 | 같은 나라의 | 같은 왕국이나 같은 지방의 | 같은 구역이나 같은 마을의

* 동헌 [TONG-HEN,-I] (東軒) 원488
불 Mandarinat, préfecture, maison du mandarin.
한 고급 관리직, 도청, 관리의 집

[1]* 동환 [TŌNG-HOAN,-I] (洞還) 원488
불 Blé qu'un village donne au gouvernement; contribation en blé d'un village.
한 한 마을이 정부에 바치는 곡물 | 곡물로 내는 한 마을의 세금

[2]* 동환 [TŌNG-HOAN,-I] (洞患) 원488
불 Epidémie, maladie qui circule.
한 전염병, 돌고 있는 병

동홰 [TONG-HOAI] (同炬) 원488
불 Grosse torche (lourde comme vingt boisseaux de blé) que l'on porte de chaque côté du roi voyageant pendant la nuit. Grosse torche pour voyager la nuit.
한 밤 동안 여행하는 왕 양쪽에 사람들이 드는 (20브와소의 곡식만큼의 무게가 나가는) 커다란 횃불 | 밤에 여행하기 위한 큰 횃불

* 동회 [TONG-HOI] (同會) 원488
불 Même assemblée, même société.
한 같은 모임, 같은 공동체

* 동회ᄒᆞ다 [TONG-HOI-HĂ-TA] (動蛔) 원488
불 Avoir des vers intestinaux.
한 장내 기생충이 있다

동히다 [TONG-HI-TA,TONG-HYE,TONG-HIN] (結縛) 원488
불 Lier, attacher, amarrer, ficeler.
한 연결하다, 붙잡아 매다, 밧줄로 매어 놓다, 끈으로 묶다

* 동히 [TONG-HĂI] (東海) 원488
불 Mer orientale, mer du Japon.
한 동쪽 바다, 일본해

* 동힝ᄒᆞ다 [TONG-HĂING-HĂ-TA] (同行) 원488
불 Aller ensemble; faire route ensemble; voyager de compagnie; accompagner en voyage.
한 같이 가다 | 함께 길을 가다 | 동행하여 여행하다 | 여행에 동행하다

돨돨 [TOAL-TOAL] 원483
불 Bruit dans le ventre, borborygme, bruit imitatif des gaz dans l'abdomen, bruit d'une voiture roulant légèrement.
한 배 속에서 나는 소리, 배 속의 꾸르륵거리는 소리, 복부 내에 있는 가스를 모방한 소리, 차가 가볍게 굴러가는 소리

[1] 되 [TOI] (升) 원483
불 Petite mesure pour les blés (il y en a dix dans un boisseau; elle contient dix poignées).
한 곡식용 작은 측정 단위 (한 브와소에 열 되가 있다 | 열 줌의 양이다)

[2] 되 [TOI] 원483
불 Devant certains mots, signifie: petit.
한 몇몇 단어 앞에서, 작다의 의미이다

[3] 되 [TOI] (胡) 원483
불 Barbare, tous les étrangers.
한 야만인, 모든 외국인

[4] 되 [TOI] (復) 원483
불 De nouveau, encore.
한 다시, 또

되강오리 [TOI-KANG-O-RI] (水鴨) 원483
불 Esp. de petit canard sauvage, p.ê. la sarcelle.
한 작은 야생 오리의 종류, 아마도 상오리

되거리 [TOI-KE-RI] 원484
불 La pareille; mot pour mot; talion; rendre la pareille.
한 앙갚음 | 한 마디도 빼지 않고 | 동죄의 형벌 | 앙갚음하다

되거리ᄒᆞ다 [TOI-KE-RI-HĂ-TA] (中商) 원484
불 Vendre sur-le-champ ce qu'on vient d'acheter.
한 막 구입한 것을 그 자리에서 팔다

되고지고 [TOI-KO-TJI-KO] (願爲) (원)484

[불] Oh! que je voudrais!··· Ah! si la lune brillait! (paroles d'une chanson).

[한] 오! 나는 원한다네!··· 아! 만약 달이 빛난다면! (노래의 가사)

되놈 [TOI-NOM,-I] (胡人) (원)484

[불] Barbare, sauvage, étranger; Japonais; Mandchou.

[한] 미개인, 야만인, 외국인 | 일본인 | 만주 사람

되ᄂᆞᆫ ᄃᆡ로 [TOI-NĂN-TĂI-RO] (不精) (원)484

[불] De quelque manière que ce soit; suivant que cela arrivera; au hasard; à l'aventure.

[한] 아무렇게나 | 되는대로 | 무턱대고 | 닥치는 대로

[1]**되다** [TOI-TA,TOI-YE,TOIN] (爲) (원)484

[불] S'accomplir; se faire; être fait; être achevé, fabriqué; devenir; réussir; venir; arriver; servir à. ‖ Epais, épaissi, coagulé, condensé; être trop sec, trop dur, trop épais, où il n'y a pas assez d'eau (v. g. bouillie, colle, riz, etc.). ‖ Etre raide, escarpé ‖ Placé après les mots, en fait des adjectifs comme 스럽다 Seu-rep-ta. Ex. : 졍셩 Tjyeng-syeng, Dévouement; 졍셩되ᄂᆞᆫ 사ᄅᆞᆷ Tjyeng-syeng toi-năn sa-răm, Homme dévoué.

[한] 완성되다 | ~이 되다 | 이루어지다 | 완성되다, 만들어지다 | ~이 되다 | 달성하다 | 도달하다 | 이르다 | ~에 쓸모가 있다 | 두껍다, 두꺼워지다, 응고되다, 응축되다 | 너무 건조하다, 너무 단단하다, 너무 두껍다, 물이 충분하지 않다 (예. 걸쭉한 죽, 풀, 벼 등) | 가파르다, 깎아지르다 | 단어 다음에 놓여, 스럽다 Seu-rep-ta 같은 형용사를 만든다 | 예를 들어 : 졍셩 Tjyeng -syeng, 헌신 | 졍셩되는 사ᄅᆞᆷ, Tjyong-syeng toi-năn sa-răm, 아낌없이 주는 사람

[2]**되다** [TOI-TA,TOI-YE,TOIN] (升量) (원)484

[불] Mesurer les blés; mesurer avec le boisseau (말 Mal) ou la petite mesure (되 Toi).

[한] 곡식의 양을 재다 | 브와소(말 Mal) 또는 작은 단위(되 Toi)로 측정하다

되록되록ᄒᆞ다 [TOI-ROK-TOI-ROK-HĂ-TA] (搖貌) (원)484

[불] Désigne la manière de marcher des enfants en sabots. Vaciller, chanceler.

[한] 나막신을 신은 아이들이 걷는 방식을 가리킨다 | 흔들거리다, 비틀거리다

되박 [TOI-PAK,-I] (升匏) (원)484

[불] Petite mesure (le 되 Toi) faite avec une calebasse, une moitié de courage. Calebasse contenant un 되 Toi, c. a. d. 10 poignées.

[한] 호리병박으로 만들어진 작은 계량 그릇(되 Toi) | 용량이 한 되 Toi, 즉 열 줌인 호리병박

되박이 [TOI-PAK-I] (再番) (원)484

[불] Champ où l'on sème le même grain deux ou trois années de suite. ‖ Qui revient sans cesse à la charge quoique plus faible.

[한] 2~3년 연속해서 같은 종자를 파종하는 밭 | 뒤떨어지는데도 불구하고 끊임없이 다시 시도하는 사람

되션ᄒᆞ다 [TOI-SYEN-HĂ-TA] (원)484

[불] Un peu plus grand.

[한] 좀 더 크다

되꽝되꽝ᄒᆞ다 [TOI-KKANG-TOI-KKANG-HĂ-TA] (원)483

[불] Pétulant, vif, impétueux, fringant, alerte (ne se dit que des petits des animaux). ‖ Etre clair, c.a.d. intelligent.

[한] 활기차다, 기민하다, 혈기 넘치다, 경쾌하다, 민첩하다 (작은 동물들에 대해서만 쓴다) | 명석하다, 즉 영리하다

되씨우다 [TOI-SSI-OU-TA,-SSI-OUE,-SSI-OUN] (再覆) (원)484

[불] Riposter; mettre au défi; répondre avec esprit, avec ruse.

[한] 말대꾸하다 | 도발하다 | 재치 있게, 꾀바르게 대답하다

되아지 [TOI-A-TJI] (猪) (원)483

[불] Cochon, porc.

[한] 돼지, 돼지고기

되알지다 [TOI-AL-TJI-TA,-TJYE,-TJIN] (원)483

[불] Avare.

[한] 인색하다

되알지다 [TOI-AL-TJI-TA,-TJYE,-TJIN] (원)483

[불] Etre très-fort (bruit comme celui du canon).

[한] 매우 강하다 (대포 같은 소리)

되여가다 [TOI-YE-KA-TA,-KA,-KAN] (方興) (원)483

[불] Aller se faisant; être presque fait; se faire; être en train de se faire, de réussir, de devenir, de s'achever, de s'épaissir, de se figer, de s'accomplir.

[한] 되어 가다 | 거의 실행되다 | ~이 되다 | 되는 중이다, 잘되는 중이다, 되어가는 중이다, 완성되는 중이다, 두꺼워지는 중이다, 굳어지는 중이다, 실현되는 중이다

되우싀 [TOI-OU-SĂI] (鷂) (원)483

불 Nom d'une esp. d'oiseau.

한 새의 종류의 이름

되작되작ᄒᆞ다 [TOI-TJAK-TOI-TJAK-HĂ-TA] (翻貌) 원484

불 Désigne la manière dont un homme tourne les feuillets d'un livre de côté et d'autre en cherchant. Feuilleter un livre.

한 사람이 찾으면서 이쪽저쪽 책장을 넘기는 모양을 가리킨다 | 책을 대강 훑어보다

되쟝이 [TOI-TJANG-I] (升匠) 원484

불 Celui qui, dans les marchés, fait le prix des céréales et les mesure de ses propres mains.

한 시장에서 곡물의 값을 매기고 직접 그것을 측정하는 사람

되직이 [TOI-TJIK-I] 원484

불 Champ ou rizière où l'on peut semer un 되 Toi.

한 한 되 Toi를 파종할 수 있는 밭이나 논

되창문 [TOI-TCHANG-MOUN,-I] (小窓門) 원484

불 Petite porte auprès d'une grande. fenêtre.

한 대문 옆에 있는 작은 문 | 창문

되치다 [TOI-TCHI-TA,-TCHYE,-TCHIN] (還打) 원484

불 Aller pour battre et se faire battre.

한 싸우러 가서 패배하다

되치이다 [TOI-TCHI-I-TA,-TCHI-YE,-TCHI-IN] (還撃) 원484

불 Etre chassé; vaincu; se casser le nez, c. a. d. recevoir du dommage là où l'on voulait en faire.

한 내몰리다 | 패배하다 | 코가 깨지다, 즉 손해를 입히고자 원했던 곳에 손해를 입다

되푸리 [TOI-HPOU-RI] (更解) 원484

불 Explication, glose, commentaire.

한 설명, 해설, 주석

되푸리ᄒᆞ다 [TOI-HPOU-RI-HĂ-TA] (中商) 원484

불 Vendre sur-le-champ ce que l'on vient d'acheter.

한 막 구입한 것을 그 자리에서 팔다

된낙이 [TOIN-NAK-I] 원484

불 Grande gelée blanche, gelée blanche très-forte.

한 큰 서리, 된서리

된동만동 [TOIN-TONG-MAN-TONG] (爲不爲) 원484

불 Comme ci comme ça.

한 그럭저럭

된바람 [TOIN-PA-RĂM,-I] 원484

불 Vent du N. O.

한 북서풍

된장 [TOIN-TJANG,-I] (塊醬) 원484

불 Lie de la saumure.

한 소금물의 지게미

[1]됴 [TYO] 원568 ☞ [3]조

[2]됴 [TYO] 원568 ☞ [5]조

*됴뎡 [TYO-TYENG,-I] (朝廷) 원499

불 Salle d'audiences à la cour. Place, endroit pour les courtisans. ‖ La cour, les dignitaires, les hommes en place, tous les officiers du gouvernement.

한 궁중에 있는 접견실 | 조신들을 위한 자리, 장소 | 궁정 사람들, 고관들, 유력 인사들, 정부의 모든 관료

됴록 [TYO-ROK] 원498

불 Quoi que ce soit.

한 무엇이든

*됴롱 [TYO-RONG,-I] (嘲弄) 원498

불 Amusement qui consiste à présenter un objet à un enfant comme pour le lui donner, et à le retirer quand il est sur le point de le prendre. Raillerie, moquerie. =ᄒᆞ다-hă-ta, Imiter par plaisanterie les défauts d'un homme présent.

한 아이에게 물건을 주려는 듯이 물건을 보여주고 아이가 그것을 잡으려 할 때 도로 가져가는 장난 | 비웃음, 조소 | [용례 =ᄒᆞ다, -hă-ta], 앞에 있는 사람의 결점을 놀림조로 흉내 내다

*됴리ᄒᆞ다 [TYO-RI-HĂ-TA] (調理) 원498

불 Suivre un régime dans la maladie.

한 병상에서 관리법을 따르다

*됴목 [TYO-MOK,-I] (條目) 원498

불 Article, partie, section.

한 조항, 부분, 구간

*됴문ᄒᆞ다 [TYO-MOUN-HĂ-TA] (弔問) 원498

불 Interroger un homme en deuil sur la maladie, la mort de celui qu'il pleure. Civilité, politesse, visite de condoléance.

한 상중인 사람에게 그가 애도하는 사람의 병, 죽음에 대해 묻다 | 예의, 예절, 조문

*됴빅ᄒᆞ다 [TYO-PĂI-HĂ-TA] (朝拜) 원498

불 Saluer (dieu ou le roi); s'incliner; se prosterner.

한 (신 또는 왕에게) 경의를 표하다 | 경의를 표하다 | 엎드리다

*됴상ᄒᆞ다 [TYO-SANG-HĂ-TA] (吊喪) 원498

불 Interroger par politesse un homme en deuil sur les

derniers instants du défunt. Visite de condoléance.
한 상중인 사람에게 고인의 마지막 순간에 대해 예의상 묻다 | 조문

*됴션 [TYO-SYEN,-I] (朝鮮) 원498
불 La Corée.
한 조선

*됴슈 [TYO-SYOU] (鳥獸) 원499
불 Oiseaux et quadrupèdes, animaux.
한 새와 네 발 짐승, 동물

*됴식이 [TYO-SIK-I] (曹植) 원498
불 Nom d'un Chinois célèbre par sa haine contre son frère cadet, qu'il voulait faire mourir.
한 죽이려고 했던 자신의 손아래 남동생에 대한 증오로 유명한 한 중국인의 이름

됴신이 [TYO-SIN-I] 원499
불 Beaucoup.
한 많이

됴앙님 [TYO-ANG-NIM,-I] 원498
불 Génie tutélaire de la cuisine.
한 부엌의 수호신

*됴야 [TYO-YA] (朝野) 원498
불 Les dignitaires et le peuple, la cour et les provinces.
한 고관들과 백성, 궁정과 지방

*됴역군 [TYO-YEK-KOUN,-I] (助役軍) 원498
불 Aide, celui qui assiste, qui donne du secours.
한 보조, 도와주는 사람, 도움을 주는 사람

*됴요ᄒᆞ다 [TYO-YO-HĂ-TA] (照曜) 원498
불 Illumination, éclairage. Eclairer. Faire clair.
한 조명, 채광 | 밝히다 | 밝게 하다

*됴자건이 [TYO-TJA-KEN-I] (曹子建) 원499
불 Frère cadet de 됴식이 Tyo-sik-i.
한 됴식이 Tyo-sik-i의 손아래 남동생

됴치마난 [TYO-TCHI-MA-NAN] (好則好矣) 원499
불 C'est bien, mais··· Ce serait bien, mais···
한 좋다, 그러나··· 좋을 것이다, 그러나···

됴코구잔것 [TYO-HKO-KOU-TJAN-KET] (好歹) 원498
불 Bien et mal.
한 좋고 나쁨

[1]됴타 [TYO-HTA,TYO-HA,TYO-HEUN] (好) 원499
불 Etre bien, beau, bon, agréable, convenable, favorable, sain, délicieux, joli, élégant.
한 좋다, 훌륭하다, 좋다, 기분이 좋다, 알맞다, 호의적이다, 온전하다, 감미롭다, 예쁘다, 우아하다

[2]됴타 [TYO-HTA] 원574 ☞조타

*됴텬ᄒᆞ다 [TYO-HIYEN-HĂ-TA] (朝天) 원499
불 Saluer le ciel.
한 하늘에 절하다

됴하듯다 [TYO-HA-TEUT-TA,-TEU-RE,-TEU-RĂN] (好聽) 원498
불 Entendre avec plaisir, écouter avec satisfaction.
한 즐거이 듣다, 흡족하게 듣다

됴하ᄒᆞ다 [TYO-HA-HĂ-TA] (好) 원498
불 Se réjouir, se délecter; être satisfait, content. ‖ Aimer, se plaire à.
한 기뻐하다, 대단히 즐기다 | 충족되다, 만족하다 | 좋아하다, ~을 좋아하다

[1]됴화ᄒᆞ다 [TYO-HOA-HĂ-TA] (好) 원498
불 Aimer, prendre plaisir à.
한 좋아하다, ~하는 데서 기쁨을 느끼다

[2]*됴화ᄒᆞ다 [TYO-HOA-HĂ-TA] (造化) 원498
불 Créer.
한 창조하다

[3]*됴화ᄒᆞ다 [TYO-HOA-HĂ-TA] (調和) 원498
불 Faire un remède.
한 약을 만들다

[1]*됴회ᄒᆞ다 [TYO-HOI-HĂ-TA] (朝會) 원498
불 Saluer le roi; aller faire sa cour au roi; s'incliner, se prosterner devant le roi.
한 왕에게 경례하다 | 왕에게 총애를 받으려 애쓰러 가다 | 경의를 표하다, 왕 앞에 엎드리다

[2]됴회ᄒᆞ다 [TYO-HOI-HĂ-TA] 원574 ☞죠회ᄒᆞ다

됴희 [TYO-HEUI] (紙) 원498
불 Papier.
한 종이

됴힘셩 [TYO-HIM-SYENG,-I] (望心) 원498
불 Impatience, désir impatient de, empressement.
한 성급함, ~에 대한 초조한 욕구, 서두름

*두 [TOU] (痘) 원499
불 Petites pustules.
한 천연두

[1]*두개 [TOU-KAI] (痘盖) 원501
불 Croûte qui se forme sur les pustules de petite vérole.
한 천연두의 농포 위에 생기는 딱지

[2]*두개 [TOU-KAI] (頭盖) 원501
불 Couvercle.
한 뚜껑

*두건 [TOU-KEN,-I] (頭巾) 원501
불 Bonnet en chanvre des hommes en deuil.
한 상중인 사람들이 쓰는 삼베로 만든 챙 없는 모자

두겹 [TOU-KEP,-I] (頭匣) 원501
불 Etui, réceptacle (de pinceaux).
한 상자, (붓의) 용기

두겹조샹 [TOU-KEP-TJO-SYANG,-I] (頭匣祖上) 원501
불 Souche d'une famille, le premier d'une généalogie. (Adam).
한 한 가문의 시조, 한 가계의 최초의 사람 | (아담)

두겅 [TOU-KENG,-I] (盖) 원501
불 Couvercle.
한 뚜껑

*두견 [TOU-KYEN,-I] (杜鵑) 원501
불 Esp. de rhododendron.
한 진달래속[역주 屬]의 종류

두견ᄉᆡ [TOU-KYNE-SĂI] (杜鵑鳥) 원501
불 Le coucou (oiseau).
한 뻐꾸기 (새)

*두견이 [TOU-KYEN-I] (杜鵑) 원501
불 Le coucou (oiseau). ‖ Esp. de petit oiseau rouge qui chante au printemps et prédit la disette ou l'abondance. (S'il dit : 솟적다 Sot-tjak-ta, la chaudière est trop petite, il y aura abondance; s'il chante : 솟텡 Sot-hteing, la chaudière vide, il y aura disette).
한 뻐꾸기 (새) | 봄에 노래하고 기근이나 풍년을 예언하는 작고 붉은 새의 종류 | (그 새가 솟적다 Sot-tjak-ta, 솥이 너무 적다라고 말하면, 풍년이 될 것이고 | 그 새가 솟텡 Sot-hteing, 빈 솥이라고 노래하면 기근이 들 것이다)

*두견쥬 [TOU-KYEN-TJYOU] (杜鵑酒) 원501
불 Nom d'une sorte de vin fait avec des fleurs de 진달니 Tjin-tal-ni, de rhododendron.
한 진달니 Tjin-tal-ni, 진달래속의 꽃으로 만든 술의 종류의 이름

*두견화 [TOU-KYEN-HOA] (杜鵑花) 원501
불 Rhododendron. Syn. 진달니 Tjin-tal-ni.
한 진달래속[역주 屬] | [동의어 진달니, Tjin-tal-ni]

*두골 [TOU-KOL,-I] (頭骨) 원501
불 Os de la tête, crâne.
한 머리의 뼈, 두개골

두구리 [TOU-KOU-RI] 원501
불 Sorte de vase tout rond, en métal, en cuivre, ou en argent très épais.
한 매우 둥글고 금속, 구리 또는 매우 두꺼운 은으로 된 그릇의 종류

두군두군ᄒᆞ다 [TOU-KOUN-TOU-KOUN-HĂ-TA] (驚貌) 원501
불 Palpiter fortement. Etre ému. se soulever (la poitrine). Etre agité, palpiter (le cœur dans la crainte).
한 몹시 두근거리다 | 감동 받다 | (가슴이) 메슥거리다, 동요되다, (공포를 느끼는 마음이) 두근거리다

두길보기 [TOU-KIL-PO-KI] (左右望) 원501
불 Celui qui sympathise avec deux partis, pour pouvoir se mettre du côté du plus fort lorsque l'autre sera vaincu. Qui a deux cordes à son arc. Qui brûle un cierge à St Michel et l'autre au diable.
한 한쪽이 졌을 때 더 강한 쪽에 설 수 있기 위해서 두 개의 당과 사이가 좋은 사람 | 자신의 활에 두 개의 시위를 가진 사람 | 생 미셸과 악마에게 감사의 뜻을 표하는 사람

두남두다 [TOU-NAM-TOU-TA,-TOU-E,-TOUN] (侑) 원502
불 Retenir par affection, protéger par amour. Fermer les yeux sur les fautes.
한 애정으로 참다, 사랑으로 보호하다 | 잘못을 눈감아 주다

두다 [TOU-TA,TOU-E,TOUN] (置) 원504
불 Mettre, placer, poser, déposer.
한 두다, 놓아두다, 놓다, 내려놓다

두더쥐 [TOU-TE-TJOUI] (鼢) 원504
불 Taupe (animal).
한 두더지 (동물)

[1]두던 [TOU-TEN,-I] (阜) 원504
불 Hauteur, éminence, tertre, petite élévation de terre, butte.
한 언덕, 고지, [역주 고립된 정상의 평평한] 작은 언덕, 땅에서 약간 높은 곳, 작은 언덕

[2]두던 [TOU-TEN,-I] 원504
불 Bas-ventre, partie proéminente au-dessous du nombril.
한 아랫배, 배꼽 아래의 두드러진 부분

*두뎡 [TOU-TYENG,-I] (頭釘) 원504
불 Clou à large tête.
한 대가리가 큰 못

두돈ᄒᆞ다 [TOU-TON-HĂ-TA] 원504
불 Couvrir, protéger.

한 덮다, 보호하다

두동그른말 [TEU-REOU-TONG-KUN-MAL,-I] (貳言) 원504

불 Parole captieuse.

한 교활한 말

두동싸다 [TOU-TONG-SSA-TA,-SSA,-SSAN] 원504

불 Indécis : hésiter. Etre double, ambigu, à double sens.

한 우유부단하다 : 망설이다 | 이중적이다, 모호하다, 이중적인 의미를 지니다

두두 [TOU-TOU] 원504

불 Cri pour chasser un animal (v. g. les porcs, les sangliers).

한 동물을 쫓기 위해 내는 소리 (예. 돼지들, 멧돼지들)

두두러지다 [TOU-TOU-RE-TJI-TA,-TJYE,-TJIN] (特出) 원505

불 Dépasser ; être trop haut ; n'être pas uni, pas plan ; faire saillie.

한 비죽 튀어나오다 | 매우 높다 | 평탄하지 않다, 평평하지 않다 | 돌출되다

두두레 [TOU-TOU-REI] 원505

불 Ce qui, en bouchant une fente, dépasse, fait saillie.

한 틈새를 막아 비죽 튀어나오고 돌출된 것

두둑 [TOU-TOUK,-I] (疇) 원504

불 Sillon.

한 밭고랑

두둑두둑ᄒᆞ다 [TOU-TOUK-TOU-TOUK-HĂ-TA] 원504

불 Beaucoup, nombreux, abondant ; surabondamment.

한 많이, 수많다, 풍부하다 | 과도하게

두둑이 [TOU-TOUK-I] (多貌) 원504

불 beaucoup.

한 많이

두둑ᄒᆞ다 [TOU-TOUK-HĂ-TA] (多貌) 원504

불 Etre nombreux. Etre riche. avoir beaucoup.

한 수많다 | 풍부하다 | 많이 가지다

두드러지다 [TOU-TEU-RE-TJI-TA,-TJYE,-TJIN] (特出) 원504

불 Proéminent, saillant, en relief, âpre. Etre un peu plus élevé que.

한 두드러지다, 불쑥 내밀다, 표면이 불거지다, 우둘투둘하다 | ~보다 약간 더 높다

두드럭이 [TOU-TEU-REK-I] (廳疹) 원504

불 Boutons de chaleur. Eruptions sur le corps causées par le sang, par la piqûre d'un insecte.

한 열로 인한 부스럼 | 피로 인해, 벌레에 물려서 몸에 난 발진

두ᄃᆞ리다 [TOU-TĂ-RI-TA,-RYE,-RIN] (打) 원504

불 Frapper, battre.

한 치다, 두드리다

*두량ᄒᆞ다 [TOU-RYANG-HĂ-TA] (斗量) 원503

불 Vérifier (la quantité de blé déclarée). Mesurer au boisseau (les céréales).

한 (신고된 곡식의 양을) 확인하다 | (곡물들을) 브와소로 측정하다

두럭 [TOU-REK,-I] 원503

불 Mur de maison ; élévation ; butte ; digue.

한 집의 벽 | 언덕 | 작은 언덕 | 둑

두런두런ᄒᆞ다 [TOU-REN-TOU-REN-HĂ-TA] 원503

불 Faire un bruit confus de paroles (v. g. deux personnes qui parlent dans une chambre voisine).

한 (예. 옆방에서 말하는 두 사람이) 어렴풋한 말소리를 내다

두렁 [TOU-RENG,-I] (岸) 원503

불 Petite chaussée, chemin dans les rizières ; petite digue autour des rizières.

한 작은 둑, 논에 난 길 | 논을 둘러싼 작은 제방

두렁이 [TOU-RENG-I] 원503

불 Petit jupon ou tablier pour les enfants || Vibration des lèvres, avec bruit, imprimée par le souffle (amusement d'enfants. - quand les enfants s'amusent ainsi, les Coréens disent que la pluie va venir).

한 아이들을 위한 작은 속치마 또는 앞치마 | 입김에 의해 전달되어, 소리가 나면서 입술이 떨림 (아이들의 오락거리 - 아이들이 이렇게 놀 때, 조선인들은 곧 비가 올 것이라고 말한다)

[1]두레 [TOU-REI] (轆轤) 원503

불 Esp. de grande pelle, en forme de bascule, attachée par le milieu au bout d'une corde mobile et pendante ; elle sert à puiser et à jeter de l'eau dans les rizières. Calebasse pour puiser de l'eau dans un puits.

한 돌아가고 매달려 있는 줄의 끝에 가운데를 묶은 저울 모양의 큰 삽 종류 | 물을 긷거나 논에 물을 댈 때 사용된다 | 우물에서 물을 긷기 위해 사용하는 호리병박

[2]두레 [TOU-REI] 원503

불 Galette ronde. numéral des gâteaux de levain.

한 둥근 과자 | 누룩으로 만든 과자를 세는 수사

두레먹다 [TOU-REI-MEK-TA,-MEK-E,-MEK-EUN] (周食) 원503
불 Régal, banquet, festin que les travailleurs se donnent une fois vers la 7e lune, pour se reposer, se réjouir et faire bombance. Pique-nique des travailleurs.
한 휴식을 취하고 즐기며 향연을 베풀기 위해서 일곱 번째 달 즈음에 노동자들이 한 번 여는 큰 잔치, 연회, 향연 | 노동자들의 소풍

두려우다 [TOU-RYE-OU-TA,-RYE-OUE,-RYE-OUN] (畏) 원503
불 Faire craindre.
한 두렵게 하다

두려워ᄒᆞ다 [TOU-RYE-OUE-HĂ-TA] (畏) 원503
불 Craindre ; être effrayé.
한 두려워하다 | 겁먹다

두렵다 [TOU-RYEP-TA,-RYE-OUE,-RYE-ON] (畏) 원503
불 Etre effrayant.
한 공포감을 주다

두렷두렷ᄒᆞ다 [TOU-RYET-TOU-RYET-HĂ-TA] 원503
불 Fureter. ‖ Désigne l'état d'une personne sourde ou qui ne comprend pas, et qui regarde de côté et d'autre ceux qui parlent.
한 샅샅이 뒤지다 | 귀가 멀거나 이해를 하지 못하는, 그리고 말하는 사람들을 이쪽 저쪽으로 보는 사람의 상태를 가리킨다

두루 [TOU-ROU] (周) 원503
불 De tous côtés, autour, çà et là, de çà de là.
한 사방으로, 주변에, 여기저기, 이리저리

두루다 [TOU-ROU-TA,TOUL-NE,TOU-ROUN] (繞) 원504
불 Entourer, mettre autour. Faire le tour. Tourner autour. (Fact. 두루히다 Tou-rou-hi-ta). Syn. 두루에우다 Tou-rou-ei-ou-ta.
한 둘러싸다, 두르다 | 두르다 | 주변을 돌다 | (두루히다 Tou-rou-hi-ta의 사동형) | [동의어 두루에우다, Tou-rou-ei-ou-ta]

두루막이 [TOU-ROU-MAK-I] (周依) 원503
불 Grande veste, esp. de redingote des Coréens. Soutane, douillette. Habit de dessus.
한 큰 웃옷, 조선인들의 프록코트 종류 | 수단, 솜을 넣은 긴 비단 외투 | 웃옷

두루말이 [TOU-ROU-MAL-I] (周紙) 원503
불 Rouleau de papier à lettres, papier à lettres en rouleau.
한 편지지 두루마리, 두루마리로 말린 편지지

두루미 [TOU-ROU-MI] (鶴) 원503
불 Grue.
한 두루미

두루숭이 [TOU-ROU-SOUNG-I] 원504
불 Bonnet fourré pour l'hiver.
한 모피로 안을 댄 겨울용 챙 없는 모자

두루에 [TOU-ROU-EI] 원503 ☞두루

두루에우다 [TOU-ROU-EI-OU-TA,-OUE,-OUN] 원503
불 Entourer, environner, mettre autour : faire le tour.
한 둘러싸다, 에워싸다, 두르다 : 두르다

두루치 [TOU-ROU-TCHI] 원504
불 Sorte de poisson de rivière. Polype de mer fricassé légèrement.
한 강에 사는 물고기의 종류 | 소스에 넣고 살짝 익힌 바다의 폴립

두루치닙다 [TOU-ROU-TCHI-NIP-TA,-NIP-E,-NIP-EUN] (揮衣) 원504
불 Revêtir un habit qui fait le tour du corps avec des plis à la ceinture, comme un jupon de femme.
한 여자의 속치마처럼, 허리 부분에 주름이 있는, 몸에 두르는 옷을 입다

두루히다 [TOU-ROU-HI-TA,-HYE,-HIN] 원503
불 Tourner, changer, transformer ; changer de bout, de côté ; éviter (bateau) être tourné, changé.
한 변모시키다, 바꾸다, 변형시키다 | 끝을, 방향을 바꾸다 | (배가) 피하다, 우회하다, 바뀌다

두룸 [TOU-ROUM,-I] 원503
불 V.Syn. 두름 Tou-reum.
한 [동의어 두름 Tou-reum]

두룸발이 [TOU-TOUM-PAL-I] (蹇貌) 원504
불 Qui marche mal ; qui n'a pas le pied sûr ; qui ne peut marcher beaucoup ; dont la démarche n'est pas sûre. (Pop.).
한 잘 걷지 못하는 사람 | 믿을 만한 다리를 가지지 않은 사람 | 많이 걸을 수 없는 사람 | 거동이 확실하지 않은 사람 | (속어)

두룹 [TOU-ROUP,-I] (搖頭菜) 원503
불 Esp. de plante comestible. Esp. d'arbre dont on mange les bourgeons au printemps.
한 식용 식물의 종류 | 봄에 그 싹을 먹는 나무의 종류

두룽다리 [TOU-ROUNG-TA-RI] 원503

불 Esp. de calotte fourrée, en cône, pour les vieillards ; bonnet fourré pour l'hiver.

한 노인들이 사용하는, 모피로 안을 댄 원추형 빵모자의 종류 | 겨울용 챙 없는 털모자

*두류ᄒᆞ다 [TOU-RYOU-HĂ-TA] (逗遛) 원504

불 Demeurer ; être domicilié ; résider ; s'arrêter ; séjourner.

한 머물다 | 거주하다 | 거주하다 | 체재하다 | 체류하다

두름 [TOU-REUM,-I] 원503

불 Numéral des paquets de petits poissons (v. g. 20 harengs), des paquets de certaines herbes (v. g. la fougère)

한 작은 물고기들(예. 청어 20마리)의 꾸러미, 몇몇의 풀(예. 고사리)의 꾸러미를 세는 수사

두리다 [TOU-RI-TA,TOU-RYE,TOU-RIN] (畏) 원503

불 Craindre, avoir peur, être effrayé.

한 두려워하다, 무섭다, 무서워하다

*두만강 [TOU-MAN-KANG,-I] (豆滿江) 원501

불 Nom d'un fleuve qui descend du 빅두산 Păik-tou-san, au nord de la Corée et se dirige vers l'est en formant la frontière du royaume de Corée et de la Mandchourie russe.

한 조선의 북부지방에 빅두산 păik-tou-san에서 내려오는 큰 강의 이름으로, 조선 왕국과 러시아 만주의 경계선을 형성하면서 동쪽을 향한다

[1]두멍 [TOU-MENG,-I] 원501

불 Grand vase en terre peu élevé.

한 별로 높지 않은, 흙으로 만든 항아리

[2]두멍 [TOU-MENG,-I] (沼) 원501

불 Etang, lac.

한 연못, 호수

*두면ᄒᆞ다 [TOU-MYEN-HĂ-TA] (頭面) 원501

불 Confronter deux hommes pour connaître la vérité. Chercher de tous côtés. Discuter pour connaître la vérité. Syn. 무릅마촘ᄒᆞ다 Mou-roup-ma-tchăm-hă-ta.

한 진실을 알기 위해 두 사람을 대질시키다 | 사방을 조사하다 | 진실을 알기 위해 검토하다 | [동의어 무릅마촘ᄒᆞ다, Mou-roup-ma-tchăm-hă-ta]

*두목 [TOU-MOK,-I] (頭目) 원501

불 Chef, conducteur, général.

한 우두머리, 지도자, 장군

두목맛기다 [TOU-MOK-MAT-KI-TA,-MAT-KYE, MAT-KIN] 원502

불 Préférer. charger. Etre nommé chef || Donner deux parts, deux portions.

한 선호하다 | 맡기다 | 장으로 임명되다 | 두 부분을 주다, 두 개의 분량을 주다

두뫼 [TOU-MOI] (豆麻, (Pois et chanvre)) 원501

불 Vallée de montagne.

한 산의 계곡

*두문불츌ᄒᆞ다 [TOU-MOUN-POUL-TCHYOUL-HĂ-TA] (杜門不出) 원502

불 Fermer sa porte et ne pas sortir, c. a. d. se tenir renfermé chez soi. || Vagabond, qui est toujours à courir de côté et d'autre et ne rentre jamais chez soi.

한 문을 닫고 나오지 않다, 즉 자신의 집에 틀어박혀 나오지 않다 | 항상 이리저리 돌아다니고 결코 자신의 집에 돌아가지 않는 방랑자

*두미 [TOU-MI] (頭尾) 원501

불 Tête et queue, commencement et fin.

한 머리와 꼬리, 시작과 끝

*두민 [TOU-MIN,-I] (頭民) 원501

불 Chef de village, maire de village, les principaux du peuple.

한 마을의 장, 마을의 시장, 백성의 주요 인물들

*두밀ᄒᆞ다 [TYOU-MIL-HĂ-TA] (周密) 원505

불 Etre économe, bon administrateur.

한 검소하다, 우수한 경영인

*두발 [TOU-PAL,-I] (頭髮) 원503

불 Cheveu.

한 머리카락

두발븨이 [TOU-PAL-PEUI-I] (頭髮相鬪) 원503

불 Se prendre par les cheveux, par le toupet (se dit de deux hommes qui se battent).

한 머리카락, 앞의 올림머리를 서로 잡다 (서로 싸우는 두 남자에 대해 쓴다)

두벅두벅 [TOU-PEK-TOU-PEK] 원503

불 Se dit d'une démarche lente.

한 느린 걸음걸이에 대해 쓴다

두번재 [TOU-PEN-TJAI] (第二次) 원503

불 La seconde fois.

한 두 번째

두부 [TOU-POU] (豆腐) 원503

불 Esp. de fromage fait du résidu de la farine de haricots. Caillé de fécule de haricots.

한 제비콩 가루의 찌꺼기로 만든 치즈의 종류 | 제비

콩의 녹말이 엉긴 것

*두샹 [TOU-SYANG,-I] (頭上) [원]504
[불] Tête (honor.), le sommet de la tête.
[한] 머리 (경칭), 머리 꼭대기

두서넛 [TOU-SE-NET,-SI] (二三) [원]504
[불] Deux ou trois.
[한] 둘 또는 셋

두셔 [TOU-SE] (頭緒) [원]504
[불] Tête et queue ; commencement et fin ; ordre et rang.
[한] 머리와 꼬리 | 시작과 끝 | 행과 열

*두셜 [TOU-SYEL,-I] (二歲) [원]504
[불] Deux ans (pour les enfants).
[한] 두 살 (아이들에 대해)

1*두수 [TOU-SOU] (痘數) [원]504
[불] Pustules de petite vérole.
[한] 천연두의 농포

2*두수 [TOU-SOU] (斗數) [원]504
[불] Quantité, mesure (pour les choses qui se mesurent au boisseau).
[한] 양, (브와소로 측정되는 것들에 대한) 측량

두시 [TOU-SI] (杜詩) [원]504
[불] Ouvrages littéraires célèbres de 두ᄌᆞ미 Tou-tjă-mi (nom d'un Chinois).
[한] 두ᄌᆞ미 Tou-tjă-mi (한 중국인의 이름)의 유명한 문학 작품들

두짝문 [TOU-TTJAK-MOUN,-I] [원]505
[불] Porte à deux battants.
[한] 문짝이 두 개인 문

1두어 [TOU-E] [원]499
[불] Deux ou trois, quelques.
[한] 둘이나 셋, 몇몇

2두어 [TOU-E] [원]499
[불] Nom d'un animal fabuleux (ennemi du tigre, qui effraie le tigre). Esp. d'invocation au 두어 Tou-e.
[한] 전설 속의 동물의 이름 (호랑이를 두려움에 떨게 하는 호랑이의 적) | 두어 Tou-e에게 하는 기원의 일종

두어두어 [TOU-E-TOU-E] [원]499
[불] Cri dont on se sert pour effrayer le tigre pendant la nuit. V. 두어 Tou-e.
[한] 밤 동안 호랑이를 겁주기 위해 사용하는 고함 | [[참조어] 두어, Tou-e]

두엄 [TOU-EM,-I] (糞土) [원]499
[불] Fumier, engrais, matières fécales.
[한] 퇴비, 비료, 인분

두에 [TOU-EI] (蓋) [원]499
[불] Couverture, couvercle.
[한] 덮개, 뚜껑

*두역 [TOU-YEK,-I] (痘疫) [원]499
[불] Petite vérole (maladie). =ᄒᆞ다-hă-ta, Avoir la petite vérole, avoir la figure couverte de petite vérole.
[한] 천연두(병) | [[용례] =ᄒᆞ다-hă-ta], 천연두에 걸리다, 천연두로 얼굴이 뒤덮이다

*두의 [TOU-EUI] (痘醫) [원]499
[불] Médecin de la petite vérole, qui ne s'occupe que de la petite vérole.
[한] 천연두만 돌보는 천연두 의사

두졀ᄀᆡ [TOU-TJYEL-KĂI] (兩寺地拘) [원]505
[불] Chien placé entre deux bonzeries (dans la première, on pense que la seconde lui donne à manger, dans la seconde on s'imagine également que la première le nourrit, et, de fait, le chien n'obtient rien). 두졀지되다 Tou-tjyel-kăi toi-ta, Manquer ses deux lièvres.
[한] 두 사찰 사이에 있는 개 (첫 번째 사찰에서는, 두 번째 사찰에서 그 개에게 먹을 것을 줄 것이라 생각하고, 두 번째 사찰에서는 역시 첫 번째 사찰에서 그 개에게 먹이를 줄 것이라고 생각한다. 그래서 실제로 그 개는 아무것도 얻지 못한다) | [[용례] 두졀지되다, Tou-tjyel-kăi toi-ta], 자신의 두 마리 토끼를 놓치다

*두죵 [TOU-TJYONG,-I] (痘腫) [원]505
[불] Boutons qui viennent quelquefois à la suite de la petite vérole. Furoncle à la tête.
[한] 종종 천연두 이후에 생기는 부스럼 | 머리에 있는 절종

두지 [TOU-TJI] (櫃) [원]505
[불] Grand coffre pour mettre le riz.
[한] 쌀을 담기 위한 큰 궤

*두창 [TOU-TCHANG,-I] (痘瘡) [원]505
[불] Gros boutons qui viennent quelquefois à la suite de la petite vérole. ulcère à la tête.
[한] 종종 천연두 이후에 생기는 큰 부스럼 | 머리에 생기는 궤양

*두츙 [TOU-TCHYOUNG,-I] (杜沖) [원]505
[불] Nom d'un remède.
[한] 약의 이름

두탁ᄒᆞ다 [TOU-HTAK-HĂ-TA] (投托) [원]505

불 Trouver un refuge, un abri chez. Etre reçu, être traité comme membre de la famille. Se faire recevoir comme de la famille d'un noble. (Donner de l'argent, rendre service à un noble de même nom, pour qu'il consente à dire qu'on est de sa famille et que, par conséquent, on est noble).
한 ~의 집에 은신처, 피난처를 얻다 | 대접받다, 가족의 구성원처럼 대접받다 | 귀족의 가족으로 받아들여지다 | (그의 가문이라고 말하는 것을 승낙받기 위해, 따라서 귀족이 되기 위해, 같은 성의 어떤 귀족에게 돈을 주다, 도움을 주다)

두털두털ᄒᆞ다 [TOU-HTEL-TOU-HTEL-HĂ-TA] (不平) 원505
불 Désigne l'effet produit au toucher par des choses proéminentes. Etre raboteux, inégal (surface).
한 튀어나온 것들을 만져서 생겨난 인상을 가리킨다 | (표면이) 우둘투둘하다, 울퉁불퉁하다

*__두통__ [TOU-HTONG,-I] (頭痛) 원505
불 Mal de tête, brisement de tête, tracas.
한 머리의 아픔, 머리의 고통, 근심

두톰두톰ᄒᆞ다 [TOU-HTOUM-TOU-HTOUM-HĂ-TA] 원505
불 Etre abondant, en quantité. || Désigne l'effet que produit au toucher la proéminence d'un objet.
한 풍부하다, 다량이다 | 물체의 돌출된 부분을 만져서 생겨난 인상을 가리킨다

*__두풍__ [TOU-HPOUNG,-I] (頭風) 원503
불 Vent de la tête ; mal de tête. (Où l'on ressent comme du vent dans la tête); migraine.
한 머리의 바람 | (머릿속에 바람이 부는 것처럼 느껴지는) 두통 | 편두통

*__두피족__ [TOU-HPI-TJYOK,-I] (頭皮足, (tête, peau, pied)) 원503
불 Désigne la part que doivent donner au mandarin ceux qui ont obtenu de lui la permission de tuer un bœuf, c. a. d. la tête, la peau et les pieds.
한 소를 도축하는 허가를 얻은 사람들이 허가를 준 관리에게 주어야 하는 몫, 즉 대가리, 가죽 그리고 발들을 가리킨다

*__두호ᄒᆞ다__ [TOU-HO-HĂ-TA] (斗護) 원500
불 Protéger, défendre, garantir (une mère, ses enfants; une poule, ses poussins, etc.). Aider.
한 지키다, 옹호하다, (어머니가, 아이들을 | 암탉이, 병아리들 등을) 보호하다, 도와주다

1*__둑__ [TOUK,-I] (纛) 원500
불 Insigne des gouverneurs et des généraux, que l'on porte toujours devant les gouverneurs de province. Il Consiste en une espèce de grosse tête faite de poils noirs, qui ressemble à l'instrument appelé tête de loup, dont on se sert en Europe pour ôter les toiles dóraignée.
한 지방의 지사들 앞에 항상 들고 가는 지사들과 장군들의 휘장 | 유럽에서 거미줄을 제거하는 데에 사용하는, 늑대의 머리라고 불리는 도구와 비슷한, 검은 털로 만든 일종의 큰 머리 모양으로 이루어져 있다

2**둑** [TOUK,-I] 원501
불 Chaussée, chemin dans les rizières, sur les bords d'une pièce d'eau; digue pour retenir d'eau.
한 논에, 정원 연못의 가장자리에 있는 둑, 길 | 물을 가두기 위한 제방

둑갈 [TOUK-KAL,-I] 원501
불 Sorte d'herbe potagère (qu'on ne mange guere qu'en temps de disette).
한 식용 풀의 종류(기근일 때 이외에는 거의 먹지 않는다)

둑겁이 [TOUK-KEP-I] (蟾) 원501
불 Crapaud.
한 두꺼비

둑겁집 [TOUK-KEP-TJIP,-I] (蟾家) 원501
불 Trou du crapaud. || On appelle ainsi le trou qui se trouve à la partie supérieure du soc et qui sert à l'emboîter dans le bois de la charrue. || Coulisse où s'enfonce la fenêtre lorsqu'on la tire.
한 두꺼비의 굴 | 보습의 날 위쪽 부분에 있고 쟁기의 목제 부분에 그것을 끼워 넣는 데에 쓰는 구멍을 이렇게 부른다 | 창문을 닫을 때 창문이 끼는 홈

둑경 [TOUK-KENG,-I] (盖冠) 원501
불 Couvercle.
한 뚜껑

둑구비 [TOUK-KOU-PI] 원501
불 Sorte de petit poisson de ruisseau.
한 개울의 작은 물고기의 종류

둑둑 [TOUK-TOUK,-I] 원501
불 Sillon.
한 밭고랑

둑셩이 [TOUK-SYENG-I] 원501
불 Chaussée, chemin dans les rizières.
한 논에 난 둑, 길

둑셰 [TOUK-SYEI] 원501
불 Somme d'argent donnée pour obtenir la culture

d'une rizière. ‖ Contribution pour l'entretien des digues des étangs.
한 한 논의 경작권을 얻기 위해 지불된 돈의 총합 | 연못의 제방을 유지하기 위한 세금

*둔감 [TOUN-KAM,-I] (屯監) 원502
불 Homme chargé de surveiller les blés, les récoltes de la troupe, de les recevoir. Intendant qui perçoit la récolte des 둔답 Toun-tap.
한 집단의 곡식, 수확물을 감시하는, 그것들을 받는 임무를 맡은사람 | 둔답 Toun-tap의 수확물을 징수하는 관리인

*둔갑ㅎ다 [TŌUN-KAP-HĂ-TA] (遁甲) 원502
불 Magie, sorcellerie, sortilége (par lequel un homme peut se rendre invisible). Se bien cacher, se rendre invisible.
한 마법, 주술, (사람이 보이지 않게 될 수 있는) 요술, 잘 숨다, 보이지 않게 되다

*둔답 [TOUN-TAP,-I] (屯畓) 원502
불 Rizière des soldats. rizière affectée par le gouvernement à l'entretien des soldats.
한 군인들의 논 | 군인들의 생계를 위해 정부에 의해 할당된 논

둔댱ㅎ다 [TOUN-TYANG-HĂ-TA] 원502
불 Piller, mettre au pillage ; emporter tous les meubles d'une maison.
한 약탈하다, 횡령하다 | 집에 있는 모든 가구들을 빼앗다

둔덕이 [TOUN-TEK-I] (岸) 원502
불 Pente, côte d'une montagne. Butte, hauteur. syn. 언덕 En-tek.
한 경사, 산의 경사면 | 작은 언덕, 언덕 | [동의어 언덕, En-tek]

*둔뎐 [TOUN-TYEN,-I] (屯田) 원502
불 Champ des soldats. Champ appartenant au gouvernement et affecté à l'entretien des soldats.
한 군인들의 밭 | 정부에 속하여 군인의 생계를 위해 할당된 밭

*둔마다춍 [TOUN-MA-TA-TCHONG,-I] (鈍馬多鬃) 원502
불 Un mauvais cheval a toujours une belle queue, une queue épaisse. (Proverbe).
한 나쁜 말이 항상 멋진 꼬리, 두꺼운 꼬리를 가진다 | (속담)

*둔박ㅎ다 [TOUN-PAK-HĂ-TA] (鈍朴) 원502
불 Maladroit : être peu intelligent ; être lourd, grossier, stupide.
한 서투르다 : 영리하지 않다 | 둔하다, 교양 없다, 어리석다

*둔사 [TOUN-SA] (鈍辭) 원502
불 Parole lente, embarrassée. ‖ paroles mensongères.
한 더딘, 어색한 말 | 꾸며낸 말

*둔쇽 [TOUN-SYOK,-I] (屯屬) 원502
불 Valets du 두감 Tou-kam.
한 두감 Tou-kam의 하인들

*둔쇽ㅎ다 [TOUN-SYOK-HĂ-TA] (鈍俗) 원502
불 Esprit lent.
한 둔한 기질

둔장ㅎ다 [TOUN-TJANG-HĂ-TA] 원502
불 Voler tout, faire maison nette. Piller, dévaster une maison, emmener les hommes en prison. (Se dit des satellites qui vont arrêter les voleurs, les chrétiens ; des soldats en temps de guerre).
한 모두 훔치다, 고용인들을 모두 해고하다 | 집을 약탈하다, 엉망으로 만들다, 사람들을 감옥에 데려가다 | (도둑들, 기독교 신자들을 잡으러 가는 부하들에 대해, 전쟁 시의 군인들에 대해 쓴다)

*둔죵 [TOUN-TJYONG,-I] (臀瘇) 원502
불 Clou, furoncle à la fesse.
한 둔부에 있는 정, 절종

*둔ᄌᆡ [TOUN-TJAI] (鈍才) 원502
불 Maladroit, sans adresse, bouché. peu de capacité.
한 서투르다, 솜씨가 없다, 아둔하다 | 능력이 없다

*둔총 [TOUN-TCHONG,-I] (鈍聰) 원502
불 Sans esprit, bouché. esprit lourd, conception lente.
한 기지가 없다, 아둔하다 | 둔한 기질, 느린 이해력

*둔취ㅎ다 [TOUN-TCHYOUI-HĂ-TA] (屯聚) 원502
불 S'assembler, être rassemblés en nombre ; se réunir.
한 모이다, 많이 모이다 | 모이다

둔테 [TOUN-HTEI] 원502
불 Cercle (de barrique).
한 (큰 통의) 테두리

*둔필 [TOUN-HPIL,-I] (鈍筆) 원502
불 Ecriture lente et mauvaise ; pinceau lent et peu exercé ; main lourde pour écrire.
한 느리고 서투른 글씨 | 굼뜨고 능숙하지 않은 필치 | 글을 쓰기에 무딘 손

*둔ᄒᆞ다 [TOUN-HĂ-TA,-HĂ-YE,-HĂN] (鈍) [원] 502
[불] Etre épais, être lourd (soit au physique, soit au moral). Idiot, imbécile, maladroit, stupide, qui a l'esprit obtus, étourdi, lourdaud.
[한] 둔감하다, (신체에 있어서나 정신에 있어서나) 둔하다, 멍청하다, 어리석다, 서투르다, 우둔하다, 기질이 둔하다, 경솔하다, 서투르다

1둘 [TOUL,-I] (二) [원] 503
[불] Deux, 2.
[한] 둘, 2

2둘 [TOUL] (石) [원] 503
[불] Devant les noms d'animaux, désigne ceux qui sont stériles (les femelles).
[한] 동물들의 이름 앞에서 불임인 것들(암컷들)을 가리킨다

둘ᄀᆡ [TOUL-KĂI] (石拘) [원] 504
[불] Chien stérile, chienne qui ne peut avoir de petits.
[한] 불임인 개, 새끼를 가질 수 없는 암캐

둘네둘네보다 [TOUL-NEI-TOUL-NEI-PO-TA,-PO-A,-PON] (顧貌) [원] 504
[불] Désigne l'état d'une personne qui regarde de tous côtés sans pouvoir rien comprendre à la conversation.
[한] 대화에서 아무것도 이해하지 못한 채로 사방을 둘러보는 사람의 상태를 가리킨다

둘녀인 [TOUL-NYE-IN,-I] (石女人) [원] 504
[불] Femme stérile.
[한] 불임인 여자

둘니다 [TOUL-NI-TA,TOUL-NYE,TOUL-NIN] [원] 504
[불] Etre entouré. ‖ Etre trompé.
[한] 둘러싸이다 | 속다

둘님통 [TOUL-NIM-HTONG,-I] [원] 504
[불] Original ; menteur : homme extraordinaire qui fait tout au rebours des autres, qui ment pour tromper, etc. tromperie par paroles ambiguës ou artificieuses.
[한] 괴짜 | 거짓말쟁이 : 다른 사람과는 완전히 반대로 행동하는, 속이기 위해 거짓말을 하는 등, 특이한 사람 | 뜻이 불분명하거나 능숙한 말을 사용한 속임수

둘둘 [TOUL-TOUL] [원] 504
[불] Action de rouler, bruit d'une voiture. = 굴다, -koul-ta, Rouler légèrement (voiture, brouette).
[한] 구르는 동작, 마차의 소리 | [[용례] = 굴다, -koul-ta], 마차, 손수레가 가볍게 구르다

둘소 [TOUL-SO] (石牛) [원] 504
[불] Vache stérile, vache taure.
[한] 불임인 소, 암소, [[역주] 아직 새끼를 낳지 않은] 어린 암소

둘암것 [TOUL-AM-KET,-SI] (石雌) [원] 503
[불] Femme stérile.
[한] 불임인 여자

둘지다 [TOUL-TJI-TA,-TJYE,-TJIN] (鈍朴) [원] 504
[불] Avoir de l'embonpoint. ‖ Etre sot, stupide.
[한] 건강이 좋다 | 어리석다, 우둔하다

둘츙이 [TOUL-TCHYOUNG-I] (鈍沖) [원] 504
[불] Homme gros, gras et sans esprit. Lourdaud, niais, sot.
[한] 뚱뚱하고 살찐, 그리고 재치 없는 사람 | 둔한 사람, 얼간이, 바보

둘치 [TOUL-TCHI] [원] 504
[불] Stérilité. ‖ Niais, sot.
[한] 불임 | 바보, 얼간이

둘ᄒᆞ다 [TOUL-HĂ-TA,-HĂ-YE,-HĂN] (鈍) [원] 504
[불] Qui a peu d'esprit ; être sot, stupide.
[한] 재치가 없다 | 어리석다, 우둔하다

둛다 [TTOULP-TA,TTOULP-E,TTOULP-EUN] (鑿) [원] 504
[불] Percer, trouer.
[한] 구멍을 뚫다, 구멍을 내다

둠벙 [TOUM-PENG,-I] (沼) [원] 502
[불] Trou d'eau profond : mare profonde; étang, lac, grand réservoir d'eau.
[한] 깊은 물 구멍 : 깊은 늪 | 못, 호수, 큰 저수지

둠븨다 [TOUM-PEUI-TA,-PEUI-YE,-PEUIN] (鈍塞) [원] 502
[불] Accablé d'ouvrage, surchargé, affaissé.
[한] 일에 시달리다, 과중하다, 쇠약해지다

둣겁다 [TOUT-KEP-TA,TOUT-KE-OUE,TOUT-KE-ON] (厚) [원] 505
[불] Epais.
[한] 두껍다

둣겅 [TOUT-KENG,-I] [원] 505 ☞ 2둣게

1둣게 [TOUT-KEI] (厚) [원] 505
[불] Epaisseur.
[한] 두께

2둣게 [TOUT-KEI] (盖) [원] 505
[불] Couvercle.
[한] 뚜껑

둣덥다 [TOUT-TEP-TA,-TEP-HE,-TEP-HEUN] (庇蔭) [원] 505

불 Prendre la défense de, couvrir une faute.
한 ~을 옹호하다, 잘못을 덮다

둣텁다 [TOUT-HTEP-TA,TOUT-HTE-OUE,TOUT-HTE-ON] (厚) 원505
불 Epais. ‖ Etre large, libéral, généreux, indulgent.
한 두껍다 | 넓다, 도량이 넓다, 관대하다, 너그럽다

둥구레 [TOUNG-KOU-REI] 원502
불 Esp. de muguet, plante officinale.
한 은방울꽃의 종류, 약용 식물

둥굴니다 [TOUNG-KOUL-NI-TA,-NYE,-NIN] (推轉) 원502
불 Tourner, rouler (v.g. une roue).
한 돌리다, (예. 바퀴를) 굴리다

둥굴둥굴ᄒᆞ다 [TOUNG-KOUL-TOUNG-KOUL-HĂ-TA] 원502
불 Désigne la vacillation d'un objet rond sur une surface plane, horizontale (v. g. d'un œuf sur une table). Etre rond (se dit des petites choses rondes en grand nombre).
한 평평한, 수평의 표면 위에서 둥근 물체가 흔들림을 가리킨다 (예. 탁자 위에 있는 달걀) | 둥글다 (많은 수의 작고 둥근 것들에 대해 쓴다)

둥그다 [TOUNG-KEU-TA,-KEU-RE,-KEUN] (圓) 원502
불 Etre rond, sphérique, en forme de boule.
한 둥글다, 구형이다, 공 모양이다

둥긋둥긋 [TOUNG-KEUT-TOUNG-KEUT] 원502
불 Brillant, étincelant (ne se dit que de la lune au temps de la pleine lune).
한 빛나다, 반짝이다 (만월일 때의 달에 대해서만 쓴다)

둥긔다 [TOUNG-KĂI-TA,-KĂI-YE,-KĂIN] (鈍事) 원502
불 Mal faire ; gâter la besogue. Etre embarrassé, ne savoir comment se tirer d'affaire.
한 잘못하다 | 일을 망치다 | 당황하다, 어떻게 곤경에서 벗어나야 할지 모르다

둥뎡 [TOUNG-TYENG] 원502
불 Etre légèrement balancé sur l'eau.
한 물 위에서 가볍게 흔들리다

둥둥 [TOUNG-TOUNG] 원503
불 Se dit d'un objet léger (v. g. duvet) emporté par le vent et qui s'élève de plus en plus.
한 바람에 휩쓸리고 점점 더 높이 올라가는 가벼운 물건 (예. 솜털)에 대해 쓴다

1둥둥이 [TOUNG-TOUNG-I] (小兒舞) 원503
불 Balancement d'un tout petit enfant qui ne peut lever les pieds et qui remue les épaules pour danser.
한 발을 들 수 없으나 춤을 추기 위해 어깨를 흔드는 아주 어린 아이의 흔들기

2둥둥이 [TOUNG-TOUNG-I] (鼓) 원503
불 Tambour.
한 북

둥실둥실ᄒᆞ다 [TOUNG-SIL-TOUNG-SIL-HĂ-TA] (浮貌) 원502
불 Désigne l'agitation, l'oscillation, le mouvement vrai ou supposé d'un objet rond sur l'eau, dans l'air (v. g. une bouée de navire, la lune) être légèrement balancé sur l'eau.
한 물 위, 공기 중에서 둥근 물체 (예. 배의 부표, 달)의 동요, 흔들림, 실제나 가상의 움직임을 가리킨다, 물 위에서 가볍게 흔들리다

둥싯둥싯ᄒᆞ다 [TOUNG-SIT-TOUNG-SIT-HĂ-TA] 원502
불 Clair, distinct, net (écriture). ‖ Etre légèrement balancé sur l'eau.
한 (글자가) 명확하다, 뚜렷하다, 분명하다 | 물 위에서 가볍게 흔들리다

둥우리 [TOUNG-OU-RI] 원502
불 nid de poule.
한 암탉의 보금자리

둥치다 [TOUNG-TCHI-TA,-TCHYE,-TCHIN] 원503
불 Couper les cheveux, raser la tête. Tailler les arbres, écourter. ‖ Lier.
한 머리카락을 자르다, 머리를 짧게 깎다 | 나무들을 자르다, 짧게 하다 | 연결하다

뒤 [TOUI] (後) 원499
불 Derrière, le derrière, la partie postérieure.
한 뒤, 뒤쪽, 뒷부분

뒤간 [TOUI-KAN,-I] (厠) 원499
불 Latrines.
한 변소

뒤구을다 [TOUI-KOU-EUL-TA,-KOU-EUL-E,-KOU-EUN] 원499
불 Se rouler à terre.
한 땅에서 구르다

뒤굴다 [TOUI-KOUL-TA,-KOUL-E,-KOUN] 원499 ☞뒤구을다

뒤눈 [TOUI-NOUN,-I] (後目) 원499
불 Œil de derrière, c. a. d. intelligence, mémoire. Œil par derrière. (Se dit d'un homme qui fait attention: il a un

œil par derrière).

한 뒤에 있는 눈, 즉 지능, 기억력 | 뒤에 있는 눈 | (주의하는 사람에 대해 쓴다 : 그는 뒤에 눈이 있다)

뒤눈어둡다 [TOUI-NOUN-E-TOUP-TA,-TOU-K,-TOU-OUN] (後目昏) 원499

불 Manquer de mémoire, d'intelligence.

한 기억력, 지능이 부족하다

뒤눕다 [TOUI-NOUP-TA,TOUI-NOU-E,TOUI-NOUN] 원499

불 Se disjoindre (se dit de choses mal adaptées qui se couchent, se renversent les unes sur les autres). ‖ Etre boulversé profondément, comme la mer dans une tempête.

한 떨어지다 (쓰러지는, 쓰러져 켜켜이 쌓이는, 잘못 맞춰진 물건들에 대해 쓴다) | 폭풍우가 몰아치는 바다처럼 심하게 뒤엎어지다

뒤다 [TOUI-TA,TOUI-YE,TOUIN] (搜) 원500

불 Chercher, fouiller, tourner, retourner.

한 찾다, 파헤치다, 휘젓다, 검토하다

[1]뒤ᄃᆡ다 [TOUI-TĂI-TA,-TĂI-YE,-TĂIN] 원500

불 Etre dos à dos.

한 등을 맞대고 있다

[2]뒤ᄃᆡ다 [TOUI-TAI-TA,-TĂI-YE,-TĂIN] 원500

불 Avancer de l'argent selon la demande; fournir de l'argent selon le besoin (v. g. un marchand à son commis).

한 요구에 따라 돈을 대부하다 | (예. 상인이 사무원에게) 요구에 따라 돈을 대 주다

뒤룩뒤룩ᄒᆞ다 [TOUI-ROUK-TOUI-ROUK-HA-TA] (搖搖) 원500

불 Rouler, ballotter, remuer (v. g. œuf placé dans un trou trop grand, l'œil dans l'orbite) être chancelant, chanceler.

한 (예. 너무 큰 구멍에 놓인 달걀, 안와 안에 있는 눈을) 굴리다, 흔들다, 움직이다, 비틀거리다, 흔들리다

뒤룽뒤룽ᄒᆞ다 [TOUI-ROUNG-TOUI-ROUNG-HĂ-TA] 원500

불 Avoir peur à cause du danger. ‖ Etre chancelant, chanceler.

한 위험 때문에 두려워하다 | 비틀거리다, 흔들리다

[1]뒤목 [TOUI-MOK,-I] (後目) 원499

불 Blé léger, de mauvaise qualité, qui est chassé au loin par le van, tandis que le bon tombe perpendiculairement.

한 좋은 것은 수직으로 떨어지는 반면에, 키질로 멀리 몰리는 질이 나쁜 가벼운 곡식

[2]뒤목 [TOUI-MOK,-I] (後木) 원499

불 Bâtonnet, pour s'essuyer.

한 자신의 몸을 닦기 위한 작은 막대기

뒤물 [TOUI-MOUL,-I] (後水) 원499

불 Bain de siége; eau pour se laver le derrière.

한 좌욕 | 뒤쪽을 씻기 위한 물

뒤범으레 [TOUI-PEM-EU-REI] (混雜) 원499

불 Mélange confus (v. g. de plusieurs espèces de farines; de terre, de sable et de chaux).

한 (예. 분말의 여러 종류; 땅, 모래 그리고 석회가) 혼잡하게 뒤섞임

뒤범으리다 [TOUI-PEM-EU-RI-TA,-RYE,-RIN] (相雜) 원500

불 Mêler, mélanger tout ensemble en brassant, et ressassant.

한 섞다, 휘젓고 다시 체에 쳐서 모두 함께 섞다

뒤보다 [TOUI-PO-TA,-PO-A,-PON] (大便) 원500

불 Aller à la selle, à la garde-robe.

한 화장실에, 변소에 가다

뒤불치기 [TOUI-POUL-TCHI-KI] (追後) 원500

불 Se dit à un homme qui vient donner des avis pour l'exécution d'une œuvre achevée. Qui vient trop tard, quand il n'y a plus rien à faire ou à gagner.

한 완성된 작업의 실행에 대해 의견을 내러 온, 더 이상 할 것이나 얻을 것이 없을 때 너무 늦게 온 사람에게 쓴다

뒤불치다 [TOUI-POUL-TCHI-TA,-TCHYE,-TCHIN] (追後) 원500

불 Etre en retard; venir, arriver trop tard, quand il n'y a plus rien à faire.

한 늦다 | 더 이상 할 것이 아무것도 없을 때 너무 늦게 오다, 도착하다

뒤셕다 [TOUI-SYEK-TA,-SYEK-KE,-SYEK-KEUN] (相雜) 원500

불 Mélanger, mêler ensemble.

한 혼합하다, 함께 섞다

뒤션뒤션ᄒᆞ다 [TOUI-SYEN-TOUI-SYEN-HA-TA] (大貌) 원500

불 Beaucoup, en tas (se dit du riz qui s'élève entassé au-dessus des bords de l'écuelle). ‖ Etre confus, tumultueux.

한 많이, 더미로 (사발의 가장자리 위로 쌓아 올려진 밥에 대해 쓴다) | 혼잡하다, 소란스럽다

뒤숭숭ᄒᆞ다 [TOUI-SOUNG-SOUNG-HĂ-TA] (鬆) 원500

불 Plusieurs choses éparpillées, ab hoc et abhac. Penser à plusieurs choses à la fois être obsédé de plusieurs sortes de pensées. Etre en désordre.

한 뿔뿔이 흩어진 여러 가지 물건들, 닥치는 대로이다 | 한 번에 여러 가지 것들을 생각하다, 여러 가지 생각에 사로잡히다 | 뒤죽박죽이다

뒤스럭스럽다 [TOUI-SEU-REK-SEU-REP-TA,-SEU-RE-OUE,-SEU-RE-ON] 원500

불 Etre bizarre, fantasque. Volage, léger, changeant (comme une girouette, comme un papillon).

한 이상하다, 기이하다 | 변덕스럽다, 가볍다, (변덕쟁이처럼, 경박한 사람처럼) 잘 변하다

뒤까불너가다 [TOUI-KKA-POUL-NE-KA-TA,-KA,-KAN] (顚倒走) 원499

불 Courir de côté et d'autre, rôder, etc. (Terme de reproche).

한 이쪽저쪽으로 뛰다, 배회하다 등 | (비난하는 말)

뒤꼭지 [TOUI-KKOK-TJI] (後腦) 원499

불 Occiput, derrière de la tête, nuque.

한 후두부, 머리의 뒤쪽, 목덜미

뒤안 [TOUI-AN,-I] (後庭) 원499

불 Derrière de la maison, petite cour derrière la maison.

한 집의 뒤, 집 뒤에 있는 작은 뜰

뒤억산이 [TOUI-EK-SAN-I] (躁) 원499

불 Empressement, précipitation.

한 서두름, 황급함

뒤여지다 [TOUI-YE-TJI-TA,-TJYE,-TJIN] (死) 원499

불 Mourir, crever. (Terme bas).

한 죽다, [역주 짐승이] 죽다 | (저속한 말)

뒤웅밀 [TOUI-OUNG-MIL,-I] (不秀麥) 원499

불 Froment qui a le charbon, la nielle.

한 흑수병, 깜부깃병이 있는 밀

뒤웅박 [TOUI-OUNG-PAK,-I] (圓匏) 원499

불 Calebasse entière creusée et percée d'un seul trou (en forme de bouteille ronde). Syn. 뒤웅이 Toui-oung-i.

한 속을 파내고 구멍을 하나만 뚫은 (둥근 병 모양의) 온전한 바가지 | [동의어 뒤웅이, Toui-oung-i]

뒤웅벌 [TOUI-OUNG-PEL,-I] (土蜂) 원499

불 Bourdon; esp. d'abeille, de mouche, de guêpe sans dard.

한 뒤영벌 | 꿀벌의, 작은 날벌레의, 독침이 없는 말벌 종류

[1]뒤웅이 [TOUI-OUNG-I] 원499

불 Blé charbonné, niellé.

한 깜부깃병에 걸린, 깜부깃병에 걸린 밀

[2]뒤웅이 [TOUI-OUNG-I] (瓢) 원499

불 Calebasse percée seulement d'un trou servant de boîte.

한 구멍을 하나만 뚫어 통으로 사용하는 호리병박 용기

뒤젹뒤젹ᄒᆞ다 [TOUI-TJYEK-TOUI-TJYEK-HA-TA] (翻考) 원500

불 Chercher, feuilleter (dans un livre) ; fureter, fouiller (dans un tas d'objets); tourner et retourner.

한 (책에서) 찾다, 뒤적이다 | (물건 더미 속에서) 샅샅이 뒤지다, 파헤치다 | 휘젓고 뒤적이다

뒤젹이 [TOUI-TJYEK-I] 원500

불 Taupe.

한 두더지

뒤젹이다 [TOUI-TJYEK-I-TA,-YE,-IN] (捲舒) 원500

불 Chercher, farfouiller, feuilleter.

한 찾다, 뒤적거려 찾다, 훑어 보다

뒤죽박죽 [TOUI-TJOUK-PAK-TJOUK,-I] (不合) 원500

불 Bouleversement ; renversement ; ruine ; sens dessous dessous ; pêle-mêle ; cul par-dessus tête.

한 전복 | 뒤죽박죽 | 폐허 | 뒤죽박죽으로 | 뒤죽박죽 | 거꾸로

뒤지 [TOUI-TJI] (後紙) 원500

불 Papier qui sert à s'essuyer aux latrines.

한 변소에서 닦을 때 사용하는 종이

뒤지다 [TOUI-TJI-TA,-TJYE,-TJIN] (落後) 원500

불 Etre en arrière, en retard ; ne pas aller si vite qu'un autre. ‖ Etre inférieur.

한 늦어지다, 지각하다 | 다른 사람들만큼 빨리 가지 않다 | 열등하다

뒤질너가다 [TOUI-TJIL-NE-KA-TA,-KA,-KAN] (翻去) 원500

불 Courir de côté et d'autre. (Terme de reproche)

한 이쪽저쪽으로 달리다 | (비난하는 말)

뒤짐지다 [TOUI-TJIM-TJI-TA,-TJYE,-TJIN] (拱後) 원500

불 Avoir, mettre ses mains derrière le dos ; croiser les mains derrière le dos.

한 자신의 손을 등 뒤로 하다, 두다 | 등 뒤에서 손을 포개다

뒤집다 [TOUI-TJIP-TA,-TJIP-E,-TJIP-EUN] (覆) 원500

불 Tourner sens dessus dessous ; mettre à l'envers ;

renverser ; changer de côté.
한 아래위를 바꿔 뒤집다 | 거꾸로 놓다 | 거꾸로 놓다 | 방향을 바꾸다

뒤쳑뒤쳑ᄒᆞ다 [TOUI-TCHYEK-TOUI-TCHYEK-HĂ-TA] 원500
불 V. 뒤젹뒤젹ᄒᆞ다 Toui-tjyek-toui-tjyek-hă-ta.
한 [참조어 뒤젹뒤젹ᄒᆞ다, Toui-tjyek-toui-tjyek-hă-ta]

뒤츅 [TOUI-TCHYOUK,-I] (後趾) 원500
불 Talon (du pied, du soulier).
한 (발의, 신발의) 뒤꿈치

뒤치다 [TOUI-TCHI-TA,-TCHYE,-TCHIN] (翻) 원500
불 Désigne l'action des bulles de vapeur qui se détachent du fond d'une chaudière d'eau bouillante ; d'une mer très-agitée qui déferle sur le rivage. ‖ Tourner à l'envers, retourner, se tourner sur un autre côté.
한 물이 끓는 가마솥 바닥에서, 해안에 부서지는 파도가 아주 높은 바다에서 떨어져 나가는 증기 기포들의 활동을 가리킨다 | 거꾸로 뒤집다, 뒤집어 놓다, 다른 쪽으로 향하다

뒤틀다 [TOUI-HIEUL-TA,-HIEUL-E,-HIEUN] 원500
불 Avoir des convulsions, se tordre (v. g. serpent frappé d'un coup). être tordu.
한 (예. 타격을 받은 뱀이) 경련이 일어나다, 몸을 비틀어 꼬다, 뒤틀리다

뒤프리 [TOUI-HPEU-RI] (翻釋) 원500
불 Expliquer le b a ba ; faire des applications, des rapprochements de sons sur le 가갸 Ka-kya etc. Coréen. glose ou explication après la lecture.
한 ba의 b와 a를 설명하다 | 조선말의 가갸 Ka-kya 등에 대해 소리를 적용하고 비교하다 | 독서 다음에 주석 또는 설명

뒤희 [TOUI-HEUI] (後) 원499
불 Derrière (d'une maison) ; par derrière ; après.
한 (집의) 뒤 | 뒤로 | 다음에

뒵ᄡᅳ다 [TOUIP-TTEU-TA,TOUIP-TTE,TOUIP-TTEUN] (反浮) 원500
불 Dévié; qui ne cadre pas bien; ne pas être bien adapté (v. g. planches d'un parquet dont les unes sont plus élevées que les autres). Etre gauchi, se gauchir.
한 탈선되다 | 잘 일치되지 않다 | (예. 어떤 것들은 다른 것들보다 좀 더 높은 마루판의 판자들이) 잘 맞춰지지 못하다, 틀어지다, 비틀리다

뒷거롬ᄒᆞ다 [TOUIT-KE-RĂM-HĂ-TA] (後步) 원500
불 Reculade. reculer, aller en arrière, à reculons.
한 후퇴 | 뒷걸음질하여 물러서다, 뒤로 가다

뒷겻 [TOUIT-KYET,-SI] (後) 원500
불 Le derrière (d'une maison).
한 (집의) 뒤

뒷나무 [TOUIT-NA-MOU] (後木) 원500
불 Bâtonnet pour s'essuyer.
한 자기 몸을 닦기 위한 작은 막대기

뒷다리 [TOUIT-TA-RI] (後脚) 원500
불 Jambes de derrière.
한 뒷다리들

뒷일 [TOUIT-IL,-I] (後事) 원500
불 Affaire arrivée après, suite d'une affaire.
한 다음에, 어떤 일 다음에 오는 일

뒷입맛 [TOUIT-IP-MAT,-SI] (後味) 원500
불 Goût qui reste dans la bouche après.
한 이후에 입 안에 남는 맛

뒷틀니다 [TOUIT-HIEUL-NI-TA,-NYE,-NIN] (違) 원500
불 Se tordre, être tordu.
한 휘다, 비틀리다

*듀년 [TYOU-NYEN,-I] (周年) 원505
불 Une année complète ou jour anniversaire.
한 한 해의 전부 또는 기념일

듀듀믈너안다 [TYOU-TYOU-MOUL-NE-AN-TA,-AN-TJYE,-AN-TJĂN] 원505
불 S'affaisser, crouler.
한 내려앉다, 붕괴하다

*듀류ᄒᆞ다 [TYOU-RYOU-HĂ-TA] (周流) 원505
불 Parcourir ; tourner autour ; circuler, aller çà et là sans but.
한 돌아다니다 | 주변을 돌다 | 통행하다, 목적 없이 여기저기 가다

*듀션ᄒᆞ다 [TYOU-SYEN-HĂ-TA] (周旋) 원505
불 Préparer, disposer d'avance.
한 준비하다, 미리 마음의 준비를 시키다

*듀지 [TYOU-TJI] (周紙) 원505
불 Papier en rouleau, rouleau de papier à lettres.
한 두루마리로 말린 종이, 편지지 두루마리

*듀회 [TYOU-HOI] (周回) 원505
불 Circonférence, le tour.
한 주변, 둘레

드난ᄒᆞ다 [TEU-NAN-HĂ-TA] (使喚) 원477
불 Recevoir sa mourriture du maître, n'être pas à son

mélage (ne se dit que d'un esclave). ‖ Aller au dehors pour faire les commisions et revenir (une servante).
한 주인으로부터 자신의 식량을 받다, 자신의 집안에 있지 않다 (노예에 대해서만 쓴다) | (하녀가) 심부름을 하러 밖에 나가고 다시 돌아오다

1 드다 [TEU-TA,TEU-RE,TEUN] (擧) 원482
불 Soulever, élever, peser, soupeser.
한 들어 올리다, 올리다, 무게를 달다, 손으로 무게를 재다

2 드다 [TEU-TA,TEU-RE,TEUN] (入) 원482
불 Entrer.
한 들어가다

드듸다 [TEU-TEUI-TA,-TEUI-YE,-TEUIN] (踏) 원482
불 Fouler aux pieds, marcher sur.
한 발로 밟다, ~위를 걷다

드듸여 [TEU-TĂI-YE] (遂) 원482
불 De suite, en conséqence de, selon que, à cause de, par.
한 연이어, ~의 결과로서, ~에 따라, ~때문에, ~에 의해

드러가다 [TEU-RE-KA-TA,-KA,-KAN] (入去) 원480
불 Entrer et aller; aller dedans; étant entré, aller; entrer en allant; aller en entrant.
한 들어가고 가다 | 안으로 가다 | 들어가서, 가서 | 가면서 들어가다 | 들어가면서 가다

드러나다 [TEU-RE-NA-TA,-NA,-NAN] (顯著) 원480
불 Etre manifesté, révélé, divulgué, publié, etc. Se manifester, se découvrir, se dévoiler.
한 나타나다, 드러나다, 누설되다, 공표되다 등 | 나타나다, 드러나다, 베일을 벗다

드러내다 [TEU-RE-NAI-TA,-NAI-YE,-NAIN] (露出) 원480
불 Manifester, rêvéler, divulguer, publier, découvrir, montrer, rendre évident, dévoiler.
한 나타내다, 드러내다, 폭로하다, 공표하다, 드러내다, 보여주다, 명백해지다, 베일을 벗기다

드러오다 [TEU-RE-O-TA,-OA,-ON] (入來) 원480
불 Entrer et venir; venir dedans; étant entré, venir; entrer en venant; venir en entrant.
한 들어오고 오다 | 안으로 오다 | 들어와서, 오다 | 오면서 들어오다 | 들어오면서 오다

드렁 [TEU-RENG,-I] (層界) 원480
불 Petite chaussée dans les rizières; chemin, sentier élevé dans un marais. Petite digue, peitite haie.
한 논에 있는 작은 둑 | 늪지에 있는 길, 높은 오솔길 | 작은 둑, 작은 울타리

드레로 [TEU-REI-RO] (塊) 원480
불 En un mot, tout à la fois.
한 한마디로, 모두 한꺼번에

드레박 [TEU-REI-PAK] (轆轤瓶) 원480
불 Seau pendu à une corde et qui sert à puiser de l'eau. =질ᄒᆞ다-tjil-hă-ta, S'en servir pour puiser de l'eau.
한 끈에 매달리고 물을 긷는 데에 쓰이는 양동이 | [용례 =질ᄒᆞ다, -tjil-hă-ta], 물을 긷기 위해서 그것을 사용하다

드레지다 [TEU-REI-TJI-TA,-TJYE,-TJIN] (體重) 원480
불 N'être jamais pressé; lambiner.
한 결코 바쁘지 않다 | 늑장부리다

드려다보다 [TEU-RYE-TA-PO-TA,-PO-A,-PON] 원480
불 Regarder avec attention.
한 주의 깊게 바라보다

드려오다 [TEU-RYE-O-TA,-OA,-ON] (入內) 원480
불 Faire entrer un venant; apporter de dehors en venant; venir apporter dadans.
한 오면서 들어오게 하다 | 오면서 밖에서 가져오다 | 안에 가지고 오다

드르람이 [TEU-REU-RAM-I] 원480
불 Esp. de cigale.
한 매미의 종류

드름 [TEU-REUM] (級) 원480
불 Numéral des vingtaines de harengs, des enfilades de dix ou de cinq gros poissons.
한 청어 스무 마리, 큰 물고기의 열 마리 또는 다섯 마리의 꾸러미를 세는 수사

드리긋다 [TEU-RI-KEUT-TA,-KEU-E,-KEU-EUN] (內入) 원480
불 Faire entrer; apporter dedans.
한 들어가게 하다 | 안으로 가져오다

1 드리다 [TEU-RI-TA,TEU-RYE,TEU-RIN] (納) 원480
불 Offrir, dédier, donner, présenter (à un supérieur).
한 (윗사람에게) 제공하다, 헌납하다, 주다, 제시하다

2 드리다 [TEU-RI-TA,-RYE,-RIN] 원480
불 corder.
한 꼬다

3 드리다 [TEU-RI-TA,TEU-RYE,TEU-RIN] (內入) 원480
불 Faire entrer, apporter de dehors, être entré. Syn.

드리우다 Teu-ri-ou-ta.
[한] 들어오게 하다, 밖에서 가져오다, 넣어지다 | [동의어 드리우다, Teu-ri-ou-ta.]

드리부다 [TEU-RI-POU-TA,-POU-RE,-POUN] (吸吹) [원]480
[불] Souffler de dehors en dedans (v.g. vent qui entre dans la maison).
[한] 밖에서 안으로 바람이 불다 (예. 집 안으로 들어오는 바람)

1 드리우다 [TEU-RI-OU-TA,-OUE,-OUN] [원]480
[불] Faire entrer; apporter du dehors. être entré.
[한] 들어가게 하다 | 밖에서 가져오다 | 넣어지다

2 드리우다 [TEU-RI-OU-TA,-OUE,-OUN] (垂) [원]480
[불] Suspendre, pendre, accrocher une chose en haut de manière à ce qu'elle ne touche pas à terre. Prendre par le haut, laisser tomber en prenant par le haut (v.g. rideau). (Se dit aussi du bienfait d'un sipérieur).
[한] 매달다, 걸다, 땅에 닿지 않도록 물건을 위에 걸다 | (예. 커튼의) 위를 잡다, 위를 잡아 떨어지게 두다 | (윗사람의 호의에 대해서도 쓴다)

드림 [TEU-RIM,-I] [원]480 ☞드름

드롤망큼 [TEU-RĂL-MANG-HKEUM] [원]480
[불] Doucement, à voix basse, sans bruit.
[한] 부드럽게, 낮은 목소리로, 소리 없이

드문드문 [TEU-MOUN-TEU-MOUN] (往往) [원]477
[불] Désigne la distance de certains objets peu épais, clair-semés, peu serrés, rares. Rarement, de loin en loin, de place en palce.
[한] 별로 밀집하지 않은, 듬성듬성한, 빽빽하지 않은, 수가 적은 몇몇 물건들의 거리를 가리킨다 | 드물게, 군데군데, 여기저기

드물다 [TEU-MOUL-TA,TEU-MOUL-E,TEU-MOUN] (稀) [원]477
[불] Rare, peu épais, clair-semé, peu serré, écarté. devenir moins dru, s'éclaircir, diminuer.
[한] 드물다, 별로 밀집하지 않다, 듬성듬성하다, 빽빽하지 않다, 벌어지다 | 덜 조밀해 지다, 듬성듬성해지다, 줄어들다

드셰다 [TEU-SYEI-TA,-SYEI-E,-SYEIN] (太强) [원]481
[불] Insupportable. ‖ Fort, puissant par sa famille et ses biens.
[한] 견딜 수 없다 | 그 가문이나 재산으로 인해 강하다, 강대하다

드시 [TEU-SI] [원]482 ☞ 1듯

드잡이 [TEU-TJAP-I] (手攀處) [원]482
[불] Poignée, manche, place où l'on peut empoigner pour soulever.
[한] 손잡이, 자루, 들어올리기 위해서 움켜쥘 수 있는 곳

드잡이ᄒᆞ다 [TEU-TJAP-I-HĂ-TA] [원]482
[불] Se battre, se disputer, se frapper.
[한] 서로 다투다, 서로 말다툼하다, 서로 때리다

드틔다 [TEU-HTEUI-TA,-HTEUI-YE,-HTEUIN] (退緩) [원]482
[불] Glisser (chose appuyée dont la base coule sur un corps uni). Relâcher, desserrer, décoller.
[한] (그 밑바닥이 평탄한 본체 위로 자연히 계속 움직이는 기대어진 물건이) 미끄러지다 | 느슨하게 하다, 풀다, 떼다

*득 [TEUK,-I] (得) [원]476
[불] En agr. Obtenir.
[한] 한자어로 얻다

*득계ᄒᆞ다 [TEHK-KYEI-HĂ-TA] (得計) [원]476
[불] Ruse manière de se tirer d'affaire dans un cas désepéré. Trouver un expédient.
[한] 절망적인 경우에 궁지에서 벗어나는 술책, 방법 | 수단을 찾다

*득공ᄒᆞ다 [TEUK-KONG-HĂ-TA] (得功) [원]477
[불] Obtenir des mérites; mériter.
[한] 공을 이루다 | 받을 만하다

*득권ᄒᆞ다 [TEUK-KOUEN-HĂ-TA] (得權) [원]477
[불] Obtenir une dignité, une place élevée. Parvenir au pouvoir. avoir de l'autorité.
[한] 고관직, 높은 지위를 얻다 | 권력에 이르다 | 권한을 가지다

*득남ᄒᆞ다 [TEUK-NAM-HĂ-TA] (得男) [원]477
[불] Obtenir un fils; avoir ou mettre au monde un fils.
[한] 아들을 얻다 | 아들을 갖다 또는 낳다

*득달ᄒᆞ다 [TEUK-TAL-HĂ-TA] (得達) [원]477
[불] Aller en un jour, parvenir, aller, arriver.
[한] 하루 만에 가다, 도달하다, 가다, 도착하다

*득담ᄒᆞ다 [TEUK-TAM-HĂ-TA] (得談) [원]477
[불] Dire une chose dont on n'est pas sûr, pas certain. ‖ Recevoir des reproches.
[한] 믿을 만하지 않은, 확실하지 않은 것을 말하다 | 비난을 받다

*득뎨 [TEUK-TYEI] (得題) [원]477
[불] Obtenir du mandarin le certificat qui donne la vic-

toire, qui constate qu'on a gagné son procès.
한 승리를 알리는, 소송에서 이긴 것을 확인하는 증명서를 관리로부터 얻다

득도 [TEUK-TO] 원477
불 Connsaissance parfaite.
한 완전한 앎

*득도ᄒᆞ다 [TEUK-TO-HĂ-TA] (得道) 원477
불 Obtenir, trouver un moyen. Etre rompu à; posséder parfaitement.
한 방법을 얻다, 찾다 | ~에 능숙하다 | 완전히 숙달하다

득득긁다 [TEUK-TEUK-KEULK-TA,-KEULK-E,-KEULK-EUN] (爬貌) 원477
불 Gratter assez fort.
한 제법 세게 긁다

*득롱망촉ᄒᆞ다 [TEUK-RONG-MANG-TCHOK-HĂ-TA] (得隴望蜀) 원477
불 Qui ne se trouve jamias heureux, jamais content de ce qu'il possède, et qui veut toujour acquérir davantage. L'appétit vient en mangeant.
한 결코 자신이 행복하다고, 결코 자신이 가진 것에 만족한다고 생각하지 않고, 항상 더 많이 얻으려고 하다 | 입맛은 먹을수록 생긴다

*득리ᄒᆞ다 [TEUK-RI-HĂ-TA] (得利) 원477
불 Avoir du bénéfice, de l'avantage. Ganger, avoir du profit.
한 이익, 우위를 갖다 | 이익을 얻다, 갖다

*득명ᄒᆞ다 [TEUK-MYENG-HĂ-TA] (得名) 원477
불 Acquérir de la réputation, de la considération. Devenir célèbre.
한 명성, 존경을 얻다 | 유명해지다

*득묘ᄒᆞ다 [TEUK-MYO-HĂ-TA] (得妙) 원477
불 Avoir une excellente méthode pour faire; être habile à faire.
한 행하기 위한 탁월한 방법을 갖다 | 행하는 데에 능란하다

*득병ᄒᆞ다 [TEUK-PYENG-HĂ-TA] (得病) 원477
불 Contracter une maladie, devenir malade, tomber malade.
한 병에 걸리다, 병들다, 병나다

득복이 [TEUK-POK-I] 원477
불 Mal bâti, niais
한 보기 흉한 사람, 미련한 사람

*득빅ᄒᆞ다 [TEUK-PĂI-HĂ-TA] (得配) 원477
불 Trouver son pendant, sa contre-partie; trouver un époux; trouver une épouse; se marier.
한 자신과 비슷한 사람, 자신의 반대쪽을 찾다 | 남편을 찾다 | 부인을 찾다 | 결혼하다

*득셰ᄒᆞ다 [TEUK-SYEI-HĂ-TA] (得勢) 원477
불 Obtenir une dignité, une place élevée. Devenir riche et puissant.
한 고위직, 높은 지위를 얻다 | 부유하고 유력해지다

*득송ᄒᆞ다 [TEUK-SONG-HĂ-TA] (得訟) 원477
불 L'emporter sur; vaincre; gagner son procès; obtenir du mandarin la décision favorable du procès; obtenir la victoire.
한 ~보다 우세하다 | 이기다 | 소송에서 이기다 | 관리로부터 소송에 유리한 판결을 얻다 | 승리를 얻다

*득승지회 [TEUK-SEUNG-TJI-HOI] (得勝之會) 원477
불 Elise triomphante, le ciel.
한 승리의 교회, 천국

*득승ᄒᆞ다 [TEUK-SEUNG-HĂ-TA] (得勝) 원477
불 L'emporter sur; vaincre, remporter la victiore.
한 ~보다 우세하다 | 이기다, 승리를 거두다

*득실 [TEUK-SIL,-I] (得失) 원477
불 Gain et perte.
한 얻음과 잃음

*득위ᄒᆞ다 [TEUK-OUI-HĂ-TA] (得位) 원476
불 Obtenir une place élevée, une dignité.
한 높은 지위, 고위직을 얻다

*득의ᄒᆞ다 [TEUK-EUI-HĂ-TA] (得意) 원476
불 Libre; qui a la liberté; faire suivant son désir; obtenir ce qu'on désire; combler les vœux.
한 자유롭다 | 자유를 갖다 | 자신의 욕구에 따라 행하다 | 원하는 것을 얻다 | 소원을 충족시키다

*득인심ᄒᆞ다 [TEHK-IN-SIM-HĂ-TA] (得人心, (Obtenir, homme, cœur)) 원476
불 Obtenir l'affection; se gagner l'affection, la bienveillance.
한 애정을 얻다 | 애정, 호의를 얻다

*득인ᄒᆞ다 [TTEU-IN-HĂ-TA] (得人) 원476
불 Choisir un homme. Obtenir un homme.
한 한 사람을 선택하다 | 한 사람을 얻다

*득죄ᄒᆞ다 [TEUK-TJOI-HĂ-TA] (得罪) 원477
불 Pécher; faire une faute, un péché.

한 죄를 범하다 | 잘못을 하다, 죄를 짓다

*득춍ᄒᆞ다 [TEUK-TCHYONG-HĂ-TA] (得寵) 원477

불 Aimé du roi, ami du roi. Obtenir la faveur, les bonne grâces.

한 왕의 총애를 받다, 왕의 친구 | 호의, 총애를 얻다

*득톄ᄒᆞ다 [TEUK-HIYEI-HĂ-TA] (得體) 원477

불 Découvrir une bonne méthode.

한 좋은 방법을 발견하다

*득효ᄒᆞ다 [TEUK-HYO-HĂ-TA] (得效) 원476

불 Avoir du mieux; être mieux; avoir un bon effet; obtenir un résultat, un bon effet.

한 호전되다 | 더 낫다 | 좋은 결과를 가지다 | 결과, 좋은 효과를 얻다

듣것 [TEUN-KET,-SI] (淨) 원478

불 Chose flottant sur l'eau. V. 뜨다 Tteu-ta.

한 물 위를 떠다니는 것 | [참조어 뜨다, Tteu-ta]

듣겨 [TEUN-KYE] (糠) 원478

불 Pellicule du riz; son du riz; pellicule la plus fine du riz; écorce intérieure du grain.

한 벼의 얇은 껍질 | 벼의 겨 | 벼의 가장 가는 얇은 껍질 | 곡식 내부의 껍질을 까다

듣듣ᄒᆞ다 [TEUN-TEUN-HĂ-TA] (堅實) 원478

불 Solide, ferme, sûr, certain. ‖ N'avoir pas d'inquiétude, être sans souci, sans crainte.

한 단단하다, 견고하다, 확고하다, 확실하다 | 걱정하지 않다, 걱정, 두려움이 없다

듣버ᄅᆞᆺ [TEUN-PE-RĂT,-SI] (習慣) 원478

불 Défaut, habitude, mauvaise habitude prise.

한 결점, 습관, 몸에 밴 나쁜 습관

듣손 [TEUN-SON] (單手) 원478

불 Tout de suite, vite, promptement.

한 곧바로, 빨리, 신속하게

듣지ᄅᆞ다 [TTEUN-TJI-RĂ-TA,-TJIL-NE,-TJI-RĂN] (啜) 원478

불 Dévorer (injur.). Manger le riz. (Ne se dit qu'en grondant ou dans un moment d'impatience).

한 게걸스럽게 먹다 (욕설) | 밥을 먹다 | (꾸짖을 때나 초조한 순간에만 쓴다)

[1]들 [TEUL,-I] (野) 원480

불 Plaine. Syn. 덜 Tel.

한 들판 | [동의어 덜, Tel]

[2]들 [TEUL,-I] (等) 원480

불 Termin. du pluriel.

한 복수 어미

[3]들 [TEUL] 원480

불 Moins. 들주다, Teul-tjou-ta, Donner moins.

한 덜 | [용례 들주다, Teul-tjou-ta], 덜 주다

[1]들것 [TEUL-KET,-SI] 원480

불 Cadavre d'un homme pauvre.

한 가난한 사람의 시체

[2]들것 [TEUL-KET,-SI] (擧械) 원480

불 Chaise grossière sur laquelle on porte les criminels au supplice. brancard, civière.

한 죄인들을 형벌에 처할 때 앉히는 조잡한 의자 | 들것, 들것

들기ᄅᆞᆷ [TEUL-KI-RĂM,-I] (法油) 원480

불 Huile à brûler faite avec la graine de 들ᄭᆡ Teul-kkăi.

한 들ᄭᆡ Teul-kkăi의 씨로 만든 등유

들낙날낙ᄒᆞ다 [TEUL-NAK-NAL-NAK-HĂ-TA] (或入或出) 원481

불 Entrer et sortir à plusieurs reprises.

한 여러 번 되풀이하여 들어가고 나오다

들네다 [TEUL-NEI-TA,-NEI-YE,-NEIN] (喧譁) 원481

불 Bruyant, étourdissant; qui fait du tapage, du bruit; un bruit confus de voix.

한 소란하다, 귀를 멍하게 하다 | 시끄러운 소리, 소음을 내다 | 어렴풋한 말소리

[1]들니다 [TEUL-NI-TA,-NYE,-NIN] (漏落) 원481

불 Perdre, égarer. ‖ Dépenser (argent).

한 잃어버리다, 분실하다 | (돈을) 지출하다

[2]들니다 [TEUL-NI-TA,-NYE,-NIN] 원481

불 Etre entré dans. 마귀들니다. Ma-koui teul-ni-ta, Etre possédé du démon.

한 ~안에 들어가다 | [용례 마귀들니다, Ma-koui teul-ni-ta], 악마의 소유가 되다

[3]들니다 [TEUL-NI-TA,TEUL-NYE,TEUL-NIN] (聞) 원481

불 Etre entendu.

한 들리다

[1]들다 [TEUL-TA,TEUL-E,TEUN] (揭) 원481

불 Soulever, enlever, élever (avec la main); soupeser, lever (les yeux, le visage).

한 들어 올리다, 들어 올리다, (손으로) 올리다 | 손으로 무게를 재다, (눈, 얼굴을) 들다

[2]들다 [TEUL-TA,TEUL-E,TEUN] 원481

불 Etre dépensé (argent).

한 (돈이) 지출되다

[3]들다 [TEUL-TA, TEUL-E, TEUN] (入) 원481
불 Entrer. 병들다 Pyeng-teul-ta, Tomber malade.
한 들어가다 | [용례 병들다, Pyeng-teul-ta], 병이 나다

들도부 [TEUL-TO-POU] (道付) 원481
불 Marchand ambulant qui circule avec sa marchandise de porte en porte, de village en village.
한 이 집 저 집, 이 마을 저 마을로 자신의 상품을 가지고 돌아다니는 행상인

들돌 [TEUL-TOL,-I] (擧石) 원481
불 Grosse pierre que les plus forts s'exercent à soulever (par amusement).
한 가장 강한 사람들이 (오락거리로) 들어 올리기를 연습하는 큰 돌

들들 [TEUL-TEUL] (轉貌) 원481
불 Bruit de l'engrenage en bois qui sert à écosser le riz. =갈다-kal-ta, Ecosser avec ce bruit.
한 벼의 껍질을 까기 위해 사용하는 나무로 만든 톱니바퀴 장치의 소리 | [용례 =갈다, -kal-ta], 이 소리를 내며 껍질을 까다

들들뒤다 [TEUL-TEUL-TOUI-TA,-TOUI-YE,-TOUIN] (轉搜) 원481
불 Remuer tout pour voir, farfouiller.
한 보기 위해 모두 뒤적거리다, ~속을 뒤져 찾다

들ᄃᆡ [TEUL-TĂI] 원481
불 Esclaves d'un noble, les serviteurs d'une grande maison.
한 귀족의 노예들, 큰 집의 하인들

들맛초다 [TEUL-MAT-TCHO-TA,-TCHO-A,-TCHON] 원480
불 Soupeser, chercher à connaître (le poids d'un objet, la valeur d'un argument).
한 손으로 무게를 재다, (물건의 무게, 논지의 유효성을) 알기 위해 애쓰다

들맛치다 [TEUL-MAT-TCHI-TA,-TCHYE,-TCHIN] 원480
불 Soupeser; essayer; éprouver.
한 차분히 검토하다 | 시험하다 | 시험하다

들먹들먹ᄒᆞ다 [TEUL-MEK-TEUL-MEK-HĂ-TA] 원481
불 Mouvement imprimé à un objet par un rat. Lever et laisser retomber à plusieurs reprises.
한 쥐가 물건에 일으키는 움직임 | 여러 번 되풀이해서 올렸다가 다시 내려가도록 두다

들먹이다 [TEUL-MEK-I-TA,-YE,-IN] 원481
불 Soupeser.
한 손으로 무게를 재다

들메 [TEUL-MEI] (綦) 원480
불 Liens, attaches des souliers, brides.
한 줄, 신발끈, 턱에 거는 끈

들메다 [TEUL-MEI-TA,-MEI-E,-MEIN] (着綦) 원481
불 Attacher les cordons des souliers; attacher les souliers aux pieds avec un cordon ou une bande appelée 들메 Teul-mei.
한 신발의 끈을 묶다 | 끈 또는 들메 Teul-mei라고 불리는 띠로 신발을 발에 묶다

들무우 [TEUL-MOU-OU] (野菁) 원481
불 Esp. de petit navet à grandes feuilles.
한 큰 잎사귀를 가진 작은 무의 종류

들믜나무 [TEUL-MEUI-NA-MOU] (楠木) 원481
불 Nom d'une esp. d'arbre; esp. de cèdre propre à faire des poutres, des bascules.
한 나무의 일종의 이름 | 들보, 흔들굴대를 만들기에 적당한 서양 삼나무의 종류

[1]들보 [TEUL-PO] (樑) 원481
불 Solive, poutre du milieu, faite de la charpente.
한 들보 용재, 중간의 들보, 골조의 마룻대

[2]들보 [TEUL-PO] (佩褓) 원481
불 Linge sous les habits des personnes qui rendent du sang par les voies basses, pour préserver leur vêtements. =차다-tcha-ta, Le disposer, le placer.
한 하혈하는 사람이 그 옷을 보존하기 위해 입는 옷 속의 내의 | [용례 =차다, -tcha-ta], 그것을 준비시키다, 그것을 놓다

들보차다 [TEUL-PO-TCHA-TA,-TCHA,-TCHAN] 원481
불 Perdre le reste de son argent; être ruiné complétement.
한 자신의 돈의 나머지를 잃다 | 완전히 파산하다

들복다 [TEUL-POK-TA,-POK-A,-POK-KEUN] 원481
불 Agacer, rendre la vie insupportable.
한 성가시게 하다, 삶을 지긋지긋하게 만들다

들살 [TEUL-SAL,-I] 원481
불 Support, appui provisoire (lorsqu'on veut changer un pilier, etc.).
한 (기둥 등을 바꾸려고 할 때의) 받침대, 임시 버팀목

들셕들셕ᄒᆞ다 [TEUL-SYEK-TEUL-SYEK-HĂ-TA] (微動) 원481
불 Désigne le mouvement d'un objet agité par un rat, par un oiseau, etc. fourmiller, foisonner.
한 쥐 한 마리, 새 한 마리 등에 의해서 흔들리는 물건

의 움직임을 가리킨다 | 득실거리다, 많다

들셕ᄒᆞ다 [TEUL-SYEK-HĂ-TA] [원]481

[불] Elevé, haut. ‖ Tourner et retourner comme pour regarder en tous sens.

[한] 높다, 높다 | 사방을 보기 위한 것처럼 돌고 또 돌다

들셩들셩ᄒᆞ다 [TEUL-SYENG-TEUL-SYENG-HĂ-TA] (軒軒) [원]481

[불] Etre distrait; avoir envie d'aller voir ce qui se passe dehors; être agité de divers mouvements.

[한] 산만하다 | 밖에서 일어나는 일을 보러 가고 싶다 | 여러 움직임으로 들뜨다

들숨 [TEUL-SOUM,-I] (吸息) [원]481

[불] Aspiration (en respirant)

[한] (숨쉴 때) 들이쉬기

들ᄭᆡ [TEUL-KKĂI] (水荏) [원]480

[불] Esp. de plante dont les graines servent à faire l'huile à brûler, etc. (mais elle ne se mange pas). Esp. de menthe.

[한] 씨는 볶아서 등유를 만드는 데 쓰는 식물의 종류 | (그러나 그것을 먹지는 않는다) | 박하의 종류

들ᄯᅳ다 [TEUL-TTEU-TA,-TTE,-TTEUN] (浄升) [원]481

[불] N'être pas entièrement (bien) collé; boursoufler; se boursoufler.

[한] 전체적으로 (잘) 붙어있지 않다 | 부풀리다 | 부풀다

들ᄲᅩᆼ나무 [TEUL-PPONG-NA-MOU] (野桑木) [원]481

[불] Nom d'une esp. de mûrier.

[한] 뽕나무 일종의 이름

들ᄶᅵ [TEUL-TTJI] [원]481

[불] Poids, qualité; avantage.

[한] 무게, 질 | 이익

들이 [TEUL-I] [원]480

[불] Désinence qui, joutée au radical des noms, indique le pluriel et se décline.

[한] 명사의 어간에 붙어 복수를 표시하고 굴절되는 곡용

들장ᄃᆡ다 [TEUL-TJANG-TĂI-TA,-TAI-YE,-TAIN] (毁破) [원]481

[불] Chasser de, mettre dehors, renvoyer à cause de son indignité.

[한] ~에서 내쫓다, 밖으로 내몰다, 그 무례함 때문에 해고하다

들장ᄉᆞ [TEUL-TJANG-SĂ] (行商) [원]481

[불] Marchand ambulant.

[한] 떠돌이 장수

들쟝지 [TEUL-TJYANG-TJI] (懸幛) [원]481

[불] Cloison mobile, ou séparation d'une chambre en cloison mobile qui l'on élève par le bas et que l'on accroche au plancher pour ne faire qu'une seul chambre.

[한] 이동식 칸막이, 또는 방 한 칸만을 만들기 위해 아래에서 올리고 천장에 매다는 이동식 칸막이로 된 방의 분리

들젹들젹ᄒᆞ다 [TEUL-TJYEK-TEUL-TJYEK-HĂ-TA] [원]481

[불] Nombreux. ‖ Toucher, manier et remanier à plusieurs reprises.

[한] 많다 | 만지다, 만지고 여러 번 되풀이하여 다시 손질하다

들차다 [TEUL-TCHA-TA,TEUL-TCHA,TEUL-TCHAN] (毅) [원]481

[불] Fort; robuste; capable; intelligent.

[한] 강하다 | 건장하다 | 유능하다 | 영리하다

들창 [TEUL-TCHANG,-I] (揭窓) [원]481

[불] Petite lucarne qui s'ouvre de bas en haut, tabatière d'une mansarde.

[한] 아래에서 위로 열리는 작은 천창, 다락의 천창

들츅 [TEUL-TCHYOUK,-I] [원]481

[불] Nom d'une esp. d'arbre.

[한] 나무의 일종의 이름

들큰들큰ᄒᆞ다 [TEUL-HKEUN-TEUL-HKEUN-HĂ-TA] (不甘貌) [원]480

[불] Dire des paroles qui portent à l'irritaion; exciter, émouvoir la colère; agacer.

[한] 노엽게 하는 말을 하다 | 자극하다, 화를 불러 일으키다 | 성가시게 하다

들큰ᄒᆞ다 [TEUL-HKEUN-HĂ-TA] (微甘) [원]480

[불] Etre un peu doux au goût; avoir un goût un peu doux.

[한] 입맛에 약간 달다 | 약간 단맛이 있다

들키다 [TEUL-HKI-TA,TEUL-HKYE,TEUL-HKIN] (現露) [원]480

[불] Etre surpris sur le fait, en flagrant délit, par le maître (voleurs). Etre vu. faire voir; découvrir.

[한] (도둑이) 명백한 범법행위로 주인에 의해 적발되다, 보이다 | 보이다 | 모습을 드러내다

들피지다 [TEUL-HPI-TJI-TA,-TJYE,-TJIN] (疲困) [원]481

[불] Etre pressé, accablé par la faim (se dit des animaux).

Etre à demi mort d'inanition.

한 배고픔으로 쪼들리다, 짓눌리다(동물들에 대해 쓴다) | 굶주림으로 거의 죽어가다

듬셩듬셩 [TEUM-SYENG-TEUM-SYENG] 원477

불 Désigne la distance qui sépare des objets éloignés, peu épais, clair-semés. Rarement, de loin en loin.

한 떨어져 있는, 빽빽하지 않은, 듬성듬성한 물건들을 갈라놓는 거리를 가리킨다 | 드물게, 군데군데

듬쑥듬쑥 [TEUM-SSOUK-TEUM-SSOUK] (多多) 원477

불 Désigne l'état d'une chose surchargée (une cuillère trop pleine). Beaucoup et souvent.

한 너무 무겁게 실린 것(너무 가득 찬 숟가락)의 상태를 가리킨다 | 많이 그리고 자주

듭시다 [TEUP-SI-TA,TEUP-SYE,TEUP-SIN] (入來) 원480

불 Entrer. (Honorif.).

한 들어가다 | (경칭)

[1]듯 [TEUT] 원482

불 Comme, comme si. Syn. 드시 Tă-si.

한 ~처럼, 마치 ~인 것처럼 | [동의어 드시, tă-si]

[2]듯 [TEUT] 원482

불 Esp. de terminais,. sens de probable, probablement. 홀듯ᄒᆞ다 Hăl-teut-hă-ta, Il fera probablement.

한 어미의 종류 | 그럴 듯하다의 의미, 아마 | [용례 홀듯ᄒᆞ다, hăl-teut-hă-ta], 아마 할 것이다

[1]듯다 [TEUT-TA,TEU-RE,TEUT-RĂN] (聽) 원482

불 Entendre, voir, écouter. 말듯다. Mal-teut-ta, Obéir, suivre un conseil, subir l'influence de, accorder trop de confiance.

한 듣다, 보다, 듣다 | [용례 말듯다, Mal-teut-ta], 복종하다, 조언을 따르다, ~의 영향을 받다, 너무 신뢰하다

[2]듯다 [TEUT-TA,TEU-RE,TEU-RĂN] (落) 원482

불 Dégoutter (gouttes d'eau). ‖ Etre étendu, jacere.

한 (물방울이) 방울져 떨어지다 | 누워 있다, 펼쳐져 있다

듯보다 [TEUT-PO-TA,-PO-A,-PON] (搜看) 원482

불 Chercher et demander; chercher pour obtenir. Examiner; écouter; chercher à savoir.

한 찾고 요구하다 | 얻기 위해서 찾다 | 조사하다 | 듣다 | 알려고 애쓰다

듯시부다 [TEUT-SI-POU-TA,-SI-PE,-SI-POUN] (其然) 원482

불 Peut-être (terminais.).

한 아마도 (어미)

[1]*등 [TEUNG,-I] (燈) 원478

불 Lanterne, lampe, lampe vénitienne, fanal. ‖ Ballon.

한 초롱, 전등, 베네치아 전등, [역주 마차 따위의] 각등 | 공

[2]*등 [TEUNG,-I] (藤) 원478

불 Rotin.

한 등나무

[3]*등 [TEUNG,-I] (等) 원478

불 Troupe. Termin. plurielle pour 들 Teul. 우리등 Ou-ri-teung, Nous.

한 무리 | 들 Teul 대신 쓰는 복수 어미 | [용례 우리등, Ou-ri-teung], 우리들

[4]등 [TEUNG,-I] (背) 원478

불 Dos, épine dorsale, échine, partie du tronc qui s'étend depuis le cou jusque la partie inférieure de l'échine.

한 등, 척추골, 척추, 목부터 척추의 하부까지 뻗어져 있는 줄기 부분

[5]*등 [TEUNG] (登) 원478

불 En agr. Monter.

한 한자어로 오르다

등거름ᄒᆞ다 [TEUNG-KE-REUM-HĂ-TA] (背行) 원478

불 Aller sur le dos (ne se dit guère que d'un mort couché sur le dos dans sa bière), c.a.d. être mort.

한 누워 가다(자신의 관 안에 반듯이 누워 있는 죽은 사람에 대해서 말고는 거의 쓰지 않는다), 즉 죽다

등거리 [TEUNG-KE-RI] (背子) 원478

불 Habit sans manche; esp. d'habit en coton ou en chanvre que l'on met sur la peau pour empêcher les habits de s'imprégner de sueur.

한 소매가 없는 옷 | 옷에 땀이 배는 것을 막기 위해 살갗 위에 입는 면, 대마로 된 옷의 종류

등걸 [TEUNG-KEL,-I] (朴) 원478

불 Morceau de bois à brûler, bois à brûler, bois mort, chicot.

한 태울 나무 조각, 태울 장작, 죽은 나무, 그루터기

*등경 [TEUNG-KYENG,-I] (燈檠) 원478

불 Pied, support de la lampe.

한 램프의 다리, 받침대

*등고ᄒᆞ다 [TEUNG-KO-HĂ-TA] (登高) 원478

불 Monter sur un endroit élevé.

한 높은 곳에 오르다

등골 [TEUNG-KOL,-I] (背骨) 원478

불 Os du dos.
한 등의 뼈

등골빼다 [TEUNG-KOL-PPAI-TA,-PPAI-A,-PPAIN] (背骨拔) 원478
불 Arracher les os du dos, c.a.d. extorquer par ruse ou importunité effrénée. Tromper la confiance, s'insinuer dans les bonnes grâces pour mieux tromper, pour voler.
한 등뼈를 뽑다, 즉 술책을 써서 또는 과도하게 귀찮게 굴어 강탈하다 | 신뢰를 저버리다, 더 잘 속이려고, 도둑질하려고 교묘하게 환심을 사다

등곱을이 [TEUNG-KOP-EUL-I] (背曲) 원478
불 Dos courbé. bossu. ‖ Titre que l'on donne à un prétorien, à un employé de préfecture, en lui parlant. (Pas honor.). On donne ce nom aux prétoriens parce qu'ils sont toujours courbés en parlant au mandarin.
한 굽은 등 | 꼽추 | 친위병에게, 도청의 고용인에게 말할 때 그에게 부여하는 칭호 | (경칭이 아님) | 관리에게 말할 때 항상 등을 구부리고 있기 때문에 친위병들에게 이런 명칭을 붙인다

*등과ᄒᆞ다 [TEUNG-KOA-HĂ-TA] (登科) 원478
불 Etre reçu bachelier; obtenir un grade aux examens.
한 바칼로레아에 합격하다 | 시험에서 한 등급을 따다

등군 [TEUNG-KOUN,-I] (負商) 원478
불 Troupe de mendiants qui, se sentant en force, prennent ce qu'on ne veut pas leur donner. Sangsue, c.a.d. homme qui cherche à extorquer le bien d'autrui par toutes sortes d'importunités.
한 사람들이 주고 싶어 하지 않는 것을 빼앗는, 스스로 힘이 강하다고 생각하는 거지들의 무리 | 착취자, 즉 성가시게 구는 온갖 방법으로 다른 사람의 재산을 강탈하려는 사람

*등극ᄒᆞ다 [TEUNG-KEUK-HĂ-TA] (登極) 원478
불 Monter sur le trône; être proclamé roi; recevoir la royauté.
한 왕좌에 오르다 | 왕으로 선포되다 | 왕권을 받다

등긁이 [TEUNG-KEULK-I] (搔背) 원478
불 Esp. de grattoir, de petite brosse, instrument dont se servent les vieillards, pour se gratter le dos.
한 긁는 도구, 작은 솔의 종류, 자신의 등을 긁기 위해 노인들이 사용하는 도구

등날느다 [TEUNG-NAL-NEU-TA,-NEU-RE,-NEUN] 원479
불 Les os de l'échine se disloquent. Rompre l'échine. Recevoir des coups, être battu.
한 척추뼈가 빠지다 | 등뼈를 부러뜨리다 | 타격을 받다, 얻어맞다

*등녹 [TEUNG-NOK,-I] (謄錄) 원479
불 Document officiel qui doit être conservé. Principe, commencement, raison, motif, cause d'une coutume, d'une chose.
한 보존되어야 하는 공식적인 문서 | 어떤 관습, 어떤 것의 근원, 시초, 근거, 동기, 원인

등대 [TEUNG-TAI] 원479
불 Manche de lanterne, manche de bois ou de bambou au bout duquel est suspendue une lanterne.
한 램프의 손잡이, 끝에 램프가 매달려 있는 나무 또는 대나무로 된 손잡이

등등거리 [TEUNG-TEUNG-KE-RI] (藤背子) 원479
불 Esp. de treillis de petit rotin en forme d'habit, que l'on met sur la peau, pour empêcher les habits de s'imprégner de sueur et faciliter la circulation de l'air sur la poitrine et sur le dos.
한 옷이 땀에 젖는 것을 막고 가슴과 등에 공기의 순환을 용이하게 하기 위해서 살갗 위에 입는, 옷의 형태로 된 어린 등나무 껍질 격자의 종류

1등ᄃᆡ다 [TEUNG-TĂI-TA,-TĂI-YE,-TĂIN] (掛背) 원479
불 S'appuyer le dos.
한 등을 기대다

2등ᄃᆡ다 [TEUNG-TĂI-TA,-TĂI-YE,-TĂIN] (依勢) 원479
불 Etre appuyé, soutenu par les nobles (le peule).
한 (백성이) 귀족들에 의해 지지되다, 후원되다

1*등ᄃᆡᄒᆞ다 [TEUNG-TĂI-HĂ-TA] (等對) 원479
불 simititude, ressemblance.
한 유사성, 유사함

2*등ᄃᆡᄒᆞ다 [TEUNG-TĂI-HĂ-TA] (等待) 원479
불 Attendre, se tenir prêt.
한 기다리다, 준비를 하고 있다

*등롱 [TEUNG-RONG,-I] (燈籠) 원479
불 Lanterne, lampe.
한 초롱, 램프

1등마루 [TEUNG-MA-ROU] (背脊) 원478
불 Echine, dos.
한 척추, 등

2등마루 [TEUNG-MA-ROU] (嶺上) 원478
불 Crête de montagne.
한 산의 능선

*등문고 [TEUNG-MOUN-KO] (登聞鼓) 원478
불 Grand tambour à la porte du palais royal, sur lequle frappe celui qui veut obtenir une audience.
한 면담을 얻어내고자 하는 사람이 두드리는, 왕궁의 문에 있는 큰 북

1*등물 [TEUNG-MOUL,-I] (等物) 원478
불 Chose semblable.
한 유사한 것

2*등물 [TEUNG-MOUL,-I] (藤物) 원479
불 Objet en rotin.
한 등나무 껍질로 만든 물건

*등믜 [TEUNG-MEUI] 원478
불 Natte ornée de dessins, parsemée de couleurs.
한 그림으로 장식된, 색으로 꾸며진 돗자리

등부인 [TEUNG-POU-IN,-I] 원479
불 Grande poupée en rotin (immorale).
한 등나무로 된 (외설스러운) 큰 인형

*등분 [TEUNG-POUN,-I] (等分) 원479
불 Séparation, division de caste; distinction de noble et d'homme du peuple; degré, rang.
한 카스트의 구분, 분리 | 귀족과 평민의 차별 | 계급, 신분

*등분이고하 [TEUNG-POUN-I-KO-HA] (等分高下) 원479
불 Suivant les facultés, les moyens, la richesse, la position. (Les impôts en nature sont ainsi flxés).
한 재능, 능력, 부, 지위에 따라 | (현물로 내는 세금은 그렇게 결정된다)

등불 [TEUNG-POUL,-I] (燈火) 원479
불 Feu de la lampe; lanterne allumée.
한 램프의 불 | 켜진 초롱

*등빙ᄒᆞ다 [TEUNG-PING-HĂ-TA] (登氷) 원479
불 Marcher sur la glace, passer sur la glace.
한 얼음 위를 걷다, 얼음 위를 지나가다

*등산ᄒᆞ다 [TEUNG-SAN-HĂ-TA] (登山) 원479
불 Monter sur la montagne, gravir une montagne.
한 산을 오르다, 산을 올라가다

*등상 [TEUN-SANG] (登床) 원479
불 Esp. d'escabeau ou de table sur laquelle on monte pour atteindre à un endroit élevé. Ecahfaudage comme celui des maçons.
한 어떤 높은 곳에 도달하기 위해 올라가는 발판 또는 탁자의 종류 | 석공의 발판과 같은 것

*등샹 [TEUNG-SYANG,-I] 원479 ☞등상

*등셔ᄒᆞ다 [TEUNG-SYE-HĂ-TA] (謄書) 원479
불 Copier, transcrire. ‖ Ecrire des deux côtés d'une feuille de papier. (Ordinairement on n'écrit que sur un côté du papier coréen à cause de sa transparence).
한 베끼다, 베껴 쓰다 | 종이의 양면에 쓰다 | (보통 조선의 종이가 투명하기 때문에 한쪽 면에만 쓴다)

*등쇼ᄒᆞ다 [TEUNG-SYO-HĂ-TA] (等訴) 원479
불 Placet rédigé par plusieurs individus qui font une pétition au mandarin. Adresse commune au mandarin.
한 관리에게 청원하는 여러 사람들에 의해 작성된 청원서 | 관리에게 하는 공동의 청원

1등신 [TEUNG-SIN,-I] (邪像) 원479
불 Statue.
한 상[역주 像]

2*등신 [TEUNG-SIN,-I] (等身) 원479
불 Le corps, la carcasse. =만놈앗다-man-năm-at-ta, Il n'en reste que la carcasse (se dit d'un homme ou d'un animal qui a perdu la tête de frayeur). ‖ Mal bâti, avorton, niais, idiot, lourdaud.
한 신체, 몸뚱이 | [용례 =만놈앗다, -man-năm-at-ta], 몸뚱이만 남다 (공포로 이성을 잃은 사람이나 동물에 대해 쓴다) | 보기 흉한 사람, 조산아, 멍청이, 바보, 서투른 사람

1*등심 [TEUNG-SIM,-I] (燈心) 원479
불 Mèche de lampe. Esp. d'herbe dans dans l'intérieur du pied de laquelle se trouve une matière cotonneuse dont on fait des mèches de lampe.
한 램프의 심지 | 램프의 심지를 만드는 솜 같은 재료가 있는 밑동 내의 풀 종류

2등심 [TEUNG-SIN,-I] (背心肉) 원479
불 Chair du dos, le long de l'échine.
한 등살, 척추의 길이

등심이 [TEUNG-SIM-I] 원479
불 Dos des instruments en fer (couteau, faucille, etc.).
한 철로 된 도구들(칼, 낫 등)의 등

*등양ᄒᆞ다 [TEUNG-YANG-HĂ-TA] (登揚) 원478
불 Prospère, libre, puissant. être en voie de prospérité. être au faîte des honneurs.
한 번영하다, 자유롭다, 강대하다 | 번창하는 중이다 | 명예의 절정에 있다

등어리 [TEUNG-E-RI] (脊) 원478
불 Echine, dos, épine dorsale.

한 척추, 등, 척추뼈

등에 [TEUNG-EI] (虻) 원478

불 Esp. de gros bourdon, gros frelon (insecte), le taon, taon des bœufs, hypoderme du bœuf.

한 큰 뒤영벌의 종류, 큰 무늬말벌(곤충), 등에, 소의 등에, 소의 쇠파리

등이 [TEUNG-I] (等) 원478

불 Tous. (Se met ordinairement après les pronoms). 우리등이 Ou-ri-teung-i. Nous tous.

한 모두 | (일반적으로 대명사 다음에 놓인다) | [용례 우리등이, ou-ri-teung-i], 우리 모두

*등잔 [TEUNG-TJAN,-I] (燈盞) 원479

불 lampe.

한 램프

*등장군 [TEUNG-TJYANG-KOUN,-I] (等狀軍) 원479

불 Envoyés, ambassade pour faire des excuses. Celui qui est député pour présenter une requête de plusieurs, v.g. d'une ville.

한 사절, 용서를 구하기 위한 사절 | 여럿의, 예를 들어 한 마을의 청원을 제출하기 위해 대표로 파견된 사람

*등쟝ᄒᆞ다 [TENG-TJYANG-HĂ-TA] (等狀) 원479

불 Placet qui exprime la demande que font plusieurs individus au mandarin. Adresse commune, requête commune au mandarin.

한 여러 사람이 관리에게 하는 요구를 표시하는 진정서 | 공동의 청원, 관리에게 하는 공동의 청원

등지다 [TEUNG-TJI-TA, TEUNG-TJYE, TEUNG-TJIN] (相背) 원479

불 Tourner le dos, c.a.d. être fâché avec, ne pas vouloir parler à, être opposés, brouillés; être en désaccord.

한 등을 돌리다, 즉 ~에게 화가 나다, ~에게 말하기를 원하지 않다, 반대하다, 사이가 나쁘다 | 불화하다

등짐 [TEUNG-TJIM,-I] (背負) 원479

불 Fardeau porté sur le dos.

한 등에 진 짐

등짐쟝ᄉᆞ [TEUNG-TJIM-TJYANG-SĂ] (負商) 원479

불 Portefaix; corporation des portefaix. marchand ambulant qui porte sa marchandise sur son dos. Colporteur.

한 짐꾼 | 짐꾼들의 동업조합 | 자신의 상품을 등에 지고 다니는 행상인 | 행상인

*등ᄌᆞ [TEUNG-TJĂ] (鐙子) 원479

불 Etrier.

한 [역주 말의] 등자

등창 [TEUNG-TCHANG,-I] (背瘡) 원480

불 Plaie sur l'échine, sur le dos. Clou, furoncle sur le dos.

한 척추, 등에 난 상처 | 등에 있는 종, 절종

*등쳑ᄒᆞ다 [TEUNG-TCHYEK-HĂ-TA] (登陟) 원480

불 Montée et descente. Monter sur la montagne.

한 오름과 내림 | 산에 오르다

*등촉 [TEYNG-TCHOK,-I] (燈燭) 원480

불 Luminaire, lampe et bougie, c.a.d. lampe allumée.

한 조명, 램프와 초, 즉 불이 켜진 램프

등칡 [TEUNG-TCHILK,-I] (藤葛) 원480

불 Esp. de liane de 칡 Thilk qui n'est pas de l'année, qui a durci. rotin et liane.

한 그 해의 것이 아닌, 단단해진 칡 Thilk 종류 | 등나무와 칡

1등ᄎᆡ [TEUNG-TCHĂI] (藤鞭) 원480

불 Petit bâton avec lequel un cavalier coréen s'appuie sur le cheval.

한 조선의 기수가 말에 기대기 위해서 사용하는 작은 막대기

2등ᄎᆡ [TEUNG-TCHĂI] 원480

불 Sceptre du roi, bâton de maréchal. Esp. de bâton orné, insigne de la dignité et du pouvoir (les gouverneurs, les ministres, etc., en ont un).

한 왕의 왕홀, 장성의 막대기 | 장식된 막대기의 종류, 고관직과 권력의 표상 (지사들, 대신들 등이 하나씩 갖는다)

1*등텬ᄒᆞ다 [TEUNG-HIYEN-HĂ-TA] (騰天) 원479

불 Mauvaise odeur qui s'élève; s'élever (ne se dit que d'une odeur désagréable.).

한 올라오는 나쁜 냄새 | 오르다 (불쾌한 냄새에 대해서만 쓴다)

2*등텬ᄒᆞ다 [TEUNG-THYEN-HĂ-TA] (登天) 원479

불 Monter au ciel, s'élever vers le ciel.

한 하늘에 오르다, 하늘을 향해 올라가다

*등토슈 [TEUNG-HTO-SYOU] (藤吐手) 원479

불 Esp.de bracelet en petit rotin pour le temps des chaleurs.

한 더울 때 사용하는 작은 등나무로 만든 팔찌의 종류

등트다 [TEUNG-HTĂ-TA, TEUNG-HTĂ, TEUNG-HTĂN] 원479

불 Couper le dos des poissons pour les ouvrir en deux

et les faire sécher.

한 물고기를 둘로 가르고 말리기 위해서 물고기의 등을 자르다

등틔 [TEUNG-HTĂI] 원479

불 Dossière du harnais. Esp. de coussinet que les portefaix mettent sur leur échine lorsque le fardeau les blesse.

한 갑옷의 배갑 | 짐이 아프게 할 때 짐꾼들이 그 등에 놓는 패드의 종류

1*등판 [TEUNG-HPAN,-I] (登板) 원479

불 Plateau de la balance. ‖ Echafaudage pour monter à un lieu élevé (comme celui des maçons).

한 저울의 판 | (석공의 바판처럼) 높은 장소에 오르기 위한 발판

2*등판 [TEUNG-HPAN,-I] (燈板) 원479

불 Planchette qui porte le vase d'une lampe.

한 램프의 그릇을 받치는 작은 판자

1등패 [TEUNG-HPAI] 원479

불 Chef d'une troupe de mendiants voleurs.

한 도벽이 있는 거지 무리의 우두머리

2등패 [TEUNG-HPAI] 원479

불 Compagnie d'hommes chargés allant ensemble.

한 함께 짐을 지고 가는 사람들의 무리

*등하불명 [TEUNG-HA-POUL-MYENG] (燈下不明) 원478

불 Quoique près de la lampe, si on est dessous, on ne voit pas. ce ne sont pas les plus proches qui sont les mieux éclairés.

한 램프 근처에 있더라도, 그 아래에 있다면 보지 못한다 | 가장 밝게 비춰지는 것들은 가장 가까이 있는 것들이 아니다

*등한ᄒᆞ다 [TEUNG-HAN-HĂ-TA] (等閑) 원478

불 Inutile; être de peu d'importance.

한 쓸데없다 | 별로 중요하지 않다

*등호 [TEUNG-HO] (燈號) 원478

불 Lampe sur laquelle se trouve écrit le nom du maître. Nom écrit sur une lanterne (il sert, dans les examens, à marquer la place de chaque troupe de candidats).

한 주인의 이름이 쓰여 있는 램프 | 램프에 쓰인 이름 (시험에서 각각의 지원자들 무리의 자리를 표시하는 데에 쓰인다)

*등화 [TEUNG-HOA] (燈火) 원478

불 Feu de la lanterne, lumière d'une lanterne.

한 램프의 불, 램프의 불빛

*등후ᄒᆞ다 [TEUNG-HOU-HĂ-TA] (等候) 원478

불 Attendre.

한 기다리다

딍딍ᄒᆞ다 [TEUING-TEUING-HĂ-TA] (堅貌) 원476

불 Capable de porter (glace), solide, ferme, fort.

한 (얼음을) 들 수 있다, 단단하다, 견고하다, 강하다

1*디 [TI] (地) 원482

불 En agr. Terre, la terre.

한 한자어로 땅, 지구

2*디 [TI] (池) 원482

불 En agr. Lac.

한 한자어로 호수

*디경 [TI-KYENG,-I] (地境) 원482

불 Limite, terme, barrière, frontière. ‖ Territoire, lieu, endroit. ‖ Etat, situation, position. ‖ Mauvaise tournure d'une affaire; insuccès et succès.

한 경계, 한계, 방벽, 국경 | 영토, 장소, 곳 | 상태, 상황, 위치 | 일의 나쁜 국면 | 실패와 성공

*디골피 [TI-KOL-HPI] (地骨皮) 원483

불 Nom d'une esp. de remède.

한 약의 일종의 이름 [역주 지골피]

*디관 [TI-KOAN,-I] (地官) 원482

불 Géoscope; celui qui fait professtion d'indiquer les endroits heureux pour placer les tombeux (il se sert pour cela d'une boussole).

한 지관 | 무덤 자리를 정하기에 적합한 장소들을 가르쳐주는 것을 직업으로 하는 사람 (그는 이를 위해 나침반을 사용한다)

*디광 [TI-KOANG,-I] (地廣) 원482

불 Etendue d'une surface, d'un pays, d''un Etat, de la terre.

한 지면, 나라, 국가, 땅의 넓이

*디근ᄒᆞ다 [TI-KEUM-HĂ-TA] (地近) 원482

불 Vieux. ‖ Etre très-rapproché.

한 오래되다 | 매우 가깝다

*디금 [TI-KEUM] (地襟) 원482

불 Tapis, matelas mis dans la bière, sous le cadavre d'un homme riche.

한 부유한 사람의 시체 아래, 관 안에 까는 융단, 매트리스

디긋 [TI-KEUT,-SI] 원482

불 Nom de la consonne coréenne ㄷ T.

한 조선말의 자음 ㄷ T의 이름

*디긔 [TI-KEUI] (地氣) 원482

불 Forme de la terre; propriété de la terre.

한 땅의 형태 | 땅의 특성

*디당 [TI-TANG,-I] (地堂) 원483

불 Paradis terrestre.

한 지상낙원

*디덕 [TI-TEK,-I] (地德) 원483

불 Qualité, énergie de la terre. ‖ Surface, plan de la terre, du terrain.

한 땅의 품질, 기력 | 땅, 토지의 표면, 도면

*디도 [TI-TO] (地圖) 원483

불 Carte géographique.

한 지도

*디동 [TI-TONG,-I] (地動) 원483

불 Tremblement de terre.

한 지진

*디딕 [TI-TĂI] (地垈) 원483

불 Pavé, dalles.

한 포장도로, 포석

*디력 [TU-RYEK,-I] (地力) 원483

불 Vertu, force de la terre, qualité du terrain.

한 땅의 효력, 힘, 토양의 질

*디룡이 [TI-RYONG-I] (地龍) 원483

불 Ver de terre, achées, lombric.

한 지렁이, 실지렁이, 지렁이

*디리 [TI-RI] (地理) 원483

불 Qualité, apparence de la terre. Bonheur d'un endroit; endroit qui porte bonheur (tombeau). (Superst.).

한 땅의 품질, 외관 | 한 장소의 운 | 행운을 가져오는 장소 (무덤) | (미신)

*디방 [TI-PANG,-I] (地方) 원483

불 Lieu, endroit, pays. Contrée, région.

한 장소, 곳, 지방 | 고장, 지방

*디벌 [TI-PEL,-I] (地閥) 원483

불 Ancêtres illustres. V. 반벌 Pan-pel et 디톄 Ti-htyei.

한 저명한 조상들 | [참조어 반벌, Pan-pel] 그리고 [참조어 디톄, Ti-htyei]

*디상 [TI-SANG,-I] (地喪) 원483

불 Mort de la mère. V. 텬상 Htyen-sang

한 어머니의 죽음 | [참조어 텬상, Htyen-sang]

*디셕 [TI-SYEK,-I] (誌石) 원483

불 Pierre sur laquelle on a écrit les noms et prénoms, l'âge du défunt, l'année de sa mort, etc. etc., et qui se met avec le corps dans le tombeau.

한 고인의 성과 이름, 나이, 사망한 해 등등을 써 있고 무덤 안에 시체와 함께 놓이는 돌

1*디셰 [TI-SYEI] (地勢) 원483

불 Surface ou forme du terrain, plan.

한 땅의 표면 또는 형태, 도면

2*디셰 [TI-SYEI] (地貰) 원483

불 Impôt que paient les vendeurs dans un marché. impôt sur le terrain.

한 시장에서 상인들이 내는 세금 | 터에 대한 세금

*디슐 [TI-SYOUL,-I] (地術) 원483

불 Géoscope. =ᄒᆞ다-hă-ta, Faire le géoscope, faire profession d'indiquer les endroits heureux pour placer les tombeaux.

한 지관 | [용례 =ᄒᆞ다, -hă-ta], 지관의 일을 하다, 무덤을 두기에 적합한 장소를 가르쳐주는 일을 하다

*디실 [TI-SIL,-I] (地室) 원483

불 Etat de la terre qui environne le cercueil.

한 관을 둘러싸고 있는 땅의 상태

*디ᄉᆞ [TI-SĂ] (地師) 원483

불 Géoscope.

한 지관

*디어지앙 [TI-E-TJI-ANG] (池魚之殃) 원482

불 Préjudice, dommage, tort, malheur (à cause d'un autre).

한 (다른 사람으로 의한) 피해, 손해, 잘못, 불행

*디옥 [TI-OK,-I] (地獄) 원482

불 Prison dans la terre. Enfer (une des quatre fins dernières).

한 땅 속의 감옥 | 지옥 (마지막 네 가지 종말의 하나)

*디운 [TI-OUN,-I] (地運) 원482

불 Force de la terre, mouvement de la terre, c.a.d. chance, vicissitudes, v.g. la roue de la fortune, son influence sur les récoltes.

한 땅의 기력, 땅의 움직임, 즉 운, 성쇠, 예. 운명의 수레바퀴, 수확에 끼치는 그 영향

*디위 [TI-OUI] (地位) 원482

불 Etat social, position sociale, condition, état, rang, place, rôle.

한 사회적 신분, 사회적 지위, 처지, 신분, 계급, 위치, 역할

디졍 [TI-TJYENG,-I] 원483

불 Esp. de papier dont on se sert pour rendre solide l'emplacement d'une maison.
한 집의 부지를 단단하게 하기 위해 사용하는 종이의 종류
*디즁 [TI-TJYOUNG,-I] (地中) 원483
불 Intérieur de la terre; en terre; sous terre.
한 땅의 내부 | 땅 안에 | 땅 아래
*디진 [TI-TJIN,-I] (地震) 원483
불 tremblement de terre.
한 지진
*디톄 [TI-HIYEI] (地體) 원483
불 Ancêtres illustres. Qualité de la famille. =잇다 -it-ta, Etre noble, de bonne race. V. 반벌 Pan-pel et 디벌 Ti-pel.
한 저명한 조상들 | 가문의 자질 | [용례 =잇다, -it-ta], 귀족이다, 좋은 혈통이다 | [참조어 반벌, Pan-pel] 그리고 [참조어 디벌, Ti-pel]
*디판 [TI-HPAN,-I] (地板) 원483
불 Planche du fond du cercueil.
한 관의 밑바닥에 있는 판자
*디평ᄒᆞ다 [TI-HPYENG-HĂ-TA] (地平) 원483
불 Terrassement. faire un terrassement. Dresser, niveler un terrain. Etre plan, uni.
한 쌓아올린 흙 | 토지를 조성하다 | 터를 반듯하게 다듬다, 평탄하게 하다 | 평평하다, 평탄하다
*디하 [TI-HA] (地下) 원482
불 Au-dessous de la terre, dans la terre, sous la terre.
한 땅의 아래에, 땅 속에, 땅 아래에
*디한 [TI-HAN,-I] (地旱) 원482
불 Terrain desséché oü il ne pleut pas. Fléau de la sécheresse.
한 비가 오지 않는 마른 땅 | 가뭄의 재앙
*디함 [TI-HAM,-I] (地陷) 원482
불 Abîme, grand cavité dans la terre, gouffre sous terre.
한 땅 속의 깊은 구렁, 큰 구멍, 땅 아래의 깊은 구렁
*디형 [TI-HYENG,-I] (地形) 원482
불 Surface de la terre, du terrain; plan, forme ou figure de la terre.
한 땅, 토지의 표면 | 땅의 도면, 형태 또는 모습
1 ᄃᆞ다 [TĂ-TA,TĂ-RĂ,-TĂN] 원467 ☞ 2 ᄃᆞᆯ다
2 ᄃᆞ다 [TĂ-TA,TĂ-RA,TĂN] (懸) 원467
불 Suspendre. Etre suspendu. V.Syn. ᄃᆞᆯ다 Tal-ta.
한 매달다 | 매달리다 | [동의어 ᄃᆞᆯ다, Tal-ta]
3 ᄃᆞ다 [TĂ-TA,TĂ-RA,TĂN] 원467
불 Etre brûlant, chaud (le corps dans une maladie, chaudière, fer à repasser) faire chauffer.
한 (병을 앓는 몸, 큰 가마솥, 다리미가) 몹시 뜨겁다, 뜨겁다 | 뜨겁게 데우다
4 ᄃᆞ다 [TĂ-TA,TĂ-RA,TĂN] 원467
불 Etre nombreux, aggloméré.
한 수가 많다, 집적되다
ᄃᆞ닷다 [TĂ-TAT-TA,-TA-RE,-TA-REUN] 원467
불 Arriver.
한 다다르다
1 ᄃᆞ려 [TĂ-RYE] 원461 ☞ 다려
2 ᄃᆞ려 [TĂ-RYE] 원467
불 (Prépcs.) A, s'adressant à, ayant en vue. 사ᄅᆞᆷᄃᆞ려 Sa-răm-tă-rye, A l'homme.
한 (전치사) ~에, ~에게 말을 거는, 눈에 띄는 곳에 있다 | [용례 사ᄅᆞᆷᄃᆞ려, Sa-răm-tă-rye], 사람에게
1 ᄃᆞ릐다 [TĂ-REUI-TA,TĂ-REUI-YE,TĂ-REUIN] (控) 원467
불 (Ou ᄃᆞ릐다 TĂ-RĂI-TA). Entraîner, tirer, attirer.
한 (또는 ᄃᆞ릐다 TĂ-RĂI-TA) | 이끌다, 잡아당기다, 끌어당기다
2 ᄃᆞ릐다 [TĂ-REUI-TA,TĂ-REUI-YE,TĂ-REUIN] 원467
불 Faire bouillir avec réduction, faire réduire.
한 졸이며 끓이다, 졸이다
ᄃᆞ시 [TĂ-SI] 원467 ☞ ᄃᆞᆺ
ᄃᆞ히다 [TĂ-HI-TA,-HYE,-HIN] 원466
불 Divulguer, dénoncer. ‖ Faire toucher, unir, joindre, mettre en rapport avec. (Pass. ᄃᆞ히이다 Tă-hi-i-ta, être dénoncé, etc.) V.Syn. ᄃᆡ다 TăI-ta.
한 폭로하다, 고발하다 | ~에 관련시키다, 일치시키다, 결합시키다, ~와 관련짓다 | (ᄃᆞ히이다 tă-hi-i-ta의 피동형, 고소되다 등) | [동의어 ᄃᆡ다, TăI-ta]
1 ᄃᆞᆫ [TĂN,-I] (緣) 원466
불 ourlet.
한 옷 따위의 접어 감친 가장자리
2 ᄃᆞᆫ [TĂN,-I] (束) 원466
불 Gerbe, faisceau, paquet, fagot, brassée.
한 다발, 묶음, 뭉치, 나뭇단, 한 아름
*ᄃᆞᆫ가 [TĂN-KA] (短歌) 원466
불 Nom d'une esp. de chant.
한 노래의 종류의 이름
*ᄃᆞᆫ결 [TĂN-KYEL,-I] (單関) 원466

불 Tout de suite; sur-le-champ. Un instant; un petit moment.
한 즉시 | 당장 | 잠깐 | 잠시

1* 단금 [TĂN-KEUM,-I] (短琴) 원466
불 Esp. de petit instrument de musique à cinq cordes, que l'on pince avec les doigts. Esp. de petite guitare.
한 손가락으로 튕기는 5줄로 된 작은 악기 종류 | 작은 기타 종류

2* 단금 [TĂN-KEUM,-I] (斷金) 원466
불 Ami très-intime, alter ego.
한 매우 친한 친구, 절친한 벗

단기다 [TĂN-KI-TA] 원466
불 V. 단니다 Tăn-ni-ta.
한 [참조어 단니다, Tăn-ni-ta]

단니다 [TĂN-NI-TA,-NYE,-NIN] (行) 원466
불 Marcher, aller et venir, aller et revenir.
한 걷다, 가고 오다, 왕복하다

단닐만흐다 [TĂN-NIL-MAN-HĂ-TA] (可行) 원466
불 Etre praticable, par où on peut passer (chemin).
한 다닐 수 있다, 지나갈 수 있다 (길)

* 단맛 [TĂN-MAT,-I] (甘味) 원466
불 Douceur du goût. goût doux; goût de sucre, de miel, etc.
한 맛의 감미로움 | 달콤한 맛 | 설탕, 꿀 등의 맛

* 단명흐다 [TĂN-MYENG-HĂ-TA] (短命) 원466
불 Qui ne peut vivre longtemps; qui mourra jeune. ne pas vivre longtemps.
한 오래 살지 못하다 | 젊은 나이에 죽을 것이다 | 오래 살지 않다

* 단문흐다 [TĂN-MOUN-HĂ-TA] (短文) 원466
불 Petite capacité en littérature; esp. de petit lettré qui sait peu de caractères.
한 문학에 있어서의 역량이 적다 | 글을 별로 모르는 학식이 부족한 사람의 부류

* 단산흐다 [TĂN-SAN-HĂ-TA] (斷産) 원466
불 Femme qui, à cause de son âge avancé, ne peut plus avoir d'enfants, passer l'âge (femme).
한 고령 때문에 더 이상 자식을 가질 수 없는 여성, (여성이) 나이를 넘기다

1* 단슈 [TĂN-SYOU] (單數) 원466
불 Nombre impair. ‖ Bonne aventure (tirée au moyen de huit caractères d'écriture).
한 홀수 | (여덟 개의 글자를 이용하여 점치는) 운수

2* 단슈 [TĂN-SYOU] (短壽) 원466
불 Vie courte.
한 짧은 수명

단슐 [TĂN-SYOUL,-I] (醴) 원466
불 Vin doux.
한 달콤한 술

* 단시 [TĂN-SI] (短示) 원466
불 Myopie, vue courte; myope.
한 근시, 근시 | 근시인 사람

* 단시뎜 [TĂN-SI-TYEM,-I] (短蓍占) 원466
불 Bonne aventure (tirée au moyen de huit caractères d'écriture).
한 (여덟 개의 글자를 이용하여 점치는) 운수

* 단야 [TĂN-YA] (短夜) 원466
불 Nuit courte (d'été).
한 (여름의) 짧은 밤

단작스럽다 [TĂN-TJAK-SEU-REP-TA,-SEU-RE-OUE,-SEU-RE-ON] (吝嗇) 원466
불 Trop peu, trop petit. ‖ Etre avare, crasseux, sale, sordide (en tous les sens du français).
한 너무 적다, 너무 작다 | 인색하다, 때가 끼다, 더럽다, (프랑스어의 모든 의미로) 불결하다

* 단쳐 [TĂN-TCHYE] (短處) 원466
불 Défaut, méfait, faute, côté faible.
한 결여, 손해, 과오, 허점

1* 단포 [TĂN-HPO] (短布) 원466
불 Pièce de toile de chanvre courte, qui n'a que vingt et quelques pieds (ordinairement la pièce de toile a 40 pieds).
한 20 몇 피에밖에 안 되는 짧은 삼베 조각 (대개 천 조각은 40피에이다)

2* 단포 [TĂN-HPO] (短浦) 원466
불 Baie, crique, anse.
한 작은 만, 내포, 포구

1 돌 [TĂL,-I] (月) 원466
불 La lune, astre qui éclaire pendant la nuit. ‖ Lune, mois, espace de 29 ou 30 jours.
한 달, 밤 동안 빛을 발하는 별 | 달, 월, 29일 또는 30일의 간격

2 돌 [TĂL,-I] (蘆) 원466
불 Roseau.
한 갈대

돌거리 [TĂL-KE-RI] (月掛) 원467
불 Nom d'une maladie qui revient tous les deux mois.

Esp. de maladie longue, p.ê. la fièvre.
한 두달마다 다시 걸리는 병의 이름 | 오랜 병의 종류, 아마도 열병

*돌기리 [TĂL-KI-RI] (朔利) 원467
불 Argent placé à 5% par mois et dont on reçoit l'intérêt à la fin de chaque mois. Prêt au mois avec usure d'environ 72% par an.
한 달마다 5% 이자로 저금되어 매달 말경에 그 이자를 받는 돈 | 1년에 약 72%의 고리로 달로 빌려주는 대부금

1돌니다 [TĂL-NI-TA,-NYE,-NIN] 원462 ☞ 1달니다

2돌니다 [TĂL-NI-TA,-NYE,-NIN] 원462 ☞ 3달니다

3돌니다 [TĂL-NI-TA] 원467
불 V. 달니다 Tal-ni-ta.
한 [참조어 달니다, Tal-ni-ta]

1돌다 [TĂL-TA,TĂL-A,TĂN] (甘) 원467
불 Etre doux, d'une saveur agréable, douce. Etre bon au goût.
한 달콤하다, 기분 좋고 달콤한 맛이 나다 | 맛이 좋다

2돌다 [TĂL-TĂ,TĂ-RĂ,-TĂN] 원467
불 Suivre; courir.
한 뒤따르다 | 달리다

돌력 [TĂL-RYEK,-I] (月曆) 원467
불 Petit calendrier qui indique les quatre saisons, les mois, les quinzaines de jours. Calendrier civil.
한 사계절, 월, 1주간을 표시하는 작은 달력 | 민간의 달력

돌물 [TĂL-MOUL,-I] (月暈) 원467
불 Halo de lune, cercle autour de la lune.
한 달무리, 달 주위를 둘러싼 원

돌치다 [TĂL-TCHI-TA,-TCHYE,-TCHIN] 원467
불 Faire un feu trop vif et brûler le ragoût. ‖ Etre chaud, avoir le corps en feu (dans une maladie).
한 너무 강한 불을 피워 스튜를 태우다 | 뜨겁다, (병에 걸려) 몸이 타는 듯하다

돌팡이 [TĂL-HPANG-I] (蝸) 원467
불 Limas, limace, limaçon avec ou sans coquille, colimaçon.
한 민달팽이, 민달팽이, 껍질이 있거나 없는 달팽이, 달팽잇과

돌포 [TĂL-HPO] (累月) 원467
불 Plusieurs mois, un mois et plus.
한 여러 달, 한 달과 그 이상

1돌픔 [TĂL-HPEUME,-I] (蘆花) 원467
불 Fleur du roseau appelé 돌 Tăl.
한 돌 Tăl이라 불리는 갈꽃

2돌픔 [TĂL-HPEUME,-I] (月雇) 원467
불 Domestique gagé au mois.
한 달마다 돈을 주고 고용되는 하인

돍 [TĂLK,-I] (鷄) 원467
불 Poule.
한 암탉

돍의알 [TĂLK-EUI-AL,-I] (鷄卵) 원467
불 Œuf de poule.
한 달걀

돍치다 [TĂLK-TCHI-TA,-TCHYE,-TCHIN] (養鷄) 원467
불 Elever des poules, nourrir des poules.
한 암탉을 기르다, 암탉을 사육하다

돎다 [TĂLM-TA,TĂLM-A,TĂLM-EUN] (肖像) 원467
불 Ressembler à son père, à ses parents; ressembler à, tenir de.
한 자신의 아버지, 자신의 부모를 닮다 | ~와 닮다, ~을 닮다

돗 [TĂT] 원467
불 Comme. 보는ᄃᆞ시 Po-năn-tă-si, Comme si l'on voyait. 비붓는ᄃᆞ시온다 Pi-pout-năn-tă-si on-ta, Il pleut à verse.
한 ~처럼 | [용례 보는ᄃᆞ시, Po-năn-tă-si], 마치 눈으로 보는듯이 | [용례 비붓는ᄃᆞ시온다, Pi-pout-năn-tă-si on-ta], 비가 억수같이 쏟아지다

돗다 [TĂT-TA,TĂ-RA,TĂ-RĂN] 원467 ☞ 4닷다

1되 [TĂI] (所) 원464
불 Lieu, endroit. ‖ La chose qui, la chose que, ce qui, ce que.
한 장소, 곳 | ~하는 것, ~하는 것, ~하는 것, ~하는 것

2되 [TĂI] 원464
불 Fois. numéral des messes, des sacrifices, d'une certaine mesure d'eau-de-vie, des repas.
한 번 | 미사, 제사, 어떤 정도의 화주, 식사를 세는 수사

3*되 [TĂI] (對) 원464
불 En agr. Faire face, faire pendant. En présence, en face. Semblable; similitude.
한 한자어로 맞서다, 짝을 이루다 | 마주보고, 대면하여 | 유사하다 | 유사성

4*ᄃᆡ [TĂI] (代) [원]464
[불] En agr. Tenir lieu de, remplacer. ‖ Génération successive. Degrés de génération. (Ils se comptent par le nombre de personnes et non de générations; du père au fils, il y en a deux; du grand-père au petit-fils, trois).
[한] 한자어로 ~을 대신하다, 대체하다 | 이어지는 세대 | 세대의 촌수 | (세대가 아니라 사람의 수로 계산된다 | 아버지에서 아들, 두 개의 촌수가 있다 | 할아버지에서 손자, 세 개의 촌수가 있다)

ᄃᆡ갈 [TĂI-KAL,-I] (鈘) [원]464
[불] Les clous pour ferrer les chevaux. Fer de cheval.
[한] 말에 편자를 박는 못 | 말의 편자

ᄃᆡ거리 [TĂI-KE-RI] (對句) [원]464
[불] Imiter, singer, faire comme un autre. Si le premier boit, le second boit aussi; si le premier fume, le second fume aussi; si le premier parle, le second parle aussi, etc. Réponse mot pour mot; coup pour coup; chose qui en remplace une autre. (Popul.).
[한] 모방하다, 흉내 내다, 다른 사람처럼 하다 | 만약 첫 번째 사람이 마시면 두 번째 사람 또한 마신다 | 만약 첫 번째 사람이 담배를 피우면 두 번째 사람 또한 피운다 | 만약 첫 번째 사람이 말하면 두 번째 사람 또한 말한다 등 | 한 마디도 빼지 않는, 하나하나 대응하는 답 | 다른 것을 대신하는 것 | (속어)

ᄃᆡᄀᆡᆨ [TĂI-KĂIK,-I] [원]464
[불] Monsieur l'étranger; hôte honorable.
[한] 외지 분 | 고귀한 손님

*ᄃᆡᄀᆡᆨᄒᆞ다 [TĂI-KĂIK-HĂ-TA] (待客) [원]464
[불] Recevoir des hôtes, avoir des hôtes.
[한] 손님들을 맞이하다, 손님이 있다

*ᄃᆡ녀 [TĂI-NYE] (代女) [원]464
[불] Qui remplace la fille. Filleule.
[한] 딸을 대신하는 사람 | 영세 대녀

*ᄃᆡ노ᄒᆞ다 [TĂI-NO-HĂ-TA] (代勞) [원]464
[불] Aider, porter secours à un homme dans l'embarras, dans la peine.
[한] 돕다, 곤경에 처한, 괴로워하는 사람에게 도움을 주다

ᄃᆡ다 [TĂI-TA,TĂI-YE,TĂIN] [원]465
[불] Divulguer, dénoncer. ‖ Faire joindre, faire communiquer avec, mettre en rapport avec, mettre en communication.
[한] 폭로하다, 고발하다 | 제휴하다, ~와 연결하다, ~와 관련짓다, 연락하다

*ᄃᆡ답ᄒᆞ다 [TĂI-TAP-HĂ-TA] (對答) [원]465
[불] Réponse, répondre; réplique, répliquer.
[한] 대답, 답하다 | 응답, 응수하다

*ᄃᆡ뎍ᄒᆞ다 [TĂI-TYEK-HĂ-TA] (對敵) [원]465
[불] S'opposer; être opposé; être vis-à-vis; être ou se mettre devant, en face, résister; aller contre; être contraire; tenir tête; combattre.
[한] 상반되다 | 대조적이다 | 대면하다 | ~앞에, 정면에 있다, 놓이다 | ~을 거스르다 | 반대되다 | 대항하다 | 맞서다

*ᄃᆡᄃᆡ [TĂI-TĂI] (代代) [원]465
[불] A chaque génération; de tout temps; génération successive. ᄃᆡᄃᆡ로 Tăi-tăi-ro, De génération en génération.
[한] 각 세대마다 | 언제 어느 때에나 | 계속 이어지는 세대 | [[용례] ᄃᆡᄃᆡ로, tăi-tăi-ro], 대대손손

*ᄃᆡ랍 [TĂI-RAP,-I] (代納) [원]465
[불] Remplaçant; en place de; en remplacement.
[한] 대신하다 | ~대신에 | ~대신에

*ᄃᆡ령ᄒᆞ다 [TĂI-RYENG-HĂ-TA] (待令) [원]465
[불] Attendre l'ordre, l'avis, la décision d'un supérieur.
[한] 윗사람의 명령, 의견, 결정을 기다리다

1*ᄃᆡ로 [TĂI-RO] (代奴) [원]465
[불] Esclave mâle remplaçant un autre esclave mâle.
[한] 다른 남자 노비를 대신하는 남자 노비

2ᄃᆡ로 [TĂI-RO] [원]465
[불] Selon, comme, suivant. (Après les mots). 법ᄃᆡ로 Pep-tăi-ro, Selon la loi. 이ᄃᆡ로 I-tăi-ro, De cette façon. Termin. Indiquant la manière, le mode d'une action: v.g. ᄒᆞᄂᆞᆫᄃᆡ로 Hă-năn-tăi-ro, Suivant qui l'on fait, en faisant ainsi.
[한] ~에 따라, ~대로, ~에 의하면 | (단어 다음에) | [[용례] 법ᄃᆡ로, Pep-tăi-ro], 법대로 | [[용례] 이ᄃᆡ로, I-tăi-ro], 이 같은 방법으로 | 행동 방법, 방식을 가리키는 어미 : [[용례] ᄒᆞᄂᆞᆫᄃᆡ로, Hă-năn-tăi-ro], 사람들이 하는대로, 그렇게 하면서

*ᄃᆡ립ᄒᆞ다 [TĂI-RIP-HĂ-TA] (代立) [원]465
[불] Etre remplaçant, être substitué à, être à la palce, remplacer (le roi, son prédécesseur.)
[한] (왕이, 그의 선임자를) 대신하다, ~에 대체되다, ~대신이다, 대신하다

*ᄃᆡ면ᄒᆞ다 [TĂI-MYEN-HĂ-TA] (對面) [원]464

불 Etre en face, vis-à-vis. Se regarder l'un l'autre. Se rencontrer.
한 대면하다, 마주보다 | 서로 바라보다 | 서로 마주치다

*딕명ᄒᆞ다 [TĂI-MYENG-HĂ-TA] (待命) 원464
불 Attendre l'ordre, la décision, la sentence du roi (se dit d'un criminel). Attendre les ordres.
한 왕의 명령, 결정, 선고를 기다리다(죄인에 대해 쓴다) | 명령을 기다리다

1*딕모 [TĂI-MO] (代母) 원464
불 Qui remplace la mère. Marraine. (Mot chrét.).
한 어머니를 대신하는 사람 | 대모 | (기독교 어휘)

2*딕모 [TĂI-MO] (玳瑁) 원464
불 Ecaille transparente du ventre de la tortue de mer, du 거북 Ke-pouk.
한 바다거북, 거북 Ke-pouk의 배에 있는 투명한 껍질

1딕목 [TĂI-MOK,-I et SI] 원464
불 Fléau d'une balance. Endroit du fléau où est attachée la corde qui sert à suspendre la balance. Syn. 목시 Mok-si.
한 저울대 | 저울을 매다는 데 쓰는 줄이 묶여 있는 저울대 부분 | [동의어 목시, Mok-si]

2딕목 [TĂI-MOK,-I et -SI] 원464
불 Fin de l'année; temps où il faut payer ses dettes, recevoir ses fonds et régler ses comptes; temps critique; circonstance de temps.
한 연말 | 빚을 청산해야 할 때, 자신의 토지를 받고 셈을 치르다 | 중대한 시기 | 때의 상황

딕문 [TĂI-MOUN,-I] 원464
불 Un paragraphe une portion (v.g. la demande et la réponse).
한 한 단락 한 부분 (예. 질문과 대답)

딕반 [TĂI-PAN] 원465
불 Reste du riz, reste des mets après le repas.
한 남은 밥, 식사 후 남은 음식

*딕반ᄒᆞ다 [TĂI-PAN-HĂ-TA] (對飯) 원465
불 Manger le riz ensemble; manger en compagnie.
한 밥을 같이 먹다 | ~와 함께 먹다

*딕번ᄒᆞ다 [TĂI-PEN-HĂ-TA] (代番) 원465
불 Remplacer un soldat qui ne peut faire son service. Remplacement du tour de service au palais.
한 병역을 치를 수 없는 병사를 대신하다 | 궁에서의 당번 근무의 교체

*딕변ᄒᆞ다 [TĂI-PYEN-HĂ-TA] (對卞) 원465
불 S'accuser mutuellement, plaider sa cause (devant le mandarin).
한 서로 비난하다, (관리 앞에서) 자기 변호를 하다

*딕부 [TĂI-POU] (代父) 원465
불 Qui remplace le père. Parrain. (Mot chrét.).
한 아버지를 대신하는 사람 | 대부 | (기독교 어휘)

*딕비 [TĂI-PI] (代婢) 원465
불 Esclave qui remplace une autre esclave, esclave remplaçante.
한 다른 노예를 대신하여 일하는 노예, 대리 노예

1*딕사 [TĂI-SA] (代射) 원465
불 Archer bon tireur qui, pour de l'argent, se substitue à un mauvais tireur afin de lui faire obtenir le prix ou les degrés à l'examen du tir.
한 사격 시험에서 돈을 받고 형편없는 사수로 하여금 상이나 등급을 획득하게 하기 위해 그를 대신하는 궁수, 뛰어난 사수

2딕사 [TĂI-SA] 원465
불 Esplanade et charpente de maison, le sol et la charp ente. (peu usité).
한 집의 조망대와 골조, 땅바닥과 골조 | (거의 사용되지 않는다)

*딕상 [TĂI-SANG,-I] (代喪) 원465
불 Homme qui porte le deuil en place du roi, lequel ne revêt jamais les habits de deuil.
한 결코 상복을 입지 않는 왕을 대신해서 상복을 입은 사람

*딕샹 [TĂI-SYANG,-I] (臺上) 원465
불 Esplanade, élévation faite de main d'homme. ‖ Titre honorif. Donné à un haut personnage (le roi, les ministres, un général d'armée, etc.).
한 조망대, 사람의 손으로 만든 언덕 | 높은 인물(왕, 장관, 군대의 장군 등) 에게 부여되는 경칭

*딕셔 [TĂI-SYE] (代書) 원465
불 Lettre ou écrit fait par un autre. ‖ Secrétaire remplaçant, qui écrit en palce de; écrivain public.
한 다른사람이 쓴 편지 또는 서류 | 대리 서기관, ~ 대신 글을 쓰는 사람 | 대서인

1*딕셰ᄒᆞ다 [TĂI-SYEI-HĂ-TA] (代洗) 원465
불 Baptême privé, sans cérémonies. Ondoiement, ondoyer.
한 의식을 치르지 않은 비공식적 세례 | 약식 세례,

약식 세례를 베풀다

2* 딕셰ᄒᆞ다 [TĂI-SYEI-HĂ-TA] (待勢) 원465
불 Attendre qu'un objet augmente de prix pour le vendre.
한 물건을 팔기 위해 그 값이 오르기를 기다리다

3* 딕셰ᄒᆞ다 [TĂI-SYEI-HĂ-TA] (待歲) 원465
불 Attendre la nouvelle année pour…
한 ~을 위해 새해를 기다리다

1* 딕숑ᄒᆞ다 [TĂI-SYONG-HĂ-TA] (代誦) 원465
불 Prières pour remplacer celles qui sont d'obligation et qu'on ne peut pas faire. (M.chr.). Réciter une prière au lieu d'une autre prière, ou réciter une prière à la place d'un malade, etc., qui ne peut le faire.
한 의무이지만 바칠 수 없는 기도를 대신하기 위한 기도 | (기독교 어휘) | 다른 기도 대신에 어떤 기도를 암송하거나 그것을 할 수 없는 병자 등을 대신해 기도를 암송하다

2* 딕숑ᄒᆞ다 [TĂI-SYONG-HĂ-TA] (代送) 원465
불 Envoyer à la place. (D'un homme, d'un objet, qu'on ne peut envoyer).
한 대신에 보내다 | (보낼 수 없는 사람, 물건)

3* 딕숑ᄒᆞ다 [TĂI-SYONG-HĂ-TA] (對訟) 원465
불 Plaider l'un contre l'autre.
한 서로 소송을 제기하다

* 딕시ᄒᆞ다 [TĂI-SI-HĂ-TA] (待時) 원465
불 Attendre le temps favorable, l'occasion.
한 적절한 때, 기회를 기다리다

* 딕신으로 [TĂI-SIN-EU-RO] (代身) 원465
불 A la place de.
한 ~의 대신에

* 딕신ᄒᆞ다 [TĂI-SIN-HĂ-TA] (代身) 원465
불 Remplacer, tenir lieu de, être substitué, être mis à la place.
한 대체하다, ~을 대신하다, 대체되다, 대신에 놓이다

딕싸리 [TĂI-SSA-RI] 원465
불 Esp. de plante dont on fait des balais.
한 빗자루를 만드는 데 쓰이는 식물 종류

딕아여ᄉᆞᆺ [TĂI-A-YE-SĂT,-SI] (五六) 원464
불 Cinq ou six.
한 다섯이나 여섯

* 딕용 [TĂI-YONG,-I] (貸用) 원464
불 Dette, emprunt (sans intérêt).
한 빚, 차용 (이자 없는)

* 딕용ᄒᆞ다 [TĂI-YONG-HĂ-TA] (代用) 원464
불 Remplaçant ; en remplacement; en place de; substitué à.
한 대리의 | 대신에 | ~대신에 | ~에 대체되다

1 딕우 [TĂI-OU] 원464
불 Haricots et petits pois, 콩, Hkong et 팟 Hpat, Toutes les céréales qui se sèment après la récolte de l'orge, etc., vers le milieu de l'été. Syn. 근곡 Koun-kok.
한 제비콩과 작은 콩, 콩 Hkong 과 팟 Hpat, 보리, 등의 수확 후, 여름의 한가운데쯤에 파종되는 모든 곡물 | [동의어 근곡, Koun-kok]

2 딕우 [TĂI-OU] 원464
불 Fond; forme en cône tronqué du chapeau au-dessus des bords. Forme du chapeau.
한 밑바닥 | 모자의 가장자리 위쪽 원추형 | 모자의 형태

* 딕우ᄒᆞ다 [TĂI-OU-HĂ-TA] (待雨) 원464
불 Attendre et désirer la pluie.
한 비가 오기를 기다리고 바라다

* 딕월ᄒᆞ다 [TĂI-OUEL-HĂ-TA] (對越) 원464
불 Présence de Dieu. contempler (Dieu). Se mettre en la présence de Dieu. (M.chrét.).
한 신의 존재 | (신을) 응시하다 | 신의 면전에 있다 | (기독교 어휘)

딕이다 [TĂI-I-TA,TĂI-I-YE,TĂI-IN] 원464
불 Etre mis en communication, en rapport avec.
한 연락이 닿다, ~와 연결되다

* 딕젼 [TĂI-TJYEN,-I] (臺前) 원466
불 Présence.
한 존재

* 딕젼별감 [TĂI-TJYEN-PYEL-KAM,-I] (臺前別監) 원466
불 Page du roi. garde royale; soldats de la garde royale, pour le service du roi.
한 왕의 시동 | 근위대 | 왕을 섬기는 근위대의 병사들

* 딕젼에 [TĂI-TJYEN-EI] (臺前) 원466
불 Devant, en présence de.
한 ~의 앞에, ~의 면전에서

* 딕젼ᄒᆞ다 [TĂI-TJYEN-HĂ-TA] (代傳) 원466
불 Qui vient des ancêtres, des anciens; être antique.
한 선조들, 고대인들로부터 오다 | 아주 오래되다

* 딕졉 [TĂI-TJYEP,-I] (大碟) 원466
불 Esp. d'écuelle en faïence, ou en porcelaine, ou en

métal, qui sert à mettre de l'eau ou du bouillon pour le repas.
한 식사에서 물이나 국물을 담는 데 쓰이는 도기, 또는 자기, 또는 금속으로 만든 사발 종류

*듸졉ᄒᆞ다 [TĂI-TJYEP-HĂ-TA] (待接) 원466
불 Accueil, traitement, traiter les hôtes.
한 접대, 대우, 손님들을 대접하다

*듸졍ᄒᆞ다 [TĂI-TJYENG-HĂ-TA] (代正) 원466
불 Remplacer, être mis à la place, être substitué.
한 대신하다, 대신 놓이다, 대체되다

*듸좌ᄒᆞ다 [TĂI-TJOA-HĂ-TA] (對坐) 원466
불 Etre en face, être vis-à-vis.
한 대면하다, 마주 대하다

*듸죄ᄒᆞ다 [TĂI-TJOI-HĂ-TA] (待罪) 원466
불 Demander pardon de sa faute. attendre son châtiment, demander sa punition.
한 자신의 잘못에 대해 용서를 구하다 | 자신의 처벌을 기다리다, 자신의 처벌을 바라다

1*듸ᄌᆞ [TĂI-TJĂ] (代子) 원466
불 Qui tient lieu de fils. filleul. (M.chrét.).
한 아들 역할을 하는 사람 | 영세 대자 | (기독교 어휘)

2*듸ᄌᆞ [TĂI-TJĂ] (帶子) 원466
불 Esp. de tissu qui sert à faire des ceintures, des sacs, etc.
한 허리띠, 가방 등을 만드는 데 쓰이는 직물 종류

*듸츄ᄒᆞ다 [TĂI-TCHYOU-HĂ-TA] (待秋) 원466
불 Attendre l'automne pour.
한 ~을 위해 가을을 기다리다

*듸토 [TĂI-HTO] (代土) 원466
불 Rizière ou champ en place d'une autre rizière, d'un autre champ.
한 다른 논, 다른 밭을 대신하는 논 또는 밭

*듸파ᄒᆞ다 [TĂI-HPA-HĂ-TA] (代播) 원465
불 Semer d'autres blés dans les rizières en place du riz que l'on n'a pas pu planter.
한 더 이상 심을 수 없었던 벼를 대신해 논에 다른 곡식을 파종하다

*듸하증 [TAI-HA-TJEUNG,-I] (帶下症) 원464
불 Esp. de maladie des femmes; menstrues continues; perte de sang continuelle.
한 여성들의 병 종류 | 계속되는 월경 | 끊임없는 출혈

1*듸혼ᄒᆞ다 [TĂI-HON-HĂ-TA] (待婚) 원464
불 Attendre l'époque du mariage.
한 결혼할 때를 기다리다

2*듸혼ᄒᆞ다 [TĂI-HON-HĂ-TA] (對婚) 원464
불 Négocier le mariage sans intermédiaire.
한 중개인 없이 결혼을 알선하다

*듸휘 [TĂI-HOUI] (臺揮) 원464
불 Devant d'autel. (M.chr.).
한 제단 앞 | (기독교 어휘)

1듸ᄒᆞ다 [TĂI-HĂ-TA] 원448 ☞ 1대ᄒᆞ다

2*듸ᄒᆞ다 [TĂI-HĂ-TA,-HĂ-YE,-HĂN] (對) 원464
불 Etre en face, vis-à-vis; comparer; mettre en face, en regard de; faire comparaître.
한 대면하다, 마주보고 있다 | 비교하다 | 맞대다, ~의 정면에 두다 | 출두하게 하다

*듹 [TĂIK,-I] (宅) 원464
불 Maison, demeure. (Honorif.). ‖ Titre honorifique donné à une femme d'un rang supérieur, et que les femmes de même condition se donnent entre elles. Madame, dame. Épouse.
한 집, 주거 | (경칭) | 상류층 여성에게 부여되고, 같은 신분의 여성들이 서로에게 붙이는 경칭 | 부인, 부인 | 아내

듼니다 [TĂIN-NI-TA,-NYE,-NIN] (行步) 원464
불 Aller et marcher, marcher, voyager, aller et venir. 듼녀오다 Tăin-nye-o-ta, Revenir de voyage, 《ayant voyagé ou marché revenir》.
한 가며 걷다, 걷다, 여행하다, 가고 오다 | 여행에서 돌아오다 | [용례 듼녀오다, tăin-nye-o-ta], 《여행하거나 걸은 다음 돌아오다》

딍갈딍갈말ᄒᆞ다 [TĂING-KAL-TĂING-KAL-MAL-HĂ-TA] 원465
불 Désigne le chant des enfants en étudiant les caractères. babiller tout bas.
한 글자를 배우는 아이들이 부르는 노래를 가리킨다 | 아주 낮은 목소리로 종알거리다

1딍당이 [TĂING-TANG-I] 원465
불 Fer brut en forme de serpette; serpette qui n'est pas encore préparée, ni dégrossie; serpette informe.
한 작은 낫 모양으로 된 가공하지 않은 철 | 아직 준비되지 않은, 대충 다듬어지지도 않은 작은 낫 | 형태가 정해지지 않은 작은 낫

2딍당이 [TĂING-TANG-I] 원465
불 Esp. de liane très-mince.
한 아주 가느다란 칡 종류

딍돌긋다 [TĂING-TOL-KĂT-TA,-KĂT-HA,-KĂT-HĂN] (堅如石) (원)465
[불] Qui est encore en bon état, qui peut servir. Etre très-fort, très-solide.
[한] 아직 좋은 상태이다, 쓸 수 있다 | 아주 강하다, 아주 단단하다

딍딍ᄒᆞ다 [TĂING-TĂING-HĂ-TA] (堅固) (원)465
[불] Qui est encore en état de servir, qui peut servir. Etre dur, ferme, solide.
[한] 여전히 쓸 만한 상태이다, 사용할 수 있다 | 단단하다, 견고하다, 튼튼하다

딍지다 [TĂING-TJI-TA,-TJYE,-TJIN] (重) (원)465
[불] lourd, pesant, dense, compacte, lourd quoique de petit volume. être ferme, solide.
[한] 무겁다, 무게가 나가다, 농도가 짙다, 꽉 들어차다, 작은 부피에도 불구하고 무겁다 | 단단하다, 튼튼하다

ㄸ [TT] (원)447 ☞ ㅅㄷ

ㄹ

1 **ㄹ** [R] (원)261
[불] 20e lettre de l'alphabet, consonne qui correspond à r, n, l. (Comme, au commencement d'un mot, elle est difficile à distinguer de ㄴ N, dont elle emprunte la pronociation, nous la mettons ici, et intercalons dans cette série ㄴ N tous les mots qui commencent par ㄹ R).
[한] 알파벳의 20번째 문자로 r, n, l 에 대응하는 자음 | 단어의 첫머리에서, 발음을 차용하는 ㄴ N과 구별하기 어려우므로, 우리는 그것을 여기에 두고, ㄹ R로 시작하는 모든 단어를 ㄴ N의 배열에 삽입한다

2 **ㄹ** [R] (원)366
[불] 20e lettre de l'alphabet coréen, consonne, correspond à r, ou l, ou n. (les mots qui commencent par cette lettre sont intercalés en ordre dans la série de ceux qui comment par L N)
[한] 한글 자모의 20번째 글자로 자음 r 또는 l, 또는 n에 대응한다 | (이 문자로 시작하는 단어는 순서상 L, N으로 시작하는 단어들의 배열에 삽입된다)

1* **란** [RAN] (亂) (원)265
[불] En agr. Tumulte, guerre.
[한] 한자어로 소요, 전쟁

2* **란** [RAN] (卵) (원)265
[불] En agr. Œuf.
[한] 한자어로 알

* **란죠** [RAN-TJYO] (鸞鳥) (원)266
[불] Nom d'une esp. d'oiseau, ayant de très-belles couleurs, dans le genre de l'argus.
[한] 꿩류에 속하는, 매우 아름다운 색을 가지고 있는 새의 일종의 이름

1* **량** [RYANG,-I] (輛) (원)270
[불] Tour ou large bord du chapeau.
[한] 모자의 챙 또는 넓은 가장자리

2 **량** [RYANG,-I] (膓) (원)270
[불] Boyau.
[한] 창자

* **량답** [RYANG-TAP,-I] (良沓) (원)271
[불] Bonne rizière. ‖ Vieille rizière qui remonte à des temps reculés.
[한] 좋은 논 | 기원이 옛날로 거슬러 올라가는 오래된 논

* **량뎐** [RYANG-TYEN,-I] (良田) (원)271
[불] Bon champ. ‖ Vieux champ; champ d'autrefois.
[한] 좋은 밭 | 오래된 밭 | 예전의 밭

* **량도** [RYANG-TO] (粮道) (원)271
[불] Moyen de se procurer des aliments, de la nourriture.
[한] 양식, 식량을 마련하는 방법

* **량션ᄒᆞ다** [RYANG-SYEN-HĂ-TA] (良善) (원)270
[불] Bon; doux; affable; sage; raisonnable; probe; qui a de la droiture d'esprit et de cœur.
[한] 착하다 | 온화하다 | 상냥하다 | 온순하다 | 이성적이다 | 성실하다 | 정신과 마음이 올바르다

* **량슌ᄒᆞ다** [RYANG-SYOUN-HĂ-TA] (良順) (원)271
[불] Probe; bon et doux.
[한] 성실하다 | 선하고 온화하다

* **량식** [RYANG-SIK,-I] (粮食) (원)270
[불] Aliment, nourriture; pâture; vivres; ration. provision de riz ou d'autres grains.
[한] 식량, 양식 | 먹이 | 식사 | 한 사람의 1일분 식량 | 쌀이나 다른 곡물의 비축

*량심 [RYANG-SIM,-I] (良心) ㉖271
불 Raison; intelligence; esprit; cœur; la conscience.
한 이성 | 지성 | 기지 | 마음 | 양심

*량ᄉᆞ [RYANG-SĂ] (良士) ㉖270
불 Deuxième classe des cinq classes de docteurs. V. 분관 Poun-koan.
한 박사의 다섯 개의 계급 중 두 번째 계급 | [참조어 분관, Poun-koan]

*량안 [RYANG-AN,-I] (量案) ㉖270
불 Matrice, registre original d'après lequel sont dressés les rôles des contributions; cadastre.
한 조세 명부가 작성된 대장, 원부 | 토지 대장

*량약 [RYANG-YAK,-I] (良藥) ㉖270
불 Excellent remède.
한 탁월한 약

*량의 [RYANG-EUI] (良醫) ㉖270
불 Médecin habile, excellent.
한 유능한, 훌륭한 의사

[1]*량죵 [RYANG-TJYONG] (良種) ㉖271
불 Bonne semence; bonne souche.
한 좋은 종자 | 좋은 시조

[2]량죵 [RYANG-TJYONG] (後) ㉖271
불 Derrière.
한 뒤

량죵에 [RYANG-TJYONG-EI] (後) ㉖271
불 Par derrière; en dernier lieu; ensuite.
한 뒤에서 | 마지막으로 | 다음에

*량지 [RYANG-TJI] (良知) ㉖271
불 Raison; intelligence; esprit. Bonne volonté; bonne pensée; bon dessein.
한 이성 | 지성 | 기지 | 선한 의지 | 선한 생각 | 선한 의도

*량츈 [RYANG-TCHYOUN,-I] (良春) ㉖271
불 Printemps, belle saison du printemps.
한 봄, 봄의 아름다운 시절

*량풍 [RYANG-HPOUNG,-I] (凉風) ㉖270
불 Vent frais.
한 서늘한 바람

*려염 [RYE-YEM,-I] (閭閻) ㉖276
불 Maison d'un homme du peuple. ‖ Village habité par des gens du peuple.
한 서민의 집 | 서민들이 사는 마을

*려지 [RYE-TJI] (荔枝) ㉖281
불 Nom d'une herbe médicinale. Li-tche (ou Laï-tchi).
한 약용 풀의 이름

[1]*력 [RYEK,-I] (曆) ㉖276
불 Calendrier.
한 달력

[2]*력 [RYEK,-I] (力) ㉖276
불 Force; santé.
한 힘 | 건강

*력농ᄒᆞ다 [TYEK-NONG-HĂ-TA] (力農) ㉖276
불 S'efforcer pour cultiver; cultiver avec force. Culture laborieuse. Faire une grande culture; y mettre toutes ses forces.
한 농사짓기 위해 노력하다 | 힘차게 농사짓다 | 힘든 농사 | 크게 농사짓다 | 거기에 자신의 모든 힘을 쏟다

*력ᄃᆡ [TYEK-TĂI] (歷代) ㉖276
불 Généalogie; liste des ancêtres; annales de famille.
한 가계 | 조상들의 명부 | 가문의 연대기

*력량 [RYEK-RYANG,-I] (力量) ㉖276
불 Force; puissance; vertu; aptitude.
한 힘 | 역량 | 위력 | 능력

[1]력력ᄒᆞ다 [RYEK-RYEK-HĂ-TA] ㉖276
불 Etre pingre, avare, chiche, mesquin.
한 쩨쩨하다, 아끼다, 인색하다, 도량이 넓지 못하다

[2]*력력ᄒᆞ다 [RYEK-RYEK-HĂ-TA] (歷歷) ㉖276
불 Etre clair; intelligent. Syn. 분명ᄒᆞ다 Pounmyeng-hă-ta.
한 명석하다 | 영리하다 | [동의어 분명ᄒᆞ다, Pounmyeng-hă-ta.]

*력셔 [RYEK-SYE] (曆書) ㉖276
불 Calendrier.
한 달력

*련관ᄒᆞ다 [RYEN-KOAN-HĂ-TA] (鍊慣) ㉖278
불 Habituer; s'habituer; être habitué; avoir l'habitude.
한 익숙하게 하다 | 익숙해지다 | 익숙하다 | 습관이 있다

*련령 [RYEN-RYENG] (煉靈) ㉖278
불 Ames du purgatoire.
한 연옥의 영혼들

*련로 [RYEN-RO] (煉路) ㉖278
불 Voie purgative.
한 고행의 길

*련미사 [RYEN-MI-SA] (煉彌撒) ㉖278
불 Messe pour les âmes du purgatoire; messe de

Requiem; messe en noir.
Ⓗ 연옥의 영혼들을 위한 미사 | 진혼 미사 | 상중에 하는 미사

*련슈ᄒᆞ다 [RYEN-SYOU-HĂ-TA] (鍊修) 원278
Ⓑ Etudier; faire ses classes.
Ⓗ 공부하다 | 수업을 받다

*련심셰구 [RYEN-SIM-SYEI-KOU] (年深歲久) 원278
Ⓑ Longtemps; depuis longtemps; le temps s'éloigne; il y a déjà plusieurs années.
Ⓗ 오랫동안 | 오래전부터 | 시간이 멀어지다 | 이미 몇 년 전에

*련어 [RYEN-E] (鰱魚) 원277
Ⓑ Esp. de poisson.
Ⓗ 물고기의 종류

*련옥 [NYEN-OK,-I] (煉獄) 원277
Ⓑ Purgatoire.
Ⓗ 연옥

*련죄 [RYEN-TJOI] (煉罪) 원279
Ⓑ Se purifier de ses péchés; faire pénitence de ses fautes; réparer ses péchés.
Ⓗ 자신의 죄로부터 정화되다 | 자신의 잘못을 회개하다 | 자신의 죄를 속죄하다

*렬녀 [RYEL-NYE] (烈女) 원280
Ⓑ Femme fidèle à son mari; femme forte, vertueuse, courageuse, d'une fidélité héroïque jusqu'à la mort.
Ⓗ 자신의 남편에게 충실한 부인 | 강하고 정숙하고 용감하고 죽음에 이르기까지 단호한 정조의 부인

*렬부 [RYEL-POU] (烈婦) 원280
Ⓑ Femme fidèle.
Ⓗ 충실한 부인

*렬ᄉᆞ [RYEL-SĂ] (烈士) 원281
Ⓑ Fidèle au roi; sujet fidèle. homme héroïque.
Ⓗ 왕의 충복 | 충성스러운 신하 | 용맹한 사람

*렬파ᄒᆞ다 [RYEL-HPA-HĂ-TA] (裂破) 원280
Ⓑ C'en est fait. Etre brisé ou déchiré en plusieurs morceaux.
Ⓗ 볼 장 다 보다 | 여러 조각으로 깨지거나 찢어지다

*렴량ᄒᆞ다 [RYEM-RYANG-HĂ-TA] (念量) 원277
Ⓑ Délibérer; penser; réfléchir; calculer; méditer.
Ⓗ 심의하다 | 생각하다 | 숙고하다 | 계산하다 | 심사숙고하다

*렴치 [RYEM-TCHI] (廉恥) 원277
Ⓑ Pudeur; retenue; tact; tempérance; réserve; honte; vergonde.
Ⓗ 부끄러워하는 태도 | 조심성 | 임기응변 | 절제 | 조심 | 수치심 | 부끄러움

*렴포 [RYEM-HPO] (殮布) 원277
Ⓑ Suaire, inceul.
Ⓗ 염포, 수의

[1]령 [RYENG,-I] 원279 ☞녕

[2]*령 [RYENG,-I] (嶺) 원279
Ⓑ Passage dans une chaîne de montagnes.
Ⓗ 산맥의 통로

[3]*령 [RYENG,-I] (靈|灵) 원279
Ⓑ En agr. Ame.
Ⓗ 한자어로 영혼

[4]*령 [RYENG] (領) 원279
Ⓑ En agr. Recevoir.
Ⓗ 한자어로 받다

[5]*령 [RYENG,-I] (零) 원279
Ⓑ La fin de chaque heure de la nuit appelée 경 Kyeng.
Ⓗ 경 Kyeng이라 불리는 밤의 각 시의 끝

*령감 [RYENG-KAM,-I] (令監) 원279
Ⓑ Monsieur, seigneur. (Honorif.). Titre honorifique qu'on donne aux vieillards et aux dignitaires; dans le langage popul., il s'emploie souvent sans raison.
Ⓗ 나으리, 주인님 | (경칭) | 노인들과 고관들에게 주어지는 경칭 | 속어에서, 종종 이유 없이 사용되다

*령감스럽다 [RYENG-KAM-SEU-REP-TA,-RE-OUE, -RE-ON] (靈感) 원279
Ⓑ Voir clair; arriver juste; deviner juste. ‖ Etre sorcier, devin. ‖ Merveilleux, surnaturel.
Ⓗ 똑똑히 보다 | 정확하게 도달하다 | 정확하게 알아맞히다 | 마법사, 점쟁이다 | 놀랍다, 신비하다

*령경 [RYENG-KYENG,-I] (鈴經) 원279
Ⓑ Commencement des prières; intonation des prières.
Ⓗ 기도의 시작 | 기도의 어조

*령경쟈 [RYENG-KYENG-TJYA] (鈴經者) 원279
Ⓑ Lecteur; celui qui préside à la prière, qui entonne, qui donne le ton.
Ⓗ 낭독자 | 기도를 주관하는, 선창하는, 모범을 보이는 사람

*령ᄃᆡ [RYENG-TĂI] (領帶) 원280
Ⓑ Etole. (Mot chrét.).
Ⓗ 영대 | (기독교 어휘)

*령리ᄒᆞ다 [RYENG-RI-HĂ-TA] (伶俐) 원279

불 Avoir de l'esprit; être intelligent, fin, ingénieux, spirituel.

한 기지가 있다 | 총명하다, 꾀바르다, 영리하다, 기지가 있다

*령명ᄒᆞ다 [RYENG-MYENG-HĂ-TA] (靈明) 원279

불 Etre-très-intelligent.

한 매우 영리하다

*령샹 [RYENG-SYANG,-I] (領相) 원279

불 Le premier des trois grands ministres dits 졍승 Tjyeng-seung.

한 정승 Tjyeng-seung이라 불리는 3명의 높은 장관들 중에서 으뜸

*령셩 [RYENG-SYENG,-I] (靈性) 원280

불 Ame et esprit, âme et naturel.

한 마음과 기질, 마음과 본성

*령셩톄ᄒᆞ다 [RYENG-SYENG-HIYEI-HĂ-TA] (領聖體) 원280

불 S^te^ communion; faire la s communion, recevoir la S^te^ eucharistie.

한 영성체 | 영성체하다, 성체를 배령하다

*령셰ᄒᆞ다 [RYENG-SYEI-HĂ-TA] (領洗) 원279

불 Réception du baptême. Recevoir le baptême.

한 세례를 받는 일 | 세례를 받다

*령솔ᄒᆞ다 [RYENG-SOL-HĂ-TA] (領率) 원280

불 Accompagner; protéger; conduire; avoir sous sa direction, sous sa garde.

한 동반하다 | 보호하다 | 인도하다 | 자신의 지휘, 보호 아래에 두다

1*령슈 [RYENG-SYOU] (領袖) 원280

불 Chef, président.

한 우두머리, 장

2령슈 [RYENG-SYOU] (零數) 원280

불 Reste.

한 나머지

*령슈ᄒᆞ다 [RYENG-SYOU-HĂ-TA] (領受) 원280

불 Recevoir.

한 수령하다

*령신 [RYENG-SIN,-I] (靈神) 원280

불 Ame, esprit.

한 영혼, 정신

*령ᄉᆞ관 [RYENG-SĂ-KOAN,-I] (領事官) 원279

불 Ambassadeur; ministre; représentant d'un royaume étranger; consul.

한 대사 | 장관 | 외국 왕국의 대표 | 영사

*령의졍 [RYENG-EUI-TJENG] (領議政) 원279

불 Admirable conseiller; le premier des trois ministres de premier ordre.

한 감탄할 만한 조언자 | 세 명의 최고 서열 장관들 중의 우두머리

*령이지지 [RYENG-I-TJI-TJI] (靈而知之) 원279

불 Intuition; science révélée. Prévoyant; clairvoyant; prudent.

한 직감 | 천계의 지혜 | 선견지명이 있다 | 통찰력이 있다 | 신중하다

*령젹 [RYENG-TJYEK,-I] (靈迹) 원280

불 Miracle.

한 기적

*령좌 [RYENG-TJOA] (領座) 원280

불 L'ancien, le plus âgé (d'un village, d'une barque).

한 (마을, 배에서) 연장자, 나이가 가장 많은 사람

*령츅 [RYENG-TCHYOUK,-I] (零縮) 원280

불 Nombre inexact; compte auquel il manque quelque chose.

한 부정확한 수효 | 무엇인가 부족한 셈

*령특ᄒᆞ다 [RYENG-HIEUK-HĂ-TA] (獰忒) 원280

불 Excessivement grand, méchant, cruel, féroce.

한 지나치게 크다, 악독하다, 잔인하다, 사납다

*령한ᄒᆞ다 [RYENG-HAN-HĂ-TA] (獰狠) 원279

불 Méchant; cruel.

한 악독하다, 잔인하다

*령합 [RYENG-HAP,-I] (領閤) 원279

불 Le premier des trois 졍승 Tjyeng-seung ou premiers ministres.

한 세 명의 정승 Tjyeng-seung 들의 우두머리 또는 수상

*령험 [RYENG-HEM] (靈驗) 원279

불 Avantage en mieux; gain; lucre; bon effet; prodige; effet spirituel; miracle.

한 더 나은 이익 | 이득 | 이익 | 좋은 효과 | 경탄할 만한 일 | 영적인 효과 | 기적

*령혼 [RYENG-HON,-I] (靈魂) 원279

불 Ame (des hommes).

한 (사람들의) 영혼

*령ᄒᆞ다 [RYENG-HĂ-TA] (領) 원279

불 Recevoir (v. g. un sacrement).

한 (예. 성례를) 받다

*례 [RYEI] (禮) ⓦ276
불 Civilité; politesse; convenance; bienséance; rit; cérémonie.
한 예절 | 예의 | 예의 | 점잖음 | 의식 | 의례

*례규 [RYEI-RYOU] (禮規) ⓦ276
불 Rubrique; rit; cérémonie.
한 전례법규 | 의식 | 의례

*례단 [TYEI-TAN,-I] (禮緞) ⓦ276
불 Habit selon les rites. ‖ Présent, don, offrande.
한 의식에 따른 옷 | 선물, 기부, 증정품

*례도 [RYEI-TO] (禮道) ⓦ276
불 Rubrique; rit; cérémonie.
한 전례법규 | 의식 | 의례

*례모 [RYEI-MO] (禮貌) ⓦ276
불 Urbanité; civilité; politesse; affabilité; honnêteté; bienséance; décence.
한 예의바름 | 예절 | 예의 | 상냥함 | 정직 | 점잖음 | 단정함

*례모답다 [RYEI-MO-TAP-TA,-TA-OA,-TA-ON] (禮貌) ⓦ276
불 Etre civil, poli, affable, honnête, bienséant.
한 예절 바르다, 공손하다, 상냥하다, 정중하다, 점잖다

*례모롭다 [RYEI-MO-ROP-TA,-TO-OA,-TO-ON] (禮貌) ⓦ276
불 Etre civil, poli, honnête ; conforme aux rites, aux cérémonies.
한 예절 바르다, 공손하다, 정중하다 | 의식, 의례에 부합하다

*례물 [RYEI-MOUL,-I] (禮物) ⓦ276
불 Présent; don; offrande.
한 선물 | 기부 | 증정품

례바르다 [RYEI-PA-REU-TA,-PAL-NA,-PA-REUN] (禮正) ⓦ276
불 Etre poli.
한 예의 바르다

*례방 [RYEI-PANG,-I] (禮房) ⓦ276
불 Prétorien chargé des sacrifices et des cérémonies. (Chez le gouverneur, c'est un 비쟝 Pi-tjyang, ou un parent bâtard du gouverneur, qui remplit cette fonction).
한 제사와 의식을 맡은 친위병 | (지사의 집에서, 이 임무를 수행하는 사람은 비쟝 Pi-tjyang 또는 지사의 서출 혈족이다)

례ᄉᆞ롭다 [RYEI-SĂ-ROP-TA,-RO-OA,-RO-ON] (如常) ⓦ276
불 Ordinaire; commun; médiocre; qui tient le juste milieu.
한 보통이다 | 평범하다 | 중간이다 | 정중앙을 지키다

*례의 [RYEI-EUI] (禮義) ⓦ276
불 Rites justes, raisonnables.
한 올바른, 도리에 맞는 의식들

*례의렴치 [RYEI-EUI-RYEM-TCHI] (禮義廉恥) ⓦ276
불 Rit, justice, désintéressement, pudeur.
한 의례, 정의, 무사무욕, 부끄러워하는 태도

*례쟝 [RYEI-TJYANG,-I] (禮狀) ⓦ276
불 Ecrit que le nouveau marié remet à son beau-père à la cérémonie du mariage.
한 결혼식에서 새신랑이 자신의 장인에게 건네는 글

*례졀 [RYEI-TJYEL,-I] (禮節) ⓦ276
불 Cérémonie, rit.
한 예식, 의식

*례졀칙 [RYEI-TJYEL-TCHĂIK,-I] (禮節冊) ⓦ276
불 Livre des rites. rituel.
한 의식에 관한 책 | 전례서

*례조 [RYEI-TJO] (禮曹) ⓦ276
불 Tribunal ou ministère des rites.
한 의식을 주관하는 법원 또는 부

*례조판셔 [RYEI-TJO-HPAN-SYE] (禮曹判書) ⓦ276
불 Ministre ou juge des rites.
한 의식을 주관하는 장관 또는 재판관

례틀니다 [RYEI-HIEUL-NI-TA,-NYE,-NIN] (違禮) ⓦ276
불 Etre incivil, impoli, malhonnête. laid, messéant, inconvenant.
한 버릇없다, 무례하다, 정중하지 못하다 | 추하다, 마땅찮다, 무례하다

렛적 [RYEIT-TJEK,-I] (昔) ⓦ276
불 Les temps anciens, d'autrefois. 넷적에 Nyeit-tjek-ei, Autrefois.
한 옛날 시절, 예전에 | [용례 넷적에 Nyeit-tjek-ei] | 예전에

*로 [RO] (老) ⓦ286
불 Vieux; vieillesse.
한 노인, 노령

[1]로각 [RŌ-KAN,-I] ⓦ287
불 Vieux melon. concombres conservés pour graines.
한 늙은 멜론 | 종자를 위해서 보관한 오이

2* 로각 [RO-KAK,-I] (老角) [원]287
[불] Corne ou bois de vieux cerf.
[한] 늙은 수사슴의 뿔 또는 뿔

* 로강 [RO-KANG,-I] (老薑) [원]287
[불] Vieux gingembre.
[한] 늙은 생강

* 로강즙 [RO-KANG-TJEUP,-I] (露薑汁) [원]287
[불] Gingembre exposé à la rosée après avoir été brisé (remède). Jus de gingembre mêlé de rosée.
[한] 부순 뒤에 이슬을 맞힌 생강 (약재) | 이슬을 섞은 생강즙

1* 로경 [RO-KYENG,-I] (老鏡) [원]287
[불] Lunettes de vieillard.
[한] 노인의 안경

2* 로경 [RO-KYENG,-I] (老境) [원]287
[불] Vieillesse.
[한] 노년

* 로고 [RŌ-KO] (老姑) [원]287
[불] Vieille femme.
[한] 늙은 여자

* 로고초 [RŌ-KO-TCHO] (老姑草) [원]287
[불] Nom d'une esp. d'herbe. Esp. de renoncule. Syn. 할미꼿 Hal-mi-kkot.
[한] 풀의 일종의 이름 | 미나리아재비속의 종류 | [[동의어] 할미꼿, Hal-mi-kkot.]

* 로골 [RŌ-KOL,-I] (老骨) [원]287
[불] Vieil os, c. a. d. vieillard décrépit; devenu vieux.
[한] 늙은 뼈, 즉 늙어빠진 노인 | 늙다

* 로구 [RŌ-KOU,-I] (老狗) [원]288
[불] Vieux chien.
[한] 늙은 개

* 로군 [RŌ-KOUN,-I] (老君) [원]288
[불] Le philosophe Lao-Kioun, grand homme du paganisme, contemporain de Confucius et fondateur de la secte des Tao-sse ou 도사 To-sa.
[한] 철학자 노군, 이교의 위인, 공자와 같은 시대 사람이고 도자나 도사 To-sa의 종파의 창시자

* 로년 [RŌ-NYE,-I] (老年) [원]288
[불] Vieillesse. âgé. vieillard.
[한] 노년 | 나이가 많다 | 노인

* 로도 [RŌ-TO] (老道) [원]291
[불] Doctrine de 노군 No-koun, Lao-tse.
[한] 노군 No-koun, 노자의 교리

로ᄃᆡᄒᆞ다 [RO-TĂI-HĂ-TA] (怒濤) [원]291
[불] Roulis ou tangage; mouvement d'un navire ballotté par les flots de la mer. Vagues de la mer; flots. tempête. être agitée (la mer).
[한] [[역주] 배가] 옆으로 흔들리거나 앞으로 흔들림 | 바다의 물결에 흔들리는 배의 움직임 | 바다의 물결 | 파도 | 폭풍우 | 파도가 높다 (바다)

* 로리 [RŌ-RI] (老吏) [원]290
[불] Vieux prétorien.
[한] 늙은 친위병

1* 로마 [RO-MA] (老馬) [원]288
[불] Vieux cheval.
[한] 늙은 말

2* 로마 [RO-MA] (奴馬) [원]288
[불] Esclave et cheval.
[한] 노예와 말

* 로망ᄒᆞ다 [RŌ-MANG-HĂ-TA] (老妄) [원]288
[불] Folie, délire de vieillard. Radoter, tomber en enfance par suite de la vieillesse.
[한] 노인의 광기, 망상 | 노망하다, 노쇠의 결과로 노망이 나다

* 로모 [RO-MO] (老母) [원]288
[불] Vieille mère.
[한] 늙은 어머니

* 로병 [RŌ-PYENG,-I] (老病) [원]289
[불] Maladie d'un vieillard. ‖ Maladie invétérée.
[한] 노인의 병 | 고질적인 병

* 로병환 [RŌ-PYENG-HOAN,-I] (老病患) [원]289
[불] Maladie d'un vieillard (honorif.) ‖ Etre malade d'une vieille maladie.
[한] 늙은이의 병 (경칭) | 오랜 병으로 아프다

* 로셩ᄒᆞ다 [RO-SYENG-HĂ-TA] (老成) [원]291
[불] Etre bien posé, sérieux, grave.
[한] 매우 침착하다, 신중하다, 근엄하다

* 로셰 [RO-SYEI] (老歲) [원]291
[불] Vieillard.
[한] 노인

* 로송 [RŌ-SONG,-I] (老松) [원]291
[불] Vieux sapin.
[한] 늙은 소나무

* 로쇼 [RO-SYO] (老少) [원]291
[불] Vieux et jeune.
[한] 늙고 젊다

*로승 [RŌ-SEUNG,-I] (老僧) [원]291
[불] Vieux bonze.
[한] 늙은 승려

*로약 [RŌ-YAK,-I] (老弱) [원]286
[불] Vieillesse et faiblesse.
[한] 노쇠와 허약함

*로양 [RŌ-YANG,-I] (老羊) [원]286
[불] Vieux mouton. vieille brebis.
[한] 늙은 양 | 늙은 암양

*로옹 [RŌ-ONG,-I] (老翁) [원]287
[불] Vieux grand-père. vieillard.
[한] 늙은 할아버지 | 노인

*로욕 [RŌ-YOK,-I] (老慾) [원]287
[불] Désir de vieux; envie de vieillard; idée, caprice de vieillard.
[한] 늙은이의 욕망 | 노인의 바람 | 노인의 생각, 변덕

1* 로우 [RŌ-OU] (老牛) [원]287
[불] Vieux bœuf.
[한] 늙은 소

2* 로우 [RŌ-OU] (驢牛) [원]287
[불] Ane et bœuf.
[한] 당나귀와 소

1* 로유 [RŌ-YOU] (老儒) [원]287
[불] Vieux lettré.
[한] 늙은 학자

2* 로유 [RO-YOU] (老幼) [원]287
[불] Vieux et jeune; vieillesse et jeunesse.
[한] 늙고 젊다 | 늙음과 젊음

*로응 [RO-EUNG,-I] (老鷹) [원]287
[불] Vieux faucon.
[한] 늙은 매

*로인 [RO-IN,-I] (老人) [원]287
[불] Vieillard (homme ou femme).
[한] 노인 (남자 또는 여자)

*로인셩 [RO-IN-SYENG,-I] (老人星) [원]287
[불] Etoile de la constellation de 남극셩 Nam-keuk-syeng.
[한] 남극셩 Nam-keuk-syeng 성좌의 별

1* 로쟝 [RŌ-TJYANG,-I] (老將) [원]291
[불] Vieux général.
[한] 늙은 장군

2 로쟝 [RŌ-TJYANG,-I] (老長) [원]291
[불] Vieillard.
[한] 노인

*로졔 [RO-TJYEI] (路祭) [원]291
[불] Sacrifice que l'on fait le long du chemin, c. a. d. en portant le corps en terre.
[한] 길을 따라 행하는, 즉 시신을 땅 속에 옮기는 제사

*로졔ᄒᆞ다 [RŌ-TJYEI-HĀ-TA] (老除) [원]291
[불] Avoir sa retraite à cause de la vieillesse (soldats, prétoriens). Etre libéré du service militaire pour cause de vieillesse.
[한] (군인들, 친위병들이) 노쇠로 인해 은퇴하다 | 노쇠로 인해 병역에서 해방되다

*로직 [RŌ-TJIK,-I] (老職) [원]291
[불] Dignité donnée à un vieillard qui n'est pas bachelier, mais qui l'a obtenue à cause de sa vieillesse.
[한] 바칼로레아 합격자는 아니지만 노령으로 인해 얻은, 노인에게 주어지는 고관직

*로ᄌᆞ [RŌ-TJĂ] (老子) [원]291
[불] Esp. de grand homme des païens, le même que 노군 No-koun (Lao-kun), Lao-tse.
[한] 이교도들의 일종의 위인, 노군 No-koun (Lao-kun), 노자와 같음

*로쳐 [RŌ-TCHYE] (老妻) [원]291
[불] vieille épouse.
[한] 늙은 아내

*로춍 [RŌ-TCHONG,-I] (老聰) [원]291
[불] Vieil esprit, esprit usé (se dit d'un vieillard qui ne peut plus rien apprendre ni étudier). Mémoire qui s'en va à cause de l'âge. Facultés usées par la vieillesse.
[한] 늙은 정신, 둔해진 정신 (더 이상 아무것도 배우지도 공부하지도 못하는 노인에 대해 쓴다) | 나이 때문에 사라지는 기억 | 노화로 인해 약해진 능력

*로친 [RŌ-TCHIN,-I] (老親) [원]291
[불] Vieux parents; vieux père; vieille mère.
[한] 늙은 부모 | 늙은 아버지 | 늙은 어머니

*로파 [RŌ-HPA] (老婆) [원]290
[불] Vieille, vieille femme.
[한] 할머니, 늙은 여자

*로필 [RŌ-HPIL,-I] (老筆) [원]290
[불] Ecriture de vieillard.
[한] 늙은이의 글씨

*로형 [RŌ-HYENG,-I] (老兄) [원]287
[불] Vieux frère aîné. (Titre honorifique donné à un homme du peuple âgé.-Terme d'amitié et de respect).

한 늙은 손위 형 | (나이든 서민 남자에게 주어지는 경칭. 친밀함과 존경의 말)

*로혼ᄒᆞ다 [RO-HON-HĂ-TA] (老昏) 원287

불 Retomber en enfance, (se dit d'un vieillard). Radoter à cause de la vieillesse, perdre ses facultés avec l'âge.

한 노망이 나다, (노인에 대해 쓴다) | 노쇠로 인해 노망나다, 나이가 들면서 자신의 능력을 잃다

*로화 [RO-HOA] (蘆花) 원287

불 Fleurs des roseaux.

한 갈대꽃

*로회 [RO-HOI] (老蛔) 원287

불 Vieux vers intestinaux.

한 오래된 장내 기생충

록밥 [ROK-PAP,-I] (祿食) 원288

불 Riz et argent que le roi donne aux gens en place.

한 관직에 있는 사람에게 왕이 주는 쌀과 돈

록양 [ROK-YANG,-I] (綠楊) 원287

불 Saule vert. saule pleureur.

한 푸른 버드나무 | 능수버들

*론란ᄒᆞ다 [RON-RAN-HĂ-TA] (論難) 원289

불 Délibérer (sur une affaire difficile); disputer; discuter; débattre.

한 (어려운 일에 대해) 심의하다 | 논쟁하다 | 토론하다 | 토의하다

*론리ᄒᆞ다 [RON-RI-HĂ-TA] (論理) 원289

불 Raisonner; discuter la raison de, la justice d'un acte, l'essence des choses, la doctrine.

한 이치를 따지다 | ~의 이치, 행위의 정당성, 사물들의 본질, 학문에 대해 토의하다

*론죄ᄒᆞ다 [RON-TJOI-HĂ-TA] (論罪) 원289

불 Jugement d'un crime. Examiner une faute.

한 범죄의 판결 | 잘못을 조사하다

*롱권ᄒᆞ다 [RONG-KOUEN-HĂ-TA] (弄權) 원289

불 Gouverner suivant son bon plaisir; se jouer de l'autorité; abuser de l'autorité.

한 제멋대로 지배하다 | 권위를 마음대로 쓰다 | 권리를 남용하다

1*롱낙ᄒᆞ다 [RONG-NAK-HĂ-TA] (籠絡) 원289

불 Prendre au piége, attraper. ‖ Séduire, tromper.

한 덫에 걸리게 하다, 속이다 | 유혹하다, 속이다

2*롱낙ᄒᆞ다 [RONG-NAK-HĂ-TA] (弄樂) 원289

불 Folâtrer; se réjouir.

한 장난치다 | 즐기다

*롱담ᄒᆞ다 [RONG-TAM-HĂ-TA] (弄談) 원289

불 Parole de badinage; parole libre, légère; plaisanterie; quolibet.

한 희롱하는 말 | 자유분방한, 가벼운 말 | 농담 | 조롱

롱어 [RONG-E] (鱸魚) 원289

불 Nom d'une esp. de poisson de mer, p. ê. Le bar commun.

한 바닷고기 일종의 이름, 아마도 보통 농어

*롱즙 [RONG-TJEUP,-I] (濃汁) 원289

불 Pus d'une plaie, d'un ulcère.

한 상처의, 궤양의 고름

*뢰 [ROI] (磊) 원286

불 Veine des pierres.

한 돌의 무늬

*뢰뎡 [ROI-TYENG,-I] (雷霆) 원287

불 Bruit du tonnerre.

한 천둥소리

*뢰셩 [ROI-SYENG,-I] (雷聲) 원287

불 Bruit du tonnerre; tonnerre.

한 천둥소리 | 천둥

*뢰약ᄒᆞ다 [ROI-YAK-HĂ-TA] (腦弱) 원286

불 Etre piqué; être blessé, fâché, offensé. Etre susceptible, se fâcher facilement, s'offenser.

한 감정이 상하다 | 마음이 상하다, 화나다, 기분이 상하다 | 격하기 쉽다, 쉽게 화내다, 화를 내다

*료뢰ᄒᆞ다 [RYO-ROI-HĂ-TA] (寥磊) 원292

불 Etre dénué; manquer de.

한 결핍되다 | ~이 부족하다

*료료ᄒᆞ다 [RYO-RYO-HĂ-TA] (寥寥) 원292

불 Etre tranquille, retiré, silencieux, solitaire.

한 고요하다, 호젓하다, 조용하다, 고독하다

*료화 [RYO-HOA] (蓼花) 원292

불 Nom d'une fleur.

한 꽃의 이름

*룡 [RYONG,-I] (龍) 원292

불 Dragon.

한 용

*룡골 [RYONG-KOL,-I] (龍骨) 원292

불 Os de dragon.

한 용의 뼈

룡구새 [RYONG-KOU-SAI] 원292

불 Tresse de paille qui se met sur le haut faitage d'une maison pour le couvrir. Faitière d'une maison couverte

en paille.
[한] 집의 높은 용마루를 덮기 위해 그 위에 놓는 짚으로 엮은 줄 | 짚으로 덮인 집의 마룻대

룡날 [RYONG-NAL,-I] (辰日) [원]292
[불] Nom d'un certain jour, le jour du dragon. (Superst.-Ce sont tous les jours marqués par 인 In dans le calendrier civil).
[한] 어떤 날의 이름, 용의 날 | (미신. 세속의 달력에서 인 In으로 표시되는 모든 날이다)

*룡뇌 [RYONG-NOI] (龍腦) [원]292
[불] Camphre.
[한] 장뇌

*룡대긔 [RYONG-TAI-KEUI] (龍大旗) [원]292
[불] Etendard du dragon, ou étendard royal, que l'on porte devant le roi, et sur lequel est un dragon.
[한] 왕 앞에 들고 가고 용이 그려져 있는 용의 깃발 또는 왕의 깃발

*룡독 [RYONG-TOK,-I] (龍毒) [원]292
[불] Venin du dragon.
[한] 용의 독

*룡두 [RYONG-TOU] (龍頭) [원]292
[불] Tête de dragon. ‖ Corde dont les satellites se servent pour lier les criminels, et qui, à l'une de ses extrêmités, est terminée en tête de dragon.
[한] 용의 머리 | 부하들이 죄인들을 묶기 위해 사용하고, 그 끝이 용의 머리 모양으로 장식된 끈

*룡두각 [RYONG-TOU-KAK,-I] (龍頭閣) [원]292
[불] Nom d'une maison du roi près de 슈원 Syou-ouen, et d'où l'on peut observer le pays.
[한] 슈원 Syou-ouen 근처에 있고 나라를 관찰할 수 있는 왕의 집 중 하나의 명칭

*룡마 [RYONG-MA] (龍馬) [원]292
[불] Cheval extraordinaire; excellent cheval, rapide comme un dragon.
[한] 훌륭한 말 | 용처럼 빠른, 뛰어난 말

룡못 [RYONG-MOT,-SI] (龍池) [원]292
[불] Lac du dragon; étang où habite le dragon.
[한] 용의 연못 | 용이 사는 연못

룡병 [RYONG-PYENG,-I] (唐瘡) [원]292
[불] Cancer au nez.
[한] 코에 생기는 암

*룡상 [RYONG-SANG,-I] (龍床, (Dragon, lit)) [원]292
[불] Frône du roi, frône royal entouré de dragons sculptés autour.
[한] 왕의 왕좌, 주변에 조각된 용으로 둘러싸인 왕의 왕좌

룡심지 [RYONG-SIM-TJI] (大炷) [원]292
[불] Mèche du dragon, papier que l'on trempe dans l'huile et qui, allumé, sert à éclairer quelques instants. Torche en papier huilé, ou en coton, ou en toile, imbibée d'huile.
[한] 용의 심지, 기름에 적시고, 불이 붙으면 얼마 동안 밝히는 데에 쓰이는 종이 | 기름을 먹인 종이 또는 기름이 밴 솜이나 천으로 만든 횃불

*룡안 [RYONG-AN,-I] (龍眼) [원]292
[불] Œil de dragon (plante). Longan.
[한] 용의 눈 (식물) | 용안

*룡안육 [RYONG-AN-YOUK,-I] (龍眼肉) [원]292
[불] Nom d'une esp. de remède; chair de l'œil du dragon. ‖ Pulpe d'un petit fruit de Chine (longan) qui ressemble au Lytche.
[한] 일종의 약재의 명칭 | 용의 눈의 살 | 리치와 비슷한 중국의 작은 열매의 과육 (용안)

*룡연셕 [RYONG-YEN-SYEK,-I] (龍硯石, (Dragon, encrier, pierre)) [원]292
[불] Pierre humide avec laquelle on fait des encriers.
[한] 잉크병을 만드는 축축한 돌

*룡잠 [RYONG-TJĂM,-I] (龍簪) [원]292
[불] Aiguille pour la chevelure des femmes, qui est terminée par une tête de dragon.
[한] 끝이 용의 머리로 장식된, 여자들의 머리카락에 사용하는 바늘 모양의 물건

*룡포 [RYONG-HPO] (龍袍) [원]292
[불] Manteau royal, habit du roi, sur lequel est brodé un dragon.
[한] 왕의 옷, 용이 수놓인 왕의 외투

*루각 [ROU-KAK] (樓閣) [원]292
[불] Maison à étage; maison élevée.
[한] 층이 있는 집 | 높은 집

*루ᄃᆡ [ROU-TĂI] (樓臺) [원]294
[불] Grenier; mansarde; chambre au-dessus. Maison.
[한] 지붕 밑 방 | 고미다락방 | 위에 있는 방 | 집

루마루 [ROU-MA-ROU] (樓軒) [원]293
[불] Balcon; varande; plancher à l'étage supérieur.
[한] 발코니 | 베란다 | 윗층의 마루

*루셜ᄒᆞ다 [ROU-SYEL-HĂ-TA] (漏洩) [원]294
[불] Dire, confier à une autre personne; transmettre,

dire à d'autres; faire savoir; dévoiler (un secret confié).
한 다른 사람에게 말하다, 토로하다 | 다른 사람들에게 전하다, 말하다 | 알게 하다 | (털어놓은 비밀을) 폭로하다

*류 [RYOU] (類) 원294
불 Genre; espèce; famille; nature.
한 류 | 종류 | 과 | 기질

*류관 [RYOU-KOAN,-I] (留官) 원294
불 Le premier des assistants du mandarin ou 좌슈 Tjoa-syou.
한 관리나 좌슈 Tjoa-syou의 보좌인들 가운데 첫 번째

*류긱죠 [RYOU-KĂIK-TJYO] (留客条, (Rester, hôte, instrument)) 원294
불 Instrument qui empêche les hôtes de partir. Baguenaudier, jeu d'anneaux entrelacés.
한 손님들을 떠나지 못하게 막는 수단 | 일종의 고리 놀이, 서로 얽힌 고리 놀이

1*류련ᄒᆞ다 [RYOU-RYEN-HĂ-TA] (流連) 원295
불 Couler sans interruption.
한 쉬지 않고 흐르다

2류련ᄒᆞ다 [RYOU-RYEN-HĂ-TA] (遊連) 원295
불 Jouer longtemps; passer son temps au jeu.
한 오랫동안 놀다 | 놀이로 자신의 시간을 보내다

*류리 [RYOU-RI] (琉璃) 원295
불 Verre, corps transparent et fragile.
한 유리, 투명하고 깨지기 쉬운 물체

*류리기걸 [RYOU-RI-KĂI-KEL] (琉離丐乞) 원295
불 Vagabond et mendiant.
한 방랑자와 거지

*류리ᄒᆞ다 [RYOU-RI-HĂ-TA] (流離) 원295
불 Vagabond. être sans asile, sans feu ni lieu.
한 방랑자 | 안식처가 없다, 집이 없다

*류리표박 [RYOU-RI-HPYO-PAK] (流離漂泊) 원295
불 Vagabond, vaurien sans domicile fixe; fainéant.
한 방랑자, 정해진 거처가 없는 건달 | 게으름뱅이

*류마ᄒᆞ다 [RYOU-MA-HĂ-TA] (留馬) 원295
불 Arrêter son cheval, s'arrêter (cavalier), v. g. quand on rencontre un cortége de mandarin ou un noble.
한 예. 관리의 행렬이나 귀족을 만날 때 말을 세우다, (기수가) 멈추다

류망ᄒᆞ다 [RYOU-MANG-HĂ-TA] 원72 ☞ 유망ᄒᆞ다

*류방빅세 [RYOU-PANG-PĀIK-SYEI] (流芳百世) 원295
불 Bonne renommée qui se conserve pendant cent générations.
한 100세대 동안 유지되는 좋은 평판

*류쇽 [RYOU-SYOK,-I] (流俗) 원296
불 Ce monde de passage.
한 지나가는 현세

1*류슈 [RYOU-SYOU] (流水) 원296
불 Eau courante; cours d'eau.
한 흐르는 물 | 하천

2*류슈 [RYOU-SYOU] (留守) 원296
불 Gouverneur ou préfet des forteresses royales. Nom du mandarinat d'une des quatre villes qui servent de forteresse à la capitale (c. a. d. Kang-hoa, Syou-ouen, Koang-tjyou, kai-syeng ou Syong-to). (C'est un titre très-élevé).
한 왕의 요새의 지사 또는 도지사 | 수도의 요새 역할을 하는 네 도시(즉 강화, 수원, 광주, 개성 또는 송도) 중 한 곳의 관직 이름 (매우 높은 직함이다)

*류슉ᄒᆞ다 [RYOU-SYOUK-HĂ-TA] (留宿) 원296
불 Résider; loger; habiter.
한 거주하다 | 숙박하다 | 살다

*류심ᄒᆞ다 [RYOU-SIM-HĂ-TA] (留心) 원295
불 Penser; prévoir; se décider à; appliquer son esprit à, son attention à.
한 생각하다 | 예측하다 | ~하기로 결심하다 | ~에 전념하다, ~에 주의를 기울이다

*류심히 [RYOU-SIM-HI] (留心) 원296
불 Avec réflexion.
한 깊이 생각하여

1*류의ᄒᆞ다 [RYOU-EUI-HĂ-TA] (留意) 원294
불 Appliquer son esprit à; penser.
한 ~에 전념하다 | 생각하다

2류의ᄒᆞ다 [RYOU-EUI-HĂ-TA] (柔) 원294
불 Etre souple; moelleux; flexible.
한 유연하다 | 부드럽다 | 유연성 있다

*류진ᄒᆞ다 [RYOU-TJIN-HĂ-TA] (留陣) 원296
불 Campement; garnison. camper; faire une halte, une étape; arrêter l'armée.
한 야영군 | 주둔군 | 야영하다 | 휴식하다, 숙박하다 | 군대를 멈추다

*류취만년 [RYOU-TCHYOUI-MAN-NYEN] (流臭萬年, (Propager, puanteur, dix mille ans)) 원296
불 Mauvaise renommée qui se conserve pendant dix mille ans.

한 만 년 동안 지속되는 나쁜 평판

*류취ᄒᆞ다 [RYOU-TCHYOUI-HĂ-TA] (類取) 원296
불 Mettre ensemble par ordre de genre, d'espèce, de famille. Assembler, réunir des objets de même genre, de même espèce.
한 유형, 종류, 과에 따라서 같이 두다 | 같은 유형, 종류의 물건들을 모으다, 수집하다

*류혈 [RYOU-HYEL,-I] (流血) 원294
불 Effusion de sang; sang qui coule.
한 출혈 | 흐르는 피

*류황 [RYOU-HOANG,-I] (硫黃) 원294
불 Soufre.
한 유황

*륙 [RYOUK,-I] (六) 원294
불 Six, 6.
한 여섯, 6

*륙각 [RYOUK-KAK,-I] (六角) 원294
불 Les six espèces d'instruments de musique. ‖ Les six espèces de tons ou notes de la gamme.
한 여섯 종류의 악기 | 여섯 종류의 음조 또는 음계의 음

*륙갑 [RYOUK-KAP,-I] (六甲) 원294
불 La première année de chaque dizaine d'années du cycle de 60 ans. ‖ Les 6 갑 Kap. le cycle de 60 ans usité chez les Chinois et les Coréens.
한 60년 주기의 매 십여 년의 첫 번째 해 | 6갑 Kap | 중국인들과 조선인들에게 통용되는 60년 주기

*륙계 [RYOUK-KYEI] (六誡) 원294
불 6e précepte des commandements de Dieu.
한 신의 계율 중에서 여섯 번째 규범

*륙군 [RYOUK-KOUN,-I] (陸軍) 원294
불 Soldat de terre; service dans l'armee de terre.
한 육군 | 육군에서 하는 병역

*륙긔 [RYOUK-KEUI] (六氣) 원294
불 Les 6 espèces de températures; vent, froid, chaleur, humidité, sécheresse, feu.
한 기온의 여섯 가지 종류 | 바람, 추위, 더위, 습기, 건조, 불

*륙디 [RYOUK-TI] (陸地) 원295
불 Terre; continent; terre ferme.
한 땅 | 대륙 | 견고한 땅

*륙ᄃᆡ조 [RYOUK-TĂI-TJYO] (六代祖) 원295
불 Père du trisaïeul.
한 고조부의 아버지

*륙률 [RYOUK-RYOUL,-I] (六律) 원294
불 Les six notes de la gamme. Les six espèces de tons ou sortes d'instruments de musique.
한 음계의 여섯 음 | 여섯 종류의 음 또는 악기의 종류

*륙목 [RYOUK-MOK,-I] (六目) 원294
불 La deuxième carte de chacune des 6 dizaines dont se compose le jeu; les six 2es cartes(jeu).
한 놀이를 구성하는 열 개짜리 카드 묶음 각 여섯 개 중 두 번째 것 | 여섯 개의 두 번째 카드들(놀이)

륙발이 [RYOUK-PAL-I] (六足) 원294
불 Qui a six pieds (monstre). ‖ Qui a six doigts au pied.
한 여섯 개의 발을 가진 것 (괴물) | 발에 발가락이 여섯 개인 사람

*륙방 [RYOUK-PANG,-I] (六房) 원294
불 Les six bureaux de préfecture. les six espèces de charges des prétoriens. ‖ Les six prétoriens en exercice. (Ce sont; 니 Ni, 호 Ho, 례 Ryei, 병 Pyeng, 형 Hyeng, 공 Kong).
한 도청의 여섯 부서 | 친위대의 여섯 가지 직무 | 현역의 친위대 여섯 명 | (니 Ni, 호 Ho, 례 Ryei, 병 Pyeng, 형 Hyeng, 공 Kong 이다)

*륙복 [RYOUK-POK,-I] (六福) 원294
불 Les six félicités du ciel. (Mot chret.).
한 하늘의 여섯 가지 지복 | (기독교 어휘)

*륙부 [RYOUK-POU] (六腑) 원294
불 Les six viscères (cœur, foie, poumons, estomac. fiel, reins).
한 여섯 가지 내장 (심장, 간, 폐, 위, 담즙, 신장)

*륙살 [RYOUK-SAL,-I] (戮殺) 원295
불 Tuerie (à la guerre).
한 (전쟁에서의) 학살

*륙살ᄒᆞ다 [RYOUK-SAL-HĂ-TA] (戮殺) 원294
불 Tuer.
한 죽이다

*륙샹궁 [RYOUK-SYANG-KOUNG] (毓祥宮) 원295
불 Nom d'une maison qui appartient aux parents du roi. Nom d'un palais à la capitale.
한 왕의 친척들에 속하는 집의 이름 | 수도에 있는 궁의 이름

륙손이 [RYOUK-SON-I] (六指) 원295
불 Qui a six doigts à la main.
한 손가락이 여섯 개 달린 사람

*륙시ᄒᆞ다 [RYOUK-SI-HĂ-TA] (戮尸) 원295

불 Couper en six morceaux (la tête, les deux bras, les deux jambes et le tronc). Etre écartelé.
한 (머리, 양팔, 두 다리와 몸통) 여섯 부위로 자르다 | 능지처참을 당하다

*륙젼 [RYOUK-TJYEN,-I] (陸戰) 원295
불 Combat sur terre. ‖ Sur terre; à terre.
한 육지에서의 싸움 | 땅 위에서 | 땅에서

*륙조 [RYOUK-TJO] (六曹) 원295
불 Les six ministères des six 판셔 Hpan-sye de 2e ordre (니조 Ni-tjo, de l'intérieur; 호조 Ho-tjo, des finances; 례조 Ryei-tjo, des rites; 병조 Pyeng-tjo, de la guerre; 형조 Hyeng-tjo, des supplices ou de la justice; 공조 Kong-tjo, des travaux publics).
한 두 번째 서열의 여섯 판셔 Hpan-sye가 있는 여섯 개의 부서 (니조 Ni-tjo는 내무부, 호조 Ho-tjo는 재정, 례조 Ryei-tjo는 의례, 병조 Pyeng-tjo는 전쟁, 형조 Hyeng-tjo는 형벌 또는 재판, 공조 Kong-tjo는 공공 토목공사)

*륙조비뎐 [RYOUK-TJO-PI-TYEN] (六曹備廛) 원295
불 Maison de commerce des ministres du gouvernement, avec le monopole.
한 독점권을 가진, 정부 장관들의 상사

*륙진포 [RYOUK-TJIN-HPO] (六鎭布) 원295
불 Nom d'une esp. de toile de chanvre; large toile de chanvre du nord.
한 삼베 일종의 명칭 | 북쪽에서 나는 큰 삼베

*륙촌 [RYOUK-TCHON,-I] (六寸) 원295
불 Sixième degré; parent au sixième degré.
한 여섯 번째 촌수 | 육촌 관계의 친척

*륙츅 [RYOUK-TCHYOUK,-I] (六畜) 원295
불 Les six animaux domestiques (chien, poule, cheval, bœuf, cochon, chèvre ou mouton). ‖ Les six animaux dont on se sert comme victimes dans les sacrifices.
한 여섯 가지 가축 (개, 닭, 말, 소, 돼지, 염소 또는 양) | 제사에 제물로 사용되는 여섯 가지 동물

*륙태질ᄒᆞ다 [RYOUK-HTAI-TJIL-HĂ-TA] (陸駄) 원295
불 Transporter des fardeaux par terre, par la voie de terre.
한 땅으로, 육로로 짐을 옮기다

*륙판셔 [RYOUK-HPAN-SYE] (六判書) 원294
불 Les six ministres de 2e ordre.
한 두 번째 서열의 장관 여섯 명

*륙픔 [RYOUK-HPEUM,-I] (六品) 원294
불 Les six degrés de dignité. Le sixième degré. le diaconat.
한 고위직의 여섯 가지 계급 | 여섯 번째 계급 | 부제직

*륜긔 [RYOUN-KEUI] (倫紀) 원295
불 Relation naturelle, v. g. piété filiale, fidélité, amour conjugal. Les relations naturelles appelées 오륜 O-ryoun.
한 천부적인 관계, 예. 효심, 충실성, 부부간의 사랑 | 오륜 O-ryoun이라 불리는 천부적인 관계

1*륜도 [RYOUN-TO] (輪圖) 원295
불 La rose des vents; les 24 parties ou divisions de la circonférence.
한 [역주 나침반이나 해도의] 풍향도 | 원주의 24개 부분 또는 눈금

2*륜도 [RYOUN-TO] (倫道) 원295
불 Les cinq relations naturelles.
한 다섯 가지의 천부적인 관계

*륜리 [RYOUN-RI] (倫理) 원295
불 Piété filiale.
한 효심

*륜음 [RYOUN-EUM,-I] (綸音) 원295
불 Ordre du roi au peuple. proclamation écrite du roi au peuple.
한 백성에게 내리는 왕의 명령 | 왕이 백성에게 쓴 선언문

*륜증 [RYOUN-TJENG,-I] (輪症) 원295
불 Epidémie; maladie épidémique.
한 유행병 | 전염병

*륜질 [RYOUN-TJIL,-I] (輪疾) 원295
불 Maladie épidémique; maladie errante; épidémie.
한 전염병 | 떠돌아다니는 병 | 유행병

*륜통 [RYOUN-HTONG,-I] (輪痛) 원295
불 Maladie épidémique; esp. de peste; maladie commune à tout le monde; épidémie.
한 전염병 | 흑사병 종류 | 모든 사람에게 공통된 병 | 유행병

*륜회 [RYOUN-HOI] (輪洄) 원295
불 Métempsycose, ou plutôt cercle de transmigrations qu'un être subit successivement (d'après les bonzes).
한 윤회, 보다 정확히 말해 (승려들에 따르면) 한 존재가 연속적으로 받아들이는 윤회의 고리

1*률 [RYOUL,-I] (栗) 원295
불 Châtaignier (arbre.).
한 밤나무 (나무)

[2]률 [RYOUL,-I] 원295
불 Numéral des milliers de tuiles.
한 천 장의 기와를 세는 수사

[3*]률 [RYOUL,-I] (律) 원295
불 Droit; règle.
한 법 | 규율

*률관 [RYOUL-KOAN,-I] (律官) 원295
불 Nom d'une esp. de dignité. Jurisconsulte, légiste, celui qui étudie les lois pour indiquer aux juges la peine que doit subir un criminel.
한 고관직 일종의 명칭 | 법률가, 법률학자, 한 죄인이 받아야 하는 형벌을 판사에게 알려주기 위해 법을 연구하는 사람

*률학 [RYOUL-HAK,-I] (律學) 원295
불 Ecole de droit annexée au tribunal des crimes. (On y étudie le code pénal. Ses employés indiquent la nature exacte des peines).
한 범죄 재판소에 부속된 법률 학교 | (여기서 형법을 공부한다. 그 사무원들은 형벌의 정확한 성질 종류를 가르쳐준다)

*륭동 [RYOUNG-TONG,-I] (隆冬) 원295
불 Hiver; temps le plus froid de l'hiver; le fort de l'hiver.
한 겨울 | 겨울의 가장 추운 시기 | 가장 추운 겨울

*륭후ᄒᆞ다 [RYOUNG-HOU-HĂ-TA] (隆厚) 원295
불 Etre solennel, majestueux, grandiose. Etre large, libéral, indulgent.
한 엄숙하다, 위엄 있다, 웅대하다 | 크다, 자유롭다, 관대하다

*륵 [REUK,-I] (肋) 원281
불 Côtes.
한 늑골

*륵골 [REUK-KOL,-I] (肋骨) 원281
불 Os des côtes.
한 갈비뼈

*륵방 [REUK-PANG,-I] (肋旁) 원281
불 Côté du corps, flanc.
한 몸의 옆면, 옆구리

[1*]리 [RI] (理) 원283
불 Raison; bon sens; justice; droit. ‖ Doctrine. ‖ Mystère. 심오ᄒᆞᆫ리ᄅᆞᆯ공경ᄒᆞ고 Sim-o-hăn ri-răl kong kyeng-hă- ko, Adorer ce profond mystère.
한 이성 | 양식 | 정의 | 당위성 | 교의 | 신비한 교리 | [용례 심오ᄒᆞᆫ리ᄅᆞᆯ공경ᄒᆞ고 Sim-o-hăn ri-răl kong kyeng-hă-ko], 심오한 교리를 경배하다

[2*]리 [RI] (利) 원283
불 Gain; avantage; lucre; profit.
한 이익 | 이점 | 이득 | 득

[3*]리 [RI] (里) 원283
불 Réunion de plusieurs (4 ou 5 villages formant un canton. (4, 5 ou 10 리 Ri, cantons, font un 면 Myen, arrondissement).
한 한 구역을 형성하는 여러(4개 또는 5개) 마을의 집합 | (4, 5 또는 10리 Ri, 구역은 면 Myen, 구를 구성한다)

[4*]리 [RI] (厘) 원283
불 1/1000 d'once (poids). (10 Ri font un 푼 Hpoun, 100 Ri font un 돈 Ton; 1,000 Ri font un 냥 Nyang, ou once d'argent). ‖ Monnaie, 10 e partie de la sapèque. (Elle n'existe que nominalement).
한 온스의 1/1,000 (무게) | (10리 RI는 한 푼 Hpoun이 된다, 100리 Ri는 한 돈 Ton 이 된다; 1,000리 Ri는 한 냥 Nyang이 된다, 또는 은의 온스) | 동전, 엽전의 1/10 | (명목상으로만 존재한다)

[5*]리 [RI] (里) 원283
불 Mesure de distance sur les routes. (Dix 리 Ri font une forte lieue. En Corée, à mesure qu'on approche de la capitale la longueur des 리 Ri est moindre).
한 도로상의 거리의 측정 단위 | (10리 Ri는 약 1리외가 된다. 조선에서는, 수도에 가까워질수록 리 Ri의 길이는 더 짧다)

*리긔 [RI-KEUI] (理氣) 원284
불 Raison et force (principe de la création, de toutes choses).
한 이성과 힘 (창조의, 다른 모든 것들의 근원)

*리롭다 [RI-ROP-TA,-RO-OA,-RO-ON] (利) 원285
불 Avantageux; lucratif; utile.
한 유리하다 | 이득이 있다 | 유익하다

*리면 [RI-MYEN,-I] (裡面) 원284
불 Fond et forme; politesse; convenance; conscience.
한 본질과 형태 | 예절 | 적합 | 양심

*리문 [RI-MOUN,-I] (移文) 원284
불 Avertissement ou lettre d'avis aux mandarins, avant d'envoyer les satellites faire des perquisitions dans leurs districts.
한 관리의 관할구에 가택수색을 하러 부하들을 보내기 전에, 관리들에게 보내는 경고 또는 통지서

*리방 [RI-PANG,-I] (吏房) 원285

[불] 1 er prétorien, chef des prétoriens, un des trois 공형 Kong-hyeng; un des trois conseillers (assistants) du mandarin.
[한] 우두머리 친위병, 친위병들의 장, 세 명의 공형 Kong-hyeng 중 한 명 | 관리의 세 조언자(조수) 중 한 명

리별이신 [RI-PYEL-I-SIN,-I] [원]285
[불] Prétorien, trésorier intendant du mandarin.
[한] 관리의 친위병, 회계원, 경리관

*리별ᄒᆞ다 [RI-PYEL-HĂ-TA] (離別) [원]285
[불] S'en aller, s'éloigner l'un de l'autre, se séparer, se quitter (par la mort ou autrement). 니별쥬 Ni-pyel-tjyou, Vin de la séparation, du départ.
[한] 가버리다, 서로 멀어지다, 헤어지다, (죽음으로 또는 다른 이유로) 서로 헤어지다 | [용례 니별쥬 Ni-pyel-tjyou], 이별, 출발의 술

*리어 [RI-E] (鯉魚) [원]283
[불] Poisson d'eau douce, la carpe.
[한] 민물고기, 잉어

리에합ᄒᆞ다 [RI-EI-HAP-HĂ-TA] (合理) [원]283
[불] Raisonnable; être conforme à la raison.
[한] 합리적이다 | 이치에 맞다

리을 [RI-EUL] [원]283
[불] Nom de la consonne coréenne ㄹ r.
[한] 조선말 자음 ㄹ r의 명칭

*리익 [RI-IK,-I] (利益) [원]283
[불] Gain; avantage; lucre; profit.
[한] 이윤 | 이점 | 이득 | 이익

*리젼 [RI-TJYEN,-I] (利錢) [원]286
[불] Gain, profit sur un marché. Intérêt de l'argent.
[한] 거래에서의 이익, 이득 | 돈의 이자

*리조 [RI-TJO] (吏曹) [원]286
[불] Ministère ou tribunal des offices et emplois civils.
[한] 관직과 문민의 일자리에 대한 부 또는 법정

*리조참의 [RI-TJO-TCHAM-EUI] (吏曹叅議) [원]286
[불] Le second chef du ministère de l'intérieur.
[한] 내무부의 두 번째 우두머리

*리조판셔 [RI-TJO-HPAN-SYE] (吏曹判書) [원]286
[불] Ministre de l'intérieur, chef du 리조 Ri-tjo.
[한] 내무부 장관, 리조 Ri-tjo의 우두머리

*리지리 [RI-TJI-RI] (利之利) [원]286
[불] Intérêt de l'intérêt.
[한] 이자의 이자

*리치 [RI-TCHI] (理治) [원]286
[불] Raison; bon sens; droiture; droit; essence des choses; raison ou manière d'être.
[한] 이성 | 양식 | 올바름 | 도리 | 사물의 본질 | 이성 또는 존재 방식

*리통ᄒᆞ다 [RI-HTONG-HĂ-TA] (理通) [원]286
[불] Suivre la raison; raisonnable.
[한] 이성을 따르다 | 합리적이다

*리ᄒᆞ다 [RI-HĂ-TA] (利) [원]283
[불] Avantageux; profitable; avoir de l'avantage.
[한] 유리하다 | 유익하다 | 유리하다

*림 [RIM] (臨) [원]284
[불] Arriver; être imminent.
[한] 다다르다 | 촉박하다

*림농 [RIM-NONG,-I] (臨農) [원]284
[불] Temps de la culture.
[한] 농사짓을 시기

*림박ᄒᆞ다 [RIM-PAK-HĂ-TA] (臨迫) [원]284
[불] Poindre; être sur le point de; être imminent; être proche.
[한] 나타나다 | 막 ~하려는 참이다 | 촉박하다 | 가깝다

*림보 [RIM-PO] (臨簿) [원]284
[불] Les Limbes.
[한] 고성소[역주 古聖所]

*림산 [RIM-SAN,-I] (臨産) [원]284
[불] Etre proche des couches. Couches imminentes.
[한] 출산에 임박하다 | 임박한 출산

*림시 [RIM-SI] (臨時) [원]284
[불] Le temps venu.
[한] 닥친 시기

*림시쳐변 [RIM-SI-TCHYE-PYEN] (臨時捿辯) [원]284
[불] Qui a la répartie facile; qui répond juste et à temps.
[한] 임기응변으로 재치 있고 능숙하게 대답하다 | 적확하게, 제때에 대답하다

*림시ᄒᆞ다 [RIM-SI-HĂ-TA] (臨時) [원]284
[불] Temps déterminé; temps opportun. L'heure est imminente; le temps arrive.
[한] 정해진 시간 | 적절한 시기 | 시간이 촉박하다 | 시기가 도래하다

*림ᄉᆞᄒᆞ다 [RIM-SĂ-HĂ-TA] (臨事) [원]284
[불] Etre imminent.
[한] 촉박하다

*림죵 [RIM-TJYONG,-I] (臨終) [원]284
[불] Agonie, temps de la mort.

한 임종의 순간, 죽음의 시기

*림ᄒᆞ다 [RIM-HĂ-TA] (臨) 원284

불 Arriver; descendre et venir; descendre à la maison (entrer). ‖ Etre sur le point de, être imminent.

한 도달하다 | 내려서 오다 | 집으로 내려가다(들어가다) | 막 ~하려는 참이다, 촉박하다

1*립 [RIP,-SI] (立) 원285

불 Commencement. Se lever; naître.

한 시작 | 일어나다 | 태어나다

2*립 [RIP,-HI. et -I] (笠) 원285

불 Chapeau.

한 모자

*립긱에 [RIP-KĂIK-EI] (立刻) 원285

불 En un instant.

한 한순간에

*립동 [RIP-TONG,-I] (立冬) 원285

불 1re quinzaine d'hiver, entre le 4 et le 6 novembre; commencement de l'hiver.

한 11월 4~6일 사이, 겨울의 첫 1주간 | 겨울의 시작

*립됴ᄒᆞ다 [RIP-TYO-HĂ-TA] (立朝) 원285

불 Etre en dignité; être dignitaire.

한 고관직에 있다 | 고관이다

*립안 [RIP-AN,-I] (立案) 원285

불 Déclaration au mandarin de la prise de possession d'un terrain vague. Billet donné à un homme devenant maître d'un terrain qui n'appartenait à personne.

한 공터를 점유하는 것에 대해 관리에게 하는 신고 | 아무에게도 속하지 않은 토지의 주인이 되는 사람에게 주는 증명서

*립쟝식이다 [RIP-TJYANG-SIK-I-TA] (立丈) 원285

불 Marier (v. g. ses enfants).

한 (예. 자신의 자식들을) 결혼시키다

*립쟝ᄒᆞ다 [RIP-TJYANG-HĂ-TA] (立丈) 원285

불 Etre marié; se marier; passer par le mariage au rang des 어른 E-reun, des hommes faits.

한 결혼한 몸이다 | 결혼하다 | 결혼을 통해 어른 E-reun, 성숙한 사람의 신분이 되다

*립쥬샹양ᄒᆞ다 [RIP-TJYOU-SYANG-YANG-HĂ-TA] (立柱上樑) 원285

불 Mettre les piliers et la pièce de bois du faîtage d'une maison, c. a. d. finir la charpente d'une maison.

한 집의 기둥들과 마룻대의 나무 조각을 놓다, 즉 집의 골조를 마무리하다

*립지 [RIP-TJI] (立旨) 원285

불 Reconnaissance de propriété donnée par le mandarin; certificat de propriété. Billet par lequel on déclare un homme propriétaire d'un terrain qui jusqu'ici n'a appartenu à personne. ‖ Certificat de bonne vie et mœurs.

한 관리에게서 얻은 소유권의 승인 | 소유권에 대한 증서 | 지금까지 아무에게도 속하지 않은 토지의 소유자라고 선언하는 증명서 | 훌륭한 생활 방식과 품행을 나타내는 증명서

*립츄 [RIP-TCHYOU] (立秋) 원285

불 1re quinzaine d'automne, vers le 4 ou 6 août. commencement de l'automne.

한 8월 4일 또는 6일경, 가을의 첫 1주간 | 가을의 시작

*립츈 [RIP-TCHYOUN] (立春) 원285

불 1re quinzaine du printemps, vers le 4 février. Commencement du printemps.

한 2월 4일경, 봄의 첫 1주간 | 봄의 시작

*립하 [RIP-HA] (立夏) 원285

불 1re quinzaine de l'été, ver le 4 ou 5 mai. Commencement de l'été.

한 5월 4일 또는 5일경, 여름의 첫 1주간 | 여름의 시작

*릭 [RĂI] (來) 원271

불 En agr. Après; celui d'après; prochain.

한 한자어로 ~후에 | ~후의 것 | 다음의

*릭년 [RĂI-NYEN,-I] (來年) 원272

불 La prochaine année.

한 내년

*릭됴ᄒᆞ다 [RĂI-TYO-HĂ-TA] (來朝) 원273

불 Saluer.

한 ~에게 인사하다

*릭력 [RĂI-RYEK,-I] (來歷) 원272

불 Annales; traditions.

한 연대기 | 전승

*릭릭년 [RĂI-RĂI-NYEN,-I] (來來年) 원272

불 L'année après la prochaine année.

한 내년 다음의 해

*릭왕ᄒᆞ다 [RĂI-OANG-HĂ-TA] (來往) 원271

불 Aller et venir; se visiter; se rencontrer.

한 가고 오다 | 서로 드나들다 | 서로 알게 되다

*릭월 [RĂI-OUEL,-I] (來月) 원271

불 La lune prochaine; la lune d'après.

한 다음 달 | 다음 달

*릐일 [RĂI-IL] (來日) [원]271
[불] Demain.
[한] 내일

*릐후년 [RĂI-HOU-NYEN,-I] (來後年) [원]271
[불] L'année prochaine; l'année d'après.
[한] 내년 | 다음 해

링국 [RĂING-KOUK,-I] (冷羹) [원]272
[불] Soupe froide, bouillon froid, c. a. d. esp. de sauce faite avec de l'eau froide et des épices.
[한] 차가운 수프, 찬 국물, 즉 찬물과 양념으로 만든 소스 종류

*링궁 [RĂING-KOUNG,-I] (冷宮) [원]272
[불] Général qui reste seul sans soldats (au jeu d'échecs). ‖ Chambre froide, servant de prison dans le palais, (on n'y fait pas de feu).
[한] (체스 놀이에서) 병사 없이 홀로 남은 장군 | 궁에서 감옥으로 쓰이는 차가운 방, (거기에 불을 피우지 않는다)

*링긔 [RĂING-KEUI] (冷氣) [원]272
[불] Air froid, frais. Froideur; fraîcheur; froid.
[한] 찬, 시원한 공기 | 차가움 | 서늘함 | 추위

*링낙ᄒᆞ다 [RĂING-NAK-HĂ-TA] (冷落) [원]272
[불] Tiède; sans ferveur. Froid, d'un froid pénétrant. ‖ être froid, c. a. d. abandonné de ses connaissances et de ses amis, être délaissé.
[한] 미지근하다 | 열성 없다 | 차갑다, 살을 에는 듯한 추위로 | 냉정하다, 즉 자신의 지인들과 친구들로부터 버림받다, 외면당하다

*링담ᄒᆞ다 [RĂING-TAM-HĂ-TA] (冷淡) [원]272
[불] Tiède; sans ferveur. Se refroidir; se ralentir. (M.chr, ne se dit que de l'esprit, de la ferveur).
[한] 미적지근하다 | 열정이 없다 | 차가워지다 | 느려지다 | (기독교 용어, 정신에 대해서만, 열정에 대해서만 쓴다)

*링뎍 [RĂING-TYEK,-I] (冷積) [원]272
[불] Boule que l'on dit être dans l'estomac et qui remonte à la poitrine (maladie). Boule froide à l'intérieur (médec.).
[한] 위 속에 있다고 하고 가슴 쪽으로 다시 올라가는 덩어리 (병) | 내부에 있는 차가운 공 (의학)

*링뎡 [RĂING-TYENG,-I] (冷井) [원]272
[불] Fontaine fraîche, froide; source fraîche.
[한] 시원한, 차가운 샘 | 서늘한 샘

*링돌 [RĂING-TOL,-I] (冷突) [원]272
[불] Chambre froide, qui n'est pas chauffée; appartement froid.
[한] 데워지지 않은 차가운 방 | 차가운 거처

*링디 [RĂING-TI] (冷地) [원]272
[불] Terrain frais. froid, exposé au nord.
[한] 서늘한 땅 | 차갑다, 북쪽으로 향해 있다

*링ᄃᆡ [RĂING-TĂI] (冷隊) [원]272
[불] Couche de froid, une des couches que l'on dit envelopper la terre, région froide, (dans l'astronomie chinoise) région de la lune.
[한] 차가운 층, 지면을 덮고 있다고 하는 여러 층들 중 하나, 추운 지역, (중국 천문학에서) 달의 영역

*링ᄃᆡᄒᆞ다 [RĂING-TĂI-HĂ-TA] (冷待) [원]272
[불] Ne pas bien accompagner; ne pas bien honorer; recevoir froidement; traiter avec froideur.
[한] 잘 수행하지 않다 | 잘 공경하지 않다 | 차갑게 접대하다 | 차갑게 대하다

*링링ᄒᆞ다 [RĂING-RĂING-HĂ-TA] (冷冷) [원]272
[불] Froid; très-froid; froid pénétrant.
[한] 차갑다 | 몹시 차다 | 살을 에는 듯한 추위다

*링면 [RĂING-MYEN,-I] (冷麵) [원]272
[불] Soupe de vermicelle froide. Vermicelle froid préparé sans feu.
[한] 국수가 들어간 차가운 수프 | 불에 조리하지 않은 찬 국수

*링방 [RĂING-PANG,-I] (冷房) [원]272
[불] Chambre qui n'est pas chauffée.
[한] 데워지지 않은 방

*링벽 [RĂING-PYEK,-I] (冷壁) [원]272
[불] Mur froid.
[한] 차가운 벽

*링병 [RĂING-PYENG,-I] (冷病) [원]272
[불] Maladie causée par le froid intérieur.
[한] 내부의 냉기로 인해 생긴 병

*링슈 [RĂING-SYOU] (冷水) [원]272
[불] Eau fraîche, froide.
[한] 시원한, 차가운 물

*링약 [RĂING-YAK,-I] (冷藥) [원]272
[불] Menstrues; le sang des menstrues (en médec.).
[한] 월경 | (내복약으로서) 월경의 피

1*링음ᄒᆞ다 [RĂING-EUM-HĂ-TA] (冷嚴) [원]272
[불] Etre dangereux, terrible (homme). Avoir du sang-froid.

한 (사람이) 위험하다, 무섭다 | 침착하다

[2*]링음ᄒᆞ다 [RĂING-EUM-HĂ-TA] (冷飮) 원272
불 Boire beaucoup (de vin).
한 (술을) 많이 마시다

*링쳐 [RĂING-TCHYE] (冷處) 원272
불 Lieu froid; natte froide.
한 찬 곳 | 차가운 돗자리

[1*]링혈 [RĂING-HYEL,-I] (冷血) 원272
불 Sang froid, sang caillé.
한 차가운 피, 응혈

[2]링혈 [RĂING-HYEL,-I] (冷穴) 원272
불 Caverne froide; terrain froid; courant froid (terme de géoscopie).
한 차가운 동굴 | 차가운 땅 | 차가운 흐름 (풍수지리 용어)

*링ᄒᆞ다 [RĂING-HĂ-TA] (冷) 원272
불 être froid, frais.
한 차갑다, 서늘하다

ㅁ

ㅁ [M] 원215
불 15e lettre de l'alphabet, 4e cosonne, correspond à m.
한 자모의 열다섯 번째 문자, 네 번째 자음, m에 대응한다

[1]마 [MA] (薯|山藥) 원215
불 Plante grimpante dont la racine longue a le goût de la patate; esp. d'igname sauvage.
한 긴 뿌리에서 고구마 맛이 나는 덩굴식물 | 야생마의 종류

[2*]마 [MA] (麻) 원215
불 En agr. Chanvre.
한 한자어로 마

[3*]마 [MA] (魔) 원215
불 En agr. Démon.
한 한자어로 악마

[4*]마 [MA] (馬) 원215
불 En Cheval.
한 한자어로 말

*마가목 [MA-KA-MOK,-I] (馬哥木) 원216
불 Esp. d'arbre.
한 나무 종류

마감 [MA-KAM,-I] (魔感) 원216
불 Tentation du diable.
한 악마의 유혹

[1*]마계 [MA-KYEI] (馬契) 원216
불 Association pour entretenir, pour fournir un cheval au mandarin.
한 관리의 말을 유지하기 위한, 조달하기 위한 단체

[2*]마계 [MA-KYEI] (魔計) 원216
불 Embûches de satan, ruse du diable.
한 악마의 계략, 악마의 농간

마고 [MA-KO] 원216
불 Imprudemment, inconsidérément, mal, étourdiment, sans réfléchir, à tort et à travers, sans soin. V.Syn. 홈보로 Hăm-po-ro.
한 경솔하게, 무분별하게, 졸렬하게, 경솔하게, 숙고하지 않고, 함부로, 주의하지 않고 | [동의어 홈보로, hăm-po-ro]

마고리 [MA-KO-RI] 원216
불 Garniture en fer, en cuivre ou autre matière, à l'extrémité d'un objet.
한 물건의 끝에 철, 구리 또는 다른 소재로 만든 장식

*마관 [MA-KOAN,-I] (馬官) 원216
불 (Dignité des gens du peuple) Mandarin chargé de nourrir les chevaux de l'Etat. V. 찰방 Tchal-pang.
한 (서민들의 고위직) 국가의 말들을 먹여 살리는 임무를 맡은 관리 | [참조어 찰방, Tchal-pang]

*마구 [MA-KOU] (馬廐) 원216
불 Ecurie des chevaux.
한 말들의 마구간

마구리 [MA-KOU-RI] 원217
불 Ornement à l'extrémité d'un objet. Extrémité d'un object terminé par un ornement d'os ou de corne. ‖ Tout ce qui sert à boucher, obturamentum.
한 물건의 끝에 있는 장식 | 뼈나 뿔로 된 장식으로 마무리된 물건의 끝부분 | 푸주한이 사용하는 모든 것, 〈마개〉

마구발방 [MA-KOU-PAL-PANG,-I] 원217
불 Inconsidérément, sans attention, imprudemment, sans discernement, à tort et à travers, sans soin. (Mot peu relevé.).
한 무분별하게, 주의하지 않고, 경솔하게, 분별없이, 함부로, 조심성 없이 | (별로 고상하지 않은 단어)

*마군 [MA-KOUN,-I] (馬軍) [원]217
[불] Soldat à cheval, cavalier.
[한] 기병, 기수

*마귀 [MA-KOUI] (魔鬼) [원]216
[불] Diable, démon.
[한] 마귀, 악마

마나리 [MA-NA-RI] [원]218
[불] Esp. d'herbe.
[한] 풀의 종류

마난이 [MA-NAN-I] [원]218
[불] Fourmi-lion (larve du).
[한] 명주잠자리(의 유충)

1*마노 [MA-NO] (魔奴) [원]218
[불] Esclave du démon.
[한] 악마의 노예

2*마노 [MA-NO] (瑪瑙) [원]218
[불] Pierre précieuse ordinairement rouge, cornaline.
[한] 일반적으로 붉은 색의 보석, 홍옥수

마누라 [MA-NOU-RA] (林樓下) [원]218
[불] Titre honorifique des vieilles dames. Vieille dame. (On appelle ainsi quelquefois les vieilles femmes).
[한] 늙은 부인들의 경칭 | 늙은 부인 | (때때로 늙은 여인들을 그렇게 부른다)

마늘 [MA-NĂL,-I] (蒜) [원]218
[불] Ail.
[한] 마늘

1마다 [MA-TA] (各) [원]226
[불] (Après les mots au radical) Chaque, tous. 번마다 Pen ma-ta, Chaque fois. 사룸마다 Sa-răm ma-ta, Chaque hommes, tous les hommes.
[한] (어간 뒤에서) 각각의, 모두 | [[용례] 번마다, Pen ma-ta], 매번 | [[용례] 사룸마다, Sa-răm ma-ta], 사람마다, 모든 사람

2마다 [MA-TA,MA-RA,MAN] (碎) [원]226
[불] Broyer;piler;pulvériser. V. 말다. Mal-ta.
[한] 빻다 | 찧다 | 가루를 내다 | [[참조어] 말다, Mal-ta]

*마답 [MĂ-TAP,-I] (馬踏) [원]226
[불] Pâturage, rizière affectée aux postes aux chevaux.
[한] 방목장, 역참에 할당된 논

1마당 [MA-TANG,-I] (場) [원]226
[불] Cour; place; aire.
[한] 안마당 | 광장 | 보리타작 마당

2*마당 [MAT-TANG,-I] (魔堂) [원]226
[불] Temple du diable.
[한] 악마의 사원

마당질ᄒᆞ다 [MA-TANG-TJIL-HĂ-TA] (打場) [원]226
[불] Battre dans l'aire.
[한] 타작마당에서 치다

*마댱 [MĂ-TYANG,-I] (馬場) [원]226
[불] Pâturage. || Haras, lieu où l'on tient les chevaux du gouvernement. || Mesure itinéraire moindre que le 리 Ri.
[한] 방목장 | 종마 사육장, 정부의 말들을 놓아기르는 곳 | 리 Ri가 못 되는 길의 단위

마데 [MA-TEI] [원]226 ☞ 1마듸

1*마뎐 [MA-TYEN,-I] (馬廛) [원]226
[불] Marché aux chevaux.
[한] 말들을 파는 장

2*마뎐 [MA-TYEN,-I] (麻田) [원]226
[불] Jardin potager.
[한] 채소밭

*마뎨 [MA-TYEI] (馬蹄) [원]226
[불] Pied de cheval, la corne du pied de cheval.
[한] 말의 발, 말의 발톱

*마도의 [MĂ-TO-EUI] (馬都議) [원]226
[불] Entremetteur pour la vente d'un cheval; courtier de chevaux; manquignon.
[한] 말 판매 중개인, 말 중개인, 마필 매매상

*마됴 [MĂ-TTO] (馬槽) [원]226
[불] Crèche, mangeoire, auge d'écurie.
[한] 여물통, 사료 통, 마구간에 있는 말의 물통

1*마두 [MA-TOU] (馬頭, (Cheval,tête)) [원]226
[불] Action de se présenter devant le cheval du mandarin pour lui remettre une supplique ou lui parler.
[한] 청원서를 제출하거나 말을 전하기 위해 관리의 말 앞에서 모습을 나타내는 행동

2마두 [MA-TOU] (節) [원]226
[불] Partie; portion (d'un tout), v.g. phrase, article(d'un livre), alinéa, mots d'une phrase. 몃마두 Myet ma-tou, Quelque parties.
[한] 부분 | (전체의) 일부, 예. (책의) 문장, 항목, 별행, 문장의 단어들 | [[용례] 몃마두, Myet ma-tou], 몇몇 부분들

3*마두 [MĂ-TOU] (馬頭) [원]226
[불] Emploi, fonction particulière. Intendant de l'ambassadeur en Chine. || Ecnyer, parlefrenier.

한 일, 특수한 직무 | 중국에 있는 대사관의 관리인 | 조마사, 마부

마드락마드락ᄒᆞ다 [MA-TEU-RAK-MA-TEU-RAK-HĂ-TA] (弊) 원226

불 Etre en lambeaux. déchiré.

한 누더기가 되다, 찢어지다

마듸다 [MA-TEUI-TA,-TEUI-YE,-TEUIN] (遲) 원226

불 Durer; avoir de la durée. Etre lent; lambiner. Syn. 더ᄃᆡ다 Te-tăi-ta.

한 계속되다 | 오래가다 | 느리다 | 늑장부리다 | [동의어 더ᄃᆡ다 Te-tăi-ta]

1**마ᄃᆡ** [MA-TĂI] (節) 원226

불 Articulation; jointure; nœud; article; portion; partie. || Première partie d'un traité d'ecriture.

한 관절 | 이음새 | 결절 | 관절 | 부분 | [역주 신체의] 일부 | 문서로 된 조약 중 첫 부분

2**마ᄃᆡ** [MA-TĂI] 원226 ☞ 2마두

마라 [MA-RA] 원223

불 Sois empêché. (Impératif de 말다 Mal-ta. S'emploie après un mot pour ordonner de ne pas faire)

한 못하게 되어라 | (말다 Mal-ta의 명령형 | 하지 말라고 명령하기 위해 단어 다음에 사용된다)

마락이 [MA-RAK-I] (帽子) 원223

불 Chapeau ou bonnet de cérémonie des Chinois, en hiver.

한 겨울에, 중국인들이 예식에 쓰는 모자 또는 챙 없는 모자

마량 [MA-RYANG,-I] 원223

불 Esp. de plante. Iris sauvage.

한 식물의 종류 | 야생 붓꽃

1***마력** [MA-RYEK,-I] (魔力) 원223

불 Force du diable, puissance du démon.

한 악마의 힘, 악마의 능력

2***마력** [MA-RYEK,-I] (馬力) 원223

불 Force d'un cheval.

한 말의 힘

***마련** [MA-RYEN,-I] (磨練) 원223

불 Délibération; discernement; examen; réflexion.

한 숙고 | 분별 | 시험 | 심사숙고

마련업시 [MA-RYEN-EP-SI] (無磨練) 원223

불 Etourdiment.

한 경솔하게

마련ᄒᆞ다 [MA-RYEN-HĂ-TA] (究量) 원223

불 Délibérer seul; réfléchir; examiner dans son esprit.

한 혼자 숙고하다 | 심사숙고하다 | 마음속으로 검토하다

마렵다 [MA-RYEP-TA,-RYE-OUE,-RYE-ON] (欲瀉) 원223

불 Envie d'aller à la garde-robe. Sentir un besoin naturel. 호좀마렵다 O-tjyom ma-ryep-ta, Avoir envie de pisser.

한 화장실에 가고 싶은 욕구 | 생리적인 욕구를 느끼다 | [용례 호좀마렵다, O-tjyom ma-ryep-ta], 오줌 마렵다

마로ᄃᆡ [MA-RO-TĂI] (宗木) 원224

불 Poutre du faîte de la toiture.

한 지붕의 용마루의 들보

***마로방** [MA-RO-PANG] (林樓房) 원223

불 Chambre planchéiée, qui ne se chauffe pas.

한 난방이 되지 않는, 마루가 깔린 방

마로탁이 [MA-RO-HTAK-I] (嶺上) 원224

불 Sommet d'une côté, d'une montagne.

한 언덕의, 산의 꼭대기

***마루** [MA-ROU] (抹樓) 원224

불 Plancher; chambre planchéiée.

한 마루 | 마루가 깔린 방

마루방 [MA-ROU-PANG,-I] 원223 ☞ 마로방

마름 [MA-REUM,-I] (舍音) 원223

불 Fermier qui surveille la ferme. Intendant d'une métairie.

한 소작지를 돌보는 소작인 | 소작지의 관리인

마름보다 [MA-REUM-PO-TA,-PO-A,-PON] (舍音視) 원223

불 Avoir la charge d'intendant d'une métairie.

한 소작지 관리인의 책임을 맡다

마름쑥 [MA-REUM-SSOUK,-I] (蘋) 원223

불 Herbes qui poussent sur la surface des eaux.

한 수면 위에서 자라는 풀

마리 [MA-RI] (首) 원223

불 (Pour: 머리 Me-ri) Numéral des animaux. Une pièce, une tête (de gibier), v.g. un canard, un lièvre.

한 (머리 Me-ri에 대해) 동물을 세는 수사 | 한 마리, (사냥감의) 머리 하나, 예. 오리 한 마리, 산토끼 한 마리

1**마ᄅᆞ다** [MA-RĂ-TA,MAL-NE ou -NA,MAL-ĂN] (燥) 원223

불 Se sécher; être sec.

한 마르다 | 건조하다

2**마ᄅᆞ다** [MA-RĂ-TA,MAL-NA,MA-REUN] (裁) 원223

불 Tailler la toile pour les habits.
한 옷을 위해서 천을 재단하다

[1]마룸 [MA-RĂM,-I] (藁束) 원223
불 Numéral des bandes de paille qui servent à couvrir les maisons, des couvertures de barque.
한 집을 덮는 데 사용하는 짚단, 배의 덮개를 세는 수사

[2]마룸 [MA-RĂM,-I] (木馬) 원223
불 Cheval de frise; instrument en fer pour empêcher de circuler.
한 말막이 방책 | 통행하는 것을 막기 위한 철로 만든 도구

[3]마룸 [MA-RĂM,-I] (芣) 원223
불 Macre, esp. de châtaigne d'eau avec deux cornes (ou plus). Trapa (bicornis).
한 마름, 뿔 모양의 돌기가 두 개인(또는 더 많은) 마름의 종류 | (뿔 모양의 돌기가 두 개인) 마름

[4]마룸 [MA-RĂM,-I] (舍音) 원223
불 Fermier qui surveille la ferme.
한 소작지를 돌보는 소작인

[5]마룸 [MA-RĂM,-I] (裁) 원223
불 Taille des habits.
한 옷의 재단

[1]*마마 [MA-MA] (瑪瑪) 원218
불 Vieille dame. (Les esclaves et les inférieurs appellent ainsi les vieilles dames, chez les grands, et les filles du palais les plus influentes).
한 늙은 부인 | (노예들과 하급자들은 귀족의 집에서, 늙은 부인들, 그리고 가장 영향력 있는 궁녀들을 그렇게 부른다)

[2]마마 [MA-MA] (痘瘦) 원218
불 Nom dont les païens appellent la petite vérole, pour lui rendre hommage et ne pas l'irriter.
한 이교도들이 천연두를 존중하여 자극하지 않기 위해 부르는 이름

[1]마마르다 [MA-MA-REU-TA,-MAL-NE,-MA-REUN] (燥剛) 원218
불 Etre sec, desséché.
한 건조하다, 메마르다

[2]마마르다 [MA-MA-REU-TA,-MAL-NE,-MA-REUN] (盡爲) 원218
불 Achever, mettre la dernière main.
한 완성하다, 마무리를 하다

*마모 [MA-MO] (馬毛) 원218
불 Poil de cheval, crin de cheval.
한 말의 털, 말총

*마목 [MA-MOK,-I] (馬木) 원218
불 Chevalet, tréteau.
한 받침대, 발판

*마목증 [MA-MOK-TJENG,-I] (痲木症) 원218
불 Engourdissement, raideur dans les membres, tétanos.
한 마비, 사지가 뻣뻣함, 경직성 경련

*마목ᄒᆞ다 [MA-MOK-HĂ-TA] (痲木) 원218
불 Engourdissement. Etre engourdi, roide.
한 마비 | 마비되다, 뻣뻣하다

*마몽 [MA-MONG,-I] (魔夢) 원218
불 Rêve de diable; rêve que donne le diable; songe diabolique.
한 악마의 꿈 | 악마가 주는 꿈 | 악마의 꿈

*마미 [MĂ-MI] (馬尾) 원218
불 Crin de la queue du cheval.
한 말의 꼬리의 말총

*마미셩 [MA-MI-SYENG] (馬尾星) 원218
불 Nom d'une étoile.
한 별의 이름

마바룸 [MA-PA-RĂM,-I] (南風) 원223
불 Vent du sud.
한 남풍

*마방 [MA-PANG,-I] (馬房) 원223
불 Auberge où l'on loge à cheval. Chambre des palefreniers auprès des écuries dans les auberges.
한 말을 데리고 묵는 여관 | 여관에서 마구간 옆에 있는 마부들의 방

*마벽 [MA-PYEK,-I] (馬僻) 원223
불 Amateur de chevaux. Passion pour les chevaux.
한 말 애호가 | 말에 대한 열정

[1]*마병 [MĂ-PYENG,-I] (馬病) 원223
불 Maladie du cheval.
한 말의 병

[2]*마병 [MA-PYENG,-I] (馬兵) 원223
불 Cavalier; soldat à cheval; chevalier.
한 기수 | 기마병 | 기사

[1]마복 [MA-POK,-I] 원223
불 Viande de cheval.
한 말의 고기

[2]*마복 [MA-POK,-I] (馬福) 원223
불 Chance en chevaux.

한 말에 있어서의 운

*마부 [MĂ-POU] (馬夫) 원223

불 Palefrenier, cocher, écuyer. Celui qui conduit le cheval d'un cavalier par la bride.

한 마부, 마차꾼, 조마사 | 말굴레로 기수의 말을 모는 사람

1*마분 [MĂ-POUN,-I] (馬糞) 원223

불 Crottin de cheval.

한 말똥

2*마분 [MĂ-POUN,-I] (馬分) 원223

불 Droit d'entrée dans une ville pour un cheval chargé.

한 짐을 실은 말이 도시에 들어갈 수 있는 권리

마삭 [MA-SAK,-I] (馬貰) 원225

불 prix du louage d'un cheval de louage.

한 세를 놓는 말의 임대료

1*마샹 [MĂ-SYANG] (馬上) 원225

불 A cheval; sur le cheval.

한 말을 타고 | 말 위에서

2*마샹 [MA-SYANG,-I] (魔像) 원225

불 Figure ou image de diable; idole.

한 악마의 얼굴 또는 상 | 우상

*마샹뎐 [MA-SYANG-TYEN,-I] (馬商廛) 원225

불 Etablissement de maquignon. ‖ Sellerie; boutique de sellier.

한 마필 매매상의 상점 | 마구 제조업 | 마구 상인의 가게

*마셰 [MA-SYEI] (馬貰) 원225

불 Prix du louage d'un cheval.

한 말 한 마리의 임대료

마슈거리 [MA-SYOU-KE-RI] (首買賣) 원225

불 Etrenne, première recette d'un marchand, d'où il tire présage pour la journée (superst.).

한 마수걸이, 하루를 점치는 상인의 첫 수익 (미신)

*마슐 [MA-SYOUL] (魔術) 원225

불 Ruse du diable; diablerie. Art diabolique; magie; sorcellerie.

한 악마의 술책 | 음모 | 악마 같은 기교 | 마법 | 요술

*마승 [MA-SEUNG,-I] (麻繩) 원225

불 Corde de chanvre.

한 삼으로 만든 끈

마시다 [MA-SI-TA,MA-SYE,MA-SIN] (飮) 원225

불 Boire; étancher la soif.

한 마시다 | 갈증을 해소하다

마시우다 [MA-SI-OU-TA,-OUE,OUN] (飮) 원225

불 Faire boire. (Facititf de 마시다. Ma-si-ta).

한 마시게 하다 | (마시다 Ma-si-ta의 사동형)

1*마아초 [MA-A-TCHO] (馬牙硝) 원215

불 Salpêtre cristallisé. Résidu, mare, dépôt du salpêtre.

한 결정이 된 질산칼륨 | 질산칼륨의 찌꺼기, 흥건한 액체, 침전물

2*마아초 [MA-A-TCHO] (馬牙草) 원215

불 Plante. Syn. 비름 Pi-reum.

한 식물 | [동의어 비름, Pi-reum]

*마위답 [MA-OUI-TAP,-I] (馬喂畓) 원216

불 Rizières pour servir de pâturage aux chevaux du poste du gouvernement.

한 정부의 역마들을 방목하는 데 쓰이는 논

1*마유 [MA-YOU] (魔誘) 원216

불 Tentation du diable.

한 악마의 유혹

2*마유 [MA-YOU] (麻油) 원216

불 Huile de ricin.

한 아주까리기름

*마육 [MA-YOUK,-I] (馬肉) 원216

불 Viande de cheval.

한 말고기

마을 [MA-EUL,-I] (村) 원215

불 Village, hameau. ‖ Hôtel, maison où réside un grand dignitaire à la capitale, où sont ses bureaux.

한 마을, 촌락 | 수도에서 높은 관리가 머무르는, 그 사무실들이 있는 공공건물, 시설

1*마의 [MA-EUI] (馬醫) 원215

불 Vétérinaire.

한 수의사

2*마의 [MA-EUI] (麻衣) 원215

불 Habit de chanvre. ‖ Toile de chanvre.

한 삼베옷 | 삼베

마자막 [MA-TJA-MAK,-I] (終) 원227

불 Fin; terme; conclusion.

한 끝 | 종말 | 결말

마장이 [MA-TJANG-I] (斗匠) 원227

불 Celui qui, dans les marchés, fixe le prix des cérérales et les mesure lui-même.

한 시장에서, 곡물의 가격을 정하고 직접 그것을 측정하는 사람

마젼ᄒᆞ다 [MA-TJYEN-HA-TA] 원227

불 Blanchir le linge en l'exposant plusieurs fois au soleil ou à la rosée. Blanchir les toiles.
한 햇빛이나 이슬에 여러 번 노출시키면서 천을 희게 하다 | 천을 표백하다

*마졉ᄒᆞ다 [MA-TJYEP-HĂ-TA] (魔接) 원227
불 Possession du diable. Possédé. Etre possédé du démon.
한 악마에 들림 | [역주 악마 따위에] 사로잡히다 | 귀신 따위에 들리다

1*마조 [MA-TJO] (馬槽) 원227
불 Crèche
한 구유

2마조 [MA-TJO] (相對) 원227
불 En face, vis-à-vis.
한 정면으로, 마주 보고

마조가다 [MA-TJO-KA-TA] (迎去) 원227
불 Aller à la rencontre.
한 맞이하러 가다

마조안싸 [MA-TJO-AN-TTA,-AN-TJYE,-AN-TJĂN] (相對坐) 원227
불 S'asseoir vis-à-vis.
한 마주보고 앉다

마죠 [MA-TJYO] 원227 ☞ 2마조

마죠치다 [MA-TJYO-TCHI-TA,-TCHYE,-TCHIN] (相格) 원227
불 Rencontrer nez à nez, en sortant, une personne qui entre. Etre en face; venir en face.
한 나가면서, 들어오는 사람과 정면으로 마주치다 | 마주하다 | 정면으로 오다

마즁ᄒᆞ다 [MA-TJYOUNG-HĂ-TA] (相遇) 원227
불 Aller à la rencontre, rencontrer.
한 맞이하러 가다, 만나다

마즌싹 [MA-TJEUN-TTJAK] (相反隻) 원227
불 Vis-à-vis; en face; opposé; avec symétrie.
한 마주 대하여 | 정면으로 | 서로 마주 대한 | 대칭을 이루며

1*마직이 [MĂ-TJIK-I] (馬直) 원227
불 Valet de cheval. (Syn. 마부 Ma-pou). ‖ Valets qui sont dans les maisons des parents du roi et qui ordinairement portent les dépêches. Esclaves des palais.
한 말 시중 드는 하인 | [동의어 마부 Ma-pou] | 왕족의 집에 있으면서 보통 공문을 전달하는 하인들 | 궁의 노예들

2마직이 [MA-TJIK-I] (斗落只) 원227
불 (Mesure agraire). Etendue de terrain qui peut contenir un boisseau de semence. Rizière où l'on peut planter un boisseau de graine de riz.
한 (토지의 단위) | 씨앗 한 브와소를 심을 만한 토지의 면적 | 볍씨 한 브와소를 심을 수 있는 논

*마ᄌᆞ [MA-TJĂ] (麻子) 원227
불 Chenevis, graine de chanvre.
한 삼의 씨, 대마의 씨

마ᄌᆞ막 [MA-TJĂ-MAK,-I] (終) 원227
불 Fin, achevement.
한 끝, 완료

1*마초 [MA-TCHO] (馬草) 원227
불 Fourrage; herbe, foin, paille pour la nourriture des chevaux.
한 꼴 | 말들을 먹이기 위한 풀, 건초, 짚

2마초 [MA-TCHO] (適) 원228
불 Juste; à point. 알마초 Al-ma-tcho (de 알맛다 Al-mat-ta), Proportionné, à temps.
한 꼭 | [용례 알마초, Al-ma-tcho] (알맛다 Al-mat-ta에서 나온), 마침, 적합하다, 제때에

마치 [MA-TCHI] (猶) 원227
불 Comme, ommes si.
한 ~처럼, 마치 ~처럼

마치일반 [MA-TCHI-IL-PAN] (猶一般) 원227
불 Semblable; comme; la même chose. syn. 맛치ᄒᆞᆫ가지 Mat-tchi-hăn-ka-tji.
한 비슷하다 | ~처럼 | 마찬가지 | [동의어 맛치ᄒᆞᆫ가지, Mat-tchi-hăn-ka-tji]

마ᄎᆞᆷ [MA-TCHĂM,-I] (終) 원227
불 Fin. la fin.
한 끝, 결말

*마텰 [MĂ-HIYEL,-I] (馬鐵) 원227
불 Clous pour ferrer les chevaux. Fer à cheval. Syn. 다갈 Ta-kal.
한 말에 편자를 박기 위한 못 | 편자 | [동의어 다갈 Ta-kal]

1*마틔 [MĂ-HTĂI] (馬太) 원227
불 Esp. de pois ou haricots pour la nourriture des chevaux.
한 말의 사료용 콩 또는 강낭콩의 종류

2마틔 [MĂ-HTĂI] (馬馱) 원227
불 charge de cheval.

한 말이 실어 나르는 짐

*마판 [MĂ-HPYEN,-I] (馬板) 원223
불 Plancher pour les chevaux dans l'écurie.
한 마구간의 말들을 위한 바닥

*마패 [MA-HPAI,-I] (馬牌) 원223
불 Tablette du cheval. Plaque de l'envoyé secret(어ᄉᆞ E-sâ), qui sert à le faire reconnaître; (elle a un cheval en relief ou gravé).
한 말의 패 | 비밀 사자(어ᄉᆞ E-sa)임을 알아보게 하는 명찰 | (말 한 마리가 양각되거나 새겨져 있다)

*마편 [MA-HPYEN,-I] (馬鞭) 원223
불 Fouet, cravache (de cheval).
한 채찍, (말의) 승마용 채찍

*마포 [MA-HPO] (麻布) 원223
불 Toile de chanvre.
한 삼베

1*마풍 [MA-HPOUNG,-I] (魔風) 원223
불 Vent du diable, tempête excitée par le démon.
한 악마의 바람, 악마에 의해서 불러일으켜진 폭풍우

2*마풍 [MA-HPOUNG,-I] (馬風) 원223
불 Vent du sud.
한 남풍

*마피 [MĂ-HPI] (馬皮) 원223
불 Peau de cheval, cuir de cheval.
한 말가죽, 말의 가죽

*마함 [MA-HAM,-I] (馬啣) 원216
불 Mors de cheval. Syn. 자갈 Tja-kal.
한 말에게 물리는 재갈 | [동의어 자갈, Tja-kal]

*마혈 [MA-HYEL,-I] (馬血) 원216
불 Sang de cheval.
한 말의 피

마흔 [MA-HEUN,-I] (四十) 원216
불 Quarante, 40
한 마흔, 40

*마희 [MA-HEUI] (魔戱) 원216
불 Embûches du démon. jeu du diable, obsession, lutinerie. Syn.희마 Heul-ma.
한 악마의 계략 | 악마의 놀이, 악마에 홀린 상태, 장난으로 괴롭히기 | [동의어 희마, Heul-ma]

1*막 [MAK,-I] (幕) 원216
불 Tout ce qui sert à couvrir, à cacher. rideau, moustiquaire, voile. ‖ Cabane, case, chaumière, petite maison de pauvre apparence.
한 덮는 데에, 감추는 데에 쓰이는 모든 것 | 커튼, 모기장, 베일 | 오두막집, 작은 집, 초가집, 외관이 초라한 작은 집

2막 [MAK] 원216
불 Tout juste, juste au moment où…
한 막, 지금 막 ~하려는 때

*막가ᄂᆞ하 [MAK-KA-NĂI-HA] (莫可奈何) 원217
불 Impossible, il n'y a pas moyen.
한 불가능하다, 방법이 없다

막걸니 [MAK-KEL-NI] (醪酒) 원217
불 Vin blanc très épais. Esp. de vin trouble, de bière grossière. Syn. 탁쥬 Htak-tjyou.
한 매우 진한 흰색 술 | 탁한 술의, 거친 맥주의 종류 | [동의어 탁쥬, Htak-tjyou]

1막나이 [MAK-NA-I] (末産) 원217
불 Le dernier enfant.
한 막내

2막나이 [MAK-NA-I] 원217
불 Esp. de toile de coton.
한 면포의 종류

막난이 [MAK-NAN-I] (斬刀漢) 원217
불 Bourreau, exécuter des hautes œuvres (il est lui-même emprisonné pour ses crimes). V. 희광이 Heui-koang-i.
한 살인자, 사형집행인 (그 자신도 범죄로 수감되어 있다) | [참조어 희광이, Heui-koang-i]

*막능당일다 [MAK-NEUNG-TANG-IL-TA] (莫能當) 원217
불 Qui n'a pas de rival, qui n'a pas d'égal. Il n'y a pas moyen de faire face, de résister, de rivaliser. Syn. 막막죠일다 Mak-mak-tjyo-il-ta.
한 적수가 없는, 대적할 사람이 없는 사람 | 대항할, 저항할, 겨룰 방법이 없다 | [동의어 막막죠일다, Mak-mak-tjyo-il-ta]

막다 [MAK-TA,MAK-A,MAK-EUN] (阻) 원217
불 Boucher; obstruer; clore; empêcher.
한 가로막다 | 막다 | 닫다 | 못하게 하다

막닥이 [MAK-TAK-I] (杖) 원217
불 Bâton, piue, levier, piquet, baguette.
한 막대기, 말뚝, 지렛대, 푯말, 가는 막대

막대 [MAK-TAI] (杖) 원217
불 Bâton. V.Syn. 막닥이 Mak-tak-i.
한 막대기 | [동의어 막닥이, Mak-tak-i]

*막대은공 [MAK-TAI-EUN-KONG,-I] (莫大恩功) 원217

불 Plus grand bienfait. Bienfait extrême.

한 더 큰 은혜 | 지극한 은혜

*막대ᄒᆞ다 [MAK-TAI-HĂ-TA] (莫大) 원217

불 Plus grand. Excessif, énorme. Tout ce qu'il y a de plus grand.

한 더 크다 | 과도하다, 거대하다 | 가장 큰 것

막되다 [MAK-TOI-TA,-TOI-YE,-TOIN] 원217

불 Plus bas, plus vil. || Etre réduit à l'extrémité ; être à bout ; finir; être usé; n'avoir plus d'avenir. Syn. 젼졍업다 Tjyen-tjeng-ep-ta.

한 더 낮다, 더 비루하다 | 극한의 처지에 놓이다 | 한계에 이르다 | 끝나다 | 닳다 | 미래가 없다 | [동의어 젼졍업다, Tjyen-tjeng-ep-ta]

막ᄃᆞ른골 [MAK-TĂ-RĂN-KOL,-I] (終臨之谷) 원217

불 Vallée dont l'extrémité est fermée par la montagne. Etre sans issue. Cul-de-sac. || Etre acculé ; n'avoir plus moyen de…

한 끝이 산으로 막힌 계곡 | 출구가 없다 | 막다른 골목 | 궁지에 몰리다 | ~할 방법이 없다

*막막죠 [MAK-MAK-TJYO] (莫莫助) 원217

불 Qui est tout-puissant et peut tout faire sans le secours de personne. || Comble des dignités faire des honneurs; somment de la grandeur.

한 누구의 도움 없이도 모든 것을 할 수 있는 전능한 사람 | 명예로운 고관직의 절정 | 권세의 절정

*막막죠일다 [MAK-MAK-TJYO-IL-TA] (莫莫助) 원217

불 Etre extrêmement puissant, habile, etc. Se dit de qulelqu'un si puissant par lui-même qu'il ne peut être secouru par autrui. Syn. 막능당일다 Mak-neung-tang-il-ta.

한 지극한 권력이 있다, 능란하다 등 | 다른 사람의 도움을 받을 수 없는, 그 자신이 아주 권세 있는 사람에 대해 쓴다 | [동의어 막능당일다, Mak-neung-tang-il-ta]

막막ᄒᆞ다 [MAK-MAK-HĂ-TA] (漠漠) 원217

불 Ennuyeux. Contrarié de ne pas pouvoir faire selon sa pensée. on n'y voit rien du tout; on beau regarder ou attendre, rien!

한 곤란하다 | 자신의 생각대로 할 수 없어서 유감이다 | 아무것도 볼 수 없다 | 아무리 보거나 기다려도 소용없다, 아무것도 없다!

막버어리 [MAK-PE-E-RI] 원217

불 Follement, étourdiment. || Travailler pour vivre. || Celui qui s'adonne à toutes sortes de petits commerces, d'action, pour gagner sa vie.

한 터무니없이, 경솔하게 | 살기 위해 일하다 | 생활비를 벌기 위해 온갖 소매업, 활동에 전념하는 사람

막베이 [MAK-PEI-I] ((Mal, coupé, chose)) 원217

불 Toiture coupée -transversalement à angle droit. || Bois de construction gâté pour avoir été mal coupé. Bois de rebut.

한 직각을 이루며 수평으로 잘린 지붕 | 잘못 잘려서 못 쓰게 된 재목 | 질이 좋지 않은 나무

1*막비 [MAK-PI] (莫非) 원217

불 Entièrement, absolumemt, tout. Cela ne peut pas être autrement.

한 완전히, 절대적으로, 모두 | 달리 될 수 없다

2*막비 [MAK-PI] (莫禪) 원217

불 Voy. 비쟝 Pi-tjang.

한 [참조어 비쟝, Pi-tjang]

*막비왕민 [MAK-PI-OANG-MIN,-I] (莫非王民, (Tout, du roi, sujet)) 원217

불 Tout est sujet du royaume. Il n'y a de sujet sans roi ou de peuple sans roi.

한 모두가 왕국의 신하이다 | 왕 없는 신하나 왕 없는 백성은 없다

*막비왕토 [MAK-PI-OANG-HTO] (莫非王土, (Tout, du roi, terrain)) 원217

불 Tout est terrain du royaume. Il n'y a pas de terrain qui n'appartienne au roi.

한 모든 것이 왕국의 영토이다 | 왕에게 속하지 않는 땅은 없다

*막비쥬명 [MAK-PI-TJYOU-MYENG,-I] (莫非主命) 원217

불 Tout est la volonté de Dieu. Rien n'arrive sans la volonté de Dieu.

한 모든 것은 신의 뜻이다 | 신의 뜻 없이는 아무 일도 일어나지 않는다

*막샹막하 [MAK-SYANG-MAK-HA] (莫上莫下) 원217

불 Similitude. Sans différence. Le haut et le bas de deux choses que l'on compare sont exactement semblables, c.a.d. il n'y a pas de différence, c'est la même chose.

한 유사성 | 차이 없이 | 비교되는 두 물건의 위와 아래가 정확히 같다, 즉 차이가 없다, 같은 것이다

막샹반ᄒᆞ다 [MAK-SYANG-PAN-HĂ-TA] (適相半) 원217
불 Etre tait à fiat semblable.
한 완전히 비슷하다

막시쟉ᄒᆞᆯᄯᅵ [MAK-SI-TJYAK-HĂL-TTĂI] (方始作之時) 원217
불 Juste au commencement.
한 바로 시초에

*막심ᄒᆞ다 [MAK-SIM-HĂ-TA] (莫甚) 원217
불 Surpasser; plus grand. C'est tout ce qu'il y a de plus.
한 뛰어나다 | 더 크다 | 더할 나위가 없다

[1]막음ᄒᆞ다 [MAK-EUM-HĂ-TA] (阻) 원216
불 Empêcher, boucher, mettre obstacle.
한 방해하다, 막다, 훼방을 놓다

[2]막음ᄒᆞ다 [MAK-EUM-HĂ-TA] (磨勘) 원216
불 Achever, finir.
한 완성하다, 끝내다

[1]막이 [MAK-I] 원216
불 Tout ce qui sert à boucher, v.g. la pale, la vanne d'une écluse, d'un étang
한 막는 데 쓰이는 모든 것, 예. 수문의, 연못의 수갑, 개폐문

[2]막이 [MAK-I] 원216
불 Plaque ou virole de métal au manche du couteau près de la lame, plaque aux extrémités pour boucher.
한 칼날 가까이의 칼자루에 달린 금속판 또는 쇠테, [역주 구멍 따위를] 막기 위해 끝에 달린 판

막ᄋᆡ [MAK-ĂI] (杜子) 원216
불 bouchon, bonde.
한 뚜껑, 마개

막졍갈이ᄒᆞ다 [MAK-TJYENG-KAL-I-HĂ-TA] (陳畓) 원218
불 Rizière ruinée, tout à fait hors de sevice. ‖ Labourer une rizière où il n'y a pas d'eau.
한 폐허가 된, 완전히 쓸모없는 논 | 물이 없는 논을 갈다

*막즁대ᄉᆞ [MAK-TJYOUNG-TAI-SĂ] (莫重大事) 원218
불 La plus grande affaire. Affaire d'une importance extrême.
한 가장 중요한 일 | 극히 중요한 일

막질니다 [MAK-TJIL-NI-TA,-NYE,-NIN] 원218
불 Rencontrer un obstacle, v,g. qui empêche d'enfoncer, de faire entrer plus profondément.
한 예. 박는 것을, 더 깊이 들어가게 하는 것을 막는 난관을 만나다

[1]막ᄌᆞ [MAK-TJĂ] (膜) 원217
불 Partie blanche en feuilles de la viande. ‖ Les veines blanches du bois. ‖ Germe d'un œuf.
한 고기의 나뭇잎 모양으로 된 흰 부분 | 나무의 흰색 결 | 달걀의 알눈

[2]막ᄌᆞ [MAK-TJĂ] (磨子) 원217
불 Pilon en porcelaine (pour les drogues).
한 도자기로 만든 (약재용) 막자

막필 [MAK-HPIL,-I] (禿筆) 원217
불 Pinceau usé.
한 낡은 붓

*막하 [MAK-KA] (幕下) 원217
불 Intendant du gouverneur. Syn. 비장 Pi-Tjang. ‖ Mandarin inférieur. Syn. 좌슈 Tjoa-syou.
한 지사의 경리 직원 | [동의어 비장, Pi-Tjang] | 하급 관리 | [동의어 좌슈, Tjoa-syou]

막히다 [MAK-I-TA,HYE,-IHN] (隔) 원217
불 Etre bouché, obstrué. Se boucher, s'obstruer. Etre empêché. arrêté, oppressé. (Pass. de 막다 Mak-ta).
한 막히다, 폐색되다 | 막히다, [역주 신체 기관이] 막히다 | 못하게 되다, 정지되다, 숨이 막히다 | (막다 Mak-ta의 피동형)

막ᄒᆞᆯᄌᆞ음에 [MAK-HĂL-TJEU-EUM-EI] (爲之際) 원217
불 Juste au commencement, juste comme ou se mettait à faire.
한 바로 시작할 때, 막 하기 시작하려 할 때

[1]*만 [MAN,-I] (萬) 원218
불 Dix-mille.10.000. Myriade. ‖ Grand nombre indéterminé. ‖ Tout.
한 1만, 10,000 | 1만 | 부정의 큰 수 | 모든 것

[2]만 [MAN] 원218
불 Particule finale équivalente à la terminaison française en able; ajoutée au future en ㄹ l des verbes, et suivie du verbe ᄒᆞ다 hă-ta, elle donne le sens de pouvoir, être capable de. ᄒᆞᆯ만ᄒᆞ다 Hăl-man-hă-ta, faisable.
한 프랑스어 어미 able에 대응하는 접미사 | ㄹ l로 된 동사의 미래시제에 붙이고 ᄒᆞ다 hă-ta 동사가 뒤따른다, 가능의 의미를 부여한다, ~할 수 있다 [용례 ᄒᆞᆯ만ᄒᆞ다, Hăl-man-hă-ta], 할 만하다

[3]만 [MAN] ㉤218
불 (Termin.) Seulement, rien que cela.
한 (접미사) 단지, ~만이다

[4]만 [MAN,-I] (限) ㉤218
불 Borne, limite (de temps ou de lieu). Syn. 한 Han; 한뎡 Han-tyeng.
한 경계석, (시간이나 장소의) 경계 | [동의어 한, Han] | [동의어 한뎡, Han-tyeng]

*만각ᄒᆞ다 [MAN-KAK-HĂ-TA] (晩覺) ㉤219
불 S'apercevoir trop tard. comprendre trop tard. Se décider tard.
한 너무 늦게 알아차리다 | 너무 늦게 이해하다 | 늦게 결심하다

*만경창파 [MAN-KYENG-TCHANG-HAP] (萬頃滄波) ㉤219
불 Dix mille sillons d'onde bleue. Océan, grande mer ; loin en mer.
한 푸른 물결의 만 개의 고랑 | 대양, 큰 바다 | 바다 멀리

*만경치ᄉᆞ [MAN-KYENG-TCHĂI-SĂ] (晩經差使) ㉤219
불 Satellites envoyés pour arrêter un grand criminel (ils ne doivent pas revenir avant cent jours, s'ils ne le prennent pas).
한 중죄인을 붙잡기 위해 보내진 부하들 (만일 그를 잡지 못하면, 100일 전에 돌아오면 안 된다)

*만경풍 [MAN-KYENG-HPOUNG,-I] (晩驚風) ㉤219
불 Epilepsie qui dure depuis longtemps. Convulsions chroniques chez le enfant.
한 오래전부터 지속된 간질 | 어린아이에게 나타나는 만성 경련

[1*]만고 [MAN-KO] (萬苦) ㉤219
불 Dix mille douleurs; mille malheurs. Dix mille afflictions.
한 만 가지 고통, 천 가지 불행 | 만 가지 불행

[2*]만고 [MAN-KO] (萬古) ㉤219
불 Depuis longtemps ; les temps anciens ; le passé ; la plus haute antiquité. 만고에업다 Man-ko-ei-ep-ta, Qui n'a jamais eu lieu, qui ne s'est jamais vu.
한 오래전부터 | 옛 시대 | 과거 | 아주 먼 옛날 | [용례 만고에업다, Man-ko-ei- ep-ta], 일어난 적도, 눈에 띈 적도 없는 것

[1*]만과 [MAN-KOA] (萬科) ㉤219
불 Examen général de tous les lettrés du royaume, où l'on recoit un grand nombre de bacheliers.
한 많은 수의 바칼로레아 합격자를 내는, 왕국의 모든 학식 있는 사람들이 보는 전체 시험

[2*]만과 [MAN-KOA] (晩課) ㉤219
불 prière du soir.
한 저녁 기도

*만교 [MAN-KYO] (晩交) ㉤219
불 Connaissance ou amitié tardive. Nouvel ami, ami récent. ‖ Amitié disproportionnée, comme entre un jeune homme et un vieillard.
한 늦게 사귄 사람 또는 친구 | 새로운 친구, 최근에 사귄 친구 | 젊은이와 노인의 사이처럼 어울리지 않는 우정

만나 [MAN-NA] (瑪納) ㉤219
불 Manne. (Mot chrét.).
한 만나 | (기독교 어휘)

[1*]만낙 [MAN-NAK,-I] (萬樂) ㉤219
불 Mille félicités
한 천 가지 복

[2*]만낙 [MAN-NAK,-I] (萬落) ㉤219
불 Ligne qui a beaucoup d'hameçons.
한 낚싯바늘이 많이 달린 줄

*만난 [MAN-MAM,-I] (萬難, (Dix mille, difficultés)) ㉤219
불 Mille peines ; mille difficultés.
한 천 가지 고통 | 천 가지 어려움

만ᄂᆞᆫ [HAN-NĂN] ㉤218
불 Certes; à la vérité; mais ; cependant; quoique. (Réticence ; -s'emploie après les mots).
한 확실하지만 | 사실은 | 그러나 | 그러나 | ~이기는 하지만 | (묵설법 | 단어들 다음에 사용된다)

*만단ᄀᆡ유ᄒᆞ다 [MAN-TAN-KĂI-YOU-HĂ-TA] (萬端開諭, (Dix mille, sortes de choses, ouvrir, dire)) ㉤220
불 Presser instamment, par toutes sortes de motifs et de raisons.
한 온갖 동기와 이유로 간곡하게 재촉하다

*만댱 [MAN-TYANG,-I] (滿場) ㉤220
불 Faire remplir, marché plein.
한 가득 채우다, 가득한 시장

*만도ᄒᆞ다 [MAN-TO-HĂ-TA] (晩到) ㉤220
불 Arriver trop tard; être en retard.
한 너무 늦게 도착하다 | 늦다

*만됴빅관 [MAN-TYO-PĂIK-KOAN,-I] (滿朝百官, (Plein,

cour, cent, mandarins)) ⓦ220

불 Cour nombreuse, toute la cour. Tous les courtisans et les mandarins.

한 많은 궁정 사람들, 모든 궁정 사람 | 모든 조신과 관리

*만두 [MAN-TOU] (饅頭) ⓦ220

불 Gâteau de sarrasin, de farine de blé noir, avec…. Petits pâtés farcis de viande ou de légumes, et cuits à l'eau.

한 메밀, 메밀가루로, ~을 넣어 만든 떡, 고기와 채소로 속을 채운, 삶은 작은 파테들

*만득 [MAN-TEUK] (晩得) ⓦ220

불 Tard; après le temps.

한 늦게 | 시간이 지나서

*만득ᄌ [MAN-TEUK-TJĂ] (晩得子) ⓦ220

불 Né dans le vieillesse de ses parents. Fils né tard, sur les vieux jours de ses parents.

한 부모가 늙었을 때 태어나다 | 부모의 노년에, 늦게 낳은 아들

*만류ᄒᆞ다 [MAN-RYOU-HĂ-TA] (挽留) ⓦ220

불 Retenir; s'opposer à ; empêcher.

한 만류하다 | ~에 반대하다 | 막다

*만만코 [MAN-MAN-HKO] (萬萬) ⓦ219

불 Dix mille fois certes.

한 만 번 확실히

1만만ᄒᆞ다 [MAN-MAN-HĂ-TA] (碌碌) ⓦ219

불 Faible. V.Syn. 녹녹ᄒᆞ다 Nok-nok- hă-ta.

한 약하다 | [동의어 녹녹ᄒᆞ다, Nok-nok- hă-ta]

2*만만ᄒᆞ다 [MAN-MAN-HĂ-TA] (萬萬) ⓦ219

불 Etre très heurseusement, fort à propos. Syn. 만힝ᄒᆞ다 Man-hăing-hă-ta.

한 아주 다행이다, 대단히 적절하다 | [동의어 만힝ᄒᆞ다, Man-hăing-hă-ta]

*만면수식 [MAN-MYEN-SYOU-SĂIK,-I] (滿面愁色, (Plein, visage, tristesse, couleur)) ⓦ219

불 Air de tristesse, de chagrin répandu sur le visage. || Etre couvert de confusion, ne pouvoir lever les yeux.

한 슬픔의, 얼굴에 퍼진 고통의 기색 | 온통 당황하다, 눈을 들 수 없다

*만모ᄒᆞ다 [MAN-MO-HĂ-TA] (慢侮) ⓦ219

불 Mépriser ; dédaigner ; manquer de respect.

한 경멸하다 | 멸시하다 | 버릇없다

*만무기리 [MAN-MOU-KI-RI] (萬無其理) ⓦ219

불 Mille fois non. Dix mille contre un où il n'y a pas une chance sur dix mille.

한 1,000번 아니다 | 10,000번 중에 한 번의 기회도 없는 1 : 10,000[역주 10,000]

*만무방 [MAN-MOU-PANG,-I] (萬無方, (Entièrement, n'être pas, lieu)) ⓦ219

불 Lieu de rassemblement de vauriens; assemblée de chenapans. || Un homme tout à fait dévoyé, don't il n'y a rien à espérer.

한 건달들의 집결지 | 무뢰한들의 모임 | 기대할 것이 아무것도 없는 완전히 타락한 사람

*만무일실 [MAN-MOU-IL-SIL,-I] (萬無一失, (Dix mille, non, un, perdre)) ⓦ219

불 Ne pas en perdre un sur dix mille. Dix mille chances contre une. Le succès est certain.

한 10,000개 중에 하나도 잃어버리지 않다 | 1대 10,000의 기회 | 성공이 확실하다

*만물 [MAN-MOUL,-I] (萬物) ⓦ219

불 Dix mille choses, c.a.d. tout ce qui existe, toutes choses créées.

한 만 가지의 것, 즉 존재하는 모든 것, 창조된 모든 것

*만민 [MAN-MIN,-I] (萬民, (Dix mille, peuples)) ⓦ219

불 Tous les peuples de l'univers.

한 세계의 모든 백성

*만ᄆᆡᆨ지방 [MAN-MĂIK-TJI-PANG,-I] (蠻貊之邦, (Des sauvages, pays)) ⓦ219

불 Pays étranger, pays barbare.

한 외국, 미개한 나라

*만반진슈 [MAN-PAN-TJIN-SYOU] (滿盤珍羞, (Plein, table, précieux, mets)) ⓦ219

불 Table chargée de mets excellents.

한 훌륭한 요리들이 차려진 식탁

*만발ᄒᆞ다 [MAN-PAL-HĂ-TA] (萬發) ⓦ219

불 Se former en épis (blés). || Etre nombreux, en pleine saison (fruits, fleurs, herbes). || Avoir le cœur réjoui.

한 (곡식) 이삭이 패다 | (과일, 꽃, 풀이) 수가 많다, 제철이다 | 기쁜 마음이 들다

*만방 [MAN-PANG,-I] (萬方) ⓦ219

불 Mille endroits divers, c.a.d. partout, de tous côtés.

한 천 개의 다양한 장소, 즉 도처에, 사방으로

*만번코 [MAN-PEN-HKO] (萬番) ⓦ219

불 Dix mille fois certes.

한 만 번 확실히

*만병쵸 [MAN-PYENG-TCHO] (萬病草) ⓦ219

불 Herbe pour dix mille maladies. Panacée universelle, herbe qui guérit toutes les maladies.
한 만 가지의 병을 위한 풀 | 만능의 만병통치약, 모든 병을 고치는 풀

*만병통치 [MAN-PYENG-HTONG-TCHI] (萬病通治) 원 219
불 Dix mille sortes de maladies guéries avec un seul remède. Panacée, remède universel, spècifique qui guérit toutes les maladies.
한 단 하나의 약으로 고친 만 가지 종류의 병 | 만병통치약, 모든 병을 고치는 만능의, 특효의 약

*만복 [MAN-POK,-I] (萬福) 원 219
불 Mille bonheurs, félicité parfaite, bonheur suprême.
한 천 가지 복, 완전한 복, 최고의 행복

*만부당 [MAN-POU-TANG] (萬不當) 원 219
불 Dix mille fois peu sûr; incroyable.
한 만 번 확실하지 않다 | 믿을 수 없다

*만분 [MAN-POUN,-I] (萬分) 원 219
불 Dix mille fois; mille fois. Dix mille parties, c.a.d. entirèrement.
한 만 번 | 천 번 | 만 가지 부분, 즉 전부

*만삭ᄒᆞ다 [MAN-SAK-HĂ-TA] (滿朔) 원 220
불 Etre à terme; le temps de l'accouchement être arrivé.
한 만기가 되다 | 해산할 때가 되다

*만션 [MAN-SYEN,-I] (萬善) 원 220
불 Bien parfait; mille biens; bonté suprême ; bonté extrême.
한 완전한 선행 | 수많은 덕행 | 최상의 선 | 지극한 선

만션두리 [MAN-SYEN-TOU-RI] (大揮項) 원 220
불 Esp. de capuchon fourré. Capuce des soldats en hiver. (Il est garni de fourrures de marte et de zibeline).
한 모피를 덧댄 두건의 종류 | 겨울에 군인들이 쓰는 뾰족 두건 | (담비와 검은담비의 털로 장식되어 있다)

1*만셰 [MAN-SYEI] (萬世) 원 220
불 Les dix mille mondes.
한 만 가지 세상

2만셰 [MAN-SYEI] (萬歲) 원 220
불 Dix mille années. Dix mille générations.
한 10,000년 | 10,000세대

*만슈무강 [MAN-SYOU-MOU-KANG,-I] (萬壽無疆, (Dix mille, vies [années], pas, de fin)) 원 220
불 Vivre dix mille ans sans changement. Vie longue, c.a.d. éternité, immortalité.
한 변화 없이 10,000년을 살다 | 긴 삶, 즉 영원, 불멸

만슈밧이ᄒᆞ다 [MAN-SYOU-PAT-I-HĂ-TA] 원 220
불 Recevoir le 만슈 Man-syou (les sorciers qui répètent 만슈 Man-syou, c.a.d. dix mille vies). ‖ Faire la noce. ‖ Ne pas céder; répondre aux caresses, aux reproches. Rendre coup pour coup.
한 만슈 Man-syou를 받다 (만슈 Man-syou, 즉 만 개의 삶을 반복하는 마법사들) | 방탕한 생활을 하다 | 양보하지 않다 | 호의에, 비난에 응하다 | 주먹에 주먹으로 맞서다

*만승텬ᄌᆞ [MAN-SEUNG-HIYEN-TIĂ] (萬乘天子, (Dix mille, chariots, ciel. Fils)) 원 220
불 Empereur Fils du ciel. Le Fils du ciel, qui commande à dix mille mandarins, ou plutôt à dix mille chariots. ‖ Roi qui commande à plusieurs rois ses tributaires.
한 하늘의 아들 황제 | 10,000명의 관리들, 보다 정확히 말해 10,000개의 수레에 명령을 내리는 하늘의 아들 | 여러 왕, 자신의 종속자들에게 명령하는 왕

*만시ᄒᆞ다 [MAN-SI-HĂ-TA] (晩時) 원 220
불 Etre trop tard; passer le temps, le moment. Le temps est écoulé; il est trop tard.
한 너무 늦다 | 시간, 때를 보내다 | 시간이 경과되다 | 너무 늦다

1*만식ᄒᆞ다 [MAN-SIK-HĂ-TA] (晩食) 원 220
불 Manger tard, être en retard pour son repas.
한 늦게 먹다, 식사를 하기에 늦다

2*만식ᄒᆞ다 [MAN-SIK-HĂ-TA] (滿食) 원 220
불 Avoir le ventre plein, avoir mangé son content.
한 배가 부르다, 마음껏 먹었다

*만신 [MAN-SIN,-I] (萬身) 원 220
불 Tout le corps.
한 온몸

*만실 [MAN-SIL,-I] (滿室) 원 220
불 Tout ce qui appartient à une maison (hommes, animaux, objets, meubles, etc.). ‖ Toute la famille. ‖ =ᄒᆞ다 -Hă-ta, Etre remplie (maison).
한 하나의 집에 속한 모든 것 (사람, 동물, 물건, 가구 등) | 온 식구 | [용례 =ᄒᆞ다, -Hă-ta], (집이) 가득하다

만ᄉᆞ [MAN-SĂ] (輓章) 원 220
불 Eloge funèbre. V.Syn. 만쟝. Man-tjyang.
한 조사 | [동의어 만쟝, Man-tjyang.]

*만ᄉᆞ무셕 [MAN-SĂ-MOU-SYEK,-I] (萬死無惜, (Dix mille fois, mourir, n'être pas, regrettable)) ㉹220
불 Digne de mille morts. Quand il mourrait dix mille fois, ce ne serait pas dommage.
한 1,000번 죽어 마땅하다 | 그가 10,000번 죽어도 애석하지 않을 것이다

*만ᄉᆡᆼᄒᆞ다 [MAN-SĂNG-HĂ-TA] (晩生) ㉹220
불 Qui est né tard (losque ses parents étaient âgés)
한 늦게 (그 부모가 나이가 들었을 때) 태어나다

*만악쳔봉 [MAN-AK-TCHYEN-PONG,-I] (萬岳千峯, (Dix-mille, montagnes, mille, pics)) ㉹218
불 Montagne où il y a beaucoup de pics. Crête découpé des montagnes. ‖ Mille et dix-mille sommets (se dit des montagnes et des nuages).
한 봉우리가 많은 산 | 산의 뚜렷한 능선 | 1,000개와 10,000개의 꼭대기 (산과 구름에 대해 쓴다)

1*만안ᄒᆞ다 [MAN-AN-HĂ-TA] (萬安) ㉹218
불 Dix-mille paix, c,a,d. souhait de prospérité. ‖ Bien portant (dans les lettres).
한 만가지 평화, 즉 번영을 기원함 | (편지에서) 평안하다

2*만안ᄒᆞ다 [MAN-AN-HĂ-TA] (滿顔) ㉹218
불 Avoir la figure pleine, ouverte.
한 충만한, 솔직한 얼굴을 하다

*만양ᄒᆞ다 [MAN-YANG-HĂ-TA] (晩穰) ㉹218
불 Semer tard. Faire un semis tard. Planter très tard, v.g. après la canicule.
한 늦게 씨를 뿌리다 | 늦게 파종하다 | 예. 삼복 다음에 매우 늦게 심다

만에 [MAN-EI] ㉹218
불 Dans; en; dans l'intervalle de ; après ; au bout de. 삼일만에 Sam-il-man-ei, Au bout de trois jours.
한 ~안에 | ~에 | ~사이에 | ~다음에 | ~만에 | [용례 삼 일 만에, Sam-il-man-ei], 3일 만에

1*만욕 [MAN-YOK,-I] (萬辱) ㉹218
불 Mille injures.
한 천 가지 모욕

2*만욕 [MAN-YOK,-I] (晩慾) ㉹218
불 Désir de vieillard, avarice de vieillard.
한 늙은이의 욕망, 늙은이의 탐욕

*만유 [MAN-YOU] (萬有) ㉹218
불 Dix mille choses; toutes choses crées. Mille choses. Tout ce qui existe.
한 만가지의 것 | 창조된 모든 것 | 천 가지의 것 | 존재하는 모든 것

만유우회 [MAN-YOU-OU-HEUI] (萬有之上) ㉹218
불 Par-dessus tout.
한 무엇보다도

*만응고 [MAN-EUNG-KO] (萬應膏) ㉹218
불 Remède, cérat, pâte dans laquelle il entre mille sortes d'ingrédients.
한 약제, 밀랍연고, 수많은 종류의 재료가 들어가는 반죽

만이 [MAN-I] (多) ㉹218
불 Beaucoup.
한 많이

*만이ᄒᆞ다 [MAN-I-HĂ-TA] (晩移) ㉹218
불 planter tard.
한 늦게 심다

만일 [MAN-IL] (若) ㉹218
불 Si. (Conjonct., exprime la condition)
한 만약 | (접속사, 조건을 나타낸다)

1*만일다 [MAN-IL-TA] (晩) ㉹218
불 Etre lent, lambiner; agir doucement, lentement.
한 느리다, 꾸물거리다 | 천천히, 느리게 움직이다

2만일다 [MAN-IL-TA] (終) ㉹218
불 (Abrév.pour : 그만일다. Keu-man-il-ta). C'en est fait. ‖ C'est fini, c'est assez.
한 (그만일다 Keu-man-il-ta의 약어) | 만사 다 틀렸다 | 끝나다, 충분하다[역주 지긋지긋하다]

1*만쟉ᄒᆞ다 [MAN-TJYAK-HĂ-TA] (滿酌) ㉹220
불 Boire du vin à satiété. ‖ Etre plein (verre, tasse); à pleins bords.
한 술을 실컷 마시다 | (컵, 잔이) 가득하다 | 가득 차다

2*만쟉ᄒᆞ다 [MAN-TJYAK-HĂ-TA] (滿弓) ㉹220
불 Tirer autant que possible la corde de l'arc (pour lancer une flèche).
한 (화살을 쏘기 위해) 활시위를 한껏 잡아당기다

1*만쟝 [MAN-TJYANG,-I] (輓章) ㉹220
불 Eloge funèbre envoyé par un ami à la maison du défunt (on le porte en procession à l'enterrement). Compliment adressé à un mort sur son tombeau. Eloge funèbre. Eloge funèbre qu'on brûle après l'enterrement, ou, sans le brûler, on emploie le papier à d'autres usages.
한 친구가 고인의 집에 보내는 조사 (장례식의 행렬에 그것을 들고 간다) | 무덤 위에 두는 죽은 사람에게 보내는 인사말 | 조사 | 장례식 이후에 태우거나, 태우지

않고 종이를 다른 용도로 사용하는 조사

2*만쟝 [MAN-TJYANG,-I] (萬丈, (Dix mille, hauteurs d'homme)) [원]220

[불] Très-élevé (v.g. une montagne).

[한] (예. 산이) 매우 높다

1만조ᄒᆞ다 [MAN-TJO-HĂ-TA] [원]220

[불] Vilain, difforme. ‖ Pas assez bon, insuffisant.

[한] 비천하다, 보기 흉하다 | 덜 만족스럽다, 부족하다

2*만조ᄒᆞ다 [MAN-TJO-HĂ-TA] (漫燥) [원]220

[불] Faire attention et être en inquiétude.

[한] 주의하고 염려하다

*만죡ᄒᆞ다 [MAN-TJYOK-HĂ-TA] (滿足) [원]220

[불] Suffisnat; abondant. ‖ Etre content, pleinement satisfait ‖ Etre rassasié; suffisamment plein.

[한] 충분하다 | 풍부하다 | 만족하다, 완전히 만족하다 | 포식하다 | 충분히 가득하다

만지다 [MAN-TJI-TA,-TJYE,-TJIN] (摩) [원]220

[불] Toucher, manier, palper.

[한] 만지다, [역주 손으로] 다루다, 손으로 만져 보다

1만질만질ᄒᆞ다 [MAN-TJIL-MAN-TJIL-HĂ-TA] (軟弱) [원]220

[불] Etre faible, pas capable de grand chose.

[한] 약하다, 큰일을 할 수 없다

2만질만질ᄒᆞ다 [MAN-TJIL-MAN-TJIL-HĂ-TA] [원]220

[불] Toucher, palper.

[한] 만지다, 손으로 만져보다

1*만집ᄒᆞ다 [MAN-TJIP-HĂ-TA] (萬集) [원]220

[불] Etre réunis en grande nombre. Se réunir en foule.

[한] 많이 모이다 | 떼를 지어 모이다

2만집ᄒᆞ다 [MAN-TJIP-HĂ-TA] (晩集) [원]220

[불] Se réunir trop tard.

[한] 매우 늦게 모이다

*만쳡산 [MAN-TCHYEP-SAN] (萬疊山) [원]220

[불] Montagne aux mille vallées. Montagne à replis innombrables.

[한] 수많은 계곡이 있는 산 | 셀 수 없이 많은 습곡이 있는 산

*만츈 [MAN-TCHYOUN,-I] (晩春) [원]221

[불] Fin du printemps.

[한] 봄의 끝

*만취ᄒᆞ다 [MAN-TCHYOUI-HĂ-TA] (滿醉) [원]221

[불] S'enivrer, pleinement. Etre tout à fait ivre.

[한] 몹시 취하다 | 완전히 취하다

만치 [MAN-TCHI] [원]220

[불] De manière à ce que, de telle sorte que.(Se met après les mots) ᄒᆞ리만치 Hă-ri-man-tchi, De manière à ce qu'il fasse. ᄒᆞ지아니리만치 Hă-tji-a-ni-ri-man-tchi, De telle sorte qu'il ne fasse pas. V. 만콤 Man-hkom.

[한] ~하도록, ~하기 좋게 | (단어들 뒤에 놓여) [[용례] ᄒᆞ리만치, Hă-ri-man-tch], ~하도록 | [[용례] ᄒᆞ지아니리만치, Hă-tji-a-ni-ri-man-tchi], ~하지 않도록 | [[참조어] 만콤, Man-hkom]

만콤 [MAN-HYOM] [원]219

[불] Semblable à ; comme ; gros comme.

[한] ~와 닮다 | ~처럼 | ~만큼크다

만타 [MAN-HA,-HEUN,-HI] (多) [원]220

[불] Beaucoup, nombreux, abondant, en grand nombre.

[한] 많이, 많다, 풍부하다, 많게

*만판 [MAN-HPAN] (萬板) [원]219

[불] De tout son cœur; très-bien; entièrement.

[한] 성심껏 | 매우 잘 | 완전히

*만패불텽 [MAN-HPAI-POUL-HIYENG,-I] (萬敗不聽, (Dix mille fois, invoqué [appelé], pas entendre)) [원]219

[불] Obstination; entètement. On a beau le prier, il n'entend rien.

[한] 고집 | 완고함 | 그에게 부탁해도 소용없다, 아무것도 들어주지 않는다

1*만호 [MAN-HO] (萬戶) [원]218

[불] Petite dignité qu'obtiennent les gens du peuple.

[한] 평민들이 얻는 낮은 직위

2*만호 [MAN-HO] (瑞瑚) [원]219

[불] Pierre précieuse. Syn. 마노 Ma-no.

[한] 보석 | [[동의어] 마노, Ma-no]

*만홀이넉이다 [MAN-HOL-I-NEK-I-TA,-NEK-TE, -NEK-IN] (慢忽) [원]219

[불] Mépriser.

[한] 경멸하다

*만홀ᄒᆞ다 [MAN-HOL-HĂ-TA] (慢忽) [원]219

[불] Agir sans attention. Traiter avec peu de respect; manquer de respect.

[한] 조심성 없이 행동하다 | 존중하는 마음 없이 대하다 | 존중하는 마음이 없다

*만회ᄒᆞ다 [MAN-HOI-HĂ-TA] (挽回) [원]219

[불] Se convertir, révoquer; rétablir ; repredre.

[한] 개종하다 | [역주 법적 행위를] 철회하다 | 만회하

다 | 다시 회복하다

1만히 [MAN-HI] [원]218 ☞만이

2만히 [MAN-HI] [원]218

[불] Beaucoup. (Adv. de 만타 Man-hta).

[한] 많이 | (만타 Man-hta의 부사)

1*만ᄒᆞ다 [MAN-HĂ-TA] (晩) [원]218

[불] Etre en retard, être trop tard.

[한] 늦다, 너무 늦다

2만ᄒᆞ다 [MAN-HĂ-TA] (多) [원]218

[불] Etre nombreux, beaucoup.

[한] 수가 많다, 많다

3만ᄒᆞ다 [MAN-HĂ-TA] [원]218

[불] Termin qui a le sens de capable de qui peut. Répond à abilis des latins. ᄒᆞᆯ만ᄒᆞ다 Hăl-man-hă-ta. Faisable.

[한] 능력이 있다, 할 수 있다는 의미를 가진 어미 | 라틴어의 abilis에 대응한다 | [용례] ᄒᆞᆯ만ᄒᆞ다, Hăl-man-hă-ta], 할 만하다

*만힝ᄒᆞ다 [MAN-HĂNG-HĂ-TA] (萬幸) [원]218

[불] Très heureusement, fort à propos.

[한] 아주 다행히, 매우 적절히

1말 [MAL,-I] (言) [원]223

[불] Parole; mot; langage; langue; discours; expression. 말 못 되다 Mal-mot toi-ta, C'est accablant, la parole est impuissante à exprimer ce malheur. 말이 아닐다 Mal-I a nil-ta, Etre digne de pitié.

[한] 말 | 단어 | 언어 | 언어 | 담화 | 표현 | [용례] 말 못 되다, Mal-mot toi-ta], 가혹하다, 이 불행을 표현하기에 말이 무력하다 | [용례] 말이 아닐다, Mal-I a nil-ta], 동정 받을 만하다

2말 [MAL,-I] (斗) [원]223

[불] Boisseau (mersure contenant 10 되 Toi).

[한] 브와소 (10되 Toi 양이 되는 측정단위)

3말 [MAL,-I] (萍) [원]223

[불] Sorte d'herbe marine.

[한] 해초의 종류

4말 [MAL,-I] (領) [원]223

[불] Bordure ou ceinture au haut des habits, v.g. au haut du pantanlon, du cotillon des femmes.

[한] 옷의 윗부분에 예. 바지의 윗부분, 여자들의 치마 윗부분에 있는 가장자리 장식 또는 띠

5*말 [MAL,-I] (末) [원]223

[불] Fin, dernière partie de.(se met après le mot) 오시말 O-si-mal, 4h.

[한] 끝, ~의 마지막 부분 (단어 다음에 놓인다) | [용례] 오시말, O-si-mal], 4시

6*말 [MAL,-I] (抹) [원]223

[불] Piquet, pieu.

[한] 푯말, 말뚝

말강구 [MAL-KANG-KOU] [원]224

[불] Celui qui, dans les marchés, fixe le prix des céréales et les mesure de ses propres mains.

[한] 시장에서, 곡물의 가격을 정하고 그것들을 손수 측정하는 사람

*말관 [MAL-KOAN,-I] (末官) [원]224

[불] Petite dignité (la plus basse). Petite dignité qui consiste à prendre soin des chevaux du gouvernement et à examiner les actes défectueux des mandarins.

[한] 낮은(가장 낮은) 관직 | 정부의 말들을 돌보는 일과 관리들의 결함 있는 행위를 조사하는 일을 하는 낮은 관직

1말국 [MAL-KOUK,-I] (斗麴) [원]224

[불] Un gâteau de levain de la grosseur d'un boisseau.

[한] 1브와소 부피의 누룩으로 만든 과자

2말국 [MAL-KOUK,-I] (湯) [원]224

[불] Bouillon épuré ou décanté; sauce; bouillon; potage; soupe.

[한] 정화된 또는 맑은 국 | 소스 | 국 | 진한 수프 | 수프

3*말국 [MAL-KOUK,-I] (末局) [원]224

[불] La dernière fois.

[한] 마지막 번

1*말군 [MAL-KOUN,-I] (馬軍) [원]224

[불] Maquignon; éleveur de chevaux; Syn. 믈군 Mâl-koun.

[한] 마필 매매상 | 말 사육사 | [동의어] 믈군, Mâl-koun.]

2말군 [MAL-KOUN,-I] (言軍) [원]224

[불] Grand parleur; qui parle sans réfléchir, avec légèreté.

[한] 매우 말이 많은 사람 | 생각 없이, 경솔하게 말하는 사람

말굿다 [MAL-KOUT-TA,-KOUT-E,-KOUT-EUN] (語訥) [원]224

[불] Etre bègue.

[한] 말을 더듬다

말귀 [MAL-KOUI] (語耳) [원]224

[불] La manière de parler.

[한] 말하는 방식

말긋말긋ᄒᆞ다 [MAL-KEUT-MAL-KEUT-HĂ-TA] [원]224

[불] Y avoir quelque nuages, des intervalles clairs entre

les nuages. ‖ Osciller. ‖ (Désigne les oscillations de la flamme d'une lampe).

[한] 몇몇 구름들, 구름들 사이에 환한 부분이 있다 | 흔들리다 | (램프 불꽃의 흔들림을 가리킨다)

말낭말낭ᄒᆞ다 [MAL-NANG-MAL-NANG-HĂ-TA] (원)224

[불] Tendre; mou; flexible; mollet.

[한] 연하다 | 무르다 | 유연하다 | 부드럽다

말낭이 [MAL-NANG-I] (원)224

[불] Sommet.

[한] 정상

***말년** [MAL-NYEN,-I] (末年) (원)224

[불] Dernières années; vieillesse; l'extrémeité; la fin; v.g. état d'un vieillard qui est près de mourir.

[한] 마지막 무렵 | 노년 | 말단 | 끝 | 예. 죽음이 가까운 노인의 상태

말노 [MAL-NO] (원)224

[불] V. 말년 Mal-nyen.

[한] [참조어 말년, Mal-nyen]

1* **말녹** [MAL-NOK,-I] (末錄) (원)224

[불] Fin d'un livre, d'un écrit.

[한] 책, 저서의 끝

2* **말녹** [MAL-NOK,-I] (末祿) (원)224

[불] Celui des mandarins qui donne le moins au gouvernement.

[한] 정부에 가장 적게 내는 관리들의 것

3 **말녹** [MAL-NOK,-I] (斗祿) (원)224

[불] Paye du gouvernement qui s'effectue par boisseaux, et, par conséquent, est peu considérable.

[한] 정부가 브와소 단위로 지불하는 급료, 따라서 별로 많지 않다

말농질ᄒᆞ다 [MAL-NONG-TJIL-HĂ-TA] (馬弄) (원)225

[불] Jouer au cheval (enfants). Aller à cheval sur le dos d'un autre (jeu).

[한] (아이들이) 말놀이하다 | 말에 올라타듯이 다른 사람의 등에 올라타다 (놀이)

1 **말뇌다** [MAL-NOI-TA,-NOI-YE,-NOIN] (원)224

[불] Faire sécher.

[한] 말리다

2 **말뇌다** [MAL-NOI-TA,-NOI-YE,-NOIN] (원)224

[불] Interroger plusieurs fois; répéter; réitérer l'interrogation.

[한] 여러 번 묻다 | 반복하다 | 질문을 되풀이하다

***말뉴** [MAL-NYOU] (末類) (원)225

[불] Le dernier de l'espèce, le plus chétif, le moins bon.

[한] 종류 중 최하위, 가장 허약한 것, 가장 좋지 못한 것

***말니** [MAL-NI] (末利) (원)224

[불] Marchand, négociant.

[한] 상인, 도매상인

1 **말니다** [MAL-NI-TA,-NYE,-NIN] (禁止) (원)224

[불] Empêcher; prohiber. Faire cesser; faire s'arrêter. Pass. de 말다 Mal-ta.

[한] 막다 | 금하다 | 중지시키다 | 멈추게 하다 | 말다 Mal-ta의 피동형

2 **말니다** [MAL-NI-TA,-NYE,-NIN] (捲) (원)224

[불] Etre enroulé, être roulé.

[한] 감기다, 말리다

3 **말니다** [MAL-NI-TA,-NYE,-NIN] (曝) (원)224

[불] Faire sécher.

[한] 말리다

말니우다 [MAL-NI-OU-TA,-OUE,-OUN] (曝) (원)224

[불] Faire sécher; sécher.

[한] 말리다 | 말리다

말님 [MAL-NIM,-I] (園林) (원)224

[불] Forêt, bois dont le propriétaire se réserve la coupe.

[한] 소유자가 벌목을 보류해 놓은 숲, 삼림

1 **말다** [MAL-TA,MAL-A,MAN] (和湯) (원)225

[불] Délayer dans de l'eau (se dit seulement du riz cuit, du vermicelle).

[한] 물에 풀다 (익힌 밥, 버미첼리에 대해서만 쓴다)

2 **말다** [MAL-TA,MAL-A,MAN,MA-NĂN] (止) (원)225

[불] Etre empêché. Ne pas faire, ne rien faire. S'arrêter, cesser, ne pas (négat.). 밋ᄂᆞᆫ동마ᄂᆞᆫ동 Mit-năn-tong-ma-năn-tong, De croire ou de ne pas (croire) 빅오기슬회면말지 Păl-o-ki seul-heui-myen mal-tji, D'étudier si cela ne vous fait pas plaisir n'(étudiez) pas.

[한] 방해받다 | 하지 않다, 아무것도 하지 않다 | 멈추다, 중단하다, 않다 (부정어) | [용례 밋ᄂᆞᆫ동마ᄂᆞᆫ동, Mit-năn-tong-ma-năn-tong], 믿거나 또는 (믿지) 않거나 | [용례 빅오기슬회면말지, Păl-o-ki seul-heui-myen mal-tji], 공부하는 것이 당신 마음에 들지 않는다면 (공부하지) 마시오

3 **말다** [MAL-TA,MAL-E ou MAL-A,MAN] (捲) (원)225

[불] Rouler, enrouler, plier en rouleau.

[한] 감다, 말다, 두루마리 형태로 구부리다

말동말동ᄒᆞ다 [MAL-TONG-MAL-TONG-HĂ-TA] (원)225

[불] Regarder en haut, regarder au-dessus perpendiculairement, en cherchant à se rappeler, à comprendre. || Se dit du reflet l'intelligence dans les yeux (v.g. d'un enfant); de la vivacité du regard (v.g. d'un animal); de l'éclat des étoiles qui scintillent.

한 위쪽을 보다, 기억하려고, 이해하려고 애쓰면서 수직으로 위를 보다 | (예. 아이의) 눈 속에 비친 총명함에 대해 쓴다 | (예. 동물의) 민첩한 시선에 대해 | 반짝거리는 별들의 광채에 대해

말두면ᄒᆞ다 [MAL-TOU-MYEN-HĂ-TA] (面證言) 원225

불 Rendre témoignage et décider un différent. Interroger pour juger.

한 증언을 하고 차이점에 대해 판정을 내리다 | 판결하기 위해 질문하다

말듯다 [MAL-TEUT-TA,-TEU-RE,-TEUN] (言聽) 원225

불 Obéir; suivre un conseil; subir l'influence; accorder trop de confiance. || Recevoir des injures.

한 복종하다 | 조언을 따르다 | 영향을 받다 | 지나치게 믿다 | 욕을 당하다

말ᄃᆡ [MAL-TĂI] (捲竹) 원225

불 Bobine. Tuyau de paille de sorgho (ou chose semblable) dont les femmes se servent pour préparer le coton en flocons, pour filer.

한 실패 | 여자들이 솜뭉치를 마련하는 데에, 실을 잣는 데 사용하는 수수짚으로 만든 관 (또는 비슷한 것)

*말망 [MAL-MANG,-I] (末望) 원224

불 Le dernier des proposés ou aspirants, v.g. le 3e des trois hommes proposés pour une place, pour une dignité.

한 추천 받은 사람들 또는 후보자들 가운데 최하, 예. 요직, 고위직에 추천 받은 세 사람들 중 세 번째

말망이 [MAL-MANG-I] 원224

불 Nom d'herbe, de légume. Esp. de plante aquatique, d'herbe marine sur laquelle les hareugs déposent leur œufs, et qu'on pêche alors pour la manger.

한 풀, 채소의 이름 | 먹기 위해 채취하는, 그 위에 청어들이 알을 놓은 수생식물, 해초의 종류

1말매 [MAL-MAI] 원224

불 Perche, bâton dont on se sert pour abattre les fruits.

한 과일을 따기 위해 사용하는 장대, 막대기

2말매 [MAL-MAI] 원224

불 Sursis, délai, terme de grâce, répit. Syn. 말믜 Mal-meul.

한 집행유예, 연기, 유예기간, 유예 | [동의어 말믜, Mal-meul]

말매틀 [MAL-MAI-HTEUL,-I] 원224

불 Sac tressé en natte.

한 땋은 끈으로 엮은 가방

말목 [MAL-MOK,-I] (斗底) 원224

불 Ce qui reste des blés après le partage égal entre le propriétaire et le fermier. (Ce reste, qui ne dépasse jamais 20 boisseaux, appartient au fermier).

한 지주와 소작인이 동등하게 분배한 후에 남은 곡식 | (결코 20브와소를 넘지 않는 이 나머지는 소작인의 것이다)

말무릅 [MAL-MOU-REUP,-I] 원224

불 Esp. d'herbe dont on mange la racine; cette racine.

한 뿌리를 먹는 풀의 종류 | 그 뿌리

말믜 [MAL-MEUI] (休由) 원224

불 Permission de s'absenter; congé; vacances; temps de repos. Sursis; délai; terme de grâce; répit.

한 잠시 떠나는 것에 대한 허락 | 휴가 | 휴가 | 휴식 시간 | 집행유예 | 연기 | 유예기간 | 유예

말밋 [MAL-MIT,-TCHI] (斗底) 원224

불 Fraction de mesure. Ce qui reste des blés après le partage égal entre le fermier et le propriétaire.(V.g. La mesure dont ou se sert est de 20 boisseaux. Ce qui reste au-dessus des 20 boisseaux n'est pas partagé, et revient au fermier).

한 측정하는 부분 | 지주와 소작인이 동등하게 분배한 후에 남은 곡식 | (예. 사용하는 단위는 20브와소이다. 이 20브와소 이상의 나머지는 나누지 않고, 소작인에게 돌아간다)

1말ᄆᆡ암다 [MAL-MĂI-AM-TA,-AM-A,-AM-EUN] 원224

불 Commencer. || Faire par le moyen de. || Se servir de || Etre la conséquence de.

한 시작하다 | ~에 의해 하다 | 사용하다 | ~의 결과이다

2말ᄆᆡ암아 [MAL-MĂI-AM-A] (由) 원224

불 De; par; par le moyen de; en conséquence.

한 ~ 때문에 | ~에 의해 | ~의 중개로 | 따라서

말박 [MAL-PAK,-I] (大朴) 원225

불 Moitié de grande calebasse, qui contient un boisseau ou à peu près.

한 1브와소 또는 대략 그 정도를 담을 수 있는 큰 호리병박 용기의 절반

말벌 [MAL-PEL,-I] (大蠭) 원225

불 Gros bourdon (insecte), Taon. Esp. de guèpe. Hypoderme, larve de l'hypoderme.

한 큰 뒤영벌(곤충), 등에 | 말벌의 종류 | 쇠파리, 쇠파리의 유충

*말복 [MAL-POK-,-I] (末伏) 원225

불 Troisième et dernière salutation que l'on fait au génie pendant les grandes chaleurs; (elle se fait vers le 17 Août) ‖ Fin, les dix derniers jours de la canicule, du 5 au 15 août à peu près.

한 혹서기 동안 정령에게 하는 세 번째이자 마지막 인사 | (8월 17일경 행해진다) | 대략 8월 5일에서 15일까지의 혹서기의 끝, 마지막 10일

*말셕 [MAL-SYEK,-I] (末席) 원225

불 Le dernière place, la dernière natte.

한 마지막 자리, 마지막 돗자리

*말셰 [MAL-SYEI] (末世) 원225

불 Fin de toutes choses; fin d'un gouvernment en particulier. les derniers temps, la fin du monde.

한 만물의 끝 | 개별적인 정부의 끝 | 마지막 시대, 세상의 끝

1*말시 [MAL-SI] (末時) 원225

불 Le temps de la fin, le temps de la fin du monde.

한 마지막 시기, 세상의 마지막 시기

2말시 [MAL-SI] (語訓) 원225

불 Manière de parler, mode de parler.

한 말하는 방식, 화법

말신말신ᄒᆞ다 [MAL-SIN-MAL-SIN-HĂ-TA] 원225

불 Etre mou (fruit).

한 (과일이) 물렁물렁하다

말솜 [MAL-SĂM,-I] (言辭) 원225

불 Parole, mot, langage.(Honorif.).

한 말, 단어, 언어 | (경칭)

*말싼 [MAL-TTAN,-I] (末端) 원225

불 Mauvais; le rebut; tout ce qu'il y a de moindre; le dernier; la fin.

한 불량한 것 | 찌꺼기 | 가장 열등한 것 | 최하위의 것 | 말단

말쑥 [MAL-TTOUK,-I] (株) 원225

불 Piquet, pieu.

한 푯말, 말뚝

말쑥벙거지 [MAL-TTOUK-PENG-KE-TJI] (株毛笠) 원225

불 Chapeau en feutre d'esclave et de portefaix.

한 노예, 인부들의 펠트로 만든 모자

말아옷 [MAL-A-OT,-Si] (一斗五升) 원223

불 Un boisseau et demi.

한 1브와소 반

말장이 [MAL-TJANG-I] (好辯客) 원225

불 Grand parleur, qui ne peut tenir un secret.

한 아주 말이 많은 사람, 비밀을 지키지 못하는 사람

말조림ᄒᆞ다 [MAL-TJO-RIM-HĂ-TA] 원225

불 parler peu. ‖ Interroger pour décider, pour juger.

한 별로 말을 하지 않다 | 결정하기 위해, 판단하기 위해 묻다

*말좌 [MAL-TJOA] (末座) 원225

불 La dernière place; le dernier fauteuil; le bas bout.

한 마지막 자리 | 마지막 좌석 | 가장 낮은 끝

*말직 [MAL-TJIK,-I] (末職) 원225

불 Tout petit mandarin. La moindre de toutes les dignités. Syn. 말관 Mal-koan.

한 매우 낮은 관직 | 모든 관직 중에 가장 낮은 것 | [동의어 말관, Mal-koan.]

*말질 [MAL-TJIL,-I] (末疾) 원225

불 La plus mauvaise des maladies. Maladie très-dangereuse et dégoûtante (mais ce n'est pas une maladie spéciale).

한 병 중에 가장 나쁜 병 | 매우 위험하고 역겨운 병 (그러나 특별한 병은 아니다)

*말ᄌᆡ [MAL-TJĂI] (末才) 원225

불 Le dernier-né des hommes ou des bêtes. Le dernier, le culot.

한 마지막에 태어난 사람이나 동물 | 마지막 사람, 막내둥이

말캉말캉ᄒᆞ다 [MAL-HKANG-MAL-HKANG-HĂ-TA] 원224

불 Mou. Etat d'une chose mûre, d'un fruit pourri à l'intérieur. Tendre.

한 무르다 | 무르익은 것의, 속이 썩은 과일의 상태 | 부드럽다

말퀴 [MAL-HKOUI] 원224

불 Rouleau de tisserand. Bois sur lequel se roule la toile à mesure qu'elle se fait. ‖ Clou fixé à la muraille pour suspendre un object.

한 직조공의 두루마리 | 직물이 만들어짐에 따라 그것을 감는 나무 | 물건을 매달기 위해 높은 벽에 고정된 못

1말판 [MAL-HPAN] 원225

불 Esp. de jeu d'oie.

한 쌍륙[역주 주사위 놀이의 일종] 놀이의 종류

2* 말판 [MAL-HPAN] (末板) 원225

불 La dernière fois. 말판에. Mal-hpan-ei, En dernier lieu.

한 마지막 번 | [용례 말판에, Mal-hpan-ei], 결국

* 말편 [MAL-HPYEN,-I] (末篇) 원225

불 Le dernier volume d'un ouvrage; la fin d'un livre.

한 한 작품의 마지막 권 | 책의 끝 부분

말허두 [MAL-HE-TOU] (語虛頭) 원224

불 Le premier mot; le commencement de la parole, d'une phrase.

한 첫 단어 | 말의, 문장의 시작

1 말ᄒᆞ다 [MAL-HĂ-TA] (言) 원224

불 Parler, dire, exprimer.

한 말하다, 이야기하다, 표현하다

2* 말ᄒᆞ다 [MAL-HĂ-TA] (末) 원224

불 Pulvériser.

한 가루를 내다

1 맛 [MAT,MAT-SI] (味) 원226

불 accus. 맛ᄉᆞᆯ, MAT-SĂL. Goût, saveur (un des cinq sens). ‖ Discernement.

한 대격. 맛ᄉᆞᆯ MAT-SĂL | 맛, 풍미 (오감 중 하나) | 감별

2 맛 [MAT,-I] (昆) 원226

불 Le premier,l'aîné.

한 첫째, 맏이

3 맛 [MAT,-SI] (蛤) 원226

불 Solen, manche de couteau (coquillage)

한 긴맛, 칼자루 (조개)

4 맛 [MAT] 원226

불 Semblablement; de même manière. V. 맛밧고다 Mat-pat-ko-ta.

한 동일하게 | 마찬가지로 | [참조어 맛밧고다, Mat-pat-ko-ta]

맛게 [MAT-KEI] (適) 원226

불 Justement; à point; juste.

한 정확하게 | 적절히 | 꼭

맛구럭이 [MAT-KOU-REK-I] (多言者) 원226

불 Homme intéressant, (par ironie, pour dire) un homme ennuyeux.

한 재미있는 사람, (반어적으로, 말하자면) 지루한 사람

1 맛기다 [MAT-KI-TA,-KYE,-KIN] (任他) 원226

불 Confier; déposer; mettre en dépôt; charger de. Etre mis en dépôt, confié. Pass. et fact. de 맛다 Mat-ta.

한 의뢰하다 | 맡기다 | 기탁하다 | ~을 맡기다 | 기탁되다, 위탁되다 | 맛다 Mat-ta의 피동형과 사동형

2 맛기다 [MAT-KI-TA,-KYE,KIN] 원226

불 Faire cadrer.

한 일치시키다

맛ᄀᆞᆺ다 [MAT-KĂT-TA,-KĂ-TJYE,-KĂ-TJĂN] (適) 원226

불 Etre conforme; cadrer; atteindre à.

한 적합하다 | 일치하다 | ~에 이르다

맛나다 [MAT-NA-TA,MAY-NA,MAT-NAN] (逢) 원226

불 Rencontrer; trouver; inventer.

한 만나다 | 발견하다 | 고안하다

맛녀 [MAT-NYEN,-I] (長女) 원226

불 La première-née des filles; l'aînée de ses sœurs. (peu honorif.).

한 딸들 중에서 첫째 | 그 자매들 중 장녀 | (경칭이 아님)

맛놈 [MAT-NOM,-I] (長男) 원226

불 Le premier-né des enfants mâles; l'aîné de ses frères.(peu honorif.).

한 남자 아이들 중에서 첫째 | 그 형제들 중 장남 | (경칭이 아님)

맛누의 [MAT-NOU-EUI] (姊) 원226

불 Sœur aînée.

한 손위 누이

1 맛다 [MAT-TA,MA-TJA,MA-TJĂN] (遲) 원227

불 Etre longtemps. être lent.

한 오래 걸리다 | 느리다

2 맛다 [MAT-TA,MA-TJYE,MA-TJĂN] (適) 원227

불 Ajuster. S'accorder; se convenir; s'adapter; cadrer; convenir. Etre conforme à.

한 맞추다 | 일치하다 | 뜻이 맞다 | 들어맞다 | 맞다 | 알맞다 | ~에 적합하다

3 맛다 [MAT-TA,MA-TJYE,MA-TJĂN] (迎) 원227

불 Aller à la rencontre. 마져드리다 Ma-tjye-teu-ri-ta. Etant allé à la rencontre, faire entrer, introduire.

한 맞이하러 가다 | [용례 마져드리다, Ma-tjye-teu-ri-ta], 맞이하러 가서, 들이다, 들어오게 하다

4 맛다 [MAT-TA,MAT-HA,MAT-HEUN] (嗅) 원227

불 Flairer; senfir (odeur). 맛고오다 Mat-ko o-ta. Flairer et venir. 맛고가다. Mat-ko ka-ta. Sentir et aller.

한 냄새를 맡다 | (냄새를) 맡다 | [용례 맛고오다, Mat-ko o-ta], 냄새를 맡고 오다 | [용례 맛고가다,

Mat-ko ka-ta], 냄새를 맡고 가다

5맛다 [MAT-TA,MA-TJYE,MA-TJĂN] (中) 원227

불 Atteindre le but; toucher. ‖ Recevoir des coups.

한 목표를 달성하다 | 도달하다 | 타격을 받다

6맛다 [MAT-TA,MAT-HIE,MA-HIEUN] (任) 원227

불 Recevoir en dépôt; accepter la charge de. Etre reçu en dépôt.

한 수탁하다 | ~의 책무를 받아들이다 | 위탁하여 받아들여지다

맛당이 [MAT-TANG-I] (當) 원227

불 Il faut; nécessairement; convenablement.

한 해야 한다 | 반드시 | 합당하게

맛당ᄒᆞ다 [MAT-TANG-HĂ-TA] (宜) 원227

불 Etre nécessaire; sûr; convenable; opportun; apte. Syn. 당연ᄒᆞ다 Tang-yen-hă-ta.

한 필요하다 | 확실하다 | 적당하다 | 적절하다 | 알맞다 | [동의어 당연ᄒᆞ다 Tang-yen-hă-ta]

맛돈 [MAT-TON,-I] (直錢) 원227

불 Argent comptant,(payer de suite).

한 현금 (즉시 지불하다)

맛드다 [MAT-TEU-TA,-TEU-RE,-TEUN] (對擧) 원227

불 Se mettre à deux pour soulever un objet. ‖ Etre en face; se mettre en face.

한 물건을 들어올리기 위해 두 명이 동원되다 | 마주하다, 마주 대하다

1맛드레 [MAT-TEU-REI] (並擧) 원227

불 Seau que deux hommes font mouvoir au moyen de cordes. V. 드레박 Teu-rei-pak.

한 두 사람이 밧줄을 사용하여 움직이는 양동이 | [참조어 드레박, Teu-rei-pak]

2맛드레 [MAT-TEU-REI] 원227

불 Nattes étendues autour de l'aire pour empêcher le blé de se perdre lorsqu'on le bat.

한 곡식을 타작할 때 곡식이 없어지지 않도록 타작 마당 주변에 펼쳐진 돗자리

맛드리다 [MAT-TEU-RI-TA,-TEU-RYE,-TEU-RIN] (咀味) 원227

불 (V. act.,gouv. l'acc.). Faire avec goût.

한 (능동형 동사, 대격을 지배한다) | 안목 있게 만들다

맛득잔타 [MAT-TEUK-TJAN-HTA,-HA,-HEUN] (不潔) 원227

불 Sale.

한 더럽다

맛득ᄒᆞ다 [MAT-TEUK-HĂ-TA] (潔) 원227

불 Propre; pur; chaste. Syn. 결경ᄒᆞ다 Kyel-tjyeng-hă-ta.

한 깨끗하다 | 순수하다 | 단정하다 | [동의어 결경ᄒᆞ다, Kyel-tjyeng-hă-ta]

맛문 [MAT-MOUN,-I] (直文) 원226

불 Paiement; argent comptant, Syn. 맛돈 Mat-ton.

한 지불 | 현금 | [동의어 맛돈, Mat-ton]

맛문ᄒᆞ다 [MAT-MOUN-HĂ-TA] (弱) 원226

불 Tendre; mou; facile à mâcher.

한 부드럽다 | 무르다 | 씹기 쉽다

맛물 [MAT-MOUL,-I] (先出物) 원226

불 Première coupe (de tabac). (Tabac de) première coupe.

한 (담배를) 처음 딴 것 | 처음 딴 (담배)

맛바람 [MAT-PA-RAM,-I] (逢風) 원226

불 Vents qui se rencontrent. Vent debout, vent contraire.

한 맞부딪치는 바람 | 역풍, 맞바람

맛바리ᄒᆞ다 [MAT-PA-RA-HĂ-TA] (相換馱) 원226

불 Aller au-devant des marchandises pour les recevoir en route. ‖ Vendre en chemin avant d'arriver au marché.

한 길에서 상품들을 받으려고 마중 나가다 | 시장에 도착하기 전에 길에서 팔다

맛밧고다 [MAT-PAT-KO-TA,-PAT-KO-A,-PAT-KON] (相換) 원226

불 Echanger deux objets purement et somplement sans compensation. Troquer, changer.

한 아무런 보상 없이 순전히 그리고 단지 두 물건을 교환하다 | 교환하다, 바꾸다

맛벽 [MAT-PYEK,-I] (合壁) 원226

불 Seconde couche de terre donnée au- dehors à un mur. Le second côté d'un mur. Un des côtés d'une cloison en terre, par opposition à l'autre (auquel il s'adapte); le côté opposé.

한 벽에서 밖으로 난 흙의 두 번째 층 | 벽의 다른 쪽 | (그것이 들어맞는) 다른 쪽과 반대로, 흙으로 된 칸막이벽의 양쪽 중 한 쪽 | 반대쪽

맛보다 [MAT-PO-TA,-PO-A,-PON] (嘗) 원226

불 Goûter.

한 맛을 보다

맛빙 [MAT-PĂI] (先出獸) 원226

불 Poule qui donne sa première couvée de l'année. Première couvée. ‖ Premier-né des petits des animaux. La première portée.

한 그해 첫 알을 품은 암탉 | 첫 알 품기 | 짐승의 새끼들 중 첫째 | 첫 번째 새끼들

맛셔다 [MAT-SYE-TA,MAT-SYE,MAT-SYEN] (相對) 원226

불 Etre égaux, exœquo. Etre de même prix, de même valeur, de même force, de même calibre, etc. ‖ Faire face; résister en face. Ne pas se soumettre; être désobéissant; résister.

한 동등하다, 같은 분류상 같은 서열의 | 같은 값, 같은 가치, 같은 힘, 같은 중요도 등의 입장이다 | 맞서다 | 정면으로 대항하다 | 굴복하지 않다 | 반항적이다 | 저항하다

맛쌀 [MAT-SSĂL,-I] (蛤) 원226

불 Solen (chair de); intérieur d'une esp. d'huître. Manche de couteau; coquillage de mer (allongé).

한 긴맛(의 살) | 굴의 일종의 속 | 칼자루 [역주 긴맛조개의 자루] | (길쭉한) 바닷조개

1맛아돌 [MAT-A-TĂL,-I] (昆子) 원226

불 Le fils aîné.

한 장남

2맛아돌 [MAT-A-TĂL,-I] 원226

불 Casque.

한 투구형 모자

맛초다 [MAT-TCHO-TA,-TCHO-A,-TCHON] (相符) 원227

불 Emmancher, mettre un manche; emboiter, enchâsser une chose dans une autre. Adapter; accommoder; faire cadrer.

한 손잡이를 달다, 자루를 달다 | 다른 것에 어떤 것을 끼워 넣다, 박아 넣다 | 맞추다 | 적응시키다 | 일치시키다

1맛치 [MAT-TCHI] (打鐵) 원227

불 Marteau, tête de marteau.

한 망치, 망치 대가리

2맛치 [MAT-TCHI] (猶) 원227

불 Comme, comme si.

한 ~와 같이, 마치 ~처럼

맛치다 [MAT-TCHI-TA,-TCHYE,-TCHIN] (貫中) 원227

불 Atteindre le but; arriver juste au but; toucher le but.

한 목표에 도달하다 | 정확히 목표에 도달하다 | 과녁을 맞히다

맛치ᄒᆞᆫ가지 [MAT-TCHI-HĂN-KA-TJI] (猶一般) 원227

불 Comme si c'était la même chose.

한 마치 한 가지인 것처럼

맛퇴다 [MAT-HTEUI-TA] 원227

불 V. ᄆᆞᆺ퇴다 Măt-hteui-ta.

한 [참조어 ᄆᆞᆺ퇴다, Măt-hteui-ta]

맛파 [MAT-HPA] (長派) 원226

불 Descendants par le fils aîné. La brauche aînée.

한 맏아들의 자손들 | 장자의 분파

1*망 [MANG,-I] (網) 원221

불 Filet, grand filet en corde de paille. ‖ Sac.

한 그물, 짚으로 된 끈으로 만든 큰 그물 | 가방

2망 [MANG,-I] (磨) 원221

불 Pierre de moulin ; meule.

한 방아의 돌 | 절구

3*망 [MANG] (望) 원221

불 En agr. Espérer, regarder avec attention. ‖ Le 15 de la lune.

한 한자어로 바라다, 주의 깊게 보다 | 그 달의 15일

*망가 [MANG-KA] (亡家) 원221

불 Maison détruite; famille éteinte; maison en ruine. Maison ou famille tombée.

한 파괴된 집안 | 절멸된 가문 | 몰락한 가문 | 추락한 집안 또는 가문

*망각ᄒᆞ다 [MANG-KAK-HĂ-TA] (忘却) 원221

불 Oublier.

한 잊다

*망거 [MANG-KE] (妄擧) 원221

불 Absurdité. Chose déraisonnable, folie, coup de tête. =ᄒᆞ다-Hă-ta, Etre absurde (chose). V.g. quitter une position stable pour une précaire; faire une folie. Syn. 쳘업다 Tchyel-ep-ta.

한 부조리 | 부조리한 것, 어리석은 짓, 무모한 짓 [용례 =ᄒᆞ다, -Hă-ta], (일이) 부조리하다 | 예. 불확실한 것을 위해 안정적인 자리를 떠나다 | 어리석은 짓을 하다 | [동의어 쳘업다, Tchyel-ep-ta]

망거다 [MANG-KE-TA,-KE-RE,-KEN] (作) 원221

불 Faire; fabriquer; construire; confectionner. Syn. 망그다 Mang-keu-ta; ᄆᆞᆫᄃᆞ다 Măn-tă-ta.

한 만들다 | 제조하다 | 짓다 | 제작하다 | [동의어 망그다, Mang-keu-ta], [동의어 ᄆᆞᆫᄃᆞ다 Măn-tă-ta]

*망건 [MANG-KEN,-I] (網巾) [원]221
[불] Serre-tête en crin, esp. de filet en crin que portent les hommes mariés.
[한] 말총으로 만든 머리띠, 결혼한 남자가 쓰는, 말총으로 만든 망의 종류

*망견ㅎ다 [MANG-KYEN-HĂ-TA] (望見, (Espérer, regarder)) [원]221
[불] Regarder au loin avec attente. Regarder en espérant.
[한] 주의 깊게 멀리 바라보다 | 바라면서 바라보다

*망계 [MANG-KYEI] (妄計) [원]221
[불] Pensée absurde. Absurdité (pensée). Mauvaise finesse. Opinion mal calculée. Syn. 망념 Mang-nyem.
[한] 부조리한 생각 | 부조리(생각) | 나쁜 술책 | 잘못 계산된 견해 | [[동의어] 망념, Mang-nyem]

*망곡 [MANG-KOK,-I] (望哭, (Regarder, pleuver)) [원]221
[불] Pleurs et lamentations du peuple à la mort du roi. Cérémonie qui se fait dans tous les villages à la mort du roi (tout le monde se réunit, se tourne vers la capitale, salue et pleure).
[한] 왕이 죽었을 때 백성들의 눈물과 통곡 | 왕이 죽었을 때 모든 마을에서 행해지는 의례 (모두 모여서, 수도 쪽으로 몸을 돌려 절하고 눈물 흘린다)

*망골 [MANG-KOL,-I] (亡骨) [원]221
[불] Os ruiné, c.a.d. vilain drôle, chenapan. Homme perdu, ruiné.
[한] 몰락한 뼈, 즉 추잡한 불량배, 못된 놈 | 타락한 사람, 파산한 사람

*망국 [MANG-KOUK,-I] (亡國) [원]221
[불] Royaume tombé, ruiné.
[한] 망한, 몰락한 왕국

1*망군 [MANG-KOUN,-I] (亡君) [원]221
[불] Roi qui a perdu son autorité, roi déchu, mauvais roi.
[한] 권위를 잃은 왕, 타락한 왕, 나쁜 왕

2*망군 [MANG-KOUN,-I] (亡軍) [원]221
[불] Drôle, chenapan. Syn. 망골 Mang-kol.
[한] 건달, 못된 놈 | [[동의어] 망골, Mang-kol]

*망궐례 [MAN-KOUEL-RYEI] (望闕禮, (Regarder, palais royal, cérémonie)) [원]221
[불] Acclamations et félicitations au roi par les mandarins. Cérémonie que font tous les mandarins en allant deux fois le mois (le 1er et le 15 de la lune) dans une chambre élevée, où tournés vers le palais royal, ils se prosternent pour honorer le roi.
[한] 관리들이 왕에게 보내는 환호와 축하 | 매달 두 번씩 (그달 1일과 15일) 모든 관리가 높은 방에 가서, 궁궐을 향해 몸을 돌리고, 왕에게 예를 갖추기 위해 엎드리며 하는 예식

망그다 [MANG-KEU-TA,-KEU-RE,KEUN] (造) [원]221
[불] Faire; fabriquer; construire; confectionner. Syn. ᄆᆞᆫᄃᆞ다 Măn-tă-ta.
[한] 만들다 | 제조하다 | 짓다 | 제작하다 | [[동의어] ᄆᆞᆫᄃᆞ다, Măn-tă-ta]

*망극ㅎ다 [MANG-KEUK-HĂ-TA] (罔極, (N'être pas, terme)) [원]221
[불] Etre immense, infini, v.g. bienfait spécial, douleur immense; être déplorable, tout ce qu'il y a de plus fâcheux.
[한] 예. 특별한 선행, 엄청난 고통이 거대하다, 끝이 없다 | 가엾다, 가장 힘들다

*망념 [MANG-NYEM,-I] (妄念) [원]222
[불] Pensée absurde; idée absurde. Radotage; pensée extravagante.
[한] 터무니없는 생각 | 터무니없는 의견 | 허튼 소리 | 엉뚱한 생각

*망녕되다 [MANG-NYENG-TOI-TA,-TOI-YE,-TOIN] (妄佞) [원]222
[불] Etre faux. Etre absurde. ‖ Radoter; avoir perdu l'esprit; divaguer. Syn. 쳘업다 Tchyel-ep-ta.
[한] 잘못되다 | 부조리하다 | 허튼소리를 하다 | 정신이 나가다 | 헛소리하다 | [[동의어] 쳘업다, Tchyel-ep-ta]

*망녕스럽다 [MANG-NYEUNG-SEU-REP-TA,-RE-OUE,-RE-ON] (妄佞) [원]222
[불] Radoter. Radoteur. Etre absurde. Commencer à radoter. Sentir le radotage. Syn. 쳘업다 Tchyel-ep-ta.
[한] 허튼소리를 하다 | 노망한 사람 | 터무니없다 | 허튼소리를 하기 시작하다 | 노망이 난 것을 느끼다 | [[동의어] 쳘업다, Tchyel-ep-ta]

망뉘역 [MANG-NOUI-YEK,-I] (網蓑) [원]222
[불] Manteau d'herbes contre la pluie (il est tressé en forme de mailles à filet).
[한] 비를 막기 위해 풀로 만든 망토 (가는 끈으로 만든 편물 모양으로 엮이어 있다)

*망단ᄒᆞ다 [MANG-TAN-HĂ-TA] (望斷) [원]222
[불] Désespérer, n'avoir plus d'espoir. ‖ Etre désappointé, trompé dans ses espérances. ‖ Ne laisser plus d'espérance.
[한] 절망하다, 더 이상 희망이 없다 | 낙담하다, 자신의 장래성에 있어 잘못 생각하다 | 더 이상 희망을 남기지 않다

*망덕 [MĂNG-TEK,-I] (望德) [원]222
[불] Espérance (vertu).
[한] 소망 (미덕)

*망됴 [MANG-TYO] (亡兆) [원]222
[불] Singne de décadence, de ruine prochaine; commencement de la ruine.
[한] 쇠퇴의, 임박한 몰락의 징조 | 몰락의 시작

*망두셕 [MANG-TOU-SYEK,-I] (望頭石, (Regarder, tête, pierre)) [원]222
[불] Les deux pierres placées en face et en avant du tombeau, de chaque côte, (pour que l'âme du défunt changée en oiseau puisse se reposer convenablement).
[한] (새가 된 고인의 영혼이 편안하게 쉴 수 있도록) 무덤의 맞은 편과 앞쪽, 각각에 놓인 두 개의 돌

망둥이 [MAHG-TOUNG-I] [원]222
[불] Nom d'un petit poisson.
[한] 작은 물고기의 이름

*망망대히 [MANG-MANG-TAI-HĂI] (茫茫大海) [원]221
[불] Océan, grande mer, mer sans limite.
[한] 대양, 큰 바다, 무한한 바다

[1]망망ᄒᆞ다 [MANG-MANG-HĂ-TA] [원]221
[불] Bruit de l'aboiement d'un petit chien.
[한] 강아지가 짖는 소리

[2]*망망ᄒᆞ다 [MANG-MANG-HĂ-TA] (茫茫) [원]221
[불] Regarder au loin et ne pas bien distinguer.
[한] 멀리 바라보고 잘 구별하지 못하다

*망매ᄒᆞ다 [MANG-MAI-HĂ-TA] (忘昧) [원]221
[불] obscur; pas clair. Ne pas savoir. Oublier.
[한] 캄캄하다 | 밝지 않다 | 알지 못하다 | 잊다

*망명ᄒᆞ다 [MANG-MYENG-HĂ-TA] (亡命) [원]221
[불] Echapper à la justice; éviter le châtiment par la fuite; fuir pour échapper à la mort.
[한] 재판을 피하다 | 도망하여 벌을 피하다 | 죽음을 모면하기 위해 도망가다

*망문투식ᄒᆞ다 [MANG-MOUN-HTOU-SIK-HĂ-TA] (望門投食, (Regarder, porte, appui, nourriture)) [원]222
[불] Voyageur sans ressource, qui cherche sa vie aux portes. Mendier aux portes.
[한] 무일푼인, 문간에서 살 방도를 찾는 나그네 | 문간에서 구걸하다

*망발 [MANG-PAL,-I] (妄發) [원]222
[불] Parole vaine. Bêtise qui échappe. Injure involontaire faite par ignorance ou inadvertance.
[한] 근거 없는 말 | 본의 아니게 새어 나오는 어리석은 말 | 무지와 부주의로 인한 본의 아닌 욕설

*망샹스럽다 [MANG-SYANG-SEU-REP-TA,-RE-OUE, -RE-ON] (妄像) [원]222
[불] Etre léger (esprit); qui parle et agit sans réfléchir; étourdi. Syn. 방졍스럽다 Pang-tjyeng-seu-rep-ta.
[한] (정신이) 가볍다 | 곰곰이 생각하지 않고 말하고 행동하다 | 경솔하다 | [[동의어] 방졍스럽다, Pang-tjyeng-seu-rep-ta]

망셔리다 [MANG-SYE-RI-TA,-RYE,-RIN] (猶豫) [원]222
[불] Hésiter, délibérer en son esprit.
[한] 망설이다, 머릿속에서 숙고하다

*망셕 [MANG-SYEK,-I] (網席) [원]222
[불] Esp. de grosse natte en paille de riz.
[한] 볏짚으로 만든 큰 돗자리의 종류

망셕즁 [MANG-SYEK-TJYOUNG,-I] (忘釋僧) [원]222
[불] Mannequin en forme de bonze qui se remue à l'aide de ressorts. Marionnette, pantin.
[한] 태엽에 의해 움직이는 승려 형태의 모형 | 인형, 꼭두각시

[1]*망신 [MANG-SIN,-I] (亡身) [원]222
[불] Déshonneur; infamie; opprobre; ignominie; honte; affront; perte de la réputation. =ᄒᆞ다-hă-ta ou =되다 -tol-ta, Etre déshonoré.
[한] 불명예 | 망신 | 치욕 | 불명예 | 수치 | 모욕 | 명성의 상실 | [[용례] =ᄒᆞ다, -hă-ta] 또는 [[용례] =되다, -tol-ta], 명예가 훼손되다

[2]망신 [MANG-SIN,-I] (網鞋) [원]222
[불] Souliers en paille tressée, chausson de tresse, souliers en corde.
[한] 짚을 꼬아 만든 신발, 끈을 엮어 만든 덧신, 끈으로 만든 신발

*망신되다 [MANG-SIN-TOI-TA,-TOI-YE,-TOIN] (亡身) [원]222
[불] Etre déshonoré, se déshonorer; perdre l'honneur,

la réputation.

한 명예가 손상되다, 체면이 깎이다 | 명예, 평판을 잃다

*망신식이다 [MANG-SIN-SIK-I-TA,-SIK-YE,-SIK-IN] (亡身) 원222

불 Déshonorer, diffamer.

한 망신을 주다, 명예를 훼손하다

망신식히다 [MANG-SIN-SIK-HI-TA] 원222 ☞망신식이다

*망ᄉᆞ지언 [MANG-SĂ-TJI-EN,-I] (忘死之言) 원222

불 Parole qui brave la mort.

한 죽음을 무릅쓰고 하는 말

*망ᄉᆞ초 [MANG-SĂ-TCHO] (網砂草) 원222

불 Esp. de plante vénéneuse (officinale).

한 독성을 지닌 (약용의) 풀의 종류

망아지 [MANG-A-TJI] (駒) 원221

불 Poulain, pouliche.

한 망아지, 암망아지

1*망양 [MANG-YANG,-I] (茫洋) 원221

불 Mer, grande mer.

한 바다, 큰 바다

2*망양 [MANG-YANG,-I] (亡陽) 원221

불 Maladie mortelle.

한 치명적인 병

*망어 [MANG-E] (芒魚) 원221

불 Nom d'une esp. de poisson (p.ê. le saumon ou le brochet).

한 물고기 일종의 이름 (아마도 연어 또는 곤들매기)

*망연ᄒᆞ다 [MANG-YEN-HĂ-TA] (茫然) 원221

불 Ne pas savoir; ignorer. ‖ Dont on ne voit pas la fin (se dit du temps, de l'espace). ‖ Qui lasisse en suspens, en attente. Syn.아득하다, A-teuk-hă-ta.

한 알지 못하다 | 모르다 | 그 끝이 보이지 않다 (시간, 공간에 대해 쓴다) | 미결인 채로, 대기중인 채로 남기다 | [동의어 아득하다, A-teuk-hă-ta]

1망옷 [MANG-OT,-SI] 원221

불 Corde qui lie les sacs de riz pour les empêcher de crever. (provinc.).

한 터지는 것을 막기 위해 쌀자루들을 묶는 끈 | (지역어)

2망옷 [MANG-OT,-SI] 원221

불 Nœud; durillon; cor; œil-de-perdrix. Nœud dans le bois. Syn. 멋이 Met-i

한 혹 | [역주 손, 발에 생기는] 못 | 티눈 | 발가락의 티눈 | 나무의 마디 | [동의어 멋이, Met-i]

3망옷 [MANG-OT,-SI] (蟒衣) 원221

불 Habit que revête le fils du roi.

한 왕의 아들이 입는 옷

4망옷 [MANG-OT,-SI] 원221

불 Fumier; excréments délayés avec l'urine.

한 비료 | 소변과 섞인 대변

망울이 [MANG-OUL-I] 원221

불 globe de l'œil.

한 안구

*망월 [MANG-OUEL,-I] (望月) 원221

불 Le 15e jour de la lune, la pleine lune.

한 그달의 열다섯 번째 날, 보름달

1*망인 [MANG-IN,-I] (亡人) 원221

불 Défunt, mort. ‖ Fugitif.

한 고인, 죽은 사람 | 도망자

2*망인 [MANG-IN,-I] (亡刃) 원221

불 Couteau qui n'a pas de de fil.

한 날이 없는 칼

*망쟈 [MANG-TJAY] (亡者) 원222

불 Un défunt, un mort.

한 고인, 죽은 사람

*망조 [MANG-TJO] (妄措) 원222

불 Absurdité. Syn. 망거 Mang-ke.

한 터무니없는 말 | [동의어 망거, Mang-ke]

*망조ᄒᆞ다 [MANG-TJO-HĂ-TA] (罔措) 원222

불 Faire tout avec précipitation; mettre tout en désordre.

한 매사에 급하게 하다 | 모든 것을 뒤죽박죽으로 만들다

1*망죵 [MANG-TJYOUNG] (芒種) 원222

불 Grain en épi. 3e quinzaine d'été, 4 ou 5 Juin.

한 이삭이 팬 곡물 | 여름의 세 번째 2주간, 6월 4일 또는 5일

2*망죵 [MANG-TJYOUNG] (亡種, (Mort, racine d'orge)) 원222

불 Racine de l'orge se dessécher.

한 보리의 뿌리가 마르다

3*망죵 [MANG-TJYOUNHG,-I] (亡終) 원222

불 Fin; mort; extinction.

한 마지막 | 죽음 | 멸종

*망증 [MANG-TJEUNG,-I] (妄證) 원222

불 Calomnie. =ᄒᆞ다 -hă-ta, Calomnier; juger témérairement.

한 중상 | [용례 =ᄒᆞ다, -hă-ta], 중상하다 | 경솔하게 판단하다

[1]*망착ᄒᆞ다 [MĂNG-TCHAK-HĂ-TA] (忘着) 원222

불 Légèrté; étourderie. ‖ Déraisonnable. ‖ Oublier.

한 가벼움 | 경솔 | 사리에 어긋나다 | 잊다

[2]*망착ᄒᆞ다 [MANG-TCHAK-HĂ-TA] (罔着, (N'être pas, revêtu)) 원222

불 Etre débraillé; être sans chapeau, sans serre-tête, sans habit.

한 옷차림이 단정하지 않다 | 모자, 머리띠, 옷이 없는 상태이다

[1]*망창ᄒᆞ다 [MANG-TCHANG-HĂ-TA] (茫滄) 원222

불 Folie, bêtise, étourderie.

한 터무니없는 짓, 어리석음, 경솔

[2]*망창ᄒᆞ다 [MANG-TCHANG-HĂ-TA] (亡愴) 원222

불 Etre perdu sans ressource, tout à fait dévoyé.

한 속수무책으로 몰락하다, 완전히 타락하다

*망쳐 [MANG-TCHYE] (亡妻) 원222

불 L'épouse défunte.

한 죽은 부인

[1]*망쵸 [MANG-TCHYO] (芒硝) 원223

불 Esp. de sel dans le genre du salpêtre (sert en médecine). Salpêtre.

한 질산칼륨의 종류인 소금의 종류 (의학에서 쓰인다) | 질산칼륨

[2]*망쵸 [MANG-TCHYO] (芒草) 원223

불 Dernière pousse du tabac.

한 담배의 마지막 싹

*망치다 [MANG-TCHI-TA,-TCHYE,-TCHIN] (亡) 원223

불 Ruiner, faire la ruine de. V. 망ᄒᆞ다 Mang-hă-ta.

한 망치다, ~을 파괴하다 | [참조어 망ᄒᆞ다, Mang-hă-ta]

망치머리 [MANG-TCHI-ME-RI] 원223

불 Chevelure de femme roulée autour de la tête en tresses. ‖ Femme qui travaille.

한 머리 주위로 땋아서 둥글게 말아 올린 여자의 머리 | 일하는 여자

*망칙ᄒᆞ다 [MANG-TCHIK-HĂ-TA] (罔飭) 원222

불 Déshonorant; affreux; vexant; malheureux; déplorable; pitoyable; méprisable; misérable. V. 망신 Mang-sin

한 불명예스럽다 | 흉측하다 | 모욕적이다 | 불행하다 | 불쌍하다 | 가엾다 | 경멸할 만하다 | 비참하다 | [참조어 망신, Mang-sin]

망탁이 [MANG-HTAK-I] (網橐) 원222

불 Sac en filet. Sac (pour mettre les sapèques).

한 망으로 된 가방 | (엽전들을 넣기 위한) 가방

[1]망틔 [MANG-HTĂI] 원222 ☞망탁이

[2]*망틔 [MAHG-HTĂI] (亡胎) 원222

불 Vieille femme.

한 늙은 여자

망판 [MANG-HPAN,-I] (磨板) 원222

불 Plateau de la roue d'une meule.

한 맷돌 바퀴의 판

*망판일다 [MANG-HPAN-IL-TA] (亡局) 원222

불 Qui va à sa ruine. Ruine. Tout perdu. C'est fini; c'en est fait.

한 파멸해 가는 것 | 파멸 | 완전히 몰락하다 | 끝나다 | 끝장나다

*망픽 [MAHG-HPĂI] (亡敗) 원222

불 Infamie, déshonneur.

한 치욕, 불명예

*망픽ᄒᆞ다 [MANG-HPĂI-HĂ-TA] (妄悖) 원222

불 Etre perdu, ruiné; être absurde.

한 몰락하다, 무너지다 | 터무니없다

*망혜 [MANG-HYEL] (芒鞋) 원221

불 Souliers tressés en paille, en écorce, en corde.

한 짚, 나무껍질, 끈을 꼬아 만든 신발

*망혜ᄒᆞ다 [MANG-HYEI-HĂ-TA] (忘惠) 원221

불 Ingratitude. Etre ingrat. Oublier les bienfaits.

한 배은망덕 | 배은망덕하다 | 은혜를 잊다

*망ᄒᆞ다 [MANG-HĂ-TA] (亡) 원221

불 N'être plus ; être détruit, renversé, ruiné, déchu. Etre en décadence, tomber en ruine.

한 더 이상 아니다 | 파괴되다, 뒤집어지다, 무너지다, 쇠퇴하다 | 쇠퇴하다, 파멸하다

[1]매 [MAI] (磨石) 원215

불 Moulin à farine; moulin à écosser, à émonder les blés. =돌-tol, Meule.

한 가루 빻는 방아 | 곡물의 껍질을 까는, 겨를 떨어내는 방아 | [용례 =돌, -tol], 맷돌

[2]매 [MAI] 원215

불 Numéral des lots de comestible, et quelquefois le double. ᄒᆞᆫ매도된다 Hănmai to toin-ta, Cela vaut le double.

한 식료품 묶음을 세는, 그리고 때때로 그 두 배인

수사 | [용례 ᄒᆞᆫ매도된다 Hănmai to toin-ta], 두 배에 상당한다

[3]매 [MAI] (笞杖) 원215

불 Verge, baguette, fouet, étrivières, bâton à frapper les criminels.

한 막대, 막대기, 회초리, 채찍용 혁대, 죄인을 치는 몽둥이

[4*]매 [MAI] (妹) 원215

불 Sœur (par rapport à un frère).

한 (남자 형제와 비교해서) 여자 형제

[5*]매 [MAI] (䬺) 원215

불 Riz cuit. Syn. 밥 Pap.

한 익은 밥 | [동의어 밥, Pap]

[6]매 [MAI] 원215

불 Rouille, moisissure. Syn. 동녹 Tong-nok.

한 녹, 곰팡이 | [동의어 동녹, Tong-nok]

*매가 [MAI-KA] (妹家) 원216

불 Maison de la sœur, des beaux-parents de la sœur.

한 여자 형제의, 여자 형제의 시부모의 집

[1]매다 [MAI-TA,MAI-A,ou MAI-TE,MAIN] (繫) 원216

불 Nouer, lier, attacher, amarrer.

한 매다, 연결하다, 묶다, [역주 선박 등을] 매어 놓다

[2]매다 [MAI-TA,MAI-TE,MAIN] (耘) 원216

불 Sarcler.

한 잡초를 뽑다

[3]매다 [MAI-TA,MAI-TE,MAIN] 원216

불 Aller et venir, se démener comme pour chercher ce qu'on ne peut trouver.

한 가고 오다, 찾을 수 없는 것을 찾는 것처럼 동분서주하다

[4]매다 [MAI-TA,MAI-A,MAIN] (調) 원216

불 Encoller les fils de la chaîne d'une pièce d'étoffe.

한 직물 조각의 날줄을 풀로 붙이다

매돌 [MAI-TOL,-I] (磨石) 원216

불 Meule en pierre à faire de la farine, ou à écosser, à monder les blés. Meule de moulin.

한 가루를 만들거나 껍질을 까거나 곡식의 껍질을 떨어버리는 돌로 된 절구 | 방아의 절구

*매몰스럽다 [MAI-MOL-SEU-REP-TA,-RE-OUE,-RE-ON] (埋沒) 원216

불 Qui n'a pas de charité, pas de cœur, pas d'usage.

한 자비가 없다, 무정하다, 예의가 없다

*매몰ᄒᆞ다 [MAI-MOL-HA-TA] (埋沒) 원216

불 Avare; qui n'est pas charitable; qui a le cœur dur. ‖ être réservé, froid, peu communicatif. V. 얌젼ᄒᆞ다 Yam-tjyen-hă-ta.

한 인색하다 | 동정하는 마음이 없다 | 무정하다 | 조심성 있다, 냉정하다, 별로 마음을 터놓지 않다 | [참조어 얌젼ᄒᆞ다 Yam-tjyen-hă-ta]

매밀 [MAI-MIL,-I] (蕎麥) 원216

불 Blé noir.(Provinc.).

한 메밀 | (지역어)

[1*]매ᄆᆡᄒᆞ다 [MAI-MĂI-HĂ-TA] (賣買) 원216

불 Faire le commerce. Syn. ᄆᆡ매ᄒᆞ다 Măi-mai-hă-ta.

한 매매하다 | [동의어 ᄆᆡ매ᄒᆞ다, Măi-mai-hă-ta]

[2]매ᄆᆡᄒᆞ다 [MAI-MĂI-HĂ-TA] 원216

불 Bêler. Beugler comme un taureau qui appelle sa mère.

한 [역주 양, 염소가] 매애매애 울다 | 제 어미를 부르는 황소처럼 매에 울다

[1*]매복ᄒᆞ다 [MAI-POK-HĂ-TA] (埋伏) 원216

불 Cacher pour défendre la route; placer pour empêcher. Se tenir caché en embuscade. (Se dit surtout des soldats)

한 길을 지키기 위해서 숨기다 | 방해하기 위해서 두다 | 매복한 채로 숨어 있다 | (특히 군인들에 대해 쓴다)

[2*]매복ᄒᆞ다 [MAI-POK-HĂ-TA] (賣卜) 원216

불 Vendre le bonheur; tirer la bonne aventure; vendre les sorts; tirer les sorts.

한 행운을 팔다 | 운수를 점치다 | 운세를 팔다 | 운세를 뽑다

*매부 [MAI-POU] (妹夫) 원216

불 Mari d'une jeune sœur.

한 어린 여자 형제의 남편

*매샹 [MAI-SYANG,-I] (昧爽) 원216

불 Aurore, le point du jour.

한 여명, 새벽

*매실 [MAI-SI,-I] (枚實) 원216

불 Esp. de petit abricot ou pèche au goût aigre (quand ils sont verts encore).

한 (아직 초록색일 때) 신맛이 나는 작은 살구 또는 복숭아의 종류

*매씨 [MAI-SSI] (妹氏) 원216

불 Sœur.(honorif.).

한 여자 형제 | (경칭)

*매쟈 [MAI-TJYA] (媒者) 원216

불 Entremetteur de mariage, courtier de mariage.
한 결혼의 중매인, 중매인

매지관 [MAI-TJI-KOAN,-I] (結冠) 원216
불 Bonnet en crin dont chaque maille est nouée.
한 각각의 [역주 그물] 코가 매듭으로 묶인 말총으로 된 챙 없는 모자

매한ᄒᆞ다 [MAI-HAN-HĂ-TA] 원216 ☞매헌ᄒᆞ다

*매헌ᄒᆞ다 [MAI-HEN-HĂ-TA] (埋獻) 원216
불 Enterrer les vieilles tablettes des ancêtres.
한 조상들의 낡은 패들을 묻다

*매형 [MAI-HYENG] (妹兄) 원216
불 Mari d'une sœur aînée (plus âgée que soi), beau-frère.
한 (자신보다 나이가 더 많은) 손위 여자 형제의 남편, 매형

*매혼 [MAI-HON,-I] (妹婚) 원216
불 Mariage de la sœur.
한 여자 형제의 결혼

*매혼ᄒᆞ다 [MAI-HON-HĂ-TA] (賣婚, (Vendre, mariage)) 원216
불 S'entremettre pour un mariage. ‖ Faire un mariage d'argent, c.a.d. recevoir une somme d'argent pour la femme qu'on livre (v.g. un père pour sa fille. -c'est une véritable vente).
한 결혼을 중개하다 | 타산적인 결혼을 하다, 즉 인도되는 여자에 대해 일정 금액의 돈을 받다 (예. 아버지가 자신의 딸에 대해. -이는 실제 매매이다)

*매화 [MAI-HOA] (梅花) 원216
불 Fleur d'abricotier (qui n'existe qu'en serre en Corée, et qui a un fruit plus acide que l'abricot d'Europe). Fleur qui fleurit en serre au commencement du printemps, fin d'hiver.
한 살구나무의 꽃 (조선에서는 온실에서만 있고 열매는 유럽의 살구보다 더 신맛이 난다) | 봄의 시작, 겨울의 끝에 온실에서 피는 꽃

먀알먀알ᄒᆞ다 [MYA-AL-MYA-AL-HĂ-TA] 원228
불 Effronté; malhonnète; mal-appris; égoïste; sans-cœur; froid.
한 염치없다 | 부정직하다 | 무례하다 | 이기적이다 | 매정하다 | 냉정하다

먀욱ᄒᆞ다 [MYA-OUK-HĂ-TA] (昧惑) 원228
불 Imbécile, bête, sot (se dit d'un petit homme).
한 저능하다, 어리석다, 바보스럽다(하찮은 사람에 대해 쓴다)

머게 [MEK-KEI] 원231
불 Paille que l'on met pour remplir un sac, afin que rien ne bouge. Bonchon de paille.
한 아무것도 움직이지 않도록, 가방을 채우기 위해 넣는 짚 | 짚으로 된 마개

머구리 [ME-KOU-RI] (蛙) 원231
불 Grande grenouille. Grenouille verte.
한 큰 개구리 | 초록색 개구리

머귀나무 [ME-KOUI-NA-MOU] (梧桐) 원231
불 Esp. d'arbre, p.ê. le platane; alisier des bois(?) Syn. 오동나무 O-tong-na-mou.
한 나무의 종류, 아마도 플라타너스 | 마가목류 | [동의어 오동나무, O-tong-na-mou]

[1]머다 [ME-TA,ME-RE,MEN] (盲) 원232
불 Œil obscur; être obscur; voir peu.
한 침침한 눈 | 어둡다 | 거의 보이지 않다

[2]머다 [ME-TA,ME-RE,MEN] (碎) 원232
불 Broyer; réduire en poudre; écraser. Syn. 부수다 Pou-sou-ta.
한 빻다 | 가루로 만들다 | 으스러뜨리다 | [동의어 부수다, Pou-sou-ta]

[3]머다 [ME-TA,ME-RE,MEN] (遠) 원232
불 Eloigné, être loin.
한 멀리 떨어지다, 멀다

머드다 [ME-TEU-TA,-TEU-RE,-TEUN] (鈍) 원232
불 N'être pas tranchant, pas affilé (couteau, perçoir).
한 (칼, 송곳이) 날카롭지 않다, 날이 없다

머드레ᄒᆞ다 [ME-TEU-REI-HĂ-TA] (錯種) 원232
불 Planter (semer) de loin en loin, à distance, dans un champ déjà ensemencé.
한 사이를 두고, 거리를 두고, 이미 씨가 뿌려진 밭에 심다 (파종하다)

머레 [ME-REI] 원232
불 Baie, raisin sauvage.
한 장과, 야생의 포도

[1]머루 [ME-ROU] (冶鐵) 원232
불 Enclume.
한 모루

[2]머루 [ME-ROU] (藟) 원232
불 Vigne sauvage, raisin sauvage.
한 야생 포도나무, 야생 포도

머루덩굴 [ME-ROU-TENG-KOUL,-I] (藟蔓) 원232
불 Vigne sauvage, pied de vigne sauvage.

한 야생 포도나무, 야생 포도나무의 밑동

머리 [ME-RI] (首) 원232

불 Tête. ‖ Cheveux, chevelure.

한 머리 | 머리카락, 머리털

[1]머리새 [ME-RI-SAI] 원232

불 Grande herbe dont on recouvre les maisons. ‖ Nom d'un oiseau.

한 집들을 뒤덮는 큰 풀 | 새의 이름

[2]머리새 [ME-RI-SAI] (頭刷) 원232

불 Aspect de la tête.

한 머리의 모양

머리털 [ME-RI-HTEL,-I] (頭髮) 원232

불 Cheveux, chevelure.

한 머리카락, 머리털

머물다 [ME-MOUL-TA,-MOUL-E,-MOUN] (留) 원231

불 V. 머므다 ME-MEU-TA.

한 [참조어 머므다 ME-MEU-TA]

머므다 [ME-MEU-TA,-MEU-RE,-MEUN] (留) 원231

불 Séjourner; retarder; tarder; s'arrêter.

한 체류하다 | 늦추다 | 지체되다 | 멈추다

머므ᄅᆞ다 [ME-MEU-RĂ-TA,-MEUL-NE,-MEU-RĂN] (留) 원231

불 Retenir, retarder; faire stationner, séjourner, reposer, demeurer, s'arrêter, rester, tarder, fact. de 머므다 Me-meu-ta.

한 잡아 두다, 늦추다 | 주차를 시키다, 체류하다, 쉬다, 머무르다, 멈추다, 머무르다, 늦어지다 | 머므다 Me-meu-ta의 사동형

머므ᄅᆞ지다 [ME-MEU-RĂ-TJI-TA,-TJYE,-TJIN] (鈍) 원231

불 Etre peu aiguisé (couteau, perçoir).

한 (칼, 송곳이) 별로 날카롭지 않다

머믓머믓ᄒᆞ다 [ME-MEUT-ME-MEUT-HĂ-TA] (躕躇) 원231

불 Hésiter. Arrêter un peu pour délibérer. Etre un peu en retard.

한 망설이다 | 숙고하기 위해서 잠시 멈추다 | 약간 늦다

머셤 [ME-SYEM,-I] (雇工) 원232

불 Domestique, garçon.

한 하인, 사환

머엄 [ME-EM] (雇工) 원230

불 Domestique, serviteur à gages.

한 하인, 급료를 받는 하인

머위 [ME-OUI] 원230

불 Herbe potagère à feuilles larges. Esp. de tussilage dont on mange les tiges.

한 잎이 넓은 식용의 풀 | 그 줄기를 먹는 머위의 종류

머음 [ME-EUM,-I] 원230 ☞머엄

머죽다 [ME-TJOUK-TA,-TJOUK-E,-TJOUK-EUN] (不穩) 원232

불 Etre mou; ‖ Etre harassé, fatigué, sur le point de mourir. ‖ Etre fané, se faner, mourir avant la maturité (grain, fleurs).

한 무기력하다 | 기진맥진하다, 피곤하다, 죽을 지경이다 | (낟알, 꽃이) 시들어 있다, 시들다, 익기 전에 죽다

머쥬ᄒᆞ다 [ME-TJYOU-HĂ-TA] (緩) 원232

불 Cesser par obéissance. ‖ Tarder.

한 복종하여 멈추다 | 지체되다

[1]머쳐로 [ME-TCHYE-RO] (初) 원232

불 Au commencement, en principe.

한 처음에, 원칙적으로

[2]머쳐로 [ME-TCHYE-RO] (限久間) 원232

불 De temps en temps; rarement; longtemps; mûrement.

한 때때로 | 드물게 | 오랫동안 | 신중하게

머추다 [ME-TCHOU-TA,-TCHOU-E,-TCHOUN] (停止) 원232

불 Attendre; retarder; faire rester; retenir; tarder; rester en place. ‖ Cesser.

한 기다리다 | 늦추다 | 머물러 있게 하다 | 붙잡아 놓다 | 늦어지다 | 잠자코 머물다 | 중단되다

머춤ᄒᆞ다 [ME-TCHOUM-HĂ-TA] (止) 원232

불 Se tenir en place, rester en place.

한 제자리에 있다, 제자리에 머물다

머틀머틀하다 [ME-HIEUL-ME-HIEUL-HĂ-TA] 원232

불 Etre couvert d'aspérités. Etre à demi coagulé; contenir des caillots, des grumeaux.

한 우툴두툴한 것으로 덮이다 | 반쯤 엉겨 있다 | 엉긴 덩이, 응결물을 포함하다

[1]먹 [MEK,-I] (墨) 원230

불 Encre.

한 잉크

[2]먹 [MEK,-I] (百束) 원230

불 Valeur de ceul gerles de riz à payer en impôts.

한 세금으로 지불하기 위한 벼 100단 분량

먹감나무 [MEK-KAM-NA-MOU] (黑柑木) 원231

불 Arbre de kaki dont le bois est noir ou veiné de noir. Esp. d'ébénier.
한 수목이 검거나 나뭇결이 검은 색인 감나무 | 흑단 나무의 종류

먹국 [MEK-KOUK,-I] (拳) 원231
불 Nom d'un jeu de hasard qui consiste à deviner combien d'objets sont cachés dans la main d'une personne. (Si on tombe juste, on gagne un jeton).
한 한 사람의 손 안에 숨겨진 물건이 몇 개인지 추측하는 것으로 이루어지는, 운수를 건 놀이의 이름 | (만약 정확히 되면, 표를 얻는다)

먹다 [MEK-TA,MEK-E,MEK-EUN] (喫) 원231
불 Manger; boire.
한 먹다 | 마시다

먹던썩 [MEK-TEN-TTEK] (半餠) 원231
불 Gâteau mange ou à moitié mangé. || Morceau de gâteau (terme de mépris, se dit d'un homme de rien).
한 먹은 떡 또는 반을 먹은 떡 | 떡 조각 (경멸의 단어, 무가치한 사람에 대해 쓴다)

먹동 [MEK-TONG,-I] (墨同) 원231
불 Numéral des 10 bâtons d'encre. V. 동 Tong.
한 잉크 막대 열 개를 세는 수사 | [참조어 동 Tong]

먹먹ᄒᆞ다 [MEK-MEK-HĂ-TA] 원231
불 Surdité momentanée causée par un grand bruit; bourdonement qui en résulte. 귀먹먹ᄒᆞ다 Koui-mek-mek-hă-ta, eprouver des bourdonnements dans les oreilles.
한 큰 소리에 의한 일시적 난청 | 그 결과로 생기는 이명 | [용례 귀먹먹ᄒᆞ다, Koui-mek-mek-hă-ta], 귀에 이명을 느끼다

먹부 [MEK-POU] (聾夫) 원231
불 Sourd, un sourd.
한 귀먹다, 귀머거리

[1]**먹새** [MEK-SAI] (墨鳥) 원231
불 Nom d'un petit oiseau.
한 작은 새의 이름

[2]**먹새** [MEK-SAI] (飮食) 원231
불 Art culinaire, art d'apprèter les mets. Mets. || Appétit.
한 요리법, 요리를 준비하는 법 | 요리 | 식욕

먹새ᄒᆞ다 [MEK-SAI-HĂ-TA] (飮食) 원231
불 Manger || Préparer la cuisine. || 먹새잘ᄒᆞ다. Mek-sai-tjal-hă-ta, Manger de bon appétit; faire bien la cuisine.
한 먹다 | 요리를 준비하다 | [용례 먹새잘ᄒᆞ다, Mek-sai-tjal-hă-ta], 왕성한 식욕으로 먹다 | 요리를 잘 하다

먹셩 [MEK-SYEUNG,-I] (食性) 원231
불 Appétit. (Se dit des animaux, pas des hommes, sinon des inférieans)
한 식욕 | (사람들에 대해서는 말고 동물들에 대해, 그렇지 않으면 아랫사람들에 대해 쓴다)

먹쏭 [MEK-TTONG,-I] (墨糞) 원231
불 Endroit où l'encre se durcit sur le pinceau. || Tache d'encre, éclaboussure d'encre.
한 붓에 잉크가 굳은 자리 | 잉크 자국, 잉크가 튀어 묻은 자국

먹음 [MEK-EUM,-I] 원231
불 Une gorgée, une bouchée.
한 한 모금, 한 입

먹음다 [MEK-EUM-TA,-EUM-E,-EUM-EUN] (含) 원231
불 Prendre une gorgée (de liquide). || Mettre dans son cœur, cacher dans son esprit.
한 (액체) 한 모금을 먹다 | 자신의 마음속에 두다, 자신의 마음속에 감추다

먹음즉ᄒᆞ다 [MEK-EUM-TJĂK-HĂ-TA] (可食) 원231
불 Agréable à manger.
한 먹기에 좋다

먹이다 [MEK-I-TA,MEK-YE,MEK-IN] (飼) 원231
불 (Fact. de 먹다 Mek-ta). Nourrir; donner à manger; faire manger; faire boire,
한 (먹다 Mek-ta의 사동형) | 먹이다 | 먹을 것을 주다 | 먹게 하다 | 마시게 하다

먹줄 [MEK-TJOUL,-I] (墨繩) 원231
불 Linge ou cordeau (dont se servent les charpentiers, les menuisiers) pour tracer en noir.
한 검은색으로 선을 긋기 위해 (목수들, 소목장이들이 사용하는) 줄 또는 먹줄

먹칠ᄒᆞ다 [MEK-TCHIL-HĂ-TA] (墨柒) 원231
불 Teindre en noir; noircir avec en l'encre.
한 검게 물들이다 | 잉크로 검게 하다

먹칼 [MEK-HKAL,-I] (墨刀) 원231
불 Trait, ligne, marque. || Esp. de crayon de pinceau de menuisier (c'est un bambou trempé dans l'encre).
한 선, 줄, 표시 | 소목장이의 붓연필의 종류 (잉크에 담근 대나무이다)

먹통 [MEK-HTONG,-I] (墨筒) [원]231
[불] Encrier, encrier des charpentiers (composé de d'encrier et d'une ligne imprégnée d'encre pour tracer, etc.).
[한] 잉크병, (선을 긋기 위한 잉크병과 잉크가 배어든 줄 등으로 이루어진) 목수들의 잉크병

먼ᄃᆡ [MEN-TĂI] (遠) [원]231
[불] Loin.
[한] 멀리

먼져 [MEN-TJYE] (先) [원]231
[불] Avant.
[한] 먼저

멀니 [MEL-NI] (遠) [원]232
[불] Loin, au loin.
[한] 멀리, 먼 곳에

멀더군이 [MEL-TE-KOUN-I] (禽胃) [원]232
[불] Gésier, estomac des oiseaux granivores.
[한] [[역주] 새의] 모래주머니, 곡식을 먹고 사는 새의 위

멀미ᄒᆞ다 [MEL-MI-HĂ-TA] (水疾) [원]232
[불] Avoir le mal de mer.
[한] 뱃멀미하다

멀슉ᄒᆞ다 [MEL-SYOUK-HĂ-TA] [원]232
[불] Etre clair, peu épais (liquide).
[한] (액체) 묽다, 진하지 않다

멈츄다 [MEM-TCHYOU-TA,-TCHYOU-E,-TCHYOUN] (止) [원]231
[불] Ralentir; cesser.
[한] 속도를 늦추다 | 멈추다

멋당이 [MET-TANG-I] (責) [원]232
[불] Gronderie, réprimande. =주다-tjou-ta, gronder. =막다-mak-ta ou =밧다-pat-ta. Recevoir une réprimande.
[한] 꾸지람, 질책 | [[용례] =주다, -tjou-ta], 꾸짖다 | [[용례] =막다, -mak-taa] 또는 [[용례] =밧다, -pat-ta], 질책을 받다

멋이 [MET-I] (節) [원]232
[불] Nœud du bois; durillon. Syn. 망옷 Mang-ot.
[한] 나무의 마디 | [[역주] 손이나 발바닥에 생기는] 못 | [[동의어] 망옷, Mang-ot]

멍가나무 [MENG-KA-NA-MOU] [원]231
[불] Arbuste un peu semblable à une petite vigne, et dont les feuilles deviennent rouges en automne. Esp. de broussailles à baies rouges et acidulées.
[한] 가을에 잎이 붉게 변하는 작은 포도나무를 약간 닮은 소관목 | 붉고 새큼한 장과가 열리는 가시덤불의 종류

멍구럭 [MENG-KOU-REK,-I] (網槖) [원]231
[불] Poche en pailles de riz. Grand sac en filet.
[한] 볏짚으로 된 주머니 | 망으로 된 큰 가방

멍군 [MENG-KOUN] (對博聲) [원]231
[불] Expression d'une esp. de jeu d'échecs.
[한] 일종의 장기 놀이의 표현

멍덕 [MENG-TEK,-I] [원]231
[불] Esp. de nid en paille tressée, que l'on renverse pour y recueillir les abeilles. Vase ou calebasse frottée de miel pour attirer les abeilles sauvages.
[한] 벌들을 모으기 위해 뒤집어 놓는, 꼰 짚으로 만든 둥지의 종류 | 야생 벌들을 유인하기 위해 꿀을 바른 그릇 또는 호리병박

멍덕ᄯᆞᆯ기 [MENG-TEK-TTĂL-KI] (覆盆子) [원]232
[불] Grosse mûre. framboise rouge, sauvage, de la plus grosse espèce.
[한] 큰오디 | 가장 굵은 종류의, 야생의 붉은 나무딸기 열매

멍드다 [MENG-TEU-TA,-TEU-RE,-TEUN] [원]232
[불] Etre pourri à l'intérieur. S'enflammer peu à peu, se former peu à peu (un clou, un ulcère).
[한] 속이 썩다 | 점점 염증을 일으키다 (절종, 궤양이) 점점 형성되다

멍멍 [MENG-MENG] [원]231
[불] Cri du chien; bruit de l'aboiement d'un gros chien.
[한] 개가 내는 소리 | 큰 개가 짖는 소리

멍셕 [MENG-SYEK,-I] (藁席) [원]231
[불] Grosse natte de paolle de riz solidement tressée. sac en paille pour le riz.
[한] 튼튼하게 꼰 볏짚으로 만든 큰 돗자리 | 쌀을 담기 위한 짚으로 된 가방

멍쿨ᄒᆞ다 [MENG-HKOUL-HĂ-TA] [원]231
[불] Etouffer pour avoir mangé un trop gros morceau; suffoquer; avoir des crampes d'estomac. Avoir une pesanteur sur l'estomac, une digestion difficile.
[한] 너무 큰 조각을 먹어서 질식하다 | 숨 막히다 | 위경련이 일어나다 | 위에 묵직한 것이 있다, 소화불량이다

멍얼멍얼ᄒᆞ다 [MENG-EL-MENG-EL-HĂ-TA] [원]231
[불] Se dit des grumeaux, v.g. qui se trouvent dans la pâte mal délayée. A demi congelé; qui contient des caillots.
[한] 예. 잘 이겨지지 않은, 반죽 안에 있는 덩어리들에 대해 쓴다 | 반쯤 응고되다 | 엉긴 덩어리들을 포함하다

멍에 [MENG-EI] (軛) [원]231
[불] Joug.
[한] 멍에

멍울 [MENG-OUL,-I] [원]231
[불] Clou, furoncle. 꼿멍울 Kkot-meng-oul, Bouton de fleur.
[한] 정, 절종 | [[용례] 꼿멍울, Kkot-meng-oul], 꽃봉오리

멍쳥스럽다 [MEUNG-TCHYENG-SEU-REP-TA,-RE-OUE,-RE-ON] (昏迷) [원]232
[불] Imbécile. ‖ Etre très-différent; il n'y a pas de comparaison.
[한] 어리석다 | 매우 다르다 | 비교할 것이 없다

멍털멍털ᄒᆞ다 [MENG-HTEL-MEUNG-HTEL-HĂ-TA] [원]232
[불] Pâte mal délayée où se trouvent des grumeaux de farine. Etre à demi coagulé; contenir des caillots, des grumeaux.
[한] 가루 덩어리가 있는 잘 이겨지지 않은 반죽 | 반쯤 엉겨 있다 | 엉긴 덩어리들, 응고된 덩어리들을 포함하다

1메 [MEI] (荷打) [원]230
[불] Pilon pour le riz, gros marteau, marteau.
[한] 쌀을 찧는 데 쓰는 절굿공이, 큰 망치, 망치

2메 [MEI] [원]230
[불] Esp, d'herbe; liseron vivace; liseron des champs.
[한] 풀의 종류 | 다년생 메꽃 | 들메꽃

메너리 [MÊI-NE-RI] (農謳) [원]230
[불] Chauson champêtre des travailleurs.
[한] 일꾼들의 전원곡

메놈 [MEI-NOM,-I] (山人) [원]230
[불] Habitant des montagnes; rustique; ignorant; rustre.
[한] 산에 사는 사람 | 시골풍 | 무지한 사람 | 시골 사람

메다 [MEI-TA,MEI-YE,MEIN] (擔) [원]230
[불] Porter sur l'épaule.
[한] 어깨에 걸치다

메독이 [MEIT-TOK-I] (斯螽) [원]230
[불] Sauterelle.
[한] 메뚜기

메붕이 [MEI-POUNG-I] (痴人) [원]230
[불] Rustique; ignorant; rustre; niais; imbécile.
[한] 시골풍 | 무지한 사람 | 시골 사람 | 미련한 사람 | 바보

메식메식ᄒᆞ다 [MEI-SIK-MEI-SIK-HĂ-TA] (口逆症) [원]230
[불] Rapport, vapeur de l'estomac; envie de vomir. Avoir des nausées.
[한] 신트림, 위의 체기 | 토하고 싶은 욕구 | 구토증이 나다

메싹 [MEI-SSAK,-I] [원]230
[불] Racine d'une esp. d'herbe; racine de liseron vivace (qu'on mange).
[한] 풀의 일종의 뿌리 | (식용의) 다년생 메꽃의 뿌리

메아리 [MEI-A-RI] [원]230
[불] Echo.
[한] 메아리

메억 [MEI-EK,-I] (藿) [원]230
[불] Esp. d'algue marine, varech (comestible, qui a la propriété de donner du lait aux nourrices).
[한] 해초의 종류, (젖먹이는 여자에게 젖이 나오게 하는 특성이 있는, 식용의) 해조

메억이 [MEI-EK-I] (鰋) [원]230
[불] Silure, esp. de poisson d'eau douce.
[한] 메기, 민물고기의 종류

메우다 [MEI-OU-TA,-OUE,-OUN] (塡) [원]230
[불] Boucher, remplir, combler, emplir (une fosse).
[한] 막다, 채우다, 메우다, (구멍을) 가득 채우다

메쥬 [MEI-TJOU] (豆豉) [원]230
[불] Marc des pois qui ont servi à faire la saumure. Masse de haricots cuits et fermentes pour la saumure.
[한] 소금물을 만드는 데 사용한 강낭콩의 찌꺼기 | 소금물을 만들기 위해 익히고 발효시킨 강낭콩의 덩어리

메지메지 [MEI-TJI-MEI-TJI] (各各) [원]230
[불] Chaque; à part; part; un à un; en ordre.
[한] 각각의 | 따로 | 몫 | 하나씩 | 순서대로

메질ᄒᆞ다 [MEI-TJIL-HĂ-TA] (荷打) [원]230
[불] Battre avec le marteau; forger.
[한] 망치로 치다 | [[역주] 쇠 따위를] 벼리다

메탕 [MEI-HTANG,-I] [원]230
[불] Bouillon d'herbe. Soupe sans sel des sacrifices (on la fait avec l'eau, des navets et du 두부 Tou-pou).
[한] 풀로 만든 국물 | 소금이 들어가지 않은 제사의 수프 (물, 무, 두부 Tou-pou로 만든다)

메토리 [MEI-HTO-RI] (麻鞋) [원]230
[불] Souliers de chanvre.
[한] 삼으로 만든 신발

[1]멕이 [MEIK-I] [원]230
[불] Silure, esp. de poisson d'eau douce qui ressemble un peu à l'anguille.
[한] 메기, 뱀장어와 약간 비슷한 민물고기의 종류

[2]멕이 [MEIK-I] (饗) [원]230
[불] Grand festin, grand repas où les convives sont nombreaux.
[한] 큰 연회, 손님이 많은 큰 식사

멥ᄡᅳ다 [MEIP-TTEU-TA,MEIP-TTE,MEIP-TTEUN] (懶緩) [원]230
[불] Mou, indolent. ‖ Perdre le temps par sa lenteur. ‖ Faire à contre cœur, avec répugnance; ne se prêter qu'avec peine.
[한] 나태하다, 게으르다 | 느려서 시간을 잃다 | 마지못해 하다, 내키지 않지만 하다 | 간신히 동참하다

멥쌀 [MEIP-SSAL,-I] (飯米) [원]230
[불] Blé noir écossé. ‖ Riz blanc ordinaire.
[한] 껍질을 깐 메밀 | 보통의 흰쌀

멧독이 [MEIT-TOK-I] [원]230
[불] Languette d'un piégo.
[한] 덫의 후리채

며ᄂᆞ리 [MYE-NĂ-RI] (媳婦) [원]233
[불] Bru, belle-fille, femme du fils.
[한] 며느리, 자부, 아들의 부인

며ᄂᆞ리고곰 [MYE-NĂ-RI-KO-KOM] (日瘧) [원]233
[불] Esp. de maladie. Fièvre quotidienne (pendant la la nuit).
[한] 병의 종류 | (밤 동안) 매일 나는 열

며ᄂᆞ리톱 [MYE-NĂ-RI-HTOP,-I] (後鉅) [원]233
[불] Ergot, ongle pointu à la patte de certains animaux. Ongles des doigts imparfaitement développés et qui se trouvent ordinairement derrière les autres. Ongles des doigts rudimentaires du cochon, etc.
[한] 며느리발톱, 몇몇 동물들의 발에 있는 뾰족한 발톱 | 불완전하게 발달되고 보통 다른 것들보다 뒤에 있는 손톱 | 돼지 등의 퇴화한 발톱

[1]*멱 [MYEK,-I] (覓) [원]232
[불] Sac en paille pour le riz.
[한] 쌀을 담는 데 쓰는 짚으로 만든 가방

[2]멱 [MYEK,-I] (項) [원]232
[불] Gorge, gosier.
[한] 목구멍, 목청

[3]멱 [MYEK,-I] (馬病) [원]232
[불] Maladie de la gorge des chevaux.
[한] 말들의 목구멍에 생기는 병

멱나다 [MYEK-NA-TA,MYEK-NA,MYEK-NAN] [원]232
[불] Commencer à avoir la maladie de gorge (cheval). Baver (le bœuf); avoir la morve (cheval).
[한] (말의) 목구멍에 병이 나기 시작하다 | (소가) 침을 흘리다 | (말이) 비저병에 걸리다

멱미레 [MYEK-MI-REI] (頷下肉) [원]232
[불] Fanon, peau qui pend sous la gorge du taureau, de bœuf; partie charnue au-dessous du cou des bœufs.
[한] [[역주] 소의] 목의 처진 살, 황소, 소의 목 아래에 늘어진 가죽 | 소의 목 아래에 있는 살찐 부분

멱부리 [MYEK-POU-RI] (頷下毛) [원]232
[불] Plumes de certaines poules en forme de favoris, de barbe. Poule à tête empanachée.
[한] 볼수염, 턱수염 모양의 몇몇 암탉들의 깃털 | 머리에 깃털 장식이 있는 암탉

멱살 [MYEK-SAL,-I] [원]232
[불] Partie charnue au-dessous du cou, au haut de la poitrine. La gorge.
[한] 목 아래에, 가슴 위쪽의 살찐 부분 | 목구멍

멱셔리 [MYEK-SYE-RI] (隻覔) [원]232
[불] Vase creux, profond. Sac en paille pour le riz.
[한] 오목한, 깊은 그릇 | 쌀을 담는 데 쓰는 짚으로 만든 자루

멱신 [MYEK-SYE,-I] [원]232
[불] Souliers en tresses ou en tissu de papier ou de paille (et fermés à l'extrémité).
[한] 엮은 줄 또는 종이나 짚의 직물로 만든(고 끝이 막혀 있는) 신발

멱ᄯᆞ다 [MYEK-TTĂ-TA,MYEK-TTĂ,MYEK-TTĂN] (刎頸) [원]232
[불] Egorger.
[한] 목을 베다

멱찔으다 [MYEK-TTJIL-EU-TA,-TTJIL-NE,-TTJI-RĂN] [원]232 ☞멱ᄯᆞ다

멱차다 [MYEK-TCHA-TA,MYEK-TCHA,MYEK-TCHAN] [원]232
[불] Eclore (épi); commencer à faire la soie (ver à soie).
[한] (이삭이) 피다 | (누에가) 생사를 만들기 시작하다

멱ᄎᆞ다 [MYEK-TCHĂ-TA,-TCHĂ,-CHĂN] [원]232
[불] Etre plein jusqu'à la gorge.
[한] 목까지 가득 차다

1* 면 [MYEN,-I] (面) [원]232

[불] Visage; face; façade figure. ‖ Arrondissement (subdivision du district; -se divise en 리 Ri, canton, en.) 동ᄂᆡ Tong-năi, village)

[한] 얼굴 | 낯 | 정면 | 안면 | 구역 (구역의 세분-리 Ri, 면, 동ᄂᆡ Tong-năi, 마을로 나뉜다)

2* 면 [MYEN] (免) [원]233

[불] En agr. Eviter, esquiver.

[한] 한자어로 피하다, 교묘하게 피하다

3* 면 [MYEN,-I] (麵) [원]233

[불] Esp. de nourriture, de pâte de farine, de vermicelle.

[한] 음식, 가루 반죽, 국수의 종류

4 면 [MYEN,-I] (穴土) [원]233

[불] Trou v.g. de souris, de lapin.

[한] 예. 쥐, 토끼의 구멍

*면간 [MYEN-KAN,-I] (面間) [원]233

[불] Dans l'arrondissement; territoire de l'arrondissement. (ou mieux 면ᄂᆡ Myan-năi).

[한] 구에서 | 구의 영토 | (또는 더 적절하게는 면ᄂᆡ Myan-năi)

*면강ᄒᆞ다 [MYEN-KANG-HĂ-TA] (勉强) [원]233

[불] S'efforcer pour faire une chose qui répugne. Faire à contre cœur. Employer la force; contraindre; forcer. être contraint, être forcé de.

[한] 내키지 않는 것을 하기 위해 노력하다 | 마지못해 하다 | 힘을 사용하다 | 강제하다 | 강요하다 | 강요되다, 강제되다

*면경 [MYEN-KYENG,-I] (面鏡) [원]233

[불] Miroir.

[한] 거울

*면관ᄒᆞ다 [MYEN-KOAN-HĂ-TA] (免冠) [원]233

[불] Salut; salutation; action de saluer. Oter son chapeau; se découvrir la tête (se dit d'un coupable devant son juge).

[한] 인사 | 인사 | 인사하는 행동 | 자신의 모자를 벗다 | 머리를 드러내다 (판사 앞의 죄인에 대해 쓴다)

*면괴ᄒᆞ다 [MYEN-KOI-HĂ-TA] (面愧) [원]233

[불] Avoir honte, rougir. Etre honteux, être confus.

[한] 부끄러워하다, 얼굴을 붉히다 | 부끄럽다, 창피하다

*면군 [MYEN-KOUN,-I] (面軍) [원]233

[불] Homme de corvée employé par l'ordre du chef de canton pour l'ouvrage d'un particulier. Soldat de l'arrondissement.

[한] 특수한 일을 위해 면장의 명령으로 고용된 잡역부 | 구의 군인

*면군역ᄒᆞ다 [MYĒN-KOUN-YEK-HĂ-TA] (免軍役) [원]233

[불] Exemption du service militaire. echapper aux corvées. (Se dit d'un tout petit noble qui n'a guère d'autre priviléges).

[한] 병역의 면제 | 부역에서 벗어나다 | (다른 특권이 거의 없는 아주 낮은 귀족에 대해 쓴다)

*면궁ᄒᆞ다 [MYĒN-KOUNG-HĂ-TA] (免窮) [원]233

[불] Avoir de quoi manger, éviter de mourir de faim à l'arrivée de la nouvelle récolte. Echapper au jeune, c.a.d. avoir tout juste de quoi vivre.

[한] 먹을 것이 있다, 새로운 수확물의 공급으로 굶어 죽는 것을 면하다 | 굶주림을 모면하다, 즉 겨우 먹고 살 것이 있다

*면납 [MYEN-NAP,-I] (面納) [원]233

[불] Contributions d'un arrondissement. Impôt et autre tribut qui se paie au mandarin.

[한] 구의 세금 | 관리에게 내는 세금과 그 외의 공물

1 면ᄂᆡ [MYEN-NĂI] [원]233 ☞면간

2* 면ᄂᆡ [MYEN-NĂI] (面內) [원]233

[불] Dans l'arrondissement.

[한] 구[역주 區]의 안에

면담 [MYEN-TAM,-I] (面墻) [원]234

[불] Mur au-devant de la maison.

[한] 집 앞에 있는 벽

*면담ᄒᆞ다 [MYEN-TAM-HĂ-TA] (面談) [원]234

[불] Dire de vive voix.

[한] 구두로 말하다

*면뎐 [MYEN-TYEN,-I] (棉田) [원]234

[불] Champ de coton.

[한] 목화밭

1* 면동ᄒᆞ다 [MYĒN-TONG-HĂ-TA] (免童) [원]234

[불] Sortir du rang des enfants par le mariage.

[한] 결혼에 의해 아이들의 신분을 벗어나다

2* 면동ᄒᆞ다 [MYĒN-TONG-HĂ-TA] (免冬) [원]234

[불] Ne pas mourir de froid, c.a.d. avoir chaud.

[한] 얼어 죽지 않다, 즉 덥다

*면ᄃᆡᄒᆞ다 [MYEN-TĂI-HĂ-TA] (面對) [원]234

[불] En face; vis-à-vis. Etre en présence l'un de l'autre.

[한] 정면으로 | 마주하여 | 서로 대면하다

*면려ᄒᆞ다 [MYĒN-RYE-HĂ-TA] (勉勵) [원]234

불 S'efforcer. ‖ Exhorter fortement.
한 노력하다 | 힘차게 격려하다

*면류관 [MYEN-RYOU-KOAN,-I] (冕旒冠) 원234
불 Diadème, couronne de l'empereur (de Chine).
한 왕관, (중국의) 황제의 관

*면마 [MYEN-MA] (面馬) 원233
불 Expression du jeu d'échecs.
한 장기 놀이에서의 표현

*면말 [MYEN-MAL,-I] (麵末) 원233
불 Farine de froment.
한 밀가루

*면면 [MYEN-MYEN,-I] (面面) 원233
불 Continu; chaque lieu; chaque homme.
한 연속 | 각각의 장소 | 각각의 사람

면면이보다 [MYEN-MYEN-I-PO-TA,-PO-A,-PON] (面面見) 원233
불 Regarder en face; regarder tout le monde; voir de tous côtés.
한 정면으로 바라보다 | 모든 사람을 바라보다 | 사방을 보다

*면면ᄒᆞ다 [MYEN-MYEN-HĂ-TA] (綿綿) 원233
불 Avoir beaucoup d'ouvrage. ‖ Avoir beaucoup de pensées, de sollicitudes. ‖ Etre long.
한 일이 많다 | 생각, 염려가 많다 | 오래 걸리다

1면모 [MYEN-MO] (幎) 원233
불 Voile dont on couvre le visage d'un mort.
한 죽은 사람의 얼굴을 가리는 천

2*면모 [MYEN-MO] (面貌) 원233
불 Visage; figure; air.
한 얼굴 | 안면 | 외모

1*면모ᄒᆞ다 [MYEN-MO-HĂ-TA] (面侮) 원233
불 V. 면욕ᄒᆞ다 Myen-yok-hă-ta.
한 [참조어 면욕ᄒᆞ다, Myen-yok-hă-ta]

2*면모ᄒᆞ다 [MYEN-MO-HĂ-TA] (免侮) 원233
불 Eviter une injure. V.Syn. 면욕ᄒᆞ다 Myen-yok-hă-ta.
한 욕을 피하다 | [동의어 면욕ᄒᆞ다, Myen-yok-hă-ta]

*면목 [MYEN-MOK,-I] (面目) 원233
불 La figure et les yeux. Visage; figure.
한 얼굴과 눈 | 얼굴 | 안면

*면무식ᄒᆞ다 [MYEN-MOU-SIK-HĂ-TA] (免無識) 원233
불 Demi-savant; qui sait un peu les caractères. Eviter l'ignorance, c.a.d. avoir une petite teinture d'éducation.
한 얼치기 학자 | 문자를 조금 알다 | 무식을 면하다, 즉 교양에 대한 하찮고 피상적인 지식을 갖다

*면박ᄒᆞ다 [MYEN-PAK-HĂ-TA] (面迫) 원234
불 Faire des reproches; gronder. Insulter en face; injurier en face. Faire un affront. Reprocher. (Grouv. l'instrumental). 이단으로 면박ᄒᆞ다 I-tan-eu-ro myen-pak-hă-ta, Accuser de superstition.
한 비난하다 | 꾸짖다 | 면전에서 모욕하다 | 면전에서 욕하다 | 모욕을 주다 | 나무라다 (도구격을 지배) | [용례 이단으로 면박ᄒᆞ다, I-tan-eu-ro myen-pak-hă-ta], 미신적인 행위를 비난하다

*면벌ᄒᆞ다 [MYĒN-PEL-HĂ-TA] (免罰) 원234
불 Eviter un châtiment, une punition; échapper au châtiment.
한 징벌, 처벌을 면하다 | 징벌을 피하다

*면병 [MYEN-PYENG] (麵餠) 원234
불 Gâteau sans levain; pain de froment; hostie; pain d'autel (m. chr.).
한 누룩을 쓰지 않은 과자 | 밀가루로 만든 빵 | 성체의 빵 | 제단의 빵 (기독교 어휘)

*면부득일다 [MYĒN-POU-TECK-IL-TA] (免不得) 원234
불 Etre inévitable.
한 피할 수 없다

*면분 [MYEN-POUN,-I] (面分) 원234
불 Accointance, liaison précédente. =잇다-it-ta, Connaître un peu; n'être pas tout à fait étranger.
한 친교, 이전의 인연 | [용례 =잇다, -it-ta], 조금 알다 | 완전히 낯설지는 않다

면빗 [MYEN-PIT,-SI] (面梳) 원234
불 Petit peigne; peigne de poche; petit démèloir.
한 작은 빗 | 주머니에 넣어 다니는 빗 | 작은 얼레빗

*면샹 [MYEN-SYANG,-I] (面象) 원234
불 Figure; visage; face.
한 안면 | 얼굴 | 낯

*면세 [MYĒN-SYEI] (面稅) 원234
불 Contribution payée avant le terme, et qui donne au mandarin le temps de profiter de l'intérêt. ‖ La part des impôts afférente au 호조판서 Ho-tjyo-hpan-sye. Syn. 면납 Myen-nap.
한 기한 전에 지불되어, 관리에게 이자를 이용할 시간을 주는 세금 | 호조판서 Ho-tjyo-hpan-sye에게 귀속하는 세금의 몫 | [동의어 면납, Myen-nap]

*면신례 [MYEN-SHIN-RYEI] (免身禮) 원234

불 Cérémonie que font les employés lorsqu'ils sont élevés à un grade supérieur.
한 사무원들이 한 등급 승진했을 때 치르는 의식

*면신ᄒᆞ다 [MYEN-SIN-HĂ-TA] (免身) 원234
불 Eviter la cote personnelle.
한 개별 부과금을 피하다

*면ᄉᆞ [MYEN-SĂ] (綿絲) 원234
불 Fil de coton.
한 무명실

*면ᄉᆞᄒᆞ다 [MYĒN-SĂ-HĂ-TA] (免死) 원234
불 Eviter la mort.
한 죽음을 면하다

1*면약ᄒᆞ다 [MYEN-YAK-HĂ-TA] (免弱) 원233
불 Etre très-fort, vigoureux.
한 매우 강하다, 기운차다

2*면약ᄒᆞ다 [MYEN-TAK-HĂ-TA] (面約) 원233
불 S'engager, convenir ensemble dans une conférence.
한 약속하다, 회의에서 함께 일치하다

1*면욕ᄒᆞ다 [MYEN-YOK-HĂ-TA] (面辱) 원233
불 Insulter en face. Etre en face et insulter.
한 면전에서 모욕을 주다 | 마주 대하고 모욕하다

2*면욕ᄒᆞ다 [MYEN-YOK-HĂ-TA] (免辱) 원233
불 Empêcher les injures; éviter, esquiver une injure.
한 욕을 막다 | 욕을 피하다, 교묘하게 피하다

*면임 [MYEN-IM,-I] (面任) 원233
불 Chef du canton. Collecteur d'impôts.
한 면장 | 세금 징수원

*면작ᄒᆞ다 [MYEN-TJYAK-HĂ-TA] (免作) 원234
불 Garder son sang-froid; se modérer; se retenir; se composer.
한 냉정을 유지하다 | 자제하다 | 참다 | [역주 안색, 태도를] 꾸미다

*면쟝 [MYEN-TJYANG,-I] (面長) 원234
불 Chef de l'arrondissement. ‖ Collecteur d'impôts.
한 구의 우두머리 | 세금 징수원

1*면젼 [MYEN-TJYEN,-I] (面前) 원234
불 Présence; apparition; prestance.
한 있음 | 나타남 | 당당한 풍채

2*면젼 [MYEN-TJYEN,-I] (面錢) 원234
불 Impôt recueilli dans chaque 면 Myen.
한 각각의 면 Myen에서 거둔 세금

*면죵 [MYEN-TJYONG,-I] (面腫) 원234
불 Furoncle sur le visage.
한 얼굴에 난 절종

*면죵ᄒᆞ다 [MYEN-TJYONG-HĂ-TA] (面從) 원234
불 Obéir à la force; céder malgré soi.
한 힘에 복종하다 | 마지못해 양보하다

1*면쥬 [MYEN-TJYOU] (綿紬) 원234
불 Fil de soie.
한 명주실

2*면쥬 [MYEN-TJYOU] (麵酒) 원234
불 Hostie et vin pour la messe. (Mot chrét.).
한 미사를 위한 면병과 술 | (기독교 어휘)

*면지ᄒᆞ다 [MYEN-TJI-HĂ-TA] (面指) 원234
불 Se jeter la pierre; s'accuser l'un l'autre; s'excuser. ‖ Mettre en face les deux parties adverses; confronter.
한 서로 돌을 던지다 | 서로 비난하다 | 변명하다 | 두 상대방이 마주하게 하다 | 대면시키다

*면쳔ᄒᆞ다 [MYĒN-TCHYEN-HĂ-TA] (免賤) 원234
불 Eviter une position basse, vile. Echapper à l'opprobre. ‖ Recommander à un supérieur pour faire obtenir une dignité.
한 낮은, 비천한 신분을 면하다 | 치욕을 모면하다 | 관직을 얻기 위해서 윗사람에게 천거하다

*면쳥ᄒᆞ다 [MYENG-TCHYENG-HĂ-TA] (面請) 원234
불 Demander de vive voix. Dire en face, en présence.
한 구두로 요구하다 | 마주하고, 대면하여 말하다

*면투 [MYEN-HTOU] (麵頭) 원234
불 Pain, gâteau de froment.
한 밀로 만든 빵, 과자

1*면파ᄒᆞ다 [MYEN-HPA-HĂ-TA] (面罷) 원234
불 Briser un contrat; défaire un engagement; se dédire.
한 계약을 파기하다 | 약속을 파기하다 | [역주 약속 따위를] 어기다

2면파ᄒᆞ다 [MYEN-HPA-HĂ-TA] (免罷) 원234
불 Echapper à la destitution.
한 파면을 면하다

*면판 [MYEN-HPAN,-I] (面板) 원234
불 Visage; figure; surface.
한 얼굴 | 안면 | 외면

*면표 [MYEN-HPYO] (面表) 원234
불 Marque du visage; visage qui a une marque sensible.
한 얼굴의 표시 | 감지될 수 있는 표시가 나는 얼굴

*면픔ᄒᆞ다 [MYEN-HPEUM-HĂ-TA] (面稟) 원234
불 Faire une confidence à un supérieur. Représenter

de vive voix, parler en personne à un supérieur.
한 윗사람에게 속내 이야기를 하다 | 구두로 표현하다, 윗사람에게 직접 말하다

*면호ᄒᆞ다 [MYEN-HO-HĂ-TA] (免戶, (Eviter, contribution de maison)) 원233
불 Maison sans contribution. Etre exempt de contribution.
한 조세를 내지 않는 집 | 조세가 면제되다

*면화 [MYEN-HOA] (綿花) 원233
불 Coton, cotonnier.
한 면, 목화

*면화ᄒᆞ다 [MYEN-HOA-HĂ-TA] (免禍) 원233
불 Eviter un malheur.
한 화를 면하다

1*면환ᄒᆞ다 [MYĒN-HOAN-HĂ-TA] (免鰥) 원233
불 Veuf remarié. Se remarier (litt. éviter le veuvage).
한 재혼한 홀아비 | 다시 결혼하다 (글자대로 홀아비 신세를 면하다)

2*면환ᄒᆞ다 [MYEN-HOAN-HĂ-TA] (面還) 원233
불 Distribution de blé au peuple. Distributer du blé au peuple de l'arrondissement.
한 백성들에게 밀을 나눠줌 | 구역의 백성에게 밀을 나누어 주다

3*면환ᄒᆞ다 [MYEN-HOAN-HĂ-TA] (免鰥) 원233
불 Echapper à un grand malheur; se sauver à grande peine.
한 큰 화를 면하다 | 겨우 모면하다

1*면회 [MYEN-HOI] (面會) 원233
불 Conseil municipal de l'arrondissement.
한 구[역주 區]의 시의회

2*면회 [MYEN-HOI] (面灰) 원233
불 Enduit de chaux.
한 석회로 만든 도료

*면흉ᄒᆞ다 [MYEN-HYOUNG-HĂ-TA] (免凶) 원233
불 Eviter la disette.
한 흉작을 면하다

*면ᄒᆞ다 [MYEN-HĂ-TA,-HA-YE,-HĂN] (免) 원233
불 Eviter; esquiver; se soustraire à; effacer. 슈셰면ᄒᆞ다 Syou-syei-myen-hă-ta, Être exempt des droits (impôts) de douane.
한 면하다 | 교묘히 모면하다 | 지우다 | 모면하다 | [용례 슈셰면ᄒᆞ다, Syou-syei-myen-hă-ta], 관세(세금)가 면제되다

멸 [MYEL,-I] 원237
불 Esp. de plante (potagère).
한 (식용의) 식물의 종류

*멸곡츙 [MYEL-KOK-TCHYOUNG,-I] (滅穀虫) 원237
불 Ver qui mange les feuilles des blés et les fait mourir. Esp. de sauterelle. Insecte qui ravage les moissons.
한 곡식의 잎을 먹어서 그것들을 죽게 하는 벌레 | 메뚜기의 종류 | 수확물에 피해를 주는 곤충

*멸등ᄒᆞ다 [MYEL-TEUNG-HĂ-TA] (滅燈) 원237
불 Eteindre la lampe. (Mot chinois).
한 램프를 끄다 | (중국 단어)

*멸망ᄒᆞ다 [MYEL-MANG-HĂ-TA] (滅亡) 원237
불 Anéantir, détruire. Etre détruire une famille; anéanti.
한 없애다, 파괴하다 | 무너되다 (집안) | 없어지다

*멸문ᄒᆞ다 [MYEL-MOUN-HĂ-TA] (滅門) 원237
불 Maison ruinée. Détruire une famille; anéantir une maison.
한 절멸된 집안 | 한 가문을 파멸시키다 | 한 집안을 없애다

*멸시ᄒᆞ다 [MYEL-SSI-HĂ-TA] (蔑視) 원237
불 Mépriser; maltraiter.
한 멸시하다 | 구박하다

*멸족 [MYEL-TJYOK,-I] (滅族) 원237
불 Famille ruinée. =ᄒᆞ다-hă-ta, Détruire tous les parents.
한 절멸된 가문 | [용례 =ᄒᆞ다, -hă-ta], 모든 친족을 절멸하다

*멸족지환 [MYEL-TJYOK-TJI-HOAN] (滅族之患) 원237
불 Le malheur de la ruine de sa famille. Déstruction de tous les parents.
한 그 가문이 몰락하는 화 | 모든 친족의 절멸

멸치 [MYEL-TCHI] 원237
불 Petit poisson mince et long (anchois).
한 가늘고 긴 잔고기 (멸치류)

*멸ᄒᆞ다 [MYEL-HĂ-TA] (滅) 원237
불 Anéantir, détruire.
한 없애다, 파괴하다

몃 [MYET] (幾) 원237
불 Combien? 몃집이냐 Myet-tjip-i-nya. Combien y a-t-il de maisons? ‖ quelques,plusieurs. 몃사ᄅᆞᆷ왓다 Myet-sa-răm oat-ta, quelques hommes sont venus.
한 얼마? [용례 몃집이냐, Myet-tjip-i-nya], 집이 얼

마나 있나? | 몇몇의, 여러 | [용례 멷사룸왓다, Myet-sa-răm oat-ta], 몇몇의 사람이 왔다

멷안일다 [MYET-AN-IL-TA] (不多) 원237

불 Ils ne sont pas nombreux.

한 많지 않다

멷치 [MYET-TCHI] (幾) 원237

불 Combien de…?

한 ~이 얼마만큼?

멷칠 [MYET-TCHIL,-I] (幾日) 원237

불 Combien de jours? Quel quantième?

한 몇 날? 어떤 날짜?

1*명 [MYENG,-I] (命) 원234

불 Mandement, précepte, ordre.

한 명령서, 규범, 명령

2*명 [MYENG,-I] (命) 원234

불 Vie.

한 목숨

3*명 [MYENG,-I] (名) 원234

불 En agr. Nom. ‖ Personne; personnalité. (Numéral des hommes). ‖ Célébrité, renom, célèbre, renommé.

한 한자어로 이름 | 사람 | 인물 | (사람들을 세는 수사) | 높은 평판, 호평, 유명하다, 명성이 높다

4*명 [MYEUG] (明) 원234

불 En agr. Clair. ‖ Intelligent. ‖ Connître bien.

한 한자어로 밝다 | 영리하다 | 잘 알다

*명가 [MYENG-KA] (名家) 원235

불 Maison célèbre; famille illustre.

한 유명한 집안 | 저명한 가문

*명가후예 [MYENG-KA-HOU-YEI] (名家後裔) 원235

불 Les descendants d'une maison célèbre.

한 저명한 집안의 후손들

*명견만리 [MYENG-KYEN-MAN-RI] (明見萬里) 원235

불 Qui voit tout à dix mille ri à la ronde, c.a.d. d'une prudence consommée.

한 사방 만 리의 모든 것을 보다, 즉 매우 신중하다

1*명고ᄒᆞ다 [MYENG-KO-HĂ-TA] (鳴鼓) 원235

불 Retentir (se dit du tambour seul).

한 울리다 (북에 대해서만 쓴다)

2*명고ᄒᆞ다 [MYENG-KO-HĂ-TA] (名高) 원235

불 Etre illustre.

한 저명하다

1*명관 [MYENG-KOAN,-I] (命官, (Commandement, mandarin)) 원235

불 Mandarin envoyé par ordre du roi pour examiner clairement une affaire. ‖ Juge des compositions aux exament.

한 어떤 일을 분명하게 조사하기 위해서 왕의 명으로 파견된 관리 | 시험에서 답안을 평가하는 사람

2*명관 [MYENG-KOAN,-I] (明官) 원235

불 Célèbre mandarin. Mandarin qui remplit bien sa fonction; habile mandarin.

한 저명한 관리 | 직무를 잘 수행하는 관리 | 유능한 관리

*명군 [MYENG-KOUN,-I] (明君) 원235

불 Roi qui a toutes les qualités; bon roi; roi célèbre; habile roi.

한 모든 자질을 갖춘 왕 | 좋은 왕 | 명망이 높은 왕 | 유능한 왕

*명궁 [MYENG-KOUNG,-I] (名弓) 원235

불 Arc excellent. ‖ Archer habile, adroit, célèbre.

한 훌륭한 활 | 솜씨 좋은, 능란한, 유명한 사수

*명긔 [MYENG-KEUI] (明氣) 원235

불 Temps clair; température salubre. (Chez les païens); influence favorable.

한 맑은 날씨 | 건강에 좋은 기온 | (이교도들에게 있어서) | 우호적인 영향

명ᄀᆡ [MYENG-KĂI] 원235

불 Sable fin.

한 고운 모래

*명낭ᄒᆞ다 [MYENG-NANG-HĂ-TA] (明朗) 원235

불 Eclatant; brillant; beau; clair.

한 찬란하다 | 빛나다 | 맑다 | 환하다

*명년 [MYENG-NIEN,-I] (明年) 원235

불 L'année prochaine.

한 다음 해

명ᄂᆞ리다 [MYENG-NĂ-RI-TA,-RYE,-RIN] (命下) 원235

불 Donner un ordre.

한 명령을 하다

*명달ᄒᆞ다 [MYENG-TAL-HĂ-TA] (明達) 원236

불 Comprendre; prénétrer le sens; avoir de la sagacité. intelligent.

한 이해하다 | 의미를 깊이 이해하다 | 통찰력이 있다 | 영리하다

*명담 [MYENG-TAM,-I] (明談) 원236

불 Parole selon la raison. Parole claire; explication claire.

한 이치에 맞는 말 | 분명한 말 | 분명한 설명

*명당 [MYENG-TANG,-I] (明堂) 원236
불 Lieu remarquable, beau. ‖ Bonne place pour un tombeau; beau tombeau.
한 뛰어난, 보기 좋은 자리 | 무덤에 쓸 좋은 자리 | 훌륭한 무덤

*명도 [MYENG-TO] (明道) 원236
불 Instruction; claire doctrine.
한 교육 | 명백한 가르침

*명란 [MYENG-RAN,-I] (明卵) 원236
불 Œufs d'un certain poisson, du 북어 Pouk-e ou 명틔 Myeng-htăi.
한 어떤 물고기, 북어 Pouk-e 또는 명틔 Myeng-htăi의 알

*명령 [MYENG-NYENG,-I] (命令) 원236
불 Ordre; commandement.
한 지시 | 명령

*명로 [MYENG-RO] (明路) 원236
불 Chemin tracé, clair. ‖ Voie illuminative.
한 흔적이 난, 뚜렷한 길 | 계시적인 길

*명륜당 [MYENG-RYOUN-TANG,-I] (明倫堂) 원236
불 Temple de Fo pour les ancêtres. ‖ Salles de conférence qui accompagnent les temples de Confucius (elle jouissent du droit d'asile).
한 조상들을 위한 부처의 사원 | 공자의 사원들에 딸린 강당들 (이것은 불가침권을 가진다)

*명리ᄒᆞ다 [MYENG-RI-HĂ-TA] (明理) 원236
불 Clair; perspicace; habile; savant.
한 명석하다 | 통찰력이 있다 | 능숙하다 | 학식이 있다

*명마 [MYENG-MA] (名馬) 원235
불 Beau cheval; cheval célèbre, excellent.
한 멋진 말 | 유명한, 훌륭한 말

명막이 [MYENG-MAK-I] (紫鷰) 원235
불 Le martinet, esp. d'hirondelle. Esp. d'oiseau (appelé aussi 귀졔비 Koui-tjyei-pi) qui fait son nid de terre, en forme de bouteille, sur les rochers.
한 명매기, 제비의 종류 | 큰 바위 위에 흙으로 병 모양의 둥지를 만드는 (귀졔비 Koui-tjyei-pi라고도 불리는) 새의 종류

*명망 [MYENG-MANG,-I] (名望, (Nom et espérance)) 원235
불 Célèbrité; confiance. Syn. 명셩 Myeng-syeng.
한 높은 평판 | 신용 | [동의어 명셩, Myeng-syeng]

*명망일다 [MYENG-MANG-IL-TA] (名望) 원235
불 Il se fait connaître avantageusement pour l'avenir; c'est un homme d'espérance.
한 장래에 유리하게 유명해지다 | 기대되는 사람이다

*명명즁 [MYENG-MYENG-TJYOUNG] (冥冥中) 원235
불 Dans l'obscurité
한 어둠 속에서

*명명ᄒᆞ다 [MYENG-MYENG-HĂ-TA] (明明) 원235
불 Etre très-clair.
한 매우 밝다

*명목 [MYENG-MOK,-I] (名目) 원235
불 Titre, nom de la fonction, de l'état, de l'emploi qu'on exerce. (V. 명ᄉᆡᆨ. Myeng-săik). ‖ Esclave.
한 직함, 직무의, 직업의, 종사하는 일의 명칭 | [참조어 명ᄉᆡᆨ, Myeng-săik] | 노예

명뫼 [MYENG-MOI] (名墓) 원235
불 Tombeau bien placé, qui porte bonheur. Tombeau célèbre.
한 복을 가져오는, 잘 자리 잡은 무덤 | 이름난 무덤

*명문 [MYENG-MOUN,-I] (名門) 원235
불 Maison, famille célèbre.
한 유명한 집안, 가문

*명문 [MYENG-MOUN,-I] (明文) 원235
불 Contrat, titre de vente ou d'achat de maisons, de champs.
한 계약서, 집, 밭을 팔거나 사는 증서

*명문 [MYENG-MOUN,-I] (命門) 원235
불 Les reins ou le rognon du côté droit.
한 오른쪽에 있는 신장 또는 콩팥

*명ᄆᆡᆨ [MYĒNG-MĂIK,-I] (命脈, (vie et pouls)) 원235
불 Gagne-pain; vie.
한 생계 수단 | 생계

*명ᄆᆡᆨ소연일다 [MYENG-MĂIK-SO-YEN-IL-TA] (命脈所然, (Respiration,pouls, ce qui, être ainsi)) 원235
불 Gagne-pain.
한 생계 수단

1*명복 [MYENG-POK,-I] (名卜) 원235
불 Sorcier; devin.
한 마법사 | 점쟁이

2*명복 [MYENG-POK,-I] (冥鰒) 원235
불 Polype à vinaigre.
한 식초를 넣은 폴립

*명분 [MYENG-POUN,-I] (明分) 원236
불 Condition sociale; état social. différence; divisions

bien arrêteés.

한 사회적 신분 | 사회적 지위 | 구별 | 매우 분명한 구분

[1*]명불 [MYENG-POUL,-I] (名佛) 원236

불 Habile Fo.

한 능력이 있는 부처

[2]명불 [MYENG-POUL,-I] 원236

불 Chute du rectum.

한 직장의 탈장

*명불허덕 [MYENG-POUL-HE-TEK,-I] (名不虛得) 원236

불 Le nom n'est pas en vain; le nom est mérité; la réputation est bien acquise. || Certitude; évidence; preuve; témoignage.

한 이름이 헛되지 않다 | 이름이 가치가 있다 | 평판이 매우 확실하다 | 확실성 | 명백 | 증명 | 증언

*명빅ᄒᆞ다 [MYENG-PĂIK-HĂ-TA] (明白) 원235

불 Clair; manifeste; notoire; net; évident; lucide; franc. || Instruit; habile; intelligent.

한 분명하다 | 명백하다 | [역주 사실 따위가] 알려지다 | 뚜렷하다 | 확실하다 | 명료하다 | 숨김없다 | 유식하다 | 유능하다 | 영리하다

*명산 [MYENG-SAN,-I] (名山) 원236

불 Montagne célèbre.

한 유명한 산

*명셩 [MYENG-SYENG,-I] (名聲) 원236

불 Réputation; renommée; renom; estimé. Syn. 물망 Moul-mang.

한 명성 | 높은 평판 | 호평 | [역주 호의적인] 평가 | [동의어 물망, Moul-mang]

*명수 [MYENG-SOU] (名數) 원236

불 Nombre d'hommes; nombre de personnes.

한 사람들의 수 | 인원수

*명슈 [MYENG-SYOU] (名水) 원236

불 Eau très-bonne.

한 매우 좋은 물

*명신녹 [MYENG-SIN-NOK,-I] (名臣錄) 원236

불 Registre des hommes remarquables. Généalogie des familles nobles. Livre qui contient les noms des hommes célèbres avec leur action.

한 뛰어난 사람들을 기록한 명부 | 귀족 가문의 족보 | 유명한 사람들의 이름을 그들의 활동과 함께 담고 있는 책

[1*]명ᄉᆞ [MYENG-SĂ] (名士) 원236

불 Lettré célèbre, habile.

한 유명한, 유능한 학식 있는 사람

[2*]명ᄉᆞ [MYENG-SĂ] (名仕) 원236

불 Grande dignité; diguité éminente.

한 중요한 고관직 | 높은 고지위

[3*]명ᄉᆞ [MYENG-SĂ] (明沙) 원236

불 Sable blanc.

한 흰 모래

[4*]명ᄉᆞ [MYENG-SĂ] (明絲) 원236

불 Fil de soie.

한 명주실

*명ᄉᆞ관 [MYENG-SĂ-KOUN,-I] (明査官) 원236

불 Mandarin délégué pour une affaire difficile ou importante.

한 어렵거나 중요한 일에 위임된 관리

*명ᄉᆞ십리 [MYENG-SĂ-SIP-RI] (明沙十里) 원236

불 Nom d'un endroit remarquable en Chine, qui est sablé sur une longueur d'une lieue.

한 약 1리의 길이로 모래가 깔린 중국의 뛰어난 장소의 이름

*명ᄉᆡᆨ [MYENG-SĂIK,-I] (明色) 원236

불 Nom, titre. Nom propre, nom particulier. || Nom de l'emploi, de la position. V. 구실 Kou-sil et 명목 Myeng-mok.

한 이름, 명칭 | 고유한 이름, 특별한 이름 | 직무의, 지위의 명칭 | [참조어 구실, Kou-sil], [참조어 명목, Myeng-mok]

명아지 [MYENG-A-TJI] 원234

불 Arrache. Esp. d'herbe potagère dans le genre de la bette.

한 아라슈 | 근대 속[역주 屬]의 식용 풀 종류

[1*]명약 [MYENG-YAK,-I] (命藥) 원234

불 Ordonnance de médecin, prescription de médecin.

한 의사의 처방전, 의사의 처방

[2]명약 [MYENG-YAK,-I] (名藥) 원234

불 Remède fameux, très-bon.

한 유명한, 매우 좋은 약

*명약관화 [MYENG-YAK-KOAN-HOA] (明若觀火, (Clair, semblable, voir, feu)) 원234

불 Clair comme le jour. Clair comme si on y voyait. Facile à prévoir.

한 낮처럼 밝다 | 마치 그것을 보는 것처럼 분명하다 | 예상하기 쉽다

*명오 [MYENG-O] (明悟) 원235
불 Intellect; raison; intelligence; pénétration. (Mot chrét.).
한 지성 | 이성 | 지능 | 통찰력 | (기독교 어휘)

*명월 [MYENG-OUEL,-I] (明月) 원235
불 Lune claire, brillante; clair de lune.
한 밝은, 빛나는 달 | 달빛

1*명유 [MYENG-YOU] (名儒) 원235
불 Lettré qui a du renom.
한 이름난 학식 있는 사람

2*명유 [MYENG-YOU] (明油) 원235
불 Huile de 명틱 Myeng-htăi. || Hile épaissie par la cuisson pour vernir.
한 명틱 Myeng-htăi의 기름 | 칠하기 위해 가열하여 진해진 기름

*명의 [MYENG-EUI] (名醫) 원235
불 Médecin célèbre et habile.
한 저명하고 유능한 의사

1*명인 [MYENG-IN,-I] (名人) 원235
불 Homme illustre, remarquable; homme célèbre, connu, qui a du renom.
한 저명한, 뛰어난 사람 | 유명한, 알려진, 이름난 사람

2*명인 [MYENG-IN,-I] (明人) 원235
불 Devin, prophète.
한 점쟁이, 예언가

1*명일 [MYENG-IL,-I] (明日) 원235
불 Demain.
한 내일

2*명일 [MYENG-IL,-I] (名日) 원235
불 Jour célèbre. jour d'allégresse, de gaieté. Jour de gala. Jour de fête païenne. (Il y en 4 par année: 1e, le 1er de la 1re lune; 2e, dans la 2e ou 3e lune; 3e, le 5 de la 5e lune; 4e, le 15 de la 8e lune).
한 널리 알려진 날 | 환희의, 기쁨의 날 | 축제일 | 이교도들의 축제일 | (1년에 네 번 있다 : 첫 번째는 첫째 달 1일, 두 번째는 두 번째나 세 번째 달 중에, 세 번째는 다섯 번째 달 5일, 네 번째는 여덟 번째 달 15일)

*명장 [MYENG-TJYANG,-I] (名將) 원236
불 Général célèbre ou très-habile.
한 유명하거나 매우 유능한 장군

*명졀 [MYENG-TJYEL,-I] (名節) 원236
불 Jour d'allégresse, de gaîté. Jour de gala. Jour célèbre. Jour de fête païenne. (Il y en a 4 par année). V.Syn. 명일 Myeng-il.
한 환희의, 즐거움의 날 | 축제의 날 | 널리 알려진 날 | 이교도들의 축제일 (1년에 네 번 있다) | [동의어 명일, Myeng-il]

*명졍 [MYENG-TJYENG,-I] (銘旌) 원236
불 Drapeau rouge qui se porte aux funérailles, et sur lequel son écrits en blanc le nom et la qualité du défunt.
한 장례식에 드는, 그 위에 흰색으로 고인의 이름과 신분을 써 놓은 붉은 깃발

1*명죠 [MYENG-TJYO] (名祖) 원236
불 Ancêtres célèbres.
한 이름난 조상들

2*명죠 [MYENG-TJYO] (明朝) 원236
불 Demain matin.
한 내일 아침

1*명쥬 [MYENG-TJYOU] (明紬) 원236
불 Soie, étoffe de soie du ver mûrier.
한 명주, 뽕나무 벌레가 만든 견직물

2*명쥬 [MYENG-TJYOU] (明主) 원236
불 Roi habile ou célèbre.
한 유능한 또는 저명한 왕

*명증 [MYENG-TJENG,-I] (明證) 원236
불 Témoignage clair; preuve claire. || Enseigner; démontrer; expliquer. || Nom d'un livre chrétien (2 vol.).
한 분명한 증거 | 명백한 증거 | 알려주다 | 증명하다 | 설명하다 | 기독교 서적의 이름 (2권)

*명지 [MYENG-TJI] (明紙) 원236
불 Grand papier épais qui sert aux examens. Le meilleur papier à écrire.
한 시험에 사용하는 두껍고 큰 종이 | 글을 쓰기에 가장 좋은 종이

*명직경각일다 [MYENG-TJĂI-KYENG-KAK-IL-TA] (命在頃刻) 원236
불 Qui doit bientôt mourir. Etre tout près de mourir.
한 아마 곧 죽을 것이다 | 거의 죽어가다

명직경각ᄒᆞ다 [MYENG-TJĂI-KYENG-KAK-HĂ-TA] 원236 ☞명직경각일다

*명찰ᄒᆞ다 [MYENG-TCHAL-HĂ-TĂ] (明察, (clairement, examiner)) 원237
불 Examiner avec soin, clairement. || Très-prudent; très-avisé.
한 주의를 기울여, 명백하게 조사하다 | 매우 신중하다 | 매우 사려 깊다

*명창 [MYENG-TCHANG,-I] (名唱) ㉿237

불 Chant; mélodie. ‖ Courtisane ou comédienne très -célèbre.

한 노래 | 선율 | 매우 유명한 창녀 또는 여배우

*명챵 [MYENG-TCHANG,-I] (名唱) ㉿237

불 Chant; mélodie. ‖ Chanteur célèbre; très -habile musicien.

한 노래 | 선율 | 유명한 가수 | 매우 유능한 음악가

*명초ᄒᆞ다 [MYENG-TCHO-HĂ-TA] (命招) ㉿237

불 Désigner par le nom (ne se dit que du roi).

한 이름으로 가리키다 (왕에 대해서만 쓴다)

*명츄 [MYENG-TCHYOU] (明秋) ㉿237

불 L'automne de la prochaine année.

한 다음 해의 가을

*명츈 [MYENG-TCHYOUN,-I] (明春) ㉿237

불 Le printemps de la prochaine année.

한 다음 해의 봄

명치 [MYENG-TCHI] (胸堂) ㉿237

불 Creux de l'estomac, au bas de la poitrine.

한 가슴의 아래에 위가 있는 오목한 부분

*명치ᄒᆞ다 [MYENG-TCHI-HĂ-TA] (明治) ㉿237

불 Bien gouverner le peuple. Gouverner avec habileté.

한 백성을 잘 다스리다 | 능숙하게 통치하다

*명텬지하 [MYENG-HIYEN-TJI-HA] (明天之下) ㉿236

불 Au-dessous du ciel clair, c.a.d. à la face du ciel. (esp. de serment).

한 밝은 하늘 아래에, 즉 하늘에 대고 | (맹세의 종류)

*명텰 [MYENG-HIYEL,-I] (明鐵) ㉿236

불 Fer d'une qualité supérieure.

한 질이 좋은 철

*명투 [MYENG-HTOU] (名偷) ㉿236

불 Nom civil; titre; nom.

한 민법상의 이름 | 명칭 | 이름

*명틔 [MYENG-HTĂI] (明鮐) ㉿236

불 Esp. de poisson, le même que le 북어 Pouk-e.

한 물고기 종류, 북어 Pouk-e와 같다

*명패 [MYENG-HPAI] (命牌) ㉿236

불 Sentence de mort portée par le roi. Tablette envoyée par le roi à un grand pour le mander (elle porte seulement le caractère 명 Myeng en chinois).

한 왕이 내린 사형선고 | 귀족을 불러들이기 위해 왕이 보낸 작은 패 (중국어로 명 Myeng이라는 글자만 기재되어 있다)

*명풍 [MYENG-HPOUNG,-I] (名風) ㉿236

불 Qui sait trouver les bons empalcements pour les tombeaux. Habile géoscope; géoscope renommé.

한 무덤에 좋은 부지를 찾을 줄 아는 사람 | 유능한 지관 | 저명한 지관

*명필 [MYENG-HPIL,-I] (名筆) ㉿236

불 Pinceau célèbre; homme qui écrit très-bien. Belle écriture.

한 저명한 필치 | 글자를 매우 잘 쓰는 사람 | 아름다운 글씨

*명하젼 [MYENG-HA-TJYEN] (名下錢, (Nom, en bas, sapèques)) ㉿235

불 Somme inscrite au-dessous du nom. Somme payée pour se faire inscrire sur les registres de la famille dont on est orginaire.

한 이름 아래에 기재된 금액 | 출신 가문의 명부에 등록하기 위해 지불하는 금액

*명함드리다 [MYENG-HAM-TEU-RI-TA,-RYE,-RIN] (名緘) ㉿235

불 Nom et prénom. Carte de visite. Se nommer pour se faire annoncer chez un grand. Donner sa carte de visite.

한 성과 이름 | 명함 | 귀족에게 자신의 내방을 알리기 위해 자기의 이름을 말하다 | 자신의 명함을 주다

*명현 [MYENG-HYEN,-I] (名賢) ㉿235

불 Célèbre par sa bonté, par ses bonnes qualités. ‖ Grand homme de l'antiquité.

한 그 선함으로, 그 좋은 품성으로 유명하다 | 고대의 위인

*명후일 [MYENG-HOU-IL,-I] (明後日) ㉿235

불 Après demain.

한 모레

*명ᄒᆞ다 [MYENG-HĂ-TA,-HĂ-YE,-HĂN] (命) ㉿235

불 Ordonner, commander, prescrire.

한 명하다, 명령하다, 규정하다

메우다 [MYEI-OU-TA,-OUE,-OUN] (塡) ㉿232

불 Combler, remplir un trou. Syn. 메우다 Mei-ou-ta.

한 구멍을 메우다, 채우다 | [동의어 메우다, Mei-ou-ta]

[1]모 [MO] (方) ㉿242

불 Angle sortant, coin.

한 튀어나온 각, 모퉁이

[2]모 [MO] (秧) ㉿242

불 Semis; lieu où l'on a semé. Jeune riz à repiquer. En général toute esp. de semis à replanter.
한 모판 | 씨가 뿌려진 곳 | 모를 낼 어린 벼 | 일반적으로 옮겨 심는 모든 종류의 파종법

3* 모 [MO] (毛) 원242
불 En agr. Poil.
한 한자어로 털

4* 모 [MO] (母) 원242
불 En agr. Mère. ‖ Epouse.
한 한자어로 어머니 | 부인

5* 모 [MO] (冒) 원242
불 Mauvais.
한 나쁜 점

6* 모 [MO] (某) 원242
불 Tel. V. 아모 A-mo.
한 어느 | [참조어 아모, A-mo]

7* 모 [MO] (耗) 원242
불 La dîme de l'impôt des récoltes, la 10e partie de l'impôt que se réserve le gouverneur.
한 수확물에 대한 세금의 1/10, 지사가 자신을 위해 남겨두는 세금의 1/10

모갑이 [MO-KAP-I] (戱場) 원243
불 Le chef des gens masqués. ‖ Reine des prostituées maîtresse de maison des prostituées.
한 가면을 쓴 사람들의 우두머리 | 창기들 중 우두머리, 창가의 여주인

*모강 [MŌ-KANG,-I] (母薑) 원243
불 Gingembre qui a servi de semence, et que l'on détache après la pousse du second, du nouveau.
한 두번째로, 새로 싹이 난 후에 떼어서 종자로 쓰는 생강

모개 [MO-KAI] (束) 원243
불 Numéral de tout ce qui est lié en fagot, en paquet. Une brassée. Syn. 뭇 Mout. ‖ Tout; entièrement; en grand; en gros (commerce).
한 다발로, 꾸러미로 묶은 모든 것을 세는 수사 | 한 아름 | [동의어 뭇, Mout] | 모두 | 전부 | 대량으로 | 도매로 (거래)

모개팔다 [MO-KAI-HPAL-TA,-HPAL-A,-HPAN] 원243
불 Vendre en gros, tout d'une pièce.
한 도매로, 통째로 팔다

*모계 [MO-KYEI] (謀計) 원243
불 Moyen; essai; ruse; artifice. =ᄒᆞ다 -hă-ta, Délibérer ensemble.
한 방법 | 시도 | 술책 | 책략 | [용례 =ᄒᆞ다, -hă-ta], 함께 숙고하다

*모고히ᄒᆞ다 [MO-KO-HĂI-HĂ-TA] (冒告解) 원243
불 Confession sacrilége. Faire une confession sacrilége.
한 신성모독의 고백 | 신성모독의 고백을 하다

1* 모곡ᄒᆞ다 [MO-KOK-HĂ-TA] (耗穀) 원243
불 Ce que l'on doit donner de blé au-dessus de la taxe.
한 세금 이상으로 곡식을 주어야 하는 것

2* 모곡ᄒᆞ다 [MO-KOK-HĂ-TA] (募穀) 원243
불 Accaparer les grains. ‖ Blé obtenu en aumône. mendier.
한 곡물을 독점하다 | 동냥으로 얻은 곡식 | 구걸하다

*모골 [MO-KOL,-I] (毛骨) 원243
불 Les poils et les os. ‖ Frémissement, effroi.
한 털과 뼈 | 떨림, 공포

모과 [MO-KOA] (木果) 원243
불 Esp. de coing; gros fruit jaune comme un coing. Cédrat.
한 마르멜로 열매의 종류 | 마르멜로 열매처럼 크고 노란 과일 | 시트런

*모군 [MO-KOUN,-I] (募軍) 원243
불 Ouvrier qui reçoit son salaire en argent et se nourrit lui même. Travailleur, ouvrier à un travail commun.
한 월급을 돈으로 받아 스스로 먹고 사는 노동자 | 일꾼, 공동 작업을 하는 노동자

모긔 [MO-KEUI] (蚊) 원243
불 Moustique, cousin.
한 모기, 모기

1 모나다 [MO-NA-TA,MO-NA,MO-NAN] (稜) 원245
불 Le riz lève, la semence lève.
한 벼가 돋아나다, 씨가 싹트다

2 모나다 [MO-NA-TA,MO-NA,MO-NAN] (有隅) 원245
불 Anguleux.
한 각지다

모내다 [MO-NAI-TA,-NAI-YE,-NAIN] (移秧) 원245
불 Planter; replanter. Syn. 모죵ᄒᆞ다 Mo-tjyong-hă-ta.
한 심다 | 옮겨 심다 | [동의어 모죵ᄒᆞ다, Mo-tjyong-hă-ta]

*모녀 [MO-NYE] (母女) 원245
불 Mère et fille.
한 어머니와 딸

*모년ᄒᆞ다 [MO-NYEN-HĂ-TA] (冒年) 원245
불 Se dire plus vieux que l'on n'est. Se vieillir.

한 자신이 실제보다 더 늙었다고 말하다 | 자기 나이를 늘려 말하다

[1]모다 [MO-TA] (衆) 원247

불 Tout.

한 모두

[2]모다 [MO-TA,MO-RA (ou-RE),MON (驅) 원247

불 Chasser; pourchasser; chasser devant soi; conduire.

한 쫓다 | 추격하다 | 눈앞에서 쫓다 | 몰다

[3]모다 [MO-TA,MO-E ou MO-A,MO-EUN] (聚) 원247

불 Réunir; rassembler.

한 모으다 | 모이게 하다

모다긴령 [MO-TA-KIN-RYEUNG,-I] (打) 원247

불 Punition; châtiment; réprimande.

한 벌 | 징벌 | 징계

모닥불 [MO-TAK-POUL,-I] 원247

불 Balayures qui sont destinées à être brûlées.

한 태워지도록 되어 있는 쓰레기들

*모단 [MO-TAN] (毛緞) 원247

불 Etoffe de soie noire. Drap; étoffe à poils; velours.

한 검은 명주 천 | 나사[역주 羅紗] | 털이 있는 천 | 벨벳

모당ᄒᆞ다 [MO-TANG-HĂ-TA] (當一隅) 원247

불 Se charger de fournir, s'engager à fournir (une chose pour…). Contribuer pour une partie. V. ᄒᆞᆫ목당ᄒᆞ다 Hăn-mok-tang-hă-ta.

한 조달하는 것을 책임지다, (~을 위해 어떤 것을) 조달하기로 약속하다 | 일부를 부담하다 | [참조어 ᄒᆞᆫ목당ᄒᆞ다, Hăn-mok-tang-hă-ta]

[1]*모뎐 [MO-TYEN,-I] (耗廛) 원247

불 Marchand fruitier; boutique où l'on vend toute espèce de petits fruits d'une qualité inférieure.

한 과일 장수 | 모든 종류의 하급의 질의 작은 과일들을 파는 가게

[2]*모뎐 [MO-TYEN,-I] (毛廛) 원247

불 Marchand de fourrures, de poils d'animaux.

한 모피, 동물의 털을 파는 상인

[3]*모뎐 [MO-TYEN,-I] (牟田) 원247

불 Champ d'orge.

한 보리밭

[4]모뎐 [MO-TIEN] 원248 ☞ [1]모젼

모도 [MO-TO] (都) 원247

불 Tout; entièrement; sommairement; tout entier; tous.

한 모두 | 전부 | 간략하게 | 전부 다 | 모두들

모도다 [MO-TO-TA,-TO-A,-TON] (會) 원247

불 Rassembler; s'assembler, réunir.

한 모으다 | 모이다, 모으다

모도이다 [MO-TO-I-TA,-YE,-IN] (聚) 원247

불 Se rassembler; s'assembler, réunir.

한 모으다 | 모이다, 모으다

모든 [MO-TEUN,-I] (諸) 원247

불 Tous (avant le mot). 모든사ᄅᆞᆷ Mo-teun sa-răm, Tous les hommes.

한 (단어 앞에서) 모든 | [용례 모든사ᄅᆞᆷ, Mo-teun sa-răm], 모든 사람

[1]*모ᄃᆡ [MO-TĂI] (帽帶) 원247

불 Bonnet et ceinture de cour de mandarin (qui servant aussi quelquefois dans les mariages).

한 관리가 궁궐에서 쓰는 챙 없는 모자 또는 허리띠 (결혼식에도 때때로 사용된다)

[2]모ᄃᆡ [MO-TĂI] 원247

불 Esp. de souchet, de jonc triangulaire.

한 방동사니 속의, 세모 골풀의 종류

모라 [MO-RA] 원246

불 Tout, entièrement.

한 모두, 전부

모란 [MO-RAN,-I] (蘭) 원246

불 Esp de plante à larges feuilles. Fleur du 목단 Mok-tan.

한 큰 꽃이 피는 식물의 종류 | 목단 Mok-tan의 꽃

모래 [MO-RAI] (沙) 원246

불 Sable.

한 모래

모래톱 [MO-RAI-HTOP,-I] (沙) 원246

불 Plage de sable.

한 모래사장

모레 [MO-REI] (再明日) 원246

불 Après-demain.

한 모레

*모령ᄒᆞ다 [MO-RYENG-HĂ-TA] (冒領) 원246

불 Profaner (les sacrements); recevoir indignement; faire un sacrilège. (M.chrét.).

한 (성사를) 모독하다 | 부당하게 받다 | 신성을 모독하다 | (기독교 어휘)

모로논톄 [MO-RO-NĂN-HTYEL] (不知樣) 원246

불 Faire semblant d'ignorer.

한 모르는 척하다
모로다 [MO-RO-TA,MOL-NA,MOL-RON] (不知) 원246
불 Ignorer, ne pas savoir.
한 모르다, 알지 못하다
1 모롱이 [MO-RONG-I] (隅) 원246
불 Détour angulaire d'une montagne.
한 산의 모난 모퉁이
2 모롱이 [MO-RONG-I] (小水魚) 원246
불 Petit du 숑어 Syoung-e. Syn. 모장이 Mo-tjang-i.
한 숑어 Syoung-e의 새끼 | [동의어] 모장이, Mo-tjang-i]
모루 [MO-ROU] (治鐵) 원246
불 Enclume.
한 모루
모리 [MO-RI] (塊) 원246
불 Pelote, peloton.
한 실몽당이, 작은 실 꾸러미
모리다 [MO-RI-TA,-RYE,-RIN] 원246
불 Pelotonner.
한 실 따위를 둥글게 감다
*모리빈 [MO-RI-PĂI] (謀利輩) 원246
불 Homme avide de gain. ‖ Homme sans tenue.
한 이익을 갈구하는 사람 | 행실이 나쁜 사람
*모리ᄒᆞ다 [MO-RI-HĂ-TA] (謀利) 원246
불 Ne penser qu'au gain.
한 이익만을 생각하다
*모립지빈 [MO-RIP-TJI-PĂI,-I] (毛笠之輩) 원246
불 Homme qui porte un chapeau de feutre. Vaurien.
한 펠트 모자를 쓴 사람 | 무뢰한
모ᄅᆞ다 [MO-RĂ-TA,MOL-NA,MO-RON] (不知) 원246
불 Ignorer, ne pas savoir. Syn. 모로다 Mo-ro-ta.
한 모르다, 알지 못하다 | [동의어] 모로다, Mo-ro-ta]
모ᄅᆞᆷ죽이 [MO-RĂM-TJĂK-I] (須) 원246
불 Naturellement, de soi-même. (Mot sans signification usité dans les livre)
한 당연히, 저절로 | (책에서 흔히 사용되는 의미 없는 단어)
*모만ᄒᆞ다 [MO-MAN-HĂ-TA] (侮慢) 원245
불 Dédaigner, mépriser.
한 멸시하다, 경멸하다.
1 모말 [MO-MAL,-I] (方斗) 원245
불 Petit boisseau, mesure de capacité pour les blés.
한 작은 브와소 단위, 곡식용 용량 측정 단위
2* 모말 [MO-MAL,-I] (毛襪) 원245
불 Bas en cuir, en peau, en fourrure, pour les cavaliers.
한 기수들을 위한 가죽으로 된, 피혁으로 된, 털로 된 양말
*모면ᄒᆞ다 [MO-MYEN-HĂ-TA] (冒免) 원245
불 S'efforcer d'éviter. Eviter; échapper à.
한 피하려고 노력하다 | 피하다 | 모면하다
*모몰념치ᄒᆞ다 [MO-MIL-NYEM-TCHI-HĂ-TA] (冒沒廉恥) 원245
불 Importunité; malhonnêteté; impolitesse; rudesse. Ne pas savoir vivre. Etre impudent, éhonté.
한 귀찮게 굴음 | 무례함 | 무례 | 무뚝뚝함 | 처신하는 방법을 모르다 | 신중하지 않다, 염치없다
*모물 [MO-MOL,-I] (毛物) 원245
불 Objet en laine; fourrure.
한 양모로 된 물건 | 모피
모밀 [MO-MIL,-I] (蕎) 원245
불 Blé noir, sarrasin.
한 메밀, 메밀
*모ᄆᆡᆨ [MO-MĂIK,-I] (牟麥) 원245
불 Orge et froment.
한 보리와 밀
*모반ᄒᆞ다 [MO-PAN-HĂ-TA] (謀叛) 원246
불 Rebelle. conspirer contre le roi.
한 반역자 | 왕에 대항하여 음모를 꾸미다
*모발 [MO-PAL,-I] (毛髮) 원246
불 Poil, cheveu.
한 털, 머리카락
*모범죄 [MO-PEM-TJOI] (冒犯罪) 원246
불 Péché délibéré (exprès); sacrilège; profanation.
한 (고의로) 심사숙고한 후의 범죄 | 불경 | 신성모독
*모범ᄒᆞ다 [MO-PEM-HĂ-TA] (冒犯) 원246
불 Pécher avec délibération; pécher exprès, en connaissance de cause; profaner les sacrements; commettre de propos délibéré.
한 숙고하여 죄를 짓다 | 사정을 잘 알고 고의로 죄를 짓다 | 성사를 모독하다 | 확고한 의도로 범하다
*모병 [MO-PYENG,-I] (毛病) 원246
불 Défaut; vice; mauvaise habitude. (M.chr.)
한 결여 | 악 | 나쁜 습관 | (기독교 어휘)
*모복 [MO-POK,-I] (母腹) 원246
불 Sein de la mère (matrice); ventre de la mère; entrailles maternelles.
한 어머니의 품(자궁) | 어머니의 태내 | 어머니의 태 안

*모본 [MO-PON,-I] (模本) [원]246
[불] Copie (d'un livre, d'un tableau).
[한] (책, 그림의) 사본

*모본ᄒᆞ다 [MO-PON-HĂ-TA] (模本) [원]246
[불] Copier (un livre,un tableau).
[한] (책, 그림을) 복사하다

*모샹 [MO-SYANG,-I] (貌像) [원]247
[불] Figure; portrait; forme des objets; tableau; statue; image.
[한] 모습 | 초상화 | 물건의 형태 | 그림 | 조각 | 초상

모셔리 [MO-SYE-RI] (隅) [원]247
[불] Angle, bord, figure en relief.
[한] 모퉁이, 가장자리, 두드러진 형상

*모션 [MO-SYEN,-I] (毛扇) [원]247
[불] Voile à deux manches dont on se sert pour se voiler le visage. Voile pour la face avec les bâtonnets couverts de fourrure.
[한] 얼굴을 가리기 위해서 사용하는 소매가 두 개인 베일 | 털로 덮인 작은 막대들이 달려 있는 얼굴용 베일

모손ᄒᆞ다 [MO-SON-HĂ-TA] (耗損) [원]247
[불] Diminuer; s'effacer peu à peu; s'affaiblir peu à peu.
[한] 줄어들다 | 점차 없어지다 | 점차 약해지다

모숨 [MO-SOUM,-I] (編) [원]247
[불] Une poignée en un paquet (de feuilles de tabac, etc.). (Se dit des objets longs, comme le bois, la paille). Une pincée.
[한] (담뱃잎 등) 한 갑에서 한 주먹만큼의 분량 | (나무, 짚처럼 긴 물건들에 대해 쓴다) | 손가락 끝으로 집을 만큼의 양

*모습 [MO-SEUP,-I] (貌習) [원]247
[불] Façon; manière; air de visage; air; apparence.
[한] 방법 | 방식 | 얼굴의 표정 | 외모 | 외관

*모습ᄒᆞ다 [MO-SEUP-HĂ-TA] (模襲) [원]247
[불] Avoir l'air de; ressembler.
[한] ~처럼 보이다 | ~을 닮다

모시 [MO-SI] (苧) [원]247
[불] Plante ressemblant à l'ortie et dont on fait une toile légère qui sert à confectionner les habits d'été. Urtica nivea de Chine; grass-cloth; chanvre blanc; lin blanc.
[한] 쐐기풀속과 비슷하고 여름옷을 제작하는 데 쓰이는 가벼운 직물을 만드는 식물 | 중국의 〈흰 쐐기풀〉 | 라미천 | 흰색 삼베 | 흰 아마포

*모ᄉᆞ [MO-SĂ. 謀士] [원]247
[불] Général en chef ou délégue du gouvernement, supérieur au général.
[한] 우두머리 장군 또는 장군보다 높은 정부의 대표자

1*모ᄉᆞᄒᆞ다 [MO-SĂ-HĂ-TA] (謀詐) [원]247
[불] Rusé; ingénieux, astrucieux; artificieux.
[한] 교활하다 | 기발하다, 꾀바르다 | 교활하다

2*모ᄉᆞ하다 [MO-SĂ-HĂ-TA] (謀事) [원]247
[불] Intriguer; cabaler; délibérer sur une affaire.
[한] 술책을 쓰다 | 음모를 꾸미다 | 어떤 일에 대해 심의하다

1*모ᄉᆡᆨ [MO-SĂIK,-I] (毛色) [원]247
[불] Couleur du poil.
[한] 털의 색

2*모ᄉᆡᆨ [MO-SĂIK,-I] (貌色) [원]247
[불] Couleur du visage. ‖ Air; manière; aspect. Syn. 모양 Mo-yang.
[한] 얼굴색 | 모습 | 방식 | 모양 | [[동의어] 모양, Mo-yang]

모ᄯᅳ다 [MO-TTEU-TA,-TTE,-TTEUN] (模本) [원]247
[불] Imiter; copier; suivre un modèle.
[한] 본뜨다 | 모사하다 | 본보기를 따르다

*모양 [MO-YANG,-I] (貌樣) [원]242
[불] Forme; manière; façon; mode; air; apparence.
[한] 형태 | 방식 | 방법 | 양상 | 모습 | 외관

*모욕ᄒᆞ다 [MO-YOK-HĂ-TA] (侮辱) [원]242
[불] Injure; insulte; affront; mépriser; outrager; injurier.
[한] 욕설 | 모욕 | 치욕 | 멸시하다 | 모욕하다 | 욕설을 퍼붓다

*모용ᄒᆞ다 [MO-YOUNG-HĂ-TA] (冒用) [원]242
[불] Abuser; ne pas bien user de consommer.
[한] 남용하다 | ~을 잘 사용하지 않다, [[역주] 범죄를] 범하다

*모의 [MO-EUI] (毛衣) [원]242
[불] Habit fourré; habit en poil d'animal; fourrure.
[한] 모피로 안을 댄 옷 | 동물의 털로 된 옷 | 모피

*모의ᄒᆞ다 [MO-EUI-HĂ-TA] (謀議) [원]242
[불] Conspirer; conjurer; comploter; se liguer (en bonne et en mauvaise part). Délibérer ensemble; cabaler.
[한] 음모를 꾸미다 | 모의하다 | 음모를 꾸미다 | (좋은, 그리고 나쁜 측과) 동맹하다 | 함께 숙고하다 | 음모를 꾸미다

모이통 [MO-I-HTONG,-I] [원]242
[불] Jabot, poche sous la gorge des oiseaux, dans laquelle séjournent les aliments avant de passer dans l'estomac.

한 모이 주머니, 음식이 위장으로 옮겨가기 전에 머무르는, 새의 목구멍 아래에 있는 주머니

모자라다 [MO-TJA-RA-TA,-RA,-RAN] (乏) 원248
불 Etre trop court; être insuffisant.
한 매우 부족하다 | 불충분하다

[1]**모자리** [MO-TJA-RI] (秧板) 원248
불 Lieu où l'on sème pour replanter; pépinière.
한 이식하기 위해서 씨를 뿌린 곳 | 묘판

[2]**모자리** [MO-TJA-RI] (都) 원248
불 Tous, entièrement, sans exception, chaque. Syn. 모조리 Mo-tjo-ri.
한 모두, 전부, 예외 없이, 각각 | [동의어 모조리, Mo-tjo-ri]

[1*]**모장이** [MO-TJANG-I] (毛匠) 원248
불 Fabricant de fourrures; ouvrier en fourrures.
한 모피 제조업자 | 모피 제조 노동자

[2]**모장이** [MO-TJANG-I] (小水魚) 원248
불 Esp. de petit poisson de mer; petit du poisson 슝어 Syoung-e, qui est le mulet de mer.
한 작은 바닷물고기의 종류 | 바다 숭어인, 슝어 Syoung-e의 새끼

[*]**모쟝** [MO-TJYANG,-I] (毛帳) 원248
불 Tapis fait de plusieurs peaux ou fourrures ajoutées les unes aux autres; tapis en fourrures.
한 서로서로 덧붙여진 여러 가지 가죽 또는 모피로 만들어진 양탄자 | 모피로 만들어진 양탄자

[1*]**모젼** [MO-TJEN] (牟田) 원248
불 Champ d'orge. Syn. 모뎐 Mo-tyen.
한 보리밭 | [동의어 모뎐, Mo-tyen]

[2*]**모젼** [MO-TJYEN] (毛廛) 원248
불 Marché aux fruits.
한 과일 시장

모조라지다 [MO-TJO-RA-TJI-TA,-TJYE,-TYIN] (禿) 원248
불 Etre tout usé (pinceau, etc.).
한 (붓 등이) 완전히 닳다

모조리 [MO-TJO-RI] (都) 원248
불 Tous; entièrement; sans exception; chaque.
한 모두 | 전부 | 예외 없이 | ~마다

[*]**모죵하다** [MO-TJYONG-HĂ-TA] (募種) 원248
불 Planter, transplanter, repiquer, replanter un semis.
한 심다, 옮겨 심다, 모내다, 묘목을 다시 심다

[*]**모쥬** [MO-TJYOU] (母酒) 원248
불 Mère du vin c.a.d. principe du vin. lie du vin; piquette faite avec le résidu du vin clair (on donne ce résidu aux porcs, etc.).
한 술의 원천 즉, 술의 성분 | 술의 지게미 | 맑은 술의 찌꺼기로 만든 피케트 (이 찌꺼기를 돼지 등에게 준다)

모지 [MO-TJI] (會) 원248
불 Assemblée, réunion, grande réunion. Syn. 못거지 Mot-ke-tji.
한 모임, 집회, 큰 집회 | [동의어 못거지, Mot-ke-tji.]

[1]**모지다** [MO-TJI-TA,-TJYE,-TJIN] (方) 원248
불 Etre anguleux, à angle.
한 각지다, 각이 있다

[2]**모지다** [MO-TJI-TA,-TJYE,-TJIN] (猛) 원248
불 Etre intrépide; courageux; féroce; sauvage; cruel; violent; dur; inhumain. ‖ Etre ferme, vigoureux; robuste.
한 대담하다 | 용감하다 | 사납다 | 야생의 | 잔인하다 | 난폭하다 | 몰인정하다 | 인간미가 없다 | 굳세다, 원기왕성하다 | 건장하다

[1*]**모주** [MO-TJĂ] (母子) 원248
불 Mère et fils.
한 어머니와 아들

[2*]**모주** [MO-TJĂ] (眸子) 원248
불 Pupille, prunelle de l'œil.
한 동공, 눈의 눈동자

[3*]**모주** [MO-TJĂ] (帽子) 원248
불 Fond ou forme du chapeau. Le dessus du chapeau.
한 모자의 깊숙한 곳 또는 형태 | 모자의 위쪽

[*]**모초단** [MO-TCHO-TAN,-I] (毛綃緞) 원248
불 Esp. d'étoffe de drap couleur marron; damas chinois; velours.
한 밤색 나사[역주 羅紗] 천의 종류 | 중국 다마스커스 피륙 | 벨벳

모초리 [MO-TCHO-RI] (鶉) 원248
불 Caille (oiseau). Syn. 모추릭기 Mo-tchă-ră-ki.
한 메추라기 (새) | [동의어 모추릭기, Mo-tchă-ră-ki]

모춤 [MO-TCHYOUM,-I] (秧束) 원248
불 Paquet de plantes tirées du semis pour les planter.
한 심기 위해 모판에서 뽑힌 식물 다발

[*]**모츙하다** [MO-TCHYOUG-HĂ-TA] (謀忠) 원248
불 Se mettre en quatre pour qulequ'un; faire tous ses efforts pour qulqu'un; se tuer à son service.
한 한 사람을 위해서 전력을 기울이다 | 한 사람을

위해서 모든 노력을 하다 | 전심전력하여 섬기다

모치 [MO-TCHI] (小水魚) ㊊248

불 Esp. de petit poisson de mer. petit du 슝어 Syoung-e. Syn. 모롱이 Mo-rong-i ou 모쟝이 Mo-tjang-i.

한 작은 바닷물고기의 종류 | 슝어 Syoung-e의 새끼 | [동의어 모롱이, Mo-rong-i] 또는 [동의어 모장이, Mo-tjang-i]

*모친 [MO-TCHIN,-I] (母親) ㊊248

불 Mère (honorif.).

한 어머니 (경칭)

*모칙 [MO-TCHĂIK,-I] (謀策) ㊊248

불 Stratagème; ruse. Avis; dessin. Prudence. Don de conseil.

한 계략 | 술책 | 의견 | 설계 | 용의주도함 | 조언의 부여

모토지 [MO-HTO-TJI] (毛頭紙) ㊊248

불 Nom d'une espèce de papier qui vient de la Chine; le meilleur papier chinois.

한 중국에서 온 종이 일종의 이름 | 중국의 가장 좋은 종이

모통이 [MO-HTONG-I] (隅) ㊊248

불 Angles; extrémité; bout; sommet d'un mamelon; coin; angle sortant; proéminence.

한 모퉁이 | 말단 | 끝 | 원형 돌기의 돌기부분 | 구석 | 튀어나온 각 | 돌기

1* 모틱 [MO-HTĂI] (母胎) ㊊248

불 Entrailles de la mère; matrice; sein de la mère.

한 모태 | 자궁 | 어머니의 품

2 모틱 [MO-HTĂI] (毛工) ㊊248

불 Fabricant de faux toupets, de coussins, de cordes en cheveux, en un mot, de tous les objets où il entre des cheveux.

한 가짜 올림머리, 쿠션, 머리카락으로 된 끈, 한마디로, 머리카락에 들어가는 모든 물건들을 만드는 사람

1 모판 [MO-HPAN,-I] (方盤) ㊊246

불 Plateau à angle.

한 모퉁이가 있는 판

2 모판 [MO-HPAN,-I] (秧板) ㊊246

불 Couche pour le semis du tabac.

한 담배의 파종을 위한 묘상

모풀 [MO-HPOUL,-I] (秧草) ㊊246

불 Herbe qui doit servir de fumier pour le semis.

한 모판을 위해서 비료로 사용하도록 되어 있는 풀

*모해ᄒᆞ다 [MO-HAI-HĂ-TA] (謀害) ㊊242

불 Faire tort; nuire; chercher à unire; délibérer pour nuire.

한 잘못하다 | ~에 해가 되다 | 해를 입히려 하다 | 해를 입히기 위해 숙고하다

모호다 [MO-HO-TA,MO-HOA,MO-HON] (合) ㊊243

불 Réunir; rassembler.

한 모으다 | 다시 모이게 하다

*모호ᄒᆞ다 [MO-HO-HĂ-TA] (模糊) ㊊243

불 Obscur (parole); inintelligible.

한 (말이) 모호하다 | 난해하다

*모황 [MO-HOANG,-I] (母皇) ㊊243

불 Mère reine, reine mère.

한 태후, 왕태후

*모회 [MO-HOI] (母懷) ㊊243

불 Le sein, le giron.

한 가슴, 가슴

*모회ᄒᆞ다 [MO-HOI-HĂ-TA] (謀會) ㊊243

불 Délibérer pour se rassembler.

한 모여서 토의하다

*모후 [MO-HOU] (母后) ㊊243

불 Reine.

한 여왕

*모휘항 [MO-HOUI-HYANG,-I] (毛揮項) ㊊243

불 Capuchon en poil.

한 털로 된 두건

모히다 [MO-HI-TA,-HYE,-HIN] (會) ㊊243

불 Se rassembler; s'assembler; se réunir. ‖ Converger; tendre vers un même point.

한 모이다 | 모이다 | 모이다 | 집중하다 | 같은 지점으로 향하다

1 목 [MOK,-I] (項) ㊊243

불 Cou, gorge; gosier; goulot; détroit; pertuis. Angle formé par deux routes qui se coupent. Passage inévitable où se poste le chasseur à l'affût.

한 목, 목구멍 | 목구멍 | 목 | 해협 | 수문 | 교차되는 두 길에 의해 형성된 각 | 매복 사냥꾼이 자리 잡는 피할 수 없는 통행로

2* 목 [MOK,-I] (目) ㊊243

불 Œil. ‖ Bourgeon. ‖ Part; lot; partie.

한 눈 | 싹눈 | 몫 | 몫 | 일부

3* 목 [MOK,-I] (木) ㊊243

불 En agr. Arbre, bois.
한 한자어로 나무, 재목

1* 목각 [MOK-KAK,-I] (木脚) 원243
불 Jambe de bois.
한 나무로 만든 다리

2* 목각 [MOK-KAK,-I] (木刻) 원243
불 Sculpture en bois.
한 나무로 된 조각

1 목거리 [MOK-KE-RI] (掛項) 원243
불 collier, col. ‖ bavette pour les enfants.
한 목걸이, 깃 | 아이들을 위한 턱받이

2 목거리 [MOK-KE-RI] (項瘇) 원243
불 Enflure de la gorge, oreillons.
한 목이 부은 상태, 유행성 이하선염

3 목거리 [MOK-KE-RI] (弊襪) 원243
불 Bas usés, déchirés.
한 닳은, 찢어진 양말

* 목격ᄒᆞ다 [MOK-KYEK-HĂ-TA] (目擊) 원243
불 Voir de ses yeux.
한 자신의 눈으로 보다

* 목견ᄒᆞ다 [MOK-KYEN-HĂ-TA] (目見) 원243
불 Devant les yeux, sous les yeux. ‖ Voir de ses yeux, de ses propres yeux.
한 눈앞에, 눈 아래에 | 자신의 눈으로 보다, 자기 자신의 눈으로 보다

* 목과 [MOK-KOA] (木果) 원243
불 (Se prononce 모과 Mo-koa). Esp. de coing.
한 (모과 Mo-koa로 발음된다) | 마르멜로의 열매의 종류

1* 목관 [MOK-KOAN,-I] (牧官) 원243
불 Mandarin civil (V. 목ᄉᆞ Mok-să, 부ᄉᆞ Pou-să, etc.), dont la charge est de nourrir le peuple.
한 그 임무가 시민들을 먹이는 것인 문민의 관리 ([참조어] 목ᄉᆞ, Mok-să], [참조어] 부ᄉᆞ, Pou-să] 등)

2* 목관 [MOK-KOAN,-I] (木棺) 원243
불 Cercueil de bois.
한 나무로 만든 관

목구녕 [MOK-KOU-NYENG,-I] (咽喉) 원243
불 Trou de la gorge, gosier.
한 목의 구멍, 목구멍

* 목궁 [MOK-KOUNG,-I] (木弓) 원243
불 Arc fait de bois, arc de bois.
한 나무로 만든 활, 나무 활

* 목근 [MOK-KEUN,-I] (木根) 원243
불 Racine d'arbre.
한 나무의 뿌리

* 목금 [MOK-KEUM] (目今) 원243
불 Devant les yeux. Maintenant; présentement.
한 눈앞에서 | 지금 | 현재

* 목긔 [MOK-KEUI] (木器) 원243
불 Vase en bois.
한 나무로 된 그릇

* 목노 [MOK-NO] (木奴) 원244
불 Oranger. ‖ Lacet. Lacs pour la chasse aux oiseaux.
한 오렌지나무 | 끈 | 새 사냥용 올가미

* 목농 [MOK-NOGN,-I] (木籠) 원244
불 Caisse en bois.
한 나무로 된 상자

* 목단 [MOK-TAN,-I] (莪芛) 원244
불 Nom d'une racine de bois employée en médecine et en teinture.
한 내복약이나 염료로 사용되는 나무뿌리의 명칭

* 목단화 [MOK-TAN-HOA] (莪芛花) 원244
불 Fleur de Mok-tan. Pivoine.
한 목단의 꽃 | 모란

1* 목댱 [MOK-TYANG,-I] (牧場) 원244
불 Pâturage; lieu où sont enfermés les chevaux.
한 방목장 | 말들이 가둬진 장소

2* 목댱 [MOK-TYANG,-I] (木墻) 원244
불 Palissade, pieux pour palissade.
한 말뚝 울타리, 말뚝 울타리를 만들기 위한 말뚝들

목덜미 [MOK-TEL-MI] (後項) 원244
불 Derrière du cou; la nuque.
한 목의 뒷부분 | 목덜미

* 목뎍 [MOK-TYEK,-I] (木賊) 원244
불 Prêle des tourneurs. Herbe en forme de roseau, âpre comme une lime fine (on s'en sert pour polir les petits objet). En médecine, le 쇽시 Syok-săi, c.a.d. la prêle.
한 선반공들의 속새 | 가는 줄연장처럼 우툴두툴한, 갈대 모양의 풀(작은 물건들을 반들반들하게 닦기 위해서 사용된다) | 의학에서, 쇽시 Syok-săi, 즉 속새

* 목도ᄒᆞ다 [MOK-TO-HĂ-TA] (目覩) 원244
불 Voir de ses propres yeux.
한 자기 자신의 눈으로 보다

* 목동 [MOK-TONG,-I] (牧童) 원244
불 Berger, pasteur. ‖ Bûcheron; enfant qui coupe du bois; enfant bûcheron.

한 목동, 목자 | 나무꾼 | 나무를 베는 아이 | 어린 나무꾼

목둑이 [MOK-TOUK-I] 원244

불 Rognure, reste d'une pièce de bois.

한 부스러기, 나무 조각의 나머지

1목ᄃᆡ아 [MOK-TĂI-A] (木盥器) 원244

불 Cuvette en bois.

한 나무로 만든 대야

2목ᄃᆡ아 [MOK-TĂI-A] 원244

불 Palet, grande sapèque pour jouer au palet.

한 [역주 과녁에 던지는] 돌[역주 금속, 고무] 원반, 이 원반던지기 놀이를 하기위한 큰 엽전

*목록 [MOK-ROK,-I] (目錄) 원244

불 Table d'un livre; index; catalogue.

한 책의 목차 | 색인 | 목록

*목리 [MOK-RI] (木理) 원244

불 Veine du bois; dessins que forment le veines du bois.

한 나뭇결 | 나뭇결이 이루는 무늬들

1*목마 [MOK-MA] (木馬) 원243

불 Cheval de bois. || Barque. || Grande chaise à porteurs très- élevée, avec une roue dessous, pour les grands dignitaires.

한 나무로 만든 말 | 작은 배 | 중요한 고관들을 위한, 아래에 바퀴가 있고 매우 높고 큰 가마

2*목마 [MOK-MA] (木磨) 원244

불 Engrenage pour écorcer le riz.

한 쌀의 껍질을 벗기기 위한 톱니바퀴 장치

목마ᄅᆞ다 [MOK-MA-RĂ-TA,-MAL-NA,-MA-RĂN] (渴) 원244

불 Avoir le gosier sec; avoir soif. S'emploie même pour l'âme, etc. 내령혼의목마ᄅᆞᆷ이 Nai-ryeng-hon-eui-mok-ma-răm-i, La soif de mon âme.

한 갈증이 나다 | 갈증나다 | 영혼 등에도 사용된다 | [용례 내령혼의목마ᄅᆞᆷ이 Nai-ryeng-hon-eui-mok-ma-răm-i], 내 영혼의 목마름

*목마ᄒᆞ다 [MOK-MA-HĂ-TA] (牧馬) 원244

불 Nourrir un cheval.

한 말에게 먹이를 먹이다

목매다 [MOK-MAI-TA,-MAI-YE,-MAIN] (絞) 원244

불 Lier la gorge, c.a.d. étrangler. S'étrangler; se pendre.

한 목을 매다, 즉 교살하다 | 질식하다 | 목매어 자살하다

*목멱산 [MOK-MYEK-SAN,-I] (木覓山) 원244

불 Nom d'une montagne au sud de la capitale, où aboutissent les télégraphes des trois provinces ces du sud.

한 세 지방의 전신이 도달하는 수도의 남쪽에 있는 산의 이름

1*목면 [MOK-MYEN,-I] (木綿) 원244

불 Coton.

한 면

2*목면 [MOK-MYEN,-I] (木麵) 원244

불 Farine de blé noir.

한 메밀의 가루

*목물 [MOK-MOUL,-I] (木物) 원244

불 Objet en bois, chose en bois; ustensile, instrument, vase en bois; boissellerie.

한 나무로 된 물건, 나무로 된 것 | 도구, 기구, 나무로 된 그릇 | 브와소 말 제조업

목물ᄒᆞ다 [MOK-MOUL-HĂ-TA] (項水) 원244

불 Eau avec laquelle on se lave le cou et le haut de la poitrine pour se rafraîchir. Se baigner; se laver le corps.

한 몸을 식히기 위해서 목과 가슴의 윗부분을 씻는 물 | 목욕하다 | 자기 몸을 씻다

목별 [MOK-PYEL,-I] 원244

불 Graine d'un certain arbre.

한 어떤 나무의 씨앗

*목비 [MOK-PI] (木碑) 원244

불 Colonne de bois élevée à la mémoire d'un bon mandarin. Borne monumentale en bois.

한 좋은 관리를 기념하여 세워진 나무 기둥 | 나무로 만든 거대한 말뚝

1*목샹 [MOK-SYANG,-I] (木商) 원244

불 Marchand de bois en gros.

한 도매로 나무를 파는 상인

2*목샹 [MOK-SYANG,-I] (木上) 원244

불 Tronc d'arbre; pied d'arbre; grosse pièce de bois.

한 나무줄기 | 나무그루 | 큰 나무 조각

*목셕 [MOK-SYEK,-I] (木石) 원244

불 Bois et pierre.

한 나무와 돌

1목셩 [MOK-SYENG,-I] (口聲) 원244

불 Voix; son de la voix; cri.

한 목소리 | 음성 | 외침

2*목셩 [MOK-SYENG,-I] (木星) 원244

불 Nom d'une étoile. Jupiter (planète).

한 별의 이름 | 목성(행성)

3* 목셩 [MOK-SYENG,-I] (木性) 원244

불 Nature du bois.

한 나무의 성질

목소릐 [MOK-SO-RĂI] (喉音) 원244

불 Chant; cri; voix; ton; bruit du gosier.

한 노래 | 외침 | 목소리 | 음조 | 목구멍에서 나는 소리

목숨 [MOK-SOUM,-I] (命) 원244

불 Respiration; la vie.

한 숨 | 삶

목쉬다 [MOK-SOUI-TA,-SOUI-YE,-SOUIN] 원244

불 Etre enroué; avoir la voix rauque; avoir une extinction de voix.

한 목쉬다 | 목소리가 쉬다 | 목소리가 약해지다

* 목슈 [MOK-SYOU] (木手) 원244

불 Charpentier; menuisier; ouvrier en bois.

한 목수 | 소목장이 | 나무일을 하는 노동자

* 목슉 [MOK-SYOUK,-I] (苜蓿) 원244

불 Nom d'une plante (que les chevaux mangent avec plaisir en Chine; elle n'existe pas en Corée).

한 식물의 이름 (중국에서 말들이 먹기 좋아한다 | 조선에는 존재하지 않는다)

1 목시 [MOK-SI] (分子) 원244

불 Part; partie; portion; lot.

한 몫 | 일부 | 할당량 | 몫

2 목시 [MOK-SI] 원244

불 Fléau d'une balance, ou plutôt l'endroit où est fixée la corde qui sert à suspendre la balance pour peser.

한 저울대, 보다 정확하게는 무게를 재기 위해 저울을 매달아 놓는 데 사용하는 줄이 고정되는 곳

1 목신 [MOK-SIN,-I] (木履) 원244

불 Sabot, chaussure de bois.

한 나막신, 나무로 된 신발

2* 목신 [MOK-SIN,-I] (木神) 원244

불 Le génie des arbres (superst.).

한 나무의 신 (미신)

* 목ᄉᆡ [MOK-SĂI] (牧使) 원244

불 Mandarin de 1er ordre dans les villes où il y a des satellites pour arrêter les voleurs, (le 2e dans l'ordre civil. Le 1er au-dessous du gouverneur 감ᄉᆞ Kam-să).

한 도둑들을 붙잡기 위한 근위병들이 있는 마을에서 첫 번째 서열의 관리 (문민 서열의 두 번째, 지사인 감ᄉᆞ Kam-să 아래에 첫 번째)

목꼿꼿ᄒᆞ다 [MO-KKOT-KKOT-HĂ-TA] 원243

불 Cri de la poule appelant ses poussins.

한 자신의 병아리들을 부르는 암탉의 소리

1 목아지 [MO-A-TJI] (項) 원243

불 Gorge, cou.(popul.).

한 목구멍, 목 | (속어)

2 목아지 [MOK-A-TJI] (束) 원243

불 Un fagot, un paquet. Syn. 모개 Mo-kai.

한 한 단, 한 묶음 | [동의어 모개, Mo-kai]

목안 [MOK-AN,-I] (木鴈) 원243

불 Oie de bois doré que le jeune marié offre à ses beaux-parents dans la cérémonie du mariage, (emblème de la fidélité conjugale).

한 결혼식에서 젊은 신랑이 자신의 장인 장모에게 주는 도금된 나무 기러기, (부부간의 정조의 상징)

* 목욕ᄒᆞ다 [MOK-YOK-HĂ-TA] (沐浴) 원243

불 Se baigner.

한 목욕하다

목자ᄅᆞ다 [MO-TJA-RĂ-TA,-TJAL-NE,-TJA-REUN] (絞) 원245

불 Etrangler; suffoquer; s'étrangler.

한 목을 조르다 | 숨 막히게 하다 | 질식하다

목자ᄅᆞ다 [MOK-TJA-RĂ-TA,-TJAL-NE,-TJA-REUN] (短) 원245

불 Ne pas suffire; être insuffisant.

한 충분치 않다 | 불충분하다

1* 목잠 [MOK-TJAM,-I] (木簪) 원244

불 Aiguille de tête en bois.

한 나무로 된 비녀

2 목잠 [MOK-TJAM,-I] 원245

불 Mort de quelques épis de riz; esp. de maladie du riz qui le fait mourir avant la floraison.

한 몇몇 벼 이삭의 죽음 | 개화 전에 벼를 죽게 하는 벼의 병의 종류

* 목쟈 [MOK-TJYA] (牧者) 원245

불 Pasteur; berger. Au figuré : le mandarin, etc.

한 목자 | 목동 | 비유적 의미로 | 관리 등

* 목젼 [MOK-TJYEN] (目前) 원245

불 Devant les yeux; sous les yeux; hic et nune.

한 눈앞에서 | 눈 아래에 | 당장에

목졋 [MOK-TJYET,-SI] (喉乳) 원245

불 Amygdales; luette.

한 편도선 | 목젖

목졍이 [MOK-TJYENG-I] (項頸) [원]245
[불] Le cou.
[한] 목

*목족ᄒᆞ다 [MOK-TJYOK-HĂ-TA] (睦族) [원]245
[불] Accord entre les membres d'une famille. Resserrer les lieus d'amitié dans toute la famille jusqu'aux degrés les plus éloignés.
[한] 가족 구성원들끼리의 화목 | 가장 먼 촌수까지 가족 전체에서 친밀함의 관계를 강화하다

1*목지 [MOK-TJI] (目紙) [원]245
[불] Esp. de jeu de cartes.
[한] 카드놀이의 종류

2목지 [MOK-TJI] [원]245
[불] Esp. de jeu de palet, jeu de petit palet.
[한] 팔레[[역주] 과녁에 돌 원반을 던지는] 놀이의 종류, 작은 팔레[[역주] 과녁에 돌 원반을 던지는] 놀이

*목쳑 [MOK-TCHYEK,-I] (木尺) [원]245
[불] Mesure de longueur pour le bois. V. 자 tja.
[한] 목재용 길이 측정 단위 | [[참조어] 자 tja.]

1*목쳥 [MOK-TCHYENG,-I] (木靑) [원]245
[불] Nom d'un remède. ‖ Couleur vert-feuille.
[한] 약재의 이름 | 초록색 나뭇잎의 색깔

2목쳥 [MOK-TCHYENG,-I] (喉音) [원]245
[불] Voix.
[한] 목소리

*목침 [MOK-TCHIM,-I] (木枕) [원]245
[불] Oreiller en bois.
[한] 나무로 된 베개

목침돌님 [MOK-TCHIM-TOL-NIM,-I] (木枕次序) [원]245
[불] Faire passer l'oreiller en bois (c'est une invitation à faire une chose entre personnes assises en rond dans une chambre).
[한] 나무로 만든 베개를 돌리다 (방 안에 둥글게 앉은 사람들끼리 어떤 일을 하도록 권유하는 것이다)

*목탁 [MOK-HTAK,-I] (木鐸) [원]244
[불] Esp. de tête de mort en bois et creuse sur laquelle frappent les bonzes en mendiant.
[한] 구걸하는 승려들이 두드리는 나무로 되고 속이 빈 해골의 종류

1*목통 [MOK-HTONG,-I] (木通) [원]244
[불] Pied d'une plante qui porte le fruit 으름 Eu-reum.
[한] 으름 Eu-reum열매가 맺히는 식물의 밑동

2목통 [MOK-HTONG,-I] (喉筩) [원]244
[불] Gosier; gorge; larynx.
[한] 목구멍 | 목 | 후두

목퇴 [MOK-HTOI] (木枕) [원]244
[불] Oreiller en bois.
[한] 나무로 된 베개

*목패 [MOK-HPAI] (木牌) [원]244
[불] Tablette en bois pour les ancêtres.
[한] 조상들을 위한 나무로 만든 패

*목하 [MOK-HA] (目下) [원]243
[불] Devant les yeux, en présence. ‖ Sous les yeux, c.a.d. présentement.
[한] 눈앞에서, 대면하여 | 눈 아래에서, 즉, 현재

*목향 [MOK-HYANG,-I] (木香) [원]243
[불] Bâtonnet odoriférant. Esp. de bois odoriférant (en médec.).
[한] 향기로운 작은 막대기 | (의학에서) 향기로운 나무의 종류

*목호 [MOK-HO] (牧號) [원]243
[불] Cri particulier pour appeler les animaux domestiques.
[한] 가축들을 부르기 위한 특별한 소리

*목홍 [MOK-HOUNG,-I] (木紅) [원]243
[불] Toile de coton rouge. ‖ Teinture rouge du bois de…
[한] 붉은 색 면으로 된 천 | ~나무의 붉은 염료

1*목화 [MOK-HOA] (木靴) [원]243
[불] Bottes des officiers ou des hommes en place. Bottes chinoises.
[한] 장교들이나 요직에 있는 사람들의 장화 | 중국식 장화

2*목화 [MOK-HOA] (木花) [원]243
[불] Coton, plante à coton.
[한] 면화, 목화

*목휘항 [MOK-HOUI-HANG,-I] (木揮項) [원]243
[불] Capuchon de toile de coton.
[한] 면화 천으로 만든 두건

몬닥이 [MON-TAK-I] [원]245
[불] Poussière.
[한] 먼지

몬져 [MON-TJYE] (先) [원]245
[불] Avant; d'abord; auparavant; autrefois.
[한] 먼저 | 우선 | 이전에 | 이전에

몬지 [MON-TJI] (埃) [원]245
[불] Poussière.
[한] 먼지

몰 [MOL,-I] (沒) ⓦ246
불 Tout.
한 모두

몰강쓰럽다 [MOL-KANG-SSEU-REP-TA] ⓦ246
불 Tout, entièrement || V. 깜직ᄒᆞ다 Kkam-tjik-hă-ta.
한 모두, 전부 | [참조어 깜직ᄒᆞ다, Kkam-tjik-hă-ta]

*몰골 [MOL-KOL,-I] (貌骨) ⓦ247
불 Façon; air; manière; apparence.
한 모양 | 모습 | 방식 | 외관

*몰기 [MOL-KI] (沒技) ⓦ246
불 Sans esprit, sot, stupide. || Atteindre la cible cinq fois de suite (archer).
한 기지가 없다, 멍청이, 바보 | (사수가) 연속해서 다섯 번 과녁을 맞히다

몰기ᄒᆞ다 [MOUL-KI-HĂ-TA] (沒棄) ⓦ246
불 Jeter tout dehors; faire place nette.
한 모두 밖으로 던지다 | 불필요한 물건들을 치우다

몰내 [MOL-NAI] (不知中) ⓦ247
불 En secret.
한 몰래

몰니다 [MOL-NI-TA,-NYE,-NIN] (驅) ⓦ247
불 Etre chassé; poussé; conduit.
한 내몰리다 | 몰리다 | 몰리다

몰다 [MOL-TA,MO-RE,MON] (驅) ⓦ247
불 Chasser, pousser, repousser devant soi; conduire (un animal, une armée). ᄆᆞᆯ몰다 Măl-mol-ta, Frapper un cheval, l'exciter pour aller plus vite.
한 쫓다, 몰다, 자신의 앞에서 밀어내다 | (동물, 군대를) 몰다 | [용례 ᄆᆞᆯ몰다, Măl-mol-ta], 말을 때리다, 더 빨리 가기 위해서 그것을 부추기다

몰박다 [MOL-PAK-TA,-PAK-A,-PAK-EUN] ⓦ247
불 Rejeter la faute sur quelqu'un, sur un seul. se réunir pour accuser.
한 다른 사람에게, 한 사람에게만 잘못을 전가하다 | 비난하기 위해서 모이다

*몰속 [MOL-SOK,-I] (沒屬) ⓦ247
불 Tous; entièrement; tout.
한 모두 | 전부 | 모두

*몰수이 [MOL-SOU-I] (沒數) ⓦ247
불 Entièrement; jusqu'au dernier. (tous morts) sans exception.
한 전부 | 마지막까지 | 예외 없이 (모두 죽다)

*몰식ᄒᆞ다 [MOL-SIK-HĂ-TA] (沒食) ⓦ247
불 Tout manger (sans reste).
한 (남김없이) 모두 먹다

*몰ᄉᆞᄒᆞ다 [MOL-SĂ-HĂ-TA] (沒死) ⓦ247
불 Tous les morts (sans exception). Etre exterminé.
한 (예외 없이) 모든 죽음 | 몰살되다

*몰약 [MOL-YAK,-I] (沒藥) ⓦ246
불 Myrrhe. (M.chr).
한 몰약 | (기독교 어휘)

몰옴이 [MOL-OM-I] (須) ⓦ246
불 V. 모ᄅᆞᆷ즉이 Mo-răm-tjăk-i.
한 [참조어 모ᄅᆞᆷ즉이, Mo-răm-tjăk-i]

몰이 [MOL-I] (驅) ⓦ246
불 Chasse à rabattre.
한 몰아가는 사냥

*몰인졍ᄒᆞ다 [MOL-IN-TJYENG-HĂ-TA] (沒人情) ⓦ246
불 Inhumain; dur; grossier; cruel.
한 비인간적이다 | 몰인정하다 | 상스럽다 | 잔인하다

*몰풍스럽다 [MOL-HPOUNG-SEU-REP-TA,-RE-OUE,-RE-ON] (沒風) ⓦ247
불 Inhumain; grossier; barbare; aigre; brutal; acariâtre.
한 비인간적이다 | 상스럽다 | 야만스럽다 | 성마르다 | 난폭하다 | 까다롭다

몸 [MOM,-I] (身) ⓦ245
불 Corps.
한 몸

몸부림ᄒᆞ다 [MOM-POU-RIM-HĂ-TA] (行惡) ⓦ245
불 Etant en colère se frapper le corps, se rouler, ect. pour intimider celui avec qui on conteste.
한 화가 나서 자신의 몸을 때리다, 인정하지 않는 사람에게 위압감을 주기 위해서 뒹굴어지다 등

몸뷔잔타 [MOM-POUI-TJAN-HTA,-TJAN-A,-TJAN-AN] (身不虛) ⓦ245
불 Etre grosse, être enceinte (m.á.m. n'avoir pas le corps vide).
한 임신하다, 임신하다 (말 그대로 빈 몸이 아니다)

몸살 [MOM-SAL,-I] (身痛) ⓦ245
불 Petite maladie; indisposition.
한 사소한 병 | 몸이 불편함

몸소 [MOM-SO] (躬) ⓦ245
불 Soi-même; en personne.
한 자기 자신 | 몸소

몸솔 [MOM-SOL,-I] (身刷) ⓦ245

불 Brosse pour se gratter le corps dans une démangeaison.
한 근질근질할 때 몸을 긁기 위한 솔
몸집 [MOM-TJIP,-I] (體統) 원245
불 Tronc du corps.
한 몸통
몹시 [MIP-SI] (惡) 원246
불 Mauvais; mal; indignement.
한 나쁘게 | 나쁘게 | 당치 않게
몹쓸 [MOP-SSEUL] (惡) 원246
불 Mauvais.
한 나쁘다
몹쓸놈 [MOP-SSEUL-NOM,-I] (惡人) 원246
불 Mauvais garnement, gamin.
한 나쁜 불량배, 부랑아
[1]못 [MOT,-SI] (淵) 원247
불 Vivier, étang, lac.
한 양어지, 연못, 호수
[2]못 [MOT,-SI] (釘) 원247
불 Clou; cheville. ‖ Durillon; tumeur; calus.
한 못 | 쐐기 | [역주 손·발바닥에 생기는] 못 | 종기 | 피부 경결
[3]못 [MOT] (未) 원247
불 Non; ne pas; ne pouvoir pas. (Indique l'impossibilité).
한 아니 | 아니다 | 할 수 없다 | (불가능을 가리킨다)
못거지 [MOT-KE-TJI] (會) 원247
불 Assemblée; réunion; troupe; congrégation.
한 회중 | 모임 | 무리 | 협회
못견듸다 [MOT-KYEN-TĂI-TA,-TĂI-YE,-TĂIN] (不堪) 원247
불 Ne pas pouvoir supporter; insupportable.
한 견디지 못하다 | 참을 수 없다
못나다 [MOT-NA-TA,-NA,-NAN] (不出) 원248
불 Etre avorton; imbécile; mal bâti; informe.
한 난쟁이이다 | 저능하다 | 체격이 좋지 않다 | 흉하다
못내못내 [MOT-NAI-MOT-NAI] (無窮) 원248
불 Très; extrêment; sans limite; sans lin, Syn. 무궁ᄒᆞ다 Mou-koung-hă-ta et 무진ᄒᆞ다 Mou-tjin-hă-ta.
한 매우 | 극도로 | 끝없이 | 끝도 없이, [동의어 무궁ᄒᆞ다, Mou-koung-hă-ta], [동의어 무진ᄒᆞ다, Mou-tjin-hă-ta]
못ᄂᆡ [MOT-NĂI] (無窮) 원248
불 Très; extrêmement; sans limite; sans fin. ‖ Non, jamais.
한 매우 | 극도로 | 끝없이 | 끝없이 | 아니, 결코
못되다 [MOT-TOI-TA,-TOI-YE,-TOIN] (醜骨) 원248
불 Etre informe, vilain, avorton.
한 흉하다, 보기 흉하다, 난쟁이이다
못밋쳐 [MOT-MIT-TCHYE,-TCHĂN] (不及) 원247
불 En deçà; de ce côté-ci; deçà; pas tout à fait.
한 이쪽에 | 이편에 | 이쪽 | 완전히는 아닌
못삼긴 [MOT-SAM-KIN] (醜骨) 원248
불 N'être pas réussi, pas achevé.
한 성공하지 못하다, 완성되지 못하다
못ᄎᆞᄅᆞ기 [MOT-TCHĂ-RĂ-KI] (鶉) 원248
불 Caille. Syn. 모초리 Mo-tcho-ri.
한 메추라기 | [동의어 모초리, Mo-tcho-ri.]
*몽간 [MONG-KAN,-I] (夢間) 원245
불 Dans le rêve, en rêve.
한 꿈속에서, 꿈에서
*몽고 [MONG-KO] (蒙古) 원245
불 Mongolie.
한 몽고
몽고리 [MONG-KO-RI] 원245
불 Homme dont la tête est rasée. Tondu, pelé (on appelle ainsi les bonzes par moquerie).
한 머리를 민, 머리를 짧게 깎은, 대머리인 사람 (승려들을 놀리려고 이렇게 부른다)
*몽농ᄒᆞ다 [MONG-NONG-HĂ-TA] (濛濃) 원245
불 Etre sans connaissance claire (dans un demi-sommeil); être un peu endormi; être sans sentiment (malade); avoir l'esprit comme dans un nuage, une brouillard; être privé des sens à demi. sot, stupide, bête.
한 (반쯤 잠에 빠져) 의식이 분명하지 못하다 | 약간 잠에 빠져 있다 | 느낌이 없다(병) | 정신이 구름, 안개 속에 있는 것 같다 | 감각이 반쯤 없다 | 어리석다, 어리석다, 바보 같다
몽당이 [MONG-TANG-I] 원246
불 Reste d'un instrument tout usé.
한 다 닳은 기구의 나머지 부분
몽당치마 [MONG-TANG-TCHI-MA] 원246
불 Robe presque tout usée par le bas; haillon.
한 아랫단이 거의 닳은 원피스 | 누더기옷
*몽덕 [MONK-TEK,-I] (蒙德) 원246
불 Service; utilité; avantage.
한 시중 | 쓸모 | 이익

*몽덕ᄒᆞ다 [MONG-TEK-HĂ-TA] (蒙德) [원]246
[불] Recevoir un service.
[한] 시중을 받다

몽덩이 [MONG-TENG-I] (杖木) [원]246
[불] Bâton à tête pour frapper; massue; casse-tête. Syn. 몽치 Mong-tchi.
[한] 치기 위한 머리 부분이 달린 막대기 | 몽둥이 | 곤봉 | [[동의어] 몽치, Mong-tchi.]

몽동이 [MONG-TONG-I] [원]246 ☞ 몽덩이

*몽두ᄒᆞ다 [MONG-TOU-HĂ-TA] (蒙頭) [원]246
[불] Grand voile en toile de chanvre dont ou couvre les criminels. Voiler la face à une criminel.
[한] 범죄자에게 씌우는 삼베로 된 큰 베일 | 범죄자의 얼굴을 가리다

*몽매 [MONG-MAI] (夢寐) [원]245
[불] Songe, rêve.
[한] 몽상, 꿈

*몽몽ᄒᆞ다 [MONG-MONG-HĂ-TA] (濛濛) [원]245
[불] Etre sans connaissance (v.g dans un demi-sommeil). ‖ Manière de pleuvoir. ‖ Manière de fleurir.
[한] (예. 반쯤 잠들어) 의식이 없다 | 비가 오는 방식 | 꽃이 피는 방식

*몽ᄇᆡᆨ [MONG-PĂIK,-I] (蒙白) [원]245
[불] Deuil =닙다-nip-ta, Prendre le deuil.
[한] 상복 | [[용례] =닙다, -nip-ta], 상복을 입다

*몽셜 [MONG-SYEL,-I] (夢洩) [원]246
[불] Impureté dans le rêve; pollution nocturne.
[한] 꿈에서의 외설 | 몽정

*몽쇼승텬 [MONG-SYO-SEUNG-HIYEN,-I] (蒙召昇天) [원]246
[불] Assomption (appel de l').
[한] 성모승천(의 부름)

몽실몽실ᄒᆞ다 [MONG-SIL-MONG-SIL-HĂ-TA] [원]246
[불] Rude. Sensation, effect qu'on éprouve en passant la main sur une brosse ou sur des cheveux courts. ‖ Mou, mollet, doux au toucher.
[한] 거친 감각, 솔이나 짧은 머리카락 위를 손으로 쓰다듬을 때 느껴지는 인상 | 무르다, 부드럽다, 만지기에 부드럽다

*몽ᄉᆞ [MONG-SĂ] (夢事) [원]245
[불] Chose ou affaire de rêve. Rêve.
[한] 꿈의 것 또는 일 | 꿈

*몽압ᄒᆞ다 [MONG-AP-HĂ-TA] (夢壓) [원]245
[불] Effroi dans le sommeil. Avoir le cauchemar.
[한] 잠자는 상태에서의 공포 | 악몽을 꾸다

*몽용 [MONG-YONG,-I] (蒙茸) [원]245
[불] Pelouse; herbe fraîche et de même hauteur; gazon.
[한] 잔디 | 같은 높이의 신선한 풀 | 잔디

*몽용ᄒᆞ다 [MONG-YONG-HĂ-TA] (蒙庸) [원]245
[불] Sot; simple; niais; ignorant.
[한] 어리석다 | 단순하다 | 멍청하다 | 무식하다

*몽즁 [MONG-TJYOUNG] (夢中) [원]246
[불] En rêve.
[한] 꿈속에서

몽치 [MONG-TCHI] (杖) [원]246
[불] Bâton court à grosse tête; casse-tête; gros bâton. Syn. 몽동이 Mong-tong-i.
[한] 머리 쪽이 굵은 짧은 막대기 | 곤봉 | 굵은 막대기 | [[동의어] 몽동이, Mong-tong-i]

몽텅이 [MONG-HTENG-I] (包) [원]246
[불] Peloton, boulette. Syn. 쑤렴이 Kkou-rem-i.
[한] 둥근 덩어리, 작은 구 | [[동의어] 쑤렴이, Kkou-rem-i]

몽틔치다 [MONG-HTĂI-TCHI-TA,-TCHYE,-TCYIN] [원]246
[불] Voler, dérober.
[한] 훔치다, 가로채다

*몽학 [MŌNG-HAK,-I] (蒙學) [원]245
[불] Commencement de l'étude des caractères. Enfant qui commence à étudier.
[한] 글자 공부의 시작 | 공부를 하기 시작하는 아이

*몽혜ᄒᆞ다 [MONG-HYEI-HĂ-TA] (蒙惠) [원]245
[불] Bienfait reçu ou donné. Recevoir un bienfait ; le donner.
[한] 받거나 주어진 이익 | 이익을 받다 | 그것을 주다

1뫼 [MOI] (山) [원]242
[불] Montagne.
[한] 산

2뫼 [MOI] (墓) [원]242
[불] Tombeau.
[한] 무덤

3뫼 [MOI] (鷄食) [원]242
[불] Mangeaille pour les volailles.
[한] 가금들의 먹이

뫼다 [MOI-TA,-YE,-IN] (侍) [원]242
[불] Suivre. 분부뫼옵다 Poun-pou moi-op-ta, exécuter un ordre.

[한] 따르다 | [[용례] 분부뫼옵다 Poun-pou moi-op-ta], 명령을 시행하다

뫼독이 [MOI-MOK-I] (螽) [원]242

[불] Sauterelle.

[한] 메뚜기

뫼봉오리 [MOI-PONG-O-RI] (峯) [원]242

[불] Sommet d'une montagne.

[한] 산의 봉우리

뫼부리 [MOI-POU-RI] (岫) [원]242

[불] Pente rapide d'une montagne; précipice.

[한] 산의 가파른 경사면 | 낭떠러지

뫼새 [MOI-SAI] (山鳥) [원]242

[불] Tout petit oiseau dans les montages.

[한] 산에 있는 매우 작은 새

뫼시다 [MOI-SI-TA,MOI-SYE,MOI-SIN] (侍) [원]242

[불] Accompagner un supérieur par honneur. Recevoir avec honneur dans sa maison.

[한] 영예롭게 상관을 수행하다 | 자신의 집에 예우하여 맞아들이다

뫼ᄎᆞ락이 [MOI-TCHĂ-RAK-I] (鶉) [원]242

[불] Petit oiseau qui, à chaque, becquée, regarde le ciel; le râle. ‖ Nom d'une étoile.

[한] 한입에 먹을 양의 먹이를 먹을 때마다 하늘을 바라보는 작은 새 | 뜸부기속 | 별의 이름

1* 묘 [MYO] (卯) [원]248

[불] 4e signe du zodiaque. Le Lièvre. ‖ 6h. Du matin, de 5 à 7h. Du matin.

[한] 황도 12궁의 네 번째 별자리 | 토끼 | 아침 6시, 아침 5~7시까지

2* 묘 [MYO] (墓) [원]248

[불] Tombeau. (Ce mot employé seul désigne le tombeau d'une concubine du roi où d'un parent du roi). ‖ En agr. Tombeau.

[한] 무덤 | (이 단어가 홀로 사용되었을 때는 왕의 첩이나 왕의 친척의 무덤을 가리킨다) | 한자어로 무덤

*묘구젹 [MYO-KOU-TJEK,-I] (墓寇賊) [원]248

[불] Voleur des ornements d'un mort. Voleur qui déterre les cadavres pour voler leurs habits.

[한] 죽은 사람의 장식품을 훔치는 사람 | 시체들의 옷을 훔치기 위해서 그들을 파내는 도둑

*묘답 [MYO-TAP,-I] (墓畓) [원]249

[불] Rizière donné au gardien d'un tombeau, rizière affectée à l'entretien d'un tombeau.

[한] 무덤의 관리인에게 주는 논, 무덤 유지비에 할당된 논

*묘당 [MYO-TANG,-I] (廟堂) [원]249

[불] Chambre de conseil des neuf ministres. ‖ Conseil royal (3 졍승 Tjyeng-seung et 6 판셔 Hpan-sye).

[한] 아홉 명의 각료들의 회의실 | 왕궁의 회의(3졍승 Tjyeng-seung 과 6판셔 Hpan-sye)

*묘당공논 [MYO-TANG-KONG-NON,-I] (廟堂公論) [원]249

[불] Délibération du conseil des ministre (grand conseil) en présidé par le roi.

[한] 왕이 주재하는 각료회의(큰 회의)의 심의

*묘당픔쳐 [MYO-TANG-HPEUM-TCHYE] (廟堂禀處) [원]249

[불] Résolutions prises dans le conseil des ministres (grand conseil) en l'absence du roi.

[한] 왕의 부재중에 각료회의(큰 의회)에서 정해진 결의

*묘뎐 [MYO-TJEN,-I] (墓田) [원]249

[불] Champ donné au gardien d'un tombeau; champs affectée à l'entretien d'un tombeau.

[한] 무덤의 관리인에게 주어지는 밭 | 무덤 유지비에 할당된 밭

*묘두현령 [MYO-TOU-HYEN-RYENG,-I] (猫頭縣鈴) [원]249

[불] Clochette au cou du chat, c.a.d. chose que l'on ne peut cacher; révélation d'un secret.

[한] 고양이 목의 방울, 즉 숨길 수 없는 것 | 비밀의 폭로

*묘득ᄒᆞ다 [MYO-TEUK-HĂ-TA] (妙得) [원]249

[불] Comprendre, voir la raison; comprendre à fond.

[한] 이해하다, 이치를 알다 | 철저히 이해하다

*묘리 [MYO-RI] (妙理) [원]249

[불] Raison des choses; la moyen; la manière de; science; règie; méthode; art.

[한] 사물들의 이치 | 방법 | ~하는 방식 | 학문 | 규정 | 방법 | 기교

*묘막 [MYO-MAK,-I] (墓幕) [원]248

[불] Maison près des tombeaux, où demeure le gardien. Maison dépendant d'un tombeau.

[한] 무덤들 근처에 있는, 관리인이 머무는 집 | 한 무덤에 속한 집

*묘묘ᄒᆞ다 [MYO-MYO-HĂ-TA] (渺渺) [원]248

[불] Excellent; agréable.

한 훌륭하다 | 마음에 들다

1* 묘방 [MYO-PANG,-I] (卯方) 원248

불 L'est, l'orient.

한 동쪽, 동양

2* 묘방 [MYO-PANG,-I] (妙方) 원248

불 Stratagème excellent; excellent moyen. Excellent receit en médecine.

한 훌륭한 계략 | 훌륭한 방법 | 내복약의 훌륭한 처방

* 묘법 [MYO-PEP,-I] (妙法) 원249

불 Moyen excellent; bon expédient; excellent remède.

한 훌륭한 방법 | 좋은 방책 | 좋은 약

* 묘샹각 [MYO-SYANG-KAK,-I] (墓上閣) 원249

불 Abri, toiture, tente au-dessus des tombeaux pour y déposer quelque temps le cercueil, mettre les assistants à l'abri et préserver la fosse de la pluie.

한 얼마 동안 관을 놓아두고, 참석자들을 대피하게 하며 비로부터 묘혈을 보호하기 위한 무덤 위의 보호 시설, 지붕, 천막

* 묘소 [MYO-SO] (墓所) 원249

불 Lieu où il y a un tombeau de famille. Tombeau.

한 가족의 무덤이 있는 장소 | 무덤

* 묘쇼년 [MYO-SYO-NYEN,-I] (妙少年) 원249

불 Parfait jeune homme; bel enfant.

한 완벽한 젊은 남자 | 미소년

묘수 [MYO-SOU] (妙數) 원249

불 Bon moyen; expédient excellent.

한 좋은 방법 | 훌륭한 방편

* 묘슈 [MYO-SYOU] (妙手) 원249

불 Habilité, adresse.

한 능란함, 재주

* 묘시 [MYO-SI] (卯時) 원249

불 6h. Du matin, de 5 à 7h. Du matin.

한 아침 6시, 아침 5~7시까지

* 묘직이 [MYO-TJIK-I] (墓直) 원249

불 Gardien d'un tombeau.

한 무덤의 관리인

묘차락이 [MYO-TCHA-RAK-I] 원249

불 Caille. Syn. 못ᄎᆞᄅᆞ기 Mot-tchă-ră-ki.

한 메추라기 | [동의어 못ᄎᆞᄅᆞ기, Mot-tchă-ră-ki]

* 묘창히 [MYO-TCHANG-HĂI] (渺滄海) 원249

불 Grande mer bleue, c.a.d. chose très-difficile, dont on ne voit pas le dénouement. Chose obscure.

한 크고 푸른 바다, 즉 해결을 볼 수 없는 매우 어려운 것 | 난해한 것

* 묘하 [MYO-HA] (墓下) 원248

불 Lieu situé au bas de la montagne, où se trouvent les tombeaux des ancêtres. ‖ Au -dessous du tombeau.

한 조상들의 무덤이 있는 산의 발치에 위치한 곳 | 무덤 아래에

* 묘호 [MYO-HO] (廟號) 원248

불 Nom du roi défunt inscrit sur la tablette que l'on conserve dans un temple.

한 절에서 보관되는 패 위에 기재된 작고한 왕의 이름

* 묘ᄒᆞ다 [MYO-HĂ-TA] (妙) 원248

불 Admirable; agréable; beau; charmant.

한 놀랄 만하다 | 마음에 들다 | 아름답다 | 매력적이다

1* 무 [MOU] (無) 원249

불 Non, pas, sans; n'être pas.

한 아니, 아니다, ~없이 | ~이 아니다

2* 무 [MOU] (廡) 원249

불 Pointe, morceau rapporté par le bas à un habit pour l'élargir, et qui va en diminuant. ‖ Côté droit ou gauch d'un appartement.

한 끝, 옷을 넓히기 위해 아래쪽에 덧붙여진, 그리고 줄어드는 조각 | 거처의 오른쪽이나 왼쪽

* 무가내하 [MOU-KA-NAI-HA] (無可奈何) 원250

불 Impossibilité; absolument impossible; il n'y a pas moyen.

한 불가능 | 절대로 불가능하다 | 방법이 없다

무가리나다 [MOU-KA-RI-NA-TA] (賊物) 원250

불 Etre obligé de rendre ce qu'on avait acheté d'un voleur. Forcer un voleur à déclarer qu'il a confié des objets volés à tel ou tel individu, auprès duquel les satellites vont les chercher, ou, au moins, en réclamer le prix (rese des voleurs, d'accord bien souvent avec les satellites).

한 도둑에게서 산 것을 돌려줘야 하다 | 훔친 물건들을 찾거나 적어도 그 값을 요구하러 [역주 관리의] 부하들이 가도록 어떠한 사람에게 그것들을 맡겼는지 도둑으로 하여금 자백하도록 강제하다(도둑들의 책략, 매우 자주 부하들과 합의됨)

무가리맛나다 [MOU-KA-RI-MAT-NA-TA] 원250 ☞무가리나다

무가산 [MOU-KA-SAN,-I] (狗糞藥) 원250

불 Remède fait avec des excréments de chien. Bouillon de merde de chien (contre la peste). Crotte blanche du chien. Album gracum.

한 개의 배설물로 만든 약 | (흑사병에 대항해서) 개똥으로 만든 국물 | 개의 흰색 된똥 | 개의 흰 똥

*무가지보 [MOU-KA-TJI-PO] (無價之寶, (N'être pas, prix, précieux)) 원250

불 Sans prix; inappréciable. Trésor inestimable.

한 값을 붙일 수 없다 | 헤아릴 수 없다 | 평가할 수 없을 만큼 귀중한 보물

*무간ᄒᆞ다 [MOU-KAN-HĂ-TA] (無間) 원250

불 Unis, très-liés, étroitement liés (amis). Intime.

한 화합되다, 관계가 매우 깊다, (친구들이) 긴밀하게 친하다 | 긴밀하다

*무감 [MŌŪ-KAM,-I] (武監) 원250

불 Garde royale; un homme de la garde. ‖ Dignité militaire réservée aux nobles.

한 왕족의 근위대 | 근위대의 사람 | 귀족들 전용의 군 고위직

*무강ᄒᆞ다 [MOU-KANG-HĂ-TA] (無疆) 원250

불 Immensité. Etre sans fin, infini, sans bornes.

한 광대함 | 끝이 없다, 끝나지 않다, 한이 없다

무거리 [MOU-KE-RI] (滓末) 원250

불 Farine qui reste dans le sas (tamis), lorsqu'on a passé la plus fine. Grumeau sec. Syn. 묵지 Mouk-tji.

한 가장 가느다란 것을 통과 시켰을 때, 체(여과기)에 남아 있는 가루 | 마른 응결물 | [동의어 묵지, Mouk-tji]

무겁다 [MOU-KEP-TA, MOU-KE-OUE,MOU-KE-ON] (重) 원250

불 Etre lourd, pesant.

한 무겁다, 무게가 나가다

무게 [MOU-KEI] (斤) 원250

불 Gravité; poids; pesanteur.

한 중력 | 무게 | 무게

*무경계ᄒᆞ다 [MOU-KYENG-KYEI-HĂ-TA] (無經界) 원251

불 Sans ordre; sans attention; sans convenance. N'être pas perspicace. Déplacer sans raison. V. Opp. 경계 Kyeng-kyei.

한 질서 없이 | 건성으로 | 예의 없이 | 통찰력이 없다 | 이유 없이 옮기다 | [반의어 경계, Kyeng-kyei]

*무고작산ᄒᆞ다 [MOU-KO-TJYAK-SAN-HĂ-TA] (無故作散) 원251

불 Abandonner une entreprise sans motif; v.g. sans raison, se retirer de ménage et se mettre à mendier.

한 이유 없이 계획을 포기하다 | 예. 이유 없이, 살림에서 손을 떼고 구걸하기 시작하다

*무고ᄒᆞ다 [MŌŪ-KO-HĂ-TA] (無故) 원251

불 Etre sans raison, sans motif, sans cause.

한 이유가 없다, 동기가 없다, 원인이 없다

*무곡ᄒᆞ다 [MOU-KOK-HĂ-TA] (貿穀) 원251

불 Amas de blé, grandes provision de céréales pour les vendre ensuite. Accaparer les grains, le riz, etc.

한 곡식 더미, 다음에 팔기 위한 곡물의 대량 비축 | 곡물, 쌀 등을 매점하다

*무공쥬 [MOU-KONG-TJYOU] (無孔珠, (N'être pas, trou, perle)) 원251

불 Esp. de diamant.

한 다이아몬드의 종류

*무공ᄒᆞ다 [MOU-KOUNG-HĂ-TA] (無功) 원251

불 Etre sans mérite.

한 공로가 없다

*무과 [MŌŪ-KOA] (武科) 원251

불 Baccalauréat des archers. Concours pour le tir de l'arc.

한 사수들의 바칼로레아 | 활쏘기를 위한 시합

*무관 [MŌŪ-KOAN,-I] (武官) 원251

불 Docteur (bachelier) à l'arc. Dignité militaire; mandarin militaire, quoique sans fonction, sans charge. Diginité qui permet d'obtenir un emploi militaire.

한 활에 대한 박사 (바칼로레아 합격자) | 군 고위직 | 아무 직무 없는, 임무 없는 군 관리 | 군 직무를 얻을 수 있도록 하는 고위직

*무군 [MOU-KOUN] (無君) 원251

불 Rebelle; qui ne reconnaît pas le roi; sujet rebelle.

한 반역자 | 왕을 인정하지 않는 사람 | 반역하는 신하

*무군무부ᄒᆞ다 [MOU-KOUN-MOU-POU-HĂ-TA] (無君無父) 원251

불 Qui ne connaît ni son roi ni son père (injur.)

한 자신의 왕도 모르고 자신의 아버지도 모르는 사람 (욕설)

*무궁ᄒᆞ다 [MOU-KOUNG-HĂ-TA] (無窮) 원251

불 Eternel; immortel; sans fin. être sans fin; n'avoir pas de fin; durer toujousr. ‖ Sans limites; sans bornes; immense.

한 영원하다 | 불멸의 | 끝없이 | 끝이 없다 | 끝이 없다 | 여전히 지속되다 | 한계 없이 | 한없이 | 무한하다

*무극 [MOU-KEUK,-I] (無極) 원251

불 La force mère. Voir. 홍몽 Hong-mong.
한 근원이 되는 힘 | [참조어] 홍몽 Hong-mong]

1* 무긔 [MOU-KEUI] (武器) 원251
불 Armes.
한 무기

2 무긔 [MOU-KEUI] 원251
불 Vase mal réussi.
한 잘못 완성된 그릇

3* 무긔 [MOU-KEUI] (武氣) 원251
불 Bravoure militaire, audance du soldat (et bien souvent); cruauté militaire.
한 군대의 용맹함, 군인의 대담함 (매우 자주) | 군인의 잔인함

* 무긔ᄒᆞ다 [MOU-KEUI-HĂ-TA] (無氣) 원251
불 Etre sans force; sans élasticité; mou; lâche; indolent.
한 힘이 없다 | 탄성이 없다 | 무르다 | 느슨하다 | 완만하다

* 무난ᄒᆞ다 [MOU-NAN-HĂ-TA] (無難) 원252
불 Qui n'est pas difficile ; être facile.
한 어렵지 않다 | 쉽다

* 무남독녀 [MOU-NAM-TOK-NYE] (無男獨女, (Pas, garçon, unique, fille)) 원252
불 Fille unique qui n'a pas même de frère.
한 남자 형제조차 없는 외동딸

* 무녀 [MOU-NYE] (巫女) 원252
불 Femme de charlatan, de sorcier, de musicien ambulant. sorcière.
한 협잡꾼의, 마법사의, 떠돌이 악사의 아내 | 마녀

* 무능ᄒᆞ다 [MOU-NEUNG-HĂ-TA] (無能) 원252
불 Etre impuissant.
한 무능하다

* 무단이 [MOU-TAN-I] (無端) 원259
불 Sans raison, sans motif.
한 이유 없이, 동기 없이

무당 [MOU-TANG,-I] (巫) 원259
불 Esp. de sorcière qui court les villages pour tirer la bonne aventure, jeter des sorts, changer les maladies, etc. (C'est de la dernière classe des hommes).
한 운수를 점치고, 저주를 하고, 병을 바꾸는 것 등을 위해서 마을들을 돌아다니는 마녀의 종류 | (사람들 중 최하의 계급에 속한다)

무더운날 [MOU-TE-OUN-NAL,-I] (薰日) 원259
불 Jour humide et chaud (lorsqu'il y a beaucoup d'humidité, de vapeur d'eau dans l'air).
한 습하고 더운 날 (공기 중에 습기, 증기가 많을 때)

무덕이 [MOU-TEK-I] 원259
불 Monceau; tertre; amas. Réunion de beaucoup d'objets en monceau.
한 무더기 | 총 | 더미 | 많은 물건들이 무더기로 모임

무덕지다 [MOU-TEK-TJI-TA,-TJYE,-TJIN] 원259
불 Etre réuni en monceau.
한 무더기로 모이다

* 무덕ᄒᆞ다 [MOU-TEK-HĂ-TA] (無德) 원259
불 Qui n'a pas de vertu.
한 덕이 없다

무던ᄒᆞ다 [MOU-TEN-HĂ-TA] (洽足) 원259
불 Suffisant; plus que suffisant. ‖ Juste; bon; excellent; célèbre; habile.
한 충분하다 | 충분한 것 이상이다 | 단지 | 좋다 | 훌륭하다 | 유명하다 | 능란하다

무덤 [MOU-TEM,-I] (墓) 원259
불 Sépulcre; tombeau.
한 분묘 | 무덤

무덥다 [MOU-TEP-TA,-TE-OUE,-TE-ON] (薰熱) 원259
불 Etre humide.
한 습하다

* 무뎍ᄒᆞ다 [MOU-TYEK-HĂ-TA] (無敵) 원259
불 Exceller; surpasser; être le premier.
한 뛰어나다 | 우월하다 | 으뜸이다

* 무동 [MŌŪ-TONG,-I] (舞童) 원259
불 Enfant de saltimbanque; enfant danseur; petit comédien.
한 곡예사의 아이 | 춤추는 아이 | 어린 배우

1* 무두 [MOU-TOU] (貿斗) 원259
불 Grand boisseau qui contient 12 되 Toi (mesures).
한 용량이 12되 Toi(측정 단위) 되는 큰 브와소

2 무두 [MOU-TOU] 원259
불 Grattoir des corroyeurs.
한 무두질 직공들의 긁는 연장

무드다 [MOU-TEU-TA,-TEU-RE,-TEUN] (傳染) 원259
불 Etre imbibé, être teint; s'imbiber. ‖ Etre sali, taché, perverti. ‖ Contracter une maladie contagieuse.
한 스며들다, 물들다 | 스며들다 | 더럽혀지다, 얼룩지다, 타락하다 | 전염병에 걸리다

무드럭지다 [MOU-TEU-REE-TJI-TA,-TJYE,-TJIN] 원259

불 Etre nombreux et pressés.
한 많고 빽빽이 들어차다

*무득무실 [MOU-TEUK-MOU-SIL] (無得無失) 원259
불 Ni gain ni perte; ne rien gagner et ne rien perdre.
한 얻은 것도 잃은 것도 없다 | 아무 것도 얻은 것이 없고 아무 것도 잃은 것이 없다

무들다 [MOU-TEUL-TA,-TEUL-E,-TEUN] (染) 원259
불 Etre sali, perverti; avoir une tache; contracter une maladie.
한 더럽혀지다, 타락하다 | 얼룩이 있다 | 병에 걸리다

무듸다 [MOU-TEUI-TA,-TEUI-YE,-TEUIN] (鈍) 원259
불 Etre émoussé; rebroussé.
한 무디다 | [역주 머리털, 깃털 등이] 곤두서다

*무ᄃᆡ [MŌU-TĂI] (無對) 원259
불 Incivil; grossier; unpoli, Imbécile; stupide; idiot.
한 무례하다 | 버릇없다 | 불손하다, 어리석다 | 어리석다 | 멍청하다

*무란ᄒᆞ다 [MOU-RAN-HĂ-TA] (無難) 원255
불 Facile.
한 쉽다

무랑마 [MOU-RANG-MA] 원255
불 Cheval châtré.
한 거세된 말

*무량ᄒᆞ다 [MOU-RYANG-HĂ-TA] (無量) 원255
불 Etre sans limite, sans bornes; illimité.
한 한계가 없다, 한이 없다 | 무한하다

무러보다 [MOU-RE-PO-TA,-PO-A,-PON] (問, (Demander, voir)) 원255
불 S'informer; interroger; s'enquérir; demander; faire une enquète.
한 알아보다 | 문의하다 | 조사하다 | 묻다 | 조사하다

무렁무렁나다 [MOU-RENG-MOU-RENG-NA-TA, -NA,-NAN] 원255
불 Etre très-odoriférant; avoir beaucoup d'odeur; avoir une odeur forte. ‖ Etre abondant. (Syn. 다락다락ᄒᆞ다 Ta-rak-ta-rak-hă-ta).
한 매우 향기롭다 | 많은 향기가 있다 | 강한 향을 가지다 | 풍부하다 | [동의어 다락다락ᄒᆞ다, Ta-rak-ta-rak-hă-ta]

무렁무렁ᄌᆞ라다 [MOU-RENG-MOU-RENG-TJĂ-RA-TA,-RA,-RAN] 원255
불 Croitre à vue d'œil (v.g. tiges de citrouille. ‖ Etre abondant. (Syn. 다락다락ᄒᆞ다 Ta-rak-ta-rak-hă-ta).
한 (예. 서양호박의 줄기가) 눈에 띄게 성장하다 | 풍부하다 | [동의어 다락다락ᄒᆞ다, Ta-rak-ta-rak-hă-ta]

*무력 [MOU-RYEK,-I] (無力) 원255
불 Impuissance, faiblesse. = ᄒᆞ다-hă-ta, Etre impuissant, faible, sans force.
한 무력, 약함 | [용례 =ᄒᆞ다, -hă-ta], 무력하다, 약하다, 힘이 없다

*무렴ᄒᆞ다 [MOU-RYEM-HĂ-TA] (無廉, (N'être pas, pudeur)) 원255
불 Perdre la face, perdre l'estime, la considération. ‖ Etre sans retenue, sans pudeur, sans honte, sans vergogne. V. 렴치 Ryem-tchi.
한 체면을 잃다, 평판, 존경을 잃다 | 절제하지 못하다, 수줍음이 없다, 부끄러움이 없다, 파렴치하다 | [참조어 렴치, Ryem-tchi]

*무령무각ᄒᆞ다 [MOU-RYEM-MOU-KAK-HĂ-TA] (無灵無覺) 원255
불 Sans esprit, sans âme, (se dit des choses inanimées, des bêtes). Brute.
한 재치가 없다, 영혼이 없다, (생기가 없는 것들, 짐승들에 대해 쓴다) | 야만적인 사람

*무례ᄒᆞ다 [MOU-RYEI-HĂ-TA] (無禮) 원255
불 Incivil; impoli; barbare; grossier; sans savoir vivire; malhonnête; messéant; mal élevé.
한 무례하다 | 버릇없다 | 야만적이다 | 교양 없다 | 무례하다 | 무례하다 | 버릇없다

*무론 [MOU-RON] (無論) 원256
불 Quel qu'il soit.
한 누구든지

무론누구 [MOU-RON-NOU-KOU] (無論誰人) 원256
불 Quel qu'il soit. Qui que ce soit.
한 누구든지 | 무엇이든지

*무론하인 [MOU-RON-HA-IN] (無論何人) 원256
불 Quel qu'il soit (homme). Quel que soit cet homme. Qui que ce soit.
한 누구든지 (사람) | 이 사람이 어떻든지 | 누구든지

*무뢰지ᄇᆡ [MOU-ROI-TJI-PĂI] (無頼之輩) 원256
불 Débauché
한 방탕자

*무료ᄒᆞ다 [MOU-RYO-HĂ-TA] (無聊) 원256
불 Rougir; avoir honte; n'avoir pas la face. ‖ N'être pas probable; qui n'arrivera probablement pas. ‖ Etre absorbé; n'avoir pas de pensée, pas de sentiment, pas de goût.

한 붉어지다 | 부끄러워하다 | 얼굴을 들 수가 없다 | 그럴듯하지 않다 | 아마도 일어나지 않을 것이다 | 몰두되다 | 생각이 없다, 감정이 없다, 취향이 없다

1무루다 [MOU-ROU-TA,MOUL-NE,MOU-ROUN] (軟) 원256

불 Etre mou, tendre. Syn. 무르다 Mou-reu-ta.

한 무르다, 부드럽다 | [동의어 무르다, Mou-reu-ta]

2무루다 [MOU-ROU-TA,MOUL-NE,MOU-ROUN] (還退) 원256

불 S'éloigner; s'en retourner; retourner. Raporter un objet acheté dont on ne veut plus, remercier. Syn. 무르다. Mou-reu-ta.

한 멀어지다 | 돌아서다 | 돌아오다 | 산 물건을 더 이상 원하지 않아서 돌려주다, ~의 호의를 사양하다 | [동의어 무르다, Mou-reu-ta]

무루창ᄒᆞ다 [MOU-ROU-TCHANG-HĂ-TA] (退) 원256

불 Reculer, revenir tout à coup sur ses pas. Syn. 무르쳥ᄒᆞ다 Mou-reu-tchyeng-hă-ta.

한 후퇴하다, 갑자기 되돌아가다 | [동의어 무르쳥ᄒᆞ다, Mou-reu-tchyeng-hă-ta]

무룹마춤ᄒᆞ다 [MOU-ROUP-MA-TCHĂM-HĂ-TA] (對面) 원256

불 Prendre en témoignage. || Discuter pour connaître la vérité. V.Syn. 두면ᄒᆞ다 Tou-myen-hă-ta.

한 증언으로 취하다 | 진실을 알기 위해 심의하다 | [동의어 두면ᄒᆞ다, Tou-myen-hă-ta]

1무류ᄒᆞ다 [MOU-RYOU-HĂ-TA] (貿類) 원256

불 Etre rude, dur, grossier, brutal.

한 거칠다, 몰인정하다, 무례하다, 난폭하다

2*무류ᄒᆞ다 [MOU-RYOU-HĂ-TA] (無類) 원256

불 Rougir, ect. V. 무료ᄒᆞ다 Mou-ryo-hă-ta.

한 붉어지다 등 | [참조어 무료ᄒᆞ다, Mou-ryo-hă-ta]

*무륜픠악 [MOU-RYOUN-HPĂI-AK,-I] (無倫敗惡) 원256

불 Mauvais sujet qui ne connaît pas les cinq relations.

한 다섯 가지 관계를 모르는 망종

무르녹다 [MOU-REU-NOK-TA,-NOK-A,NOK-EUN] (濃) 원255

불 Réussir, achever. || Etre mûr (fruit) se ramollir, devenir mou.

한 성공하다, 완성하다 | (과일이) 익다, 말랑말랑해지다, 물러지다

1무르다 [MOU-REU-TA,-MOUL-NE,MOU-REUN] (軟) 원256

불 Mou; tendre; flexible; doux.

한 무르다 | 부드럽다 | 유연성이 있다 | 부드럽다

2무르다 [MOU-REU-TA,MOU-NE,MOU-REUN] (換退) 원256

불 Se désister d'un marché, rendre un objet acheté. Syn. 무루다 Mou-rou-ta.

한 거래를 취하하다, 산 물건을 돌려보내다 | [동의어 무루다, Mou-rou-ta]

무르쳥ᄒᆞ다 [MOU-REU-TCHYENG-HĂ-TA] (退蹙) 원256

불 Changer tout à coup d'idée; retourner tout à coup sur ses pas. Syn. 무루창ᄒᆞ다 Mou-rou-tchang-hă-ta.

한 갑자기 생각을 바꾸다 | 갑자기 되돌아오다 | [동의어 무루창ᄒᆞ다, Mou-rou-tchang-hă-ta]

무릅 [MOU-REUP,-I et -HI] (膝) 원255

불 Genou

한 무릎

무릅쓰다 [MOU-REUP-SSEU-TA,-SSE,-SSEUN] (冒) 원255

불 Braver; affronter; mépriser. Se couvrir la figure; faire à l'aveugle. S'enfoncer jusque par-dessus la tête, et par suite, se jeter à corps perdu, sans tenir compte des difficultés.

한 용감히 맞서다 | 과감히 맞서다 | 경멸하다 | 얼굴을 덮다 | 맹목적으로 하다 | 머리 위까지 깊이 들어가다, 그래서 어려움을 고려하지 않고 맹렬히 달려들다

무릅학 [MOU-REUP-HAK,-I] 원255 ☞무릅

1무릇 [MOU-REUT] (凡) 원256

불 A peu près.

한 거의

2무릇 [MOU-REUT,-SI] (牟夏) 원256

불 Racine d'une esp. d'herbe que l'on fait griller pour la manger; esp. de petit oignon sauvage, vulg. le lilas de terre.

한 먹기 위해 굽는 일종의 풀 뿌리 | 작은 야생 양파의 종류, 속칭으로 땅 라일락

*무릉도원 [MOU-REUNG-TO-OUEN,-I] (武陵桃源) 원255

불 Ticoli chinois. Nom d'un lieu en Chine qui est proverbial, pour désigner une belle vallée.

한 중국의 티볼리 | 아름다운 골짜기를 가리키기 위해 본보기가 될 만한 중국의 한 장소의 이름

*무릉ᄒᆞ다 [MOU-REUNG-HĂ-TA] (無能) 원255

불 Etre inhabile; n'avoir pas d'adresse.
한 무능하다 | 솜씨가 없다

[1]무릐 [MOU-REUI] (雹) 원255
불 Grêle.
한 우박

[2]무릐 [MOU-REUI] 원255
불 Soc de charrue triangulaire.
한 삼각 쟁기의 보습의 날

[1]무리 [MOU-RI] (儕) 원256
불 Troupe; troupe d'hommes; foule; bande; multitude; plusieurs; tous. (Terminais, indiquant la pluralité).
한 무리 | 사람들의 무리 | 군중 | 떼 | 다수 | 여러 명 | 모두 | (다수를 가리키는 어미)

[2]무리 [MOU-RI] (雹) 원256
불 Grêle.
한 우박

무리ᄆᆡ [MOU-RI-MĂI] (韋鷹) 원256
불 Fronde.
한 투석기

*무리ᄒᆞ다 [MOU-RI-HĂ-TA] (無理) 원256
불 Sans raison. Il n'y a pas de profit.
한 이유 없이 | 이득이 없다

*무마ᄒᆞ다 [MŌŪ-MA-HĂ-TA] (撫摩) 원252
불 Choyer; prendre soin de; caresser.
한 소중히 하다 | ~을 돌보다 | 쓰다듬다

무맛실다 [MOU-MA-SIL-TA] 원252 ☞무맛일다

무맛일다 [MOU-MAT-IL-TA] (無味, (pas, goût)) 원252
불 Fadeur; insipidité. Etre insipide, sans goût.
한 맛없음 | 무미 | 무미하다, 맛이 없다

*무망에 [MOU-MANG-EI] (無望) 원252
불 A l'improviste; subitement; lorsqu'on y pense le moins. Par oubli; par inadvertance.
한 뜻밖에 | 갑자기 | 그것을 가장 덜 생각하고 있을 때 | 깜박 잊고 | 부주의로

*무매독ᄌᆞ [MOU-MAI-TOK-TJĂ] (無妹獨子) 원252
불 Fils unique qui n'a même pas de sœur.
한 여자 형제도 없는 외동아들

무면지다 [MOU-MYEN-TJI-TA,-TJYE,-TJIN] (縮) 원252
불 Etre incomplet; manquer de ; manquer; être absent; ce qui manque; être insufisant. || Faire passer beaucoup d'argent pendant son administration (prétorien).
한 불완전하다 | ~이 부족하다 | 부족하다 | 결여되어 있다 | 부족한 것 | 불충분하다 | (친위대가) 그 행정을 하는 동안 많은 돈을 흘려 보내다

무명 [MOU-MYENG,-I] (木花) 원252
불 Cotonnade; toile de coton.
한 면포 | 면직물

*무명식ᄒᆞ다 [MOU-MYENG-SĂIK-HĂ-TA] (無名色) 원252
불 Qui n'a pas de renom. Etre obscur, inconnu; d'une origine obscure. (Se dit des hommes).
한 저명하지 않은 사람 | 변변찮다, 알려지지 않다 | 근본이 변변찮다 | (사람들에 대해 쓴다)

*무명씨 [MOU-MYENG-SSI] (無名氏) 원252
불 Noble qui n'appartient à aucun des quatre grands partis du royaume. Noble d'une origine obscure ou inconnue. Petit noble de pas grand chose.
한 왕국의 4대정당 중 어디에도 속하지 않는 귀족 | 근본이 변변찮거나 알려지지 않은 귀족 | 대단하지 않은 소귀족

무명요 [MOU-MYENG-YO] (木褥) 원252
불 Lit, matelas en coton.
한 침대, 면화로 된 매트리스

*무명지가락 [MOU-MYENG-TJI-KA-RAK,-I] (無名指) 원252
불 Doigt qui n'a pas de nom particulier, le doigt annulaire.
한 특별한 이름이 없는 손가락, 약지

*무명ᄒᆞ다 [MOU-MYENG-HĂ-TA] (無名) 원252
불 Sans nom; inconnu. ignoble.
한 이름이 없다 | 알려지지 않다 | 비천하다

[1]*무무ᄒᆞ다 [MŌŪ-MOU-HĂ-TA] (貿貿) 원252
불 Impoli; grossier; incivil; ignorant; sans éducation; insolent.
한 무례하다 | 상스럽다 | 무례하다 | 무식하다 | 교양없다 | 불손하다

[2]무무ᄒᆞ다 [MOU-MOU-HĂ-TA] 원252
불 Etre sans famille, qui n'a pas de parents.
한 가족이 없다, 친척이 없다

[1]*무미ᄒᆞ다 [MOU-MI-HĂ-TA] (無味, (N'être pas, goût)) 원252
불 Etre fade, insipide, sans goût, sans saveur.
한 맛없다, 무미하다, 맛이 없다, 맛이 없다

[2]*무미ᄒᆞ다 [MOU-MI-HĂ-TA] (貿米, (Rassembler, riz écossé)) 원252

불 Rassembler, amasser beaucoup de riz écossé pour le vendre en suite plus cher. Accaparer le riz écossé.
한 다음에 더 비싸게 팔기 위해 껍질을 깐 쌀을 많이 모아 두다, 모으다 | 껍질을 깐 쌀을 매점하다

*무반 [MŌŪ-PAN,-I] (武班) 원255
불 Maison d'archer. Maison d'un noble de l'ordre militaire.
한 사수의 집 | 군 신분에서의 귀족의 집

*무방ᄒᆞ다 [MOU-PANG-HĂ-TA] (無妨) 원255
불 Etre bien; être sans danger; il n'y a pas de mal; il n'y a pas d'inconvénient.
한 좋다 | 위험이 없다 | 나쁜 것이 없다 | 불편한 것이 없다

*무법ᄒᆞ다 [MOU-PEP-HĂ-TA] (無法) 원255
불 Etre sans loi, sans règle, sans moyen.
한 법이 없다, 규율이 없다, 방법이 없다

*무변 [MŌŪ-PYEN,-I] (武弁) 원255
불 Maison d'archer. Syn. 무반 Mou-pan.
한 사수의 집 | [동의어 무반, Mou-pan]

*무변대히 [MOU-PYEN-TAI-HĂI] (無邊大海) 원255
불 Pleine mer; mer sans rivages.
한 난바다 | 해안이 없는 바다

*무변젼 [MOU-PYEN-TJYEN,-I] (無邊錢) 원255
불 Argent qui ne rapporte pas d'intérêt.
한 이자를 받지 않는 돈

*무병ᄒᆞ다 [MOU-PYENG-HĂ-TA] (無病) 원255
불 Sans maladie; bien portant. Se bien porter; n'être pas malade.
한 병이 없다 | 건강한 상태이다 | 건강이 좋다 | 병이 없다

*무부모 [MOU-POU-MO] (無父母) 원255
불 Orphelin; qui n'a pas plus ses parents; qui a perdu son père et sa mère ou seulement l'un des deux.
한 고아 | 더 이상 자신의 부모가 없는 사람 | 자신의 아버지와 어머니를 잃거나 또는 둘 중 한쪽만을 잃은 사람

*무비 [MOU-PI] (無非) 원255
불 Tout; entièrement; sans exception; sans contradiction; sans négation.
한 모두 | 전부 | 예외 없이 | 반박 없이 | 부정하지 않고

*무빙가고 [MOU-PING-KA-KO] (無憑可考) 원255
불 Il n'y a pas de preuves. Qui n'a pas de preuves à l'appui de sa demande.
한 증거가 없다 | 자신의 요구를 뒷받침하는 증거가 없다

*무샹손ᄒᆞ다 [MOU-SYANG-SON-HĂ-TA] (無傷損) 원258
불 Impassible; qui ne peut être ni endommagé, ni diminué. Incorruptible; invulnérable; inaltérable.
한 불가능하다 | 손해를 입을 수도, 줄어들 수도 없다 | 청렴하다 | 끄떡없다 | 한결같다

*무샹시 [MOU-SYANG-SI] (無常時) 원258
불 Férie; temps ordinaire; jour où il n'y a pas de tête, où il n'y a pas d'affaire extraordinaire.
한 평일 | 평범한 시간 | 축제가 없는 날, 특별한 일이 없는 날

*무셔워썰다 [MOU-SYE-OUE-TTEL-TA,-TTE-RE,-TTEN] 원258
불 Trembler de crainte.
한 두려움으로 떨다

[1]무셥다 [MOU-SYEP-TA,-SYE-OUE,-SYE-ON] (怕) 원258
불 Craindre; avoir peur; redouter.
한 두려워하다 | 무서워하다 | 몹시 무서워하다

[2]무셥다 [MOU-SYEP-TA,-SYE-OUE,-SYE-ON] (恐懼) 원258
불 Effrayant; terrible; redoutable.
한 끔찍하다 | 무시무시하다 | 몹시 무섭다

*무셩ᄒᆞ다 [MOU-SYENG-HĂ-TA] (茂盛) 원258
불 Bien; bien venir; bien pousser (plantes). Etre florissant, en bon état.
한 잘 | 잘 성장하다 | (식물이) 잘 자라다, 번영하다, 좋은 상태이다

*무셰ᄒᆞ다 [MOU-SYEI-HĂ-TA] (無勢) 원258
불 Bon marché; pas cher. ‖ N'être pas fort; n'être pas puissant.
한 좋은 거래 | 비싸지 않다 | 강하지 않다 | 힘이 강하지 않다

[1*]무소 [MOU-SO] (誣訴) 원258
불 Plainte au mandarin sans fondement.
한 근거 없이 관리에게 보내는 고소장

[2]무소 [MOU-SO] (犀) 원259
불 Bœuf de mer; bœuf aquatique; buffle.
한 바다의 소 | 물가에 사는 소 | 물소

*무소식희소식 [MOU-SO-SIK-HEUI-SO-SIK] (無消息喜消息) 원259
불 Point de nouvelle, bonne nouvelle.
한 소식이 없으면 좋은 소식이다

[1*]무손ᄒᆞ다 [MOU-SON-HĂ-TA] (無孫) 원259
불 N'avoir pas de postérité.

한 후손이 없다

2* 무손ᄒᆞ다 [MOU-SON-HĂ-TA] (無損) 원259

불 Qui ne peut pas être diminué. ‖ Etre encore fort, n'avoir rien perdu de sa force. Syn. 무샹손ᄒᆞ다 Mou-syang-son-hă-ta.

한 약화될 수 없다 | 여전히 강하다, 자신의 힘을 하나도 잃지 않다 | [동의어 무샹손ᄒᆞ다, Mou-syang-son-hă-ta]

무송아치 [MOU-SONG-A-TCHI] 원259

불 Courtilière commune, taupe-grillon.

한 보통 땅강아지, 땅강아지

무쇠 [MOU-SOI] (水鐵) 원259

불 Fonte de fer; fer fondu; fonte.

한 철의 주조 | 녹인 철 | 주철

*무쇼관쟝ᄒᆞ다 [MOU-SYO-KOAN-TJYANG-HĂ-TA] (誣訴官長) 원259

불 Tromper le mandarin.

한 관리를 속이다

*무쇼부직 [MOU-SYO-POU-TJĂI] (無所不在) 원259

불 Il n'y a pas de lieu où il ne soit pas. Qui est partout, en tous lieux.

한 존재하지 않는 곳이 없다 | 여기저기, 모든 장소에 있다

*무쇼ᄒᆞ다 [MOU-SYO-HĂ-TA] (誣訴) 원259

불 Tromper un supérieur; calomnier.

한 윗사람을 속이다 | 중상하다

*무수ᄒᆞ다 [MOU-SOU-HĂ-TA] (無數) 원259

불 Innombrable. Etre sans nombre, excessif, sans mesure; démesurément, excessivement.

한 무수하다 | 수없다, 과도하다, 제한 없다 | 굉장히, 과도하게

무쉬 [MOU-SOUI] (上下弦) 원259

불 Le lendemain du 조곰 Tjo-kom, c. a. d. le 9 et le 24 de la lune. La plus basse marée.

한 조곰 Tjo-kom의 다음날, 즉 그달의 9일과 24일 | 가장 낮은 조수

*무슐 [MŌU-SYOUL,-I] (戊戌) 원259

불 35e année du cycle de 60 ans. 1718, 1778, 1838, 1898.

한 60년 주기의 35번째 해 | 1718, 1778, 1838, 1898년

1* 무시 [MOU-SI] (無始) 원258

불 Sans commencement.

한 발단 없이

2* 무시 [MOU-SI] (無時) 원258

불 Jour ordinaire, sans grand événement; temps ordinaire.

한 보통의, 큰 사건 없는 날 | 평범한 시간

*무시무죵 [MOU-SI-MOU-TJYONG] (無始無終) 원258

불 Sans commencement ni fin. Eternel.

한 시작도 없고 끝도 없이 | 영원하다

*무시지시 [MOU-SI-TJI-SI] (無始之時) 원258

불 temps sans commencement. Eternité a parte ante. De toute éternité.

한 시작이 없는 시간 | 영원 <그 자체> | 아주 옛날부터

*무식ᄒᆞ다 [MOU-SIK-HĂ-TA] (無識) 원258

불 Ignorant; illettré; qui ne sait ni lire, ni écrire; qui n'a pas étudié.

한 무식하다 | 무식하다 | 읽을 줄도, 쓸 줄도 모르다 | 공부를 하지 않았다

1* 무신 [MOU-SIN,-I] (武臣) 원258

불 Dignité des archers.

한 사수들의 고위직

2* 무신 [MOU-SIN,-I] (戊申) 원258

불 45e année du cycle de 60 ans. 1728, 1788, 1848, 1908.

한 60년 주기의 45번째 해 | 1728, 1788, 1848, 1908년

무신무의ᄒᆞ다 [MOU-SIN-MOU-EUI-HĂ-TA] (無信無義) 원258

불 N'avoir ni foi ni loi.

한 믿음도 법칙도 없다

*무신ᄒᆞ다 [MOU-SIN-HĂ-TA] (無信) 원258

불 Incrédule. Incroyable.

한 의심이 많다 | 믿을 수 없다

*무실무가ᄒᆞ다 [MOU-SIL-MOU-KA-HĂ-TA] (無室無家) 원258

불 N'avoir ni maison ni femme.

한 집도 부인도 없다

*무심이 [MOU-SIM-I] (無心) 원258

불 Sans y penser; par distraction.

한 그것에 대해 생각하지 않고 | 부주의로

*무심필 [MOU-SIM-HPIL,-I] (無心筆) 원258

불 Pinceau sans consistance, sans colle à l'intérieur.

한 견실하지 않은, 내부에 풀이 없는 붓

*무심ᄒᆞ다 [MOU-SIM-HĂ-TA] (無心) 원258

불 Sans cœur; infidèle; indifférent; qui n'a pas envie de faire une chose. ‖ Ne pas penser, être distrait.

한 매정하다 | 불성실하다 | 무관심하다 | 어떤 것을 하고 싶지 않다 | 생각하지 않다, 방심하다

*무ᄉᆞ [MOU-SĂ] (武士) 원258
불 Soldat; archer.
한 군인 | 사수

*무ᄉᆞᄒᆞ다 [MOU-SĂ-HĂ-TA] (無事) 원258
불 Etre sans affaire, sans inconvénient. N'avoir point d'affaire, c. a. d. se bien porter, aller bien. 무ᄉᆞ히 Mou-să-hi, Sans affaire, sans obstacle, tranquillement, en paix.
한 사건이 없다, 지장 없다 | 전혀 일이 없다, 즉 상태가 좋다, 잘 지내다 | [용례 무ᄉᆞ히, Mou-să-hi], 사건 없이, 장애물이 없이, 조용히, 평화로이

무ᄉᆞᆷ [MOU-SĂM] (何) 원258
불 Quel? lequel? (interrog.). ‖ Un, une (quelque). 무ᄉᆞᆷ 사ᄅᆞᆷ왓ᄂᆞ냐 Mou-săm sa-răm oat-nă-nya, Un (quelque) homme est-il venu?
한 어떤? 어느 것?(의문사) | 하나, 하나(어떤) | [용례 무ᄉᆞᆷ사ᄅᆞᆷ왓ᄂᆞ냐, Mou-săm sa-răm oat-nă-nya], (어떤) 사람이 왔는가?

*무ᄉᆡᆨᄒᆞ다 [MOU-SĂIK-HĂ-TA] (無色) 원258
불 Couleur sombre, sans éclat. Incolore. ‖ Le visage n'avoir pas de couleur, c. a. d. avoir honte.
한 어두운, 선명하지 않은 색 | 색깔이 없다 | 얼굴에 색이 없다, 즉 부끄럽다

무ᄭᅮ리ᄒᆞ다 [MOU-KOU-RI-HĂ-TA] (糈) 원251
불 interroger la sorcière. faire dire sa bonne aventure.
한 마녀에게 묻다 | 자신의 운수를 점치게 하다

*무쌍ᄒᆞ다 [MOU-SSANG-HĂ-TA] (無雙, (N'être pas, semblable)) 원258
불 Unique; seul de son espèce; incomparable.
한 독특하다 | 그 종류에서 유일하다 | 비교할 수 없다

*무안ᄒᆞ다 [MOU-AN-HĂ-TA] (無顔) 원249
불 (N'avoir pas la face). Etre couvert de confusion.
한 (낯이 없다) | 창피한 생각으로 뒤덮이다

*무양ᄒᆞ다 [MOU-YANG-HĂ-TA] (無恙) 원249
불 Sans maladie; être sans maladie.
한 병이 없이 | 병이 없다

무어시 [MOU-E-SI] 원249 ☞무엇

*무언ᄒᆞ다 [MOU-EN-HĂ-TA] (無言) 원249
불 Muet; qui ne parle pas; sans parole; ne rien dire rester sans mot dire.
한 말이 없다 | 말하지 않다 | 말없이 | 아무 말도 하지 않다, 여전히 아무 말 없이 있다

*무엄ᄒᆞ다 [MOU-EM-HĂ-TA] (無嚴) 원249
불 N'avoir pas de vergogne; ne rien craindre; ne pas respecter.
한 수치심이 없다 | 아무것도 두려워하지 않다 | 존중하지 않다

무엇 [MOU-ET] (何) 원249
불 Quelle chose? quoi? 무어시냐 Mou-e-si-nya, qu'est-ce? 무엇잇ᄂᆞ냐 Mou-et it-nă-nya, qu'y a-t-il?
한 어떤 것?, 무엇?, [용례 무어시냐, Mou-e-si-nya], 무엇이냐? | [용례 무엇잇ᄂᆞ냐, Mou-et it-nă-nya], 무엇이 있느냐?

*무역ᄒᆞ다 [MOU-YEK-HĂ-TA] (貿易) 원249
불 Faire de grandes emplettes; faire des provisions abondantes de marchandises. Accaparer; accumuler.
한 많은 물건들을 사다 | 상품들을 풍부히 비축하다 | 매점하다 | 축적하다

*무염원죄 [MOU-YEM-OUEN-TJOI] (無染原罪) 원249
불 N'avoir pas la tache du pèché originel. (La Ste Vierge) immanculée.
한 원죄의 오점을 가지지 않다 | 순결한 (성모)

1*무염ᄒᆞ다 [MOU-YEM-HĂ-TA] (貿鹽) 원249
불 Faire grande emplette de sel.
한 소금을 많이 구매해 두다

2*무염ᄒᆞ다 [MOU-YEM-HĂ-TA] (無染) 원249
불 N'être pas taché. Immaculé.
한 오점이 없다 | 순결하다

*무예 [MOU-YEI] (武藝) 원249
불 Exercices militaires le tir à l'arc, au fusil; l'équitation; l'escrime, etc.
한 군대의 활 쏘기, 사격 훈련 | 마술 | 검술 등

*무예별감 [MOU-YEI-PYEL-KAM,-I] (武藝別監) 원249
불 Esp. de garde-royal; soldats pour le service du palais royal. ‖ Domestique particulier du roi. Esp. de chambellan ou de valet de pied toujours en présense du roi pour attendre et recevoir ses ordres. (Il est habillé de rouge avec un chapeau en paille surmonté de deux plumes de paon).
한 왕의 근위대의 종류 | 왕궁에서 근무하는 군인들 | 왕의 사적인 하인 | 명령을 기다리고 받들기 위해 왕의 면전에서 항상 있는 시종이나 종자[역주 從者] | (공작 깃털이 두 개 달린, 짚으로 된 모자를 쓰고 붉은 옷을 입는다)

*무오 [MOU-O] (戊午) 원250

불 55e année du cycle de 60 ans. 1738, 1798, 1858, 1918.

한 60년 주기의 55번째 해 | 1738, 1798, 1858, 1918년

*무용지물 [MOU-YONG-TJI-MOUL] (無用之物) 원250

불 Objet inutile.

한 불필요한 물건

*무용지인 [MOU-YONG-TJI-IN] (無用之人) 원250

불 Homme inutile.

한 불필요한 사람

*무용하다 [MOU-YONG-HĂ-TA] (無用) 원250

불 Qui n'est pas nécessaire. Etre inutile.

한 필요하지 않다 | 쓸데없다

무우 [MOU-OU] (菁) 원250

불 Navet; navet radis; grosse rave; rave.

한 무 | 무 | 큰 무 | 순무

무으다 [MOU-EU-TA,MOU-E,MOU-EUN] 원249

불 Faire; construire; arranger.

한 만들다 | 건설하다 | 정돈하다

무은내 [MOU-EUN-NAI] (爛臭) 원249

불 Odeur de pourri, de moisi.

한 썩은, 곰팡이 냄새

*무의탁 [MOU-EUI-HTAK,-I] (無依托) 원249

불 Sans appui, sans asile.

한 의지할 곳이 없음, 피난처 없음

무이 [MOU-I] 원249

불 Ce qui est fait de plusieurs pièces ou morceaux.

한 여러 개의 조각 또는 부분들로 만들어진 것

*무익ᄒᆞ다 [MOU-IK-HĂ-TA] (無益) 원249

불 Sans avantage; inutile; vain; infructueux.

한 이익이 없다 | 쓸모없다 | 헛되다 | 이득이 없다

*무인 [MŌŪ-IN,-I] (戊寅) 원250

불 15e année du cycle de 60 ans. 1698, 1758, 1818, 1878.

한 60년 주기의 열다섯 번째 해 | 1698, 1758, 1818, 1878년

*무인디경 [MOU-IN-TI-KYENG] (無人之境) 원250

불 Lieu déssert, inhabité.

한 황량한, 아무도 살지 않는 곳

*무인부지 [MOU-IN-POU-TJI] (無人不知) 원250

불 Personne ne l'ignore. Public; connu de tous.

한 모르는 사람이 없다 | 공공연하다 | 모두가 알다

무인지경 [MOU-IN-TJI-KYENG,-I] 원250 ☞무인디경

*무임 [MOU-IM,-I] (無任) 원250

불 Officier sans palce. ‖ Retraite, dispnsibilité (pour les mandarins)

한 자리가 없는 장교 | (관리들에게 있어서의) 퇴직, 휴직

*무졍ᄒᆞ다 [MOU-TJYENG-HĂ-TA] (無情) 원260

불 Impie; dur; insensible; sans affection.

한 부도덕하다 | 몰인정하다 | 냉담하다 | 애정이 없다

*무족뎡 [MOU-TJOK-TYENG,-I] (無足鼎) 원260

불 Chaudière sans oreilles, c. a. d. dont on ne peut se servir, inutile. Se dit par métaph.; v. g. d'un vieillard qui n'a pas de postérité, d'un noble sans valets, etc.

한 손잡이가 없는, 즉 사용할 수 없는, 쓸데없는 가마솥 | 은유의 의미로 쓴다 | 예. 후손이 없는 노인, 하인이 없는 귀족 등에 대해

*무족지언비쳔리 [MOU-TJOK-TJI-EN-PI-TCHYEN-RI] (無足之言飛千里) 원260

불 La parole, quoiqu'elle n'ait pas de pieds, voyage promptement. La parole court à cent lieues, quoi-qu'elle n'ait pas de jambes.

한 말은 발이 없어도 빠르게 이동한다 | 말은 다리가 없어도 100리외를 달린다

무좌리 [MOU-TJA-RI] (小木) 원260

불 Petits arbres longs; jeunes arbres efflés, troncs de jeunes arbres.

한 작고 긴 나무들 | 유선형의 어린 나무들, 어린 나무들의 몸통

*무죄ᄒᆞ다 [MOU-TJOI-HĂ-TA] (無罪, (N'être pas, pé-ché)) 원260

불 Innocent; non coupable.

한 결백하다 | 무죄이다

1*무죵 [MOU-TJYONG,-I] (無終) 원261

불 Sans fin; immortel.

한 끝이 없이 | 영원하다

2*무죵 [MOU-TJYONG,-I] (無宗) 원261

불 Sans intention.

한 의도 없이

3무죵 [MOU-TJYONG,-I] 원261

불 Navets mis en terre pour donner de la graine.

한 종자를 내기 위해서 땅에 묻은 무들

4무죵 [MOU-TJYONG,-I] 원261

불 Os de la jambe, tibia.

한 다리 뼈, 경골

무지게 [MOU-TJI-KEI] (虹霓) 원260

불 Arc-en-ciel. Halo.

한 무지개 | [역주 해, 달의] 무리

*무지ᄅᆞ다 [MOU-TJI-RĂ-TA,-TJIL-NE,-TJI-RĂN] (截) 원260

불 Couper une chose trop longue; raccourcir en coupant.

한 너무 긴 것을 자르다 | 잘라서 줄이다

*무지막지ᄒᆞ다 [MOU-TJI-MAK-TJI-HĂ-TA] (無知莫知) 원260

불 Etre sans tenue et sans politesse.

한 행실이 올바르지 않고 예절이 없다

*무지ᄒᆞ다 [MOU-TJI-HĂ-TA] (無知) 원260

불 Ignorant; étourdi; sans réflexion; qui ne regarde à rien.

한 무지하다 | 경솔하다 | 숙고하지 않고 | 아무것에도 신경 쓰지 않다

*무직 [MOU-TJIK,-I] (武職) 원260

불 Dignité d'un bachelier en arc. Dignité militaire.

한 활 바칼로레아 합격자가 얻은 고위직 | 군 고위직

[1]무직이 [MOU-TJIK-I] (水直) 원260

불 Celui qui puise de l'eau.

한 물을 긷는 사람

[2]무직이 [MOU-TJIK-I] 원260

불 Crinoline, jupon empesé des femmes coréennes.

한 페티코트, 조선 여성들의 풀을 먹인 치마

*무진 [MOU-TJIN,-I] (戊辰) 원260

불 5e année du cycle de 60 ans. 1688, 1748, 1808, 1868, 1928.

한 60년 주기의 다섯 번째 해 | 1688, 1748, 1808, 1868, 1928년

*무진ᄒᆞ다 [MOU-TJIN-HĂ-TA] (無盡) 원260

불 Infini; indéfini. N'avoir pas de fin. Etre inépuisable.

한 끝없다 | 무한하다 | 끝이 없다 | 무궁무진하다

*무ᄌᆞ [MOU-TJĂ] (戊子) 원260

불 25e années du cycle de 60 ans. 1708, 1768, 1828, 1888.

한 60년 주기의 25번째 해 | 1708, 1768, 1828, 1888년

*무ᄌᆞ미ᄒᆞ다 [MOU-TJĂ-MI-HĂ-TA] (無滋味) 원260

불 N'être pas intéressant; qui n'est pas attrayant.

한 흥미롭지 않다 | 매력적이지 않다

무ᄌᆞ의 [MOU-TJĂ-EUI] (轆轤) 원260

불 Pompe, machine pour élever l'eau.

한 펌프, 물을 끌어올리기 위한 기계

*무ᄌᆞᄒᆞ다 [MOU-TJĂ-HĂ-TA] (無子) 원260

불 Sans enfant. N'avoir pas de fils.

한 아이가 없다 | 아들이 없다

*무ᄌᆡᄒᆞ다 [MOU-TJĂI-HĂ-TA] (無才) 원260

불 Etre maladroit; sans industrie; sans esprit.

한 서투르다 | 재치 없다 | 재치 없다

무참ᄒᆞ다 [MOU-TCHAM-HĂ-TA] 원261

불 Etre excessif; trop.

한 과도하다 | 지나치다

*무쳐부당ᄒᆞ다 [MOU-TCHYE-POU-TANG-HĂ-TA] (無處不當) 원261

불 Irrésistible. Habile en tout; qui réussit en tout; homme à tout faire; capable de tout.

한 저항할 수 없다 | 모든 것에서 능숙하다 | 모든 것에서 성공하다 | 모든 것을 하는 사람 | 모든 것을 할 수 있다

*무초ᄒᆞ다 [MOU-TCHO-HĂ-TA] (貿草) 원261

불 Accaparer le tabac.

한 담배를 매점하다

*무치ᄒᆞ다 [MOU-TCHI-HĂ-TA] (貿置) 원261

불 Accaparer; faire une grande provision.

한 매점하다 | 많이 비축해 두다

*무탈ᄒᆞ다 [MOU-HTAL-HĂ-TA] (無頉, (N'être pas, défectuosité)) 원260

불 Juste; brave (homme), bon. ‖ N'avoir pas de défaut, c. d. d. se bien porter. (Syn. 무ᄉᆞᄒᆞ다 Mou-să-hă-ta)

한 올바르다 | (사람이) 용기 있다, 좋다 | 결점이 없다, 즉 건강 상태가 좋다 | [동의어 무ᄉᆞᄒᆞ다, Mou-să-hă-ta]

무턱 [MOU-HTEK] (無托) 원260

불 Sans moyen; sans ressource; sans appui. ‖ Sans raison; sans motif.

한 방법이 없이 | 돈이 없이 | 원조가 없이 | 이유 없이 | 동기가 없이

무턱이 [MOU-HTEK-I] (無頷) 원260

불 Qui n'a pas de menton ou qui l'a trop petit.

한 턱이 없거나 너무 작은 사람

무텅이 [MOU-HTENG-I] (包) 원260

불 Pelote; boule. (de terre, etc.).

한 둥근 덩어리 | (흙 등으로 된) 공 모양의 것

무테 [MOU-HTEI] (無輪) 원260

불 Qui n'a pas de cercle, (v.g. lunettes sans monture, lunettes chinoises, un seau d'une seule pièce de bois).

한 테가 없음, (예. 테가 없는 안경, 중국식 안경, 나무 한 조각만으로 만든 관인)

1 무틔 [MOU-HTĂI] [원]260
[불] Indifférence.
[한] 무관심

2 무틔 [MOU-HTĂI] [원]260
[불] Bon.
[한] 좋다

*무틔하다 [MOU-HTĂI-HĂ-TA] (貿太) [원]260
[불] Accaparer les pois. Faire une grande provision de pois.
[한] 콩을 매점하다 | 콩을 많이 비축해 두다

무판 [MŌŪ-HPAN,-I] (屠肆) [원]255
[불] Boucherie; maison où l'on tue des bœufs, où l'on vend la viande.
[한] 푸줏간 | 소들을 죽이는, 고기를 파는 집

무편달이 [MOU-HPYEN-TAL-I] (無片蔘) [원]255
[불] Jen-sen en tout petits morceaux; très-petit jen-sen de très-peu de valeur.
[한] 아주 작은 조각으로 된 인삼 | 가치가 매우 적은 아주 작은 인삼

*무폐흐다 [MOU-HPYEI-HĂ-TA] (無弊) [원]255
[불] Sans tribulation. Qui n'a pas d'inconvénient; qui n'a rien de fâcheux.
[한] 시련 없다 | 불편함이 없다 | 힘 드는 것이 하나도 없다

무푸레나무 [MOU-HPOU-REI-NA-MOU] (靑鞭木) [원]255
[불] Frêne. Arbre dont le bois est dur et dont l'écorce sert à faire la teinture noire.
[한] 서양 물푸레나무 | 목재가 단단하고 껍질은 검게 물들이기 위해서 쓰이는 나무

*무한흐다 [MOU-HAN-HĂ-TA] (無限) [원]250
[불] Immense; sans limite; vaste; énorme; influi; sans bornes.
[한] 거대하다 | 한계가 없다 | 광대하다 | 거대하다 | 끝없다 | 한이 없다

*무함 [MOU-HAM,-I] (誣陷) [원]250
[불] Calomnie; accusation fausse; faux rapport. =흐다 -hă-ta, Calomnier.
[한] 중상 | 잘못된 비방 | 잘못된 보고 | [[용례] =흐다, -hă-ta], 중상하다

*무해무덕흐다 [MOU-HAI-MOU-TEK-HĂ-TA] (無害無德) [원]250
[불] Sans gain ni perte. Ni bon ni mauvais; ni nuisible ni utile.
[한] 얻는 것도 잃은 것도 없다 | 좋지도 나쁘지도 않다 | 해롭지도 유용하지도 않다

*무해흐다 [MOU-HAI-HĂ-TA] (無害) [원]250
[불] Qui ne nuit pas; qui ne fait pas tort. Etre inoffensif; non nuisible.
[한] 해가 되지 않다 | 폐를 끼치지 않다 | 해가 없다 | 해롭지 않다

*무형무상흐다 [MOU-HYENG-MOU-SANG-HĂ-TA] (無形無狀) [원]250
[불] Incorporel; sans matière ni forme. Invisible. Qui n'a ni forme, ni figure.
[한] 무형이다 | 소재도 없고 형태도 없다 | 보이지 않다 | 형태도 모습도 없다

*무형흐다 [MOU-HYEUNG-HĂ-TA] (無形) [원]250
[불] Spirituel; sans matière; incorporel; sans figure; invisible.
[한] 정신적이다 | 물질이 없다 | 비물질적이다 | 모양이 없다 | 눈에 보이지 않다

*무화과 [MOU-HOA-KOA] (無花果, (N'avoir pas, de fleur, fruit)) [원]250
[불] Figue; fruit sans fleur.
[한] 무화과 | 꽃이 없는 과일

무회 [MOU-HOI] (無灰) [원]250
[불] Qui n'a pas de cendres. Racine d'une esp. d'herbe marine qui brûle sans faire de cendres. Racine du 메억 Mei-ek.
[한] 재가 없다 | 탈 때 재가 생기지 않는 해초의 일종의 뿌리 | 메억 Mei-ek의 뿌리

*무효흐다 [MOU-HYO-HĂ-TA] (無效) [원]250
[불] Inefficace; qui n'a pas d'effet.
[한] 효과가 없다 | 효과가 없다

*무후흐다 [MOU-HOU-HĂ-TA] (無後) [원]250
[불] Sans fils; qui n'a pas d'enfant mâle; qui n'a pas d'héritier, pas d'enfant, personne à laisser après soi; qui n'a pas de postérité.
[한] 아들이 없다 | 남자 아이가 없다 | 후계자, 아이, 자신 다음에 남길 사람이 없다 | 후손이 없다

*무홍심흐다 [MOU-HĂNG-SIM-HĂ-TA] (無恒心) [원]250
[불] Inconstant; sans persévérance; changeant; volage. Opp. de 홍심 Hăng-sim.
[한] 불안정하다 | 참을성 없다 | 변하다 | 변덕스럽다

| [반의어] 항심, Hăng-sim]

[1]묵 [MOUK] (陳) ⓦ250

[불] En agr. Vieux; ancien; usé.

[한] 한자어로 낡다 | 오래되다 | 닳다

[2*]묵 [MOUK,-I] (墨) ⓦ250

[불] Encre.

[한] 잉크

[3]묵 [MOUK,-I] (靑脯) ⓦ250

[불] Pâte de sarrasin qui se coupe en trauches, et dont on fait une soupe. Marc; résidu; gelée de grain.(On en fabrique aussi avec des glands, avec du 녹두 Nok-tou, et alors ce dernier s'appelle 청포 Tchyeng-hpo).

[한] 얇은 조각으로 잘라서 수프를 만드는 메밀로 만든 반죽 | 찌꺼기 | 잔재 | 곡물 젤리 | (그것은 도토리, 녹두 Nok-tou로도 만든다. 그래서 후자는 청포 Tchyeng-hpo라고 불린다)

[1]묵거지르다 [MOUK-KE-TJI-RE-TA,-TJIL-NE,-TJI-REUN] ⓦ251

[불] Se rassembler; se réunir.

[한] 모이다 | 모이다

[2]묵거지르다 [MOU-KE-TJI-REU-TA] (束揷) ⓦ251

[불] Attacher, lier, ficeler. Syn. 묵다 Mouk-ta.

[한] 붙잡아 매다, 묶다, 끈으로 묶다 | [동의어] 묵다, Mouk-ta]

[3]묵거지르다 [MOUK-KE-TJI-REU-TA] ⓦ251

[불] Effacer v.g. une page d'écriture. || Froisser v.g. une feuille de papier.

[한] 예. 문서의 한 페이지를 지우다 | 예. 종이 한 장을 마구 구기다

*묵광 [MOUK-KOANG,-I] (墨光) ⓦ251

[불] Couleur de l'encre.

[한] 잉크의 색

묵나물 [MOUK-NA-MOUL,-I] (陳菜) ⓦ251

[불] Légume sec; vieille herbe desséchée; herbe potagère de l'année précédente, que l'on a fait sécher pour en faire du bouillon pendant l'hiver. || Reste de légumes préparés; légumes préparés depuis plusieurs jours.

[한] 마른 야채 | 말라붙은 오래된 풀 | 겨울 동안 국을 끓여 먹기 위해서 말려 놓는 지난해의 식용 풀 | 조리된 채소의 나머지 | 며칠 전부터 조리된 채소

묵논 [MOUK-NON,-I] (陳畓) ⓦ251

[불] Ancienne rizière; rizière abandonnée, en friche.

[한] 오래된 논 | 버려진, 황무지인 논

[1]묵다 [MOUK-TA,MOUK-E,MOUK-EUN] (陳) ⓦ251

[불] Vieux, ancien; antique. rester; demeurer; chômer; être en retard; vieillir.

[한] 낡다, 오래되다 | 아주 오래되다 | 남다 | 머무르다 | 활용되지 않다 | 늦다 | 노후하다

[2]묵다 [MOUK-TA,-KE,-KEUN] (縛) ⓦ251

[불] Attacher; serrer; ficeler; nouer; lier.

[한] 붙들어 매다 | 꽉 쥐다 | 끈으로 묶다 | 매다 | 묶다

[3]묵다 [MOUK-TA,MOUL-KE,MOUL-KEUN] ⓦ251

[불] Etre aqueux, trop humide. Syn. 묽다 Moulk-ta.

[한] 물기가 있다, 너무 습하다 | [동의어] 묽다, Moulk-ta]

묵답 [MOUK-TAP,-I] (菑畓) ⓦ251

[불] Vieille rizière qui n'est plus cultivée.

[한] 더 이상 경작하지 않는 오래된 논

묵뎐 [MOUK-TYEN,-I] (菑田) ⓦ251

[불] Vieux champ qui n'est plus cultivé; jachère.

[한] 더 이상 경작하지 않는 오래된 밭 | 휴한지

*묵립 [MOUK-RIP,-I] (墨笠) ⓦ251

[불] Chapeau blanc (d'une homme en deuil) peint en noir avec de l'encre. Chapeau noir.

[한] 잉크로 검게 색칠된 (상중인 사람의) 흰색 모자 | 검은색 모자

묵뫼 [MOUK-MOI] (古塚) ⓦ251

[불] Tombeau délaissé, dont personne ne prend soin, abandonné, négligé.

[한] 아무도 돌보지 않는, 버려진, 돌보지 않은 방치된 무덤

묵밧 [MOUK-PAT,-TCHI] (陳田) ⓦ251

[불] Ancien champ; champ abandonnée, en friche.

[한] 오래된 밭 | 버려진, 황무지인 밭

*묵본 [MOUK-PON,-I] (墨本) ⓦ251

[불] Image sans couleurs; tableau d'une seule couleur; image noire non coloriée.

[한] 색이 없는 그림 | 한 가지 색으로 된 그림 | 색칠되지 않은 검은색 그림

묵비지 [MOUK-PI-TJI] (靑脯滓) ⓦ251

[불] Marc, résidu des substances pressées, bouillies, etc. Résidu du 묵 Mouk.

[한] 찌꺼기, 압착된 물질들의 찌꺼기, 걸쭉한 죽 등 | 묵 Mouk의 찌꺼기

묵소음 [MOUK-SO-EUM,-I] (陳綿) ⓦ251

[불] Vieille ouate; coton qui a servi à doubler les habits;

vieux coton.
한 낡은 솜 | 옷에 안을 대는 데에 쓰이는 솜 | 오래된 면화

묵쇠알 [MOUK-SOI-AL,-I] (小鐵卵) 원251
불 Grenaille, petit grain en fonte pour la chasse.
한 [역주 가금의 먹이로 쓰는] 곡물 부스러기, 사냥을 위한 작은 주철 알갱이

*묵안알외다 [MOUN-AN-AL-OI-TA,-OI-YE,-OIN] (問安) 원252
불 Souhaiter le bonjour; demander des nouvelles de la santé. (Style épist.)
한 인사하다 | 건강의 근황을 묻다 | (서간체)

*묵외츌숑ᄒᆞ다 [MOUN-OI-TCHYOUL-SYONG-HĂ-TA] (門外出送, (Porte, en dehors, sortir, envoyer)) 원252
불 Etre chassé de la ville; en être exilé.
한 마을에서 쫓겨나다 | 그로부터 추방되다

묵장 [MOUK-TJANG,-I] 원251
불 Chose finie, sur laquelle il n'y a pas à revenir. V.g. coup de jeu; oubli de prendre un pion au jeu d'échecs; se faire souffler au jeu de dames.
한 재검토할 것이 없는 끝난 것 | 예. 놀이의 한 수 | 장기 놀이에서 졸을 잡는 것을 잊다 | 체커 놀이에서 은밀하게 알려주게 하다

1묵지 [MOUK-TJI] (滓末) 원251
불 Partie grossière de la farine qui ne passe pas à travers le tamis et y reste. Syn. 무거리 Mou-ke-ri.
한 체를 통과하지 못하고 거기에 남는 가루의 거친 부분 | [동의어 무거리, Mou-ke-ri]

2*묵지 [MOUK-TJI] (墨紙) 원251
불 Papier taché d'encre et hors de service.
한 잉크로 얼룩져서 사용할 수 없는 종이

3*묵지 [MOUK-TJI] (墨池) 원251
불 Réservoir de l'encrier pour le liquide.
한 액체용 잉크병의 저장통

묵커리 [MOUK-HKE-RI] (麻鞋) 원251
불 Souliers de chanvre d'une qualité très-inférieure.
한 질이 매우 낮은 대마로 만든 신발

묵툭ᄒᆞ다 [MOUK-HTOUK-HĂ-TA] (禿) 원251
불 Emoussé, ébréché. N'être pas aiguisé. N'avoir pas de pointe. Etre terminé en rond et non en pointe.
한 무뎌지다, [역주 칼날 따위의] 이가 빠지다 | 날이 서지 않다 | [역주 뾰족한] 끝이 없다 | 둥글고 뾰족하게 마무리되지 않다

1*문 [MOUN,-I] (門) 원252
불 Porte; entrée; fenêtre.
한 문 | 입구 | 창문

2*문 [MOUN,-I] (文) 원252
불 En agr. 文. Littérature; caractères chinois.
한 한자어로 文, 문학 | 중국 문자들

3*문 [MOUN,-I] (紋) 원252
불 En agr. Dessins d'une étoffe.
한 한자어로 직물의 그림

4*문 [MOUN,-I] (問) 원252
불 En agr. Demande; question; interrogation.
한 한자어로 물음 | 질문 | 질문

*문갑 [MOUN-KAP,-I] (文匣) 원253
불 Meuble à deux battants qui cachent les tiroirs. Esp. de bureau, de table longue.
한 서랍이 안쪽으로 들어 있고, 문짝이 두 개인 가구 | 책상, 긴 테이블의 종류

*문견 [MŌŪN-KYEN,-I] (聞見) 원253
불 Ce qu'on a entendu et vu. Erudition; connaissance; instruction.
한 듣고 본 것 | 박식 | 지식 | 교육

*문고리 [MOUN-KO-RI] (門故吏) 원253
불 Prétorien employé dans la maison d'un noble.
한 귀족의 집에 고용된 친위병

*문과 [MOUN-KOA] (文科) 원253
불 Baccalauréat ès-lettres. Examen sur la littérature.
한 문학 바칼로레아 | 문학에 관한 시험

1*문관 [MOUN-KOAN,-I] (文官) 원253
불 Docteur ès-lettres; bachelier ès-lettres; rang qui permet d'aspirer à une charge, à un emploi civil. ‖ Mandarin civil.
한 문학 박사 | 문학 바칼로레아 합격자 | 어떤 직무, 어떤 문반의 직무를 바랄 수 있게 하는 신분 | 문반인 관리

2*문관 [MOUN-KOAN,-I] (門官) 원253
불 Gardien de la porte.
한 문을 지키는 사람

1*문교 [MOUN-KYO] (文交) 원253
불 Ami intime.
한 절친한 친구

2*문교 [MOUN-KYO] (文驕) 원253
불 Orgueilleux à cause de sa connaissance des car-

actères; fier de savoir beaucoup de caractères.
한 문자를 안다는 이유로 거만하다 | 많은 문자를 아는 것에 자부심을 느끼다

*문교ᄒᆞ다 [MOUN-KYO-HĂ-TA] (聞敎) 원253
불 Embrasser la religion chrétienne; entendre parler de la religion; entrer dans l'Eglise catholique.
한 기독교를 신봉하다 | 종교에 대해 말하는 것을 듣다 | 가톨릭 교회로 들어가다

*문권 [MOUN-KOUNE,-I] (文卷) 원253
불 Livre; registre; billet; toute espèce d'écrits. Titres; papiers.
한 책 | 등록부 | 쪽지 | 문서의 모든 종류 | 증서 | 문서

*문긱 [MOUN-KĂIK,-I] (門客) 원253
불 Hôte qui a ses entrées dans les salons extérieurs. Habitué de la maison d'un ministre. Parasite. Courtisan des grands. (On désigne ainsi les individus pauvres et désœuvrés qui vont flatter les grands).
한 바깥 살롱에 출입할 수 있는 손님 | 대신의 집에 자주 드나드는 사람 | 기식자 | 귀족들의 추종자 | (귀족들에게 아첨하러 가는 가난하고 할 일이 없는 사람들을 그렇게 가리킨다)

*문답 [MŌUN-TAP,-I] (問答) 원254
불 Demande et réponse; dialogue. catéchisme (par demandes et par réponses).
한 질문과 대답 | 대화 | (질문과 대답에 의한) 교리 교육

1*문뎨 [MOUN-TYEI] (門弟) 원254
불 Disciple, élève.
한 제자, 학생

2문뎨 [MOUN-TYEI] 원254
불 Le range de la famille noble ou non noble; l'extraction; la naissance.
한 귀족 또는 귀족이 아닌 가문의 신분 | 혈통 | 출신

*문도 [MOUN-TO] (門徒) 원254
불 Disciple, élève.
한 제자, 학생

문돗이 [MOUN-TOT-I] 원254
불 Nom des étoffes qui présentent des dessins produits par le tissu lui-même ou par la teinture.
한 직물 자체로, 또는 염색에 의해 생긴 그림을 나타내는 직물의 이름

문동이 [MOUN-TONG-I] (大瘋瘡) 원254
불 Lèpre, lépreux.
한 나병, 나병 환자

문둘ᄂᆡ [MOUN-TOUL-NĂI] (黃精草) 원254
불 Pissenlit (plante).
한 민들레 (식물)

문드러지다 [MOUN-TEU-RE-TJI-TA,-TJYE,-TJIN] 원254
불 Abondant; immense. V.Syn. 소담스럽다 So-tam-seu-rep-ta et 흠썩ᄒᆞ다 Heum-ssek-hă-ta.
한 풍부하다 | 거대하다 | [동의어 소담스럽다, So-tam-seu-rep-ta], [동의어 흠썩ᄒᆞ다, Heum-ssek-hă- ta]

문득 [MOUN-TEUK] (輒) 원254
불 Tout à coup; à l'improviste; vite.
한 갑자기 | 뜻밖에 | 빨리

1*문란ᄒᆞ다 [MOUN-RAN-HĂ-TA] (紊乱) 원253
불 Confus; étourdissant. V.Syn. 어ᄌᆞ럽다 E-tjă-rep-ta.
한 당황하다 | 놀랄 만하다 | [동의어 어ᄌᆞ럽다, E-tjă-rep-ta]

2문란ᄒᆞ다 [MOUN-RAN-HĂ-TA] (問難) 원253
불 Interogation pour éclaircir une difficulité. Interroger; demander des éclaircissements; demander conseil.
한 어려움을 풀기 위한 질문 | 질문하다 | 설명을 요구하다 | 조언을 요구하다

*문루 [MOUN-ROU] (門樓) 원254
불 Terrain sur la maison. ‖ Guérite au-dessus des portes d'une ville.
한 집의 터 | 마을의 문 위에 있는 초소

*문리 [MOUN-RI] (文理) 원253
불 Raison, sens de l'écriture; sens d'un écrit.
한 이성, 글의 의미 | 문서의 의미

*문릭 [MOUN-RĂI] (文來) 원253
불 Rouet. (Moun [Moun-răi] apporta la graine de coton de la Chine).
한 물레 | (문 [Moun-răi]이 중국에서 목화 씨를 가져왔다)

*문명 [MOUN-MYENG,-I] (文名) 원253
불 Habile lettré; connu par sa science dans la lecture, pour sa connaissance des caractères. Renommée littéraire.
한 능력 있고 학식 있는 사람 | 독서에 있어서의 그 학식으로, 문자를 아는 것으로 유명하다 | 문학적 명망

*문명ᄒᆞ다 [MOUN-MYENG-HĂ-TA] (文明) 원253
불 Clair; célèbre; qui a de la réputation.
한 분명하다 | 유명하다 | 명성이 있다

*문목ᄒᆞ다 [MOUN-MOK-HĂ-TA] (問目) 원253
불 Interroger un coupable, un accusé.
한 죄인, 피고를 심문하다

*문무 [MOUN-MOU] (文武) 원253
불 La littérature et les armes; le civil et le militaire.
한 문학과 무기 | 민간인과 군인

*문무냥반 [MOUN-MOU-NYANG-PAN] (文武兩班) 원253
불 Les deux files ou deux corps des bacheliers ès-lettres et des bacheliers en arc.
한 문학 바칼로레아 합격자들과 궁술 바칼로레아 합격자들의 두 대열 또는 두 집단

*문방 [MOUN-PANG,-I] (門房) 원253
불 Chambre de décharge; cabinet.
한 헛간 | 사무실

*문방ᄉ우 [MOUN-PANG-SĂ-OU] (文房四友) 원253
불 Les quartre amis d'un cabinet d'étude, c.a.d. pinceau, encre, papier, encrier; fournitures de bureau.
한 서재에 있는 네 가지 벗, 즉 붓, 잉크, 종이, 잉크병 | 사무실 용품

*문벌 [MOUN-PEL,-I] (門閥) 원253
불 Histoire illustre des ancêtres; hauts faits des ancêtres. || Extraction; la naissance; le rang dans la société.
한 조상들의 유명한 이야기 | 조상들의 위대한 업적 | 혈통 | 출신 | 사회에서의 계급

*문법 [MOUN-PEP,-I] (文法) 원253
불 Règles de l'écriture, des caractères, du style.
한 글쓰기의, 문자의, 문체의 규칙

1*문보 [MOUN-PO] (文報) 원253
불 Correspondance par lettres.
한 편지 교환

2*문보 [MOUN-PO] (文寶) 원253
불 Livre ou liste des plus célèbres lettrés
한 가장 이름난 학자들의 책 또는 명부

*문복ᄒ다 [MŌŪN-POK-HĂ-TA] (問卜) 원253
불 Interrogation faite à une sorcièr; consultation faite au devin. Se faire dire la bonne aventure par un aveugle.
한 마녀에게 하는 질문 | 예언가에게 하는 상담 | 장님에게 운수를 점치게 하다

*문부ᄒ다 [MŌŪN-POU-HĂ-TA] (聞訃) 원253
불 Apprendre la mort de; recevoir la nouvelle de la mort de. Recevoir une lettre de faire-part pour un mort. V. 부고 Pou-ko.
한 ~의 죽음을 알리다 | ~의 죽음에 대한 소식을 받다 | 죽음에 대한 통지서를 받다 | [참조어 부고, Pou-ko]

문비 [MŌŪN-PĂI] (爛梨) 원253
불 Esp. de poire. Poire mûre, molle.
한 배의 종류 | 익은, 무른 배

*문상ᄒ다 [MŌŪN-SANG-HĂ-TA] (問喪) 원254
불 Interrogation en forme de condoléance, que l'on fait à un homme en deuil sur la mort de son père, de son frère, etc. Demander des nouvelles d'un enterrement.
한 그 아버지, 남자 형제 등의 죽음에 대해 상중인 사람에게 하는 애도 형식의 질문 | 매장에 대한 정보를 묻다

*문셔 [MOUN-SYE] (文書) 원254
불 Ecrit; toute espèce d'écrit; livre; registre; billet; titres; papier; cédule.
한 문서 | 모든 종류의 문서 | 책 | 장부 | 쪽지 | 증서 | 문서 | 차용증

문셜쥬 [MOUN-SYEL-TJYOU] (門闑) 원254
불 Montants d'une porte. Cadre de la porte.
한 문의 설주 | 문의 틀

*문식 [MOUN-SIK,-I] (文飾) 원254
불 Hypocrisie.
한 위선

*문신 [MOUN-SIN,-I] (文臣) 원254
불 Courtisan qui sait bien les caractères. || Mandarin ou dignitaire de l'ordre civil.
한 문자를 잘 아는 궁신 | 세속 신분의 관리나 고관

*문ᄉ [MOUN-SĂ] (文士) 원254
불 Très-savant dans la connaissance des caractères. lettré.
한 문자를 아는 데에 있어 매우 학식이 높다 | 학식 있는 사람

*문ᄉᆡᆼ [MOUN-SĂING,-I] (門生) 원254
불 Titre respectueux que prend le 문인 Moun-in dans une lettre adressée à un ministre. Disciple; élève qui étudie les caractères.
한 문인 Moun-in 이 귀족에게 보내는 편지에서 쓰는 공손한 칭호 | 제자 | 문자를 배우는 학생

문싼 [MOUN-KKAN,-I] (門間) 원253
불 Porte d'entrée; entrée de la porte; première porte; porche.
한 출입문 | 문의 입구 | 첫 번째 문 | 현관

문꼴 [MOUN-KKOL,-I] 원253
불 Montant de la porte.

한 문의 설주

1* 문안 [MOUN-AN,-I] (文案) 원252

불 Condamnation écrite.

한 글로 쓰인 유죄판결

2 문안 [MOUN-AN,-I] (門內) 원252

불 Intérieur de la ville; en dedans des portes.

한 마을의 안쪽 | 문들의 안쪽

* 문안ᄒᆞ다 [MOUN-AN-HĂ-TA] (問安) 원252

불 Nouvelles de la santé. Demander des nouvelles de la santé (à un supérieur).

한 건강에 대한 근황 | (상급자에게) 건강에 대한 근황을 묻다

* 문어 [MOUN-E] (鮫魚) 원252

불 Poisson de mer à longues pattes, comme une araignée. Poulpe, esp. de gros polype de mer. Pieurre, sarpouille.

한 거미처럼 긴 다리를 가진 바닷물고기 | 문어, 큰 바다 폴립의 종류 | 문어, 사르푸이으

문열이 [MOUN-YEL-I] (開門首生者) 원252

불 Le premier né d'une portée (de petits chiens, de porcs, etc.), d'une nichée.

한 (강아지, 돼지 등의) 한배에서, 한 배의 새끼에서 첫 번째로 난 새끼

* 문옥ᄒᆞ다 [MŌUN-OK-HĂ-TA] (問獄) 원252

불 Visiter les prisonniers (s'informer de leur santé, etc.)

한 죄수들을 방문하다(그들의 건강 등에 대해 알아보다).

* 문외 [MOUN-OI] (門外) 원252

불 En dehors de la porte.

한 문의 바깥쪽에

* 문위관 [MOUN-OUI-KOAN,-I] (問慰官) 원252

불 Mandarin envoyé par le gouvernement pour consoler, encourager le peuple en temps de calamité. Syn. 위유ᄉᆞ Oui-you-să.

한 재난을 당한 시기에 백성들을 위로하기 위해, 격려하기 위해서 정부가 보내는 관리 | [동의어 위유ᄉᆞ, Oui-you-să]

1* 문의 [MOUN-EUI] (文義) 원252

불 Sens d'un charactère, d'un écrit.

한 문자의, 글의 의미

2 문의 [MOUN-EUI] (紋) 원252

불 Couleur et dessin.

한 색깔과 그림

* 문의ᄒᆞ다 [MŌUN-EUI-HĂ-TA] (問議) 원252

불 Délibérer; demander conseil; demander avis.

한 심의하다 | 조언을 구하다 | 의견을 묻다

* 문인 [MOUN-IN,-I] (門人) 원252

불 Habitué de la maison (des ministres); familier d'une maison; disciple.

한 (장관들의) 집에 자주 드나드는 사람 | 집안과 가까이 지내는 사람 | 문하생

* 문일지십 [MŌUN-IL-TJI-SIP] (聞一知十) 원252

불 Entendre un seul mot et par là connaître dix choses, c.a.d. perspicace. On lui en montre un, il en connaît dix, c.a.d. très-intelligent.

한 오직 하나의 단어만을 듣고 그로부터 10가지의 것을 알다, 즉 통찰력이 있다 | 하나를 보여주자 열을 안다, 즉 매우 영리하다

1* 문쟝 [MOUN-TJYANG,-I] (文章) 원254

불 Lettré savant, très-habile.

한 박식한, 매우 유능한 학식 있는 사람

2* 문쟝 [MOUN-TJYANG,-I] (門長) 원254

불 Le plus ancien dans une famille; le chef de la famille.

한 가족 중에 가장 나이가 많은 사람 | 가족의 우두머리

3* 문쟝 [MOUN-TJYANG,-I] (文狀) 원254

불 Placet, demande par écrit pour obtenir justice, pour obtenir une grâce, une faveur.

한 청원서, 재판에서 이기기 위해, 사면, 호의를 얻기 위해 글로 써서 요청함

* 문젹 [MOUN-TJYEK,-I] (文籍) 원254

불 Livre; registre; écrit; titre.

한 책 | 장부 | 문서 | 증서

* 문젼 [MOUN-TJYEN] (門前) 원254

불 Devant de la porte.

한 문 앞

* 문졍관 [MŌUN-TJYENG-KOAN,-I] (問政官) 원254

불 Interrogations faites aux navires étrangers. L'officier qui les fait. Mandarin envoy- pour demander des explications à des étranégers qui viennent dans le pays.

한 외국의 선박들에 하는 신문 | 그런 일을 하는 장교 | 나라 안으로 들어온 외국인들에게 설명을 요구하기 위해 파견된 관리

* 문졍ᄒᆞ다 [MOUN-TJYENG-HĂ-TA] (問情) 원254

불 Demander les raisons; interroger. Interroger le mandarin. Le mandarin interroger.

한 이유를 묻다 | 질문하다 | 관리에게 질문하다 | 관

리가 질문하다

*문죄ᄒᆞ다 [MŌŪN-TJOI-HĂ-TA] (問罪) ㊊254

㊟ Jugement; interrogatoire. Interroger un accusé, un criminel.

㊥ 재판 | 심문 | 피고, 죄인을 심문하다

문즁방 [MOUN-TJYOUNG-PANG,-I] (閾) ㊊254

㊟ Seuil de la porte. Barre pour fermer une porte à deux battants.

㊥ 문의 턱 | 두 개의 문짝으로 된 문을 닫기 위한 막대기

문지 [MOUN-TJI] (塵埃) ㊊254

㊟ Poussière.

㊥ 먼지

문지ᄅᆞ다 [MOUN-TJI-RĂ-TA,-TJIL-NE,-TJI-RĂN] ㊊254

㊟ Frotter; frictionner; brosser.

㊥ 문지르다 | 마찰시키다 | 솔질하다

문지방 [MOUN-TJI-PANG] (扃) ㊊254

㊟ Le dessus d'une porte. Partie du chambranle au-dessus de la porte.

㊥ 문 위쪽 | 문 위에 있는 틀 부분

문지벙 [MOUN-TJI-PENG] ㊊254 ☞문지방

*문직이 [MOUN-TJIK-I] (門直) ㊊254

㊟ Gardien de la porte; portier.

㊥ 문을 지키는 사람 | 문지기

*문질 [MOUN-TJIL,-I] (門疾) ㊊254

㊟ Maladie de famille; maladie qui vient des ancêtres et se continue dans la famille; maladie héréditaire.

㊥ 가족의 질병 | 조상들로부터 전해져서 집안에서 계속 이어지는 병 | 유전병

*문ᄌᆞ [MOUN-TJĂ] (文字) ㊊254

㊟ Caractère d'écriture; écriture. ‖ Expression tirée du chinois. ‖ Réunion de deux ou plusieurs caractères chionis exprimant une idée, un sens.

㊥ 글의 문자 | 글 | 중국어에서 온 표현 | 어떤 생각, 어떤 의미를 표현하는 중국 글자 둘 또는 여러 개의 결합

*문창 [MOUN-TCHANG,-I] (門窓) ㊊254

㊟ Fenêtre; lucarne, porte et fenêtre.

㊥ 창문 | 천창, 문과 창문

문초밧다 [MOUN-TCHO-PAT-TA] ㊊254 ☞문초ᄒᆞ다

*문초ᄒᆞ다 [MŌŪN-TCHO-HĂ-TA] (問招) ㊊254

㊟ Interrogatoire; jugement. Faire l'interrogatoire.

㊥ 심문 | 재판 | 심문하다

*문치 [MOUN-TCHI] (文致) ㊊254

㊟ Sens d'un écrit. Syn. 문리 Moun-ri.

㊥ 글의 의미 | [동의어 문리, Moun-ri]

[1]문치다 [MOUN-TCHI-TA,-TCHYE,-TCHIN] (匍匐) ㊊254

㊟ Ramper sur le ventre (enfant).

㊥ (아이가) 배로 기다

[2]문치다 [MOUN-TCHI-TA,-TCHYE,-TCHIN] (遲) ㊊254

㊟ Tarder; ne pas se presser.

㊥ 늦다 | 서두르지 않다

*문ᄎᆡ [MOUN-TCHĂI] (文彩) ㊊254

㊟ Couleur, aspect, dessin d'une étoffe.

㊥ 직물의 색, 모양, 그림

문턱 [MOUN-HTEK,-I] (閾) ㊊254

㊟ Partie en dedans et en dehors du seuil de la porte; le seuil de la porte.

㊥ 문턱의 안쪽과 바깥쪽 부분 | 문의 문턱

*문포 [MOUN-HPO] (紋布) ㊊253

㊟ Nom d'une belle espèce de toile de chanvre de Chine et de Kyeng-syang.

㊥ 중국과 경성에서 만든 삼베로 된 아름다운 천 종류의 이름

*문풍지 [MŌŪN-HPOUNG-TJI] (門風紙) ㊊253

㊟ Papier ou bourre pour empêcher le vent de passer à travers une porte.

㊥ 바람이 문을 통해서 들어오는 것을 막기 위한 종이 또는 마개

*문풍향화 [MŌŪN-HPOUNG-HYANG-HOA] (聞風向化, (Entendre, renommée, aller vers, se convertir)) ㊊253

㊟ Entrainement produit par le bon exemple. Edification. Etre attiré ou excité par les beaux exemples.

㊥ 좋은 본보기로 생긴 충동 | 교화 | 좋은 본보기로 마음이 끌리거나 선동되다

*문필 [MOUN-HPIL,-I] (文筆) ㊊253

㊟ Le style et le pinceau. Qui sait lire et écrire.

㊥ 문체와 필치 | 읽고 쓸 줄 아는 사람

*문필효ᄒᆡᆼ [MOUN-HPIL-HYO-HĂNG] (文筆孝行, (Caractère, écriture, piété filiale, action)) ㊊253

㊟ Homme parfait.

㊥ 완벽한 사람

*문하ᄉᆡᆼ [MOUN-HA-SĂING] (門下生) ㊊252

㊟ Titre respectueux que prend le 문인 Moun-in dans une lettre adressée au ministre. Disciple, écolier.

한 장관에게 보내는 편지에서 문인 Moun-in이 쓰는 정중한 명칭 | 제자, 학생

*문한 [MOUN-HAN,-I] (文翰) 원252

불 Lettré, littérateur; qui fait bien une lettre, une épître.

한 학식 있는 사람, 문학자 | 편지, 서한을 잘 짓는 사람

문허지다 [MOUN-HE-TJI-TA,-TYJE,-TJIN] (崩) 원253

불 Tomber en ruine; se renverser.

한 폐허가 되다 | 넘어지다

문허터리다 [MOUN-HE-HTE-RI-TA,-RYE,-RIN] (壞) 원253

불 Détruire; renverser; démolir.

한 파괴하다 | 전복시키다 | 파괴하다

*문호 [MOUN-HO] (門戶) 원253

불 Maison, famille, ‖ Histoire de ses ancêtres.

한 집안, 가문 | 자신의 조상들의 역사

*문회치다 [MOUN-HEUI-TCHI-TA,-TCHYE,-TCHIN] (毁破) 원253

불 Détruire; renverser; démolir.

한 파괴하다 | 전복시키다 | 파괴하다

¹물 [MOUL,-I] (水) 원255

불 Eau; jus; suc; humeur.

한 물 | 즙 | 액 | 체액

²물 [MOUL,-I] (物) 원255

불 En agr. Objet; chose.

한 한자어로 물건 | 물건

¹*물가 [MOUL-KA] (物價) 원256

불 Prix d'une marchandise.

한 상품의 가격

²물가 [MOUL-KA] (渚) 원256

불 Côte, rive; lieu voisin de la mer, d'un fleuve.

한 해안, 연안 | 바다에, 강에 인접한 장소

물가릐 [MOUL-KA-RĂI] 원256

불 Nom d'un insecte.

한 곤충의 이름

*물각유쥬 [MOUL-KAK-YOU-TJYOU] (物各有主, (Odjet, chaque, être, maître)) 원256

불 Chaque chose a son possesseur, a son maître.

한 각각의 물건은 그 소유자, 주인을 갖는다

¹물거리 [MOUL-KE-RI] (水站) 원256

불 Marée. Flux et reflux. Syn. 물번 Moul-pen.

한 조수 | 밀물과 썰물 | [동의어 물번, Moul-pen]

²물거리 [MOUL-KE-RI] 원256

불 Broussailles; fagot de menu bois sec.

한 가시덤불 | 가느다랗고 마른 나무의 묶음

물거픔 [MOUL-KE-HPEUM,-I] (水泡) 원256

불 Ecume de l'eau.

한 물거품

*물건 [MOUL-KEN,-I] (物件) 원256

불 Objet; chose.

한 물건 | 물건

¹물게 [MOUL-KEI] (物機) 원256

불 Les tenants et les aboutissants.

한 자초지종

²물게 [MOUL-KEI] (物價) 원256

불 Prix d'un objet.

한 물건의 가격

물게보다 [MOUL-KEI-PO-TA] (見物機) 원256

불 Observer; épier; comparer; supputer.

한 관찰하다 | 엿보다 | 비교하다 | 산정하다

물결 [MOUL-KYEL,-I] (波) 원256

불 Lame; vague; flot; onde.

한 물결 | 파도 | 물결 | 파도

물결치다 [MOUL-KYEL-TCHI-TA,-TCHYE,-TCHIN] (波濤打) 원256

불 Ondoyer; faire des vagues, des lames. être agité (la mer); s'agiter, se gonfler (la mer).

한 굽이치다 | 파도, 물결을 만들다 | (바다가) 파도가 높다 | (바다에) 파도가 치다, 물이 불다

물겹것 [MOUL-KYEP-KET,-SI] (生匝衣) 원256

불 Habit dédoublé; habit double non ouaté, mais commes s'il était ouaté.

한 안감을 떼어낸 옷 | 솜이 들지 않았지만 마치 솜이 든 것같이 두겹으로 된 옷

*물경스럽다 [MOUL-KYENG-SEU-REP-TA] (物輕) 원256

불 Etre mesquin, petit; en petite quantité. Etre chiche, avare.

한 보잘것없다, 하찮다 | 적은 양이다 | 빈약하다, 인색하다

물고기 [MOUL-KO-KI] (魚) 원257

불 (Eau, chair) Poisson.

한 (물, 살) 물고기

*물고쟝 [MOUL-KO-TJYANG,-I] (物故狀) 원257

불 Certificat des satellites pui ont exécuté un criminel en prison. Preuve d'une exécition faite en secret d'après un ordre.

한 감옥에 있는 죄인을 사형시킨 부하들의 증서 | 어떤 명령에 따라 비밀리에 행해진 집행의 증거

물골 [MOUL-KOL,-I] (水心) 원257

불 Vallée d'eau, endroit où l'eau est profonde.

한 물의 골짜기, 물이 깊은 곳

물구나무셔다 [MOUL-KOU-NA-MOU-SYE-TA,-SYE,-SYEN] 원257

불 Se mettre sur la tête, les pieds en haut; marcher sur les mains.

한 발을 위로 하고 머리로 서다 | 손으로 걷다

물구븨 [MOUL-KOU-PEUI] (水曲) 원257

불 Sinuosités du rivage de la mer. Méandre, sinuosité d'une rivière; coude, courbure d'un cours d'eau.

한 해안의 구불구불함 | 강의 굽이, 구불구불함 | 하천의 굽이, 구부러짐

물그림이보다 [MOEL-KEL-RIM-I-PO-TA,-PO-A,-PON] (熟視) 원257

불 Regarder fixement vers un objet, un endroit.

한 어떤 물건, 어떤 장소를 향해 뚫어지게 보다

*물금쳬 [MOUL-KEUM-TCHYEI] (勿禁帖) 원256

불 Permis; billet, lettre qui fait foi de la permission obtenue. Permission spéciale du mandarin donnée par écrit.

한 허가증 | 증명서, 획득된 허가를 증명한 공문 | 글로 써서 주어진 관리의 특별한 허가

*물금ᄒᆞ다 [MOUL-KEUM-HĂ-TA] (勿禁) 원256

불 Non défendu. Permis. Ne pas prohiber.

한 금지되지 않다 | 허가되다 | 금하지 않다

*물긔 [MOUL-KEUI] (物機) 원256

불 Les tenants et les aboutissants.

한 자초지종

물길 [MOEL-KIL,-I] (水路) 원257

불 (Route d'eau) Voie de mer. Aller par eau.

한 (물의 길) 바닷길 | 물을 따라 가다

물너가다 [MOUL-NE-KA-TA,-KA,-KAN] (退去) 원257

불 Aller en s'éloignant de; s'en retourner; s'éloigner; s'écarter.

한 ~에서 멀어져 가다 | 돌아가다 | 멀어지다 | 벌어지다

물너나다 [MOUL-NE-NA-TA,-NA,-NAN] (退出) 원257

불 S'en revenir en s'éloignant de; s'éloigner, se retirer en venant.

한 ~에서 멀어져서 돌아오다 | 오면서 멀어지다, 물러나다

물너두다 [MOUL-NE-TOU-TA,-TOU-E,-TOUN] (博奕退數) 원257

불 S'éloigner pour se placer ailleurs. (Express. du jeu d'échecs).

한 다른 곳에 위치하기 위해서 멀어지다 | (장기 놀이의 표현)

물너오다 [MOUL-NE-O-TA,-OA,-ON] (退來) 원257

불 Venir en s'éloignant de.

한 ~에서 멀어져서 오다

물넝물넝ᄒᆞ다 [MOUL-NENG-MOUL-NENG-HĂ-TA] 원257

불 Élastique; flexible; mou; mollet.

한 탄성이 있다 | 유연하다 | 무르다 | 부드럽다

물넝이 [MOUL-NENG-I] 원257

불 Kaki très mûr; kaki mou, le plus mûr de l'arbre. ‖ Fruit mou. ‖ Homme faible.

한 매우 익은 감 | 무른, 나무에서 가장 많이 익은 감 | 무른 과일 | 약한 사람

물네 [MOUL-NEI] (文來) 원257

불 Ronet. Syn. 문릐 Moun-răi.

한 물레 | [동의어 문릐, Moun-răi]

[1]물니다 [MOUL-NI-TA,NYE,-NIN] (退) 원257

불 (Pass. de 무루다 Mou-rou-ta). Rendre ce qu'on avait acheté ou reçu.

한 (무루다 Mou-rou-ta의 피동형) | 사거나 받았던 것을 돌려주다

[2]물니다 [MOUL-NI-TA,-NYE,-NIN] (咬) 원257

불 Être mordu. (Pass. de 물다 Moul-ta).

한 물리다 | (물다 Moul-ta의 피동형)

[3]물니다 [MOUL-NI-TA,-NYE,-NIN] (軟) 원257

불 Amollir, attendrir.

한 무르게 하다, 부드럽게 만들다

[4]물니다 [MOUL-NI-TA,-NYE,-NIN] (退) 원257

불 (Pass. de 물다 Moul-ta). Eloigner; écarter; chasser; repousser.

한 (물다 Moul-ta의 피동형) | 멀리하다 | 멀리하다 | 내몰다 | 물리치다

[5]물니다 [MOUL-NI-TA,-NYE,-NIN] (徵族) 원257

불 Demander à quelqu'un qui répond de. Chercher auprès de celui qui s'est porté caution.

한 ~에 대해 책임이 있는 어떤 사람에게 요구하다

| 보증인이 되었던 사람에게 찾아가다

물니치다 [MOUL-NI-TCHI-TA,-TCHYE,-TCHIN] (却之) [원]257

[불] Rejeter; renvoyer; repousser; reléguer; répudier; rebuter; éloigner.

[한] 거절하다 | 돌려 보내다 | 물리치다 | 쫓아 보내다 | 내보내다 | 매정하게 거절하다 | 멀리 보내다

물닉기 [MOUL-NIK-KI] (苔) [원]257

[불] Esp. de petite mousse verte et glissante, qui se trouve sur les pierres dans l'eau. Limon laissé par l'eau sur les pierres.

[한] 물속 돌 위에 있는 초록색의 미끌거리는 작은 이끼의 종류 | 물에 의해 운반되어 돌 위에 남은 진흙

1물다 [MOUL-TA,MOU-RE,MOU-REUN] (濃) [원]258

[불] Prendre une odeur de renfermé, d'échauffé.

[한] 곰팡내, 발효된 냄새가 나다

2물다 [MOUL-TA,MOUL-NE,MOUL-NEUN] (退) [원]258

[불] S'éloigner, s'écarter.

[한] 멀어지다, 떨어지다

3물다 [MOUL-TA,MOUL-E,MOUN] (保人) [원]258

[불] Répondre pour un autre, être caution.

[한] 다른 사람을 위해 보증인이 되다, 보증인이다

4물다 [MOUL-TA,MOUL-E,MOUN] (噛) [원]258

[불] Mordre.

[한] 물다

물다히다 [MOUL-TA-HI-TA,-HYE,HIN] (灌漑) [원]258

[불] Faire passer l'eau; ouvrir l'écluse; faire venir l'eau.

[한] 물을 흘러가게 하다 | 수문을 열다 | 물을 오게 하다

물덤벙술덤벙 [MOUL-TEM-PENG-SOUL-TEM-PENG,-I] [원]258

[불] Se dit d'un homme sans volonté, qui se laisse conduire par le bout du nez. Homme sans caractère, qui, suivant les circonstances, crie; Vive le roi! vive la ligue!

[한] 코끝으로 인도되는 대로 내버려 두는, 의지가 없는 사람에 대해 쓴다 | 상황에 따라 왕 만세! 동맹 만세! 를 외치는 기개 없는 사람

물드리다 [MOUL-TEU-RI-TA,-RYE,-RIN] (染) [원]258

[불] Teindre.

[한] 물들이다

*물론ᄒᆞ다 [MOUL-RON-HĂ-TA] (無論) [원]257

[불] Sans délibération; sans examen. Ne pas délibérer.

[한] 심의 없이 | 시험 없이 | 심의하지 않다

*물류 [MOUL-RYOU] (物類) [원]257

[불] Nature spécifique des choses; nature des choses; genre; espèce.

[한] 물건들의 특유의 본성 | 물건들의 본성 | 종류 | 종류

*물망 [MOU-MANG,-I] (物望) [원]257

[불] Bel homme; homme grand, fort et beau de visage. ‖ Bonne opinion, estime générale.

[한] 미남 | 크고 강하고 얼굴이 아름다운 사람 | 좋은 의견, 전체의 [[역주] 호의적인] 평가

*물목 [MOUL-MOK,-I] (物目) [원]257

[불] Liste d'objets (à acheter).

[한] (사야 할) 물건들의 목록

물미다 [MOUL-MI-TA,-MI-RE,-MIN] (潮) [원]257

[불] Y avoir marée; la marée monter; le flux se faire.

[한] 조수가 있다 | 조수가 오르다 | 밀물이 들어오다

물방아 [MOUL-PANG-A] (水砧) [원]257

[불] Bascule pour écosser le riz, le piler, et en faire de la farine. (Elle est mise en mouvement par une chute d'eau qui remplit le godet du bras de levier; le poids de l'eau fait faire la bascule, le godet se vide et le pilon s'abat).

[한] 쌀의 껍질을 까고, 그것을 찧으며, 그것으로 가루를 만들기 위한 흔들굴대 | (지렛대 팔의 물받이를 채우는 물이 떨어져 움직인다. 물의 무게가 위 아래로 흔들리게 하고 물받이가 비워지고 절구공이가 주저앉는다)

물방울 [MOUL-PANG-OUL,-I] (滴) [원]257

[불] Bulle d'eau; goutte d'eau.

[한] 물거품 | 물방울

물번 [MOUL-PEN,-I] (水番) [원]257

[불] Marée; flux et reflux. Syn. 물거리 Moul-ke-ri.

[한] 조수 | 밀물과 썰물 | [[동의어] 물거리, Moul-ke-ri]

물번지다 [MOUL-PEN-TJI-TA,-TJYE,-TJIN] (浸漬) [원]257

[불] Se répandre; s'étendre (huile, eau).

[한] 퍼지다 | (기름, 물이) 퍼지다

물새 [MOUL-SAI] (水禽) [원]257

[불] Oiseau aquatique.

[한] 물새

*물셩 [MOUL-SYENG,-I] (物性) [원]257

[불] Essence des choses; nature d'une chose.

[한] 물건들의 본질 | 물건의 본성

물셩물셩ᄒᆞ다 [MOUL-SYENG-MOUL-SYENG-HĂ-TA] [원]257

[불] Etre tendre, mou, ramolli, mollasse.

[한] 부드럽다, 무르다, 말랑말랑하다, 물렁물렁하다

*물시ᄒᆞ다 [MOUL-SI-HĂ-TA] (勿施) [원]257

불 Cesser. ‖ Absoudre, remettre une peine.
한 중단하다 | 용서하다, 형벌을 면하다

물신물신ᄒᆞ다 [MOUL-SIN-MOUL-SIN-HĂ-TA] ㉠257
불 Mou; élastique; amolli; tendre.
한 무르다 | 탄성이 있다 | 부드러워지다 | 부드럽다

*믈ᄉᆡᆨ [MOUL-SĂIK,-I] (物色) ㉠257
불 Couleur de la teinture; teinture. Couleur d'un objet teint. ‖ Apparence du visage.
한 염료의 색 | 염색 | 물들인 물건의 색깔 | 얼굴의 모습

물빼다 [MOUL-PPAI-TA,-PPAI-A,-PPAIN] (退染) ㉠257
불 Décolorer; enlever la couleur; faire déteindre; retirer la teinture.
한 퇴색시키다 | 색을 벗기다 | 빛깔이 퇴색하게 하다 | 염색을 빼다

물ᄲᅮ리 [MOUL-PPOU-RI] (吮竹) ㉠257
불 Embouchure de pipe; tuyau de la pipe.
한 파이프의 주둥이 | 파이프의 관

물ᄲᅮ리다 [MOUL-PPOU-RI-TA,-RYE,-RIN] (灑水) ㉠257
불 Asperger; arroser; humecter; faire jaillir un liquide de.
한 물을 가볍게 뿌리다 | 물을 주다 | 축축하게 적시다 | ~에서 액체가 솟게 하다

물쑥 [MOUL-SSOUK,-I] (水蔞) ㉠257
불 Esp. d'armoise qui pousse dans l'eau.
한 물속에서 자라는 쓴 쑥속[역주 屬]의 종류

물언덕 [MOUL-EN-TEK,-I] (水岸) ㉠255
불 Rivage; bord de l'eau. Chaussée sur le bord de l'eau.
한 기슭 | 물가 | 물가에 있는 둑

*물역 [MOUL-YEK,-I] (物役) ㉠255
불 Matériaux, matière, préparatifs, fonds pour commencer une entreprise.
한 재료, 물질, 준비, 기획을 시작하기 위한 토대

물외 [MOUL-OI] (水瓜) ㉠256
불 Melon d'eau.
한 수박

*물욕 [MOU-YOK,-I] (物慾) ㉠256
불 Envie; cupidité; avidité; désir d'une-chose.
한 욕구 | 탐욕 | 갈망 | 하나의 물건에 대한 욕망

물이군 [MOL-I-KOUN,-I] (應軍) ㉠246
불 Chasseurs qui battent la montagne.
한 산을 돌아다니는 사냥꾼들

*물ᄌᆡ [MOUL-JĂI] (物材) ㉠258
불 Prix; valeur. Richesses; biens. Matériaux. Syn. 물역 Moul-yek.
한 가격 | 가치 | 재산 | 부 | 재료 | [동의어 물역, Moul-yek]

*물졍 [MOUL-TJYENG,-I] (物情) ㉠258
불 La valeur intrinsèque des choses; le prix exact des choses. ‖ Circonstances. V. 물가 Moul-ka.
한 물건들의 본질적인 가치 | 물건의 정확한 가격 | 정세 | [참조어 물가, Moul-ka]

물졍물졍ᄒᆞ다 [MOUL-TJYENG-MOUL-TJYENG-HĂ-TA] ㉠258
불 Faiblesse d'esprit, de caractère, de tête. ‖ Mou, tendre.
한 정신, 기질, 지력의 박약 | 무르다, 부드럽다

*물죵 [MOUL-TJYONG,-I] (物種) ㉠258
불 Nature spécifique des choses; genre; espèce. Numéral des choses.
한 물건들의 특별한 성질 | 종류 | 종류 | 물건들의 수를 세는 단위

물주다 [MOUL-TJYOU-TA,-TJOU-E,-TJOUN] (灌) ㉠258
불 Donner de l'eau aux plantes; arroser.
한 식물들에 물을 주다 | 물을 주다

*물쥬 [MOUL-TJYOU] (物主) ㉠258
불 Propriétaire. ‖ Prêteur à intérêt.
한 소유자 | 이자를 받고 돈을 빌려주는 사람

물츔 [MOUL-TCHYOUM,-I] (長物) ㉠258
불 Objet de forme allongée, lancéolée. ‖ Esp. d'herbe dont la feuille est tranchante comme un couteau.
한 길쭉한, 뾰족한 형태의 물건 | 잎이 칼처럼 날카로운 풀의 종류

물츔ᄒᆞ다 [MOUL-TCHYOUM-HĂ-TA] (緩) ㉠258
불 S'interrompre.
한 도중에 그만두다

*물침잡역ᄒᆞ다 [MOUL-TCHIM-TJAP-YEK-HĂ-TA] (勿侵雜役) ㉠258
불 Donner un billet d'exemption de corvée. Exempter des impositions.
한 부역 면제의 증명서를 주다 | 세금을 면제하다

물컹물컹ᄒᆞ다 [MOUL-HKENG-MOUL-HKENG-HÁ-TA] ㉠257
불 Être mou, élastique, tendre, doux au toucher.
한 무르다, 탄성이 있다, 부드럽다, 만지기에 부드럽다

물탕 [MOUL-HTANG,-I] (水湯) ㉠258

불 Etablissement de bains aux eaux thermales; eaux thermales.

한 온천수 목욕 시설 | 온천수

물혀다 [MOUL-HYE-TA,-HYE,-HYEN] (汐) 원256

불 Descendre (la marée); baisser; le reflux se produire.

한 (조수가) 낮아지다 | 낮아지다 | 썰물이 발생하다

물홈 [MOUL-HOM,-I] (水梘) 원256

불 Canal en bois, gouttière d'un toit.

한 나무로 만든 수로, 지붕의 빗물받이 홈통

*물화 [MOUL-HOA] (物貨, (Objet ordinaire, objet précieux)) 원256

불 Marchandise; denrée; objet de trafic.

한 상품 | 식료품 | 무역하는 물건

*물화통ᄒᆞ다 [MOUL-HOA-HTONG-HĂ-TA] (物貨通) 원256

불 Echanger des marchandises; faire du commerce avec.

한 상품들을 교환하다 | ~와 거래하다

묽다 [MOULK-TA,MOULḰ-E,MOULK-EUN] 원257

불 Etre aqneux, trop clair, trop liquide (pâte); où il y a trop d'eau.

한 (반죽의) 수분이 많다, 너무 묽다, 너무 액체같다 | 물이 너무 많다

¹뭇 [MOUT,-TCHI] (陸) 원259

불 Terre ferme; continent; terre (opposé à eau).

한 단단한 땅 | 대륙 | (물과는 반대로) 땅

²뭇 [MOUT,-SI] (束) 원259

불 Une brassée; un monceau; faisceau; parquet; gerbe. Numéral de fagots, etc. ‖ Numéral des impôts sur les terres (뭇 Mout égale 1 sapèque; 짐 Tjim égale 10 sap. ou 1 돈 ton; 믝 Maik égale 10냥 nyang; 결 Kyel égale 100냥nyang). ‖ Unité de mesure agraire, plus ou moin grande suivant la fertilité du sol, pouvant produire une certaine quantité de grain (à peu près 1/2 boisseau). (10 뭇Mout égalent 1짐Tjim; 1,000뭇Mout égalent 1믝Maik; 10,000뭇 Mout égalent 1 결Kyel).

한 한 아름 | 한 무더기 | 묶음 | 꾸러미 | 단 | 나뭇단 등을 세는 수사 | 땅에 대한 세금을 세는 단위(뭇 Mout은 엽전 하나와 같다 | 짐 Tjim은 엽전 열 개 또는 1돈 ton과 같다 | 믝 Maik은 10냥nyang과 같다 | 결 Kyel은 100냥nyang과 같다) | 어떤 양의 곡물을 생산할 수 있는 토지의 비옥함에 따라 다소 큰 토지의 측량 단위 (약 1/2 브와소) | (10 뭇Mout은 1 짐Tjim과 같고, 1,000 뭇Mout은 1 믝Maik과 같고, 10,000 뭇Mout은 1 결Kyel과 같다)

³뭇 [MOUT,-SI] (級) 원259

불 Numéral d'une enfilade de 10 grands poissons, des dizaines de poules, des dizaines de cochons, etc. V. 드름 Teu-reum.

한 일련의 큰 물고기 열 마리, 닭 수십 마리, 돼지 수십 마리 등을 세는 수사 | [참조어 드름, Teu-reum]

⁴뭇 [MOUT,-SI] (衆) 원259

불 Tous; plusieurs; beaucoup.

한 모두 | 여럿 | 많이

뭇고기 [MOUT-KO-KI] (陸饌, (Terre, chair)) 원259

불 Viande (de tous les animaux qui sont sur terre, par opposition aux poissons).

한 (물고기와 대비해서 땅에 있는 모든 동물들의) 고기

뭇금 [MOUT-KEUM,-I] (束) 원259

불 Numéral des dizaines de chevaux, de bœufs, de poules, etc. des paquets, des enfilades de poisson. ‖ Un fagot de bois.

한 말, 소, 닭 등의 열 마리, 꾸러미, 물고기를 꿴 것을 세는 수사 | 나뭇단

뭇금 [MOUT-DEUM,-I] 원259

불 Or massif

한 순금

뭇길 [MOUT-KIL,-I] (陸路) 원259

불 Route de terre.

한 땅에 난 길

뭇녀 [MOUT-NYEN,-I] (衆女) 원260

불 Réunion de femmes; plusieurs femmes.

한 여자들의 모임 | 여러 명의 여자들

뭇놈 [MOUT-NOM,-I] (衆漢) 원260

불 Plusieurs hommes.

한 여러 명의 남자들

뭇닙 [MOUT-NIP,-I] (衆口) 원260

불 Plusieurs voix (qui parlent ensemble). Plusieurs bouches, c. a. d. le dire commun.

한 (함께 말하는) 여러 목소리 | 여러 입, 즉 공동 발언

¹뭇다 [MŌŪT-TA,MOU-RE,MOU-RĂN] (問) 원260

불 Interroger; s'enquérir; demander.

한 질문하다 | 캐묻다 | 묻다

²뭇다 [MOUT-TA,-E,-EUN] (粘) 원260

불 Salir; s'attacher en salissant; souiller; tacher; adhérer (comme la boue, une tache, la crasse, l'encre).

한 더럽히다 | 더럽히며 달라붙다 | 오염시키다 | 얼

룩지게 하다 | (진흙, 얼룩, 때, 잉크처럼) 들러붙다

³뭇다 [MOUT-TA,-E,-EUN] (埋) [원]260

[불] Enterrer; couvrir de terre. ‖ Mettre dans; poser sous. Cacher.

[한] 파묻다 | 흙으로 덮다 | ~안에 넣다 | ~아래에 놓다 | 숨기다

¹뭇둑ᄒᆞ다 [MOUT-TOUK-HĂ-TA] (禿) [원]260

[불] Emoussé; sans pointe. N'être pas pointu, pas aiguisé.

[한] 무디다 | 뾰족한 끝이 없다 | 뾰족하지 않다, 날카롭지 않다

²뭇둑ᄒᆞ다 [MOUT-TOUK-HĂ-TA] (高多) [원]260

[불] Etre rassemblé en monceau.

[한] 무더기로 모이다

뭇드락이 [MOUT-TEU-RAK-I] (衆人) [원]260

[불] Ensemble; plusieurs. (Mot popul.).

[한] 함께 | 여럿 | (속어)

뭇매질 [MOUT-MAI-TJIL,-I] (衆打) [원]259

[불] Rencontre de plusieurs hommes dont on a reçu des coups de bâton. Bataille de coups de bâton.

[한] 몽둥이질을 한 여러 사람들을 만남 | 몽둥이질 싸움

뭇물 [MOUT-MOUL,-I] (陸水, (Litt. eau de terre)) [원]260

[불] Eau douce; eau de fleuve, etc.

[한] 민물 | 큰 강 등의 물

뭇바리 [MOUT-PA-RI] (陸地人) [원]260

[불] Qui est éloigné des bords de la mer. Qui ne connaît pas la mer. Les gens qui vivent à terre. (Lang. des matelots).

[한] 바닷가에서 멀리 떨어져 있는 사람 | 바다를 모르는 사람 | 육지에서 사는 사람들 | (선원들의 언어)

뭇쑤리 [MOUT-KKOU-RI] (稱) [원]259

[불] Prière d'une sorcière aux génies. V. 무쑤리 Moukkou-ri.

[한] 정령에게 하는 마녀의 기도 | [참조어] 무쑤리, Moukkou-ri]

뭇지르다 [MOUT-TJI-REU-TA,-TJIL-NE,-TJI-RĂN] (屠戮) [원]260

[불] Effacer; détruire; exterminer.

[한] 없애다 | 파괴하다 | 몰살하다

뭇줍다 [MOUT-TJĂP-TA,-TJĂ-OA,-TJĂ-ON] (敬問) [원]260

[불] Interroger un supérieur.

[한] 윗사람에게 질문하다

¹뭇치다 [MOUT-TCHI-TA,-TCHYE,-TCHIN] (埋泯) [원]260

[불] Etre enterré, enfoui.

[한] 매장되다, 묻히다

²뭇치다 [MOUT-TCHI-TA,-TCHYE,-TCHIN] (隱藏) [원]260

[불] Se cacher.

[한] 숨다

³뭇치다 [MOUT-TCHI-TA,MOUT-TCHYE,MOUT-TCHIN] (染) [원]260

[불] Etre sali; être taché.

[한] 더럽혀지다 | 얼룩이 지다

¹뭇테 [MOUT-HTEI] (多) [원]260

[불] Plusieurs.

[한] 여럿

²뭇테 [MOUT-HTEI] (炭火) [원]260

[불] Un fagot de bois à brûler.

[한] 태울 나뭇단

³뭇테 [MOUT-HTEI] (陸地) [원]260

[불] Terre, continent (opposé à eau). ‖ Défrichement, champ nouvellement défriché.

[한] (물과는 반대로) 땅, 대륙 | 개간, 새롭게 개간된 밭

뭇포 [MOUT-HPO] [원]260

[불] Vieux soc de charrue.

[한] 쟁기의 낡은 보습의 날

뭉 [MOUNG,-I] (塊) [원]254

[불] Masse informe.

[한] 형태가 없는 덩어리

뭉게뭉게나다 [MOUNG-KEI-MOUNG-KEI-NA-TA] [원]254

[불] Aller et venir (se dit des vapeurs qui montent, de la fumée, du brouillard).

[한] 가고 오다 (올라오는 증기, 연기, 안개에 대해 쓴다)

뭉그시 [MOUNG-KEU-SI] [원]255

[불] Etre un peu courbé. V. 뮈뭉스럼ᄒᆞ다 Mouimoung-seu-rem-hă-ta.

[한] 약간 굽다 | [참조어] 뮈뭉스럼ᄒᆞ다, Moui-moungseu-rem-hă-ta]

뭉슈리 [MOUNG-SYOU-RI] [원]255

[불] Pierre ronde.

[한] 둥근 돌

뭉어리 [MOUN-E-RI] (塊) [원]254

[불] Mottes de farine dans une pâte mal délayée. Masse; une grosse pierre ronde.

한 잘못 물을 탄 반죽에 있는 밀가루 덩어리 | 덩어리 | 굵고 둥근 돌

뭉이 [MOUNG-I] (塊) 원254

불 Pelote (de fil); masse; motte.

한 (실의) 실꾸리 | 덩어리 | 덩어리

뭉지르다 [MOUNG-TJI-REU-TA,-TJIL-NE,-TJI-RĂN] 원255

불 Accourcir. Syn. 무지ㄹ다 Mou-tji-ră-ta.

한 줄이다 | [동의어 무지ㄹ다, Mou-tji-ră-ta]

뭉치다 [MOUNG-TCHI-TA,-TCHYE,-TCHIN] (總括) 원255

불 Faire des houles (de terre, de neige, etc.). Pelotonner; mettre en masses, en pelotes. ‖ Etre rassemblés en cercle (hommes)

한 (흙, 눈 등의) 공을 만들다 | 실따위를 둥글게 감다 | 덩어리로, 뭉치로 만들다 | (사람들이) 둥글게 모이다

뭉클뭉클 [MOUNG-HKEUL-MOUNG-HKEUL] 원255

불 Sensation produite par un objet rond à l'intérieur d'un sac.

한 가방 속에 있는 둥근 물체에 의해 생기는 감각

뭉텅이 [MOUNG-HTENG-I] (塊) 원255

불 Masse; pelote; peloton. (Dans les bouches grossières, signifie; les parties sexuelles de la femme).

한 덩어리 | 뭉치 | 작은 실꾸리 | (외설스러운 입 안에, 여성의 성적인 부분들을 의미한다)

뮈 [MOUI] (海蔘) 원249

불 Ver marin. Syn. 희삼 Hăi-sam.

한 바다 벌레 | [동의어 희삼, Hăi-sam]

뮈다 [MOUI-TA,MOUI-YE,MOUIN] (破) 원250

불 Percé de trous; dégarni. Etre éraillé, déchiré.

한 구멍들이 뚫리다 | 장식이 제거되다 | 닳아서 해어지다, 찢어지다

뮈뭉스럽ᄒᆞ다 [MOUI-MOUNG-SEU-REM-HĂ-TA] 원250

불 Etre doucement proéminent. Etre coulant (parole dite avec précaution); adouci; adoucissant.

한 슬그머니 두드러지다 | 너그럽다 (조심스럽게 말해진 말) | 완화되다 | 피부 통증을 완화하다

뮈워ᄒᆞ다 [MOUI-OUE-HĂ-TA] (惡) 원249

불 Haine. Avoir de l'antipathie, de la répugnance. Avoir de l'aversion pour; ne pas aimer; hair; détester.

한 증오 | 적의, 반감을 갖다 | ~에 대해 혐오감을 가지다 | 좋아하지 않다 | 증오 | 싫어하다

뮌머리 [MOUIN-ME-RI] (蓬頭) 원250

불 Tête chauve. Etre chauve. ‖ Tête découverte. N'avoir pas de chapeau. ‖ N'avoir pas de chignon (femme).

한 대머리 | 대머리이다 | 모자를 쓰지 않은 머리 | 모자가 없다 | (여자가) 쪽진 머리가 없다

뮙다 [MOUIP-TA,MOUI-OUE,MOUI-ON] (憎) 원250

불 Digne d'aversiou, de haine; odieux; détesté; vilain, laid.

한 혐오할 만하다, 증오할 만하다 | 가증스럽다 | 미움을 받다 | 보기 흉하다, 추하다

뮙살스럽다 [MOUIP-SAL-SEU-REP-TA,-RE-OUE,-RE-ON] (可憎) 원250

불 Etre digne d'aversion; n'être pas aimable; haïssable; odieux.

한 혐오할 만하다 | 사랑스럽지 않다 | 가증스럽다 | 밉살스럽다

므ᄅᆞ다 [MEU-RĂ-TA,MEUL-NE,MEU-RĂN] 원237

불 S'éloigner. ‖ Reporter ou renvoyer un objet qu'on ne veut pas. Rompre un marché fait; rendre ce qu'on a acheté et reprendre son argent.

한 멀어지다 | 원하지 않는 물건을 도로 가져가거나 돌려보내다 | 체결된 거래를 중단하다 | 샀던 것을 돌려주고 돈을 돌려받다

므롯 [MEU-RĂT] (凡) 원237

불 A peu près; tout; quiconque. (Mot d'un sens assez douteux et qui n'en a guère. Il sert de liaison dans les livres. Par ex.): mais; surtout; en un mot.

한 거의 | 모두 | 누구건 | (의미가 꽤 애매하고 거의 의미가 없는 단어. 책에서 연결어로 사용된다. 예를 들어) 그러나 | 특히 | 한마디로

*믁계ᄒᆞ다 [MEUK-KYEI-HĂ-TA] (默啓) 원237

불 Intérieurement. Révéler en silence; inspirer; exciter par inspiration.

한 내부적으로 | 조용히 드러내다 | 영감을 불러 일으키다 | 영감으로 자극하다

1*믁도 [MEUK-TO] (默導) 원237

불 Inspiration intérieure. (M.chrét).

한 내부의 영감 | (기독교 어휘)

2*믁도 [MEUK-TO] (默禱) 원237

불 Oraison. =ᄒᆞ다 -hă-ta, Méditer; prier en silence.

한 기도 | [용례 =ᄒᆞ다, -hă-ta], 명상하다 | 조용히 기도하다

*믁됴 [MEUK-TYO] (默照) 원237

불 Inspiration; lumière intérieure. =ᄒᆞ다-hă-ta, Eclairer l'esprit, l'âme; inspirer. (M. chrét.).

한 영감 | 내부의 빛 |[용례 =ᄒᆞ다, -hă-ta], 영혼, 마음을 밝히다 | 영감을 불러 일으키다 | (기독교 어휘)

*믁믁부답ᄒᆞ다 [MEUK-MEUK-POU-TAP-HĂ-TA] (默默不答) 원237

불 Garder le silence et ne pas répondre.

한 침묵을 지키고 대답하지 않다

*믁믁ᄒᆞ다 [MEUK-MEUK-HĂ-TA] (默默) 원237

불 Etre en silence; silencieux. Se tenir en silence. Silencieusement.

한 묵묵히 있다 | 조용하다 | 침묵하다 | 조용히

*믁샹신공 [MEUK-SYANG-SIN-KONG,-I] (默想神工) 원237

불 Méditation (Excercice de piété).

한 명상 (신앙심의 수련)

*믁샹지쟝 [MEUK-SYANG-TJI-TJYANG,-I] (默想指掌) 원237

불 (Nom d'un livre). Méthode ou manuel de méditation; manière de faire la méditation.

한 (책의 이름) | 명상의 방법 또는 지침서 | 명상을 하는 방법

*믁샹ᄒᆞ다 [MEUK-SYANG-HĂ-TA] (默想) 원237

불 Méditer, réfléchir. (M. chrét).

한 명상하다, 깊이 생각하다 | (기독교 어휘)

*믁시ᄒᆞ다 [MEUK-SI-HĂ-TA] (默示) 원237

불 Voir par intuition. || Inspirer; éclairer intérieurement. (M. chrét.).

한 직감으로 알다 | 영감을 불러일으키다 | 마음속으로 밝히다 | (기독교 어휘)

*믁유ᄒᆞ다 [MEUK-YOU-HĂ-TA] (默諭) 원237

불 Révéler dans le silence de l'oraison; inspirer. (M. chrét).

한 기도의 침묵 속에서 드러내다 | 영감을 불러일으키다 | (기독교 어휘)

*믁존ᄒᆞ다 [MEUK-TJON-HĂ-TA] (默存) 원237

불 Etre en silence, réfléchir; considérer; méditer. Graver en silence dans son esprit, dans son cœur. (M.chr.).

한 묵묵히 있다, 깊이 생각하다 | 고려하다 | 명상하다 | 묵묵히 자신의 정신에, 자신의 마음에 새기다 | (기독교 어휘)

*믁쥬 [MEUK-TJYOU] (默珠) 원237

불 Chapelet.

한 묵주

믄득 [MEUN-TEUK] (輒) 원237

불 Tout de suite; vite; sans tarder.

한 즉시 | 빨리 | 늦지 않고

믈긋믈긋ᄒᆞ다 [MEUL-KEUT-MEUL-KEUT-HĂ-TA] (軟) 원237

불 Mou (état d'une vessie pleine d'eau, d'une ampoule). || Mêlé de clair et d'ombre, de nuages et d'éclaircies.

한 물렁물렁하다 (물이 가득 찬 수포, 수종의 상태) | 빛과 어둠, 구름과 잠시 개인 상태가 섞이다

1믜 [MEUI] (海蔘) 원237

불 Ver marin, esp. de mollusque. Syn. ᄒᆡ삼 Hăi-sam.

한 바다 벌레, 연체동물의 종류 | [동의어 ᄒᆡ삼, Hăi-sam]

2믜 [MEUI] 원237

불 Maladie contrctée des le sein de sa mère.

한 엄마의 태내에서부터 걸린 병

3믜 [MEUI] 원237

불 Œuf de furoncle.

한 달걀 모양의 절종

4믜 [MEUI] (全) 원237

불 Entièrement, tout entier.

한 전부, 모두 다

1미 [MI] (舟檣) 원237

불 Extrémité d'une barque; le côté d'une barque.

한 배의 끝 | 배의 측면

2*미 [MI] (尾) 원237

불 En agr. Queue. || Avec les nombres chinois, numéral des poissons. (Peu usité).

한 한자어로 꼬리 | 중국 숫자를 써서, 물고기를 세는 수사 | (거의 사용되지 않는다)

3*미 [MI] (米) 원238

불 Riz écossé.

한 껍질을 깐 쌀

4*미 [MI] (未) 원238

불 En agr. Non.

한 한자어로 아니

5*미 [MI] (微) 원238

불 En agr. Petit.

한 한자어로 작다

6*미 [MI] (眉) 원238

불 Sourcils, cils.

한 눈썹, 속눈썹

7*미 [MI] (未) 원238

불 8e signe du zodiaque, le Mouton. ‖ 2 h. du soir.

한 황도 12궁의 여덟 번째 기호, 양 | 오후 2시

8*미 [MI] (味) 원238

불 Goût.

한 맛

*미간 [MI-KAN,-I] (眉間) 원238

불 Espace entre les deux sourcils. Entre-deux des sourcils.

한 두 눈썹 사이의 공간 | 두 눈썹 사이

1*미감 [MI-KAM,-I] (微感) 원238

불 Petit rhume.

한 가벼운 감기

2*미감 [MI-KAM,-I] (米泔) 원238

불 Eau dans laquelle on a lavé le riz.

한 쌀을 씻은 물

*미거ᄒᆞ다 [MI-KE-HĂ-TA] (未巨) 원238

불 N'être pas encore grand. N'avoir pas de raison (l'âge de raison). Encore trop jeune. Qui n'est pas capable de se tirer d'affaire tout seul.

한 아직 크지 않다 | 판단력 (이성의 연령)이 없다 | 여전히 너무 어리다 | 혼자 난관에서 벗어날 능력이 없다

*미결ᄒᆞ다 [MI-KYEL-HĂ-TA] (未決) 원238

불 Indétermié; incertain; ambigu; indécis. Ne pas décider.

한 불명확하다 | 불확실하다 | 애매하다 | 미확정이다 | 결정하지 않다

*미골 [MI-KOL,-I] (尾骨) 원238

불 Jeton d'un certain jeu (domino).

한 어떤 놀이 (도미노)의 [역주 동전 모양의] 표

*미과 [MI-KOI] (微過) 원238

불 Péché véniel; faute légère; petit défuat.

한 용서받을 수 있는 죄 | 가벼운 실수 | 작은 흠

*미관 [MI-KOAN,-I] (微官) 원238

불 Petite dignité.

한 낮은 직위

*미구 [MI-KOU] (未久) 원238

불 Petit espace de temps.

한 시간의 작은 간격

*미구에 [MI-KOU-EI] (未久) 원238

불 Bientôt, tout à l'heure.

한 곧, 당장

미나리 [MI-NA-RI] (芹) 원238

불 Ache ou céleri. Esp. d'herbe aquatique, légume, céleri de Chine, une des meilleures plantes potagères de Corée (suivant quelques-uns).

한 야생 셀러리 또는 셀러리 | 물가에 사는 풀의 종류, 채소, 중국 셀러리, (몇몇에 따르면) 조선에서 가장 좋은 식용 식물 중의 하나

*미녀 [MI-NYE] (美女) 원238

불 Belle femme, belle personne. (Ne se dit pas des personnes honnêtes).

한 아름다운 여인, 아름다운 사람 | (정숙한 사람들에 대해 쓰지 않는다)

미놀 [MI-NĂL,-I] (釣節) 원238

불 Petite dent de l'hameçon, qui sert à le retenir dans les chairs (et toutes les choses semblables).

한 살 (그리고 비슷한 모든 것) 속에 낚시 바늘을 잡아매는 데 사용되는 낚시 바늘의 작은 톱니

미다 [MI-TA,-MI-RE,MIN] 원241

불 Se dit de la marée montante. ‖ Pousser. V.Syn. 밀다 Mil-ta.

한 올라오는 조수에 대해 쓴다 | 밀다 | [동의어 밀다, Mil-ta]

미닷이 [MIT-TAT-I] (推牖) 원241

불 Porte à coulisse.

한 미닫이문

1*미뎐 [MI-TYEN,-I] (美田) 원241

불 Beau champ, bon champ.

한 훌륭한 밭, 좋은 밭

2*미뎐 [MI-TYEN,-I] (米廛) 원241

불 Magasin de riz écossé; maison où l'on vend du riz écossé, etc.

한 껍질을 깐 쌀을 파는 상점 | 껍질을 깐 쌀 등을 파는 집

*미뎡ᄒᆞ다 [MI-TYENG-HĂ-TA] (未定) 원241

불 Qui n'est pas sûr; incertain. Pas fixé, pas déterminé. Probable.

한 확실하지 않다 | 불확실하다 | 정해지지 않다, 결정되지 않다 | 가능성이 있다

*미등ᄒᆞ다 [MI-TEUNG-HĂ-TA] (未登) 원241

불 N'être pas encore poussé (blés). Temps qui précède la naissance des céléales. Les blés n'être pas encore levés. ‖ Prochain, qui arrivera bientôt.

한 (곡식이) 아직 자라지 않다 | 곡식이 나기 전의 시간

| 곡식들이 아직 싹트지 않다 | 다음의, 곧 일어날

1*미란ᄒᆞ다 [MI-RAN-HĂ-TA] (糜爛) [원]239
[불] Etre contusionneé, écorché. N'être qu'une plaie.
[한] 타박상을 입다, 찰과상을 입다 | 상처일 뿐이다

2*미란ᄒᆞ다 [MI-RAN-HĂ-TA] (糜亂) [원]239
[불] Etre étourdissant.
[한] 귀를 멍하게 하다

미력 [MI-RYEK,-I] (石人) [원]240
[불] Statue de pierre. Grande idole de pierre.
[한] 돌로 된 상[[역주] 像] | 돌로 된 큰 우상

미련ᄒᆞ다 [MI-RYEN-HĂ-TA] (愚) [원]240
[불] Stupide; sot; insensé; hébété; niais; fou; peu intelligent; imbécile; abject; misérable.
[한] 어리석다 | 바보스럽다 | 무분별하다 | 얼빠지다 | 어리석다 | 미치다 | 별로 영리하지 않다 | 멍청하다 | 비천하다 | 비참하다

미렷ᄒᆞ다 [MI-RYET-HĂ-TA] [원]240
[불] Etre grand et nombreux, fourré et frais (herbe, arbres). Epais, en foule, en masse.
[한] 크고 많다, (풀, 나무가) 빽빽하고 원기왕성하다 | 두껍다, 많이, 대거

*미령ᄒᆞ다 [MI-RYENG-HĂ-TA] (靡寧) [원]240
[불] Etre mal en train, peu à l'aise. N'être pas à son aise, pas en paix.
[한] 상태가 좋지 않다, 별로 안락하지 않다 | 편안하지 않다, 평화롭지 않다

미뢰다 [MI-ROI-TA,-ROI-YE,-ROIN] [원]240
[불] V. 밀위다 Mil-oui-ta.
[한] [[참조어] 밀위다 Mil-oui-ta]

1미루 [MI-ROU] [원]240
[불] L'avenir; le but où l'on tend.
[한] 미래 | 지향하는 목표

2미루 [MI-ROU] [원]240
[불] Monticule, petit mamelon.
[한] 작은 산, 작은 원구[[역주] 圓丘]

미루다 [MI-ROU-TA,-ROUE,-ROUN] (推托) [원]240
[불] Différer; proroger; tergiverser; s'arrêter; prolonger; temporiser; retarder.
[한] 연기하다 | 연장하다 | 얼버무리다 | 멈추다 | 연장하다 | 때를 기다리다 | 늦추다

미루머다 [MI-ROU-ME-TA,-ME-RE,-MEN] [원]240
[불] Long à monter. Etre long à arriver.
[한] 오르기에 멀다 | 도착하기에 멀다

미리 [MI-RI] (預) [원]240
[불] Auparavant; avant; à l'avance, d'avance.
[한] 이전에 | 전에 | 미리, 사전에

미리쫏다 [MI-RE-TTJOT-TA,-TTJOT-TCHYE,-TTJOT-TCHĂN] (驅逐) [원]239
[불] Pousser et chasser; chasser en repoussant.
[한] 밀어내고 내쫓다 | 밀어내면서 내쫓다

1미립 [MI-RIP] [원]240
[불] Peu à peu.
[한] 점차

2미립 [MI-RIP,-I] [원]240
[불] Méthode; manière.
[한] 방법 | 방식

*미릭 [MI-RĂI] (未來) [원]239
[불] Qui n'est pas encore arrivé. A venir; futur; après.
[한] 아직 일어나지 않은 것 | 앞으로 다가올 | 미래 | 다음에

*미만ᄒᆞ다 [MI-MAN-HĂ-TA] (彌滿) [원]238
[불] Etre en abondance; couvrir tout. Rempli, plein. Nombreux.
[한] 풍부하다 | 모두 덮다 | 채워지다, 가득하다 | 많다

*미만ᄒᆞ다 [MI-MAN-HĂ-TA] (未晩) [원]238
[불] N'être pas tard, n'être pas en retard.
[한] 늦지 않다, 지각하지 않다

*미말 [MI-MAL,-I] (微末) [원]238
[불] En dernier lieu; le dernier mot. ‖ Un très-petit peu, un tant soit peu.
[한] 마지막으로 | 마지막 말 | 매우 적은 양, 아주 적은 양

*미명 [MI-MYENG,-I] (未明) [원]238
[불] Avant l'aurore; avant le jour; l'obscurité anvant le jour; ténèbres.
[한] 여명 전에 | 해 뜨기 전에 | 해 뜨기 전의 어둠 | 암흑

1*미모 [MI-MO] (眉毛) [원]238
[불] Poils des yeux, c.a.d. sourcils, cils.
[한] 눈의 털, 즉 눈썹, 속눈썹

2*미모 [MI-MO] (尾毛) [원]238
[불] Poil de la queue de certains petits animaux, et qui sert à faire les pinceaux.
[한] 붓을 만드는 데에 쓰이는 몇몇 작은 동물들의 꼬리털

3*미모 [MI-MO] (米牟) [원]238
[불] Orge mondé; orge dont la pellicule s'enlève par le battage (c'est une esp. particulière d'orge qui ressemble beau-

coup au forment).
한 껍질을 제거한 보리 | 타작에 의해 얇은 막이 제거되는 보리 (밀과 많이 비슷한 보리의 특별한 종류이다)

*미묘ᄒᆞ다 [MI-MYO-HĂ-TA] (微妙) 원238
불 Admirable; profond; difficile à comprendre.
한 감탄할 만하다 | 심오하다 | 이해하기 어렵다

*미물 [MI-MOUL,-I] (微物) 원238
불 Petit object, petite chose. ‖ Animal; bête; insecte.
한 작은 물체, 작은 것 | 동물 | 짐승 | 곤충

*미미ᄒᆞ다 [MI-MI-HĂ-TA] (微微) 원238
불 Petit; bas; très petit.
한 작다 | 낮다 | 아주 작다

*미발직립 [MI-PAL-TJIK-RIP,-I] (未發直立, (Non, produire, droit, se tenir debout)) 원239
불 Blé don't la tige ne se courbe pas sous le poids de l'épi; blé chétif; moisson infructueuse.
한 줄기가 이삭의 무게로 휘지 않는 곡식 | 발육이 나쁜 곡식 | 보람이 없는 수확

*미복 [MI-POK,-I] (微服) 원239
불 Habits du commun. déguisement d'un homme élevé qui, pour voyager incognito, revêt les habits du peuple.
한 대다수 사람들의 옷 | 암행을 하고 돌아다니기 위해서 백성의 옷을 입는 신분이 높은 사람의 가장복

1*미봉ᄒᆞ다 [MI-PONG-HĂ-TA] (彌縫) 원239
불 Boucher, fermer une ouverture. ‖ Réparer le mal fait.
한 막다, 출입구를 닫다 | 잘못된 것을 고치다

2*미봉ᄒᆞ다 [MI-PONG-HĂ-TA] (未捧) 원239
불 Ne pas avoir encore tout ramassé, tout reçu.
한 아직 모두 모으지, 모두 받지 않았다

3*미봉ᄒᆞ다 [MI-PONG-HĂ-TA] (未逢) 원239
불 Ne pouvoir pas se rencontrer.
한 서로 만날 수 없다

*미분 [MI-POUN,-I] (米粉) 원239
불 Farine de riz. ‖ Terre blanche avec laquelle on pile le riz.
한 쌀가루 | 쌀을 빻을 때 쓰는 흰 흙

*미분ᄒᆞ다 [MI-POUN-HĂ-TA] (未分) 원239
불 Indécision, doute, ne pouvoir décider.
한 미정, 회의, 결정할 수 없다

*미비ᄒᆞ다 [MI-PI-HĂ-TA] (未備) 원239
불 Qui n'a pas pu être préparé. N'être pas prêt, pas préparé.
한 준비될 수 없었다 | 채비를 갖추지 않다, 준비되지 않다

*미사 [MI-SA] (彌撒) 원240
불 Messe.
한 미사

미사리 [MI-SA-RI] 원241
불 Echafaudage au fond du chapeau; de deuil ou de pluie; pour le poser et le faire tenir sur la tête.
한 모자를 머리 위에 놓고 고정시키기 위해 상중이거나 비가 올 때 쓰는 모자 속에 있는 받침대

*미삼 [MI-SAM,-I] (尾參) 원240
불 Jen-sen, tronçon de jen-sen dont on a coupé les petites racines, c.a.d. le rebut des racines, le pivot.
한 인삼, 작은 뿌리들, 즉 뿌리들의 찌꺼기를 잘라 놓은 인삼의 토막, 곧은 뿌리

미셕이 [MI-SYEK-I] (湖水) 원241
불 Flux et reflux de la mer; marée.
한 바다의 밀물과 썰물 | 조수

*미션 [MI-SYEN,-I] (尾扇) 원241
불 Eventail à manche et qui ne peut pas se plier.
한 접힐 수 없고 손잡이가 있는 부채

*미션ᄒᆞ다 [MI-SYEN-HĂ-TA] (美善) 원241
불 Beau et bon.
한 아름답고 좋다

*미셩 [MI-SYENG,-I] (尾星) 원241
불 Comète, étoile à queue.
한 혜성, 꼬리가 있는 별

1*미셰 [MI-SYEI] (微細) 원241
불 Parcelle; fraction; minutie; poussière.
한 작은 조각 | 부분 | 사소한 일 | 부스러기

2*미셰 [MI-SYEI] (米稅) 원241
불 Impôt prélevé sur la vente du riz.
한 쌀의 판매에 대해 미리 징수된 세금

1*미셰ᄒᆞ다 [MI-SYEI-HĂ-TA] (未洗) 원241
불 N'être pas baptisé.
한 세례를 받지 않다

2*미셰ᄒᆞ다 [MI-SYEI-HĂ-TA] (畏) 원241
불 Avoir peur.
한 두렵다

3*미셰ᄒᆞ다 [MI-SYEI-HĂ-TA] (微溫) 원241
불 Etre tiède (ni chaud, ni froid).
한 (뜨겁지도, 차갑지도 않고) 미지근하다

[1]*미쇼ᄒᆞ다 [MI-SYO-HĂ-TA,-HĂN,-HI] (微小) ㊊ 241
불 Modique; médiocre; petit; grèle ; exigu; très-petit.
한 값이 저렴하다 | 보잘것없다 | 작다 | 가느다랗다 | 불충분하다 | 매우 작다

[2]*미쇼ᄒᆞ다 [MI-SYO-HĂ-TA] (微笑) ㊊241
불 Sourire; rire en silence.
한 미소 | 조용한 웃음

미슈 [MI-SYOU] (蜜水) ㊊241
불 Eau de miel; eau miellée; hydromel.
한 꿀물 | 꿀을 넣은 물 | 꿀물

[1]*미슈ᄒᆞ다 [MI-SYOU-HĂ-TA] (未収) ㊊241
불 Ne pas ramasser; ne pas recueillir; n'avoir pas tout reçu. || Ce qui manque des contributions que l'on doit payer au gouvernement.
한 모으지 않다 | 거두지 않다 | 모두 받지 않았다 | 정부에 지불해야 하는 세금에서 부족한 것

[2]*미슈ᄒᆞ다 [MI-SYOU-HĂ-TA] (美秀) ㊊241
불 Etre joli. Beau (de visage).
한 예쁘다 | (얼굴이) 아름답다

*미슉ᄒᆞ다 [MI-SYOUK-HĂ-TA] (未熟) ㊊241
불 Non entièrement mûr. || Pas cuit. || Pas expérimenté.
한 완전히 익지 않다 | 익지 않다 | 경험이 없다

*미시 [MI-SI] (未時) ㊊241
불 2h. Du soir, de 1h. A 3h. de l'après -midi.
한 오후 2시, 오후 1~3시까지

*미실미가ᄒᆞ다 [MI-SIL-MI-KA-HĂ-TA] (靡室靡家) ㊊241
불 N'avoir ni femme ni maison; être sans feu ni lieu; vagabond.
한 부인도 집도 없다 | 의지할 곳이 없다 | 부랑자

*미심ᄒᆞ다 [MI-SIM-HĂ-TA] (未審) ㊊241
불 Ne pas distinguer; douter; être en suspens. || Inquiétant; dangereux. || Ne pas faire attention.
한 사물을 분간하지 않다 | 의심하다 | 보류중이다 | 불안하게 하다 | 위험하다 | 주의를 기울이지 않다

[1]*미ᄉᆡᆨ [MI-SĂIK,-I] (美色) ㊊241
불 Jolie personne ne se dit que des femmes. || Femme débauchée très ornée. || Luxure, passion sans frein pour les femmes.
한 예쁜 사람은 여자들에 대해서만 쓴다 | 많이 치장한 방탕한 여자 | 색욕, 여자들에 대한 억제할 수 없는 정열

[2]*미ᄉᆡᆨ [MI-SĂIK,-I] (米色) ㊊241
불 Apparence du riz écossé; couleur ou éclat du riz écossé.
한 껍질을 깐 쌀의 모양 | 껍질을 깐 쌀의 색과 광채

*미안ᄒᆞ다 [MI-AN-HĂ-TA] (未安) ㊊238
불 Qui n'est pas à l'aise. N'être pas tranquille, pas en paix, pas content.
한 편하지 않다 | 평온하지 않다, 평화롭지 않다, 만족하지 않다

미압 [MI-AP,-I] (檣前) ㊊238
불 Bâbord; côté du navire qui est à gauche en regardant de l'arrière à l'avant. (Dans d'autres provinces v.g. Tjyen-ra, c'est le contraire; ce serait tribord). V.Opp. 밋뒤 Mit-toui.
한 좌현 | 뒤에서 앞을 바라볼 때 왼쪽에 있는 배의 측면 | (다른 지방에서 예. 전라 지방에서는, 반대이다 | 그것은 우현이다) | [반의어 밋뒤, Mit-toui]

*미업 [MI-EP,-I] (微業) ㊊238
불 Petit négoce.
한 작은 도매업

*미역 [MI-YEK,-I] (未疫) ㊊238
불 Enfant qui n'a pas encore en la petite vérole.
한 아직 천연두에 걸리지 않은 아이

*미열 [MI-YEL,-I] (尾熱) ㊊238
불 Maladie qui traîne en longueur.
한 길게 질질 끄는 병

미옴 [MI-OM,-I] ㊊238
불 Nom de la consonne ㅁ M.
한 자음 ㅁ M의 명칭

*미우 [MI-OU] (尾羽) ㊊238
불 Le croupion.
한 꽁무니

미우쯧 [MI-OU-KKEUT,-TCHI] (尾羽末) ㊊238
불 Naissance de la queue (des quadrupèdes et des oiseaux).
한 (네발짐승들과 새들의) 꼬리의 시작 부분

미욱ᄒᆞ다 [MI-OUK-HĂ-TA] (愚) ㊊238
불 Stupide. V.Syn. 미련ᄒᆞ다 Mi-ryen-hă-ta. || Se dit d'un homme fait, grand de taille.
한 어리석다 | [동의어 미련ᄒᆞ다, Mi-ryen-hă-ta.] | 체격이 좋은, 키가 큰 사람에 대해 쓴다

*미음 [MI-EUM,-I] (米飮) ㊊238
불 Bouillon consommé; purée. Bouillie de riz très-claire.
한 국물, 콩소메 | 퓨레 | 쌀로 만든 매우 맑은 국

미음창이 [MI-EUM-TCHANG-I] ㊊238
불 Esp. de petit poisson de ruisseau, de mollusque, p.ê.

le même en petit que ᄒᆡ삼 Hăi-sam.
한 개울에 사는 작은 물고기의, 연체동물의 종류, 아마도 작은 ᄒᆡ삼 Hăi-sam과 같은 것

*미인 [MI-IN,-I] (美人) 원238
불 Jolie personne; belle femme.
한 예쁜 사람 | 아름다운 여인

미장 [MI-TJANG,-I] 원242
불 Lavement de saumure. Clystère à la saumure.
한 소금물로 씻기 | 소금물로 하는 관장

미장이 [MI-TJANG-I] (土役匠) 원242
불 Maçon; crépisseur; plafonneur.
한 석공 | 미장이 | 천장을 붙이는 일꾼

미젹미젹ᄒᆞ다 [MIT-TJYEK-MI-TJYEK-HĂ-TA] 원242
불 Remuer; bouger; vaciller; osciller ‖ Différer, remettre.
한 움직이다 | 움직이다 | 흔들거리다 | 흔들거리다 | 연기하다, 미루다

미지 [MI-TJI] (蠟紙) 원242
불 Papier enduit de cire (pour emplâtre). Papier enduit d'huile pour fenêtre.
한 (고약에 쓰이는) 밀랍으로 칠한 종이 | 기름을 바른 창문용 종이

*미진ᄒᆞ다 [MI-TJIN-HĂ-TA] (未盡) 원242
불 Imparfait; inachevé. N'être pas fini.
한 불완전하다 | 완성되지 않다 | 끝나지 않다

1*미챵ᄒᆞ다 [MI-TCHYANG-HĂ-TA] (未昌) 원242
불 Obscur, embrouillé, non clair. ‖ Pas encore venu à sa grandeur; encore petit; encore très-jeune.
한 어둡다, 흐리다, 밝지 않다 | 아직 자신의 크기에 도달하지 않다 | 아직 작다 | 아직 매우 어리다

2*미챵ᄒᆞ다 [MI-TCHANG-HĂ-TA] (靡昌) 원242
불 Etre en abondance, couvrir tout (comme l'eau, un brouillard).
한 풍부하다, (물, 안개처럼) 모두를 덮다

*미쳔ᄒᆞ다 [MI-TCHYEN-HĂ-TA] (微賤) 원242
불 Petit et bas; peu et vil. vil; méprisable; de vile condition.
한 작고 낮다 | 적고 비천하다 | 비천하다 | 멸시할 만하다 | 천한 신분의

*미호ᄒᆞ다 [MI-HO-HĂ-TA] (美好) 원238
불 Perfection. parfait, beau, bon.
한 완벽 | 완벽하다, 아름답다, 좋다

*미혹ᄒᆞ다 [MI-HOK-HĂ-TA] (迷惑) 원238
불 Etre passionné pour; avoir de la sollicitude, du zèle pour. Etre adonné à.
한 ~에 대해 열정이 있다 | 염려하다, ~에 대한 열정이 있다 | ~에 전념하다

*미흡ᄒᆞ다 [MI-HEUP-HĂ-TA] (未洽) 원238
불 Ne pas faire certainement, complétement, pleinement ‖ Insuffisant, qui ne contente pas.
한 확실히, 완전히, 충분히 하지 않다 | 불충분하다, 만족하지 않다

*미ᄒᆞ다 [MI-HĂ-TA] (微) 원238
불 Petit.
한 작다

*민 [MIN,-I] (民) 원238
불 En agr. Peuple. ‖ Titre respectueux et humble que prend un homme en parlant au mandarin, dans le district duquel se trouve le tombeau de ses parents ou d'un de ses ancêtres.
한 한자어로 백성 | 자신의 부모나 조상 중 한 명의 무덤이 있는 관할구에서, 관리에게 말할 때 사용하는 공손하고 겸손한 호칭

*민간 [MON-KAN,-I] (民間) 원239
불 Dans le peuple; au milieu du peuple. Entre gens du peuple.
한 백성 안에서 | 백성 사이에서 | 서민들의 사이에

*민강 [MIN-KANG,-I] (民薑) 원239
불 Nom d'un remède d'une grande saveur. Confitutres de gingembre.
한 대단한 맛이 나는 약의 이름 | 생강 잼

*민결 [MIN-KYEL,-I] (民結) 원239
불 Contribution du peuple. Impôt foncier levé sur le peuple.
한 서민들의 세금 | 서민에게 부과된 토지의 세금

*민련ᄒᆞ다 [MIN-RYEN-HĂ-TA] (憫憐) 원239
불 Penser avec compassion.
한 연민을 갖고 생각하다

*민렴 [MIN-RYEM,-I] (民斂) 원239
불 Cotisation entre les gens du peuple.
한 서민들 사이에서의 분담금

*민렴ᄒᆞ다 [MIN-RYEM-HĂ-TA] (憫念) 원239
불 Penser avec compassion. Regarder en pitié.
한 연민을 갖고 생각하다 | 동정심으로 바라보다

민망ᄒᆞ다 [MIN-MANG-HĂ-TA] (憫) 원239
불 Etre déchirant (douleur qui brise le cœur). Etre déplorable. Ennuyeux, triste, fâcheux. ‖ Etre triste et

inquiet.
한 (가슴을 부수는 고통이) 격심하다 | 통탄스럽다 | 서글프다, 슬프다, 유감스럽다 | 슬프고 불안하다

*민멸하다 [MIN-MYENL-HĂ-TA] (泯滅) 원239
불 Anéantir; détruire. Se détruire; s'anéantir tomber dans l'oubli ou en désuétude; disparaître.
한 없애다 | 파괴하다 | 파괴되다 | 없어지다, 잊혀 버리거나 폐지되다 | 사라지다

1*민명 [MIN-MYENG,-I] (民名) 원239
불 Homme du peuple.
한 서민

2*민명 [MIN-MYENG,-I] (民命) 원239
불 La vie du peuple.
한 백성의 목숨

1*민보 [MIN-PO] (民報) 원239
불 Adresse, supplique du peuple au mandarin.
한 관리에게 보내는 백성의 청원, 탄원서

2*민보 [MIN-PO] (民洑) 원239
불 Canal d'irrigation appartenant à un homme du peuple, pour arroser ses rizières.
한 논에 물을 대기 위한, 백성에게 속하는 관개 운하

*민부 [MIN-POU] (民夫) 원239
불 Le peuple.
한 백성

*민쇼 [MIN-SYO] (民訴) 원239
불 Placet qui exprime les sentiments du peuple. Pétition, requête du peuple.
한 백성의 감정을 나타내는 청원서 | 백성의 청원, 간청

민슝민슝ᄒᆞ다 [MIN-SYOUNG-MIN-SYOUNG-HĂ-TA] 원239
불 Etre gros, gros fort. ‖ N'avoir pas grande apparenté; extraordinaire; étrange (v.g vieillard sans barbe).
한 굵다, 굵고 강하다 | 동족류가 많이 없다 | 특별하다 | 기묘하다 (예. 수염이 없는 노인)

*민심 [MIN-SIM,-I] (民心) 원239
불 Cœur du peuple; sentiment, pensée, esprit du peuple.
한 백성의 마음 | 백성의 감정, 생각, 정신

*민어 [MIN-E] (鰵魚) 원238
불 Esp de poisson de mer, saumon. Voy, Syn. 암치 Am-tchi.
한 바닷물고기의 종류, 연어 | [동의어 암치, Am-tchi]

*민요 [MIN-YO] (民擾) 원238
불 Tumulte populaire, révolution du peuple.
한 대중의 동요, 백성의 혁명

*민원 [MIN-OUEN,-I] (民怨) 원239
불 Murmure du peuple. Les dires du peuple au sujet du gouvernement, du mandarin. L'opinion publique sur ces choses.
한 백성의 불평 소리 | 정부, 관리를 주제로 하는 백성의 발언 | 이런 것들에 대한 대중의 의견

1*민졍 [MIN-TJYENG,-I] (民情) 원239
불 Sentiment du peuple.
한 백성의 감정

2*민졍 [MIN-TJYENG,-I] (民政) 원239
불 Gouvernement du peuple.
한 백성의 정부

1*민죠스럽다 [MIN-TJYO-SEU-REP-TA,-SEU-RE-OUE,-SEU-RE-ON] (憫祖) 원239
불 Grand-père ennuyeux, qui vit trop longtemps.
한 너무 오래 사는 성가신 할아버지

2*민죠스럽다 [MIN-TJYO-SEU-REP-TA,-SEU-RE-OUE,-SEU-RE-ON] (憫燥) 원239
불 Etre triste et inquiet; ennuyeux.
한 슬프고 불안하다 | 서글프다

*민쳡ᄒᆞ다 [MIN-TCHYEP-HĂ-TA] (敏捷) 원239
불 Habile; savant; adroit; intelligent; vif; lucide.
한 능숙하다 | 학식 있다 | 솜씨 좋다 | 영리하다 | 활발하다 | 명석하다

*민촌 [MIN-TCHON,-I] (民村) 원239
불 Village composé d'hommes du peuple. Village de plébéiens.
한 서민들로 구성된 마을 | 평민들의 마을

*민취ᄒᆞ다 [MIN-TCHYOUI-HĂ-TA] (民娶) 원239
불 Alliance d'un noble avec une personne du peuple. Se marier avec une fille du peuple.
한 귀족과 서민의 결합 | 서민의 딸과 결혼하다

*민파ᄒᆞ다 [MIN-HPA-HĂ-TA] (泯罷) 원239
불 Destruction. Détruire.
한 파괴 | 파괴하다

*민폐 [MIN-HPYEI] (民弊) 원239
불 Charge du peuple; malheur populaire; incommodité pour le peuple.
한 백성의 부담 | 민중의 불행 | 백성에게 불편한 것

*민포 [MIN-HPO] (民布) 원239
불 Contribution en toile. ‖ Contributions directes,

contributions imposées sur chaque personne du peuple. ‖ Ordre du mandarin au peuple pour une cotisation.
한 직물로 내는 세금 | 직접적인 세금, 백성 각자에게 부과되는 세금 | 분담금에 대해서 관리가 서민에게 내리는 명령

*민호 [MIN-HO] (民戶) ㊀239
불 Maison d'un homme du peuple.
한 서민의 집

*민혼 [MIN-HON,-I] (民婚) ㊀239
불 Mariage entre une personne du peuple et un noble.
한 귀족과 서민 사이의 결혼

1밀 [MIL,-I] (麥) ㊀239
불 Froment.
한 밀

2밀 [MIL,-I] (蠟) ㊀239
불 Cire.
한 밀랍

3*밀 [MIL] (密) ㊀239
불 En agr. Secret. V. 은밀ᄒᆞ다 Eun-mil-hă-ta.
한 한자어로 비밀 | [참조어 은밀ᄒᆞ다, Eun-mil-hă-ta]

밀가로 [MIL-KA-RO] (眞末) ㊀240
불 Farine de froment.
한 밀가루

1*밀계 [MIL-KYEI] (密啓) ㊀240
불 Dépêche secrète au roi. Consultation secrète du gouverneur auprès de son gouvernement, auprès du roi.
한 왕에게 가는 급한 비밀 통신문 | 자신의 정부, 왕에게 하는 지사의 비밀 상담

2*밀계 [MIL-KYEI] (密計) ㊀240
불 Intrigue secrète.
한 비밀스러운 음모

*밀과 [MIL-KOA] (蜜果) ㊀240
불 Esp. de confiture de miel et de farine de froment (remède).
한 꿀과 밀가루로 만든 잼의 종류 (약)

*밀구ᄒᆞ다 [MIL-KOU-HĂ-TA] (蜜灸) ㊀240
불 Oindre de miel un remède et le faire griller. Cuire (des remèdes) dans du miel.
한 약재에 꿀을 바르고 그것을 굽다 | (약재들을) 꿀에 넣고 익히다

밀국슈 [MIL-KOUK-SYOU] (麥麵) ㊀240
불 Vermicelle de froment.
한 밀로 만든 버미첼리

밀기ᄅᆞᆷ [MIL-KI-RĂM] (蠟油) ㊀240
불 Pommade faite avec de l'huile et de la cire; cérat.
한 기름과 밀랍으로 만들어진 연고 | 밀랍연고

밀ᄀᆡ [MIL-KĂI] ㊀240
불 Racloir; instrument à long manche dont on se sert pour réunir les cendres, la poussière, etc. ; ratissoire; rabot.
한 깎는 연장 | 재, 먼지 등을 모으기 위해서 사용하는 손잡이가 긴 도구 | 쇠스랑 | 대패

밀다 [MIL-TA,MIL-E,MIN] (推) ㊀240
불 Pousser, éloigner en poussant (rabot, etc.). Etendre en poussant (comme la pâte sous un rouleau). Etendre sous la main (comme un remède sur une plaie). ‖ Différer. ‖ Rejeter sur un autre, accuser. ᄂᆞᆷ의게밀다 Nam-eui-kei-mil-ta, Rejeter la faute sur un autre.
한 (대패 등을) 밀다, 밀어서 멀어지게 하다 | (롤러 아래 반죽처럼) 밀어서 펴다 | (상처 위에 바르는 약처럼) 손아래에 펼치다 | 의견을 달리하다 | 다른 사람에게 전가하다, 비난하다 | [용례 ᄂᆞᆷ의게밀다, Nam-eui-kei-mil-ta], 잘못을 다른 사람에게 전가하다

밀단 [MIL-TAN,-I] (麥束) ㊀240
불 Gerbe de blé.
한 밀의 단

밀뎐병 [MIL-TYEN-PYENG,-I] (麥煎餠) ㊀240
불 Gâteau de farine de froment et d'huile.
한 밀가루와 기름으로 만든 과자

밀막다 [MIL-MAK-TA,-MAK-A,-MAK-EUN] (預防) ㊀240
불 Couper court; empêcher d'avance; empêcher les suites.
한 짧게 자르다 | 미리 막다 | 여파를 막다

*밀밀ᄒᆞ다 [MIL-MIL-HĂ-TA,-HĂN,-HI] (密密) ㊀240
불 Secret; en cachette; caché. ‖ Etre en faisceau, serré et compacte. (V.Syn. 촘촘ᄒᆞ다 Tchom-tchom-hă-ta)
한 비밀 | 숨어서 | 감춰지다 | 묶음으로 촘촘하고 빽빽하다 | [동의어 촘촘ᄒᆞ다, Tchom-tchom-hă-ta]

밀발 [MIL-PAL,-I] ㊀240
불 Excroissance du sabot du cheval, de la corne du pied de certains animaux. ‖ Vieux tigre qui n'a plus de griffes.
한 말굽의, 몇몇 동물들의 발에 나는 뿔의 피부 돌기

| 더 이상 발톱이 없는 늙은 호랑이

*밀쇽ᄒᆞ다 [MIL-SYOK-HĂ-TA] (密束) [원]240
[불] Délibérer en secret; faire un traité secret.
[한] 비밀리에 심의하다 | 은밀히 거래하다

*밀슈 [MIL-SYOU] (蜜水) [원]240
[불] Eau de miel; eau miellée; hydromel.
[한] 꿀물 | 꿀을 탄 물 | 꿀물

밀떡 [MIL-TTEK,-I] (麥餅) [원]240
[불] Pain, gâteau de farine de froment.
[한] 빵, 밀가루로 만든 과자

밀ᄯᆡ [MIL-TTĂI] [원]240
[불] Fouloir, instrument pour apprêter les étoffes. Rouleau pour faire la farine, pour faire le vermicelle.
[한] 압착기, 피륙을 마무리하기 위한 도구 | 가루를 만들기 위한, 버미첼리를 만들기 위한 롤러

밀위다 [MIL-OUI-TA,-OUI-YE,-OUIN] (推) [원]240
[불] Déduire, tirer une conséquence (v.g la terre est belle, qu'est donc le ciel?)
[한] 추론하다, 결론을 끌어내다 (예. 땅은 아름답다, 그러면 하늘은 어떠한가?)

밀쟝지 [MIL-TJANG-TJI] (推牕) [원]240
[불] Porte à coulisse, fenêtre en coulisse.
[한] 미닫이문, 미닫이창

*밀죠 [MIL-TJYO] (蜜棗) [원]240
[불] Jujube préparée au miel.
[한] 꿀로 조리한 대추

*밀지 [MIL-TJI] (密旨) [원]240
[불] Billet secret du roi. Lettre secrète du roi.
[한] 왕의 비밀 통지서 | 왕의 비밀 편지

밀집 [MIL-TJIP,-I] (麥藁) [원]240
[불] Paille de froment.
[한] 밀짚

밀창 [MIL-TCHANG,-I] (推牕) [원]240
[불] Fenêtre en coulisse.
[한] 미닫이창

밀초 [MIL-TCHO] (蠟燭) [원]240
[불] Cierge, chandelle de cire.
[한] 큰 양초, 밀랍으로 된 양초

밀츄ᄶᆞ로 [MIL-TCHYOU-TTJĂ-RO] [원]240
[불] Se dit d'une chose différée de jour en jour.
[한] 날이 갈수록 지연되는 것에 대해 쓴다

밀치 [MIL-TCHI] (馬鞦) [원]240
[불] Croupière, partie du harnais du cheval qui passe sous la queue. Esp. de croupière, qui sert d'ornement, pour les ânes.
[한] [역주 말의] 껑거리끈, 꼬리 아래로 지나가는 말 마구의 부분 | 당나귀에게서 장식으로 쓰이는 껑거리끈의 종류

밀치다 [MIL-TCHI-TA,-TCHYE,-TCHIN] (推) [원]240
[불] Repousser avec force, chasser.
[한] 강하게 물리치다, 쫓아내다

*밀타승 [MIL-HTA-SEUNG,-I] (蜜陀僧) [원]240
[불] Esp. de remède.
[한] 약의 종류

*밀통ᄒᆞ다 [MIL-TONG-HĂ-TA] (密通) [원]240
[불] Confier en secret; donner des ordres en secret; dire, faire savoir en particulier.
[한] 비밀리에 의뢰하다 | 비밀리에 명령을 내리다 | 개인적으로 말하다, 알게 하다

*밀화 [MIL-HOA] (密化) [원]240
[불] Esp. d'ambre jaune, succin, karabé.
[한] 노란 호박의 종류, 황호박, 노란 호박

*밀화불슈 [MIL-HOA-POUL-SYOU] (密化佛手) [원]240
[불] (Breloques) représentant la main de Fo en ambre.
[한] 호박으로 된 부처의 손을 나타내는 (자그마한 장신구)

*밀환 [MIL-HOAN,-I] (密丸) [원]240
[불] Pilule dans laquelle il entre du miel pour lui donner de la consistance.
[한] 농도를 주기 위해서 안에 꿀을 넣는 환약

1밋 [MIT] (及) [원]241
[불] Et, aussi, et en un mot. (Se place anvant le mot. Se met après 와 oa et 과 koa dans une énumération)
[한] 그리고, 또한, 그리고 한마디로 | (단어 앞에 놓인다. 열거할 때 와 oa 와 과 koa 다음에 놓인다)

2밋 [MIT,-TCHI] (本) [원]241
[불] Fonds, argent que l'on emploie pour entreprendre un commerce.
[한] 거래를 시작하기 위해서 사용하는 자금, 돈

3밋 [MIT,-TCHI] [원]241
[불] Levain de vinaigre; deuxième levain pour le vin de riz.
[한] 식초의 효모 | 쌀로 만든 술을 위한 두 번째 효모

4밋 [MIT,-TCHIT et -HI] (底) [원]241
[불] Base; fondement; dessous; sous; le bas.

한 기초 | 토대 | 하부 | ~아래에 | 낮은 곳

밋구녕 [MIT-KOU-NYENG] (肛) 원241
불 Anus.
한 항문

밋구리 [MIT-KOU-RI] (鰍) 원241
불 Petit poisson semblable à une petite anguille et très glissant. Esp. de loche d'étang.
한 작은 뱀장어과 비슷하고 매우 미끌미끌한 작은 물고기 | 연못의 미꾸라지의 종류

밋그러지다 [MIT-KEU-RE-TJI-TA,-TJYE,-TJIN] (跌) 원241
불 Glisser; être glissant.
한 미끄러지다 | 미끄럽다

밋그럽다 [MIT-KEU-REP-TA,-RE-OUE,-RE-ON] (滑) 원241
불 Etre glissant, visqueux. ‖ Lisse,poli, doux au toucher.
한 미끄럽다, 끈적끈적하다 | 미끄럽다, 반들반들하다, 만지기에 부드럽다

밋근밋근ᄒᆞ다 [MIT-KEUN-MIT-KEUN-HĂ-TA] (滑) 원241
불 Glissant, visqueux.
한 미끄럽다, 끈적끈적하다

[1]밋다 [MIT-TA,MIT-E,MIT-EUN] (信) 원242
불 Croire; se confier à se fier; avoir confiance.
한 믿다 | 속내 이야기를 하다, 믿다 | 신뢰하다

[2]밋다 [MIT-TA,MIT-TCHYE,MIT-TCHĂN] (及) 원242
불 Arriver à temps; arriver; parvenir à; atteindre à.
한 제시간에 도착하다 | 도착하다 | 도달하다 | ~에 도달하다

[1]밋동 [MIT-TONG,-I] (本根) 원242
불 Racine de certains légumes comme les raves, etc.
한 순무 등과 같은 몇몇 채소들의 뿌리

[2]밋동 [MIT-TONG,-I] (本同) 원242
불 Base d'une colonne.
한 기둥의 기초

밋뒤 [MIT-TOUI] (檣後) 원242
불 Tribord; côté du navire qui est à droite lorsque, sur l'arrière, on regarde l'avant. (Dans d'autre provinces, v.g Tjyen-ra, c'est le contraire; ce serait bâbord).
한 우현 | 뒤쪽에서 앞을 볼 때 오른쪽에 있는 배의 측면 | (다른 지방, 예. 전라에서는 반대이다. 그것은 좌현일 수 있을 것이다)

밋며ᄂᆞ리 [MIT-MYE-NĂ-RI] (幼婦) 원241
불 Petite fille palcée et élevée dans la maison de son futur beau-père, en attendant l'âge du mariage.
한 결혼할 나이를 기다리면서 자신의 미래 시아버지 집에 두고 양육된 어린 소녀

밋브다 [MIT-PEU-TA,MIT-PE,MIT-PEUN] (信實) 원241
불 Digne de confiance; à qui on peut se fier; fidèle; loyal.
한 신뢰를 받아 마땅하다 | 신뢰할 수 있는 사람 | 충실하다 | 신의 있다

밋슐 [MIT-SYOUL,-I] (母酒) 원241
불 Vin qui doit servir de base pour en faire d'autre. Levain pour le vin de riz, c.a.d. vin au second degré, levure.
한 다른 술을 만들기 위한 토대로 사용하도록 된 술 | 쌀로 만든 술을 위한 효모, 즉 두 번째 등급의 술, 효모균

밋ᄭᅵ [MIT-KKI] (餌) 원241
불 Appât, amorce pour le poisson; achées.
한 미끼, 물고기를 위한 미끼 | 낚싯밥으로 쓰는 애벌레

밋ᄭᅵᆫ밋ᄭᅵᆫ [MIT-KKIN-MIT-KKIN] (滑) 원241
불 Gras, glissant, subtil (v.g une anguille).
한 기름지다, 미끄럽다, 예민하다 (예. 뱀장어)

밋씻ᄀᆡ [MIT-SSIT-KĂI] (後木) 원241
불 torche-cul.
한 화장지

밋알 [MIT-AL,-I] (本卵) 원241
불 premier œuf que pond une poule. œuf que l'on met dans le nid pour inviter la poule à pondre.
한 암탉이 낳은 첫 번째 알 | 알을 낳을 암탉을 불러들이기 위해 둥지 안에 두는 달걀

밋자리 [MIT-TJA-RI] (本座) 원242
불 base; pied; fond. ‖ tout ce qui sert à s'asseoir. coussin, natte, ect., sur laquelle on est assis.
한 바닥 | 하부 | 밑바닥 | 앉기 위해 사용되는 모든 것 | 앉는 쿠션, 자리 등

밋지다 [MIT-TJI-TA,-TJIE,-YJIN] (落本) 원242
불 perdre sur la vente d'un objet; perdre sur le prix; perdre dans un marché.
한 물건을 파는 데에 있어 손해를 보다 | 가격에서 손해를 보다 | 거래에서 손해를 보다

밋창 [MIT-TCHANG,-I] (底) 원242
불 le dessous, le bas, (v.g semelle de soulier, etc.)
한 하부, 아래쪽, (예. 신발의 밑창 등)

밋쳐 [MIT-TCHYE] (從) [원]242
[불] à temps; auparavant.
[한] 제때에 | 이전에

밋쳔 [MIT-TCHYEN,-I] (本錢) [원]242
[불] argent placé comme base, comme fond d'un commerce que l'on commence. fonds, avance en argent.
[한] 시작하는 거래의 자금처럼 토대로 사용하는 돈 | 자금, 돈의 가불

밋치광이 [MIT-TCHI-KOANG-I] (狂人) [원]242
[불] étourdi, léger.
[한] 경솔하다, 경박하다

1**밋치다** [MIT-TCHI-TA,-TCHYE,-TCHIN] (狂) [원]242
[불] devenir fou, enragé, furieux, sot, insensé, fanatique, être fou.
[한] 미치게, 광적이게, 격노하게, 어리석게, 몰상식하게, 광신적이게 되다, 미치다

2**밋치다** [MIT-TCHI-TA,-TCHYE,-TCHIN] (及) [원]242
[불] être arrivé à temps; n'être pas en retard. arriver à; parvenir.
[한] 제시간에 도착했다 | 늦지 않다 | ~에 도착하다 | 도달하다

3**밋치다** [MIT-TCHI-TA,-TCHYE,-THCIN] (裂) [원]242
[불] faire un trou, perforer percer (ne se dit que d'une porte, d'une fenêtre ou d'un habit, c.a.d. du papier et des étoffes).
[한] 구멍을 뚫다, 구멍을 내다, 구멍을 뚫다 (문, 창문, 또는 의복, 즉 종이나 직물에 대해서만 쓴다)

밋헤 [MIT-HEI] [원]241 ☞밋히

밋흐로 [MIT-HEU-RO] (底) [원]241
[불] par-dessous.
[한] 아래쪽으로

밋희 [MIT-HEUI] [원]241 ☞밋히

밋히 [MIT-HĂI] (底) [원]241
[불] sous; dessous; au bas; en dessous.
[한] 밑에 | ~아래에 | 아래쪽에 | 밑에

ᄆᆞᄋᆞᆷ [MĂ-ĂM,-I] (心) [원]228
[불] cœur; esprit; pensée; sentiment; avis; idée; désir;envie. ᄒᆞᆯᄆᆞᄋᆞᆷ잇다 Hăl mă-ăm it-ta, avoir le désire de faire. 갈ᄆᆞᄋᆞᆷ업다. Kal-mă-ăm ep-ta, n'avoir pas envie d'aller.
[한] 마음, 정신, 생각, 감정, 의견, 사고, 욕구, 선망 | [용례 ᄒᆞᆯᄆᆞᄋᆞᆷ잇다, Hăl mă-ăm it-ta], 하고 싶다 | [용례 갈ᄆᆞᄋᆞᆷ업다, Kal-mă-ăm ep-ta], 가고 싶지 않다

ᄆᆞᄎᆞᆷ [MĂ-TCHĂM] [원]227 ☞마춤

ᄆᆞᆫᄃᆞ다 [MĂN-TĂ-TA,MĂN-TĂ-RA ou -RE,MĂIN-TĂN] (造) [원]229
[불] fabriquer; confectionner; faire; créer; bâtir; former.
[한] 제조하다 | 제작하다 | 만들다 | 창조하다 | 짓다 | 형성하다

ᄆᆞᆫ지다 [MĂN-TJI-TA,-TJYE,-TJIN] [원]220 ☞만지다

ᄆᆞᆫ지다 [MĂN-TJI-TA,-TJYE,-TJIN] (摩) [원]229
[불] toucher; manier; palper.
[한] 만지다 | [[역주] 손으로] 다루다 | 손으로 만져보다

ᄆᆞᆯ [MĂL,-I] (馬) [원]229
[불] cheval.
[한] 말

ᄆᆞᆯ구유 [MĂLK-KOU-YOU] (馬槽) [원]230
[불] crèche; mangeoire; auge.
[한] 말구유 | 사료통 | 여물통

***ᄆᆞᆯ군** [MĂL-KOUN,-I] (馬軍) [원]230
[불] celui qui conduit les chevaux. maquignon; marchand de chevaux.
[한] 말을 모는 사람 | 마필 매매상 | 말 상인

ᄆᆞᆯ굴네 [MĂL-KOUL-NEI] [원]230
[불] esp. d'herbe, esp. de clématite.
[한] 풀의 종류, 참으아리속의 종류

ᄆᆞᆯ굴네 [MĂL-KOUL-NEI] (馬勒) [원]230
[불] bride, bridon, licou.
[한] 말굴레, 작은 말굴레, 굴레

ᄆᆞᆯ살의쇠살 [MĂL-SAL-EUI-SOI-SAL] [원]230
[불] passer du coq à l'âne.
[한] 횡설수설하다

1**ᄆᆞᆯᄯᅩᆼ구리** [MĂL-TTONG-KOU-RI] (蟷螂) [원]230
[불] Bousier.
[한] 똥구더기

2**ᄆᆞᆯᄯᅩᆼ구리** [MĂL-TTONG-KOU-RI] [원]230
[불] Nom d'un oiseau, esp. de faucon.
[한] 새의 이름, 매의 종류

ᄆᆞᆯ총 [MĂL-TCHING,-I] (馬尾) [원]230
[불] Crin de la queue du cheval.
[한] 말의 꼬리에 난 꼬리털

ᄆᆞᆯᄐᆞ다 [MĂL-HTĂ-TA,MĂL-HTĂ,-MĂL-HTĂN] (騎馬) [원]230
[불] Etre à cheval; chevaucher; aller à cheval; monter à cheval.
[한] 말을 타고 있다 | 말 타고 가다 | 말 타고 가다 | 말에 올라타다

[1]몰판 [MĂL-HPAN,-I] ㊙225 ☞ [1]말판

[2]몰판 [MĂL-HPAN,-I] ㊙225 ☞ [2]말판

몰편 [MĂL-HPYEN,-I] (馬便) ㊙230

불 Occasion fournie par un cheval, ou cheval qui procure une occasion.

한 말에 의해 제공된 계기 또는 계기를 마련해 주는 말

[1]몰혁 [MAL-HYEK] (馬項, (cheval,cou)) ㊙229

불 Cou du cheval.

한 말의 목

[2]몰혁 [MAL-HYEK] (馬革) ㊙229

불 Bride, licou, rênes d'un cheval.

한 말굴레, 굴레, 말의 고삐

몱다 [MĂLK-TA,MĂLK-A,MĂLK-EUN] (淸) ㊙230

불 Etre limpide, clair, net.

한 투명하다, 깨끗하다, 청결하다

몱아케 [MĂLK-A-HKEI] (淸楚) ㊙229

불 Tout sans exception; entièrement; sans rien laisser; complètement; jusqu'au clair; nettement.

한 예외 없이 모두 | 전부 | 하나도 남기지 않고 | 완전히 | 맑을 때까지 | 명확하게

몱으름이 [MĂLK-EU-REUN-I] (覼視) ㊙230

불 Clairement.

한 명백하게

[1]몱은쇠 [MĂLK-EUN-SOI] (表鐵) ㊙230

불 Mire d'un fusil.

한 소총의 조준

[2]몱은쇠 [MĂLK-EUN-SOI] (淸鐵) ㊙230

불 Fonte, composition métallique pour faire des ustensiles. Ustensile coulé et nom en fer battu.

한 주철, 도구를 만들기 위한 금속 혼합물 | 연철로 주조된 도구와 이름

몱키다 [MĂLK-HKI-TA,-HKYE,-HKIN] (澄淸) ㊙230

불 Rendre clair, éclaircir.

한 환하게 하다, 밝히다

뭇 [MĂT,-SI] (終) ㊙230

불 Fin, achèvement.

한 끝, 완료

뭇초다 [MĂT-TCHO-TA,-TCHOA,-TCHON] ㊙230 ☞ 뭇치다

뭇치다 [MĂT-TCHI-TA,MĂT-TCHYE,MĂT-TCHĂN] (終) ㊙230

불 Finir, terminer.

한 끝내다, 끝마치다

뭇침 [MĂT-TCHIM] (適) ㊙230

불 Juste au moment; alors; lors; enfin.

한 바로 그 순간 | 그 때 | 그 당시 | 마침내

[1]뭇춤 [MĂT-TCHĂM,-I] (終) ㊙230

불 Fin, la fin.

한 끝, 결말

[2]뭇춤 [MĂT-TCHĂM,-I] (適) ㊙230

불 Juste au moment. Exactitude.

한 바로 그 순간 | 정확성

뭇춤내 [MĂT-TCHĂM-NAI] (竟) ㊙230

불 A la fin; enfin; finalement; très; toujours; juste à temps.

한 결국 | 마침내 | 최후로 | 매우 | 항상 | 정확히 때에 맞추어

뭇춤악 [MĂT-TCHĂM-AK,-I] (終) ㊙230

불 Fin, la fin.

한 끝, 결말

뭇틔다 [MĂT-HIEUI-TA,-HIEUI-YE,-HIEUIN] (遲) ㊙230

불 Etre en retard, tarder, attendre vainement; être toujours attendu et ne pas arriver, v.g. la pluie. se faire attendre longtemps. Syn. 더듸다 Te-tăl-ta.

한 늦다, 지체되다, 헛되이 기다리다 | 언제나 기다려지고 오지 않다 | 남을 오랫동안 기다리게 하다 | [동의어 더듸다, Te-tăl-ta]

[1]미 [MĂI] (鷹) ㊙228

불 Faucon.

한 맷과의 새

[2*]미 [MĂI] (每) ㊙228

불 Chaque (devant les mots tirés du chinois). 미추에 Măi-tchă-ei, chaque fois. V. 마다. Ma-ta.

한 ~마다 (중국어에서 따온 단어들 앞에) | [용례 미추에, Măi-tchă-ei], 매번 | [참조어 마다, Ma-ta]

[3]미 [MĂI] ㊙228

불 Numéral des hauteurs des marées pour chaque jour.

한 매일 조수가 높을 때를 세는 수사

[4]미 [MĂI] (貌樣) ㊙228

불 Manière, disposition, arrangement.

한 방법, 배치, 배열

[5*]미 [MĂI] (脢) ㊙228

불 Lot, numéral des petits lots de légumes, des fruits, etc. V.Syn. 매 Mai.

한 묶음, 채소, 과일 등의 묶음을 세는 단위 | [참조어 매, Mai]

*ᄆᆡ괴 [MĂI-KOI] (玫瑰) [원]228
[불] Rosier. ‖ Rosaire.
[한] 장미 나무 | 묵주

*ᄆᆡ괴경 [MĂI-KOI-KYENG,-I] (玫瑰經) [원]228
[불] Prière du rosaire.
[한] 묵주 기도

*ᄆᆡ괴화 [MĂI-KOI-HOA] (玫瑰花) [원]228
[불] Rose (fleur).
[한] 장미 (꽃)

1ᄆᆡ다 [MĂI-TA,MĂI-YE,MĂIN] [원]229
[불] Tresser des nattes. ‖ Attacher; lier; faire un nœud; serrer. ᄆᆡ여노타 Mâi-ye-no-hta. Détacher, desserrer. ‖ Encoller les fils de la chaîne d'une pièce de toile. ‖ Enfouir (ne sert que dans ce sens).
[한] 돗자리를 엮다 | 붙잡아 매다 | 묶다 | 매듭을 짓다 | 꽉 죄다 | [[용례] ᄆᆡ여노타, Mâi-ye-no-hta], 풀다, 늦추다 | 천조각의 날실에 풀을 바르다 | 묻다 (이 의미로만 쓰인다)

2ᄆᆡ다 [MĂI-TA,MĂI-YE,MĂIN] (耘) [원]229
[불] Sarcler.
[한] 김매다

ᄆᆡ돕 [MĂI-TOP,-I] (結) [원]229
[불] Nœud.
[한] 매듭

*ᄆᆡ매ᄒᆞ다 [MĂI-MAI-HĂ-TA] (買賣) [원]228
[불] Négocier; tratiquer; vendre et acheter; être marchand; faire le commerce.
[한] 교섭하다 | 암거래하다 | 팔고 사다 | 상업활동을 하다 | 장사를 하다

ᄆᆡ부리코 [MAI-POU-RI-HKO] (尖準鼻) [원]229
[불] Nez aquilin, nez recourbé.
[한] 매부리코, 구부러진 코

ᄆᆡ아지 [MĂN-A-TJI] (駒) [원]228
[불] Poulain.
[한] 망아지

ᄆᆡ암돌다 [MĂI-AM-TOL-TA,-TOL-A,-TON] (回循) [원]228
[불] Tourner rapidement (toupie); danser en rond (jeu d'enfants).
[한] (팽이가) 빠르게 돌다 | 둥그렇게 원을 그리며 춤추다 (아이들의 놀이)

ᄆᆡ암이 [MĂI-AM-I] (蟬) [원]228
[불] Cigale.
[한] 매미

ᄆᆡ양 [MĂI-YANG] (每) [원]228
[불] Autant de fois; chaque fois; toutes les fois que; toujours.
[한] 그만큼 | 매번 | ~할 때마다 | 계속해서

1ᄆᆡ우 [MĂI-OU] (甚狠) [원]228
[불] Très, beaucoup.
[한] 매우, 대단히

2ᄆᆡ우 [MĂI-OU] (雨露) [원]228
[불] Grande pluie d'été. Syn. 쟝마 Tjang-ma.
[한] 여름의 큰 비 | [[동의어] 쟝마, Tjang-ma]

ᄆᆡ이다 [MĂI-I-TA,MĂI-I-YE,-MĂI-IN] (繫) [원]228
[불] Dépendre de; être attaché à; être lié.
[한] ~에 달려 있다 | ~에 매이다 | 연결되다

ᄆᆡ인ᄃᆡ [MĂI-IN-TĂI] (所繫) [원]228
[불] Ce qui appartient à, ce qui dépend de. Lien, attache.
[한] ~에 속한 것, ~에 달려 있는 것 | 끈, 속박

*ᄆᆡ일 [MĂI-IL,-I] (每日) [원]228
[불] Chaque jour.
[한] 날마다

ᄆᆡ장이맛나다 [MĂI-TJANG-I-MAT-NA-TA,-MAT-NA,-MAT-NAN] [원]229
[불] Etre pris pour avoir acheté des choses volées.
[한] 훔친 물건들을 산 것으로 여겨지다

*ᄆᆡ장ᄒᆞ다 [MĂI-TJANG-HĂ-TA] (埋葬) [원]229
[불] Mettre un cercueil en terre; enterrer.
[한] 땅에 관을 놓다 | 묻다

ᄆᆡ지관 [MĂI-TJI-KOAN,-I] (結冠) [원]229
[불] Bonnet en crin dont chaque maille est nouée.
[한] 각각의 코가 매듭지어진 말총으로 된 챙 없는 모자

1ᄆᆡ질ᄒᆞ다 [MĂI-TJIL-HĂ-TA] (打) [원]229
[불] Donner le fouet, la bastonnade.
[한] 채찍질, 몽둥이질을 하다

2ᄆᆡ질ᄒᆞ다 [MĂI-TJIL-HĂ-TA] (塗) [원]229
[불] Crépir, enduire les murs de chaux ou de boue.
[한] 초벽을 하다, 석회 또는 진흙으로 벽을 칠하다

*ᄆᆡᄎᆞ에 [MĂI-TCHĂ-EI] (每次) [원]229
[불] Chaque fois.
[한] 매번

*ᄆᆡ화 [MĂI-HOA] (梅花) [원]228
[불] Fleur d'un arbre. (V.Syn. 매화 Mai-hoa). ‖ Mèche souterraine pour faire sauter.
[한] 나무에 핀 꽃 | [[동의어] 매화, Mai-hoa] | 폭파시키기 위한 땅 속 도화선

믹화포 [MĂI-HOA-HPO] (梅花砲) 원228
불 Mèche souterraine ou sous-marine; pétard qui part sous l'eau ou sous terre. Mine ou torpille.
한 지하 또는 해저의 심지 | 해저 또는 지하에서 발사되는 폭약 | 지뢰 또는 어뢰

1* 믹 [MĂIK,-I] (脈) 원228
불 Pouls.
한 맥박

2 믹 [MĂIK,-I] (結) 원228
불 Valeur de 10 ligatures pour les impôts de la terre. V. 뭇 Mout.
한 토지세를 위한 10꾸러미의 가치 | [참조어 뭇, Mout]

3 믹 [MĂIK,-I] (麥) 원228
불 Froment ou orge.
한 밀 또는 보리

믹근믹근ᄒᆞ다 [MĂIK-KEUN-MĂIK-KEUN-HĂ-TA] (滑滑) 원228
불 Se dit de petits objets lisses, polis et glissants (v.g. noyau de cerise). Figur. signifie: faible, sans volonté, qui se laisse facilement entrainer.
한 매끈매끈하고 반들반들하고 미끄러운 작은 물건들에 대해 쓴다 (예. 버찌의 씨) | 비유적으로 약하다, 의지가 없다, 쉽게 끌려가다를 의미한다

*믹낙 [MĂIK-NAK,-I] (脈絡) 원228
불 Côtés des feuilles d'arbre. ‖ Veines des animaux. ‖ Le pouls.
한 나뭇잎의 면들 | 동물들의 혈관 | 맥박

*믹낭ᄒᆞ다 [MĂIK-NANG-HĂ-TA] (麥浪) 원228
불 Se dit des ondulations produites par le vent sur un champ de céréales en herbe. ‖ Etre agité. ‖ Etre en vain, sans nécessité.
한 아직 숙성되지 않은 곡물밭 위로 바람에 의해 만들어지는 일렁임에 대해 쓴다 | 흔들리다 | 허사가 되다, 필요 없다

*믹량ᄒᆞ다 [MĂIK-RYANG-HĂ-TA] (麥粮) 원228
불 Nouriture d'orge. Vivre d'orge.
한 보리로 만든 음식 | 보리로 된 식사

*믹령 [MĂIK-RYENG,-I] (麥嶺) 원228
불 Temps difficile avant la maturité de l'orge, que l'on ne peut encore manger. Le temps de la moisson d'orge.
한 아직 먹을 수 없는, 보리가 익기 전의 힘든 시기 | 보리 수확의 시기

*믹반 [MĂIK-PAN,-I] (麥飯) 원228
불 Bouillie d'orge, orge cuite comme le riz.
한 보리죽, 쌀처럼 익힌 보리

믹아 [MĂIK-A] (麥芽) 원228
불 Germe d'orge. Orge que l'on fait germer pour faire des gâteaux et des remèdes (contre l'indigestion), pour faire des 엿 Yet.
한 보리의 싹 | 떡과 (소화불량에 대한) 약을 만들기 위해, 엿 Yet을 만들기 위해 싹 틔우는 보리

믹젹다 [MĂIK-TJYEK-TA,-TJYEK-E, TJYEK-EUN] (無脈) 원228
불 Qui a le pouls petit. ‖ Sans raison; sans affaire. ‖ Insipide, sans agrément. (V. 믹낭ᄒᆞ다 Măik-nang-hă-ta)
한 맥박이 약하다 | 이유 없이 | 용건 없이 | 무미건조하다, 매력이 없다 | [참조어 믹낭ᄒᆞ다, Măik-nang-hă-ta]

*믹쥬 [MĂIK-TJYOU] (麥酒) 원228
불 Vin d'orge ou de froment.
한 보리 또는 밀로 만든 술

1 믹지 [MĂIK-TJI] (糟) 원228
불 Lie du vin.
한 술지게미

2 믹지 [MĂIK-TJI] (下品紙) 원228
불 Papier de qualité inférieure.
한 질이 낮은 종이

믹질ᄒᆞ다 [MĂIK-TJIL-HĂ-TA] (塗役) 원228
불 Crépir, enduire.
한 초벽을 하다, 칠하다

*믹츄 [MĂIK-TCHYOU] (麥秋) 원228
불 Litt. l'automne de l'orge, la 4e lune. Temps de la moisson de l'orge ou du froment. Le temps où l'orge est mûre.
한 글자대로 보리의 가을, 네 번째 달 | 보리 또는 밀 수확의 시기 | 보리가 익는 시기

믹키ᄒᆞ다 [MĂIK-HKĂI-HĂ-TA] (變味) 원228
불 Avoir l'odeur de cadavre, de poisson pourri.
한 시체, 썩은 생선의 냄새가 나다

1 민 [MĂIN] (惣是) 원228
불 Tout à fait; tout à l'extrémité; tout au bout; le dernier; le premier extrême. 민몬져 Măin-mon-tjye, tout d'abord, avant tout.
한 완전히 | 맨끝에 | 결국 | 마지막 | 제일의 극단 | [용례 민몬져, Măin-mon-tjye], 앞서, 우선

[2]민 [MĂIN] (徒) ⓦ228
불 Vide; un; seul; simple;pur; nu; sans accompagnement; sans aide; sans épice.
한 비어 있다 | 하나의 | 유일하다 | 간결하다 | 순수하다 | 간결하다 | 동행 없이 | 도움 없이 | 양념 없이

민것 [MĂIN-KET,-SI] ⓦ228
불 Chose fade.
한 무미건조한 것

민드람이 [MĂIN-TEU-RAM-I] (鷄冠花) ⓦ229
불 Amarante, crête de coq, passe-velours, célosie à crête.
한 맨드라미꽃, 닭의 볏, 맨드라미, 맨드라미

민머리 [MĂIN-ME-RI] (徒首) ⓦ228
불 Tête nue; chevelure simple, sans ornement, sans chevelure postiche.
한 아무 것도 쓰지 않은 머리 | 단순한, 장식 없는, 가발을 쓰지 않은 머리털

민몬져 [MĂIN-MON-TJYE] (最先) ⓦ229
불 Tout à fait le premier; avant tous les autres.
한 제일 처음 | 다른 모든 사람보다 앞서

민몸으로 [MĂIN-MOM-EU-RO] (徒身) ⓦ229
불 Le corps nu, sans vètements. ‖ Les mains vides.
한 옷을 걸치지 않고 벌거벗은 몸 | 빈 손

민발 [MĂIN-PAL,-I] (徒跣) ⓦ229
불 Pied nu.
한 맨발

민밥 [MĂIN-PAP,-I] (徒食) ⓦ229
불 Riz cuit et que l'on mange sans assaisonnement.
한 양념 없이 먹는 밥

민손 [MĂIN-SON,-I] (徒手) ⓦ229
불 Mains vides, mains nues.
한 빈 손, 그대로 드러난 손

민입 [MĂIN-IP,-I] (空口) ⓦ228
불 Bouche qui n'a encore rien goûté. ‖ Qui n'a rien mangé depuis quelque temps. ‖ Cœur jeune.
한 아무것도 맛보지 않은 입 | 얼마 전부터 아무것도 먹지 않았다 | 젊은 마음

밉다 [MĂIP-TA,MĂI-OA,MĂI-ON] (辣) ⓦ229
불 Etre poivré; avoir un goût poivré, épicé.
한 후추 맛이 나다 | 후추, 양념의 맛이 있다

밉시 [MĂIP-SI] (態) ⓦ229
불 Mine; contenance; apparence; agrément. (Se dit en parlant des hommes).
한 용모 | 몸가짐 | 외모 | 멋 | (사람들에 대해 말할 때 쓰인다)

밉쌀 [MĂIP-SSĂL,-I] (飯米) ⓦ229.
불 Blé noir écossé, mondé, dépouillé de son écorce. ‖ Grain écossé avec lequle on fait la bouillie.
한 껍질을 깐, 제거한, 껍질이 벗겨진 메밀 | 수프를 만드는 껍질 깐 곡식

밉짜다 [MĂIP-TTJA-TA,MĂIP-TTJA,-MĂIP-TTJAN] (緊重) ⓦ229
불 Ourdir et tisser. Qui sait faire toutes sortes de choses; adroit et spirituel. (Se dit surtout des femmes).
한 날실을 걸어 베를 짜다 | 온갖 종류의 것들을 할 줄 알다 | 솜씨 좋고 재치 있다 | (특히 여자들에 대해 쓴다)

밋그럽다 [MĂIT-KEU-REUP-TA,-RE-OUE,-RE-ON] ⓦ229
불 Etre traître, trompeur.
한 배신하다, 속이다

[1]밋다 [MĂIT-TA,MĂI-TYJE,MĂI-TJEUN] (結曲) ⓦ229
불 Nouer; lier; attacher; faire un nœud.
한 매다 | 잇다 | 붙잡아 매다 | 매듭을 짓다

[2]밋다 [MĂIT-TA,MĂI-TYJE,MĂI-TJEUN] (結實) ⓦ229
불 Nouer, être noué (fruit).
한 결실하다, 맺히다 (열매)

밋치다 [MĂIT-TCHI-TA,-TCHYE,-TCHIN] ⓦ229
불 Nouer (fruits). ‖ Se nouer (cordes).
한 (열매가) 맺히다 | (끈이) 묶이다

*밍낭ᄒᆞ다 [MĂING-NANG-HĂ-TA] (孟浪) ⓦ229
불 Agité. ‖ Inquiétant; ennuyeux. ‖ Etonnant, surprenant (quelquefois en bien, plus souvent en mal). V. 믹낭ᄒᆞ다 Măing-nang-hă-ta.
한 동요되다 | 염려스럽다 | 곤란하다 | 놀랄 만하다, 깜짝 놀라게 하다 (때때로 좋게, 더 흔하게는 나쁘게) | [참조어 믹낭ᄒᆞ다, Măing-nang-hă-ta]

*밍동ᄒᆞ다 [MĂING-TONG-HĂ-TA] (萌動) ⓦ229
불 Germer; naître (pensée); produire ou montrer son germe. Syn. 밍얼ᄒᆞ다 Măing-el-hă-ta.
한 싹트다 | (생각이) 생기다 | 싹을 나게 하거나 드러내 보이다 | [동의어 밍얼ᄒᆞ다, Măing-el-hă-ta]

*밍렬ᄒᆞ다 [MĂING-RYEL-HĂ-TA] (猛烈) ⓦ229
불 Violent; fort; furieux; impétueux; ardent; ferme; sévère. Syn. 오지다 O-tji-ta.
한 세차다 | 강하다 | 강렬하다 | 격렬하다 | 열렬하다 | 확고부동하다 | 엄격하다 | [동의어 오지다, O-tji-ta]

*밍셔 [MĂING-SYE] (盟誓) ⓦ229

불 Jurement, serment. = ᄒᆞ다-hă-ta. Jurer, faire un serment.
한 선서, 서약 | [용례 = ᄒᆞ다, -hă-ta], 서약하다, 맹세하다

*밍셕 [MĂING-SYEK,-I] (盲席) 원229
불 Natte dont les lils de la chaîne sont en dehors. Natte fine, qui ne sert qu'aux sacrifices.
한 날실이 밖에 있는 돗자리 | 제사에만 쓰이는 고급의 돗자리

밍셰 [MĂNG-SYEI] 원229 ☞밍셔

*밍슈 [MĂING-SYOU] (猛獸) 원229
불 Bête furieuse; animal féroce.
한 난폭한 짐승 | 사나운 동물

밍쏭밍쏭 [MĂIN-KKONG-MĂING-KKONG] 원229
불 Cris des grenouilles en temps de pluie; coassement.
한 비가 올 때 우는 개구리들의 소리 | 개구리 울음소리

1*밍얼ᄒᆞ다 [MĂING-EL-HĂ-TA] (萌蘖) 원229
불 Germer; pousser; naître. (Syn. 밍동ᄒᆞ다 Măing-tong-hă-ta).
한 싹이 트다 | 자라다 | 돋아나다 | [동의어 밍동ᄒᆞ다, Măing-tong-hă-ta.]

2밍얼ᄒᆞ다 [MĂING-EL-HĂ-TA] (猛蘖) 원229
불 Mal germer, c.a.d. donner des signes inquiétants pour l'avenir.
한 싹이 잘못 트다, 즉 미래에 대한 염려되는 기미를 보이다

*밍인 [MĂING-IN,-I] (盲人) 원229
불 Aveugle.
한 장님

*밍쟈직문 [MĂING-TJYA-TJIK-MOUN,-I] (盲者直門) 원229
불 Aveugle qui arrive juste à la porte, c.a.d. avoir plus de chance que d'habileté.
한 문을 바로 찾아오는 맹인, 즉 능숙하다기보다는 운이 더 좋다

1*밍쟝 [MĂING-TJYANG,-I] (猛將) 원229
불 Brave général, héros, général habile.
한 용감한 장군, 용사, 유능한 장군

2*밍쟝 [MĂING-TJYANG,-I] (盲杖) 원229
불 Bâton d'aveugle, c.a.d. qui ne sait rien.
한 맹인의 지팡이, 즉 아무것도 모르다

*밍ᄌᆞ [MĂNG-TJĂ] (孟子) 원229
불 Mong-tze (nom d'un philosophe chinois).
한 맹자 (중국 철학자 이름)

*밍탕 [MĂING-HTANG,-I] (孟蕩) 원229
불 Fade; sans goût; (bouillon) sans sel, insipide.
한 무미하다 | 맛없다 | (국물) 소금을 넣지 않다, 무미하다

*밍탕으로 [MĂING-HTANG-EU-RO] (孟蕩) 원229
불 Sans but, sans cause; sans résultat utile; en vain.
한 목적 없이, 이유 없이 | 유익한 결과 없이 | 헛되이

1*밍틔 [MĂING-HTĂI] (猛笞) 원229
불 Mal fait; vilain et bête; avorton; bon à rien. (Terme de mépris).
한 잘못 만들어지다 | 비열하고 어리석다 | 난쟁이 | 쓸모없는 | (경멸을 표현하는 말)

2*밍틔 [MĂING-HTĂI] (孟太) 원229
불 Excessivement, trop.
한 지나치게, 너무

*밍호 [MĂING-HO] (猛虎) 원229
불 Grand tigre féroce.
한 사나운 큰 호랑이

ㅂ [P] 원296
불 18me lettre de l'alphabet, consonne, correspond à p et quelquefois à b.
한 알파벳의 열여덟 번째 글자, 자음, p에 대응하고 때때로 b에 대응한다

1바 [PA] (所) 원296
불 Celui que, qui, lequel, ce que. (Objet).
한 ~것, 무엇이, 그, ~것 | (물건)

2바 [PA] (大繩) 원296
불 Licou; grosse corue; corde dont on se sert pour ficeler les paquets; corde d'emballage; corde en cheveux.
한 고삐 | 굵은 줄 | 꾸러미를 묶기 위해 쓰이는 줄 | 포장 끈 | 머리의 끈

바곳 [PA-KOT,-SI] 원297
불 Instrument pour percer et préparer le trou où l'on doit mettre un clou; poinçon.
한 못을 넣도록 되어 있는 구멍을 뚫고 갖추어 놓기 위한 기구 | 송곳

바군이 [PA-KOUN-I] (笣) 원297

불 Espèce de corbeille d'osier propre à tout ramasser.
한 모두 주워 모으기에 적절한 버들 바구니의 종류

바글바글하다 [PA-KEUL-PA-KEUL-HĂ-TA] 원297
불 Etre inquiet, de mauvaise humeur. ‖ Bouillir avec bruit.
한 불안하다, 기분이 나쁘다 | 소리를 내며 끓다

[1]바금이 [PA-KEUM-I] (筥) 원297
불 Espèce de corbeille d'osier.
한 버들로 만든 바구니의 종류

[2]바금이 [PA-KEUM-I] (米虫) 원297
불 Espèce de petit insecte qui se trouve dans le riz écossé; charançon ou calandre du riz.
한 껍질을 깐 쌀 속에 있는 작은 곤충의 종류 | 바구미 또는 쌀바구미

바ᄂᆞ질 [PA-NĂ-TJIL,-I] (針工) 원298
불 Couture; art de coudre; travail de couture.
한 바느질 | 바느질 기술 | 바느질 일

바ᄂᆞᆯ [PA-NĂL] (針) 원298
불 Aiguille.
한 바늘

바다 [PA-TA,-HI et -I] (海) 원307
불 Mer.
한 바다

바다리 [PA-TA-RI] (土蜂) 원307
불 Nom d'une espèce de petite guêpe qui habite dans un trou de terre.
한 땅의 구덩이 속에서 사는 작은 말벌 일종의 이름

[1]바닥 [PA-TAK] (底) 원307
불 Paume (de la main); plante (du pied); semelle (d'un soulier); base.
한 (손의) 손바닥 | (발의) 발바닥 | (신발의) 바닥 | 아래쪽

[2]바닥 [PA-TAK,-I] (滓末) 원307
불 Pas bon. 아조바닥일다 A-tjo-pa-tak-il-ta, C'est tout ce qu'il y a de moins bon, de pire, de moindre.
한 좋지 않다 | [용례 아조바닥일다, A-tjo-pa-tak-il-ta], 가장 좋지 못한, 가장 나쁜, 가장 질이 낮은 것이다

바닥일다 [PA-TAK-IL-TA] (不宜) 원307
불 Etre mauvais, de mauvaise qualité.
한 나쁘다, 질이 나쁘다

[1]바당 [PA-TANG,-I] 원307 ☞ [1]바닥

[2]바당 [PA-TANG] (掌) 원307
불 Paume; plante; semelle, etc.⋯
한 손바닥 | 발바닥 | 밑창 등⋯

바독 [PA-TOK,-I] (碁) 원307
불 Espèce de jeu de dames ou de tric-trac; pions pour jouer aux dames (blancs et noirs). ‖ Objet tacheté de blanc et de noir.
한 체커나 트릭트락 놀이의 종류 | (흰색과 검은색) 체커 놀이를 하기 위한 졸 | 흰색과 검은색의 반점이 있는 물건

바독범 [PA-TOK-PEM,-I] (碁文虎) 원307
불 Tigre moucheté; panthère, ou léopard, ou once.
한 반점이 있는 호랑이 | 표범 또는 표범, 혹은 [역주 히말라야의] 눈표범

바독판 [PA-TOK-HPAN,-I] (碁局) 원307
불 Plateau du jeu d'échecs.
한 장기 놀이의 판

바드랍다 [PA-TEU-RAP-TA,-RA-OA,-RA-ON] (不足) 원307
불 Insuffisant. ‖ Mon flexible; sans consistance.
한 불충분하다 | 유연성이 없다 | 믿을 수 없다

바드림ᄒᆞ다 [PA-TEU-RIM-HĂ-TA] (合鐵) 원307
불 Battre plusieurs petits morceaux de fer rougi pour les réunir en une seule pièce; souder. Soudure.
한 하나의 조각으로 합치기 위해서 여러 개의 작은 붉은색 철 조각들을 두드리다 | 용접하다 | 용접

바득바득 [PA-TEUK-PA-TEUK,-I] 원307
불 Importun; qui ennuie par ses demandes réitérées. ‖ Fortement; opiniâtrément.
한 귀찮다 | 반복된 요구로 귀찮게 하다 | 몹시 | 완고히

바듸 [PA-TEUI] 원307
불 Allure du cheval (les deux jambes d'un côté ensemble), l'amble.
한 (두 다리를 한쪽으로 함께 두는) 말의 걸음걸이, 네발 짐승이 같은 편의 앞발과 뒷발을 동시에 올려서 걷는 걸음걸이

[1]바라지 [PA-RA-TJI] 원304
불 Aide, secours.
한 도움, 구조

[2]바라지 [PA-RA-TJI] (牖) 원304
불 Contrevent, volet.
한 겉창, 덧문

바람 [PA-RAM,-I] (風) 원304
불 Vent; air; souffle.
한 바람 | 공기 | 숨

바람동이 [PA-RAM-TONG-I] (風童) 원304

불 Outre à vent. hâbleur, menteur.
한 바람 자루 | 허풍떠는 사람, 거짓말쟁이

바람벽 [PA-RAM-PYEK,-I] (壁) 원304
불 Mur; muraille; mur de maison.
한 벽 | 담 | 집의 벽

바람꼿 [PA-RAM-KKOT,-SI] (風花) 원304
불 Fleurs du vent, espèce de nuée, de brouillard, ordinairement indice de vent.
한 바람의 꽃, 큰 구름의, 안개의 종류, 일반적으로 바람의 징후

바랑 [PA-RANG,-I] (鉢囊) 원304
불 Poche ou sac des bonzes. V. 발낭 Pal-nang.
한 승려들의 주머니 또는 가방 | [참조어 발낭, Pal-nang]

바랑갑이 [PA-RANG-KAP-I] (晨風鶻) 원304
불 Nom d'un oiseau, le tiercelet.
한 새의 이름, 난추니

바랑이 [PA-RANG-I] (稊) 원304
불 Espèce de petite herbe, espèce de chieudent.
한 작은 풀의 종류, 개밀의 종류

바래다 [PA-RAI-TA,-RAI-YE,-RAIN] 원304
불 Blanchir.
한 색이 바래다

바렵다 [PA-RYEP-TA,-RYE-OUE,-RYE-ON] (痾癢) 원304
불 Qui démange; sentir une démangeaison.
한 가렵다 | 가려움을 느끼다

바로 [PA-RO] (直) 원304
불 Directement; droit; franchement.
한 직접 | 똑바로 | 단호하게

바로다 [PA-RO-TA,PAL-NA,PA-RON] (直) 원304
불 Aller directement; droit; direct; sincère; équitable; juste.
한 바로 가다 | 바르다 | 곧다 | 솔직하다 | 공정하다 | 정당하다

바롯뒤 [PA-ROT-TOUI] (俄後) 원304
불 A l'instant; un peu après.
한 당장 | 조금 후에

바롯젼 [PA-ROT-TJYEN] (俄前) 원304
불 A l'instant; un peu avant.
한 당장 | 조금 앞에

[1]바르다 [PA-REU-TA,PAL-NA,PA-REUN] (短) 원304
불 Etre un peu en disette, en déficit.
한 약간 부족하다, 부족하다

[2]바르다 [PA-REU-TA,PAL-NA,PA-REUN] (塗) 원304
불 Oindre, crépir, huiler, enduire, étendre avec un pinceau (comme de la colle, de l'huile).
한 기름을 바르다, 초벽을 바르다, 기름을 치다, 칠하다, (풀, 기름처럼) 붓으로 바르다

바릇ᄒᆞ다 [PA-REUT-HĂ-TA] (平平) 원304
불 Etre juste; être juste suffisant et dont il n'y a pas de reste.
한 정확하다 | 겨우 충족되고 남는 것이 없다

[1]바리 [PA-RI] (鉢) 원304
불 Tasse (pour manger le riz) faite en métal (cuivre, zinc, etc.).
한 금속(구리, 아연 등)으로 만들어진 (밥을 먹기 위한) 잔

[2]바리 [PA-RI] (馱) 원304
불 Numéral des charges pour les chevaux et les bœufs.
한 말과 소들이 실은 짐을 세는 수사

바리ᄃᆡ [PA-RI-TA] 원304
불 Vase en bois, écuelle, plateau rond.
한 나무로 된 그릇, 대접, 둥근 쟁반

바ᄅᆞ다 [PA-RĂ-TA,PAL-NA,PA-RĂN] (正) 원304
불 Droit; direct; horizontal. ‖ Juste; raisonnable.
한 곧다 | 곧다 | 수평이다 | 공정하다 | 이치에 맞다

바문 [PA-MOUN,-I] 원298
불 Qui se blouse; qui se trompe. ‖ Ruine-maison.
한 실수하는 사람 | 잘못하는 사람 | 낭비가

바빗바빗쑬다 [PA-PIT-PA-PIT-TTOUL-TA,-TTOU-RE,-TTOU-ROUN] (攢攢鑽) 원304
불 Faire un trou avec un perçoir; percer ou forer avec un instrument, une alène, qu'on roule entre les doigts pour la faire pénétrer.
한 송곳으로 구멍을 만들다 | 도구를 이용해, 뚫고 들어가기 위해 손으로 돌리는 송곳 바늘을 이용해 구멍을 뚫거나 구멍을 파다

바사지다 [PA-SA-TJI-TA] 원306
불 V. 부셔지다 Pou-sye-tji-ta.
한 [참조어 부셔지다, pou-sye-tji-ta]

바삭바삭ᄒᆞ다 [PA-SAK-PA-SAK-HĂ-TA] 원306
불 Bruire comme de la paille froissée, des feuilles sèches foulées aux pieds; bruit d'un rat qui ronge.
한 구겨진 짚, 발에 밟힌 마른 잎처럼 희미한 소리를 내다 | 갉아먹는 쥐의 소리

바삭이 [PA-SAK-I] 원306
불 Mal bâti, avorton (petit enfant, petit chien. -Popul.).

한 체격이 잘 갖추어지지 않은 사람, 난쟁이(어린 아이, 강아지 | - 속어)

비상긔다 [PA-SANG-KEUI-TA,-KEUI-YE,-KEUIN] 원306
불 Chercher à tromper.
한 속이려 애쓰다

비셕비셕 [PA-SYEK-PA-SYEK] 원306
불 Bruit de la paille, de feuilles sèches froissées fortement.
한 짚의, 심하게 구겨지는 마른 나뭇잎의 소리

비소 [PA-SO] (刃針) 원307
불 Grande aiguille pour percer un furoncle; espèce de lancette.
한 절종을 뚫기 위한 큰 바늘 | 란세트의 종류

비소거리 [PA-SO-KE-RI] 원307
불 Espèce de manne ou de panier pour porter le fumier; espèce de hotte en osier.
한 비료를 옮기기 위한 큰 광주리 또는 바구니의 종류 | 버들로 만든 채롱의 종류

비슈다 [PA-SYOU-TA,-SYOU-E,-SYOUN] (碎) 원307
불 Bbroyer; piler; réduire en poudre; écraser; user par le frottement; piler pour écorcer.
한 빻다 | 찧다 | 가루로 변화시키다 | 눌러 부수다 | 마찰시켜서 해지게 하다 | 껍질을 까기 위해 찧다

비스ᄃᆡ다 [PA-SEU-TĂI-TA,-TĂI-YE,-TĂIN] 원307
불 Ne pouvoir supporter patiemment.
한 참을성 있게 견디어 낼 수 없다

비스락비스락 [PA-SEU-RAK-PA-SEU-RAK] 원306
불 Bruit de la paille, etc., froissée fortement.
한 심하게 구겨진 짚 등의 소리

비스락이 [PA-SEU-RAK-I] 원306
불 Particule; parcelle; poussière; miette; bribe; petit éclat.
한 분자 | 작은 조각 | 먼지 | 부스러기 | 단편 | 작은 파편

비스럭비스럭 [PA-SEU-REK-PA-SEU-REK] 원306 ☞ 바스락바스락

비스스 [PA-SEU-SEU] 원307
불 Sans bruit; doucement.
한 소리 없이 | 부드럽게

비스스ᄒᆞ다 [PA-SEU-SEU-HĂ-TA] 원307
불 Frémir, commencer à bouillir. ‖ Sentir la colère bouillonner dans son cœur.
한 [역주 물, 음식이] 끓기 시작하다, 끓기 시작하다 | 자신의 마음에서 끓어오르는 화를 느끼다

바슬바슬 [PA-SEUL-PA-SEUL] 원306
불 Se dit du bruit d'une petite pluie très-fine.
한 매우 가늘고 적은 비의 소리에 대해 쓴다

바시락바시락 [PA-SI-RAK-PA-SI-RAK] 원307
불 Faire avec attention et sans bruit.
한 주의 깊고 소리 없이 하다

바시시ᄒᆞ다 [PA-SI-SI-HĂ-TA] 원307
불 V. 바스스 Pa-seu-seu.
한 [참조어 바스스, Pa-seu-seu]

바실바실 [PA-SIL-PA-SIL] 원307
불 Bruit d'une petite pluie douce sur les feuilles.
한 나뭇잎들 위로 부드럽게 비가 조금 내리는 소리

바야흐로 [PA-YA-HEU-RO] (方) 원296
불 Juste au moment; alors.
한 바로 그 순간에 | 그때

바으다 [PA-EU-TA,PA-A,PA-EUN] (碎) 원296
불 Ecraser; réduire en farine.
한 빻다 | 가루로 변형시키다

바을 [PA-EUL,-I] (簾) 원296
불 Espèce de jalousie en bambou. V.Syn. 발 Pal.
한 대나무로 만든 블라인드의 종류 | [동의어 발, Pal]

바작바작ᄒᆞ다 [PA-TJAK-PA-TJAK-HĂ-TA] 원308
불 Exprime l'état d'une chose un peu trop courte. ‖ Sonner le fêlé.
한 조금 너무 짧은 물건의 상태를 나타낸다 | 약간 갈라진 소리가 나다

바장나다 [PA-TJANG-NA-TA,-NA,-NAN] (出戕) 원308
불 Etre brisé; se briser; être fini; il n'y a plus d'espoir.
한 깨지다 | 부서지다 | 끝나다 | 더 이상 희망이 없다

바장이다 [PA-TJANG-I-TA,-TJANG-YE,-TJANG-IN] (徘徊) 원308
불 Ne savoir où se réfugier; aller et venir; aller de côté et d'autre; errer.
한 어디로 도피해야 할지 모르다 | 가고 오다 | 이쪽저쪽으로 가다 | 떠돌아다니다

바쥬 [PA-TJYOU] (藩) 원308
불 Haie, barrière faite de tiges de sorgho ou de branches de bois. V.Syn. 울섭 Oul-syep.
한 수숫대나 나뭇가지로 만들어진 울타리, 방책 | [동의어 울섭, Oul-syep.]

바지 [PA-TJI] (袴) 원308
불 Culotte; pantalon.

한 짧은 바지 | 바지

바지랑이 [PA-TJI-RANG-I] 원 308

불 Pilier pour soutenir la corde du linge à sécher.

한 말릴 세탁물을 걸 줄을 지지하기 위한 기둥

바ᄌᆞ [PA-TJĂ,-I] (藩) 원 308

불 Barrière d'osier pour empêcher les animaux de passer, porte en claie d'osier.

한 동물들이 지나가는 것을 막기 위한 버들가지 방책, 버들가지 울타리로 만든 문

바치 [PA-TCHI] (工) 원 308

불 Profession, métier. Artisan.

한 직업, 일 | 직공

바침박 [PA-TCHIM-PAK,-I] (大匏) 원 308

불 Calebasse pour recevoir le riz après le lavage.

한 씻은 다음에 쌀을 받기 위한 호리병박

바탕 [PA-HTANG,-I] (質) 원 308

불 Substance; matière. ‖ Base; fond; pied; piédestal; fondement. ‖ Lieu; fond; endroit. ‖ Un temps. ‖ Un passage. ‖ Principe; cause; motif.

한 물질 | 물질 | 바닥 | 밑바닥 | 발판 | 밑받침 | 기초 | 곳 | 배경 | 장소 | 때 | 대목 | 원동력 | 원인 | 동기

바탕이 [PA-HTANG-I] (缸) 원 308

불 Vase en terre, jarre en terre.

한 흙으로 만든 그릇, 흙으로 만든 항아리

바회 [PA-HOI] (巖) 원 296

불 Roche; rocher; grosse pierre.

한 바위 | 암석 | 큰 돌

바회옷 [PA-HOI-OT,-SI] (巖衣) 원 296

불 Mousse.

한 이끼

1 박 [PAK,-I] (匏) 원 296

불 Calebasse; calebassier; espèce de concombre; courge.

한 호리병박 | 호리병박나무 | 오이의 종류 | 호박류

2 박 [PAK,-I] 원 296

불 Joint; jointure; fente; trou.

한 뼈의 마디 | 관절 | 틈 | 구멍

박궁 [PAK-KOUNG,-I] (甍) 원 297

불 Pièces de bois en travers qui supportent une tente, une natte, pour donner de l'ombre devant une porte.

한 문 앞에 그늘을 만들기 위해, 천막, 자리를 받치는 가로로 된 나무 조각들

박나뷔 [PAK-NA-POUI] (匏蝶) 원 297

불 Papillon qui désole les ruches. némestrine (longirostre).

한 꿀벌통을 황폐화하는 나비 | (부리가 긴) 네메스트린[역주 문관(吻管)이 있는 곤충]

*박남ᄒᆞ다 [PAK-NAM-HĂ-TA] (博覽) 원 297

불 Etre savant, instruit; qui a tout lu ; qui est très-savant.

한 학식 있다, 유식하다 | 모두 읽었다 | 매우 학식 있다

1 박다 [PAK-TA,-A,-EUN] 원 297

불 Ficher; clouer; planter; afficher; enfoncer; cogner; boucher; calfater. ‖ Imprimer (un livre). ‖ Frapper au coin (de la monnaie, des médailles).

한 박다 | 못을 박다 | 심다 | 게시하다 | 박다 | 부딪치다 | 막다 | 배의 널판 틈을 메우다 | (책을) 인쇄하다 | (동전, 메달의) 가장자리를 두드리다

2 박다 [PAK-TA,PALK-A,PALK-EUN] (明) 원 298

불 Etre clair, intelligent. V.Syn. ᄇᆞᆰ다 Pălk-ta.

한 밝다, 영리하다 | [동의어 ᄇᆞᆰ다, Pălk-ta.]

박달나무 [PAK-TAL-NA-MOU] (檀木) 원 298

불 Espèce de bois très-dur avec lequel on fait des maillets. Espèce d'arbre.

한 나무망치를 만드는 매우 단단한 목재의 종류 | 나무의 종류

*박답 [PAK-TAP,-I] (薄畓) 원 298

불 Mauvaises rizières; rizière maigre.

한 나쁜 논 | 기름지지 않은 논

*박뎐 [PAK-TYEN,-I] (薄田) 원 298

불 Mauvais champ; champ stérile.

한 나쁜 밭 | 불모의 밭

*박두ᄒᆞ다 [PAK-TOU-HĂ-TA] (迫頭) 원 298

불 Poindre; être sur le point de; proche (ce sera bientôt); être instant, imminent.

한 나타나다 | 막 ~하려 하다 | 가깝다(곧 ~일 것이다) | 급박하다, 촉박하다

*박디 [PAK-TI] (薄地) 원 298

불 Mauvaise terre; terrain stérile. Maigre.

한 나쁜 땅 | 불모지인 토지 | 메마르다

*박ᄃᆡᄒᆞ다 [PAK-TĂI-HĂ-TA] (薄待) 원 298

불 Ne pas bien soigner; négliger; maltraiter.

한 잘 돌보지 않다 | 소홀히 하다 | 학대하다

*박략ᄒᆞ다 [PAK-RYAK-HĂ-TA,-HĂN,-HI] (薄畧) 원 297

불 Peu; mince et fragile.

한 조금 | 가늘고 연약하다

*박마 [PAK-MA] (駁馬) 원297
불 Cheval dont la robe est de diverses couleurs.
한 털의 색이 다양한 말

박문쥬 [PAK-MOUL-TJYOU] (甘淸酒) 원297
불 Espèce de vin.
한 술의 종류

*박물군ᄌᆞ [PAK-MOUL-KOUN-TJĂ] (博物君子) 원297
불 Qui connaît toutes choses; homme qui sait beaucoup; connaisseur.
한 모든 것을 아는 사람 | 많이 아는 사람 | 정통한 사람

박물쟝ᄉᆞ [PAK-MOUL-TJYANG-SĂ] (博物商) 원297
불 Marchand qui vend toute espèce de choses, de marchandises.
한 모든 종류의 물건, 상품들을 파는 사람

박박 [PAK-PAK] 원297
불 Bruit du grattement sur le bois. =긁다- keulk-ta, Gratter.
한 나무 위를 긁는 소리 | [용례 =긁다, - keulk-ta], 긁다

박박다 [PAK-PAK-TA,-PAK-A,-PAK-EUN] 원297
불 Calfeutrer, calfater (un navire, une fenêtre, une porte).
한 (선박, 창문, 문의) 틈을 메우다, 널판 틈을 메우다

*박변 [PAK-PYEN,-I] (薄邊) 원297
불 Le côté d'une chose; le mauvais endroit d'un champ. ‖ Aubier. ‖ Homme vil.
한 물건의 측면 | 밭에서 안 좋은 장소 | 백목질 | 야비한 사람

*박복ᄒᆞ다 [PAK-POK-HĂ-TA] (薄福) 원297
불 N'avoir pas de chance, pas de bonheur.
한 운이 없다, 행운이 없다

*박부득이 [PAK-POU-TEUK-I] (迫不得已) 원297
불 De force; par force; forcément; par contrainte. il n'y a pas moyen.
한 강제로 | 힘으로 | 억지로 | 강제로 | 방법이 없다

*박살ᄒᆞ다 [PAK-SAL-HĂ-TA] (薄殺) 원297
불 Battre jusqu'à la mort. ‖ Qui est hors de service (usé, cassé, brisé, déchiré).
한 죽을 때까지 때리다 | 쓸모없다 (닳다, 깨지다, 부서지다, 찢어지다)

*박셕 [PAK-SYEK,-I] (礡石) 원297
불 Pavé; pierre qui sert à paver; dalle; pierre mince.
한 포석 | 포석을 까는 데 사용되는 돌 | 타일 | 얇은 돌

1*박션 [PAK-SYEN,-I] (泊船) 원297
불 Ancrage; port.
한 정박 | 항구

2박션 [PAK-SYEN,-I] 원297
불 Confitures de graines de pin; graines de pin confites dans le miel.
한 소나무의 씨로 만든 잼 | 꿀에 절인 소나무 씨

3*박션 [PAK-SYEN,-I] (迫船) 원297
불 Navire jeté hors de son chemin par le vent.
한 바람에 의해서 경로 밖으로 떠밀린 배

박슈 [PAK-SYOU] (覡) 원297
불 Sorcier. Syn. 화랑이 Hoa-rang-i.
한 마법사 | [동의어 화랑이, Hoa-rang-i.]

1*박식 [PAK-SIK,-I] (薄食) 원297
불 Mauvaise nourriture; nourriture chétive.
한 나쁜 음식 | 보잘것없는 음식

2*박식 [PAK-SIK,-I] (博識) 원297
불 Qui a de la science, de l'érudition; qui sait beaucoup; savant. Science, connaissances étendues.
한 학문이 있다, 박식하다 | 많이 알다 | 학식이 있다 | 학식, 넓은 범위의 지식

1*박ᄉᆞ [PAK-SĂ] (博士) 원297
불 Nom d'une haute dignité.
한 높은 고관직의 명칭

2박ᄉᆞ [PAK-SĂ] (博學士) 원297
불 Savant.
한 학자

*박ᄉᆡᆨ [PAK-SĂIK,-I] (薄色) 원297
불 Mauvais visage; mauvaise mine; mauvais air; vilaine figure.
한 못생긴 얼굴 | 못생긴 용모 | 못생긴 외모 | 흉한 얼굴

박아지 [PAK-A-TJI] (匏子) 원296
불 Moitié de calebasse creuse qui sert de vase; calebasse creuse qui sert de vase.
한 그릇으로 사용되는 속이 빈 호리병박의 반쪽 | 그릇으로 사용되는 속이 빈 호리병박

1*박음 [PAK-EUM,-I] (薄飮) 원297
불 Boire peu de vin; épargner le vin.
한 거의 술을 마시지 않다 | 술을 아끼다

2박음 [PAK-EUM,-I] (密縫) 원297
불 Couture, art de coudre.
한 바느질, 바느질의 기술

1박음질ᄒᆞ다 [PAK-EUM-TJIL-HĂ-TA] (密縫) 원297

[불] Espèce de couture; coudre fortement.
[한] 바느질의 종류 | 단단하게 바느질하다

[2]박음질ᄒᆞ다 [PAK-EUM-TJIL-HĂ-TA] (請囑) 원297
[불] Solliciter un homme puissant contre ses ennemis.
[한] 자신의 적들에게 대항하려고 힘이 있는 사람에게 간청하다

박음ᄒᆞ다 [PAK-EUM-HĂ-TA] (請囑) 원297
[불] Dénoncer, déclarer, découvrir (v.g. la retraire d'un voleur aux satellites qui le cherchent).
[한] (예. 도둑의 은신처를 그를 찾는 부하들에게) 고발하다, 선언하다, 밝히다

*박의 [PAK-EUI] (薄衣) 원296
[불] Habit froid, peu épais; vêtement chétif.
[한] 추운, 별로 두껍지 않은 옷 | 초라한 의복

*박의박식 [PAK-EUI-PAK-SIK,-I] (薄衣薄食) 원297
[불] Nourriture et vêtement mauvais.
[한] 나쁜 음식과 옷

박이다 [PAK-I-TA,PAK-YE,PAK-IN] 원297
[불] Pass. de 박다 Pak-ta, Même que 박히다 Pak-hi-ta.
[한] 박다 Pak-ta의 수동형, 박히다 Pak-hi-ta와 같다

박이옷 [PAK-I-OT,-SI] (密縫衣) 원297
[불] Habit cousu solidement, dont on ne défait pas les coutures pour le laver (v.g. les habits de printemps et d'automne).
[한] 그 옷을 빨기 위해서 솔기를 해체하지 않는 단단히 꿰맨 옷(예. 봄과 가을의 옷)

박쟉박쟉ᄒᆞ다 [PAK-TJYAK-PAK-TJYAK-HĂ-TA] 원298
[불] Inquiet; de mauvaise humeur. || Frémir en bouillant.
[한] 불안하다 | 기분이 좋지 않다 | 끓어오르며 끓기 시작하다

*박쟝대쇼ᄒᆞ다 [PAK-TJYANG-TAI-SYO-HĂ-TA] (拍掌大笑) 원298
[불] Acclamation; acclamer; applaudissements bruyants; battement des mains; battre des mains en riant aux éclats.
[한] 환호 | 환호하다 | 큰 박수갈채 | 손뼉 | 크게 웃으면서 박수치다

*박졀ᄒᆞ다 [PAK-TJYEL-HĂ-TA,-HĂN,-HI] (迫切) 원298
[불] Etre déchirant; douleur vive (v.g. dans une séparation) être très-ennuyé, très-vexé, très-inquiet; être très-ennuyeux, inquiétant, pitoyable.
[한] 비통하다 | (예. 이별 속) 격렬한 고통, 매우 곤란하다, 매우 화나다, 매우 불안하다 | 매우 성가시다, 염려스럽다, 가련하다

*박졍ᄒᆞ다 [PAK-TJYENG-HĂ-TA] (薄情) 원298
[불] Etre sans affection ; avoir peu de cœur; être égoïste, peu affectueux.
[한] 애정이 없다 | 박정하다 | 이기주의자이다, 별로 정답지 않다

박쥐 [PAK-TJYOUI] (蝙蝠) 원298
[불] Chauve-souris.
[한] 박쥐

박지 [PAK-TJĂI] (雹災) 원298
[불] Grèle; fléau de la grèle.
[한] 우박 | 우박의 화

*박착ᄒᆞ다 [PAK-TCHAK-HĂ-TA] (薄着) 원298
[불] Qui, pendant l'hiver, n'a que des habits de printemps. Trop mince pour la saison.
[한] 겨울 동안 계절에 비해 너무 얇은 봄옷밖에 없다

*박토 [PAK-HTO] (薄土) 원298
[불] Mauvaise terre; terrain maigre, stérile.
[한] 질이 나쁜 땅 | 메마른, 불모의 땅

*박하 [PAK-HA] (薄荷) 원297
[불] Menthe.
[한] 박하

*박하유 [PAK-HA-YOU] (薄荷油) 원297
[불] Essence de menthe; huile essentielle de menthe.
[한] 박하의 농축물 | 박하의 농축액

박학ᄒᆞ다 [PAK-HAK-HĂ-TA] (博學) 원297
[불] Instruit; lettré; qui sait beaucoup; être savant, habile, adroit.
[한] 유식하다 | 학식 있다 | 많이 알다 | 박식하다, 유능하다, 솜씨가 좋다

박회 [PAK-HOI] (輪) 원297
[불] Roue, cercle.
[한] 바퀴, 원형 물건

박휘 [PAK-HOUI] 원297
[불] Blatte des cuisines. Syn. 강귀 Kang-koui.
[한] 부엌의 바퀴벌레 | [동의어 강귀, Kang-koui]

박히다 [PAK-HI-TA,-HYE,-HIN] 원297
[불] Imprimer un livre. || Etre enfoncé, planté (un clou, un pieu).
[한] 책을 인쇄하다 | (못, 말뚝이) 박히다, 심어지다

*박ᄒᆞ다 [PAK-HĂ-TA] (薄) 원297
[불] Etre chiche; avare; maigre; chétif; pauvre.
[한] 인색하다 | 인색하다 | 빈약하다 | 초라하다 | 가난하다

1* 반 [PAN,-I] (半) [원]298

[불] Moitié; demi; milieu. (Avant le nom, il signifie: moitié de cette chose; placé après, il signifie: cette chose plus sa moitié).

[한] 반 | 반 | 중간 | (명사 앞에서 그 물건의 반을 의미한다. 뒤에 위치하면, 그 물건과 그 반을 더한 것을 의미한다)

2* 반 [PAN,-I] (盤) [원]298

[불] Crédence; petite table; plateau.

[한] 찬장 | 작은 탁자 | 쟁반

반가와ᄒᆞ다 [PAN-KA-OA-HĂ-TA] (歡好) [원]299

[불] Voir avec plaisir; rencontrer avec satisfaction.

[한] 기꺼이 보다 | 흡족하게 만나다

*반감ᄒᆞ다 [PĀN-KAM-HĂ-TA] (半減) [원]299

[불] Remise de la moitié d'une dette à un individu qui ne peut pas payer. Diminuer de moitié.

[한] 갚을 수 없는 사람에게 해 주는 부채의 반의 면제 | 반을 삭감하다

반갑 [PAN-KAP,-SI] (半價) [원]299

[불] Vendre à moitié du prix de la valeur.

[한] 가치의 절반 값으로 팔다

반갑다 [PAN-KAP-TA,-KA-OA,-KA-ON] (歡喜) [원]299

[불] Etre content, bien aise, joyeux.

[한] 만족하다, 매우 만족스럽다, 기쁘다

반거츙이 [PAN-KE-TCHYOUNG-I] (末了) [원]299

[불] Petit noble; noble dont les titres ne sont pas évidents.

[한] 신분이 낮은 귀족 | 칭호가 분명하지 않은 귀족

*반건 [PĀN-KEN,-I] (半件) [원]299

[불] Moitié; milieu; chose à demi faite.

[한] 반 | 중간 | 반쯤 완성된 것

반걸치기 [PAN-KEL-TCHI-KI] (半掛) [원]299

[불] Ouvrage fait à moitié.

[한] 반쯤 완성된 일

*반고씨 [PAN-KO-SSI] (盤古氏) [원]299

[불] Nom que les païens donnent à l'ouvrier (au créateur) de la terre, du ciel, de l'air, de l'eau, etc… le premier homme du monde (d'après les Chinois).

[한] 땅, 하늘, 공기, 물 등의 장본인(창조자)에게 이교도들이 붙이는 이름 | (중국인들에 따르면) 세상의 첫 번째 사람

1* 반광 [PAN-KOANG,-I] (半廣) [원]299

[불] Milieu.

[한] 중간

2* 반광 [PAN-KOANG,-I] (反光) [원]299

[불] Retour de la lumière.

[한] 빛의 반사

*반교ᄒᆞ다 [PAN-KYO-HĂ-TA] (叛敎) [원]299

[불] Apostasier; abandonner la religion.

[한] 배교하다 | 종교를 버리다

1* 반구 [PAN-KOU] (斑鳩) [원]299

[불] Tourterelle; ramier.

[한] 멧비둘기 | 산비둘기

2 반구 [PAN-KOU] [원]299

[불] Espèce de grand filet carré, en cordes de paille, servant de paniers pour charger les bœufs des deux côtés.

[한] 소의 양쪽에 짐을 싣기 위한 바구니로 사용되는, 지푸라기 끈으로 만든 큰 사각 그물의 종류

*반구ᄒᆞ다 [PĀN-KOU-HĂ-TA] (返柩) [원]299

[불] Rapporter à sa propre maison un homme mort hors de chez lui, en route. Transporter le cercueil.

[한] 자신의 집 밖에서, 길에서 죽은 사람을 다시 그 자신의 집으로 데려가다 | 관을 옮기다

반기다 [PAN-KI-TA,-KYE,-KIN] (歡欣) [원]299

[불] Réjouissant; être content, bien aise.

[한] 유쾌하다 | 만족하다, 매우 만족스럽다

*반년 [PAN-NYEN,-I] (半年) [원]299

[불] Moitié de l'année; 6 mois.

[한] 한해의 반 | 6개월

*반노 [PĀN-NO] (叛奴) [원]299

[불] Esclave fugitif.

[한] 도망 중인 노비

*반답 [PAN-TAP,-I] (返畓) [원]300

[불] Champ devenu rizière; rizière qui a peu d'eau.

[한] 논이 된 밭 | 물이 거의 없는 논

*반당 [PAN-TANG,-I] (伴黨) [원]300

[불] Hommes de société que les ambassadeurs en Chine emménent pour s'amuser en route, pour leur tenir compagnie.

[한] 중국 주재 대사들이 가는 길에 즐기기 위해, 말동무를 하기 위해 데려가는 사교계의 사람들

반당이 [PAN-TANG-I] (蘇魚) [원]300

[불] Tout petit poisson de mer.

[한] 매우 작은 바닷물고기

*반댱 [PAN-TYANG,-I] (泮長) [원]300

[불] Dignité de chef de l'Académie.

[한] 아카데미의 장의 직위

*반뎡 [PĀN-TYENG,-I] (半程) 원300
불 Rendez-vous au milieu de la route, où chacun fait la moitié du chemin pour se voir.
한 서로 만나기 위해서 각자가 여정의 반을 가는, 길 한가운데에서의 약속

*반도 [PĀN-TO] (半途) 원300
불 Moitié de la route; à moitié fait; le milieu; l'intervalle.
한 길의 반 | 반만큼 되다 | 중간 | 사이

*반도이폐ᄒᆞ다 [PAN-TO-I-HPYEI-HĂ-TA] (半途而廢) 원300
불 Laisser à moitié achevé.
한 반쯤 완성한 채로 남겨두다

반두 [PAN-TOU] (魚.網) 원300
불 Espèce de filet de pêche à maffles étroites.
한 촘촘하게 엮은 어망의 종류

반드럽다 [PAN-TEU-REP-TA,-RE-OUE,-RE-ON] (沃若) 원300
불 Etre doux au toucher, lisse, poli, uni.
한 만지기에 부드럽다, 매끈매끈하다, 반들반들하다, 고르다

반듯ᄒᆞ다 [PAN-TEUT-HĂ-TA,-HĂN] (平) 원300
불 Horizontal.
한 수평이다

반듸 [PAN-TEUI] (螢) 원300
불 Ver luisant; mouche luisante; lampyre.
한 반디벌레의 암컷 | 빛을 발하는 작은 날벌레 | 반딧불이

반듸블 [PAN-TEUI-POUL,-I] (螢火) 원300
불 Lumiére du ver luisant; mouche luisante. V. 개똥파리 Kai-ttong-hpa-ri.
한 반디벌레 암컷의 빛 | 빛을 발하는 날벌레 | [참조어 개똥파리, Kai-ttong-hpa-ri]

반ᄃᆞ시 [PAN-TĂ-SI] (必) 원300
불 Il faut; absolument; nécessairement.
한 ~해야 하다 | 절대적으로 | 필연적으로

*반락군 [PAN-RAK-KOUN,-I] (叛落軍) 원300
불 Joueur; celui qui ne reste jamais chez lui, mais va partout jouer, boire, s'amuser, etc⋯; débauché; dévoyé; libertin.
한 노름꾼 | 결코 자신의 집에 머물지 않는, 그러나 도처에 놀고, 마시고, 즐기는 등을 하러 가는 사람 | 방탕한 사람 | 비행소년 | 방종한 사람

*반록 [PAN-ROK,-I] (頒祿) 원300
불 Rétribué ou pensionné du gouvernement.
한 정부에서 보수를 받거나 연금을 받다

*반론 [PĀN-RON,-I] (反論) 원300
불 Noble qui a quitté son parti pour se donner aux 노론 No-ron. Changer de parti.
한 노론 No-ron에 헌신하기 위해서 자신의 당을 떠난 귀족 | 당을 바꾸다

*반룡숑 [PAN-RYONG-SYONG,-I] (盤龍松) 원300
불 Espèce de fleur grimpante.
한 덩굴을 뻗는 꽃의 종류

반말 [PĀN-MAL,-I] (不敬對) 원299
불 Langage intermédiaire qu'emploie celui qui, sans parler le langage respectueux, ne veut pas cependant parler comme à des inférieurs. ‖ Manière ambiguë de parler; amphibologie. Qui ne parle pas carrément, pas clairement.
한 정중한 말을 하지 않지만 하급자에게 하듯이 말하기를 원하지 않는 사람이 사용하는 중간의 말 | 애매한 말하기 방법 | 모호한 어법 | 분명하게, 명백하게 말하지 않다

*반명 [PAN-MYENG,-I] (班名) 원299
불 Noblesse; titre de noblesse; noble. Noble de nom; grand noble.
한 귀족의 신분 | 귀족 신분의 칭호 | 귀족 | 이름 있는 귀족 | 대귀족

*반묘 [PAN-MYO] (斑猫) 원299
불 Esp. de scarabée rouge, tacheté de points noirs, qui, réduit en poudre et mêlé avec de l'huile, fait un onguent renommé contre la morsure des chiens enragés.
한 가루를 만들고 기름과 섞어, 미친개에게 물린 상처에 대한 유명한 고약을 만드는, 검은색 반점이 있는 붉은 풍뎅이과 벌레의 종류

*반무ᄒᆞ다 [PĀN-MOU-HĂ-TA] (返武) 원299
불 Famille de lettrés qui abandonne les lettres pour l'arc. Se dit d'un fils ou petit-fils de mandarin qui passe de l'ordre civil à l'ordre militaire.
한 활을 위해서 인문학을 버리는 학식 있는 가문 | 민간인 신분에서 군인 신분으로 변하는 관리의 아들이나 손자에 대해 쓴다

반물 [PĀN-MOUL,-I] (半染) 원299
불 Teinture; teinture claire.
한 염료 | 밝은 색 염료

*반믹 [PAN-MĂIK,-I] (班脈) 원299

불 Petit noble qui a de la réputation. Noblesse de naissance.

한 평판이 좋은 소귀족 | 혈통 귀족

반반ᄒᆞ다 [PAN-PAN-HĂ-TA] (板板) 원299

불 Beau; être poli, égal.

한 아름답다 | 반질반질하다, 고르다

*반벌 [PAN-PEL,-I] (班閥) 원299

불 Etat de noblesse (grand ou petit).

한 (높은 또는 낮은) 귀족 신분의 지위

반벙어리 [PAN-PENG-E-RI] (半啞) 원299

불 Etre à moitié muet.

한 반벙어리이다

반병두리 [PAN-PYENG-TOU-RI] 원299

불 Petit plateau en cuivre.

한 구리로 된 작은 쟁반

*반복쇼인 [PĀN-POK-SYO-IN,-I] (反覆小人) 원299

불 Homme irrésolu, indécis, inconstant, versatile, traitre, faux.

한 결단성이 없는, 우유부단한, 절개가 없는, 변덕스러운, 배반하는, 위선적인 사람

반뵈 [PAN-POI] (班布) 원299

불 Toile moitié chanvre et moitié coton.

한 반은 삼이고 반은 면으로 된 직물

1*반비 [PAN-PI] (飯費) 원299

불 Argent pour la route, pour le voyage.

한 여정을 위한, 여행을 위한 돈

2*반비 [PAN-PI] (飯婢) 원299

불 Esclave cuisinière.

한 부엌일을 하는 노예

반비듥이 [PAN-PI-TEULK-I] 원299

불 Objet qui n'est pas entièrement sec, qui n'est pas entièrement desséché.

한 완전히 마르지 않은, 완전히 말라붙지 않은 물건

*반빙 [PĀN-PING,-I] (半氷) 원299

불 Glace à moitié prise; eau demi-glacée.

한 반만 얼은 얼음 | 반쯤 얼은 물

*반빅 [PĀN-PĂIK,-I] (半白) 원299

불 A demi blanc (cheveux, barbe); dont la moitié est blanche; qui grisonne.

한 (머리카락, 수염이) 반만 흰색인 | 반이 흰 | 반백이 된

*반빅되다 [PĀN-PĂIK-TOI-TA] (半白) 원299

불 Grisonner; blanchir; être à moitié blanc (barbe, cheveux).

한 반백이 되다 | 희어지다 | (수염, 머리카락이) 반쯤 희다

*반상 [PAN-SANG,-I] (盤床) 원300

불 La vaisselle de table; un service de table.

한 식탁의 식기류 | 식탁용 식기 한 벌

*반샹 [PAN-SYANG,-I] (班常) 원300

불 Noble et homme du peuple.

한 귀족과 평민

*반셕 [PAN-SYEK,-I] (磐石) 원300

불 Grande et large pierre; table de pierre.

한 크고 넓은 돌 | 돌로 된 탁자

*반송 [PAN-SONG,-I] (盤松) 원300

불 Bel ombrage de sapins, dont les branches s'étendent horizontalement. Pin à branches rabattues formant un parasol, à branches très-touffues formant un bouquet.

한 나뭇가지가 수평으로 뻗은 전나무의 아름다운 그늘 | 가지가 파라솔 모양으로 처진, 가지가 다발 모양으로 매우 무성한 소나무

*반슈 [PAN-SYOU] (班首) 원300

불 Chef.

한 우두머리

*반슉반싱 [PĀN-SYOUK-PĀN-SĂING,-I] (半熟半生) 원300

불 Moitié cuit, moitié cru; moitié mûr, moitié vert.

한 반은 익고, 반은 날것이다 | [역주 과일이] 반은 익고, 반은 덜 익다

*반승반쇽 [PĀN-SEUNG-PĀN-SYOK,-I] (半僧半俗) 원300

불 Moitié bête (bonze) et moitié homme. Ni l'un ni l'autre. Demi-bonze et demi-homme du monde. C'est dommage.

한 반은 짐승(승려)이고 반은 사람 | 이것도 저것도 아닌 | 반은 승려이고 반은 세상 사람인 | 유감스럽다

1*반시 [PĀN-SI] (半時) 원300

불 Demi-heure (qui correspond à une heure d'Europe; elle a quatre huitièmes d'heure coréenne. c.a.d. quatre quarts d'heure européenne).

한 반 시간 (유럽 시간의 1시간에 해당한다. 조선의 1시간의 4/8, 즉 유럽 시간의 4/4)

2*반시 [PAN-SI] (盤柿) 원300

불 Gros et large kaki.

한 굵고 큰 감

[3]반시 [PAN-SI] 원300

불 Matière; matériaux.

한 물질 | 재료

*반신 [PĀN-SIN,-I] (叛臣) 원300

불 Courtisan rebelle; traitre; sujet rebelle.

한 반역하는 아첨꾼 | 배반자 | 반역하는 신하

*반신반의 [PĀN-SIN-PAN-EUI] (半信半疑, (Moitié, croire, moitié, douter)) 원300

불 Croire à demi; défiant; hésitant; qui est un peu dans le doute; qui ne croit pas fermement. ‖ Qui ne mérite que demi-croyance.

한 반쯤 믿다 | 의심을 품다 | 망설이다 | 약간 의심이 있다 | 굳게 믿지 않다 | 반만 믿을 만하다

*반신불슈ᄒᆞ다 [PAN-SIN-POUL-SYOU-HĂ-TA] (半身不遂) 원300

불 Moitié du corps dont on ne peut se servir; être paralysé de tout un côté.

한 사용할 수 없는 몸의 반 | 한쪽 전체가 마비되다

*반실ᄒᆞ다 [PĀN-SIL-HĂ-TA] (半失) 원300

불 Perte de moitié; perdre la moitié; être à demi perdu.

한 절반의 손실 | 절반을 잃다 | 반을 잃다

*반심 [PAN-SIM,-I] (叛心) 원300

불 Cœur de rebelle. Pensée de rébellion, de révolte. Sentiment d'apostasie. Intention de trahir.

한 반역의 마음 | 반역, 반란의 생각 | 배교의 감정 | 배반할 의도

반ᄉᆞ [PAN-SĂ] 원300

불 Homme d'affaires; gérant; administrateur; commissionnaire.

한 실업가 | 관리인 | 경영자 | 위탁 판매 업자

*반ᄉᆡᆨᄒᆞ다 [PĂN-SĂIK-HĂ-TA] (返色) 원300

불 Changer de couleur à cause de la joie; très-réjouissant; témoigner beaucoup de joie, de contentement.

한 기쁨으로 안색이 변하다 | 매우 즐겁다 | 많은 기쁨, 만족감을 보이다

*반ᄉᆡᆼ반ᄉᆞ [PAN-SĂING-PAN-SĂ] (半生半死) 원300

불 Demi-vivant et demi-mort; demi-mort.

한 반쯤 살고 반쯤 죽다 | 반쯤 죽다

*반ᄉᆡᆼ반슉 [PAN-SĂING-PAN-SYOUK,-I] (半生半熟) 원300

불 Demi-cru, demi-cuit.

한 반은 날것이고, 반은 익다

반ᄶᅡᆨ [PĀN-TTJAK] 원300

불 Rapidement.

한 빠르게

[1]반ᄶᅡᆨ드다 [PAN-TTJAK-TEU-TA,-TEU-RE,-TEUN] 원300

불 Etre réduit à la dernière misère; perdre ou vendre jusqu'au dernier morceau, jusqu'à la dernière pièce de son ménage.

한 최악의 곤궁상태에 놓이다 | 마지막 조각까지, 자신의 세간의 마지막 한 개까지 잃거나 팔다

[2]반ᄶᅡᆨ드다 [PAN-TTJAK-TEU-TA,-TEU-RE,-TEUN] (高擧) 원301

불 Soulever rapidement.

한 빠르게 들어올리다

*반역ᄒᆞ다 [PAN-YEK-HĂ-TA] (叛逆) 원298

불 Rebelle au roi. Déserter; se révolter; trahir le roi. Apostasier.

한 왕에 대한 반역하다 | 저버리다 | 반역을 일으키다 | 왕을 배반하다 | 배교하다

*반연 [PAN-YEN,-I] (攀緣) 원298

불 Raison; motif; conséquence; relation de la conséquence au principe.

한 이유 | 동기 | 결과 | 결과에서 근본 원리까지의 관계

*반열 [PAN-NYEL,-I] (班列) 원299

불 Compagnie; réunoin; rangée; ligne. (Se dit d'objets de même genre, de personnes de même rang, de même dignité).

한 한패 | 집회 | 계급 | 줄 | (같은 종류의 물건들, 같은 계급의, 같은 직위의 사람들에 대해 쓴다)

*반월 [PĀN-OUEL,-I] (半月) 원298

불 Moitié de la lune, du mois, le 15. ‖ Moitié de lune, croissant, le 7 et le 21 de la lune.

한 달, 월의 반, 15일 | 커지는, 달의 반, 달의 7일과 21일

[1*]반의 [PAN-EUI] (叛意) 원298

불 Pensée de rébellion, de révolte, d'apostasie.

한 반역의, 반란의, 변절의 생각

[2*]반의 [PAN-EUI] (斑衣) 원298

불 Habit bigarré des petits enfants.

한 어린 아이들의 알록달록한 옷

*반이ᄒᆞ다 [PAN-I-HĂ-TA] (搬移) 원298

불 Emigration; délogement; émigrer.

한 이주 | 퇴거 | 이주하다

*반인 [PAN-IN,-I] (班人) 원298

불 Noble.

㊞ 귀족

*반일 [PĂN-IL,-I] (半日) ⓦ298

㊞ Milieu du jour; moitié du jour; midi.

㊞ 하루의 중간 | 하루의 반 | 정오

반작반작ᄒᆞ다 [PAN-TJAK-PAN-TJAK-HĂ-TA] (耿耿) ⓦ300

㊞ Scintillement d'une petite lumière vue de loin la nuit; scintiller; étinceler.

㊞ 밤에 멀리서 보이는 작은 빛의 반짝거림 | 반짝이다 | 빛나다

*반작ᄒᆞ다 [PAN-TJAK-HĂ-TA] (半作) ⓦ300

㊞ Donner la moitié de la récolte au propriétaire dont on cultive les terres; diviser, séparer par moitié.

㊞ 경작하는 땅의 소유자에게 수확의 반을 주다 | 분배하다, 반으로 나누다

*반젹 [PĂN-TJYEK,-I] (叛賊) ⓦ301

㊞ Rebelle, qui veut supplanter le roi et régner à sa place.

㊞ 왕을 밀어내고 그 대신에 군림하기를 원하는 반역자

*반젼 [PAN-TJYEN,-I] (飯前) ⓦ301

㊞ Avant le repas.

㊞ 식사 전에

*반젼쥬 [PAN-TJYEN-TJYOU] (飯前酒) ⓦ301

㊞ Vin que l'on prend avant le repas.

㊞ 식사 전에 마시는 술

1*반졀 [PĂN-TJYEL,-I] (半折) ⓦ301

㊞ Moitié, une moitié.

㊞ 반, 절반

2*반졀 [PĂN-TJYEL,-I] (半切) ⓦ301

㊞ Alphabet, syllabaire, écriture vulgaire des Coréens; tableau des syllabes coréennes.

㊞ 알파벳, 음절표, 조선인들의 통속적인 글 | 조선말의 음절 표

*반졍 [PAN-TJYENG,-I] (反正) ⓦ301

㊞ Révolution, faire une révolution dans le palais; re-nverser le roi pour se mettre à sa place sans changer la dynastie.

㊞ 혁명, 궁궐에서 혁명을 일으키다 | 왕조를 바꾸지 않고 왕의 자리에 앉기 위해 왕을 타파하다

*반죠반미 [PĂN-TJYO-PĂN-MI] (半租半米) ⓦ301

㊞ Riz écossé où se trouvent beaucoup de grains non écossés. Riz mal écossé.

㊞ 껍질을 까지 않은 쌀이 많이 있는 껍질 깐 쌀 | 껍질을 잘못 깐 쌀

*반죵 [PAN-TJYONG,-I] (班種) ⓦ301

㊞ D'origine noble; noble d'origine; extraction noble; race noble.

㊞ 귀족 출신의 | 출신이 귀족임 | 귀족 혈통 | 귀족 혈통

*반쥭 [PAN-TJYOUK,-I] (斑竹) ⓦ301

㊞ Bambous de couleur, aux couleurs variées. || Espèce de pipe de Chine.

㊞ 색이 있는, 다양한 색의 대나무 | 중국의 파이프 종류

반쥭눅다 [PAN-TJYOUK-NOUK-TA,-NOUK-E,-NOUK-EUN] ⓦ301

㊞ Faire une pâte claire.

㊞ 묽은 반죽을 만들다

반쥭되다 [PAN-TJYOUK-TOI-TA] ⓦ301

㊞ Faire une pâte épaisse.

㊞ 된 반죽을 만들다

반쥭ᄒᆞ다 [PAN-TJYOUK-HĂ-TA] (丸合) ⓦ301

㊞ Pâte; faire la pâte.

㊞ 반죽 | 반죽을 만들다

반질반질하다 [PAN-TJIL-PAN-TJIL-HĂ-TA] (板板) ⓦ301

㊞ Poli; lisse, doux au toucher; uni.

㊞ 반질반질하다 | 매끈매끈하다, 만지기에 부드럽다 | 고르다

반짓바르다 [PAN-TJIT-PA-REU-PA,-PAL-NE,-PA-REUN] (倨傲) ⓦ301

㊞ Faire le grand, le noble; être fier, suffisant, insolent.

㊞ 요인, 귀족으로 행동하다 | 오만하다, 거만하다, 건방지다

*반ᄌᆞ [PAN-TJĂ] (盤子) ⓦ301

㊞ Plafond d'un appartement; plafond en tapisserie.

㊞ 집의 천장 | 벽지로 된 천장

*반찬 [PAN-TCHAN,-I] (飯饌) ⓦ301

㊞ Mets; fricot; ce qui se mange avec le riz.

㊞ 요리 | 음식 | 밥과 함께 먹는 것

*반촌 [PAN-TCHYON,-I] (班村) ⓦ301

㊞ Village où il y a beaucoup de nobles; village habité par des nobles.

㊞ 귀족이 많이 있는 마을 | 귀족들이 사는 마을

*반취 [PĂN-TCHYOUI] (班聚) ⓦ301

불 Homme du peuple qui prend pour femme la tille d'un noble.

한 귀족의 딸을 부인으로 맞이하는 서민

*반취ᄒᆞ다 [PAN-TCHYOUI-HĂ-TA] (半醉) 원301

불 Etre à demi ivre

한 반쯤 취하다

[1]반칙이 [PAN-TCHIK-I] (半) 원301

불 A demi; à moitié.

한 절반 | 반쯤

[2]반칙이 [PAN-TCHIK-I] 원301

불 Petit noble très-pauvre.

한 매우 가난한 소귀족

반턱 [PĀN-HTEK,-I] 원300

불 Sinon tout, du moins la moitié, ou à peu près.

한 전부가 아니면, 적어도 반, 또는 대략

반턱지다 [PAN-HTEK-TJI-TA] (半層) 원300

불 Avoir au milieu une proéminence.

한 한가운데에 돌기가 있다

*반편 [PAN-HPYEN,-I] (半偏) 원299

불 Ignorant; qui ne sait rien; demi-idiot.

한 무식하다 | 아무것도 모르다 | 반은 바보

*반포 [PAN-HPO] (斑布) 원299

불 De différentes couleurs. toile mêlée de fil et de coton.

한 여러 가지 색깔의 | 실과 면이 섞인 직물

*반포ᄒᆞ다 [PAN-HPO-HĂ-TA] (頒布) 원300

불 Publication; promulgation. promulguer; publier; faire une proclamation à tout le monde.

한 공표 | 공포 | 공포하다 | 발표하다 | 모든 사람에게 선언하다

*반하 [PĀN-HA] (半夏) 원298

불 Nom d'un remède semblable à des haricots.

한 강낭콩과 비슷한 약의 이름

*반향 [PĀN-HYANG,-I] (半晑) 원298

불 Moitié de jour (matin ou soir). ‖ Demi-heure (qui correspond à une heure d'Europe); un peu de temps; un instant.

한 하루의 반(아침 또는 저녁) | (유럽의 1시간에 해당하는) 반 시간 | 약간의 시간 | 잠깐

*반호 [PAN-HO] (班戶) 원299

불 Maison de noble.

한 귀족의 집

*반혼 [PAN-HON,-I] (班婚) 원299

불 Mariage dont un des partis est noble, et l'autre roturier. Mariage de noble.

한 한쪽은 귀족이고 다른 쪽은 평민인 결혼 | 귀족의 결혼

*반혼ᄒᆞ다 [PĀN-HON-HĂ-TA] (返魂) 원299

불 Retour des funérailles (l'âme revient à la maison ou y est ramenée après l'enterrement).

한 장례의 귀로 (장례식 다음에 영혼이 집에 돌아오거나 데려오게 된다)

*반후 [PAN-HOU] (飯後) 원299

불 Après le repas.

한 식사 다음에

*반후쥬 [PAN-HOU-TJYOU] (飯後酒) 원299

불 Vin d'après le repas, qui suit le repas.

한 식사 다음에, 식사에 이은 술

*반ᄒᆞ다 [PĀN-HĂ-TA] (叛) 원298

불 Rebelle; traitre. ‖ Etre adonné à, plongé dans, absorbé par, (ne se dit qu'en mal).

한 반역자 | 배반자 | ~에 전념하다, ~안에 빠지다, ~에 열중하다 (나쁜 의미로만 쓴다)

*반ᄒᆡ [PĀN-HĂI] (半該) 원298

불 Ecriture courante des caractères chinois.

한 중국 문자의 흐르는 듯한 글씨

*반ᄒᆡᆼ [PAN-HĂING,-I] (半行) 원298

불 Ecriture courante ou cursive.

한 흐르는 듯한 또는 갈겨쓴 글씨

[1]발 [PAL,-I] (足) 원304

불 Pied.

한 발

[2]발 [PĀL,-I] (䟦) 원304

불 Brasse, mesure de longueur.

한 두 팔을 벌린 길이, 길이의 측정 단위

[3]발 [PĀL,-I] (簾) 원304

불 Espèce de jalousie en bambou; persienne, store en bambou fin pour les fenêtres; grillage, claie composée de petites baguettes de bois rondes.

한 대나무로 만든 블라인드의 종류 | 차양 덧문, 창문용 가는 대나무로 된 발 | 격자, 작고 둥근 나무 막대로 구성된 발

*발각ᄒᆞ다 [PAL-KAK-HĂ-TA] (發覺) 원305

불 Rendre évident; découvrir; faire voir, être connu, divulgué; devenir public; clair, évident.

한 명백히 하다 | 발견하다 | 보게 하다, 알려지다, 폭

ㅂ

로되다 | 공공연하게 되다 | 명백하다, 분명하다
발강이 [PAL-KANG-I] [원]305
[불] Nom d'un petit poisson d'eau douce, le petit du 리어 ri-e.
[한] 작은 민물고기의 이름, 리어 ri-e의 새끼
*발검ᄒᆞ다 [PAL-KEM-HĂ-TA] (拔劍) [원]305
[불] Tirer un couteau du fourreau; tirer l'épée du fourreau.
[한] 케이스에서 칼을 꺼내다 | 케이스에서 검을 꺼내다
발괄ᄒᆞ다 [PAL-KOAL-HĂ-TA] (白活) [원]305
[불] Homme du peuple qui parle à un mandarin; porter plainte; demander justice.
[한] 관리에게 말하는 서민 | 청원하다 | 정의를 요구하다
1*발광ᄒᆞ다 [PAL-KOANG-HĂ-TA] (發狂) [원]305
[불] Enragé; fou furieux.
[한] 격노하다 | 미친 듯 격노하다
2*발광ᄒᆞ다 [PAL-KOANG-HĂ-TA] (發光) [원]305
[불] Briller.
[한] 빛나다
*발괴ᄒᆞ다 [PAL-KOI-HĂ-TA] (發恠) [원]305
[불] Rusé.
[한] 교활하다
*발구 [PAL-KOU] (跋具) [원]305
[불] Civière à bras; bard.
[한] 팔로 드는 들것 | 들것
*발구ᄒᆞ다 [PAL-KOU-HĂ-TA] (發口) [원]305
[불] Dire; parler.
[한] 말하다 | 말하다
발굼치 [PAL-KOUM-TCHI] (跟) [원]305
[불] Talon du pied.
[한] 발뒤꿈치
*발근ᄒᆞ다 [PAL-KEUN-HĂ-TA] (拔根) [원]305
[불] Arracher jusqu'à la racine; détruire entièrement; arracher les racines.
[한] 뿌리까지 뽑다 | 전부 파괴하다 | 뿌리들을 뽑다
발금장이 [PAL-KEUM-TJYANG-I] (車上縛人) [원]305
[불] Qui doit être tué à l'instant; homme digne d'être écartelé; scélérat.
[한] 즉시 죽어야 하는 사람 | 능지처참될 만한 사람 | 간악한 인간
*발긔 [PAL-KEUI] (跋記) [원]305
[불] Liste; catalogue.
[한] 표 | 목록

발기름 [PAL-KI-RĂM,-I] [원]305
[불] Graisse qui entoure les intestins de certains animaux (bœuf, etc.).
[한] (소 등) 몇몇 동물의 내장을 둘러싸고 있는 기름
*발낭 [PAL-NANG,-I] (鉢囊) [원]305
[불] Poche ou sac des bonzes, (se dit: 바랑 Pa-rang).
[한] 승려들의 주머니 또는 가방 (바랑 Pa-rang이라고 말해진다)
발낭발낭ᄒᆞ다 [PAL-NANG-PAL-NANG-HĂ-TA] (輕動) [원]305
[불] Vite. ‖ Flotter au vent.
[한] 빨리 | 바람에 나부끼다
발노구 [PAL-NO-KOU] (小鼎) [원]305
[불] Petite chaudière à trois pieds.
[한] 발이 세 개인 작은 가마솥
*발녹긔 [PAL-NOK-KEUI] (發祿記) [원]305
[불] Liste des soldats et des contributions qu'ils doivent fournir; liste, catalogue des pensionnés du gouvernement. V. 반록 Pan-rok.
[한] 군인들의, 그리고 조달해야만 하는 세금의 목록 | 목록, 정부의 연금을 받는 사람들의 목록 | [참조어 반록, Pan-rok]
발녹발녹ᄒᆞ다 [PAL-NOK-PAL-NOK-HĂ-TA] [원]305
[불] Commencer à éclore (feuilles, fleurs). Etre un peu proéminent.
[한] (잎, 꽃이) 피기 시작하다 | 약간 두드러지다
*발논ᄒᆞ다 [PAL-NON-HĂ-TA] (發論) [원]305
[불] Délibérer; s'entendre; tenir conseil.
[한] 협의하다 | 서로 뜻이 맞다 | 회의를 열다
*발뎡ᄒᆞ다 [PAL-TYENG-HĂ-TA] (發程) [원]306
[불] Se mettre en route.
[한] 길을 떠나다
발도듬ᄒᆞ다 [PAL-TO-TEUM-HĂ-TA] (撑足) [원]306
[불] Etayer; appuyer; caler. ‖ Frapper à coups de pied.
[한] 지지하다 | 받치다 | 받침대로 고정시키다 | 발길질로 치다
발뒤측 [PAL-TOUI-TCHEUK,-I] (趾) [원]306
[불] Talon du pied.
[한] 발뒤꿈치
*발령ᄒᆞ다 [PAL-RYENG-HĂ-TA] (發令) [원]306
[불] Ordre public, commandement d'un chef supérieur (gouverneur ou mandarin); donner ordre, lancer un ordre.
[한] 국가 행정의 명령, 우두머리 상관(지사 또는 관리)

의 명령 | 명령하다, 명령을 내리다

*발마 [PAL-MA] (撥馬) 원305

불 Courrier qui va en poste porter une dépêche; cheval de poste qui doit aller très-vite porter une dépêche au roi.

한 급한 통신문을 전달하기 위해서 역마차로 가는 우편물 | 왕에게 급한 통신문을 전달하기 위해서 매우 빨리 달려야만 하는 역참의 말

발막 [PAL-MAK,-I] 원305

불 Espèce de souliers de cuir à bouts recourbés en dedans.

한 안쪽 끝이 구부러진 가죽 신발의 종류

발만ᄒᆞ다 [PAL-MAN-HĂ-TA] 원305

불 Agir à sa fantaisie; faire ses volontés; ne reconnaître aucune autorité (v.g. un enfant qui répond insolemment à toute observation).

한 제멋대로 행동하다 | 자신의 의지대로 하다 | (예. 모든 충고에 무례하게 답하는 아이가 어떠한 권위도 인정하지 않다)

*발매ᄒᆞ다 [PAL-MAI-HĂ-TA] (發賣) 원305

불 Vendre (se dit du bois).

한 판매하다 (목재에 대해 쓴다)

[1]발면 [PAL-MYEN,-I] 원305

불 En dehors, tout autour.

한 밖에, 빙 둘러

[2]발면 [PAL-MYEN,-I] 원305

불 Pont d'un navire.

한 배의 갑판

*발명ᄒᆞ다 [PAL-MYENG-HĂ-TA] (發明) 원305

불 Pallier; s'excuser; se disculper; nier; disconvenir; se justifier.

한 변명하다 | 변명하다 | 자기변명을 하다 | 부인하다 | 상반하다 | 자기의 무죄를 증명하다

발목 [PAL-MOK,-I] (足頸) 원305

불 Partie du pied au-dessous de la cheville; le bas de la jambe qui touche au pied.

한 발목 아래의 발 부분 | 발에 닿는 다리의 하부

발목동아지 [PAL-MOK-TONG-A-TJI] 원305

불 Parole de colère contre une personne; je te casserai la cheville du pied.

한 어떤 사람에게 화내는 말 | 내가 너의 발목을 부러뜨릴 것이다

발목물 [PAL-MOK-MOUL,-I] 원305

불 Eau profonde jusqu'à la cheville du pied.

한 발목까지 오는 깊이의 물

*발문 [PAL-MOUN,-I] (發文) 원305

불 Délibération de plusieurs hommes; circulaire; lettre circulaire.

한 여러 사람들의 심의 | 회람장 | 회람장

발바당 [PAL-PA-TANG,-I] (足掌) 원305

불 Dessous du pied; plante des pieds.

한 발의 아래 | 발바닥

*발반ᄒᆞ다 [PAL-PAN-HĂ-TA] (發瘢) 원305

불 Bouton de petite vérole; pustules de petite vérole. sortir; les boutons sont formés (se dit de la petite vérole).

한 천연두의 부스럼 | 천연두의 농포 | 나오다 | 농포들이 형성되었다 (천연두에 대해 쓴다)

발발ᄒᆞ다 [PAL-PAL-HĂ-TA] 원305

불 Qui n'a plus de consistancé; qui est tout usé, hors de service (une étoffe).

한 더 이상 견실하지 않다 | 모두 닳아빠지다, 사용할 수 없다(직물)

발밧다 [PAL-PAT-TA,-HA,-HEUN] (着緊) 원305

불 N'avoir pas peur et avoir le pied solide dans des endroits dangereux. Etre actif, diligent.

한 위험한 장소에서 두려워하지 않고 튼튼한 발을 가지고 있다 | 활동적이다, 부지런하다

*발복ᄒᆞ다 [PAL-POK-HĂ-TA] (發福) 원306

불 Qui a obtenu ce qu'il attendait depuis longtemps; avoir du bonheur, de la chance.

한 오래전부터 기다려 온 것을 얻었다 | 행운, 운이 있다

*발분ᄒᆞ다 [PAL-POUN-HĂ-TA] (發奮) 원306

불 S'efforcer pour; se fâcher, s'irriter contre les obstacles et redoubler d'efforts.

한 ~을 위해 애쓰다 | ~에 분개하다, 장애물에 대해 격해져서 노력을 배가하다

*발빈ᄒᆞ다 [PAL-PIN-HĂ-TA] (拔貧) 원306

불 Etat d'un homme extrêmement pauvre qui devient un peu plus à l'aise; éviter la pauvreté, c.a.d. être à son aise.

한 조금 더 편안해진 극도로 가난한 사람의 상태 | 궁핍을 면하다, 즉 유복하다

[1]*발빈ᄒᆞ다 [PAL-PĂI-HĂ-TA] (發排) 원306

불 Ecrire les noms d'un coupable et l'envoyer prendre; mandat d'arrêt.

한 죄인의 이름을 쓰고 그를 잡으러 보내다 | 체포 영장

2*발빅ᄒᆞ다 [PAL-PĂI-HĂ-TA] (發配) 원306

불 Envoyer en exil.

한 유배를 보내다

발사마 [PAL-SA-MA] (巴爾撒末香) 원306

불 Baume.

한 향유

*발산ᄒᆞ다 [PAL-SAN-HĂ-TA] (發散) 원306

불 Se disperser, être répandu de tous les côtés.

한 흩어지다, 사방으로 퍼지다

*발상ᄒᆞ다 [PAL-SANG-HĂ-TA] (發喪) 원306

불 Défaire sa chevelure, laisser ses cheveux flotter à la mort de ses parents; pleurer un mort avant l'enterrement.

한 자신의 머리카락을 풀어 헤치다, 자신의 부모가 죽었을 때 머리카락을 흩날리게 두다 | 매장하기 전에 죽은 사람을 애도하다

발셔 [PAL-SYE] (已久) 원306

불 Déjà; longtemps; avant; si vite; si tôt.

한 이미 | 오랫동안 | 이전에 | 매우 빨리 | 매우 일찍

*발션ᄒᆞ다 [PAL-SYEN-HĂ-TA] (發船) 원306

불 Départ d'une barque; partir (une barque); lever l'ancre; mettre à la voile.

한 배의 출항 | (배가) 출발하다 | 닻을 올리다 | 돛을 펼치다

*발셜ᄒᆞ다 [PAL-SYEL-HĂ-TA] (發說) 원306

불 Avis; parole; discours. parler; dire.

한 의견 | 말 | 담화 | 말하다 | 말하다

*발셥ᄒᆞ다 [PAL-SYEP-HĂ-TA] (跋涉) 원306

불 Voyager; aller à travers les montagnes et les rivières; aller par monts et par vaux; aller, venir.

한 여행하다 | 산과 강을 건너가다 | 산과 골짜기로 가다 | 가다, 오다

발쇠 [PĀL-SOI] 원306

불 Dénonciateur.

한 밀고자

*발슈ᄒᆞ다 [PAL-SYOU-HĂ-TA] (發穗) 원306

불 Se former en épis (grains).

한 (곡물의) 이삭이 영글다

발끈발끈ᄒᆞ다 [PAL-KKEUN-PAL-KKEUN-HĂ-TA] 원305

불 Susceptible; irascible; prompt à s'emporter.

한 격하기 쉽다 | 성 잘 내다 | 즉시 격분하다

발딱발딱ᄒᆞ다 [PAL-TTAK-PAL-TTAK-HĂ-TA] 원306

불 Mouvement du pouls; palpiter.

한 맥박의 움직임 | 맥박이 뛰다

발싸기 [PAL-SSA-KĂI] (褁足件) 원306

불 Bande d'étoffe dont on se sert pour envelopper le pied en voyage.

한 여행 중에 발을 싸기 위해서 사용되는 천으로 된 띠

발씨 [PAL-SSI] 원306

불 Forme du pied. ‖ Chemin, route.

한 발의 모양 | 길, 도로

*발악ᄒᆞ다 [PAL-AK-HĂ-TA] (發惡) 원304

불 Insolent. Criailler; s'emporter en injures.

한 건방지다 | 고함을 지르다 | 욕설을 하며 날뛰다

발애다 [PAL-AI-TA,PAL-AI-YE,PAL-AIN] (曬) 원304

불 Blanchir (la cire); étendre au soleil pour faire blanchir.

한 (밀랍이) 희어지다 | 희게 하게 위해서 햇볕에 펼쳐 놓다

*발원ᄒᆞ다 [PAL-OUEN-HĂ-TA] (發願) 원304

불 Exprimer son désir.

한 자신의 바람을 표현하다

*발월ᄒᆞ다 [PAL-OUEL-HĂ-TA] (發越) 원304

불 Briller; étinceler; jeter une grande lumière.

한 빛나다 | 번쩍거리다 | 큰 빛을 발하다

*발인ᄒᆞ다 [PAL-IN-HĂ-TA] (發靷) 원304

불 Départ du convoi funèbre de la maison d'un défunt. Enlever le corps de la maison pour les funérailles.

한 고인의 집에서 장례 행렬의 출발 | 장례식을 위해서 집에서 시체를 실어가다

발작발작ᄒᆞ다 [PAL-TJAK-PAL-TJAK-HĂ-TA] 원306

불 Boire avec bruit (les enfants); faire du bruit comme un papier froissé ou agité par le vent.

한 (아이들이) 소리를 내며 마시다 | 구겨지거나 바람에 의해 흔들리는 종이와 같은 소리를 내다

*발졔 [PAL-TJYEI] (髮際) 원306

불 Bord des cheveux, limite des cheveux; furoncle à la nuque.

한 머리카락의 끝, 머리카락의 끝부분 | 목덜미에 있는 절종

발쥭발쥭ᄒᆞ다 [PAL-TJOUK-PAL-TJOUK-HĂ-TA] 원306

불 Commencer à germer; pousser peu à peu; s'épanouir; sentr'ouvrir.

한 움트기 시작하다 | 점차 돋아나다 | 활짝 피다 | 반

쯤 벌어지다

*발쳔ᄒᆞ다 [PAL-TCHYEN-HĂ-TA] (發薦) 원306

불 S'ennoblir; sortir de l'obscurité; sortir de sa condition; s'élever; monter en grade.

한 고귀하게 되다 | 태생의 비천함에서 벗어나다 | 자신의 신분에서 벗어나다 | 오르다 | 계급이 오르다

발칙ᄒᆞ다 [PAL-TCHIK-HĂ-TA] (叵測) 원306

불 Mauvais; polisson; mal élevé; malhonnête (se dit des enfants).

한 나쁘다 | 장난이 심하다 | 버릇없다 | 무례하다 (아이들에 대해 쓴다)

*발치 [PĀL-TCHĂI] (發差) 원306

불 Espèce de bât des bœufs, espèce de grand filet en corde de paille pour charger les bœufs.

한 소의 길마 종류, 소에 짐을 싣기 위해 짚으로 된 줄로 만든 큰 그물의 종류

발톱 [PAL-HTOP,-I] (足距) 원306

불 Ongles des doigts de pied.

한 발톱

발판 [PAL-HPAN,-I] (足板) 원306

불 Planche pour passer sur un terrain mou; paillasson à la porte ou chose semblable; échelle.

한 물렁물렁한 땅 위를 지나가기 위한 판자 | 문간의 신바닥 흙털개 또는 비슷한 물건 | 사닥다리

*발포ᄒᆞ다 [PAL-HPO-HĂ-TA] (發捕) 원306

불 Envoyer les satellites prendre quelqu'un; mettre les satellites en campagne.

한 어떤 사람을 잡으려고 부하들을 보내다 | 부하들을 출정시키다

*발표ᄒᆞ다 [PAL-HPYO-HĂ-TA] (發表) 원306

불 Pustule de petite vérole; commencer à se montrer (la petite vérole).

한 천연두의 농포 | (천연두가) 나타나기 시작하다

*발한ᄒᆞ다 [PAL-HAN-HĂ-TA] (發汗) 원304

불 Faire suer (dans une maladie). Suer.

한 (병중에) 땀이 나게 하다 | 땀을 흘리다

*발현ᄒᆞ다 [PAL-HYEN-HĂ-TA] (發現) 원305

불 Etre évident; apparaître; se montrer. Manifester; mettre en lumière.

한 분명하다 | 나타나다 | 나타나다 | 나타내다 | 밝히다

*발ᄒᆞ다 [PAL-HĂ-TA] (發) 원305

불 Produire; prononcer; citer; sortir de ; se produire.

한 알리다 | 선고하다 | 인용하다 | ~에서 꺼내다 | 발생하다

*발힝ᄒᆞ다 [PAL-HĂING-HĂ-TA] (發行) 원304

불 Départ de la maison; se mettre en route.

한 집에서 출발 | 길을 나서다

[1]밝이다 [PALK-I-TA,-YE,-IN] (戮市) 원305

불 Déchirer; blesser; briser.

한 찢다 | 해치다 | 부수다

[2]밝이다 [PALK-I-TA,-YE,-IN] (明) 원305

불 Expliquer; éclaircir.

한 설명하다 | 밝히다

[1]밤 [PAM,-I] (夜) 원298

불 Nuit.

한 밤

[2]밤 [PĂM,-I] (栗) 원298

불 Châtaigne.

한 밤

밤나무 [PĀM-NA-MOU] (栗木) 원298

불 Châtaignier.

한 밤나무

밤낫 [PAM-NAT,-SI] (晝夜) 원298

불 Nuit et jour.

한 밤과 낮

밤늣 [PĀM-NEUT,-TCHI] (栗花) 원298

불 Fleur de châtaignier.

한 밤나무의 꽃

밤다 [PAM-TA,PAL-ME,PAL-MEUN] (把數) 원298

불 Mesurer à la brasse. ‖ Espionner ; faire la police; observer.

한 두 팔을 벌린 길이 단위로 측정하다 | 정탐하다 | 순찰하다 | 관찰하다

밤밥 [PĀM-PAP,-I] (栗飯) 원298

불 Mets de châtaignes; bouillie de chàtaignes; riz dans lequel on a fait cuire des châtaignes.

한 밤으로 만든 요리 | 밤으로 만든 걸쭉한 죽 | 밤을 넣어 익히는 밥

밤새 [PAM-SAI] (夜間) 원298

불 Aurore; aube; commencement du jour.

한 여명 | 새벽 | 하루의 시작

밤숑이 [PĀM-SYONG-I] (栗實) 원298

불 Enveloppe épineuse de la châtaigne.

한 밤의 가시 있는 외피

밤ᄉᆡ오다 [PAM-SĂI-O-TA,-OA,-ON] (經夜) 원298

불 Veiller; ne pas dormir; passer la nuit sans dormir.

한 밤새우다 | 잠을 자지 않다 | 잠을 자지 않고 밤을 보내다

밤얽이치다 [PAM-ELK-I-TCHI-TA,-TCHYE,-TCHIN] (縛) 원298

불 Croisement de la corde avec laquelle on licelle un paquet; lier tout autour comme avec un filet.

한 꾸러미를 끈으로 묶는 줄을 교차하기 | 그물로 하는 것처럼 빙 둘러 묶다

밤에 [PAM-EI] (夜) 원298

불 De nuit; dans la nuit; durant la nuit.

한 밤에 | 밤에 | 밤 동안에

밤이 [PAM-I] (畓庫) 원298

불 Numéral des pièces de rizières.

한 논의 단위를 세는 수사

밤즁 [PAM-TJYOUNG] (夜中) 원298

불 Milieu de la nuit; minuit.

한 밤중 | 자정

밤춤 [PAM-TCHĂM,-I] (夜饌) 원298

불 Repas de nuit; mets de nuit; réveillon.

한 밤에 먹는 식사 | 밤에 먹는 요리 | 밤참

밥 [PAP,-I] (食) 원304

불 Riz cuit, (se dit de tous les grains cuits à l'eau). ‖ Repas.

한 익힌 쌀, (물에 익힌 모든 곡물에 대해 쓴다) | 식사

밥먹다 [PAP-MEK-TA,-E,-EUN] (吃飯) 원304

불 Manger le riz.

한 밥을 먹다

밥짓다 [PAP-TJIT-TA,-TJI-E,-TJI-EUN] (炊) 원304

불 Préparer, faire cuire le riz.

한 쌀을 조리하다, 익히다

밥통 [PAP-HTONG,-I] (食囊) 원304

불 L'estomac; gésier des poules, etc…

한 위 | 암탉 등의 모래주머니

밥풀 [PAP-HPOUL,-I] (飯糊) 원304

불 Colle de riz; grain de riz cuit pour coller quelque chose.

한 쌀로 만든 풀 | 어떤 것을 붙이기 위한 익힌 밥의 낟알

[1]밧 [PAT,-TCHI] (田) 원307

불 Champ, fonds de terre.

한 밭, 토지

[2]밧 [PAT,PAT-KI] (外) 원307

불 Le dehors; extérieur; dehors.

한 밖 | 외부 | 밖에

밧고다 [PAT-KO-TA,-KO-A,-KON] (換) 원307

불 Echanger; changer; permuter; troquer. 무명밧고다 Mou-myang pat-ko-ta, Acheter de la toile de coton.

한 교환하다 | 바꾸다 | 뒤바꾸다 | 맞바꾸다 | [용례 무명밧고다, Mou-myang pat-ko-ta], 면포를 사다

밧고추기 [PAT-KO-TCHĂ-KI] (觝蹄) 원307

불 A la suite; tour à tour; chacun à son tour.

한 연이어 | 교대로 | 각자 차례대로

밧긔 [PAT-KEUI] (外) 원307

불 En dehors; dehors; hormis; excepté; outre; au-delà.

한 밖에 | 밖에 | ~이외에 | ~을 제외하고 | ~이상으로 | 저쪽에

밧다 [PAT-TA,-A,-EUN] (受) 원307

불 Recevoir; obtenir. 소곰밧다 So-kom pat-ta, Acheter du sel.

한 받다 | 얻다 [용례 소곰밧다, So-kom pat-ta], 소금을 사다

밧도뇨새 [PAT-TO-NYO-SAI] 원307

불 Bécasse.

한 멧도요

밧드다 [PAT-TEU-TA,-TEU-RE,-TEUN] 원307 ☞밧들다

밧드러드리다 [PAT-TEU-RE-TEU-RI-TA,-RYE,-RIN] (奉獻) 원307

불 Offrir; présenter; prendre pour offrir; recevoir pour offrir.

한 제공하다 | 내놓다 | 주기 위해서 취하다 | 주기 위해서 받다

밧들다 [PAT-TEUL-TA] (奉) 원307

불 Offrir sur les deux mains avec respect. ‖ Honorer. ‖ Suivre avec respect. Escorter. ‖ Professer (v.g. la religion catholique)

한 공손히 두 손으로 주다 | 존경하다 | 존경심을 가지고 따르다 | 호위하다 | (예. 가톨릭교를) 공언하다

밧부다 [PAT-POU-TA,-PA,-POUN] (忙) 원307

불 Etre pressé, empressé; qui a beaucoup d'ouvrage; qui n'a pas de temps à perdre; être pressant.

한 급하다, 바쁘다 | 일이 많다 | 낭비할 시간이 없다 | 긴박하다

밧비 [PAT-PI] (速) 원307

불 Promptement; vite; en toute hâte; vivement.

한 신속히 | 빨리 | 매우 급히 | 급히

밧삭 [PAT-SAK] 원307

불 Tout à fait.
한 완전히

밧삭마르다 [PAT-SAK-MA-RĂ-TA,-MAL-NA,-MA-RĂN] (甚涸) 원307
불 Etre tout à fait sec.
한 완전히 마르다

밧심육 [PAT-SIM-YOUK,-I] (外心肉) 원307
불 Faux filet de bœuf.
한 소의 등심살

밧아드리다 [PAT-A-TEU-RI-TA,-RYE,-RIN] (捧納) 원307
불 Ayant reçu, faire entrer; accepter; offrir; présenter.
한 받아서, 들어가게 하다 | 받아들이다 | 주다 | 내놓다

밧장다리 [PAT-TJYANG-TA-RI] (織脚) 원307
불 Qui a les bouts des pieds en dehors.
한 두 발의 끝이 바깥쪽으로 벌어진 사람

밧지랑ᄃᆡ [PAT-TJI-RANG-TĂI] (撐杖) 원308
불 Fourche pour soutenir la corde du linge à sécher.
한 빨래를 말리는 줄을 지지하는 쇠스랑

밧좁다 [PAT-TJĂP-TA,-TJĂ-OA,-TJĂ-ON] (受) 원307
불 Recevoir.
한 받다

밧치다 [PAT-TCHI-TA,-TCHYE,-TCHIN] (貢) 원308
불 Donner; présenter; offrir (à un supérieur). Payer; dévouer; dédier. 공납밧치다 Kong-nap pat-tchi-ta, Payer les impôts.
한 주다 | 내놓다 | (상관에게) 제공하다 | 지급하다 | 바치다 | 바치다 | [용례 공납밧치다, Kong-nap pat-tchi-ta], 세금을 내다

밧침 [PAT-TCHIM,-I] 원307
불 Lettre qui, dans une syllabe, s'écrit au-dessous. nom des consonnes. =ᄒᆞ다-hă-ta, Souscrire; placer en dessous en écrivant.
한 한 음절에서 아래에 쓰이는 문자 | 자음들의 이름 [용례 =ᄒᆞ다, -hă-ta], 아래에 쓰다, [역주 글자를] 쓸 때 아래에 위치시키다

밧타 [PAT-HTA,PAT-HA,PAT-HEUN] (近) 원307
불 Etre proche.
한 가깝다

1* 방 [PANG,-I] (房) 원301
불 Chambre; appartement.
한 방 | 거처

2* 방 [PANG,-I] (榜) 원301
불 Liste de ceux qui ont été reçus bacheliers au dernier examen; affiche, proclamation écrite.
한 최종 바칼로레아 합격자였던 사람들의 명부 | 벽보, 글로 쓴 발표

3* 방 [PANG,-I] (放) 원301
불 Numéral des coups de fusil.
한 총의 격발을 세는 수사

4* 방 [PANG,-I] (坊) 원301
불 Arrondissement. V.Syn. 면 Myen.
한 구 | [동의어 면, Myen]

방갓 [PANG-KAK,-SI] (方笠) 원302
불 Grand chapeau en bambou blanc d'homme en deuil, en forme de parapluie.
한 상중에 있는 사람이 쓰는 흰 대나무로 만든 우산 모양의 큰 모자

방거 [PANG-KE] 원302
불 Espèce de rouet.
한 물레의 종류

방게 [PĂNG-KEI] (海蟹) 원302
불 Dytique bordé; petit crustacé; petit cancre; petit crabe.
한 가장자리에 테가 둘러진 물방개 | 작은 갑각류 | [역주 북대서양의] 작은 게 | 작은 게

*방결ᄒᆞ다 [PANG-KYEL-HĂ-TA] (防結) 원302
불 Argent donné au prétorien pour faire diminuer les contributions. Estimâtion en sapèques de la quantité de riz qui doit être payée pour les impôts.
한 세금을 감하기 위해서 친위대에게 주는 돈 | 세금으로 지불해야 하는 쌀의 양을 엽전으로 하는 추산

방고래 [PANG-KO-RAI] 원302
불 Conduit de la fumée sous une chambre, sons la maison.
한 방 아래, 집 아래에 있는 연기가 나가는 관

*방곡ᄒᆞ다 [PANG-KOK-HĂ-TA] (防穀) 원302
불 Empêcher d'emporter les grains; défense d'exporter les blés.
한 곡식을 가져가지 못하게 막다 | 곡식의 수출 금지

*방관ᄒᆞ다 [PANG-KOAN-HĂ-TA] (傍觀) 원302
불 Suivre une affaire; voir comment elle tourne. Etre témoin, arbitre. Regarder, considérer, se tenir simple spectateur, sans intervenir.
한 일에 관심을 기울이다 | 그것이 어떻게 돌아가는지 보다 | 증인, 심판관이다 | 보다, 주시하다, 개입 없이 단지 구경꾼으로 처신하다

*방광 [PANG-KOANG,-I] (膀胱) [원]302
[불] La vessie. Partie du corps au-dessous des reins, de la ceinture, (en dedans et en dehors) les os du bassin; le bassin.
[한] 방광 | 신장, 허리 아래에 있는 몸의 일부, (안과 밖에 있는) 골반 뼈 | 골반

방구리 [PANG-KOU-RI] (小盆) [원]302
[불] Petite cruche, espèce de vase de terre un peu plus petit que le 통의 Tong-eui.
[한] 작은 단지, 통의 Tong-eui 보다 조금 더 작은 흙으로 만든 그릇의 종류

1*방구ᄒᆞ다 [PANG-KOU-HĂ-TA] (旁求) [원]302
[불] Chercher partout; aller chercher de tous côtés.
[한] 여기저기 찾다 | 사방으로 찾으러 가다

2*방구ᄒᆞ다 [PANG-KOU-HĂ-TA] (防口) [원]302
[불] Prévenir, empêcher à l'avance; empêcher quelqu'un de parler.
[한] 알리다, 미리 막다 | 누군가가 말하는 것을 막다

*방군 [PANG-KOUN,-I] (榜軍) [원]302
[불] Valet qui apporte le certificat de réception d'un bachelier.
[한] 바칼로레아 합격자의 합격증을 가지고 오는 시종

*방귀뎐리ᄒᆞ다 [PANG-KOUI-TYEN-RI-HĂ-TA] (放歸田里) [원]302
[불] Rappel de l'exil; renvoyer chez soi (un mandarin disgracié).
[한] 유배로부터의 복귀 명령 | (파면당한 관리를) 자신의 집으로 돌려보내다

방그시열다 [PANG-KEU-SI-YEL-TA,-TEL-E,-YEN] (半開) [원]302
[불] Etre à demi ouvert; entr'ouvert.
[한] 반쯤 열려 있다 | 방긋이 벌어져 있다

*방극 [PANG-KEUK,-I] (方棘) [원]302
[불] Grands travaux de culture; le temps des grands travaux des champs.
[한] 많은 농사일 | 밭일이 많은 시기

*방금 [PANG-KEUM,-I] (防禁) [원]302
[불] Défense; prohibition.
[한] 금지 | 금지

방긋방긋ᄒᆞ다 [PANG-KEUT-PANG-KEUT-HĂ-TA] (半笑) [원]302
[불] (Bourgeon, petites feuilles ou fleurs jeunes et tendres au printemps) s'épanouir; commencer à s'épanouir.
[한] (싹, 작은 나뭇잎, 또는 어리고 부드러운 봄의 꽃이) 피다 | [[역주] 꽃이] 피기 시작하다

방긔 [PANG-KEUI] ([illegible]) [원]302
[불] Pet; vent qui sort du corps par derrière avec bruit; flatuosité.
[한] 방귀 | 소리와 함께 엉덩이로 몸에서 빠져나가는 바람 | 위장 내에 찬 가스

방기 [PANG-KĂI] [원]302
[불] Hydrophile spinipenne.
[한] 물땅땅이

방나다 [PĀNG-NA-TA,-NA,-NAN] (榜出) [원]302
[불] Proclamer les bacheliers, c.a.d. terminer les examens de baccalauréat. ‖ C'en est fait; hors de service; usé; qui n'est plus bon à rien; être désespéré.
[한] 바칼로레아 합격자들을 발표하다, 즉 바칼로레아 시험을 끝내다 | 끝장이다 | 쓸모없다 | 닳다 | 더 이상 아무 데도 필요하지 않다 | 절망하다

*방노 [PANG-NO] (房勞) [원]302
[불] Réunion des époux; passer la nuit ensemble; concubitus; acte conjugal.
[한] 부부의 결합 | 함께 밤을 보내다 | 성행위 | 부부의 활동

방노ᄅᆞᆷ [PĀNG-NO-RĂM,-I] (房遊) [원]302
[불] Débauche dans une chambre (un mauvais sujet et une fille de joie dans une chambre); partie de débauche.
[한] 방안에서의 난봉(한 방에서 행실이 나쁜 사람과 창녀) | 방탕한 놀이

*방농 [PANG-NONG,-I] (方農) [원]302
[불] Temps des grands travaux de la campagne; commencement des travaux de l'agriculture.
[한] 시골에 일이 많은 시기 | 농사일의 시작

*방닙 [PANG-NIP,-I] (方笠) [원]302
[불] Grand chapeau d'homme en deuil, en osier.
[한] 버들로 된 상중인 사람이 쓰는 큰 모자

*방도 [PANG-TO] (方度) [원]303
[불] Homme qui sait se débrouiller, se tirer d'affaire, obtenir ce qui est nécessaire. ‖ Moyen.
[한] 적절한 조치를 취할 줄 아는 사람, 난관에서 벗어나다, 필요한 것을 얻다 | 방법

*방돌 [PANG-TOL,-I] (房突) [원]303
[불] Dalies, pierres qui servent à paver une chambre.
[한] 포석, 방을 포장하기 위해 사용되는 돌

방등이 [PANG-TEUNG-I] [원]303

불 Bas de l'échine; bas de la colonne vertébrale; os de la fesse.
한 척추의 밑 부분 | 척추의 밑 부분 | 둔부의 뼈

*방략 [PANG-RYAK] (方略) 원303
불 Moyen.
한 방법

방망이 [PANG-MANG-I] (椎) 원302
불 Espèce de maillet à battre le linge pour le laver; battoir.
한 세탁물을 씻기 위해 그것을 치는 데 사용하는 방망이의 종류 | 빨랫방망이

방망이군 [PANG-MANG-I-KOUN,-I] (椎軍) 원302
불 Qui se met en travers pour empêcher des négociations, pour compromettre le succès d'une affaire.
한 협상을 방해하기 위해, 일의 성공을 위태롭게 하기 위해 가로막는 사람

방망이드다 [PANG-MANG-I-TEU-TA,-TEU-RE,-TEUN] (沮戲) 원302
불 Empêcher une affaire.
한 일을 방해하다

*방매ᄒᆞ다 [PANG-MAI-HĂ-TA] (放賣) 원302
불 Marchandise; objet à vendre. Vendre.
한 상품 | 팔 물건 | 팔다

*방목 [PĂNG-MOK,-I] (榜目) 원302
불 Diplôme de baccalauréat; certificat de réception d'un bachelier. ‖ Affiche; proclamation.
한 바칼로레아 합격증서 | 바칼로레아 합격자의 합격 증명서 | 게시 | 발표

1*방문 [PANG-MOUN,-I] (方文) 원302
불 Pharmacie; recette, formule de médecine.
한 약학 | 처방, 약의 처방

2*방문 [PANG-MOUN,-I] (房門) 원302
불 Porte d'une chambre.
한 방의 문

*방문ᄒᆞ다 [PANG-MOUN-HĂ-TA] (訪問) 원302
불 Chercher partout; demander de tous côtés.
한 여기저기 찾다 | 사방으로 묻다

*방물 [PANG-MOUL,-I] (方物) 원302
불 Objets de toute sorte; marchandises de toute espèce.
한 모든 종류의 물건 | 모든 종류의 상품

*방물군ᄌᆞ [PANG-MOUL-KOUN-TJĂ] (方物君子) 원302
불 Qui connaît toutes sortes d'objets, de marchandises.
한 모든 종류의 물건, 상품을 아는 사람

*방법ᄒᆞ다 [PANG-PEP-HĂ-TA] (防法) 원302
불 Faire des superstitions pour chasser une maladie; fermer la voie aux maladies.
한 병을 쫓기 위해 미신적인 행위를 하다 | 병에 이르는 경로를 막다

*방변ᄒᆞ다 [PANG-PYEN-HĂ-TA] (防變) 원302
불 Se préparer pour éviter un malheur.
한 불행을 피하기 위해서 준비하다

*방보 [PANG-PO] (坊報) 원302
불 Réponse ou lettre du mandarin au chef (préfet) de police, certifiant qu'il n'y a pas de criminels dans son district.
한 경찰의 장(도지사)에게 보내는, 자신의 구역에는 범죄자가 없다는 것을 증명하는 관리의 응답이나 편지

방보ᄒᆞ다 [PANG-PO-HĂ-TA] (防報) 원303
불 Réclamer.
한 요청하다

방부리지다 [PANG-POU-RI-TJI-TA,-TJYE,-TJIN] 원303
불 Ne pas s'étendre; ne pas se développer; rester dans un monceau (racines de plantes).
한 확장되지 않다 | 발전하지 않다 | (식물의 뿌리가) 더미 안에 머물러 있다

*방불ᄒᆞ다 [PĀNG-POUL-HĂ-TA] (彷彿) 원303
불 Choses semblables, égales; être semblable, se ressembler.
한 비슷한, 같은 물건 | 비슷하다, 닮다

*방비ᄒᆞ다 [PANG-PI-HĂ-TA] (防備) 원302
불 Préparer; faire des préparatifs de défense; prévenir.
한 준비하다 | 방어할 준비를 하다 | 예방하다

*방ᄇᆡᆨ [PANG-PĂIK,-I] (方伯) 원302
불 Gouverneur de la province.
한 지방의 지사

1*방샤ᄒᆞ다 [PANG-SYA-HĂ-TA] (放邪) 원303
불 Etre débauché; mener la vie.
한 방탕하다 | 생활을 하다

2*방샤ᄒᆞ다 [PĀNG-SYA-HĂ-TA] (放赦) 원303
불 Indulgences réelles. Indulgencier. Etre indulgencié.
한 실제의 면죄 | 면죄하다 | 면죄받다

방샤ᄒᆞ야주다 [PĀNG-SYA-HĂ-YA-TJOU-TA,-TJOUE,-TJOUN] (放赦出送) 원303
불 Indulgencier.

한 면죄하다

*방샹슈 [PANG-SYANG-SYOU] (方相手) 원303

불 Homme couvert d'un masque affreux (représentant la figure de Ham-koui-tcheui), qui précède le convoi funèbre d'un ministre, pour effrayer le diable (superst.).

한 악마를 겁주기 위해, 장관의 장례 행렬 앞에 가는, (Ham-koui-tcheui의 얼굴을 재현하는) 무서운 가면을 쓴 사람 (미신)

*방셔 [PANG-SYE] (方書) 원303

불 Livre qui traite du culte du démon. ‖ Affiche, proclamation par écrit.

한 악마의 숭배를 다루는 책 | 게시물, 글로 쓴 선언문

*방셕 [PANG-SYEK,-I] (方席) 원303

불 Coussin; natte; coussinet.

한 쿠션 | 자리 | 작은 쿠션

방셩 [PANG-SYENG,-I] (村) 원303

불 Village.

한 마을

*방셩대곡 [PĀNG-SYENG-TAI-KOK,-I] (放聲大哭) 원303

불 Pleurs et lamentations bruyantes.

한 떠들썩한 눈물과 비탄

*방소 [PANG-SO] (方所) 원303

불 Lieu; endroit; place.

한 장소 | 곳 | 위치

*방손 [PANG-SON,-I] (傍孫) 원303

불 Descendants par une branche cadette; descendants par les cadets.

한 손아래 분파의 후손들 | 손아래 형제들에 의해서 계승된 후손들

*방숑ᄒᆞ다 [PANG-SYONG-HĂ-TA] (放送) 원303

불 Délivrance d'un prisonnier; mettre en liberté.

한 죄인의 석방 | 석방하다

*방신지물 [PANG-SIN-TJI-MOUL,-I] (防身之物) 원303

불 Arme défensive, objet pour se protéger (v.g. la nuit contre les tigres, les voleurs).

한 방어 무기, 자신을 보호하기 위한 물건 (예. 호랑이, 도둑에 대한 밤)

*방신ᄒᆞ다 [PAL-SIN-HĂ-TA] (發身) 원306

불 Esclave libéré; homme du peuple reçu bachelier. Sortir de sa position bonne ou mauvaise; changer d'état.

한 해방된 노예 | 바칼로레아 합격자가 된 평민 | 좋거나 나쁜 자신의 지위에서 벗어나다 | 신분을 바꾸다

방실방실하다 [PANG-SIL-PANG-SIL-HĂ-TA] 원303

불 Etat d'un tout petit enfant qui essaie de rire. S'épanouir.

한 웃으려 하는 아주 어린 아이의 상태 | [역주 얼굴·마음이] 밝아지다

*방심ᄒᆞ다 [PĀNG-SIM-HĂ-TA] (放心) 원303

불 Contiant; sûr; sans crainte. se tranquilliser; cesser de craindre ou de s'inquiéter.

한 신용하다 | 확신하다 | 두려움이 없다 | 안심하다 | 두려워하거나 불안해하는 것을 멈추다

1*방ᄉᆞ [PĀNG-SĂ] (放肆) 원303

불 Qui fait à sa volonté et ne veut pas se plier à celle des autres.

한 자신의 의지대로 하고 다른 사람들의 의지에 순응하지 않는 사람

2*방ᄉᆞ [PANG-SĂ] (房事) 원303

불 Acte conjugal.

한 부부 관계

*방ᄉᆡᆨᄒᆞ다 [PANG-SĂIK-HĂ-TA] (防塞) 원303

불 S'excuser en accusant faussement un autre. ‖ Empêcher; prévenir.

한 사실과 달리 다른 사람을 비난하면서 변명하다 | 막다 | 예방하다

방아 [PANG-A] (砧) 원301

불 Bascule à pilon. pour écosser le riz ou faire de la farine.

한 쌀의 껍질을 까거나 가루를 만들기 위한 절굿공이의 흔들굴대

방아나물 [PANG-A-NA-MOUL,-I] (砧菜) 원301

불 Herbe de St. Jean(potagère).

한 (식용의) 고추나무류의 풀

방아물 [PANG-A-MOUL] (砧水) 원301

불 Pilon mis en mouvement par une chute d'eau.

한 물이 떨어지면서 움직이게 되는 절굿공이

방아쇠 [PANG-A-SOI] (砧鐵) 원301

불 Chien d'un fusil.

한 권총의 공이치기

방안왈쟈 [PANG-AN-OAL-TJYA] 원301

불 Vantard; brave en paroles.

한 허풍을 떠는 사람 | 말로만 용감한 사람

*방약무인 [PANG-YAK-MOU-IN,-I] (傍若無人) 원301

불 Qui croit tout savoir mieux que les autres; homme dédaigneux, qui se tient à l'écart par orgueil.
한 다른 사람들보다 더 잘 모두 안다고 믿는 사람 | 교만하여 따로 있는 건방진 사람

1* 방어 [PANG-E] (魴魚) 원301
불 Poisson de mer (p. ê. le thon).
한 바닷고기 (아마도 다랑어)

2* 방어 [PANG-E] (方語) 원301
불 Idiome, accent. Langage différent d'un lieu.
한 방언, 사투리 | 한 곳의 다른 언어

*방어ᄉᆞ [PANG-E-SĂ] (防禦使) 원301
불 Mandarin militaire; colonel. Nom d'une dignité; chef des garde-côtés. Mandarin chargé de la surveillance d'un lieu.
한 군대의 관리 | 육군 대령 | 고위직의 명칭 | 해안 경비대의 우두머리 | 한 곳의 감시 임무를 맡은 관리

*방언 [PANG-EN,-I] (方言) 원301
불 Idiome, accent. Langage spécial d'un endroit.
한 방언, 사투리 | 한 장소의 특유의 말

*방역 [PANG-YEK,-I] (坊役) 원301
불 Affaires de préfecture.
한 도청의 일

*방역ᄒᆞ다 [PANG-YEK-HĂ-TA] (防役) 원301
불 Prévevenir; empêcher à l'avance.
한 예방하다 | 미리 막다

*방예ᄒᆞ다 [PANG-YEI-HA-TA] (防預) 원301
불 Espèce de superstition pour chasser une maladie. Fermer la route aux maladies, aux mauvais génies (superst.).
한 병을 쫓기 위한 미신의 종류 | 병이 오는 길, 악령들이 오는 길을 막다 (미신)

*방외범식ᄒᆞ다 [PANG-OI-PEM-SĂIK-HĂ-TA] (房外犯色) 원301
불 Adultère; commettre un adultère.
한 간통 | 간통을 저지르다

1 방울 [PANG-OUL,-I] (鈴) 원301
불 Cloche, clochette, grelot.
한 종, 작은 종, 방울

2 방울 [PANG-OUL,-I] (水鈴) 원301
불 Bulle; goutte d'eau; vésicule; goutte.
한 거품 | 물방울 | 기포 | 방울

3 방울 [PANG-OUL,-I] (松鈴) 원301
불 Pomme de pin.
한 솔방울

방울방울흐르다 [PANG-OUL-PANG-OUL-HEU-REU-TA, -HEUL-NE,-HEU-REUN] (滴滴流) 원301
불 Tomber goutte à goutte.
한 방울방울 떨어지다

방울새 [PANG-OUL-SAI] (鈴鳥) 원301
불 Tout petit oiseau.
한 매우 작은 새

방울쏫 [PANG-OUL-KKOT,-SI] (鈴花) 원301
불 Espèce de fleur.
한 꽃의 종류

*방위 [PANG-OUI] (方位) 원301
불 Côté, direction, endroit, résidence du diable maître de la maison.
한 방면, 방향, 장소, 악마의 거주지, 집의 주인

1* 방임 [PANG-IM,-I] (放任) 원301
불 Changement des charges, des prétoriens.
한 임무의, 친위병들의 교체

2 방임 [PANG-IM,-I] (坊任) 원301
불 Fonctionnaire public.
한 공무원

*방쟈 [PANG-TJYA] (妨者) 원303
불 Figure représentant ceux à qui l'on veut faire du mal par sortilége, comme dans l'envoûtement. (superst.).
한 마치 저주에 빠진 것처럼, 마법으로 해를 끼치고자 하는 사람들을 재현하는 그림 (미신)

방쟝맛다 [PANG-TJYANG-MAT-TA,-MA-TJYE,-MA-TJĂN] 원303
불 N'avoir pas de chance.
한 운이 없다

*방쟝부졀일다 [PANG-TJYANG-POU-TJYEL-IL-TA] (方長不折) 원303
불 Ne pas briser la pousse qui s'élève avec force. ‖ Malheureux, funeste. C'est de mauvais augure.
한 힘차게 돋아나는 싹을 꺾지 않다 | 불행하다, 불길하다 | 흉조이다

*방쟝에 [PANG-TJYANG-EI] (方將) 원303
불 Maintenant; à cet instant; alors.
한 지금 | 당장에 | 그때

*방젹 [PANG-TJYEK,-I] (紡績) 원303
불 Tissage; couture. Femme qui sait tisser.
한 베 짜기 | 바느질 | [역주 베를] 짤 줄 아는 여자

방졍스럽다 [PANG-TJYENG-SEU-REP-TA,-RE-OUE,

-RE-ON] [원]304

[불] Léger; volage; étourdi; présomptueux. Syn. 망샹스럽다 Mang-syang-seu-rep-ta.

[한] 가볍다 | 변덕스럽다 | 경솔하다 | 오만하다 | [동의어 망샹스럽다, Mang-syang-seu-rep-ta.]

*방죠 [PANG-TJYO] (傍祖) [원]304

[불] Descendants d'un frère cadet par rapport aux descendants d'un frère aîné; frère d'un des ancêtres.

[한] 손위 형제의 후손들과 비교하여 손아래 형제의 후손들 | 조상들 중 하나의 형제

*방죵ᄒᆞ다 [PANG-TJYONG-HĂ-TA,-HĂN,-HI] (放縱) [원]304

[불] Faire à sa volonté et ne pas se plier à celle des autres. Etre impudent, effronté, éhonté, effréné.

[한] 자신의 의지로 행동하고 다른 사람의 의도에 따르지 않다 | 파렴치하다, 염치가 없다, 뻔뻔하다, 방종하다

*방쥬 [PANG-TJYOU] (房主) [원]304

[불] Maître de maison pour les bonzes et les prétoriens.

[한] 승려들과 친위병들을 위한 집의 주인

방쥭 [PANG-TJYOUK,-I] [원]304

[불] Etang; réservoir; lac.

[한] 연못 | 저수지 | 호수

*방직이 [PANG-TJIK-I] (房直) [원]304

[불] Concubine de basse condition et de mauvais antécédents. Femme du harem du mandarin.

[한] 낮은 신분과 나쁜 전력을 가진 첩 | 관리와 한 집에 사는 처첩

*방ᄌᆞ [PANG-TJĂ] (房子) [원]303

[불] Valets de bas étage à la préfecture; enfant d'une esclave de préfecture.

[한] 도청의 신분이 낮은 하인들 | 도청 노예의 아이

*방ᄌᆞᄒᆞ다 [PANG-TJĂ-HĂ-TA] (放恣) [원]303

[불] Effronte; sans gène; immodéré; intempérant; qui fait à sa guise, à sa volonté, être indépendant, superbe, orgueilleux, dédaigneux, présomptueux.

[한] 염치없다 | 뻔뻔스럽다 | 무절제하다 | 과도하다 | 자기 방식대로 행동하다, 자기 의지대로 행동하다, 독립적이다, 오만하다, 거만하다, 건방지다, 젠체하다

*방쳔ᄒᆞ다 [PANG-TCHYEN-HĂ-TA] (防川) [원]304

[불] Faire une digue, une chaussée contre les eaux; faire une barricade pour retenir la berge d'une rivière, d'un torrent; prévenir les inondations.

[한] 둑, 물을 막기 위한 제방을 만들다 | 강, 급류의 제방을 고정시키기 위해서 장벽을 만들다 | 홍수를 예방하다

*방츅 [PANG-TCHYOUK,-I] (防築) [원]304

[불] Etang, lac, réservoir; chaussée pour retenir l'eau.

[한] 연못, 호수, 저수지 | 물을 저장하기 위한 제방

*방탕ᄒᆞ다 [PĂNG-HTANG-HĂ-TA,-HĂN,-HI] (放蕩) [원]303

[불] Dissolu; se livrer au libertinage; se dévoyer.

[한] 방탕하다 | 방탕에 빠지다 | 타락하다

*방텰 [PANG-HTYEL,-I] (方鐵) [원]303

[불] Morceau de fer; cheville de fer; crampon de fer.

[한] 쇳조각 | 쇠로 만든 쐐기 | 쇠로 만든 꺾쇠

¹방통이 [PANG-HTONG-I] [원]303

[불] Espèce de jeu qui consiste à lancer, avec la main, de petites flèches dans un vase.

[한] 손으로 작은 화살들을 항아리 안에 던지는 놀이의 종류

²방통이 [PANG-HTONG-I] [원]303

[불] Arc dont la flèche a plusieurs pointes en faisceau, pour tirer les petits oiseaux.

[한] 작은 새들을 쏘기 위해, 화살에 여러 개의 화살촉이 다발로 달린 활

*방판 [PANG-HPAN,-I] (方板) [원]303

[불] Fond, planche du fond d'un cercueil.

[한] 바닥, 관 바닥의 판자

방판나다 [PANG-HPAN-NA-TA] [원]303 ☞방판되다

*방판되다 [PANG-HPAN-TOI-TA] (放板) [원]303

[불] Etre manqué, ruiné; tout espoir est perdu.

[한] 실패하다, 몰락하다 | 모든 희망을 잃다

방패 [PANG-HPAI] (干) [원]303

[불] Bouclier (écusson). ‖ Protection.

[한] 방패 (방패꼴의 작은 가문) | 보호 장비

*방폐ᄒᆞ다 [PANG-PHYEI-HĂ-TA] (防弊) [원]303

[불] Empêcher une calamité; prévenir ou empêcher les abus.

[한] 재난을 막다 | 악습을 예방하거나 막다

*방포 [PĂNG-HPO] (放砲) [원]303

[불] Signal donné par un coup de fusil ou de canon.

[한] 총이나 대포의 발사에 의해 보내진 신호

*방포ᄒᆞ다 [PANG-HPO-HĂ-TA] (放砲) [원]303

[불] Décharger un fusil.

[한] 총을 쏘다

*방풍 [PANG-HPOUNG,-I] (防風草) ㊙303
불 Nom d'un remède.
한 약의 이름

*방풍ᄒᆞ다 [PANG-HPOUNG-HĂ-TA] (防風) ㊙303
불 Empêcher le vent de pénétrer; abriter contre le vent; arrêter le vent.
한 바람이 들어오는 것을 막다 | 바람으로부터 보호하다 | 바람을 막다

*방환 [PANG-HOAN,-I] (坊還) ㊙301
불 Argent donné au prétorien pour se faire exempter du 환ᄌᆞ Hoan-tjă.
한 환ᄌᆞ Hoan-tjă를 면제받기 위해 친위대에 주는 돈

방환ᄒᆞ다 [PANG-HOAN-HĂ-TA] (防還) ㊙301
불 Se faire exempter (du 환ᄌᆞ Hoan-tjă) de l'impôt.
한 세금을(환ᄌᆞ Hoan-tjă를) 면제받다

*방황ᄒᆞ다 [PANG-HOANG-HĂ-TA] (彷徨) ㊙302
불 Se promener. Syn. ᄇᆡ회ᄒᆞ다 Păi-hoi-hă-ta.
한 산책하다 | [동의어 ᄇᆡ회ᄒᆞ다, Păi-hoi-hă-ta.]

[1]배 [PAI] (梨) ㊙296
불 Poire.
한 배

[2]배 [PAI] (船) ㊙296
불 Barque; vaisseau.
한 작은 배 | 선박

[3]배 [PAI] (腹) ㊙296
불 Ventre.
한 복부

*배뎡ᄒᆞ다 [PAI-TYENG-HĂ-TA] (排定) ㊙296
불 Déterminer; préciser; faire les apprêts; préparer.
한 결정하다 | 명확하게 하다 | 준비를 하다 | 준비하다

배드득배드득 [PAI-TEU-TEUK-PAI-TEU-TEUK] ㊙296
불 Bruit aigu d'un frottement (se dit, v.g. d'une porte qui crie sur ses gonds, d'un papier, d'un drapeau agité par le vent).
한 문지를 때 나는 날카로운 소리 (예. 경첩에서 소리가 나는 문, 종이, 바람에 의해 흔들리는 깃발에 대해 쓴다)

*배목 [PAI-MOK,-I] (排木) ㊙296
불 Clou ou cheville pour accrocher la porte en y passant l'anneau de fer.
한 쇠고리를 통과시켜 문을 걸기 위한 못 또는 쐐기

*배셜ᄒᆞ다 [PAI-SYEL-HĂ-TA] (排設) ㊙296
불 Apprêter; préparer; disposer; faire les apprêts.
한 채비하다 | 준비하다 | 배치하다 | 준비를 하다

배지우다 [PPA-TJI-OU-TA,-TJI-OUE,-TJI-OUN] (陷) ㊙308
불 Tomber, faire tomber. ‖ Omettre. ‖ Cueillir (des fruits); arracher (des cheveux). ‖ Egarer; faire égarer.
한 떨어지다, 떨어지게 하다 | 생략하다 | (과일을) 따다 | (머리카락을) 뽑다 | 길을 잃게 하다 | 잃어버리게 하다

뱀이 [PAIM-I] (畓庫) ㊙296
불 Numéral pour les rizières.
한 논을 세는 수사

뱌각뱌각 [PYA-KAK-PYA-KAK] ㊙308
불 Se dit du bruit d'un balancement, d'un frottement.
한 흔들리는 소리, 문지를 때 나는 소리에 대해 쓴다

뱌븨다 [PYA-PEUI-TA,-PEUI-YE,-PEUIN] (捏) ㊙308
불 Faire tourner en frottant les mains sur le manche. Percer, faire un trou avec un perçoir.
한 손잡이에 손을 비벼서 돌리다 | 구멍을 뚫다, 송곳으로 구멍을 뚫다

뱌빗뱌빗ᄒᆞ다 [PYA-PIT-PYA-PIT-HĂ-TA] ㊙308
불 Attention que l'on met à percer doucement une chose dure qu'il y a danger de briser. Pulvériser entre ses doigts; pétrir entre ses doigts; rouler entre ses doigts.
한 부러뜨릴 위험이 있는 단단한 물건에 천천히 구멍을 뚫는 데 기울이는 주의력 | 손가락 사이에서 가루로 빻다 | 손가락으로 반죽하다 | 손가락 안에서 굴리다

뱌시여 [PYA-SI-YE] ㊙308
불 Presque; à peu près; il s'en faut d'un rien.
한 거의 | 대략 | 조금이면 된다

뱌실뱌실ᄒᆞ다 [PYA-SIL-PYA-SIL-HĂ-TA] ㊙308
불 Nonchalamment. Montrer de la répugnance; chercher à se retirer, à se mettre de côté (se dit des enfants).
한 무기력하게 | 혐오감을 드러내다 | 자리를 떠나려고 하다, 옆으로 비키려고 하다 (아이들에 대해 쓴다)

뱌착뱌착ᄒᆞ다 [PYA-TCHAK-PYA-TCHAK-HĂ-TA] (僅步) ㊙308
불 Exprime l'état d'un petit enfant qui porte un paquet trop lourd et qui est à chaque instant sur le point de tomber; chanceler sous le poids.
한 너무 무거운 꾸러미를 들고 있어서 매 순간 넘어질 태세인 어린 아이의 상태를 나타낸다 | 무게 때문에 비틀거리다

뱌틀뱌틀ᄒᆞ다 [PYA-HTEUL-PYA-HTEUL-HĂ-TA] ㊙308
불 Mou et desséché (état des plantes nouvellement plant-

ées et desséchées par le soleil). Chanceler sous le faix.
한 힘없고 말라붙다(최근에 심어 햇볕에 말라붙은 식물의 상태) | 무거운 짐 때문에 비틀거리다

뱍뱍 [PYAK-PYAK,-I] 원308
불 Cri des petits poulets.
한 작은 병아리들이 내는 소리

뱍뱍소릐ᄒᆞ다 [PYAK-PYAK-SO-RĂI-HĂ-TA] 원308
불 Crier comme certains animaux (v.g. la belette, le cygne).
한 몇몇 동물들 (예. 족제비, 백조)처럼 울다

뱐들뱐들ᄒᆞ다 [PYAN-TEUL-PYAN-TEUL-HĂ-TA] 원308
불 Etre éhonté. ‖ Etre plat, uni.
한 뻔뻔스럽다 | 평평하다, 고르다

뱐쟉뱐쟉ᄒᆞ다 [PYAN-TJYAK-PYAN-TJYAK-HĂ-TA] 원308
불 Chassieux (yeux); qui a des humeurs aux yeux. ‖ Plat, uni.
한 눈꼽이 낀 (눈) | 눈에 분비물이 있다 | 평평하다, 고르다

뱐ᄎᆞ리 [PYAN-TCHĂ-RI] (瘦瘠) 원308
불 Patraque; être sans force, faible.
한 허약하다 | 힘이 없다, 약하다

뱝새 [PYAP-SAI] 원308
불 Espèce de petit oiseau; piegrièche grise, lanius excubitor.
한 작은 새의 종류 | 회색 때까치, 때까치

뱟치뱟치ᄒᆞ다 [PYAT-TCHI-PYAT-TCHI-HĂ-TA] 원308
불 Extrêmement. ‖ Se flétrir; se rider; se ratatiner.
한 극도로 | 시들다 | 주름이 잡히다 | 쭈글쭈글해지다

뱡글뱡글웃다 [PYANG-KEUL-PYANG-KEUL-OUT-TA] 원308
불 Rire sans bruit, doucement.
한 소리 없이, 조용히 웃다

버거 [PE-KE] (副) 원313
불 Qui vient ensuite; le suivant; le deuxième.
한 다음에 오는 것 | 다음 것 | 두 번째

버걱버걱ᄒᆞ다 [PE-KEK-PE-KEK-HĂ-TA] 원313
불 Exprime l'état de ce qui est brisé. Craquer (du bois mal joint).
한 깨진 것의 상태를 나타낸다 | (잘못 접합된 목재가) 삐그덕 소리를 내다

버굿 [PE-KOUT,-KOUT-SI] (大厚皮) 원313
불 La première peau du sapin, l'écorce à l'extérieur. Ecorce de pin très-épaisse, que les pêcheurs attachent à leurs filets en guise de liége.
한 전나무의 첫 번째 껍질, 외부에 있는 나무껍질 | 어부들이 코르크 부표 대신 그들의 그물에 매다는 매우 두꺼운 소나무의 껍질

버근버근ᄒᆞ다 [PE-KEUN-PE-KEUN-HĂ-TA] 원313
불 Exprime l'état de ce qui est brisé. Etre fêlé.
한 깨진 것의 상태를 나타낸다 | 금이 가다

버근ᄒᆞ다 [PE-KEUN-HĂ-TA] 원313
불 S'éloigner un peu; se retirer un peu; n'avoir plus autant d'intimité.
한 약간 멀어지다 | 약간 물러나다 | 더 이상 그만큼 친밀함이 없다

버금 [PE-KEUM,-I] (次) 원313
불 Le second; qui vient à la suite; le suivant.
한 두 번째 | 다음에 오는 것 | 다음 것

버다 [PE-TA,PER-E,PEN] 원318
불 S'étendre, se répandre (huile).
한 (기름이) 퍼지다, 쏟아지다

버더가다 [PE-TE-KA-TA,-KA,-KAN] 원318
불 Chose qui ne va pas parfaitement, pas bien.
한 완벽하게 되어 가지 않는, 잘되어 가지 않는 것

버들나무 [PE-TEUL-NA-MOU] (柳木) 원318
불 Saule, arbre.
한 버드나무, 나무

버러 [PE-RE] 원316
불 Distinctement, sans confusion.
한 분명하게, 혼동 없이

버러가다 [PĔ-RE-KA-TA,-KA,-KAN] 원316
불 Se répandre, s'étendre (v.g. l'huile).
한 (예. 기름이) 쏟아지다, 퍼지다

버러먹다 [PE-RE-MEK-TA,-MEK-E,-MEK-EUN] 원316
불 Travailler pour gagner sa vie, pour vivre. Syn. 벌다 Pel-ta.
한 생계를 유지하기 위해, 살기 위해 일하다, [동의어 벌다, Pel-ta]

버러셔다 [PĔ-RE-SYE-TA,-SYE,-SYEN] (羅立) 원316
불 Etre en ligne, à la file; être ou se tenir distinctement, en ordre, sans confusion.
한 줄지어, 연이어 있다 | 분명히, 질서정연하게, 혼란 없이 있거나 유지되다

버러쓰다 [PĔ-RE-SSEU-TA,-SSYE,-SSEUN] 원317
불 Faire argent de tout.
한 모든 수단을 다해 돈을 벌다

버러지 [PE-RE-TJI] (虫) 원317
불 Insecte; petite bête.
한 벌레 | 작은 동물

버러지다 [PĔ-RE-TJI-TA,-TJYE,-TJIN] 원317
불 S'ouvrir; se fendre; bâiller; s'entr'ouvrir; être fendu, entr'ouvert.
한 열리다 | 쪼개지다 | 벌어지다 | 갈라지다 | 금이 가다, 반쯤 벌어지다

버럭버럭먹다 [PE-REK-PE-REK-MEK-TA,-MEK-E,-MEK-EUN] (善食) 원316
불 Manger gloutonnement, avec avidité.
한 게걸스럽게, 탐욕스럽게 먹다

버럭ᄒᆞ다 [PE-REK-HĂ-TA] 원316
불 Beaucoup.
한 많이

[1]버렁 [PE-RENG] 원316
불 Largement.
한 넓게

[2]버렁 [PE-RENG,-I] 원316
불 Tour, bord du chapeau, surface ronde autour du chapeau.
한 모자의 둘레, 가장자리, 모자 둘레의 둥근 표면

버레 [PE-REI] (虫) 원316
불 Insecte; petite bête.
한 벌레 | 작은 동물

버렛줄 [PE-REIT-TJOUL,-I] 원316
불 Cordes pour retenir, pour empêcher de tomber, de s'abattre; corde de halage; corde pour retenir les bords du chapeau ferme contre le vent.
한 고정시키기 위한, 떨어지는 것을 막기 위한, 무너지는 것을 막기 위한 줄 | 예선줄 | 바람에 대비해 모자의 가장자리를 단단히 잡아매기 위한 줄

버루쓰다 [PE-ROU-SSEU-TA,-SSE,-SSEUN] 원317
불 Faire beaucoup d'affaires; avoir un vaste commerce. ‖ Bien marcher les jambes écartées (cheval, bœuf, etc.).
한 많은 일을 하다 | 대규모의 거래를 하다 | (말, 소 등이) 다리를 벌려서 잘 걷다

버르쟝이 [PE-REU-TJYANG-I] (行習) 원317
불 Habitude; défaut; vice.
한 습관 | 결점 | 악덕

버릇 [PE-REUT,-SI] (所習) 원317
불 Habitude; mauvaise habitude; vice; défaut.
한 습관 | 나쁜 습관 | 악덕 | 결점

버릐줄 [PE-REUI-TJOUL,-I] 원317
불 Cordes pour retenir, pour appuyer.
한 고정시키기 위한, 받치기 위한 줄

버리다 [PĔ-RI-TA,-RYE,-RIN] (開張) 원317
불 Ouvrir (la bouche, un sac); ouvrir en dilatant.
한 (입, 가방을) 열다 | 넓혀서 열다

버리줄 [PE-RI-TJOUL,-I] 원317
불 Cordes pour retenir, appuyer.
한 고정시키기 위한, 받치기 위한 줄

버리ᄒᆞ다 [PE-RI-HĂ-TA] (生涯) 원317
불 Faire argent; gagner juste de quoi vivre; gagner la veille de quoi se nourrir le lendemain sans avoir de reste.
한 돈을 벌다 | 빠듯하게 벌다 | 남는 것 없이 다음 날 먹을 것을 그 전날 벌다

버ᄅᆞᆺ [PE-RĂT,-I] (習慣) 원316
불 Mauvaise habitude; défaut; habitude; usage (ce mot s'emploie souvent en mal).
한 나쁜 습관 | 결점 | 버릇 | 관행 (이 단어는 종종 나쁜 뜻으로 사용된다)

버ᄅᆞᆺ사오납다 [PE-RĂT-SA-O-NAP-TA,-NA-OA,-NA-ON] (惡習) 원316
불 Avoir de vilaines habitudes.
한 고약한 버릇을 가지다

버ᄅᆞᆺ업다 [PE-RĂT-OP-TA,-EP-SE,-EP-SĂN] (無度) 원316
불 Etre mal élevé.
한 버릇없다

버무레 [PE-MOU-REI] 원313
불 Espèce de mauvais gâteaux; herbe pilée avec de la pâte de riz pour en faire des gâteaux.
한 조잡한 떡의 종류 | 떡을 만들기 위해 쌀반죽과 같이 찧은 풀

버무리다 [PE-MOU-RI-TA,-RYE,-RIN] (混同) 원313
불 Mélanger plusieurs choses diverses pour en faire un monceau; mêler.
한 더미를 만들기 위해서 여러 다양한 것들을 섞다 | 혼합하다

버셔나다 [PE-SYE-NA-TA,-NA,-NAN] (脫出) 원318
불 Faire sortir; extirper.
한 나오게 하다 | 근절시키다

버셔ᄇᆞ리다 [PE-SYE-PĂ-RI-TA,-RYE,-RIN] (脫棄) 원318
불 Se dépouiller de… et rejeter; cesser de.

한 ~을 버리고 내던지다 | ~을 그만두다

버셔지다 [PE-SYE-TJI-TA,-TJYE,-TJIN] (脫) 원318

불 Se dépouiller; se dénuder; quitter ses habits; se découvrir (le ciel); devenir chauve; se mettre à sec (plage); tomber (écorce, peau, enveloppe).

한 옷을 벗다 | 노출되다 | 자신의 옷을 벗다 | (하늘이) 개다 | 대머리가 되다 | 마른 곳에 몸을 두다 (해변) | (나무껍질, 표피, 외피가) 떨어지다

버셕버셕ᄒᆞ다 [PE-SYEK-PE-SYEK-HĂ-TA] 원318

불 Bruit d'herbe sèche froissée; bruire (comme de la paille froissée).

한 마른 풀이 부서지는 소리 | (부서진 짚처럼) 미미한 소리를 내다

버션 [PE-SYEN,-I] (襪) 원318

불 Bas; chaussettes.

한 긴 양말 | 짧은 양말

[1]버셧 [PE-SYET,-SI] (菌) 원318

불 Champignon.

한 버섯

[2]버셧 [PE-SYET,-SI] 원318

불 Espèce de graisse semblable à de la neige, qui se trouve dans le porc. V.Syn. 이ᄌᆞ I-tjă.

한 돼지고기에 있는, 눈처럼 생긴 지방의 종류 | [동의어 이ᄌᆞ, I-tjă]

[1]버셩긔다 [PE-SYENG-KEUI-TA,-KEUI-YE,-KEUIN] 원318

불 Faire une chose sans attention, sans application.

한 주의를 기울이지 않고, 열의 없이 하다

[2]버셩긔다 [PE-SYENG-KEUI-TA] 원318

불 Etre froids, un peu brouillés ensemble.

한 냉담하다, 서로 사이가 조금 틀어지다

[3]버셩긔다 [PE-SYENG-KEUI-TA] (疏) 원318

불 Etre rare, être clair-semé.

한 드물다, 희박하다

버어리 [PE-E-RI] (生涯) 원312

불 Gain; solde; travail pour gagner sa vie.

한 벌이 | 봉급 | 생활비를 벌기 위한 일

버즘 [PE-TJEUM,-I] (癬) 원318

불 Dartre vive.

한 심한 옴

버히다 [PE-HI-TA,-HYE,-HIN] (斬) 원313

불 Etre coupé.

한 잘리다

벅고 [PEK-KO] (法鼓) 원313

불 Grosse caisse; grand tambour; tambour à manche des bonzes.

한 큰북 | 큰북 | 승려들이 치는 자루가 달린 북

벅국머리 [PEK-KOUK-ME-RI] 원313

불 Tête (se dit de tout objet qui se termine par une grosseur ressemblant à une tête pour la forme ou la position).

한 머리 (형태 또는 위치에 있어 머리를 닮은, 끝이 굵은 모든 물건에 대해 쓴다)

벅국새 [PEK-KOUK-SAI] (斑鳩) 원313

불 Tourterelle.

한 멧비둘기

벅다히다 [PEK-TA-HI-TA,-TA-HYE,-TA-HIN] 원313

불 Dire qu'on ne fera pas; refuser de faire, de se soumettre; s'opiniâtrer dans la dispute; vouloir avoir le dernier mot.

한 하지 않을 것이라고 말하다 | 할 것을, 복종할 것을 거부하다 | 논쟁에서 고집하다 | 논쟁에서 이기고 싶어 하다

벅벅이 [PEK-PEK-I] (應) 원313

불 Certainement; sans doute; sans aucun doute.

한 확실히 | 확실히 | 틀림없이

벅치다 [PEK-TCHI-TA,-TCHYE,-TCHIN] 원313

불 Très-plein; être plein; trop plein; excessif.

한 매우 충만하다 | 가득 차다 | 너무 많다 | 과도하다

벅킈다 [PEK-HKOUI-TA,-HKOUI-YE,-HKOUIN] 원313

불 Ecarter, entr'ouvrir.

한 사이를 떼어 놓다, 반쯤 벌리다

벅클 [PEK-HKEUL,-I] 원313

불 Résidu de sel (monceau qui ne peut servir); les eaux mères du sel. Tartre, dépôt tartreux de l'urine.

한 소금의 찌꺼기 (사용할 수 없는 더미) | 소금의 모액 | 물때, 오줌에서 물때가 낀 침전물

*번 [PEN,-I] (番) 원314

불 Service; emploi; faction; temps de garde. ‖ Fois(une fois, deux fois) 번마다 Pen-ma-ta, Chaque fois. ᄒᆞᆫ번 Hăn-pen, Une fois. ‖ Cote personnelle que paient les plébéiens comme exemption du service militaire.

한 의무 | 직무 | 보초 | 당직 시간 | 번 (한 번, 두 번) | [용례 번마다, Pen-ma-ta], 매번 | [용례 ᄒᆞᆫ번, Hăn-pen], 한 번 | 군복무의 면제로서 서민들이 지불하는 개인 부과금

번개 [PEN-KAI] (電) 원315

불 Eclair, trait de lumière subite.

한 번개, 갑작스러운 광선

*번거ᄒᆞ다 [PEN-KE-HĂ-TA] (煩) 원315

불 Nombreux; être accablant par le nombre; être tumultueux. Etre inquiet, accablé de soucis.

한 수많다 | 수가 많아 성가시다 | 소란스럽다 | 불안하다, 걱정에 짓눌리다

1*번고ᄒᆞ다 [PEN-KO-HĂ-TA] (翻考) 원315

불 Examiner de nouveau.

한 다시 조사하다

2*번고ᄒᆞ다 [PEN-KO-HĂ-TA] (翻庫) 원315

불 Inspecter les greniers publics.

한 공공의 곡식 창고를 검사하다

*번괄이 [PEN-KOAL-I] (煩括) 원315

불 En grand nombre, beaucoup.

한 수많이, 많이

*번구 [PEN-KOU] (煩口) 원315

불 Bavard; indiscret.

한 수다스럽다 | 입이 가볍다

번구ᄒᆞ다 [PEN-KOU-HĂ-TA] 원315

불 Distribuer la nourriture à chacun; donner à chacun sa part de nourriture; partager les mets.

한 각자에게 양식을 나눠주다 | 각자에게 자기 몫의 양식을 주다 | 음식을 분배하다

*번긱하다 [PEN-KĂIK-HĂ-TA] (煩客) 원315

불 Avoir beaucoup d'hôtes; être très-fréquenté par les étrangers.

한 손님이 많다 | 외부 사람들이 매우 자주 드나들다

번나다 [PEN-NA-TA,-NA,-NAN] (下番) 원315

불 Finir son service; sortir de service.

한 근무를 마치다 | 근무를 끝내다

*번뇌ᄒᆞ다 [PEN-NOI-HĂ-TA] (煩惱) 원315

불 Inquiétude; étre accablé de soucis.

한 걱정 | 걱정에 짓눌리다

*번다ᄒᆞ다 [PEN-TA-HĂ-TA,-HĂN,-HI] (繁多) 원315

불 Beaucoup; être nombreux, accablant par le nombre; être affairé, accablé d'affaires; se mêler de tour.

한 많이 | 수많다, 수가 많아 성가시다 | 바쁘다, 일에 짓눌리다 | 일일이 간섭하다

번덕이 [PEN-TEK-I] 원315

불 Nymphe; chrysalide.

한 번데기, 번데기

번데 [PEN-TEI] 원315

불 Chrysalide (de ver à soie); nymphe.

한 (누에의) 번데기, 번데기

번동그리다 [PEN-TONG-KEU-RI-TA,-RYE,-RIN] 원315

불 Mener le train d'un riche (quoiqu'on soit pauvre). Se remuer; se mouvoir; se donner du mouvement.

한 (가난하더라도) 부자의 생활을 하다 | 몸을 움직이다 | 움직이다 | 움직이다

번드다 [PEN-TEU-TA,-TEU-RE,-TEUN] (入番) 원315

불 Commencer son service, entrer en service.

한 근무를 시작하다, 근무 중이다

번드르즈ᄒᆞ다 [PEN-TEU-REU-TJEU-HĂ-TA] 원315

불 Etre mûr à point.

한 적당히 무르익다

번득번득ᄒᆞ다 [PEN-TEUK-PEN-TEUK-HĂ-TA] 원315

불 Brillant; luisant; étinceler; scintiller.

한 빛나다 | 빛나다 | 반짝이다 | 반짝거리다

번득이다 [PEN-TEUK-I-TA,-TEUK-YE,-TEUK-IN] (耿) 원315

불 Etinceler; briller.

한 번득이다 | 빛나다

번듯ᄒᆞ다 [PEN-TEUT-HĂ-TA] (平) 원315

불 Uni et horizontal; être plat, uni, lisse, poli.

한 평탄하고 수평 상태이다 | 평평하다, 평탄하다, 매끄럽다, 반들반들하다

1번듸 [PEN-TEUI] 원315

불 Chrysalide (de ver à soie).

한 (누에의) 번데기

2번듸 [PEN-TEUI] 원315

불 En soi; de soi-même; dans la source.

한 그 자체로 | 저절로 | 근원적으로

*번란ᄒᆞ다 [PEN-RAN-HĂ-TA] (煩亂) 원315

불 Tumulte, bruit, être en désordre, nombreux et confus.

한 동요, 소란 | 혼돈 상태이다, 수가 많고 혼잡하다

*번리 [PEN-RI] (藩籬) 원315

불 Haie, barrière de branches d'arbres autour d'une maison.

한 울타리, 집 주위에 나뭇가지로 만든 방책

*번민ᄒᆞ다 [PEN-MIN-HĂ-TA] (煩悶) 원315

불 Inquiet; être accablé d'ennuis, de soucis.

한 불안하다 | 근심, 걱정에 시달리다

번바ᄅᆞ다 [PEN-PA-RĂ-TA,-PAL-NA,-PA-RĂN] (塗番) 원315

불 Enduire les fentes d'un vase qui sort à la distillation;

boucher l'espace vide entre deux vases qu'on veut ajuster.

한 증류에 빠져나오는 그릇의 갈라진 틈에 칠하다 | 맞추고 싶은 두 그릇 사이의 빈 공간을 막다

번박다 [PEN-PAK-TA,-PAK-A,-PAK-EUN] 원315

불 Devenir contribuable; commencer à payer les contributions (celui qui autrefois n'en avait pas à payer). Imposer la cote personnelle.

한 납세자가 되다 | (예전에는 지불할 필요가 없었던 사람이) 조세를 내기 시작하다 | 개인 부과금을 과세하다

*번번이 [PĒN-PĒN-I] (番番) 원315

불 Toujours; continuellement; très-souvent; chaque fois.

한 항상 | 계속적으로 | 매우 자주 | 매번

*번복ᄒᆞ다 [PEN-POK-HĂ-TA] (翻覆) 원315

불 Changement. changer du tout au tout; être instable, changeant.

한 교체 | 완전히 변하다 | 변덕스럽다, 변하기 쉽다

*번셜 [PEN-SYEL,-I] (煩設) 원315

불 Etre nombreux et florissant.

한 수많고 번영하다

*번셩ᄒᆞ다 [PEN-SYENG-HĂ-TA] (繁盛) 원315

불 Etre prospère; fécond; qui a beaucoup d'enfants; (herbe) qui vient bien.

한 번창하다 | 번식력이 강하다 | 아이가 많다 | (풀이) 잘 자라다

*번소 [PEN-SO] (番所) 원315

불 Corps de garde au palais.

한 궁의 친위대

*번소ᄒᆞ다 [PEN-SO-HĂ-TA] (翻疏) 원315

불 Traduction, version. traduire.

한 번역, 번역문 | 번역하다

*번수 [PEN-SOU] (番數) 원315

불 Nombre de fois.

한 번의 수효

*번역ᄒᆞ다 [PEN-YEK-HĂ-TA] (翻譯) 원314

불 Traduire; interpréter; faire un thème, une version.

한 번역하다 | 통역하다 | [역주 자국어를 타국어로] 번역하다, 번역하다

*번연이 [PEN-YEN-I] (幡然) 원314

불 Clairement.

한 분명하게

*번열증 [PEN-YEL-TJEUNG,-I] (煩熱症) 원314

불 Chaleur dans une maladie.

한 병이 나서 생기는 열

*번열ᄒᆞ다 [PEN-YEL-HĂ-TA] (煩熱) 원314

불 Chaud; brûlant. Etre incommodé par la chaleur.

한 따뜻하다 | 뜨겁다 | 열로 인해 몸이 불편하다

*번요ᄒᆞ다 [PEN-YO-HĂ-TA] (煩搖) 원314

불 Tumulte; bruit. Etre accablant, étourdissant par la multitude.

한 소란 | 소음 | 많아서 귀찮게 하다, 성가시게 하다

*번육 [PEN-YOUK,-I] (幡肉) 원314

불 Gros morceau de viande servi sur une table.

한 식탁에 올린 큰 고깃덩어리

*번잡ᄒᆞ다 [PEN-TJAP-HĂ-TA,-HĂN,-HI] (煩雜) 원315

불 Tumulte, bruit, Etre nombreux et confus, étourdissant. être affairé, accablé d'affaires; se mêler de trop de choses.

한 소란, 소음 | 수가 많고 혼잡하다, 귀를 멍하게 하다 | 분주하다, 일에 짓눌리다 | 너무 많은 것들에 간섭하다

번젹번젹ᄒᆞ다 [PEN-TJYEK-PEN-TJYEK-HĂ-TA] 원315

불 Brillant; étincelant; scintiller.

한 빛나다 | 번득이다 | 반짝거리다

번젹이다 [PEN-TJYEK-I-TA,-TJYEK-YE,-TJYEK-IN] 원315

불 Briller; faire briller; étinceler; scintiller.

한 빛나다 | 빛나게 하다 | 번득이다 | 반짝거리다

*번젼 [PEN-TJYEN,-I] (番錢) 원315

불 Argent de contribution; argent de la cote personnelle.

한 조세로 내는 돈 | 개인 부과금으로 내는 돈

*번조ᄒᆞ다 [PEN-TJO-HĂ-TA] (煩燥) 원315

불 Inquiet; être accablé d'ennuis, de soucis.

한 불안하다 | 근심, 걱정에 짓눌리다

*번족ᄒᆞ다 [PEN-TJYOK-HĂ-TA] (繁族) 원315

불 Qui a beaucoup de parents; avoir une nombreuse famille; la famille est très-étendue.

한 친척이 많다 | 식구가 많다 | 가족의 범위가 폭넓다

번죽번죽ᄒᆞ다 [PEN-TJOUK-PEN-TJOUK-HĂ-TA] 원315

불 Tacheté. ‖ Etre impudent, effronté; ne rougir de rien.

한 얼룩덜룩하다 | 파렴치하다, 염치가 없다 | 전혀 부끄러워하지 않다

번지 [PEN-TJI] 원315

불 Planche.

한 판자

번질번질ᄒᆞ다 [PEN-TJIL-PEN-TJIL-HĂ-TA] 원315

불 Ehonté. ‖ Etre lisse, poli.
한 염치가 없다 | 매끈매끈하다, 반들반들하다

번치다 [PĒN-TCHI-TA,-TCHYE,-TCHIN] (蔓浸) 원316
불 S'étendre; se répandre; étendre pour imbiber (l'huile, l'eau).
한 퍼지다 | 퍼지다 | (기름, 물이) 적시려고 퍼지다

번텰 [PEN-HTYEL,-I] 원315
불 Espèce de poêlon, poêle à frire (sans queue).
한 작은 냄비의 종류, (손잡이가 없는) 튀김용 냄비

*번폐 [PEN-HPYEI] (煩弊) 원315
불 Charge, difficulté. Etre à charge; nombreux.
한 부담, 곤란 | 부담이 되다 | 수가 많다

*번포 [PEN-HPO] (番布) 원315
불 Obligation de contribuable; toile payée comme impôt.
한 납세의 의무 | 세금으로 납부된 천

*번화ᄒᆞ다 [PEN-HOA-HĂ-TA,-HĂN,-HI] (繁華) 원315
불 Etre gras et bien nourri; être bien habillé; être confortable. Etre émaillé de fleurs de diverses couleurs; être varié.
한 비옥하고 영양 상태가 좋다 | 옷을 잘 차려입다 | 안락하다 | 다양한 색의 꽃으로 장식되다 | 다양하다

1*벌 [PEL,-I] (罰) 원316
불 Punition; peine; supplice; correction; châtiment.
한 처벌 | 형벌 | 체형 | 징계 | 징벌

2벌 [PEL,-I] (蜂) 원316
불 Abeille; guêpe; frelon; bourdon. (Se dit de toutes les mouches de ce genre).
한 꿀벌 | 말벌 | 무늬말벌 | 뒤영벌 | (이러한 종류의 모든 작은 날벌레에 대해 쓴다)

3벌 [PEL,-I] 원316
불 Numéral des habits, des images, des livres (c.a.d. des exemplaires d'un même ouvrage).
한 옷, 그림, 책을 세는 수사 (즉 동일 작품의 부수)

벌넝벌넝 [PEL-NENG-PEL-NENG] 원317
불 Etat de celui qui, sans ouvrage, se promène.
한 일 없이 여기저기 다니는 사람의 상태

벌넝벌넝들다 [PEL-NENG-PEL-NENG-TEUL-TA, -TEUR-E,-TEUN] 원317 ☞벌넝벌넝ᄒᆞ다

벌넝벌넝ᄒᆞ다 [PEL-NENG-PEL-NENG-HĂ-TA,-TEUR-E,-TEUN] 원317
불 Trembler, trembloter.
한 떨다, 가볍게 떨다

벌네 [PEL-NEI] (虫) 원317
불 Insecte; petite bête.
한 곤충 | 작은 벌레

*벌년 [PĒL-NYEN,-I] (閥輦) 원317
불 Chaise à porteurs, palanquin des mandarins ordinaires sur le dos d'un cheval.
한 가마, 말 등 위에 얹은 일반 관리들의 가마

벌눅벌눅ᄒᆞ다 [PEL-NOUK-PEL-NOUK-HĂ-TA] 원317
불 Qui va et vient sans motif; s'ouvrir et se refermer à plusieurs reprises.
한 이유 없이 왔다 갔다 하다 | 여러 번 되풀이하여 열리고 다시 닫히다

1벌다 [PĒL-TA,PEL-E,PEN] 원317
불 S'étendre, se répandre.
한 펴지다, 퍼지다

2벌다 [PEL-TA,PEL-E,PEN] 원317
불 Etre distinct; être séparé, sans confusion; être entr'ouvert.
한 별개이다 | 혼동 없이 떨어져 있다 | 사이가 벌어져 있다

3벌다 [PEL-TA,PEL-E,PEN] 원317
불 Travailler pour gagner sa vie. Syn. 버러먹다, Pe-re-mek-ta.
한 생활비를 벌기 위해 일하다, [동의어 버러먹다, Pe-re-mek-ta]

*벌륙하다 [PEL-RYOUK-HĂ-TA] (罰戮) 원317
불 Mettre à mort; exécuter un criminel; punir du dernier supplice.
한 사형에 처하다 | 죄인의 사형을 집행하다 | 최대의 형벌로 벌하다

*벌목ᄒᆞ다 [PEL-MOK-HĂ-TA] (伐木) 원317
불 Coupe des arbres. couper un arbre; couper le bois.
한 나무 베기 | 나무를 자르다 | 나무를 베다

벌ᄆᆡ돕 [PĒL-MĂI-TOP,-I] (蜂結) 원317
불 Nœud artistement fait au bout du cordon qui sert à fermer la petite bourse de la ceinture; nœud fait en forme d'abeille.
한 허리띠에 차는 작은 돈주머니를 잠그는 데 쓰는 끈의 끄트머리에 솜씨 좋게 맨 매듭 | 꿀벌 모양으로 매는 매듭

*벌번 [PEL-PEN,-I] (罰番) 원317
불 Prolongement de service par punition; retard, délai de congé par punition; faction ou tour de garde redoublé par punition.

한 처벌로 인한 근무 연장 | 처벌로 인한 휴가 지연, 연기 | 처벌로서 두 배로 서는 보초 또는 감시 순번

벌벌쩌다 [PEL-PEL-TTE-TA,-TTE-RE,-TTEN] (戰慄) 원317

불 Trembler; être agité de tremblement; palpiter; être fouetté par le vent (v.g. papier, habits).

한 떨다 | 떨려서 흔들리다 | 고동치다 | (예. 종이, 옷이) 바람에 후려쳐지다

벌불지다 [PEL-POUL-TJI-TA,-TJYE,-TJIN] (不延) 원317

불 Se dit du feu qui s'étend en largeur autour de la mèche à huile; le feu ou l'incendie s'étend au loin, ou son foyer s'élargit.

한 기름 먹인 심지 주위로 넓게 퍼진 불에 대해 쓴다 | 불 또는 화재가 멀리 확대되다, 또는 그 중심이 넓어지다

1*벌샹 [PEL-SANG,-I] (罰賞) 원317

불 Punition et récompense.

한 처벌과 보상

2*벌샹 [PEL-SANG,-I] (伐喪) 원317

불 Châtiment pour avoir enterré sur la montagne d'autrui.

한 타인의 산 위에 매장한 것에 대한 벌

벌셕벌셕ᄒᆞ다 [PEL-SYEK-PEL-SYEK-HĂ-TA] 원317

불 Se dit du bruit que l'on fait en marchant dans la boue. Etre détrempé, boueux.

한 진흙탕 속을 걸으면서 내는 소리에 대해 쓴다 | 흠뻑 젖다, 진흙투성이이다

벌슘벌슘ᄒᆞ다 [PEL-SYOUM-PEL-SYOUM-HĂ-TA] 원317

불 Entr'ouvert; n'être pas bien joint; être fendu ou fendillé.

한 반쯤 벌어져 있다 | 잘 결합되어 있지 않다 | 금이 가다, [역주 미세하게] 금이 가다

벌쎡너머지다 [PEL-TTEK-NE-ME-TJI-TA,-TJYE,-TJIN] (顚仆) 원317

불 Tomber tout à coup à la renverse.

한 벌렁 뒤로 나자빠지다

벌쎡벌쎡ᄒᆞ다 [PEL-TTEK-PEL-TTEK-HĂ-TA] 원317

불 Palpiter; être ému; être agité par le vent et battu par petits coups; clapoter.

한 고동치다 | 흔들리다 | 바람에 흔들리고 살짝 쳐서 부딪치다 | [역주 물결이] 찰랑거리다

*벌열ᄒᆞ다 [PEL-YEL-HĂ-TA] (閥閱) 원317

불 Etre nombreux (se dit d'une famille); avoir beaucoup de parents.

한 수가 많다 (가족에 대해 쓴다) | 친척이 많다

벌젹벌젹 [PEL-TJYEK-PEL-TJYEK] 원317

불 Bruit de déglutition; avec bruit (manger ou boire).

한 삼키는 소리 | 소리를 내며 (먹거나 마시다)

*벌젼 [PEL-TJYEN,-I] (罰錢) 원317

불 Amende, peine pécuniaire.

한 벌금, 금전적인 형벌

*벌쥬 [PEL-TJYOU] (罰酒) 원317

불 Vin que celui qui perd au jeu est condamné à payer.

한 놀이에서 진 사람이 강제로 비용을 내는 술

벌창ᄒᆞ다 [PEL-TCHANG-HĂ-TA] (大漲) 원317

불 Inonder; déborder; avoir une crue; être répandu au loin; se répandre au loin.

한 범람하다 | 넘치다 | [역주 하천 따위의] 수량이 증가하다 | 멀리에 퍼져 있다 | 멀리 퍼지다

*벌초ᄒᆞ다 [PEL-TCHO-HĂ-TA] (伐草) 원317

불 Couper l'herbe des tombeaux pour les tenir propres.

한 묘지를 깨끗하게 유지하기 위해 그 풀을 베다

벌타령으로 [PEL-HTA-RYENG-EU-RO] 원317

불 Aller sans but, sans savoir où l'on va; aller à l'aventure.

한 목적 없이, 어디로 가는지 알지 못한 채 가다 | 무턱대고 가다

벌틱독 [PĒL-HTĂI-TOK,-I] 원317

불 Espèce de venin ou rougeur qui se répand sur le corps des enfants; bouton d'enfants, éruption qui les couvre quelquefois de la tête aux pieds.

한 아이들의 몸에 퍼진 독 또는 붉은 반점의 종류 | 아이들의 부스럼, 가끔씩 이들의 머리에서 발끝까지 뒤덮는 발진

벌판 [PEL-HPAN,-I] (野坪) 원317

불 Plaine sans maison.

한 가옥이 없는 벌판

*벌ᄒᆞ다 [PEL-HĂ-TA,-HĂ-YE,-HĂN] (罰) 원317

불 Punir; châtier; être puni.

한 벌하다 | 징벌하다 | 벌을 받다

붉어숭이 [PELK-E-SOUNG-I] (赤子) 원317

불 Corps nu.

한 벌거벗은 몸

붉언 [PELK-EN] (赤) 원317

불 ROUGE. ‖ Nu.

한 붉다 | 벌거벗다

[1]범 [PĒM,-I] (虎) 원313

불 Tigre.

한 호랑이

[2*]범 [PEM,-I] (犯) 원313

불 En agr. Enfreindre; tricher; abuser; transgresser.

한 한자어로 위반하다 | 부정행위를 하다 | 속이다 | 어기다

[3*]범 [PEM,-I] (凡) 원313

불 Ordinaire; commun ; universel.

한 통상적이다 | 평범하다 | 보편적이다

*범경ᄒᆞ다 [PĒM-KYENG-HĂ-TA] (犯境) 원314

불 Violer les frontières d'un royaume; dépasser les limites de son champ pour empiéter sur celui d'autrui.

한 왕국의 국경을 침해하다 | 타인의 영역을 잠식하기 위해 자신의 영역의 경계를 넘어서다

*범계ᄒᆞ다 [PĒM-KYEI-HĂ-TA] (犯誡) 원313

불 Violer l'ordre, la consigne; désobeir; pécher contre les commandements, la discipline.

한 명령, 지시를 어기다 | 거역하다 | 계율, 규율을 위반하다

*범과ᄒᆞ다[PĒM-KOA-HĂ-TA] (犯過, (Enfreindre, loi)) 원314

불 Pécher contre les lois; les violer; pécher; commettre une faute.

한 법을 어기다 | 법을 위반하다 | 잘못을 저지르다 | 실수를 저지르다

범나뷔 [PEM-NA-POUI] (虎蝶) 원314

불 Espèce de grand papillon très-joli; papillon rayé de fauve comme le tigre.

한 매우 아름답고 큰 나비의 종류 | 호랑이처럼 다갈색의 줄무늬가 있는 나비

*범남ᄒᆞ다 [PĒM-NAM-HĂ-TA,-HĂN,-HI] (泛濫) 원314

불 Royal; qui use de choses semblables à celles du roi; qui prend des habits semblables à ceux du roi; être présomptueux, trop entreprenant.

한 왕의 | 왕의 것들과 비슷한 물건들을 사용하다 | 왕의 것들과 비슷한 옷을 입다 | 건방지다, 너무 대담하다

범당가비 [PEM-TANG-KA-PI] 원314

불 Mante striée.

한 줄무늬가 있는 짧은 여성용 망토

[1]범람ᄒᆞ다 [PEM-RAM-HĂ-TA] 원314 ☞범남ᄒᆞ다

[2*]범람ᄒᆞ다 [PEM-RAM-HĂ-TA] (汎濫) 원314

불 Empiéter sur les priviléges d'une personne; violer une loi en faisant ce que le roi seul par privilége peut faire (c.g. boire dans une coupe en or).

한 어떤 사람의 특권을 침해하다 | 왕의 특권으로만 할 수 있는 것(예를 들면 금잔으로 마시는 것)을 함으로써 왕을 모독하다

*범령ᄒᆞ다 [PEM-RYENG-HĂ-TA] (犯令) 원314

불 Transgresser le commandement, l'ordre; désobéir.

한 명령, 지시를 어기다 | 거역하다

*범류 [PEM-RYOU] (凡類) 원314

불 Toutes choses. Espèce ordinaire.

한 모든 것 | 평범한 부류

*범명ᄒᆞ다 [PĒM-MYENG-HĂ-TA] (犯命) 원314

불 Ne pas obéir à l'ordre; transgresser les ordres reçus; violer l'ordre, le commandement.

한 명령에 복종하지 않다 | 받은 명령을 어기다 | 지시, 명령을 어기다

*범물 [PEM-MOUL,-I] (凡物) 원314

불 Chose ordinaire, vulgaire.

한 평범한, 일반적인 것

*범방ᄒᆞ다 [PĒM-PANG-HĂ-TA] (犯房) 원314

불 Faire le devoir conjugal en abusant; avoir une maladie causée par l'abus du devoir conjugal; avoir commerce avec sa femme ou son mari dans un temps peu convenable, comme celui d'une maladie.

한 부부간의 의무를 남용하여 지키다 | 부부간의 성적 의무의 남용으로 인해 병이 생기다 | 질병이 있을 때처럼 적절하지 못한 때 부인 또는 남편과 [역주 육체적] 관계를 갖다

범벅 [PEM-PEK,-I] (麵食) 원314

불 Espèce de gâteau; bouillie.

한 떡의 종류 | 걸쭉한 죽

*범범ᄒᆞ다 [PEM-PEM-HĂ-TA] (泛泛) 원314

불 Imprudent, étourdi; ne pas faire attention à; ne pas regarder; être tiède, indifférent.

한 신중하지 못하다, 경솔하다 | ~에 주의를 기울이지 않다 | 신경 쓰지 않다 | 열성이 없다, 무관심하다

*범법ᄒᆞ다 [PĒM-PEP-HĂ-TA] (犯法) 원314

불 Transgresser les lois; violer les lois.

한 법을 위반하다, 법을 어기다

*범붓치 [PEM-POUT-TCHĂI] (虎扇草) 원314

불 Espèce de plante dont les feuilles sont disposées en éventail; espèce de glaïeul; espèce d'iris, herbe; litt.

éventail de tigre.

한 잎이 부채꼴로 배열된 식물의 종류 | 글라디올러스의 종류 | 붓꽃의 종류, 풀 | 글자대로 호랑이의 부채

*범빅 [PEM-PĂIK,-I] (凡百) 원314

불 Toutes les affaires, tout ouvrage. Syn. 범절 Pem-tjyel.

한 모든 일, 전체 일 | [동의어 범절, Pem-tjyel.]

1*범샹ᄒᆞ다 [PEM-SYĂNG-HĂ-TA] (凡常) 원314

불 Etre ordinaire, vulgaire, commun.

한 평범하다, 통속적이다, 일반적이다

2*범샹ᄒᆞ다 [PĒM-SYĂNG-HĂ-TA] (犯上) 원314

불 Offense contre ses supérieurs; la commettre.

한 상급자들에 대한 무례 | 그것을 저지르다

1*범슈ᄒᆞ다 [PĒM-SYOU-HĂ-TA] (犯手) 원314

불 Frapper un autre, battre.

한 다른 사람을 치다, 때리다

2*범슈ᄒᆞ다 [PĒM-SYOU-HĂ-TA] (犯數) 원314

불 Prendre l'argent, en diminuer le compte.

한 돈을 탈취하다, 돈의 셈을 줄이다

*범승 [PEM-SEUNG,-I] (凡僧) 원314

불 Bonze inférieur, de bas étage; bonze du rang ordinaire.

한 하급의, 신분이 낮은 승려 | 평범한 신분의 승려

*범ᄉᆞ [PEM-SĂ] (凡事) 원314

불 Toutes les affaires. chose ou affaire ordinaire.

한 모든 일 | 일상적인 것 또는 일

*범ᄉᆡᆨᄒᆞ다 [PĒM-SĂIK-HĂ-TA] (犯色) 원314

불 Forniquer; commettre la fornication ou l'adultère; faire un acte de ce genre.

한 간음죄를 범하다 | 간음 또는 간통하다 | 그런 행위를 저지르다

범아귀 [PĒM-A-KOUI] 원313

불 Espace entre le pouce et l'index; la chair entre les deux.

한 엄지와 검지 사이의 간격 | 그 두 개 사이에 있는 살

*범안 [PEM-AN,-I] (凡眼, (Ordinaire, œil)) 원313

불 Manière de voir, d'apprécier, des hommes du commun; qui ne sait pas; qui n'est pas du métier; qui ne peut pas juger de. ‖ Jours ordinaires.

한 평범한 사람이 보는, 감상하는 방식 | 알지 못하는 사람 | 그 방면의 전문가가 아닌 사람 | ~을 평가할 수 없는 사람 | 평범한 날들

*범안하다 [PEM-AN-HĂ-TA] (犯顔, (Pêcher, visage)) 원313

불 Résister à un ordre injuste; résister à une injustice; s'opposer à une injustice.

한 부당한 명령에 저항하다 | 불의에 항거하다 | 불의에 맞서다

*범야ᄒᆞ다 [PĒM-YA-HĂ-TA] (犯夜) 원313

불 Violer la loi qui défend aux hommes de circuler la nuit dans les rues de la capitale (de 8h. du soir à 1h. du matin; les femmes seules peuvent sortir); être pris la nuit par la police.

한 밤에 수도의 거리에 사람들이 돌아다니는 것을 금지하는 법을 위반하다 (오후 8시부터 새벽 1시까지, 여자들만 나갈 수 있다) | 밤에 경찰에 붙잡히다

*범연ᄒᆞ다 [PĒM-YEN-HĂ-TA,-HĂN,-HI] (汎然) 원313

불 Imprudent, étourdi, irréfléchi; être léger, inconsidéré.

한 신중하지 못하다, 경솔하다, 덜렁거리다 | 경솔하다, 무분별하다

*범열 [PĒM-YEL] (犯熱) 원313

불 Maladie que prennent les époux en couchant ensemble.

한 부부가 동침하면서 걸리는 병

*범열ᄒᆞ다 [PEM-YEL-HĂ-TA] (犯閱) 원313

불 Passer légèrement, parcourir un livre.

한 가볍게 지나가다, 책을 대충대충 읽다

1*범염ᄒᆞ다 [PĒM-YEM-HĂ-TA] (犯殮) 원313

불 Voir un cadavre; être souillé par la vue d'un cadavre; (pendant quatre jours, celui qui est atteint de cette souillure ne peut faire de sacrifices).

한 시체를 보다 | 시체를 봄으로써 더럽혀지다 | (4일 동안, 이런 더러움을 입은 사람은 제사를 지낼 수 없다)

2*범염ᄒᆞ다 [PĒM-YEM-HĂ-TA] (犯染) 원313

불 Attraper la peste en visitant un pestiféré.

한 페스트 환자에게 문병 가서 페스트에 걸리다

*범용ᄒᆞ다 [PĒM-YONG-HĂ-TA] (犯用) 원313

불 Se servir des objets du prochain; employer les choses, même l'argent d'autrui mis en dépôt; se servir du bien d'autrui comme du sien.

한 이웃 사람의 물건들을 사용하다 | 타인의 물건들, 타인이 맡긴 돈까지 사용하다 | 타인의 재산을 마치 자기 것인 양 사용하다

범으다 [PEM-EU-TA,-EU-RE,-EUN] (叅預) 원313

불 Etre complice; avoir part à; prendre part à.

한 공범자이다 | ~에 관여하다 | ~에 참여하다

*범의 [PEM-EUI] (凡意, (universel, sentiment)) [원]313
[불] Sentiment commun ; opinion commune. ‖ Coeur; esprit; caractère. Intelligence; génie(ne se dit que pour les choses importantes).
[한] 공통된 감정 | 공통된 의견 | 마음 | 정신 | 성격 | 지능 | 특성 (중요한 것들에 대해서만 쓴다)

범의차반 [PĒM-EUI-TCHA-PAN] (虎饌) [원]313
[불] Repas de tigre. Tigre qui pendant longtemps n'a pas mangé; s'il rencontre une proie, il mange le plus possible. Se dit de quelqu'un qui mange avec voracité sans rien réserver pour l'avenir. Excès dans le manger, quand on trouve l'occasion.
[한] 호랑이의 식사 | 오랫동안 음식을 먹지 못한 호랑이가 먹이를 만나면 될 수 있는 한 먹는다 | 미래를 위해 아무것도 비축해 두지 않고 탐욕스럽게 먹는 사람에 대해 쓴다 | 기회가 있을 때, 먹는 일에 있어서의 과도함

*범인 [PEM-IN,-I] (凡人) [원]313
[불] Homme ordinaire, du commun.
[한] 평범한, 보통의 사람

*범졀 [PEM-TJYEL,-I] (凡節) [원]314
[불] Toutes les affaires. Chose ordinaire; occupations ordinaires.
[한] 모든 일 | 일상적인 일 | 일상적인 활동

*범졉ᄒᆞ다 [PĒM-TJYEP-HĂ-TA] (犯接) [원]314
[불] Saisir, prendre (un voleur dans une maison). Se saisir (deux hommes en se battant). ‖ Commettre; enfreindre; transgresser.
[한] (집안의 도둑을) 잡다, 체포하다 | (싸우는 두 사람이) 서로 움켜잡다 | [역주 범죄·과실 따위를] 저지르다 | 어기다 | 위반하다

*범죄ᄒᆞ다 [PĒM-TJOI-HĂ-TA] (犯罪) [원]314
[불] Pécher; commettre une faute, un péché.
[한] 과오를 범하다 | 잘못, 죄를 저지르다

*범죵ᄒᆞ다 [PĒM-TJYONG-HĂ-TA] (犯鍾, (enfreindre, cloche)) [원]314
[불] Aller contre la défense de sortir dans les rues de la capitale, pendant la nuit, avant le son de la cloche; sortir de chez soi après le signal de la retraite.
[한] 종이 울리기 전 밤에 수도의 거리에 나오는 것에 대한 금지를 거스르다 | 퇴거 신호 후 자기 집에서 나오다

*범지ᄒᆞ다 [PĒM-TJĂI-HĂ-TA] (犯齋) [원]314
[불] Violation de l'abstinence ou du jeûne; violer la loi de l'abstinence ou du jeûne.
[한] 금욕 또는 단식의 위반 | 금욕 또는 단식의 계율을 어기다

*범표 [PEM-HPYO] (犯標) [원]314
[불] Marque, signe, borne qui indique les limites v.g. d'un champ.
[한] 표시, 표적, 경계를 나타내는 경계석 예. 밭의 경계

*범표ᄒᆞ다 [PEM-HPYO-HĂ-TA] (犯標) [원]314
[불] Empiéter sur le champ du voisin; passer la borne.
[한] 이웃의 밭을 침해하다 | 경계 표지를 지나가다

*범홀이 [PĒM-HOL-I] (泛忽) [원]313
[불] Imprudemment; à l'étourdie; légèrement; sans attention; inconsidérément.
[한] 무모하게 | 경솔하게 | 가볍게 | 조심성 없이 | 무분별하게

*범ᄒᆞ다 [PĒM-HĀ-TA,-HĂ-YE,-HĂN] (犯) [원]313
[불] Pécher; commettre (une faute); offenser; manquer à; violer; prévariquer; léser; enfreindre.
[한] 과오를 범하다 | (잘못을) 저지르다 | 위배하다 | 실수하다 | 어기다 | 직무를 유기하다 | 피해를 주다 | 어기다

*법 [PEP,-I] (法) [원]316
[불] Loi; règle; précepte; coutume; méthode; moyen. ‖ Après un participe futur, signifie; moyen. ᄒᆞᆯ법잇다 Hăl pep it-ta, il y a moyen de faire, on peut faire. ᄒᆞᆯ법업다 Hăl pep ep-ta, (il n'y a pas moyen de faire, on ne peut pas faire.)
[한] 법률 | 규칙 | 규범 | 관습 | 방식 | 방법 | 미래 분사 뒤에서 방법을 의미한다 [[용례] ᄒᆞᆯ법잇다, Hăl pep it-ta], 할 방법이 있다, 할 수 있다 | [[용례] ᄒᆞᆯ법업다, Hăl pep ep-ta], (할 방법이 없다, 할 수 없다)

*법강 [PEP-KANG,-I] (法綱) [원]316
[불] Loi, règle.
[한] 법률, 규칙

*법관 [PEP-KOAN,-I] (法官) [원]316
[불] Magistrature; dignité; autorité; mandarin.
[한] 사법관 | 고위직 | 권위자 | 관리

법국새 [PEP-KOUK-SAI] (杜鵑) [원]316
[불] Coucou.
[한] 뻐꾸기

법답다 [PEP-TAP-TA,-TA-OA,-TA-ON] (宜法) [원]316
[불] Légal; légitime; en accord avec la loi; être conforme aux lois.

한 법적이다 | 합법적이다 | 법에 부합하여 | 법에 부합하다

*법당 [PEP-TANG,-I] (法堂) 원316
불 Pagode, temple de Fo.
한 [역주 동양 사원의] 탑, 부처의 사원

*법댱 [PEP-TYANG,-I] (法場) 원316
불 Lieu d'exécution des criminels condamnés à mort.
한 사형선고를 받은 죄수들의 사형을 집행하는 곳

*법뎐 [PEP-TYEN,-I] (法典) 원316
불 Loi.
한 법

*법도 [PEP-TO] (法度) 원316
불 Loi.
한 법

*법령 [PEP-RYENG,-I] (法令) 원316
불 Loi et ordonnance.
한 법률과 명령

*법례 [PEP-RYEI] (法禮) 원316
불 Formalité des lois; lois et usages.
한 법의 절차 | 법과 관례

*법률 [PEP-RYOUL,-I] (法律) 원316
불 Forme des lois; loi.
한 법의 형식 | 법

*법리 [PEP-RI] (法理) 원316
불 Raison des lois; loi et doctrine.
한 법의 이치 | 법과 법해석

*법문 [PEP-MOUN,-I] (法文) 원316
불 Loi écrite; code des lois écrit.
한 성문법 | 성문법전

*법수 [PEP-SOU] (法數) 원316
불 Loi.
한 법

*법식 [PEP-SIK,-I] (法式) 원316
불 Forme de la loi; usage; règle.
한 법의 형식 | 관례 | 규율

*법ᄉᆞ [PEP-SĂ] (法司) 원316
불 Maison de mandarin; mandarinat; préfecture. tribunal (ne se dit que pour les tribunaux de la capitale).
한 관리의 집 | 관직 | 도청 | 법원 (수도의 법원들에 대해서만 쓴다)

*법졔 [PEP-TJYEI] (法制) 원316
불 Loi.
한 법

*법측 [PEP-TCHEUK,-I] (法則) 원316
불 Loi.
한 규범

*법텹 [PEP-HTYEP,-I] (法帖) 원316
불 Traité; grammaire; livre qui enseigne la manière de faire.
한 개론 | 문법서 | 행하는 방식을 가르쳐 주는 책

[1]벗 [PET,-I] (友) 원318
불 Ami.
한 친구

[2]벗 [PET] (柰) 원318
불 Espèce de petites cerises sauvages; cerises; merises.
한 작은 야생 버찌의 종류 | 버찌 | 야생 버찌

[1]벗기다 [PET-KI-TA,-KYE,-KIN] (脫) 원318
불 Dépouiller; dénuder; découvrir; ôter, quitter les habits.
한 옷을 벗기다 | 노출시키다 | 드러내다 | 옷을 제거하다, 벗다

[2]벗기다 [PET-KI-TA,-KYE,-KIN] (謄) 원318
불 Copier, transcrire.
한 베끼다, 베껴 쓰다

벗나무 [PET-NA-MOU] (柰木) 원318
불 Espèce de cerisier.
한 벚나무의 종류

벗노타 [PET-NO-HTA,-NO-HA,-NO-HEUN] (去他) 원318
불 S'en aller tout à fait; abandonner entièrement; manquer; ne pas réussir; se corrompre; se pervertir.
한 아주 가버리다 | 완전히 그만두다 | 실패하다 | 성공하지 못하다 | 타락하다 | 부패하다

[1]벗다 [PET-TA,-E,-EUN] 원318
불 Etre tordu, tortueux (cep de vigne), allongé, peu courbé.
한 (포도 그루) 꼬이다, 구불구불하다, 길쭉하다, 별로 굽지 않다

[2]벗다 [PET-TA,PE-SYE,PE-SĂN] (裸) 원318
불 Quitter son habit; se dépouiller; dépouiller; enlever l'écorce.
한 자신의 옷을 벗다 | 옷을 벗다 | 옷을 벗기다 | 껍질을 제거하다

벗듸듸다 [PET-TEUI-TEUI-TA,-TEUI-YE,-TEUIN] 원318
불 S'élever sur la pointe des pieds pour voir au loin. 벗듸듸여기ᄃᆞ리다 Pet-teui-teui-ye ki-tă-ri-ta, attendre depuis longtemps en regardant au loin.

한 멀리 보기 위해 발끝으로 서다 | [용례 벗듸듸여 기ᄃᆞ리다, Pet-teui-teui-ye ki-tă-ri-ta], 멀리 바라보면서 오래전부터 기다리다

벗바리 [PET-PA-RI] (椅足) 원318

불 Appui; contrefort; étai; arc-boutant.

한 받침대 | 버팀벽 | 지주 | 버팀살

벗버릇다 [PET-PE-REUT-TA,-REU-TJYE,-REU-TJEUN] 원318

불 Eparpiller; jeter de côté et d'autre.

한 분산시키다 | 이쪽저쪽으로 던지다

벗버스름ᄒᆞ다 [PET-PE-SEU-REUM-HĂ-TA] 원318

불 Etre audacieux, insolent.

한 뻔뻔하다, 무례하다

벗셕벗셕ᄒᆞ다 [PET-SYEK-PET-SYEK-HĂ-TA] 원318

불 Facilement; en peu de temps. || Bruire (comme de la paille froissée).

한 쉽게 | 단시간에 | (부서진 짚처럼) 미미한 소리를 내다

벗으러지다 [PET-EU-RE-TJI-TA] 원318

불 Etre penché, incliné en dehors. V. 욱다 Ouk-ta.

한 기울어지다, 밖으로 굽다 [참조어 욱다, Ouk-ta]

1벗젹 [PET-TJYEK] (恒) 원318

불 Toujours; souvent.

한 항상 | 자주

2벗젹 [PET-TJYEK] 원318

불 Entièrement; absolument.

한 전적으로 | 완전히

벗치다 [PE-TCHI-TA,-TCHYE,-TCHIN] 원318

불 Etayer; appuyer; résister; s'opposer.

한 [역주 벽 따위를] 지주로 떠받치다 | 받치다 | 지탱하다 | 맞서다

벗텅이 [PET-HTENG-I] 원318

불 Contre-fort; appui; étai.

한 버팀벽 | 후원자 | 원조자

벗퇴다 [PET-HTEUI-TA,-HTEUI-YE,-HTEUIN] (撐) 원318

불 Etre étayé; appuyer de côté; mettre un appui en arc-boutant.

한 뒷받침되다 | 비스듬히 기대다 | 반아치형의 걸침벽으로 받침대를 놓다

벗희다 [PET-HEUI-TA,-HEUI-YE,-HEUIN] (撐) 원318

불 Accoter; appuyé de côté.

한 기대다 | 비스듬히 기대어져 있다

벗ᄒᆞ다 [PĔT-HĂ-TA,-HĂ-YE,-HĂN] (許交) 원318

불 Se tutoyer; se lier d'amitié.

한 서로 말을 놓다 | 우정을 맺다

벙거지 [PENG-KE-TJI] (毛笠) 원316

불 Chapeau en feutre noir des valets, des soldats et des esclaves.

한 하인들, 군인들, 노예들이 쓰는 검은 펠트 모자

벙그다 [PENG-KEU-TA,-KEU-RE,-KEUN] 원316

불 Etre entr'ouvert; être un peu ouvert; s'entr'ouvrir; se gercer; entr'ouvrir un peu.

한 반쯤 열리다 | 약간 열리다 | 열리다 | 금이 가다 | 조금 열다

벙긋벙긋ᄒᆞ다 [PENG-KEUT-PENG-KEUT-HĂ-TA] 원316

불 Ce qui est entr'ouvert; ouvrir et fermer (la bouche, la porte) à plusieurs reprises.

한 반쯤 벌어진 것 | 여러 번 반복해서 (입, 문을) 열고 닫다

벙긋하다 [PENG-KEUT-HĂ-TA] (半開) 원316

불 S'entr'ouvrir un peu; s'épanouir un peu.

한 약간 열리다 | 약간 펼쳐지다

벙벙ᄒᆞ다 [PENG-PENG-HĂ-TA] 원316

불 Etat de la pleine mer qui ne monte plus et cependant ne descend pas encore. Etre tranquille, calme, sans aucun mouvement.

한 더 이상 올라가지는 않지만 아직 내려가지 않는 만조의 상태 | 잔잔하다, 평온하다, 조금의 움직임도 없다

벙실벙실ᄒᆞ다 [PENG-SIL-PENG-SIL-HĂ-TA] 원316

불 Exprime la contraction du visage d'un petit enfant qui va pleurer. || Ouvrir et fermer à plusieurs reprises (la bouche, la porte).

한 울려는 어린 아이의 얼굴이 일그러짐을 나타낸다 | 여러 번 반복해서 (입, 문을) 열고 닫다

1벙어리 [PENG-E-RI] (啞) 원316

불 Muet (subst.).

한 벙어리 (명사)

2벙어리 [PENG-E-RI] 원316

불 Tirelire, sorte de petit tronc en terre cuite en forme de bouteille, avec une ouverture juste suffisante pour laisser passer une sapèque; on y met les sapèques en réserve, et, pour les avoir, on brise le vase.

한 저금통, 입구가 엽전을 통과시키기에 딱 충분한, 병 모양의 구운흙으로 만든 작은 헌금함 종류 | 그곳

에 엽전을 비축할 수 있고, 엽전을 손에 넣기 위해서는 용기를 부순다

벙츄 [PENG-TCHYOU] (啞) 원316

불 Muet.

한 벙어리

베검이 [PĚI-KEM-I] 원312

불 Pièce de bois qui, dans le métier à tisser, sert à empêcher les fils de se confondre.

한 실이 뒤섞이는 것을 막는 데 사용하는 베틀의 나무 조각

베다 [PEI-TA,PEI-YE,PEIN] (斬) 원313

불 Couper (se dit pour les petits objets).

한 자르다 (작은 물건들에 대해서 쓴다)

베퍼주다 [PEI-HPE-TJOU-TA,-TJOU-E,-TJOUN] (施舍) 원312

불 Donner.

한 주다

베풀다 [PEI-HPOUL-TA,-HPOUL-E,-HPOUN] 원312 ☞ 베프다

베프다 [PEI-HPEU-TA,-HPEU-RE,-HPEUN] (施) 원312

불 Donner; faire présent; répandre (des bien-faits); dresser (des embûches); donner (une punition).

한 주다 | 선물하다 | (은혜를) 베풀다 | (함정을) 파 놓다 | (벌을) 주다

베히다 [PEI-HI-TA,-HYE,-HIN] (割) 원312

불 Couper; amputer; fendre.

한 자르다 | 절단을 하다 | 가르다

벼 [PYE] (租) 원318

불 Riz non écossé.

한 껍질을 까지 않은 쌀

벼겨 [PYE-KYE] (租糠) 원318

불 Ecorce du riz.

한 벼의 껍질

벼기 [PYE-KĂI] (枕) 원318

불 Oreiller.

한 베개

벼기베다 [PYE-KĂI-PEI-TA,-PEI-YE,-PEIN] 원ADDENDA

불 Placer un oreiller sous sa tête, reposer sa tête sur un oreiller.

한 자신의 머리 아래에 베개를 놓다, 베개 위에 자신의 머리를 쉬게 하다

벼락 [PYE-RAK,-I] (霹靂) 원322

불 Foudre.

한 벼락

벼랑 [PYE-RANG,-I] (崖) 원322

불 Précipice; bord à pic d'une montagne, d'une chaussée.

한 절벽 | 산에, 둔덕에 있는 낭떠러지의 기슭

벼록 [PYE-ROK,-I] (蚤) 원322

불 Puce.

한 벼룩

벼록불 [PYE-ROK-POUL,-I] (星火) 원322

불 Etincelle de feu; bluette; un tout petit peu de feu.

한 불의 번득임 | 불꽃 | 아주 작은 불

벼루 [PYE-ROU] (硯) 원323

불 Encrier; pierre un peu creusée sur laquelle ou broie l'encre pour écrire; pierre pour délayer l'encre.

한 잉크병 | 글을 쓰기 위해 그 위에 잉크를 가는 데 사용하는 약간 오목한 돌 | 잉크를 용해시키기 위한 돌

벼르다 [PYE-REU-TA,PYEL-NE,PYE-REUN] 원322

불 Etre en mesure de; se tenir prêt; être sur le point de.

한 ~할 수 있다 | 준비를 하다 | 막 ~하려고 하다

벼리 [PYE-RI] (綱) 원322

불 Cordes qui soutiennent un filet; bord supérieur et inférieur d'un filet de pêche.

한 그물을 지탱하는 줄 | 낚시 그물의 위쪽과 아래쪽의 가장자리

벼리다 [PYE-RI-TA,-RYE,-RIN] (錬) 원322

불 Refaire le fil des outils; réparer les outils à la forge; reforger un instrument de fer pour le réparer.

한 연장의 날을 갈다 | 대장간에서 연장을 수리하다 | 도구를 수리하기 위해 그것을 다시 단련하다

[1]벼슬 [PYE-SĂL,-I] (仕) 원324

불 Dignité; emploi honorifique; charge; magistrature; fonction de mandarin. 일픔벼슬, Il hpeum pye-săl, Les plus hauts dignitaires, les premiers dignitaires. 이픔벼슬, I hpeum pye-săl, Ceux du second rang. 삼픔벼슬, Sam hpeum pye-săl, Ceux du troisième. ᄉᆞ픔벼슬, Să hpeum pye-săl, Ceux du quatrième. 오픔벼슬, O hpeum pye-săl, Ceux du cinquième.

한 고관직 | 명예직 | 직무 | 행정관의 직위 | 관리의 직무 [용례 일픔벼슬, Il hpeum pye-săl], 가장 높은 고위직, 최고의 고관들 | [용례 이픔벼슬, I hpeum pye-săl], 두 번째 서열의 고관들 | [용례 삼픔벼슬, Sam hpeum pye-săl], 세 번째 서열의 고관들 | [용례

ᄉᆞ픔벼슬, Să hpeum pye-săl], 네 번째 서열의 고관들 | [용례 오픔벼슬, O hpeum pye-săl], 다섯 번째 서열의 고관들

²벼솔 [PYE-SĂL,-I] (鷄冠) 원324

불 Crête de coq.

한 수탉의 볏

벼겁흘 [PYE-KKEP-HEUL,-I] (稃) 원318

불 Ecorce du riz; pellicule du riz.

한 벼의 껍질 | 벼의 얇은 껍질

¹*벽 [PYEK,-I] (壁) 원318

불 Mur, muraille.

한 담장, 높은 벽

²*벽 [PYEK,-I] (僻) 원318

불 Passion; ce qu'on aime à faire; idée fixe; marotte.

한 정열 | ~하기 좋아하는 것 | 고정관념 | 괴벽

³*벽 [PYEK,-I] (辟) 원318

불 Les partisans du roi 영종, Yeng-tjong, contre son fils 사도, Sa-to, remuants et ambitieux, opposés aux 시 Si ou 시빅 Si-păi. (Cette faction n'est pas héréditaire; chacun suit son goût pour embrasser l'un ou l'autre parti).

한 아들 사도 Sa-to에 맞선, 활동적이고 야심차며 시 Si 또는 시빅 Si-păi에 적대적인, 영종 Yeng-tjong 왕의 지지자들 | (이 급진파는 세습적이지 않다 | 각자가 둘 중의 한 정당을 선택하는 데에 있어 자신의 취향을 따른다)

*벽강궁촌 [PYEK-KANG-KOUNG-TCHON,-I] (僻江窮村) 원318

불 Village retiré.

한 외딴 마을

*벽계 [PYEK-KYEI] (碧溪) 원319

불 Petit ruisseau. Ruisseau bleu, c.a.d. limpide.

한 작은 개울 | 푸른, 즉 맑은 시냇물

*벽곡ᄒᆞ다 [PYEK-KOK-HĂ-TA] (辟穀) 원319

불 Doctrine qui enseigne à manger chaque jour un peu moins. Jusqu'à ce qu'on en vienne à ne plus manger du tout. S'habituer à vivre sans manger de riz ou d'autres céréales.

한 더 이상 아무것도 먹지 않게 될 때까지 매일 조금씩 덜 먹는 것을 가르치는 교리 | 밥 또는 다른 곡물을 먹지 않고 사는 것에 익숙해지다

*벽돌 [PYEK-TOL,-I] (壁突) 원319

불 Brique.

한 벽돌

*벽력 [PYEK-RYEK,-I] (霹靂) 원319

불 Bruit du tonnerre, de la foudre; l'éclat de la foudre.

한 천둥, 벼락 소리 | 벼락의 섬광

*벽문 [PYEK-MOUN] (僻文) 원319

불 Ecriture qui a un sens profond.

한 심오한 의미의 문학

벽빅 [PYEK-PĂI] 원319

불 Parti civil en opposition avec le gouvernement; faction de ceux des divers partis civils qui sont attachés à leurs idées particulières et sont toujours prêts à faire de l'opposition au roi; (ils sont remuants et ambitieux, opposés aux 시빅 Si-păi).

한 정부와 적대 관계인 문민당 | 자신들의 특별한 생각에 매여, 항상 왕에게 반대할 준비가 된 여러 문민당원들의 분파 | (그들은 활동적이고 야심에 차 있고, 시빅 Si-păi에 적대적이다)

*벽샤문 [PYEK-SYA-MOUN,-I] (闢邪文) 원319

불 Réfutation par écrit d'une mauvaise doctrine.

한 나쁜 교리에 대해 글로 쓴 반박

*벽샤ᄒᆞ다 [PYEK-SYA-HĂ-TA] (闢邪) 원319

불 Fuir une mauvaise doctrine; éviter, éloigner une doctrine perverse.

한 나쁜 교리를 피하다 | 사악한 교리를 피하다, 물리치다

¹*벽셔 [PYEK-SYE,-I] (壁書) 원319

불 Ecrit sur la muraille, caractère chinois écrit sur la muraille.

한 성벽에 쓰인 글, 성벽에 쓰인 중국 문자

²벽셔 [PYEK-SYE,-I] (僻書) 원319

불 Ecriture qui a un sens profond.

한 심오한 의미의 글

*벽셕 [PYEK-SYEK,-I] (壁石) 원319

불 Muraille, mur. Brique.

한 성벽, 벽 | 벽돌

*벽셩 [PYEK-SYENG,-I] (僻姓) 원319

불 Nom de famille rare et extraordinaire.

한 드물고 비범한 성

*벽안 [PYEK-AN,-I] (碧眼) 원318

불 Yeux bleus.

한 파란 눈

*벽장 [PYEK-TJANG,-I] (壁欌) 원319

불 Armoire dans la muraille; placard.

한 벽 안의 옷장 | 벽장

*벽졔 [PYEK-TJYEI] (僻除) 원319

불 Cris, vociférations des valets qui accompagnent le

mandarin leur maître, pour lui faire honneur.
한 자신들의 주인인 관리를 수행하는 하인들이 그에게 영광이 되도록 지르는 고함, 외침

벽지다 [PYEK-TJI-TA,-TJYE,-TJIN] 원319
불 Qui a pu achever une chose difficile; fort; courageux; être opiniâtre; s'opiniâtrer à.
한 어려운 일을 끝마칠 수 있었다 | 강하다 | 끈기 있다 | 끈질기다 | 기어코 ~하려고 하다

*벽지 [PYEK-TJĂI] (僻材) 원319
불 Matière (v.g. remède) rare.
한 드문 재료 (예. 약)

*벽처 [PYEK-TCHYE] (僻處) 원319
불 Lieu retiré, solitaire.
한 외진, 아무도 없는 장소

*벽토 [PYEK-HTO] (壁土) 원319
불 Terre d'une muraille; ruine d'un mur en terre.
한 성벽에 바른 흙 | 흙으로 만든 벽의 붕괴

*벽파ᄒᆞ다 [PYEK-HPA-HĂ-TA] (闢破) 원319
불 Réfuter. ‖ Enseigner, instruire entièrement.
한 논박하다 | 전부 가르치다, 교육하다

1*변 [PYEN,-I] (變) 원319
불 Monstre; prodige; malheur; chose extraordinaire; chose singulière; accident; défaut.
한 괴이한 일 | 경탄할 만한 일 | 불행 | 기이한 일 | 특이한 일 | 사고 | 결점

2*변 [PYEN,-I] (邊) 원319
불 Bord; rive; côte; côté. ‖ Parti; faction.
한 가장자리 | 기슭 | 해안 | 측면 | 당 | 도당

*변고 [PYEN-KO] (變故, (renversement, raison)) 원319
불 Raison, motif d'un malheur, d'un accident; cause extraordinaire.
한 불행의, 사고의 원인, 이유 | 기이한 원인

변구덕 [PYEN-KOU-TEK,-I] (變德) 원319
불 Hésitation; inconstance; légèreté; caractère volage.
한 망설임 | 변덕 | 경솔 | 잘 변하는 성질

*변기ᄒᆞ다 [PYEN-KĂI-HĂ-TA] (變改) 원319
불 Changer; varier; diversifier; s'altérer; se transformer.
한 바뀌다 | 변화하다 | 다양화하다 | 변질되다 | 변태되다

*변년 [PYEN-NYEN,-I] (變年) 원319
불 Année extraordinaire, malheureuse; mauvaise année.
한 기이한, 불운한 해 | 좋지 않은 해

*변덕스럽다 [PYEN-TEK-SEU-REP-TA,-RE-OUE,-RE-ON] (變德) 원320
불 Qui hésite; être inconstant, capricieux, bizarre.
한 망설이다 | 유동적이다, 변덕스럽다, 이상하다

변두 [PYEN-TOU] (邊頭) 원320
불 Mal de tête, qui ne se porte que d'un côté (le côté de la tête).
한 한쪽(머리의 측면)에만 미치는 두통

*변두풍 [PYEN-TOU-HPOUNG,-I] (邊頭風) 원320
불 Vent, dans la tête, qui ne se porte que d'un côté; mal d'un côté de la tête; migraine.
한 머리에서 한쪽에만 미치는 바람 | 머리 한쪽의 아픔 | 편두통

*변디 [PYEN-TI] (邊地) 원320
불 Frontières; lieux limitrophes (du royaume).
한 국경 | (왕국의) 국경 지역

*변론ᄒᆞ다 [PYEN-RON-HĂ-TA] (辯論) 원320
불 Raisonner, argumenter; délibérer; discuter; examiner le pour et le contre.
한 이치를 따지다, 논증하다 | 심의하다 | 논의하다 | 찬반을 심의하다

*변리 [PYEN-RI] (邊利) 원320
불 Intérêt de l'argent; usure; prêt à intérêt (il y a des prêts de 100 pour 100 et de 120 pour %; la règle des chrétiens est qu'on ne peut dépasser 20 pour %).
한 돈의 이자 | 고리 | 이자가 붙는 대부(100%와 120%의 대부가 있다; 기독교인들의 규정은 20%를 초과할 수 없다)

변맛나다 [PYEN-MAT-NA-TA,-NA,-NAN] (逢變) 원319
불 Arriver malheur; avoir un malheur; éprouver un accident.
한 불행이 닥치다 | 불운하다 | 사고를 당하다

변맛다 [PYEN-MAT-TA,-MAT-TJYE,-MAT-TJEUN] (中邊) 원319
불 Atteindre à côté du but à l'arc; toucher le blanc dans le bord seulement et non au milieu; raser le but.
한 활의 과녁에 빗나가다 | 가운데가 아닌 가장자리의 흰 곳에 닿다 | 표적을 스칠 듯 지나다

*변무ᄉᆞ [PYĒN-MOU-SĂ] (卞誣使) 원319
불 Espèce d'ambassadeur pour la Chine; envoyé extraordinaire en Chine.
한 중국에 보내는 대사의 종류 | 중국에 보내는 특사

1*변문 [PYEN-MOUN,-I] (邊文) 원319

불 Intérêt de l'argent; usure.
한 돈의 이자 | 고리

2*변문 [PYEN-MOUN,-I] (邊門) 원319
불 Ville où se trouve la porte par où l'on passe pour aller de Corée en Chine, à la frontière de Corée.
한 조선의 국경지대에, 조선에서 중국으로 가기 위해 통과하는 문이 있는 마을

*변미ᄒᆞ다 [PYEN-MI-HĂ-TA] (變味) 원319
불 Changer de goût; devenir mauvais (mets); perdre sa saveur.
한 맛을 바꾸다 | (요리가) 맛이 없어지다 | 맛을 잃다

*변박ᄒᆞ다 [PYĒN-PAK-HĂ-TA] (辨駁) 원320
불 Réfuter; se contredire; discuter; disputer; se justifier; s'expliquer.
한 논박하다 | 서로 반박하다 | 토론하다 | 논쟁하다 | 정당화하다 | 자신의 생각을 밝히다

*변방 [PYEN-PANG,-I] (邊方) 원320
불 Frontières.
한 국경

*변법ᄒᆞ다 [PYEN-PEP-HĂ-TA] (變法) 원320
불 Loi extraordinaire; changer la loi, la coutume.
한 특별법 | 법, 관습을 바꾸다

*변변ᄒᆞ다 [PYEN-PYEN-HĂ-TA] (便便) 원320
불 Brillant, illustre; distingué; être capable, important, suffisant; être de valeur.
한 훌륭하다, 저명하다 | 뛰어나다 | 유능하다, 유력하다, 거만하다 | 값어치가 있다

*변복ᄒᆞ다 [PYEN-POK-HĂ-TA] (變服) 원320
불 Changer d'habits.
한 옷을 갈아입다

*변ᄇᆡᆨᄒᆞ다 [PYĒN-PĂIK-HĂ-TA] (辨白) 원320
불 Eclaircir; réfuter; se contredire; discuter; décider, juger, trancher une question.
한 해소하다 | 논박하다 | 서로 반박하다 | 토론하다 | 결정하다, 판단하다, 문제를 해결하다

*변상 [PYEN-SANG,-I] (變喪) 원320
불 Mort imprévue d'une personne encore très-jeune.
한 아직 매우 젊은 사람의 예기치 못한 죽음

*변상ᄒᆞ다 [PYEN-SANG-HĂ-TA] (變狀) 원320
불 Changer de figure.
한 모습을 바꾸다

*변셩ᄒᆞ다 [PYEN-SYENG-HĂ-TA] (變姓) 원320
불 Changer son nom de famille; changer de nom.
한 성을 바꾸다 | 성을 바꾸다

*변심ᄒᆞ다 [PYEN-SIM-HĂ-TA] (變心) 원320
불 Cœur changé; esprit différent. Changer de vue, d'opinion, de caractère; se pervertir.
한 바뀐 마음 | 다른 마음 | 시각, 의견, 성격을 바꾸다 | 타락하다

1*변ᄉᆞ [PYEN-SĂ] (變死) 원320
불 Mort extraordinaire.
한 특별한 죽음

2*변ᄉᆞ [PYEN-SĂ] (辯士) 원320
불 Lettré éloquent.
한 유창하고 학식 있는 사람

*변ᄉᆞᄒᆞ다 [PYEN-SĂ-HĂ-TA] (變事) 원320
불 Changer d'affaire; modifier une affaire.
한 일을 바꾸다 | 일을 변경하다

*변ᄉᆡᆨᄒᆞ다 [PYEN-SĂIK-HĂ-TA] (變色) 원320
불 Changer de couleur; perdre de sa couleur.
한 색을 바꾸다 | 본래의 색을 잃다

*변역ᄒᆞ다 [PYEN-YEK-HĂ-TA] (變易) 원319
불 Changement; échange. changer (v.n.).
한 변화 | 교환 | 바뀌다 (자동사)

*변쟉 [PYEN-TJYAK,-I] (côté) 원320
불 ᄒᆞᆫ변쟉이 Hăn pyen-tjyak-i, Un côté.
한 [용례 ᄒᆞᆫ변쟉이, Hăn pyen-tjyak-i], 한쪽 면

*변작ᄒᆞ다 [PYEN-TJAK-HĂ-TA] (變作) 원320
불 Réparer; faire de grandes réparations; changer en réparant.
한 수리하다 | 많이 수선하다 | 고치면서 바꾸다

*변쟝 [PYEN-TJYANG,-I] (邊將) 원320
불 Nom d'une petite dignité sur les frontières ; mandarin dans un petit district aux confins du royaume.
한 국경 지대의 낮은 관직의 이름 | 왕국의 국경에 있는 작은 구역의 관리

1*변졔ᄒᆞ다 [PYEN-TJYEI-HĂ-TA] (變制) 원320
불 Changer les lois.
한 법을 바꾸다

2*변졔ᄒᆞ다 [PYEN-TJYEI-HĂ-TA] (變製) 원320
불 Quitter le deuil; changer d'habit.
한 상복을 벗다 | 옷을 갈아입다

3변졔ᄒᆞ다 [PYEN-TJYEI-HĂ-TA] 원320
불 Faire des pieds et des mains; faire tous ses efforts; faire à tout prix.
한 갖은 애를 다 쓰다 | 모든 노력을 다하다 | 어떤 대

가를 치르더라도 반드시 하다

변쥭ᄒᆞ다 [PYEN-TJOUK-HĂ-TA] 원320

불 Bord surajouté. Equarrir d'un seul côté.

한 과도하게 덧붙여진 테두리 | 한쪽만 다듬다

변즁이 [PYEN-TJYOUNG-I] 원320

불 Tout petit poisson de mer.

한 아주 작은 바닷물고기

*변지변 [PYEN-TJI-PYEN,-I] (邊之邊) 원320

불 Intérêt des intérêts.

한 이자에 덧붙인 이자

변탕 [PYEN-HTANG,-I] 원320

불 Nom d'un instrument qui sert à faire des moulures au bois; doloire; varlope.

한 나무에 쇠시리를 하는 데 사용하는 기구의 이름 | 손도끼 | 큰 대패

1*변톄ᄒᆞ다 [PYEN-HTYEI-HĂ-TA] (變帖) 원320

불 Changement d'écriture.

한 글씨의 변화

2*변톄ᄒᆞ다 [PYEN-HTYEI-HĂ-TA] (變體) 원320

불 Changer de substance; se transsubstantier. (m. chrét.)

한 물질을 바꾸다 | 화체하다 (기독교 어휘)

*변통ᄒᆞ다 [PYEN-HTONG-HĂ-TA] (變通, (changer, reussir)) 원320

불 S'efforcer de toutes manières jusqu'à réussite; ne pas se décourager; arranger, disposer une affaire.

한 성공할 때까지 몹시 애쓰다 | 낙담하지 않다 | 일을 처리하다, 준비하다

*변혁 [PYEN-HYEK,-I] (變革) 원319

불 Changement; échange; transformation.

한 변화 | 교환 | 변형

*변화ᄒᆞ다 [PYEN-HOA-HĂ-TA] (變化) 원319

불 Etre changé; transformé réellement (v.g. un ver qui devient papillon). Métamorphoser; changer.

한 바뀌다 | (예. 나비가 되는 애벌레가) 실제로 변형되다 | 변신시키다 | 바꾸다

*변환ᄒᆞ다 [PYEN-HOAN-HĂ-TA] (變幻) 원319

불 Transformer, changer (faussement); se transformer. Syn. 도셥ᄒᆞ다 To-syep-hă-ta.

한 변형시키다, (그릇되게) 바뀌다 | 변태하다, [동의어 도셥ᄒᆞ다, To-syep-hă-ta.]

*변ᄒᆞ다 [PYEN-HĂ-TA,-HĂ-YE,-HĂN] (變) 원319

불 Changer; varier; être différent, extraordinaire; se gâter; transformer.

한 바꾸다 | 변화하다 | 다르다, 특별하다 | 악화되다 | 변형시키다

1별 [PYEL,-I] (星) 원322

불 Etoile; astre; planète.

한 별 | 천체 | 행성

2*별 [PYEL,-I] (別) 원322

불 Etrangeté, bizarrerie; extraordinaire.

한 이상한 일, 야릇한 행동, 기이한 일

*별가 [PYEL-KA] (別家) 원323

불 Concubine, femme de second rang.

한 첩, 두 번째 서열의 부인

별각장이 [PYEL-KAK-TJANG-I] (別肝腸) 원323

불 Homme bizarre, étrange, extraordinaire.

한 이상한, 기묘한, 기이한 사람

*별간쟝 [PYEL-KAN-TJYANG,-I] (別肝腸) 원323

불 Homme bizarre, drôle de caractère; caractère singulier.

한 이상한 사람, 성격이 이상한 사람, 성격이 특이한 사람

*별감 [PYEL-KAM,-I] (別監) 원323

불 Second assistant ou secrétaire du mandarin (il y en a deux en chaque district). Officier qui, dans chaque ville, surveille les distributions du blé, etc. ‖ Esclave mâle et marié d'un noble.

한 관리의 두 번째 조수 또는 비서 (구역마다 2명이 있다) | 도시마다 곡식 등의 배급을 감독하는 공무원 | 귀족의 결혼한 남자 노예

*별갑 [PYEL-KAP,-I] (鱉甲) 원323

불 Ecaille de tortue d'eau douce.

한 민물거북의 등딱지

*별건곤 [PYEL-KEN-KON,-I] (別乾坤) 원323

불 Lieu, pays d'un bel aspect et très-bon pour habiter; bon et bel endroit; pays d'une beauté extraordinaire.

한 경관이 아름답고 살기에 매우 좋은 곳, 고장 | 훌륭하고 아름다운 장소 | 특별한 아름다움을 가진 고장

*별검 [PYEL-KEM,-I] (別檢) 원323

불 Nom d'une dignité dont l'officier est chargé, en province, de sacrifier au nom du roi.

한 지방에서 그 관리가 왕의 이름으로 제사 지내는 임무를 맡은 고관직의 이름

별것 [PYEL-KET,-SI] (別件) 원323

불 Chose extraordinaire, bizarre, étrange.

한 기이한, 이상한, 기묘한 것

*별격 [PYEL-KTEK,-I] (別格) 원323

불 Manière différente, étrange; chose extraordinaire.

한 다른, 이상한 양식 | 기이한 것

*별고 [PYEL-KO] (別故) 원323

불 Raison bizarre, extraordinaire; cause, motif extraordinaire.

한 이상한, 특별한 원인 | 특별한 이유, 동기

*별곤 [PYEL-KON,-I] (別棍) 원323

불 Verge extraordinaire (pour frapper un criminel); bâton de supplice extraordinaire.

한 (죄수를 때리기 위한) 특별한 회초리 | 특별한 형벌 막대기

*별골 [PYEL-KOL,-I] (別骨) 원323

불 Homme étrange, extraordinaire.

한 이상한, 기이한 사람

1*별과 [PYEL-KOA] (別科) 원323

불 Examen extraordinaire de baccalauréat.

한 바칼로레아 특별 시험

2*별과 [PYEL-KOA] (別果) 원323

불 Fruit-extraordinaire.

한 특이한 과일

*별군직 [PYEL-KOUN-TJIK,-I] (別軍職) 원323

불 Petite dignité par laquelle débutent les archers; dignité militaire à Sye-oul.

한 사수들이 진출하는 낮은 관직 | 서울에서 근무하는 군직

*별궁 [PYEL-KOUNG,-I] (別宮) 원323

불 Petite maison de plaisir pour le roi auprès du palais royal. maison du roi, où il n'habite pas ordinairement.

한 왕궁 옆에 왕을 위해 만든 기분 전환하는 작은 집 | 왕이 평소에 살지 않는 왕의 집

*별낭 [PYEL-NANG,-I] (別囊) 원323

불 Bourse de ceinture extraordinaire; grande bourse.

한 허리에 차는 비상 돈주머니 | 커다란 돈주머니

*별낭침 [PYEL-NANG-TCHIM,-I] (別囊針) 원323

불 Grande aiguille; grosse aiguille; carrelet.

한 큰 바늘 | 두꺼운 바늘 | [역주 마구 제조공의] 큰 바늘

별넘별넘ᄒᆞ다 [PYEL-NEM-PYEL-NEM-HĂ-TA] 원323

불 Différer; avoir été empêché malgré le désir de.

한 의견을 달리하다 | ~의 바람에도 불구하고 형편이 여의치 않았다

별노 [PYEL-NO] (別) 원323

불 En dehors de; en outre; de plus. ‖ (Instrumental de 별 Pyel). Par extraordinaire. S'emploie ordinairement sans aucun sens ou dans le sens d'absolument.

한 ~을 제외하면 | 게다가 | 더 많이 | (별 Pyel의 도구격) | 예외적으로. 대개 아무런 의미가 없거나 또는 전적으로라는 의미로 사용된다

별놈 [PYEL-NOM,-I] (別漢) 원323

불 Homme bizarre; individu drôle.

한 이상한 사람 | 별난 사람

*별당 [PYEL-TANG,-I] (別堂) 원324

불 Petite maison ou pavillon de plaisance auprès de la maison.

한 집 옆의 작은 집 또는 놀이관

*별ᄃᆡᄒᆞ다 [PYEL-TĂI-HĂ-TA] (別待) 원324

불 Recevoir avec distinction; traiter avec distinction.

한 특별대우하며 맞아들이다 | 특별하게 대접하다

*별명 [PYEL-MYENG,-I] (別名) 원323

불 Renommée bizarre; nom drôle.

한 이상한 명성 | 별난 이름

*별물 [PYEL-MOUL,-I] (別物) 원323

불 Chose extraordinaire; objet bizarre. Chose singulière.

한 기이한 것 | 이상한 물건 | 특이한 것

*별미 [PYEL-MI] (別味) 원323

불 Diversité de nourriture; goût extraordinaire.

한 다양한 음식 | 특별한 맛

*별반거조ᄒᆞ다 [PYEL-PAN-KE-TJO-HĂ-TA] (別般擧措) 원323

불 Ordre, commandement extraordinaire. Traiter avec une sévérité extraordinaire; faire des efforts extraordinaires.

한 특별한 지시, 명령 | 특별히 엄격하게 취급하다 | 이례적인 노력을 하다

*별방 [PYEL-PANG,-I] (別房) 원323

불 Concubine.

한 첩

*별법 [PYEL-PEP,-I] (別法) 원323

불 Loi extraordinaire; singulière coutume.

한 이상한 법 | 독특한 관습

*별보 [PYEL-PO] (別譜) 원323

불 Connaissance de la généalogie de sa famille; science généalogique de sa famille.

한 집안의 족보에 대한 앎 | 집안의 족보에 대한 지식

별복 [PYEL-POK] 원323

불 Généalogie d'un bâtard.
한 사생아의 혈통

*별비 [PYEL-PĂI] (別陪) 원323
불 Valets d'un homme en charge, en dignité. Esclaves qui accompagnent les grands quand ils sortent; laquais; valets de pied.
한 책무를 맡은, 고관직에 있는 사람의 하인들 | 고위층의 사람이 외출할 때 그들을 수행하는 노예들 | 하인들 | 종자들

*별빅지 [PYEL-PĂIK-TJI] (別白紙) 원323
불 Beau papier blanc; papier admirable.
한 품질이 좋은 흰 종이 | 감탄할 만한 종이

*별션 [PYEL-SYEN,-I] (別扇) 원323
불 Très-bel éventail.
한 아주 아름다운 부채

*별셩힝ᄎᆞ [PYEL-SYENG-HĂING-TCHĂ] (別星行次) 원323
불 Haut personnage qui va faire un voyage en province par ordre du roi. Commissaire extraordinaire du gouvernement.
한 왕의 명령을 받고 지방으로 가는 고위층 인사 | 정부의 특별 위원

*별셰ᄒᆞ다 [PYEL-SYEI-HĂ-TA] (別世) 원323
불 Mourir; quitter le monde.
한 죽다 | 세상을 떠나다

*별식 [PYEL-SIK,-I] (別食) 원324
불 Mets extraordinaire.
한 특별한 요리

*별실 [PYEL-SIL,-I] (別室) 원324
불 Concubine.
한 첩

*별ᄉᆞ [PYEL-SĂ] (別使) 원323
불 Ambassadeur extraordinaire.
한 특별 대사

별쫑 [PYEL-TTONG,-I] (星糞) 원324
불 Etoiles filantes.
한 유성

별쫑지기 [PYEL-TTONG-TJI-KI] 원324
불 Mauvaises rizières; mauvais champs.
한 좋지 않은 논 | 좋지 않은 밭

*별안간 [PYEL-AN-KAN] (瞥眼間) 원322
불 A l'improviste; en un clin d'œil.
한 갑작스럽게 | 눈 깜짝할 사이에

*별양 [PYEL-YANG] (別樣) 원322
불 Autre manière, manière différente. ‖ Beaucoup trop.
한 별개의 방식, 다른 방식 | 너무 많이

*별연죽 [PYEL-YEN-TJOUK,-I] (別烟竹) 원322
불 Très-beau tuyau de pipe.
한 아주 보기 좋은 담뱃대

*별유ᄉᆞ [PYEL-YOU-SĂ] (別有司) 원323
불 Maire de village; chef de village. ‖ Noble chargé de ce qui regarde le culte de Confucius.
한 마을의 시장 | 마을의 장 | 공자의 제사를 관할하는 일을 맡은 귀족

*별인물 [PYEL-IN-MOUL,-I] (別人物) 원322
불 Homme étrange, bizarre, extraordinaire; drôle d'homme.
한 기묘한, 이상한, 기이한 사람 | 별난 사람

별일 [PYEL-IL,-I] (別事) 원322
불 Chose bizarre; affaire extraordinaire, étrange, drôle.
한 이상한 일 | 기이한, 기묘한, 이상한 일

*별쟝 [PYEL-TJYANG,-I] (別將) 원324
불 Petit mandarin militaire sous-lieutenant. Dignité (que peut obtenir un homme du peuple); espèce de capitaine de port sur le fleuve; il a l'intendance, l'inspection des barques et des bateaux (office des gens du peuple).
한 소위인 낮은 군 관리 | (평민이 얻을 수 있는) 고위직 | 강에서 근무하는 항무관의 종류 | 그는 작은 배와 배의 관리권, 감독권을 가진다 (평민들의 관직)

*별죵 [PYEL-TJYONG] (別種) 원324
불 Semence extraordinaire, différente. ‖ Chose étrange, extraordinaire.
한 기이한, 다른 종자 | 이상한, 특이한 것

별죵죵ᄒᆞ다 [PYEL-TJYONG-TJYONG-HĂ-TA] (星種種) 원324
불 Etre parsemé et nombreux (étoiles au ciel).
한 (하늘의 별들이) 뿌려져 있고 많다

*별쥬 [PYEL-TJYOU] (別酒) 원324
불 Très bon vin; vin extraordinaire. ‖ Vin qu'on boit en se quittant; coup d'adieu.
한 아주 맛있는 술 | 대단한 술 | 헤어질 때 마시는 술 | 이별주

*별증 [PYEL-TJEUNG,-I] (別症) 원324
불 Augmentation de la maladie; s'aggraver (une malad-

ie); maladie qui vient tout à coup en compliquer une autre.
한 병의 증가 | (병이) 악화되다 | 갑자기 덩달아 다른 병도 일어나게 하는 병
*별지 [PYEL-TJĂI] (別才) 원324
불 Artiste; habile en tout; esprit, capacité extraordinaire.
한 기예사 | 모든 면에서 솜씨가 좋은 사람 | 재치, 특별한 재능
*별찬 [PYEL-TCHAN,-I] (別饌) 원324
불 Très bon mets; mets extraordinaire.
한 아주 맛있는 요리 | 특별한 요리
*별초 [PYEL-TCHO] (別草) 원324
불 Très bon tabac; le meilleur tabac.
한 품질이 아주 좋은 담배 | 가장 좋은 담배
*별친 [PYEL-TCHIN,-I] (別親) 원324
불 Très-intime; très-lié.
한 매우 친하다 | 매우 관계가 깊다
*별치 [PYEL-TCHĂI] (別差) 원324
불 Valet de préfecture réservé pour les affaires importantes.
한 중대한 임무를 위해 따로 남겨 둔 도청의 하인
*별튁ᄒᆞ다 [PYEL-HTĂIK-HĂ-TA] (別擇) 원324
불 Choisir le meilleur; choisir avec soin.
한 가장 좋은 것을 선택하다 | 정성 들여 선택하다
*별판 [PYEL-HPAN,-I] (別板) 원323
불 Planche d'imprimerie extraordinaire. || Chose extraordi naire.
한 특별한 인쇄판 | 기이한 일
*별패진 [PYEL-HPAI-TJIN,-I] (別牌陣) 원323
불 Soldat ou officier du génie.
한 공병 군인 또는 공병 장교
*별픔 [PYEL-HPEUM,-I] (別品) 원323
불 Degré étrange; à un degré extraordinaire; qualité ou dignité extraordinaire.
한 이상한 정도 | 특별하게 | 특별한 자질 또는 품격
*별호 [PYEL-HO] (別號) 원323
불 Nom d'un homme marié; nom; prénom (postnom); surnom; nom différent des lettrés par lequel tous peuvent les appeler, excepté les enfants.
한 결혼한 사람의 이름 | 성 | 이름(성 뒤에 나옴) | 별명 | 아이들을 제외하고 모든 사람이 부를 수 있는, 학식 있는 사람들의 다른 이름
*별호간 [PYEL-HO-KAN,-I] (別好間) 원323
불 Intimité, liaison amicale; très-grande intimité.
한 친밀, 우호적인 관계 | 아주 친밀한 관계
[1]볏 [PYET,-SI ou -TCHI] (鷄冠) 원324
불 Crête de coq.
한 수탉의 볏
[2]볏 [PYET,-SI ou -TCHI] (陽) 원324
불 Soleil, lumière (opposé à l'ombre).
한 햇빛, 빛(그늘의 반의어).
[3]볏 [PYET,-SI ou -TCHI] (鍊) 원324
불 Pièce de fer ou de bois au-dessus du soc dans la charrue, et qui sert à rejeter la terre de côté.
한 흙을 옆으로 내던지는 데 사용하는, 쟁기에서 보습의 날 아래에 있는 쇠 또는 나무 조각
볏나다 [PYET-NA-TA,-NA,-NAN] (陽出) 원324
불 Faire du soleil; briller (soleil); se montrer (le soleil.)
한 해가 떠 있다 | (태양이) 빛나다 | (태양이) 모습을 드러내다
볏밥 [PYET-PAP,-I] (耟食) 원324
불 Terre repoussée de côté par le 볏 Pyet d'une charrue.
한 쟁기의 볏 Pyet으로 옆에 밀어 놓은 흙
볏장이 [PYET-TJYANG-I] 원324
불 Espèce de grillon dont le bruit est semblable à celui que fait un tisserand en travaillant; espèce de sauterelle.
한 직조공이 일하면서 내는 것과 그 소리가 비슷한 귀뚜라미의 종류 | 메뚜기의 종류
[1*]병 [PYENG,-I] (病) 원320
불 Maladie; infirmité.
한 질병 | 신체장애
[2*]병 [PYENG,-I] (餠) 원320
불 Gâteau.
한 과자
[3*]병 [PYENG,-I] (兵) 원320
불 En agr. Soldat; militaire; guerrier.
한 한자어로 병사, 군인, 전사
[4*]병 [PYENG,-I] (壺) 원320
불 Bouteille; cruche; flacon; burette; fiole.
한 병 | 단지 | 작은 병 | 목이 가는 병 | 약병
[1*]병가 [PYENG-KA] (兵家) 원321
불 Maison d'exercices militaires; école militaire.
한 군인들이 훈련하는 건물 | 사관학교
[2*]병가 [PYENG-KA] (病家) 원321
불 Maison où il y a un malade.
한 아픈 사람이 있는 집

[1]*병고 [PYĒNG-KO] (病苦) [원]321
[불] Douleur de la maladie.
[한] 병으로 인한 고통

[2]병고 [PYĒNG-KO] (病故) [원]321
[불] Raison ou motif de la maladie.
[한] 병의 원인, 이유

*병골 [PYĒNG-KOL,-I] (病骨) [원]321
[불] Infirme; malade; maladif.
[한] 허약하다 | 아프다 | 병약하다

*병교 [PYENG-KYO] (兵校) [원]321
[불] Satellites (de la capitale et de la province).
[한] (수도와 지방의) 부하들

*병권 [PYENG-KOUEN,-I] (兵權) [원]321
[불] Dignité militaire; autorité militaire.
[한] 군의 고위직 | 군의 권위

*병근 [PYĒNG-KEUN,-I] (病根) [원]321
[불] Source, racine, origine de la maladie, sa cause intérieure.
[한] 병의 기원, 근원, 시초, 내적 원인

*병긔 [PYENG-KEUI] (兵器) [원]321
[불] Armes.
[한] 무기

*병긱 [PYĒNG-KĂIK,-I] (病客) [원]321
[불] Malade; infirme; invalide; valétudinaire.
[한] 환자 | 불구자 | 불구자 | 병약한 사람

병나다 [PYENG-NA-TA,-NA,-NAN] (病出) [원]321
[불] Tomber malade.
[한] 병에 걸리다

*병난 [PYENG-NAN,-I] (兵亂) [원]321
[불] Guerre; malheur de la guerre.
[한] 전쟁 | 전쟁으로 인한 재난

*병낭 [PYĒNG-NANG,-I] (病囊) [원]321
[불] Sac à maladie; qui est toujours malade; qui a toutes sortes de maladies; dont la maladie est l'état habituel.
[한] 병주머니 | 항상 아픈 사람 | 온갖 종류의 병을 가진 사람 | 병이 습관적인 상태인 사람

병내다 [PYENG-NAI-TA,-NAI-YE,-NAIN] (生病) [원]321
[불] Rendre malade. ‖ Etre cause de la nonréussite d'une chose.
[한] 병내다 | 어떤 것의 실패의 원인이다

*병논ᄒᆞ다 [PYĒNG-NON-HĂ-TA] (病論) [원]321
[불] Raisonner, délibérer sur la maladie; examiner la maladie; consulter sur une maladie; en chercher la cause et les remèdes.
[한] 추론하다, 병에 대해 토의하다 | 병을 관찰하다 | 병에 대해 진찰받다 | 그 원인과 처방법을 찾다

*병닌 [PYENG-NIN] (兵刃) [원]321
[불] Soldat et sabre; guerre; armes blanches; armes en général.
[한] 군인과 검 | 전쟁 | 백병 | 일반적인 무기

*병답 [PYĒNG-TAP,-I] (病畓) [원]322
[불] Eboulement d'une rizière; mauvaise rizière.
[한] 논이 무너짐 | 좋지 않은 논

병드다 [PYENG-TEU-TA,-TEU-RE,-TEUN] (沉病) [원]322
[불] Etre malade; être vicieux; tomber malade.
[한] 병이 나다 | 하자가 있다 | 병에 걸리다

*병력ᄒᆞ다 [PYENG-RYEK-HĂ-TA] (並力) [원]321
[불] Travailler ensemble; aider; se prêter mainforte, secours; réunir ses efforts.
[한] 함께 일하다 | 돕다 | 협조하다, 협력하다 | 노력을 모으다

*병록 [PYĒNG-ROK,-I] (病錄) [원]321
[불] Etat de santé d'un malade; marche et état de la maladie exposés dans un écrit qu'on envoie à un médecin pour une consultation; symptôme de maladie.
[한] 환자의 건강 상태 | 진찰을 위해 의사에게 보내는 서류에 진술된 병의 경과와 상태 | 병의 증상

[1]*병마 [PYENG-MA] (兵馬) [원]321
[불] Cavalier, chevalier, soldat à cheval.
[한] 말 탄 사람, 기사, 기병

[2]*병마 [PYĒNG-MA] (病馬) [원]321
[불] Cheval malade.
[한] 병든 말

*병막 [PYĒNG-MAK,-I] (病幕) [원]321
[불] Espèce de lazaret où l'on renferme les pestiférés. Infirmerie, cabane pour mettre à part les malades atteints de maladie contagieuse.
[한] 페스트 환자들을 유폐하는 격리 시설의 종류 | 전염병에 걸린 환자들을 격리시키기 위한 의무실, 오두막집

병만타 [PYENG-MAN-HTA,-MAN-HA,-MAN-HEUN] (多病) [원]321
[불] Avoir toutes sortes de maladies, beaucoup de maladies.
[한] 온갖 병, 많은 병에 걸리다

[1]병목 [PYENG-MOK,-I] (洞口) [원]321

불 Carrefour, endroit où se rencontrent deux routes.

한 [역주 사람이 모이는] 광장, 두 길이 만나는 곳

2*병목 [PYENG-MOK,-I] (病目) 원321

불 Yeux malades.

한 병든 눈

1*병문 [PYENG-MOUN,-I] (兵門) 원321

불 Porte d'une route de village sur la grand route.

한 대로에 있는 마을길의 문

2*병문 [PYENG-MOUN,-I] (病門) 원321

불 Maison sans cesse infestée par des maladies.

한 끊임없이 병이 창궐하는 집

*병발ᄒᆞ다 [PYENG-PAL-HĂ-TA] (並發) 원321

불 Laisser échapper en même temps; envoyer ensemble; décocher en même temps; lancer en même temps; parler en même temps; faire en même temps; commencer ensemble.

한 동시에 놓치다 | 한꺼번에 보내다 | 동시에 쏘다 | 동시에 던지다 | 동시에 말하다 | 동시에 하다 | 함께 시작하다

*병방 [PYENG-PANG,-I] (兵房) 원321

불 Satellites de la province et de la capitale. ‖ Prétorien chargé de ce qui regarde les soldats dans chaque district.

한 지방과 수도의 부하들 | 각 구역에서 군인들과 관계되는 일을 맡은 친위병

*병법 [PYENG-PEP,-I] (兵法) 원321

불 Lois militaires; art militaire; discipline militaire; usage des soldats.

한 군대의 법 | 전술 | 군대의 규율 | 군인들의 관습

*병보ᄒᆞ다 [PYĒNG-PO-HĂ-TA] (病報) 원321

불 Nouvelle de la maladie. Donner la nouvelle d'une maladie.

한 병의 소식 | 병이 난 소식을 알리다

*병부 [PYENG-POU] (兵符) 원321

불 Plaque en bois où on écrit le nom d'un dignitaire, qui en a un moitié; l'autre moitié est gardée par le gouvernement; c'est le signe de l'autorité donnée par le roi au mandarin. Cachet ou sceau donnée à un dignitaire par le gouvernement, qui en conserve un tout à fait semblable (pour la vérification).

한 고관의 이름이 쓰이는 나무로 된 판으로 그 반은 고관이 가지고 나머지 절반은 정부가 보관한다 | 왕이 관리에게 주는 권위의 표시이다 | (확인을 위해) 정부가 그것과 완전히 유사한 것을 보관하고 있고 고관에게 주는 도장 또는 인장

*병셔 [PYENG-SYE] (兵書) 원322

불 Art militaire; loi pour l'instruction militaire; livre de tactique militaire.

한 전술 | 군대 지도를 위한 법 | 전술에 대한 책

*병셕 [PYĒNG-SYEK,-I] (病席) 원322

불 Natte d'un malade; lit d'un malade.

한 환자의 돗자리 | 환자의 침대

*병션 [PYENG-SYEN,-I] (兵船) 원322

불 Navire de guerre.

한 군함

1*병셰 [PYĒNG-SYEI] (病勢) 원322

불 Etat de la maladie.

한 병의 상태

2*병셰 [PYENG-SYEI] (兵勢) 원322

불 Etat des soldats, de l'armée.

한 군인들의, 군대의 상태

*병슐 [PYĒNG-SYOUL,-I] (丙戌) 원322

불 23e année du cycle de 60 ans. 1706, 1766, 1826, 1886.

한 60년 주기의 23번째 해 | 1706, 1766, 1826, 1886년

*병식ᄒᆞ다 [PYENG-SIK-HĂ-TA] (並食) 원322

불 Avoir la moitié du bénéfice.

한 이익의 반을 가지다

1*병신 [PYĒNG-SIN,-I] (丙申) 원322

불 33e année du cycle de 60 ans. 1716, 1776, 1836, 1896

한 60년 주기의 33번째 해 | 1716, 1776, 1836, 1896년

2*병신 [PYĒNG-SIN,-I] (病身) 원322

불 Estropié; mutilé; infirme; celui qui ne peut pas se servir d'un de ses membres.

한 불구자 | 팔다리를 잃은 사람 | 불구자 | 사지 중 하나를 쓸 수 없는 사람

병신셩스럽다 [PYĒNG-SIN-SYENG-SEU-REP-TA,-RE-OUE,-RE-ON] (如病身) 원322

불 Avoir l'air peu intelligent.

한 별로 영리해 보이지 않다

*병ᄉ [PYENG-SĂ] (兵使) 원321

불 Mandarin militaire; général de 2me ordre, commandant d'une province ou d'une demi-province. Dignité militaire; grand officier militaire, général de division; (il n'y en a qu'un dans chaque province; il est au-dessus du gouverneur; il vient après le 대장 Tai-tjyang).

한 군대의 관리 | 제2 서열의 장군, 한 지방 또는 한 지방의 반쪽에서의 사령관 | 군대의 고관직 | 군대의 높은 장교, 사단장 | (각 지방마다 한 명 밖에 없다 | 지사 아래; 대장 Tai-jyang 다음에 온다)

*병식 [PYĒNG-SĂIK,-I] (病色) 원322
불 Air de maladie; air malade; air souffrant.
한 아픈 기색 | 병든 기색 | 몸이 불편한 기색

*병쇄 [PYĒNG-KKOAI] (病卦) 원321
불 Maladie; source de maladie; présage de maladie. ‖ Mauvaise tournure d'une affaire qui se gâte.
한 병 | 병의 근원 | 병의 징조 | 사태가 악화되는 불길한 형세

병아리 [PYENG-A-RI] (鷄雛) 원320
불 Poussin; petit poulet.
한 병아리, 어린 닭

*병약ᄒᆞ다 [PYENG-YAK-HĂ-TA] (病弱) 원320
불 Affaibli par une maladie; faible après une maladie.
한 병으로 쇠약해지다 | 병을 겪고 허약하다

*병어 [PYENG-E] (鯿魚) 원320
불 Espèce de poisson de mer; espèce de poisson plat, p. ê. le turbot ou la plie.
한 바닷고기의 종류 | 납작한 물고기의 종류, 아마도 가자미의 일종이나 가자미

*병영 [PYENG-YENG,-I] (兵營) 원320
불 Ville militaire.
한 군대 구역

*병오 [PYĒHG-O] (丙午) 원320
불 43e année du cycle de 60 ans. 1726, 1786, 1846, 1906.
한 60년 주기의 43번째 해 | 1726, 1786, 1846, 1906년

*병원 [PYĒNG-OUEN,-I] (病院) 원320
불 Hôpital, hospice pour les malades.
한 병원, 환자들을 위한 구제원

1*병인 [PYĒNG-IN,-I] (病人) 원320
불 Malade, homme malade.
한 병자, 아픈 사람

2*병인 [PYENG-IN,-I] (兵刄) 원320
불 Soldat et sabre; guerre; armes blanches; armes en général.
한 군인과 검 | 전쟁 | 대검 | 일반적인 무기

3*병인 [PYĒNG-IN,-I] (丙寅) 원320
불 3e année du cycle de 60 ans. 1686, 1746, 1806, 1866, 1926.
한 60년 주기의 세 번째 해 | 1686, 1746, 1806, 1866, 1926년

4병인 [PYENG-IN,-I] 원321 ☞병신

병잣다 [PYENG-TJAT-TA,-TJA-TJA,-TJA-TJĂN] (病數) 원322
불 Etre fréquemment malade.
한 자주 아프다

병장기 [PYENG-TJANG-KI] (兵器) 원322
불 Armes des soldats.
한 군인들의 무기

*병쟈 [PYĒNG-TJYA] (病者) 원322
불 Malade; un malade.
한 아프다 | 환자

*병쟉ᄒᆞ다 [PYENG-TJYAK-HĂ-TA] (並作) 원322
불 Cultiver les rizières d'un autre et avoir la moitié de la récolte.
한 다른사람의 논을 경작하여 수확물의 절반을 가지다

*병죠 [PYENG-TJYO] (兵曹) 원322
불 Ministère ou tribunal de la guerre; palais du ministre de la guerre.
한 전쟁의 부 또는 법원 | 전쟁 장관의 관저

*병죠판셔 [PYENG-TJYO-HPAN-SYE] (兵曹判書) 원322
불 Ministre de la guerre; ministre des armes.
한 전쟁 장관 | 군 장관

*병죨 [PYENG-TJYOL,-I] (兵卒) 원322
불 Soldat.
한 군인

*병즁 [PYĒNG-TJYOUNG] (病中) 원322
불 Dans la maladie; pendant la maladie.
한 병에 걸린 동안 | 병을 앓는 동안

*병증 [PYĒNG-TJEUNG,-I] (病症) 원322
불 Etat de la maladie; signe ou symptôme de maladie.
한 병의 상태 | 병의 증상 또는 징후

1*병진 [PYĒNG-TJIN,-I] (兵陣) 원322
불 Grande troupe de soldats armés; armée.
한 무장병들의 큰 부대 | 군대

2*병진 [PYĒNG-TJIN,-I] (丙辰) 원322
불 53e année du cycle de 60 ans. 1736, 1796, 1856, 1916.
한 60년 주기의 53번째 해 | 1736, 1796, 1856, 1916년

병집 [PYENG-TJIP,-I] (病孼) 원322
불 Chose gâtée, défectueuse; défaut; trou de ver dans

un fruit.
한 상한, 결함이 있는 것 | 결점 | 과일에 벌레가 파먹은 구멍
[1]*병집ᄒᆞ다 [PYENG-TJIP-HĂ-TA] (並集) 원322
불 Se rassembler.
한 모이다
[2]*병집ᄒᆞ다 [PYENG-TJIP-HĂ-TA] (柄執) 원322
불 S'emparer de l'autorité, la tenir; régir; gouverner. (mot peu usité).
한 권력을 점령하다, 권력을 쥐다 | 지배하다 | 통치하다 | (별로 사용되지 않는 단어)
*병ᄌᆞ [PYĒNG-TJĂ] (丙子) 원322
불 13me année du cycle de 60 ans. 1696, 1756, 1816, 1876.
한 60년 주기의 열세 번째 해 | 1696, 1756, 1816, 1876년
[1]*병쳐 [PYĒNG-TCHYE] (病處) 원322
불 Défaut; vice; mal. Endroit malade.
한 장애 | 악습 | 병 | 병든 곳
[2]*병쳐 [PYENG-TCHYE] (病妻) 원322
불 Epouse malade.
한 병든 아내
병츅이 [PYĒNG-TCHYOUK-I] (病人) 원322
불 Celui qui est toujours malade (ne se dit que d'un inférieur); infirme; valétudinaire.
한 항상 아픈 사람 (아랫사람에 대해서만 쓴다) | 불구자 | 병약한 사람
*병탈 [PYĒNG-HTAL,-I] (病頉) 원322
불 Prétexte d'une maladie (pour ne pas faire); raison de maladie; empêchement de maladie.
한 (하지 않기 위해) 병을 핑계 삼음 | 병이라는 이유 | 병이라는 장애
*병탈ᄒᆞ다 [PYENG-HTAL-HĂ-TA] (病頉) 원322
불 S'excuser ou être dispensé pour maladie.
한 병으로 핑계를 대거나 면제 받다
[1]*병통 [PYĒNG-HTONG,-I] (病痛) 원322
불 Corruption; vice; mal; faute; défaut; inconvénient. Gâté; vicieux; défectueux.
한 손상 | 결함 | 병 | 잘못 | 결점 | 불편 | 상하다 | 결점이 있다 | 결함이 있다
[2]*병통 [PYENG-HTONG] (兵統) 원322
불 Les deux dignités de 병ᄉᆞ Pyeng-să et 통제ᄉᆞ Htong-tj yei-să.
한 병ᄉᆞ Pyeng-să와 통제ᄉᆞ Htong-tjyei-să라는 두 고위직
*병ᄑᆡ [PYENG-HPĂI] (病敗) 원321
불 Maladie; défaut; dégât; désordre dans une chose abîmée; vice; défaut; accident; gâté; vicieux; défectueux; chose qui ne doit pas réussir, mal combinée ou qui rencontre de trop grands obstacles.
한 병 | 결점 | 피해 | 망가진 것 속의 장애 | 결함 | 약점 | 재난 | 상하다 | 결점이 있다 | 결함이 있다 | 잘못 계획되거나 너무 큰 장애를 만나는, 성공하지 못하게 되어 있는 것
*병판 [PYENG-HPAN,-I] (兵判) 원321
불 Ministre de la guerre (un des 6 ministres); ministre des armes.
한 전쟁 장관 (여섯 장관 중 하나) | 군대의 장관
*병폐인 [PYENG-HPYEI-IN] (病廢人) 원321
불 Homme trop malade pour rien faire.
한 아무것도 할 수 없을 정도로 너무 아픈 사람
*병폐ᄒᆞ다 [PYĒNG-HPYEI-HĂ-TA] (病廢) 원321
불 Mis hors de service à cause d'une maladie; n'être bon à rien à cause d'une infirmité; ne pouvoir rien faire pour cause de maladie; être infirme; être alité depuis longtemps.
한 병 때문에 근무에서 벗어나게 되다 | 병약해서 아무짝에도 쓸모없다 | 병 때문에 아무것도 할 수 없다 | 불구이다 | 오래전부터 자리에 누워 있다
*병풍 [PYENG-HPOUNG,-I] (屛風) 원321
불 Paravent.
한 병풍
[1]*병화 [PYENG-HOA] (兵火) 원320
불 Guerre.
한 전쟁
[2]*병화 [PYENG-HOA] (病禍) 원321
불 Malheur éprouvé pendant qu'on est malade.
한 병을 앓는 동안 겪는 불행
*병환 [PYĒNG-HOAN] (病患, (maladie et fléau)) 원321
불 Maladie d'un supérieur. (hon.) =잇다-it-ta ou =계시다-kyei-si-ta, être malade.
한 윗사람의 병 (경칭) | [용례 =잇다, -it-ta] 또는 [용례 =계시다, -kyei-si-ta], 아프다
*병ᄒᆡᆼᄒᆞ다 [PYENG-HĂING-HĂ-TA] (並行) 원320
불 Accoupler; appliquer à la fois; faire en même temps, à la fois; faire à tout prix (terme de commandement).
한 연결하다 | [역주 명령·형벌 따위를] 한꺼번에 실

행하다 | 동시에, 한꺼번에 하다 | 반드시 하다 (명령어)

1* **보** [PO] (保) [원]330

[불] Caution.

[한] 보증

2* **보** [PO] (褓) [원]330

[불] Serviette pour envelopper un paquet; nappe; tapis de table; serviette; mouchoir; toile; linge.

[한] 상자를 싸기 위한 수건 | 식탁보 | 식탁보 | 냅킨 | 손수건 | 직물 | 린넨 제품

3* **보** [PO] (洑) [원]330

[불] Aqueduc; conduit pour les eaux; chaussée pour retenir l'eau.

[한] 수로 | 수도관 | 물을 가두기 위한 둑

4* **보** [PO] (步) [원]330

[불] Pas; marche; allure; démarche. ‖ Pas (mesure de longueur, correspond à deux pas européens).

[한] 걸음 | 걷기 | 걸음걸이 | 거동 | 보 (길이의 단위, 유럽의 두 걸음에 상응한다)

* **보검** [POK-KEM,-I] (寶劍) [원]331

[불] Très-beau couteau, sabre précieux.

[한] 이주 멋진 칼, 귀중한 검

보고 [PO-KO] (見) [원]331

[불] (Gouv. l'accus.). Vu; ayant considéré; à l'égard de; à cause de; eu égard à.

[한] (대격을 지배한다) | ~에 비추어 | 고려해 보고 | ~에 견주어 | ~때문에 | ~을 고려하여

* **보공호다** [PŌ-KONG-HĂ-TA] (補空) [원]331

[불] Espèce de bourre dont on se sert pour emballer, pour boucher les vides d'une caisse. ‖ Remplir les vides du cercueil.

[한] 포장하기 위해, 상자의 빈틈을 막기 위해 사용하는, 동물에서 뜯어낸 털뭉치의 종류 | 관의 빈틈을 가득 채우다

* **보교** [PŌ-KYO] (步轎) [원]331

[불] Palanquin, petite chaise à porteurs.

[한] 가마, 작은 가마

* **보군** [PŌ-KOUN,-I] (步軍) [원]331

[불] Piéton; fantassin; soldat d'infanterie.

[한] 보병, 보병 | 보병대의 병사

보군이 [PO-KOUN-I] (小筐) [원]331

[불] Espèce de panier.

[한] 바구니의 종류

보글보글 [PO-KEUL-PO-KEUL] [원]331

[불] Désigne le bruit de l'eau qui bout.

[한] 물이 끓는 소리를 가리킨다

* **보긔호다** [PŌ-KEUI-HĂ-TA] (補氣) [원]331

[불] Air chaud, chaleur du corps. Réparer les forces; fortifier.

[한] 따뜻한 공기, 몸의 열 | 힘을 회복하다 | 강하게 하다

보내다 [PO-NAI-TA,-NAI-YE,-NAIN] (送) [원]333

[불] Envoyer; congédier; dépêcher; lancer.

[한] 파견하다 | 내보내다 | 급히 보내다 | 내몰다

보노로 [PO-NO-RO] [원]333

[불] Petit chevreuil.

[한] 어린 노루

1 **보다** [PO-TA,PO-A,PON] (見) [원]337

[불] Regarder; examiner; voir; considérer; apercevoir; percevoir; comprendre. ‖ Protéger; s'intéresser à; prendre soin de. ‖ En matière de 6me précepte, signifie : connaître… ‖ En terminais., a le sens de: paraître, sembler. ‖ Joint au participe verbal passé des verbes, ser à faire un composé dont le sens est la résultante des deux sens divisés: v.g. 호여보다 Ha-ye-po-ta, Essayer; 먹어보다 Mek-e-po-ta, Goûter.

[한] 바라보다 | 관찰하다 | 보다 | 주시하다 | 얼핏 보다 | 식별하다 | 이해하다 | 옹호하다 | ~에 관심을 가지다 | ~을 돌보다 | 여섯 번째 규범상 '알다'를 의미한다 | 어미에서 '~처럼 보이다, ~같다'라는 의미를 가진다 | 동사의 과거분사와 결합하여 그 뜻이 구분된 두 의미의 결과인 합성어를 만드는 데 쓰인다 : [용례] 호여보다, Hă-ye-po-ta], 해보다 | [[용례] 먹어보다, Mek-e-po-ta], 맛보다

2 **보다** [PO-TA] [원]337

[불] Comparé à…, plus que… en comparaison de; vu; entre; eu égard à. (se met après le mot).

[한] ~에 비해, ~보다 더, ~와 비교해서 | ~에 비추어, ~중에서, ~을 고려하여 (단어 뒤에 놓인다)

보담 [PO-TAM] [원]337 ☞ 보다

* **보답호다** [PŌ-TAP-HĂ-TA] (報答) [원]337

[불] Rendre un bienfait; récompenser; reconnaître un bienfait, un service, par un autre; être reconnaissant. 은혜롤보답호다Eun-hyei-răl po-tap-hă-ta, Reconnaître un bienfait.

[한] 은혜를 갚다 | 보답하다 | 다른 사람의 호의, 도움에 사의를 표하다 | 감사의 뜻을 표하다 | [[용례] 은혜롤보답호다, Eun-hyei-răl po-tap-hă-ta], 은혜에 감

사하다

보덤 [PO-TEM] ㊊337

㊊ Comparé à⋯, plus que⋯,en comparaison de.

㊊ ~에 비해, ~보다 더, ~와 비교해서

보동ᄯᅴ다 [PO-TONG-TTEUI-TA,-TTEUI-YE,-TTEUIN] (小貌) ㊊337

㊊ Gros et court.

㊊ 굵고 짧다

보두 [PO-TOU] (苦果) ㊊337

㊊ Fève St. ignace. Syn. 고과 Ko-koa.

㊊ 성 이그나티우스 잠두콩 | [동의어 고과, Ko-koa]

보두다 [PO-TOU-TA,-TOU-E,-TOUN] (立保) ㊊337

㊊ Promettre; faire la promesse. Donner caution; se faire garant.

㊊ 보증하다 | 약속하다 | 보증을 서다 | 보증인이 되다

보드득보드득ᄒᆞ다 [PO-TEU-TEUK-PO-TEU-TEUK-HĂ-TA] ㊊337

㊊ Faire des instances; exhorter, demander avec instances.

㊊ 간청하다 | 설득하다, 간곡히 부탁하다

보득보득마ᄅᆞ다 [PO-TEUK-PO-TEUK-MA-RĂ-TA, -MAL-NA,-MA-RĂN] ㊊337

㊊ Indique une instance, l'état d'un homme qui demande avec instance. ‖ Etre passablement sec.

㊊ 간청, 간곡히 부탁하는 사람의 모습을 가리킨다 | 꽤 건조하다

보들보들ᄒᆞ다 [PO-TEUL-PO-TEUL-HĂ-TA] (軟) ㊊337

㊊ Désigne l'état d'une chose molle, flexible, sans consis- tance. Etre souple, doux au toucher.

㊊ 점성이 없어 무르고 유연성 있는 상태를 가리킨다 | 유연하다, 만지면 부드럽다

[1]보라 [PO-RA] ㊊335

㊊ Couleur qui approche du rouge.

㊊ 붉은색에 가까운 색깔

[2]보라 [PO-RA] ㊊335

㊊ Coin pour fendre du bois; outil de fer pour fendre du bois et pour ouvrir une caisse clouée.

㊊ 장작을 패는 데 사용하는 쐐기 | 장작을 패기 위해, 그리고 못을 박아 고정시킨 상자를 여는 데 사용하는 쇠 연장

보람 [PO-RAM,-I] (標) ㊊335

㊊ Marque; signe; indice.

㊊ 표시 | 표적 | 징후

***보례ᄒᆞ다** [PŌ-RYEI-HĂ-TA] (補禮) ㊊336

㊊ Supplément des cérémonies; suppléer les cérémonies des sacraments (baptème, mariage, etc⋯). (mot chrét.).

㊊ 예식의 추가 | (세례, 결혼 등) 성사 예식을 보충하다 | (기독교 어휘)

보료 [PŌ-RYO] (褥) ㊊336

㊊ Tapis de pieds.

㊊ 발매트

[1]보리 [PO-RI] (牟) ㊊336

㊊ Orge. 것보리 Ket-po-ri, Orge commune. 동보리 Tong-po-ri, Orge éventail. 쌀보리 Ssal-po-ri, Orge à deux rangs.

㊊ 보리 | [용례 것보리, Ket-po-ri], 보통 보리 | [용례 동보리, Tong-po-ri], 부채꼴 보리 | [용례 쌀보리, Ssal-po-ri], 두 줄이 나 있는 보리

[2]보리 [PO-RI] (玻璃) ㊊336

㊊ Verre.

㊊ 유리

보리슈 [PO-RI-SYOU] ㊊336

㊊ Petit arbuste à fleurs blanches, baies rouges.

㊊ 흰 꽃이 피는, 붉은색의 장과가 열리는 어린 소관목

보롬 [PO-RĂM] (望) ㊊335

㊊ Le 15 de la lune; la pleine lune; 15 jours, une quinzaine.

㊊ 달의 15일 | 보름달 | 15일, 2주

보롬보기 [PO-RĂM-PO-KI] ㊊336

㊊ Borgne (qui voit moitié moins qu'un autre, qui ne voit que 15 jours en un mois). (Popul.).

㊊ (다른 사람에 비해 절반만큼 적게 보는, 한 달 중 15일만 보는) 애꾸눈이 | (속어)

보막다 [PO-MAK-TA,-A,-EUN] (堰洑) ㊊333

㊊ Boucher un trou, un éboulement de l'aqueduc; faire une levée pour retenir l'eau.

㊊ 구멍, 수로의 붕괴를 막다 | 물을 가두기 위해 제방을 쌓다

보명개 [PO-MYENG-KAI] ㊊333

㊊ Espèce de petit sable très-fin sur le bord de la mer. Boue, limon au fond de l'eau.

㊊ 바닷가의 아주 가는 모래의 종류 | 물 밑바닥에 있는 진흙, 진창

***보명ᄒᆞ다** [PO-MYENG-HĂ-TA] (保命) ㊊333

㊊ Conserver la vie. Manger juste ce qu'il faut pour

ne pas mourir.

[한] 목숨을 보존하다 | 죽지 않기 위해 필요한 만큼만 먹다

*보목 [PO-MOK,-I] (寶木) [원]333

[불] Bois précieux, c.a.d. bois de la vraie croix. (Mot chrét.).

[한] 귀중한 나무, 즉 진짜 십자가의 나무 | (기독교 어휘)

*보물 [PO-MOUL,-I] (寶物) [원]333

[불] Objet précieux; chose précieuse.

[한] 귀중한 물건 | 귀한 것

*보방ᄒᆞ다 [PO-PANG-HĂ-TA] (保房) [원]335

[불] Interner un coupable dans la maison d'un particulier. ‖ se faire caution.

[한] 죄인을 개인의 집에 감금하다 | 보증하다

1*보병 [PO-PYENG,-I] (步兵) [원]335

[불] Piéton; fantassin; soldat d'infanterie.

[한] 보병 | 보병 | 보병대의 병사

2보병 [PO-PYENG,-I] (麄木) [원]335

[불] Mauvaise grosse toile de coton.

[한] 면으로 만든 질이 나쁘고 거친 천

*보복ᄒᆞ다 [PO-POK-HĂ-TA] (報復) [원]335

[불] Se venger; rendre la pareille.

[한] 원수를 갚다 | 앙갚음하다

*보본ᄒᆞ다 [PO-PON-HĂ-TA] (補本) [원]335

[불] Regagner ce qu'on avait perdu; recouvrer ses pertes; n'avoir ni gain ni perte après avoir fait le commerce quelque temps; avoir la même somme d'argent en réserve.

[한] 잃은 것을 되찾다 | 손실을 되찾다 | 얼마 동안 거래한 후 이익도 손실도 없다 | 따로 떼 놓은 돈의 총액이 같다

*보부죡ᄒᆞ다 [PO-POU-TJYOK-HĂ-TA] (補不足) [원]335

[불] Compenser; suppléer à ce qui manque.

[한] 보충하다 | 부족한 것을 메우다

보븨 [PO-PEUI] (寶) [원]335

[불] Trésor.

[한] 보물

보븨ᄒᆞ다 [PO-PEUI-HĂ-TA] [원]335

[불] Semer une graine très-sèche dans une rizière desséchée.

[한] 말라버린 논에 메마른 씨를 뿌리다

*보비위ᄒᆞ다 [PO-PI-OUI-HĂ-TA] (補脾胃) [원]335

[불] Sider la digestion; aider l'estomac.

[한] 소화를 돕다 | 위를 돕다

보ᄇᆡ [PO-PĂI] (寶) [원]335

[불] Trésor, chose précieuse.

[한] 보물, 귀중한 것

보ᄇᆡ롭다 [PO-PĂI-ROP-TA,-RO-OA,-RO-ON] (寶) [원]335

[불] Précieux.

[한] 귀중하다

*보살 [PO-SAL,-I] (菩薩) [원]336

[불] Espèce de bonzesse du tiers-ordre qui ne coupe pas ses cheveux. ‖ Idole des temples païens. divinité femelle des bonzes.

[한] 머리카락을 자르지 않는 제3계급의 여승의 종류 | 이교도 사원의 우상 | 승려들이 숭배하는 여성 신

*보셕 [PŌ-SYEK,-I] (寶石) [원]336

[불] Pierre précieuse.

[한] 보석

*보셰 [PŌ-SYEI] (普世) [원]336

[불] Univers; tout le monde.

[한] 세계 | 온 세상

*보쇽 [PO-SYOK,-I] (補贖) [원]337

[불] Pénitence, satisfaction sacramentelle. (Mot chrét.).

[한] [역주 속죄의] 고행, 성사의 속죄 | (기독교 어휘)

*보쇽ᄒᆞ다 [PO-SYOK-HĂ-TA] (補贖) [원]337

[불] Faire pénitence; expier; satisfaire.

[한] 회개하다 | 속죄하다 | 속죄하여 주다

보숑보숑마ᄅᆞ다 [PO-SYONG-PO-SYONG-MA-RĂ-TA, -MAL-NA,-MA-RĂN] (乾貌) [원]337

[불] Désigne l'état d'une chose très-desséchée. Etre tout à fait sec, sans aucune trace d'humidité.

[한] 바싹 마른 것의 상태를 가리킨다 | 조금의 습한 흔적도 없이 완전히 메마르다

1*보슈ᄒᆞ다 [PO-SYOU-HĂ-TA] (報讎) [원]337

[불] Venger; se venger.

[한] 복수하다 | 원수를 갚다

2*보슈ᄒᆞ다 [PO-SYOU-HĂ-TA] (保囚) [원]337

[불] Se rendre caution, garant, donner caution pour un coupable qui a été interné chez soi.

[한] 보증, 보증인이 되다, 자기 집에 감금된 죄인을 위해 보증을 서다

3*보슈ᄒᆞ다 [PO-SYOU-HĂ-TA] (補修) [원]337

[불] Réparer; préparer ou se préparer pour. ‖ Faire les promesses du baptême; être reçu catéchumène; recevoir le catéchuménat sans le baptême.

한 수리하다 | 준비하다 또는 ~에 대비하다 | 세례 받기를 약속하다 | 영세 지망자로 받아들여지다 | 세례 없이 영세 지망자의 자격을 얻다

4* 보슈ᄒᆞ다 [PO-SYOU-HĂ-TA] (保守) 원337

불 Conserver et garder.

한 보존하고 지키다

보슉이 [PO-SYOUK-I] (柳器) 원337

불 Petite tasse.

한 작은 잔

보슬보슬 [PO-SEUL-PO-SEUL] 원336

불 Etre encore un peu humide, pas trop sec; exprime l'état d'une terre qui commence à se dessécher; se dit de la pluie qui tombe peu à peu.

한 아직 약간 습하다, 너무 건조하지는 않다 | 마르기 시작하는 땅의 상태를 표현한다 | 조금씩 내리는 비에 대해 쓴다

보습 [PO-SEUP,-I et -HI] (犁) 원336

불 Soc de charrue. V. 보자락 Po-tja-rak.

한 쟁기의 보습 날 | [참조어 보자락, Po-tja-rak]

보습곳이 [PO-SEUP-KOT-I] 원336

불 Endroit en soc de charrue, c.a.d. anguleux, fait en forme d'angle.

한 쟁기의 보습 날, 즉 각진, 모난 형태로 된 부분

*보신지ᄌᆡ [PO-SIN-TJI-TJĂI] (補身之材) 원336

불 Ce qui sert à entretenir la vie, la santé.

한 생명, 건강을 유지하는 데 쓰이는 것

*보신지ᄎᆡᆨ [PO-SIN-TJI-TCHĂIK] (保身之策) 원336

불 Livre qui traite de la manière de conserver sa vie, sa santé.

한 생명, 건강을 보존하는 방법을 다룬 책

보ᄉᆞᆯ피다 [PO-SĂL-HPI-TA,-HPYE,-HPIN] (監察) 원336

불 Surveiller.

한 보살피다

보쌈 [PO-SSAM,-I] (褓褁) 원336

불 Espèce de panier pour prendre le poisson.

한 물고기를 잡기 위한 바구니 종류

보암즉ᄒᆞ다 [PO-AM-TJEUK-HĂ-TA] (可見) 원330

불 Digne d'être vu. (ㅁ즉ᄒᆞ다 m-tjeuk-hă-ta, terminaison du passé du verbe 보다 Po-ta, 보아 Po-a, donnant le sens de digne d'être).

한 보일 만하다 | (ㅁ즉ᄒᆞ다 m-tjeuk-hă-ta, ~일 만하다의 의미를 가지는, 보다 Po-ta, 보아 Po-a 동사의 과거 어미)

*보약 [PO-YAK,-I] (補藥) 원330

불 Remède fortifiant.

한 몸을 튼튼하게 하는 약

1* 보양ᄒᆞ다 [PO-YANG-HĂ-TA] (保養) 원330

불 Protéger et nourrir.

한 보호하고 부양하다

2 보양ᄒᆞ다 [PO-YANG-HĂ-TA] (補養) 원330

불 Fortifier en nourrissant; réparer les forces par la nourriture.

한 양분이 되면서 튼튼하게 하다 | 음식으로 힘을 회복하다

*보영ᄒᆞ다 [PŌ-YENG-HĂ-TA] (報營) 원330

불 Informer le gouvernement de; faire savoir au gouvernement.

한 정부에 ~에 대한 정보를 주다 | 정부에 알려주다

*보옥 [PŌ-OK,-I] (寶玉) 원330

불 Perle; pierre précieuse; jade de prix.

한 진주 | 보석 | 값비싼 비취옥

1 보우 [PŌ-OU] 원330

불 Vase à boire; tasse, petite tasse.

한 마실 것을 넣는 항아리 | 잔, 작은 잔

2* 보우 [PŌ-OU] (保佑) 원330

불 Protection; conduite; assistance; secours; aide; défense; garde.

한 보호 | 감독 | 구제 | 원조 | 보조 | 방어 | 호위

*보우ᄒᆞ다 [PO-OU-HĂ-TA] (保佑) 원331

불 Protéger; conduire; assister; secourir; défendre; garder; favoriser; aider; soutenir; maintenir; être auprès.

한 보호하다 | 관리하다 | 도와주다 | 구조하다 | 방위하다 | 호위하다 | 장려하다 | 돕다 | 원조하다 | 유지하다 | 곁에 있다

1* 보원ᄒᆞ다 [PŌ-OUEN-HĂ-TA] (補元) 원330

불 Se fortifier par une nourriture substantielle (après une maladie).

한 (병을 앓은 후) 자양분이 많은 음식으로 자신의 몸을 튼튼하게 하다

2* 보원ᄒᆞ다 [PO-OUEN-HĂ-TA] (報怨) 원331

불 Se venger de ses ennemis.

한 자신의 적에 대해 복수하다

*보위가다 [PŌ-OUI-KA-TA,-KA,-KAN] (補位) 원331

불 Dégradation. Perdre son grade par punition et occuper une charge d'un grade très-inférieur; aller, par dégradation, dans un mandarinat inférieur à celui qu'on occupait.

한 박탈 | 처벌로 자신의 계급을 잃고 매우 낮은 계급의 임무를 맡다 | 지위 박탈로 맡고 있던 것보다 낮은 관직으로 가다

*보은ᄒᆞ다 [PŌ-EUN-HĂ-TA] (報恩) 원330

불 Rendre un bienfait reçu; reconnaître un bienfait; en témoigner de la reconnaissance; le payer par un autre bienfait.

한 받은 은혜를 갚다 | 은혜에 사의를 표하다 | 그것에 대한 감사를 나타내다 | 다른 선행으로 그것에 대해 보답하다

*보인 [PO-IN,-I] (保人) 원330

불 Caution, répondant pour; homme responsable, qui est garant de; homme qui s'est rendu caution; tuteur.

한 ~에 대한 보증인, 보증인 | 책임이 있는 사람, ~의 보증인인 사람 | 보증인이 된 사람 | 후견인

*보임ᄒᆞ다 [PO-IM-HĂ-TA] (保任) 원330

불 Caution. Cautionner; se rendre responsable pour; être garant de.

한 보증 | 보증하다 | ~에 대한 책임을 지다 | ~을 보증하다

보자락 [PO-TJA-RAK,-I] 원337

불 Sillon en creux, trace que laisse la charrue. || Mesure de la pluie. ᄒᆞᆫ보자락 Hăn-po-tja-rak égale un empan; 두보자락 Tou-po-tja-rak égale un empan et demi; 세보자락 Sei-po-tja-rak, un empan et trois quarts, et annonce une grande pluie.

한 움푹한 곳의 밭고랑, 쟁기가 남기는 흔적 | 비의 측량 | [용례 ᄒᆞᆫ보자락, Hăn-po-tja-rak], 한 뼘과 같다 | [용례 두보자락, Tou-po-tja-rak], 한 뼘 반과 같다 | [용례 세보자락, Sei-po-tja-rak], 한 뼘 사분의 삼, 큰 비가 올 것을 알린다

1*보쟝ᄒᆞ다 [PŌ-TJYANG-HĂ-TA] (報狀) 원337

불 Adresse que le peuple fait au mandarin ou au gouverneur. Dépêche du mandarin au gouverneur.

한 서민들이 관리 또는 지사에게 하는 청원 | 관리가 지사에게 보내는 급한 통신문

2*보쟝ᄒᆞ다 [PO-TJYANG-HĂ-TA] (保障) 원337

불 Boucher; mettre un obstacle pour empêcher de passer.

한 막다 | 지나가지 못하게 하기 위해 장애물을 놓다

*보젼ᄒᆞ다 [PŌ-TJYEN-HĂ-TA] (保全) 원337

불 Conserver dans son intégrité; réserver; garder.

한 완전한 상태로 보존하다 | 남겨 두다 | 보관하다

보조기 [PO-TJO-KĂI] 원337

불 Trou dans les joues (v. g. d'un enfant qui rit).

한 (예. 웃고 있는 아이의) 볼에 있는 구멍

*보존ᄒᆞ다 [PŌ-TJON-HĂ-TA] (保存) 원337

불 Conserver; réserver; garder.

한 보존하다 | 남겨두다 | 보관하다

*보좌 [PŌ-TJOA] (寶座) 원337

불 Siège, beau fauteuil, belle natte du roi, trône.

한 좌석, 보기 좋은 안락의자, 왕의 훌륭한 돗자리, 왕좌

보지 [PO-TJI] (陰戶) 원337

불 Parties naturelles de la femme.

한 여성의 생식기

보짐 [PO-TJIM,-I] (褓擔) 원337

불 Espèce de serviette avec des liens aux coins servant à faire un paquet pour la route.

한 여정을 위해 짐을 꾸리는 데 사용하는, 모서리에 끈이 달린 수건의 종류

*보쳐ᄌᆞᄒᆞ다 [PŌ-TCHYE-TJĂ-HĂ-TA] (保妻子) 원338

불 Conservation de la femme et des enfants; conserver ou mettre en sûreté sa femme et ses enfants.

한 부인과 아이들의 보호 | 자신의 부인과 자신의 아이들을 보호하거나 안전한 곳에 두다

보쳠ᄒᆞ다 [PO-TCHYEM-HĂ-TA] (補添) 원338

불 Allonger en collant; élargir; ajouter; rendre plus grand; fortifier un endroit faible (comme une barre, en y liant une corde).

한 붙여서 연장하다 | 넓히다 | 덧붙이다 | 더 크게 만들다 | (밧줄을 연결한 빗장처럼) 약한 곳을 강화시키다

1*보치 [PO-TCHI] (報馳) 원338

불 Adresse, avis du mandarin au gouverneur.

한 관리가 지사에게 내는 청원, 통지서

2보치 [PO-TCHI] 원338

불 Cerises, merises.

한 버찌, 야생 버찌

*보탑 [PŌ-HTAP,-I] (寶塔) 원337

불 Belle tour; tour précieuse.

한 아름다운 탑 | 귀중한 탑

*보텬하 [PŌ-HTYEN-HA] (普天下) 원337

불 Tout l'univers; tout le monde.

한 전 세계 | 온 세상

*보텽 [PŌ-HTYENG,-I] (譜聽) 원337

불 Maison où l'on travaille à mettre les généalogies en ordre; lieu de réunion de la famille pour rédiger sa généalogie.
한 족보를 정리하는 일을 하는 시설 | 그 족보를 작성하기 위해 가족이 모이는 곳

보틔다 [PO-HTĂI-TA,-HTĂI-YE,-HTĂIN] (補添) 원337
불 Augmenter; accroître.
한 증가시키다 | 증대시키다

*__보틔ᄒᆞ다__ [PŌ-HTĂI-HĂ-TA] (補胎) 원337
불 Femme enceinte; grossesse.
한 임신한 여성 | 임신

보플 [PO-HPEUL,-I] 원335
불 Herbe qui naît dans les rizières.
한 논에서 돋아나는 풀

보플보플ᄒᆞ다 [PO-HPEUL-PO-HPEUL-HĂ-TA] 원335
불 Désigne l'état du papier coréen rempli de filaments à sa surface. être cotonneux, couvert de duvet comme la toile.
한 표면이 가는 섬유로 가득찬 조선 종이의 상태를 가리킨다 | 솜털이 많다, 직물처럼 보풀로 덮이다

*__보픽__ [PO-HPĂI] (寶貝) 원335
불 Trésor; chose précieuse; pierre précieuse.
한 보물 | 귀중한 것 | 보석

*__보학군__ [PŌ-HAK-KOUN,-I] (普學軍) 원331
불 Lettré qui connaît les généalogies des familles, qui a la science généalogique.
한 집안들의 족보를 알고 있는 학식 있는 사람, 족보에 대한 지식을 가진 사람

1* **보해ᄒᆞ다** [PO-HAI-HĂ-TA] (補害) 원331
불 Réparer le dommage.
한 손해를 보상하다

2* **보해ᄒᆞ다** [PO-HAI-HĂ-TA] (報害) 원331
불 Se venger.
한 복수하다

*__보호__ [PŌ-HO] (保護) 원331
불 Protection; secours; assistance.
한 보호 | 도움 | 원조

*__보호ᄒᆞ다__ [PO-HO-HĂ-TA] (保護) 원331
불 Protéger; assister; garder; secourir; aider.
한 지키다 | 원조하다 | 보존하다 | 구원하다 | 돕다

*__보화__ [PŌ-HOA] (寶貨) 원331
불 Trésor; chose précieuse.
한 보물 | 값비싼 물건

*__보환하다__ [PŌ-HOAN-HĂ-TA,-HĂN,-HI] (報還) 원331
불 Payer ses dettes; payer; restituer; satisfaire; réparer; rendre; compenser.
한 빚을 갚다 | 보상해 주다 | 회복시키다 | 충족시키다 | 복원하다 | 돌려주다 | 보상하다

*__보ᄒᆞ다__ [PŌ-HĂ-TA,-HĂ-YE,-HĂN] (報) 원331
불 Annoncer; raconter; porter une nouvelle, un message, au roi, au mandarin; divulguer; évangéliser.
한 알리다 | 이야기하다 | 왕, 관리에게 소식, 전갈을 전하다 | [역주 비밀을] 폭로하다 | 복음을 전파하다

보힝집 [PO-HĂING-TJIP,-I] (步行幕) 원331
불 Auberge où l'on loge à pied seulement (et pas à cheval).
한 걸어만 다니(고 말을 타지 않는) 사람이 묵는 여관

*__보힝ᄒᆞ다__ [PO-HĂING-HĂ-TA] (步行) 원331
불 Voyager à pied; voyageur à pied.
한 걸어서 여행하다 | 도보 여행자

1* **복** [POK,-I] (福) 원331
불 Bonheur; prospérité; aisance; félicité; béatitude; chance; fortune.
한 행복 | 안태[역주 安泰] | 생활의 안락 | 천복 | 지복 | 운 | 행운

2* **복** [POK,-I] (服) 원331
불 Deuil; habit de deuil; marque de deuil (non de celui du père et de la mère).
한 초상 | 상복 | (아버지와 어머니의 상이 아닌) 초상의 표시

3 **복** [POK,-I] (衣服) 원331
불 Vêtement, habit.
한 의복, 옷

4* **복** [POK,-I] (鰒) 원331
불 Esp. de poisson de mer tout rond; crapaud de mer (ne se mange que rarement; son foie est un poison mortel).
한 아주 둥근 바닷고기의 종류 | 바다 두꺼비 (드물게만 먹는다; 그 간이 맹독이다)

5* **복** [POK,-I] (腹) 원331
불 En agr. Ventre; estomac.
한 한자어로 배 | 위

6* **복** [POK] (僕) 원331
불 Je, moi (dans les lettres quelquefois).
한 나, 나 (때때로 편지에서)

7* **복** [POK,-I] (伏) 원331
불 Inclination (s'incliner.).
한 몸을 숙이기 (굽히다)

8 **복** [POK,-I] (三伏) 원331

[불] Chaleur; canicule; grandes chaleurs.
[한] 더위 | 혹서 | 극심한 더위

*복건 [POK-KEN,-I] (幅巾) [원]331
[불] Nom d'une espèce de capuchon que revêtent les nobles du parti des 노론 No-ron. Espèce de voile dont les enfants ou les jeunes gens se couvrent la tête, en hiver, en guise de capuchon.
[한] 노론 No-ron의 정당 귀족들이 쓰는 일종의 두건의 이름 | 겨울에 두건 대신에 아이들 또는 젊은이들이 머리에 쓰는 베일의 종류

*복걸ᄒᆞ다 [POK-KEL-HĂ-TA] (伏乞) [원]331
[불] Pri en s'inclinant; s'incliner pour prier; prier étant prosterné.
[한] 몸을 숙이면서 간청하다 | 부탁하기 위해 몸을 굽히다 | 엎드려 빌다

*복검 [POK-KEM,-I] (覆檢) [원]331
[불] Seconde visite que fait le mandarin au corps d'un homme mort de mort violente. ‖ Le deuxième mandarin qui vient examiner le cadavre d'un homme assassiné, si le propre mandarin n'a rien pu découvrir.
[한] 변사한 사람의 시체에 대해 관리가 하러 오는 두 번째 시찰 | 본래의 관리가 아무것도 발견하지 못했을 때, 살해된 사람의 시체를 살펴보러 오는 두 번째 관리

1*복고ᄒᆞ다 [POK-KO-HĂ-TA] (復故) [원]332
[불] Comme avant; dans le même état qu'avant. ‖ Recouvrer son ancienne prospérité.
[한] 저번처럼 | 전과 같은 상황에 | 예전의 번영을 되찾다

2*복고ᄒᆞ다 [POK-KO-HĂ-TA] (伏叩) [원]332
[불] Prier étant prosterné; supplier humblement. (Style épist.).
[한] 엎드려 빌다 | 겸손하게 애원하다 | (서간체)

복닙다 [POK-NIP-TA,-E,-EUN] (蒙服) [원]332
[불] Revêtir le deuil; prendre le grand deuil.
[한] 상복을 입다 | 정식 상복을 입다

복다 [POK-TA,-KA,-KEUN] (炒) [원]332
[불] Rôtir (dans la chaudière); griller; brûler; fricasser sans sauce ou avec très-peu de sauce.
[한] (큰 가마솥에) 굽다 | 석쇠에 굽다 | 태우다 | 소스를 넣지 않거나 또는 매우 적은 양의 소스을 넣고 약한 불에 졸이다

복닥이다 [POK-TAK-I-TA,-YE,-IN] [원]332
[불] Résister; tenir bon; être ferme (dans une passe difficile); tourmenter; venir sans peine.
[한] 버티다 | 견디어 내다 | (어려운 상황에서) 굳세다 | 괴롭히다 | 어려움 없이 오다

*복당 [POK-TYANG,-I] (腹腸) [원]332
[불] Ventre; poitrine.
[한] 배 | 가슴

*복덕 [POK-TEK,-I] (福德) [원]332
[불] Bonheur et vertu.
[한] 행복과 미덕

1복도 [POK-TO] [원]332
[불] Espèce de bonnet de cérémonie, que portent les nouveaux gradués pour leurs visites.
[한] 신입 학사들이 방문할 때 쓰는 의식용 챙 없는 모자의 종류

2*복도 [POK-TO] (複道) [원]332
[불] Couloir voûté; passage, chemin couvert pour aller d'une maison à l'autre sans craindre la pluie.
[한] 둥근 천장으로 덮인 복도 | 비 걱정을 하지 않고 한 집에서 다른 집으로 가기 위한 지붕이 있는 통로, 길

*복디 [POK-TI] (福地) [원]332
[불] Lieu enchanteur; bel endroit; paradis terrestre; pays heureux; lieu de béatitude. (Mot chrét.).
[한] 매혹적인 장소 | 아름다운 곳 | 지상 천국 | 행복한 고장 | 축복받은 곳 | (기독교 어휘)

*복ᄃᆡ복ᄃᆡᄒᆞ다 [POK-TĂI-POK-TĂI-HĂ-TA] (伏待伏待) [원]332
[불] Attendre avec respect (prosterné).
[한] (엎드려 조아린 채) 존경심을 갖고 기다리다

*복락 [POK-RAK,-I] (福樂) [원]332
[불] Bonheur; félicité; joie; jouissance.
[한] 행복 | 행운 | 기쁨 | 향락

*복력 [POK-RYEK,-I] (福力) [원]332
[불] Bonheur; joie. Bonheur et force; puissance; pouvoir.
[한] 행복 | 기쁨 | 행복과 힘 | 세력 | 권력

*복령 [POK-RYENG,-I] (茯苓) [원]332
[불] Nom d'un remède; excroissance sur des racines de sapin.
[한] 약의 이름 | 전나무 뿌리 위의 혹

*복록 [POK-ROK,-I] (福祿) [원]332
[불] Bonheur; joie; félicité; bonheur et traitement du gouvernement.
[한] 행복 | 기쁨 | 행운 | 행복과 정부에서 주는 급여

*복마 [POK-MA] (服馬) [원]332
[불] Cheval de charge.

[한] 짐을 싣는 말

*복망ᄒᆞ다 [POK-MANG-HĂ-TA] (伏望) [원]332

[불] Incliné, espérer; espérer avec respect; humble prière. (Style épist.).

[한] 몸을 굽힌 채, 기대하다 | 존경심을 갖고 바라다 | 겸허한 부탁 | (서간체)

*복명ᄒᆞ다 [POK-MYENG-HĂ-TA] (復命) [원]332

[불] Rendre compte des ordres exécutés.

[한] 실행된 명령을 보고하다

*복모구구 [POK-MO-KOU-KOU] (伏慕區區) [원]332

[불] Incliné, je pense extrêmement à vous. (Style épist.).

[한] 몸을 굽힌 채, 나는 당신을 많이 생각합니다(서간체)

*복모복모ᄒᆞ다 [POK-MO-POK-MO-HĂ-TA] (伏慕伏慕) [원]332

[불] Penser avec respect, bonheur et plaisir.

[한] 존경심을 갖고, 행복하고 즐겁게 생각하다

*복모불이 [POK-MO-POUL-I] (伏慕不弛) [원]332

[불] Incliné, je pense sans cesse. (Style épist.).

[한] 몸을 굽힌 채, 나는 끊임없이 생각합니다(서간체)

*복미심ᄎᆞ시 [POK-MI-SIM-TCHĂ-SI] (伏未審此時) [원]332

[불] Incliné je ne puis savoir (l'état de votre santé). (Style épist.).

[한] 몸을 굽힌 채, 나는 (당신의 건강 상태를) 알 수 없습니다 | (서간체)

*복법ᄒᆞ다 [POK-PEP-HĂ-TA] (伏法) [원]332

[불] Etre mis à mort, être exécuté d'après une condamnation; mourir de la main du bourreau.

[한] 사형에 처해지다, 형의 선고를 받은 후 사형이 집행되다 | 사형 집행인의 손에 죽다

*복병ᄒᆞ다 [POK-PYENG-HĂ-TA] (伏兵) [원]332

[불] Placer des troupes en embuscade.

[한] 군대를 매복시키다

복복복 [POK-POK-POK] [원]332

[불] Cri de la poule faisane. || Sifflement de l'appeau pour appeler les faisans.

[한] 까투리의 울음소리 | 꿩들을 부르기 위해 미끼새가 내는 휘파람 소리

*복부 [POK-POU] (腹腑) [원]332

[불] Ventre; estomac.

[한] 배 | 위

*복샹스럽다 [POK-SYANG-SEU-REP-TA,-RE-OUE,-RE-ON] (福狀) [원]332

[불] Qui doit être heureux.

[한] 행복하기 마련이다

*복샹시ᄒᆞ다 [POK-SYANG-SI-HĂ-TA] (腹上尸) [원]332

[불] Mort dans l'action du devoir conjugal; mourir in actu coïtûs.

[한] 부부간 성행위를 하다가 죽다 | 성교를 하다가 죽다

복소아 [POK-SO-A] (桃) [원]332

[불] Pêche (fruit à noyau).

[한] 복숭아 (핵과)

복숑아 [POK-SYONG-A] [원]332 ☞복소아

*복슈ᄒᆞ다 [POK-SYOU-HĂ-TA] (復讎) [원]332

[불] Se venger; venger; se venger de ses ennemis.

[한] 복수하다 | 원수를 갚다 | 자신의 적에 대해 복수를 하다

1*복ᄉᆞ [POK-SĂ] (服事) [원]332

[불] Serviteur, servant du missionnaire.

[한] 선교사의 하인, 시종

2*복ᄉᆞ [POK-SĂ] (覆沙) [원]332

[불] Sable venu d'un éboulement de montagne, et qui se répand sur les rizières.

[한] 산이 무너질 때 내려오고 논에 쏟아진 모래

*복ᄉᆞᄒᆞ다 [POK-SĂ-HĂ-TA] (服事) [원]332

[불] Servir; être au service de; prendre soin de; être servant du missionnaire (mot chrét.).

[한] 봉사하다 | ~을 섬기다 | ~을 돌보다 | 사제의 시중을 들다 (기독교 어휘)

*복ᄉᆡᆨ [POK-SĂIK,-I] (服色) [원]332

[불] Habillement.

[한] 옷차림

복ᄯᅴ [POK-TTEUI] (服帶) [원]332

[불] Ceinture, cordon de deuil en toile.

[한] 허리띠, 상복에 두르는 직물로 된 줄

*복욱 [POK-OUK,-I] (馥郁) [원]331

[불] Odeur de parfum, bonne odeur; odoriférant.

[한] 향수 냄새, 좋은 냄새 | 향기롭다

*복울ᄒᆞ다 [POK-OUL-HĂ-TA] (伏鬱) [원]331

[불] (Honorif.) inquiet; oppressé; impatient.

[한] (경칭) 불안하다 | 가슴이 답답하다 | 참지 못하다

*복원 [POK-OUEN,-I] (幅圓) [원]331

[불] Surface; étendue; superficie.

[한] 표면 | 넓이 | 면적

*복음 [POK-EUM,-I] (福音) [원]331

[불] Heureuse parole; parole de bonheur; bonne

nouvelle. 복음셩경 Pok-eum-syeng-kyeng, La bonne nouvelle de l'Evangile.
한 행복한 말 | 행복의 말 | 좋은 소식 [용례 복음셩경, Pok-eum-syeng-kyeng], 복음서의 기쁜 소식

*복쟈 [POK-TJYA] (卜者) 원332
불 Espèce de sorcier, devin.
한 마법사 종류, 점쟁이

*복쟝 [POK-TJYANG] (腹腸) 원332
불 Ventre.
한 배

*복졔 [POK-TJYEI] (服制) 원332
불 Signe, marque de deuil (ceinture et guêtres de deuil). Vêtement de deuil, ou plutôt deuil.
한 초상의 표지, 표시(상복의 허리띠와 각반) | 상복, 보다 정확히 말해서 초상의 표시

*복죵ᄒᆞ다 [POK-TJYONG-HĂ-TA] (服從) 원332
불 Approuver; louer; être de cet avis. ‖ Accompagner; faire cortège.
한 동의하다 | 칭찬하다 | 그 의견에 찬성하다 | 동행하다 | 수행하다

*복쥬 [POK-TJYOU] (服主) 원332
불 Approbation. =ᄒᆞ다 -hă-ta, Approuver, louer.
한 동의 | [용례 =ᄒᆞ다, hă-ta], 동의하다, 칭찬하다

*복즁 [POK-TJYOUNG,-I] (腹中) 원332
불 Intérieur du ventre; dans le ventre; dans le sein.
한 배의 내부 | 배 안에서 | 품 속에서

*복즁ᄒᆞ다 [POK-TJYOUNG-HĂ-TA] (服重) 원333
불 Etre lourd.
한 무겁다

*복직ᄒᆞ다 [POK-TJIK-HĂ-TA] (復職) 원332
불 Avoir une nouvelle dignité après quelque temps d'interruption, de repos; rentrer dans les dignités (un mandarin disgrâcié).
한 얼마간의 중단, 휴식 후 새로운 고위직을 얻다 | (파면 당한 관리가) 고관직으로 다시 돌아가다

*복ᄌᆞ [POK-TJĂ] (僕子) 원332
불 Mesure des liquides (vin, huile, etc.).
한 액체(포도주, 기름 등)의 측정 단위

복쳘이 [POK-TCHYEL-I] 원333
불 Avorton; misérable; mal tourné d'esprit et de corps; homme qui n'a pas de chance.
한 조생아 | 불행한 사람 | 심신이 좋지 않은 사람 | 운이 없는 사람

*복쳡 [POK-TCHYEP] (僕妾) 원333
불 Concubine; esclave élevée au rang de concubine.
한 첩 | 첩의 신분으로 지위가 높아진 노예

*복츅ᄒᆞ다 [POK-TCHOUK-HĂ-TA] (伏祝, (Incliné, prier)) 원333
불 Prier avec respect. (Style épist.).
한 존경심을 갖고 기도하다 | (서간체)

*복통 [POK-HTONG,-I] (腹痛) 원332
불 Maladie de poitrine; mal de ventre; colique.
한 폐병 | 복부의 고통 | 설사

1*복판 [POK-HPAN,-I] (腹板) 원332
불 Le dessous du ventre d'une tortue.
한 거북의 배 아래

2*복판 [POK-HPAN,-I] (幅板) 원332
불 Le milieu, le centre.
한 한가운데, 중앙

*복학 [POK-HAK,-I] (腹瘧) 원331
불 Espèce de maladie des enfants, p.ê. le carreau.
한 아이들이 걸리는 병의 종류, 아마도 카로 병

*복합ᄒᆞ다 [POK-HAP-HĂ-TA] (伏閤) 원331
불 Aller se prosterner devant le palais du roi et y rester jusqu'à ce qu'on ait obtenu une audience; se prosterner à la porte du palais pour demander justice.
한 왕궁 앞에 엎드리러 가서 알현을 허락받을 때까지 그대로 있다 | 정의를 요구하기 위해 궁전 문에 엎드리다

복허리 [POK-HE-RI] (伏中) 원331
불 Le temps de la canicule.
한 혹서기

*복호 [POK-HO] (復戶) 원331
불 Espèce de contribution.
한 세금의 종류

*복희씨 [POK-HEUI-SSI] (伏羲氏) 원331
불 Nom du roi coréen inventeur de l'écriture syllabique ou alphabétique.
한 음절 문자 또는 알파벳의 발명자인 조선 왕의 이름

*복ᄒᆡᆼ [POK-HĂING] (伏幸) 원331
불 Bon; bonne affaire.
한 좋다 | 좋은 일

*복ᄒᆡᆼ이오며 [POK-HĂING-I-O-MYE] (伏幸) 원331
불 Incliné, je me réjouis. (Style épist.).
한 몸을 굽힌 채, 나는 기쁘다 | (서간체)

본 [PON,-I] (本) 원333

불 Lieu d'origine de la famille. || Type; modèle; moule; exemplaire; original; origine. || Spécial, propre à, propre, naturel, particulier, ce qu'on possède toujours; son, sa, ses.

한 가족의 출생지 | 유형 | 표본 | 틀 | 표본 | 원형 | 혈통 | 특별하다, ~에 알맞다, 고유하다, 타고나다, 특징적이다, 항상 가지고 있는 것 | 그의, 그녀의, 그것의

1* **본가** [PON-KA] (本家) 원333

불 Sa propre maison.

한 자기 자신의 집

2* **본가** [PON-KA] (本價) 원333

불 Valeur propre: valeur intrinsèque; prix réel (d'un objet); prix primitif.

한 고유의 가치 | 본질적인 가치 | (물건의) 실제 가격 | 원가

* **본관** [PON-KOAN,-I] (本官) 원333

불 Le propre mandarin; mandarin du district où l'on habite.

한 자기가 사는 곳의 관리 | 사는 구역의 관리

* **본국** [PON-KOUK,-I] (本國) 원333

불 Patrie; royaume où l'on est né.

한 조국 | 태어난 왕국

* **본근** [PON-KEUN,-I] (本根) 원333

불 Origine; racine; source; principe.

한 기원 | 근원 | 원천 | 근본

* **본금** [PON-KEUM,-I] (本金) 원333

불 Valeur propre d'un objet; prix primitif.

한 물건의 고유한 가치 | 원가

* **본뎐** [PON-TYEN,-I] (本廛) 원333

불 Magasin propre.

한 본래의 가게

* **본도** [PON-TO] (本道) 원334

불 Province où l'on habite; la propre province.

한 사는 지방 | 자기가 살고 있는 지방

* **본동** [PON-TONG,-I] (本洞) 원334

불 Propre village.

한 자기 자신의 마을

본듸 [PON-TEUI] (本) 원333

불 D'abord; à l'origine ; en principe.

한 원래 | 처음에 | 원칙적으로

본ᄃᆡ [PON-TĂI] (本) 원333

불 D'abord; depuis l'origine; en principe.

한 원래 | 처음부터 | 원칙적으로

1* **본리** [PON-RI] (本里) 원333

불 Propre village.

한 자기 자신의 마을

2* **본리** [PON-RI] (本利) 원333

불 Principal et intérêt; première mise et profit.

한 원금과 이자 | 첫 투자와 이윤

* **본ᄅᆡ** [PON-RĂI] (本來) 원333

불 D'abord; depuis l'origine; depuis longtemps; en principe.

한 원래 | 처음부터 | 오래전부터 | 원칙적으로

* **본명** [PON-MYENG,-I] (本名) 원333

불 Nom propre (on désigne ainsi le nom de baptême); nom chrétien ou prénom.

한 고유한 이름 (세례명을 이렇게 가리킨다) | 기독교도의 이름 또는 세례명

* **본문** [PON-MOUN,-I] (本文) 원333

불 Original; modèle; original dont on a tiré des copies.

한 원문 | 표본 | 복사본을 만든 원문

본밧다 [PON-PAT-TA,-A,-EUN] (效) 원333

불 Imiter; suivre l'exemple de.

한 모방하다 | ~을 본보기로 삼다

* **본병** [PON-PYENG,-I] (本病) 원333

불 Maladie propre; maladie habituelle.

한 특유의 병 | 습관적인 병

본보다 [PON-PO-TA,-PO-A,-PON] (模本) 원333

불 Suivre l'exemple de; imiter; prendre exemple sur.

한 ~을 본보기로 삼다 | 모방하다 | ~을 본받다

1* **본부** [PON-POU] (本府) 원333

불 Ville du propre district.

한 자신이 살고 있는 지역의 도시

2* **본부** [PON-POU] (本夫) 원333

불 Propre mari.

한 자기 자신의 남편

* **본분** [PON-POUN,-I] (本分) 원333

불 Office; devoir; fonction; charge; service.

한 직책 | 의무 | 직무 | 임무 | 근무

본살 [PON-SAL,-I] (本實) 원333

불 Argent mis dans le commerce; argent placé pour faire le commerce; fonds; première mise.

한 거래에 건 돈 | 거래를 하기 위해 투자한 돈 | 자금 | 첫 투자

* **본상** [PON-SANG,-I] (本商) 원333

불 Marchand du pays, du district.

한 고장, 구역의 상인

*본샹 [PON-SYANG,-I] (本像) 원333

불 Modèle de peinture; portrait de quelqu'un. || Naturel; caractère.

한 그림의 모델 | 누군가의 초상화 | 기질 | 성격

*본셩 [PON-SYENG,-I] (本性) 원333

불 Nature; caractère; le naturel; nature propre; sens propre; acabit.

한 본성 | 성격 | 기질 | 고유한 천성 | 본래의 의미 | 성질

*본슈 [PON-SYOU] (本倅) 원333

불 Mandarin du propre district.

한 자기가 살고 있는 구역의 관리

1*본시 [PON-SI] (本是) 원333

불 D'abord; depuis l'origine.

한 원래 | 시초부터

2*본시 [PON-SI] (本時) 원333

불 Le temps propre.

한 본래의 시기

*본신 [PON-SIN,-I] (本身) 원333

불 Propre corps.

한 자신의 몸

*본심 [PON-SIM,-I] (本心) 원333

불 Sentiment propre; sens propre; caractère naturel.

한 본래의 감정 | 본래의 의미 | 타고난 성격

*본ᄉᆞ [PON-SĂ] (本事) 원333

불 Affaire propre; propre affaire; affaire particulière.

한 고유한 일 | 자신의 일 | 개별적인 일

*본업 [PON-EP,-I] (本業) 원333

불 Profession; condition; état; office: charge.

한 직업 | 사회적 신분 | 지위 | 직무 | 책무

*본원 [PON-OUEN,-I] (本源) 원333

불 Origine; source.

한 기원 | 원천

*본읍 [PON-EUP,-I] (本邑) 원333

불 Ville du domicile; propre district.

한 주소지의 도시 | 자기가 살고 있는 지역

*본의 [PON-EUI] (本意) 원333

불 Sa pensée propre; sentiment propre; intention particulière.

한 자신의 고유한 생각 | 본래의 감정 | 특수한 의도

1*본젼 [PON-TJYEN,-I] (本傳) 원334

불 L'original d'un livre.

한 책의 원작

2*본젼 [PON-TJYEN,-I] (本錢) 원334

불 La première mise de fonds. || Marchandise propre. || Qui vend toujours les mêmes objets au même endroit.

한 첫 투자금 | 고유한 상품 | 항상 같은 곳에서 같은 물건을 파는 사람

*본졍 [PON-TJYENG,-I] (本情) 원334

불 Sentiment propre; pensée propre; caractère; naturel.

한 본래의 감정 | 고유한 생각 | 성격 | 천성

*본죄 [PON-TJOI] (本罪) 원334

불 Péché particulier; péché propre.

한 개인의 죄 | 고유한 죄

*본쥬 [PON-TJYOU] (本主) 원334

불 Propre maître.

한 본래 주인

1*본증 [PON-TJEUNG,-I] (本症) 원334

불 Propre maladie.

한 자신의 병

2*본증 [PON-TJEUNG,-I] (本証) 원334

불 Propre témoin.

한 스스로의 증인

1*본질 [PON-TJIL,-I] (本質) 원334

불 Ligne de conduite propre; naturel, caractère propre.

한 고유한 행동 방침 | 본성, 고유한 성격

2*본질 [PON-TJIL,-I] (本疾) 원334

불 Propre maladie.

한 자신의 병

본집 [PON-TJIP,-I] (本家) 원334

불 Domicile; propre maison; famille propre; ses propres parents.

한 거처 | 자기가 살고 있는 집 | 자신의 가족 | 자신의 부모

*본쳐 [PON-TCHYE] (本妻) 원334

불 Propre épouse.

한 자신의 아내

*본촌 [PON-TCHON,-I] (本村) 원334

불 Propre village.

한 자기가 살고 있는 마을

1본치 [PON-TCHI] (本樣) 원334

불 Forme propre; façon spéciale.

한 특유의 형태 | 특별한 태도

2본치 [PON-TCHI] 원334

불 Chose digne d'être vue.

한 보일 만한 것

본치업다 [PON-TCHI-EP-TA,-EP-SE,-EP-SĂN] 원334

불 Ce n'est pas fameux.

한 유명하지 않다

*__본향__ [PON-HYANG,-I] (本鄕) 원333

불 Patrie; lieu où ont habité les ancêtres; lieu où l'on est né.

한 고향; 조상들이 살았던 곳 | 태어난 곳

볼 [POL,-I] (頰) 원335

불 Joue, le creux des joues. ‖ La partie la plus large du pied d'un bas ou d'un soulier.

한 볼, 뺨의 움푹한 곳 | 긴 양말 또는 구두의 아랫부분 중 가장 넓은 부분

볼가심ᄒᆞ다 [POL-KA-SIM-HĂ-TA] 원336

불 Eau que l'on prend pour se laver la bouche, après avoir avalé un remède amer ou toute autre chose qui a mauvais goût. Manger assez pour se nettoyer les dents, c.a.d. très-peu.

한 쓴 약 또는 맛이 나쁜 전혀 다른 것을 삼킨 후 입을 씻기 위해 마시는 물 | 치아를 깨끗이 하기에 충분히, 즉 아주 약간 먹다

볼강볼강ᄒᆞ다 [POL-KANG-POL-KANG-HĂ-TA] 원336

불 Désigne l'état d'une bouillie d'orge peu cuite et qu'on a de la peine à avaler. Etre dur à mâcher comme du riz qui n'est pas assez cuit.

한 거의 익지 않아 삼키기 힘들 정도의 보리죽의 상태를 가리킨다 | 충분히 익지 않은 쌀처럼 씹기 힘들다

[1]**볼거리** [POL-KE-RI] 원336

불 Mauvais cheval ou bœuf qui ne peut pas porter 40 boisseaux, et qui n'en porte que 20, 10 de chaque côté.

한 40브와소를 짊어질 수 없고 한쪽에 10씩, 20브와소만을 질 수 있는 불량한 말 또는 소

[2]**볼거리** [POL-KE-RI] 원336

불 Furoncle entre les pommettes et la bouche.

한 광대뼈와 입 사이에 생긴 절종

볼되다 [POL-TOI-TA,-TOI-YE,-TOIN] 원336

불 Etre trop étroit (bas, soulier). Se dit d'un tenon qui est trop épais pour entrer dans la mortaise, dans l'entaillure qui est trop étoite pour le recevoir.

한 (긴 양말, 구두가) 너무 꼭 끼다 | 그것을 받아들이기에는 너무 좁은 장붓구멍, 홈에 들어가기에 너무 두꺼운 철제 이음 꺾쇠에 대해 쓴다

볼만장만ᄒᆞ다 [POL-MAN-TJYANG-MAN-HĂ-TA] 원336

불 Ne pas s'inquiéter; ne pas se mêler de ce qui ne regarde pas; se tenir spectateur indifférent.

한 걱정하지 않다 | 관계되지 않는 일에 참견하지 않다 | 무관심한 구경꾼으로 머물다

볼맛치다 [POL-MAT-TCHI-TA,-TCHYE,-TCHIN] 원336

불 Remporter après avoir fait voir. Payer sa dette et contracter aussitôt un emprunt égal auprès de la même personne.

한 보여준 후 도로 가져가다 | 빚을 갚고 같은 사람에게 곧 동일한 부채로 빚을 지다

볼모 [POL-MO] (質) 원336

불 Gage; otage; arrhes; assurance; garantie.

한 담보물 | 인질 | 담보 | 저당 | 보증

볼밧다 [POL-PAT-TA,-E,-EUN] (補襪) 원336

불 Mettre une seconde semelle neuve à des bas déchirés; ressemeler des bas; y ajouter une demi-semelle.

한 찢어진 양말에 두 번째 새 바닥을 깔다 | 양말의 바닥을 갈다 | 거기에 바닥을 반만큼 덧붙이다

볼숙볼숙ᄒᆞ다 [POL-SOUK-POL-SOUK-HĂ-TA] (尖) 원336

불 Désigne l'état des feuilles qui commencent à se former et à sortir. Etre un peu proéminent, couvert de protubérances.

한 만들어져서 나오기 시작하는 잎의 상태를 가리킨다 | 혹으로 덮여 조금 튀어나와 있다

볼숙ᄒᆞ다 [POL-SOUK-HĂ-TA] (尖) 원336

불 Faire saillie; saillir; dépasser; être un peu proéminent.

한 돌출하다 | 튀어나오다 | 비죽 나오다 | 조금 튀어나와 있다

볼죱다 [POL-TJYOP-TA,-TJYOP-A,-TJYOP-EUNN] (頰隘) 원336

불 Trop étroit; être étroit (bas, soulier).

한 매우 좁다 | (양말, 신이) 꼭 끼다

볼지 [POL-TJI] 원336

불 Espèce de bonnet des petits enfants, qui protége les oreilles et les joues en hiver.

한 겨울에 귀와 볼을 보호하는 어린 아이들의 챙 없는 모자 종류

볼츈이 [POL-TCHYOUN-I] 원336

불 Bas de la figure très-large; joufflu. (Popul.).

한 매우 넓은 얼굴의 아래쪽 | 볼이 포동포동한 사람 | (속어)

볼치다 [POL-TCHI-TA,-TCHYE,-TCHIN] [원]336
[불] Etre trop mince; qui est trop mince (tenon, pied); qui est trop large (mortaise, bas).
[한] 너무 가느다랗다 | (장부, 발이) 너무 날씬하다 | (장붓구멍, 양말이) 너무 넓다

볼탁이 [POL-HTAK-I] (頰) [원]336
[불] Joue. ‖ Semelle des bas et des souliers. V.Syn. 볼 Pol.
[한] 볼 | 긴 양말과 신발의 바닥 | [[동의어] 볼, Pol]

볼통이 [POL-HTONG-I] [원]336 ☞볼탁이

볼픔업다 [POL-HPEUM-EP-TA,-EP-SE,-EP-SĂN] (無所見) [원]336
[불] Vilain à voir.
[한] 보기 흉하다

볼픔적다 [POL-HPEUM-TJEK-TA,-TJEK-E,-TJEK-EUN] (少見樣) [원]336
[불] Vilain à voir; cela n'est guère digne d'être vu.
[한] 보기 흉하다 | 별로 보여질 만하지 않다

볼호령ᄒᆞ다 [POL-HO-RYENG-HĂ-TA] (强責) [원]336
[불] Gronder, menacer, gourmander fortement en élevant la voix.
[한] 야단치다, 위협하다, 목소리를 높이며 몹시 꾸짖다

볽이 [POLK-I] (臀) [원]336
[불] Derrière; cul; fondement; fesses.
[한] 엉덩이 | 궁둥이 | 엉덩이 | 둔부

볽이쌱 [POLK-I-TTJYAK,-I] [원]336 ☞볽이

볽이치다 [POLK-I-TCHI-TA,-TCHYE,-TCHIN] (打臀) [원]336
[불] Fesser; donner une fessée; frapper sur le derrière.
[한] 볼기를 때리다 | 볼기를 치다 | 엉덩이를 때리다

봄 [POM,-I] (春) [원]333
[불] Printemps.
[한] 봄

봄보리 [POM-PO-RI] (春牟) [원]333
[불] Orge de printemps, qui se sème au printemps.
[한] 봄에 씨를 뿌리는 봄보리

봄뷔이 [POM-POUI-I] (春刈草) [원]333
[불] Bois ou herbe coupée au printemps, pour être brûlée dans les champs et servir de fumier.
[한] 밭에서 태워 비료로 사용하기 위해 봄에 자르는 나무 또는 풀

봄타다 [POM-HTA-TA,-HTA,-HTAN] [원]333
[불] Etre malade à cause du printemps, ne pas manger, etc…
[한] 봄 때문에 아프다, 먹지 않다 등

봇 [POT,-SI] [원]337
[불] Ecorce d'arbre blanche et d'une force extraordinaire, qui sert dans la confection de l'arc.
[한] 활 제작에 사용되는, 특별히 힘이 좋은 하얀 나무의 껍질

봇나무 [POT-NA-MOU] (樺木) [원]337
[불] Espèce d'arbre dont l'écorce blanche a une force extraordinaire, et entre dans la confection de l'arc.
[한] 그 흰 껍질이 힘이 대단하고 활을 만드는 데 들어가는 나무의 종류

봇치다 [POT-TCHĂI-TA,-TCHĂI-YE,-TCHĂIN] [원]337
[불] Importuner par ses demandes; vexer; être à charge; être ennuyeux; être insupportable; fatiguer; ennuyer; tourmenter.
[한] 요구사항으로 귀찮게 굴다 | 괴롭히다 | 부담이 되다 | 성가시다 | 견딜 수 없다 | 지치게 하다 | 싫증나게 하다 | 귀찮게 굴다

1*봉 [PONG,-I] (峯) [원]334
[불] Pic de montagne; sommet en pointe.
[한] 산봉우리 | 뾰족한 꼭대기

2*봉 [PONG,-I] (鳳) [원]334
[불] Aigle.
[한] 봉황

3*봉 [PONG,-I] (封) [원]334
[불] Lettre cachetée; paquet cacheté.
[한] 봉인한 편지 | 봉한 꾸러미

봉강이 [PONG-KANG-I] [원]334
[불] Espèce de canari sauvage, emblème de la fidélité conjugale.
[한] 야생 카나리아의 종류, 부부간 정조의 상징

*봉고 [PONG-KO] (封庫) [원]334
[불] Magasin du gouvernement plein de grain ou d'argent, sur lequel on a mis des scellés.
[한] 곡식 또는 돈으로 가득한, 봉인해 놓은 정부의 창고

*봉고ᄒᆞ다 [PONG-KO-HĂ-TA] (封錮) [원]334
[불] Fermer avec un cadenas.
[한] 맹꽁이 자물쇠로 잠그다

*봉교ᄒᆞ다 [PONG-KYO-HĂ-TA] (奉敎) [원]334
[불] Chrétien. Pratiquer la religion chrétienne.
[한] 기독교 신자 | 기독교 의례를 지키다

봉귀다 [PŌNG-KŌŪI-TA,-KOUI-YE,-KOUIN] [원]334

불 Faire un gros pet.
한 방귀를 크게 뀌다

*봉당 [PONG-TANG,-I] (封堂) 원335
불 Espace vide entre deux chambres. Petite élévation en terre devant la porte; petit degré en terre battue.
한 두 방 사이의 빈 공간 | 문 앞의 땅이 조금 올라와 있는 것 | 밟아 다져진 땅의 낮은 단

봉두리 [PONG-TOU-RI] (峯) 원335
불 Crête de montagne; sommet de montagne; pic.
한 산봉우리 | 산꼭대기 | 뾰족한 산봉우리

*봉명ᄒᆞ다 [PONG-MYENG-HĂ-TA] (奉命) 원334
불 Aller porter des ordres du gouvernement; transmettre les ordres du roi. Porter les ordres ou bien les recevoir.
한 정부의 명령을 전달하러 가다 | 왕명을 전하다 | 명령을 전달하거나 그것을 받다

1*봉물 [PONG-MOUL,-I] (奉物) 원334
불 Présent à un supérieur.
한 윗사람에게 하는 선물

2*봉물 [PONG-MOUL,-I] (封物) 원334
불 Paquet d'objets ficelés et scellés; paquet cacheté.
한 물건을 끈으로 묶고 밀봉한 꾸러미 | 밀봉한 꾸러미

*봉미탕 [PONG-MI-HTANG,-I] (鳳尾湯) 원334
불 Très-bon bouillon gras; bouillon de chair du phénix.
한 아주 맛있는 고기 국물 | 긴꼬리닭의 살로 만든 국물

*봉변ᄒᆞ다 [PONG-PYEN-HĂ-TA] (逢變) 원334
불 Recevoir des injures; faire une mauvaise rencontre; avoir une aventure fâcheuse.
한 욕을 당하다 | 위험인물과 만나다 | 난처한 일을 겪다

*봉사 [PONG-SA] (奉邪) 원334
불 Aveugle.
한 맹인

1*봉셔 [PONG-SYE] (封書) 원334
불 Lettre cachetée.
한 봉인된 편지

2봉셔 [PONG-SYE] 원335
불 Itinéraire du roi tracé à l'avance.
한 미리 그려 본 왕의 여정

*봉션화 [PONG-SYEN-HOA] (鳳仙花) 원335
불 Balsamine (fleur).
한 봉선화 (꽃)

*봉셩톄ᄒᆞ다 [PONG-SYENG-HIYEI-HĂ-TA] (奉聖體) 원335
불 Recevoir la Sainte Eucharistie.
한 성체를 받다

1*봉숑ᄒᆞ다 [PONG-SYONG-HĂ-TA] (奉送) 원335
불 Envoyer avec respect.
한 정중히 보내다

2봉숑ᄒᆞ다 [PONG-SYONG-HĂ-TA] (封送) 원335
불 Envoyer une chose cachetée.
한 봉인된 것을 보내다

*봉슈ᄒᆞ다 [PONG-SYOU-HĂ-TA] (捧授) 원335
불 Se porter caution, s'entremettre pour obtenir un prêt.
한 보증하다, 대부금을 얻기 위해 중개하다

*봉ᄉᆞ [PONG-SĂ] (奉事) 원334
불 Nom d'une petite dignité. Intendant d'une fabrique de porcelaine royale.
한 낮은 관직의 명칭 | 왕실의 자기 제조소의 감독관

*봉ᄉᆞ하다 [PONG-SĂ-HĂ-TA] (奉祀) 원334
불 Offrir un sacrifice (superstitieux).
한 (미신적인) 제물을 바치다

*봉안ᄒᆞ다 [PŌNG-AN-HĂ-TA] (奉安) 원334
불 Mettre en un endroit propre (les tablettes pour les honorer); placer avec respect.
한 (공경하기 위해 패들을) 깨끗한 곳에 놓다 | 정중하게 두다

*봉양ᄒᆞ다 [PŌNG-YANG-HĂ-TA] (奉養) 원334
불 Nourrir ses parents; offrir avec respect de la nourriture à ses parents.
한 자신의 부모님을 부양하다 | 부모님께 공손히 식사를 제공하다

1봉오리 [PONG-O-RI] 원334
불 Bouton de fleur non encore ouvert.
한 아직 열리지 않은 꽃의 싹

2봉오리 [PONG-O-RI] (峯) 원334
불 Pointe de montagne; cime de montagne.
한 산의 뾰족한 끝 | 산꼭대기

*봉욕ᄒᆞ다 [PONG-YOK-HĂ-TA] (逢辱) 원334
불 Recevoir des injures; recevoir un affront.
한 욕을 당하다 | 치욕을 당하다

봉울 [PONG-OUL,-I] 원334
불 Bouton de fleur non encore ouvert.

ㅂ

[한] 아직 열리지 않은 꽃의 봉오리

봉울봉울ᄒᆞ다 [PONG-OUL-PONG-OUL-HĂ-TA] [원]334

[불] Désigne l'état des feuilles et des fleurs sur le point de s'épanouir, d'éclore. ‖ Etre inégal, couvert de monticules.

[한] 막 피어나려는, 피려고 하는 잎과 꽃의 상태를 가리킨다 | 울퉁불퉁하다, 언덕으로 덮이다

***봉젹ᄒᆞ다** [PONG-TJYEK-HĂ-TA] (逢賊) [원]335

[불] Rencontrer des voleurs: tomber entre les mains des voleurs; être volé.

[한] 도둑들을 만나다 | 도둑들의 손아귀에 떨어지다 | 도둑맞다

봉죡드다 [PONG-TJYOK-TEU-TA,-TEU-RE,-TEUN] (幇助) [원]335

[불] Aider; secourir. Aider à une fonction vile (comme à tuer et dépecer un bœuf).

[한] 돕다 | 구제하다 | (소를 도살하여 잘게 자르는 것처럼) 혐오감을 주는 일을 돕다

***봉쥭** [PONG-TJOUK,-I] (奉竹) [원]335

[불] Drapeau ou pavillon en papier, pour pavoiser en signe de réjouissance. Signal, signe de convention.

[한] 기쁨의 표시로 만함식을 할 때의 종이로 만든 기 또는 깃발 | 관례의 표기, 표시

***봉쥭지ᄅᆞ다** [PONG-TJOUK-TJI-RĂ-TA,-TJIL-NE, -TJI-REUN] (奉竹) [원]335

[불] Arborer le drapeau qui annonce qu'on a fait bonne pêche, et qu'on rapporte beaucoup d'argent du poisson vendu.

[한] 고기를 많이 잡았고 판 생선으로 많은 돈을 번 것을 알리는 기를 달다

***봉지** [PONG-TJI] (封只) [원]335

[불] Enveloppe: enveloppe de lettre; tout ce qui sert à envelopper. Paquet enveloppé de papier.

[한] 봉투, 편지 봉투 | 싸는 데 사용하는 모든 것 | 종이로 싼 꾸러미

***봉ᄌᆡ** [PONG-TJĂI] (封齋) [원]335

[불] Carême, temps de jeûne. (Mot chrét.).

[한] 사순절, 금식 기간 | (기독교 어휘)

***봉착ᄒᆞ다** [PONG-TCHAK-HĂ-TA] (逢着) [원]335

[불] Se rencontrer et se voir.

[한] 서로 만나고 보다

***봉챵** [PONG-TCHYANG,-I] (封窓) [원]335

[불] Fenêtre fermée et collée tout autour, de manière à ce qu'on ne puisse plus l'ouvrir.

[한] 더 이상 열지 못하도록 닫아 빙 둘러 붙여 놓은 창문

***봉챵ᄒᆞ다** [PONG-TCHYANG-HĂ-TA] (封牕) [원]335

[불] Coller une feuille de papier sur les fenêtres pour empêcher le vent d'entrer.

[한] 바람이 들어오는 것을 막기 위해 창문 위에 종잇장을 붙이다

***봉초밧다** [PONG-TCHO-PAT-TA,-PAT-A,-PAT-EUN] (捧招) [원]335

[불] Recevoir les dépositions, les réponses d'un accusé(le mandarin, le juge); interroger un accusé.

[한] (관리, 판사가) 피고인의 진술, 대답을 받다 | 피고인을 심문하다

***봉치ᄒᆞ다** [PONG-TCHI-HĂ-TA] (封置) [원]335

[불] Cacheter et ramasser en un endroit sûr; sceller.

[한] 봉인하고 안전한 곳에 모으다 | 봉하다

***봉친ᄒᆞ다** [PONG-TCHIN-HĂ-TA] (奉親) [원]335

[불] Offrir un present à ses parents; offrir à ses parents, à son père ou à sa mère.

[한] 자신의 부모에게 선물을 주다 | 자신의 부모, 자신의 아버지나 자신의 어머니에게 주다

***봉ᄎᆡᄒᆞ다** [PONG-TCHĂI-HĂ-TA] (奉彩) [원]335

[불] Présent des matières d'habits de noces que le futur envoie à sa future; envoyer les présents de noce à la fiancée.

[한] 미래의 신랑이 미래의 신부에게 보내는 혼례복의 옷감 선물 | 결혼 선물을 약혼녀에게 보내다

***봉파ᄒᆞ다** [PONG-HPA-HĂ-TA] (封把) [원]334

[불] Commencer à payer les contributions; payer les contributions pour la première fois; payer la taxe personnelle des plébéiens; être mis sur le rôle de cette taxe.

[한] 세금을 내기 시작하다 | 처음으로 세금을 내다 | 평민들의 개별 세금을 내다 | 이 세금의 납세 의무자 명부에 기입되다

***봉패ᄒᆞ다** [PONG-HPAI-HĂ-TA] (逢敗) [원]334

[불] Recevoir des injures; avoir une aventure fâcheuse, une mauvaise rencontre; rencontrer un obstacle ou une montagne; manquer son coup.

[한] 욕을 당하다 | 난처한 일, 위험인물을 만나다 | 장애물이나 산을 만나다 | 꾸민 일이 실패하다

***봉헌ᄒᆞ다** [PŌNG-HEN-HĂ-TA] (奉獻) [원]334

[불] Offrir, offrir un sacrifice (avec respect).

한 제공하다, (정중히) 제물을 바치다

*봉화 [PONG-HOA] (烽火) 원334
불 Télégraphe de feu; feu sur le sommet des montagnes, au coucher du soleil, pour donner à la capitale des nouvelles de la province; pyrographe; feu servant de signal sur le sommet des montagnes.
한 불의 통신기 | 해가 질 무렵에, 지방의 소식을 수도에 알리기 위해 올리던 산꼭대기 위의 불 | 전기인두 | 산꼭대기에서 신호로 사용되는 불

*봉황 [PONG-HOANG,-I] (鳳凰) 원334
불 Espèce d'oiseau fabuleux, le phénix, p. ê. aussi l'aigle.
한 전설적인 새의 종류, 불사조, 아마 독수리일 수도

*봉ᄒᆞ다 [PONG-HĂ-TA,-HĂ-YE,-HĂN] (封) 원334
불 Cacheter, fermer une lettre. ‖ Elever à la dignité de…(se dit de l'empereur de Chine).
한 봉인하다, 편지를 봉하다 | ~의 직위에 올리다 (중국 황제에 대해 쓴다)

*봉힝ᄒᆞ다 [PŌNG-HĂING-HĂ-TA] (奉行) 원334
불 Recevoir et faire.
한 받아들여 하다

뵈 [POI] (布) 원330
불 Toile de chanvre.
한 삼베

뵈나이 [POI-NA-I] (紡績) 원330
불 Tisser le chanvre; fil pour tisser de la toile.
한 삼으로 베를 짜다 | 천을 짜기 위한 실

1뵈다 [PŌI-TA,POI-YE,POIN] 원330
불 Montrer; faire voir; exhiber; découvrir. (fact. de 보다 Po-ta). ‖ Etre vu, apparaître. (Passif. de 보다 Po-ta). ‖ Voir(respect.).
한 보여 주다 | 보게 하다 | 제시하다 | 드러내다 | (보다 Po-ta의 사동형) | 보이다, 나타나다 | (보다 Po-ta의 수동형) | 보다 (경의의 표시)

2뵈다 [PŌI-TA,POI-YE,POIN] 원330
불 Touffu, serré, dense; être aggloméré.
한 빽빽하다, 촘촘하다, 조밀하다 | 응결되다

뵈뎐 [POI-TYEN,-I] (布廛) 원330
불 Magasin où l'on vend de la toile de chanvre.
한 삼베를 파는 가게

뵈매다 [POI-MAI-TA,-MAI-YE,-MAIN] (調布) 원330
불 Ourdir le chanvre, la toile; disposer les fils de chanvre pour faire un tissu.
한 삼섬유, 직물을 베틀에 걸어 짜다 | 직물을 만들기 위해 삼실을 놓다

뵈실 [POI-SIL,-I] (麻絲) 원330
불 Fil de chanvre.
한 삼실

뵈ᄶᆞ다 [POI-TTJA-TA,-TTJA,-TTJAN] (織) 원330
불 Tisser le chanvre; faire de la toile de chanvre.
한 삼으로 베를 짜다 | 삼베를 만들다

뵈ᄶᆞᆼ이 [POI-TTJANG-I] (蛩) 원330
불 Espèce de grillon dont le bruit est semblable à celui que fait un tisserand. A la 7me lune il se casse une patte, afin de ne plus travailler à la toile de sa belle-mère. Syn. 귀드람이 Koui-teu-ram-i.
한 직조공이 내는 소리와 비슷한 소리를 내는 귀뚜라미의 종류 | 그것은 일곱 번째 달에 시어머니의 베를 짜는 일을 더 이상 하지 않기 위해 자신의 다리 하나를 부러뜨린다, [동의어 귀드람이, Koui-teu-ram-i]

뵈옵다 [POI-OP-TA,-OA,-ON] (謁) 원330
불 Voir; visiter; saluer (se dit d'un inférieur qui va rendre ses devoirs au supérieur); se présenter au supérieur; être vu; apparaître. (Honorif. de 뵈다 Poi-ta).
한 보다 | 방문하다 | ~에게 인사하다 (윗사람에게 의무를 이행하러 가는 아랫사람에 대해 쓴다) | 윗사람에게 자기를 소개하다 | 보여지다 | 보이다 | (뵈다 Poi-ta의 경칭)

뵈직뵈직 [POI-TJIK-POI-TJIK,-I] 원330
불 Etat de choses semées trop près l'une de l'autre; serré.
한 서로 너무 가까이 뿌려진 것들의 상태 | 촘촘하다

뵈착뵈착ᄒᆞ다 [POI-TCHAK-POI-TCHAK-HĂ-TA] 원330
불 Exprime le trébuchement d'un petit enfant qui commence à marcher. Chanceler comme un homme trop chargé.
한 걷기 시작하는 어린아이의 비틀거림을 나타낸다 | 짐을 너무 많이 진 사람처럼 비틀거리다

뵈틀 [POI-HTEUL,-I] (機) 원330
불 Métier à tisser.
한 베를 짜는 틀

뵈틀뵈틀ᄒᆞ다 [POI-HTEUL-POI-HTEUL-HĂ-TA] 원330
불 Exprime l'état de plantes transplantées qui commencent à se dessécher. ‖ Chanceler comme un homme trop chargé.
한 옮겨 심은 식물이 마르기 시작한 상태를 나타낸

다 | 짐을 너무 많이 진 사람처럼 비틀거리다

뵈피썩 [POI-HPI-TTEK] (包餠) 원330

불 Espèce de gâteau de farine avec des tiges de 쑥 Ssouk.

한 쑥 Ssouk 줄기를 넣어 가루로 만든 떡의 종류

뵐망큼 [POIL-MANG-HKEUM] (可望) 원330

불 A vue, à distance sans perdre de vue.

한 [역주 눈으로] 보고, 시야에서 사라지지 않고 멀리서

1*부 [POU] (父) 원338

불 En agr. Père.

한 한자어로 아버지

2*부 [POU] (部) 원338

불 Tribunal à la capitale (il y en a cinq qui jugent les matières civiles).

한 수도에 있는 재판소 (민사 사건을 재판하는 곳이 다섯 군데 있다)

3*부 [POU] (賦) 원338

불 Vers de six caractères chinois, de 6 pieds.

한 6개의 중국 글자로, 6개의 운각으로 만든 시

4*부 [POU] (富) 원338

불 Richard; riche; opulent.

한 벼락부자 | 부자 | 부유하다

5*부 [POU] (否) 원338

불 Non (privatif en agrégation).

한 아니 (한자어로 부정접두사)

6*부 [POU] (婦) 원338

불 En agr. Epouse.

한 한자어로 아내

7*부 [POU] (夫) 원338

불 Mari.

한 남편

***부가옹** [POU-KA-ONG,-I] (富家翁) 원339

불 Riche vieillard.

한 부유한 노인

***부경ᄒᆞ다** [POU-KYENG-HĂ-TA] (浮輕) 원339

불 Etre léger (comme le coton, le pain bien fait); être peu consistant.

한 (솜, 잘 만들어진 빵처럼) 가볍다 | 별로 단단하지 않다

1*부고 [POU-KO] (府庫) 원339

불 Magasin, grenier public.

한 저장고, 국가의 곡식 창고

2*부고 [POU-KO] (訃告) 원339

불 Lettre de faire part de la mort, lettre qui annonce la mort de…

한 사망을 알리는 통지서, ~의 죽음을 알리는 통지서

***부골** [PŌU-KOL,-I] (富骨) 원339

불 Homme qui a l'apparence de la richesse; homme gros, gras, bien portant; homme bien nourri, qui a l'air riche.

한 부자의 외모를 가진 사람 | 크고 살찌고 건강한 사람 | 영양 상태가 좋은 부유해 보이는 사람

***부과ᄒᆞ다** [PŌU-KOA-HĂ-TA] (負過) 원339

불 Punir; faire le procès d'un prétorien coupable.

한 벌하다 | 죄를 지은 친위병을 비판하다

***부귀** [PŌU-KOUI] (富貴) 원339

불 Riche et rare; richesses et honneurs; richesses et dignités.

한 부유하고 비범하다 | 부와 명예 | 재산이 많고 지위가 높음

부글부글 [POU-KEUL-POU-KEUL] 원339

불 Désigne l'état d'une eau bouillante et l'état d'un homme en peine. Avec bruit.

한 끓는 물의 상태와 괴로워하는 사람의 상태를 가리킨다 | 소리를 내며

***부긔** [POU-KEUI] (浮氣) 원339

불 Enflure.

한 부은 상태

부납씌 [POU-NAP-TTEUI] (大帶) 원340

불 Ceinture large d'un doigt; ceinture plate; cordon plat pour ceinture.

한 손가락 넓이의 허리띠 | 납작한 띠 | 허리띠용 납작한 끈

1*부녀 [POU-NYE] (婦女) 원340

불 Femme.

한 부인

2*부녀 [POU-NYE] (父女) 원340

불 Père et fille.

한 아버지와 딸

***부ᄂᆡ** [POU-NĂI] (府內) 원340

불 Intérieur de la ville; le territoire de la juridiction d'un tribunal à la capitale.

한 도시 내부 | 수도에 있는 재판소가 관할하는 영토

부다 [POU-TA] (噓) 원348

불 Souffler; venter. ‖ Dénoncer.

한 불다 | 바람이 불다 | 고발하다

*부담 [POU-TAM,-I] (付擔) 원348
불 Siége au-dessus des deux paquets placés de chaque côté du cheval, et sur lequel s'assied le cavalier; bàt en cuir pour cheval; selle.
한 말 양쪽으로 놓인 두 개의 봇짐 위에 있는, 기수가 앉는 좌석 | 말 위에 놓는 가죽으로 된 길마 | 안장

*부담마 [PŌŪ-TAM-MA] (付擔馬) 원348
불 Cheval qui porte le 부담 Pou-tam; cheval sellé.
한 부담 Pou-tam을 얹은 말 | 안장을 얹은 말

*부대부인 [POU-TAI-POUN-I,-I] (夫大夫人) 원348
불 Nom par lequel on désigne la mère du roi actuel, c.a.d. du roi régnant.
한 현재의 왕, 즉 통치하고 있는 왕의 어머니를 가리키는 명칭

*부대ᄒᆞ다 [PŌŪ-TAI-HĂ-TA] (膚大) 원348
불 Grand; gigantesque; être gros, rebondi, ventru, bien nourri.
한 크다 | 거대하다 | 뚱뚱하다, 포동포동하다, 배가 나오다, 영양 상태가 좋다

*부뎡 [POU-TYENG,-I] (釜鼎) 원348
불 Chaudière.
한 큰 가마솥

*부뎡ᄒᆞ다 [POU-TYENG-HĂ-TA] (不淨) 원348
불 Impur; sale.
한 불순하다 | 더럽다

*부뎨학 [POU-TYEI-HAK,-I] (副提學) 원348
불 Nom d'une dignité remplie par un homme qui doit savoir bien écrire.
한 글을 잘 쓸 줄 아는 사람이 맡는 고관직의 명칭

1*부동ᄒᆞ다 [POUL-TONG-HĂ-TA] (不同) 원349
불 Etre différent, dissemblable.
한 다르다, 서로 다르다

2*부동ᄒᆞ다 [POU-TONG-HĂ-TA] (浮動) 원349
불 Exciter à mal faire; concerter ensemble; s'unir pour (ordin. en mal).
한 나쁘게 행동하도록 부추기다 | 함께 꾸미다 | (보통 나쁘게) ~을 위해 단결하다

부드득부드득ᄒᆞ다 [POU-TEU-TEUK-POU-TEU-TEUK-HĂ-TA] 원349
불 Importuner; être opiniâtre.
한 귀찮게 굴다 | 고집이 세다

부드득조히다 [POU-TEU-TEUK-TJO-HI-TA,-KYE, -HIN] 원349
불 Serrer un nœud avec effort.
한 간신히 매듭을 꽉 조이다

부드럽다 [POU-TEU-REP-TA] (柔) 원348
불 Etre flasque, mou, flexible, sans consistance, doux, souple, moëlleux, tendre.
한 연하다, 무르다, 유연하다, 견실하지 않다, 유순하다, 유연하다, 폭신하다, 부드럽다

부득부득 [POU-TEUK-POU-TEUK] (固執) 원348
불 Désigne les instances de celui qui demande ce qu'on ne veut pas lui accorder. Avec instances; sans désemparer.
한 허락하고 싶지 않는 것을 요구하는 사람의 간청을 가리킨다 | 간곡하게 | 계속해서

*부득불 [POU-TEUK-POUL] (不得不) 원348
불 Certainement; sans aucun doute; nécessairement.
한 확실히 | 틀림없이 | 반드시

*부득이ᄒᆞ다 [POU-TEUK-I-HĂ-TA] (不得已) 원348
불 Etre poussé à bout; ne pas pouvoir résister; ne pas pouvoir ne pas faire.
한 궁지에 몰리다 | 버틸 수 없다 | 하지 않을 수 없다

부들 [POU-TEUL,-I] (蒲) 원348
불 Espèce d'herbe plate avec laquelle on fait des nattes. ‖ Métier à faire des nattes.
한 돗자리를 만드는 납작한 풀의 종류 | 돗자리를 만드는 틀

부들부들ᄒᆞ다 [POU-TEUL-POU-TEUL-HĂ-TA] (柔柔) 원348
불 Flexible; sans consistance; être un peu souple, un peu moelleux.
한 유연성이 있다 | 단단하지 않다 | 약간 유연하다, 약간 부드럽다

부듸다 [POU-TEUIT-TA,-TEUI-TJYE,-TEUI-TJIN] (撲) 원348
불 Heurter contre; se frapper contre; choquer.
한 ~에 부딪치다 | 서로 치다 | 충돌하다

부ᄃᆞᆺ더리다 [POU-TĂT-TE-RI-TA,-RYE,-RIN] 원348 ☞ 부딕치다

1부딕 [POU-TĂI] (帒) 원348
불 Sac; bourse; poche; grand sac.
한 자루 | 돈주머니 | 부대 | 큰 자루

2부딕 [POU-TĂI] 원348
불 Surtout; de grâce.
한 특히 | 부디

부딕치다 [POU-TĂI-TCHI-TA,-TCHYE,-TCHIN] (撲) [원] 348
[불] Se frapper contre; se cogner, se heurter.
[한] ~에 자기를 치다 | 부딪치다, 충돌하다

부러 [POU-RE] (故意) [원] 343
[불] Exprès; volontairement; à dessein.
[한] 일부러 | 자발적으로 | 고의로

부러워ᄒᆞ다 [POU-RE-OUE-HĂ-TA] (羨) [원] 343
[불] Porter envie.
[한] 부러워하다

부러지다 [POU-RE-TJI-TA,-TJYE,-TJIN] (折) [원] 343
[불] Se rompre; se briser; se fracturer; être rompu.
[한] 부러지다 | 부서지다 | 부러지다 | 부서지다

부러지르다 [POU-RE-TJI-REU-TA,-TJIL-NE,-TJI-REUN] (折) [원] 343
[불] Rompre, briser, casser (v. g. un bâton).
[한] 부러뜨리다, 부수다, (예. 막대기를) 부러뜨리다

부러치다 [POU-RE-TCHI-TA,-TCHYE,-TCHIN] (折) [원] 343
[불] Rompre; briser; fracturer.
[한] 부러뜨리다 | 부수다 | 부러뜨리다

부러터리다 [POU-RE-HIE-RI-TA,-RYE,-RIN] (折) [원] 343
[불] Rompre; briser; fracturer.
[한] 부러뜨리다 | 부수다 | 부러뜨리다

부러ᄒᆞ다 [POU-RE-HĂ-TA] (故爲) [원] 343
[불] Faire exprès, à dessein.
[한] 일부러, 고의로 하다

부럽다 [POU-REP-TA,-RE-OUE,-RE-OUN] (羨) [원] 343
[불] Envier; porter envie; désirer égaler.
[한] 부러워하다 | 부러워하다 | 필적하기를 바라다

부럿치다 [POU-RET-TCHI-TA,-TCHYE,-TCHIN] (折) [원] 343
[불] Rompre.
[한] 부러뜨리다

부레 [POU-REI] (鰾) [원] 343
[불] Colle de poisson tirée du ventre du 민어 Min-e.
[한] 민어 Min-e의 배에서 나온 부레풀

부루 [POU-ROU] (生菜) [원] 344
[불] Espèce d'herbe potagère; laitue.
[한] 식용 풀의 종류 | 상추

부루치다 [POU-ROU-TCHI-TA,-TCHYE,-TCHIN] (折) [원] 344
[불] Rompre.
[한] 부러뜨리다

부루퉁ᄒᆞ다 [POU-ROU-HTOUNG-HĂ-TA] [원] 344
[불] Bouder; faire la moue.
[한] 토라지다 | 비죽거리다

부룩치다 [POU-ROUK-TCHI-TA,-TCHYE,-TCHIN] [원] 344
[불] Semer çà et là dans un champ où il y a déjà d'autres plantes.
[한] 이미 다른 식물들이 있는 밭 여기저기에 씨를 뿌리다

1 부르다 [POU-REU-TA,POUL-NE,POU-REUN] (召) [원] 344
[불] Appeler.
[한] 부르다

2 부르다 [POUL-REU-TA,POUL-NE,POU-REUN] (飽) [원] 344
[불] Etre gonflé, plein, rempli; se lever.
[한] 부풀다, 가득하다, 꽉 차다 | 일어나다

부릅쓰다 [POU-REUP-TTEU-TA,-TTE,-TTEUN] (瞠) [원] 344
[불] Faire les gros yeux (pour gronder); écarquiller les yeux (comme un homme en colère).
[한] (꾸짖기 위해) 눈을 크게 뜨다 | (화난 사람처럼) 눈을 크게 뜨다

부릇다 [POU-REUT-TA,-REUT-HIE,-REUT-HIEUN] [원] 344
[불] S'enfler; enfler; être enflé; avoir une ampoule; se lever.
[한] 부풀다 | 붓다 | 불룩하다 | 부풀어 있다 | 일어나다

부리 [POU-RI] (喙) [원] 344
[불] Bec; bouche; gueule. (Ne se dit pas des hommes).
[한] [[역주] 새의] 부리 | 입 | 주둥이 (사람에 대해 쓰지 않는다)

1 부리다 [POU-RI-TA,-RYE,-RIN] (使) [원] 344
[불] Se servir de, faire travailler, atteler (bœuf, bateau, etc.); employer; faire usage de; faire travailler (v. g. un homme).
[한] ~을 이용하다, 일을 하게 하다, (소, 배 등에) 묶어 두다 | 사용하다 | ~을 사용하다 | (예. 사람을) 일하게 하다

2 부리다 [POU-RI-TA] [원] 344
[불] Décharger (le fardeau d'un cheval, bœuf, navire); faire reposer.
[한] (말, 소, 배의 짐을) 내리다 | 내려놓게 하다

부리우다 [POU-RI-OU-TA,-OUE,-OUN] (弛) [원] 344
[불] Faire reposer; dételer; détacher (un bœuf, un cheval, un bateau); détendre (un arc).
[한] 내려놓게 하다 | 수레에서 풀다 | (소, 말, 배를) 풀다

| (활시위를) 늦추다

부르다 [POU-RĂ-TA,POUL-NE,POU-RĂN] (召) [원]343
[불] Appeler.
[한] 부르다

부르지지다 [POU-RĂ-TJI-TJI-TA,-TJYE,-TJIN] (號呼) [원]343
[불] Crier pour appeler; appeler avec instances; implorer; invoquer; pousser des cris de détresse; invoquer en pleurant, en criant, en soupirant.
[한] 부르기 위해 외치다 | 간곡하게 부르다 | 간청하다 | 기원하다 | 비탄의 고함을 지르다 | 울면서, 외치면서, 한숨지으면서 기원하다

*부마 [POU-MA] (駙馬) [원]340
[불] Gendre du roi.
[한] 왕의 사위

*부마하다 [POU-MA-HĂ-TA] (負魔) [원]340
[불] Possédé du diable, tourmenté du démon.
[한] 악마에 들리다, 악마 때문에 고통 받다

*부망 [POU-MANG,-I] (副望) [원]340
[불] Le second des trois candidats proposés au roi pour une place.
[한] 어떤 지위에 대해 왕에게 추천된 세 명의 후보 중 둘째가는 사람

1*부명 [PŌU-MYENG,-I] (父命) [원]340
[불] Ordre du père.
[한] 아버지의 명령

2*부명 [POU-MYENG,-I] (富名) [원]340
[불] Renommée de richesses.
[한] 부자라는 명성

*부모 [POU-MO] (父母) [원]340
[불] Parents, le père ou la mère, le père et la mère.
[한] 부모, 아버지 또는 어머니, 아버지와 어머니

부목 [POU-MOK,-I] [원]340
[불] Bois de la vraie croix. Syn. 보목 Po-mok.
[한] 실제 십자가의 나무 | [[동의어] 보목, Po-mok]

*부문하다 [POU-MOUN-HĂ-TA] (赴門) [원]340
[불] Attendre devant l'enclos que l'on ouvre la porte pour les examens (tous les candidats se pressent, se bousculent, afin d'entrer les premiers et avoir les meilleures places).
[한] 시험이 있을 때 문이 열리는 울타리 앞에서 기다리다 (맨 처음으로 들어와 좋은 자리를 차지하기 위해 모든 수험생이 밀려들다, 쇄도하다)

*부민 [PŌU-MIN,-I] (富民) [원]340
[불] Homme du peuple riche.
[한] 부유한 서민

*부벽 [POU-PYEK,-I] (付壁) [원]342
[불] Inscription, écriture en grands caractères chinois servant d'ornement dans les appartements. Le papier sur lequel ils sont écrits, collé comme ornement.
[한] 거처에 장식으로 쓰이는, 큰 중국 글자로 된 글, 글씨 | 장식으로 붙이는, 글이 쓰인 종이

*부복하다 [POU-POK-HĂ-TA] (俯伏) [원]343
[불] S'incliner profondément; se prosterner.
[한] 몸을 깊이 숙이다 | 엎드리다

*부부 [POU-POU] (夫婦) [원]343
[불] Epoux, mari et femme.
[한] 부부, 남편과 아내

*부부유별 [POU-POU-YOU-PYEL,-I] (夫婦有別) [원]343
[불] La troisième des 5 relations naturelles de la société: entre époux différence, soumission de la femme.
[한] 사회의 자연적인 다섯 관계 중 세 번째: 부부간의 구별, 여성의 순종

부뷔다 [POU-POUI-TA,-POUI-YE,-POUIN] (攅) [원]343
[불] Mélanger.
[한] 섞다

부뷔염 [POU-POUI-YEM,-I] (菜飯) [원]343
[불] Mets de toutes sortes mis ensemble dans le bouillon.
[한] 국물에 온갖 것을 함께 넣어 만든 요리

부뷤 [POU-POUIM,-I] [원]343
[불] Mélange.
[한] 혼합

부븨다 [POU-PEUI-TA,-PEUI-YE,-PEUIN] (攅) [원]343
[불] Mélanger (v. g. le riz et les mets); frotter; frictionner; palper; mêler et retourner tout ensemble. 손을부븨다 Son-eul pou-peui-ta, Se frotter les mains, faire tourner un perçoir, corder une corde, en faisant glisser les mains l'une sur l'autre.
[한] (예. 밥과 요리를) 섞다 | 비비다 | 마찰하다 | 손으로 만져보다 | 전체를 함께 섞고 뒤적거리다 | [[용례] 손을부븨다, Son-eul pou-peui-ta], 두 손을 비비다, 송곳을 돌리다, 한 손이 다른 손에 가볍게 스치도록 하면서 밧줄을 꼬다

부븸 [POU-PEUIM,-I] [원]343
[불] Mets de toutes sortes mélangés pour être mangés en même temps; mélange de toutes sortes de mets.

한 동시에 먹으려고 온갖 종류를 혼합하여 만든 요리 | 온갖 요리의 혼합물

*부비 [POU-PI] (浮費) 원343
불 Dépense; emploi d'argent dépensé pour; frais; salaire.
한 지출 | ~에 쓴 돈의 용도 | 비용 | 봉급

부산ᄒᆞ다 [POU-SAN-HĂ-TA] 원347
불 Etre accablé d'affaires nombreuses; affairé; empressé. être confus, brouillé, étourdissant.
한 많은 일에 시달리다 | 분주하다 | 바쁘다 | 혼잡하다, 뒤섞이다, 귀를 멍하게 하다

부삽 [POU-SAP] (火匙) 원347
불 Pelle à cendres et à feu.
한 재를 치거나 불을 담아 옮기는 삽

부샷 [POU-SAT,-SI et -TCHI] 원347
불 Les parties honteuses, verenda. (Mot honnête.).
한 음부, 베란다 | (정중한 어휘)

*부샹대고 [PŌU-SANG-TAI-KO] (富商大賈) 원347
불 Gros commerçant très-riche, riche négociant.
한 매우 부유하고 세력이 큰 상인, 부유한 도매상인

부셔러지다 [POU-SYE-RE-TJI-TA] (碎) 원348
불 Briser un corps dur; pulvériser; réduire en poudre.
한 단단한 몸체를 부수다 | 가루로 빻다 | 가루로 만들다

부셔지다 [POU-SYE-TJI-TA,-TJYE,-TJIN] (碎) 원348
불 Se briser; être réduit en poudre; être brisé en fragments; s'en aller en morceaux.
한 부서지다 | 가루가 되다 | 산산조각이 되다 | 조각나서 사라지다

*부셕 [POU-SYEK,-I] (浮石) 원347
불 Pierre ponce; pierre flottante; pierre qui, placée sur une autre, s'élève ou s'abaisse suivant la marée.
한 속돌 | 물에 떠 있는 돌 | 다른 돌 위에 놓여 조수에 따라 올라가거나 내려가는 돌

*부셩ᄒᆞ다 [PŌU-SYENG-HĂ-TA] (富盛) 원347
불 Gras, bien venu (plantes dans un terrain fertile) être riche et florissant.
한 비옥하다, (비옥한 토양의 식물들이) 발육이 좋다 | 부유하고 번창하다

*부셰 [PŌU-SYEI] (賦稅) 원347
불 Contributions, impôts.
한 조세, 세금

부쇠 [POU-SOI] (火刀) 원348
불 Briquet.
한 부싯돌

부쇠깃 [POU-SOI-KIT,-SI] (燧絮) 원348
불 Amadou.
한 부싯깃

부쇠돌 [POU-SOI-TOL,-I] (火石) 원348
불 Pierre à briquet.
한 부싯돌

부수다 [POU-SOU-TA,-SOU-E,-SOUN] (碎) 원348
불 Briser en morceaux; écraser; broyer; réduire en poudre. Syn. 머다 Me-ta.
한 조각으로 부수다 | 으스러뜨리다 | 갈다 | 가루로 만들다 | [동의어 머다, Me-ta]

부수수 [POU-SOU-SOU] 원348
불 Bruit de la pluie sur les feuilles. =비오다-pi-o-ta, Pleuvoir fort.
한 나뭇잎 위에 내리는 빗소리 | [용례 =비오다, -pi-o-ta], 비가 심하게 내리다

부숙부숙ᄒᆞ다 [POU-SOUK-POU-SOUK-HĂ-TA] 원348
불 Etat d'un corps qui paraît enflé. Etre gonflé, enflé.
한 부푼 듯한 몸의 상태 | 부풀다, 붓다

부슈다 [POU-SYOU-TA,-SYOU-E,-SYOUN] 원348
불 V. 부수다 Pou-sou-ta.
한 [참조어 부수다, Pou-sou-ta]

부슈슈ᄒᆞ다 [POU-SYOU-SYOU-HĂ-TA] 원348
불 N'avoir pas de consistance; n'être pas ferme (se dit surtout des gâteaux).
한 견실하지 않다 | 단단하지 않다 (특히 떡에 대해 쓴다)

부슈치다 [POU-SYOU-TCHI-TA,-TCHYE,-TCHIN] (碎) 원348
불 Briser en morceaux.
한 조각으로 부수다

부슐 [POU-SYOUL,-I] (火匙) 원348
불 Pelle à feu.
한 불을 담아 옮기는 데 쓰는 삽

부스럭부스럭ᄒᆞ다 [POU-SEU-REK-POU-SEU-REK-HĂ-TA] 원348
불 Se remuer un peu pour se lever; bruit de quelqu'un qui se remue.
한 일어나려고 몸을 약간 움직이다 | 움직이는 누군가의 소리

부스럭이 [POU-SEU-REK-I] (糟粕) 원348
불 Poussière; parcelle; miette; brindille.
한 부스러기 | 작은 조각 | 부스러기 | 잔가지

부스르지다 [POU-SEU-REU-TJI-TA,-TJYE,-TJIN] [원]348
☞부셔러지다

부스리다 [POU-SEU-RI-TA,-RYE,-RIN] [원]348
[불] Cesser; n'avoir plus autant de force (v. g. la fièvre).
[한] 멈추다 | (예. 열기가) 더 이상 그만큼의 힘이 없다

부스스 [POU-SEU-SEU] [원]348
[불] Bruit d'un fer rougi dans l'eau.
[한] 달궈진 쇠가 물에 닿을 때 나는 소리

부슬부슬ᄒᆞ다 [POU-SEUL-POU-SEUL-HĂ-TA] [원]348
[불] Bruit d'une petite pluie douce. ‖ Se dit d'une chose en poussière qui est presque sèche.
[한] 조용히 내리는 약한 빗소리 | 거의 말라서 부스러기가 된 것에 대해 쓴다

*부승지 [POU-SEUNG-TJI] (副承旨) [원]348
[불] Les deux chambellans de deuxième ordre.
[한] 두 번째 서열의 시종 두 명

부싀다 [POU-SEUI-TA,-SEUI-YE,-SEUIN] (漑洗) [원]348
[불] Laver, nettoyer (v. g. la vaisselle).
[한] 씻다, (예. 식기류를) 깨끗이 하다

*부시 [POU-SI] (副試) [원]348
[불] Le deuxième des examinateurs qui mettent les notes sur les compositions des candidats au baccalauréat.
[한] 바칼로레아 수험생들의 답안에 대해 점수를 매기는 시험관들 중 두 번째

부시다 [POU-SI-TA,-SI-YE,-SIN] [원]348
[불] Rincer.
[한] 씻다

부시시ᄒᆞ다 [POU-SI-SI-HĂ-TA] [원]348
[불] Bruit de l'eau sur un fer rouge.
[한] 달궈진 쇠에 물을 부을 때 나는 소리

부실부실 [POU-SIL-POU-SIL] [원]348
[불] Bruit de la pluie qui tombe, d'une herbe sèche froissée.
[한] 내리는 비, 구겨지는 건초가 내는 소리

부실부실ᄒᆞ다 [POUL-SIL-POU-SIL-HĂ-TA] [원]348
[불] Qui ment facilement et bien; hâbler; fourbe, menteur, trompeur.
[한] 거짓말을 쉽게 잘하는 사람 | 허풍을 떨다 | 음흉한 사람, 거짓말쟁이, 사기꾼

*부실ᄒᆞ다 [POU-SIL-HĂ-TA] (不實) [원]348
[불] Qui n'est pas solide, pas loyal, pas fidèle, pas sûr.
[한] 튼튼하지 않다, 성실하지 않다, 충성스럽지 않다, 확신하지 않다

1부ᄉᆞ [POU-SĂ] [원]347
[불] Bonze.
[한] 승려

2*부ᄉᆞ [PŌŪ-SĂ] (副使) [원]347
[불] Le deuxième des ambassadeurs envoyés chaque année en Chine, assistant du ᄉᆞ신 Să-sin.
[한] 매년 중국에 파견되는 대사들 중 서열 두 번째, ᄉᆞ신 Să-sin의 조수

3*부ᄉᆞ [POU-SĂ] (府使) [원]347
[불] Mandarin civil de troisième ordre; espèce de mandarin un peu plus élevé que ceux des districts ordidinaires, le 1er au-dessous du 목ᄉᆞ Mok-să; dans l'ordre civil, le 3me degré.
[한] 세 번째 계급의 문민 관리 | 보통 구역의 관리들보다 약간 더 높은, 목ᄉᆞ Mok-să 보다 아래의 첫 번째인 관리의 종류 | 문민의 신분에서, 세 번째 등급

부어지다 [POU-E-TJI-TA,-TJYE,-TJIN] (싀) [원]338
[불] Couper. ‖ Tomber en morceaux; se réduire en poussière; se briser menu.
[한] 자르다 | 조각나다 | 가루가 되다 | 잘게 부서지다

부억 [POU-EK,-I] (厨) [원]338
[불] Cuisine.
[한] 부엌

*부언 [POU-EN,-I] (浮言) [원]338
[불] Mensonge; parole fausse, vaine, sans fondement.
[한] 거짓말 | 꾸며낸, 공허한, 근거가 없는 말

부얼부얼ᄒᆞ다 [POU-EL-POU-EL-HĂ-TA] [원]338
[불] Désigne l'espèce d'embonpoint d'un petit chien qui vient bien; se dit du poil très-fourni.
[한] 잘 자라는 강아지의 살집 종류를 가리킨다 | 매우 숱이 많은 털에 대해 쓴다

부엉이 [POU-ENG-I] (鵂) [원]338
[불] Espèce d'oiseau, grand duc.
[한] 새의 일종, 큰 수리부엉이

*부역ᄒᆞ다 [POU-YEK-HĂ-TA] (付役) [원]338
[불] Aider un autre sans recevoir de salaire; corvée pour le gouvernement.
[한] 봉급을 받지 않고 다른 사람을 돕다 | 정부를 위한 잡일

*부열 [POU-YEL,-I] (浮熱) [원]338
[불] Commencement de la ferveur. Ferveur sans consistance chez un catéchumène; premier mouvement de ferveur.

한 열정의 시작 | 영세 지망자의 믿을 수 없는 열정 | 열정의 첫 활기

*부요ᄒᆞ다 [POU-YO-HĂ-TA] (富饒) 원338

불 Etre à l'aise, dans l'aisance; avoir assez de fortune.

한 편안하다, 여유 있는 생활을 하다 | 재산이 충분히 있다

*부용 [POU-YONG,-I] (芙蓉) 원338

불 Nom d'une belle fleur. Nénuphar. Fleur qui naît en automne sur le bord des eaux, et change trois fois de couleur dans le même jour.

한 아름다운 꽃의 이름 | 수련 | 같은 날에 색이 세 번 바뀌는 가을에 물가에 피는 꽃

*부월 [POU-OUEL,-I] (斧鉞) 원338

불 Hache ou sabre pour les exécutions; couteau qui sert à exécuter les criminels. Hache et trident, signes du pouvoir de vie et de mort (on les porte devant le roi).

한 사형집행에 사용되는 도끼 또는 검 | 죄인의 사형을 집행하는 데 사용되는 칼 | 삶과 죽음의 힘의 표시인 도끼와 삼지창 (왕 앞에서 그것들을 받치고 있는다)

*부위젼 [PŌŪ-OUI-TJYEN,-I] (賻慰錢) 원338

불 Offrandes que font les habitants d'un district pour les funérailles d'un de leurs anciens mandarins; argent envoyé à la maison d'un mort pour aider aux funérailles.

한 예전에 있던 관리 중 한 명의 장례를 위해 구역 주민들이 내는 부조금 | 장례식 비용에 도움을 주고자 죽은 사람의 집에 보내는 돈

1*부유 [POU-YOU] (蜉蝣) 원338

불 Ephémère, petite mouche.

한 하루살이, 작은 파리

2부유 [POU-YOU] 원338

불 laitue.

한 상추

*부윤 [POU-YOUN,-I] (府尹) 원338

불 Mandarin de Kyeng-tjyou et de Eui-tjyou. (Il y en a deux en Corée).

한 경주와 의주의 관리 | (조선에 2명이 있다)

부음 [POU-EUM,-I] (訃音) 원338

불 Billet funéraire; nouvelle de la mort; annonce de mort; lettre de faire part pour un mort.

한 장례를 알리는 편지 | 죽음의 통지 | 죽음을 알림 | 사망을 알리는 통지서

*부익부ᄒᆞ다 [PŌŪ-IK-PŌŪ-HĂ-TA] (富益富) 원338

불 Devenir de plus en plus riche. Plus on est riche, plus on le devient. L'argent fait la boule de neige.

한 점점 부자가 되다 | 부유해질수록 더 부자가 된다 | 돈이 눈덩이처럼 불어난다

*부인 [POU-IN,-I] (婦人) 원338

불 Femme; dame; femme mariée d'un rang honorable.

한 아내 | 부인 | 고귀한 지위를 가진 결혼한 여인

*부작 [POU-TJAK,-I] (符作) 원349

불 Ecriture, écrit de superstition, pour chasser le diable ou détourner les maladies.

한 악마를 내쫓거나 병을 떼어내기 위한 미신적인 글씨, 글

부잡ᄒᆞ다 [POU-TJAP-HĂ-TA] 원349

불 Etre sans tenue; immodeste; sans retenue; débraillé; avoir beaucoup de défauts.

한 품위가 없다 | 단정치 못하다 | 조심성이 없다 | 단정치 못하다 | 결점이 많다

*부쟈 [POU-TJYA] (富者) 원350

불 Riche, richard.

한 부자, 벼락부자

1*부쟝 [POU-TJYANG,-I] (副將) 원350

불 Espèce de chef militaire; petit général; colonel, général qui commande en second.

한 군 지휘관의 종류 | 지위가 낮은 장군 | 육군 대령, 두 번째로 명령하는 장군

2*부쟝 [POU-TJYANG,-I] (部將) 원350

불 Satellite. (Terme un peu honorif… les habitants de la capitale l'empoient comme honorifique et appellent ainsi leurs égaux).

한 심복 부하 | (약경칭어. 수도에 사는 주민들은 이를 경칭으로 사용하고 자신들과 대등한 사람들을 이렇게 부른다)

부젹부젹 [POU-TJYEK-POU-TJYEK] 원350

불 Importun; embarrassant; ennuyeux.

한 성가시다 | 방해가 되다 | 귀찮다

*부젼 [POU-TJYEN,-I] (婦鈿) 원350

불 Coquillage recouvert d'étoffes de différentes couleurs (amusement de petites filles).

한 여러 색의 천으로 뒤덮인 조개 (어린 소녀들의 놀이)

부젼부젼ᄒᆞ다 [POU-TJYEN-POU-TJYEN-HĂ-TA] 원350

불 Taquin; qui aime à piquer, à pousser à bout. ‖ Désigne l'état d'une chose difficile, impossible.

한 짓궂다 | 감정을 상하게 하기를, 궁지에 모는 것을

좋아하다 | 어려운, 불가능한 일의 상태를 가리킨다

부졀업다 [POU-TJYEL-EP-TA,EP-SE,-EP-SĂN] (無益) 원350
불 Inutile.
한 쓸데없다

*__부졍군__ [POU-TJYENG-KOUN,-I] (不正軍) 원350
불 Batailleur; querelleur; hargneux.
한 싸우기를 좋아하는 사람 | 싸움을 좋아하는 사람 | 퉁명스럽다

1*__부졍ᄒᆞ다__ [POU-TJYENG-HĂ-TA] (不正) 원350
불 Oblique; incliné; difforme.
한 비스듬하다 | 기울어지다 | 기형이다

2*__부졍ᄒᆞ다__ [POU-TJYENG-HĂ-TA] (不淨) 원350
불 Malpropre; sale; impur.
한 불결하다 | 더럽다 | 불순하다

*__부졔__ [PŌU-TJYEI] (副祭) 원350
불 Lévite; clerc; diacre. (Mot chrét.).
한 수도자, 성직자 | 부제 | (기독교 어휘)

*__부조__ [POU-TJO] (賻助) 원350
불 Présent fait pour aider aux frais de noces, de sépulture.
한 혼례나 장례에 드는 비용을 도와주려고 하는 선물

*__부조ᄒᆞ다__ [POU-TJO-HĂ-TA] (扶助) 원350
불 Secourir; aider.
한 원조하다 | 돕다

*__부죡ᄒᆞ다__ [POU-TJOK-HĂ-TA] (不足) 원350
불 Insuffisant; ne pas suffire.
한 불충분하다 | 충분하지 않다

*__부쥬교__ [PŌU-TJYOU-KYO] (副主教) 원350
불 Evêque coadjuteur.
한 보좌 주교

*__부쥭__ [POU-TJYOUK,-I] (釜竹) 원350
불 Pipe de 부산 Pou-san en Kyeng-syang-to.
한 경상도에 있는 부산 Pou-san에서 만든 담뱃대

*__부즁__ [POU-TJYOUNG,-I] (府中) 원350
불 Intérieur de la ville. ‖ Dans l'hôtel du mandarin.
한 도시의 내부 | 관리의 관저 안에

*__부증__ [POU-TJEUNG,-I] (脬症) 원350
불 Enflure ; hydropisie.
한 부풀음 | 수종

*__부지__ [POU-TJI] (付紙) 원350
불 Carton de papier; carton fait avec plusieurs feuilles de papier collées l'une sur l'autre.
한 종이 판지 | 겹겹이 붙인 여러 장의 종이로 만든 두꺼운 종이

*__부지불각__ [POU-TJI-POUL-KAK,-I] (不知不覺) 원350
불 Inopiné; à l'improviste; imprévu; quand on ne s'y attend pas; sans être attendu.
한 뜻밖이다 | 불의의 | 의외이다 | 그것에 대해 기대하지 않을 때, 예상치 않게

*__부지즁__ [POU-TJI-TJYOUNG] (不知中) 원350
불 Quand on ne sait pas; à l'improviste; au moment où l'on y pensait le moins.
한 알지 못하는 사이 | 뜻밖에 | 거기에 대해 가장 생각하지 못할 때

부지지 [POU-TJI-TJI] 원350
불 Bruit d'une goutte d'eau sur le fer rouge.
한 빨갛게 달아오른 쇠에 물방울이 닿을 때 나는 소리

부지지ᄒᆞ다 [POU-TJI-TJI-HĂ-TA] 원350
불 Exprime le bruit d'une goutte d'eau sur le fer rouge.
한 빨갛게 달군 쇠에 물방울이 닿으며 내는 소리를 나타낸다

*__부지ᄒᆞ다__ [POU-TJI-HĂ-TA] (付支) 원350
불 Supporter; tenir bon, ferme; faire face à; souffrir; endurer; résister.
한 감수하다 | 강하게, 굳건하게 버티다 | ~에 대항하다 | 참다 | 견디어내다 | 버티다

*__부집__ [POU-TJIP,-I] (父執) 원350
불 Homme qui a le même âge que le père; supérieur d'âge; assez âgé pour être le père.
한 아버지와 같은 나이의 사람 | 나이로 윗사람 | 아버지가 될 정도로 꽤 나이가 있다

부집강 [POU-TJIP-KANG] (火杖) 원350
불 Tige de bois ou de fer pour arranger le feu; tisonnier.
한 불을 정돈하기 위한 나무 또는 철로 만든 막대 | 부지깽이

1*__부ᄌᆞ__ [POU-TJĂ] (父子) 원350
불 Père et fils.
한 아버지와 아들

2*__부ᄌᆞ__ [POU-TJĂ] (附子) 원350
불 Espèce de remède; racine d'arbre qui répand une grande chaleur.
한 약재의 종류 | 고열이 나게 하는 나무의 뿌리

3*__부ᄌᆞ__ [POU-TJĂ] (夫子) 원350
불 Titre qu'on donne à Confucius et à Montxe.

한 공자와 맹자에게 붙이는 칭호

부주런하다 [POU-TJĂ-REN-HĂ-TA] (勤) 원350

불 Diligent; assidu; actif; laborieux; courageux au travail; soigneux.

한 근면하다 | 성실하다 | 적극적이다 | 부지런하다 | 일에 열의가 있다 | 정성을 들이다

부주럽다 [POU-TJĂ-REP-TA] (無益) 원350

불 Inutile.

한 쓸모없다

***부주유친** [POU-TJĂ-YOU-TCHIN,-I] (父子有親) 원350

불 La première des cinq relations naturelles de la société; affection entre père et fils.

한 사회의 자연적인 다섯 가지의 관계 중 첫 번째 | 아버지와 아들 사이의 애착

***부직모상** [POU-TJĂI-MO-SYANG,-I] (父在母喪) 원350

불 Qui a son père et qui a perdu sa mère.

한 아버지는 있지만 어머니를 여읜 사람

1**부처** [POU-TCHYE] (佛) 원350

불 Fô ou Bouddha, fils du roi indien Couddhodana et de Maya; il vécut 80 ans, de 622 à 543 avant J. C. son fils : Rahoula; ses femmes: Gopa, Yaçodhara et Outpalavarna. V. 셕가모니 Syek-ka-mo-ni.

한 부처나 불타, 인도왕인 슈도다나와 마야의 아들 | 기원전 622~543년까지 80년을 살았다 | 그의 아들 : 라훌라 | 그의 부인들 : 고파, 야쇼다라 그리고 우트팔라바르나 | [참조어 셕가모니, Syek-ka-mo-ni]

2***부쳐** [POU-TCHYE] (夫妻) 원350

불 Mari et femme.

한 남편과 부인

***부쳠례** [POU-TCHYEM-RYEI] (副瞻禮) 원350

불 Lundi et mardi de Pâques et de la Pentocôte; les deux jours qui suivent Pâques, et les deux jours qui suivent la Pentecôte.

한 부활절과 성령강림 대축일의 월요일과 화요일 | 부활절 다음에 오는 이틀과 성령강림 대축일 다음에 오는 이틀

***부촌** [PŌŪ-TCHON,-I] (富村) 원350

불 Endroit où il y a beaucoup de riches; village riche.

한 부자들이 많이 사는 곳 | 부유한 동네

***부총관** [PŌŪ-TCHONG-KOAN,-I] (副摠官) 원350

불 Nom d'une dignité; proconsul.

한 고위직의 명칭 | 지방 총독

부쵸 [POU-TCHYO] (韮) 원350

불 Nom d'une plante, espèce d'oignon.

한 식물의 이름, 양파의 종류

***부촉이다** [POU-TCHYOK-I-TA,-YE,-IN] (咐囑) 원350

불 Exciter à mal faire; exciter ou enseigner à faire une mauvaise action. ‖ Recommander le secret, défendre de dire ce que l'on a confié.

한 나쁜 짓을 하도록 부추기다 | 나쁜 행동을 하도록 부추기거나 알려주다 | 비밀로 할 것을 당부하다, 토로한 것을 말하지 못하게 하다

***부촉하다** [POU-TCHYOK-HĂ-TA] 원350 ☞ 부촉이다

***부츅하다** [POU-TCHYOUK-HĂ-TA] (扶逐) 원351

불 Empêcher de tomber en marchant; empêcher de tomber (un petit enfant qui commence à marcher); soutenir; supporter. ‖ Aller dans un palanquin porté par des gens qui sont tout autour.

한 걷다가 넘어지는 것을 막다 | (걷기 시작하는 어린아이가) 넘어지는 것을 막다 | 부축하다 | 지탱하다 | 빙 둘러 있는 사람들이 지는 가마를 타고 가다

***부취** [POU-TCHYOUI] (富娶) 원351

불 Mariage d'un homme riche.

한 부유한 남자의 결혼

1**부츨** [POU-TCHEUL,-I] 원350

불 Siège de latrines, qui se compose de deux pierres, ou de deux morceaux de bois où l'on met les pieds.

한 발을 놓는, 두 개의 돌, 또는 나무 조각으로 이루어진 변소의 자리

2**부츨** [POU-TCHEUL,-I] 원350

불 Race; rejeton (se dit des hommes).

한 인종 | 자손 (사람들에 대해 쓴다)

부치 [POU-TCHI] (屬) 원350

불 Genre; espèce; sorte.

한 종류 | 종류 | 종류

***부친** [POU-TCHIN,-I] (父親) 원350

불 Père.

한 아버지

1***부치** [POU-TCHĂI] (負債) 원350

불 Dettes.

한 빚

2**부치** [POU-TCHĂI] (扇) 원350

불 Eventail.

한 부채

*부탁ᄒᆞ다 [POU-HTAK-HĂ-TA] (付託) 원349
불 Confier; charger; déléguer; recommander; s'abandonner à; se confier en.
한 의뢰하다 | 맡기다 | [역주 권리를] 위임하다 | 권고하다 | ~에 자신을 맡기다 | ~을 신용하다

부터 [POU-HTE] (自) 원349
불 Depuis; depuis que; à partir de.
한 ~전부터 | ~한 이래로 | ~부터

부텀 [POU-HTEM] (自) 원349
불 Depuis; depuis que.
한 ~부터 | ~한 이래로

1부테 [POU-HTEI] 원349
불 Surtout; de grâce.
한 특히 | 부디

2부테 [POU-HTEI] 원349
불 Espèce de ceinture des tisserands pour retenir les fils de la chaîne.
한 날줄을 고정시키기 위해 직조공들이 허리에 두르는 띠의 종류

*부토ᄒᆞ다 [POU-HTO-HĂ-TA] (附土) 원349
불 Terre rapportée, ajouter de la terre, du mortier.
한 보충한 흙, 흙, 회반죽을 추가하다

*부판 [POU-HPAN,-I] (付板) 원343
불 Deux planches jointes ensemble pour obtenir la largeur convenable; planche ou morceau de bois ajouté à un autre pour en augmenter l'épaisseur; placage en ébénisterie.
한 적당한 넓이를 만들기 위해 함께 붙인 두 개의 판자 | 두께를 늘리기 위해 다른 하나에 붙이는 나무판 또는 나무 조각 | 고급 가구 세공술에서의 화장 마감

*부항 [POU-HANG,-I] (浮黃) 원339
불 Espèce de ventouse à feu; petit vase dans lequel on fait brûler du coton pour faire le vide au moment de l'appliquer sur une partie du corps, afin d'y déterminer une irritation (remède).
한 불을 이용해서 피를 빨아내는 유리로 만든 기구 종류 | 염증을 진단하기 위해 신체의 일부에 댈 때, 모두 비우기 위해 안에다 솜을 태우는 작은 단지 (치료법)

부헝이 [POU-HENG-I] (鵂) 원339
불 Espèce de grand oiseau de nuit; gros hibou; grand duc.
한 밤에 활동하는 큰 새의 종류 | 큰 올빼미 | 큰 수리부엉이

부화 [POU-HOA] (肺) 원339
불 Poumons.
한 폐

*부활 [POU-HOAL,-I] (復活) 원339
불 Pâques, la résurrection. (Mot chrét.).
한 부활절, 부활 | (기독교 어휘)

*부활ᄒᆞ다 [POU-HOAL-HĂ-TA] (復活) 원339
불 Ressusciter. (Mot chrét.).
한 부활하다 | (기독교 어휘)

1*부ᄒᆞ다 [POŪ-HĂ-TA,-HĂN,-HI] (富) 원339
불 Etre opulent, riche.
한 풍요롭다, 부유하다

2*부ᄒᆞ다 [POU-HĂ-TA] (付) 원339
불 Coller du papier en plusieurs doubles.
한 여러 장의 종이를 이중으로 붙이다

1*북 [POUK,-I] (北) 원339
불 Nord.
한 북쪽

2북 [POUK,-I] (鼓) 원339
불 Tambour.
한 북

3북 [POUK,-I] (梭) 원339
불 Navette de tisserand.
한 직조공의 북

4북 [POUK] 원339
불 Bruit d'une toile pourrie qui se déchire.
한 상한 천이 찢어지는 소리

북감 [POUK-KAM,-I] (北藷) 원339
불 Patate du nord; pomme de terre ordinaire de France.
한 북쪽에서 나는 감자 | 프랑스의 일반적인 감자

*북감ᄌᆞ [POUK-KAM-TJĂ] (北苷子) 원339
불 Pomme de terre du nord, patate ordinaire de France.
한 북쪽에서 나는 감자, 프랑스의 일반적인 감자

*북경 [POUK-KYENG,-I] (北京) 원339
불 Péking (capitale de la Chine).
한 베이징 (중국의 수도)

북굼이 [POUK-KOUM-I] 원339
불 Espèce de gâteau de farine de froment; espèce de galette de farine de riz frite à l'huile.
한 밀가루로 만든 떡의 종류 | 기름에 튀긴 쌀가루로 만든 [역주 둥글고 납작한] 떡의 종류

*북극 [POUK-KEUK,-I] (北極) ㊊339
불 (Pirot du nord) etoile polaire.
한 (북쪽의 기준점) 북극성

*북극셩 [POUK-KEUK-SYENG,-I] (北極星, (Nord, pirot, étoile)) ㊊339
불 Etoile polaire, étoile la plus septentrionale.
한 북극성, 가장 북쪽에 있는 별

북긔다 [POUK-KEUI-TA,-KEUI-YE,-KEUIN] ㊊339
불 Réduire en poudre.
한 가루로 만들다

북나무 [POUK-NA-MOU] (五陪子木) ㊊339
불 Espèce d'arbre qui produit le 오뷔즈 O-păi-tjă, p. ê. la noix de galle.
한 오뷔즈 O-păi-tjă, 아마도 오배자 열매가 열리는 나무 종류

*북녁 [POUK-NYEK,-I] (北域) ㊊339
불 Nord; septentrion; côté du nord.
한 북쪽 | 북극 | 북쪽

북덕이 [POUK-TEK-I] (穀秷) ㊊340
불 Paille de riz toute froissée. ‖ Brindille de bois.
한 마구 구겨진 볏짚 | 나무의 잔가지

*북두 [POUK-TOU] (北斗) ㊊340
불 Boisseau du nord. nom de quatre étoiles de la Grand-Ourse. ‖ Sous-ventrière du cheval, du bœuf.
한 북쪽의 브와소 | 큰곰자리에 있는 별 네 개의 이름 | 말, 소의 뱃대끈

*북두칠셩 [POUK-TOU-TCHIL-SYENG,-I] (北斗七星, (Nord, boisseau, sept, étoiles)) ㊊340
불 La Grande-Ourse (constellation); le chariot de David.
한 큰곰자리 (별자리) | 다비드의 성좌

*북마 [POUK-MA] (北馬) ㊊339
불 Cheval du nord (de la province de Ham-kyeng; qui est au nord).
한 북쪽의 말 (북쪽에 있는 함경도에서 나는 말)

*북망산 [POUK-MANG-SAN,-I] (北邙山) ㊊339
불 Cimetière; lieu où l'on enterre tous les morts ordinaires. ‖ Nom d'une montagne en Chine.
한 묘지 | 보통 모든 죽은 사람이 묻히는 곳 | 중국에 있는 산의 이름

북밧치다 [POUK-PAT-TCHI-TA,-TCHYE,-TCHIN] (逆上) ㊊339
불 Avoir de gros soupirs qu'on a peine à retenir (v. g. un enfant que l'on vient de gronder).
한 (예. 막 혼이 난 아이가) 참기 힘들어서 한숨을 크게 쉬다

*북방 [POUK-PANG,-I] (北方) ㊊339
불 Côté du nord.
한 북쪽

*북벌ᄒᆞ다 [POUK-PEL-HĂ-TA] (北伐) ㊊339
불 Penser à faire la guerre au nord du royaume. faire la guerre à la Chine.
한 왕국의 북쪽에서 전쟁할 생각을 하다 | 중국과 전쟁하다

*북부 [POUK-POU] (北府) ㊊339
불 Un des quatre quartiers de la capitale, le quartier du nord; le tribunal civil du nord à Sye-oul.
한 수도의 네 구역 중 한 곳, 북쪽 구역 | 서울에서 북쪽에 있는 민사 법정

북북긁다 [POUK-POUK-KEULK-TA,-KEULK-E,-KEULK-EUN] ㊊339
불 Bruit de grattement; bruit d'un gros animal qui se gratte.
한 긁는 소리 | 큰 동물이 자기 몸을 긁는 소리

1*북비 [POUK-PI] (北匪) ㊊339
불 Les voleurs et les brigands du nord.
한 북쪽의 도둑들과 산적들

2북비 [POUK-PI] ㊊339
불 Instrument en forme de battoir, en peau remplie de coton, pour frapper les jambes par mode de massage, dans certaines maladies.
한 어떤 질병이 있을 때 안마의 방식으로 다리를 두드리기 위해서, 안을 솜으로 가득 채운 가죽으로 만든 빨래 방망이 모양의 도구

*북빅 [POUK-PĂIK,-I] (北伯) ㊊339
불 Gouverneur du nord, de la province de Ham-kyeng.
한 북쪽의, 함경도의 지사

1북새 [POUK-SAI] (紅雲) ㊊340
불 Nuages rouges (le matin et le soir).
한 (아침과 저녁에 생기는) 붉은 구름

2북새 [POUK-SAI] (北風) ㊊340
불 Vent du nord.
한 북풍

3북새 [POUK-SAI] (北方) ㊊340
불 Le côté du nord.
한 북쪽

북샹토 [POUK-SYANG-HTO] (北髻) ㊊340

불 Chignon fait au derrière de la tête, pour relever la queue des cheveux que portent les enfants.
한 아이들이 하는 땋은 머리카락을 올리기 위해 머리 뒤에 틀어 올린 머리

북슝이 [POUK-SYOUNG-I] 원340
불 Homme sans force. (Terme de mépris).
한 힘이 없는 사람 | (경멸어)

*북어 [POUK-E] (北魚) 원339
불 Espèce de poisson de mer sans écailles.
한 비늘이 없는 바닷고기의 종류

북의알이 [POUK-EUI-AL-I] 원339
불 Homme sans force. (Terme de mépris).
한 힘이 없는 사람 | (경멸어)

북이 [POUK-I] 원339
불 Homme mal partagé sous le rapport de l'esprit et du corps; homme bon à rien, niais, nigaud.
한 정신과 육체의 측면에서 선천적으로 혜택을 받지 못한 사람 | 아무짝에도 쓸모가 없는, 어리석은, 멍청한 사람

*북인 [POUK-IN,-I] (北人, (Nord, homme)) 원339
불 Parti civil qui s'est divisé en deux, les 쇼북 Syo-pouk et les 대북 Tai-pouk, et, après la ruine de ces derniers, s'est résumé dans les 쇼북 Syo-pouk.
한 쇼북 Syo-pouk 과 대북 Tai-pouk 둘로 나누어진 문민당, 그리고 후자가 붕괴된 후 쇼북 Syo-pouk으로 축소되었다

*북적 [POUK-TJEK,-I] (北狄) 원340
불 Barbares du Nord.
한 북쪽의 야만인들

북적북적거리다 [POUK-TJEK-POUK-TJEK-KE-RI-TA,-RYE,-RIN] 원340
불 Bruit d'un grand nombre de personnes qui vont, viennent, parlent, etc.
한 수많은 사람들이 가는, 오는, 말하는 등의 소리

북젹북젹썰ᄂᆞᆫ다 [POUK-TJYEK-POUK-TJYEK-KKEL-NĂN-TA] 원340
불 Bouillonner; avoir des borborygmes.
한 들끓다 | 꾸르륵거리는 소리가 나다

*북죵 [POUK-TJYONG,-I] (北種) 원340
불 Objet venant des provinces ou des pays du nord. Cheval ou bœuf du nord.
한 북쪽 지방 또는 고장에서 나는 물건 | 북쪽의 말 또는 소

북치 [POUK-TCHI] (北産) 원340
불 Cheval ou bœuf etc… du nord.
한 북쪽의 말 또는 소 등…

*북편 [POUK-HPYEN] (北便) 원339
불 Septentrion, nord; côté du nord.
한 북극, 북쪽 | 북쪽

*북포 [POUK-HPO] (北布) 원340
불 Toile de chanvre du nord (de la province Ham-kyeng).
한 (함경도의) 북쪽의 삼베

*북풍 [POUK-HPOUNG,-I] (北風) 원340
불 Vent du nord; aquilon.
한 북풍 | 북풍

*북향ᄒᆞ다 [POUK-HYANG-HĂ-TA] (北向) 원339
불 Regarder au nord; être tourné vers le nord; avoir la façade exposée au nord; exposition au nord; côté du nord.
한 북쪽을 바라보다 | 북쪽으로 향하다 | 면이 북쪽으로 향해 있다 | 북향 | 북쪽

*북히 [POUK-HĂI] (北海) 원339
불 Mer du nord.
한 북쪽 바다

1*분 [POUN,-I] (粉) 원340
불 Fard composé avec la graine de belle de nuit; fard blanc dont les femmes se couvrent le visage. ‖ Céruse, blanc, oxyde de plomb dissous par la vapeur de vin placé dessous. ‖ Espèce de plâtre, de terre blanche, dont on se sert pour écosser plus facilement le riz.
한 분꽃의 씨앗으로 이루어진 화장품 | 여성들이 얼굴에 바르는 하얀 분 | 백연, 분, 아래에 놓인 포도주의 수증기에 의해 녹은 납산화물 | 벼 껍질을 더 쉽게 까기 위해 사용하는 석고, 백토의 종류

2*분 [POUN,-I] (分) 원340
불 Une partie. ᄉᆞ분의일 Să-poun-eui il, Sur quatre parties, une; un quart. ‖ Une minute. (Il y en a 120 dans une heure, qui correspond à deux des nôtres; la minute est donc la même). ‖ Numéral des sapèques. ‖ 100me de l'once. ‖ Numéral des personnes (honorif.). Ind
한 일부 | [용례 ᄉᆞ분의일, Să-poun-eui il], 네 부분 중 하나 | 1/4 | 1분 | (우리 식으로 2시간에 해당하는 한 시간에 120분이 있다. 따라서 분은 같다) | 엽전을 세는 수사 | 온스의 1/100 | 사람을 세는 수사(경칭) | 개인, 사람

3분 [POUN,-I] (本分) 원340
불 Propre affaire, office.

[한] 자기 자신의 일, 직무

4* 분 [POUN,-I] (憤) [원]340
[불] Colère, indignation.
[한] 노여움, 분개

*분간ᄒᆞ다 [POUN-KAN-HĂ-TA] (分間) [원]341
[불] Choisir; faire un choix; distinguer; reconnaître la différence.
[한] 선별하다 | 선택하다 | 구별하다 | 차이점을 식별하다

*분개ᄒᆞ다 [POUN-KAI-HĂ-TA] (分開) [원]341
[불] Portion, division; partager, séparer, se séparer.
[한] 부분, 분할 | 분배하다, 분리하다, 분리되다

분결 [POUN-KYEL,-I] (忿波) [원]341
[불] Premier mouvement de colère, accès de colère.
[한] 분노의 첫 동요, 분노의 폭발

분결에 [POUN-KYEL-EI] [원]341
[불] En colère, avec colère, à cause de la colère.
[한] 화가 난, 화를 내어, 화가 치밀어 올라

*분곡ᄒᆞ다 [POUN-KOK-HĂ-TA] (分穀) [원]341
[불] Diviser, distribuer les blés.
[한] 곡식을 나누다, 분배하다

*분곡ᄒᆞ다 [POUN-KOK-HĂ-TA] (奔哭) [원]341
[불] Lamentations, faire des lamentations près d'un mort.
[한] 통곡, 죽은 사람을 앞에 두고 통곡하다

*분관 [POUN-KOAN,-I] (分官) [원]341
[불] Les cinq degrés, ou les cinq ordres ou classes de dignités, dans lesquels entrent les docteurs après leurs examens: 1e 옥당 Ok-tang, 2e 량ᄉᆞ Ryang-să, 3e 승문 Seung-moun, 4e 셩균 Syeng-kyoun, 5e 교셔 Kyo-sye.
[한] 박사들이 시험 후에 들어가는 고위직의 다섯 등급이나 서열 또는 계급: 첫 번째 옥당 Ok-tang, 두 번째 량ᄉᆞ Ryang-să, 세 번째 승문 Seung-moun, 네 번째 셩균 Syeng-kyoun, 다섯 번째 교셔 Kyo-sye

*분관ᄒᆞ다 [POUN-KOAN-HĂ-TA] (分官) [원]341
[불] Diviser le rang de dignité; assigner, donner un rang, une classe (de dignité); assigner aux docteurs un ordre de dignité, dans lequel ils entrent.
[한] 고위직의 계급을 구분하다 | (고위직의) 서열, 계급을 부여하다, 주다 | 박사들이 되는 고위직의 신분을 그들에게 부여하다

*분급ᄒᆞ다 [POUN-KEUP-HĂ-TA] (分給) [원]341
[불] Partager et distribuer; donner les parts; distribuer les parts; partager entre plusieurs; partager pour d'autres.
[한] 나누어 분배하다 | 몫을 주다 | 몫을 분배하다 | 여럿이서 나누다 | 다른 사람들에게 분배하다

분깃 [POUN-KIT,-SI] (分財) [원]341
[불] Part, portion. Distribuer son patrimoine à ses enfants; donner à chaque enfant sa part d'héritage.
[한] 몫, 부분 | 자식들에게 자신의 세습 재산을 분배하다 | 각각의 자식에게 자신의 상속분을 주다

분내다 [PŌUN-NAI-TA,-NAI-YE,-NAIN] (生忿) [원]341
[불] Se mettre en colère; s'emporter; avoir de la colère.
[한] 화를 내다 | 격분하다 | 분노하다

*분노 [PŌUN-NO] (忿怒) [원]341
[불] Colère.
[한] 분노

*분노ᄒᆞ다 [PŌU-NO-HĂ-TA] (忿怒) [원]341
[불] Se mettre en colère; s'irriter; s'emporter.
[한] 화를 내다 | 성내다 | 격분하다

*분당지 [POUN-TANG-TJI] (粉唐紙) [원]342
[불] Espèce de beau papier de Chine; papier blanc de Chine.
[한] 중국의 품질이 좋은 종이 종류 | 중국의 흰 종이

*분뎐 [POUN-TYEN,-I] (粉廛) [원]342
[불] Magasin de fard.
[한] 분을 파는 가게

*분뎐ᄒᆞ다 [POUN-TYEN-HĂ-TA] (糞田) [원]342
[불] Arroser les semences avec de l'eau de fumier, de l'urine.
[한] 종자에 비료, 소변이 섞인 물을 주다

*분뎡ᄒᆞ다 [POUN-TYENG-HĂ-TA] (分定) [원]342
[불] Assigner; distribuer; taxer; confier; diviser et partager; assigner à chacun sa part.
[한] 주다 | 분배하다 | 가격을 정하다 | 맡기다 | 나눠서 분배하다 | 각자에게 자신의 몫을 주다

*분란 [POUN-RAN,-I] (紛亂) [원]342
[불] Trouble, tumulte; étourdissant, bruyant, tumultueux, assourdissant.
[한] 혼란, 소란 | 귀를 멍하게 하다 시끄럽다, 소란스럽다, 귀를 멍하게 하다

*분력ᄒᆞ다 [POUN-RYEK-HĂ-TA] (奮力) [원]342
[불] S'efforcer; mettre toutes ses forces.
[한] 애쓰다 | 온 힘을 다하다

*분로ᄒᆞ다 [POUN-RO-HĂ-TA] (分路) [원]342
[불] Se séparer en route; se quitter; aller chacun de son

côté.

한 길에서 갈라지다 | 헤어지다 | 각자가 제 방향으로 가다

[1]*분리ᄒᆞ다 [POUN-RI-HĂ-TA] (分利) 원342

불 Se partager le profit.

한 이익을 서로 분배하다

[2]*분리ᄒᆞ다 [POUN-RI-HĂ-TA] (分離) 원342

불 Se séparer; s'en aller chacun de son côté.

한 헤어지다 | 각자 자신의 방향으로 가버리다

*분만 [POUN-MAN,-I] (分娩) 원341

불 Accouchement difficile; accouchement.

한 힘든 출산 | 출산

*분명ᄒᆞ다 [POUN-MYENG-HĂ-TA] (分明) 원341

불 Distinct, clair; intelligible. Comprendre clairement. Etre juste, équitable, exact.

한 뚜렷하다, 명백하다 | 이해하기 쉽다 | 명백하게 이해하다 | 올바르다, 공정하다, 정확하다

*분묘 [POUN-MYO] (墳墓) 원341

불 Tombeau.

한 묘지

*분문 [POUN-MOUN] (糞門) 원341

불 Anus.

한 항문

*분발ᄒᆞ다 [PŌŪN-PAL-HĂ-TA] (憤發) 원341

불 S'efforcer avec courage; s'échauffer à la besogne; redoubler d'ardeur.

한 열의를 갖고 애쓰다 | 일에 열을 올리다 | 더욱 열심히 하다

*분방ᄒᆞ다 [POUN-PANG-HĂ-TA] (分房) 원341

불 Se séparer de chambre: occuper, habiter chacun sa chambre (époux).

한 방이 분리되다 : (부부가) 각자 자기 방을 차지하다, 살다

*분벽샤창 [POUN-PYEK-SYA-TCHANG,-I] (粉壁紗窓) 원341

불 Maison à murs blancs et à rideaux de fenêtre clairs, en soie, c.a.d. très-belle maison.

한 흰 벽과 성긴 비단으로 창문의 커튼을 단 집, 즉 매우 아름다운 집

*분변ᄒᆞ다 [POUN-PYEN-HĂ-TA] (分辨) 원341

불 Différence; contraste. Discerner; distinguer; varier; voir la différence.

한 차이 | 대조 | 분간하다 | 식별하다 | 다르다 | 차이를 알다

*분별 [POUN-PYEL,-I] (分別) 원341

불 Différence.

한 구별

*분별ᄒᆞ다 [POUN-PYEL-HĂ-TA] (分別) 원341

불 Différence, faire une différence; discerner; distinguer; voir ou comprendre la différence.

한 차이, 차이가 있다 | 분간하다 | 식별하다 | 차이를 알거나 이해하다

*분부 [POUN-POU] (分付) 원341

불 Ordre; commandement.

한 명령 | 지휘

*분부ᄒᆞ다 [POUN-POU-HĂ-TA] (吩咐) 원341

불 Ordre; commandement. Ordonner; commander; prescrire; statuer.

한 명령 | 지휘 | 명하다 | 명령하다 | 지시하다 | 규정하다

*분분ᄒᆞ다 [POUN-POUN-HĂ-TA] (紛紛) 원341

불 Etourdissant; tumultueux; bruyant; être confus, embrouillé.

한 귀를 멍하게 하다 | 소란스럽다 | 시끄럽다 | 혼란하다, 복잡하다

*분ᄇᆡᄒᆞ다 [POUN-PĂI-HĂ-TA] (分排) 원341

불 Arranger; déterminer; disposer; partager; diviser; faire les parts.

한 배열하다 | 결정하다 | 배치하다 | 분할하다 | 나누다 | 몫을 나누다

*분산 [POUN-SAN,-I] (墳山) 원342

불 Tombeau.

한 묘

[1]*분산ᄒᆞ다 [POUN-SAN-HĂ-TA] (分散) 원342

불 S'enfuir de tous côtés; s'en aller précipitaminent, pêle-mêle, de tous côtés.

한 사방으로 달아나다 | 황급히, 무질서하게, 사방으로 가버리다

[2]*분산ᄒᆞ다 [POUN-SAN-HĂ-TA] (分産) 원342

불 Accoucher.

한 해산하다

*분상 [POUN-SYANG,-I] (墳上) 원342

불 Tombeau; tombe; numéral des tombeaux.

한 묘 | 무덤 | 묘를 세는 수사

*분셕ᄒᆞ다 [POUN-SYEK-HĂ-TA] (分晰) 원342

불 Dissiper le doute; résoudre; distinguer; comprendre.

ㅂ

[한] 의혹을 해소하다 | 풀다 | 판별하다 | 이해하다

*분셩젹ᄒᆞ다 [POUN-SYENG-TJYEK-HĂ-TA] (粉成赤) [원]342

[불] Femme fardée; se farder.

[한] 분을 바른 여자 | 분을 바르다

*분솔ᄒᆞ다 [POUN-SOL-HĂ-TA] (分率) [원]342

[불] Diviser le personnel trop nombreux d'une maison; aller habiter séparément; se mettre chacun à son ménage.

[한] 집에 있는 너무 많은 하인들을 나누다 | 따로 살러 가다 | 각자 자신의 가정을 꾸미다

*분수 [POUN-SOU] (分數) [원]342

[불] Etat, condition, position; différence essentielle, nature, caractère spécial.

[한] 신분, 계급, 지위 | 근본적 차이, 천성, 특별한 성격

*분식ᄒᆞ다 [POUN-SIK-HĂ-TA] (分食) [원]342

[불] Partager la nourriture; manger, partager pour manger; manger ensemble.

[한] 음식을 나누다 | 먹다, 먹는 것을 공유하다 | 함께 먹다

분심잡념 [POUN-SIM-TJAP-NYEM,-I] (分心雜念) [원]342

[불] Distraction dans les prières; préoccupation.

[한] 기도하는 중에 정신이 흩어짐 | 염려

*분심ᄒᆞ다 [POUN-SIM-HĂ-TA] (分心) [원]342

[불] Avoir des distractions; être distrait, préoccupé.

[한] 방심하다 | 방심하다, 걱정하다

분ᄭᅩᆺ [POUN-KKOT,-SI] (粉花) [원]341

[불] Belle de nuit qui sert à faire le 분 Poun.

[한] 분 Poun을 만드는 데 쓰이는 분꽃

*분외 [POUN-OI] (分外) [원]340

[불] En dehors de sa condition, de l'office; qui n'oblige pas; qui est de surérogation.

[한] 자신의 신분, 직책에서 벗어나서 | 해야 할 의무가 없다 | 의무 이상이다

*분요ᄒᆞ다 [POUN-YO-HĂ-TA] (紛擾) [원]340

[불] Tumulte, bruit d'un grand rassemblement d'hommes; être bruyant, tumultueux.

[한] 소란, 많은 사람들이 모여서 내는 소리 | 시끄럽다, 소란스럽다

*분운ᄒᆞ다 [POUN-OUN-HĂ-TA] (紛紜) [원]340

[불] Bruit confus, tumulte que font des hommes, des enfants réunis en grand nombre, parlant, criant, etc⋯; être confus, en désordre.

[한] 웅성거리는 소리, 많은 수가 모여 말하는, 고함치는 등 사람들, 아이들이 피우는 소란 | 혼잡하다, 무질서하다

*분육ᄒᆞ다 [POUN-YOUK-HĂ-TA] (分肉) [원]340

[불] Dépecer, mettre en morceaux, dépecer un animal, partager la viande.

[한] [[역주] 고기 따위를] 잘게 자르다, 조각으로 만들다, 짐승을 잘게 자르다, 고기를 나누다

*분의 [POUN-EUI] (分誼) [원]340

[불] Parent à la mode de Bretagne. ‖ Propre affaire; office; condition.

[한] 브레타뉴식의 친척 | 자기 자신의 일 | 직무 | 신분

*분잡ᄒᆞ다 [POUN-TJAP-HĂ-TA] (紛雜) [원]342

[불] Faire du tapage, du tumulte; être en désordre, confus.

[한] 소동, 소란을 피우다 | 무질서하다, 혼잡하다

*분주ᄒᆞ다 [POUN-TJOU-HĂ-TA] (奔走) [원]342

[불] N'avoir pas le temps de respirer; être accablé d'affaires nombreuses. Etre en désordre, confus, embrouillé.

[한] 한숨 돌릴 틈이 없다 | 수많은 일에 시달리다 | 무질서하다, 혼잡하다, 복잡하다

*분지 [POUN-TJI] (糞池) [원]342

[불] Espèce de vase de nuit en terre grossière.

[한] 거친 흙으로 만든 요강의 종류

*분집ᄒᆞ다 [POUN-TJIP-HĂ-TA] (分執) [원]342

[불] Partager, distribuer entre.

[한] 나누다, 서로 분배하다

*분ᄌᆡᄒᆞ다 [POUN-TJĂI-HĂ-TA] (分財) [원]342

[불] Donner à chaque enfant sa part d'héritage; partager sa fortune.

[한] 각각의 자식에게 상속분을 주다 | 재산을 분배하다

*분치ᄒᆞ다 [POUN-TCHI-HĂ-TA] (分置) [원]342

[불] Faire des lots; diviser et mettre à part; partager en plusieurs lots; mettre chacun à part.

[한] 여러 묶음을 만들다 | 나누어 별도로 떼어 놓다 | 여러 몫으로 나누다 | 각자를 따로 떼어 놓다

*분탕ᄒᆞ다 [POUN-HTANG-HĂ-TA] (分蕩) [원]342

[불] Ruine; brisement; perte; destruction; être enlevé, détruit, volé, ou disparaître jusqu'à la dernière trace.

[한] 붕괴 | 파손 | 손실 | 파괴 | 제거되다, 파괴되다, 도둑맞다, 또는 마지막 흔적까지 사라지다

1*분토 [POUN-HTO] (糞土) [원]342

[불] Fumier, pourriture. (Terme de mépris).

한 비료, 썩은 것 | (경멸어)

2*분토 [POUN-HTO] (粉土) 원342

불 Terre blanche dont on se sert pour farder le riz (p. ê. la craie).

한 쌀로 속이는 데 쓰이는 흰 흙 (아마도 백묵)

*분통 [POUN-HTONG,-I] (粉筒) 원342

불 Pot à fard, à céruse. ‖ Beau comme un pot à fard.

한 분이나 백연을 담는 통 | 분을 담는 통처럼 아름답다

*분통ᄒᆞ다 [POUN-HTONG-HĂ-TA] (憤痛) 원342

불 Etre très-fâché, très-mécontent.

한 매우 불쾌하다, 매우 불만스럽다

*분파ᄒᆞ다 [POUN-HPA-HĂ-TA] (分播) 원341

불 Partager; diviser; faire les parts.

한 나누다 | 분할하다 | 분배하다

*분판 [POUN-HPAN,-I] (粉板) 원341

불 Tableau peint en blanc pour y écrire avec de l'encre noire; planche ou papier enduit de mastic, sur lequel on peut écrire et effacer à volonté.

한 검은색 잉크로 쓰기 위해 흰색으로 칠한 판 | 그 위에 마음대로 쓰고 지울 수 있는, 유향을 칠한 판자 또는 종이

분폘 [POUN-HPYEL,-I] 원341

불 Différence.

한 구별

분폘모로다 [POUN-HPYEL-MO-RO-TA,-MOL-NA, -MO-RON] 원341

불 N'avoir pas la raison; ne savoir pas distinguer le bien du mal; ne connaître rien de rien.

한 분별력이 없다 | 선과 악을 구별할 줄 모르다 | 아무것도 알지 못하다

분폐 [POUN-HPYEI] 원341

불 Différence.

한 구별

분푸리ᄒᆞ다 [PŌŪN-HPOU-RI-HĂ-TA] (解忿) 원341

불 Apaiser sa colère; dissiper sa colère.

한 자신의 노여움을 가라앉히다 | 자신의 분노를 해소하다

*분하ᄒᆞ다 [POUN-HA-HĂ-TA] (分下) 원340

불 Partager, diviser entre.

한 분배하다, 서로 나누다

1*분합 [POUN-HAP,-I] (分合) 원341

불 Balcon orné de dessins en sculpture ou en dentelle; clôture à hauteur d'appui, petite balustrade dentée, ciselée ou dentelée à jour. Devanture mobile, en papier, de la chambre de décharge, dans les grandes maisons.

한 조각 또는 레이스로 만든 그림으로 장식한 발코니 | 팔꿈치로 기댈 만한 높이의 울타리, 톱니 모양의, 윤곽이 뚜렷한, 또는 빛이 들어오는 들쭉날쭉한 모양의 작은 난간 | 큰 저택들의 헛간에 있는, 종이로 만든 움직이는 진열장

2*분합 [POUN-HAP,-I] (粉盒) 원341

불 Boîte de fard.

한 분을 담는 통

*분향 [POUN-HYANG,-I] (芬香) 원341

불 Encens; parfum; odoriférant.

한 향 | 향기 | 향기롭다

*분향ᄒᆞ다 [POUN-HYANG-HĂ-TA] (焚香) 원341

불 Faire brûler des parfums.

한 향을 태우다

*분호ᄒᆞ다 [POUN-HO-HĂ-TA] (分戶) 원341

불 Envoyer ses enfants habiter une autre maison; établir un ou plusieurs enfants dans une maison à part, pour avoir la paix, l'aisance. ‖ Etre confus, en désordre.

한 자신의 아이들을 다른 집에 살도록 보내다 | 평화와 생활의 안락을 위해서 한 명 또는 여러 명의 아이들을 따로 떨어진 집에 거주하게 하다 | 혼잡하다, 무질서하다

*분홍 [PŌŪN-HONG,-I] (粉紅) 원341

불 Rouge clair, peu foncé; rouge rose.

한 엷은, 연한 빨간색 | 장밋빛이 도는 빨간색

*분ᄒᆞ다 [PŌŪN-HĂ-TA] (忿) 원341

불 Qui excite la colère; regrettable; c'est dommage, c'est ennuyeux; c'est agaçant; c'est fâcheux; être fâché, mécontent.

한 분노를 자아내다 | 애석하다 | 유감스럽다, 난처하다 | 성가시다 | 거북스럽다 | 화가 나다, 불만스럽다

1불 [POUL,-I] (火) 원343

불 Feu.

한 불

2*불 [POUL] (不) 원343

불 Non, sans, ne pas, (privatif, en agr).

한 아니, ~없이, ~하지 않다, (한자어로 부정접두사)

3*불 [POUL,-I] (佛) 원343

불 Fô (dieu des Indiens, des Chinois).

한 부처 (인도인들의, 중국인들의 신)

4불 [POUL,-I] (腎) 원343

불 Testicules, parties sexuelles.
한 고환, 음부

5불 [POUL] (佛) 원ADDENDA
불 Première syllabe du mot 불란셔 Poul-ran-sye, usitée quelquefois pour signifier; France, français. voy. 불란셔 Poul-ran-sye.
한 프랑스, 프랑스어의 의미로 때때로 사용되는, 불란셔Poul-ran-sye의 첫 음절 | [참조어] 불란셔, Poul-ran -sye]

*불가 [POUL-KA] (佛家) 원344
불 Pagode; bonzerie. ‖ Doctrine de Fô.
한 동양 사원의 탑 | [역주 불교의] 절 | 부처의 교리

불가마 [POUL-KA-MA] (火鍋) 원344
불 Foyer; grand foyer; four; grande cheminée; fournaise; fourneau d'une poterie, d'une forge.
한 아궁이 | 큰 화로 | 화덕 | 큰 난로 | 큰 가마 | 도기 제조소의, 대장간의 화덕

*불가불 [POUL-KA-POUL] (不可不) 원344
불 Certainement; nécessairement; absolument; à tout prix; de toute nécessité.
한 확실히 | 틀림없이 | 꼭 | 반드시 | 필수적으로

*불가신 [POUL-KA-SIN,-I] (不可信) 원344
불 Incroyable.
한 믿을 수 없다

*불가ᄒᆞ다 [POUL-KA-HĂ-TA] (不可) 원344
불 Qui n'est pas raisonnable, pas suivant le bon sens; illicite; n'être pas à propos, pas convenable.
한 합리적이지 않다, 옳은 방향을 따르지 않다 | 부당하다 | 적절하지 않다, 적합하지 않다

*불감ᄉᆡᆼ심 [POUL-KAM-SĂING-SIM,-I] (不敢生心) 원344
불 Ne pas oser exprimer sa pensée.
한 감히 자신의 생각을 표현하지 못하다

*불감ᄒᆞ다 [POUL-KAM-HĂ-TA] (不敢) 원344
불 Ne pas oser.
한 감히 하지 못하다

불개암이 [POUL-KAI-AM-I] (火蟻) 원344
불 Espèce de petite fourmi rouge très-méchante; grosse fourmi rougeâtre.
한 매우 고약한 작고 붉은 개미의 종류 | 불그스름한 큰 개미

불겅불겅 [POUL-KENG-POUL-KENG] 원345
불 Se dit du mouvement de la bouche d'un homme qui n'a plus de dents.
한 더 이상 치아가 없는 사람이 입을 움직이는 동작에 대해 쓴다

*불견ᄒᆞ다 [POUL-KYEN-HĂ-TA] (不見) 원345
불 Ne pas voir.
한 보지 않다

1*불결ᄒᆞ다 [POUL-KYEL-HĂ-TA] (不決) 원345
불 Ne pas décider.
한 결정하지 않다

2*불결ᄒᆞ다 [POUL-KYEL-HĂ-TA] (不潔) 원345
불 Etre impur, sale.
한 불순하다, 더럽다

*불경 [POUL-KYENG,-I] (佛經) 원345
불 Livre de Fô, les 80,000 volumes.
한 부처의 책, 8만 권

*불경ᄒᆞ다 [POUL-KYENG-HĂ-TA] (不敬) 원345
불 Ne pas honorer.
한 존경하지 않다

*불고념치ᄒᆞ다 [POUL-KO-NYEM-TCHI-HĂ-TA] (不顧廉恥) 원345
불 Demander impoliment; être impudent, éhonté; n'avoir aucun égard aux convenances.
한 무례하게 요구하다 | 뻔뻔스럽다, 염치 없다 | 예법을 조금도 고려하지 않다

*불고ᄒᆞ다 [POUL-KO-HĂ-TA] (不顧) 원345
불 Ne pas s'inquiéter de; ne pas se mettre en peine de; ne pas y regarder (en parlant de soi).
한 ~을 걱정하지 않다 | ~을 염려하지 않다 | (자신에 대해 말하면서) 거기에 신경을 쓰지 않다

1*불공ᄒᆞ다 [POUL-KONG-HĂ-TA] (不恭) 원345
불 Irrévérent; qui n'est pas respectueux; manquer de respect; ne pas honorer.
한 불경하다 | 공손하지 않다 | 존경심이 부족하다 | 존경하지 않다

2*불공ᄒᆞ다 [POUL-KONG-HĂ-TA] (佛供) 원345
불 Grand sacrifice. prière, festin en l'honneur de Fô. Adorer, honorer, prier Fô.
한 큰 제사 | 부처에게 경의를 표하는 기도, 향연 | 숭배하다, 존경하다, 부처에게 기도하다

*불과 [POUL-KOA] (不過) 원345
불 Tout au plus; à peu près; cependant; seulement; pas plus.
한 기껏해야 | 거의 | 그렇기는 하지만 | 다만 | 불과

불과이 [POUL-KOA-I] 원345 ☞불과

*불관ᄒᆞ다 [POUL-KOAN-HĂ-TA] (不關) [원]345
[불] Peu importe; c'est bien égal; c'est indifférent. Ne pas s'occuper de; ne pas se mêler de; cela ne me regarde pas (en parlant des autres).
[한] 중요하지 않다 | 어떻게 하든 상관없다 | 아무래도 상관없다 | ~을 돌보지 않다 | ~에 참견하지 않다 | (다른 사람들에 대해 말하면서) 나와 상관없는 일이다

*불구 [POUL-KOU] (不久) [원]345
[불] Bientôt; dans peu de temps; peu de temps; il n'y a pas longtemps.
[한] 곧 | 얼마 안 있어 | 금방 | 오래지 않아

불군 [POUL-KOUN,-I] (戱軍) [원]345
[불] Turbulent; vaurien.
[한] 시끄러운 사람 | 말썽꾸러기

*불굴ᄒᆞ다 [POUL-KOUL-HĂ-TA] (不屈) [원]345
[불] Résister, vaincre; ne pas céder; ne pas se laisser vaincre ni persuader.
[한] 저항하다, 이겨내다 | 굴하지 않다 | 정복당하지도 설득당하지도 않다

불근불근ᄒᆞ다 [POUL-KEUN-POUL-KEUN-HĂ-TA] [원]345
[불] Désigne la manière de manger d'un vieillard qui n'a plus de dents. ‖ Haut et bas, montueux.
[한] 더 이상 치아가 없는 노인이 먹는 방식을 가리킨다 | 높고 낮다, 기복이 심하다

*불긍지의 [POUL-KEUNG-TJI-EUI] (不肯之意) [원]345
[불] Répugnance; air de répugnance
[한] 반감 | 반감이 있는 태도

*불긔이회ᄒᆞ다 [POUL-KEUI-I-HOI-HĂ-TA] (不期而會) [원]345
[불] Réunion faite sans s'être concertés; assemblée imprévue; réunion fortuite. se rencontrer à propos.
[한] 협의하지 않고 이루어진 모임 | 뜻밖의 집합 | 우연한 모임 | 때마침 서로 만나다

불기웃 [POUL-KE-OUT,-SI] (不毛) [원]344
[불] Poil du bas-ventre.
[한] 음부의 털

*불긴ᄒᆞ다 [POUL-KIN-HĂ-TA] (不緊) [원]345
[불] Qui n'est pas nécessaire, pas utile; n'être pas nécessaire, c.a.d. être de trop, être hors de propos.
[한] 필요하지 않다, 유용하지 않다 | 필요하지 않다, 즉 과하다, 때에 맞지 않다

*불기불변ᄒᆞ다 [POUL-KĂI-POUL-PYEN-HĂ-TA] (不改不變) [원]344
[불] Immuable; qui est toujours le même; qui ne change pas.
[한] 변함없다 | 항상 같다 | 변하지 않다

*불납ᄒᆞ다 [POUL-NAP-HĂ-TA] (不納) [원]345
[불] Qui n'a pas encore payé ses contributions. ‖ Ne pas écouter; ne pas prêter l'oreille; ne pas accorder; ne pas suivre les conseils.
[한] 세금을 아직 내지 않았다 | 귀담아 듣지 않다 | 귀를 기울이지 않다 | 승인하지 않다 | 충고를 따르지 않다

*불냥ᄒᆞ다 [POUL-NYANG-HĂ-TA] (不良) [원]345
[불] Inhumain; qui n'est pas charitable; n'être pas bon (se dit des hommes), pas vertueux.
[한] 비인간적이다 | 자비롭지 않다 | 선하지 않다(사람들에 대해 쓴다), 덕성스럽지 않다

불눅불눅ᄒᆞ다 [POUL-NOUK-POUL-NOUK-HĂ-TA] [원]345
[불] Etre un peu bombé, un peu proéminent; désigne l'enflure d'une graine qui indique que le germe doit sortir bientôt.
[한] 가운데가 조금 불룩하다, 조금 튀어나오다 | 싹이 곧 나올 것이 틀림없음을 보여주는 씨앗의 부푼 상태를 가리킨다

[1]불니다 [POUL-NI-TA,-NYE,-NIN] (唱名) [원]345
[불] Etre appelé. ‖ Payer sa bienvenue; se dit d'un nouveau gradué qui doit régaler les anciens et payer sa bienvenue.
[한] 불리다 | 입회연을 베풀다 | 고참들을 대접하고 입회연을 베풀어야 하는 신입 학사에 대해 쓴다

[2]불니다 [POUL-NI-TA,-NYE,-NIN] (吹鐵) [원]345
[불] Fondre au feu (les métaux); extraire le métal du minerai.
[한] (금속을) 불에 녹이다 | 광석에서 금속을 추출하다

[3]불니다 [POUL-NI-TA,-NYE,-NIN] [원]345
[불] Faire gonfler (pois mis dans l'eau); amollir.
[한] (콩을 물속에서) 부풀리다 | 무르게 하다

불님 [POUL-NIM,-I] (口招) [원]345
[불] Dénonciation.
[한] 밀고

[1]불다 [PŌŪL-TA,POUL-E,POUN] (吹) [원]346
[불] Souffler (vent, homme, pour allumer le feu ou pour jouer d'un instrument à vent); sonner de la trompette.
[한] (바람이, 사람이 불을 붙이기 위해 또는 바람을 불어 넣

는 악기를 연주하기 위해) 불다 | 나팔을 불다

[2]불다 [PŌŪL-TA,POUL-E,POUN] (招辭) [원]346
[불] Dénoncer; déclarer.
[한] 고발하다 | 공표하다

[3]불다 [POUL-TA,POUL-E,POUN] (羨) [원]347
[불] Envier; porter envie.
[한] 샘하다, 부러워하다

[4]불다 [POUL-TA,POU-RE,POUN] [원]348 ☞부다

불담 [POUL-TAM,-I] (火汗) [원]347
[불] Flamme.
[한] 불꽃

*불당 [POUL-TANG,-I] (佛堂) [원]347
[불] Petite bonzerie, temple de Fô.
[한] 작은 절, 부처의 사원

*불도 [POUL-TO] (佛道) [원]347
[불] Bouddhisme; doctrine de Fô ou de Bouddha; le bouddhisme institué par Cakyamouni, développé par ses disciples, en opposition ou rivalité avec le brahmanisme.
[한] 불교 | 부처나 부처의 교리 | 까끼아무니에 의해 설립되고, 바라문교와 대립적이거나 적대 관계에 있던 신봉자들에 의해 확장된 불교

*불란셔 [POUL-RAN-SYE (ou SI)] (佛蘭西) [원]346
[불] France. Francais.
[한] 프랑스 | 프랑스 사람

[1]불량ᄒᆞ다 [POUL-RYANG-HĂ-TA] [원]345 ☞불냥ᄒᆞ다

[2]*불량ᄒᆞ다 [POUL-RYANG-HĂ-TA] (不良) [원]346
[불] Inhumain; qui n'est pas charitable.
[한] 비인간적이다 | 자비롭지 않다

불룩이 [POUL-ROUK-I] [원]346
[불] Homme qui a un gros ventre.
[한] 배가 불룩 나온 사람

*불릭ᄒᆞ다 [POUL-RĂI-HĂ-TA] (不來) [원]346
[불] Ne pas revenir; ne pas venir.
[한] 되돌아오지 않다 | 오지 않다

[1]*불목 [POUL-MOK,-I] (不睦) [원]345
[불] Discorde; désaccord; division.
[한] 반목 | 불화 | 분열

[2]불목 [POUL-MOK,-I] (火木) [원]345
[불] Bois à brûler.
[한] 땔나무

불무 [POUL-MOU] (冶) [원]345
[불] Soufflet de forge (de serrurier).
[한] (철물공의) 풀무

*불미ᄒᆞ다 [POUL-MI-HĂ-TA] (不美) [원]345
[불] Imparfait; vilain; non beau; n'être pas beau, pas bien.
[한] 불완전하다 | 비천하다 | 아름답지 못하다 | 보기 좋지 않다, 좋지 않다

*불민ᄒᆞ다 [POUL-MIN-HĂ-TA] (不敏) [원]345
[불] N'être pas intelligent; être stupide, maladroit, inhabile.
[한] 영리하지 않다 | 어리석다, 서투르다, 미숙하다

불밧다 [POUL-PAT-TA,-A,-EUN] (受火) [원]346
[불] Recevoir le feu. (Cérémonie qui se fait à la réception des bonzes : après leur avoir coupé les cheveux, on leur met de l'amadou enflammé sur le bras. On répète cette cérémonie par punition, si le bonze vient à violer l'abstinence). ‖ Etre maltraité. Battu, insulté (pop).
[한] 불을 받다 | (승려들의 입회 때에 행해지는 의식: 그들의 머리카락을 자른 후 불이 붙은 부싯깃을 그들의 팔에 놓는다 | 승려가 금욕을 위반하게 되면, 이 의식을 처벌로서 반복한다) | 구박받다, 얻어맞다, 모욕당하다 (속어)

불방울 [POUL-PANG-OUL,-I] (火星) [원]346
[불] Etincelle.
[한] 불꽃

*불병이병으로 [POUL-PYENG-I-PYENG-EU-RO] (不病而病) [원]346
[불] Par maladie quoique sans maladie.
[한] 병에 걸리지 않았음에도 불구하고 병환으로

*불분명ᄒᆞ다 [POUL-POUN-MYENG-HĂ-TA] (不分明) [원]346
[불] Obscur; non clair; ne pas bien comprendre.
[한] 막연하다 | 명백하지 않다 | 잘 이해하지 못하다

불붓치다 [POUL-POUT-TCHI-TA,-TCHYE,-TCHIN] (燒火) [원]346
[불] Mettre le feu; allumer; faire du feu.
[한] 불을 놓다 | 불을 붙이다 | 불을 피우다

*불비지혜 [POUL-PI-TJI-HYEI] (不費之惠) [원]346
[불] Tout petit service; service rendu sans incommodité; service qui ne coûte rien.
[한] 아주 작은 도움 | 돈이 궁하게 되지 않고 베푼 원조 | 아무 비용이 들지 않는 원조

불샹놈 [POUL-SYANG-NOM,-I] (下常漢) [원]346
[불] Misérable; homme du bas peuple; canaille; homme de rien; mauvais drôle.
[한] 불쌍한 사람 | 신분이 낮은 서민 | 천민 | 보잘것없

는 사람 | 불량배

*불샹이 [POUL-SYANG-I] (不祥) 원346

불 Avec pitié: avec compassion: en pitié. 불샹이넉이다 Poul-syang-i nek-i-ta, Avoir compassion, regarder avec pitié, avec compassion.

한 가엾이 | 측은하게 | 측은히 | [용례 불상이넉이다, Poul-syang-i nek-i-ta], 동정심을 갖다, 불쌍하게, 측은하게 바라보다

불샹ᄒᆞ다 [POUL-SYANG-HĂ-TA] (可矜) 원346

불 Pauvre; misérable; digne de compassion; malheureux; qui fait pitié. Cela fait pitié! quelle pitié! que c'est pitoyable! c'est grand' pitié!

한 가난하다 | 불쌍하다 | 동정 받을 만하다 | 불행하다 | 딱하다 | 딱한 일이야! 정말 가엾은 일이로군! 가련하구나! 아주 유감스럽구나!

*불셩모양 [POUL-SYENG-MO-YANG,-I] (不成貌樣) 원346

불 Qui paraît pauvre, dénué de tout, (se dit des gens très-misérables, qui sont dénués de tout).

한 가난하게, 모든 것이 결핍되어 보이다 (모든 것이 결핍된 매우 빈곤한 사람들에 대해 쓴다)

불손 [POUL-SON,-I] (火匙) 원346

불 Pelle à feu.

한 불을 담는 삽

*불손ᄒᆞ다 [POUL-SON-HĂ-TA] (不遜) 원346

불 N'être pas humble, pas respectueux.

한 겸손하지 않다, 공손하지 않다

*불쇼ᄒᆞ다 [POUL-SYO-HĂ-TA] (不小) 원346

불 N'être pas peu; être nombreux; être beaucoup.

한 적지 않다 | 수가 많다 | 많다

불숙불숙ᄒᆞ다 [POUL-SOUK-POUL-SOUK-HĂ-TA] 원346

불 Désigne les aspérités produites v. g. par des châtaignes dans un sac. Etre un peu bombé, un peu proéminent, inégal. 말불숙불숙ᄒᆞ다 Mal poul-souk-poul-souk-hă-ta, parler à tort et à travers.

한 예. 자루 안에 들어 있는 밤들로 인해 생긴 우둘투둘함을 가리킨다 | 조금 불룩 나오다, 조금 튀어나오다, 울퉁불퉁하다 | [용례 말불숙불숙ᄒᆞ다, Mal poul-souk-poul-souk-hă-ta], 함부로 말하다

*불슈 [POUL-SYOU] (佛手) 원346

불 La main de Fô, c.a.d. citron chinois.

한 부처의 손, 즉 중국의 레몬

*불슌ᄒᆞ다 [POUL-SYOUN-HĂ-TA] (不順) 원346

불 Indocile; désobéissant; n'être pas doux, pas souple, pas obéissant.

한 고분고분하지 않다 | 반항적이다 | 온순하지 않다, 유순하지 않다, 순종하지 않다

*불신ᄒᆞ다 [POUL-SIN-HĂ-TA] (不信) 원346

불 Etre incrédule, incroyable; qui ne croit pas; qui n'est pas cru; se défier.

한 의심이 많다, 믿을 수 없다 | 믿지 않다 | 믿어지지 않다 | 의심하다

*불ᄉᆞ [POUL-SĂ] (佛寺) 원346

불 Bonzerie; pagode bouddhique. Le culte de Fô.

한 절 | 불교 탑 | 부처에 대한 숭배

불ᄉᆞ로다 [POUL-SĂ-RO-TA,-SĂ-RO-A,-SĂ-RON] (燒) 원346

불 Jeter au feu.

한 불에 던지다

*불ᄉᆞ불멸ᄒᆞ다 [POUL-SĂ-POUL-MYEL-HĂ-TA] (不死不滅) 원346

불 Eternel; immortel.

한 영원하다 | 불사하다

*불ᄉᆞ약 [POUL-SĂ-YAK,-I] (不死藥) 원346

불 Remède qui donne l'immortalité.

한 죽지 않고 오래 살 수 있게 하는 약

1*불ᄉᆞᄒᆞ다 [POUL-SĂ-HĂ-TA] (不死) 원346

불 Ne pas mourir.

한 죽지 않다

2*불ᄉᆞᄒᆞ다 [POUL-SĂ-HĂ-TA] (不仕) 원346

불 Mépriser les dignités; les refuser.

한 고관들을 멸시하다 | 그들을 거부하다

불쏫 [POUL-KKOT,-SI et -TCHI] (火熖) 원345

불 Fleur du feu. Flamme.

한 불의 꽃 | 불꽃

불쐉ᄒᆞ다 [POUL-KKOANG-HĂ-TA] (紅光) 원345

불 Etre rouge; avoir la figure rouge.

한 붉다 | 얼굴이 붉다

불쓴불쓴ᄒᆞ다 [POUL-KKEUN-POUL-KKEUN-HĂ-TA] 원345

불 Désigne l'émotion répandue sur le visage d'un homme prêt à se fâcher. ‖ Haut et bas, montueux.

한 화를 내려는 사람의 얼굴에 퍼진 감정을 가리킨다 | 높고 낮다, 기복이 심하다

불쏭 [POUL-TTONG,-I] (火星) 원347

불 Bluette; étincelle; mèche brûlée; résidu du feu; escarbille enflammée ; flammèche.
한 불똥 | 불티 | 불에 탄 심지 | 불의 잔재 | 불붙은 탄각 | 불티

불쑹이 [POUL-TTOUNG-I] 원347
불 Volcan sous la neige; homme qui, sous des dehors de douceur, cache un caractère très-violent qui se manifeste à la moindre occasion. Qui crie toujours; qui parle toujours en criant et comme en colère.
한 눈 아래의 화산 | 부드러운 외모 속에 걸핏하면 나타나는 매우 난폭한 성격을 감추고 있는 사람 | 항상 고함치는 사람 | 항상 고함치고 화난 듯이 말하는 사람

1* 불씨 [POUL-SSI] (佛氏) 원346
불 Doctrine de Bouddha. Bouddha.
한 부처의 가르침 | 부처

2 불씨 [POUL-SSI] (火種) 원346
불 Graine de feu. Morceau de bois ou de charbon mis dans la cendre pour entretenir le feu d'un foyer.
한 불의 씨앗 | 화로의 불을 유지하기 위해 재 속에 넣는 나무 또는 숯 조각

1 불악킈 [POUL-AK-HKOUI] 원343
불 Insecte, espèce de tique.
한 곤충, 진드기의 종류

2 불악킈 [POUL-AK-HKOUI] 원343
불 Homme laborieux, qui travaille toujours ardemment. ‖ Homme violent, emporté, opiniâtre.
한 부지런한 사람, 항상 열심히 일하는 사람 | 난폭한, 성마른, 고집스러운 사람

* 불안ᄒᆞ다 [POUL-AN-HĂ-TA] (不安) 원343
불 Etre inquiet, soucieux; n'être pas à l'aise. Pas en train; n'être pas en paix; être vexé, ennuyé.
한 불안하다, 걱정스럽다 | 편하지 않다 | 몸이 좋지 않다 | 평화롭지 않다 | 기분이 상하다, 난처하다

불알 [POUL-AL,-I] (腎卵) 원343
불 Testicules, parties naturelles.
한 고환, 생식기

* 불양답 [POUL-YANG-TAP,-I] (佛養畓) 원343
불 Terrain dont le bonze reçoit l'usufruit pour le culte de Fô; rizière consacrée au culte de Fô, à l'entretien d'une pagode.
한 부처를 숭배하기 위해 승려가 용익권을 받은 땅 | 부처를 숭배하고 탑을 유지하는 데 할애된 논

불어ᄒᆞ다 [POUL-E-HĂ-TA] (羨) 원343
불 Désirer vivement faire une chose qu'on est empêché de faire.
한 못하게 된 것을 하기를 열렬히 바라다

* 불언가샹 [POUL-EN-KA-SYANG] (不言可想) 원343
불 Bien qu'il ne le dise pas, je vois comment c'est.
한 말하지 않아도 그것이 어떤 것인지 안다

* 불언가지 [POUL-EN-KA-TJI] (不言可知) 원343
불 Bien qu'il ne le dise pas, on le sait.
한 말하지 않아도 그것을 안다

* 불연지단 [POUL-YEN-TJI-TAN,-I] (不然之端) 원343
불 Empêchement, raison de ne pas faire.
한 방해, 행하지 않는 이유

* 불열ᄒᆞ다 [POUL-YEL-HĂ-TA] (不悅) 원343
불 Avoir répugnance pour; n'avoir pas de goût pour; n'être pas content; ne pas voir avec plaisir.
한 ~을 싫어하다 | ~을 좋아하지 않다 | 만족하지 않다 | 기쁘게 보지 않다

* 불용 [POUL-YONG,-I] (不用) 원344
불 Inutilité; inutile; chose inutile.
한 불필요 | 쓸데없다 | 쓸데없는 것

불워ᄒᆞ다 [POUL-OUE-HĂ-TA] (羨) 원344
불 Envier; désirer égaler.
한 부러워하다 | 필적하기를 바라다

* 불응ᄒᆞ다 [POUL-EUNG-HĂ-TA] (不應) 원344
불 Ne pas répondre.
한 대답하지 않다

* 불의 [POUL-EUI] (不義) 원344
불 Injustice; injuste.
한 불공평 | 부정

* 불의ᄒᆞ다 [POUL-EUI-HĂ-TA] (不義) 원344
불 Etre injuste.
한 불공정하다

* 불일ᄒᆞ다 [POUL-IL-HĂ-TA] (不一) 원344
불 N'avoir rien de semblable; être dissemblable; être contraire.
한 닮은 것이 아무것도 없다 | 서로 다르다 | 상반되다

* 불죵지말 [POUL-TJYONG-TJI-MAL,-I] (佛種之末, (Fô, semence, dernier)) 원347
불 Le dernier des employés au service de Fô. V. 거ᄉᆞ Ke-să.
한 부처를 섬기는 사무원 중 최하위의 사람 | [참조어 거ᄉᆞ, Ke-să]

불지르다 [POUL-TJI-REU-TA,-TJIL-NE,-TJI-REUN]

(焚) ㉻347
불 Allumer du feu; faire du feu.
한 불을 켜다 | 불을 피우다

*불찰ᄒᆞ다 [POUL-TCHAL-HĂ-TA] (不察) ㉻347
불 Négliger, ne pas faire attention.
한 소홀히 하다, 조심하지 않다

*불쳔지위 [POUL-TCHYEN-TJI-OUI] (不遷之位) ㉻347
불 Tablettes qu'on ne peut transporter à cause d'une loi qui le défend. Tablettes d'hommes remarquables, la gloire de la famille, et qu'on ne détruit jamais.
한 법으로 금하고 있기 때문에 옮길 수 없는 패들 | 집안의 명예를 드높인 뛰어난 사람들의, 결코 파기되지 않는 패들

*불쳥긱ᄌᆞᄅᆡ [POUL-TCHYENG-KĂIK-TJĂ-RĂI] (不請客自來) ㉻347
불 Convives non invités qui se présentent d'eux-mêmes à un festin; parasites.
한 잔치에 초대받지 않았는데 스스로 나타난 손님들 | 기식자들

*불초ᄒᆞ다 [POUL-TCHO-HĂ-TA] (不肖) ㉻347
불 Ne pas honorer ses parents; n'avoir pas de piété filiale.
한 자신의 부모를 존경하지 않다 | 효심이 없다

불쵸ᄒᆞ다 [POUL-TCHYO-HĂ-TA] ㉻347 ☞불초ᄒᆞ다

*불츌 [POUL-TCHYOUL,-I] (不出) ㉻347
불 Avorton; crétin; mal tourné; peu intelligent; peu capable.
한 난쟁이 | 바보 | 모양이 나쁘다 | 영리하지 않다 | 무능하다

*불츙 [POUL-TCHYOUNG,-I] (不忠) ㉻347
불 Qui ne respecte pas bien le roi; grand du royaume peu dévoué, peu fidèle au roi.
한 왕을 존경하지 않는 사람 | 왕에게 헌신적이지 않은, 충성스럽지 않은 왕국의 귀족

*불측이 [POUL-TCHEUK-I] (不測) ㉻347
불 Inscrutable. Mécontent.
한 불가사의하다 | 불만스럽다

불측ᄒᆞ다 [POUL-TCHEUK-HĂ-TA] ㉻347 ☞불칙ᄒᆞ다

1*불치 [POUL-TCHI] (不治) ㉻347
불 Mandarin qui ne remplit pas bien ses fonctions. Roi soliveau. sinécure.
한 자신의 직무를 잘 수행하지 못하는 관리 | 무능한 임금 | 한직

2불치 [POUL-TCHI] (滓末) ㉻347
불 Lie; rebut; chose de rebut; fretin.
한 찌꺼기 | 쓰레기 | 쓰레기 같은 것 | 값어치 없는 것

3불치 [POUL-TCHI] (火雉) ㉻347
불 Faisan pris avec un fusil.
한 총으로 잡은 꿩

불치거두다 [POUL-TCHI-KE-TOU-TA,-KE-TOU-E,-KE-TOUN] (謹火) ㉻347
불 Eteindre bien le feu de la cuisine et y mettre tout en ordre; bien ranger le bois dans le foyer, le charbon, les cendres chaudes, pour éviter le danger d'incendie.
한 부엌의 불을 잘 끄고 정돈하다 | 화재의 위험을 피하기 위해 화덕에 넣은 나무, 숯, 뜨거운 재를 잘 정돈하다

불치다 [POUL-TCHI-TA,-TCHYE,-TCHIN] (䝁) ㉻347
불 Châtrer les animaux.
한 동물들을 거세하다

*불치불검ᄒᆞ다 [POUL-TCHI-POUL-KEM-HĂ-TA] (不侈不儉) ㉻347
불 Etre médiocre, de moyenne condition; ni trop sale, ni trop propre (se dit surtout des habits).
한 보통이다, 중간 정도 처지이다 | 너무 더럽지도, 깨끗하지도 않다 (특히 옷에 대해 쓴다)

*불칙이넉이다 [POUL-TCHIK-I-NEK-I-TA,-NEK-YE,-NEK-IN] (不惻) ㉻347
불 Mépriser; regarder de mauvais œil, de travers.
한 경멸하다 | 나쁜 시선으로, 비뚤어지게 바라보다

*불칙ᄒᆞ다 [POUL-TCHIK-HĂ-TA] (不勅) ㉻347
불 Mauvais; mépriser; faire fi de; ne pas aimer.
한 나쁘다 | 경멸하다 | ~을 무시하다 | 좋아하지 않다

불콩 [POUL-HKONG,-I] (赤太) ㉻345
불 Espèce de pois rouges.
한 붉은 콩의 종류

*불쾌ᄒᆞ다 [POUL-HKOAI-HĂ-TA] (不快) ㉻345
불 Etre troublé, en désordre (le cœur); être mauvais.
한 당황하다, (마음이) 혼란스럽다 | 기분이 나쁘다

*불텽ᄒᆞ다 [POUL-HTYENG-HĂ-TA] (不聽) ㉻347
불 Ne pas tenir compte de; ne pas faire attention; ne pas écouter; ne pas entendre; ne pas prêter l'oreille; ne pas accéder aux désirs ou aux conseils.
한 ~을 고려하지 않다 | 주의하지 않다 | 귀를 기울이지 않다 | 듣지 않다 | 귀담아 듣지 않다 | 욕구 또는

충고를 들어주지 않다

*불통ᄒᆞ다 [POUL-HTONG-HĂ-TA] (不通) [원]347

[불] Ne pas savoir; n'avoir pas appris par cœur; ne pas pénétrer; ne pas posséder une connaissance; n'avoir pas d'esprit, pas de pénétration.

[한] 알지 못하다 | 외우지 못하다 | 알아채지 못하다 | 알고 있지 않다 | 재치가 없다, 통찰력이 없다

불틔 [POUL-HTEUI] (火塵) [원]347

[불] Bluette; étincelles; cendres chaudes que le vent fait sortir du feu.

[한] 작은 불똥 | 불티 | 바람이 불어 불에서 날리는 뜨거운 재

불판령 [POUL-HPAN-RYENG,-I] (急令) [원]346

[불] Urgence; empressement; hâte; en hâte; sans délai.

[한] 긴급 | 서두름 | 서두름 | 급히 | 즉시

*불편ᄒᆞ다 [POUL-HPYEN-HĂ-TA] (不便) [원]346

[불] Etre incommode; n'être pas en paix, pas content.

[한] 불편하다 | 평온하지 않다, 만족스럽지 않다

*불평안ᄒᆞ다 [POUL-HPYENG-AN-HĂ-TA] (不平安) [원]346

[불] N'être pas en paix, en repos, en santé, pas content, pas tranquille, pas commode.

[한] 평화롭지 않다, 평안하지 않다, 건강하지 않다, 만족스럽지 않다, 평온하지 않다, 안락하지 않다

*불평ᄒᆞ다 [POUL-HPYENG-HĂ-TA] (不平) [원]346

[불] Inégal; différent; n'être pas en paix, pas content, pas commode.

[한] 불균등하다 | 상이하다 | 평온하지 않다, 만족스럽지 않다, 안락하지 않다

불픠다 [POUL-HPEUI-TA,-HPEUI-YE,-HPEUIN] (火成) [원]346

[불] Activer le feu en soufflant; rallumer le feu en faisant du vent avec un soufflet ou un éventail.

[한] 입김을 불어서 화력을 세게 하다 | 풀무 또는 부채로 바람을 만들면서 불을 다시 붙이다

불픠우다 [POUL-HPEUI-OU-TA,-OUE,-OUN] (燃火) [원]346

[불] Activer le feu; allumer le feu.

[한] 화력을 세게 하다 | 불을 켜다

*불피풍우ᄒᆞ다 [POUL-HPI-HPOUNG-OU-HĂ-TA] (不避風雨) [원]346

[불] N'éviter ni le vent ni la pluie, c.a.d. supporter les intempéries des saisons.

[한] 바람도 비도 피하지 않다, 즉 계절의 악천후를 견디다

*불학무식 [POUL-HAK-MOU-SIK,-I] (不學無識) [원]344

[불] Illettré; ignorant; qui n'a rien étudié.

[한] 문맹자 | 무지한 사람 | 아무것도 공부하지 않은 사람

불한 [POUL-HAN,-I] [원]344

[불] Coquin; gredin; misérable.

[한] 깡패 | 불량배 | 비열한 사람

불한당 [POUL-HAN-TANG,-I] (火賊) [원]344

[불] Voleurs enrégimentés, qui vont avec des torches pendant la nuit, forcent les maisons et volent à main armée.

[한] 밤에 횃불을 들고, 집을 부수고, 무기를 들고 도둑질하는 조직화된 도둑들

*불한불열 [POUL-HAN-POUL-YEL] (不寒不熱) [원]344

[불] Ni chaud ni friod.

[한] 덥지도 춥지도 않음

*불한ᄒᆞ다 [POUL-HAN-HĂ-TA] (不寒) [원]344

[불] Tiédeur. Ne pas faire froid.

[한] 미온 | 차갑지 않다

*불합ᄒᆞ다 [POUL-HAP-HĂ-TA] (不合) [원]344

[불] Désaccord; discorde; contradiction. Ne pas s'accorder.

[한] 불화 | 반목 | 반대 | 의견이 일치하지 않다

불혀다 [POUL-HYE-TA,-HYE,-HYEN] (燃燈) [원]344

[불] Allumer pour éclairer; allumer (une bougie, une lampe).

[한] 밝히기 위해 불을 켜다 | (초, 등불을) 켜다

*불호ᄒᆞ다 [POUL-HO-HĂ-TA] (不好) [원]344

[불] Etre mauvais; n'être pas bon.

[한] 나쁘다 | 좋지 않다

*불화ᄒᆞ다 [POUL-HOA-HĂ-TA] (不和) [원]344

[불] Discorde: désaccord. N'être pas d'accord; être en discorde, en querelle.

[한] 반목, 불화 | 동의하지 않다 | 서로 사이가 좋지 않다, 반목하다

*불효ᄒᆞ다 [POUL-HYO-HĂ-TA] (不孝) [원]344

[불] Ne pas honorer, ne pas respecter ses parents; manquer à la piété filiale.

[한] 자신의 부모를 존경하지 않다, 존중하지 않다 | 효심이 없다

불훌이 [POUL-HOUL-I] [원]344

[불] Espèce de petit paravent monté sur la lampe pour

empêcher le vent de faire vaciller la lumière; écran qui sert en même temps de réflecteur.

한 바람이 불을 가물게 하는 것을 막기 위해 등잔 위에 올리는 작은 병풍의 종류 | 반사기로도 쓰이는 가리개

*불힝즁다힝 [POUL-HĂING-TJYOUNG-TA-HĂING,-I] (不幸中幸) 원344

불 C'est un bonheur dans son malheur.

한 불행 중에 다행이다

*불힝ᄒᆞ다 [POUL-HĂING-HĂ-TA] (不幸) 원344

불 Infortuné; malheureux; être fâcheux.

한 불우하다 | 불행하다 | 난처하다

붉다 [POULK-TA,-E,-EUN] (紅) 원345

불 Etre rouge.

한 붉다

붉쐥 ᄒᆞ다 [POULK-KKOING-HĂ-TA] (紅) 원345

불 Etre rouge; avoir la face rouge.

한 붉다 | 얼굴이 붉다

붉어지다 [POULK-E-TJI-TA,-TJYE,-TJIN] 원345

불 Devenir rouge; rougir.

한 붉게 되다 | 붉어지다

붉읏붉읏ᄒᆞ다 [POULK-EUT-POULK-EUT-HĂ-TA] (紅紅) 원345

불 Qui a des taches rouges; tacheté de rouge; paraître rouge par intervalles.

한 붉은 얼룩이 있다 | 붉은색으로 얼룩덜룩하다 | 군데군데 붉게 보이다

붉히다 [POULK-HI-TA,-HYE,-HIN] (紅) 원345

불 Faire rougir; teindre ou peindre en rouge; devenir rouge; rougir.

한 붉어지게 하다 | 붉게 물들이거나 칠하다 | 붉게 되다 | 붉어지다

붐뷔다 [POUM-POUI-TA,-POUI-YE,-POUIN] 원340

불 Y avoir presse; être empressé; être surchargé d'ouvrage; être embrouillé; ne plus s'y reconnaître (dans une multitude d'affaires).

한 붐비다 | 열성적이다 | 일이 과중하다 | 복잡하다 | (일이 많아서) 어찌할 바를 모르다

붑다 [POUP-TA,-HE,-HEUN] 원343

불 Etre gonflé, enflé, gros, volumineux.

한 부풀다, 부풀어 오르다, 부풀다, 부피가 크다

붑풀다 [POUP-HPEUL-TA,-HPEUL-NE,-HPEUN] 원343

불 S'enfler; enfler; avoir une enflure, une ampoule; se déchirer; s'effiler.

한 붇다 | 부풀리다 | 부기, 물집이 있다 | 찢어지다 | 올이 풀리다

붑회 [POUP-HEUI] 원343

불 Calibre; forme; contour; masse; grosseur; grandeur; volume.

한 직경 | 형체 | 윤곽 | 덩어리 | 굵기 | 크기 | 부피

붑훗붑훗ᄒᆞ다 [POUP-HEUT-POUP-HEUT-HĂ-TA] 원343

불 Etre un peu enflé; enflé en plusieurs endroits. Désigne l'état du pied qui, dans une marche, commence à s'enfler; désigne le commencement de l'enflure.

한 약간 부풀다 | 여러 군데에서 부풀다 | 걷는 동안에 붓기 시작하는 발의 상태를 가리킨다 | 부기가 시작되는 것을 가리킨다

붑흐다 [POUP-HEU-TA,-HEU-E,-HEUN] 원343 ☞붑흘다

붑흘다 [POUP-HEUL-TA,-HEUL-RE,-HEUN] 원343

불 Enfler (enflure à la suite d'un coup).

한 붓다 (부딪친 후의 부기)

붓 [POUT,-SI] (筆) 원348

불 Pinceau, plume, tout ce qui sert à écrire.

한 붓, 펜, 글씨를 쓰는 데 사용하는 모든 것

붓는 ᄃᆞ시 [POUT-NĂN-TĂ-SI] (如注) 원349

불 Averse, à seaux; à verse.

한 다량, 많이 | [역주 비가] 억수같이 쏟아지는

[1]붓다 [PŌŪT-TA,POU-E,POU-EUN] (注) 원349

불 Verser (de l'eau); arroser; verser dans un vase.

한 (물을) 따르다 | 물을 뿌리다 | 단지에 붓다

[2]붓다 [POUT-TA,POU-E,POU-EUN] (浮腫) 원349

불 Enfler (v. g. jambe), se tuméfier.

한 (예. 다리가) 붓다, 부어오르다

[3]붓다 [POUT-TA,POUL-E,POUL-EUN] (滋) 원349

불 Croître; grossir; enfler; s'enfler; être enflé (v. g. haricots dans l'eau).

한 증가하다 | 굵어지다 | 붓다 | 붓다 | (예. 물속의 강낭콩이) 부풀다

[4]붓다 [POUT-TA,POUT-HIE,POUT-HIEUN] (屬) 원349

불 Coller; être lié ensemble; être collé; accolé à.

한 붙다 | 함께 연결되어 있다 | 붙어 있다 | ~에 연결되어 있다

붓도두다 [POUT-TO-TOU-TA,-TOU-E,-TOUN] (培) 원349

불 Chausser les plantes.

한 식물의 밑동을 흙으로 덮다

붓두 [POUT-TOU] [원]349
[불] Natte avec laquelle on fait du vent en l'agitant des deux côté pour vanner. Espèce de natte qui remplace le grand van pour nettoyer le riz.
[한] 키질을 하기 위해 양쪽을 흔들면서 바람을 만드는 데 쓰이는 돗자리 | 벼를 깨끗하게 하기 위해 커다란 키를 대신하는 돗자리의 종류

붓두겁 [POUT-TOU-KEP,-I] (筆頭匣) [원]349
[불] Etui du pinceau.
[한] 붓을 넣는 갑

붓드다 [POUT-TEU-TA,TEU-RE,-TEUN] (扶) [원]349
[불] Saisir; retenir; soutenir; aider; affermir; favoriser.
[한] 붙잡다 | 고정시키다 | 지탱하다 | 구제하다 | 굳히다 | 도와주다

붓드러주다 [POUT-TEU-RE-TJOU-TA,-TJOU-E, -TJOUN] (扶助) [원]349
[불] Aider, favoriser.
[한] 조력하다, 도와주다

붓들다 [POUT-TEUL-TA,-TEUL-E,-TEUN] (扶) [원]349
[불] Saisir avec la main pour retenir; soutenir; arrêter, appréhender au corps; aider; secourir; accoster quelqu'un.
[한] 붙잡기 위해 손으로 잡다 | 지탱하다 | 붙잡다, 체포하다 | 조력하다 | 구조하다 | 누군가에게 다가가다

붓ᄃᆞ시 [POUT-TĂ-SI] (如澍) [원]349
[불] Averse; à verse ; abondamment.
[한] 다량 | [[역주] 비가] 억수같이 쏟아지는 | 많이

붓박이 [POUT-PAK-I] [원]349
[불] Maison dont les colonnes sont enfoncées en terre. ‖ Chose portative de sa nature et qu'on a fixée pour la rendre immobile, comme un table. ‖ Colonne qui n'a pas de support et qui est enfoncée en terre.
[한] 기둥이 땅에 박힌 집 | 본래 휴대가 가능한 것을 식탁처럼 움직이지 못하도록 고정시킨 것 | 버팀목 없이 땅에 박혀 있는 기둥

1**붓박이다** [POUT-PAK-I-TA,-YE,-IN] [원]349
[불] Ne pouvoir supporter; ne pouvoir plus y tenir.
[한] 버틸 수 없다 | 더 이상 거기에 붙어 있을 수 없다

2**붓박이다** [POUT-PAK-I-TA,-YE,-IN] [원]349
[불] Etre fixé, fixé à une place.
[한] 고정되다, 한 장소에 고정되다

붓꼿 [POUT-KKOT,-SI] (菖蒲花) [원]349
[불] Espèce de fleur dont le bouton ressemble à un pinceau à écrire; fleur du 창포 Tchang-hpo.
[한] 싹이 글씨를 쓰는 붓과 닮은 꽃의 종류 | 창포 Tchang-hpo의 꽃

붓좃다 [POUT-TTJOT-TA,-TTJOT-TCHYE,-TTJOT-TCHEUN] [원]349
[불] Sauver; protéger; prendre soin de; recueillir.
[한] 구출하다 | 보호하다 | ~을 돌보다 | 받아들이다

붓좃치다 [POUT-TTJOT-TCHI-TA,-TCHI-YE,-TCHI-IN] [원]349
[불] Etre sauvé; protégé; être sous la protection de; être recueilli par.
[한] 구출되다 | 보호되다 | ~의 보호를 받다 | ~에 의해 받아들여지다

붓잡다 [POUT-TJAP-TA,-TJAP-A,-TJAP-EUN] [원]349
[불] V.Syn. 붓들다 Pout-teul-ta.
[한] [[동의어] 붓들다, Pout-teul-ta]

붓주다 [POUT-TJOU-TA,-TJOU-E,-TJOUN] (培) [원]349
[불] Chausser les plantes; biner les plantes.
[한] 식물들의 밑동을 흙으로 덮다 | 식물들의 두벌김을 매다

1**붓치다** [POUT-TCHI-TA,-TCHYE,-TCHIN] (寄) [원]349
[불] Confier; mettre en dépôt, être recueilli chez un autre; y trouver asile.
[한] 맡기다 | 기탁하다, 다른 사람 집에 받아들여지다 | 거기에 피난처를 찾다

2**붓치다** [POUT-TCHI-TA,-TCHYE,-TCHIN] [원]349
[불] Allumer; mettre le feu à; faire du feu.
[한] 불을 켜다 | ~에 불을 놓다 | 불을 피우다

3**붓치다** [POUT-TCHI-TA,-TCHYE,-TCHIN] [원]349
[불] Eventer; agiter l'air avec un éventail.
[한] 부채질하다 | 부채를 흔들어 공기를 흔들다

4**붓치다** [POUT-TCHI-TA,POUT-TCHYE,POUT-TCHIN] (接) [원]349
[불] Coller; assembler; unir; appliquer. 말붓치다 Mal pout-tchi-ta, Lier conversation. ‖ Donner. ‖ Administrer.
[한] 붙이다 | 모으다 | 연결하다 | 붙이다 | [[용례] 말붓치다, Mal pout-tchi-ta], 대화를 잇다 | 주다 | 관리하다

5**붓치다** [POUT-TCHI-TA,-TCHYE,-TCHIN] (耕種) [원]349
[불] Mettre en terre; semer; ensemencer; planter. ‖ Greffer.
[한] 땅에 묻다 | 흩뿌리다 | 씨를 뿌리다 | 심다 | 접붙이다

1**붓치이다** [POUT-TCHI-I-TA,-TCHI-YE,-TCHI-IN] (寓) [원]349
[불] (Pass. de 붓치다 Pout-tchi-ta) être confié; être re-

cueilli chez un autre; y trouver asile; vivre de ses bienfaits, dans sa maison; y être de passage, en passant.

한 (붓치다 Pout-tchi-ta의 수동형) 맡겨지다 | 다른 사람의 집에 받아들여지다 | 거기에 피난처를 찾다 | 그의 호의로 그 집에 살다 | 그곳에서 잠시 체류하다, 지나는 길이다

[2]붓치이다 [POUT-TCHI-I-TA,-TCHI-YE,-TCHI-IN] 원349

불 Etre dirigé par le vent (v. g. une girouette) 긔가동으로붓치이다 Keui-ka tong-eu-ro pout-tchi-i-ta, Le drapeau est dirigé vers l'est (par le vent d'ouest)

한 (예. 바람개비가) 바람에 의해 방향이 잡히다 | [용례 긔가동으로붓치이다, Keui-ka tong-eu-ro pout-tchi-i-ta], 깃발이 (서풍에 의해) 동쪽으로 향하다

붓치 [POUT-TCHĂI] (扇) 원349

불 Eventail qui se plie pour se fermer.

한 닫힐 때 접히는 부채

[1*]붕 [POUNG,-I] (鵬) 원342

불 Espèce de grand oiseau, le plus grand de tous (p. ê. le condor).

한 큰 새의 종류, 새 중 가장 큰 새 (아마도 콘도르)

[2*]붕 [POUNG,-I] 원342

불 Bruit d'un coup de canon.

한 대포 격발 소리

붕굿ᄒᆞ다 [POUNG-KOUT-HĂ-TA] 원342

불 Etre gonflé; avoir le ventre plein, rond. Etre en petit monticule arrondi. Débordé.

한 부풀다 | 배가 부르다, 배가 불룩하다 | 둥그스름한 작은 언덕 모양이다 | 튀어 나와 있다

*붕ᄇᆡ [POUNG-PĂI] (朋輩) 원342

불 De même âge; de même âge et de même condition; qu'on peut traiter d'égal à égal.

한 나이가 같은 | 나이와 지위가 서로 같은 | 동등하게 대우할 수 있다

*붕사 [POUNG-SA] (硼砂) 원342

불 Soude; borax; 청염 Tchyeng-yem; soudure; composition métallique qui sert à unir différentes pièces de métal.

한 수송나물 | 붕사 | 청염 Tchyeng-yem | 땜납 | 여러 가지의 금속 조각을 결합하는 데 쓰이는 금속 재료

붕사ᄯᆡ암ᄒᆞ다 [POUNG-SA-TTĂI-AM-HĂ-TA] 원342

불 Souder; joindre par le moyen de la soudure.

한 땜질하다 | 용접으로 붙이다

붕어 [POUNG-E] (鮒魚) 원342

불 Espèce de poisson d'eau douce, brème.

한 민물고기의 종류, 잉어

*붕우 [POUNG-OU] (朋友) 원342

불 Ami.

한 친구

*붕우유신 [POUNG-OU-YOU-SIN] (朋友有信) 원342

불 La cinquième des relations naturelles de la société: confiance entre amis.

한 사회의 자연적인 관계 중 다섯 번째 : 친구 간의 신뢰

*붕토 [POUNG-HTO] (崩土) 원342

불 Eboulement de terre qui se fait peu à peu; terre éboulée.

한 점차 땅이 무너짐 | 무너져 쌓인 흙

붕틔 [POUN-HTĂI] 원342

불 Avorton d'esprit et de corps; niais; lourdaud.

한 정신과 육체가 덜 자란 사람 | 미련한 사람 | 서투른 사람

*붕ᄒᆞ다 [POUNG-HĂ-TA] (崩) 원342

불 Mourir (ne se dit qu'en parlant de l'empereur de Chine).

한 죽다 (중국 황제에 대해 말할 때만 쓴다)

뷔 [POUI] (箒) 원338

불 Balai.

한 빗자루

뷔가리다 [POUI-KA-RI-TA,-RYE,-RIN] 원338

불 Se ruiner peu à peu; devenir pauvre.

한 점차 파산하다 | 가난해지다

뷔다 [POUI-TA,POUI-YE,POUIN] (虛) 원338

불 Etre vide.

한 비다

뷔엿타 [POUI-YET-HTA] (半白色) 원338

불 Tirer sur le blanc; être presque blanc, entre le blanc et le jaune; jaune clair.

한 흰색에 가깝다 | 흰색과 노란색 사이에서 거의 흰색이다 | 밝은 노란색

뷔우다 [POUI-OU-TA,POUI-OUE,POUI-OUN] (空) 원338

불 Vider; rendre désert; évacuer.

한 [역주 내용물을] 치우다 | 텅 비게 하다 | 비우다

뷔읏뷔읏ᄒᆞ다 [POUI-OUT-POUI-OUT-HĂ-TA] 원338

불 Tirer sur le blanc; être blanchâtre.

한 흰색에 가깝다 | 희끄무레하다

뷔육뷔육ᄒᆞ다 [POUI-YOUK-POUI-YOUK-HĂ-TA] 원338

불 Se dit du mouvement précipité des mâchoires en

mangeant.
한 음식을 먹을 때 턱의 급한 움직임에 대해 쓴다

뷔쳑뷔쳑ᄒᆞ다 [POUI-TCHYEK-POUI-TCHYEK-HĂ-TA] (憊瘠) 원338
불 Désigne l'état d'un malade qui, essayant de marcher, vacille; chanceler en marchant.
한 걸으려고 애쓰면서 비틀거리는 환자의 상태를 가리킨다 | 걸으면서 비틀거리다

*뷔핏 [POUI-HPĂI] (憊敗) 원338
불 Riche réduit à la pauvreté.
한 가난한 신세가 된 부자

뷘탕 [POUIN-HTANG,-I] (虛蕩) 원338
불 Coque vide; gousse vide; enveloppe dans laquelle il n'y a rien (se dit des châtaignes, des noix vides).
한 빈 껍질 | 빈 깍지 | 안에 아무것도 없는 껍데기 (속이 빈 밤, 호두에 대해 쓴다)

[1]브드럽다 [PEU-TEU-REP-TA,-RE-OUE,-RE-ON] (柔) 원324
불 Etre tendre, mou, flexible. Syn. 부드럽다 Pou-teu-rep-ta.
한 부드럽다, 무르다, 유연하다, [동의어 부드럽다, Pou-teu-rep-ta.]

[2]브드럽다 [PEU-TEU-REP-TA,RE-OUE,-RE-ON] 원348 ☞ 부드럽다

브러지지다 [PEU-RE-TJI-TJI-TA] 원324
불 V. 부ᄅᆞ지지다 Pou-ră-tji-tji-ta.
한 [참조어 부ᄅᆞ지지다, Pou-ră-tji-tji-ta]

[1]브터 [PEU-HTE] 원324
불 V. 부터 Pou-hte.
한 [참조어 부터, Pou-hte]

[2]브터 [PEU-HTE] 원349 ☞ 부터

븟그럽다 [PEUT-KEU-REP-TA,-RE-OUE,-RE-ON] (羞) 원324
불 Etre honteux, confus; avoir honte; rougir de honte.
한 부끄러워하다, 창피하다 | 창피하다 | 수치심으로 얼굴이 붉어지다

븟그리다 [PEUT-KEU-RI-TA,-RYE,-RIN] (愧) 원324
불 Faire honte; faire rougir de honte; couvrir de confusion.
한 창피를 주다 | 수치로 얼굴을 붉히게 하다 | 당황한 기색이 역력하다

[1]비 [PI] (雨) 원324
불 Pluie.
한 비

[2]*비 [PI] (婢) 원324
불 En agr. Femme esclave.
한 한자어로 여자 노예

[3]*비 [PI] (非) 원324
불 En agr. Négatif. Non.
한 한자어로 부정사 | 아니

[4]*비 [PI] (脾) 원324
불 La rate. Syn. 길혀 Kil-hye.
한 비장 | [동의어 길혀, Kil-hye]

[5]*비 [PI] (碑) 원324
불 Pierre monumentale; pierre à inscription.
한 기념비 | 비문을 새긴 돌

*비각 [PI-KAK,-I] (碑閣) 원325
불 Maison ou abri pour une pierre monumentale; monument en forme de maison, de grotte, qui renferme une pierre monumentale.
한 기념비를 위한 시설 또는 보호처 | 기념비를 안에 넣어 두는 집의, 동굴 형태의 기념물

*비감ᄒᆞ다 [PI-KAM-HĂ-TA] (悲感) 원325
불 Chagrin, tristesse; être triste, affligé.
한 비애, 슬픔 | 슬프다, 애통하다

비거러ᄭᅮ짓다 [PI-KE-RE-KKOU-TJIT-TA,-TJI-TJE,-TJI-TJĂN] (掛他而罵) 원325
불 Jeter sa colère sur une autre personne.
한 다른 사람에게 화를 내다

비걱비걱ᄒᆞ다 [PI-KEK-PI-KEK-HĂ-TA] 원325
불 Bruit du frottement de deux objets; crier (comme une porte mal graissée, comme le bât sur le dos d'un bœuf chargé).
한 두 물체가 마찰할 때 나는 소리 | (기름칠이 잘 안 된 문처럼, 짐을 실은 소 등 위의 길마처럼) 삐거덕거리다

비걸다 [PI-KEL-TA,-KEL-E,-KEN] (比彼而掛) 원325
불 Changer, mettre l'un pour l'autre.
한 바꾸다, 하나를 다른 것 대신 놓다

*비검 [PI-KEM,-I] (匕劍) 원325
불 Très-beau et bon couteau; fine lame.
한 매우 아름답고 좋은 칼 | 날카로운 칼날

*비경ᄒᆞ다 [PI-KYENG-HĂ-TA] (非輕) 원325
불 Lourd; grave; sérieux; fort.
한 무겁다 | 중요하다 | 심각하다 | 심하다

[1]*비계 [PI-KYEI] (秘計) 원325
불 Fourberie; ruse cachée; artifice.
한 간악한 짓 | 감춰진 술수 | 책략

[2]*비계 [PI-KYEI] (秘啓) 원325
불 Avis secret d'un gouverneur au roi. Adresse secrète au roi.
한 지사가 왕에게 비밀리에 보내는 통지서 | 왕에게 전하는 은밀한 청원

[3]*비계 [PI-KYEI] (批階) 원325
불 Echafaudage.
한 쌓아 올린 더미

[4]*비계 [PI-KYEI] (肥猪) 원325
불 Graisse de porc entre la chair et la couenne; lard; gras de lard.
한 살과 가죽 사이에 있는 돼지의 지방 | 비계 | 비계의 기름

*비관 [PI-KOAN,-I] (秘官) 원325
불 Avis, ordre secret du gouverneur aux mandarins. Edit ou lettre circulaire émanant non du roi, mais du conseil des ministres ou des gouverneurs de province.
한 지사가 관리들에게 보내는 은밀한 통지, 명령 | 왕이 아닌 장관이나 지방 지사들의 회의에서 나오는 포고 또는 회람장

*비교ᄒᆞ다 [PI-KYO-HĂ-TA] (比較) 원325
불 Comparer; opposer. ‖ Semblable.
한 비교하다 | 대조하다 | 비슷하다

[1]*비구ᄒᆞ다 [PI-KOU-HĂ-TA] (備具) 원325
불 Avoir tout; être au complet.
한 모두 가지다 | 전부이다

[2]*비구ᄒᆞ다 [PI-KOU-HĂ-TA] (比究) 원325
불 Ex œquo; égal; avoir le même nombre de jetons au jeu.
한 〈동위로〉 | 동등하게 | 같다 | 게임에서 같은 개수의 [역주 동전 모양의] 표를 가지다

[3]*비구ᄒᆞ다 [PI-KOU-HĂ-TA] (比究) 원325
불 Comparer.
한 비교하다

*비국 [PI-KOUK,-I] (備局) 원325
불 Salle du conseil des ministres, des grands dignitaires.
한 장관들, 중요 고관들의 회의실

*비금 [PI-KEUM,-I] (飛禽) 원325
불 Les oiseaux.
한 새

*비긔 [PI-KEUI] (秘記) 원325
불 Prophétie; annonces faites d'avance. Livre prophétique des Coréens.
한 예언 | 미리 행해진 공고 | 조선인들의 예언서

비기다 [PI-KI-TA,-KYE,-KIN] (擬) 원325
불 Comparer; opposer; mettre en parallèle.
한 비교하다 | 대조하다 | 비교하다

*비난ᄉᆞ [PI-NAN-SĂ] (非難事) 원326
불 Facilité; chose facile.
한 용이함 | 쉬운 것

*비누 [PI-NOU] (批累) 원326
불 Savon.
한 비누

*비누질 [PI-NOU-TJIL,-I] (批累) 원326
불 Laver au savon; savonnage.
한 비누로 씻다 | 비누로 씻기

*비늘 [PI-NEUL,-I] (鱗) 원326
불 Ecaille de poisson.
한 물고기의 비늘

[1]비다 [PI-TA,PI-RE,PIN] (祈) 원328
불 Prier, demander, supplier. ‖ Faire des excuses, demander grâce. Syn. 빌다 Pil-ta.
한 기도하다, 청원하다, 탄원하다 | 사과하다, 용서를 구하다, [동의어 빌다, Pil-ta]

[2]비다 [PI-TA,PI-RE,PIN] (借) 원328
불 Emprunter.
한 빌리다

비다듬다 [PI-TA-TEUM-TA,-TEUM-A,-TEUM-EUN] 원328
불 Etre propre et beau; être bien brossé, bien peigné.
한 깨끗하고 아름답다 | 잘 닦이다, 잘 빗질되다

비단 [PI-TAN,-I] (錦) 원328
불 Soie, soierie, étoffe de soie dont le tissu représente des fleurs, des dessins.
한 비단, 견직물, 그 직물에 꽃, 그림이 표현된 명주

*비답 [PI-TAP,-I] (批答) 원328
불 Ordre du roi, réponse écrite du roi à un gouverneur; réponse écrite à une lettre.
한 왕의 명령, 왕이 지사에게 내리는 필답 | 편지에 쓰인 대답

*비대ᄒᆞ다 [PI-TAI-HĂ-TA] (肥大) 원328
불 Avoir de l'embonpoint; être gras, dodu, gros.
한 살이 찌다 | 살이 쪘다, 통통하다, 뚱뚱하다

*비뎜 [PI-TYEM,-I] (飛點) 원328
불 Marque, signe, point rouge que le professeur met auprès de certains caractères, pour indiquer qu'ils sont bien faits. Marque faite par les examinateurs aux

bonnes compositions.
한 잘했다는 것을 나타내기 위해 교수가 몇몇 글자 옆에 찍는 표시, 기호, 빨간 점 | 시험관들이 훌륭한 답안들에 하는 표시

*비독 [PI-TOK,-I] (砒毒) 원329
불 Poison de l'arsenic; venin de l'arsenic.
한 비소의 독 | 비소의 독

비돌 [PI-TOL,-I] (碑石) 원329
불 Pierre monumentale à inscription; borne monumentale en pierre.
한 비문이 새겨진 기념비 | 돌로 만든 기념비적인 표지

*비됴즉셕 [PI-TYO-TJEUK-SYEK] (非朝即夕) 원329
불 Dès que le matin est passé, le soir commence; si ce n'est pas ce matin, ce sera ce soir, c.a.d. incessamment.
한 아침이 지나자마자 저녁이 시작된다 | 오늘 아침이 아니면 바로 오늘 저녁일 것이다, 즉 끊임없이

*비두 [PI-TOU] (批頭) 원329
불 Le premier; le commencement.
한 첫머리 | 시작

*비둔ᄒᆞ다 [PI-TOUN-HĂ-TA] (肥鈍) 원329
불 Avoir de l'embonpoint; être gras, dodu; être lourd, chargé de graisse.
한 살찌다 | 기름지다, 통통하다 | 지방이 많다, 가득하다

비드득 [PI-TEU-TEUK] 원328
불 Bruit du gond d'une porte; grincement d'une porte.
한 문의 경첩에서 나는 소리 | 문에서 나는 삐걱거리는 소리

비드득비드득 [PI-TEU-TEUK-PI-TEU-TEUK] 원328
불 Bruit du frottement.
한 문지르는 소리

비득비득ᄒᆞ다 [PI-TEUK-PI-TEUK-HĂ-TA] 원328
불 Linge lavé qui est sec. ‖ Craquer comme du bois mal joint.
한 씻어서 말린 세탁물 | 잘못 접합된 목재처럼 삐걱삐걱 소리를 내다

비듥이 [PI-TEULK-I] (鳩) 원328
불 Tourterelle; pigeon; colombe.
한 멧비둘기 | 비둘기 | 비둘기

[1]비듬 [PI-TEUM,-I] 원328
불 Crasse de la tête.
한 머리의 때

[2]비듬 [PI-TEUM,-I] 원328
불 Gâteau de riz et de bourgeons tendres, de petites feuilles, au printemps.
한 봄에, 쌀, 새싹, 작은 잎으로 만든 떡

*비등ᄒᆞ다 [PI-TEUNG-HĂ-TA] (比等) 원328
불 Rapport, ressemblance. Etre presque semblable.
한 유사성, 닮음 | 거의 비슷하다

비러먹다 [PI-RE-MEK-TA,-MEK-E,-MEK-EUN] (乞食) 원327
불 Mendier.
한 구걸하다

비렁방이 [PI-RENG-PANG-I] (乞人) 원327
불 Mendiant.
한 거지

비렁이 [PI-RENG-I] (乞人) 원327
불 Mendiant.
한 거지

[1*]비례 [PI-RYEI] (非禮) 원327
불 Dévergondage; sans tenue; sans honneur; immodestie; incivilité; inconvenance.
한 방탕 | 행실이 나쁨 | 존경심이 없음 | 불손 | 무례 | 몰상식

[2*]비례 [PI-RYEI] (備禮) 원327
불 Accomplir pour les rites.
한 의식을 거행하다

비로소 [PI-RO-SO] 원327 ☞비로솜

비로솜 [PI-RO-SĂM] (始) 원327
불 Origine, principe, commencement.
한 시초, 원리, 시작

비록 [PI-ROK] (雖) 원327
불 Quoique; bien que licet.
한 ~이지만 | 무엇이든 간에

비롯다 [PI-ROT-TA] (始) 원327
불 Commencer.
한 시작하다

*비룡 [PI-RYONG,-I] (飛龍) 원327
불 Dragon ailé, volant.
한 날개가 달린, 날 수 있는 용

*비루 [PI-ROU] (鄙陋) 원327
불 Chose hideuse. Gale des animaux; farcin des chevaux. 비루먹다 Pi-rou mek-ta, Avoir la gale (chien, cheval, etc.)
한 보기 흉한 것 | 동물이 걸리는 옴 | 마비저 | [용례]

비루먹다, Pi-rou mek-ta], (개, 말 등이) 옴이 오르다

비루리ᄒᆞ다 [PI-ROU-RI-HĂ-TA] (乞借) [원]328

[불] Emprunter. ‖ Qui travaille sans salaire, sans vouloir accepter de salaire.

[한] 빌리다 | 봉급을 받지 않고, 봉급을 받기를 바라지도 않고 일하다

*비루ᄒᆞ다 [PI-ROU-HĂ-TA,-HĂN] (鄙陋) [원]328

[불] Sale et vil; bas; dégoûtant.

[한] 더럽고 저열하다 | 저속하다 | 불쾌하다

비름 [PI-REUM,-I] (莧) [원]327

[불] Espèce d'herbe (potagère).

[한] (식용의) 풀의 종류

*비리 [PI-RI] (非理) [원]327

[불] Injustice; contre la raison; déraison.

[한] 부당 | 도리에 어긋남 | 부조리

비리다 [PI-RI-TA,-RYE,-RIN] (腥) [원]327

[불] Qui sent le poisson, la chair fraîche, la viande; sentir le poisson; avoir une odeur de marécage.

[한] 생선, 생살, 고기 냄새가 나다 | 생선 냄새가 나다 | 늪의 냄새가 나다

비리비리ᄒᆞ다 [PI-RI-PI-RI-HĂ-TA] [원]327

[불] Etre désordonné, renversé. Abuser de ses forces pour opprimer.

[한] 혼란스럽다, 어리둥절하다 | 억압하기 위해 힘을 남용하다

비리우다 [PI-RI-OU-TA,-OUE,-OUN] (腥) [원]327

[불] Imprégner de l'odeur de chair (poisson ou viande); s'imprégner de l'odeur de viande. 입 =ip-, Manger de la viande.

[한] (생선 또는 고기) 살의 냄새가 스며들다 | 고기 냄새가 배어들다 | [[용례] 입 =, ip-], 고기를 먹다

*비린 [PI-RIN,-I] (比隣) [원]327

[불] Maison très-voisine; voisin.

[한] 매우 인접한 집 | 이웃

비린내 [PI-RIN-NAI] (腥臭) [원]327

[불] Odeur de poisson ou de viande.

[한] 생선 또는 고기의 냄새

*비매비몽 [PI-MAI-PI-MONG] (非寐非夢) [원]325

[불] Demi-sommeil; ni sommeil ni veille; entre la veille et le sommeil.

[한] 선잠 | 자지도 않고 깨어 있지도 않음 | 깨어 있음과 수면의 사이

*비명 [PI-MYENG,-I] (比名) [원]325

[불] Erreur de nom.

[한] 이름의 오류

비명의죽다 [PI-MYENG-EUI-TJOUK-TA] (死於非命) [원]325

[불] Mourir pour un autre par erreur de nom.

[한] 이름을 착각하여 다른 사람 대신 죽다

*비모 [PI-MO] (秘謀) [원]326

[불] Ruse secrète; embûches secrètes.

[한] 은밀한 술책 | 은밀한 계략

*비목 [PI-MOK,-I] (比目) [원]326

[불] Poisson (plat, large) p. ê. la raie.

[한] (납작하고 폭이 넓은) 물고기, 아마도 가오리

*비문 [PI-MOUN,-I] (碑文) [원]326

[불] Pierre monumentale à inscription; inscription sur une pierre monumentale.

[한] 비문이 새겨진 기념비 | 기념비 위에 새겨진 비문

*비미ᄒᆞ다 [PI-MI-HĂ-TA] (卑微) [원]326

[불] Etre vil et petit.

[한] 천하고 신분이 낮다

*비밀ᄒᆞ다 [PI-MIL-HĂ-TA,-HĂN,-HI] (秘密) [원]326

[불] Secret, caché; mystérieux; clandestin.

[한] 은밀하다, 감추어지다 | 비밀스럽다 | 은밀하다

1*비방ᄒᆞ다 [PI-PANG-HĂ-TA] (誹謗) [원]327

[불] Blâmer; critiquer; censurer; dire du mal de ses supérieurs; les blâmer; murmurer.

[한] 힐난하다 | 비판하다 | 비난하다 | 윗사람들에 대해 나쁘게 말하다 | 그들을 힐난하다 | 불평하다

2*비방ᄒᆞ다 [PI-PANG-HĂ-TA] (比方) [원]327

[불] Etre égal, semblable, presque semblable.

[한] 동등하다, 닮다, 거의 비슷하다

*비범ᄒᆞ다 [PI-PEM-HĂ-TA] (非凡) [원]327

[불] Excellent; remarquable; choisi; extraordinaire; supérieur; privilégié; illustre; plus qu'ordinaire.

[한] 탁월하다 | 뛰어나다 | 훌륭하다 | 비범하다 | 우수하다 | 특출한 재능이 있다 | 저명하다 | 보통 이상이다

*비변ᄉᆞ [PI-PYEN-SĂ] (備邊司) [원]327

[불] Nom du palais d'un grand dignitaire à la capitale; lieu de réunion du conseil des trois premiers ministres.

[한] 수도의 중요 고관들의 관저 이름 | 세 명의 최고 수상 회의의 모임 장소

*비보 [PI-PO] (飛步) [원]327

[불] Bon marcheur.

[한] 잘 걷는 사람

*비보ᄒᆞ다 [PI-PO-HĂ-TA] (飛報) [원]327
[불] Annoncer tout de suite; rapporter promptement.
[한] 즉시 알리다 | 신속하게 보고하다

*비복 [PI-POK,-I] (婢僕) [원]327
[불] Esclave.
[한] 노예

비봉 [PI-PONG,-I] (皮封) [원]327
[불] Enveloppe de lettre; cachet de lettre.
[한] 편지 봉투 | 편지의 봉인

비봉ᄒᆞ다 [PI-PONG-HĂ-TA] (皮封) [원]327
[불] Cacheter une lettre.
[한] 편지를 봉하다

*비부 [PI-POU] (婢夫) [원]327
[불] Mari d'une esclave; mari libre d'une femme esclave (par rapport au maître). (Les enfants mâles ne sont pas esclaves, mais les filles sont la propriété du maître, qui peut les vendre).
[한] 여자 노예의 남편 | (주인과 관련하여) 여자 노예의 신분이 자유로운 남편 | (남자 아이들은 노예가 아니지만, 여자 아이들은 그들을 팔 수 있는 주인의 소유물이다)

비분 [PI-POUN,-I] [원]327
[불] Habit que portent ceux d'une condition supérieure.
[한] 높은 지위에 있는 사람들이 입는 옷

*비분ᄒᆞ다 [PI-POUN-HĂ-TA] (悲憤) [원]327
[불] Etre chagriné, fâché.
[한] 괴롭다, 분개하다

비비다 [PI-PI-TA,PI-PI-YE,PI-PIN] (擯) [원]327
[불] Frotter (v.g. les yeux). Syn. 부븨다 Pou-peui-ta.
[한] (예. 눈을) 비비다, [[동의어] 부븨다, Pou-peui-ta]

비비ᄭᅩ이다 [PI-PI-KKO-I-TA,-KKO-YE,-KKO-IN] [원]327
[불] Se corder; se tresser en corde; s'enrouler en spirale.
[한] 꼬이다 | 밧줄로 엮이다 | 나선형으로 말리다

*비비유지 [PI-PI-YOU-TJI] (比比有之) [원]327
[불] Nombreux; en grand nombre; être partout.
[한] 수많다 | 다수로 | 어디에나 있다

*비비ᄒᆞ다 [PI-PI-HĂ-TA] (比比) [원]327
[불] Nombreux; commun; en tous lieux.
[한] 수많다 | 일반적이다 | 도처에

비사리 [PI-SA-RI] (杻皮) [원]328
[불] Espèce d'arbuste dont l'écorce sert à faire des cordes, des souliers; écorce d'un petit robinier appelé 싸리나무 Ssa-ri-na-mou. Bois des paniers et des balais.
[한] 껍질이 끈이나 신발을 만드는 데 쓰이는 소관목의 종류 | 싸리나무 Ssa-ri-na-mou라 불리는 작은 아카시아 나무의 껍질 | 바구니와 빗자루를 만드는 데 쓰이는 나무

*비산비야 [PI-SAN-PI-YA] (非山非野) [원]328
[불] Ni plaine, ni montagne, entre les deux.
[한] 평야도 산도 아닌, 둘 사이의

*비샹 [PI-SYANG,-I] (砒礵) [원]328
[불] Arsenic.
[한] 비소

*비샹ᄒᆞ다 [PI-SYANG-HĂ-TA,-HĂN,-HI] (非常) [원]328
[불] Remarquable; excellent; être au-dessus du commun.
[한] 뛰어나다 | 훌륭하다 | 보통 이상이다

*비셔 [PI-SYE] (飛鼠) [원]328
[불] Polatouche (fourrure).
[한] 날다람쥐 (모피)

*비셕 [PI-SYEK,-I] (碑石) [원]328
[불] Pierre monumentale à inscription; borne en pierre.
[한] 비문이 새겨진 기념비 | 돌로 만든 표지

*비쇼ᄒᆞ다 [PI-SYO-HĂ-TA] (鼻笑) [원]328
[불] Rire en raillant; se moquer de. Mépriser; traiter avec mépris.
[한] 빈정거리며 웃다 | ~을 비웃다 | 경멸하다 | 멸시하는 태도로 대하다

*비슈 [PI-SYOU] (匕首) [원]328
[불] Couteau.
[한] 칼

*비슈검 [PI-SYOU-KEM,-I] (匕首劍) [원]328
[불] Couteau d'une bonne qualité, ceux du Japon à Tong-năi.
[한] 품질이 좋은 칼, 동래에 있는 일본 것들

비스듬ᄒᆞ다 [PI-SEU-TEUM-HĂ-TA] [원]328
[불] Obliquité; être oblique, de biais, incliné.
[한] 경사 | 경사지다, 비스듬하다, 기울어지다

[1]비슥ᄒᆞ다 [PI-SEUK-HĂ-TA] (橫) [원]328
[불] Etre oblique, incliné, de biais.
[한] 경사지다, 기울어지다, 비스듬하다

[2]비슥ᄒᆞ다 [PI-SEUK-HĂ-TA] (如狀) [원]328
[불] Etre semblable; avoir du rapport.
[한] 비슷하다 | 유사성이 있다

비슬비슬ᄒᆞ다 [PI-SEUL-PI-SEUL-HĂ-TA] [원]328
[불] Qui fait semblant de. ‖ Un peu de travers.

한 ~하는 체하다 | 약간 비스듬하다

*비습ᄒᆞ다 [PI-SEUP-HĂ-TA] (卑濕) 원328

불 Humide, aqueux.

한 축축하다, 물기가 있다

비슷ᄒᆞ다 [PI-SEUT-HĂ-TA] (如狀) 원328

불 Qui a du rapport, rapport de ressemblance; avoir de la ressemblance.

한 유사성이, 유사 관계가 있다 | 유사하다

*비승비쇽 [PI-SEUNG-PI-SYOK,-I] (非僧非俗) 원328

불 (Ni bonze, ni séculier) Qui n'est ni dedans, ni dehors; qui est entre les deux.

한 (승려도 속인도 아닌) 안에 있는 것도, 밖에 있는 것도 아니다 | 그 둘 사이에 있다

*비시 [PI-SI] (非時) 원328

불 En dehors du temps, à contre-temps; temps peu convenable, contre-temps.

한 시기에 맞지 않게, 운이 나쁜 때에 | 부적절한 시기, 불시의 일

비ᄉᆞᆷᄒᆞ다 [PI-SĂM-HĂ-TA] (比類) 원328

불 Semblable; avoir du rapport, de la ressemblance.

한 비슷하다 | 유사성, 공통점이 있다

*비ᄉᆡᆨ증 [PI-SĂIK-TJEUNG,-I] (鼻塞症) 원328

불 Maladie qui bouche le nez. Bruit que fait en respirant un homme qui a le nez bouché et qui dort la bouche ouverte.

한 코가 막히는 병 | 코가 막혀 입을 벌리고 자는 사람이 숨을 내쉬면서 내는 소리

비싸다 [PI-SSA-TA,-SSA,-SSAN] (價高) 원328

불 Cher; à prix élevé; à prix excessif; coûter cher.

한 비싸다 | 고가이다 | 과도한 가격이다 | 값이 비싸다

비앗다 [PI-AT-TA,-A,-EUN] (吐) 원324

불 Rejeter ce qui est dans la bouche pour ne pas l'avaler.

한 입 안에 있는 것을 삼키지 않으려고 내뱉다

비야지다 [PI-YA-TJI-TA,-TJYE,-TJIN] 원324

불 Etre proéminent.

한 돌출하다

*비양하다 [PI-YANG-HĂ-TA] (比樣) 원324

불 Imiter en se moquant; contrefaire pour se moquer; se moquer de; se railler de.

한 조롱하면서 흉내 내다 | 놀리려고 흉내 내다 | ~을 놀리다 | ~을 비웃다

비억 [PI-EK] (男色) 원324

불 Sodomie (terme bas).

한 남색 (저속어)

비업 [PI-EP,-I] 원324

불 Nom de la lettre ㅂ de l'alphabet coréen, qui correspond à p et quelquefois à b.

한 p, 때로는 b에 해당하는 한글 자모 ㅂ의 이름

*비연 [PI-YEN,-I] (鼻烟) 원324

불 Tabac à priser.

한 코담배

비오다 [PI-O-TA,-OA,-ON] (雨來) 원325

불 La pluie venir. Pleuvoir.

한 비가 오다 | 비가 내리다

비오리 [PI-O-RI] 원325

불 Ecorce du 비사리 Pi-sa-ri.

한 비사리 Pi-sa-ri의 껍질

비오비오 [PI-O-PI-O] 원325

불 Cri d'un oiseau de proie, de la buse.

한 맹금류, 말똥가리가 우는소리

비옵 [PI-OP,-I] 원325

불 Nom de la consonne ㅂ P.

한 자음 ㅂ P의 이름

비웃 [PI-OUT,-SI et-TCHI] (靑魚) 원325

불 Hareng.

한 청어

비웃다 [PI-OUT-TA,-SYE,-SEUN] (誹笑) 원325

불 Se moquer de; rire de; plaisanter sur le compte de; railler.

한 ~을 놀리다 | ~을 비웃다 | ~에 관해 조롱하다 | 농담하다

비위 [PI-OUI] (胃) 원325

불 Rate; poche de l'estomac; estomac.

한 지라 | 위주머니 | 위

비위당긔다 [PI-OUI-TANG-KEUI-TA,-KEUI-YE,-KJUIN] (胃動) 원325

불 Etre appétissant; faire venir l'eau à la bouche.

한 구미가 당기다 | 입에 군침이 돌다

*비유ᄒᆞ다 [PI-YOU-HĂ-TA] (譬喩) 원325

불 Exemple; comparaison; allégorie; parabole; supposition; parallèle.

한 표본 | 비교 | 우의 | 우화 | 가정 | 비교

비음ᄒᆞ다 [PI-EUM-HĂ-TA] 원324

불 Revêtir de beaux habits.

한 아름다운 옷을 입다

*비의 [PI-EUI] (非義) 원324
불 Injustice; immoralité.
한 불의 | 부도덕

*비인졍 [PI-IN-TJYENG,-I] (非人情) 원325
불 Sans amour; sans sentiment; sans cœur; sans compassion.
한 애정이 없음 | 감정이 없음 | 매정함 | 연민이 없음

*비쟝 [PI-TJYANG,-I] (裨將) 원329
불 Secrétaire du gouverneur ou autre grand mandarin; fonction de celui qui est chargé d'aider un gouverneur de province. Espèce d'intendant du gouverneur, qui exerce, à la capitale de chaque province, les fonctions des prétoriens (아젼 A-tjyen) dans chaque dis
한 지사 또는 다른 높은 관리의 비서 | 지방 지사를 돕는 일을 맡은 사람의 직무 | 각 지방의 수도에 있는 각 구역에서 친위병(아전 A-tjyen)의 업무를 수행하는 지사의 관리인들 종류

비젹비젹울다 [PI-TJYEK-PI-TJYEK-OUL-TA,-OU-RE,-OUN] 원329
불 Exprimé l'état d'un petit enfant qu'on veut faire manger malgré lui. Commencer à pleurer.
한 그 뜻에 반하여 음식을 먹이려는 어린아이의 상태를 표현한다 | 울기 시작하다

*비졀 [PI-TJYEL,-I] (非節) 원329
불 En dehors du temps.
한 시기에 맞지 않게

*비졀ᄒᆞ다 [PI-TJYEL-HĂ-TA] (悲切) 원329
불 Etre très-affligé, très-triste.
한 매우 괴로워하다, 매우 슬프다

비졉 [PI-TJYEP,-I] 원329
불 Orgelet; petite tumeur à la paupière.
한 다래끼 | 눈꺼풀에 난 작은 종기

*비조 [PI-TJO] (飛鳥) 원329
불 Oiseau.
한 새

*비조위조 [PI-TJO-OUI-TJO] (非祖爲祖, (N'être pas, grand-père, prendre pour, grand-père)) 원330
불 Faire passer pour son grand-père un homme qui ne l'est pas.
한 할아버지가 아닌 사람을 할아버지로 여기게 하다

비죽비죽ᄒᆞ다 [PI-TJOUK-PI-TJOUK-HĂ-TA] 원330
불 Etat d'un sac troué, d'où tout peu sortir. ‖ Etre hérissé d'aspérités, de pointes.
한 구멍이 뚫려 모든 것이 나올 수 있는 가방의 상태 | 우툴두툴하게, 뾰족하게 곤두서다

비지 [PI-TJI] (滓) 원329
불 Marc ou résidu des pois qui ont servi à préparer le 두부 Tou-pou.
한 두부 Tou-pou를 만드는 데 쓴 콩의 찌꺼기 또는 잔재

1*비ᄌᆞ [PI-TJĂ] (榧子) 원329
불 Nom d'une espèce de noisette qui vient dans de grands arbres résineux (elle a la propriété de tuer le ver solitaire).
한 수지를 내는 큰 나무에서 나오는 개암류의 이름 (촌충을 죽이는 특성이 있다)

2*비ᄌᆞ [PI-TJĂ] (婢子) 원329
불 Esclave femelle du mandarinat: esclave, enfant d'esclave.
한 고급관리직의 여자 노예 | 노예, 노예의 자식

비ᄌᆞᆺᄒᆞ다 [PI-TJĂT-HĂ-TA] (比) 원329
불 Qui a beaucoup de ressemblance; ressemblant; qui est presque semblable.
한 유사한 점이 많다 | 닮다 | 거의 비슷하다

*비챵ᄒᆞ다 [PI-TCHYANG-HĂ-TA,-HĂN,-HI] (悲悵) 원330
불 Inquiet et chagrin; être triste, affligé.
한 불안하고 슬프다 | 슬프다, 괴로워하다

비쳑비쳑ᄒᆞ다 [PI-TCHYEK-PI-TCHYEK-HĂ-TA] 원330
불 Etat d'un homme qui relève de maladie et marche lentement; aller en chancelant.
한 병에서 회복되어 천천히 걸어가는 사람의 상태 | 비틀거리며 걸어가다

*비쳔ᄒᆞ다 [PI-TCHYEN-HĂ-TA] (卑賤) 원330
불 Bas et vil; abject; méprisable.
한 천하고 비루하다 | 비천하다 | 멸시당할 만하다

*비취 [PI-TCHYOUI] (翡翠) 원330
불 Espèce de très-bel oiseau.
한 아주 아름다운 새의 종류

1*비취셕 [PI-TCHYOUI-SYEK,-I] (翡翠石) 원330
불 Pierre brillante; diamant; espèce de jade verdâtre très-estimé.
한 반짝이는 돌 | 다이아몬드 | 매우 고귀하게 평가되는 초록빛이 도는 경옥 종류

2*비취셕 [PI-TCHYOUI-SYEK,-I] (翡翠席) 원330
불 Natte ornée de dessins représentant des oiseaux.

한 새를 묘사한 그림이 장식된 돗자리

*비취옥 [PI-TCHYOUI-OK,-I] (翡翠玉) 원330

불 Pierre brillante, diamant (vert).

한 반짝이는 돌, (초록색) 다이아몬드

비취이 [PI-TCHYOUI-I] 원330 ☞ [1]비취셕

비컨듸 [PI-HKEN-TĂI] (譬) 원325

불 Par exemple; par comparaison; verbi gratid; supposé; savoir; c'est-à-dire; ainsi.

한 예를 들면 | 비교해서 | ~을 가정하면 | 말하자면 | 즉 | 그와 마찬가지로

비켜나다 [PI-HKYE-NA-TA,-NA,-NAN] (避) 원325

불 Eviter.

한 피하다

비키다 [PI-HKI-TA,PI-HKYE,PI-HKIN] 원325

불 Se croiser; passer à côté ou par côté; se ranger du côté de la route; éviter, se détourner pour éviter.

한 엇갈리다 | 옆으로 또는 어긋나게 지나가다 | 길 측면으로 비켜서다 | 피하다, 피하기 위해 방향을 바꾸다

[1]비통 [PI-HTONG,-I] 원329

불 Espèce de composition où il entre du cuivre, de l'étain et du zinc.

한 구리, 주석, 아연이 들어 있는 혼합물의 종류

[2*]비통 [PI-HTONG,-I] (臂痛) 원329

불 Mal au bras.

한 팔이 아픔

비틀비틀ᄒᆞ다 [PI-HTEUL-PI-HTEUL-HĂ-TA] 원329

불 Marche lente d'un homme qui relève d'une grande maladie; marcher de travers en chancelant.

한 큰 병에서 회복된 사람의 느린 걸음걸이 | 비스듬히 비틀거리며 걷다

*비파 [PI-HPA] (琵琶) 원327

불 Espèce de lyre, de harpe; guitare à 25 cordes.

한 칠현금, 하프의 종류 | 25줄이 있는 기타

비파타다 [PI-HPA-HTA-TA,-HTA,-HTAN] (彈琵琶) 원327

불 Pincer de la harpe, de la lyre.

한 하프, 칠현금을 퉁기다

*비편ᄒᆞ다 [PI-HPYEN-HĂ-TA] (非便) 원327

불 Qui n'est pas sûr; à qui on ne peut se confier; n'être pas en paix.

한 확실하지 않다 | ~을 신뢰할 수 없다 | 평온하지 않다

*비필 [PI-HPIL,-I] (飛筆) 원327

불 Pinceau volant, c.a.d. très-rapide. Ecriture rapide.

한 나는 듯한, 즉 매우 빠르게 움직이는 붓 | 빠르게 쓴 글씨

*비하공ᄉᆞ [PI-HA-KONG-SĂ] (鼻下公事) 원325

불 Ce que tout le monde fait par-dessous le nez, c.a.d. manger. ‖ Travail de cuisine; travail pour apprêter la nourriture.

한 누구나 코 아래에서 하는 것, 즉 먹다 | 부엌일 | 식사를 조리하는 일

[1*]비호 [PI-HO] (貔虎) 원325

불 Esp. d'animal féroce semblable au léopard.

한 표범과 닮은 맹수의 종류

[2]비호 [PI-HO] (飛虎) 원325

불 Vol du tigre courant avec rapidité; tigre ailé, c.a.d. très-agile.

한 매우 빠르게 달리는 호랑이의 비상 | 날개 달린, 즉 매우 날렵한 호랑이

*비희교집ᄒᆞ다 [PI-HEUI-KYO-TJIP-HĂ-TA] (悲喜交集) 원325

불 Chagrin et joie tout à la fois; être content et fâché tout à la fois.

한 동시에 느껴지는 슬픔과 기쁨 | 만족스러운 동시에 불만족스럽다

[1]비ᄒᆞ다 [PI-HĂ-TA] (比) 원325

불 Comparer; opposer; mettre en parallèle.

한 비교하다 | 대조하다 | 대조하다

[2*]비ᄒᆞ다 [PI-HĂ-TA] (卑) 원325

불 Etre bas, petit.

한 천하다, 신분이 낮다

빅다 [PIK-TA,-E,-EUN] (相適) 원325

불 Etre au même point; être égaux; être égal; être de pair; être à points égaux.

한 같은 상태이다 | 동등하다 | 평등하다 | 대등하다 | 정도가 같다

빅뷔ᄒᆞ다 [PIK-POUI-HĂ-TA] 원325

불 Cri du rat et de certains petits animaux. Grincer comme une porte.

한 쥐와 몇몇 작은 동물들이 우는 소리 | 문처럼 삐걱거리다

빅빅 [PIK-PIK] 원325

불 Cri des petits poulets, des petits oiseaux.

한 병아리, 어린 새가 우는 소리

빅슈 [PIK-SYOU] (比數) 원325

불 Avoir le même nombre de points, de jetons (au jeu);

être égaux; nombre égal; parité; égalité.
한 (놀이에서) 점수, [역주 동전 모양의] 표의 수가 같다 | 동등하다 | 동등한 수 | 동일 | 동점

빈 [PIN,-I] 원326
불 Concubine du roi.
한 왕의 첩

*빈궁ᄒᆞ다 [PIN-KOUNG-HĂ-TA] (貧窮) 원326
불 Pauvre; être pauvre, misérable.
한 가난하다 | 빈곤하다, 매우 가난하다

1*빈ᄀᆡᆨ [PIN-KĂIK,-I] (賓客) 원326
불 Hôtes, étrangers reçus à la maison.
한 손님들, 집에서 맞이하는 외부 사람들

2빈ᄀᆡᆨ [PIN-KĂIK,-I] (貧客) 원326
불 Mendiants.
한 거지들

*빈낭 [PIN-NANG,-I] (檳榔) 원326
불 Espèce de noix d'arèque.
한 빈랑나무 열매의 종류

빈들빈들ᄒᆞ다 [PIN-TEUL-PIN-TEUL-HĂ-TA] 원326
불 Passer son temps à jouer; ne pas travailler.
한 노는 데 시간을 보내다 | 일하지 않다

빈ᄃᆡ [PIN-TĂI] (蝎) 원326
불 Punaise.
한 빈대

1*빈례 [PIN-RYEI] (賓禮) 원326
불 Réception faite aux hôtes; courtoisie; politesse. Cérémonieux.
한 손님에게 하는 접대 | 정중함 | 예의바름 | 지나치게 격식을 차리다

2*빈례 [PIN-RYEI] (殯禮) 원326
불 Cérémonie de l'ensevelissement.
한 매장 의식

*빈부 [PIN-POU] (貧富) 원326
불 Pauvre et riche; pauvreté et richesse.
한 가난한 사람과 부유한 사람 | 가난함과 부유함

*빈빈ᄒᆞ다 [PIN-PIN-HĂ-TA] (彬彬) 원326
불 Utile; brillant; éclatant; très-brillant; très-bien; très-convenable.
한 유익하다 | 훌륭하다 | 빛나다 | 매우 뛰어나다 | 매우 훌륭하다 | 매우 단정하다

1*빈삭 [PIN-SAK,-I] (頻數) 원326
불 Souvent; fréquent; réitéré.
한 자주 | 빈번하다 | 반복되다

2빈삭 [PIN-SAK,-I] 원326
불 Lune intercalaire.
한 윤달

1*빈소 [PIN-SO] (殯所) 원326
불 Lieu où l'on dispose le cercueil avant l'enterrement.
한 매장하기 전 관을 놓아두는 곳

2빈소 [PIN-SO] 원326 ☞빙소

*빈쟈 [PIN-TJYA] (貧者) 원326
불 Pauvre; un pauvre.
한 빈민 | 가난한 사람

빈졍거리다 [PIN-TJYENG-KE-RI-TA,-RYE,-RIN] 원326
불 Se moquer avec ironie; parler ironiquement; railler.
한 비꼬며 조롱하다 | 빈정거리며 말하다 | 비웃다

빈졍빈졍ᄒᆞ다 [PIN-TJYENG-PIN-TJYENG-HĂ-TA] 원326
불 Qui se moque pour se venger; qui fait semblant d'ignorer pour se moquer; se moquer; railler.
한 복수하기 위해 놀리다 | 조롱하기 위해 무시하는 체하다 | 조롱하다 | 비웃다

빈지 [PIN-TJI] (板團) 원326
불 Cloison en planches; mur en bois.
한 판자로 만든 칸막이 | 나무로 된 벽

*빈촌 [PIN-TCHON,-I] (貧村) 원326
불 Village pauvre.
한 가난한 마을

*빈핍ᄒᆞ다 [PIN-HPIP-HĂ-TA] (貧乏) 원326
불 Pauvre.
한 빈곤하다

빈혀 [PIN-HYE] (釵) 원326
불 Grande aiguille de tête pour retenir le chignon des femmes.
한 여자들의 틀어 올린 머리를 고정시키기 위해 머리에 꽂는 큰 바늘

*빈ᄒᆞᆫᄒᆞ다 [PIN-HĂN-HĂ-TA] (貧寒) 원326
불 Etre pauvre, dénué.
한 가난하다, 궁핍하다

빌니다 [PIL-NI-TA,-NYE,-NIN] (借) 원328
불 Prêter.
한 빌려 주다

빌다 [PIL-TA,PIL-E,PIN] (祈) 원328
불 Prier; demander; supplier. ‖ Faire des excuses.

한 기도하다 | 요구하다 | 애원하다 | 사과하다

빌미 [PIL-MI] 원 328
불 Raison; motif; cause; apparence; symptôme.
한 이유 | 동기 | 원인 | 기색 | 조짐

빕써보다 [PIP-TTE-PO-TA,-PO-A,-PON] (橫視) 원 327
불 Regarder de travers.
한 비뚤게 보다

빕쓰다 [PIP-TTEU-TA,-TTE,-TTEUN] 원 327
불 S'enfuir dans un autre endroit; éviter; se retirer ou se détourner pour éviter.
한 다른 곳으로 도망가다 | 피하다 | 모면하기 위해 물러나거나 방향을 바꾸다

[1]**빗** [PIT,-SI] (梳) 원 328
불 Peigne.
한 빗

[2]**빗** [PIT,PIT-TCHI et -SI] (光) 원 328
불 Lumière; clarté; éclat; splendeur; lueur.
한 빛 | 빛 | 광채 | 광휘 | 희미한 빛

[3]**빗** [PIT,-SI] (債) 원 328
불 Dettes.
한 빚

[4]**빗** [PIT] (橫) 원 328
불 De travers.
한 비스듬히

[5]**빗** [PIT,-SI et -TCHI] (色) 원 328
불 Couleur.
한 색깔

빗고다 [PIT-KO-TA,-KO-A,-KON] 원 329
불 Etre tordu (v.g. une corde).
한 (예. 밧줄이) 비틀리다

빗구다 [PIT-KOU-TA,-KOU-RE,-KOUN] (歪) 원 329
불 N'être pas droit; incliné; détourné; de biais; de travers; oblique; indirect; pas juste; courbe.
한 곧지 않다 | 경사지다 | 완곡하다 | 비스듬히 | 비뚤게 | 기울어지다 | 우회적이다 | 올바르지 않다 | 굽다

빗구로 [PIT-KOU-RO] (歪) 원 329
불 Obliquement.
한 비스듬히

빗굿빗굿ᄒᆞ다 [PIT-KOUT-PIT-KOUT-HĂ-TA] (歪) 원 329
불 Etre de travers; de côté; oblique; pas juste.
한 비뚤다 | 비스듬하다 | 기울어지다 | 올바르지 않다

빗기 [PIT-KI] (橫) 원 329
불 Horizontal; de travers.
한 수평의 | 비스듬히

빗기다 [PIT-KI-TA,-KYE,-KIN] (梳) 원 329
불 Peigner (un autre).
한 (남의) 머리카락을 빗다

빗기이다 [PIT-KI-I-TA,-KI-YE,-KI-IN] 원 329
불 Etre peigné.
한 빗겨지다

[1]**빗나다** [PIT-NA-TA,-NA,-NAN] (輝) 원 329
불 Briller, se distinguer; splendide; brillant.
한 빛나다, 이채를 띠다 | 빛나다 | 반짝이다

[2]**빗나다** [PIT-NA-TA] 원 329
불 Donner dans le travers, dans le désordre.
한 나쁜 버릇에, 무질서한 상태에 빠지다

빗노이ᄒᆞ다 [PIT-NO-I-HĂ-TA] (債給) 원 329
불 Prêter à intérêt.
한 이자를 받고 빌려 주다

빗다 [PIT-TA,-SYE,-SEUN] (梳) 원 329
불 Se peigner.
한 자기 머리카락을 빗다

빗두러지다 [PIT-TOU-RE-TJI-TA,-TJYE,-TJIN] (歪) 원 329
불 Etre de biais, oblique.
한 비스듬하다, 기울어지다

빗두리 [PIT-TOU-RI] (麓) 원 329
불 Versant d'une montagne; talus; terrain en pente; tout ce qui est en pente, incliné.
한 산의 사면 | 경사지 | 경사진 땅 | 경사진, 기울어진 모든 것

빗드로 [PIT-TEU-RO] (橫) 원 329
불 De biais; qui s'écarte de la vérité.
한 비스듬히 | 진실에서 멀어지다

빗드막 [PIT-TEU-MAK,-I] (鼎階) 원 329
불 Partie du fourneau à côté des chaudières.
한 큰 가마솥 옆 화로의 일부

빗말 [PIT-MAL,-I] (空談) 원 329
불 Parole fausse, exagérée.
한 거짓된, 과장된 말

빗물 [PIT-MOUL,-I] (雨水) 원 329
불 Eau de pluie.
한 빗물

빗발못ᄒᆞ다 [PIT-PAL-MOT-HĂ-TA] 원 329
불 Ne pas pouvoir approcher.

한 가까이 갈 수 없다

빗솔 [PIT-SOL,-I] (梳刷) 원329

불 Brosse à peigne; instrument pour nettoyer le peigne.

한 빗에 사용하는 솔 | 빗을 깨끗하게 하는 도구

빗쑥ᄒᆞ다 [PIT-TTOUK-HĂ-TA] 원329

불 Tourner (le pied à la cheville).

한 (발목 부분의 발을) 돌리다

빗싸다 [PIT-SSA-TA,-SSA,-SSAN] (高價) 원329

불 Etre cher.

한 비싸다

빗쟝 [PIT-TJYANG,-I] (檳) 원329

불 Verrou; targette; barre de porte.

한 빗장, 걸쇠 | 문빗장

빗졉 [PIT-TJYEP,-I] (梳帖) 원329

불 Papier huilé pour ramasser les peignes.

한 빗을 모아 두는 데 사용하는 기름을 바른 종이

빗주다 [PIT-TJOU-TA,-TJOU-E,-TJOUN] (給債) 원329

불 Prêter à intérêt; prêter de l'argent.

한 이자를 받고 빌려 주다 | 돈을 빌려 주다

빗지다 [PIT-TJI-TA,-TJYE,-TJIN] (負債) 원329

불 Emprunter; contracter des dettes.

한 빌리다 | 빚을 지다

빗최다 [PIT-TCHOI-TA,-TCHOI-YE,-TCHOIN] 원329

불 Briller; resplendir; éclater; luire; être illustre; rayonner. Eclairer; illuminer; faire paraître. 거룩ᄒᆞᆫ빗ᄎᆞ로내ᄆᆞᄋᆞᆷ을빗최샤 Ke-reuk-hăn pit-tchă-ro nai mă-ăm-eul pit-tchoi-sya, Ayant éclairé mon cœur d'une sainte lumière.

한 빛을 발하다 | 반짝이다 | 번쩍이다 | 발광체가 빛나다 | 눈부시다 | 환하게 빛나다 | 비추다 | 환하게 비추다 | 내비치다 [용례 거룩ᄒᆞᆫ빗ᄎᆞ로내ᄆᆞᄋᆞᆷ을빗최샤, Ke-reuk-hăn pit-tchă-ro nai mă-ăm-eul pit-tchoi-sya], 성스러운 빛으로 내 마음을 비춰

빗킬횡 [PIT-HKIL-HOING] (橫) 원329

불 Nom d'un caractère chinois.

한 중국 글자의 이름

빗탈 [PIT-HTAL,-I] 원329 ☞빗두리

*빙 [PING,-I] (氷) 원326

불 Glace; glaçon.

한 얼음 | 얼음 조각

*빙거 [PING-KE] (憑據) 원326

불 Témoignage; preuve; gage; indice; signe; caution.

한 증언 | 증거 | 보증 | 징후 | 징조 | 보증

1*빙고 [PING-KO] (氷庫) 원326

불 Glacière; réservoir à glace.

한 지하 얼음 창고 | 얼음을 넣어 두는 저장소

2*빙고 [PING-KO] (憑考) 원326

불 Preuve.

한 증거

*빙고ᄒᆞ다 [PING-KO-HĂ-TA] (憑考) 원326

불 Distinguer le vrai du faux; s'appliquer à connaître la vérité; juger, décider un procès.

한 진위를 판별하다 | 진실을 아는 데에 전념하다 | 소송을 판정하다, 결정하다

*빙공영ᄉᆞᄒᆞ다 [PING-KONG-YENG-SĂ-HĂ-TA] (憑公營私) 원326

불 Prétexter une affaire du gouvernement pour faire ses propres affaires; faire faire son ouvrage en disant que c'est pour le gouvernement.

한 자기 자신의 일을 하기 위해 정부의 일을 핑계로 삼다 | 정부를 위한 것이라고 말하면서 자신의 일을 시키다

빙그러웃다 [PING-KEU-RE-OUT-TA,-OU-SYE,-OU-SEUN] (哂笑) 원326

불 Sourire.

한 미소 짓다

빙그러ᄒᆞ다 [PING-KEU-RE-HĂ-TA] 원326

불 Sourire, rire doucement.

한 방긋 웃다, 가만히 웃다

빙글빙글웃다 [PING-KEUL-PING-KEUL-OUT-TA] 원326

불 Ris étouffé; rire à voix basse, rire doucement.

한 꾹 참는 웃음 | 낮은 소리로, 가만히 웃다

빙긋빙긋 [PING-KEUT-PING-KEUT] 원326

불 Exprime le bruit des petits éclats de rire d'un enfant ou d'une femme.

한 아이 또는 여자가 작게 웃음을 터트리는 소리를 나타낸다

*빙뇌 [PING-NOI] (氷腦) 원326

불 Camphre.

한 장뇌

*빙당 [PING-TANG,-I] (氷糖) 원326

불 Sucre cristallisé; sucre candi.

한 결정화된 설탕 | 정제 설탕

*빙례 [PING-RYEI] (聘禮) 원326

불 Cérémonies, rites du mariage. Présent de noces du

fiancé à la fiancée.
한 결혼의 예식, 의식 | 약혼자가 약혼녀에게 주는 결혼 선물

*빙모 [PING-MO] (聘母) 원326
불 Belle-mère du mari; mère de l'épouse.
한 남편의 장모 | 아내의 어머니

*빙부 [PING-POU] (聘父) 원326
불 Beau-père du mari; père de la femme.
한 남편의 장인 | 아내의 아버지

*빙셜 [PING-SYEL,-I] (氷雪) 원326
불 Glace et neige.
한 얼음과 눈

*빙소 [PING-SO] (殯所) 원326
불 Dépôt que l'on fait d'un cercueil en dehors de la maison, dans une petite maison faite exprès, ou sur des pièces de bois, en attendant le jour de l'enterrement.
한 장례식 날을 기다리며 집 밖에, 일부러 만든 작은 집의 안 또는 나무 구조물 위에 관을 두는 보관소

*빙ᄉᆞ과 [PING-SĂ-KOA] (氷沙菓) 원326
불 Sucre candi; sucre cristallisé. Espèce de pâtisserie.
한 정제 설탕 | 결정화된 설탕 | 과자 종류

*빙옥 [PING-OK,-I] (氷玉) 원326
불 Pierre semblable à la glace; glace et jade.
한 얼음과 비슷한 돌 | 얼음과 경옥

*빙쟈ᄒᆞ다 [PING-TJYA-HĂ-TA] (憑藉) 원326
불 Prétexter (pour tromper); prouver.
한 (속이기 위해) 핑계로 삼다 | 증명하다

*빙쟝 [PING-TJYANG,-I] (聘丈) 원326
불 Beau-père du mari; père de l'épouse.
한 남편의 장인 | 아내의 아버지

*빙쟝ᄒᆞ다 [PING-TJYANG-HĂ-TA] (氷藏) 원327
불 Remplir la glacière; mettre de la glace dans la glacière (à la fin de l'hiver).
한 얼음 창고를 채우다 | (겨울이 끝날 무렵) 얼음 창고에 얼음을 넣다

*빙쥰ᄒᆞ다 [PING-TJYOUN-HĂ-TA] (憑準) 원327
불 Confronter; vérifier; corriger une copie en la comparant à l'exemplaire; collationner; prouver.
한 대조하다 | 확인하다 | 표본과 비교하여 사본을 수정하다 | 대조하다 | 증명하다

빙츙맛다 [PING-TCHOUNG-MAT-TA,-MAT-TJYE, -MAT-TJEUN] 원327
불 Mal bâti; vilain (se dit d'un imbécile, d'un homme bon à rien).
한 건장하지 못하다 | 비열하다 (얼간이, 아무짝에도 쓸모없는 사람에 대해 쓴다)

*빙탄 [PING-HTAN,-I] (氷炭) 원326
불 Glace et charbons (enflammés).
한 얼음과 (타오르는)석탄

*빙판 [PING-HPAN,-I] (氷板) 원326
불 Surface de glace; glace; glaçon.
한 얼음의 표면 | 얼음 | 얼음 조각

ᄇᆞ라다 [PĂ-RA-TA,PĂ-RA,PĂ-RAN] (望) 원312
불 Espérer.
한 기대하다

ᄇᆞ라보다 [PĂ-RA-PO-TA,-PO-A,-PON] (望見) 원312
불 Regarder vers.
한 ~을 향하여 보다

ᄇᆞ람 [PĂ-RAM,-I] (望) 원312
불 Espérance, espoir.
한 기대, 희망

ᄇᆞ랑 [PĂ-RANG,-I] (鉢囊) 원312
불 Espèce de sac de voyage des bonzes, poche, sac des bonzes.
한 승려들의 여행가방 종류, 승려들의 주머니, 자루

ᄇᆞ려두다 [PĂ-RYE-TOU-TA,-TOU-E,-TOUN] (棄置) 원312
불 Rejeter; laisser de côté en désespoir de cause; ne pas s'occuper de; ne pas se soucier de.
한 되던지다 | 궁여지책으로 옆에 내버려 두다 | 신경 쓰지 않다 | 관심을 갖지 않다

ᄇᆞ리다 [PĂ-RI-TA,-RYE,-RIN] (棄) 원312
불 Jeter; rejeter; abandonner; laisser; perdre.
한 던지다 | 내던지다 | 버리다 | 내버려 두다 | 잃다

ᄇᆞᆰ다 [PĂLK-TA,-A,-EUN] (明) 원312
불 Etre brillant, clair, évident, manifeste.
한 빛나다, 밝다, 명백하다, 뚜렷하다

ᄇᆞᆰ아숑이 [PĂLK-A-SYONG-I] (赤子) 원312
불 Petit enfant presque nu. ‖ Demoiselle, insecte.
한 거의 알몸인 어린아이 | 잠자리류, 곤충

ᄇᆞᆰ읏ᄇᆞᆰ읏ᄒᆞ다 [PĂLK-EUT-PĂLK-EUT-HĂ-TA] 원312
불 Qui a de petites taches rouges.
한 작고 붉은 얼룩이 있다

ᄇᆞᆰ쥐 [PĂLK-TJYOUI] 원312
불 V. 박쥐 Pak-tjyoui.
한 [참조어 박쥐, Pak-tjyoui]

ᄇᆞᆰ히다 [PĂLK-HI-TA,PĂLK-HYE,PĂLK-HIN] (明其) 원 312

불 Rendre clair; faire du jour, de la lumière; manifester; rendre évident; expliquer.

한 밝게 하다 | 낮이 되다, 빛이 비치다 | 드러내다 | 분명하게 하다 | 설명하다

ᄇᆞᆲ다 [PĂLP-TA,-A,-EUN] (踐) 원312

불 Fouler aux pieds; mettre le pied dessus. Marcher sur les traces; suivre à la piste.

한 발로 밟아 다지다 | 위에 발을 놓다 | 발자취를 따라 걷다 | 발자취를 뒤따라가다

ᄇᆞᆲ이 [PALP-I] 원312

불 Support, soutien pour empêcher de tomber, d'enfoncer; planche pour débarquer.

한 넘어지거나 박히지 않도록 하는 받침대, 지지물 | 하역하기 위한 판자

1ᄇᆡ [PĂI] (舟) 원308

불 Bateau; barque; navire; jonque.

한 배 | 작은 배 | 선박 | 정크

2ᄇᆡ [PĂI] (腹) 원308

불 Ventre.

한 배

3ᄇᆡ [PĂI] (梨) 원308

불 Poire.

한 배[역주 과일]

4ᄇᆡ [PĂI] (背叛) 원308

불 Rejeter; oublier.

한 버리다 | 소홀히 하다

5ᄇᆡ [PĂI] (拜) 원308

불 Salut; prostration; révérence.

한 인사 | 엎드림 | 절

6ᄇᆡ [PĂI] (倍) 원308

불 Après un nom de nombre chinois, au milieu d'un mot, signifie; ajouter ce nombre de fois. 삼ᄇᆡ되다 Sam păi toi-ta, Tripler. ᄉᆞᄇᆡ되다 Să păi toi-ta, Quadrupler. ᄇᆡᆨᄇᆡ되다 Păik păi toi-ta, Centupler. 이ᄇᆡ되다 I păi toi-ta, Doubler. ᄇᆡ로다ᄒᆞ다 Păi ro ta hă-ta, C'est double.

한 중국 숫자명 뒤, 단어의 중간에서 다음을 의미한다; 이 횟수를 더하다 | [용례 삼ᄇᆡ되다, Sam păi toi-ta], 3배가 되다 | [용례 ᄉᆞᄇᆡ되다, Să păi toi-ta], 4배가 되다 | [용례 ᄇᆡᆨᄇᆡ되다, Păik păi toi-ta], 백배로 늘다 | [용례 이ᄇᆡ되다, I păi toi-ta], 두 배로 되다 | [용례 ᄇᆡ로다ᄒᆞ다, Păi ro ta hă-ta], 두 배로 하다

*ᄇᆡ각ᄒᆞ다 [PĂI-KAK-HĂ-TA] (背却) 원309

불 Violer une convention, une promesse; se désister d'un serment; rejeter; rompre avec.

한 합의, 약속을 어기다 | 맹세를 저버리다 | 거부하다 | 절교하다

ᄇᆡ곱흐다 [PĂI-KOP-HEU-TA,-KOP-HA,-KOP-HEUN] (腹空) 원309

불 Avoir le ventre creux; avoir faim.

한 공복감을 느끼다 | 허기를 느끼다

*ᄇᆡ교ᄒᆞ다 [PĂI-KYO-HĀ-TA] (背教) 원309

불 Apostasier; renoncer à la religion; renier la foi chrétienne.

한 변절하다 | 종교를 단념하다 | 기독교 신앙을 버리다

ᄇᆡ나무 [PĂI-NA-MOU] (梨木) 원311

불 Poirier.

한 배나무

ᄇᆡ나이 [PĂI-NA-I] 원311

불 Usage en vertu duquel celui qui reçoit une vache à nourrir, entre en possession du veau qui en naît, et ne rend que la vache.

한 키울 암소를 받는, 그것에서 태어나는 송아지를 소유하게 되고 암소만 돌려주는 사람에 근거한 관습

ᄇᆡ다 [PĂI-TA,PĂI-A,PĂIN] (孕) 원312

불 Etre enceinte, être grosse (femme); être pleine (femelle). ‖ Etre imbibé.

한 (여성이) 임신하다, 임신하다 | (암컷이) 새끼를 배다 | 스며들다

*ᄇᆡ뎡ᄒᆞ다 [PĂI-TYENG-HĂ-TA] (排定) 원312

불 Déterminer; décider; accommoder (un procès).

한 결정짓다 | 결정하다 | 양도하다 (소송)

ᄇᆡ들 [PĂI-TEUL,-I] (輩) 원312

불 Terminaison du pluriel (peu employée). 난류ᄇᆡ들을 쳥ᄒᆞ야 Nan-ryou-păi-teul-eul tchyeng-hă-ya, Ayant appelé des gens dénaturés.

한 (별로 사용되지 않는) 복수형의 어미 | [용례 난류ᄇᆡ들을쳥ᄒᆞ야, Nan-ryou-păi-teul-eul tchyeng-hă-ya], 악독한 사람들을 불러

ᄇᆡ미리ᄒᆞ다 [PĂI-MI-RI-HĂ-TA] (匍伏) 원311

불 Se traîner sur le ventre, ramper (petit enfant qui ne marche pas encore).

한 엎드려 기다, 기어가다 (아직 걷지 못하는 어린아이)

*ᄇᆡ반ᄒᆞ다 [PĂI-PAN-HĂ-TA] (背叛) 원311

불 Se révolter contre son souverain; abandonner; délaisser; manquer à (sa parole, son serment, sa foi); rompre injustement une convention.
한 자신의 군주에 반대하여 반란을 일으키다 | 저버리다 | 내버려 두다 | (자신의 약속, 자신의 맹세, 자신의 믿음을) 저버리다 | 협약을 부당하게 깨다

*뷔별ᄒᆞ다 [PĂI-PYEL-HĂ-TA] (拜別) 원311
불 Saluer en partant; prendre congé.
한 떠나면서 인사하다 | 작별하다

뷔부르다 [PĂI-POU-REU-TA,-POUL-NE,-POU-RĂN] (飽) 원311
불 Avoir le ventre plein. Etre rassasié.
한 배가 가득하다 | 배불리 먹다

뷔불니다 [PĂI-POUL-NI-TA,-NYE,-NIN] 원311
불 Se remplir le ventre. Se rassasier. se dit aussi pour l'âme. 내령혼을뷔블니쇼셔 Nai-ryeng-hon-eul păi-poul-ni-syo-sye, Rassasiez mon âme.
한 제 배를 채우다 | 포식하다 | 영혼에 대해서도 쓰인다 | [용례 내령혼을뷔블니쇼셔, Nai-ryeng-hon-eul păi-poul-ni-syo-sye], 내 영혼을 배부르게 채워주소서

뷔뷔ᄭᅩ이다 [PĂI-PĂI-KKO-I-TA,-KKO-YE,KKO-IN] 원311
불 Tourner autour en s'enlaçant.
한 서로 얽히며 주위를 돌다

뷔뷔틀니다 [PĂI-PĂI-HIEUL-NI-TA,-NYE,-NIN] 원311
불 Tourner autour de.
한 ~주위를 돌다

*뷔샹 [PĂI-SYANG,-I] (拜上) 원312
불 Sincliner et offrir une lettre. (Style épist.).
한 몸을 숙여 편지를 주다 | (서간체)

[1]뷔셕 [PĂI-SYEK,-I] 원312
불 Port, mouillage pour les navires.
한 항구, 배의 정박지

[2*]뷔셕 [PĂI-SYEK,-I] (拜席) 원312
불 Natte pour faire les prostrations, prie-dieu.
한 [역주 바닥에 완전히] 엎드리기 위한 돗자리, 기도대

*뷔셜ᄒᆞ다 [PĂI-SYEL-HĂ-TA] (排設) 원312
불 Apprêter un festin; arranger; disposer.
한 축하연을 준비하다 | 주선하다 | 배열하다

*뷔소 [PĂI-SO] (配所) 원312
불 Exil. =가다- ka-ta, Aller en exil.
한 유배지 | [용례 =가다, - ka-ta], 유배를 가다

*뷔숑ᄒᆞ다 [PĂI-SYONG-HĂ-TA] (拜送) 원312
불 Saluer un supérieur à son départ; envoyer avec honneur les hôtes. Renvoyer avec honneur le génie de la petite vérole (festin que l'on fait à cette occasion, -superst.)
한 떠날 때 윗사람에게 인사하다 | 예를 갖춰 손님들을 보내다 | 예를 갖춰 천연두 정령을 보내다 (이 경우에 벌이는 축연, -미신)

*뷔신ᄒᆞ다 [PĂI-SIN-HĂ-TA] (背信) 원312
불 Trahir sa foi jurée, manquer à (sa parole, sa promesse).
한 맹세한 믿음을 저버리다, (언약, 약속을) 지키지 않다

뷔ᄭᅩᆸ [PĂI-KKOP,-I] (臍) 원309
불 Nombril.
한 배꼽

뷔알 [PĂI-AL,-I] (腸) 원309
불 Les boyaux.
한 창자

뷔암 [PĂI-AM,-I] (蛇) 원309
불 Serpent.
한 뱀

뷔암의ᄯᆞᆯ기 [PĂI-AM-EUI-TTĂL-KI] 원309
불 Espèce de liane.
한 칡의 종류

뷔암쟝어 [PĂI-AM-TJYANG-E] (鱔) 원309
불 Anguille.
한 뱀장어

뷔약ᄒᆞ다 [PĂI-YAK-HĂ-TA] (背約) 원309
불 Violer une alliance, un traité d'alliance, un marché, un serment, une convention; rompre injustement une convention.
한 동맹, 동맹 조약, 거래, 맹세, 협약을 위반하다 | 부당하게 협정을 파기하다

*뷔역ᄒᆞ다 [PĂI-YEK-HĂ-TA] (背逆) 원309
불 Abandonner le roi et lui désobéir; se révolter.
한 왕을 저버리고 그에게 거역하다 | 반란을 일으키다

*뷔은망덕 [PĂI-EUN-MANG-TEK,-I] (背恩忘德) 원309
불 Oubli des bienfaits; oubli de la vertu; ingratitude, être ingrat.
한 은혜를 잊음 | 덕행을 잊음 | 배은망덕, 은혜를 모르다

*뷔은ᄒᆞ다 [PĂI-EUN-HĂ-TA] (背恩) 원309
불 Ingratitude. Oublier les bienfaits; être ingrat.
한 배은망덕 | 은혜를 잊다 | 배은망덕하다

뷔쟝ᄂᆡ [PĂI-TJYANG-NĂI] 원312
불 Odeur d'un navire.
한 배의 냄새

빅졉 [PĂI-TJEP,-I] 원312
불 Maladie sous les ongles.
한 손톱 아래에 생긴 병

*빅졉ㅎ다 [PĂI-TJYEP-HĂ-TA] (配接) 원312
불 Coller du papier.
한 종이를 붙이다

*빅쥬ㅎ다 [PĂI-TJYOU-HĂ-TA] (背主) 원312
불 Renier Dieu; abandonner Dieu; apostasier, abandonner son maître.
한 신을 부인하다 | 신을 버리다 | 변절하다, 주인을 저버리다

빅직빅 [PĂI-TJIK-PĂI] 원312
불 Si ça ne réussit pas, ça ne réussira pas.
한 만약 그것이 성공하지 않으면 성공하지 못할 것이다

빅질ㅎ다 [PĂI-TJIL-HĂ-TA] (行船) 원312
불 Aller en barque; conduire une barque.
한 작은 배를 타고 가다 | 작은 배를 조종하다

1*빅ᄌ [PĂI-TJĂ] (牌子) 원312
불 Signalement d'un coupable; mandat d'arrêt.
한 범인의 인상착의 | 체포영장

2*빅ᄌ [PĂI-TJĂ] (背子) 원312
불 Espèce de gilet sans manches.
한 소매 없는 조끼의 종류

*빅쳑ㅎ다 [PĂI-TCHYEK-HĂ-TA] (背斥) 원312
불 Abandonner; délaisser; manquer à (sa parole, sa promesse). Syn. 빅반ㅎ다 Păi-pan-hă-ta.
한 버리다 | 내버려 두다 | (언약, 약속을) 지키지 않다 | [동의어 빅반ㅎ다, Păi-pan-hă-ta]

*빅치ㅎ다 [PĂI-TCHI-HĂ-TA] (排置) 원312
불 Etre établi, installé; installer, disposer, arranger, mettre en ordre.
한 세워지다, 설치되다 | 설치하다, 정돈하다, 배열하다, 정비하다

빅칙 [PĂI-TCHĂI] (白菜) 원312
불 Chou.
한 배추

*빅퇴ㅎ다 [PĂI-HTOI-HĂ-TA] (拜退) 원312
불 Prendre congé de… en saluant.
한 ~와 인사하며 작별하다

*빅포ㅎ다 [PĂI-HPO-HĂ-TA] (排鋪) 원312
불 Etre établi, installé, disposer à l'avance; préparer; arranger.
한 설치되다, 배치되다, 사전에 배열하다 | 준비하다 | 마련하다

*빅필 [PĂI-HPIL,-I] (配匹) 원312
불 Les époux, conjoints, conjuges. (Se dit des deux époux).
한 부부, 부부, 짝을 이룬 사람들 | (부부에 대해 쓴다)

*빅합ㅎ다 [PĂI-HAP-HĂ-TA] (配合) 원309
불 Cadrer; être très-juste; se bien convenir; être unis intimement.
한 일치하다 | 꼭 맞다 | 뜻이 잘 맞다 | 밀접하게 결합되다

빅호다 [PĂI-HO-TA,PĂI-HOA,PĂI-HON] (學) 원309
불 Etudier; apprendre par cœur.
한 공부하다 | 암기하다

*빅회ㅎ다 [PĂI-HOI-HĂ-TA] (徘徊) 원309
불 Se promener; aller et venir en se promenant.
한 나돌아 다니다 | 산책하며 가고 오다

*빅후셔 [PĂI-HOU-SYE] (拜候書) 원309
불 Saluer, demander des nouvelles de la santé.
한 인사하다, 안부를 묻다

*빅힝ㅎ다 [PĂI-HĂING-HĂ-TA] (陪行) 원309
불 Accompagner un supérieur en voyage; voyager de compagnie; suivre.
한 여행에서 윗사람을 수행하다 | 함께 여행하다 | 뒤따르다

1*빅 [PĂIK,-I] (百) 원309
불 Cent.
한 백 [역주 100]

2*빅 [PĂIK,-I] (伯) 원309
불 En agr. Gouverneur de province.
한 한자어로 지방의 지사

3*빅 [PĂIK] (白) 원309
불 En agr. Blanc.
한 한자어로 흰색

*빅간쥭 [PĂIK-KAN-TJYOUK,-I] (白竿竹) 원309
불 Tuyau blanc de pipe; manche blance de pipe, c.a.d. sans ornement.
한 담뱃대의 흰 파이프 | 담뱃대의 흰 자루, 즉 장식이 없다

*빅개ᄌ [PĂIK-KAI-TJĂ] (白芥子) 원309
불 Moutarde blanche.
한 흰 겨자

1*빅계 [PĂIK-KYEI] (百計) 원309

불 Cent espèce de ruses, de fourberies.
한 백 가지 종류의 계략, 협잡

2*빅계 [PĂIK-KYEI] (白鷄) 원309
불 Poule blanche.
한 흰 암탉

*빅골 [PĂIK-KOL,-I] (白骨) 원310
불 Squelette, ossements d'un mort; ossement blanchi.
한 골격, 죽은 사람의 해골 | 희어진 해골

*빅공 [PĂIK-KONG,-I] (百工) 원310
불 Artiste; adroit; qui a beaucoup d'adresse, d'habileté pour faire des ouvrages manuels. ‖ Toute espèce de métiers. ‖ Ouvrier en toute espèce de choses.
한 예술가 | 솜씨 좋다 | 수공예품을 만드는 재주와 능란함이 많은 사람 | 온갖 종류의 직업 | 온갖 것들에 있어서의 장인

1*빅과 [PĂIK-KOA] (百果) 원310
불 Cent sortes de fruits; toute espèce de fruits.
한 백 가지 종류의 과일 | 온갖 종류의 과일

2*빅과 [PĂIK-KOA] (白果) 원310
불 Arbre aux quarante écus; Ginko bibola; salisburia adiantifolia; arbre du ciel. Syn. 은힝 Eun-hăing.
한 40에퀴짜리 나무 | <은행나무> | <은행나무> | 하늘나무 | [동의어 은힝, Eun-hăing]

*빅관 [PĂIK-KOAN,-I] (百官) 원310
불 Tous les dignitaires; tous les mandarins.
한 모든 고관 | 모든 관리

*빅구 [PĂIK-KOU] (白鷗) 원310
불 Espèce d'oiseau de mer, le goëland.
한 바다새 종류, 갈매기

*빅근초 [PĂIK-KEUN-TCHO] (百根草) 원309
불 Nom d'une plante médicinale.
한 약용 식물의 이름

1*빅긔 [PĂIK-KEUI] (白氣) 원309
불 Météore blanc, phénomène blanc qui se forme et apparaît dans l'air.
한 흰 유성, 공기 중에 형성되고 나타나는 백색 현상

2*빅긔 [PĂIK-KEUI] (白旗) 원309
불 Drapeau blanc.
한 흰 깃발

*빅낙 [PĂIK-NAK,-I] (白絡) 원310
불 Maladie de certaines plantes, surtout du tabac.
한 몇몇 식물, 특히 담배에 생기는 병

*빅납 [PĂIK-NAP,-I] (白蠟) 원310
불 Cire animale qu'on trouve sur l'écorce d'un certain arbre, surtout sur le troëne et le frêne, et qui semble être le résidu blanc de quelques insectes.
한 어떤 나무껍질 위, 특히 쥐똥나무와 서양물푸레나무 위에서 발견되는 동물성 왁스로, 몇몇 곤충들이 남긴 흰 찌꺼기 같은 것

*빅녕빅니ᄒᆞ다 [PĂIK-NYENG-PĂIK-NI-HĂ-TA] (百怜百俐) 원310
불 Intelligent; qui a beaucoup d'esprit; à qui rien n'échappe; qui comprend tout.
한 똑똑하다 | 재치가 많다 | 어떤 것도 그 능력을 벗어나지 않다 | 모든 것을 이해하다

1*빅노 [PĂIK-NO] (白露) 원310
불 Blanche rosée. 3me quinzaine d'automne, vers le 4 ou 5 Septembre.
한 흰 이슬, 백로 | 9월 4일 또는 5일경, 가을의 세 번째 2주간

2*빅노 [PĂIK-NO] (白鷺) 원310
불 Espèce de grand oiseau blanc, de grand échassier; aigrette.
한 섭금류[역주 涉禽類]의 크고 흰 새 종류 | 백로

*빅능나 [PĂIK-NEUNG-NA] (白綾羅) 원310
불 Espèce de toile de soie blanche.
한 흰색 비단의 천 종류

*빅닙 [PĂIK-NIP,-I] (白笠) 원310
불 Chapeau blanc qui se porte dans le demi-deuil.
한 약식 상복을 입을 때에 착용하는 흰 모자

*빅단기유 [PĂIK-TAN-KĂI-YOU] (百端開諭) 원310
불 Redire cent fois; répéter cent fois; exhorter ou presser par toute sorte de motifs.
한 백 번 다시 말하다 | 백 번 반복하다 | 온갖 종류의 이유를 들며 설득하거나 압박을 가하다

*빅단초 [PĂIK-TAN-TCHO] (百端草) 원311
불 Nom d'une plante médicale.
한 약용 식물의 이름

*빅ᄃᆡ지친 [PĂIK-TĂI-TJI-TCHIN,-I] (百代之親) 원311
불 Y aurait-il cent générations, si on a le même nom et si on descend de la même souche, on se regarde comme parents. parents, unis par les liens du sang.
한 100세대가 있었을 것이다, 만약 같은 성을 가지고 있고, 같은 선조로부터 내려온다면, 서로 친척으로 여긴다 | 혈연으로 연결된 친척들

*빅마 [PĂIK-MA] (白馬) ㊊310
불 Cheval blanc.
한 흰말

1*빅모 [PĂIK-MO] (伯母) ㊊310
불 Femme du frère aîné du père.
한 아버지의 큰형의 부인

2*빅모 [PĂIK-MO] (白毛) ㊊310
불 Cheveux blancs; barbe blanche; poils blancs.
한 흰 머리카락 | 흰 수염 | 흰 털

1*빅목 [PĂIK-MOK,-I] (白木) ㊊310
불 Toile de coton blanc.
한 흰 면포

2빅목 [PĂIK-MOK,-I] (栢木) ㊊310
불 Pin qui donne une amande bonne à manger, vulg. app. 잣나무 Tjat-na-mou.
한 먹기 좋은 아몬드를 산출하는 소나무, 속칭으로 잣나무 Tjat-na-mou라고 불린다

*빅문 [PĂIK-MOUN,-I] (白文) ㊊310
불 Billet inutile, vain. titre, écrit, billet faux, supposé, insuffisant.
한 쓸데없는, 헛된 짤막한 편지 | 가짜의, 허위의, 불충분한 증서, 문서, 지폐

*빅미 [PĂIK-MI] (白米) ㊊310
불 Riz écossé d'une qualité supérieure et d'une belle blancheur.
한 보기 좋은 흰 빛깔의 품질이 좋은 껍질을 깐 벼

*빅반 [PĂIK-PAN,-I] (白礬) ㊊310
불 Alun.
한 명반

*빅발 [PĂIK-PAL,-I] (白髮) ㊊310
불 Cheveux blancs; poils blancs; barbe blanche.
한 흰 머리 | 흰 털 | 흰 수염

*빅방ᄒᆞ다 [PĂIK-PANG-HĂ-TA] (白放) ㊊310
불 Relâcher des prisonniers; renvoyer un accusé absous.
한 수감인들을 풀어주다 | 죄를 사한 피고인을 돌려보내다

*빅변 [PĂIK-PYEN,-I] (白邊) ㊊310
불 Bord d'une planche.
한 판자의 가장자리

*빅변두 [PĂIK-PYEN-TOU] (白扁豆) ㊊310
불 Esp. de pois, de haricots qui s'emploient en médecine.
한 내복약으로 사용되는 콩, 강낭콩의 종류

*빅부 [PĂIK-POU] (伯父) ㊊310
불 Frère aîné du père.
한 아버지의 손위 형

*빅부쟝 [PĂIK-POU-TJYANG,-I] (百夫長) ㊊310
불 Centurion; chef de cent soldats; centenier.
한 백인대장 | 백 명의 군인들의 대장 | 백부장

*빅비탕 [PĂIK-PI-HTANG,-I] (白沸湯) ㊊310
불 Eau bouillante; eau qui a cent fois bouilli avec des morceaux d'écuelle cassée (remède); bouillon d'eau pure.
한 끓는 물 | 깨진 사발 조각들을 넣고 백 번 끓인 물 (약) | 순수한 물의 끓음

*빅빈 [PĂIK-PĂI] (百拜) ㊊310
불 Cent saluts. saluer cent fois.
한 백 번의 인사 | 백 번 인사하다

빅빅ᄒᆞ다 [PĂIK-PĂIK-HĂ-TA] (密密) ㊊310
불 Epais; dense; dru; non transparent; être bouché; ovstrué; être peu intelligent.
한 두껍다 | 조밀하다 | 무성하다 | 속이 비치지 않다 | 막혀 있다 | 막히다 | 별로 영리하지 않다

*빅사 [PĂIK-SA] (白蛇) ㊊310
불 Serpent blanc.
한 흰 뱀

*빅사쥬 [PĂIK-SA-TJYOU] (白蛇酒) ㊊310
불 Vin de serpent.
한 뱀술

빅산 [PĂIK-SAN,-I] ㊊310
불 V. 졍과 Tjyeng-koa.
한 [참조어 졍과, Tjyeng-koa]

*빅셩 [PĂIK-SYENG,-I] (百姓, (Cent, noms de famille)) ㊊310
불 Peuple, tout le peuple d'un royaume, tous les sujets. Populace distincte des hommes en place et des nobles; homme du peuple.
한 백성, 왕국의 모든 백성, 모든 백성 | 상당한 지위에 있는 사람들과 귀족들과는 구분되는 하층민 | 서민

*빅슈 [PĂIK-SYOU] (白首) ㊊310
불 Tête blanche; barbe blanche.
한 흰 머리 | 흰 수염

*빅슉모 [PĂIK-SYOUK-MO] (伯叔母) ㊊310
불 Femme du frère aîné du père.
한 아버지의 손위 형의 부인

1*빅ᄉᆞ [PĂIK-SĂ] (百事) ㊊310
불 Cent sortes d'affaires; cent espèces de choses.

한 백 가지 종류의 일 | 백 가지의 것

²*뵉亽 [PĂIK-SĂ] (白沙) 원310

불 Sable blanc.

한 흰 모래

*뵉亽쟝 [PĂIK-SĂ-TJYANG,-I] (白沙場) 원310

불 Plage de sable blanc.

한 흰 모래 해수욕장

*뵉씨 [PĂIK-SSI] (伯氏) 원310

불 Frère aîné (hon.); le plus âgé des frères aînés.

한 손위 형(경칭) | 손위 형들 중 가장 나이가 많은 사람

*뵉약무효 [PĂIK-YAK-MOU-HYO] (百藥無效) 원309

불 Maladie mortelle, contre laquelle cent sortes de remèdes n'ont pas d'effet.

한 백 가지의 약도 효력이 없는 죽을 병

*뵉어 [PĂIK-E] (白魚) 원309

불 Espèce de petit poisson de mer transparent, l'éperlan; on l'appelle vulg. 뷩어 Păing-e.

한 투명한 작은 바닷물고기의 종류, 바다빙어의 일종 | 속칭으로 뷩어 Păing-e라 부른다

*뵉옥 [PĂIK-OK,-I] (白玉) 원309

불 Marbre blanc; jade blanc.

한 흰 대리석 | 흰색의 비취

¹*뵉우 [PĂIK-OU] (白牛) 원309

불 Bœuf blanc.

한 흰 소

²*뵉우 [PĂIK-OU] (白羽) 원309

불 Plume blanche.

한 흰 깃털

*뵉우션 [PĂIK-OU-SYEN,-I] (白羽扇) 원309

불 Eventail fait de plumes blanches.

한 흰 깃털로 만든 부채

*뵉의 [PĂIK-EUI] (白衣) 원309

불 Habit blanc; aube; surplis.

한 흰 옷 | 흰 제복 | 사제가 법의 위에 입는 겉옷

뵉이다 [PĂIK-I-TA,PĂIK-YE,PĂIK-IN] (密縫) 원309

불 Coudre à petits points en revenant de la moitié d'un point.

한 바늘땀의 반 정도를 되돌아오면서 촘촘하게 바느질하다

*뵉일홍 [PĂIK-IL-HONG,-I] (百日紅) 원309

불 Nom d'une fleur.

한 꽃의 이름

¹*뵉작약 [PĂIK-TJAK-YAK,-I] (白灼藥) 원311

불 Pivoine rouge; remède de la racine de pivoine.

한 붉은 작약 | 작약 뿌리로 만든 약

²뵉작약 [PĂIK-TJAK-YAK,-I] 원311 ☞뵉ᄌ약

뵉장놈 [PĂIK-TJANG-NOM,-I] (白丁漢) 원311

불 Boucher, celui qui me les bœufs. (Les bouchers forment une classe à part reputée très-vite; les vanmers, 고리장이 Ko-ri-tjang-i, les cordonniers qui font des souliers en cuir, sont aussi de cette classe de 뵉장놈 Păik-tjang-nom).

한 도살업자, 소를 죽이는 사람 | (도살업자들은 반복해서 아주 빠르게 별도로 여겨지는 층을 형성한다 | 광주리 만드는 사람, 고리장이 Ko-ri-tjang-i, 가죽신을 만들고 뵉장놈 Păik-tjang-nom의 계층에 속하는 구두장이)

*뵉쟝의 [PĂIK-TJYANG-EUI] (白長衣) 원311

불 Aube, long vêtement blanc pour la messe.

한 흰색의 제복, 미사를 위한 흰색의 긴 옷

*뵉젼노졸 [PĂIK-TJYEN-NO-TJOL,-I] (百戰老卒) 원311

불 Cent combats font un vieux soldat. A force de forger on devient forgeron. Celui qui fait bien, à cause de l'habitude qu'il a de faire une chose. Vieux soldat, vétéran, vieux routier.

한 백 번의 전투는 늙은 군인을 만들어 낸다 | [역주 금속을] 벼린 덕분에 대장장이가 되다 | 어떤 것을 하는 습관으로 인해 잘하는 사람 | 늙은 병사, 고참병, 나이가 많은 노련한 사람

*뵉제국 [PĂIK-TJYEI-KOUK,-I] (百濟國) 원311

불 Quelpaërt, royaume de Quelpaërt (avant sa réunion à la Corée).

한 제주도, (조선에 통합되기 전의) 제주도의 왕국

*뵉죵 [PĂIK-TJYONG,-I] (百種) 원311

불 Plusieurs choses; cent sortes d'objets.

한 여러 가지 것들 | 백 가지의 물건

*뵉쥬 [PĂIK-TJYOU] (白晝) 원311

불 Jour clair. (Mot, serment païen). 뵉쥬에 Păik-tjyou-ei, En plein jour.

한 대낮 | (이교도의 단어, 맹세) | [용례 뵉쥬에, Păik-tjyou-ei], 대낮에

*뵉즁녁 [PĂIK-TJYOUNG-NYEK,-I] (百重曆) 원311

불 Calendrier pour cent années.

한 100년 동안의 달력

¹*뵉지 [PĂIK-TJI] (白紙) 원311

불 Papier blanc léger.

한 가벼운 흰 종이

[2]*빅지 [PĂIK-TJI] (白芷) ㉝311
불 Nom d'un remède, d'une racine employée en médecine; racine v.g. d'angélique.
한 약의, 의학에서 사용되는 뿌리의 이름 | 예. 안젤리카의 뿌리

*빅ᄌᆞ [PĂIK-TJĂ] (栢子) ㉝311
불 Graine de pin.
한 소나무의 씨앗

*빅ᄌᆞ약 [PĂIK-TJĂ-YAK] (白芍藥) ㉝311
불 Pivoine rouge; remède de la racine de pivoine.
한 붉은 작약 | 작약 뿌리로 만든 약

*빅쳑간두 [PĂIK-TCHYEK-KAN-TOU] (百尺竿頭) ㉝311
불 Litt. bambou de cent pieds de haut, c.a.d. très-haut. Par métaphore; homme réduit à la dernière misère, sans ressource (parce qu'on ne peut atteindre le sommet); impossible; impossibilité.
한 글자대로 높이가 100피에인. 즉 아주 높은 대나무 | 은유적으로 | 최악의 곤경에 빠진, 속수무책인 사람(정점에 다다르지 못하기 때문에) | 불가능하다 | 불가능

*빅쳥 [PĂIK-TCHYENG,-I] (白淸) ㉝311
불 Miel blanc; très-beau miel.
한 흰색 꿀 | 아주 훌륭한 꿀

*빅쵸샹 [PĂIK-TCHYO-SYANG,-I] (百草霜) ㉝311
불 Espèce de suie qui s'attache au-dessous de la chaudière (employée en médecine).
한 큰 가마솥 아래에 붙은 (의학에서 쓰이는) 그을음의 종류

*빅츌 [PĂIK-TCHYOUL,-I] (白朮) ㉝311
불 Noms d'une espèce de racine (remède).
한 일종의 뿌리의 이름 (약)

*빅탄 [PĂIK-HTAN,-I] (白炭) ㉝311
불 Charbon de bois de chêne.
한 떡갈나무의 숯

*빅탈ᄒᆞ다 [PĂIK-HTAL-HĂ-TA] (白頉) ㉝311
불 Renvoyer un accusé qu'on a jugé innocent; renvoyer absous; être absous (un accusé en justice).
한 무죄로 판결된 피고인을 돌려보내다 | 사면되어 돌려보내다 | (재판에서의 피고인이) 사면되다

*빅텰 [PĂIK-HTYEL,-I] (白鐵) ㉝311
불 Fer blanc.
한 흰색 철

*빅톄 [PĂIK-HTYEI] (百體) ㉝311
불 Tout le corps humain, les cent articulations, les cent parties du corps.
한 사람의 몸 전체, 백 개의 관절, 몸의 백 군데

*빅토 [PĂIK-HTO] (白土) ㉝311
불 Terre blanche; argile blanche.
한 흰 흙 | 흰 진흙

*빅통 [PĂIK-HTONG,-I] (白銅) ㉝311
불 Espèce de composition d'où résulte un métal blanc pour les pipes et différents ustensiles; cuivre blanc (composé de cuivre, zinc, argent).
한 파이프나 다양한 도구들을 만들기 위한 흰 금속이 나오는 재료의 종류 | (구리, 아연, 은이 혼합된) 흰 구리

*빅틔 [PĂIK-HTĂI] (白苔) ㉝311
불 Maladie dans laquelle la langue et les yeux deviennent blancs. Enduit blanchâtre de la langue d'un malade.
한 혀와 눈이 하얗게 되는 병 | 환자의 혀에 있는 희끄무레한 막

*빅판에 [PĂIK-HPAN-EI] (白板) ㉝310
불 Sans raison; sans motif.
한 이유 없이 | 동기 없이

*빅팔념쥬 [PĂIK-HPAL-NYEM-TJYOU] (百八念珠, (Cent, huit, prières, grains)) ㉝310
불 Espèce de grand chapelet de bonze qui a 108 grains.
한 108개의 작은 알이 있는 승려의 큰 묵주 종류

*빅패 [PĂIK-HPAI] (白牌) ㉝310
불 Diplôme blanc de 진ᄉᆞ Tjin-să.
한 진ᄉᆞ Tjin-să의 흰 공문서

*빅폐구죤 [PĂIK-HPYEI-KOU-TJYON,-I] (百弊具存) ㉝310
불 Cent sortes de malheurs, d'ennuis, de contre-temps; il y a cent inconvénients.
한 백 가지의 불행, 걱정, 난처한 일 | 백 가지의 불행이 있다

*빅포 [PĂIK-HPO] (白布) ㉝310
불 Linge blanc; toile blanche. Nappe de communion.
한 흰 린넨 천 | 흰 천 | 성체배령포

*빅한 [PĂIK-HAN,-I] (白鷴) ㉝309
불 Nom d'une espèce d'oiseau, grue blanche.
한 새 종류의 이름, 흰 두루미

[1]*빅합 [PĂIK-HAP,-I] (白鴿) ㉝309

불 Pigeon blanc; colombe blanche.
한 흰 비둘기, 흰 비둘기

²빅합 [PĂIK-HAP,-I] 원309
불 Racine du 기나리 Kăi-na-ri.
한 기나리 Kăi-na-ri의 뿌리

*빅호 [PĂIK-HO] (白虎) 원309
불 Tigre blanc. ‖ Le dessus de la tête; le sommet de la tête.
한 흰 호랑이 | 머리 위 | 머리 꼭대기

빅호치다 [PĂIK-HO-TCHI-TA,-TCHYE,-TCHIN] (削白虎) 원309
불 Raser le sommet de la tête.
한 머리 꼭대기를 짧게 깎다

*빅홍 [PĂIK-HONG,-I] (白虹) 원309
불 Arc-en-ciel blanc (il a paru une fois, dit-on).
한 흰 무지개 (딱 한 번 나타났다고 한다)

*빅화지 [PĂIK-HOA-TJI] (百花脂) 원309
불 Esp. de Brachyure, crabe.
한 갑각류 종류, 게

*빅활 [PĂIK-HOAL,-I] (白活) 원309
불 Exposé d'une affaire, requête; explication.
한 사건에 대한 진술, 청원 | 설명

*빅활ᄒᆞ다 [PĂIK-HOAL-HĂ-TA] (白活) 원309
불 Faire une requête au mandarin; exposer de vive voix son affaire au mandarin.
한 관리에게 청원서를 내다 | 관리에게 자신의 소송 사건을 구두로 진술하다

빗다 [PĂIT-TA,-TJYE,-TJEUN] 원312
불 Entrelacer. ‖ Enlever de force.
한 서로 얽히게 하다 | 강제로 빼앗다

빙그르르 [PĂING-KEU-REU-REU] 원311
불 Bruit d'une toupie qui tourne.
한 팽이가 도는 소리

빙빙도다 [PĂING-PĂING-TO-TA,-TOL-A,-TON] 원311
불 Tourner autour; rôder; tourner rapidement sur soi-même; pirouetter.
한 주위를 돌다 | 배회하다 | 제자리에서 빨리 돌다 | 제자리에서 돌다

빙어 [PĂING-E] (白魚) 원311
불 Espèce de petit poisson, l'éperlan(?). Syn. 빅어 Păik-e.
한 작은 물고기 종류, 바다빙어의 일종(?), [동의어 빅어 Păik-e]

ㅃ [PP] 원296
불 Le même que le précédent prononcé des lèvres par une émission vive et sèche de la voix.
한 음성의 격렬하고 거친 발성에 의해 입술로 발음된 선례와 같다

ㅄㅏᄅᆞ다 [PPA-RA-TA,PPAL-NE,PPA-RĂN] (迅) 원304
불 Agile; prompt; rapide; vif; leste; alerte.
한 날렵하다 | 재빠르다 | 빠르다 | 활발하다 | 민첩하다 | 활기차다

ㅅ

¹ㅅ [S] 원367
불 21ᵉ lettre de l'alphabet coréen, consonne. Répond à s. (Placé sous une voyelle, elle remplace le ㄷ T).
한 한글 자모의 21번째 글자, 자음, s에 대응한다 | (모음 아래에 놓여, ㄷ T을 대신한다)

²ㅅ [S] 원367
불 Se met devant les consonnes ㄱK, ㅂP, ㅅs, ㄷT, ㅈTj, pour indiquer qu'on doit les prononcer avec un son sec, vif et dur.
한 여운이 없는 격렬하고 억센 소리로 발음해야 함을 표시하려고 ㄱK, ㅂP, ㅅs, ㄷT, ㅈTj 자음들 앞에 놓인다

¹*사 [SA] (絲) 원367
불 Fil.
한 실

²*사 [SA] (沙) 원367
불 En agr. Sable.
한 한자어로 모래

³*사 [SA] (蛇) 원367
불 En agr. Serpent.

[한] 한자어로 뱀

4* 사 [SA] (紗) [원]367

[불] En agr. Gaze, soie très-légère.

[한] 한자어로 얇은 천, 아주 가벼운 명주천

5* 사 [SA] [원]385 ☞ 9ᄉᆞ

*사가 [SA-KA] (査家) [원]368

[불] Maison d'un allié qui n'est pas parent (v.g. les parents de la bru) maison privée, d'un simple particulier.

[한] 친척이 아닌 인척 (예. 며느리의 부모)의 집, 사적인, 단순히 개인의 집

사각사각씹다 [SA-KAK-SA-KAK-SSIP-TA] [원]368 ☞사각사각ᄒᆞ다

사각사각ᄒᆞ다 [SA-KAK-SA-KAK-HĂ-TA] [원]368

[불] Bruit d'une rave tendre sous les dents. Croquer sous les dents, être croquant. Désigne un bruit qui ressemble à celui que ferait sous la dent une peau de requin qu'on voudrait mâcher.

[한] 부드러운 순무를 이로 씹는 소리 | 치아로 와작거리며 씹다, 바삭바삭하다 | 씹고자 하면 상어의 가죽을 이로 씹을 때 날 수 있을 소리와 비슷한 소리를 가리킨다

*사갈 [SA-KAL,-I] (蛇蝎) [원]368

[불] Serpent et scorpion.

[한] 뱀과 전갈

사격 [SA-KYEK,-I] [원]368

[불] Navires, barques qui vont de compagnie. || Matelots, marins.

[한] 동행하는 선박, 작은 배 | 수병들, 선원들

1* 사과 [SA-KOA] (查果) [원]368

[불] Pomme douce.

[한] 단 사과

2 사과 [SA-KOA] (眞苽) [원]368

[불] Esp.de melon.

[한] 멜론 종류

*사관 [SA-KOAN,-I] (舍館) [원]368

[불] Habitation, demeure, résidence.

[한] 거처, 주거, 주재지

*사관텽 [SA-KOAN-HTYENG,-I] (四館廳) [원]368

[불] Cour inférieure au tribunal des crimes et qui correspond à notre tribunal de police correctionnelle (se trouve à la capitale seulement).

[한] 범죄 재판소보다 낮은, 우리의 경범 재판소에 해당하는 법원 (수도에만 있다)

*사관ᄒᆞ다 [SA-KOAN-HĂ-TA] (私觀) [원]368

[불] Salut. Souhait de bonjour que les employés de préfecture font au mandarin. Saluer le mandarin chaque matin (les prétoriens).

[한] 인사 | 도청 직원들이 관리에게 하는 낮 인사 | (친위병이) 매일 아침 관리에게 인사하다

사괴다 [SA-KOI-TA,-KOI-YE,KOIN] (交) [원]368

[불] Se lier d'amitié; devenir amis; fréquenter quelqu'un; faire compagnie avec.

[한] 우정을 맺다 | 친구가 되다 | 누군가와 친하게 지내다 | ~와 동행하다

*사금 [SA-KEUM] (沙金) [원]368

[불] Or de sable, or comme des grains de sable (c'est un or de qualité inférieure).

[한] 모래 속에 있는 금, 모래알 같은 금 (질이 가장 낮은 금이다)

*사긔 [SA-KEUI] (沙器) [원]368

[불] Faïence; porcelaine.

[한] 도기 | 자기

사나희 [SA-NA-HEUI] (男) [원]372

[불] Personne du sexe masculin; garçon; homme ; mâle.

[한] 성이 남성인 사람 | 사내아이 | 남자 | 남자

1 사다 [SA-TA,SA ou SA-SYE,SAN ou SA-SEUN] (買) [원]378

[불] Acheter. || Vendre (quand il s'agit des blés).

[한] 구매하다 | 판매하다 (곡식과 관계될 때)

2 사다 [SA-TA,SA-RA,SAN] (居) [원]378

[불] Vivre, habiter.

[한] 살다, 거주하다

3 사다 [SA-TA,SA,SAN] [원]391☞ᄉᆞ다

사다리 [SA-TA-RI] (梯) [원]378

[불] Echelle; escalier en bois.

[한] 사닥다리 | 나무로 만든 계단

1* 사당 [SA-TANG,-I] (祠堂) [원]378

[불] Boîte des tablettes des ancêtres.

[한] 조상들의 패들을 두는 상자

2* 사당 [SA-TANG,-I] (沙糖) [원]378

[불] Sucre; sucre en poudre.

[한] 설탕 | 가루로 된 설탕

*사댱 [SA-TYANG,-I] (沙場) [원]378

[불] Plage de sable plaine de sable.

[한] 모래사장, 모래벌판

1* 사뎨 [SA-TYEI] (師弟) [원]379

[불] Maître et disciple.

한 스승과 제자

2* 사뎨 [SA-TYEI] (舍第) 원379

불 Mon frère cadet.

한 나의 손아래 남동생

1* 사도 [SA-TO] (使道) 원379

불 On appelle ainsi les hauts mandarins, c. a. d. le gouverneur et les grands officiers militaires. || Titre honorifique qu'on donne à un fonctionnaire bachelier, licencié (급뎨 Keup-tyei).

한 높은 관리, 즉 지사와 지위가 높은 군 장교들을 이렇게 부른다 | 바칼로레아 합격자, 학사인 공무원에게 붙이는 경칭 (급뎨 Keup-tyei)

2 사도 [SA-TO] (司徒世子) 원379

불 Nom d'un roi de Corée.

한 조선의 어느 왕의 이름

* 사독 [SA-TOK,-I] (蛇毒) 원379

불 Venin de serpent.

한 뱀의 독

사돈 [SA-TON,-I] (査) 원379

불 Alliés qui ne sont pas parents (les parents de la bru, ceux du gendre) parent par alliance. Père et mère des jeunes époux. Leurs oncles.

한 혈족이 아닌 인척들 (며느리의 부모, 사위의 부모) | 결혼으로 맺어진 친척 | 젊은 부부의 아버지와 어머니 | 그들의 삼촌들

사둘 [SA-TOUL,-I] 원379

불 Esp. de filet en poche, dont l'ouverture est formée par un cercle en bois, et qui sert à draguer.

한 쓰레그물로 조개류를 잡는 데에 사용하는, 입구가 나무테로 만들어진 자루 모양의 그물 종류

사들사들 [SA-TEUL-SA-TEUL] (枯貌) 원379

불 Désigne l'état de nouvelles plantations qui ont fatigué sous l'ardeur du soleil. =마르다 -ma-reu-ta ou =ᄒᆞ다 -hă-ta, Se flétrir, se dessécher.

한 새로 심은 나무가 태양의 뜨거운 열기 아래에 지쳐버린 상태를 가리킨다 | [용례 =마르다, -ma-reu-ta] [용례 =ᄒᆞ다, -hă-ta] 시들다, 마르다

사등이 [SA-TEUNG-I] (骽) 원379

불 Le bas de l'échine. Le dos, les reins.

한 척추의 아래쪽 | 등, 허리

* 사디 [SA-TI] (沙地) 원379

불 Terrain sablonneux.

한 모래가 많은 땅

1 사라귀 [SA-RA-KOUI] 원376

불 V. 씀바귀 Sseum-pa-koui.

한 [참조어 씀바귀, Sseum-pa-koui]

2 사라귀 [SSEUM-PA-KOUI] 원410 ☞ 씀바귀

사라지다 [SA-RA-TJI-TA,-TJYE,TJIN] (消) 원376

불 Se fondre (la neige) ; s'évanouir; disparaître(neige, feu de charbon); se consumer peu à peu.

한 (눈이) 녹다 | 자취를 감추다 | (눈, 석탄의 불이) 사라지다 | 조금씩 소진하다

* 사란 [SA-RAN,-I] (蛇卵) 원376

불 Œuf de serpent.

한 뱀의 알

* 사랑 [SA-RANG,-I] (舍廊) 원376

불 Chambre des hôtes, salon de réception des étrangers.

한 손님방, 외부 사람들을 접대하는 응접실

사래답 [SA-RAI-TAP,-I] (位沓) 원376

불 Rizière donnée en partage au gardien, au surveillant des fermiers. Rizière que l'intendant cultive à son profit.

한 관리자, 소작인들의 감독자의 몫으로 주어진 논 | 감독자가 자신의 이윤을 위해 경작하는 논

사래질ᄒᆞ다 [SA-RAI-TJIL-HĂ-TA] (簸米) 원376

불 Tamiser le riz pour en ôter les pierres.

한 돌을 제거하기 위해 벼를 체로 치다

1 사로 [SA-RO] 원377

불 Bonze.

한 승려

2 사로 [SA-RO] 원377

불 Un peu, pas beaucoup, pas fort.

한 조금, 많지 않게, 강하지 않게

사로잡다 [SA-RO-TJAP-TA,-TJAP-A,-TJAP-EUN] (生擒) 원377

불 Prendre vif; pris vif; captif; prisonnier; ennemi en captivité.

한 산 채로 잡다 | 생포되다 | 포로 | 수인 | 사로잡힌 적

* 사룡 [SA-RYONG,-I] (蛇龍) 원377

불 Dragon, serpent.

한 용, 뱀

1 사리 [SA-RI] 원376

불 Numéral des paquets de liane roulée(츩 Tcheulk).

한 둥글게 말린 칡 꾸러미를 세는 수사(츩 Tcheulk)

2 사리 [SA-RI] 원390 ☞ 2 소리

사리다 [SA-RI-TA,-RYE,-RIN] 원377

불 Rouler une corde en paquet, en spirale. Friser,

recoquiller.
한 밧줄을 다발로, 나선형으로 감다 | 곱슬곱슬하게 하다, 조가비처럼 말리게 하다

사리문 [SA-RI-MOUN,-I] (柴門) 원376
불 Porte en branches d'arbres.
한 나뭇가지로 만든 문

사리사리ᄒᆞ다 [SA-RI-SA-RI-HĂ-TA] 원376
불 Etre ployé en spirale en volute, comme un ressort de montre. || Etre sinueux, frisé, recoquillé; faire des plis et replis.
한 시계의 태엽처럼 나선형 소용돌이 모양으로 구부러지다 | 구불구불하다, 곱슬곱슬하다, 소라 모양으로 말려 올라가다 | 주름과 단을 만들다

*사립 [SAL-RIP,-I] (簑笠) 원376
불 Esp. de chapeau en cône évasé et large, que les hommes de peuple portent en été au temps des pluies. Syn: 삿갓 Sat-kat.
한 여름에 비가 올 때 평민들이 쓰는, 너부죽하게 벌어지고 폭이 넓은 원추형 모자 종류 | [동의어 삿갓, Sat-kat.]

사립짝 [SA-RIP-TTJAK,-I] (扉) 원376
불 Porte d'entrée de l'enclos des maisons. Porte de la cour en branches sèches ou en bois flexible nattés.
한 집 울타리의 입구 | 마른 가지 또는 잘 휘는 나무를 엮어 만든 마당의 문

사룸 [SA-RĂM,-I] (人) 원376
불 Homme, individu de l'espèce humaine.
한 인간, 인류의 개체

사마귀 [SA-MA-KOUI] 원369
불 Esp. d'insecte. V.Syn. 샤마귀 Sya-ma-koui.
한 곤충의 종류 | [동의어 샤마귀, Sya-ma-koui.]

*사망잇다 [SA-MANG-IT-TA,-IT-SE,-IT-SĂN] (事望) 원369
불 Bienfait; bonheur; chance. Avoir de la chance.
한 선행 | 행복 | 행운 | 운이 좋다

사매 [SA-MAI] (袖) 원369
불 Manche d'habit.
한 옷의 소매

*사모 [SA-MO] (紗帽) 원369
불 Bonnet de crin à deux cornes ou fanons que portent les dignitaires en présence du roi.
한 고관들이 왕 앞에서 쓰는 뿔 또는 드림 장식이 두 개 달린, 챙 없는 말총 모자

*사미ᄒᆞ다 [SA-MI-HĂ-TA] (些微) 원369
불 Petit objet; petit.
한 하찮은 물건 | 대수롭지 않다

*사발 [SA-PAL,-I] (沙鉢) 원375
불 Grande tasse où l'on met le riz. Ecuellée de riz.
한 밥을 담는 큰 잔 | 밥 한 사발

*사벽 [SA-PYEK,-I] (砂壁) 원376
불 Esp. de terre, de mortier qui a une belle apparence et dont on se sert pour crépir l'intérieur des appartements. Terre rouge sablonneuse.
한 모양이 좋고, 거처 내부에 초벽을 하는 데 쓰이는 흙, 모르타르의 종류 | 모래가 많은 붉은 흙

사볘 [SA-PYEI] (曉) 원376
불 Aurore; aube; temps depuis minuit jusqu'au point du jour.
한 여명 | 새벽 | 자정부터 동이 틀 무렵까지의 시간

1*사복 [SA-POK,-I] (司僕) 원376
불 Ecurie du roi.
한 왕의 마구간

2사복 [SA-POK,-I] 원376
불 Cheville; axe d'éventail, de ciseaux.
한 쐐기 | 부채, 가위의 축

*사복마 [SA-POK-MA] (司僕馬) 원376
불 Maison où l'on nourrit le cheval du roi. Cheval des écuries du roi.
한 왕의 말에게 먹이를 먹이는 집 | 왕의 마구간에 있는 말

사뵉ᄒᆞ다 [SA-PĂIK-HĂ-TA] 원384 ☞샤뵉ᄒᆞ다

*사삼 [SA-SAM,-I] (沙蔘) 원378
불 Nom d'une esp. de plante dont on mange les racines, racines de cette plante. Syn.더덕 Te-tek.
한 뿌리를 먹는 식물의 종류의 명칭, 그 식물의 뿌리 | [동의어 더덕, Te-tek.]

*사셕 [SA-SYEK,-I] (沙石) 원378
불 Terre pierreuse. Sablonneuse; sable et pierre.
한 돌이 많은, 모래가 많은 땅 | 모래와 돌

*사션 [SA-SYEN,-I] (紗扇) 원378
불 Esp. de voile de couleur soutenu par deux bâtonnets, et que l'on porte en voyage pour se couvrir le visage devant des personnes de sa condition.
한 두 개의 작은 막대기로 받쳐지는 유색의 베일 종류로, 여행 중에 자신과 신분이 같은 사람들 앞에서 얼굴을 가리기 위해 쓴다

사슬 [SA-SEUL,-I] (鐵練) ㊊378
불 Chaîne.
한 사슬

사슴 [SA-SUEM,-I] (鹿) ㊊378
불 Cerf.
한 사슴

사시나무 [SA-SI-NA-MOU] (白楊) ㊊378
불 Nom d'une esp. d'arbre (p.ê. le tremble.)
한 나무의 종류의 명칭 (아마도 사시나무)

사시랑이 [SA-SI-RANG-I] (好小錢) ㊊378
불 Esp. de jeu de cartes.
한 카드놀이의 종류

사실사실허여지다 [SA-SIL-SA-SIL-HE-YE-TJI-TA, -TJYE,-TJIN] (散貌) ㊊378
불 Etat d'une chose dont les grains sont très-éloignés, peu serrés(grappe de raisin, épi de blé). Etre jeté en désordre.
한 알맹이들이 아주 멀리 떨어져서, 성기게 있는 것의 상태 (포도송이, 밀 이삭) | 무질서한 상태에 빠지다

*사실ㅎ다 [SA-SIL-HĂ-TA] (査實) ㊊378
불 S'assurer, vérifier.
한 확인하다, 검사하다

사앗ㄷ| [SA-AT-TĂI] ㊊367
불 Gaffe, longue perche pour conduire un bateau.
한 갈고리 장대, 배를 조종하는 데 쓰는 긴 막대

*사어 [SA-E] (魦魚) ㊊367
불 Esp. de poisson, chien de mer. Syn. 상어 Syang-e.
한 물고기의 종류, 작은상어 | [동의어 상어, Syang-e.]

사오납다 [SA-O-NAP-TA,-NA-OA,-NA-ON] (惡) ㊊367
불 Etre méchant, cruel, barbare, féroce, vilain, querelleur, mauvais, acariâtre.
한 고약하다, 잔인하다, 야만적이다, 사납다, 비열하다, 싸우기 좋아하다, 악독하다, 괴팍하다

사우 [SA-OU] (祠宇) ㊊367
불 Petite maison pour les tablettes des ancêtres; boîte pour les tablettes superstitieuses.
한 조상들의 패들을 두기 위한 작은 집 | 미신적인 패들을 두기 위한 상자

사작바르다 [SA-TJAK-PA-RĂ-TA,-PAL-NA,-PA-RĂN] ㊊379
불 Etre hardi; avoir de l'assurance, de l'aplomb; n'être pas timide.
한 대담하다 | 확신하다, 침착하다 | 소심하지 않다

사장이 [SA-TJĂNG-I] (司獄卒) ㊊379
불 Gardien de prison; geôlier ; guichetier.
한 감옥을 지키는 사람 | 감옥지기 | 간수

*사쟝 [SA-TJYANG,-I] (査丈) ㊊379
불 Beau-père de la sœur, père de la belle-sœur. Allié. V.Syn. 사돈 Sa-ton.
한 여자 형제의 시아버지, 의붓자매의 아버지 | 인척 | [동의어 사돈, Sa-ton.]

사졍 [SA-TJYENG,-I] ㊊379
불 Maison où les archers s'exercent à tirer de l'arc, quand il pleut.
한 비가 올 때 사수가 활을 쏘는 연습을 하는 시설

사주다 [SA-TJOU-TA,-TJOU-E,-TJOUN] (買給) ㊊379
불 Ayant acheté, donner.
한 사서 주다

*사쥬 [SA-TJYOU] (蛇酒) ㊊379
불 Vin de serpent(remède).
한 뱀으로 만든 술 (약)

*사쥭 [SA-TJYOUK,-I] (絲竹) ㊊379
불 Ornement quelconque au bas de l'éventail. Petite broche, ou barre, ou cheville en bambou enfoncée quelque part pour affermir.
한 부채 아래에 있는 어떤 장식 | 튼튼히 하기 위해 어딘가 박아 넣은 작은 꼬챙이 또는 봉 또는 대나무로 만든 쐐기

사지 [SA-TJI] (刷子) ㊊379
불 Brosse.
한 솔

*사직 [SA-TJIK] (社稷) ㊊379
불 Temple, maison où l'on offre des sacrifices au ciel.
한 하늘에 제사를 지내는 사원, 시설

*사즈 [SA-TJĂ] (刷子) ㊊379
불 Brosse.
한 솔

*사지 [SA-TJĂI] (渣滓) ㊊379
불 Crasse; écume ; dépôt; saleté.
한 때 | 거품 | 침전물 | 오물

사참ㅎ다 [SA-TCHAM-HĂ-TA] ㊊379
불 Etre joli et bon (se dit d'un objet petit dans son espèce).
한 예쁘고 좋다 (그 부류에서 작은 물건에 대해 쓴다)

*사채 [SA-TCHAI] (私債) ㊊379
불 Dettes d'un particulier.
한 개인의 빚

*사쳐 [SA-TCHYE] (舍處) [원]379
[불] Maison prise ou occupée par un mandarin ou un gouverneur en voyage, pour y passer la nuit.
[한] 관리 또는 지사가 여행 중에 밤을 보내기 위해 취하거나 이용하는 집

*사쳐방 [SA-TCHYE-PANG,-I] (舍處房) [원]379
[불] Chambre retirée où l'on peut être seul.
[한] 혼자 있을 수 있는 외딴 방

*사초ᄒᆞ다 [SA-TCHO-HĂ-TA] (莎草) [원]379
[불] Recouvrir de gazon un tombeau dégarni. Réparer un tombeau.
[한] 장식을 제거한 묘를 잔디로 덮다 | 묘지를 수리하다

*사촌죵매부 [SĂ-TCHON-TJYONG-MAI-POU] (四寸從妹夫) [원]392
[불] Mari de la cousine germaine.
[한] 여자 사촌 형제의 남편

*사츌나다 [SA-TCHYOUL-NA-TA,-NA,-NAN] (査出) [원]379
[불] Indice, marque. Commencer à exciter les soupçons; se découvrir. (Se dit des tours d'un voleur qui, ayant plusieurs fois échappé aux recherches, commence à exciter les soupçons).
[한] 지표, 표시 | 의심을 일으키기 시작하다 | 드러나다 | (수색에서 여러 번 빠져나갔으나 의심을 불러일으키기 시작하는 도둑의 모습에 대해 쓴다)

사침 [SA-TCHIM,-I] (織械) [원]379
[불] Pièce de bois qui passe de chaque côté de l'endroit où se croisent les fils de la chaîne d'une pièce de toile.
[한] 천 조각의 날실이 교차하는 곳의 각 방향으로 지나는 나무 조각

사침ᄃᆡ [SA-TCHIM-TĂI] [원]379 ☞사침

사탄이 [SA-HTAN-I] [원]379
[불] Enfourchure des jambes.
[한] 다리의 가랑이

사태 [SA-HTAI] (沙汰) [원]379
[불] Eboulement, avalanche.
[한] 무너짐, 눈사태

사태나다 [SA-HTAI-NA-TA,-NA,-NAN] (沙汰出) [원]379
[불] Eboulement; avalanche. ébouler; avoir du éboulement.
[한] 무너짐 | 눈사태 | 무너지다 | 붕괴하다

*사퇴 [SA-HTOI] (蛇退) [원]379
[불] Peau de serpent.
[한] 뱀의 껍질

*사판 [SA-HPAN,-I] (沙板) [원]376
[불] Tablette de sable sur laquelle on écrit avec une baguette.
[한] 가는 막대로 글을 쓸 수 있는 모래판

*사포 [SA-HPO] (蛇脯) [원]376
[불] Chair sèche de serpent(remède).
[한] 말린 뱀의 고기 (약)

*사피 [SA-HPI] (蛇皮) [원]376
[불] Peau de serpent.
[한] 뱀의 가죽

*사향 [SA-HYANG,-I] (麝香) [원]368
[불] Esp. de musc qu'on dit être tiré du nombril d'une esp. de chevreuil.
[한] 일종의 노루의 배꼽에서 추출했다고 하는 사향 종류

사향노로 [SA-HYANG-NO-RO] (麝獐) [원]368
[불] Animal qui porte le musc, esp. de bouquetin.
[한] 사향을 가진 동물, 야생염소 종류

사향쥐 [SA-HYANG-TJOUI] (麝鼠) [원]368
[불] Esp de petit rat musqué, souris.
[한] 사향 냄새가 나는 작은 쥐의 종류, 생쥐

*사호 [SA-HO] (絲毫) [원]368
[불] Pointe de cheveu; très-peu.
[한] 머리카락의 끝부분 | 매우 적다

[1]사회 [SA-HOI] (婿) [원]368
[불] Gendre, mari de la fille.
[한] 사위, 딸의 남편

[2*]사회 [SA-HOI] (死灰) [원]368
[불] Esp. de chaux de coques d'huîtres dont on se sert pour la lessive. Chaux de coquillages.
[한] 세탁하는 데 쓰이는 굴 껍질로 만든 석회의 종류 | 조개껍질로 만든 석회

사흘 [SA-HEUL,-I] (三日) [원]368
[불] Le 3e jour. Trois jours.
[한] 세 번째 날 | 3일

[1*]사획ᄒᆞ다 [SA-HĂIK-HĂ-TA] (査覈) [원]368
[불] V. ᄉᆞ획ᄒᆞ다 Să-hăik-hă-ta.
[한] [[참조어] ᄉᆞ획ᄒᆞ다, Să-hăik-hă-ta]

[2*]사획ᄒᆞ다 [SA-HĂIK-HĂ-TA] [원]388 ☞ᄉᆞ획ᄒᆞ다

[1]삭 [SAK,-I] (雇) [원]368
[불] Prix; salaire; rétribution; loyer.
[한] 값 | 임금 | 보수 | 급료

[2*]삭 [SAK-,I] (朔) [원]368
[불] Une lunaison, une lune.

㊞ 태음월, 한 달

*삭과ᄒᆞ다 [SAK-KOA-HĂ-TA] (削科) ㊔368

㊟ Dégradation du titre de bachelier par punition. Dégrader un lettré. Etre dégradé.

㊞ 처벌로써 바칼로레아 합격자의 자격을 박탈하는 것 | 학식 있는 사람을 강등시키다 | 강등되다

삭군 [SAK-KOUN,-I] (雇軍) ㊔368

㊟ Mercenaire: journalier; ouvrier salarié.

㊞ 임금 노동자 | 날품팔이꾼 | 임금을 받는 노동자

[1]삭기 [SAK-KI] (索) ㊔368

㊟ Corde de paille de riz.

㊞ 볏짚으로 만든 줄

[2]삭기 [SAK-KI] (雛) ㊔368

㊟ Petits des animaux.

㊞ 동물들의 새끼들

삭기가락 [SAK-KI-KA-RAK,-I] (小指) ㊔368

㊟ Le petit doigt de la main, doigt auriculaire.

㊞ 손에서 가장 작은 손가락, 새끼손가락

삭다 [SAK-TA,SAK-E(ou-A),SAK-EUN] ㊔368

㊟ Pourrir; mourir(plante) ‖ Se dissoudre; se digérer. ‖ Etre usé.

㊞ 썩다 | (식물이) 죽다 | 녹다 | 소화되다 | 닳아 해지다

삭뎐 [SAK-TYEN,-I] ㊔369

㊟ Vieux champ dont la bonne terre s'est éboulée et où il ne reste que du sable. Champ qui n'est plus bon à rien.

㊞ 비옥한 토지가 무너져 모래만 남은 오래된 밭 | 더 이상 아무런 쓸모가 없는 밭

*삭도 [SAK-TO] (削刀) ㊔369

㊟ Rasoir pour tondre la tête.

㊞ 머리카락을 깎는 면도칼

삭둑삭둑각다 [SAK-TOUK-SAK-TOUK-KAK-TA] ㊔369

㊟ Couper de petits morceaux avec des ciseaux; tailader; couper à plusieurs reprises.

㊞ 가위로 작은 조각들이 되도록 자르다 | 베다 | 여러 번 반복해서 자르다

삭마 [SAK-MA] (雇馬) ㊔368

㊟ Cheval de louage.

㊞ 빌려 주는 말

*삭망 [SAK-MANG,-I] (朔望) ㊔368

㊟ Le 15ᵉ de la lune(terme de superst.). Le 1ᵉʳ et le 15ᵉ de la lune.

㊞ 달의 열다섯 번째 날(미신적인 말) | 달의 첫 번째와 열다섯 번째 날

*삭발위승ᄒᆞ다 [SAK-PAL-OUI-SEUNG-HĂ-TA] (削髮爲僧) ㊔368

㊟ Couper ses cheveux et se faire bonze.

㊞ 자신의 머리카락을 자르고 승려가 되다

[1*]삭발ᄒᆞ다 [SAK-PAL-HĂ-TA] (削髮) ㊔368

㊟ Tondre, couper les cheveux ras.

㊞ 머리카락을 짧게 깎다, 자르다

[2*]삭발ᄒᆞ다 [SAK-PAL-HĂ-TA] (削拔) ㊔368

㊟ Brisé; être brisé.

㊞ 부서지다 | 부서지다

삭삭톱질ᄒᆞ다 [SAK-SAK-HTOP-TJIL-HĂ-TA] ㊔368

㊟ Bruit d'une scie.

㊞ 톱질하는 소리

삭삭이 [SAK-SAK-I] (數數) ㊔368

㊟ Souvent, fréquemment.

㊞ 자주, 빈번하게

*삭수차다 [SAK-SOU-TCHĂ-TA,-TCHA,-TCHAN] (朔數) ㊔368

㊟ Etre à terme, sur le point d'enfanter. ‖ Etre sur le point de terminer le temps de sa charge, de sa dignité (mandarin, au bout de 24 mois)

㊞ 산달이 차다, 막 아기를 낳으려 하다 | (관리가, 24개월 후) 직무, 고관직의 임기를 끝마치려고 하다

삭은코 [SAK-EUN-HKO] (臭尖頭) ㊔368

㊟ Dos du nez, racine du nez.

㊞ 코의 등성이, 코의 뿌리

삭이다 [SAK-I-TA,SAK-YE,SAK-IN] (刻) ㊔368

㊟ Buriner; graver; tracer des figures sur un corps dur en creusant. Etre gravé.

㊞ 끌로 새기다 | 새기다 | 단단한 몸체에 속을 파면서 그림을 그리다 | 새겨지다

삭임장이 [SAK-IM-TJANG-I] (雕匹) ㊔368

㊟ Graveur, sculpteur.

㊞ 판화가, 조각가

삭젼 [SAK-TJYEN,-I] (工錢) ㊔369

㊟ Salaire d'un ouvrier; loyer.

㊞ 노동자의 임금 | 급료

삭주다 [SAK-TJOU-TA,-TJOU-E,-TJOUN] (給雇價) ㊔369

㊟ Donner un salaire.

㊞ 봉급을 주다

*삭직ᄒᆞ다 [SAK-TJIK-HĂ-TA] (削職) ㊔369

불 Casser de la dignité par punition. Oter, enlever l'emploi, la charge (punition). Priver de toutes les dignités, dégrader un mandarin.
한 처벌로써 고관직을 면직시키다 | 일자리, 직무를 빼앗다, 박탈하다 (처벌) | 모든 고위 관직을 빼앗다, 관리를 강등시키다

삭초 [SAK-TCHO] 원369
불 Tabac fermenté.
한 발효된 담배

***삭초ᄒᆞ다** [SAK-TCHO-HĂ-TA] (削草) 원369
불 Couper de l'herbe.
한 풀을 베다

삭치다 [SAK-TCHI-TA,-TCHYE,-TCHIN] (削) 원369
불 Anéantir; détruire. compter pour rien ce qui est fait et recommencer tout de nouveau.
한 없애다 | 파괴하다 | 이루어진 것을 하찮은 것으로 여기고 모든 것을 새로 시작하다

***삭탈관직ᄒᆞ다** [SAK-HTAL-KOAN-TJIK-HĂ-TA] (削奪官職) 원369
불 Casser un mandarin, le démettre de ses fonctions (punition). Priver de toutes les dignités; dégrader. Etre privé des dignités.
한 관리를 면직시키다, 그 직무에서 해임하다 (처벌) | 모든 고위 관직을 박탈하다 | 강등시키다 | 고위 관직을 빼앗기다

삭히다 [SAK-HI-TA,SAK-HYE,SAK-HIN] (濃爛) 원368
불 Oter la crudité (d'un kaki, etc.); macérer; faire dissoudre; faire digérer. Fact. de 삭다 Sak-ta.
한 (감 등의) 경성을 제거하다 | 액체 안에 담그다 | 용해시키다 | 소화를 시키다 | 삭다 Sak-ta의 사동형

1* **산** [SAN,-I] (山) 원372
불 Montagne, mont, colline.
한 산, 봉우리, 언덕

2* **산** [SAN,-I] (産) 원372
불 En agr. Couches, accouchement.
한 한자어로 분만, 출산

3* **산** [SAN,-I] (算) 원372
불 Bâtonnets pour calculer.
한 계산하는 데 쓰는 작은 막대기들

산가지 [SĀN-KA-TJI] (算竹) 원372
불 Bâtonnets dont on se sert pour compter, pour faire les règles (addition, soustraction, etc.).
한 셈하는 데에, (덧셈, 뺄셈 등) 산법을 하는 데 사용하는 작은 막대들

산갓 [SAN-KAT,-TCHI] 원372
불 Cresson.
한 물냉이

***산계** [SAN-KYEI] (山鷄) 원372
불 Poule de montagne; faisan(différent du faisan commun).
한 산에 사는 암탉 | (보통 꿩과는 다른) 꿩

***산고** [SĀN-KO] (産故) 원372
불 Motif de couches. accouchement. 뢱에산고잇다 Tăik-ei-san-ko it ta, Madame est accouchée.
한 해산의 이유 | 출산 | [용례 뢱에산고잇다, Tăik-ei-san-ko it ta] | 부인이 해산하다

***산고곡심** [SAN-KO-KOK-SIM,-I] (山高谷深) 원373
불 Haute montagne et vallée profonde. Si les montagnes sont élevées, les vallées sont profondes.
한 높은 산과 깊은 계곡 | 산이 높으면 계곡이 깊다

산고듸 [SAN-KO-TĂI] (霜露) 원373
불 Givre. Esp. de petite neige très-peu épaisse sur les arbres et sur les montagnes.
한 흰 서리 | 나무와 산 위에 매우 얇게 쌓인 적은 눈의 종류

1 **산골** [SAN-KOL,-I] (生銅) 원373
불 Fer sulfuré, sulfure de fer, pyrite martiale, pierre à feu, sous-oxyde de fer, fer magnétique, fer oxydulé. Esp. de petite pierre (carré parfait ou un peu allongé) qui a la propriété de remettre les os brisés à celui qui en avale la poudre délayée dans l'eau.
한 황화철, 철의 황화물, 철을 함유한 황철광, 부싯돌, 철의 아산화물, 자기를 띤 철, 산화된 철 | 물에 녹인 그 가루를 삼키면 부서진 뼈를 다시 붙이는 특성이 있는 (정사각형 또는 약간 직사각형의) 작은 돌 종류

2 **산골** [SAN-KOL,-I] (山谷) 원373
불 Vallon dans les montagnes.
한 산속의 작은 골짜기

***산과** [SAN-KOA] (山果) 원372
불 Fruit sauvage de montagne (en général)
한 (일반적으로) 산에서 나는 야생 과일

***산곽** [SĀN-KOAK,-I] (産藿) 원372
불 Herbe marine que mangent les femmes accouchées, pour se purger des secondines et avoir du lait. Syn. 메역 Mei-ek.
한 [역주 태아를 싸고 있던] 막과 태반을 제거하고

젖을 내기 위해 산모가 먹는 해초 | [[동의어] 메억, Mei-ek.]

1* 산군 [SAN-KOUN,-I] (山郡) [원]373

[불] District ou ville dans les montagnes.

[한] 산에 있는 구역 또는 마을

2* 산군 [SAN-KOUN,-I] (山軍) [원]373

[불] Habitant des montagnes.

[한] 산에 사는 사람

3* 산군 [SAN-KOUN,-I] (山君) [원]373

[불] Le roi des montagnes, c. a. d. le tigre.

[한] 산의 왕, 즉 호랑이

* 산달 [SAN-TAL,-I] (山獺) [원]374

[불] Castor, loutre (de montagne).

[한] 해리, (산에 사는) 수달

* 산답 [SĀN-TAP,-I] (散畓) [원]374

[불] Rizières séparées, éloignées les unes des autres, distancées.

[한] 떨어진, 서로 멀리 떨어진, 거리를 둔 논

* 산당 [SAN-TANG,-I] (山堂) [원]374

[불] Maison sur la montagne pour se réunir. V.Syn. 졍ᄌᆞ Tjyeng-tjă.

[한] 모임을 위해 산 위에 지은 집 | [[동의어] 정ᄌᆞ, Tjyeng-tjă.]

* 산뎐 [SAN-TYEN,-I] (山田) [원]374

[불] Champ dans la montagne ou sur la montagne.

[한] 산 속 또는 산 위에 있는 밭

1* 산뎡 [SAN-TYENG,-I] (山亭) [원]374

[불] Villa, pavillon sur la montagne.

[한] 별장, 산 위의 정자

2 산뎡 [SAN-TYENG,-I] (山頂) [원]374

[불] Sommet de montagne.

[한] 산꼭대기

* 산뎡ᄒᆞ다 [SA-TYENG-HĂ-TA] (散政) [원]374

[불] Nommer un mandarin en dehors des temps ordinaires (c. a. d. en dehors de la 6e et de la 12e lunes, époque où se font ordinairement les changements).

[한] 일반적인 시기 (즉 보통 교체가 이루어지는 시기인, 여섯 번째 달과 열두 번째 달 이외에) 이외에 관리를 임명하다

* 산도 [SAN-TO] (山桃) [원]374

[불] Pêcher sauvage.

[한] 야생 복숭아나무

1 산돌이 [SAN-TOL-I] (環山人) [원]374

[불] Montagnard, habitant des montagnes.

[한] 산악 지방의 주민, 산에 사는 사람

2 산돌이 [SAN-TOL-I] (環山雨) [원]374

[불] Pluie sur les montagnes, quand il fait beau dans la plaine.

[한] 벌판에는 날씨가 맑은데도 산에는 내리는 비

3 산돌이 [SAN-TOL-I] (大虎) [원]374

[불] Grand tigre(qui passe une fois l'an seulement dans le même endroit).

[한] (같은 장소를 1년에 단 한 번만 지나가는) 큰 호랑이

산두다 [SAN-TOU-TA,-TOU-E,-TOUN] (運籌) [원]374

[불] Compter, nombrer, calculer.

[한] 헤아리다, 세다, 계산하다

산드러지다 [SAN-TEU-RE-TJI-TA,-TJYE,-TJIN] [원]374

[불] Etre gai, jovial, agréable compagnon.

[한] 명랑하다, 유쾌하다, 기분 좋은 동무

산들산들ᄒᆞ다 [SAN-TEUL-SAN-TEUL-HĂ-TA] [원]374

[불] Etat d'un homme qui brille à l'extérieur par sa physionomie, son langage et son adresse. Etre gai, jovial.

[한] 자신의 얼굴 생김, 말씨, 재주로 외관이 눈에 띄는 사람의 상태 | 쾌활하다, 명랑하다

* 산디 [SAN-TI] (山地) [원]374

[불] Montagne et terre. || Emplacement pour un tombeau.

[한] 산과 땅 | 묘를 쓸 부지

* 산ᄃᆡ도감 [SAN-TĂI-TO-KAM,-I] (山隊都監) [원]374

[불] Farceur; bouffon; homme masqué qui fait toute espèce de grosses farces. Comédie.

[한] 어릿광대 | 익살꾼 | 모든 종류의 거친 익살극을 하는 가면을 쓴 사람 | 희극

* 산란 [SAN-RAN,-I] (産難) [원]373

[불] Accouchement difficile.

[한] 어려운 출산

* 산란ᄒᆞ다 [SAN-RAN-HĂ-TA] (散亂) [원]373

[불] Etre étourdissant, éblouissant, bruyant; être en désordre, en tumulte.

[한] 귀를 멍하게 하다, 눈부시다, 시끄럽다 | 혼란스럽다, 소란스럽다

산력 [SAN-RYEK,-I] [원]373

[불] Est, vent d'est.

[한] 동쪽, 동풍

1* 산로 [SAN-RO] (山路) [원]373

[불] Route dans la montagne.

[한] 산에 난 길

2* 산로 [SAN-RO] (山爐) [원]373

불 Grandes forges dans les montagnes.
한 산속에 있는 큰 대장간

*산록 [SAN-ROK,-I] (山麓) 원373
불 Penchant de la montagne.
한 산의 비탈

*산롱 [SAN-RONG,-I] (山農) 원373
불 Culture de la montagne.
한 산에서 하는 경작

*산리 [SAN-RI] (山理) 원373
불 Science de la recherche de bons endroits pour les tombeaux. ‖ Nature des montagnes, leurs formes.
한 묘를 쓰기에 좋은 장소들을 연구하는 학문 | 산의 경관, 그 형세

*산림 [SAN-RIM,-I] (山林) 원373
불 Montagne et bois. ‖ Lettré qui vit dans la retraite, sans chercher les dignités; sage; philosophe. Esp. d'hermite, de sage, toujours vêtu sur le grand ton; il se tient assis entouré de livres dans sa chambre, ne rit jamais, fait tout avec dignité, répond par sentences, prétend tout savoir. Titre que fait donner une famille riche à ceux de ses membres qui ne peuvent rien faire.
한 산과 나무 | 고위 관직을 구하려 하지 않고 은거하여 사는 학식 있는 사람 | 현인 | 현자 | 항상 품격 있게 옷을 입는, 은자, 현인의 종류 | 방에서 책에 둘러싸여 앉아 있고, 결코 웃지 않으며, 모든 것을 위엄 있게 하며, 격언으로 대답을 하고, 모두 안다고 주장한다 | 부유한 가족이 그 식구들 중 아무것도 할 수 없는 이들에게 붙이게 하는 호칭

*산망 [SAN-MANG,-I] (山蟒) 원373
불 Grand serpent.
한 큰 뱀

*산망스럽다 [SAN-MANG-SEU-REP-TA,-RE-OUE,-RE-ON] (散妄) 원373
불 Ennuyeux, insupportable. ‖ Etre étourdi, écervelé.
한 성가시다, 견딜 수 없다 | 덤벙거리다, 경솔하다

¹산매 [SAN-MAI] 원373
불 Etourdi, écervelé, à demi fou.
한 덤벙거리다, 경솔하다, 반쯤 미치다

²산매 [SAN-MAI] 원373
불 Agrément, lepor.
한 매력, 멋

*산매ᄒᆞ다 [SĀN-MAI-HĂ-TA] (散賣) 원373
불 Vendre peu à peu ses rizières et ses champs.
한 조금씩 자신의 논과 밭을 팔다

산멱 [SAN-MYEK,-I] 원373
불 Le devant du cou, de la gorge, à la pomme d'Adam.
한 목울대가 부분에 있는, 목의, 목구멍의 앞쪽

*산모 [SĀN-MO] (産母) 원373
불 Accouchée; femme nouvellement accouchée.
한 산모 | 최근에 해산한 여자

*산문 [SAN-MOUN,-I] (産門) 원373
불 Porte de l'accouchement. Vulve.
한 분만하는 출구 | 여자의 외음부

*산미 [SĀN-MI] (産米) 원373
불 Riz que mangent les femmes en couches. ‖ Secondines.
한 출산한 여자가 먹는 밥 | [역주 태아를 싸고 있던] 막과 태반

*산발ᄒᆞ다 [SĀN-PAL-HĂ-TA] (散髮) 원373
불 Défaire ses cheveux; dénouer ses cheveux; les laisser flotter; avoir les cheveux épars.
한 머리카락을 풀어 헤치다 | 머리를 풀다 | 그것이 휘날리게 두다 | 머리카락이 헝클어지다

¹산방 [SAN-PANG,-I] 원373
불 Echafaudage d'un seul degré, d'un seul étage(à peu près cinq pieds de haut)
한 계단이 하나뿐인, 층이 하나뿐인 발판(5피에 정도 높이)

²*산방 [SAN-PANG,-I] (産房) 원373
불 Chambre où est la mère d'un nouveau-né.
한 신생아의 어머니가 있는 방

¹*산봉 [SAN-PONG,-I] (山峯) 원373
불 Pic de montagne.
한 산의 뾰족한 봉우리

²*산봉 [SAN-PONG,-I] (山蜂) 원373
불 Abeille de montagne; abeilles sauvages qui n'ont pas de possesseur.
한 산에 사는 꿀벌 | 소유자가 없는 야생 꿀벌들

산봉오리 [SAN-PONG-O-RI] (山峯頭) 원373
불 Sommet de la montagne.
한 산꼭대기

¹산부리 [SAN-POU-RI] (山麓) 원373
불 Pente rapide d'une montagne, pente à pic, flanc vertical de montagne.
한 산의 가파른 경사, 깎아지른 비탈, 산의 수직 측면

²산부리 [SAN-POU-RI] (山根) 원373
불 Pied de montagne.
한 산발치

[1]산빙 [SAN-PING,-I] (餠) 원373
불 Nom d'une esp. de gâteau.
한 과자류의 이름

[2*]산빙 [SAN-PING,-I] (山氷) 원373
불 Glace des montagnes.
한 산에 있는 얼음

*산사 [SAN-SA] (山査) 원373
불 (En médec.) baie d'aubépine. Graine médicinale d'un arbre. 산사나무 San-sa-na-mou, Aubépine.
한 (의학에서) 산사나무의 열매 | 나무의 약용 종자 | [용례 산사나무, San-sa-na-mou], 산사나무

*산산이 [SĂN-SĂN-I] (散散) 원373
불 Un à un ; tout; entièrement; jusqu'au dernier.
한 낱낱이 | 전부 | 완전히 | 마지막까지

*산삼 [SAN-SAM] (山蔘) 원373
불 Jen-sen de montagne, jen-sen sauvage (c'est le plus estimé, le plus cher).
한 산에서 나는 인삼, 야생 인삼 (가장 높게 평가되고 가장 비싸다)

*산샹 [SAN-SYANG,-I] (山上) 원373
불 Sur la montagne. Dessus de la montagne. Sommet de montagne.
한 산 위에 | 산 위 | 산꼭대기

*산셩 [SAN-SYENG,-I] (山城) 원373
불 Fortifications, camp sur la montagne (qui, en temps de guerre, sert de refuge aux habitants des villes voisines).
한 요새, (전시에 이웃 도시 사람들의 피난처로 쓰이는) 산 위에 있는 진지

*산셰 [SAN-SYEI] (山勢) 원373
불 Aspect de la montagne. Forme et apparence des montagnes.
한 산의 모양 | 산의 형상과 외관

*산소 [SAN-SO] (山所) 원374
불 Tombeau.(Honorif.).
한 묘 | (경칭)

*산송 [SAN-SONG,-I] (山訟) 원374
불 Procès pour une montagne, c. a. d. pour un emplacement de tombeau. Faire un procès à cause d'un tombeau étranger placé sur sa montagne.
한 산을 두고 하는, 즉 묘의 부지에 대한 소송 | 자신의 산에 자리한 낯선 묘지 때문에 소송을 하다

*산슈 [SAN-SYOU] (山水) 원374
불 Montagne et eau. eau de la montagne; ruisseau qui en découle.
한 산과 물 | 산의 물 | 거기에서 흘러나오는 시냇물

*산승 [SAN-SEUNG,-I] (山僧) 원373
불 Bonze de montagne.
한 산에 사는 승려

산승죠악 [SAN-SEUNG-TJYO-AK,-I] 원373
불 Esp.de gâteau fait de farine de froment couvert d'une couleur rouge.
한 밀가루로 만들고 붉은 색으로 뒤덮인 과자 종류

[1*]산실 [SAN-SIL,-I] (山室) 원374
불 Petit pavillon sur la montagne auprès de l'habitation.
한 집 옆에 있는 산에서의 작은 정자

[2*]산실 [SAN-SIL,-I] (産室) 원374
불 Chambre de la nouvelle accouchée.
한 최근에 출산을 한 산모의 방

*산실텽 [SAN-SIL-HTYENG,-I] (山室廳) 원374
불 Maison pour l'accouchement de la reine; appartement de la reine en couches.
한 왕비가 해산하기 위한 시설 | 해산하는 왕비의 거처

*산악 [SAN-AK,-I] (山岳) 원372
불 Sommet ou pic de montagne.
한 산꼭대기 또는 뾰족한 산봉우리

*산약 [SAN-YAK,-I] (山藥) 원372
불 Esp. de tubercule, de racine sèche et allongée, dont le goût est à peu près celui de la patate. (Remède vulg. appelé 마 Ma).
한 거의 고구마 맛이 나는, 덩이줄기의, 마르고 길쭉한 뿌리의 종류 | (속칭으로 마 Ma라고 불리는 약재)

*산양 [SAN-YANG,-I] (山羊) 원372
불 Mouton de montagne. Esp. d'animal qui ressemble au chien.
한 산에 사는 양 | 개와 닮은 동물의 종류

산양군 [SAN-YANG-KOUN,-I] (虞人) 원372
불 Chasseur.
한 사냥꾼

산양ᄒᆞ다 [SAN-YANG-HĂ-TA] (獵) 원372
불 Chasser.
한 사냥하다

*산업 [SĂN-EP,-I] (産業) 원372
불 Biens, fortune, tout ce que l'on possède, possessions. ‖ Profession, état, travail ou fonction dans laquelle on vit.
한 재산, 자산, 소유하는 모든 것, 소유물 | 삶을 영위

하게 하는 직업, 신분, 일 또는 직무

*산역 [SAN-YEK,-I] (山役) ㊊372

불 Travail dans les montagnes, c. a. d. enterrement.

한 산속에서 하는 일, 즉 매장

*산역ᄒᆞ다 [SAN-YEK-HĂ-TA] (山役) ㊊372

불 Chercher sur la montagne ce dont on a besoin(bois, légumes, etc.).

한 필요한 것(나무, 채소 등)을 산에서 구하다

*산욕 [SAN-YOK,-I] (山慾) ㊊372

불 Désir, effort, passion dont l'objet est d'obtenir un endroit heureux pour un tombeau. Passion pour s'emparer des plus belles montagnes.

한 묘지를 위해 유리한 장소를 얻으려는 것이 그 목적인 욕망, 노력, 열정 | 가장 아름다운 산을 차지하기 위한 열정

*산운 [SAN-OUN,-I] (山運) ㊊372

불 Sort du tombeau(superst.) Bonheur que portent les montagnes; leur influence.

한 묘지의 운명(미신) | 산이 가져다주는 행운 | 그 운세

산울타리 [SAN-OUL-HTA-RI] (活籬) ㊊372

불 Haie vive.

한 생나무 울타리

*산원 [SAN-OUEN,-I] (山園) ㊊372

불 Jardin.

한 정원

*산월 [SĂN-OUEL,-I] (產月) ㊊372

불 Mois de l'accouchement.

한 해산달

*산유어 [SAN-YOU-E] ㊊372

불 Tranche de viande cuite avec un enduit d'œufs. Syn. 갈납 Kal-nap.

한 달걀을 입혀 구운 얇은 고기 조각 | [동의어 갈납, Kal-nap.]

*산유ᄌᆞ [SAN-YOU-TJĂ] (山楢子) ㊊372

불 Nom d'une esp. de bois rouge ou très-noir(p.ê. le bois de campêche ou d'ébène; se trouve seulement à quelpaërt).

한 붉거나 매우 검은 나무 일종의 이름(아마도 로그우드 또는 흑단 나무. 제주도에만 있다)

*산육 [SAN-YOUK,-I] (山肉) ㊊372

불 Venaison; chair de bête de montagne; chair de bête fauve; gibier.

한 큰 짐승의 고기 | 산짐승의 고기 | 맹수의 고기 | 사냥한 고기

*산음 [SAN-EUM] (山陰) ㊊372

불 Ombre qui vient des montagnes, c. a. d. bonheur qui vient d'un tombeau bien placé(superst.).

한 산에서 나오는 그늘, 즉 좋은 위치에 놓인 묘지에서 나오는 행운 (미신)

산장이 [SAN-TJANG-I] ㊊374

불 Chasseur (qui se sert d'une lance et de chiens pour prendre le gibier).

한 (사냥감을 잡기 위해 창과 개를 이용하는) 사냥꾼

*산젹 [SAN-TJYEK,-I] (散炙) ㊊374

불 Brochette de viande épicée et rôtie ; petits morceaux de viande enfilés à un morceau de bois pour les faire cuire.

한 양념을 넣고 불에 구운 고기 꼬치 | 익히기 위해 나무 조각에 꿴 작은 고기 조각들

*산졍 [SAN-TJYENG,-I] (山亭) ㊊374

불 Petite maison de plaisance sur la montagne ; belvédère.

한 산에 있는 작은 별장 | 전망대

1*산졔 [SAN-TJYEI] (山祭) ㊊374

불 Sacrifice au génie de la montagne ; sacrifice sur la montagne.

한 산의 수호신에게 드리는 제사 | 산 위에서의 제사

2*산졔 [SAN-TJYEI] (山猪) ㊊374

불 Sanglier ; porc de montagne.

한 멧돼지 | 산에 사는 돼지

*산쥬 [SAN-TJYOU] (山主) ㊊374

불 Maître de la montagne. Propriétaire d'une montagne.

한 산의 주인 | 산의 소유자

*산쥭 [SAN-TJYOUK,-I] (山竹) ㊊374

불 Bambou de montagne. Fourré de bambous.

한 산에서 나는 대나무 | 대나무 잡목림

산쥴기 [SAN-TJYOUL-KI] (山幹) ㊊374

불 Ramification d'une montagne.

한 산의 갈래

*산즁 [SAN-TJYOUNG,-I] (山中) ㊊374

불 Milieu de la montagne ; dans, sur la montagne.

한 산의 한가운데 | 산속에, 산에

*산증 [SAN-TJEUNG,-I] (疝症) ㊊374

불 Nom d'une esp. de maladie dans le bas-ventre. Descente ; hernie.

한 아랫배가 아픈 일종의 병 이름 | 하수 | 탈장

*산직이 [SAN-TJIK-I] (山直) 원374

불 Gardien des tombeaux de famille. Gardien d'une montagne où il y a un tombeau.

한 집안의 묘지를 관리하는 사람 | 묘지가 있는 산의 관리자

산짐 [SĀN-TJIM,-I] 원374

불 Temps des basses marées.

한 간조의 시기

[1]산ᄌᆞ [SAN-TJĂ] 원374

불 Esp. de lattes. ou bambous de la toiture, pour retenir le mortier sur lequel on met la paille. Volige, tringle de bois posée en travers sur les chevrons pour soutenir la paille.

한 짚을 얹는 회반죽을 유지하기 위한 지붕의 오리목, 또는 대나무 종류 | [역주 지붕에 까는] 산자널, 짚을 지탱하기 위해 서까래 위에 가로로 놓인 나무 막대

[2]산ᄌᆞ [SAN-TJĂ] (餅) 원374

불 Nom d'une esp. de mets, de pâtisserie.

한 요리의, 과자의 일종의 명칭

*산쳔 [SAN-TCHYEN,-I] (山川) 원374

불 Montagne et ruisseau. Montagne et rivière.

한 산과 개울 | 산과 강

[1]*산초 [SAN-TCHO] (山草) 원374

불 Tabac de montagne.

한 산에서 나는 담배

[2]*산초 [SAN-TCHO] (散草) 원375

불 Provision de tabac où chacun prend comme il veut ; pot à tabac, ou plutôt tabac dans le pot.

한 각자가 원할 때 피울 수 있는 담배의 비축 | 담배 단지, 보다 정확히 말해 단지 속의 담배

[3]*산초 [SAN-TCHO] (山椒) 원375

불 Nom d'une esp. d'arbre dont le fruit(la noix) sert à faire de l'huile. Epine noire.

한 그 열매(호두 모양의 열매)가 기름을 만드는 데 쓰이는 나무 일종의 명칭 | 검은색의 가시나무

*산촌 [SAN-TCHON,-I] (山村) 원375

불 Village dans la montagne.

한 산속의 마을

*산ᄎᆡ [SAN-TCHĂI,-I] (山菜) 원374

불 Herbe potagère de la montagne ; légume de la montagne.

한 산에서 나는 식용풀 | 산에서 나는 채소

산타령 [SAN-HTA-RYENG,-I] (山歌) 원374

불 Chant par lequel on célèbre les montagnes.

한 산을 찬양하는 노래

[1]*산통 [SAN-HTONG,-I] (算筒) 원374

불 Vase, étui où l'on met les bâtonnets pour calculer.

한 계산하는 데 쓰는 작은 막대기들을 넣는 단지, 통

[2]산통 [SAN-HTONG,-I] 원374

불 Esp. de loterie où tout le monde gagne, mais à des époques différentes. (Dix hommes mettent chacun une ligature. Chaque trimestre, on tire au sort pour savoir qui aura la somme totale ; après quoi, il y a une nouvelle mise de fonds semblable à la première. Celui qui a gagné une fois est hors de concours pour les gains successifs; mais il est obligé, à chaque opération, de fouroir sa cote-part comme les autres, c.a.d. une ligature. En résumé, il n'a de bénéfice que l'intérêt de l'argent obtenu).

한 모든 사람이 따는, 그러나 다른 시기에 따는 복권 종류 | (열 명의 사람들이 각자 꾸러미를 낸다. 3달마다 누가 총 금액을 가질 것인지 알기 위해 제비를 뽑는다; 그 후에 처음과 비슷한 새로운 출자가 있다. 한 번 딴 사람은 연속적인 이득을 이유로 경합에서 제외된다 | 그러나 그는 각각의 조작 시에 다른 사람들처럼 자신의 몫, 즉 한 꾸러미를 제공해야 한다. 요컨대 이익은 획득한 돈에 대한 이자일 뿐이다.)

*산협 [SAN-HYEP,-I] (山峽) 원372

불 Vallon de montagne, dans la montagne. Replis, sinuosités dans une montagne.

한 산의, 산속의 작은 골짜기 | 산속에서의 곡류, 굴곡

*산호 [SAN-HO] (珊瑚) 원372

불 Corail (rouge).

한 (붉은) 산호

[1]*산화 [SAN-HOA] (山花) 원372

불 Fleur de montagne.

한 산에 피는 꽃

[2]*산화 [SAN-HOA] (山禍) 원372

불 Malheur causé par le mauvais emplacement du tombeau, par l'influence des montagnes(superst.).

한 묘지의 부적당한 부지에 의해, 산의 영향에 의해 야기된 불행 (미신)

[3]*산화 [SAN-HOA] (山火) 원372

불 Feu que l'on fait sur les montagnes au printemps pour brûler les grandes herbes.

한 봄에 큰 풀들을 태우기 위해 산에서 피우는 불

[1]살 [SAL,-I] (矢) 원376

불 Flèche; trait; aiguillon; harpon; dard (des abeilles, des guêpes).
한 화살 | 화살 | 가시 | 고래작살 | (꿀, 말벌의) 침

[2]살 [SAL,-I] (膚) 원376
불 Chair, viande. Chair de l'animal vivant (opposé à os)
한 살, 고기 | (뼈와 반대인) 살아있는 동물의 살

[3]살 [SAL,-I] (門箭) 원376
불 Barre, barreau de fenêtre.
한 창문의 봉, 살

[4*]살 [SAL,-I] (殺) 원376
불 En.agr. Tuer.
한 한자어로 죽이다

[5]살 [SAL,-I] (箭) 원376
불 Petits morceaux de bois qui servent à faire un barrage pour prendre le poisson.
한 생선을 잡기 위한 둑을 만드는 데 쓰이는 작은 나무 조각들

살강 [SAL-KANG,-I] 원377
불 Support pour la vaisselle (à la cuisine). Esp. de corbeille longue et plate servant de table de décharge à la cuisine.
한 (부엌에서) 식기류의 받침대 | 부엌에서 짐을 내리는 탁자로 쓰이는 길고 평평한 바구니 종류

살결박ᄒᆞ다 [SAL-KYEL-PAK-HĂ-TA] (肉結縛) 원377
불 Attacher les bras derrière le dos après avoir fait quitter l'habit; attacher sur la chair.
한 옷을 벗게 한 후 등 뒤로 팔을 묶다 | 살 위로 묶다

살곰살곰ᄒᆞ다 [SAL-KOM-SAL-KOM-HĂ-TA] 원377
불 Tout doucement. Désigne l'action d'un homme qui, au lieu de tout emporter d'un seul coup, n'emporte que peu à peu, une parcelle à la fois.
한 아주 서서히 | 모든 것을 단 한 번에 가져가는 대신, 한 번에 소량을 조금씩만 가져가는 사람의 행동을 가리킨다

살곰이 [SAL-KOM-I] (暗然) 원377
불 Tout doucement.
한 아주 서서히

살구 [SAL-KOU] (杏) 원377
불 Esp. de fruit semblable à la pêche, p. ê. abricot ou prune.
한 복숭아와 비슷한 과일의 종류, 아마도 살구 또는 자두

살구나무 [SAL-KOU-NA -MOU] (杏木) 원377
불 Abricotier.
한 살구나무

살그랑살그랑ᄒᆞ다 [SAL-KEU-RANG-SAL-KEU-RANG-HĂ-TA] 원377
불 Ne pouvoir s'accorder ensemble.
한 함께 일치할 수 없다

살근살근ᄒᆞ다 [SAL-KEUN-SAL-KEUN-HĂ-TA] 원377
불 Désigne l'action du frottement v.g. d'un habit sur une plaie. ‖ Tout doucement, exprime le mouvement d'une scie, d'une démarche lente.
한 예. 상처 위로 옷을 문지르는 행동을 가리킨다 | 아주 서서히, 톱의, 느린 걸음걸이의 움직임을 표현한다

[1*]살긔 [SAL-KEUI] (殺氣) 원377
불 Air de mort, mine d'un homme qui présente les symptômes d'une mort prochaine. ‖ Influence mortelle; venin mortel.
한 죽음의 기색, 다가온 죽음의 증상들을 나타내는 사람의 안색 | 치명적인 영향 | 치명적인 독

[2]살긔 [SAL-KEUI] (肥大) 원377
불 Chair, embonpoint.
한 살, 약간 살이 찐 상태

[3]살긔 [SAL-KEUI] (箭腹痛) 원377
불 Choléra; dyssenterie.
한 콜레라 | 이질

살낭살낭ᄒᆞ다 [SAL-NANG-SAL-NANG-HĂ-TA] 원377
불 Désigne l'état du vent un peu frais (du 10e mois) exprime le bruit du vent qui souffle doucement.
한 (열 번째 달의) 약간 서늘한 바람의 상태를 가리킨다 | 가만히 부는 바람의 소리를 나타낸다

살녀내다 [SAL-NYE-NAI-TA,-NAI-YE,-NAIN] (話人) 원377
불 Faire vivre.
한 살게 하다

살녀주다 [SAL-NYE-TJOU-TA,-TJOU-E,-TJOUN] 원ADDENDA
불 Epargner la vie, laisser la vie, laisser vivre, accorder la vie sauve.
한 목숨을 살려 주다, 목숨을 남겨 두다, 살도록 두다, 목숨을 보전하게 하다

[*]살년 [SAL-NYEN,-I] (殺年) 원377
불 Disette, famine complète. Année de famine.
한 빈곤, 지독한 기근 | 기근이 든 해

*살뉵지폐 [SAL-NYOUK-TJI-HPYEI] (殺戮之弊) 원377

불 Calamité des exécutions à mort. Meurtre, assassinat, carnage.

한 사형집행의 참화 | 살인, 암살, 학살

*살뉵ᄒᆞ다 [SAL-NYOUK-HĂ-TA] (殺戮) 원377

불 Massacrer, tuer, assassiner.

한 살육하다, 죽이다, 암살하다

살니다 [SAL-NI-TA,SAL-NYE,SAL-NIN] (活人) 원377

불 Se nourrir de, vivre. 날노살니라. Nal-no sal ni-ra,··vivra par moi. ‖ Vivifier; faire vivre; sauver la vie.(Fact. de 살다 Sal-ta)

한 ~을 먹다, 살다 | [용례 날노살니라, Nal-no sal ni-ra], 나로 인해 살 것이다 | 소생시키다 | 살리다 | 목숨을 구하다 | (살다 Sal-ta의 사동형)

살님사리ᄒᆞ다 [SAL-NIM-SA-RI-HĂ-TA] (生涯) 원377

불 Moyen d'existence, moyen de vivre. =식이다-sik-i-ta, Donner ces moyens. ‖ Ménage. Vivre en ménage.

한 생활 수단, 생활 수단 | [용례 식이다, sik-i-ta], 그 자금을 주다 | 살림 | 가정을 꾸려서 살다

살님ᄒᆞ다 [SAL-NIM-HĂ-TA] 원377

불 Vivre.

한 생계를 꾸리다

¹살다 [SAL-TA,SAL-E(ou-A),SAN] (居) 원378

불 Résider, passer la vie, habiter.

한 거주하다, 일생을 보내다, 살다

²살다 [SAL-TA] 원378

불 Tamiser; remuer le blé dans un vase pour en extraire les pierres, pour le nettoyer.

한 체로 치다 | 돌을 제거하기 위해, 깨끗하게 하기 위해 그릇에 있는 곡식을 뒤적거리다

³살다 [SAL-TA] 원378

불 Mettre à brûler, jeter au feu.

한 타도록 두다, 불에 던지다

⁴살다 [SAL-TA,SAL-E(ou-A),SAN] (生) 원378

불 Vivre.

한 살다

살댱 [SAL-TYANG,-I] (箭杖) 원378

불 Esp. de grandes perches piquées dans la vase et qui servent à soutenir, à tendre les filets des pêcheurs.

한 진흙에 꽂아서 그물을 치는 데에, 지탱하는 데에 쓰는 큰 장대의 종류

살막 [SAL-MAK,-I] (箭幕) 원377

불 Pêcherie, barrage pour prendre le poisson.

한 어장, 물고기를 잡기 위한 장벽

살맛 [SAL-MAT,-I] 원377

불 Mort subite.

한 갑작스러운 죽음

¹살맛다 [SAL-MAT-TA,-MAT-TJYE,-MAT-TJIN] 원377

불 Etre frappé de mort subite. Mourir, être brisé subitement sans cause apparente (les païens attribuent ce genre de mort à une influence diabolique). On n'emploie guère ce mot qu'en combinaison: v.g. 살맛저죽다 Sal-mat-tjye-tjouk-ta, Mourir subitement.

한 갑작스러운 죽음을 당하다 | 죽다, 뚜렷한 이유 없이 갑자기 부서지다 (이교도들은 이런 종류의 죽음을 악마의 영향 탓으로 돌린다) | 이 단어는 다음과 같이 결합해서가 아니고는 거의 사용하지 않는다 | [용례 살맛저죽다, Sal-mat-tjye-tjouk-ta], 갑작스럽게 죽다

²살맛다 [SAL-MAT-TA,-MAT-TJYE,-MAT-TJIN] (逢箭) 원377

불 Blesser un animal de manière qu'il s'enfuit et va mourir plus loin. (Il y a des fusils qui blessent toujours et ne tuent jamais).

한 동물이 도망쳐서 더 먼 곳에 가서 죽게 하려고 동물에게 상처를 입히다 | (항상 상처를 입히지만 결코 죽이지는 않는 총이 있다)

*살모사 [SAL-MO-SA] (殺母蛇) 원377

불 Serpent qui tue sa mère en naissant, esp. de vipère dont la morsure est très-dangereuse.

한 태어나면서 제 어미를 죽이는 뱀, 물리면 매우 위험한 살무사의 종류

살발 [SAL-PAL,-I] 원377

불 Chair du pied; pied nu; endroit sensible.

한 발의 살갗 | 맨발 | 민감한 부위

¹살벌 [SAL-PEL,-I] (亦蜂) 원377

불 Abeille à aiguillon ; guêpe; tout insecte ailé armé d'un aiguillon.

한 침이 있는 벌 | 말벌 | 침이 있는 날개 달린 모든 곤충

²살별 [SAL-PYEL,-I] (箭星, (Flèche, étoile)) 원377

불 Comète; étoile à queue, à dard.

한 혜성 | 꼬리 달린, 투창 모양의 별

*살벌ᄒᆞ다 [SAL-PEL-HĂ-TA] (殺伐) 원377

불 Massacrer, tuer.

한 살육하다, 죽이다

*살부지슈 [SAL-POU-TJI-SYOU] (殺父之讐) 원377

불 Ennemi pour avoir tué le père. Meurtrier du père.

한 아버지를 죽인 원수 | 아버지를 죽인 사람

살비암 [SAL-PĂI-AM,-I] (箭蛇) 원377

불 Nom d'une esp. de serpent qui n'est pas très-venimeux.

한 독이 많지 않은 일종의 뱀의 명칭

살셩 [SAL-SYENG,-I] (矢星, (Flèche, astre)) 원378

불 Comète qui ressemble à une flèche. V. 살별 Sal-pyel.

한 화살과 닮은 혜성 | [참조어 살별, Sal-pyel]

*살신지해 [SAL-SIN-TJI-HAI] (殺身之害) 원378

불 Dommage qui cause la perte de la vie. Peine mortelle; fatigue mortelle.

한 목숨을 잃게 한 애석한 일 | 극심한 고통 | 극심한 피로

*살싱ᄒᆞ다 [SAL-SĂING-HĂ-TA] (殺生) 원378

불 Tuer ce qui a vie, arracher la vie (grand péché des bonzes).

한 생명이 있는 것을 죽이다, 생명을 빼앗다 (승려들의 큰 죄악)

살쓸이 [SAL-TTEUL-I] (情屬) 원378

불 Charité; bien-faisance; dévouement.

한 친절 | 선행 | 헌신

살쓸ᄒᆞ다 [SAL-TTEUL-HĂ-TA] (情屬) 원378

불 Etre bienfaisant, charitable, dévoué. Donner du secours malgré la grand difficulté, ou le grand danger auquel on s'expose.

한 친절하다, 자비롭다, 헌신적이다 | 큰 어려움 또는 큰 위험을 무릅쓰고 도움을 주다

살싹 [SAL-TTJAK,-I] (面梳) 원378

불 Petit peigne. ‖ Petits cheveux très-fins au dessus et un peu en avant de l'oreille.

한 작은 빗 | 귀 위와 약간 앞에 난 매우 가늘고 짧은 머리카락

살싹살싹ᄒᆞ다 [SAL-TTJAK-SAL-TTJAK-HĂ-TA] 원378

불 Tout doucement, tout bellement, avec soin.

한 아주 부드럽게, 아주 살며시, 주의하여

살아나다 [SAL-A-NA-TA,-NA,-NAN] (生出) 원376

불 Avoir la vie sauve.

한 목숨이 무사하다

살아나오다 [SAL-A-NA-O-TA,-NA-OA,-NA-ON] (回甦, (Etant en vie, venir)) 원376

불 Avoir la vie sauve.

한 목숨이 무사하다

살언치 [SAL-EN-TCHI] 원376

불 Coussin du bât, de la selle.

한 길마의, 안장의 쿠션

살오다 [SAL-O-TA] (燒) 원377

불 Brûler; être brûlé; jeter au feu.

한 불태우다 | 태워지다 | 불에 던져버리다

*살옥 [SAL-OK,-I] (殺獄) 원377

불 Homicide, meurtre.

한 살해, 살인

살와ᄇᆞ리다 [SAL-OA-PĂ-RI-TA,-RYE,-RIN] (焚棄) 원377

불 Jeter au feu; faire brûler.

한 불에 던지다 | 태우다

살이 [SAL-I] (汐) 원376

불 Temps des grandes marées (vers le 15 et le 30 de la lune)

한 대조[역주 大潮]의 시기 (그달의 15일과 30일경)

살이ᄒᆞ다 [SAL-I-HĂ-TA] (生涯) 원376

불 La chose de vivre; l'habitation. être en ménage; faire ménage.

한 생활하는 것 | 거주 | 가정생활을 하다 | 가사 일을 하다

살인ᄒᆞ다 [SAL-IN-HĂ-TA] (殺人) 원376

불 Homicide; commettre un homicide, tuer un homme.

한 살인 | 살인을 저지르다, 사람을 죽이다

살족살족ᄒᆞ다 [SAL-TJOK-SAL-TJOK-HĂ-TA] 원378

불 Peu à peu; de temps en temps; un peu; peu à la fois. Syn. 살근살근ᄒᆞ다 Sal-keun-sal-keun-hă-ta.

한 조금씩 | 때때로 | 조금 | 한 번에 아주 조금 | [동의어 살근살근ᄒᆞ다, Sal-keun-sal-keun-hă-ta.]

살지다 [SAL-TJI-TA,-TJYE,-TJIN] (肥) 원378

불 S'engraisser; prendre de l'embonpoint. Engraissé; gras, fertile.

한 뚱뚱해지다 | 살이 찌다 | 비옥해지다 | 기름지다, 비옥하다

[1]살집 [SAL-TJIP,-I] (箭筒) 원378

불 Carquois et étui de l'arc.

한 화살통과 활을 넣는 갑

[2]살집 [SAL-TJIP,-I] (肌膚) 원378

불 Embonpoint.

한 살이 약간 찐 상태

살창 [SAL-TCHANG,-I] (箭窓) 원378

불 Barreaux de fenêtre; barre.
한 창살 | 난간

살촉 [SAL-TCHOK,-I] (箭鏃) 원378
불 Pointe de l'arc; fer de flèche.
한 활의 끝부분 | 화살촉

살츔 [SAL-TCHYOUM,-I] 원378
불 Le devant du serre-tête en crin; la hauteur du serre-tête sur le devant.
한 말총으로 만든 머리띠의 앞면 | 앞쪽에 있는 머리띠의 높이

살터 [SAL-HTE] (箭址) 원378
불 Lieu où l'on s'exerce à tirer de l'arc.
한 활 쏘는 연습을 하는 곳

살판 [SAL-HPAN,-I] 원378
불 Saut périlleux.
한 공중제비

살평상 [SAL-HPYENG-SANG,-I] (箭平牀) 원378
불 Esp.de bois de lit. Treillis de tringles de bois qui se croisent et supportent la natte du lit. Fond de couchette en barreaux.
한 침대 틀의 종류 | 교차하며 침대의 자리를 받치는 가로 막대로 만든 격자 | 살로 만든 작은 침대의 밑바닥

살포 [SAL-HPO] 원378
불 Petite pelle.
한 작은 삽

살핏살핏ᄒᆞ다 [SAL-HPIT-SA-HPIT-HĂ-TA] (疏踈) 원378
불 Etre espacé, pas serré, clair-semé.
한 간격이 있다, 촘촘하지 않다, 듬성듬성하다

*살해ᄒᆞ다 [SAL-HAI-HĂ-TA] (殺害) 원377
불 Massacrer; tuer; assommer.
한 살육하다 | 죽이다 | 타살하다

삶다 [SALM-TA,SALM-A,SALM-EUN] (烹) 원377
불 Faire cuire dans l'eau, faire bouillir. Salmigondis.
한 물에서 익히다, 끓이다 | [역주 찌꺼기 고기로 만든] 스튜의 일종

삷히다 [SALP-HI-TA,-HYE,-HIN] (踈) 원378
불 Etre clairsemé, pas serré, espacé.
한 듬성듬성하다, 촘촘하지 않다, 간격이 있다

1*삼 [SAM,-I] (蔘) 원369
불 Jen-sen.
한 인삼

2*삼 [SAM,-I] (三) 원369
불 Trois (avec les mots chinois).
한 (중국 단어로) 셋

3삼 [SAM,-I] (麻) 원369
불 Chanvre.
한 대마

4삼 [SAM,-I] (胎) 원369
불 Membrane qui enveloppe le fœtus dans le sein de sa mère.
한 그 어머니의 태내에서 태아를 에워싸고 있는 막

5삼 [SAM,-I] 원369
불 Taie.
한 각막 백반

삼가다 [SAM-KA-TA,-KA,-KAN] (愼) 원369
불 Faire attention; prendre des précautions; prendre soin: être sur ses gardes; veiller; prévoir; faire avec soin.
한 주의하다 | 미리 대비하다 | 조심하다 | 경계하다 | 감시하다 | 미리 고려하다 | 주의해서 하다

*삼각산 [SAM-KAK-SAN,-I] (三角山) 원369
불 Montagne à trois pics au nord de la capitale (les Français l'ont appelée la Crête du coq.).
한 수도의 북쪽에 세 개의 산봉우리가 있는 산 (프랑스인들은 그것을 닭의 볏이라고 불렀다)

삼갑 [SAM-KAP,-SI] (三倍) 원369
불 Triple. 삼갑되다 Sam-kap-toi-ta, Etre trois fois plus gros; être triple.
한 세 배 | [용례 삼갑되다, Sam-kap-toi-ta], 세 배 더 크다 | 세 배이다

*삼강 [SAM-KANG,-I] (三綱) 원369
불 Les trois plus nobles de toutes les choses d'après les lettrés(le ciel, la terre et l'homme). ‖ Les trois liens, les trois têtes: le roi pour ses ministres; le père pour ses enfants; le mari pour sa femme. ‖ Merlin, corde ou cordon à trois brins.
한 학식 있는 사람들에 따르면 모든 것 중 가장 고상한 세 가지 것 (하늘, 땅, 그리고 사람) | 세 가지 관계, 세 명의 지도자 | 장관들에 대한 왕, 아이들에 대한 아버지, 부인에 대한 남편 | 세 가닥으로 꼰 로프, 실오라기 세 가닥으로 꼰 밧줄 또는 끈

삼거리 [SAM-KE-RI] (三街) 원369
불 Embranchement de trois routes; carrefour de trois rues ou chemins.
한 세 길의 갈래길 | 세 거리 또는 길의 교차로

*삼검 [SAM-KEM,-I] (三檢) 원369

불 Troisième visite que fait le mandarin au corps d'un homme mort de mort violente. Troisième descente sur les lieux.

한 관리가 변사자의 시체에게 하는 세 번째 시찰 | 세 번째 현장검증

*삼경 [SAM-KYENG,-I] (三更) 원370

불 Troisième veille de la nuit, p. ê. de 11h. du soir à 1h. du matin.

한 하룻밤의 세 번째 야경, 아마도 밤 11시에서 새벽 1시까지

*삼공형 [SAM-KONG-HYENG,-I] (三公兄) 원370

불 Les trois principaux habitants d'une ville qui forment le conseil du mandarin.

한 관리의 회의를 구성하는 마을의 주요한 세 명의 거주자

*삼광 [SAM-KOANG,-I] (三光) 원370

불 Les trois lumières(du soleil, de la lune, des étoiles).

한 (해, 달, 별의) 세 가지 빛

*삼구 [SAM-KOU] (三仇) 원370

불 Les trois ennemis (le monde, la chair, le démon).

한 세 가지 원수 (속세, 육체, 악마)

*삼국지 [SAM-KOUK-TJI] (三國誌) 원370

불 Nom d'une histoire des trois royaumes qui se partageaient la Chine. Histoire des guerres civiles entre les trois dynasties 한 Han, 위 Oui et 오O.

한 중국을 나누어 가졌던 세 왕조에 대한 역사책의 이름 | 한 Han, 위 Oui 와 오O, 세 왕조 사이에 일어난 내란의 역사

삼기다 [SAM-KI-TA,-KYE,-KIN] 원370

불 (Pass. de 삼다 Sam-ta) être élu; être produit. se former. Se produire. Se former en grains, en épis(blés) arriver; naître; résulter; être créé.

한 (삼다 Sam-ta의 수동형) 선출되다 | 양산되다 | 형성되다 | 산출되다 | (곡식) 낟알이 형성되다, 이삭이 패다 | 발생하다 | 생기다 | ~의 결과로 생기다 | 창조되다

*삼남 [SAM-NAM,-I] (三南) 원370

불 Les trois provinces du sud de la Corée.

한 조선의 남부의 세 지방

*삼남대로 [SAM-NAM-TAI-RO] (三南大路) 원370

불 La grande route qui descend de la capitale et conduit aux trois provinces du sud.

한 수도에서 내려가 남쪽의 세 지방에 이르는 큰 도로

삼남이 [SAM-NAM-I] (平笠) 원370

불 Chapeau en bambou des porteurs de chaise.

한 가마 운반인이 쓰는 대나무로 만든 모자

*삼녹 [SAM-NOK,-I] (三彔) 원370

불 Vert-de-gris, oxyde de cuivre.

한 녹청, 구리의 산화물

*삼니 [SAM-NI] (三利) 원370

불 Un des mille endroits de l'acuponcture(au-dessous du genou), une place vers la rotule du genou.

한 (무릎 아래) 침을 놓는 천 개의 부분 중 한 곳, 무릎의 슬개골과 가까운 위치

[1]삼다 [SAM-TA,SAM-A,SAM-EUN] (爲) 원371

불 Adopter; choisir; élire; produire; sibi constituere; se proposer; se faire une règle, une obligation de.

한 채택하다 | 선택하다 | 고르다 | 산출하다 | 정하다 | ~하는 것을 규칙, 의무로 삼다

[2]삼다 [SAM-TA,SAM-MA,SAL-MEUN] (烹) 원371

불 Faire bouillir; cuire dans l'eau.

한 끓이다 | 물속에서 익히다

*삼당샹 [SAM-TANG-SYANG,-I] (三堂上) 원371

불 Les trois premiers officiers de chacun des six ministères, y compris le ministre lui-même(판셔 Hpan-sye, 참판 Tcham-hpan, 참의 Tcham-eui). ‖ Les trois ambassadeurs que le gouvernement de Corée envoie chaque année en Chine.

한 장관 자신을 포함한 5개 부처의 세 관료 (판셔 Hpan-sye, 참판 Tcham-hpan, 참의 Tcham-eui) | 조선의 정부가 매년 중국에 보내는 세 명의 대사

*삼댱 [SAM-TYANG,-I] (蔘庄) 원371

불 Champ de jen-sen.

한 인삼밭

*삼덕 [SAM-TEK,-I] (三德) 원371

불 Les trois vertus théologales (foi, espérance, charité).

한 세 가지의 신덕 (믿음, 소망, 애덕)

*삼덕숑 [SAM-TEK-SYONG,-I] (三德誦) 원371

불 Les trois actes de foi, d'espérance et de charité.

한 믿음, 소망, 애덕의 세 가지 기도

*삼도통졔ᄉ [SAM-TO-HTONG-TJYEI-SĂ] (三道統制使) 원371

불 Général de division des trois provinces du sud et qui réside à 통영 Htong-yeng; ville du sud sur le bord de la mer.

한 통영 Htong-yeng에 주재하는 세 남쪽 지방의 사단장 | 바닷가에 있는 남쪽 마을

1* 삼동 [SAM-TONG,-I] (三冬) [원]371
[불] Les trois mois d'hiver.
[한] 겨울의 삼 개월

2* 삼동 [SAM-TONG,-I] (三同) [원]371
[불] Les deux bouts et le milieu.
[한] 양 끝과 중간

3* 삼동 [SAM-TONG,-I] (三銅) [원]371
[불] Objet dont les trois parties sont faites d'un métal différent ou d'une matière différente.
[한] 세 부분이 다른 금속 또는 다른 물질로 만들어진 물체

*삼동표 [SAM-TONG-HPYO] (三同豹) [원]371
[불] Panthère ou jaguar.
[한] 표범 또는 재규어

*삼루ᄒᆞ다 [SAM-ROU-HĂ-TA] (滲漏) [원]370
[불] Couler, découler.
[한] 흐르다, 뚝뚝 떨어지다

*삼망 [SAM-MANG,-I] (三望) [원]370
[불] Les trois candidats présentés au roi pour une place (le roi en désigne un). ‖ Le 3e candidat.
[한] 어떤 지위를 위해 왕에게 추천된 세 명의 후보자 (왕이 그중의 한 명을 임명한다) | 세 번째 후보자

삼모쟝 [SAM-MO-TJYANG,-I] (三稜杖) [원]370
[불] Bâton triangulaire pour frapper les criminels. ‖ Supplice des incisions (faits avec une hache ou cognée en bois qui enlève des tranches de chair).
[한] 죄인을 때리기 위한 세모진 방망이 | (살의 일부를 잘라내는 도끼 또는 나무 도끼로 하는) 베어내기의 체형

*삼문간 [SAM-MOUN-KKAN,-I] (三門間) [원]370
[불] L'intérieur des trois portes (on appelle ainsi la demeure du mandarin). Les trois portes du mandarinat (une grande, où passe le mandarin; une petite à l'est, où passent ses parents et amis; une autre petite à l'ouest où passent les prétoriens, les employés).
[한] 세 개의 문의 내부 (관리의 거처를 이렇게 부른다) | 관청의 세 개의 문 (관리가 지나는 큰 문, 그 부모와 친구들이 지나가는 동쪽에 난 작은 문, 친위병, 직원들이 지나가는 서쪽에 난 또 다른 작은 문)

삼물막 [SAM-MOUL-MAK,-I] [원]370
[불] Petite maison ou toiture pour les ouvriers d'un tombeau.
[한] 묘지의 일꾼들을 위한 작은 집 또는 지붕

삼박삼박ᄒᆞ다 [SAM-PAK-SAM-PAK-HĂ-TA] [원]370
[불] Désigne l'action d'une couturière dont l'aiguille passe facilement. Se dit de la pointe d'une aiguille d'acuponcture qui pénètre facilement.
[한] 그 바늘이 쉽게 지나가는 양재사의 동작을 가리킨다 | 쉽게 뚫고 들어가는 침술 바늘의 뾰족한 끝에 대해 쓴다

*삼방 [SAM-PANG,-I] (三房) [원]370
[불] Les trois chambres destinées, dans les auberges, aux trois ambassadeurs que le roi envoie en Chine.
[한] 왕이 중국으로 보내는 세 명의 대사를 위해 마련된 여관의 방 세 칸

*삼보 [SAM-PO] (三寶) [원]370
[불] Les trois choses précieuses: 1e femme chinoise; 2e noble coréen; 3e bonze japonais.
[한] 세 가지 귀중한 것 | 첫 번째 중국 여자 | 두 번째 조선의 귀족 | 세 번째 일본인 승려

*삼복 [SAM-POK] (三伏) [원]370
[불] Canicule, le temps des grandes chaleurs, où les Chinois font des superstitions(초복, Tcho pok, commecement, 1re dizaine de jours; 즁복 Tjyoung pok, milieu, 2e dizaine; 말복 Mal pok, fin, 3e dizaine).
[한] 혹서, 중국인들이 미신적인 행위를 하는 무더운 시기 | (초복 Tcho pok, 시작, 첫 10일 정도, 즁복 Tjyoung pok, 중간, 두 번째 10일 정도, 말복 Mal pok, 끝, 세 번째 10일 정도)

삼뵈 [SAM-POI] (麻布) [원]370
[불] Toile de chanvre.
[한] 삼베

1* 삼부 [SAM-POU] (蔘附) [원]370
[불] Jen-sen et 부ᄌᆞ Pou-tja, (réunion de ces deux remèdes).
[한] 인삼과 부ᄌᆞ Pou-tja (두 약재의 결합)

2 삼부 [SAM-POU] [원]370
[불] Bonze hôtelier.
[한] 접객 임무를 맡은 승려

*삼분지일 [SAM-POUN-TJI-IL,-I] (三分之一) [원]370
[불] La troisième partie, un tiers, le tiers. 삼분의 일 Sam-poun-eui-il, De trois parties une, c, a, d. le tiers.
[한] 1/3, 1/3, 1/3 | [[용례] 삼분의 일, Sam-poun-eui-il], 세 부분 중 하나, 즉 1/3

*삼산건 [SAM-SAN-KEN,-I] (三山巾) [원]370
[불] Les trois pans du capuchon. Esp. de bonnet.
[한] 두건에서 늘어진 세 자락 | 챙 없는 모자의 종류

*삼삼총총ᄒᆞ다 [SAM-SAM-TCHONG-TCHONG-HĂ-

TA] (森森叢叢) ㊎370
불 Beaucoup; être nombreux; innombrable.
한 많다 | 수많다 | 무수하다

[1]삼삼ᄒᆞ다 [SAM-SAM-HĂ-TA] ㊎370
불 Fade; ennuyeux.
한 싱겁다 | 지루하다

[2]*삼삼ᄒᆞ다 [SAM-SAM-HĂ-TA] (森森) ㊎370
불 Etre nombreux, en grande quantité.
한 수많다, 양이 매우 많다

*삼상 [SAM-SANG,-I] (蔘商) ㊎370
불 Marchand de jen-sen.
한 인삼 장수

*삼샹 [SAM-SYANG,-I] (三祥) ㊎370
불 Les trois années de deuil à la mort des parents.
한 부모의 죽음에 있어 3년의 복상 기간

[1]*삼셩 [SAM-SYENG,-I] (三省) ㊎370
불 Trois fois, trois temps différents.
한 세 번, 세 번의 다른 시기

[2]*삼셩 [SAM-SYENG,-I] (三星) ㊎370
불 Les trois étoiles(bonheur, richesse et longue vie).
한 세 개의 별 (행복, 부, 그리고 장수)

*삼셰 [SAM-SYEI] (三稅) ㊎370
불 Contribution pour les champs.
한 밭에 대한 세금

*삼소임 [SAM-SO-IM,-I] (三所任) ㊎371
불 Les trois hommes d'affaires d'un village, ou d'un quartier à Sye-oul (존위, Tjon-oui, 즁임, Tjyoung-im, 임쟝 Im-tjyang)
한 서울에서 마을 또는 구의 일을 맡아보는 세 사람 (존위, Tjon-oui, 즁임, Tjyoung-im, 임쟝 Im-tjyang)

[1]*삼슌 [SAM-SYOUN,-I] (三旬) ㊎371
불 Trois dizaines de jours, c, a, d. un mois.
한 약 30일, 즉 한 달

[2]*삼슌 [SAM-SYOUN,-I] (三筍) ㊎371
불 La troisième coupe de tabac.
한 담배를 세 번째 베기

*삼승 [SAM-SEUNG,-I] (三升) ㊎371
불 Toile de coton de mongolie. Toile forte en coton de Chine.
한 몽고의 면포 | 중국 목화로 만든 견고한 천

삼시랑덧나다 [SAM-SI-RANG-TET-NA-TA,-NA,-NAN] ㊎371
불 Se fâcher, être irrité. (Se dit du 삼신항 Sam-sin-hang ou 삼시랑 Sam-si-rang)
한 화내다, 성나다 | (삼신항 Sam-sin-hang 또는 삼시랑 Sam-si-rang 에 대해 쓴다)

*삼신 [SAM-SIN,-I] (麻鞋) ㊎371
불 Souliers de chanvre.
한 삼으로 만든 신

*삼신산 [SAM-SIN-SAN,-I] (三神山) ㊎371
불 Nom d'une montagne de Chine. nom d'une montagne au Japon.
한 중국에 있는 산의 이름 | 일본에 있는 산의 이름

*삼신항 [SAM-SIN-HANG,-I] (三神缸) ㊎371
불 Riz écossé que l'on met dans un vase de terre et que l'on expose dans un lieu bien orné de la maison. (C'est le génie. Si on l'honore bien, on a des enfants; si on ne l'honore pas on n'a pas d'enfants[superst.]).
한 흙으로 만든 그릇에 넣고 그것을 집 안의 잘 장식된 곳에 진열하는 껍질을 벗긴 쌀 | (신령이다 | 만약 그를 잘 공경하면 아이를 갖게 되고 | 그를 공경하지 않으면 아이가 없다[미신])

[1]삼실 [SAM-SIL,-I] (麻絲) ㊎371
불 Fil de chanvre.
한 삼으로 만든 실

[2]*삼실 [SAM-SIL,-I] (三室) ㊎371
불 Troisième femme d'un homme remarié en troisièmes noces.
한 세 번째의 결혼으로 재혼한 남자의 세 번째 부인

[1]*삼ᄉᆞ [SAM-SĂ] (三司) ㊎370
불 Les trois facultés de l'âme(mémoire, intelligence, amour). (Mot chrét).
한 영혼의 세 가지 능력 (기억, 지혜, 사랑) | (기독교 어휘)

[2]*삼ᄉᆞ [SAM-SĂ] (三司) ㊎370
불 Trois tribunaux à la capitale (형조, Hyeng-tjo, 한셩부, Han-syeng-pou, ᄉᆞ헌부 Să-hen-pou). ‖ Trois dignités (trésorier, juge et commissionnaire du sel).
한 수도에 있는 재판소 세 곳 (형조, Hyeng-tjo, 한셩부, Han-syeng-pou, ᄉᆞ헌부 Să-hen-pou) | 세 고관 (재무관, 재판관 그리고 소금의 위탁 판매 업자)

[1]삼ᄯᅵ [SAM-TTĂI] (蔘竹) ㊎371
불 Pied de jen-sen.
한 인삼의 밑동

[2]삼ᄯᅵ [SAM-TTĂI] (麻竹) ㊎371
불 Pied de chanvre.
한 삼의 밑동

*삼악셩 [SAM-AK-SYENG,-I] (三惡聲) [원]369
[불] Les trois bruits désagréables: 1e apprendre que son beau-frère est reçu bachelier; 2e bruit du ratissage des restes de riz dan s la maison d'un hôte; 3e bruit de l'égreneuse.
[한] 불쾌한 세 가지 소리 | 첫 번째, 매형 [역주 또는 처남]이 바칼로레아 합격자가 되었다는 것을 알게 되다 | 두 번째, 주인집에서 남은 밥을 긁어모으는 소리 | 세 번째, 탈곡기의 소리

*삼역셩 [SAM-YEK-SYENG,-I] (三易姓) [원]369
[불] Troisième changement de nom (v.g. fille qui se marie, qui marie sa fille, dont la fille se marie). Nom changé trois fois, v.g. à cause des filles qui passent d'une famille dans une autre(après quoi elles ne sont plus censées parentes; leur nom de fille ne compte plus pour rien).
[한] 세 번 성을 바꿈 (예. 결혼하는 딸, 그 딸이 자신의 딸을 결혼시키고, 다시 그 딸이 결혼함) | 예. 한 가족에서 다른 가족으로 옮겨가는 딸들로 인해 세 번 바뀐 성 (그 후에 딸들은 더 이상 가족으로 여겨지지 않고, 그의 성은 더 이상은 전혀 중요하지 않다)

삼연 [SAM-YEN,-I] [원]369
[불] Esp. d'instrument de musique.
[한] 악기의 종류

*삼연ᄒᆞ다 [SAM-YEN-HĂ-TA] (森連) [원]369
[불] Etre nombreux.
[한] 수많다

*삼왕ᄅᆡ됴 [SAM-OANG-RĂI-TYO] (三王來朝, (Trois, rois, venir, adorer)) [원]369
[불] Les trois rois mages. La fête de l'Epiphanie. (Mot chrét.).
[한] 3인의 동방박사 | 주현절 축제일 | (기독교 어휘)

*삼우 [SAM-OU] (三虞) [원]369
[불] Le 3e jour de la douleur, le 3e jour après l'enterrement des parents, pour lesquels, en ce jour, on fait de grands sacrifices.(Superst.).
[한] 세 번째 고통의 날, 부모의 장례를 치른 후, 이날, 큰 제사를 지내는 세 번째 날 (미신)

*삼위일톄 [SAM-OUI-IL-HIYEI] (三位一體) [원]369
[불] Trois personnes, une substance; Ste trinité.
[한] 세 위격, 하나의 실체 | 성 삼위일체

삼장 [SAM-TJANG,-I] (麻裝) [원]371
[불] Esp. de filet carré, en chanvre, pour envelopper les caisses ou paquets de voyage. Couverture de cheval.
[한] 여행 궤짝 또는 짐을 싸는 데 사용하는 삼실로 만든 네모난 망의 종류 | 말 덮개

*삼졀지 [SAM-TJYEL-TJI] (三絶紙) [원]371
[불] Papier plié en trois.
[한] 셋으로 접은 종이

*삼족 [SAM-TJYOK,-I] (三族) [원]371
[불] Les trois familles d'un homme. Les trois espèces de parents (du côté du père, du côté de la mère, du côté de la femme)
[한] 남자의 세 집안 | (아버지 쪽의, 어머니 쪽의, 처가 쪽의) 친척의 세 종류

1*삼죵 [SAM-TJYONG,-I] (三鐘) [원]371
[불] La prière des trois sons. Angélus(prière).
[한] 세 가지 소리의 기도 | 삼종기도 (기도)

2*삼죵 [SAM-TJYONG,-I] (三從) [원]371
[불] Parent au 8e degré. Petit-fils du neveu du bisaïeul.
[한] 여덟 번째 촌수의 친척 | 증조부의 조카의 손자

삼죵매 [SAM-TJYONG-MAI] (三從妹) [원]371
[불] Petite-fille du neveu du bisaïeul. Petite-fille du petit-neveu de l'aïeul.
[한] 증조부의 조카의 손녀 | 조부의 종손의 손녀

*삼죵매부 [SAM-TJYONG-MAI-POU] (三從妹夫) [원]372
[불] Mari de la 삼종매 Sam-tjyong-mai.
[한] 삼종매 Sam-tjyong-mai의 남편

*삼죵슈 [SAM-TJYONG-SYOU] (三從嫂) [원]372
[불] Femme du 삼종씨Sam-tjyong-ssi.
[한] 삼종씨 Sam-tjyong-ssi의 부인

*삼죵씨 [SAM-TJYONG-SSI] (三從氏) [원]372
[불] Cousin au 8e degré. Petit-fils du neuve du bisaïeul. Petit-fils du petit-neuve de l'aïeul.
[한] 여덟 번째 촌수의 사촌 | 증조부의 조카의 손자 | 조부의 종손의 손자

삼줄 [SAM-TJOUL,-I] [원]372
[불] Cordon ombilical.
[한] 탯줄

*삼즁셕 [SAM-TJYOUNG-SYEK,-I] (三重席) [원]372
[불] Trois nattes placées l'une sur l'autre.
[한] 세 겹으로 겹쳐 놓은 돗자리

*삼지구엽 [SAM-TJI-KOU-YEP,-I] (三枝九葉, (Trois, branches, neuf, feuilles)) [원]371
[불] Esp. d'armoise ou d'absinthe (med.).
[한] 쓴 쑥속 또는 약쑥의 종류 (약재)

ㅅ

*삼지오엽 [SAM-TJI-O-YEP,-I] (三枝五葉, (Trois, branches, cinq, feuilles)) [원]371
[불] Les trois racines et les cinq feuilles d'une plante de jen-sen.
[한] 인삼의 뿌리 세 개와 잎 다섯 장

*삼지창 [SAM-TJI-TCHANG,-I] (三枝鎗) [원]371
[불] Fourche à trois branches(arme). Trident.
[한] 세 갈래의 갈퀴 (무기) | 삼지창

*삼쳑동ᄌ [SAM-TCHYEK-TONG-TJĂ] (三尺童子) [원]372
[불] Enfant de trois pieds de haut, c, a, d. très-petit. Petit enfant; de petite taille.
[한] 키가 3피에인, 즉 매우 작은 아이 | 어린아이 | 키가 작은 아이

*삼쳑지 [SAM-TCHYEK-TJI] (三陟紙) [원]372
[불] Esp. de papier de Kang-ouen-to, de la ville de 삼쳑. Sam-tchyek.
[한] 강원도의 삼쳑 Sam-tchyek 이라는 도시에서 생산되는 종이의 종류

*삼촌 [SAM-TCHON,-I] (三寸) [원]372
[불] 3e degré; parent au 3e degré. Oncle paternel; frère du père.
[한] 세 번째 촌수 | 세 번째 촌수의 친척 | 아버지 쪽의 삼촌 | 아버지의 형제

*삼쵸 [SAM-TCHYO] (三焦) [원]372
[불] les trois parties du buste (샹쵸 Syang-tchyo, poitrine; 즁쵸,Tjyoung-tchyo, neutre ou estomac; 하쵸Ha-tchyo, partie inférieure du ventre ou au-dessous de l'estomac)
[한] 상반신의 세 부분 (샹쵸 Syang-tchyo는 가슴, 즁쵸,Tjyoung-tchyo는 중간 부분 또는 윗배, 하쵸Ha-tchyo는 배의 아랫부분 또는 윗배 아래에 있는 부분)

*삼츄 [SAM-TCHYOU] (三秋) [원]372
[불] Les trois mois d'automne.
[한] 가을의 세 달

*삼츈 [SAM-TCHYOUN,-I] (三春) [원]372
[불] Les trois mois de printemps.
[한] 봄의 세 달

삼치 [SAM-TCHI] (魴魚) [원]372
[불] Nom d'une esp. de poisson de mer, le même que 망어 Mang-e, p. ê. le saumon.
[한] 망어 Mang-e와 같은 바닷고기 일종의 명칭, 아마도 연어

삼치다 [SAM-TCHI-TA,SAM-TCHYE,SAM-TCHIN] (吞) [원]372
[불] Avaler, absorber.
[한] 삼키다, 먹다

삼키다 [SAM-HKI-TA,-HKYE,-HKIN] (吞) [원]370
[불] Avaler, engloutir, dévorer.
[한] 삼키다, 게걸스럽게 먹다, 먹어치우다

삼탁이 [SAM-HTAK-I] (簣) [원]371
[불] Esp. de corbeille ou d'ustensile à ramasser les balayures.
[한] 쓰레기를 담는 바구니 또는 용구의 종류

*삼토 [SAM-HTO] (蔘土) [원]371
[불] Esp. de terreau dans lequel on sème le jen-sen pour qu'il vienne bien. Terre humide et converte de mousse, avec laquelle on engraisse les platations de jen-sen, et dont on enveloppe les racines de cette même plante, pour les conserver fraîches après la récolte.
[한] 인삼이 잘 자라도록 인삼의 씨를 뿌리는 부식토의 종류 | 인삼 재배지를 비옥하게 하는 축축하고 이끼로 덮인 흙으로, 수확한 후에 신선하게 보존하기 위해 바로 그 식물의 뿌리를 이 흙으로 감싼다

*삼틔 [SAM-HTĂI] (三胎) [원]371
[불] Trois enfants nés d'une seule fois.
[한] 동시에 태어난 세 아이

*삼틔셩 [SAM-HTĂI-SYENG,-I] (三台星) [원]371
[불] La poussinière, les pléiades(étoiles) constellation composée. De trois étoiles en triangle.
[한] 황소좌, 황소좌의 5별(별) | 세 별이 삼각형 모양으로 구성된 별자리

*삼포 [SAM-HPO] (蔘圃) [원]370
[불] Champ de jen-sen.
[한] 인삼밭

*삼픔 [SAM-HPEUM,-I] (三品) [원]370
[불] Le 3e degré.
[한] 세 번째 등급

*삼하 [SAM-HA] (三夏) [원]369
[불] Les trois mois d'été.
[한] 여름의 세 달

*삼학ᄉ [SAM-HAK-SĂ] (三學士) [원]369
[불] Les trois grands lettrés célèbres en Corée; Youn, Hong, O.
[한] 조선에서 유명한 세 명의 학식 있는 사람 : 윤, 홍, 오[역주 홍익한, 윤집, 오달제]

*삼한 [SAM-HAN,-I] (三韓) [원]369

불 Temps, époque des trois royaumes en Corée(신라 Sin-ra, 고려 Ko-rye, 빅졔 Pāik-tjyei). Trois anciens royaumes du nom de 한 Han, qui se partageaient autrefois la Corée.)
한 조선의 세 왕국(신라 Sin-ra, 고려 Ko-rye, 빅졔 Pāik-tjyei)의 시기, 시대 | 예전에 조선을 나누어 가졌던 한 Han이란 이름을 가진 세 개의 옛 왕국들

삼혈총 [SAM-HYEL-TCHONG,-I] (三穴砲) 원369
불 Fusil à trois canons.
한 포신이 세 개인 총

*삽 [SAP,-I] (鍤) 원375
불 Pelle, bêche.
한 부삽, 가래

삽가래 [SA-KA-RAI] (鍤) 원376
불 Petite pelle en fer; bêche.
한 쇠로 만든 작은 삽 | 가래

삽분삽분ᄒᆞ다 [SAP-POUN-SAP-POUN-HĂ-TA] 원376
불 Léger, agile, désigne l'état d'un homme léger, souple, qui marche sans bruit.
한 가볍다, 날렵하다, 소리 없이 걷는 가볍고 민첩한 사람의 상태를 가리킨다

*삽삽ᄒᆞ다 [SAP-SAP-HĂ-TA] (颯颯) 원376
불 (Le vent) être frais, souffler par rafales. ‖ Se sécher, sécher (linge lavé)
한 (바람이) 시원하다, 휘몰아치다 | 마르다, (빨래한 세탁물을) 말리다

*삽시 [SAP-SI] (霎時) 원376
불 Un instant, un moment. Un clin d'œil.
한 한순간, 한때 | 눈 깜짝할 사이

*삽시간 [SAP-SI-KAN,-EI] (霎時間) 원376
불 En un clin d'œil.
한 순식간에

*삽젼 [SAP-TYEN,-I] (挿牋) 원376
불 Esp. d'étendard, d'oriflamme à deux cornes ou pointes, qui se porte dans les funérailles pour effrayer le diable(superst.).
한 악마를 두렵게 하려고 장례식 때에 드는, 두 개의 뿔 또는 뾰족한 끝이 있는 군기, 기의 일종 (미신)

삽쥬 [SAP-TJYOU] (蒼朮) 원376
불 Nom d'une plante potagère.
한 식용 식물의 이름

삽지팡이 [SAP-TJI-HPANG-I] (鍤杖) 원376
불 Long bâton armé d'un fer tranchant.
한 날카로운 쇠가 달린 긴 막대기

삿 [SAT,-TCHI] 원378
불 Enfourchure des jambes, angle formé par les deux jambes. Intervalle des doigts.
한 다리의 가랑이, 두 다리로 만들어진 각 | 손가락 사이의 간격

삿갓 [SAT-KAT,-SI] (蓑笠) 원379
불 Esp.de chapeau dont les ouvriers et les laboureurs se servent, pendant l'été, pour le travail et contre la pluie.
한 일꾼들과 농부들이 여름 동안 일을 하고 비를 피하기 위해 쓰는 모자의 종류

[1]삿기 [SAT-KI] (索) 원379
불 Corde de paille de riz.
한 볏짚을 꼬아 만든 밧줄

[2]삿기 [SAT-KI] (雛) 원379
불 Petits des animaux.
한 동물들의 새끼들

삿바 [SAT-PA] (股絞) 원379
불 Nom de la corde qui sert à lier les jambes d'un prisonnier, d'un criminel, au-dessus du genou, pour l'empêcher de s'enfuir.
한 도망치지 못하도록 무릎 위쪽에 죄수의, 죄인의 다리를 묶는 데 쓰는 밧줄의 이름

삿삿치 [SAT-SAT-TCHI] 원379
불 Partout ; en chaque endroit; de place en place; dans tous les vides.
한 도처에 | 각각의 장소에 | 여기 저기에 | 모든 빈 곳에

삿자리 [SAT-TJA-RI] (簟席) 원379
불 Natte tressée en roseaux.
한 갈대를 엮어서 만든 돗자리

삿타 [SSAT-HTA,SSA-HA,SSA-HEUN] (築) 원379
불 Accumuler; amonceler; amasser; mettre en tas; entasser.
한 축적하다 | 쌓아 올리다 | 모으다 | 쌓다 | 집적하다

삿폭 [SAT-HPOK,-I] (間幅) 원379
불 Laize de toile peu large qui rejoint les deux autres à chaque jambe du pantalon. Entre-deux des jambes d'un pantalon.
한 각각의 바짓가랑이에 다른 두 개를 연결하는, 별로 넓지 않은 직물의 폭 | 바지의 두 다리 사이

[1]*상 [SANG,-I] (床) 원375

불 Table, tablée. Numéral des repas.(En corée, il y a une petite table particulière pour chaque convive ; quelquefois cependant deux personnes se trouvent réunies à la même).

한 식탁, 한 식탁에 모인 사람들 | 식사를 세는 수사 | (조선에서는 각각의 손님을 위한 작은 개인 식탁이 있다 ; 그렇지만 때때로 두 사람이 같은 식탁에 모이게 되기도 한다)

2* 상 [SANG,-I] (喪) 원375

불 En agr. Deuil.

한 한자어로 초상

3 상 [SYANG,-I] 원380 ☞ 3 샹

* 상가 [SANG-KA] (喪家) 원375

불 Maison d'un homme en deuil.

한 상중인 사람의 집

상감투 [SANG-KAM-HTOU] (喪巾) 원375

불 Bonnet d'homme en deuil.

한 상중에 있는 사람이 쓰는 챙 없는 모자

* 상고 [SANG-KO] (喪故) 원375

불 Cause de la mort. Motif de deuil ; deuil.

한 죽음의 원인 | 초상의 이유 | 초상

* 상닙 [SANG-NIP,-I] (喪笠) 원375

불 Grand chapeau de grand deuil.

한 정식 상복에 쓰는 큰 모자

* 상뎐 [SANG-TYEN,-I] (商廛) 원375

불 Boutique d'étoffes, de soies, etc. de souliers, de cuir, etc.

한 옷감, 명주 등 구두, 가죽 등을 파는 가게

* 상뎨 [SANG-TYEI] (喪祭) 원375

불 Homme en deuil.

한 상중에 있는 사람

상두 [SANG-TOU] (喪輿) 원375

불 Civière, brancard pour porter le cercueil ; corbillard, brancard funèbre.

한 들것, 관을 운반하기 위한 들것 | 영구차, 장례에 쓰는 들것

* 상두군 [SANG-TOU-KOUN,-I] (喪輿軍) 원375

불 Porteurs de bière ; croque-morts.

한 관을 운반하는 사람들 | 장의사의 일꾼들

* 상딕ᄒᆞ다 [SYANG-TĂI-HĂ-TA] (相對) 원383

불 Etre opposé, vis-à-vis, en face. Etre face à face.

한 서로 마주 대하다, 대면하다, 정면에 있다 | 서로 마주 보다

* 상례 [SANG-RYEI] (喪禮) 원375

불 Rites, cérémonies des morts, pour honorer les morts.

한 고인들을 기리기 위한 의식, 장례식

* 상례비 [SANG-RYEI-PI] (喪禮備) 원375

불 Catalogue des rites superstitieux qu'on doit observer à la mort d'un individu. Rituel pour deuil. Livre qui contient les cérémonies du deuil.

한 사람이 죽었을 때 지켜야 하는 미신적인 의식의 목록 | 초상에 대한 제식서 | 상례식을 담고 있는 책

* 상복 [SANG-POK,-I] (喪服) 원375

불 Habit de deuil, vêtement de deuil.

한 상복, 상복

* 상부ᄒᆞ다 [SANG-POU-HĀ-TA] (喪夫) 원375

불 Mort du mari. Etre en deuil de son mari (veuve).

한 남편의 죽음 | (과부가) 남편의 상중이다

* 상셕 [SANG-SYEK,-I] (床石) 원375

불 Grosse pierre en forme de table au-devant du tombeau ; autel en pierre devant le tombeau.

한 묘지 앞에 있는 테이블 형태의 큰 돌 | 묘지 앞의 돌로 만든 제단

상식하다 [SANG-SIK-HÁ-TA] (上食) 원375

불 Sacrifice quotidien, du matin et du soir, devant les tablettes des parents défunts (superst.) Mettre le riz sur la table pour le sacrifice.

한 매일 아침저녁으로 죽은 부모의 패 앞에 올리는 제사 (미신) | 제사를 위해 식탁 위에 밥을 놓다

* 상ᄉᆞ [SANG-SĂ] (喪事) 원375

불 Mort(honorif.). Deuil et mort ; décès. 상ᄉᆞ낫다. Sang-să-nat-ta, Mourir, il y a un décès.

한 사망 (경칭) | 초상과 사망 | 사망 | [용례 상ᄉᆞ낫다, Sang-să-nat-ta], 죽다, 사람이 사망하는 일이 있다

상어 [SANG-E] 원380 ☞ 샹어

상옷 [SANG-OT,-SI] (喪服) 원375

불 Habit de deuil.

한 상복

* 상우ᄒᆞ다 [SANG-OU-HÁ-TA] (喪耦) 원375

불 Mort de l'épouse. Mourir (se dit de l'épouse). Etre en deuil de son épouse (veuf).

한 아내의 죽음 | 죽다 (아내에 대해 쓴다) | (홀아비가) 아내의 상중이다

* 상인 [SANG-IN,-I] (喪人) 원375

불 Homme en deuil.

한 상중인 사람

1* 상쟝 [SANG-TJYANG,-I] (喪杖) 원375

불 Bâton de deuil en bambou uni.
한 장식이 없는 대나무로 만든 초상 때 짚는 막대

2*상쟝 [SANG-TJYANG,-I] (喪葬) 원375
불 Rites, règles, cérémonies des funérailles.
한 장례의 의식, 관례, 예식

*상쥬 [SANG-TJYOU] (喪主) 원375
불 Homme en deuil.
한 상중인 사람

*상ᄌᆞ [SANG-TJĂ] (箱子) 원375
불 Esp. de balle, de panier en bambou avec un couvercle.
한 짐의, 뚜껑 달린 대나무 바구니의 종류

*상채 [SANG-TCHAI] (喪債) 원375
불 Emprunt pour les frais des funérailles.
한 장례비용을 위한 부채

*상쳐ᄒᆞ다 [SANG-TCHYE-HĂ-TA] (喪妻) 원375
불 Mort de l'épouse. Perdre sa femme ; devenir veuf.
한 아내의 죽음 | 자신의 아내를 잃다 | 홀아비가 되다

상포 [SANG-PHO] (喪布) 원375
불 Toile pour habit de deuil. Toile qui sert à ensevelir le mort et à faire des habits de deuil.
한 상복을 만드는 데 쓰이는 직물 | 죽은 사람에게 수의를 입히고 상복을 만드는 데 쓰이는 직물

1새 [SAI] 원367
불 Esp. d'herbe longue qui sert à faire du feu et à couvrir les maisons.
한 불을 피우거나 집을 덮는 데 쓰는 긴 풀의 종류

2새 [SAI] (新) 원367
불 En agr. Nouveau.
한 한자어로 새롭다

3새 [SAI] 원367
불 Aurore, aube, commencement du jour.
한 여명, 새벽, 해가 뜨기 시작함

4새 [SAI] (緵) 원367
불 Croisement des fils de la chaîne dans la confection d'une toile. Cent fils de la chaîne d'un tisserand pour la toile. Dans un tissus, quarante fils de la chaîne. Numéral des quarantaines de fils. (Un tissu de six ou sept 새, Sai s'appelle 추목Tchou-mok, grosse toile; de huit ou neuf, 즁목Tjyoung-mok, toile moyennel de dix à quinze, 세목Syei-mok, belle toile fine).
한 직물 제조 시에 날실을 능직으로 짜는 것 | 직조공이 천을 만드는 데 쓰는 날실 100줄 | 직물에 있는 날실 40줄, 약 40줄의 실을 세는 수사 | (여섯 개나 일곱 개의 새 Sai 로 만든 직물은 추목 Tchou-mok이라고 불리는 거친 천이다. 여덟 개나 아홉 개로 되면 즁목 Tjyoung-mok이라고 불리는 보통의 천이다. 열 개에서 열다섯 개로 되면 셰목 Syei-mok이라고 불리는 아름답고 섬세한 천이다)

새님 [SAI-NIM,-I] (上典主) 원367
불 Monsieur.
한 주인님

1새다 [SAI-TA,SAI-YE,SAIN] (漏) 원367
불 Sortir(d'un sac percé); apparaître(le jour); poindre; filtrer; laisser passer l'eau'; suinter.
한 (구멍이 뚫린 가방에서) 나오다 | (해가) 나타나다 | 나타나다 | 새어 나오다 | 물을 통과하게 하다 | 스며 나오다

2새다 [SAI-TA,SAI-YE,SAIN] 원388 ☞식다

새ᄃᆡᆨ [SAI-TĂIK,-I] (新宅) 원367
불 Jeune dame, nouvelle mariée.
한 젊은 부인, 새색시

새로 [SAI-RO] (新) 원367
불 De nouveau; encore; derechef; récemment; nouvell- ement.
한 다시 | 또 | 다시금 | 최근에 | 새로

새로이 [SAI-RO-I] 원367 ☞새로

새롭다 [SAI-ROP-TA,-RO-OA,-RO-ON] (新) 원367
불 Etre nouveau.
한 새롭다

새무릇ᄒᆞ다 [SAI-MOU-REUT-HĂ-TA] 원367
불 Etre froid, sombre et couvert (temps, jour).
한 (날씨, 날이) 차갑다, 어둡고 흐리다

새물족은ᄒᆞ다 [SAI-MOUL-TJOK-EUN-HĂ-TA] 원367
불 Etre couvert et froid (ciel, jour).
한 (하늘, 날이) 흐리고 쌀쌀하다

새벽 [SAI-PYEK,-I] (晨) 원367
불 Temps depuis minuit jusqu'au point du jour. Aurore, aube. 새벽에 Sai-pyek-ei, De grand matin.
한 자정부터 동틀 무렵까지의 시간 | 여명, 새벽 | [용례 새벽에, Sai-pyek-ei], 아침 일찍

새별 [SAI-PYEL,-I] (曉星) 원367
불 Etoile du matin, lucifer.
한 아침에 떠 있는 별, 샛별

새삼스럽다 [SAI-SAM-SEU-REP-TA,-RE-OUE,-RE-ON] 원367
불 Etre ennuyeux, curieux (v.g. quelqu'un qui demande

ce qu'il sait déjà, ce qu'on lui a déjà dit).
한 (예. 이미 알고 있는 것, 누가 이미 말해준 것을 물어보는 어떤 사람이) 성가시다, 호기심이 많다

새셔방 [SAI-SYE-PANG,-I] (新郞) 원367
불 Jeune marié.
한 새신랑

새실새실웃다 [SAI-SIL-SAI-SIL-OUT-TA,-OUT-SE,-OUT-SĂN] 원367
불 Se dit de la manière de rire des petits enfants, par petits éclats joyeux.
한 어린아이들이 즐거워하며 작게 터뜨려 웃는 방식에 대해 쓴다

새아기씨 [SAI-A-KI-SSI] (新婦) 원367
불 Jeune mariée, jeune fille, demoiselle, jeune personne, jeune dame.
한 새색시, 아가씨, 아씨, 젊은이, 젊은 부인

새악씨 [SAI-AK-SSI] 원367 ☞새아기씨

새안님 [SĂI-AN-NIM,-I] (上典主) 원367
불 Seigneur. Monsieur.
한 나리 | 주인님

새알심 [SAI-AL-SIM] 원367
불 Boulette de pâte.
한 동글동글하게 빚은 반죽

새암 [SAI-AM,-I] (泉) 원367
불 Fontaine.
한 샘

새양쥐 [SAI-YANG-TJOUI] (小鼠) 원367
불 Petite souris, toute petite souris.
한 작은 생쥐, 아주 작은 생쥐

새양패 [SAI-YANG-HPAI] 원367
불 Nouvelle médaille d'occident.
한 서양의 새로운 메달

새오 [SAI-O] (蝦) 원367
불 Chevrette, petite crevette de mer.
한 염소 새끼, 바다의 작은 새우

새오다 [SAI-O-TA,SAI-OA,SAI-ON] (妬) 원367
불 Etre jaloux, envieux.
한 질투하다, 시기하다

새옴바르다 [SAI-OM-PA-REU-TA,-PAL-NA,-PA-REUN] 원367
불 Faire ce qu'on voit faire aux autres.
한 다른 사람들이 하는 것을 보고 하다

새옹 [SAI-ONG] (鍋) 원367
불 Chaudière faite d'un mélange de cuivre et de zinc. Esp. de casserole en cuivre.
한 구리와 아연의 혼합물로 만든 큰 가마솥 | 구리로 만든 냄비의 종류

[1]새우 [SAI-OU] (蝦) 원367
불 Crevette de mer.
한 바다의 새우

[2]새우 [SAI-OU] 원367
불 Boue que l'on met sur le toit pour servir de mortier.
한 회반죽 구실을 하도록 지붕 위에 놓는 진흙

[1]새우다 [SAI-OU-TA,-OUE,-OUN] (經過) 원367
불 Passer la nuit sans dormir.
한 자지 않고 밤을 보내다

[2]새우다 [SAI-OU-TA,-OUE,-OUN] 원385 ☞식우다

새좃다 [SAI-TJOT-TA,-TJOT-SYE,-TJOT-SEUN(ou -TJO-EUN)] (理綸) 원367
불 Croiser les fils de la chaîne d'une pièce de toile pour la tisser; ourdir les fils de la chaîne.
한 직물을 짜기 위해 천 조각의 날실을 능직으로 짜다 | 날실을 걸다

새쵸 [SAI-TCHYO] (蓋草) 원367
불 La grande herbe appelée 새 Sai.
한 새 Sai라고 불리는 큰 풀

새촐남이 [SAI-TCHOL-NAM-I] (輕妄軍) 원367
불 Homme léger.
한 경솔한 사람

새침ᄒᆞ다 [SAI-TCHIM-HĂ-TA] 원367
불 Etre d'humeur insociable, chagrine.
한 성미가 무뚝뚝하다, 시무룩하다

새ᄒᆡ [SAI-HĂI] (新年) 원367
불 Nouvelle année.
한 새해

[1*]샤 [SYA] (赦) 원379
불 Indulgence.
한 관대

[2*]샤 [SYA] (邪) 원379
불 En agr. Mauvais.
한 한자어로 나쁘다

[3]샤 [SYA] 원385 ☞ [10]ᄉᆞ

*샤감 [SYA-KAM,-I] (邪感) 원380
불 Tentation du démon.
한 악마의 유혹

샤감닙다 [SYA-KAM-NIP-TA,-NIP-E,-NIP-EUN] (被邪

感) ㉰380

㊟ Avoir le diable au corps.

㊞ 나쁜 짓을 예사로 하다

[1]* **샤과ᄒᆞ다** [SYA-KOA-HĂ-TA] (赦過) ㉰380

㊟ Pardonner.

㊞ 용서하다

[2] **샤과ᄒᆞ다** [SYA-KOA-HĂ-TA] (辭過) ㉰380

㊟ Demander pardon, avouer sa faute et faire des excuses.

㊞ 용서를 구하다, 잘못을 자백하고 사과하다

* **샤교** [SYA-KYO] (邪教) ㉰380

㊟ Mauvaise doctrine. Nom que les païens donnent à la religion catholique.

㊞ 잘못된 교리 | 이교도들이 가톨릭 종교에 붙이는 이름

* **샤군** [SYA-KOUN,-I] (邪軍) ㉰380

㊟ Causeur; babillard; vaurien; libertin; tapageur; bambocheur.

㊞ 이야기하기 좋아하는 사람 | 수다쟁이 | 말썽꾸러기 | 방탕한 사람 | 시끄러운 사람 | 난봉꾼

* **샤긔롭다** [SYA-KEUI-ROP-TA,-RO-OA,-RO-ON] (邪氣) ㉰380

㊟ Indécent; immoral. Folâtre. Séduisant. Qui cherche à plaire, à attirer les regards(v.g. une mauvaise femme).

㊞ 단정하지 못하다 | 부도덕하다 | 장난하기 좋아하다 | 매혹적이다 | (예. 불량한 여자가) ~의 마음에 들기 위해 애쓰다, 시선을 끌기 위해 애쓰다

[1]* **샤당** [SYA-TANG,-I] (邪堂) ㉰384

㊟ Mauvaise maison. ‖ Qui fait des maléfices, des diableries. Magicien; sorcier.

㊞ 해로운 집 | 마법, 마력을 행사하다 | 마술사 | 마법사

[2] **샤당** [SYA-TANG,-I] (邪黨) ㉰384

㊟ Méchantes gens; mauvaise clique.

㊞ 심술궂은 사람들 | 악독한 패거리

* **샤도** [SYA-TO] (邪道) ㉰384

㊟ Superstition, doctrine immonde. Mauvaise doctrine, qui porte au mal.

㊞ 미신, 불순한 교리 | 악으로 이끄는 나쁜 교리

* **샤렴** [SA-RYYEM,-I] (邪念) ㉰384

㊟ Mauvaise pensée obscène.

㊞ 음란하고 나쁜 생각

* **샤례ᄒᆞ다** [SYA-RYEI-HĂ-TA] (謝禮) ㉰384

㊟ Remercier, rendre grâces. 텬쥬끠은혜를샤례ᄒᆞ다 Htyen-tjou-kkeui eun-hyei-răl sya-ryei-hă-ta, Remercier Dieu de ses bienfaits.

㊞ 사례하다, 감사하다 | [용례 텬쥬끠은혜를샤례ᄒᆞ다, Htyen-tjou-kkeui eun-hyei-răl sya-ryei-hă-ta], 그 은혜에 대해 신에게 감사하다

* **샤마** [SYA-MA] (邪魔) ㉰380

㊟ Diable, démon.

㊞ 악마, 마신

[1] **샤마귀** [SYA-MA -KOUI] (贅) ㉰380

㊟ Verrue.

㊞ 무사마귀

[2] **샤마귀** [SYA-MA -KOUI] (虫名) ㉰380

㊟ Mante (striée).

㊞ (줄무늬가 있는) 사마귀

* **샤망** [SYA-MANG,-I] (邪妄) ㉰380

㊟ Superstition, culte vain et mauvais.

㊞ 미신, 무익하고 해로운 숭배

* **샤몽** [SYA-MONG,-I] (邪夢) ㉰380

㊟ Mauvais rêve; songe diabolique.

㊞ 나쁜 꿈 | 악마의 꿈

* **샤묘** [SYA-MYO] (邪廟) ㉰380

㊟ Pagode; bonzerie; temple du démon.

㊞ 사원의 탑 | 절 | 수호신을 모신 사원

* **샤문치ᄉᆞ** [SYĀ-MOUN-TCHĂI-SĂ] (赦文差使) ㉰380

㊟ Dignitaire chargé de rappeler un exilé à qui on fait grâce. ‖ Mandarin envoyé extraordinairement pour une affaire.

㊞ 죄를 면제 받은 추방자를 데려오는 임무를 맡은 고관 | 일을 위해 특별히 파견된 관리

* **샤벽** [SYA-PYEK,-I] (邪僻) ㉰384

㊟ Mauvais; pervers; méchant.

㊞ 악의적이다 | 악랄하다 | 악독하다

* **샤빅쥬일** [SA-PĂIK-TJYOU-IL,-I] (卸白主日) ㉰375

㊟ Le dimanche de quasimodo.

㊞ 부활절 이후 첫 일요일

* **샤빅ᄒᆞ다** [SYA-PĂIK-HĂ-TA] (卸白) ㉰384

㊟ Laisser le blanc, quitter le blanc.

㊞ 흰 옷을 버리다, 흰 옷을 벗다

* **샤상** [SYA-SYANG,-I] (邪像) ㉰384

㊟ Idole; simulacre, image du diable.

㊞ 우상 | 우상, 악마의 형상

* **샤셜** [SYA-SYEL,-I] (邪說) ㉰384

㊟ Parole obscène, grossière, mauvaise, libre.

한 음란한, 상스러운, 고약한, 방종한 말

*샤술 [SYA-SOUL,-I] (邪術) 원384

불 Maléfice, sorcellerie, artifice, etc. Opération magique, diabolique. Science occulte; malæ artes.

한 요술, 마법, 책략 등 | 마법의, 악마의 활동 | 신비술 | 악랄한 속임수

*샤신 [SYA-SIN,-I] (邪神) 원384

불 Diable ; démon; génie; dieu des païens; mauvais esprit.

한 악마 | 마신 | 정령 | 이교도들의 신 | 나쁜 영혼

*샤쇡 [STA-SĂIK,-I] (邪色) 원384

불 Couleur, c. a. d. objet impur, lascif. Courtisane, prostituée.

한 색, 즉 불순하고 음란한 물건 | 창녀, 매춘부

*샤욕 [SYA-YOK,-I] (邪慾) 원380

불 Concupiscence, envie, désir déréglé; passion mauvaise.

한 탐욕, 선망, 과도한 욕망 | 나쁜 열정

*샤은슉빅 [SYA-EUN-SYOUK-PĂI] (謝恩肅拜, (Remercier, bienfait, crainte respectueuse, saluer)) 원380

불 Visite qu'un mandarin, avant de se rendre à son poste, fait au roi, pour le saluer et le remercier.

한 관리가 임지로 가기 전에 왕에게 인사하고 감사를 표하기 위해 왕을 방문하는 것

*샤은ᄒᆞ다 [SYA-EUN-HĂ-TA] (謝恩) 원379

불 Remercier, rendre grâces pour un bienfait.

한 사례하다, 은혜에 감사하다

*샤음 [SYA-EUM,-I] (邪婬) 원379

불 Fornication; adultère.

한 간음 | 간통

*샤죄경 [SYA-TJOI-KYENG,-I] (赦罪經) 원385

불 Formule d'absolution. Absolution sacramentelle.

한 사죄문 | 성사의 사죄

*샤죄지은 [SYA-TJOI-TJI-EUN] (赦罪之恩) 원385

불 Bienfait de l'absolution.

한 사죄의 은혜

*샤죄ᄒᆞ다 [SYA-TJOI-HĂ-TA] (赦罪) 원385

불 Remettre les péchés; pardonner les fautes; absoudre; effacer les péchés.

한 죄를 사하다 | 잘못을 용서하다 | 용서하다 | 죄를 사라지게 하다

[1]샤직 [SYA-TJIK,-I] 원379 ☞사직

[2*]샤직 [SYA-TJIK,-I] (社稷) 원384

불 Terre et moisson. Génie protecteur du royaume. Sa tablette placée dans un temple. (Il y en a dans chaque district).

한 땅과 수확물 | 왕국의 수호신 | 사원에 놓인 그의 패 | (그것은 각 구역마다 있다)

*샤직샹쇼ᄒᆞ다 [SYA-TJIK-SYANG-SYO-HĂ-TA] (辭職上疏, (Refuser, dignité, offrir l'écriture au roi)) 원384

불 Présenter au roi un écrit par lequel on refuse une dignité.

한 고관직을 거절하는 뜻을 적은 서류를 왕에게 제출하다

*샤질 [SYA-TJIL,-I] (邪疾) 원385

불 Nom d'une esp. de maladie qui se guérit par des diableries(superst.). Fièvre lente, étisie, phthisie.

한 마법으로 치유되는 병의 일종의 이름(미신) | 느리게 진행되는 열, 폐병, 결핵

*샤치ᄒᆞ다 [SYA-TCHI-HĂ-TA] (奢侈) 원385

불 Luxe; somptuosité excessive dans les habits, les meubles, etc.; faste.

한 사치 | 옷, 가구 등의 지나친 호화로움 | 호사

*샤특ᄒᆞ다 [SYA-HTEUK-HĂ-TA] (邪慝) 원384

불 Obscène; immonde; immodeste. Etre mauvais, lubrique, lascif, séduisant.

한 외설적이다 | 불순하다 | 불손하다 | 불량하다, 음란하다, 음탕하다, 유혹적이다

*샤학 [SYA-HAK,-I] (邪學) 원380

불 Mauvaise doctrine. Nom que les païens donnent à la religion catholique.

한 옳지 못한 교리 | 이교도들이 가톨릭 종교에 붙이는 이름

*샤ᄒᆞ다 [SYA-HĂ-TA] (赦) 원380

불 Remettre, pardonner, absoudre, effacer un péché.

한 죄를 면제하다, 용서하다, 사하다, 지우다

*샤힉ᄒᆞ다 [SYA-HĂIK-HĂ-TA] (査覈) 원380

불 Penser, examiner, approfondir.

한 생각하다, 조사하다, 깊이 파고들다

*샥ᄒᆞ다 [SYAK-HĂ-TA] (削) 원380

불 Effacer(v.g. les péchés).

한 (예. 죄를) 지우다

*삼슌구식 [SAM-SYOUN-KOU-SIK,-I] (三旬九食) 원371

불 Ne manger que neuf fois en un mois, trois fois en dix jours. (Se dit d'un homme très-pauvre).

한 한 달에 아홉 번, 10일에 세 번만 먹다 (매우 가난한 사람에 대해 쓴다)

1* 샹 [SYANG,-I] (上) 원380
불 En agr. Le haut; en haut; sur; dessus ; au-dessus ; supérieur. 샹권 Syang-kouen, 1er volume, tome premier.
한 한자어로 위 | 위에 | ~의 위에 | 위 | 위에 | 위쪽의 | [용례 샹권, Syang-kouen], 제1권, 1권

2* 샹 [SYANG,-I] (賞) 원380
불 Récompense, rétribution.
한 보상, 보수

3* 샹 [SYANG] (床) 원380
불 Table.
한 식탁

4* 샹 [SYANG,-I] (象) 원380
불 En agr. Eléphant.
한 한자어로 코끼리

5* 샹 [SYANG,-I] (像) 원380
불 Portrait; effigie; statue; forme extérieure des objets; figure; décorum; visage; apparence; manière d'être.
한 초상화 | 초상 | 조상 | 물체의 외형 | 형상 | 겉치레 | 얼굴 | 외관 | 존재 방식

6* 샹 [SYANG] (相) 원380
불 En agr. Mutuellement, l'un l'autre.
한 한자어로 상호 간에, 서로

7* 샹 [SYANG] (常) 원380
불 Vulgaire; grossier; commun; d'un rang inférieur; ordinaire; de basse qualité. ‖ Toujours.
한 속되다 | 상스럽다 | 보잘것없다 | 낮은, 보통 지위의 | 저질의 | 언제나

* 샹감 [SYĀNG-KAM,-I] (上監) 원381
불 Le roi.
한 왕

* 샹강 [SYANG-KANG] (霜降) 원381
불 Gelée blanche descend. 6e quinzaine d'automne, le 19 ou 22e octobre. Arrivée de la gelée blanche.
한 하얀 서리가 내리다 | 가을의 여섯 번째 2주간, 10월 19일 또는 22일 | 흰 서리의 출현

* 샹거 [SYANG-KE] (相距) 원381
불 Distance d'un lieu à un autre. 샹거가삼빅리올셰다 Syang-ke-ka sam-păik ri ol-syei-ta, La distance est de trois cents ri.
한 한 곳에서 다른 곳까지의 거리 | [용례 샹거가삼빅리올셰다, Syang-ke-ka sam-păik ri ol-syei-ta], 거리가 300리이다

* 샹격 [SYANG-KYEK,-I] (賞格) 원381
불 Présent du roi aux nouveaux gradués.
한 새 학사들에게 주는 왕의 선물

* 샹격ᄒᆞ다 [SYANG-KYEK-HĂ-TA] (相隔) 원381
불 Désunir. Désaccord, mésintelligence.
한 반목시키다 | 불화, 알력

* 샹경ᄒᆞ다 [SYĀNG-KYENG-HĂ-TA] (上京) 원381
불 Monter à la capitale; aller de la province à la capitale.
한 수도로 올라가다 | 지방에서 수도로 가다

* 샹계 [SYĀNG-KYEI] (上計) 원381
불 Expédient; moyen; ruse; grande ruse; grande habileté.
한 방책 | 방법 | 책략 | 뛰어난 책략 | 뛰어난 술책

1* 샹고 [SYĀNG-KO] (商賈) 원381
불 Marchand; commerçant. commerce.
한 장수 | 상인 | 거래

2* 샹고 [SYANG-KO] (上古) 원381
불 Les anciens temps. La plus haute antiquité.
한 고대 | 가장 먼 옛날

* 샹고션 [SYANG-KO-SYEN,-I] (商賈船) 원381
불 Navire marchand; barque de commerce.
한 상선 | 상업용 작은 배

* 샹고ᄒᆞ다 [SYANG-KO-HĂ-TA] (詳考) 원381
불 Informer un procès; chercher la vérité; examiner; scruter.
한 소송을 알리다 | 진실을 찾으려 애쓰다 | 조사하다 | 자세히 검사하다

* 샹골 [SYANG-KOL,-I] (象骨) 원381
불 Os d'éléphant.
한 코끼리의 뼈

1* 샹관 [SYĀNG-KOAN,-I] (上官) 원381
불 Dignité plus élevée; grand mandarin(honorif.).
한 더 높은 자리에 있는 고관직 | 높은 관리 (경칭)

2* 샹관 [SYANG-KOAN,-I] (相關) 원381
불 Importance pour; ce qui regarde ou importe; intérêt; rapport; relation. 내게샹관업다 Nai-kei-syang-koan ep-ta, Cela ne me regarde pas.
한 ~에 있어서의 중요성 | 관계가 있거나 중요한 것 | 이해관계 | 관련 | 관계 | [용례 내게샹관업다, Nai-kei-syang-koan ep-ta], 그것은 나와 관계없는 일이다

* 샹관ᄒᆞ다 [SYANG-KOAN-HĂ-TA] (上冠) 원381

불 Faire le toupet pour prendre le chapeau(à l'époque du mariage).
한 (결혼식 때) 모자를 쓰기 위해 이마 위 끝을 올린 머리를 하다

*샹교 [SYANG-KYO] (庠校) 원381
불 Temple de confucius. grande pagode où l'on conserve la tablette de confucius. Syn. 향교 Hyang-kyo.
한 공자의 사원 | 공자의 패를 보관하는 큰 탑 | [동의어 향교, Hyang-kyo.]

*샹극 [SYANG-KEUK,-I] (相克) 원381
불 Qui ne peuvent s'accorder, s'unir. Opposé, contraire, incompatible (v.g. le feu et l'eau). Adversaire.
한 일치할 수, 단결할 수 없다 | 반대되다, 상반되다, 상극이다 (예. 불과 물) | 반대자

*샹급ᄒᆞ다 [SYANG-KEUP-HĂ-TA] (賞給) 원381
불 Récompenser.
한 보상하다

*샹긔ᄒᆞ다 [SYĂNG-KEUI-HĂ-TA] (上氣) 원381
불 Monter à la tête (le sang, la chaleur). La force monte, c.a.d. le sange se porte au cou ou à la tête (comme dans la colère). ‖ Devenir malade. V.Opp. 하긔ᄒᆞ다 Ha-Keui- hă-da.
한 (피, 열이) 머리로 오르다 | 힘이 올라가다, 즉 (화가 날 때처럼) 피가 목 또는 머리로 치밀다 | 병들다 [반의어 하긔ᄒᆞ다 Ha-Keui-hă-da]

*샹납ᄒᆞ다 [SYANG-NAP-HĂ-TA] (上納) 원381
불 (Hon.) Donner; faire recevoir; offrir.
한 (경칭) 주다 | 받게 하다 | 제공하다

*샹냑다 [SYANG-NYAK-TA] 원381
불 Humain, charitable.
한 인정이 있다, 자비롭다

*샹냑ᄒᆞ다 [SYANG-NYAK-HĂ-TA] (洋畧) 원381
불 Humain, charitable; être aux petits soins.
한 인정이 있다, 자비롭다 | 세심한 배려를 하다

1*샹냥ᄒᆞ다 [SYANG-NYANG-HĂ-TA] (相良) 원381
불 Se refuser mutuellement par politesse, se renvoyer la balle.
한 예의상 서로 받아들이지 않다, 서로 티격태격하다

2*샹냥ᄒᆞ다 [SYANG-NYANG-HĂ-TA] (商量) 원381
불 Délibérer, s'aboucher.
한 토의하다, 대면하다

1*샹년 [SYĀNG-NYEN,-I] (上年) 원382
불 L'année dernière; l'année qui vient de s'écouler.
한 작년 | 바로 지나간 해

2샹년 [SYANG-NYEN] (漢女) 원382
불 Femme du peuple (inj.).
한 서민 여자 (욕설)

*샹놈 [SYANG-NOM] (常漢) 원382
불 Homme du peuple; roturier; homme de la 3e classe du peuple; canaille(injur.)
한 서민 | 평민 | 백성 중 세 번째 계급의 사람 | 천민(욕설)

*샹달ᄒᆞ다 [SYANG-TAL-HĂ-TA] (上達) 원383
불 Dire au roi, exposer. (Honorif.).
한 왕에게 말하다, 설명하다 | (경칭)

*샹담 [SYANG-TAM,-I] (常談) 원383
불 Parole en vogue; parole qui est dans la bouche de tout le monde, c. a. d. très-usitée.
한 유행어 | 모든 사람의 입에 오르내리는, 즉 널리 통용되는 말

*샹답 [SYANG-TAP,-I] (上畓) 원383
불 Belle et bonne rizière; excellente rizière.
한 비옥하고 좋은 논 | 훌륭한 논

*샹당ᄒᆞ다 [SYANG-TANG-HĂ-TA] (相當) 원383
불 Se convenir; cadrer; s'accorder; aller bien ensemble.
한 뜻이 맞다 | 어울리다 | 일치하다 | 함께 잘 어울리다

*샹덕 [SYANG-TEK,-I] (上德) 원383
불 Vertu élevée, c. a. d. protection d'un homme puissant; bienfait (honorif.).
한 높은 미덕, 즉 권력자의 후원 | 은혜 (경칭)

*샹뎍ᄒᆞ다 [SYANG-TYEK-HĂ-TA] (相適) 원383
불 S'accorder; se convenir; cadrer; être semblable; être égal.
한 일치하다 | 뜻이 맞다 | 어울리다 | 비슷하다 | 동등하다

1*샹뎐 [SYĀNG-TYEN,-I] (上典) 원383
불 Maître d'un esclave.
한 노예의 주인

2*샹뎐 [SYANG-TYEN,-I] (商廛) 원383
불 Magasin de commerce; boutique; bazar.
한 상업 시설 | 가게 | 잡화점

*샹뎨 [SYĀNG-TYEI] (上帝) 원383
불 Roi du firmament, le maître d'en haut, le suprême empereur du ciel(selon les païens), le Changti. (Terme défendu aux catholiques pour exprimer l'idée de Dieu).
한 하늘의 왕, 하늘의 주인, (이교도들에 따르면) 하늘의 최고 황제, 샹티 | (신의 개념을 표현하는 데에 있어 가톨릭 신자들에게 금지된 용어)

*샹등 [SYĀNG-TEUNG,-I] (上等) 원383
불 Première qualité; 1er ordre.
한 최상의 품질 | 제1등급

*샹등인 [SYĀNG-TEUNG-IN,-I] (上等人) 원383
불 Noble; homme de la 1er classe du peuple.
한 귀족 | 백성 중 제1계급의 사람

*샹등통회 [SYĀNG-TEUNG-HTONG-HOI] (上等痛悔) 원383
불 Contrition parfaite.
한 완전한 회개

*샹량ᄒᆞ다 [SYANG-RYANG-HĂ-TA] (相量) 원382
불 Délibérer;discuter.
한 심의하다 | 토의하다

*샹례 [SYAN-RYEI] (常禮) 원382
불 Rites ordinaires, d'une qualité ordinaire; cérémonies ordinaires.
한 일반적인, 일반 지위의 전례 | 보통의 예식

*샹류 [SYĀNG-RYOU] (上流) 원382
불 Source d'une rivière; commencement, origine d'un cours d'eau. La partie supérieure d'un courant d'eau, le haut, c. a. d. la partie la plus rapprochée de la source.
한 강의 수원 | 하천의 시작, 원천 | 하천의 상단부, 상부, 즉 수원에 가장 가까운 부분

샹마 [SYANG-MA] (牡馬) 원381
불 Cheval; le mâle du cheval; cheval de Chine.
한 말 | 수말 | 중국의 말

*샹마ᄒᆞ다 [SYANG-MA-HĂ-TA] (上馬) 원381
불 Monter à cheval; aller à cheval.
한 말을 타다 | 말을 타고 가다

*샹막ᄒᆞ다 [SYANG-MAK-HĂ-TA] (相漠) 원381
불 Oublier; faire défaut (se dit de l'esprit, de la mémoire).
한 잊다 | 부족하다 (재치, 기억력에 대해 쓴다)

*샹망지디 [SYANG-MANG-TJI-TI] (相望之地) 원381
불 Deux endroits d'où l'on peut se voir mutuellement; lieux voisins.
한 서로 바라볼 수 있는 두 곳 | 가까운 곳

샹면ᄒᆞ다 [SYANG-MYEN-HĂ-TA] (相面) 원381
불 Se rencontrer, c. a. d. se trouver ensemble, se voir face à face.
한 서로 만나다, 즉 함께 있다, 서로 마주보다

1*샹모 [SYANG-MO] (上毛) 원381
불 Aigrette, panache rouge du chapeau du soldat.
한 새의 도가머리, 군모에 다는 붉은 깃털 장식

2*샹모 [SYANG-MO] (狀貌) 원381
불 Visage; forme; extérieur; figure.
한 얼굴 | 형상 | 외관 | 모습

1*샹목 [SYANG-MOK,-I] (上木) 원381
불 Toile de coton de la meilleure qualité.
한 품질이 가장 좋은 면포

2*샹목 [SYANG-MOK,-I] (常木) 원381
불 Toile de coton grossière, d'une qualité ordinaire.
한 조잡한, 보통 품질의 면포

1*샹미 [SYĀNG-MI] (上米) 원381
불 Riz de première qualité.
한 품질이 가장 좋은 쌀

2*샹미 [SYANG-MI] (上味) 원381
불 Saveur, goût délicieux.
한 풍미, 좋은 맛

1*샹반ᄒᆞ다 [SYANG-PAN-HĂ-TA] (相反) 원382
불 Incompatible; adversaire; opposé; contraire; contradiction; qui ne peut s'accorder.
한 모순되다 | 반대자 | 대조적이다 | 상반되다 | 반론 | 일치할 수 없다

2*샹반ᄒᆞ다 [SYANG-PAN-HĂ-TA] (相伴) 원382
불 Juste; d'accord; qui cadre bien; qui s'accorde ensemble; compatible.
한 올바르다 | 찬성하다 | 잘 맞다 | 서로 일치하다 | 일치할 수 있다

*샹번 [SYĀNG-PEN,-I] (上番) 원382
불 Service militaire. (Chaque canton envoie un certain nombre d'hommes, qui restent trois mois au service, après quoi ils sont congédiés et rentrent dans leurs foyers; mais ils sont susceptibles d'être rappelés jusqu'à un certain âge).
한 군 복무 | (각 지역에서 얼마만큼의 사람을 보내고, 그들은 세 달 동안 복무한 후, 돌려보내져서 그들의 집으로 돌아간다; 그러나 그들은 일정 연령까지는 다시 소집될 수 있다)

1*샹벌 [SYANG-PEL,-I] (賞罰) 원382
불 Récompense et punition.
한 보상과 처벌

2샹벌 [SYANG-PYEL,-I] (常蜂) 원382
불 Toutes les mouches du genre abeille qui ne font pas de miel.
한 꿀을 만들지 않는 꿀벌류의 모든 날벌레

1*샹법 [SYĀNG-PEP,-I] (上法) 원382
불 Très-bonne loi; le meilleur des moyens; bon

expédient.

한 매우 좋은 법률 | 가장 좋은 방법 | 좋은 방편

2* **샹법** [SYANG-PEP,-I] (狀法) 원382

불 Art de la métoposcopie.

한 관상을 보는 기법

샹별ᄒᆞ다 [SYANG-PYEL-HĂ-TA] (相別) 원382

불 Se séparer, se quitter.

한 헤어지다, 서로 헤어지다

샹보다 [SYANG-PO-TA,-PO-A,-PON] (觀狀) 원382

불 Tirer la bonne aventure; d'après l'heure, le jour, le mois, l'année de la naissance, et d'après l'inspection de la figure d'un individu, prédire ce qu'il sera, ce qu'il fera, combien il aura d'enfants, etc, etc.

한 운수를 점치다 | 태어난 시, 일, 월, 해에 따라, 개인의 얼굴에 대한 면밀한 조사에 따라, 무엇이 되고, 무엇을 하고, 몇 명의 아이를 낳을 것인지 등을 예측하다

* **샹본** [SYANG-PON,-I] (像本) 원382

불 Image.

한 상[역주 像]

* **샹봉ᄒᆞ다** [SYANG-PONG-HĂ-TA] (相逢) 원382

불 Se rencontrer, se revoir.

한 서로 만나다, 재회하다

샹뵈다 [SYANG-POI-TA,-POI-YE,-POI-IN] (觀相) 원382

불 Faire tirer sa bonne aventure; consulter le devin.

한 운수를 점치게 하다 | 예언자에게 문의하다

* **샹뵉시** [SYANG-PĂIK-SI] (上白是) 원382

불 Lettre à un supérieur, c. a. d. au père, au frère aîné, à l'oncle.

한 윗사람, 즉 아버지, 형, 삼촌에게 쓰는 편지

* **샹사마** [SYANG-SA-MA] (相思馬) 원382

불 Cheval fougueux, cheval qui mord.

한 혈기왕성한 말, 무는 말

샹사치다 [SYANG-SA-TCHI-TA,-TCHYE,-TCHIN] 원382

불 Creux, sorte de rainure autour d'un pilastre, d'une pièce de bois, etc. La faire, cercle ou astragale en architecture. Le faire.

한 벽기둥, 나무 조각 등의 둘레에 있는 음각, 일종의 가느다란 홈 | 그것을 만들다 | 건축에서 원 또는 쇠시리 | 그것을 만들다

* **샹샹년** [SYĀNG-SYĀNG-NYEN,-I] (上上年) 원382

불 L'année d'avant la prochaine, d'avant la dernière. Syn. 젼젼년 Tjyen-tjyen-nyen.

한 후년, 재작년 | [동의어 젼젼년, Tjyen-tjyen-nyen.]

샹상ᄒᆞ다 [SYANG-SYANG-HĂ-TA] 원382

불 S'imaginer; songer; voir en songe. ‖ Etre à demi fou, perdre la tête de chagrin.

한 생각하다 | 꿈꾸다 | 상상해 보다 | 반쯤 미치다, 슬픔에 잠겨 이성을 잃다

1* **샹셔** [SYANG-SYE] (祥瑞) 원382

불 Phénomène.

한 현상

2* **샹셔** [SYANG-SYE] (上書) 원382

불 Offrir une écriture. Expression que l'on emploie en s'adressant à un personnage qu'on veut respecter. (Les chrétiens s'en servent à l'égard des missionnaires.). (Stlye épist.).

한 글을 주다 | 공경하고 싶은 인물에게 말을 걸 때 사용하는 표현 | (기독교인들이 선교사들에 대해 그것을 쓴다) | (서간체)

* **샹셔롭다** [SYANG-SYE-ROP-TA,-RO-OA,-RO-ON] (祥瑞) 원383

불 Heureux; fortuné, qui cause de la joie. 샹셔로온빗 Syang-sye-ro-on pit, Présage heureux.

한 행복하다 | 운이 좋다, 기쁨을 안겨 주다 | [용례 샹셔로온빗, Syang-sye-ro-on pit], 행운이 따를 징조

* **샹션연** [SYANG-SYEN-YEN,-I] (上船宴) 원382

불 Festin sur un navire.

한 선박 위에서 벌이는 잔치

* **샹션ᄒᆞ다** [SYANG-SYEN-HĂ-TA] (上船) 원382

불 Embarquement. S'embarquer; monter sur un navire.

한 배에 타기 | 배를 타다 | 배 위에 오르다

* **샹셩** [SYANG-SYENG,-I] (上聲) 원382

불 1er ton (long) dans la prononciation des caractères chinois. Accent ou prononciation élevée sur certaines syllabes longues. Dans la musique, ton très-élevé, soprano.

한 중국 글자의 발음에서 첫 번째 (긴) 성조 | 몇몇 긴 음절에 있어 높은 어조 또는 발음 | 음악에서 매우 높은 음조, 소프라노

* **샹셩ᄒᆞ다** [SYANG-SYENG-HĂ-TA] (傷性) 원382

불 S'abandonner à sa douleur; se consumer de douleur; devenir fou de chagrin.

한 고통에 빠지다 | 고통으로 쇠약해지다 | 괴로움으로 미치다

*샹소ᄒᆞ다 [SYĀNG-SO-HĂ-TA] (上疏) 원383
불 Lettre au roi, placet, requête au roi. Ecrire au roi pour une affaire de gouvernement.
한 왕에게 보내는 편지, 청원서, 왕에게 보내는 탄원서 | 정부의 일로 왕에게 편지를 쓰다

샹수리 [SYANG-SYOU-RI] (橡) 원383
불 Gland, fruit du chêne. (Il y en a de plusieurs espèces. Les Coréens en font des provisions et les mangent).
한 도토리, 떡갈나무의 열매 | (여러 종류가 있다. 조선인들은 그것을 식량으로 비축해 두고 먹는다)

*샹승부ᄒᆞ다 [SYANG-SEUNG-POU-HĂ-TA] (相勝負) 원383
불 Vainqueur et vaincu. Se vaincre tour à tour. Etre tour à tour vainqueur et vaincu.
한 승리자와 패배자 | 번갈아 가며 서로 이기다 | 번갈아 가며 승리자와 패배자가 되다

1*샹시 [SYANG-SI] (常時) 원383
불 Temps ordinaire.
한 보통 때

2*샹시 [SYĀNG-SI] (上試) 원383
불 Le premier des examinateurs qui mettent les notes sur les compositions des candidats au baccalauréat.
한 바칼로레아에서 수험생들의 답안에 점수를 매기는 시험관들 가운데 우두머리

*샹신셕 [SYANG-SIN-SYEK,-I] (常信石) 원383
불 Arsenic commun.
한 보통의 비소

1*샹실 [SYANG-SIL,-I] (橡實) 원383
불 Fruit du Quercus sinensis.
한 Quercus sinensis의 열매

2샹실 [SYANG-SIL,-I] (桑實) 원383
불 Mûre, fruit du mûrier.
한 오디, 뽕나무의 열매

*샹심ᄒᆞ다 [SYANG-SIM-HĂ-TA] (傷心) 원383
불 Se plaindre, se lamenter; être fâché, affligé, blessé.
한 불평하다, 한탄하다 | 분개하다, 상심하다, 기분이 상하다

1*샹ᄉᆞ [SYĀNG-SĂ] (上使) 원382
불 Le premier des trois ambassadeurs envoyés chaque année en Chine.
한 해마다 중국에 파견되는 세 명의 대사 중 우두머리

2*샹ᄉᆞ [SYANG-SĂ] (常事) 원382
불 Chose ordinaire, commune.
한 평범한, 일반적인 것

3*샹ᄉᆞ [SYANG-SĂ] (上事) 원382
불 La meilleure chose.
한 가장 좋은 것

*샹ᄉᆡᆼ [SYANG-SĂING,-I] (常生) 원382
불 Vie éternelle, immortalité. Eternel, immortel, sans fin.
한 영원한 삶, 불멸 | 영원하다, 불멸의, 끝없다

샹쓰럽다 [SYANG-SSEU-REP-TA,-RE-OUE,-RE-ON] 원383
불 Ignoble; bas; indigne; grossier; rude; rustre, impoli; trivial; indécent.
한 비천하다 | 비열하다 | 자격이 없다 | 상스럽다 | 투박하다 | 천박하다 | 교양이 없다 | 비속하다 | 저속하다

*샹아 [SYANG-A] (象牙) 원380
불 Ivoire.
한 상아

*샹약ᄒᆞ다 [SYANG-YAK-HĂ-TA] (相約) 원380
불 Convenir; faire un traité, un contrat, une convention; s'engager mutuellement.
한 뜻이 맞다 | 협정, 계약, 협약을 맺다 | 상호 간에 약속하다

*샹어 [SYANG-E] (鯧魚) 원380
불 Esp.de poisson de mer. Requin, souffleur, milandre, chien de mer.
한 바닷고기 종류 | 상어, 고래, 별상어류, 작은 상어

*샹언별감 [SYĀNG-EN-PYEL-KAM] (上言別監) 원380
불 Esp.de dignitaires du palais royal habillés tout de rouge et qui suivent toujours le roi. Pages.
한 온통 붉은 옷을 입고 늘 왕을 따르는 왕궁의 고관 종류 | 시동

샹업다 [SYANG-EP-TA,-EP-SE,-EP-SĂN] (無狀) 원380
불 Sot; absurde; fou; exagéré; hors de mesure; qui n'a pas de retenue. Etre déraisonnable; n'avoir pas de bon sens.
한 터무니없다 | 사리에 어긋나다 | 정도를 벗어나다 | [역주 정도가] 지나치다 | 절도 없다 | 신중하지 못하다 | 부조리하다 | 상식이 없다

샹업시 [SYANG-EP-SI] (無狀) 원380
불 Sans retenue; sans ordre.
한 조심성 없이 | 무질서하게

*샹연ᄒᆞ다 [SYĀNG-YEN-HĂ-TA] (爽然) 원380
불 Etre agréable; bienfaisant; rafraîchissant.

한 쾌적하다 | 유익하다 | 상쾌하다

*샹열 [SYĀNG-YEL,-I] (上熱) 원380

불 Rougeur du visage, feu dans le visage à cause du sang qui s'y est porté; chaleur à la tête par suite des fatigues.

한 얼굴의 홍조, 피가 쏠려 얼굴이 달아오르는 것 | 피곤해서 머리에 오르는 열

*샹영 [SYANG-YENG,-I] (上營) 원380

불 Maison du gouverneur. Le gouverneur (honorif.).

한 지사의 집 | 지사 (경칭)

샹욕 [SYANG-YOK,-I] (辱說) 원380

불 Injure sanglante, grossière, en paroles.

한 모욕적인, 상스러운, 말로 하는 욕설

*샹우 [SYĀNG-OU] (上憂) 원380

불 Maladie du roi, ou plutôt le roi malade.

한 왕의 병, 보다 정확하게는 병이 든 왕

*샹응ᄒᆞ다 [SYANG-EUNG-HĂ-TA] (相應) 원380

불 Réciproque; qui va et vient. Se répondre mutuellement; se répercuter(écho).

한 상호적이다 | 가고 오다 | [역주 소리가] 서로 어울리다 | (메아리가) 반향하다

*샹의 [SYANG-EUI] (上意) 원380

불 Pensée du roi, dessein ou opinion du roi.

한 왕의 생각, 왕의 계획 또는 견해

*샹의ᄒᆞ다 [SYANG-EUI-HĂ-TA] (相議) 원380

불 Délibérer ensemble; se consulter; s'aboucher.

한 함께 토의하다 | 서로 상의하다 | 대면하다

*샹인 [SYANG-IN,-I] (常人) 원380

불 Homme du peuple.

한 서민

샹잔주다 [SYANG-TJAN-TJOU-TA,-TJOU-E,-TJOUN] (給賞盞) 원383

불 Donner du vin en récompense. Gratification; pourboire.

한 보답으로 술을 주다 | 상여금 | 행하

*샹쟈 [SYANG-TJYA] (相者) 원383

불 Diseur de bonne aventure; sorcier; physiognomoniste; métoposcope; celui qui dit la bonne aventure à l'inspection des traits du visage.

한 점술가 | 마법사 | 관상가 | 관상가 | 얼굴의 특징을 면밀히 살펴 운수를 점치는 사람

*샹젹ᄒᆞ다 [SYANG-TJYEK-HĂ-TA] (相適) 원383

불 Egalité; égal; rival. cadrer; être un rapport; se convenir; être bien adapté.

한 동등 | 대등한 것 | 필적할 만한 것 | 일치하다 | 관계하다 | 뜻이 맞다 | 잘 맞다

*샹졉ᄒᆞ다 [SYANG-TJYEP-HĂ-TA] (相接) 원383

불 Se fréquenter; se visiter; se voir mutuellement; être amis.

한 교제하다 | 서로 왕래하다 | 서로 만나다 | 친하다

*샹좌 [SYĀNG-TJOA] (上座) 원384

불 Place élevée; première place ; place d'honneur. Siége élevé, c. a. d. siége d'une personne de haute qualité, d'un supérieur.

한 높은 자리 | 최상의 자리 | 명예의 자리 | 높은 좌석, 즉. 높은 신분의 사람, 윗사람이 앉는 의자

*샹좌ᄒᆞ다 [SYANG-TJOA-HĂ-TA] (相左) 원384

불 Se croiser sans se rencontrer; se tourner le dos. Etre opposés de sentiments, d'opinions. Ne pas cadrer ensemble; ne pas s'accorder.

한 마주치지 않고 엇갈리다 | 등을 돌리다 | 감정, 의견이 반대되다 | 서로 맞지 않다 | 일치하지 않다

*샹죠ᄒᆞ다 [SYANG-TJYO-HĂ-TA] (相助) 원384

불 S'entr'aider.

한 서로 돕다

*샹죵ᄒᆞ다 [SYANG-TJYOUNG-HĂ-TA] (相從) 원384

불 Se fréquenter; se visiter mutuellement; être liés d'amitié.

한 교제하다 | 서로 왕래하다 | 우정으로 맺어지다

샹주다 [SYANG-TJOU-TA,-TJOU-E,-TJOUN] (賞給) 원384

불 Récompenser; donner une récompense.

한 보답하다 | 상을 주다

*샹준하다 [SYANG-TJOUN-HĂ-TA] (相準) 원384

불 Comparer; confronter; examiner en comparant pour corriger; collationner; rapprocher des objets pour voir s'ils cadrent.

한 비교하다 | 대조하다 | 정정하기 위해 비교하면서 검토하다 | 대조하다 | 일치하는지 보려고 물건들을 대조시키다

1*샹쥬 [SYĀNG-TJYOU] (上主) 원384

불 Dieu; maître élevé; suprême seigneur. ‖ Nom que donnent les employés de préfecture et le bas peuple au 리방 Ri-pang.

한 신 | 고귀한 주인 | 최고의 나리 | 도청의 직원들과 하층민이 리방 Ri-pang에게 붙이는 이름

2*샹쥬 [SYANG-TJYOU] (賞酒) 원384

불 Pourboire; récompense.

한 행하 | 상

*샹즁하 [SYĀNG-TJYOUNG-HA] (上中下) 원384

불 Les trois degrés de diverses choses; le haut, le milieu, le bas; dessus, milieu, dessous; bien, passable, mal.

한 다양한 것들의 세 등급 | 위, 가운데, 아래 | 상, 중, 하 | 좋음, 보통, 나쁨

*샹지 [SYĀNG-TJI] (上智) 원383

불 Grande intelligence; esprit élevé. Prudence; sagesse; grande sagesse.

한 뛰어난 지성 | 높은 정신 | 현명 | 지혜 | 대단히 슬기로움

*샹지샹 [SYĀNG-TJI-SYĀNG,-I] (上之上) 원384

불 Le meilleur; le plus grand; le plus élevé; qui l'emporte sur toutes les autres choses.

한 가장 좋은 것 | 가장 위대한 것 | 가장 높은 것 | 다른 모든 것보다 우월한 것

*샹직호다 [SYANG-TJIK-HĂ-TA] (相直) 원384

불 Garder; veiller; faire sentinelle; surveiller.

한 지키다 | 감시하다 | 보초를 서다 | 감시하다

*샹즈 [SYANG-TJĂ] (箱子) 원383

불 Caisse; boîte.

한 궤짝 | 상자

1*샹진 [SYANG-TJĂI] (上才) 원383

불 Adresse, habileté. Homme adroit, intelligent, spirituel.

한 솜씨, 수완 | 솜씨가 좋은, 똑똑한, 재치 있는 사람

2*샹진 [SYANG-TJĂI] (霜災) 원383

불 Fléau de la gelée blanche, qui vient trop tôt et gâte les récolles.

한 서리가 너무 일찍 내려서 수확물을 망치는 재해

3샹진 [SYANG-TJĂI] 원383

불 Disciple ou fils adoptif d'un bonze; enfant adopté par un bonze pour lui succéder dans ses fonctions et dans ses biens.

한 승려의 제자 또는 양자 | 승려가 자신의 직무와 재산에 있어 자신의 뒤를 잇기 위해 입양한 아이

*샹찬 [SYĀNG-TCHAN,-I] (上饌) 원384

불 Bons mets; plats délicieux.

한 맛있는 요리 | 맛있는 요리

*샹쳐 [SYANG-TCHYE] (傷處) 원384

불 Blessure; confusion; fracture; lieu endommagé.

한 상처 | 착란 | 골절 | 손상된 곳

1*샹초 [SYĀNG-TCHO] (上草) 원384

불 Tabac de 1er qualité.

한 가장 높은 품질의 담배

2*샹초 [SYĀNG-TCHO] (上焦) 원384

불 Partie du corps au-dessus de l'estomac(du nombril, vers la ceinture), c. a. d. la poitrine. V. 삼쵸 Sam-tchyo.

한 윗배의(허리 부근 배꼽의) 위쪽에 있는 신체의 일부, 즉 흉부 | [참조어 삼쵸, Sam-tchyo]

*샹춍 [SYĀNG-TCHYONG,-I] (上寵) 원384

불 Amour du roi pour un de ses officiers. Amitié du roi.

한 자신의 관료들 중 한 명에 대한 왕의 사랑 | 왕의 우의

*샹츙 [SYANG-TCHYOUNG,-I] (桑虫) 원384

불 Ver du mûrier. ‖ Racine du mûrier (remède).

한 뽕나무에 있는 애벌레 | 뽕나무의 뿌리 (약재)

*샹츙호다 [SYANG-TCHYOUNG-HĂ-TA] (相冲) 원384

불 Se rencontrer; se heurter; se choquer; se combattre(deux influences contraires).

한 마주치다 | 서로 충돌하다 | 서로 부딪치다 | (반대되는 두 세력이) 서로 싸우다

샹취 [SYANG-TCHYOUI] (上蔬) 원384

불 Laitue.

한 상추

*샹층 [SYĀNG-TCHEUNG,-I] (上層) 원384

불 Etage le plus élevé d'une maison. ‖ Ordre, degré, rang, qualité supérieure. Dignité la plus élevée. La 1er qualité.

한 집에서 가장 높은 층 | 높은 계급, 등급, 지위, 신분 | 가장 높은 고관 | 최고의 신분

1샹치 [SYANG-TCHI] 원384

불 Laitue.

한 상추

2샹치 [SYANG-TCHI] (上件) 원384

불 Le meilleur; le plus beau.

한 가장 좋은 것 | 가장 품질이 좋은 것

*샹친호다 [SYANG-TCHIN-HĂ-TA] (相親) 원384

불 Amour mutuel. Etre intimes, liés d'amitié; s'entr'aimer.

한 서로 사랑함 | 친밀하다, 친교를 맺고 있다 | 서로 사랑하다

*샹침 [SYANG-TCHIM,-I] (上針) 원384

불 Couture à points doubles; point double.

한 이중 땀 바느질 | 이중 땀

샹침옷 [SYANG-TCHIM-OT,-SI] (上針衣) 원384

불 Habit cousu à points doubles.

한 이중 땀으로 바느질한 옷

*샹칭ᄒᆞ다 [SYANG-TCHIG-HĂ-TA] (相稱) 원384
불 Proportionnel; à proportion; proportionné à; en rapport avec. Egaler; rendre égaux.
한 비례하다 | 비례하여 | ~에 걸맞다 | ~와 관계가 있다 | 같게 하다 | 동등하게 하다

*샹쾌ᄒᆞ다 [SYĀNG-HKOAI-HĂ-TA] (爽快) 원381
불 Heureux; qui tourne bien; qui s'est heureusement terminé; qui rend joyeux; qui fait du bien; qui soulage. Etre joyeux, réjoui par une chose extraordinaire.
한 행복하다 | 호전되다 | 무사히 끝나다 | 즐겁게 하다 | 기쁘게 하다 | 고통을 덜어주다 | 즐겁다, 놀라운 일로 즐거워하다

*샹탁하부졍 [SYANG-HTAK-HA-POU-TJYENG] (上濁下不淨) 원383
불 Si la source est malpropre, le ruisseau ne peut être propre. Tel père tel fils. Si le haut est trouble, le bas n'est pas clair.
한 원천이 더러우면 개울도 깨끗할 수 없다 | 그 아버지에 그 아들 | 위쪽이 흐리면 아래쪽도 맑지 않다

*샹텬하디 [SYANG-HIYEN-HA-TI] (上天下地) 원383
불 En haut le ciel, en bas la terre. Le ciel au-dessus, la terre en bas, c. a. d. tout l'univers.
한 위로는 하늘, 아래로는 땅 | 위에 있는 하늘, 아래에 있는 땅, 즉 온 천지

*샹텽 [SYANG-HIYENG,-I] (上廳) 원383
불 Premières places, places d'honneur dans un banquet, une réunion. Lieu où sont les supérieurs. (Les inférieurs disent ainsi).
한 최고의 자리, 연회 또는 모임에서의 상석 | 윗사람들이 있는 곳 | (아랫사람들이 이렇게 말한다)

*샹토 [SYANG-HTO] (髻) 원383
불 Chignon des hommes mariés. Esp. de toupet que les hommes font sur le haut et le milieu de la tête, pour nouer leurs cheveux relevés à l'envers, à rebours.
한 결혼한 남자의 틀어 올린 머리 | 남자들이 자신들의 머리카락을 거꾸로 뒤집어서 묶기 위해, 머리 위쪽 중간에 만드는 올림머리 종류

샹토보람 [SYANG-HTO-PO-RAM,-I] (徒髻) 원383
불 Avoir la tête nue; avoir simplement le toupet, sans chapeau, ni bonnet.
한 모자를 쓰지 않다 | 모자도, 챙 없는 모자도 쓰지 않고 단지 앞 올림머리만 있다

*샹통ᄒᆞ다 [SYANG-HTONG-HĂ-TA] (相通) 원383
불 Communiquer; participer: Partager. Rendre participant. Avoir des relations avec.
한 나누다 | 참여하다 | 함께 하다 | 참여하게 하다 | ~와 교류하다

*샹판 [SYANG-HPAN,-I] (像板) 원382
불 Physionomie; aspect du visage; visage.
한 용모 | 얼굴 모양 | 얼굴

1*샹편 [SYANG-HPYEN,-I] (狀篇) 원382
불 Livre qui traite de la métoposcopie.
한 관상학을 다루는 책

2*샹편 [SYĀNG-PHYEN,-I] (上篇) 원382
불 Premier volume, 1er tome d'un ouvrage.
한 첫 번째 권, 작품의 제1권

*샹평통보 [SYANG-PHYENG-HTONG-PO] (常平通寶) 원382
불 Trésor circulant toujours sans obstacle. Nom des sapèques; caractères, lettres qui sont sur les sapèques.
한 지장 없이 늘 유통되는 큰 돈 | 엽전의 이름 | 엽전 위의 문자들, 글자들

*샹포 [SYANG-HPO] (常布) 원382
불 Toile de chanvre d'une qualité inférieure.
한 하급의 삼베

*샹픔 [SYĀNG-HPEUM] (上品) 원382
불 Première qualité; de 1re qualité.
한 최상의 품질 | 최고 품질의

1*샹피 [SYANG-HPI] (相避) 원382
불 Choses incompatibles ou qui doivent s'éviter, dont le rapprochement serait inconvenant. ‖ Inceste.
한 상호 접근이 부적절한, 양립할 수 없거나 서로 피해야 하는 것들 | 근친상간

2샹피 [SYANG-HPI] 원387 ☞ 1싱피

*샹하 [SYĀNG-HA] (上下) 원380
불 Le haut et le bas. Supérieur et inférieur.
한 위와 아래 | 윗사람과 아랫사람

*샹하ᄉᆞ불급ᄒᆞ다 [SYANG-HA-SĀ-POUL-KEUP-HĀ-TA] (上下寺不及) 원380
불 N'arriver à temps pour dîner ni à la pagode d'en haut ni à celle d'en bas, c'est-à-dire, n'être capable de rien.
한 저녁 식사를 하러 위에 있는 탑에도, 아래의 탑에도 제때에 오지 않다, 즉 아무것도 할 수 없다

1*샹한 [SYANG-HAN,-I] (常漢) 원380
불 Homme du peuple.
한 서민

2* 샹한 [SYANG-HAN,-I] (傷寒) [원]380
[불] Maladie causée par le froid ou un grand vent. Esp. de catarrhe.
[한] 추위 또는 강한 바람으로 인해 생긴 병 | 심한 감기 종류

* 샹해오다 [SYANG-HAI-O-TA] (傷害) [원]380
[불] Blesser; altérer; défigurer; gâter; abîmer; endommager; nuire.
[한] 상처를 입히다 | 해를 끼치다 | 훼손하다 | 망치다 | 상하게 하다 | 손해를 입히다 | 해치다

* 샹현 [SYANG-HYEN,-I] (上弦, (En haut, obscur)) [원]381
[불] Se dit de la lune quand elle a les cornes en haut. Le 1er quartier de la lune, ou lune à son 1er quartier.
[한] 그 뾰족한 양 귀퉁이가 위에 있을 때의 달에 대해 쓴다 | 달의 상현, 또는 상현달

* 샹환ᄒᆞ다 [SYANG-HOAN-HĂ-TA] (相換) [원]381
[불] Echanger, changer.
[한] 교환하다, 바꾸다

* 샹회슈 [SYANG-HOI-SYOU] (桑灰水) [원]381
[불] Cendre de mûrier(remède). Lessive, eau de cendre de mûrier.
[한] 뽕나무의 재(약재) | 세제, 뽕나무의 재를 우려낸 물

* 샹힐ᄒᆞ다 [SYANG-HIL-HĂ-TA] (相詰) [원]381
[불] Se disputer; se chercher querelle mutuellement.
[한] 서로 다투다 | 상호 간에 싸움을 걸다

* 샹ᄒᆞ다 [SYANG-HĂ-TA] (傷) [원]381
[불] Se blesser. Altérer; défigurer; gâter; casser; endommager; nuire. Etre endommagé, blessé, cassé. ᄆᆞ음샹ᄒᆞ다 Mă-ăm syang-hă-ta, Blesser le cœur, avoir le cœur blessé, être fâché.
[한] 상처를 입다 | 해를 끼치다 | 훼손하다 | 망치다 | 부수다 | 손해를 입히다 | 해치다 | 손상되다, 상처를 입다, 파손되다 | [[용례] ᄆᆞ음샹ᄒᆞ다, Mă-ăm syang-hă-ta], 마음에 상처를 입히다, 마음이 상하다, 분개하다

샹히 [SYANG-HĂI] [원]381
[불] Toujours; continuellement.
[한] 항상 | 끊임없이

1* 샹ᄒᆡ오다 [SANG-HĂI-O-TA,-OA,-ON] [원]380 ☞ 상해오다

2* 샹ᄒᆡ오다 [SYANG-HĂI-O-TA,-OA,-ON] (傷害) [원]381
[불] Blesser.
[한] 상처를 입히다

서그럽다 [SE-KEU-REP-TA,-RE-OUE,-RE-ON] [원]392
[불] Etre triste. ‖ Etre bon, affable.
[한] 슬프다 | 친절하다, 상냥하다

서너 [SE-NE] (三) [원]393
[불] Environ trois, trois à peu près.
[한] 대략 셋, 거의 셋

서너너덧 [SE-NE-NE-TET,-SI] (三四) [원]393
[불] Trois ou quatre.
[한] 셋 또는 넷

서로 [SE-RO] (相) [원]393
[불] L'un l'autre, mutuellement, réciproquement.
[한] 서로, 서로, 상호적으로

서로판 [SE-RO-HPAN] (相勝局) [원]393
[불] Etre égaux. Au jeu, avoir gagné autant de fois l'un que l'autre.
[한] 동등하다 | 놀이에서 서로 같은 횟수만큼 이겼다

1* 서어ᄒᆞ다 [SE-E-HĂ-TA] (齟齬) [원]392
[불] Etre étranger, isolé, délaissé.
[한] 낯설다, 외따로 있다, 버림받다

2* 서어ᄒᆞ다 [SE-E-HĂ-TA] [원]393 ☞ 셔어ᄒᆞ다

서투루다 [SE-HTOU-ROU-TA,-HTOUL-NE,-HTOU-ROUN] (未熟) [원]393
[불] Novice; non habitué; nouveau ; qui n'a pas l'habitude de ; inaccoutumé. N'être pas exercé.
[한] 미숙하다 | 길들지 않다 | 경험이 없다 | ~하는 습관이 없다 | 익숙하지 않다 | 능숙하지 않다

선선ᄒᆞ다 [SEN-SEN-HĂ-TA] (寒冷) [원]393
[불] Etre un peu frais ; devenir frais, froid.
[한] 약간 서늘하다 | 시원해지다, 차가워지다

설넝설넝_(부다) [SEL-NENG-SEL-NENG_(POU-TA)] [원]393
[불] Se dit du bruit d'un vent dans le feuillage, de la brise.
[한] 잎에 부는 바람의, 산들바람의 소리에 대해 쓴다

1 설다 [SEL-TA,SEL-E,SEN] (未熟) [원]393
[불] Qui n'est pas assez mûr, pas assez cuit. Etre cru, pas cuit.
[한] 충분히 여물지 않다, 충분히 익지 않다 | 날것이다, 익지 않다

2 설다 [SEL-TA,SE-RE,SE-REUN] (哀痛) [원]393
[불] Etre affligé, être triste.
[한] 애통하다, 슬프다

설설ᄒᆞ다 [SEL-SEL-HĂ-TA] [원]393
[불] Faire un petit bruit coutinu. V.Syn. 슬슬ᄒᆞ다

ㅅ

Seul-seul-hâ-ta.
한 작은 소리를 계속 내다 | [동의어 슬슬ᄒᆞ다, Seul-seul-hâ-ta.]

설워ᄒᆞ다 [SEL-OUE-HĂ-TA] (悲) 원393
불 Etre triste, affligé.
한 슬퍼하다, 애통하다

설흔 [SEL-HEUN,-I] (三十) 원393
불 Trente, 30.
한 서른, 30

섥 [SELK,-I] (笥) 원406
불 Grand panier en osier; mannequin. Corbeille en osier ou en saule servant de cercueil aux enfants des pauvres. 셝쇠 Syelk-soi, Vase en fer.
한 버들로 만든 큰 바구니 | 허수아비 | 가난한 사람들의 아이들의 관으로 사용되는 버들 또는 버드나무로 만든 바구니 | [용례 셝쇠, Syelk-soi], 쇠로 만든 단지

섧다 [SELP-TA,SELP-HE,SELP-HEUN] (哀痛) 원393
불 Etre triste, affligé.
한 슬프다, 애통하다

섬서ᄒᆞ다 [SEM-SE-HĂ-TA] 원392
불 Se disperser ; s'écouler ; disparaître ; se retirer ; s'éclipser.
한 흩어지다 | 흐르다 | 사라지다 | 물러나다 | [역주 일시적으로] 사라지다

섯ᄃᆞᆯ [SET-TĂL,-I] (臘月) 원393
불 Dernière lune, dernier mois (de l'année).
한 (그 해의) 마지막 달, 마지막 월

1* **세** [SEI] (貰) 원392
불 Prix.
한 값

2 **세** [SEI,-HI] (三) 원392
불 Trois (s'écrit ainsi devant une consonne).
한 셋 (자음 앞에서 이렇게 쓰인다)

세가지 [SEI-KA-TJI] (三件) 원392
불 Trois sortes de choses.
한 세 종류의 물건

세나다 [SEI-NA-TA,-NA,-NAN] (貴) 원392
불 Etre rare, cher ; enchérir.
한 드물다, 값지다 | 값이 오르다

세다 [SEI-TA,SYEI-E,SYEIN] (白) 원392
불 Blanchir ; devenir blanc ; être blanc ; être blanc comme les cheveux ou la barbe d'un vieillard. Etre fort dur ; devenir comme les herbes en vieillissant.
한 희어지다 | 하얗게 되다 | 희다 | 노인의 머리카락 또는 수염처럼 희다 | 매우 거칠다 | 늙어가는 풀처럼 되다

세모지다 [SEI-MO-TJI-TA,-TJYE,-TJIN] (三稜) 원392
불 Triangulaire, à trois angles.
한 세모꼴이다, 세 각이 있다

세우먹다 [SEI-OU-MEK-TA,-MEK-E,-MEK-EUN] 원392
불 Etre piqué des vers, rongé des vers (livre, bois).
한 (책, 나무가) 벌레에게 쏠리다, 벌레에게 갉아 먹히다

셋 [SEIT,-SI et SYEI-HI] (三) 원392
불 Trois,3.
한 셋, 3

1* **셔** [SYE] (庶) 원393
불 Concubine. (Particule qui, mise devant un nom de parenté, désigne les parents nés d'une concubine).
한 첩 | (친척관계 명사 앞에 놓여, 첩에게서 태어난 친척들을 가리키는 접두사)

2* **셔** [SYE] (西) 원393
불 Ouest, occident.
한 서쪽, 서양

3* **셔** [SYE] (暑) 원393
불 En agr. Chaleur.
한 한자어로 더위

4* **셔** [SYE] (序) 원393
불 Préface d'un livre ; introduction.
한 책의 서문 | 서론

5* **셔** [SYE] (書) 원393
불 Pièce d'écriture.
한 글씨 작품

6* **셔** [SYE] (婿) 원393
불 En agr. Mari ; gendre.
한 한자어로 남편 | 사위

1 **셔각** [SYE-KAK,-I] (厠) 원396
불 Latrines, lieux d'aisance.
한 변소, 화장실

2* **셔각** [SYE-KAK,-I] (犀角) 원396
불 Corne de rhinocéros. Corne de buffle.
한 코뿔소의 뿔 | 물소의 뿔

* **셔간** [SYE-KAN,-I] (書簡) 원396
불 Lettre, épître.
한 편지, 서한

셔걱셔걱ᄒᆞ다 [SYE-KEK-SYE-KEK-HĂ-TA] 원396
불 Bruit de la glace qui se débâcle ; bruit d'une débâcle de glace ; bruit de la glace charriée par le fleuve. ‖

Croquer sous les dents.
[한] 얼음이 녹는 소리 | 얼음의 해빙 소리 | 얼음이 강물에 떠내려가는 소리 | 치아로 그것을 와작 씹다

1* 셔계 [SYE-KYEI] (書啓) [원] 396
[불] Notes que prend le 어스 E-să sur un homme coupable.
[한] 어스 E-să가 죄인에 대해 작성하는 의견서

2* 셔계 [SYE-KYEI] (書契) [원] 396
[불] Document, acte, contrat. || L'usage de l'écriture ; l'invention de l'écriture.
[한] 문서, 증서, 계약서 | 글자의 사용 | 글자의 발명

*셔과 [SYE-KOA] (西瓜) [원] 396
[불] Esp. de pastèque, de melon d'eau.
[한] 수박, 수박의 종류

*셔관 [SYE-KOAN,-I] (西關) [원] 396
[불] Les deux provinces de Hpyeng-an et de Hoang-hăi, qui sont les plus occidentales.
[한] 가장 서쪽에 위치한 평안과 황해의 두 지방

셔괴다 [SYE-KOI-TA,-KOI-YE,-KOIN] (交雜) [원] 397
[불] Mélanger, mêler.
[한] 혼합하다, 섞다

*셔교 [SYE-KYO] (書敎) [원] 397
[불] Loi écrite, loi de moïse. (mot chr.)
[한] 성문법, 십계명 | (기독교 어휘)

셔구푸다 [SYE-KOU-HPOU-TA,-HPOU-E,-HPOUN] (傷心) [원] 397
[불] Avoir envie de pleurer ; être triste, inquiet ; être suffoqué de chagrin.
[한] 울고 싶다 | 슬프다, 불안하다 | 슬퍼서 숨이 막히다

*셔국 [SYE-KOUK,-I] (西國) [원] 397
[불] Royaume d'occident ;europe.
[한] 서양의 왕국 | 유럽

1* 셔긔 [SYE-KEUI] (書記) [원] 396
[불] Secrétaire ; celui qui tient les registres pour un autre.
[한] 비서 | 다른 사람을 대신해서 장부를 관리하는 사람

2* 셔긔 [SYE-KEUI] (瑞氣) [원] 396
[불] Belle apparence du ciel.
[한] 하늘의 아름다운 모습

셔기 [SYE-KĂI] (風卵) [원] 396
[불] Œuf de pou, lente.
[한] 이의 알, 서캐

*셔긱 [SYE-KĂIK,-I] (書客) [원] 396
[불] Commis qui tient les registres chez un gros commerçant ; secrétaire ; écrivain.
[한] 세력이 큰 상인의 집에서 장부를 관리하는 서기 | 비서 | 서기

*셔남간 [SYE-NAM-KAN,-I] (西南間) [원] 398
[불] Sud-ouest.
[한] 남서쪽

*셔남풍 [SYE-NAM-HPOUNG] (西南風) [원] 398
[불] Vent de sud-ouest.
[한] 남서풍

셔녁 [SYE-NYEK,-I] (西力) [원] 398
[불] Ouest, occident, côté de l'ouest.
[한] 서쪽, 서부, 서편

셔느럽다 [SYE-NEU-REP-TA,-RE-OUE,-RE-ON] (凉) [원] 398
[불] Etre frais, rafraîchissant.
[한] 서늘하다, 상쾌하다

셔늘다 [SYE-NEUL-TA,-NEU-RE,-NEUN] [원] 398
[불] Dépérir, mourir, sécher (plantes).
[한] (식물들이) 시들다, 죽다, 마르다

셔늘ᄒᆞ다 [SYE-NEUL-HĂ-TA] (凉) [원] 398
[불] Bon vent ; vent qui rafraîchit. Etre frais, rafraîchissant.
[한] 기분 좋은 바람 | 상쾌하게 하는 바람 | 시원하다, 상쾌하다

셔다 [SYE-TA,-SYE,-SYEN] (立) [원] 408
[불] Etre debout, se tenir debout, se tenir droit.
[한] 일어나 있다, 서 있다, 똑바로 서다

셔답ᄒᆞ다 [SYE-TAP-HĂ-TA] (澣衣) [원] 408
[불] Laver le linge; faire la lessive.
[한] 세탁물을 세탁하다 | 세탁하다

*셔당 [SYE-TANG,-I] (書堂) [원] 408
[불] Maison où les enfants étudient les caractères; école; collège, etc.
[한] 아이들이 문자를 공부하는 집 | 학교 | 중학교 등

셔덜 [SYE-TEL,-I] [원] 408
[불] Lieu rempli de pierres; rochers; amas de rochers.
[한] 돌로 가득 찬 곳 | 바위 | 바위 무더기

*셔뎍 [SYE-TYEK,-I] (庶嫡) [원] 408
[불] Concubine et femme légitime. Bâtard et légitime.
[한] 첩과 합법적인 부인 | 사생아와 합법적인 자식

*셔뎐 [SYE-TYEN,-I] (書傳) [원] 408
[불] Nom d'un livre attribué à confucius.
[한] 공자의 작품으로 알려진 책의 이름

*셔뎨 [SYE-TYEI] (庶第) [원]408
[불] Enfant de la concubine du père; frère bâtard; jeune frère bâtard.
[한] 아버지의 첩에게서 난 아이 | 사생아인 남자 형제 | 사생아인 남동생

*셔두 [SYE-TOU] (書頭) [원]408
[불] Marge de papier au haut d'un livre, et p.ê. aussi au bas.
[한] 책 위쪽에 있는, 아마도 아래쪽에도 있는 종이의 여백

셔둘다 [SYE-TOUL-TA,-TOU-RE,-TOUN] (周旋) [원]408
[불] S'efforcer.
[한] 애쓰다

셔드다 [SYE-TEU-TA,-TEU-RE,-REUN] (周旋) [원]408
[불] S'efforcer; se dépêcher; se hâter. Préparer; se disposer à.
[한] 애쓰다 | 서두르다, 서둘러서 하다 | 마련하다 | ~할 준비를 하다

셔ᄃᆡ [SYE-TĂI] [원]408
[불] Nom d'un poisson de mer. Syn. 셜치 Syel-tchi.
[한] 한 바닷고기의 이름 | [[동의어] 설치, Syel-tchi.]

*셔로 [SYE-RO] (西路) [원]406
[불] Route de l'ouest, à l'ouest, se dirigeant vers l'ouest.
[한] 서쪽의, 서쪽으로 난, 서쪽으로 향하는 길

셔름셔름ᄒᆞ다 [SYE-REUM-SYE-REUM-HĂ-TA] (生疎) [원]406
[불] Se connaître un peu sans être liés d'amitié. Etre indifférents, pas liés intimement.
[한] 친교를 맺지 않고 서로 조금 알다 | 무관심하다, 친밀하게 교분을 맺지 않다

1셔릇다 [SYE-REUT-TA,-REU-TJYE,-REUT-TJEUN] (打破) [원]406
[불] Couper le bois taillis sur la montagne. Briser; rompre; mettre en pièces. Etre brisé.
[한] 산에 있는 잡목림의 나무를 자르다 | 부수다 | 부러뜨리다 | 토막을 내다 | 부서지다

2셔릇다 [SYE-REU-TA] (洗撤) [원]406
[불] Laver la vaisselle.
[한] 설거지하다

1*셔리 [SYE-RI] (書吏) [원]406
[불] Employés aux bureaux des six ministères. Employé d'un ministre. Scribe attaché au ministère.
[한] 여섯 개 부처의 사무실 직원들 | 장관의 사무원 | 부처에 예속된 서기

2셔리 [SYE-RI] (霜) [원]406
[불] Gelée blanche.
[한] 흰 서리

셔리다 [SYE-RI-TA,-RYE,-RIN] (盤結) [원]406
[불] River, recourber une point de clou qui dépasse. Etre brisé, contourné. Pelotonner une corde, etc.
[한] 비죽 나온 못 끝을 둥글리다, 구부리다 | 부서지다, 뒤틀리다 | 줄 등을 둥글게 감다

*셔목틔 [SYE-MOK-HTĂI] (鼠目太) [원]398
[불] Petit pois rond et noir semblable à un œil de rat. Esp. de millet.
[한] 쥐의 눈과 닮은 둥글고 검은 작은 콩 | 좁쌀의 종류

1*셔문 [SYE-MOUN,-I] (西文) [원]398
[불] Ecriture de l'ouest, écriture européenne.
[한] 서쪽의 문자, 유럽의 문자

2*셔문 [SYE-MOUN,-I] (西門) [원]398
[불] Porte de l'ouest.
[한] 서쪽 문

1*셔반 [SYE-PAN,-I] (西班) [원]405
[불] Noble de l'ouest, c.a.d. archers militaires, nobles militaires. Syn. 호반 Ho-pan et 무관 Mou-koan.
[한] 서쪽의 귀족, 즉 궁수들, 군인인 귀족들 | [[동의어] 호반, Ho-pan.], [[동의어] 무관, Mou-koan.]

2셔반 [SYE-PAN,-I] (盤) [원]405
[불] Table.
[한] 식탁

*셔방 [SYE-PANG,-I] (書房, (Livre, cabinet)) [원]405
[불] Titre donné à un homme encore jeune, monsieur (terme un peu honorif).
[한] 아직 젊은 사람에게 붙이는 칭호, ~씨 (약경칭어)

셔방님 [SYE-PANG-NIM,-I] (書房主) [원]405
[불] Monsieur (plus honorif que 셔방 Sye-pang). Titre honorifique donné par le peuple à un homme, à un noble encore jeune.
[한] ~님 (서방 Sye-pang보다 더 경칭) | 백성들이 남자에게, 아직 어린 귀족에게 붙이는 경칭

셔방맛치다 [SYE-PANG-MAT-TCHI-TA,-TCHYE,-TCHIN] (作夫) [원]405
[불] Trouver un mari pour sa fille.
[한] 자신의 딸에게 어울리는 남편을 찾아내다

셔벅셔벅ᄒᆞ다 [SYE-PEK-SYE-PEK-HĂ-TA] [원]405
[불] Mou, spongieux, etc. Etre friable, sablonneux.

한 무르다, 물렁물렁하다 등 | 부서지기 쉽다, 모래가 많다

1* 셔부 [SYE-POU] (西府) 원405

불 Un des quatre quartiers de la capitale, celui de l'ouest. Tribunal du quartier de l'ouest à la capitale.

한 수도의 네 구역 중 하나, 서쪽 구역 | 수도 서쪽 구역의 재판소

2* 셔부 [SYE-POU] (鼠婦) 원405

불 Cosaque, esp. d'insecte ; cloporte ; porcelet de Ste Antoine. Syn. 쥐며느리 Tjoui-mye-nâ-ri.

한 코자크 기병, 곤충의 종류 | 쥐며느리 | 성 안토니우스 새끼 돼지 | [동의어 쥐며느리, Tjoui-mye-nâ-ri.]

셔부렁ᄒᆞ다 [SYE-POU-RENG-HĂ-TA] 원405

불 Etre mou, lâche, peu serré.

한 늘어지다, 느슨하다, 꽉 끼지 않다

*셔북간 [SYE-POUK-KAN,-I] (西北間) 원405

불 Nord-ouest.

한 북서쪽

*셔북풍 [SYE-POUK-HPOUNG,-I] (西北風) 원405

불 Vent de N.O.

한 북서풍

셔비암 [SYE-PĂI-AM,-I] 원405

불 Monsieur. (Provinc.). Syn. 셔방님 Sye-pang-nim

한 ~씨 | (지역어) | [동의어 셔방님, Sye-pang-nim.]

*셔산 [SYE-SAN,-I] (書算) 원407

불 Sorte de marque, instrument en papier pour compter combien de fois on a repassé une leçon (enfant qui étudie).

한 표시의 종류, (공부하는 아이가) 한 과를 몇 번 복습했는지 세기 위한 종이로 된 도구

*셔삼촌 [SYĒ-SAM-TCHON,-I] (庶三寸) 원407

불 Le frère (né d'une concubine) du père; le frère bàtard du père.

한 아버지의 (첩에게서 태어난) 남자 형제 | 아버지의 서출인 남자 형제

*셔쇽 [SYE-SYOK,-I] (黍粟) 원408

불 Millet commun et petit millet, millet d'Italie, mil.

한 기장과 작은 조, 이탈리아에서 나는 좁쌀, 조

1셔슬 [SYE-SEUL,-I] (滷水) 원407

불 Eau de sel, liquide qui découle du sel.

한 소금물, 소금에서 흘러나오는 액체

2셔슬 [SYE-SEUL,-I] (氣勢) 원407

불 Pompe d'un cortège qui s'avance avec bruit, fracas, pour augmenter la majesté en faisant peur au peuple.

한 백성에게 겁을 주면서 장엄함을 증가시키기 위해 시끄럽게 떠들썩한 소리를 내며 나아가는 화려한 행렬

3셔슬 [SYE-SEUL,-I] 원408

불 Tranchant d'un couteau bien acéré; bord, tranchant d'un vase cassé.

한 아주 날카로운 칼날 | 깨진 그릇의 가장자리, 날

셔슴다 [SYE-SEUM-TA,-SEUM-E,-SEUM-EUN] 원407

불 Ne pas bien réciter; hésiter en récitant, en parlant.

한 잘 이야기하지 못하다 | 이야기하다가, 말하다가 주저하다

*셔습 [SYE-SEUP,-I] (暑濕) 원407

불 Chaleur et humidité.

한 더위와 습기

*셔신 [SYE-SIN,-I] (書信) 원408

불 Lettre, épître.

한 편지, 서한

*셔실ᄒᆞ다 [SYE-SIL-HĂ-TA] (闕失) 원408

불 Perdre (en partie).

한 (부분적으로) 잃다

1* 셔ᄉᆞ [SYE-SĂ] (西士) 원407

불 Lettré d'Europe; Européen savant.

한 유럽의 학식 있는 사람 | 유럽의 학자

2* 셔ᄉᆞ [SYE-SĂ] (書寫) 원407

불 Secrétaire; celui qui écrit pour un autre, qui fait les écritures d'un autre.

한 비서 | 다른 사람을 대신하여 글을 쓰는, 다른 사람의 글을 대필하는 사람

셔띄 [SYE-TTEUI] 원408

불 Baudrier d'homme en place.

한 요직에 있는 사람의 어깨끈

*셔악 [SYE-AK,-I] (西惡) 원393

불 Mauvaise chose de l'occident. Terme injurieux pour désigner la religion chrétienne. 셔악군 Sye-ak-koun, Un chrétien (injur.).

한 서양의 악한 것 | 기독교를 가리키는 모욕적인 용어 | [용례 셔악군, Sye-ak-koun], 기독교 신자 (욕설)

*셔안 [SYE-AN,-I] (書案) 원393

불 Table pour mettre des livres. Table à écrire ; bureau ; pupitre.

한 책을 놓기 위한 탁자 | 글을 쓰기 위한 탁자 | 책상 | 작은 책상

1* 셔양 [SYE-YANG,-I] (西洋) 원393
불 Mer de l'ouest, pays de l'ouest, royaume de l'occident.
한 서쪽 바다, 서쪽 나라, 서양의 왕국

2* 셔양 [SYE-YANG,-I] (西陽) 원393
불 Soleil du soir ; rayons du soleil couchant ; le soleil à son déclin.
한 저녁의 햇빛 | 저무는 해의 빛 | 기우는 해

*셔어ᄒᆞ다 [SYE-E-HĂ-TA] (齟齬) 원393
불 Ne pas savoir. Inaccoutumé ; nouveau ; novice ; qui n'a pas l'habitude. ‖ Etre désappointé, désenchanté.
한 모르다 | 익숙하지 않다 | 경험이 없다 | 미숙하다 | 습관이 되어 있지 않다 | 낙담하다, 실망하다

*셔얼 [SYE-EL,-I] (庶孼) 원393
불 Bâtard, fils d'une coucubine.
한 서자, 첩의 아들

1* 셔역 [SYE-YEK,-I] (書役, (Ecriture, ouvrage)) 원393
불 Pièce d'écriture ; composition écrite. Ecrire. =ᄒᆞ다 -hă-ta, Ecrire ; écrire des livres ; travailler à écrire ; transcrire.)
한 글씨로 쓴 작품 | 글로 쓴 작문 | 글을 쓰다 | [용례 =ᄒᆞ다, -hă-ta], 글을 쓰다 | 책을 쓰다 | 글을 쓰는 일을 하다 | 베껴 쓰다

2* 셔역 [SYE-YEK,-I] (西域) 원393
불 Pays de l'occident. L'occident (c.a.d.le thibet).
한 서양의 나라 | 서역 (즉 티벳)

*셔역군 [SYE-YEK-KOUN,-I] (書役軍) 원393
불 Ecrivain.
한 작가

*셔역쟝이 [SYE-YEK-TJANG-I] (書役匠) 원393
불 Ecrivain.
한 작가

*셔열 [SYE-YEL,-I] (暑熱) 원393
불 Chaleur ; temps chaud. Chaleur de l'été.
한 더위 | 더운 날씨 | 여름의 더위

*셔염 [SYE-YEM,-I] (暑炎) 원393
불 Chaleur ; le temps des grandes chaleurs.
한 더위 | 무더운 날씨

*셔용ᄒᆞ다 [SYE-YONG-HĂ-TA] (叙用) 원396
불 Noble qui, après avoir été gracié et rappelé de l'exil, obtient encore un emploi, une dignité.
한 형을 감면받고 유배지에서 소환된 후에 다시 일자리, 고위직을 얻는 귀족

셔우 [SYE-OU] 원396
불 Rentrer en faveur (mandarin disgracié).
한 (면직된 관리가) 총애를 되찾다

셔울 [SYE-OUL,-I] (京) 원396
불 Capitale (c'est le nom ordinaire, vulgaire, sous lequel on désigne la capitale de Corée). Ville capitale.
한 수도 (조선의 수도를 가리키는 통칭, 속칭이다) | 수도

1* 셔원 [SYE-OUEN,-I] (書院) 원396
불 Maison élevée en l'honneur des grands hommes, des hommes remarquables par leur doctrine (et où se trouvent leurs tablettes). Temple des grands hommes auprès de chaque ville.
한 위인이나 교리로 주목할 만한 사람에 경의를 표하는 높은 건물 (거기에 그들의 작은 패들이 있다) | 각 마을 옆에 있는 위인들의 사원

2* 셔원 [SYE-OUEN,-I] (書員) 원396
불 Employé de préfecture qui s'occupe de voir l'état de fortune pour distribuer les impôts. Collecteur d'impôts, prétorien.
한 세금을 할당하기 위해 재산의 상태를 조사하는 업무를 맡는 도청의 직원 | 세금 징수원, 친위병

셔의ᄒᆞ다 [SYE-OUI-HĂ-TA] 원396
불 Inquiet, triste. Regretter.
한 불안하다, 슬프다 | 애석하다

*셔윤 [SYE-YOUN,-I] (庶尹) 원396
불 Mandarin, lieutenant du gonverneur (régit le district où se trouve le gouverneur; il n'y en a qu'à Hpyeng-yang).
한 관리, 지사의 보조관 (지사가 있는 구역을 관리한다; 평양에만 있다)

*셔음 [SYE-EUM,-I] (西音) 원393
불 Prononciation des langues occidentales. Lettre (littera).
한 서양 언어의 발음 | 문자 (글자)

*셔인 [SYE-IN,-I] (西人) 원394
불 Parti politique d'où sont sortis les 쇼론 Syo-ron et les 노론 No-ron.
한 쇼론 Syo-ron 과 les 노론 No-ron이 나온 정당

셔재다 [SYĒ-TJAI-TA,-TJAI-YE,-TJAIN] (輕敏) 원408
불 Etre hardi, effronté.
한 대담하다, 뻔뻔하다

*셔쟝관 [SYE-TJYANG-KOAN,-I] (書掌官) 원408
불 Le troisième des trois ambassadeurs envoyés chaque année en Chine et qui est là pour espionner les deux

autres.

한 매년 중국에 보내는 세 명의 대사 중 세 번째로, 다른 두 대사의 동정을 살피기 위해 파견된다

*셔쟝딕 [SYE-TJYANG-TĂI] (西將臺) 원408

불 Nom d'une maison sur le haut d'une montagne, à 슈원 Syou-ouen, pour voir ce qui se passe en mer. ‖ Maison du général dans le quartier occidental.

한 바다에서 일어나는 일을 보기 위해 슈원 Syou-ouen에 있는 산 정상 위에 지은 시설의 이름 | 서쪽 구역에 있는 장군의 건물

*셔젹 [SYE-TJEK,-I] (西賊) 원408

불 Brigand de l'ouest; pirate de l'ouest; les rebelles de l'ouest. (Hist. anc.).

한 서쪽의 산적 | 서쪽의 해적 | 서쪽의 반역자들 | (고대 역사)

*셔졀 [SYE-TJYEL,-I] (序節) 원408

불 Différence des temps, des époques, des saisons.

한 시간, 시대, 계절의 차이

셔졀 [SYE-TJYEL,-I] (暑節) 원408

불 La saison des chaleurs.

한 더운 계절

*셔졀구튜 [SYĒ-TJYEL-KOU-HTOU] (鼠竊狗偸) 원408

불 Petit voleur comme les rats et les chiens. Petit voleur qui vole peu, qui vole des choses de peu de valeur.

한 쥐와 개 같은 좀도둑 | 조금 훔치거나, 별로 가치 없는 것들을 훔치는 좀도둑

*셔죡 [SYĒ-TJYOK,-I] (庶族) 원408

불 Parent par une concubine : parents qui descendent d'une concubine.; famille bâtarde, c.a.d. parents bâtards.

한 첩의 친척 : 첩의 후손인 친척 | 서출의 가문, 즉 서출 쪽의 혈족

*셔증 [SYĒ-TJEUNG,-I] (暑症) 원408

불 Maladie causée par la chaleur.

한 더위로 인한 병

*셔진ᄒᆞ다 [SYE-TJIN-HĂ-TA] (書進, (Ecrit, présenter)) 원408

불 Ecrire au gouvernement.

한 정부에 글을 쓰다

*셔ᄌᆞ [SYĒ-TJĂ] (庶子) 원408

불 Fils d'une concubine; fils bâtard.

한 첩의 아들 | 서출인 아들

1*셔ᄌᆡ [SYE-TJĂI] (書齊) 원408

불 Collége; école.

한 중학교 | 학교

2*셔ᄌᆡ [SYE-TJĂI] (西齊) 원408

불 Chambre à l'ouest dans les temples de confucius (c'est dans cette chambre que se réunissent les hommes du peuple).

한 공자의 사원에서 서쪽에 위치한 방 (평민들이 바로 이 방에 모인다)

*셔찰 [SYE-TCHAL,-I] (書札) 원408

불 Lettre, épître.

한 편지, 서한

*셔창 [SYE-TCHANG,-I] (西牕) 원408

불 Lucarne, fenêtre à l'ouest.

한 서쪽으로 난 천창, 창문

*셔초 [SYE-TCHO] (西草) 원408

불 Nom d'une esp. de tabac d'ouest; tabac du Su-tchuen, à feuilles plus étroites et allongées.

한 서쪽 지방에서 나는 담배 일종의 이름 | 잎이 더 좁고 길쭉한, 쓰촨 지방에서 나는 담배

*셔촉 [SYE-TCHOK,-I] (西蜀) 원408

불 Nom d'un royaume de l'ouest (Su-tchuen), la province du Su-tchuen en Chine.

한 서쪽에 있는 어떤 왕국의 이름 (쓰촨), 중국의 쓰촨 지방

*셔츅 [SYE-TCHYOUK,-I] (鼠縮) 원408

불 Blé, récolte mangée par les rats. Ce qui manque parce que les rats l'ont mangé.

한 쥐들이 먹은 곡식, 수확물 | 쥐들이 먹어 버렸기 때문에 부족한 것

*셔ᄎᆡᆨ [SYE-TCHĂIK,-I] (書冊) 원408

불 Livre; écrit; manuscrit ou livre imprimé.

한 책 | 저서 | 수사본 또는 인쇄된 책

셔캐 [SYE-HKAI] (虱卵) 원398

불 Lente, œuf de pou.

한 서캐, 이의 알

*셔퇴ᄒᆞ다 [SYĒ-HTOI-HĂ-TA] (暑退) 원408

불 Départ de la chaleur. Fin des chaleurs… La chaleur diminue.

한 더위가 떠남 | 더위의 끝 | 더위가 약해지다

1*셔파 [SYĒ-HPA] (鼠破) 원406

불 Reste de ce que les rats ont grignoté. Déficit, disparition causée par les rats.

한 쥐들이 갉아먹고 난 나머지 | 쥐로 인한 부족, 사라짐

[2*]셔파 [SYE-HPA] (庶派) 원406

불 Bâtards, descendants d'un bâtard.

한 서출들, 어떤 서출의 자손들

*셔판 [SYE-HPAN,-I] (書板) 원406

불 Planchette pour écrire (sans table).

한 (탁자 없이) 글을 쓰기 위한 작은 판자

*셔편 [SYE-HPYEN,-I] (西邊) 원406

불 Occident, ouest, côté de l'occident.

한 서방, 서쪽, 서쪽 편

*셔풍 [SYE-HPOUNG,-I] (西風) 원406

불 Vent d'ouest.

한 서풍

*셔피 [SYĒ-HPI] (鼠皮) 원406

불 Peau de rat du nord de couleur petit gris, menu vair.

한 회색 다람쥐 색을 띤 북쪽 쥐의 가죽, 다람쥐 모피

*셔학 [SYE-HAK,-I] (西學) 원396

불 Doctrine de l'ouest, c.a.d.la religion catholique.

한 서쪽의 교리, 즉 가톨릭교

*셔향ᄒᆞ다 [SYE-HYANG-HĂ-TA] (西向) 원396

불 Côté de l'ouest ; exposition à l'ouest. Regarder vers l'ouest ; être tourné vers l'occident.

한 서쪽 편 | 서향 | 서쪽을 바라보다 | 서쪽으로 향하다

*셔화 [SYE-HOA] (書畵) 원396

불 Ecriture et dessin. Tapisserie, tablettes peintes représentant des caractères d'écriture, qu'on pend ordinairement sur la muraille comme ornement.

한 글씨와 그림 | 장식용 융단, 일반적으로 장식으로 벽에 거는 문자의 자체[역주 字體]를 나타내는 채색된 패

*셔회ᄒᆞ다 [SYĒ-HOI-HĂ-TA] (叙懷) 원396

불 S'ouvrir, s'épancher ; confier ses chagrins, ses peines à un ami. ‖ Regretter ; être fâché de.

한 터놓다, (심정을) 토로하다 | 친구에게 자신의 슬픔, 자신의 고충을 토로하다 | 애석해하다 | ~에 대해 유감스럽게 생각하다

[1*]셕 [SYEK,-I] (石) 원396

불 En agr. Pierre.

한 한자어로 돌

[2*]셕 [SYEK,-I] (夕) 원396

불 En agr. Le soir.

한 한자어로 저녁

[3*]셕 [SYEK,-I] (席) 원396

불 Natte.

한 돗자리

[4*]셕 [SYEK,-I] (昔) 원396

불 En agr. Autrefois ; ancien.

한 한자어로 옛날 | 예전의

[5]셕 [SYEK,-I] (船所) 원396

불 Port de mer, rade, ancrage.

한 해항, 정박지, 정박소

[6]셕 [SYEK] (速) 원396

불 Vite, promptement, au galop.

한 재빨리, 신속하게, 빨리

*셕가모니 [SYEK-KA-MO-NI] (釋迦牟尼) 원397

불 Signifie : 'solitaire de la famille des Çakya'. Nom de FÔ, Çakyamouni. (Son premier nom était Siddhartha. Il vécut 80 ans, 622 ans avant J. C.)

한 '사키아 집안의 은자'를 의미한다 | 부처의 이름, 사키아무니 | (그의 첫 번째 이름은 싯다르타였다. 그는 기원전 622년 80년을 살았다)

*셕가여릭 [SYEK-KA-YE-RĂI] (釋迦如來) 원397

불 Fô ou bouddha.

한 부처 또는 불타

*셕경 [SYEK-KYENG,-I] (石鏡) 원397

불 Petit miroir.

한 작은 거울

*셕고 [SYEK-KO] (石膏) 원397

불 Plâtre. Nom d'une esp. de remède. Cristallisation en forme de glace.

한 회반죽 | 일종의 약의 이름 | 얼음 모양의 결정체

*셕고ᄃᆡ죄ᄒᆞ다 [SYEK-KO-TĂI-TJOI-HĂ-TA] (席藁待罪) 원397

불 Se prosterner devant la porte pour demander pardon d'une faute (coupable). Demander le châtiment de son crime, étant prosterné sur un vieux sac en paille (cérémonial).

한 (죄인이) 잘못에 대한 용서를 구하기 위해 문 앞에 엎드리다 | 짚으로 만든 낡은 자루 위에서 엎드려 자신의 죄에 대한 벌을 요구하다 (의전)

*셕곽 [SYEK-KOAK,-I] (石郭) 원397

불 Grands rochers escarpés sur les montagnes. Muraille de pierres.

한 산 위의 깎아지른 듯한 큰 바위들 | 돌로 만든 커다란 벽

[1*]셕교 [SYEK-KYO] (釋敎) 원397

[불] Doctrine de FÔ, secte de FÔ.
[한] 부처의 교리, 부처의 종파

2*셕교 [SYEK-KYO] (石橋) [원]397
[불] Pont de pierres.
[한] 돌다리

셕기다 [SYEK-KI-TA,-KYE,-KIN] (雜) [원]397
[불] Se mêler, se mélanger. Etre mêlé. Mélanger.
[한] 섞이다, 혼합되다 | 뒤섞이다 | 혼합하다

*셕녀ᄌ [SYEK-NYE-TJĂ] (石女子) [원]397
[불] Femme stérile.
[한] 불임 여성

셕다 [SYEK-TA,SYEK-KE,SYEK-KEUN] (調合) [원]397
[불] Mélanger ; mêler ensemble ; fondre pour faire un alliage. troubler, brouiller.
[한] 혼합하다 | 함께 섞다 | 합금하기 위해 녹이다 | 방해하다, 뒤섞다

*셕대ᄒᆞ다 [SYEK-TAI-HĂ-TA] (碩大) [원]397
[불] En grand ; gigantesque.
[한] 대규모로 | 거대하다

1*셕뎡 [SYEK-TYENG,-I] (石鼎) [원]397
[불] Chaudière en pierre.
[한] 돌로 만든 큰 가마솥

2*셕뎡 [SYEK-TYENG,-I] (石井) [원]397
[불] Puits en pierre, c.a.d.muré tout autour à l'intérieur.
[한] 돌로 만든, 즉 내부가 전부 벽으로 둘러싸인 우물

*셕류 [SYEK-RYOU] (石榴) [원]397
[불] Grenade (fruit).
[한] 석류 (과일)

*셕류황 [SYEK-RYOU-HOANG,-I] (石硫磺) [원]397
[불] Pierre de soufre ; soufre ; allumettes soufrées ; allumettes.
[한] 황을 함유한 돌 | 황 | 황을 바른 성냥 | 성냥

1*셕면 [SYEK-MYEN,-I] (石面) [원]397
[불] Façade, devant d'une pierre.
[한] 돌의 전면, 앞

2*셕면 [SYEK-MYEN,-I] (昔面) [원]397
[불] Vieux visage, c.a.d. visage connue depuis longtemps.
[한] 오래된 얼굴, 즉 오래전부터 알려진 얼굴

*셕문 [SYEK-MOUN,-I] (石紋) [원]397
[불] Tache dans une pierre ; veine du marbre ; marbrure ; pierre marbrée.
[한] 돌에 난 얼룩 | 대리석의 무늬 | 대리석 무늬 모양의 얼룩 | 대리석 무늬의 돌

*셕문 [SYEK-MOUN,-I] (石門) [원]397
[불] Porte en pierre.
[한] 돌문

*셕물 [SYEK-MOUL,-I] (石物) [원]397
[불] Colonne, statue, etc. en pierre. Pierre de tombeau.
[한] 돌로 만든 기둥, 상 등 | 무덤의 돌

셕박지 [SYEK-PAK-TJI] (沈菜) [원]397
[불] Confitures de toute espèce de choses salées.
[한] 소금을 친 온갖 종류의 것들의 절임

*셕반 [SYEK-PAN,-I] (夕飯) [원]397
[불] Riz du soir, repas du soir, souper.
[한] 저녁밥, 저녁 식사, 밤참

*셕벽 [SYEK-PYEK,-I] (石壁) [원]397
[불] Mur en pierre, c.a.d. grands rochers escarpés et en forme de muraille sur les montagnes.
[한] 돌로 만든 벽, 즉 산 위에 성벽 형태로 깎아지른 큰 바위들

*셕비 [SYEK-PI] (石碑) [원]397
[불] Inscription sur une pierre ; pierre qui porte une inscription ; borne monumentale en pierre.
[한] 돌에 새겨진 비문 | 비문이 있는 돌 | 돌로 된 기념 경계표

*셕비례 [SYEK-PI-REI] [원]397
[불] Pierre sans consistance, qui tombe en poudre au simple toucher.
[한] 단지 만지기만 해도 가루가 되어 버리는 견실하지 않은 돌

*셕산 [SYEK-SAN,-I] (石山) [원]397
[불] Montagne rocheuse, rocailleuse.
[한] 바위투성이의, 돌투성이의 산

*셕샹 [SYEK-SYANG,-I] (石像) [원]397
[불] Statue en pierre.
[한] 돌로 만든 상

셕셕닥다 [SYEK-SYEK-TAK-TA,-TAK-KA,-TAK-KEUN] [원]397
[불] Nettoyer en frottant fortement.
[한] 세게 문질러서 깨끗이 하다

셕쇠 [SYEK-SOI] (錫鐵) [원]397
[불] Gril, petite claie en fer.
[한] 석쇠, 쇠로 만든 작은 망

*셕슈 [SYEK-SYOU] (石手) [원]397
[불] Tailleur de pierres.
[한] 돌을 세공하는 사람

ㅅ

*셕亽 [SYEK-SĂ] (碩士) 원397
불 (Grand lettré) monsieur le savant. Titre honorifique un peu plus élevé que 셔방 Sye-pang, et moins que 싱원 Săing-ouen.
한 (큰 학자) 학자님 | 셔방 Sye-pang보다 조금 더 높고 싱원 Săing-ouen보다는 낮은 경칭

*셕양 [SYEK-YANG,-I] (夕陽) 원396
불 Soleil du soir. Ombre du soir ; le soir.
한 저녁 해 | 저녁때의 그늘 | 저녁

*셕어 [SYEK-E] (石魚) 원396
불 Esp. de poisson de mer à grosse tête, p. ê. le grondin ou le merlan. Syn. 죠긔 Tjyo-keui.
한 머리가 큰 바닷고기의 종류, 아마도 성대 또는 대구의 일종 | [동의어 죠긔, Tjyo-keui.]

*셕우황 [SYEK-OU-HOANG,-I] (石牛黃) 원397
불 Nom d'une esp. de remède fait avec une pierre métallique, et qui guérit les morsures de serpent. ‖ Esp. de pierre précieuse, p.ê. l'agate.
한 금속성 돌로 만든 약의 종류의 이름으로, 뱀에게 물린 상처를 낫게 해준다 | 보석 종류, 아마도 마노

*셕웅황 [SYEK-OUNG-HOANG,-I] (石雄黃) 원397
불 Nom d'une esp. de remède métallique qui se trouve dans la pierre et guérit les morsures de serpent.
한 돌 속에 있고 뱀에게 물린 상처를 낫게 해 주는 일종의 금속성 약재의 이름

*셕이 [SYEK-I] (石茸) 원396
불 Esp. de champignon, de lichen qui pousse sur les rochers dans les grandes montagnes ; esp. de lichen comestible.
한 큰 산의 바위 위에서 자라는 버섯류, 지의류 | 식용 지의류

*셕인 [SYEK-IN,-I] (石人) 원396
불 Homme de pierre ; statue de pierre représentant un homme.
한 돌로 만든 사람 | 사람 모습을 나타내는 돌로 만든 상

*셕쥬 [SYEK-TJYOU] (石柱) 원398
불 Colonne en pierre.
한 돌로 만든 기둥

*셕쥭화 [SYEK-TJYOUK-HOA] (石竹花) 원398
불 Bétoine.
한 두견초

*셕ᄌᆞ [SYEK-TJĂ] (席子) 원397
불 Natte.
한 돗자리

*셕ᄌᆞ황 [SYEK-TJĂ-HOANG] (石雌黃) 원397
불 Pierre jaune qui sert de remède.
한 약재로 쓰이는 노란 돌

*셕지 [SYEK-TJĂI] (石材) 원397
불 Matériaux de pierre. Pierres de construction.
한 돌로 된 건축 재료 | 건축에 사용되는 돌

*셕창포 [SYEK-TCHANG-HPO] (石菖蒲) 원398
불 Esp. de remède, racine d'une herbe qui vient sur les rochers.
한 약재의 종류, 바위 위에서 나는 풀의 뿌리

*셕쳔 [SYEK-TCHYEN,-I] (石川) 원398
불 Ruisseau dont le lit est semé de pierres ; source sortant d'un rocher.
한 바닥이 돌로 가득한 개울 | 바위에서 나오는 샘

*셕쳥 [SYEK-TCHYENG,-I] (石淸) 원398
불 Miel de rocher ; miel sauvage, recueilli dans le creux des rochers.
한 바위에 있는 꿀 | 바위의 움푹한 곳에서 딴 야생 꿀

*셕총 [SYEK-TCHONG,-I] (石塚) 원398
불 Tombeau en pierre.
한 돌로 만든 무덤

*셕츅 [SYEK-TCHYOUK,-I] (石築) 원398
불 Mur de soutènement en pierre. Amonceler des pierres ; bâtir en pierres.
한 돌로 만든 버팀벽 | 돌을 쌓아 올리다 | 돌로 짓다

*셕탄 [SYEK-HTAN,-I] (石炭) 원397
불 Charbon de pierre, en pierres ; charbon de terre ; houille.
한 무연탄, 돌로 만들어진 숯 | 석탄 | 석탄

*셕판 [SYEK-HPAN,-I] (石板) 원397
불 Table de pierre.
한 돌로 만든 평판

*셕함 [SYEK-HAM,-I] (石函) 원397
불 Boîte en pierre, coffre en pierre.
한 돌로 만든 상자, 돌로 만든 함

*셕항 [SYEK-HANG,-I] (石缸) 원397
불 Vase de pierre.
한 돌로 만든 단지

1*셕화 [SYEK-HOA] (石花) 원397
불 Huître.
한 굴

2*셕화 [SYEK-HOA] (石火, (pierre, feu)) 원397

불 Feu de briquet.
한 부싯돌의 불

*셕화광음 [SYEK-HOA-KOANG-EUM,-I] (石火光陰, (Pierre, feu, jour, nuit)) 원397
불 Le monde passe comme une étincelle.
한 세상이 섬광처럼 지나간다

1*션 [SYEN,-I] (善) 원398
불 Excellent ; bon ; bien ; sain ; favorable.
한 훌륭하다 | 좋다 | 좋다 | 건전하다 | 호의적이다

2*션 [SYEN] (先) 원398
불 Avant ; devant ; précédent ; mort.
한 ~전에 | ~앞에 | 이전의 | 먼 과거의

3*션 [SYEN,-I] (鮮) 원398
불 En agr. Poisson (frais).
한 한자어로 (신선한) 물고기

4*션 [SYEN,-I] (船) 원398
불 Navire ; barque ; bateau ; jonque.
한 선박 | 작은 배 | 배 | 정크

5*션 [SYEN,-I] (線) 원398
불 Fil ; bordure d'habit ; bord.
한 선 | 옷의 가장자리 장식 | 가장자리

*션가 [SYEN-KA] (船價) 원399
불 Prix du passage sur un bateau. Prix ou loyer d'une barque.
한 배에서 내는 뱃삯 | 작은 배의 가격 또는 임대료

*션간목 [SYEN-KAN-MOK,-I] (先看目) 원399
불 Examen des yeux du cheval (c'est la première chose qui se fait lorsqu'on veut acheter un cheval).
한 말의 눈 검사 (말을 사고자 할 때 맨 처음 하는 일)

션겁다 [SYEN-KEP-TA,-KE-OUE,-KE-ON] 원399
불 Etre obligeant.
한 친절하다

*션경 [SYEN-KYENG,-I] (仙境) 원399
불 Promenade agréable ; beau point de vue. || Habitation des revenants ; lieu hanté par les esprits qui reviennent de l'autre monde.
한 쾌적한 산책로 | 전망이 좋은 곳 | 귀신이 사는 곳 | 저승에서 되돌아오는 유령들이 든 곳

*션공 [SYĒN-KONG,-I] (善功) 원399
불 Bonne œuvre ; bonnes œuvre méritoire.
한 선량한 행동 | 칭찬받을 만한 선한 행동

*션급ᄒᆞ다 [SYEN-KEUP-HĂ-TA] (先給) 원399
불 Donner d'avance, payer d'avance.
한 미리 주다, 미리 지불하다

*션긔옥형 [SYEN-KEUI-OK-HYENG,-I] (璇璣玉衡) 원399
불 Espèce de planétaire muni d'un tube ou pièce transversale en matière précieuse, à l'aide duquel les anciens astronomes observaient le mouvement des astres.
한 귀한 재료로 된 튜브나 가로형 부속품이 달린 천상의 종류로, 고대 천문학자들이 이것의 도움을 받아 천체의 움직임을 관찰하곤 했다

*션녀 [SYEN-NYE] (仙女) 원399
불 Fée, femme divinisée suivant les Tao-tze. Jolie femme (nom d'une femme d'autrefois remarquable par sa beauté).
한 요정, 도교를 믿는 사람들에 따르면 신격화된 여성 | 아름다운 여성 (옛날 아름답기로 유명한 어느 여자의 이름)

션니가다 [SYEN-NI-KA-TA,-KA,-KAN] 원399
불 S'ébrécher, être ébréché.
한 축나다, 손상되다

션단 [SYEN-TAN,-I] 원400
불 Pli en forme de bordure au côté d'un habit.
한 옷의 측면에 테두리 형태로 잡은 주름

*션달 [SYEN-TAL,-I] (先達) 원400
불 Bachelier en arc. Esp. de dignité militaire. V.Syn. 호반급데 Ho-pan-keup-tyei.
한 궁술 바칼로레아 합격자 | 군 고관직의 종류 | [동의어 호반급데 Ho-pan-keup-tyei.]

*션덕 [SYĒN-TEK,-I] (善德) 원400
불 Belle vertu ; vertu ; probité.
한 미덕 | 덕행 | 청렴

*션뎐 [SYEN-TYEN,-I] (先廛) 원400
불 Grand magasin, grande boutique de soieries, etc.
한 큰 가게, 견직물 등을 파는 큰 상점

1*션도 [SYEN-TO] (仙道) 원400
불 Doctrine de 로ᄌᆞ Ro-tjă, de Lao-kiun ou No-kong.
한 로ᄌᆞ Ro-tjă의, 노군이나 노공의 가르침

2*션도 [SYEN-TO] (善道) 원400
불 Bonne doctrine.
한 올바른 교리

*션두 [SYEN-TOU] (船頭) 원400
불 Le devant, l'avant d'un navire.
한 배의 앞부분, 정면

션두르다 [SYEN-TOU-ROU-TA,-TOUL -NE,-TOU-ROUN] (緣邊) 원400

불 Border ; mettre un bordure ; ourler un habit.
한 ~의 가장자리를 두르다 | 가장자리 장식을 붙이다 | 옷의 가장자리를 접어 감치다

셔득셔득ᄒᆞ다 [SYEN-TEUK-SYEN-TEUK-HĂ-TA] 원400
불 Etre froid, saisissant (le froid).
한 차갑다, (추위가) 살을 에는 듯하다

*셔득ᄒᆞ다 [SYEN-TEUK-HĂ-TA] (先得) 원400
불 Devancer ; faire avant les autres. L'emporter sur les autres.
한 앞지르다 | 다른 사람들보다 앞서 하다 | 다른 사람들보다 우세하다

*셔등ᄒᆞ다 [SYEN-TEUNG-HĂ-TA] (先等) 원400
불 Commencer ; faire le premier ; devancer ; précéder.
한 시작하다 | 제일 먼저 하다 | 앞지르다 | 앞서다

*셔ᄃᆡ [SYEN-TĂI] (先代) 원400
불 Ancêtres ; génération précédente.
한 조상들 | 앞선 세대

*셔ᄃᆡᄒᆞ다 [SYĒN-TĂI-HĂ-TA] (善待) 원400
불 Recevoir avec politesse, avec affabilité (les hôtes). Bien traiter.
한 공손하게, 친절하게 (손님들을) 대접하다 | 잘 대접하다

*셔ᄅᆡ [SYEN-RĂI] (先來) 원400
불 Ambassadeur pour le calendrier et qui revient le premier. Lettre annonçant le retour de l'ambassadeur qui revient de chine.
한 일정표상 맨 먼저 돌아오는 대사 | 중국에서 돌아오는 대사의 귀환을 알리는 편지

*셔망후실ᄒᆞ다 [SYEN-MANG-HOU-SIL-HĂ-TA] (善忘後室) 원399
불 Oublier tout ne se souvenir de rien ; ne se rappeler ni le vieux, ni le récent.
한 아무것도 기억하지 않고 모든 것을 잊다 | 오래된 일도 최근의 일도 생각나지 않다

셔머리 [SYEN-ME-RI] (先首) 원399
불 Le chef de file ; le premier ; celui qui est en tête.
한 대열의 선두 | 첫 번째 사람 | 선두에 있는 사람

*셔명ᄒᆞ다 [SYEN-MYENG-HĂ-TA] (鮮明) 원399
불 Clair. ‖ Intelligent. ‖ Propre ; net ; agréable ; joli.
한 분명하다 | 총명하다 | 깨끗하다 | 뚜렷하다 | 쾌적하다 | 멋지다

*셔묘 [SYEN-MYO] (先墓) 원399
불 Tombeau des ancêtres.
한 조상들의 무덤

*셔묘ᄒᆞ다 [SYEN-MYO-HĂ-TA] (鮮妙) 원399
불 Beau.
한 아름답다

*셔문 [SYEN-MOUN,-I] (先聞) 원399
불 Nouvelle de l'arrivée ; annonce de la venue prochaine. Première annonce ; première nouvelle.
한 도착한다는 소식 | 도착이 임박했음을 알림 | 첫 번째 통지 | 첫 번째 소식

1셔물 [SYEN-MOUL,-I] (贐物) 원399
불 Don, présent, offrande, donation, cadeau.
한 증여품, 선물, 증여물, 증여, 선물

2*셔물 [SYEN-MOUL,-I] (鮮物) 원399
불 Pastèques,melons, etc. (On appelle ainsi tous les fruits d'été de ce genre).
한 수박, 멜론 등 (이 같은 종류의 모든 여름 과일을 이렇게 부른다)

1*셔복 [SYEN-POK,-I] (船服) 원399
불 Chargement, fret d'un navire.
한 화물의 적재, 배의 적하

2*셔복 [SYEN-POK,-I] (仙服) 원399
불 Vêtement des fées ou des génies d'après les Tao-tze.
한 도교도들에 따르면 요정들 또는 수호신들의 옷

*셔봉 [SYEN-PONG,-I] (先鋒) 원399
불 qui va en tête ; le premier guide. Le général qui commande l'avant-garde, qui va au feu, pendant que le général en chef se contente de donner des ordres.
한 선두로 가는 사람 | 첫 번째 안내자 | 총사령관이 명령을 내리는 것으로 그치는 동안 전위대를 지휘하는, 싸움터로 나가는 장군

*셔봉쟝 [SYEN-PONG-TJYANG,-I] (先鋒將) 원399
불 Le général qui est en tête de l'armée.
한 군대의 선두에 있는 장군

1*셔비 [SYEN-PI] (先妣) 원399
불 Mère défunte.
한 고인이 된 어머니

2셔비 [SYEN-PI] (儒) 원399
불 Lettré.
한 학식 있는 사람

*셔븨 [SYEN-PĂI] (先輩) 원399
불 Lettré.
한 학식 있는 사람

*셔븨비쟝 [SYEN-PĂI-PI-TJYANG,-I] (先陪裨將) 원399

불 Intendant du roi ou du gouvernement, qui va en avant pour préparer la route.

한 길을 준비하기 위해 앞서가는, 왕 또는 정부의 집사

*셔산 [SYEN-SAN,-I] (先山) 원400

불 Montagne où se trouvent les tombeaux de famille, des ancêtres.

한 집안의, 조상들의 무덤이 있는 산

*셔샹구즙물 [SYEN-SYANG-KOU-TJEUP-MOUL] (船上俱叶物, (Barque, sur, toutes, choses)) 원400

불 Tout ce qui fait partie de l'armement d'une barque.

한 배의 병기에 속하는 모든 것

*셔샹즙물 [SYEN-SYANG-TJEUP-MOUL,-I] 원400 ☞셔샹구즙물

셔셔ᄒᆞ다 [SYEN-SYEN-HĂ-TA] (凉凉) 원400

불 Commencer à être frais ; devenir froid.

한 시원해지기 시작하다 | 차가워지다

셔셤ᄒᆞ다 [SYEN-SYEIM-HĂ-TA] (先給) 원400

불 Payer d'avance.

한 미리 지불하다

셔소릐 [SYEN-SO-RĂI] (先啓聲) 원400

불 Cri ou chant que doivent répéter ceux qui travaillent ensemble pour réunir leurs efforts.

한 함께 일하는 사람들이 노력을 모으기 위해 반복해야 하는 함성 또는 노래

셔숀거다 [SYEN-SYON-KE-TA,-KE-RE,-KEN] (先着手, (Avant, main, frapper)) 원400

불 Commencer le premier à frapper (v.g. se dit de deux hommes qui se battent).

한 먼저 때리기 시작하다 (예. 서로 싸우는 두 사람에 대해 쓴다)

1*셔슈ᄒᆞ다 [SYEN-SYOU-HĂ-TA] (先手) 원400

불 La première main, c.a.d. l'agresseur ; l'attaque ; attaquer ; commencer, faire le premier (dans une lutte, une dispute, etc.).

한 첫 번째 손, 즉 공격자 | 공격 | 공격하다 | (대결, 싸움 등에서) 시작하다, 먼저 하다

2*셔슈ᄒᆞ다 [SYĒN-SYOU-HĂ-TA] (善手) 원400

불 Habileté des mains ; dextérité ; adresse. Etre habile, adroit.

한 능란한 솜씨 | 재간 | 솜씨 | 능숙하다, 능란하다

3*셔슈ᄒᆞ다 [SYEN-SYOU-HĂ-TA] (善修) 원400

불 S'appliquer à la vertu ; s'adonner au bien.

한 덕행에 열중하다 | 선행에 전념하다

*셔식 [SYEN-SIK,-I] (船食) 원400

불 Matière qui sert à calfater une barque ; étoupe.

한 배의 널판 틈을 메우는 데 쓰는 재료 | 뱃밥

*셔실기도 [SYEN-SIL-KI-TO] (先失其道) 원400

불 Avoir tort. Premier tort ; première offense.

한 옳지 않다 | 첫 번째 잘못 | 첫 번째 모욕

*셔심 [SYEN-SIM,-I] (善心) 원400

불 Bon cœur, cœur droit.

한 선량한 마음, 바른 마음

1*셔ᄉᆞ [SYEN-SĂ] (善事) 원400

불 Belle ou bonne chose. ‖ Présent fait pour obtenir des dignités.

한 아름답거나 좋은 것 | 고관직을 얻기 위해 주는 선물

2*셔ᄉᆞ [SYEN-SĂ] (禪師) 원400

불 Bonze.

한 승려

*셔ᄉᆡᆼ [SYEN-SĂING,-I] (先生) 원400

불 Maître d'école ; précepteur ; instituteur ; docteur.

한 학교 교사 | 스승 | 가정교사 | 박사

셔ᄯᅳᆨᄒᆞ다 [SYĒN-TTEUK-HĂ-TA] (快) 원400

불 Subit ; de prime abord. Indique un saisissement subit.

한 급작스럽다 | 우선 | 갑작스러운 한기를 가리킨다

*셔악 [SYĒN-AK,-I] (善惡) 원398

불 Bon et mauvais ; bon et méchant ; le bien et le mal.

한 좋은 것과 나쁜 것 | 선한 것과 악한 것 | 선과 악

*셔악슈 [SYĒN-AK-SYOU] (善惡樹) 원398

불 L'arbre de la science du bien et du mal.

한 선악과나무

셔앙당 [SYEN-ANG-TANG,-I] (魔堂) 원398

불 Petit temple au sommet d'un passage dans les montagnes.

한 산속에 있는 작은 길 정상의 작은 사원

*셔약 [SYEN-YAK,-I] (仙藥) 원398

불 Excellent remède.

한 뛰어난 약

*셔왕 [SYEN-OANG,-I] (先王) 원398

불 Roi précédents ; les roi précédents ; un des rois précédents ; le feu roi.

한 앞선 왕 | 이전의 왕들 | 앞선 왕들 중 하나 | 고인이 된 왕

*셔용 [SYEN-YONG,-I] (船用) 원398

불 Frais d'équipement d'une barque.
한 배의 장비를 사용하는 비용

*션용ᄒᆞ다 [SYEN-YONG-HĂ-TA] (先用) 원399
불 Recevoir le paiement avant l'achèvement de l'ouvrage. ‖ Frais faits auparavant.
한 일을 완성하기 전에 지불금을 받다 | 미리 지불되는 비용

*션유ᄒᆞ다 [SYEN-YOU-HĂ-TA] (船遊) 원399
불 Partie de bateau ; amusement, promenade en bateau. Faire une partie de plaisir en barque.
한 뱃놀이 | 배를 타고 하는 놀이, 산책 | 배에서 오락하다

1*션인 [SYEN-IN,-I] (善人) 원398
불 Brave homme ; homme bon, excellent ; homme de bien ; les bons ; les justes.
한 정직한 사람 | 착한, 훌륭한 사람 | 선행을 하는 사람 | 좋은 사람들 | 올바른 사람들

2*션인 [SYEN-IN,-I] (先人) 원398
불 Les anciens ; mon père défunt ou feu mon père.
한 예전 사람들 | 사망한 나의 아버지 또는 고인이 된 나의 아버지

3*션인 [SYEN-IN,-I] (船人) 원398
불 Marin, marinier, batelier.
한 선원, 사공, 뱃사공

션일 [SYEN-IL,-I] 원398
불 Travail en dehors de la maison (v.g. labourage).
한 집 밖에서 하는 일 (예. 경작)

*션장이 [SYEN-TJANG-I] (船匠) 원400
불 Constructeur de navires, de barques.
한 선박, 배를 만드는 사람

션재다 [SYEN-TJAI-TA,-TJAI-YE,-TJAIN] 원400
불 Etre vif, actif, léger.
한 활발하다, 활기차다, 경쾌하다

*션쟈 [SYĒN-TJYA] (善者) 원400
불 Homme probe, honnête.
한 성실한, 정직한 사람

션쟝 [SYEN-TJYANG,-I] 원400
불 Armement d'un navire ; tout ce qui sert à l'équiper.
한 배의 장비 | 그것을 의장하는 데 쓰는 모든 것

*션쟝ᄒᆞ다 [SYEN-TJYANG-HĂ-TA] (先場) 원400
불 L'avant-garde ; celui qui va le premier. ‖ Remettre le premier sa composition d'examen du baccalauréat.
한 전위대 | 맨 먼저 가는 사람 | 자신의 바칼로레아 시험의 답안을 첫 번째로 제출하다

*션젼관 [SYEN-TJYEN-KOAN,-I] (宣傳官) 원400
불 Première dignité d'un bachelier en arc, celle qu'il obtient la première, par où il débute. Esp. de dignité militaire. Officier d'ordonnance du roi.
한 궁술 바칼로레아 합격자의 첫 번째 고관직, 그가 진출하여 처음으로 얻는 고관직 | 군 고위직의 종류 | 왕의 부관

*션졉군 [SYEN-TJYEP-KOUN,-I] (先接軍) 원400
불 Celui qui fait profession, à cause de sa force, de son agilité, de prendre pour un autre la meilleure place dans l'enceinte destinée aux examens.
한 그 힘과 민첩함 때문에 시험장에서 다른 사람 대신에 가장 좋은 자리를 잡는 것을 직업으로 하는 사람

션졉잡다 [SYEN-TJYEP-TJAP-TA,-TJAP-A,-TJAP-EUN] (定先接) 원401
불 Prendre une place pour l'examen. Le premier entré aux examens. Qui a pris la meilleure place.
한 시험을 위해 자리를 잡다 | 시험장에 가장 먼저 들어간 사람 | 가장 좋은 자리를 차지한 사람

*션졍 [SYĒN-TJYENG,-I] (善政) 원400
불 Bon gouverneur, bon administrateur. Bien administrer, bien gouverner. Mandarin qui remplit bien sa fonction.
한 좋은 지사, 좋은 행정관 | 잘 다스리다, 잘 통치하다 | 자신의 직무를 잘 수행하는 관리

*션졍비 [SYĒN-TJYENG-PI] (善政碑) 원400
불 Pierre élevée dressée en l'honneur d'un mandarin qui a bien rempli ses fonctions.
한 자기 직무를 잘 수행한 관리에 경의를 표하기 위해 세운 높은 돌

*션죵ᄒᆞ다 [SYĒN-TJYONG-HĂ-TA] (善終) 원401
불 Bonne mort ; mort sainte ; faire une bonne mort ; mourir saintement ; bien mourir.
한 올바른 죽음 | 성스러운 죽음 | 올바른 죽음을 맞다 | 경건하게 죽다 | 훌륭한 신도로 죽다

*션쥬 [SYEN-TJYOU] (船主) 원401
불 Maître d'un navire ; armateur, consignataire d'un navire.
한 배의 주인 | 선주, 배의 수탁자

1*션지 [SYĒN-TJI] (善志) 원401
불 Bonne pensée ; bon sentiment ; bonne intention.
한 좋은 생각 | 좋은 감정 | 좋은 의도

2션지 [SYEN-TJI] (鮮脂血) 원401

불 Sang qui vient par la saignée faite à la gorge d'un animal que l'on tue. Sang de bœuf quand on l'égorge.
한 죽인 동물의 목구멍에서 사혈에 의해 나오는 피 | 소를 도살할 때 나는 피

3*션지 [SYEN-TJI] (先知) 원401
불 Prophète.
한 예언자

*션지쟈 [SYEN-TJI-TJYA] (先知者) 원401
불 Prophète ; voyant ; devin ; qui sait d'avance.
한 예언자 | 선지자 | 점쟁이 | 미리 아는 사람

1*션지ᄒᆞ다 [SYEN-TJI-HĂ-TA] (先知) 원401
불 Prophétiser ; savoir d'avance.
한 예언하다 | 미리 알다

2*션지ᄒᆞ다 [SYEN-TJI-HĂ-TA] (先至) 원401
불 Faire le premier ; arriver le premier.
한 맨 먼저 하다 | 맨 먼저 도착하다

*션진 [SYEN-TJIN,-I] (先陣) 원401
불 Avant-garde de soldats dans les sorties du roi ; avant-garde d'une armée.
한 왕이 외출할 때 나가는 군사들의 전위 | 군대의 전위대

*션ᄌᆞ [SYEN-TJĂ] (扇子) 원400
불 Eventail.
한 부채

*션참후계 [SYEN-TCHAM-HOU-KYEI] (先斬後啓) 원401
불 Tuer de sa propre autorité, mettre à mort un coupable, puis en donner avis au gouvernement, au roi.
한 자기 마음대로 죽이다, 죄인을 죽음에 처한 후 정부에, 왕에게 그것을 통지하다

*션창 [SYEN-TCHANG,-I] (船艙) 원401
불 Pont de bateaux sur le fleuve pour le passage du roi.
한 왕의 통행을 위해 큰 강 위에 여러 척의 배로 만든 다리

*션쳐 [SYEN-TCHYE] (船處) 원401
불 Embarcadère pour les barques ; quai ; chaussée ; jetée.
한 배를 대는 나루터 | 부두 | 둑 | 선창

*션쳔 [SYEN-TCHYEN,-I] (先薦) 원401
불 Nom d'une dignité. Le 1er ordre, la 1re classe pour les dignités.
한 고관직의 명칭 | 제1계급, 고관직 중 제1계층

*션초 [SYEN-TCHO] (扇貂) 원401
불 Ornement, breloques suspendues par un cordon au bas de l'éventail.
한 부채의 아래쪽에 있는 줄에 달린 장식품, 장신구

*션치ᄒᆞ다 [SYĒN-TCHI-HĂ-TA] (善治) 원401
불 Bien administrer, régir ; bien gouverner.
한 잘 관리하다, 통치하다 | 잘 다스리다

*션친 [SYEN-TCHIN,-I] (先親) 원401
불 Père défunt (honor). Feu mon père ; feu le père d'un tel.
한 사망한 아버지 (경칭) | 고인이 된 내 아버지 | 어떤 사람의 고인이 된 아버지

*션퇴 [SYEN-HTOI] (蟬退) 원400
불 Charpente extérieure d'une cigale desséchée, squelette de cigale (remède). Cocon du ver de la cigale.
한 말라붙은 매미의 외골격, 매미의 외피 (약재) | 매미 유충의 고치

션판ᄌᆞ [SYEN-HPAN-TJĂ] (懸板) 원399
불 Planche autour d'une chambre sur la muraille pour déposer des objets.
한 물건들을 놓기 위해 방 둘레의 벽에 다는 판자

*션풍도골 [SYEN-HPOUNG-TO-KOL,-I] (仙風道骨) 원400
불 Homme bien fait au physique.
한 체격이 꽤 좋은 남자

*션하ᄒᆞ다 [SYEN-HA-HĂ-TA] (先下) 원399
불 Payer avant l'achèvement de l'ouvrage. Payer d'avance.
한 일을 완성하기 전에 지불하다 | 미리 지불하다

*션혹ᄒᆞ다 [SYEN-HOK-HĂ-TA] (煽惑) 원399
불 Passionner ; ensorceler ; fasciner ; éblouir ; charmer, illusionner ; tromper ; séduire.
한 열중하게 하다 | 호리다 | 사로잡다 | 현혹하다 | 매혹하다, 착각하게 하다 | 속이다 | 유혹하다

*션화당 [SYEN-HOA-TANG,-I] (宣化堂) 원399
불 Appartement du gouverneur dans son palais. ‖ Hôtel du gouverneur de la province.
한 지사의 관저에 있는 자신의 거처 | 지방의 지사가 머무르는 관저

*션획 [SYEN-HOIK,-I] (先畫) 원399
불 Ecriture verticale, en lignes verticales.
한 세로의, 수직선으로 된 글씨

*션후 [SYEN-HOU] (先後) 원399
불 Avant et après. Priùs et posteriùs.

[한] 전과 후 | 이전과 이후

션후거리 [SYEN-HOU-KE-RI] (先後羈) [원]399

[불] Harnais d'avant et d'arrière. Lanières de cuir pour tenir la charge sur le cheval par devant et par derrière.

[한] 앞뒤에 있는 마구 | 말의 앞과 뒤에서 등에 있는 짐을 지탱하는 데 쓰는 가죽끈

*션후도착 [SYEN-HOU-TO-TCHAK] (先後倒錯) [원]399

[불] Renversement, changement d'ordre. Mettre le devant derrière ; mettre la charrette avant les bœufs ; faire tout à l'envers ; faire le contraire. Désordre, confusion, pèlemêle.

[한] 전복, 순서의 변화 | 앞부분을 뒤에 놓다 | 짐수레를 소 앞에 두다 | 모든 것을 반대로 하다 | 반대로 하다 | 무질서, 혼란, 난잡

*션후ᄇᆡ [SYEN-HOU-PĂI] (先後陪) [원]399

[불] Escorte qui précède et celle qui suit. Serviteurs qui précèdent et qui suivent les grands.

[한] 앞서가는 호위대와 뒤따르는 호위대 | 귀족들을 앞서가고 뒤따르는 하인들

*션ᄒᆞ다 [SYEN-HĂ-TA] (善) [원]399

[불] Bon ; excellent ; sain ; favorable ; honnête ; vertueux.

[한] 착하다 | 훌륭하다 | 건전하다 | 호의적이다 | 정직하다 | 덕성스럽다

[1]*션ᄒᆡᆼ후언 [SYEN-HĂING-HOU-EN] (先行後言) [원]399

[불] Faire avant de parler ; action qui précède la parole ; prêcher en action avant de prêcher en parole.

[한] 말하기 전에 하다 | 말보다 앞선 행동 | 말로 장려하기 전에 행동으로 장려하다

[2]*션ᄒᆡᆼ후언 [SYEN-HĂING-HOU-EN] (善行厚言) [원]399

[불] Action vertueuse et parole généreuse.

[한] 덕망 있는 행동과 너그러운 말

[1]*셜 [SYEL,-I] (雪) [원]406

[불] En agr. Neige.

[한] 한자어로 눈

[2]*셜 [SYEL,-I] (說) [원]406

[불] En agr. Parole.

[한] 한자어로 말

[3]셜 [SYĒL,-I] [원]406

[불] Age; nombre des années. ‖ Nom des gâteaux du 1er jour de l'an. (On compte les années par le nombre de fois qu'on a mangé de ces gâteaux).

[한] 나이 | 나이 수 | 해의 첫날에 먹는 떡 이름 | (이 떡을 먹은 나이 수로 해를 센다)

셜겅셜겅ᄒᆞ다 [SYEL-KENG-SYEL-KENG-HĂ-TA] (半生半熟) [원]406

[불] Désigne l'état d'une chose qui n'est pas tout-à-fait assez cuite (patate, haricots, châtaigne). Craquer sous les dents.

[한] 완전히 충분히 익지 않은 것(고구마, 강낭콩, 밤) 의 상태를 가리킨다 | 씹으면 와삭거리다

[1]*셜계ᄒᆞ다 [SYEL-KYEI-HĂ-TA] (設計) [원]406

[불] Chercher le moyen de; travailler à exécuter un dessein.

[한] ~할 방도를 구하다 | 계획을 실행하는 일을 하다

[2]셜계ᄒᆞ다 [SYEL-KYEI-HĂ-TA] (說計) [원]406

[불] Exposer les moyens de réussir par ruse, par stratagème.

[한] 속임수를 써서, 술수를 써서 성공할 방법을 설명하다

*셜국ᄒᆞ다 [SYEL-KOUK-HĂ-TA] (設局) [원]406

[불] Etablir une pharmacie; monter une pharmacie.

[한] 약국을 차리다 | 약국을 내다

셜넝셜넝불다 [SYEL-NENG-SYEL-NENG-POUL-TA] (瑟瑟吹) [원]406

[불] Désigne la sensation produite par un vent un peu frais qui vient après les grandes chaleurs. Souffler doucement, par petites rafales, comme le vent frais d'automne.

[한] 무더위가 지나고 부는 조금 시원한 바람으로 인해 생긴 느낌을 가리킨다 | 가을의 시원한 바람처럼 약한 돌풍으로 가만히 불다

[1]*셜녕 [SYEL-NYENG] (設令) [원]406

[불] Peut-être; probablement; ou; par exemple; supposé; par comparaison.

[한] 아마도 | 십중팔구 | 그렇지 않으면 | 예를 들면 | ~로 가정하면 | 비교적

[2]*셜녕 [SYEL-NYENG,-I] (雪嶺) [원]406

[불] Passage obstrué par la neige.

[한] 눈 때문에 막힌 통로

*셜당 [SYEL-TANG,-I] (雪糖) [원]407

[불] Sucre blanc, d'Europe.

[한] 흰색의, 유럽에서 나는 설탕

셜대 [SYEL-TAI] (穴竹) [원]407

[불] Tuyau de pipe.

[한] 담뱃대의 관

*셜뎜ᄒᆞ다 [SYEL-TYEM-HĂ-TA] (設店) [원]407

[불] Etablir une fabrique de fer, des forges, des hauts

fournaux, ou une poterie, ou un four à charbon.
한 철, 화덕, 용광로, 또는 도기, 또는 숯가마를 만드는 제조소를 설립하다

*셜독ᄒᆞ다 [SYEL-TOK-HĂ-TA] (屑瀆) 원407
불 Mépriser.
한 경멸하다

*셜두ᄒᆞ다 [SYEL-TOU-HĂ-TA] (設頭) 원407
불 Instigateur; celui qui le premier propose une chose et pousse à son exécution. Arranger; disposer; établir.
한 선동자 | 어떤 것을 처음 제안하여 실행하기까지 밀고 나가는 사람 | 주선하다 | 준비하다 | 세우다

셜ᄃᆡ접ᄒᆞ다 [SYEL-TĂI-TJYEP-HĂ-TA] (歇待) 원407
불 Ne pas bien recevoir, ne pas bien traiter.
한 제대로 접대하지 않다, 잘 대접하지 않다

*셜로 [SYEL-RO] (雪路) 원407
불 Route de neige; route à travers la neige.
한 눈길 | 눈 사이에 난 길

1*셜론ᄒᆞ다 [SYEL-RON-HĂ-TA] (說論) 원407
불 Discuter.
한 토론하다

2셜론ᄒᆞ다 [SYEL-RON-HĂ-TA] (設論) 원407
불 Commencer à délibérer.
한 협의하기 시작하다

*셜만ᄒᆞ다 [SYEL-MAN-HĂ-TA] (褻慢) 원406
불 Mépriser; n'avoir pas d'égards pour.
한 무시하다 | ~에 대해 고려하지 않다

셜메 [SYEL-MEI] 원406
불 Esp. de traîneau ou de charrette sans roues, et qui se compose de deux grands morceaux de bois que traîne un bœuf.
한 바퀴가 없는 썰매 또는 짐수레 종류로, 소 한 마리가 끄는 두 개의 큰 나무 조각으로 이루어진다

*셜명ᄒᆞ다 [SYEL-MYENG-HĂ-TA] (說明) 원406
불 Se justifier; parler clairement pour se justifier. S'excuser; se disculper.
한 자기의 무죄를 증명하다 | 자기의 무죄를 증명하기 위해 분명하게 말하다 | 자기변명을 하다 | 자신을 정당화하다

*셜사 [SYEL-SA] (泄瀉) 원407
불 Diarrhée.
한 설사

*셜샹가샹 [SYEL-SYANG-KA-SYANG] (雪上加霜) 원407
불 Glace, gelée au-dessus de la neige. ‖ Calamité ajoutée à une calamité, peine sur peine, malheurs sur malheurs.
한 얼음, 눈 위의 서리 | 재난에 덧붙여진 또 하나의 재난, 어려움 위에 어려움, 불행 위에 불행

셜셜끌타 [SYEL-SYEL-KKEUL-HTA,-KKEUL-HE,-KKEUL-HEUN] (滾滾沸) 원407
불 Bruit de l'eau qui bout médiocrement. Bouillir avec bruit, mais pas encore à gros bouillons.
한 적당히 끓고 있는 물의 소리 | 소리는 나지만 아직 부글거리지는 않으며 끓다

*셜시ᄒᆞ다 [SYEL-SI-HĂ-TA] (設始) 원407
불 Commencer; se mettre à; arranger; disposer; établir.
한 시작하다 | 착수하다 | 마련하다 | 준비하다 | 세우다

*셜ᄉᆞ [STEL-SĂ] (設使) 원407
불 Supposition; comparaison; par exemple.
한 가정 | 비교 | 설마하니

*셜왕셜ᄅᆡ [SYEL-OANG-SYEL-RĂI] (說往說來) 원406
불 Les paroles vont et viennent, c.a.d. converser ensemble. Echange de paroles: confidence.
한 말이 가고 온다, 즉 함께 이야기하다 | 말 주고 받기: 속내 이야기

셜워ᄒᆞ다 [SYEL-OUE-HĂ-TA] (悲悼) 원406
불 Avoir envie de pleurer; déplorer; être affligé, peiné.
한 울고 싶다 | 비탄하다 | 애통하다, 괴롭다

*셜원ᄒᆞ다 [SYEL-OUEN-HĂ-TA] (說願) 원406
불 Exprimer ses désirs. Se décharger le cœur.
한 자신의 욕망을 표출하다 | 자신의 마음을 털어놓다

*셜입ᄒᆞ다 [SYEL-IP-HĂ-TA] (設立) 원406
불 Etablir; instituer. Commencer à habiter un endroit jusque-là inhabité. Etre fondé depuis peu (un village).
한 세우다 | 설립하다 | 그때까지 사람이 살지 않던 곳에 살기 시작하다 | (마을이) 최근에 건설되다

*셜졍 [SYEL-TJYENG,-I] (雪程) 원407
불 Route de neige, lieu couvert de neige.
한 눈길, 눈이 덮인 곳

*셜졍ᄒᆞ다 [SYEL-TJYENG-HĂ-TA] (泄精) 원407
불 Experiri pollutionem nocturnam.
한 〈몽정하다〉

셜쥬 [SYEL-TJYOU] (楔) 원407
불 Poteaux, les deux montants d'une porte.
한 문의 기둥, 양쪽에 세운 두 기둥

*셜즁 [SYEL-TJYOUNG] (雪中) 원407

ㅅ

불 Dans la neige; au milieu de la neige; temps de neige.
한 눈 속에서 | 눈이 내리는 가운데 | 눈이 내릴 때

*셜즁매 [SYEL-TJYOUNG-MAI] (雪中梅) 원407
불 Esp. de fleur d'abricotier. Fleur d'abricotier dans la neige, c.a.d. chose rare et merveilleuse.
한 살구나무 꽃 종류 | 눈 속에 핀 살구나무 꽃, 즉 희귀하고 놀라운 것

셜지내다 [SYEL-TJI-NAI-TA,-NAI-YE,-NAIN] (過歲) 원407
불 Passer les jours du 1er de l'an.
한 그 해의 첫날들을 보내다

셜지노타 [SYEL-TJI-NO-HTA,-NO-HA,-NO-HEUN] (紹介) 원407
불 Donner avis de; avertir d'avance; prévenir de. ‖ S'entremettre. Faire agir un entremetteur.
한 통고를 하다 | 미리 알리다 | 예고하다 | 중개하다 | 중개인이 관여하게 하다

*셜총 [SYEL-TCHONG,-I] (薛總) 원407
불 Nom d'un bonze qui disent les Coréens, est l'inventeur de l'écriture coréenne (vers le 8me siècle).
한 (8세기경) 조선 문자를 발명했다고 조선인들이 말하는 승려의 이름

*셜츅 [SYEL-TCHYOUK,-I] (設築) 원407
불 Vaurien; vicieux; chenapan; mauvais sujet; libertin.
한 무뢰한 | 방탕한 사람 | 못된 놈 | 나쁜 사람 | 방종한 사람

셜치 [SYEL-TCHI] 원407
불 Esp. de poisson de mer long et plat.
한 길고 납작한 바닷고기 종류

¹셜치다 [SYEL-TCHI-TA,-TCHYE,-TCHIN] 원407
불 Etre diminué (malade); aller mieux; être moins malade.
한 (병이) 완화되다 | 호전되다 | 덜 아프다

²셜치다 [SYEL-TCHI-TA] 원407
불 Ne pas battre trop fort; épargner en frappant.
한 너무 세게 때리지 않다 | 때리면서 너그럽게 봐주다

³셜치다 [SYEL-TCHI-TA] 원407
불 Faire du bruit en parlant; faire du brouhaha.
한 말하면서 시끄럽게 하다 | 웅성거리다

¹*셜치ᄒᆞ다 [SYEL-TCHI-HĂ-TA] (雪恥) 원407
불 Se venger; rendre la pareille.
한 원수를 갚다 | 복수하다

²셜치ᄒᆞ다 [SYEL-TCHI-HĂ-TA] (飽喫) 원407
불 Satisfaire son désir, sa passion.
한 자신의 욕망, 자신의 열정을 채워 주다

³셜치ᄒᆞ다 [SYEL-TCHI-HĂ-TA] 원407
불 Ne pas battre trop fort; épargner en frappant.
한 너무 세게 때리지 않다 | 때리면서 너그럽게 봐주다

*셜텽ᄒᆞ다 [SYEL-HTYENG-HĂ-TA] (設廳) 원407
불 Maison ou chambre où l'on prépare les livres de généalogie. Arranger, disposer une maison de réunion.
한 족보를 마련하는 집 또는 방 | 모임 시설을 준비하다, 마련하다

¹*셜통 [SYEL-HTONG,-I] (說通) 원407
불 Communication verbale. ‖ Manque de présence d'esprit; précipitation.
한 구두로 전달함 | 침착함의 부족 | 성급함

²*셜통 [SYEL-HTONG] (設桶) 원407
불 Ruche placée sur la montagne pour qu'un essaim vienne s'y établir.
한 꿀벌 떼가 자리 잡으러 오도록 산 위에 놓아둔 벌통

*셜파ᄒᆞ다 [SYEL-HPA-HĂ-TA] (說破) 원406
불 Parler; dire; raconter; s'expliquer; expliquer.
한 말하다 | 이야기하다 | 떠들다 | 자신의 생각을 밝히다 | 설명하다

셜펑이 [SYEL-HPENG-I] (枝葉) 원406
불 Branche d'arbre contournée en tous sens. ‖ Homme léger, étourdi, indiscret.
한 사방으로 뒤틀린 나뭇가지 | 경박한, 경솔한, 경거망동하는 사람

*셜포 [SYEL-HPO] (雪抱) 원407
불 Planchette attachée sous les pieds, dont on se sert dans le nord pour fouler la neige et y tracer un chemin de communication.
한 북쪽에서 눈을 밟아 다져서 통행로를 내는 데 사용하는, 발 아래에 매인 널빤지

*셜포ᄒᆞ다 [SYEL-HPO-HĂ-TA] (設圃) 원407
불 Arranger, disposer le jen-sen; cultiver le jen-sen.
한 인삼을 배열하다, 준비하다 | 인삼을 재배하다

*셜풍 [SYEL-HPOUNG,-I] (雪風) 원407
불 Neige et vent.
한 눈과 바람

셜픠다 [SYEL-HPEUI-TA,-HPEUI-YE,-HPEUIN] 원406
불 Insolent, brutal, grossier. ‖ Etre rare, clairsemé.
한 건방지다, 난폭하다, 무례하다 | 드물다, 듬성듬성하다

셜핏셜핏 [SYEL-HPEUIT-SYEL-HPEUIT] ㉰407
불 N'être pas joints, laisser de l'espace vide entre.
한 연결되어 있지 않다, 사이에 빈 공간을 두다

*셜한 [SYEL-HAN,-I] (雪寒) ㉰406
불 Neige et froid.
한 눈과 추위

*셜한ᄒᆞ다 [SYEL-HAN-HĂ-TA] (雪恨) ㉰406
불 Satisfaire sa haine.
한 자신의 증오를 만족시키다

*셜혹 [SYEL-HOK] (設或) ㉰406
불 Ou, peut-être; probablement; si.
한 또는, 아마도 | 십중팔구 | 만약

*셜혼ᄒᆞ다 [SYEL-HON-HĂ-TA] (說婚) ㉰406
불 Faire les premières démarches pour un mariage. Reprendre les négociations pour un mariage rompu.
한 결혼을 위한 첫 과정을 밟다 | 깨진 결혼에 대해 협상을 다시 시작하다

셝 [SYELK] ㉰406
불 Grand panier en osier; mannequin. Corbeille en osier ou en squle servant de cercueil aux enfants des pauvres. 셝쇠 syelk-soi, Vase en fer.
한 버들로 만든 큰 바구니 | 허수아비 | 가난한 사람들의 아이들의 관으로 사용되는 버들 또는 버드나무로 만든 바구니 [용례 셝쇠, Syelk-soi], 쇠로 만든 단지

셝이 [SYELK-I] (雪交) ㉰406
불 Nom d'une esp. de gâteaux cuits à la vapeur.
한 증기로 익힌 일종의 떡의 이름

셟다 [SYELP-TA,SYEL-OUE,-SYEL-OUN] (悲悵) ㉰406
불 Digne d'être pleuré, déplorable. ‖ Etre affligé, peiné.
한 슬퍼할 만하다, 한탄스럽다 | 애통하다, 괴롭다

¹셤 [SYĒM,-I] (島) ㉰398
불 Ile.
한 섬

²셤 [SYEM,-I] (階) ㉰398
불 Escalier en pierre, perron.
한 돌계단, 낮은 층계

³*셤 [SYEM,-I] (蟾) ㉰398
불 En agr. Crapaud.
한 한자어로 두꺼비

⁴셤 [SYEM,-I] (石) ㉰398
불 Grande mesure de 20 boisseaux ; sac en paille où l'on met 20 boisseaux de blé.
한 20브와소짜리 큰 측정 단위 | 곡식 20브와소를 넣는 짚으로 만든 자루

셤기다 [SYEM-KI-TA,-KYE,-KIN] (事) ㉰398
불 Servir, honorer.
한 모시다, 존경하다

셤놈 [SYEM-NOM,-I] (島漢) ㉰398
불 Insulaire ; habitant des îles.
한 섬사람 | 섬의 주민

셤단 [SYEM-TAN,-I] ㉰398
불 Degré, marche d'escalier.
한 계단, 층계의 단

*셤사쥬 [SYEM-SA-TJYOU] (蟾蛇酒) ㉰398
불 Vin de serpent pris au moment où il mangeait un crapaud, qui, lui aussi, doit entrer dans la composition de ce vin (remède). Syn. ᄉᆞ즙 Să-tjeup.
한 두꺼비를 먹을 때 잡힌 뱀으로 빚은 술로, 두꺼비 또한 이 술의 재료에 들어간다 (약) | [동의어 ᄉᆞ즙, Să-tjeup.]

*셤셤약골 [SYEM-SYEM-YAK-KOL,-I] (纖纖弱骨) ㉰398
불 Etre frêle, fragile. Homme faible, délicat.
한 부서지기 쉽다, 깨지기 쉽다 | 약한, 가냘픈 사람

셤ᄉᆞ쥬 [SYEM-SĂ-TJYOU] ㉰398☞셤사쥬

셤ᄯᅳᆰᄒᆞ다 [SYEM-TTEULK-HĂ-TA] ㉰398
불 Se refroidir (amitié) ‖ Etre désappointé. ‖ Avoir de la répugnance.
한 (우정이) 식다 | 실망하다 | 반감이 들다

*셤어 [SYEM-E] (譫語) ㉰398
불 Parole embarrassée d'un homme qui a la langue épaisse ou faible (après un maladie, ou bien dans l'ivresse). Délire, parole sans suite dans le sommeil ou la maladie.
한 말주변이 없거나 말을 서투르게 하는 사람의 불분명한 말 (병을 앓고 난 후, 혹은 취했을 때) | 헛소리, 졸음이 오거나 아플 때 하는 맥락이 없는 말

셤억셤억ᄒᆞ다 [SYEM-EK-SYEM-EK-HĂ-TA] ㉰398
불 Etre embarrassé ; n'être pas à l'aise.
한 어색하다 | 편하지 않다

셤중 [SYĒM-TJYOUNG] (島中) ㉰398
불 Dans une île ; entre les îles ; au milieu des îles.
한 섬 안에서 | 섬 사이에 | 섬들 한가운데에

셤직이 [SYEM-TJIK-I] ㉰398
불 Etendue de terrain qui peut contenir 20 boisseaux de semence, mesure des champs. Rizière où l'on peut planter 20 boisseaux de graine de riz.

ㅅ

㊁ 종자를 20브와소만큼 심을 수 있는 땅의 면적, 밭의 측량 단위 | 볍씨를 20브와소만큼 심을 수 있는 논

*셤회 [SYEM-HOI] (蟾灰) ㉮398
㊀ Cendre de crapaud brûlé (remède).
㊁ 불에 태운 두꺼비의 재 (약)

[1]셥 [SYEP,-I] (薪) ㉮405
㊀ Branche d'arbre coupée ; bois à brûler ; brindille de bois ; menu bois.
㊁ 자른 나뭇가지 | 땔나무 | 나무의 잔가지 | 작은 땔나무

[2]셥 [SYEP,-I] (邊) ㉮405
㊀ Etoffe comprise entre deux coutures dans un habit.
㊁ 두 솔기 옷 사이에 놓인 천

셥분셔다 [SYEP-POUN-SYE-TA,-SYE,-SYEN] ㉮405
㊀ Sauter sans se plier (v.g. sauter d'une hauteur, et tomber droit, raide)
㊁ 휘지 않고 뛰어내리다 (예. 높은 곳에서 뛰어내려 곧고 맹렬하게 떨어지다)

셥살ᄒᆞ다 [SYEP-SAL-HĂ-TA] (可矜) ㉮405
㊀ Etre triste ; n'être pas gai.
㊁ 슬프다 | 즐겁지 않다

셥셥ᄒᆞ다 [SYEP--SYEP-HĂ-TA] ㉮405
㊀ Etre inquiet, affligé. Regretter.
㊁ 불안하다, 괴롭다 | 아쉬워하다

셥쇠 [SYEP-SOI] ㉮405
㊀ Gril.
㊁ 석쇠

셥뿟셥뿟 [SYEP-PPOUT-SYEP-PPOUT] ㉮405
㊀ Désigne l'allure d'un homme ou d'un animal qui marche légèrement et facilement.
㊁ 가볍고 쉽게 걷는 사람이나 동물의 걸음걸이를 가리킨다

셥젹셥젹ᄒᆞ다 [SYEP-TJYEK-SYEP-TJYEK-HĂ-TA] ㉮405
㊀ Avec précaution ; légèrement ; sans peser. Libéral ; large ; d'esprit large.
㊁ 신중하게 | 가볍게 | 숙고하지 않고 | 관대하다 | 너그럽다 | 대범하다

*셥졍ᄒᆞ다 [SYEP-TJYENG-HĂ-TA] (攝政) ㉮406
㊀ Prendre l'administration. Administrateur du royaume. Régent pendant la minorité du roi.
㊁ 행정을 맡다 | 왕국의 행정관 | 왕이 미성년일 때의 섭정

셥ᄌᆞ [SYEP-TJĂ] ㉮405 ☞ 셥쇠

셥폭 [SYEP-HPOK,-I] (邊幅) ㉮405
㊀ Une laize ; étoffe comprise entre deux coutures (habit). Laize d'étoffe formant le devant du pan d'habit.
㊁ 피륙의 폭 | 두 솔기 사이에 놓인 천 | 옷자락의 앞자락을 이루는 천의 폭

셥ᄒᆞ다 [SYEP-HĂ-TA] ㉮405
㊀ Sec, desséché (tabac) ‖ Etre d'un esprit petit, étroit, facile à fâcher.
㊁ 마르다, (담배가) 말라붙다 | 속이 좁다, 편협하다, 성마르다

셧가래 [SYET-KA-RAI] (椽木) ㉮408
㊀ Chevron.
㊁ 서까래

셧기다 [SYE-KI-TA,-KYE,-KIN] (混雜) ㉮408
㊀ Mêler, mélanger, être mêlé.
㊁ 섞다, 혼합하다, 섞이다

셧기우다 [SYET-KI-OU-TA,OUE,-OUN] ㉮408
㊀ Passif de
㊁ 셧기다의 피동형

셧박지 [SYET-PAK-TJI] (沉菜) ㉮408
㊀ Esp. de bonnes conserves dans lesquelles entrent de l'eau, du sel, du piment, des légumes (navets, choux, etc.), du poisson, de la viande, etc., etc.
㊁ 물, 소금, 고추, 채소(순무, 배추 등), 생선, 고기 등등이 들어가는 맛있는 저장식품의 종류

셧잡다 [SYET-TJAP-TA,-TJAP-A,-TJAP-EUN] (誤捉) ㉮408
㊀ Prendre quelqu'un par erreur à la place de celui qu'on avait intention d'arrêter. Prendre à tort et à travers, sans distinction, les innocents et les coupables.
㊁ 붙잡으려던 사람 대신에 누군가를 잘못하여 잡다 | 무고한 사람들과 죄인들을 함부로, 무차별하게 잡다

셧털구털ᄒᆞ다 [SYET-HIEL-KOU-HIEL-HĂ-TA] ㉮408
㊀ Désigne l'action d'un homme qui parle et agit étourdiment, sans attention. Parler à tort et à travers, sans rime ni raison.
㊁ 경솔하고 조심성 없게 말하고 행동하는 사람의 행동을 가리킨다 | 함부로 말하다, 몰상식하게 말하다

셧투루다 [SYET-HTOU-ROU-TA,-HTOU-RE,-HTOU-ROUN] (生手) ㉮408
㊀ Etre novice; n'être pas exercé, pas habitué, pas formé, pas habile.
㊁ 미숙하다 | 숙련되지 않다, 익숙하지 않다, 성숙하지 않다, 능숙하지 않다

[1*]셩 [SYENG,-I] (城) ㉮401

불 Mur ; murailles ; fortifications ; rempart ; mur d'enceinte fortifiée ; camp retranché.
한 벽 | 성벽 | 요새 | 성벽 | 요새화된 성곽의 벽 | 참호로 둘러싸인 진지

2*셩 [SYENG,-I] (性) 원401
불 Nature ; caractère ; tempérament ; naturel.
한 본성 | 성격 | 성질 | 기질

3*셩 [SYĒNG,-I] (姓) 원401
불 Nom de famille (v.g. 최 Tchoy, 니 Ni, 김 Kim, 박 Pak, etc).
한 가족의 성 (예. 최 Tchoy, 니 Ni, 김 Kim, 박 Pak 등)

4셩 [SYENG,-I] (怒性) 원401
불 Petite colère ; impatience ; fureur.
한 사소한 분노 | 성급함 | 격분

5*셩 [SYENG] (聖) 원401
불 Saint ; sacré ; consacré.
한 신성하다 | 성스럽다 | 축성되다

6*셩 [SYENG] (成) 원401
불 En agr. Bâtir ; établir ; constituer. ‖ Se produire ; être fait ; devenir.
한 한자어로 짓다 | 세우다 | 설립하다 | 발생하다 | 만들어지다 | ~이 되다

1*셩가 [SYĒNG-KA] (聖架, (Saint, support)) 원402
불 Sainte croix, la croix.
한 성스러운 십자가, 십자가

2*셩가 [SYENG-KA] (聖歌) 원402
불 Psaumes ; pieux cantiques.
한 시편 | 경건한 찬송가

셩가스럽다 [SYENG--KA-SEU-REP-TA,-RE-OUE,-RE-ON] (逆性) 원402
불 Insupportable ; ennuyeux ; pénible ; incommode ;vexant.
한 참을 수 없다 | 성가시다 | 괴롭다 | 불쾌하다 | 기분을 상하게 하다

셩가시다 [SYENG-KA-SI-TA,-SYE,-SIN] 원402
불 Taquiner ; vexer ; ennuyer ; tourmenter.
한 괴롭히다 | 기분을 상하게 하다 | 성가시게 하다 | 귀찮게 굴다

셩가싀다 [SYENG--KA-SĂI-TA,-SĂI-NE,-SĂIN] 원402
불 Insupportable ; ennuyeux. Taquiner ; vexer ; ennuyer ; tourmenter.
한 참을 수 없다 | 성가시다 | 괴롭히다 | 기분을 상하게 하다 | 성가시게 하다 | 귀찮게 굴다

*셩가ᄒᆞ다 [SYENG-KA-HĂ-TA] (成家) 원402
불 Etablir sa maison ; la rendre florissante. ‖ Achever, faire bien jusqu'au bout.
한 집을 세우다 | 그것을 번영하게 하다 | 완성하다, 끝까지 잘하다

셩각회 [SYENG-KAK-HOI] (城郭) 원402
불 Dessus des remparts, d'une muraille.
한 성벽, 높은 벽 위에

셩걸ᄒᆞ다 [SYĒNG-KEL-HĂ-TA] 원402
불 Fringant ; agile ; leste ; rapide ; vigoureux. Etre bien né ; grand ; beau ; intelligent ; fort.
한 씩씩하다 | 날렵하다 | 민첩하다 | 재빠르다 | 기운차다 | 잘 타고나다 | 위대하다 | 훌륭하다 | 총명하다 | 건장하다

*셩경 [SYĒNG-KYENG,-I] (聖經) 원402
불 Sainte bible ; livres saints ; les saints évangiles ; l'ecriture sainte.
한 신성한 성서 | 성스러운 책 | 성스러운 복음서 | 성스러운 글

1셩계 [SYENG-KYEI] 원402
불 Porc mâle. (Cette expression n'est usitée que par les gens de Syong-to, et est un crime de lèse-majesté, parce que c'est le nom du Ni qui détrôna leur roi, se mit à sa place et fit de Sye-oul la capitale ; de là, haine, qui subsiste encore chez eux, contre Sye-oul).
한 수컷 돼지 | (이 표현은 송도 사람들에 의해서만 사용되는 표현으로, 불경죄에 해당하는 범죄이다, 왜냐하면 그들의 왕을 폐위시키고, 그 자리를 차지하여, 서울을 수도로 만든 사람 이씨의 이름이기 때문이다; 그때부터, 그들에게는 서울에 대한 반감이 남아있다)

2*셩계 [SYĒNG-KYEI] (聖誡) 원402
불 Pieuse instruction, saint enseignement.
한 경건한 교육, 신성한 교육

*셩골 [SYENG-KOL,-I] (聖骨) 원402
불 Ossements saints, reliques.
한 성스러운 유골, 성유골

*셩골ᄒᆞ다 [SYENG-KOL-HĂ-TA] (成骨) 원402
불 Devenir dur comme l'os (furoncle).
한 (절종이) 뼈처럼 딱딱해지다

*셩공 [SYENG-KONG] (聖功) 원402
불 Bonnes œuvres, actions saintes. ‖ Bonheur.
한 선행, 성스러운 행위 | 행복

*셩공ᄒᆞ다 [SYENG-KONG-HĂ-TA] (成功) 원402

불 Achever l'ouvrage, le travail.
한 작업, 일을 끝마치다

*셩곽 [SYENG-KOAK,-I] (城郭) 원402
불 Mur ; muraille ; fortifications ; mur d'enceinte ; rempart.
한 벽 | 성벽 | 요새 | 성곽의 벽 | 성벽

*셩관ᄒᆞ다 [SYENG-KOAN-HĂ-TA] (成冠) 원402
불 Devenir homme marié.
한 기혼자가 되다

1*셩광 [SYĒNG-KOANG,-I] (聖光) 원402
불 Lumière de la grâce.
한 은혜의 빛

2*셩광 [SYENG-KOANG,-I] (星光) 원402
불 Eclat des étoiles.
한 별들의 광채

*셩광ᄒᆞ다 [SYENG-KOANG-HĂ-TA] (成狂) 원402
불 Devenir fou.
한 미치다

*셩괴 [SYENG-KOI] (成塊) 원402
불 Esp. de boule fermée de matières qui s'agglomèrent à l'intérieur, et qui fait souffrir (maladie).
한 내부에서 응결되고 아프게 하는 물질로 둘러싸인 공 종류 (질병)

1*셩교 [SYĒNG-KYO] (聖教) 원402
불 Sainte religion ; religion catholique.
한 성스러운 종교 | 가톨릭교

2*셩교 [SYENG-KYO] (性教) 원403
불 Loi naturelle, de nature. (Mot chrét.).
한 자연적인, 자연의 법칙 | (기독교 어휘)

*셩교회 [SYENG-KYO-HOI] (聖教會) 원403
불 La sainte eglise, l'eglise catholique.
한 신성한 교회, 가톨릭교회

1*셩구 [SYENG-KOU] (成矩) 원403
불 Loi parfaite, entière.
한 완전무결한, 완전한 법

2*셩구 [SYENG-KOU] (聖軀) 원403
불 Corps saint ; châsse.
한 성스러운 몸 | 성골함

*셩군 [SYĒNG-KOUN,-I] (聖君) 원403
불 Roi vertueux ; saint roi.
한 덕망 높은 왕 | 성스러운 왕

*셩군쟉당ᄒᆞ다 [SYENG-KOUN-TJYAK-TANG-HĂ-TA] (成羣作黨, (Devenir, plusieurs, faire, plusieurs)) 원403
불 Se réunir pour mieux faire ; se coaliser ; coalition.
한 더 잘하기 위해 모이다 | 동맹하다 | 연합

*셩권 [SYENG-KOUEN,-I] (誠眷) 원403
불 Empressement pour obliger ; obligeance ; service. ‖ (Dans les lettres) ; l'honneur que vous me faites de penser à moi.
한 은혜를 베풀려는 열의 | 호의 | 봉사 | (편지에서) | 당신이 나를 생각해 준다는 영광

*셩규 [SYĒNG-KYOU] (成規) 원403
불 Sainte règle. Loi parfaite, entière.
한 신성한 규율 | 완전무결한, 완전한 규칙

*셩균 [SYENG-KYOUN,-I] (成均) 원403
불 Le 4e rang des cinq classes de docteurs. V.분관 Poun-koan.
한 박사의 5등급 중 네 번째 계급 | [참조어 분관, Poun-koan]

*셩긔 [SYENG-KEUI] (成器) 원402
불 Vaisselle en cuivre. Métal, fer pour la fabrication d'instruments ;fonte pour les chaudières ; composition pour les cuillères, etc.
한 구리로 만든 식기류 | 도구를 만들기 위한 금속, 철 | 큰 가마솥을 만들기 위한 주철 | 숟가락 등을 만들기 위한 재료

셩긔다 [SYENG-KEUI-TA,-KEUI-YE,-KEUIN] (踈) 원402
불 Clair. (Tissu) clair, dont les fils sont peu serrés (chapeau, serre-tête, crible). Etre rare, clair-semé.
한 엉성하다 | (모자, 머릿수건, 체의) 실이 촘촘하지 않아서 (조직이) 성기다 | 드물다, 듬성듬성하다

셩긧셩긧ᄒᆞ다 [SYENG-KEUIT-SYENG-KEUIT-HĂ-TA] 원402
불 Ne pas s'adapter juste ; laisser de l'espace vide entre.
한 꼭 들어맞지 않다 | 사이에 빈 공간을 두다

1*셩납 [SYEN-NAP,-I] (先納) 원399
불 Présent de mariage envoyé par le futur à sa future. ‖ Prix payé d'avance ; présent fait d'abord.
한 미래의 남편이 미래의 아내에게 보내는 결혼 선물 | 미리 지불된 가격 | 미리 준 선물

2*셩납 [SYĒNG-NAP,-I] (聖蠟) 원403
불 Sainte cire, cire bénite ; agnus Dei.
한 성스러운 밀랍, 축성된 봉랍 | 어린 양이 새겨진 축성된 메달

1*셩낭 [SYENG-NANG,-I] (聖囊) 원403

불 Bourse pour le corporal (ornement d'Eglise).
한 성체포를 넣는 주머니 (교회의 장식)

[2*] 셩낭 [SYENG-NANG,-I] (城廊) 원403
불 Guérite pour les soldats au pied des murailles en dedans.
한 안쪽 성벽 하부에 있는 군인들을 위한 초소

셩내다 [SYENG-NAI-TA,-NAI-YE,-NAIN] (怒發) 원403
불 Se mettre un peu en colère ; se fâcher ; s'impatienter.
한 약간 화를 내다 | 성내다 | 짜증내다

셩냥ᄒᆞ다 [SYENG-NYANG-HĂ-TA] (錬鍛) 원403
불 Réparer les instruments en fer ; les remettre en état.
한 철기구를 수리하다 | 그것들을 고치다

*셩녀 [SYĒNG-NYE] (聖女) 원403
불 Sainte, sainte femme.
한 여자 성인, 성스러운 여자

*셩노션공 [SYĒNG-NO-SYEN-KONG,-I] (聖路善功) 원403
불 Exercice du chemin de la croix.
한 십자가의 길 예배

*셩당 [SYĒNG-TANG,-I] (聖堂) 원404
불 Eglise ; chapelle.
한 교회 | 예배당

*셩당직이 [SYĒNG-TANG-TJIK-I] (聖堂直) 원404
불 Gardien de l'église, de la chapelle ; sacristain.
한 교회의, 예배당의 관리자 | 성당지기

*셩덕 [SYĒNG-TEK,-I] (聖德) 원404
불 Sainte vertu.
한 성스러운 덕

[1*] 셩뎐 [SYĒNG-TYEN,-I] (聖殿) 원404
불 Chapelle ; église.
한 예배당 | 교회

[2*] 셩뎐 [SYĒNG-TYEN,-I] (聖典) 원404
불 Sainte règle ; rubrique ; rituel ; code sacré.
한 신성한 규율 | 전례법규 | 관례 | 신성한 법

*셩두 [SYENG-TOU] (聖櫝) 원404
불 Reliques, saintes reliques.
한 성유골, 성스러운 유물

*셩디 [SYĒNG-TI] (聖地) 원404
불 Terre bénite ; terre sainte ; cimetière.
한 축복 받은 땅 | 성스러운 땅 | 묘지

[1*] 셩ᄃᆡ [SYĒNG-TĂI] (聖臺) 원404
불 Autel.
한 제단

[2] 셩ᄃᆡ [SYĒNG-TĂI] (聖帶) 원404
불 Etole.
한 영대

*셩례 [SYĒNG-RYEI] (成禮) 원404
불 Cérémonies de…Faire les cérémonies de…
한 ~의 예식 | ~하는 의식을 치르다

*셩롱ᄒᆞ다 [SYENG-RONG-HĂ-TA] (成膿) 원404
불 Pourriture d'un furoncle, d'un abcès. Se pourrir ; être mûr, près de percer.
한 절종의, 종기의 부패 | 부패하다 | 곪다, 막 구멍이 나려고 하다

[1*] 셩리 [SYENG-RI] (性理) 원404
불 Nature des choses ; leurs qualités.
한 사물들의 본성 | 그것들의 특성

[2*] 셩리 [SYĒNG-RI] (聖理) 원404
불 Sainte doctrine.
한 신성한 교리

*셩면 [SYENG-MYEN,-I] (聖面) 원403
불 Sainte face.
한 성스러운 얼굴

[1*] 셩명 [SYENG-MYENG,-I] (姓名) 원403
불 Nom de famille et d'individu.
한 집안과 개인의 성

[2*] 셩명 [SYENG-MYENG,-I] (性命) 원403
불 Respiration ; souffle, vie.
한 호흡 | 숨, 목숨

[3*] 셩명 [SYĒNG-MYENG,-I] (聖名) 원403
불 Nom de baptême.
한 세례명

[4*] 셩명 [SYENG-MYENG,-I] (聲名) 원403
불 Réputation ; renom ; nom.
한 명성 | 세평 | 평판

*셩모 [SYĒNG-MO] (聖母) 원403
불 Sainte mère, c.a.d. la Ste Vierge.
한 성스러운 어머니, 즉 성모마리아

*셩모경 [SYENG-MO-KYENG,-I] (聖母經) 원403
불 Prière de la Ste Mère, salutation angélique, Ace Maria.
한 성모의 기도, 성모송, 아베마리아

*셩묘ᄒᆞ다 [SYENG-MYO-HĂ-TA] (省墓) 원403
불 Visiter un tombeau pour l'entretenir. Aller saluer le tombeau de ses parents. (Cérémonies accomplies par un homme nouvellement élevé aux dignités.).

한 보존하기 위해 무덤을 방문하다 | 자신의 부모의 묘에 인사하러 가다 | (새로 고관직에 올라간 사람에 의해 이행되는 의식)

1*셩문 [SYENG-MOUN,-I] (聖門) 원403
불 Sacré collège.
한 [역주 가톨릭의] 추기경회

2*셩문 [SYENG-MOUN,-I] (城門) 원403
불 Porte des fortifications ; porte de la ville ou des remparts.
한 성채의 문 | 마을이나 성벽의 문

*셩물 [SYĒNG-MOUL,-I] (聖物) 원403
불 Chose sainte ; objet bénit ; chose consacrée ; objet de dévotion, v.g.croix, médaille, image.
한 신성한 물건 | 축복받은 물건 | 축성된 물건 | 경건한 물건, 예. 십자가, 메달, 초상

*셩미 [SYENG-MI] (性味) 원403
불 Nature du goût; goût naturel d'une chose. ‖ Nature, caractère intrinsèque, propriété d'une chose.
한 맛의 본성 | 사물의 자연스러운 풍취 | 본성, 내재된 성격, 사물의 고유성

*셩반 [SYĒNG-PAN,-I] (聖盤) 원403
불 Patène (du calice).
한 (성배를 놓아두는) 성반

1*셩번ᄒᆞ다 [SYĒNG-PEN-HĂ-TA] (盛繁) 원403
불 Bien venir ; bien réussir. Etre nombreux, tumultueux.
한 잘 자라다 | 잘되다 | 수가 많다, 소란스럽다

2*셩번ᄒᆞ다 [SYENG-PEN-HĂ-TA] (盛煩) 원403
불 Etre affairé ; se mêler de tout.
한 분주하다 | 모든 일에 끼어들다

*셩벽 [SYENG-PYEK,-I] (性僻) 원403
불 Caractère ; naturel ; aptitude. ‖ Opiniâtreté, obstination.
한 성격 | 본성 | 소질 | 고집, 완고함

*셩병ᄒᆞ다 [SYENG-PYENG-HĂ-TA] (成病) 원403
불 Etre malade ; faire une maladie ; tomber malade.
한 아프다 | 몹시 괴로워하다 | 병나다

*셩보 [SYĒNG-PO] (聖褓) 원403
불 Voile (du calice).
한 (성배를 덮는) 베일

*셩복 [SYENG-POK,-I] (成服) 원403
불 Revêtir les habillements de deuil ; prendre le deuil.
한 상복을 몸에 걸치다 | 상복을 입다

*셩부 [SYĒNG-POU] (聖父) 원403
불 Le père, la première personne de la Ste Trinité.
한 아버지, 성 삼위일체 중 첫 번째 위격

*셩불셩 [SYENG-POUL-SYENG,-I] (成不成) 원403
불 Réussite ou non réussite.
한 성공 또는 실패

*셩삼 [SYENG-SAM,-I] (聖三) 원404
불 Sainte trinité ; trois fois saint. 텬쥬셩삼 Htyen-tjyou-syeng-sam, Dieu trois fois saint ; sainte trinité.
한 성 삼위일체 | 세 배 성스럽다 | [용례 텬쥬셩삼, Htyen-tjyou-syeng-sam], 세 배 성스러운 신 | 성 삼위일체

*셩샹 [SYĒNG-SYANG,-I] (聖像) 원404
불 Image, sainte image, sainte figure.
한 초상, 성스러운 초상, 성스러운 상

*셩셔 [SYĒNG-SYE] (聖書) 원404
불 Saints écrits. Livre sacré ; livre pieux.
한 성스러운 글 | 신성한 책 | 경건한 책

*셩셕 [SYĒNG-SYEK,-I] (聖石) 원404
불 Pierre sacrée, pierre d'autel. (Mot chrét).
한 신성한 돌, 제단의 돌 | (기독교 어휘)

*셩셰 [SYĒNG-SYEI] (聖洗) 원404
불 Saint baptême.
한 성스러운 세례

*셩쇠지리 [SYĒNG-SOI-TJI-RI] (盛衰之理) 원404
불 Raison de la richesse et de la pauvreté.
한 부와 가난의 이치

*셩쇽 [SYĒNG-SYOK,-I] (聖俗) 원404
불 La religion et le monde ; religion et siècle ; l'eglise et le monde.
한 종교와 세속 | 종교와 속세 | 교회와 세속

*셩슈 [SYĒNG-SYOU] (聖水) 원404
불 Eau bénite.
한 성수

셩슈채 [SYENG-SYOU-TCHAI] (聖水鞭) 원404
불 Goupillon ; aspersoir.
한 성수채 | 관수기

*셩슉ᄒᆞ다 [SYENG-SYOUK-HĂ-TA] (成熟) 원404
불 Etre mûr ; venir à maturité.
한 원숙하다 | 무르익다

*셩시 [SYĒNG-SI] (聖屍) 원404
불 Saint corps, corps saint.
한 성스러운 시체, 신성한 시체

1*셩식 [SYENG-SIK,-I] (聲息) 원404
불 Nouvelle.

[한] 소식

2*셩식 [SYENG-SIK,-I] (性息) [원]404

[불] Naturel, caractère.

[한] 본성, 성격

1*셩신 [SYĒNG-SIN,-I] (聖神) [원]404

[불] Le saint-esprit, la troisième personne de la Ste Trinité.

[한] 성령, 성 삼위일체 중 세 번째 위격

2*셩신 [SYENG-SIN,-I] (星辰) [원]404

[불] Etoiles, les astres.

[한] 별, 천체

3*셩신 [SYENG-SIN,-I] (聖身) [원]404

[불] Saint corps.

[한] 성스러운 몸

*셩신강림 [SYENG-SIN-KANG-RIM,-I] (聖神降臨) [원]404

[불] Descente du Ste esprit ; la pentecôte.

[한] 성령이 내려옴 | 성신강림 축일

1*셩실ᄒᆞ다 [SYENG-SIL-HĂ-TA] (誠實) [원]404

[불] Sincère ; intègre ; vrai ; vérace ; véritable ; juste ; fidèle ; loyal ; digne de confiance.

[한] 착실하다 | 청렴하다 | 참되다 | 정직하다 | 진실하다 | 올바르다 | 충실하다 | 충성스럽다 | 신뢰할 만하다

2*셩실ᄒᆞ다 [SYENG-SIL-HĂ-TA] (成實) [원]404

[불] Fécond, abondant, fort, prospère (plantes, etc.).

[한] (식물 등이) 번식력이 강하다, 풍부하다, 강하다, 왕성하다

1*셩심 [SYENG-SIM,-I] (聖心) [원]404

[불] Sacré-cœur (de jésus ou de marie).

[한] (예수나 마리아의) 성심

2*셩심 [SYENG-SIM,-I] (誠心) [원]404

[불] Cœur ardent, fervent, pieux.

[한] 불같은, 열렬한, 독실한 마음

1*셩ᄉᆞ [SYĒNG-SĂ] (聖史) [원]404

[불] Les saints évangélistes.

[한] 성스러운 복음서의 저자들

2*셩ᄉᆞ [SYENG-SĂ] (聖事) [원]404

[불] Sacrement ; choses saintes.

[한] 성례 | 성스러운 일들

3셩ᄉᆞ [SYĒNG-SĂ] (聖士) [원]404

[불] Saints lettrés. Docteurs de l'eglise.

[한] 성스러운 학자들 | 교회의 박사들

*셩ᄉᆞ젹 [SYĒNG-SĂ-TJYEK,-I] (聖事蹟) [원]404

[불] Les signes des choses saintes, c.a.d. signe des sacrements.

[한] 성스러운 일의 표시, 즉 성사의 표시

*셩ᄉᆞᄒᆞ다 [SYENG-SĂ-HĂ-TA] (成事) [원]404

[불] Faire une chose. Achever ; bien réussir.

[한] 어떤 것을 하다 | 완성하다 | 잘 해내다

*셩ᄉᆡᆨ [SYENG-SĂIK,-I] (聲色) [원]404

[불] Voix et figure. Musique et débauche.

[한] 목소리와 얼굴 | 음악과 방탕

*셩악ᄒᆞ다 [SYENG-AK-HĂ-TA] (性惡) [원]401

[불] Fringant ; vigoureux ; indompté ; agile ; leste. Etre très-méchant.

[한] 씩씩하다 | 기운차다 | 굴하지 않다 | 날쌔다 | 민첩하다 | 매우 고약하다

*셩약 [SYENG-YAK,-I] (聖藥) [원]401

[불] Très-bon remède.

[한] 아주 좋은 약

1*셩언 [SYĒNG-EN,-I] (聖言) [원]401

[불] Parole sacrée ; parole sainte ; bonne ou sainte parole.

[한] 신성한 말 | 경건한 말 | 바람직하거나 성스러운 말

2*셩언 [SYENG-EN,-I] (成言) [원]401

[불] Difficile à exprimer, n'avoir pas de paroles pour exprimer sa pensée.

[한] 표현하기 어렵다, 자신의 생각을 나타낼 말이 없다

*셩언ᄒᆞ다 [SYENG-EN-HĂ-TA] (聲言) [원]401

[불] Parler, proférer des paroles.

[한] 말하다, 발언하다

*셩업 [SYĒNG-EP] (聖業) [원]401

[불] Saint travail ; sainte fonction.

[한] 신성한 일 | 신성한 직무

1셩에 [SYENG-EI] (耟中木) [원]401

[불] Timon de la charrue.

[한] 쟁기의 자루

2셩에 [SYENG-EI] (澌) [원]401

[불] Givre. Glace formée par la vapeur gelée (sur les fenêtres ; sur la terre). Petit glaçon.

[한] 흰 서리 | (창문 위, 땅 위의) 얼어붙은 수증기에 의해 만들어진 얼음 | 작은 얼음 덩어리

셩에장 [SYENG-EI-TJANG,-I] (澌丈) [원]401

[불] Glaçon : gros morceau de glace ; glace couverte de givre.

[한] 얼음 조각 | 큰 얼음 조각 | 흰 서리로 덮인 얼음

*셩역 [SYENG-YEK,-I] (城役) [원]401

[불] Faire des murailles ; réparer, rétablir les murailles. Travail aux fortifications.

[한] 성벽을 쌓다 | 성벽을 고치다, 복원하다 | 축성 [역주 築城]하는 일

*셩열 [SYĒNG-YEL,-I] (盛熱) [원]401

[불] Grandes chaleurs ; chaleurs excessives.

[한] 심한 더위 | 지나친 더위

1*셩영 [SYENG-YENG,-I] (聖咏) [원]401

[불] Psaume, cantique.

[한] 시편, 성가

2*셩영 [SYENG-YENG,-I] (聖嬰) [원]401

[불] Saint enfant, l'enfant-jésus.

[한] 성스러운 아이, 어린 예수

*셩왕 [SYĒNG-OANG,-I] (聖王) [원]401

[불] Saint roi.

[한] 신성한 왕

*셩용 [SYĒNG-YONG,-I] (聖容) [원]401

[불] Sainte face.

[한] 신성한 얼굴

*셩우 [SYĒNG-OU] (聖佑) [원]401

[불] Sainte grâce ; bien-fait sacré ; secours surnaturel. (Mot chrét.).

[한] 성스러운 은혜 | 신성한 은총 | 초자연적인 도움 | (기독교 어휘)

*셩유 [SYĒNG-YOU] (聖油) [원]401

[불] Saintes huiles ; huiles consacrées ; le siant chrême. (Mot chrét.).

[한] 신성한 기름 | 성스러운 기름 | 성유 | (기독교 어휘)

*셩육 [SYENG-YOUK,-I] (成肉) [원]401

[불] Viande ferme, chair entièrement formée (par opposition à la chair molle d'un animal né depuis peu).

[한] 질긴 고기, (갓 태어난 동물의 연한 살과 대조적으로) 완전하게 성숙한 살

*셩은 [SYĒNG-EUN,-I] (聖恩) [원]401

[불] Bienfait sacré ; saint bienfait.

[한] 신성한 은혜 | 성스러운 은혜

*셩음 [SYENG-EUM,-I] (聲音) [원]401

[불] Prononciation, voix ; bruit de la parole ; son de la voix.

[한] 발음, 목소리 | 말소리 | 말의 소리

1*셩의 [SYĒNG-EUI] (聖意) [원]401

[불] Sainte volonté. sainte pensée.

[한] 성스러운 뜻 | 성스러운 생각

2*셩의 [SYĒNG-EUI] (聖衣) [원]401

[불] Saint habit, c.a.d. scapulaire. (Mot chrét)

[한] 성스러운 옷, 즉 [역주 수도사의] 어깨에 걸치는 옷 (기독교 어휘)

*셩인 [SYĒNG-IN,-I] (聖人) [원]401

[불] Saint ; bienheureux ; saint homme.

[한] 성인 | 신의 축복을 받은 사람 | 경건한 사람

*셩인ᄒᆞ다 [SYENG-IN-HĂ-TA] (成人) [원]401

[불] Devenir homme, 어룬 E-roun (enfant qui va se marier et prend le chapeau). Parvenir à la virilité.

[한] 성인이 되다, 어룬 E-roun(곧 결혼할 것이고 모자를 쓰는 아이) | 성년에 이르다

*셩ᄋᆡ [SYENG-ĂI] (聖愛) [원]401

[불] Saint amour.

[한] 성스러운 사랑

셩ᄋᆡᆺ장 [SYENG-ĂIT-TJANG,-I] (澌片) [원]401

[불] Grand et gros glaçon.

[한] 크고 굵직한 얼음 덩어리

*셩쟉 [SYĒNG-TJYAK,-I] (聖爵) [원]404

[불] Calice.

[한] 성배

*셩쟉보 [SYĒNG-TJYAK-PO] (聖爵褓) [원]404

[불] Voile du calice.

[한] 성배를 덮는 베일

*셩쟝 [SYENG-TJYANG,-I] (姓長) [원]404

[불] Supérieur portant le même nom que l'inférieur. (Pop.).

[한] 아랫사람과 같은 이름을 가진 윗사람 | (속어)

*셩쟝ᄒᆞ다 [SYENG-TJYANG-HĂ-TA] (成壯) [원]404

[불] Devenir 어룬 E-roun, devenir homme par le mariage ; sortir de la classe des enfants.

[한] 어룬 E-roun이 되다, 결혼으로 성인이 되다 | 아이 층에서 벗어나다

*셩젹 [SYĒNG-TJYEK,-I] (聖蹟) [원]404

[불] Miracle, prodige.

[한] 기적, 경이

*셩젹ᄒᆞ다 [SYENG-TJYEK-HĂ-TA] (成赤) [원]404

[불] Se farder (avec du blanc de céruse).

[한] (백연으로 만든 분을 발라) 화장하다

*셩젼 [SYENG-TJYEN,-I] (聖傳) [원]404

[불] Histoire de la vie (des Saints), biographie, annales sacrées.

한 (성인들의) 생애에 대한 이야기, 전기, 신성한 연대기

*셩졉 [SYENG-TJYEP,-I] (成接) 원404
불 Rassemblement, assemblée, réunion, grande troupe de candidats pour les examens.
한 시험을 치를 수험생들의 집합, 모임, 집회, 수많은 무리

*셩졍 [SYĔNG-TJYENG,-I] (性情) 원404
불 Qualité, caractère, naturel, nature.
한 자질, 성격, 기질, 본성

*셩졔 [SYĔNG-TJYEI] (聖祭) 원404
불 Saint sacrifice.
한 성스러운 제사

*셩조 [SYĔNG-TJO] (聖祖) 원405
불 Saint patriarche.
한 성스러운 족장

*셩죠 [SYENG-TJYO] (聖朝) 원405
불 Sainte cour, cour céleste.
한 성스러운 궁정, 천국 같은 궁정

*셩죠ᄒᆞ다 [SYĔNG-TJYO-HĂ-TA] (性燥) 원405
불 Qui a un caractère desséché, c.a.d.vif, emporté, irritable, violent, irascible.
한 성격이 메마르다, 즉 격하다, 성마르다, 흥분하기 쉽다, 난폭하다, 조급하다

*셩죵ᄒᆞ다 [SYENG-TJYONG-HĂ-TA] (成瘇) 원405
불 Se pourrir (plaie) ; mûrir, pourrir (abees).
한 (상처가) 부패하다 | [역주 종기가] 곪다, (물 빼는 구멍이) 썩다

1*셩쥬 [SYENG-TJYOU] (成主) 원405
불 Génie protecteur de la naissance et de la vie. (C'est un dieu pénate renfermé dans une cruche en terre).
한 출생과 생명을 보호하는 정령 | (흙단지 안에 갇혀 있는 [역주 가정·도시의] 수호신이다)

2*셩쥬 [SYENG-TJYOU] (城主) 원405
불 Nom ou titre que l'on donne au mandarin du lieu où se trouvent les tombeaux des ancêtres. (Tous ses administrés l'appellent ainsi).
한 조상들의 무덤이 있는 곳의 관리에게 붙이는 명칭 또는 칭호 | (모든 시민이 그를 그렇게 부른다)

셩쥬밧이 [SYENG-TJYOU-PAT-I] (成造異端) 원405
불 Papier trempé dans le vin et collé au mur d'une maison neuve. (Il devient le génie de cette maison ; on lui offre des sacrifices) Superstition qui consiste à placer au-dessus de la porte quelques sapèques et un peu de riz enveloppé dans du papier.
한 술에 적셔 새 집의 벽에 붙인 종이 | (이 집의 수호신이 된다 ; 그것에게 제사를 지낸다) | 문 위에 엽전 몇 개와 종이에 싼 약간의 쌀을 두는 미신적인 행위

*셩즁 [SYENG-TJYOUNG] (城中) 원405
불 En dedans des murailles ; dans la ville.
한 성벽 안에 | 마을에서

*셩즉셩 [SYENG-TJEUK-SYENG] (成則成) 원405
불 Si ça réussit ça réussira.
한 만약 그것이 성공하면 그것이 성공할 것이다

*셩지 [SYĔNG-TJI] (聖枝) 원405
불 Rameau bénit.
한 축성한 종려나무 가지

*셩지쥬일 [SYENG-TJI-TJYOU-IL,-I] (聖枝主日) 원405
불 Dimanche des Rameaux.
한 성지[역주 聖枝]의 일요일

*셩ᄌᆞ [SYĔNG-TJĂ] (聖子) 원404
불 Le fils, la seconde personne de la S[te] trinité.
한 아들, 성 삼위일체 중 두 번째 위격

*셩찬 [SYĔNG-TCHAN,-I] (盛饌) 원405
불 Mets abondants ; chair abondante.
한 풍성한 요리 | 풍부한 살

*셩찰ᄒᆞ다 [SYENG-TCHAL-HĂ-TA] (省察) 원405
불 Examen de conscience. Examiner sa conscience.
한 양심을 살핌 | 양심을 살펴보다

*셩쳔ᄒᆞ다 [SYENG-TCHYEN-HĂ-TA] (成川) 원405
불 S'ébouler. Etre ravagé par l'eau qui se creuse un lit.
한 무너지다 | 밑바닥을 움푹 파는 물로 인해 황폐해지다

*셩쵹 [SYĔNG-TCHOK,-I] (聖燭) 원405
불 Cierge bénit.
한 축성된 큰 양초

*셩촌ᄒᆞ다 [SYENG-TCHON-HĂ-TA] (成村) 원405
불 Former peu à peu un village. Le village se forme. Etre assez nombreux pour former peu à peu un village.
한 조금씩 마을을 이루다 | 마을이 형성되다 | 조금씩 마을을 형성할 만큼 수가 꽤 많다

*셩춍 [SYĔNG-TCHYONG,-I] (聖寵) 원405
불 Grâce. litt. saint amour.
한 은혜 | 글자대로 성스러운 사랑

*셩츙ᄒᆞ다 [SYENG-TCHYOUNG-HĂ-TA] (成虫) 원405
불 Se former, naître (se dit d'un ver dans une plaie). Les vers se forment ; commencer à être rongé par les vers.

ㅅ

한 형성되다, 생기다 (상처 속의 벌레에 대해 쓴다) | 벌레들이 생기다 | 벌레들에게 갉아 먹히기 시작하다

1*셩취ᄒᆞ다 [SYENG-TCHYOUI-HĂ-TA] (成就) 원405

불 Exécuter (un travail), achever (un ouvrage)

한 (일을) 실행하다, (작업을) 끝마치다

2*셩취ᄒᆞ다 [SYENG-TCHYOUI-HĂ-TA] (成娶) 원405

불 Se marier. Passer du rang des enfants à celui des hommes par le mariage.

한 결혼하다 | 결혼으로 인해 아이의 신분에서 성인의 신분으로 옮겨가다

*셩칙ᄒᆞ다 [SYENG-TCHĂIK-HĂ-TA] (成冊) 원405

불 Ecrire, transcrire des livres.

한 책을 쓰다, 베껴 쓰다

*셩탄 [SYĒNG-HTAN,-I] (聖誕) 원404

불 Sainte naissance. Nativité.

한 성스러운 탄생 | 성탄절

*셩톄 [SYENG-HTYEI] (聖體) 원404

불 Sainte substance, Ste Eucharistie.

한 성스러운 물질, 성찬식

*셩티ᄒᆞ다 [SYENG-HTĂI-HĂ-TA] (成胎) 원404

불 Engendrer ; concevoir ; devenir enceinte.

한 [역주 자식을] 낳다 | 수태하다 | 임신하다

*셩판 [SYĒNG-HPAI,-I] (聖板) 원403

불 Palle du calice. (M.chr.).

한 성배의 덮개 | (기독교 어휘)

*셩패 [SYĒNG-HPAI] (聖牌) 원403

불 Médaille (de piété).

한 (신앙심의) 메달

셩편 [SYENG-HPYEN] (形) 원403

불 Manière, forme.

한 양태, 양상

*셩편ᄒᆞ다 [SYENG-PYEN-HĂ-TA] (成篇) 원403

불 Faire un livre, composer.

한 책을 쓰다, 창작하다

*셩포 [SYENG-HPO] (聖布) 원403

불 Linge sacré ; corporal.

한 성포 | 성체포

*셩표 [SYĒNG-HPYO] (聖表) 원403

불 Bon exemple, saint exemple.

한 바람직한 본보기, 성스러운 본보기

*셩표ᄒᆞ다 [SYENG-HPYO-HĂ-TA] (成標) 원403

불 Ecriture ; écrire. Quittance ; reconnaissance d'une dette ou d'un reçu. Donner ou recevoir un reçu.

한 글 | 쓰다 | 영수증 | 차용증서 또는 영수증 | 영수증을 주거나 받다

1*셩풍ᄒᆞ다 [SYENG-HPOUNG-HĂ-TA] (盛豊) 원404

불 Etre nombreux, abondant, en quantité.

한 수가 많다, 풍부하다, 다량으로 있다

2셩풍ᄒᆞ다 [SYENG-HPOUNG-HĂ-TA] (成風) 원404

불 Etre endémique (une maladie particulière à un peuple, à une nation).

한 풍토성이 있다 (민족, 국가에 특수한 질병)

1*셩픔 [SYENG-HPEUM,-I] (聖品) 원403

불 Ordres sacrés. || Dignité sainte; dignité des saints ou leur catalogue.

한 성직의 위계 | 성스러운 품위 | 성인들의 위엄이나 그들의 목록

2셩픔 [SYĒNG-HPEUM,-I] (性稟) 원403

불 Caractère, naturel.

한 성격, 기질

3*셩픔 [SYENG-HPEUM,-I] (成品) 원403

불 Ordre. = ᄒᆞ다 -hâ-ta, Donner les ordres ; élever aux ordres.

한 계급 | [용례 = ᄒᆞ다, -hâ-ta] | 계급을 주다 | 계급을 올리다

*셩픽 [SYENG-HPĂI] (成敗) 원403

불 Réussite et non réussite, succès et insuccès.

한 성공과 실패, 성공과 실패

*셩학 [SYENG-HAK,-I] (聖學) 원402

불 Sainte doctrine.

한 신성한 교리

*셩향 [SYĒNG-HYANG,-I] (姓鄕) 원402

불 Lieu de l'origine de la famille ; lieu d'où sont sortis les ancêtres.

한 가문의 기원이 되는 곳 | 조상들이 난 곳

*셩현 [SYĒNG-HYEN,-I] (聖賢) 원402

불 Homme saint ; saint sage.

한 성스러운 사람 | 성스러운 현인

*셩혈 [SYĒNG-HYEL,-I] (聖血) 원402

불 Précieux sang. (Mot chr.).

한 귀중한 피 | (기독교 어휘)

*셩호 [SYĒNG-HO] (聖號) 원402

불 Le saint signe, ou le saint nom. Signe de la croix ; signe sacré. (Mot chrét.).

한 신성한 표 또는 신성한 이름 | 십자가 표시 | 신성한 표시 | (기독교 어휘)

*셩혼ᄒᆞ다 [SYENG-HON-HĂ-TA] (成婚) 원402
불 Faire un mariage. Se marier.
한 결혼을 하다 | 결혼하다

*셩화착릭ᄒᆞ다 [SYENG-HOA-TCHAK-RĂI-HĂ-TA] (星火捉來) 원402
불 Donner l'ordre de prendre promptement des coupables. Faire promptement sa commission et revenir (satellites chargés d'arrêter quelqu'un).
한 죄인들을 신속하게 잡으라는 명령을 내리다 | (누군가를 체포하는 임무를 맡은 심복 부하들이) 신속하게 심부름을 하고 돌아오다

*셩화ᄒᆞ다 [SYENG-HOA-HĂ-TA] (性火) 원402
불 Faire fâcher ; faire monter le feu à la tête. Se mettre en colère ; éprouver une émotion ; être agacé.
한 화나다 | 화가 머리끝까지 나다 | 화를 내다 | 동요를 느끼다 | 짜증나다

*셩황당 [SYENG-HOANG-TANG,-I] (城隍堂) 원402
불 Morceau de pierres ou petit temple à l'endroit du chemin qui est au sommet de la montagne, en l'honneur du génie de la route. (On prend une petite pierre au bas de la montagne et on la dépose en cet endroit pour honorer le génie).
한 길의 수호신에게 경의를 표하는, 산꼭대기에 있는 길에 세워진 돌 더미 또는 작은 사원 | (산 아래에서 작은 돌을 가져와 수호신을 기리기 위해 그 장소에 내려놓는다)

[1]*셩회 [SYĒNG-HOI] (聖會) 원402
불 Sainte assemblée, sainte société, l'eglise. (M. chrét).
한 신성한 모임, 성스러운 단체, 교회 | (기독교 어휘)

[2]*셩회 [SYĒNG-HOI] (聖灰) 원402
불 Sainte cendre. Cendres bénites.
한 신성한 재 | 축복 받은 재

*셩훈 [SYĒNG-HOUN,-I] (聖訓) 원402
불 Sainte instruction ; enseignements sacrés ; pieuse éducation.
한 성스러운 교육 | 신성한 가르침 | 경건한 교육

*셩ᄒᆞ다 [SYENG-HĂ-TA] (盛) 원402
불 Qui est en grand nombre, épais, bien venu ; être abondant ; foisonner. ‖ Etre vigoureux, florissant ; qui est en bon état, bien portant, en bonne santé, sain et sauf ; intact, entier ; n'être pas brisé ; être entier. ‖ Etre guéri, se guérir. ‖ Réussir.
한 수가 매우 많다, 뚱뚱하다, 발육이 좋다 | 풍부하다 | 많다 | 기운차다, [역주 건강이] 아주 좋다 | 좋은 상태이다, 튼튼하다, 건강하다, 아무 탈이 없다 | 손대지 않다, 온전하다 | 쇠약하지 않다 | 온전하다 | 병이 낫다, 치유되다 | 성공하다

*셩ᄒᆡ [SYĒNG-HĂI] (聖骸) 원402
불 Saintes reliques. (Mot chrét).
한 성유골들 | (기독교 어휘)

[1]*셰 [SYEI] (洗) 원393
불 Baptême. (Mot chrét.). 셰를주다 Syei-răl tjou-ta, Donner le baptême, baptiser.
한 세례 | (기독교 어휘) | [용례 셰를주다, Syei-răl tjou-ta], 세례를 주다, 영세를 주다

[2]*셰 [SYEI] (貰) 원393
불 Prix de louage.
한 임대료

[3]*셰 [SYEI] (勢) 원393
불 Puissance et richesse ; force.
한 세력과 부 | 힘

[4]*셰 [SYEI] (世) 원393
불 Génération ; famille. Le monde, ce monde. 무궁셰에 Mou-koung-syei-ei, Eternellement, toujours.
한 세대 | 가족 | 세상, 현세 | [용례 무궁셰에, Mou-koung-syei-ei], 영원히, 언제나

[5]*셰 [SYEI] (稅) 원393
불 Impôt, contribution, tribut.
한 조세, 세금, 조공

[6]*셰 [SYEI] (歲) 원393
불 Année.
한 술

*셰가 [SYEI-KA] (勢家) 원394
불 Maison d'un homme puissant et riche, maison puissante.
한 권세 있고 부유한 사람의 집안, 세력 있는 집안

셰간 [SYEI-KAN,-I] (家勢) 원394
불 Ménage, tout ce qui est à l'usage d'une famille (meubles, ustensiles de ménage, de labourage, etc) ; mobilier.
한 세간, 가정에서 사용하는 모든 것 (가구류, 가사 도구, 경작 도구 등) | 가구

셰간사리ᄒᆞ다 [SYEI-KAN-SA-RI-HĂ-TA] (治産) 원394
불 Ménage. Etre en ménage ; être à son ménage ; avoir le gouvernement de sa famille ; faire ménage.
한 세간 | 살림을 하다 | 자신의 집에 있다 | 자신의

가정을 통제하다 | 살림을 살다

*셰거지디 [SYEI-KE-TJI-TI] (世居之地) 원394

불 Lieu qu'ont habité les ancêtres ; pays des ancêtres (le père, le grand père, etc.). Lieu où la famille demeure depuis plusieurs générations.

한 조상들이 살았던 곳 | 조상들(아버지, 할아버지 등)의 고향 | 집안이 대대로 살고 있는 곳

셰경도다 [SYEI-KYENG-TO-TA,-TO-RA,-TON] (世卿禮) 원394

불 Visiter un grand dignitaire (se dit des mandarins) Briguer les dignités ; intriguer pour en avoir.

한 주요 고관을 방문하다(관리들에 대해 쓴다) | 술책을 써서 고위직을 얻으려 하다 | 그것을 얻기 위해 술책을 쓰다

1*셰계 [SYEI-KYEI] (世界) 원394

불 Le monde, l'univers. 셰계가뭇도록, Syei-kyei-ka măt to-rok, Jusqu'à la fin du monde.

한 세상, 세계 | [용례 셰계가뭇도록, Syei-kyei-ka măt to-rok], 세상 끝까지

2*셰계 [SYEI-KYEI] (世系) 원394

불 Généalogie de la famille ; noblesse de la famille.

한 가문의 족보 | 가문의 고귀함

*셰고 [SYEI-KO] (世苦) 원394

불 Souffrances, peines de ce monde.

한 이 세상의 고통, 아픔

*셰곡 [SYEI-KOK,-I] (稅穀) 원394

불 Blé des contributions, blé reçu en contribution, le riz payé comme impôt.

한 세금으로 바치는 곡식, 조세로 받은 곡식, 세금으로 지불한 쌀

*셰교 [SYEI-KYO] (世交) 원394

불 Vieille amitié de famille.

한 가문의 오래된 친분

*셰궁력진 [SYEI-KOUNG-RYEK-TJIN,-I] (勢窮力盡) 원394

불 Qui a perdu sa puissance et ses richesses, son autorité et sa fortune. Etre épuisé, être à bout de forces et de ressources.

한 자신의 세력과 부, 자신의 권위과 재산을 잃었다 | 다 써버리다, 힘과 재원이 바닥나다

*셰긱 [SYEI-KĂIK,-I] (勢客) 원394

불 Homme riche et puissant, indépendant ; homme puissant.

한 부유하고 권력 있는, 독립적인 사람 | 권력자

*셰낙 [SYEI-NAK,-I] (世樂) 원394

불 Joie de ce monde ; plaisir du monde.

한 이 세상의 즐거움 | 세상의 기쁨

*셰난 [SYEI-NAN,-I] (世難) 원394

불 Souffrances, douleurs de ce monde. Peines, adversités, calamités de ce monde.

한 이 세상의 괴로움, 고통 | 이 세상의 아픔, 역경, 불행

*셰납ᄒᆞ다 [SYEI-NAP-HĂ-TA] (稅納) 원395

불 Donner le blé des contributions. Payer les impôts, les contributions en blé.

한 세금으로 곡식을 내다 | 조세, 세금을 곡식으로 납부하다

셰내다 [SYEI-NAI-TA,-NAI-YE,-NAIN] (貰出) 원394

불 Louer ; s'arranger pour louer, pour emprunter.

한 세내다 | 임대하기 위해, 빌리기 위해 합의하다

셰다 [SYEI-TA,SYEI-YE,SYEIN] (强) 원395

불 Fort ; solide ; ferme ; déterminé ; puissant ; violent. Syn. 억셰다 Ek-syei-ta. ‖ Mettre debout ; établir ; instituer.

한 강하다 | 굳건하다 | 견고하다 | 단호하다 | 강력하다 | 강렬하다 | [동의어 억세다, Ek-syei-ta.] | 세우다 | 설치하다 | 설립하다

*셰답 [SYEI-TAP,-I] (貰畓) 원395

불 Rizière d'un autre, d'autrui.

한 다른 사람의, 타인의 논

*셰답ᄒᆞ다 [SYEI-TAP-HĂ-TA] (貰畓) 원395

불 Prendre les rizières d'autrui à ferme, les faire valoir.

한 타인의 논을 소작하다, 그것들을 개간하다

*셰도 [SYEI-TO] (勢道) 원395

불 Favori du roi, qui exerce toute l'autorité ; potentat.

한 모든 권력을 행사하는, 왕의 총애를 받는 사람 | 세력가

*셰도ᄒᆞ다 [SYEI-TO-HĂ-TA] (勢道) 원395

불 Prendre ou avoir la puissance de donner et d'ôter les dignités.

한 고위직을 주고 빼앗는 권력을 잡거나 갖다

*셰디 [SYEI-TĂI] (世代) 원395

불 Généalogie, suite de générations.

한 가계, 세대의 연속

*셰디로 [SYEI-TĂI-RO] (世代) 원395

불 De génération en génération.

한 대대손손

*셰락 [SYEI-RAK,-I] (世樂) 원395

불 Joie de ce monde ; plaisir de ce monde.

한 이 세상의 기쁨 | 이 세상의 즐거움

*셰란 [SYEI-RAN,-I] (世難) 원395

불 Souffrances, douleurs de ce monde. Peines, adversités, calamités de ce monde.

한 이 세상의 괴로움, 고통 | 이 세상의 아픔, 역경, 불행

*셰랍ᄒᆞ다 [SYEI-RAP-HĂ-TA] (稅納) 원395

불 Donner le blé des contributions. Payer les impôts, les contributions en blés.

한 세금으로 곡식을 내다 | 조세, 세금을 곡식으로 납부하다

1*셰량 [SYEI-RYANG,-I] (細輛) 원395

불 Joli tissu de bambou qui doit faire les bords d'un chapeau.

한 모자의 가장자리를 이루도록 되어 있는 대나무로 만든 아름다운 천

2*셰량 [SYEI-RYANG,-I] (歲粮) 원395

불 Provisions pour les fêtes du jour de l'an.

한 새해 첫날 축제를 위한 식량 비축

*셰력 [SYEI-RYEK,-I] (勢力) 원395

불 Autorité, force. Fortune et puissance par protection. force, puissance.

한 권위, 힘 | 후원 덕분으로 얻은 재산과 권력 | 힘, 권력

1*셰렴 [SYEI-RYEM,-I] (世念) 원395

불 Pensée de ce monde.

한 이 세상의 생각

2*셰렴 [SYEI-RYEM,-I] (細簾) 원395

불 Stores fins pour les fenêtres.

한 창문용 얇은 차양

*셰롱증 [SYEI-RONG-TJEUNG,-I] (細聾症) 원395

불 Oreille presque bouchée ; qui est presque sourd ; dureté d'oreille.

한 거의 막힌 귀 | 거의 귀가 먼 것 | 난청

*셰마 [SYEI-MA] (洗馬) 원394

불 Nom d'une esp. de dignité (de précepteur, d'instituteur, de professeur du roi.).

한 일종의 고위직(왕의 가정교사, 선생, 교수) 종류의 명칭

*셰마포 [SYEI-MA-HPO] (細麻布) 원394

불 Toile de chanvre très-fine.

한 매우 고운 삼베

1*셰말 [SYEI-MAL,-I] (細末) 원394

불 Belle farine, farine fine.

한 고운 밀가루, 곱게 빻은 밀가루

2*셰말 [SYEI-MAL,-I] (世末) 원394

불 Fin de ce monde. La chute, la fin, la ruine, le renversement (d'un royaume, d'une dynastie, du monde)

한 이 세상의 종말 | (왕국, 왕조, 세상의) 몰락, 종말, 파멸, 전복

3*셰말 [SYEI-MAL,-I] (歲末) 원394

불 Fin de l'année

한 그 해의 끝

*셰목 [SYEI-MOK,-I] (細木) 원394

불 Toile de coton très-fine, (qui a de 10 à 15 새 sai à la chaîne, c.a.d.de 400 à 600 fils à la chaîne).

한 매우 고운 면포 (날에 10~15새sai, 즉 날에 400~600 가닥의 실이 있다)

1*셰몰 [SYEI-MOL,-I] (世沒) 원394

불 Fin du monde.

한 세상의 종말

2*셰몰 [SYEI-MOL,-I] (歲沒) 원394

불 Fin de l'année.

한 그 해의 끝

*셰무 [SYEI-MOU] (世務) 원394

불 Efforts, sollicitudes du siècle. ‖ Les affaires de ce monde.

한 세속적 염려, 수고 | 이 세상의 일들

*셰물 [SYEI-MOUL,-I] (世物) 원394

불 Choses de ce monde ; affaires mondaines ; les affaires de ce monde.

한 이 세상의 것들 | 속세의 일들 | 이 세상의 온갖 일

셰물다 [SYEI-MOUL-TA,-MOUL-E,-MOUN] (貰) 원394

불 Payer le louage, l'emprunt.

한 임대료, 차용금을 지급하다

1*셰미 [SYEI-MI] (歲米) 원394

불 Provision de riz pour les fêtes du jour de l'an.

한 새해 첫날의 축제를 위해 비축한 쌀

2*셰미 [SYEI-MI] (細微) 원394

불 Petite affaire, petite chose. Petit et fin (cheveu et fil).

한 사소한 일, 사소한 것 | (머리털과 실이) 작고 가늘다

3*셰미 [SYEI-MI] (稅米) 원394

불 Riz payé comme impôt.

한 세금으로 지불된 쌀

셰밀이싱각ᄒᆞ다 [SYEI-MIL-I-SĂING-KAK-HĂ-TA] (細思) 원394
불 Penser avec attention, avec soin.
한 주의 깊게, 세심하게 생각하다

*셰밀ᄒᆞ다 [SYEI-MIL-HĂ-TA] (細密) 원394
불 Fin et petit ; très-fin ; très-délié ; très-menu ; très-délicat. 셰밀히셰밀히싱각ᄒᆞ다 Syei-mil-hi syei-mil-hi săing-kak-hă-ta, Considérer exactement.
한 가늘고 작다 | 매우 곱다 | 매우 섬세하다 | 매우 가느다랗다 | 매우 섬세하다 | [용례 셰밀히셰밀히싱각ᄒᆞ다, Syei-mil-hi syei-mil-hi săing-kak-hă-ta], 엄밀하게 고려하다

셰밧다 [SYEI-PAT-TA,-PAT-A,-PAT-EUN] (受稅) 원395
불 Recevoir le blé des contributions.
한 세금의 곡식을 받다

*셰변 [SYEI-PYEN,-I] (世變) 원395
불 Malheurs de ce monde. Les vicissitudes de ce monde.
한 이 세상의 불행 | 이 세상의 역경

*셰복 [SYEI-POK,-I] (世福) 원395
불 Bonheur de ce monde.
한 이 세상의 행복

*셰부 [SYEI-POU] (世富) 원395
불 Richard, riche du monde.
한 벼락부자, 세상의 부자

*셰ᄇᆡᄒᆞ다 [SYEI-PĂI-HĂ-TA] (歲拜) 원395
불 Souhait de bonne année ; visites et compliments à la nouvelle année. Saluer pour la bonne année ; faire le salut de bonne année ; souhaiter la bonne année.
한 새해 축하 인사 | 새해 방문과 덕담 | 새해를 맞아 인사하다 | 새해 인사를 하다 | 좋은 한 해를 기원하다

*셰사 [SYEI-SA] (細沙) 원395
불 Sable fin, très-joli.
한 고운, 아주 멋진 모래

*셰샹 [SYEI-SANG,-I] (世上) 원395
불 Le monde ; l'univers ; les hommes ; l'humanité ; le siècle ; genre humain.
한 세상 | 세계 | 사람 | 인간 | 속세 | 인류

*셰손 [SYEI-SON,-I] (世孫) 원395
불 Petit-fils du roi (destiné à régner plus tard).
한 (장차 나라를 통치하도록 되어 있는) 왕의 손자

*셰쇽 [SYEI-SYOK,-I] (世俗) 원395
불 le siècle, le monde ; humanité ; la mondanité.
한 속세, 세상 | 인간 | 세속성

1*셰슈 [SYEI-SYOU] (歲首) 원395
불 Le commencement de l'année ou la première lune.
한 그 해의 시작 또는 첫 번째 달

2*셰슈 [SYEI-SYOU] (洗水) 원395
불 Eau pour se laver la figure et les mains, pour se débarbouiller.
한 얼굴과 손을 씻기 위한, 세수하기 위한 물

*셰슈되다 [SYEI-SYOU-TOI-TA,TOI-YE,-TOIN] (世讎) 원395
불 Etre ennemis depuis de longues générations (familles).
한 (집안끼리) 대대로 이어져 내려오는 원수이다

*셰슈슈건 [SYEI-SYOU-SYOU-KEN] (洗手手巾) 원395
불 Serviette, linge dont on se sert pour s'essuyer le visage, après s'être lavé la figure avec les mains.
한 손으로 얼굴을 씻고 난 후 얼굴을 닦는 데 쓰는 수건, 린넨 제품

*셰슈ᄒᆞ다 [SYEI-SYOU-HĂ-TA] (洗水) 원395
불 Se laver le visage et les mains, se laver, se débarbouiller.
한 얼굴과 손을 씻다, 몸을 씻다, 세수하다

*셰승 [SYEI-SEUNG,-I] (細繩) 원395
불 Corde fine ; petite corde ; ficelle. ‖ belle qualité, finesse (pour la toile de coton ou de chanvre)
한 가는 끈 | 짧은 끈 | 끄나풀 | (면포나 삼포에 있어) 양질, 고움

셰싀 [SYEI-SEUI] 원395
불 Toujours, sans cesse, sans fin.
한 항상, 끊임없이, 끝없이

*셰시 [SYEI-SI] (歲時) 원395
불 Temps du premier de l'an ; les premiers jours de la première lune.
한 그 해의 첫 시기 | 첫 달의 처음 며칠

1*셰신 [SYEI-SIN,-I] (世臣) 원395
불 Grand chez lequel les hautes dignités sont comme héréditaires.
한 고위 관직이 상속되는 것과 마찬가지인 귀족

2*셰신 [SYEI-SIN,-I] (細辛) 원395
불 Nom d'une esp. de remède, plante ; racine poivrée d'une certaine plante.
한 일종의 약재의, 식물의 이름 | 어떤 식물의 후추 맛이 나는 뿌리

*셰ᄉᆞ [SYEI-SĂ] (世事) 원395
불 Affaire de ce monde.
한 이 세상의 일

*셰악슈 [SYEI-AK-SYOU] (細樂手) 원393
불 Musicien.
한 음악가

*셰업 [SYEI-EP,-I] (世業) 원393
불 Richesses reçues des ancêtres ; héritage, fortune venue des ancêtres ; patrimoine.
한 조상들에게서 받은 재산 | 조상들로부터 내려오는 유산, 재산 | 세습 재산

*셰영 [SYEI-YENG,-I] (世榮) 원393
불 Gloire de ce monde.
한 이 세상의 영예

*셰욕 [SYEI-YOK,-I] (世慾) 원394
불 Cupidité de ce monde ; ambition, passion mondaine.
한 이 세상의 욕심 | 야망, 세속적 열정

1*셰우 [SYEI-OU] (細雨) 원394
불 Pluie fine.
한 가늘게 내리는 비

2*셰우 [SYEI-OU] (貰牛) 원394
불 Prix de louage d'un bœuf.
한 소의 임대료

3셰우 [SYEI-OU] 원394
불 Esp. de petit insecte presque invisible qui ronge les étoffes (p. ê. la teigne).
한 옷감을 갉아먹는 거의 보이지 않는 작은 곤충 종류 (아마도 곡식 나방의 일종)

셰우다 [SYEI-OU-TA,SYEI-OUE,SYEI-OUN] (立) 원394
불 Etablir ; instituer ; statuer ; constituer ; fonder ; édifier ; construire ; placer ; mettre debout ; produire ; former ; formuler.
한 수립하다 | 확립하다 | 제정하다 | 설립하다 | 창설하다 | 건립하다 | 건설하다 | 배치하다 | 세우다 | 제작하다 | 조직하다 | 설정하다

*셰월 [SYEI-OUEL,-I] (歲月) 원394
불 Soleil et lune, année et mois, c.a.d.le temps =보내다-po-nai-ta, Passer le temps.
한 해와 달, 년과 월 즉 시간 | [용례 =보내다, -po-nai-ta], 시간을 보내다

*셰의 [SYEI-EUI] (世義) 원393
불 Familles amies depuis plusieurs générations. Ancienne, vieille amitié de famille. Amitié ou liaison de père en fils.
한 대대로 친분이 있는 가문들 | 가문의 오래된, 옛부터 지속되는 친분 | 아버지에서 아들로 이어지는 친분이나 관계

*셰인 [SYEI-IN,-I] (世人) 원394
불 Homme de ce monde ; tous les hommes.
한 이 세상 사람 | 모든 사람

*셰쟈 [SYEI-TJYA] (洗者) 원395
불 Le baptiseur (Ste Jean-Baptiste).
한 세례를 주는 사람 (성 세례 요한)

*셰젼지물 [SYEI-TJYEN-TJI-MOUL,-I] (世傳之物) 원395
불 Objet qui vient des ancêtres. Chose qui appartient à la famille depuis plusieurs générations.
한 조상들로부터 전해 내려오는 물건 | 대대로 전해 내려오는 가문에 속한 것

*셰졍 [SYEI-TJYENG,-I] (世情) 원396
불 Convenances, savoir-vivre. Connaître les usages, la manière de se conduire. ‖ Sentiment du monde ou sentiment mondain.
한 예절, 처세술 | 예법, 처신하는 방법을 알다 | 세상의 감정 또는 세속적인 감정

셰주다 [SYEI-TJOU-TA,-TJOU-E,-TJOUN] (貰給) 원396
불 Donner en emprunt, prêter (un objet pour un certain prix).
한 차용해 주다, (얼마만큼의 값으로 물건을) 빌려 주다

1*셰쥬 [SYEI-TJYOU] (世主) 원396
불 Le maître de ce monde. ‖ Roi de ce monde ; roi sur la terre ; roi terrestre.
한 이세상의주인 | 이세상의왕 | 지구상의왕 | 지상의왕

2*셰쥬 [SYEI-TJYOU] (歲酒) 원396
불 Vin pour le premier de l'an.
한 새해 첫날을 위한 술

셰직ᄒᆞ다 [SYEI-TJIK-HĂ-TA] (强) 원396
불 Etre fort, vigoureux.
한 강하다, 기운차다

*셰ᄌᆞ [SYEI-TJĂ] (世子) 원395
불 Fils du roi, fils aîné du roi, l'héritier présomptif.
한 왕의 아들, 왕의 장남, 추정상속인

셰차다 [SYEI-TCHA-TA,-TCHA,-TCHAN] (强勇) 원396
불 Etre vigoureux, fort.
한 기운차다, 강하다

*셰찬 [SYEI-TCHAN,-I] (歲饌) [원]396
[불] Mets, aliments du temps du premier de l'an. Provisions pour le premier jour de l'an.
[한] 새해 첫 시기의 요리, 음식 | 새해 첫날을 위한 비축 식량

1*셰초 [SYEI-TCHO] (歲草) [원]396
[불] Tabac pour le premier de l'an.
[한] 새해 첫날을 위한 담배

2*셰초 [SYEI-TCHO] (細貂) [원]396
[불] Petite zibeline. ‖ Cordon d'habit, ceinture en cordon.
[한] 작은 검은담비 | 옷의 끈, 끈으로 만든 허리띠

1셰치 [SYEI-TCHI] (細齒) [원]396
[불] Les premières dents (pour les bœufs), les dents de lait.
[한] (소에게) 처음 나는 이빨들, 젖니들

2셰치 [SYEI-TCHI] (歲雉) [원]396
[불] Faisan que l'on mange au premier de l'an.
[한] 새해 첫날에 먹는 꿩

*셰침 [SYEI-TCHIM,-I] (細針) [원]396
[불] Fine aiguille, petite aiguille fine.
[한] 가는 바늘, 작고 가는 바늘

1*셰토 [SYEI-HTO] (貰土) [원]395
[불] Terrain d'autrui que l'on prend à ferme.
[한] 소작하는 타인의 땅

2셰토 [SYEI-HTO] [원]395
[불] Les usages, les coutumes du monde.
[한] 세상의 관례, 관습

*셰틔 [SYEI--HTĂI] (世態) [원]395
[불] Mode universelle ; usage général ; les usages du monde.
[한] 세계의 풍조 | 일반적 관습 | 세상의 풍습

1*셰파 [SYEI-HPA] (世派) [원]395
[불] Ligne, branche généalogique ; degré de parenté ; suite de générations successives dans une famille.
[한] 가계의 혈통, 분파 | 친척 관계의 촌수 | 집안의 이어지는 세대의 연속

2셰파 [SYEI-HPA] (細葱) [원]395
[불] Petit ognon. ‖ Ognon long et gros qui produit de la graine à la tête.
[한] 작은 양파 | 위쪽에서 종자가 생기는 길고 굵은 양파

*셰포 [SYEI-HPO] (細布) [원]395
[불] Toile de chanvre très-fine.
[한] 매우 고는 삼베

*셰혐 [SYEI-HYEM,-I] (世嫌) [원]394
[불] Haine de famille. Haine héréditaire, perpétuelle et sans fin.
[한] 가문의 증오 | 영원하고 끝없이 대대로 내려오는 증오

1*셰화 [SYEI-HOA] (歲華) [원]394
[불] Les premiers jours de l'année, qui se passent en réjouissances.
[한] 축제 속에 지나가는 새해 첫 며칠

2*셰화 [SYEI-HOA] (世禍) [원]394
[불] Les malheurs ou douleurs de ce bas monde.
[한] 이 천한 세상의 불행 또는 고통

*셰황 [SYEI-HOANG,-I] (歲貺) [원]394
[불] Présage de bonheur, bon augure qui se présente le premier ou le dernier jour de l'année. Bon commencement d'année.
[한] 행복의 징조, 그 해의 첫날이나 마지막 날에 나타나는 좋은 징조 | 한 해의 좋은 시작

1*소 [SO] (所) [원]425
[불] Lieu.
[한] 장소

2소 [SO] (牛) [원]425
[불] Bœuf.
[한] 소

3*소 [SO] (沼) [원]425
[불] Abîme, lieu très-profond dans l'eau.
[한] 심연, 물속의 매우 깊은 곳

4*소 [SO] (蔬) [원]425
[불] En agrég. Herbe, légume.
[한] 한자어로 풀, 채소

*소견 [SO-KYEN,-I] (所見) [원]427
[불] Sentiment; pensée; opinion; suffrage; maxime; avis; manière de voir; vue particulière; jugement. Esprit; intelligence; sagacité.
[한] 느낌 | 생각 | 의견 | 호평 | 격언 | 견해 | 소견 | 개인적인 관점 | 판단 | 기지 | 지성 | 통찰력

소견ᄒᆞ다 [SO-KIEN-HĂ-TA] [원]431 ☞쇼견ᄒᆞ다

소고리 [SO-KO-RI] [원]427
[불] Vase tressé en bambou.
[한] 대나무로 짠 그릇

소곤소곤ᄒᆞ다 [SO-KON-SO-KON-HĂ-TA] (耳語) [원]427
[불] Parler tout bas, à voix basse.

한 아주 낮게, 낮은 목소리로 말하다

소곰 [SO-KOM,-I] (鹽) 원427

불 Sel.

한 소금

소곰밧 [SO-KOM-PAL,-I] (鹽色) 원427

불 Grain de sel.

한 소금 알갱이

소국쥬 [SO-KOUK-TJYOU] 원427

불 Nom d'une espèce de vin ou de bière.

한 일종의 술 또는 맥주의 이름

소금 [SO-KEUM,-I] (鹽) 원427

불 Sel.

한 소금

소납 [SO-NAP,-I] (才) 원428

불 Aptitude, faculté.

한 재능, 능력

소납디로 [SO-NAP-TĂI-RO] 원428

불 Suivant ses aptitudes.

한 자신의 능력에 따라

소넛타 [O-NET-HTA,-NE-HE,-NE-HEUN] 원428

불 Mettre à l'intérieur v.g. un pâté.

한 예. 파테 속에 넣다

소담스럽다 [SO-TAM-SEU-REP-TA,-RE-OUE,-RE-ON] (欽羨) 원430

불 Abondant; excessif; appétissant, comme une table bien servie.

한 풍부하다 | 과도하다 | 잘 차려진 식탁처럼 먹음직하다

1* 소담ᄒᆞ다 [SO-TAM-HĂ-TA] (消痰) 원430

불 Guérir la pituite, le 담 Tam.

한 가래, 담 Tam을 치료하다

2 소담ᄒᆞ다 [SO-TAM-HĂ-TA] (欽羨) 원430

불 Etre abondant.

한 풍부하다

소동 [SO-TONG,-I] 원430

불 Espèce d'arbre dont la graine sert à faire de l'huile. Syn. 슈유나무 Syou-you-na-mou.

한 그 종자가 기름을 만드는 데 쓰는 나무 종류 | [동의어 슈유나무, Syou-you-na-mou]

* 소동ᄒᆞ다 [SO-TONG-HĂ-TA] (騷動) 원430

불 Rumeur, bruit fâcheux.

한 떠들썩한 소리, 불쾌한 소음

소락소락ᄒᆞ다 [SO-RAK-SO-RAK-HĂ-TA] 원429

불 Désigne l'état d'une personne qui aime les enfants et s'amuse volontiers avec eux. ‖ Etre léger, étourdi.

한 아이들을 좋아하고 흔쾌히 그들과 노는 사람의 상태를 가리킨다 | 경박하다, 경솔하다

소로개 [SO-RO-KAI] (鷲) 원429

불 Nom d'une espèce d'oiseau p.ê. le vautour, la buse. Syn. 소리개 So-ri-kai; 솔개 Sol-kai.

한 새 종류의 이름, 아마도 독수리, 말똥가리 | [동의어 소리개, So-ri-kai] | [동의어 솔개, Sol-kai]

소로로 [SO-RO-RO] 원429

불 Bruit du vent.

한 바람 소리

소로쟝이 [SO-RO-TJYANG-I] 원429

불 Espèce de plante, p.ê. la rhubarbe.

한 식물의 종류, 아마도 대황

소루개 [SO-ROU-KAI] (鷲) 원429

불 Espèce d'oiseau, p.ê. la buse.

한 새의 종류, 아마도 말똥가리

소리개 [SO-RI-KAI] (鷲) 원429

불 Espèce de buse, de vautour (oiseau)

한 말똥가리의, 독수리의 종류 (새)

소릐 [SO-RĂI] (聲) 원429

불 Voix; bruit; son; éclat; chant; ton; parole; cri.

한 음성 | 소음 | 음 | 폭음 | 노래 | 음색 | 말 | 고함

소말소말ᄒᆞ다 [SO-MAL-SO-MAL-HĂ-TA] 원427

불 Gratter; piquer; démanger.

한 긁다 | 찌르다 | 가렵다

소매 [SO-MAI] (袖) 원427

불 Manche d'habit; manche.

한 옷소매 | 소매

소매깁다 [SO-MAI-KIP-TA,-KIP-HE,-KIP-HEUN] 원427

불 Manche profonde, c.a.d. ravin profond, vallon très-enfoncé dans la montagne. Etre très-retiré, très-solitaire.

한 깊은 소매, 즉 깊은 협곡, 산 속의 매우 움푹한 작은 골짜기 | 매우 구석지다, 매우 황량하다

소멸ᄒᆞ다 [SO-MYEL-HĂ-TA] 원433 ☞쇼멸ᄒᆞ다

* 소명ᄒᆞ다 [SO-MYENG-HĂ-TA] (昭明) 원427

불 Clair; être intelligent, avisé.

한 명석하다 | 영리하다, 신중하다

1* 소목 [SO-MOK,-I] (小木) 원427

불 Menuisier.

한 소목장이

2* 소목 [SO-MOK,-I] (昭穆) 원427

불 Distance légale de parenté qui permet d'adopter un enfant. (Elle commence entre l'oncle et le neveu).

한 아이를 입양할 수 있는 합법적인 혈연관계의 차이 | (그것은 삼촌과 조카 사이에서 시작된다)

3* 소목 [SO-MOK] (蘇木) 원427

불 Bois de Brésil, bois qui sert à teindre en rouge, bois de campêche, bois d'Inde (qui vient dans l'île de quelpaërt).

한 브라질의 나무, 붉게 염색하는 데 쓰는 나무, 로그우드 나무, (제주도에서 자라는) 인도의 나무

*소박ᄒᆞ다 [SO-PAK-HĂ-TA] (疎薄) 원429

불 Etre chiche, mesquin. ‖ Répudier (sa femme); divorcer, ne pas vouloir voir sa femme; séparation de corps; époux qui ne veut pas avoir de rapports avec sa femme. N'être pas bien intimes, pas bien unis; n'avoir pas beaucoup d'affection.

한 인색하다, 쩨쩨하다 | (자신의 아내를) 내보내다 | 이혼하다, 자신의 아내를 보고 싶어 하지 않다 | 별거 | 자신의 아내와 관계를 맺고 싶어 하지 않는 남편 | 많이 친밀하지 않다, 잘 화합하지 않다 | 애정이 별로 없다

*소반 [SO-PAN,-I] (素飯) 원429

불 Riz cuit pur, sans mélange d'autre grain.

한 순수한, 다른 곡식이 섞이지 않은 밥

*소복 [SO-POK,-I] (素服) 원429

불 Habit blanc des femmes, c.a.d. habit de deuil.

한 여자들이 입는 흰 옷, 즉 상복

소복소복ᄒᆞ다 [SO-POK-SO-POK-HĂ-TA] 원429

불 Désigne l'état de la récolte qui vient bien. Plein, comble.

한 잘 자라는 수확물의 상태를 가리킨다 | 충만하다, 가득하다

소복ᄒᆞ다 [SO-POK-HĂ-TA] (蘇) 원429

불 Se rétablir; être en convalescence; prendre une nourriture fortifiante après une maladie; réparer ses forces après une maladie.

한 회복되다 | 회복기에 있다 | 병을 앓고 난 후 몸을 튼튼하게 하는 음식을 먹다 | 병을 앓고 난 후 힘을 회복하다

*소비 [SO-PI] (所費) 원429

불 Frais, dépenses. ‖ Epaves, bois ou autres objets entraînés par le torrent; écume mêlée de saleté, de feuilles, de brindilles.

한 비용, 경비 | 표류물, 급류에 휩쓸린 나무 또는 다른 물체 | 오물, 나뭇잎, 잔가지가 섞인 거품

소사나다 [SO-SA-NA-TA,-NA,-NAN] (尖出) 원429

불 Pousser; sortir en s'élevant; jaillir. ‖ Surpasser; être au-dessus du commun.

한 돋아나다 | 올라오면서 밖으로 나오다 | 솟다 | 뛰어나다 | 보통 이상이다

*소삽ᄒᆞ다 [SO-SAP-HĂ-TA] (疎澁) 원429

불 Route difficile; sentier escarpé, ardu, étroit.

한 힘든 길 | 가파른, 험한, 좁은 오솔길

1* 소샹 [SO-SYANG] (疏上) 원429

불 Lettre d'un homme en deuil ou à lui adressée.

한 상중인 사람이 쓴, 또는 그에게 보내진 편지

2 소샹 [SO-SYANG] (小祥) 원429

불 Sacrifices du premier anniversaire en l'honneur d'un parent défunt.

한 고인이 된 친척을 기리기 위해 일주기에 지내는 제사

3* 소샹 [SO-SYANG,-I] (小像) 원430

불 Statue.

한 조각상

1* 소셩ᄒᆞ다 [SO-SYENG-HĂ-TA] (蘇醒) 원430

불 Revenir en bonne santé; avoir achevé la convalescence.

한 건강한 상태로 되돌아가다 | 회복을 마치다

2* 소셩ᄒᆞ다 [SO-SYENG-HĂ-TA] (小成) 원430

불 Obtenir le garde de 진ᄉᆞ Tjin-să ou de bachelier.

한 진ᄉᆞ Tjin-să 또는 바칼로레아 합격자의 등급을 얻다

*소셰ᄒᆞ다 [SO-SYE-HĂ-TA] (梳洗) 원430

불 Se laver, se nettoyer les mains et le visage.

한 몸을 씻다, 손과 얼굴을 깨끗이 하다

소소로 [SO-SO-RO] 원430

불 Bruit du sifflement du vent passant par une petite ouverture. =부다-pou-ta, Siffler avec force. =치다-tchi-ta, Eprouver une peur subite.

한 조금 열린 곳으로 지나가는 바람의 휙휙 거리는 소리 | [용례 =부다, -pou-ta], 휘파람을 세게 불다 | [용례 =치다, -tchi-ta], 급작스러운 두려움을 느끼다

소소ᄅᆞ지다 [SO-SO-RĂ-TJI-TA,-TJYE,-TJIN] (卒驚) 원430

불 Eprouver une peur subite, une impression subite.

한 급작스러운 두려움, 예기치 못한 인상을 받다

소소ᄅᆞ치다 [SO-SO-RĂ-TCHI-TA,-TCHYE,-TCHIN] (卒驚) 원430

불 Eprouver une peur subite.

한 갑작스러운 공포를 느끼다

*소소ᄒᆞ다 [SO-SO-HĂ-TA] (昭昭) 원430

불 Etre clair, évident.

한 분명하다, 명백하다

*소쇽 [SO-SYOK] (所屬) 원430

불 Sorte; espèce; réunion de gens ou de choses de même condition. ‖ Habitant de la maison; qui habite sous le même toit.

한 부류 | 종류 | 같은 조건에 있는 사람들 또는 사물들의 집합 | 집의 거주자 | 같은 지붕 아래에 사는 사람

*소솔 [SO-SYOL,-I] (小率) 원430

불 Habitant de la maison; personnel de la maison; suite; famille; maisonnée; les personnes de la maison.

한 집의 거주자 | 하인 | 수행원 | 가족 | 동거하는 한 가족 전체 | 집에 거주하는 모든 사람

소수 [SO-SOU] (小數) 원430

불 Et puis, et quelques. 삼빅소수 Sam-păik so-sou, Trois cents et plus.

한 또, 몇몇의 | [용례 삼빅소수, Sam-păik so-sou], 300 이상

소슬대문 [SO-SEUL-TAI-MOUN,-I] (高大門) 원430

불 Grande porte sans seuil; porte de la maison des grands; porte cochère.

한 문턱 없는 큰 문 | 귀족들이 사는 집의 문 | 정문

*소식 [SO-SIK,-I] (消息) 원430

불 Nouvelles.

한 소식

*소ᄉᆞ [SO-SĂ] (小師) 원430

불 Nom des bonzes.

한 승려들의 이름

소아쥬 [SO-A-TJYOU] 원425

불 Etoffe de soie blanche.

한 하얀 명주천

소야지 [SO-YA-TJI] (犢) 원426

불 Veau.

한 송아지

[1]소연ᄒᆞ다 [SO-YEN-HĂ-TA] (昭然) 원426

불 Etre évident, facile à comprendre.

한 명백하다, 이해하기 쉽다

[2]소연ᄒᆞ다 [SO-YEN-HĂ-TA] 원430 ☞ [2]쇼연ᄒᆞ다

*소엽 [SO-YEP,-I] (蘇葉) 원426

불 Nom d'une espèce d'herbe ou d'arbuste (en médec.); feuille du 차쪽이 Tcha-tjyok-i.

한 (내복약으로서의) 일종의 풀이나 소관목의 이름 | 차쪽이 Tcha-tjyok-i의 잎

*소용 [SO-YONG,-I] (所用) 원426

불 Dépenses; frais; compte des dépenses; dépenses courantes frais; ordinaires.

한 지출 | 경비, 지출의 계산 | 일상적인 돈의 지출, 보통 드는 비용

*소월 [SO-OUEL,-I] (小月) 원431

불 Petite lune ; mois de 29 jours.

한 작은 달 | 29일까지 있는 달

소음 [SO-EUM,-I] (綿) 원426

불 Coton débarrassé de sa graine.

한 그 씨를 없앤 목화

소음털 [SO-EUM-HTEL,-I] (綿毛) 원426

불 Duvet, menue plume des oiseaux.

한 솜털, 새의 가느다란 깃털

소음틀 [SO-EUM-HTEUL,-I] (綿機) 원426

불 Métier à tisser le coton.

한 면을 짜는 베틀

*소일ᄒᆞ다 [SO-IL-HĂ-TA] (消日) 원426

불 Passer le temps à; s'amuser; se donner du bon temps.

한 ~하면서 시간을 보내다 | 즐기다 | 좋은 시간을 보내다

*소임 [SO-IM,-I] (所任) 원426

불 Charge, emploi, fonction, office.

한 책임, 일자리, 직무, 직책

*소입 [SO-IP,-I] (所入) 원426

불 Dépense; frais.

한 지출 | 비용

*소장지변 [SO-TJANG-TJI-PYEN,-I] (蕭墻之變) 원430

불 Dispute, procès entre parents; trouble dans la maison; trouble civil. Se disputer, s'arracher les biens.

한 친척들 사이의 언쟁, 소송 | 가족의 불화 | 민사 분쟁 | 서로 싸우다, 재산을 서로 빼앗으려고 하다

소조ᄒᆞ다 [SO-TJO-HĂ-TA] (蕭條) 원430

불 Etre en petite quantité. Etre dépourvu, destitué, sans ressources, à l'extrémité.

한 소량이다 | 빼앗기다, 결여되다, 재원이 없다, 곤경에 처하다

*소졸ᄒᆞ다 [SO-TJOL-HĂ-TA] (疏拙) 원430

불 Qui a un petit esprit, un esprit étroit. Etre timide,

renfermé en soi-même; qui aime trop la tranquillité; être bonasse.
한 마음이 좁다, 마음이 편협하다 | 소심하다, 자신의 감정을 털어 놓지 않다 | 평온한 것을 너무 좋아하다 | 사람 좋다

*소진이 [SO-TJIN-I] (蘇秦) 원430
불 Nom d'un homme de l'antiquité remarquable par sa facilité d'élocution, par son éloquence.
한 그 화법의 능란함, 웅변술로 저명한 고대인의 이름

*소창ᄒᆞ다 [SO-TCHANG-HĂ-TA] (消悵) 원430
불 Se récréer; se distraire; prendre sa récréation, son congé; se promener; se donner du bon temps.
한 즐겁게 놀다 | 기분 전환하다 | 휴식시간, 휴가를 갖다 | 산책하다 | 좋은 시간을 보내다

*소톄ᄒᆞ다 [SO-TCHYEI-HĂ-TA] (消滯) 원430
불 Finir, cesser, passer (indigestion); guérir une indigestion.
한 (소화 불량이) 끝나다, 그치다, 지나가다 | 소화불량이 쾌유되다

*소치 [SO-TCHĂI] (蔬菜) 원430
불 Nom d'une sorte de légume; mets d'herbe ou de légume.
한 채소 종류의 이름 | 풀이나 채소로 만든 요리

*소탈ᄒᆞ다 [SO-HTAL-HĂ-TA] (疎脫) 원430
불 Etre content de tout; avoir le caractère facile.
한 모든 것에 만족하다 | 대하기 쉬운 성격이다

소통 [SO-HTONG] (一統) 원430
불 Absolument, en aucune façon.
한 절대적으로, 결코

소틱 [SO-HTĂI] (若木) 원430
불 Nom d'un arbre au goût très-amer, dont l'écorce intérieure est blanche (l'écorce sert à border le talon des souliers).
한 매우 쓴 맛이 나는, 속껍질이 하얀 나무의 이름 (껍질은 신발 뒤꿈치에 테를 두르는 데 쓰인다)

1*소포 [SO-HPO] (所逋) 원429
불 Dette.
한 빚

2*소포 [SO-HPO] (疏布) 원429
불 Pavois en toile pour tirer de l'arc.
한 활을 쏘기 위한 직물로 된 큰 방패

*소풍 [SO-HPOUNG,-I] (所豊) 원429
불 Abondance, fertilité.
한 풍성함, 풍요

소픽 [SO-HPĂI] 원429
불 Absolument.
한 절대적으로

*소홀ᄒᆞ다 [SO-HOL-HĂ-TA] (疎忽) 원427
불 Agir sans réflexion, imprudemment, légèrement; être léger, peu attentif, peu soigneux.
한 깊이 생각하지 않고, 조심성 없이, 경솔하게 행동하다 | 경솔하다, 조심성이 없다, 꼼꼼하지 않다

1*소화ᄒᆞ다 [SO-HOA-HĂ-TA] (消化) 원426
불 Digestion; digérer.
한 소화 | 소화하다

2*소화ᄒᆞ다 [SO-HOA-HĂ-TA] (燒火) 원426
불 Incendie; brûler incendier.
한 화재 | 태우다, 불지르다

*소활ᄒᆞ다 [SO-HOAL-HĂ-TA] (疏濶) 원427
불 Agir sans réflexion, sans attention, à la légère. || Etre rare, clair-semé.
한 깊이 생각하지 않고, 조심성 없이, 경솔하게 행동하다 | 드물다, 듬성듬성하다

1*소ᄒᆞ다 [SO-HĂ-TA] (素) 원426
불 Faire abstinence (païen)
한 (이교도가) 금욕하다

2*소ᄒᆞ다 [SO-HĂ-TA] (小) 원426
불 Etre petit.
한 작다 | 드물다

3*소ᄒᆞ다 [SO-HĂ-TA] (疎) 원426
불 Rare; clair-semé.
한 드문드문하다

속 [SOK,-I] (裡) 원427
불 Intérieur; envers; dessous; sous.
한 내부 | 이면 | 뒷면 | ~아래에

1속겁질 [SOK-KEP-TJI] 원427
불 Dînette, petit ménage (jeu d'enfants).
한 소꿉장난, 작은 살림 (아이들의 놀이)

2속겁질 [SOK-KEP-TJIL,-I] (裡皮) 원427
불 Membrane intérieure, petite pellicule à l'intérieur, entre le bois de l'arbre et l'écorce.
한 내막, 나무 목재와 껍질 사이의, 내부에 있는 작고 얇은 막

속것 [SEUK-KET,-I] (裡衣) 원427
불 Caleçon; pantalon simple, d'une seule toile.
한 [역주 남자용] 팬츠 | 단순한, 단 하나의 직물로 된 바지

속눈셥 [SOK-NOUN-SYEP,-I] (裏眉) [원]427
[불] Cil (des yeux).
[한] (눈의) 속눈썹

속닙 [SOK-NIP,-I] (裏葉) [원]427
[불] Feuille à l'intérieur d'un bourgeon.
[한] 싹 안쪽에 있는 잎

[1]속다 [SOK-TA,SOK-A,SOK-EUN] (前傾) [원]427
[불] Incliner en avant. V. 슉다 Syouk-ta.
[한] 앞으로 기울다 | [참조어] 슉다, Syouk-ta]

[2]속다 [SOK-TA,SOK-E ou SOK-A,SOK-EUN] (見欺) [원]427
[불] Etre trompé; être attrapé; se tromper.
[한] 속다 | 당하다 | 잘못 생각하다

속병 [SOK-PYENG,-I] (裡病) [원]427
[불] Maladie à l'intérieur
[한] 속에 생기는 병

속살거리다 [SOK-SAL-KE-RI-TA,-RYE,-EIN] [원]427
[불] Babiller.
[한] 종알거리다

속살속살ᄒᆞ다 [SOK-SAL-SOK-SAL-HĂ-TA] [원]427 ☞ 속살거리다

속속드리 [SOK-SOK-TEU-RI] [원]427
[불] Tous les plis d'une toile pliée. ‖ Profondément; à fond.
[한] 접힌 천의 모든 주름 | 깊게 | 철저히

속뽑다 [SOK-PPOP-TA,-PPOP-A,-PPOP-EUN] (拔裡) [원]427
[불] Tirer les vers du nez; arracher la pensée intime de quelqu'un.
[한] 입을 열게 하다 | 어떤 사람의 내밀한 생각을 끌어내다

속알머리 [SOK-AL-ME-RI] (心意) [원]427
[불] Sentiment; opinion; pensée; jugement.
[한] 소감 | 견해 | 생각 | 판단

[1]속알이 [SOK-AL-I] [원]427
[불] Maladie à l'intérieur. (Popul.)
[한] 속에 생기는 병 | (속어)

[2]속알이 [SOK-AL-I] [원]427
[불] Esprit, jugement.
[한] 정신, 판단

속알지 [SOK-AL-TJI] (心志) [원]427
[불] Esprit; pensée; sentiment; intérieur; avis; opinion. ‖ Sagacité; intelligence; esprit; jugement.
[한] 정신 | 생각 | 감정 | 마음 | 견해 | 의견 | 총명 | 지성 | 재치 | 판단력

속에 [SOK-EI] (內) [원]427
[불] Dans; enveloppé; caché dans; 짱속에 Ttang-sok-ei, Dans la terre.
[한] ~의 안에 | 둘러싸이다 | ~안에 숨겨지다 | [용례] 짱속에, Ttang-sok-ei], 땅속에

속옷 [SOK-OT,-SI] (裡衣) [원]427
[불] Habit de dessous, caleçon, chemise.
[한] 내의, [역주] 남자용] 팬츠, 셔츠

속이다 [SOK-I-TA,SOK-YE,SOK-IN] (哄騙) [원]427
[불] Tromper; frauder; duper; attraper; jouer un mauvais tour.
[한] 배신하다 | 기만하다 | 속이다 | 속이다 | 나쁜 장난을 치다

속죵 [SOK-TJYONG,-I] (內念) [원]427
[불] Pensée intime, le fond de l'âme.
[한] 내면의 생각, 마음속

속타뎜ᄒᆞ다 [SOK-HTA-TYEM-HĂ-TA] (裡打點, (A l'intérieur, frapper, empreinte)) [원]427
[불] Se former un jugement sur quelqu'un; juger intérieurement.
[한] 어떤 사람에 대한 판단이 형성되다 | 마음속으로 판단하다

속픠다 [SOK-HPEUI-TA,-HPEUI-YE,-HPEUIN] [원]427
[불] Brûler l'intérieur; agacer; mettre en peine; faire de la peine. ‖ Montrer tout ce qu'on a dans le cœur; se mettre en colère; épancher sa bile.
[한] 속을 괴롭히다 | 성가시게 굴다 | 걱정을 끼치다 | 마음을 아프게 하다 | 마음속에 있는 것을 모두 드러내다 | 화를 내다 | 분노를 표출하다

[1]손 [SON,-I] (手) [원]427
[불] Main.
[한] 손

[2*]손 [SON,-I] (孫) [원]427
[불] En agrég. Descendant; postérité.
[한] 한자어로 자손 | 후손

[3]손 [SON,-I] (客) [원]427
[불] Hôte; étranger; nouveau venu; celui qui reçoit l'hospitalité.
[한] 손님 | 외부 사람 | 새로 온 사람 | 환대를 받는 사람

[4]손 [SON,-I] [원]427
[불] Génie tutélaire de la maison; diable qui est le maître de la maison; lutin.
[한] 집을 보호하는 정령 | 집주인인 악마 | 작은 요정

5손 [SON,-I] [원]427
[불] Individu (terme assez peu honorifique).
[한] 녀석 (상당히 비경칭의 단어)

손가느다 [SON-KA-NEU-TA,-NEU-RE,-NEUN] (纖手) [원]428
[불] Avoir la main fine, étroite, c.a.d. être chiche, avare, mesquin.
[한] 손이 가늘고 좁다, 즉 빈약하다, 인색하다, 쩨쩨하다

손가락 [SON-KA-RAK,-I] (指) [원]428
[불] Doigt de la main.
[한] 손가락

손걷츨다 [SON-KET-TCHEUL-TA,-TCHEUL-E,-TCHEUN] (手荒) [원]428
[불] Dérober, prendre furtivement; se dit d'une personne qui a la mauvaise habitude de dérober en cachette.
[한] 훔치다, 몰래 훔치다 | 몰래 훔치는 나쁜 버릇을 가진 사람에 대해 쓴다

손것치다 [SON-KET-TCHI-TA,-TCHYE,-TCHIN] [원]428
☞손거츨다

손금 [SON-KEUM,-I] (手紋) [원]428
[불] Traits de la main, les lignes de la main.
[한] 손에 있는 선들, 손금

손긋 [SON-KEUT,-TCHI] (手端) [원]428
[불] Adresse des doigts, habileté.
[한] 손가락의 재주, 좋은 솜씨

*손긔ᄒᆞ다 [SON-KEUI-HĂ-TA] (損氣) [원]428
[불] Affaiblir; être transi de frayeur, paralysé par la peur.
[한] 약화시키다 | 공포로 오싹해지다, 무서워서 꼼짝도 못하다

*손녀 [SON-NYE] (孫女) [원]428
[불] Petite-fille.
[한] 손녀

손님 [SON-NIM,-I] (客) [원]428
[불] Hôte; étranger; nouveau venu. (Honor.).
[한] 손님 | 외부 사람 | 새로 온 사람 | (경칭)

손덕 [SON-TEK,-I] [원]428
[불] Main calleuse.
[한] 못이 박힌 손

손도맛다 [SON-TO-MAT-TA,-TJYE,-TJIN] [원]433 ☞손도맛다

손돌목 [SON-TOL-MOK,-I] [원]428
[불] Endroit resserré et tournant sur la rivière de Kang-hoa, où se trouve le monument de 손돌이 Son-tol-i.
[한] 손돌이 Son-tol-i의 기념물이 있는, 강화의 강에 좁고 구불구불한 곳

손돌이 [SON-TOL-I] [원]428
[불] Nom d'un batelier qui conduisait un roi de Corée en fuite; celui-ci, croyant être conduit à l'ennemi, le fit décapiter; peu après, s'étant aperçu de son erreur, il lui fit construire un monument funèbre à Kang-hoa, lieu du massacre.
[한] 도망하는 조선의 왕을 안내했던 뱃사공의 이름 | 적에게 데리고 간다고 생각한 왕이 그의 목을 자르게 했다 | 얼마 후, 자신의 실수를 깨달은 왕은 살육의 장소인 강화에 기념비를 세우게 했다

손ᄃᆡ다 [SON-TĂI-TA,-TĂI-YE,-TĂIN] (加手) [원]428
[불] Toucher de la main.
[한] 손으로 만지다

손막다 [SON-MAK-TA,-MAK-A,-MAK-EUN] (拙手) [원]428
[불] Avoir les mains liées; ne savoir rien faire. Ne pas réussir; ne pas prospérer. N'avoir rien à faire.
[한] 손이 묶이다 | 아무 것도 할 줄 모르다 | 성공하지 못하다 | 번창하지 못하다 | 할 것이 아무것도 없다

손목 [SON-MOK,-I] (手項) [원]428
[불] Poignet, endroit où la main se joint au bras.
[한] 손목, 손이 팔과 잇닿은 부분

손바닥 [SON-PA-TAK,-I] (掌) [원]428
[불] Paume, le dedans de la main.
[한] 손바닥, 손의 안쪽

손바당 [SON-PA-TANG,-I] [원]428 ☞손바닥

손벽치다 [SON-PYEK-TCHI-TA,-TCHYE,-TCHIN] (拍掌) [원]428
[불] Battre des mains; claquer des mains.
[한] 손뼉을 치다 | 손을 쳐서 소리를 내다

*손부 [SON-POU] (孫婦) [원]428
[불] Belle-fille du fils; petite belle-fille; femme du petit-fils.
[한] 아들의 며느리 | 손자며느리 | 손자의 아내

*손샹ᄒᆞ다 [SON-SYANG-HĂ-TA] (損傷) [원]428
[불] Diminuer; s'user; diminuer peu à peu en se cassant. Faire tort; blesser; altérer; gâter. Etre endommagé; souffrir un dommage; être blessé, diminué, gâté; se

gâter; s'en dommager.
한 줄다 | 소모되다 | 점점 쇠약해지면서 줄다 | 피해를 주다 | 상처를 입히다 | 해를 끼치다 | 망치다 | 손해를 입다 | 손상을 입다 | 상하다, 약화되다, 나빠지다 | 악화되다 | 손상되다

*손셔 [SON-SYE] (孫婿) 원428
불 Gendre du fils; mari de la petite-fille.
한 아들의 사위 | 손녀의 남편

손슈 [SON-SYOU] (親手) 원428
불 Soi-même; de ses propres mains; en personne.
한 자기 자신 | 자기 손으로 | 직접

*손슌ᄒᆞ다 [SON-SYOUN-HĂ-TA] (遜順) 원428
불 Humilité et docilité; être humble et soumis, humble et doux.
한 겸손과 온순 | 겸손하고 유순하다, 겸손하고 온화하다

손아귀 [SON-A-KOUI] 원427
불 Poing.
한 주먹

손아ᄅᆡᄉᆞᄅᆞᆷ [SON-A-RĂI-SA-RĂM,-I] (手下人) 원428
불 Les inférieurs dans une maison.
한 집에서 아랫사람들

손웃사ᄅᆞᆷ [SON-OUT-SA-RĂM,-I] (手上人) 원428
불 Les supérieurs dans une maison.
한 집에서 윗사람들

손잡이 [SON-TJAP-I] (可把) 원428
불 Poignée, anse d'une boîte; manche d'un instrument.
한 자루, 상자의 손잡이 | 도구의 손잡이

[1]손조 [SON-TJO] (親手) 원428
불 De sa propre main; en personne.
한 손수 | 직접

[2]손조 [SON-TJO] 원428
불 Titre honorifique donné à un homme plus agé. Vous.
한 나이가 더 많은 사람에게 붙이는 경칭 | 당신

손즛 [SON-TJEUT,-SI] (手容) 원428
불 Geste de la main; signe de la main.
한 손짓 | 손으로 하는 신호

손지검ᄒᆞ다 [SON-TJI-KEM-HĂ-TA] 원428
불 Battre, frapper de la main.
한 손으로 치다, 때리다

*손ᄌᆞ [SON-TJĂ] (孫子) 원428
불 Petit-fils.
한 손자

*손ᄌᆡᄒᆞ다 [SON-TJĂI-HĂ-TA] (損財) 원428
불 Perte d'argent par un cas fortuit (incendie, vol); richesses épuisées.
한 뜻밖의 사고(화재, 도난)로 돈을 잃음 | 다 써버린 재산

손크다 [SON-HKEU-TA,-HKE,-HKEUN] (手大) 원428
불 Avoir la main large, c.a.d. être libéral, généreux.
한 손이 크다, 즉 관대하다, 너그럽다

손톱 [SON-HTOP,-I] (爪) 원428
불 Ongles des doigts de la main.
한 손가락의 손톱

손뗙치다 [SON-HPYEK-TCHI-TA] 원428 ☞손뗙ᄒᆞ다

손뗙ᄒᆞ다 [SON-HPYEK-HĂ-TA] (拍掌) 원428
불 Battement des mains; battre des mains.
한 손뼉 치기 | 손뼉 치다

손포 [SON-HPO] (衆手) 원428
불 Plusieurs hôtes; plusieurs personnes capables de travailler dans la même maison. (Enfants, serviteurs, etc…)
한 여러 명의 거주자들 | 같은 집에서 일할 수 있는 여러 명의 사람들 | (아이들, 하인들 등)

*손해ᄒᆞ다 [SON-HAI-HĂ-TA] (損害) 원428
불 Faire tort; qui fait tort; rendre difficile.
한 피해를 입히다 | 피해를 주다 | 힘들게 하다

*손ᄒᆞ다 [SON-HĂ-TA] (損) 원428
불 Diminuer; disparaître; s'écouler peu à peu.
한 줄어들다 | 사라지다 | 점점 없어지다

[1]솔 [SOL,-I] (松) 원429
불 Sapin, pin.
한 전나무, 소나무

[2]솔 [SOL,-I] 원429
불 Brosse (en forme de pinceau).
한 (붓 모양의) 솔

솔개 [SOL-KAI] (鳶) 원429
불 Espèce d'oiseau, p.ê. la buse.
한 새의 종류, 아마도 말똥가리

솔나무 [SOL-NA-MOU] (松木) 원429
불 Arbre de sapin; bois de pin.
한 전나무 | 소나무

솔다 [SOL-TA,SOL-E,SON] 원429
불 Se figer; se geler; se congeler; se durcir. ‖ Etre engourdi (comme la main ou les pieds restés longtemps dans l'eau, dont la peau semble se raccornir).

ㅅ

[한] 엉기다 | 얼다 | 얼다 | 굳어지다 | (물속에 오래 있어서 그 피부가 무감각해지는 것 같은 손이나 발처럼) 저리다

솔방울 [SOL-PANG-OUL,-I] (松子) [원]429
[불] Pomme de pin.
[한] 솔방울

[1]솔〻ᆡ [SOL-SĂI] (松禽) [원]429
[불] L'oiseau des pins, espèce d'oiseau qui mange la graine de pin.
[한] 소나무 새, 소나무 씨앗을 먹는 새 종류

[2]솔〻ᆡ [SOL-SĂI] [원]435 ☞솔ᄉᆡ

솔안 [SOL-AN,-I] [원]429
[불] Bourre, papier pour empêcher le vent de passer à travers la porte.
[한] 문을 통해 바람이 지나가지 못하게 하기 위한 털 뭉치, 종이

솔질ᄒᆞ다 [SOL-TJIL-HĂ-TA] (箸) [원]429
[불] Etriller, brosser un cheval.
[한] 말을 글겅이로 빗겨주다, 솔질하다

솜 [SOM,-I] (綿) [원]427
[불] Coton en flocons.
[한] 목화 뭉치

솜솜얽다 [SOM-SOM-ELK-TA,-ELK-E,-ELK-EUN] [원]427
[불] Qui est un peu marqué de la petite vérole; n'être pas trop marqué de la petite vérole.
[한] 천연두 자국이 약간 있다 | 천연두 자국이 그다지 많지 않다

솜씨 [SOM-SSI] (手才, (Main, habile)) [원]427
[불] Habileté, adresse des mains; capacité.
[한] 능란함, 손재주 | 능력

[1]솟 [SOT,-TCHI] [원]435
[불] Chaudière.
[한] 큰 가마솥

[2]솟 [SOT,-TCHI] (鼎) [원] 430 ☞솟

솟아지다 [SOT-A-TJI-TA,-TJYE,-TJIN] (浪) [원]430
[불] Se répandre; couler de; jaillir; sourdre.
[한] 쏟아지다 | ~에서 흘러나오다 | 솟다 | 솟아나다

*송 [SONG,-I] (訟) [원]428
[불] En agrég. Procès.
[한] 한자어로 소송

송골매 [SON-KOL-MAI] [원]429
[불] Espèce d'oiseau (du genre faucon).
[한] (매류의) 새의 종류

송곳 [SONG-KOT,-SI] (錐) [원]429
[불] Perçoir; vrille; outil de fer propre à percer; alène.
[한] 송곳 | 나사송곳 | 구멍을 뚫는 데 적합한 철로 만든 연장 | 송곳 바늘

*송관 [SONG-KOAN,-I] (訟官) [원]429
[불] Mandarin juge, qui juge un procès.
[한] 소송을 재판하는 재판관

*송구ᄒᆞ다 [SŌNG-KOU-HĂ-TA] (悚懼) [원]429
[불] Avoir peur, craindre.
[한] 두려워하다, 무서워하다

[1*]송당 [SONG-TANG,-I] (訟堂) [원]429
[불] Tribunal, salle d'audience pour les procès.
[한] 재판소, 소송을 위한 법정

[2]송당 [SŌNG-TANG,-I] (宋唐) [원]429
[불] La dynastie 송 Song et la dynastie 당 Tang.
[한] 송 Song의 왕조와 당 Tang의 왕조

*송당송당쓸다 [SONG-TANG-SONG-TANG-SSEUL-TA,-SSEUL-E,-SSEUN] [원]429
[불] Couper menu; couper en petits morceaux.
[한] 잘게 자르다 | 작은 조각으로 자르다

*송뎡 [SONG-TYENG] (訟庭) [원]429
[불] Place publique où sont les plaideurs. Tribunal du mandarin où se discutent les procès.
[한] 소송인이 있는 공적인 장소 | 소송이 논의되는 관리의 재판소

송동이 [SONG-TONG-I] [원]429
[불] Très-petite chaudière.
[한] 매우 작은 가마솥

*송민 [SONG-MIN,-I] (訟民) [원]429
[불] Homme en procès; plaideur.
[한] 소송 중인 사람 | 소송인

*송변ᄒᆞ다 [SONG-PYEN-HĂ-TA] (訟辯) [원]429
[불] Procès. Plaider; être en procès, en discussion, en opposition, en litige.
[한] 소송 | 소송하다 | 소송 중, 논의 중, 대립 중, 논쟁 중이다

*송셩 [SONG-SYENG] (頌聲) [원]429
[불] Chant de louange; louange.
[한] 찬양하는 노래 | 찬사

송〻리 [SONG-SA-RI] (鰤) [원]429
[불] Tout petit poisson d'eau douce dans les ruisseaux; fretin.
[한] 시냇물에 사는 아주 작은 민물고기 | 잔 물고기

*송〻ᄒᆞ다 [SŌNG-SĂ-HĂ-TA] (訟事) [원]429

불 Procès. Plaider; être en litige, en discussion; être en procès; discuter; contester.
한 소송 | 소송하다 | 논쟁 중, 토의 중이다 | 소송 중이다 | 토의하다 | 논쟁하다

*송양지인 [SONG-YANG-TJI-IN,-I] (宋襄之人) 원428
불 Homme du royaume de 송 Song, de celui de 양 Yang. Imbécile, qui ne sait pas se tirer d'affaire, qui ne sait pas parler pour se défendre.
한 송 Song 왕국의, 양 Yang 왕국의 사람 | 바보, 난관에서 벗어날 줄 모르는, 자신을 변호하기 위한 말을 할 줄 모르는 사람

*송장 [SONG-TJANG,-I] (送葬) 원429
불 Cadavre, corps mort.
한 시체, 죽은 몸

*송쳑 [SONG-TCHYEK] (訟隻) 원429
불 Plaideurs, les parties dans un procès.
한 소송인들, 소송의 양쪽 상대자

*송황ᄒᆞ다 [SONG-HOANG-HĂ-TA] (悚惶) 원428
불 Avoir peur; craindre; ne pas oser; être confus.
한 무서워하다 | 두려워하다 | 감행하지 않다 | 당황하다

솨 [SOA] 원425
불 Bruit du vent d'automne. =부다 -pou-ta, Souffler (vent).
한 가을바람 소리 | [용례 =부다, -pou-ta], (바람이) 불다

솨솨 [SOA-SOA] 원425
불 Bruit des vagues de la mer. d'un vent fort.
한 바다 파도의, 강한 바람의 소리

솰솰 [SOAL-SOAL] 원425
불 Bruit d'un filet d'eau en cascade.
한 끊임없이 흐르는 실개천의 소리

*쇄 [SOAI] (鎖) 원425
불 Serrure, cadenas.
한 자물쇠, 맹꽁이 자물쇠

*쇄골ᄒᆞ다 [SOAI-KOL-HĂ-TA] (碎骨) 원425
불 Avoir les os brisés en tombant.
한 넘어지면서 뼈가 부서지다

1*쇄락ᄒᆞ다 [SOAI-RAK-HĂ-TA] (灑落) 원425
불 Asperger; arroser.
한 물을 끼얹다 | 물을 뿌리다

2쇄락ᄒᆞ다 [SOAI-RAK-HĂ-TA] (要樂) 원425
불 Etre joyeux; réjouir; se réjouir.
한 유쾌하다 | 기쁘게 하다 | 즐기다

*쇄문ᄒᆞ다 [SOAI-MOUN-HĂ-TA] (鎖門) 원425
불 Fermer avec une serrure; fermer à clef.
한 자물쇠로 잠그다 | 열쇠로 잠그다

쇠 [SOI] (鐵) 원426
불 Métal; fer.
한 금속 | 철

*쇠경 [SOI-KYENG,-I] (衰境) 원426
불 Vieillesse; le temps de la vieillesse.
한 노년 | 노쇠기

*쇠년 [SOI-NYEN,-I] (衰年) 원426
불 Age de vieillesse; temps de la vieillesse; vieux; vieillesse.
한 노년기 | 노쇠기 | 노인 | 노후

쇠노 [SOI-NOI] (弩) 원426
불 Espèce de piège à bête fauve (tigre ou sanglier); sorte de piége pour percer le tigre au passage.
한 맹수(호랑이 또는 멧돼지)를 잡는 데 쓰는 덫의 종류 | 지나가는 호랑이를 찌르기 위한 덫 종류

쇠닉이다 [SOI-NIK-I-TA,-NIK-YE,-NIK-IN] (煤鐵) 원426
불 Forger à chaud; battre le fer.
한 뜨겁게 달구어 벼리다 | 쇠를 두드리다

쇠다 [SOI-TA,SOI-E,SOIN] (頹仆) 원426
불 Se faner, languir, être mourant (herbe, plante); durcir comme un légume qui monte en graine.
한 (풀, 식물이) 시들다, 쇠약해지다, 죽어가다 | 씨를 맺는 채소처럼 억세게 되다

1쇠다람나무 [SOI-TA-RAM-NA-MOU] 원460 ☞ 다람나무

2쇠다람나무 [SOI-TA-RAM-NA-MOU] (多男木) 원426
불 Nom d'une esp. d'arbre à l'écorce blanche et qui a l'intérieur rouge.
한 속은 붉고 껍질은 하얀 나무 일종의 이름

쇠닷 [SOI-TAT,-TCHI] (鐵矴) 원426
불 Ancre de fer.
한 쇠로 만든 닻

쇠로ᄒᆞ다 [SOI-RO-HĂ-TA] (衰老) 원426
불 Vieux et languissant; vieillir.
한 늙고 쇠약하다 | 늙다

쇠못 [SOI-MOT,-SI] (鐵釘) 원426
불 Clou, clou de fer, cheville en fer.

[한] 못, 쇠못, 쇠로 만든 쐐기
쇠몽치 [SOI-MONG-TCHI] (鐵杖) [원]426
[불] Baguette de fer, baton de fer à tête, pour frapper.
[한] 쇠로 만든 막대기, 때리는 데 사용하는, 머리 부분이 쇠로 된 방망이
*쇠문 [SOI-MOUN,-I] (衰門) [원]426
[불] Ruine; maison en décadence.
[한] 몰락 | 쇠퇴한 집안
쇠북 [SOI-POUK,-I] (鍾) [원]426
[불] Tampour en métal.
[한] 금속으로 만든 북
쇠붓 [SOI-POUT,-SI] (鐵筆) [원]426
[불] Plume de fer.
[한] 쇠로 만든 펜
쇠비름 [SOI-PI-REUM,-I] (莧) [원]426
[불] Nom d'une espèce d'herbe, de légume; pourpier sauvage.
[한] 일종의 풀, 채소의 이름 | 야생 쇠비름
쇠사슬 [SOI-SA-SEUL,-I] (鐵連) [원]426
[불] Chaîne de fer.
[한] 쇠로 만든 사슬
*쇠세 [SOI-SYEI] (衰世) [원]426
[불] Temps de la vieillesse; vieillesse.
[한] 노쇠기 | 노년
쇠소시랑 [SOI-SO-SI-RANG,-I] (三枝農器) [원]426
[불] Trident; fourche à trois dents; espèce de râteau à trois dents.
[한] 삼지창 | 갈고리가 세 개인 쇠스랑 | 갈고리가 세 개인 갈퀴 종류
쇠손 [SOI-SON,-I] (鏝) [원]426
[불] Truelle en fer.
[한] 쇠로 만든 흙손
쇠ᄭᅩ리 [SOI-KKO-RI] [원]426
[불] Pédale du métier à tisser.
[한] 베틀의 발판
쇠ᄯᅩᆨ이 [SOI-TTOK-I] [원]426
[불] Nom d'une espèce d'herbe; prêle des champs; queue de cheval.
[한] 일종의 풀의 이름 | 밭에서 자라는 쇠뜨기 | 속새
쇠ᄯᅩᆼ [SOI-TTONG,-I] (鐵糞) [원]426
[불] Mâchefer, scorie qui sort du fer quand on le forge.
[한] 쇠를 벼릴 때 나오는 쇠똥, 광재
*쇠약ᄒᆞ다 [SOI-YAK-HĂ-TA] (衰弱) [원]426
[불] Faible.
[한] 약하다
*쇠잔ᄒᆞ다 [SOI-TJAN-HĂ-TA] (衰殘) [원]426
[불] Vieux et languissant; tomber en décadence, en ruines.
[한] 늙고 쇠약하다 | 쇠하다, 무너지다
*쇠증 [SOI-TJEUNG,-I] (衰症) [원]426
[불] Marque, signe; effet de la vieillesse; symptôme de décadence.
[한] 노쇠의 표시, 징조, 결과 | 쇠퇴하여 생기는 증상
*쇠진ᄒᆞ다 [SOI-TJIN-HĂ-TA] (衰盡) [원]426
[불] Languissant de vieillesse; tomber en décadence; décroître.
[한] 노쇠해서 힘이 없다 | 쇠하다 | 약해지다
쇠창ᄌᆞ [SOI-TCHANG-TJĂ] (鐵腸) [원]426
[불] Entrailles de fer; cœur dur.
[한] 몰인정 | 무정함
쇠코 [SOI-HKO] [원]426
[불] Nez de fer, c.a.d. homme opiniâtre. ‖ Objet très-dur, très-solide.
[한] 쇠로 만든 코, 즉 고집 센 사람 | 아주 단단한, 아주 튼튼한 물건
*쇠픽ᄒᆞ다 [SOI-HPĂI-HĂ-TA] (衰敗) [원]426
[불] Etre faible; n'avoir pas de forces à cause de la vieillesse; tomber en ruines, en décadence; vieux.
[한] 약하다 | 노쇠해서 힘이 없다 | 쓰러지다, 쇠하다 | 늙다
*쇠ᄒᆞ다 [SOI-HĂ-TA] (衰) [원]426
[불] Fané, languissant, presque mort (plantes à la fin de l'automne); vieillir, durcir comme les plantes; être en décadence; menacer ruine.
[한] (가을이 끝날 무렵의 식물들이) 마르다, 시들시들하다, 거의 죽다 | 쇠퇴하다, 식물들처럼 억세지다 | 쇠하다 | 금방 무너질 듯하다
1* 쇼 [SYO] (所) [원]430
[불] En agr. Ce qui, ce que (marque du passif).
[한] 한자어로 ~것, ~것 (피동형의 표지)
2* 쇼 [SYO] (小) [원]430
[불] En agr. Petit.
[한] 한자어로 작다
*쇼가 [SYO-KA] (小家) [원]431
[불] Concubine; maison de la concubine.
[한] 첩 | 첩의 집
*쇼갈ᄒᆞ다 [SYO-KAL-HĂ-TA] (消渴) [원]431

불 Etancher sa soif.
한 자신의 갈증을 해소하다

*쇼견ᄒᆞ다 [SYO-KYEN-HĂ-TA] (消遣) 원431
불 Passer le temps.
한 시간을 보내다

쇼경 [SYO-KYENG,-I] (盲) 원431
불 Aveugle.
한 장님

쇼경의장ᄯᅳ기 [SYO-KYENG-EUI-TJANG-TTEU-KI] (盲之取醬) 원431
불 Un aveugle qui prend des mets. Tantôt bien, tantôt mal; tantôt beaucoup, tantôt rien.
한 요리를 먹는 장님 | 어떤 때는 잘하고, 또 어떤 때는 서투르다 | 어떤 때는 많고, 또 어떤 때는 아무것도 없다

*쇼고 [SYO-KO] (小鼓) 원431
불 Espèce de tambour ou grosse caisse; petit tambour.
한 북 또는 큰북 종류 | 작은북

쇼곤쇼곤ᄒᆞ다 [SYO-KON-SYO-KON-HĂ-TA] (細語) 원431
불 Parler bas, à voix basse; chuchoter; chanter bas; faire un bruit léger en parlant.
한 나지막이, 낮은 목소리로 말하다 | 속삭이다 | 저음으로 노래하다 | 말할 때 희미한 소리를 내다

*쇼공복 [SYO-KONG-POK,-I] (小功服) 원431
불 Petit deuil.
한 작은 상복

*쇼공부 [SYO-KONG-POU] (所工夫) 원431
불 Le travail que l'on fait.
한 지금 하고 있는 공부

*쇼과 [SYO-KOA] (小科) 원431
불 Petit examen de bachelier; le 진ᄉᆞ Tjin-să; le titre de 진ᄉᆞ Tjin-să. =ᄒᆞ다 -hă-ta, Le gagner.
한 작은 바칼로레아 시험 | 진ᄉᆞ Tjin-să | 진ᄉᆞ Tjin-să 라는 칭호 | [용례 =ᄒᆞ다, -hă-ta], 그것에 합격하다

*쇼관ᄉᆞ [SYO-KOAN-SĂ] (所管事) 원431
불 Intérêt à une affaire; affaire qui a de l'importance, qui regarde; ce qui importe; ce dont on se mêle.
한 일에 대한 관심 | 중요한, 관계된 일 | 중요한 것 | 관계하는 일

1*쇼교 [SYO-KYO] (素轎) 원431
불 Palanquin blanc d'homme en deuil.
한 상중에 있는 사람이 타는 흰 가마

2*쇼교 [SYO-KYO] (小轎) 원431
불 Petit pont.
한 작은 다리

*쇼국 [SYO-KOUK,-I] (小國) 원431
불 Petit royaume.
한 작은 왕국

*쇼ᄀᆡ노다 [SYO-KĂI-NO-TA,-NOL-E,-NON] (紹介) 원431
불 Divulguer, révéler. ‖ S'entremettre, se mêler à une affaire.
한 폭로하다, 누설하다 | 일에 끼어들다, 개입하다

쇼나무 [SYO-NA-MOU] (松) 원433
불 Arbre, bois de sapin; pin.
한 전나무, 전나무 재목 | 소나무

쇼낙이 [SYO-NAK-I] (涑) 원433
불 Pluie d'orage; orage; pluie subite et de peu de durée.
한 천둥 치는 소낙비 | 뇌우 | 갑작스럽고 오래 지속되지 않는 비

*쇼녀 [SYO-NYE] (小女) 원433
불 Petite femme; femme de basse classe (titre que prend une femme du peuple devant le mandarin).
한 어린 여자 | 낮은 신분의 여자 (관리 앞에서 서민 여자가 쓰는 칭호)

*쇼년 [SYO-NYEN,-I] (少年) 원433
불 Jeunesse, adolescence. 쇼년이라도 Syo-nyen-i-ra-to, Quoiqu'il soit jeune.
한 젊음, 청년기 | [용례 쇼년이라도, Syo-nyen-i-ra-to], 그가 젊더라도

1*쇼다 [SYO-TA] (小多) 원435
불 Petit et grand.
한 작고 큼

2쇼다 [SYO-TA,SYO-RA,SYON] 원435
불 Se figer, se congeler, se geler, se durcir.
한 엉기다, 얼다, 얼다, 굳다

쇼달 [SYO-TAL,-I] 원435
불 Maladie du pied du cheval.
한 말의 발에 생기는 병

1*쇼당 [SYO-TANG,-I] (小堂) 원435
불 Petite maisonnette, cabane.
한 작은 집, 오두막집

2*쇼당 [SYO-TANG,-I] (所當) 원435
불 Mérite (en bonne ou en mauvaise part); (récompense ou punition) suivant le mérite; chose méritée (digne de). ‖ Convenablement, il convient.

한 (좋은 또는 나쁜 의미로) 공로 | 공로에 따른 (보상 또는 처벌) | (~할 만한) 가치 있는 일 | 적절하게, 적절하다

*쇼뎨 [SYO-TYEI] (小弟) 원436
불 Petit frère (qualification que prend, dans une lettre, un jeune homme écrivant à un homme plus âgé de même rang).
한 동생 (편지에서 젊은 남자가 같은 신분의 나이가 더 많은 사람에게 글을 쓰면서 사용하는 호칭)

*쇼동 [SYO-TONG,-I] (小童) 원436
불 Petit enfant.
한 어린아이

쇼두 [SYO-TOU] 원436
불 Rognon, rein d'un animal.
한 동물의 콩팥, 신장

쇼딕 [SYO-TĂI] 원436
불 Piquet ou mât surmonté d'un canard en bois devant la maison des licenciés.
한 나무로 만든 오리를 얹은 학사들의 집 앞에 두는 푯말 또는 깃대

쇼라 [SYO-RA] (螺) 원434
불 Coquillage en forme de bigorneau.
한 경단고둥 모양의 조개

쇼라각 [SYO-RA-KAK,-I] (螺殼) 원434
불 Nom d'une maison, d'un pavillon du gouvernement à 슈원 Syou-ouen, qui est construit en forme de pyramide, de bigorneau.
한 피라미드 모양으로, 경단고둥 모양으로 지어진, 슈원 Syou-ouen에 있는 정부의 건물의, 별채의 이름

쇼라반ᄌᆞ [SYO-RA-PAN-TJĂ] (螺槃子) 원434
불 Plafond en treillis de bois, en papier collé sur un châssis.
한 나무로 된 격자 모양의, 틀 위에 붙인 종이로 만든 천장

쇼락이 [SYO-RAK-I] (鹽器) 원434
불 Espèce de grand vase plat en terre; terrine.
한 흙으로 만든 크고 납작한 그릇 종류 | 단지

*쇼란 [SYO-RAN,-I] (小欄) 원434
불 Saillie du montant de la porte qui empêche le vent de passer, de s'introduire dans l'appartement.
한 바람이 지나는 것을, 거처로 들어가는 것을 막는 문설주의 돌출된 부분

*쇼란ᄒᆞ다 [SYO-RAN-HĂ-TA] (騷亂) 원434
불 Etre en tumulte.
한 소란스럽다

1* 쇼력 [SYO-RYEK,-I] (小曆) 원434
불 Petit calendrier. V. 대력 Tai-ryek et 즁력 Tjyoung-ryek.
한 작은 달력 | [참조어 대력, Tai-ryek] 그리고 [참조어 즁력, Tjyoung-ryek]

2* 쇼력 [SYO-RYEK,-I] (小力) 원434
불 Petite force.
한 작은 힘

*쇼렴ᄒᆞ다 [SYO-RYEM-HĂ-TA] (小斂) 원435
불 Habiller un mort avant de l'ensevelir.
한 매장하기 전에 고인에게 옷을 입히다

*쇼로 [SYŌ-RO] (小路) 원435
불 Chemin étroit; sentier peu frayé; petit chemin.
한 좁은 길 | 잘 트이지 않은 길 | 작은 길

*쇼록 [SYŌ-ROK,-I] (小錄) 원435
불 Résumé, abrégé. ‖ Billet qui indique la somme à recevoir, la somme à donner. ‖ Plainte au mandarin. ‖ Billet en forme de post-scriptum.
한 요약, 개략 | 받을 금액, 줄 금액을 나타내는 어음 | 관리에게 하는 청원 | 추신의 형태로 된 짤막한 편지

*쇼론 [SYO-RON,-I] (少論) 원435
불 Un des quatre partis civilis, une division des 셔인 Sye-in; ce parti est nombreux, mais souple, soumis et sans influence.
한 세 개의 문민의 당 중 하나, 셔인 Sye-in에서 나뉜 것 | 이 당은 수는 많지만, 융통성이 있고 순응적이며 세력이 없다

*쇼료 [SYO-RYO] (所料) 원435
불 Appréciation; sentiment; pensée; opinion; prévision; calcul; compte (v.g. ça ne fait pas mon compte).
한 평가 | 소감 | 생각 | 의견 | 예상 | 계산 | 고려 (예. 그것은 내가 고려할 바가 아니다)

쇼름 [SYO-REUM,-I] 원435
불 Grains, petits boutons qui viennent sur la peau lorsqu'on a froid ou qu'on éprouve une peur subite; chair de poule.
한 춥거나 갑작스러운 공포를 느낄 때 피부 위로 나오는 우툴두툴한 것, 작은 부스럼들 | 닭살

1* 쇼리 [SYO-RI] (小吏) 원435
불 Prétorien de classe inférieure.
한 낮은 계급의 친위병

2* 쇼리 [SYO-RI] (小利) 원435
불 Petit profit.

한 작은 이익

3* 쇼리 [SYO-RI] (所利) 원435

불 Gain, profit, avantage.

한 이익, 이득, 이점

쇼마 [SYO-MA] (大小便) 원433

불 Grands besoins. =보다 -po-ta, Aller à la garde-robe.

한 대변 | [용례 =보다, -po-ta], 변소에 가다

* 쇼만 [SYO-MAN,-I] (小滿) 원433

불 Peu plein, (l'épi de l'orge se remplit). 2me quinzaine d'été, (elle commence vers le 19 ou 20 mai).

한 별로 충만하지 않음 (보리 이삭이 가득 찬) | 여름의 두 번째 2주간, (5월 19일 또는 20일경에 시작한다)

* 쇼망 [SYO-MANG,-I] (所望) 원433

불 Espoir, l'objet de l'espérance.

한 희망, 기대의 대상

* 쇼매ᄒᆞ다 [SYO-MAI-HĂ-TA] (所昧) 원433

불 Secret; inconnu; qu'on n'a jamais vu ou fait.

한 비밀스럽다 | 생소하다 | 결코 보거나 하지 않았다

* 쇼멸ᄒᆞ다 [SYO-MYEL-HĂ-TA] (消滅) 원433

불 Anéantir, détruire entièrement.

한 없애다, 전부 파괴하다

* 쇼목 [SYO-MOK,-I] (小木) 원433

불 Bois de chauffage; petit bois à brûler.

한 땔나무 | 불태우는 데 쓰는 작은 나무

* 쇼목쟝이 [SYO-MOK-TJYANG-I] (小木匠) 원433

불 Menuisier; ébéniste; fabricant de meubles.

한 소목장이 | 가구 세공인 | 가구 제조인

1* 쇼문 [SYO-MOUN,-I] (所聞) 원433

불 Remueur; bruit; bruit public; nouvelle.

한 소문 | 풍문 | 공공연한 소문 | 소식

2* 쇼문 [SYO-MOUN,-I] (小門) 원433

불 Petit porte; porte du vagin, parties naturelles de la femme.

한 작은 문 | 질의 입구, 여성의 생식기

1* 쇼미 [SYO-MI] (小米) 원433

불 Millet dépouillé de son écorce.

한 그 껍질을 벗긴 조

2* 쇼미 [SYO-MI] (小微) 원433

불 Petitesse.

한 작음

* 쇼민 [SYO-MIN,-I] (小民) 원433

불 Petit homme; homme inférieur, de bas étage; le petit peuple.

한 [역주 지위가] 낮은사람 | 하급의, 신분이 낮은 사람 | 하층민

* 쇼믹 [SYO-MĂIK,-I] (小麥) 원433

불 Froment.

한 밀

* 쇼밍 [SYO-MĂING,-I] (小盲) 원433

불 Jeune aveugle.

한 어린 장님

* 쇼반 [SYO-PAN,-I] (小盤) 원434

불 Petite table.

한 작은 식탁

* 쇼범 [SYO-PEM,-I] (所犯) 원434

불 Maladie caussée par l'abus du devoir conjugal, épuisement excessif souvent mortel; en mauvais état de santé.

한 부부간의 성적 의무의 남용으로 생긴 병, 종종 죽음에 이르는 극단적인 쇠약 | 건강이 나쁜 상태

* 쇼변보다 [SYO-PYEN-PO-TA,-PO-A,-PON] (小便) 원434

불 Petits besoin, urine; uriner.

한 소변, 오줌 | 소변보다

* 쇼부 [SYO-POU] (所負) 원434

불 Dette contractée.

한 남에게 진 빚

* 쇼북 [SYO-POUK,-I] (小北) 원434

불 Un des quatre partis civils issu des 북인 Pouk-in (il est actuellement peu nombreux et sans influence).

한 북인 Pouk-in에서 나온 네 개의 문민의 당 중 하나 (현재 수도 적고 영향력도 없다)

* 쇼분ᄒᆞ다 [SYO-POUN-HĂ-TA] (掃墳) 원434

불 Veiller sur les tombeaux, prendre soin des tombeaux. Cérémonie au tombeau des parents après avoir obtenu une dignité.

한 무덤을 감시하다, 무덤을 돌보다 | 고위직을 얻은 후 친척들의 무덤에서 행하는 의식

* 쇼비 [SYO-PI] (所費) 원434

불 Dépenses, frais.

한 지출, 비용

* 쇼빅의 [SYO-PĂIK-EUI] (小白衣) 원434

불 Rochet, surplis.

한 소백의, 중백의

* 쇼빅쟝의 [SYO-PĂIK-TJYANG-EUI] (小白長衣) 원434

ㅅ

불 Rochet, surplis.
한 소백의, 중백의

*쇼사 [SYO-SA] (昭史) 원435
불 Veuve.
한 과부

*쇼사ᄒᆞ다 [SYO-SA-HĂ-TA] (小些) 원435
불 Etre petit, peu important, de petit esprit.
한 작다, 별로 중요하지 않다, 편협하다

*쇼산 [SYO-SAN,-I] (所産) 원435
불 Principales productions d'un pays. Né à, habitant de.
한 지역의 주된 생산물 | ~에서 나오다, ~의 주민

쇼샤스럽다 [SYO-SYA-SEU-REP-TA,-RE-OUE,-RE-ON] (小瑣樣) 원435
불 Superstitieux; crédule; qui met sa confiance dans de vaines observances, dans des pratiques ridicules. ‖ Etre de petit esprit, bavard, vétillard, avec des disposition à la ruse.
한 미신적이다 | 쉽게 믿다 | 근거 없는 계율, 터무니없는 관습을 믿다 | 편협하다, 수다스럽다, 좀스럽다, 꾀를 부리는 경향이 있다

*쇼샹 [SYO-SYANG,-I] (小祥) 원435
불 Premier anniversaire de la mort, (c'est le petit; le second anniversaire est le grand).
한 죽음 이후 일주기 (작은 것이다; 두 번째 주기는 큰 것)

*쇼셔 [SYO-SYE] (小暑) 원435
불 Petite chaleur. 5me quinzaine d'été; elle commence vers le 7 ou 8 juillet.
한 약한 더위 | 여름의 다섯 번째 2주간 | 7월 7일 또는 8일경에 시작된다

1* 쇼션 [SYO-SYEN,-I] (小船) 원435
불 Petite barque.
한 작은 배

2* 쇼션 [SYO-SYEN,-I] (素扇) 원435
불 Eventail blanc.
한 흰 부채

1* 쇼셜 [SYO-SYEL,-I] (小說) 원435
불 Petite parole. Bavardage; cancan; nouvelle sans fondement; nouvelle fausse; conte; rumeur; bruit fâcheux.
한 작은 말 | 수다 | 험담 | 근거 없는 소문 | 헛소문 | 터무니없는 이야기 | 풍문 | 난처한 소문

2* 쇼셜 [SYŌ-SYEL,-I] (小雪) 원435
불 Petite neige. 2me quinzaine d'hiver; elle commence vers le 21 ou 23 novembre.
한 적은 눈 | 겨울의 두 번째 2주간 | 11월 21일 또는 23일경에 시작된다

*쇼쇼ᄒᆞ다 [SYO-SYO-HĂ-TA] (小小) 원435
불 Bagatelle, niaiserie; dérision. Etre très-petit, de nulle importance. 쇼쇼ᄒᆞᆫ물건 Syo-syo-hăn-moul-ken, Bagatelle, brimborion.
한 쓸모없는 물건, 하찮은 것, 보잘것없는 것 | 매우 사소하다, 전혀 중요하지 않다 | [용례 쇼쇼ᄒᆞᆫ물건, Syo-syo-hăn-moul-ken], 쓸모없는 물건, 하찮은 물건

*쇼승 [SYŌ-SEUNG,-I] (小僧) 원435
불 Petit bonze; dénomination que se donnent les bonzes en parlant à une autre personne.
한 신분이 낮은 승려 | 다른 사람에게 말할 때 승려들이 스스로를 부르는 명칭

*쇼시 [SYŌ-SI] (少時) 원435
불 Jeunesse; adolescence; temps de la jeunesse.
한 젊음 | 청년기 | 젊은 시절

*쇼식 [SYO-SIK,-I] (所食) 원435
불 Mets; nourriture; cuisine.
한 요리 | 식사 | 조리

*쇼실 [SYO-SIL,-I] (少室) 원435
불 Maison d'une concubine.
한 첩의 집

*쇼심ᄒᆞ다 [SYŌ-SIM-HĂ-TA] (小心) 원435
불 Faire attention, prendre garde.
한 주의하다, 경계하다

*쇼ᄉᆞ [SYO-SĂ] (小事) 원435
불 Petite affaire; affaire qui n'a pas beaucoup d'importance; petite chose.
한 사소한 일 | 그다지 중요하지 않은 일 | 하찮은 일

1* 쇼ᄉᆡᆼ [SYO-SĂING,-I] (小生) 원435
불 Qualification humble que se donne un enfant devant son maître, un homme du peuple devant un noble ou un homme respectable. Petit écolier (un lettré parlant à un grand).
한 아이가 자신의 스승 앞에서, 서민이 귀족 또는 존경할 만한 사람 앞에서 자신을 지칭하는 공손한 호칭 | 초심자 (귀족에게 말을 하는 학식 있는 사람)

2* 쇼ᄉᆡᆼ [SYO-SĂING,-I] (所生) 원435
불 Progéniture; né; fils de.
한 자녀 | 태어난 아이 | ~의 아들

쇼쁨 [SYO-PPYEM,-I] 원434

불 Le petit empan, l'espace compris entre le pouce et l'index très-étendus (mesure de longueur).
한 작은 한 뼘, 엄지와 검지를 쭉 뻗었을 때 그 사이의 공간 (길이의 단위)

*쇼아 [SYO-A] (小兒) 원430
불 Petit enfant.
한 어린아이

*쇼업 [SYO-EP,-I] (所業) 원430
불 Occupation; travail; profession; art; métier; emploi; industrie; état; fonction.
한 일거리 | 일 | 직업 | 기술 | 직무 | 일자리 | 생업 | 신분 | 임무

*쇼여 [SYO-YE] (小輿) 원430
불 Faux cercueil, cercueil vide, qui suit celui où se trouve le cadavre, à l'enterrement du roi, de la reine ou des grands, (afin de tromper le diable).
한 (악마를 속이기 위해) 왕, 왕비 또는 귀족들의 장례식 때 시체가 든 관을 따라가는 가짜 관, 텅 빈 관

[1]쇼연ᄒᆞ다 [SYO-YEN-HĂ-TA] 원426 ☞ [1]소연ᄒᆞ다

[2]*쇼연ᄒᆞ다 [SYO-YEN-HĂ-TA] (昭然) 원430
불 Etre clair, évident.
한 분명하다, 명백하다

*쇼요ᄒᆞ다 [SO-YO-HĂ-TA] (騷擾) 원431
불 Bruyant; où il y a beaucoup de bruit, de tapage; faire du bruit; exciter des rumeurs; être en rumeur.
한 떠들썩하다 | 소음이 많이 나다, 소란스럽다 | 시끄럽게 하다 | 떠들썩한 소리를 내다 | 웅성거리다

*쇼욕 [SYO-YOK,-I] (所慾) 원431
불 Désir; envie; volonté de faire; passion; grand désir.
한 욕망 | 갈망 | 하고자 하는 의지 | 열정 | 큰 욕망

*쇼용 [SYO-YONG,-I] (所用) 원431
불 Dépense, frais.
한 지출, 비용

*쇼원 [SYO-OUEN,-I] (所願) 원431
불 Désir.
한 바람

[1]*쇼위 [SYO-OUI] (所謂) 원431
불 De nom seulement; qui a le nom de ··· sans en avoir le caractère; bruit public···; réputation de··· (sens de mépris); comme qui dirait···; pour ainsi dire.
한 이름만으로 | 그 특징은 없으면서 ~라는 이름이 있다 | 공공연한 소문 | ~의 평판 (경멸의 의미) | 말하자면 | 이를테면

[2]*쇼위 [SYO-OUI] (所爲) 원431
불 Ce qui a été fait; action; fait; acte; conduite.
한 행해진 것 | 행동 | 행위 | 행위 | 행실

*쇼읍 [SYO-EUP] (小邑) 원430
불 Petit district; petit mandarinat; petite ville.
한 작은 관할지 | 지위가 낮은 관직 | 작은 마을

*쇼의군 [SYO-EUI-KOUN,-I] (昭儀軍) 원430
불 Espèce de soldats; esclaves dont on fait des soldats dans les cas extrêmes.
한 군인의 종류 | 최후의 경우에 군인이 되는 노예들

*쇼이연 [SYO-I-YEN,-I] (所以然) 원430
불 Cause.
한 이유

[1]*쇼인 [SYO-IN,-I] (小人) 원430
불 Homme inférieur, petit homme. ‖ Titre que prend le peuple devant un mandarin; homme méprisable, je, moi, homme de rien. ‖ Flatteur, courtisan.
한 아랫사람, 소인 | 관리 앞에서 백성이 갖는 칭호 | 경멸할 만한 사람, 나, 나, 아무것도 아닌 사람 | 아첨꾼, 추종자

[2]*쇼인 [SYO-IN,-I] (小引) 원431
불 Préface, introduction d'un livre.
한 머리말, 책의 서문

*쇼임 [SYO-IM,-I] (所任) 원430
불 Charge, emploi, fonction, office (des employés du gouvernment).
한 임무, 직무, 임무, (정부 직원들의) 직책

*쇼입 [SYO-IP,-I] (所入) 원431
불 Valeur; ce qu'a coûté une chose; dépenese; frais; premiers frais.
한 가치 | 어떤 것에 든 값 | 소비 | 비용 | 초기의 경비

*쇼장 [SYO-TJANG,-I] (所掌) 원436
불 Les choses dont on a à s'occuper.
한 돌보아야 하는 것들

쇼존셩ᄒᆞ다 [SYO-TJON-SYENG-HĂ-TA] 원436
불 Torréfier, rôtir, griller, brûler pour rédure en farine (remède); chose brûlée qui conserve encore sa forme (médec.).
한 볶다, 굽다, 석쇠에 굽다, 가루로 변하게 하려고 불에 태우다 (약) | 그 형태가 여전히 보존되는 태운 것 (내복약)

*쇼죄 [SYO-TJOI] (小罪) 원436
불 Péché véniel, péché léger, petit péché.

ㅅ

[한] 용서받을 수 있는 죄, 가벼운 죄, 작은 죄

*쇼쥬 [SYO-TJYOU] (燒酒) [원]436

[불] Vin brûlé, eau-de-vie, alcool.

[한] 열처리를 한 술, 화주, 술

*쇼즁ᄒᆞ다 [SYO-TJOUNG-HĂ-TA] (所重) [원]436

[불] Précieux, auguste, rare (v.g. calice); grave, très-important.

[한] 귀중하다, 위엄 있다, 진귀하다 (예. 성배) | 중대하다, 매우 중요하다

쇼지 [SYO-TJI] (民訴) [원]436

[불] Placet au mandarin, pétition écrite, plainte ou requête écrite au mandarin.

[한] 관리에게 내는 청원서, 글로 쓴 청원서, 관리에게 글로 써서 내는 고소나 간청

*쇼지뎡ᄒᆞ다 [SYO-TJI-TYENG-HĂ-TA] (所志呈) [원]436

[불] Présenter un placet au mandarin (préfet).

[한] 관리(도지사)에게 청원서를 제출하다

쇼지치 [SYO-TJI-TCHI] [원]436

[불] Nom d'une maladie dans laquelle le corps est enflé en certains endroits.

[한] 몸의 몇몇 군데가 부풀어 오르는 병의 이름

*쇼지 [SYO-TJĂI] (小齋) [원]436

[불] Petite abstinence. Abstinence de viande. (Mot chrét.).

[한] 소재 | 금육 | (기독교 어휘)

*쇼찬 [SYO-TCHAN,-I] (素饌) [원]436

[불] Nourriture maigre; mets où il n'entre pas de viande, de chair.

[한] 기름기 없는 음식 | 고기, 살코기가 들어가지 않는 요리

쇼창옷 [SYO-TCHANG-OT,-SI] (小上衣) [원]436

[불] Espèce de veste longue à manches qui se revêt sous le 큰창옷 Hkeun-tchang-ot.

[한] 큰창옷 Hkeun-tchang-ot 안에 입는 소매가 있는 긴 웃옷 종류

쇼쳔 [SYO-TCHYEN,-I] (小錢) [원]436

[불] Sapèque chinoise en Corée.

[한] 조선에 있는 중국의 엽전

*쇼쳡 [SYŌ-TCHYEP,-I] (少妾) [원]436

[불] Jeune concubine.

[한] 나이가 어린 첩

*쇼쳥 [SYO-TCHYENG,-I] (所請) [원]436

[불] Demande, pétition, plainte au supérieur; sujet de la plainte.

[한] 윗사람에게 하는 부탁, 청원, 불평 | 하소연의 주제

*쇼츌 [SYO-TCHYOUL,-I] (所出) [원]436

[불] Production; récolte; fruit; succès; ce qui sort; ce qui est produit.

[한] 생산물 | 수확물 | 열매 | 성공 | 생겨 나오는 것 | 생산되는 것

1* 쇼치 [SYO-TCHI] (所致) [원]436

[불] Motif, cause.

[한] 동기, 원인

2 쇼치 [SYO-TCHI] [원]436

[불] Les objets en réserve; ce que l'on a à sa disposition.

[한] 보류해 둔 물건들 | 자신이 처분할 수 있는 것

*쇼친 [SYO-TCHIN,-I] (所親) [원]436

[불] Ami, les amis.

[한] 친구, 친구들

*쇼탐대실 [SYO-HTAM-TAI-SIL,-I] (小貪大失) [원]436

[불] Désir d'une petite chose, perte d'une grande; quitter sa proie pour l'ombre.

[한] 작은 것에 대한 욕망, 큰 것의 상실 | 그림자 때문에 제 먹이를 버리다

*쇼탕 [SYO-HTANG,-I] (蔬湯) [원]436

[불] Bouillon d'herbes potagères.

[한] 식용 풀로 만든 국물

*쇼탕ᄒᆞ다 [SYO-HTANG-HĂ-TA] (蔬蕩) [원]436

[불] Ravager, ruiner tout.

[한] 참해를 입히다, 모두 파괴하다

쇼텰 [SYO-HTYEL,-I] [원]436

[불] Pariétaire (plante).

[한] 쐐기풀 무리의 잡초 (식물)

1* 쇼포 [SYO-HPO] (疏布) [원]434

[불] Blanc, cible, but (dans le tir à l'arc).

[한] (활쏘기에서의) 흰색, 과녁, 표적

2* 쇼포 [SYO-HPO] (所逋) [원]434

[불] Dette.

[한] 빚

*쇼피ᄒᆞ다 [SO-HPI-HĂ-TA] (小避) [원]434

[불] Petits besoins naturels; pisser.

[한] 소변 | 오줌 누다

1* 쇼학 [SYO-HĂK,-I] (小學) [원]431

[불] Nom d'un livre contenant les règles de civilité.

[한] 예의의 규범을 담고 있는 책의 이름

2* 쇼학 [SYO-HĂK,-I] (所學) ㉠431
불 Les choses apprises; les connaissances que l'on possède.
한 배운 것들 | 가지고 있는 지식

* 쇼학언히 [SYO-HAK-EN-HĂI] (小學諺解) ㉠431
불 Nom d'un livre contenant les règles de cicilité.
한 예절 규범을 담은 책의 이름

* 쇼한 [SYO-HAN,-I] (小寒) ㉠431
불 Petit froid. 5me quinzaine d'hiver (elle commence vers le 4 janvier).
한 약한 추위 | 겨울의 다섯 번째 2주간 (1월 4일경에 시작된다)

* 쇼합환 [SYO-HAP-HOAN] (蘇合丸) ㉠431
불 Nom d'une espèce de remède, espèce de petite pilule pour les indigestions.
한 일종의 약 이름, 소화불량에 쓰이는 작은 환약 종류

* 쇼향 [SYO-HYANG,-I] (所向) ㉠431
불 But de voyage; le lieu vers lequel on se dirige; but qu'on se propose.
한 여행의 목적지 | 향하는 곳 | 마음먹은 목표

1* 쇼호 [SYO-HO] (小戶) ㉠431
불 Petite maison, cabane.
한 작은 집, 정자

2* 쇼호 [SYO-HO] (所好) ㉠431
불 Ce que l'on aime; ce dont on est bien aise.
한 좋아하는 것 | 아주 만족하는 것

3* 쇼호 [SYO-HO] (小虎) ㉠431
불 Petit tigre.
한 새끼 호랑이

1* 쇼환 [SYO-HOAN,-I] (嗽患) ㉠431
불 Toux opiniâtre; rhume invétéré; rhume chronique.
한 고질적인 기침 | 뿌리 깊은 감기 | 만성적인 감기

2* 쇼환 [SYO-HOAN,-I] (所患) ㉠431
불 Inquiétude.
한 불안

3* 쇼환 [SYO-HOAN,-I] (小丸) ㉠431
불 Petites pilules.
한 작은 환약들

* 쇼회죄경 [SYO-HOI-TJOI-KYENG,-I] (小悔罪經) ㉠431
불 Acte de contrition abrégé.
한 요약된 통회의 기도

* 쇼힝 [SYO-HĂING,-I] (所行) ㉠431
불 Action; fait; acte; ce que l'on fait.
한 행동 | 행동 | 행위 | 행하는 것

1* 쇽 [SYOK,-I] (贖) ㉠431
불 Prix du rachat, rachat.
한 보석으로 사람을 풀어준 대가, 석방

2* 쇽 [SYOK,-I] (俗) ㉠431
불 Monde; siècle; paganisme (par opposition à la religion catholique).
한 속세 | 세속 | (가톨릭교와 반대로) 이교

3* 쇽 [SYOK] (速) ㉠431
불 En agr. Rapide; qui court, passe vite.
한 한자어로 빠르다 | 달리는, 빨리 지나는 것

쇽곱질ᄒᆞ다 [SYOK-KOP-TJIL-HĂ-TA] (潛水) ㉠432
불 Jouer au ménage (amusement des enfants).
한 소꿉놀이를 하다 (아이들의 놀이)

1* 쇽공ᄒᆞ다 [SYOK-KONG-HĂ-TA] (屬空) ㉠432
불 Perdre, égarer. ‖ Perdre le fruit de son travail.
한 잃다, 분실하다 | 일의 성과를 잃다

2* 쇽공ᄒᆞ다 [SYOK-KONG-HĂ-TA] (屬功) ㉠432
불 Racheter sa faute par une bonne action.
한 훌륭한 행동으로 자신의 잘못을 씻다

* 쇽교 [SYOK-KYO] (俗敎) ㉠432
불 Doctrine mondaine; les sectes que suivent les gens du monde non chrétiens.
한 세속적 교리 | 기독교 신자가 아닌 세상 사람들이 따르는 종파

* 쇽국 [SYOK-KOUK,-I] (屬國) ㉠432
불 Royaumes unis, tributaires; royaume tributaire ou vassal; colonie.
한 통합된, 종속된 왕국들 | 종속된 또는 예속된 왕국 | 식민지

* 쇽긱 [SYOK-KĂIK,-I] (俗客) ㉠432
불 Homme du monde; mondain. ‖ Hôte païen.
한 속세의 사람 | 속인 | 이교도인 손님

* 쇽냥ᄒᆞ다 [SYOK-NYANG-HĂ-TA] (贖良) ㉠432
불 Affranchir (un esclave); donner le prix de l'affranchissement; racheter un esclave; se racheter.
한 (노예를) 해방하다 | 해방에 대한 값을 치르다 | 노예를 해방시키다 | 자신의 명예를 회복하다

* 쇽노회 [SYOK-NO-HOI] (贖虜會) ㉠432
불 Assemblée pour le rachat des captifs; ordre de la rédemption des captifs.

한 포로들을 석방하기 위한 집회 | 포로들을 구원하기 위한 수도회

*쇽논 [SYOK-NYON,-I] (俗論) 원432

불 Délibération du siècle; bruit commun; ce que tout le monde dit; le bruit qui a cours; bruit public.

한 세속의 심의 | 공통된 소문 | 모든 사람이 말하는 것 | 통용되는 소문 | 공공연한 소문

쇽닥쇽닥ᄒᆞ다 [SYOK-TAK-SYOK-TAK-HĂ-TA] 원432

불 Désigne le bruit du babil de plusieurs enfants; babiller tout bas.

한 여러 명의 아이들이 재잘거리는 소리를 가리킨다 | 아주 낮은 소리로 재잘거리다

*쇽단 [SYOK-TAN,-I] (續斷) 원432

불 Nom d'une espèce de plante médicinale.

한 약용 식물 일종의 이름

*쇽단ᄒᆞ다 [SYOK-TAN-HĂ-TA] (續斷) 원432

불 Renouer (dans les livres).

한 (책에서) 다시 시작하다

*쇽담 [SYOK-TAM,-I] (俗談) 원432

불 Proverbe, dicton populaire; sentence du siècle, du paganisme; parole qui a cours dans le monde.

한 속담, 민간 속담 | 속세의, 이교의 경구 | 속세에 통용되는 말

*쇽뎐 [SYOK-TYEN,-I] (粟田) 원433

불 Champ de millet. || Nouveau champ, endroit nouvellement défriché.

한 조밭 | 새 밭, 새로 개간한 곳

*쇽뎐ᄒᆞ다 [SYOK-TYEN-HĂ-TA] (速戰) 원433

불 Surprendre l'ennemi avant qu'il soit préparé.

한 적이 준비 태세를 갖추기 전에 기습하다

*쇽례 [SYOK-RYEI] (俗禮) 원432

불 Coutumes, rites, usages de ce monde, du siècle; cérémonies civiles (les chrétiens appellent ainsi les cérémonies civiles du mariage).

한 속세의, 세속의 관습, 관례, 풍습 | 세속의 예식 (기독교 신자들은 결혼의 세속적인 예식을 그렇게 부른다)

쇽말 [SYOK-MAL,-I] (俗談) 원432

불 Proverbe du siècle; dicton païen; sentence, le dire des gens du monde; parole qui a cours dans le monde.

한 속세의 속담 | 이교도의 격언 | 명언, 세상 사람들이 말하는 바 | 속세에서 쓰이는 말

*쇽미 [SYOK-MI] (粟米) 원432

불 Petit millet écossé.

한 껍질을 깐 작은 조

*쇽반 [SYOK-PAN,-I] (粟飯) 원432

불 Bouillie de millet.

한 조로 만든 죽

쇽밧치다 [SYOK-PAT-TCHI-TA,-TCHYE,-TCHIN] (贖納) 원432

불 Donner le prix de son affranchissement (esclave); se racheter.

한 (노예가) 자신의 해방에 대한 값을 치르다 | 자신의 명예를 회복하다

*쇽법 [SYOK-PEP,-I] (俗法) 원432

불 Loi du monde; loi païenne; usage du monde.

한 속세의 법 | 이교도의 법 | 속세의 관습

1*쇽빈ᄒᆞ다 [SYOK-PIN-HĂ-TA] (速貧) 원432

불 Se ruiner promptement; ruiné, devenu pauvre.

한 빠르게 파산하다 | 몰락하다, 가난해지다

2*쇽빈ᄒᆞ다 [SYOK-PIN-HĂ-TA] (贖貧) 원432

불 Echapper à la pauvreté; être au-dessus du besoin.

한 빈곤에서 벗어나다 | 가난을 넘어서 있다

*쇽살거리다 [SYOK-SAL-KE-RI-TA,-RYE,-RIN] 원432

불 Babiller, bavarder.

한 재잘거리다, 수다를 떨다

쇽살쇽살ᄒᆞ다 [SYOK-SAL-SYOK-SAL-HĂ-TA] 원432

불 Babiller (se dit des enfants réunis qui se parlent entre eux tout bas).

한 재잘거리다 (모여서 낮은 목소리로 서로에게 말하는 아이들에 대해 쓴다)

1*쇽셔 [SYOK-SYE] (俗書) 원432

불 Ecrits, récits païens; livres mondains.

한 이교도들의 작품, 이야기 | 속세의 책

2*쇽셔 [SYOK-SYE] (速書) 원432

불 Ecriture rapide.

한 빨리 쓰는 글

*쇽셜 [SYOK-SYEL,-I] (俗說) 원432

불 Proverbe mondain; sentence du paganisme; dicton du siècle; parole courant dans le monde; les dire du monde.

한 속세의 속담 | 이교의 명언 | 속세의 격언 | 속세에 널리 퍼진 말 | 세상 사람들이 말하는 바

1*쇽셰 [SYOK-SYEI] (俗世) 원432

불 Le monde.

한 세상

2*쇽셰 [SYOK-SYEI] (贖世) 원432

불 Rachat du monde.
한 세상 사람들의 속죄
[1]쇽쇼리 [SYOK-SYO-RI] (小柿) 원432
불 Nom d'une espèce de petit kaki.
한 작은 감 일종의 이름
[2]쇽쇼리 [SYOK-SYO-RI] 원432
불 Très-petite chose; fretin; petit; chétif.
한 매우 하찮은 것 | 하찮은 사람 | 약자 | 허약한 사람
*쇽쇽ᄒᆞ다 [SYOK-SYOK-HĂ-TA,-HĂN,-HI] (速速) 원432
불 Prompt; promptement; vite; vif; expéditif.
한 재빠르다 | 재빠르게 | 빠르다 | 민첩하다 | 신속하다
[1]쇽슈 [SYOK-SYOU] (雇價) 원432
불 Prix du travail d'un forgeron.
한 대장장이의 일에 대한 대가
[2]*쇽슈 [SYOK-SYOU] (速手) 원432
불 Main rapide.
한 빠른 손
*쇽슈무칙 [SYOK-SYOU-MOU-TCHĂIK,-I] (束手無策) 원432
불 (Main liée et pas de conseil) sans expédients. Il n'y a pas moyen. N'être capable de rien.
한 (손이 묶이고 조언도 없는) 방편 없음 | 방법이 없다 | 아무것도 할 수 없다
*쇽신ᄒᆞ다 [SYOK-SIN-HĂ-TA] (贖身) 원432
불 Affranchi; esclave affranchi. Se racheter; s'affranchir.
한 해방되다 | 해방된 노예 | 자신의 명예를 회복하다 | 해방되다
*쇽ᄉᆞ [SYOK-SĂ] (俗事) 원432
불 Affaire du siècle, du monde, des païens.
한 속세의, 세상의, 이교도들의 일
쇽ᄉᆡ [SYOK-SĂI] (木賊) 원432
불 Prêle des tourneurs (plante médicinale); nom d'une espèce d'herbe qui sert à polir le bois et les métaux. Syn. 목뎍 Mok-tyek.
한 녹로 세공인들의 쇠뜨기 (약용 식물) | 나무와 금속을 윤내는 데 쓰는 일종의 풀의 이름 | [동의어 목뎍, Mok-tyek]
*쇽언 [SYOK-EN,-I] (俗言) 원431
불 Proverbe, dicton, sentence (païenne); parole courant dans le monde.
한 속담, 격언, (이교도의) 경구 | 속세에 널리 퍼진 말
*쇽업 [SYOK-EP,-I] (俗業) 원431
불 Affaire du monde, de ce monde, du paganisme; fonction dans le monde.
한 속세의, 이 세상의, 이교의 일 | 속세에서의 직무
*쇽인 [SYOK-IN,-I] (俗人) 원431
불 Homme du monde, de siècle; païen.
한 세상의, 세속의 사람 | 이교도
*쇽젼 [SYOK-TJYEN,-I] (贖錢) 원433
불 Prix de l'affranchissement d'un esclave, prix du rachat.
한 노예 해방에 대한 대가, 석방에 대한 대가
쇽졀업다 [SYOK-TJYEL-EP-TA,-EP-SE,-EP-SĂN] (漫然) 원433
불 Il n'y a pas moyen; il n'y a plus rien à faire; c'en est fait, plus de remède.
한 방법이 없다 | 더 이상 할 일이 없다 | 더 이상 손 쓸 도리가 없이 끝장이 나다
*쇽죄ᄒᆞ다 [SYOK-TJOI-HĂ-TA] (贖罪) 원433
불 Racheter ses fautes; payer pour son crime; réparer ses fautes.
한 과오를 씻다 | 자신의 범죄에 대한 값을 치르다 | 자신의 잘못을 바로잡다
쇽지 [SYOK-TJI] (裏紙) 원433
불 Mauvais papier.
한 질이 나쁜 종이
*쇽촌 [SYOK-TCHON,-I] (俗村) 원433
불 Village païen.
한 이교도의 마을
*쇽취ᄒᆞ다 [SYOK-TCHYOUI-HĂ-TA] (俗娶) 원433
불 Mariage païen; se remarier (veuf)
한 이교도의 결혼 | (홀아비가) 재혼하다
[1]*쇽탈ᄒᆞ다 [SYOK-HTAL-HĂ-TA] (俗脫) 원433
불 Qui ne s'inquiète pas de se bien tenir pour plaire; insouciant; voyou.
한 남의 환심을 사기 위해 몸가짐을 바르게 하는 것에 신경 쓰지 않다 | 태평한 사람 | 부랑자
[2]*쇽탈ᄒᆞ다 [SYOK-HTAL-HĂ-TA] (贖脫) 원433
불 Se racheter (esclave).
한 (노예가) 자신의 명예를 회복하다
*쇽틱 [SYOK-HTĂI] (俗態) 원433
불 Manière du monde, du siècle; air mondain; habitude mondaine.
한 세상의, 속세의 방식 | 속세의 태도 | 속세의 습관
[1]*쇽편 [SYOK-HPYEN,-I] (速便) 원432

불 Occasion rapide, c.a.d. qu'on saisit à la volée.
한 빠른, 즉 망설이지 않고 잡은 기회

[2]쇽편 [SYOK-HPYEN,-I] (粟餠) 원432
불 Gâteau de millet.
한 조로 만든 떡

[*]쇽풍 [SYOK-HPOUNG,-I] (俗風) 원432
불 Coutumes du paganisme; usage du monde.
한 이교의 관습 | 속세의 풍습

[*]쇽한이 [SYOK-HAN-I] (俗漢) 원431
불 Tous les hommes, à l'exception des bonzes; laïcs; gens du siècle (les bonzes appellent ainsi tous les autres hommes). Dénomination qu'on donne à ceux qui, après avoir été bonzes, quittent cette profession pour rentrer dans le siècle.
한 승려들을 제외한 모든 사람 | 속인들 | 세인 (승려들이 다른 모든 사람을 이렇게 부른다) | 승려가 된 후 속세로 되돌아가기 위해 이 직업을 그만두는 사람들에게 붙이는 명칭

[*]쇽현ᄒᆞ다 [SYOK-HYEN-HĂ-TA] (續絃) 원432
불 Se marier en secondes noces après la mort de sa femme; se remarier.
한 아내와 사별한 후 두 번째 결혼을 하다 | 재혼하다

[*]쇽혼 [SYOK-HON,-I] (俗婚) 원432
불 Mariage d'un païen; mariage d'un homme du monde.
한 이교도의 결혼 | 속인의 결혼

[1*]쇽효 [SOK-HYO] (速效) 원432
불 Effet prompt d'un remède.
한 약의 신속한 효과

[2*]쇽효 [SYOK-HYO] (俗效) 원432
불 Imitation du monde; copie du siècle.
한 속세의 흉내 | 세속의 모방

[1*]쇽ᄒᆞ다 [SYOK-HĂ-TA,-HĂ-YE,-HĂN] (屬) 원431
불 Dépendre de; être soumis à; être tributaire; être attaché.
한 ~에 달려 있다 | ~에 따르다 | 종속되다 | 결부되다

[2*]쇽ᄒᆞ다 [SYOK-HĂ-TA] (贖) 원432
불 Affranchir; émanciper; racheter un esclave.
한 해방하다 | 해방하다 | 노예를 해방시키다

[3]쇽ᄒᆞ다 [SYOK-HĂ-TA] (速) 원432
불 Faire promptement; être prompt, rapide, leste, expéditif.
한 신속하게 하다 | 신속하다, 빠르다, 민첩하다, 기민하다

숀도맛다 [SYON-TO-MAT-TA,-TJYE,-TJIN] (損徒罰) 원433
불 Etre chassé du village; être renvoyé d'un endroit; être mis à la porte.
한 마을에서 쫓겨나다 | 한 장소에서 쫓겨나다 | 내쫓기다

[1*]숀방 [SYON-PANG,-I] (巽方) 원433
불 Le sud-est.
한 남동쪽

[2]숀방 [SYON-PANG,-I] 원433
불 Ignorant, qui ne sait pas.
한 무지한 사람, 알지 못하는 사람

[*]숄가ᄒᆞ다 [SYOL-KA-HĂ-TA] (率家) 원435
불 Etre chef de maison; la gouverner. ‖ Déloger; déménager; émigrer.
한 집안의 우두머리이다 | 집을 다스리다 | 퇴거하다 | 이사하다 | 이주하다

숄기 [SYOL-KI] (縫) 원435
불 Couture.
한 솔기

[*]숄노 [SYOL-NO] (率奴) 원435
불 Esclave de la maison; propre esclave; intendant; esclave chargé de l'intendance de la maison.
한 집안의 노예 | 본래 노예 | 관리인 | 집안을 관리하는 일을 맡은 노예

[*]숄발 [SYOL-PAL,-I] (率叭) 원435
불 Sonnette, clochette.
한 방울, 작은 종

숄발나다 [SYOL-PAL-NA-TA,-NA,-NAN] (出撥) 원435
불 Se divulguer; devenir public.
한 누설되다 | 공개되다

숄숄나오다 [SYOL-SYOL-NĂ-O-TA,-NA-OA,-NA-ON] (少少出) 원435
불 Se dit des fils d'une toile qui se tirent aisément. Sortir lentement (eau qui dégoutte d'un vase).
한 천에서 쉽게 빠져나오는 실에 대해 쓴다 | (그릇에서 방울져 떨어지는 물이) 천천히 나오다

숄숄ᄒᆞ다 [SYOL-SYOL-HĂ-TA] 원435
불 Etre petit, menu. Désigne l'état d'une culture, d'une récolte qui est venue comme à l'ordinaire, ni trop bien ni trop mal.
한 작다, 가느다랗다 | 너무 좋지도 나쁘지도 않은, 평소처럼 나온 경작, 수확의 상태를 가리킨다

숄식 [SYOL-SĂI] (松禽) [원]435
[불] Nom d'une espèce d'oiseau; métaph. Homme léger et barvard, étourneau.
[한] 일종의 새의 이름 | 비유적으로 가볍고 수다스러운 사람, 경솔한 사람

1*숄양ᄒᆞ다 [SYOL-YANG-HĂ-TA] (率養) [원]434
[불] Adoption; adopter.
[한] 입양 | 양자로 삼다

2*숄양ᄒᆞ다 [SYOL-YANG-HĂ-TA] (率揚) [원]434
[불] Conduire; commander; avoir sous ses ordres, sous sa direction.
[한] 인도하다 | 지휘하다 | 자신의 명령하에, 자신의 지도하에 두다

*숄창ᄒᆞ다 [SYOL-TCHANG-HĂ-TA] (率倡) [원]435
[불] Ovation que se fait un nouveau bachelier après sa réception; aller au son de la musique visiter ses parents et ses amis (nouveau bachelier); fêter sa promotion avec renfort de musique et de comédiens.
[한] 합격 후 새로운 바칼로레아 합격자가 스스로 하는 환호 | (새로운 바칼로레아 합격자가) 음악 소리를 들으며 자신의 부모와 친구들을 방문하러 가다 | 음악과 희극 배우들을 이용하여 자신의 승진을 축하하다

솜솜싱각ᄒᆞ다 [SYOM-SYOM-SĂING-KAK-HĂ-TA] (昧昧思之) [원]433
[불] Penser attentivement, à loisir; considerer avec grande attention; réfléchir profondément.
[한] 주의 깊게, 천천히 생각하다 | 매우 조심스럽게 고려하다 | 깊이 숙고하다

1숏 [SYOT] [원]435
[불] Chaudière.
[한] 큰 가마솥

2숏 [SYOT] (上) [원]435
[불] Au-dessus.
[한] 위에

숏곱질ᄒᆞ다 [SYOT-KOP-TJIL-HĂ-TA] (潛水) [원]436
[불] Jeu du ménage. Jouer au ménage (enfants, petites filles, qui s'amusent en imitant le ménage).
[한] 소꿉놀이 | (살림을 흉내 내면서 노는 아이들, 어린 소녀들이) 소꿉놀이를 하다

숏금쓸타 [SYOT-KEUM-KKEUL-HTA, -KKEUI-HE, -KKEUL-HEUN] (沸騰) [원]436
[불] Bouillon, bouillonnement; jeter un bouillon.
[한] 거품, 부글거림 | 거품을 일으키다

숏나다 [SYOT-NA-TA, -NA, -NAN] (善出) [원]436
[불] Etre accru, avoir une augmentation (produit d'un champ qui a rapporté cette année plus que les années précédentes); l'emporter sur.
[한] 불어나다, 증가하다 (앞선 여러 해보다 올해 더 많은 이익을 가져다 준 밭의 생산물) | ~보다 우세하다

숏다 [SYOT-TA, SYO-SYE, SYO-SEUN] [원]436
[불] Verser, répandre, renverser, faire sourdre. ‖ Sortir de son trou (clou, cheville), se déclouer. ‖ S'élever en pointe; être plus élevé; proéminent. ‖ l'emporter sur.
[한] 엎지르다, 쏟다, 넘어뜨리다, 솟아나게 하다 | (못, 쐐기가) 구멍에서 나오다, 못이 빠지다 | 뾰족하게 올라가다 | 더 높아지다 | 튀어나오다 | ~보다 우세하다

숏듸쟝이 [SYOT-TĂI-TJYANG-I] (倡優) [원]436
[불] Comédien, farceur, bouffon, baladin
[한] 희극 배우, 어릿광대, 익살꾼, 곡예사

숏발 [SYOT-PAL, -I] [원]436
[불] Trois branches; trois pointes.
[한] 세 개의 가지 | 세 개의 뾰족한 끝

숏발나다 [SYOT-PAL-NA-TA, -NA, -NAN] [원]436
[불] Etre placé en triangle (comme les pieds d'une chaudière).
[한] (가마솥의 다리처럼) 삼각형으로 놓이다

숏밤 [SYOT-PAM, -I] (鼎柄) [원]436
[불] Moule pour fondre les chaudières.
[한] 가마솥을 주조하기 위한 거푸집

숏보다 [SYOT-PO-TA, -PO-A, -PON] (仰視) [원]436
[불] Regarder comme au-dessus de soi, honorer.
[한] 자신보다 위에 있다고 생각하다, 공경하다

숏젹다시 [SYOT-TJYEK-TA-SĂI] (豐年鳥) [원]436
[불] Nom d'un petit oiseau rouge, qui chante la nuit et qui, dit-on, annonce que les chaudières seront trop petites (c'est ce qu'on lui fait dire dans son chant), c.a.d. qu'il y aura abondance.
[한] 밤에 우는 작고 붉은 새의 이름으로, 가마솥이 너무 작을 것을(그것은 그 울음소리에서 지어낸 것이다), 즉 풍년일 것을 알려주는 것으로 알려져 있다

숏치다 [SYOT-TCHI-TA, -TCHYE, -TCHIN] [원]436
[불] Etre répandu; laisser tomber; être renversé; se renverser et se répandre (grains, eau).
[한] 흩어지다 | 떨어뜨리다 | 엎어지다 | (낟알, 물이) 뒤집혀 쏟아지다

숏틱 [SYOT-HTĂI] (苦木) [원]436

불 Sorte d'arbre dont l'écorce a un goût amer.
한 그 껍질의 맛이 쓴 나무 종류

1* 숑 [SYONG] (松) 원433
불 En agr. Pin
한 한자어로 소나무

2* 숑 [SYONG,-I] (誦) 원433
불 En agr. Réciter. Actes. 젼숑 Tjyen-syong, Actes avant;, 시숑 Si-syong, Actes pendant; 후숑 Hou-syong, Actes après.
한 한자어로 암송하다 | 행위 | [용례 젼숑, Tjyen-syong], 앞의 행위 | [용례 시숑, Si-syong], 진행되는 행위 | [용례 후숑, Hou-syong], 후의 행위

*숑경ᄒᆞ다 [SYONG-KYENG-HĂ-TA] (誦經) 원434
불 Réciter des prières.
한 기도를 암송하다

숑고리다 [SYONG-KO-RI-TA,-RYE,-RIN] (聳) 원434
불 Se replier sur soi-même (à cause du froid ou de la crainte) ; se renfoncer le cou dans les épaules ; se rapetisser le corps ; se faire petit ; se resserrer ; se ratatiner.
한 (추위 또는 두려움으로) 몸을 둥글게 구부리다 | 어깨 속으로 목이 깊숙이 들어가다 | 몸을 오그리다 | 몸을 움츠리다 | 수축하다 | 웅크리다

*숑구ᄒᆞ다 [SYONG-KOU-HĂ-TA] (悚懼) 원434
불 Avoir peur, craindre.
한 겁내다, 두려워하다

*숑금 [SYONG-KEUM,-I] (松禁) 원434
불 Défense de couper des pins.
한 소나무 베기 금지

1 숑낙 [SYONG-NAK] (松衲) 원434
불 Chapeau de bonze, bonnet de bonze fait avec le 숑라 Syong-ra.
한 승려의 모자, 숑라 Syong-ra로 만든 승려의 챙 없는 모자

2 숑낙 [SYONG-NAK,-I] 원434
불 Grosse mouche blanchâtre qui croît sur des arbres.
한 나무 위에서 자라는 크고 희끄무레한 파리

*숑라 [SYONG-RA] (松蘿) 원434
불 Soie de pin ; espèce de filaments semblables à la soie ou à la laine, qui croissent sur certains arbres de pin. Fil de pin (matière précieuse.).
한 소나무의 강모 | 몇몇 소나무 위에 자라는, 명주 또는 양모와 비슷한 가는 실 종류 | 소나무의 실 (귀중한 물질)

*숑방 [SYONG-PANG,-I] (松房) 원434
불 Magasin, entrepôt de marchandises d'un homme de Syong-to (où se fait le plus grand commerce).
한 (가장 큰 거래가 이루어지는) 송도 사람의 상품 저장고, 창고

*숑빅 [SYONG-PĀIK,-I] (松栢) 원434
불 Sapin et p. ê. le hêtre. Pin commun et pin à amandes.
한 전나무, 아마도 너도밤나무 | 보통의 소나무와 아몬드가 열리는 소나무

숑셩 [SYONG-SYENG,-I] 원429 ☞송셩

*숑슌 [SYONG-SYOUN,-I] (松筍) 원434
불 Pousse du sapin, du pin.
한 전나무의, 소나무의 새싹

*숑슌쥬 [SYONG-SYOUN-TJYOU] (松荀酒) 원434
불 Vin fait avec des pommes de pin écrasées et fermentées avec du riz.
한 빻아서 쌀과 함께 발효시킨 솔방울로 만든 술

숑아리 [SYONG-A-RI] (封子) 원433
불 Grappe de fruits ou de fleurs; bouquet de fleurs; grappes, assemblage de grains pendants. ‖ Flocon (de neige, de coton).
한 열매나 꽃의 송이 | 꽃다발 | 늘어진 낟알의 송이, 집합 | (눈의, 목화의) 송이

숑아지 [SYON-A-TJI] (犢) 원433
불 Veau, jeune bœuf.
한 송아지, 어린소

*숑양ᄒᆞ다 [SYONG-YANG-HĂ-TA] (頌揚) 원433
불 Compliments. Louer; donner des louanges; vanter; glorifier.
한 칭찬 | 칭찬하다 | 찬사를 보내다 | 찬양하다 | 찬미하다

*숑어 [SYONG-E] (松魚) 원433
불 Espèce de poisson. V. 슈어 Syou-e.
한 물고기 종류 | [참조어 슈어, Syou-e]

*숑연 [SYONG-YEN,-I] (悚烟) 원433
불 Noir de fumée de bois de sapin.
한 소나무를 태운 그을음

*숑연ᄒᆞ다 [SYONG-YEN-HĂ-TA] (悚然) 원433
불 Avoir peur; craindre.
한 겁내다, 두려워하다

*숑엽 [SYONG-YEP,-I] (松葉) 원433
불 Feuille de pin.
한 소나무의 잎

*숑유 [SYONG-YOU] (松油) 원433
불 Huile, séve du sapin; résine.
한 전나무의 기름, 수액 | 송진

1*숑이 [SYONG-I] (松茸) 원433
불 Champignon du pin; morille comestible.
한 소나무의 버섯 | 식용의 삿갓버섯

2숑이 [SYONG-I] (封子) 원433
불 Grappe, assemblage de fleurs ou de fruits disposés par étages sur un axe pendant; bouquet.
한 늘어진 축 위에 계단식으로 배열된 꽃 또는 열매의 송이, 집합 | 다발

숑이슐 [SYONG-I-SYOUL,-I] (不漉酒) 원433
불 Espèce de vin mêlé à la lie; vin qui n'est pas séparé du marc.
한 찌끼가 섞인 술 종류 | 찌꺼기와 분리되지 않은 술

*숑인 [SYONG-IN,-I] (松人) 원433
불 Homme de la ville de Syong-to, ancienne capitale de la Corée. (Injur.).
한 조선의 옛 수도인 송도에 사는 사람 | (욕설)

*숑졀 [SYONG-TJYEL,-I] (松節) 원434
불 Nœud du sapin.
한 전나무의 마디

*숑쥭 [SYONG-TJYOUK,-I] (松竹) 원434
불 Sapin et bambou.
한 전나무와 대나무

*숑진 [SYONG-TJIN,-I] (松津) 원434
불 Résine (du sapin).
한 (전나무의) 진

*숑ᄌᆞ [SYONG-TJĂ] (松子) 원434
불 Pomme de pin.
한 솔방울

*숑쳠 [SYONG-TCHYEM,-I] (松簷) 원434
불 Toiture de branches de pin mises en avant de la maison pour se garantir du soleil.
한 햇빛으로부터 보호하기 위해 집 앞쪽으로 놓인 소나무 가지로 만든 지붕

*숑츙이 [SYONG-TCHYOUNG-I] (松虫) 원434
불 Tenthrède du pin ; chenille du sapin, du pin.
한 소나무의 잎벌 | 전나무의, 소나무의 애벌레

숑치 [SYONG-TCHI] 원434
불 Veau qui n'est pas encore né, qui est dans le ventre de sa mère.
한 아직 태어나지 않고 제 어미의 배 속에 있는 송아지

숑침 [SYONG-TCHIM,-I] (松薪) 원434
불 Branches de pin que l'on met au-dessus et au-dessous du cercueil dans la fosse.
한 묘혈의 관 위와 아래에 놓는 소나무 가지

*숑판 [SYONG-HPAN,-I] (松板) 원434
불 Planche de sapin ; planche en bois de pin.
한 전나무로 만든 판자 | 소나무로 만든 판자

*숑편 [SYONG-HPYEN,-I] (松餅) 원434
불 Nom d'une espèce de gâteaux cuits à la vapeur entre deux couches de feuilles de pin.
한 솔잎으로 된 두 층 사이에서 증기로 익힌 일종의 떡의 이름

*숑피 [SYONG-HPI] (松皮) 원434
불 Ecorce de sapin, de pin.
한 전나무의, 소나무의 껍질

*숑화 [SYONG-HOA] (松花) 원433
불 Fleur du pin, pollen de ses fleurs (on en fait des gâteaux).
한 소나무의 꽃, 그 꽃의 꽃가루 (이것으로 떡을 만든다)

*숑화ᄉᆡᆨ [SYONG-HOA-SĂIK,-I] (松花色) 원433
불 Couleur jaune.
한 노란색

*수 [SOU] (數) 원436
불 Nombre. ‖ A peu près, deux ou trois. 수일 Sou-il, Deux ou trois jours. 수년 Sou-nyen, Deux ou trois ans. ‖ Destin, fortune. ‖ Moyen, expédient. (Se met après un participe future). ᄒᆞᆯ수잇다 Hăl sou it-ta, Il y a moyen de faire; ᄒᆞᆯ수업다 Hăl sou ep-ta, Il n'y a pas moyen.
한 수 | 대략, 둘 또는 셋 | [용례 수일, Sou-il], 이틀이나 사흘 | [용례 수년, Sou-nyen], 2년이나 3년 | 운명, 운수 | 수단, 방책 | (미래분사 다음에 놓인다) | [용례 ᄒᆞᆯ수잇다, Hăl sou it-ta], 할 방법이 있다 | [용례 ᄒᆞᆯ수업다, Hăl sou ep-ta], 방법이 없다

수근수근ᄒᆞ다 [SOU-KEUN-SOU-KEUN-HĂ-TA] (耳語) 원437
불 Parler bas, à voix basse.
한 낮게, 낮은 목소리로 말하다

*수년 [SOU-NYEN,-I] (數年) 원437
불 Deux ou trois ans.
한 2년 또는 3년

수다 [SOU-TA,SOU-E,SOUN] 원438
불 Faire cuire (de la colle, de la bouillie).
한 (풀, 죽을) 익히다

*수다흐다 [SOU-TA-HĂ-TA] (數多) [원]438
[불] Etre abondant, nombreux, fréquent, superflu.
[한] 풍부하다, 수가 많다, 빈번하다, 남아돌다

수더부러흐다 [SOU-TE-POU-RE-HĂ-TA] [원]438 ☞수덥은흐다

수덥은흐다 [SOU-TEP-EUN-HĂ-TA] [원]438
[불] Timide, craintif, retenu, posé, timoré, modeste, sage, circonspect, modéré.
[한] 소심하다, 겁이 많다, 신중하다, 침착하다, 소심하다, 겸손하다, 현명하다, 조심성 있다, 절제하다

수루루 [SOU-ROU-ROU] [원]438
[불] Bruit de petits grains qui roulent en tombant, d'un serpent assez gros qui se glisse lentement, du vent qui souffle frais, presque froid et continu.
[한] 작은 낟알들이 떨어지면서 구르는 소리, 제법 큰 뱀이 천천히 슬그머니 움직이는 소리, 시원한, 거의 차가운 바람이 계속해서 부는 소리

*수리 [SOU-RI] (數里) [원]438
[불] Deux ou trois ri.
[한] 2리 또는 3리

1*수명 [SOU-MYENG] (壽命) [원]437
[불] Destin de la vie, vie, temps de la vie.
[한] 생의 운명, 생애, 사는 기간

2*수명 [SOU-MYENG,-I] (數名) [원]437
[불] Liste des noms.
[한] 명부

*수목 [SŌŪ-MOK,-I] (數目) [원]437
[불] Table, indication des nombres; nombre.
[한] 수의 표, 표시 | 수

수복흐다 [SOU-POK-HĂ-TA] (多貌) [원]437
[불] Etre comble, comblé, être rempli par-dessus les bords.
[한] 사람이 꽉 차다, 보충되다, 가장자리를 넘어서 가득 차다

*수빅 [SOU-PĂIK,-I] (數百) [원]437
[불] Deux ou trois cents.
[한] 200 또는 300

수사오납다 [SOU-SA-O-NAP-TA,-NA-OA,-NA-ON] (數惡) [원]438
[불] Etre infortuné.
[한] 불행하다

*수알치 [SOU-AL-TCHI] (鵂) [원]436
[불] Espèce de grand-duc.
[한] 수리부엉이 종류

*수어흐다 [SOU-E-HĂ-TA] (數語) [원]437
[불] Dire un mot; ne parler qu'un petit instant.
[한] 한마디 하다 | 아주 잠깐만 말하다

*수월 [SŌŪ-OUEL,-I] (數月) [원]437
[불] Deux ou trois mois.
[한] 두 달 또는 세 달

수월스럽다 [SOU-OUEL-SEU-REP-TA,-RE-OUE,-RE-ON] [원]437
[불] Etre facile, aisé.
[한] 쉽다, 용이하다

수월흐다 [SOU-OUEL-HĂ-TA] [원]437
[불] Facile, aisé. ‖ L'emporter sur, être meilleur.
[한] 쉽다, 용이하다 | ~보다 우세하다, 더 낫다

수이 [SOU-I] [원]437 ☞ 2쉬

*수일 [SŌŪ-IL,-I] (數日) [원]437
[불] Deux ou trois jours; à peu près deux jours.
[한] 이틀이나 사흘 | 대략 이틀

*수일간에 [SŌŪ-IL-KAN-EI] (數日間) [원]437
[불] En deux ou trois jours.
[한] 이틀 또는 사흘 안에

수줍다 [SOU-TJOUP-TA,-TJOU-E,-TJOU-OUN] (羞輯) [원]438
[불] Timide, craintif, modéré, modeste.
[한] 소심하다, 겁이 많다, 온순하다, 겸손하다

수튼다 [SOU-HTĂ-TA,-HTĂ,-HTĂN] (多貌) [원]438
[불] Abondant.
[한] 많다

*수판 [SŌŪ-HPAN,-I] (數板) [원]438
[불] Instrument à calculer (composé de plusieurs traverses où sont enfilées sept petites boules); machine à compter; abaque.
[한] (일곱 개의 작은 공을 꿴 여러 개의 가로대로 구성된) 계산하는 기구 | 셈을 하는 기계 | 주판식 계산 기구

*숙공 [SOUK-KONG,-I] (宿功) [원]437
[불] Habitude; exercice; grand travail; grande application.
[한] 습관 | 훈련 | 큰 훈련 | 대단한 열의

*숙궁 [SOUK-KOUNG,-I] (肅宮) [원]437
[불] Ceux qui font des présents aux maisons des parents du roi. ‖ Les esclaves ou serviteurs des palais.
[한] 왕의 친척들 집에 선물을 하는 사람들 | 궁궐의 노예들 또는 하인들

1숙긔 [SOUK-KEUI] [원]437
[불] Gourmand; envieux; importun par ses demandes réitérées.
[한] 대식가 | 부러워하는 사람 | 계속되는 요구로 귀찮게 하는 사람

2*숙긔 [SOUK-KEUI] (肅旗) [원]437
[불] Drapeau, mât de drapeau. (Le drapeau de Corée est un rectangle allongé de couleur gris foncé).
[한] 깃발, 깃대 | (조선의 국기는 짙은 회색의 직사각형이다)

3*숙긔 [SOUK-KEUI] (肅氣) [원]437
[불] Air modeste, respectueux. || Air majestueux, imposant.
[한] 겸손한, 공손한 태도 | 위풍당당한, 위엄 있는 태도

4*숙긔 [SOUK-KEUI] (淑氣) [원]437
[불] Temps clair, limpide. L'air de l'automne qui fait jaunir les feuilles.
[한] 화창한, 맑은 날씨 | 잎을 노랗게 물들이는 가을 공기

1숙다 [SOUK-TA,SOUK-E,SOUK-EUN] [원]437
[불] V. 슉다.
[한] [[참조어] 슉다, SYOUK-TA]

2숙다 [SOUK-TA,SYOUK-E,SYOUK-EUN] [원]440 ☞슉다

숙어지다 [SOUK-E-TJI-TA,-TJYE,-TJIN] (垂前) [원]439 ☞슉어지다

*슉포ᄃᆡ [SYOUK-HPO-TĂI] (熟布帶) [원]440
[불] Ceinture de chanvre lavée.
[한] 빛깔이 엷은 삼으로 만든 허리띠

*순션 [SYŌUN-SYEN,-I] (純善) [원]442
[불] Extrême bonté.
[한] 극도의 친절

술 [SOUL,-I] [원]438
[불] Tranche d'un livre; épaisseur d'un livre; épaisseur.
[한] 책 가장자리의 단면 | 책의 두께 | 두께

술놉다 [SOUL-NOP-TA,-NOP-HA,-NOP-HEUN] [원]438
[불] Tranche épaisse; être épais.
[한] 두꺼운 단면 | 두껍다

숨 [SOUM,-I] (息) [원]437
[불] Respiration; haleine; souffle.
[한] 호흡 | 숨결 | 입김

숨고다 [SOUM-KO-TA,-KO-A,-KON] (息絕) [원]437
[불] Etouffer (le feu), éteindre en bouchant l'air; s'éteindre faute d'aliment (feu).
[한] (불을) 끄다, 공기를 차단하여 끄다 | 자양물이 부족하여 (불이) 꺼지다

숨기다 [SOUM-KI-TA,-KYE,-KIN] (隱諱) [원]437
[불] Cacher, couvrir, dissimuler, celer (fact. de 숨다 Soum-ta).
[한] 숨기다, 덮다, 가리다, 감추다(숨다 Soum-ta의 사동형)

숨다 [SŌUM-TA,SOUM-E,SOUM-EUN] (隱) [원]437
[불] Se cacher, se dérober, être caché.
[한] 은신하다, 피하다, 숨겨지다

숨드리긋다 [SŌUM-TEU-RI-KEUT-TA,-KEU-E,-KEU-EUN] (吸息) [원]437
[불] Expirer l'air profondément.
[한] 숨을 깊이 내쉬다

숨드리쉬다 [SŌUM-TEU-RI-SOUI-TA,-SOUI-E,-SOUIN] [원]437 ☞숨드리긋다

숨막다 [SOUM-MAK-TA,-MAK-A,-MAK-EUN] (息塞) [원]437
[불] Suffoquer; étouffer; étrangler; s'étrangler.
[한] 질식시키다 | 숨이 막히게 하다 | 질식시키다 | 목이 메다

숨막히다 [SOUM-MAK-HI-TA,-HYE,-HIN] (息塞) [원]437
[불] Etre suffoqué; étouffé; étranglé.
[한] 숨이 막히다 | 질식하다 | 목이 메다

숨쉬다 [SŌUM-SOUI-TA,-SOUI-E,-SOUIN] (通息) [원]437
[불] Respirer.
[한] 호흡하다

숨쉴덧 [SŌUM-SOUIL-TET,-SI] (如呼吸) [원]437
[불] Le temps d'un soupir, un instant.
[한] 숨 쉬는 사이, 순간

숨지다 [SOUM-TJI-TA,-TJYE,-TJIN] (殞命) [원]437
[불] Exhaler le dernier soupir, mourir (homme).
[한] 마지막 숨을 내쉬다, (사람이) 죽다

숨차다 [SŌUM-TCHA-TA,-TCHA,-TCHAN] [원]437
[불] Haleter; être essoufflé; avoir l'haleine courte; la respiration difficile.
[한] 헐떡거리다 | 숨이 가쁘다 | 호흡이 곤란하다 | 어려운 호흡

숨통 [SŌUM-HTONG,-I] (命筩) [원]437
[불] Canal de la respiration, trachée artère; soupirail.
[한] 호흡관, 기관[[역주] 氣管] | 채광 환기창

숫 [SOUT,-TCHI] [원]446 ☞ 1숫

숫막 [SOUT-MAK,-I] [원]446 ☞숫막

숫새악씨 [SOUT-SAI-AK-SSI] (童婦女) [원]438
[불] Jeune personne qui n'a jamais été mariée.
[한] 한 번도 결혼한 적 없는 젊은 사람

숭숭ᄒᆞ다 [SOUNG-SOUNG-HĂ-TA] [원]437

불 Etre nombreux (trous), percé de mille petits trous.
한 (구멍) 수가 많다, 수천 개의 작은 구멍이 뚫리다

1쉬 [SOUI] (蛆) 원437
불 Ver de mouche, œuf de mouche.
한 파리의 유충, 파리의 알

2쉬 [SOUI] (易) 원437
불 Bientôt, vite, dans peu.
한 곧, 빨리, 잠시 후에

1쉬다 [SOUI-TA,SOUI-E,SOUIN] (變味) 원437
불 Avoir le goût d'une chose gâtée; avoir le goût rance; commencer à se corrompre.
한 음식이 상한 맛이 나다 | 역한 맛이 나다 | 썩기 시작하다

2쉬다 [SOUI-TA,SOUI-E,SOUIN] (休) 원437
불 Se reposer, se délasser; s'arrêter; s'apaiser; cesser.
한 휴식을 취하다, 쉬다 | 멈추다 | 가라앉다 | 그치다

쉬슬다 [SOUI-SEUL-TA,-SEUL-E,-SEUN] (蛆生) 원437
불 Naître (ver de mouche); déposer ses œufs (la mouche)
한 (파리의 유충이) 태어나다 | (파리가) 알을 낳다

쉬이 [SYOUI-I] (易) 원437
불 Facilement, aisément, bientôt, vite, promptement.
한 쉽게, 용이하게, 곧, 재빨리, 신속하게

쉬파람부다 [SOUI-HPA-RAM-POU-TA,-POU-RE,-POUN] (吹嘯) 원437
불 Sifflement; sifflet; action de siffler; sifflement du vent; bruit du sifflet.
한 휘파람 불기 | 호루라기 | 휘파람을 부는 행동 | 휙휙거리는 바람 소리 | 호루라기 소리

쉬파리 [SOUI-HPA-RI] (蒼蠅) 원437
불 Grosse mouche (viande). Ver de mouche.
한 큰 파리 (고기) | 파리의 유충

쉬히 [SOUI-HI] 원437 ☞ 2쉬

쉰 [SOUIN,-I] (五十) 원437
불 Cinquante; 50.
한 쉰 | 50

쉽다 [SOUIP-TA,SOUI-OUE,SOUI-ON] (容易) 원437
불 Etre facile, aisé, commode.
한 쉽다, 용이하다, 간단하다

1*슈 [SYOU] (繡) 원438
불 Broderie.
한 자수

2*슈 [SYOU] (壽) 원438
불 Vie; temps de la vie; longue vie.
한 일생 | 생명의 기간 | 긴 생애

3*슈 [SYOU] (水) 원438
불 En agr. Eau.
한 한자어로 물

4*슈 [SYOU] (授) 원438
불 En agr. Donner.
한 한자어로 주다

5*슈 [SYOU] (守) 원438
불 En agr. Observer, garder.
한 한자어로 지켜보다, 돌보다

6*슈 [SYOU] (手) 원438
불 En agr. Main.
한 한자어로 손

7*슈 [SYOU] (首) 원438
불 En agr. Chef, principal.
한 한자어로 우두머리, 주요인물

8슈 [SYOU] (雄) 원438
불 Mâle (pour les animaux); devant un nom d'animal, désigne le mâle.
한 (짐승들에게 있어) 수컷 | 짐승의 이름 앞에서 수컷을 가리킨다

9*슈 [SYOU] (受) 원438
불 En agr. Recevoir (un étranger).
한 한자어로 (외부사람을) 맞이하다

*슈가 [SYOU-KA] (隨駕) 원439
불 Dignitaire qui précède le palanquin du roi.
한 왕의 가마보다 앞서서 가는 고관

슈가락 [SYOU-KA-RAK,-I] (匙) 원439
불 Cuillère.
한 숟가락

1*슈가ᄒᆞ다 [SYOU-KA-HĂ-TA] (受價) 원439
불 Recevoir le prix.
한 값을 받아들이다

2*슈가ᄒᆞ다 [SYOU-KA-HĂ-TA] (搜家) 원439
불 Saisir, séquestrer les biens d'un débiteur pour la sûreté du paiement; faire une saisie des biens et les vendre pour se rembourser.
한 지불의 안전성을 위해 채무자의 재산을 압류하다, 기탁하다 | 재산을 압류하고 상환해 받기 위해 그것을 팔다

*슈갑 [SYOU-KAP,-I] (手匣) 원439
불 Menottes; attacher un prisonnier par les deux pouces liés ensemble, pour l'emmener.

한 수갑 | 죄수를 연행하기 위해 양손의 엄지를 함께 묶어 그를 붙잡아 매다

*슈건 [SYOU-KEN,-I] (手巾) 원439

불 Mouchoir; serviette; linge.

한 손수건 | 수건 | 린넨 천

*슈결 [SYOU-KYEL,-I] (手訣) 원439

불 Signature, griffe, cachet, seing.

한 사인, 서명인, 도장, 서명

*슈계ᄒᆞ다 [SYOU-KYEI-HĂ-TA] (守誡) 원439

불 Pratique de la religion; pratiquer la religion, observer les commandements, remplir ses devoirs de chrétien.

한 종교 계율의 준수 | 종교상의 의례를 지키다, 계율을 지키다, 기독교 신자의 의무를 다하다

*슈고 [SYOU-KO] (受苦) 원439

불 Peine, difficulté, travail pénible, affliction, souffrance, lassitude, accablement.

한 고통, 어려움, 고된 일, 고뇌, 괴로움, 피로, 과중

슈고롭다 [SYOU-KO-ROP-TA,-RO-OA,-RO-ON] (勞苦) 원440

불 Faire souffrir, être affligeant.

한 고통을 주다, 괴롭다

*슈고지회 [SYOU-KO-TJI-HOI] (受苦之會) 원440

불 Eglise souffrante. purgatoire.

한 고통받는 교회 | 연옥

*슈고ᄒᆞ다 [SYOU-KO-HĂ-TA] (受苦) 원440

불 Souffrir; avoir du mal, de la peine pour; être affligé, accablé, fatigué.

한 고통을 느끼다 | ~에 대해 고통, 비애를 느끼다 | 괴로워하다, 시달리다, 지치다

*슈골 [SYOU-KOL,-I] (壽骨) 원440

불 Homme bien bâti, qui doit vivre longtemps. ‖ Jonc qui vient dans un terrain marécageux, souchet d'eau excellent pour les nattes.

한 오래 살 것이 틀림없는 체격이 좋은 사람 | 늪지에서 자라는 골풀, 돗자리를 만들기에 탁월한 물방동사니

*슈공 [SYOU-KONG,-I] (手工) 원440

불 Travail de la main. Salaire, prix du travail, main d'œuvre.

한 손으로 하는 일 | 임금, 노동의 대가, 품삯

*슈괴ᄒᆞ다 [SYOU-KOI-HĂ-TA] (羞愧) 원439

불 Rougir. Avoir honte, être honteux.

한 붉어지다 | 창피하다, 부끄럽다

*슈교 [SYOU-KYO] (首校) 원440

불 Chef des licteurs, des satellites.

한 하급관리들의, 부하들의 우두머리

*슈구 [SYOU-KOU] (水口, (Eau, bouche)) 원440

불 Endroit où un cours d'eau disparaît, v.g. à un tournant, à une écluse.

한 예. 소용돌이치는 곳에, 수문이 있는 곳에 물줄기가 사라지는 곳

[1]슈구막이 [SYOU-KOU-MAK-I] 원440

불 Entrée, porte d'une petite vallée dans les montagnes; endroit resserré avant d'entrer dans une petite vallée.

한 산속에 있는 작은 골짜기의 입구, 협로 | 작은 골짜기로 들어가기 전에 나타나는 좁은 곳

[2]슈구막이 [SYOU-KOU-MAK-I] (捍水口) 원440

불 Digue pour arrêter l'eau.

한 물을 막는 둑

*슈구문 [SYOU-KOU-MOUN,-I] (水口門) 원440

불 Ouverture dans une muraille pour laisser passer l'eau; porte d'écluse; vanne.

한 물이 지나가도록 하는 장벽 안의 통로 | 갑문 | 개폐문

*슈군 [SYOU-KOUN,-I] (水軍) 원440

불 Soldat marin, matelot.

한 해군, 수병

슈귀판 [SYOU-KOUI-HPAN] 원440

불 Bois, madrier de sapin qui doit servir à faire le cercueil.

한 관을 만드는 데 쓰도록 되어 있는 목재, 전나무로 된 두꺼운 널빤지

[1]*슈근 [SYOU-KEUN,-I] (水根) 원439

불 Principe, origine, source de l'eau (d'un ruisseau).

한 (개울) 물의 근원, 시초, 원천

[2]*슈근 [SYOU-KEUN,-I] (樹根) 원439

불 Racine d'arbre.

한 나무뿌리

*슈금ᄒᆞ다 [SYOU-KEUM-HĂ-TA] (囚禁) 원439

불 Etre en prison; mettre en prison.

한 투옥되다 | 투옥하다

*슈급비 [SYOU-KEUP-PI] (水汲婢) 원439

불 Esclave femelle de préfecture chargée d'apporter de l'eau.

한 물을 가져오는 일을 맡은 도청의 여자 노예

*슈긔 [SYOU-KEUI] (手記) ㊞439
불 Mémoire, note de compte signée, facture signée, billet pour une dette.
한 견적서, 서명된 계산서, 서명된 청구서, 부채에 대한 어음

슈나이 [SYOU-NA-I] ㊞441
불 Moitié d'un travail donné en paiement à l'ouvrier (v.g. une pièce de toile a 80 pieds; le maître en reçoit 40 et l'ouvrier 40); arrangement par lequel on donne du coton, pour en recevoir seulement la moitié en toile.
한 직공에게 보수로 주는 노동의 절반 (예. 80피에짜리 베 한 필: 주인이 40피에, 직공이 40피에를 받는다) | 천으로 그 절반만 받기 위해 솜을 제공하기로 하는 합의

*슈난ᄒᆞ다 [SYOU-NAN-HĂ-TA] (受難) ㊞441
불 Souffrir, pâtir, éprouver de grandes peines.
한 괴로워하다, 괴로움을 겪다, 큰 고통을 느끼다

*슈녀 [SYOU-NYE] (修女) ㊞441
불 Religieuse, vierge.
한 수녀, 처녀

슈노 [SYOU-NO] (首奴) ㊞441
불 Esclave de préfecture ancien; chef des autres esclaves de la même maison.
한 예전 도청의 노예 | 집안의 다른 노예들 중 우두머리

슈노타 [SYOU-NO-HTA,-NO-HA,-NO-HEUN] (繡) ㊞441
불 Broder.
한 수놓다

슈놈 [SYOU-NOM] (雄) ㊞441
불 Mâle des animaux.
한 동물들의 수컷

슈눅 [SYOU-NOUK,-I] (衣縫) ㊞441
불 Couture. ‖ Couture des bas au-dessus du pied.
한 바느질 | 발 위까지 오는 긴 양말의 솔기

슈닉다 [SYOU-NIK-TA,-NIK-E,-NIK-EUN] (熟手) ㊞441
불 Avoir la main exercée.
한 숙련된 솜씨가 있다

*슈단 [SYOU-TAN,-I] (手端) ㊞446
불 Habileté, adresse.
한 솜씨, 재주

*슈단화 [SYOU-TAN-HOA] (水丹花) ㊞446
불 Nom d'une espèce de fleur rouge.
한 붉은 꽃 일종의 이름

*슈달 [SYOU-TAL,-I] (水獺) ㊞446
불 Castor, loutre (animal); loutre commune (fourrure très-estimée).
한 비버, 수달 (동물) | 보통의 수달 모피 (높이 평가되는 모피)

1* 슈답 [SYOU-TAP,-I] (水畓) ㊞446
불 Rizière marécageuse.
한 질퍽한 논

2* 슈답 [SYOU-TAP,-I] (酬答) ㊞446
불 Réponse.
한 대답

1 슈뎡ᄒᆞ다 [SYOU-TYENG-HĂ-TA] (守貞) ㊞446
불 Continence; garder la continence.
한 정조 | 정조를 지키다

2* 슈뎡ᄒᆞ다 [SYOU-TYENG-HĂ-TA] (修整) ㊞446
불 Tenir une maison; la réparer; la mettre en ordre.
한 집을 관리하다 | 그것을 수리하다 | 그것을 정돈하다

*슈도ᄒᆞ다 [SYOU-TO-HĂ-TA] (修道) ㊞446
불 Se retirer du monde, se faire religieux, observer les règles, se livrer à l'exercice des vertus.
한 속세를 떠나다, 종교인이 되다, 규범을 준수하다, 덕행 수련에 전념하다

슈돌 [SYOU-TOL,-I] (水梁) ㊞446
불 Lit d'un ruisseau, conduit de l'eau. ‖ Dalle.
한 개울의 물길, 수도관 | 포석

슈돌져귀 [SYOU-TOL-TJYE-KOUI] (雄樞) ㊞446
불 Partie en pointe d'un gond de la porte, qui entre dans la crapaudine, pivot. V. Opp. 암돌져귀 Am-tol-tjye-koui.
한 수직 축받이에 들어가는, 문 경첩의 뾰족한 부분, 축 | [반의어 암돌져귀 Am-tol-tjye-koui]

*슈두 [SYOU-TOU] (首頭) ㊞446
불 Chef, tête.
한 우두머리, 지도자

슈둑슈둑ᄒᆞ다 [SYOU-TOUK-SYOU-TOUK-HĂ-TA] (多聚) ㊞446
불 Désigne l'état d'une chose qui dépasse les bords du vase qui la contient. Etre très-nombreux; foisonner.
한 그것을 담고 있는 그릇의 가장자리를 넘는 것의 상태를 가리킨다 | 수가 매우 많다 | 많다

슈둑ᄒᆞ다 [SYOU-TOUK-HĂ-TA] (多聚) ㊞446
불 Dépasser les bords; être par-dessus les bords, entassé (riz, etc.). Etre très-abondant; foisonner.
한 가장자리를 넘다 | (쌀 등이) 가장자리 위로 올라오다, 쌓이다 | 매우 풍부하다 | 많다

슈들슈들ᄒᆞ다 [SYOU-TEUL-SYOU-TEUL-HĂ-TA] (半枯) ㊗446
불 Désigne l'état de l'herbe coupée qui commence à se dessécher. Etre à demi sec.
한 잘린 풀이 마르기 시작하는 상태를 가리킨다 | 반쯤 마르다

슈디접기 [SYOU-TI-TJYEP-KI] (俚語) ㊗446
불 Chose à deviner, énigme, calembour, charade.
한 알아맞힐 것, 수수께끼, 말 맞히기 놀이, 문자 수수께끼

슈돍 [SYOU-TĂLK,-I] (雄鷄) ㊗446
불 Coq.
한 수탉

*슈ᄃᆡ [SYOU-TĂI] (手帶) ㊗446
불 Manipule.
한 성대

*슈라 [SYOU-RA] (水剌) ㊗444
불 Repas du roi.
한 임금의 식사

*슈란 [SYOU-RAN,-I] (水卵) ㊗444
불 Œuf mollet, œuf cuit légèrement dans l'eau bouillante, œuf poché à l'eau.
한 반숙한 계란, 끓는 물에 살짝 익힌 계란, 물수란

*슈란ᄒᆞ다 [SYOU-RAN-HĂ-TA] (愁亂) ㊗444
불 Inquiétude, trouble; être en tumulte, en désordre; être assourdissant.
한 불안, 동요 | 소란스럽다, 무질서하다 | 시끄럽다

*슈량 [SYOU-RYANG] (隨量) ㊗444
불 Suivant la capacité de l'estomac.
한 위의 용량에 따라

슈럭슈럭ᄒᆞ다 [SYOU-REK-SYOU-REK-HĂ-TA] ㊗444
불 Prodigue, généreux. ‖ Voir bien, être un peu gris, un peu pris de vin.
한 많다, 풍부하다 | 좋게 생각하다, 얼근히 취하다, 술에 조금 취하다

슈렁 [SYOU-RENG,-I] (水濘) ㊗444
불 Marais; endroit boueux, marécageux; fondrière; bourbier.
한 늪 | 진흙투성이의, 질퍽한 곳 | 웅덩이 | 진창

*슈련지회 [SYOU-RYEN-TJI-HOI] (受煉之會) ㊗444
불 Eglise souffrante.
한 고통 받는 교회

*슈렴텽졍ᄒᆞ다 [SYOU-RYEM-HIYENG-TJYENG-HĂ-TA] (垂簾聽政) ㊗444
불 Assister au conseil des ministres. (Lorsque le roi est trop jeune pour gouverner, sa mère, cachée derrière un store, lui donne des avis et prend ainsi part aux délibérations du conseil des ministres).
한 장관 회의에 참석하다 | (왕이 나라를 다스리기에 너무 어리면, 그의 어머니가 발 뒤에 숨어서 의견을 내놓고 이렇게 장관 회의의 심의에 참여한다)

1*슈렴ᄒᆞ다 [SYOU-RYEM-HĂ-TA] (收斂) ㊗444
불 Se recueillir; recueillir ses esprits, ses sens.
한 정신을 집중하다 | 정신, 감각을 모으다

2*슈렴ᄒᆞ다 [SYOU-RYEM-HĂ-TA] (受斂) ㊗444
불 Collecte; faire la collecte; amasser; recueillir; entasser; faire une souscription.
한 모금 | 모금하다 | 모으다 | 거두어들이다 | 축적하다 | 예약금을 내고 참여하다

3*슈렴ᄒᆞ다 [SYOU-RYEM-HĂ-TA] (垂簾) ㊗444
불 Tendre une claie devant la porte ou la fenêtre.
한 문 또는 창문 앞에 발을 치다

*슈령 [SYOU-RYENG,-I] (守令) ㊗444
불 Mandarin, préfet (titre d'honneur).
한 관리, 도지사 (명예 칭호)

슈레 [SYOU-REI] (車) ㊗444
불 Char, charrette, chariot, voiture.
한 수레, 짐수레, 운반차, 마차

*슈로 [SYOU-RO] (水路) ㊗444
불 Route navigable; route de mer; (voyage) par eau.
한 항해할 수 있는 길 | 바닷길 | 물을 통한 (여행)

슈루취 [SYOU-ROU-TCHYOUI] (蔬) ㊗444
불 Espèce de plante dont les feuilles torréfiées font l'amadou; espèce de centaurée(?).
한 그 잎을 볶아서 부싯깃을 만드는 데 쓰는 식물 종류 | 일종의 수레국화(?)

1*슈리 [SYOU-RI] (首吏) ㊗444
불 Chef des prétoriens. Syn. 리방 Ri-pang.
한 친위병들의 우두머리 | [동의어 리방, Ri-pang.]

2슈리 [SYOU-RI] (鷲) ㊗444
불 Espèce de grand oiseau, probablement l'aigle ou la buse.
한 큰 새 종류, 아마도 독수리 또는 말똥가리

*슈리ᄒᆞ다 [SYOU-RI-HĂ-TA] (修理) ㊗444
불 Préparer; arranger; orner; réparer; mettre en ordre, en bon état.

한 꾸미다 | 수리하다 | 장식하다 | 수리하다 | 정돈하다, 좋은 상태로 만들다

*슈만셕 [SYOU-MAN-SYEK] (水瑪石) 원441

불 Espèce de pierre précieuse, pierre d'albâtre, d'agate.

한 보석 종류, 설화석고, 마노

*슈말 [SYOU-MAL,-I] (首末) 원441

불 Tête et queue, commencement et fin.

한 머리와 꼬리, 시작과 끝

*슈망 [SYOU-MANG,-I] (首望) 원441

불 Le premier des trois candidats présentés au roi pour une place ou une dignité.

한 관직 또는 고위직을 위해 왕에게 추천된 세 명의 후보자 중 첫 번째

[1]슈명 [SYOU-MYENG,-I] 원437 ☞ [1]수명

[2]*슈명 [SYOU-MYENG,-I] (壽命) 원441

불 Le temps de la vie; longue vie.

한 사는 기간 | 긴 생애

*슈모 [SYOU-MO] (首母) 원441

불 Femme chargée de prendre soin de la mariée, de l'habiller et de l'accompagner partout le jour des noces.

한 신부를 돌보고, 옷을 입혀 주고 결혼식 날 어디든지 동행하는 일을 맡은 여자

[1]*슈목 [SYOU-MOK,-I] (水木) 원441

불 Toile faite avec du coton qui a déjà servi et est très-solide.

한 이미 사용한 매우 질긴 무명으로 만들어진 천

[2]*슈목 [SYOU-MOK,-I] (樹木) 원441

불 Arbre; bois.

한 나무 | 나무

*슈문 [SYOU-MOUN,-I] (水門) 원441

불 Porte d'écluse; vanne d'étang, de canal.

한 수문 | 연못의, 수로의 개폐문

*슈문군 [SYOU-MOUN-KOUN,-I] (守門軍) 원441

불 Soldat qui garde la porte.

한 문을 지키는 군인

*슈문슈답 [SYOU-MOUN-SYOU-TAP,-I] (隨問隨答) 원441

불 Conversation; demande et réponse; dialogue; interroger et répondre.

한 대화 | 질문과 대답 | 대화 | 묻고 답하다

*슈문쟝 [SYOU-MOUN-TJYANG,-I] (守門丈) 원441

불 Garde de la porte, soldat préposé à la garde d'une porte.

한 문을 지키는 근위병, 문을 지키는 데 임명된 군인

슈문쟝 [SYOU-MOUN-TJYANG,-I] (守門丈) 원441

불 Général qui garde la porte du palais (c'est un petit officier).

한 궁의 문을 지키는 장성 (낮은 관료이다)

*슈문통 [SYOU-MOUN-HIONG,-I] (水門筩) 원441

불 Tuyau, conduit qui sert à faire écouler l'eau d'un étang; bonde d'un étang.

한 연못의 물을 흐르게 하는 데 쓰이는 도관, 수로 | 연못의 수문

[1]*슈미 [SYOU-MI] (首尾) 원441

불 Tête et queue.

한 머리와 꼬리

[2]*슈미 [SYOU-MI] (壽眉) 원441

불 Long poil de sourcil de vieillard.

한 노인의 눈썹 중 긴 털

슈박 [SYOU-PAK,-I] (西瓜) 원443

불 Espèce de pastèque, de melon d'eau (dont la chair est rouge et les grains rouges ou noirs; il y en a de jaunes).

한 수박의, 수박의 종류 (과육은 붉고 씨는 붉거나 검다; 노란 것들도 있다)

*슈법 [SYOU-PEP,-I] (手法) 원443

불 Règle, moyen, manière de se servir des mains; main habile.

한 손을 쓰는 규칙, 수단, 방법 | 능숙한 솜씨

슈벽 [SYOU-PYEK,-I] 원443

불 Reste de la toile, coupon de la toile qui a servi à faire un paire de bas.

한 양말 한 켤레를 만드는 데 쓴 나머지 천 조각

슈벽치다 [SYOU-PYEK-TCHI-TA,-TCHYE,-TCHIN] (打手擘) 원443

불 Battre des mains deux à deux en alternant.

한 둘씩 번갈아서 손을 치다

*슈변 [STOU-PYEN,-I] (水邊) 원443

불 Bord de l'eau.

한 물가

*슈보ᄒᆞ다 [SYOU-PO-HĂ-TA] (修補) 원443

불 Réparer, rétablir, refaire, raccommoder (une boutique, une maison).

한 (가게, 집을) 수리하다, 복구하다, 보수하다, 고치다

*슈복 [SYOU-POK,-I] (壽福) 원443

불 Longue vie et bonheur, heureux, fortuné et qui jouit d'une longue vie.

한 장수와 행복, 행복한 사람, 운이 좋은 사람, 장수를 누리는 사람

*슈복이 [SYOU-POK-I] (首僕) 원443

불 Gardien du temple de Confucius; gardien des tablettes du roi.

한 공자의 사원을 지키는 사람 | 왕의 패들을 지키는 사람

*슈본 [SYOU-PON,-I] (手本) 원443

불 Signature. (Les femmes qui ne savent pas écrire placent leur main sur le papier, et dessinent avec un pinceau le contour des doigts).

한 서명 | (글을 쓸 줄 모르는 여자들이 종이 위에 손을 올려 두고, 붓으로 손가락 둘레를 그린다)

1*슈부 [SYOU-POU] (首富) 원443

불 Le plus riche (d'un village, d'une province ou d'un royaume)

한 (마을, 지방 또는 왕국에서) 으뜸가는 부자

2*슈부 [SYOU-POU] (壽富) 원443

불 Longue vie et richesse.

한 장수와 부

*슈부다남ᄌᆞ [SYOU-POU-TA-NAM-TJĂ] (壽富多男子) 원444

불 Qui vit longtemps, qui a beaucoup de richesses et beaucoup d'enfants les trois conditions du bonheur); vivire longtemps, être riche, avoir beaucoup de fils.

한 (행복의 세 가지 조건인) 오래 살고, 재산이 많고 자식을 많이 가진 사람 | 오래 살다, 부유하다, 아들이 많다

*슈분 [SYOU-POUN] (守分) 원444

불 Selon sa condition.

한 제 분수에 알맞게

*슈분ᄒᆞ다 [SYOU-POUN-HĂ-TA] (守分) 원444

불 Observer les convenances.

한 관습을 지키다

*슈비ᄒᆞ다 [SYOU-PI-HĂ-TA] (水批) 원443

불 Dépôt d'une farine dans l'eau; ce qui reste après avoir décanté. Faire décanter; mettre dans l'eau une poudre, une farine, pour en séparer la partie la plus délicate.

한 물속의 가루 침전물 | 맑은 윗물을 떠서 옮긴 후 남은 것 | 맑은 윗물을 떠서 옮기게 하다 | 가장 섬세한 부분을 분리하기 위해 분, 가루를 물에 넣다

*슈븨 [SYOU-PĂI] (隨陪) 원443

불 Prétorien, le principal des valets dont la fonction est d'accompagner le mandarin dans ses voyages.

한 관리가 하는 여행 중에 그를 수행하는 임무를 맡은 친위병, 하인들 중 우두머리

*슈삼 [SYOU-SAM,-I] (水蔘) 원445

불 Jensen frais.

한 신선한 인삼

*슈샹 [SYOU-SANG,-I] (手上) 원445

불 Les supérieurs.

한 윗사람들

*슈샹그르다 [SYOU-SYANG-KEU-REU-TA,-KEUL-NE,-KEU-REUN] 원445 ☞슈샹스럽다

슈샹슈하 [SYOU-SYANG-SYOU-HA] 원445

불 Supérieurs et inférieurs.

한 윗사람들과 아랫사람들

*슈샹스럽다 [SYOU-SYANG-SEU-REP-TA,-RE-OUE,-RE-ON] (殊常) 원445

불 Digne de défiance; dont on doit se défier; douteux; qui inspire le soupçon; digne de soupçon.

한 경계할 만하다 | 의심해야 하다 | 의심스럽다 | 의심을 불러일으키다 | 혐의가 있을 법하다

*슈샹ᄒᆞ다 [SYOU-SYANG-HĂ-TA] 원445 ☞슈샹그르다

1*슈셕 [SYOU-SYEK,-I] (水石) 원445

불 Eau et pierre, les ruisseaux et les forêts.

한 물과 돌, 개울과 숲

2*슈셕 [SYOU-SYEK,-I] (首席) 원445

불 La première place, la plus honorable. ‖ Titre que le peuple et les prétoriens donnent au 리방 Ri-pang.

한 최고의 자리, 가장 명예로운 자리 | 백성과 친위병들이 리방 Ri-pang에게 붙이는 칭호

슈션슈션ᄒᆞ다 [SYOU-SYEN-SYOU-SYEN-HĂ-TA] (人情洶湧) 원445

불 Etre agité; se dit d'un mouvement inaccoutumé qui se produit.

한 동요되다 | 평소와는 달리 일어나는 움직임에 대해 쓴다

슈션스럽다 [SYOU-SYEN-SEU-REP-TA,-RE-OUE,-RE-ON] (煩雜) 원445

불 Etourdissant, accablant, qui est sans ordre, tumultueux.

한 성가시게 하다, 성가시다, 무질서하다, 소란스럽다

*슈셩 [SYOU-SYENG,-I] (水星, (eau, étoile)) 원445

불 Nom d'une étoile.

한 별의 이름

슈셩이 [STOU-SYENG-I] (蒿) [원]445

[불] Bouchon de vaisselle, torchon, bouchon de paille ou de papier pour nettoyer ou frotter.

[한] 설거지용 수세미, 행주, 깨끗이 씻거나 닦는 데 쓰는 짚 또는 종이로 만든 수세미

1* **슈셩ᄒᆞ다** [SYOU-SYENG-HĂ-TA] (守成) [원]445

[불] Garder avec soin ce que l'on a reçu de ses ancêtres.

[한] 자신의 조상들로부터 물려받은 것을 정성스레 지키다

2 **슈셩ᄒᆞ다** [SYOU-SYENG-HĂ-TA] (守城) [원]445

[불] Garder les fortifications.

[한] 요새를 지키다

* **슈셰관** [SYOU-SYEI-KOAN] (收稅官) [원]445

[불] Mandarin qui est chargé de recevoir les contributions, les impôts; douane; douanier.

[한] 조세, 세금을 받는 일을 맡은 관리 | 세관 | 세관원

1* **슈셰ᄒᆞ다** [SYOU-SYEI-HĂ-TA] (水洗) [원]445

[불] Laver avec de l'eau. ‖ Baptême.

[한] 물로 씻다 | 세례

2* **슈셰ᄒᆞ다** [SYOU-SYEI-HĂ-TA] (收貰) [원]445

[불] Contribution, impôt, droits d'entrée. 슈셰물다 Syou-syei-moul-ta, Recueillir les impôts.

[한] 조세, 세금, 수입세 | [[용례] 슈셰물다, Syou-syei-moul-ta], 세금을 거두다

3 **슈셰ᄒᆞ다** [SYOU-SYEI-HĂ-TA] (受洗) [원]445

[불] Recevoir le baptême.

[한] 세례를 받다

* **슈쇄ᄒᆞ다** [SYOU-SOAI-HĂ-TA] (收刷) [원]445

[불] Entasser; mettre en tas; recueillir; amasser.

[한] 축적하다 | 쌓다 | 모으다 | 수집하다

슈쇠 [SYOU-SOI] (雄鐵) [원]445

[불] Gond en pivot, partie en pivot d'un gond, pivot. V. Opp. 암쇠 Am-soi.

[한] 축으로 된 경첩, 돌쩌귀의 축으로 이루어진 부분, 축 | [[반의어] 암쇠 Am-soi]

슈슈 [SYOU-SYOU] (秫) [원]445

[불] Sorgho, gros millet, andropogon. Holcus sorghum.

[한] 사탕수수, 수수, 개솔새 속 | holcus sorghum〈수수새의 일종〉

슈슈겻기 [SYOU-SOU-KYET-KI] (才談) [원]445

[불] Chose à deviner, énigme, calembour.

[한] 알아맞힐 것, 수수께끼, 말 맞히기 놀이

* **슈슈방관** [SYOU-SYOU-PANG-KOAN,-I] (袖手傍觀) [원]445

[불] Indifférence; agir comme si on ne savait pas; se tenir témoin indifférent.

[한] 무관심 | 모르는 것처럼 행동하다 | 무관한 증인으로 처신하다

* **슈슈샹관ᄒᆞ다** [SYOU-SYOU-SYANG-KOAN-HĂ-TA] (授受相關) [원]445

[불] Avoir le droit de donner et de recevoir sans blesser les lois de la convenance; pouvoir se faire des cadeaux; (un jeune homme et une jeune personne qui ne sont pas parents n'ont pas ce droit).

[한] 예법에 어긋나지 않게 주고 받을 권리가 있다 | 서로 선물을 교환할 수 있다 | (친척이 아닌 젊은 남자와 젊은 사람은 이러한 권리가 없다)

* **슈슉** [SYOU-SYOUK,-I] (嫂叔) [원]445

[불] Le frère du mari, la femme du frère, belle-sœur et beau-frère, c.a.d. femme et frère du mari.

[한] 남편의 형제, 형제의 아내, 제수와 시숙, 즉 아내와 남편의 형제

슈슐 [SYOU-SYOUL,-I] [원]445

[불] Frange et gland de ceinture.

[한] 술 장식과 허리띠의 장식끈

슈슝슈슝ᄒᆞ다 [SYOU-SYOUNG-SYOU-SYOUNG-HĂ-TA] (騷動) [원]445

[불] Désigne le bruit, le désordre d'aller et venir, de monter et descendre; être tumultueux, tapageur; faire du vacarme, faire le diable à quatre.

[한] 오가고 오르내리는 소음, 혼란을 가리킨다 | 소란스럽다, 떠들썩하다 | 소란을 피우다, 떠들어대다

* **슈습ᄒᆞ다** [SYOU-SEUP-HĂ-TA] (收拾) [원]445

[불] Entasser, mettre en tas, recueillir, ramasser, mettre en ordre, reprendre, rassembler.

[한] 축적하다, 쌓다, 모으다, 수집하다, 정돈하다, 손질하다, 다시 모으다

* **슈시** [SYOU-SI] (水柹) [원]445

[불] Une espèce du kaki frais.

[한] 신선한 감의 일종

* **슈시ᄒᆞ다** [SYOU-SI-HĂ-TA] (收屍) [원]445

[불] Mettre un cadavre dans la posture qu'il doit garder; préparer le corps avant de l'ensevelir. c.a.d. l'habiller.

[한] 시체가 유지해야 할 자세로 만들다 | 수의를 입히기 전에 시체를 준비시키다, 즉 그에 옷을 입히다

* **슈신** [SYOU-SIN,-I] (修信) [원]445

불 Lettre, épître.
한 편지, 서한

*슈심 [SYOU-SIM,-I] (愁心) 원445
불 Inquiétude, ennui, souci; inquiet ennuyé.
한 불안, 근심, 걱정 | 불안하다, 난처하다

1*슈ᄉᆞ [SYOU-SĂ] (水使) 원445
불 Dignité maritime; mandarin militaire; amiral, préfet maritime.
한 해군의 고위직 | 군대의 관리 | 해군 대장, 해군 관구 사령관

2*슈ᄉᆞ [SYOU-SĂ] (修士) 원445
불 Religieux, moine, homme qui se livre à la pratique des vertus.
한 수도사, 수도자, 덕을 실천하는 데 전념하는 사람

1*슈ᄉᆡᆨ [SYOU-SĂIK,-I] (手色) 원445
불 Pollution excitée avec la main. Masturbation.
한 손으로 자극하여 이루어진 사정 | 수음

2*슈ᄉᆡᆨ [SYOU-SĂIK,-I] (羞色) 원445
불 Rougeur de honte.
한 창피해서 붉어진 얼굴

*슈ᄉᆡᆨ만면 [SYOU-SĂIK-MAN-MYEN,-I] (愁色滿面) 원445
불 Air d'ennui, couleur d'ennui répandue sur tout le visage. ‖ Etre tout rouge de confusion.
한 근심스러운 표정, 온 얼굴에 퍼진 근심스러운 안색 | 당황해서 얼굴이 시뻘겋게 되다

*슈약ᄒᆞ다 [SYOU-YAK-HĂ-TA] (守約) 원438
불 Alliance. convenir de; accorder un terme.
한 동맹 | ~에 의견이 일치하다 | 기한을 일치시키다

*슈양 [SYOU-YANG,-I] (垂楊) 원438
불 Saule pleureur.
한 능수버들

*슈양모 [SYOU-YANG-MO] (受養母) 원438
불 Mère adoptive (non parente).
한 (혈족이 아닌) 양어머니

*슈양부 [SYOU-YANG-POU] (受養父) 원438
불 Père adoptif (non parent).
한 (혈족이 아닌) 양아버지

*슈양자 [SYOU-YANG-TJĂ] (受養子) 원438
불 Enfant adoptif qui n'est pas parent de l'adoptant; d'un nom de famille différent de celui de son père adoptif.
한 입양하는 사람의 혈족이 아닌 입양아 | 양아버지와 다른 성을 가진 아이

*슈양ᄒᆞ다 [SYOU-YANG-HĂ-TA] (受養) 원438
불 Adoption d'un étranger à la famille. Adopter un étranger.
한 가족 이외의 사람을 입양하기 | 외부 사람을 양자로 삼다

슈어 [SYOU-E] (鱐魚) 원438
불 Nom d'une espèce de poisson de mer; muge ou mulet de mer; vulg. 슝어 Soung-e.
한 바닷고기 일종의 이름 | 바다에 사는 숭어 또는 숭어 | 속칭으로 슝어 Soung-e

1*슈어군 [SYOU-E-KOUN,-I] (守語軍) 원438
불 Soldat chargé de transmettre les ordres; officier d'ordonnance; ordonnance (soldat).
한 명령을 전하는 임무를 맡은 군인 | 부관 | 장교의 당번병 (군인)

2슈어군 [SYOU-E-KOUN,-I] (守禦軍) 원438
불 Soldat de garde, factionnaire.
한 경비병, 보초병

*슈역 [SYOU-YEK,-I] (首譯) 원438
불 Chef des interprètes.
한 통역자들의 우두머리

*슈연 [SYOU-YEN,-I] (晬讌) 원438
불 Festin pour fêter l'âge de 60 ans; fête du 60me anniversaire de la naissance.
한 예순 살을 축하하기 위한 축하연 | 60번째 생일잔치

*슈연이나 [SYOU-YEN-I-NA] (雖然) 원438
불 Quoiqu'il soit.
한 그렇지만

*슈연쟝쟈 [SYOU-YEN-TJYANG-TJYA] (粹然長者) 원438
불 Homme sage, grave, sérieux, posé, grand et d'un beau visage; homme qui a de la prestance, très-respectable.
한 현명하고 근엄하고 진지하고 침착한, 키가 크고 인물이 좋은 사람 | 위엄 있는 사람, 매우 존경할 만한 사람

*슈염 [SYOU-YEM,-I] (鬚髥) 원438
불 Barbe.
한 수염

*슈영 [SYOU-YENG,-I] (水營) 원438
불 Ville maritime où il y a des soldats de la marine. Chef-lieu de préfecture maritime.
한 해군이 있는 해안 도시 | 해군 도지사가 있는 도청 소재지

*슈음 [SYOU-EUM] (樹陰) [원]438
[불] Ombre des arbres.
[한] 나무의 그늘

슈음ᄒᆞ다 [SYOU-EUM-HĂ-TA] [원]438
[불] Epier, espionner, surveiller.
[한] 엿보다, 염탐하다, 지켜보다

*슈요 [SYOU-YO] (壽夭) [원]438
[불] Vieux et jeune. Durée de la vie. Vivre vieux ou mourir jeune.
[한] 늙고 젊음 | 수명 | 오래 살거나 일찍 죽음

*슈요쟝단 [SYOU-YO-TJYANG-TAN,-I] (壽夭長短) [원]439
[불] Vie longue, vie courte; incertitude de la vie, du temps de la mort. Longueur ou brièveté de la vie.
[한] 긴 생애, 짧은 생애 | 삶의 불확실성, 죽음의 시기에 대한 불확실성 | 생의 길고 짧음

*슈욕ᄒᆞ다 [SYOU-YOK-HĂ-TA] (受辱) [원]439
[불] Recevoir des injures, un affront; avoir beaucoup de mal à.
[한] 욕을, 모욕을 당하다 | ~하는 데에 어려움이 많다

*슈우 [SYOU-OU] (水牛) [원]439
[불] Bœuf de mer. Veau marin.
[한] 물소 | 바다표범

*슈우피 [SYOU-OU-HPI] (水牛皮) [원]439
[불] Peau de bœuf de mer, de veau marin appelé Syou-ou.
[한] 물소의, 슈우 Syou-ou라고 불리는 바다표범의 가죽

*슈운ᄒᆞ다 [SYOU-OUN-HĂ-TA] (輸運) [원]439
[불] Transporter, apporter, emporter.
[한] 운송하다, 운반하다, 가지고 가다

*슈원 [SYOU-OUEN,-I] (修院) [원]439
[불] Espèce de monastère, maison où plusieurs se réunissent pour étudier, pour travailler; couvent. (Mot chrét.).
[한] 수도원의 종류, 여러 사람이 공부하기 위해, 수련하기 위해 모이는 시설 | 수도원 | (기독교 어휘)

*슈유간 [SYOU-YOU-KAN] (須臾間) [원]439
[불] Un instant, un moment.
[한] 잠깐, 잠시

슈유나무 [SYOU-YOU-NA-MOU] (茱萸木) [원]439
[불] Nom d'une sorte d'arbre dont la graine sert à faire de l'huile excellente à brûler. Syn. 소동 So-tong.
[한] 그 씨앗이 불을 켜기에 아주 좋은 기름을 만드는 데 쓰는 나무의 종류의 이름 | [[동의어] 소동, So-tong]

슈육지 [SYOU-YOUK-TJI] (水脈) [원]439
[불] Marsouin.
[한] 돌고래의 일종

*슈은 [SYOU-EUN,-I] (水銀) [원]438
[불] Mercure (métal), vif-argent.
[한] 수은 (금속), 수은

*슈은ᄒᆞ다 [SYOU-EUN-HĂ-TA] (受恩) [원]438
[불] Bienfait reçu. Recevoir un bienfait.
[한] 은혜를 입음 | 호의를 받다

1*슈응ᄒᆞ다 [SYOU-EUNG-HĂ-TA] (受應) [원]438
[불] Echanger; changer; faire un échange. || S'entretenir, converser ensemble.
[한] 교환하다 | 바꾸다 | 교체하다 | 서로 이야기하다, 함께 대화하다

2*슈응ᄒᆞ다 [SYOU-EUNG-HĂ-TA] (隨應) [원]438
[불] Obéir, faire ce qui est commandé.
[한] 복종하다, 명령 받은 것을 행하다

1*슈의 [SYOU-EUI] (繡衣) [원]438
[불] Envoyé extraordinaire en province, le 어ᄉᆞ E-să.
[한] 지방에서의 특사, 어ᄉᆞ E-să

2*슈의 [SYOU-EUI] (壽衣) [원]438
[불] Habits d'un mort, pour habiller un mort; vêtements préparés d'avance pour l'enterrement des parents.
[한] 시신에 입히는 시신의 옷 | 부모의 장례를 위해 미리 준비해 둔 옷

슈이 [SYOU-I] [원]438
[불] Bientôt.
[한] 곧

*슈인ᄉᆞᄒᆞ다 [SYOU-IN-SĂ-HĂ-TA] (修人事) [원]438
[불] Faire des politesses; rendre ses devoirs.
[한] 인사하다 | 경의를 표하다

1*슈임 [SYOU-IM,-I] (首任) [원]438
[불] Chef des prétoriens, des employés de préfecture; surintendant, intendant en chef; 좌슈 Tjoa-syou.
[한] 친위병들의, 도청 직원들의 우두머리 | 총감, 우두머리 지방 장관 | 좌슈 Tjoa-syou

2*슈임 [SYOU-IM,-I] (水荏) [원]438
[불] Nom d'une plante dont la graine sert à faire l'huile à brûler. Syn. 들ᄶᆡ Teul-kkăi.
[한] 그 씨앗이 불을 켜는 기름을 만드는 데 쓰이는 식물의 이름 | [[동의어] 들ᄶᆡ, Teul-kkăi.]

*슈작ᄒᆞ다 [SYOU-TJYAK-HĂ-TA] (酬酌) 원446

불 S'entretenir de; conférer sur; converser; parler ensemble; faire la causette.

한 ~에 관해 서로 이야기하다 | ~에 관해 협의하다 | 대화하다 | 함께 이야기하다 | 가벼운 잡담을 하다

*슈쟝 [SYOU-TJYANG,-I] (手掌) 원446

불 Empreinte de la main, dessin de la main comme cachet.

한 손자국, 도장처럼 손으로 찍은 그림

*슈쟝ᄒᆞ다 [SYOU-TJYANG-HĂ-TA] (修粧) 원446

불 Nettoyer; mettre en ordre; orner; enchâsser; encadrer; faire la chaîne (d'un chapelet).

한 깨끗이 하다 | 정돈하다 | 장식하다 | 끼워 넣다 | 틀에 끼우다 | (묵주의) 사슬을 만들다

*슈젹 [SYOU-TJEK,-I] (水賊) 원447

불 Pirate; brigand de mer; forban.

한 해적 | 바다의 강도 | 강도

슈져 [SYOU-TJYE] (匙箸) 원447

불 Cuillère et bâtonnets pour manger.

한 식사용 숟가락과 작은 막대기들

*슈젹 [SYOU-TJYEK,-I] (手迹) 원447

불 Trace de la main. || Œuvre de la main, œuvre propre, ouvrage fait de la propre main.

한 손자국 | 손수 만든 작품, 고유한 작품, 손수 만든 작품

*슈젼 [SYOU-TJYEN,-I] (水戰) 원447

불 Combat naval.

한 해전

*슈젼증 [SYOU-TJYEN-TJEUNG,-I] (水戰症) 원447

불 Tremblement de la main (maladie).

한 손의 떨림 (병)

슈졉이 [SYOU-TJYEP-I] (麥湯) 원447

불 Espèce de gros vermicelle, boulette de pâte cuite à l'eau.

한 두꺼운 버미첼리의 종류, 작은 공 모양 반죽을 물에 익힌 것

*슈졀ᄒᆞ다 [SYOU-TJYEL-HĂ-TA] (守節) 원447

불 Veuve qui garde la continence, qui ne se remarie pas; garder la chasteté, la continence; ne pas se remarier.

한 재혼하지 않고 정조를 지키는 과부 | 순결, 정조를 지키다 | 재혼하지 않다

*슈졍 [SYOU-TJYENG,-I] (水晶, (Eau limpide)) 원447

불 Cristal de roche.

한 천연 수정

슈졍과 [SYOU-TJYENG-KOA] 원447

불 Espèce de pâtisserie ou marmelade de kakis secs détrempés dans de l'eau de miel.

한 마른 감을 꿀물에 적셔 만든 과자 또는 마멀레이드 종류

*슈졍ᄒᆞ다 [SYOU-TJYENG-HĂ-TA] (守貞) 원447

불 Pureté, chasteté. Etre chaste.

한 순수성, 순결 | 순결하다

*슈조 [SYOU-TJO] (水鳥) 원447

불 Oiseau aquatique.

한 물가에 사는 새

*슈죄ᄒᆞ다 [SYOU-TJOI-HĂ-TA] (數罪) 원447

불 Détailler les crimes ou les fautes; les reprocher un à un avant de les punir. Reprocher la faute; gronder à cause de la faute.

한 죄 또는 잘못을 상세하게 설명하다 | 벌하기 전에 그것들을 하나씩 나무라다 | 잘못을 나무라다 | 잘못 때문에 꾸짖다

*슈죠 [SYOU-TJYO] (守操) 원447

불 Vigilance, soin de sa personne; qui est sur ses gardes.

한 스스로에 대한 경계, 주의 | 방심하지 않음

1*슈죡 [SYOU-TJYOK,-I] (手足) 원447

불 Mains et pieds.

한 손과 발

2*슈죡 [SYOU-TJYOK,-I] (首族) 원447

불 Le plus ancien, le chef de la famille.

한 가족의 가장 연장자, 우두머리

*슈졸 [SYOU-TJYOL,-I] (水卒) 원447

불 Soldat marin.

한 해군

*슈졸ᄒᆞ다 [SYOU-TJYOL-HĂ-TA] (守拙) 원447

불 Se tenir dans la médiocrité; vivre frugalement.

한 초라하게 있다 | 검소하게 살다

*슈죵군 [SYOU-TJYONG-KOUN,-I] (隨從軍) 원447

불 Serviteur particulier, servant, garçon de chambre.

한 개인의 하인, 하인, 몸시중 드는 하인

슈죵다리 [SYOU-TJYONG-TA-RI] (水瘇脚) 원447

불 Jambe enflée; éléphantiasis (espèce de maladie causée, dit-on, par l'eau malsaine).

한 부은 다리 | 상피병 (비위생적인 물로 인해 생긴다고

일컬어지는 병의 종류)

슈죵드다 [SYOU-TJYONG-TEU-TA,-TEU-RE,-TEUN] (助役) 원447

불 Servir; être en service de; faire les commissions; aider.

한 시중들다 | ~을 섬기다 | 심부름을 하다 | 돕다

*슈죵ᄒᆞ다 [SYOU-TJYONG-HĂ-TA] (隨從) 원447

불 Servir, aider.

한 시중들다, 돕다

*슈쥬 [SYOU-TJYOU] (水紬) 원447

불 Nom d'une espèce de soie.

한 일종의 비단의 이름

1* 슈즁 [SYOU-TJYOUNG] (手中) 원447

불 Dans la main; en sa possession; à la disposition.

한 손에 | 자신의 소유하에 | 재량권을 가지는

2* 슈즁 [SYOU-TJYOUNG] (水中) 원447

불 Dans l'eau.

한 물속

*슈즙ᄒᆞ다 [SYOU-TJEUP-HĂ-TA] (修葺) 원447

불 Etre en ordre, bien arrangé.

한 정돈되다, 잘 준비되다

*슈지 [SYOU-TJI] (休紙) 원447

불 Chiffon de papier, papier qui a servi, papier de rebut.

한 파지, 사용한 종이, 폐지

*슈지오지ᄌᆞ웅 [SYOU-TJI-O-TJI-TJĂ-OUNG] (誰知烏之雌雄, (Qui, connaître, corbeau, femelle, mâle)) 원447

불 Qui peut, en voyant un corbeau passer, savoir si c'est le mâle ou la femelle? Qui peut prendre la lune avec les dents? C'est impossible.

한 누가 지나가는 까마귀를 보면서 그것이 수컷인지 암컷인지를 알 수 있을까? 누가 이로 달을 물 수 있을까? 불가능하다

*슈직ᄒᆞ다 [SYOU-TJIK-HĂ-TA] (守直) 원447

불 Garder, veiller sur, surveiller.

한 보살피다, ~을 돌보다, 지키다

1* 슈진 [SYOU-TJIN,-I] (袖珍) 원447

불 Ouvrage en chinois, livre chrétien en 4 volumes où se trouvent des prières pour tous les jours, les dimanches et fêtes de l'année, etc., le 공과 Kong-koa. (C'est le titre du livre chinois avant sa traduction en coréen).

한 중국어로 된 책으로, 매일, 일요일, 한 해의 축제 등을 위한 기도문이 있는 네 권으로 된 기독교 서적, 공과Kong-koa. | (조선말로 번역되기 전 중국 책의 제목이다)

2* 슈진 [SYOU-TJIN,-I] (手陳) 원447

불 Faucon apprivoisé.

한 길들여진 매

*슈질ᄒᆞ다 [SYOU-TJIL-HĂ-TA] (水疾) 원447

불 Mal de mer; avoir le mal de mer.

한 뱃멀미 | 뱃멀미를 하다

슈ᄌᆞ리 [SYOU-TJĂ-RI] (戍役) 원447

불 Esclave de guerre; soldat qui garde la frontière.

한 전쟁 노예 | 국경을 지키는 군인

1* 슈ᄌᆡ [SYOU-TJĂI] (手才) 원446

불 Adresse, habileté des mains.

한 손재주, 손의 능숙함

2* 슈ᄌᆡ [SYOU-TJĂI] (秀才) 원447

불 Titre honorifique donné à un enfant un peu âgé d'une autre famille.

한 다른 집안의 조금 나이가 든 아이에게 붙이는 경칭

3* 슈ᄌᆡ [SYOU-TJĂI] (水災) 원447

불 Dégât causé par les torrents, par le débordement d'une rivière; fléau de l'eau, de l'inondation; pluie intempestive qui fait manquer le riz.

한 급류로 인한, 강의 범람으로 인한 피해 | 물로 인한, 홍수로 인한 재해 | 벼를 망치게 하는 때 아닌 비

*슈ᄌᆡᄒᆞ다 [SYOU-TJĂI-HĂ-TA] (守齋) 원447

불 Observer les abstinences et les jeûnes.

한 금욕과 단식을 지키다

*슈참ᄒᆞ다 [SYOU-TCHAM-HĂ-TA] (羞慚) 원447

불 Avoir honte; rougir; être honteux.

한 창피하다 | 부끄러워하다 | 수치스럽다

*슈쳑ᄒᆞ다 [SYOU-TCHYEK-HĂ-TA] (瘦瘠) 원447

불 Maigreur; être maigre.

한 야윈 모습 | 야위다

*슈츅 [SYOU-TCHYOUK,-I] (修築) 원447

불 Réparer une chose éboulée; relever en mettant l'un sur l'autre ; rétablir une muraille, une digue.

한 무너진 것을 수리하다 | 첩첩이 놓으면서 재건하다 | 벽, 둑을 복구하다

*슈치ᄉᆞ [SYOU-TCHI-SĂ] (羞恥事) 원447

불 Affront; chose honteuse. =ᄒᆞ다-hă-ta, Recevoir la honte.

한 창피 | 수치스러운 것 | [용례 =ᄒᆞ다, -hă-ta], 창피를 당하다

*슈침ᄒᆞ다 [SYOU-TCHIM-HĂ-TA] (水沈) ㉠447
불 Tomber dans l'eau. Faire macérer dans l'eau.
한 물속에 떨어지다 | 물속에 잠기게 하다

*슈치 [SYOU-TCHĂI] (水寨) ㉠447
불 Conduit souterrain de l'eau; conduit couvert; tuyau pour faire passer l'eau ; lieu où l'on jette les eaux de la cuisine.
한 매설된 수도관 | 덮인 관 | 물이 흘러가도록 만든 관 | 부엌에서 나온 물을 버리는 곳

슈컷 [SYOU-HKET,-SI] (雄牡) ㉠441
불 Mâle (parmi les animaux).
한 (동물 중에서) 수컷

*슈탐ᄒᆞ다 [SYOU-HTAM-HĂ-TA] (搜探) ㉠446
불 Prendre le bien d'autrui; enlever, ravir de gré ou de force.
한 타인의 재산을 빼앗다 | 자발적이든지 억지로든지 탈취하다, 빼앗다

*슈텽 [SYOU-HTYENG,-I] (守廳) ㉠446
불 Femme entretenue, espèce de concubine du mandarin. ‖ Domestique qui sert dans le salon des nobles.
한 정부, 관리의 첩 종류 | 귀족들의 응접실에서 시중드는 하인

*슈토 [SYOU-HTO] (水土) ㉠446
불 Eau et terre, climat; eau malsaine. (On emploie souvent ces mots pour exprimer l'influence de la mauvaise eau sur la santé). V. 토질 Hto-tjil.
한 물과 토양, 기후 | 비위생적인 물 (수질이 나쁜 물이 건강에 미치는 영향을 나타내기 위해 종종 이 단어를 사용한다) | [참조어 토질, Hto-tjil]

*슈통 [SYOU-HTONG,-I] (水筩) ㉠446
불 Vase à eau en bois, seau.
한 나무로 만든 물그릇, 양동이

*슈통ᄒᆞ다 [SYOU-HTONG-HĂ-TA] (羞痛) ㉠446
불 Difforme, hideux, honteux; être mal conçu, mal réussi.
한 흉하다, 망측하다, 수치스럽다 | 잘못 짜이다, 실패하다

*슈투젼 [SYOU-HTOU-TJYEN,-I] (數投牋) ㉠446
불 Espèce de jeu de cartes, jeu qui a 80 cartes.
한 카드놀이의 종류, 80장의 카드로 하는 놀이

*슈틱ᄒᆞ다 [SYOU-HTĂI-HĂ-TA] (受胎) ㉠446
불 Concevoir, devenir enceinte.
한 수태하다, 임신하다

[1]*슈파 [SYOU-HPA] (水波) ㉠444
불 Vagues de la mer. Ondulation qui paraît dans le cristal vu de profil.
한 바다의 물결 | 수정을 옆에서 볼 때 나타나는 일렁임

[2]슈파 [SYOU-HPA] ㉠444
불 Le cou d'un cochon tué.
한 죽임을 당한 돼지의 목

*슈편ᄒᆞ다 [SYOU-PEN-HĂ-TA] (隨便) ㉠444
불 Facile; à son gré; commodité; opportunité.
한 쉽다 | 내키는 대로 | 편리 | 좋은 기회

슈포졍 [SYOU-HPO-TJYENG,-I] ㉠444
불 Espèce de furoncle; œil de perdrix; cor; furoncle très-venimeux qui nait subitement aux jointures des doigts, des membres, et se gangrène très-vite.
한 절종의 종류 | 발가락의 티눈 | 티눈 | 손가락 마디 또는 팔다리에 갑작스럽게 생겨서 아주 빠르게 부패하는 매우 유독한 절종

*슈표 [SYOU-HPYO] (手標) ㉠444
불 Mémoire, note de compte signée; signature; signe; facture signée; reçu; quittance.
한 견적서, 서명한 계산서 | 서명 | 표시 | 서명한 청구서 | 영수증 | 지불 증서

*슈풍로 [SYOU-HPOUNG-RO] (受風爐, (Recevoir, vent, réchaud)) ㉠444
불 Réchand percé en dessous et qui reçoit très-bien le courant d'air.
한 아래에 구멍을 내어 통풍이 아주 잘 되는 화로

슈플 [SYOU-HPEUL,-I] (林) ㉠444
불 Lieu champêtre; lieu planté d'arbres et de toutes sortes d'herbes, de plantes; forêt, fourré, bosquet.
한 농촌 지역 | 나무와 온갖 종류의 풀, 식물을 심은 곳 | 숲, 덤불숲, 작은 숲

*슈품 [SYOU-HPEUM,-I] (手品) ㉠444
불 Habileté, adresse, manière de faire, le tour de main.
한 능란함, 솜씨, 만드는 방법, 손재주

*슈픽 [SYOU-HPĂI] (水敗) ㉠444
불 Ravage d'une inondation sur un champ; inondation qui ravage tout.
한 밭에 나는 홍수 재해 | 모든 것을 황폐하게 하는 홍수

*슈하 [SYOU-HA] (手下) ㉠439
불 Au-dessous de la main, sous la main. ‖ Les in-

férieurs dans la maison, ceux qui sont sous l'autorité du chef de famille (손아릭사룸 Son a-răi sa-răm).
한 손 아래에 있는, 수중에 | 집안에서 아랫사람들, 가장의 권위 아래에 있는 사람들 (손아릭사룸 Son a-răi sa-răm)

슈하되다 [SYOU-HA-TOI-TA,-TOI-YE,-TOIN] (爲手下) 원439
불 Etre inférieur dans la famille.
한 집안에서 아랫사람이다

*슈학ᄒᆞ다 [SYOU-HAK-HĂ-TA] (受學) 원439
불 Etudier les caractères; recevoir les leçons de.
한 글자를 공부하다 | ~의 수업을 받다

*슈한 [SYOU-HAN,-I] (壽限) 원439
불 Durée de la vie; la fin de la vie, de l'existence.
한 수명 | 생명의, 생애의 끝

*슈할손례 [SYOU-HAL-SON-RYEI] (受割損禮) 원439
불 Recevoir la circoncision.
한 할례를 받다

*슈합ᄒᆞ다 [SYOU-HAP-HĂ-TA] (收合) 원439
불 Argent mis en commun pour…; souscription; réunir plusieurs ensemble.
한 ~을 위해 공동으로 모은 돈 | 기부금 | 여럿이 함께 모이다

*슈해ᄒᆞ다 [SYOU-HAI-HĂ-TA] (受害) 원439
불 Recevoir un dommage.
한 손해를 입다

*슈험ᄒᆞ다 [SYOU-HEM-HĂ-TA] (搜驗) 원439
불 Douane. Surveiller, espionner.
한 세관 | 감시하다, 염탐하다

*슈형리 [SYOU-HYENG-RI] (首刑吏) 원439
불 Chef des prétoriens; le 형방 Hyeng-pang en exercice.
한 친위병들의 우두머리 | 직무를 수행 중인 형방 Hyeng-pang

*슈호ᄒᆞ다 [SYOU-HO-HĂ-TA] (守護) 원439
불 Garde. Garder; veiller sur; conserver; protéger.
한 보호 | 지키다 | 돌보다 | 보존하다 | 보호하다

*슈화 [SYOU-HOA] (水火) 원439
불 Eau et feu.
한 물과 불

*슈화상극 [SYOU-HOA-SANG-KEUK] (水火相克) 원439
불 L'eau et le feu sont incompatibles; être opposé comme l'eau et le feu.
한 물과 불은 양립불능이다 | 물과 불처럼 상반되다

*슈화쥬 [SYOU-HOA-TJYOU] (繡花紬) 원439
불 Etoffe de soie brodée.
한 수놓인 비단

*슈환 [SYOU-HOAN,-I] (水患) 원439
불 Calamité de l'eau. fléau de l'inondation; pluies intempestives.
한 물로 인한 재난 | 홍수로 인한 재해 | 때 아닌 비

슈히 [SYOU-HI] 원438 ☞슈이

*슈ᄒᆞ다 [SYOU-HĂ-TA,-HĂ-YE,-HĂN] (壽) 원439
불 Vivre vieux; être vieux; vivre longtemps.
한 늙을 때까지 살다 | 늙다 | 오랫동안 살다

*슉 [SYOUK,-I] (叔) 원439
불 Après les noms de parenté, désigne les degrés impairs; ou, en ligne transversale, oblique, désigne ceux qui sont au même degré de la souche que le père.
한 혈족을 나타내는 명칭 뒤에서 홀수 촌수를 가리킨다 | 또는 비스듬한 가로선상에서, 아버지와 같은 등급에 있는 사람들을 가리킨다

슉굴ᄒᆞ다 [SYOUK-KOUL-HĂ-TA] 원440
불 Avoir les cheveux mal peignés, en désordre; être ébouriffé.
한 머리카락이 잘못 빗질되었다, 덥수룩하다 | [역주 머리카락이] 헝클어지다

*슉녹피 [SYOUK-NOK-HPI] (熟鹿皮) 원440
불 Peau de cerf. Cuir rendu moelleux et souple par la préparation, p. ê. peau de daim. Cuir de cerf tanné; on appelle ainsi un homme sans volonté.
한 사슴 가죽 | 가공을 통해 부드럽고 유연해진 가죽, 아마도 사슴 가죽 | 무두질한 사슴 가죽 | 의지가 없는 사람을 이렇게 부른다

*슉뉼 [SYOUK-NYOUL,-I] (熟栗) 원440
불 Châtaigne cuite (dans l'eau) ou grillée.
한 (물에) 삶거나 석쇠에 구운 밤

*슉늉 [SYOUK-NYOUNG,-I] (熟冷) 원440
불 Eau de riz (boisson des Coréens dans leurs repas).
한 밥의 물 (식사할 때 조선인들이 마시는 음료)

*슉닝 [SYOUK-NĂING,-I] (熟冷) 원440
불 Eau de riz (qui sert ordinairement de boisson en mangeant).
한 밥의 물 (보통 식사하면서 음료로 쓰인다)

슉다 [SYOUK-TA] (前傾) 원440

불 Etre penché, incliné, soumis, dompté; s'incliner, se pencher, se soumettre, s'apprivoiser.
한 기울어지다, 경사지다 | 복종하다, 굴복하다 | 숙이다, 몸을 구부리다 | 따르다, 길들다

슉덕이 [SYOUK-TEK-I] 원440
불 Chapeau de roseau en forme de cône des hommes de la capitale; chapeau de paysan. Syn. 삿갓 Sat-kat.
한 수도에 사는 사람들이 쓰는 갈대로 만든 원추형의 모자 | 농부의 모자 | [동의어 삿갓, Sat-kat.]

슉덜슉덜말ᄒᆞ다 [SYOUK-TEL-SYOUK-TEL-MAL-HĂ-TA] (嚚雜) 원440
불 Désigne le bruit de deux personnes qui s'entretiennent à voix basse babiller, bavarder, causer.
한 두 사람이 낮은 목소리로 서로 이야기하는 소리를 가리킨다 | 재잘거리다, 잡담하다, 수다를 떨다

*슉독ᄒᆞ다 [SYOUK-TOK-HĂ-TA] (熟讀) 원440
불 Repasser, apprendre de nouveau; étudier; apprendre.
한 복습하다, 다시 습득하다 | 공부하다 | 배우다

*슉마 [SYOUK-MA] (熟麻) 원440
불 Corde ou fil de chanvre passé, blanchi à la lessive; chanvre roui.
한 세제에 투입된, 표백된 삼끈 또는 삼실 | 침적된 삼

*슉면 [SYOUK-MYEN,-I] (熟面) 원440
불 Vieille connaissance (se connaître depuis longtemps). Visage connu.
한 오래전부터 아는 사람 (오래전부터 서로 알다) | 아는 얼굴

*슉모 [SYOUK-MO] (叔母) 원440
불 Epouse du frère du père, épouse de l'oncle, tante, femme de l'oncle paternel.
한 아버지 남자 형제의 아내, 삼촌의 아내, 숙모, 부계 쪽 삼촌의 아내

*슉ᄆᆡᆨ [SYOUK-MĂIK,-I] (菽麥, (Pois, blé)) 원440
불 Innocent, idiot, imbécile.
한 순진한 사람, 바보, 얼간이

*슉ᄆᆡᆨ불변 [SYOUK-MĂIK-POUL-PYEN] (菽麥不辨, (Pois, blé, non, distinguer)) 원440
불 Qui ne sait pas distinguer les pois d'avec le blé, c.a.d. idiot.
한 콩과 밀을 구별할 줄 모르는 사람, 즉 바보

*슉부 [SYOUK-POU] (叔父) 원440
불 Frère du père, oncle paternel.
한 아버지의 남자 형제, 부계 쪽 삼촌

*슉ᄇᆡᄒᆞ다 [SYOUK-PĂI-HĂ-TA] (肅拜) 원440
불 Faire sa visite d'adieu au roi. (Se dit d'un dignitaire qui, avant d'aller en province, va ainsi offrir ses remerciements pour la collation d'une dignité).
한 왕에게 작별 인사하려고 방문하다 | (지방으로 가기 전, 고위직을 수여한 것에 대해 이렇게 사의를 표하러 가는 고관에 대해 쓴다)

*슉셕 [SYOUK-SYEK,-I] (熟石) 원440
불 Pierre taillée, travaillée. ‖ Brique, pierre cuite; pierre passée au feu.
한 다듬은, 세공한 돌 | 벽돌, 구운 돌 | 불에 투입된 돌

*슉셩ᄒᆞ다 [SYOUK-SYENG-HĂ-TA] (夙成) 원440
불 Croître promptement; grandir en peu de temps; être de belle venue, promettant une belle récolte; être grand, être fort pour son âge (enfant).
한 빠르게 자라다 | 단기간에 성장하다 | 풍작이 예상되도록 잘 자라다 | 크다, (아이가) 나이에 비해 체격이 좋다

*슉소 [SYOUK-SO] (宿所) 원440
불 Dortoir, chambre à coucher, lieu où l'on dort.
한 공동 침실, 침실, 잠을 자는 곳

*슉슈 [SYOUK-SYOU] (熟手, (Habile, main)) 원440
불 Habitude, habileté acquise.
한 습관, 후천적인 능숙함

*슉슈단 [SYOUK-SYOU-TAN,-I] (熟手端) 원440
불 Grande habitude, habileté acquise par l'exercice.
한 대단한 습관, 훈련을 통해 얻은 능숙함

*슉습ᄒᆞ다 [SYOUK-SEUP-HĂ-TA] (熟習) 원440
불 Habitude; exercice. S'habituer; s'exercer; étudier; se former; prendre l'habitude de.
한 습관 | 훈련 | 길들다 | 훈련하다 | 연습하다 | 익숙하게 되다 | ~하는 습관을 기르다

*슉식 [SYOUK-SIK,-I] (宿食) 원440
불 Le dormir et le manger.
한 자고 먹음

슉어지다 [SYOUK-E-TJI-TA] 원439
불 Incliné; penché; soumis; dompté. s'incliner; se pencher; se soumettre; s'apprivoiser.
한 경사지다 | 기울어지다 | 순종하다 | 복종하다 | 숙이다 | 몸을 구부리다 | 굴복하다 | 길들다

*슉육 [SYOUK-YOUK,-I] (熟肉) 원440
불 Viande cuite.

ㅅ

한 익은 고기

슉으러지다 [SYOUK-EU-RE-TJI-TA,-TJYE,-TJIN] (垂首) 원439

불 Incliné, penché en avant; s'incliner, se pencher.

한 비스듬하다, 앞으로 기울어지다 | 숙이다, 몸을 구부리다

슉이다 [SYOUK-I-TA,SYOUK-YE,SYOUK-IN] (俯) 원439

불 Incliner; pencher en avant; soumettre; dompter; apprivoiser; adoucir; faire pencher.

한 굽히다 | 앞으로 숙이다 | 굴복시키다 | 복종시키다 | 길들이다 | 누그러뜨리다 | 숙이게 하다

*슉졍패 [SYOUK-TJYENG-HPAI] (肅靜牌) 원440

불 Deux poteaux qui servent d'inscription dans les exécutions.

한 사형을 집행할 때 비문 역할을 하는 두 개의 처형용 기둥

슉쥬 [SYOUK-TJYOU] (綠豆芽) 원441

불 Sorte de petits pois-chiches germés. V. 녹두 Nok-tou.

한 싹이 튼 작은 병아리 콩의 종류 | [참조어 녹두, Nok-tou]

슉지다 [SYOUK-TJI-TA,-TJYE,-TJIN] (無) 원441

불 Diminuer; presque entièrement détruit (mauvaises herbes). ‖ Etre inférieur, ne pas égaler, le céder à.

한 감소하다 | (잡초가) 거의 다 없어지다 | 열등하다, 필적하지 않다, ~에 뒤지다

*슉질 [SYOUK-TJIL,-I] (叔姪) 원441

불 Oncle et neveu.

한 아저씨와 조카

*슉쳥 [SYOUK-TCHYENG,-I] (熟淸) 원441

불 Miel d'abeille retiré du rayon au moyen du feu; miel de qualité inférieure séparé de la cire par la chaleur du feu.

한 불을 이용해서 벌집을 떼어낸 벌꿀 | 불의 열기로 인해 밀랍과 분리된 낮은 품질의 꿀

슉초 [SYOUK-TCHO] 원441

불 Nom d'une espèce de soie.

한 비단 일종의 이름

*슉친ᄒᆞ다 [SYOUK-TCHIN-HĂ-TA] (熟親) 원441

불 Intime, être très-lié.

한 친근하다, 친분이 깊다

*슉치 [SYOUK-TCHĂI] (熟菜) 원441

불 Herbes cuites, légumes cuits.

한 익힌 풀, 익힌 채소

*슉포 [SYOUK-HPO] (熟布) 원440

불 Toile de chanvre passée à la lessive; toile blanchie.

한 세제에 투입된 삼베 | 표백된 천

*슉호츙비 [SYOUK-HO-TCHYOUNG-PI] (宿虎衝鼻) 원440

불 Piquer le nez d'un tigre qui dort, éveiller le chat qui dort.

한 자는 호랑이의 코를 찌르다, 자는 고양이를 깨우다

*슉환 [SYOUK-HOAN,-I] (宿患) 원440

불 Longue maladie.

한 오래된 병

1* 슌 [SYOUN,-I] (純) 원441

불 Entier.

한 온전하다

2* 슌 [SYOUN,-I] (筍) 원441

불 Pousse, jet, germe, rejeton.

한 새싹, 새순, 싹, 순

3* 슌 [SYOUN] (順) 원441

불 En agr. Favorable.

한 한자어로 유리하다

*슌결 [SYOUN-KYEL,-I] (唇潔) 원442

불 Bec-de-lièvre; lèvre fendue; qui a la lèvre supérieure fendue.

한 언청이 | 벌어진 입술 | 윗입술이 벌어진 사람

*슌결ᄒᆞ다 [SYOUN-KYEL-HĂ-TA] (純潔) 원442

불 Etre pur et sans tache.

한 순수하고 흠이 없다

*슌겸ᄒᆞ다 [SYOUN-KYEM-HĂ-TA] (純謙) 원442

불 Humilité parfaite; être doux et humble.

한 완벽한 겸손 | 온화하고 겸손하다

*슌경 [SYOUN-KYENG,-I] (順境) 원442

불 Bonheur; santé; prospérité; agrément. Opportunité; occasion favorable; temps facile.

한 행복 | 건강 | 번영 | 즐거움 | 좋은 기회 | 유리한 기회 | 용이한 기회

*슌경ᄒᆞ다 [SYOUN-KYENG-HĂ-TA] (巡更) 원442

불 Ronde de nuit; patrouille; soldats de garde pendant les heures de nuit; faire la ronde pour surveiller.

한 야간 순찰 | 순찰대 | 밤 시간 동안 서는 경비병들 | 감시하기 위해 순찰하다

슌귀마 [SYOUN-KOUI-MA] 원442 ☞슌긔마

*슌귀편 [SYŌŪN-KOUI-HPYEN] (順歸便) 원442

불 Occasion favorable pour s'en retourner; occasion d'un homme ou d'un cheval qui retourne chez lui.
한 돌아가기에 좋은 기회 | 집으로 돌아가는 사람 또는 말의 호기

*순금 [SYOUN-KEUM,-I] (純金) 원442
불 Bon or, or de qualité supérieure, or pur.
한 좋은 금, 품질이 우수한 금, 순수한 금

*순긔마 [SYOUN-KEUI-MA] (順歸馬) 원442
불 Cheval d'occasion que l'on prend pour faire la route (on le loue moins cher).
한 길을 가기 위해 얻는 가격이 싼 말(그것을 더 싸게 임대한다)

순님금 [SYOUN-NIM-KEUM,-I] (舜帝) 원442
불 Grand roi, le roi 슌 Syoun, un des premiers empereurs de Chine.
한 위대한 왕, 슌 Syoun왕, 중국 첫 번째 황제 중 한 명

순ᄃᆡ [SYOUN-TĂI] (猪腸) 원443
불 Boyaux remplis de viande hachée; saucisse, andouille, etc.
한 잘게 다진 고기로 채운 창자 | 소시지, 순대 등

*순라 [SYOUN-RA] (巡邏) 원442
불 Garde de nuit, soldat chargé d'arrêter les hommes qui sortent la nuit à la capitale (les femmes seules pouvant circuler).
한 야간 경비, 수도에서 (여자들만 돌아다닐 수 있으므로) 밤에 외출하는 남자들을 붙잡는 일을 맡은 군인

*순량ᄒᆞ다 [SYOUN-RYANG-HĂ-TA] (馴良) 원442
불 Etre doux, calme; qui ne fait aucun mal; être doux et bon.
한 온화하다, 침착하다 | 전혀 해치지 않다 | 유순하고 착하다

*순력ᄒᆞ다 [SYOUN-RYEK-HĂ-TA] (巡歷) 원442
불 Revue, inspection, visite du gouverneur dans sa province; circuler, parcourir sa province.
한 지사가 자신의 지방에서 하는 점검, 시찰, 순찰 | 지방을 순회하다, 두루 돌아다니다

*순령수 [SYOUN-RYENG-SYOU] (純令手) 원442
불 Soldat chargé de servir le général, de faire ses commissions.
한 장군을 모시는, 그의 심부름을 하는 임무를 맡은 군인

*순로 [SYŌŪN-RO] (順路) 원442
불 Route douce; belle route; route aisée.
한 완만한 길 | 좋은 길 | 쉬운 경로

*순류ᄒᆞ다 [SYŌŪN-RYOU-HĂ-TA] (順流) 원442
불 Eau qui a un cours régulier, qui coule doucement; couler doucement.
한 규칙적으로 흐르는, 천천히 흐르는 물 | 천천히 흐르다

*순리 [SŌŪN-RI] (順理) 원442
불 Loi, circonstance favorable. ‖ Doctrine facile; facilité.
한 유리한 법, 상황 | 이해하기 쉬운 교리 | 용이함

*순망치한 [SYOUN-MANG-TCHI-HAN,-I] (脣亡齒寒) 원442
불 Lèvres tombées, dents gelées. Quand les feuilles tombent, le froid vient. Si telle chose manque, cela va mal.
한 입술이 떨어지면, 이가 얼어붙는다 | 나뭇잎이 떨어지면 추위가 온다 | 이러이러한 것이 없으면 일이 어렵게 된다

*순명ᄒᆞ다 [SYOUN-MYENG-HĂ-TA] (順命) 원442
불 Obéir; obéissant; se soumettre; être soumis.
한 복종하다 | 순종하다 | 따르다 | 따르다

*순무대쟝 [SYOUN-MOU-TAI-TJYANG,-I] (巡撫大將) 원442
불 Grand général ou maréchal chargé de pacifier le pays.
한 나라의 평화를 회복시키는 임무를 맡은 용장 또는 장성

*순무ᄉᆞ [SYOUN-MOU-SĂ] (巡撫使) 원442
불 Nom d'une dignité des archers.
한 시수들이 맡는 고관직의 이름

*순무어ᄉᆞ [SYOUN-MOU-E-SĂ] (巡撫御使) 원442
불 Envoyé extraordinaire à l'intérieur du royaume pour apaiser le peuple.
한 백성을 달래기 위해 왕국 내에 파견하는 특사

*순민 [SYŌŪN-MIN,-I] (順民) 원442
불 Peuple soumis, obéissant, paisible.
한 유순한, 순종적인, 온화한 백성

*순박ᄒᆞ다 [SYOUN-PAK-HĂ-TA,-HĂN,-HI] (純朴) 원442
불 Simple, droit, sincère, doux, calme, docile, probe, honnête, fidèle.
한 소박하다, 올바르다, 성실하다, 유순하다, 침착하다, 온순하다, 청렴하다, 정직하다, 충실하다

ㅅ

*슌비 [SYOUN-PĂI] (巡盃) 원442
불 Numéral des tournées de vin, chacun régalant à son tour les convives d'une ou de deux rasades.
한 각자가 제 차례에 손님들에게 한 잔이나 두 잔을 대접하면서 술잔을 차례로 돌리는 수를 세는 수사

1*슌산 [SYOUN-SAN,-I] (順山) 원442
불 Montagne en pente douce.
한 경사가 완만한 산

2*슌산 [SYOUN-SAN,-I] (順産) 원442
불 Accouchement facile.
한 순조로운 출산

1*슌산ᄒᆞ다 [SYŌŪN-SAN-HĂ-TA] (順産) 원442
불 Accoucher heureusement, sans beaucoup de peine.
한 무사히, 큰 어려움 없이 해산하다

2*슌산ᄒᆞ다 [SYŌŪN-SAN-HĂ-TA] (巡山) 원442
불 Se promener sur la montagne
한 산에서 산책하다

*슌상ᄒᆞ다 [SYOUN-SANG-HĂ-TA] (順喪) 원442
불 Mourir suivant l'ordre de la nature, c.a.d. après ses parents et avant ses enfants.
한 자연의 이치에 따라, 즉 부모 다음으로, 자식들보다 먼저 죽다

*슌샹 [SYOUN-SYANG,-I] (巡相) 원442
불 Gouverneur d'une province.
한 지방의 지사

*슌샹ᄒᆞ다 [SYOUN-SYANG-HĂ-TA] (順上) 원442
불 Etre obéissant envers le supérieur.
한 윗사람에게 순종적이다

*슌션 [SYOUN-SYEN,-I] (順船) 원442
불 Barque d'occasion. ‖ Barque qui a le vent favorable.
한 중고 배 | 순조로운 바람에 항해하는 배

*슌셩ᄒᆞ다 [SYOUN-SYENG-HĂ-TA] (巡城) 원442
불 Faire un tour sur les remparts; faire le tour des remparts.
한 성벽 위를 둘러보다 | 성벽을 한 바퀴 돌다

1*슌슈ᄒᆞ다 [SYŌŪN-SYOU-HĂ-TA] (順受) 원443
불 Recevoir avec calme, doucement, avec soumission.
한 침착하게, 천천히, 고분고분하게 받다

2*슌슈ᄒᆞ다 [SYŌŪN-SYOU-HĂ-TA] (順守) 원443
불 Bien observer; observer fidèlement une règle, la religion.
한 잘 지키다 | 규율, 신앙을 충실히 지키다

1슌시 [SYOUN-SI] 원442
불 Arc.
한 활

2*슌시 [SYOUN-SI] (循示) 원442
불 Procession qu'on fait faire aux criminels avant leur exécution solennelle, pour les montrer au peuple.
한 정식의 사형집행 전에 죄수들을 백성들에게 보여주기 위해 죄수들에게 시키는 행렬

*슌식 [SYOUN-SIK,-I] (瞬息) 원443
불 Clin d'œil; un instant.
한 눈짓 | 잠깐

*슌식간 [SYOUN-SIK-KAN,-I] (瞬息間) 원443
불 Espace d'un clin d'œil.
한 눈 깜짝할 사이

*슌신 [SYOUN-SIN,-I] (純神) 원443
불 Esprit simple, pur; pur esprit.
한 소박한, 순수한 정신 | 순수 정신

*슌실ᄒᆞ다 [SYOUN-SIL-HĂ-TA] (純實) 원443
불 Très-véridique, droit, simple, vrai, sincère.
한 매우 진실되다, 올바르다, 솔직하다, 참되다, 진지하다

*슌심 [SYOUN-SIM,-I] (順心) 원443
불 Cœur doux; douceur. ‖ Cœur pur, simple.
한 온화한 마음 | 온화 | 순수한, 소박한 마음

*슌ᄉᆞ또 [SYOUN-HĂ-TTO] (巡使道) 원442
불 Le gouverneur (les esclaves l'appellent ainsi).
한 지사 (노예들이 그를 이렇게 부른다)

*슌ᄉᆡᆨ [SYOUN-SĂIK,-I] (純色) 원442
불 Couleur ordinaire, pure, sans mélange.
한 보통의, 순수한, 혼합되지 않은 색

*슌양 [SYOUN-YANG,-I] (純陽) 원441
불 Pureté; virginité; homme vierge; homme qui n'est pas encore marié ou qui ne s'est jamais marié.
한 순수성 | 순결 | 순결한 남자 | 아직 결혼하지 않았거나 결혼한 적 없는 남자

*슌역 [SYOUN-YEK,-I] (順逆) 원441
불 Souplesse et rigidité.
한 유연성과 준엄함

*슌연ᄒᆞ다 [SYOUN-YEN-HĂ-TA] (純然) 원441
불 Pur, clair, limpide, propre, souple.
한 순수하다, 맑다, 투명하다, 깨끗하다, 유순하다

*슌유ᄒᆞ다 [SYOUN-YOU-HĂ-TA] (順柔) 원441
불 Etre soumis, doux, patient, souple, complaisant. Traitable. Etre bon, affable, honnête, de bon caractère.

한 순종하다, 온화하다, 끈기 있다, 유순하다, 관대하다, 온순하다 | 선량하다, 친절하다, 정직하다, 성격이 좋다

*슌은 [SYOUN-EUN,-I] (純銀) 원441
불 Très-bon argent, argent pur.
한 매우 좋은 은, 순수한 은

*슌음 [SYOUN-EUM,-I] (純陰) 원441
불 Femme vierge, vierge, fille non mariée.
한 순결한 여성, 처녀, 결혼하지 않은 처녀

*슌의 [SYOUN-EUI] (純意) 원441
불 Pensée pure; cœur pur, limpide.
한 순수한 생각 | 순수한, 투명한 마음

*슌쟝 [SYOUN-TJYANG,-I] (巡將) 원443
불 Charge, emploi, dignité réservée aux hommes du peuple; officier, chef de police.
한 서민에게만 주는 직무, 일자리, 관직 | 경찰관, 경찰청장

*슌젼ᄒᆞ다 [SYOUN-TJYEN-HĂ-TA,-HĂN,-HI] (純全) 원443
불 Pur, simple, limpide, clair, être entier, sans mél-ange, sans altération.
한 순수하다, 순수하다, 투명하다, 맑다, 온전하다, 혼합되지 않다, 손상되지 않다

*슌죵 [SYOUN-TJYONG,-I] (脣瘇) 원443
불 Furoncle aux lèvres; furoncle très-dangereurx sur la lèvre supérieure.
한 입술에 나는 절종 | 윗입술에 나는 매우 위험한 절종

*슌죵ᄒᆞ다 [SYŌUN-TJYONG-HĂ-TA] (順從) 원443
불 Obéissant, soumis, souple, complaisant; se sou-mettre, obéir, suivre avec docilité.
한 순종하다, 유순하다, 유순하다, 친절하다 | 따르다, 복종하다, 고분고분하게 따르다

*슌직ᄒᆞ다 [SYOUN-TJIK-HĂ-TA] (純直) 원443
불 Doux, simple, souple, patient; complaisant, ma-niable, traitable; être sûr, sincère, fidèle.
한 온화하다, 소박하다, 유순하다, 끈기 있다 | 친절하다, 온순하다, 온건하다 | 믿을 만하다, 진지하다, 충직하다

슌집다 [SYOUN-TJIP-TA,-TJIP-E,-TJIP-EUN] (折筍) 원443
불 Briser la tête de la souche pour faire pousser les branches, grossir les fruits, les feuilles (v.g. au tabac, aux citrouilles, etc.); pincer les bourgeons.
한 (예. 담배, 호박 등에게서) 나뭇가지들이 자라게 하기 위해 열매, 잎을 크게 하기 위해 그루터기의 선단부를 제거하다 | 순을 자르다

*슌찰ᄉᆞ [SYOUN-TCHAL-SĂ] (巡察使) 원443
불 Gouverneur, surveillant général.
한 지사, 감독관

*슌쵸군 [SYOUN-TCHYO-KOUN,-I] (巡哨軍) 원443
불 Soldat (par levée); soldat qui fait la patrouille.
한 (징집된) 군인 | 순찰하는 군인

*슌쵸ᄒᆞ다 [SYOUN-TCHYO-HĂ-TA] (巡哨) 원443
불 Faire la patrouille; faire la ronde (soldats). ‖ Lever des troupes, faire une levée de soldats.
한 정찰하다 | (군인들이) 순찰하다 | 군대를 일으키다, 군인들을 징집하다

*슌치 [SYOUN-TCHĂI] (筍菜) 원443
불 Plante aquatique potagère; espèce de goëmon d'eau douce, qui a des grappes comme le raisin. (C'est un mets très-recherché par les gourmets coréens).
한 물가에서 자라는 식용 식물 | 포도처럼 송이가 있는, 민물에서 자라는 해초의 종류 (조선 미식가들에게 매우 인기 있는 요리이다)

*슌통ᄒᆞ다 [SŌUN-HTONG-HĂ-TA] (純通) 원443
불 Bien réciter, savoir très-bien par cœur, réciter sans faute.
한 잘 암송하다, 매우 잘 암기하다, 틀리지 않고 암송하다

*슌편 [SYOUN-HPYEN,-I] (順便) 원442
불 Occasion favorable.
한 유리한 기회

*슌풍 [SYOUN-HPOUNG,-I] (順風) 원442
불 Vent favorable, doux.
한 기분 좋은, 온화한 바람

*슌화ᄒᆞ다 [SYOUN-HOA-HĂ-TA] (順和) 원441
불 Soumis, souple, doux, patient, avec qui il fait bon vivre, de bon caractère.
한 순종하다, 유순하다, 온화하다, 끈기 있다, 더불어 잘 살 수 있다, 성격이 좋다

*슌환 [SYOUN-HOAN,-I] (循環) 원441
불 Vicissitudes; tourner.
한 변천 | 돌다

*슌환지리 [SYOUN-HOAN-TJI-RI] (循環之理) 원441
불 Roue de la fortune; loi du sort; conduite de la

Providence; règle constante (comme: la peine suit la faute).

한 운명의 수레바퀴 | 운명의 법칙 | 신의 인도 | 불변의 법칙 (예컨대: 잘못에는 고통이 따른다)

*슌후ᄒᆞ다 [SYOUN-HOU-HĂ-TA] (淳厚) 원442

불 Doux, patient, soumis, souple, complaisant, traitable; être libéral, indulgent.

한 온화하다, 끈기 있다, 순종하다, 유순하다, 친절하다, 온순하다 | 관대하다, 너그럽다

*슌ᄒᆞ다 [SYŌUN-HĂ-TA,-HĂ-YE,-HĂN] (順) 원441

불 Etre souple, soumis, complaisant, maniable, doux, traitable, patient, favorable, obéissant, docile, facile.

한 유순하다, 순종하다, 친절하다, 다루기 쉽다, 온화하다, 온건하다, 끈기 있다, 호의적이다, 잘 따르다, 순하다, 대하기 쉽다

*슌ᄒᆡᆼ [SYOUN-HĂING,-I] (巡行) 원441

불 Promenade du roi; procession que fait le roi pour se promener dans ses Etats.

한 왕의 산책 | 왕이 자신의 나라 안을 산책하기 위해 하는 행렬

¹숣 [SYOUL,-I] (酒) 원444

불 Esp. de vin, de bière; nom générique des boissons fermentées.

한 포도주, 맥주의 종류 | 발효된 음료의 총칭

²*숣 [SYOUL,-I] (術) 원444

불 En agr. Art, exercice, profession, métier (le plus vent en mauvaise part; doctrine, philosophie).

한 한자어로 기술, 종사, 직업, 일 (대체로 나쁜 의미로; 교리, 철학)

³숣 [SYOUL,-I] (匙) 원444

불 Cuillère, cuillerée; numéral des rations de riz.

한 숟가락, 한 숟가락의 분량 | 한 사람의 1일분 쌀을 세는 수사

⁴*숣 [SYOUL,-I] (戌) 원444

불 11me signe du zodiaque (le chien). ‖ 8h. du soir.

한 황도 12궁의 열한 번째 별자리 (개) | 오후 8시

숣가락 [SYOUL-KA-RAK,-I] (匙) 원444

불 Cuillère.

한 숟가락

숣김에 [SYOUL-KIM-EI] (醉時) 원444

불 A cause de l'ivresse.

한 취기 때문에

*숣긱 [SYOUL-KĂIK,-I] (術客) 원444

불 Qui exerce une profession non manuelle; mais ce mot n'est qu'une terminaison; 의숣긱 Eui-syoul-kăik, Médecin. ‖ Sorcier, magicien, diseur de bonne aventure, celui qui trouve de bons emplacements pour les tombeaux.

한 육체노동을 하지 않는 직업을 가진 사람 | 그러나 이 단어는 접미사일 뿐이다 | [용례 의숣긱, Eui-syoul-kăik], 의사 | 마법사, 마술사, 점술가, 좋은 묘지 부지를 찾는 사람

숣녕숣녕 [SYOUL-NYENG-SYOUL-NYENG] (溶溶) 원444

불 Désigne la marche ni trop lente ni trop précipitée, le cours tranquille de l'eau.

한 너무 느리지도 너무 빠르지도 않은 걸음, 물의 잔잔한 흐름을 가리킨다

숣막 [SYOUL-MAK,-I] (酒幕) 원444

불 Auberge, hôtellerie.

한 여인숙, 여관

숣명ᄒᆞ다 [SYOUL-MYENG-HĂ-TA] 원444

불 Ordinaire, moyen, commun, passable.

한 일반적이다, 보통이다, 평범하다, 웬만하다

숣바닥 [SYOUL-PA-TAK,-I] (匙板) 원445

불 Cuillerée; godet de la cuillère.

한 한 숟가락의 분량 | 숟가락의 오목한 앞부분

*숣법 [SYOUL-PEP,-I] (術法) 원445

불 Règle d'un art. ‖ Artifice; maléfice; sorcellerie; magie; diableries; opérations magiques, diaboliques.

한 기술의 규칙 | 기법 | 주술 | 주술 | 마술 | 마법 | 주술적인, 악마 같은 조작

*숣슈 [SYOUL-SYOU] (術手) 원445

불 Sorcier, magicien.

한 마법사, 마술사

숣숣ᄒᆞ다 [SYOUL-SYOUL-HĂ-TA] 원445

불 Facile, ordinaire, commun, passable.

한 쉽다, 일반적이다, 평범하다, 웬만하다

*숣시 [SYOUL-SI] (戌時) 원445

불 8h. du soir, de 7 à 9 heures.

한 저녁 8시 | 7시~9시까지

*숣ᄉᆞ [SYOUL-SĂ] (術士) 원445

불 Sorcier, magicien.

한 마술사, 마법사

*숣업 [SYOUL-EP,-I] (術業) 원444

불 Artifice; maléfice; sorcellerie; opérations magiques,

diaboliques. ‖ Fonction, profession non manuelle.
한 책략 | 주술 | 마술 | 주술적인, 악마 같은 조작 | 육체노동을 하지 않는 업무, 직업

숄잔 [SYOUL-TJAN,-I] (酒盃) 원445
불 Coupe, verre, tasse à vin, verre de vin.
한 잔, 컵, 술잔, 술잔

*숄쟈 [SYOUL-TJYA] (術者) 원445
불 Sorcier, magicien.
한 마법사, 마술사

숄쥰 [SYOUL-TJYOUN,-I] (罇) 원445
불 Verre, tasse à vin. Coupe, verre de vin.
한 컵, 술잔 | 술잔, 술잔

숄총 [SYOUL-TCHONG,-I] 원445
불 Manche de la cuillère.
한 숟가락의 자루

숄취ᄒᆞ다 [SYOUL-TCHYOUI-HĂ-TA] (酒醉) 원445
불 S'enivrer, être ivre.
한 취하다, 취하다

슭 [SYOULK,-I] (縫) 원444
불 Bord, bordure.
한 기슭, 가장자리

슘두부 [SYOUM-TOU-POU] (水豆腑) 원441
불 Pâte liquide du 두부 Tou-pou pas encore caillé.
한 아직 응고되지 않은 두부 Tou-pou의 묽은 반죽

슘물 [SYOUM-MOUL,-I] (豆腑水) 원441
불 Eau dont on a séparé le 두부 Tou-pou.
한 두부 Tou-pou를 분리해 낸 물

슘박꿈질ᄒᆞ다 [SYOUM-PAK-KKOUM-TJIL-HĂ-TA] (匿戲) 원441
불 Jeu de cache-cache. ‖ Plonger, se plonger.
한 숨바꼭질 놀이 | 잠수하다, 잠기다

슙 [SYOUP,-I] (藪) 원443
불 Bois, forêt, lieu planté d'arbres, bocage, bosquet.
한 삼림, 숲, 나무를 심은 곳, 작은 숲, 총림

슙졍이 [SYOUP-TJYENG-I] 원444
불 Bois, forêt, lieu planté d'arbres.
한 숲, 숲, 나무들을 심은 곳

1숫 [SYOUT] (炭) 원446
불 Charbon de bois.
한 목탄

2숫 [SYOUT,-TCHI] 원446
불 La quantité, le nombre.
한 양, 수

숫가마 [SYOUT-KA-MA] (炭窯) 원446
불 Four à charbon.
한 숯을 구워 내는 가마

숫것 [SYOUT-KET,-SI] (全件) 원446
불 Nouveau, qui n'a pas servi, neuf, qui n'a pas été employé (nourriture, habit)
한 새로운 것, 쓰이지 않은 것, 새것, 사용되지 않은 것 (음식, 옷)

숫곡 [SYOUT-KOK,-I] (全穀) 원446
불 Nouveau blé, qui est encore de reste, qui n'a pas été employé; provision de riz intacte.
한 햇곡, 아직 남아 있는 것, 사용되지 않은 것 | 손대지 않은 비축된 벼

1숫놈 [SYOUT-NOM,-I] (質漢) 원446
불 Bête, imbécile, simple.
한 어리석다, 멍청하다, 단순하다

2숫놈 [SYOUT-NOM,-I] (雄漢) 원446
불 Mâle (parmi les animaux)
한 (동물들 중에서) 수컷

숫덜ᄒᆞ다 [SYOUT-TEL-HĂ-TA] (諠譁) 원446
불 Parler plusieurs ensemble, à la fois; faire du tapage, du tumulte; être tumultueux.
한 여럿이서 함께, 동시에 말하다 | 소동, 소란을 피우다 | 소란스럽다

숫돌 [SYOUT-TOL] (礪石) 원446
불 Pierre à repasser, à aiguiser.
한 칼을 가는 데 쓰는, 날카롭게 하는 데 쓰는 돌

숫막 [SYOUT-MAK] (炭幕) 원446
불 Auberge, hôtellerie, cabaret.
한 여인숙, 여관, 선술집

숫복이 [SYOUT-POK-I] (炭人) 원446
불 Imbécile, simple, pas rusé, homme doux et simple, bonasse, débonnaire.
한 어리석다, 우둔하다, 교활하지 않다, 온화하고 우둔한 사람, 우직하다, 유순하다

숫불 [SYOUT-POUL,-I] (炭火) 원446
불 Feu de charbon de bois.
한 나무 숯으로 피운 불

1숫져이 [SYOUT-TJYE-I] 원446
불 Entièrement, tout à fait.
한 전부, 완전히

2숫져이 [SYOUT-TJYE-I] 원446
불 Aumône abondante.

ㅅ

한 풍부한 자비로운 기부

[1]숫졉다 [SYOUT-TJYEP-TA,-TJYE-OUE,-TJYE-ON] 원446
불 Grande aumône.
한 대단한 자비로운 기부

[2]숫졉다 [SYOUT-TJYEP-TA,-TJYE-OUE,-TJYE-ON] 원446
불 Etre entier, sembler entier, intact, simple, non falsifié ou corrompu.
한 온전하다, 온전해 보이다, 있는 그대로이다, 단순하다, 날조되거나 부패되지 않다

숫지다 [SYOUT-TJI-TA,-TJYE,-TJIN] 원446
불 Qui a beaucoup (de cheveux); nombreux; être en grande quantité et encore intact.
한 (머리카락이) 많다 | 수가 많다 | 양이 많고 아직 손대지 않다

숫하다 [SYOUT-HĂ-TA,-HĂ-YE,-HĂN] (數多) 원446
불 Nombreux; beaucoup; en grande quantité.
한 수가 많다 | 많다 | 양이 많다

숫ᄒᆞ다 [SOUT-HĂ-TA] 원438 ☞수다ᄒᆞ다

슝 [SYOUNG,-I] 원443
불 Se met après les noms de famille pour 가 Ka.
한 가 Ka 대신 성 다음에 놓인다

*슝례문 [SYOUNG-RYEI-MOUN,-I] (崇禮門) 원443
불 La porte honorable; grande porte du sud à la capitale (c'est celle par laquelle le roi sort et entre).
한 명예로운 문 | 수도 남쪽에 있는 대문 (이 문을 통해 왕이 나오고 들어간다)

*슝샹ᄒᆞ다 [SYOUNG-SYANG-HĂ-TA] (崇尙) 원443
불 Empressé pour honorer, rendre un culte, avoir un attachement excessif pour (v.g. Dieu). Cultiver (Fô), honorer beaucoup, parler avec respect, exalter.
한 숭배하는 데에 열성적이다, 숭배하다, (예. 신에) 대해 지나친 집착이 있다 | (부처에) 열중하다, 경의를 표하며 말하다, 찬양하다

슝어 [SYOUNH-E] (鯀) 원443
불 Espèce de poisson; muge ou mulet de mer.
한 물고기 종류 | 숭어 또는 바다숭어

슝어리 [SYOUNG-E-RI] 원443
불 Coton d'une qualité supérieure; coton à poils longs et épais.
한 품질이 우수한 솜 | 길고 무성한 털이 있는 솜

슝이 [SYOUNG-I] 원443
불 Apès les noms de famille remplace 가 Ka. 김슝인지 니슝인지 Kim syoung-in-tji Ni syoung-in-tji, Etait-ce un Kim, était-ce un Ni?…
한 성 다음에서 가 Ka를 대신하다 | [용례 김슝인지 니슝인지, Kim syoung-in-tji Ni syoung-in-tji] | 성이 김이라는 사람이었는지 니라는 사람이었는지?…

스러지다 [SEU-RE-TJI-TA,-TJYE,-TJIN] (消) 원412
불 Disparaître; s'en aller; s'effacer; tomber; n'être plus; périr; se dissiper; se fondre; disparaître peu à peu.
한 사라지다 | 가 버리다 | 지워지다 | 쓰러지다 | 더 이상 존재하지 않다 | 죽다 | 흩어지다 | 녹다 | 점차 사라지다

스럼ᄒᆞ다 [SEU-REM-HĂ-TA] 원412
불 Terminaison qui a le sens de: approcher de, tirer sur, et correspond à la terminaison française âtre, comme dans jaunâtre, rougeâtre.
한 ~에 가까이 가다, ~으로 기울다의 의미를 가진 어미이고, 노르스름하다, 불그스름하다에서 프랑스어 어미 -âtre에 대응한다

스럽다 [SEU-REP-TA,-RE-OUE,-RE-ON] 원412
불 Termin. qui, ajoutée à un mot, lui donne le sens de: digne d'être, avoir du rapport avec, avoir l'air de, se sentir de, ou équivaut à la termin. able (abilis).
한 단어에 덧붙여져 ~할 만하다, ~와 관련이 있다, ~인 것 같다, 기분이 ~하다의 의미를 부여하는 어미, 또는 어미 able(abilis)과 같다

스르렁 [SEU-REU-RENG] 원412
불 Bruit du nez en dormant; ronfler. =쓸타-sseul-hta, Limer du fer avec bruit.
한 잘 때 코에서 나는 소리 | 코를 골다 | [용례 쓸타, -sseul-hta] | 소리를 내며 쇠를 줄질하다

스르르 [SEU-REU-REU] 원412
불 Bruit du vent. Exprime un frisson, un frémissement, la démarche d'un serpent, d'un insecte rampant.
한 바람 소리 | 떨림, 가벼운 흔들림, 뱀의, 기는 곤충의 걸음걸이를 나타낸다

스르르ᄒᆞ다 [SEU-REU-REU-HĂ-TA] 원412
불 Aller tout doucement comme en se glissant.
한 미끄러지듯이 아주 천천히 가다

스리다 [SEU-RI-TA,-RYE,-RIN] (寒) 원412
불 Avoir froid; être froid. (Ne se dit que des pieds, des mains, des dents).
한 춥다 | 차다 | (발, 손, 치아에 대해서만 쓴다)

스무 [SEU-MOU] (二十) 원410
불 Vingt, 20. (avant les noms).

한 (명사 앞에서) 스물, 20

스물 [SEU-MOUL,-I] (二十) 원410

불 Vingt, 20.

한 스물, 20

스믈 [SEU-MEUL,-I] (二十) 원410

불 Vingt, 20.

한 스물, 20

스스럽다 [SEU-SEU-REP-TA,-RE-OUE,-RE-ON] 원413

불 Prudent; attentif; qui se tient sur ses gardes. Etre embarrassé, mal à l'aise avec quelqu'un; mettre les autres mal à l'aise.

한 신중하다 | 주의 깊다 | 경계태세를 취하다 | 거북하다, 어떤 사람을 대하기 불편하다 | 다른 사람들을 불편하게 하다

스승 [SEU-SEUNG,-I] (師) 원413

불 Maître; précepteur; instituteur; professeur; docteur.

한 스승 | 가정교사 | 초등학교 교사 | 교수 | 박사

스ᄉᆞ로 [SEU-SA-RO] (自) 원413

불 Soi-même; de soi-même; de son propre mouvement; naturellement. ‖ En particulier, à part.

한 자기 자신 | 자기 자신의 힘으로 | 자발적으로 | 저절로 | 특히, 따로

슬겁다 [SEUL-KEP-TA,-KE-OUE,-KE-ON] (慧) 원412

불 Très-intelligent; prudent; savant; sage; avisé.

한 매우 총명하다 | 신중하다 | 박식하다 | 지혜롭다 | 사려 깊다

슬근슬근 [SEUL-KEUN-SEUL-KEUN] 원412

불 Tout doucement, sans se presser (en marchant). ‖ Etat d'une chose qui remue continuellement.

한 아주 천천히, (걸을 때) 서두르지 않고 | 계속 움직이는 것의 상태

슬금이 [SEUL-KEUM-I] (暗然) 원412

불 Doucement, sans bruit.

한 가만히, 소리 없이

슬긋슬긋ᄒᆞ다 [SEUL-KEUT-SEUL-KEUT-HĂ-TA] 원412

불 Etat d'une chose qui branle comme la gélatine. Se prêter, être élastique, comme une étoffe.

한 젤라틴처럼 흔들리는 것의 상태 | 알맞다, 직물처럼 탄력적이다

슬긔 [SEUL-KEUI] (智) 원412

불 Sagesse; prudence; science; intelligence; prévoyance; finesse; précaution.

한 지혜 | 신중함 | 수완 | 지성 | 선견지명 | 섬세함 | 조심성

슬긔롭다 [SEUL-KEUI-ROP-TA,-RO-OA,-RO-ON] (智) 원412

불 Prudent; savant; intelligent; fin; sage; sensé; judicieux; prévoyant.

한 신중하다 | 박식하다 | 총명하다 | 섬세하다 | 슬기롭다 | 분별 있다 | 현명하다 | 선견지명이 있다

슬니다 [SEUL-NI-TA,-NYE,-NIN] (磋) 원412

불 Se frotter l'un contre l'autre (pierres, galets de la mer); se polir. ‖ Adoucir la trempe du fer en le remettant au feu.

한 (돌들, 바다의 자갈들이) 서로 마찰되다 | 연마되다 | 철을 불에 다시 넣어 담금질을 완화하다

슬다 [SEUL-TA] 원413

불 S'attacher (en parlant des poissons et des insectes dont les œufs s'attachent aux objets sur lesquels ils sont déposés). Se dit encore pour la rouille qui s'attache au fer. S'attacher, adhérer.

한 (그 알이 놓인 물건들에 달라붙는 물고기와 곤충에 대해 말할 때) 달라붙다 | 철에 달라붙는 녹에 대해서도 쓴다 | 달라붙다, 들러붙다

슬며시 [SEUL-MYE-SI] (隱然) 원412

불 Doucement, sans bruit.

한 천천히, 소리 없이

슬슬ᄒᆞ다 [SEUL-SEUL-HĂ-TA] 원412

불 Facile; tout doucement; sans bruit; en se glissant.

한 쉽사리 | 아주 천천히 | 소리 없이 | 교묘하게 스며들면서

슬젹 [SEUL-TJYEK] 원413

불 Doucement; en un instant.

한 슬그머니 | 순식간에

슬젹슬젹 [SEUL-TJYEK-SEUL-TJYEK] 원413

불 Bruit d'un frottement continu. ‖ Doucement; sans se presser.

한 계속되는 마찰 소리 | 천천히 | 서두르지 않고

슬증 [SEUL-TJEUNG,-I] (厭症) 원413

불 Dégoût; déplaisir; répugnance.

한 싫증 | 불만 | 반감

슬컷 [SEUL-HKET] (厭飫) 원412

불 A satiété.

한 실컷

슬타 [SEUL-HTA,SEUL-HYE,SEUL-HEUN] (厭) 원413

불 Refuser; ne pas vouloir; répugner à. Je ne veux pas. (Ne se conjugue qu'avce le verbe 호다 hă-ta). 슬타호다 Seul-hta hăn-ta, Il ne veut pas, ou il dit: je ne veux pas.

한 거절하다 | 원하지 않다 | ~에 마음이 내키지 않다 | 나는 원하지 않는다 | (동사 호다 hă-ta와 함께 쓰일 때만 활용된다) | [용례 슬타호다, Seul-hta hăn-ta], 그는 원하지 않는다, 또는 나는 원하지 않는다라고 그가 말하다

슬토록 [SEUL-HTO-ROK] (至于厭) 원413

불 A satiété; jusqu'à ne plus vouloir.

한 실컷 | 더 이상 원하지 않을 때까지

슬프다 [SEUL-HPEU-TA,SEUL-HPE,SEUL-HPEUN] (吁) 원412

불 (Interj. de douleur) Hélas! quel malheur! Déplorable, lamentable. Hélas! j'en suis bien fâché.

한 (고통의 감탄사) 아아! 불행하구나!, 한탄스럽다, 애통하다 | 저런! 그것에 대해 유감스럽다

슬피통곡호다 [SEUL-HPI-HTONG-KOK-HĂ-TA] (哀痛) 원412

불 Avoir une grande douleur.

한 고통이 심하다

***슬하** [SEUL-HA] (膝下) 원412

불 Devant les genoux, devant soi; au-dessous des genoux, c.a.d. sous les yeux de son père et de sa mère.

한 무릎 앞에, 자기 자신 앞에서 | 무릎 아래, 즉 자신의 아버지와 어머니 눈앞에서

슬허호다 [SEUL-HE-HĂ-TA] (傷悲) 원412

불 Déplorer. Etre triste, peiné, affligé.

한 비탄하다 | 슬프다, 괴롭다, 애통하다

슬흔갈아오 [SEUL-HEUN-KAL-A-O] (厭乎) 원412

불 Dis-tu que tu ne veux pas?

한 너 싫다고 말하느냐?

슬희다 [SEUL-HEUI-TA,-HEUI-YE,-HEUIN] 원412 ☞슬희여호다

슬희여 [SEUL-HEUI-YE] 원412

불 Non, je ne veux pas, cela me répugne. (Express. incomplète, lang. familier).

한 아니, 나는 원하지 않는다, 그것에 혐오감이 든다 | (불완전한 표현, 구어)

슬희여호다 [SEUL-HEUI-YE-HĂ-TA] (厭) 원412

불 Répugner; faire avec répugnance; ne pas vouloir; ne pas aimer, avoir en aversion.

한 내키지 않다 | 마지못해 하다 | 원하지 않다 | 좋아하지 않다, 질색이다

슴겁다 [SEUM-KEP-TA,-KE-OUE,-KE-ON] (淡泊) 원410

불 Fade; où il n'y a pas un peu de sel; insipide; doux.

한 싱겁다 | 소금이 조금 없다 | 맛없다 | [역주 맛이] 심심하다

슴슴호다 [SEUM-SEUM-HĂ-TA] (淡淡) 원410

불 Fade; insipide; qui n'a pas ou qui a peu le goût de sel. ‖ S'ennuyer.

한 싱겁다 | 맛없다 | 소금 맛이 없거나 별로 나지 않는다 | 지루하다

슴얼거리다 [SEUM-EL-KE-RI-TA,-RYE,-RIN] 원410

불 Courir, se promener (se dit d'une puce dans les vêtements).

한 이리저리 뛰어다니다, 돌아다니다 (옷에 있는 벼룩에 대해 쓴다)

슴얼슴얼나오다 [SEUM-EL-SEUM-EL-NA-O-TA,-NA-OA,-NA-ON] 원410

불 Désigne l'action d'une puce qui va et vient en sautant. ‖ Sortit abondamment (une source).

한 벼룩이 뛰어 오르면서 왔다 갔다 하는 행동을 가리킨다 | (샘이) 많이 나오다

[1]***습** [SEUP,-I] (習) 원411

불 Habitude.

한 습성

[2]***습** [SEUP,-I] (濕) 원411

불 Humidité.

한 습기

***습관** [SEUP-KOAN,-I] (習慣) 원411

불 Habitude; mauvaise habitude; vice; défaut.

한 습관 | 나쁜 버릇 | 악습 | 결점

***습긔** [SEUP-KEUI] (濕氣) 원411

불 Humidité; air humide.

한 습기 | 습한 공기

***습담** [SEUP-TAM,-I] (濕痰) 원411

불 Nom d'une esp. de maladie. Pituite.

한 질병 일종의 이름 | 점액

***습몽** [SEUP-MONG,-I] (習夢) 원411

불 Songe, rêve excité par l'habitude que l'on a de faire une chose.

한 어떤 것을 하는 습관에 의해 유발되는 몽상, 꿈

습션 [SEUP-SYEN,-I] 원411

불 Extrémité des doigts de la main.

한 손가락 끝

*습션ᄒᆞ다 [SEUP-SYEN-HĂ-TA] (習善) 원411

불 Exercer au bien; se faire de bonnes habitudes; s'habituer au bien.

한 선행을 하다 | 좋은 습관을 가지다 | 선행에 익숙해지다

*습셩 [SEUP-SYENG,-I] (習性) 원411

불 Caractère qui a l'habitude de. Habitude enracinée.

한 ~하는 습관이 있는 성격 | 뿌리 깊은 버릇

*습쇽 [SEUP-SYOK,-I] (習俗) 원411

불 Habitude du monde. Usage invétéré.

한 속세의 습관 | 뿌리 깊은 관습

습습ᄒᆞ다 [SEUP-SEUP-HĂ-TA] 원411

불 Etre sur le point d'être entièrement sec; être presque sec. ‖ Etre large, libéral, indulgent.

한 완전히 마르려 하다 | 거의 마르다 | 대범하다, 관대하다, 너그럽다

습신 [SEUP-SIN,-I] 원411

불 Souliers offerts en présent au génie du lieu ‖ Souliers qu'on met à un mort en l'habillant pour l'enterrer.

한 장소의 수정령에게 선물로 바치는 신발 | 시신을 매장하기 위해 그에 옷을 입히면서 신기는 신발

1*습ᄉᆡᆼ [SEUP-SĂING,-I] (濕生) 원411

불 Insecte produit par l'humidité. 3e partie de l'entomologie chinoise. Génération scissipare.

한 습기 때문에 생기는 곤충 | 중국 곤충학의 세 번째 부분 | 분열생식

2*습ᄉᆡᆼ [SEUP-SĂING,-I] (習生) 원411

불 Habitude contractée.

한 몸에 익은 습관

*습악 [SEUP-AK,-I] (習惡) 원411

불 Vice; habitude vicieuse; mauvaise habitude. Méchanceté enracinée.

한 악습 | 못된 습관 | 나쁜 버릇 | 뿌리 깊은 냉혹함

*습졍 [SEUP-TJYENG,-I] (習情) 원411

불 Défaut habituel; affection habituelle; habitude.

한 습관적인 결함 | 습관적인 질환 | 습관

*습죵 [SEUP-TJYONG,-I] (濕瘇) 원412

불 Boutons causés par l'humidité. Furoncle; abcès.

한 습기 때문에 생기는 부스럼 | 절종 | 종기

*습증 [SEUP-TJEUNG,-I] (濕症) 원411

불 Maladie des jambes causée par l'humidité.

한 습기 때문에 다리에 생기는 병

*습진ᄒᆞ다 [SEUP-TJIN-HĂ-TA] (習陣) 원411

불 Habitude de la guerre. Dressé aux combats; habile à l'exercice militaire. Exercer une armée; apprendre l'exercice militaire.

한 전쟁에 익숙해짐 | 전투 훈련을 받다 | 군사 훈련에 능하다 | 군대를 훈련하다 | 군사 훈련을 배우다

*습창 [SEUP-TCHANG,-I] (濕瘡) 원412

불 Boutons ou plaies causées par l'humidité. Ulcère purulent.

한 습기 때문에 생기는 부스럼 또는 상처 | 곪은 궤양

습호졍 [SEUP-HO-TJYENG,-I] 원411

불 Nom d'une esp. de furoncle.

한 일종의 절종 이름

1*습ᄒᆞ다 [SEUP-HĂ-TA] (濕) 원411

불 Humide.

한 축축하다

2*습ᄒᆞ다 [SEUP-HĂ-TA] (習) 원411

불 S'habituer à; prendre l'habitude de; avoir l'habitude de.

한 ~에 익숙해지다 | ~하는 버릇이 생기다 | ~하는 습관이 있다

슷쳐보다 [SEUT-TCHYE-PO-TA,-PO-A,-PON] (歷覽) 원413

불 Regarder en passant.

한 지나가면서 보다

슷침질ᄒᆞ다 [SEUT-TCHIM-TJIL-HĂ-TA] 원413 ☞슷침ᄒᆞ다

슷침ᄒᆞ다 [SEUT-TCHIM-HĂ-TA] (加針工) 원413

불 Piquer un habit, une converture. Coudre ensemble l'endroit, l'envers et l'ouate. Coudre à grands poils; fautiler.

한 옷, 이불을 꿰매다 | 겉쪽과 안쪽 그리고 솜을 함께 꿰매다 | 큰 땀으로 꿰매다 | 시침질하다

1*승 [SEUNG,-I] (僧) 원410

불 Bonzesse; bonze.

한 여승 | 승려

2*승 [SEUNG] (升) 원410

불 En agr. Monter.

한 한자어로 오르다

*승간ᄒᆞ다 [SEUNG-KAN-HĂ-TA] (乘間) 원410

불 Choisir un moment favorable; profiter de; trouver un instant pour; saisir un moment libre pour.

한 적당한 때를 고르다 | ~을 이용하다 | ~을 위해 잠깐의 시간을 갖게 되다 | ~을 위해 여유 시간을 이용하다

*승강ᄒᆞ다 [SEUNG-KANG-HĂ-TA] (陞降) 원410

불 Haut et bas. Monter et descendre.

한 위와 아래 | 올라가고 내려가다

*승교 [SEUNG-KYO] (乘轎) 원410

불 Palanquin, chaise à porteurs sans couverture; litière (esp. de civière ou brancard pour porter les voyageurs).

한 가마, 지붕이 없는 가마 | 가마 (여행객을 운반하기 위한 들것 또는 채의 종류)

*승교군 [SEUNG-KYO-KOUN,-I] (乘轎軍) 원410

불 Porteurs de ce palanquin (décrit ci-dessus).

한 (바로 위에서 설명한) 가마의 운반인들

*승군 [SEUNG-KOUN] (僧軍) 원410

불 Bonze soldat, bonze militaire.

한 승려이자 군인, 군인인 승려

*승긔ᄃᆡ [SEUNG-KEUI-TĂI] (升氣臺) 원410

불 Mât de pavillon avec des échelons.

한 계단이 있는 정자의 버팀대

*승긔젼 [SEUNG-KEUI-TJYEN] (升氣箭) 원410

불 Esp. de flèche.

한 화살의 종류

승녀 [SEUNG-NYEN,-I] (女僧) 원410

불 Bonzesse.

한 여승

*승답 [SEUNG-TAP,-I] (僧畓) 원411

불 Rizière appartenant aux bonzes.

한 승려들에게 속한 논

*승당 [SEUNG-TANG,-I] (僧堂) 원411

불 Bonzerie de femmes.

한 여자들의 절

*승뎍ᄒᆞ다 [SEUNG-TYEK-HĂ-TA] (承嫡) 원411

불 Elever le fils qu'on a d'une concubine comme le fils de la propre femme, qui est stérile. Prendre une concubine pour donner un fils à l'épouse stérile.

한 첩의 아들을 불임인 자기 부인의 아들로 기르다 | 불임인 아내에게 아들을 만들어 주기 위해 첩을 얻다

1*승도 [SEUNG-TO] (僧刀) 원411

불 Couteau de bonze.

한 승려의 칼

2*승도 [SEUNG-TO] (僧道) 원411

불 Doctrine des bonzes.

한 승려들의 교리

3*승도 [SEUNG-TO] (僧桃) 원411

불 Pêche (espèce qui n'a pas de poil sur la peau); brugnon.

한 복숭아 (껍질에 털이 없는 종류) | 유도

*승두션 [SEUNG-TOU-SYEN,-I] (僧頭扇) 원411

불 Nom d'une esp. d'éventail. Eventail à tête de bonze.

한 부채 일종의 이름 | 승려의 머리 모양의 부채

승ᄃᆡ [SEUNG-TAI] 원411

불 Nom d'une esp. de poisson de mer.

한 일종의 바닷물고기 이름

승량이 [SEUNG-RYANG-I] 원410

불 Nom d'une esp. d'animal, quadrupède de montagne, p.ê. le léopard.

한 동물 일종의 이름, 산에 사는 네 발 짐승, 아마도 표범

*승명 [SEUNG-MYENG,-I] (僧名) 원410

불 Nom de bonze. (ils le prennent en se rasant les cheveux pour la première fois).

한 승려의 이름 | (이들은 처음으로 머리를 밀면서 이름을 얻는다)

*승모ᄒᆞ다 [SEUNG-MO-HĂ-TA] (乘暮) 원410

불 A la nuit, le soir, au moment où il commence à faire noir. Aller ou venir dans l'obscurité; profiter de l'obscurité de la nuit.

한 밤에, 저녁에, 어두워지기 시작할 때 | 어둠 속에서 가거나 오다 | 밤의 어둠을 이용하다

*승문 [SEUNG-MOUN,-I] (承文) 원410

불 Le 3e ordre des cinq classes de docteurs. V. 분관 Poun-koan.

한 박사의 다섯 계급 중 세 번째 | [참조어 분관, Poun-koan]

*승발 [SEUNG-PAL,-I] (承發吏) 원410

불 Bas employés de préfecture. Prétoriens chargés de.

한 도청의 하급 직원 | ~을 맡은 친위병

*승방 [SEUNG-PANG,-I] (僧房) 원410

불 Bonzerie de femmes.

한 여자들의 절

*승복ᄒᆞ다 [SEUNG-POK-HĂ-TA] (承服) 원410

불 Avouer; se soumettre; s'avouer vaincu. Céder; confesser (confiteor).

한 자백하다 | 복종하다 | 패배를 인정하다 | 굴하다 | 고백하다 (고해의 기도)

1*승부 [SEUNG-POU] (勝負) 원410

불 Victorieux, vaincu. Victoire et défaite. Vainqueur et vaincu.
한 의기양양하다, 패배하다 | 승리와 패배 | 승자와 패자

2* **승부** [SEUNG-POU] (升赴) 원410
불 Nom d'un petit examen de bacheliers pour les seuls descendants des grands hommes.
한 위인들의 후손들만 치를 수 있는 작은 바칼로레아 시험의 이름

* **승상** [SEUNG-SYANG,-I] (丞相) 원410
불 Les trois premiers ministres (chinois).
한 (중국의) 세 명의 수상들

* **승셕** [SEUNG-SYEK,-I] (僧夕) 원410
불 Repas du soir des bonzes, le souper des bonze, l'heure à laquelle ils soupent, c.a.d. avant le coucher du soleil.
한 승려들의 저녁식사, 승려들의 밤참, 그들이 저녁을 먹는 시간, 즉 해가 지기 전

* **승쇽** [SEUNG-SYOK,-I] (僧俗) 원411
불 Bonze et homme du peuple.
한 승려와 평민

* **승쇽가이** [SEUNG-SYOK-KA-I] (僧俗可異) 원411
불 Bonze et homme du siècle, différent.
한 승려와 세속인, 다르다

* **승슌ᄒᆞ다** [SEUNG-SYOUN-HĂ-TA] (承順) 원411
불 Obtempérer; se soumettre; être docile, obéissant.
한 따르다 | 복종하다 | 온순하다, 순종하다

승슝샹슝ᄒᆞ다 [SEUNG-SYOUNG-SYANG-SYOUNG-HĂ-TA] 원411
불 Désigne l'embarras qui résulte de l'hésitation, de l'indécision. Etre en désordre. Ne savoir à quoi se résoudre, à quoi se fixer. Etre pressé de pensées contraires.
한 망설임, 우유부단에서 생기는 곤경을 가리킨다 | 혼란스럽다 | 어떤 결심을 해야 할지, 어떤 결정을 해야 할지 모르다 | 상반되는 생각으로 고통을 받다

* **승시ᄒᆞ다** [SEUNG-SI-HĂ-TA] (乘時) 원411
불 Choisir l'heure, le moment favorable. Saisir le moment; profiter du moment.
한 적절한 시간, 때를 고르다 | 기회를 잡다 | 기회를 이용하다

* **승ᄉᆡ** [SEUNG-SĂI] (升刷) 원410
불 Réunion de plusieurs fils de la chaine d'une pièce de toile; le tissu de la toile.
한 천 조각의 여러 날실이 모인 것 | 직물의 조직

승아 [SEUNG-A] 원410
불 Nom d'une plante. Oseille. Syn. 싀엉 Seui-eng.
한 식물의 이름 | 수영 | [동의어 싀엉, Seui-eng.]

* **승안ᄒᆞ다** [SEUNG-AN-HĂ-TA] (承顔) 원410
불 Voir un supérieur; visiter, saluer un supérieur.
한 윗사람을 만나다 | 윗사람을 방문하다, 인사하다

* **승어부ᄒᆞ다** [SEUNG-E-POU-HĂ-TA] (勝於父) 원410
불 Fils supérieur à son père, qui l'emporte sur son père par ses qualités. Etre supérieur à son père.
한 자신의 아버지보다 지위가 높은 아들, 신분 면에서 자신의 아버지보다 우세하다 | 자신의 아버지보다 지위가 높다

* **승쟝** [SEUNG-TJYANG,-I] (僧長) 원411
불 Général des bonzes soldats. Supérieur d'une bonzerie.
한 승려 군인들의 장군 | 절에서 지위가 높은 사람

* **승젼** [SEUNG-TJYEN,-I] (承傳) 원411
불 Ordre du roi. Recevoir les ordres du roi.
한 왕의 명령 | 왕명을 받다

* **승젼ᄒᆞ다** [SEUNG-TJYEN-HĂ-TA] (勝戰) 원411
불 Remporter la victoire; être victorieux; vaincre en bataille rangée.
한 승리를 거두다 | 승리하다 | 큰 싸움에서 이기다

* **승졔ᄒᆞ다** [SEUNG-TJYEI-HĂ-TA] (承祭) 원411
불 Offrir des sacrifices à ses parents défunts.
한 자신의 죽은 부모에게 제사를 지내다

* **승즁상ᄒᆞ다** [SEUNG-TJYOUNG-SANG-HĂ-TA] (承重喪) 원411
불 Porter le deuil du grand-père à la place du père défunt
한 죽은 아버지를 대신하여 할아버지의 상을 치르다

* **승지** [SEUNG-TJI] (承旨) 원411
불 Les trois chambellans du roi. Secrétaires du roi (ils sont chargés d'écrire jour par jour tout ce que fait, tout ce que dit le roi). Esp. de haute dignité.
한 왕의 세 명의 시종 | 왕의 비서들 (그들은 날마다 왕이 하는 모든 것, 말하는 모든 것을 기록하는 일을 맡는다) | 높은 관직의 종류

승쳥부 [SEUNG-TCHYENG-POU] 원411
불 Chose insipide, ennuyeuse. ‖ N'avoir pas la pensée, le désir de; ne pas vouloir.

ㅅ

한 따분한, 지루한 것 | ~할 생각, 욕구가 없다 | 원하지 않다

*승톄ᄒᆞ다 [SEUNG-TCHYEI-HĂ-TA] (陞替) 원411
불 Avancer en dignité; monter en grade.
한 고위직으로 승진하다 | 진급하다

*승텬 [SYEUNG-HIYEN,-I] (升天) 원411
불 Monter au ciel. Ascension.
한 하늘로 올라가다 | 예수승천

*승텬ᄒᆞ다 [SYEUNG-HIYEN-HĂ-TA] (升天) 원411
불 Monter au ciel.
한 하늘로 올라가다

*승톄ᄒᆞ다 [SYEUNG-HIYEI-HĂ-TA] (升替) 원411
불 Monter en grade; être élevé à une plus haute dignité.
한 진급하다 | 더 높은 관직으로 승진되다

*승통 [SEUNG-HIONG,-I] (僧統) 원411
불 Général des bonzes; grand chef des bonzes; bonze supérieur de plusieurs maisons.
한 승려들의 장군 | 승려들 중 높은 책임자 | 여러 시설에서 지위가 높은 승려

*승평ᄒᆞ다 [SEUNG-HPYENG-HĂ-TA] (昇平) 원410
불 Etre en paix et heureux.
한 평안하고 행복하다

*승픽 [SEUNG-HPĂI] (勝敗) 원410
불 Victoire et défaite. Vainqueur et vaincu.
한 승리와 패배 | 승리자와 패배자

*승하ᄒᆞ다 [SEUNG-HA-HĂ-TA] (昇遐) 원410
불 Mourir (le roi).
한 (왕이) 죽다

*승호군 [SEUNG-HO-KOUN,-I] (升戶軍) 원410
불 Nom d'une sorte de soldats levés en province et qui font le service à la capitale.
한 지방에서 징집되어 수도에서 복무하는 일종의 군인들의 이름

*승ᄒᆞ다 [SEUNG-HĂ-TA] (勝) 원410
불 Prévaloir; valoir mieux; l'emporter sur; vaincre; surpasser.
한 우세하다 | 더 낫다 | ~보다 우월하다 | 능가하다 | 뛰어넘다

*승힝ᄒᆞ다 [SEUNG-HĂING-HĂ-TA] (承行) 원410
불 Recevoir et faire, accomplir.
한 받아들이고 행하다, 실행하다

싀 [SEUI] 원409
불 Devant un nom de parenté, désigne les parents du côté du mari au même degré par rapport à la femme.
한 친족 관계를 나타내는 명사 앞에서, 아내와 관련하여 같은 촌수를 가진 남편 쪽 친척들을 가리킨다

싀가 [SEUI-KA] (舅家) 원409
불 Maison du mari; famille du mari.
한 남편의 집 | 남편의 집안

싀고모 [SEUI-KO-MO] (舅姑母) 원409
불 Sœur du père du mari, tante du mari.
한 남편의 아버지의 여자 형제, 남편의 고모

싀골 [SEUI-KOL,-I] (遐鄕) 원409
불 Province; tout ce qui est en dehors de la capitale.
한 지방 | 수도 밖에 있는 모든 곳

싀골놈 [SEUI-KOL-NOM,-I] (鄕漢) 원409
불 Provincial; badaud: rustique.
한 지방민 | 부질없이 구경거리를 즐기는 사람 | 시골풍

싀골득이 [SEUI-KOL-TEUK-I] (鄕愚) 원409
불 Provincial; habitant de la province.
한 지방민 | 지방 거주자

싀곰썰썰 [SEUI-KOM-TTEL-TTEL] (酸酸) 원409
불 Aigre et agaçant (goût).
한 (맛이) 시고 자극적이다

싀곰싀곰ᄒᆞ다 [SEUI-KOM-SEUI-KOM-HĂ-TA] (酸酸) 원409
불 Aigre, aigret, aigrelet, goût du vinaigre.
한 시다, 시큼하다, 신맛을 띠다, 식초의 맛

싀근싀근ᄒᆞ다 [SEUI-KEUN-SEUI-KEUN-HĂ-TA] 원409
불 Etre aigre, aigrelet, aigret; goût de vinaigre. ‖ Avoir les jointures rudes et douloureuses à cause de la fatigue.
한 시다, 새큼하다, 신맛을 띠다 | 식초의 맛 | 피곤해서 관절이 뻣뻣하고 아프다

싀근초 [SEUI-KEUN-TCHO] (酸草) 원409
불 Nom d'une esp. d'herbe potagère. Epinard.
한 식용 채소의 종류의 이름 | 시금치

싀근치 [SEUI-KEUN-TCHĂI] (酸菜) 원409
불 Epinards.
한 시금치

싀금ᄒᆞ다 [SEUI-KEUM-HĂ-TA] (酸) 원409
불 Etre aigrelet, un peu aigre.
한 새큼하다, 조금 시다

[1]싀긔 [SEUI-KEUI] (嫉妬) 원409
불 Jalousie; envie. Jaloux, envieux.
한 시기 | 부러움 | 시기하다, 부러워하다

[2]싀긔 [SEUI-KEUI] (運氣) 원409
불 Nom d'une maladie semblable à la peste.
한 페스트와 유사한 질병의 이름

싀긔ᄒᆞ다 [SEUI-KEUI-HĂ-TA] (猜忌) 원409
불 Jaloux, envieux.
한 시기하다, 부러워하다

싀누의 [SEUI-NOU-I] (小姑) 원409
불 Belle-sœur, sœur du mari. (Une femme appelle ainsi les sœurs de son mari: 형님 Hyeng-nim, belle-sœur plus âgée que le mari; 아기씨 A-ki-ssi, belle-sœur moins âgée que le mari).
한 시누이, 남편의 여자 형제 | (아내가 그 남편의 여자 형제들을 이렇게 부른다 : 형님, Hyeng-nim, 남편보다 더 나이가 많은 시누이 | 아기씨, A-ki-ssi, 남편보다 나이가 적은 시누이)

싀다 [SEUI-TA,SEUI-E,SEUIN] (酸) 원409
불 Aigre, acide.
한 시큼하다, 맛이 시다

*싀댱 [SEUI-TYANG,-I] (柴場) 원409
불 Endroit où il y a du bois de chauffage, de grandes herbes pour le feu.
한 불을 때기 위한 장작과 키가 큰 풀이 있는 곳

*싀랑 [SEUI-RANG,-I] (豺狼) 원409
불 Nom d'une esp. d'animal sauvage qui ressemble au chien, p.ê. le loup.
한 개와 닮은 야생 동물 일종의 이름, 아마도 늑대

*싀량 [SEUI-RYANG,-I] (柴粮) 원409
불 Bois et nourriture.
한 장작과 양식

*싀마복 [SEUI-MA-POK,-I] (緦麻服) 원409
불 Deuil de trois mois.
한 세 달 동안 입는 상복

싀모 [SEUI-MO] (舅母) 원409
불 Belle-mère. Mère du mari.
한 시어머니 | 남편의 어머니

*싀목 [SEUI-MOK,-I] (柴木) 원409
불 Bois à brûler; arbre.
한 불을 피울 장작 | 나무

*싀문 [SEUI-MOUN,-I] (柴門) 원409
불 Porte d'entrée de la haie d'une maison.
한 집의 울타리에 있는 출입문

싀벽 [SEUI-PYEK,-I] 원409
불 Esp. de division de chaque parti civil. Opposition, contrepoids que les partis se font pour empêcher la rebellion et maintenir le pouvoir, la puissance du roi.
한 각각의 문민의 당의 분기 종류 | 반역을 막고 권력, 왕권을 유지하기 위해 정당들이 서로 하는 대립, 견제

싀부 [SEUI-POU] (舅父) 원409
불 Beau-père, père du mari.
한 시아버지, 남편의 아버지

싀새오다 [SEUI-SAI-O-TA,-OA,-ON] (猜妬) 원409
불 Envier; être jaloux; porter envie.
한 부러워하다 | 질투하다 | 시기하다

*싀슈 [SEUI-SYOU] (柴水) 원409
불 Bois et eau.
한 땔나무와 물

싀아비 [SEUI-A-PI] (舅父) 원409
불 Beau-père, père du mari.
한 시아버지, 남편의 아버지

싀아ᄌᆞ비 [SEUI-A-TJĂ-PI] (舅叔) 원409
불 Frère cadet ou cousin du mari.
한 남편의 남동생 또는 사촌

싀어미 [SEUI-E-MI] (舅姑) 원409
불 Belle-mère, mère du mari.
한 시어머니, 남편의 어머니

싀엉 [SEUI-ENG,-I] 원409
불 Oseille.
한 수영

싀외 [SEUI-OI] 원409
불 Indique les parents du mari du côté de sa mère.
한 남편의 어머니 쪽 친척들을 가리킨다

*싀졍 [SEUI-TJYENG,-I] (柴政) 원409
불 Affaire du bois; achat du bois de chauffage.
한 땔나무에 관한 일 | 장작의 구입

싀집 [SEUI-TJIP,-I] (舅家) 원409
불 Maison, famille du côté du mari.
한 남편의 집, 가문

싀집가다 [SEUI-TJIP-KA-TA,-KA,-KAN] (嫁) 원409
불 Se marier, (une fille) prendre mari, aller à la maison d'un beau-père.
한 결혼하다, (처녀가) 남편을 얻다, 시아버지 집으로 가다

싀쳑직은ᄒᆞ다 [SEUI-TCHYEK-TJIK-EUN-HĂ-TA] (酸味) 원410
불 Avoir le goût d'aigre et de corrompu.
한 시큼하고 썩은 맛이 나다

*싀초 [SEUI-TCHO] (柴草) 원410

[불] Herbe à brûler, à faire du feu.
[한] 불태우는 데 쓰는, 불을 피우는 데 쓰는 풀

싀훤ᄒᆞ다 [SEUI-HOUEN-HĂ-TA] (爽快) (원)409
[불] Rafraîchissant; qui fait du bien; qui met à l'aise. Etre frais, rafraîchissant. Se sentir rafraichi.
[한] 시원하다 | 도움이 되다 | 편하게 하다 | 서늘하다, 시원하다 | 시원해짐을 느끼다

싄다리 [SEUIN-TA-RI] (上脚) (원)409
[불] Cuisse, milieu de la cuisse.
[한] 넓적다리, 넓적다리의 가운데

싓둥싓둥ᄒᆞ다 [SEUIT-TOUNG-SEUIT-TOUNG-HĂ-TA] (원)409
[불] Désigne l'action d'une personne qui a l'air de fuir, qui ne vient pas à la maison. Faire de mauvais gré, à contre cœur.
[한] 집으로 가지 않고 도망가려는 사람의 행동을 가리킨다 | 어쩔 수 없이, 마지못해 하다

싕긋싕긋웃다 [SEUING-KEUT-SEUING-KEUT-OUT-TA,-OU-SYE,-OU-SĂN] (원)409
[불] Désigne le retard d'une affaire qui traîne en longueur. ‖ Rire d'un rire hébêté et ne pas agir. Rire comme un homme qui est embarrassé devant son supérieur et voudrait paraître aimable.
[한] 길게 끄는 일의 더딘 상태를 가리킨다 | 얼빠진 웃음을 웃고 행동하지 않다 | 자신의 상사 앞에서 거북해 하고 상냥하게 보이려는 사람처럼 웃다

싕둥지다 [SEUING-TOUNG-TJI-TA,-TJYE,-TJIN] (원)409
[불] Qui est formé, mais qui ne peut sortir de son enveloppe (épi). ‖ Faire le fameux, le savant, quand on ne sait rien.
[한] (이삭이) 팼으나 껍질에서 나올 수 없다 | 사람들이 아무것도 모를 때 유명한 척, 학자인 척하다

싕싕ᄒᆞ다 [SEUING-SEUING-HĂ-TA] (生生) (원)409
[불] Entier, non déchiré. Etre vif, frais, vigoureux, alerte, éveillé, gaillard.
[한] 온전하다, 찢어지지 않다 | 생기 있다, 신선하다, 기운차다, 활기차다, 활발하다, 쾌활하다

[1]* **시** [SI] (詩) (원)413
[불] Vers de sept pieds; écriture mesurée dont les phrases sont de sept caractères.
[한] 일곱 개의 운각으로 이루어진 운문 | 문장이 7개의 글자로 이루어진 운율적인 글

[2] **시** [SI] (원)413
[불] Parti philosophique opposé aux 벽 Pyek. V. 시비 Si-păi.
[한] 벽 Pyek과 대립하는 철학 당파 | [참조어 시비, Si-păi]

[3]* **시** [SI] (時) (원)413
[불] Heure (mesure de temps). (Il y en a 12 en jour; 12 heures de Corée égalent 24 heures d'Europe). ‖ Temps (de).
[한] 시 (시간의 측정 단위) | (하루에는 12시간이 있다; 조선의 12시간은 유럽의 24시간과 같다) | (~의) 시간

[4] **시** [SI] (敬言) (원)413
[불] Particule honorifique placée entre le radical et la terminais. d'un verbe ou d'un adjectif; elle fait partie du radical et se conjugue.
[한] 동사 또는 형용사의 어간과 어미 사이에 놓이는 경칭 소사 | 어간에 속하고 동사활용을 한다

[5]* **시** [SI] (屍) (원)413
[불] En agr. Mort; mourir.
[한] 한자어로 시신 | 죽다

[6]* **시** [SI] (弑) (원)413
[불] (Un inférieur tuer son supérieur). Parricide.
[한] (아랫사람이 자신의 윗사람을 죽이다) | 존속 살해범

[7] **시** [SI] (원)413
[불] Sifflement d'un homme qui se brûle.
[한] 욕망에 이끌리는 사람의 휘파람 같은 소리

* **시가** [SI-KA] (時價) (원)414
[불] Prix courant, prix actuel des objets au marché.
[한] 현재의 가격, 시장에서 팔리는 물건들의 현재 가격

* **시각** [SI-KAK,-I] (時刻) (원)414
[불] Quart d'heure (il est de 15 minutes, et il y en 8 à l'heure).
[한] 15분 (15분이고 한 시간에 여덟 번 있다)

시각ᄒᆞ다 [SIK-KAK-HĂ-TA] (원)414
[불] Comprendre enfin.
[한] 마침내 깨닫다

* **시관** [SI-KOAN,-I] (試官) (원)414
[불] Juges des épreuves, des compositions de l'examen; examinateur pour les degrés.
[한] 시험, 시험 답안의 심사원들 | 등급에 대한 심사관

* **시근** [SI-KEUN,-I] (始根) (원)414
[불] Commencement; racine; origine; source.
[한] 시작 | 근본 | 기원 | 원천

시글시글ᄒᆞ다 [SI-KEUL-SI-KEUL-HĂ-TA] (多貌) (원)414
[불] Nombreux; très-abondant.

한 수가 많다 | 매우 풍부하다

시금시금 [SI-KEUM-SI-KEUM] (酸酸) 원414
불 Etre aigrelet.
한 새큼하다

*시급ᄒᆞ다 [SI-KEUP-HĂ-TA] (時急) 원414
불 Pressé; urgent; qui a hâte; qui ne souffre pas de délai; pressant.
한 급하다 | 절박하다 | 서두르다 | 지연되는 것을 견디지 못하다 | 긴박하다

1*시ᄀᆡᆨ [SI-KĂIK,-I] (詩客) 원414
불 Lettré.
한 학식 있는 사람

2*시ᄀᆡᆨ [SI-KĂIK,-I] (時刻) 원414
불 Quart d'heure.
한 15분

시난고난ᄒᆞ다 [SI-NAN-KO-NAN-HĂ-TA] 원417
불 Avoir une maladie lente qui consume les forces peu à peu; langueur, état d'un malade qui va mieux, puis qui retombe, puis qui va mieux; exprime les différents états de mieux et de rechute d'une maladie qui traîne en longueur.
한 점차 기력을 쇠약하게 하는 만성 질환이 있다 | 쇠약, 나아졌다가 다시 나빠지고, 그러고 나서 나아지곤 하는 병자의 상태 | 길게 끄는 병의 호전과 재발의 여러 가지 상태를 나타낸다

시내 [SI-NAI] (溪) 원417
불 Petit canal, conduit très-petit pour les eaux.
한 작은 운하, 아주 작은 수도관

*시녀 [SI-NYE] (侍女) 원417
불 Fille du palais.
한 궁궐의 처녀

시다 [SI-TA] 원424
불 (Terminaison honorifique infinitive, que peuvent prendre tous les verbes).
한 (모든 동사에 붙일 수 있는 부정법 경칭 어미)

*시뎐 [SI-TYEN,-I] (詩傳) 원424
불 Nom d'un livre païen.
한 이교의 책 이름

*시뎡 [SI-TJYENG,-I] (市井) 원424
불 Grands magasins de la capitale; chef de ces grands magasins.
한 수도의 큰 상점들 | 이 큰 상점들의 수장

*시두 [SI-TOU] (時痘) 원424
불 Petite vérole; saison de la petite vérole.
한 천연두 | 천연두가 유행하는 시기

시드럭부드럭 [SI-TEU-REK-POU-TEU-REK] 원424
불 Se consumer lentement (un malade). ‖ Etre flasque, mou, sans consistance.
한 (병자가) 천천히 쇠약해지다 | 연하다, 무르다, 굳지 않다

시득시득ᄒᆞ다 [SI-TEUK-SI-TEUK-HĂ-TA] (乾貌) 원424
불 Désigne l'état de l'herbe coupée, à moitié desséchée, fanée, flétrie.
한 잘린, 반쯤 마른, 시든, 퇴색한 풀의 상태를 가리킨다

시들다 [SI-TEUL-TA,-TEUL-E,-TEUN] 원424
불 Se faner; se flétrir; devenir flasque, maigre.
한 시들다 | 시들다 | 무기력해지다, 수척해지다

시들부들 [SI-TEUL-POU-TEUL] (枯貌) 원424
불 Etre flasque, mou.
한 연하다, 무르다

시들시들ᄒᆞ다 [SI-TEUL-SI-TEUL-HĂ-TA] (枯貌) 원424
불 Désigne l'état du foin presque entièrement sec, fané, flétri; se flétrir, se consumer lentement.
한 거의 완전히 마른, 시든, 퇴색한 건초의 상태를 가리킨다 | 시들다, 천천히 쇠약해지다

시들ᄒᆞ다 [SI-TEUL-HĂ-TA] (不怕) 원424
불 N'avoir aucun sujet d'inquiétude. Syn. 싯부다 Sit-pou-ta.
한 걱정거리가 조금도 없다 | [동의어 싯부다, Sit-pou-ta.]

시ᄃᆞ리다 [SI-TĂ-RA-TA,-RYE,-RIN] 원424
불 Rendre insupportable.
한 견딜 수 없게 만들다

*시ᄃᆡ [SI-TĂI] (時代) 원424
불 Le temps, la durée (de la vie, d'une charge, d'un règne).
한 시기, (삶의, 직무의, 통치의) 기간

시러곰 [SI-RE-KOM] (得) 원422
불 Afin que. (Mot sans signification et qui se dit dans la conversation).
한 ~하기 위해 | (의미 없이 대화에서 쓰이는 단어)

시렁시렁ᄒᆞ다 [SI-RENG-SI-RENG-HĂ-TA] 원422
불 Désigne l'état d'un idiot qui parle mal; être étourdi, léger, inconsidéré.
한 말을 잘 못하는 바보의 상태를 가리킨다 | 덤벙거

리다, 경솔하다, 무분별하다

시루 [SI-ROU] (甑) ⓦ422

불 Vase dont le fond est percé de trous et se pose sur la chaudière par en bas; il sert à cuire les gâteaux à la vapeur et à faire la lessive.

한 바닥에 구멍이 뚫린 그릇으로 가마솥 위에 아래쪽이 놓인다 | 떡을 찌고 빨래하는 데 쓰인다

*시만ᄒᆞ다 [SI-MAN-HĂ-TA] (時晩) ⓦ416

불 Etre tard, en retard, tardif. Il se fait tard.

한 늦다, 지각하다, 때늦다 | 시간이 늦다

*시말 [SI-MAL,-I] (始末) ⓦ416

불 Commencement et fin.

한 처음과 끝

*시묘ᄒᆞ다 [SI-MYO-HĂ-TA] (侍墓) ⓦ416

불 Garder pendant trois ans le tombeau des parents; demeurer tout auprès dans une cabane pendant trois ans, c.a.d. pendant tout le temps du deuil, sans manger de viande et sans changer d'habit.

한 부모의 묘를 3년 동안 지키다 | 3년 동안 바로 곁에 오두막에 머물다, 즉 상을 치르는 기간 내내 고기를 먹지 않고 옷도 갈아입지 않다

1*시문 [SI-MOUN,-I] (市門) ⓦ416

불 Marché, foire.

한 시장, 장

2*시문 [SI-MOUN,-I] (柴門) ⓦ416

불 Porte ou barrière comme celles qui ferment les cours à la campagne. Syn. 사리문 Sa-ri-moun.

한 시골에서 마당을 둘러싸는 것들과 같은 문 또는 울타리 | [동의어 사리문, Sa-ri-moun.]

*시방 [SI-PANG] (時方) ⓦ421

불 Maintenant, à présent.

한 지금, 현재

*시벽 [SI-PYEK,-I] (時辟) ⓦ421

불 Les 시빅 Si-păi et les 벽빅 Pyek-păi.

한 시빅 Si-păi 사람들과 벽빅Pyek-păi 사람들

1*시변 [SI-PYEN,-I] (市邊) ⓦ421

불 Foire, marché.

한 장, 시장

2*시변 [SI-PYEN,-I] (時變) ⓦ421

불 Temps où l'on voit des choses extraordinaires, où apparaissent des météores, des comètes, etc. ‖ Vicissitudes de ce monde.

한 특별한 것들이 보이는, 유성, 혜성 등이 보이는 시기 | 현세의 변화

*시병ᄒᆞ다 [SI-PYENG-HĂ-TA] (侍病) ⓦ421

불 Soigner ses parents dans leurs maladies.

한 병에 걸린 자신의 부모를 돌보다

*시봉ᄒᆞ다 [SI-PONG-HĂ-TA] (侍奉) ⓦ421

불 Fils qui a ses parents chez lui; demeurer avec ses parents et leur rendre les devoirs qui leur sont dûs.

한 집에 자신의 부모를 모시고 사는 아들 | 자신의 부모님과 함께 살며 그들에게 지켜야 할 의무를 다하다

시부다 [SI-POU-TA,-PE,-PEUN] (要) ⓦ421

불 Désinence qui se joint au radical du verbe par la particule 고 Ko, et donne le sens de vouloir.

한 소사 고 Ko에 의해 동사의 어간에 결합되는 곡용으로, 원하다의 의미를 부여한다

1*시비 [SI-PI] (侍婢) ⓦ421

불 Femme esclave, esclave femelle.

한 노예 여자, 여자 노예

2*시비 [SI-PI] (是非) ⓦ421

불 Discussion; litige; dispute; médisance; commérage; bavardage sur le prochain.

한 토론 | 소송 | 논쟁 | 비방 | 험구 | 이웃에 대해 떠들기

*시비ᄒᆞ다 [SI-PI-HĂ-TA] (是非) ⓦ421

불 Se disputer, se quereller.

한 서로 다투다, 서로 싸우다

*시빅 [SI-PĂI] (時輩) ⓦ421

불 Parti civil favorable au roi; faction de ceux des divers partis civils qui sont sincèrement dévoués au roi et disposés à le seconder dans ses vues; ils sont généralement mondernés et conciliants; leur oppositions au 벽빅 Pyek-pai n'empêche pas les rapports sociaux, mariage, etc. Ce parti est personnel, non héréditaire. ‖ Homme qui est à la tête des modes et que tout le monde s'efforce d'imiter dans les habits, la conduite, etc.

한 왕에게 호의적인 문민의 당 | 진심으로 왕에게 충성하는 여러 문민의 당 사람들의 분파고, 그 목적에 있어 왕을 보좌할 의향이 있다 | 보통 그들은 온건하고 타협적이다 | 그들이 벽빅Pyek-pai에 대립한다고 해서 사회적 관계, 결혼 등을 막지는 않는다 | 이 정당은 세습적이지 않고 개인적이다 | 유행을 선도하고 모든 사람이 그 옷, 행동 등을 모방하는 데 애쓰는 사람

1*시사 [SI-SA] (時祀) ⓦ424

불 Sacrifice de la 10me lune, pour les ancêtres au-dessus du 4me degré, dont on a oublié le jour anniversaire de

la mort.
한 그기일이 잊힌 네 번째 촌수 이상의 조상들을 위해 열 번째 달에 지내는 제사

2* 시사 [SI-SA] (失射) 원424
불 Exercice du tir à l'arc.
한 활 쏘는 연습

* 시사터 [SI-SA-HTE] (失射) 원424
불 Endroit où l'on s'exerce à tirer de l'arc.
한 활 쏘는 연습을 하는 곳

* 시사ᄒᆞ다 [SI-SA-HĂ-TA] (失射) 원424
불 Tirer de l'arc.
한 활을 쏘다

* 시상 [SI-SANG,-I] (尸床) 원424
불 Planche où l'on dépose un mort avant de le mettre dans le cercueil; le dessus du cercueil.
한 관에 넣기 전 시신을 두는 판자 | 관의 덮개

* 시샤 [SI-SYA] (施捨) 원424
불 Aumône.
한 자비로운 기부

1* 시샹 [SI-SYANG,-I] (尸狀) 원424
불 Qui ressemble à un mort; qui a le visage d'un mort.
한 시신과 닮다 | 시신의 얼굴을 하다

2* 시샹 [SI-SYANG,-I] (市上) 원424
불 Marché, bazar.
한 장터, 시장

* 시셜 [SI-SYEL,-I] (柿雪) 원424
불 Jus du kaki desséché, qui se résout en farine blanche et couvre le fruit sec.
한 흰 가루로 변해서 마른 과일을 덮는, 말라버린 감의 즙

* 시셰 [SI-SYEI] (時勢) 원424
불 Mode du temps actuel; temps de la mode; inconstance du temps. ‖ Cours de l'argent actuellement; prix actuel des objets.
한 현시대의 유행 | 유행하는 시기 | 시간의 유동성 | 현재 화폐의 유통 | 물건들의 현재 가격

1* 시시 [SI-SI] (時時) 원424
불 A chaque instant.
한 줄곧

2 시시 [SI-SI] 원424
불 Bruit d'un rire bête, hi! hi! hi!
한 바보 같은 웃음소리, 히!히!히!

* 시시ᄀᆡᆨᄀᆡᆨ [SI-SI-KĂIK-KĂIK] (時時刻刻) 원424
불 à toute heure et à tout quart d'heure; toujours; constamment; sans cesse.
한 언제나 | 항상 | 줄곧 | 끊임없이

* 시ᄉᆡᆼ [SI-SĂING,-I] (侍生) 원424
불 Jeune homme; air jeune. ‖ Je, moi (terme d'humilité en parlant à un supérieur).
한 젊은이 | 젊은 모습 | 나는, 나 (윗사람에게 말할 때 사용하는 겸손한 말)

시아치다 [SI-A-TCHI-TA,-TCHYE,-TCHIN] 원413 ☞ 시앗치다

시악쓰다 [SI-AK-SSEU-TA,-SSE,-SSEUN] (用惡) 원413
불 Demander la mort en colère, en désespoir.
한 화가 나서, 절망하여 죽음을 원하다

* 시악ᄒᆞ다 [SI-AK-HĂ-TA] (恃惡) 원413
불 Demander la mort; demander de mourir. ‖ Faire le diable à quatre.
한 죽음을 원하다 | 죽기를 바라다 | 떠들어대다

시앗 [SI-AT,-SI] (妻妾) 원413
불 Concubine et épouse.
한 첩과 아내

시앗싸홈 [SI-AT-SSA-HOM,-I] (妻妾相鬪) 원413
불 Dispute de l'épouse et de la concubine à cause de l'homme commun.
한 공유하는 남자로 인한 아내와 첩의 싸움

시앗치다 [SI-AT-TCHI-TA] 원413
불 Parler indirectement d'une chose; prendre un détour pour arriver à son but.
한 어떤 것에 대해 간접적으로 말하다 | 자신의 목적에 도달하기 위해서 우회하다

1* 시약ᄒᆞ다 [SI-YAK-HĂ-TA] (視弱) 원413
불 Connaître la faiblesse.
한 허약함을 알다

2 시약ᄒᆞ다 [SI-YAK-HĂ-TA] (行惡) 원413
불 Traiter avec mépris.
한 멸시하는 태도로 대하다

1* 시역 [SI-YEK,-I] (弑逆) 원413
불 Rebelles qui mettent le roi à mort, régicides. =ᄒᆞ다 -hă-ta, Tuer son supérieur, son maître.
한 왕을 죽인 반역자들, 시역자들 | [용례 =ᄒᆞ다, -hă-ta], 자신의 윗사람, 자신의 주인을 죽이다

2* 시역 [SI-YEK,-I] (始役) 원413
불 Jour où l'on commence un ouvrage.
한 작업을 시작하는 날

시옷 [SI-OT,-SI] ㊊414
불 Nom de la consonne ㅅ, qui se prononce s au commencement d'une syllabe et t à la fin (au-dessous d'une voyelle).
한 자음 ㅅ의 이름, 음절 첫머리에서는 s로, 끝에서는(모음 아래에서) t로 발음된다

시우쇠 [SI-OU-SOI] (柔鐵) ㊊414
불 Fer; fer forgé, battu.
한 철 | 단련된, 두들겨 늘어난 쇠

시욱지 [SI-OUK-TJI] (海豚) ㊊414
불 Marsouin (poisson).
한 돌고래 (물고기)

*__시운__ [SI-OUN,-I] (時運) ㊊414
불 Temps marqué par le destin. temps, tour de rôle.
한 운명에 의해 지정된 때 | 임무의 시기, 차례

1**시위** [SI-OUI] (弦) ㊊414
불 Corde de l'arc.
한 활의 줄

2**시위** [SI-OUI] (漲水) ㊊414
불 Grandes eaux; inondation; crue; débordement.
한 많은 물 | 홍수 | [역주 물의] 증가 | 범람

시위ᄒᆞ다 [SI-OUI-HĂ-TA] (侍衛) ㊊414
불 Cortége du roi. accompagner le roi par honneur. entourer le roi, comme les grands, les gardes.
한 왕의 행렬 | 왕을 경의로 수행하다 | 귀족들, 근위병들처럼 왕을 둘러싸다

시울 [SI-OUL,-I] (唇) ㊊414
불 Bord, bordure, frange. 입시울 Ip-si-youl, Les lèvres (franges de la bouche).
한 가장자리, 가장자리 장식, 술 장식 | [용례 입시울, Ip-si-youl], 입술 (입의 술)

*__시인__ [SI-IN,-I] (侍人) ㊊414
불 Suivant, celui qui accompagne un grand homme.
한 수행원, 주요 인물을 수행하는 사람

*__시일__ [SI-IL,-I] (時日) ㊊414
불 Heure et jour. Aujourd'hui.
한 시와 날 | 오늘

*__시임__ [SI-IM] (時任) ㊊414
불 Maintenant, présentement. ‖ Dignitaires actuellement en fonction.
한 지금, 현재 | 현재 직무를 수행 중인 고관들

*__시잉모티__ [SI-ING-MO-HTĂI] (始孕母胎) ㊊414
불 La conception.
한 수태

*__시쟉ᄒᆞ다__ [SI-TJYAK-HĂ-TA] (始作) ㊊425
불 Commencement; commencer.
한 시작 | 시작하다

시쟝ᄒᆞ다 [SI-TJYANG-HĂ-TA] (飢寒) ㊊425
불 Avoir faim. (Honor.).
한 배고프다 | (경칭)

시젹시젹 [Si-TJYEK-SI-TJYEK] ㊊425
불 Doucement, tranquillement.
한 천천히, 침착하게

1**시젼** [SI-TJYEN] (詩傳) ㊊425
불 Nom d'un livre contenant des chants anciens. Syn. 시뎐 Si-tyen.
한 옛날 노래들이 수록된 책의 이름 | [동의어 시뎐, Si-tyen.]

2*__시젼__ [SI-TJYEN] (市廛) ㊊425
불 Magasin, boutique à la capitale. V. 시뎡 Si-tyeng.
한 수도에 있는 상점, 가게 | [참조어 시뎡, Si-tyeng]

*__시졀__ [SI-TJYEL,-I] (時節) ㊊425
불 Culture; récolte; temps, état des récoltes.
한 재배 | 수확 | 추수의 시기, 상황

*__시졍__ [SI-TJYENG] (市井) ㊊425
불 Magasin de marchand, gros marchand.
한 상인의 가게, 큰 상인

*__시졔__ [SI-TJYEI] (時祭) ㊊425
불 Grand sacrifice de la 10me lune, au tombeau, en l'honneur des ancêtres qui remontent au-delà du 4me degré.
한 네 번째 촌수 이상으로 올라가는 조상들에 경의를 표하며 열 번째 달에 무덤에 지내는 큰 제사

*__시졔ᄒᆞ다__ [SI-TJYEI-HĂ-TA] (施濟) ㊊425
불 Aumône; faire l'aumône.
한 자비로운 기부 | 자비로운 기부를 하다

1*__시조__ [SI-TJO] (詩調) ㊊425
불 Nom d'une espèce de chant.
한 노래의 일종의 이름

2**시조** [SI-TJO] ㊊425 ☞ 2시죠

*__시존__ [SI-TJON,-I] (時存) ㊊425
불 Fonds, ce qu'on possède de biens dans le moment.
한 자산, 현재 재산으로 가지고 있는 것

*__시존ᄒᆞ다__ [SI-TJON-HĂ-TA] (時存) ㊊425
불 Actuel; de ce temps.
한 현재의 | 현대의

[1]시죠 [SI-TJYO] ㊎425 ☞ [1]시조

[2*]시죠 [SI-TJYO] (始祖) ㊎425

불 Premier grand-père, le premier ancêtre, la souche de la famille.

한 최초의 할아버지, 첫 번째 조상, 가문의 선조

*시죵 [SI-TJYONG,-I] (始終) ㊎425

불 Commencement et fin.

한 처음과 끝

*시쥬 [SI-TJYOU] (施主) ㊎425

불 Offrir des présents à Fô dans une bonzerie, ou au bonze qui passe. Aumône aux bonzes.

한 절에 있는 부처에게, 또는 지나가는 승려에게 선물을 주다 | 승려들에게 하는 자비로운 기부

[1*]시즁 [SI-TJYOUNG,-I] (市中) ㊎425

불 Marché, foire (emplacement, etc.).

한 시장, 장 (부지 등)

[2*]시즁 [SI-TJYOUNG,-I] (時中) ㊎425

불 Temps moyen, c.a.d. milieu entre les deux extrêmes; ni trop, ni trop peu.

한 중간, 즉 두 끝 사이의 가운데 시간 | 너무 많지도 너무 적지도 않다

[3*]시즁 [SI-TJYOUNG,-I] (侍中, (Accompagner, milieu)) ㊎425

불 En la compagnie d'un supérieur. (Style épist.).

한 지위가 높은 사람과 동행하여 | (서간체)

*시즙 [SI-TJEUP,-I] (尸汁) ㊎425

불 Pourriture de cadavre; pus d'un cadavre en décomposition (remède).

한 시체의 부패 | 부패하는 시체에서 나오는 고름 (약)

시지르다 [SI-TJI-REU-TA] ㊎425

불 Sommeiller.

한 졸다

시지리다 [SI-TJI-RI-TA,-RYE,-RIN] ㊎425 ☞ 시지르다

*시직 [SI-TJIK,-I] (市直) ㊎425

불 Prix courant du marché, prix des objets du marché.

한 시장에서의 시세, 시장에서 파는 물건들의 값

*시진 [SI-TJĂI] (時在) ㊎425

불 Actuel; de ce temps; ce qu'il y a maintenant chez moi en argent comptant, en objets.

한 현재의 | 현대의 | 지금 내가 현금으로, 물건으로 가지고 있는 것

[1*]시쳬 [SI-TCHYEI] (柿蒂) ㊎425

불 Pied du fruit appelé kaki (감 kam) (remède).

한 감(감 kam)이라 불리는 과일의 밑동 (약)

[2*]시쳬 [SI-TCHYEI] (時體) ㊎425

불 Usage actuel.

한 현재의 풍습

*시초 [SI-TCHO] (始初) ㊎425

불 Commencement.

한 시작

*시취 [SI-TCHYOUI] (尸臭) ㊎425

불 Odeur de cadavre.

한 시체 냄새

시콤ᄒᆞ다 [SI-HKOM-HĂ-TA] (酸味) ㊎415

불 Etre aigrelet.

한 새큼하다

*시탐ᄒᆞ다 [SI-HTAM-HĂ-TA] (試探) ㊎425

불 Tenter, essayer, éprouver.

한 기도하다, 시도하다, 경험하다

*시탕ᄒᆞ다 [SI-HTANG-HĂ-TA] (侍湯) ㊎425

불 Soigner ses parents dans leur maladie. Servir ses parents à table.

한 병에 걸린 자신의 부모를 돌보다 | 자신의 부모의 식사 시중을 들다

[1*]시톄 [SI-HTYEI] (尸體) ㊎425

불 Cadavre (humain).

한 (인간의) 시체

[2*]시톄 [SI-HTYEI] (時體) ㊎425

불 Usages actuels.

한 현재의 풍습

[3]시톄 [SI-HTYEI] ☞ [2]시쳬

*시통 [SI-HTONG,-I] (始痛) ㊎425

불 Commencement de la maladie; première attaque d'une maladie.

한 병의 시작 | 병의 첫 발발

시틋ᄒᆞ다 [SI-TEUT-HĂ-TA] (厭) ㊎425

불 Ennuyeux; insupportable; être dégoûté; n'en vouloir pas.

한 지루하다 | 참을 수 없다 | 지긋지긋하다 | 원하지 않다

*시표 [SI-HPYO] (時標) ㊎422

불 Marque de l'heure, du temps; horloge; montre.

한 시의, 시간의 표시 | 괘종시계 | 회중시계

*시하 [SI-HA] (侍下) ㊎414

불 Homme qui a ses parents; celui dont les parents vivent encore. en parlant de soi: je, moi.

한 자신의 부모가 있는 사람 | 자신의 부모가 아직 살아 있는 사람 | 자기 자신에 대해 말하면서: 나는, 나

*시하인 [SI-HA-IN] (侍下人) 원414

불 Moi, je.

한 나, 나는

시향화치 [Si-HYANG-HOA-TCHĂI] 원414

불 Basilic.

한 바질

*시험ᄒᆞ다 [SI-HEM-HĂ-TA] (試驗) 원414

불 Essayer; tenter; éprouver; expérimenter; entreprendre; faire une tentative, un essai, une expérience, une épreuve.

한 시험하다 | 시도하다 | 시험하다 | 실험하다 | 기도하다 | 시도, 시험, 경험, 시험하다

*시혜ᄒᆞ다 [SI-HYEI-HĂ-TA] (施惠) 원414

불 Bienfaisant; obligeant; faire du bien; obliger; accorder un bienfait; répandre des bienfaits.

한 친절하다 | 호의적이다 | 선행을 하다 | 은혜를 베풀다 | 선행을 베풀다 | 선행을 널리 베풀다

*시호 [SI-HO] (謚號) 원414

불 Nom posthume des rois de Corée.

한 조선의 왕들이 죽은 뒤에 갖는 이름

*시회 [SI-HOI] (詩會) 원414

불 Verve, bonne disposition pour écrire.

한 시적 감흥, 글을 쓰기에 알맞은 자질

1*시후 [SI-HOU] (詩候) 원414

불 Santé des parents. ‖ Dans les lettres, celui qui a encore son père, en lui écrivant: vous.

한 부모의 건강 | 편지에서, 아직 자신의 아버지가 있는 사람이 아버지에게 편지를 쓰면서: 당신

2*시후 [SI-HOU] (時候) 원414

불 Temps.

한 시간

*시흥도도ᄒᆞ다 [SI-HEUNG-TO-TO-HĂ-TA] (詩興桃桃) 원414

불 Avoir beaucoup de plaisir à cause d'un écrit.

한 작품 때문에 매우 즐겁다

*시힝ᄒᆞ다 [SI-HĂING-HĂ-TA] (施行) 원414

불 Accomplir (l'ordre), exécuter.

한 (명령을) 실행하다, 이행하다

1*식 [SIK,-I] (食) 원414

불 En agr. Nourriture; repas.

한 한자어로 음식 | 식사

2*식 [SIK] (式) 원414

불 A la fois, ensemble. 둘식 Toul-sik, Deux à deux.

한 동시에, 함께 | [용례 둘식, Toul-sik], 둘씩

3*식 [SIK,-I] (息) 원414

불 Enfant; fils, fille.

한 자식 | 아들, 딸

*식가 [SIK-KA] (食價) 원414

불 Prix du repas.

한 식사 값

*식곤증 [SIK-KON-TJEUNG,-I] (食困症) 원415

불 Fatigue qui suit le repas. Sommeil après le repas.

한 식사에 이어 오는 피로 | 식사 후의 졸음

*식과 [SIK-KOA] (式科) 원415

불 Examen qui n'a lieu que tout les trois ans, qui suit l'année de treize lunes.

한 13달이 있는 해 다음에, 단지 3년마다 열리는 시험

식구 [SIK-KOU] (食口) 원415

불 Bouches à nourrir. membre de la famille; tous ceux qui sont capables de manger du riz.

한 부양해야 할 입들 | 가족의 구성원 | 밥을 먹을 수 있는 모든 사람

1식근 [SIK-KEUN,-I] 원415

불 Chance.

한 운

2*식근 [SIK-EUN,-I] (食根) 원415

불 Source de nourriture.

한 식량의 근원

*식기 [SIK-KEUI] (食器) 원415

불 Ecuelle en cuivre ou en porcelaine pour manger le riz.

한 밥을 먹는 데 사용하는 구리 또는 자기로 만든 공기

*식긱 [SIK-KĂIK,-I] (食客) 원415

불 Convive, étranger qui mange à la maison.

한 집에서 식사하는 손님, 외부 사람

*식낭 [SIK-NANG,-I] (食囊) 원415

불 Sac ou poche où va la nourriture; estomac; ventre.

한 음식물이 들어가는 자루 또는 주머니 | 위 | 배

1식냥 [SIK-NYANG,-I] 원415

불 Esp. d'animal carnassier.

한 육식동물의 종류

2*식냥 [SIK-NYANG,-I] (食量) 원415

불 Quantité de nourriture. ‖ Ventre, estomac.

한 음식의 양 | 배, 위

*식년 [SIK-NYEN,-I] (式年) ⓦ415
불 Année où l'on offre au gouvernement la liste de ses ancêtres (ce qui se fait tous les trois ans), c.a.d. l'année qui suit celle qui a une lune intercalaire.
한 자신의 조상들의 명부를 정부에 제공하는 해 (3년마다 이루어진다), 즉 윤달이 있는 해의 다음에 오는 해

1*식념 [SIK-NYEM,-I] (食鹽) ⓦ415
불 Sel.
한 소금

2*식념 [SIK-NYEM,-I] (食念) ⓦ415
불 Pensée de mangeaille.
한 음식에 대한 생각

식다 [SIK-TA,-E,-EUN] (冷) ⓦ415
불 Se refroidir.
한 차가워지다

*식당 [SIK-TANG] (食堂) ⓦ415
불 Salle à manger, réfectoire.
한 식당, [역주 수도원, 학교 등의] 구내식당

식댁이 [SIK-TAIK-I] ⓦ415
불 Tigre royal.
한 뱅골 호랑이

*식뎡 [SIK-TYENG,-I] (食鼎) ⓦ415
불 Chaudière à cuire le riz.
한 밥을 짓는 가마솥

*식모 [SIK-MO] (食母) ⓦ415
불 Femme qui prépare le riz et les mets; cuisinière.
한 밥과 요리를 준비하는 여자 | 요리용 화덕

*식목ᄒᆞ다 [SIK-MOK-HĂ-TA] (植木) ⓦ415
불 Semer des arbres, planter des arbres (par graine ou par bouture).
한 나무의 씨를 뿌리다, (씨앗을 뿌리거나 꺾꽂이를 통해) 나무를 심다

*식보ᄒᆞ다 [SIK-PO-HĂ-TA] (食補) ⓦ415
불 Homme sans force qui reprend ses forces tous les ans. Réparer les forces ou fortifier par une bonne nourriture.
한 매년 기력을 회복하는 기력 없는 사람 | 좋은 음식으로 기력을 되찾거나 원기를 회복하다

*식복 [SIK-POK,-I] (食福) ⓦ415
불 Bonheur du manger. Chance de trouver à bien manger. Heureuse chance pour bien manger.
한 먹는 행복 | 잘 먹을 것을 발견하는 운수 | 잘 먹게 되는 좋은 기회

*식비 [SIK-PI] (食婢) ⓦ415
불 Femme esclave qui prépare la nourriture du mandarin.
한 관리의 식사를 준비하는 여자 노예

1*식상 [SIK-SYANG,-I] (食床) ⓦ415
불 Table servie pour le repas.
한 식사를 위해 차려진 식탁

2*식상 [SIK-SYANG,-I] (食傷) ⓦ415
불 Mal ou maladie pour avoir trop mangé.
한 너무 많이 먹어서 생긴 병 또는 질병

식셔 [SIK-SYE] (疋邊) ⓦ415
불 Lisière qui n'est pas coupée; étoffe dont on n'a pas coupé la lisière. Ourlet.
한 잘리지 않은 피륙의 가장자리 | 가장자리를 자르지 않은 옷감 | 천을 접어 감친 가장자리

식셜긱셜 [SIK-SYEL-KĂIK-SYEL,-I] (雜說客說) ⓦ415
불 Dire beaucoup de paroles inutiles. Bavardage.
한 쓸데없는 말을 많이 하다 | 잡담

*식셩 [SIK-SYENG,-I] (食性) ⓦ415
불 Goût pour le manger; goût pour la manière d'apprêter les mets. Appétit.
한 먹는 것에 대한 기호 | 요리를 조리하는 방식에 대한 기호 | 식욕

식셩됴타 [SIK-SYENG-TYO-HTA,-TYO-HA,-TYO-HEUN] (好食性) ⓦ415
불 Appétit bon, c.a.d. n'être pas difficile à nourrir; manger de tout.
한 왕성한 식욕, 즉 먹이기 어렵지 않다 | 모든 것을 먹다

식수 [SIK-SOU] ⓦ415 ☞식슈

*식슈 [SIK-SYOU] (食數) ⓦ415
불 Plaisir, bonheur du manger. Chance pour trouver à bien manger.
한 먹는 즐거움, 행복 | 잘 먹을 방도를 발견하는 운수

식슈어리다 [SIK-SYOU-E-RI-TA,-RYE,-RIN] (雜說) ⓦ415
불 Bavarder, parler beaucoup en disant des choses inutiles.
한 수다를 떨다, 쓸데없는 것에 대해 이야기하면서 많이 말하다

식식자다 [SIK-SIK-TJA-TA,-TJA,-TJAN] (熟寐) ⓦ415
불 Respirer tranquillement en dormant, dormir paisiblement.

Ⓗ 자면서 조용히 숨 쉬다, 평온하게 자다

*식ᄉ [SIK-SĂ] (食事) ㉝415

Ⓑ La chose de manger. Manger et boire. Repas.

Ⓗ 먹을 것 | 먹고 마시기 | 식사

*식언 [SIK-EN,-I] (食言) ㉝414

Ⓑ Rapport, relation indiscrete ou maligne.

Ⓗ 조심성 없는 또는 꾀바른 진술, 이야기

*식언ᄒ다 [SIK-EN-HĂ-TA] (食言) ㉝414

Ⓑ Faire de faux rapports.

Ⓗ 잘못된 보고를 하다

*식열 [SIK-YEL,-I] (食熱) ㉝414

Ⓑ Maladie causée par une nourriture trop abondante, par l'excès de nourriture.

Ⓗ 너무 많은 식사, 과도한 식사로 인해 생긴 병

*식욕 [SIK-YOK,-I] (食慾) ㉝414

Ⓑ Envie de manger; avidité à manger.

Ⓗ 먹고 싶은 욕망 | 먹으려고 하는 탐욕

식은식은 [SIK-EUN-SIK-EUN] ㉝414

Ⓑ Ressentir une douleur aiguë en touchant un membre (v.g. où se trouve un furoncle).

Ⓗ 사지 (예. 절종이 있는 곳)를 만지면 극심한 고통을 느끼다

*식음 [SIK-EUM,-I] (食飮) ㉝414

Ⓑ Nourriture, manger et boire.

Ⓗ 식사, 먹고 마시다

식이다 [SIK-I-TA,SIK-YE,SIK-IN] (任使) ㉝414

Ⓑ Ordonner; faire faire; commander. ‖ Employer.

Ⓗ 명하다 | 시키다 | 명령하다 | 고용하다

식임시ᄒ다 [SIK-IM-SĂI-HĂ-TA] ㉝414

Ⓑ Transmettre au peuple les ordres du mandarin.

Ⓗ 관리의 명령을 백성에게 전하다

*식젼 [SIK-TJYEN] (食前) ㉝415

Ⓑ Avant le repas, à jeun, le matin avant de manger.

Ⓗ 식사 전에, 공복에, 식사하기 전 아침

식젼에 [SIK-TJYEN-EI] ㉝415 ☞식젼

*식쥬인 [SIK-TJYOU-IN,-I] (食主人) ㉝415

Ⓑ Maître de restaurant. Maître de pension. Aubergiste. Celui qui est chargé de pourvoir à la table.

Ⓗ 식당의 주인 | 하숙집 주인 | 여인숙 주인 | 식사를 마련해 주는 사람

1*식지 [SIK-TJI] (食紙) ㉝415

Ⓑ Papier huilé; papier servant de nappe; papier pour couvrir le riz sur la table à cause des mouches.

Ⓗ 기름을 먹인 종이 | 식탁보로 쓰는 종이 | 파리 때문에 식탁 위의 밥을 덮기 위한 종이

2*식지 [SIK-TJI] (食指) ㉝415

Ⓑ Index (doigt de la main).

Ⓗ 검지 (손가락)

1*식ᄌ [SIK-TJĂ] (食子) ㉝415

Ⓑ Cuillère à pot pour tirer le riz de la marmite.

Ⓗ 냄비 안에 든 밥을 꺼내기 위한 국자

2*식ᄌ [SIK-TJĂ] (識字) ㉝415

Ⓑ Demi-savant, qui connaît un peu les caractères.

Ⓗ 문자를 조금 아는 얼치기 학자

*식찬 [SIK-TCHAN,-I] (食饌) ㉝415

Ⓑ Riz et mets; mets; ce que l'on mange avec le riz.

Ⓗ 밥과 요리 | 요리 | 밥과 함께 먹는 것

*식채 [SIK-TCHAI] (食債) ㉝415

Ⓑ Prix du riz, de la nourriture. Dettes pour des repas non payés à l'auberge.

Ⓗ 밥의, 식사의 값 | 여관에 지불하지 못한 식사에 대한 빚

*식톄 [SIK-TCHYEI] (食滯) ㉝415

Ⓑ Indigestion, indisposition causée par la nourriture.

Ⓗ 소화불량, 음식으로 인한 불편함

*식츙이 [SIK-TCHYOUNG-I] (食虫) ㉝415

Ⓑ Ver à riz, c.a.d. grand mangeur.

Ⓗ 밥벌레, 즉 대식가

식칼 [SIK-HKAL,-I] (食刀) ㉝415

Ⓑ Grand couteau de cuisine.

Ⓗ 부엌에서 쓰는 큰 칼

*식탈 [SIK-HTAL,-I] (食頉) ㉝415

Ⓑ Dérangement d'estomac, maladie pour avoir trop mangé.

Ⓗ 위의 이상, 너무 많이 먹어서 생긴 병

*식탐 [SIK-HTAM,-I] (食貪) ㉝415

Ⓑ Gourmandise; désir, envie de manger beaucoup; avidité.

Ⓗ 식탐 | 많이 먹고 싶은 욕망, 갈망 | 탐욕

식혜 [SIK-HYEI] (醯) ㉝414

Ⓑ Esp. de mets, de bouillie épaisse, douceâtre, faite avec de l'orge germée.

Ⓗ 요리의, 싹튼 보리로 만든, 진하고 달짝지근한 죽의 종류

*식후 [SIK-HOU] (食後) ㉝414

Ⓑ Après le repas.

한 식사 후

[1]식히다 [SIK-HI-TA,-HYE,-HIN] (使喚) 원414

불 Faire faire; commander. ‖ Employer.

한 시키다 | 명령하다 | 고용하다

[2]식히다 [SIK-HI-TA,SIK-HYE,SIK-HIN] (去熱) 원414

불 Refroidir; rafraîchir; faire froidir.

한 차게 하다 | 시원하게 하다 | 차가워지게 하다

[3]식히다 [SIK-HI-TA] (身冷) 원414

불 Mettre à mort, tuer.

한 죽음에 처하다, 죽이다

[1*]신 [SIN,-I] (腎) 원417

불 Les rognons, les reins du côté gauche. ‖ En agr. Virilia.

한 왼쪽의 콩팥, 신장 | 한자어로 〈남성 생식기〉

[2*]신 [SIN,-I] (臣) 원417

불 En agr. Grand personnage, dignitaire. ‖ Moi, votre sujet (employé en parlant de soi quand on s'adresse au roi).

한 한자어로 요인, 고관 | 나, 당신의 신하 (왕에게 말을 할 때 자기 자신에 대해 말하면서 사용된다)

[3]신 [SIN,-I] (履) 원417

불 Soulier, chaussure.

한 신, 신발

[4*]신 [SIN] (新) 원417

불 Récent, nouveau.

한 최근의, 새롭다

[5*]신 [SIN,-I] (神) 원417

불 Esprit; nature spirituelle; substance spirituelle. ‖ Spirituel; qui a de l'esprit. ‖ En agr. Merveilleux.

한 영혼 | 영적인 기질 | 영적인 본질 | 재치가 있다 | 기지가 있다 | 한자어로 훌륭하다

[6*]신 [SIN,-I] (身) 원417

불 Corps.

한 몸

[7*]신 [SIN,-I] (信) 원417

불 En agr. Foi; croyance, croire.

한 한자어로 신뢰 | 믿음, 믿다

[8*]신 [SIN] (申) 원417

불 Signe du zodiaque (le singe) ‖ 4 heures du soir.

한 황도 12궁의 자리 (원숭이) | 오후 4시

*신강 [SIN-KANG,-I] (新薑) 원418

불 Nouveau gingembre; gingembre de l'année.

한 금년에 수확된 생강 | 그 해에 난 생강

*신건 [SIN-KEN,-I] (新件) 원418

불 Nouvelle chose; objet nouveau, nouvellement fait.

한 새로운 것 | 새로 만들어진 새로운 물건

[1*]신경 [SIN-KYENG,-I] (信經) 원418

불 Symbole de la foi, symbole des apôtres.

한 신앙고백, 사도신경

[2*]신경 [SIN-KYENG,-I] (腎經) 원418

불 Les rognons, les reins.

한 콩팥, 신장

*신고 [SIN-KO] (辛苦) 원418

불 Peine, affliction, travaux, souffrances.

한 고통, 고뇌, 고난, 괴로움

*신고ᄒᆞ다 [SIN-KO-HĂ-TA] (辛苦) 원418

불 Languir; être maladif.

한 쇠약해지다 | 병약하다

*신곡 [SIN-KOK,-I] (新穀) 원418

불 Nouvelle récolte; nouveau blé; nouveau grain de l'année.

한 금년의 수확물 | 금년에 수확된 곡식 | 올해 수확된 곡물

*신공 [SIN-KONG,-I] (神功) 원418

불 Exercice de piété; exercice spirituel; œuvre de piété

한 신앙의 수련 | 영적인 수련 | 신앙 행위

*신관 [SIN-KOAN,-I] (新官) 원418

불 Nouveau mandarin.

한 새로 온 관리

*신광 [SIN-KOANG,-I] (神光) 원418

불 Lucidité de l'âme. ‖ Lumière ou éclat admirable.

한 정신의 온전함 | 놀라운 빛 또는 광채

*신교 [SIN-KYO] (新敎) 원418

불 Nouvelle loi; nouveau testament; religion chrétienne. (Mot chrét.).

한 새로운 법 | 신약성서 | 기독교 | (기독교 어휘)

*신구셰 [SIN-KOU-SYEI] (新舊歲) 원419

불 Fin d'an; bout d'an; fin de l'année et commencement de la nouvelle année.

한 한 해의 끝 | 한 해의 끝 | 한 해의 끝과 새해의 시작

[1*]신국 [SIN-KOUK,-I] (新麴) 원418

불 Nouveau levain.

한 새 누룩

[2*]신국 [SIN-KOUK,-I] (新國) 원418

불 Nouveau royaume, nouvelle dynastie.

한 새 왕국, 새 왕조

[1*]신군 [SIN-KOUN,-I] (新君) 원418

ㅅ

불 Nouveau roi.
한 새 왕

2*신군 [SIN-KOUN,-I] (神君) 원418
불 Roi admirable.
한 경탄할 만한 왕

3*신군 [SIN-KOUN,-I] (新軍) 원418
불 Nouveau soldat. ‖ Homme en position nouvelle, en fonction récente, récemment en fonction.
한 신병 | 새로 자리에 들어온, 새로 근무하는, 최근에 직무를 맡은 사람

*신권 [SIN-KOUEN,-I] (神權) 원418
불 Autorité de l'âme; dignité, puissance de l'âme; autorité spirituelle.
한 정신의 영향력 | 위엄, 영혼의 힘 | 정신적 권위

*신근 [SIN-KEUN,-I] (身根) 원418
불 Racine de la foi; foi ferme; ferme confiance.
한 믿음의 근원 | 굳센 믿음 | 굳센 신뢰

*신긔 [SIN-KEUI] (身氣) 원418
불 Santé du corps; état de la santé du corps; force du corps.
한 신체의 건강 | 몸의 건강 상태 | 체력

*신긔답 [SIN-KEUI-TAP,-I] (新起畓) 원418
불 Rizières neuves, nouvellement faites.
한 새로 만든 새 논

신긔롭다 [SIN-KEUI-ROP-TA,-RO-OA,-RO-ON] 원418☞ 신긔ᄒᆞ다

*신긔불평ᄒᆞ다 [SIN-KEUI-POUL-HPYENG-HĂ-TA] (身氣不平) 원418
불 Santé du corps en mauvais état; n'être pas à son aise; être un peu indisposé.
한 건강 상태가 나쁜 몸 | 몸이 좋지 않다 | 몸이 조금 불편하다

*신긔ᄒᆞ다 [SIN-KEUI-HĂ-TA] (神奇) 원418
불 Merveilleux; étonnant; admirable; drôle.
한 신기하다 | 놀랍다 | 감탄할 만하다 | 이상하다

신기다 [SIN-KI-TA,-KYE,-KIN] 원418
불 (Fact. de 신다 Sin-ta). Faire chausser, chausser, mettre une chaussure (à une autre personne); ferrer (un cheval).
한 (신다 Sin-ta의 사동형) | 신게 하다, 신기다, (다른 사람에게) 신을 신겨주다 | (말에) 편자를 박다

신나무 [SIN-NA-MOU] (楓) 원419
불 Espèce d'arbre dont les feuilles deviennent rouges à l'automne; il sert à faire la teinture noire; p.ê. l'érable.
한 가을에 잎이 붉게 물드는 나무의 종류, 검게 물들이는 데 쓴다, 아마도 단풍나무

*신능ᄒᆞ다 [SIN-NEUNG-HĂ-TA] (神能) 원419
불 Avoir une adresse admirable, une habileté merveilleuse.
한 훌륭한 재주, 감탄할 만한 솜씨가 있다

신다 [SIN-TA,-E,-EUN] (着履) 원420
불 Chausser, mettre une chaussure.
한 신다, 신발을 신다

*신답 [SIN-TAP,-I] (新畓) 원420
불 Rizière nouvellement faite.
한 새로 만든 논

*신당 [SIN-TANG,-I] (神堂) 원420
불 Pagode, temple du diable.
한 악마의 탑, 사원

*신덕 [SIN-TEK,-I] (信德) 원420
불 Vertu de foi, la foi.
한 믿음의 덕, 신뢰

*신도비 [SIN-TO-PI] (神道碑) 원420
불 Pierre d'inscription, sur laquelle se trouve un chapiteau en forme de chapeau, abritée sous une petite maisonnette ornée de peintures.
한 그 위에 모자 형태의 기둥머리가 있는 비석으로, 그림으로 장식된 작은 집 아래 보호된다

*신도쥬 [SIN-TO-TJYOU] (新稻酒) 원420
불 Vin fait avec du riz nouveau; vin fait avec du levain nouveau.
한 햅쌀로 빚은 술 | 새 누룩으로 빚은 술

신들메 [SIN-TEUL-MEI] (着綦) 원420
불 Liens qui servent à attacher le soulier au pied.
한 신발을 발에 묶는 데 쓰는 끈

신들메다 [SIN-TEUL-MEI-TA,-MEI-E,-MEIN] (着綦) 원420
불 Attacher la courroie, les liens du soulier; attacher les souliers avec une bande sur le pied pour ne pas les perdre en route.
한 신발의 띠, 끈을 묶다 | 길에서 잃어버리지 않도록 띠로 신발을 발위로 묶다

*신라국 [SIN-RA-KOUK,-I] (新羅國) 원419
불 Royaume de Sin-ra, qui existait autrefois en Corée.
한 옛날 조선에 존재했던 신라 왕국

*신락 [SIN-RAK,-I] (神樂) 원419
불 Bonheur, joie de l'âme; plaisir spirituel.
한 행복, 마음의 기쁨 | 정신적인 즐거움

[1]* 신랑 [SIN-RANG,-I] (新郞) ㉮419

불 Fiancé; nouveau marié; jeune homme à marier.

한 약혼자 | 새신랑 | 결혼할 젊은이

[2]* 신랑 [SIN-RANG,-I] (腎囊) ㉮419

불 Le scrotum, les bourses.

한 음낭, 음낭

* 신량 [SIN-RYANG,-I] (神糧) ㉮419

불 Nourriture de l'âme; nourriture spirituelle.

한 영혼의 양식 | 정신적 양식

[1]* 신력 [SIN-RYEK,-I] (神力) ㉮419

불 Force de l'âme; force spirituelle.

한 영혼의 힘 | 정신적인 힘

[2]* 신력 [SIN-RYEK,-I] (身力) ㉮419

불 Force du corps.

한 몸의 힘

[1]* 신령ᄒᆞ다 [SIN-RYENG-HĂ-TA] (神領) ㉮419

불 Recevoir spirituellement, en esprit.

한 정신적으로, 머릿속에서 받아들이다

[2]* 신령ᄒᆞ다 [SIN-RYENG-HĂ-TA] (神靈) ㉮419

불 Etre spirituel; tout ce qui a rapport à l'esprit. ‖ Prodigieux; admirable.

한 영적이다 | 영혼과 관련된 모든 것 | 경탄할 만하다 | 놀랍다

* 신롱씨 [SIN-RONG-SSI] (神農氏) ㉮420

불 Nom d'un roi des temps anciens. L'empereur de Chine inventeur de la médecine.

한 고대의 왕의 이름 | 의학의 창조자인 중국의 황제

* 신망ᄋᆡ삼덕숑 [SIN-MANG-ĂI-SAM-TEK-SYONG] (信望愛三德誦) ㉮419

불 Actes des trois vertus, de foi, d'espérance et de charité.

한 세 가지 덕의, 믿음, 희망 그리고 자비의 행위

[1]* 신명 [SIN-MYENG,-I] (身命) ㉮419

불 Vie du corps.

한 신체의 생명

[2]* 신명 [SIN-MYENG,-I] (神命) ㉮419

불 Vie spirituelle.

한 영적 생활

[3]* 신명 [SIN-MYENG,-I] (身名) ㉮419

불 Le corps et la réputation.

한 몸과 명성

* 신명초힝 [SIN-MYENG-TCHO-HĂING,-I] (神命初行, (Spirituelle, vie, premier, pas)) ㉮419

불 Nom d'un livre chrétien en 2 vol., le pensez-y bien en coréen.

한 두 권으로 된 기독교 서적의 이름, 조선말로 된 팡세지 비앙 pensez-y bien[역주 그것을 잘 생각해보라]

[1]* 신목 [SIN-MOK,-I] (神目) ㉮419

불 Les yeux de l'esprit.

한 영혼의 눈

[2]* 신목 [SIN-MOK,-I] (新木) ㉮419

불 Nouveau coton.

한 새 목화

[1]* 신묘 [SIN-MYO] (辛卯) ㉮419

불 28me année du cycle de 60 ans. 1711, 1771, 1831, 1891.

한 60년의 주기의 28번째 해 | 1711, 1771, 1831, 1891년

[2]* 신묘 [SIN-MYO] (神廟) ㉮419

불 Maison de génies.

한 수호신의 집

[3]* 신묘 [SIN-MYO] (新墓) ㉮419

불 Nouveau tombeau.

한 새 묘지

* 신묘ᄒᆞ다 [SIN-MYO-HĂ-TA] (神妙) ㉮419

불 Admirable; merveilleux; inconcevable. (Se dit des choses de l'esprit).

한 놀랍다 | 신기하다 | 인간의 이해력을 초월하다 | (영적인 것에 대해 쓴다)

신문고 [SIN-MOUN-KO] ㉮419

불 Boîte établie au palais royal pour recevoir toutes les pétitions adressées directement au roi. (Il est aujourd'hui difficile d'y parvenir).

한 왕에게 직접 보내는 모든 탄원서를 받는 왕궁에 설치된 상자 | (오늘날은 그곳에 도달하기 어렵다)

* 신문교 [SIN-MOUN-KYO] (新問敎) ㉮419

불 Prosélyte; catéchumène; néophyte; nouveau chrétien. (Mot chrét.).

한 새로운 신도 | 예비 신자 | 초심자 | 새로 온 기독교 신자 | (기독교 어휘)

[1]* 신미 [SIN-MI] (神味) ㉮419

불 Goût de l'âme. ‖ Goût merveilleux.

한 영혼의 맛 | 놀라운 맛

[2]* 신미 [SIN-MI] (辛未) ㉮419

불 8me année du cycle de 60 ans. 1691, 1751, 1811, 1871, 1931.

한 60년의 주기의 여덟 번째 해 | 1691, 1751, 1811,

1871, 1931년

3* 신미 [SIN-MI] (新味) 원419

불 Nouveau goût; goût de primeur.

한 새로운 맛 | 신선한 맛

* 신민 [SIN-MIN] (臣民) 원419

불 Les grands dignitaires et le peuple; les grands et le peuple.

한 고위 관리들과 백성 | 귀족들과 백성

1* 신밀ᄒᆞ다 [SIN-MIL-HĂ-TA,-HĂN,-HI] (神密) 원419

불 Secret; discret.

한 은밀하다 | 눈에 띄지 않다

2* 신밀ᄒᆞ다 [SIN-MIL-HĂ-TA] (愼密) 원419

불 Prendre des précautions.

한 미리 대비하다

신발 [SIN-PAL,-I] (襪鞋) 원419

불 Chaussure; soulier.

한 신 | 구두

신발ᄒᆞ다 [SIN-PAL-HĂ-TA] (衆足) 원419

불 Mettre et attacher les souliers pour la route; s'entourer les pieds et le bas de la jambe de bandelettes pour se mettre en route.

한 여정을 위해 신발을 신고 끈을 묶다 | 길을 나서려고 발과 다리의 긴 양말을 작은 띠로 감싸다

* 신방 [SIN-PANG,-I] (新房) 원419

불 Chambre des nouveaux mariés; chambre nuptiale.

한 신혼부부의 방 | 신방

* 신방마유ᄒᆞ다 [SAN-PANG-MA-YOU-HĂ-TA] (愼防魔誘) 원419

불 Veiller et empêcher l'effet des tentations du diable; veiller pour rejeter les tentations.

한 악마의 유혹의 효과를 경계하고 막다 | 유혹을 물리치기 위해 경계하다

1* 신병 [SIN-PYENG,-I] (身病) 원419

불 Maladie du corps.

한 몸에 생긴 병

2* 신병 [SIN-PYENG,-I] (腎病) 원419

불 Maladie des parties naturelles, des reins.

한 생식기의, 신장의 병

3* 신병 [SIN-PYENG,-I] (神兵) 원419

불 Esprits soldats. Les anges ou les démons soldats.

한 영적인 군사 | 천사 또는 악마 군사

1* 신부 [SIN-POU] (神父) 원419

불 Père spirituel; prêtre.

한 영적 아버지 | 사제

2* 신부 [SIN-POU] (新婦) 원419

불 Fiancée; nouvelle mariée.

한 약혼녀 | 신부

* 신부례 [SIN-POU-RYEI] (新婦禮) 원419

불 Aller à la maison de son mari (nouvelle mariée); arrivée de la nouvelle mariée chez les parents de son mari; festin à cette occasion.

한 (신부가) 자신의 남편의 집으로 가다 | 남편 부모의 집에 신부가 도착함 | 이런 경우에 벌이는 축하연

* 신부작족 [SIN-POU-TJAK-TJOK,-I] (身斧斫足, (Corps, hache, coupé, pied)) 원419

불 Pied blessé par la hache en laquelle on se confiait; être trompé par son ami; être blessé par sa propre faute. Syn. ᄌᆞ부월족 Tjă-pou-ouel-tjok.

한 믿었던 도끼에 상처 입은 발 | 자신의 친구에게 배신당하다 | 자기 자신의 잘못으로 상처 입다 | [동의어 ᄌᆞ부월족, Tjă-pou-ouel-tjok.]

* 신빈쟈 [SIN-PIN-TJYA] (神貧者) 원419

불 Pauvreté volontaire, pauvre d'esprit (une des huit béatitudes).

한 자발적 가난, 마음이 가난하다 (여덟 가지 지복 중의 하나)

* 신사 [SIN-SA] (新射) 원420

불 Apprenti archer; qui commence à apprendre à tirer de l'arc.

한 초보 궁수 | 활쏘기를 배우기 시작한 사람

* 신산 [SIN-SAN,-I] (新山) 원420

불 Nouvelle montagne pour les tombeaux de famille; nouveau cimetière de famille sur une montagne; nouveau tombeau.

한 집안의 묘를 쓰기 위한 새로운 산 | 산에 있는 집안의 새 묘지 | 새 묘

* 신산ᄒᆞ다 [SIN-SAN-HĂ-TA] (辛酸) 원420

불 Etre insipide. ‖ Agitation, trouble, bouleversement du cœur.

한 맛없다 | 동요, 혼란, 마음의 격동

* 신샹 [SIN-SYANG,-I] (身狀) 원420

불 Corps.

한 신체

* 신셕 [SIN-SYEK,-I] (信石) 원420

불 Arsenic.

한 비소

*신션 [SIN-SYEN,-I] (神仙) 원420
불 Homme ressuscité vivant dans des régions supérieures; revenant; esprit qui revient de l'autre monde. Les bonzes de la secte de Lao-tze qui ont obtenu l'immortalité.
한 상급의 영역에 사는 부활한사람 | 유령 | 저승에서 다시 돌아온 영혼 | 불멸성을 얻은 노자 종파의 승려들

*신셩 [SIN-SYENG,-I] (神聖) 원420
불 Ange et saint.
한 천사와 성인

*신셩단 [SIN-SYENG-TAN,-I] (神聖丹) 원420
불 Espèce de pilule médicinale.
한 약효가 있는 환약 종류

*신세 [SIN-SYEI] (身勢) 원420
불 Le corps; la santé. ‖ Etat de fortune; position.
한 신체 | 건강 | 재산의 상태 | 잔고

*신쇽ᄒᆞ다 [SIN-SYOK-HĂ-TA] (神速) 원420
불 Rapide; prompt; vif; leste.
한 빠르다 | 신속하다 | 활발하다 | 민첩하다

*신수 [SIN-SOU] (身數) 원420
불 Air de visage, le corps, la santé.
한 얼굴 모양, 신체, 건강

*신슈 [SIN-SYOU] (腎水, (reins, liqueur)) 원420
불 Sperme.
한 정액

*신시 [SIN-SI] (申時) 원420
불 4 heures du soir; de 3 à 5 heures du soir.
한 오후 4시 | 오후 3~5시까지

*신신ᄒᆞ다 [SIN-SIN-HĂ-TA] (新新) 원420
불 Beau; avoir un air de nouveauté, de fraîcheur.
한 보기 좋다 | 새로운, 신선한 분위기가 있다

*신실ᄒᆞ다 [SIN-SIL-HĂ-TA] (信實) 원420
불 Droit; juste; fidèle; qui tient à sa parole; être digne de foi; franc; loyal; probe.
한 곧다 | 올바르다 | 충실하다 | 자신의 말을 지키다 | 신뢰할 만하다 | 솔직하다 | 신의가 있다 | 정직하다

1*신ᄉᆞ [SIN-SĂ] (辛巳) 원420
불 10me année du cycle de 60 ans. 1701, 1761, 1821, 1881.
한 60년 주기의 열 번째 해 | 1701, 1761, 1821, 1881년

2*신ᄉᆞ [SIN-SĂ] (神師) 원420
불 Prêtre; directeur spirituel.
한 사제 | 지도 신부

3*신ᄉᆞ [SIN-SĂ] (信士) 원420
불 Homme digne de foi.
한 믿을 만한 사람

4*신ᄉᆞ [SIN-SĂ] (信事) 원420
불 Chose digne de foi.
한 믿을 만한 것

신쏠 [SIN-KKOL,-I] (履骨) 원418
불 Forme (des cordonniers), modèle en bois pour les souliers.
한 (구두 장수의) 틀, 구두를 만드는 데 쓰는 나무 모형

*신약 [SIN-YAK,-I] (神藥) 원417
불 Excellent remède; remède merveilleux.
한 효과가 탁월한 약 | 굉장한 약

*신양 [SIN-YANG,-I] (身恙) 원417
불 Maladie du corps. (Style épist.).
한 몸에 생긴 병 | (서간체)

1*신언 [SIN-EN] (信言) 원417
불 Parole digne de foi, croyable.
한 신뢰할 만한, 믿을 만한 말

2*신언 [SIN-EN,-I] (新偃) 원417
불 Chaussée, jetée nouvellement construite.
한 둑, 새로 지은 방파제

*신역 [SIN-YEK,-I] (身役) 원417
불 Contribution pour la personne, redevance personnelle, impôt.
한 개인에게 부과하는 세금, 개별 부과금, 조세

*신연 [SIN-YEN,-I] (新延) 원417
불 Nouveau mandarin; voyage que font les employés de préfecture pour aller chercher et amener le nouveau mandarin.
한 새로 온 관리 | 새로 부임하는 관리를 찾으러 가서 데리고 오기 위해 도청 직원이 하는 여행

*신연ᄒᆞ다 [SIN-YEN-HĂ-TA] (新延) 원417
불 Aller à la rencontre du nouveau mandarin.
한 새로 부임하는 관리를 맞이하러 가다

*신열 [SIN-YEL] (身熱) 원417
불 Chaleur du corps dans la maladie, dans la fièvre (maladie).
한 병중에, 열병 중에 오르는 열 (병)

*신우지초 [SIN-OU-TJI-TCHO] (新寓之初) 원418
불 Nouvel arrivé, nouvel habitant; la première rencontre.
한 새로 도착한 사람, 새로 온 주민 | 첫 번째 만남

ㅅ

신원밧다 [SIN-OUEN-PAT-TA,-A,-EUN] ㉪418
불 Recevoir pour ses enfants l'exemption de la responsabilité encourue par la faute du père.
한 아버지의 잘못 때문에 지게 된 책임을 그 아이들을 위해 면제받다

신원시기다 [SIN-OUEN-SI-KI-TA,-KYE,-KIN] ㉪418
불 Exempter les enfants de la responsabilité de la faute du père repentant.
한 뉘우치고 있는 아버지의 잘못에 대한 책임으로부터 아이들을 면하게 하다

*신원ᄒᆞ다 [SIN-OUEN-HĂ-TA] (伸寃) ㉪418
불 (Exposer son repentir). Se repentir; se rétracter; présenter un mémoire justificatif (mandarin disgracié).
한 (자신의 후회를 드러내다) | 뉘우치다 | 전언을 취소하다 | (파면당한 관리가) 정당함을 증명하는 청원서를 제출하다

*신유 [SIN-YOU] (辛酉) ㉪418
불 58me année du cycle de 60 ans. 1741, 1801, 1861, 1921.
한 60년 주기의 58번째 해 | 1741, 1801, 1861, 1921년

1*신은 [SIN-EUN,-I] (神恩) ㉪417
불 Bienfait spirituel.
한 영적인 은혜

2*신은 [SIN-EUN,-I] (新恩) ㉪417
불 Nouveau bienfait. ‖ Nouveau bachelier.
한 새로운 은혜 | 새로운 바칼로레아 합격자

*신음ᄒᆞ다 [SIN-EUM-HĂ-TA] (呻吟) ㉪417
불 Languir; être en langueur, en malaise; maladif; tomber en langueur.
한 활기를 잃다 | 무기력하다, 몸이 불편하다 | 병약하다 | 무기력에 빠지다

*신의 [SIN-EUI] (信義) ㉪417
불 Confiance réciproque, fidélité.
한 상호적 신뢰, 충성

*신이ᄒᆞ다 [SIN-I-HĂ-TA] (神異) ㉪417
불 Etre merveilleux, étonnant, drôle, admirable.
한 신기하다, 놀랍다, 이상하다, 감탄할 만하다

*신이화 [SIN-I-HOA] (莘夷花) ㉪418
불 Fleur de ᄀᆡ나리 Kăi-na-ri, 어셔리 E-sye-ri.
한 ᄀᆡ나리 Kăi-na-ri 꽃, 어셔리 E-sye-ri

*신익 [SIN-IK,-I] (神益) ㉪418
불 Avantages de l'âme; mérites; profit spirituel.
한 정신의 이점 | 재능 | 정신적인 이익

1*신인 [SIN-IN,-I] (神人) ㉪418
불 Ange et homme; esprits et hommes.
한 천사와 사람 | 정령과 사람들

2*신인 [SIN-IN,-I] (信人) ㉪418
불 Homme digne de foi, de confiance.
한 믿을 만한, 신뢰할 만한 사람

3*신인 [SIN-IN,-I] (新人) ㉪418
불 Jeune marié; nouvelle mariée.
한 새신랑 | 신부

신임 [SIN-IM,-I] ㉪418
불 Les bonzesses s'appellent ainsi entre elles.
한 여승들이 그들 사이에서 서로 이렇게 부른다

*신입 [SIN-IP,-I] (新入) ㉪418
불 Novice; jeune apprenti; catéchumène.
한 초심자 | 젊은 초심자 | 예비 신자

*신입고츌ᄒᆞ다 [SIN-IP-KO-TCHYOUL-HĂ-TA] (新入古出, (Nouveau, entre, ancien, sort)) ㉪418
불 Remplacer; prendre la place de; sortir pour faire place au nouveau venu.
한 후임자가 되다 | ~의 자리를 얻다 | 신참자에게 자리를 내어 주려고 나오다

*신입ᄒᆞ다 [SIN-IP-HĂ-TA] (信入) ㉪418
불 Donner sa confiance.
한 신뢰감을 주다

1*신쟝 [SIN-TJYANG,-I] (神將) ㉪420
불 Diable devenu général; général diable; espèce de génie ou de croquemitaine des païens, dont la fonction est de punir les méchants.
한 장군이 된 악마 | 악마 같은 장군 | 악인들을 벌하는 임무를 맡은 이교도의 정령 또는 귀신 종류

2*신쟝 [SIN-TJYANG,-I] (身長) ㉪420
불 Taille, stature.
한 키, 신장

*신젹 [SIN-TJYEK,-I] (信迹) ㉪420
불 Marque, signe, seing, cachet, chose digne de foi; gage de crédibilité.
한 표시, 기호, 서명, 도장, 신뢰할 만한 것 | 믿을 수 있는 담보

*신젼 [SIN-TJYEN,-I] (新錢) ㉪420
불 Nouvelle monnaie; nouvelles sapèques.
한 새 화폐 | 새 엽전

*신젼지회 [SIN-TJYEN-TJI-HOI] (神戰之會) ㉪420
불 Eglise militante.

한 [역주 유혹과 싸우는] 현세의 교회

*신졉 [SIN-TJYEP,-I] (新接) 원420

불 Emigré récemment.

한 최근에 이주하다

*신졉ᄒᆞ다 [SIN-TJYEP-HĂ-TA] (神接) 원420

불 Etre possédé du démon.

한 악마에 사로잡히다

*신졍 [SIN-TJYENG,-I] (新情) 원420

불 Nouvelle affection; nouveau sentiment.

한 새로운 애정 | 새로운 감정

*신죵ᄒᆞ다 [IN-TJYONG-HĂ-TA] (信從) 원420

불 Agir suivant sa croyance; croire et suivre.

한 믿음에 따라 행동하다 | 믿고 따르다

*신쥬 [SIN-TJYOU] (神主) 원420

불 Tablette des ancêtres; petite planchette à coulisse, à l'inférieur de laquelle on écrit le nom du père, du grand-père, et où habitent leurs âmes. (Superst.).

한 조상들의 패 | 홈이 있는 작은 판자로, 하단에 아버지 할아버지의 이름을 쓰며 그들의 영혼이 머문다 | (미신)

*신즁ᄒᆞ다 [SIN-TJYOUNG-HĂ-TA] (愼重) 원421

불 Grave; sérieux; réfléchi; attentif; posé.

한 엄숙하다 | 진지하다 | 사려 깊다 | 주의 깊다 | 신중하다

1*신지 [SIN-TJI] (信志) 원420

불 Pensée de confiance.

한 신뢰하는 마음

2*신지 [SIN-TJI] (新紙) 원420

불 Papier nouveau.

한 새 종이

1*신직 [SIN-TJIK,-I] (神職) 원420

불 Ministère spirituel, sacré.

한 영적인, 신성한 직무

2*신직 [SIN-TJIK,-I] (新職) 원420

불 Nouvelle dignité.

한 새로운 고관직

1*신ᄌᆞ [SIN-TJĂ] (神子) 원420

불 Enfant spirituel.

한 영적인 자식

2*신ᄌᆞ [SIN-TJĂ] (臣子) 원420

불 Les dignitaires 신하 Sin-ha (enfant du roi).

한 고관들 신하 Sin-ha (왕의 자식)

*신착립 [SIN-TCHAK-RIP,-I] (新着笠) 원421

불 Jeune homme qui récemment a pris le chapeau. Nouveau coiffé, c.a.d. nouveau marié.

한 최근 들어 모자를 쓰게 된 젊은이 | 새로 모자를 쓴, 즉 새신랑

*신참례ᄒᆞ다 [SIN-TCHAM-RYEI-HĂ-TA] (新參禮) 원421

불 Festin, régal que donne un homme aux habitants d'un lieu où il a émigré depuis peu; bienvenue; payer sa bienvenue.

한 어떤 사람이 얼마 전에 이주한 장소에 사는 주민들에게 베푸는 축하연, 큰 잔치 | 환대 | 입회연을 베풀다

*신쳥 [SIN-TCHYENG,-I] (新淸) 원421

불 Miel nouveau; miel de l'année.

한 새로 나온 꿀 | 그 해의 햇꿀

*신쳥ᄒᆞ다 [SIN-TCHYENG-HĂ-TA] (信聽) 원421

불 Croire, se fier à. ‖ Accorder la demande; permettre; promettre.

한 믿다, ~을 신뢰하다 | 요구를 허락하다 | 승인하다 | 약속하다

*신초 [SIN-TCHO] (新草) 원421

불 Tabac de l'année, tabac nouveau.

한 그 해의 담배, 새로 난 담배

*신튝 [SIN-TCHYOUK,-I] (辛丑) 원421

불 38me année du cycle de 60 ans. 1721, 1781, 1841, 1901.

한 60년 주기의 38번째 해 | 1721, 1781, 1841, 1901년

*신튝ᄒᆞ다 [SIN-TCHYOUK-HĂ-TA] (神祝) 원421

불 Salut; vénération; marque d'honneur et de vénération. Saluer, etc.

한 경례 | 존경 | 경의와 존경의 표시 | ~에게 인사하다 등

*신츌귀몰 [SIN-TCHYOUL-KOUI-MOL,-I] (神出鬼沒) 원421

불 Chose si rare que le diable ne pourrait ni la faire ni se la procurer; chose merveilleuse et surprenante.

한 악마가 행할 수도 얻을 수도 없을 아주 희귀한 것 | 불가사의하고 놀라운 일

*신츌ᄒᆞ다 [SIN-TCHYOUL-HĂ-TA] (新出) 원421

불 Nouveau; récent; primeurs; prémices.

한 새롭다 | 최근의 것이다 | 새로운 것들 | 만물

*신칙ᄒᆞ다 [SIN-TCHIK-HĂ-TA] (申飭) 원421

불 Se rendre compte des progrès, des travaux; surveiller; donner des ordres.

한 흐름, 작업을 이해하다 | 감시하다 | 명령하다

*신친 [SIN-TCHIN,-I] (神親) 원421
불 Parenté spirituelle qui existe entre le parrain et le filleul, le parrain et les parents du filleul, etc…
한 대부와 영세 대자, 대부와 영세 대자의 부모 등의 사이에 존재하는 영적 친척관계

*신탁ᄒᆞ다 [SIN-HTAK-HĂ-TA] (申託) 원420
불 Confier; mettre en dépôt ; recommander d'une manière pressante.
한 맡기다 | 기탁하다 | 다급하게 부탁하다

*신텽ᄒᆞ다 [SIN-HTYENG-HĂ-TA] (信聽) 원420
불 Apprendre et croire; croire ce que l'on entend.
한 배우고 믿다 | 듣는 것을 믿다

1*신톄 [SIN-HTYEI] (神體) 원420
불 Substance spirituelle.
한 영적인 물질

2*신톄 [SIN-HTYEI] (身體) 원420
불 Substance corporelle.
한 유형의 물질

*신통ᄒᆞ다 [SIN-HTONG-HĂ-TA] (神通) 원420
불 Admirable; extraordinaire; drôle; merveilleux; excellent.
한 감탄할 만하다 | 기이하다 | 이상하다 | 놀랍다 | 뛰어나다

신틀 [SIN-HTEUL,-I] (鞋機) 원420
불 Les deux montants qui retiennent la semelle du soulier lorsqu'on la tresse. Forme pour faire les souliers.
한 신발 바닥을 엮어 만들 때 그것을 고정시키는 두 개의 기둥 | 신발을 만드는 틀

*신편 [SIN-HPYEN,-I] (信便) 원419
불 Occasion sûre.
한 믿을 만한 경우

*신표 [SIN-HPYO] (信標) 원419
불 Marque; seing; cachet; signe; gage certain.
한 표시 | 수결 | 도장 | 기호 | 확실한 담보

신풍스럽다 [SIN-HPOUNG-SEU-REP-TA,-RE-OUE,-RE-ON] (物輕) 원419
불 Se dit d'une chose trop petite: oh! ce n'est pas la peine! c'est tout cela!
한 너무 사소한 일에 대해 쓴다: 오! 그럴 필요 없다! 그것뿐이다!

*신픔 [SIN-HPEUM,-I] (神品) 원419
불 Ordre (un des sept sacrements); saints ordres; ordination.
한 [역주 성직의] 품급 (7개의 성례 중 하나) | 신성한 품급 | 서품식

*신하 [SIN-HA] (臣下) 원418
불 Courtisan; tous les dignitaires; grands du royaume.
한 조신 | 모든 고관 | 왕국의 귀족들

*신형 [SIN-HYENG,-I] (神形) 원418
불 Ame et corps.
한 마음과 몸

*신호 [SIN-HO] (新戶) 원418
불 Nouvelle maison; nouveau ménage; nouvelle famille qui s'établit dans un village. (Opposé à 구호 Kou-ho).
한 새 집 | 새 살림 | 마을에 자리를 잡은 새 가족 | (구호 Kou-ho와 반대된다)

1*신혼 [SIN-HON,-I] (新婚) 원418
불 Nouveau mariage.
한 최근에 결혼함

2*신혼 [SIN-HON,-I] (晨昏) 원418
불 Le matin avant le lever du soleil et le soir après le coucher du soleil, crépuscule.
한 해가 뜨기 전의 아침과 해가 진 후의 저녁, 황혼

*신혼ᄒᆞ다 [SIN-HON-HĂ-TA] (晨昏) 원418
불 Saluer ses parents chaque matin.
한 매일 아침 자신의 부모에게 인사하다

*신효ᄒᆞ다 [SIN-HYO-HĂ-TA] (神效) 원418
불 Bon effet, effet merveilleux, étonnant, d'un remède.
한 좋은 효과, 약의 훌륭한, 놀라운 효과

*신후 [SIN-HOU] (身後, (Corps, après)) 원418
불 Après la mort.
한 죽은 뒤

*신ᄒᆡ [SIN-HĂI] (辛亥) 원418
불 48me année du cycle de 60 ans. 1731, 1791, 1851, 1911.
한 60년 주기의 48번째 해 | 1731, 1791, 1851, 1911년

*신ᄒᆡᆼᄒᆞ다 [SIN-HĂING-HĂ-TA] (新行) 원418
불 Voyager pour se marier; aller se marier. Se rendre chez son mari (une nouvelle mariée).
한 결혼하기 위해 이동하다 | 결혼하러 가다 | (신부가) 자신의 남편의 집으로 가다

1실 [SIL,-I] (絲) 원422
불 Fil à coudre (composé de deux brins).

한 (두 가닥으로 이루어진) 바느질실

[2]*실 [SIL] (實) ⑪422

불 En agr. Fidèle, vrai, sincère.

한 한자어로 충실하다, 진실하다, 성실하다

[3]*실 [SIL] (失) ⑪422

불 En agr. Perdre; abandonner.

한 한자어로 잃다 | 저버리다

*실가 [SIL-KA] (室家) ⑪422

불 Maison, famille, maisonnée.

한 집, 가정, [역주 동거하는] 한 가족 전체

*실격ᄒᆞ다 [SIL-KYEK-HĂ-TA] (失格) ⑪422

불 Qui n'a pas le confortable; être dépouillé.

한 편안하지 않다 | 헐벗다

*실겸 [SIL-KYEM,-I] (實謙) ⑪422

불 Véritable humilité; humilité vraie.

한 진실된 겸손 | 참된 겸양

실겻 [SIL-KYET,-SI] (絲機) ⑪422

불 Sorte de dévidoir; instrument pour dévider le fil.

한 실을 감는 기계 종류 | 실을 감기 위한 도구

[1]*실고 [SIL-KO] (失苦) ⑪422

불 Douleur de la perte. Peine du dam (en enfer).

한 상실의 고통 | (지옥에서) 영벌의 고통

[2]*실고 [SIL-KO] (實故) ⑪422

불 Motif véritable.

한 참된 까닭

*실고ᄒᆞ다 [SIL-KO-HĂ-TA] (實告) ⑪422

불 Parler selon la vérité.

한 사실대로 말하다

*실과 [SIL-KOA] (實果) ⑪422

불 Fruit, production d'un arbre, des plantes.

한 열매, 나무의, 식물의 생산물

*실교우 [SIL-KYO-OU] (實敎友) ⑪422

불 Vrai chrétien.

한 참된 기독교 신자

*실군 [SIL-KOUN,-I] (實軍) ⑪423

불 Ouvrier habile, bon travailleur.

한 노련한 일꾼, 유능한 노동자

실그러지다 [SIL-KEU-RE-TJI-TA,-TJYE,-TJIN] (斜) ⑪422

불 Oblique; être de travers, tortu.

한 비스듬하다 | 비뚤어지다, 구부러지다

실금가다 [SIL-KEUM-KA-TA,-KA,-KAN] (絲釁) ⑪422

불 Commencer à se fendre; être fêlé.

한 금이 가기 시작하다 | 금이 가다

*실긔ᄒᆞ다 [SIL-KEUI-HĂ-TA] (失期) ⑪422

불 Manquer au rendez-vous; manquer à sa promesse (au temps convenu).

한 만날 약속을 어기다 | (합의한 시간에) 약속을 지키지 않다

[1]*실노 [SIL-NO] (實奴) ⑪423

불 Bon esclave, esclave fidèle et laborieux.

한 좋은 노예, 충실하고 근면한 노예

[2]*실노 [SIL-NO] (實) ⑪423

불 Vraiment; en effet; en vérité; véritablement.

한 정말로 | 사실 | 정말로 | 진짜로

실눅실눅ᄒᆞ다 [SIL-NOUK-SIL-NOUK-HĂ-TA] ⑪423

불 Désigne l'état d'un poisson frais qui frétille après être pris. ‖ Avoir un tic qui fait cligner de l'œil.

한 잡힌 뒤 팔딱팔딱 뛰는 싱싱한 물고기의 상태를 가리킨다 | 눈을 깜박거리는 버릇이 있다

실니다 [SIL-NI-TA,-NYE,-NIN] (載) ⑪423

불 Etre chargé sur.

한 ~에 실리다

*실ᄂᆡ [SIL-NĂI] (室內) ⑪423

불 Nom que l'on donne à la femme d'un mandarin, d'un dignitaire.

한 관리의, 고관의 아내에게 붙이는 이름

실다 [SIL-TA,SI-RE,SI-REUN] (載) ⑪423

불 Charger sur, mettre sur (un bœuf, un char, un bateau).

한 ~에 짐을 싣다, (소, 짐수레, 배) 위에 올려놓다

실다히 [SIL-TA-HI] (正實) ⑪423

불 Effectivement; de fait; vraiment; réellement; véritablement.

한 실제로 | 사실상 | 정말로 | 실제로 | 진실로

*실담 [SIL-TAM,-I] (實談) ⑪423

불 Parole vraie, selon la vérité.

한 참된, 진실에 따른 말

*실답 [SIL-TAP,-I] (實畓) ⑪423

불 Bonne rizière.

한 비옥한 논

실답다 [SIL-TAP-TA,-TA-OA,-TA-ON] (老實) ⑪423

불 Effectif; réel; vrai; loyal; conforme à la vérité; sincère.

한 실질적이다 | 사실적이다 | 참되다 | 정당하다 | 사실에 부합하다 | 진실하다

실덕실덕 [SII-TEK-SIL-TEK] ⑪423

불 Désigné l'état d'un homme qui demande un objet qu'on ne veut pas lui donner. Sans raison; à tort et à travers.
한 주고 싶지 않는 물건을 요구하는 사람의 상태를 가리킨다 | 이유 없이 | 함부로
*실례하다 [SIL-RYEI-HĂ-TA] (失禮) 원423
불 Perdre la politesse; impoli; manquer aux convenances.
한 예의를 갖추지 않다 | 무례하다 | 예의가 없다
*실로ᄒᆞ다 [SIL-RO-HĂ-TA] (失路) 원423
불 Perdre la route; perdre son chemin; s'égarer.
한 길을 잃다, 자신이 갈 길을 잃다, 헤매다
1*실롱 [SIL-RONG,-I] (失農) 원423
불 Avoir une mauvaise récolte; mal réussir dans sa culture.
한 수확이 나쁘다 | 경작에 실패하다
2*실롱 [SIL-RONG,-I] (實農) 원423
불 Bonne récolte.
한 많은 수확물
*실롱군 [SIL-RONG-KOUN,-I] (實農軍) 원423
불 Bon cultivateur; bon laboureur.
한 농사를 잘 짓는 농부 | 유능한 경작인
*실료 [SIL-RYO] (實料) 원423
불 Vraiment grande rétribution.
한 정말로 큰 보수
*실망ᄒᆞ다 [SIL-MANG-HĂ-TA] (失望, (Perdre, espérance)) 원423
불 Désespoir; désespérer.
한 절망 | 절망하다
실머엄 [SIL-ME-EM,-I] (實雇工) 원423
불 Domestique robuste; bon domestique.
한 건장한 하인 | 좋은 하인
실몃실몃 [SIL-MYET-SIL-MYET] 원423
불 Doucement, sans faire de bruit.
한 천천히, 소리를 내지 않고
*실명ᄒᆞ다 [SIL-MYENG-HĂ-TA] (失名) 원423
불 Perdre sa réputation.
한 명성을 잃다
*실목 [SIL-MOK,-I] (實木) 원423
불 Toile de coton solide.
한 견고한 면직물
*실목ᄒᆞ다 [SIL-MOK-HĂ-TA] (失睦) 원423
불 Perdre l'accord, la paix, la concorde; se brouiller.
한 화합, 평화, 조화를 잃다 | 사이가 나빠지다
*실물ᄒᆞ다 [SIL-MOUL-HĂ-TA] (失物) 원423
불 Perdre un objet.
한 물건을 잃다
실미죽은ᄒᆞ다 [SIL-MI-TJOUK-EUN-HĂ-TA] 원423
불 Etre tiède, être encore un peu chaud (eau, etc.); être trop refroidi.
한 미지근하다, (물 등이) 아직 조금 따뜻하다 | 너무 식다
*실미ᄒᆞ다 [SIL-MI-HĂ-TA] (失味) 원423
불 Perdre le goût; perdre son goût.
한 입맛을 잃다 | 제맛을 잃다
*실반ᄒᆞ다 [SIL-PAN-HĂ-TA] (失班) 원423
불 Vrai noble qui a perdu ses titres de noblesse (v.g. les tombeaux de ses ancêtres) perdre sa noblesse; se mésallier.
한 자신의 귀족 칭호(예. 그 조상들의 묘)를 잃은 진짜 귀족 | 귀족의 신분을 잃다 | 신분이 낮은 사람과 결혼하다
*실복마 [SIL-POK-MA] (實服馬) 원423
불 Cheval vigoureux; bon cheval de charge.
한 힘센 말 | 좋은 짐말
*실본ᄒᆞ다 [SIL-PON-HĂ-TA] (失本) 원423
불 Perdre, manger son fonds, son capital. ‖ Perdre ses titres de noblesse. ‖ Perdre son 본 Pon, c.a.d. ne savoir plus quel il est. ‖ Mettre la charrue avant les bœufs.
한 자금, 자본을 잃다, 낭비하다 | 자신의 귀족 칭호를 잃다 | 자신의 본 Pon을 잃다, 즉 자신이 어떤 사람인지 더 이상 모르다 | 소 앞에 쟁기를 두다 [역주 일의 순서를 뒤바꾸다]
실비죽은ᄒᆞ다 [SIL-PI-TJOUK-EUN-HĂ-TA] 원423
불 Etre tiède.
한 미지근하다
*실샹 [SIL-SYANG,-I] (實狀) 원423
불 Vérité; selon la vérité; vraiment. ‖ Cause; motif; circonstances.
한 진실 | 사실에 따라 | 정말로 | 원인 | 동기 | 사정
*실셩ᄒᆞ다 [SIL-SYENG-HĂ-TA] (失性) 원423
불 Perdre son caractère naturel; devenir fou; perdre l'esprit.
한 자기 본성을 잃다 | 미치다 | 정신을 잃다
*실셰 [SIL-SYEI] (失勢) 원423
불 Perte de la puissance et des richesses, du pouvoir et de ses richesses.

한 권세와 부, 권력과 부의 상실

*실슈ᄒᆞ다 [SIL-SYOU-HĂ-TA] (失手) 원423

불 Perdre ses mains. Perdre son adresse; manquer son coup; faire fiasco. La fin ne répond pas à l'attente. Se tromper; laisser échapper une sottise sans s'en apercevoir, par distraction.

한 자신의 솜씨를 잃다 | 자신의 재주를 잃다 | 자신의 계획이 실패하다 | 완전히 실패하다 | 결과가 기대에 부응하지 못하다 | 잘못 생각하다 | 깨닫지 못하고 부주의로 어리석은 말을 입 밖에 내다

*실시ᄒᆞ다 [SIL-SI-HĂ-TA] (失時) 원423

불 Perte de temps; perdre l'occasion.

한 시간 낭비 | 기회를 놓치다

*실신ᄒᆞ다 [SIL-SIN-HĂ-TA] (失信) 원423

불 Perte de la confiance, de la foi; perdre la confiance.

한 신뢰를, 믿음을 잃음 | 신뢰를 잃다

*실심 [SIL-SIM,-I] (實心, (vrai, cœur)) 원423

불 Sincérité.

한 진실

*실심ᄒᆞ다 [SIL-SIM-HĂ-TA] (失心) 원423

불 Perte du cœur; perdre courage; se décourager.

한 마음의 상실 | 기운을 잃다 | 낙담하다

*실ᄉᆞ [SIL-SĂ] (實事) 원423

불 Vérité; affaire véritable; chose vraie.

한 진실 | 실제의 일 | 실제의 것

*실ᄉᆡᆨᄒᆞ다 [SIL-SĂIK-HĂ-TA] (失色) 원423

불 Pâlir; être pâle; perdre ses couleurs.

한 창백해지다 | 창백하다 | 안색이 좋지 않다

*실언ᄒᆞ다 [SIL-EN-HĂ-TA] (失言) 원422

불 Mal parler; médire; dire une sottise sans s'en apercevoir; laisser échapper un secret.

한 잘못 말하다 | 비방하다 | 깨닫지 못하고 어리석은 말을 하다 | 비밀을 입 밖에 내다

실업다 [SIL-EP-TA,-SE,-SĂN] (無實) 원422

불 Inutile, vain || Etre léger, étourdi. || Ne mériter aucune confiance.

한 무용하다, 쓸데없다 | 경솔하다, 침착하지 못하다 | 조금의 신뢰도 받을 자격이 없다

실엉 [SIL-ENG,-I] (架) 원422

불 Deux traverses en bois qui vont d'un mur à l'autre, et qui servent à mettre toutes sortes d'objets.

한 한 벽에서 다른 벽으로 이르는 통하는 나무로 된 두 개의 가로장으로, 온갖 종류의 물건을 놓는 데 쓴다

*실염ᄒᆞ다 [SIL-YEM-HĂ-TA] (實捻) 원422

불 Etre mûr; être arrivé à maturité.

한 여물다 | 무르익다

실우다 [SIL-OU-TA,-OUE,-OUN] 원422

불 Amollir, détremper (fer).

한 부드럽게 하다, (철을) 무르게 하다

실웅실웅ᄒᆞ다 [SIL-OUNG-SIL-OUNG-HĂ-TA] 원422

불 Parler sans savoir ce qu'on dit (commencement de folie).

한 무슨 말을 하는지 모르는 채 말하다 (광증의 초기)

1*실음ᄒᆞ다 [SIL-EUM-HĂ-TA] (失音) 원422

불 Muet; perdre la voix.

한 말을 못하다 | 목소리를 잃다

2*실음ᄒᆞ다 [SIL-EUM-HĂ-TA] (厭) 원422

불 Ne vouloir pas, refuser.

한 원하지 않다, 거절하다

1*실인 [SIL-IN,-I] (室人) 원422

불 Le mari appelle ainsi sa femme.

한 남편이 자신의 아내를 이렇게 부른다

2*실인 [SIL-IN,-I] (實人) 원422

불 Homme digne de foi, loyal, sincère.

한 믿을 만한, 충직한, 성실한 사람

*실인심ᄒᆞ다 [SIL-IN-SIM-HĂ-TA] (失人心, (Perdre, des hommes, cœur)) 원422

불 Perdre l'affection; perdre la confiance, la bienveillance; s'aliéner les esprits.

한 애정을 잃다 | 신뢰, 호의를 잃다 | 정신을 잃다

*실작인 [SIL-TJAK-IN,-I] (實作人) 원424

불 Bon cultivateur, qui cultive pour le propriétaire et partage la moitié des récoltes.

한 지주를 위해 경작하고 수확물의 절반을 나누어 갖는 훌륭한 농부

*실젼ᄒᆞ다 [SIL-TJYEN-HĂ-TA] (失傳) 원424

불 Perte du titre de noblesse, perte du fonds, du capital (dans le commerce). Perdre tout ce qu'on tenait de ses ancêtres.

한 귀족의 칭호를 잃음, (거래에서) 자금, 자본을 잃음 | 자신의 조상들에게서 이어 받은 모든 것을 잃다

*실졀 [SIL-TJYEL,-I] (失節) 원424

불 Perte de temps.

한 시간 낭비

*실졀ᄒᆞ다 [SIL-TJYEL-HĂ-TA] (失節) 원424

불 Manquer de fidélité.

ㅅ

[한] 충성심이 부족하다

*실졍 [SIL-TJYENG,-I] (實情, (Vrai, cœur)) [원]424

[불] Sentiment vrai, sincère. Vraiment; réellement.

[한] 참되고 성실한 감정 | 정말로 | 실제로

*실죠ᄒᆞ다 [SIL-TJYO-HĂ-TA] (失條) [원]424

[불] Perte de la politesse; impolitesse; manquer; faillir; faire mal.

[한] 예의에 어긋남 | 무례 | 실패하다 | 저버리다 | 아프게 하다

*실쪽ᄒᆞ다 [SIL-TJYOK-HĂ-TA] (失足) [원]424

[불] Faux pas; le pied manque.

[한] 헛디딤 | 발이 미끄러지다

실쥭ᄒᆞ다 [SIL-TJYOUK-HĂ-TA] [원]424

[불] Tiré en biais; faire des plis de travers. ‖ Avoir un peu de répugnance.

[한] 비스듬하게 당겨지다 | 주름을 비뚤게 잡다 | 조금 불쾌하다

1*실지 [SIL-TJI] (失志) [원]424

[불] Perte du cœur.

[한] 의욕을 잃음

2*실지 [SIL-TJI] (實志) [원]424

[불] Intention, pensée sincère.

[한] 의향, 솔직한 생각

*실직 [SIL-TJIK,-I] (實職) [원]424

[불] Vraie dignité, qu'on ne perd pas même à la mort.

[한] 죽을 때조차도 잃지 않는 진정한 고위직

*실지 [SIL-TJĂI] (實才) [원]424

[불] Lettré, qui sait bien les caractères; capacité; habileté.

[한] 학식 있는 사람, 문자를 잘 아는 사람 | 능력 | 수완

*실춍ᄒᆞ다 [SIL-TCHYONG-HĂ-TA] (失寵) [원]424

[불] Perdre les bonnes grâces (du roi).

[한] (왕의) 총애를 잃다

실텹 [SIL-HTYEP,-I] (絲帖) [원]424

[불] Enveloppe du fil; papier huilé qui sert à mettre du fil.

[한] 실의 봉투 | 실을 두는 데 쓰는 기름을 먹인 종이

*실톄ᄒᆞ다 [SIL-HTYEI-HĂ-TA] (失體) [원]423

[불] Perte de la politesse; être impoli; manquer aux convenances.

[한] 예의에 어긋남 | 버릇없다 | 예절을 지키지 않다

*실토ᄒᆞ다 [SIL-HTO-HĂ-TA] (實吐) [원]424

[불] Parole vraie; dire la vérité; ne rien déguiser.

[한] 진실된 말 | 사실을 말하다 | 아무것도 숨기지 않다

실팍ᄒᆞ다 [SIL-HPAK-HĂ-TA] (確實) [원]423

[불] Fort; solide; vigoureux; ferme. ‖ Sûr; digne de confiance.

[한] 강하다 | 굳건하다 | 기운차다 | 확고하다 | 믿을 만하다 | 신뢰할 만하다

실패 [SIL-HPAI] (絲牌) [원]423

[불] Bobine; petit morceau de bois pour pelotonner du fil, pour dévider du fil.

[한] 실패 | 실을 둥글게 감기 위한, 실을 실타래에 감기 위한 작은 나무 조각

*실픿ᄒᆞ다 [SIL-HPĂI-HĂ-TA] (失敗) [원]423

[불] Se débaucher. ‖ Ne pas réussir; faire un 낭픿 Nang-hpăi.

[한] 타락하다 | 성공하지 못하다 | 낭픿 Nang-hpăi를 하다

*실혼ᄒᆞ다 [SIL-HON-HĂ-TA] (失魂) [원]422

[불] Perte de l'âme; perte de la connaissance. Perdre l'esprit de frayeur; être éperdu.

[한] 영혼의 상실 | 의식을 잃음 | 공포로 정신을 잃다 | 이성을 잃다

*실ᄒᆞ다 [SIL-HĂ-TA,-HĂ-YE,-HĂN] (實) [원]422

[불] Dur, robuste; vigoureux; ferme; solide; fort; valide. ‖ Vrai; fidèle; loyal; digne de foi; sur qui l'on peut compter.

[한] 굳다, 튼튼하다 | 기운차다 | 확고하다 | 굳건하다 | 강하다 | 건장하다 | 성실하다 | 충실하다 | 정직하다 | 신뢰할 만하다 | 믿을 수 있다

*심 [SIM,-I] (心) [원]416

[불] Cœur.

[한] 마음

*심경 [SIM-KYENG,-I] (心境) [원]416

[불] Sentiment du cœur; le cœur.

[한] 마음의 감정 | 심정

*심계 [SIM-KYEI] (心界) [원]416

[불] Pensée du cœur, expédient du cœur. Esprit, caractère.

[한] 마음속 생각, 마음속의 방편 | 정신, 성격

1*심곡 [SIM-KOK,-I] (心曲) [원]416

[불] Les replis du cœur; intérieur du cœur; dans le cœur; tout son cœur.

[한] 마음속 깊은 곳 | 마음속 | 마음속에 | 온 마음

2*심곡 [SIM-KOK,-I] (深谷) [원]416

불 Vallée profonde dans la montagne.
한 산속의 깊은 계곡

*심궁 [SIM-KOUNG,-I] (深宮) 원416
불 Maison des filles du palais, à l'intérieur du parc. ‖ Grand palais.
한 정원의 안쪽에 있는, 궁궐 시녀들의 집 | 큰 궁궐

*심긔 [SIM-KEUI] (心氣) 원416
불 Force du cœur.
한 마음의 기력

*심난ᄒᆞ다 [SIM-NAN-HĂ-TA] (心亂) 원416
불 Agitation, bouleversement du cœur. Etre agité, ennuyé, vexé.
한 마음의 동요, 혼란 | 흥분하다, 난처하다, 불쾌하다

*심녀 [SIM-NYE] (心慮) 원416
불 Inquiétude. Se désoler; être désolé, inquiet; être en peine.
한 불안 | 비탄에 잠기다 | 애석하다, 걱정스럽다 | 걱정하다

*심덕 [SIM-TEK,-I] (心德) 원417
불 Vertu du cœur; bonté.
한 마음의 미덕 | 선함

*심동 [SIM-TONG,-I] (深冬) 원417
불 Hiver rigoureux, rude; le fort de l'hiver.
한 혹독한, 고된 겨울 | 겨울의 절정기

*심력 [SIM-RYEK,-I] (心力) 원416
불 Force du cœur, de l'esprit, du caractère, de la volonté.
한 마음의, 정신의, 기개의, 의지의 힘

*심망의촉ᄒᆞ다 [SIM-MANG-EUI-TCHOK-HĂ-TA] (心忙意促) 원416
불 Etre empressé; brûler du désir de.
한 서두르다 | ~의 욕망으로 불타다

심뫼보다 [SIM-MOI-PO-TA,-PO-A,-PON] (看山葠) 원416
불 Chercher du jen-sen sauvage.
한 야생 인삼을 찾다

*심밀ᄒᆞ다 [SIM-MIL-HĂ-TA] (深密) 원416
불 Très-profond; intime; intérieur; très-retiré.
한 매우 깊다 | 친밀하다 | 내부의 | 매우 구석지다

*심방ᄒᆞ다 [SIM-PANG-HĂ-TA] (尋訪) 원416
불 Visiter, faire visite. ‖ Chercher un homme.
한 방문하다, 방문하다 | 사람을 찾다

1*심병 [SIM-PYENG,-I] (深病) 원416
불 Maladie profonde.
한 깊은 병

2심병 [SIM-PYENG,-I] (心病) 원416
불 Maladie de cœur, d'affection. Cœur blesse dans ses affections. Maladie de l'esprit.
한 마음의, 애정의 병 | 감정적으로 상처 입은 마음 | 정신의 병

1*심복ᄒᆞ다 [SIM-POK-HĂ-TA] (心服) 원416
불 Céder; s'avouer vaincu.
한 굴복하다 | 패배를 인정하다

2*심복ᄒᆞ다 [SIM-POK-HĂ-TA] (心腹) 원416
불 Avoir le même cœur, le cœur semblable.
한 같은 마음, 비슷한 마음이다

심부림군 [SIM-POU-RIM-KOUN,-I] (使喚) 원416
불 Commissionnaire.
한 심부름꾼

심부림ᄒᆞ다 [SIM-POU-RIM-HĂ-TA] (服事) 원416
불 Commission; faire les commissions.
한 심부름 | 심부름하다

*심ᄇᆡ [SIM-PĂI] (心背) 원416
불 Partie, extrémité opposée à la lame d'un instrument de fer et qui s'enfonce tout entière dans le manche.
한 철제 도구의 날 반대쪽에 있는, 자루에 완전히 박히는 부분, 끝

*심산 [SIM-SAN,-I] (深山) 원416
불 Montagne profonde, étendue et sauvage.
한 깊고 넓으며 황량한 산

*심산곡 [SIM-SAN-KOK,-I] (深山谷, (Profond, montagne, vallée)) 원416
불 Gorge d'une montagne profonde.
한 깊은 산의 협곡

심살 [SIM-SAL,-I] 원416
불 Chair de la fesse d'un bœuf; rouelle de veau; noix, gîte à la noix.
한 소의 엉덩이 살 | 송아지의 허벅지 고기 | 넓적다리 뒷부분 고기, 소의 허벅다리 윗부분 살

*심상 [SIM-SANG,-I] (心喪) 원416
불 Demi-deuil de trois mois qui suit le grand deuil.
한 정식 상복 이후에 세 달간 입는 약식 상복

*심상인 [SIM-SANG-IN,-I] (心喪人) 원416
불 Homme en demi-deuil après avoir quitté le grand deuil.

㊂ 정식 상복을 벗은 후에 약식 상복을 입은 사람

*심샹ᄒᆞ다 [SIM-SYANG-HĂ-TA] (尋常) ㊄417

㊀ Ordinaire, commun, vulgaire.

㊂ 보통이다, 평범하다, 통속적이다

*심셩 [SIM-SYENG] (心性) ㊄417

㊀ Cœur et caractère, indoles.

㊂ 마음과 성격, 타고난 성격

심슐구럭이 [SIM-SYOUL-KOU-REK-I] ㊄417 ☞심슐군

심슐군 [SIM-SYOUL-KOUN,-I] (心術人) ㊄417

㊀ Qui met des entraves à une affaire et l'empêche de réussir.

㊂ 일에 훼방을 놓아 성공하지 못하게 하는 사람

심슐내다 [SIM-SYOUL,NAI-TA] ㊄417 ☞심슐쓰다

심슐부리다 [SIM-SYOUL,POU-RI-TA] ㊄417 ☞심슐쓰다

*심슐쓰다 [SIM-SYOUL,SSEU-TA] (心術) ㊄417

㊀ Empêcher, par envie, par jalousie, une affaire de réussir; mettre des entraves à la réussite des affaires d'autrui; méchanceté; malice, disposition à nuire.

㊂ 질투하여, 시기하여 일이 성공하지 못하도록 방해하다 | 타인의 일이 성공하는 것에 훼방을 놓다 | 심술궂음 | 악의, 해를 끼치려는 경향

심슐쟝이 [SIM-SYOUL-TJYANG-I] ㊄417 ☞심슐군

*심신 [SIM-SIN,-I] (心身) ㊄417

㊀ Cœur et corps, l'âme et le corps.

㊂ 마음과 몸, 정신과 신체

심심푸리ᄒᆞ다 [SIM-SIM-HPOU-RI-HĂ-TA] (罷寂) ㊄417

㊀ Se désennuyer; passer son ennui; chasser les soucis.

㊂ 기분 전환을 하다 | 지루함을 없어지게 하다 | 근심을 없애다

심심ᄒᆞ다 [SIM-SIM-HĂ-TA] (寥寥) ㊄417

㊀ S'ennuyer; ennuyeux.

㊂ 싫증나다 | 지루하다

*심ᄉᆞ [SIM-SĂ] (心思) ㊄417

㊀ Cœur et pensée; affection et pensée.

㊂ 마음과 생각 | 감정과 사고

심ᄉᆡ군 [SIM-SĂI-KOUN,-I] (尋事軍) ㊄417

㊀ Celui qui va sur la montagne chercher toute espèce de choses, herbe, légumes. champignons, bois, etc…

㊂ 온갖 종류의 것, 풀, 채소, 버섯, 땔나무 등…을 찾으러 산으로 가는 사람

*심악스럽다 [SIM-AK-SEU-REP-TA,-RE-OUE,-RE-ON] (甚惡) ㊄416

㊀ Etre très-méchant, très-mauvais. ‖ Avare, tenace.

㊂ 매우 심술궂다, 매우 고약하다 | 인색하다, 완고하다

*심악ᄒᆞ다 [SIM-AK-HĂ-TA] (甚惡) ㊄416

㊀ Maltraiter beaucoup.

㊂ 몹시 학대하다

*심야 [SIM-YA] (深夜) ㊄416

㊀ Nuit profonde; milieu de la nuit.

㊂ 깊은 밤 | 한밤중

심약 [SIM-YAK,-I] ㊄416

㊀ Nom d'une esp. de dignité où peuvent aspirer les hommes du peuple.

㊂ 서민이 동경할 수 있는 고관의 종류의 이름

*심약ᄒᆞ다 [SIM-YAK-HĂ-TA] (心弱) ㊄416

㊀ Cœur faible; faiblesse de cœur. Etre faible de caractère.

㊂ 약한 마음 | 마음이 약함 | 성격이 무르다

*심열 [SIM-YEL,-I] (心熱) ㊄416

㊀ Cœur chaud; chaleur du cœur. ‖ Ferveur; ardeur.

㊂ 뜨거운 마음 | 마음의 열기 | 열정 | 열의

*심열셩복ᄒᆞ다 [SIM-YEL-SYENG-POK-HĂ-TA] (心悅誠伏, (Cœur, content, sincère, soumis)) ㊄ADDENDA

㊀ Etre satisfait et approuver; approuver à l'envi; applaudir à.

㊂ 만족하여 찬성하다 | 앞 다투어 찬성하다 | ~에 찬성하다

*심오ᄒᆞ다 [SIM-O-HĂ-TA] (深奥) ㊄416

㊀ Etre profond; intime.

㊂ 심오하다 | 내면의

*심요ᄒᆞ다 [SIM-YO-HĂ-TA] (心撓) ㊄416

㊀ Bouleversement de cœur; bruit, agitation dans le cœur. Etre troublé; avoir l'esprit agité, bouleversé.

㊂ 마음의 격동 | 마음의 소동, 동요 | 혼란하다 | 정신이 동요되다, 강한 충격을 받다

심으다 [SIM-EU-TA,SIM-E,SIM-EUN] (種) ㊄416

㊀ Semer; planter.

㊂ 씨를 뿌리다 | 심다

1*심의 [SIM-EUI] (深衣) ㊄416

㊀ Grand habit de deuil. Demi-deuil qui se porte quelques mois après les trois ans de grand deuil.

㊂ 정식 상복 | 3년간 정식 상복을 입고 난 후 몇 달 동안 입는 약식 상복

2*심의 [SIM-EUI] (心意) ㊄416

불 Cœur et pensée; sentiment et volonté. Dessein, intention.
한 마음과 생각 | 감정과 의지 | 계획, 의도

*심쟝 [SIM-TJYANG,-I] (心腸) 원417
불 Cœur et sentiment; cœur et entrailles.
한 마음과 감정 | 심장과 내장

*심졍 [SIM-TJYENG,-I] (心情) 원417
불 Cœur et pensée; cœur et sentiment.
한 마음과 생각 | 마음과 감정

*심즁 [SIM-TJYOUNG] (心中) 원417
불 Dans le cœur, intérieur du cœur; dans l'esprit.
한 마음속에, 마음속 | 정신에

*심증 [SIM-TJEUNG,-I] (心症) 원417
불 Impatience; ennui; dégoût; mal de cœur; colère.
한 성급함 | 지루함 | 불쾌감 | 마음의 고통 | 분노

1*심지 [SIM-TJI] (心志) 원417
불 Cœur et pensée; pensée; intention.
한 마음과 생각 | 생각 | 의향

2*심지 [SIM-TJI] (心紙) 원417
불 Mèche de lampe, de chandelle.
한 등의, 양초의 심

*심질 [SIM-TJIL] (心疾) 원417
불 Maladie de cœur, maladie dans le cœur, ou qui a sa source dans l'esprit.
한 심장의 병, 심장 속 또는 정신에 그 원인이 있는 병

1*심쳔 [SIM-TCHYEN] (深淺) 원417
불 Profond et non profond (mesure de profondeur); profondeur ou non profondeur v.g. de l'eau, du cœur.
한 깊고 얕음 (깊이의 측정 단위) | 예. 물, 마음의 깊고 얕음

2심쳔 [SIM-TCHYEN] 원417
불 L'esprit, le cœur.
한 정신, 마음

심초잡다 [SIM-TCHO-TJAP-TA,-TJAP-A,-TJAP-EUN] 원417
불 Préjuger; conjecturer; penser d'avance.
한 미리 판단하다 | 추측하다 | 미리 생각하다

*심통 [SIM-HTONG,-I] (心筒) 원417
불 Cœur. ‖ Le plus important; le plus nécessaire; indispensable; l'endroit le plus utile.
한 마음 | 가장 중요한 것 | 가장 필요한 것 | 필요 불가결한 것 | 가장 유용한 부분

*심판 [SIM-HPAN,-I] (審判) 원416
불 Jugement (une des quatre fins dernières).
한 심판 (4개의 마지막 결론 중 하나)

*심향심모ᄒᆞ다 [SIM-HYANG-SIM-MO-HĂ-TA] (心向心慕) 원416
불 Voir et penser avec affection. Avoir le plus grand respect et le plus grand amour.
한 자애롭게 보고 생각하다 | 최대의 경의와 애정을 가지다

1*심혈 [SIM-HYEL,-I] (心血) 원416
불 Sang du cœur.
한 심장의 피

2*심혈 [SIM-HYEL,-I] (深穴) 원416
불 Trou profond.
한 깊은 구멍

*심획 [SIM-HOIK,-I] (尋獲) 원416
불 Invention. =ᄒᆞ다-hă-ta, Chercher et trouver; découvrir.
한 발명 | [용례 =ᄒᆞ다, -hă-ta], 찾으려 애쓰고 찾아내다 | 발견하다

*심ᄒᆞ다 [SIM-HĂ-TA] (甚) 원416
불 Etre intense; beaucoup; très; fort; excessif.
한 강력하다 | 많이 | 몹시 | 매우 | 지나치다

*십 [SIP,-I] (十) 원421
불 Dix, 10.
한 열, 10

*십계 [SIP-KYEI] (十誡) 원421
불 Décalogue, les dix commandements de Dieu.
한 십계명, 신이 내린 십계명

*십금 [SIP-KEUM,-I] (十金) 원421
불 Dix ligatures, 1,000 sapèques.
한 꾸러미 10개, 엽전 1,000개

*십년감슈ᄒᆞ다 [SIP-NYEN-KAM-SOU-HĂ-TA] (十年減壽) 원421
불 Abréger sa vie de dix ans. S'efforcer, se donner de la peine pour une chose.
한 수명을 10년 단축시키다 | 어떤 일을 위해 애쓰다, 노력을 기울이다

*십년일득 [SIP-NYEN-IL-TEUK] (十年一得) 원421
불 Une fois sur dix ans. ‖ Difficile.
한 10년 만에 한 번 | 어렵다

*십ᄃᆡ손 [SIP-TĂI-SON,-I] (十代孫) 원422
불 Descendant à la 10e génération.
한 열 번째 세대의 자손

ㅅ

십목보다 [SIP-MOK-PO-TA,-PO-A,-PON] (十目所視) ㉻421
불 Bien faire; être habile à; en savoir dix fois plus.
한 잘하다 | ~하는 데 능하다 | 열 배 더 잘 알다

*십밍지쟝 [SIP-MĂING-TJI-TJYANG] (十盲之杖) ㉻421
불 Un bâton pour dix aveugles. Chose précieuse, importante.
한 10명의 장님을 위한 한 개의 지팡이 | 소중한, 중요한 것

*십분 [SIP-POUN,-I] (十分) ㉻422
불 Dix parties; les dix dixièmes, c.a.d. entièrement ; surtout; très; grandement; extrêmement.
한 10개의 부분 | 10/10, 즉 전부 | 특히 | 매우 | 많이 | 극도로

*십분지일 [SIP-POUN-TJI-IL,-I] (十分之一) ㉻422
불 Un sur dix, la dixième partie.
한 열 개 중 하나, 1/10

*십샹 [SIP-SYANG,-I] (十上) ㉻422
불 Dix fois; excessivement; très; le meilleur; excellent; le mieux.
한 열 배 | 지나치게 | 매우 | 가장 좋은 것 | 뛰어나다 | 더 좋은 것

*십션 [SIP-SYEN,-I] (十宣) ㉻422
불 Extrémité des doigts; (en acuponcture) piqûre au bout des dix doigts.
한 손가락의 끝 | (침술에서) 열 손가락 끝에 침을 놓음

*십ᄉᆞ쳐 [SIP-SĂ-TCHYE] (十四處) ㉻422
불 Les quatorze stations du chemin de la croix.
한 십자가의 길의 열네 자리

*십이단 [SIP-I-TAN,-I] (十二端) ㉻421
불 Les douze prières (pater, ave, etc…)
한 12개의 기도문 (주기도문, 성모에게 드리는 기도 등…)

*십일조 [SIP-IL-TJO] (十一條) ㉻421
불 La dîme, la dixième partie de la valeur d'une chose, que reçoit l'entremetteur ou celui qui attire de la pratique.
한 십일조, 중개인이나 단골손님을 끌어온 사람이 받는 물건 값의 1/10

십쟝가 [SIP-TJYANG-KA] ㉻422
불 Nom d'une espèce de chant, de chanson.
한 가곡 또는 노래의 종류의 이름

*십지팔구 [SIP-TJI-HPAL-KOU] (十之八九) ㉻422
불 Huit fois sur dix, huit ou neuf sur dix.
한 열 가운데 여덟 번, 열 가운데 여덟이나 아홉

*십ᄌᆞ [SIP-TJĂ] (十字) ㉻422
불 Croix; lettre ou caractère chinois qui signifie dix, et est fait en forme de croix.
한 십자가 | 열을 의미하고 십자 모양으로 되어 있는 중국 글자 또는 문자

*십ᄌᆞ가 [SIP-TJĂ-KA] (十字架) ㉻422
불 Instrument du caractère dix. La croix.
한 글자 십 모양의 도구 | 십자가

*십촌 [SIP-TCHON] (十寸) ㉻422
불 Dixième degré, parent au 10me degré.
한 열 번째 촌수, 열 번째 촌수의 친척

*십팔계 [SIP-HPAL-KYEI] (十八計) ㉻422
불 Les dix-huit espèces de tours de force que font les cavaliers.
한 기병이 하는 18종류의 힘쓰는 묘기

싯다 [SIT-TA,SI-RE,SI-REUN] (載) ㉻424
불 Charger sur, mettre sur (un bœuf, etc.); mettre sur, dans (un navire).
한 ~에 짐을 싣다, (소 등 등의) 위에 놓다 | (배) 위에, 안에 놓다

싯득싯득ᄒᆞ다 [SIT-TEUK-SIT-TEUK-HĂ-TA] (不好貌) ㉻425
불 Conserver de la rancune; regarder de travers. Montrer de la répugnance; rechigner.
한 앙심을 품다 | 비뚤어지게 바라보다 | 반감을 드러내다 | 싫은 기색을 보이다

[1]싯부다 [SIT-POU-TA,-PE,-POUN] (不怕) ㉻424
불 Qui n'a pas peur ; hardi; courageux; sans crainte; n'avoir pas d'inquiétude.
한 무서워하지 않다 | 대담하다 | 용감하다 | 두려움이 없다 | 아무 걱정이 없다

[2]싯부다 [SIT-POU-TA,-PE,-POUN] ㉻424
불 Etre risible, sans importance. ‖ Etre insuffisant; chiche.
한 우스꽝스럽다, 하찮다 | 불충분하다 | 적다

싯침코 [SIT-TCHIM-HKO] (不知樣) ㉻425
불 Sans y penser, par distraction.
한 그에 대해 생각 없이, 부주의하게

싯침ᄒᆞ다 [SIT-TCHIM-HĂ-TA] (不知樣) ㉻425
불 Se tenir froid, indifférent, comme si on ne voyait ou n'entendait pas.

한 마치 보이거나 들리지 않는 것처럼 냉정하게, 무관심하게 처신하다

싯틔질ᄒᆞ다 [SIT-HTĂI-TJIL-HĂ-TA] (駄運) 원425
불 Transporter, apporter à dos de boeuf ou de cheval.
한 운송하다, 소 또는 말의 등에 태워 가져오다

싱검스럽다 [SING-KEM-SEU-REP-TA,-RE-OUE,-RE-ON] 원421
불 Etre sorcier; habile à deviner; merveilleux; étonnant.
한 특별한 지성을 타고나다 | 예견하는 데 능하다 | 경이롭다 | 놀랍다

싱겅싱겅 [SING-KENG-SING-KENG] (冷氣) 원421
불 Qui est un peu froid (température, boisson); peu attrayant; peu engageant.
한 약간 차갑다(기온, 음료) | 별로 매력이 없다 | 별로 마음을 끌지 않다

싱슝샹슝ᄒᆞ다 [SING-SYOUNG-SYANG-SYOUNG-HĂ-TA] 원421
불 Dire d'une manière, puis d'une autre; penser d'une manière puis d'une autre.
한 한 방식으로 말하고 나서 또 다른 방식으로 말하다 | 한 방식으로 생각하고 나서 또 다른 방식으로 생각하다

싱싱ᄒᆞ다 [SING-SING-HĂ-TA] (菁菁) 원421
불 Entier; non déchiré.
한 온전하다 | 찢어지지 않다

1* ᄉᆞ [SĂ] (四) 원385
불 Quatre, 4
한 넷, 4

2* ᄉᆞ [SĂ] (思) 원385
불 Pensée.
한 생각

3* ᄉᆞ [SĂ] (仕) 원385
불 Place, emploi, dignité.
한 지위, 일자리, 고관직

4* ᄉᆞ [SĂ] (死) 원385
불 En agr. Mort; mourir; mortel: qui donne la mort.
한 한자어로 죽음 | 죽다 | 죽음을 면할 수 없다: 죽게 하다

5* ᄉᆞ [SĂ] (私) 원385
불 Particulier, privé, spécial.
한 개개의, 사적이다, 특수하다

6* ᄉᆞ [SĂ] (事) 원385
불 En agr. Ouvrage; affaire; événement; entreprise; chose.
한 한자어로 일 | 일 | 사건 | 기획 | 문제

7* ᄉᆞ [SĂ] (使) 원385
불 En agr. Envoyé; ambassadeur (plus souvent).
한 한자어로 사절 | (더 흔하게는) 대사

8* ᄉᆞ [SĂ] (司) 원385
불 Faculté. ‖ Palais ou tribunal du gouvernement où les dignitaires remplissent leurs fonctions.
한 단과대학 | 고관들이 자신들의 직무를 수행하는 정부의 관저 또는 법원

9* ᄉᆞ [SĂ] (絲) 원385
불 Fil.
한 실

10* ᄉᆞ [SĂ] (勺) 원385
불 La dixième partie d'une poignée.
한 한 줌의 1/10

11* ᄉᆞ [SĂ] (巳) 원385
불 6e signe du zodiaque (le serpent). ‖ 10h. Du matin.
한 황도 12궁의 여섯 번째 자리(뱀) | 오전 10시

1* ᄉᆞ가 [SĂ-KA] (查家) 원389
불 La maison, la famille du gendre ou de la bru.
한 사위 또는 며느리의 집안, 가족

2 ᄉᆞ가 [SĂ-KA] (私家) 원389
불 Maison d'un particulier, maison d'un homme du peuple (par opposition à celle d'un homme en place).
한 개인의 집, (지위가 있는 사람의 집과 반대되는) 서민의 집

ᄉᆞ감 [SĂ-KAM,-I] 원389
불 Assemblage au moyen de queues d'aronde. Emboîtement de deux planches au moyen de queues pour former l'angle d'une caisse.
한 열장장부촉을 이용한 조립 | 상자의 각을 만들기 위해 자루를 이용하여 두 개의 판자를 맞춰 끼워 넣음

ᄉᆞ거리 [SĂ-KE-RI] (四街) 원389
불 Carrefour ; endroit où deux routes se coupent, où quatre routes aboutissent.
한 교차점 | 두 길이 교차하는, 네 개의 길이 연결되는 곳

1* ᄉᆞ경 [SĂ-KYENG,-I] (死境) 원389
불 Le temps de la mort; le moment de la mort; la chose de mourir ; l'article de la mort, le danger prochain de mort.
한 죽음의 시기 | 죽음의 순간 | 죽을 상황 | 죽음의

ㅅ

찰나, 죽음에 가까운 위험

2* ᄉᆞ경 [SĂ-KYENG,-I] (四更) 원389

불 La 4e des cinq veilles de la nuit, le 4e quart, la 4e heure de la nuit divisée en cinq, p. ê. De 1 heure à 3 heures.

한 밤의 다섯 번의 야경 중 네 번째, 네 번째 1/4, 다섯으로 나뉜 밤의 네 번째 시간, 아마도 1~3시까지

3 ᄉᆞ경 [SĂ-KYENG,-I] 원389

불 Gages d'un domestique, salaire.

한 하인의 급료, 봉급

ᄉᆞ경돈 [SĂ-KYENG-TON,-I] 원389

불 Gages de domestique.

한 하인의 급료

ᄉᆞ경스럽다 [SĂ-KYENG-SEU-REP-TA,-RE-OUE,-RE-ON] 원389

불 De trop grand matin.

한 너무 이른 아침에

* ᄉᆞ계 [SĂ-KYEI] (四季) 원389

불 Les quatre-temps (mot chrét.).

한 사계 대재일 (기독교 어휘)

* ᄉᆞ계지 [SĂ-KYEI-TJĂI] (四季齋) 원389

불 Abstinence des quatre-temps.

한 사계대제의 금욕

ᄉᆞ고기 [SĂ-KO-KI] (私肉) 원389

불 Viande de bœuf tué en fraude.

한 불법으로 잡은 쇠고기

* ᄉᆞ고무친 [SĂ-KO-MOU-TCHIN,-I] (四顧無親) 원389

불 Qui regarde aux quatre vents sans trouver un ami. Qui est sans parents, sans amis et sans connaissances.

한 친구 하나 찾지 못하고 사방을 바라보는 사람 | 친척들이 없는, 친구와 지인이 없는 사람

1* ᄉᆞ골 [SĂ-KOL,-I] (四骨) 원389

불 Les os des quatre membres des animaux.

한 동물들의 사지에 있는 뼈

2* ᄉᆞ골 [SĂ-KOL,-I] (死骨) 원389

불 Os de mort, ossements.

한 죽은 사람의 뼈, 해골

ᄉᆞ공 [SĂ-KONG,-I] (掌舵) 원389

불 Batelier; marin; marinier; matelot.

한 뱃사공 | 선원 | 뱃사람 | 수병

* ᄉᆞ과 [SĂ-KOA] (司果) 원389

불 Nom d'une petite dignité. ‖ Esp. de fruit. Pomme douce.

한 낮은 관직의 이름 | 과일의 종류 | 단 사과

* ᄉᆞ과ᄒᆞ다 [SĂ-KOA-HĂ-TA] (思過) 원389

불 Penser à ses défauts. Les reconnaître.

한 자신의 결점들에 대해 생각하다 | 그것들을 인정하다

1* ᄉᆞ관 [SĂ-KOAN,-I] (史官) 원389

불 Annaliste, historiographe (dignité).

한 연대기 작가, 사료 편찬관 (고관직)

2* ᄉᆞ관 [SĂ-KOAN,-I] (四貫) 원389

불 Endroit où l'on donne l'acuponcture aux quatre membres (aux mains, entre le pouce et l'index ; aux pieds, entre le gros orteil et le premier doigt).

한 사지에 침을 놓는 곳 (손, 엄지와 검지 사이, 발, 엄지 발가락과 첫 번째 발가락 사이)

1* ᄉᆞ교 [SĂ-KYO] (私敎) 원389

불 Doctrine particulière. Superstition.

한 이상한 교리 | 미신

2* ᄉᆞ교 [SĂ-KYO] (司敎) 원389

불 Autorité ecclésiastique. Maître de doctrine, de religion (ordinairement l'évèque,quelquefois le prêtre).

한 교회의 권위 | 교리의, 종교의 지도자 (대개 주교, 때때로 사제)

* ᄉᆞ규 [SĂ-KYOU] (四規) 원389

불 Les quatre règles. ‖ Quatre commandements de l'église.

한 네 가지 법규 | 교회의 네 가지 명령

1* ᄉᆞ긔 [SĂ-KEUI] (史記) 원389

불 Histoire ; mémoire ; annales.

한 역사 | 회고록 | 연대기

2* ᄉᆞ긔 [SĂ-KEUI] (事機) 원389

불 Apparence, air, tournure d'une chose.

한 어떤 것의 외관, 모양, 생김새

ᄉᆞ긔 [SĂ-KĂI] 원389

불 Les quatre côtés, les quatre vents.

한 사면, 사방

* ᄉᆞ다 [SĂ-TA,SĂ,SĂN] (買) 원391

불 Acheter. Vendre (quand il s'agit des blés).

한 구매하다 | (곡식과 관계될 때) 판매하다

* ᄉᆞ단 [SĂ-TAN,-I] (事端) 원391

불 Affaire ; état d'une affaire, ses circonstances. Principe d'une affaire. Commencement, raison ou motif d'une chose.

한 일 | 일의 상태, 그 상황 | 일의 원인 | 어떤 일의

발단, 이유 또는 동기

*ᄉᆞ담 [SĂ-TAM,-I] (私談) ㉔391

불 Parole secrète ; parole privée, dite en secret. Syn. ᄉᆞ셜 Să-syel.

한 은밀한 말 | 사적인 말, 비밀리에 하는 말 | [동의어 ᄉᆞ셜, Să-syel.]

*ᄉᆞ답 [SĂ-TAP,-I] (私畓) ㉔391

불 Rizière d'un homme ordinaire, qui n'est pas en charge, d'un homme du peuple.

한 보통 사람의, 책임이 없는, 서민의 논

*ᄉᆞ대문 [SĂ-TAI-MOUN,-I] (四大門) ㉔391

불 Les quatre grandes portes de la capitale.

한 수도에 있는 네 개의 큰 문

*ᄉᆞ당 [SĂ-TANG,-I] (事當) ㉔391

불 Femme mariée que son mari s'en va prostituant au premier venu. Femme publique de bas étage.

한 그 남편이 아무에게나 매춘을 시키려 하는 결혼한 여자 | 신분이 낮은 창녀

1* ᄉᆞ디 [SĂ-TI] (私地) ㉔391

불 Propriété particulière ; terrain qui appartient à des particuliers et non au gouvernement.

한 개인 소유지 | 정부가 아니라 개인에게 속해 있는 땅

2* ᄉᆞ디 [SĂ-TI] (死地) ㉔391

불 Lieu de la mort. ‖ Danger de mort.

한 죽을 장소 | 죽을 위험

ᄉᆞ랑ᄒᆞ다 [SĂ-RANG-HĂ-TA] (愛) ㉔390

불 Amour. Aimer.

한 사랑 | 사랑하다

*ᄉᆞ력 [SĂ-RYEK,-I] (私力) ㉔390

불 Force particulière, propre, privée (par opposition à la force publique).

한 (공공의 힘과 반대로) 개인의, 자기 자신의, 사사로운 힘

1* ᄉᆞ렴ᄒᆞ다 [SĂ-RYEM-HĂ-TA] (私念) ㉔390

불 Pensée particulière, propre.

한 개인의, 자기 자신의 생각

2* ᄉᆞ렴ᄒᆞ다 [SĂ-RYEM-HĂ-TA] (思念) ㉔390

불 Etre inquiété ; avoir des soucis, de l'inquiétude.

한 걱정이 되다 | 걱정하다, 근심하다

*ᄉᆞ령 [SĂ-RYENG,-I] (使令) ㉔390

불 Bas employés de préfecture chargés d'arrêter les voleurs, les criminels. Valet du mandarinat.

한 도둑, 죄인들을 체포하는 임무를 맡은 낮은 도청 직원 | 관리직의 사환

ᄉᆞ록 [SĂ-ROK] ㉔390

불 Plus··plus. (se joint après le participe futur). 물먹을ᄉᆞ록더욱ᄆᆞᄅᆞ다 Moul-mek-eul să-rok te-ok mă-ră-ta, Plus il boit, plus il a soif.

한 ~할수록 더 ~하다 (미래 분사 뒤에 붙는다) | [용례 물먹을ᄉᆞ록더욱ᄆᆞᄅᆞ다, Moul-mek-eul să-rok te-ok mă-ră-ta], 물을 마실수록 더욱 목이 마르다

*ᄉᆞ록더옥 [SĂ-ROK-TE-OK] ㉔390

불 Plus··plus. (voir l'exemple précédent)

한 ~할수록 더욱 ~하다 (앞의 예를 볼 것)

ᄉᆞ롭 [SĂ-ROP,-I] ㉔390

불 Trois ans, 3 ans (âge pour les bestiaux).

한 3년, 세 살 (가축들의 나이)

*ᄉᆞ롱공샹 [SĂ-RONG-KONG-SYANG,-I] (士農工商) ㉔390

불 Les quatre conditions de la société (lettré, laboureur, artisan, marchand), c.a.d. toute la population.

한 사회의 네 가지 신분 (학식 있는 사람, 농부, 장인, 상인), 즉 모든 국민

*ᄉᆞ륜거 [SĂ-RYOUN-KE] (四輪車) ㉔390

불 Char à quatre roues.

한 네 개의 바퀴가 달린 짐수레

ᄉᆞ률 [SĂ-RYOUL,-I] (四律) ㉔390

불 Style mesuré, poésie mesurée, proverbes en vers mesurés de cinq ou sept pieds ou syllabes (ou de quatre caractères).

한 규칙적인 형식, 운율시, 5 또는 7 운각이나 음절 (또는 4개의 글자로 된)의 운문 속담

1 ᄉᆞ리 [SĂ-RI] ㉔376 ☞ 1사리

2 ᄉᆞ리 [SĂ-RI] ㉔390

불 Numéral des paquets de liane (츩 Tcheulk).

한 칡(츩 Tcheulk) 꾸러미를 세는 수사

3 ᄉᆞ리 [SĂ-RI] ㉔390

불 Doctrine, enseignement. V.Syn. 도리 To-ri.

한 교리, 가르침 | [동의어 도리, To-ri.]

ᄉᆞ리다 [SĂ-RI-TA] ㉔390

불 V.사리다 Sa-ri-ta.

한 [참조어 사리다, Sa-ri-ta]

ᄉᆞ리ᄉᆞ리 [SĂ-RI-SĂ-RI] ㉔376 ☞사리사리하다

ᄉᆞ리ᄉᆞ리ᄒᆞ다 [SĂ-RI-SĂ-RI-HĂ-TA] ㉔390

불 Etre roulé en rond (serpent, corde).

한 (뱀, 끈이) 둥글게 감겨 있다

*ᄉᆞ린 [SĂ-RIN,-I] (四隣) [원]390

[불] Les quatre voisins, les voisins des quatre côtés, de tous côtés.

[한] 네 명의 이웃, 사방의, 각처의 이웃

ᄉᆞ마치 [SĂ-MA-TCHI] (駟馬衣) [원]389

[불] Esp. de tablier en soie, sorte de grémial que porte le 비쟝, Pi-tjyang en fonction auprès du gouverneur.

[한] 비단으로 만든 앞치마 종류, 비쟝, Pi-tjyang이 지사 곁에서 직무를 볼 때 입는 일종의 무릎 덮개

*ᄉᆞ말 [SĂ-MAL,-I] (四末) [원]389

[불] Les quatre fins dernières (ᄉᆞ후 Să-hou, la mort; 심판 Sim-hpan, le jugement; 텬당 Htyen-tang, le paradis; 디옥 Ti-ok, l'enfer). (Mot chret.)

[한] 네 가지의 종말 (ᄉᆞ후 Să-hou, 죽음 | 심판 Sim-hpan, 심판 | 텬당 Htyen-tang, 천국 | 디옥, Ti-ok, 지옥) | (기독교 어휘)

1* ᄉᆞ망 [SĂ-MANG,-I] (死亡) [원]389

[불] Mort, décès ; défunt.

[한] 죽음, 사망 | 고인

2* ᄉᆞ망 [SĂ-MANG,-I] (事望) [원]389

[불] Présage (heureux ou malheureux), (bon ou mauvais) augure. (Superst.).

[한] (행복한 또는 불행한) 전조, (좋은 또는 나쁜) 징조 | (미신)

ᄉᆞ면 [SĂ-MYEN,-I] (四面) [원]389

[불] Les quatre côtés ; les quatre vents ; est, ouest, sud et nord, c.a.d. tous les côtés.

[한] 사방 | 네 방향 | 동, 서, 남과 북 즉. 모든 쪽

ᄉᆞ명긔 [SĂ-MYENG-KEUI] (司命旗) [원]389

[불] Drapeau du général, du gouverneur, etc. ‖ Etendard rouge que l'on porte aux funérailles. et sur lequel sont écrites en caractères blancs toutes les charges remplies par le défunt, et les dignités qu'il a obtenues.

[한] 장군, 지사 등의 깃발 | 장례식에서 들며 고인이 이행한 모든 임무와 그가 얻은 고위직책들이 흰색 글자로 써 있는 기

ᄉᆞ모 [SĂ-MO] (帽) [원]389

[불] Bonnet de crin à deux cornes ou fanons, que portent les dignitaires en prèsence du roi. Bonnet de crin des mandarins, et qu' ils portent dans les grandes circonstances.

[한] 왕의 면전에서 고관들이 쓰는 챙 없는 말총 모자로, 두 개의 뿔과 양쪽 드림 장식이 있다 | 관리들이 중요한 상황에서 쓰는 관리들의 챙 없는 말총 모자

*ᄉᆞ모ᄒᆞ다 [SĂ-MO-HĂ-TA] (思慕) [원]389

[불] Penser avec amour, penser avec respect. (Style épist).

[한] 애정을 갖고 생각하다, 존경심을 갖고 생각하다 | (서간체)

*ᄉᆞ몽비몽 [SĂ-MONG-PI-MONG,-I] (似夢非夢, (Semblable, songe, non, songe)) [원]390

[불] Etat de demi-sommeil qui ressemble à un rêve, mais qui n'est pas un rêve.

[한] 꿈과 비슷하지만 꿈이 아닌 선잠이 든 상태

*ᄉᆞ무 [SĂ-MOU] (事務) [원]390

[불] Affaire ; travail.

[한] 일 | 일거리

*ᄉᆞ무한신 [SĂ-MOU-HAN-SIN,-I] (事無閒身) [원]390

[불] Désœuvré ; fainéant ; qui n'a pas d'affaire.

[한] 할 일이 없다 | 나태하다 | 일이 없다

*ᄉᆞ물 [SĂ-MOUL,-I] (事物) [원]390

[불] Affaire, œuvre et matière, travail et matière.

[한] 일, 일과 물질, 일거리와 물질

1* ᄉᆞ민 [SĂ-MIN,-I] (四民) [원]389

[불] Les quatre conditions du peuple, les quatre classes de la société(션비 Syen-păi, lettrés; 농ᄉᆞ Nong-să, laboureurs; 쟝ᄉᆞ, Tjyang-să,marchands ; 장인 Tjang-in, artisans).

[한] 백성의 네 가지 신분, 네 가지 사회 계급 (션비 Syen-păi, 학식 있는 사람들 | 농ᄉᆞ Nong-să, 농부들 | 쟝ᄉᆞ Tjyang-să, 상인들 | 장인 Tjang-in, 농부들)

2* ᄉᆞ민 [SĂ-MIN,-I] (士民) [원]389

[불] Les lettrés et le peuple.

[한] 학식 있는 사람들과 백성

ᄉᆞᄆᆞᆺ다 [SĂ-MĂT-TA,-TCHA,-TCHAN] (通透) [원]389

[불] Pénétrer.

[한] 깊이 통찰하다

ᄉᆞᄆᆞᆺ뚤다 [SĂ-MĂT-TTOUL-TA,-TTOUL-E,-TTOUL-EUN] (透) [원]389

[불] Percer d'outre en outre.

[한] 관통하여 뚫다

ᄉᆞᄆᆡ악 [SĂ-MĂI-AK,-I] [원]389

[불] Petits cheveux fins auprès des oreilles. ‖ Les barbes ou poils de l'épi du millet.

[한] 귀 옆에 있는 가늘고 짧은 머리카락 | 조류의 곡물 이삭에 달린 수염 또는 털

*ᄉᆞ방 [SĂ-PANG,-I] (四方) [원]390

불 Les quatre côtés, les quatre vents, tous les côtés (동 Tong est ; 셔, Sye, ouest ; 남, Nam, sud ; 북, Pouk, nord) ᄉᆞ방에 Să-pang-ei, Partout, de tous côtés.

한 사면, 네 방향, 사방 (동 Tong 동 | 셔 Sye, 서 | 남 Nam, 남 | 북 Pouk, 북) [용례 ᄉᆞ방에, Să-pang-ei], 도처에, 사방에

*ᄉᆞ번 [SĂ-PEN,-I] (仕番) 원390

불 Charge, fonction.

한 책무, 직무

*ᄉᆞ번ᄒᆞ다 [SĂ-PEN-HĂ-TA] (事煩) 원390

불 Etre affaire ; qui a beaucoup d'affaires ; se mêler de beaucoup d'affaires.

한 일이다 | 일이 많다 | 많은 일이 가담하다

1*ᄉᆞ부 [SĂ-POU] (仕夫) 원390

불 Noble élevé ; grand noble ; de très-bonne maison.

한 높은 귀족 | 지위가 높은 귀족 | 대단히 좋은 집안 출신의

2*ᄉᆞ부 [SĂ-POU] (師傅) 원390

불 Maître ; précepteur ; professeur.

한 스승 | 선생 | 교수

*ᄉᆞᄇᆡᆨ셩 [SĂ-PĂIK-SYENG,-I] (私百姓) 원390

불 Particulier, personne privée.

한 개인, 사인

*ᄉᆞ사 [SĂ-SA] (四絲) 원390

불 Tresse de fil en quatre, corde cordée à quatre cordons.

한 실을 네 가닥으로 엮어서 만든 끈, 네 가닥의 끈을 꼬아서 만든 밧줄

*ᄉᆞ산분리ᄒᆞ다 [SĂ-SAN-POUN-RI-HĂ-TA] (四散分離) 원390

불 S'enfuir de tous côtés ; se disperser.

한 사방으로 달아나다 | 흩어지다

*ᄉᆞ셔삼경 [SĂ-SYE-SAM-KYENG] (四書三經) 원391

불 Nom d'un livre des païens, et qu'on attribue à Confucius.

한 공자의 저작으로 여겨지는 이교도들의 책 이름

ᄉᆞ셔인 [SĂ-SYE-IN,-I] 원391

불 Hommes du commun.

한 일반인

*ᄉᆞ셕 [SĂ-SYEK,-I] (私席) 원391

불 Maison particulière, privée ; lieu où l'on est seul.

한 개인의, 사적인 집 | 혼자 있는 곳

1*ᄉᆞ셜ᄒᆞ다 [SĂ-SYEL-HĂ-TA] (辭說) 원391

불 Parler.

한 이야기하다

2ᄉᆞ셜ᄒᆞ다 [SĂ-SYEL-HĂ-TA] (私說) 원391

불 Parole particulière, c. a. d. d'un seul ; conversation particulière dans un cercle. Parole dite dans son intérêt privé.

한 개인의, 즉 혼자 하는 말 | 동아리에서 하는 개인적인 대화 | 자신의 사적인 이익에 따라 하는 말

*ᄉᆞ셩ᄉᆞ [SĂ-SYENG-SĂ] (四聖史) 원391

불 Les quatre Evangélistes.

한 네 복음서의 저자

*ᄉᆞ셰난쳐ᄒᆞ다 [SĂ-SYEI-NAN-TCHYE-HĂ-TA] (事勢難處) 원391

불 Etre indécis, incertain. Ne savoir à quoi se décider.

한 확정되지 않다, 불확실하다 | 어떤 결심을 해야 할지 모르다

*ᄉᆞ셰인 [SĂ-SYEI-IN,-I] (士庶人) 원391

불 Lettré et homme du peuple.

한 학식 있는 사람과 서민

*ᄉᆞ송ᄒᆞ다 [SĂ-SONG-HĂ-TA] (賜送) 원391

불 Présent du roi. Faire un présent (le roi).

한 왕의 선물 | (왕이) 하사하다

1ᄉᆞ습ᄒᆞ다 [SĂ-SEUP-HĂ-TA] (演習) 원391

불 Exercice millitaire. Exercer les soldats au service militaire.

한 군대 훈련 | 병역 중인 군인들을 훈련하다

2*ᄉᆞ습ᄒᆞ다 [SĂ-SEUP-HĂ-TA] (私習) 원391

불 S'exercer en particulier.

한 개인적으로 연습하다

1*ᄉᆞ시 [SĂ-SI] (巳時) 원391

불 10h. du matin, de 9 à 1 h. du matin.

한 오전 10시 | 오전 9~11시까지

2*ᄉᆞ시 [SĂ-SI] (四時) 원391

불 Les quatre saisons (le printemps, l'été, l'automne, l'hiver).

한 사계절 (봄, 여름, 가을, 겨울)

*ᄉᆞ신 [SĂ-SIN,-I] (使臣) 원391

불 Envoyé ; légat ; ambassadeur. Ambassade ; légation. Ambassadeur de Corée en Chine.

한 사절 | 교황 특사 | 대사 | 대사관 | 외교사절 | 중국 주재 조선 대사

*ᄉᆞ심 [SĂ-SIM,-I] (私心) 원391

불 Pensée particulière ; sentiment propre. Esprit par-

ticulier ; égoïsme.
[한] 개인적인 생각 | 본래의 감정 | 개인적인 정신 | 자기 중심주의

*ᄉᆞ심판 [SĂ-SIM-HPAN,-I] (私審判) [원]391
[불] Le jugement particulier.
[한] 개개의 심판

*ᄉᆞ십일 [SĂ-SIP-IL,-I] (四十日) [원]391
[불] La quarantaine, les quarante jours de carême.
[한] 40일간, 사순절의 40일

*ᄉᆞᄉᆞ [SĂ-SĂ] (事事) [원]391
[불] Chaque œuvre ; chaque action.
[한] 각각의 일 | 각각의 행동

ᄉᆞᄉᆞ롭다 [SĂ-SĂ-ROP-TA,-RO-OA,-RO-ON] (私) [원]391
[불] Etre propre ; privé ; particulier ; spécial ; singulier. être seul ; égoïste ; pas franc.
[한] 고유하다 | 사적이다 | 개인적이다 | 특수하다 | 개별적이다 | 혼자다 | 이기적이다 | 공공연하지 않다

*ᄉᆞᄉᆡᆨ [SĂ-SĂIK,-I] (四色) [원]391
[불] Les quatre partis civils qui se sont formés en Corée, et qui s'efforcent de se tenir au même degré de puissance. V. ᄉᆡᆨ Sâik.
[한] 조선에서 형성되고 같은 정도의 세력을 유지하려고 애쓰는 네 개의 문민당 | [[참조어] ᄉᆡᆨ, Saik]

1*ᄉᆞᄉᆡᆼ [SĂ-SĂING,-I] (死生) [원]391
[불] Mort et vie. La mort et la vie.
[한] 죽음과 삶 | 죽음과 삶

2*ᄉᆞᄉᆡᆼ [SĂ-SĂING,-I] (四生) [원]391
[불] Les quatre modes de reproduction, d'après le système chinois, (génération vivipare, ovipare, par humidité, par métamorphose).
[한] 중국식 체계에 따른 네 가지 생식 방법, (태생 생식, 난생 생식, 습기를 통한 생식, 변태를 통한 생식)

*ᄉᆞ또 [SĂ-TTO] (使道) [원]391
[불] Titre donné par le peuple à un chef militaire (colonel), au gouverneur, etc. et à tous ceux dont le nom de dignité se termine par ᄉᆞ să
[한] 군대 우두머리(연대장), 지사 등 그 명칭이 ᄉᆞ să로 끝나는 모든 고관직에 백성이 붙이는 칭호

*ᄉᆞ약 [SĂ-YAK,-I] (死藥) [원]385
[불] Poison mortel.
[한] 치명적인 독

*ᄉᆞ양ᄒᆞ다 [SĂ-YANG-HĂ-TA] (辭讓) [원]385
[불] Refuser; récuser; abdiquer; se démettre d'une charge; repousser; ne pas accepter.
[한] 거부하다 | 기피하다 | 포기하다 | 직무를 사직하다 | 밀어내다 | 받아들이지 않다

*ᄉᆞ언 [SĂ-EN,-I] (思言) [원]385
[불] Pensée et parole.
[한] 생각과 말

ᄉᆞ언일 [SĂ-EN-IL,-I] [원]385
[불] Pensée, parole et action.
[한] 생각, 말과 행동

*ᄉᆞ언ᄒᆡᆼ위 [SĂ-EN-HĂING-OUI] (思言行爲) [원]385
[불] Pensée, parole, œuvre, action.
[한] 생각, 말, 일, 행동

*ᄉᆞ업 [SA-EP,-I] (事業) [원]385
[불] Affaire; chose; événement. Fonction; affaire propre; profession.
[한] 일 | 문제 | 사건 | 직무 | 고유의 일 | 직업

*ᄉᆞ연 [SĂ-YEN,-I] (事緣) [원]385
[불] Motif, raison, cause.
[한] 동기, 이유, 원인

*ᄉᆞ욕 [SĂ-YOK] (私慾) [원]388
[불] Passion; convoitise; appétit des sens ; désir immodéré ; concupiscence. Ambition ; cupidité.
[한] 정열 | 탐욕 | 성욕 | 무절제한 욕구 | 사욕 | 야심 | 강한 물욕

*ᄉᆞ용 [SĂ-YONG,-I] (私用) [원]388
[불] Destiné à son usage propre, particulier. ‖ Dépenses particulières.
[한] 자기 자신, 사적인 용도로 마련되다 | 개인적 소비

*ᄉᆞ은 [SĂ-EUN,-I] (私恩) [원]385
[불] Bienfait particulier; bienfait spécial.
[한] 개인적 선행 | 특별한 선행

1*ᄉᆞ은ᄒᆞ다 [SĂ-EUN-HĂ-TA] (謝恩) [원]385
[불] Remercier.
[한] 감사하다

2ᄉᆞ은ᄒᆞ다 [SĂ-EUN-HĂ-TA] (肆恩) [원]385
[불] Faire du bien; accorder une grâce ; rendre un bon office.
[한] 좋은 일을 하다 | 호의를 베풀다 | 잘 도와주다

*ᄉᆞ의 [SĂ-EUI] (私意) [원]385
[불] Pensée particulière, propre. Sens, signification, portée d'une chose.
[한] 개인의, 고유의 생각 | 어떤 일의 뜻, 의미, 영향력

ᄉᆞ이 [SĂ-I] (間) [원]385

불 Espace; intervalle; étendue de lieu ou de temps; distance d'un lieu ou d'un temps à un autre; dans; entre.
한 공간 | 간격 | 장소 또는 시간의 범위 | 한 장소 또는 시간에서 다른 장소 또는 시간까지의 간격 | ~동안에 | ~사이에

*ᄉᆞ인교 [SĂ-IN-KYO] (四人轎) 원386
불 Chaise à quatre porteurs.
한 운반인이 네 명인 가마

*ᄉᆞ자관 [SĂ-TJA-KOAN,-I] (司字舘) 원391
불 Ecole des chartes pour la conservation des archives, et la rédaction des rapports officiels que le gouvernement envoie à Péking.
한 고문서의 보관을 위한, 그리고 정부가 북경에 보내는 공식 보고서 작성을 위한 고문서 학교

ᄉᆞ작바ᄅᆞ다 [SĂ-TJAK-PA-RĂ-TA,-PAL-NA,-PA-RĂN] 원391
불 Qui n'est pas trop timide, qui n'est pas trop embarrassé devant une personne élevée (enfant, jeune fille). ‖ Ne pas savoir vivre, être mal élevé, être incivil, peu poli.
한 너무 소심하지는 않은 사람, (아이, 어린 소녀가) 지위가 높은 사람 앞에서 너무 당황하지는 않다 | 예의범절을 모르다, 버르장머리가 없다, 무례하다, 별로 예의바르지 않다

1*ᄉᆞ쟈 [SĂ-TJYA] (使者) 원391
불 Ambassadeur.
한 대사

2*ᄉᆞ쟈 [SĂ-TJYA] (死者) 원391
불 Mort, défunt.
한 죽은 사람, 고인

ᄉᆞ쟝 [SĂ-TJYANG,-I] (獄庫直) 원391
불 Gardien de prison, geôlier.
한 감옥을 지키는 사람, 감옥지기

ᄉᆞ쟝이 [SĂ-TJYANG-I] 원379 ☞사장이

1*ᄉᆞ젹 [SĂ-TJYEK,-I] (事蹟) 원391
불 Signe, marque.
한 징조, 표시

2*ᄉᆞ젹 [SĂ-TJYEK,-I] (事籍) 원392
불 Histoire ; relations historiques ; mémoires.
한 역사 | 역사의 진술 | 회고록

1*ᄉᆞ젼 [SĂ-TJYEN,-I] (私錢) 원392
불 Paie d'un domestique ; salaire d'un employé ; gages d'un serviteur. ‖ Argent du peuple.
한 하인이 받는 급료 | 고용인의 봉급 | 하인이 받는 보수 | 백성의 돈

2*ᄉᆞ젼 [SĂ-TJYEN] (死前) 원392
불 Avant la mort.
한 죽기 전

*ᄉᆞ졀 [SĂ-TJYEL,-I] (四節) 원392
불 Les quatre saisons.
한 사계절

ᄉᆞ졀ᄉᆞᆯ이 [SĂ-TJYEL-SĂL-I] 원392
불 Qui vit les quatre saisons ; qui est vert pendant les quatre saisons.
한 사철 사는 것 | 사계절 동안 푸른 것

*ᄉᆞ졉 [SĂ-TJYEP,-I] (私接) 원392
불 Particulière résidence. Maison particulière qu'occupe un mandarin dont le successeur est arrivé
한 개인의 주택 | 제 후임자가 당도한 관리가 점유하는 사적인 집

1*ᄉᆞ졍 [SĂ-TJYENG,-I] (私情) 원392
불 Affaire ; exposé d'une affaire ; état de choses.
한 일 | 일에 대한 보고 | 형세

2*ᄉᆞ졍 [SĂ-TJYENG,-I] (私情) 원392
불 Partialité. Affection particulière, spéciale.
한 편파성 | 사사로운, 특별한 애정

*ᄉᆞ조 [SĂ-TJO] (四祖) 원392
불 Les quatre grand-pères : ses deux grand-pères (paternel et maternel) de la femme. ‖ Les quatre générations antérieures : père, grand-père, bisaïeul et trisaïeul.
한 네 명의 할아버지 : 부인의 두 할아버지 (아버지 쪽과 어머니 쪽의) | 전 4세대 : 아버지, 할아버지, 증조부와 고조부

*ᄉᆞ죄 [SĂ-TJOI] (死罪) 원392
불 Crime capital, faute qui mérite la mort ; péché mortel.
한 사형죄, 죽어 마땅한 죄 | 대죄

1*ᄉᆞ죡 [SĂ-TJYOK,-I] (四足) 원392
불 Quatre pieds ou pattes ; les quatre membres.
한 네 발 또는 다리 | 사지

2*ᄉᆞ죡 [SĂ-TJYOK,-I] (仕族) 원392
불 La famille ou la maison d'un grand noble ; haute noblesse.
한 대귀족의 가족 또는 집안 | 높은 귀족 신분

*ᄉᆞ쥬 [SĂ-TJYOU] (四柱) 원392

불 Les quatre colonnes, les quatre époques de la naissance ; l'année, le mois, le jour, l'heure de la naissance, que l'on notifie à la maison de la future pour tirer des augures, des présages.
한 네 개의 기둥, 태어났을 때의 네 가지 시기 | 징조, 전조를 점치기 위해 미래의 신부의 집에 통고하는 태어난 년, 월, 일, 시

*ᄉᆞ쥬ᄒᆞ다 [SĂ-TJYOU-HĂ-TA] (事主) 원392
불 Service de dieu. Servir dieu ; adorer dieu.
한 신을 섬기기 | 신을 섬기다 | 신을 숭배하다

*ᄉᆞ즙 [SĂ-TJEUP,-I] (蛇汁) 원392
불 Vin de serpent(remède), c.a.d. dans lequel, au moment de la fermentation, on fait macérer un serpent vivant qui vient d'avaler un crapaud.
한 뱀술(약), 즉 술이 발효될 때 방금 두꺼비를 삼킨 산 뱀을 담그게 하는 술

1*ᄉᆞ지 [SĂ-TJI] (四肢) 원392
불 Les quatre membres.
한 사지

2ᄉᆞ지 [SĂ-TJI] 원392
불 Petit morceau de papier, morceau de papier, bande de papier.
한 작은 종잇조각, 종잇조각, 종이 띠

*ᄉᆞ지ᄇᆡᆨ톄 [SĂ-TJI-PĂIK-HTYEI] (四肢百體) 원392
불 Les quatre membres et les cent articulations ; le corps entier.
한 사지와 백 개의 관절 | 몸 전체

*ᄉᆞ진 [SĂ-TJIN,-I] (仕進) 원392
불 Affaire de contribution.
한 공헌하는 일

*ᄉᆞ집 [SĂ-TJIP,-I] (私集) 원392
불 Livre d'écriture mesurée, de vers.
한 규칙적인 글로, 운문으로 된 책

*ᄉᆞᄌᆞ [SĂ-TJĂ] (獅子) 원391
불 Lion.
한 사자

ᄉᆞ찰ᄒᆞ다 [SĂ-TCHAL-HĂ-TA] 원392
불 Qui a de l'esprit, spirituelle (ne se dit que d'une femme). ‖ Etre entendu en affaires. Intelligent et actif.
한 재치가 있다, 기지가 있다 (여자에 대해서만 쓴다) | 일처리가 능숙하다 | 똑똑하고 부지런하다

*ᄉᆞ천 [SĂ-TCHYEN,-I] (沙川) 원392
불 Ruisseau sablonneux.
한 모래가 많은 개울

*ᄉᆞ촌 [SĂ-TCHON,-I] (四寸) 원392
불 4e degré ; parent au 4e degré. Cousin germain paternel ; fils du frère du père.
한 네 번째 촌수 | 네 번째 촌수의 친척 | 아버지 쪽의 사촌 형제 | 아버지의 남자 형제의 아들

*ᄉᆞ촌죵ᄆᆡ [SĂ-TCHON-TJYONG-MĂI] (四寸從妹) 원392
불 Cousine germaine.
한 사촌 여자 형제

*ᄉᆞ츄덕 [SĂ-TCHYOU-TEK,-I] (四樞德) 원392
불 Les quatre vertus cardinales (지 Tji, prudence; 의 Eui, justice; 용 Yong, force; 졀 Tjyel, tempérance).
한 네 개의 기본적인 덕 (지 Tji, 지혜 | 의 Eui, 정의 | 용 Yong, 힘 | 졀 Tjyel, 절제)

ᄉᆞ치 [SĂ-TCHI] 원392
불 Cheveux blancs d'une personne jeune encore.
한 아직 젊은 사람에게서 난 흰 머리카락

*ᄉᆞ탁 [SĂ-HTAK,-I] (司鐸) 원391
불 Prêtre, le père.
한 사제, 아버지

1*ᄉᆞ톄 [SĂ-HTYEI] (四體) 원391
불 Les quatre membres ; les deux bras et les deux jambes.
한 사지 | 두 팔과 두 다리

2*ᄉᆞ톄 [SĂ-HTYEI] (事體) 원391
불 Le corps, la tournure d'une affaire.
한 어떤 일의 주요부, 형세

ᄉᆞ토리 [SĂ-HTO-RI] (方言) 원391
불 Expression de province sentant le patois ; accent provincial ; idiome, langage corrompu de province.
한 사투리 느낌을 주는 지방의 표현 | 지방의 억양 | 방언, 지방의 변질된 언어

*ᄉᆞ통오달ᄒᆞ다 [SĂ-HTONG-O-TAL-HĂ-TA] (四通五達, (Quatre, aller, cinq, aller)) 원391
불 Aller de tous côtés, se diriger en tous sens.
한 사방으로 가다, 사방을 향하다

1*ᄉᆞ통ᄒᆞ다 [SĂ-HTONG-HĂ-TA] (四通) 원391
불 Rayonner, rayonnant dans tous les sens.
한 [역주 길 따위가] 사방으로 뻗어 나가다, 사방으로 방사상이다

2*ᄉᆞ통ᄒᆞ다 [SĂ-HTONG-HĂ-TA] (私通) 원391
불 Trahir son roi, son mari.

한 자신의 왕, 자신의 남편을 배신하다

*ᄉᆞ틔 [SĂ-HTĂĂI] (死胎) 원391
불 Enfant mort-né ; fœtus qui n'a pu arriver à terme ; avortement. V. 낙틔 Nak-htăi.
한 사산아 | 달을 못 채운 태아 | 유산 | [참조어 낙틔 Nak-htăi]

ᄉᆞ팔눈 [SĂ-HPAL-NOUN,-I] (四八目) 원390
불 Les yeux obliques et longs.
한 사시

*ᄉᆞ편 [SĂ-HPYEN,-I] (四便) 원390
불 Les quatre côtés, les quatre vents ; tous les côtés.
한 사방, 네 방향 | 모든 쪽

*ᄉᆞ헌부 [SĂ-HEN-POU] (司憲府) 원388
불 Un des trois tribunaux à la capitale.
한 수도에 있는 세 개의 법원 중 하나

*ᄉᆞ혐 [SĂ-HYEM,-I] (私嫌) 원388
불 Haine, rancune, animosité. = ᄒᆞ다-hă-ta, Conserver rancune ; avoir du ressentiment ; ne pas oublier les injures, l'offense.
한 증오, 원한, 적의 | [용례 = ᄒᆞ다, -hă-ta], 앙심을 품다 | 원망을 하다 | 욕, 무례를 잊지 않다

1*ᄉᆞ환 [SĂ-HOAN,-I] (使喚) 원388
불 Dignité ; charge ; emploi ; magistrature.
한 고관직 | 직무 | 일자리 | 행정관의 직

2*ᄉᆞ환 [SĂ-HOAN,-I. ou -KA] (仕宦家) 원388
불 Commissionnaire; celui qui remplit les messages, qui fait les commissions. esclave ; serviteur ; gens de service.
한 심부름꾼 | 전언의 임무를 다하는, 심부름을 하는 사람 | 노예 | 하인 | 하인들

1*ᄉᆞ후 [SĂ-HOU] (死後) 원388
불 Après la mort. ᄉᆞ후에 Să-hou-si, Après la mort.
한 죽은 후에 | [용례 ᄉᆞ후에, Să-hou-si], 죽은 후에

2*ᄉᆞ후 [SĂ-HOU] (事後) 원389
불 Après l'affaire finie.
한 일이 끝난 후에

3*ᄉᆞ후 [SĂ-HOU] (死候) 원389
불 La mort, le moment de la mort (une des quatre fins dernières).
한 죽음, 죽는 순간(네 가지 종말 중 하나)

*ᄉᆞ획ᄒᆞ다 [SĂ-HĂIK-HĂ-TA] (查覈) 원388
불 Examiner pour juger; reconnaître la convenance ou la disconvenance de deux idées ; comparer pour juger.
한 판결하기 위해 조사하다 | 두 의견의 적합 또는 부적합을 식별하다 | 판단하기 위해 비교하다

1*ᄉᆞ힝 [SĂ-HĂING,-I] (四行) 원388
불 Les quatre éléments (화 Hoa, feu; 긔 keui, air; 슈 Syou, eau; 토 Hto, terre)
한 네 가지 요소 (화 Hoa, 불 | 긔 keui, 공기 | 슈 Syou, 물 | 토 Hto, 흙)

2*ᄉᆞ힝 [SĂ-HĂING,-I] (使行) 원388
불 Ambassadeur ; le voyage des ambassadeurs.
한 대사 | 대사들의 여행

ᄉᆞᆯ오다 [SĂL-O-TA,-OA,-ON] 원377 ☞살오다

ᄉᆞᆯ피 [SĂL-HPI] 원390
불 Esp. de petite pellicule très-fine qui enveloppe le 막ᄌᆞ Mak-tjă de la viande, peau de viande. ‖ Espace, intervalle.
한 고기의 막ᄌᆞ Mak-tjă를 둘러싸고 있는 매우 얇고 작은 막 종류, 고기 껍질 | 공간, 사이

ᄉᆞᆯ피다 [SĂL-HPI-TA,-HPYE,-HPIN] (審) 원390
불 Surveiller ; examiner ; prendre garde ; faire attention ; épier ; être en sentinelle ; regarder attentivement.
한 감시하다 | 조사하다 | 유의하다 | 주의하다 | 몰래 감시하다 | 보초를 서다 | 주의 깊게 보다

ᄉᆞᆰ [SĂLK,-I] (狸) 원390
불 Sorte de renard, chat sauvage, esp. de petit tigre. Renard arctique. Felis sylvestris.
한 여우의 종류, 야생 고양이, 작은 호랑이의 일종 | 북극 여우 | 야생 고양이 종류

ᄉᆞᆰ압다 [SĂLK-AP-TA,SĂLK-A-OA,SĂLK-A-ON] (慧) 원390
불 Plus grand qu'on ne croit ; plus large, plus haut, plus vaste qu'on ne pense. Avoir plus de capacité que d'apparence.
한 생각보다 더 크다 | 생각보다 더 넓다, 더 높다, 더 방대하다 | 보기보다 더 많은 역량을 가지다

ᄉᆞᆲ다 [SĂLP-TA,SĂLP-OA,SĂLP-EUN] (白活) 원390
불 Dire à un supérieur ; manifester, découvrir sa pensée.
한 윗사람에게 말하다 | 자신의 생각을 나타내다, 밝히다

*ᄉᆞᆷ셩 [SĂM-SYENG,-I] (參星) 원390
불 Orion (constellation).
한 오리온좌 (별자리)

ᄉᆞᆷᄒᆞ다 [SĂM-HĂ-TA] (褁) 원390

ㅅ

불 Etre revêche, hargneux ; avoir des manières insupportables.
한 다루기 힘들다, 까다롭다 | 태도가 아주 불쾌하다

싀 [SĂI] (鳥) 원385
불 Oiseau.
한 새

싀납 [SĂI-NAP,-I] (胡笛) 원386
불 Esp. de petite trompette.
한 작은 나팔의 종류

싀낫 [SĂI-NAT,-SI] (新鎌) 원386
불 Nouvelle faux, grande lame de fer, instrument à manche pour couper l'herbe.
한 새로운 낫, 철로 만든 큰 날, 풀을 베는 손잡이가 달린 도구

싀다 [SĂI-TA,SĂI-YE,SĂIN] 원388
불 Suinter, filtrer, passer au travers. 비가싀다 Pi-ka-sâi-ta, La pluie passer au travers (v.g.du toit).
한 스며 나오다, 새어 나오다, ~을 관통하다 | [용례 비가싀다, Pi-ka-sâi-ta], 비가 (예. 지붕을) 관통하다

싀록싀록 [SĂI-ROK-SĂI-ROK] 원388
불 De plus en plus ; en augmentant. A plusieurs reprises ; tout de nouveau ; coup sur coup.
한 점점 더 | 차츰 더 | 여러 번 반복해서 | 전부 다시 | 계속해서

싀매 [SĂI-MAI] (鶻) 원386
불 Nom d'une esp. d'oiseau de proie, p. ê. le faux mouchet. Esp. de petit faucon, tiercelet.
한 맹금류의 이름, 아마도 가짜 새매 | 작은 매의 종류, 일부 맹금류의 수컷

싀멸 [SĂI-MYEL,-I] 원386
불 Esp. d'asperge sauvage non comestible.
한 먹을 수 없는 야생 아스파라거스의 종류

싀삼 [SĂI-SAM,-I] (兎絲子) 원388
불 Esp. de mauvaises herbes dans les champs (et qui, dit-on, n'ont pas de racines).
한 밭에 있는 (그리고 뿌리가 없다고 하는) 잡초의 종류

싀안님 [SĂI-AN-NIM,-I] (上典主) 원385
불 Titre respectueux que le peuple donne à un vieillard noble.
한 백성이 늙은 귀족에게 부여하는 경칭

싀알 [SĂI-AL,-I] (鳥卵) 원385
불 Œuf d'oiseau.
한 새의 알

싀양 [SĂI-YANG,-I] (薑) 원385
불 Gingembre.
한 생강

싀양나무 [SĂI-YANG-NA-MOU] (黃梅木) 원385
불 Esp. d'arbuste du genre laurier, dont les feuilles ont l'odeur du gingembre.
한 그 잎에서 생강 냄새가 나는 월계수류 소관목 종류

싀우 [SĂI-OU] (蝦) 원385
불 Crevette, chevrette.
한 작은 새우, 염소 새끼

싀우다 [SĂI-OU-TA] (經夜) 원385
불 Passer la nuit sans dormir.
한 자지 않고 밤을 보내다

싀팟 [SĂI-HPAT,-TCHI] (野豆) 원388
불 Champ abandonné, où des blés et des légumes viennent d'eux-mêmes. Pelouse, espace sur une montagne couvert d'herbe et sans arbres.
한 곡식과 채소가 저절로 자라는 버려진 밭 | 잔디, 풀로 덮이고 나무가 없는 산 위의 공간

*싀후릭이 [SĂI-HOU-RIK-I] 원385
불 Pillard; qui aime à piller; voleur; qui fait le pillage.
한 약탈자 | 약탈하기를 좋아하는 사람 | 도둑 | 강탈하는 사람

*식 [SĂIK,-I] (色) 원385
불 Couleur; lumière colorée. ‖ Luxure, concubitus. Mauvaise femme. ‖ Parti civil, faction. (les quatre partis civils actuels sont : 노론 No-ron, 남인, Nam-in, 쇼론, Syo-ron, 쇼북 Syo-pouk. Ces partis sont héréditaires, et empêchent les relations sociales avec les membres d'un parti opposé, v.g. le mariage).
한 색깔 | 색이 있는 빛 | 색욕 | 〈불량한 여자〉 | 문민당, 급진파 | (네 개의 현재 문민당: 노론 No-ron, 남인, Nam-in, 쇼론, Syo-ron, 쇼북 Syo-pouk. 이 당들은 세습되며 반대당 구성원들과 사회적 관계, 예를 들면 결혼의 관계를 막는다)

*식가 [SĂIK-KA] (色家) 원385
불 Maison de prostituée.
한 매춘부의 집

식갈이 [SĂIK-KAL-I] 원385
불 Echange de provisions de blé. Donner au printemps du blé qui doit être rendu à l'automne.
한 비축된 곡식의 교환 | 가을에 갚아야 할 곡식을 봄에 제공하다

싁근싁근ᄒᆞ다 [SĂIK-KEUN-SĂIK-KEUN-HĂ-TA] [원]385
[불] Etre aigre. ‖ Etre fatigué après une longue marche. Avoir mal au-dessus du pied(à la jointure, au cou du pied) par suite de la fatigue d'une longue route.
[한] 시다 | 많이 걸은 후에 피곤하다 | 긴 여정에서 오는 피로로 인해 발 위(관절, 발목)가 아프다

싁기 [SĂIK-KI] (雛) [원]385
[불] Petit des animaux.
[한] 동물들의 새끼

*싁니 [SĂIK-NI] (色吏) [원]385
[불] Employé de préfecture lorsqu'il remplit certaines fonctions, comme d'accompagner un coupable en exil, de distribuer le blé au peuple, d'accompagner le tribut à la capitale, etc.
[한] 죄인을 유배지로 인솔하는, 백성에게 곡식을 나누어 주는, 공물을 수도까지 가져다주는 등과 같은 임무를 수행할 때의 도청 직원

1*싁목 [SĂIK-MOK] (色目) [원]385
[불] Parti civil auquel on appartient; faction; parti.
[한] 소속된 문민당 | 급진파 | 당파

2싁목 [SĂIK-MOK,-I] [원]385
[불] Douaniers; ceux qui perçoivent les impôts.
[한] 세관원들 | 세금을 받는 사람들

*싁샹ᄒᆞ다 [SĂIK-SYANG-HĂ-TA] (色傷) [원]385
[불] Maladie vénérienne.
[한] 성병

싁실 [SĂIK-SIL,-I] (色絲) [원]386
[불] Fil de couleur.
[한] 색깔이 있는 실

*싁싁ᄒᆞ다 [SĂIK-SĂIK-HĂ-TA] (色色) [원]385
[불] Polychrome; de toutes couleurs; de différentes couleurs.
[한] 다색이다 | 온갖 색깔의 | 여러 가지 색깔의

싁썩 [SĂIK-TTEK,-I] (色餠) [원]386
[불] Gâteaux coloriés.
[한] 색을 입힌 떡

*싁욕 [SĂIK-YOK,-I] (色慾) [원]385
[불] Concubitûs desiderium, passion pour les femmes, passion impure.
[한] <성행위에 대한 욕망> 여자들에 대한 열정, 부정한 연정

싁음 [SĂIK-EUM,-I] [원]385
[불] Traduction; sens; signification v.g. des caractères chinois. V. 음 Eum.
[한] 번역 | 뜻 | 예. 중국 글자들의 의미 | [[참조어] 음, Eum]

*싁쟝 [SĂIK-TJYANG,-I] (色掌) [원]386
[불] Maire de village. Charge dans les temples de confucius.
[한] 마을의 시장 | 공자의 사원들에서의 직

*싁죠 [SĂIK-TJYO] (色租) [원]386
[불] Echantillon, riz pour échantillon.
[한] 표본, 견본품으로 주는 쌀

*싁쥬가 [SĂIK-TJYOU-KA] (色酒家) [원]386
[불] Maison de femme qui vend du vin et se prostitue.
[한] 술을 팔고 몸을 파는 여성의 집

*싁지 [SĂIK-TJI] (色紙) [원]386
[불] Papier de couleur, papier colorié.
[한] 색종이, 유색 종이

1*싁칙ᄒᆞ다 [SĂIK-TCHĂIK-HĂ-TA] (塞責) [원]386
[불] Faire un présent pour éviter des reproches, pour empêcher les murmures. Envoyer en présent juste ce qu'il faut pour ne pas être blâme.
[한] 질책을 피하기 위해, 불평을 막기 위해 선물을 주다 | 비난받지 않기에 바로 필요한 것을 선물로 보내다

2*싁칙ᄒᆞ다 [SĂIK-TCHĂIK-HĂ-TA] (塞窄) [원]386
[불] Avoir seulement part un peu; ne faire que goûter; n'en avoir que pour les grosses dents.
[한] 그저 약간 참여하다 | 맛만 보다 | 어금니용으로만 있다

싄님 [SĂIN-NIM,-I] (上典主) [원]386
[불] Titre respectueux dont le peuple appelle un vieillard noble. Abrév. peu respect. de 싱원님 Săing-ouen-nim.
[한] 그 백성이 늙은 귀족을 부를 때 붙이는 경의를 표하는 칭호 | 약어. 존경 없이 | 존경의 뜻이 없는 싱원님 Săing-ouen-nim의 약어

싐 [SĂIM,-I] (泉) [원]386
[불] Fontaine, source.
[한] 샘물, 샘

싐물 [SĂIM-MOUL,-I] (泉水) [원]386
[불] Source; fontaine.
[한] 샘 | 샘물

싓득ᄒᆞ다 [SĂIT-TEUK-HĂ-TA] [원]388
[불] Somptueux, joli, de luxe (habit, maison, etc). ‖ très-heureux, Très-bien réussi, mieux qu'on ne s'y attendait.

한 사치스럽다, 예쁘다, 값비싼(옷, 집 등) | 운이 매우 좋다, 대성하다, 기대했던 것보다 더 낫다

1*싱 [SĂING] (生) 원386

불 Je, moi. (Terme d'humilité, dans les livres).

한 나는, 나 | (책에서의 겸양어)

2*싱 [SĂING,-I] (生) 원386

불 En agr. Naître; naissance. ‖ Naturel. ‖ Vivre. Vie.

한 한자어로 태어나다 | 출생 | 타고나다 | 살다 | 생

3*싱 [SĂING] (生) 원386

불 Crudité. Cru; pas cuit; pas préparé; pas mûr; écru.

한 날것 | 가공하지 않다 | 익히지 않다 | 조리되지 않다 | 익지 않다 | 천연 그대로다

*싱가 [SĂING-KA] (生家) 원386

불 Un enfant adoptif appelle ainsi la famille, la maison où il est né. Ma maison.

한 입양아가 자신이 태어난 집, 가정을 이렇게 부른다 | 나의 집

싱각 [SĂING-KAK,-I] (思) 원386

불 Pensée; réflexion; avis, sentiment; idée; considération; imagination; opinion; conception.

한 생각 | 숙고 | 견해, 소감 | 사고 | 고려 | 상상 | 의견 | 발상

*싱강 [SĂING-KANG,-I] (生薑) 원386

불 Gingembre frais ou cru.

한 싱싱하거나 익히지 않은 생강

싱것 [SĂING-KET,-SI] (生物) 원386

불 Chose crue; chose non cuite ou non mûre, non préparée.

한 익히지 않은 것 | 익히지 않거나 여물지 않은, 조리되지 않은 것

*싱계 [SĂING-KYEI] (生計) 원386

불 Manière d'entretenir la vie, de pouvoir vivre, d'avoir de quoi vivre. Travail pour vivre.

한 목숨을 유지하는, 살 수 있는, 먹고 살 방법 | 살기 위한 일

*싱곡 [SĂING-KOK,-I] (生穀) 원387

불 Blé qui n'est pas arrivé à maturité. ‖ Riz cru (ou autres céréales). ‖ Culture.

한 익지 않은 밀 | 생쌀 (또는 곡물) | 농사

*싱광스럽다 [SĂING-KOANG-SEU-REP-TA,-RE-OUE,-RE-ON] (生光) 원386

불 Nécessaire pour; dont on ne peut se passer. Etre très-utile; venir très à propos.

한 ~을 위해 필요하다 | ~없이 지낼 수 없다 | 아주 유용하다 | 때마침 오다

*싱광ᄒᆞ다 [SĂING-KOANG-HĂ-TA] (生光) 원386

불 Faire naître les couleurs. ‖ Donner la face, faire avoir la face; attirer l'estime, la considération publique.

한 색깔이 생기게 하다 | 체면을 부여하다, 체면을 갖게 하다 | 대중의 존중, 존경을 부르다

*싱군 [SĂING-KOUN,-I] (生軍) 원387

불 Novice; qui n'est pas habitué à ; apprenti.

한 신참 | ~에 익숙하지 않은 사람 | 견습생

*싱금 [SĂING-KEUM,-I] (生金) 원386

불 Or brut, or qui n'a pas été éprouvé au creuset; or natif, non travaillé.

한 금광석, 도가니에서 단련되지 않은 금 | 천연의, 가공하지 않은 금

싱긋싱긋 [SĂING-KEUT-SĂING-KEUT] 원386

불 Manière de rire modérément.

한 절제하며 웃는 모양

*싱긔 [SĂING-KEUI] (生氣) 원386

불 Force vitale(dans les végétaux et les animaux), principe de la vie. Vigueur; air de vigueur.

한 (식물과 동물에게 있어) 생명 유지에 필수적인 힘, 삶의 근원 | 생명력 | 원기

싱기다 [SĂING-KI-TA,-KYE,-KIN] 원386

불 Etre vivant, en vie. Vivre.

한 살아 있다, 살아 있다 | 살다

*싱남ᄒᆞ다 [SĂING-NAM-HĂ-TA] (生男) 원387

불 Engendrer un fils; enfanter un garçon; mettre au monde un garçon.

한 아들을 낳다 | 사내아이를 낳다 | 사내아이를 출산하다

*싱녀ᄒᆞ다 [SĂING-NYE-HĂ-TA] (生女) 원387

불 Mettre au monde une fille; enfanter,engendrer une fille.

한 딸을 출산하다 | 딸을 낳다, 낳다

*싱년 [SĂING-NYEN,-I] (生年) 원387

불 Année de la naissance; année cyclique de la naissance (après 60 ans)

한 태어난 해 | 출생으로부터 순환되는 해 (60살 이후)

*싱뉼 [SĂING-NYOUL,-I] (生栗) 원387

불 Châtaigne crue.

한 익히지 않은 밤

*싱니별 [SĂING-NI-PYEL,-I] (生離別) 원387

불 Se quitter pendant la vie; se séparer, s'éloigner de. -pendant la vie. Séparation pendant la vie.
한 사는 동안 서로 헤어지다 | 사는 동안 헤어지다, ~에서 멀어지다 | 사는 동안의 이별

싱단뎐 [SĂING-TAN-TYEN,-I] (Nature, différent, boutique)) 원388
불 Faire le contraire de ce qu'on annonce (v.g.pharmacie qui vend du vin, etc.).
한 공표한 것과 상반되게 하다 (예. 술을 파는 약국 등)

*싱도 [SĂING-TO] (生道) 원388
불 Manière d'entretenir la vie ; moyen de vivre d'avoir de quoi vivre, moyen d'existence.
한 목숨을 유지하는 방법 | 먹고 살 방법, 생활 수단

싱도업난병 [SĂING-TO-EP-NĂN-PYENG] (無生道之病) 원388
불 Maladie dont on mourra certainement.
한 틀림없이 죽게 되는 병

*싱동 [SĂING-TONG,-I] (生銅) 원388
불 Fer brut, métal brut, tel qu'on le trouve dans la nature.
한 가공하지 않은 쇠, 자연 속에서 발견되는 그대로의 천연 금속

싱동싱동ᄒᆞ다 [SĂING-TONG-SĂING-TONG-HĂ-TA] 원388
불 Qui n'est pas malade, qui est en assez bonne santé. Etre frais, vif.
한 아프지 않다, 꽤 건강한 상태이다 | 싱싱하다, 생기 있다

*싱되다 [SĂING-TOI-TA,-TOI-YE,-TOIN] (生) 원388
불 N'être pas mûr; n'être pas assez, pas entièrement mûr. Etre cru.
한 무르익지 않다 | 충분하지 않다, 완전히 익지 않다 | 날것이다

*싱디 [SĂING-TI] (生地) 원388
불 Terre en friche; terrain inculte.
한 황무지 | 미개간지

*싱량ᄒᆞ다 [SĂING-RYANG-HĂ-TA] (生凉) 원387
불 Etre rafraîchi; être un peu froid; (la température, à l'automne,) se rafraîchir.
한 시원하게 되다 | 약간 차갑다 | (가을에 기온이) 서늘해지다

*싱리 [SĂING-RI] (生利) 원387
불 Le vivre, la vie, entretien de la vie, c.a.d. les moyens d'existence. =됴타-tyo-hta, La vie est bonne, c.a.d. on y peut vivre dans l'abondance, le confortable.
한 생존, 삶, 생명의 유지, 즉 생활 수단 | [용례 =됴타, -tyo-hta], 생활이 좋다, 즉 풍족하게, 편안하게 살 수 있다

싱먹다 [SĂING-MEK-TA,-MEK-E,-MEK-EUN] 원387
불 Riposter; se défendre d'une accusation.
한 말대꾸하다 | 비난에 대해 자신을 변호하다

*싱면대칙 [SĂING-MYEN-TAI-TCHĂIK,-I] (生面大責, (Cru,visage,grande, réprimande)) 원387
불 Gronder fortement pour une chose dont l'accusé est innocent; réprimander avec force et injustement.
한 그 피고인이 결백한 일에 대해 심하게 꾸짖다 | 강력하고 부당하게 질책하다

*싱명 [SĂING-MYENG,-I] (生命) 원387
불 Vie; esprit vital; animation; vitalité.
한 생명 | 생기 | 생명력 | 생기

*싱모 [SĂING-MO] (生母) 원387
불 Mère naturelle(par opposition à mère adoptive).
한 (양어머니와 반대로) 친어머니

*싱목 [SĂING-MOK,-I] (生木) 원387
불 Toile de coton écrue. ‖ Arbre vert; bois vert, qui n'est pas desséché.
한 자연색 그대로의 면포 | 싱싱한 나무 | 가공하지 않은, 마르지 않은 나무

*싱물 [SĂING-MOUL,-I] (生物) 원387
불 Chose crue, non préparée, écrue, brute. ‖ Poisson frais.
한 날것의, 준비되지 않은, 천연의, 가공하지 않은 것 | 싱싱한 생선

*싱민이릭 [SĂING-MIN-I-RĂI] (生民以來) 원387
불 Depuis qu'il y a des hommes au monde. Tout à fait extraordinaire; qui pour la première fois se voit sous le soleil.
한 세상에 사람이 있은 이후로 | 매우 비범하다 | 이 세상에 처음 보이다

싱믹 [SĂING-MĂI] (生鷹) 원387
불 Faucon sauvage, qui n'est pas apprivoisé, pas instruit, pas formé, pas dressé.
한 길들여지지 않은, 교육받지 않은, 훈련받지 않은, 조련되지 않은 야생 매

*싱복 [SĂING-POK,-I] (生鰒) 원387
불 Esp. de coquillage frais ; l'huître à perle fraîche.

Grand coquillage à l'intérieur de la coquille orné de couleurs fines.
한 신선한 조개 종류 | 싱싱한 진주 굴 | 세련된 색이 입혀진 조개껍질 안의 큰 조개

*싱부 [SĂING-POU] (生父) 원387
불 Père naturel (par opposition au père adoptif).
한 (양아버지와 반대로) 친부

*싱불여ᄉᆞ [SĂING-POUL-YE-SĂ] (生不如死) 원387
불 Vie pire que la mort. La vie ne vaut pas la mort.
한 죽음보다 더 못한 삶 | 삶이 죽음보다도 가치가 없다

*싱산 [SĂING-SAN,-I] (生産) 원387
불 Couches ; accouchement. =ᄒᆞ다=hă-ta, Concevoir; devenir enceinte; enfanter; mettre au monde.
한 해산 | 출산 | [용례 =ᄒᆞ다, =hă-ta], 임신하다 | 임신하게 되다 | 출산하다 | 낳다

*싱살지권 [SĂING-SAL-TJI-KOUEN] (生殺之權) 원387
불 Droit de vie et de mort (le roi, les gouverneurs de province).
한 살리고 죽일 권리(왕, 지방의 지사)

*싱션 [SĂING-SYEN,-I] (生鮮) 원387
불 Poisson frais.
한 싱싱한 물고기

싱션못 [SĂING-SYEN-MOT,-SI] (生鮮池) 원387
불 Etang où il y a du poisson.
한 물고기가 있는 연못

싱션비웃사려 [SĂING-SYEN-PI-OUT-SA-RYE] (生鮮靑魚) 원387
불 Voulez-vous m'acheter des harengs frais? (cri des marchands de harengs dans les rues).
한 내게서 싱싱한 청어를 사겠습니까? (길거리에서 청어 상인들이 외치는 소리)

싱소릐ᄒᆞ다 [SĂING-SO-RĂI-HA-TA] (生說) 원387
불 Parole sans réflexion. parole différente. Ne pas parler aujourd'hui comme hier, changer de langage.
한 생각 없이 한 말 | 다른 말 | 오늘 어제처럼 말하지 않다, 말을 바꾸다

*싱소ᄒᆞ다 [SĂING-SO-HĂ-TA] (生疎) 원387
불 Qui n'est pas habitué à; étranger à. ‖ Etre froids, pas intimes, peu amis.
한 ~에 익숙지 않다 | ~에 대해 생소하다 | 냉담하다, 친밀하지 않다, 별로 친하지 않다

*싱슈ᄒᆞ다 [SĂING-SYOU-HĂ-TA] (生水) 원388
불 Eau de source, sourdre, jaillir (eau, source) produire de l'eau, c.a.d. y avoir une source.
한 샘물, (물, 샘이) 솟아나다, 분출하다 | 물을 배출하다, 즉 샘이 있다

*싱시 [SĂING-SI] (生時) 원387
불 Le temps de la vie, la vie espace de temps depuis la naissance jusqu'à la mort.
한 살아 있는 때, 태어나서 죽을 때까지의 사는 기간

*싱심ᄒᆞ다 [SĂING-SIM-HĂ-TA] (生心) 원387
불 Pensée toute crue, sans détours. pensée. Avoir la pensée 싱심코 Săing-sim-hko, Avec irrévérence.
한 사실 그대로의 솔직한 생각 | 의향 | 마음을 품다 | [용례 싱심코, Săing-sim-hko], 무례하게

*싱ᄉᆞ [SĂING-SĂ] (生死) 원387
불 Vie et mort.
한 삶과 죽음

*싱식ᄒᆞ다 [SĂING-SĂIK-HĂ-TA] (生色) 원387
불 Avoir la face; conserver la réputation. Etre fler, glorieux. Se faire honneur; avoir une bonne réputation.
한 체면이 있다 | 명성을 유지하다 | 자랑스럽게 생각하다, 영광스럽다 | 자기 공으로 돌리다 | 평판이 좋다

*싱싱ᄒᆞ다 [SĂING-SĂING-HĂ-TA] (生生) 원387
불 Etre frais,vif. Bon,solide,quoique vieux. Bien conservé; qui a conservé ses forces, sa solidité.
한 신선하다, 생기 있다 | 낡은 것임에도 불구하고 상태가 좋다, 튼튼하다 | 잘 보존되다 | 자신의 힘, 자신의 견실함을 유지했다

싱애 [SĂING-AI] 원386 ☞싱이

*싱양ᄒᆞ다 [SĂING-YANG-HĂ-TA] (生養) 원386
불 Mettre au monde et nourrir.
한 낳아서 기르다

*싱업 [SĂING-EP,-I] (生業) 원386
불 Profession ; état; métier; emploi; art; industrie; fonction; état de vie; occupation.
한 직업 | 신분 | 일 | 일자리 | 기술 | 생업 | 직무 | 형편 | 일거리

*싱욱긔 [SĂING-OUK-KEUI] (生愚氣) 원386
불 Impétuosité sans raison; emportement sans motif.
한 이유 없는 격렬함 | 동기 없는 분노

*싱원 [SĂING-OUEN,-I] (生員) 원386
불 Titre honorifique par lequel ou désigne un noble un peu âgé, ou un homme du peuple âgé, même des

hommes d'âge mûr, pas trop vieux. Monsieur le bachelier.
한 약간 나이가 든 귀족이나 나이가 많은 서민, 너무 늙지 않고 성숙한 나이의 사람들까지 가리키는 경칭 | 바칼로레아 합격자

*싱월 [SĂING-OUEL,-I] (生月) 원386
불 Lune ou mois de la naissance; mois anniversaire de la naissance.
한 태어난 달 또는 월 | 태어난 생일이 있는 달

*싱육 [SĂING-YOUK,-I] (生肉) 원386
불 Viande crue. || Chair d'une plaie qui se refait.
한 날고기 | 회복되는 상처의 살

*싱육ᄒᆞ다 [SĂING-YOUK-HĂ-TA] (生育) 원386
불 Nourrir et élever.
한 먹이고 기르다

*싱의ᄒᆞ다 [SĂING-EUI-HĂ-TA] (生意) 원386
불 Sentiment;pensée. Penser.
한 감정 | 생각 | 생각하다

*싱이 [SĂING-I] (生) 원386
불 Je, moi. (Terme d'humilité, de politesse).
한 나는, 나 | (겸양, 예절 용어)

*싱일 [SĂING-IL,-I] (生日) 원386
불 Jour de la naissance; jour anniversaire de la naissance.
한 태어난 날 | 태어난 날을 기념하는 날

*싱이 [SĂING-ĂI] (生涯) 원386
불 Profession ; état; métier;art; emploi; industrie; travail manuel pour vivre.
한 직업 | 신분 | 일 | 기술 | 일자리 | 생업 | 생계를 위한 육체노동

*싱이ᄒᆞ다 [SĂING-ĂI-HĂ-TA] (生涯) 원386
불 Vivre de son travail.
한 자신이 일을 하여 먹고 살다

싱작이 [SĂING-TJAK-I] (生處) 원388
불 Terre en friche. || Morceau entier, sans pièces rapportées, ni couture.
한 황무지 | 온전한, 덧붙여 놓은 조각 없는, 솔기가 없는 조각

싱작이뮈다 [SĂING-TJAK-I-MOUI-TA,-MOUI-YE, -MOUIN] 원388
불 Accuser faussement, sans raison.
한 이유 없이, 잘못 고소하다

*싱쟝ᄒᆞ다 [SĂING-TJYANG-HĂ-TA] (生長) 원388
불 Naître et croître ; naître et passer les premières années de la vie. Naissance et adolescence.
한 태어나서 자라다 | 태어나 생애 첫 몇 해를 보내다 | 출생과 청년기

*싱젼 [SĂING-TJYEN,-I] (生前) 원388
불 Le temps de la vie ; vie ; espace de temps depuis la naissance jusqu à la mort ; toute la vie.
한 살아 있는 시간 | 일생 | 태어나서 죽을 때까지의 기간 | 평생

*싱존ᄒᆞ다 [SĂING-TJON-HĂ-TA] (生存) 원388
불 Etre en vie ; n'être pas mort ; être vivant.
한 살아 있다 | 죽지 않다 | 살아 있다

*싱질 [SĂING-TJIL,-I] (甥姪) 원388
불 Fils de la sœur, neveu par la sœur.
한 여자 형제의 아들, 여자 형제로 인해 생긴 조카

*싱질녀 [SĂING-TJIL-NYE] (甥姪女) 원388
불 Fille de la sœur, nièce par la sœur.
한 여자 형제의 딸, 여자 형제로 인해 생긴 조카딸

*싱질부 [SĂING-TJIL-POU] (甥姪婦) 원388
불 Epouse du fils de la sœur.
한 여자 형제 아들의 아내

*싱질셔 [SĂING-TJIL-SYE] (甥姪婿) 원388
불 Mari de la fille de la sœur.
한 여자 형제 딸의 남편

*싱지 [SĂING-TJĂI] (生材) 원388
불 Bois de construction qui n'est pas sec, récemment coupé.
한 갓 베어 마르지 않은 재목

*싱지ᄒᆞ다 [SĂING-TJĂI-HĂ-TA] (生財) 원388
불 S'enrichir ; acquérir de la fortune, une condition aisée.
한 부유해지다 | 재물, 유복한 신분을 획득하다

*싱쳥 [SĂING-TCHYENG,-I] (生淸) 원388
불 Miel.
한 꿀

*싱초 [SĂING-TCHO] (生草) 원388
불 Tabac frais (non séché; tabac vert).
한 생담배 (마르지 않은; 풋담배)

*싱초ᄒᆞ다 [SĂING-TCHO-HĂ-TA] (生草) 원388
불 L'herbe pousser.
한 풀이 자라다

*싱츈ᄒᆞ다 [SĂING-TCHYOUN-HĂ-TA] (生春) 원388
불 Le printemps commencer.
한 봄이 시작되다

*싱치 [SĂING-TCHI] (生雉) [원]388
[불] Faisan.
[한] 꿩
*싱치 [SĂING-TCHĂI] (生菜) [원]388
[불] Légume cru ; mets de légume préparé en salade, non cuit ; salade.
[한] 익지 않은 채소 | 샐러드로 준비된, 익히지 않은 채소 요리 | 샐러드
*싱탈ᄒᆞ다 [SĂING-HTAL-HĂ-TA] (生頉) [원]388
[불] Accident. Y avoir un accident fâcheux. Faire une bévue, une bêtise ; mal faire.
[한] 사고 | 난처한 사고를 당하다 | 실수, 어리석은 짓을 하다 | 잘못하다
*싱판 [SĂING-HPAN,-I] (生板) [원]387
[불] Table rase, c.a.d. sans raison, sans motif, injustement.
[한] 백지 상태, 즉 이유 없이, 동기 없이, 부당하게
*싱포 [SĂING-HPO] (生布) [원]387
[불] Toile de chanvre écrue, qui n'a pas été lavée.
[한] 물에 씻지 않은 자연색 그대로의 삼베
1*싱피 [SĂING-HPI] (相避) [원]387
[불] Inceste.
[한] 근친상간
2*싱피 [SĂING-HPI] (生皮) [원]387
[불] Peau fraîche, qui n'a pas eu le temps de se dessécher; cuir brut, non préparé.
[한] 마를 겨를이 없는 생가죽 | 꾸미지 않은 천연 가죽
싱핀잔ᄒᆞ다 [SĂING-HPIN-TJAN-HĂ-TA] (生貴望) [원]387
[불] Réprimander sans motif, sans cause.
[한] 동기 없이, 이유 없이 질책하다
싱ᄑᆞ리 [SĂING-HPĂ-RI] [원]387
[불] Mouche vivante. ‖ Homme sans affection, sans charité, volage comme une mouche. ‖ Novice, apprenti.
[한] 살아 있는 파리 | 애정이 없는, 동정할 줄 모르는, 파리처럼 변덕스러운 사람 | 초심자, 견습생
*싱혈 [SĂING-HYEL,-I] (生血) [원]386
[불] Sang froid, qui coule d'une blessure récente.
[한] 갓 생긴 상처에서 흐르는 차가운 피
*싱혼 [SĂING-HON,-I] (生魂) [원]386
[불] Ame végétale (des végétaux, et p. ê. aussi des animaux).
[한] (식물들의, 아마도 동물들도 역시) 식물의 정수
*싱활ᄒᆞ다 [SĂING-HOAL-HĂ-TA] (生活) [원]386
[불] Etre vivant.
[한] 살아 있다
*싱황 [SĂING-HOANG,-I] (笙簧) [원]386
[불] Esp. d'instrument de musique.
[한] 악기의 종류

ᄭ

ᄭ [KK] [원]119
[불] Le même que ㄱ K prononcé d'un son sec.
[한] 거친 소리로 발음되는 ㄱ K와 같다
ᄭᅡ다 [KKA-TA,KKA,KKAN(ou ᄭᆞ다 KKĂ-TA)] (剝) [원]136
[불] Peler. Ecosser des pois. ‖ Eclore (des œufs). Couver (poule).
[한] 껍질을 벗기다 | 콩깍지를 까다 | (알들이) 부화하다 | (닭이) 알을 품다
ᄭᅡ리보다 [KKA-RI-PO-TA,-PO-A,-PON] (下視) [원]133
[불] Mépriser, regarder avec mépris. ‖ Regarder en bas.
[한] 무시하다, 경멸의 눈으로 바라보다 | 내려다보다
ᄭᅡ이다 [KKA-I-TA,KKA-I-YE,KKA-IN] [원]121 ☞ᄭᆡ다
ᄭᅡ투리 [KKA-HTOU-RI] (雌雉) [원]137
[불] Femelle du faisan, faisane.
[한] 꿩의 암컷, 암꿩
ᄭᅡᆨ가ᄇᆞ리다 [KKAK-KA-PĂ-RI-TA,-RYE,-RIN] [원]122
[불] Ayant déchiré, rejeter, Détruire, jeter au rebut.
[한] 찢어서 버리다, 파괴하다, 폐기하다
ᄭᅡᆨ다 [KKAK-TA,-KA,-KEUN] (斫) [원]123
[불] Amoindrir en bûchant. Diminuer. Couper, écourter, bûcher, raboter, etc. ‖ Ecorcher, déchirer, détruire, égratigner (au phys. et au mor.). 말노ᄭᅡᆨ다 Mal-no-kkak-ta, Déchirer (la réputation) par la parole.
[한] 대강 다듬으며 줄이다 | 줄이다 | 자르다, 짧게 하다, 대강 다듬다, 대패로 다듬다 등 | 가죽을 벗기다, 찢다, 파괴하다, 표면에 상처를 내다 (물리학과 형태학에서) | [[용례] 말노ᄭᅡᆨ다, Mal-no-kkak-ta], 말로써 (명성을) 깨다
*ᄭᅡᆨ닥이 [KKAK-TAK-I] (箕) [원]123
[불] Cosse, gousse, peau, pelure. Cosse vide.
[한] 깍지, 깍지, 표피, 껍질 | 빈 깍지
ᄭᅡᆨ둑이 [KKAK-TOUK-I] [원]123

불 Navets séchés après avoir été coupés par morceaux.
한 조각으로 자른 후 말린 무

싹싹ᄒᆞ다 [KKAK-KKAK-HĂ-TA] 원122
불 Croassement (du corbeau, ou plutôt de la pie.) Croasser.
한 (까마귀의, 보다 정확히 말해 까치의) 우는 소리 | 까악까악 울다

[1]싼도로 [KKĂN-TO-RO] 원128
불 (Termin.) Comme; pour cette raison. 가닛싼도로 Ka-ni-kkan-to-ro, Comme j'étais allé.
한 (어미) 때문에 | 이런 이유로 | [용례 가닛싼도로, Ka-ni-kkan-to-ro], 내가 갔기 때문에

[2]싼도로 [KKAN-TO-RO] 원140
불 Termin. Comme, pour cette raison, parce que, par conséquent. ᄒᆞ니ᄭᆞ노로 Hă-ni-kkă-no-ro, Il dit et par conséquent. 죽으니ᄭᆞ니 Tjouk-ou-ni-kkă-ni, Comme il vint à mourir, parce qu'il mourut, il mourut et par conséquent.
한 어미 | 때문에, 그러한 이유로, 왜냐하면, 결과적으로 | [용례 ᄒᆞ니ᄭᆞ노로, hă-ni-kkă-no-ro], 그가 말하고 그 결과로 | [용례 죽으니ᄭᆞ니, Tjouk-ou-ni-kkă-ni], 그가 죽게 되었기 때문에, 그가 죽었기 때문에, 그가 죽고 그 결과로

싼싼ᄒᆞ다 [KKAN-KKAN-HĂ-TA] 원127
불 Etre de sang froid, rassis. ‖ Etre impassible, ferme. ‖ Etre intrépide, n'avoir peur de rien. ‖ Etre prudent, sage.
한 침착하다, 차분하다 | 냉정하다, 단호하다 | 대담하다, 아무것도 두렵지 않다 | 신중하다, 현명하다

쌀다 [KKAL-TA,KKAL-E ou -A,KKAN] (鋪) 원135
불 Etendre une natte, un tapis, un lit. Etendre par terre.
한 돗자리, 카펫, 침구를 펼치다 | 땅바닥에 펼치다

쌀보다 [KKAL-PO-TA,-PO-A,-PON] (側視) 원134
불 Mépriser, regarder avec mépris.
한 멸시하다, 경멸의 눈으로 바라보다

*쌀분 [KKAL-POUN,-I] (葛粉) 원134
불 Farine de 츩 Tcheulk, de racine de liane.
한 츩 Tcheulk의, 칡뿌리의 가루

쌀쌀웃다 [KKAL-KKAL-OUT-TA,-OU-SE,-OU-SĂN] 원134
불 Manière de rire à petits éclats. Rire comme un petit enfant que l'on fait jouer.
한 풋하고 웃는 방식 | 놀게 되는 어린아이처럼 웃다

쌀쌀ᄒᆞ다 [KKAL-KKAL-HĂ-TA] 원134
불 Etre rude au toucher (v. g. une barbe rasée depuis deux jours, une brosse). ‖ Audacieux (homme qui n'a pas peur)
한 촉감이 거칠다 (예. 이틀 전부터 깎은 수염, 솔) | (겁이 없는 사람이) 뻔뻔하다

쌀죽쌀죽ᄒᆞ다 [KKAL-TJOUK-KKAL-TJOUK-HĂ-TA] 원135
불 Sentir légèrement en touchant du bout du doigt. ‖ Rude au toucher.
한 손가락 끝으로 만져 약하게 느껴지다 | 촉감이 거칠다

쌀지 [KKAL-TJI] 원135
불 Petit tapis de jeu. ‖ Ce qui est mis sous quelque chose pour garantir du contact de la terre.
한 작은 놀이용 양탄자 | 땅과 접촉하는 것에서 보호하기 위해 어떤 것 밑에 깔려 있는 것

쌈녕ᄃᆡ로 [KAM-NYENG-TĂI-RO] 원125
불 Selon ses moyens, sa condition.
한 자신의 능력, 자신의 신분에 따라

쌈녕쌈녕이 [KKAM-NYENG-KKAM-NYENG-I] 원125
불 Selon ses moyens,suivant sa condition.
한 방법에 따라, 조건에 따라서

쌈복이 [KAM-POK-I] (黑虛穗) 원125
불 Epi vide et noir,c. a. d. gâté par la nielle. Nielle,maladie des plantes qui convertit les grains en poussière noire. Charbon.
한 텅 비고 검은, 즉 깜부깃병으로 썩은 이삭 | 깜부깃병, 곡식을 검은색 가루로 만드는 식물의 병 | 흑수병

쌈작쌈작ᄒᆞ다 [KKAM-TJAK-KKAM-TJAK-HĂ-TA] 원126
불 Surprise, frayeur subite. ‖ Clignoter des yeux.
한 놀람, 갑작스러운 공포 | 눈을 깜박거리다

쌈작이다 [KKAM-TJAK-I-TA,-TJAK-YE,-TJAK-IN] 원126
불 Cligner des yeux, clignoter.
한 눈을 깜박거리다, [역주 눈 따위가 무의식적으로] 깜박이다

쌈젹ᄒᆞ다 [KKAM-TJYEK-HĂ-TA] 원126 ☞쌈직ᄒᆞ다

쌈직ᄒᆞ다 [KKAM-TJIK-HĂ-TA] 원126
불 Effrayant, qui fait horreur à voir. ‖ Etonnant par sa précocité (se dit d'un enfant). ‖ Original,qui ne ressemble pas aux autres; drôle; qui n'a pas son pareil. ‖ Particulier, étranger.
한 끔찍하다, 보기에 혐오감을 일으키다 | 조숙함에

ㅅ

놀랍다 (아이에 대해 쓴다) | 다른 것들과 비슷하지 않은 원작 | 놀랍다 | 비견할 만한 사람이 없다 | 특이하다, 낯설다

껍덕이 [KKEP-TEK-I] (殼) [원] 146
[불] Peau, écorce, pellicule, pelure.
[한] 표피, 껍질, 얇은 막, 껍질

깝으다 [KKAP-EU-TA,KKAP-EU-RE,KKAP-EUN] [원] 131
☞깝을다

깝을다 [KKAP-EUL-TA] (簸) [원] 131
[불] Vanner; ôter les pierres, etc., du riz. ‖ Etre étourdi, léger, folâtre.
[한] 신랄한 말을 하다 | 돌, 등, 쌀을 제거하다 | 경솔하다, 경박하다, 까불다

깝죽시 [KKAP-TJYOUK-SĂI] [원] 132
[불] Oiseau, esp. de mésange.
[한] 새, 깨새의 종류

깡그리 [KKANG-KEU-RI] (一齊) [원] 129
[불] Tout, entièrement, absolument, tous.
[한] 모두, 전부, 절대적으로, 모두

깨다 [KKAI-TA,KKAI-YE,KKAIN] [원] 121
[불] Faire couver. Etre fait éclore(œuf). ‖ Faire peler.-Fact. de 까다 Kka-ta.
[한] 알을 품게 하다 | (알을) 부화시키게 되다 | 껍질을 벗기게 하다 | 까다 Kka-ta의 사동형

깩깩ᄒᆞ다 [KKAIK-KKAIK-HĂ-TA] [원] 120
[불] Crier (se dit de la mouette et du goëland).
[한] 울다 (갈매기와 갈매기에 대해 쓴다)

깽깽 [KKAING-KKAING] [원] 120
[불] Cri plaintif des petits chiens.
[한] 작은 개들이 구슬프게 짖는 소리

꺌꺌 [KKYAL-KKYAL] [원] 138
[불] Cri de la poule pour appeler le coq. ‖ Cri que pousse la poule effrayée avant de s'envoler.
[한] 수탉을 부르는 암탉의 울음소리 | 날아가기 전에 겁먹은 암탉이 내는 울음소리

꺼리다 [KKE-RI-TA,-RYE,-RIN] [원] 147
[불] Etre inquiet; contrarié; ennuyé à cause d'une contrariété. ‖ Etre retenu, être empêché. ‖ Prendre pour prétexte; sous le prétexte de. ‖ S'opposer à, ne vouloir pas. ‖ Avoir peur. Craindre.
[한] 근심스럽다 | 저지당하다 | 방해로 인해 난처하다 | 제지되다, 저지당하다 | 빌미로 삼다 | ~라는 구실로 | ~에 반대하다, 원하지 않다 | 두려워하다 | 겁내다

꺼지다 [KKE-TJI-TA,-TJYE,-TJIN] (滅) [원] 150
[불] S'enfoncer (les yeux d'un mort, la terre sous les pieds).
[한] (죽은 사람의 눈이, 땅이 발 아래에) 박히다

꺽기다 [KKEK-KI-TA,-KYE,-KIN] [원] 143
[불] Réunir, ramasser les grains qui s'échappent de dessous le pilon de la bascule à égrener.
[한] 낟알을 떼어내는 흔들 굴대 절구공이 밑으로 빠져나가는 곡식들을 모으다, 그러모으다

꺽긴길 [KKEK-KIN-KIL,-I] (折路) [원] 143
[불] Route qui tourne brusquement, qui fait un coude.
[한] 갑자기 회전하는, 굽어져 있는 길

꺽다 [KKEK-TA,KKEK-KE,KKEK-KEUN] (折) [원] 143
[불] Casser, briser, séparer violemment. Rompre.
[한] 깨뜨리다, 부수다, 난폭하게 떼어놓다 | 부러뜨리다

꺽둑이 [KKEK-TOUK-I] (履) [원] 143
[불] Souliers pour les enfants (2e qualité) sabots de bois (pop.).
[한] 아이들용 신발 (두 번째 품질) 나막신 (속어)

꺽쇠 [KKEK-SOI] [원] 143
[불] Pièce de fer transversale qui sert à renforcer une pelle. ‖ Crampon de fer.
[한] 삽을 보강하는 용도로 쓰이는 가로로 놓인 철 조각 | 철로 된 꺾쇠

꺽쇠대졍 [KKEK-SOI-TAI-TJYENG] [원] 143
[불] Forgeur. Ouvrier qui prépare les bassins destinés à recevoir la fonte.
[한] 대장장이 | 주철을 받도록 되어 있는 대야를 준비하는 노동자

꺽꺽 [KKEK-KKEK] [원] 143
[불] Cri du faisan.
[한] 꿩의 울음소리

꺽꺽ᄒᆞ다 [KKEK-KKEK-HĂ-TA] [원] 143
[불] Etat du riz, etc. non entièrement cuit. S'attacher aux dents. Empâter les dents, comme le riz mal cuit. ‖ Parler haut et fort. 말꺽꺽ᄒᆞ다 Mal-kkek-kkek-hă-ta, Parler avec force, sans crainte.
[한] 완전히 익지 않은 밥, 등의 상태 | 이에 달라붙다 | 잘못 익은 밥처럼 이에 끈적거리다 | 크고 강하게 말하다 | [[용례] 말꺽꺽ᄒᆞ다, Mal-kkek-kkek-hă-ta], 강하게, 두려움 없이 말하다

꺽졍이 [KKEK-TJYENG-I] [원] 143
[불] Nom d'un poisson d'eau douce.
[한] 민물고기의 이름

썩지다 [KKEK-TJI-TA,-TJYE,-TJIN] (强勇) [원] 143
[불] Qui a une grande force d'âme. ‖ Etre fort, capable.
[한] 정신력이 대단하다 | 강하다, 능력 있다
썰거리 [KKEL-KE-RI] [원] 147
[불] Pièce de bois engagée en travers sous la queue des bœufs, pour retenir la charge.
[한] 짐을 고정시키기 위해 소의 꼬리 아래에 가로로 걸린 나무 조각
썰거믜다 [KKEL-KE-MEUI-TA,-MEUI-YE,-MEUIN] [원] 147
[불] Déchirer, égratigner, (v. g. un habit déchiré par les épines)
[한] 찢다, 표면에 상처를 내다, (예. 가시에 찢어진 옷)
썰금썰금ᄒᆞ다 [KKEL-KEUM-KKEL-KEUM-HĂ-TA] [원] 147
[불] Contrariant. ‖ Rude, grossier au toucher.
[한] 난처하다 | 촉감이 투박하다, 거칠다
썰썰웃다 [KKEL-KKEL-OUT-TA,-OU-SYE,-OU-SĂN] [원] 147
[불] Rire d'un rire entrecoupé.
[한] 간간히 끊기는 웃음을 웃다
썰썰ᄒᆞ다 [KKEL-KKEL-HĂ-TA] [원] 147
[불] Rude, âpre au toucher.
[한] 촉감이 투박하다, 울퉁불퉁하다
썹흘 [KEP-KEUL,-I] (殼) [원] 146
[불] Ecorce, pellicule des grains.
[한] 껍질, 곡식의 얇은 막
썻 [KKET] (全) [원] 149
[불] Entièrement, complétement, tout.
[한] 전부, 완전히, 모두
썽치 [KKENG-TCHI] (臀) [원] 146
[불] Le derrière, l'extrémité inférieure de la colonne vertébrale.
[한] 후부, 척추의 아래쪽 끝
썽치되다 [KKENG-TCHI-TOI-TA,-TOI-YE,-TOIN] (亡身) [원] 146
[불] Etre usé, à bout de forces, tout à fait anémique.
[한] 쇠약해지다, 기진맥진하다, 완전히 창백하다
쎄다 [KKEI-TA,KKEI-YE,KKEIN] (貫) [원] 142
[불] Enfiler.
[한] 꿰다
쎄셔 [KKEI-SYE] [원] 162 ☞ 긔셔
쎄여미다 [KKEI-YE-MĂI-TA,-MĂI-YE,-MAIN] (彌縫) [원] 141
[불] Ravauder, raccommoder.
[한] 깁다, 수선하다
쎔이 [KKEIM-I] (貫) [원] 142
[불] Numéral des enfilades (comme chapelets), des choses passées dans un fil.
[한] (묵주처럼) 꿴 것들, 실에 통과된 것들을 세는 수사
쎕 [KKEIP,-I] (貫) [원] 142
[불] Numéral des enfilades.
[한] 꿴 것들을 세는 수사
쎙쎙울다 [KKEING-KKEING-OUL-TA,-OUL-E,-OUN] [원] 142
[불] Crier comme un chien blessé.
[한] 다친 개처럼 울부짖다
쏘노다 [KKO-NO-TA] [원] 187
[불] Lever à pointe de bras. Soupeser.
[한] 팔의 끝으로 들어 올리다 | [[역주] 손에 들고] 무게를 헤아리다
1 쏘느다 [KKO-NEU-TA,KKO-NE,KKO-NEUN] (較) [원] 187
[불] Corriger les compositions, les mettre en ordre (suivant le mérite), en marquer les fautes.
[한] 답안들을 채점하다, (재능에 따라) 그것들을 정돈하다, 그 실수를 표시하다
2 쏘느다 [KKO-NEU-TA,KKO-NE,KKO-NEUN] [원] 187 ☞ 쏘노다
쏘다 [KKO-TA,KKO-A,KKON] (綯) [원] 195
[불] Ficeler. Faire des cordes. Corder.
[한] 끈으로 묶다 | 끈을 만들다 | 꼬다
쏘닥이다 [KKO-TAK-I-TA,-YE,-IN] [원] 195
[불] Rapporter pour faire punir. Demander un chatiment contre quelqu'un.
[한] 처벌하게 하려고 밀고하다 | 어떤 사람에 대한 징벌을 요구하다
쏘라군이 [KKO-RA-KOUN-I] (貌樣) [원] 193
[불] Manière (en mauvaise part), apparence.
[한] (나쁜 의미로) 태도, 겉모습
쏘락션이 [KKO-RAK-SYEN-I] [원] 193 ☞ 쏘라군이
쏘리 [KKO-RI] (尾) [원] 193
[불] Queue. ‖ Numéral des animaux, surtout des poissons. (Peu usité) ‖ Le dernier, l'extrémité.
[한] 꼬리 | 동물들, 특히 물고기들을 세는 수사 | (별로 사용되지 않는다) | 마지막 것, 끝
쏘아리 [KKO-A-RI] [원] 182
[불] Coqueret, alkékenge. Esp. de plante qui produit

ㅅ

une petite baie rouge de la forme d'une cerise.
한 꽈리, 꽈리 | 버찌 모양의 작고 붉은 장과를 산출하는 식물 종류

[1]꼬장이 [KKO-TJANG-I] 원197
불 Une brochette. Numéral des brochettes de viande, de légumes, de 곳감 Kot-kam.
한 작은 꼬치 | 고기, 채소, 곳감 Kot-kam을 꽂은 작은 꼬치를 세는 수사

[2]꼬장이 [KKO-TJANG-I] (木錐) 원197
불 Esp. de piquet. V. 꿋창이 Kkot-tchang-i.
한 말뚝의 종류 | [참조어 꿋창이, Kkot-tchang-i]

꼬지 [KKO-TJI] 원197
불 Numéral des brochettes de viande, de 곳감 Kot-kam. ‖ Pieu, piquet, brochette.
한 고기, 곳감 Kot- kam을 꽂은 작은 꼬치를 세는 수사 | 말뚝, 말뚝, 작은 꼬치

[1]꼭고매 [KKOK-KO-MAI] (欺談) 원185
불 Parole pour donner le change.
한 [역주 속마음을 감추고] 속이기 위한 말

[2]꼭고매 [KKOK-KO-MAI] 원185
불 Globule, pompon du chapeau des soldats.
한 소구[역주 小球], 군인 모자의 방울 술

꼭닥이 [KKOK-TAK-I] (上) 원185
불 Sommet, le point le plus élevé.
한 꼭대기, 가장 높은 점

꼭독각시 [KKOK-TOK-KAK-SI] 원186
불 Comédien habillé en femme, qui joue le rôle d'une femme. ‖ Chevelure en chignon; chignon de femme.
한 여자 역을 하는, 여자옷을 입은 배우 | 틀어 올린 머리 | 여성의 틀어 올린 머리

꼭등머리 [KKOK-TEUNG-ME-RI] (腦後髻) 원185
불 Chevelure naturelle. Chevelure simple, à laquelle on n'a pas ajouté d'autres cheveux.
한 꾸미지 않은 머리 | 다른 머리카락을 덧붙이지 않은 단순한 머리

꼭끠오 [KKOK-KKEUI-O] 원185
불 Bruit imitatif du chant du coq.
한 닭이 우는 소리를 흉내 낸 소리

[1]꼭지 [KKOK-TJI] (蔕) 원186
불 Pied du fruit. Queue des fruits. ‖ Pédoncule des fleurs. ‖ Bout. 젓꼭지 Tjyet-kkot-tji, tetin.
한 과일의 아랫부분 | 과일의 끝 | 꽃의 열매 꼭지 | 말단 | [용례 젓꼭지, Tjyet-kkot-tji], 젖꼭지

[2]꼭지 [KKOK-TJI] (最上) 원186
불 Le meilleur, le superfin.
한 최상급, 최상품

*꼭지통ᄒᆞ다 [KKOK-TJI-HTONG-HĂ-TA] (器至痛) 원186
불 Pleurer.
한 울다

꼴 [KKOL,-I] (芻) 원192
불 Pâture, foin, fourrage.
한 방목장, 건초, 사료

꼴다 [KKOL-TA,KKOL-A,KKON] 원194
불 Etre raide, se raidir.
한 빳빳하다, 뻣뻣해지다

꼴닥꼴닥 [KKOL-TAK-KKOL-TAK] 원194
불 Bruit d'un liquide dans la gorge, quand on l'avale avec avidité. Frolement, frou-frou de papier raide, d'habits trop empesés, d'habits de soie.
한 액체를 게걸스럽게 삼킬 때 목구멍에서 나는 그것의 소리 | 뻣뻣한 종이, 너무 뻣뻣한 옷, 비단 옷이 가볍게 스침, 가볍게 스치는 소리

꼴둑이 [KKOL-TOUK-I] (骨獨魚) 원194
불 Nom d'un poisson de mer dans le genre de la sèche. Calmar commun (vulg. cornet, encornet).
한 갑오징어 종류에 속하는 바닷물고기의 이름 | 일반 오징어의 일종 (속칭으로 작은 나팔, 왜오징어)

꼴꼴 [KKOL-KKOL] 원194
불 Cri d'une poule pour appeler ses poussins. Cri d'une poule effrayée en s'envolant. ‖ Air de sommeiller, somnolence.
한 제 병아리를 부르기 위해 암탉이 우는 소리 | 날아오르며 겁먹은 닭의 우는 소리 | 선잠을 자는 모습, 비몽사몽

꼼바르다 [KKOM-PA-REU-TA,-PAL-NA,-PA-REUN] 원187 ☞곰바란ᄒᆞ다

꼼꼼ᄒᆞ다 [KKOM-KKOM-HĂ-TA] 원186
불 Faire avec soin. attentif; absorbé par son attention. Prudent; plein de précautions. Soupçonneux.
한 정성 들여 하다 | 세심하다 | 주의를 기울여 열중하다 | 신중하다 | 매우 조심스럽다 | 의심이 많다

꼼작 [KKOM-TJAK,-I] 원187
불 Un instant (d'effort, de patience). ‖ Un clin d'œil. ‖ Mouvement, petit mouvement nerveux.
한 (노력의, 인내의) 순간 | 순식간 | 움직임, 신경질적

인 작은 동작

꼼작꼼작ᄒᆞ다 [KKOM-TJAK-KKOM-TJAK-HĂ-TA] 원 187

불 Remuer un peu, bouger un peu.

한 몸을 조금 움직이다, 조금 움직이다

꼼쥐 [KKOM-TJOUI] (小鼠) 원 187

불 Petite souris, petit de souris.

한 작은 생쥐, 생쥐의 새끼

꼼쥐스럽다 [KKOM-TJOUI-SEU-REP-TA,-RE-OUE, -RE-ON] 원 187

불 Etre chiche, avare, mesquin.

한 인색하다, 아끼다, 쩨쩨하다

꼼질꼼질ᄒᆞ다 [KKOM-TJIL-KOM-TJIL-HĂ-TA] 원 187

불 Etre avare, chiche. ‖ Bouger, branler, remuer.

한 아끼다, 인색하다 | 움직이다, 흔들다, 몸을 움직이다

꼽꼽장이 [KKOP-KKOP-TJANG-I] (慳吝) 원 192

불 Chiche, mesquin, avare, crasseux.

한 인색하다, 쩨쩨하다, 아끼다, 때묻다

꼽작이 [KKOP-TJAK-I] 원 192

불 Saleté, boue, crasse. ‖ Avare, excessivement avare.

한 더러움, 진흙, 때 | 인색하다, 지나치게 아끼다

꼿 [KKOT,KKOT-SI] (花) 원 195

불 Fleur.

한 꽃

꼿게 [KKOT-KEI] (花蟹, (Fleur, cancre)) 원 196♣

불 Sorte de crabe. Très-gros crabe armé de deux fortes épines (et qui ressemble à une fleur).

한 게의 일종 | 두 개의 강한 가시가 있는 (꽃과 비슷한) 아주 큰 게

꼿고ᄃᆡᆨ [KKOT-KO-TĂIK] 원 196

불 Chant d'une poule après avoir pondu.

한 알을 낳은 후 암탉이 우는 소리

꼿다 [KKOT-TA,KKOT-TJYE ou -TJA,KKOT-TJIN ou -TJEUN] (挿) 원 196

불 Mettre dans (v.g. un couteau dans le fourreau), passer dans, fixer dans (v.g. aiguille dans les cheveux, etc.). Enfoncer, ficher.

한 (예. 칼을 케이스에) ~에 두다, ~로 통과시키다, ~안에 고정시키다 (예. 머리카락 등에 바늘을) 박다, 쑤셔 넣다

꼿답다 [KKOT-TAP-TA,-TA-OA,-TA-ON] (芳拜) 원 196

불 Beau; admirable; parfumé, être fleuri, agréable (comme une belle campagne). V. 향긔롭다 Hyang-keui-rop-ta.

한 아름답다 | 감탄할 만하다 | 향기 나다, 꽃피다, (경치 좋은 시골처럼) 쾌적하다 | [참조어 향긔롭다, Hyang-keui-rop-ta]

꼿송이 [KKOT-SONG-I] 원 196

불 Fleur, une fleur, fleur épanouie.

한 꽃, 꽃 한 송이, 피어난 꽃

꼿꼿 [KKOT-KKOT] (直直) 원 196

불 Droit.

한 똑바르다

꼿꼿ᄒᆞ다 [KKOT-KKOT-HĂ-TA] (剛直) 원 196

불 Etre vertical, droit, perpendiculaire. Se tenir droit, être droit (sans courbure).

한 수직이다, 수직이다, 직각으로 교차하다 | 똑바로 유지하다, (구부러짐 없이) 곧다

[1]꼿ᄲᅮᆯ이 [KKOT-PPOUL-I] (花葉) 원 196

불 Bouton d'une fleur. Intérieur d'une fleur.

한 꽃의 눈 | 꽃의 내부

[2]꼿ᄲᅮᆯ이 [KKOT-PPOUL-I] (直根) 원 196

불 Racine qui s'enfonce verticalement.

한 수직으로 박히는 뿌리

[3]꼿ᄲᅮᆯ이 [KKOT-PPOUL-I] 원 196

불 La première fournée dans un four neuf.

한 새 오븐에서 구워 낸 첫 가마분

[1]꼿이 [KKOT-I] (串) 원 196

불 Baguette pour enfiler (v.g. des fruits).

한 (예. 과일을) 꿰기 위한 작은 막대기

[2]꼿이 [KKOT-I] 원 196

불 Citrouille découpée en lanières que l'on fait sécher pour l'hiver.

한 겨울용으로 말리는, 가는 끈 모양으로 자른 호박

꼿창이 [KKOT-TCHANG-I] (木尖) 원 196

불 Bâton pointu dont on se sert pour extraire les racines de la terre. Esp. de piquet.

한 땅에서 뿌리를 캐내기 위해 쓰이는 뾰족한 막대기 | 말뚝 종류

꽁당이 [KKONG-TANG-I] (尾) 원 190

불 Queue. (Popul.).

한 꼬리 | (속어)

*꽁문이 [KONG-MOUN-I] (肛門) 원 189

불 A la naissance de la queue, croupe, croupion; le rectum.

한 꼬리가 시작되는 부분에, 엉덩이, 궁둥이 | 직장

꽁비 [KKONG-PĂI] 원189

불 Régal payé par un enfant à ses voisins qui ont travaillé pour lui, et auxquels il ne peut pas rendre la pareille. ‖ Réjouissances et festins qui se font après les premiers travaux, lorsque le riz commence à se former en épis.

한 자신을 위해 일해 주었으나 동일하게 갚아 줄 수 없는 이웃들에게 아이가 값을 치르는 맛있는 음식 | 벼의 이삭이 패기 시작할 때 첫 작업을 끝낸 후 열리는 축제와 축하연

꽁꽁알타 [KKONG-KKONG-AL-HTA,-HA,-HEUN] 원189

불 Etre malade et pousser des gémissements, des plaintes étouffées. Plaintes de regret.

한 아프고 신음소리, 숨죽인 신음소리를 내다 | 회한의 탄식

¹꽁지바롬 [KKONG-TJI-PA-RĂM,-I] (初壁) 원191

불 Mur en terre, soutenu des deux côtés par une charpente, qui est composée de lattes fixées horizontalement sur des poteaux verticaux.

한 골조로 양쪽이 떠받쳐진, 수직 기둥 위에 고정된 널판장으로 이루어진 흙벽

²꽁지바롬 [KKONG-TJI-PA-RĂM,-I] 원191

불 Vent arrière (navig.).

한 순풍 (항해)

꽉 [KKOAK] 원177

불 Cri du corbeau. ‖ Effort pour enfoncer, pour peser. ‖ Bruit de petits coups v.g. de marteau sur un clou.

한 까마귀의 울음소리 | 박으려는, 힘주어 누르려는 노력 | 예. 못 위를 망치로 약하게 두드리는 소리

꽉꽉 [KKOAK-KKOAK] 원178

불 Bruit du bec d'un oiseau frappant sur un objet dur; de petits coups de marteau sur un clou. =박다-pak-ta, Enfoncer un clou à coups de marteau. =막다-mak-ta, Fermer hermétiquement.

한 새 부리로 단단한 물체를 두드리는 소리 | 못 위를 망치로 약하게 치는 소리 | [용례 =박다, -pak-ta], 망치질로 못을 박다 | [용례 =막다, -mak-ta], 완전히 닫다

꽐꽐 [KKOAL-KKOAL] 원182

불 Bruit de l'eau passant par une grosse ouverture; d'un torrent qui descend à grand bruit.

한 크게 열린 곳으로 지나가는 물소리 | 큰 소리를 내며 흐르는 급류 소리

꽝꽝박다 [KKOANG-KKOANG-PAK-TA,-PAK-A,-PAK-EUN] 원181

불 Enfoncer bruyamment à coups de maillet, de marteau. Bruit du marteau sur un clou.

한 망치, 망치질로 시끄럽게 박다 | 못 위를 치는 망치 소리

꽤 [KKOAI] 원176

불 Oh! (mais ce n'est pas mal fait!)

한 오! (그런데 그거 제법 잘됐다!)

꽤꽤마르다 [KKOAI-KKOAI-MA-REU-TA,-MAL-NA,-MA-REUN] 원176

불 Etre tout à fait desséché, sec ou maigre.

한 매우 메마르다, 마르다 또는 여위다

꽤쓸쓸ᄒᆞ다 [KKOĂI-SSOUL-SSOUL-HĂ-TA] 원177

불 Pouvoir se servir de.

한 ~을 사용할 수 있다

꽤연 [KKOAI-YEN] 원176

불 Vraiment.

한 정말로

꽥지르다 [KKOAI-TJI-REU-TA,-TJIL-NE,-TJI-REUN] 원176

불 Pousser un grand cri, des cris perçants.

한 큰 고함소리, 날카로운 비명 소리를 내다

꽥꽥ᄒᆞ다 [KKOAIK-KKOAIK-HĂ-TA] 원176

불 Pousser de grands cris, des cris perçants. Parler haut.

한 큰 고함 소리를 내다, 날카로운 비명 소리를 내다 | 큰 소리로 말하다

꽬다 [KKOAIL-TA] 원177

불 Etre surpris de l'adresse. (Se dit d'un homme qu'on croyait maladroit et qui, à l'œuvre, réussit assez bien) ‖ Cela va bien, mieux qu'on ne s'y attendait. (Expression de surprise).

한 재주를 보고 놀라다 | (미숙하다고 생각했지만 일을 하면 꽤 잘 해내는 사람에 대해 쓴다) | 만족스럽다, 기대하던 것보다 낫다 | (놀람의 표현)

꽹과리 [KKOAING-KOA-RI] (錚) 원176

불 Petit tam-tam. Cymbale des bonzes.

한 [역주 극동의] 작은 징 | 승려들의 심벌즈

꽹꽹치다 [KKOAING-KKOAING-TCHI-TA,-TCHYE,-TCHIN] 원176

불 Frapper le tam-tam.

한 [역주 극동의 청동으로 된] 징을 치다

¹꾀 [KKOI] (謀) 원183

불 Ruse; artifice; habileté. Projet, intention; délibération. =ᄒᆞ다-hă-ta, User de ruse. V. 도모ᄒᆞ다 To-mo-hă-ta.
한 계략 | 기교 | 수완 | 계획, 의도 | [용례 =ᄒᆞ다, -hă-ta], 술책을 쓰다 | [참조어 도모ᄒᆞ다, To-mo-hă-ta]

[2]꾀 [KKOI] (詐) 원183
불 Vilainement; d'une manière dégoûtante, fourbe, trompeuse.
한 보기 흉하게 | 몹시 불쾌하게, 음흉하게, 속여

꾀다 [KKOI-TA,KKOI-YE,KKOIN] 원184
불 Fourmiller; être en foule; grouiller. ‖ Enrouler, tordre (du linge), entremêler des fils (tricoter, tisser, etc.), entortiller.
한 득실거리다 | 몰려 있다 | 우글거리다 | 감다, (린넨 천을) 비틀다, 실을 섞다 (뜨다, 짜다 등), 둘둘 감싸다

꾀꼬리 [KKOI-KKO-RI] (鶯) 원183
불 Loriot. Syn. 창경 Tchang-kyeng.
한 꾀꼬리 | [동의어 창경, Tchang-kyeng.]

꾀쓰다 [KKOI-SSEU-TA,KKOI-SSE,KKOI-SSEUN] (用謀) 원184
불 Prétexter. Agir de ruse.
한 구실로 삼다 | 술책을 써서 행동하다

꾀오다 [KKOI-O-TA,KKOI-OA,KKOI-ON] (誘) 원183
불 Induire, allécher, entraîner (au mal), séduire.
한 유인하다, 유혹하다, (나쁘게) 부추기다, 마음을 사로잡다

꾀ᄒᆞ다 [KKOI-HĂ-TA] (謀) 원183
불 Proposer; former le projet, projeter.
한 제안하다 | 계획을 세우다, 계획하다

*꾁ᄒᆞ다 [KKOK-HĂ-TA] 원185
불 Juste, ferme, fidèle, probe, loyal.
한 정의롭다, 확고부동하다, 충성스럽다, 성실하다, 충실하다

[1]꾸다 [KKOU-TA,KKOU-E,KKOUN] (貸) 원212
불 Emprunter (sans intérêt).
한 (이자 없이) 빌리다

[2]꾸다 [KKOU-TA,KKOU-E,KKOUN] (夢) 원212
불 Rêver, avoir un songe.
한 꿈꾸다, 꿈을 꾸다

꾸럼이 [KKOŪ-REM-I] 원210
불 Boulette, peloton. Syn. 몽텅이 Mong-hteng-i.
한 작은 공, 작은 실꾸리 | [동의어 몽텅이, Mong-hteng-i.]

꾸리 [KKOU-RI] 원210
불 Pelote de fil dévidé, qui se place dans la navette pour tisser.
한 베틀용 북 안에 놓이는 실타래에 감긴 실 뭉치

꾸이다 [KKOU-I-TA,KKOU-I-YE,KKOU-IN] (貸) 원202
불 Prêter de l'argent, donner de l'argent, prêter sans intérêt.
한 돈을 빌려 주다, 돈을 주다, 이자 없이 빌려 주다

꾸즁ᄒᆞ다 [KKOU-TJYOUNG-HĂ-TA] (責) 원213
불 Réprimander; gronder; reprendre; blâmer; reprocher; gourmander.
한 질책하다 | 꾸짖다 | 나무라다 | 비난하다 | 책망하다 | 야단치다

꾸지름ᄒᆞ다 [KKOU-TJI-REUM-HĂ-TA] (責) 원213
불 Gronder, réprimander.
한 꾸짖다, 질책하다

꾸짓다 [KKOU-TJIT-TA,KKOU-TJI-TJYE,KKOU-TJI-TJEUN] (叱) 원213
불 Blâmer; reprocher; gronder; réprimander; reprendre; gourmander.
한 비난하다 | 책망하다 | 질책하다 | 나무라다 | 꾸지람하다 | 야단치다

꾹 [KKOUK] 원203
불 Avec force. (Devant les verbes, exprime la force, la violence de l'action). 꾹지ᄅᆞ다 Kkouk-tji-ră-ta. Percer avec force.
한 세게 | (동사 앞에서, 행동의 힘, 폭력성을 나타낸다) | [용례 꾹지ᄅᆞ다 Kkouk-tji-ră-ta] | 세게 뚫다

꾹국이 [KKOUK-KOUK-I] 원204
불 Roucoulement, bruit que fait le pigeon. Cri du coucou. Gémissement de la tourterelle. ‖ Nom de la tourterelle, du coucou.
한 구구하는 울음소리, 비둘기가 내는 소리 | 뻐꾸기의 울음소리 | 멧비둘기의 구슬픈 소리 | 멧비둘기의, 뻐꾸기의 이름

꾹꾹 [KKOUK-KKOUK] 원204
불 Placé devant un verbe, marque la répétition de l'action.
한 동사 앞에 놓여, 행위의 반복을 표시한다

꿀 [KKOUL,-I] (蜜) 원209
불 Miel.
한 벌꿀

꿀다 [KKOUL-TA,KKOUL-E,KKOUN] (跪) 원211

불 S'agenouiller; fléchir le genou; se mettre à genoux; être à genoux.
한 무릎을 꿇다 | 무릎을 굽히다 | 무릎을 꿇다 | 꿇고 있다

꿀꿀 [KKOUL-KKOUL] 원210
불 Grognement du porc.
한 돼지의 꿀꿀거리는 소리

¹꿀꿀ᄒᆞ다 [KKOUL-KKOUL-HĂ-TA] 원210
불 Grogner.
한 꿀꿀거리다

²꿀꿀ᄒᆞ다 [KKOUL-KKOUL-HĂ-TA] 원210
불 Etre desséché et durci, ferme, dur, solide, compacte.
한 메마르고 굳어지다, 단단하다, 굳다, 견고하다, 촘촘하다

꿈 [KKOUM,-I] (夢) 원205
불 Songe, rêve.
한 공상, 꿈

꿈꾸다 [KKOUM-KKOU-TA,-KKOU-E,-KKOUN] (做夢) 원206
불 Rêver, avoir un songe.
한 꿈꾸다, 꿈을 꾸다

꿈이 [KKOUM-I] 원205
불 Tout petit morceau de viande.
한 아주 작은 고기 조각

꿈이국 [KKOUM-I-KOUK] (肉羹) 원205
불 Bouillon avec très-peu de viande.
한 아주 적은 고기로 끓인 국

꿈이다 [KKOUM-I-TA,KKOUM-YE,KKOUM-IN] (餙) 원205
불 Parer, apprêter, orner, arranger, décorer, ajuster, encadrer (des images); enchaîner des grains de chapelet; accommoder.
한 장식하다, 분장시키다, 치장하다, 마련하다, 꾸미다, 고치다, (그림들을) 틀에 끼우다 | 묵주의 알을 사슬로 묶다 | 알맞게 하다

꿈작이다 [KKOUM-TJAK-I-TA,-YE,-IN] (動) 원206
불 Bouger, remuer.
한 움직이다, 움직이다

꿈젹꿈젹ᄒᆞ다 [KKOUM-TJYEK-KKOUM-TJEK-HĂ-TA] 원206
불 Paresseux, lent. ‖ Se remuer, bouger.
한 게으르다, 느리다 | 몸을 움직이다, 움직이다

꿋꿋ᄒᆞ다 [KKŌUT-KKOUT-HĂ-TA] 원212
불 Dur, fort, solide.
한 단단하다, 강하다, 견고하다

꿍꿍 [KKOUNG-KKOUNG] 원208
불 Paroles de murmure; en maugréant. Bruit de gémissements, de plaintes étouffées d'un malade.
한 불평하는 말 | 투덜거리면서 하는 말 | 환자의 신음, 억눌린 신음소리

꿍지다 [KKOUNG-TJI-TA,-TJYE,-TJIN] 원208
불 Envelopper. Syn. 꿀이다 Kkoul-i-ta.
한 싸다 | [동의어 꿀이다, Kkoul-i-ta.]

꿜넉꿜넉 [KKOUEL-NEK-KKOUEL-NEK] 원201
불 Bruit de toux, glouglous v.g. d'une bouteille.
한 기침 소리, 예. 병에서 콸콸 흘러나오는 소리

꿜꿜 [KKOUEL-KKOUEL] 원201
불 Bruit de l'eau qui s'échappe par une ouverture en faisant des glouglous. Murmure d'un ruisseau. Bruit.
한 콸콸 소리를 내며 입구로 빠져나가는 물소리 | 시냇물이 졸졸 흐르는 소리 | 소리

꿩 [KKOUENG,-I] (雉) 원201
불 Faisan.
한 꿩

꿰다 [KKOUEI-TA,KKOUEI-YE,KKOUEIN] (貫) 원200
불 Enfiler.
한 꿰다

꿰뚤다 [KKOUEI-TTOUL-TA,-TTOUL-E,-TTOUL-EUN] (透穿) 원200
불 Percer de part en part. ‖ Savoir clairement.
한 관통해서 뚫다 | 분명하게 알다

꿰염이 [KKOUEI-YEM-I] (串) 원199
불 Enfilade, choses enfilées ensemble.
한 꿴 것, 함께 꿴 것

꿰이다 [KKOUEI-I-TA,KKOUEI-YE,KKOUEI-IN] (穿) 원200
불 Enfiler, embrocher.
한 꿰다, 꼬챙이에 꿰다

꿰집다 [KKOUEI-TJIP-TA,-TJIP-E,-TJIP-EUN] (夾執) 원200
불 Pincer. Serrer la peau entre les doigts.
한 집다 | 손가락으로 피부를 꽉 쥐다

꿩꿩 [KKOUEING-KKOUEING] 원200
불 Gémissements, plaintes (d'un malade). =앓타 -al-hta, Geindre, se plaindre étant malade.
한 신음, (환자의) 신음 소리 | [용례 =앓타, -al-hta], 앓는 소리를 내다, 아파서 신음하다

뀌다 [KKOUI-TA,KKOUI-YE,KKOUIN] 원202

불 Mourir (injur., se dit de quelqu'un dont on ne regrette pas la mort). ‖ Crever (comme un sac trop plein). ‖ Lâcher (un vent), péter.

한 죽다 (욕설, 그 죽음이 애석하지 않는 누군가에 대해 쓴다) | (너무 가득 찬 자루처럼) 터지다 | (방귀를) 뀌다, 방귀를 뀌다

뀌여지다 [KKOUI-YE-TJI-TA,-TJYE,-TJIN] (弊) 원201

불 Ebouler; crever; se rompre; se déchirer.

한 무너지다 | 파열하다 | 꺾이다 | 찢어지다

뀌이다 [KKOUI-I-TA,KKOUI-I-YE,KKOUI-IN] (貸) 원201

불 Prêter sans intérêt.

한 이자 없이 빌려 주다

끄내다 [KKEU-NAI-TA,-NAI-YE,-NAIN] (牽出) 원167

불 Saisir et attirer.

한 잡아서 끌어당기다

1 끄다 [KKEU-TA,KKE,KKEUN] (滅) 원172

불 Eteindre (le feu), amortir.

한 (불을) 끄다, 약하게 하다

2 끄다 [KKEU-TA,KKE,KKEUN] 원172

불 Réduire en poudre ou en bouillie, écraser en frappant (v.g. une motte de terre; du riz, en y mettant de l'eau).

한 가루로 또는 걸쭉한 죽으로 만들다, 때려 으스러뜨리다 (예. 땅 위의 흙덩어리를; 물을 넣어서 쌀을)

끄덕끄덕ᄒᆞ다 [KKEU-TEK-KKEU-TEK-HĂ-TA] 원172

불 Faire signe que l'on consent; faire le signe affirmatif; approuver, accorder par signe. ‖ Tanguer; imiter le tangage d'un navire. ‖ Se féliciter en remuant la tête à droite, à gauche.

한 동의하는 표시를 하다 | 긍정의 표시를 하다 | 찬성하다, 몸짓으로 동의하다 | [역주 배 따위가] 앞뒤로 흔들리다 | 배가 앞뒤로 흔들리는 것을 흉내 내다 | 머리를 오른쪽, 왼쪽으로 움직이며 만족해하다

끄덕이다 [KKEU-TEK-I-TA,-YE,-IN] 원172 ☞끄덕끄덕ᄒᆞ다

끄득끄득ᄒᆞ다 [KKEU-TEUK-KKEU-TEUK-HĂ-TA] 원172

불 Etre encore un peu humide, n'être pas tout à fait sec.

한 여전히 조금 축축하다, 완전히 마르지 않다

1 끄리다 [KKEU-RI-TA,-RYE,-RIN] (羹) 원171

불 Faire bouillir. ‖ Faire du bruit, du tapage, comme l'eau qui bout.

한 끓이다 | 끓는 물처럼 시끄럽게 하거나 수선을 피우다

2 끄리다 [KKEU-RI-TA,-RYE,-RIN] (忌) 원171

불 Avoir peur, craindre.

한 겁먹다, 두려워하다

끄으다 [KKEU-EU-TA,-EU-RE,-EUN] 원159

불 Etre noirci par le temps ou la fumée. Etre enfumé.

한 시간이 흘러가기 때문이거나 연기로 검게 되다 | 연기로 검게 되다

끄을니다 [KKEU-EUL-NI-TA,-NYE,-NIN] (牽) 원159

불 Etre entraîné.

한 이끌리다

끄을다 [KKEU-EUL-TA,-EU-RE,-EUN] (捉) 원159

불 Entraîner.

한 끌고 가다

끄이다 [KKEU-I-TA,-YE,-IN] (諱) 원162

불 Avoir de la répugnance pour quelqu'un; se voir avec peine; avoir de l'antipathie. ‖ Se taire, cesser de parler. ‖ Faire en secret; se cacher de… pour agir.

한 어떤 사람에 대해 혐오감을 가지다 | 서로 아주 힘들게 만나다 | 반감을 가지다 | 침묵하고 있다, 말하기를 멈추다 | 비밀리에 하다 | 행동하기 위해 ~을 피하다

끈 [KKEUN,-I] (纓) 원167

불 Petite corde; ficelle; lien; cordon; attache; ruban.

한 작은 밧줄 | 가는 끈 | 줄 | 작은 끈 | 매는 데 쓰는 도구 | 리본

끈니 [KEUN-NI] 원168

불 Marchand, négociant.

한 상인, 도매상인

끈다 [KKEUN-TA,-E,-EUN] (絶) 원169

불 Rompre; couper; briser; cesser. ‖ Extraire des sapèques d'une ligature.

한 부러뜨리다 | 자르다 | 부수다 | 중지하다 | 꾸러미에서 엽전들을 빼내다

끈도로 [KKEUN-TO-RO] 원128 ☞깐도로

끈끈ᄒᆞ다 [KKEUN-KKEUN-HĂ-TA] 원168

불 Etre gluant, poisseux. être humide (v.g. de sueur). ‖ Etre insupportable, agaçant, importun.

한 끈적거리다, 끈적끈적하다 | (예. 땀으로) 축축하다 | 아주 불쾌하다, 성가시다, 귀찮다

끈젹끈젹ᄒᆞ다 [KKEUN-TJYEK-KKEUN-TJYEK-HĂ-TA] 원169

불 Etre gluant, visqueux.

한 끈적끈적하다, 끈끈하다

끈치다 [KEUN-TCHI-TA,-TCHYE,-TCHIN] (絶) 원169

불 Etre brisé; se briser; être interrompu. Etre intercepté (circulation).

한 부서지다 | 부서지다 | 중단되다 | 가로막히다(교통)

끈타 [KKEUN-HTA, KKEUN-HE, KKEUN-HEUN] (絶斷) 원169

불 Briser, rompre(une corde). ‖ Abandonner, rejeter (le péché). ‖ Interrompre; intercepter; empêcher la circulation (sur une route).

한 부수다, (밧줄을) 끊다 | 단념하다, (죄를) 버리다 | 중단하다 | 가로채다 | 통행을 방해하다 (길에서)

끈허지다 [KKEUN-HE-TJI-TA, -TJYE, -TJIN] (絶) 원168

불 Se rompre (un fil). Se casser. Etre rompu.

한 (실이) 끊어지다 | 깨지다 | 끊기다

끈흐터리다 [KKEUN-HEU-HTE-RI-TA, -HTE-RYE, -HTE-RIN] (絶) 원168

불 Etre rompu (un fil); se couper; se rompre; se briser.

한 (실이) 끊어지다 | 잘리다 | 끊어지다 | 부서지다

끈히 [KKEUN-HI] 원168

불 Fréquemment; souvent.

한 자주 | 종종

[1]끌 [KKEUL, -I] (㔹) 원170

불 Ciseau, ciselet, burin.

한 끌, 작은 끌, 금속 절단기

[2]끌 [KKEUL, -I] (髮) 원170

불 Cheveux, chevelure.

한 두발, 머리털

끌끌 [KKEUL-KKEUL] 원171

불 Bruit sec des lèvres pour gronder. Faire claquer la langue en signè de mécontentement.

한 꾸짖기 위해 입술로 내는 둔탁한 소리 | 불만의 표시로 혀를 차다

끌이다 [KKOUL-I-TA, -YE, -IN] (裹) 원210

불 Envelopper. Syn. 꿍지다 Kkoung-tji-ta; 싸다 Ssa-ta.

한 싸다 | [동의어 꿍지다, Kkoung-tji-ta.], [동의어 싸다, Ssa-ta.]

끌질ᄒᆞ다 [KEUL-TJIL-HĂ-TA] 원172

불 Manier le ciseau.

한 끌을 사용하다

끌타 [KKEUL-HTA, KKEUL-HE, KKEUL-HEUN] (沸) 원172

불 Bouillir. ‖ Etre en mouvement, être agité comme l'eau bouillante (v.g. le peuple, à la nouvelle d'une guerre).

한 끓다 | (예. 전쟁 소식을 듣고, 백성이) 끓는 물처럼 동요하다, 들썩들썩하다

[1]끗 [KKEUT, KKEUT-TCHI, KKEUT-HI, KKEUT-TJI] (末) 원172

불 Pointe; extrémité; bout; aiguillon; fin; terme; limite. Extrême.

한 끝부분 | 말단 | 끄트머리 | 침 | 말단 | 경계 | 한계 | 극단

[2]끗 [KKEUT, KKEUT-TCHI, KKEUT-HI, KKEUT-TJI] (端) 원172

불 Commencement.

한 시작

끗나다 [KKEUT-NA-TA, KKEUT-NA, KKEUT-NAN] 원172

불 (Extrémité, paraître) Voir la fin; être au bout; se finir; se terminer. ‖ Se montrer, commencer à paraître.

한 (끝, 드러나다) 끝을 보다 | 끝에 있다 | 완성되다 | 종료되다 | 나타나다, 나타나기 시작하다

끗내 [KKEUT-NAI] (終來) 원172

불 A la fin, au bout, à l'extrémité, en dernier lieu, tout à fait à la fin.

한 결국, 끝에, 끝에, 마지막으로, 완전히 끝에

끗내다 [KKEUT-NAI-TA, -NAI-YE, -NAIN] 원172

불 (Extrémité, faire paraître) Aiguiser. ‖ Tirer de. ‖ Terminer, conclure, mettre fin à. ‖ Commencer à.

한 (끝, 드러내 보이다) 날카롭게 하다 | ~에서 끌어오다 | 끝마치다, 결론을 내리다, ~을 끝내다 | ~하기 시작하다

끗끗치 [KKEUT-KKEUT-TCHI] 원172

불 Tout à fait au bout, à la fine pointe.

한 완전히 끝에, 뾰족한 끝에

끗트럭이 [KKEUT-HTEU-REK-I] (餘根) 원172

불 Chicot de bois coupé près de terre.

한 땅 가까이에서 잘라낸 나무 그루터기

끗틀 [KKEUT-HTEUL, -I] 원172

불 Chicot de bois; ce qui reste en dehors de terre après la coupe des arbres, des plantes.

한 나무의 그루터기 | 나무, 식물을 자른 후 땅 바깥에 남아 있는 것

끗헤 [KKEUT-HĂI] (端) 원172

불 A l'extrémité, au bout.

한 말단에, 끝에

끙끙 [KKEUNG-KKEUNG] 원169

불 Gémissement d'un homme qui porte un lourd fardeau; d'un homme qui va difficilement à la selle.

한 무거운 짐을 진 사람의 신음 | 대소변을 어렵게 보는 사람의 신음

ᄭᅳᆼᄌᆞ노타 [KKEUNG-TJĂ-NO-HTA,-NO-HA,-NO-HEUN] (不答) [원]169
[불] Faire un bruit d'improbation; bougonner; faire un petit grognement de déplaisir.
[한] 비난의 소리를 내다 | 불평하다 | 불만으로 가볍게 투덜대다

ᄭᅴᆼᄭᅴᆼ [KKEUING-KKEUING] [원]161
[불] Cri plaintif du chien. Bruit d'un soupir étouffé que pousse un homme qui fait des efforts.
[한] 개가 애처롭게 짖는 소리 | 사람이 애쓰며 내는 숨죽인 한숨 소리

ᄶᅵ개ᄒᆞ다 [TTJI-KAI-HĂ-TA] [원]559
[불] Faire cuire au bain-marie dans le riz au lieu d'eau.
[한] 쌀을 물 대신 중탕으로 익히다

1ᄭᅵ다 [KKI-TA,KKYE,KKIN] (挾) [원]175
[불] Mettre sous l'aisselle, sous le bras, pour porter. ‖ Réunir, accoupler. ‖ Insérer, enfoncer entre; serrer; presser; dresser.
[한] 가져가기 위해 겨드랑이, 팔 아래에 넣다 | 결합하다, 연결하다 | 끼워 넣다, ~사이에 박다 | 꽉 죄다 | 조이다 | 만들어 세우다

2ᄭᅵ다 [KKI-TA,KKYE,KKIN] (冒) [원]175
[불] Se coiffer, mettre v.g. son chapeau, son habit.
[한] 머리에 쓰다, 예.모자, 옷을 착용하다

1ᄭᅵ드다 [KKI-TEU-TA,-TEU-RE,-TEUN] [원]175
[불] Etre sale (habit).
[한] (옷이) 더럽다

2ᄭᅵ드다 [KKI-TEU-TA,-TEU-RE,-TEUN] [원]175
[불] Etre habitué à.
[한] ~에 익숙하다

3ᄭᅵ드다 [KKI-TEU-TA,-TEU-RE,-TEUN] (並居) [원]175
[불] Se réunir pour faire, s'entr'aider, agir de concert, etc.
[한] ~하기 위해 모이다, 상부상조하다, 협력하여 행동하다 등

ᄭᅵ리 [KKI-RI] [원]174
[불] Postposit, Avec; entre; parmi.
[한] 후치사, ~와 함께 | ~사이에서 | ~중에

ᄭᅵ언다 [KKI-EN-TA,-EN-TJYE,-EN-TJĂN] [원]173
[불] Jeter dessus (v.g. de l'eau, arroser). Relever par dessus (des grains pour les mettre en tas).
[한] 위로 던지다(예. 물을, 뿌리다) | (곡식을 더미로 쌓아 놓기 위해) 위로 올리다

ᄭᅵ우다 [KKI-OU-TA,KKI-OUE,KKI-OUN] (嵌) [원]173
[불] Insérer; enfoncer dans; mettre dans; fourrer. Aposter. ‖ Etre serré, pressé.
[한] 삽입하다 | ~안에 박다 | ~안에 넣다 | 집어넣다 | 배치하다 | 빽빽하다, 밀집하다

1ᄭᅵ치다 [KKI-TCHI-TA,-TCHYE,-TCHIN] (遺) [원]176
[불] Donner à ses enfants leur part d'héritage. Indiquer ses dernières volontés. Part, lot, partage. ‖ Laisser après soi, transmettre après soi, léguer (des biens ou des dettes) Legs. (Se dit en bonne ou en mauvaise part).
[한] 자신의 자식들에게 상속분을 주다 | 자신의 마지막 유언을 지정하다 | 할당분, 몫, 분담 | 자신이 죽은 후 남기다, 자신이 죽은 후 물려주다, 유산(재산 또는 빚)을 남기다 | (좋게 또는 나쁘게 말할 때 쓰인다)

2ᄭᅵ치다 [KKI-TCHI-TA,-TCHYE,-TCHIN] [원]176
[불] Jeter avec la main v.g. de l'eau, etc.
[한] 예. 물 등을 손으로 던지다

*ᄭᅵᆨ고ᄒᆞ다 [KKIK-KO-HĂ-TA] (喫苦, (Manger, souffrance)) [원]173
[불] Souffrir; être dans la peine; se nourrir de douleurs. Avoir beaucoup de peines, de difficultés.
[한] 견디다 | 괴롭다 | 고통을 빠져들다 | 많은 곤란, 어려움이 있다

ᄭᆡᆨ금찬타 [KKĂIK-KEUM-TCHAN-HTA,-TCHAN-HA,-TCHAN-HEUN] (不淨) [원]139
[불] Sale, malpropre. Etre mal tenu, malpropre.
[한] 더럽다, 불결하다 | 잘못 유지되다, 지저분하다

ᄭᆡᆨ긋ᄒᆞ다 [KKĂIK-KEUT-HĂ-TA] (淨) [원]139
[불] Propre; être net; bien tenu. Syn. 고졍ᄒᆞ다 Ko-tjyeng-hă-ta et 맛득ᄒᆞ다 Mat-touk-hă-ta.
[한] 깨끗하다 | 정갈하다 | 말쑥하다 | [[동의어] 고졍ᄒᆞ다, Ko-tjyeng-hă-ta.] | [[동의어] 맛득ᄒᆞ다, Mat-touk-hă-ta.]

ᄭᅵᆫ [KKIN,-I] (纓) [원]173
[불] Attache, cordon.
[한] 매는 데 쓰는 도구, 줄

ᄭᅵᆯᄭᅵᆯ [KKIL-KKIL] [원]174
[불] Bruit du rire à voix basse, hi hi hi. ‖ Bruit des lèvres, des dents pour exciter les animaux. ‖ S'emploie pour faire cesser le bruit v.g. des enfants.
[한] 낮은 목소리로 웃는 웃음, 히 히 히 | 동물을 자극하기 위해 입술, 이로 내는 소리 | 예. 아이들의 소리를 멈추게 하기 위해 사용된다

낌 [KKIM,-I] [원]173
[불] Chance, moyen de succès. V.Syn. 낌새 Kkim-sai.
[한] 기회, 성공하는 방법 | [[동의어] 낌새, Kkim-sai.]

낌새 [KKIM-SAI] (機會) [원]173
[불] (Pop, pour : 낌 kkim) Occasion; circonstance fortuite; rencontre; chance; moyen de succès. ‖ Apparence, circonstances par lesquelles on se trahit.
[한] (낌 kkim의 속어) 기회 | 뜻밖의 사태 | [[역주] 우연한] 기회 | 운 | 성공의 수단 | [[역주] 본심, 속셈이] 드러나는 기색, 상황

낌새보다 [KKIM-SAI-PO-TA,-PO-A,-PON] (見機) [원]173
[불] Chercher une occasion; voir s'il n'y a pas une occasion; attendre l'occasion de; trouver l'occasion. ‖ Deviner, pénétrer un secret.
[한] 기회를 엿보다 | 기회가 있는지 보다 | ~의 기회를 기다리다 | 기회를 찾다 | 비밀을 짐작하다, 간파하다

낏더리다 [KKIT-TE-RI-TA,-RYE,-RIN] (灑) [원]176
[불] Jeter, lancer v.g. de l'eau; faire des libations.
[한] 예. 물을 버리다, 던지다 | 술을 실컷 마시다

낑낑 [KKING-KKING] [원]174
[불] Bruit des gémissements d'un malade (pas respectueux) ‖ Hésitation en parlant, en récitant. ‖ Bruit des plaintes d'un chien enfermé et pressé de sortir.
[한] (존중하지 않는) 환자의 신음 소리 | 말하는 데에 있어, 낭송하는 데에 있어 주저함 | 갇혀서 나오려고 조급해 하는 개의 신음 소리

ᄭᆞ노로 [KKĂ-NO-RO] [원]140 ☞깐도로

ᄭᆞ니 [KKĂ-NI] [원]140 ☞깐도로

ᄭᆞ다 [KKĂ-TA] [원]136 ☞까다

ᄭᆞ다롭다 [KKĂ-TA-ROP-TA,-RO-OA,-RO-ON] (苛) [원]141
[불] Petit d'esprit, méticuleux. Violent. Difficile. Acariâtre. De mauvais caractère. Se dit, v. g. de quelqu'un qui donne une tâche difficile.
[한] 편협하다, 세심하다 | 난폭하다 | 힘들다 | 까다롭다 | 성격이 나쁘다 | 예. 어려운 일을 맡기는 누군가에 대해 쓴다

ᄭᆞ돍 [KKĂ-TĂLK,-I] (故) [원]141
[불] Cause, raison, motif. ᄭᆞ돍에 Kkă-tălk-ei ou ᄭᆞ돍으로 Kkă-tălk-eu-ro, A cause de.
[한] 원인, 이유, 동기 | [[용례] ᄭᆞ돍에 Kkă-tălk-ei] 또는 [[용례] ᄭᆞ돍으로, Kkă-tălk-eu-ro], ~때문에

ᄭᆞ지 [KKĂ-TJI] (到) [원]141
[불] Jusque, jusqu'à…
[한] ~까지, ~할 때까지

ᄭᆞᆫ다로 [KKĂN-TA-RO] [원]140 ☞깐도로

ᄭᆡ [KKĂI] [원]139
[불] Graine oléagineuse. Esp. de sésame.
[한] 기름을 함유한 씨 | 참깨의 종류

ᄭᆡ나무 [KKĂI-NA-MOU] [원]139
[불] Plante oléagineuse.
[한] 채유 식물

ᄭᆡ다 [KKĂI-TA,KKĂI-E ou KKĂI-YE,KKĂIN] (醒) [원]140
[불] Se réveiller s'éveiller.
[한] 잠을 깨다, 깨다

ᄭᆡ돗다 [KKĂI-TĂT-TA,KKĂI-TĂ-RE,KKĂI-TĂ-RĂN] (覺) [원]140
[불] Réveiller l'intelligence, rappeler à l'esprit. Deviner, comprendre, après un effort.
[한] 지능을 깨우다, 마음에 떠올리다 | 노력한 후에 짐작하다, 이해하다

ᄭᆡ묵 [KKĂI-MOUK,-I] (油糟, (Sésame, marc ou résidu)) [원]139
[불] Marc de la graine de sésame après en avoir extrait l'huile. ‖ Résidu de… préparé avec le sésame.
[한] 기름을 뽑아낸 후의 참깨 씨앗의 찌꺼기 | 참깨를 넣어 조리된 ~의 찌꺼기

ᄭᆡ소곰 [KKĂI-SO-KOM,-I] (塩荏) [원]140
[불] Farine de sésame avec du sel.
[한] 소금을 넣은 참깨 가루

ᄭᆡ여지다 [KKĂI-YE-TJI-TA,-TJYE,-TJIN] (破) [원]139
[불] Etre brisé; se briser; s'en aller en éclats.
[한] 산산조각이 나다 | 부서지다 | 파편이 되어 사라지다

ᄭᆡ오다 [KKĂI-O-TA] [원]139 ☞ᄭᆡ우다

ᄭᆡ우다 [KKĂI-OU-TA,KKĂI-OA,KAI-OUN] (提擢) [원]139
[불] (Fact. de ᄭᆡ다 Kkăi-ta) réveiller, éveiller.
[한] (ᄭᆡ다 Kkăi-ta의 사동형) 깨어나게 하다, 깨우다

[1]ᄭᆡ치다 [KKĂI-TCHI-TA,-TCHYE,-TCHIN] (覺) [원]140
[불] Se rappeler à l'esprit, se ressouvenir.
[한] 마음에 떠오르다, 회상하다

[2]ᄭᆡ치다 [KKĂI-TCHI-TA,-TCHYE,-TCHIN] (破) [원]140
[불] Briser, mettre en morceaux.
[한] 부수다, 조각내다

ᄭᆡ터리다 [KKĂI-HTE-RI-TA,-RYE,-RIN] (破) [원]140
[불] Briser en frappant. Briser.

한 때려서 부수다 | 부수다

1끼투리 [KKĂI-HTOU-RI] (雌雉) 원140

불 Poule faisane.

한 암꿩

2끼투리 [KKĂI-HTOU-RI] 원140

불 Nom d'un arbre qui donne la couleur bleue.

한 푸른색을 내는 나무의 이름

ㅆㄷ

ㅆㄷ [TT] 원447

불 N'est que le ㄷ t prononcé des dents avec un son sec.

한 이 사이로 거친 소리와 함께 발음되는 ㄷ t뿐이다

ᄯᅡ [TTA] (地) 원448

불 Terre, sol. Pays, territoire.

한 땅, 땅바닥 | 나라, 국토

ᄯᅡ검 [TTA-KEM,-I] (黃昏) 원453

불 Crépuscule, lorsqu'il fait déjà noir avant la nuit complète.

한 완전히 밤이 되기 전에 이미 어두울 때의 석양

ᄯᅡ그랑이 [TTA-KEU-RANG-I] (痂) 원453

불 Croûte d'une plaie.

한 상처의 딱지

ᄯᅡ근ᄯᅡ근 [TTA-KEUN-TTA-KEUN] (溫氣) 원453

불 Désigne l'état de la lumière du soleil douce et qui n'est pas trop ardente, pas trop chaude. Etre chaud, bien chaud, sans être brûlant.

한 너무 강한 열기를 내지 않는, 너무 뜨겁지 않은 온화한 햇빛의 상태를 가리키다 | 따뜻하다, 몹시 뜨겁지 않고 매우 따뜻하다

ᄯᅡ글거리다 [TTA-KEUL-KE-RI-TA,-RYE,-RIN] 원453

불 Bavarder, parler beaucoup.

한 수다를 떨다, 많이 말하다

ᄯᅡ글ᄯᅡ글ᄒᆞ다 [TTA-KEUL-TTA-KEUL-HĂ-TA] 원453 ☞ᄯᅡ글거리다

1ᄯᅡ다 [TTA-TA,TTA,TTAN] (摘) 원463

불 Cueillir, couper (des fruits).

한 (과일을) 따다, 자르다

2ᄯᅡ다 [TTA-TA,TTA,TTAN] (異貌) 원463

불 Différent.

한 다르다

3ᄯᅡ다 [TTA-TA,TTA,TTAN] (抉) 원463

불 Retirer. Décacheter. Eventrer. Percer un abcès. Faire un trou. ‖ Se débarrasser d'un importun.

한 꺼내다 | 개봉하다 | 배를 가르다 | 고름주머니를 째다 | 구멍을 파다 | 귀찮은 사람을 쫓아버리다

ᄯᅡ로다 [TTA-RO-TA,TTAL-A,TTA-RĂN] (隨) 원461

불 Suivre, venir après.

한 따르다, 뒤에 오다

ᄯᅡ리다 [TTA-RI-TA,TTA-RYE,TTA-RIN] (打) 원461

불 Frapper, battre.

한 때리다, 치다

ᄯᅡᄅᆞ가다 [TTA-RĂ-KA-TA,-KA,-KAN] (隨去) 원461

불 Suivre en allant, aller en suivant, accompagner en allant; aller après, à la suite; courir après.

한 가면서 따르다, 따라서 가다, 가면서 동행하다 | ~뒤에, ~에 이어서 가다 | ~을 뒤쫓다

1ᄯᅡᄅᆞ오다 [TTA-RĂ-O-TA,-OA,-ON] (隨來) 원461

불 Suivre en venant, venir en suivant; venir après, à la suite; accompagner en venant.

한 오면서 따르다, 따라서 오다 | ~뒤에, ~에 이어 오다 | 오면서 동행하다

2ᄯᅡᄅᆞ오다 [TTA-RĂ-O-TA,-RĂ-ON] 원467 ☞ᄯᅳᄅᆞ오다

ᄯᅡ븨 [TTA-PEUI] (耟) 원460

불 Esp. de bêche. ‖ Charrue à main, à deux cornes, pour labourer sans bœuf.

한 삽의 종류 | 소 없이 땅을 갈기 위한, 손에 드는, 두 개의 뿔이 달린 쟁기

*ᄯᅢ빈 [TAI-PIN,-I] (大貧) 원450

불 Grande pauvreté.

한 심한 가난

ᄯᅡ옥이 [TTA-OK-I] (鵠) 원453

불 Esp. d'oiseau (p.ê. l'ibis).

한 새의 종류 (아마도 따오기과의 새)

ᄯᅡ이다 [TTA-I-TA,-TTA-YE,-TTA-IN] (摘) 원451

불 Mettre de côté, excommunier. ‖ Etre cueilli, détaché, arraché.

한 따로 떼어놓다, 내쫓다 | 채취되다, 떼어지다, 뜯어지다

ᄯᅡ지기 [TTA-TJI-KI] (解土) 원463

불 Affaissement de la terre au dégel. Le dégel. ᄯᅡ지다. Tta-tji-ta, Dégeler.

한 눈이 녹을 때의 땅의 침하 | 해빙 | [용례] ᄯᅡ지다,

Tta-tji-ta], 녹다

[1]따히다 [TTA-HI-TA,-HYE,-HIN] 원453

불 Etre allumé (feu).

한 (불이) 켜지다

[2]따히다 [TTA-HI-TA,-HYE,-HIN] 원453

불 Etre bouché (trou).

한 (구멍이) 막히다

딱 [TTAK,-I] 원453 ☞닥

딱바라지다 [TTAK-PA-RA-TJI-TA,-TJYE,-TJIN] (淺露) 원453

불 Etre répandu dans le public; être connu ou su de tout le monde.

한 백성들 사이에 퍼지다 | 모든 사람에게 널리 알려지거나 알려지다

딱부러지다 [TTAK-POU-RE-TJI-TA,-TJYE,-TJIN] (折聲) 원453

불 Craquer, se rompre en craquant.

한 딱 하는 소리를 내다, 딱 하는 소리를 내며 꺾이다

딱딱 [TTAK-TTAK] 원454

불 Exprime le bruit que fait un fruit non mûr sous les dents. Coup sec. Bruit de coups secs. =ᄒᆞ다-hă-ta, Craquer. =치다-tchi-ta, Frapper (à coups secs.)

한 익지 않은 과일을 이로 씹을 때 나는 소리를 나타낸다 | 탁 | 둔탁한 소리 | [용례 =ᄒᆞ다, -hă-ta], 탁 하는 소리를 내다 | [용례 =치다, -tchi-ta.], (탁 하고 여러 번) 때리다

딱딱ᄒᆞ다 [TTAK-TTAK-HĂ-TA] 원454

불 Etre dur, raide, solide.

한 단단하다, 빳빳하다, 견고하다

딱장밧다 [TTAK-TJANG-PAT-TA,-PAT-A,-PAT-EUN] 원454

불 Interrogation, torture qu'on fait subir à un coupable pour en obtenir des révélations. Recevoir la dénonciation, les dépositions, l'aveu d'un coupable.

한 신문, 죄인에게서 정보를 얻기 위해 죄인으로 하여금 받게 하는 고문 | 고발, 진술, 죄인의 자백을 받다

딱졍이 [TTAK-TJYENG-I] (痂) 원454

불 Croûte d'une plaie.

한 상처의 딱지

딱지 [TTAK-TJI] (甲) 원454

불 Ecaille dure de la noix. Ecaille d'écrevisse, de tortue, etc. ‖ Croûte d'une plaie.

한 호두의 딱딱한 껍질 | 가재, 거북, 등의 껍질 | 상처의 딱지

딱ᄒᆞ다 [TTAK-HĂ-TA,-HĂ-YE,-HĂN] (難處) 원453

불 Difficile; impossible; il n'y a pas moyen. Etre ennuyeux.

한 어렵다 | 불가능하다 | 방법이 없다 | 난처하다

딴 [TTAN,-I] (他) 원455

불 Autre, différent.

한 다르다, 상이하다

딴것 [TTAN-KET,-SI] (他物) 원455

불 Chose différente.

한 상이한 것

딴뎐 [TTAN-TYEN,-I] 원456

불 Changement de langage, de pensée. Parler aujourd'hui autrement qu'hier.

한 말, 생각을 바꿈 | 오늘 어제와 다르게 말하다

딴ᄃᆡ [TTAM-TĂI] (他處) 원456

불 Lieu différent; endroit différent; à côté.

한 다른 곳 | 다른 장소 | 옆에

딴맛 [TTAN-MAT,-SI] (外味) 원456

불 Goût différent.

한 다른 맛

딴딴ᄒᆞ다 [TTAN-TTAN-HĂ-TA] 원456 ☞단단ᄒᆞ다

딸딸딸 [TTAL-TTAL-TTAL] 원462

불 Bruit d'une roue de voiture, etc. Bruit d'une voiture ou brouette. =굴다-koul-ta, Rouler légèrement.

한 마차 등의 바퀴 소리 | 마차 또는 가마의 소리 | [용례 =굴다, -koul-ta], 가볍게 구르다

땃듬땃듬ᄒᆞ다 [TTAT-TEUM-TTAT-TEUM-HĂ-TA] (語訥) 원463

불 Bégayer, désigne la manière de parler d'un homme qui a la langue épaisse et qui s'exprime difficilement. Esp. de bégaiement.

한 말을 더듬다, 말주변이 없고 자신의 생각을 힘겹게 표현하는 사람이 말하는 방식을 가리킨다 | 말 더듬기 종류

땃땃ᄒᆞ다 [TTAT-TTAT-HĂ-TA] (溫) 원463

불 Tiède; ni chaud ni froid. Etre un peu chaud, d'une chaleur douce.

한 미지근하다 | 따뜻하지도 차갑지도 않다 | 조금 따뜻하다, 적당히 따뜻하다

땅 [TTANG,-I] (地) 원457

불 Terre, la terre, le globe terrestre. ‖ Etat social, position, condition, rang, place, rôle.

한 땅, 지구, 지구 | 사회적 신분, 위치, 신분, 지위, 지위, 역할

쌍쌍치다 [TTANG-TTANG-TCHI-TA,-TCHYE,-TCHIN] 원459

불 Frapper à grands coups de poing ou de marteau.

한 주먹 또는 망치질로 세게 치다

쌍쌍ᄒᆞ다 [TTANG-TTANG-HĂ-TA] (當當) 원459

불 Etre sûr, solide, en qui on peut se confier.

한 믿을 만하다, 확고하다, 신뢰할 수 있다

쌍외 [TTANG-OI] (地瓜) 원457

불 Esp. de racine sauvage qui ressemble à l'igname ou pomme de terre douce, mais dont le goût est différent.

한 참마속의 식물이나 단 감자와 비슷하지만 그 맛은 다른 야생 뿌리의 종류

쌍ᄌᆡ조 [TTANG-TJĂI-TJO] (地上技) 원459

불 Sauteur; faiseur de tours de force, d'adresse.

한 곡예사 | 힘, 재주로 곡예를 하는 사람

[1]ᄯᅢ [TTAI] (時) 원448

불 Temps.

한 때

[2]ᄯᅢ [TTAI] 원448

불 Numéral des repas.

한 식사를 세는 수사

ᄯᅢ로 [TTAI-RO] (以時) 원451

불 Souvent, fréquemment, de temps en temps, sans cesse.

한 종종, 자주, 이따금, 줄곧

ᄯᅢᄯᅢ로 [TTAI-TTAI-RO] (時時) 원451

불 Fréquemment; souvent; à tout instant; de temps en temps.

한 자주 | 종종 | 줄곧 | 이따금

ᄯᅢᆼᄯᅢᆼᄯᅢᆼ [TTAING-TTAING-TTAING] 원450

불 Drelin, drelin, drelin. Bruit d'une grosse sonnette agitée assez lentement.

한 딸랑 딸랑 딸랑 | 아주 느리게 흔들리는 큰 방울 소리

ᄯᅥ나다 [TTE-NA-TA,-NA,-NAN] (離去) 원469

불 Partir, s'en aller, quitter, abandonner.

한 출발하다, 사라지다, 떠나다, 버리다

[1]ᄯᅥ다 [TTE-TA,TTE-RE,TTEN] (戰慄) 원472

불 Trembler (de froid ou de peur), palpiter. Se couer, remuer.

한 떨리다(추위나 두려움으로), 고동치다 | 흔들다, 움직이다

[2]ᄯᅥ다 [TTE-TA,TTE,TTEN] (浮) 원472

불 Se tenir (sur l'eau, dans les airs), flotter, planer.

한 (물 위, 공기 중에) 떠 있다, 뜨다, 날다

ᄯᅥ도다 [TTE-TO-TA,-TO-RA,-TON] (浮迴) 원472

불 Errer, vagabonder, errer pour se cacher. Circuler, aller et venir de tous côtés.

한 떠돌아다니다, 방랑하다, 숨으려고 이리저리 옮겨가다 | 통행하다, 사방으로 가고 오다

ᄯᅥ드다 [TTE-TEU-TA,-TEU-RE,-TEUN] 원472 ☞ ᄯᅥ들다

ᄯᅥ들다 [TTE-TEUL-TA] (喧嚣) 원472

불 Bruit de paroles, de cris.

한 말, 고함 소리

ᄯᅥᄃᆞᆫ니다 [TTE-TĂN-NI-TA,-NYE,-NIN] (浮行) 원472

불 Vagabonder; n'avoir pas de maison et aller de côté et d'autre.

한 떠돌아다니다 | 집이 없어서 이쪽저쪽으로 가다

ᄯᅥ러지다 [TTE-RE-TJI-TA,-TJYE,-TJIN] (落) 원471

불 Tomber; faire une chute; se déchirer; être déchiré; manquer; être épuisé; s'épuiser.

한 떨어지다 | 추락하다 | 찢어지다 | 찢어지다 | 실패하다 | 기진맥진하다 | 완전히 지쳐버리다

ᄯᅥ히다 [TTE-HI-TA,-HYE,-HIN] 원468

불 Diminuer.

한 줄어들다

[1]ᄯᅥᆨ [TTEK,-I] (餠) 원468

불 Gâteau.

한 떡

[2]ᄯᅥᆨ [TTEK,-I] 원468

불 Numéral des parties à boire, des ribotes. (Ce mot est assez bas).

한 술을 마시는 파티, 술의 향연을 세는 수사 | (이 단어는 제법 저속한 말이다)

ᄯᅥᆨ가나무 [TTEK-KA-NA-MOU] (槓木) 원468

불 Arbre de chêne, chêne à feuilles très-grandes et très-larges.

한 참나무, 아주 크고 넓은 잎이 달리는 떡갈나무

ᄯᅥᆨ부엉이 [TTEK-POU-ENG-I] (老鵂) 원469

불 Bonasse, placide, sans malice.

한 순진하다, 평온하다, 악의가 없다

ᄯᅥᆯ넝ᄯᅥᆯ넝 [TTEL-NENG-TTEL-NENG] (搖聲) 원471

불 Bruit d'une clochette, bruit d'une grosse sonnette agitée lentement.

한 작은 종소리, 천천히 흔들리는 큰 방울 소리

썰니다 [TTEL-NI-TA,TTEL-NYE,TTEL-NIN] (戰慄) 원 471

불 Faire trembler, faire remuer, faire palpiter. Etre secoué. Trembler.

한 떨게 하다, 움직이게 하다, 고동치게 하다 | 흔들리다 | 떨다

썰다 [TTEL-TA,TTEL-E,TYEN] (抖) 원471

불 Secouer. Trembler, remuer, palpiter.

한 뒤흔들다 | 떨다, 움직이다, 고동치다

썰썰ᄒᆞ다 [TTEL-TTEL-HĂ-TA] (酸味) 원471

불 Etre âcre, avoir un goût âcre.

한 자극적이다, 자극적인 맛이 나다

썱이 [TTELK-I] (叢) 원471

불 Buisson; touffe d'arbrisseaux; arbre qui a beaucoup de branches partant de la racine et formant bouquet.

한 수풀 | 작은 관목 수풀 | 뿌리에서 나오는 가지가 많고 다발을 이루는 나무

썳다 [TTELP-TA,TTELP-E,TTELP-EUN] (酸辛) 원471

불 Acerbe (goût d'un fruit vert), amer, aigre, âpre, avoir un goût astringent.

한 떫다 (덜 익은 과일의 맛), 쓰다, 시다, 자극적이다, 톡 쏘는 맛이 나다

[1]세 [TTEI] (筏) 원467

불 Grande quantité de bois; arbres liés ensemble et qu'on emmène par eau; train de bois dans l'eau. ‖ Essaim, troupeau, troupe, foule, amas, numéral de tout ce qui va en troupe. Numéral des troupeaux.

한 많은 양의 나무 | 함께 묶여 물에 의해 옮겨지는 나무들 | 물속의 뗏목 | 집단, 무리, 일행, 군중, 무더기, 무리를 짓는 모든 것을 세는 수사 | 무리를 세는 수사

[2]세 [TTEI] (部) 원467

불 Quartier d'une ville, etc.

한 도시 등의 구역

세다 [TTEI-TA,TTEI-E,TTEIN] (開坼) 원468

불 Décacheter, décoller, disjoindre, séparer. V. 세이다 Ttei-ti-ta.

한 개봉하다, 뜯다, 분리하다, 떼어놓다 | [참조어 세이다, Ttei-ti-ta]

세목 [TTEI-MOK,-I] (筏木) 원468

불 Grande quantité de bois, arbres liés ensemble et qu'on emmène par eau.

한 많은 양의 나무, 함께 묶여 물에 의해 옮겨지는 나무들

세쓰다 [TTEI-SSEU-TA,TTEI-SSE,TTEI-SSEUN] (用惡) 원468

불 Employer la force, la violence. Forcer. ‖ Accuser; rejeter la faute sur un autre.

한 힘, 폭력을 쓰다 | 힘으로 부서뜨리다 | 고발하다 | 다른 사람에게 잘못을 떠넘기다

세이다 [TTEI-I-TA,TTEI-YE,TTEI-IN] (離開) 원468

불 Etre décollé, décacheté, disjoint, séparé.

한 떨어지다, 뜯기다, 분리되다, 나눠지다

세장덩이 [TTEI-TJANG-TENG-I] (鱐醬) 원468

불 Marc de la saumure, résidu de la saumure, boulettes de ce résidu.

한 소금물의 찌꺼기, 소금물의 잔재, 이 잔류물로 된 작은 공

세치다 [TTEI-TCHI-TA,-TCHYE,-TCHIN] (背却) 원468

불 Renvoyer sans accorder (la demande). Renvoyer sans consentir. Refuser.

한 (요구에) 동의하지 않고 되돌려 보내다 | 동의 없이 돌려보내다 | 거절하다

세히다 [TTEI-HI-TA,TTEI-HYE,TTEI-HIN] (開坼) 원468

불 Etre décollé, décacheté, disjoint. Se décacheter, se décoller. Etre séparé.

한 떨어지다, 뜯어지다, 분리되다 | 개봉되다, 떼어지다 | 나눠지다

섹군ᄒᆞ다 [TTEIK-KOUN-HĂ-TA] (孔穿) 원468

불 Qui a les yeux creux, enfoncés. Avoir les yeux fatigués par la veille, par la faim.

한 눈이 퀭하다, 푹 꺼졌다 | 밤샘하거나 배가 고파 눈이 피곤하다

셍셍 [TTEING-TTEING] 원468

불 Bruit du tintement d'une grosse cloche. =울니다 -oul-ni-ta, Retentir, résonner comme un coup de fusil.

한 큰 종의 소리 | [용례 =울니다, -oul-ni-ta], 울리다, 총격처럼 울리다

쏘 [TTO] (又) 원483

불 Et, encore, de nouveau, en outre, après cela, de plus.

한 그리고, 더, 다시, 게다가, 그러고 나서, 그 위에

쏘닥쏘닥 [TTO-TAK-TTO-TAK] 원496

불 Bruit de baguettes sur du bois, sur un vase, etc. bruit de petits coups sonores. = 박다 -pak-ta, Enfoncer un clou à grands coups de marteau.

한 나무, 그릇 등의 위에 부딪치는 젓가락 소리, 소리가 나도록 작게 치는 소리 | [용례 =박다, -pak-ta], 세게 망치질하여 못을 박다

쏘약이 [TTO-YAK-I] 원483
불 Gâteau de froment grillé avant la maturité.
한 완숙기 전에 구운 밀 떡

쏘ᄒᆞᆫ [TTO-HĂN] (又) 원484
불 Et, encore, de plus, en outre.
한 그리고, 더, 그 위에, 게다가

쏙 [TTOK] (斷) 원485
불 Juste, précisément, exactement, clairement, exact.
한 바로, 명확하게, 정확하게, 분명하게, 정확하다

쏙쏙두ᄃᆞ리다 [TTOK-TTOK-TOU-TĂ-RI-TA,-TA-RYE,-TA-RIN] (叩貌) 원486
불 Frapper à coups bruyants mais assez lents.
한 시끄러운 소리를 내지만 꽤 천천히 두드리다

쏙쏙쒸다 [TTOK-TTOK-TTOUI-TA,-TTOUI-YE,-TTOUIN] (躍貌) 원486
불 Sauter en faisant du bruit (v. g. gouttes d'eau, puces).
한 (예. 물방울, 벼룩이) 소리를 내며 뛰어오르다

쏙쏙이 [TTOK-TTOK-I] (分明) 원486
불 Clairement.
한 분명하게

쏙쏙ᄒᆞ다 [TTOK-TTOK-HĂ-TA] (明白) 원486
불 Clair, distinct. Etre juste, équitable, exact. Etre intelligent et actif. Voir clair dans ses affaires; savoir se débrouiller.
한 명철하다, 분명하다 | 올바르다, 공정하다, 정확하다 | 지적이고 적극적이다 | 자신의 일을 이해하다 | 요령있게 행동할 줄 알다

쏙ᄒᆞᆫ사ᄅᆞᆷ [TTOK-HĂN-SA-RĂM,-I] 원485
불 Homme juste, énergique, ferme.
한 의로운, 힘이 넘치는, 단호한 사람

쏠쏠쏠 [TTOL-TTOL-TTOL] 원495
불 Bruit d'une roue de char, d'une voiture ou brouette roulant légèrement. = 굴다-koul-ta, Rouler (voiture)
한 가볍게 구르는 수레바퀴, 마차 또는 이륜 가마의 소리 | [용례 =굴다, -koul-ta], (마차가) 구르다

쏠쏠ᄒᆞ다 [TTOL-TTOL-HĂ-TA] 원495
불 Spirituel, pétillant d'esprit, ingénieux; être intelligent.
한 정신의, 정신이 반짝반짝 빛나다, 창의력이 풍부하다 | 총명하다

쏭 [TTONG,-I] (屎) 원488
불 Excrément, fiente, bouse.
한 대변, 배설물, 쇠똥

쏭구녕 [TTONG-KOU-NYENG,-I] (肛門) 원489
불 Anus.
한 항문

쏭긔다 [TTONG-KEUI-TA,-KEUI-YE,-KEUIN] (抉) 원489
불 Donner un coup de lancette, percer v. g. un furoncle.
한 란세트로 절개하다, 예. 절종을 째다

쏭밧기 [TTONG-PAT-KI] (糞機) 원490
불 Planche pour revecoir les excréments d'un oiseau, v. g. sous un nid d'hirondelle.
한 예. 제비의 둥지 밑에 새의 배설물을 받기 위한 판자

쏭쏭 [TTONG-TTONG] (擊鼓聲) 원492
불 Battre du tambour (peu de coups et lentement).
한 (적게 몇 번 천천히) 북을 치다

쏭쏭쏭 [TTONG-TTONG-TTONG] 원492 ☞ 쏭쏭

쏭항아리 [TTONG-HANG-A-RI] (糞缸) 원488
불 Vase d'excréments (se dit d'un mandarin qui ne remplit pas bien sa fonction).
한 배설물을 담는 단지 (자신의 임무를 잘 수행하지 못하는 관리에 대해 쓴다)

쐬 [TTOI] (莎) 원483
불 Motte de gazon, pellée de gazon que l'on transporte pour faire une pelouse.
한 잔디 덩어리, 잔디밭을 만들려고 옮기는 한 삽 분량의 잔디

쐬다 [TTOI-TA,TTOI-YE,TTOIN] 원484
불 Etre brisé, hors de service. Rompre, casser, ébrécher. Etre rompu, ébréché (act. et pass.).
한 부서지다, 쓸 수 없다 | 부러뜨리다, 깨뜨리다, 손상시키다 | 끊기다, 손상되다 (능동형과 수동형)

쑤러지게보다 [TTOU-RE-TJI-KET-PO-TA,-PO-A,-PON] (透視) 원ADDENDA
불 Percer du regard; examiner attentivement; scruter.
한 뚫어지게 보다 | 주의 깊게 살펴보다 | 탐색하다

쑤르다 [TTOU-REU-TA,TTOU-RE (ou TTOUL-NE), TTOU-REUN] (穿) 원503
불 Percer avec un perçoir ; faire un trou ; percer d'outre en outre.
한 송곳으로 뚫다 | 구멍을 내다 | 통과하여 구멍을 뚫다

쑤쑤 [TOUT-TTOU] 원504

불 Bruit d'une longue trompette.

한 긴 나팔의 소리

뚜띄 [TTOU-TTĂI] 원504

불 Bruit v. g. qui accompagne le mandarin en route (cris, bruit de la trompette, etc.).

한 예. 길에서 관리를 수행할 때 내는 소리 (외침, 나팔의 소리 등)

뚝 [TTOUK] 원501

불 Lourdement, de haut, tout à coup. Bruit d'un corps tombant lourdement de haut.

한 육중하게, 높은 데에서, 갑자기 | 몸이 높은 데에서 육중하게 떨어지는 소리

뚝다리 [TTOUK-TA-RI] 원501

불 Esp. de mauvais chanvre abondonné, laissé sur les lisières des champs, qui se dessèche sur pied et fournit de la filasse.

한 버려지는, 밭의 가장자리 위에 내버려진 질 나쁜 삼의 종류로, 밑동이 말라붙어서 [역주 잣기 전의] 섬유질을 산출한다

뚝바귀 [TTOUK-PA-KOUI] 원501

불 Gros cousin, gros moustique.

한 큰 모기, 큰 모기

뚝부러지다 [TTOUK-ROU-RE-TJI-TA,-TJYE,-TJIN] (折) 원501

불 Craquer en se rompant.

한 부러지면서 딱하는 소리를 내다

뚝써러지다 [TTOUK-TTE-RE-TJI-TA,-TJYE,-TJIN] (落) 원501

불 Tomber lourdement, de haut.

한 육중하게, 높은 데에서 떨어지다

뚝뚝 ᄒᆞ다 [TTOUK-TTOUK-HĂ-TA] 원501

불 Craquer. Bruit de craquement. Désigne le bruit d'une chose qui, n'étant pas assez cuite, croque sous les dents (v. g. châtaignes). N'être pas assez tendre. = 긁다-keulk-ta, Gratter fort. = 치다 - tchi-ta, Frapper, donner une tape.

한 딱 하는 소리를 내다 | 딱 하는 소리 | 충분히 익지 않아서 이로 씹었을 때 와작와작 소리를 내는 것의 소리를 가리킨다 (예. 밤) | 충분히 무르지 않다 | [용례 =긁다, -keulk-ta], 박박 긁다 |[용례 =치다, -tchi-ta], 때리다, 손바닥으로 치다

뚤니다 [TTOUL-NI-TA, TTOUL-NYE, TTOUL-NIN] (穿) 원504

불 Se trouer, se percer. Etre percé.

한 구멍이 뚫리다, 뚫어지다 | 구멍이 뚫리다

뚤다 [TTOUL-TA] 원504

불 V. 뚜르다 Ttou-reu-ta.

한 [참조어 뚜르다, Ttou-reu-ta]

뚤뚤말다 [TTOUL-TTOUL-MAL-TA,-MAL-A,-MAN] 원504

불 Rouler, tourner en rouleau (v.g. du papier). || Bruit d'une voiture qui roule assez légèrement.

한 [역주 종이 따위를] 말다, (예. 종이를) 두루마리로 감다 | 마차가 제법 경쾌하게 구르는 소리

뚱 [TTOUNG,-I] (櫄) 원502

불 Ailanthe. Syn. 기쥭나무 Kai-tjyouk-na-mou.

한 가죽나무 속[역주 屬] | [동의어 기쥭나무, Kai-tjyouk-na-mou.]

뚱긔치다 [TTOUNG-KEUI-TCHI-TA,-TCHYE,-TCHIN] 원502

불 Faire sauter, faire jaillir, lancer. Ecarter, repousser, éloigner. découvrir.

한 폭파하다, 끌어올리다, 던지다 | 떼어놓다, 떼밀다, 떨어뜨리다 | 드러내다

뚱나뷔 [TTOUNG-NA-POUI] 원502

불 Papillon du 뚱Ttoung.

한 뚱 Ttoung 나비

뚱눈이 [TTOUNG-NOUN-I] 원502

불 Simple, bonasse, qui ne sait pas distinguer le bon du mauvais (v. g. l'argent du plomb) || Qui a les yeux ronds. (Popul.).

한 단순하다, 순진하다, 좋은 것과 나쁜 것 (예. 납으로 만든 돈)을 구별할 줄 모르다 | 눈이 둥글다 | (속어)

뚱뚱 [TTOUNG-TTOUNG] 원503

불 Désigne le bruit de coups secs (bruit de tambour). = 치다 - tchi-ta, Frapper un objet qui rend un son sourd et retentissant comme un tambour.

한 둔탁한 타격 소리를 가리킨다 (북소리) | [용례 = 치다, - tchi-ta] | 둔탁하고 북처럼 울리는 소리를 내는 물건을 치다

뚱뚱장이 [TTOUNG-TTOUNG-TJANG-I] 원503

불 Avare, intéressé, chiche, ladre. Homme brutal en paroles, en manières.

한 아끼다, 탐욕스럽다, 인색하다, 욕심 많다 | 말에 있어서, 태도에 있어서 난폭한 사람

뛰노다 [TTOUI-NO-TA, TTOUI-NO-RE, TTOUI-NON] (踴躍) 원499

불 Sauter de joie, cabrioler, gambader.
한 기뻐서 뛰어오르다, 깡충깡충 뛰다, 깡총깡총 뛰다

뛰다 [TTOUI-TA,TTOUI-YE,TTOUIN] (躍) 원500
불 Sauter, jaillir.
한 뛰어오르다, 솟다

뛰엄 [TTOUI-EM,-I] (躍) 원499
불 Saut (de sauter).
한 (뛰어오르는) 도약

뛰엄질ᄒᆞ다 [TTOUI-EM-TJIL-HĂ-TA] (躍) 원499
불 Sauter.
한 뛰어오르다

뛰여가보다 [TTOUI-YE-KA-PO-TA,-PO-A,-PON] (急走見) 원499
불 Omettre en lisant; sauter, passer sans lire un mot, une phrase, une page, etc.
한 읽으면서 빠뜨리다 | 한 단어, 한 문장, 한 페이지 등을 건너뛰다, 읽지 않고 넘어가다

뛰여나다 [TTOUI-YE-NA-TA,-NA,-NAN] (超出) 원499
불 Etre au-dessus du commun; exceller; l'emporter sur; surpasser; excellent.
한 보통보다 우위에 있다 | 탁월하다 | ~보다 우세하다 | 능가하다 | 훌륭하다

뛰여드다 [TOUI-YE-TEU-TA,-TEU-RE,-TEUN] 원499
불 Entrer en sautant, précipitamment. || Etre mêlés (v. g. grains de froment parmi l'orge).
한 뛰면서, 서둘러서 들어가다 | (예. 보리 중에 밀 낟알들이) 섞이다

뛰여보다 [TTOUI-YE-PO-TA,-PO-A,-PON] 원499
불 Chercher, rechercher, faire des recherches.
한 찾으러 애쓰다, 탐구하다, 연구하다

뛱비여지다 [TTOUIK-PI-YE-TJI-TA,-TJYE,-TJIN] (突出) 원499
불 Bosselé, bossu, qui a des inégalités à la surface. Etre très-proéminent.
한 울퉁불퉁해지다, 기복이 심하다, 표면이 평탄하지 않다 | 매우 튀어나오다

뜨겁다 [TTEU-KEP-TA,-KE-OUE,-KE-ON] (熱) 원476
불 Chaud, être chaud, ardent, brûlant.
한 뜨겁다, 뜨겁다, 뜨겁다, 몹시 뜨겁다

뜨근뜨근ᄒᆞ다 [TTEU-KEUN-TTEU-KEUN-HĂ-TA] 원476
불 Chaud, être chaud, brûlant.
한 뜨겁다, 뜨겁다, 몹시 뜨겁다

[1]뜨다 [TTEU-TA,TTE,TTEUN] (浮) 원482
불 Flotter.
한 떠다니다

[2]뜨다 [TTEU-TA,TTE,TTEUN] (㪺) 원482
불 Puiser. (Se dit d'une petite quantité d'eau). 써먹다 Tte-mek-ta, Boire avec la main.
한 푸다 | (적은 양의 물에 대해 쓴다) | [용례 써먹다,Tte-mek-ta], 손을 이용하여 마시다

[3]뜨다 [TTEU-TA] (灸) 원482
불 Cautériser (avec de l'amadou).
한 (부싯깃을 사용하여) 소훼하다

[4]뜨다 [TTEU-TA] 원482
불 Tailler (se dit pour les bas et les guêtres).
한 자르다 (긴 양말과 각반에 대해 쓴다)

[5]뜨다 [TTEU-TA] (緩) 원482
불 Faire lentement, agir avec lenteur.
한 천천히 하다, 느리게 행동하다

[6]뜨다 [TTEU-TA] 원482
불 Mailler; faire un filet, un serre-tête.
한 짜다 | 그물, 머리띠를 만들다

뜨뜻ᄒᆞ다 [TTEU-TTEUT-HĂ-TA] (溫) 원482
불 Un peu chaud, tiède.
한 약간 따뜻하다, 미적지근하다

뜨이다 [TTEU-I-TA,TTEU-YE,TTEU-IN] 원476
불 (Pass. de 뜨다 Tteu-ta). Etre soulevé, élevé. || Etre maillé.
한 (뜨다 Tteu-ta의 피동형) | 쳐들리다, 들어 올려지다 | [역주 편물, 그물이] 짜이다

뜩ᄒᆞ다 [TTOK-HĂ-TA] 원485
불 Etre juste, énergique ferme; n'avoir qu'une parole.
한 정의롭다, 강경하고 굳세다 | 약속을 지키는 사람이다

뜬것 [TTEUN-KET,-SI] 원478
불 Sort, maléfice, génie de la maladie.
한 저주, 마력, 병의 정령

뜬뜬ᄒᆞ다 [TTEUN-TTEUN-HĂ-TA] (堅實) 원478
불 Ferme, dur, solide.
한 딱딱하다, 단단하다, 견고하다

뜰 [TTEUL] (庭) 원480
불 Cour, aire. || Corniche, partie du toit qui dépasse la muraille.
한 마당, 타작마당 | 마름의 열매, 벽을 넘어서는 지붕의 일부

쓸드다 [TTEUL-TEU-TA,-TEU-RE,-TEUN] 원481
불 Caler beaucoup, être très-enfoncé dans l'eau (navire).
한 [역주 배가] 물에 많이 잠기다, (배가) 물속 깊이 빠지다

[1]**씀** [TTEUM,-I] (灸) 원477
불 Cautérisation.
한 소훼

[2]**씀** [TTEUM,-I] (苮) 원477
불 Tente en herbe que l'on fait sur les bateaux pour se garantir de la pluie.
한 비로부터 자기를 보호하기 위해 배 위에 만든 풀로 된 천막

[3]**씀** [TTEUM,-I] 원477
불 Petit intervalle, petit espace (se dit du temps).
한 짧은 간격, 짧은 폭 (시간에 대해 쓴다)

씀노타 [TTEUM-NO-HTA,-NO-HA,-NO-HEUN] (灸) 원477
불 Cautériser. V.Syn. 씀질ᄒᆞ다 Tteum-tjil-hă-ta.
한 소훼하다 | [동의어 씀질ᄒᆞ다, Tteum-tjil-hă-ta.]

씀드다 [TTEM-TEU-TA,-TEU-RE,-TEUN] 원477
불 Laisser encore un peu dans la chaudière pour achever doucement la cuisson (se dit du riz, des gâteaux, etc.). ‖ Prendre son temps, ne pas se presser, ne pas aller trop vite.
한 익히기를 서서히 끝내기 위해 큰 가마솥에 조금 더 두다 (밥, 떡 등에 대해 쓴다) | 천천히 여유를 가지고 하다, 서두르지 않다, 너무 빨리 진행하지 않다

씀드리다 [TTEUM-TEU-RI-TA,-RYE,-RIN] 원477
불 Laisser un peu dans la chaudière après la cuisson, laisser mitonner.
한 익힌 후 가마솥 안에 약간 두다, 약한 불에 오랫동안 끓도록 두다

씀드리ᄒᆞ다 [TTEUM-TEU-RI-HĂ-TA] 원477
불 Faire pas trop vite, à plusieurs reprises, en se reposant de temps en temps.
한 너무 빠르지 않게, 여러 번 반복해서, 이따금 쉬면서 하다

씀북이 [TTEUM-POUK-I] (水鷄) 원477
불 Nom d'une esp. d'oiseau semblable au corbeau (p.ê. la poule d'eau), qui crie teng, teng.
한 까마귀와 유사한 새의 종류의 이름 (아마도 뗑뗑하고 우는 쇠물닭)

씀속 [TTEUM-SOK,-I] (苮裏) 원477
불 Intérieur d'un coffre à grains. ‖ Qui ne sait absolument rien; ignorant.
한 곡식함 내부 | 완전히 아무것도 모르다 | 무지하다

씀직ᄒᆞ다 [TTEUM-TJIK-HĂ-TA] (鎭重) 원477
불 Flasque, mou et sans force, lâche (ne se dit que d'un homme). ‖ Etre grave, posé, sérieux.
한 무르다, 무기력하고 힘이 없다, 비겁하다(사람에 대해서만 쓴다) | 엄숙하다, 신중하다, 사려 깊다

씀질ᄒᆞ다 [TTEUM-TJIL-HĂ-TA] (灸) 원477
불 Cautériser, brûler les chairs, (on fait une petite enceinte de pâte autour de la plaie, et, au milieu, on applique de l'amadou de 쑥(Ssouk). Desséché comme de l'amadou.
한 소훼하다, 살을 태우다, (상처 주위를 조금 둘러싸고, 가운데에 쑥(Ssouk) 부싯깃을 놓다) | 부싯깃처럼 메마르다

[1]**쓷** [TTEUT] 원482
불 Esp. de terminais,. Sens de probable, probablement. 홀듯ᄒᆞ다 Hăl-teut-hă-ta, Il fera probablement.
한 어미의 종류 | 그럴 듯하다의 의미, 아마 | [용례 홀듯ᄒᆞ다, Hăl-teut-hă-ta], 아마 할 것이다

[2]**쓷** [TTEUT,-I] (志) 원482
불 Sens; signification; sentiment; pensée; opinion; intention; volonté; dessein; résolution; interprétation.
한 뜻 | 의미 | 감정 | 생각 | 의견 | 의도 | 의지 | 의사 | 결심 | 해석

쓷다 [TTEUT-TA,TTEUT-E,TTEUT-EUN] (採) 원482
불 Ronger, déchiqueter; déchirer; décacheter; arracher un morceau; cueillir.
한 갉아먹다, 잘게 찢다 | 찢다 | 개봉하다 | 한 조각 뜯다 | 따다

쓷밧긔 [TTEUT-PAT-KEUI] (意外) 원482
불 En dehors de la pensée.
한 생각 외로

쓷밧다 [TTEUT-PAT-TA,-PAT-A,-PAT-EUN] (承意) 원482
불 Plaire, faire plaisir.
한 마음에 들다, 기쁘게 하다

쓷어먹다 [TTEUT-E-MEK-TA,MEK-E,-MEK-EUN] (抉食) 원482
불 Déchiqueter avec les dents pour manger; ronger, cueillir et manger; brouter.
한 먹으려고 치아로 잘게 찢다 | 갉아 먹다, 따서 먹다 | 뜯어먹다

뜻을셰우다 [TTEUT-EUL-SYEI-OU-TA,-SYEI-OUE,-SYEI-OUN] (立志) 원482

불 Prendre la résolution.

한 결심을 하다

뜻젹뜻젹ᄒᆞ다 [TTEUT-TJYEK-TTEUT-TJYEK-HĂ-TA] 원482

불 Désigne l'action d'un homme qui n'a plus de dents et mange difficilement. Déchiqueter, arracher par petites pièces.

한 이가 더 이상 없어 힘들게 먹는 사람의 행동을 가리킨다 | 잘게 찢다, 작은 조각으로 뜯다

뜻ᄒᆞ다 [TTEUT-HĂ-TA,-HĂ-YE,-HĂN] 원482

불 Désinence qui, après un mot, indique la probabilité, le doute (se conjugue). 훌뜻ᄒᆞ다 Hăl-tteut-hă-ta, Il le fera peut-être.

한 단어 다음에 가능성, 의심을 나타내는 곡용 (활용된다) | [용례 훌뜻ᄒᆞ다, Hăl-tteut-hă-ta], 아마도 그것을 할 것이다

¹ᄯᅴ [TTEUI] (茅) 원476

불 Nom d'une esp. d'herbe.

한 풀 종류의 이름

²ᄯᅴ [TTEUI] (帶) 원476

불 Ceinture, ceinturon, cordon que portent les Coréens pour retenir le pantalon à la ceinture. Cordon qui se met en guise de ceinture au-dessus du grand habit.

한 허리띠, 요대, 바지를 허리에 고정시키려고 조선인들이 착용하는 끈 | 큰 옷 위에 허리 대신 착용되는 끈

ᄯᅴ다 [TTEUI-TA,TTEUI-E,TTEUIN] (帶) 원476

불 Ceindre; se ceindre; être ceint.

한 두르다 | 몸에 두르다 | 감싸지다

ᄯᅴ슐 [TTEUI-SYOUL,-I] (帶垂) 원476

불 Franges de la ceinture.

한 허리띠의 술 장식

ᄯᅴ끌 [TTEUI-KKEUL,-I] (塵埃) 원476

불 Poussière très-fine dans l'air (on ne l'aperçoit guère qu'au milieu des rayons de soleil qui entrent par une fente ou un trou dans l'appartement).

한 공기 중의 매우 고운 먼지 (거처의 틈새 또는 구멍으로 들어오는 햇빛 속에서가 아니고는 그것을 좀처럼 볼 수 없다)

ᄯᅴ엄ᄯᅴ엄 [TTEUI-EM-TTEUI-EM] (往往) 원476

불 D'espace en espace, çà et là.

한 이곳저곳, 여기저기

¹ᄯᅴ우다 [TTEUI-OU-TA,TTEUI-OUE,TTEUI-OUN] (浮) 원476

불 Flotter, être porté sur l'eau; lancer un vaisseau; faire flotter sur l'eau.

한 물 위에 뜨다, 지탱되다 | 배를 진수시키다 | 물 위에 뜨게 하다

²ᄯᅴ우다 [TTEUI-OU-TA,-OUE,-OUN] 원476

불 Ceindre, mettre une ceinture.

한 두르다, 허리띠를 착용하다

ᄯᅵᆼᄯᅵᆼᄒᆞ다 [TTEUING-TTEUING-HĂ-TA] 원476

불 Dur, ferme (fruit), solide.

한 굳다, 단단하다 (열매), 딱딱하다

¹ᄯᆞ다 [TTĂ-TA,TTĂ,TTĂN] 원467

불 Donner un coup de lancette (dans un furoncle pour en faire sortir le pus).

한 (절종에서 고름을 빼기 위해 절종을) 란세트로 절개하다

²ᄯᆞ다 [TTĂ-TA,TTĂ,TTĂN] (摘) 원467

불 Cueillir (un fruit).

한 (과일을) 따다

ᄯᆞ로 [TTĂ-RO] (另) 원467

불 A part, en particulier, séparément.

한 별도로, 개별적으로, 분리해서

ᄯᆞ로다 [TTĂ-RO-TA] (追) 원467

불 Suivre, accompagner, aller avec.

한 뒤따르다, 동반하다, 같이 가다

ᄯᆞ르르 [TTĂ-REU-REU] (轉貌) 원467

불 Bruit ou vibration d'un objet qui tourne avec vitesse.

한 빠르게 도는 물체의 소리 또는 진동

ᄯᆞᄅᆞ가다 [TTĂ-RĂ-KA-TA,-KA,-KAN] (追去) 원467

불 S'en aller avec, accompagner en s'en allant.

한 함께 가 버리다, 동행하여 떠나다

ᄯᆞᄅᆞ다 [TTĂ-RĂ-TA,TTĂ-RĂ,TTĂ-RĂN] (追) 원467

불 Accompagner, aller avec.

한 동행하다, 같이 가다

ᄯᆞᄅᆞ오다 [TTĂ-RĂ-O-TA] (追來) 원467

불 Venir avec, accompagner en venant.

한 ~와 함께 오다, 오면서 동행하다

ᄯᆞ롬 [TTĂ-RĂM,-I] (而已) 원467

불 Seulement, rien que, autre.

한 단지, 오직, 그 외의

ᄯᆞᆫ [TTĂN] (異) 원466
불 Autre, différent, l'autre, les autres.
한 다르다, 상이하다, 타자, 다른 사람들

ᄯᆞᆫ것 [TTĂN-KET,-SI] (別物) 원466
불 Autre chose; chose particulière; chose à part; chose séparée.
한 다른 것 | 특수한 것 | 별도의 것 | 별개의 것

ᄯᆞᆫ군 [TTĂN-KOUN,-I] (捕卒) 원466
불 Valets des 포교 Hpo-kyo, valets des satellites, valet de soldats, goujat.
한 포교 Hpo-kyo의 하인들, 부하들의 하인들, 군인들의 하인들, 군 소속 하인

ᄯᆞᆫ젼 [TTĂN-TJYEN,-I] 원 ADDENDA
불 Contradiction; démenti.
한 반대 | 반박

ᄯᆞᆫ족치다 [TTĂN-TJOK-TCHI-TA,-TCHYE,-TCHIN] (打他足) 원466
불 Donner un croc-en-jambe.
한 다리를 걸어 넘어뜨리다

ᄯᆞᆯ [TTĂL,-I] (女息) 원467
불 Fille (enfant).
한 딸 (자식)

ᄯᆞᆯ기 [TTĂL-KI] (覆盆子) 원467
불 Esp. de mûre sauvage qui vient dans les buissons épineux; framboise sauvage.
한 가시덤불에서 나는 야생 오디의 종류 | 야생 나무딸기

ᄯᆞᆯ꼭질ᄒᆞ다 [TTĂL-KKOK-TJIL-HĂ-TA] (肺氣) 원467
불 Hoquet, avoir le hoquet (mouvement convulsif de l'estomac).
한 딸꾹질, 딸꾹질이 나다 (위의 발작적인 움직임)

ᄯᆞᆯ아 [TTĂL-A] 원467
불 Suivant, selon, en égard à. 곳을ᄯᆞᆯ아 Kot-eul-ttăl-a, Suivant le lieu
한 ~에 의거하여, ~에 따라, ~을 참작하여 | [용례 곳을ᄯᆞᆯ아, Kot-eul-ttăl-a], 장소를 찾아서

1 ᄯᆞᆷ [TTĂM,-I] (汗) 원466
불 Sueur.
한 땀

2 ᄯᆞᆷ [TTĂM,-I] 원466
불 Pointe de couteau.
한 칼끝

ᄯᆞᆷ슈 [TTĂM-SYOU] 원466
불 Habileté à la couture.
한 바느질에 능숙함

ᄯᆞᆷᄯᅴ [TTĂM-TTEUI] (疿) 원466
불 Bourbouilles, boutons de la sueur.
한 땀띠, 땀으로 인한 부스럼

ᄯᆞᆷᄯᆡ [TTĂM-TTĂI] 원466
불 Bordure en bambou autour et à l'intérieur de la partie du chapeau qui touche la tête.
한 모자에서 머리에 닿는 부분의 둘레와 안쪽에 있는 대나무 테두리

1 ᄯᆡ [TTĂI] (垢) 원464
불 Saleté, tache, flétrissure, crasse, souillure, impureté.
한 더러움, 얼룩, 오점, 때, 더러워진 자국, 오염

2 ᄯᆡ [TTĂI] (時) 원464
불 Numéral des repas.
한 식사를 세는 수사

ᄯᆡ다 [TTĂI-TA,TTĂI-YE,TTĂIN,TTĂI-YE TTĂIN] 원465
불 Boucher, obstruer; raccommoder.
한 봉하다, 막다 | 수선하다

ᄯᆡ문 [TTĂI-MOUN,-I] (緣故) 원464
불 Cause. (S'emploie ordin. au locat.). ᄯᆡ문에 Ttăi-moun-ei, (quelquefois ᄯᆡ문으로 Ttăi-moun-eu-ro), Par la faute de, à cause, pour cette cause.
한 이유 | (보통 처격에서 쓰인다) | [용례 ᄯᆡ문에, Ttăi-moun-ei], (가끔 ᄯᆡ문으로, Ttăi-moun-eu-ro), ~의 탓으로, 때문에, 이러한 이유로

ᄯᆡ오다 [TTAI-O-TA,TTĂI-OA,TTĂI-ON] 원464
불 Etre bouché, obstrué.
한 막히다, 막히다

ᄯᆡ이다 [TTĂI-I-TA,TTĂI-I-YE,TTĂI-IN] 원464
불 Etre bouché, obstrué.
한 막히다, 막히다

ᄯᆡ임질ᄒᆞ다 [TTĂI-IM-TJIL-HĂ-TA] (補缺) 원464
불 Boucher, obstruer, raccommoder.
한 봉하다, 막다, 수선하다

ᄯᆡᆷ쟝이 [TTĂIM-TJYANG-I] (冶匠) 원464
불 Raccommodeur.
한 수선공

ᄯᆡᆼᄯᆡᆼᄯᆡᆼ [TTĂING-TTĂING-TTĂING] 원465
불 Bruit du tintement d'un cloche.
한 종이 땡그렁하는 소리

ᄯᆡᆼᄯᆡᆼᄒᆞ다 [TTĂING-TTĂING-HĂ-TA] 원465
불 Tinter, rendre un son aigu.
한 종이 울리다, 날카로운 소리를 내다

ㅅㅂ

ㅅㅂ [PP] ㉻296 ☞ㅂㅂ

[1]ㅅㅂ다 [PPA-TA,PPA,PPAN] (選) ㉻307

불 Elire; choisir.

한 선출하다 | 선택하다

[2]ㅅㅂ다 [PPA-TA,PPAL-A,PPAN] (澣) ㉻307

불 Laver; faire la lessive.

한 세탁하다 | 빨래하다

[3]ㅅㅂ다 [PPA-TA,PPAL-A,PPAN] (吮) ㉻307

불 Sucer.

한 빨다

[4]ㅅㅂ다 [PPA-TA,PPAL-A,PPAN] (尖) ㉻307

불 Etre pointu, effilé, en pointe.

한 뾰족하다, 끝이 뾰족하다, 뾰족하다

ㅅㅂ드ㅣ다 [PPA-TĂI-TA,-TĂI-YE,-TĂIN] ㉻307

불 Flâner.

한 빈둥거리다

ㅅㅂ아다 [PPA-A-TA,PPA-A,PPA-AN] (碎) ㉻296

불 Ecraser; réduire en poudre.

한 짓눌러 납작하게 하다 | 가루로 만들다

ㅅㅂ앗다 [PPAI-AT-TA,-A-SYE,-A-SEUN] ㉻296

불 V. 뺏다 Ppait-ta.

한 [참조어 뺏다, Ppait-ta]

[1]ㅅㅂ지다 [PPA-TJI-TA,-TJYE,-TJIN] ㉻308

불 Désenfler; diminuer; se retirer; s'égoutter.

한 공기를 빼다 | 축소하다 | 오그라들다 | 물리가 빠지다

[2]ㅅㅂ지다 [PPA-TJI-TA,-TJYE,-TJIN] (遺落) ㉻308

불 Tomber; tomber dans. ‖ Omettre; être omis. ‖ Etre resté en route; être perdu; s'égarer. ‖ Tomber en se détachant (comme les cheveux).

한 떨어지다 | 빠지다 | 빠뜨리다 | 생략되다 | 여전히 길을 가고 있다 | 길을 잃다 | 길을 잃다 | (머리카락처럼) 빠져 떨어지다

ㅅㅂ혀나다 [PPA-HYE-NA-TA,-NA,-NAN] (秀出) ㉻296

불 L'emporter sur les autres.

한 다른 사람들보다 우세하다

ㅅㅂ히다 [PPA-HI-TA,-HYE,-HIN] (碎) ㉻296

불 Etre écrasé, réduit en poudre.

한 격파되다, 가루로 되다

ㅅ박ㅅ박ᄒᆞ다 [PPAK-PPAK-HĂ-TA] ㉻297

불 N'être pas obligeant, pas charitable; être étroit; avoir l'esprit étroit. ‖ Sec, peu aqueux.

한 친절하지 않다, 자비롭지 않다 | 옹졸하다 | 마음이 편협하다 | 메마르다 | 수분이 없다

ㅅ반ㅅ반ᄒᆞ다 [PPAN-PPAN-HĂ-TA,-HĂN,-HI] (坦坦) ㉻299

불 Poli, lisse (v.g. le verre, la glace); être uni.

한 (예. 유리, 얼음이) 반들반들하다, 윤기 있다 | 반드럽다

ㅅ발내ᄒᆞ다 [PPAL-NAI-HĂ-TA] (洗澣) ㉻305

불 Lessive; blanchissage du linge; laver, faire la lessive.

한 세탁 | 세탁물의 세탁 | 세탁하다, 빨래하다

ㅅ발니 [PPAL-NIR] (迅) ㉻305

불 Vite; prompt; promptement

한 재빨리 | 지체 없이 | 신속하게

ㅅ발니다 [PPAL-NI-TA,-NYE,-NIN] ㉻305

불 Faire lécher, sucer; faire laver. Pass. et fact. de ㅅ발다 Ppal-ta.

한 핥게 하다, 빨다 | 세탁하게 하다 | ㅅ발다 Ppal-ta의 피동형과 사역형

[1]ㅅ발다 [PPAL-TA,PPAL-A,PPAN] (吮) ㉻306

불 Sucer, lécher.

한 빨다, 핥다

[2]ㅅ발다 [PPAL-TA,PPAL-A,PPAN] (滌) ㉻306

불 Laver.

한 세탁하다

ㅅ발쇠군 [PĀL-SOI-KOUN,-I] ㉻306

불 Dénonciateur, délateur.

한 고소인, 밀고자

ㅅ발ㅅ발ᄃᆞᆫ니다 [PPAL-PPAL-TĂN-NI-TA,-NYE,-NIN] (頻頻來往) ㉻305

불 Qui n'est jamais chez soi et toujours chez les autres; aller et venir, se démener sans cesse.

한 결코 자기 집에 있는 법이 없고 항상 남들 집에 있다 | 여기저기 돌아다니다, 끊임없이 소란을 피우다

ㅅ발ㅅ발ㅅ뎔다 [PPAL-PPAL-TIEL-TA,-TIEL-E,-TIEN] ㉻305

불 Etre fouetté par le vent (v.g. un papier, un drapeau).

한 (예. 종이, 깃발이) 바람에 후려쳐지다

ㅅ밧ㅅ밧ᄒᆞ다 [PPAT-PPAT-HĂ-TA] (直直) ㉻307

불 Etre raide, non ployant, droit, tout droit.

한 뻣뻣하다, 휘어지지 않다, 곧다, 똑바르다

ㅅ배다 [PPAI-TA,PPAI-A,PPAIN] (拔) ㉻296

불 Retirer de; arracher; extorquer; déraciner; extirper; enlever de force.

한 ~에서 꺼내다 | 탈취하다 | 강탈하다 | 뿌리를 뽑다 | 뿌리째 뽑다 | 강제로 없애다

빼아나다 [PPAI-A-NA-TA,-NA,-NAN] (秀) 원296

불 Surpasser; l'emporter sur; exceller.

한 뛰어나다 | ~에 우세하다 | 탁월하다

빼아내다 [PPAI-A-NAI-TA,-NAI-YE,-NAIN] (拔出) 원296

불 Retirer de; arracher.

한 ~에서 꺼내다 | 탈취하다

뺏다 [PPAIT-TA,-SYE,-SĂN] (奪取) 원296

불 Dérober; arracher de force; retirer des mains.

한 훔치다 | 강제로 빼앗다 | 손에서 빼다

뺘드득뺘드득 [PPYA-TEU-TEUK-PPYA-TEU-TEUK] 원308

불 Bruit d'un frottement.

한 문지르는 소리

뺙ᄒᆞ다 [PPYAK-PPYAK-HĂ-TA] 원308

불 Etre touffu(herbe); bouché (pipe); obstrué; peu intelligent.

한 (풀이) 무성하다 | (파이프가) 막히다 | 막히다 | 미련스럽다

[1]**뺨** [PPYAM,-I] (臉) 원308

불 Joue. (pop.).

한 볼 | (속어)

[2]**뺨** [PPYAM,-I] (廣) 원308

불 Largeur.

한 폭

뺨치다 [PPYAM-TCHI-TA,-TCHYE,-TCHIN] (拍臉) 원308

불 Donner un soufflet; souffleter.

한 모욕을 주다 | 따귀를 때리다

뺭뺭이 [PPYANG-PPYANG-I] 원308

불 Homme qui a toujours le nez bouché.

한 코가 항상 막히는 사람

뺭어 [PYANG-E] (白魚) 원308

불 Nom d'une espèce de poisson de mer plat.

한 납작한 바닷물고기 종류의 이름

뻐득뻐득ᄒᆞ다 [PPE-TEUK-PPE-TEUK-HĂ-TA] 원318

불 Qui remue difficilement un bras (malade); un peu raide; pas flexible.

한 (병자가) 팔을 간신히 움직이다 | 약간 경직되다 | 유연하지 않다

뻑뻑빨다 [PPEK-PPEK-PPAL-TA,-PPAL-A,-PPAN] 원313

불 Exprime le bruit des lèvres aspirant avec force; fumer ou manger avec avidité.

한 힘 있게 빨아들일 때 입술에서 나는 소리를 나타낸다 | 게걸스럽게 담배 피거나 먹다

뻑뻑ᄒᆞ다 [PPEK-PPEK-HĂ-TA] (硬) 원313

불 Dur à; difficile à; pas souple.

한 ~하기 힘들다 | ~하기 까다롭다 | 유연하지 않다

뻔뻔ᄒᆞ다 [PPEN-PPEN-HĂ-TA] 원315

불 Ehonté. ‖ Etre plein, uni, lisse.

한 파렴치하다 | 가득하다, 고르다, 매끈매끈하다

뻔이보다 [PPEN-I-PO-TA,-PO-A,-PON] (覥見) 원314

불 Regarder.

한 바라보다

뻣다리 [PPET-TA-RI] (直脚) 원318

불 Jambe qui ne peut pas se ployer; arc-boutant; jambe de force.

한 구부릴 수 없는 다리 | 반아치형의 걸침벽 | 받침대

뻣뻣ᄒᆞ다 [PPET-PPET-HĂ-TA] (直直) 원318

불 Empesé; durci; ferme et flexible (fil de fer, bois); dur; raide; peu flexible.

한 뻣뻣하다 | 굳어지다 | (철사, 나무가) 딱딱하고 유연성 있다 | 단단하다 | 뻣뻣하다 | 잘 휘어지지 않다

뻣장다리 [PPET-TJYANG-TA-RI] (直脚) 원318

불 Boiteux qui ne peut plier un genou.

한 무릎을 구부릴 수 없는 절름발이

뻣장되다 [PPET-TJYANG-TĂI-TA,-TĂI-HYE,-TĂI-HIN] 원318

불 Ne pas accorder la demande; ne pas faire ce qu'on demande.

한 요구에 들어주지 않다 | 요구한 것을 하지 않다

뻣팔이 [PPET-HPAL-I] (直肱) 원318

불 Bras qui ne peut pas se plier. ‖ Arc-boutant.

한 구부러지지 않는 팔 | 반아치형의 걸침벽

뻥 [PPENG,-I] 원316

불 Fiasco. ‖ Bruit d'une bouteille qu'on débouche.

한 완전한 실패 | 병을 따는 소리

뻥나다 [PPENG-NĂ-TA,-NA,-NAN] (出頉) 원316

불 Ne pas réussir; ne pas aboutir (affaire); faire fiasco; tomber dans l'eau.

한 성공하지 못하다 | (일이) 결실을 맺지 못하다 | 완전히 실패하다 | 물에 빠지다

뼈 [PPYE] (骨) 원318

불 Os, ossement.
한 뼈, 해골

뼈드다 [PPYE-TEU-TA,-TEU-RE,-TEUN] 원324
불 Emousser; rendre moins tranchant, moins aigu.
한 무디게 하다 | 덜 날카롭게, 덜 예리하게 만들다

뼈마ᄃᆡ [PPYE-MA-TĂI] (骨節) 원319
불 Jointure des os.
한 뼈의 관절

뼈무다 [PPYE-MOU-TA,-MOU-RE,-MOUN] 원319
불 Rendre moins tranchant; émousser; faire perdre le fil (à un instrument tranchant).
한 덜 날카롭게 만들다 | 무디게 하다 | (날카로운 도구에 달린) 칼날을 없어지게 하다

뼈무다 [PPYE-MOU-TA,-MOU-RE,-MOUN] 원319
불 Désirer bien faire; prendre à cœur de; avoir à cœur de.
한 잘 하기를 바라다 | ~에 열렬한 관심을 갖다 | ~하는 데에 열렬한 관심을 갖다

뼈므르다 [PPYE-MEU-REU-TA,-MEUL-NE,-MEU-REUN] 원319
불 S'appliquer à bien faire, à bien écrire.
한 잘 하려고, 잘 쓰려고 전념하다

뼈타 [PPYE-HTA,-HE,-HEUN] (播) 원324
불 Eparpiller; jeter çà et là la semence; semer çà et là; étendre.
한 흩뜨리다 | 씨앗을 여기저기에 던지다 | 도처에 씨를 뿌리다 | 펼치다

뼘 [PPYEM,-I] 원319
불 Un empan (mesure de longueur); espace compris entre le pouce et l'index étendus (mesure de longueur).
한 뼘 (길이 단위) | 벌린 엄지와 검지 사이에 놓인 공간 (길이 단위)

뼘치 [PPYEM-TCHI] 원319
불 Poisson long d'un empan; chose longue d'un empan.
한 한 뼘 길이의 물고기 | 한 뼘 길이의 물건

뼛치다 [PPYET-TCHI-TA,-TCHYE,-TCHIN] 원324
불 Etendre en allongeant v.g. le bras.
한 예. 팔을 쭉 뻗어 펼치다

뽀드득조히다 [PPO-TEU-TEUK-TJO-HI-TA,-HYE,-HIN] 원337
불 Bruit d'un nœud qu'on serre avec effort; serrer ferme.
한 매듭을 간신히 조이는 소리 | 단단하게 졸라매다

뽈근뽈근내밀다 [PPOL-KEUN-PPOL-KEUN-NAI-MIL-TA] 원336 ☞뽈근뽈근ᄒᆞ다

뽈근뽈근ᄒᆞ다 [PPOL-KEUN-PPOL-KEUN-HĂ-TA] 원336
불 Désigne l'état d'un homme qui a l'air de se fâcher, de se mettre en colère. Etre couvert de protubérances.
한 화내는, 화가 나 보이는 사람의 상태를 가리킨다 | 혹으로 뒤덮이다

뽐다 [PPOM-TA,PPOM-A,PPOM-EUN] 원333
불 Mesurer avec le pouce et l'index étendus.
한 엄지와 검지를 벌려서 재다

뽑ᄂᆡ다 [PPOP-NĂI-TA,-NĂI-YE,-NĂIN] (奮勇) 원335
불 S'efforcer; se faire valoir; faire l'important.
한 애쓰다 | 생색을 내다 | 젠체하다

뽑다 [PPOP-TA,-E,-EUN] (拔) 원335
불 Arracher en tirant; déraciner; extirper; déplanter.
한 당겨 뽑다 | 뿌리를 빼내다 | 뿌리째 뽑다 | 옮겨 심다

뽑이 [PPOP-I] 원335
불 Le plus gros, le plus beau des poissons de mer que l'on doit vendre; le plus gros des harengs, etc… le meilleur, l'élite.
한 팔 예정인 바닷물고기 중 가장 큰, 가장 고급의 것 | 청어 등 중에서 가장 큰 것, 가장 좋은 것, 정예

뽕 [PPONG,-I] (桑) 원334
불 Feuille de mûrier.
한 나무딸기의 잎

뽕나무 [PPONG-NA-MOU] (桑木) 원334
불 Mûrier.
한 나무딸기

뾰로지 [PPYO-RO-TJI] 원338
불 Nom d'un petit insecte noir.
한 작고 검은 곤충의 이름

뾰롱뾰롱ᄒᆞ다 [PPYO-RONG-PPYO-RONG-HĂ-TA] 원338
불 Désigne l'état d'un homme sans affection; être de mauvais caractère, irascible.
한 애정 없는 사람의 상태를 가리키다 | 성격이 나쁘다, 걸핏하면 화를 내다

뾰족뾰족ᄒᆞ다 [PPYO-TJYOK-PPYO-TJYOK-HĂ-TA] (尖) 원338
불 Désigne l'état des germes des plantes lorsque, au printemps, ils commencent à pousser.
한 봄에 식물의 싹이 돋아나기 시작할 때 그것들의

상태를 가리킨다

뱦쬭ᄒᆞ다 [PPYO-TJYOK-HĂ-TA] (尖) [원]338

[불] Etre pointu; avoir une pointe aiguë; terminé en pointe.

[한] 뾰족하다 | 끝이 뾰족하다 | 뾰족하게 마무리되다

뿌리다 [PPOU-RI-TA,-RYE,-RIN] (灑) [원]344

[불] Jeter à la volée; asperger; jeter de l'eau sur; arroser; semer à la volée; éparpiller.

[한] 힘껏 던지다 | 물을 뿌리다 | ~에 물을 붓다 | 물을 주다 | 흩뿌려 파종하다 | 흩뜨리다

뿌석뿌석 [PPOU-TTEK-PPOU-TTEK] [원]348

[불] Etre embarrassé (v. g. par ses vêtements trop épais).

[한] (예. 옷이 너무 두꺼워) 거추장스럽다

뿐 [PPOUN] (啻) [원]340

[불] Seulement.

[한] 오직

뿐아니라 [PPOUN-A-NI-RA] (不啻) [원]340

[불] 그뿐아니라 Keu-ppoun a ni-ra, Et non-seulement cela, ce n'est pas tout, mais··· 그뿐이로되 Keu-ppoun i-ro-tai, Quoique ce soit tout.

[한] [용례] 그뿐아니라 Keu-ppoun a ni-ra], 그게 전부가 아니고, 그뿐이로대 Keu-ppoun-i-ro-tai, 그게 다인 것이 아니고

뿔 [PPOUL,-I] (角) [원]343

[불] Corne. ‖ Angle sortant. ‖ Numéral des tubercules de gingembre.

[한] 뿔 | 튀어나온 모 | 생강의 덩이줄기를 세는 수사

뿔엉이 [PPOUL-ENG-I] (根) [원]343

[불] Racine.

[한] 뿌리

뿔희 [PPOUL-HEUI] (根) [원]344

[불] Racine.

[한] 뿌리

뿜다 [PPOUM-TA,-E,-EUN] (噴) [원]340

[불] Lancer de l'eau avec la bouche de manière à ce qu'elle retombe en gouttes très-fines, en petite pluie.

[한] 물이 물방울 또는 실비로 떨어지도록 입으로 물을 내뿜다

뿟뿟ᄒᆞ다 [PPOUT-PPOUT-HĂ-TA] [원]349

[불] Ne pouvoir faire à son gré. Etre dur, raide, pas moëlleux.

[한] 제멋대로 할 수 없다 | 단단하다, 억세다, 부드럽지 않다

뿡 [PPOUNG,-I] [원]342

[불] Bruit d'un vent, d'un pet. Bruit d'un coup de canon.

[한] 바람, 방귀 소리 | 대포 소리

쒸다 [PPOUI-TA,PPOUI-YE,PPOUIN] [원]338

[불] Démettre un membre; se déboîter un os; disloquer, ôter un os de sa place; être froissé (les os d'une jointure).

[한] 사지 중 하나를 탈구시키다 | 뼈가 탈구되다 | 뼈를 제자리에서 분리시키다, 떼어 놓다 | (관절에 있는 뼈가) 다치다

쒸죽쒸죽ᄒᆞ다 [PPOUI-TJOUK-PPOUI-TJOUK-HĂ-TA] (尖) [원]338

[불] Désigne l'état des germes qui commencent à pousser. Etre en pointe, pointu.

[한] 돋아나기 시작하는 싹의 상태를 가리킨다 | 뾰족하다, 뾰족하다

쎄기 [PPI-KI] [원]325

[불] Pousse de la plante appelée 띄 Tteui. V.Syn. 쎌기 Ppil-ki.

[한] 띄 Tteui라 불리는 식물의 싹, [[동의어] 쎌기, Ppil-ki.]

쎄다 [PPI-TA,PPI-YE] [원]328

[불] Démettre un membre; se déboîter un os; disloquer, ôter un os de sa place; être froissé (les os d'une jointure).

[한] 사지 중 하나를 탈구시키다 | 뼈가 탈구되다 | 뼈를 제자리에서 분리시키다, 떼어 놓다 | (관절에 있는 뼈가) 다치다

쎄ᄃᆡ다 [PPI-TĂI-TA,-TĂI-YE,-TĂIN] [원]328

[불] Etre observateur; observer; se mêler de tout; prendre part à tout; savoir tout faire.

[한] 관찰하다 | 감시하다 | 모든 것에 개입하다 | 모든 일에 참여하다 | 무엇이든 할 줄 알다

쎄쌔ᄒᆞ다 [PPI-PPAI-HĂ-TA] [원]327

[불] Se dit du son d'un instrument, v.g. de la trompette, du bruit du tambour.

[한] 예. 나팔, 북소리 같은 악기 소리에 대해 쓴다

쎄ᄲᆡ울다 [PPI-PPĂI-OUL-TA,-OUL-E,-OUN] [원]327

[불] Se dit du bruit d'une espèce de longue trompette; d'enfants qui pleurent.

[한] 긴 나팔류의, 우는 아이들의 소리에 대해 쓴다

쎄쭈름ᄒᆞ다 [PPI-TTJOU-REUM-HĂ-TA] [원]330

[불] Commencer à apparaître, à sortir (semences).

[한] (씨앗들이) 나타나기, 나오기 시작하다

쎄억 [PPI-EK,-I] [원]324 ☞ 비억

쎄치다 [PPI-TCHI-TA,-TCHYE,-TCHIN] [원]330

불 Terminer un trait d'écriture.
한 글자의 선을 마무리하다

쁼기 [PPIL-KI] (荑) 원328
불 Espèce d'herbe de la famille des graminées, dont les enfants croquent les parties tendres. Pousse de la plante appelée 띄 Tteui.
한 아이들이 그 부드러운 부분들을 와작와작 씹는, 화본과 식물군의 풀 종류 | 띄 Tteui라 불리는 식물의 새싹

쁏쥭쁏쥭ᄒᆞ다 [PPIT-TJOUK-PPIT-TJOUK-HĂ-TA] 원329
불 Faire la moue, la grimace.
한 삐죽거리다, 인상을 쓰다

ᄲᆞ르다 [PPĂ-REU-TA,PPĂL-NE,PPĂ-RĂN] (迅) 원312
불 Etre prompt, vif, agile, rapide.
한 신속하다, 기민하다, 민첩하다, 날쌔다

1**ᄲᆞᆯ니** [PPĂL-NI] 원305 ☞쌀니

2**ᄲᆞᆯ니** [PPĂL-NI] (速) 원312
불 Vite, promptement, rapidement.
한 재빨리, 신속하게, 빨리

ᄲᆡ다 [PPĂI-TA,PPĂI-A,PPĂIN] (扱) 원312
불 V. 쌔다 Ppai-ta.
한 [참조어 쌔다, Ppai-ta]

ᄲᆡ알 [PPĂI-AL,-I] 원309
불 Nom d'une espèce d'herbe qui croit près des bords de la mer et dont on fait des cordes et des manteaux pour la pluie.
한 바닷가 근처에서 자라고 끈과 비가 올 때 입는 망토를 만드는 풀 종류의 이름

ᄲᆡ앗다 [PPĂI-AT-TA,-AT-SYE,-AT-SĂN] (奪取) 원309
불 Enlever; ravir; extorquer; voler; arracher en tordant; entraîner; dérober; saisir (par force).
한 빼앗다 | 강탈하다 | 갈취하다 | 훔치다 | 비틀어 빼앗다 | 끌고 가다 | 슬쩍하다 | (힘으로) 움켜쥐다

ᄲᆡ양 [PPĂI-YANG,-I] 원309
불 Nom d'une espèce d'herbe à haute tige; espèce d'armoise à tige d'un brun rougeâtre.
한 줄기가 긴 풀 종류의 이름 | 줄기가 불그스름한 갈색인 쓴쑥속 종류

ᄲᆡᆨᄲᆡᆨᄒᆞ다 [PPĂIK-PPĂIK-HĂ-TA] (密密) 원310 ☞빅빅ᄒᆞ다

ᄲᆡᆼᄲᆡᆼ [PPĂING-PPĂNG] 원311
불 Bruit d'un objet qui tourne (v.g. une toupie).
한 도는 물체가 내는 소리 (예. 팽이)

ㅆ

1**싸다** [SSA-TA,SSA,SSAN] (裹) 원378
불 Envelopper; recueillir; réunir; coaguler; mettre en paquet. ‖ Mettre les pierres les unes sur les autres pour faire un mur, un terrassement.
한 에워싸다 | 모으다 | 결합하다 | 엉기게 하다 | 더미로 만들다 | 벽을 쌓기 위해 돌을 하나씩 포개어 놓다, 흙 쌓기

2**싸다** [SSA-TA,SSA,SSAN] (瀉) 원378
불 Répandre, laisser échapper involontairement. 오좀싸다 O-tjom ssa-ta, Pisser au lit ou dans sa culotte.
한 액체를 붓다, 본의 아니게 흘러가게 두다 | [용례 오좀싸다, O-tjom ssa-ta], 침대 또는 짧은 바지에 오줌누다

3**싸다** [SSA-TA,SSA,SSAN] (物賤) 원378
불 Etre bon marché, à bon marché, pas cher. ‖ C'est bien fait, il l'a bien mérité.
한 값이 저렴하다, 값이 싼다, 비싸지 않다 | 잘되었다, 당연히 그럴 만하다

싸ᄃᆡ다 [SSA-TĂI-TA,-TĂI-YE,-TĂIN] (環走) 원379
불 Aller de côté et d'autre; courir partout; flâner de côté et d'autre.
한 이쪽저쪽으로 가다 | 사방으로 달리다 | 이쪽저쪽으로 거닐다

싸락이 [SSA-RAK-I] (米籺) 원376
불 Riz brisé; poussière de riz; grains brisés de riz.
한 부서진 쌀 | 쌀가루 | 쌀의 부서진 낟알

싸락이눈 [SSA-RAK-I-NOUN,-I] (霰) 원376
불 Grésil ; neige très-fine et dure; petite grêle.
한 싸라기눈 | 매우 가늘고 단단한 눈 | 작은 우박

싸리나무 [SSA-RI-NA-MOU] (杻木) 원376
불 Esp. d'arbuste dont l'écorce sert à faire des cordes, et les branches, des balais. Esp. d'arbuste pliant comme l'osier, mais de la famille de légumineuses.
한 그 껍질은 끈을 만드는 데 쓰이고 나뭇가지는 빗자루를 만드는 데 쓰이는 소관목의 종류 | 버들처럼 휘어지지만 콩과에 속하는 소관목의 종류

싸목싸목 [SSA-MOK-SSA-MOK] 원369
불 Doucement, lentement.(provinc.).
한 천천히, 느리게 | (지역어)

1싸이다 [SSA-I-TA,SSA-YE,SSA-IN] (裹) [원]367
[불] Etre enveloppé, empaqueté.
[한] 싸이다, 포장되다

2싸이다 [SSA-I-TA,SSA-YE,SSA-IN] (積) [원]367
[불] Etre entassé, être empilé.
[한] 축적되다, 쌓이다

싸호다 [SSA-HO-TA,SSA-HOA,SSA-HON] (鬪) [원]368
[불] Disputer; faire la guerre; se battre; combattre; quereller; batailler.
[한] 다투다 | 싸움하다 | 서로 싸우다 | 싸우다 | 싸움을 걸다 | 싸우다

싹 [SSAK,-I] (萌) [원]368
[불] Germe d'une graine, bourgeon.
[한] 씨앗의 눈, 싹

싹나다 [SSAK-NA-TA,-NA,-NAN] (萌芽, (Germe, naître)) [원]368
[불] germer; bourgeonner.
[한] 싹트다 | 발아하다

싹싹 [SSAK-SSAK] [원]368
[불] Bruit de ronflement. =자다-tja-ta, Dormir en ronflant.
[한] 코 고는 소리 | [[용례] =자다, -tja-ta], 코를 골며 자다

싹싹ᄒᆞ다 [SSAK-SSAK-HĂ-TA] [원]368
[불] Charitable. Charité mal entendue. Etre souple, docile, traitable.
[한] 자비롭다 | 잘못 이해된 자비 | 유순하다, 온순하다, 다루기 쉽다

싹은싹은자다 [SSAK-EUN-SSAK-EUM-TJA-TA] [원]368
[불] Avoir la respiration courte en dormant.
[한] 자면서 짧은 숨을 쉬다

싹은싹은ᄒᆞ다 [SSAK-EUN-SSAK-EUN-HĂ-TA] [원]368
[불] Etre suffoqué v.g. pour avoir trop mangé.
[한] 질식하다, 예. 너무 많이 먹어서

싼가리 [SSAN-KA-RI] [원]372
[불] Temps de bon marché.
[한] 가격이 싼 시기

싼매잇다 [SSAN-MAI-IT-TA,-IT-SE,-IT-SAN] [원]373
[불] Qui est préparé. retroussé pour la route.
[한] 준비되다, 길을 가기 위해 걷어 올려지다

쌀 [SSAL,-I] (米) [원]376
[불] Riz écossé, tiré de sa pellicule; riz mondé. toute esp. de céréale écossé (riz, froment, orge, millet, sorgho, etc.).
[한] 얇은 껍질을 벗겨낸, 껍질 깐 벼 | 껍질 따위를 제거한 벼 | 껍질을 깐 모든 종류의 곡식 (벼, 밀, 보리, 조, 사탕수수 등)

쌀보리 [SSAL-PO-RI] (米牟) [원]377
[불] Orge à deux rangs.
[한] 줄이 두 개인 보리

쌀쌀끌타 [SSAL-SSAL-KKEUL-HTA,-KKEUL-HE,-KKEUL-HEUN] [원]378
[불] Commencer à bouillir, frémir(eau).
[한] 끓기 시작하다, (물이) 끓으려고 하다

쌀쌀ᄒᆞ다 [SSAL-SSAL-HĂ-TA] [원]378
[불] Inhumain, froid, sans affection.
[한] 인정이 없다, 매정하다, 애정이 없다

쌈 [SSAM,-I] (包) [원]369
[불] Paquet. Numéral des petits paquets d'aiguilles. ‖ Riz cuit mis en boulette et enveloppé dans une feuille de laitue ou de chou(pour le manger).
[한] 뭉치 | 바늘의 작은 뭉치를 세는 수사 | 작은 공 모양으로 놓이고 상추 또는 배추 잎 한 장에 싸인 익은 쌀 (식사용)

쌈싸다 [SSAM-SSA-TA,-SSA,-SSAN] (裹菜) [원]370
[불] Préparer 1e 쌈 Ssam. Mettre du riz en boulettes dans une feuille de chou ou de laitue.
[한] 첫 번째 쌈 Ssam을 준비하다 | 양배추 또는 상추의 잎 안에 작은 공 모양의 밥을 놓다

쌈지 [SSAM-TJI] (草匣) [원]371
[불] Blague, bourse à tabac.
[한] 담배쌈지, 담배를 넣어 다니는 주머니

쌈지통 [SSAM-TJI-HTONG,-I] [원]371
[불] Enveloppe de l'épi.
[한] 이삭의 껍질

쌉쌀지 [SSAP-SSĂL-KĂI] (猇) [원]376
[불] Chien à longs poils.
[한] 털이 긴 개

쌉쌀ᄒᆞ다 [SSAP-SSĂL-HĂ-TA] (少苦) [원]376
[불] Qui est un peu amer. Avoir un goût sauvage, un tant soit peu amer.
[한] 조금 쓰다 | 조금이라도 쓴, 야생의 맛이 나다

*쌍 [SSANG,-I] (雙) [원]375
[불] Paire ; deux. Numéral des couples, des paires, des choses qui vont par paires.
[한] 짝수 | 둘 | 쌍, 짝, 짝수로 어울리는 것들을 세는 수사

*쌍동이 [SSANG-TONG-I] (雙童) ㉻375
불 Jumeaux.
한 쌍둥이

*쌍륙 [SSANG-RYOUK,-I] (雙陸) ㉻375
불 Esp. de jeu, jeu de dés.
한 놀이, 주사위 놀이의 종류

쌍만드다 [SSANG-MAN-TEU-TA,-TEU-RE,-TEUN] (作雙) ㉻375
불 Accoupler; mettre deux à deux, par paires.
한 짝짓다 | 둘씩, 쌍쌍이 두다

*쌍문쥬 [SSANG-MOUN-TJYOU] (雙文紬) ㉻375
불 Nom d'une espèce de soie.
한 비단의 종류의 이름

쌍바라지 [SSANG-PA-RA-TJI] (雙牖) ㉻375
불 Porte à deux battants.
한 문짝이 두 개인 문

쌍붓다 [SSANG-POUT-TA,-POUT-HE,-POUT-HEUN] ㉻375
불 S'unir (les animaux pour le coït).
한 (교미를 위해 동물들이) 합쳐지다

*쌍비연 [SSANG-PI-YEN,-I] (雙飛燕) ㉻375
불 Esp. de jeu de dominos.
한 도미노 게임의 종류

*쌍삼틔 [SSANG-SAM-HTĂI] (雙三胎, (Ensemble, trois, enfants)) ㉻375
불 Trois jumeaux (nés d'un même accouchement).
한 (한 배에서 태어난) 세쌍둥이

*쌍쌍이 [SSANG-SSANG-I] (雙雙) ㉻375
불 De pair, de front, deux à deux.
한 짝을 지어, 나란히, 둘씩

쌍아 [SANG-A] ㉻375
불 Esp. de maladie de la langue, sous la langue, (où il pousse comme deux autres petites langues).
한 혀 아래의, 혀에 생기는 병의 종류 (서로 다른 두 개의 작은 혀처럼 나온다)

*쌍창 [SSANG-TCHANG,-I] (双牕) ㉻375
불 Porte à deux battants. Fenêtre à deux battants.
한 문짝이 두 개인 문 | 문짝이 두 개인 창문

쌍코신 [SSANG-HKO-SIN,-I] (雙鼻鞋) ㉻375
불 Soulier en cuir à deux nez, à deux pointes.
한 두 개의 코가 있는, 뾰족한 끝이 두 개인 가죽신

*쌍틔 [SSANG-HTĂI] (雙胎) ㉻375
불 Jumeaux. Accouchement de deux jumeaux. Deux jumeaux dans le même sein.
한 쌍둥이 | 두 쌍둥이의 출산 | 한 태내에서 난 두 쌍둥이

쌍ᄒᆞ다 [SSANG-HĂ-TA] ㉻375
불 S'unir, s'accoupler(les animaux).
한 합쳐지다, (동물들이) 짝짓기 하다

*쌰뉵 [SSYANG-NYOUK,-I] (雙陸) ㉻382
불 Dés à jouer; esp. de jeu.
한 놀이 주사위 | 놀이의 종류

*썅수 [SSYANG-SOU] (雙數) ㉻383
불 Nombre pair.
한 짝수

써 [SSE] (以) ㉻392
불 Par, par le moyen de, en (avec le participe), afin que. (Partic. de 쓰다 Sseu-ta, gouv. l'acc. l'instr).
한 ~로써, ~에 의해, ~함으로써 (분사와 함께), ~하기 위해 | (쓰다 Sseu-ta의 분사, 대격, 도구격을 지배한다)

써내다 [SSE-NAI-TA,-NAI-YE,-NAIN] ㉻393
불 Exciter; animer. ‖ Prendre des moyens détournés pour connaître une affaire. Amener par habileté un homme à divulguer de lui-même ce qu'il connaît d'une affaire. Tirer les vers du nez.
한 부추기다 | 선동하다 | 일을 알기 위해 우회적인 방법을 쓰다 | 어떤 사람으로 하여금 일에 대해 알고 있는 것을 스스로 누설하도록 교묘히 시키다 | 입을 열게 하다

써다 [SSE-TA,SSE,SSEN] ㉻393
불 Mettre sur la tête.
한 머리 위에 얹다

써레 [SSE-REI] (耙) ㉻393
불 Herse.
한 쇠스랑

써리다 [SSE-RI-TA,-RYE,-RIN] (耙) ㉻393
불 Herser ; passer la herse sur un champ.
한 쇠스랑으로 고르다 | 밭을 쇠스랑으로 갈다

썩 [SSEK] (快) ㉻392
불 Promptement, vite.
한 신속하게, 재빨리

썩다 [SSEK-TA,SSEK-E,SSEK-EUN] (朽) ㉻392
불 Se pourrir ; se corrompre ; s'altérer ; se flétrir ; se putréfier.
한 썩다 | 부패하다 | 변질되다 | 시들다 | 썩다

썩썩 [SSEK-SSEK] (快快) ㉻392

불 Vite, promptement.
한 재빨리, 신속하게

썩썩닥다 [SSEK-SSEK-TAK-TA,-TAK-KA,-TAK-KEUN] (快修) 원392
불 Nettoyer en frottant fortement.
한 힘차게 비비면서 깨끗이 하다

썩이다 [SSEK-I-TA,SSEK-YE,SSEK-IN] (朽) 원392
불 Corrompre; altérer ; faire pourrir ; laisser pourrir.
한 부패시키다 | 변질시키다 | 썩게 하다 | 상하게 내버려 두다

썰다 [SSEL-TA,SSEL-E,SSEN] (斫) 원393
불 Couper par tranches.
한 얇은 조각으로 자르다

썰매 [SSEL-MAI] 원393
불 Planchettes attachées sous les pieds pour marcher sur la neige. traineau pour voyager sur glace.
한 눈 위를 걷기 위해 발 아래에 묶은 작은 판자 | 얼음 위에서 이동하기 위한 썰매

쎄라 [SSEI-RA] (以) 원392
불 A cause de, pour cette raison c'est parce que (dans les livres). (Pour ; 써이라 Sse-i-ra, terminais. de phrase).
한 ~때문에, 이런 이유로, 왜냐하면 (책에서) | ([용례] 써이라, Sse-i-ra], 문장의 어미)

쎨쎨흔들니다 [SSYEL-SSYEL-HEUN-TEUL-NI-TA, -NYE,-NIN] (搖貌) 원407
불 Etre agité, secoué vivement (arbre).
한 동요되다, (나무가) 세차게 흔들리다

쎰 [SSYEM,-I] 원398
불 Signe précurseur d'un grand vent (que l'on connaît à une certaine couleur rougeâtre des montagnes).
한 (산의 어떤 불그스름한 색으로 아는) 큰 바람을 미리 알리는 신호

쏘가리 [SSO-KA-RI] 원427
불 Non d'une espèce de poisson d'eau douce. Salmones.
한 민물고기 일종의 이름 | 연어

쏘다 [SSO-TA,SSO-A,SSON] (射) 원430
불 Décocher une flèche; darder; enfoncer un aiguillon ; offenser; percer; piquer; aiguillonner; lancer; fulminer; répandre.
한 화살을 쏘다 | 던지다 | 침을 박다 | 손상하다 | [역주 구멍을] 뚫다 | 찌르다 | [역주 소를] 막대기로 찔러 몰다 | 쏘다 | 폭발하다 | 퍼뜨리다

쏘로로 [SSO-RO-RO] 원429
불 Bruit d'un petit serpent fuyant sous l'herbe.
한 풀 아래로 달아나는 작은 뱀이 내는 소리

1쏘약이 [SSO-YAK-I] 원425
불 Larve du bombyx. Nom d'une espèce de chenille verte du chêne, très-venimeuse, dont le contact cause une piqûre qui enfle aussitôt.
한 누에나방의 유충 | 참나무에 사는 맹독이 있는 초록색 애벌레의 종류로, 그것과 접촉하면 그 자리가 곧바로 부풀어 오르며 따끔거리며 아프다

2쏘약이 [SSO-YAK-I] (柄) 원425
불 Petite cale de bois enfoncée pour consolider; coin pour fendre le bois.
한 튼튼히 하기 위해 박은 나무로 만든 작은 쐐기 | 나무를 쪼개기 위한 쐐기

쏘이다 [SSO-I-TA] (射) 원426
불 Se projeter; donner sur; darder; atteindre (lumière) être piqué (par un aiguillon, par une abeille, etc.).
한 투사되다 | ~을 향하다 | 쏘다 | (빛) 도달하다 | (가시, 벌 등에 의해) 쏘이다

쏘히다 [SSO-HI-TA] 원426
불 Etre piqué; aiguillonné être percé (d'une flèche); être exposé aux rayons du soleil.
한 물리다 | 막대기로 찔려 몰리다 | (화살에) 관통되다 | 햇빛에 노출되다

쏙쏙 [SSOK-SSOK] 원427
불 Subitement; sans hésiter.
한 갑자기 | 주저하지 않고

쏙지르다 [SSOK-TJI-REU-TA,-TJIL-NE,-TJI-REUN] 원427
불 Piquer sans hésitation.
한 주저하지 않고 찌르다

쏜살 [SSON-SAL,-I] (放箭) 원428
불 Flèche lancé; flèche rapide.
한 쏜 화살 | 빠른 화살

쏜샬 [SSON-SYAL,-I] (直走) 원428
불 Droite ligne, ligne directe.
한 곧은 선, 직선

1쏠가얌이 [SSOL-KA-YAM-I] (鷲) 원429
불 Espèce d'oiseau, buse.
한 새 종류, 말똥가리

2쏠가얌이 [SSOL-KA-YAM-I] 원429
불 Espèce de petite fourmi rouge qui mord, qui pique.
한 물거나 쏘는 작고 붉은 개미의 종류

쐬다 [SSOI-TA,SSO-YE,SSO-IN] 원426 ☞쏘이다

쐬악이 [SSOI-AK-I] ㉲426
㊄ Petite cale de bois pour consolider; coin pour fendre du bois; instrument pour ouvrir une caisse clouée.
㊅ 튼튼히 하기 위해 박는 나무로 된 작은 쐐기 | 나무를 쪼개기 위한 쐐기 | 못을 박은 상자를 열기 위한 도구

쑤싀다 [SSOU-SOUI-TA,-SOUI-YE,-SOUIN] ㉲438
㊄ Farfouiller avec un bâton dans un trou. ‖ Sentir des élancements (v.g. dans un furoncle).
㊅ 구멍 안을 막대기로 뒤지다 | (예. 절종에) 통증을 느끼다

[1]**쑥** [SSOUK,-I] (艾) ㉲437
㊄ Nom d'une sorte d'herbe (médicinale et potagère). Armoise.
㊅ (약용이고 식용인) 풀 일종의 이름 | 쓴 쑥속

[2]**쑥** [SSOUK] ㉲437
㊄ Tout à coup, à l'improviste, subitement, vite.
㊅ 갑자기, 느닷없이, 돌연히, 재빨리

쑥갓 [SSOUK-KAT,-SI] ㉲437
㊄ Nom d'une espèce d'herbe potagère dont la feuille ressemble un peu à celle de l'armoise.
㊅ 그 잎이 쓴 쑥의 그것과 약간 닮은 식용 풀 일종의 이름

쑥고 [SSOUK-KO] (艾膏) ㉲437
㊄ Pâte de 쑥 Ssouk (remède); emplâtre ou cataplasme d'armoise.
㊅ 쑥 Ssouk으로 만든 연고(약) | 쓴 쑥으로 만든 고약 또는 찜질

쑥떡 [SSOUK-TTEK,-I] (艾餠) ㉲437
㊄ Gâteaux de 쑥 Ssouk; gâteaux dans lesquels sont mêlées des feuilles tendres d'armoise.
㊅ 쑥 Ssouk으로 만든 떡 | 쓴 쑥의 부드러운 잎이 섞인 떡

쑥쑥 [SSOUK-SSOUK] ㉲437
㊄ Subitement, vite, tout à coup.
㊅ 돌연히, 재빨리, 갑자기

쑬쑬ᄒᆞ다 [SSOUL-SSOUL-HĂ-TA] ㉲438
㊄ Commun, ordinaire. ‖ Etre assez gros, en belle quantité.
㊅ 일반적이다, 보통이다 | 제법 크다, 양이 상당히 많다

쒝쒝 [SSOUEIK-SSOUEIK] ㉲436
㊄ Cri que poussent les sorcières et les païens pour chasser le diable; vite! vite!
㊅ 마녀들과 이교도들이 악마를 내쫓기 위해 지르는 소리 | 빨리! 빨리!

쒱쒱 [SSOUEING-SSOUEING] ㉲436
㊄ Cri que poussent les sorcières et les païens pour chasser le diable. vite! vite! ‖ Bruit du soufflement du marsouin.
㊅ 마녀들과 이교도들이 악마를 내쫓기 위해 지르는 소리 | 빨리! 빨리! | 돌고래 일종의 숨소리

[1]**쓰다** [SSEU-TA,SSE,SSEUN] (苦) ㉲413
㊄ Etre amer.
㊅ 쓰다

[2]**쓰다** [SSEU-TA,SSE,SSEUN] (用) ㉲413
㊄ Employer; dépenser; se servir de; user de; faire usage de. (Gouv. l'instr.) 칼노쓰다 Hkal-no-sseu-ta, Se servir d'un couteau. (S'il agit d'un homme ou d'un animal, on dit: 부리다 Pou-ri-ta) ‖ Se coiffer de; mettre sur sa tête.
㊅ 사용하다 | 사용하다 | ~을 쓰다 | ~을 이용하다 | ~을 사용하다 | (도구격을 지배한다) | [용례 칼노쓰다, Hkal-no-sseu-ta], 칼을 사용하다 | (사람 또는 동물과 관련이 있다면, 부리다 Pou-ri-ta라고 말한다) | ~을 쓰다 | 머리 위에 놓다

[3]**쓰다** [SSEU-TA,SSE,SSEUN] (寫) ㉲413
㊄ Ecrire.
㊅ 글을 쓰다

쓰레기 [SSEU-RE-KI] ㉲412
㊄ Balayures; poussière balayée; ordure. ‖ Grains tombés hors du tas et qu'on ramasse dans l'aire à l'aide d'un balai.
㊅ 쓰레기 | 쓸어 내어진 먼지 | 찌꺼기 | 보리 타작마당에서 빗자루로 쓸어 모으는, 더미 밖으로 떨어진 곡식알

쓰러지다 [SSEU-RE-TJI-TA,-TJYE,-TJIN] (頹) ㉲412
㊄ Se renverser; tomber en ruine; tomber à la renverse; s'abattre.
㊅ 뒤집히다 | 붕괴하다 | 벌렁 뒤로 나자빠지다 | 무너지다

쓰레 [SSEU-REI] ㉲412
㊄ Balayure. =질ᄒᆞ다 - tjil-hă-ta. Balayer.
㊅ 쓰레기 | [용례 =질ᄒᆞ다, - tjil-hă-ta], 쓸다

쓰레밧기 [SSEU-REI-PAT-KI] ㉲412
㊄ Ustensile (corbeille) à ramasser les balayures.

한 쓰레기를 모으는 용구 (바구니)

쓰레질ᄒᆞ다 [SSEU-REI-TJIL-HĂ-TA] 원412
불 Balayer.
한 쓸다

쓰레판 [SSEU-REI-HPAN,-I] 원412
불 Ustensile à recueillir les balayures.
한 쓰레기를 모으는 용구

쓰르르ᄒᆞ다 [SSEU-REU-REU-HĂ-TA] 원412
불 Etat de l'estomac quand on mange de l'ail ou quand on boit quelque chose de fort.
한 마늘을 먹거나 맛이 강한 무언가를 마실 때의 위의 상태

쓰르치기 [SSEU-REU-TCHI-KI] (急病) 원412
불 Nom d'une maladie qui fait tordre les membres.
한 사지를 비틀게 하는 병의 이름

쓰리다 [SSEU-RI-TA,-RYE,-RIN] (切痛) 원412
불 Eprouver une douleur. Se dit de la sensation du sel, de l'eau salée; du sel dans une plaie. Cuisant; piquant. Sentir une cuisson; cuire. 속쓰리다 Sok-sseu-ri-ta, Souffrir de l'estomac à cause de la faim.
한 고통을 느끼다 | 상처에 소금, 소금물, 소금이 닿는 느낌에 대해 쓴다 | 쓰라리다 | 짜릿하다 | 얼얼한 아픔을 느끼다 | 화끈화끈하다 | [용례 속쓰리다, Sok-sseu-ri-ta], 허기 때문에 위가 아프다

쓰믜다 [SSEUI-MI-TA,-MEUI-YE,-MEUIN] 원410
불 Etre froid, impassible, peu impressionnable.
한 냉정하다, 태연하다, 감수성이 예민하지 않다

쓸긔 [SSEUL-KĂI] (膽) 원412
불 Fiel.
한 쓸개즙

쓸니다 [SSEUL-NI-TA,-NYE,-NIN] (靡) 원412
불 Pencher; s'incliner; être incliné; menacer ruine.
한 기울어지다 | 기울다 | 경사지다 | 붕괴될 위험이 있다

쓸다 [SSEUL-TA,SSEUL-E,SSEUN] (掃) 원413
불 Balayer; enlever ce qui est malpropre; nettoyer avec le balai.
한 비로 쓸다 | 더러운 것을 없애다 | 빗자루로 치우다

쓸ᄃᆡ [SSEUL-TĂI] (用處) 원413
불 Utilité; nécessité; utile. =잇다-it-ta, Il est nécessaire. =업다-ep-ta, Il n'est pas nécessaire; ce n'est pas utile.
한 유용성 | 필요성 | 유익하다 | [용례 =잇다, -it-ta], 필요하다 | [용례 =업다, -ep-ta], 필요 없다 | 유용하지 않다

쓸만ᄒᆞ다 [SSEUL-MAN-HĂ-TA] (可用) 원412
불 Qui peut servir; chose ordinaire, commune.
한 도움이 될 만하다 | 평범한, 일반적인 것

쓸쓸ᄒᆞ다 [SSEUL-SSEUL-HĂ-TA] 원412
불 Indigent; pauvre; qui manque de tout. ‖ Etre un peu froid, faire par le froid une impression désagréable. Se dit aussi d'un homme au maintien trop froid ou d'un mauvais caractère, avec lequel on ne peut pas être à l'aise.
한 빈곤하다 | 가난하다 | 모든 것이 부족하다 | 조금 냉정하다, 쌀쌀맞아서 불쾌한 인상을 주다 | 불편하게 느낄 수 있는 너무 냉정한 태도 또는 나쁜 성격을 가진 사람에 대해서도 쓴다

쓸타 [SSEUL-HTA,-HE,-HEUN] (磋磨) 원413
불 Piler le riz pour enlever ce qui reste de malpropre, pour le nettoyer. ‖ Limer (le fer).
한 더러운 찌꺼기를 없애고 깨끗하게 하기 위해 쌀을 빻다 | (쇠를) 줄질하다

씀바귀 [SSEUM-PA-KOUI] (苦菜) 원410
불 Esp. d'herbe amère dont on mange les feuilles et la racine. Esp. de laiteron très-amer, dont on mange les racines au printemps. Esp. de centaurée.
한 잎과 뿌리를 먹는 쓴 풀의 종류 | 봄에 뿌리를 먹는 매우 쓴 방가지똥의 종류 | 수레국화의 종류

씀벅씀벅 [SSEUM-PEK-SSEUM-PEK] 원410
불 Désigne d'état d'un furoncle qui, commençant à pourrir, fait ressentir des élancements à l'intérieur. ‖ Facilement, sans effort.
한 썩기 시작하면서 내부에 통증을 느끼게 하는 절종의 상태를 나타낸다 | 쉽게, 노력하지 않고

씌우다 [SSEUI-OU-TA,SSEUI-OUE,SSEUI-OUN] 원409
불 Etre coiffé par un autre; coiffer un autre; mettre sur la tête d'un autre. Fact. de 쓰다 Sseu-ta.
한 다른 사람에 의해 모자를 쓰다 | 다른 사람에게 모자를 씌우다 | 다른 사람의 머리 위에 놓다 | 쓰다 Sseu-ta의 사동형

씍씍ᄒᆞ다 [SSEUIK-SSEUIK-HĂ-TA] (凜凜) 원409
불 Beau; brillant; éclatant; qui a de belles couleurs. Etre vif (comme l'eau très-fraîche); alerte; éveillé.
한 아름답다 | 찬란하다 | 빛나다 | 색이 곱다 | (매우 시원한 물처럼) 생기 있다 | 활기차다 | 활발하다

1*씨 [SSI] (氏) 원413

불 Désinence honorifique ajoutée aux noms de famille et aux noms de parenté, au lieu de 가 ka. Son sens propre est: fils descendant.
한 가 ka 대신에 성과 친족관계를 나타내는 명사에 붙이는 경칭 곡용 | 본래의 의미는 남자 후손이다

2* 씨 [SSI] (緯) 원413
불 Trame d'une pièce de toile; fil qui se croise avec les fils de la chaîne d'une pièce de toile et que conduit la navette.
한 천 조각의 씨실 | 천 조각의 날실과 교차되고 베틀의 북이 조종하는 실

3 씨 [SSI] (核) 원413
불 Semence; graine; noyau.
한 종자 | 씨앗 | 핵

씨락이 [SSI-RAK-I] (枯菜) 원422
불 Feuilles de navets ou de choux desséchées; légumes séchés pour l'hiver.
한 순무나 배추의 마른 잎 | 겨울을 대비한 말린 채소

씨름ᄒᆞ다 [SSI-REUM-HĂ-TA] (脚戲) 원422
불 Lutte avec art, selon les règles; combat, duel, lutte corps à corps; lutter.
한 규칙에 따라 기술로 하는 격투 | 몸을 맞잡고 하는 싸움, 결투, 격투 | 싸우다

씨아 [SSI-A] 원413
불 Egreneuse, instrument à deux cylindres pour débarrasser le coton de sa graine.
한 [역주 목화 따위의] 씨를 빼는 기계, 목화의 씨를 제거하기 위한 두 개의 원통이 달린 도구

씩씩 [SSIK-SSIK] 원415
불 Bruit du marsouin.
한 돌고래 종류의 소리

씩은씩은ᄒᆞ다 [SSIK-EUN-SSIK-EUN-HĂ-TA] 원414
불 Etre essoufflé.
한 헐떡이다

씹 [SSIP,-I] 원421
불 Parties naturelles de la femme, vulve.
한 여성의 생식기, [역주 여자의] 외음부

씹다 [SSIP-TA,-E,-EUN] (嚼) 원422
불 Mâcher; broyer avec les dents.
한 씹다 | 이로 부수다

씻기다 [SSIT-KI-TA,-KYE,-KIN] (拭) 원424
불 Laver (un autre).
한 (다른 사람을) 씻다

씻다 [SSIT-TA,SSI-SYE,SSI-SĂN] (洗) 원424
불 Se laver; nettoyer; curer; purifier; essuyer, baptiser.
한 몸을 씻다 | 깨끗이 하다 | 청소하다 | 깨끗하게 하다 | 닦다 | 세례를 주다

씻앗머리 [SSIT-AT-ME-RI] 원413
불 Graine, mauvaise graine (injure, v.g. une mère à son enfant).
한 씨앗, 싹수가 노란 아이 (욕설, 예. 어머니가 자신의 아이에게)

씽것씽것 [SSING-KET-SSING-KET] (不樂貌) 원421
불 Se dit d'un air maussade, grincheux; quelqu'un qui ne veut pas prêter de l'argent à celui qui lui en demande.
한 침울한, 괴팍한 태도에 대해 쓴다 | 돈을 빌려주기를 부탁하는 사람에게 돈을 빌려주기를 원하지 않는 사람

씽수 [SSING-SOU] (複數) 원421
불 Nombre pair. Syn. 쌍수. Ssyang-sou.
한 짝수 | [동의어 쌍수, Ssyang-sou.]

쌀 [SSĂL,-I] (米) 원390
불 Céréale mondée, écossée ; grains écossés ; v. g. riz, pois, blé, etc. dont on a enlevé la pellicule.
한 [역주 껍질·겨·씨 따위가] 제거된, 껍질을 깐 곡물 | 껍질을 깐 곡식 | 예. 얇은 껍질을 벗겨내는 쌀, 콩, 밀 등

쌀기 [SSĂL-KĂI] 원390
불 Pivot, pièce d'appui sur laquelle tourne un corps solide (v.g. la bascule pour piler le riz, les oreilles d'un canon).
한 굴대, 그 위로 딱딱한 몸체가 도는 받침대 (예. 쌀을 빻는 흔들 굴대, 대포의 손잡이)

쌀쌀ᄒᆞ다 [SSĂL-SSĂL-HĂ-TA] 원390
불 Désigne l'état d'un homme non avenant, d'une figure répugnante, d'un visage rebarbatif. Etre refrogné, bourru, maussade.
한 상냥하지 않은, 혐오스러운 모습을 가진, 험상궂은 얼굴을 한 사람의 상태를 가리킨다 | 찌푸리다, 퉁명스럽다, 무뚝뚝하다

쌀아기 [SSĂL-A-KI] 원390
불 Poussière des grains écossés, des céréales.
한 껍질을 깐 낟알, 곡물의 가루

ㅆㅈ

ㅆㅈ [TJI] [원]523
[불] Même que ㅈ Tj prononcé des dents avec un son sec.
[한] 거친 소리와 함께 이로 발음되는 ㅈ Tj와 같다
싸개바르다 [TTJA-KAI-PA-REU-TA,-PAL-NA,-PA-REUN] [원]523
[불] Qui ne peut rien supporter de la part des autres.
[한] 다른 사람으로부터 아무것도 감당할 수 없다
[1]싸내다 [TTJA-NAI-TA,-NAI-YE,-NAIN] (摩出) [원]525
[불] Presser, tordre pour exprimer ; extraire en tordant ou en pressant.
[한] 짜내다, [[역주] 액·즙 따위를] 짜내기 위해 비틀다 | 비틀거나 짜서 추출하다
[2]싸내다 [TTJA-NAI-TA,-NAI-YE,-NAIN] (織出) [원]525
[불] Tisser.
[한] 짜다
[1]싸다 [TTJA-TA,TTJA,TTJAN] (鹹) [원]530
[불] Saler ; salé ; goût de sel.
[한] 소금을 치다 | 짜다 | 소금맛
[2]싸다 [TTJA-TA,TTJA,TTJAN] (漉) [원]530
[불] Tordre, comprimer, presser pour extraire, pour exprimer ; traire.
[한] 비틀다, 압축하다, 추출하기 위해, [[역주] 액·즙 따위를] 짜내기 위해 짜다 | [[역주] 젖을] 짜다
[3]싸다 [TTJA-TA,TTJA,TTJAN] (織) [원]530
[불] Tisser.
[한] 짜다
싸리 [TTJA-RI] [원]529
[불] La chose de… 흔말싸리 Hăn mal ttja-ri, 《la chose d'un boisseau.》
[한] …의 물건 | [[용례] 흔말싸리, Hăn mal ttja-ri], 《한 브와소의 물건》
싹 [TTJAK,-I] (隻) [원]523
[불] Acolyte, moitié, le vis-à-vis, le pendant, le pareil, l'égal, le semblable, le pair ; numéral des objets dépareillés, des moitiés de paire, de couple (v. g. 신흔싹 Sin hăn ttjak, un soulier).
[한] 패거리, 절반, 마주 보기, 대응하는 사람, 비견할 만한 사람, 대등한 사람, 비슷한 사람, 동등한 사람 | 짝이 맞지 않는 물건들, 한 쌍 또는 커플의 절반들을 세는 수사 (예. 신흔싹 Sin hăn ttjak, 신발 한 짝)
싹의다 [TTJAK-EUI-TA,-EUI-YE,-EUIN] (剖) [원]523
[불] Couper en parties (v.g. un fruit), fendre par moitié.
[한] (예. 과일을) 여러 부분으로 자르다, 절반으로 쪼개다
싹짓다 [TTJAK-TJIT-TA,-TJI-E,-TJIN] (作配) [원]524
[불] Mettre deux à deux ; être deux à deux ; aller deux à deux, de pair (se dit des choses semblables) ; avoir son pendant, son pareil.
[한] 둘씩 두다 | 둘씩 있다 | 둘씩, 짝을 지어 가다 (비슷한 것들에 대해 쓴다) | 비슷한 사람, 비견할 만한 사람이 있다
싹치오다 [TTJAK-TCHĂI-O-TA,-OA,-ON] (作隻) [원]524
[불] Accoupler (des objets), mettre deux à deux.
[한] (물건들을) 둘씩 짝짓다, 둘씩 두다
싹ᄒᆞ다 [TTJAK-HĂ-TA] (配) [원]524
[불] Apparier, mettre par couple ; faire pendant, acolyte.
[한] 한 쌍이 되게 하다, 커플로 만들다 | 필적하는 사람, 패거리를 만들다
싼지 [TTJAN-TJI] (鹹菜) [원]526
[불] Salaison de navets trop salée ; légumes très-salés, confits avec beaucoup de sel.
[한] 너무 짠 무 절임 | 소금을 많이 넣어 절인 매우 짠 채소
쌀각쌀각 [TTJAL-KAK-TTJAL-KAK] [원]529
[불] Désigne le bruit que fait un tisserand en tissant ; le bruit du piétinement des enfants sur la boue.
[한] 베를 짜는 직조공이 베를 짜며 내는 소리를 가리킨다 | 진흙 위에서 아이들이 발구르는 소리
쌀곰쌀곰 [TTJAL-KOM-TTJAL-KOM] [원]529
[불] Espèce de rétention d'urine, écoulement difficile. Peu à peu, goutte à goutte.
[한] 요폐의 종류, 어려운 배출 | 조금씩, 한 방울씩
쌈 [TTJAM,-I] (隙) [원]524
[불] Séparation ; espace vide, entr'ouvert ; fente ; fissure ; crevasse.
[한] 분리 | 빈, 반쯤 열린 공간 | 틈새 | 작은 틈 | 균열
쌈나다 [TTJAM-NA-TA,-NA,-NAN] (生隙) [원]525
[불] Se fendre, s'entr'ouvrir. ‖ S'éloigner. ‖ Se refroidir (amitié).
[한] 쪼개지다, 갈라지다 | 멀어지다 | (우정이) 식다
쌈두다 [TJAM-TOU-TA,-TOU-E,-TOUN] (有間) [원]525

불 Conserver rancune ; entretenir le désir de se venger, de rendre la pareille. ‖ Etre partial.
한 원한을 품다 | 복수하려는, 똑같이 돌려주려는 욕구를 품다 | 편파적이다

쌉쌀ᄒᆞ다 [TTJAP-TTJAL-HĂ-TA] (鹹) 원528
불 Etre salé, trop salé.
한 짜다, 너무 짜다

쌉치다 [TTJAP-TCHI-TA,-TCHYE,-TCHIN] (拉) 원529
불 Plier, ployer sous le poids, s'affaisser ; déprimer, comprimer.
한 접다, 무게에 짓눌러 구부리다, 내려앉다 | 움푹 패이게 하다, 압축하다

쌋쌋이 [TTJAT-TTJAT-I] 원530
불 Clairement.
한 분명하게

쌍쌍ᄒᆞ다 [TTJANG-TTJANG-HĂ-TA] 원527
불 Elastique. ‖ Craquer comme la glace sous les pieds. ‖ Etre fort, ferme, solide.
한 탄력적이다 | 발에 밟힌 얼음처럼 딱하는 소리를 내다 | 강하다, 단단하다, 견고하다

쌍알쌍알 [TTJANG-AL-TTJANG-AL] 원527
불 Murmurer, se plaindre, grogner.
한 투덜거리다, 불평하다, 투덜대다

쌔말이 [TTJAI-MAL-I] (滓末) 원523
불 Le dernier, le plus mauvais, le plus détérioré ; rebut, frentin, tout ce qu'il y a de moindre et de moins bon.
한 최하위의 것, 가장 형편없는 것, 가장 손상된 것 | 쓰레기, 하찮은 물건, 가장 질이 낮고 안 좋은 것

썍ᄒᆞ다 [TTJYAK-HĂ-TA,-HĂ-YE,-HĂN] 원531
불 Etre plein, rond ; avoir mangé à satiété, ne pouvoir manger davantage.
한 가득하다, 불룩하다 | 실컷 먹었다, 더 많이 먹지 못하다

쎡의다 [TTJYEK-EUI-TA,-EUI-YE,-EUIN] (折) 원545
불 Fendre en deux, partager par le milieu (bois à brûler, fruits, etc.)
한 (땔나무, 과일 등을) 둘로 쪼개다, 한가운데로 나누다

쎨쎨ᄃᆞᆫ니다 [TTJYEL-TTJYEL-TĂN-NI-TA,-TĂN-NYE, -TĂN-NIN] (盤遊) 원553
불 Etre toujours route; être toujours par les chemins; rôder de tous côtés.
한 계속 도로에 있다 | 계속 길에 있다 | 사방을 돌아다니다

쎨쎨이 [TTJYEL-TTJYEL-I] (切切) 원553
불 Clairement, nettement, évidemment.
한 분명히, 명확하게, 확실히

쎳쎳ᄒᆞ다 [TTJYET-TTJYET-HĂ-TA] 원554
불 Fragile, qui casse facilement; être dur et pourtant se briser aisément (v.g. acier, fer); se dit aussi d'un homme vif, d'un homme vigoureux et à qui cependant on fait entendre facilement raison.
한 부서지기 쉽다, 쉽게 깨지다 | 단단하지만 쉽게 부서지다 (예. 강철, 철) | 활발한 사람, 거침없지만 쉽게 이치에 따르는 사람에 대해서도 쓴다

쏘이다 [TTJO-I-TA,TTJO-YE,TTJO-IN] (啄) 원570
불 Donner un coup de bec, picoter.
한 공격적인 말을 하다, 괴롭히다

쪽 [TTJOK,-I] 원570
불 Corne fendue du pied des animaux (v.g. pied des bœufs, des porcs, etc.).
한 동물들의 발에 있는 갈라진 돌기 (예. 소, 돼지 등의 발)

쪽발 [TTJOK-PAL,-I] (片足) 원570
불 Pied à corne divisée en deux.
한 둘로 나눠진 돌기가 있는 발

쏙쏙 [TTJOK-TTJOK] (吮聲) 원570
불 Bruit de sucement; =싸다-ppa-ta, Sucer avec force.
한 빨아들이는 소리 | [용례 =싸다, -ppa-ta], 힘 있게 빨다

쏠쏠 [TTJOL-TTJOL] 원573
불 Glouglou du vin sortant d'une bouteille.
한 병에서 술이 나오며 콸콸 하는 소리

[1]쫏다 [TTJOT-TA,TTJO-TCHA,TTJO-TCHAN] (逐) 원574
불 Chasser, poursuivre. Repousser, jeter, pousser dehors, exiler. ‖ Accompagner en suivant.
한 내몰다, 추격하다 | 물리치다, 던지다, 밖으로 밀다, 추방하다 | 뒤따르며 수행하다

[2]쫏다 [TTJOT-TA] 원579 ☞ [2]쫏다

쏼쏼 [TTJOAL-TTJOAL] 원569
불 A tire d'ailes; bruit des ailes d'un gros oiseau. =흐르다-heu-reu-ta Se dit du bruit de l'eau qui se déverse par-dessus un obstacle.
한 날개를 치며 | 큰 새의 날갯소리 | [용례 =흐르다, -heu-reu-ta], 물이 장애물을 넘어 쏟아지는 소리에 대해 쓴다

쐬다 [TJOI-TA,TTJOI-YE,TTJOIN] 원570

불 Se chauffer, ‖ Faire sécher au feu ou au soleil.
한 난방을 하다 | 불 또는 햇빛에 말리다

쏙 [TTJYOK,-I] (藍) 원574
불 Plante qui donne la couleur bleue; pastel ou guède. Syn. 남 Nam.
한 푸른색을 내는 식물 | 대청 또는 남색 | [동의어 남, Nam.]

쏙의다 [TTJYOK-EUI-TA,-EUI-YE,-EUIN] (剖) 원574
불 Couper en deux, fendre ou scier en long.
한 둘로 자르다, 세로로 쪼개거나 톱으로 자르다

1 쏙지 [TTJYOK-TJI] (扁紙) 원575
불 Morceau de papier.
한 종잇조각

2 쏙지 [TTJYOK-TJI] (山蒜) 원575
불 Esp. d'ail sauvage sur les montagnes.
한 산에 있는 야생 마늘의 종류

3 쏙지 [TTJYOK-TJI] 원575
불 La partie supérieure du bras; aile des oiseaux.
한 팔의 윗부분 | 새들의 날개

쏙지게 [TTJYOK-TJI-KEI] (荷擔) 원575
불 Esp. de crochet à porteurs qui n'a pas de cornes. et dont une seule corde sert à retenir le faix; crochet plus petit que le 지게 Tji-kei.
한 뿔이 없고 그 유일한 끈이 무거운 짐을 고정시키는 데 쓰이는 운반인용 갈고리 종류 | 지게 Tji-kei보다 더 작은 갈고리

쏙지다 [TTJYOK-TJI-TA,-TJYE,-TJIN] (冠笄) 원575
불 Faire le chignon (se dit des femmes seulement qui relèvent leurs cheveux en chignon au-dessus du cou)
한 쪽진 머리를 하다 (그 머리카락을 목 위로 틀어 올리는 여성들에 대해서만 쓴다)

쏨맛다 [TTJYOM-MAT-TA,-MAT-TJYE,-MA-TJIN] 원575
불 Arriver à point, être à point.
한 제때에 도착하다, 적절하다

1 쏫다 [TTJYOT-TA,TTJYO-A,TTJYO-EUN] (啄) 원579
불 Frapper du bec v. g. en mangeant (oiseau, poule); picoter, becqueter; ronger. ‖ Piquer (une pierre), (la) polir. Syn. 좁다 Tjyop-ta.
한 예. (새, 닭이) 먹으면서 부리로 치다 | 콕콕 찌르다, 쪼아 먹다 | 갉아먹다 | (돌을) 찌르다, (그것을) 다듬다 | [동의어 좁다, Tjyop-ta.]

2 쏫다 [TTJYOT-TA,-TCHA,-TCHAN] (逐) 원579
불 Chasser, poursuivre, repousser, jeter, pousser dehors, exiler; accompagner en suivant.
한 내몰다, 뒤쫓다, 밀어내다, 내몰다, 밖으로 밀다, 추방하다 | 뒤따르며 수행하다

쏫다ᄒᆞ다 [TTJYOT-TA-HĂ-TA] 원579
불 Faire la même chose que. ‖ Inviter.
한 ~와 같은 것을 하다 | 이끌다

쑤릇ᄒᆞ다 [TTJOU-REUT-HĂ-TA] 원581
불 Etre sombre, bouder.
한 침울하다, 토라지다

쑥 [TTJOUK] 원580
불 Tout à coup.
한 갑자기

1 쓰다 [TTJEU-TA,TTJYE,TTJEUN] 원557
불 Cuire à la vapeur. Syn. 씨다 Ttji-ta et 씌다 Ttjeui-ta.
한 증기로 익히다, [동의어 씨다, Ttji-ta.], [동의어 씌다, Ttjeui-ta.]

2 쓰다 [TTJEU-TA,TTJYE,TTJEUN] (刈) 원557
불 Eclaircir la chevelure trop épaisse en coupant çà et là des mèches de cheveux. Couper des branches d'arbre çà et là (pour faire des paniers, etc.). Couper (le chanvre).
한 머리 타래를 여기 저기 잘라서 숱이 많은 머리를 솎음질하다 | (바구니 등을 만들기 위해) 나뭇가지들을 여기저기 자르다 | (삼을) 자르다

씃긔 [TTJEUT-KEUI] (滓) 원557
불 Lie, marc, résidu.
한 찌끼, 찌꺼기, 잔재

씃긔다 [TTJEUT-KI-TA,-KYE,-KIN] (歡) 원557
불 Se réjouir, se divertir.
한 기뻐하다, 기분전환하다

씃다 [TTJEUT-TA,TTJEUT-TJYE,TTJEUT-TJEUN] (裂) 원558
불 Ecarteler (supplice). Déchirer (papier, toile).
한 능지처참하다 (체형) | (종이, 천을) 찢다

1 씌다 [TTJEUI-TA,TTJEUI-YE,TTJEUIN] (裂) 원555
불 Déchirer.
한 찢다

2 씌다 [TTJEUI-TA,TTJEUI-YE,TTJEUIN] (蒸) 원555
불 Cuire à la vapeur. Syn. 씨다 Ttji-ta.
한 증기로 익히다 | [동의어 씨다, Ttji-ta.]

씌여지다 [TTJEUI-YE-TJI-TA,-TJYE,-TJIN] (裂) 원555
불 Etre déchiré, se déchirer.
한 찢기다, 찢어지다

씨걱씨걱 [TJI-KEK-TTJI-KEK] [원]559
[불] Désigne le bruit d'un objet en mouvement (d'une porte sur ses gonds, d'un bât sur le dos d'un bœuf en marche).
[한] 움직이는 물체 (경첩 위의 문, 걷고 있는 소 등 위의 안장)의 소리를 가리키다

씨그러지다 [TTJI-KEU-RE-TJI-TA,-TJYE,-TJIN] [원]559
[불] Se renverser, tomber en ruine.
[한] 뒤집히다, 파괴되다

씨넛타 [TTJI-NET-HTA,-NE-HE,-NE-HEUN] [원]562
[불] Voter au scrutin secret.
[한] 비밀투표를 하다

씨다 [TTJI-TA,TTJYE,TTJIN] (蒸) [원]567
[불] Faire cuire à la vapeur.
[한] 증기로 익히다

씨루퉁ᄒᆞ다 [TTJI-ROU-HTOUNG-HĂ-TA] [원]566
[불] Etre sombre, absorbé dans des pensées tristes.
[한] 침울하다, 슬픈 생각에 잠기다

씨ᄅᆞ다 [TTJI-RĂ-TA,TTJIL-NE,TTJI-RĂN] (觸) [원]566
[불] Percer, piquer, aiguillonner, blesser (avec un couteau, etc.; le cœur par la parole) darder. ‖ Appliquer à, mettre. 불씨ᄅᆞ다 Poul-ttji-ră-ta,Mettre le feu à.
[한] 구멍을 뚫다, 찌르다, 자극하다, (칼 등으로;말로 가슴에) 상처를 입히다, 퍼붓다 | ~에 대다, 놓다 | [[용례] 불씨ᄅᆞ다, Poul-ttji-ră-ta], 불에 놓다

씨어리 [TTJI-E-RI] (渣末) [원]558
[불] Le moins bon, le plus mauvais, le rebut, le dernier, le culot, le moindre.
[한] 가장 덜 좋은 것, 가장 형편없는 것, 쓰레기, 최하위의 것, 밑바닥, 질이 가장 낮은 것

씨억 [TTJI-EK] (臆志) [원]558
[불] De force, contre le gré.
[한] 억지로, 의사에 반하여

씨억ᄃᆡ다 [TTJI-EK-TĂI-TA,-TĂI-YE,-TĂIN] (臆志) [원]558
[불] Emporter de force, prendre de force, se servir de force. s'opiniâtrer, être opiniâtre.
[한] 억지로 가져가다, 힘으로 취하다, 힘을 쓰다 | 고집하다, 끈질기다

[1]씩다 [TTJIK-TA,TTJIK-E,TTJIK-EUN] (斫) [원]560
[불] Bûcher (avec un instrument, hache, etc.). Couper avec force (du bois avec la hache, la terre avec un hoyau).
[한] (도구, 도끼 등으로) 대강 다듬다 | (도끼로 나무를, 작은 괭이로 땅을) 강하게 자르다

[2]씩다 [TTJIK-TA,TTJIK-E,TTJIK-EUN] [원]560
[불] Pointer, mettre, un point. Prendre avec des bâtonnets, pincer, becqueter. Intingere; prendre un liquide avec le bout du doigt, de l'encre avec la plume ou le pinceau.
[한] 점을 찍어 표시하다, 점을 찍다 | 작은 막대기를 잡다, 집다, 부리로 쪼다 | 손가락 끝으로 액체를, 펜 또는 붓으로 잉크를 취하다

씩부드드ᄒᆞ다 [TTJIK-POU-TEU-TEU-HĂ-TA] (不便) [원]560
[불] Etre souffrant, mal à l'aise.
[한] 괴롭다, 편찮다

씩씩ᄒᆞ다 [TTJIK-TTJKI-HĂ-TA] [원]561
[불] Etre obstrué par des saletés (peigne, crible, serre-tête, etc.) ‖ bruit du papier qu'on déchire, du cri des rats.
[한] 오물이 끼어서 막히다 (빗, 체, 머리띠 등) | 종이를 찢는 소리, 쥐의 울음소리

씰눅씰눅ᄒᆞ다 [TTJIL-NOUK-TTJIL-NOUK-HĂ-TA] [원]566
[불] Désigne le bruit que fait un homme pour arracher, en crachant, un objet arrêté dans la gorge.
[한] 목구멍에 걸린 물건을 뱉어서 빼내기 위해 사람이 내는 소리를 가리킨다

씰니다 [TTJIL-NI-TA,TTJIL-NYE,TTJIL-NIN] [원]566 ☞ 질니다

씰썩 [TTJIL-KKEK] [원]566
[불] Bruit de l'eau qui s'échappe d'un linge pressé; bruit d'une porte qui grince.
[한] 압축된 세탁물에서 나오는 물의 소리 | 문에서 나는 삐걱거리는 소리

씸질ᄒᆞ다 [TTJIM-TJIL-HĂ-TA] (熨) [원]561
[불] Traiter (une maladie) à la vapeur, par des bains de vapeur. Prendre un bain de vapeur.
[한] 증기로, 증기로 하는 목욕으로 (병을) 치료하다 | 증기 목욕을 하다

씸ᄒᆞ다 [TTJIM-HĂ-TA] (煮) [원]561
[불] Cuire à la vapeur.
[한] 증기로 익히다

씹씹ᄒᆞ다 [TTJIP-TTJIP-HĂ-TA] [원]565
[불] Trop serré (v. g. peigne dont les fils sont trop serrés). Etre près à près.
[한] 너무 촘촘하다 (예. 살이 너무 촘촘한 빗) | 아주 가깝다

씹흐리다 [TTJIP-HEU-RI-TA,-RYE,-RIN] (嚬) [원]565

불 Grimacer, faire la grimace.
한 얼굴을 찌푸리다, 싫은 표정을 하다

찡찡ᄒᆞ다 [TTJING-TTJING-HĂ-TA] 원564
불 Difficile, scabreux. Etre mal à son aise, mécontent, inquiet.
한 힘들다, 곤란하다 | 편치 않다, 불만스럽다, 불안하다

ᄶᅵᆨᄶᅵᆨ [TTJĂIK-TTJĂIK] 원537
불 Cri des petits oiseaux. =소ᄅᆡᄒᆞ다-so-răi-hă-ta, Piailler (comme les moineaux)
한 작은 새들의 울음소리 | [용례 =소ᄅᆡᄒᆞ다, -so-răi-hă-ta], (참새처럼) 짹짹거리다

ᄶᆞᆷᄶᆞᆷ이 [TTJĂIM-TTJĂIM-I] 원537
불 Apparence, manière, ordre, discipline.
한 겉모습, 방식, 질서, 규율

ᄶᆡᆼᄶᆡᆼᄒᆞ다 [TTJĂING-TTJĂING-HĂ-TA] 원537
불 Solide (habit, etc.). Etre très-clair, sans nuages (le soleil).
한 (옷 등이) 질기다 | 매우 맑다, 구름이 없다 (햇빛)

ㅇ

[1]ㅇ [NG] 원296
불 17me lettre de l'alphabet coréen, consonne, répond àgn ou ng, ne se trouve jamais au commencement d'un mot et se place toujours sous la voyelle qu'elle affecte.
한 gn 또는 ng에 해당되는 조선말의 열일곱 번째 자음, 단어의 처음에는 결코 오지 않고 그것이 영향을 주는 모음 밑에 항상 위치한다

[2]ㅇ 원296
불 Ce signe, différent du précédent, sinon quant à la forme, du moins quant à son rôle, se met toujours devant une voyelle au commencement d'une syllabe; il s'écrit au côté gauche ou au-dessus de la voyelle ; alors il ne se prononce pas et n'influe en rien sur la prononciation ; il s'écrit encore △.
한 이 기호는 앞의 것과 달리, 그것의 형태는 아니라도 적어도 역할에 있어서는 항상 음절의 처음에 모음 앞에 놓인다 | 모음의 왼쪽 옆 또는 위에 쓰인다 | 따라서 발음되지 않고 발음에서도 전혀 영향을 주지 않는다 | 게다가 △로도 쓰인다

아 [A] 원1
불 Ah! (Excalm.).
한 아! (감탄사)

아가외 [A-KA-OI] (棠) 원2
불 Baie de l'aubépine.
한 산사나무의 장과

아가외나무 [A-KA-OI-NA-MOU] (棠) 원2
불 Aubépine.
한 산사나무

아가위 [A-KA-OUI] (棠) 원2
불 Nom d'un petit fruit dont la forme est semblable à celle d'une poire, mais d'un goût amer. Esp. de petite poire sauvage.
한 모양이 배와 비슷하나 쓴 맛이 나는 작은 과일의 이름 | 작은 야생 배의 종류

아갈이 [A-KAL-I] (喙) 원2
불 Bouche (des animaux), gueule, museau.
한 (동물의) 입, 아가리, 주둥이

[1]아감 [A-KAM,-I] (魚鰓) 원2
불 Ouïes, organe de la respiration chez les poissons. 귀진에 Koui tjin-ei(provinc.).
한 아가미, 물고기의 호흡기관 | 귀진에Koui tjin-ei (지역어)

[2]아감 [A-KAM,-I] (牙疳) 원2
불 Maladie des gencives, esp. de scorbut.
한 잇몸에 생기는 병, 괴혈병의 종류

아감젓 [A-KAM-TJYET,-SI] (魚鰓醢) 원2
불 Salaisons d'ouïes de poisson.
한 생선의 아가미를 소금에 절인 것

*아계 [A-KYEI] (兒鷄) 원2
불 Petit Poulet.
한 어린 닭

*아관 [A-KOAN] (亞官) 원3
불 Noble du district, qui remplace le mandarin pendant son absense. Premier adjoint du mandarin, appelé aussi 좌슈 Tjoa-Syou.
한 관리가 없을 때 그를 대신하는 지역의 귀족 | 좌슈 Tjoa-Syou라고도 불리는 관리의 수석 보좌관

*아교 [A-KYO] (阿膠) 원3
불 Colle de peau de bœuf. Colle forte.
한 소가죽으로 만든 풀 | 강력한 풀

아궁이 [A-KOUNG-I] (灶) 원3
불 Foyer, âtre, fourneau.

한 화로, 아궁이, 가마

[1]아귀 [A-KOUI] 원3

불 Angle formé par le pouce et l'index. 아귀세다, A-koui-sei-ta, Etre ferme, entêté; 아귀무루다, A-koui-mou-rou-ta, Etre mou, faible (comparaison tirée des deux doigts de l'archer). ‖ Partie comprise entre le pouce et l'index; le coin de la bouche. ‖ Angle formé par les branches d'arbre avec le tronc. ‖ Fente, crevasse.

한 엄지와 검지로 만든 각 | [용례 아귀세다, A-koui-sei-ta], 확고하다, 고집이 세다 | [용례 아귀무루다, A-koui-mou-rou-ta], 무르다, 약하다 (사수의 두 손가락에서 유래된 비유) | 엄지와 검지 사이에 놓인 부분 | 입가 | 나뭇가지들과 몸체에 의해 만들어진 각 | 틈, 균열

[2]아귀 [A-KOUI] 원3

불 Nom d'un génie honoré superstitieusement.

한 미신적으로 숭배되는 수호신의 이름

아귀아귀 [A-KOUI-A-KOUI] 원3

불 Beaucoup. =먹다-mek-ta (se dit des petits enfants, des petits animaux qui mangent beaucoup, gloutonnement).

한 많이 | [용례 =먹다, mek-ta] (많이 먹는 아이들, 새끼 동물들에 대해 쓴다)

[1]아긋아긋ᄒᆞ다 [A-KEUT-A-KEUT-HĂ-TA] 원2

불 Aller et venir sans cesse, passer et repasser.

한 끊임없이 오고 가다, 지나가고 다시 지나가다

[2]아긋아긋ᄒᆞ다 [A-KEUT-A-KEUT-HĂ-TA] 원2

불 Etre placé en zigzag, en quinconce.

한 갈지자 모양으로, 4점형으로 놓이다

아긔즙 [A-KEUI-TJEUP] 원2

불 Enveloppe du fœtus.

한 태아막

*아기 [A-KI] (亞只) 원2

불 Petit enfant, poupon, bambin, bébé.

한 어린아이, 갓난아이, 어린애, 아기

*아기씨 [A-KI-SSI] (兒只氏) 원2

불 Jeune dame. Titre que les hommes du peuple ou les esclaves donnent à la femme d'un noble.

한 젊은 부인 | 평민들이나 노예들이 귀족 여성에게 붙이는 칭호

*아긱 [A-KĂIK] (衙客) 원2

불 Noble qui accompagne le mandarin dans le district qui lui a été confié, hôte du mandarin.

한 맡겨졌던 구역 내에서 관리를 동행하는 귀족, 관리의 손님

아나 [A-NA] 원5

불 Tiens! eh! (Cri pour appler).

한 자! 어이! (부르는 소리)

아낙 [A-NAK,-I] 원5

불 Femme. Lieu où se tiennent les femmes à l'intérieur.

한 여성 | 안에 여자들이 있는 곳

*아녀 [A-NYE] (兒女) 원5

불 Petite fille; garçon et fille; fils et fille; emfants; garçon ou fille.

한 어린 소녀 | 소년과 소녀 | 아들과 딸 | 아이들 | 소년 또는 소녀

아늑거리다 [A-NEUK-KE-RI-TA] 원5

불 Affecter devant un supérieur des airs de dévouement.

한 상관 앞에서 헌신적인 체하다

아늑아늑ᄒᆞ다 [A-NEUK-A-NEUK-HĂ-TA] 원5

불 Affecter auprès d'un supérieur des respects qu'on n'a pas.

한 상사에게 존경하는 체하다

아늣ᄒᆞ다 [A-NEUT-HĂ-TA] 원5

불 Abriter contre le veut, être à l'abri du vent. Retiré, tranquille, paisible (se dit d'un lieu).

한 바람으로부터 막아주다, 바람으로부터 안전하다 | 구석지다, 고요하다, 평온하다 (장소에 대해 쓴다)

아니 [A-NI] (不) 원5

불 Non, ne pas, nullement, pas.

한 아니, ~이 아니다, 조금도, ~이 아니다

아니꼽다 [A-NI-KKOP-TA,-KKO-OA,-KKO-ON] 원5

불 Fastidieux, qui donnne des nausées, dégoûtant. Dédain,dégoût.

한 진저리를 내다, 혐오감을 주다, 몹시 불쾌하다 | 경멸, 환멸

아닐다 [A-NIL-TA,A-NIN] 원5

불 (Contract. pour 아니일다, A-ni-il-ta). N'être pas, ce n'est pas. (Nég. de 일다, Il-ta). Honorif,.: 아니실다 A-ni-sil-ta. ou 아니시다 A-ni-si-ta.

한 (아니일다 A-ni-il-ta의 축약) | 아니다, ~이 아니다 | (일다 Il-ta의 부정) | 경칭: 아니실다 A-ni-sil-ta 또는 아니시다 A-ni-si-ta

아담ᄒᆞ다 [Ă-TAM-HĂ-TA] 원10

불 Admirable, être accompli, être très-bien, être beau, joli. (se dit des petites choses).

한 훌륭하다, 완전하다, 아주 좋다, 아름답다, 예쁘다 | (작은 것들에 대해 쓴다)

아당 [A-TANG,-I] 원10

불 Bagatelle.

한 하찮은 것

아당ᄒᆞ다 [A-TANG-HĂ-TA] (諛) 원10

불 Aduler, flatter, louer.

한 아부하다, 아첨하다, 칭찬하다

*아동 [A-TONG,-I] (兒童) 원10

불 Enfant.

한 아이

아뒷줄 [A-TEUIT-TJOUL,-I] 원10

불 Ecoute, corde qui sert à border une voile.

한 시트 [역주 돛 아래의 귀를 펴서 묶는 밧줄], 돛의 가장자리를 두르는 데 사용하는 밧줄

아드득아드득 [A-TEU-TEUK-A-TEU-TEUK] 원10

불 Exprime le bruit d'un fruit vert sous les dents; le bruit d'un frottement.

한 청과를 이로 씹는 소리를 표현한다 | 마찰음

아득아득ᄒᆞ다 [A-TEUK-A-TEUK-HĂ-TA] (杳杳) 원10

불 Obscur, difficile à distinguer (au phys. et au mor.).

한 어둡다, (물리적으로, 그리고 정신적으로) 구별하기 어렵다

아득ᄒᆞ다 [A-TEUK-HĂ-TA] (茫然) 원10

불 Loin, éloigné, confus, peu distinct à la vue ou à l'esprit.

한 멀다, 떨어져 있다, 어렴풋하다, 보이는 면에서 또는 정신적인 면에서 거의 구분이 되지 않다

*아등 [A-TEUNG] (我等) 원10

불 Nous.

한 우리

아등그리다 [A-TEUNG-KEU-RI-TA,-RYE,-RIN] 원10

불 Avoir la figure triste, l'air chagrin.

한 슬픈 얼굴, 슬픈 모습이다

아ᄃᆞᆯ [A-TĂL,-I] (子) 원10

불 Fils.

한 아들

아라내다 [A-RA-NAI-TA,-NAI-YE,-NAIN] (解得) 원9

불 (Verb.act.,gouv.l'acc.). Deviner, comprendre, apprendre, connaître; divulguer; exprimer.

한 (능동형 동사, 대격을 지배한다) | 알아채다, 이해하다, 깨닫다, 알다 | 폭로하다 | 나타내다

아라듯다 [A-RA-TEUT-TA,-TEU-RE,-TEU-RĂN] (解聽) 원9

불 Comprendre, entendre.

한 이해하다, 깨닫다

아라치다 [A-RA-TCHĂI-TA,-TCHĂI-YE,TCHĂIN] 원9

불 Soupçonner, prévoir, se douter de.

한 추측하다, 예측하다, ~일 것이라고 짐작하다

아람 [A-RAM,-I] (抱) 원8

불 Une brassée.

한 한 아름

아람드리 [A-RAM-TEU-RI] (連抱) 원9

불 Qui a une brasse de grosseur (v.g. tronc d'arbre).

한 굵기가 두 팔을 벌린 것 만하다 (예. 나무의 몸체)

[1]아랑쥬 [A-RANG-TJYOU] 원9

불 Lie de l'eau-de-vie.

한 브랜디의 찌꺼기

[2]아랑쥬 [A-RANG-TJYOU] (斑紬) 원9

불 Toile dont la chaîne est composée de fils de soie, et dont la trame se compose d'un fil de soie et d'un fil de coton alternant. (Sert pour le grand habit des mandarins).

한 날이 명주실로 만들어지고 씨실이 명주실과 면사가 번갈아 만들어지는 천 | (관리의 의복에 쓰인다)

아래 [A-RAI] (下) 원8

불 (아래에, A-rai-ei, locat.). Le bas, la partie inférieure, en bas, sous, dessous, inférieur. ‖ Avant (pour le temps). 셰아래 Syei-a-rai, Avant le premier de l'an.

한 (아래에 A-rai-ei, 처격) | 아래쪽, 낮은 부분, 밑에, 아래에, 아래쪽에, 낮다 | 전에 (시간상) | [용례 셰아래, Syei-a-rai], 새해 첫날 전에

아래턱 [A-RAI-HTEK] (頷) 원8

불 Mâchoire inférieure. ‖ Bas d'une porte, d'une fenêtre, d'un châssis.

한 아래턱 | 문, 창문, 틀의 아랫부분

*아로 [A-RO] (衙奴) 원9

불 Esclaves propres du mandarin.

한 관리의 고유 노예

아로롱아로롱 [A-RO-RONG-A-RO-RONG] (斑) 원9

불 Etre tacheté, moucheté, bigarré.

한 반점이 있다, 얼룩이 있다, 얼룩덜룩하다

[1]아로삭이다 [A-RO-SAK-I-TA,SAK-YE,SAK-IN] 원9

불 Sculpter.

한 조각하다

[2]아로삭이다 [A-RO-SAK-I-TA,SAK-YE,SAK-IN] 원9

불 Aduler, flatter.

한 아부하다, 아첨하다

아롱아롱 [A-RONG-A-RONG] (斑) 원9

불 Assemblage de couleurs diverses jetées sans ordre; être tacheté, moucheté, bigarré.

한 무질서하게 퍼뜨려진 다양한 색깔의 집합 | 반점이 있다, 얼룩이 있다, 얼룩덜룩하다

아르르ᄒᆞ다 [A-REU-REU-HĂ-TA] 원9

불 Subir une douleur, avoir une sensation désagréable.

한 고통을 겪다, 불쾌감을 느끼다

[1]**아른거리다** [A-REUN-KE-RI-TA] 원5 ☞아늑거리다

[2]**아른거리다** [A-REUN-KE-RI-TA,-RYE,-RIN] 원9

불 Affecter devant un supérieur des airs de dévouement.

한 상관 앞에서 헌신적인 체하다

아름 [A-REUM,-I] (抱) 원9

불 Une brassée.

한 한 아름

아름아름ᄒᆞ다 [A-REUM-A-REUM-HĂ-TA] 원9

불 Hésiter, douter, ne pas savoir au juste.

한 망설이다, 의심하다, 정확하게 알지 못하다

아릉아르릉 [A-REUNG-A-REU-REUNG] 원9

불 Bruit de la roue d'un rouet. Bruit d'une dispute, de gens qui murmurent.

한 물레바퀴 소리 | 싸우는 소리, 사람들이 중얼거리는 소리

아리다 [A-RI-TA,-RYE,-RIN] 원9

불 Eprover une sensation désagréable. (V.g. effet du sel dans une plaie).

한 불쾌감을 느끼다 | (예. 상처에 소금이 닿은 결과)

아리쇠 [A-RI-SOI] 원9

불 Trépied

한 삼각대

아리잠직ᄒᆞ다 [A-RI -TJAM-TJIK-HĂ-TA] 원9

불 Etre idiot, imbécile, être mesquin (de corps et d'esprit).

한 저능하다, 어리석다, (몸과 정신이) 빈약하다

아릿답다 [A-RIT-TAP-TA,-TA-OA,-TA-ON] (美) 원9

불 Joli, qui a des attraits, des charmes, des appas.

한 예쁘다, 매력, 육체적 매력, 성적 매력이 있다

아릿아릿ᄒᆞ다 [A-RIT-A-RIT-HĂ-TA] 원9

불 Chanceler, marcher difficilement, hésister.

한 망설이다, 어렵게 나아가다, 주저하다

아ᄅᆞᆷ [A-RĂM,-I] 원9

불 Châtaigne tombée d'elle même.

한 저절로 떨어진 밤

아ᄅᆞᆷ답다 [A-RĂM-TAP-TA,-TA-OA,-TA-ON] (美) 원9

불 Beau, orné avec soin, beau à voir, délicieux, délectable.

한 아름답다, 정성 들여 장식되다, 보기에 좋다, 매력적이다, 아주 유쾌하다

아ᄅᆞᆷ알이잇다 [A-RĂM-AL-I-IT-TA,-IT-SE,-IT-SĂN] 원9

불 Etre de connaissance.

한 알고 있다

아마 [Ā-MA] (恐怕) 원4

불 Peut-être, probablement.

한 아마, 십중팔구

*__아명__ [A-MYENG,-I] (兒名) 원4

불 Nom d'enfant. ‖ Enfance, temps de l'enfance.

한 아이의 이름 | 유년기, 유년 시절

아모 [A-MO] (某) 원4

불 Tel. 아모날, A-mo-nal, Tel jour. ‖ Quel que ce soit, qui que ce soit, chacun, quiconque, tout, un tel.

한 그러하다 | [용례 아모날, A-mo-nal], 어느 날 | 어떤 것이든, 누구든, 각자, 누구이건, 모든, 아무개 (사람을 가리킴)

아모나 [A-MO-NA] (某人) 원4

불 Qui que ce soit.

한 누구든지

아모됴록 [A-MO-TYO-ROK] (某条) 원4

불 En tout cas, surtout.

한 어쨌든, 무엇보다도

아모라케 [A-MO-RA-HKEI] 원4

불 Entièrement, à quelque prix que ce soit.

한 전적으로, 어떤 대가를 치르더라도

아모려만 [A-MO-RYE-MAN] 원4

불 C'est bien. Oui.(Réponse).

한 좋다 | 예 | (대답)

아모리 [A-MO-RI] 원4

불 Très, beaucoup, quelque manière, quelque expédient, quelque… que, quantumris.

한 아주, 많이, 어떤 방식으로든, 어떤 방편으로든, 얼마나 ~이건

아모리나 [A-MO-RI-NA] 원4

불 De quelque manière que ce soit, à l'aveugle, à l'étourdi, à tout prix absolument, quelque… que, quoique, à quelque prix que ce soit, quoi qu'il arrive.

한 어떤 방식으로든, 맹목적으로, 경솔하게, 반드시, 얼마나 ~이건, ~함에도 불구하고, 어떤 대가를 치르더라도, 어떤 일이 일어나도

아모리커나 [A-MO-RI-HKE-NA] 원4
불 Absolument.
한 절대적으로

아무려만 [A-MOU-RYE-MAN] 원4
불 C'est bien. Oui, j'entends.
한 좋다 | 예, 알겠어요

아무려믄 [A-MOU-RYE-MEUN] 원4 ☞아무려만

*아문 [A-MOUN-I] (衙門) 원4
불 Porte de la préfecture,tribunal,préfecture.
한 도청의 문, 법정, 도청

아믈다 [A-MEUL-TA,-MEU-RE,-MEUN] (合瘡) 원4
불 Se guérir, être guéri. (Se dit d'une plaie, d'un furoncle). Syn. 합창ᄒᆞ다 Hap-tchang-hă-ta.
한 낫다, 치유되다 (상처, 절종에 대해 쓴다) | [동의어 합창ᄒᆞ다, Hap-tchang-hă-ta]

*아미 [A-MI] (蛾眉) 원4
불 Sourcils. (Ne se dit que des femmes).
한 눈썹 (여성들에 대해서만 쓴다)

아바님 [A-PA-NIM,-I] (父主) 원8
불 Père. (Le fils appelle ainsi son père).
한 아버지 | (아들이 아버지를 그렇게 부른다)

아버니 [A-PE-NI] (父) 원8
불 Père. (Lang.du peuple).
한 아버지 | (속어)

아버지 [A-PE-TJI] (父) 원8
불 Père, papa.
한 아버지, 아빠

아범 [A-PEM,-I] (父) 원8
불 Père. (nom dont un enfant du peuple désigne son père devant un noble, qui, lui aussi, doit se conformer à ce langage).
한 아버지 | (평민의 아이가 귀족 앞에서 자신의 아버지를 가리키는 호칭으로, 그 역시 이 어법을 따라야 한다)

아베 [A-PEI] (父) 원8
불 père. (les enfant du bas peuple appellent ainsi leur père devant un noble).
한 아버지 | (하층민의 아이들이 귀족 앞에서 자신들의 아버지를 그렇게 부른다)

1*아병 [A-PYENG,-I] (兒病) 원8
불 Maladie d'enfant (en général).
한 (일반적으로) 아이가 걸리는 병

2*아병 [A-PYENG,-I] (牙兵) 원8
불 Esp. de soldats, les moins bons, (qu'on met au premier rang).
한 (첫 번째 줄에 세우는) 가장 덜 우수한 군인의 종류

아블ᄉᆞ [A-PEUL-SĂ] 원8
불 (Interj.). Ah! quel malheur! Tiens! Ah!Ah! Que c'est dommage!
한 (감탄사) | 아! 정말 유감이군! 저런! 아!아!유감이군!

아비 [A-PI] (父) 원8
불 Père.
한 아버지

아ᄇᆡ암 [A-PĂI-AM,-I] (父) 원8
불 Père. (Le fils appelle ainsi son père).
한 아버지 | (아들이 아버지를 그렇게 부른다)

아삭아삭ᄒᆞ다 [A-SAK-A-SAK-HĂ-TA] 원10
불 Croquer sous les dents. Craquement d'un fruit vert, d'un navet cru, sous les dents.
한 이로 와작와작 씹다 | 청과, 생무를 이로 와지끈 씹는 소리

아살퓌다 [A-SAL-HPOUI-TA,-HPOUI-YE,-HPOUIN] 원10
불 Faible, peu solide.
한 약하다, 견고하지 않다

아셔라 [A-SYE-RA] 원10
불 (Impér. de 앗다 At-ta) cesse, laisse.
한 (앗다 At-ta의 명령형) 멈춰라, 그만둬라

아쉽다 [A-SOUIP-TA,-SOUI-OUE,-SOUI-ON] (苟且) 원10
불 Manquer de, être absent, s'abstenir, avoir besoin de, désirer. être embarrassé, embarrassant, dans un état de gène. Malaisé, incommode. ‖ Etre risible, plaisant.
한 모자라다, 없다, 삼가다, ~이 필요하다, 원하다 | 난처하다, 성가시다, 곤란한 상태이다 | 힘들다, 불편하다 | 우스꽝스럽다, 즐겁다

아스룩ᄒᆞ다 [A-SEU-ROUK-HĂ-TA] 원10
불 Etre timide de peur qu'on n'interprête mal la pensée,hésiter. ‖ Etre inégal, de travers(v.g. dents de scie).
한 생각을 잘 설명하지 못할까봐 두려워서 주저하다, 망설이다 | 울퉁불퉁하다, 비뚤다 (예. 톱니)

아시에 [A-SI-EI] 원10
불 Au commencement
한 최초에

아ᄭᅡ [A-KKA] (俄) 원2

불 Tout à l'heure, il n'y a qu'un instant.

한 방금, 바로 잠시 전에

*아씨 [A-SSI] (兒氏) 원10

불 Nom que le peuple et les esclaves donnent à la femme d'un noble. Jeune dame.

한 백성과 노예들이 귀족 여성에게 붙이는 호칭 | 젊은 부인

아아 [A-A] 원1

불 Sorte d'exclamation d'étonnement. (provinc.).

한 놀람을 뜻하는 감탄사의 종류 | (지역어)

아야 [A-YA] 원1

불 Interjection qui exprime la surprise, la douleur, la peur, etc. Ah!

한 놀람, 고통, 두려움 등을 표현하는 감탄사 | 아!

아얌 [A-YAM,-I] (額掩) 원1

불 Bonnet fourré, esp. de bonnet en poil pour l'hiver.

한 모피로 안을 댄 챙 없는 모자, 겨울용의 털로 만든 챙 없는 모자의 종류

*아역 [A-YEK,-I] (衙役) 원1

불 Valet de préfecture, employé de préfecture.

한 도청의 하인, 도청 직원

*아연 [Ā-YEN,-I] (鴉煙) 원1

불 Opium.

한 아편

아연ᄒᆞ다 [A-YEN-HĂ-TA] 원1

불 Etre fâcheux, ennuyeux, vexant, regrettable, v. g. une affaire manquée; pitoyable.

한 난처하다, 곤란하다, 화나게 하다, 유감스럽다, 예. 이루어지지 않은 일 | 가엾다

*아예 [A-YEI] (衙隷) 원1

불 Valet de préfecture, employé de préfecture.

한 도청의 하인, 도청의 직원

아오 [A-O] (弟) 원2

불 Cadet, frère. cadet, sœur cadette. (Ne se dit que des personnes de même sexe).

한 둘째 아이, 남동생, 여동생 | (동성인 사람에 대해서만 쓴다)

아오로 [A-O-RO] (並) 원2

불 Et, de plus, en outre. Tout ensemble.

한 그리고, 게다가, 그리고 또 | 함께

아오로다 [A-O-RO-TA,-OL-NA,-O-RON] 원2

불 Agir ensemble. Voy. 아오르다, A-o-reu-ta.

한 함께 행동하다 | [참조어 아오르다, A-o-reu-ta]

아오르다 [A-O-REU-TA,A-OL-NE,A-O-REUN] (並) 원2

불 Réunir, rassembler. ‖ Accompagner(surtout de la voix). Eire ensemble, d'accord(en chantant); faire concorder, mener de front deux choses différentes.

한 모으다, 다시 모으다 | (특히 목소리로) 동반하다 | (노래하면서) 화음의 합창 | 동시에 일어나게 하다, 서로 다른 두 가지 일을 병행시키다

아오ᄐᆞ다 [A-O-HTĂ-TA,-HTĂ,-HTĂN] 원2

불 Souffrir à cause de la naissance d'un jeune frère (enfants).

한 (아이들이) 남동생이 태어난 이유로 고통을 느끼다

아옥 [A-OK,-I] (葵) 원2

불 Guimauve, mauve.

한 접시꽃속, 접시꽃

[1]아올노 [A-OL-NO] (並) 원2

불 Et, de plus, en outre. Ensemble.

한 그리고, 게다가, 그리고 또 | 함께

[2]아올노 [A-OL-NO] 원2 ☞아오로

아옷 [A-OT,-SI] (半斗) 원2

불 Demi-boisseau. 말아옷, Mal-a-ot, Un boisseau et demi.

한 반 브와소 | [용례 말아옷, Mal-a-ot], 1브와소와 1/2

아우룩아우룩 [A-OU-ROUK-A-OU-ROUK] (不平) 원2

불 Etat d'un terrain couvert de monticules; sommet découpé des montagnes; être dentelé; couvert d'aspérités; de monticules.

한 기복으로 덮인 토지의 상태 | 산의 두드러지는 정상 | 들쑥날쑥하다 | 오돌토돌함으로, 기복으로 덮이다

*아위 [A-oui] (阿魏) 원2

불 Assa-fœtida(nom d'un remède).

한 아위제 (약의 이름)

아으 [A-EU] (弟) 원1

불 Cadet, puîné, frère cadet(d'un frère aîné), sœur cadette (d'une sœur aînée). (Ne se dit qu'entre personnes du même sexe).

한 둘째, 동생, (손위 형의) 남동생, (손위 여자 형제의) 여동생 | (동성인 사람들에 대해서만 쓴다)

아이 [A-I] (弟) 원1

불 Cadet, frère cadet, sœur cadette. (Ne se dit que des personnes du même sexe).

한 막내, 남동생, 여동생 | (동성인 사람들 사이에서만 말한다)

아이다 [A-I-TA,A-I-YE,A-IN] ㊥1

불 Etre dépouillé, supplanté, surpassé, éclipsé. Verbe pass. de 앗다, At-ta, Enlever, dépouiller.

한 박탈되다, 자리를 빼앗기다, 몰려나다, 가려지다 | 앗다(없애다, 빼앗다)의 피동사

아ᄋᆞ [A-Ă] (弟) ㊥1

불 Frère cadet (d'un frère), sœur cadette (d'une sœur).

한 (남자 형제의) 남동생, (여자 형제의) 여동생

아ᄋᆞᆷ차 [A-ĂM-TCHĂ] ㊥1

불 Chant de réjouissance (v.g. tra-la-la).

한 기쁨의 노래 (예. 트랄랄라)

아자먼이 [A-TJA-MEN-I] (叔母) ㊥10

불 S'emploie pour une foule de parents proches: tante, sœur du père, sœur de la mère, etc., belle sœur, cousine du père, etc.,etc.,etc. Se dit même sans qu'il y ait liaison de parenté.

한 가까운 친척에 대해 사용된다 : 아주머니, 아버지의 여자 형제, 어머니의 여자 형제 등, 인척 관계의 여자 형제, 아버지의 남자 사촌 등 | 친척 관계가 없어도 쓴다

아자버니 [A-TJA-PE-NI] (叔父) ㊥11

불 Même sens: être parent. Pour les hommes: oncle, frère du père ou de la mère, beau-frère, cousin. du père.

한 같은 뜻 : 친척이다 | 남자들에 대해 : 아저씨, 아버지 또는 어머니의 남자 형제, 인척 관계의 남자 형제, 아버지의 남자 사촌

아자씨 [A-TJA-SSI] (叔父) ㊥11

불 S'emploie pour une foule de parents proches: oncle, frère cadet du père, frère de la mère, etc., cousin.

한 많은 가까운 친척에 대해 사용된다 : 아저씨, 아버지의 남동생, 어머니의 남자 형제 등, 사촌

아작아작 [A-TJAK-A-TJAK] ㊥10

불 Crier sous la dent. v.g. bruit d'un grain de sable que l'on écrase sous la dent en mangeant.

한 깨물어 듣기 싫은 소리를 내다, 예. 먹으면서 이로 모래알을 부수는 소리

*__아쟝__ [Ā-TJANG,-I] (亞將) ㊥11

불 Première dignité au -dessous du général.

한 장군 아래의 첫 번째 고관

아젼 [A-TJYEN,-I] (吏隷) ㊥11

불 Prétorien, employé de la préfecture du mandarin, chargé d'administration. Nom de la caste des employés du madarin, (c'est une classe réputée vile).

한 행정을 맡은, 관리의 도청에 고용된 친위병, 직원 | 관리의 고용인들 계급의 이름 (저열한 것으로 알려진 계급이다)

아젼에 [A-TJYEN,-EI] ㊥11

불 Au commencement.

한 최초에

아조 [A-TJO] ㊥11

불 Entièrement, beaucoup, enfin, à la fin, tout-à-fait.

한 전부, 많이, 결국, 마침내, 마지막에, 완전히

아조슬타 [A-TJO-SEUR-HTA,-SEUL-HYE,-SEUL-HEUN] ㊥11

불 Ne vouloir nullement.

한 조금도 원하지 않다

아존ᄒᆞ다 [Ā-TJON-HĂ-TA] ㊥11

불 Admirable, être accompli.

한 훌륭하다, 완전하다

[1]**아주** [A-TJOU] ㊥11 ☞아조

[2]**아주** [A-TJOU] ㊥11

불 Beaucoup, entièrement, enfin, tout-à-fait.

한 많이, 전부, 결국, 완전히

아쥬ᄶᅡ리 [A-TJYOUNG-KKA-RI] (皮麻子) ㊥11

불 Ricin.

한 아주까리

*__아즁__ [A-TJOUNG,-I] (衙中) ㊥11

불 Préfecture, hôtel du mandarin.

한 도청, 관리의 관저

아즁간ᄒᆞ다 [A-TJOUNG-KAN-HĂ-TA] ㊥11

불 Ni trop long ni trop court, ni trop ni trop peu.

한 너무 길지도 않고 짧지도 않다, 너무 많지도 않고 너무 적지도 않다

아즈랑이 [A-TJEU-RANG-I] (游絲) ㊥11

불 Vapeurs qui empêchent de voir distictement. Humeurs dans les yeux qui empêchent de distinguer (vieillards). ‖ Homme peu intelligent. =쪗다,-kkyet-ta. Qui a caché son esprit sous son bras (de 씨다, Kki-ta, cacher sous son aisselle).

한 똑똑히 보지 못하게 하는 증기 | 식별하지 못하게 하는 눈 속의 분비액 (노인들) | 별로 영리하지 않은 사람 | [용례 =쪗다, -kkyet-ta], 팔 아래로 마음을 감춘 사람 (씨다 Kki-ta, 겨드랑이 아래에 감추다)

아즈빅암 [A-TJEU-PĂI-AM,-I] ㊥11

불 (Voy. 아자버니 A-tja-pe-ni).

한 [참조어 아자버니, A-tja-pe-ni]

1아지 [A-TJI] (木枝) [원]11
[불] Branche d'arbre.
[한] 나뭇가지

2아지 [A-TJI] [원]11
[불] Terminaison des mots qui exprime un petit d'animal: v.g. 숑아지 Syong-a-tji. Veau.
[한] 동물의 새끼를 나타내는 단어의 어미 | [[용례] 숑아지, Syong-a-tji], 송아지

아지메암 [A-TJI-MEI-AM] [원]11
[불] Voy. 아쟈먼이, A-tja-men-i.
[한] [[참조어] 아쟈먼이, A-tja-men-i]

아지직아지직 [A-TJI-TJIK-A-TJI-TJIK] [원]11
[불] Bruit en mangeant, pétillement du feu.
[한] 먹는 소리, 불이 탁탁 튀는 것

아직 [A-TJIK] (姑) [원]11
[불] Jusqu'ici, encore, aussi. 아직아니, A- tjik-a-ni. Pas encore.
[한] 지금까지, 아직, 또한 | [[용례] 아직아니, A-tjik-a-ni] | 아직 ~아니다

아직것 [A-TJIK -KET] [원]11
[불] Jusqu'à présent.
[한] 지금까지

아직아직 [A-TJIK-A-TJIK] [원]11
[불] Encore un peu.
[한] 조금 더

아차 [A-TCHA] [원]11
[불] Tiens! (Interj. marque la surprise, la réminiscence ou l'impatience).
[한] 저런! (놀람과 어렴풋한 기억 또는 초조함을 나타내는 감탄사)

아참 [A-TCHAM,-I] (朝) [원]11
[불] Matin, matinée.
[한] 아침, 오전

아참에 [A-TCHAM-EI] [원]11
[불] Au matin.
[한] 아침에

아쳐롭다 [A-TCHYE-ROP-TA,-RO-OUE,-RO-ON] [원]11
[불] C'est dommage, malheureux, regrettable, c'est bien fâcheux.
[한] 유감스럽다, 가엾다, 애석하다, 매우 딱하다

아쳠ᄒᆞ다 [A-TCHYEM-HĂ-TA] (諂) [원]11
[불] Aduler, flatter, caresser.
[한] 아부하다, 아첨하다, 구슬리다

아청 [A-TCHYENG] [원]11
[불] Bleuâtre, couleur légère du bleu.
[한] 푸르스름하다, 연한 파란색

아총 [A-TCHONG,-I] (兒塚) [원]11
[불] Tombeau d'un petit enfant.
[한] 어린아이의 무덤

아치 [A-TCHI] (牙稚) [원]11
[불] Voy. 아지, A-tji : V.g. 숑아치, Syong-a-tchi, Veau.
[한] [[참조어] 아지, A-tji] | [[용례] 숑아치, Syong-a-tchi], 송아지

아칠아칠ᄒᆞ다 [A-TCHIL-A-TCHIL-HĂ-TA] [원]11
[불] Marche peu assurée; chanceler.
[한] 자신 없는 걸음 | 비틀거리다

아ᄎᆞᆷ에 [A-TCHĂM-EI] [원]11 ☞아참에

아퀴 [A-HKOUI] [원]4
[불] Corne ou pointe qui sort d'un bâton; reste d'une branche coupée; angle que fait une branche avec le tronc.
[한] 막대에서 튀어나온 귀퉁이 또는 돌출부 | 잘린 나뭇가지의 나머지 | 나뭇가지가 몸체와 이루는 각

*아편연 [A-HPYEN-YEN,-I] (鴉片烟) [원]8
[불] Opium.
[한] 아편

아하 [A-HA] [원]2
[불] Interj. d'étonnement, de surprise. Ah! hélas!
[한] 경악과 놀람의 감탄사 | 아! 슬프다!

1*아혹ᄒᆞ다 [A-HOK-HĂ-TA] (阿惑) [원]2
[불] Hésiter, être irrésolu, timide; ne pas être sûr, de peur qu'on n'interprète mal la pensée; douter.
[한] 주저하다, 우유부단하다, 소심하다 | 생각을 잘못 설명할까봐 두려워서 확신하지 않다 | 의심하다

2아혹ᄒᆞ다 [A-HOK-HĂ-TA] [원]2
[불] Etre épris, passionné.
[한] 열중하다, 열광하다

아홉 [A-HOP,-I] (九) [원]2
[불] Neuf. 9.
[한] 아홉 | 9

*아환 [A-HOAN,-I] (兒患) [원]2
[불] Maladie des petits enfants, maladie d'un enfant (en général).
[한] 어린아이들의 병, (일반적으로) 아이의 병

아흐릐 [A-HEU-RĂI] (九日) [원]2
[불] Le 9e jour de la lune; neuf jours.

한 달의 아홉 번째 날 | 9일

아흔 [A-HEUN,-I] (九十) 원2

불 Quatre-vingt-dix, 90.

한 아흔, 90

아희 [A-HEUI] (兒) 원2

불 Enfant.

한 아이

아히 [A-HĂI] (兒) 원2

불 Enfant. (Se dit de tous ceux qui ne sont pas mariés).

한 아이 | (결혼하지 않은 모든 사람에 대해 쓴다)

아히나무 [A-HĂI-NA-MOU] 원2

불 Esp. d'arbre dont les baies sont propres à faire de l'huile dont les femmes se servent pour leur chevelure. Le bois sert à faire des infusions, comme le thé ; il a un peu le goût du gingembre.

한 여자들이 머리에 바르는 기름을 만드는 데 적절한 장과가 열리는 나무의 종류 | 나무는 차처럼 달이는 데 쓴다 | 생강 맛이 약간 난다

아히몸 [A-HĂI-MOM,-I] (童身) 원2

불 Vierge, corps d'enfant.

한 처녀, 아이의 몸

*악 [AK,-I] (惡) 원2

불 En agr. Mauvais, méchant, pervers. Perversité, méchanceté, chose mauvaise, mal.

한 한자어로 나쁘다, 못되다, 사악하다 | 사악, 악의, 나쁜 것, 악

*악공 [AK-KONG,-I] (樂工) 원3

불 Musicien; qui joue d'un instrument; joueur d'instru ment.

한 음악가 | 악기를 연주하는 사람 | 악기 연주자

1*악관 [AK-KOAN,-I] (樂官) 원3

불 Conservatoire de musique.

한 음악 학교

2*악관 [AK-KOAN,-I] (惡官) 원3

불 Mandarin méchant, cruel.

한 나쁜, 잔학한 관리

*악귀 [AK-KOUI] (惡鬼) 원3

불 Mauvais génie, génie méchant.

한 나쁜 정령, 악령

1*악긔 [AK-KEUI] (惡氣) 원3

불 Mauvais air.

한 나쁜 공기

2*악긔 [AK-KEUI] (樂器) 원3

불 Instrument de musique.

한 악기

*악념 [AK-NYEM,-I] (惡念) 원3

불 Mauvaise pensée. =ᄒᆞ다-hă-ta, ou =나다-na-ta, Avoir une mauvaise pensée.

한 나쁜 생각 | [용례 =ᄒᆞ다,-hă-ta] 또는 [용례 =나다, -na-ta], 나쁜 생각을 하다

*악뉴 [AK-NYOU] (惡類) 원3

불 Mauvaise espèce, mauvaise engeance.

한 나쁜 종류, 나쁜 종족

*악담ᄒᆞ다 [AK-TAM-HĂ-TA] (惡談) 원3

불 Mauvaise parole, malédiction ; maudire.

한 나쁜 말, 저주 | 저주하다

*악당 [AK-TANG,-I] (惡黨) 원3

불 Mauvaise troupe; troupe de mauvais sujets, mauvaise clique, mauvaise sujet.

한 나쁜 무리 | 나쁜 사람들의 무리, 나쁜 패거리, 나쁜 사람

*악덕 [AK-TEK,-I] (惡德) 원3

불 Fausse vertu.

한 거짓된 덕

1*악뎡 [AK-TYENG,-I] (惡情) 원3

불 Mauvaise volonté, mauvais cœur.

한 나쁜 의도, 나쁜 마음

2*악뎡 [AK-TYENG,-I] (惡政) 원3

불 Mauvaise politique, mauvaise administration.

한 실정, 나쁜 행정

*악도 [AK-TO] (惡徒) 원3

불 Troupe de mauvais sujets, canaille.

한 나쁜 사람들의 무리, 악당

*악독ᄒᆞ다 [AK-TOK-HĂ-TA] (惡毒) 원3

불 Etre mauvais, nuisible, méchant et dur, cruel.

한 나쁘다, 해롭다, 심술궂고 거칠다, 잔인하다

*악동 [AK-TONG,-I] (惡童) 원3

불 Mauvais enfant, méchant enfant.

한 나쁜 아이, 못된 아이

*악모 [AK-MO] (岳母) 원3

불 Belle-mère, mère de la femme.

한 장모, 아내의 어머니

*악목 [AK-Mok,-I] (惡木) 원3

불 Mauvaise bois.

한 질이 나쁜 나무

*악몽 [AK-Mong,-I] (惡夢) 원3

불 Mauvais rêve. =꾸다-kkou-ta, Faire un mauvais rêve.
한 나쁜 꿈 | [용례 =꾸다, -kkou-ta], 나쁜 꿈을 꾸다

*악물 [AK-MOUL,-I] (惡物) 원3
불 Objet mauvais, mauvaise chose.
한 나쁜 물건, 나쁜 것

*악미 [AK-MI] (惡米) 원3
불 Riz écossé (rouge, de qualité inférieure).
한 껍질을 깐 쌀 (빛깔이 붉고 질이 나쁜)

악박악박ᄒᆞ다 [AK-PAK-AK-PAK-HĂ-TA] 원3
불 Qui est couvert d'aspérités, raboteux, inégal.
한 오돌토돌한 것으로 덮이다, 울퉁불퉁하다, 고르지 않다

*악보 [AK-PO] (惡報) 원3
불 Mauvaise nouvelle. =듯다,-teut-ta, =밧다-pat-ta, Apprendre une mauvaise nouvelle.
한 나쁜 소식 | [용례 =듯다, teut-ta], [용례 =밧다, -pat-ta], 나쁜 소식을 알다

*악산 [AK-SAN,-I] (惡山) 원3
불 Montagne aride, stérile.
한 건조한, 불모의 산

*악셩 [AK-SYENG,-I] (惡聲) 원3
불 Mauvais bruit, bruit désagréable.
한 나쁜 소리, 불쾌한 소리

1*악슈 [AK-SYOU] (握手) 원3
불 Voile, linge dont on enveloppe les mains d'un mort en l'ensevelissant.
한 매장할 때 시체의 손을 싸는 보, 헝겊

2*악슈 [AK-SYOU] (惡獸) 원3
불 Bête féroce.
한 맹수

*악습 [AK-SEUP,-I] (惡習) 원3
불 Mauvaise habitude.
한 나쁜 습관

*악식 [AK-SIK,-I] (惡食) 원3
불 Mauvaise nourriture.
한 나쁜 음식

*악심 [AK-SIM,-I] (惡心) 원3
불 Mauvais cœur.
한 나쁜 마음

*악ᄉᆞ [AK-SĂ] (惡事) 원3
불 Mauvaise affaire.
한 나쁜 일

*악ᄉᆞᄒᆞ다 [AK-SĂ-HĂ-TA] (惡死) 원3
불 Mauvaise mort. Faire une mauvaise mort.
한 좋지 않은 죽음 | 좋지 않은 죽음을 맞이하다

악쓰다 [AK-SSEU-TA,-SSE,-SSEUN] (用惡) 원3
불 Etre insolent. Voy.Syn. 발악ᄒᆞ다, Pal-ak-hă-ta.
한 건방지다 | [동의어 발악ᄒᆞ다, Pal-ak-hă-ta]

1*악어 [Ak-E] (惡語) 원2
불 Mauvaise parole.
한 나쁜 말

2*악어 [Ak-E] (鰐魚) 원2
불 Esp. de poisson (qui peut dévorer un homme), caïman, crocodile.
한 (사람을 먹어 치울 수 있는) 물고기의 종류, 카이만 악어, 악어

*악언 [AK-EN,-I] (惡言) 원2
불 Malédiction, parole injurieuse.
한 악언, 모욕적인 말

*악연ᄒᆞ다 [AK-YEN-HĂ-TA] (愕然) 원2
불 Avoir peur; être surpris, stupéfait; être frappé de stupeur.
한 두려워하다 | 놀라다, 몹시 놀라다 | 깜짝 놀라서 어안이 벙벙하다

*악욕 [AK-YOK,-I] (惡慾) 원3
불 Envie mauvaise, mauvaise désir, mauvaise passion.
한 나쁜 선망, 나쁜 욕구, 나쁜 열정

*악우 [AK-OU] (惡友) 원3
불 Mauvais ami.
한 나쁜 친구

악을ᄒᆞ다 [AK-EUL-HĂ-TA] (爲惡) 원2
불 Faire une méchanceté, une mauvaise action. Etre méchant, mauvais, pervers, honteux, infâme, déréglé, inique.
한 심술궂은 행동, 나쁜 행동을 하다 | 고약하다, 나쁘다, 악랄하다, 수치스럽다, 비열하다, 방탕하다, 편파적이다

악음니 [AK-EUM-NI] (牙) 원2
불 Dents molaires.
한 어금니

악음밧게ᄒᆞ다 [Ak-EUM-PAT-KEI-HĂ-TA] 원2
불 Etre économe.
한 검소하다

악음밧다 [Ak-EUM-PAT-TA,-PAT-HA,-PAT-HEUN] 원2
불 Etre économe, être ménager.

한 검소하다, 아끼다

악읏ㅎ다 [AK-EUT-HĂ-TA] 원2

불 Etre presque semblable, avoir du rapport avec.

한 거의 비슷하다, ~와 관계가 있다

*악쟈 [AK-TJYA] (惡者) 원4

불 Mauvais homme.

한 나쁜 사람

*악쟝 [AK-TJYANG,-I] (岳丈) 원4

불 Beau-père, père de la femme.

한 장인, 아내의 아버지

1*악졍 [AK-TJYENG,-I] (惡政) 원4

불 Mauvaise administration.

한 잘못된 행정

2*악졍 [AK-TJYENG,-I] (惡情) 원4

불 Mauvais sentiment, mauvais cœur, méchanceté.

한 나쁜 감정, 나쁜 마음, 악의

*악죵 [AK-TJYONG,-I] (惡種) 원4

불 Mauvaise semence. Génération abâtardie, dépravée; race dépravée.

한 나쁜 종자 | 타락한, 퇴폐한 자손 | 퇴폐한 족속

*악증 [AK-TJEUNG] (惡症) 원4

불 Mauvaise maladie. ‖ Mauvaise habitude, défaut. =내다-nai-ta, Avoir une mauvaise habitude.

한 나쁜 병 | 나쁜 습관, 결점 | [용례 =내다, -nai-ta], 나쁜 습관을 가지고 있다

*악착ㅎ다 [AK-TCHAK-HĂ-TA,-HĂN,-HI] (齷齪) 원4

불 Etre douloureux, effrayant, terrible, affligeant, déplorable.

한 고통스럽다, 무섭다, 끔찍하다, 슬프다, 비통하다

*악쳐 [AK-TCHYE] (惡妻) 원4

불 Mauvaise épouse.

한 나쁜 아내

*악쳡 [AK-TCHYEP,-I] (惡妾) 원4

불 Mauvaise concubine.

한 나쁜 첩

*악초 [AK-TCHO] (惡草) 원4

불 Mauvaise herbe.

한 해로운 풀

*악츙 [AK-TCHYOUNG,-I] (惡虫) 원4

불 Insecte malfaisant.

한 유해한 곤충

*악취 [AK-TCHYOUI] (惡臭) 원4

불 Mauvaise odeur, puanteur. =나다-na-ta, Puer.

한 나쁜 냄새, 역한 냄새 | [용례 =나다, -na-ta], 악취를 풍기다

악퀴 [AK-HKOUI] 원3

불 Esp. d'insecte qui perce la peau et y entre, p.ê. le vendangeon. Esp. de tique. Voy. 불악퀴 Poul-ak-hkoui.

한 피부에 구멍을 내서 그 곳에 들어가는 곤충의 종류, 아마도 진드기의 유충 | 진드기의 종류 | [참조어 불악퀴, Poul-ak-hkoui]

악퀴르다 [AK-HKOUI-REU-TA] 원3

불 Etre entêté, tenace.

한 고집이 세다, 끈질기다

*악탐ㅎ다 [AK-HTAM-HĂ-TA] (惡貪) 원3

불 Mauvaise cupidité, passion mauvaise, cupidité effrénée; avoir de la cupidité.

한 그릇된 탐욕, 그릇된 열정, 과도한 욕심 | 탐욕이 있다

*악풍 [AK-HPOUNG,-I] (惡風) 원3

불 Mauvais vent.

한 모진 바람

*악혈 [AK-HYEL,-I] (惡血) 원3

불 Mauvais sang, sang corrompu.

한 나쁜 피, 썩은 피

*악형 [AK-HYENG,-I] (惡刑) 원3

불 Supplice affreux, cruel; torture. =식이다-sik-i-ta, Faire subir la torture. =밧다-pat-ta, Subir, endurer la torture.

한 끔찍한, 잔인한 형벌 | 고문 | [용례 =식이다, -sik-i-ta], 고문을 당하게 하다 | [용례 =밧다, -pat-ta], 고문을 당하다, 견디다

*악ㅎ다 [AK-HĂ-TA] (惡) 원3

불 Mauvais, pervers, corrompu, méchant.

한 나쁘다, 악랄하다, 타락하다, 심술궂다

*악힝하다 [AK-HĂING-HĂ-TA] (惡行) 원3

불 Faire une mauvaise action.

한 나쁜 행동을 하다

1안 [AN,-I] (內) 원5

불 Subst. Dedans, intérieur.

한 명사. 안, 내부

2*안 [AN,-I] (眼) 원5

불 En agr. Œil.

한 한자어로 눈

3*안 [AN,-I] (案) 원5

불 Table pour mettre les livres.
한 책을 놓기 위한 탁자

[4]안 [AN,-I] 원5
불 Orientation, façade; tourné vers, qui est en face.
한 방향, 면 | ~로 향하다, 마주하고 있다

[5]안 [AN,-I] 원5
불 En agr. Œuf. 계란, Kyei-ran, Œuf. de poule. 슈란, Syou-ran, Œuf mollet.
한 한자어로 | [용례 계란, Kyei-ran], 닭의 알 | [용례 슈란, Syou-ran], 계란 반숙

[6*]안 [AN,-I] (安) 원5
불 En agr. Signifie; la paix.
한 한자어로 평화를 의미한다

*안갑 [AN-KAP,-I] (鞍匣) 원5
불 Tapis qui recouvre la selle du cheval.
한 말안장을 덮는 보

*안강ᄒᆞ다 [AN-KANG-HĂ-TA] (安康) 원5
불 Etre en santé.
한 건강하다

*안경 [ĀN-KYENG,-I] (眼鏡) 원5
불 Lunettes.
한 안경

*안고슈비 [ĀN-KO-SYOU-PI] (眼高手卑, (Œil, haut, main, bas.)) 원6
불 Bon critique, mauvais ouvrier. Qui sait ce qui est bon et ne peut pas le faire.
한 훌륭한 비평가, 서툰 일꾼 | 무엇이 좋은지 알지만 그것을 할 수 없는 사람

*안과ᄒᆞ다 [AN-KOA-HĂ-TA] (安過) 원6
불 Se bien porter pendant.
한 ~동안 건강이 좋다

[1]안기다 [AN-KI-TA,-KYE,-KIN] (抱) 원6
불 Etre porté dans les bras. Pass.de 안다, An-ta
한 품에 안기다 | 안다 An-ta의 피동형

[2]안기다 [AN-KI-TA,-KYE,-KIN] 원6
불 Préparer les œufs d'une couvée (pour n'avoir que des poules). Faire s'asseoir, faire couver. Fact. de 안ᄶᅡ, An-tta.
한 (암탉만 있다면) 한 배의 알을 준비하다 | 자리 잡게 하다, 알을 품게 하다 | 안ᄶᅡ An-tta의 사동형

안ᄀᆡ [ĀN-KĂI] (霞) 원5
불 Brouillard, vapeur, nuée, brume.
한 안개, 증기, 큰 구름, 바다 안개

[1]안다 [AN-TA,AN-A,AN-EUN] (抱) 원6
불 Tenir dans ses bras; porter entre ses bras. 안ᄂᆞᆫ다, An-năn-ta, Il tient. 안앗다, An-at-ta, Il a tenu. 안겟다 An-keit-ta, Il tiendra, etc.) (Pass. 안기다, An-ki-ta, Etre porté dans les bras).
한 포옹하다 | 품에 안다 | [용례 안ᄂᆞᆫ다, An-năn-ta], 안는다 | [용례 안앗다, An-at-ta], 안았다 | [용례 안겟다, An-keit-ta], 안을 것이다 등 | (피동형. 안기다 An-ki-ta, 안기다)

[2]안다 [ĀN-TA,AL-A,AN] (知) 원6
불 Indic. prés. de.안다, savoir, apprendre. (안다, An-ta, Je sais. 알앗다, Al-at-ta, J'ai appris. 알겟다, Al-keit-ta, Il saura).
한 안다의 직설법 현재, 알다, 배우다 | ([용례 안다, An-ta], 안다 | [용례 알앗다, Al-at-ta], 알았다 | [용례 알겟다, Al-keit-ta], 알 것이다)

안담이 [ĀN-TAM-I] 원6
불 Par-dessus les bords(v.g. un boisseau trop plein de grains), comble.
한 가장자리 위로(예. 지나치게 가득한 곡식 1브와소), 덤

*안담ᄒᆞ다 [ĀN-TAM-HĂ-TA] (安擔) 원6
불 Cautionner, se rendre responsable pour quelqu'un, garantir, répondre de.
한 [역주 ~의] 보증인이 되다, 누군가를 위해 자신이 책임을 지다, 보증하다, 책임을 지다

*안돈시기다 [AN-TON-SI-KI-TA,-KYE,-KIN] (安頓) 원6
불 Tranquilliser, mettre en paix, faire vivre tranquille.
한 안심시키다, 평화롭게 하다, 평온하게 살도록 하다

*안돈ᄒᆞ다 [AN-TON-HĂ-TA] (安頓) 원6
불 Demeurer tranquille, en paix.
한 평온하게, 평화롭게 살다

*안동시기다 [ĀN-TONG-SI-KI-TA] (眼同) 원6
불 Mettre un criminel en dépôt.
한 죄인을 위탁하다

*안동ᄒᆞ다 [ĀN-TONG-HĂ-TA] (眼同, (Œil, ensemble)) 원6
불 Recevoir un coupable en dépôt et en répondre. Prendre le coupable et le chef de son village comme cautionnement. ‖ Aller ensemble, envoyer ensemble.
한 죄인을 수탁 받아 책임지다 | 죄인과 보증인으로 써 그 마을의 장을 붙잡다 | 함께 가다, 함께 파견하다

*안람국 [AN-RAM-KOUK,-I] (安南國) 원6
불 Royaume d'Annam.
한 안남 왕국

*안력 [ĀN-RYEK,-I] (眼力) 원6
불 Force de l'œil ou de la vue, vue.
한 눈 또는 시각의 힘, 시력

*안령ᄒᆞ다 [AN-RYENG-HĂ-TA] (安寧) 원6
불 Tranquille, paisible, en bonne santé, se bien porter. (Hon.).
한 평온하다, 평화롭다, 건강이 양호한 상태이다, 건강이 좋다 | (경칭)

*안롱 [AN-RONG,-I] (安籠) 원6
불 Enveloppe huilée du fauteuil d'un ministre pour le préserver de la pluie. Celui qui la porte.
한 비를 막기 위해 장관의 안락의자를 덮는 기름칠 한 덮개 | 덮개가 있는 것

*안마 [ĀN-MA] (鞍馬) 원6
불 Harnais et cheval.
한 마구와 말

*안막 [ĀN-MAK] (眼瘼) 원6
불 Humeur des yeux malades. Maladie des yeux.
한 아픈 눈에서 나오는 분비액 | 눈병

*안목 [AN-MOK,-I] (眼目) 원6
불 Connaissance, vue; qui a beaucoup vu.
한 식별력, 통찰력 | 많이 본 사람

*안반 [AN-PAN,-I] (安盤) 원6
불 Billot, planche à battre la pâte pour faire des gâteaux.
한 떡을 만들기 위해 반죽을 치는 도마, 판자

*안방 [AN-PANG,-I] (內房) 원6
불 Chambre des femmes.
한 여자들의 방

안벽치고밧벽치다 [AN-PYEK-TCHI-KO-PAT-PYEK-TCHI-TA] 원6
불 Etre fourbe, faire une fourberie, tromper, être changeant.
한 교활하다, 간악한 짓을 하다, 속이다, 변덕스럽다

*안부 [AN-POU] (安否) 원6
불 Santé et richesse.
한 건강과 부

*안비막개ᄒᆞ다 [ĀN-PI-MAK-KAI-HĂ-TA] (眼鼻莫開, (Œil, nez, ne pouvoir, ouvrir)) 원6
불 Etre accablé d'ouvrage, surchargé.
한 일에 시달리다, 과중하다

*안ᄇᆡᄒᆞ다 [ĀN-PĂI-HĂ-TA] (安排) 원6
불 Disposer, arranger, déterminer, décider; prendre une détermination, une décision; accommoder un procès. (Mot chr.)
한 준비하다, 정돈하다, 결정하다, 결심하다 | 결심하다, 결정하다 | 과정을 정돈하다 | (기독교 어휘)

*안산 [ĀN-SAN,-I] (案山) 원6
불 Montagne en face.
한 맞은편에 있는 산

*안샤ᄒᆞ다 [AN-SYA-HĂ-TA] (顏赦) 원6
불 Pardonner, remettre, absoudre.
한 용서하다, 용서하다, 죄를 사하다

안셔보다 [AN-SYE-PO-TA,-PO-A,-PON] (顏恕) 원6
불 Rendre service à cause d'un autre; rendre service bien recevoir parce qu'on connaît le père ou quelqu'un de la famille.
한 다른사람 때문에 도와주다 | 아버지 또는 가족 중 누군가를 알고 있기 때문에 도와주다, 잘 대접하다

*안셕 [ĀN-SYEK,-I] (安席) 원6
불 Esp. de chaise, de fauteuil, de sofa, canapé.
한 의자, 안락의자, 긴 의자의 종류, 소파

*안소 [AN-SO] (安所, (Paix, lieu)) 원6
불 Lieu de repos.
한 쉬는 곳

안속 [AN-SOK,-I] 원6
불 Antipathie; deux choses opposées, contraires(v.g. l'eau et le feu)
한 비양립성 | 상반된, 대립된 두 가지 (예. 물과 불)

*안슈ᄒᆞ다 [AN-SYOU-HĂ-TA] (安受) 원6
불 Recevoir tranquillement, avec calme.
한 평온하게, 침착하게 받다

*안슌ᄒᆞ다 [AN-SYOUN-HĂ-TA] (安順, (Etre bien, soumis)) 원6
불 Etre en paix, en tranquillité, en grande quiétude.
한 평화롭다, 평온하다, 아주 평온하게 있다

안스럽다 [AN-SEU-REP-TA,-RE-OUE,-RE-ON] 원6
불 Etre contrarié, peiné; regarder en pitié.
한 유감이다, 마음이 아프다 | 딱하게 바라보다

안슬프다 [AN-SEUL-HPEU-TA,-HPE,-PHEUN] 원6
불 Regarder en pitié, s'apitoyer, compatir.
한 딱하게 바라보다, 측은히 여기다, 동정하다

*안식 [AN-SIK,-I] (安息) 원6
불 Bonne nouvelle.
한 좋은 소식

*안심슌명ᄒᆞ다 [AN-SIM-SYOUN-MYENG-HĂ-TA]

(安心順命) [원]6
[불] Se soumettre avec quiétude.
[한] 평온하게 순응하다

*안심육 [AN-SIM-YOUK,-I] (內心肉) [원]6
[불] Filet de bœuf.
[한] 소의 안심

*안심ᄒᆞ다 [AN-SIM-HĂ-TA] (安心) [원]6
[불] Avoir le cœur en paix, être sans inquiétude.
[한] 평화로운 마음을 가지다, 걱정이 없다

*안ᄉᆞᄒᆞ다 [AN-SĂ-HĂ-TA] (安死) [원]6
[불] Mourir tranquillement, paisiblement.
[한] 평온하게, 평화롭게 죽다

*안ᄉᆡᆨ [AN-SĂIK,-I] (顔色) [원]6
[불] Couleur du visage, air du visage.
[한] 얼굴빛, 얼굴 표정

안ᄯᅡ [AN-TTA,AN-TJA,ou AN-TJYE,AN-TJEUN] (座) [원]6
[불] S'asseoir, être assis. (안ᄂᆞᆫ다, An-năn-ta, Il s'assied. 안쳣다, An-tjyet-ta, Il s'est assis. 안겟다, An-keit-ta, Il s'assiéra).
[한] 앉다, 앉아 있다 | ([용례] 안ᄂᆞᆫ다, An-năn-ta], 그가 앉는다 | [[용례] 안쳣다, An-tjyet-ta], 그가 앉았다 | [[용례] 안겟다, An-keit-ta], 그가 앉을 것이다)

*안약 [ĀN-YAK,-I] (眼藥) [원]5
[불] Remède pour les yeux, collyre.
[한] 눈에 쓰는 약, 안약

안에 [AN-EI] [원]5
[불] Dans. 집안에, Tjip-an-ei, Dans la maison.
[한] ~의 안에 | [[용례] 집안에, Tjip-an-ei], 집 안에

*안연ᄒᆞ다 [AN-YEN-HĂ-TA] (安然) [원]5
[불] Paisible, tranquille, ordinaire, calme.
[한] 평화롭다, 평온하다, 예사롭다, 조용하다

*안온ᄒᆞ다 [AN-ON-HĂ-TA] (安穩) [원]5
[불] paisible, tranquille, calme.
[한] 평화롭다, 평온하다, 조용하다

*안위ᄒᆞ다 [AN-OUI-HĂ-TA] (安慰) [원]5
[불] Consoler, encourager, adoucir.
[한] 위로하다, 격려하다, 진정시키다

*안유하다 [AN-YOU-HĂ-TA] (安諭) [원]5
[불] Calmer, consoler.
[한] 진정시키다, 위로하다

*안일ᄒᆞ다 [AN-IL-HĂ-TA] (安逸) [원]5
[불] Paisible, tranquille, calme.
[한] 평화롭다, 평온하다, 조용하다

안자셔다 [AN-TJA-SYE-TA,-SYE,-SYEN] [원]7
[불] (Assis se tenir, assis être debout). Se tenir assis.
[한] (앉은 채로 있다, 앉아 서다) | 앉은 상태로 있다

*안장ᄒᆞ다 [AN-TJYANG-HĂ-TA] (安葬) [원]7
[불] Faire les funérailles en paix, tranquillement.
[한] 평화롭게, 평온하게 장례를 치르다

*안장 [AN-TJYANG] (鞍粧) [원]7
[불] Harnais, harnachement, selle, bât.
[한] 마구, 마구, 안장, 길마

안장다리 [AN-TJANG-TA-RI] [원]7
[불] Celui qui a la pointe des pieds rentrante.
[한] 발끝이 안으로 향한 사람

안져보다 [AN-TJYE-PO-TA,PO-A,-PON] (座見) [원]7
[불] Voir étant assis. Voir sans s'émouvoir.
[한] 앉아서 보다 | 움직이지 않고 보다

*안젼 [ĀN-TJYEN,-I] (案前) [원]7
[불] Nom dont les prétoriens appellent leur mandarin (s'il n'est pas 급톄 Keup-htyei)
[한] 친위병들이 관리를 부르는 호칭 (급톄 Keup-htyei가 아닐지라도)

*안젼에 [AN-TJYEN-EI] (眼前) [원]7
[불] En présense de. (Hon.).
[한] ~의 앞에서 | (경칭)

*안졉ᄒᆞ다 [AN-TJYEP-HĂ-TA] (安接) [원]7
[불] Etre en paix (après une émigration), être sorti du tracas que donne un délogement. Vivre tranquille.
[한] (이주 이후에) 평화롭다, 이사를 하면서 겪는 소동에서 벗어나다 | 조용히 살다

*안졍ᄒᆞ다 [AN-TJYENG-HĂ-TA] (安靜) [원]7
[불] Secret, sans bruit. Etre en paix, tranquille.
[한] 비밀스럽다, 고요하다 | 평화롭다, 평온하다

*안존ᄒᆞ다 [AN-TJON-HĂ-TA] (安存) [원]7
[불] Noble, doux, calme, grand, tranquille.
[한] 고상하다, 온화하다, 조용하다, 위엄 있다, 침착하다

안줍다 [AN-TJOUP-TA,AN-TJOU-E,AN-TJOU-ON] [원]7
[불] S'asseoir. (Honorif.).
[한] 앉다 | (경칭)

안줍시다 [AN-TJOUP-SI-TA,-SYE,-SIN] (坐) [원]7
[불] S'asseoir. (Hon. de 안ᄯᅡ, An-tta).
[한] 앉다 | (안ᄯᅡ An-tta의 경칭)

안쥬 [AN-TJYOU] (肴) [원]7
[불] Bouchée qu'on prend après avoir bu, ne potus noceat.

한 술을 마신 후에 먹는 작은 파이

안즌노릇_ᄒᆞ다 [AN-TJEUN-NO-RĂT-HĂ-TA] 원7

불 Travail qui se fait à la maison (v.g. par un cordonnier, un tailleur, un menuisier). Travailler assis, travailler dans la maison.

한 (예. 제화공, 재봉사, 소목장이에 의해) 집에서 이루어지는 작업 | 앉아서 일하다, 집에서 일하다

안즌방이 [AN-TJEUN-PANG-I] (跛者) 원7

불 Homme toujours assis et qui ne peut se lever, cul-de-jatte.

한 일어설 수 없어서 항상 앉아 있는 사람, 앉은뱅이

안지그리스도 [AN-TJI-KEU-RI-SEU-TO] 원7

불 Antechrist.(M.ch.).

한 적그리스도 | (기독교 어휘)

안지다 [AN-TJI-TA,-TJYE,-TJIN] 원7

불 Faire s'asseoir, mettre dans. v.g. Mettre le riz dans la chaudière, 쌀안지다, Ssal-an-tji-ta.

한 앉히다, ~안에 놓다 | 예. 쌀을 가마솥에 넣다, [용례 쌀안지다, Ssal-an-tji-ta]

*안질 [ĀN-TJIL,-I] (眼疾) 원7

불 Ophthalmie, maladie des yeux.

한 안질, 눈병

*안쳥 [ĀN-TCHYENG,-I] (眼睛) 원7

불 Pupille de l'œil, prunelle.

한 눈의 동공, 눈동자

안츄루다 [AN-TCHYOU-ROU-TA,-RE,-REUN,(ou-ROUE, -ROUN)] 원7

불 Apaiser, calmer, amadouer, dompter, adoucir, modérer.

한 달래다, 진정시키다, 얼러맞추다, 순화하다, 가라앉히다, 완화하다

¹안칙 [AN-TCHEUI] 원7

불 Par, à, de. (Remplace le datif).

한 ~에 의해, ~에게, ~로 | (여격을 대신한다)

²안칙 [AN-TCHEUI] 원7

불 Voy. 안테, An-htei.

한 [참조어 안테, An-htei]

안치다 [AN-TCHI-TA,-TCHYE,-TCHIN] 원7

불 Installer, établir, faire s'asseoir, mettre dedans, faire entrer dans. (Pass. et fact: de 안짜, An-tta).

한 설치하다, 세우다, 앉히다, ~안에 놓다, ~안에 들어가게 하다 | (안짜 An-tta의 피동형과 사동형)

안치우다 [AN-TCHI-OU-TA] 원7 ☞ 안치다

*안치ᄒᆞ다 [AN-THCI-HĂ-TA] (安置) 원7

불 Reclus, (coupable exilé) enfermé dans une cellule de prison dont on ne peut sortir. Etre interné.

한 틀어박히다, (추방된 죄인이) 나갈 수 없는 감옥의 독방에 갇히다 | 수용되다

안탁갑다 [AN-HTAK-KKAP-TA,-KKA-OA,-KKA-ON] 원7

불 Etre poignant, ressentir une douleur poignante dans le cœur.

한 찌르는 듯하다, 마음속에 날카로운 고통을 느끼다

안테 [AN-HTEI] 원7 ☞ ¹안칙

안토즁쳔 [AN-HTO-TJYOUNG-TCHYEN] (安土重遷, (Tranquille,terre, de nouveau, quitter ou partir)) 원7

불 Peine, difficulté pour se décider à émigrer. Emigrer sans aucun avantage.

한 이주하기로 결정하는 것에 대한 걱정, 어려움 | 아무런 이점도 없이 이주하다

안팟기다ᄅᆞ다 [AN-HPAT-KI-TA-RĀ-TA,-TAL-NA, -TA-RĂN] (表裏不同) 원6

불 L'endroit et l'envers sont différents. ‖ Etre hypocrite, ne pas parler comme on pense.

한 겉과 속이 다르다 | 위선적이다, 생각한 대로 말하지 않다

*안하무인 [ĀN-HA-MOU-IN,-I] (眼下無人, (Œil, dessous, non, homme)) 원5

불 Se croire au-dessus de tout; vaniteux, dédaigneux.

한 자신이 뛰어나다고 생각하다 | 자만심이 강하다, 건방지다

*안향ᄒᆞ다 [AN-HYANG-HĂ-TA] (安享) 원5

불 Paisible, tranquille; être en paix, n'avoir rien à crain- dre.

한 평화롭다, 평온하다 | 평화롭다, 두려울 것이 아무것도 없다

*안회ᄒᆞ다 [AN-HOI-HĂ-TA] (安蛔) 원5

불 Endormir, apaiser les vers intestinaux; calmer les crises causées par les vers.

한 장내 기생충을 잠재우다, 진정시키다 | 기생충으로 인한 발작을 가라앉히다

*안후 [AN-HOU] (安候, (St.épist.)) 원5

불 Santé. Salut, bonjour.

한 건강 | 인사, 안녕

안희 [AN-HEUI] 원5

불 Dans, dedans, intérieur.

한 ~안에, ~속에, 내부

안히 [AN-HĂI] (妻) ㉑5

불 Epouse.

한 아내

*안힉ᄉᆞ [ĀN-HĂIK-SĂ] (按覈使) ㉑5

불 Inspecteur royal. (Voy. 어ᄉᆞ E-să). Envoyé exprès du gouvernement pour examiner une grave affaire.

한 왕명을 띤 수사관 | [참조어 어ᄉᆞ, E-să] | 중대한 일을 조사하기 위해 정부에서 파견하는 특사

*안힝 [ĀN-HĂING,-I] (鴈行) ㉑5

불 File d'oies sauvages. ‖ Frères (entre garçons), les fils d'un même père; sœurs (entre filles), les filles d'un même père.

한 기러기의 행렬 | (사내아이들 사이에서) 형제들, 같은 아버지에게서 난 아들들 | (여자아이들 사이에서) 여자 형제들, 같은 아버지에게서 난 딸들

알 [AL,-I] (卵) ㉑8

불 Œuf, grain, graine.

한 알, 낟알, 씨앗

알강이 [AL-KANG-I] ㉑9

불 Grain, graine, le dedans des graines.

한 낟알, 씨앗, 씨앗의 속

알겻다 [AL-KYET-TA] ㉑9

불 Chanter après avoir pondu (poule).

한 알을 낳은 후에 울다 (암탉)

알근알근ᄒᆞ다 [AL-KEUN-AL-KEUN-HĂ-TA] ㉑9

불 Se disputer, être toujours en contestation.

한 서로 말다툼하다, 항상 논쟁하다

알낫타 [AL-NAT-HTA,-NA-HA,-NA-HEUN] (産卵) ㉑9

불 Pondre.

한 알을 낳다

알낭알낭ᄒᆞ다 [AL-NANG-AL-NANG-HĂ-TA] ㉑9

불 Etre incommodé v.g. d'une épine sous la peau. ‖ Hésiter, être embarrassé.

한 (예. 피부 아래의 가시 때문에) 불편하다 | 망설이다, 난처하다

알녹알녹 [AL-NOK-AL-NOK] ㉑9

불 Etre tacheté, moucheté, bigarré.

한 얼룩덜룩하다, 얼룩이 있다, 여러 색깔이 있다

알농알농 [AL-NONG-AL-NONG] ㉑9

불 Etre tacheté, moucheté, bigarré.

한 얼룩덜룩하다, 얼룩이 있다, 여러 색깔이 있다

알니다 [AL-NI-TA,-NYE,-NIN] ㉑9

불 Notifier, faire savoir.

한 고지하다, 알게 하다

알다 [ĀL-TA,AL-A,AN] (知) ㉑10

불 Savoir, connaître.

한 알다, 알다

알말 [ĀL-MAL] (卵藻, (Œufs et plante marine)) ㉑9

불 Herbe marine couverte d'œufs de poisson, de hare- ngs.

한 생선, 청어의 알로 덮인 해초

알맛다 [ĀL-MAT-TA,-MA-TJYE,-MA-TJĂN] (適) ㉑9

불 Cadrer, être juste, être de taille, de bonne grandeur (habits, souliers et toutes choses).

한 맞다, 정확하다, 알맞은 크기이다(옷, 신발과 모든 것)

알망이 [AL-MANG-I] ㉑9

불 Intérieur d'un noyau, l'amande.

한 핵, 씨의 내부

알사ᄒᆞ다 [AL-SA-HĂ-TA] ㉑9

불 Poivré, pimenté, épicé.

한 후추 맛이 나다, 고추로 양념이 되다, 양념이 되다

알셩과가 [AL-SYEUNG-KOA-KA] ㉑9

불 Examen extraordinaire.

한 특별 시험

*알셩ᄒᆞ다 [AL-SYENG-HĂ-TA] (謁聖) ㉑9

불 Faire la visite au temple des grands hommes. Sacrifices offerts à Confucins après avoir été reçu bachelier.

한 위인의 사원을 방문하다 | 바칼로레아 합격자로 받아들여진 후에 공자에게 지내는 제사

*알쇼ᄒᆞ다 [AL-SYO-HĂ-TA] (訐訴) ㉑9

불 Rapporter, espionner, faire des rapports.

한 밀고하다, 정탐하다, 보고하다

알쇽ᄒᆞ다 [AL-SYOK-HĂ-TA] ㉑9

불 Méditer une embûche, délibérer sur la manière de prendre quelqu'un. Conspirer, comploter contre un autre.

한 함정을 계획하다, 누군가를 잡을 방법에 대해 숙고하다 | 다른 사람에 대해 음모를 꾸미다, 은밀히 모의하다

[1]알숑알숑 [AL-SYONG-AL-SYONG] ㉑10

불 Etat d'indécision, de doute. Douteux, incertain, difficile à débrouiller.

한 우유부단한, 의심하는 상태 | 의심스럽다, 불확실하다, 해결하기 어렵다

[2]알숑알숑 [AL-SYONG-AL-SYONG] ㉑10

불 Etre marqueté v.g. de petite vérole, être maculé de taches.
한 예. 천연두로 얼룩덜룩하다, 얼룩으로 더러워지다

알슬다 [AL-SEUL-TA,-SEU-RE,-SEUN] 원9
불 Etre rempli d'œufs, plein d'œufs (v.g. poisson, papillon).
한 알이 가득하다, 알로 가득 차다 (예. 생선, 나비)

[1]알쁠ㅎ다 [AL-TTEUL-HĂ-TA] 원10
불 Etre beau, joli. ‖ Etre trop minutieux, regarder de trop près.
한 아름답다, 예쁘다 | 너무 세심하다, 너무 가까이에서 보다

[2]알쁠ㅎ다 [AL-TTEUL-HĂ-TA] 원10
불 Etre étourdi, avoir le vertige, être abasourdi.
한 어리둥절하다, 현기증이 나다, 얼빠지다

알온곳 [AL-ON-KOT,-SI et -I] 원9
불 Intérêt, ce qui regarde.
한 관심, 관계되는 것

알온톄ㅎ다 [AR-ON-HIYEI-HĂ-TA] 원9
불 Faire semblant de savoir, se mêler d'une affaire. ‖ Se saluer pour prouver qu'on se connaît.
한 아는 척하다, 일에 끼어들다 | 서로 아는 것을 내보이기 위해 서로 인사하다

알외다 [AL-OI-TA,-OI-YE,-OIN] (奏) 원9
불 Confier, dire, communiquer, exposer au supérieur.
한 상관에게 털어놓다, 말하다, 알리다, 설명하다

알자리에골기나ㅎ지 [AL-TJA-RI-EI-KOL-KI-NA-HĂ-TJI] 원10
불 S'il était mort dans le sein de sa mère, c'eût été bien. Avorton(injur.). Propre à rien.
한 어머니의 태내에서 죽었다면 좋았을 것이다 | 난쟁이 (욕설) | 얼간이

알젹이다 [AL-TJYEK-I-TA,-TJYEK-YE,-TJYEK-IN] 원10
불 Avoir une taie sur l'œil.
한 [역주 편견 따위로] 눈이 멀다

알진알진ㅎ다 [AL-TJIN-AL-TJIN-HĂ-TA] 원10
불 Vacillation,mouvement des moucherons, balancement léger en tout sens. Avoir des éblouissements (sensation qu'on éprouve), avoir le vertige (v.g. homme ivre).
한 흔들거림, 작은 날벌레들의 움직임, 사방으로 가볍게 흔들림 | 현기증(느껴지는 감각)이 있다, 현기증이 나다 (예. 취한 사람)

알타 [AL-HTA,-HA,-HEUN] (疼) 원10
불 Etre malade.
한 아프다

알흔자리 [AL-HEUN-TJA-RI] (痕) 원9
불 Cicatrice, stigmate.
한 상처 자국, 흉터

앍이 [ALK-I] 원9
불 Calfat, instrument pour calfater.
한 배의 틈을 메우는 직공, 배의 틈을 메우는 도구

앒흐다 [ALP-HEU-TA,ALP-HA,ALP-HEUN] (痛) 원9
불 Souffrir, avoir une douleur, avoir mal, être affligé.
한 고통을 겪다, 고통스럽다, 아프다, 아파하다

[1]암 [AM,-I] (牝) 원4
불 Femelle. (Devant les noms d'animaux, désigne la femelle).
한 암컷 | (동물들의 이름 앞에서 암컷을 나타낸다)

[2*]암 [ĀM] (暗) 원4
불 En agr. Secret.
한 한자어로 은밀하다

[3]암 [AM,-I] 원4
불 Espèce de bouillie pour les petits enfant à la mamelle.
한 젖을 먹는 어린아이들을 위한 죽 종류

암거다 [AM-KE-TA] (合瘡) 원4
불 Se guérir (se dit d'une plaie). Syn. 아믈다, A-meul-ta; 합창ㅎ다, Hap-tchang-hă-ta.
한 낫다 (상처에 대해 쓴다) | [동의어 아믈다, A-meul-ta] | [동의어 합창ㅎ다, Hap-tchang-hă-ta]

암것 [AM-KET,-SI] (牝) 원4
불 Femelle
한 암컷

암그다 [AM-KEU-TA,-KE,-KEUN] 원4 ☞암거다

[1]암기다 [AM-KI-TA,-KYE,-KIN] (抱) 원4
불 Etre pris dans les bras, être porté dans les bras.
한 품 안에 잡히다, 품에 안기다

[2]암기다 [AM-KI-TA,-KYE,-KIN] 원4
불 Préparer les œufs d'une couvée (pour n'avoir que des poules).
한 (암탉만 있으면) 한배의 알을 품을 준비를 하다

암내 [ĀM-NAI] 원4
불 Mauvaise odeur des aisselles.
한 겨드랑이에서 나는 고약한 냄새

암내나다 [AM-NAI-NA-TA,-NA,NAN] 원4

[불] Puer, répandre une mauvaise odeur des aisselles.
[한] 악취를 풍기다, 겨드랑이에서 악취를 풍기다

암내내다 [AM-NAI-NAI-TA,-NAI-YE,-NAIN] (生牝臭) [원]4
[불] Etre en chaleur (femelle des animaux), catulire.
[한] 발정하다 (동물의 암컷), 발정이 나다

암놈 [AM-NOM,-I] (雌) [원]4
[불] Femelle.
[한] 암컷

*암독ᄒᆞ다 [ĀM-TOK-HĂ-TA,-HĂN,-HI] (暗毒) [원]5
[불] Fourbe et violent, trompeur.
[한] 교활하고 난폭하다, 위선적이다

암돌 [AM-TOL,-I] [원]5
[불] Crapaudine en pierre.
[한] 돌로 된 수직 축받이

암돌져귀 [AM-TOL-TJYE-KOUI] (雌樞) [원]5
[불] Gond en creux, la partie creuse où entre le pivot.
[한] 움푹한 돌쩌귀, 축이 들어가는 움푹한 부분

*암디 [ĀM-TI] (暗地) [원]5
[불] Désert, lieu secret, inconnu.
[한] 인적 없는 곳, 은밀한, 미지의 장소

암샹스럽다 [ĀM SYANG-SEU-REP-TA,-SEU-RE-OUE,-SEU-RE-ON] [원]4
[불] Etre dur, cruel, barbare, fourbe et méchant. Avoir l'air méchant, (air de chat), taquin, rageur.
[한] 냉혹하다, 잔인하다, 야만스럽다, 교활하고 고약하다 | 고약해 보이다, (고양이의 모습), 짓궂다, 성미가 급하다

암소 [AM-SO] (牝牛) [원]5
[불] Vache, génisse.
[한] 암소, 암송아지

암쇠 [AM-SOI] (雌鐵) [원]5
[불] Partie creuse en fer dans laquelle tourne un pivot. Crapaudine; fer creux, qui reçoit le gond d'une porte.
[한] 축이 돌아가는 쇠로 된 움푹한 부분 | 수직 축받이 | 문의 돌쩌귀가 들어가는 움푹한 쇠

암수끼다 [AM-SOU-KKI-TA,-KKYE,-KKIN] [원]5
[불] Accoupler (des animaux, mâle et femelle).
[한] (동물, 수컷과 암컷이) 짝짓다

암수ᄒᆞ다 [ĀM-SOU-HĂ-TA] (暗數) [원]5
[불] Tromper, tricher, =끼다,-kki-ta, Cacher sa ruse, son stratagème.
[한] 속이다, 속임수를 쓰다 | [[용례] =끼다, -kki-ta], 자신의 책략, 계략을 숨기다

암싀내다 [AM-SĂI-NAI-TA,-NAI-YE,-NAIN] [원]4
[불] Etre en chaleur (femelle des animaux au moment du rut).
[한] 발정하다 (발정기 때의 짐승의 암컷)

*암암ᄒᆞ다 [AM-AM-HĂ-TA] (闇闇) [원]4
[불] Noir, obscur; être sombre, peu distinct, obscurci, trouble.
[한] 검다, 어둡다 | 어둡다, 별로 뚜렷하지 않다, 어두워지다, 흐리다

암양 [AM-YANG,-I] (牝羊) [원]4
[불] Brebis
[한] 암양

암쥭 [AM-TJYOUK,-I] [원]5
[불] Esp. de bouillie(ou riz maché cru) pour les petits enfants que la mère ne peut nourrir. =먹다,-mek-ta, Etre trompé. =먹이다,-mek-i-ta, Tromper.
[한] 엄마가 젖을 먹일 수 없는 어린아이들을 위한 죽 (또는 생것인 채로 씹은 쌀)의 종류 | [[용례] =먹다, -mek-ta], 달래다 | [[용례] =먹이다, -mek-i-ta], 가라앉히다

*암ᄌᆞ [AM-TJĂ] (菴子) [원]5
[불] Petite bonzerie, maisonnette.
[한] 작은 절, 작은 집

암ᄌᆞᆨᄒᆞ다 [AM-TJĂK-HĂ-TA] [원]5
[불] Terminaison qui, ajoutée à certains verbes, donne le sens de digne de. 보암ᄌᆞᆨᄒᆞ다, Po-am-tjăk hă-ta, Digne d'être vu.
[한] 몇몇 동사에 붙어 '~할 만하다'의 의미를 부여하는 어미 | [[용례] 보암ᄌᆞᆨᄒᆞ다, Po-am-tjăk hă-ta], 볼 만한 가치가 있다

암창내다 [AM-TCHANG-NAI-TA] [원]5
[불] Etre en chaleur(femelle des animaux)
[한] 발정하다 (짐승의 암컷)

암치 [AM-TCHI] (鰵魚) [원]5
[불] Esp de poisson de mer sec (morue sèche). Voy.Syn. 민어, Min-e.
[한] 말린 바닷고기의 종류 (마른 대구) | [[동의어] 민어, Min-e]

*암특ᄒᆞ다 [AM-HTEUK-HĂ-TA] (暗慝) [원]5
[불] Etre dur, cruel, barbare, féroce. Etre sournois, fourbe et méchant.
[한] 냉혹하다, 잔인하다, 야만스럽다, 사납다 | 음흉

하다, 교활하고 심술궂다

*암표 [ĀM-HPYO] (暗標) ㉻4

불 Signe secret, marque secrète.

한 비밀스러운 신호, 은밀한 표시

*암해ᄒᆞ다 [ĀM-HAI-HĂ-TA] (暗害) ㉻4

불 Faire tort en secret; nuire en secret, en dessous.

한 비밀리에 피해를 입히다 | 비밀리에, 몰래 해를 끼치다

*암히 [ĀM-HI] (暗) ㉻4

불 Avec fourberie, secrètement

한 교활하게, 은밀하게

*암ᄒᆞ다 [ĀM-HĂ-TA] (暗) ㉻4

불 Fourbe, trompeur, secret, caché, qui agit par des voies détournées, taquin.

한 교활하다, 위선적이다, 은밀하다, 음흉하다, 우회적인 방법으로 행동하다, 짓궂다

*암힝어ᄉᆞ [ĀM-HĂING-E-SĂ] (暗行御使) ㉻4

불 Officier secrètement envoyé pour prendre connaissance d'une affaire.

한 사건의 내용을 알기 위해 비밀리에 보내지는 관료

*암힝ᄒᆞ다 [ĀM-HAING-HĂ-TA] (暗行) ㉻4

불 Examiner en secret, parcourir le pays en secret pour connaître.

한 비밀리에 검사하다, 알아보기 위해 비밀리에 지방을 돌아다니다

압 [AP,-HI] (前) ㉻8

불 Devant, avant, façade, partie antérieure, précédent.

한 전면, 앞쪽, 정면, 앞부분, 선례

*압근ᄒᆞ다 [AP-KEUN-HĂ-TA] (狎近) ㉻8

불 Proche, près de, prochain, voisin, rapproché, trop rapproché.

한 가깝다, 근접하다, 이웃하다, 인접하다, 밀착되다, 너무 가깝다

압념ᄒᆞ다 [AP-NYENG-HĂ-TA] ㉻8

불 Recevoir pour conduire.

한 안내하기 위해 맞이하다

*압녹강 [AP-NOK-KANG,-I] (鴨綠江) ㉻8

불 Ya-lou-kiang (fleuve qui sépare la chine de la Corée au N.O.)

한 압록강 (중국과 조선의 북서쪽을 나누는 강)

압니 [AP-NI] (齒) ㉻8

불 Dents incisives.

한 앞니

압니마 [AP-NI-MA] (額) ㉻8

불 Front.

한 이마

압다토다 [AP-TA-HTO-TA,-HTO-A,-HTON] (爭先) ㉻8

불 Rivaliser, disputer de talent, de mérite avec; concurrence, émulation; concourir.

한 경쟁하다, 재주, 재능을 겨루다 | 경쟁, 경쟁심 | 경쟁하다

*압복ᄒᆞ다 [AP-POK-HĂ-TA] (壓服) ㉻8

불 Terrasser, dompter, vaincre(ses passions). Chasser, renvoyer(une mauvaise pensée)

한 (자신의 격정을) 쓰러뜨리다, 억제하다, 이겨내다 | (나쁜 생각을) 몰아내다, 내보내다

압불ᄉᆞ [AP-POUL-SĂ] ㉻8

불 (Cri de surprise). Ah! bah! Ah! que c'est dommage!

한 (놀라는 소리) | 아! 설마! 아! 유감이다!

압셔다 [AP-SYE-TA,-SYE,-SYEN] (前去) ㉻8

불 Aller devant, devancer.

한 앞서 가다, 앞서다

*압숑ᄒᆞ다 [AP-SYONG-HĂ-TA] (押送) ㉻8

불 Arrêter et conduire au juge (un coupable).

한 (죄인을) 체포하여 재판관에게 데리고 가다

*압시ᄒᆞ다 [AP-SI-HĂ-TA] (壓視) ㉻8

불 Regarder avec mépris, mépriser.

한 멸시하는 태도로 보다, 경멸하다

압잡이 [AP-TJAP-I] (前驅) ㉻8

불 Précurseur, qui va devant, guide, conducteur.

한 선구자, 앞서 가는 사람, 안내자, 지도자

*압존ᄒᆞ다 [AP-TJON-HĂ-TA] (壓尊) ㉻8

불 Se tenir modestement, respectueusement, devant quelqu'un qu'on doit respecter.

한 존경해야 하는 누군가의 앞에서 겸손하게, 공손히 처신하다

압진거리다 [AP-TJIN-KE-RI-TA,-RYE,-RIN] ㉻8

불 Se composer devant un homme riche ou un homme en place, faire le flatteur, courtiser.

한 부유하거나 지위가 있는 사람 앞에서 [역주 태도를] 꾸미다, 아첨하다, 비위를 맞추다

압진압진ᄒᆞ다 [AP-TJIN-AP-TJIN-HĂ-TA] ㉻8

불 Affecter devant un supérieur des airs de dévouement.

한 상관 앞에서 충성스러운 체하다

압참 [AP-TCHAM,-I] (前站) ㉻8

불 Le premier lieu de repos que doit rencontrer un

voyageur; le prochain repos; la prochaine étape.
한 여행자들이 만나게 되는 첫 번째 휴식처 | 다음 휴게소 | 다음 휴식지

압파 [AP-HPA] (疼) 원8
불 (Interj. cri de douleur) Oh! que je souffre! ᄋᆡ고압파, Ăi -ko-ap-hpa, Oh! que je souffre! Hélas! que je souffre!
한 (감탄사. 고통의 외침) 오! 괴로워라! | [용례 ᄋᆡ고압파, Ăi -ko-ap-hpa], 오! 괴로워라! 아! 슬프다! 괴로워라!

*압핍ᄒᆞ다 [AP-HPIP-HĂ-TA] (狎逼) 원8
불 Très proche, être trop voisin, trop près.
한 매우 가깝다, 너무 근접하다, 너무 가깝다

압하ᄒᆞᆫᄒᆞ다 [AP-HA-HĂN-HĂ-TA] (痛恨) 원8
불 Détester avec douleur, se repentir.
한 고통스럽게 미워하다, 후회하다

압회 [AP-HEUI] 원8
불 Devant, par-devant, en présence de, en face de.
한 앞에, 앞에서, ~면전에서, ~의 맞은 편에

압흐다 [AP-HEU-TA,AP-HA,AP-HEUN] (痛) 원8
불 Souffrir, avoir une douleur, avoir mal, être affligé.
한 고통을 느끼다, 고통스럽다, 아프다, 괴로워하다

앗갑다 [AT-KAP-TA,-KA-OA,-KA-ON] (可惜) 원10
불 C'est dommage.
한 유감스럽다

앗기다 [AT-KI-TA,-KYE,-KIN] (惜) 원10
불 Epargner, être avare, chiche, mesquin. 몸앗기다 Mom-at-ki-ta, Craindre sa peine. 남의몸앗기다, Nam-eui-mom-at-kita, Caresser, faire des gentillesses.
한 절약하다, 인색하다, 인색하다, 쩨쩨하다 | [용례 몸앗기다, Mom-at-ki-ta], 자기가 고통스러울까 두려워하다 | [용례 남의몸앗기다, Nam-eui-mom -at-kita], 호의를 보이다, 친절을 베풀다

[1]앗다 [ĀT-TA,A-SYE,A-SEUN] (奪) 원10
불 Oter, retrancher, ravir par force, dépouiller, enlever.
한 치우다, 떼내다, 힘으로 빼앗다, 탈취하다, 빼앗다

[2]앗다 [AT-TA] 원10
불 Tourner la manivelle de l'égreneuse, monder le grain, écosser.
한 탈곡기의 크랭크 핸들을 돌리다, 낟알을 떨다, 껍질을 까다

[3]앗다 [AT-TA] 원10
불 Laisser, cesser. 아셔라, A-sye-ra, Cesse.
한 내버려 두다, 멈추다 | [용례 아셔라, A-sye-ra], 멈춰라

앗득앗득ᄒᆞ다 [AT-TEUK-AT-TEUK-HĂ-TA] (眩然) 원10
불 Etre sans connaissance, avoir le vertige, perdre les sens, être évanoui.
한 의식이 없다, 어지럽다, 감각을 잃다, 정신을 잃다

앗득ᄒᆞ다 [AT-TEUK-HĂ-TA] (眩然) 원10
불 Ressentir le vertige, un étourdissement (v.g. en regardant d'un lieu élevé).
한 (예. 높은 곳에서 바라볼 때) 어지러움, 현기증을 느끼다

앗작앗작 [AT-TJAK-AT-TJAK] 원10
불 Bruit qu'on fait en mangeant (v.g. des radis), bruit des feuilles sèches froissées.
한 (예. 무를) 먹을 때 나는 소리, 마른 잎이 부서지는 소리

앗질ᄒᆞ다 [AT-TJIL-HĂ-TA] 원10
불 Esp. de vertige; d'étourdissement (v.g. que l'on ressent en regardant en bas, d'un lieu très -élevé).
한 (예. 아주 높은 곳에서 아래를 볼 때 느끼는) 어지러움, 현기증의 종류

앗차 [AT-TCHA] 원10
불 Ah! tiens! ah! que c'est dommage! ah! bah! (surprise).
한 아! 저런! 아! 유감이군! 아! 설마! (놀람)

앗치 [AT-TCHI] 원10
불 Diminutif. 조곰앗치, Tjo-kom-at-tchi, Très-peu. ‖ Terminais. équivalant à 군 koun, 쟝이 tjyang-i. V.g. 바ᄂᆞ질앗치, Pa-nă-tjil-at-tchi, Couturier; 벼슬앗치, Pye-săl-at-tchi, Dignitaire.
한 지소사 | [용례 조곰앗치, Tjo-kom-at-tchi], 아주 조금 | 군 koun, 쟝이 tjyang-i와 동등한 어미 | [용례 바ᄂᆞ질앗치, Pa-nă-tjil-at-tchi], 양재사 | [용례 벼슬앗치, Pye-săl-at-tchi], 고관

[1]앙 [ANG-I] 원7
불 Dessus, en haut.
한 위, 위에

[2*]앙 [ANG-I] (殃) 원7
불 Souffrance, expiation.
한 고통, 속죄

*앙구ᄒᆞ다 [ĀNG-KOU-HĂ-TA] (仰求) 원7
불 Supplier, regarder et demander.

한 애원하다, 지켜보고 부탁하다

앙금 [ANG-KEUM,-I] 원7

불 Dépôt, sédiment résidu, marc, (v.g. marc du 청ᄃᆡ, Tchyeng-tăi, que l'on a fait bouillir et don't le dépôt fournit une belle couleur bleue).

한 침전물, 앙금, 잔재, 찌꺼기, (예. 끓이면, 그 침전물이 아름다운 청색을 만들어 내는 청ᄃᆡ Tchyeng-tăi의 찌꺼기)

앙금줄 [ANG-KEUM-TJOUL,-I] 원7

불 Hauban, corde qui va de la tête du mât au bord du navire.

한 캣김줄, 돛대의 앞머리 부분에서 배의 가장자리로 향하는 줄

앙달ᄒᆞ다 [ANG-TAL-HĂ-TA] 원7 ☞앙살ᄒᆞ다

***앙망ᄒᆞ다** [ĀNG-MANG-HĂ-TA] (仰望) 원7

불 Regarder en haut et espérer.

한 위를 바라보고 희망하다

***앙모ᄒᆞ다** [ĀNG-MO-HĂ-TA] (仰慕) 원7

불 Regarder en haut et penser.

한 위를 바라보고 생각하다

앙물다 [ANG-MOUL-TA,-MOU-RE,-MOUN] 원7

불 Prendre la résolution de se venger, comploter une vengeance.

한 복수할 결심을 하다, 복수를 모의하다

앙바리 [ANG-PA-RI] 원7

불 Esp. de crabe. Ce qui va, ce qui marche de travers. Homme qui marche comme un crabe.

한 게의 종류 | 비스듬히 가는 것, 비스듬히 걷는 것 | 게처럼 걷는 사람

앙분ᄒᆞ다 [ANG-POUN-HĂ-TA] (怏忿) 원7

불 Se venger, rendre la pareille.

한 복수하다, 앙갚음하다

앙살ᄒᆞ다 [ANG-SAL-HĂ-TA] 원7

불 Répondre impudemment et ne pas obéir.

한 뻔뻔스럽게 대답하고 순종하지 않다

앙셜ᄒᆞ다 [AN-SYEL-HĂ-TA] 원8

불 S'excuser en murmurant, murmurer, répondre en se défendant.

한 중얼거리면서 핑계를 대다, 중얼거리다, 자신을 변호하면서 대답하다

앙쇼솟 [ANG-SYO-KKOT,-TCHI] 원8

불 Pavot somnifère, coquelicot.

한 양귀비, 개양귀비

***앙시ᄒᆞ다** [ĀNG-SI-HĂ-TA] (仰視) 원8

불 Regarder en haut, admirer.

한 위를 바라보다, 감탄하다

앙쓰다 [ANG-SSEU-TA,-SSE,-SSEUN] 원8

불 Se venger.

한 복수하다

앙알거리다 [ANG-AL-KE-RI-TA,-RYE,-RIN] 원7

불 Répondre avec insolence; riposter; disputer; répondre en se moquant; murmurer.

한 건방지게 대답하다 | 말대꾸하다 | 언쟁하다 | 빈정대면서 대답하다 | 중얼거리다

앙역ᄒᆞ다 [ĀNG-YEK-HĂ-TA] (仰役) 원7

불 Donner les contributions (esclave qui, en dehors de son service ordinaire, est obligé de donner une redevance à son maître). Demeurer chez son maître et travailler pour lui.

한 (평소의 업무를 제외하고, 주인에게 정기적으로 납부금을 지불해야 하는 노예가) 할당액을 내다 | 주인집에 거주하면서 그를 위해 일하다

***앙연ᄒᆞ다** [ANG-YEN-HĂ-TA] (昂然) 원7

불 Etre surpris, étonné; pousser un cri d'exclamation, d'étonnement.

한 놀라다, 경악하다 | 감탄의 소리를 지르다, 놀라움의 소리를 지르다

***앙쟝** [ĀNG-TJYANG] (仰帳) 원8

불 Ciel de lit, de moustiquaire. Dessus du brancard funèbre.

한 침대, 모기장의 닫집 | 상여의 덮개

앙증ᄒᆞ다 [ANG-TJEUNG-HĂ-TA] 원8

불 Etre gentil et petit, mignon (v.g. un tout petit enfant qui s'essaie à marcher). ‖ Etre drôle, plaisant.

한 사랑스럽고 작고, 예쁘다 (예. 걸으려고 하는 아주 어린 아이) | 익살스럽다, 재미있다

***앙텬츅슈ᄒᆞ다** [ĀNG-HIYEN-TCHYOUK-SYOU-HĂ-TA] (仰天祝手) 원8

불 Regarder le ciel en tremblant et supplier. Regarder le ciel et incliner la tête en se frottant les deux mains (manière de prier des Coréens païens).

한 떨면서 하늘을 바라보며 애원하다 | 하늘을 바라보고 양손을 비비면서 머리를 숙이다 (조선 이교도들이 기도하는 방식)

앙텬ᄒᆞ다 [ĀNG-HIYEN-HĂ-TA] (仰天) 원8

불 Regarder le ciel, penser au ciel.

한 하늘을 바라보다, 하늘을 생각하다

***앙토** [ĀNG-HTO] (仰土) 원8

불 Mortier du plafond. Plafond en terre.
한 천장의 모르타르 | 흙으로 만든 천장

*앙혼 [ĀNG-HON,-I] (仰婚) 원

불 Mariage fait avec une personne d'une condition meilleure, soit pour la naissance, soit pour la fortune.
한 가문으로나, 재산으로나 더 나은 조건의 사람과 한 결혼

*앙화 [ANG-HOA] (殃禍) 원7

불 Souffrance, expiation, malheur.
한 고통, 속죄, 불행

1*애 [AI] (艾) 원1

불 Armoise (en général).
한 (일반적으로) 쓴 쑥속

2애 [AI] 원1

불 Première fois.
한 처음

3애 [AI] (腸) 원1

불 Entrailles des poissons, œufs de poisson.
한 생선의 내장, 생선 알

4애 [AI] (腸) 원1

불 Entrailles, cœur. 애며우다, Ai-mye-ou-ta, ou 애무이다, Ai-mou-i-ta, ou 애쓰다, Ai-sseu-ta, Faire de la peine, causer du chagrin.
한 마음속, 마음 | [용례 애며우다, Ai-mye-ou-ta] 또는 [용례 애무이다, Ai-mou-i-ta] 또는 [용례 애쓰다, Ai-sseu-ta], 아프게 하다, 고통을 주다

5애 [AI] 원1

불 Interj. Hé! Eh! Fi!(pour gronder).
한 감탄사 | (꾸짖기 위해) 어이! 아! 체!

*애각ᄒᆞ다 [AI-KAK-HĂ-TA,-HĂ-YE,-HĂN] (涯角) 원1

불 Excentrique, différent, inégal, sans symétrie, séparé, en sens inverse.
한 괴상하다, 다르다, 같지 않다, 유사성이 없다, 별개이다, 반대 방향이다

애김ᄆᆡ다 [Ai-Kim-măi-ta] 원1

불 Sarcler pour la première fois.
한 처음으로 풀을 뽑다

애무이다 [AI-MOU-I-TA,-I-YE,-IN] 원1

불 Causer de la peine, du chagrin.
한 고통, 괴로움을 주다

*애안ᄒᆞ다 [AI-AN-HĂ-TA] (碍眼) 원1

불 Détestable, désagréable à la vue; offusquer, blesser la vue.
한 밉살스럽다, 보기에 불쾌하다 | 기분을 상하게 하다, 눈에 거슬리다

애애 [AI-AI] 원1

불 Oh! (Cri exprimant la douleur).
한 오! (고통을 표현하는 소리)

애엽 [AI-YEP,-I] (艾葉) 원1

불 Feuille d'armoise.
한 쓴 쑥의 잎

애오라지 [AI-O-RA-TJI] 원1

불 Naturellement, de soi. (Mot sans signification, employé pour se disposer à parler).
한 천성적으로, 본래 | (말을 하려고 할 때 사용하는 의미가 없는 단어)

애체ᄒᆞ다 [AI-TCHYEI-HĂ-TA] 원2

불 Pénible, regrettable, c'est dommage. ‖ Etre troublé, qui se trouble facilement, être impressionnable. ‖ Etre empêché, être détourné de son affaire, être arrêté par un obstacle.
한 고통스럽다, 슬프다, 유감이다 | 당황하다, 쉽게 동요되다, 감수성이 예민하다 | 저지되다, 일에서 벗어나다, 장애물로 인해 중단되다

*애탕 [AI-HTANG,-I] (艾湯) 원1

불 Décoction d'armoise, bouillon d'armoise.
한 쑥을 달인 약, 쑥으로 만든 국물

앵샹이 [AING-SYANG-I] 원1

불 Homme d'un aspect peu flatteur; homme chétif, mal fait; avorton. =스럽다, -seu-rep-ta, Etre mal bâti, mal fait.
한 아첨을 하지 않는 사람 | 허약한, 체격이 빈약한 사람 | 왜소한 사람 | [용례 =스럽다, -seu-rep-ta], 체격이 좋지 못하다, 체격이 빈약하다

1야 [YA] 원11

불 Terminaison qui se met après le passé des verbes, après les adverbes, et donne le sens de: seulement.
한 동사의 과거형 뒤에, 부사 뒤에 놓여 '~만'이라는 의미를 부여하는 어미

2야 [YA] 원11

불 Hé! ho! holà! (Interj. pour appeler).
한 야! 어이! 여봐! (부를 때 사용하는 감탄사)

3*야 [YA] (夜) 원11

불 En agr. Nuit.
한 한자어로 밤

4*야 [YA] (野) 원11

불 Sauvage.
한 야생의

5*야 [YA] (野) 원11
불 Plaine.
한 평원

*야간도듀ᄒᆞ다 [YĀ-KAN-TO-TYŌŪ-HĂ-TA] (夜間逃走) 원12
불 S'enfuir pendant la nuit.
한 밤중에 도망가다

야거리 [YA-KE-RI] 원12
불 Petite barque à un seul mât. Petit mât avec une voile supplémentaire.
한 돛대가 하나뿐인 작은 배 | 돛이 추가로 달린 작은 돛대

*야견사 [YĀ-KYEN-SA] (野繭絲) 원12
불 Esp. de fil de soie qui provient d'un insecte assez semblable au ver à soie. Soie de ver à soie sauvage.
한 누에와 꽤 비슷한 곤충에게서 나오는 명주실의 종류 | 야생 명주벌레의 명주

야경스럽다 [YĀ-KYENG-SEU-REP-TA,-RE-OUE,-RE-ON] 원12
불 Nocturne, de nuit. ‖ Etre singulier, drôle, extraordinaire, tumultueux, bruyant.
한 야간의, 밤의 | 기발하다, 기묘하다, 기이하다, 혼란스럽다, 떠들썩하다

야경치다 [YĀ-KYENG-TCHI-TA,-TCHYE,-TCHIN] (打野更) 원12
불 Faire du tapage la nuit. Sonner le tocsin de nuit, réveiller tout le monde la nuit pour une affaire importante.
한 밤에 소란을 피우다 | 밤에 경종을 울리다, 중요한 문제로 밤에 모두를 깨우다

*야계 [YĀ-KYEI] (野鷄) 원12
불 (Poule de la plaine) Faisan.
한 평야에 사는 닭

*야광쥬 [YĀ-KOANG-TJYOU] (夜光珠) 원12
불 Diamant brillant comme un feu, éclatant comme une étoile (il provient d'un serpent âgé de mille ans, qui le porte sur le front). Escarboucle, pierre précieuse qui brille la nuit.
한 불처럼 빛나는, 별처럼 번쩍이는 다이아몬드 (그것을 이마에 지닌 천년 묵은 뱀에서 나온다) | 철반 석류석, 밤에 빛나는 보석

야금야금 [YA-KEUM-YA-KEUM] 원12
불 Un -peu, un -peu; très peu.
한 조금, 조금 | 아주 조금

야긋야긋다 [YA-KEUT-YA-KEUT-HĂ-TA] 원12
불 Çà et là, aller çà et là. ‖ Presque; ça ira, ça n'ira pas.
한 여기저기, 여기저기에 가다 | 거의 | 될 것이다, 안 될 것이다

*야긔 [YĀ-KEUI] (夜氣) 원12
불 Air de la nuit, mauvais air.
한 밤공기, 나쁜 공기

*야긔부리다 [YA-KEUI-POU-RI-TA,-POU-RYE,-POU-RIN] (惹氣) 원12
불 Mener bonne vie, faire bonne chère, avoir de l'argent suffisamment pour s'amuser. ‖ Etre prodigue. ‖ Faire du tapage, être insoumis. ‖ Importuner par ses demandes.
한 바른 생활을 하다, 맛있는 식사를 하다, 즐길 돈을 충분히 가지고 있다 | 낭비하다 | 소란을 피우다, 반항하다 | 요구들로 괴롭히다

야단치다 [YA-TAN-TCHI-TA,-TCHYE,-TCHIN] 원15
불 Faire du tumulte; bruit, tapage, fracas. Brouhaha.
한 소란을 피우다, 시끄럽게 하다, 수선을 피우다, 소동을 부리다 | 와글거리다

야단ᄒᆞ다 [YA-TAN-HĂ-TA] 원15
불 Faire du bruit, du tumulte.
한 시끄럽게 하다, 소란을 피우다

야들야들ᄒᆞ다 [YA-TEUL-YA-TEUL-HĂ-TA] 원15
불 Très-mince.
한 매우 날씬하다

*야디 [YA-TI] (野地) 원15
불 Terre d'une plaine, plaine.
한 평원의 토지, 평원

야려 [YA-RYE] 원15
불 Passé de 야리다, Ya-ri-ta.
한 야리다 Ya-ri-ta의 과거형

*야로 [YĀ-RO] (野老) 원15
불 Vieillard de la classe du peuple.
한 평민 계층의 노인

야롯ᄒᆞ다 [YA-ROT-HĂ-TA] 원15
불 Extraordinaire, étrange.
한 기이하다, 이상하다

*야롱 [YĂ-RONG,-I] (野農) 원15
불 Culture de la plaine.

한 평야의 경작

야릇ᄒᆞ다 [YA-REUT-HĂ-TA] 원15

불 Extraordinaire, singulier.

한 기이하다, 이상하다

야리다 [YA-RI-TA,YA-RYE,YA-RIN] 원15

불 S'en falloir quelque chose, n'être pas tout-à-fait··· (mesures de quantité, poids, etc.). N'être pas long, pas lourd, etc.

한 무엇인가 부족하다, 완전하지 않다 (양, 무게 등의 측정) | 길지 않다, 무겁지 않다 등

야먈스럽다 [YA-MYAL-SEU-REP-TA,-RE-OUE,-RE-ON] 원13

불 Dur,sans cœur, avare, sordide, sans miséricorde, être égoïste.

한 냉혹하다, 매정하다, 인색하다, 비열하다, 무자비하다, 이기적이다

*야명쥬 [YA-MYENG-TJYOU] (夜明珠) 원13

불 Soie sauvage. || Escarboucle, pierre qui brille pendant la nuit.

한 야생 명주 | 철반 석류석, 밤에 빛나는 돌

*야목 [YA-MOK,-I] (野鶩) 원13

불 Canard sauvage.

한 야생 오리

야붓야붓 [YA-POUT-YA-POUT] 원15

불 Pas tout-à-fait plein.

한 완전히 가득 차지 않다

야뷧ᄒᆞ다 [YA-POUIT-HĂ-TA] 원15

불 N'être pas entièrement plein, s'en falloir de q.q. chose. être sur le point de··· se présenter incessamment(v.g. une parole qu'on ne veut pas dire).

한 완전히 가득 차지 않다, 무엇인가 부족하다 | 막 ~하려 하다 | 끊임없이 나타나다 (예. 하고 싶지 않은 말)

*야산 [YĀ-SAN,-I] (野山) 원15

불 Petit montagne dans la plaine, colline, monticule, montagne déboisée.

한 평야에 있는 작은 산, 언덕, 작은 산, 벌채된 산

야살스럽다 [YA-SAL-SEU-REP-TA,-RE-OUE,-RE-ON] 원15

불 Se dit d'un petit enfant qui parle clairement. || Etre rusé, fin, intelligent, qui cherche à se tirer d'affaire en payant de paroles.

한 분명하게 말하는 어린아이에 대해 쓴다 | 교활하다, 교묘하다, 영리하다, 거짓 약속을 하면서 궁지에서 벗어나기 위해 애쓰다

[1]야속ᄒᆞ다 [YA-SOK-HĂ-TA] 원15

불 Pénible, inconvenant, sévère. Etre de mauvaise humeur.

한 고통스럽다, 부적당하다, 엄격하다 | 기분이 나쁘다

[2]야속ᄒᆞ다 [YA-SOK-HĂ-TA] 원15 ☞야숙ᄒᆞ다

야숙ᄒᆞ다 [YA-SOUK-HĂ-TA] 원15

불 Pénible ennuyeux. || Déplacé, inconvenant. || Trop. || Sévère, sévère jusqu'à l'injustice.

한 괴롭다, 서글프다 | 무례하다, 버릇이 없다 | 너무 | 엄격하다, 부당할 정도로 엄격하다

야슥야슥ᄒᆞ다 [YA-SEUK-YA-SEUK-HĂ-TA] 원15

불 Etre sans vergogne, insupportable, inconvenant.

한 파렴치하다, 견딜 수 없다, 버릇이 없다

야슬야슬ᄒᆞ다 [YA-SEUL-YA-SEUL-HĂ-TA] 원15

불 Plus, très(éclatant). || Payer en paroles; rusé.

한 더, 매우 (현저하다) | 거짓 약속을 하다 | 교활하다

야심ᄒᆞ다 [YĀ-SIM-HĂ-TA] 원15

불 || Avare, chiche. || Trop, être excessif. || Très-méchant.

한 아끼다, 인색하다 | 너무, 지나치다 | 매우 고약하다

야ᄉᆞ [YA-SĂ] (野史) 원15

불 Envoyé secret qui doit examiner les actes du 어ᄉᆞ, E-să.

한 어ᄉᆞ E-să의 행위를 관찰해야 하는 밀사

야아 [YA-A] 원11

불 Eh! (pour appeler).

한 (부르기 위해) 야!

[1]야야 [YA-YA] 원11

불 Eh! (pour appeler).

한 (부르기 위해) 야!

[2]*야야 [YA-YA] (夜夜) 원11

불 Chaque nuit.

한 매일 밤

야야야야 [YA-YA-YA-YA] 원11

불 Cri des matelots marquant l'emsemble pour la manœuvre.

한 선원들이 항해를 위해 통일성을 표시하며 외치는 소리

*야옹 [YA-ONG,-I] (野翁) 원11

불 (Vieux de la plaine). Vieillard du peuple.

한 (평원의 노인) | 평민 노인

*야외 [YĀ-OI] (野外) 원11

[불] Plaine, pays plat.
[한] 평야, 평평한 지방

야웟ᄒᆞ다 [YA-OIT-HĂ-TA] [원] 11
[불] Moins quelque chose, qui n'est pas tout-à-fait plein.
[한] 무엇인가가 덜하다, 완전히 가득 차지 않다

야위다 [YA-OUI-TA] [원] 11
[불] Tromper un peu.
[한] 약간 속이다

*야인 [YA-IN,-I] (野人) [원] 11
[불] Homme de la plaine (opposé à montagnard). Rustre, rustaud, sauvage; tous les hommes à l'exception de ceux de la capitale.
[한] (산악 지방의 주민에 반대되는) 평원 지역의 사람 | 시골뜨기, 촌스러운 사람, 미개인 | 수도에 사는 사람들을 제외한 모든 사람

야잣잔타 [YA-TJAT-TJAN-HTA,-TJAN-A,-TJAN-EUN] [원] 15
[불] Petit (de taille), imbécile, bête, chétif.
[한] 작다 (크기), 저능하다, 어리석다, 빈약하다

*야장이 [YA-TJANG-I] (冶匠) [원] 15
[불] Souffleur, celui qui fait mouvoir le soufflet. ‖ Fondeur, qui fait des vases en fonte.
[한] 부는 사람, 송풍기를 움직이게 하는 사람 | 주물공, 주철로 단지를 만드는 사람

*야장ᄒᆞ다 [YA-TJANG-HĂ-TA] (夜葬) [원] 15
[불] Inhumer en secret, pendant la nuit.
[한] 밤에 비밀리에 매장하다

야쟉 [YĀ-TJYAK,-I] [원] 15
[불] Vin bu dans la plaine, collation sur l'herbe.
[한] 들에서 마시는 술, 야외에서 먹는 가벼운 식사

야ᄌᆞ나무 [YA-TJĀ-NA-MOU] [원] 15
[불] Coco, cocotier.
[한] 코코넛, 야자나무

야쳥 [YA-TCHYENG,-I] [원] 15
[불] Teinture bleue, couleur bleu foncé, indigo.
[한] 푸른 물감, 짙은 파란색, 남색

1*야학 [YĀ-HAK,-I] (夜瘧) [원] 11
[불] Maladie pendant la nuit.
[한] 밤에 나타나는 병

2*야학 [YĀ-HAK,-I] (野鶴) [원] 11
[불] Esp. de gr. Oiseau de plaine.
[한] 두루미의 종류 | 평야의 새

야화ᄒᆞ다 [YĀ-HOA-HĂ-TA] [원] 11
[불] Se rassembler avec ses amis pour faire un festin la nuit, pour s'amuser.
[한] 밤에 향연을 열기 위해, 즐기기 위해 친구들과 함께 모이다

야ᄒᆞ다 [YĀ-HĀ-TA] [원] 11
[불] Etre déplacé, inconvenant(v.g. vieux). Elegant dans sa parure, beau, trop beau.
[한] 부적절하다, 부적당하다(예. 노인) | 차림새가 세련되다, 아름답다, 너무 근사하다

*약 [YAK,-I] (藥) [원] 12
[불] Remède, médicament, antidote, médecine. ‖ Potion (remède ou poison).
[한] 약, 의약, 해독제, 치료법 | 물약 (약 또는 독)

*약가 [YAK-KA] (藥價) [원] 12
[불] Prix d'un remède.
[한] 약값

*약간 [YAK-KAN] (若干) [원] 12
[불] Un peu.
[한] 조금

*약계 [YAK-KYEI] (藥溪) [원] 12
[불] Pharmacie.
[한] 약국

*약골 [YAK-KOL] (弱骨) [원] 12
[불] Homme sans forces, faible.
[한] 힘이 없는, 약한 사람

*약과 [YAK-KOA] (藥菓) [원] 12
[불] Nom d'une espèce de remède préparé au miel. ‖ Beignets, gàteaux (v.g. au miel frit dans l'huile).
[한] 꿀을 넣고 조제한 약의 종류의 이름 | (예. 기름에 튀겨서 꿀을 넣은) 튀김 요리, 과자

*약국 [YAK-KOUK,-I] (藥局) [원] 12
[불] Pharmacie.
[한] 약국

*약낭 [YAK-NANG,-I] (藥囊) [원] 12
[불] Poche à remèdes.
[한] 약을 넣는 주머니

약념 [YAK-NYEN,-I] [원] 12
[불] Assaisonnement, sauce, épice.
[한] 조미료, 소스, 양념

약다 [YAK-TA,YAK-E,YAK-EUN] (不愚) [원] 13
[불] Etre intelligent, éveillé, alerte, dégourdi.
[한] 영리하다, 민첩하다, 재빠르다, 약삭빠르다

*약딕 [TAK-TĂI] (駱駝) [원] 13
[불] Chameau.
[한] 낙타

*약력 [YAK-RYEK,-I] (藥力) [원] 12
[불] Force d'un remède, effet du remède; vertu d'un remède.
[한] 약의 효력, 약의 효과 | 약의 효능

*약령 [YAK-RYENG,-I] (藥令) [원] 12
[불] Jour fixé pour vendre les remèdes; foire aux drogues, aux remèdes.
[한] 약을 팔기로 정한 날 | 약재, 약 시장

*약마복즁일다 [YAK-MA-POK-TJYŌUNG-IL-TA] (弱馬服重, (Faible, cheval, fardeau, lourd)) [원] 12
[불] Etre accablé sous le poids.
[한] 무게에 짓눌리다

*약마태즁 [YAK-MA-HTAI-TJYŌUNG] (弱馬駄重, (Faible, cheval, fardeau, lourd)) [원] 12
[불] Au-dessous des forces, trop surchargé.
[한] 힘에 부치다, 너무 과중하다

약막 [YAK-MAK] [원] 12
[불] Mortier pour les drogues, ou pilon du mortier (연 yen).
[한] 약재를 만드는 데 쓰는 유발, 또는 유발의 막자 (연 yen)

*약명 [YAK-MYENG,-I] (藥名) [원] 12
[불] Catalogue des remèdes, nom des remèdes (en médecine).
[한] 약의 목록, (내복약으로 쓰이는) 약의 이름

약바르다 [YAK-PA-REU-TA,-PAL-NE,-PA-REUN] (不愚) [원] 12
[불] Etre très-rusé, intelligent; être actif, alerte.
[한] 매우 교활하다, 영리하다 | 활동적이다, 재빠르다

약밥 [YAK-PAP,-I] (藥食) [원] 12
[불] Riz préparé et coloré en rouge. Riz préparé avec du miel, de la jujube, des clous de girofle, etc.
[한] 조리하여 붉은 색을 띠는 밥 | 꿀, 대추, 정향 등을 넣어 지은 밥

*약방 [YAK-PANG,-I] (藥房) [원] 12
[불] Pharmacie.
[한] 약국

*약방문 [YAK-PANG-MOUN,-I] (藥方文) [원] 12
[불] Catalogue des recettes pour appliquer les remèdes aux différentes maladies.
[한] 여러 질병에 약을 쓰기 위해 만든 처방 목록

*약보 [YAK-PO] (藥補) [원] 12
[불] Remède fortifiant.
[한] 튼튼하게 하는 약

*약비ᄒᆞ다 [YAK-PI-HĂ-TA] (弱卑) [원] 12
[불] Faible, qui est seul, sans appui, sans parents; être délaissé.
[한] 약하다, 혼자이다, 후원자가 없다, 부모가 없다 | 버림받다

약삭바르다 [YAK-SAK-PA-REU-TA,-PAL-NA,-PA-REUN] (不愚) [원] 12
[불] Etre intelligent, savoir se débrouiller.
[한] 영리하다, 곤경에서 벗어나는 방법을 알다

*약샹 [YAK-SYANG,-I] (藥商) [원] 12
[불] Pharmacien, qui vend des remèdes.
[한] 약사, 약을 파는 사람

*약소ᄒᆞ다 [YAK-SO-HĂ-TA,-HĂN,-HI] (若少) [원] 12
[불] Peu, un peu, petite, en petit quantité.
[한] 조금, 약간, 작다, 양이 적다

*약속ᄒᆞ다 [YAK-SOK-HĂ-TA] (約束) [원] 12
[불] Faire alliance, faire un contrat; se lier par un contrat, une convention.
[한] 제휴를 맺다, 계약하다 | 계약에 의해, 협약에 의해 관계를 맺다

*약속뎡ᄒᆞ다 [YAK-SOK-TYENG-HĂ-TA] (約束定) [원] 12
[불] Instruire sur les règles, sur la manière de faire une chose (v.g. enseigner l'exercice aux soldats).
[한] 규칙에 대해, 무엇인가를 하는 방법에 대해 가르치다 (예. 군사들에게 훈련을 가르치다)

*약식 [TAK-SIK,-I] (藥食, (Remède, nourriture)) [원] 12
[불] Riz et remède.
[한] 밥과 약

약쑥 [YAK-SSOUK,-I] (藥艾) [원] 12
[불] Esp. d'absinthe, petite armoise, armoise maritime. Nom d'une plante, esp. d'armoise, qui fait un remède très-chaud, semblable un peu à l'absinthe, très-petite et qui se trouve près de la mer.
[한] 약쑥의 종류, 작은 쓴 쑥, 산토닌 쑥 | 식물의 이름, 아주 뜨거운 약을 만드는, 약쑥과 약간 비슷한, 아주 작으며 바다 근처에 있는 쓴 쑥의 종류

[1]약약ᄒᆞ다 [YAK-YAK-HĂ-TA] [원] 12
[불] Douloureux, ennuyeux, insupportable, pénible.
[한] 괴롭다, 귀찮다, 참을 수 없다, 고통스럽다

[2]약약ᄒᆞ다 [YAK-YAK-HĂ-TA] ⓦ12
불 Etre très-petit.
한 아주 작다

*약장 [YAK-TJĂNG] (藥醬) ⓦ13
불 Bonnes confitures de piment; saumure dans laquelle on a mis du miel, de la cannelle, etc.
한 고추를 넣어 만든 맛있는 잼 | 꿀, 계피 등을 넣은 소금물

*약쟈 [YAK-TJYA] (弱者) ⓦ13
불 Homme faible, peu fort, de constitution délicate.
한 약한, 강하지 않은, 체질이 허약한 사람

*약쟝 [YAK-TJYANG,-I] (藥障) ⓦ13
불 Armoire qui a un grand nombre de tiroirs où l'on met les remèdes.
한 약을 넣는 서랍이 많은 수납장

*약졍 [YAK-TJYENG,-I] (約丁) ⓦ13
불 Second chef d'un canton, sous-collecteur d'impôts.
한 지역의 두 번째 책임자, 세리의 보조

*약조 [YAK-TJO] (約條) ⓦ13
불 Article d'un contrat, contrat, traité, convention, traité d'alliance.
한 계약서의 조항, 계약, 조약, 협약, 동맹 조약

*약존약무 [YAK-TJON-YAK-MOU] (若存若無) ⓦ13
불 Les forces vont et viennent ; n'avoir pas de forces. Est-ce, n'est-ce pas? être comme s'il n'y avait pas.
한 힘이 왔다 갔다 하다 | 힘이 없다 | 그렇죠, 그렇지 않나? 마치 없는 것처럼 있다

*약졸 [YAK-TJOL,-I] (弱卒) ⓦ13
불 Soldat faible.
한 약한 군사

*약쥬 [YAK-TJYOU] (藥酒) ⓦ13
불 Bon vin de riz, vin claire. Toute espèce de vins (dans ce cas, c'est un mot honorifique).
한 쌀로 만든 좋은 술, 맑은 술 | 모든 종류의 술 (이 경우, 이것은 경어이다)

*약질 [YAK-TJIL] (弱質) ⓦ13
불 Homme faible, santé faible.
한 허약한 사람, 약한 건강 상태

*약ᄌᆡ [YAK-TJĂI] (藥材) ⓦ13
불 Matière d'un remède, ingrédient d'un remède. ‖ Antimoine.
한 약의 재료, 약의 성분 | 안티몬

*약쳐 [YAK-TCHYE] (弱妻) ⓦ13
불 Epouse faible, maladive.
한 약한 아내, 병약한 아내

*약초 [YAK-TCHO] (藥草) ⓦ13
불 Herbe médicale, plante médicinale.
한 약초, 약용 식물

*약츄 [YAK-TCHYOU] (藥臭) ⓦ13
불 Odeur de remèdes.
한 약 냄새

*약치ᄒᆞ다 [YAK-THCI-HĂ-TA] (藥治) ⓦ13
불 Soigner une maladie avec des remèdes.
한 약으로 병을 치료하다

*약ᄎᆞ약ᄎᆞᄒᆞ다 [YAK-TCHA-YAK-TCHA-HĂ-TA] (若此若此) ⓦ13
불 Comme ci, comme ça; de cette manière-ci, de cette manière-là. tel et tel… de cette manière, de cette sorte.
한 그럭저럭하다 | 이런 식, 저런 식이다 | 이런저런 | 이런 방식으로, 이런 종류로

*약탕관 [YAK-HTANG-KOAN,-I] (藥湯罐) ⓦ13
불 Cafetière à remèdes, vase à préparer les remèdes et les drogues.
한 약을 만드는 커피포트, 약과 약재를 조제하는 그릇

*약형 [YAK-HYENG,-I] (藥衡) ⓦ12
불 Balance à peser les remèdes.
한 약의 무게를 다는 저울

*약회ᄒᆞ다 [YAK-HOI-HĂ-TA] (約會) ⓦ12
불 Prendre l'engagement de se trouver ensemble. de se rassembler. Se donner rendez-vous. Prendre l'engagement de se trouver à un rendez-vous.
한 함께 있기로, 모이기로 약속하다 | 만날 약속을 하다 | 회합 장소에 있기로 약속하다

*약효 [YAK-HYO] (藥效) ⓦ12
불 Bon effet d'un remède.
한 약의 좋은 효과

*약ᄒᆞ다 [YAK-HĂ-TA] (弱) ⓦ12
불 Faible. Fragile, infirme, impuissant.
한 약하다 | 병약하다, 허약하다, 무력하다

얄구다 [YAL-KOU-TA,-KOU-TJYE,-KOU-TJĂN] ⓦ15
불 Etre informe, être changeant, sans consistance.
한 형태가 일정하지 않다, 변하기 쉽다, 일관성이 없다

얄굿얄굿ᄒᆞ다 [YAL-KEUT-YAL-KEUT-HĂ-TA] ⓦ15
불 Etre faible, mince, peu solide, souple.
한 약하다, 가느다랗다, 단단하지 않다, 유연하다

얄낫차 [YAL-NAT-TCHA] ⓦ15

[불] Je ne m'y fie pas. je le sais déjà. Faire semblant de savoir d'avance.
[한] 나는 그것을 믿지 않는다 | 나는 이미 그것을 알고 있다 | 미리 알고 있는 체하다

얄둥스럽다 [YAL-TOUNG-SEU-REP-TA,-RE-OUE, -RE-ON] [원] 15
[불] Etre un peu mauvais; n'être pas juste (v.g. parole, œuvre).
[한] 약간 부정확하다 | 정확하지 않다 (예. 말, 작품)

얄망구다 [YAL-MANG-KOU-TA,-TJYE,TJĂN] [원] 15
[불] Etre informe.
[한] 형태가 일정하지 않다

얄부리다 [YAL-POU-RI-TA,-POU-RYE,-POU-RIN] [원] 15
[불] Faire bonne chère; vivre dans le faste, dans le luxe.
[한] 맛있는 식사를 하다 | 호사를 누리며, 호화롭게 살다

얇다 [YALP-TA,YALP-E,YALP-EUN] (薄) [원] 15
[불] Mince, qui a peu d'épaisseur.
[한] 가느다랗다, 두께가 얇다

얇판ᄒᆞ다 [YALP-HPAN-HĂ-TA] (薄) [원] 15
[불] Mince, peu épais.
[한] 가느다랗다, 두껍지 않다

암작암작ᄒᆞ다 [YAM-TJAK-YAM-TJAK-HĂ-TA] [원] 13
[불] Arranger, rendre uni, rendre plan; surface plane. ‖ Faire lentement.
[한] 정돈하다, 고르게 하다, 평평하게 하다 | 표면을 매끈하게 하다 | 천천히 하다

얌젼ᄒᆞ다 [YĀM-TJEUN-HĂ-TA] [원] 13
[불] Agréable, plaisant, admirable, beau, bon. ‖ Etre grave, réservé, convenable.
[한] 유쾌하다, 즐겁다, 훌륭하다, 좋다, 착하다 | 중요하다, 적절하다, 알맞다

¹얌즉ᄒᆞ다 [YAM-TJĂK-HĂ-TA] [원] 13
[불] Etre original, drôle, surprenant.
[한] 기묘하다, 이상하다, 놀랍다

²얌즉ᄒᆞ다 [YAM-TJĂK-HA-TA] [원] 13
[불] Voy. 암즉ᄒᆞ다, Am-tjăk-hă-ta.
[한] [[참조어] 암즉ᄒᆞ다, Am-tjăk-hă-ta]

¹얌통이 [YAM-HTOUNG-I] [원] 13
[불] Tempérance, politesse, retenue, tact, pudeur. 얌통업다, Yam-htong-ep-ta, N'avoir pas de pudeur, de politesse.
[한] 절제, 예의, 자제, 재치, 조심성 | [[용례] 얌통업다, Yam-htong-ep-ta], 조심성이 없다, 예의가 없다

²얌통이 [YAM-HTOUNG-I] [원] 13
[불] Cœur.
[한] 마음

얏다 [YAT-TA,-HE,-HEUN] (淺) [원] 15
[불] Peu profond. Voy. Syn. 엿다,Yet-ta.
[한] 깊지 않다 | [[동의어] 엿다, Yet-ta]

¹얏잡다 [YAT-TJAP-TA,-TJAP-A,-TJAP-EUN] [원] 15
[불] Impoli, malhonnête.
[한] 무례하다, 버릇 없다

²얏잡다 [YAT-TJAP-TA,-TJAP-A,-TJAP-EUN] [원] 15
[불] Prendre du bout des doigts, c. à. d. peu solidement.
[한] 손끝으로, 즉 견고하지 않게 잡다

¹*양 [YANG,-I] (羊) [원] 13
[불] Agneau, brebis, mouton.
[한] 어린양, 암양, 양

²*양 [YANG,-I] (養) [원] 13
[불] En agr. Adoption, adoptif; v.g. 양ᄌᆞ, Yan-tjă, Fils adoptif.
[한] 한자어로 입양, 입양의 | [[용례] 양ᄌᆞ, Yan-tjă], 입양된 아들

³*양 [YANG,-I] (洋) [원] 13
[불] En agr. La mer.
[한] 한자어로 바다

⁴*양 [YANG,-I] (洋) [원] 13
[불] En agr. 洋 l'ouest. 양인 Yang-in, Les hommes de l'ouest. (Abréviation de 서양, sye-yang)
[한] 한자어로 서쪽 | [[용례] 양인, Yang-in], 서양 사람들 | (서양 sye-yang의 약어)

⁵*양 [YANG,-I] (陽) [원] 13
[불] Soleil (opposé à ombre.).
[한] (응달에 반대되는) 양지

⁶양 [YANG,-I] [원] 13
[불] Poche des ruminants, premier estomac des ruminants, tripes. ‖ Poche de l'estomac, estomac.
[한] 반추동물의 주머니, 반추동물의 첫 번째 위, 반추동물의 위 | 위주머니, 위

*양가 [YĂNG-KA] (養家) [원] 14
[불] Maison du père adoptif. Famille adoptive.
[한] 양부의 집 | 입양 가정

*양각 [YANG-KAK,-I] (羊角) [원] 14
[불] Corne de mouton, de bélier.
[한] 양, 숫양의 뿔

양경쟝ᄉᆞ [YĂNG-KYENG-TJANG-SĂ] 원14

불 Commerçant d'étoffes, de soieries, de drap, de couteux, etc, etc. ‖ Marchand qui fait le voyage des deux 경 Kyeng, (남경 Nam-kyeng, et 북경 Pouk-kyeng, Nanking et Péking).

한 옷감, 비단, 홑이불, 칼 등을 파는 상인 | 두 경 Kyeng, (남경 Nam-kyeng과 북경 Pouk-kyeng, Nanking과 Péking)을 돌아다니는 상인

***양고** [YANG-KO] (羊羔) 원14

불 Agneau pascal de l'Ancien Testament, agneau.

한 구약성서에 나오는 유월절의 어린양, 어린양

양곰 [YANG-KOM,-I] 원14

불 Bouillon consommé fait avec la poche du premier estomac du bœuf, bouillon de gras-double.

한 소의 첫 번째 위주머니로 만든 국물, 맑은 수프, 소의 위로 만든 국물

***양광ᄒᆞ다** [YANG-KOANG-HĂ-TA] (佯狂) 원14

불 Folie simulée. Faire le fou.

한 위장된 광기 | 미친 체하다

***양귀비** [YANG-KOUI-PI] (楊貴妃) 원14

불 Nom d'une femme publique qui a conservé une grande réputation de beauté, de richesse.

한 미와 부로 명성이 높았던 매춘부의 이름

양귀비ᄭᅩᆺ [YANG-KOUI-PI-KKOT,-TCHI] 원14

불 Coquelicot.

한 개양귀비

양그지다 [YANG-KEU-TJI-TA,-KEU-TJYE,-KEU-TJIN] (稔) 원14

불 Etre fort, solide, ferme, (un petit enfant qui est déjà fort). ‖ Mûrir,venir à maturité.

한 강하다, 튼튼하다, 단단하다, (벌써 체격이 좋은 어린아이) | 여물다, 익다

양글다 [YANG-KEUL-TA,-KEU-RE,-KEUN] (稔) 원14

불 Mûrir, venir à maturité. ‖ Etre fort.

한 여물다, 익다 | 강하다

***양금** [YANG-KEUM,-I] (洋琴) 원14

불 Esp. de lyre, esp. d'instrument de musique à cordes de soie, qu'on frappe avec un bâttonet.

한 칠현금의 종류, 작은 막대로 두드려서 소리를 내는 명주 줄로 된 현악기의 종류

***양긔** [YANG-KEUI] (陽氣) 원14

불 Force du soleil(de la chaleur, de la lumière du soleil, opposée à l'ombre). ‖ Force, chaleur vitale dans l'homme.

한 (그늘과 반대인, 열, 햇빛의) 태양의 힘 | 사람의 생명 유지에 필수적인 힘, 열기

***양긔ᄒᆞ다** [YANG-KEUI-HĂ-TA] (養氣) 원14

불 Ménager ses forces, se reposer, se délasser, se remettre, réparer ses forces, les entretenir, augmenter ses forces.

한 힘을 아끼다, 쉬다, 휴식을 취하다, [역주 기력을] 회복하다, 체력을 회복하다, 체력을 유지하다, 체력을 늘리다

***양단** [YANG-TAN,-I] (洋緞) 원14

불 Soie d'Europe, étoffe de soie européen.

한 유럽에서 나는 명주, 유럽의 견직물

양달 [YANG-TAL,-I] (陽地) 원14

불 (Côté) exposé au sud, au soleil.

한 남쪽으로 향한, 햇빛이 드는 (쪽)

***양뎐** [YANG-TYEN,-I] (洋氈) 원14

불 Drap, étoffe de laine d'Europe.

한 유럽에서 나는 나사, 모직물

***양도** [YANG-TO] (洋刀) 원14

불 Couteau européen.

한 유럽의 칼

***양독발반** [YANG-TOK-PAL-PAN] (陽毒發瘢) 원14

불 Maladie des enfants, dans laquelle ils sont couverts de pustules rouges; p. ê. la rougeole.

한 붉은 농포로 덮이는 아이들의 병, 아마도 홍역

양디 [YANG-TI] (陽地) 원14

불 Soleil (opposé à l'ombre), côté exposé au soleil, lieu où il fait du soleil.

한 (그늘과 반대되는) 양지, 햇빛이 드는 쪽, 햇빛이 나는 곳

양ᄃᆡ [YANG-TĂI] 원14

불 Esp. de pois très-long.

한 매우 긴 콩의 종류

***양례** [YANG-RYEI] (襄禮) 원14

불 Rit des funérailles.

한 장례 의식

***양마셕** [YANG-MA-SYEK,-I] (羊馬石, (Bélier,cheval, pierre.)) 원14

불 Les deux pierres taillées en forme de mouton ou de cheval, et qui sont placées près des tombeaux.

한 무덤 곁에 놓이는 양 또는 말 모양으로 다듬어진 두 개의 돌

1* **양모** [YĂNG-MO] (養母) 원14

불 Mère adoptive.
한 양어머니

2*양모 [YANG-MO] (羊毛) 원14
불 Laine.
한 양모

*양목 [YANG-MOK,-I] (洋木) 원14
불 Toile de coton d'Europe, calicot.
한 유럽산 면포, 옥양목

*양목경 [YANG-MOK-KYEUNG,-I] (養目鏡) 원14
불 Conserves, lunettes de jeune homme.
한 선글라스, 젊은이들이 쓰는 안경

1*양물 [YANG-MOUL,-I] (洋物) 원14
불 Objet européen.
한 유럽의 물건

2*양물 [YANG-MOUL,-I] (陽物) 원14
불 Chose mâle, objet mâle.
한 남성의 것, 남성의 물건

양병 [YANG-PYENG,-I] (大甁) 원14
불 Grande bouteille en terre. Grande jarre ou urne en terre cuite.
한 흙으로 만든 큰 병 | 흙을 구워 만든 큰 단지 또는 항아리

1*양병ᄒᆞ다 [YANG-PYENG-HĂ-TA] (陽病) 원14
불 Simuler une maladie, faire le malade.
한 꾀병을 부리다, 아픈 체하다

2*양병ᄒᆞ다 [YANG-PYENG-HĂ-TA] (養病) 원14
불 Nourrir sa maladie, c'est-à-dire la négliger, ne pas la soigner.
한 병을 키우다, 즉 병을 무시하다, 병을 치료하지 않다

양복기 [YANG-POK-KI] 원14
불 Fricasser des tripes. Ragoût fait avec la poche de l'estomac du bœuf.
한 소스를 넣고 내장을 약한 불에 졸이다 | 소의 위주머니로 만든 스튜

*양부 [YĀNG-POU] (養父) 원14
불 Père adoptif.
한 양아버지

*양산 [YANG-SAN,-I] (陽傘) 원14
불 Bannière du roi, ombrelle royale.
한 왕의 기, 왕의 작은 양산

*양셔 [YANG-SYE] (洋書) 원14
불 Ecriture de l'ouest, écriture d'Europe.
한 서양의 글, 유럽의 글

*양션 [YANG-SYEN,-I] (洋船) 원14
불 Navire de l'ouest, navire européen.
한 서부의 배, 유럽의 배

양아 [YANG-A] (蘘) 원13
불 Herbe dont la tige a le goût du gingembre et dont la feuille ressemble à celle du bambou.
한 줄기는 생강 맛이 나고 잎이 대나무의 그것과 비슷한 풀

양아돌 [YANG-A-TĂL,-I] (養子) 원13
불 Fils adoptif.
한 양아들

*양악ᄒᆞ다 [YANG-AK-HĂ-TA] (養惡) 원13
불 (Nourrir la mal). Gâter(les enfants), avoir trop d'indulgence pour. Entretenir une mauvaise habitude.
한 나쁜 점을 키우다 | (아이들을) 지나치게 애지중지하다, ~에 너무 관대하다 | 나쁜 습관을 유지하다

양양 [YANG-YANG] 원13
불 Entièrement,tout.
한 전부, 모두

*양양ᄌᆞ득ᄒᆞ다 [YANG-YANG-TJĂ-TEUK-HĂ-TA] (揚揚自得) 원13
불 Tressaillir de joie, ne pas se posséder de joie.
한 기뻐서 마음이 설레다, 기쁨을 억제하지 못하다

*양어ᄒᆞ다 [YANG-E-HĂ-TA] (養魚) 원13
불 Nourrir du poisson (dans un vivier).
한 (양어지에서) 물고기에게 먹이를 주다

*양월 [YANG-OUEL,-I] (陽月) 원13
불 La 10e lune.
한 열 번째 달

*양육ᄒᆞ다 [YĀNG-YOUK-HĂ-TA] (養育) 원13
불 Nourrir et élever.
한 먹이고 키우다

*양인 [YANG-IN,-I] (洋人) 원13
불 Homme de l'ouest, Européen.
한 서쪽 사람, 유럽인

*양작ᄒᆞ다 [YANG-TJAK-HĂ-TA] (佯作) 원14
불 Hypocrite; affecter ce qu'on n'a pas; fourbe.
한 위선적이다 | 가지고 있지 않은 체하다 | 교활하다

*양제원 [YĀNG-TJYEI-OUEN,-I] (養濟院) 원14
불 Hospice pour les vieillards, pour les pauvres.
한 노인들을 위한, 가난한 사람들을 위한 구제원

*양죵 [YANG-TJYONG,-I] (陽瘇) 원14

불 Furoncle mâle.
한 남성의 절종
양지머리 [YANG-TJI-ME-RI] 원14
불 Viande tirée de dessous la poitrine du bœuf.
한 소의 가슴 아래쪽에서 발라낸 고기
*양ᄌᆞ [YĂNG-TJĂ] (養子) 원14
불 Fils adoptif.
한 양아들
*양ᄌᆞ모 [YĂNG-TJĂ-MO] (樣子貌) 원14
불 Aspect de la figure.
한 얼굴 모양
*양취ᄒᆞ다 [YANG-TCHYOUI-HĂ-TA] (佯醉) 원15
불 Faire semblant d'être ivre, simuler l'ivresse.
한 술에 취한 체하다, 취한 척하다
양치물 [YĀNG-TCHI-MOUL,-I] (漱水) 원15
불 Eau dont on se sert pour se laver la bouche, les dents.
한 입과 이를 씻기 위해 사용하는 물
양치소곰 [YĀNG-TCHI-SO-KOM,-I] (漱鹽) 원15
불 Sel dont on se sert pour les dents et la bouche.
한 이와 입에 사용하는 소금
양치질ᄒᆞ다 [YĀNG-TCHI-TJIL-HĂ-TA] 원15
불 Se nettoyer les dents, la bouche.
한 이와 입을 깨끗이 하다
*양치ᄒᆞ다 [YĀNG-TCHI-HĂ-TA] (養齒) 원14
불 Se nettoyer les dents, la bouche.
한 이와 입을 깨끗이 하다
*양침 [YANG-TCHIM,-I] (洋針) 원15
불 Aiguille d'Europe.
한 유럽의 바늘
*양텰 [YANG-HTYEL,-I] (洋鐵) 원14
불 Fer d'Europe.
한 유럽의 철제품
*양포 [YANG-HPO] (洋布) 원14
불 Calicot, toile de coton de l'ouest.
한 옥양목, 서쪽에서 나는 면포
*양학 [YĀNG-HAK,-I] (洋學) 원13
불 Doctrine de l'ouest, religion chrétienne.
한 서쪽의 교리, 기독교
*양형 [YĀNG-HYENG,-I] (養兄) 원13
불 Frère aîné d'adoption, fils aîné du père adoptif.
한 입양한 형, 양아버지의 큰아들
1*양호 [YĀNG-HO] (養虎) 원13
불 Entretien d'un tigre (à la maison).
한 (집에서) 호랑이를 기름
2*양호 [YANG-HO] (羊毫) 원13
불 Laine, poil de mouton.
한 양모, 양의 털
1*양호ᄒᆞ다 [YĀNG-HO-HĂ-TA] (養虎) 원13
불 Nourrir, élever un tigre.
한 호랑이를 기르다, 키우다
2*양호ᄒᆞ다 [YĀNG-HO-HĂ-TA] (養護) 원13
불 Nourrir, protéger, soigner.
한 기르다, 보호하다, 돌보다
*양호후환 [YĂNG-HO-HOU-HOAN] (養虎後患) 원14
불 Nourrir un tigre, et ensuite en être devoré. Eprouver un malheur. (Prov., réchauffer un serpent).
한 호랑이를 기르고 나서 그것에게 잡아먹히다 | 불행을 느끼다 | (속담. 배은망덕한 자에게 호의를 베풀다)
*양휵ᄒᆞ다 [YĂNG-HYOUK-HĂ-TA] (養畜) 원14
불 Nourrir
한 양육하다
얘야 [YAI-YA] 원11
불 Eh! (pour appeler).
한 (부르기 위해) 어이!
1어 [E] 원17
불 En agr. Exclamation de peur.
한 한자어로 두려움의 외침
2어 [E] 원17
불 En agr. Réponse affirmative.
한 한자어로 긍정의 대답
3*어 [E] (魚) 원17
불 Poisson.
한 물고기
4*어 [E] (御) 원17
불 (Chose) du roi ; royal.
한 왕의 (물건) | 왕의
*어각 [Ē-KAK,-I] (御閣) 원18
불 Maison royale; maison de plaisanse, de récréation, du roi.
한 왕의 집 | 별장, 휴식을 취하는 집, 왕의 집
*어간 [E-KAN,-I] (於間) 원18
불 Milieu d'une travée, d'une chambre milieu de···, milieu.
한 연단, 방의 한복판, ~의 한복판, 한가운데

어갸 [E-KYA] [원]18
[불] Cri pour s'aider, pour agir ensemble.
[한] 서로 돕기 위해, 함께 행동하기 위해 외치는 소리

*어고 [Ē-KO] (御庫) [원]18
[불] Magasin royal.
[한] 왕의 창고

*어국 [E-KOUK,-I] (御局) [원]18
[불] Pharmacie royale (du roi).
[한] (왕의) 왕립 약방

*어굴ᄒᆞ다 [Ē-KOUL-HĂ-TA] (語屈) [원]18
[불] N'avoir plus rien à dire; être réduit au silence à quia.
[한] 더 이상 말할 것이 아무것도 없다 | 대답이 궁하여 침묵 속에 있게 되다

*어궁 [Ē-KOUNG] (御宮) [원]18
[불] Palais royal, maison royale.
[한] 왕궁, 왕의 집

*어궁ᄒᆞ다 [Ē-KOUNG-HĂ-TA] (語窮) [원]18
[불] N'avoir plus rien à dire, être réduit au silence. ‖ Avoir beaucoup la pensée de…, penser beaucoup à…
[한] 더 이상 말할 것이 아무것도 없다, 침묵 속에 있게 되다 | ~대해 많은 생각을 하다, ~을 많이 생각하다

1어귀 [E-KOUI] [원]18
[불] Gorge, entrée d'un golfe (angle, coin). Entrée (d'une vallée); embouchure d'un fleuve; angle, rentrant; bouche.
[한] 협곡, 만의 입구, 모퉁이 | (골짜기의) 입구 | 강의 하구 | 요각 | 입구

2어귀 [E-KOUI] [원]18
[불] Nom d'un génie (superst.).
[한] 정령의 이름 (미신)

어귀어귀먹다 [E-KOUI-E-KOUI-MEK-TA,-MEK-E,-MEK-EUN] [원]18
[불] Manger gloutonnement.
[한] 게걸스럽게 먹다

어그러지다 [E-KEU-RE-TJI-TA] [원]18
[불] Voy. 어긔여지다, E-keui-ye-tji-ta.
[한] [참조어 어긔여지다, E-keui-ye-tji-ta]

어근버근 [E-KEUN-PE-KEUN] [원]18
[불] N'être pas d'accord, ne pas cadrer, n'être pasajusté, n'être pas bien emboité.
[한] 일치하지 않다, 맞지 않다, 맞춰지지 않다, 꼭 맞지 않다

어금니 [E-KEUM-NI] (牙) [원]18
[불] Dents molaires;
[한] 어금니

어긋나다 [E-KEUT-NA-TA,-NA,-NAN] (交違) [원]18
[불] Etre contraire, opposé. N'être pas uni, juste; n'être pas soumis. N'être pas ajusté,adapté. Se croiser sans se rencontrer.
[한] 반대되다, 상반되다 | 일치하지 않다, 정확하지 않다 | 따르지 않다 | 맞춰지지 않다, 들어맞지 않다 | 서로 만나지 않고 엇갈리다

어긋맛기다 [E-KEUT-MAT-KI-TA] [원]18 ☞어긋맛지다

어긋맛지다 [E-KEUT-MAT-TJI-TA] [원]18
[불] Entremêler. Placer de travers, en sens contraire, de manière à laisser de l'espace vide. Entrelarder.
[한] 혼합하다 | 빈 공간을 두기 위해 비스듬히, 반대 방향으로 놓다 | 삽입하다

어긔다 [E-KEUI-TA,-KEUI-YE,-KEUIN] (違) [원]18
[불] Violer, prévariquer, rompre,luxer,altérer, déranger,désajuster, transgresser, dévier, passer par côté
[한] 위반하다, 직무를 유기하다, 깨뜨리다, 삐게 하다, 손상시키다, 뒤틀리게 하다, 어긋나게 하다, 어기다, 벗어나다, 빗나가다

어긔여지다 [E-KEUI-YE-TJI-TA,-TJYE,-TJIN] [원]18
[불] Etre dérangé, désajusté, luxé, déboîté(os). Se désajuster; se manquer; se croiser sans se rencontrer. Pass. Et.fact.de 어긔다, E-keui-ta.
[한] 뒤틀리다, 어긋나다, 삐다, 탈구되다 (뼈) | 어긋나다 | 서로 만나지 못하다 | 서로 만나지 않고 엇갈리다 | 어긔다 E-keui-ta의 피동형, 사동형

어긔차다 [E-KEUI-TCHA-TA,-TCHA,-TCHAN] [원]18
[불] Etre fier et ferme; avoir du caractère, de la fermeté.
[한] 자존심이 강하고 굳세다 | 의연하다, 단호하다

어기ᄒᆞ다 [E-KE-HĂ-TA] (馭) [원]18
[불] Diriger,surveiller, conduire, refréner, retenir, gouverner, mettre un frein, brider.
[한] 지휘하다, 감독하다, 관리하다, 억누르다, 참다, 지배하다, 억제하다, 구속하다

어녹이 [Ē-NOK-I] (凍解) [원]20
[불] Gelée et dégel. Gelée et dégeler. (Etat de la terre en hiver:la nuit elle gèle, le jour elle dégèle).
[한] 결빙과 해빙 | 얼고 녹다 | (겨울 땅의 상태 : 밤에는 얼고, 낮에는 녹는다)

어눌ᄒᆞ다 [Ē-NOUL-HĂ-TA] (語訥) [원]20
[불] Bégayer,être bègue, balbutier, mal parler, parler

difficilement.

한 더듬더듬 말하다, 말을 더듬다, 우물우물 말하다, 말을 잘 못하다, 가까스로 말하다

어ᄂᆞ [E-NĂ] (那) 원20

불 Quel? lequel? entre plusieur, lequel? (pour les personnes et les choses). (Sens d'exclusion).

한 어느? 어느 것? 여럿 가운데 어느 것? (사람과 사물을 이를 때) | (제외의 의미)

어ᄂᆞᄉᆡ [E-NĂ-SĂI] (那間) 원20

불 Déjà, dans cet espace de temps. Quoi! déjà. sitôt que cela!

한 벌써, 이 시간 동안에 | 무슨! 벌써! 무슨! 이미 | 이렇게 빨리!

어ᄂᆞᄉᆞ이 [E-NĂ-SĂ-I] 원20 ☞어ᄂᆞᄉᆡ

어ᄂᆞᄯᆡ [E-NĂ-TTAI] (何時) 원20

불 Quand, en quel temps?

한 언제, 어느 때에?

어다 [Ē-TA,ER-E,EN] (凍) 원24

불 Se geler, geler.

한 얼다, 얼리다

*어댱 [E-TYANG,-I] (漁場) 원24

불 Endroit où l'on pêche, pêcherie.

한 낚시하는 곳, 어장

어둔ᄒᆞ다 [Ē-TOUN-HĂ-TA] (語鈍) 원24

불 Mal parler, parler difficilement, être bègue, bégayer, balbutier.

한 말을 잘 못하다, 가까스로 말하다, 말을 더듬다, 더듬더듬 말하다, 우물우물 말하다

어둡다 [E-TOUP-TA,E-TOU-OUE ou E-TOU-E,-E-TOU-ON] (暗) 원24

불 Obscur, tenebreux, faire noir.

한 컴컴하다, 어둡다, 캄캄하다

어득어득ᄒᆞ다 [E-TEUK-E-TEUK-HĂ-TA] 원24

불 Etre troublé, peu clair.

한 흐려지다, 희미하다

어든이 [E-TEUN-I] 원24

불 Bouffon, baladin public.

한 익살꾼, 대중 앞에서의 광대

어디간ᄒᆞ다 [E-TI-KAN-HĂ-TA] 원24

불 Etre semblables; passable, assez bien. Etre de même nature, indispensables l'un à l'autre.

한 비슷하다 | 웬만하다, 꽤 좋다 | 같은 성질이다, 서로 없어서는 안 되다

어ᄃᆡ [E-TĂI] (何處) 원24

불 Où?

한 어디?

어ᄃᆡᆯᄂᆞᆫ지 [E-TĂIL-NĂN-TJI] 원24

불 En quelque lieu que ce soit.

한 그 곳이 어디든지

*어란 [E-RAN,-I] (魚卵) 원22

불 Œufs de poisson.

한 생선의 알

어량칙ᄒᆞ다 [E-RYANG-TCHIK-HĂ-TA] 원22

불 Parler d'une manière incertaine, parler d'une manière ambiguë, n'être pas sûr.

한 불분명하게 말하다, 애매하게 말하다, 확실하지 않다

어럼이 [E-REM-I] 원22

불 Crible à gros trous.

한 구멍이 큰 체

어레빗 [E-REI-PIT,-SI] (木梳) 원22

불 Démêloir.

한 얼레빗

어려로부터 [E-RYE-RO-POU-HTE] (自幼) 원22

불 Depuis le bas âge, depuis l'enfance.

한 어린 나이부터, 어릴 적부터

어려셔부터 [E-RYE-SYE-POU-HTE] 원22 ☞어려로부터

어려이ᄒᆞ다 [E-RYE-I-HĂ-TA] (難行) 원22

불 Faire difficilement.

한 어렵게 하다

어련이 [E-RYEN-I] 원22

불 Bien, bien facilement, intelligemment. ‖ Peu, qu'un peu.

한 잘, 매우 쉽게, 지혜롭게 | 약간, 약간만

어렵다 [E-RYEP-TA,-RYE-OUE,-RYE-ON] (難) 원22

불 Difficile.

한 어렵다

*어로 [Ē-RO] (御路) 원23

불 Route par où passe le roi. Route royale.

한 왕이 지나다니는 길 | 왕의 길

어로ᄆᆞᆫ지다 [E-RO-MĂN-TJI-TA,-TJYE,-TJIN] (撫) 원23

불 Caresser de la main, consoler, avoir pitié.

한 손으로 쓰다듬다, 달래다, 불쌍히 여기다

*어록 [E-ROK,-I] (語錄) 원23

불 Langue chinoise; prononciation d'un chinois, à la Chinoise. Terminaison coréenne qu'on ajoute au mot

chinois.
한 중국어 | 중국인의, 중국식 발음 | 중국어 단어에 덧붙이는 조선말 어미

[1]어롱 [E-RONG,-I] 원23
불 Pêcheur.
한 어부

[2]*어롱 [E-RONG,-I] (魚籠) 원23
불 Panier de pêcheur.
한 어부의 바구니

어롱어롱ᄒᆞ다 [E-RONG-E-RONG-HĂ-TA] 원23
불 Bigarré, moucheté. Syn. 어르롱어르롱ᄒᆞ다, E-reu-rong-e-reu-rong-hă-ta.
한 얼룩덜룩하다, 얼룩이 있다 | [동의어 어르롱어르롱ᄒᆞ다, E-reu-rong-e-reu-rong-hă-ta]

*어룡 [E-RYOUNG,-I] (魚龍) 원23
불 Dragon (poisson). Dragon d'eau.
한 날개횟대 무리 (물고기) | 물에 사는 용

어루다 [E-ROU-TA,-ROUE,-ROU-EUN] 원23 ☞얼우다

어루럭이 [E-ROU-REK-I] (癜) 원23
불 Dartre, lèpre alphoide.
한 옴, 반복되는 나병

어루롱어루롱 [E-ROU-RONG-E-ROU-RONG] 원23
불 Bigarré, blanchâtre, tacheté.
한 여러 색깔이다, 희끄무레하다, 얼룩덜룩하다

어루신네 [E-ROU-SIN-NEI] (尊長) 원23
불 Père (honorif.). Homme marié, élevé, respectable, honorable.
한 아버지 (경칭) | 결혼한, 고결한, 훌륭한, 존경할 만한 사람

어룬 [Ē-ROUN,-I] (長者) 원23
불 Homme marié, femme mariée. Gens mariés. ‖ Supérieur, chef, homme respectable.
한 결혼한 남자, 결혼한 여자 | 결혼한 사람들 | 상관, 지도자, 존경할 만한 사람

어룽이 [E-ROUNG-I] 원23
불 De diverses couleurs. ‖ Choses confuses, peu distinctes.
한 여러 가지 색깔의 | 확실하지 않은, 뚜렷하지 않은 것들

어르눅다 [E-REU-NOUK-TA,-NOUK-E,-NOUK-OUN] 원22
불 Délayer; faire une pâte très claire, peu épaisse.
한 연하게 하다 | 매우 묽은, 진하지 않은 반죽을 만들다

어르롱어르롱ᄒᆞ다 [E-REU-RONG-E-REU-RONG-HĂ-TA] 원22
불 Voy.Syn. 어롱어롱ᄒᆞ다, E-rong-e-rong-hă-ta.
한 [동의어 어롱어롱ᄒᆞ다, E-rong-e-rong-hă-ta]

어른어른ᄒᆞ다 [E-REUN-E-REUN-HĂ-TA] (娑娑) 원22
불 Vacillation de l'ombre, d'une image dans une glace, dans un métal poli.
한 거울 속에, 반들반들한 금속에 그림자, 모습이 가물거림

어름 [E-REUM,-I] (氷) 원22
불 Glace.
한 얼음

어름어름ᄒᆞ다 [E-REUM-E-REUM-HĂ-TA] 원22
불 Lentement. ‖ Etre ambigu.
한 천천히 | 모호하다

어릅ᄯᅳ다 [E-REUP-SSEU-TA,-SSE,-SSEUN] 원22
불 Palper (v.g. un aveugle), tâter, tâtonner.
한 (예. 맹인이) 손으로 만져보다, 만지다, 더듬다

어리다 [E-RI-TA,-RYE,-RIN] (稚) 원22
불 Petit, frêle, fragile, jeune, tendre. Etre enfant, être en bas âge.
한 어리다, 약하다, 허약하다, 젊다 | 미숙하다 | 아이이다, 나이가 어리다

어리셕다 [E-RI-SYEK-TA,-SYEK-E,-SYEK-EUN] (痴) 원22
불 Etre imbécile,sot.
한 멍청하다, 어리석다

어리우다 [E-RI-OU-TA,-RI-OUE,-RI-OUN] 원22
불 Fasciner,charmer, éblouir, illusionner. Tromper, séduire.
한 홀리다, 매혹하다, 사로잡다, 현혹하다 | 배신하다, 속이다

어리칙칙ᄒᆞ다 [E-RI-TCHIK-TCHIK-HĂ-TA] 원22
불 Etre sans politesse, sans prévenance; être rustre, grossier.
한 예의가 없다, 배려가 없다 | 천박하다, 상스럽다

어린아희 [E-RIN-A-HĂI] (幼童) 원22
불 Petit enfant, enfant qui n'a pas encore l'usage de la raison.
한 어린아이, 아직 판단력이 없는 아이

어린양ᄒᆞ다 [E-RIN-YANG-HĂ-TA] 원22
불 Faire le petit enfant, agir comme un petit enfant.
한 어린아이인 체하다, 어린아이처럼 행동하다

어린톄ᄒᆞ다 [E-RIN-HTYEI-HĂ-TA] 원22
불 Id.id.

한 앞서 말한 바와 같음 | 앞서 말한 바와 같음

어림 [E-RIM,-I] (斟酌) 원22

불 Approximation, à peu près. Conjecture.

한 어림셈, 거의 | 추측

어림쟝이 [E-RIM-TJYANG-I] (痴) 원22

불 Imbécile.

한 바보

어림ᄒᆞ다 [E-RIM-HĂ-TA] (斟酌) 원22

불 A peu près, environ. Conjecture. Voir par à peu près.

한 거의, 대략 | 추측 | 대강 고려하다

어릿어릿ᄒᆞ다 [E-RIT-E-RIT-HĂ-TA] 원22

불 Manière d'aller et de venir en ayant l'air de chercher, de voir. Niais qui ne sait par où se décider. Ne savoir se tirer d'affaire faute de capacité.

한 (무엇인가를) 찾는 듯이, 보는 듯이 가고 오는 태도 | 어디에서부터 결심해야 하는지 모르는 바보 | 능력이 부족해서 궁지에서 벗어날 줄 모르다

어ᄅᆞᆷ [E-RĂM,-I] (氷) 원22

불 Glace.

한 얼음

어ᄅᆞᆷ길 [E-RĂM-KIL] (氷程) 원22

불 Route sur la glace.

한 얼음길

어ᄅᆞᆷ장 [E-RĂM-TJANG,-I] (氷板) 원22

불 Gros morceau de glace, glaçon.

한 큰 얼음 조각, 얼음 덩어리

어ᄅᆞᆷ치 [E-RĂM-TCHI] 원22

불 Esp. de poisson de rivière.

한 강에 사는 물고기의 종류

*어마 [Ē-MA] (御馬) 원19

불 Cheval du roi.

한 왕의 말

*어마ᄒᆞ다 [E-MA-HĂ-TA] (馭馬) 원19

불 Diriger un cheval, le conduire, en être maître.

한 말을 몰다, 그것을 몰다, 그것을 뜻대로 하다

어맘 [E-MAM,-I] (母) 원19

불 Mère.

한 어머니

*어망 [E-MANG,-I] (漁網) 원19

불 Filet de pêcheur.

한 어부의 그물

*어망션 [E-MANG-SYEN,-I] (漁網船) 원19

불 Barque de pêcheur.

한 어부의 배

어매 [E-MEI] (母) 원19

불 Mère.

한 어머니

어매암 [E-MAI-AM,-I] (母) 원19

불 Mère.(Provinc.).

한 어머니 | (지역어)

어머니 [E-ME-NI] (母) 원19

불 Mère, maman.

한 어머니, 엄마

어멈 [E-MEM,-I] (母) 원19

불 Mère.

한 어머니

*어명 [Ē-MYENG,-I] (御命) 원19

불 Ordre royal. Ordonnance du roi.

한 왕의 명령 | 왕령

어목션 [E-MOK-SYEN,-I] 원19

불 Cheville de l'éventail faite en corne de bœuf. (L'homme en deuil ne peut pas se servir d'un autre éventail).

한 소의 뿔로 만든 부채의 쐐기 | (상중인 사람은 다른 부채를 사용할 수 없다)

*어물 [E-MOUL,-I] (魚物) 원19

불 Poisson.

한 생선

어믈어믈ᄒᆞ다 [E-MEUL-E-MEUL-HĂ-TA] 원19

불 Qui avale sans mâcher (v.g. quand on n'a pas de dents ou qu'on a mal aux dents). Bredouiller en parlant. Mâchonner comme un vieux. D'ou; n'être pas clair, pas distinct, ne pas bien s'ajuster. Aller et venir.

한 씹지 않고 삼키다 (예. 이가 없거나 이가 아플 때, 말하면서) 중얼거리다 | 노인처럼 우물우물 씹다 | 그렇기 때문에 | 분명하지 않다, 뚜렷하지 않다, 잘 부합하지 않다 | 가고 오다

어미 [E-MI] (母) 원19

불 Mère.

한 어머니

어버이 [E-PE-I] (親) 원21

불 Les parents, le père et la mère.

한 부모, 아버지와 어머니

*어변셩룡 [E-PYEN-SYENG-RYONG] (魚變成龍) 원21

불 Poisson métamorphosé en dragon. Se dit d'un homme, d'un animal qui était dans un triste état,

et se trouve changé au bout de quelque temps. Changement en bien.
한 용으로 변신한 물고기 | 형편없는 상태였지만 얼마 후에 변한 사람, 동물에 대해 쓴다 | 호전

[1]*어복 [E-POK,-I] (魚腹) 원21
불 Ventre du poisson.
한 물고기의 배

[2]어복 [E-POK,-I] 원21
불 Mollet.
한 장딴지

[3]어복 [E-POK,-I] 원21
불 Emmanchure d'un vêtement.
한 옷의 소맷동

[4]어복 [E-POK,-I] 원21
불 Milieu de la table d'un jeu d'échecs.
한 체스 놀이판의 한가운데

*어부 [E-POU] (漁夫) 원21
불 Pêcheur.
한 어부

어살 [E-SAL,-I] 원24
불 Pêcherie.
한 어장

어살숫다 [E-SAL-KKOUT-TA,-KKOU-TJYE,-KKOU-TJEUN] 원24
불 Etre effronté, impudent, ne rougir de rien, faire le fat.
한 뻔뻔하다, 파렴치하다, 전혀 부끄러워하지 않다, 잘난 체하다

어셔 [E-SYE] 원24
불 Vite, en hâte. (Cri pour exciter en s'adressant à la personne.).
한 빨리, 급히 | (사람에게 말을 걸면서 관심을 끌기 위한 외침)

어셔리 [E-SYE-RI] 원24
불 Coupure dans une montagne.
한 산의 단층

어셔리나무 [E-SYE-RI-NA-MOU] 원24
불 Esp. d'arbre à fleurs jaunes.
한 노란 꽃이 피는 나무의 종류

어셔밧비 [E-SYE-PAT-PI] 원24
불 Vite vite, bien vite, très-vite.
한 빨리 빨리, 아주 빨리, 매우 빨리

어셕어셕ᄒᆞ다 [E-SYEK-E-SYEK-HĂ-TA] 원24
불 Tendre (légume). Craquer sous les dents. Craquement sous les dents d'un fruit, d'un légume cru, mais assez tendre.
한 (채소가) 부드럽다 | 이로 바삭 씹는 소리를 내다 | 과일, 생것이지만 꽤 부드러운 채소를 이로 와삭 씹는 소리

*어션 [E-SYEN,-I] (漁船) 원24
불 Barque de pêcheur.
한 어부의 배

*어셩 [Ē-SYEN,-I] (語聲) 원24
불 Voix, son de la voix.
한 목소리, 음성

어셩군 [E-SYENG-KOUN,-I] 원24
불 Entremetteur de marché, courtier.
한 거래 중개인, 중개인

어스러지다 [E-SEU-RE-TJI-TA] 원24
불 Etre oblique.
한 비스듬하다

어스름 [E-SEU-REUM] (初昏) 원24
불 Crépuscule du soir.
한 저녁의 어스름

어스름에 [E-SEU-REUM-EI] (初昏) 원24
불 Au temps du crépuscule du soir, après le coucher du soleil.
한 저녁 땅거미가 질 때에, 해가 진 후에

어슨놈 [E-SEUN-NOM,-I] 원24
불 Fat,qui fait le fameux. ‖ Oblique; manque de droiture.
한 잘난 체하는 사람, 허세 부리는 사람 | 비스듬하다 | 올바름의 부족

어슨톄ᄒᆞ다 [E-SEUN-HIYEI-HĂ-TA] 원24
불 Faire le fameux, le savant. ‖ Etre oblique, manquer de franchise.
한 허세 부리다, 아는 체하다 | 엉큼하다, 정직함이 부족하다

어슷ᄒᆞ다 [E-SEUT-HĂ-TA] 원24
불 Etre oblique, incliné.
한 비스듬하다, 기울어지다

어ᄉᆞ [Ē-SĂ] (御使) 원24
불 Inspectateur royal, envoyé extraordinaire. Mandarin envoyé secrètement et qui voyage incognite pour examiner les actes des autres mandarins, des sujets. Il est revêtu d'une grande puissance et se fait reconnaître à une plaque

d'argent sur laquelle se trouve gravé un cheval. Son autorité est absolue : il a droit de vie et de mort.

한 왕의 감찰관, 특사 | 다른 관리들, 신하들의 행동을 관찰하기 위해 익명으로 여행을 하고 비밀리에 파견된 관리 | 그는 강력한 권한을 부여받아, 말이 한 마리 새겨져 있는 은으로 된 명찰로 자신을 알아보게 한다 | 그의 권한은 절대적이다 : 그는 생살여탈권을 가진다

어ᄉᆞ화 [Ē-SĂ-HOA] (御賜花) 원24
불 Fleur que le roi donne à un bachelier après sa réception de 겁졔 Kep-tchyei.
한 겁제 Kep-tchyei의 합격 후에 왕이 바칼로레아 합격자에게 주는 꽃

어삽ᄒᆞ다 [Ē-SĂP-HĂ-TA] (語澁) 원24
불 Parler difficilement (malade, vieillard).
한 (환자, 노인이) 간신히 말하다

어야 [E-YA] 원17
불 Cri pour s'aider, pour agir ensemble.
한 서로 돕기 위해, 함께 행동하기 위해 내는 소리

*어언간에 [E-EN-KAN-EI] (語言間) 원17
불 Dans un petit instant, le temps d'une parole, promptement.
한 잠시, 말하는 사이 동안, 신속하게

*어염 [E-YEM,-I] (魚鹽) 원17
불 Poisson et sel.
한 생선과 소금

*어엿부다 [E-YET-POU-TA,-YET-PE,-YET-PEUN] (憐) 원17
불 Joli, mignon, aimable, charmant, favorable, beau, agréable, bienveillant.
한 예쁘다, 귀엽다, 사랑스럽다, 매력적이다, 호의적이다, 멋지다, 상냥하다, 친절하다

어엿비넉이다 [E-YET-PI-NEK-I-TA,-YE,-EN] (愛憐) 원17
불 Regarder favorablement.
한 호의적으로 바라보다

*어영군 [Ē-YENG-KOUN,-I] (御營軍) 원17
불 Soldat du 어영대쟝 E-yeng-tai-tjyang.
한 어영대장 E-yeng-tai-tjyang의 병사

*어영대쟝 [E-YENG-TAI-TJANG,-I] (御營大將) 원17
불 Général, maréchal (il n'y en a qu'un seul).
한 장군, 원수 (하나만 있다)

*어영텽 [E-YENG-HTYENG,-I] (御營廳) 원17
불 Maison du 어영대쟝 E-yeng-tai-tjyang.
한 어영대장 E-yeng-tai-tjyang의 집

*어옹 [E-ONG,-I] (漁翁) 원18
불 Pêcheur âgé.
한 나이가 많은 어부

어울니다 [E-OUL-NI-TA,-NYE,-NIN] 원18
불 S'unir, se mettre ensemble(v.g. les deux sexes, hommes ou bêtes) Pass. et fact. de 어울다, E-oul-ta.
한 (예. 사람 또는 짐승의 양성이) 합쳐지다, 함께 몸을 두다 | 어울다 E-oul-ta의 피동형과 사동형

어울다 [E-OUL-TA,-OU-RE ou -OUL-NE,-OU-REUN] (並) 원18
불 Etre unis, être ensemble, faire ensemble. Unir, mettre ensemble.
한 화합되다, 함께하다, 같이 하다 | 결합하다, 함께 두다

*어유 [E-YOU] (魚油) 원18
불 Huile de poisson.
한 생선 기름

어육되다 [E-YOUK-TOI-TA,-TOI-YE,-TOIN] (魚肉) 원18
불 Poisson et viande. || Ruine, ruine complète, devenir comme poisson et chair.
한 생선과 고기 | 파괴, 철저한 파괴, 생선과 고기처럼 되다

1*어음 [E-EUM,-I] (語音) 원17
불 Prononciation, accent.
한 발음, 강세

2어음 [E-EUM,-I] 원17
불 Esp. de billet que l'on coupe en deux et dont chaque intéressé emporte une partie, pour se reconnaître quand il sera besoin.
한 필요할 때 서로 알아보기 위해, 둘로 잘라서 각 관계자가 한 부분씩 가지고 가는 어음의 종류

*어의 [Ē-EUI] (御醫) 원17
불 Médecin du roi.
한 왕의 의사

*어의ᄉᆞ [Ē-EUI-SĂ] (御醫舍) 원17
불 Ecole de médecine. (Il y a deux divisions; la première comprend ceux qui se destinent au service du palais; la seconde, ceux qui se destinent au service du public).
한 의학 학교 | (두 과가 있다 | 첫 번째는 궁궐 업무를 지망하는 사람들을 포함한다 | 두 번째는 공공 업무를 지망하는 사람들을 포함한다)

[1]어이 [E-I] 원17
불 Ho! tiens!
한 어! 어이!

[2]어이 [E-I] 원17
불 Mère d'un animal.
한 짐승의 어미

[3]어이 [E-I] 원17
불 Hélas! (cris de lamentation).
한 아아! 슬프도다! (탄식하는 소리)

어이업다 [E-I-EP-TA,-EP-SE,-EP-SEUN] 원17
불 N'avoir plus d'espoire, plus de ressource.
한 더 이상 희망이, 더 이상 방편이 없다

*어인 [E-IN,-I] (御印) 원17
불 Sceau royal.
한 왕의 도장

*어인ᄒᆞ다 [Ě-IN-HĂ-TA] (禦人) 원17
불 Gouverner les hommes; diriger, conduire, retenir les hommes; surveiller.
한 사람들을 다스리다 | 사람들을 통솔하다, 지휘하다, 유치하다 | 감독하다

어제 [E-TJEI] (昨日) 원25
불 Hier
한 어제

어져귀 [E-TJYE-KOUI] 원25
불 Chanvre blanc.
한 흰 삼

어져ᄭᅴ [E-TJYE-KKEUI] (昨日) 원25
불 Hier
한 어제

어졍어졍 [E-TJYENG-E-TJYENG] (徘徊) 원25
불 Aller et venir pour passer le temps.
한 시간을 보내기 위해 가고 오다

어조사 [Ě-TJO-SA] (語助辭) 원25
불 Parole dont on se sert quand on ne trouve pas un mot qu'on cherche. V.g. 거시기 Ke-si-ki est un 어조사 E-tjo-sa. Caractère sans signification, qu'on emploie comme terminaison pour éclaircir le sens.
한 찾는 단어를 찾아내지 못할 때 사용하는 말 | 예. 거시기 Ke-si-ki 는 어조사 E-tjo-sa이다 | 의미를 명확히 하기 위해 어미처럼 사용하는 뜻이 없는 글자

어좌 [Ě-TJOA] (御座) 원25
불 Trône du roi.
한 왕좌

어주룩 [E-TJOU-ROUK,-I] 원22
불 V.Syn. 업준 Ep-tjoun.
한 [동의어 업준, Ep-tjoun.]

어줄 [E-TJOUL,-I] 원25
불 Appui, soutien, protecteur, refuge.
한 지지자, 후원자, 보호자, 원조자

어줄업다 [E-TJEUL-EP-TA,-EP-SE,-EP-SĂN] 원25
불 Etre sans appui, sans protecteur, sans soutien.
한 지지자, 보호자, 후원자가 없다

어줍다 [E-TJOUP-TA,-TJOUP-E,-TJOUP-EUN] 원25
불 Etre gourd, engourdi par le froid, raide de froid. || Etre novice, ne savoir pas se débrouiller. Etre interdit.
한 마비되다, 추위로 마비되다, 추위로 경직되다 | 미숙하다, 요령 있게 행동할 줄 모르다 | 당황하다

어즁간ᄒᆞ다 [E-TJOUNG-KAN-HĂ-TA] (於中間) 원25
불 Médiocre, modéré, moyen.
한 평범하다, 적당하다, 중간이다

어지간ᄒᆞ다 [E-TJI-KAN-HĂ-TA] 원25
불 Etre assez bien, passable. || Etre semblable.
한 꽤 좋다, 웬만하다 | 비슷하다

어지다 [E-TJI-TA,E-TJYE,E-TJIN] (善) 원25
불 Bon, libéral, bienfaisant, bénin, humain, honnête.
한 착하다, 관대하다, 친절하다, 인자하다, 인정이 있다, 성실하다

어질다 [E-TJIL-TA,-TJI-RE,-TJIN] (賢) 원25
불 Etre bon, libéral, bienveillant.
한 착하다, 관대하다, 친절하다

어ᄌᆞ러이다 [E-TJĂ-RE-I-TA,-RE-YE,-RE-IN] (亂) 원25
불 Troubler; faire du tumulte, du désordre; exciter le trouble; bouleverser; remuer.
한 어지럽게 하다 | 소란스럽게, 혼란스럽게 하다 | 혼란을 부추기다 | 어지럽히다 | 휘젓다

어ᄌᆞ럽다 [E-TJĂ-REP-TA,-RE-OUE,-RE-ON] (亂) 원25
불 Confus, trouble, tumultueux, turbulent, bouleversé, être pêle-mêle, qui cause des vertiges.
한 어수선하다, 희미하다, 소란스럽다, 부산스럽다, 뒤죽박죽되다, 엉망진창이다, 현기증을 일으키다

어찬 [E-TCHAN,-I] (魚饌) 원25
불 Mets de poisson, plat de poisson.
한 생선으로 만든 요리, 생선으로 만든 요리

어쳐군이업다 [E-TCHYE-KOUN-I-EP-TA,-EP-SE,-EP-SĂN] 원25
불 Ne pas approcher de; être très éloigné de la réalité,

du vrai; être au-dessous de la réalité. Il n'y a rien à faire, tout est perdu.

한 ~에 근접하지 않다 | 현실, 사실과 매우 동떨어지다 | 현실보다 못하다 | 별 도리가 없다, 모두 잃었다

어쳥이 [E-TCHYENG-I] (缺唇) 원25

불 Bec de lièvre; qui a la lèvre supérieure fendue.

한 언청이 | 윗입술이 갈라진 사람

*어촌 [E-TCHON,-I] (漁村) 원25

불 Village de pêcheurs, pêcherie.

한 어부들이 사는 마을, 낚시터

어치 [E-TCHI] 원25

불 A peu près, environ. 돈빅어치 Ton-păik-e-tchi. Environ cent ton(monnaie).

한 거의, 약 | [용례 돈빅어치, Ton-păik-e-tchi], 약 99돈 (화폐)

*어ᄎᆞ어피 [E-TCHĂ-E-HPI] (於此於彼) 원25

불 Ceci, cela; celui-ci, celui-la; ça et là.

한 이것, 저것 | 이것, 저것 | 여기저기

*어포 [E-HPO] (魚脯) 원22

불 Poisson sec, chair desséchée du poisson.

한 마른 생선, 생선의 말라붙은 살

*어피 [E-HPI] (魚皮) 원22

불 Peau de poisson couverte d'aspérités comme une lime, peau de requin.

한 줄 연장처럼 우둘투둘한 물고기의 가죽, 상어 가죽

*어필 [E-HPIL,-I] (御筆) 원22

불 Ecriture du roi.

한 왕의 글씨

*어한ᄒᆞ다 [Ē-HAN-HĂ-TA] (禦寒) 원18

불 Se réchauffer.

한 [역주 자신의] 몸을 덥게 하다

*어함 [Ē-HAM,-I] (御緘) 원18

불 Signature du roi.

한 왕의 서명

*어항 [E-HANG] (魚缸) 원18

불 Bocal en verre pour mettre de petits poissons vivants.

한 살아 있는 작은 물고기들을 넣는 데 쓰는 유리로 만든 항아리

*어혈드다 [E-HYEL-TEU-TA,-TEU-RE,-TEUN] (瘀血) 원18

불 Avoir une maladie intérieure causée par une chute, par un coup.

한 추락, 타격으로 인해 내부에 병이 생기다

어혈증 [E-HYEL-TJEUNG,-I] 원18 ☞어혈질

어혈질 [E-HYEL-TJIL,-I] 원18

불 Avoir le sang tourné par la crainte.

한 두려움에 휩싸이다

*어화 [E-HOA] (御花) 원18

불 Fleur que le roi envoie aux nouveaux docteurs. V.Syn. 어ᄉᆞ화 E-să-hoa.

한 왕이 신참 박사에게 보내는 꽃 | [동의어 어ᄉᆞ화, E-să-hoa]

*어회 [E-HOI] (魚膾) 원18

불 Mets de chair crue de poisson que l'on mange avec de la moutarde ou du vinaigre.

한 겨자와 식초를 곁들여 먹는 생선의 익히지 않은 살로 만든 음식

*어훈 [Ē-HOUN,-I] (語訓) 원18

불 Prononciation. Terminaison des mots(v.g…여라…ye-ra, etc…). ‖ Civilité de langage, manière de parler.

한 발음 | 단어의 어미 (예. 여라 ye-ra 등) | 언어 예절, 말하는 방식

*어휘 [Ē-HOUI] (御諱) 원18

불 Nom du roi.

한 왕의 이름

1*억 [EK,-I] (億) 원18

불 Cent mille (nombre d'une signification un peu indéfinie).

한 십만 (약간 막연한 의미의 수)

2*억 [EK,-I] (臆) 원18

불 Opinion,pensée, sentiment.

한 의견, 생각, 소감

*억견 [EK-KYEN,-I] (臆見) 원18

불 Opinion propre, pensée propre, opiniâtreté.

한 본래의 의견, 본래의 생각, 고집

억누르다 [EK-NOU-REU-TA,-NOUL-NE,-NOU-REUN] (抑壓) 원19

불 Réprimer, modérer, mortifier, brider.

한 억제하다, 절제하다, [역주 고행으로 육체를] 괴롭히다, 억압하다

*억늑ᄒᆞ다 [EK-NEUK-HĂ-TA] (抑勒) 원19

불 Agir de force, contre la volonté de…, agir avec violence. (gouv. le datif).

한 억지로, ~의 의지에 반하여 행동하다, 난폭하게 행동하다 (여격을 지배한다)

*억니 [EK-NI] (臆理) [원]19

[불] Opinion erronée; pensée propre, particulière. Chose contraire à la raison.

[한] 잘못된 의견 | 본래의, 개인적인 생각 | 이성에 반대되는 것

*억ᄆᆡᄒᆞ다 [EK-MĂI-HĂ-TA] (抑買) [원]19

[불] Acheter de force, être contraint d'acheter.

[한] 억지로 사다, 강제로 구매하다

억보되다 [EK-PO-TOI-TA] [원]19

[불] Se dit d'un homme autrefois riche et réduit maintenant à la misère. ‖ Brutal et opiniâtre. ‖ Violence, de force.

[한] 옛날에는 부유했지만 지금은 궁핍한 사람에 대해 쓴다 | 난폭하고 고집이 세다 | 난폭함, 억지로

억세다 [EK-SYEI-TA,EK-SYEI-YE,EK-SYEIN] (剛) [원]19

[불] Avoir un peu d'autorité; être dur, ferme, fortement posé; prendre de l'autorité.

[한] 약간 권위 있다 | 강경하다, 굳세다, 몹시 침착하다 | 신망을 얻다

*억울ᄒᆞ다 [EK-OUL-HĂ-TA] (抑鬱) [원]18

[불] Etre inquiet, soucieux, fâché, peiné.

[한] 근심스럽다, 걱정스럽다, 유감스럽게 생각하다, 마음이 아프다

억음니 [EK-EUM-NI] [원]2 ☞악음니

*억졍 [EK-TJYENG,-I] (臆情) [원]19

[불] Espoir.

[한] 희망

억졍문어지다 [EK-TJYENG-MOUN-E-TJI-TA] [원]19

[불] Désespérer.

[한] 절망하다

*억졔ᄒᆞ다 [EK-TJYEI-HĂ-TA] (抑制) [원]19

[불] Mortifier,brider,refréner, modérer. réprimer.

[한] [역주 고행으로 육체를] 괴롭히다, 억압하다, 억제하다, 절제하다, 억누르다

*억조창싱 [EK-TJO-TCHANG-SĂING] (億兆蒼生) [원]19

[불] (Cent mille millions de paysans). Multitude d'hommes. Peuple très-nombreux.

[한] (수천억 명의 농민들) | 수많은 사람 | 이주 많은 백성

억쥭억쥭 [EK-TJYOUK-EK-TJYOUK] [원]19

[불] Qui a beaucoup d'aspérités (v.g. visage marqué de petite vérole). Inégal, raboteux.

[한] (예. 천연두 자국이 남은 얼굴이) 많이 우둘투둘하다 | 고르지 않다, 울퉁불퉁하다

*억지로 [EK-TJI-RO] (抑志) [원]19

[불] Violemment, de force, à contre-cœur, contre le gré.

[한] 난폭하게, 억지로, 마지못해, 의사에 반하여

억지쓰다 [EK-TJI-SSEU-TA,-SSE,-SSEUN] (用抑志) [원]19

[불] User de force, de violence; agir de force, violemment; agir contre le gré; forcer; contraindre. Importuner.

[한] 힘, 폭력을 행사하다 | 힘으로, 난폭하게 행동하다 | 의사에 반하여 행동하다 | 강제하다 | 강요하다 | 괴롭히다

억쳑 [EK-TCHYEK] [원]19

[불] Beaucoup, très.

[한] 많이, 매우

억쳑스럽다 [EK-TCHYEK-SEU-REP-TA,-RE-OUE,-RE-ON] [원]19

[불] Ferme, qui a beaucoup de force de caractère, de volonté. Etre opiniâtre.

[한] 굳세다, 정신력, 의지가 아주 강하다 | 고집이 세다

*억탈 [EK-HTAL,-I] (抑奪) [원]19

[불] Violence, contrainte.

[한] 폭력, 강압

*억탈ᄒᆞ다 [EK-HTAL-HĂ-TA] (抑奪) [원]19

[불] Enlever de force, par contrainte.

[한] 억지로, 강제로 빼앗다

억판 [EK-HPAN] [원]19

[불] De force, violemment, contre le gré.

[한] 억지로, 난폭하게, 의사에 반하여

*억하심졍 [EK-HA-SIM-TJYENG] (抑何心情) [원]18

[불] Quel motif? quelle raison? que signifie cela? à quoi pensez-vous?

[한] 무슨 근거로? 무슨 이유로? 그것이 무슨을 의미하는가? 무슨 생각을 하십니까?

*억혼ᄒᆞ다 [EK-HON-HĂ-TA] (抑婚) [원]18

[불] Se marier de force, mariage forcé.

[한] 억지로 결혼하다, 강요된 결혼

1*언 [EN,-I] (諺) [원]20

[불] Traduction, sens, signification.

[한] 해석, 뜻, 의미

2*언 [EN,-I] (堰) [원]20

[불] Chaussée, jetée.

[한] 둑, 부두

[3*]언 [EN,-I] (言) ㊊20
불 En agr. Parole.
한 한자어로 말

*언감싱심 [EN-KAM-SĂING-SIM] (焉敢生心) ㊊20
불 (Comment oser admettre [exprimer] cette pensée?). Sans retenue; oser parler de… ouvertement selon sa pensée. =으로- eu-ro, Sans retenue.
한 (어떻게 감히 이 생각을 인정할[표현할] 것인가?) | 신중하지 못하게 | 자신의 생각대로 솔직하게 감히 ~에 대해 말하다 | [용례 =으로, - eu-ro], 신중하지 못하게

언거번거ᄒᆞ다 [EN-KE-PEN-KE-HĂ-TA] ㊊20
불 Qui se mêle de tout, l'omnis homo. Etre affairé, se mêler des affaires des autres.
한 일일이 간섭하다, 모든 사람에게 간섭하다 | 분주하다, 다른 사람들의 일에 개입하다

*언건ᄒᆞ다 [ĒN-KEN-HĂ-TA] (偃蹇) ㊊20
불 Grave, sérieux, posé. Grand, élevé, gigantesque.
한 근엄하다, 신중하다, 침착하다 | 위대하다, 고귀하다, 엄청나다

*언관 [EN-KOAN,-I] (言官) ㊊20
불 Nom d'une dignité. Moniteur du roi, mentor du roi.
한 고위직의 이름 | 왕의 조언자, 왕의 충고자

언구럭스럽다 [EN-KOU-REK-SEU-REP-TA,-RE-OUE,-RE-ON] ㊊20
불 Qui fait semblant d'être content, d'être joyeux; montrer trop de joie. Exagérateur, enthousiaste.
한 만족하는 척, 즐거운 척하다 | 과한 기쁨을 보여주다 | 과장하는 사람, 광신자

[1*]언구ᄒᆞ다 [EN-KOU-HĂ-TA] (言求) ㊊20
불 Demander(en paroles).
한 (말로) 요구하다

[2]언구ᄒᆞ다 [EN-KOU-HĂ-TA] ㊊20
불 Donner sa parole, promettre, engager sa parole.
한 약속하다, 약속하다, 언질을 주다

*언급ᄒᆞ다 [EN-KEUP-HĂ-TA] (言給) ㊊20
불 Donner sa parole, promettre.
한 약속하다, 약속하다

*언단 [ĒN-TAN,-I] (諺單) ㊊21
불 Pétition, placet, adresse écrite en caractères alphabé- tiques.
한 청원서, 진정서, 자모로 쓰인 청원

언덕 [EN-TEK,-I] (坡) ㊊21
불 Etage, élévation d'un terrain, chaussée (naturelle), port.
한 층, 땅이 높은 곳, (자연의) 제방, 항구

[1]언뎡 [EN-TYENG,-I] (言定) ㊊21
불 Pétition, placet, adresse écrite en caractères coréens.
한 청원서, 진정서, 조선 문자로 쓰인 청원

[2]언뎡 [EN-TYENG] ㊊21 ☞언졍

*언동 [EN-TONG,-I] (言垌) ㊊21
불 Chaussée, jetée(faite de main d'homme).
한 둑, (사람의 손으로 만든) 방파제

언막다 [EN-MAK-TA,EN-MAK-A,EN-MAK-EUN] (堰防) ㊊20
불 Faire une chaussée pour boucher, boucher avec une chaussée.
한 막기 위해 둑을 만들다, 둑으로 막다

*언모동졍 [EN-MO-TONG-TJYENG] (言貌動靜, (Parole, maintien, mouvement, repos)) ㊊20
불 Le ton, les procédés, les manières(ce qui comprend: la parole, la manière, la démarche, la pose.) Tenue, maintien, façon, tournure.
한 말투, 태도, 품행 (말, 태도, 걸음걸이, 자세를 포함하는 것) | 품행, 태도, 행동, 행실

*언문 [ĒN-MOUN,-I] (諺文) ㊊20
불 Alphabet coréen, littérature commune, langage vulgaire.
한 조선의 자모, 저속한 문학, 속된 말

*언변 [EN-PYEN,-I] (言辯) ㊊20
불 Eloquence; facilité à s'exprimer, à parler. V.Syn. 구변 Kou-pyen et 구저 Kou-tjăi.
한 웅변 | 자신의 생각을 쉽게 표현할 수 있는, 말을 쉽게 할 수 있는 능력 | [동의어 구변, Kou-pyen], [동의어 구저, Kou-tjăi]

언비지뗑이 [ĒN-PI-TJI-TTENG-I. (Gelée, marc de 두부 tou-pou, morceau)] ㊊20
불 (Gelée, marc de 두부 tou-pou, morceau) qui a de belles apparences trompeuses. Beau à l'extérieur, mauvais à intérieur. Le loup revêtu de la peau de brebis. Le geai paré des plumes du paon.
한 젤리, 두부 tou-pou의 찌꺼기, 조각, 거짓된 아름다운 모습을 지니고 있는 사람 | 겉은 아름다우나 속은 나쁘다 | 암양의 가죽을 두른 늑대 | 공작의 깃털로

치장한 어치

*언셩 [EN-SYENG,-I] (言聲) [원]21

[불] Voix

[한] 목소리

*언ᄉᆞ [EN-SĂ] (言辭) [원]21

[불] Parole, conversation.

[한] 말, 대화

언ᄉᆞ질ᄒᆞ다 [EN-SĂ-TJIL-HĂ-TA] [원]21

[불] Ne pas faire suivant la conversation. Tromper en négociant une affaire.

[한] 대화한 대로 하지 않다 | 일을 협상하면서 속이다

언ᄯᅡ [EN-TTA,-TJYE,-TJEUN] [원]21

[불] Poser dans un endroit élevé; déposer, placer, mettre en haut.

[한] 높은 곳에 두다 | 위에 놓다, 놓다, 두다

언약ᄒᆞ다 [EN-YAK-HĂ-TA] (約) [원]20

[불] S'allier,stipuler les clauses d'une alliance, faire alliance, traiter; faire un contrat, un pacte; se liguer.

[한] 동맹 관계를 맺다, 동맹의 조항을 규정하다, 결탁하다, 교섭하다 | 계약을 하다, 조약을 맺다 | 동맹을 맺다

*언어 [EN-E] (言語) [원]20

[불] Parole, mot, proverbe, sentence.

[한] 말, 단어, 격언, 금언

*언역 [EN-YEK,-I] (諺譯) [원]20

[불] Alphabet coréen.

[한] 조선의 자모

*언연이 [ĒN-YEN-I] (偃然) [원]20

[불] Découvert, en public, sans gêne.

[한] 드러내 놓고, 공공연히, 거리낌 없이

*언일ᄒᆞ다 [EN-IL-HĂ-TA] (言逸) [원]20

[불] S'impatienter, se fâcher, se mettre un peu en colère, se disputer.

[한] 참지 못하다, 분개하다, 약간 화내다, 서로 말다툼하다

언제 [EN-TJEI] (何時) [원]21

[불] Quand? en quel temps?

[한] 언제? 어느 때에?

언졍 [EN-TJYENG] [원]21

[불] Que, quand bien même, jusque, fallût-il.

[한] ~이든, 설령 ~일지라도, ~까지도, ~라도

*언졍리슌 [EN-TJYENG-RI-SYOUN] (言正理順) [원]21

[불] Véridique dans ses paroles et juste dans ses raisons; parole vraie et raison juste.

[한] 그 말이 진실하고 그 이치가 옳음 | 진실한 말과 정당한 이유

*언죡식비 [EN-TJYOK-SIK-PI] (言足飾非) [원]21

[불] Se justifier facilement par de belles paroles.

[한] 감언으로 쉽게 자신의 무죄를 증명하다

언즁ᄒᆞ다 [EN-TJYOUNG-HĂ-TA] (言重) [원]21

[불] Parole difficile, lourde; avoir la parole difficile.

[한] 어려운, 서투른 말 | 어렵게 말을 하다

*언지무궁 [EN-TJI-MOU-KOUNG] (言之無窮) [원]21

[불] Quoiqu'il y ait beaucoup à dire. On n'en finirait pas s'il fallait tout dire.

[한] 할 말이 많음에도 불구하고 | 모두 말해야 한다면 끝내지 못할 것이다

언치 [EN-TCHI] [원]21

[불] Couverture de cheval.

[한] 말의 덮개

[1]언치이다 [EN-TCHI-I-TA,-TCHI-YE,-TCHI-IN] [원]21

[불] Etre placé sur. (Pass. de 언ᄯᅡ En-tta).

[한] ~위에 놓이다 | (언ᄯᅡ En-tta의 피동형)

[2]언치이다 [EN-TCHI-I-TA] (滯) [원]21

[불] Avoir une indigestion. ‖ Toucher, être à sec (navire).

[한] 소화불량에 걸리다 | (배가) 기항하다, 건조한 상태이다

*언픔 [EN-HPEUM,-I] (言品) [원]21

[불] Ton de la voix, manière de parler. ‖ Loi, règle de la langue, du langage.

[한] 목소리의 음색, 말하는 방식 | 말이나 언어의 법, 규칙

*언필칭요슌 [EN-HPIL-TCHING-YO-SYOUN] (言必稱堯舜) [원]21

[불] Qui dit toujours la même chose. Ne parler jamais de 요Yo et슌 Syoun.

[한] 항상 같은 것을 말하다 | 요 Yo와 슌 Syoun에 대해 결코 말하지 않다

*언히 [ĒN-HĂI] (諺解) [원]20

[불] Ecriture alphabétique coréenne. Traduction en langue vulgaire. Interpétation. Explication v.g. du chinois, des caractères chinois.

[한] 조선의 알파벳 글자 | 속된 말로 해석 | 예. 중국어의, 중국 글자의 해설, 설명

[1]얼 [EL,-I] (孼) [원]22

[불] Fils de concubine.

한 첩의 아들

[2]얼 [EL,-I] 원22

불 Fausse maille(dans un filet), défaut dans un tissu, fente, fissure.

한 (그물에서) 잘못 짜인 코, 조직에서의 결함, 틈새, 작은 틈

얼간ᄒᆞ다 [EL-KAN-HĂ-TA] 원23

불 Mettre un peu de sel pour conserver. Conserver dans un peu de sel.

한 저장하기 위해 소금을 약간 치다 | 소금을 약간 쳐서 저장하다

얼골 [EL-KOL,-I] (貊) 원23

불 Visage, figure, portrait, air.

한 얼굴, 얼굴, 초상, 외관

얼골씽긋씽긋 [EL-KOL-TTJING-KEUT-TTJING-KEUT] (嚬貌) 원23

불 Désigne le mouvement convulsif du visage; grimace nerveuse de celui qui a un tic.

한 얼굴의 경련성 움직임을 가리킨다 | 안면 경련이 있는 사람의 신경성의 찌푸린 얼굴

얼근ᄒᆞ다 [EL-KEUN-HĂ-TA] 원23

불 Etre près de, sur le point de, être un peu. Etre médioncrement. Commencer à (s'enivrer en buvant). Etre un peu (ivre). Etre un peu (poivré). Avoir un peu (mal).

한 ~에 가깝다, 막 ~할 참이다, 약간이다 | 그럭저럭이다 | (술을 마시면서 취하기) 시작하다 | 약간 (취하다) | (후추 맛이) 약간 나다 | 약간 (아프다)

얼금이 [EL-KEUM-I] 원23

불 Nœud coulant.

한 당기면 죄어지도록 엮은 매듭

얼낙녹을락ᄒᆞ다 [EL-NAK-NOK-EUL-RAK-HĂ-TA] 원23

불 Etre changeant, être alternativement chaud et froid, doux et sévère. ‖ Subtil, souple.

한 변덕스럽다, 번갈아 뜨겁고 차다, 온화하고 엄격하다 | 예민하다, 민첩하다

얼넉얼넉ᄒᆞ다 [EL-NEK-EL-NEK-HĂ-TA] 원23

불 Etre bigarré.

한 얼룩덜룩하다

얼넌 [EL-NEN] 원23 ☞ 얼는

얼넝얼넝 [EL-NENG-EL-NENG] 원23

불 Qui a l'air de faire et ne fait rien. ‖ Caresser, flatter pour adoucir.

한 하는 것처럼 보이지만 아무것도 하지 않다 | 쓰다듬다, 달래기 위해 비위를 맞추다

얼네몰박 [EL-NEI-MĀL-PAK] (駁) 원23

불 Le caractère chinois du cheval bigarré.

한 얼룩말의 중국 글자

얼농덜농 [EL-NONG-TEL-NONG] 원24

불 Bigarré

한 얼룩덜룩하다

얼눅얼눅ᄒᆞ다 [EL-NOUK-EL-NOUK-HĂ-TA] 원24

불 De différentes couleurs, bigarré; être marbré, moucheté.

한 여러 색깔이다, 얼룩덜룩하다 | 대리석 무늬이다, 얼룩이 있다

얼는 [EL-NEUN] 원23

불 Vite, prestement

한 빨리, 재빠르게

얼는얼는ᄒᆞ다 [EL-NEUN-EL-NEUN-HĂ-TA] 원23

불 Etre éclatant, brillant;vaciller;scintiller.

한 빛나다, 찬란하다 | 너울거리다 | 반짝이다

얼늣 [EL-NEUT] 원23

불 Vite.

한 빨리

[1]얼니다 [EL-NI-TA,-NYE,-NIN] (誘) 원23

불 Séduire, entraîner par séduction, corrompre. ‖ Consoler, amadouer.

한 타락시키다, 매수하여 부추기다, 매수하다 | 위로하다, 얼러맞추다

[2]얼니다 [EL-NI-TA,-NYE,-NIN] 원23

불 Glacer une chose, faire geler.

한 어떤 것을 얼리다, 얼게 하다

얼니우다 [EL-NI-OU-TA,-NI-OUE,-NI-OUN] 원23

불 S'unir(pour). Se geler, se prendre(glace).

한 (~을 위해) 합쳐지다 | (얼음이) 얼다, 엉기다

[1]얼다 [EL-TA,EL-E,EN] 원24

불 Etre ivre.

한 취하다

[2]얼다 [ĒL-TA,EL-E,EN] (凍) 원24

불 Se geler, glacer,geler.

한 얼다, 얼리다, 얼리다

*얼동생 [EL-TONG-SĂING,-I] (孽同生|庶弟) 원24

불 Fils d'une concubine qui est né après le fils légitime, frère cadet bâtard.

한 합법적인 아들보다 늦게 태어난 첩의 아들, 서출

의 남동생

얼마 [EL-MA] (幾何) [원]23

[불] Combien (prix), combien (nombreux), combien(plus), quelle quantité?

[한] 얼마나 (가격), 얼마나 (수가 많은가), 얼마나 (더), 얼마만큼의 양?

얼마큼 [EL-MA-HKEUM] [원]23

[불] Combien, quelle quantité?

[한] 얼마, 얼마만큼의 양?

얼망이 [EL-MANG-I] [원]23

[불] Crible, à gros trous.

[한] 구멍이 큰 체

얼멍얼멍 [EL-MENG-EL-MENG] [원]23

[불] Dégrossi, encore un peu brut, grossier. Etre raboteux, inégal.

[한] 대충 다듬어지다, 아직 약간 미완성이다, 거칠다 | 울퉁불퉁하다, 고르지 않다

얼뵈다 [ĔL-POI-TA,-POI-YE,-POIN] [원]24

[불] Confondre; ne pas distinguer; ne pas voir clairement, distinctement.

[한] 혼동하다 | 구별하지 못하다 | 분명하게, 명확하게 보지 못하다

얼부푸다 [ĔL-POU-HPOU-TA,-HPOU-RE,-HPOUN] [원]24

[불] Se geler, puis se dégeler plusieurs fois avant d'être sec.

[한] 얼었다가 마르기 전에 여러 번 녹다

얼시고뎔시고 [EL-SI-KO-TYEL-SI-KO] (踴躍) [원]24

[불] Cri de réjouissance que poussent les Coréens dans les chansons, les réjouissances, en dansant.

[한] 노래, 축제 속에서 조선인들이 춤을 추면서 지르는 기쁨의 함성

얼쓰다 [ĔL-TTEU-TA,-TTE,-TTEUN] [원]24

[불] N'être bon à rien, propre à rien.

[한] 아무 쓸모없다, 아무것에도 적절하지 않다

얼쓱이 [EL-TTEUK-I] [원]24

[불] Homme de rien, bon à rien.

[한] 보잘것없는, 쓸모없는 사람

얼얼ᄒᆞ다 [EL-EL-HĂ-TA] [원]22

[불] Etre dépaysé, désorienté, dérouté. Ne connaître personne, aucun lieu, etc. Etre égaré, être étranger.

[한] 어리둥절하다, 어찌할 바를 모르다, 당황하다 | 아무도, 어떤 장소 등도 알지 못하다 | 길을 잃다, 낯설다

얼얼ᄒᆞ다 [EL-EL-HĂ-TA] [원]22

[불] Etre poivré.

[한] 후추 맛이 나다

얼우다 [EL-OU-TA,EL-OUE,EL-OUN] (誘) [원]23

[불] Chercher à séduire. Flatter, amuser, cajoler, caresser, occuper, distraire (un petit enfant pour l'apaiser). 얼워만치다, El-oue-man-tchi-ta, Caresser de la main.

[한] 유혹하려 애쓰다 | 즐겁게 하다, 기쁘게 하다, 비위 맞추다, 쓰다듬다, 사로잡다, 기분을 풀어주다 | [[용례] 얼워만치다, El-oue-man-tchi-ta], 손으로 쓰다듬다

얼울ᄒᆞ다 [EL-OUL-HĂ-TA] (像) [원]23

[불] Imiter, reproduire un objet, copier, calquer, prendre modèle sur.

[한] 모방하다, 어떤 물건을 복제하다, 본뜨다, 본받다, ~를 본보다

얼지근ᄒᆞ다 [EL-TJI-KEUN-HĂ-TA] [원]24

[불] Etre un peu, près de, sur le point de, médiocrement. ‖ Douloureux, qui fait mal. Etre un peu fâcheux.

[한] 약간 ~하다, ~에 가깝다, 막 ~하려는 참이다, 그럭저럭 ~하다 | 고통스럽다, 아프게 하다 | 약간 힘들다

얼지다 [ĔL-TJI-TA,EL-TJYE,EL-TJIN] [원]24

[불] Etre irrégulier(tissu); inégalité dans une toile ou tout autre tissu.

[한] (조직이) 고르지 않다 | 직물 또는 전혀 다른 조직에서의 불규칙

*얼ᄌᆞ [EL-TJĂ] (孽子|庶子) [원]24

[불] Fils de concubine.

[한] 첩의 아들

1얼통 [EL-HTONG,-I] (孽統) [원]24

[불] Descendant par une concubine.

[한] 첩의 자손

2얼통 [EL-HTONG,-I] [원]24

[불] Chapeau d'une qualité passable, semblable à ceux de la ville de 통영 Htong-yeng.

[한] 도시 통영 Htong-yeng 의 그것과 비슷한, 보통 품질의 모자

얼픔 [EL-HPEUM,-I] [원]24

[불] Distance, séparation. Milieu, l'entre-deux.

[한] 간격, 경계 | 가운데, 둘 사이

얼픗 [EL-HPEUT] (霎時) [원]24

[불] Vite.

[한] 빨리

얼핏 [EL-HPIT] (霎時) [원]24
[불] Vite.
[한] 빨리

*얼형 [EL-HYENG,-I] (孽兄) [원]23
[불] Fils d'une concubine qui est né avant le fils légitime.
[한] 합법적인 아들보다 먼저 태어난 첩의 아들

[1]얽다 [ELK-TA,ELK-E,ELK-EUN] (痘痕) [원]23
[불] Etre marqué de la petit vérole. Etre grêlé.
[한] 천연두 자국이 있다 | 얼굴이 얽다

[2]얽다 [ELK-TA,ELK-E,ELK-EUN] [원]23
[불] Ficeler, lier de tous côtés.
[한] 끈으로 묶다, 사방으로 묶다

얽박괴셕이 [ELK-PAK-KOI-SYEK-I] (痘痕) [원]23
[불] Celui qui a le visage gravé de petite vérole.
[한] 얼굴에 천연두 자국이 패인 사람

얽박이 [ELK-PAK-I] (痘痕) [원]23
[불] Marqué de beaucoup de taches de petit vérole. ‖ Chose de surface inégale.
[한] 천연두 자국이 많이 남다 | 표면이 울퉁불퉁한 것

얽이 [ELK-I] [원]23
[불] Corde d'emballage, corde qui attache un paquet.
[한] 포장용 끈, 꾸러미를 묶는 끈

얽이노타 [ELK-I-NO-HTA,-NO-HA,-NO-HEUN] [원]23
[불] Tendre un piége à quelqu'un.
[한] 누군가에게 덫을 놓다

얽이치다 [ELK-I-TCHI-TA,-TCHYE,-TCHIN] [원]23
[불] Attacher un paquet, un faix, avec une corde; ficeler un paquet; une caisse.
[한] 꾸러미, 무거운 짐을 끈으로 묶다 | 꾸러미, 상자를 끈으로 묶다

[1]얽히다 [ELK-HI-TA,ELK-HYE,ELK-HIN] (纏) [원]23
[불] S'embrouiller, se brouiller, s'embarrasser.
[한] 얽히다, 혼란스럽게 되다, 얽히다

[2]얽히다 [ELK-HI-TA,ELK-HYE,ELK-HIN] (痘痕) [원]23
[불] Etre marqué de petite vérole.
[한] 천연두 자국이 남다

얽히이다 [ELK-HI-I-TA,-HI-YE,-HI-IN] (纏) [원]23
[불] Etre embrouillé par, être embarrassé.
[한] ~로 복잡하다, 뒤얽히다

*엄 [EM] (嚴) [원]19
[불] Sévère, dur, âpre, rustique.
[한] 엄격하다, 몰인정하다, 가혹하다, 거칠다

엄니 [EM-NI] (牙) [원]19
[불] Dents canines; dents molaires.
[한] 송곳니 | 어금니

*엄동 [EM-TONG,-I] (嚴冬) [원]20
[불] Hiver rigoureux, très-froid.
[한] 혹독한, 아주 추운 겨울

*엄명 [EM-MYENG,-I] (嚴命) [원]19
[불] Ordre rigoureux, commandement absolu.
[한] 엄격한 명령, 절대적인 명령

엄박ᄒᆞ다 [EM-PAK-HĂ-TA] [원]19
[불] Pencher, menaçer ruine.
[한] 기울어지다, 금방 무너질 듯하다

엄발 [EM-PAL,I] [원]19
[불] Ergot de coq.
[한] 닭의 며느리 발톱

엄방지다 [EM-PANG-TJI-TA,-TJYE,-TJIN] [원]19
[불] Bien pousser, bien venir (légumes, arbres).
[한] (채소, 나무가) 잘 자라다, 잘 성장하다

*엄벌ᄒᆞ다 [EM-PEL -HĂ-TA] (嚴罰) [원]19
[불] Punition rigoureuse. Punir sévèrement.
[한] 엄격한 처벌 | 엄하게 벌하다

*엄부 [EM-POU] (嚴父) [원]19
[불] Père sévère. (Honorif.).
[한] 엄격한 아버지 | (경칭)

*엄부형 [EM-POU-HYENG,-I] (嚴父兄) [원]19
[불] Frère ainé. (Honorif.).
[한] 큰형 | (경칭)

*엄부효ᄌᆞ [EM-POU-HYO-TJĂ] (嚴父孝子) [원]19
[불] Un père sévère fait un bon fils.
[한] 엄격한 아버지가 착한 아들을 만든다

*엄슉ᄒᆞ다 [EM-SYOUK-HĂ-TA] (嚴肅) [원]20
[불] Sérieux, sévère, rigoureux. Etre grave, dangereux.
[한] 근엄하다, 엄하다, 엄격하다 | 근엄하다, 중하다

*엄습ᄒᆞ다 [ĔM-SEUP-HĂ-TA] (掩襲) [원]19
[불] Arriver à l'improviste. L'emporter sur. Surprendre. Gagner du terrain peu à peu. Dérober.
[한] 갑작스레 오다 | ~을 이기다 | 불시에 습격하다 | 점점 전진하다 | 가로채다

*엄시하 [EM-SI-HA] (嚴侍下) [원]19
[불] Qui a son père seulement et pas sa mère.
[한] 자신의 아버지만 있고 자신의 어머니는 없는 사람

엄신 [EM-SIN,-I] (芒鞋) [원]19
[불] Souliers d'un homme en deuil(ils n'ont que quatre cordes pour former le dessus).

한 상중인 사람이 신는 신발 (위쪽은 네 개의 끈으로만 이루어져 있다)

*엄신ᄒᆞ다 [ĒM-SIN-HĂ-TA] (掩身) 원20

불 Se vêtir un peu, se couvrir contre le froid, se couvrir le corps.

한 옷을 적게 입다, 추위에 대비해 옷을 입다, 몸에 걸치다

*엄엄ᄒᆞ다 [EM-EM-HĂ-TA] (嚴嚴) 원19

불 Sévère, terrible, effrayant, imposant, dangereux.

한 엄하다, 굉장하다, 무섭다, 근엄하다, 중하다

*엄연ᄒᆞ다 [ĒM-YEN-HĂ-TA] (儼然) 원19

불 Etre sage, grave, posé, prudent.

한 얌전하다, 엄숙하다, 침착하다, 신중하다

*엄예 [EM-TYEI] (嚴題) 원20

불 Réponse sévère d'un mandarin écrite au bas de la supplique.

한 탄원서 아래쪽에 적힌 관리의 엄중한 항변

*엄위ᄒᆞ다 [EM-OUI-HĂ-TA] (嚴威) 원19

불 Majestueux, imposant, sévère, grave, qui inspire de la crainte.

한 위엄 있다, 근엄하다, 엄중하다, 무게가 있다, 경외심을 불러일으키다

*엄쟝ᄒᆞ다 [EM-TJYANG-HĂ-TA] (嚴莊) 원20

불 Grand et élevé, gigantesque. Etre énorme, sévère, imposant (homme).

한 크고 높다, 거대하다 | (사람이) 굉장하다, 엄격하다, 위엄 있다

*엄젹ᄒᆞ다 [ĒM-TJYEK-HĂ-TA] (掩迹) 원20

불 Se cacher de, faire en secret.

한 ~을 숨기다, 은밀히 하다

엄준ᄒᆞ다 [EM-TJOUN-HĂ-TA] (嚴峻) 원20

불 Intimider, effrayer. ‖ Grand et élevé, gigantesque (chose).

한 위협하다, 두렵게 하다 | (사물이) 크고 높다, 거대하다

1*엄지 [EM-TJI] (嚴旨) 원20

불 Réponse sévère d'un mandarin écrite au bas d'une supplique.

한 탄원서 아래쪽에 적힌 관리의 엄중한 항변

2엄지 [EM-TJI] (大指) 원20

불 Pouce.

한 엄지손가락

엄지가락 [EM-TJI-KA-RAK,-I] (大指) 원20

불 Le pouce.

한 엄지손가락

*엄쥐 [EM-TJĂI] (嚴齋) 원20

불 Jeûne rigoureux.

한 엄격한 단식

*엄치ᄒᆞ다 [EM-TCHI-HĂ-TA] (嚴治) 원20

불 Sévèrement. Gouverner avec sévérité, rigueur, dureté.

한 엄격하게 | 엄격하게, 준엄하게, 냉혹하게 통치하다

*엄친 [EM-TCHIN] (嚴親) 원20

불 Père sévère. (Honorif.).

한 엄한 아버지 | (경칭)

*엄칙ᄒᆞ다 [EM-TCHĂIK-HĂ-TA] (嚴責) 원20

불 Reprendre sévèrement, gronder sévèrement.

한 엄하게 나무라다, 엄하게 질책하다

1엄토ᄒᆞ다 [ĒM-HTO-HĂ-TA] (掩土) 원20

불 Enterrement, funérailles. Enterrer, couvrir de terre.

한 매장, 장례 | 매장하다, 흙으로 덮다

2엄토ᄒᆞ다 [EM-HTO-HĂ-TA] 원20

불 Le roi aller à la guerre en personne.

한 왕이 몸소 전쟁에 참가하다

3엄토ᄒᆞ다 [EM-HTO-HĂ-TA] (掩髾) 원20

불 Couvrir le toupet.

한 [역주 이마 위의] 끝을 올린 머리를 덮다

*엄판ᄒᆞ다 [EM-HPAN-HĂ-TA] (嚴判) 원19

불 Jugement rigoureux. Juger sévèrement.

한 엄격한 판결 | 엄격하게 판결하다

*엄포ᄒᆞ다 [EM-HPO-HĂ-TA] (嚴咆) 원19

불 Effrayer, intimider.

한 겁나게 하다, 위협하다

*엄형ᄒᆞ다 [EM-HYENG-HĂ-TA] (嚴刑) 원19

불 Torture rigoureuse, punition sévère.

한 가혹한 형벌, 엄한 처벌

*엄ᄒᆞ다 [EM-HĂ-TA] (嚴) 원19

불 Sévère, austère, grave, âpre, dur, rigoureux, imposant.

한 엄하다, 준엄하다, 근엄하다, 가혹하다, 냉혹하다, 엄격하다, 위엄 있다

*업 [EP,-I] (業) 원21

불 Héritage. ‖ Profession.

한 상속 | 직업

업구렁이 [EP-KOU-RENG-I] (業蟒) 원21

불 Serpent, génie protecteur de la maison.

한 집을 지켜주는 뱀, 수호신

업나무 [EP-NA-MOU] 원21

불 Esp. d'arbre épineux.

한 가시가 있는 나무의 종류

업누르다 [EP-NOU-REU-TA,-NOUL-NE,-NOU-REUN] 원21

불 Comprimer, peser sur; faire taire, imposer silence.

한 억누르다, ~을 짓누르다 | 입을 다물게 하다, 침묵을 강요하다

[1]업다 [ĔP-TA,-SE,-SĂN] (無) 원22

불 N'être pas, être absent, manquer, n'avoir pas. Négat. De 잇다 It-ta, être, avoir.

한 없다, 부재하다, 부족하다, 가지고 있지 않다 | 잇다 It-ta, 이다, 가지다의 부정어

[2]업다 [EP-TA,-E,-EUN] (負) 원22

불 Porter sur le dos (v.g. un enfant).

한 (예. 아이를) 등에 지다

[3]업다 [EP-TA,-HE,-HEUN] (覆) 원22

불 Incliner, coucher, placer en couchant, renverser (v.g. une tasse, un verre), mettre l'ouverture en bas. 업허노타, Ep-he-no-hta, Placer en renversant.

한 기울이다, 쓰러뜨리다, 눕혀 놓다, (예. 잔, 유리잔을) 뒤집어 놓다, 입구를 아래에 두다 | [용례 업허노타, ep-he-no-hta], 뒤집어서 놓다

업드러지다 [EP-TEU-RE-TJI-TA,-RE-TJYE,-RE-TJIN] (顚仆) 원22

불 Tomber en avant.

한 앞으로 넘어지다

업드리다 [EP-TEU-RI-TA,-TEU-RYE,-TEU-RIN] (伏) 원22

불 S'incliner en avant, incliner(un autre). Se prosterner.

한 앞으로 숙이다, (다른 사람을) 굽히다 | 엎드리다

업ᄃᆡ다 [EP-TĂI-TA,-TĂI-YE,-TĂIN] (伏) 원22

불 S'incliner, se prosterner, être incliné.

한 숙이다, 엎드리다, 기울어지다

업박잡박 [EP-PAK-TJAP-PAK] 원21

불 En haut, en bas; dessus dessous,(tourner) sens dessus-dessous, mettre à l'envers.

한 위로, 아래로 | 위아래, 방향을 위아래로 (돌리다), 거꾸로 놓다

업서지다 [EP-SE-TJI-TA,-TJYE,-TJIN] (無) 원21

불 S'évanouir, se fondre, se dissiper, se défaire, disparaître, n'être plus.

한 자취를 감추다, 없어지다, 흩어지다, 해체되다, 사라지다, 더 이상 없다

업수이넉이다 [EP-SOU-I-NEK-I-TA,-NEK-TE,-NEK-IN] (侮) 원21

불 Mépriser, dédaigner, regarder comme rien.

한 무시하다, 경멸하다, 아무것도 아닌 것처럼 보다

업시 [EP-SI] (無) 원21

불 Sans. (Adv. de 업다 Ep-ta).

한 ~없이 | (업다 Ep-ta의 부사)

업시ᄒᆞ다 [EP-SI-HĂ-TA] (無) 원21

불 Priver de, ôter, supprimer, anéantir, détruire, effacer, raser.

한 빼앗다, 제거하다, 없애다, 소멸시키다, 파괴하다, 지우다, 무너뜨리다

업죡지비 [EP-TJYOK-TJYE-PI] 원22

불 Belette génie protecteur de la maison. Belette.

한 집을 지켜주는 족제비, 수호신 | 족제비

업준 [EP-TJOUN,-I] 원22

불 Viande du ventre d'un animal. Poitrine du cheval.

한 짐승의 뱃살 | 말의 가슴

[1]업지르다 [EP-TJI-REU-TA,-TJIL-NE,-TJI-REUN] (傾覆) 원22

불 Verser, répandre, renverser, dissiper.

한 붓다, 쏟다, 엎지르다, 흩뜨리다

[2]업지르다 [EP-TJI-REU-TA,-TJIL-NE,-TJI-REUN] (覆) 원22

불 Chasser, éloigner, vaincre (un animal furieux). Saisir et renverser.

한 (난폭한 동물을) 사냥하다, 물리치다, 무찌르다 | 붙잡고 넘어뜨리다

업집 [EP-TJIP,-I] 원22

불 Maison inclinée.

한 기울어진 집

업치다 [EP-TCHI-TA,-TCHYE,-TCHIN] 원22

불 Etre renversé. Pass. de 업다 Ep-ta. ᄇᆡ업치매 Păl-ep-tchi-mai, Le navire chavire.

한 엎어지다 | 업다 Ep-ta의 피동형 | [용례 ᄇᆡ업치매, Păl-ep-tchi-mai], 배가 뒤집히다

업치락뒤치락ᄒᆞ다 [EP-TCHI-RAK-TOUI-TCHI-RAK-HĂ-TA] 원22

불 Etre tantôt dessus,tantôt dessous. tour à tour vaincre et être vaincu.

한 때로는 위에 있고, 때로는 아래에 있다 | 번갈아

이기고 지다

엇 [ET] [원]24

[불] Indique ce qui est de travers, oblique, en biais.

[한] 비스듬한, 기울어진, 경사진 것을 가리킨다

엇간업다 [ET-KAN-EP-TA] [원]24

[불] C'est déplorable, absurde. V.Syn. 샹업다, Syang-ep-ta.

[한] 매우 유감스럽다, 부조리하다 | [[동의어] 샹업다, Syang-ep-ta]

엇게 [ET-KEI] (肩) [원]25

[불] Epaule.

[한] 어깨

엇결니다 [ET-KYEL-NI-TA,-KYEL-NYE,-KYEL-NIN] [원]25

[불] S'appuyer sur, se confondre, s'entremêler pour se soutenir (poutres, pièce de bois, etc.).

[한] ~에 기대다, 섞이다, 지탱되기 위해 혼합되다 (들보, 나무 조각 등)

엇글우 [ET-KEUL-OU] [원]25

[불] Semence un peu en retard, et qui cependant se fait avant le temps de la seconde semence.

[한] 약간 늦긴 하지만 두 번째 파종 시기 전에 이루어지는 파종

엇기 [ET-KĂI] (肩) [원]25

[불] Epaule.

[한] 어깨

¹엇다 [ĒT-TA,ET-E,ET-EUN] (得) [원]25

[불] Obtenir, acquérir, trouver, gagner, conquérir. ‖ Commettre. 텬쥬씌엇은죄, Htyen-tiyou-kkaui-et-eun-tjoi, Péché commis envers dieu.

[한] 얻다, 획득하다, 찾다, 벌다, 쟁취하다 | 저지르다 | [[용례] 텬쥬씌엇은죄, Htyen-tiyou-kkaui-et-eun-tjoi], 신에 대하여 저지른 죄

²엇다 [ET-TA,E-SYE,E-SEUN] [원]25

[불] Insuffisant. ‖ Etre oblique, pas droit, incliné.

[한] 불충분하다 | 비스듬하다, 곧지 않다, 경사지다

엇더케 [ET-TE-HKEI] (何如) [원]25

[불] Comment.

[한] 어떻게

엇더텬지 [ET-TE-HTEN-TJI] [원]25

[불] Que ce soit de cette manière ou autrement, quoi qu'il en soit.

[한] 이런 식이든지 아니면 다른 식이든지, 어쨌든

엇더ᄒᆞ다 [ET-TE-HĂ-TA] (如何) [원]25

[불] Comment faire? être comment? quel être? comment être? (interrog)

[한] 어떻게 할까? 어떠한가? 어떤가? 어떠한가? (의문문)

엇던 [ET-TEN] (何等) [원]25

[불] Quel?(est-ce un bon, un mauvais; grand, petit? demande la qualité de la personne ou de la chose). ‖ Quelqu'un, quiconque. 엇던사름이 Et-ten-sa-răm-I, Il y a des hommes qui. 엇던사름이 Et-ten-sa-răm-i, Quel homme? (est-ce un bon, un méchant?).

[한] 어떤? (좋은 사람인가, 나쁜 사람인가? 큰가, 작은가? 사람이나 사물의 자질에 대해 묻는다) | 누군가, 어느 누구 | [[용례] 엇던사름이, Et-ten-sa-răm-i], ~인 사람들이 있다 | [[용례] 엇던사름이, Et-ten-sa-răm-i], 어떤 사람? (좋은가, 나쁜가?)

엇득엇득ᄒᆞ다 [ET-TEUK-ET-TEUK-HĂ-TA] [원]25

[불] Etre étourdi, n'y pas voir clair.

[한] 경솔하다, 똑똑히 보지 못하다

엇붓다 [ET-POUT-TA,-POUT-HE,-POUT-HEUN] [원]25

[불] Etre joint avec…, réuni.

[한] ~와 함께 접합되다, 결합되다

엇잔타 [ET-TJAN-HTA,-TJAN-A,TJAN-EUN] (不好) [원]25

[불] Mauvais.(Nég. de 어지다, E-tji-ta).

[한] 나쁘다 | (어지다 E-tji-ta의 부정)

엇지 [ĒT-TJI] (豈) [원]25

[불] Comment. (N'est pas toujours interrogatif). D'une certaine manière, je ne sais comment.

[한] 어떻게 | (항상 의문사는 아니다) | 어떤 방식으로, 어떻게인지는 모르지만

엇지ᄒᆞ다 [ĒT-TJI-HĂ-TA] (何爲) [원]25

[불] Comment faire? Pour quel…? Quel…? 엇지ᄒᆞᆫ일노, Et-tji-hăn-il-no, Par quell affaire, pour quelle affaire?

[한] 어떻게 할까? 어떤 이유로? 어느? | [[용례] 엇지ᄒᆞᆫ일노, Et-tji-hăn-il-no], 어떤 일로? 어떤 일 때문에?

엇지ᄒᆞ야 [ĒT-TJI-HĂ-YA] (何爲) [원]25

[불] Pourquoi? Comment est-ce que …?

[한] 왜? 어떻게?

엉겅퀴 [ENG-KENG-HKOUI] [원]21

[불] Esp. d'herbe épineuse à longues feuilles(légume).

[한] 잎이 길고 가시가 있는 풀의 종류 (채소)

엉긋ᄒᆞ다 [ENG-KEUT-HĂ-TA] [원]21

[불] Etre espacé et parallèle.

[한] 간격이 벌어져 있고 평행하다

ㅇ

엉긔다 [ENG-KEUI-TA,-KEUI-YE,-KEUIN] (凝) 원21
불 Se congeler, se figer, se durcir, se condenser, se geler, se coaguler, se cailler.
한 동결하다, 엉기다, 굳어지다, 압축되다, 얼다, 응결하다, 엉기다

엉동이 [ENG-TONG-I] 원21
불 Enfant gâté.
한 응석받이

엉둥이 [ĒNG-TEUNG-I] (臀) 원21
불 Bas de l'échine, derrière.
한 척주 아래, 엉덩이

엉셕밧다 [ĒNG-SYEK-PAT-TA] 원21
불 Gâter(v.g.un enfant). (Gouv. le datif).
한 (예. 아이를) 애지중지하다 | (여격을 지배함)

엉셕ᄒᆞ다 [ĒNG-SYEK-HĂ-TA] 원21
불 Etre gâté(un enfant). (Gouv. le datif).
한 (아이가) 응석받이이다 | (여격을 지배한다)

엉셰판 [ENG-SYEI-HPAN,-I] 원21
불 Qui a beaucoup perdu de sa première prospérité. =되다-toi-ta, Etre en décadence.
한 자신의 최고 행운을 많이 잃은 사람 | [용례 =되다, -toi-ta], 쇠퇴하는 상태이다

엉어리 [ĒNG-E-RI] 원21
불 Petite boule dans une tumeur sous la peau. Bourbillon d'un furoncle.
한 피부 아래 종기 속의 작은 덩어리 | 절종의 뿌리

엉얼거리다 [ENG-EL-KE-RI-TA,-RYE,-RIN] 원21
불 Murmurer entre ses dents, parler seul.
한 입 안에서 중얼거리다, 혼자 말하다

엉얼엉얼ᄒᆞ다 [ENG-EL-ENG-EL-HĂ-TA] 원21
불 Parole entre les dents. Murmurer entre ses dents.
한 입안에서어물거리며하는말| 입안에서중얼거리다

엉엉거리다 [ENG-ENG-KE-RI-TA,-RYE,-RIN] 원21
불 Murmurer tout bas.
한 아주 낮은 소리로 투덜거리다

엉엉울다 [ENG-ENG-OUL-TA,-OU-RE,-OUN] 원21
불 Cris de pleurs. Pleurnicher(comme les enfants).
한 우는 소리 | (아이들처럼) 우는 소리를 내다

엉이 [ENG-I] 원21
불 Mère(des animaux).
한 (짐승들의) 어미

엉이줄 [ENG-I-TJOUL,-I] 원21
불 Syllabaire coréen. Voy.반졀 Pan-tjyel.
한 조선의 음절표 | [참조어 반졀, Pan-tjyel]

엉쿨니다 [ENG-HKOUL-NI-TA,-NYE,-NIN] 원21
불 Etre mêlé, brouillé Fact. de 엉클다 Eng-hkeul-ta.
한 섞이다, 얽히다 | 엉클다 Eng-hkeul-ta의 사동형

엉클다 [ENG-HKEUL-TA,-HKEU-RE,-HKEUN] 원21
불 Mêler, embrouiller.
한 섞다, 얽히게 하다

엉킈다 [ENG-HKEUI-TA,-HKEUI-YE,-HKEUIN] 원21
불 Etre mélangé, mêlé, brouillé (v.g.fil) Fact. de 엉클다 Eng-hkeul-ta.
한 뒤섞이다, 섞이다, 얽히다 (예. 실) | 엉클다 Eng-hkeul-ta의 사동형

[1]에 [EI] 원17
불 En, dans. (Terminaison du locatif).
한 ~에, ~안에 | (처격의 접미사)

[2]에 [EI] 원17
불 Holà! ô! (pour appeler). Hé! fi! (mépris, indignation). 에라 Ei-ra, Hé!
한 (부르기 위해) 어이! 오! | 어이! 체! (경멸, 분개) | [용례 에라, Ei-ra], 어이!

에고 [EI-KO] 원17
불 Hélas! oh! oh! (cri d'admiration, de joie ou de douleur).
한 아아! 오! 오! (감탄, 기쁨 또는 고통의 외침)

에고됴타 [EI-KO-TYO-HTA] 원17
불 Comme c'est bien, beau, ha! (cri d'admir.).
한 좋구나, 멋지구나, 아! (감탄하는 소리)

에넘느러ᄒᆞ다 [EI-NEM-NEU-RE-HĂ-TA] 원17
불 Etre en désordre, pêle-mêle.
한 혼란하다, 난잡하다

에다 [EI-TA,EI-YE,EIN] 원18
불 Couper en angle, en zigzag; faire un détour.
한 모나게, 지그재그로 자르다 | 우회하다

에두루다 [Ē-TOU-ROU-TA,-TOUL-NE,-TOU-ROUN] 원18
불 Faire des circonlocutions, parler par détours.
한 완곡하게 표현하다, 돌려 말하다

에라 [EI-RA] 원17
불 Hé! (exclam. de mépris pour gronder). 에라이놈 Ei-ra- i-nom, Hé! vilain!
한 저런! (꾸짖을 때 쓰는 경멸의 감탄사) | [용례 에라이놈, Ei-ra-i-nom], 이봐! 비열한 인간!

에말무지로 [EI-MAL-MOU-TJI-RO] 원17
불 Etourdiment, sans réflexion, mollement.
한 경솔하게, 심사숙고하지 않고서, 나태하게

에머리굿다 [EI-ME-RI-KOUT-TA,-KOU-TJE,-KOU-TJĂN] [원]17
[불] Etre insoumis, désobéissant, indocile.
[한] 복종하지 않다, 반항적이다, 순종하지 않다

에써나 [EI-KKE-NA] [원]17
[불] Tiens! ah! (esp. d'exclam. de surprise).
[한] 저런! 아! (놀람을 뜻하는 감탄사의 종류)

에여가다 [EI-YE-KA-TA,-KA,-KAN] (避去) [원]17
[불] Faire un détour, se détourner.
[한] 길을 돌아가다, 우회하다

에우다 [EI-OU-TA,-OUE,-OUN] (圍) [원]17
[불] Tourner, faire un coude(eau); entourer d'une marque pour effacer d'un registre une somme acquittée.
[한] 우회하다, 굽이지다(물) | 면제된 금액을 장부에서 지우기 위해 표시로 두르다

에워싸다 [EI-OUE-SSA-TA,-SSA,-SSAN] [원]17
[불] Entourer, mettre autour, envelopper, tourner au tour.
[한] 둘러싸다, 두르다, 에워싸다, 주위를 돌다

에이 [EI-I] [원]17 ☞ [3]어이

에이다 [EI-I-TA,-IYE,-IN] [원]17
[불] Découper, tailler.
[한] 오리다, 자르다

엔간ᄒᆞ다 [EIN-KAN-HĂ-TA] [원]17
[불] Etre passable, assez bien, être semblable.
[한] 웬만하다, 그럭저럭하다, 비슷하다

엔담 [EIN-TAM,-I] (堵) [원]17
[불] Contour, circuit, enceinte.
[한] 주위, 둘레, 성벽

엔툴이 [EIN-HTOUL-I] [원]17
[불] Le bord, la circonférence, le contour, le commencement, plan sur terre. =치다-tchi-ta, Commencer. (v.g. une maison, en posant les fondements, le contour)
[한] 가장자리, 주변, 주위, 어귀, 토지 도면 [[용례] =치다, -tchi-ta], (예. 토대를 세우면서 집을, 윤곽을) 착수하다

엔틈 [EIN-HTEUM,-I] [원]17
[불] Angle, espace compris entre deux lignes qui se coupent.
[한] 모퉁이, 서로 교차하는 두 선 사이에 놓인 공간

엣 [EIT] [원]17
[불] (Particule donnant au mot une signification adjective). La chose de.
[한] (단어에 형용사적인 의미를 부여하는 소사) | ~한 것

엣간업다 [EIT-KAN-EP-TA,-EP-SE,-EP-SĂN] [원]18
[불] N'être pas ce qu'on avait pensé, n'avoir pas autant qu'on avait cru d'abord. C'est indicible, c'est déplorable.
[한] 생각했던 것이 아니다, 앞서 생각했었던 만큼은 없다 | 말로 다 할 수 없다, 한탄스럽다

엣고나 [EIT-KO-NA] [원]18
[불] (Cri de surprise fâcheuse). Oh! Ah!
[한] (유감스러워서 놀라는 소리) | 오! 아!

[1]*여 [YE] (餘) [원]25
[불] En agr., Après les noms de nombre, signifie; et plus. 빅여년 Păik-ye-nyen, Cent ans et plus. ‖ De reste.
[한] 한자어로 숫자를 나타내는 명사 뒤에서 '이상'을 의미한다 | [[용례] 빅여년, Păik-ye-nyen], 99년 이상 | 여분으로

[2]*여 [YE] (嶼) [원]25
[불] Ecueil, rocher dans la mer qui offre un danger pour les navires.
[한] 암초, 배를 위험하게 하는 바다에 있는 바위

[3]*여 [YE] (如) [원]25
[불] En.agr.(devant le mot) Comme,sicut,semblable à.
[한] 한자어로 (단어 앞에서) ~와 같은, ~처럼, ~와 유사하다

*여간 [YE-KAN] (如干) [원]27
[불] Très-peu, peu, un peu, quelque, à peu près, si peu que rien.
[한] 아주 조금, 조금, 약간, 몇 안 되는, 거의, 하찮다

*여곡 [YE-KOK,-I] (餘穀) [원]27
[불] Reste des provisions de blé à la moisson de l'année suivante.
[한] 다음 해의 수확기까지 비축 곡물의 나머지

*여금ᄒᆞ다 [YE-KEUM-HĂ-TA] (如金, (comme, or)) [원]27
[불] Précieux; semblable à l'or, ou plutôt à une enfilade de 100 ligatures ou de 10,000 sapèques.
[한] 소중하다 | 금, 보다 정확히 말해서 100꾸러미 또는 엽전 만 개의 꿰미와 같다

[1]여긔 [YE-KEUI] [원]27
[불] Ici où l'on est, en ce lieu-ci. 여긔로 Ye-keui-ro, Par ici; 여긔셔 Ye-keui-sye, D'ici.
[한] 우리가 있는 여기, 이곳 | [[용례] 여긔로, Ye-keui-ro], 여기로 | [[용례] 여긔셔, Ye-keui-sye], 여기에서

[2]*여긔 [YE-KEUI] (餘氣) [원]27
[불] Reste de santé.
[한] 남아 있는 건강

여긔나뎌긔나 [YE-KEUI-NA-TYE-KEUI-NA] (此處彼處) 원27
불 Ici ou là.
한 여기 또는 저기

여낙낙ᄒᆞ다 [YE-NAK-NAK-HĂ-TA] 원28
불 Etre obligeant.
한 친절하다

*여년 [YE-NYEN,-I] (餘年) 원28
불 Ce qui reste à vivre, les années qui restent à vivre.
한 남은 살 일, 남아 있는 살 날

여닐곱 [YE-NIL-KOP,-I] (六七) 원28
불 Six ou sept (à peu près).
한 (대략) 여섯 또는 일곱

[1]여다 [YĔ-TA,YEL-E,YEN] (開) 원30
불 Ouvrir.
한 열다

[2]여다 [YE-TA,YEL-E,YEN] (結實) 원30
불 Se nouer, se former (fruit).
한 결실이 맺히다, (열매가) 익다

여담졀각 [YĔ-TAM-TJYEL-KAK] (汝墻折角) 원30
불 Un individu brise la corne de son bœuf sur le mur d'un propriétaire, et demande à celui-ci une compensation injuste. Injustice.
한 어떤 사람이 자신의 소의 뿔을 어느 집주인의 벽에다 부수고 그 집주인에게 부당한 보상을 요구하다 | 부당

*여독 [YE-TOK,-I] (餘毒) 원31
불 Venin dont il y a toujours un reste (dans une blessure, une morsure).
한 (상처, 물린 상처에) 여전히 남아 있는 독

여드래 [YE-TEU-RAI] (八日) 원30
불 Le 8e jour de lune; huit jours.
한 달의 여덟 번째 날 | 8일

여드롭 [YE-TEU-ROP] 원30
불 8ans(âge des bestiaux).
한 여덟 살 (가축의 나이)

여드름 [YE-TEU-REUM] 원30
불 Petits boutons, petites tumeurs sur la peau.
한 작은 부스럼들, 피부의 작은 종기들

여득쳔금 [YĔ-TEUK-TCHYEN-KEUM] (如得千金) 원30
불 (Comme si on avait gagné mille ligatures). Petite chose si nécessaire qu'elle ne peut être compensée par aucun prix (v.g. un morceau de pain pour un homme qui meurt de faim). Ça vient bien à propos, bonne affaire.
한 (천 개의 꾸러미를 얻은 것처럼) | 너무 필요해서 어떠한 값으로도 보상받을 수 없는 작은 것 (예. 굶어 죽는 사람에게 있어 빵 한 조각) | 때마침 잘 일어나다, 유리한 거래

여든 [YE-TEUN,-I] (八十) 원30
불 Quatre-vingt, 80.
한 팔십, 80

*여등 [YE-TEUNG,-I] (汝等) 원30
불 Vous (pluriel).
한 당신들 (복수)

여디 [YE-TI] 원31
불 Nom d'un fruit qui vient comme les melons.
한 멜론처럼 자라는 과일의 이름

여디업다 [YE-TI-EP-TA,-EP-SYE,-EP-SĂN] (無餘地) 원31
불 (Il n'y a pas de terrain de reste). Très-peu, c'est à peine s'il y a quelque chose.
한 (여분의 땅이 없다) | 아주 조금, 무엇인가가 있다면 간신히 있을 뿐이다

여ᄃᆞᆲ [YE-TĂLP,-I] (八) 원30
불 Huit, 8.
한 여덟, 8

여러 [YE-RE] (衆) 원30
불 Plusieurs. 여럿히 ou -시, Ye-ret-hi ou-si, (Les) plusieurs. 여러히오 Ye-re-hi-o, Il y en a plusieurs. 여러시오 Ye-re-si-o, Il y en a plusieurs.
한 여러 | [용례 여럿히 또는 -시, ye-ret-hi 또는 -si], 여러 (사람)이 | [용례 여러히오, Ye-re-hi-o], 여럿이 있다 | [용례 여러시오, Ye-re-si-o], 여럿이 있다

여럽다 [YE-REP-TA,-RE-OUE,-RE-ON] (羞慚) 원30
불 Pudique; qui a de la pudeur; qui a de la honte; honnête; être un peu honteux.
한 정숙하다 | 수줍다 | 부끄러워하다 | 정숙하다 | 약간 수줍어하다

여럿 [YE-RET] 원30 ☞ 여러

*여록 [YE-ROK,-I] (餘麓) 원30
불 Lieu sur la montagne inoccupé par un tombeau.
한 무덤에 의해 점유되지 않은 산 위의 장소

여름 [YE-REUM,-I] 원30
불 Fruit, baie. Syn. 열ᄆᆡ Yel-măi.
한 열매, 장과 | [동의어 열ᄆᆡ, Yel-măi]

*여망 [YE-MANG,-I] (餘望) 원27
불 Espérance, espoir,dernière espérance, reste d'espoir.
한 기대, 희망, 마지막 기대, 남은 희망

[1]여물 [YE-MOUL,-I] (芻荳) 원27
불 Foin haché, paille hachée.
한 잘게 썬 건초, 잘게 썬 짚

[2]*여물 [YE-MOUL,-I] (餘物) 원27
불 Reste, ce qui reste d'une chose.
한 나머지, 어떤 것에서 남은 것

[3]여물 [YE-MOUL,-I] 원277 ☞너물

*여반장 [YE-PAN-TJYANG] (如反掌) 원29
불 Comme un tour de main. Facilité, facile à faire.
한 손바닥을 뒤집는 것과 같다 | 쉬움, 하기 쉽다

여보 [YE-PO] 원29
불 (De 여보다Ye-po-ta.)eh! dis donc. 여봅시오 Ye-pop-si-o (honorif.), Eh! dites donc.
한 (여보다 Ye-po-ta의) 어이! 이거야 원! | [용례 여봅시오, Ye-pop-si-o], (경칭) 저기! 이봐요!

[1]여보다 [YE-PO-TA,-PO-A,-PON] 원29
불 (Pour:여긔보다Ye-keui-po-ta, ici voir) faire attention. Voir ici. Eh! dis donc. (Cri pour appeler, pour exciter l'attention).
한 (여긔보다 Ye-keui-po-ta에 대해, 여기 보다) | ~에 주의하다 | 여기 보다 | 어이! 이봐! | (부르기 위해, 주의를 환기시키기 위해 지르는 고함)

[2]여보다 [YE-PO-TA,-PO-A,-PON] 원29
불 Guetter, épier. Syn. 엿보다 Yet-po-ta.
한 동정을 살피다, 염탐하다 | [동의어 엿보다, Yet-po-ta]

여부 [YE-POU] 원29
불 Oui ou non, oui et non.
한 그렇거나 그렇지 않다, 그러면서도 아니다

*여불비복유 [YE-POUL-PI-POK-YOU] (餘不備伏惟) 원29
불 Formule de politesse pour s'excuser à la fin d'une lettre. (Honorif.).
한 편지 끝에 용서를 구하기 위해 예의를 갖추는 관례적인 문구 | (경칭)

*여산대호 [YE-SAN-TAI-HO] (如山大虎) 원30
불 Tigre grand comme une montagne.
한 산처럼 커다란 호랑이

여솝 [YE-SOP,-I] 원30 ☞여습

*여수리 [YE-SOU-RI] (餘數理) 원30
불 Reste, ce qui est de trop, ce qui reste (v.g. d'une soustraction).
한 나머지, 너무 많은 것 | (예. 뺄셈에서) 남는 것

*여수ᄒᆞ다 [YE-SOU-HĂ-TA] (如數) 원30
불 Le nombre être juste, le compte être entier.
한 수가 정확하다, 계산이 완전하다

여습 [YE-SEUP] 원30
불 Six ans (âge des bestiaux).
한 여섯 살 (가축의 나이)

여ᄉᆞᆺ [YE-SĂT] (六) 원30
불 Six, 6
한 여섯, 6

여ᄉᆞᆯ다 [YE-SĂIL-TA] (餘事) 원30
불 N'avoir pas le temps. ‖ Etre peu important.
한 시간이 없다 | 별로 중요하지 않다

*여ᄉᆡᆼ [YE-SĂING,-I] (餘生) 원30
불 Survivant. (Se met après les mots). 굴난여ᄉᆡᆼ이 Koul-nan-ye-săing-I, Survivant à la persécution.
한 살아남은 사람 | (단어들 뒤에 놓인다) | [용례 굴난여ᄉᆡᆼ이, Koul-nan-ye-săing-i], 박해에서 살아남은 사람

*여앙 [YE-ANG,-I] (餘殃) 원26
불 Punition,châtiment qui suit un méfait. Malheur survenu que tout le monde regarde comme un châtiment.
한 나쁜 짓에 따르는 처벌, 벌 | 모든 사람이 징벌로 여기는 뜻밖의 불행

여에 [YE-EI] 원26
불 En dehors. 그여에 Keu-ye-ei, En dehors de cela.
한 밖에 | [용례 그여에, Keu-ye-ei], 그 외에

여옥기인 [YE-OK-KI-IN,-I] (如玉其人, (Comme, jade, homme)) 원26
불 Homme admirable.
한 훌륭한 사람

[1]여외다 [YE-OI-TA,-OI-YE,-OIN] (瘦) 원26
불 Etre maigre, être décharné.
한 마르다, 야위다

[2]여외다 [YE-OI-TA] 원26
불 Marier ses enfants.
한 자식들을 결혼시키다

*여운 [YE-OUN,-I] (餘運) 원26
불 Fin,terme, extinction(d'une famille). Qui n'a plus rien à espérer, à désirer. Ressource dernière, dernier

remède. Reste de la chance, du bonheur à recevoir (superst.).
[한] 끝, 종말, (가문의) 소멸 | 더 이상 기대할 것이, 원할 것이 아무것도 없다 | 최후의 수단, 마지막 대책 | 운수의, 받을 행복의 나머지 (미신)

1 여울 [YE-OUL,-I] [원]26
[불] V.Syn. 여흘 Ye-heul.
[한] [[동의어] 여흘, Ye-heul]

2 여울 [YE-OUL] [원]26 ☞여흘

여을 [YE-EUL,-I] (灘) [원]26
[불] Courant d'une rivière. Remous. V.Syn. 여흘 Ye-heul.
[한] 강의 흐름 | 소용돌이 | [[동의어] 여흘, Ye-heul]

여의치못ᄒᆞ다 [YE-EUI-TCHI-MOT-HĂ-TA] (不如意) [원]26
[불] Ne pas agir suivant son intention.
[한] 의도대로 행동하지 못하다

*여의ᄒᆞ다 [YE-EUI-HĂ-TA] (如意) [원]26
[불] Devenir selon la pensée, s'accomplir selon ses désirs, réussir.
[한] 생각하는 대로 되다, 바라는 대로 실현되다, 성공하다

여이 [YE-I] (狐) [원]26
[불] Esp. d'animal carnassier, de couleur jaune, de la forme d'un chien, qui mange la chair pourrie et les cadavres; il a une grande et belle queue touffue. Chacal, renard.
[한] 노란색의, 개와 같은 모양의 육식동물의 종류로, 부패한 살과 시체를 먹는다 | 크고 멋지며 털이 무성한 꼬리를 가지고 있다 | 재칼, 여우

*여일ᄒᆞ다 [YE-IL-HĂ-TA] (如一) [원]26
[불] N'être pas changé; être le même, dans le même état. Etre (tous) semblables.
[한] 바뀌지 않다 | 같다, 같은 상태이다 | (모두) 비슷하다

*여젼ᄒᆞ다 [YE-TJYEN-HĂ-TA] (如前) [원]31
[불] Etre comme avant, dans le même état.
[한] 이전과 같다, 같은 상태이다

*여증 [YE-TJEUNG,-I] (餘症) [원]31
[불] Convalescence. Reste d'une maladie, suite d'une maladie, fâcheuse suite, fâcheuse conséquence. Syn. 여질 Ye-tjil.
[한] 회복기 | 남은 병, 병의 후유증, 유감스러운 여파, 유감스러운 결과 | [[동의어] 여질, Ye-tjil]

여질 [YE-TJIL,-I] (餘疾) [원]31
[불] Reste de maladie. V.Syn. 여증 Ye-tjeung.
[한] 남은 병 | [[동의어] 여증, Ye-tjeung]

여축업다 [YE-TCHOUK-EP-TA,-SE,-SĂN] (無餘縮, (Plus, moins, n'est pas)) [원]31
[불] C'est exact, c'est juste.
[한] 정확하다, 적확하다

*여츌일구 [YĒ-TCHYOUL-IL-KOU] (如出一口) [원]31
[불] (Comme sortant d'une seule bouche) plusieurs individus parlant comme un seul homme; plusieur voix qui paraissent n'en faire qu'une seule.
[한] (단 하나의 입에서 나오는 듯한) 단 한 사람처럼 말하는 여러 사람 | 단 하나의 목소리만을 내는 듯이 보이는 여러 목소리

여치 [YE-TCHI] [원]31
[불] Esp. d'insecte très-long et ailé, un peu semblable à une sauterelle verte.
[한] 아주 길고 날개가 있는, 초록 메뚜기와 약간 비슷한 곤충 종류

*여ᄎᆞ여ᄎᆞ [YĒ-TCHĂ-YĒ-TCHĂ] (如此如此) [원]31
[불] Commece ci, comme cela.
[한] 이렇게, 그렇게

*여타ᄌᆞ별ᄒᆞ다 [YĒ-HTA-TJĂ-PYEL-HĂ-TA] (與他自別) [원]31
[불] Grande différence(dans l'amitié.) Etre différent, bien supérieur aux autres.
[한] (호의에 있어서의) 큰 차이 | 다르다, 다른 사람들보다 훨씬 더 뛰어나다

여탐군 [YE-HTAM-KOUN,-I] [원]31
[불] Espion. V. 념탐ᄒᆞ다 Nyem-htam-hă-ta.
[한] 간첩 | [[참조어] 념탐ᄒᆞ다, Nyem-htam-hă-ta]

*여텬디무궁 [YĒ-HTYEN-TI-MOU-KOUNG] (與天地無窮) [원]31
[불] (Etre sans fin comme le ciel et la terre). Chose solide, forte, qui durera autant que le ciel et la terre.
[한] (하늘과 땅처럼 끝이 없다) | 견고한, 강한 것, 하늘과 땅만큼 지속될 것

*여하ᄒᆞ다 [YE-HA-HĂ-TA] (如何) [원]26
[불] Retenu, circonspect, sage, timide, craintif, prudent, discret. ‖ Etre inquiet, ne savoir à quoi s'en tenir.
[한] 신중하다, 조심스럽다, 온순하다, 내성적이다, 겁 많다, 사려 깊다, 분별 있다 | 걱정스럽다, 갈피를 잡을 수 없다

*여합부졀ᄒᆞ다 [YE-HAP-POU-TJYEL-HĂ-TA] (如合符節, (Semblable, concorder, le cachet avec l'original)) 원26
불 Concordance, conformité, accord, accomplissement exact d'une prophétie. S'adapter très-bien.
한 부합, 일치, 실현, 예언의 정확한 일치 | 아주 잘 들어맞다

1*여혈 [YE-HYEL,-I] (餘血) 원26
불 Reste d'humeur, de sang corrompu, dans une plaie ou une cicatrice mal guérie.
한 제대로 치료되지 않은 상처나 흉터에 남아 있는 체액, 상한 피

2*여혈 [YE-HYEL,-I] (餘穴) 원26
불 Reste d'emplacement chanceux pour les tombeaux (superst.)
한 운이 좋은 묘지용 부지의 나머지 (미신)

*여혐 [YE-HYEM,-I] (餘嫌) 원26
불 Reste d'antipathie, de haine, pour quelqu'un avec qui on est en désaccord. Rancune.
한 의견이 대립되는 누군가에 대해 남아 있는 반감, 증오 | 원한

*여형여뎨 [YE-HYENG-YE-TYEI] (如兄如弟) 원26
불 Sympathie entre deux hommes qui se traitent en frères, comme frères.
한 서로 형제로, 형제처럼 대하는 두 사람 사이의 호감

여호 [YE-HO] (狐) 원26
불 Renard. V.Syn. 여이 Ye-i.
한 여우 | [동의어 여이, Ye-i]

*여혹 [YE-HOK] (如或) 원26
불 Ou, ou bien. (Exprime le doute, l'incertitude) Si. Peut-être.
한 또는, 혹은 | (의혹, 불확실성을 나타낸다) | 만약 | 아마

여흘 [YE-HEUL,-I] (灘) 원26 ☞ 2여울
불 Remous. Courant d'une rivière en cascade. Chute d'eau. Clapotage de l'eau à la suite d'un obstacle à fleur d'eau dans le courant d'une rivière.
한 소용돌이 | 폭포로 떨어지는 강의 흐름 | 폭포 | 강의 흐름에서 수면에 나타날 듯 말 듯한 장애물로 인한 물의 찰랑거림

1*역 [YEK,-I] (驛) 원26
불 Stations ou relais de chevaux de poste. Poste aux chevaux pour les employés du gouvernement. Endroit où l'on nourrit les chevaux sous la surveillance d'un 마관 ma-koan.
한 역마의 정류장 또는 역참 | 정부의 직원들을 위한 역참 | 마관 ma-koan의 감독하에 말들을 기르는 곳

2역 [YEK,-I] (邊戍) 원27
불 Petit fort, petite forteresse.
한 작은 요새, 작은 성채

3역 [YEK] (亦) 원27
불 Encore, de plus.
한 또, 게다가

*역경 [YEK-KYUNG,-I] (逆境) 원27
불 Contrariété; adversité; temps opposé, difficile; con- tretemps subit; désappointement, désagrément.
한 장애 | 시련 | 적대적인 시간, 힘든 시간 | 급작스러운 뜻밖의 사고 | 실망, 불쾌함

*역관 [YEK-KOAN,-I] (譯官) 원27
불 Interprète attitré. Dignité d'interprète.
한 전문 통역자 | 통역을 맡아보는 관리

*역군 [YEK-KOUN,-I] (役軍) 원27
불 Ouvrier, travailleur.
한 노동자, 근로자

역귀 [YEK-KOUI] (蓼) 원27
불 Esp. d'herbe au goût poivré. (Elle se trouve dans les endroits humides; on en emploie les branches, après les avoir hachées, pour prendre le poisson, qui est étourdi ou empoisonné par le suc qu'elles dégagent.).
한 후추 맛이 나는 풀 종류 | (습한 곳에 있다; 그것에서 나오는 즙으로 취하거나 중독되는 생선을 잡기 위해 그 가지를 잘게 자른 후에 그것을 사용한다)

역글편 [YEK-KEUL-HPYEN,-I] (編) 원27
불 Nom d'un caractère d'écriture chinois.
한 중국 글의 글자 이름

역금시조 [YEK-KEUM-SI-TJO] (唱曲) 원27
불 Modulation dans le chant, manière de chanter.
한 노래의 전조, 노래하는 방식

역금질ᄒᆞ다 [YEK-KEUM-TJIL-HĂ-TA] (編) 원27
불 Qui se suit bien sans interruption ; bien coordonné. lier à la file. ‖ Parler vite et et clairement; avoir la langue bien pendue, bien déliée.
한 멈추지 않고 잘 잇따르다 | 잘 조직되다 | 일렬로 묶다 | 빠르고 분명하게 말하다 | 입이 재다, 말이 많다

*역노 [YEK-NO] (驛奴) 원27
불 Esclave mâle des postes aux chevaux.
한 역참에서 일하는 남자 노예

역다 [YEK-TA,YYEK-KE,YEK-KEUN] (編) 원27
불 Lier à la file, attacher à la file, lier en tresses.
한 일렬로 묶다, 일렬로 얽어매다, 가닥으로 묶다

*역류ᄒᆞ다 [YEK-RYOU-HĂ-TA] (逆流) 원27
불 Aller contre la nature; déroger aux lois de la nature; aller en sens contraire (v.g. une barque contre le courant).
한 자연을 거슬러 가다 | 자연의 법칙을 어기다 | 반대 방향으로 가다 (예. 흐름의 반대 방향으로 가는 배)

*역마 [YEK-MA] (驛馬) 원27
불 Cheval de poste.
한 역마

*역명ᄒᆞ다 [YEK-MYENG-HĂ-TA] (逆命) 원27
불 Désobéir.
한 거역하다

*역모ᄒᆞ다 [YEK-MO-HĂ-TA] (逆謀) 원27
불 Conspirer; former une conspiration; former une rébellion, un soulèvement.
한 음모를 꾸미다 | 모반을 꾀하다 | 반역, 반란을 일으키다

*역비 [YEK-PI] (驛婢) 원27
불 Esclave femelle des poste aux chevaux.
한 역참의 여자 노예

*역셩ᄒᆞ다 [YEK-SYENG-HĂ-TA] (逆性) 원27
불 Changer les rôles, agir contre la nature des choses, être injuste, être partial.
한 역할을 바꾸다, 이치를 거슬러 행동하다, 불공정하다, 불공평하다

*역시 [YEK-SI] (亦是) 원27
불 Aussi.
한 또한

*역ᄉᆞᄒᆞ다 [YEK-SĂ-HĂ-TA] (役事) 원27
불 Travail, entreprise. Travailler.
한 일, 사업 | 일하다

*역원일다 [YEK-OUEN-IL-TA] (亦願) 원27
불 Désirer faire encore, faire plus (1re personne).
한 또 하기를, 더 하기를 바라다 (1인칭)

*역적 [YEK-TJEK,-I] (逆賊) 원27
불 Rébellion, révolte. Rebelle, sujet rebelle.
한 반역, 반란 | 반역자, 반역을 일으키는 신하

역적놈 [YEK-TJEK-NOM,-I] (逆賊漢) 원27
불 Rebelle, insurgé, révolutionnaire, conspirateur, révolté.
한 반역자, 폭도, 혁명론자, 음모자, 반란자

역적질ᄒᆞ다 [YEK-TJEK-TJIL-HĂ-TA] (逆賊) 원27
불 S'insurger contre le roi.
한 왕에게 대항하여 반란을 일으키다

*역졍내다 [YEK-TJYENG-NAI-TA,-NAI-YE,-NAIN] (逆情) 원27
불 Se fâcher, contrarier, se mettre en colère.
한 화내다, 화나게 하다, 노하다

*역졸 [YEK-TJOL,-I] (驛卒) 원27
불 Esclave mâle des postes aux chevaux.
한 역참에서 일하는 남자 노예

*역지ᄉᆞ지ᄒᆞ다 [YEK-TJI-SĂ-TJI-HĂ-TA] (易之思之) 원27
불 Se mettre à la place, changer de rôle. (Mettez-vous à ma place, que feriez-vous?)
한 ~의 입장이 되어 보다, 역할을 바꾸다 | (내 입장이 되어 보시오, 어떻게 하겠습니까?)

*역질 [YEK-TJIL,-I] (疫疾, (bouton, maladie)) 원27
불 Petite vérole. Maladie dans laquelle il naît des boutons. (Mot qui désigne toutes les maladies avec boutons). V.두역 Tou-yek, 홍역 Hong-yek.
한 천연두 | 작은 부스럼들이 생기는 병 | (부스럼이 있는 모든 병을 가리키는 단어) | [참조어 두역, Tou-yek], [참조어 홍역, Hong-yek]

*역쳬 [YEK-TCHYEI] (驛替) 원27
불 Relais, espace compris entre en relais de poste et un autre.
한 역참, 파발과 다른 파발 사이에 놓인 공간

*역풍 [YEK-HPOUNG,-I] (逆風) 원27
불 Vent contraire, vent debout.
한 역풍, 거슬러 부는 바람

*역혼 [YEK-HON,-I] (逆婚) 원27
불 Ordre du mariage renversé (quand le frère cadet se marie avant son aîné).
한 (아우가 형보다 먼저 결혼할 때) 거꾸로 된 결혼 순서

1*연 [YEN,-I] (鍊) 원28
불 Mortier pour les drogues dont le pilon est en forme de roue.
한 약재를 만드는 데 사용하는 유발로, 막자는 바퀴 모양이다

2*연 [YEN,-I] (鉛) 원28
불 Métal un peu semblable au plomb.
한 납과 약간 비슷한 금속

*연간되다 [YEN-KAN-TOI-TA,-TOI-YE,-TOIN] (緣干)

[원]28
[불] Commode à manier (instrument), à gouverner (navire, homme)
[한] (악기가) 다루기 쉽다, (배, 사람이) 관리하기 쉽다

*연감 [YEN-KAM,-I] (軟柑) [원]28
[불] Kaki rouge; kaki bien mûr, mou.
[한] 붉은 감 | 잘 익은, 물렁물렁한 감

1*연경 [YEN-KYENG] (烟鏡) [원]28
[불] Esp. de lunettes; lunettes en cristal noir ou de couleur très-foncée.
[한] 안경 종류 | 검은 수정으로 만든, 또는 아주 짙은 색깔의 안경

2*연경 [YEN-KYENG] (燕京) [원]28
[불] Capitale de la Chine, péking.
[한] 중국의 수도, 베이징

3연경 [YEN-KYENG,-I] [원]278 ☞ 1년경

*연고 [YEN-KO] (緣故) [원]28
[불] Cause, motif, raison. ‖ Mort, décès (des parents et proches parents). V. 대고 Tai-ko.
[한] 이유, 동기, 원인 | (부모와 가까운 친척들의) 죽음, 사망 | [[참조어] 대고, Tai-ko]

연고로 [YEN-KO-RO] [원]28
[불] (Instrumental de 연고 Yen-ko.) c'est pourquoi, par ce motif, pour ce motif, pour cette cause, par conséquent, donc.
[한] (연고 Yen-ko의 도구격) 그렇기 때문에, 이러한 이유로, 이러한 이유 때문에, 이러한 원인으로, 따라서, 그래서

*연골 [YEN-KOL,-I] (軟骨, (Tendre, os)) [원]28
[불] Le temps de l'enfance, première jeunesse, âge tendre.
[한] 유년기, 소년기, 유년기

*연긔 [YEN-KEUI] (烟氣) [원]28
[불] Fumée
[한] 연기

연뎍 [YĒN-TYEK,-I] (涓滴) [원]28
[불] Petit vase dans lequel on met l'eau qui sert à délayer l'encre en écrivant.
[한] 글을 쓸 때 잉크를 연하게 하는 데 사용하는 물을 담는 작은 그릇

*연명ᄒᆞ다 [YEN-MYENG-HĂ-TA] (延命) [원]28
[불] Visite des mandarins au gouverneur. Visiter le gouverneur
[한] 관리들이 지사를 방문함 | 지사를 방문하다

*연목 [YEN-MOK,-I] (椽木) [원]28
[불] Chevron du toit. Pièces de bois de la charpente qui vont du sommet à la corniche.
[한] 지붕의 서까래 | 꼭대기에서 코니스에 걸쳐 놓인 골조의 나무 조각

1*연문 [YEN-MOUN] (演文) [원]28
[불] Explication du texte, glose.
[한] 본문의 해석, 주해

2*연문 [YEN-MOUN] (衍文) [원]28
[불] Mot de trop, en plus; de trop, excessif.
[한] 쓸데없는, 여분의 말 | 쓸데없다, 과도하다

*연상 [YEN-SANG] (燕商) [원]28
[불] Faire le commerce avec Péking.
[한] 베이징과 무역하다

연쇄 [YEN-SOAI] [원]28
[불] Vernis de poterie.
[한] 도기에 칠하는 유약

*연시 [YEN-SI] (軟柿) [원]28
[불] Kaki rouge, mûr, mou.
[한] 붉은, 익은, 물렁물렁한 감

*연약ᄒᆞ다 [YEN-YAK-HĂ-TA,-HĂN,-HI] (軟弱) [원]28
[불] Faible; débile, mou, tendre, pusillanime, faible d'esprit et de corps.
[한] 약하다 | 허약하다, 나약하다, 연약하다, 심약하다, 정신과 몸이 약하다

*연연 [YEN-YEN,-I] (涓涓) [원]28
[불] Bruit de l'eau courante.
[한] 흐르는 물의 소리

*연연ᄒᆞ다 [YEN-YEN-HĂ-TA] (娟娟) [원]28
[불] Etre clair, éclatant. Couleur peu foncée. Etre d'une belle couleur. Couleur vive et tendre.
[한] 분명하다, 선명하다 | 진하지 않은 색 | 색이 아름답다 | 선명하고 부드러운 색

*연유 [YEN-YOU] (緣由) [원]28
[불] Circonstanee, particularité d'un fait. Cause, motif.
[한] 일의 상황, 전말 | 이유, 동기

*연일셕 [YEN-IL-SYEK,-I] (延日石) [원]28
[불] Pierre de la ville de 연일 Yen-il, avec laquelle on fait des pierres à repasser, à aiguiser.
[한] 갈거나 날카롭게 하는 데 사용하는 돌을 만드는, 연일 Yen-il이라는 도시에서 나는 돌

연장 [YEN-TJYANG,-I] [원]28

불 Outil, instrument,ustensile.
한 도구, 기구, 용구
*연쥭 [YEN-TJYOUK,-I] (烟竹) 원29
불 Tuyau de pipe en bambou.
한 대나무로 만든 담뱃대
*연즉 [YEN-TJEUK] (然則) 원28
불 S'il en est ainsi.
한 그렇다면
*연지 [YEN-TJI] (臙脂) 원28
불 Vermillon, couleur vermeille qui sert de fard.
한 주홍빛, 화장품으로 쓰이는 주홍색
연쵸식 [YEN-TCHO-SĂIK,-I] 원29
불 P.ê. couleur vert tendre.
한 아마도 연한 초록색
연혁ᄒᆞ다 [YEN-HYEK-HĂ-TA] (演) 원28
불 S'augmenter.
한 증가하다
*연후에 [YEN-HOU-EI] (然後) 원28
불 Après.
한 이후에
*연ᄒᆞ다 [YEN-HĂ-TA] (軟) 원28
불 Mou,tendre,flexible.
한 무르다, 부드럽다, 유연성이 있다
*연ᄒᆞ야지다 [YEN-HĂ-YA-TJI-TA,-TJYE,-TJIN] (軟) 원28
불 S'amollir, s'attendrir.
한 부드러워지다, 연해지다
*연히 [YEN-HĂI] (沿海) 원28
불 Rive de la mer, rivage, riverain.
한 해안, 기슭, 연변에 사는 사람
*연힝ᄒᆞ다 [YEN-HĂING-HĂ-TA] (燕行) 원28
불 Aller à Péking. (Se dit d'un étranger et des Coréens.)
한 베이징에 가다 | (한 외국인과 조선인들에 대해 쓴다)
¹열 [YEL,-I] (十) 원30
불 Dix,10. Voy.Syn. 십 Sip.
한 열, 10 | [동의어 십, Sip]
²*열 [YEL,-I] (膽) 원30
불 Fiel. Voy.Syn. 쓸기 Sseul-kăi, 담 Tam.
한 담즙 | [동의어 쓸기, Sseul-kăi.], [동의어 담, Tam.]
³*열 [YEL,-I] (熱) 원30
불 Inflammation, chaleur.
한 발화, 열기
⁴열 [YEL,-I] (麻) 원30
불 Chanvre.
한 삼
*열구이이 [YEL-KOU-I-I] (悅口而已) 원30
불 Bon seulement au goût et qui ne nourrit pas.
한 맛있기만 하고 양분이 되지는 않는다
열굽 [YEL-KOUP,-I] (麻葉) 원30
불 Feuille du chanvre.
한 삼의 잎
*열남ᄒᆞ다 [YEL-NAM-HĂ-TA] (閱覽) 원30
불 Etre très-occupé, très-affairé; lire beaucoup; feuilleter beaucoup de livres; voir ou traiter beaucoup d'affaires.
한 매우 바쁘다, 매우 분주하다 | 많이 읽다 | 많은 책들을 대강 훑어보다 | 많은 일들을 보거나 다루다
¹열니다 [YEL-NI-TA,-NYE,-NIN] (開) 원30
불 Etre ouvert s'ouvrir.
한 개방되다, 열리다
²열니다 [YEL-NI-TA,-NYE,-NIN] (結實) 원30
불 Se former(un fruit), nouer.
한 (열매) 익다, 결실하다
¹열다 [YĔL-TA,YEL-E,YEN] (開) 원30
불 Ouvrir. ‖ Manifester. ‖ Ouvrir l'intelligence.
한 열다 | 드러내다 | 지혜를 깨우치다
²열다 [YEL-TA,YEL-E,YEN YEL-E YEN] (結實) 원30
불 Se former (fruit), se nouer.
한 (열매가) 익다, 결실이 맺히다
열무날 [YEL-MOU-NAL,-I] 원30
불 Les dix jours des plus hautes marées, du 10 au 20 de la lune, du 25 au 5 de la suivante.
한 밀물이 가장 높은 열흘, 그 달의 10일에서 20일까지, 25일에서 다음 달 5일까지
¹*열문 [YEL-MOUN,-I] (熱門) 원30
불 Maison très-fréquentée.
한 사람이 많이 드나드는 집
²열문 [YEL-MOUN,-I] 원280 ☞널문
열미 [YEL-MĂI] (實) 원30
불 Produit d'un arbre(fruit). Fruit, baie d'un arbre.
한 나무의 생산물 (열매) | 열매, 나무의 장과
열박 [YEL-PAK,-I] (瓢) 원30
불 Courge, calebasse.
한 호박, 호리병박
열복ᄒᆞ다 [YEL-POK-HĂ-TA] (悅服) 원30
불 Etre joyeux, content, se réjouir, se soumettre avec joie.

[한] 즐겁다, 만족하다, 기뻐하다, 흔쾌히 따르다

1*열셰 [YEL-SYEI] (熱洗) [원]30

[불] Baptême de désir. (Mot chrét.).

[한] 욕망의 세례 [[역주] 열세] | (기독교 어휘)

2열셰 [YEL-SYEI] (熱洗) [원]281 ☞녈셰

*열쇠 [YĒL-SOI] (鑰匙) [원]30

[불] Clef(d'une serrure).

[한] (자물쇠의) 열쇠

*열심 [YEL-SIM,-I] (熱心) [원]30

[불] Ferveur, ardeur.

[한] 열정, 열의

열싸다 [YEL-SSA-TA,-SSA,-SSAN] (勇猛) [원]30

[불] Agile,vif.

[한] 민첩하다, 기민하다

열씨 [YEL-SSI] (麻子) [원]30

[불] Chènevis, graine du chanvre.

[한] 삼의 씨, 삼의 종자

열업다 [YEL-EP-TA,-EP-SE,-EP-SĂN](羞) [원]ADDENDA

[불] Avoir honte. Syn. 붓그럽다 Peut-keu-rep-ta.

[한] 부끄럽다 | [[동의어] 붓그럽다, Peut-keu-rep-ta]

*열역 [YEL-YEK] (閱歷) [원]30

[불] Etre habitué, avoir de l'expérience, avoir beaucoup vu, en savoir long.

[한] 익숙하다, 경험이 있다, 많이 경험하다, 많이 알다

열역ᄒᆞ다 [YEL-YEK-HĂ-TA] [원]280 ☞녈녁ᄒᆞ다

*열요ᄒᆞ다 [YEL-YO-HĂ-TA] (熱鬧) [원]30

[불] Affairé, qui a du mouvement, très-animé, bruyant, confus. Tumulte, bruit. Etre étourdissant, éblouissant.

[한] 바쁘다, 움직이다, 매우 활발하다, 떠들썩하다, 어수선하다 | 소동, 시끄러움 | 귀를 멍하게 하다, 눈부시다

1*열인ᄒᆞ다 [YEL-IN-HĂ-TA] (閱人) [원]30

[불] Etre habitué à la société, voir beaucoup de monde.

[한] 교류에 익숙하다, 많은 사람들을 보다

2열인ᄒᆞ다 [YEL-IN-HĂ-TA] [원]280 ☞녈인ᄒᆞ다

*열ᄋᆡᄒᆞ다 [YEL-ĂI-HĂ-TA] (熱愛) [원]30

[불] Dévotion, être dévot, brûlant d'amour, amour ardent, vif amour.

[한] 애착, 애착하다, 사랑으로 불타다, 불 같은 사랑, 열렬한 사랑

*열졀ᄒᆞ다 [YEL-TJYEL-HĂ-TA] (熱切) [원]30

[불] Ardeur, zèle, ferveur. Etre zélé, fervent, ardent.

[한] 열의, 열심, 열정 | 열심이다, 열성적이다, 열렬하다

*열졍 [YEL-TJENG,-I] (熱情) [원]30

[불] Ferveur, zèle.

[한] 열정, 열심

*열화 [YEL-HOA] (熱火) [원]30

[불] Pustules causées par la chaleur, bourbouilles.

[한] 열 때문에 생기는 농포, 땀띠

열흘 [YEL-HEUL,-HI et -I] (十日) [원]30

[불] Le 10e jour de la lune. Dix jours.

[한] 달의 열 번째 날 | 10일

염 [YEM,-I] (鹽) [원]27

[불] En agr. Sel.

[한] 한자어로 소금

염그다 [YEM-KEU-TA,YEM-KEU-RE,-YEM-KEUN] (捻) [원]27

[불] Etre mûr(les blés). Se nourrir dans l'épi, mûrir, se durcir.

[한] (곡식이) 익다 | 이삭 안에서 자라나다, 여물다, 굳어지다

*염뎐 [YEM-TYEN,-I] (鹽田) [원]28

[불] Champ à faire le sel.

[한] 소금을 만드는 밭

*염미 [YEM-MI] (鹽味) [원]27

[불] Goût de sel.

[한] 소금의 맛

염밧 [YEM-PAT,-TCHI] (鹽田) [원]27

[불] Champs à faire le sel, marais salants, salines.

[한] 소금을 만드는 밭, 제염소, 염전

*염병 [YEM-PYENG,-I] (染病) [원]28

[불] Peste(épidémie). Typhus.

[한] 페스트 (전염병) | 티푸스

1*염불 [YEM-POUL,-I] (念佛) [원]28

[불] Chant des bonzes, prière des bonzes.

[한] 승려들의 노래, 승려들의 기도

2염불 [YEM-POUL,-I] [원]28

[불] Vagin.

[한] 질

염불바지다 [YEM-POUL-PA-TJI-TA,-TJYE,-TJIN] (陰脫) [원]28

[불] Vagin descendre (maladie des femmes).

[한] 질이 내려앉다 (여성들의 병)

염빗 [YEM-PET,-SI et -TCHI] (鹽幕) [원]28

[불] Salines, hangar où l'on fait le sel.

[한] 염전, 소금을 만드는 헛간

*염셕 [YEM-SYEK,-I] (鹽石) 원28
불 Pierre de sel, semblable au sel.
한 소금으로 된 돌, 소금과 비슷한

염쇼 [YEM-SYO] (羔) 원28
불 Chèvre, bouc.
한 암염소, 숫염소

*염슈 [YEM-SYOU] (水鹽) 원28
불 Eau de sel, sel fondu par l'humidité.
한 소금물, 습기에 의해 녹은 소금

*염ᄉᆡᆨᄒᆞ다 [YEM-SĂIK-HĂ-TA] (染色) 원28
불 Teindre.
한 물들이다

*염증 [YEM-TJEUNG,-I] (厭症) 원28
불 Paresse, dégoût, ce qui ne fait pas plaisir, ce qui ennuie.
한 게으름, 싫증, 기쁘게 하지 않는 것, 싫증나게 하는 것

*염쵸 [YEM-TCHO] (焰硝) 원28
불 Salpêtre, nitre ou nitrate de potasse. Sel qu'on extrait des endroits où il y a de l'urine.
한 초석, 니트로 또는 질산칼륨 | 소변이 있는 곳에서 추출한 소금

*염탐군 [YEM-HTAM-KOUN,-I] (廉探軍) 원28
불 Espion. V. 념탐ᄒᆞ다 Nyem-htam-hă-ta.
한 밀정 | [참조어 념탐ᄒᆞ다, Nyem-htam-hă-ta]

*염탕 [YEM-HTANG,-I] (鹽湯) 원28
불 Eau d'huîtres, eau salée, dissolution de sel dans l'eau, bouillon salé.
한 굴의 물, 소금물, 물에 소금을 녹인 것, 소금이 들어간 국물

*염합 [YEM-HAP,-I] (鹽盒) 원27
불 Salière.
한 소금 단지

염ᄒᆞ다 [YEM-HĂ-TA] (厭) 원27
불 Ne pas vouloir, avoir de la répugnance pour.
한 원하지 않다, ~에 대해 내키지 않다

*엽 [YEP,-I] (葉) 원29
불 Feuille(d'arbre).
한 (나무의) 잎

*엽ᄌᆞ금 [YEP-TJĂ-KEUM,-I] (葉子金) 원29
불 Chose précieuse, objet en or.
한 값비싼 것, 금으로 만든 물건

엿 [YET,-SI] (飴) 원30
불 Gâteau de farine de germe d'orge.
한 보리 싹의 가루로 만든 과자

엿다 [YET-TA,-HE,-HEUN] (淺) 원31
불 Peu profond (eau). ‖ Etre léger de caractère. Impatient.
한 (물이) 깊지 않다 | 성격이 경솔하다 | 성급하다

엿밥 [YET-PAP,-I] (飴餳) 원31
불 Marc ou reste de la pâte de farine de germe d'orge et de riz qui a servi à faire le 엿 Yet.
한 엿 Yet을 만드는 데 사용한 보리 싹과 쌀의 가루로 만든 반죽의 찌꺼기나 나머지

엿보다 [YET-PO-TA,-PO-A,-PON] (窺看) 원31
불 Epier, observer en secret. Guetter.
한 염탐하다, 은밀히 관찰하다 | 동정을 살피다

엿ᄉᆡ [YET-SĂI] (六日) 원31
불 Le 6ᵉ jour de la lune; six jours.
한 달의 여섯 번째 날 | 6일

엿줍다 [YĒT-TJOUP-TA,-TJOU-OUE et TJOU-E,-TJOU-ON] (奏) 원31
불 Dire, manifester, découvrir sa pensée(au supérieur).
한 말하다, 나타내다, (상관에게) 자신의 생각을 밝히다

1*영 [YENG,-I] (永) 원29
불 En agr. Eternel.
한 한자어로 영원하다

2*영 [YENG,-I] (影) 원29
불 Ombre, portrait, silhouette.
한 그림자, 초상화, 윤곽

3*영 [YENG,-I] (營) 원29
불 Forteresse.
한 요새

*영감하 [YENG-KAM-HA] (永感下) 원29
불 Qui n'a plus ses parents.
한 더 이상 부모가 없는 사람

*영고 [YĒNG-KO] (永苦) 원29
불 Peine éternelle.
한 영원한 벌

*영광 [YENG-KOANG,-I] (榮光) 원29
불 Gloire, auréole, clarté, réputation.
한 영광, 영예, 광명, 명성

*영광경 [YENG-KOANG-KYENG,-I] (榮光經) 원29
불 Gloria patri etc. Pièrre du gloria.
한 아버지의 영광 등 | 대영광송의 기도

영광인톄ᄒᆞ다 [YENG-KOANG-IN-HTYEI-HĂ-TA] 원29

불 Se vanter, faire son éloge.
한 자기 자랑을 하다, 자찬을 하다

*영누 [YENG-NOU] (營樓) 원29
불 Tour élevée, fort qui domine. ‖ Camp, campement.
한 높은 망루, 내려다보는 요새 | 기지, 야영지

*영뎡쳠례 [YĔNG-TYENG-TCHYEM-RYEI] (永定瞻禮) 원29
불 Fêtes immobiles, fixes.
한 변하지 않는, 정해진 축제

*영도 [YENG-TO] (永道) 원29
불 Eternité et doctrine. Doctrine de l'éternité.
한 영원과 가르침 | 영원의 가르침

*영됴문 [YENG-TYO-MOUN,-I] (迎詔門) 원28
불 Esp. d'arc de triomphe surmonté d'un palais, à 3 ri ouest des murs de Sye-oul.
한 서울의 성벽에서 서쪽으로 3리 ri 떨어진 곳에, 위에 궁궐이 있는 개선문의 종류

*영문 [YENG-MOUN,-I] (營門) 원29
불 District où réside un gouverneur de province. ‖ Tribunal, maison de hauts fonctionnaires.
한 지방의 지사가 거주하는 구역 | 재판소, 고위 관리가 일하는 시설

*영벌 [YĔNG-PEL,-I] (永罰) 원29
불 Peine éternelle.
한 영원한 벌

*영별 [YĔNG-PYEL,-I] (永別) 원29
불 Séparation éternelle.
한 영원한 이별

*영복 [YĔNG-POK,-I] (永福) 원29
불 Gloire et bonheur, félicité glorieuse (des Saints dans le ciel). Bonheur éternel.
한 영광과 행복, (하늘에서 성인들이 누리는) 영광스러운 천복 | 영원한 행복

*영복경 [YENG-POK-KYENG,-I] (榮福經) 원29
불 Gloria in excelsis. Le gloria de la messe.
한 하늘 높은 곳에서의 영광 | 미사의 대영광송

*영산홍 [YENG-SAN-HONG,-I] (映山紅) 원29
불 Nom d'une fleur.
한 꽃의 이름

*영셰불망 [YĔNG-SYEI-POUL-MANG,-I] (永世不忘) 원29
불 Reconnaissance éternelle. Bienfait qui ne peut s'oublier.
한 영원한 감사 | 잊힐 수 없는 호의

*영슈 [YENG-SYOU] (零數) 원29
불 Arithmétique, science des nombres, mathématiques. ‖ Fraction de dizaine, de centaine. Reste d'une soustraction.
한 산술, 수에 관한 학문, 수학 | 분모가 10인 분수, 분모가 100인 분수 | 뺄셈의 나머지

*영승지회 [YĔNG-SEUNG-TJI-HOI] (永勝之會) 원29
불 Eglise triomphante.
한 승리의 교회

*영앙 [YĔNG-ANG,-I] (永殃) 원29
불 Punition éternelle; tourment éternel, de longue durée.
한 영원한 벌 | 영원한, 오래 지속되는 고통

*영야 [YĔNG-YA] (永夜) 원29
불 Nuit éternelle.
한 영원한 밤

*영영무궁 [YĔNG-YENG-MOU-KOUNG] (永永無窮) 원29
불 Eternel, sans fin.
한 영원한 것, 끝이 없음

*영영방ᄆᆡ [YĔNG-YENG-PANG-MĂI] (永永放賣) 원29
불 Vente sans retour, qu'on ne peut plus racheter.
한 더 이상 다시 살 수 없도록 아주 팔아 버림

*영영이 [YENG-YENG-I] (永永) 원29
불 Eternellement.
한 영원히

*영오 [YENG-O] (穎悟) 원29
불 Intelligence. V.Syn. 명오 Myeng-o.
한 총명 | [동의어 명오, Myeng-o]

*영옥 [YĔNG-OK,-I] (永獄) 원29
불 Prison éternelle.
한 영원한 감옥

*영웅 [YENG-OUNG,-I] (英雄) 원29
불 Homme intelligent, adroit, prévoyant, perspicace; homme supérieur. Prescience; savoir d'avance.
한 영리한, 능란한, 선견지명이 있는, 통찰력이 있는 사람 | 뛰어난 사람 | 예지 | 미리 알다

*영원ᄒᆞ다 [YĔNG-OUEN-HĂ-TA] (永遠) 원29
불 Eternité, de tout temps. Etre éternel.
한 영원, 언제나 | 영원하다

*영위ᄒᆞ다 [YENG-OUI-HĂ-TA] (營爲) 원29
불 Travailler pour sa postérité, pour ses enfants, pour

ㅇ

ses neveux, pour ses héritiers. ‖ Réfléchir, examiner mûrement. Prévoir.
한 자신의 후손, 자신의 자식들, 자신의 조카들, 자신의 후계자들을 위해 일하다 | 숙고하다, 신중하게 검토하다 | 예견하다
*영장ᄒᆞ다 [YĒNG-TJANG-HĂ-TA] (營葬) 원29
불 Enterrer, faire des funérailles, faire la sépulture.
한 묻다, 장례를 치르다, 매장하다
*영쟝 [YENG-TJYANG,-I] (營將) 원29
불 Mandarin militaire, colonel. Esp. de dignité militaire qui a pour fonction d'arrêter les voleurs. Juge criminel. (Il préside le tribunal des voleurs).
한 군관, 연대장 | 도둑들을 잡는 직무를 가진 군의 고관의 종류 | 형사상의 재판관 | (도둑들에 대한 심판을 주재한다)
*영졉ᄒᆞ다 [YENG-TJYEP-HĂ-TA] (迎接) 원29
불 Recevoir un hôte, accompagner un hôte par bonheur. Aller au-devant et amener.
한 손님을 맞이하다, 기쁘게 손님을 인솔하다 | 마중을 나가서 데리고 오다
1*영ᄌᆞ [YENG-TJĂ] (纓子) 원29
불 Cordon, attaches (v.g. d'un chapeau).
한 (예. 모자의) 끈, 줄
2*영ᄌᆞ [YENG-TJĂ] (映子) 원29
불 Transparent pour écrire.
한 글을 쓰는 데 사용하는 밑에 받치는 괘지
3*영ᄌᆞ [YENG-TJĂ] (影子) 원29
불 Ombre d'un corps, silhouette.
한 몸의 그림자, 실루엣
*영창 [YĒNG-TCHYANG,-I] (映窓) 원29
불 Porte à coulisse, fenêtre à coulisse.
한 미닫이문, 미닫이창
1*영츅 [YENG-TCHYOUK,-I] (盈縮) 원29
불 Compte exact et compte inexact.
한 정확한 계산과 정확하지 않은 계산
2영츅 [YENG-TCHYOUK,-I] 원29
불 Changement.
한 변화
*영화 [YENG-HOA] (榮華) 원29
불 Gloire.
한 영광
*영화롭다 [YENG-HOA-ROP-TA] (榮華) 원29
불 Glorieux.
한 영광스럽다
*영환지락 [YĒNG-HOAN-TJI-RAK] (永歡至樂) 원29
불 Bonheur éternel.
한 영원한 행복
*영히 [YENG-HĂI] (嬰孩) 원29
불 Petit enfant.
한 어린아이
1*예 [YEI] (穢) 원26
불 En agr. Japon, japonais.
한 한자어로 일본, 일본의
2*예 [YEI] (預) 원26
불 En agr. D'avance.
한 한자어로 미리
3예 [YEI] 원26
불 Ici, hic. 예셔 Yei-sye, D'ici. 게나 예나, Kei-na-yei-na, Là ou ici, ici ou là.
한 여기, 여기에 | [용례 예셔, Yei-sye], 여기서 | [용례 게나 예나, Kei-na-yei-na], 거기나 여기, 여기나 거기
4예 [YEI] 원26
불 Oui (infér. au sup.). Son par lequel l'inférieur répond à l'appel de son supérieur. Réponse affirmative d'un inférieur.
한 (아랫사람이 윗사람에게 하는) 예 | 아랫사람이 윗사람의 부름에 대답하는 소리 | 아랫사람의 긍정적인 대답
5예 [YEI] 원26
불 Cri des valets qui accompagnent le mandarin. V. 호령소릐 Ho-ryeng-so-răi.
한 관리를 수행하는 하인들의 소리 | [참조어 호령소릐, Ho-ryeng-so-răi]
*예간ᄒᆞ다 [YEI-KAN-HĂ-TA] (預揀) 원26
불 Prédestiner, former d'avance un dessein, choisir à l'avance.
한 예정하다, 계획을 미리 세우다, 사전에 선택하다
*예국 [YEI-KOUK,-I] (穢國) 원26
불 Le royaume du Japon.
한 일본 왕국
1*예긔 [YEI-KEUI] (銳氣) 원26
불 Agilité, entrain.
한 민첩, 활기
2*예긔 [YEI-KEUI] (穢氣) 원26
불 Air méphitique.
한 악취를 풍기는 공기

예긔즈ᄅᆞ다 [YEI-KEUI-TJEU-RĂ-TA,-TJEUL-NE,-TJEU-RĂN] (摧銳氣) [원]26
[불] Etouffer l'agilité, l'énergie; éteindre l'entrain; abrutir.
[한] 민첩함, 힘을 억누르다 | 활력을 잃게 하다 | 지치게 하다

예나라 [YEI-NA-RA] (穢國) [원]26
[불] Royaume du Japon.
[한] 일본 왕국

*예문관 [YEI-MOUN-KOAN,-I] (藝文館) [원]26
[불] Préfecture du 예문박ᄉᆞ Yei-moun-pak-să.
[한] 예문박ᄉᆞ Yei-moun-pak-să가 있는 도청

*예문박ᄉᆞ [YEI-MOUN-PAK-SĂ] (藝文博士) [원]26
[불] Esp. de dignité. Esp. d'académie.
[한] 고위 관직의 종류 | 협회의 종류

*예비ᄒᆞ다 [YEI-PI-HĂ-TA] (預備) [원]26
[불] Préparer, apprêter, faire à l'avance.
[한] 준비하다, 채비하다, 미리 하다

예셔 [YEI-SYE] (此處) [원]26
[불] Ici, d'ici.
[한] 여기, 여기서

*예수 [YEI-SOU] (耶穌) [원]26
[불] Jésus.
[한] 예수

예슌 [YEI-SYOUN,-I] (六十) [원]26
[불] Soixante, 60.
[한] 예순, 60

예ᄉᆞ [YĒI-SĂ] (例事) [원]26
[불] Coutume, usage, affaire ordinaire; chose commune, vulgaire. (S'écirt aussi 녜ᄉᆞ Nyei-să.).
[한] 습관, 관습, 일상적인 일 | 보편적인, 통속적인 것 | (녜ᄉᆞ Nyei-să 로도 쓴다)

예ᄉᆞ롭다 [YĒI-SĂ-ROP-TA,-RO-OA,-RO-ON] [원]26
[불] Ordinaire, commun, vulgaire, médiocre.
[한] 예사롭다, 평범하다, 통속적이다, 보통이다

*예언 [YEI-EN,-I] (預言) [원]26
[불] Prédiction, prophétie, parole dite avant l'évènement.
[한] 예측, 예언, 사건이 일어나기 전에 나온 말

예쥬 [YEI-TJYOU] [원]26
[불] Suppléant, qui remplace celui qui manque.
[한] 대리인, 결석한 사람을 대신하는 사람

*예지ᄒᆞ다 [YĒI-TJI-HĂ-TA] (預知) [원]26
[불] Savoir d'avance, connaître l'avenir.
[한] 미리 알다, 미래를 알다

예ᄎᆞ [YEI-TCHĂ] [원]26
[불] Id. id.
[한] 앞서 말한 바와 같음 | 앞서 말한 바와 같음

*예탁ᄒᆞ다 [YĒI-HTAK-HĂ-TA] (預度) [원]26
[불] S'informer à l'avance. ‖ Présumer, conjecturer.
[한] 미리 알아보다 | 추정하다, 추측하다

옛다 [YEIT-TA] (在此) [원]26
[불] (Pour 여긔잇다 YE-KEUI-IT-TA) tiens, le voici. Il est présent. Il est ici. Tiens, voilà. Prends. (Parole que l'on dit en donnant un objet, pour attirer l'attention de celui qui doit recevoir).
[한] (여긔잇다 YE-KEUI-IT-TA에 있어) | 자, 여기요 | 있다 | 여기 있다 | 자, 여기요 | 여기요 | (물건을 주면서 하는, 받아야 할 사람의 주목을 끌기위해 하는 말)

1*오 [O] (傲) [원]47
[불] Orgueil.
[한] 거만

2*오 [O] (午) [원]47
[불] 7e signe du zodiaque (le Cheval). Midi; de 11 h. du matin à 1 h.
[한] 황도12궁 중 일곱 번째(말) | 정오 | 오전 11~1시까지

3*오 [O] (五) [원]47
[불] Cinq, 5
[한] 다섯, 5

4오 [O] [원]47
[불] Oui, (réponse à un inférieur). ‖ Bien! (exclam.)
[한] 그래 (하급자에게 하는 대답) | 좋아! (감탄사)

5*오 [O] (吾) [원]47
[불] Notre.
[한] 우리의

오가리 [O-KA-RI] [원]52
[불] Vase que l'on improvise avec une feuille d'arbre en la pliant (pour boire en passant). ‖ Pulpe ou intérieur de citrouille séchée. ‖ Navet coupé en rubans et désséché.
[한] 즉석에서 나뭇잎을 접어서 만든 단지 (지나가는 길에 마시기 위해) | 말린 호박의 과육이나 속 | 띠 모양으로 잘라 말린 무

*오가작통 [O-KA-TJAK-HTONG] (五家作統) [원]52
[불] Surveillance par cinq maisons responsables mutuellement.
[한] 상호 간에 책임이 있는 다섯 가구가 서로 감시함

*오가피 [O-KA-HPI] (五加皮) [원]52

불 Sureau (?) (plante médic.) Ecorce de···
한 딱총나무(?) (약용 식물) | ~의 껍질

*오갈피 [O-KAL-HPI] (五加皮) 원52
불 Sureau. Ecorce de··· (en médec.).
한 딱총나무 | (의학에서) ~의 껍질

오감스럽다 [Ō-KAM-SEU-REP-TA,-RE-OUE,-RE-ON] 원52
불 Etre étouridi; sans cœur; sans vergogne; absurde; qui radote.
한 경솔하다 | 매정하다 | 파렴치하다 | 터무니없다 | 허튼소리를 하다

*오강 [O-KANG,-I] (五江) 원52
불 Les cinq rivières. ‖ Nom d'un des cinq quartiers de la capitale. ‖ On appelle ainsi les cinq villages qui servent de port sur le fleuve de la capitale.
한 다섯 개의 강 | 수도에 있는 다섯 구역 중 한 곳의 이름 | 수도의 큰 강에서 항구 역할을 하는 다섯 마을을 그렇게 부른다

*오결 [Ō-KYEL] (五結) 원52
불 Esp. de contribution de l'Etat sur les champs et les rizières.
한 밭과 논에 정부가 부과하는 세금의 종류

1*오경 [Ō-KYENG,-I] (五更) 원52
불 Les cinq coups frappés sur la cloche pendant la nuit pour piquer l'heure.
한 시간을 알리기 위해 밤에 종을 다섯 번 치는 것

2*오경 [O-KYENG,-I] (五更) 원52
불 La 5e des cinq veilles de la nuit; 5e quart; la 5e heure de la nuit divisée en cinq; le matin au jour, p.ê. de 3 à 5 heures.
한 다섯 번째 야경 | 다섯 번째 당직 | 하룻밤을 다섯 부분으로 나누었을 때 다섯 번째 시간 | 해가 떠 있는 아침, 아마도 3시에서 5시까지

3*오경 [O-KYENG,-I] (烏鏡) 원52
불 Lunettes dont les verres en cristal de roche sont de couleur violette foncée, presque noire.
한 천연 수정으로 된 알이 짙은 보라색인, 거의 검은 색인 안경

*오고 [Ō-KO] (五考) 원52
불 Les cinq notes que le gouvernement donne aux mandarins dans l'espace de deux ans à peu près. ‖ La cinquième de ces notes.
한 약 2년 동안 정부가 관리에게 내리는 다섯 번의 평가 | 평가들 중 다섯 번째

*오곡 [Ō-KOK,-I] (五穀) 원52
불 Les cinq esp. de céréales (riz, orge, sorgho, pois, froment; ou millet, chènevis, riz, blé, pois).
한 다섯 종류의 곡식 (쌀, 보리, 수수속, 콩, 밀 | 또는 조, 삼씨, 쌀, 밀, 콩)

*오공 [O-KONG,-I] (蜈蚣) 원52
불 Le cent-pieds (médec.).
한 지네 [의학용어]

*오관 [Ō-KOAN,-I] (五官) 원52
불 Les cinq sens (ouïe, vue, goût, odorat, tact). (M.chr.).
한 다섯 가지 감각 (청각, 시각, 미각, 후각, 촉각) | (기독교 어휘)

*오괴ᄒᆞ다 [O-KOI-HĂ-TA] (迂恠) 원52
불 Imbécile, qui a un petit esprit. Fourbe, original, entêté.
한 어리석다, 정신이 미약하다 | 교활하다, 괴상하다, 완고하다

*오군문 [Ō-KOUN-MOUN,-I] (五軍門) 원53
불 Les cinq casernes de la capitale. Les cinq endroits où il y a des soldats.
한 수도의 다섯 병영 | 군인들이 있는 다섯 곳

1오굼 [O-KOUM,-I] 원53
불 Creux de la jambe par derrière au-dessus du jarret.
한 고관절 위에 뒤쪽 다리의 움푹 파인 곳

2오굼 [O-KOUM,-I] 원53
불 Tout le corps.
한 온몸

*오굿오굿ᄒᆞ다 [O-KOUT-O-KOUT-HĂ-TA] 원53
불 Déchiré sur les côtés. ‖ Etre ratatiné, flétri, ridé, rétréci.
한 양옆이 찢어지다 | 오그라지다, 시들다, 주름살이 많다, 쪼그라들다

오그러지다 [O-KEU-RE-TJI-TA,-TJYE,-TJIN] 원52
불 Se racornir, se retirer, se replier, s'accourcir en se contractant, se ratatiner.
한 굳어지다, 오그라들다, 접히다, 수축되면서 줄어들다, 쪼그라지다

오그리다 [O-KEU-RI-TA,-RYE,-RIN] 원52
불 Etrécir, diminuer, retirer, plier (les jambes, les bras, les ailes).
한 (다리, 팔, 날개를) 줄이다, 축소하다, 빼내다, 접다

오글오글ᄒᆞ다 [O-KEUL-O-KEUL-HĂ-TA] 원52

불 Fourmiller, grouiller. Bruit et mouvement de l'eau bouillante. ‖ Moyen; entre les deux; ni trop riche, ni trop pauvre; ni trop nombreux, ni trop peu.

한 북적거리다, 우글우글하다 | 끓는 물의 소리와 움직임 | 중간이다 | 둘 사이에 있다 | 너무 부유하지도 너무 가난하지도 않다 | 너무 많지도 너무 적지도 않다

*오금 [Ō-KEUM,-I] (五金) 원52

불 Les cinq espèces de métaux (or, argent, cuivre, plomb, fer). Les cinq métaux.

한 다섯 종류의 금속 (금, 은, 구리, 납, 철) | 다섯 가지 금속

오냐 [O-NYA] 원54

불 Oui (à un inf.). Réponse affirmative d'un supérieur à l'inférieur.

한 (하급자에게) 그래 | 상급자가 하급자에게 하는 긍정적인 대답

오뉘 [O-NOUI] (男妹) 원54

불 Frère et sœur.

한 형제와 자매

오늬 [O-NEUI] (筈) 원54

불 Bout de l'arc (pour la tension duquel il faut avoir de la force). ‖ Coche de la flèche. ‖ Bourgeon de bambou.

한 (힘이 있어야 하는 팽팽함을 위한) 활의 끝 | 화살의 오늬 | 대나무 싹

오ᄂᆞᆯ [O-NĂL,-I] (今日) 원54

불 Aujourd'hui.

한 오늘

오ᄂᆞᆯ날 [O-NĂL-NAL,-I] (今日) 원54

불 Aujourd'hui. Le jour d'aujourd'hui. 오ᄂᆞᆯ날에 O-năl- nal-ei, Aujourd'hui, en ce jour.

한 오늘 | 오늘날 [용례 오ᄂᆞᆯ날에, O-năl-nal-ei], 오늘, 이 날에

오ᄂᆞᆯ밤 [O-NĂL-PAM,-I] (今夜) 원54

불 Cette nuit, la nuit d'aujourd'hui. 오ᄂᆞᆯ밤에 O-năl-pam- ei, En cette nuit.

한 이 밤, 오늘 밤 | [용례 오ᄂᆞᆯ밤에, O-năl-pam-ei], 오늘 밤에

오다 [O-TA,OA,ON] (來) 원58

불 Venir. (Impératif irrégulier: 오너라 O-ne-ra, viens)

한 오다 | (불규칙 명령형 : 오너라 O-ne-ra, 와라)

오달지다 [O-TAL-TJI-TA,-TJYE,-TJIN] 원58

불 Etre gras, avoir de la graisse. ‖ Bien venir; être hâtif, précoce.

한 기름지다, 기름기가 있다 | 잘 자라다 | 올되다, 발육이 빠르다

오댱 [Ō-TYANG,-I] (五腸) 원58

불 Les cinq boyaux, les cinq intestins.

한 오장, 다섯 개의 내장

오도독뼈 [O-TO-TOK-PPYE] 원58

불 Cartilage, partie blanche à l'extrémité des os, croquant.

한 연골, 뼈끝의 흰 부분, 오도독뼈

오도독오도독ᄒᆞ다 [O-TO-TOK-O-TO-TOK-HĂ-TA] 원58

불 Croquer sous les dents, mâcher avec force. Bruit de châtaignes crues broyées sous les dents, ou d'un grattement (v.g. de rats).

한 이로 씹어 와삭 소리를 내다, 강하게 씹다 | 이로 생밤을 부수거나 긁는 소리 (예. 쥐)

*오동 [O-TONG,-I] (烏銅, (Noir, cuivre)) 원58

불 Fer noir très-estimé.

한 아주 높이 평가되는 검은 철

*오동나무 [O-TONG-NA-MOU] (梧桐) 원58

불 Nom d'une esp. d'arbre dont les feuilles sont très-larges. jatropha curcas, médiciner curcas. Alisier des bois (?). platane. V.Syn. 머귀나무 Me-koui-na-mou.

한 잎이 아주 큰 나무 일종의 이름 | 〈야트로파〉, 〈médiciner curcas〉 | 마가목류(?) | 플라타너스 | [동의어 머귀나무, Me-koui-na-mou]

오되다 [O-TOI-TA,-TOI-YE,-TOIN] 원58

불 Etre précoce.

한 발육이 빠르다

오두ᄋᆡ [O-TOU-ĂI] (椹) 원58

불 Mûre, fruit du mûrier.

한 오디, 뽕나무의 열매

오둬 [O-TOUI] 원58

불 Voy. 오두ᄋᆡ O-tou-ăi.

한 [참조어 오두ᄋᆡ, O-tou-ăi]

오뒤 [O-TOUI] 원58 ☞ 오두ᄋᆡ

오듸 [O-TEUI] (桑實) 원58

불 mûre, fruit ou baie du mûrier.

한 오디, 뽕나무의 열매 또는 장과

오ᄃᆡ [O-TĂI] (椹) 원58 ☞ 오두ᄋᆡ

오라 [O-RA] (紅絲) 원56

불 Corde rouge avec laquelle les satellites attachent les grands criminels.

한 부하들이 중죄인을 묶을 때 쓰는 붉은 줄

오라버니 [O-RA-PE-NI] (男同生) 원56
불 Le frère aîné (d'une sœur).
한 (여자 형제의) 손위오빠

오라비 [O-RA-PI] (男同生) 원56
불 Le frère aîné. (une fille appelle ainsi l'aîné de ses frères, ou ses frères aînés).
한 손위 오빠 (소녀가 남자 형제들 또는 손위 남자 형제들을 그렇게 부른다)

오라지아냐 [O-RA-TJI-A-NYA] (未久) 원56
불 Dans un instant, tout à l'heure, bientôt, sous peu. (Pour: 오라지아니ᄒᆞ야 O-ra-tji a-ni hă-ya)
한 곧, 조금 후에, 오래지 않아, 곧 | (오라지아니ᄒᆞ야 O-ra-tji a-ni hă-ya 대신)

오락이 [O-RAK-I] 원56
불 Fil à un seul brin (pour faire de la toile).
한 (천을 만드는 데 쓰는) 한 오라기 실

오랑캐곳 [O-RANG-HKAI-KKOT,-TCHI] 원56
불 Esp. de fleurs roses un peu semblables à l'églantier.
한 찔레나무와 약간 비슷한 장미꽃의 종류

오랑캐 [O-RANG-HKAI] (羌) 원56
불 Barbare, sauvage, tous les étrangers.
한 야만인, 미개인, 모든 이방인

[1]오래 [O-RAI] 원56
불 Souscription, cotisation pour un acte de superstition.
한 기부금, 미신적인 행위를 위한 회비

[2]오래 [O-RAI] (久) 원56
불 Longtemps.
한 오래

오래다 [O-RAI-TA,-RAI-YE,-RAIN] (已久) 원56
불 Il y a longtemps. Etre déjà ancien.
한 오래전에 | 이미 오래되다

오래잔타 [O-RAI-TJAN-HTA,-TJAN-A,-TJAN-EUN] (不久) 원56
불 Il n'y a pas longtemps, bientôt, promptement. 오래지아냐 O-rai-tji-a-nya, Dans peu de temps.
한 오래지 않다, 곧, 신속하게 | [용례 오래지아냐, O-rai-tji-a-nya], 얼마 되지 않아

***오량각** [Ō-RYANG-KAK,-I] (五樑閣, (Cinq, poutres, maison)) 원56
불 Grande maison à cinq poutres.
한 다섯 개의 도리로 만든 큰 집

오레미 [O-RE-MI] 원56
불 V. 올계 Ol-kyei.
한 [참조어 올계, Ol-kyei]

오렷오렷ᄒᆞ다 [O-RYET-O-RYET-HĂ-TA] 원56
불 Distinct, clair (v.g. riz cuit dont les grains ne sont pas collés ensemble). ‖ Faire clairement.
한 뚜렷하다, 분명하다 (예. 곡식이 함께 들러붙지 않은 쌀) | 분명하게 하다

오로지ᄒᆞ다 [O-RO-TJI-HĂ-TA] (自專) 원57
불 Etre absolu, avoir un pouvoir absolu. Avoir le libre arbitre.
한 절대적이다, 절대적인 힘이 있다 | 자유의지가 있다

***오론ᄒᆞ다** [O-RON-HĂ-TA] (誤論) 원57
불 Délibération fausse, mauvais conseil. Raisonner faussement. ‖ Se méprendre.
한 잘못된 토의, 나쁜 충고 | 잘못 추론하다 | 잘못 생각하다

***오류촌** [Ō-RYOU-TCHON,-I] (五柳村, (Cinq, saules, village)) 원57
불 Nom d'un endroit où vivait un homme célèbre, qui y planta cinq saules.
한 유명한 사람이 사는 곳의 이름으로, 그 곳에 다섯 그루의 버드나무를 심었다

***오륜** [Ō-RYOUN,-I] (五倫) 원57
불 Les cinq esp. de lois. Les cinq relations naturelles, fondement nécessaire de toute société : de père à fils, affection, 부ᄌᆞ유친Pou-tja-you-tchin; de roi à sujet, justice, 군신유의Koun-sin-you-eui; de mari à femme, différence, c.a.d. soumission de celle-ci, 부부유변 Pou-pou-you-pyen; de vieux à jeune, degré, respect, 장유유서Tjyang-you-you-sye, d'ami à ami, confiacne, 붕우유신Poug-ou-you-sin.
한 다섯 종류의 법 | 다섯 가지 자연적인 관계, 온 사회에서 필요한 원칙 : 아버지에서 아들로, 애정, 부ᄌᆞ유친 Pou-tja-you-tchin | 임금에서 신하로, 정의, 군신유의Koun-sin-you-eui | 남편에서 아내로, 구별, 즉 구별을 지킴, 부부유변Pou-pou-you-pyen|나이 많은 사람에서 젊은 사람에게로, 서열, 존경, 장유유서Tjyang-you-you-sye | 친구에서 친구에게로, 신뢰, 붕우유신Poug-ou-you-sin

[1]오리 [O-RI] (鴨) 원56
불 Canard.
한 오리

²오리 [O-RI] [원]56

[불] Un fil de la chaîne d'une toile. ‖ Un morceau, une tranche, un zeste. ‖ (Numéral des planches, des écheveaux, des lignes, des bandes).

[한] 천의 날실 | 조각, 부분, 극소량 | (판자, 실타래, 줄, 띠를 세는 수사)

³*오리 [Ō-RI,-I] (五里) [원]56

[불] Cinq 리 ri, une demilieue, deux kilomètres à peu près.

[한] 5리 ri, 반 리외, 약 2㎞

오리나무 [O-RI-NA-MOU] (棟瓜木) [원]56

[불] Esp. d'arbe dont le bois est rouge, qui vient le long des ruisseaux; c'est peut-être l'aune ou verne.

[한] 시냇물을 따라서 자라는 가지가 붉은 나무의 종류 | 아마도 오리나무나 오리나무일 것이다

오리다 [O-RI-TA,O-RYE,O-RIN] (裂) [원]57

[불] Enlever un peu, retrancher un peu, trancher, scier en long par bandes; débiter du bois, couper en bandes.

[한] 약간 제거하다, 약간 떼내다, 자르다, 세로로 띠 모양으로 톱질하다 | 나무를 자르다, 띠 모양으로 자르다

오리와나무 [O-RI-OA-NA-MOU] (阿里瓦樹) [원]56

[불] Olivier. (M.chrét.)

[한] 올리브 | (기독교 어휘)

오ᄅᆞ다 [O-RĂ-TA,OL-NA,O-RĂN] (上) [원]56

[불] Monter.

[한] 오르다

오ᄅᆞ락ᄂᆞ리락ᄒᆞ다 [O-RĂ-RAK-NĂ-RI-RAK-HĂ-TA] (或上或下) [원]56

[불] Ne faire que monter et descendre. Monter et descendre sans cesse (v.g. une montagne) (se dit aussi du prix de certains objets don't le cours varie).

[한] 오르고 내려가기만 하다 | (예. 산을) 멈추지 않고 오르고 내리다 (시세가 변하는 물건의 가격에 대해서도 쓴다)

오ᄅᆞᆺ이 [O-RĂT-I] (全) [원]56

[불] Entièrement.

[한] 온전히

오ᄅᆞᆺ이ᄒᆞ다 [O-RĂT-I-HĂ-TA] (全) [원]56

[불] Entier, tout.

[한] 온전하다, 완전하다

오ᄅᆞᆺᄒᆞ다 [O-RĂT-HĂ-TA] (全) [원]56

[불] Entier, tout.

[한] 온전하다, 완전하다

*오마ᄃᆡ [Ō-MA-TĂI] (五馬隊) [원]53

[불] Cavaliers qui vont cinq de front.

[한] 다섯 명이 나란히 가는 기병들

*오만ᄒᆞ다 [O-MAN-HĂ-TA] (傲慢) [원]53

[불] Orgueilleux.

[한] 거만하다

*오망스럽다 [O-MANG-TEU-SEP-TA,-RE-OUE,-RE-ON] (傲妄) [원]53

[불] Etre orgueilleux et absurde.

[한] 거만하고 터무니없다

*오목 [O-MOK,-I] (烏木) [원]54

[불] Bois noir. Ebène.

[한] 검은 나무 | 흑단

*오묘ᄒᆞ다 [Ō-MYO-HĂ-TA,-HĂN,-HI] (奧妙) [원]54

[불] Mystérieux, profond, mystique, admirable.

[한] 신비롭다, 심오하다, 신비적이다, 놀랄 만하다

오므리다 [O-MEU-RI-TA,-RYE,-RIN] (蹙) [원]54

[불] Etre fermé, joint. ‖ Se rétrécir.

[한] 닫히다, 결합되다 | 좁히다

오믈오믈ᄒᆞ다 [O-MEUL-O-MEUL-HĂ-TA] [원]53

[불] Hésiter, être indécis. ‖ Grouiller, remuer. Remuement (des petits poissons; des petits enfants jouant ensemble). Etre marqué de petite vérole.

[한] 망설이다, 우유부단하다 | 움직이다, 몸을 움직이다 | (작은 물고기들의 | 함께 노는 어린아이들의) 움직임 | 천연두 자국이 있다

*오미 [Ō-MI] (五味) [원]54

[불] Les cinq sortes de goûts (doux ou sucré, amer, poivré ou âcre, aigre, salé).

[한] 다섯 가지 맛 (달콤한 맛 또는 단맛, 쓴맛, 후추 맛 또는 매운맛, 신맛, 짠맛)

*오미ᄌᆞ [Ō-MI-TJĂ] (五味子) [원]54

[불] Petite graine qu'on prétend avoir les cinq goûts. Elle est employée en médecine contre les douleurs de poitrine. On peut en faire de la limonade rafraîchissante, aigrelette. Employée dans la teinture comme mordant.

[한] 다섯 가지 맛이 난다고 하는 작은 씨 | 이것은 가슴의 통증에 내복약으로 사용된다 | 이것으로 원기를 회복시키는, 신맛이 나는 레몬수를 만들 수 있다 | 매염제로서 염색에 사용된다

¹*오믜 [O-MĂI] (烏梅) [원]53

불 Fruit du 매화 Mai-hoi. Abricot séché ou vert. Abricot cueilli avant maturité et séché (remède).

한 매화 Mai-hoi의 열매 | 말리거나 덜 익은 살구 | 익기 전에 따서 말린 살구 (약)

2* 오미 [O-MĂI] (寤寐) 원53

불 Jour et nuit. Dans la veille et dans le sommeil.

한 낮과 밤 | 깨어 있을 때나 잘 때나

* 오미불망 [O-MĂI-POUL-MANG] (寤寐不忘, (Jour et nuit, non, oublier)) 원53

불 Penser jour et nuit.

한 밤낮으로 생각하다

* 오반 [O-PAN,-I] (午飯) 원55

불 Riz du milieu du jour, repas de midi.

한 하루의 한가운데에 먹는 밥, 점심 때 하는 식사

1* 오방 [O-PANG,-I] (五方) 원55

불 Les cinq points cardinaux (est, sud, ouest, nord, centre).

한 기본적인 다섯 지점 (동, 남, 서, 북, 중앙)

2* 오방 [O-PANG,-I] (午方) 원55

불 Le sud.

한 남쪽

* 오방난뎐 [O-PANG-NAN-TYEN] (五房亂廛) 원55

불 Petites statues de Fô placées en nombre indéfini tout autour de la pagode. || Se dit de ceux qui sont pris en faisant la contrebande au détriment des merciers de la capitale.

한 탑 주위에 무수히 많이 놓인 작은 부처상 | 수도의 잡화상들을 고려하지 않고 밀수입을 하여 붙잡힌 사람들에 대해 쓴다

* 오복 [Ō-POK,-I] (五福) 원56

불 Les cinq espèces de bonheur. (Vivre vieux, être riche, se bien porter [ou obtenir des dignités, avoir beaucoup de fils], avoir des vertus, mourir tranquillement de sa belle mort)

한 다섯 가지의 행복 | (오래 살다, 부유하다, 건강하다 [또는 고위직을 얻다, 자식이 많다], 덕을 지니다, 평온하게 천수를 다하다)

* 오봉산 [Ō-PONG-SAN,-I] (五峯山) 원56

불 Nom d'une montagne proche de la capitale: montagne aux cinq pics.

한 수도 가까이에 있는 산의 이름 | 다섯 개의 봉우리가 있는 산

오부리다 [Ō-POU-RI-TA,-RYE,-RIN] (用傲, (Orgueil, se servir)) 원56

불 S'enorgueillir.

한 거만해지다

오부슈ᄒᆞ다 [O-POU-SYOU-HĂ-TA] 원56

불 Abondant, suffisant.

한 풍부하다, 충분하다

오붓ᄒᆞ다 [O-POUT-HĂ-TA] 원56

불 Petites choses qui ont bien réussi; petite culture bien venue. || Homme pauvre qui a bien réussi dans sa culture. || Etre à son aise, être dans l'aisance.

한 잘된 작은 것들 | 잘된 작은 농사 | 농사가 잘된 가난한 사람 | 생활이 안락하다, 유복하다

* 오비리낙 [O-PI-RI-NAK,-I] (烏飛梨落, (Un corbeau, voler, poire, tomber)) 원56

불 Un corbeau s'envole d'un poirier, une poire tombe. Apparence trompeuse. Hasard.

한 까마귀가 배나무에서 날아오르다, 배가 떨어지다 | 오해의 소지가 있는 겉모습 | 우연한 일

* 오비삼쳑 [O-PI-SAM-TCHYEK,-I] (五鼻三尺, (Mon, nez, trois, pieds)) 원56

불 Qui a un nez long de trois pieds, qui ne peut se moucher, comment moucher les autres? Etre soi-même dans l'embarras: comment en tirer les autres?

한 코의 길이가 석 자인 사람, 스스로 코를 풀지 못하는 사람, 어떻게 다른 사람의 코를 풀어 주나? 자신이 곤란한 처지에 놓여 있다 | 어떻게 거기에서 다른 사람들을 구해 주나?

* 오ᄇᆡ례 [O-PĂI-RYEI] (五拜禮) 원56

불 Rit des cinq adorations; les cinq salutations.

한 다섯 가지 숭배의 의식 | 다섯 가지 인사

* 오ᄇᆡᄌᆞ [O-PĂI-TJĂ] (五陪子) 원56

불 Esp. de noix de galle (qui, dit-on, vient sur le mûrier). Esp. de graine d'arbre remplie d'insectes qui servent à faire l'encre noire. (Sert en teinture et en médecine).

한 (뽕나무 위에 자란다고 하는) 오배자의 종류 | 검은 잉크를 만드는 데 사용하는 곤충이 많은 나무의 종자 종류 | (염료와 내복약으로 쓰인다)

* 오사 [O-SA] (烏蛇) 원57

불 Esp. de serpent noir.

한 검은 뱀의 종류

오사리 [O-SA-RI] 원57

불 Primeurs; fruits ou légumes précoces, hâtifs.

한 만물 | 철 이른 과일 또는 채소, 올된 과일 또는 채소

오삭오삭씹다 [O-SAK-O-SAK-SSIP-TA,-SSIP-E,-SSIP

-EUN] [원]57
[불] Bruit d'un fruit sous les dents; mâcher avec bruit.
[한] 이로 과일을 씹는 소리 | 소리를 내며 씹다

오삭오삭ᄒᆞ다 [O-SAK-O-SAK-HĂ-TA] [원]57
[불] Exprime le frisson de froid; le bruit des feuilles sèches froissées, des choses crues écrasées sous la dent.
[한] 추위로 인한 떨림을 나타낸다 | 부서지는 마른 잎에서 나는, 이로 날것을 으스러뜨리는 소리

*오샤례 [Ō-SYA-RYEI] (五謝禮) [원]57
[불] Les cinq actes de remerciement.
[한] 감사하는 다섯 가지 행위

1*오샹 [Ō-SYANG,-I] (五傷) [원]57
[불] Les cinq plaies.
[한] 다섯 군데의 상처

2*오샹 [Ō-SYANG,-I] (五常) [원]57
[불] Les cinq vertus cardinales, fondamentales, de la société. (Pas usité). Voy.Syn. 오륜 O-ryoun.
[한] 사회의 기본적이고 근본적인 다섯 가지 덕 | (흔히 사용되지 않는) | [[동의어] 오륜, O-ryoun]

*오셕 [O-SYEK,-I] (烏石) [원]57
[불] Pierre noire, esp. de marbre noir.
[한] 검은 돌, 검은 대리석의 종류

1*오셩 [O-SYENG,-I] (五星) [원]57
[불] Les cinq planètes (or, bois, eau, feu, terre).
[한] 다섯 개의 유성 (금, 목, 수, 화, 지)

2*오셩 [O-SYENG,-I] (五聖) [원]57
[불] Les cinq grands hommes auxquels on offre des sacrifices.
[한] 사람들이 제를 지내는 다섯 명의 위인

3*오셩 [Ō-SYENG,-I] (傲性, (Orgueilleux, naturel)) [원]58
[불] Caractère orgueilleux.
[한] 거만한 성격

*오슈뎡 [O-SYOU-TYENG,-I] (烏水晶, (Noir, eau, limpide)) [원]58
[불] Verre noir, cristal noir. Cristal de roche noir.
[한] 검은 유리, 검은 수정 | 검은 천연 수정

오슈리 [O-SYOU-RI] [원]58
[불] Esp. de quadrupède de la grandeur d'un chien, p.ê. le chacal.
[한] 개 크기의 네발짐승 종류, 아마도 재칼

*오승 [O-SEUNG,-I] (五升, (Cinq, quarante fils)) [원]58
[불] Esp. de toile de chanvre de cinq 새 sai ou quarantaines de fils.
[한] 다섯 새 sai 또는 약 40개 실로 된 삼베의 종류

*오시 [Ō-SI] (午時) [원]58
[불] Midi, temps de 11 h. du matin à 1 h. du soir.
[한] 정오, 아침 11시부터 오후 1시까지의 시간

오실오실ᄒᆞ다 [O-SIL-O-SIL-HĂ-TA] [원]58
[불] Frisson de froid. Frissonner.
[한] 추위로 인한 떨림 | 몸을 떨다

*오심 [Ō-SIM,-I] (傲心) [원]58
[불] Cœur orgueilleux. Orgueil.
[한] 거만한 마음 | 거만

*오ᄉᆞᄒᆞ다 [Ō-SĂ-HĂ-TA] (誤死) [원]57
[불] Mourir de la main du bourreau. Exécuté de justice, mort condamné, mort par suite d'une condamnation.
[한] 사형집행인의 손에 죽다 | 재판으로 사형이 집행되다, 유죄선고를 받고 죽다, 유죄판결에 따라 죽다

*오ᄉᆡᆨ [Ō-SAIK,-I] (五色) [원]57
[불] Les cinq esp. de couleurs: blanc, noir, rouge, bleu (ou vert), jaune.
[한] 다섯 가지 색깔의 종류 | 흰색, 검은색, 빨간색, 파란색(또는 초록색), 노란색

*오ᄉᆡᆨ단쳥 [O-SĂIK-TAN-TCHYENG,-I] (五色丹靑) [원]57
[불] Décoré des cinq couleurs (v.g. une maison).
[한] (예. 집이) 다섯 가지 색깔로 장식되다

*오ᄉᆡᆨ이령롱ᄒᆞ다 [O-SĂIK-I-RYENG-RONG-HĂ-TA] (五色玲瓏) [원]57
[불] Etinceler des cinq couleurs.
[한] 다섯 가지 색깔로 반짝이다

*오약 [O-YAK,-I] (烏藥) [원]50
[불] Nom d'un remède.
[한] 약의 이름

오얏 [O-YAT,-SI] (李) [원]50
[불] Prune.
[한] 자두

*오예ᄒᆞ다 [Ō-YEI-HĂ-TA] (汚穢) [원]50
[불] Etre sale, impur.
[한] 더럽다, 불순하다

*오위쟝 [Ō-OUI-TJYANG,-I] (五衛將) [원]52
[불] Nom d'une petite dignité.
[한] 낮은 관직의 호칭

*오음 [O-EUM,-I] (五音) [원]50
[불] Les cinq notes de la gamme; les cinq espèces de tons.

한 음계의 다섯 음 | 다섯 종류의 음

*오입ᄒᆞ다 [O-IP-HĂ-TA] (誤入) ㊊50

불 Grivois, débauché, joueur ; bon vivant; qui aime à s'amuser, qui passe son temps à jouer, à chanter.

한 자유분방하다, 방탕하다, 놀이를 좋아하다 | 쾌활하다 | 놀기를 좋아하다, 노는 데, 노래하는 데 시간을 보내다

*오쟉교 [O-TJYAK-KYO] (烏鵲橋) ㊊58

불 Pont que font les corbeaux et les pies sur le lac du ciel (la voie lactée), afin que 직녀 Tjik-nye puisse passer, pour aller voir 견우 Kyen-ou, le 7 de la 7e lune.

한 음력 7월 7일에 직녀 Tjik-nye가 견우 Kyen-ou를 보러 갈 때 지나갈 수 있도록 까마귀와 까치가 하늘의 호수(은하수) 위에 만드는 다리

*오쟝류부 [O-TJYANG-RYOU-POU] (五臟六腑) ㊊58

불 Les cinq viscères et les six viscères: 1e cœur, foie, rate, poumons, rognons ou reins. 2e intestins grêles, fiel, estomac, gros colon, vessie et les trois parties du buste.

한 다섯 가지 내장과 여섯 가지 내장 : 첫 번째 심장, 간, 비장, 폐, 신장 또는 콩팥 | 두 번째 소장, 담즙, 위, 대장, 방광과 상반신의 세 부분

*오젹어 [O-TJYEK-E] (烏賊魚, (Corbeau aqualique, pêcher, poisson)) ㊊58

불 Poisson qui sert de pâture à une esp. de corbeau de nuit. Petit poisson de mer, qui a une corne sur la tête, et qui répand un liquide noir lorsqu'il se sent attaqué. La seiche.

한 쏙독새의 종류에게 먹이로 주는 생선 | 머리에 돌기가 있는 작은 바닷고기로, 공격을 받는다고 느끼면 검은 액체를 뿌린다 | 오징어

오젼부리다 [O-TJYEN-POU-RI-TA,-RYE,-RIN] ㊊58

불 Etre inconvenant, absurde. Radoter.

한 무례하다, 터무니없다 | 허튼소리를 하다

오젼스럽다 [Ō-TJYEN-SEU-REP-TA,-RE-OUE,-RE-ON] ㊊58

불 Orgueil et absurdité. étourdi, sans cœur, sans vergogne. Léger, inconsidéré, absurde. Radoter.

한 거만과 몰상식 | 경솔하다, 매정하다, 파렴치하다 | 경박하다, 경솔하다, 터무니없다 | 허튼소리를 하다

오죰 [O-TJYOM,-I] (尿) ㊊59

불 Urine.

한 오줌

오죰누다 [O-TJYOM-NOU-TA,-NOU-E,-NOUN] (放尿) ㊊59

불 Uriner. ‖ 오죰싸다 O-tjyom-ssa-ta, Uriner involontairement, sans s'en apercevoir.

한 오줌을 누다 | [용례 오죰싸다, O-tjyom-ssa-ta], 본의 아니게, 저도 모르게 오줌을 누다

오죰마렵다 [O-TJYOM-MA-RYEP-TA] ㊊59

불 Avoir envie d'uriner, sentir le besoin d'uriner.

한 오줌을 누고 싶다, 오줌을 누고 싶은 욕구를 느끼다

오죰소틔 [O-TJYOM-SO-HTĂI] (淋疾) ㊊59

불 Rétention d'urine.

한 요폐[역주 尿閉]

오죰ᄊᆞ기 [O-TJYOM-SSĂ-KĂI] ㊊59

불 Enfant qui pisse au lit.

한 침대에 오줌을 싸는 아이

오죵어 [O-TJYONG-E] (烏賊魚) ㊊59

불 Seiche.

한 오징어

*오쥭 [O-TJYOUK,-I] (烏竹, (Noir, bambou)) ㊊59

불 Bambou noir.

한 검은 대나무

[1]오지 [O-TJI] ㊊58☞오두의

[2]오지 [O-TJI] (椹) ㊊59

불 Mûre, fruit du mûrier.

한 오디, 뽕나무의 열매

오지그릇 [O-TJI-KEU-RĂT,-SI] (漆土器) ㊊59

불 Vase en terre rouge foncé tirant sur le noir.

한 검은색에 가까운 짙은 붉은색 흙으로 만든 그릇

오지다 [O-TJI-TA,-TJYE,-TJIN] ㊊59

불 Sérieux, ferme, posé. Voy.Syn. 밍렬ᄒᆞ다 Măing-ryel-hă-ta.

한 신중하다, 굳세다, 침착하다 | [동의어 밍렬ᄒᆞ다 Măing-ryel-hă-ta]

오지직오지직 [O-TJI-TJIK-O-TJI-TJIK] ㊊59

불 Bruit v.g. du sable sous les dents, de châtaignes crues broyées sous les dents. Pétillement v.g. du sel dans le feu, de la graisse qui s'échappe de dessus le gril et brûle.

한 이로 모래를 씹는 소리, 이로 생밤을 부수는 소리 | 불에 소금이 탁탁 튀는 소리, 기름이 석쇠 위에서 튀어나와 타는 소리

오직 [O-TJIK] (惟) ㊊59

불 Mais, au contraire, néanmoins, seulement.

한 하지만, 반대로, 그러나, 단지

*오쟈 [O-TJĂ] (誤字) 원58

불 Ecriture fautive, faute d'orthographe, faute d'écriture, erreur.

한 부정확한 글씨, 잘못된 철자법, 잘못된 글씨, 잘못

*오착ᄒᆞ다 [Ō-TCHAK-HĂ-TA] (誤捉) 원59

불 Prendre, arrêter un innocent pour le coupable. ‖ Se tromper, se méprendre.

한 무고한 사람을 죄인으로 잡다, 체포하다 | 착각하다, 오해하다

*오촌 [O-TCHON] (五寸) 원59

불 Cinquième degré, parent au 5e degré

한 다섯 번째 촌수, 5촌 친척

오치 [O-TCHI] 원59

불 Se dit d'une chose qui brille de toutes les couleurs de l'arc-en-ciel.

한 무지개의 모든 색깔로 반짝거리는 것에 대해 쓴다

*오치령롱ᄒᆞ다 [O-TCHĂI-RYENG-RONG-HĂ-TA] (五彩玲瓏) 원59

불 Bel aspect des cinq couleurs, v.g. l'arc-en-ciel. Briller de toutes les couleurs de l'arc-en-ciel.

한 다섯 가지 색깔의 아름다운 모습, 예. 무지개 | 무지개의 모든 색깔로 빛나다

*오틱 [O-HTĂI] (傲態) 원58

불 Air de flerté, d'orgueil.

한 오만한, 거만한 태도

오퍅ᄒᆞ다 [O-HPYAK-HĂ-TA] (傲愎, (Orgueil, méchanceté)) 원56

불 Petit esprit étroit et orgueilleux.

한 마음이 좁고 편협하고 거만하다

*오픔 [Ō-HPEUM,-I] (五品) 원56

불 Petite dignité du 5e degré.

한 다섯 번째 계급의 낮은 관직

*오한증 [Ō-HAN-TJEUNG,-I] (惡寒症) 원52

불 Frisson, tremblement de fièvre.

한 오한, 열로 인한 떨림

*오함ᄒᆞ다 [Ō-HAM-HĂ-TA] (凹陷) 원52

불 Etre en entonnoir, être creux. Une cave.

한 깔때기 모양이다, 오목하다 | 동굴

*오합지졸 [O-HAP-TJI-TJOL,-I] (烏合之卒, (Corbeau, troupe, soldat)) 원52

불 Ramassis, assemblage sans choix. Réunion de toutes sortes de gens, bons, mauvais, savants, ignorants, etc. etc.

한 무리, 구별 없이 모으기 | 좋은, 나쁜, 박식한, 무지한 등등의 온갖 종류의 사람들의 모임

*오현금 [Ō-HYEN-KEUM,-I] (五絃琴, (Cinq, cordes, instrument de musique)) 원52

불 Esp. d'instrument de musique à cinq cordes, long et creux. Esp. de violon ou plutôt de harpe.

한 길고 오목하며 다섯 줄로 된 악기의 종류 | 바이올린, 보다 정확히 말해 하프의 종류

오홉다 [O-HOP-TA,-OA,-ON] (嗚呼) 원52

불 Désolant, malheureux. C'est désolant! hélas! oh! ô. (exprime la douleur).

한 딱하다, 불행하다 | 딱하다! 아이! 슬프다! 오! | (고통을 표현함)

*오화당 [O-HOA-TANG,-I] (五花糖, (Cinq, fleurs, sucre)) 원52

불 Sucre, bonbons, dragées, gâteaux de cinq espèces de couleurs.

한 설탕, 사탕, 당과, 다섯 가지 색으로 만든 과자

*오활ᄒᆞ다 [O-HOAL-HĂ-TA,-HAN,-HI] (迂濶) 원52

불 Qui entreprend une affaire, quoiqu'il sache qu'elle ne réussira pas. Imprudent, téméraire, présomptueux. ‖ Qui fait le fameux, l'habile, etc; qui se croit capable de tout, au-dessus de tout.

한 일이 성공하지 못할 것임을 알면서도 일을 벌이는 사람 | 경솔한 사람, 무모한 사람, 오만한 사람 | 유명한 체, 능숙한 체 등을 하는 사람 | 자신이 모든 것을 할 수 있다고, 자신이 뛰어나다고 생각하는 사람

*오후 [Ō-HOU] (午後) 원52

불 Après-midi.

한 오후

오히려 [O-HI-RYE] (猶) 원52

불 Au contraire, bien plus, a fortiori, à plus forte raison.

한 반대로, 게다가, 하물며, 말할 것도 없이

*오ᄒᆞ다 [O-HĂ-TA,-HĂ-YE,-HĂN] (傲) 원52

불 S'enorgueillir, avoir de orgueil.

한 거만해지다, 거만하다

*오힝 [Ō-HĂING,-I] (五行) 원52

불 Les cinq éléments (eau, feu, bois, métal, terre).

한 다섯 가지 요소들 (물, 불, 나무, 금속, 흙)

1*옥 [OK,-I] (玉) 원52

불 Pierre de jade. Pierre précieuse. Précieux, et aussi

ㅇ

royal.
한 경옥(세공품) | 보석 | 값비싸고 호화롭기도 하다

[2]* 옥 [OK,-I] (獄) 원52
불 Prison, cachot.
한 감옥, 지하 독방

*옥계 [OK-KYEI] (玉階) 원53
불 Escalier en jade, c.a.d. escalier du trône du roi, quelle qu'en soit la matière. ‖ Réponse du roi à une consultation d'un gouverneur.
한 경옥으로 만들어진 계단, 즉 어떠한 재료로 만들어져 있든, 왕좌의 계단 | 지사의 자문에 대한 왕의 대답

*옥골 [OK-KOL,-I] (玉骨) 원53
불 Figure d'albâtre, belle comme une figure d'albâtre, de jade.
한 흰 대리석의 인물상, 흰 대리석, 경옥으로 된 인물상처럼 아름답다

*옥관ᄌᆞ [OK-KOAN-TJĂ] (玉貫子) 원53
불 Anneau du serre-tête en jade.
한 경옥으로 만들어진 머리띠

*옥교 [OK-KYO] (玉轎) 원53
불 Palanquin du roi.
한 왕의 가마

*옥년 [OK-NYEN,-I] (玉輦) 원53
불 Palanquin du roi. Voiture du roi.
한 왕의 가마 | 왕의 마차

옥니 [OK-NI] (鉤齒) 원53
불 Dent qui rentre à l'intérieur de la bouche. ‖ Croc des chiens, dent canine.
한 입 안으로 들어간 이 | 개의 송곳니, 개의 이빨

*옥당 [OK-TANG,-I] (玉堂) 원53
불 Le premier des cinq degrés du doctorat. (V. 분관 Poun-koan). Dignité de noble, grande noblesse. 옥당자린가 Ok-tang-tja-rin-ka (Ok-tang, natte, est-il?) Peut-il être Ok-tang? ‖ Esp. d'archive royale ou d'académie.
한 박사의 다섯 등급 중 첫째 | [참조어 분관, Poun-koan] | 귀족의 위엄, 대귀족신분 | [용례 옥당자린가, Ok-tang-tja-rin-ka], (옥당, 자리, 인가?) 옥당일 수 있을까? | 왕립 기록 보관서 또는 아카데미의 종류

[1]옥ᄆᆡ듭 [OK-MĂI-TEUP,-I] 원53
불 Nom d'une esp. d'herbe.
한 풀 종류의 이름

[2]옥ᄆᆡ듭 [OK-MĂI-TEUP,-I] 원53
불 Nœude difficile à dénouer, v.g. nœud d'un fil très-fin. ‖ Nœud double (sans boucle) et qui est difficile à dénouer.
한 풀기 어려운 매듭, 예. 아주 가는 실의 매듭 | (고리 없이) 이중이고 풀기 어려운 매듭

*옥셔 [OK-SYE] (玉書) 원53
불 Ecrit du roi (écrit de sa propre main).
한 왕의 문서(손으로 직접 쓴 문서)

*옥셕구분ᄒᆞ다 [OK-SYEK-KOU-POUN-HĂ-TA] (玉石俱焚, (Jade, pierre, ensemble, brûler)) 원53
불 Tout détruire sans distinction. Briser tout sans distinction du jade ou du simple caillou. Sacrifier ce qui est bon pour détruire le mauvais.
한 구별 없이 모두 없애다 | 경옥인지 단순한 자갈돌인지 구별하지 않고 모두 부수다 | 나쁜 것을 없애기 위해 좋은 것을 희생시키다

[1]* 옥슈 [OK-SYOU] (玉手) 원53
불 Mains du roi. ‖ Belle mains, mains blanches.
한 왕의 손 | 아름다운 손, 흰 손

[2]* 옥슈 [OK-SYOU] (獄囚) 원53
불 Prisonnier.
한 죄수

*옥슈슈 [OK-SYOU-SYOU] (玉秫秫) 원53
불 Maïs.
한 옥수수

*옥식 [OK-SIK,-I] (玉食) 원53
불 Riz écossé, préparé sans mélange d'orge ni d'autres céréales. ‖ Très-beau riz cuit.
한 보리도, 다른 곡물도 섞지 않고 준비된 껍질을 깐 쌀 | 아주 보기 좋은 밥

옥실옥실ᄒᆞ다 [OK-SIL-OK-SIL-HĂ-TA] 원53
불 Grouiller, fourmiller. Bruit de l'eau qui bout. ‖ Etat d'une personne qui se tient dans un moyen terme.
한 우글우글하다, 북적거리다 | 끓는 물 소리 | 중간 관계에 있는 사람의 지위

*옥ᄉᆞ쟝이 [OK-SĂ-TJYANG-I] (獄司) 원53
불 Geôlier.
한 감옥지기

*옥ᄉᆡ [OK-SĂI] (玉璽, (jade, sceau)) 원53
불 Sceau royal.
한 왕의 도장

*옥ᄉᆡᆨ [OK-SĂIK,-I] (玉色) 원53
불 Couleur blanche qui tire un peu sur le bleu; couleur

du jade. Couleur bleu tendre.

한 파란색을 조금 띠는 흰색 | 경옥의 색깔 | 연파란색

옥을옥을ᄒᆞ다 [OK-EUL-OK-EUL-HĂ-TA] 원52

불 Se rétrécir, se raccourcir, être rétréci.

한 좁아지다, 단축되다, 줄어들다

*옥장인 [OK-TJYANG-IN,-I] (玉匠人) 원53

불 Fabricant de vases en jade.

한 경옥으로 단지를 만드는 제조업자

옥져 [OK-TJYE] (玉笛) 원53

불 Flûte en jade.

한 경옥으로 만들어진 플루트

*옥졸 [OK-TJOL,-I] (獄卒) 원53

불 Geôlier, licteur, gendarme, valet du geôlier.

한 감옥지기, 고관을 선도하는 하급관리, 헌병, 감옥지기의 하인

*옥즁 [OK-TJYOUNG,-I] (獄中) 원53

불 Le milieu de la prison. L'intérieur de la prison.

한 감옥 한가운데 | 감옥 내부

옥지르다 [OK-TJI-REU-TA,-TJIL-NE,-TJI-REUN] (毁破) 원53

불 Froisser et jeter; rejeter après avoir déchiré, ou brisé, ou chiffonné. ‖ Briser, déchirer, etc.

한 부수고 던지다 | 찢거나 부수거나 구긴 후에 내던지다 | 부수다, 찢다 등

*옥좀화 [OK-TJĂM-HOA] (玉簪花) 원53

불 Lis blanc.

한 흰 백합

*옥톄 [OK-HIYEI] (玉體) 원53

불 Le corps du roi. ‖ Enfant du roi.

한 왕의 몸 | 왕의 자식

*옥토 [OK-HTO] (沃土) 원53

불 Terre fertile.

한 기름진 땅

*옥판 [OK-HPAN,-I] (玉板) 원53

불 Plaque de jade qui sert d'ornement au bonnet d'hiver. ‖ Touffe ou globule qui surmonte la coiffure des tout petits enfants.

한 겨울의 챙 없는 모자에 장식품으로 사용하는 경옥으로 만들어진 배지 | 아주 어린 아이들의 머리 모양새 위에 있는 뭉치 또는 술장식

*옥편 [OK-HPYEN,-I] (玉篇) 원53

불 Nom d'un livre fait en forme de Dictionnaire. Dictionnaire chinois-coréen.

한 사전 형태로 만들어진 책의 이름 | 중한 사전

*옥함 [OK-HAM,-I] (玉函) 원53

불 Boîte en jade (marbre blanc).

한 경옥(흰 대리석)으로 만들어진 상자

*옥황샹뎨 [OK-HOANG-SYANG-TYEI] (玉皇上帝) 원53

불 Nom d'une divinité païenne. No-kong, rival de Confucius, de la dynastie des Song, mis au nombre des dieux par Oui-tjong.

한 이교도 신의 이름 | 노공, 송 왕조의, 위총에 의해 신들 중 하나가 된, 공자에 필적할 만한 사람

온 [ON] (全) 원54

불 Tout, entier, tout entier. 온나라히 On-na-ra-hi, Tout le royaume.

한 모두, 전부, 전부 | [용례 온나라히, On-na-ra-hi], 온 왕국

온갓 [ON-KAT] (各樣) 원54

불 Toute espèce de. Toutes choses. 온갓거시 On-kat-ke-si, Toute espèce de choses. 온갓일이 On-kat-il-i, Toute espèce d'affaires.

한 모든 종류의 | 모든 것 | [용례 온갓거시, On-kat-ke-si], 모든 종류의 것 | [용례 온갓일이, On-kat-il-i], 모든 종류의 일

*온공ᄒᆞ다 [ON-KONG-HĂ-TA] (溫恭) 원54

불 Respecter profondément; être poli, doux; être respectueux et obéissant.

한 깊이 존경하다 | 예의바르다, 온화하다 | 공손하고 온순하다

*온구 [ON-KOU] (蘊口) 원54

불 Bât du bœuf pour porter. Double mannequin sur le bœuf pour fardeaux. ‖ Pli retombant du pantalon au genou.

한 들고 가기 위한 소의 짐 | 짐을 위해 소에다 메어둔 두 개의 바구니 | 무릎 부분에 축 늘어지는 바지 주름

온굴 [ON-KOUL,-I] (溫突) 원54

불 Chambre chaude, chauffée.

한 따뜻한, 덥힌 방

*온긔 [ON-KEUI] (溫氣) 원54

불 Tiédeur, air tiède. Commencement de chaleur, de ferveur. Un peu de chaleur, air chaud, ferveur en germe. 온긔돌다 On-keui-tol-ta, La tiédeur (la ferveur) se répandre (ph. et mor.).

한 온기, 훈훈한 공기 | 열, 열기의 초기 단계 | 약간의

ㅇ

열기, 더운 공기, 열기가 돌기 시작함 | [용례] 온긔돌다, On-keui-tol-ta], (물리적으로 정신적으로) 온기(열기)가 퍼지다

*온당ᄒᆞ다 [ŎN-TANG-HĂ-TA] (穩當) 원55
불 Il faut, il est nécessaire. Etre convenable.
한 ~해야 한다, 필요하다 | 적절하다

*온뎡ᄒᆞ다 [ŎN-TJYENG-HĂ-TA] (穩定) 원55
불 Déterminer en paix, décider, prendre avec plaisir la résolution de.
한 편안히 결정짓다, 결정하다, 기꺼이 ~할 결심을 하다

*온돌 [ON-TOL,-I] (溫突, (Chaud, conduit de fumée)) 원55
불 Chambre chaude, parquet chaud.
한 따뜻한 방, 따뜻한 마루

온삼이 [ON-SAM-I] (全) 원54
불 Entièrement, tout, en entier.
한 온전히, 모두, 전부

*온슈 [ON-SYOU] (溫水) 원54
불 Eau chaude. (Se dit aussi des eaux thermales).
한 따뜻한 물 | (온천수에 대해서도 쓴다)

*온슌ᄒᆞ다 [ON-SYOUN-HĂ-TA] (溫順) 원55
불 Très docile, très-soumis, onctueux, doux, vertueux, traitable.
한 매우 온순하다, 매우 유순하다, 부드럽다, 온화하다, 덕이 높다, 온건하다

*온실 [ŎN-SIL,-I] (溫室) 원54
불 Chambre chaude, chauffée.
한 따뜻한, 덥힌 방

*온역 [ŎN-YEK,-I] (瘟疫) 원54
불 Peste, maladie contagieuse. Epidémie.
한 흑사병, 전염병 | 유행병

*온윤ᄒᆞ다 [ON-YOUN-HĂ-TA] (溫潤) 원54
불 Doux et brillant (l'huile). ‖ Onctueux, doux, aimable, vertueux, docile.
한 부드럽고 빛나다 (기름) | 부드럽다, 온화하다, 친절하다, 덕이 높다, 온순하다

1*온쟈ᄒᆞ다 [ŎN-TJYA-HĂ-TA] (穩慈) 원55
불 Sans souci, sans peine.
한 걱정이 없다, 어려움이 없다

2온쟈ᄒᆞ다 [ON-TJYA-HĂ-TA] (全) 원55
불 Etre entier, bien plein.
한 온전하다, 매우 완전하다

온젼이 [ON-TJYEN-I] (全) 원55
불 Entièrement. (adv.).
한 온전하게 (부사)

온젼ᄒᆞ다 [ON-TJYEN-HĂ-TA] (全) 원55
불 Entier, intègre, intact, intégral.
한 온전하다, 청렴하다, 흠이 없다, 완전하다

*온졍 [ON-TJYENG,-I] (溫井) 원55
불 Puits ou trou d'eaux thermales. 온졍ᄒᆞ다 On-tjyeng hă-ta, Prendre des bains d'eau thermale.
한 온천수가 나오는 우물 또는 구멍 | [용례] 온졍ᄒᆞ다, On-tjyeng hă-ta], 온천수로 목욕하다

*온혈 [ŎN-HYEL,-I] (溫血) 원54
불 Veine de chaleur, endroit chaud.
한 열이 나는 정맥, 따뜻한 부분

*온화ᄒᆞ다 [ŎN-HOA-HĂ-TA,-HĂN,-HI] (溫和, (Chaud, bon accord)) 원54
불 Sans nuage et sans vent (jour de printemps). ‖ Etre tiède et serein. ‖ Etre vertueux, bon, doux, tranquille, paisible.
한 구름도 없고 바람도 없다 (봄날) | 포근하고 맑다 | 덕이 높다, 선량하다, 유순하다, 침착하다, 온화하다

*온ᄒᆞ다 [ON-HĂ-TA] (溫) 원54
불 Tiède, être tiède, tiédir (au phys. et au mor.) ‖ Un peu chaud, un peu chauffé (une chambre).
한 미지근하다, 미지근하다, (물리적으로 정신적으로) 미지근해지다 | (방이) 약간 따뜻하다, 약간 데워지다

올감이 [OL-KAM-I] 원57
불 Corde pour étrangler, corde à nœud coulant, nœud coulant.
한 목을 조르는 줄, 당기면 죄어지도록 매듭된 줄, 당기면 죄어지도록 엮은 매듭

올강올강ᄒᆞ다 [OL-KANG-OL-KANG-HĂ-TA] 원57
불 Epais, pâteux (v.g. riz cuit dans lequel on n'a mis que très-peu d'eau). Se dit du riz mal cuit dont les grains sont durs, du mauvais fil qui s'entortille.
한 밀도가 진하다, 진득진득하다 (예. 물을 아주 조금 넣어서 지은 밥) | 낱알이 딱딱한 제대로 익지 않은 쌀, 둘둘 감기는 좋지 않은 실에 대해 쓴다

1올계 [OL-KYEI] 원57
불 Belle-sœur. (Une fille appelle ainsi la femme de son frère cadet).
한 올케 | (소녀가 남동생의 부인을 그렇게 부른다)

2올계 [OL-KYEI] (早鷄) 원57

불 Couvée précoce (poule).
한 조숙한 병아리 새끼 (닭)

올구이다 [OL-KOU-I-TA] ㉠57
불 Etre empêtré, enlacé, embrouillé (fil)
한 옭매이다, 묶이다, 얽히다 (실)

올나가다 [OL-NA-KA-TA,-KA,-KAN] (上去) ㉠57
불 Monter, escalader, grimper, élever aller en montant. ‖ Etaler.
한 오르다, 기어오르다, 기어오르다, 들어 올리다, 오르면서 가다 | 진열하다

올니다 [OL-NI-TA,OL-NYE,OL-NIN] (上送) ㉠57
불 Faire monter, emporter en montant.
한 올라가게 하다, 올라가면서 가져가다

올다 [OL-TA] ㉠57
불 Il en est ainsi, c'est, c'est cela, c'est comme cela. (Négat.:아닐다 A-nil-ta)
한 ~도 마찬가지이다, ~이다, 이것이다, 그렇다 | (부정형: 아닐다 A-nil-ta)

올막졸막ᄒᆞ다 [OL-MAK-TJOL-MAK-HĂ-TA] ㉠57
불 Qui fait de petites aspérités, des inégalités (v.g. un sac d'oignons, de pommes de terre).
한 작게 우툴두툴하다, 불규칙하다 (예. 양파, 감자의 주머니)

올망 [OL-MANG,-I] (魚網) ㉠57
불 Filet de pêche.
한 낚시망

올망대 [OL-MANG-TĂI] (魚網杖木) ㉠57
불 Bois qui supporte le filet tendu pour la pêche.
한 낚시를 위해 팽팽하게 당겨진 그물을 받치는 나무

올망ᄃᆡ [OL-MANG-TĂI] ㉠57
불 Esp. d'herbe qui se trouve dans les rizières et dont la racine est un peu sucrée.
한 논에 있고 뿌리가 약간 단맛이 나는 풀의 종류

올셰다 [OL-SYEI-TA] ㉠57
불 C'est, est. (Termin. hon. d'une phrase).
한 ~이다, ~이다 | (문장의 경칭 어미)

올시다 [OL-SI-TA] ㉠57
불 Honorif. de 올다 Ol-ta. (Négat.:아니올시다 A-ni-ol-si-ta).
한 올다 Ol-ta의 경칭 | (부정형: 아니올시다 A-ni-ol-si-ta)

올신갈신ᄒᆞ다 [OL-SIN-KAL-SIN-HĂ-TA] ㉠57
불 Allée et venue. Aller et venir. se démener, trottiner.
한 가고 옴 | 가고 오다 | 소란을 피우다, 종종걸음치다

올창이 [OL-TCHANG-I] (蛙子) ㉠57
불 Larve des grenouilles, têtard.
한 개구리의 유충, 올챙이

[1]**올타** [OL-HTA,OL-HEUN] (是) ㉠57
불 Bien. Bon, droit, juste, vrai, être équitable. C'est bien, c'est juste. Va! (interj.). Bien. Bravo!
한 좋다 | 좋다, 옳다, 정확하다, 사실이다, 공정하다 | 좋다, 정확하다 | 자!(감탄사) | 좋아! | 브라보!

[2]**올타** [OL-HTA,OL-HEUN] ㉠57
불 Droit (opposé à gauche)
한 오른쪽 (왼쪽의 반대)

올통볼통ᄒᆞ다 [OL-HTONG-POL-HTONG-HĂ-TA] ㉠57
불 Etre couvert d'inégalités.
한 울퉁불퉁함으로 덮여 있다

올흔편 [OL-HEUN-HPYEN,-I] (右邊) ㉠57
불 Droit, côté droit, à droite (opposé à gauche). (올흔 Ol-heun, de 올타 Ol-hta).
한 오른쪽, 오른편, 오른쪽에 (왼쪽의 반대) | (올흔 Ol-heun, 올타 Ol-hta에서)

옭다 [OLK-TA,OLK-E,OLK-EUN] (縛) ㉠57
불 Mettre une corde au cou, prendre avec une corde à nœud coulant. ‖ Enlacer, empêtrer. ‖ Se brouiller (corde).
한 목에 줄을 매다, 줄을 당기면 죄어지도록 매다 | 얽어매다, 옭매다 | 섞이다 (줄)

옴 [ŎM,-I] (疥瘡) ㉠53
불 Gale (pour les hommes seulement).
한 옴 (사람들에게만)

옴겨노타 [OM-KYE-NO-HTA,-NO-HA,-NO-HEUN] (遷) ㉠54
불 Changer de place (un objet); faire changer de place. =노히다 -no-hi-ta, Etre déplacé, changé de place.
한 위치를 바꾸다 (물건) | 자리를 바꾸게 하다 | [용례 =노히다, -no-hi-ta], 위치가 바뀌다, 자리가 바뀌다

옴기다 [OM-KI-TA,-KYE,-KIN] (遷) ㉠54
불 Transplanter. ‖ Changer de place, transporter un peu. ‖ Transcrire.
한 옮겨 심다 | 위치를 바꾸다, 약간 옮기다 | 베껴 쓰다

옴다 [OM-TA,OL-MA,OL-MEUN] (徙) ㉠54
불 Se transporter, changer soi-même de place, se déplacer.
한 이동하다, 스스로 위치를 바꾸다, 움직이다

옴닥옴닥ᄒᆞ다 [OM-TAK-OM-TAK-HĂ-TA] [원]54
[불] Grouiller, remuer. Etre agité légèrement.
[한] 우글거리다, 움직이다 | 약간 흔들리다

옴밧다 [OM-PAT-TA,-PAT-A,-PAT-EUN] [원]54
[불] Etre pressé, avoir à peine le temps.
[한] 바쁘다, 시간이 빠듯하다

옴실옴실ᄒᆞ다 [OM-SIL-OM-SIL-HĂ-TA] [원]54
[불] Grouiller, fourmiller. (Se dit d'une fourmilière, d'une foule d'êtres qui se remuent).
[한] 우글거리다, 득실거리다 | (개미집, 움직이는 많은 생물들에 대해 쓴다)

옴ᄉᆞᆯ이 [ŌM-SĂL-I] [원]54
[불] Intimité, union étroite, amis intimes, inséparables.
[한] 친밀, 긴밀한 결합, 친밀한 친구, 언제나 함께 있는 사람

*옴옥ᄒᆞ다 [OM-OK-HĂ-TA] (凹) [원]54
[불] Etre creux, concave.
[한] 움푹 패다, 오목하다

옴작옴작ᄒᆞ다 [OM-TJAK-OM-TJAK-HĂ-TA] [원]54
[불] Etre légèrement agité, remuer un peu.
[한] 조금 움직이다, 약간 움직이다

옴장이 [OM-TJANG-I] (疥瘡) [원]54
[불] Galeux.
[한] 옴이 오른 사람

*옴죵 [ŌM-TJYŌNG] (疥瘇) [원]54
[불] Gale, furoncle. Plaie de la gale. Gros bouton de gale. réunion de plusieurs boutons de gale formant furoncle. =몰니다 -mol-ni-ta, Boutons de la gale se réunir. =몰니쯧ᄒᆞ다 -mol-ni-tteut-hă-ta, Se réunir pour accuser, pour blâmer qq., pour lui jeter la pierre.
[한] 옴, 절종 | 옴의 상처 | 옴의 큰 부스럼 | 절종을 생기는 옴의 부스럼 여러 개가 모여 있는 것 | [[용례] =몰니다, -mol-ni-ta], 옴의 부스럼이 모이다 | [[용례] =몰니쯧ᄒᆞ다, -mol-ni-tteut-hă-ta], 어떤 이를 비난하기 위해, 나무라기 위해, 그에게 돌을 던지기 위해 모이다

옴질옴질ᄒᆞ다 [OM-TJIL-OM-TJIL-HĂ-TA] [원]54
[불] Fourmiller. ‖ Remuer un peu. Vaciller légèrement, (v.g. mouvement de la mâchoire en mangeant, resserrer les lèvres en mangeant). ‖ Hésiter, être indécis, être entre le zist et le zest.
[한] 득실거리다 | 약간 움직이다 | 약간 흔들거리다 (예. 먹으면서 턱을 움직임, 먹으면서 입술을 좁히다) | 망설이다, 불확실하다, 애매모호하다

옴치러지다 [OM-TCHI-RE-TJI-TA,-RE-TJYE,-RE-TJIN] (縮) [원]54
[불] Se ramasser, se baisser, s'effacer pour se cacher. Se retirer, se rétrécir, se racornir, se retirer dans sa coque.
[한] 웅크리다, 구부리다, 숨기 위해 몸을 돌려 피하다 | 수축되다, 줄어들다, 굳어지다, 제 껍질 속으로 들어가다

옴팡 [OM-HPANG,-I] (小家) [원]54
[불] Toute petite maison, maisonnette.
[한] 아주 작은 집, 작은 집

옵나외 [OP-NA-OI] [원]56
[불] Qui n'est pas solidement placé. ‖ Largeur suffisante (au phys. et au mor.).
[한] 안정되게 놓여 있지 않은 것 | (물리적으로 정신적으로) 충분한 넓이

옵쇼셔 [OP-SYO-SYE] [원]56
[불] Termin. honorif. impérative et déprécative.
[한] 명령과 탄원을 나타내는 경칭 어미

옵시오 [OP-SI-O] [원]56
[불] Termin. honorif. impérative et déprécative.
[한] 명령과 탄원을 나타내는 경칭 어미

1옷 [OT,-SI] (衣) [원]58
[불] Vêtement, habit.
[한] 옷, 의복

2옷 [OT,-SI] (漆) [원]58
[불] Vernis, laque.
[한] 니스, 옻

옷걸이 [OT-KEL-I] (榫) [원]58
[불] Portemanteau, pièce de bois où l'on dépose les habits.
[한] 옷걸이, 옷을 놓아두는 나무 조각

옷고롬 [OT-KO-ROM,-I] (衣纓) [원]58
[불] Attache de l'habit.
[한] 옷을 매는 데 쓰는 끈

옷골 [OT-KOL,-I] (衣樣) [원]58
[불] Manière de s'habiller, de porter ses habits.
[한] 옷을 입는, 옷을 착용하는 방법

옷깃 [OT-KIT,-SI] (襟) [원]58
[불] Collet d'un habit.
[한] 옷의 깃

옷나무 [OT-NA-MOU] (漆木) [원]58

불 Esp. d'arbre d'où se tire le vernis. Sumac (?) (il a une sève très-active; son attouchement suffit pour faire naître, sur la peau, des pustules qui causent une grande démangeaison et deviennent une plaie).

한 옻을 내는 나무의 종류 | 수막(?) (아주 강력한 수액을 가지고 있다 | 만지는 것만으로도 피부에 심하게 가렵고 상처를 내는 농포가 생기게 한다)

옷단 [OT-TAN,-I] (衣端) 원58

불 Pli au bas des habits, ourlet.

한 옷 아래의 주름, 옷단

옷독 [OT-TOK] (立樣) 원58

불 Perpendiculaire. =셔다 sye-ta, Etre droit, debout.

한 수직선 | [용례 =셔다, sye-ta], 곧다, 서있다

옷바시 [OT-PA-SI] 원58

불 Esp. de petite guêpe qui fait sa demeure en terre et est très-méchante.

한 땅속에 살며 아주 사나운 작은 말벌의 종류

옷밤이 [OT-PAM-I] (梟) 원58

불 Esp. d'oiseau nocturne (chouette, chat-huant, hibou).

한 야행성 새의 종류 (올빼미, 야행성 맹금류, 부엉이)

옷보 [OT-PO] (衣褓) 원58

불 Toile carrée, qui a des attaches à chaque angle, et sert à faire un paquet, à envelopper les habits. Toile de voyage.

한 각각의 모서리를 매는 끈이 있고, 꾸러미를 만드는 데, 옷을 싸는 데 쓰이는 네모난 천 | 여행용 천

[1]옷삭옷삭ᄒᆞ다 [OT-SAK-OT-SAK-HĂ-TA] 원58

불 Bruit de fruits crus sous la dent, des objets secs froissés. Mârcher avec force.

한 이로 생과일을 씹는, 마른 물건들이 부서지는 소리 | 힘 있게 씹다

[2]옷삭옷삭ᄒᆞ다 [OT-SAK-OT-SAK-HĂ-TA] (惡寒) 원58

불 Exprime le froid, la peur.

한 추위, 두려움을 나타낸다

옷솔 [OT-SOL,-I] (縫) 원58

불 Couture d'habit.

한 옷의 솔기

옷아자비 [OT-A-TJA-PI] 원58

불 Herbe qui a un suc jaune, et qui sert de remède à la douleur causée par l'attouchement du 옷나무 Ot-na-mou.

한 옻나무를 만져서 아플 때 약으로 사용하는 노란 즙이 나오는 풀

옷장 [OT-TJYANG,-I] (衣藏) 원58

불 Armoire à habits.

한 옷장

옷ᄌᆞ락 [OT-TJĂ-RAK,-I] 원58

불 Pan d'habit, frange, bord de l'habit.

한 옷의 늘어진 자락, 술 장식, 옷의 가장자리

옷칠ᄒᆞ다 [OT-TCHIL-HĂ-TA] (漆) 원58

불 Vernis; vernir.

한 와니스 | 니스를 칠하다

옹 [ONG,-I] 원55

불 Loupe. Excroissance ligneuse qui vient à quelques arbres.

한 나무의 마디 | 몇몇 나무에서 나오는 목질의 혹

*옹고집이 [ONG-KO-TJIP-I] (壅固執) 원55

불 Très entêté, têtu, opiniâtre.

한 고집이 세다, 고집불통이다, 완강하다

[1]옹골지다 [ONG-KOL-TJI-TA,-TJYE,-TJIN] 원55

불 C'est bien fait (parole de réjouissance, d'applaudissement, pour une chose arrivée fortuitement).

한 잘됐다 (우연히 일어난 일에 대해 축하, 칭찬의 말)

[2]옹골지다 [ONG-KOL-TJI-TA,TJYE,-TJIN] 원55

불 Etre petit et trapu, petit et vigoureux.

한 작고 다부지다, 작고 기운차다

옹곳 [ONG-KOT,-SI] 원55

불 Racine d'une espèce d'herbe (légume dont le goût est un peu amer).

한 풀의 종류의 뿌리 (맛이 약간 쓴 채소)

[1]옹구 [ONG-KOU] (全) 원55

불 Entièrement. (Provinc., lang. de kyeng-sang-to).

한 전부 | (지역어, 경상도의 언어)

[2]옹구 [ONG-KOU] 원55

불 Double mannequin que l'on met sur un animal pour porter v.g. du fumier.

한 예. 퇴비를 가져가기 위해 짐승 위에 올려놓는 두 개의 바구니

*옹긔 [ONG-KEUI] (壅器) 원55

불 Vase de terre; pot de terre, d'argile. Poterie. 옹긔쟝ᄉᆞ의구구 Ong-keui-tjyang-să-eui-kou-kou, Le calcul du marchand de pots, (ce qui peut se traduire par: le calcul de Perrette, Perrette et le pot au lait).

한 흙으로 만든 그릇 | 흙, 점토로 만든 단지 | 도기 | [용례 옹긔쟝ᄉᆞ의구구, Ong-keui-tjyang-să-eui-kou-kou], 단지를 파는 상인들의 계산, (다음과 같이

표현될 수 있다 | Perrette의 계산, Perrette와 우유 그릇)

옹도리 [ONG-TO-RI] (錯節) [원]55

[불] Os du genou. ‖ Tête ou saillie d'un os à la jointure. ‖ Tête d'une massue. ‖ Excroissance ligneuse à qq. arbres.

[한] 무릎 뼈 | 뼈마디의 상부 또는 튀어나온 부분 | 몽둥이의 머리부분 | 어떤 나무에 있는 목질의 혹

옹망ᄒᆞ다 [ONG-MANG-HĂ-TA] (顒望) [원]55

[불] Avoir beaucoup d'espoir.

[한] 희망이 많다

옹박이 [ONG-PAK-I] (土器) [원]55

[불] Vase en terre large et peu élevé. Terrine.

[한] 흙으로 빚은 넓고 높지 않은 그릇 | 단지

*옹산 [ONG-SAN,-I] (瓮算) [원]55

[불] Pensée importune, pensée inutile. ‖ Scrupule. ‖ Calcul ou rêve de bonheur, v.g. le calcul ou rève de Perrette avec le pot au lait.

[한] 성가신 생각, 쓸데없는 생각 | 양심의 가책 | 행복을 예상하거나 꿈을 꿈, 예. 우유 단지를 가진 페레트의 예상 또는 꿈

*옹산ᄒᆞ다 [ONG-SAN-HĂ-TA] (瓮算) [원]55

[불] Corriger un jugement juste par un faux; calculer à faux; penser en vain.

[한] 거짓으로 올바른 판단을 수정하다 | 틀리게 계산하다 | 헛되이 생각하다

*옹셔 [ONG-SYE] (翁婿) [원]55

[불] Beau-père et gendre.

[한] 장인과 사위

옹송구리다 [ONG-SONG-KOU-RI-TA,-RYE,-RIN] (聳) [원]55

[불] Se ramasser, se replier (v.g. à cause du froid).

[한] (예. 추위 때문에) 웅크리다, 구부리다

옹숏 [ONG-SYOT,-TCHI] (瓮鼎) [원]55

[불] Petite chaudière en terre cuite.

[한] 구운 흙으로 만든 작은 가마솥

*옹식ᄒᆞ다 [ONG-SĂIK-HĂ-TA] (壅塞) [원]55

[불] Etre étroit, avoir l'esprit étroit. ‖ Etre bouché à l'intérieur. Etre étroit à l'intérieur. ‖ N'y avoir pas moyen de, être impossible.

[한] 옹졸하다, 마음이 편협하다 | 안이 막히다 | 안이 좁다 | ~할 방법이 없다, 불가능하다

옹알옹알ᄒᆞ다 [ONG-AL-ONG-AL-HĂ-TA] (喁喁) [원]55

[불] Murmurer entre ses dents. Bégayer. Bruit ou voix d'un petit enfant qui commence à vouloir parler.

[한] 입 안에서 중얼거리다 | 말을 더듬다 | 이제 막 말하고자 하는 어린아이가 내는 소리 또는 목소리

옹옹ᄒᆞ다 [ONG-ONG-HĂ-TA] (雝雝) [원]55

[불] Indique un bruit sourd, v.g. des cris d'un petit chien. ‖ Murmurer, protester tout bas (bruit).

[한] 희미한 소리를 가리킨다, 예. 강아지가 짖는 소리 | 중얼거리다, 낮은 목소리로 항의하다 (소리)

*옹울ᄒᆞ다 [ŌNG-OUL-HĂ-TA] (壅鬱, (Bouché, inquiet)) [원]55

[불] Etroit et petit. Etre à l'étroit, ne pas respirer à l'aise.

[한] 좁고 작다 | 좁은 곳에 있다, 편안하게 숨 쉬지 못하다

*옹위ᄒᆞ다 [ŌNG-OUI-HĂ-TA] (擁衛, (Bouché, tout autour)) [원]55

[불] Entourer un chef; former le cercle autour du roi, du général. Les abeilles s'agglomérer autour de la reine.

[한] 우두머리를 에워싸다 | 왕, 장군의 주위를 둘러싸다 | 꿀벌들이 여왕벌 주위로 모인다

옹이 [ONG-I] [원]55

[불] Nœud, partie plus dure dans le bois. Loupe, excroissance ligneuse.

[한] 매듭, 나무에서 더 단단한 부분 | 혹, 목질의 혹

*옹졀 [ONG-TJYEL,-I] (癰節) [원]55

[불] Tête des os à la jointure. ‖ Maladie des os (les os aux jointures deviennent saillants).

[한] 관절에서 뼈의 윗부분 | 뼈에 생기는 질환 (관절의 뼈가 튀어나오게 된다)

옹죵ᄒᆞ다 [ONG-TJYONG-HĂ-TA] [원]55

[불] Avoir une petite figure, dont le nez, les yeux, la bouche sont très-rapprochés. ‖ Etre étroit, ramassé.

[한] 코, 눈, 입이 매우 가깝고 얼굴이 작다 | 좁다, 웅크리다

*옹쥬 [ONG-TJYOU] (翁主) [원]55

[불] Fille d'une concubine du roi.

[한] 왕의 첩이 낳은 딸

옹초 [ONG-TCHO] [원]55

[불] Homme trapu, petit, rond. Petit et chétif (homme). Rusé.

[한] 작달막한, 키가 작은, 포동포동한 사람 | 작고 허약하다 (사람) | 교활한 사람

옹츄 [ONG-TCHYOU] [원]55

불 Homme trapu.
한 작달막한 사람

*옹치 [ONG-TCHI] (雍齒) 원55
불 Nom d'un chinois célèbre sous la dynastie des Han. || Deux homme qui, en se parlant, ont toujours l'air de se fâcher, de se disputer. Rivaux, ennemis qui ne peuvent se souffrir.
한 한 왕조 때 유명한 중국인의 이름 | 서로 말을 할 때 항상 화내는, 싸우는 듯한 두 사람 | 경쟁자, 서로 참을 수 없는 적들

*옹ᄒᆞ다 [ONG-HĂ-TA] (壅) 원55
불 Etre étroit (cœur, intelligence). || Etre douloureux, poignant.
한 좁다 (마음, 식견) | 아프다, 찌르는 듯하다

와 [OA] 원47
불 Et, aussi, de plus. (Se met après les mots terminés par une voyelle. après ceux qui sont terminés par une consonne, on met 과 Koa).
한 그리고, 또한, 게다가 | (모음으로 끝나는 단어들 뒤에 놓인다. 자음으로 끝나는 단어들 뒤에는 과 Koa를 놓는다)

*와가 [OĀ-KA] (瓦家) 원47
불 Maison couverte en tuiles.
한 기와로 덮인 집

*와굴 [OA-KOUL,-I] (窩窟) 원47
불 Repaire.
한 굴

와글와글 [OA-KEUL-OA-KEUL] 원47
불 Brouhaha. Bruit ou mouvement d'une grande réunion d'hommes qui parlent. Bruit de l'eau en bouillant.
한 와글거리는 소리 | 많은 사람들이 모여 말하는 소리 또는 동작 | 물이 끓는 소리

와닥닥와닥닥ᄒᆞ다 [OA-TAK-TAK-OA-TAK-TAK-HĂ-TA] 원49
불 Indique le bruit de la course d'un bœuf des pas d'enfants qui sautent, qui dansent.
한 소가 달리는, 아이들이 펄쩍 뛰는, 춤추는 발소리를 가리킨다

와드등거리다 [OA-TEU-TEUNG-KE-RI-TA,-RYE,-RIN] 원49
불 Indique le bruit des pas v.g. d'enfants qui jouent, d'un cheval au galop.
한 예. 노는 아이들, 질주하는 말의 발소리를 가리킨다

와료먹다 [OĀ-RYO-MEK-TA,-E,-EUN] (臥料食) 원49
불 Entretien, pension, honoraires. Recevoir une pension du gouvernement sans avoir aucune charge à remplir.
한 생계비, 연금, 사례금 | 지켜야 할 어떤 책무도 없이 정부로부터 연금을 받다

와삭와삭ᄒᆞ다 [OA-SAK-OA-SAK-HĂ-TA] 원49
불 Bruit, (v.g. bruit d'une feuille sèche qui est froissée, d'un fruit sous la dent).
한 소리 (예. 마른 잎이 부서지는, 이로 과일을 씹는 소리)

*와셔 [OĀ-SYE] (瓦署) 원49
불 Village dont les maisons sont couvertes en tuiles. || Fabrique de tuiles.
한 집들이 기와로 덮인 마을 | 기와 공장

*와셕죵신ᄒᆞ다 [OĀ-SYEK-TJYONG-SIN-HĂ-TA] (臥席終身, (Couché, natte, fin, corps)) 원49
불 Qui meurt de mort tranquille dans son lit.
한 침대에서 평온하게 죽다

*와언 [OA-EN,-I] (訛言) 원47
불 Parole contre le bon sens, contre la raison. Parole fausse.
한 상식에 어긋나는, 이치에 어긋나는 말 | 근거 없는 말

와와부다 [OA-OA-POU-TA,-POU-RE,-POUN] (大吹) 원47
불 Souffler (vent). Indique le bruit du vent, de la trompette.
한 (바람이) 불다 | 바람, 나팔 소리를 가리킨다

와쟈ᄒᆞ다 [OA-TJYA-HĂ-TA] 원49
불 Etre en rumeur; bruit confus de voix. || Etre divulgué (un secret), être rendu public.
한 웅성거리다 | 어수선한 말소리 | (비밀이) 폭로되다, 공공연해지다

*와젼ᄒᆞ다 [OA-TJYEN-HĂ-TA] (訛傳, (Inexactement, rapporter)) 원50
불 Ne pas bien rapporter les paroles. Ne pas dire, ne pas citer exactement.
한 말을 잘 알리지 못하다 | 정확하게 말하지 않다, 인용하지 않다

*와탑 [OA-HTAP,-I] (臥搨) 원49
불 Lit, natte pour dormir.
한 침대, 잠자는 데 쓰는 자리

*와히 [OA-HĂI] (瓦解) 원47
불 Destruction, ruine, abolition, dommage, perte.

[한] 파괴, 붕괴, 폐지, 손해, 상실

왁달박달 [OAK-TAL-PAK-TAL] [원]48

[불] Vite, prompt, à tort et à travers, sans précaution, à l'étourdi, à contre-cœur.

[한] 빨리, 신속하다, 닥치는 대로, 조심성 없이, 경솔하게, 마지못해

왁대 [OAK-TAI] [원]48

[불] Tige de laitue préparée comme aliment.

[한] 음식으로 조리한 상추의 줄기

왁대갑 [OAK-TAI-KAP,-I] [원]48

[불] Somme que donne un individu au premier mari de la femme, pour pouvoir la conserver. Prix pour lequel le mari outragé vend sa femme à celui qui l'a séduite.

[한] 아내를 잃지 않기 위해 그녀의 첫 남편에게 주는 금액 | 모욕당한 남편이 아내를 그 마음을 사로잡은 남자에게 파는 데 드는 값

1**왁새가리** [OAK-SAI-KA-RI] [원]47 ☞ 왜가리

2**왁새가리** [OAK-SAI-KA-RI] [원]47

[불] V. 왜가리 Oai-ka-ri.

[한] [[참조어] 왜가리, Oai-ka-ri]

왁ᄉᆡ [OAK-SĂI] [원]48

[불] Esp. de grande herbe en forme de roseau, haute de 4 à 5 pieds.

[한] 4~5피에 높이의 갈대 모양의 큰 풀의 종류

왁쟈 [OAK-TJYĀ] (諠譁) [원]48

[불] Tapageur.

[한] 시끄러운 사람

왁쟈ᄒᆞ다 [OAK-TJYĀ-HĂ-TA,-HĂN,-HI] (諠譁) [원]48

[불] Etre en rumeur; bruit; crier en parlant. Faire du tapage, du vacarme.

[한] 웅성거리다 | 소음 | 말할 때 목청을 높이다 | 수선을 피우다, 소음을 내다

완가 [OAN-KA] [원]48

[불] Nom d'un musicien coréen célèbre de l'antiquite.

[한] 고대에 유명했던 조선 음악가의 이름

***완구ᄒᆞ다** [OAN-KOU-HĂ-TA] (完久) [원]48

[불] Etre solide, ferme.

[한] 단단하다, 견고하다

***완뎡ᄒᆞ다** [OAN-TYENG-HĂ-TA] (完定) [원]48

[불] Certain. Certainement. ‖ Proposer. ‖ Etre achevé, fini, fixé irrévocablement. ‖ Etre vraiment résolu, déterminé. Prendre la ferme résolution.

[한] 확실하다 | 확실하게 | 제안하다 | 완성되다, 끝나다, 최종적으로 결정되다 | 실제로 결정되다, 정해지다 | 굳은 결심을 하다

1***완독ᄒᆞ다** [OAN-TOK-HĂ-TA] (緩督) [원]48

[불] Surseoir, remettre, différer; donner un sursis, un délai.

[한] 연기하다, 미루다 | 보류하다, 연장하다

2***완독ᄒᆞ다** [OAN-TOK-HĂ-TA] (頑毒) [원]48

[불] Etre méchant, brutal.

[한] 냉혹하다, 난폭하다

***완둔ᄒᆞ다** [OAN-TOUN-HĂ-TA] (頑鈍) [원]48

[불] Etre peu intelligent, peu perspicace. Avoir l'esprit obtus.

[한] 똑똑하지 않다, 총명하지 않다 | 머리가 나쁘다

완ᄃᆡ [OAN-TĂI] [원]48

[불] Termin. interr. et humble. 뉘완ᄃᆡ Noui-oan-tăi, Qui suis-je pour…?

[한] 의문과 공손의 어미 | [[용례] 뉘완ᄃᆡ, Noui-oan-tăi], 내가 누구에게 찬성하는가?

***완만ᄒᆞ다** [OAN-MAN-HĂ-TĂ] (頑慢) [원]48

[불] Etre sans gêne, insolent. Effronterie.

[한] 뻔뻔하다, 무례하다 | 뻔뻔스러움

***완명** [OAN-MYENG,-I] (頑命) [원]48

[불] Homme sans gêne, effronté. ‖ Vie à charge, qui ne vaut pas la peine d'être conservée.

[한] 뻔뻔한 사람, 염치 없는 사람 | 짐이 되는 생활, 보존될 가치가 없는 사람

***완문** [OĀN-MOUN,-I] (完文) [원]48

[불] Ordre écrit du mandarin. Brevet, diplôme, certificat, écrit du mandarin.

[한] 문서로 쓴 관리의 명령 | 인가서, 면허장, 증명서, 관리가 발급하는 문서

***완미ᄒᆞ다** [OĀN-MI-HĂ-TA] (玩味) [원]48

[불] Goûter (une doctrine). Savourer (un livre). Prendre goût à.

[한] (교리를) 높이 평가하다 | (책을) 즐기다 | ~을 좋아하게 되다

***완악ᄒᆞ다** [OAN-AK-HĂ-TA] (頑惡) [원]48

[불] Etre sans gêne. Effronterie, malice. Etre insolent, grossier, malhonnête, mauvais, méchant. Malignité, dépravation, méchanceté.

[한] 뻔뻔하다 | 뻔뻔스러움, 악의 | 건방지다, 무례하다, 파렴치하다, 나쁘다, 심술궂다 | 심술, 퇴폐, 악의

***완연ᄒᆞ다** [OĀN-YEN-HĂ-TA,-HĂN,-HI] (宛然) [원]48

불 Clair, évident.
한 분명하다, 확실하다

*완완ᄒᆞ다 [OĀN-OAN-HĂ-TA,-HĂN,-HI] (緩緩) 원48
불 Doucement. Lent. Qui ne se presse pas.
한 서서히 | 더디다 | 서두르지 않다

*완이여셕 [OAN-I-YE-SYEK] (頑而如石) 원48
불 Dur comme la pierre.
한 돌처럼 단단하다

*완장 [OAN-TJANG,-I] (完葬) 원48
불 Funérailles achevées, enterrement.
한 완료된 장례식, 장례식

*완장 [OAN-TJYANG,-I] (完丈) 원48
불 Oncle paternel. (Honorif.)
한 아버지 쪽의 삼촌 | (경칭)

*완젼ᄒᆞ다 [OAN-TJYEN-HĂ-TA,-HAN,-HI] (完全) 원48
불 Etre complet, entier, être fort, mené à bonne fin. Etre complètement rétabli.
한 완전하다, 온전하다, 잘되다, 잘 마무리되다 | 완전히 복구되다

*완증ᄒᆞ다 [OAN-TJEUNG-HĂ-TA] (頑憎) 원48
불 N'être pas beau, pas joli, être grand et vilain (v. g. grand enfant qui n'est pas encore marié quoique âgé).
한 보기 좋지 않다, 멋지지 않다, 크고 보기 흉하다 (예. 나이가 많음에도 불구하고 아직 결혼하지 않은 큰 아이)

1*완ᄌᆞ [OĀN-TJĂ] (完字) 원48
불 Porte dont les barreaux, au lieu d'être droits, forment des dessins variés.
한 창살이 곧은 대신 다양한 디자인으로 만들어진 문

2*완ᄌᆞ [OAN-TJĂ] (丸子) 원48
불 Boulettes de viande enveloppées dans un jaune d'œuf.
한 달걀의 노른자를 입힌 작은 고기만두

*완ᄌᆞ탕 [OĀN-TJĂ-HTANG,-I] (丸子湯) 원48
불 Esp. de bouillon de viande.
한 고기를 넣고 끓인 국의 종류

*완쳡 [OĀN-TCHYEP,-I] (椀鍱) 원48
불 Plat, grande assiette.
한 접시, 큰 접시

*완츅 [OAN-TCHYOUK,-I] (完築) 원48
불 Entièrement construit. Se dit pour les remparts, les murs d'enceinte, etc. Achèvement des murs.
한 완전히 건축되다 | 성벽, 성곽 등에 대해 쓴다 | 벽을 완성함

*완한 [OAN-HAN] (頑漢) 원48
불 Insolent, fier, querelleur.
한 건방짐, 거만함, 싸움 좋아하는 사람

완한ᄒᆞ다 [OAN-HAN-HĂ-TA] (緩限) 원48
불 Fixer une 2e fois un terme (v.g. pour le paiement). Reculer l'époque de.
한 (예. 지불에 대해) 두 번째로 기한을 정하다 | ~의 시기를 미루다

*완합ᄒᆞ다 [OAN-HAP-HĂ-TA] (完合) 원48
불 Cicatrice d'une plaie entièrement guérie. Se cicatriser.
한 완전히 회복된 상처 자국 | 상처가 낫다

*완ᄒᆞ다 [OAN-HĂ-TA] (完) 원48
불 Solide, ferme. ‖ Entêté, insolent, fier.
한 단단하다, 견고하다 | 완고하다, 건방지다, 거만하다

*왈 [OAL] (曰) 원49
불 Il dit, il répondit. 답왈 Tap-oal, Répondre.
한 그가 말한다, 그가 대답한다 | [용례 답왈, Tap-oal], 대답하다

왈각덜걱ᄒᆞ다 [OAL-KAK-TEL-KEK-HĂ-TA] 원49
불 Rouler avec bruit. Se dit du bruit incohérent (v.g. d'un petit objet dans une caisse vide).
한 소리를 내며 구르다 | (예. 빈 상자 속의 작은 물건처럼) 통일성이 없는 소리를 말한다

왈각왈각 [OAL-KAK-OAL-KAK] 원49
불 Bruit d'un objet dans une caisse, etc., du froissement d'une chose sèche, raide (v.g. papier, habits de soie, peau desséchée).
한 상자 등에 들어 있는 물건의 소리, 마르고 뻣뻣한 물체가 구겨지는 소리 (예. 종이, 비단옷, 메마른 가죽)

*왈ᄀᆡᆨ [OAL-KĂIK,-I] (曰客) 원49
불 Grand parleur, grand brailleur, hardi parleur, importun qui contredit.
한 말 많은 사람, 떠드는 사람, 무모하게 떠드는 사람, 반박하는 방해자

*왈시왈가 [OAL-SI-OAL-KA] (曰是曰可) 원49
불 Dire oui, dire c'est vrai. Tant pis, tant mieux, le pour et le contre. ‖ Ne pas différer. Avoir tous deux raison.
한 예라고 말하다, 사실이라고 말하다 | 딱한 일이다, 다행이다, 찬성과 반대 | 다르지 않다 | 두 가지 이유가 다 있다

왈왈ᄒᆞ다 [OAL-OAL-HĂ-TA] 원49

불 Vif. S'emporter aisément. Etre dur, rigoureux, ferme, faiseur d'embarras.
한 흥분하기 쉽다 | 쉽게 화를 내다 | 억세다, 엄격하다, 확고하다, 예의를 지키는 척하지만 곤란하게 하는 거드름 피우는 사람

*왈쟈 [OAL-TJYA] (曰者) 원49
불 Grand parleur, brailleur. Qui n'a pas peur, hardi. ‖ Contradicteur importun; qui conteste, contredit.
한 말 많은 사람, 떠드는 사람 | 두려움이 없는 사람, 대담한 사람 | 성가신 반대자 | 이의를 제기하는, 반박하는 사람

왈칵 [OAL-HKAK] 원49
불 Précipitamment.
한 서둘러서

왈학 [OAL-HAK] 원49
불 Précipitamment.
한 갑작스럽게

왈형왈뎨 [OAL-HYENG-OAL-TYEI] (曰兄曰弟, (Dire, frère aîné, dire, frère cadet)) 원49
불 Frère aîné de nom, frère cadet de nom.
한 이름상의 형, 이름상의 남동생

왓삭왓삭ᄒᆞ다 [OAT-SAK-OAT-SAK-HĂ-TA] 원49
불 Bruire du brisement d'une feuille sèche. Croquer fortement sous la dent.
한 마른 잎을 부수는 소리를 내다 | 이로 강하게 와작와작 깨물다

1*왕 [OANG,-I] (王) 원48
불 Roi, royal.
한 왕, 왕의

2왕 [OANG] 원48
불 En agr. Enorme.
한 한자어로 거대하다

3왕 [OANG] 원48
불 Cri pour faire arrêter le cheval.
한 말을 멈추게 하기 위해 내는 소리

왕거믜 [OANG-KE-MEUI] (大蜘蛛) 원48
불 Grande(grosse) araignée domestique.
한 인가에 사는 큰(굵은) 거미

왕겨 [OANG-KYE] (麄糖) 원48
불 Première pellicule du riz.
한 벼의 겉에 있는 첫 번째 얇은 껍질

*왕고모 [OANG-KO-MO] (王姑母) 원49
불 Sœur du grand-père paternel, sœur du père du père.
한 친할아버지의 여자 형제, 아버지의 아버지의 여자 형제

왕골 [OANG-KOL,-I] 원49
불 Souchet. Esp. de gros jonc, jonc qui sert à faire des nattes. Jonc triangulaire.
한 방동사니 속 | 큰 골풀의 종류, 돗자리를 만드는 데 쓰는 골풀 | 세모꼴의 골풀

*왕궁 [OANG-KOUNG,-I] (王宮) 원49
불 Maison du roi.
한 왕의 집

1*왕긔 [OANG-KEUI] (王氣, (Roi, force)) 원49
불 Qui a tout ce qu'il faut pour être roi, pour être royal.
한 왕이 되는 데, 왕답기 위해 필요한 모든 것을 갖춘 사람

2*왕긔 [OANG-KEUI] (沙鉢) 원49
불 Une tasse à riz. (Provinc., -Hoang-hăi-to).
한 쌀 한 사발 | (황해도 지역어)

왕눈이 [OANG-NOUN-I] (大目) 원49
불 Qui a de grands yeux.
한 눈이 큰 사람

*왕릭ᄒᆞ다 [OĀNG-RĂI-HĂ-TA] (往來) 원49
불 Revenir d'où on était allé. Aller et revenir fréquemment. ‖ Argent pour le voyage.
한 갔던 곳에서 다시 돌아오다 | 자주 가고 오다 | 여행을 위한 돈

*왕명 [OANG-MYENG,-I] (王命) 원49
불 Ordre du roi.
한 왕의 명령

*왕모릭 [OANG-MO-RĂI] (麄沙) 원49
불 Gros sable.
한 굵은 모래

*왕민 [OANG-MIN,-I] (王民) 원49
불 Peuple du roi.
한 왕의 백성

왕바람불다 [OANG-PA-RAM-POUL-TA,-POU-RE, -POUN] 원49
불 Se dit du vent qui souffle avec force.
한 강하게 부는 바람에 대해 쓴다

*왕반ᄒᆞ다 [OĀNG-PAN-HĂ-TA] (往返) 원49
불 Aller et venir. Faire un voyage (aller et revenir).
한 가고 오다 | 여행을 하다 (가고 돌아오다)

왕밤 [OANG-PAM,-I] (大栗) [원]49
[불] Grosses châtaignes.
[한] 굵은 밤

왕방울 [OANG-PANG-OUL,-I] (大鈴) [원]49
[불] Cloche. Grosse cloche.
[한] 종 | 큰 종

*__왕법__ [OANG-PEP,-I] (王法) [원]49
[불] Lois royales.
[한] 왕의 법

*__왕비__ [OANG-PI] (王妃) [원]49
[불] Reine.
[한] 왕비

왕ᄇᆡ탕 [OANG-PĂI-HTANG,-I] [원]49
[불] Soupe, bouillon de tortue.
[한] 거북을 넣고 만든 수프, 국

*__왕셩__ [OANG-SYENG,-I] (王城) [원]49
[불] Muraille du palais royal.
[한] 왕궁의 성벽

*__왕셩ᄒᆞ다__ [OANG-SYENG-HĂ-TA,-HAN,-HI] (旺盛) [원]49
[불] Prospérer; bien venir; être vigoureux, florissant (état de fortune).
[한] 번성하다 | 잘 자라다 | 기운차다, 번영하다 (재산의 상태)

*__왕손__ [OANG-SŎN,-I] (王孫) [원]49
[불] Descendants du roi.
[한] 왕의 자손

*__왕ᄉᆞ__ [OANG-SĂ] (往事) [원]49
[불] Evénement passé.
[한] 지나간 사건

왕얽이 [OANG-ELK-I] [원]48
[불] Grosse corde de paille de riz.
[한] 볏짚으로 엮은 굵은 줄

*__왕왕이__ [OANG-OANG-I] (往往) [원]48
[불] De temps à autre.
[한] 이따금

*__왕존쟝__ [OANG-TJON-TJYANG,-I] (王尊長) [원]49
[불] Homme qui est plus âgé que le père. Qui est du même âgé que le grand-père. Beaucoup plus âgé que le père (de celui qui parle).
[한] 아버지보다 나이가 더 많은 사람 | 할아버지와 나이가 같은 사람 | (말하는 사람의) 아버지보다 훨씬 나이가 많은 사람

*__왕ᄌᆞ__ [OANG-TJĂ] (王子) [원]49
[불] Fils du roi.
[한] 왕의 아들

왕처로 [OANG-TCHYE-RO] [원]49
[불] En roi, comme le roi.
[한] [[역주] 왕이라도 된 듯이] 거만하게, 왕처럼

왕쳥되다 [OANG-TCHYENG-TOI-TA,-TOI-YE,-TOIN] [원]49
[불] Différent, opposé.
[한] 다르다, 상반되다

왕칭스럽다 [OANG-TCHYENG-SEU-REP-TA,-RE-OUE, RE-ON] [원]49
[불] Différent, opposé, en sens contraire, oblique, en sens différent.
[한] 다르다, 상반되다, 반대 방향이다, 비스듬하다, 다른 의미이다

*__왕토__ [OANG-HTO] (王土) [원]49
[불] Terrain du roi, le royaume.
[한] 왕의 영토, 왕국

*__왕퉁이__ [OĀNG-HTOUNG-I] (露蜂) [원]49
[불] Frelon.
[한] 무늬말벌

왕판 [OANG-HPAN,-I] [원]49
[불] Omoplates, les deux os qui forment, au-dessus du cou, les épaules des animaux (cheval, bœuf).
[한] 견갑골, 짐승(말, 소)의 목 위로 어깨를 형성하는 두 뼈

1**왕형** [OANG-HYENG,-I] (大罰) [원]48
[불] Cruel suplice.
[한] 잔혹한 형벌

2**왕형** [OANG-HYENG,-I] (老兄) [원]48
[불] Frère qui a au moins vingt ans de plus que soi.
[한] 자신보다 적어도 스무 살은 더 많은 남자 형제

*__왕후__ [OANG-HOU] (王后) [원]48
[불] Reine, femme du roi.
[한] 왕비, 왕의 아내

1* **왕ᄒᆞ다** [OANG-HĂ-TA] (旺) [원]48
[불] Etre très···, abondant.
[한] 아주 ~하다, 풍부하다

2* **왕ᄒᆞ다** [OANG-HĂ-TA] (王) [원]48
[불] Dominer, administrer, régner, gouverner.
[한] 지배하다, 관리하다, 통치하다, 다스리다

1* **왜** [OAI] (倭) [원]47

불 Cette particule, placée devant les mots, indique des objets venant du Japon.
한 이 단어는 단어 앞에 놓여 일본에서 온 물건들을 가리킨다

[2]왜 [OAI] 원47
불 En agr. Oblique, de côté, de travers.
한 한자어로 비스듬하다, 비스듬히, 비뚤게

왜가리 [OAI-KA-RI] (鵝) 원47
불 Esp. d'oiseau blanc, p.ê. l'aigrette, ou plutôt le héron.
한 흰 새의 종류, 아마도 백로, 보다 정확히 말해 왜가리

*왜골 [OAI-KOL,-I] (倭骨) 원47
불 Esp. de géant; homme grand, fort, robuste. ‖ Emportement, vivacité. Homme vif, impétueux. Mauvaise tête et bon cœur.
한 거인의 종류 | 키가 큰, 강한, 건장한 사람 | 흥분, 격렬함 | 흥분을 잘하는, 혈기가 넘치는 사람 | 행동은 괴팍하나 마음은 착한 사람

*왜관 [OAI-KOAN,-I] (倭關) 원47
불 Maison où se trouve la résidence des japonais sur le territoire coréen. Concession japonaise en Corée, auprès de Tong-năi, à 부산 Pou-san (Fu-san).
한 조선 영토에 일본인들이 거주하는 집 | 부산 Pou-san (Fu-san)의 동래Tong-năi 옆에 있는 조선의 일본인들의 거류지

*왜국 [OAI-KOUK,-I] (倭國) 원47
불 Le Japon, empire ou royaume du Japon.
한 일본, 일본 제국 또는 왕국

왜긋다 [OAI-KEUT-TA,-KEU-E,-KEU-EUN] 원47
불 N'être pas soumis, biaiser, agir par détours, ne pas aller droit.
한 순종하지 않다, 우회하다, 우회적으로 행동하다, 곧바로 가지 않다

*왜긔 [OAI-KEUI] (倭器) 원47
불 Vase japonais, porcelaine du Japon.
한 일본 그릇, 일본 자기

*왜란 [OAI-RAN,-I] (倭亂) 원47
불 Guerre du Japon.
한 일본 전쟁

[1*]왜셕 [OAI-SYEK,-I] (倭石) 원47
불 Pierre à repasser du Japon.
한 일본의 [역주 칼 따위를] 가는 데 쓰이는 돌

[2*]왜셕 [OAI-SYEK,-I] (倭席) 원47
불 Natte japonaise.
한 일본 돗자리

왜솟 [OAI-SOT,-TCHI] (倭鼎) 원47
불 Chandière japonaise.
한 일본의 큰 가마솥

[1]왜양ᄒᆞ다 [OAI-YANG-HĂ-TA,-HĂN] 원47
불 Rétif, insoumis.
한 고집이 세다, 반항하다

[2*]왜양ᄒᆞ다 [OAI-YANG-HĂ-TA,-HĂN] (腰膿) 원47
불 Elever et nourrir des animaux
한 동물을 기르고 먹이를 주다

왜왜부다 [OAI-OAI-POU-TA,-POU-RE,-POUN] 원47
불 Indique le bruit v.g. de la trompette, d'un grand vent.
한 예. 나팔이나 강한 바람 소리를 가리킨다

*왜인 [OAI-IN,-I] (倭人) 원47
불 Japonais, homme du Japon.
한 일본인, 일본 사람

왜ᄌᆞ [OAI-TJĂ] 원47
불 Grand caractère d'écriture.
한 문자의 큰 서체

*왜칭 [OAI-TCHING,-I] (倭稱) 원47
불 Balance japonaise.
한 일본식 저울

*왜풍 [OAI-HPOUNG,-I] (倭風) 원47
불 Grand vent, typhon, vent violent.
한 강한 바람, 태풍, 거센 바람

왱기다 [OAING-KĂI-TA] 원47 ☞ 왱ᄒᆞ다

왱ᄒᆞ다 [OAING-HĂ-TA] 원47
불 Bruit, bourdonnement qui fait tinter les oreilles (v.g. bruit d'un tambour) vibration, vibrer. ‖ Exprime la sensation, le tremblement qu'on éprouve en buvant du vin un peu aigre.
한 귀를 울리게 만드는 소리, 윙윙거리는 소리 (예. 북소리) | 진동, 떨리다 | 약간 시큼한 와인을 마시면서 느끼는 느낌, 전율을 나타낸다

[1]외 [ŎI] (苽) 원50
불 Concombre.
한 오이

[2*]외 [OI] (外) 원50
불 Dehors, extérieur. ‖ Note qu'on met sur les compositions de ceux qui, dans les examens, sont mis hors de concours.

한 밖에, 외부 | 시험에서 경쟁 밖에 있는 사람들의 답안 위에 쓰는 짧은 메모

3* 외 [OI] (外) 원50

불 Se met devant les noms de parenté, pour désigner les parents du côté de la mère, et les descendants par les filles.

한 어머니 쪽 친척들과 딸들을 통해 내려오는 후손들을 가리키기 위해 친족 관계를 나타내는 명사 앞에 놓인다

4 외 [OI] (獨) 원50

불 Unique, seul.

한 유일하다, 단 하나의

5 외 [OI] 원50

불 Charpente d'une muraille en terre; lattis en forme de grillage, que l'on recouvre de terre, pour faire un mur.

한 흙으로 만들어진 성벽의 골조 | 벽을 만들기 위해 흙으로 완전히 뒤덮은 격자 형태의 각재 칸막이

6 외 [OI] 원50

불 Nom de la lettre ㅣ de l'alphabet coréen, voyelle qui répond à i.

한 한글 자모의 이름, i에 대응하는 모음

* 외가 [ŌI-KA] (外家) 원50

불 Parenté du côté de la mère.

한 어머니 쪽의 일가친척

1 외간 [OI-KAN,-I] 원50

불 Mort d'un homme.

한 어떤 남자의 죽음

2 외간 [OI-KAN,-I] 원50

불 Mari dans la maison.

한 집에 있는 남편

3* 외간 [OI-KAN,-I] (外簡) 원50

불 Lettre d'un homme.

한 어떤 남자의 편지

* 외감 [OI-KAM,-I] (外感) 원50

불 Maladie venue d'une cause extérieure. (Il y en a six: vent, froid, chaleur, humidité, sécheresse, feu). V. 닉샹 Nāi-syang et 륙긔 Ryouk-keui.

한 외부 원인에서 기인한 병 | (여섯 가지가 있다: 바람, 추위, 열, 습기, 가뭄, 불) | [참조어 닉샹, Nāi-syang], [참조어 륙긔, Ryouk-keui]

* 외관 [ŌI-KOAN,-I] (外棺) 원50

불 Cercueil extérieur.

한 바깥의 관

* 외교 [ŌI-KYO] (外敎) 원50

불 Païens, paganisme.

한 이교도, 이교

* 외교인 [ŌI-KYO-IN,-I] (外敎人) 원50

불 Païen.

한 이교도

1* 외구 [OI-KOU] (外舅) 원50

불 Le frère de la mère.

한 어머니의 남자 형제

2* 외구 [OI-KOU] (外舅) 원50

불 Beau-père. Père de la femme.

한 계부 | 부인의 아버지

* 외구ᄒᆞ다 [OI-KOU-HĂ-TA] (畏懼) 원50

불 Peur, crainte. Craindre.

한 두려움, 공포 | 두려워하다

* 외국 [ŌI-KOUK,-I] (外國) 원50

불 Royaume étranger.

한 외국

* 외긱 [ŌI-KĂIK,-I] (外客) 원50

불 Hôte païen. ‖ Hôte étranger (venu de loin).

한 이교도 손님 | (멀리서 온) 외국 손님

외눈통이 [OI-NOUN-HTONG-I] (一目) 원50

불 Borgne.

한 애꾸눈이

외다 [OI-TA] (左) 원51

불 Dire qu'il ne veut pas.

한 원하지 않는다고 말하다

1 외다리 [OI-TA-RI] (獨木橋) 원51

불 Tronc d'arbre qui sert de pont.

한 다리로 사용되는 나무의 몸체

2 외다리 [OI-TA-RI] (獨脚) 원51

불 Qui n'a qu'une seule jambe ou ne marche qu'avec une seule jambe.

한 한 쪽 다리만 있거나 한 쪽 다리로만 걷는 사람

* 외댱 [ŌI-TYANG,-I] (外庄) 원51

불 Aire en dehors de l'enceinte de la maison.

한 집 울타리 밖의 마당

* 외뎡 [ŌI-TYENG,-I] (外庭) 원51

불 Cour extérieure pour les étrangers, pour les hommes, et où les femmes ne peuvent aller.

한 여자는 갈 수 없고 외부인들, 남자들을 위한 바깥 마당

*외도ᄒᆞ다 [ŎI-To-HĂ-TA] (外道) 원51

불 Egaré. Qui suit une mauvaise voie. Se débancher.

한 방황하다 | 나쁜 길을 따라가다 | 타락하다

외동이 [OI-TONG-I] (獨子) 원51

불 Un enfant seul, unique (enfant). ‖ Fils unique. ‖ Un seul petit (d'animal). ‖ Homme sans parents ou amis.

한 단 하나뿐인 아이 | 유일한 (아이) | 유일한 아들 | (동물의) 단 하나뿐인 새끼 | 부모님이 계시지 않거나 친구가 없는 사람

외ᄃᆡ [OI-TĂI] (一目人) 원51

불 Borgne.

한 애꾸눈이

*외람ᄒᆞ다 [OI-RAM-HĂ-TA,-HĂN,-HI] (猥濫) 원51

불 Etre déplacé, n'être pas convenable. Qui n'est pas selon les rites ou les lois naturelles. ‖ Somptueux, princier, trop beau. Etre trop grand ou trop fort.

한 부적당하다, 적절하지 않다 | 관례에 따르지 않거나 자연의 법칙에 따르지 않는다 | 사치스럽다, 호화롭다, 지나치게 아름답다 | 너무 크거나 너무 강하다

*외론 [ŎI-RON,-I] (外論) 원51

불 Ce qui se dit en dehors, les bruits de dehors, délibération extérieure. Commérage. Les on dit.

한 밖에서 말해지는 것, 외부로부터의 소리, 드러내고 하는 토론 | 험담 | 소문

외롭다 [OI-ROP-TA,-RO-OA,-RO-ON] (孤) 원51

불 Qui est seul, sans proches parents.

한 가까운 친척도 없이 혼자이다

*외면 [ŎI-MYEN,-I] (外面) 원50

불 Apparence, forme extérieure (des objets).

한 외관, (물건들의) 외부 형태

*외면ᄒᆞ다 [ŎI-MYEN-HĂ-TA] (外面) 원50

불 Détourner la vue pour ne pas voir.

한 보지 않기 위해서 시선을 돌리다

*외모 [ŎI-MO] (外貌) 원50

불 Forme extérieure, apparence (surtout du visage de l'homme).

한 겉모습, 외모 (특히 사람의 얼굴)

[1]외목 [OI-MOK,-I] 원50

불 Lattis en forme de treillage, que l'on recouvre de terre, pour en faire un mur.

한 벽을 세우기 위해 흙으로 덮는 격자 모양의 각재 칸막이

[2]외목 [OI-MOK,-I] 원50

불 (Une gorge). Défilé. Route dont on ne peut s'écarter.

한 협로 | 비켜날 수 없는 길

외목ᄒᆞ다 [OI-MOK-HĂ-TA] 원50

불 Monopole, avoir le monopole, droit de vente.

한 독점권, 독점권을 가지다, 판매권을 가지다

[1*]외방 [ŎI-PANG,-I] (外方) 원50

불 Lieu étranger, tout autre lieu éloigné de celui où l'on habite. ‖ Dignité de province, par opposition à celles de la capitale, qu'on appelle ᄂᆡ직 Năi-tjik.

한 낯선 장소, 사는 곳과 떨어진 다른 장소 | 수도의 고관과는 대조적인 ᄂᆡ직 Năi-tjik이라 불리는 지방의 고관

[2*]외방 [OI-PANG,-I] (外房) 원50

불 Concubine, toute femme qui n'est pas la légitime.

한 첩, 합법적이 아닌 모든 여자

*외삼촌 [ŎI-SAM-TCHON,-I] (外三寸) 원51

불 Le frère de la mère, oncle maternel.

한 어머니의 남자 형제, 모계의 삼촌

[1]외상 [OI-SANG,-I] (獨床) 원51

불 Une table. 외상으로차리다 Oi-sang-eu-ro tcha-ri-ta, Servir seul à une table. ‖ Une table pour un seul. V. 겸상. Kyem-sang.

한 하나의 식탁 | [용례 외상으로차리다, Oi-sang-eu-ro tcha-ri-ta], 단 한 사람을 위한 식탁을 차리다 | 한 사람을 위한 하나의 식탁 | [참조어 겸상, Kyem-sang]

[2]외상 [OI-SANG,-I] (獨喪) 원51

불 Mort d'un homme, décès d'un homme.

한 한 사람의 죽음, 한 사람의 사망

*외샹 [OI-SYANG,-I] (外上) 원51

불 Crédit. =놋타 not-hta, =주다 -tjou-ta, Donner à crédit 외샹으로가져오다, Oi-syang-eu-ro ka-tjye-o-ta, Emporter ou acheter à crédit.

한 신용 | [용례 =놋타, not-hta], [용례 =주다, -tjou-ta], 외상으로 주다 | [용례 외샹으로가져오다, Oi-syang-eu-ro ka-tjye-o-ta], 외상으로 가져가거나 사다

*외손 [OI-SON,-I] (外孫) 원51

불 Descendants par les filles.

한 딸들에 의해 내려오는 자손들

*외손ᄌᆞ [ŎI-SON-TJĂ] (外孫子) 원51

불 Petit-fils, enfant de la fille.

한 손자, 딸의 자식

*외슈ᄒᆞ다 [ŎI-SYOU-HĂ-TA] (外數) 원51

불 Tricher, tromper au jeu.
한 놀이에서 속임수를 쓰다, 속이다

*외슉 [OI-SYOUK,-I] (外叔) 원51
불 Le frère de la mère.
한 어머니의 남자 형제

*외슐 [OI-SYOUL,-I] (外術) 원51
불 Tricherie, tromperie au jeu. ‖ Doctrine étrangère. ‖ Charlatanisme, sorcellerie, magie, etc. ‖ Tout ce qui est opposé à la doctrine de Confucius, ou en dehors de cette doctrine.
한 노름에서의 속임수, 사기 | 외국 교리 | 사기, 요술, 마술 등 | 공자의 가르침에 반대되는, 또는 그 가르침에서 벗어난 모든 것

*외시ᄒᆞ다 [OI-SI-HĂ-TA] (畏屍) 원51
불 Avoir peur d'un cadavre.
한 시체를 무서워하다

*외식ᄒᆞ다 [ŌI-SIK-HĂ-TA] (外飾) 원51
불 Singerie, hypocrisie; faire l'hypocrite.
한 허식, 위선 | 위선하다

*외싱 [ŌI-SĂING,-I] (外甥) 원51
불 Neveu, fils de la sœur. ‖ Lettre d'un gendre à son beau-père, d'un neveu à son oncle paternel.
한 조카, 여자 형제의 아들 | 사위가 장인에게 쓰는 편지, 조카가 아버지 쪽의 삼촌에게 쓰는 편지

외ᄯᅡ다 [OI-TTA-TA,-TTA-RE,-TTAN] 원51
불 Solitaire, vivre retiré (deux ou trois maisons ensemble). Etre isolé.
한 외롭다, (집이 두 채 또는 세 채가 있는) 외진 곳에 살다 | 외롭다

외ᄯᆡ [OI-TTĂI] 원51
불 Baguettes qui forment la carcasse des murailles (on les recouvre de boue).
한 성벽의 뼈대를 구성하는 막대

외아내다 [OI-A-NAI-TA,-NAI-YE,-NAIN] (背誦) 원50
불 Réciter de mémoire.
한 기억한 것을 암송하다

외알젹이 [OI-AL-TJYEK-I] 원50
불 Cheval ou bœuf qui frappe d'un seul pied. ‖ Borgne qui a une taie sur l'une des prunelles.
한 한 발로 차는 말 또는 소 | 한 쪽 눈동자에 삼이 있는 애꾸눈이

외얏 [OI-YAT,-SI] (李) 원50
불 Prune.
한 자두

[1]*외양 [OI-YANG,-I] (外樣) 원50
불 Forme extérieure, apparence, maintien, physionomie, le dehors, l'extérieur.
한 외부 형태, 외관, 풍모, 용모, 외모, 외부

[2]외양 [ŌI-YANG,-I] (外洋) 원50
불 Grand mer, haute mer.
한 큰 바다, 먼바다

*외양ᄭᅡᆫ [OI-YANG-KKAN,-I] (喂嗂間) 원50
불 Etable, écurie.
한 외양간, 마구간

*외에 [OI-EI] (外) 원50
불 En dehors, en plus. 그외에 Keu-oi-ei, En dehors de cela.
한 ~밖에, 게다가 | [용례 그외에, Keu-oi-ei], 그 밖에

외오다 [OI-O-TA,-OA,-ON] (誦) 원50
불 Réciter.
한 암송하다

*외외ᄒᆞ다 [OI-OI-HĂ-TA] (巍巍) 원50
불 Elevé, sublime, très noble, très-exellent.
한 고결하다, 숭고하다, 아주 고귀하다, 아주 훌륭하다

*외인 [ŌI-IN,-I] (外人) 원50
불 Homme en dehors. ‖ Païen.
한 밖에 있는 사람 | 이교도

*외임 [OI-IM,-I] (外任) 원50
불 Dignité de province.
한 지방 고관

외입쟝이 [ŌI-IP-TJANG-I] (誤入) 원50
불 Farceur, joueur, débauché, bouffon, viveur, déluré, fashionable, muscadin, élégant, homme perdu de mœurs. (Mot génér.).
한 어릿광대, 노름꾼, 난봉꾼, 광대, 방탕자, 뻔뻔스러운 사람, [역주 상류 사회의] 유행을 따르는 사람, 우스꽝스러운 멋쟁이, 고상한 척하는 사람, 품행이 방정하지 않은 사람 | (일반적인 단어)

외입ᄒᆞ다 [OI-IP-HĂ-TA] (誤入, (de travers, entrer)) 원50
불 Etre dévoyé. ‖ Faire ce qu'on ne doit pas faire.
한 타락하다 | 해서는 안 될 짓을 하다

외쟈 [OI-TJA] (外上) 원51
불 Crédit.
한 신용

*외장 [OI-TJANG,-I] (外庄) 원51

[불] Terres ou propriétés achetées loin de son habitation.
[한] 집에서 멀리 떨어진 곳에 구입한 땅 또는 농지

외젓다 [OI-TJYET-TA,-TJYE-TJYE,-TJYE-TJEUN] [원]51
[불] Désert, solitaire, où il n'y a personne.
[한] 아무도 없어서 황량하다, 쓸쓸하다

*외죠 [ŌI-TJYO] (外祖) [원]51
[불] Père de la mère, grand-père maternel.
[한] 어머니의 아버지, 외할아버지

*외죠모 [ŌI-TJYO-MO] (外祖母) [원]51
[불] Mère de la mère, grand'mère maternelle.
[한] 어머니의 어머니, 외할머니

*외죵씨 [ŌI-TJYONG-SSI] (外從氏) [원]51
[불] Fils du frère de la mère, cousin germain par la mère et plus âgé que soi (씨 Ssi est honorif., respect.).
[한] 어머니의 남자 형제의 아들, 자기 자신보다 나이가 더 많은 어머니 쪽의 사촌 (씨는 경칭, 존칭)

*외직 [OI-TJIK,-I] (外職) [원]51
[불] Dignité de province. V. 닋직, Năi-tjik.
[한] 지방 고관 | [[참조어] 닋직, Năi-tjik]

*외착나다 [OI-TCHAK-NA-TA,-NA,-NAN] (外錯) [원]51
[불] Se croisier, aller à la rencontre et se croisier en route. ‖ Ne pas cadrer, ne pas s'adapter. ‖ Ne pas se comprendre mutuellement.
[한] 서로 교차하다, 만나러 가서 길에서 서로 엇갈리다 | 일치하지 않다, 들어맞지 않다 | 서로 이해하지 않다

*외쳑 [ŌI-TCHYEK,-I] (外戚) [원]52
[불] Parent du côté de la mère.
[한] 어머니 쪽의 친척

*외치 [OI-THCI] (外治) [원]52
[불] Adresse, habileté du mari pour les ouvrages de sa profession.
[한] 자신의 직업적인 일에 대한 남편의 수완, 솜씨

*외치ᄒᆞ다 [ŌI-TCHI-HĂ-TA] (外治) [원]52
[불] Soigner une maladie par des remèdes extérieurs.
[한] 외용약으로 병을 치료하다

*외친닋쇼 [ŌI-TCHIN-NĂI-SYO] (外親內疎) [원]52
[불] A l'extérieur, apparence d'amitié, et, à l'intérieur, se détester. Fausse apparence d'amitié.
[한] 겉으로는 친한 체하면서 속으로는 서로 미워하다 | 거짓으로 친한 모양

외코신 [OI-HKO-SIN,-I] (獨鼻鞋) [원]50
[불] Soulier à un seul nez. (Les souliers chinois ont ordinairement deux nervures, deux nez, sur le dessus).
[한] 코가 하나뿐인 신발 | (중국 신발은 일반적으로 위에 두 개의 밴드와 두 개의 코가 있다)

외토리 [OI-HTO-RI] (獨) [원]51
[불] Ce qui est seul, unique (v.g. un fils, un petit d'animal; châtaigne qui est seule dans son enveloppe; homme qui vit retiré des autres).
[한] 단 하나뿐인 것, 유일한 것 (예. 아들 한 명, 짐승의 새끼 한 마리 | 그 껍질 속에 하나만 있는 밤 | 다른 사람들로부터 떨어져 사는 사람)

외통장 [OI-HTONH-TJANG,-I] (獨桶匠) [원]51
[불] Marchand d'eau qui n'a qu'un seau ou un baril. (Express. de jeu).
[한] 양동이 한 통 또는 작은 통만 가지고 있는 물장수 | (놀이의 표현)

외통장이 [OI-HTONG-TJANG-I] (一目人) [원]51
[불] Borgne (inj.).
[한] 애꾸눈이 (욕설)

외판 [OI-HPAN,-I] (獨板) [원]51
[불] Fait d'une seule planche. ‖ Seul de son état, qui n'a pas de concurrent.
[한] 하나의 판자로 이루어진 것 | 자신의 직업에서 경쟁자가 없는 단 한 사람

*외편 [ŌI-HPYEN,-I] (外便) [원]51
[불] Les parents du côté de la mère.
[한] 어머니 쪽의 친척들

*외표 [ŌI-HPYO] (外表) [원]51
[불] Exemple extérieur; la manière d'être, d'agir à l'extérieur; apparence extérieure.
[한] 표면적인 본보기 | 겉으로 존재하는, 행동하는 방식 | 외부 모습

*외풍 [ŌI-HPOUNG,-I] (外風) [원]51
[불] Vent coulis. Vent qui vient de dehors.
[한] 새어 드는 바람 | 밖에서 오는 바람

1왼 [OIN,-I] (左) [원]50
[불] Gauche.
[한] 왼쪽

2왼 [OIN] (全) [원]50
[불] Tout, entier. 왼집 Oin-tjip, Toute la maison. ‖ Tout à fait, entièrement, le plus.
[한] 모두, 전부 | [[용례] 왼집, Oin-tjip], 온 집 | 완전히, 전부, 가장

왼손잡이 [OIN-SON-TJAP-I] (左手用) [원]50

불 Gaucher.
한 왼손잡이

왼통 [OIN-HTONG] (全統) 원50
불 Entièrement, tout, en entier.
한 전부, 모두, 완전히

왼편 [OIN-HPYEN,-I] (左便) 원50
불 Le côté gauche, la gauche.
한 왼편, 왼쪽

욋닥이 [OIT-TAK-I] 원51
불 Baguette.
한 막대기

욋돌다 [OIT-TOL-TA] (孤村) 원51
불 Etre seul, isolé.
한 혼자다, 외롭다

욋들다 [OIT-TEUL-TA,-TEUL-E,-TEUN] 원51 ☞ 욋돌다

욋쏘로셔다 [OIT-TTO-RO-SYE-TA,-SYE,-SEN] (獨立) 원51
불 Se lever, se tenir seul sur ses jambes (enfant). ‖ Se tenir à l'écart, vivre dans un lieu isolé; vivre isolé, retiré.
한 (아이가) 일어나다, 제 다리로 혼자서 버티다 | 멀리 있다, 고립된 곳에서 살다 | 고립되어, 외진 곳에 살다

욋ᄯᆞ로 [OIT-TTĂ-RO] 원51
불 A l'écart. Etre isolé, éloigné. sans appui.
한 따로 | 도움 없이 고립되어 있다, 떨어져 있다

요 [YO] (褥) 원59
불 Lit, couchette, grabat, tapis matelas.
한 침대, 작은 침대, 초라한 침대, 매트리스 매트

요강 [YO-KANG,-I] (械) 원59
불 Vase de nuit.
한 요강

*요공ᄒᆞ다 [YO-KONG-HĂ-TA] (要功) 원59
불 Se vanter, se louler, parler de se mérites.
한 자부하다, 자찬하다, 자신의 장점에 대해 말하다

*요구ᄒᆞ다 [YO-KOU-HĂ-TA] (要求, (Nécessaire, demander)) 원59
불 Il faut demander, il faut rechercher. ‖ Désirer, rechercher. ‖ Etre désirable. ‖ Il faut.
한 요구해야 한다, 찾아야 한다 | 바라다, 찾다 | 바람직하다 | 필요하다

*요긔 [YO-KEUI] (妖氣, (mauvais, air)) 원59
불 Fascination, charme. Ruse, tromperie, artifice, séduction.
한 매혹, 매력 | 속임수, 사기, 기교, 유혹

*요긔롭다 [YO-KEUI-ROP-TA,-RO-OA,-RO-ON] (妖氣) 원59
불 Qui charme, qui fascine. Etre mauvais, séduisant, artificieux.
한 매혹시키다, 매혹하다 | 나쁘다, 매력적이다, 교활하다

*요긔ᄒᆞ다 [YO-KEUI-HĂ-TA] (療飢) 원59
불 (Guérir la faim). Manger pour soutenir ou réparer ses forces. Faire une petite collation, un petit repas, pour apaiser la faim.
한 (배고픔을 진정시키다) | 힘을 유지하거나 회복하기 위해 먹다 | 배고픔을 가라앉히기 위해 가벼운 간식을 먹다, 가벼운 식사를 하다

*요긴히 [YO-KIN-HI] (要緊) 원59
불 Nécessairement. Voy. 가히 Ka-hi.
한 반드시 | [참조어 가히, Ka-hi]

*요긴ᄒᆞ다 [YO-KIN-HĂ-TA] (要緊) 원59
불 Nécessaire.
한 필요하다

*요동ᄒᆞ다 [YO-TONG-HĂ-TA] (搖動) 원61
불 Ebranler, mouvoir. Mobile. Remuer, Emouvoir. être remué, être ému. S'ébranler, être ébranlé. (Act. et pass.).
한 흔들다, 움직이게 하다 | 움직이다 | 움직이다, 동요시키다 | 움직이다, 흔들리다 | 흔들리다, 동요되다 | (능동형과 수동형)

*요두뎐목ᄒᆞ다 [YO-TOU-TYĔN-MOK-HĂ-TA] (搖頭轉目) 원61
불 Remuer la tête, faire tourner les yeux. Qui remue la tête, les yeux, en parlant. Faire l'important, parler en maître.
한 머리를 움직이다, 눈길을 돌리게 만들다 | 말하면서 머리, 눈을 움직이다 | 거드름 피우다 | 도도하게 말하다

*요두불텽 [YO-TOU-POUL-HIYENG] (搖頭不聽) 원61
불 Action de remuer la tête pour dire qu'on ne veut pas écouter.
한 듣고 싶지 않다고 말하기 위해 머리를 움직이는 행동

*요두ᄒᆞ다 [YO-TOU-HĂ-TA] (搖頭) 원61
불 Remuer la tête de droite à gauche pour dire non.
한 아니라고 말하기 위해 오른쪽에서 왼쪽으로 머

리를 움직이다

*요디 [YO-TI] (要地) [원]61

[불] Lieu important. Terre fertile, riche contrée.

[한] 중요한 장소 | 비옥한 땅, 부유한 고장

*요ᄃᆡ [YO-TĂI] (腰帶) [원]61

[불] Ceinture, ceinturon.

[한] 허리띠, 요대

*요ᄃᆡᄒᆞ다 [YO-TĂI-HĂ-TA] (饒貸) [원]61

[불] Pardonner, ménager.

[한] 용서하다, 관대하게 대하다

*요란ᄒᆞ다 [YO-RAN-HĂ-TA] (搖亂) [원]60

[불] Tumultueux, bruyant. Faire du bruit, du tumulte, du tapage. Se dit aussi pour faire cesser le bruit.

[한] 떠들썩하다, 시끄럽다 | 소음, 소란, 떠들썩한 소리를 내다 | 소음을 멈추게 하기 위해서도 쓴다

1*요령 [YO-RYENG,-I] (搖鈴) [원]61

[불] Clochette.

[한] 방울

2요령 [YO-RYENG,-I] [원]292 ☞뇨령

요뢰ᄒᆞ다 [YO-ROI-HĂ-TA] [원]61

[불] Compter sur, s'appuyer sur.

[한] ~을 믿다, ~에 의지하다

*요리 [YO-RI] (要理, (Nécessaire doctrine)) [원]61

[불] Doctrine, enseignement.

[한] 교리, 가르침

*요리문답 [YO-RI-MOUN-TAP] (要理問答, (Important, doctrine, demandes, réponses)) [원]61

[불] Essence de la doctrine par demandes et par réponses, c.a.d. le catéchisme.

[한] 질문과 대답에 의한 교리의 본질, 즉 교리문답

요ᄅᆡᄒᆞ다 [YO-RĂI-HĂ-TA] [원]60

[불] Dire d'appeler, mander, faire venir. Appeler, inviter, convoquer. ‖ Aller à la rencontre.

[한] 부르라고 말하다, 불러들이다, 오게 하다 | 부르다, 초대하다, 소집하다 | 맞이하러 가다

*요만ᄌᆞ [YO-MAN-TJĂ] (繞彎子) [원]60

[불] Tourner autour sans en venir à ce que l'on veut dire. Qui n'est pas franc, qui cherche des détours.

[한] 말하고자 하는 바에 이르지 못하고 주위를 맴돌다 | 솔직하지 못하다, 완곡한 어법을 모색하다

*요망ᄒᆞ다 [YO-MANG-HĂ-TA] (妖妄) [원]60

[불] Léger d'esprit et de corps; méchant. Léger et étourdi. Séduisant, artificieux.

[한] 정신과 몸이 경박하다 | 심술궂다 | 가볍고 경솔하다 | 매력적이다, 교활하다

*요명ᄒᆞ다 [YO-MYENG-HĂ-TA] (要名) [원]60

[불] Réputation. Acquérir de l'estime, faire sa réputation.

[한] 명성 | 평판을 얻다, 명성을 얻다

요목 [YO-MOK,-I] [원]60

[불] Petit morceau de bois entouré d'une bande de papier en spirale, pour s'essuyer, quand on est à la garde-robe. Torche-cul.

[한] 변기에서 자기의 몸을 닦기 위해 나선형의 종이띠로 둘러싸인 작은 나무 조각 | 화장지

*요무 [YO-MOU] (要務) [원]60

[불] Le sujet de l'application, la principale affaire. ‖ Beau travail, beau fait.

[한] 전념의 대상, 중요한 일 | 훌륭한 일, 훌륭한 일

*요민 [YO-MIN,-I] (饒民) [원]60

[불] Homme du peuple riche.

[한] 부유한 평민

*요민ᄒᆞ다 [YO-MIN-HĂ-TA] (擾民) [원]60

[불] Harceler le peuple, rendre la vie dure au peuple, pressurer le peuple.

[한] 백성을 괴롭히다, 백성의 삶을 힘들게 하다, 백성을 착취하다

요밀요밀ᄒᆞ다 [YO-MIL-YO-MIL-HĂ-TA] [원]60

[불] Bien fait; exécuté avec soin, avec art.

[한] 잘 만들어지다 | 정성들여, 능란하게 실현되다

요밀ᄒᆞ다 [YO-MIL-HĂ-TA] [원]60

[불] Bien fait, bien travaillé, fait avec art.

[한] 잘 만들어지다, 잘 만들어지다, 능란하게 만들어지다

요부ᄒᆞ다 [YO-POU-HĂ-TA] (饒富) [원]60

[불] Etre suffisamment riche, opulent.

[한] 충분히 부유하다, 호사스럽다

요분ᄒᆞ다 [YO-POUN-HĂ-TA] [원]60

[불] Acte impudique (en particulier). Le commettre.

[한] (특히) 외설적인 행동 | 그것을 저지르다

*요샤스럽다 [Yo-SYĀ-SEU-REP-TA,-RE,-OUE,-RE-ON] (妖邪) [원]61

[불] Qui charme, qui fascine. ‖ Etre rusé, fourbe, intrigant. ‖ Démoniaque. être possédé du démon.

[한] 매혹하다, 사로잡다 | 교활하다, 음흉하다, 음모를 꾸미다 | 악마같다 | 악마에 사로잡히다

*요샤ᄒᆞ다 [YO-SYA-HĂ-TA] (饒赦) [원]61

[불] Pardonner.
[한] 용서하다

*요셔ᄒᆞ다 [YO-SYE-HĂ-TA] (饒恕) [원]61
[불] Pardonner.
[한] 용서하다

*요슐 [YO-SYOUL,-I] (妖術) [원]61
[불] Charlatan, sorcier, prestidigitateur. Sorcellerie, charlatan isme.
[한] 협잡꾼, 마술사, 마법사 | 마법, 야바위짓

*요ᄉᆞ [YO-SĂ] (夭死) [원]61
[불] Se dit de quelqu'un qui meurt jeune (avant trente ou quarante ans). Mort prématurée.
[한] 젊어서 (30 또는 40세 전에) 죽는 사람들에 대해 쓴다 | 너무 이른 죽음

요ᄉᆞ이 [YO-SĂ-I] (耶間) [원]61
[불] Ces jours-ci, ces jours derniers. depuis l'autre jour. Depuis ce temps jusqu'à présent. Récemment. Depuis peu.
[한] 요즈음, 최근에 | 요즘 | 그때부터 현재까지 | 최근에 | 얼마 전부터

*요악ᄒᆞ다 [YO-YAK-HĂ-TA] (妖惡) [원]59
[불] Intempéré, effronté, mauvais. Etre fourde et méchant
[한] 방종하다, 염치없다, 나쁘다 | 음흉하고 악독하다

*요언 [YO-EN,-I] (妖言) [원]59
[불] Parole effrontée. Parole fourbe, téméraire, présomptueuse, inconvenante.
[한] 염치없는 말 | 음흉한, 무모한, 오만한, 무례한 말

*요여 [YO-YE] (繇輿) [원]59
[불] Chaise à porteurs pour les tablettes.
[한] 패[[역주] 牌]를 위한 가마

1*요인 [YO-IN,-I] (妖人) [원]59
[불] Mauvais homme. Charlatan, fourbe.
[한] 나쁜 사람 | 사기꾼, 교활한 사람

2*요인 [YO-IN,-I] (要引) [원]59
[불] Préface d'un livre.
[한] 책의 서문

*요임 [YO-IM,-I] (要任) [원]59
[불] Charge importante, très-utile. Belle dignité, grande faveur. Grassement rétribué.
[한] 중요한, 아주 유용한 임무 | 훌륭한 고관직, 큰 특혜 | 풍성하게 보수를 받다

*요조ᄒᆞ다 [YO-TJO-HĂ-TA] (窈窕) [원]61
[불] Etre beau, attrayant.
[한] 아름답다, 매력 있다

*요족ᄒᆞ다 [YO-TJYOK-HĂ-TA] (饒足) [원]61
[불] Suffisamment riche. Etre assez riche, à son aise.
[한] 충분히 부유하다 | 꽤 부유하다, 넉넉하다

*요지 [YO-TJI] (瑤池) [원]61
[불] Le lac des perles. Lieu de délices. Elysée des Coréens, où vivent les 신션 Sin-syen. ‖ Mirage, effet de lumière qui a lieu au coucher du soleil, et fait voir devant soi les objets qui sont par derrière. Réfraction de la lumière, réflexion.
[한] 진주 호수 | 즐거운 곳 | 신션 Sin-syen들이 사는 조선의 낙원 | 신기루, 해가 질 때 일어나고, 뒤에 있는 사물들을 자기 앞에서 보이게 하는 빛의 효과 | 빛의 굴절, 반사

*요지경 [YO-TJI-KYENG,-I] (瑤池鏡) [원]61
[불] Verre où il y a une image, prisme, stéréographe, stéréoscope.
[한] 상이 있는 유리, 프리즘, 입체화법, 입체경

*요질 [YO-TJIL,-I] (腰絰) [원]61
[불] Esp. d'habit de deuil. Grosse corde qui sert de ceinture pour les hommes en deuil, aux funérailles et aux sacrifices.
[한] 상복의 종류 | 상중인 사람들이 장례와 제사를 지낼 때 허리띠로 사용하는 굵은 줄

*요참ᄒᆞ다 [YO-TCHĂM-HĂ-TA] (腰斬) [원]61
[불] Tuer en coupant les reins à la ceinture. Scier par le milieu du corps.
[한] 허리를 잘라 죽이다 | 신체의 한가운데를 톱으로 자르다

*요통 [YO-HTONG,-I] (腰痛) [원]61
[불] Mal de reins.
[한] 허리의 고통

*요패 [YO-HPAI] (腰牌) [원]60
[불] Plaque des soldats sur laquelle leur nom est écrit.
[한] 군인들의 이름이 쓰인 판

요항 [YO-HANG,-I] (朋友) [원]59
[불] Compagnon, camarade, ami.
[한] 동료, 동무, 친구

*요혹ᄒᆞ다 [YO-HOK-HĂ-TA] (妖惑) [원]59
[불] Act. et pass. fasciner, charmer, éblouir, induire, entraîner, attirer. Tromper, être trompé par artifice.
[한] 능동형과 수동형. 매혹하다, 매혹시키다, 현혹하

다, 유인하다, 마음을 사로잡다, [역주 마음을] 끌다 | 부정을 저지르다, 기교에 속다

*요힝ᄒᆞ다 [YO-HĂING-HĂ-TA] (僥倖) 원59

불 Hasard, chance; heureux, qui arrive bien à propos.

한 우연, 기회 | 다행이다, 때마침 생기다

1*욕 [YOK,-I] (辱) 원59

불 Injure, insulte, outrage. ‖ Difficulté, peine. ‖ 욕보다 Yok-po ta, Avoir des difficultés, recevoir des injures. 욕뵈다 Yok-poi-ta, Faire injure, injurier.

한 욕설, 모욕, 능욕 | 어려움, 걱정 | [용례 욕보다, Yok-po ta], 어려움이 있다, 욕을 당하다 | [용례 욕뵈다, Yok-poi-ta], 욕을 하다, 욕설을 퍼붓다

2*욕 [YOK,-I] (慾) 원59

불 En. agr. Désir, passion.

한 한자어로 욕망, 열정

*욕곡타두 [YOK-KOK-HTA-TOU] (欲哭打頭, (Désirant, pleurer, frapper, la tête)) 원59

불 Frapper la tête d'un enfant qui est sur le point de pleurer, c.a.d. aggraver les sujet de plainte.

한 울기 시작하는 아이의 머리를 때리다, 즉 불평의 문제를 악화시키다

*욕교반졸ᄒᆞ다 [OK-KYO-PĀN-TJOL-HĂ-TA] (欲巧返拙, (Désirer, de bien faire, au contraire, ne pas réussir)) 원59

불 Mal réussir par trop d'application, par le désir de trop bien faire.

한 과한 열의, 너무 잘하고자 하는 욕망으로 인해 성공하지 못하다

욕먹다 [YOK-MEK-TA,-MEK-E,-MEK-EUN] (逢辱) 원59

불 Recevoir une injure.

한 욕을 당하다

*욕명 [YOK-MYENG] (欲明) 원59

불 L'aube du jour, l'aurore. = ᄒᆞ다 -hă-ta, Le jour est sur le point de paraître.

한 하루의 새벽, 여명 | [용례 = ᄒᆞ다, -hă-ta], 해가 나타나기 시작한다

*욕셜 [YOK-SYEL,-I] (辱說) 원60

불 Parole injurieuse.

한 모욕적인 말

*욕심 [YOK-SIM,-I] (慾心, (Désir, cœur)) 원60

불 Cupidité, envie, désir violent, ardeur, passion, concupiscence.

한 탐욕, 갈망, 강렬한 욕구, 열정, 열망, 욕망

*욕ᄉᆞ무지 [YOK-SĀ-MOU-TJI] (欲死無地, (Désir, de mourir, n'être pas, lieu)) 원60

불 Quand bien même je voudrais mourir, je ne trouverais pas d'endroit pour mourir. N'avoir pas où reposer sa tête.

한 내가 죽고 싶다고 하더라도, 죽을 곳을 찾지 못할 것이다 | 머리를 눕힐 곳이 없다

*욕ᄒᆞ다 [YOK-HĂ-TA] (辱) 원59

불 Injurier, insulter. (Gouv. le datif).

한 욕설을 하다, 욕하다 | (여격을 지배한다)

1*용 [YONG,-I] (勇) 원60

불 Alerte, vif, prompt.

한 민첩하다, 기민하다, 재빠르다

2*용 [YONG,-I] (茸) 원60

불 Corne de cerf.

한 사슴의 뿔

3*용 [YONG,-I] (用) 원60

불 Dépenses de chaque jour. ‖ Quotidien.

한 매일매일 소비 | 일상적인 일

*용감ᄒᆞ다 [YŌNG-KAM-HĂ-TA] (勇敢) 원60

불 Courageux, vigoureux, actif, adroit, audacieux, hardi, fort, robuste.

한 용감하다, 기운차다, 활기차다, 꾀바르다, 대담하다, 과감하다, 강하다, 건장하다

*용권ᄒᆞ다 [YŌNG-KOUEN-HĂ-TA] (用權) 원60

불 Se servir de son autorité. user d'autorité.

한 자신의 권위를 사용하다 | 권위를 행사하다

*용납ᄒᆞ다 [YONG-NAP-HĂ-TA] (容納) 원60

불 Contenir, pouvoir contenir. ‖ Conserver. ‖ Présumer. ‖ Pardonner, favorise, supporter, tolérer.

한 참다, 참을 수 있다 | 보호하다 | 추측하다 | 용서하다, 베풀다, 받아들이다, 너그러이 봐주다

1*용녁 [YŌNG-NYEK,-I] (勇力) 원60

불 Force du courage, de la bravoure. Force, courage.

한 용기, 용맹의 힘 | 힘, 용기

2용녁 [YŌNG-NYEK,-I] 원60 ☞용력

*용덕 [YŌNG-TEK,-I] (勇德, (Force, vertu)) 원60

불 Courage

한 용기

*용도 [YONG-TO] (用度) 원60

불 Grandes dépenses. Dépenses ordinaires, journalières.

한 큰 소비 | 보통의, 매일의 소비

*용력 [YŌNG-RYEK] (勇力) 원60

불 Force, vigueur, bravoure, force de la bravoure.
한 힘, 기운, 용맹, 용맹의 힘

*용렬ᄒᆞ다 [YONG-RYEL-HĂ-TA] (庸劣) 원60
불 Grossier, bête, rude, lourdaud, simple, sot, stupide.
한 거칠다, 어리석다, 세련되지 못하다, 서투르다, 단순하다, 바보스럽다, 우둔하다

*용모 [YONG-MO] (容貌) 원60
불 Visage, figure, face.
한 얼굴, 외모, 얼굴

용모변양ᄒᆞ다 [YONG-MO-PYEN-YANG-HĂ-TA] (容貌變樣) 원60
불 Changer de figure (v.g. dans une maladie). Etre défiguré.
한 (예. 병으로) 외모가 변하다 | 흉하게 되다

*용ᄆᆡᆼᄒᆞ다 [YŎNG-MĂING-HĂ-TA] (勇猛) 원60
불 Courageux, audacieux, hardi, fort, vigoureux, brave, vaillant.
한 용감하다, 대담하다, 과감하다, 강하다, 기운차다, 용감하다, 용맹하다

*용병 [YŎNG-PYENG,-I] (勇兵) 원60
불 Soldat courageux.
한 용감한 군인

*용셔ᄒᆞ다 [YONG-SYE-HĂ-TA] (容恕) 원60
불 Pardonner, tenir quitte, acquitter la faute, fermer les yeux sur une faute.
한 용서하다, 면제하다, 잘못을 면제하다, 잘못을 눈감아 주다

*용심 [YONG-SIM,-I] (勇心) 원60
불 Cœur courageux, grandeur d'âme, courage. ‖ Envie, jalousie.
한 용감한 마음, 마음의 위대함, 용기 | 선망, 질투

용쓰다 [YONG-SSEU-TA,-SSE,-SSEUN] 원60
불 Contenir, recevoir et contenir, servir de retraite.
한 참다, 받아들이고 참다, 은거처 구실을 하다

*용약ᄒᆞ다 [YŎNG-YAK-HĂ-TA] (勇躍) 원60
불 Jubiler, avoir des transports de joie; sauter, bondir de joie.
한 몹시 기뻐하다, 기뻐 열광하다 | 기뻐 뛰어오르다, 뛰다

*용용ᄒᆞ다 [YONG-YONG-HĂ-TA] (溶溶) 원60
불 Exprime le mouvement des vagues, des ondes.
한 파도, 물결의 움직임을 나타낸다

*용쟝 [YŎNG-TJYANG,-I] (勇將) 원60
불 Général courageux, brave.
한 용감한, 용맹한 장군

*용젼여슈 [YŎNG-TJYEN-YE-SYOU] (用錢如水, (Dépenser, argent, comme, eau)) 원60
불 Faire couler l'argent comme l'eau.
한 돈을 물처럼 흐르게 하다

1* 용지 [YONG-TJI] (勇志) 원60
불 Sentiment courageux.
한 담대한 감정

2 용지 [YONG-TJI] (容志) 원60
불 Visage et pensée; dehors et dedans.
한 외모와 마음 | 밖과 안

3 용지 [YONG-TJI] (容止) 원60
불 Extérieur, manière d'agir extérieurement.
한 외부, 겉으로 행동하는 방식

*용혹무괴 [YONG-HOK-MOU-KOI] (庸或無怪) 원60
불 Etre quitte (il t'a battu, tu l'as battu: vous êtes quittes). Compensation. ‖ Quand on le supporterait, ce ne serait pas étonnant. ‖ Ce pourrait être, ce serait passable, indifférent; il n'y aurait pas grand mal.
한 면제되다(너는 그에게 패배했다, 그는 너에게 패배했다 : 당신들은 빚진 것이 없다) | 보상 | 그것을 견딜 수 있다면 그것은 놀랍지 않을 것이다 | 그럴 수 있을 것이다, 웬만할, 별 것 아닐 것이다 | 크게 나쁘지 않을 것이다

1 용ᄒᆞ다 [YŎNG-HĂ-TA] 원60
불 Doux, tranquille, paisible, pacifique, bon.
한 부드럽다, 평온하다, 평화스럽다, 온화하다, 선하다

2 용ᄒᆞ다 [YONG-HĂ-TA] 원60
불 Faire avec art, travailler artistement.
한 능락하게 하다, 솜씨 좋게 일하다

1* 우 [OU] (右) 원61
불 Droit, côté droit.
한 오른쪽의, 오른편

2* 우 [OU] (雨) 원61
불 En agr. Pluie.
한 한자어로 비

3 우 [OU] (上) 원61
불 Sur, dessus, en haut, le dessus, le haut. Au-dessus. En outre.
한 위에, 위에, 위로, 위, 높은 곳 | 위에 | 게다가

4* 우 [OU] (牛) 원61

불 En agr. Bœuf.
한 한자어로 소

5* 우 [OU] (友) 원61
불 En agr. Ami, associé, membre de. ‖ 교우 Kyo-ou, Chrétien. ‖ 회우 Hoi-ou, Associé.
한 한자어로 친구, 협력자, 구성원 | [동의어 교우, Kyo-ou], 기독교도 | [동의어 회우, Hoi-ou], 협력자

우가 [OU-KA] 원65
불 Dédommagement, compensation, somme ajoutée pour balancer la valeur de deux objets qu'on échange.
한 손해배상, 보상, 교환하는 두 물건의 가치 균형을 맞추기 위해 추가된 금액

*우각 [OU-KAK,-I] (牛角) 원65
불 Corne de bœuf.
한 소의 뿔

*우거ᄒᆞ다 [ŌU-KE-HĂ-TA] (寓居) 원65
불 Habiter, vivre en pays étranger. Emigrer.
한 외국에서 살다, 살다 | 이민하다

우걱쁄 [OU-KEK-PPOUL,-I] (抹角) 원65
불 Cornes de bœuf qui se tournent en dedans en se croisant.
한 서로 교차하면서 안으로 향하는 소의 뿔

*우고 [OU-KO] (憂故) 원66
불 Tribulation, calamité, inquiétude et chagrin.
한 고난, 재난, 걱정과 고통

*우골 [OU-KOL,-I] (牛骨) 원66
불 Os de bœuf.
한 소의 뼈

우굴우굴ᄒᆞ다 [OU-KOUL-OU-KOUL-HĂ-TA] 원66
불 Beaucoup; qui fourmille; nombreux; fourmiller, grouiller.
한 많이 | 우글거리다 | 많다 | 우글거리다, 득실거리다

우굼 [OU-KOUM,-I] 원66
불 Ravin, vallon profond.
한 골짜기, 깊은 골짜기

*우궁 [ŌU-KOUNG,-I] (右弓) 원66
불 Qui tient l'arc de la main gauche, et la flèche de la main droite, pour décocher (ordinairement c'est le contraire qui se pratique).
한 쏘기 위해 왼손으로 활을, 오른손으로 화살을 잡다 (일반적으로 실행되는 것은 그 반대이다)

우궁이 [ŌU-KOUNG-I] 원66
불 Cri pour s'appeler.
한 서로 부르는 소리

*우금ᄒᆞ다 [OU-KEUM-HĂ-TA] (牛禁) 원65
불 Défendre de tuer les bœufs.
한 소를 죽이는 것을 금지하다

*우긱 [OU-KĂIK,-I] (寓客) 원65
불 Etranger, qui est venu d'un autre royaume. Celui qui reçoit l'hospitalité, une asile; réfugié chez un autre.
한 외부인, 다른 왕국에서 온 사람 | 환대, 피난처를 받는 사람 | 다른 사람의 집에 피난한 사람

우널 [OU-NEL,-I] 원67
불 Pompon de chapeau, globule.
한 소구[역주 小球]의 방울술, 모자

우다 [OU-TA,OUL-E,OUN] (哭) 원69
불 Pleurer.
한 울다

*우단 [OU-TAN] (羽緞) 원69
불 Esp. de velours.
한 벨벳의 종류

우당탕 [OU-TANG-HTANG] 원69
불 Bruit de pas sur un plancher, d'enfants qui jouent, de chevaux au galop.
한 판자 위에서 아이들이 노는, 말들이 질주하는 발소리

*우도 [ŌU-TO] (右盜) 원70
불 Le bon larron, le larron de la droite.
한 착한 강도, 오른쪽의 강도

우두덩우두덩 [OU-TOU-TENG-OU-TOU-TENG] 원70
불 Bruit confus, éloigné, de plusieurs personnes. Tapage d'enfants qui courent et sautent dans une chambre, de chevaux au galop.
한 어수선한, 멀리 떨어진, 여러 사람의 소리 | 방에서 달리고 뛰는 아이들의, 질주하는 말들의 떠들썩한 소리

우두둥우두둥 [OU-TOU-TOUNG-OU-TOU-TOUNG] 원70
불 Bruit distinct, rapproché, de plusieurs enfants qui jouent, de chevaux au galop.
한 뚜렷한, 가까운, 노는 여러 아이들의, 질주하는 말들의 소리

1* 우둔 [OU-TOUN,-I] (愚鈍) 원70
불 Sans esprit et sans adresse.
한 재치가 없고 솜씨가 없다

2* 우둔 [OU-TOUN,-I] (牛臀) 원70
불 Fesse du bœuf.

한 소의 엉덩이

3* 우둔 [OU-TOUN,-I] (牛臀) 원70
불 Fesse du côté droit.
한 오른쪽 엉덩이

우둔우둔ᄒᆞ다 [OU-TOUN-OU-TOUN-HĂ-TA] 원70
불 Frémissement de la poitrine, tremblement. Palpiter de crainte.
한 가슴의 가벼운 떨림, 떨림 | 두려움에 가슴이 두근거리다

*우둔ᄒᆞ다 [OU-TOUN-HĂ-TA] (愚鈍) 원70
불 Etre lourd, sans esprit.
한 아둔하다, 재치 없다

*우등 [OU-TEUNG,-I] (右等) 원70
불 Le principal, le premier.
한 가장 중요한 것, 첫 번째

*우락감고 [OU-RAK-KAM-MO] (憂樂甘苦, (Inquiétude, joie, douceur, amertume)) 원68
불 Ennui, joie, douceur, amertume.
한 걱정, 기쁨, 즐거움, 쓰라림

*우란 [OU-RAN,-I] (憂亂) 원68
불 Inquiétude.
한 걱정

*우람ᄒᆞ다 [OU-RAM-HĂ-TA] (愚濫) 원68
불 Faire de force, être forcé de. || Etre excessif, présomptueux. Entreprendre au-delà de ses forces. || Etre trop.
한 강제로 하다, 강요되다 | 지나치다, 오만하다 | 자신의 능력 이상으로 시도하다 | 과하다

우러나다 [OU-RE-NA-TA,-NA,-NAN] 원68
불 Apprendre de (v.g. un métier), recevoir l'instruction de.
한 (예. 일) 을 배우다, ~에 대한 교육을 받다

우러러듯다 [OU-RE-RE-TEUT-TA,-TEU-RE,-TEU-REUN] (仰聽) 원68
불 Ecouter en haut.
한 위로 듣다

우러러보다 [OU-RE-RE-PO-TA,-PO-A,-PON] (仰視) 원68
불 Regarder en haut, admirer.
한 위로 보다, 찬미하다

우럭이 [OU-REK-I] 원68
불 Esp. de petit poisson de mer.
한 작은 바닷고기의 종류

우럴다 [OU-REL-TA,-RE-RE,-RE-REUN] (仰) 원68
불 Regarder haut; penser avec respect, avec humilité, avec les yeux vers.
한 높이 보다 | 존경스럽게, 겸손하게, 눈을 ~로 향한 채 생각하다

우럼ᄎᆞ다 [OU-REM-TCHĂ-TA,-TCHĂ,-TCHĂN] 원68
불 Etre très-grand et très-élevé, gigantesque.
한 아주 크고 아주 고결하다, 거대하다

우렁이 [OU-RENG-I] (田螺) 원68
불 Paludine. Bigorneau de rizière. Colimaçon de rizière.
한 우렁이속 | 논의 경단고동 | 논 달팽이

우레 [OU-REI] (雷) 원68
불 Bruit du tonnerre. Tonerre.
한 천둥소리 | 천둥

*우려ᄒᆞ다 [OU-RYE-HĂ-TA] (憂慮) 원68
불 Etre inquiet.
한 걱정하다

우렬 [OU-RYEL,-I] (優劣) 원68
불 Plus et moins beau, mieux et moins bien. Différence en bon ou en mauvais. Différence de la qualité.
한 다소 아름답다, 다소 좋다 | 좋으냐 나쁘냐의 차이 | 품질의 차이

*우로 [OU-RO] (雨露) 원68
불 Pluie et rosée.
한 비와 이슬

우루루 [OU-ROU-ROU] 원68
불 Bruit imitatif du tonnerre, bruit d'un éboulement.
한 천둥의 의성어, 붕괴되는 소리

우름 [OU-REUM,-I] (泣) 원68
불 Pleurs, lamentations, gémissement.
한 울음, 한탄, 신음

1우리 [OU-RI] (棧) 원68
불 Niche, étable, écurie, chenil.
한 개집, 축사, 마구간, 개 사육장

2우리 [OU-RI] (我等) 원68
불 Nous, notre.
한 우리들, 우리들의

우리우리ᄒᆞ다 [OU-RI-OU-RI-HĂ-TA] 원68
불 Entourer par respect, par honneur. || Craindre, être saisi de respect.
한 경의를 표하며, 예우하며 에워싸다 | 두려워하다, 존경심에 사로잡히다

*우마 [OU-MA] (牛馬) 원66

불 Boeuf et cheval.
한 소와 말

우멍ᄒᆞ다 [OU-MENG-HĂ-TA] 원66
불 Etre trop bas, empêcher de voir (bord du chapeau de deuil). =스럽다 -seu-rep-ta, Rusé, fourbe.
한 너무 낮다, (상복 모자 테두리) 보는 것을 방해하다 | [용례 =스럽다, -seu-rep-ta], 교활하다 음흉하다

우명ᄒᆞ다 [OU-MYENG-HĂ-TA] 원66
불 V. 위명ᄒᆞ다 Oiu-myeng-hă-ta.
한 [참조어 위명ᄒᆞ다, Oiu-myeng-hă-ta]

우목ᄒᆞ다 [OU-MOK-HĂ-TA] (凹) 원66
불 Avoir les yeux enfoncés. Etre bas, creux. V.Syn. 움욱ᄒᆞ다 Oum-ouk-hă-ta.
한 눈이 움푹 패이다 | 낮다, 오목하다 | [동의어 움욱ᄒᆞ다, Oum-ouk-hă-ta]

*우몽ᄒᆞ다 [OU-MONG-HĂ-TA] (愚蒙) 원66
불 Folie, bêtise, enfantillage. Sot, stupide, grossier et ignorant, sans éducation.
한 터무니없음, 어리석음, 유치함 | 어리석다, 우둔하다, 거칠고 무지하다, 교육을 받지 않다

우무 [OU-MOU] 원66
불 Esp. de gelée ou pâte très-fraîche faite avec des herbes marines. Algues marines salées.
한 해초로 만들어진 아주 신선한 젤리 또는 반죽의 종류 | 소금에 절인 해초류

우무가사리 [OU-MOU-KA-SA-RI] (海中茨) 원66
불 Matière dont on fait l'우무 Ou-mou. (ce sont des algues marines).
한 우무 Ou-mou를 만드는 물질 (해초류이다)

우무가시 [OU-MOU-KA-SI] 원66
불 Esp. d'herbe marine, goëmon.
한 해초의 종류, 해초

우물 [OU-MOUL,-I] (井) 원66
불 Fontaine, puits.
한 샘, 우물

우물안고기 [OU-MOUL-AN-KO-KI] (井底魚) 원66
불 Poisson dans un puits. ‖ Qui ne connait rien en dehors du lieu qu'il habite.
한 우물 안에 있는 생선 | 사는 곳 외에는 아는 것이 아무것도 없는 사람

우믈우믈ᄒᆞ다 [OU-MEUL-OU-MEUL-HĂ-TA] 원66
불 Qui fourmille; beaucoup; fourmiller; grouiller; remuer.
한 우글거리다 | 많이 | 득실거리다 | 붐비다 | 움직이다

*우민 [OU-MIN,-I] (愚民) 원66
불 Imbécile, grossier, sans éducation. ‖ Homme fou, peuple imbécile.
한 어리석다, 거칠다, 교육 받지 않다 | 미친 사람, 어리석은 백성

*우민ᄒᆞ다 [OU-MIN-HĂ-TA] (憂憫) 원66
불 Inquiet, être triste et inquiet.
한 불안하다, 슬프고 불안하다

*우ᄆᆡᆼ [OU-MĂING,-I] (愚氓) 원66
불 Imbécile, fou, sot, bête. Paysan grossier.
한 멍청하다, 미치다, 어리석다, 우둔하다, 거칠다 | 서투른 농부

우박 [OU-PAK,-I] (雨雹) 원68
불 Grêle.
한 우박

*우반 [ŌŪ-PAN] (寓班) 원68
불 Noble nouvellement établi dans un pays.
한 한 지방에 새롭게 정착한 귀족

우번 [OU-PEN] 원68
불 Encore, de nouveau.
한 다시, 재차

*우변 [ŌŪ-PYEN] (右邊) 원68
불 Côté droit.
한 오른편

1* 우부 [OU-POU] (愚夫) 원68
불 Garçon, homme imbécile. Imbécile.
한 어리석은 소년, 남자 | 바보

2* 우부 [OU-POU] (愚婦) 원68
불 Femme imbécile, sotte, stupide.
한 어리석은, 바보 같은, 우둔한 여자

*우부승지 [ŌŪ-POU-SEUNG-TJI] (右副承旨) 원68
불 Chambellan de 2e ordre, celui de droite. ‖ Nom d'une grande dignité de cour, au côté droit. ‖ Le 3e et moindre degré des 승지 Seung-tji (le 1e s'appelle 도승지 To-seung-tji; le 2e, 좌부승지 Tjoa-pou-seung-tji).
한 두 번째 계급 시종, 오른쪽의 시종 | 오른쪽에 있는, 왕궁 주요 고위직 명칭 | 승지 Seung-tji들 중 세 번째이며 가장 낮은 사람(첫 번째는 도승지 To-seung-tji 라고 부른다, 두 번째는 좌부승지 Tjoa-pou-seung-tji)

*우분 [OU-POUN,-I] (牛糞) 원68
불 Bouse, fiente de bœuf.
한 쇠똥, 소의 똥

*우비 [ŌŪ-PI] (雨備) [원]68
[불] Tous les objets en papier huilé dont on se sert contre la pluie. Parapluie.
[한] 비를 막는 데 사용되는 기름 먹인 종이로 만들어진 모든 물건 | 우산

*우산 [ŌŪ-SAN,-I] (雨傘) [원]69
[불] Parapluie, parasol.
[한] 우산, 파라솔

*우샹 [ŌŪ-SYANG,-I] (右相) [원]69
[불] Grande dignité de la droite, le ministre de la droite, le 3e 졍승 Tjyeng-seung.
[한] 오른쪽의 주요 고위직, 오른쪽의 장관, 세 번째 졍승 Tjyeng-seung

우셕우셕ᄒᆞ다 [OU-SYEK-OU-SYEK-HĂ-TA] [원]69
[불] Bien et vite, facilement. || Bruire comme da la paille remuée.
[한] 잘 그리고 빨리, 쉽게 | 움직여진 짚처럼 미미한 소리를 내다

우셩 [OU-SYENG,-I] [원]69
[불] 5e ton dans la prononciation des caractères chinois (le plus bas). Dans la musique, basse tremblée, tremolo bas.
[한] 중국 글자의 발음에 있어 다섯 번째 성조(가장 낮은 것) | 음악에서, 전음의 저음부, 낮은 전음

우셰ᄒᆞ다 [OU-SYEI-HĂ-TA] [원]69
[불] Faire rire à ses dépens.
[한] 큰 희생을 치르고 웃게 만들다

*우쇽 [OU-SYOK,-I] (牛贖) [원]69
[불] Amende pour avoir tué un bœuf en secret, sans permission.
[한] 허가 없이 은밀하게 소를 죽인 것에 대한 벌금

우수 [OU-SOU] (加數) [원]69
[불] Reste (d'une somme d'argent), fractions, centimes.
[한] (돈 총액의) 나머지, 부분, 푼돈

우수리 [OU-SOU-RI] (餘剩) [원]69
[불] Reste (d'argent), d'une soustraction; fraction; appoint. syn. 우ᄉᆞ Ou-să.
[한] (돈의), 뺄셈의 나머지 | 부분 | 잔돈 | [[동의어] 우ᄉᆞ, Ou-să.]

우숨낙담ᄒᆞ다 [OU-SOUM-NAK-TAM-HĂ-TA] (歡笑樂談) [원]69
[불] Etre réjoui, gai; avoir de la joie; pousser des cris de joie.
[한] 기뻐하다, 즐거워하다 | 기쁘다 | 기쁨의 소리를 지르다

우숩다 [OU-SOUP-TA,-SOU-OUE,-SOU-OUN] (可笑) [원]69
[불] Risible, propre à faire rire.
[한] 우습다, 웃기기에 알맞다

1*우슈 [OU-SYOU] (雨水, (pluie, eau)) [원]69
[불] 2e quinzaine de printemps, le 19 ou le 20 Fév.
[한] 봄의 두 번째 2주간, 2월 19일 또는 20일

2*우슈 [OU-SYOU] (右手) [원]69
[불] Main droite.
[한] 오른손

우슈슈 [OU-SYOU-SYOU] [원]69
[불] Bruit de la pluie tombant sur les feuilles, bruit d'une pluie douce.
[한] 잎에 떨어지는 빗소리, 부드러운 빗소리

우슐우슐ᄒᆞ다 [OU-SYOUL-OU-SYOUL-HĂ-TA] [원]69
[불] Peu clair, demi-obscur.
[한] 밝지 않다, 반은 어둡다

*우슬 [OU-SEUL,-I] (牛膝, (bœuf, genou)) [원]69
[불] Esp. de plante médicinale appelée en coréen genou de bœuf, 쇼무릅 Syo-mou-reup.
[한] 조선말로 소의 무릎이라 불리는 약초의 종류, 쇼무릅 Syo-mou-reup

*우심ᄒᆞ다 [OU-SIM-HĂ-TA] (尤甚) [원]69
[불] Etre plus nombreux, plus grand, excessif.
[한] 더 많다, 더 크다, 과도하다

우ᄉᆞ [OU-SĂ] (餘剩) [원]69
[불] Reste d'une soustraction, d'une somme. Appoint. Ce qui dépasse un peu un nombre rond. (Par ex.: dans 21fr. 50, 20 est le nombre rond, 1fr.50 est le 우ᄉᆞ Ou-să). || Fraction d'unité, de dizaine, de centaine. Syn. 우수리. Ou-sou-ri.
[한] 제거한 나머지, 합의 나머지 | 잔돈 | 어림셈으로 약간 초과하는 것 | (예. 21.50프랑에서 20프랑이 어림셈, 1프랑 50은 우ᄉᆞ Ou-să) | 단위 부분, 약 10 부분, 약 100부분 | [[동의어] 우수리, Ou-sou-ri]

우ᄉᆞᆷ [OU-SĂM,-I] (笑) [원]69
[불] Ris, rire.
[한] 웃음, 웃음

우ᄉᆞᆸ다 [OU-SĂP-TA,-SĂ-OA,-SĂ-ON] (可笑) [원]69
[불] Risible, ridicule.
[한] 우습다, 우스꽝스럽다

*우악ᄒᆞ다 [OU-AK-HĂ-TA] (愚惡) [원]61

[불] Imbécile et méchant. Maladroit, brutal, grossier.
[한] 멍청하고 심술궂다 | 서투르다, 난폭하다, 거칠다

*우양 [OU-YANG,-I] (牛羊) [원]61
[불] Boeuf et mouton. Troupeau.
[한] 소와 양 | 양떼

*우언 [OU-EN] (寓言) [원]61
[불] Comparaison, parabole.
[한] 비유, 우화

우업다 [OU-EP-TA,-EP-SE,-EP-SĂN] (無上, (N'y avoir pas, supérieur)) [원]63
[불] Sublime, le plus haut, être le plus élevé.
[한] 고상하다, 가장 높다, 가장 고결하다

우엣 [OU-ETT] (上) [원]65
[불] En haut, qui est en haut.
[한] 위에, 위에 있다

*우역 [OU-YEK,-I] (牛疫, (Bœuf, maladie)) [원]64
[불] Esp. de maladie épizootique sur les bœufs.
[한] 소들에게 있는 가축 전염병의 종류

*우연ᄒᆞ다 [OU-YEN-HĂ-TA] (偶然) [원]64
[불] Fortuit. 우연이 Ou-yen-hi, A l'improviste, par hasard, soudain.
[한] 우연 | [[용례] 우연이, Ou-yen-hi], 갑작스레, 우연히, 갑자기

*우우 [OU-OU] (于于) [원]65
[불] Exprime le bruit d'un grand vent, de grandes eaux.
[한] 센 바람, 큰 바다의 소리를 나타낸다

우움 [OU-OUM,-I] (笑) [원]65
[불] Ris, rire.
[한] 웃음, 웃다

*우유 [OU-YOU] (牛乳) [원]65
[불] Lait de vache.
[한] 암소의 젖

1*우의 [OU-EUI] (雨意) [원]65
[불] Apparence de pluie.
[한] 비가 올 징후

2*우의 [OU-EUI] (牛醫) [원]65
[불] Vétérinaire pour les bœufs.
[한] 소를 치료하는 수의사

1*우의졍 [OU-EUI-TJYENG,-I] (右議政) [원]64
[불] Conseiller de droite. Le 3e des trois ministres de 1er ordre.
[한] 오른쪽의 조언자 | 첫 번째 서열의 세 장관들 중 세 번째

2*우의졍 [OU-EUI-TJYENG,-I] (右議政, (Droite, délibérer, administration)) [원]65
[불] Maréchal, ministre de droite, le 3e 졍승 Tjyeng-seung, le 3e des trois premiers ministres.
[한] 원수, 오른쪽의 장관, 세 번째 정승 Tjyeng-seung, 세 장관들 중 세 번째

*우ᄋᆡᄒᆞ다 [OU-ĀI-HĂ-TA] (友愛) [원]61
[불] Amour fraternel. Amitié. Aimer.
[한] 형제애 | 우정 | 사랑하다

우쟈스럽다 [OU-TJYA-SEU-REP-TA,-SEU-RE-OUE, -SEU-RE-ON] (愚者) [원]70
[불] Téméraire, présomptueux, imprudent, stupide.
[한] 무모하다, 오만하다, 경솔하다, 어리석다

*우장 [ŌU-TJYANG,-I] (雨裝) [원]70
[불] Tous les objets en herbe, en roseau, etc., dont on se sert contre la pluie.
[한] 비를 피하기 위해 사용되는 풀, 갈대 등으로 만들어진 모든 물건

우젹우젹ᄒᆞ다 [OU-TJYEK-OU-TJYEK-HĂ-TA] [원]70
[불] Grand, qui grandit promptement, croître vite. ‖ Etre fêlé. ‖ Faire grand bruit.
[한] 크다, 빨리 자라다, 빨리 크다 | 갈라지다 | 큰소리를 내다

*우졉ᄒᆞ다 [ŌU-TJYEP-HĂ-TA] (寓接) [원]70
[불] Vivre en pays étranger.
[한] 외국에 살다

1*우족 [ŌU-TJYOK,-I] (右族) [원]70
[불] Descendant légitime. Nom par lequel le fils d'une concubine désigne les enfants de la véritable épouse de son frère, ses frères.
[한] 합법적인 자손 | 첩의 아들이 진정한 아내가 낳은 아이들을 가리키는 이름, 그의 형제, 형제들

2*우족 [OU-TJYOK,-I] (右足) [원]70
[불] Pied droit (par opposition au pied gauche).
[한] (왼쪽 발에 반대로) 오른쪽 발

3*우족 [OU-TJYOK,-I] (牛足) [원]70
[불] Pied de bœuf.
[한] 소의 발

우쥴우쥴ᄒᆞ다 [OU-TJOULK-OU-TJOULK-HĂ-TA] [원]70
[불] Trépignement de joie, saut de joie. ‖ Etre mobile et agité, remué.
[한] 기쁨에 발을 구르기, 기뻐서 뛰기 | 움직이고 흥분되다, 동요되다

우쥭 [OU-TJYOUK,-I] [원]70
[불] Branche d'arbre coupée.
[한] 잘려진 나무의 가지
우쥭ᄃᆡ다 [OU-TJYOUK-TĂI-TA,-TĂI-YE,-TĂIN] [원]70
[불] Faire l'important.
[한] 잘난 체하다
*우쥰ᄒᆞ다 [OU-TJYOUN-HĂ-TA] (愚蠢) [원]70
[불] Simple, imbécile, sot, bête.
[한] 단순하다, 멍청하다, 어리석다, 바보 같다
1*우즁 [ŌU-TJYOUNG] (雨中) [원]70
[불] Au milieu de la pluie.
[한] 비가 오는 중에
2*우즁 [OU-TJYOUNG] (空然) [원]70
[불] En vain.
[한] 헛되이
우즁츙ᄒᆞ다 [OU-TJYOUNG-TCHYOUNG-HĂ-TA] [원]70
[불] Etre bourbeux, fangeux, (eau) sale, obscur (maison).
[한] 흙탕이다, 진흙투성이다, (물이) 더럽다, (집이) 어둡다
1*우증 [OU-TJEUNG,-I] (雨徵) [원]70
[불] Apparence de pluie.
[한] 비가 올 기미
2*우증 [OU-TJEUNG,-I] [원]70
[불] Au contraire, c'est nuisible.
[한] 반대로, 해롭다
우직ᄒᆞ다 [OU-TJIK-HĂ-TA] (戇) [원]70
[불] Téméraire, présomptueux, imprudent, sot mais honnête.
[한] 무모하다, 오만하다, 경솔하다, 어리석지만 정직하다
*우츙ᄒᆞ다 [OU-TCHYOUNG-HĂ-TA] (愚冲) [원]70
[불] Bête, sot, simple, stupide.
[한] 바보 같다, 어리석다, 단순하다, 우둔하다
*우치ᄒᆞ다 [OU-TCHI-HĂ-TA] (愚痴) [원]70
[불] Simple, sot, imbécile, bête.
[한] 단순하다, 어리석다, 멍청하다, 저능하다
*우탄이 [OU-HTAN-I] (牛坦) [원]70
[불] Boucher, celui qui tue les bœufs (profession vile).
[한] 푸주한, 소를 죽이는 사람 (비천한 직업)
1*우태 [OU-HTAI] (雨態) [원]70
[불] Brume, brouillard, apparence de pluie.
[한] 안개, 안개, 비가 올 기미
2*우태 [OU-HTAI] (牛坦) [원]70
[불] Charge d'un bœuf.
[한] 소의 짐
우턱 [OU-HTEK,-I] (上頷) [원]70
[불] Mâchoire supérieure.
[한] 위턱
우퉁ᄒᆞ다 [OU-HTONG-HĂ-TA] (愚) [원]70
[불] Etre stupide.
[한] 우둔하다
*우틔 [OU-HTĂI] (右台) [원]70
[불] Le 3ᵉ 정승 Tjyeng-seung.
[한] 세 번째 정승 Tjyeng-seung
*우포쟝 [OU-HPO-TJYANG,-I] (右捕將) [원]68
[불] Lieutenant de droite du commandant des satellites. Officier de la droite chargé de prendre les malfaiteurs.
[한] 부하들을 지휘하는 오른쪽 중위 | 악당들을 잡는 임무를 맡은 오른쪽 장교
*우포텽 [ŌU-HPO-HTYENG,-I] (右捕廳) [원]68
[불] Tribunal de droite des crimes. Cour d'enquête de droite pour examiner la cause.
[한] 오른쪽 중죄 재판소 | 사건을 조사하기 위한 오른쪽 수사 법원
*우피 [OU-HPI] (牛皮) [원]68
[불] Peau de bœuf.
[한] 소의 가죽
*우합ᄒᆞ다 [OU-HAP-HĂ-TA] (遇合) [원]65
[불] Etre réunis par hasard, se rencontrer par hasard.
[한] 우연히 합쳐지다, 우연히 만나다
*우환 [OU-HOAN,-I] (憂患) [원]65
[불] Tribulation, calamite, désastre, malheur, inquiétude; sujet d'inquiétude, ou de trouble, ou de peine.
[한] 고난, 큰 재앙, 재난, 불행, 근심 | 근심, 문제, 또는 고통의 원인
*우황 [OU-HOANG,-I] (牛黃) [원]65
[불] Esp. de remède qui se trouve quelquefois dans le bœuf, auprès du foie, dans le fiel; bézoard de bœuf, gobe, bulithes, égagropiles.
[한] 때때로 소의 간 옆에 쓸개즙에 있는 약재의 종류 | 소의 분석[역주 糞石], 가금을 살찌우도록 먹이는 큰 환약, bulithes, 소의 위모구
*우후 [OU-HOU] (虞侯) [원]65
[불] Nom d'une petite dignité militaire en province.

한 지방의 낮은 군사 관직의 명칭

우희 [OU-HEUI] (上) 원65

불 Sur, dessus, au-dessus, par-dessus, plus haut.

한 위에, 위에, 위에, 그 위에, 더 위에

우히 [OU-HI] (上) 원65

불 Supérieur, au-dessus.

한 보다 위의, 그 위에

*우ᄒᆞ다 [OU-HĂ-TA] (愚) 원65

불 Etre vif, emporté, stupide, niais.

한 (성격이) 격하다, 성 잘 내다, 어리석다, 멍청하다

욱굿욱굿ᄒᆞ다 [OUK-KOUT-OUK-KOUT-HĂ-TA] 원66

불 Flexible, tendre, mou. S'ébranler un peu, s'amollir un peu.

한 유순하다, 부드럽다, 무르다 | 약간 흔들리다, 조금 부드러워지다

*욱긔 [OUK-KEUI] (愚氣) 원66

불 Vivacité, impétuosité, emportement.

한 격렬함, 맹렬함, 흥분

*욱긔스럽다 [OUK-KEUI-SEU-REP-TA,-SEU-RE-OUE, -SEU-RE-ON] (愚氣) 원66

불 Etre vif; suivre son premier mouvement impétueux.

한 격하다 | 격렬한 최초의 반응을 따르다

욱다 [OUK-TA,OUK-E,OUK-EUN] 원66

불 Etre penché, incliné en dedans. Se rétrécir, se racornir, se crisper en dedans.

한 기울어지다, 안쪽으로 기울어지다 | 줄어들다, 굳어지다, 안쪽으로 오그라들다

욱보ᄒᆞ다 [OUK-PO-HĂ-TA] 원66

불 Qui reprend tout de suite ses forces; énergique et prompt. ‖ Vouloir reprendre ses forces trop vite, ou vouloir les faire prendre trop vite à un convalescent (par une nourriture trop abondante).

한 힘을 곧바로 되찾다 | 힘차고 빠르다 | 매우 빨리 힘을 회복하기를 바라다, 또는 (매우 많은 음식으로) 회복기 환자에게 매우 빨리 힘을 되찾게 하기를 바라다

욱신욱신ᄒᆞ다 [OUK-SIN-OUK-SIN-HĂ-TA] 원66

불 Effet causé par les élancements d'un mal de tête. ‖ S'amollir un peu.

한 두통의 격통에 의한 결과 | 조금 부드러워지다

*욱실 [OUK-SIL,-I] (燠室) 원66

불 Chambre chauffée.

한 데워진 방

욱실욱실ᄒᆞ다 [OUK-SIL-OUK-SIL-HĂ-TA] 원66

불 Nombreux.

한 많다

욱ᄯᅡᆨ이다 [OUK-TTAK-I-TA,-TTAK-YE,-TTAK-IN] (威制) 원66

불 Avoir l'air sévère, raide; faire de gros yeux en grondant. ‖ Traiter durement. ‖ Fortement, avec force.

한 엄격해, 딱딱해 보이다 | 꾸짖으며 눈을 부릅뜨다 | 심하게 다루다 | 강하게, 힘 있게

*욱욱ᄒᆞ다 [OUK-OUK-HĂ-TA] (郁郁) 원66

불 Eclatant, clair, brillant, beau. ‖ Vigoureux, de belle venue.

한 빛나다, 밝다, 빛나다, 화창하다 | 기운차다, 잘 자라다

욱으러지다 [OUK-EU-RE-TJI-TA,-TJYE,-TJIN] 원65

불 Se rétrécir, se ratatiner, se resserrer, se raccourcir, se crisper ou être crispé.

한 줄어들다, 오그라지다, 더욱 좁혀지다, 줄다, 오그라들다 또는 수축되다

욱으리다 [OUK-EU-RI-TA,-RYE,-RIN] 원66

불 Rétrécir, crisper, resserrer, faire se rétrécir

한 수축시키다, 오그라들게 하다, 좁히다, 줄어들게 하다

욱이다 [OUK-I-TA,-YE,-IN] 원66

불 Replier sur, rassembler, réunir, mettre en tas, crisper. ‖ Soutenir (son dire).

한 겉어 올리다, 모으다, 모으다, 쌓아올리다, 수축시키다 | (자신의 말을) 옹호하다

욱지르다 [OUK-TJI-REU-TA,-TJIL-NE,-TJI-REUN] 원66

불 Fermer la bouche; réduire au silence, à l'impuissance.

한 입을 닫다 | 침묵, 무능에 이르게 하다

욱질니다 [OUK-TJIL-NI-TA,-NYE,-NIN] 원66

불 Passif de 욱지르다 Ouk-tji-reu-ta.

한 욱지르다 Ouk-tji-reu-ta의 수동형

욱쿰 [OUK-HKOUM,-I] (掬) 원66

불 Une poignée.

한 한 줌

1*운 [OUN,-I] (雲) 원67

불 En agr. Nuage.

한 한자어로 구름

2*운 [OUN,-I] (韻) 원67

불 Rime. ‖ Prononciation ou ton des caractères.

한 각운 | 글자의 발음이나 성조

*운각 [OUN-KAK,-I] (雲刻, (Nuages, sculpture)) 원67
불 Petites planchettes qui, placées, collées immédiatement sous le plateau de la table, servent à en consolider les pieds. ‖ Petit rebord en bambou, à l'intérieur du chapeau, et qui ressemble à des nuages.
한 다리를 공고히 하는 데 쓰이는, 탁자 위 판 바로 아래에 붙은 작은 널빤지들 | 모자 안에, 구름과 비슷한, 대나무로 된 작은 테두리

*운감 [OUN-KAM,-I] (運感) 원67
불 Rhume. Syn. 감긔 Kam-keui.
한 감기 | [동의어 감긔, Kam-keui]

운감ᄒᆞ다 [OUN-KAM-HĂ-TA] (歆饗) 원67
불 Savourer, sentir l'odeur des mets préparés en l'honneur des ancêtres (se dit des génies). Savourer l'odeur des sacrifices (âme du mort).
한 조상들에 경의를 표하며 준비된 요리들의 냄새를 음미하다, 느끼다 | (죽은 이의 영혼이) 제물의 냄새를 음미하다

*운구ᄒᆞ다 [ŌUN-KOU-HĂ-TA] (運柩) 원67
불 Transporter un cadavre. Remuer le cercueil.
한 시체를 운반하다 | 관을 옮기다

*운긔 [ŌUN-KEUI] (運氣) 원67
불 Contagion, épidémie. Maladie contagieuse.
한 전염, 유행병 | 전염성 병

운김 [ŌUN-KIM,-I] 원67
불 Mouvement impétueux, impétuosité. En haleine.
한 격렬한, 맹렬한 움직임 | 활동하고 있다

*운동ᄒᆞ다 [ŌUN-TONG-HĂ-TA] (運動) 원67
불 Remuer agiter, mouvoir. Etre ému, émouvoir.
한 움직이다, 흔들다, 움직이다 | 흥분하다, 흥분시키다

운두 [OUN-TOU] 원67
불 La hauteur. Cordes qui, dans les souliers de paille, retiennent les bords. Bords de souliers, de bateaux, etc.
한 높이 | 짚으로 만든 신 안에서 가장자리를 붙들어 매는 줄 | 신발, 배 등의 가장자리

1*운력ᄒᆞ다 [OUN-RYEK-HĂ-TA] (憚力) 원67
불 Travailler gratis, sans accepter de salaire.
한 무료로, 봉급을 받지 않고 일하다

2*운력ᄒᆞ다 [OUN-RYEK-HĂ-TA] (運力) 원67
불 Réunir ses forces, s'assembler pour faire un ouvrage. ‖ Avoir beaucoup de frères, de parents.
한 힘을 모으다, 작업을 하기 위해 모이다 | 형제들, 친척들이 많다

*운명ᄒᆞ다 [ŌUN-MYENG-HĂ-TA] (隕命, (Tomber, respiration)) 원67
불 Expirer, rendre l'âme, mourir (moment de la mort).
한 숨지다, 죽다, 죽다 (죽음의 순간)

1*운모 [OUN-MO] (雲母, (Nuage, mère)) 원67
불 Paravent (où se trouvent des dessins en forme de nuages). ‖ Mica, écaille de pierre transparente comme le verre; 짱비늘 Ttang-pi-neul (écaille de la terre).
한 병풍 (구름 형태의 그림이 그려져 있는) | 운모, 유리처럼 투명한 돌의 비늘 무늬 | 짱비늘 Ttang-pi-neul (땅의 비늘)

2운모 [OUN-MO] 원67
불 Nom d'un onguent.
한 연고의 이름

*운무 [OUN-MOU] (雲霧) 원67
불 Nuage et brouillard.
한 구름과 안개

*운션ᄒᆞ다 [ŌUN-SYEN-HĂ-TA] (運船) 원67
불 Se remuer (barque).
한 (작은 배가) 움직이다

운수 [ŌUN-SOU] 원67 ☞ 운슈

*운슈 [ŌUN-SYOU] (運數) 원67
불 Destin, avenir, oracle, chance, sort, fatalité, fortune.
한 운명, 미래, 예언, 행운, 운명, 숙명, 운수

*운신ᄒᆞ다 [ŌUN-SIN-HĂ-TA] (運身) 원67
불 Se remuer (corps, homme ou animal).
한 움직이다 (몸, 사람 또는 동물)

*운운 [OUN-OUN] (云云) 원67
불 Premiers mots d'une pièce, d'un passage qui doit être récité en entier. et cœteru; etc., etc. ‖ Renommée, bruit public.
한 대목의 첫마디, 전부 암송해야 하는 단편 | 기타 등등 | 명성, 공공연한 소문

*운젼ᄒᆞ다 [ŌUN-TJYEN-HĂ-TA] (運轉) 원67
불 Transporter.
한 옮기다

*운집ᄒᆞ다 [OUN-TJIP-HĂ-TA] (雲集, (Nuages[comme], être assemblés)) 원67
불 Réunion nombreuse, grande assemblée d'hommes. Se réunir en grand nombre.
한 많은 사람의 모임, 크게 모인 사람들 | 많은 수가

모이다

*운하끼다 [OUN-HA-KKI-TA,-KKYE,-KKIN] (雲霞, (Nuage, brouillard, couvrir)) [원]67

[불] Sombre, couvert, nuageux, nébuleux, à la pluie. Nuages et brouillards (être couvert de).

[한] 어둡다, 흐리다, 구름이 끼다, 탁하다, 비가 오다 | 구름과 안개(로 덮이다)

1*운혀 [OUN-HYE] (雲鞋) [원]67

[불] Nom d'une esp. de souliers de cuir que portent les femmes aux noces.

[한] 결혼식 때 여자들이 신는 가죽신 종류의 이름

2운혀 [OUN-HYE] [원]67

[불] Angle en saillie et recourbé au haut du toit d'une maison.

[한] 집 지붕 위에 돌출되고 굽은 모퉁이

울 [OUL,-I] (藩) [원]68

[불] Haie, enclos.

[한] 울타리, 담장

울거미 [OUL-KE-MI] [원]69

[불] Soulier, dessus et contour du soulier. Empeigne. Syn. 당감이 Tang-kam-i.

[한] 신, 신의 윗부분과 둘레 | 구두의 등 | [[동의어] 당감이, Tang-kam-i]

울근불근ᄒᆞ다 [OUL-KEUN-POUL-KEUM-HĂ-TA] [원]69

[불] Effet de la discorde, de la mésintelligence. ‖ Etre inégal, raboteux, de mauvais caractère.

[한] 불화, 갈등의 결과 | 고르지 않다, 울퉁불퉁하다, 성격이 나쁘다

*울금 [OUL-KEUM,-I] (鬱金) [원]69

[불] Plante odoriférante qui sert à faire la couleur jaune (officinale).

[한] 노란색을 만드는 데 사용되는 향기로운 식물 (약용의)

울넝울넝ᄒᆞ다 [OUL-NENG-OUL-NENG-HĂ-TA] [원]69

[불] Bruit des borborygmes, du riz bouillant dans la chaudière. Frémissement, tremblement. (Cœur) battre (d'inquiétude ou de colère).

[한] 배 속의 꾸르륵거리는, 큰 가마솥에서 밥이 끓는 소리 | 떨림, 전율 | (걱정 또는 분노로) (심장이) 뛰다

*울니다 [OUL-NI-TA,-NYE,-NIN] (動鳴) [원]69

[불] Faire crier. ‖ Faire pleurer. ‖ Faire retenir; retenir. ‖ Faire remuer. ‖ Fact. de 울다 Oul-ta. ‖ Pass.: 울니이다 Oul-ni-i-ta. Etre remué, être renommé.

[한] 고함치게 하다 | 울게 하다 | 참게 만들다 | 참다 | 움직이게 하다 | 울다 Oul-ta의 사동형 | 울니이다 Oul-ni-i-ta의 수동형 | 움직이다, 이름나다

1울다 [OUL-TA,OUL-E,OUN] (哭) [원]69

[불] Pleurer.

[한] 울다

2울다 [OUL-TA,OUL-E,OUN] (鳴) [원]69

[불] Chanter (coq et oiseaux). ‖ Crier, beugler, mugir, rugir.

[한] (닭과 새들이) 노래하다 | 외치다, 고함치다, 으르렁거리다, 부르짖다

울두 [OUL-TOU] (扁豆) [원]69

[불] Pois ou haricots

[한] 콩 또는 제비콩

울먹줄먹ᄒᆞ다 [OUL-MEK-TJOUL-MEK-HĂ-TA] [원]69

[불] Etre raboteux, présenter des aspérités (v.g. un sac de châtaignes).

[한] 울퉁불퉁하다, 우툴두툴함을 보이다 (예. 밤이 든 자루)

울셥 [OUL-SYEP,-I] (藩柴) [원]69

[불] Branches d'arbres qui servent à former la haie d'enclos. V.Syn. 바쥬 Pa-tjyou.

[한] 소유지 울타리를 만드는 데 사용하는 나뭇가지 | [[동의어] 바쥬, Pa-tjyou]

울꺽울꺽 [OUL-KKEK-OUL-KKEK] [원]68

[불] Bruit de déglutition, bruit qu'on fait en avalant. Bruit du vomissement.

[한] 삼키는 소리, 삼키면서 내는 소리 | 토하는 소리

울뚱이 [OUL-TTOUNG-I] [원]69

[불] Homme irascible, entêté, colère, vif.

[한] 성미가 급한, 완고한, 화를 잘 내는, 흥분을 잘 하는 사람

울어나다 [OUL-E-NA-TA,-NA,-NAN] [원]68

[불] Etre macéré dans l'eau. Dégorger, faire dégorger, dépouiller une chose des matières superflues (faire dégorger les toiles). Etre dépouillé de l'âcreté après la macération.

[한] 물에 담겨져 있다 | [[역주] 더러운 때, 물이] 빠지다, 빠지게 하다, 어떤 것에서 불필요한 물질들을 없애다(직물을 세척하게 하다) | 담근 후에 쏘는 듯한 맛이 없어지다

1*울연ᄒᆞ다 [OUL-YEN-HĂ-TA] (蔚然) [원]68

[불] Etre inquiet, ennuyé, dans l'anxiété.

한 불안하다, 곤란하다, 걱정하다

[2]* 울연ᄒᆞ다 [OUL-YEN-HĂ-TA] 원68

불 Avoir une légère teinture d'une couleur très-claire (habit). ‖ Etre beau, de belle couleur, brillant.

한 (옷이) 매우 밝은 색으로 가볍게 물들다 | 아름답다, 색이 아름답다, 빛나다

울우다 [OUL-OU-TA,OUL-NE,OU-ROUN] (嚇) 원68

불 Menacer, effrayer par des menaces.

한 위협하다, 위협으로 두렵게 하다

울울ᄇᆡᆯ끌다 [OUL-OUL-PĂI-KKEUL-TA,-KKEUL-RE, -KKEUL-REUN] 원68

불 Le ventre crier avoir des borborygmes. ‖ 울울물끌다 Oul-oul-moul-kkeul-ta se dit du bruit de l'eau bouillante.

한 배에서 꾸르륵거리는 소리가 나다 | 울울물끌다 Oul-oul-moul-kkeul-ta 물이 끓는 소리

*울울ᄒᆞ다 [OUL-OUL-HĂ-TA] (鬱鬱) 원68

불 Inquiétant. Etre inquiet, dans l'anxiété.

한 걱정스럽다 | 불안하다, 걱정하다

[1]울이다 [OUL-I-TA,OUL-YE,OUL-IN] 원68

불 Faire du bruit, faire retenir, faire résonner. ‖ Obtenir en importunant, en sollicitant (v.g. un ami qui fait payer qq. chose à son ami).

한 소리를 내다, 붙잡게 하다, 울리게 하다 | 귀찮게 굴어, 간청하여 획득하다 (예. 자신의 친구에게 어떤 것의 비용을 지불하게 하는 친구)

[2]울이다 [OUL-I-TA,OUL-YE,OUL-IN] 원68

불 Faire infuser, faire macérer (v.g. des légumes amers dans de l'eau, pour en enlever l'amertume).

한 우러나게 하다, (예. 쓴맛을 없애기 위해, 물속에 있는 쓴 채소를) 담가 두다

*울젹ᄒᆞ다 [OUL-TJYEK-HĂ-TA] (鬱寂) 원69

불 Regretter (de ne pouvoir continuer une œuvre entreprise). Etre oppressé ou inquiet. Ne pas respirer librement.

한 (시작된 작품을 계속 할 수 없어서) 아쉬워하다 | 가슴이 답답하거나 불안하다 | 자유로이 숨 쉬지 않다

*울증 [OUL-TJEUNG,-I] (鬱症) 원69

불 Saisissement, émotion vive de crainte. Agitation, trouble causé par la peur.

한 급격한 감동, 두려움의 격한 감정 | 동요, 두려움에 의한 혼란

*울칩ᄒᆞ다 [OUL-TCHIP-HĂ-TA] (鬱蟄) 원69

불 Etre interné, ne pouvoir sortir des limites fixées, mener une vie sédentaire. Etre comme un ver dans son trou. V.Syn. 울연ᄒᆞ다 Oul-yen-hă-ta, 울울ᄒᆞ다 Oul-oul-hă-ta, 울젹ᄒᆞ다 Oul-tjyek-hă-ta.

한 감금되다, 정해진 한계를 벗어날 수 없다, 한 곳에 고정된 삶을 살다 | 구멍 속에 든 벌레처럼 있다 | [동의어 울연ᄒᆞ다, Oul-yen-hă-ta], [동의어 울울ᄒᆞ다, Oul-oul-hă-ta], [동의어 울젹ᄒᆞ다, Oul-tjyek-hă-ta]

울타리 [OUL-HTA-RI] (籬) 원69

불 Haie, mur d'enclos.

한 울타리, 울타리 벽

울퉁불퉁ᄒᆞ다 [OUL-HTOUNG-POUL-HTOUNG-HĂ-TA] 원69

불 Qui présente toutes les formes au toucher (v.g. petit sac suspendu à la ceinture et rempli d'objets divers). Etre inégal, raboteux.

한 만져서 모든 형태를 나타내다 (예. 허리에 매달리고 다양한 물건들이 가득 찬 작은 주머니) | 고르지 않다, 울퉁불퉁하다

*울화 [OUL-HOA] (鬱火, (Anxiété, feu)) 원68

불 Chaleur intérieure qui rend malade. ‖ Inquiétude dévorante comme un feu.

한 아프게 만드는 내부의 열기 | 불처럼 소진시키는 근심

움나다 [OUM-NA-TA,-NA,-NAN] (苗生) 원66

불 Pousser une seconde fois (herbe). Repousser.

한 (풀이) 두 번째 자라나다 | 다시 자라다

움누의 [ŌUM-NOU-EUI] 원66

불 Seconde femme du mari de la sœur; femme que prend le mari de la sœur, après la mort de celle-ci.

한 여자 형제 남편의 두 번째 부인 | 여자 형제의 남편이 이 여자 형제가 죽은 후 맞이하는 부인

움덕움덕ᄒᆞ다 [OUM-TEK-OUM-TEK-HĂ-TA] (動) 원66

불 Remuer, être agité, être ébranlé.

한 움직이다, 동요되다, 뒤흔들리다

움막 [OUM-MAK,-I] (墺室) 원66

불 Petite cabane creusée dans la terre.

한 땅에 파고 들어간 작은 오두막집

움씰ᄒᆞ다 [OUM-SSIL-HĂ-TA] (蹙) 원66

불 S'abstenir par crainte. Se détourner en arrière. Reculer, se rejeter en arrière en tournant.

한 두려워 삼가다 | 뒤로 방향을 바꾸다 | 물러나다,

돌아서면서 뒤로 펄쩍 물러나다
움욱움욱ᄒᆞ다 [OUM-OUK-OUM-OUK-HĂ-TA] [원]66
[불] Avoir des aspérités, n'être pas uni, être inégal (surface).
[한] 우툴두툴하다, 평탄하지 않다, (표면이) 울퉁불퉁하다
움욱ᄒᆞ다 [OUM-OUK-HĂ-TA] (凹) [원]66
[불] Creux, bas, être concave.
[한] 오목하다, 낮다, 오목하다
움즉이다 [OUM-TJĂK-I-TA,-TJĂK-YE,-TJĂK-IN] (動) [원]67
[불] Remuer, bouger, agiter, mouvoir. Etre remué, se remuer.
[한] 움직이다, 움직이다, 흔들다, 움직이다 | 움직이다, 몸을 움직이다
움치다 [OUM-TCHI-TA,-TCHYE,-TCHIN] (匿) [원]67
[불] Cacher, dérober en cachette de petits objets. ‖ Se retirer, se reculer, reculer, se rejeter en arrière.
[한] 숨기다, 작은 물건들을 은신처에 숨기다 | 물러나다, 뒤로 물러서다, 물러서다, 뒤로 펄쩍 물러나다
움큼 [OUM-HKOUM,-I] (掬) [원]66
[불] Poignée, une poignée.
[한] 한 움큼, 한 줌
움킈다 [OUM-HKEUI-TA,-HKEUI-YE,-HKEUIN] (攫) [원]66
[불] Saisir avec les mains ou les pattes.
[한] 손 또는 발로 잡다
움푹ᄒᆞ다 [OUM-POUK-HĂ-TA] [원]66
[불] Creux, enfoncé, bas, profond, concave.
[한] 오목하다, 움푹 패다, 낮다, 깊다, 오목하다
웁쌀 [OUP-SSAL,-I] (加米, (Par-dessus, riz)) [원]68
[불] Petite quantité de riz que l'on met à cuire avec l'orge et le millet, pour le rendre plus mangeable. Riz ajouté.
[한] 더 먹을 만하게 만들기 위해, 보리와 좁쌀과 함께 익히는 적은 양의 쌀 | 추가된 쌀
웁씨 [OUP-SSI] (加種) [원]68
[불] Semence faite après le labour. Semence ajouté à la première insuffisante.
[한] 경작 후에 만들어진 파종 | 불충분한 첫 번째 것에 추가된 파종
웃 [OUT] (上) [원]69
[불] Supérieur, dessus, qui est en haut.
[한] 위의, 위에, 위에 있는
웃노라고ᄒᆞ다 [OUT-NO-RA-KO-HĂ-TA] (戱笑) [원]70
[불] Faire pour rire, ne pas faire sérieusement.
[한] 장난으로 하다, 진지하게 하지 않다
웃다 [OUT-TA,OU-SYE,OU-SEUN] (笑) [원]70
[불] Rire. 우서워허리압흐다 Ou-sye-oue he-ri-ap-heu-ta, Rire jusqu'à en avoir mal aux reins.
[한] 웃다 | [용례] 우서워허리압흐다, Ou-sye-oue he-ri-ap-heu-ta], 허리가 아플 때까지 웃다
웃등 [OUT-TEUNG,-I] (上等) [원]70
[불] Le meilleur, le plus beau, le plus élevé.
[한] 최고, 가장 아름답다, 가장 높다
웃ᄭᅵ [OUT-KKI] (上只) [원]70
[불] Apprêt d'une marchandise déguisée. Fruit, gâteau, etc, qui, dans un service, se trouve tout au-dessus (ceux de dessous ne sont souvent que du bois peint).
[한] 위장된 상품의 준비 | 과일, 과자 등, 식탁에 내놓는 요리 중에서 제일 위에 있는 것(아래에 있는 것들은 종종 칠이 된 나무로만 되어 있다)
웃ᄭᅵᆺ [OUT-KKIT] [원]70 ☞웃ᄭᅵ
웃으머리 [OUT-EU-ME-RI] (上頭) [원]69
[불] Le principal, le premier, le plus important, le plus considérable, le plus beau, le meilleur. L'extrémité, le bout.
[한] 가장 중요한 것, 첫 번째, 가장 중요한 것, 가장 중대한 것, 가장 아름다운 것, 가장 좋은 것 | 극한, 끝
웃죽ᄃᆡ다 [OUT-TJOUK-TĂI-TA,-TĂI-YE,-TĂIN] [원]70
[불] Faire l'important.
[한] 거드름 피우다
웃턱 [OUT-HTEK,-I] (上頤) [원]70
[불] Mâchoire supérieure. ‖ Partie supérieure (v.g. d'une poche).
[한] 위턱 | (예. 주머니의) 윗부분
웃픔 [OUT-HPEUM,-I] (上品) [원]70
[불] Le principal, le premier, le plus élevé.
[한] 가장 중요한 것, 첫 번째 것, 가장 높은 것
1*웅 [OUNG,-I] (熊) [원]67
[불] En agr. Ours.
[한] 한자어로 곰
2*웅 [OUNG,-I] (雄) [원]67
[불] Mâle (pour les animaux).
[한] (동물들에 있어서) 수컷
웅거ᄒᆞ다 [OUNG-KE-HĂ-TA] (據) [원]67
[불] Etre réunis. Habiter plusieurs ensemble. Stationner.
[한] 모이다 | 여럿이 함께 살다 | 같은 장소에 머무르다
*웅담 [OUNG-TAM,-I] (熊膽) [원]67

불 Fiel d'ours (remède).
한 곰의 쓸개즙 (약재)

웅더리 [OUNG-TE-RI] (巷) 원67
불 Citerne, trou, creux, fosse, ravin.
한 웅덩이, 구멍, 움푹한 곳, 구덩이, 골짜기

*웅덩이 [OUNG-TENG-I] (滔) 원67
불 Citerne, trou d'eau profond.
한 웅덩이, 깊은 물의 구멍

*웅문 [OUNG-MOUN,-I] (雄文) 원67
불 Homme qui sait beaucoup de caractères, lettré, savant.
한 많은 글자를 알고 있는 사람, 학식 있는 사람, 학자

웅셩웅셩ᄒᆞ다[OUNG-SYENG-OUNG-SYENG-HĂ-TA] 원67
불 Fourmiller; être en grand nombre et tumultueux; faire du brouhaha. Bruit confus de voix éloignées.
한 북적거리다 | 숫자가 많고 소란스럽다 | 웅성웅성하다 | 멀리 떨어진 목소리의 혼잡한 소리

*웅어 [OUNG-E] (雄魚) 원67
불 Esp de poisson semblable à un serpent; esp. de serpent semblable à une anguille.
한 뱀과 비슷한 생선의 종류 | 뱀장어와 비슷한 뱀의 종류

웅얼거리다[OUNG-EL-KE-RI-TA,-RYE,-RIN] (吼) 원67
불 Murmurer entre les dents. Parler seul.
한 중얼거리다 | 혼잣말하다

*웅쟝 [OUNG-TJYANG,-I] (熊掌) 원67
불 Paume et plante des pied d'ours (mets recherché).
한 곰 손바닥과 발바닥 (인기있는 요리).

*웅쟝ᄒᆞ다 [OUNG-TJYANG-HĂ-TA] (雄壯) 원67
불 Grand et haut, gigantesque. Très-grand, très-fort, très-haut, grandiose.
한 크고 높다, 거대하다 | 아주 크다, 아주 강하다, 아주 높다, 웅장하다

웅쳔 [OUNG-TCHYEN] 원67
불 Imbécile, stupide.
한 멍청하다, 어리석다

웅치다[OUNG-TCHI-TA,-TCHYE,-TCHIN] 원68
불 Frapper pour enfoncer.
한 박아 넣기 위해 두드리다

웅치이다[OUNG-TCHI-I-TA,-TCHI-YE,-THI-IN] 원67
불 Pass. de 웅치다 Oung-tchi-ta.
한 웅치다 Oung-tchi-ta의 수동형

웅킈다[OUNG-HKEUI-TA,-HKEUI-YE,-HKEUIN] (攫) 원67
불 Saisir avec les mains, à pleines mains.
한 손으로, 손 가득히 잡다

*웅피 [OUNG-HPI] (熊皮) 원67
불 Peau d'ours.
한 곰의 가죽

*웅황 [OUNG-HOANG,-I] (雄黃) 원67
불 Réalgar, sulfure rouge d'arsenic.
한 계관석, 비소의 붉은 황화물

워리 [OUE-RI] 원63
불 Cri dont on se sert pour appeler le chien.
한 개를 부르기 위해 내는 소리

워워ᄒᆞ다 [OUE-OUE-HĂ-TA] 원61
불 Cri pour apaiser les bœufs, les faire s'arrêter. Pousser ce cri. Cri de ceux qui portent les morts en terre.
한 소들을 진정시키기 위한, 그것들을 멈추게 하는 소리 | 이 소리를 내다 | 땅으로 시신을 옮기는 사람들이 내는 소리

1*원 [OUEN,-I] (院) 원61
불 maison le long d'une route.
한 길가를 따라선 집

2*원 [OUEN] (遠) 원61
불 En agr. Loin.
한 한자어로 멀다

3*원 [OUEN,-I] (怨) 원61
불 Regret.
한 유감

4*원 [OUEN,-I] (願) 원61
불 Désir, souhait, vœu.
한 바람, 소원, 기원

5*원 [OUEN] 원61
불 Bah! bast! Voy. 웨 Ouein.
한 설마! 됐어! [참조어 웨, Ouein]

6*원 [OUEN,-I] (員) 원61
불 Mandarin.
한 관리

원간 [OUEN-KAN] (元來) 원62
불 Originairement.
한 원래

*원거인 [OUEN-KE-IN,-I] (原居人, (Origine, habiter, homme)) 원62
불 Indigène, homme du pays.
한 토인, 고장 사람

*원결 [OUEN-KYEL,-I] (原結) [원]62
[불] Contributions particulières, propres, directes, foncières (pour les champs).
[한] 개인별, 고유의, 직접적인, (밭에 대한) 토지에 대한 세금

*원고 [OUEN-KO] (元告) [원]62
[불] Accusateur, qui intente un procès. ‖ Défendeur dans un procès, accusé.
[한] 고소인, 소송을 제기하는 사람 | 소송에서 피고인, 피고인

*원굴ᄒᆞ다 [OUĒN-KOUL-HĂ-TA] (冤屈) [원]62
[불] Regrettable, fâcheux. ‖ Etre peiné.
[한] 유감스럽다, 난처하다 | 괴롭다

*원귀 [OUEN-KOUI] (冤鬼) [원]62
[불] Démon ennemi, génie malfaisant.
[한] 적대적인 악마, 해로운 정령

*원납젼 [OUĒN-NAP-TJYEN] (願納錢) [원]62
[불] Argent que le peuple offre de bonne volonté pour un travail public. = 밧치다 -pat-tchi-ta, Offrir de l'argent de la sorte.
[한] 백성이 공적인 일에 선의로 제공하는 돈 | [용례 = 밧치다, -pat-tchi-ta], 그런 종류의 돈을 제공하다

*원납ᄒᆞ다 [OUĒN-NAP-HĂ-TA] (願納) [원]62
[불] Offrir de son propre mouvement. Offrir, faire un don en argent.
[한] 자발적으로 제공하다 | 제공하다, 돈으로 기부하다

*원노 [OUĒN-NO] (遠路) [원]62
[불] Longue route. Voyage lointain.
[한] 긴 길 | 먼 여행

원님 [OUEN-NIM,-I] (本倅) [원]62
[불] Mandarin. (Honorif.).
[한] 관리 | (경칭)

*원답 [OUEN-TAP,-I] (原畓, (Primitive, rizière)) [원]62
[불] Rizières qui datent des temps anciens, depuis longtemps.
[한] 옛날부터, 오래전부터 있었던 논

*원뎐 [OUEN-TYEN,-I] (原田, (Primitif, champ)) [원]62
[불] Champs qui datent des temps anciens.
[한] 옛날부터 시작된 논

1원두 [OUEN-TOU] (芄田) [원]63
[불] Culture de citrouilles, de concombres, de melons, etc.
[한] 호박, 오이, 멜론 등의 재배

2*원두 [OUEN-TOU] (原頭) [원]63
[불] Le commencement.
[한] 시작

원두놋타 [OUEN-TOU-NOT-HTA,-NO-HA,-NO-HEUN] (種芄) [원]63
[불] Cultiver et vendre des citrouilles, des pastèques, des melons, etc. cultivateur et marchand.
[한] 호박, 수박, 멜론 등을 재배하고 팔다, 경작자와 상인

*원력 [OUEN-RYEK,-I] (原力) [원]62
[불] Force native du corps; force, constitution, tempérament.
[한] 신체의 타고난 힘 | 힘, 체질, 기질

1원로 [OUĒN-RO] [원]62 ☞ 원노

2*원로 [OUEN-RO] (遠路) [원]62
[불] Longue route, voyage lointain.
[한] 긴 길, 먼 여행

*원림 [OUEN-RIM,-I] (園林) [원]62
[불] Montagne couverte d'arbres, forêt, pays très-boisé, jardin boisé pour se promener.
[한] 나무로 덮인 산, 숲, 나무가 우거진 지방, 나무가 우거진 산책용 정원

*원릭 [OUEN-RĂI] (原來) [원]62
[불] Originairement, dès le commencement.
[한] 본래, 처음부터

*원만 [OUEN-MAN] (圓滿) [원]62
[불] Rempli, plein (se dit de la lune).
[한] 가득 차다, 가득하다 (달에 대해 쓴다)

*원망 [OUEN-MANG,-I] (怨望) [원]62
[불] Murmure, médisance.
[한] 불평의 소리, 비방

*원망ᄒᆞ다 [OUĒN-MANG-HĂ-TA] (怨望) [원]62
[불] Murmurer, médire.
[한] 불평하다, 비방하다

1*원문 [OUEN-MOUN,-I] (轅門) [원]62
[불] Porte où l'on ne peut passer sans un billet du mandarin. Porte du camp.
[한] 관리의 증명서 없이는 통과할 수 없는 문 | 주둔지의 문

2*원문 [OUĒN-MOUN,-I] (原文, (Primitif, écrit)) [원]62
[불] Original (par opposition à copie) Ecrit primitif. ‖ Science des lettres, des caractères. ‖ Les lettres chinoises.

한 (복사와는 반대로) 원본 | 처음의 문서 | 글자, 문자에 대한 지식 | 중국 문자

원미 [OUEN-MI] ㉮62
불 Bouillie de riz très-claire pour un malade. Syn. 미음 Mi-eum.
한 환자를 위한 매우 묽은 쌀죽 | [동의어 미음, Mi-eum]

[1]원반 [OUEN-PAN,-I] (温飯) ㉮62
불 Esp. de bouillie de riz et de viande.
한 쌀과 생선으로 끓이는 죽의 종류

[2*]원반 [OUEN-PAN,-I] (原班) ㉮62
불 Noble dont la famille est établie depuis longtemps dans le pays.
한 가족이 오래전부터 그 지방에 거주하는 귀족

*원법 [OUEN-PEP,-I] (原法) ㉮62
불 Loi primitive, de l'origine.
한 기본이 되는, 기원이 되는 법

*원빈 [OUEN-PĂI] (遠配) ㉮62
불 Exil lointain.
한 멀리 떨어진 유배지

*원빅 [OUEN-PĂIK,-I] (遠白) ㉮62
불 Le gouverneur de Kang-ouen-to.
한 강원도 지사

*원산 [OUEN-SAN,-I] (遠山) ㉮62
불 Montagne éloignée.
한 멀리 떨어져 있는 산

[1*]원삼 [OUĔN-SAM,-I] (原蔘) ㉮62
불 Manteau bleu que les jeunes mariés revètent pour la cérémonie de leur mariage. Il sert aussi à enterrer les femmes.
한 자신들의 결혼식을 위해 신랑들이 입는 파란 망토 | 여성들을 매장할 때도 쓰인다

[2]원삼 [OUEN-SAM,-I] ㉮62
불 Nom d'un remède.
한 약재의 이름

원슈 [OUEN-SYOU] (仇) ㉮62
불 Ennemi. 원슈갑다 Ouen-syou-kap-ta, Se venger.
한 적 | [용례 원슈갑다 Ouen-syou-kap-ta], 원수를 갚다

원슈롭다 [OUEN-SYOU-ROP-TA,-RO-OA,-RO-ON] ㉮62
불 Etre hostile.
한 적대적이다

원슈를밋다 [OUEN-SYOU-RĂL-MĂIT-TA,-MĂI-TJYE,-MĂI-TJEUN] (結仇) ㉮62
불 Devenir ennemis.
한 적이 되다

원승 [OUEN-SEUNG,-I] (猿) ㉮62
불 Singe.
한 원숭이

*원시 [OUEN-SI] (原始, (Primitif, origine)) ㉮62
불 Commencement, origine.
한 시작, 시초

*원시ᄒᆞ다 [OUEN-SI-HĂ-TA] (遠視, (Loin, vue)) ㉮62
불 Vue longue, qui voit de loin. Voir de loin, voir loin.
한 긴 시선, 멀리 보다 | 멀리서 보다, 멀리 보다

*원심 [OUEN-SIM,-I] (怨心, (Murmurer, cœur)) ㉮62
불 Pensée de murmure, mécontentement.
한 불평하는 생각, 불만

*원앙 [OUEN-ANG,-I] (怨怏) ㉮61
불 Regrettable, fâcheux. Malheur, accident, catastrophe.
한 유감스럽다, 애석하다 | 불행, 사고, 큰 재앙

*원앙시 [OUEN-ANG-SĂI] (鴛鴦) ㉮61
불 Nom d'une esp. d'oiseau. Voy.Syn. 곤이 Kon-i.
한 새의 종류인 이름 | [동의어 곤이, Kon-i]

*원억ᄒᆞ다 [OUĔN-EK-HĂ-TA] (冤抑) ㉮62
불 Regrettable.
한 유감스럽다

*원욕 [OUĔN-YOK,-I] (願慾) ㉮62
불 Désir, cupidité, passion.
한 욕망, 탐욕, 열광

*원월 [OUEN-OUEL,-I] (元月) ㉮62
불 La première lune (de l'année).
한 (한 해의) 첫 번째 달

[1*]원의 [OUĔN-EUI] (願意) ㉮62
불 Désir et sentiment. Désir, intention.
한 욕구와 감정 | 욕구, 의도

[2*]원의 [OUEN-EUI] (原衣) ㉮62
불 Habit du premier homme.
한 첫 번째 사람의 의복

*원일 [OUEN-IL,-I] (元日) ㉮62
불 Premier jour de la 1re lune. ‖ Premier jour de l'an.
한 첫 번째 달의 첫 번째 날 | 한 해의 첫 번째 날

*원일견지 [OUĔN-IL-KYEN-TJI] (願一見之, (Désir, une fois, voir)) ㉮62
불 Désir de voir une fois.
한 한 번 보기를 바람

*원쟝 [OUĒN-TJYANG,-I] (院長) ㊔63
불 Le chef de ceux qui sont chargés de garder, d'entretenir un monument, une maison funéraire élevée à un homme célèbre. ‖ Le chef des gardiens du temple de Confucius. ‖ Le supérieur d'un monastère, le père abbé.
한 기념물, 유명한 사람을 위해 세워진 묘의 시설을 지키는, 보존하는 임무가 있는 사람들의 우두머리 | 공자의 사원을 지키는 사람들 중 우두머리 | 수도원에서 가장 높은 지위를 가진 사람, 수도원장

*원졉ᄉᆞ [OUĒN-TJYEP-SĂ] (遠接使, (Loin, recevoir ou accompagner, ambassadeur)) ㊔63
불 Dignitaires qui vont au-devant des ambassadeurs chinois pour les recevoir, avant leur arrivée à la capitale.
한 중국 대사들이 수도에 도착하기 전에 그들을 영접하기 위해 마중하러 가는 고관들

*원졍 [OUĒN-TJYENG] (寃情, (Etre peiné, pensée.)) ㊔63
불 Réclamation auprès d'un mandarin pour une affaire. = 드리다-teu-ri-ta, La faire parvenir. = 짓다-tjit-ta, L'écrire, la composer.
한 어떤 일을 위해 관리에게 하는 청구 | [용례 =드리다, -teu-ri-ta], 그 요구가 이르게 하다 | [용례 = 짓다, -tjit-ta], 그것을 글로 쓰다, 그것을 짜다

원조 [OUEN-TJO] ㊔63 ☞ 원죠

*원죄 [OUEN-TJOI] (原罪) ㊔63
불 Péché originel.
한 본래의 죄

*원죠 [OUEN-TJYO] (原祖) ㊔63
불 Premier homme (père du genre humain). Premier ancêtre.
한 첫 번째 사람(인간의 아버지) | 첫 번째 조상

*원족 [OUĒN-TJYOK,-I] (遠族) ㊔63
불 Parent éloigné.
한 먼 친척

1*원쥬 [OUEN-TJYOU] (原株) ㊔63
불 Arbre qui n'a qu'un seul pied. Pied d'arbre, tronc (dans un arbre) première souche.
한 밑동이 하나만 있는 나무 | 나무의 밑동, (나무에서) 몸체, 첫 번째 그루

2*원쥬 [OUEN-TJYOU] (原主) ㊔63
불 Chef primitif, le premier maître.
한 본래의 우두머리, 첫 번째 주인

*원지 [OUEN-TJI] (遠知) ㊔63
불 Amourette(?) (plante, remède)
한 은방울꽃(?) (식물, 약재)

*원찬 [OUĒN-TCHAN] (遠竄) ㊔63
불 Exil lointain. =ᄒᆞ다-hă-ta, ou = 보내다-po-nai-ta, Envoyer en exil. = 가다-ka-ta, Aller en exil.
한 멀리 떨어진 유배지 | [용례 =ᄒᆞ다, -hă-ta] 또는 [용례 = 보내다, -po-nai-ta], 유배 보내다 | [용례 = 가다, -ka-ta], 유배지로 가다

1*원쳑 [OUEN-TCHYEK,-I] (原隻) ㊔63
불 Demandeur dans un procès, accusateur. ‖ Victime, patient, victime d'un meurtrier.
한 소송에서 원고, 고소인 | 피해자, 환자, 살인범의 희생자

2*원쳑 [OUEN-TCHYEK,-I] (遠戚) ㊔63
불 Parents éloignés, de nom de famille différent.
한 성이 다른 먼 친척들

원추리 [OUEN-TCHOU-RI] ㊔63
불 Esp. de fleur, p.ê. l'iris.
한 꽃의 종류, 아마도 붓꽃

원텬강 [OUEN-HTYEN-KANG,-I] (袁天綱) ㊔63
불 Nom d'un devin célèbre autrefois en Chine. ‖ D'abord, en principe, à l'origine. ‖ Certainement, c'est ainsi.
한 옛날에 중국에서 유명했던 예언가의 이름 | 먼저, 원칙적으로, 본래 | 꼭, 그러하다

*원통ᄒᆞ다 [OUEN-HTONG-HĂ-TA] (怨痛) ㊔63
불 Regretter, être peiné de; qui regrette.
한 애석해 하다, 마음이 아프다 | 애석해 하는

*원형리뎡ᄒᆞ다 [OUEN-HYENG-RI-TYENG-HĂ-TA] (元亨利貞) ㊔62
불 Agir franchment, ouvertement.
한 솔직하게, 숨김없이 행동하다

*원혼 [OUĒN-HON,-I] (冤魂) ㊔62
불 Ame en peine; oppressée, à la mort, par de grands chagrins.
한 고통을 겪고 있는 영혼 | 큰 괴로움으로 죽을 정도로 가슴이 답답하다

1*원ᄒᆞ다 [OUEN-HĂ-TA] (願) ㊔62
불 Désirer, souhaiter.
한 바라다, 소원하다

2*원ᄒᆞ다 [OUEN-HĂ-TA] (怨) ㊔62
불 Regretter.
한 유감스럽게 여기다

*원흔ᄒᆞ다 [OUĒN-HĂN-HĂ-TA] (怨恨) ㉠62
불 Murmurer, se plaindre, regretter, être fâché de.
한 투덜거리다, 불평하다, 유감스럽게 여기다, ~때문에 화나다

*원힝 [OUEN-HĂING,-I] (遠行) ㉠62
불 Voyage lointain.
한 먼 여행

1*월 [OUEL,-I] (月) ㉠63
불 (En agr. Avec les mots chin.) Lune, mois.
한 (한자어로. 중국 단어로) 달, 월

2*월 [OUEL] (越) ㉠63
불 En.agr. Surpasser, dépasser.
한 한자어로 넘어서다, 추월하다

*월가ᄒᆞ다 [OUEL-KA-HĂ-TA] (越價) ㉠63
불 Etre d'un prix trop élevé. Payer trop cher. ‖ Paiement.
한 너무 높은 가격이다 | 너무 비싸게 지불하다 | 지불

*월강ᄒᆞ다 [OUEL-KANG-HĂ-TA] (越江) ㉠63
불 Traverser le fleuve.
한 강을 건너다

*월경슈 [OUEL-KYENG-SYOU] (月經水) ㉠63
불 Menstrues, règles des femme.
한 월경, 여성의 생리

*월경ᄒᆞ다 [OUEL-KYENG-HĂ-TA] (越境) ㉠63
불 Passer les limites, reculer peu à peu les limites de ses terre.
한 한계를 넘다, 조금씩 자기 땅의 경계와 멀어지다

*월계 [OUEL-KYEI] (月桂) ㉠63
불 Le cannellier (arbre).
한 육계(나무)

*월궁 [OUEL-KOUNG,-I] (月宮, (Lune, maison)) ㉠63
불 Maison dans la lune. ‖ Maison d'un parent du roi.
한 달 속에 있는 집 | 왕족의 집

*월궁션녀 [OUEL-KOUNG-SYEN-NYE] (月宮仙女) ㉠63
불 Nom d'une femme d'autrefois, remarquable par sa beauté, qu'on dit être dans la lune. ‖ Se dit d'une jolie femme.
한 달에 있다고 말해지는, 그 아름다움으로 주목하라 만한 옛날 여인의 이름 | 예쁜 여성에 대해 쓴다

*월궁홍하 [OUEL-KOUNG-HĂNG-HĂ] (月宮恒娥) ㉠63
불 Nom d'une femme dans la lune, où elle a été envoyée du ciel en exil pour une faute.
한 잘못 때문에 하늘로부터 유배 보내진 달에 사는 여인의 이름

*월등ᄒᆞ다 [OUEL-TEUNG-HĂ-TA] (越等, (Surpasser, objet)) ㉠64
불 Sauter plusieurs degrés à la fois. Sauter par-dessus.
한 한꺼번에 많은 등급을 뛰어오르다 | 위로 뛰어오르다

*월셩ᄒᆞ다 [OUEL-SYENG-HĂ-TA] (越城) ㉠63
불 Traverser les murailles, escalader; passer par-dessus les murs, les fortifications.
한 성벽을 가로지르다, 넘어 들어가다 | 벽, 요새 위로 지나가다

*월소 [OUEL-SO] (月梳) ㉠63
불 Peigne arqué de femme. Démêloir de femme, en forme de croissant.
한 여성의 활처럼 휜 빗 | 초승달 모양으로 되어 있는 여성의 얼레빗

*월쇼히 [OUEL-SYO-HI] (越少) ㉠64
불 Entièrement, sans comparaison, beaucoup.
한 전부, 단연, 많이

*월쇼ᄒᆞ다 [OUEL-SYO-HĂ-TA] (越所) ㉠64
불 Recours à un autre qu'à celui qui est chargé de gouverner. Laisser de côté le mandarin, pour s'adresser en secret à un autre.
한 다스리는 임무를 맡은 사람 이외의 사람에게 의지함 | 은밀히 다른 사람에게 호소하기 위해 관리를 제쳐 두다

*월수 [OUEL-SOU] (月數) ㉠64
불 Intérêts que l'on perçoit chaque mois. Donner de l'argent à intérêt pour chaque mois.
한 매달 받는 이자 | 매달 이자로 돈을 주다

*월식 [OUEL-SIK,-I] (月蝕, (Lune, manger)) ㉠63
불 Eclipse de lune.
한 월식

*월ᄉᆡᆨ [OUEL-SĂIK,-I] (月色) ㉠63
불 Lumière de la lune, clair de lune.
한 달빛, 달빛

*월야 [OUEL-YA] (月夜) ㉠63
불 Nuit où la lune brille.
한 달이 빛나는 밤

*월옥ᄒᆞ다 [OUEL-OK-HĂ-TA] (越獄) ㉠63
불 S'enfuir de prison.
한 감옥에서 달아나다

*월음미 [OUEL-EUM-MI] (月廩米) ㉠63

불 Solde en riz que le gouvernement donne au mandarin chaque moi
한 정부에서 매달 관리에게 쌀로 주는 봉급

*월쟝ᄒᆞ다 [OUEL-TJYANG-HĂ-TA] (越墻) 원64
불 Passer par-dessus le mur.
한 벽 위로 지나가다

*월젼 [OUEL-TJYEN,-I] (月前, (Lune, avant)) 원64
불 Un mois avant, il y a un mois.
한 한 달 전, 한 달 전에

*월ᄌᆞ [OUEL-TJĂ] (月子) 원64
불 Chevelure postiche des femmes.
한 여성의 가발

*월참ᄒᆞ다 [OUEL-TCHĂM-HĂ-TA] (越站, (Dépasser, étape)) 원64
불 Différer, reculer l'heure du repos. Temps qui s'écoule après l'heure fixée pour le repos, jusqu'au moment où on le prend. Se priver d'un repos. Passer le lieu du repos ou l'étape sans s'arrêter.
한 휴식의 시간을 미루다, 연기하다 | 휴식을 위해 정해진 시간 이후에 휴식을 할 때까지 지나가는 시간 | 휴식을 포기하다 | 멈추지 않고 휴식 장소나 휴식지를 지나가다

*월쳔군 [OUEL-TCHYEN-KOUN,-I] (越川軍) 원64
불 Qui aide à passer un ruisseau. Passeur.
한 개울을 지나도록 도와주는 사람 | 뱃사공

*월쳔ᄒᆞ다 [OUEL-TCHYEN-HĂ-TA] (越川) 원64
불 Traverser un ruisseau.
한 개울을 건너다

*월편 [OUEL-HPYEN,-I] (越便) 원63
불 De l'autre côté (d'une vallée, d'un fleuve).
한 (계곡, 강의) 건너편에

*월포ᄒᆞ다 [OUEL-HPO-HĂ-TA] (越浦) 원63
불 Traverser un petit bras de mer.
한 해협을 건너다

*월하 [OUEL-HA] (月下) 원63
불 Sous la lune, clair de lune.
한 달 아래, 달빛

*월훈 [OUEL-HOUN,-I] (月暈) 원63
불 Halo, cercle autour de la lune.
한 달무리, 달 주위의 동그라미

*월ᄒᆡᄒᆞ다 [OUEL-HĂI-HĂ-TA] (越海) 원63
불 Traverser la mer.
한 바다를 건너다

[1]웨 [OUEI] 원61
불 Pourquoi? pour quelle raison? comment? comment serait-ce?
한 왜? 무슨 이유로? 어떻게? 어떻게 될 것인가?

[2]웨 [OUEI] 원61
불 Eh mais! eh! mais! eh quoi?
한 아 참! 아! 참! 아 뭐?

웬 [OUEN] 원61
불 Ouais! oui dah! bah! ah! bien oui. (Exclam. Qui précède quelquefois une phrase en réponse négative) eh bien! ‖ Quel? (interrog.).
한 저런! 어머나! 설마! 아! 그래! | (감탄 | 때때로 부정적인 대답으로 문장보다 앞선다) | 어떤?(질문)

웬만콤 [OUEIN-MAN-HKOM] 원61
불 Similitude, ressemblance, même nature, à peu près.
한 유사성, 유사점, 같은 성질, 거의

[1*]위 [OUI] (位) 원64
불 Personne, personnage, dignité. Numéral des personnes. (honorif).
한 인격, 인물, 위엄 | 사람을 세는 수사 | (경칭)

[2*]위 [OUI] (爲) 원64
불 Pour. 위본가숑 Oui-pon-ka-syong, Prière pour sa propre famille.
한 ~위해 | [용례 위본가숑 Oui-pon-ka-syong], 자기 가족을 위한 기도

*위각ᄒᆞ다 [OUI-KAK-HĂ-TA] (違脚, (De travers, s'éloigner)) 원64
불 Etre de travers, n'être pas juste, n'être pas aligné, ne pas s'adapter, manquer de symétrie.
한 비스듬하다, 정확하지 않다, 줄지어 있지 않다, 꼭 맞지 않다, 대칭이 아니다

*위격 [OUI-KYEK,-I] (違格, (De travers, loi)) 원64
불 De force. Contrainte, violence.
한 억지로 | 강요, 폭력

*위경 [OUI-KYENG,-I] (危境) 원64
불 Affaire dangereuse. Danger. Inconstance périlleuse.
한 위험한 일 | 위험 | 위태로운 불안정성

*위골ᄒᆞ다 [OUI-KOL-HĂ-TA] (違骨, (De travers, os)) 원64
불 Déboîtement, dislocation des os. Se disjoindre, se déboîter, se disloquer.
한 뼈의 탈구, 빠짐 | 분리되다, 탈구하다, 빠지다

*위군ᄒᆞ다 [OUI-KOUN-HĂ-TA] (爲君, (Pour, le roi)) [원]64
[불] Honorer le roi, lui être soumis. ‖ Mettre en ordre suivant la force (se dit pour les remèdes, dans les formules de médecine). Changer l'ordre des remèdes.
[한] 왕을 존경하다, 그에게 복종하다 | 효력에 따라 정돈하다 (의사의 처방에서, 약재에 대해 쓴다) | 약재의 순서를 바꾸다

*위답 [OUI-TAP,-I] (位畓) [원]65
[불] Rizières attenantes à un tombeau, données au gardien d'un tombeau. Rizières affectées à.
[한] 묘비와 인접한, 무덤을 지키는 사람에게 주어지는 논 | 영향을 받은 논

*위ᄃᆡᄒᆞ다 [OUI-TĂI-HĂ-TA] (爲對) [원]65
[불] Repect et hommage. Respectueux. Traiter avec beaucoup d'honneur.
[한] 존경과 경의 | 존경하다 | 존경하는 마음으로 대하다

*위란ᄒᆞ다 [OUI-RAN-HĂ-TA] (危亂) [원]65
[불] Danger et tumulte. Dangereux et difficile.
[한] 위험과 소란 | 위험하고 어렵다

*위력 [OUI-RYEK,-I] (威力) [원]65
[불] De force, contre le gré, par violence. ‖ Puissance, pouvoir accompagné d'éclat, de pompe.
[한] 억지로, 의사에 반하여, 폭력적으로 | 화려함, 장중함이 동반된 힘, 능력

*위령 [OUI-RYENG,-I] (威令, (Sévère, ordre)) [원]65
[불] Sévérité, rigidité. Grave. Commandement sévère, ordre rigoureux.
[한] 엄함, 엄격함 | 장중함 | 엄한 명령, 엄격한 명령

*위령션 [OUI-RYENG-SYEN,-I] (威灵仙) [원]65
[불] Nom d'un remède, esp. de plante médicinale.
[한] 약재의 이름, 약효가 있는 식물의 종류

*위로 [OUI-RO] (慰勞) [원]65
[불] Consolation, encouragement.
[한] 위로, 격려

*위로위비 [OUI-RO-OUI-PI] (爲奴爲婢, (Devenir, esclave[mâle], devenir, esclave[femelle])) [원]65
[불] Punition d'un grand criminel, par laquelle sa femme, ses enfants, etc., deviennent esclaves de mandarin.
[한] 그 부인, 아이들 등이 관리의 노예가 되는, 중죄인의 처벌

*위로ᄒᆞ다 [OUI-RO-HĂ-TA] (慰勞) [원]65
[불] Consoler.
[한] 위로하다

*위름ᄒᆞ다 [OUI-REUM-HĂ-TA] (威凜) [원]65
[불] Effroi, peur. ‖ Etre imposant.
[한] 공포, 두려움 | 위압적이다

*위면ᄒᆞ다 [OUI-MYEN-HĂ-TA] (慰勉) [원]64
[불] Consoler et exhorter.
[한] 위로하고 격려하다

*위명ᄒᆞ다 [OUI-MYENG-HĂ-TA] (爲名) [원]64
[불] De nom seulement (sans réalité), pour la forme; faire pour la forme, c.a.d. faire avec nonchalance, dégoût, etc.
[한] (현실성 없이) 이름으로만, 형식상 | 형식상 하다, 즉 무기력하게, 반감 등을 갖고 하다

*위문ᄒᆞ다 [OUI-MOUN-HĂ-TA] (慰問) [원]64
[불] Interroger et consoler sur la mort d'une personne, v.g. faire des condoléances à un homme en deuil.
[한] 사람의 죽음에 대해 묻고 위로하다, 예. 상중인 사람에게 애도의 뜻을 표하다

*위박ᄒᆞ다 [OUI-PAK-HĂ-TA] (危迫) [원]64
[불] Pressé, précipité. Dangereux et pressant. Menaçant, imminent.
[한] 바쁘다, 급하다 | 위험하고 급박하다 | 위협적이다, 임박하다

*위방불입 [OUI-PANG-POUL-IP,-I] (危邦不入, (Dangereux, lieu, non, entrer)) [원]64
[불] Eviter le danger, n'aller pas en un lieu dangereux.
[한] 위험을 피하다, 위험한 장소로 가지 않다

*위병 [OUI-PYENG,-I] (痿病) [원]64
[불] Paralysie ‖ Maladie dangereuse.
[한] 마비 | 위험한 병

*위봉ᄒᆞ다 [OUI-PONG-HĂ-TAT] (違逢, (De travers, rencontre)) [원]64
[불] Se tromper de route, prendre une route pour une autre. ‖ Ne pas se rencontrer en chemin, parce qu'on a pris des routes différentes.
[한] 길을 잘못 들다, 어떤 길을 다른 길로 여기다 | 다른 길로 들어섰기 때문에 길에서 마주치지 않다

*위부모 [OUI-POU-MO] (爲父母) [원]65
[불] Pour les parents. En considération de ses parents.
[한] 부모를 위해 | 부모를 고려하여

*위셕ᄒᆞ다 [OUI-SYEK-HĂ-TA] (委席, (Couché, natte)) [원]65

불 Etre alité pour cause de maladie.
한 병 때문에 자리에 누워있다

*위션 [OUI-SYEN] (爲先) 원65
불 Avant, auparavant, d'abord.
한 전에, 이전에, 먼저

*위션ᄒᆞ다 [OUI-SYEN-HĂ-TA] (爲先) 원65
불 Honorer ses ancêtres. Honorer (en général).
한 조상들을 존경하다 | (일반적으로) 존경하다

*위슈 [OUI-SYOU] (渭水) 원65
불 Esp. d'eau. || Nom d'une rivière tributaire du Fleuve jaune.
한 물의 종류 | 황색 큰 강에 흘러드는 강의 이름

위어 [OUI-E] 원64
불 Esp. de petit poisson.
한 작은 생선의 종류

*위엄ᄒᆞ다 [OUI-EM-HĂ-TA] (威嚴) 원64
불 Sévère, majestueux, pompeux, digne, grave, sérieux.
한 엄격하다, 위엄 있다, 장중하다, 당당하다, 근엄하다, 엄숙하다

*위업ᄒᆞ다 [OUI-EP-HĂ-TA] (爲業) 원64
불 S'appliquer à, mettre son attention à, se charger de, prendre l'obligation de.
한 ~에 전념하다, ~에 관심을 가지다, ~을 맡다, ~을 책임지다

위에즉ᄒᆞ다 [OUI-EI-TJEUK-HĂ-TA] (卽位) 원64
불 Monter sur le trône, devenir roi; commencer à régner, à gouverner. Recevoir la royauté, être proclamé roi.
한 왕좌에 오르다, 왕이 되다 | 통치하기, 지배하기 시작하다 | 왕위를 물려받다, 왕으로 선포되다

*위유ᄉᆞ [OUI-YOU-SĂ] (慰柔使) 원64
불 Mandarin envoyé pour consoler le peuple. Syn. 문위관 Moun-oui-koan.
한 백성을 위로하기 위해 파견된 관리 | [동의어 문위관, Moun-oui-koan]

*위의 [OUI-EUI] (威儀, (Majestueux, prestance)) 원64
불 Pompe, majesté, dignité, prestance, appareil, escorte.
한 화려한 의식, 장엄함, 위엄, 기품, 화려함, 호위

*위인 [OUI-IN,-I] (爲人) 원64
불 Homme, la chose d'être homme.
한 사람, 사람이 되는 것

*위인모충 [OUI-IN-MO-TCHOUNG,-I] (爲人謀忠) 원64
불 Effort (dévouement) fait en faveur d'un autre avec droiture et franchise.
한 정직하고 공정하게 다른 사람을 고려하여 하는 노력(헌신)

*위쟈 [OUI-TJYA] (爲者) 원65
불 Fin, but, terme, motif, prétexte, cause apparente.
한 목적, 목표, 끝, 동기, 구실, 명백한 원인

*위졀 [OUI-TJYEL,-I] (委折) 원65
불 Dommage, malheur, mauvaise chance, danger, entreprise ou position dangereuse. || Raison, motif.
한 손해, 불행, 불운, 위험, 위험한 시도 또는 상황 | 이유, 동기

*위조ᄒᆞ다 [OUI-TJO-HĂ-TA] (僞造) 원65
불 Faux, billet falsitié. Falsitication. Faire un faux.
한 위조, 위조된 표 | 위조 | 가짜를 만들다

*위쥬 [OUI-TJYOU] (爲主) 원65
불 Pour dieu.
한 신을 위해

*위즁ᄒᆞ다 [OUI-TJYOUNG-HĂ-TA] (危重, (Dangereux, lourd)) 원65
불 Dangereux, très-dangereux.
한 위험하다, 아주 위험하다

*위증 [OUI-TJEUNG,-I] (危症, (Dangereux, maladie)) 원65
불 Danger prévu, prévoyance d'un danger. Symptôme de danger, mauvais symptôme(maladie)
한 예측된 위험, 위험의 예측 | 위험의 징후, 나쁜 증상(병)

*위ᄌᆞ손 [OUI-TJĂ-SON,-I] (爲子孫) 원65
불 Pour les descendants.
한 자손들을 위해

*위친ᄒᆞ다 [OUI-TCHIN-HĂ-TA] (爲親) 원65
불 Pour les parents. Honorer ses parents.
한 부모님을 위해 | 부모님을 공경하다

*위틔ᄒᆞ다 [OUI-HTĂI-HĂ-TA] (危殆) 원65
불 Danger, péril. Dangereux, périlleux. Risquer, courir un danger.
한 위험, 위기 | 위험하다, 위태롭다 | 위태롭게 하다, 위험을 무릅쓰다

*위판 [OUI-HPAN,-I] (位板) 원65
불 Planches qui doivent servir à faire le cercueil des parents

한 부모님의 관을 만드는 데 쓰도록 되어 있는 판자들

*위패 [OUI-HPAI] (位牌) 원65

불 Tablettes superstitieuses des ancêtres. ‖ Tablette du roi en chaque district, et que le mandarin va vénérer le 1er et le 15e de la lune.

한 조상들의 미신적인 패들 | 각 구역에 있는, 그리고 관리가 달의 1일과 15일 숭배하러 가는 왕의 패

*위풍스럽다 [OUI-HPOUNG-SEU-REP-TA,-SEU-RE-OUE,-SEU-RE-ON] (威風) 원65

불 Sévère, rigide, violent, grave, important, majestueux.

한 엄격하다, 강직하다, 강렬하다, 근엄하다, 중대하다, 장중하다

*위한호다 [OUI-HAN-HĂ-TA] (爲限) 원64

불 A peu près, environ. ‖ Fixer un terme, un délai.

한 거의, 대략 | 기일, 기한을 정하다

*위험호다 [OUI-HEM-HĂ-TA] (危險) 원64

불 Danger, péril. Dangereux.

한 위험, 위기 | 위험하다

*위호다 [OUI-HĂ-TA] (爲) 원64

불 Pour. Faire pour. Honorer, avoir égard à, traiter avec considération.

한 위해 | ~을 위해 하다 | 존경하다, ~을 고려하다, 존경심을 갖고 대하다

*위호야 [OUI-HĂ-YA] (爲) 원64

불 Postposit., gouv. l'acc., indique la cause finale, la destination. Pour, à cause de, eu égard à, en considération de, par égard pour.

한 후치사, 대격을 지배한다, 목적인[역주 因], 목표를 가리킨다 | ~을 위해, ~때문에, ~을 참작하여, ~을 고려하여, ~을 고려해서

1*유 [YOU] (酉) 원70

불 10e signe du zodiaque (l'Oiseau). ‖ 6e heure du soir.

한 황도 12궁의 열 번째 별자리 (새) | 저녁 6시

2*유 [YOU] (油) 원70

불 En. agr. Huile, graisse.

한 한자어로 기름, 지방

3*유 [YOU] (乳) 원70

불 Mamelles, lait. (Ne se dit que pour les hommes et non pour les animaux).

한 유방, 젖 | (동물에 대해서는 아니고 사람에 대해서만 쓴다)

4*유 [YOU] (有) 원70

불 En. agr. Créature; être; ce qui existe.

한 한자어로 피조물 | 존재 | 존재하는 것

5*유 [YOU] (儒) 원70

불 Lettré.

한 교양 있는 사람

6*유 [YOU] (遺) 원70

불 Laisser après soi, transmettre.

한 자신의 후에 남기다, 전달하다

1*유감호다 [YOU-KAM-HĂ-TA] (有感) 원71

불 Etre digne de remerciement, de gratitude. Etre utile.

한 감사, 감사의 마음을 가질 만하다 | 유익하다

2*유감호다 [YOU-KAM-HĂ-TA] (誘感) 원71

불 Tenter.

한 유혹하다

*유건 [YOU-KEN,-I] (儒巾) 원71

불 Bonnet en toile noire dont se servent les candidats aux examens, pour pouvoir être admis dans l'enceinte.

한 울타리 내에 허용될 수 있기 위해, 시험 후보자들이 사용하는 검은 천으로 된 챙 없는 모자

*유경 [YOU-KYENG,-I] (鍮檠, (Fer, support)) 원71

불 Esp. de chandelier ou de support en fer pour soutenir la lampe.

한 램프를 지지하기 위한 철로 된 촛대 또는 받침대의 종류

1*유고호다 [YOU-KO-HĂ-TA] (有故, (Etre, motif)) 원71

불 Raison, motif, le pourquoi; avoir une raison, un motif.

한 이유, 동기, 원인 | 이유, 동기가 있다

2*유고호다 [YOU-KO-HĂ-TA] (有苦) 원71

불 Douleur (être), chagrin.

한 고통 (있다), 괴로움

1*유곡 [YOU-KOK,-I] (幽谷) 원71

불 Vallon profond, ravin profond.

한 깊고 작은 골짜기, 깊은 골짜기

2*유곡 [YOU-KOK,-I] (有穀) 원71

불 Provision de grain.

한 곡식의 비축

*유공호다 [YOU-KONG-HĂ-TA] (有功, (Etre, mérite)) 원71

불 Qui a du mérite; méritoire. Méritant.

한 공적이 있다 | 칭송받을 만하다 | 가치 있다

*유과ᄒᆞ다 [YOU-KOA-HĂ-TA] (儒科, (Lettré, examen)) [원]71
[불] Visite qu'un bachelier fait, après sa réception, à ses amis et à ses parents pour recevoir leurs félicitations. Faire cette visite.
[한] 바칼로레아 합격자가 자신의 합격 후에 축하를 받기 위해 자기 친구들과 자기 친척들에게 하는 방문 | 이 방문을 하다

*유관 [YOU-KOAN,-I] (儒冠) [원]71
[불] V.Syn. 유건 You-ken.
[한] [[동의어] 유건, You-ken]

*유관쟉ᄒᆞ다 [YOU-KOAN-TJYAK-HĂ-TA] (有官爵) [원]71
[불] Qui a une dignité. Avoir une dignité.
[한] 품격이 있다 | 품격이 있다

*유교 [YOU-KYO] (儒教, (Lettré, doctrine)) [원]71
[불] Doctrine de Kong-tse. Doctrine des lettrés. Philosophie de Confucius.
[한] 공자의 교리 | 학식이 있는 사람의 가르침 | 공자의 철학

*유구무언 [YOU-KOU-MOU-EN] (有口無言, (Etre, bouche, n'être pas, parole)) [원]71
[불] Avoir une bouche et ne pouvoir rien dire. Qui reste muet, qui n'a rien à répondre.
[한] 입이 있지만 아무 말도 할 수 없다 | 어떤 자는 말이 없는 채로 있고 어떤 자는 대답할 것이 하나도 없다

*유귀ᄒᆞ다 [YOU-KOUI-HĂ-TA] (有貴) [원]71
[불] Joli, beau, rare, précieux.
[한] 예쁘다, 아름답다, 희귀하다, 값지다

*유긔 [YOU-KEUI] (鍮器, (Fer, vase)) [원]71
[불] Vase en fonte, pot de fer. Vase en cuivre, vaisselle de cuivre.
[한] 주철 항아리, 철로 만들어진 단지 | 구리로 만들어진 그릇, 구리 식기류

유납 [YOU-NAP,-I] (鍮鉝) [원]72
[불] Esp. de plomb, p.ê. le zinc. Etain.
[한] 납의 종류, 아마도 아연 | 주석

*유년 [YOU-NYEN,-I] (幼年) [원]72
[불] Enfance, première enfance.
[한] 유년기, 첫 유년기

*유다스 [YOU-TA-SEU] (茹答斯) [원]74
[불] Nom coréanisé de Judas; signifie; traitre, chrétien qui trahit et livre les autres chrétiens.
[한] 유다의 조선식 이름 | 의미한다 | 반역자, 다른 기독교인들을 배반하고 팔아넘기는 기독교인

*유단 [YOU-TAN,-I] (油單) [원]74
[불] Papier huilé.
[한] 기름 바른 종이

*유덕ᄒᆞ다 [YOU-TEK-HĂ-TA] (有德, (Etre, vertu)) [원]74
[불] Vertueux.
[한] 덕이 높다

*유뎜ᄒᆞ다 [YOU-TYEM-HĂ-TA] (油点) [원]74
[불] Brûler avec de l'huile bouillante les racines d'un furoncle (médec.).
[한] (의학에서) 정종의 뿌리를 뜨거운 기름으로 태우다

*유도 [YOU-TO] (儒道, (Lettré, doctrine)) [원]74
[불] Doctrine de Kong-ise. Doctrine de confucius, des lettrés.
[한] 공자의 가르침 | 공자, 학식이 있는 사람들의 가르침

*유독이 [YOU-TOK-I] (惟獨) [원]74
[불] Seul, seulement, excepté, particulièrement.
[한] 유일하다, 단지, 제외하고, 특별히

*유독ᄒᆞ다 [YOU-TOK-HĀ-TA] (有毒, (Etre, poison)) [원]74
[불] Malsain, nuisible, venimeux.
[한] 유해하다, 해롭다, 유독하다

*유동 [YOU-TONG,-I] (幼童) [원]74
[불] Petit enfant à la mamelle.
[한] 젖먹이 어린아이

유둑 [YOU-TOUK,-I] [원]74
[불] Nom d'une espèce d'oiseau. ‖ Nom d'une plante.
[한] 새 종류의 이름 | 식물의 이름

*유둔 [YOU-TOUN,-I] (油芚) [원]74
[불] Papier huilé. Grand et fort papier huilé.
[한] 기름 바른 종이 | 기름 바른 크고 질긴 종이

1유둘유둘ᄒᆞ다 [YOU-TOUL-YOU-TOUL-HĀ-TA] [원]74
[불] Effronté, qui ne rougit pas, être hardi.
[한] 뻔뻔하다, 부끄러워하지 않다, 파렴치하다

2유둘유둘ᄒᆞ다 [YOU-TOUL-YOU-TOUL-HĀ-TA] [원]74
[불] Etre mou, souple.
[한] 무르다, 유연하다

유들유들ᄒᆞ다 [YOU-TEUL-YOU-TEUL-HĀ-TA] [원]74
[불] N'avoir pas de tact, de retenue, de réserve, de pudeur.
[한] 요령, 신중함, 조심성, 수줍음이 없다

유란 [YOU-RAN,-I] [원]73

불 Œufs sur le plat, au miroir.
한 계란 프라이, 오븐에서 익히는 계란 프라이

유란ᄒᆞ다 [YOU-RAN-HĂ-TA] 원73
불 Etre grand, gros, considérable.
한 크다, 굵다, 상당하다

유랑마 [YOU-RANG-MA] 원73
불 Cheval entier, étalon.
한 온전한 말, 종마

*유력ᄒᆞ다 [YOU-RYEK-HĂ-TA] (有力, (Etre, force)) 원73
불 Qui a de la force; fort; efficace.
한 힘이 있다 | 강하다 | 효과적이다

유록 [YOU-ROK,-I] (眞靑) 원73
불 Belle couleur bleu foncé.
한 아름다운 짙은 파란색

*유루ᄒᆞ다 [YOU-ROU-HĂ-TA] (遺漏, (Rester, passer à travers)) 원73
불 Oublier, laisser, omettre, perdre. Etre laissé par inadvertance; être épargné; passer à travers.
한 잊다, 내버려 두다, 빠뜨리다, 잃다 | 부주의로 내버려지다 | ~를 면하다 | 벗어나다

*유리ᄒᆞ다 [YOU-RI-HĂ-TA] (有理, (Etre, droit)) 원73
불 Véritable, vrai.
한 실제의, 참되다

*유림 [YOU-RIM,-I] (儒林, (Lettré, troupe)) 원73
불 Sectateur de Kong-tse. Les lettrés.
한 공자 신봉자 | 학식이 있는 사람들

*유마ᄒᆞ다 [YOU-MA-HĂ-TA] (有馬) 원72
불 Cheval pris par le prétorien pour porter une charge au gouvernement.
한 정부에 짐을 가져가지 위해 친위대에 잡힌 말

1*유망ᄒᆞ다 [YOU-MANG-HĂ-TA] (遺忘) 원72
불 Oublier. Chose oubliée. Oubli.
한 잊다 | 잊어버린 것 | 망각

2*유망ᄒᆞ다 [YOU-MANG-HĂ-TA] (流亾) 원72
불 Abandonner un pays, une contrée. Laisser le pays vide, désert.
한 지방, 고장을 저버리다 | 지방을 텅 빈 채로, 황량한 채로 버려두다

*유명ᄒᆞ다 [YOU-MYENG-HĂ-TA] (有名) 원72
불 Renommé, célèbre, connu, excelient, illustre, évident, remarquable.
한 명성이 높다, 유명하다, 널리 알려지다, 훌륭하다, 저명하다, 분명하다, 주목할 만하다

*유모 [YOU-MO] (乳母, (Lait, mère)) 원72
불 Nourrice, mère nourricière, mère de lait. =드리다 -teu-ri-ta, Prendre une nourrice.
한 젖먹이는 여자, 유모, 젖어머니 | [용례 =드리다, -teu-ri-ta], 유모를 들이다

유모드리다 [YOU-MO-TEU-RI-TA,-RYE,-RIN] 원72
불 Acte d'un homme de bas étage qui salue, se prosterne devant un noble, un supérieur. Saluer son maître.
한 인사를 하는 낮은 신분의 사람이 하는 행동, 귀족 앞에 엎드리다, 상관에 복종하다 | 우두머리에게 인사하다

*유문ᄒᆞ다 [YOU-MOUN-HĂ-TA] (留門) 원72
불 Fermeture de la porte. Fermer les portes (d'une ville fortifiée).
한 문 닫힘 | (요새화된 도시의) 문을 닫다

*유미ᄒᆞ다 [YOU-MI-HĂ-TA] (有味, (Etre, goût)) 원72
불 Qui a de la saveur, qui a un goût agréable, qui est bon au goût.
한 맛있다, 마음에 드는 맛이다, 맛이 좋다

유바지 [YOU-PA-TJI] (油袴衣) 원73
불 Pantalon en toile vernie ou huilée contre la pluie.
한 비에 젖지 않기 위해 니스를 칠하거나 기름을 먹인 직물로 된 바지

*유벽ᄒᆞ다 [YOU-PYEK-HĂ-TA] (幽僻, (Profond, retiré)) 원73
불 Peu fréquenté, solitaire. Etre retiré, profond.
한 사람이 많이 찾지 않다, 외롭다 | 외지다, 깊다

*유별ᄒᆞ다 [YOU-PYEL-HĂ-TA] (有別, (Etre, différence)) 원73
불 Etre différent.
한 다르다

*유병ᄒᆞ다 [YOU-PYENG-HĂ-TA] (有病, (Etre, maladie)) 원73
불 Etre malade.
한 아프다

*유복 [YOU-POK,-I] (儒服) 원73
불 Habit particulier réservé aux lettrés, et dont ils se servent dans les grandes circonstances. Uniforme des lettrés.
한 학식 있는 사람들 전용의, 그리고 큰일이 있는 경우에 사용하는 특별한 옷 | 학식 있는 사람들의 제복

*유복지친 [YOU-POK-TJI-TCHIN] (有服至親, (Etre,

deuil, parent)) ㊊73

불 Parents dont on doit porter le deuil (jusqu'au 8e degré).

한 상복을 입어야만 하는 친척들 (8촌까지)

*유복주 [YOU-POK-TJĂ] (遺腹子, (Rester, sein, enfant)) ㊊73

불 Enfant né après la mort de son père. Fils posthume.

한 아버지가 죽은 후에 태어난 아이 | 사후의 아들

*유복ᄒᆞ다 [YOU-POK-HĂ-TA] (有福, (Etre, bonheur)) ㊊73

불 Heureux, fortuné. Avoir du bonheur, de la chance.

한 행복하다, 운이 좋다 | 행운이 있다, 운이 좋다

*유부녀 [YOU-POU-NYE] (有夫女, (Etre, mari, femme)) ㊊73

불 Femme qui a son mari. (Se dit d'une personne qui mène une mauvaise vie, d'une adultère).

한 자기 남편이 있는 여자 | (방탕한 생활을 하는 사람, 간통하는 여자에 대해 쓴다)

*유부유주 [YOU-POU-YOU-TJĂ] (猶父猶子, (Comme, père, comme, fils)) ㊊73

불 Comme père et fils. Oncle et neveu.

한 아빠와 아들처럼 | 삼촌과 조카

*유산일다 [YOU-SAN-IL-TA] (遊産) ㊊73

불 Facile; suffisant; bien portant. Etre sans inquiétude; être achevé.

한 유복하다 | 충분하다 | 건강하다 | 근심이 없다 | 완성되다

*유산ᄒᆞ다 [YOU-SAN-HĂ-TA] (遊山, (Jouer, montagne)) ㊊73

불 Faire une partie de plaisir, une promenade, sur la montagne.

한 산에서 [역주 소풍, 파티 따위의] 오락, 산책을 하다

*유삼 [YOU-SAM,-I] (油衫, (Huile, habit)) ㊊73

불 Manteau en papier huilé contre la pluie.

한 비를 막기 위해 기름을 바른 종이로 만든 망토

*유셔 [YOU-SYE] (遺書, (Rester, écrit)) ㊊73

불 Testament.

한 유언

*유셔통 [YOŪ-STE-HTONG,-I] (遺書筒) ㊊73

불 Ecrit par lequel le roi fait grâce à tous les prisonniers.

한 왕이 모든 죄수들을 사면해 주기 위해 쓴 문서

*유셰ᄒᆞ다 [YOU-SYEI-HĂ-TA] (有勢, (Etre, autorité)) ㊊73

불 Cher, rare, précieux. ‖ Etre protégé, appuyé; avoir de la force.

한 소중하다, 귀하다, 값지다 | 보호되다, 기대다 | 힘이 있다

*유소혐언ᄒᆞ다 [YOU-SO-HYEM-EN-HĂ-TA] (有所嫌焉) ㊊73

불 Agir par peur de blesser, par raison de convenance, par condescendance. ‖ Avoir de la rancune, de l'aversion, de la répugnance.

한 상처를 입힐까 두려워, 예의를 이유로, 호의로 행동하다 | 원한, 반감, 혐오감을 갖다

*유쇽허루 [YOU-SYOK-HE-ROU] (猶屬虛漏) ㊊73

불 Au contraire, ce n'est pas grand'chose. C'est même plus facile que.

한 반대로, 별일 아니다 | ~보다 더 쉽기까지 하다

*유순ᄒᆞ다 [YOU-SOUN-HĀ-TA] (柔順, (Mou [doux], obéissant)) ㊊74

불 Apprivoisé et doux. Etre affable, bon.

한 길들여지고 순하다 | 상냥하다, 착하다

*유시 [YOU-SI] (酉時) ㊊73

불 6 h. du soir, de 5 à 7 h.

한 저녁 6시, 5~7시까지

*유식ᄒᆞ다 [YOU-SIK-HĂ-TA] (有識, (Etre, connaître [les caractères])) ㊊73

불 Savant, instruit, érudit. Avoir de l'éducation.

한 박식하다, 유식하다, 학식이 많다 | 소양이 있다

*유실무실 [YOU-SIL-MOU-SIL] (有實無實, (Etre,vrai, n'être pas,vrai)) ㊊73

불 Qu'il en ait ou qu'il n'en ait pas.

한 있거나 없거나

*유심ᄒᆞ다 [YOU-SIM-HĂ-TA] (有心, (Etre, cœur)) ㊊73

불 Mettre son attention à, penser à, s'appliquer à.

한 ~에 주의하다, ~에 대해 생각하다, ~에 전념하다

*유ᄉᆞ [YOU-SĂ] (有司, (Etre, charge[inspection])) ㊊73

불 Esp. de maire de village, homme chargé des affaires d'un village. ‖ Homme chargé dans chaque district des sacrifices à Confucius. ‖ Titre honorifique entre égaux.

한 마을 시장의 종류, 마을의 일을 책임지는 사람 | 각 구역에서 공자의 제사를 맡은 사람 | 동등한 사람들 사이의 경칭

*유ᄉᆞᄒᆞ다 [YOU-SĂ-HĂ-TA] (有事, (Etre, affaire)) ㉮73
불 Affaire; avoir de l'ouvrage.
한 일 | 일이 있다

*유ᄉᆡᆼ [YOU-SĂING,-I] (儒生) ㉮73
불 Lettré.
한 학식 있는 사람

*유아 [YOU-A] (幼兒) ㉮71
불 Tout petit enfant, qui tète encore.
한 아주 어린 아이, 아직 젖을 빠는 사람

*유안 [YOU-AN,-I] (儒案, (Lettré, registre)) ㉮71
불 Registre qui contient les noms des familles de lettrés dans chaque district.
한 각 구역에 학식 있는 사람들의 성이 들어 있는 장부

*유암 [YOU-AM,-I] (乳巖, (Mamelle, rocher)) ㉮71
불 Esp. de maladie des seins.
한 유방의 병의 종류

*유약ᄒᆞ다 [YOU-YAK-HĂ-TA] (柔弱) ㉮71
불 Mou et faible, faible, débile.
한 무르고 약하다, 약하다, 허약하다

*유언ᄒᆞ다 [YOU-EN-HĂ-TA] (遺言, (Rester, paroles)) ㉮71
불 Dernières volontés d'un mourant, des parents au moment de la mort.
한 죽어가는 사람, 죽는 순간의 부모의 유언

*유업 [YOU-EP,-I] (遺業, (Rester, fortune)) ㉮71
불 Héritage, patrimoine.
한 상속, 세습 재산

*유여ᄒᆞ다 [YOU-YE-HĂ-TA] (有餘) ㉮71
불 Suffisant, à l'aise, abondant.
한 충분하다, 넉넉하다, 풍부하다

*유예미결ᄒᆞ다 [YOU-YEI-MI-KYEL-HĂ-TA] (有餘未決) ㉮71
불 Irrésolution, indécision, hésitation. Hésiter, différer, être irrésolu.
한 우유부단, 결단성 없음, 망설임 | 망설이다, 다르다, 우유부단하다

*유유 [YOU-YOU] (唯唯) ㉮71
불 C'est cela, c'est bien.
한 그렇다, 좋다

*유의ᄒᆞ다 [YOU-EUI-HĂ-TA] (有意) ㉮71
불 Penser, réfléchir. Avoir l'intention de.
한 생각하다, 곰곰이 생각하다 | ~할 생각이다

*유이 [YOU-I] (柔飴) ㉮71
불 Bon goût; qui a de la saveur, du goût; doux au goût.
한 좋은 맛 | 풍미, 맛이 있다 | 맛이 달콤하다

유이ᄒᆞ다 [YOU-I-HĂ-TA] (柔) ㉮71
불 Etre mou, flasque.
한 부드럽다, 연하다

*유익ᄒᆞ다 [YOU-IK-HĂ-TA] (有益, (Etre, avantage)) ㉮71
불 Fructueux, avantageux, utile, efficace, salutaire, qui profite.
한 유익하다, 유리하다, 유용하다, 효과적이다, 이롭다, 이익이 되다

*유인ᄒᆞ다 [YOU-IN-HĂ-TA] (誘引, (Séduire, attirer)) ㉮71
불 Séduire, tenter, attirer, induire, allécher.
한 유혹하다, 마음을 끌다, 유인하다, 부추기다, 끌어당기다

1*유일ᄒᆞ다 [YOU-IL-HĂ-TA] (有日) ㉮71
불 Tarder; avoir dépassé le temps; avoir différé, retardé.
한 늦어지다 | 시간에 초과하다 | 연기되다, 지연되다

2*유일ᄒᆞ다 [YOU-IL-HĂ-TA] (猶一) ㉮71
불 Etre semblables.
한 유사하다

*유장 [YOU-TJANG,-I] (儒狀, (Lettré, écrit)) ㉮74
불 Supplique ou adresse des lettrés d'un district au mandarin.
한 관리의 구역의 학식 있는 사람들의 청원서 또는 품의

1*유쟝 [YOU-TJYANG,-I] (油帳) ㉮74
불 Tente.
한 천막

2*유쟝 [YOU-TJYANG,-I] (油醬) ㉮74
불 Huile et saumure.
한 기름과 소금물

*유졍ᄒᆞ다 [YOU-TJYENG-HĂ-TA] (有情, (Etre, affection)) ㉮74
불 S'aimer, s'entr'aimer.
한 서로 좋아하다, 서로 사랑하다

*유조ᄒᆞ다 [YOU-TJO-HĂ-TA] (有助, (Etre, aide)) ㉮74
불 Avoir du secours, de l'assistance. Utile, nécessaire.
한 도움, 원조가 있다 | 유용하다, 필요하다

*유족ᄒᆞ다 [YOU-TJYOK-HĂ-TA] (有足) ㉮74
불 Suffisant, suffire.

한 충분하다, 족하다

*유쥬영쥰ᄒᆞ다 [YOU-TJYOU-YENG-TJYOUN-HĂ-TA] (有酒盈樽, (Etre, vin, plein, bouteille)) 원74

불 Vin à plein verre. Avoir toujours du vin et le verre plein.

한 잔에 가득 담긴 포도주 | 항상 포도주가 잔 가득 있다

1*유지 [YŌU-TJI] (油紙) 원74

불 Papier huilé.

한 기름이 발린 종이

2*유지 [YOU-TJI] (遺旨) 원74

불 Papier sur lequel est écrite la concession d'une dignité purement honoraire, que le roi donne à quelqu'un.

한 왕이 누군가에게 주는, 순전히 명예직인 고위직에 대한 인가가 쓰인 종이

유직이 [YOU-TJIK-I] (獄直) 원74

불 Geôlier, gardien de la prison de la capitale.

한 간수, 수도에 있는 감옥을 지키는 사람

1*유ᄌᆞ [YOU-TJĂ] (楢子) 원74

불 Esp. de fruit. Citron.

한 과일의 종류 | 레몬

2*유ᄌᆞ [YOU-TJĂ] (幼子) 원74

불 Fils en bas âge, tout petit garçon.

한 어린 나이의 아들, 아주 어린 소년

유착ᄒᆞ다 [YOU-TCHAK-HĂ-TA] 원74

불 Grand, énorme.

한 크다, 거대하다

*유쳐취쳐ᄒᆞ다 [YOU-TCHYE-TCHYOUI-TCHYE-HĀ-TA] (有妻娶妻, (Etre, épouse, prendre, épouse [concubine])) 원74

불 Qui a sa propre femme et qui prend encore femme.

한 자신의 부인이 있으면서 다시 부인을 얻는 사람

1*유츅ᄒᆞ다 [YOU-TCHYOUK-HĂ-TA] (幽僻) 원74

불 Lieu peu fréquenté, retiré, solitaire.

한 왕래가 빈번하지 않은, 구석진, 외딴 곳

2유츅ᄒᆞ다 [YOU-TCHYOUK-HĂ-TA] 원74

불 En abondance, en grande provision.

한 풍부하게, 대량 비축으로

*유취만년 [YOU-TCHOUI-MAN-NYEN] (遺臭萬年, (Rester, puanteur, dix mille, ans)) 원74

불 Mauvaise renommée qui se conservera pendant dix mille ans.

한 만 년 동안 유지될 나쁜 세평

*유치 [YOU-TCHI] (乳稚) 원74

불 Enfant qui tête. 유치엣거실다 You-tchi-eit-ke-sil-ta, C'est une chose qui tête encore; etre encore à la mamelle.

한 젖을 빠는 아이 | [용례 유치엣거실다, You-tchi-eit-ke-sil-ta], 여전히 젖을 빠는 것이다 | 여전히 젖을 빨다

1유통 [YOU-HTONG,-I] (儒通) 원74

불 Circulaire aux sectateurs de Kong-tse. ‖ Assemblée de lettrés.

한 공자의 신도들의 회람장 | 학식 있는 사람들의 모임

2*유통 [YOU-HTONG,-I] (乳痛, (Mamelles, maladie)) 원74

불 Maladie des seins.

한 젖가슴 병

3*유통 [YOU-HTONG,-I] (乳筒) 원74

불 Forme des seins.

한 젖가슴의 모양

*유티엣 [YOU-HTI-EIT] (乳稚) 원74

불 Qui tête encore; de lait; la chose de lait; v. g. enfant qui tête encore, c. a. d. enfant très-jeune.

한 여전히 젖을 빨다 | 젖 | 젖 빠는 것 | 예. 계속해서 젖을 빠는 아이, 즉 아주 어린 아이

*유표ᄒᆞ다 [YOU-HPYO-HĂ-TA] (有標, (Etre, marque)) 원73

불 Qui est facile à distinguer, qui porte une marque distinctive.

한 구별하기 쉽다, 구별되는 표시를 나타내다

*유학 [YOU-HAK,-I] (幼學) 원71

불 Petit lettré (terme d'humilité). ‖ Noble. ‖ Lettré.

한 학식이 낮은 사람 (겸손의 표현) | 귀족 | 학식 있는 사람

*유한ᄒᆞ다 [YOU-HAN-HĂ-TA] (有限, (Etre, limite)) 원71

불 Limité, borné, fini.

한 제한되다, 한정되다, 유한하다

*유향 [YOU-HYANG,-I] (乳香) 원71

불 Encens (remède).

한 향 (약)

*유형유샹 [YOU-HYENG-YOU-SYANG,-I] (有形有像) 원71

불 Matériel, corporel.

한 물질적인, 유형의

*유형ᄒᆞ다 [YOU-HYENG-HĂ-TA] (有形, (Etre, corps)) 원71

불 Corps, corporel, matériel, qui tombe sous les sens.

한 몸, 육체의, 물질적인, 감각에 직접 감지되다

*유혹가야 [YOU-HOK-KA-YA] (有或可也) 원71

불 Il est probable que c'est ainsi (qu'il a fait). Ce serait peut-être bien si… V.Syn. 용혹무괴. Yong-hok-mou-koi.

한 그럴(그가 했을) 가능성이 있다 | ~라면 아마도 좋을 텐데 | [동의어 용혹무괴, Yong-hok-mou-koi]

1*유회 [YOU-HOI] (儒會) 원71

불 Assemblée de lettrés.

한 학식 있는 사람들의 모임

2*유회 [YOU-HOI] (油灰) 원71

불 Mastic de chaux et d'huile.

한 석회와 기름 반죽

*유효ᄒᆞ다 [YOU-HYO-HĂ-TA] (有效, (Etre, bon effet)) 원71

불 Efficace, salutaire, avantageux, qui guérit (remède).

한 효과가 있는, 유익하다, 유리하다, 치료하다 (병)

*유ᄒᆞ다 [YOU-HĂ-TA] (柔) 원71

불 Etre souple, flexible; n'avoir point ou peu d'inclination au mal ; être doux, condescendant.

한 유순하다, 유연하다 | 나쁜 기질이 조금도 없다 또는 별로 없다 | 순하다, 친절하다

*유힝ᄒᆞ다 [YOU-HĂING-HĂ-TA] (遊行) 원71

불 Procession, promenade. Faire une promenade.

한 행진, 산책 | 산책하다

*육 [YOUK] (肉) 원71

불 Chair, viande, graisse.

한 살, 고기, 비계

*육간 [YOUK-KAN,-I] (肉間) 원72

불 Abattoir, maison où l'on tue les bœufs, boucherie.

한 도살장, 소들을 죽이는 곳, 푸줏간

*육계 [YOUK-KYEI] (肉桂) 원72

불 La meilleure cannelle, l'écorce intérieure.

한 가장 좋은 육계 껍질, 내부 껍질

*육구 [YOK-KOU] (肉軀) 원72

불 Corps.

한 신체

*육구ᄒᆞ다 [YOUK-KOU-HĂ-TA] (肉灸, (Chair, cautériser)) 원72

불 Cautériser avec de l'armoise.

한 쓴 쑥속으로 소훼하다

*육긔 [YOUK-KEUI] (肉氣) 원72

불 Charnu, sanguin, couleur de sang. ‖ Force de la viande. ‖ Embonpoint.

한 다즙질의, 붉은빛의, 피의 색깔 | 고기의 힘 | 비만

*육담 [YOUK-TAM,-I] (肉談) 원72

불 Le langage purement coréen, que parlent les gens sans instruction (il exclut l'emploi des mots chinois, et est insuffisant pour exprimer toutes les idées). ‖ Sottise, bêtise, bévue en paroles. Parole sans portée, sans importance.

한 교육받지 않은 사람들이 말하는 순수한 조선말 (그것은 중국 단어의 사용을 배제하고 모든 생각을 표현하기에는 불충분하다) | 어리석음, 우둔함, 말실수 | 효력 없는, 중요하지 않은 말

*육덕 [YOUK-TEK,-I] (肉德) 원72

불 Corps, matière du corps, grandeur du corps, taille.

한 신체, 몸의 물질, 몸의 크기, 크기

*육두구 [YOUK-TOU-KOU] (肉荳蔲) 원72

불 Noix muscade.

한 육두구

*육목 [YOUK-MOK,-I] (肉目, (Chair, œil)) 원72

불 Les yeux charnels.

한 육체의 눈

*육미 [YOUK-MI] (肉味) 원72

불 Goût de la viande.

한 고기의 맛

*육보ᄒᆞ다 [YOUK-PO-HĂ-TA] (肉補) 원72

불 Se fortifier en mangeant de la viande.

한 고기를 먹어 튼튼해지다

*육산 [YOUK-SAN,-I] (肉山, (Chair, montagne [les rochers sont les os])) 원72

불 Montagne sans rochers, sans pierres.

한 바위가 없는, 돌이 없는 산

1*육샹궁 [YOUK-SYANG-KOUNG,-I] (毓祥宮) 원72

불 Nom d'un palais royal à la capitale.

한 수도에 있는 왕궁 이름

2육샹궁 [YOUK-SYANG-KOUNG,-I] 원295 ☞ 륙샹궁

*육신 [YOUK-SIN,-I] (肉身, (Chair, corps)) 원72

불 Corps.

한 몸

*육욕 [YOUK-YOK,-I] (肉慾, (Chair, désir)) 원71

불 Désir charnel.

한 육체의 욕구

1* **육쟝** [YOUK-TJYANG,-I] (肉將) 원72

불 Homme d'une force corporelle extraordinaire, mais qui n'a pas d'intelligence. ‖ Homme qui mange beaucoup.

한 특별한 육체의 힘을 가졌으나 지성은 없는 사람 | 많이 먹는 사람

2* **육쟝** [YOUK-TJYANG,-I] (肉醬) 원72

불 Saumure dans laquelle on a mis de la viande. Esp. de moutarde faite avec plusieurs ingrédients, parmi lesquels se trouve de la viande, de la farine de viande sèche.

한 고기를 넣은 소금물 | 여러 재료로 만들어진 겨자의 종류로 그 재료 중에 고기와 마른 고기 가루가 있다

* **육졍** [YOUK-TJYENG,-I] (肉情) 원72

불 Affection naturelle, charnelle; sensation du corps.

한 자연스러운, 육체의 애정 | 신체의 감각

* **육즙** [YOUK-TJEUP,-I] (肉汁) 원72

불 Jus de viande.

한 고기의 즙

* **육직이** [YOUK-TJIK-I] (肉直) 원72

불 Boucher qui vend de la viande.

한 고기를 파는 푸주한

* **육찬** [YOUK-TCHAN,-I] (肉饌) 원72

불 Mets de viande.

한 고기 요리

* **육톄** [YOUK-TCHYEI] (肉滯) 원72

불 Indigestion de viande.

한 고기로 인한 소화불량

* **육쵸** [YOUK-TCHO] (肉燭) 원72

불 Chandelle de suif.

한 기름으로 만든 양초

* **육탈ᄒᆞ다** [YOUK-HTAL-HĂ-TA] (肉脫, (Chair, se dessécher)) 원72

불 Qui n'a que les os et la peau. Etre maigre.

한 뼈와 피부만 있다 | 마르다

* **육탕** [YOUK-HTANG,-I] (肉湯) 원72

불 Consommé de viande, bouillon, gras très-consommé.

한 맑은 고기 수프, 아주 많이 먹는 기름진 국

* **육포** [YOUK-HPO] (肉脯) 원72

불 Viande sèche, desséchée.

한 마른, 메마른 고기

* **육회** [YOUK-HOI] (肉膾) 원71

불 Viande de bœuf que l'on mange crue. Mets de viande crue.

한 날것으로 먹는 소고기 | 날고기 요리

* **육후ᄒᆞ다** [YOUK-HOU-HĂ-TA] (肉厚, (Chair, épaisse)) 원71

불 Charnu, gras; qui a beaucoup de chair, de graisse (animaux, fruits).

한 살이 찌다, 기름지다 | 살, 지방이 많다 (동물, 과일)

1* **윤** [YOUN,-I] (閏) 원72

불 Supplémentaire (jour ou lune).

한 보충의 (날이나 달)

2* **윤** [YOUN,-I] (潤) 원72

불 Luisant, beau, clair.

한 빛나다, 아름답다, 밝다

윤나다 [YOUN-NA-TA,-NA,-NAN] (潤色) 원72

불 Briller, reluire, être reluisant.

한 빛나다, 반짝이다, 윤이 나다

* **윤년** [YOUN-NYEN,-I] (閏年) 원73

불 Année dans laquelle il y a une lune supplémentaire, qu'on appelle 윤월 Youn-ouel.

한 윤월 Youn-ouel이라 부르는 보충하는 달이 있는 해

윤둘 [YŌŪN-TĂL,-I] (閏月) 원73

불 Lune ou mois supplémentaire, intercalée tous les trois ans à peu près, pour compléter le nombre des jours de l'année.

한 한 해의 날수를 보충하기 위해 추가된, 거의 3년마다 삽입되는 달이나 월

윤목이 [YOUN-MOK-I] (赤項蛇) 원72

불 Couleuvre, serpent à tête et cou verts (non venimeux).

한 독 없는 뱀의 일종, 초록색 머리와 목이 있는 (독이 없는) 뱀

* **윤삭** [YOUN-SAK,-I] (閏朔) 원73

불 Lune ou mois supplémentaire.

한 추가 되는 달 또는 월

* **윤옥** [YOUN-OK,-I] (允玉, (Loyal, précieux)) 원72

불 Précieux fils aîné (dans les lettres). Enfant d'un autre. Nom par lequel on désigne honorifiquement l'enfant d'un autre (style épistol.).

한 (편지에서) 소중한 맏아들 | 다른 사람의 아이 | 다른 사람의 아이를 경칭으로 가리키는 이름

* **윤월** [YŌŪN-OUEL,-I] (閏月) 원72

불 Lune supplémentaire, intercalée. Mois supplémentaire, qui revient tous les trois ans à peu près, pour compléter le nombre des jours de l'année.

한 추가된, 끼워 넣은 달 | 한 해의 날수를 보충하기 위해 거의 3년마다 돌아오는 추가된 달

윤일 [YŌŪN-IL,-I] (閏日) 원72

불 Jour supplémentaire; le 31e jour de la lune. (Il n'a pas lieu dans le calendrier chinois).

한 추가된 날 | 달의 31번째 날 | (중국 달력에는 없다)

*__윤퇴ᄒᆞ다__ [YOUN-HTĂIK-HĂ-TA] (潤澤) 원73

불 Brillant, net, poli, reluisant. Etre gras, luisant, potelé.

한 빛나다, 깨끗하다, 반질반질하다, 반짝이다 | 뚱뚱하다, 빛나다, 포동포동하다

윤포 [YOUN-HPO] 원73

불 Toile de chanvre jaune et à large laize.

한 큰 폭을 지닌 노란 대마천

*__윤허ᄒᆞ다__ [YOUN-HE-HĂ-TA] (允許) 원72

불 Accorder, approuver, concéder, permettre, promettre.

한 허락하다, 승인하다, 허가하다, 허용하다, 약속하다

율모 [YOUL-MO] (薏苡) 원73

불 Larmes de Job, graines grises tachetées, d'un petit arbuste, avec lesquelles on fait les chapelets; on les mange et elles servent en médecine.

한 욥의 눈물, 묵주를 만드는 관목의, 반점이 있는 회색의 종자들 | 그것들은 먹어서 내복약으로 쓰인다

*__융복__ [YOUNG-POK,-I] (戎服, (Soldat, habit)) 원73

불 Habit de général. Uniforme militaire.

한 장군의 옷 | 군인 제복

으그러지다 [EU-KEU-RE-TJI-TA,-RE-TJYE,-RE-TJIN] 원33

불 Pencher, être penché, se fausser, se bosseler, se racornir.

한 기울다, 기울어지다, 망가지다, 찌그러지다, 굳어지다

으그럿드리다 [EU-KEU-RET-TEU-RI-TA,-TEU-RYE,-TEU-RIN] 원33

불 Fausser, courber, faire se racornir.

한 왜곡하다, 구부리다, 굳어지게 하다

으로 [EU-RO] 원36

불 (Terminaison du cas instrumental) de, par, avec.

한 ~의(도구격 어미), ~에 의해, ~로

으름 [EU-REUM,-I] (木通實) 원36

불 Fruit de clématite. Esp. de fruit sauvage qui a une enveloppe blanche s'ouvrant en deux, et contenant beaucoup de petites graines (en automne).; il est d'une saveur douce; c'est le meilleur des fruits de Corée.

한 클레마티스 열매 | 둘로 벌어지는 흰 껍질이 있고 (가을에) 작은 씨들이 많이 들어 있는 야생 과일의 종류 | 단맛이 난다 | 조선에서 가장 좋은 과일이다

으셕으셕ᄒᆞ다 [EU-SYEK-EU-SYEK-HĂ-TA] 원36

불 Ruiné, entièrement gâté, défait, (se dit d'une boîte) disloqué.

한 무너지다, 전부 상하다, 부서지다, (상자에 대해 쓴다) 분해되다

으스러지다 [EU-SEU-RE-TJI-TA,-TJYE,-TJIN] (猝) 원37

불 Etre brisé, être mâché(poire, fruit); être broyé

한 부서지다, (배, 과일) 씹히다 | 부서지다

으스럿드리다 [EU-SEU-RET-TEU-RI-TA,-RYE,-RIN] 원37

불 Broyer. ‖ Frissonner (de froid ou de peur), éprouver des frissons.

한 부수다 | (추위 또는 두려움으로) 부르르 떨다, 오한을 느끼다

으스름ᄒᆞ다 [EU-SEU-REUM-HĂ-TA] 원37

불 Devenir obscur, s'obscurcir.

한 캄캄해지다, 어두워지다

으스스ᄒᆞ다 [EU-SEU-SEU-HĂ-TA] (惡寒) 원37

불 Eprouver une sensation de froid, éprouver un frisson

한 추운 감각을 느끼다, 오한을 느끼다

[1]**으슥ᄒᆞ다** [EU-SEUK-HĂ-TA] 원36

불 Avoir bonne envie de, commencer à désirer avec plaisir.

한 매우 ~하고 싶다, 즐겁게 바라기 시작하다

[2]**으슥ᄒᆞ다** [EU-SEUK-HĂ-TA] 원36

불 Peu fréquenté, retiré, solitaire, désert.

한 왕래가 잦지 않다, 외지다, 외롭다, 사람이 없다

으슬으슬ᄒᆞ다 [EU-SEUL-EU-SEUL-HĂ-TA] (可怕) 원37

불 Effrayant, terrible, imposant.

한 끔찍하다, 무시무시하다, 위압적이다

으슴프러ᄒᆞ다 [EU-SEUM-HPEU-RE-HĂ-TA] 원37

불 Etre obscur, peu clair. ‖ Etre sombre, peu ouvert(caractère).

한 어둡다, 밝지 않다 | 컴컴하다, (성격) 솔직하지 않다

으실으실ᄒᆞ다 [EU-SIL-EU-SIL-HĂ-TA] 원37 ☞ 으슬으슬ᄒᆞ다

으ᄋᆞ리 [EU-Ă-RI] (連翹) 원31

불 Esp. d'herbe potagère. Esp. d'anchuse.

한 식용 풀의 종류 | 미나리과 종류

으젓잔타 [EU-TJYET-TJAN-HTA,-A,-EUN] (不善) 원37

불 Mal fait, qui a mauvaise tournure, mauvaise mine.

한 풍채가 좋지 않다, 어법이 나쁘고, 거동이 나쁘다

으젓ᄒᆞ다 [EU-TJYET-HĂ-TA] (善) 원37

불 Etre grave, honnête, bien élevé, digne dans ses manières.

한 근엄하다, 정중하다, 예의바르다, 그 품행에 있어 의젓하다

으징감이 [EU-TJING-KAM-I] (破土器) 원37

불 Têt, tesson, débris de vases cassés.

한 토기, 깨진 조각, 깨진 유리병의 파편

으쳐지다 [EU-TCHYE-TJI-TA,-TJYE,-TJIN] 원37

불 Etre écorché, s'écorcher.

한 살갗이 벗겨지다, 찰과상을 입다

윽긔다 [EUK-KEUI-TA,-KEUI-YE,-KEUIN] 원33

불 Ecraser (un remède), piler, réduire en poudre.

한 (약을) 으스러뜨리다, 빻다, 가루로 만들다

윽박다 [EUK-PAK-TA,-PAK-A,-PAK-EUN] 원33

불 Fort dans ses raisons, dans ses paroles; ‖ Enfoncé avec force. ‖ River à quelqu'un son clou. ‖ Opprimer, écraser; accabler d'injures, de réprimandes.

한 그 이치와 말에서 강하다 | 강하게 박히다 | 누군가를 묶어 놓다 | 억압하다, 억누르다 | 욕설, 질책으로 괴롭히다

1* **은** [EUN,-I] (隱) 원34

불 En agr. Secret.

한 한자어로 비밀

2* **은** [EUN,-I] (恩) 원34

불 Bienfait.

한 선행

3* **은** [EUN,-I] (銀) 원34

불 Argent.

한 은

* **은격ᄒᆞ다** [EUN-KYEK-HĂ-TA] (隱隔) 원35

불 Etre obscur, bien caché, retiré.

한 어둡다, 잘 보이지 않다, 구석지다

1 **은결** [EUN-KYEL,-I] (銀波) 원35

불 Couleur d'argent, qui ressemble à l'argent; reflet d'argent.

한 은색, 은과 비슷한 것 | 은과 아주 유사한 것

2* **은결** [EUN-KYEL,-I] (銀結) 원35

불 Contribution inconnue. ‖ Concussion; détournement des deniers publics; exaction; impôts perçus indûment.

한 신원미상의 세금 | 공금횡령 | 공공 교부금의 횡령 | 부당 징수 | 부당하게 징수된 세금

* **은고** [EUN-KO] (銀庫) 원35

불 Trésor royal. ‖ Maison ou lieu où l'on met les lingots d'argent.

한 왕의 보물 | 은괴를 두는 시설 또는 장소

1* **은곡** [EUN-KOK,-I] (隱穀) 원35

불 Grain caché et accaparé.

한 숨겨진 그리고 독점된 곡식

2* **은곡** [EUN-KOK,-I] (銀穀) 원35

불 Argent et grain.

한 돈과 곡식

* **은공** [EUN-KONG,-I] (恩功) 원35

불 Bienfait, faveur. ‖ Bienfait et mérite.

한 선행, 호의 | 선행과 미덕

* **은구** [EUN-KOU] (隱口) 원35

불 Canal souterrain.

한 지하 운하

* **은구어** [EUN-KOU-E] (銀口魚, (Argent, bouche, poisson)) 원35

불 Poisson à la bouche d'argent; esp. de petit poisson de fleuve.

한 입이 은색인 생선 | 강에 사는 작은 생선의 종류

* **은군ᄌᆞ** [EUN-KOUN-TJĂ] (隱君子) 원35

불 Fille de joie (en secret), courtisane particulière et en secret.

한 (비밀스러운) 창녀, 특별하고 비밀스러운 화류계의 여자

* **은근ᄒᆞ다** [EUN-KEUN-HĂ-TA,-HĂN,-HI] (慇懃) 원35

불 Secret. ‖ Sympathiser, être d'accord. Parler ouvertement, ouvrir son cœur.

한 비밀 | 마음이 통하다, 의견이 일치하다 | 솔직하게 말하다, 자기 마음을 열다

* **은금** [EUN-KEUM] (銀金) 원35

불 Argent et or.

한 은과 금

1* 은긔 [EUN-KEUI] (隱氣) [원]35
[불] Air tranquille, retiré(endroit).
[한] 평온한 공기, (장소가) 외지다

2* 은긔 [EUN-KEUI] (銀器) [원]35
[불] Vase d'argent.
[한] 은그릇

* 은덕 [EUN-TEK,-I] (恩德) [원]35
[불] Bienfaisance, vertu de bienfaisance.
[한] 선행, 선행의 미덕

* 은닉ᄒᆞ다 [EUN-RIK-HĂ-TA] (隱匿) [원]35
[불] Cacher, dérober à la vue, ne pas faire connaître.
[한] 숨기다, 시선에서 감추다, 알지 못하게 하다

* 은명 [EUN-MYENG,-I] (恩命) [원]35
[불] Ordre d'un grand personnage. ‖ Ordre bienveillant.
[한] 큰 인물의 명령 | 호의적인 명령

은목감이 [EUN-MOK-KAM-I] [원]35
[불] Cercle incrusté d'argent, cercle d'argent.
[한] 은을 박아 넣은 원, 은으로 된 원

은물 [EUN-MOUL,-I] (銀水, (Argent, eau)) [원]35
[불] Argent fondu, liquide.
[한] 녹은, 액체 상태의 은

* 은밀ᄒᆞ다 [EUN-MIL-HĂ-TA,-HĂN,-HI] (隱密) [원]35
[불] Secret.
[한] 은밀하다

* 은박 [EUN-PAK,-I] (銀薄) [원]35
[불] Incrustation d'argent en général.
[한] 일반적으로 은을 박아 넣음

* 은벽쳐 [EUN-PYEK-TCHYE] (隱僻處) [원]35
[불] Lieu inhabité, désert, retiré, solitaire.
[한] 사람이 살지 않는, 사람이 없는, 구석진, 황량한 장소

* 은보 [EUN-PO] (恩保) [원]35
[불] Protecteur, bienfaisant.
[한] 보호하다, 친절하다

* 은봉차 [EUN-PONG-TCHA] (銀鳳釵) [원]35
[불] Aiguille en argent pour les cheveux.
[한] 머리털용의 은으로 된 바늘

* 은사 [EUN-SA] (銀絲) [원]35
[불] Fil d'argent.
[한] 은실

* 은샤 [EUN-SYA] (恩赦) [원]35
[불] Indulgence.
[한] 관용

* 은슈 [EUN-SYOU] (隱修) [원]35
[불] Ermite, anachorète.
[한] 은둔자, 수도사

* 은신ᄒᆞ다 [EUN-SIN-HĂ-TA] (隱身, (Caché,corps)) [원]35
[불] Se cacher, être caché (le corps).
[한] 숨다, (몸이) 숨겨지다

* 은ᄉᆡᆨ [EUN-SĂIK,-I] (銀色) [원]35
[불] Couleur d'argent. ‖ Couleur d'un bleu très-clair, très-tendre.
[한] 은색 | 아주 밝은, 아주 부드러운 파란색

* 은안ᄇᆡᆨ마 [EUN-AN-PĂIK-MA] (銀鞍白馬) [원]34
[불] Cheval éclatant de blancheur, au harnais étincelant d'argent.
[한] 흰색이 선명한 은색으로 반짝이는 마구를 걸친 말

* 은어 [EUN-E] (銀魚) [원]34
[불] Esp. de poisson de fleuve.
[한] 강가에 사는 물고기의 종류

* 은연이 [EUN-YEN-I] (隱然) [원]34
[불] Secrètement.
[한] 몰래

* 은우 [EUN-OU] (恩友) [원]34
[불] Bienfaiteur et ami. ‖ Grâce; bienfait accordé avec affection; bienveillance.
[한] 은인과 친구 | 은혜 | 애정으로 베풀어진 친절 | 친절

* 은은ᄒᆞ다 [EUN-EUN-HĂ-TA] (隱隱) [원]34
[불] Demijour, demi clair de lune. ‖ Etre secret, caché.
[한] 여명빛, 흐릿한 달빛 | 드러나지 않다, 숨겨지다

1* 은의 [EUN-EUI] (恩義) [원]34
[불] Bienfait, justice.
[한] 호의, 정의

2* 은의 [EUN-EUI] (隱義) [원]34
[불] Pensée intérieure.
[한] 내면의 생각

* 은인 [EUN-IN,-I] (恩人) [원]34
[불] Bienfaiteur.
[한] 은인

은입ᄉᆞ [EUN-IP-SĂ] [원]34
[불] Cercle dans lequel il y a une partie en argent.
[한] 은으로 된 부분이 있는 원

* 은쟝건 [EUN-TJYANG-KEN,-I] (銀粧巾) [원]35
[불] Esp. de bonnet en crin tissé comme la toile.
[한] 직물처럼 짜인 챙 없는 말총 모자의 종류

*은장관 [EUN-TJYANG-KOAN,-I] (銀粧冠) [원]35
[불] Esp. de bonnet en crin tissé comme la toile.
[한] 직물처럼 짜인 챙 없는 말총 모자의 종류

*은젼 [EUN-TJYEN,-I] (銀錢) [원]35
[불] Pièce d'argent monnayé. Monnaie d'argent, argent.
[한] 주조된 은돈 | 은동전, 은

은조사 [EUN-TJO-SA] [원]35
[불] Nom d'une esp. de toile. de soie.
[한] 천의, 비단 종류의 이름

*은쥬 [EUN-TJOU] (恩主) [원]35
[불] Maître du bienfait. ‖ Maître bienfaisant.
[한] 선행을 하는 주인 | 자비로운 주인

*은쥭졀 [EUN-TJYOUK-TJYEL,-I] (銀竹節) [원]35
[불] Aiguille de chevelure, en argent, longue de duex pieds, avec une tête grosse comme le poing et peinte de différentes couleurs.
[한] 은으로 된, 2피에 길이의, 머리가 주먹 굵기이며 다양한 색으로 칠이 된 비녀

1* 은ᄌᆞ [EUN-TJĂ] (隱子) [원]35
[불] Fille de joie.
[한] 창녀

2* 은ᄌᆞ [EUN-TJĂ] (銀子) [원]35
[불] Argent pour la route. Syn. 노쟈 No-tjya.
[한] 여정을 위한 돈 | [[동의어] 노쟈, No-tjya]

*은춍 [EUN-TCHYŌNG,-I] (恩寵) [원]35
[불] Grâce,grand bienfait, bienfait de la grâce.
[한] 은혜, 큰 선행, 은혜의 친절

*은침 [EUN-TCHIM,-I] (銀針) [원]35
[불] Aiguille d'argent pour l'acuponcture.
[한] 침술에 쓰이는 은침

*은ᄐᆡᆨ [EUN-HTĂIK,-I] (恩澤) [원]35
[불] Bienfait.
[한] 은혜

*은하슈 [EUN-HA-SYOU] (銀河水) [원]35
[불] Voie lactée.
[한] 은하수

*은한 [EUN-HAN,-I] (銀漢) [원]34
[불] Voie lactée.
[한] 은하수

*은합 [EUN-HAP,-I] (銀盒) [원]34
[불] Petite boîte en argent.
[한] 은으로 만들어진 작은 상자

1* 은혈 [EUN-HYEUL,-I] (隱穴) [원]35
[불] Trou, cavité, cachette.
[한] 구멍, 빈 공간, 은신처

2* 은혈 [EUN-HYEUL,-I] (銀穴) [원]35
[불] Mine d'argent.
[한] 은 광산

1 은혈쟝식 [EUN-HYEL-TJYANG-SIK,-I] [원]35
[불] Serrure dont on ne voit pas le jeu.
[한] 장치가 보이지 않는 자물쇠

2 은혈쟝식 [EUN-HYEL-TJYANG-SIK,-I] [원]35
[불] Ferrure ou garniture en argent.
[한] 은으로 된 철물 또는 부속품

은혜 [EUN-HYEI] (恩惠) [원]35
[불] Bienfait, grâce,service, faveur.
[한] 선행, 은혜, 봉사, 호의

*은혜롭다 [EUN-HYEI-ROP-TA,-RO-OA,-RO-ON] (恩惠) [원]35
[불] Bienfaisant.
[한] 자비롭다

*은휘ᄒᆞ다 [EUN-HOUI-HĂ-TA] (隱諱) [원]35
[불] Ne pas dire un secret à une personne; cacher, taire un secret. ‖ Tromper.
[한] 아무에게도 비밀을 말하지 않다 | 숨기다, 비밀을 말하지 않다 | 속이다

*은ᄒᆡᆼ [EUN-HĂING] (銀杏, (Argent, abricot)) [원]35
[불] Esp. de grand arbre qui a des fruits dont la graine est blanche. Le Ginko bibola. V.Syn. 빅과 Păik-koa.
[한] 씨가 하얀 열매가 열리는 큰 나무의 종류 | 은행나무 | [[동의어] 빅과, Păik-koa]

1 을 [EUL] [원]36
[불] Terminaison de l'accusatif.
[한] 대격 어미

2 을 [EUL,-I] [원]36
[불] Nom de l'r (ㄹ) en coréen.
[한] 조선말 r(ㄹ)의 명칭

3 올 [OL,-I] [원]56
[불] Primieurs. Qui vient de bonne heure, avant le temps ordinaire (blés, fruits, etc.).
[한] 만물 | 일찍, 보통 때보다 먼저 오는 것(곡식, 과일 등)

4 올 [OL,-I] [원]56
[불] Numéral des brins de fil, des cordes.
[한] 실오라기, 끈을 세는 수사

5 올 [OL] [원]56
[불] De maintenant, de cette année. 올에 Ol-ei, Dans

cette année.

[한] 지금의, 올해의 | [[용례] 올에 Ol-ei], 올해에

*을갓다 [EUL-KAT-TA,-KA,-KAN] [원]36

[불] Se fendre, Se gâter

[한] 금이 가다, 나빠지다

*을골 [EUL-KOL,-I] (乙骨) [원]36

[불] Bruit que, dit-on, le tigre fait en marchant, soit par le froissement de ses os, soit par le battement de sa queue, mais qui est différent de son cri. || Ebranlement, froissement des os, sans fracture ni luxation.

[한] 호랑이가 걸으면서, 또는 뼈가 삐거나, 제 꼬리를 치거나해서 낸다고 하는, 그러나 그 울음과는 다른 소리 | 탈골도 없고 탈구도 없이 뼈가 흔들림, 삠

을근을근ᄒᆞ다 [EUL-KEUN-EUL-KEUN-HĂ-TA] [원]36

[불] Murmurer. Gronder entre ses dents, grommeler. Irritation du tigre auquel on a arraché sa proie. Se dit aussi d'un homme qui n'obtient pas ce qu'il demande avec instances. Murmures.

[한] 속삭이다 | 투덜거리다, 중얼거리다 | 먹이를 빼앗긴 호랑이의 노여움 | 간곡하게 청하는 것을 얻지 못하는 사람에 대해 쓴다 | 투덜거림

을득이 [EUL-TEUK-I] [원]36

[불] Avorton, mal bâti. || Homme ennuyeux, insipide.

[한] 보기 흉한 난쟁이 | 지루한, 따분한 사람

*을묘 [EUL-MYO] (乙卯) [원]36

[불] 52e année du cycle de 60 ans. 1735, 1795, 1855, 1915.

[한] 60년 주기의 52번째 해 | 1735, 1795, 1855, 1915년

*을미 [EUL-MI] (乙未) [원]36

[불] 32e année du cycle de 60 ans. 1715, 1775, 1835, 1895.

[한] 60년 주기의 32번째 해 | 1715, 1775, 1835, 1895년

*을보 [EUL-PO] (乙楔) [원]36

[불] Poutre transversale recourbée. || Avorton, petite personne mal faite. Animal mal bâti. Objet non réussi. || Homme ennuyeux, insipide.

[한] 끝이 구부러진 가로 들보 | 난쟁이, 발육이 덜 된 작은 사람 | 발육이 덜 된 동물 | 훌륭하지 못한 물건 | 지루한, 따분한 사람

*을ᄉᆞ [EUL-SĂ] (乙巳) [원]36

[불] 42e année du cycle de 60 ans. 1725, 1785, 1845, 1905.

[한] 60년 주기의 42번째 해 |1725, 1785, 1845, 1905년

*을유 [EUL-YOU] (乙酉) [원]36

[불] 22e année du cycle de 60 ans. 1705, 1765, 1825, 1885.

[한] 60년 주기의 22번째 해 | 1705, 1765, 1825, 1885년

을츅 [EUL-TCHYOUK,-I] (乙丑) [원]36

[불] 2e année du cycle de 60ans. 1685, 1745, 1805, 1865, 1925.

[한] 60년 주기의 두 번째 해 | 1685, 1745, 1805, 1865, 1925년

*을ᄒᆡ [EUL-HĂI] (乙亥) [원]36

[불] 12e année du cycle de 60 ans. 1695, 1755, 1815, 1875.

[한] 60년 주기의 열두 번째 해 | 1695, 1755, 1815, 1875 년

읇다 [EULP-TA,-HE,-HOUN] (詠) [원]36

[불] Etudier, apprendre les caractères en chantant, à haute voix.

[한] 공부하다, 노래하면서, 큰 목소리로 글자를 배우다

1*음 [EUM] (陰) [원]33

[불] En agr. Secret. || Sexe féminin.

[한] 한자어로 비밀 | 여성의 성

2*음 [EUM] (婬) [원]33

[불] Impur.

[한] 불순하다

3*음 [EUM,-I] (音) [원]33

[불] Accent, son voix. Par ex.: dans 텬 htyen et 하늘 ha-năl, qui, l'un et l'autre, signifient ciel, 텬 htyen est l' 음 eum, et 하늘 hanăl le 식음 săik-eum.

[한] 표현음, 그 음성 | 예를 들어 : 하늘을 위미하는 텬 htyen과 하늘 ha-năl에서, 텬 htyen은 음 eum이고, 하늘 ha-năl은 식음 săik-eum이다

*음가 [EUM-KA] (淫歌) [원]33

[불] Chanson obscène.

[한] 외설적인 노래

*음간ᄒᆞ다 [EUM-KAN-HĂ-TA] (陰乾) [원]33

[불] Sécher à l'ombre. Faire sécher à l'ombre.

[한] 그늘에서 말리다 | 그늘에서 마르게 하다

*음건ᄒᆞ다 [EUM-KEN-HĂ-TA] (陰乾) [원]33

[불] Faire sécher à l'ombre.

[한] 그늘에서 말리다

*음계로 [EUM-KYEI-RO] (陰計) [원]33

[불] (Ruse cachée). En secret, en cachette.

[한] (감추어진 계략) | 비밀로 | 비밀로

*음긔 [EUM-KEUI] (陰氣) [원]33

㉻ Force. ‖ Force de l'ombre, fraicheur de l'ombre.
㉸ 힘 | 어둠의 힘, 그늘의 시원함

*음낙 [EU-NAK,-I] (淫樂) ㉷34
㉻ Jouissance de l'impureté, plaisir impur.
㉸ 외설적인 쾌락, 정숙지 못한 기쁨

*음난ᄒᆞ다 [EUM-NAN-HĂ-TA,-HĂN,-HI] (淫亂) ㉷34
㉻ Impur, impudique, obscène.
㉸ 외설적이다, 정숙지 못하다, 음란하다

*음녀 [EUM-NYE] (婬女) ㉷34
㉻ Femme impudique.
㉸ 정숙지 못한 여성

*음념 [EUM-NYEM,-I] (婬念) ㉷34
㉻ Pensée impure.
㉸ 불순한 생각

*음뉼 [EUM-NYOUL,-I] (音律) ㉷34
㉻ Son de musique, son d'instrument.
㉸ 음악 소리, 악기 소리

음니 [EUM-NI] ㉷2 ☞악음니

*음닝ᄒᆞ다 [EUM-NĂING-HĂ-TA] (陰冷) ㉷34
㉻ Temps couvert qui est très-froid. Sombre et froid.
㉸ 아주 차가운 구름 낀 날씨 | 어둡고 차다

*음달 [EUM-TAL,-I] ㉷34
㉻ Côté nord opposé au soleil. Ombre, à l'ombre, endroit où le soleil ne donne pas. Exposé au nord.
㉸ 햇빛에 반대되는 북쪽 편 | 그늘, 그늘에서, 햇빛이 들지 않는 장소 | 북쪽으로 향하다

*음담 [EUM-TAM,-I] (淫談) ㉷34
㉻ Parole impudique, obscène.
㉸ 외설적인, 음란한 말

*음덕 [EUM-TEK,-I] (陰德) ㉷34
㉻ Vertu secrète, vertu cachée.
㉸ 비밀스러운 미덕, 감춰진 미덕

*음독ᄒᆞ다 [EUM-TOK-HĂ-TA] (陰毒) ㉷34
㉻ Méchanceté. Etre fourbe et méchant. ‖ Exagération, enthousiasme mauvais.
㉸ 악의 | 교활하고 악독하다 | 지나침, 나쁜 열의

*음독ᄒᆞ다 [EUM-TOK-HĂ-TA] (飮毒) ㉷34
㉻ Avaler du poison.
㉸ 독을 삼키다

*음디 [EUM-TI] (陰地) ㉷34
㉻ Ombre. Lieu où le soleil ne donne pas. Terrain exposé au nord. Côté opposé au soleil.
㉸ 그늘 | 햇빛이 들지 않는 장소 | 북쪽으로 향한 땅 | 햇빛과 반대되는 쪽

*음모 [EUM-MO] (陰謀) ㉷33
㉻ Emboûche secrète, ruse secrète, conspiration, piége secret.
㉸ 은밀한 함정, 은밀한 책략, 음모, 은밀한 함정

*음몽 [EUM-MONG,-I] (婬夢) ㉷33
㉻ Rêve obscène.
㉸ 외설적인 꿈

*음물 [EUM-MOUL,-I] (陰物) ㉷34
㉻ Chose impure. ‖ Chose femelle, objet femelle.
㉸ 부정한 것 | 계집의 것, 계집의 물건

*음복ᄒᆞ다 [ĒUM-POK-HĂ-TA] (飮福, (Boire, bonheur)) ㉷34
㉻ Vin offert en sacrifice sur la table, et que les descendants du mort seuls ont le droit de boire. Boire le vin offert en sacrifice et qui est sensé porter bonheur.
㉸ 식탁에 제물로 제공되고 고인의 후손들만 마실 권리가 있는 술 | 제물로 제공되고 행복을 가져다준다고 여겨지는 술을 마시다

*음부 [EUM-POU] (淫夫) ㉷34
㉻ Homme impudique. ‖ Femme impudique. ‖ Epouse infidèle.
㉸ 외설적인 남자 | 외설적인 여자 | 부정한 아내

*음사피 [EUM-SA-HPI] (陰蛇皮) ㉷34
㉻ Peau d'un serpent qui s'en est dépouillé à l'ombre (médec.).
㉸ (의학에서) 그늘에서 허물을 벗은 뱀의 피부

*음산 [EUM-SAN,-I] (陰山) ㉷34
㉻ Le nord d'une montagne.
㉸ 산의 북쪽

1*음셔 [EUM-SYE] (淫書) ㉷34
㉻ Ecrit obscène.
㉸ 외설적인 책

2음셔 [EUM-SYE] ㉷34
㉻ Hermine (fourrure).
㉸ 흰담비 (모피)

*음셩 [EUM-SYENG,-I] (音聲) ㉷34
㉻ Voix, son, parole, son d'une parole.
㉸ 목소리, 소리, 말, 말소리

*음식 [EUM-SIK,-I] (飮食) ㉷34
㉻ Aliment, mets, nourriture, vivres.
㉸ 음식, 요리, 양식, 식량

음식ᄒᆞ다 [EUM-SIK-HĂ-TA] ㉷34

불 Préparer les aliments.
한 음식을 준비하다

*음신 [EUM-SIN,-I] (音信) 원34
불 Nouvelles.
한 소식

*음실 [EUM-SIL,-I] (陰室) 원34
불 Maison ombragée, ou le soleil ne pénètre jamais.
한 그늘지거나 햇빛이 전혀 침투하지 않는 집

*음악 [EUM-AK,-I] (陰惡) 원33
불 Méchanceté secrète.
한 비밀스러운 악의

*음양 [EUM-YANG,-I] (陰陽) 원33
불 Nombre pair et nombre impair. ‖ Lune et soleil. ‖ Ombre et lumière. ‖ Femelle et mâle. ‖ Principe de toutes choses, suivant un système qui semble tenir beaucoup du manichéisme. V. 홍몽 Hong-mong.
한 짝수와 홀수 | 달과 해 | 그늘과 빛 | 암컷과 수컷 | 마니교 성격을 많이 갖고 있는 것처럼 보이는 체제에 따르면 모든 것들의 원칙 | [참조어 홍몽, Hong-mong]

*음오 [EUM-O] (淫汚) 원33
불 Impudicité.
한 외설

*음욕 [EUM-YOK,-I] (婬慾) 원33
불 Désir impur, envie impure.
한 외설적인 욕구, 음란한 욕망

*음일고샤 [EUM-IL-KYO-SYA] (淫逸驕奢) 원33
불 Impureté, paresse, mensonge, orgueil et bonne chère.
한 불순, 게으름, 거짓말, 자존심과 좋은 낯

*음졍 [EUM-TJYENG,-I] (婬情) 원34
불 Pensée d'impureté, affection impudique.
한 부도덕한 생각, 외설적인 애정

*음죵 [EUM-TJYONG,-I] (陰瘇) 원34
불 Furoncle à la cuisse. Nom d'une esp. de furoncle, d'ulcère aux parties. ‖ Furoncle femelle.
한 넓적다리의 절종 | 절종, 신체 일부분의 궤양 종류의 이름 | 여성 절종

*음쥬ᄒᆞ다 [EUM-TJYOU-HĂ-TA] (飮酒) 원34
불 Boire du vin.
한 술을 마시다

음즉ᄒᆞ다 [EUM-TJEUK-HĂ-TA] 원34
불 Termin. ayant le sens de: digne de, capable de, suffisamment bon pour.
한 ~할 만하다, ~할 수 있다, ~에 충분히 좋다의 의미를 갖는 어미

*음증 [EUM-TJEUNG,-I] (陰症) 원34
불 Etat de fraicheur intérieure cause de maladie. ‖ Maladie cachée, secrète, intérieure.
한 병의 원인인 내부의 서늘한 상태 | 숨겨진, 비밀스러운, 내부의 병

*음질 [EUM-TJIL,-I] (陰疾) 원34
불 Maladie(esp.de), anémie, maladie d'épuisememt.
한 병(의 종류), 빈혈, 쇠약의 병

음츙맛다 [EUM-TCHYOUNG-MAT-TA,-MA-TJYE,-MA-TJEUN] 원34
불 Faire une fourberie, être fourbe. Voy. 음흉ᄒᆞ다 Eum-hyoung-hă-ta.
한 음흉한 일을 하다, 음흉하다 | [참조어 음흉ᄒᆞ다, Eum-hyoung-hă-ta]

음칙ᄒᆞ다 [EUM-TCHIK-HĂ-TA,-HĂN,-HI] 원34
불 Tromper en se servant du bien du prochain. Etre fourbe, traître, perfide.
한 이웃의 재산을 사용하며 속이다 | 교활하다, 음흉하다, 불성실하다

*음침ᄒᆞ다 [EUM-TCHIM-HĂ-TA] (陰浸) 원34
불 Se servir du bien du prochain. ‖ Etre fourbe, rusé. ‖ Qui a un air suspect, sombre.
한 이웃의 재산을 사용하다 | 음흉하다, 교활하다 | 의심스러운, 어두운 기색이 있다

*음탐 [EUM-HTAM,-I] (淫貪) 원34
불 Concupiscence de la chair, désir de luxure. Passion charnelle.
한 육체의 욕망, 음란 욕구 | 육체적 열정

*음탕ᄒᆞ다 [EUM-HTANG-HĂ-TA,-HĂN,-HI] (淫蕩) 원34
불 Obscène, impur, débauché.
한 외설적이다, 정숙지 못하다, 방탕하다

*음특ᄒᆞ다 [EUM-HTEUK-HĂ-TA,-HĂN,-HI] (陰忒) 원34
불 Méchanceté secrète. Etre fourbe et méchant.
한 비밀스러운 악의 | 교활하고 악독하다

*음풍 [EUM-HPOUNG,-I] (淫風) 원34
불 Usage impur, obscène. Mœurs impures. ‖ Vent impur, souffle impur.
한 부도덕한, 외설적인 관례 | 부도덕한 관습 | 오염된 바람, 오염된 숨결

*음학 [EUM-HAK,-I] (淫虐) 원33

불 Froideur et chaleur à l'intérieur du corps. Fièvre lente, fièvre intérieure.

한 신체 내부의 냉기와 열기 | 완만한 열, 내부의 열

*음한ᄒᆞ다 [EUM-HAN-HĂ-TA] (飮恨) 원33

불 Etre frappé au cœur, être impressionné. Couver de la haine.

한 심장에 충격을 받다, 깊은 인상을 받다 | 증오를 품다

*음해ᄒᆞ다 [EUM-HAI-HĂ-TA] (陰害) 원33

불 Nuire en secret, faire tort en secret.

한 비밀스럽게 해치다, 비밀스럽게 잘못을 저지르다

*음허화동 [EUM-HE-HOĀ-TONG] (陰虛火動) 원33

불 Maladie dans laquelle la fraîcheur du corps disparaît et il ne reste plus que la chaleur. Echauffement produit par un excès de débauche.

한 몸의 서늘함이 사라지고 열기만 남는 병 | 과한 방탕으로 인해 생긴 열

*음혈 [EUM-HYEL,-I] (陰穴) 원33

불 Endroit du corps où l'on fait l'acuponcture. ‖ Urètre. ‖ Enfoncement profond en terre, caverne.

한 침술을 놓는 신체 장소 | 요도 | 땅 깊이 푹 들어간 부분, 동굴

*음휼ᄒᆞ다 [EUM-HYOUL-HĂ-TA] (陰譎) 원33

불 Etre fourbe, hypocrite.

한 교활하다, 위선적이다

*음흉ᄒᆞ다 [EUM-HYUNG-HĂ-TA,-HĂN,-HI] (陰凶) 원33

불 Action mauvaise faite en secret. Fourberie, fourbe. Faire du mal, nuire en secret.

한 은밀히 행해진 나쁜 행동 | 음흉함, 교활하다 | 해를 끼치다, 비밀스럽게 해치다

*음ᄒᆡᆼ [EUM-HĂING,-I] (婬行) 원33

불 Acte impur.

한 외설적인 행동

1*읍 [EUP,-I] (邑) 원36

불 Ville, endroit où réside un mandarin.

한 도시, 관리가 거주하는 곳

2*읍 [EUP,-I] (揖) 원36

불 Salutation, salut. (Il consiste, entre égaux, à mettre ses deux mains l'une dans l'autre, à les porter à son front, et à courber un peu la tête et les épaules).

한 정중한 인사, 인사 | (그것은 동등한 사람끼리 자신의 한 손을 다른 손 안에 넣고, 양손을 이마로 가져가서 머리와 어깨를 약간 구부리는 것으로 구성된다)

*읍각부동 [EUP-KAK-POU-TONG] (邑各不同) 원36

불 Chaque ville a ses coutumes différents.

한 각 마을에는 상이한 제 관습이 있다

*읍ᄂᆡ [EUP-NĂI] (邑內) 원36

불 Ville qui est le cheflieu d'un district, et a au moins un mandarin civil.

한 한 지역의 도청 소재지가 있고 적어도 한 명의 문민 관리가 있는 도시

*읍션ᄉᆡᆼ [EUP-SYEN-SĂING] (邑先生, (Ville, avant, naître)) 원36

불 Dénomination par laquelle le mandarin actuel désigne les mandarins qui l'ont précédé dans la place qu'il occupe. Prédécesseur.

한 현재 관리가 자신보다 앞서서 자기가 차지하고 있는 자리에 있었던 관리들을 가리키는 호칭 | 전임자

*읍인 [EUP-IN,-I] (邑人) 원36

불 Habitant d'une ville.

한 도시의 거주자

*읍ᄒᆞ다 [EUP-HĂ-TA] (揖) 원36

불 Saluer.

한 인사하다

읏게다 [EUT-KEI-TA,-KEI-YE,-KEIN] 원37

불 Réduire en poudre en palpant, en pressant.

한 손으로 만지면서, 압착하면서 가루로 만들다

읏듬 [EUT-TEUM,-I] (元) 원37

불 Chef, le premier; primauté; qui excelle; gouverneur, général. ‖ Principe, source.

한 장, 첫 번째 | 우월함 | 탁월하다 | 지사, 장군 | 원리, 근원

*응 [EUNG,-I] (應) 원35

불 Réponse, réponds.

한 대답, 대답한다

*응교 [EŪNG-KYO] (應校) 원36

불 Nom d'une dignité.

한 고위직의 명칭

*응구졉ᄃᆡ [EUNG-KOU-TJYEP-TĂI] (應口唼對) 원36

불 Répondre suivant la demande (un mot ou deux mots, suivant que la réponse est d'un mot ou de deux mots). ‖ Répondre avec facilité, sans retard, tout de suite. Réponse immédiate.

한 (대답이 한 단어 또는 두 단어인 것에 따라 한 단어 또는 두 단어)를 요구에 따라 응답하다 | 쉽게, 주저하지 않

고, 바로 대답하다 | 즉각적인 대답

*응구ᄒᆞ다 [ĒŪNG-KOU-HĂ-TA] (應口) ㊊36

불 Réponse prompte. Répondre aussitôt.

한 신속한 대답 | 곧 대답하다

*응군 [ĒŪNG-KOUN,-I] (應軍) ㊊36

불 Chasseur au faucon.

한 매 사냥꾼

*응긔ᄒᆞ다 [ĒŪNG-KEUI-HĂ-TA] (應起) ㊊35

불 Se féconder (l'un l'autre). ‖ Se condenser, s'épaissir. ‖ S'allier à. ‖ Se renforcer, renforcer, s'unir à un autre pour (v.g. faire la guerre).

한 (서로) 풍요롭게 만들다 | 압축되다, 두꺼워지다 | 결합되다 | 더 강해지다, 견고히 하다, (예. 전쟁하기) 위해 다른 사람과 단결하다

*응낙ᄒᆞ다 [ĒŪNG-NAK-HĂ-TA] (應諾) ㊊36

불 Promettre. Répondre et consentir. Répondre affir- mativement.

한 약속하다 | 대답하고 동의하다 | 긍정적으로 대답하다

*응답 [ĒŪNG-TAP,-I] (應答) ㊊36

불 Réponse.

한 대답

*응당이 [EUNG-TANG-I] (應當) ㊊36

불 Conséquemment, nécessairement, naturellement, convenablement.

한 따라서, 필연적으로, 당연히, 알맞게

1*응뎐ᄒᆞ다 [EUNG-TYEN-HĂ-TA] (應戰) ㊊36

불 Accepter le combat.

한 전투를 승낙하다

2*응뎐ᄒᆞ다 [EUNG-TYEN-HĂ-TA] (應傳) ㊊36

불 Accepter de faire la commission. Transmettre les ordres; transmettre la réponse.

한 전갈할 것에 동의하다 | 명령을 전달하다 | 대답을 전달하다

*응ᄃᆡᄒᆞ다 [ĒŪNG-TĂI-HĂ-TA] (應對) ㊊36

불 Répondre.

한 대답하다

1응밧다 [EUNG-PAT-TA,-PAT-A,-PAT-EUN] ㊊36

불 Etre gâté. Gâter un enfant.

한 응석받이다 | 아이를 애지중지하다

2응밧다 [EUNG-PAT-TA,-PAT-A,-PAT-EUN] ㊊36

불 Réciter alternativement.

한 번갈아가며 암송하다

*응역ᄒᆞ다 [EUNG-YEK-HĂ-TA] (應役) ㊊35

불 Rentrée des contributions. Payer les contributions. Se rendre à l'appel pour un travail.

한 세금의 징수 | 세금을 내다 | 일을 위한 부름에 응하다

응을밧다 [EUNG-EUL-PAT-TA,-PAT-A,-PAT-EUN] ㊊35

불 Réciter alternativement.

한 교대로 암송하다

*응응ᄒᆞ다 [EUNG-EUNG-HĂ-TA] ㊊35

불 Piaillerie des petits enfants, Piailler, pleurnicher.

한 어린아이들의 빽빽거리며 울기, 시끄럽게 울다, 질질짜다

응커리다 [EUNG-HKE-RI-TA,-RYE,-RIN] ㊊36

불 Rugir, hennir, beugler, mugir, cri des gros animaux quand ils ont perdu leurs petits. Crier pour appeler ses petits.

한 울부짖다, 말이 울다, 큰소리를 내다, 고래고래 소리 지르다, 새끼들을 잃었을 때 큰 동물들이 내는 울음소리 | 제 새끼들을 부르기 위해 소리 지르다

응크리다 [EUNG-HKEU-RI-TA,-RYE,-RIN] ㊊36

불 Hérisser ses poils ou ses plumes d'une manière menaçante.

한 위협하는 방법으로 제 털이나 제 깃털을 곤두세우다

*응포ᄒᆞ다 [EUNG-HPO-HĂ-TA] (應砲) ㊊36

불 Répondre par un coup de canon ou de fusil à un coup de canon ou de fusil.

한 대포 또는 총의 발사 한 번에, 대포나 총의 발사 한 번으로 대답하다

*응험 [ĒŪNG-HEM,-I] (應驗) ㊊35

불 Efficacité.

한 효율성

*응ᄒᆞ다 [ĒŪNG-HĂ-TA] (應) ㊊35

불 Répondre, faire des réponses (les deux chœurs). ‖ Prendre parti pour, aider.

한 대답하다, (두 합창대가) 응답하다 | ~의 편이 되다, 돕다

1*의 [EUI] (義) ㊊31

불 Justice.

한 정의

2*의 [EUI] (衣) ㊊31

불 Vêtement, habit.

한 옷, 의복

[3*]의 [EUI] (宜) ㉮31

불 Accord, amitié, liaison, entente (entre deux amis). ‖ Accord, harmonie, convenance; qui convient, qui est propre, qui est juste, qui s'adapte.

한 화합, 우정, 관계, (두 친구 사이의) 화목 | 화합, 조화, 적합 | ~에 적절하다, 적합하다, 정확하다, 적응하다

[4]의 [EUI] (誼) ㉮31

불 Devant les noms de parenté, indique ce qu'on appelle en Chine la parenté blanche ou sèche, espèce de convention en vertu de laquelle on est sensé être de la famille, on se traite comme parents, on se rend des services mutuels. Elle est distincte de l'adoption.

한 친척 관계 명사 앞에서, 중국에서 실효가 없거나 피가 섞이지 않은 친척 관계라 하는 것을 가리킨다. 집안에 속한다고 여겨지고 친척으로 대우 받으며 서로 도움을 주는 근거가 되는 합의 종류 | 입양과 구별된다

[5*]의 [EUI] (衣) ㉮31

불 Couverture d'un livre.

한 책 표지

[6*]의 [EUI] (醫) ㉮31

불 En agr. Médecin.

한 한자어로 의사

[7]의 [EUI] ㉮31

불 (Terminaison du génitif). Du, des, de, de la.

한 (속격 어미) | ~의, ~의, ~의, ~의

[8]의 [EUI] (疑) ㉮31

불 Soupçon.

한 의심

[1*]의가 [EUI-KA] (醫家) ㉮32

불 Maison d'un médecin.

한 의사 집안

[2*]의가 [EUI-KA] (衣架) ㉮32

불 Armoire, coffre où l'on met les habits; portemanteau.

한 옷장, 옷을 두는 상자 | 옷걸이

*의거ᄒᆞ다 [EUI-KE-HĂ-TA] (依據) ㉮32

불 Faire attention à, considérer, penser à, (v.g. pour copier).

한 주의하다, 고려하다, (예. 모방하기 위해) ~대해 생각하다

의게 [EUI-KEI] ㉮32

불 A, au, à la. (Termin. du datif).

한 ~에, ~에게, ~에서 | (여격 어미)

의게ᄒᆞ다 [EUI-KEI-HĂ-TA] (爲義) ㉮32

불 Justifier, rendre juste.

한 정당화하다, 공평하게 하다

*의견 [EUI-KYEN,-I] (意見) ㉮32

불 Esprit, intelligence.

한 지성, 지능

*의관 [EUI-KOAN,-I] (衣冠) ㉮32

불 Habit et chapeau. ‖ Le costume, l'habillement.

한 옷과 모자 | 의복, 복장

*의구ᄒᆞ다 [EUI-KOU-HĂ-TA] (依) ㉮32

불 Etre comme autrefois. Etre semblable, n'avoir pas éprouvé de changement, être dans le même état (qu'auparavant).

한 예전과 같다 | ~와 유사하다, 변화를 느끼지 않았다, (이전과) 같은 상태에 있다

*의긔 [EUI-KEUI] (義氣) ㉮32

불 Courage, bravoure, force du corps et de l'âme.

한 용기, 용맹, 몸과 마음의 힘

의노 [EUI-NO] ㉮32

불 Voy. 의로 Eui-ro.

한 [참조어 의로, Eui-ro]

의논치말고 [ĔUI-NON-TJCHI-MAL-KO] (無論) ㉮32

불 Sans distinction, sans exception.

한 구별 없이, 예외 없이

*의논ᄒᆞ다 [ĔUI-NON-HĂ-TA] (議論) ㉮32

불 Délibérer, considérer, faire attention à.

한 토의하다, 고려하다, 주의하다

의논ᄒᆞ면 [ĔUI-NON-HĂ-MYEN] (論) ㉮32

불 A cause de, vu. (Gouv. l'accus.).

한 ~때문에, ~에 비추어 | (대격을 지배한다)

*의당 [EUI-TANG] (宜當) ㉮32

불 Il faut. Nécessité, convenance.

한 ~해야만 한다 | 필연성, 적합

*의당ᄉᆞ [EUI-TANG-SĂ] (宜當事) ㉮32

불 Chose juste, qu'il faut faire. Chose convenable. Chose nécessaire.

한 정의로운, ~해야 하는 것 | 적합한 것 | 필요한 것

*의덕 [EUI-TEK,-I] (義德) ㉮33

불 Justice, vertu de justice.

한 정의, 정의의 미덕

*의란쳐 [EUI-RAN-TCHYE] (疑難處) ㉮32

불 Doute, absurdité, difficulté. Incertitude. ‖ Passage

difficile et dangereux.

한 의심, 부조리, 어려움 | 불확실성 | 어렵고 위험한 통행

*의량 [EUI-RYANG,-I] (意量) 원32

불 Esprit, intelligence, jugement, portée d'esprit.

한 지성, 지능, 의견, 지적 역량

*의려ᄒᆞ다 [EUI-RYE-HĂ-TA] (疑慮) 원32

불 Doute et inquiétude. Douter et être inquiet. Etre douteux et inquiétant.

한 의심과 불안 | 의심하고 불안하다 | 의심스럽고 염려스럽다

*의례ᄒᆞ다 [EUI-RYEI-HĂ-TA] (依例) 원32

불 Continu, continuel, stable, fixe.

한 계속되다, 연속적이다, 안정되다, 고정되다

*의로 [ĒUI-RO] (義怒) 원32

불 Juste colère.

한 당연한 분노

*의롭다 [EUI-ROP-TA,-RO-OA,-RO-ON] (義) 원32

불 Juste.

한 정당하다

*의뢰ᄒᆞ다 [EUI-ROI-HĂ-TA] (依賴) 원32

불 Etre appuyésur, compter sur, se confier à, s'appuyer sur.

한 ~에 근거를 두다, ~을 믿다, 신뢰하다, 의지하다

*의리 [EUI-RI] (義理) 원32

불 Doctrine vraie, enseignement droit, bon sens, droite raison, sens commun. Justice, droiture.

한 참된 교리, 올바른 가르침, 양식, 도리, 상식 | 공정함, 올바름

*의막 [EUI-MAK,-I] (依幕) 원32

불 Cabane provisoire, (v.g. maison préparée pour des femmes de noble qui désirent s'y établir quelque temps pour voir une fête etc.).

한 임시의 오두막집, (예. 축제 등을 보기 위해 얼마 동안 그곳에 세워지기를 바라는 귀족 여성들을 위해 마련된 집)

의말무지로ᄒᆞ다 [EUI-MAL-MOU-TJI-RO-HĂ-TA] 원32

불 Négligemment, au hasard, à l'aventure, sans réflexion. Faire sans soin.

한 아무렇게나, 무턱대고, 닥치는 대로, 생각 없이 | 아무렇게나 하다

의명 [EUI-MYENG,-I] 원32

불 Volonté. =스럽다-seu-rep-ta. Faire semblant de.

한 의지 | [용례 =스럽다,-seu-rep-ta], ~하는 체하다

*의박ᄒᆞ다 [EUI-PAK-HĂ-TA] (衣薄) 원32

불 Habits être usés, être insuffisants, chétifs.

한 낡은 옷, 부족하다, 초라하다

*의법 [EUI-PEP,-I] (依法) 원32

불 Selon les lois.

한 법에 따라

*의병쟝 [ĒUI-PYENG-TJYANG,-I] (義兵將) 원32

불 Général juste, loyal. || Chef de partisans. V.g. général qui s'établit lui-même pour disperser les rebelles, les ennemis.

한 정의로운, 충성스러운 장군 | 당원들의 장 | 예. 반역자들, 적들을 해산시키기 위해 스스로 자임하는 장군

*의복 [EUI-POK,-I] (衣服) 원32

불 Habit, vêtement, costume.

한 의복, 옷, 의상

*의부 [ĒUI-POU] (義父) 원32

불 Le second mari de la mère.

한 어머니의 두 번째 남편

*의빙ᄒᆞ다 [EUI-PING-HĂ-TA] (依憑) 원32

불 Considérer (v.g. pour imiter, pour copier). || Faire semblant de, simuler. Faire seulement pour la forme. || Etre essentiel.

한 (예. 모방하기 위해, 베끼기 위해) 주시하다 | ~하는 체하다, 가장하다 | 겉모양으로만 하다 | 필수적이다

*의샹 [EUI-SYANG,-I] (衣裳) 원32

불 Jupe et camisole, robe et chemise. || Habit, costume.

한 치마와 캐미솔, 원피스와 셔츠 | 의복, 의상

*의셔 [EUI-SYE] (醫書) 원32

불 Livre de médecine.

한 의학서

*의숑ᄒᆞ다 [ĒUI-SYŌNG-HĂ-TA] (議訟) 원32

불 Présenter au gouverneur un placet sur le résumé d'une affaire que le mandarin propre n'a pas voulu ou n'a pas pu décider.

한 관리 자신이 원하지 않았거나 또는 결정할 수 없었던 일의 개요에 대해 진정서를 지사에서 제출하다

*의수ᄒᆞ다 [EUI-SOU-HĂ-TA] (依數) 원32

불 Etre complet,entier. Etre en même nombre qu'aut- refois.

한 완전하다, 온전하다 | 예전과 같은 수이다

*의슐 [EUI-SYOUL,-I] (醫術) 원32

불 Médecine, art medical, science de la médecine.

한 치료법, 치료 기술, 의학

*의식 [EUI-SIK,-I] (衣食) 원32
불 Vêtement et nourriture.
한 의복과 식량

*의신 [EUI-SIN,-I] (矣身) 원32
불 Moi, je. (Terme usité par les gens du peuple devant le mandarin).
한 나, 나는 | (관리 앞에서 평민들이 사용하는 단어)

*의신간 [EUI-SIN-KAN] (疑信間, (Doute, foi, entre)) 원32
불 Incertain, douteux, obscur, ambigu. Entre le doute et la foi. Incertitude.
한 불확실하다, 확실치 않다, 막연하다, 뜻이 불분명하다 | 의심과 믿음 사이 | 불확실성

*의심ᄒᆞ다 [EUI-SIM-HĂ-TA] (疑心) 원32
불 Doute, hésitation; douter. Se douter de, s'imaginer que.
한 의심, 망설임 | 의심하다 | ~이 아닌가 생각하다, ~라고 상상하다

*의ᄉᆞ [ĒUI-SĂ] (意思) 원32
불 Esprit, intelligence, intention, but.
한 지성, 지능, 의도, 목적

*의ᄉᆞ쳐 [EUI-SĂ-TCHYE] (意思處) 원32
불 But de la pensée.
한 생각의 목표

*의아ᄒᆞ다 [EUI-A-HĂ-TA] (疑訝) 원31
불 Soupçonner, douter.
한 수상히 여기다, 의심하다

*의약 [EUI-YAK,-I] (醫藥) 원31
불 Médecin et médecine, médecin et remède.
한 의사와 치료법, 의사와 약

*의연이 [EUI-YEN-I] (依然) 원31
불 Fortement, de toutes les forces (de l'esprit) fermement.
한 강하게, (정신의) 모든 힘으로, 단단히

*의외 [EUI-OI] (意外) 원31
불 En dehors de la pensée. Contre toute attente.
한 생각 밖에 | 예상과는 완전히 반대로

*의원 [EUI-OUEN,-I] (醫員) 원31
불 Médecin, chirurgien, docteur.
한 의사, 외과의사, 의학 박사

*의의ᄒᆞ다 [EUI-EUI-HĂ-TA] (依依) 원31
불 Douter (si on n'a pas vu ou connu autrefois tel individu). Avoir quelque doute.
한 (예전에 그런 사람을 보지 않았거나 알지 못했는지) 의심하다 | 얼마간의 의심이 있다

*의이 [EUI-I] (薏苡) 원31
불 Coix ou Lamille, Larme de Job. || Nom d'une bouillie faite avec des Larmes de Job.
한 율무쌀이나 라밀레, 욥의 눈물 [역주 벼과 식물], 욥의 눈물로 만들어진 죽의 이름

*의인 [EUI-IN,-I] (義人) 원31
불 Homme juste.
한 정의로운 사람

*의장 [EUI-TJYANG,-I] (衣裝) 원33
불 Armoire à habits, coffre pour mettre les habits.
한 옷장, 옷을 두는 상자

*의적 [ĒU-TJEK,-I] (義賊) 원33
불 Honnête voleur (v.g. qui pille de mauvais riches et donne aux pauvres gens; qui renverse un gouvernement injuste et tyrannique, pour en établir un autre juste et honnête).
한 (예. 나쁜 부자들을 약탈해서 가난한 사람들에게 주는, 불공정하고 압제적인 정부를 전복하여 정당하고 정직한 다른 정부를 세우는) 정직한 도둑

*의졀ᄒᆞ다 [EUI-TJYEL-HĂ-TA] (義絶) 원33
불 Défunt, délié, séparé (v.g. la première femme morte, défunte; deux amis qui ne se parlent plus). Rompre avec quelqu'un, cesser d'avoir des relations.
한 사망하다, 풀리다, 헤어지다(예. 죽은, 고인이 된 첫 부인, 더 이상 서로 말하지 않는 두 친구) | 누군가와 단절하다, 관계를 끊다

의쥭쥭ᄒᆞ다 [EUI-TJYOUK-TJYOUK-HĂ-TA] 원33
불 Ardent, laborieux, qui travaille toujours sans se reposer, qui ne perd pas un instant.
한 열렬하다, 부지런하다, 쉬지 않고 계속 일하다, 한순간도 잃지 않다

의지ᄒᆞ다 [EUI-TJI-HĂ-TA] (依) 원33
불 Appui, refuge, protection. Etre appuyé sur, se confier à,se fier à, espérer en, s'appuyer sur, avoir recours à.
한 지지, 피난처, 후원 | 기대다, ~을 신뢰하다, ~을 믿다, ~에 희망을 갖다, ~에 의지하다, ~에 호소하다

의지ᄒᆞ야 [EUI-TJI-HĂ-YA] (依) 원33
불 Par, appuyé sur, par le secours de. (Gouv. l'acc.).
한 ~의해, ~에 기대어, ~의 도움으로 | (대격을 지배한다)

*의질 [EUI-TJIL,-I] (疑疾) 원33

불 Maladie produite par la peur, par la crainte d'être malade. Maladie d'imagination devenue vraie.

한 아플 두려움, 공포로 인해 생긴 병 | 진짜가 된 상상의 병

[1]의ᄌᆞ [EUI-TJĂ] (義子) 원33

불 Enfant pieux (ne se dit que des chrétiens à l'égard de Dieu).

한 독실한 아이 (신에 대하여 기독교인들에 대해서만 쓴다)

[2]*의ᄌᆞ [EUI-TJĂ] (誼子) 원33

불 L'enfant du premier mari de la femme(par rapport au second mari).

한 (두 번째 남편과 관련하여) 부인의 첫 번째 남편의 아이

*의치ᄒᆞ다 [EUI-TCHI-HĂ-TA] (醫治) 원33

불 Soigner une maladie, un malade (en donnant des remèdes).

한 (약을 주면서) 병, 환자를 돌보다

*의탁ᄒᆞ다 [EUI-HTAK-HĂ-TA] (依託) 원33

불 Appui, sauvegarde, protection, fidélité. S'appuyer sur, appuyer. Refuge.

한 도움, 보호, 후원, 충직 | 의지하다, 기대다 | 피난처

*의토 [EUI-HTO] (宜土) 원33

불 Terrain convenable pour la culture d'une espèce de plante. Terrain propice à telle ou telle culture. Pays où telle culture vient bien.

한 식물 한 종류의 경작을 위해 적당한 땅 | 이러저러한 경작에 알맞은 땅 | 어떤 경작이 잘 되는 지방

*의하 [EUI-HA] (意下) 원31

불 Disciple, attaché à, protégé, pupille, client.

한 신봉자, ~에 애착을 갖다, 피보호자, 피후견인, 손님

*의합ᄒᆞ다 [EUI-HAP-HĂ-TA] (意合) 원31

불 Etre du même sentiment, convenir, cadrer, s'accorder, acquiescer, être du même avis, consentir, être d'accord.

한 같은 감정이다, 서로 뜻이 맞다, 일치하다, 의견이 일치하다, ~에 동의하다, 같은 생각이다, ~을 승낙하다, 동의하다

*의향 [EUI-HYANG,-I] (意向) 원31

불 Intention, volonté, pensée, penchant, dessein, but,gré. 의향ᄃᆡ로 Eui-hyang-tăi-ro, A son gré.

한 의향, 의지, 생각, 경향, 의도, 목표, 의사 | [용례 의향ᄃᆡ로, Eui-hyang-tăi-ro], 자신의 의향대로

[1]*의형 [EUI-HYENG,-I] (宜形) 원31

불 Essence, l'essentiel, ce qui est absolument nécessaire,substance. =ᄒᆞ다-hă-ta, Etre essentiel, être substantiel. V.Syn. 형지 Hyeng-tji.

한 본질, 핵심, 꼭 필요한 것, 실질 | [용례 =ᄒᆞ다,-hă-ta], 필수불가결하다, 중요하다 | [동의어 형지, Hyeng-tji]

[2]*의형 [EŪI-HYENG,-I] (義兄) 원31

불 Frère par sympathie, frère par la conformité de sentiments, amis comme frères.

한 호감에 의한 형제, 감정의 일치에 의한 형제, 형제 같은 친구

*의호 [EUI-HO] (宜乎) 원32

불 Il faut.

한 ~해야만 한다

의혹젹다 [EUI-HOK-TJYEK-TA,-TJYEK-E,-TJYEK-EUN] (少疑惑) 원32

불 Se défier, soupçonner, douter.

한 경계하다, 수상히 여기다, 의심하다

*의혹ᄒᆞ다 [EUI-HOK-HĂ-TA] (疑惑) 원32

불 Douter, se défier. Douteux, ambigu. Soupçonner,

한 의심하다, 경계하다 | 의심스럽다, 뜻이 불분명하다 | 수상히 여기다

*의혼ᄒᆞ다 [EUI-HON-HĂ-TA] (議婚) 원32

불 Négocier un mariage.

한 결혼을 알선하다

*의희ᄒᆞ다 [EUI-HEUI-HĂ-TA] (依稀) 원32

불 Ne pas savoir clairement, ne pas se rappeler, avoir un souvenir vague.

한 확실히 알지 못하다, 생각나지 않다, 어렴풋한 기억이 있다

*의ᄒᆞ다 [EUI-HĂ-TA] (義) 원31

불 Juste, être juste.

한 정당하다, 정당하다

읭읭 [EUING-EUING] 원32

불 Bruit d'une roue, d'un bourdonnement.

한 바퀴의, 윙윙거리는 소리

[1]이 [I] 원37

불 Terminaison du nominatif.

한 ㅣ

[2]이 [I] 원37

불 Interject., en s'adressant à quelqu'un, pour appeler

: holà! eh! 이사룸 I-sa-răm, Eh l'homme!

한 감탄사. 누군가에게 말을 걸면서, 부르기 위해 : 어이! [용례 이사룸 I-sa-răm, 이봐 이 사람아!]

3*이 [I] (二) 원37

불 Deux.

한 둘

4*이 [I] (耳) 원37

불 Oreille.

한 귀

5*이 [I] (異) 원37

불 Etranger.

한 외국인

6이 [I] 원37

불 Ce, cet, celui-ci, celle-ci, ceci, il, elle, eux, elles. ‖ Après un participe, signifie : celui que, celui qui, qui. 밋는이 Mit-nan-i, Ceux qui croient. ‖ S'emploie quelquefois avec la terminaison 가 Ka : 걱정ᄒᆞᄂᆞᆫ이가어러히오 Kek-tjyeng ha-nan-i-ka ye-re-hi-o, Il y en a plusieurs qui sont inquiets; avec 도 to. Dans une énumération : 드러올만ᄒᆞᆫ이도잇고 Teu-re-ol-mam-han-i to it-ko, Il y en a aussi qui peuvent entrer.

한 이, 저, 그, 이것, 저것, 그것, 그, 그녀, 그들, 그녀들 | 분사 뒤에서 '~인 사람, ~하는 사람, ~하는 사람'을 의미한다 | 때때로 어미 가 Ka와 함께 사용된다. [용례 걱정ᄒᆞᄂᆞᆫ이가어러히오, Kek-tjyeng ha-nan-i-ka ye-re-hi-o], 걱정하는 사람이 여럿이다 | 도 to와 함께 열거할 경우 : [용례 드러올만ᄒᆞᆫ이도잇고, Teu-re-ol-mam-han-i to it-ko], 들어올 수 있는 이도 있다

이갑 [I-KAP,-SI] (二匣) 원38

불 Bitord, corde ou cordon à deux fils ou deux brins.

한 가는 밧줄, 두 가닥 실 또는 두 오라기로 된 줄이나 끈

*이검 [I-KEM,-i] (二撿) 원38

불 Seconde visite que fait le mandarin au cadavre d'un homme assassiné, pour dresser le procès du meurtre.

한 살인 소송을 준비하기 위해, 관리가 암살된 사람의 시체에 하는 두 번째 시찰

이것 [I-KET,-SI] (此) 원38

불 Cette chose, ceci, celui-ci.

한 이것, 이것, 이 사람

*이경 [I-KYENG,-I] (二更) 원38

불 La seconde des cinq veilles de la nuit; le second quart (il y en a cinq).; ou la seconde heure de la nuit divisée en cinq parties (p. ê. De 9h. À 11h.).

한 다섯 번의 야경 중 두 번째 | 두 번째 근무 시간(다섯 번 있다) | 또는 다섯 부분으로 나뉜 밤의 두 번째 시간 (아마도 9~11시까지)

*이교 [I-KYO] (異教) 원38

불 Religion païenne. Toute doctrine autre que celle qui existe dans le pays (v.g. dans un pays païen, la religion catholique). Doctrine étrangère, hérésie.

한 이교도 종교 | 나라에 존재하는 것과는 완전히 다른 교리(예. 이교도 나라에서 가톨릭교) | 생소한 교리, 이단

*이구ᄒᆞ다 [I-KOU-HĂ-TA] (已久) 원38

불 Il y a longtemps. Etre ancien.

한 오래전에 | 오래되다

*이국 [I-KOUK,-I] (異國) 원38

불 Royaume étranger.

한 외국 왕국

*이군 [I-KOUN,-I] (二君) 원38

불 Deux rois dans un même royaume.

한 같은 왕국 안에 두 왕

이글이글ᄒᆞ다 [I-KEUL-I-KEUL-HĂ-TA] 원38

불 Etat de l'herbe grande, grasse et touffue. ‖ Flamboyer.

한 크고 잎이 두툼하며 무성한 풀의 상태 | 타오르다

*이금ᄒᆞ다 [I-KEUM-HĂ-TA] (弛禁) 원38

불 Cesser de défendre, ne plus défendre. Permettre, tolérer, ne pas défendre.

한 금지하는 것을 멈추다, 더 이상 금지하지 않다 | 허락하다, 허용하다, 금지하지 않다

이긔다 [I-KEUI-TA,-KEUI-YE,-KEUIN] (勝) 원38

불 Vaincre, triompher, gagner, l'emporter sur, remporter la victoire. Contenir, s'opposer à. Dompter. (Gouv. le dat. l'acc.).

한 이기다, 승리하다, 이기다, 우세하다, 승리를 쟁취하다 | 격퇴하다, 저항하다 | 복종시키다 | (여격, 대격을 지배한다)

이나 [I-NA] 원39

불 Conjonct. Soit, ou. ᄉᆡᆼ각이나ᄒᆡᆼ실이나말솜이나궐홈으로 Saing-kak-i-na haing-sil-i mal-sam-il na kouèl-ham-eu-ro, Soit par pensée, ou par action, ou par parole, ou par omission. ‖ Quelque. 욕ᄒᆞᄂᆞᆫ사룸이나업던가 Yok-ha-nan sa-ram-i-na ep-ten-ka, N'y avait pas quelque homme qui injuriait?

한 접속사, ~이나, 또는 | [용례 ᄉᆡᆼ각이나ᄒᆡᆼ실이나말솜이나궐홈으로, Săing-kak-i-na hăing-sil-i-na mal-săm-i-na kouel-hăm-eu-ro], 생각으로나 행동으로, 혹은 말로, 혹은 빠트려서 | 어떤 | [용례 욕ᄒᆞᄂᆞᆫ 사ᄅᆞᆷ이나업던가, Yok-hă-năn sa-răm-i-na ep-ten-ka], 욕하는 어떤 사람이 없었던가?

이녁 [I-NYEK,-I. et -HI] 원39
불 Toi, tu. (Un peu honorif.).
한 너, 너는 | (약간 경칭)

이년 [I-NYEN] 원39
불 Expression injurieuse à une femme; se dit facilement à une petite fille: gamine, vilaine
한 여성에게 하는 모욕적인 표현 | 어린 여자 아이에게 쉽게 쓴다, 말괄량이, 버릇없는 아이

이놈 [I-NOM,-I] (此漢) 원39
불 Celui-ci (peu respect.) Expression injurieuse à un homme. Se dit facilement à un enfant: gamin. ‖ Pour gronder : vilain petit, coquin, gredin. ‖ Pour appeler: Eh! dis donc.
한 (존중하지 않고) 이 사람, 남자에게 쓰는 무례한 표현 | 아이에게 쉽게 쓴다 : 개구쟁이 | 꾸짖기 위해서 : 버릇없는 꼬마, 녀석, 악동 | 부를 때 : 어이! 이봐

*이단 [I-TAN,-I] (異端) 원46
불 Superstition, œuvre de superstition.
한 미신, 미신적인 행위

이드르르ᄒᆞ다 [I-TEU-REU-REU-HĂ-TA] 원46
불 Etre mûr à point, avoir belle apparence. (Se dit d'un fruit bien mûr, du riz bien cuit).
한 적당히 익다, 모습이 보기 좋다 | (잘 익은 과일, 잘 익은 벼에 대해 쓴다)

이들이들ᄒᆞ다 [I-TEUL-I-TEUL-HĂ-TA] 원46
불 Se dit v.g. de beau riz bien préparé. ‖ Etre luisant, luisant (de graisse). (Effet du soleil sur les feuilles des arbres).
한 예. 잘 조리된 쌀 보기 좋은 쌀에 대해 쓴다 | 윤이 나다, (기름기로) 윤이 나다 | (나뭇잎들 위의 햇빛 효과)

이듬 [I-TEUM,-I] 원46
불 Second, suivant.
한 두 번째, 다음

이듬ᄒᆞ다 [I-TEUM-HĂ-TA] 원46
불 Sarcler pour la seconde fois.
한 두 번 제거하다

이듭 [I-TEUP,-I] (二歲數) 원46
불 Deux ans (âge des bœufs et des chevaux).
한 두 살(소와 말의 나이)

이ᄃᆡ지 [I-TĂI-TJI] 원46

불 De cette manière, ainsi, trop, tout cela.
한 이러한 방식으로, 이렇게, 너무, 그 모두

이랑 [I-RANG,-I] (畝) 원42
불 Sillon.
한 밭고랑

이러므로 [I-RE-MEU-RO] (所以) 원42
불 Donc, alors, pour cela, c'est pourquoi.
한 그래서, 따라서, 그러한 연유로, 그래서

이러이러ᄒᆞ다 [I-RE-I-RE-HĂ-TA] (如此如此) 원42
불 Comme ceci, comme cela; ainsi, ainsi. Etre, ou dire, ou faire de telle et telle façon.
한 이것처럼, 저것처럼 | 이렇게, 이렇게 | 이런저런 방법으로 ~이다 또는 말하다 또는 하다

이러케 [I-RE-HKEI] (如此) 원42
불 De cette manière, ainsi, tellement, tant.
한 이러한 방법으로, 이렇게, 그렇게, 그 정도로

이러ᄐᆞ시 [I-RE-HTĂ-SI] (若是) 원42
불 Tant, tellement, si, de cette manière, ainsi.
한 그 정도로, 그렇게, 그토록, 그런 방식으로, 이렇게

이러ᄒᆞᆫ즉 [I-RE-HĂN-TJEUK] 원42
불 Ita ut, c'est pourquoi.
한 그 결과로, 그래서

이런 [I-REN] (若此) 원42
불 Un tel···, un si···, une telle chose, un si grand··· ‖ Ce, cet, cette, de cette manière (pour les choses rapprochées, présentes).
한 그러한··, 그토록··, 이러한 것, 이토록 큰··· | (유사한, 존재하는 것들에 대해) 이, 그, 저, 이러한 방법으로

이렁뎌렁 [I-RENG-TYE-RENG] (如此如彼) 원42
불 Comme ceci, comme cela. Deçà delà; par-ci, par-là.
한 그럭저럭 | 여기저기 | 여기저기

이렁셩뎌렁셩구다 [I-RENG-SYENG-TYE-RENG-SYENG-KOU-TA] (如此如彼) 원42
불 De cette manière et de cette manière. Comme ceci comme cela.
한 이런저런 방법으로 | 그럭저럭

이릐 [I-REUI] (魚腸) 원43
불 Laitance (de poisson).
한 (물고기의) 이리

[1]이리 [I-RI] 원43
불 ICI. 이리로 I-ri-ro, De cette manière, par ici.
한 여기 | [용례 이리로, I-ri-ro], 이러한 방법으로, 여기로

[2]이리 [I-RI] (魚春) ⓦ43
불 Laitance de poisson, laite de poisson mâle.
한 물고기의 이리, 수컷 물고기의 이리

이리뎌리 [I-RI-TYE-RI] (從某至某) ⓦ43
불 Ici, là; çà et là; deçà delà.
한 여기, 저기 | 여기저기 | 여기저기

이리뒤젹뎌리뒤젹ᄒᆞ다 [I-RI-TOUI-TJYEK-TYE-RI-TOUI-TJYEK-HĂ-TA] ⓦ43
불 Tourner et retourner, chercher sans trouver.
한 뒤집고 다시 뒤집다, 찾아내지 못하고 계속 찾다

이리ᄇᆡ기 [I-RI-PĂI-KI] (雄青魚) ⓦ43
불 Poisson qui a de la laitance, poisson mâle.
한 이리가 있는 물고기, 수컷 물고기

이리쿵뎌리쿵ᄒᆞ다 [I-RI-HKOUNG-TYE-RI-HKOUNG-HĂ-TA] ⓦ43
불 Ne pas se prononcer. || Répondre, suivant la question, oui ou non.
한 의사를 표시하지 않다 | 질문에 따라 예 또는 아니오로 대답하다

이마작 [I-MA-TJĂK] (近來) ⓦ38
불 Depuis, dans ce laps de temps, récemment.
한 이후로, 이 시간이 경과하는 동안, 최근에

*이망쟈 [I-MANG-TJYA] (已亡者) ⓦ38
불 Défunt, ceux qui sont morts depuis longtemps.
한 고인, 오래전에 죽은 사람들

*이매ᄒᆞ다 [I-MAI-HĂ-TA] (移買) ⓦ38
불 Vendre son bien pour aller acheter une propriété ailleurs.
한 다른 곳에 소유지를 사러 가기 위해 자신의 재산을 팔다

*이모 [I-MO] (姨母) ⓦ38
불 Sœur de la mère, tante maternelle.
한 어머니의 여자 형제, 어머니 쪽 아주머니

*이모부 [I-MO-POU] (姨母夫) ⓦ38
불 Mari de la tante maternelle. Mari de la sœur de la mère.
한 모계쪽아주머니의남편 | 어머니의여자형제의남편

*이목 [I-MOK,-I] (耳目, (Oreille et œil)) ⓦ38
불 Œil étranger, étranger qui voit ce qui se fait, regard d'autrui.
한 낯선 눈, 일어나는 일을 보는 이방인, 타인의 시선

*이목구비슈족 [I-MOK-KOU-PI-SYOU-TJYOK] (耳目口鼻手足) ⓦ38
불 (Oreille, œil, bouche, nez, main et pied). Tous les sens, tout le corps.
한 (귀, 눈, 입, 코, 손과 발) | 모든 감각, 온몸

이묵이 [I-MOUK-I] ⓦ38
불 Grand serpent, dragon. Vieille carpe qui, âgée de plusieurs siècles, se change en dragon.
한 큰 뱀, 용 | 수 세기 동안 나이를 먹어 용으로 변하는 늙은 잉어

*이문 [I-MOUN,-I] (移文) ⓦ38
불 Ordre d'arrêter donné par un mandarin à un autre mandarin, sur le district duquel se trouvent les coupables.
한 죄인들이 있는 지역에, 한 관리에 의해 다른 관리에게로 전달된 체포 명령

*이물 [I-MOUL,-I] (異物) ⓦ38
불 Original, différent des autres, curieux. Homme mal bâti, etc. (injur.)
한 독창적이다, 다른 것들과 다르다, 드물다 | 체격이 좋지 않은 등의 사람 | (욕설)

이바지ᄒᆞ다 [I-PA-TJI-HĂ-TA] (譏) ⓦ41
불 Envoyer des mets à quelqu'un.
한 누군가에게 요리를 보내다

*이발지시 [I-PAL-TJI-SI] (已發之矢, (Déjà, parti, la flèche)) ⓦ41
불 Puisqu'on a commencé, il faut aller jusqu'au bout. Trop avancé pour reculer. Il est trop tard pour s'arrêter.
한 시작했기 때문에, 끝까지 가야만 한다 | 물러서기에는 너무 앞으로 나오다 | 멈추기엔 너무 늦었다

*이복동싱 [I-POK-TONG-SĂING,-I] (異腹同生) ⓦ41
불 Frères de père, mais dont la mère est différente.
한 아버지의, 그러나 어머니가 다른 형제

이비야뎌비보아라 [I-PI-YA-TYE-PI-PO-A-RA] (此碑見彼碑) ⓦ41
불 Se dit pour faire comprendre d'une manière détournée à quelqu'un qu'il fait mal.
한 누군가가 잘못하고 있음을 우회적인 방법으로 이해시키기 위해 쓴다

이ᄇᆡᄒᆞ다 [I-PĂI-HĂ-TA] (移配) ⓦ41
불 Changer le lieu d'exil. Envoyer en exil dans un autre lieu.
한 유배지를 바꾸다 | 다른 장소로 유배 보내다

*이사ᄒᆞ다 [I-SA-HĂ-TA] (移徙) ⓦ46
불 Emigrer, déloger, déménager.

한 이주하다, 퇴거하다, 이사하다

이삭 [I-SAK,-I] (穗) 원46

불 Germe, épi.

한 싹, 이삭

이삭줍다 [I-SAK-TJOUP-TA,-TJOU-OUE,-TJOU-OUN] (拾穗) 원46

불 Glaner.

한 주워 모으다

***이샹ᄒᆞ다** [I-SYANG-HĂ-TA] (異常) 원46

불 Drôle, extraordinaire, singulier.

한 이상하다, 기이하다, 별나다

***이셩** [I-SYENG,-I] (異姓) 원46

불 Un autre nom, nom différent.

한 다른 이름, 다른 이름

이송식이다 [I-SONG-SIK-I-TA] 원46 ☞이송하다

***이송ᄒᆞ다** [I-SONG-HĂ-TA] (移送) 원46

불 Donner l'ordre de faire conduire. Envoyer, faire envoyer, faire porter, faire conduire d'un endroit dans un autre. Emigrer sur l'ordre d'un autre. Faire émigrer.

한 안내하게 하라고 명령을 내리다 | 보내다, 보내도록 시키다, 가져오도록 하다, 한 곳에서 다른 곳으로 안내하게 하다 | 다른 사람의 명령에 따라 이주하다 | 이주하게 하다

***이쇼능장** [I-SYO-NEUNG-TJYĂNG,-I] (以少凌長) 원46

불 Jeune mépriser vieux (crime puni d'exil).

한 젊은 사람이 늙은 사람을 무시하다 (추방으로 처벌되는 죄)

***이슈ᄒᆞ다** [I-SYOU-HĂ-TA] (移囚) 원46

불 Etre transporté (prisonnier).

한 (죄수가) 이송되다

이슥ᄒᆞ다 [I-SEUK-HĂ-TA] (緩緩) 원46

불 Traîner en longueur, être long, durer longtemps.

한 일을 질질 끌다, 오래 걸리다, 오래 지속되다

이슬 [I-SEUL,-I] (露) 원46

불 Rosée.

한 이슬

이슬비 [I-SEUL-PI] (總雨) 원46

불 Pluie fine, bruine.

한 가는 비, 이슬비

이슴 [I-SEUM,-I] (毒龍) 원46

불 Grand poisson (fabuleux).

한 (전설의) 큰 생선

이시ᄒᆞ다 [I-SI-HĂ-TA] 원46

불 Faire dans quelques instants.

한 얼마 후에 하다

***이심** [I-SIM,-I] (貳心) 원46

불 Deux cœurs, deux pensées. Esprit double, faux, perfide.

한 두 마음, 두 가지 생각 | 이중적인, 잘못된, 배신하는 생각

***이십ᄉᆞ록** [I-SIP-SĂ-ROK,-I] (二十四麓) 원46

불 Combinaison des 24 côtés. Les 24 esp. de vents. Rose des vents.

한 24편의 조합 | 24가지 종류의 방향 | 방위표시도

이ᄯᅢ [I-TTAI] 원46

불 Ce temps-ci, maintenant.

한 이때, 지금

***이양션** [I-YANG-SYEN] (異樣船, (Différent, forme, navire)) 원37

불 Navire de forme différente de celle du pays, v.g. navire d'Europe.

한 나라의 배와 다른 형태의 배, 예. 유럽의 배

***이양ᄒᆞ다** [I-YANG-HĂ-TA] (移洋) 원37

불 Transplanter (du semis).

한 (모판을) 이식하다

이어니 [I-E-NI] 원37

불 Soit que.

한 ~이든지

이어다 [I-E-TA] 원37

불 Faire. 슈렴이어다 Syou-ryem-i-e-ta, Faire une collecte, une souscription.

한 하다 | [용례 슈렴이어다, Syou-ryem-i-e-ta], 수집하다, 응모하다

***이어ᄒᆞ다** [I-E-HĂ-TA] (移御, (Se transporter, le roi)) 원37

불 Emigration du roi d'un palais à un autre.

한 왕이 한 왕궁에서 다른 왕궁으로 이주함

이에 [I-EI] (乃) 원37

불 Et (après), aussi, puis, désormais. Donc, eh bien! et que.

한 그리고 (다음에), 그래서, 그러고 나서, 그다음부터 | 그래서, 그러면, ~하도록

이에셔 [I-EI-SYE] 원37

불 Ablatif du pronom 이 I.

한 대명사 이 I의 탈격

이역부득 [I-YEK-POU-TEUK,-I] (移易不得) 원37

불 Affaire qu'on ne peut plus changer, à laquelle on ne peut plus remédier.
한 더 이상 바뀔 수 없는, 더 이상 고칠 수 없는 일

*이염 [I-YEM,-I] (額掩) 원37
불 Bonnet en peau de zibeline ayant la forme d'un melon. (Les hommes en place le mettent pendant l'hiver; les jeunes mariés s'en servent pour la cérémonie du mariage).
한 멜론의 형태를 띤 검은담비 가죽으로 된 챙 없는 모자 | (요직에 있는 사람들이 겨울 동안 그것을 착용한다 | 신랑신부가 결혼 예식을 위해 그것을 쓴다)

이예 [I-YEI] (卽今) 원37
불 Maintenant.
한 지금

이완 [I-OAN,-I] 원37
불 Conclusion (des prières), la fin, ce qui termine
한 (기도의) 종결, 끝, 끝나는 것

*이왕 [I-OAN] (已往) 원37
불 Avant, d'avant. 이왕에 I-oang-ei (adv.)
한 이전에, 이전의 | 이왕에 I-oang-ei(부사)

[1]이우다 [I-OU-TA,-OU-RE,-OUN] (槁) 원37
불 Se dessécher.
한 마르다

[2]이우다 [I-OU-TA,-OU-RE,-OUN] 원37 ☞이울다

*이우되다 [I-OU-TOI-TA,-TOI,-YE,-TOIN] (移寓) 원37
불 Etre étranger (hors de sa patrie).
한 (자기 조국의 밖에 있는) 국외자이다

이우러지다 [I-OU-RE-TJI-TA] (槁) 원37
불 Se dessécher, se ratatiner.
한 마르다, 오그라들다

*이운ᄒᆞ다 [I-OUN-HĂ-TA] (移運) 원37
불 Transporter.
한 운반하다

이울다 [I-OUL-TA] (槁) 원37
불 Se dessécher, se ratatiner.
한 마르다, 오그라들다

이윽ᄒᆞ다 [I-EUK-HĂ-TA] (而已) 원37
불 Etre un peu tard, un peu avancé dans la nuit.
한 밤에 조금 늦다, 시간이 조금 흐르다

이은 [I-EUN,-I] 원37
불 Nom de l'ㄴ, lettre coréenne, consonne qui répond à n.
한 조선 글자 ㄴ의 명칭, n에 해당하는 자음

이을 [I-EUL,-I] 원37
불 Nom de l'ㄹ, lettre coréenne, consonne qui répond à l, n, r.
한 조선 글자 ㄹ의 명칭, l, n, r에 해당하는 자음

이의셔 [I-EUI-SYE] 원37
불 Ablatif du pronom 이 I. (S'écrit mieux 이에셔 I-ei-sye).
한 대명사 이 I의 탈격 | (이에셔 I-ei-sye로 더 잘 써진다)

*이인 [I-IN,-I] (異人) 원37
불 Prophète (dans le sens païen). Homme extraordinaire.
한 (이교적인 의미로) 예언자 | 비범한 사람

*이일학 [I-IL-HAK,-I] (二日瘧) 원37
불 Fièvre qui revient tous les troisièmes jours, fièvre quarte.
한 3일 만에 돌아오는 열병, 4일열

*이장ᄒᆞ다 [I-TJANG-HĂ-TA] (移葬) 원46
불 Changer le tombeau de place.
한 묘의 자리를 바꾸다

이제 [I-TJEI] (今) 원47
불 Maintenant, enfin, désormais.
한 지금, 결국, 이제부터는

*이젼 [I-TJYEN] (以前) 원47
불 Avant, auparavant.
한 이전에, 그전에

*이죵 [I-TJYONG,-I] (姨從) 원47
불 Cousins par les mères, enfants des deux sœurs. Enfant de la sœur de la mère.
한 어머니 쪽 사촌들, 두 자매의 아이들 | 어머니의 여자 형제의 아이

*이죵매 [I-TJYŌNG-MAI] (姨從妹) 원47
불 Fille de la sœur de la mère.
한 어머니의 여자 형제의 딸

*이죵매부 [I-TJYŌNG-MAI-POU] (姨從妹夫) 원47
불 Mari de la fille de la sœur de la mère.
한 어머니 여자 형제의 딸의 남편

*이죵ᄉᆞ촌 [I-TJYONG-SĂ-TCHON,-I] (姨從四寸) 원47
불 Cousin par les mères.
한 어머니 쪽 사촌

*이죵씨 [I-TJYONG-SSI] (姨從氏) 원47
불 Fils de la sœur de la mère, plus âgé que soi.
한 자신보다 나이가 더 많은, 어머니의 여자 형제의 아들

*이직ᄒᆞ다 [I-TJIK-HĂ-TA] (移職) 원47
불 Changer de dignité, de place. Etre transféré

(mandarin).
한 고관직, 자리를 바꾸다 | (관리가) 옮겨지다
*이질 [I-TJIL,-I] (姨姪) 원47
불 Fils de la sœur de l'épouse, fils de la belle-sœur.
한 아내의 여자 형제의 아들, 인척 여자 형제의 아들
*이질녀 [I-TJIL-NYE] (姨姪女) 원47
불 Fille de la sœur de l'épouse.
한 아내의 여자 형제의 딸
*이질부 [I-TJIL-POU] (姨姪婦) 원47
불 Femme du fils de la sœur de l'épouse.
한 아내의 여자 형제의 아들의 부인
*이질셔 [I-TJIL-SYE] (姨姪婿) 원47
불 Mari de la sœur de l'épouse.
한 아내의 여자 형제의 남편
이ᄌᆞ [I-TJĂ] 원46
불 Graisse dans le porc. V.Syn. 버셧 Pe-syet
한 돼지 기름 | [동의어 버셧, Pe-syet]
이ᄌᆞ러지다 [I-TJĂ-RE-TJI-TA,-TJYE,-TJIN] (缺) 원46
불 Etre un peu déchiré, cassé, endommagé. N'être pas complet, n'être pas entier.
한 조금 찢어지다, 부서지다, 파손되다 | 완전하지 않다, 온전하지 않다
*이팔쳥츈 [I-HPAL-TCHYENG-TCHYOUN,-I] (二八青春, (Deux, huit, vert, printemps)) 원42
불 Jeunesse, seize printemps.
한 젊음, 열여섯 번의 봄
*이풍역쇽 [I-HPOUNG-YĔK-SYOK,-I] (移風易俗, (Améliorer, coutumes, changer, coutumes)) 원42
불 Amélioration, changement de coutumes en bien. || Mauvaises coutumes, dérèglement des mœurs.
한 개선, 관습의 개선 | 나쁜 관습, 관습의 타락
이향 [I-HYANG,-I] (異鄕) 원37
불 Lieu étranger.
한 낯선 곳
*이향ᄒᆞ다 [I-HYANG-HĂ-TA] (移鄕) 원37
불 Province différente. Quitter sa patrie, le lieu de ses ancêtres. Emigrer.
한 다른 지방 | 고향, 자신의 조상들이 있는 장소를 떠나다 | 이주하다
*이형조 [I-HYENG-TJYO] (移刑曹) 원38
불 Tribunal ou prison où l'on met les condamnés à mort. =ᄒᆞ다-hă-ta, Etre conduit devant l'exécuteur des hautes œuvres, pour l'exécution à mort; Etre transféré au tribunal supérieur appelé 형죠판셔 Hyeng-tjyo-hpan-sye.
한 사형 선고를 받은 사람들을 두는 법원 또는 감옥 | [용례 =ᄒᆞ다, -hă-ta], 사형 집행을 위해 사형 집행인 앞에 인도되다 | 형조판서 Hyeng-tjyo-hpan-sye 라 불리는 상급 법원으로 옮겨지다
이ᄒᆡᆼ [I-HĂING,-I] 원38
불 Nom de la consonne coréenne ㅇ, ng.
한 조선말 자음 ㅇ ng의 이름
익기 [IK-KI] (苔) 원38
불 Esp. d'herbe aquatique, de mousse qui se trouve dans l'eau. Conferve.
한 물가에서 자라는 풀, 물속에 있는 이끼 종류 | 녹조류의 일종
익ᄀᆡ나무 [IK-KĂI-NA-MOU] 원38
불 Nom d'une esp, d'herbe, de plante, dont la graine sert à faire la teinture rouge.
한 그 씨앗이 붉게 염색하는 데에 쓰이는 풀, 식물 종류의 이름
*익년 [IK-NYEN,-I] (翌年) 원38
불 La prochaine année, l'année d'après.
한 다음해, 그 다음해
*익명셔 [IK-MYENG-SYE] (匿名書) 원38
불 Ecrit sans signature. =ᄒᆞ다-hă-ta, Afficher contre le gouvernement un placet sans signature.
한 서명이 없는 문서 | [용례 =ᄒᆞ다,-hă-ta], 정부에 반대하는 서명 없는 진정서를 게시하다
*익모초 [IK-MO-TCHO] (益母草) 원38
불 Nom d'une esp. d'herbe (d'absinthe) rafraichisante et qui, dit-on, donne la fécondité aux femmes (la recette prescrit d'en manger pendant trois ans).
한 생기를 주고 여성에게 생식능력을 준다고 하는 풀 종류의 이름(쓴쑥) (3년 동안 그것을 먹도록 처방되는 약)
*익션관 [IK-SYEN-KOAN,-I] (翼蟬冠) 원38
불 Bonnet royal, nom d'une des coiffures du roi.
한 왕의 챙 없는 모자, 왕의 모자 중 하나의 명칭
*익일 [IK-IL,-I] (翌日) 원38
불 Demain, le lendemain.
한 내일, 그 다음날
1*인 [IN,-I] (印) 원39
불 Sceau, cachet, signe de l'autorité pour les hommes en place.
한 인감, 도장, 요직에 있는 사람들의 권위를 나타내

는 표시

2* **인** [IN-I] (仁) ㊄39

불 Bonté, bienfaisance, libéralité.

한 친절, 선행, 관대함

3* **인** [IN-I] (忍) ㊄39

불 Compassion, miséricorde.

한 동정, 연민

4* **인** [IN-I] (人) ㊄39

불 En agr. Homme, personne humaine.

한 한자어로 사람, 인간적인 사람

5* **인** [IN-I] (寅) ㊄39

불 Le 3e signe du zodiaque (le tigre). ‖ 4 heures du matin (nom horaire).

한 황도 12궁 중 세 번째 별자리(호랑이) | 오전 4시 (시간의 이름)

* **인가** [IN-KA] (人家, (Homme, maison)) ㊄39

불 Maison.

한 집

* **인가목** [IN-KA-MOK,-I] (印哥木) ㊄39

불 Esp. d'arbre qui s'élève très-droit et qui sert en médecine.

한 아주 곧게 자라고 내복약으로 쓰이는 나무의 종류

1* **인간** [IN-KAN,-I] (人間, (Hommes, milieu de)) ㊄39

불 Ce monde, l'univers, parmi les hommes

한 이 세상, 세계, 사람들 중에서

2* **인간** [IN-KĂN,-I] (印簡) ㊄39

불 Lettre qui porte le sceau d'un mandarin.

한 관리의 관인을 담고 있는 편지

* **인간대ᄉᆞ** [IN-KAN-TAI-SĂ] (人間大事) ㊄39

불 Grande affaire de ce monde (1e mariage; 2e funérailles).

한 이 세상의 큰일 (첫째 결혼, 둘째 장례)

* **인간쳐** [IN-KAN-TCHYE] (人間處) ㊄39

불 Logement, habitation, lieu d'habitation.

한 주거, 거처, 주거하는 곳

인경 [IN-KYENG,-I] (鍾) ㊄39

불 Cloche, grosse cloche.

한 종, 큰 종

* **인골** [IN-KOL,-I] (人骨, (Homme, os)) ㊄40

불 Os de l'homme, os humain. ‖ Forme extérieure de l'homme, aspect de tout l'homme, prestance.

한 사람의 뼈, 인간의 뼈 | 사람의 외부 형태, 사람 전체의 외관, 당당한 풍채

* **인공** [II-KONG,-I] (人工, (Homme, œuvre)) ㊄40

불 Œuvre, travail, mérite.

한 작업, 일, 공적

* **인관** [IN-KOAN,-I] (印官) ㊄40

불 Mandarin, nom dont le peuple désigne les mandarins.

한 관리, 백성이 관리들을 가리키는 명칭

1* **인교** [IN-KYO] (人轎) ㊄40

불 Chaise couverte, palanquin.

한 덮개가 있는 의자, 가마

2* **인교** [IN-KYO] (人巧) ㊄40

불 Œuvre humaine; adresse, habilité de l'homme.

한 사람의 작품 | 사람의 솜씨, 능력

3* **인교** [IN-KYO] (人敎) ㊄40

불 Doctrine humaine.

한 인간의 교리

* **인교ᄃᆡ** [IN-KYO-TĂI] (印交代) ㊄40

불 Action par laquelle le gouverneur qui quitte sa province, rencontrant celui qui le remplace, lui remet le sceau de cette province.

한 자신의 지방을 떠나는 지사가 자신을 대신할 사람을 만나서 그에게 그 지방의 관인을 건네주는 행동

* **인긔** [IN-KEUI] (人氣) ㊄39

불 Humanité, d'homme. ‖ Force humaine (justice, force, prudence, tempérance). ‖ Exhalaison du corps humain.

한 인간, 사람의 | 사람의 능력 (정의, 힘, 신중, 절제) | 사람의 신체에서 나는 냄새

* **인내** [IN-NAI] (忍耐) ㊄40

불 Patience.

한 인내

* **인내ᄒᆞ다** [IN-NAI-HĂ-TA] (忍耐) ㊄40

불 Patience; être patient.

한 인내 | 참다

* **인덕** [IN-TEK,-I] (忍德) ㊄40

불 Vertu de patience, bonté.

한 인내의 미덕, 친절

* **인뎡** [IN-TYENG] (人丁) ㊄40

불 Homme, nom. Personne, personnalité. (Numéral des personnes: une tête d'homme).

한 사람, 이름 | 사람, 개성 | (사람을 세는 수사 : 사람 한 명)

* **인뎨** [IN-TYEI] (姻弟, (Mariage, frère cadet)) ㊄40

불 Le mari de la sœur cadette de l'épouse.

한 아내의 손아래 여동생의 남편

인도 [IN-TO] 원40

불 Petit fer de tailleur pour rabattre les coutures.

한 솔기를 접기 위한 재봉사의 작은 철제 제품

*인도ᄒᆞ다 [IN-TO-HĂ-TA] (引導) 원40

불 Conduire, emmener, guider, diriger.

한 안내하다, 데리고 가다, 인도하다, 인도하다

*인동 [IN-TONG,-I] (忍冬) 원40

불 Nom d'une esp. de plante grimpante, aux pétales blancs et jaunes, qui sert en médecin. Chèvrefeuille. La fleur s'appelle 금은화 Keum-eun-hoa.

한 꽃잎이 흰색과 노란색이고 내복약으로 쓰이는, 타고 오르는 식물 종류의 이름 | 인동덩굴 | 꽃은 금은화 Keum-eun-hoa라 불린다

*인동ᄒᆞ다 [IN-TONG-HĂ-TA] (引動) 원40

불 Persuader, émouvoir, toucher.

한 설득하다, 감동시키다, 감동시키다

*인력 [IN-RYEK,-I] (人力) 원40

불 Force de l'homme.

한 사람의 힘

*인류 [IN-RYOU] (人類) 원40

불 Nature humaine, nature du genre humain, genre humain, humanité.

한 인간의 본성, 인류의 본성, 인류, 인간

*인륜 [IN-RYOUN,-I] (人倫) 원40

불 Loi naturelle du genre humain. Relations naturelles des hommes entre eux.

한 인류의 자연스러운 법칙 | 사람들 사이의 자연스러운 관계

*인마 [IN-MA] (人馬, (Valet, cheval)) 원40

불 Homme et cheval. ‖ Equipage pour voyager à cheval. ‖ Conducteur et cheval.

한 사람과 말 | 말을 타고 여행하기 위한 여행 장비 | 몰이꾼과 말

*인명 [IN-MYENG,-I] (人命) 원40

불 Homme (m. à m. respiration de l'homme).

한 사람 (말 그대로 사람의 호흡)

*인모 [IN-MO] (人毛) 원40

불 Cheveux.

한 머리털

*인물 [IN-MOUL,-I] (人物) 원40

불 Humain, d'homme. ‖ Homme. ‖ Chose humaine. ‖ Figure humaine, aspect du visage.

한 인간, 사람의 | 사람 | 인간의 것 | 사람의 얼굴, 얼굴 용모

*인민 [IN-MIN,-I] (人民) 원40

불 Peuple, le peuple.

한 백성, 국민

*인방 [IN-PANG,-I] (寅方) 원40

불 La poutre qui forme le haut de l'ouverture de la porte. Linteau. ‖ Pièce transversale de la charpente du corps de la maison. ‖ Côté est d'un cadran qui se divise en 24 parties.

한 문을 여는 상단부를 이루는 들보 | 상인방 | 집 본체의 뼈대의 가로로 된 부품 | 편은 24부분으로 나뉘는 지침 면에 속한다

*인병치ᄉᆞ [IN-PYENG-TCHI-SĂ] (因病致死) 원40

불 Mort survenue par suite d'une maladie naturelle.

한 타고난 병에 의한 돌발사

*인봉ᄒᆞ다 [IN-PONG-HĂ-TA] (印封) 원40

불 Mettre le scellé, sceller, appliquer le sceau, cacheter. ‖ Refermer un tombeau. (qu'on avait ouvert pour examiner l'état du cercueil).

한 봉인하다, 밀봉하다, 인감을 찍다, 봉인하다 | (관의 상태를 점검하기 위해 열었던) 묘를 다시 닫다

*인분 [IN-POUN,-I] (人糞) 원40

불 Excréments humains (méd.).

한 사람의 배설물 (약)

*인산ᄒᆞ다 [IN-SAN-HĂ-TA] (因山) 원40

불 Funérailles du roi. Faire les funérailles du roi.

한 왕의 장례 | 왕의 장례식을 거행하다

*인삼 [IN-SAM,-I] (仁蔘) 원40

불 Jen-sen.

한 인삼

*인셩 [IN-SYĔNG,-I] (人性) 원40

불 Caractère d'homme. Nature humaine.

한 사람의 성격 | 사람의 본성

*인시 [IN-SI] (寅時) 원40

불 4 heures du matin, de 3 à 5 heures.

한 오전 4시, 3~5시

*인심 [IN-SIM,-I] (人心) 원40

불 Cœur humain, affection, esprit, bienveillance, disposition d'esprit, humeur, caractère.

한 사람의 마음, 애정, 마음, 온정, 기분, 기질, 성격

*인ᄉᆞ [IN-SĂ] (人事) 원40

불 Politesse, civilité, les lois de l'urbanité, les pré-

ceptes de la politesse.
한 예의, 예의바름, 예의범절의 법칙, 예절의 규범

*인ᄉᆞ붓치다 [IN-SĂ-POUT-TCHI-TA,-TCHYE,-TCHIN] (人事) 원40
불 Aborder un étranger, lier conversation avec lui.
한 이방인에게 말을 걸다, 그와 대화를 잇다

*인ᄉᆞ시기다 [IN-SĂ-SI-KI-TA,-KYE,-KIN] (人事) 원40
불 Présenter une personne à une autre, lui faire faire connaissance.
한 어떤 사람을 다른 사람에게 소개하다, 그와 처음 알게 하다

*인ᄉᆞᄒᆞ다 [IN-SĂ-HĂ-TA] (人事) 원40
불 Saluer selon les lois de l'urbanité, les préceptes de la politesse.
한 예의범절의 법칙, 예절의 규범에 따라 인사하다

*인ᄉᆡᆼ [IN-SĂING,-I] (人生, (Homme, vie)) 원40
불 Vie de l'homme, homme vivant.
한 사람의 인생, 살아 있는 사람

인ᄭᅵᆫ [IN-KKIN,-I] (綬) 원40
불 Attache, cordon du sceau.
한 도장의 끈, 줄

*인아지친 [IN-A-TJI-TCHIN,-I] (姻婭之親) 원39
불 Alliés non parents
한 친척이 아닌 인척들

*인어 [IN-E] (人魚, (Poisson, homme)) 원39
불 Sirène, Poisson de mer qui, par le tronc du corps, ressemble à un homme (p.ê. Le veau marin); il allaite ses petits et pleure quand on les lui enlève. Monstre de mer de 6 à 7 pieds de long; il a une queue longue et mince avec des crins pareils à ceux de la queue d'un cheval; son nez, sa bouche, ses oreilles, ses bras sont couverts d'une peau blanche, sans écailles, comme celle de l'homme. Il se trouve, en Corée, dans la mer de l'E. et aussi du S .E.
한 인어 | 몸의 몸통이 사람과 비슷한, 바닷 물고기 (아마도 바다표범) | 그것은 새끼들에게 젖을 먹이고 새끼들을 빼앗으면 운다 | 길이 6~7 피에의 바다 괴물 | 갈기와 함께 길고 가는 꼬리를 가지고 있다 | 말 꼬리의 말총과 유사한 꼬리털이 있는 길고 가른 꼬리가 있다. 그 눈, 코, 입, 귀, 앞다리는 사람처럼 비늘 없이 흰 피부로 덮여 있다. 그것은 남쪽 바다와 남동쪽 바다에도 있다.

*인연 [IN-YEN,-I] (因緣) 원39
불 Lien, nœud. ‖ Relation de la conséquence au principe. ‖ Motif, relation.
한 끈, 매듭 | 결과와 원칙의 관계 | 동기, 관계

*인욕 [IN-YOK,-I] (人慾, (Homme, désir)) 원39
불 Envie, passion de l'homme. Désirs humains.
한 선망, 사람의 열정 | 인간의 욕구

*인유ᄒᆞ다 [IN-YOU-HĂ-TA] (引誘) 원39
불 Allécher, amorcer, induire en tentation, séduire.
한 유혹하다, 유인하다, 유혹하다, 마음을 사로잡다

1*인의 [IN-EUI] (仁義, (Bonté, justice)) 원39
불 Humanité, justice, probité, bonté.
한 인정, 정의, 올바름, 선의

2*인의 [IN-EUI] (引儀) 원39
불 Nom d'une petite dignité de la capitale.
한 수도의 작은 고위직의 이름

*인임ᄒᆞ다 [IN-IM-HĂ-TA] (因任) 원39
불 Etre maintenu en place après le temps ordinaire échu, ou après avoir été révoqué une première fois.(Se dit des petites charges et non des grandes dignités).
한 일반적인 만기 시기 이후, 또는 처음으로 해임된 후 자리가 유지되다 | (주요 고위직이 아니라 작은 임무들에 대해 쓴다)

*인ᄋᆡᄒᆞ다 [IN-ĂI-HĂ-TA] (仁愛, (Bonté, amour)) 원39
불 Amour, charité, amour du prochain. Etre charitable.
한 사랑, 자비, 이웃에 대한 사랑 | 자비롭다

*인젹 [IN-TJYEK,-I] (人跡) 원41
불 Empreinte de pas, trace des pieds. Vestiges humains.
한 발자국, 발의 흔적 | 인간의 자취

인졀미 [IN-TJYEL-MI] (眞餠) 원41
불 Gâteau de 찹쌀 Tchap-ssal grillé ou fricassé.
한 석쇠에 구워지거나 소스에 넣고 익힌 찹쌀 Tchap-ssal 떡

*인졉ᄒᆞ다 [IN-TJYEP-HĂ-TA] (引接) 원41
불 Accompagner.
한 동반하다

*인졍 [IN-TJYENG,-I] (人情, (Homme, sentiment)) 원41
불 Humanité, bonté, complaisance, obligeance. ‖ Homme bon. ‖ Raison. ‖ Bon naturel.
한 인정, 선의, 호의, 친절 | 좋은 사람 | 도리 | 좋은 성격

1* 인졔 [IN-TJYEI] (人祭) 원40
불 Sacrifice humain. (Autrefois ils étaient fréquents en Corée, surtout à 쟝산 Tjyang-san. On égorgeait des hommes et ensuite on les jetait à la mer).
한 인간의 희생 | (옛날에 조선에서, 특히 쟝산 Tjyang-san에서 빈번했다 | 사람들의 목을 자르고 나서 그들을 바다에 던지곤 했다)

2 인졔 [IN-TJYEI] (卽今) 원41
불 Maintenant, désormais.
한 지금, 이제부터

* 인존ᄒᆞ다 [IN-TJON-HĂ-TA] (因存) 원41
불 Etre maintenu dans sa charge au-delà du temps ordinaire, v.g. un mandarin. (Se dit des hauts fonctionnaires).
한 일반적인 시간 이상으로 그 직무가 유지되다, 예. 관리 | (고위 관료들에 대해 쓴다)

* 인죵지말 [IN-TJYONG-TJI-MAL,-I] (人種之末, (Homme, semence, dernière)) 원41
불 Le dernier des hommes, la plus basse espèce de gens, v.g. les 무당 Mou-tang (sorcières).
한 최하의 사람, 사람의 부류 중 가장 낮은 부류, 예. 무당 Mou-tang(마녀들)

인쥴 [IN-TJYOUL,-I] 원41
불 Relation de la conséquence au principe. Relation, lien. V.Syn. 인연 In-yen.
한 원칙에 대한 결과의 관계 | 관계, 관련성 | [동의어 인연, In-yen.]

* 인즁 [IN-TJYOUNG,-I] (人中) 원41
불 Haut de la lèvre supérieure, au-dessous du nez (le sillon).
한 윗입술 상단부, 코 아래에(홈)

인즁빅 [IN-TJYOUNG-PĂIK,-I] 원41
불 Résidu, dépôt d'urine (remède).
한 오줌의 찌꺼기, 침전물 (약)

* 인증ᄒᆞ다 [IN-TJEUNG-HĂ-TA] (引證) 원41
불 Allégorie, allusion, fiction, image, métaphore. Citer (Un auteur). Alléguer.
한 우화, 인유, 허구, 비유, 은유 | (작가를) 인용하다 | 인증하다

* 인지 [IN-TJI] (印紙) 원41
불 Papier qui a reçu le sceau. Papier timbré. Paquet sur lequel on a mis un sceau. ‖ Papier pour recouvrir l'impression du sceau.
한 인감이 찍힌 종이 | 인지가 붙은 종이 | 그 위에 도장이 찍힌 상자 | 도장 자국을 감추기 위한 종이

* 인진 [IN-TJIN,-I] (茵蔯) 원41
불 Nom d'un remède.
한 약재의 이름

* 인ᄌᆞ [IN-TJĂ] (人子) 원40
불 Fils de l'homme.
한 사람의 아들

* 인ᄌᆞᄒᆞ다 [IN-TJĂ-HĂ-TA,-HAN,-HI] (仁慈) 원40
불 Miséricordieux, doux, humain, favorable, clément, affable, bon.
한 자비롭다, 온화하다, 인간적이다, 호의적이다, 관대하다, 친절하다, 착하다

인찰 [IN-TCHAL,-I] (印札) 원41
불 Trait dans une page de livre, encadrement en filet dans un livre.
한 책의 한 페이지에 나오는 선, 책에 있는 괘선으로 된 틀

1* 인쳑 [IN-TCHYEK,-I] (人尺, (Homme, pied [mesure])) 원41
불 Pied qui sert à mesurer les hommes (il est composé de 14 épaisseurs de doigt). ‖ Jauge (pour l'acuponcture).
한 사람의 키를 재는 데 사용하는 피에(손가락 14개의 굵기로 이루어진다) | (침술을 위한) 측정 계기

2* 인쳑 [IN-TCHYEK,-I] (姻戚) 원41
불 Allié par mariage.
한 결혼에 의한 인척

* 인춍 [IN-TCHONG,-I] (人叢) 원41
불 (Numéral des maisons). Maison, maisonnée, famille, feu.
한 (집을 세는 수사) | 집, 가족 전원, 가족, 세대

인출ᄒᆞ다 [IN-TCHOUL-HĂ-TA] 원41
불 Imprimer; impression; imprimerie.
한 인쇄하다 | 인쇄 | 인쇄소

인치다 [IN-TCHI-TA,-TCHYE,-TCHIN] (打印) 원41
불 Sceller; mettre un sceau, un cachet; cacheter.
한 봉인하다 | 인감, 인장을 찍다 | 봉인하다

* 인편 [IN-HPYEN,-I] (人便, (Homme, occasion)) 원40
불 Occasion; circonstance favorable fournie par un homme.
한 기회 | 사람에 의해 제공된 유리한 기회

* 인픔 [IN-HPEUM,-I] (人品, (Homme, condition)) 원40
불 Nature de l'homme, caractère.

ㅇ

한 사람의 본성, 성격

*인피 [IN-HPI] (人皮) 원40

불 Peau d'homme.

한 사람의 피부

1*인형 [IN-HYENG,-I] (人形) 원39

불 Forme humaine, qui ressemble à un homme.

한 사람의 형태, 사람과 닮은 것

2*인형 [IN-HYENG,-I] (姻兄, (Mariage, frère aîné)) 원39

불 Le mari de la sœur aînée de la femme. (Style épist).

한 부인의 손위 여자 형제의 남편 | (서간체)

1*인호 [IN-HO] (印號) 원39

불 Signe, signature. || Cachet imprimé. || Caractère des sacrements.

한 표지, 서명 | 찍힌 인장 | 성례의 특징

2*인호 [IN-HO] (人戶, (Homme, maison)) 원39

불 Maison(maisonnée).

한 집(가족 전원)

*인후 [IN-HOU] (咽喉) 원39

불 Gorge, œsophage, larynx, gosier. || Détroit, défilé.

한 목구멍, 식도, 후두, 인후 | 좁은 길, 협로

*인후롭다 [IN-HOU-ROP-TA,-RO-OA,-RO-ON] (仁厚) 원39

불 Etre bon et généreux, accessible.

한 착하고 자비롭다, 쉽게 사귈 수 있다

*인후병 [IN-HOU-PYENG] (咽喉病) 원39

불 Esquinancie, maladie de gorge.

한 구협염, 목에 생기는 병

*인후지디 [IN-HOU-TJI-TI] (咽喉之地) 원39

불 Gorge, passage, chenal, seul passage pour aller à… Défilé.

한 협곡, 통로, 수로, ~로 가기 위한 유일한 통로, 협로

*인후ᄒᆞ다 [IN-HOU-HĂ-TA] (仁厚, (Bon, généreux)) 원39

불 Etre large, généreux, indulgent.

한 크다, 자비롭다, 너그럽다

*인ᄒᆞ다 [IN-HĂ-TA] (因) 원39

불 Faire à cause de.

한 ~때문에 하다

*인ᄒᆞ야 [IN-HĂ-YA] (因) 원39

불 (Postposition, gouv. l'acc. et l'instrum.). A cause de, par, donc.

한 (전치사, 대격과 도구격을 지배한다) ~때문에, ~에 의해, 그래서

1일 [IL,-I] (事) 원42

불 Action, fait, affaire, évènement, œuvre, travail, chose.

한 행동, 일, 일, 일어난 일, 작업, 일, 일

2일 [IL,-I] 원42

불 Numéral des centaines de grandes feuilles de papier, dont on se sert pour l'examen du baccalauréat.

한 바칼로레아 시험에 쓰이는 백 장의 큰 종이를 세는 수사

3*일 [IL,-I] (一) 원42

불 Un, 1.

한 하나, 1

4*일 [IL,-I] (日) 원42

불 Jour. || Soleil.

한 날 | 태양

5일 [IL] (早) 원42

불 Le matin, de bonne heure. 일ᄶᅥ나가겟다, Il-tte-na-ka-keit-ta, Je partirai de bonne heure.

한 아침, 일찍 | [용례 일ᄶᅥ나가겟다, Il-tte-na-ka-keit-ta], 나는 일찍 떠날 것이다

*일가 [IL-KA] (一家) 원43

불 Une maison. || Parents paternels. Parents un peu éloignés, à partir du 3e ou 4e degré, et qui ont le même nom, c. a. d. qui descendent d'une même souche par les hommes; et non pas les alliés ni les descendants par les femmes.

한 집 | 아버지 쪽 친척들 | 3촌이나 4촌부터, 같은 성을 가진, 즉 같은 선조로부터 남자들 쪽으로 내려오는, 그리고 인척도, 여자들 쪽 후손들도 아닌 조금 먼 친척들

*일각문 [IL-KAK-MOUN,-I] (一角門) 원43

불 Petite porte extérieure.

한 외부의 작은 문

*일간 [IL-KAN,-I] (一間) 원43

불 Une travée.

한 연단

일간에 [IL-KAN-EI] 원43

불 Dans ce temps, maintenant, ces jours-ci.

한 이때에, 지금, 요즘

*일거냥득ᄒᆞ다 [IL-KE-NYANG-TEUK-HĂ-TA] (一擧兩得, (Une, œuvre, deux, avantages)) 원43

불 Faire d'une pierre deux coups.

한 하나의 돌로 두 번 타격하다

*일거무소식 [IL-KE-MOU-SO-SIK,-I] (一去無消息, (Une, fois, parti, point, nouvelle)) ㉤43
불 N'avoir pas reçu de nouvelles depuis son départ.
한 떠난 후로 그 소식을 받지 못했다

*일거일동 [IL-KE-IL-TONG,-I] (一居一動, (Un, repos, un mouvement)) ㉤43
불 S'asseoir et marcher tour à tour. ‖ Un repos et un mouvement, c. a. d. toute la conduite.
한 차례로 앉고 걷다 | 휴식과 움직임, 즉 모든 행동

일고동 [IL-KO-TONG,-I] ㉤43
불 Le point capital d'une affaire, le hic opus hic labor. La pièce essentielle, importante, d'une chose, v. g. la languette d'un piége. V. 고동 Ko-tong (languette, etc.).
한 일의 중대한 지점, le hic opus hic labor | 어떤 것의 필수불가결한, 중요한 부분, 예. 덫의 작은 혀 모양의 것 | [참조어 고동, Ko-tong] (작은 혀 모양의 것 등)

1*일곡 [IL-KOK,-I] (一哭) ㉤43
불 Pleurer une fois, gémir une fois.
한 한 번 울다, 한 번 신음하다

2*일곡 [IL-KOK,-I] (一曲) ㉤43
불 Un morceau de musique, un couplet. ‖ Un peu.
한 음악의 한 부분, 1절 | 조금

*일공ᄒᆞ다 [IL-KONG-HĂ-TA] (一空) ㉤43
불 Etre vide, désert. Où il n'y a personne. Etre entièrement vide.
한 비다, 텅 비다 | 아무도 없는 곳 | 전부 비다

1*일구 [IL-KOU] (日晷) ㉤44
불 Soleil (opposé à ombre). ‖ Cadran solaire.
한 햇빛 (그늘의 반대) | 태양의 지침면

2*일구 [IL-KOU] (一口) ㉤44
불 Une seule bouche.
한 단 하나의 입

*일구난셜 [IL-KOU-NAN-SYEL,-I] (一口難說, (Une, bouche, difficile, parole)) ㉤44
불 Difficile à dire d'une seule bouche; impuissant à dire, à raconter.
한 단 하나의 입으로 말하기 어렵다 | 말할 수, 이야기할 수 없다

*일구이언 [IL-KOU-I-EN,-I] (一口二言) ㉤44
불 Dire deux sortes de paroles d'une même bouche. Se contredire, se dédire, dire le contraire de ce qu'on avait avancé peu avant.
한 같은 입으로 두 가지 말을 하다 | 스스로 모순되는 말을 하다, 한 말을 취소하다, 조금 전에 했던 것과 반대를 말하다

*일국ᄇᆡᆨ셩 [IL-KOUK-PĂIK-SYENG,-I] (一國百姓) ㉤44
불 Tous les sujets d'un royaume.
한 한 왕국의 모든 백성

일군 [IL-KOUN,-I] (事君) ㉤44
불 Ouvrier; mercenaire; homme de travail, de journée; travailleur.
한 노동자 | 고용인 | 일하는 사람, 날품팔이를 하는 사람 | 근로자

*일금ᄒᆞ다 [IL-KEUM-HĂ-TA] (一禁) ㉤43
불 Défendre très-sévèrement.
한 아주 엄하게 금지하다

1*일긔 [IL-KEUI] (日氣) ㉤43
불 Le temps, l'air, la température, l'état de l'atmosphere.
한 시간, 대기, 온도, 대기의 상태

2*일긔 [IL-KEUI] (日記) ㉤43
불 Annales, gazette, journal de ce qui se passe chaque jour de remarquable, légende.
한 연대기, 잡지, 매일 일어나는 주목할 만한 일에 대한 신문, 삽화 따위의 설명문

일긔부리다 [IL-KEUI-POU-RI-TA] ㉤43 ☞일긔ᄒᆞ다

일긔ᄒᆞ다 [IL-KEUI-HĂ-TA] ㉤43
불 Importuner, demander en importunant. Agir à tort et à travers.
한 괴롭히다, 괴롭히면서 요구하다 | 함부로 행동하다

*일긴ᄒᆞ다 [IL-KIN-HĂ-TA,-HĂN,-HI] (一緊) ㉤43
불 Intimité, liaison. Très-lié, le plus intime, le plus aimé. ‖ Très-nécessaire. Nécessité.
한 친교, 관계 | 매우 관계가 깊다, 가장 친밀하다, 가장 사랑받다 | 매우 필요하다 | 필요

*일낙 [IL-NAK,-I] (逸樂) ㉤44
불 Bien manger et ne rien faire,etc. Joie. En joie et en bonne santé. Plaisir mondain, délices de ce monde (pour les païens).
한 잘 먹고 아무것도 하지 않다 등 | 쾌락 | 기쁨과 건강 속에 | 세속적인 즐거움, 이 세상의 즐거움(이교도들에게 있어)

*일남쳡긔 [IL-NAM-TCHYEP-KEUI] (一覽輒記, (Une fois, voir, tout de suite, revenir à la mémoire)) ㉤44
불 Qui n'oublie jamais ce qu'il a vu ou entendu une fois.

한 한번 보거나 들은 것은 결코 잊어버리지 않는다

일노 [IL-NO] 원44

불 D'où, pour ce motif, à cause de cela.

한 그래서, 이러한 이유로, 그 때문에

일노써 [IL-NO-SSE] (是以) 원44

불 Par, par le moyen de, par le secours de, avec (일노 Il-no, de cette chose; 써 Sse, se).

한 ~에 의해, ~의 방법으로, ~의 도움으로, ~으로 (일노 Il-no, 이것으로 | 써 Sse, se)

일ᄂᆡ [IL-NĂI] 원44

불 A cause de, c'est pour cela. (Terminais.).

한 ~때문에, 그것 때문이다 | (어미)

[1]**일다** [IL-TA,IL-E,IL-EUN] 원45

불 Purifier le riz, ôter les pierres du riz en le lavant. En le versant d'un vase dans l'autre.

한 쌀을 정화하다, 쌀을 씻으면서, 한 그릇에서 다른 것으로 그것을 부으며 그것의 돌들을 제거하다

[2]**일다** [IL-TA] 원45

불 Etre. C'est. L'honorif, est 실다 sil-ta, c'est. (Verbe subst., démonst., défect.-en voir la déclinais. à l'APPEND.).

한 ~이다 | 이것은 ~이다 | 경칭, ~이다, 실다 sil-ta, 이것은 ~이다 | (명사적, 지시적, 결여 동사 - 부록에 그 곡용을 참조)

***일댱통곡ᄒᆞ다** [IL-TYANG-HTONG-KOK-HĂ-TA] (一場痛哭, (Un, temps, souffrir, pleurer)) 원45

불 Pleurs d'un instant. ‖ Une séance de pleurs, de cris douloureux.

한 잠깐의 울음 | 우는, 고통스럽게 고함치는 광경

***일뎜** [IL-TYEM,-I] (一點) 원45

불 Un point, un rien.

한 점, 작은 것

***일뎡** [IL-TYENG] (一定) 원45

불 Certainement, avec certitude.

한 확실히, 확신을 갖고

***일뎡ᄒᆞ다** [IL-TYENG-HĂ-TA,-HĂN,-HI] (一定) 원45

불 Certain, sûr. Etre certain, fixe, réglé, affirmé, assuré. Avoir la certitude.

한 확실하다, 틀림없다 | 확실하다, 고정되어 있다, 이미 결정되다, 확언되다, 확신하다 | 틀림없다

***일동일뎡** [IL-TONG-IL-TYENG] (一動一靜, (Un, mouvement, un, repos)) 원45

불 Les habitudes; la vie; la manière d'être, de vivre.

한 습관 | 생활 | 사는, 살아가는 방식

***일두** [IL-TOU] (一斗) 원45

불 Un boisseau.

한 1 브와소

***일등** [IL-TEUNG] (一等) 원45

불 Le plus, très, extrêmement, le plus haut, le premier, le mieux, le suprême degré.

한 가장, 아주, 지극히, 가장 높다, 으뜸, 최고, 가장 최고의 단계

***일력** [IL-RYEK,-I] (日力) 원45

불 Marche du soleil de l'orient à l'occident. Force du soleil c. a.d. l'élévation. 일력이지나다, Il-ryek-i-tji-na-ta, La marche du soleil être avancée, c. a. d. il se fait tard.

한 동쪽에서 서쪽으로 가는 태양의 움직임 | 태양의 힘 즉 상승 | [용례 일력이지나다, Il-ryek-i-tji-na-ta], 태양의 움직임이 빠르다, 즉 늦었다

[1*]**일례** [IL-RYEI] (一禮) 원44

불 Un seul rit, le même rit.

한 유일한 제례, 같은 제례

[2*]**일례** [IL-RYEI] (一例) 원45

불 Même manière, même façon.

한 같은 방식, 같은 방법

***일률** [IL-RYOUL,-I] (一律) 원45

불 Même loi, même cas.

한 같은 법, 같은 경우

일마 [IL-MA] 원44

불 Eh! (Interj.). (Parole qui s'adresse aux enfants pour les gronder).

한 어이! (감탄사) | (아이들을 질책하기 위해 건네는 말)

일망무제 [IL-MANG-MOU-TJYEI] (一望無際, (Une fois, regarder, pas, de limites)) 원44

불 Longue étendue de plaine, vaste plaine, à perte de vue.

한 길게 펼쳐진 평야, 까마득한 넓은 평야

***일면여구** [IL-MYEN-YE-KOU] (一面如舊, (Première fois, figure, semblable, ancien)) 원44

불 S'être vus une seule fois et être comme de vieux amis.

한 단 한 번 보고 오랜 친구 같다

일명 [IL-MYENG,-I] (庶名) 원44

불 Enfant né d'une concubine ou femme secondaire.

한 첩이나 두 번째 부인에게서 태어난 아이

***일모** [IL-MO] (一毛) 원44

불 Un seul poil, tant soit peu.
한 단 하나의 털, 다소라도

*일목 [IL-MOK,-I] (一目) 원44
불 Un seul œil.
한 유일한 눈

*일목장군 [IL-MOK-TJYANG-KOUN] (一目將軍) 원44
불 Borgne, qui n'a qu'un œil. (On appelle ainsi les borgnes, par dérision ou par plaisanterie).
한 애꾸눈이, 눈이 하나뿐인 사람 | (조롱이나 빈정거림으로 애꾸눈이들을 그렇게 부른다)

*일문 [IL-MOUN,-I] (一門, (Une, porte de maison)) 원44
불 Réunion de tous les parents. Tous les parents du même nom.
한 모든 친척의 모임 | 같은 성을 가진 모든 친척

*일미 [IL-MI] (一味, (Première, saveur)) 원44
불 Saveur délicieuse, le meilleur goût.
한 맛있는 풍미, 가장 좋은 맛

1*일반 [IL-PAN,-I] (一般) 원44
불 C'est la même chose, cela revient au même ; sem- blable.
한 똑같다, 마찬가지이다 | 유사하다

2*일반 [IL-PAN,-I] (一半) 원44
불 Une moitié.
한 절반

1*일방 [IL-PANG,-I] (一放) 원44
불 Un coup, un seul coup (v.g. de fusil, de briquet).
한 (예. 총, 라이터의) 발사, 단 한 번의 발사

2*일방 [IL-PANG,-I] (一方) 원44
불 Un seul lieu.
한 유일한 장소

*일변 [IL-PYEN,-I] (一邊) 원44
불 Un côté.
한 한 면

*일병 [IL-PYENG,-I] (一並, (Un ensemble)) 원44
불 Ensemble, à la fois, d'une seule fois.
한 함께, 동시에, 한 번에

1*일본 [IL-PON,-I] (一本) 원44
불 Une seule souche (v. g. pour les familles du même nom). La même origine.
한 유일한 선조(예. 같은 성을 가진 가족들) | 같은 기원

2*일본 [IL-PON,-I] (日本) 원44
불 Le Japon.
한 일본

*일부일쳐 [IL-POU-IL-TCHYE] (一夫一妻) 원44
불 Un époux, une épouse.
한 한 명의 남편, 한 명의 아내

*일분 [IL-POUN,-I] (一分) 원44
불 Une partie, une chance, une division (d'une chose divisée en parties égales).
한 부분, 확률, (같은 부분들로 나누어진 것의) 분할

*일분부거힝 [IL-POUN-POU-KĔ-HĂING] (一分付擧行, (Une seule fois, ordonner, exécuter)) 원44
불 Sur un seul ordre, tout exécuter.
한 유일한 명령에 대해, 모두 실행하다

*일삭 [IL-SAK,-I] (一朔) 원45
불 Une lune, le temps d'une lune, 29 jours, un mois.
한 달, 한 달의 시간, 29일, 한 달

*일산 [IL-SAN,-I] (日傘) 원45
불 Bannière, étendard en forme de grand parasol, ou dais, qu'on fait porter à la tête du cortége d'un mandarin. V.Syn. 기 Kăi.
한 관리의 행렬 선두에 옮겨지는, 큰 대형 양산이나 닫집 모양의 기, 군기 | [동의어 기, kăi]

*일삼다 [IL-SĂM-TA,-A,-EUN] (爲事) 원45
불 Faire devenir, établir. ‖ Remplir son obligation. ‖ Entreprendre un ouvrage. ‖ Remplir sa tâche. Prendre à tâche. Entreprendre une tâche. ‖ Etre devenu.
한 되게 하다, 임명하다 | 자신의 의무를 다하다 | 일을 시작하다 | 임무를 완수하다 | ~하려고 애쓰다 | 일을 시작하다 | 되었다

*일소 [IL-SO] (一所) 원45
불 Le 1er bureau des examens. ‖ Lieux différents, bureaux différents où l'on passe les examens.
한 시험을 치르는 첫 번째 장소 | 다른 장소들, 시험을 치르는 다른 장소들

*일소ᄒᆞ다 [IL-SO-HĂ-TA] (日梳, (Jour, se peigner)) 원45
불 Se peigner chaque jour.
한 매일매일 자기 머리를 빗다

일쇼 [IL-SYO] 원45 ☞ 일소

일수주다 [IL-SOU-TJOU-TA,-TJOUE,-TJOUN] (日數債給) 원45
불 Placer son argent à intérêt, de manière à recevoir tous les jours l'intérêt et un peu du capital. (100 sap., à 2 sap. par jour, rapporteront 20% en deux mois. -L'intérêt diffère suivant les lieux)

한 매일 이자와 원금 조금을 받는 방식으로 돈을 이자에 놓다 | (엽전 100에 대해 매일 엽전 두 개. 두 달 만에 20%를 가져다준다 | 이자는 지역에 따라 다르다)

*일슈 [IL-SYOU] (一手) 원45
불 Le mieux, n°1, (1°).
한 최고, 1번, (첫 번째)

*일습 [IL-SEUP,-I] (一襲) 원45
불 Un vêtement complet, un habillement complet.
한 완전한 의복, 완벽한 옷차림

1*일시 [IL-SI] (日時) 원45
불 Jour et heure.
한 날과 시

2*일시 [IL-SI] (一時) 원45
불 Une fois. Un peu de temps.
한 한 번 | 잠깐의 시간

*일시에 [IL-SI-EI] (一時) 원45
불 A la fois, en même temps.
한 동시에, 동시에

*일식 [IL-SIK,-I] (日蝕) 원45
불 Eclipse de soleil.
한 일식

*일신 [IL-SIN,-I] (一身) 원45
불 Un seul corps, tout le corps.
한 단 하나의 몸, 몸 전체

*일심 [IL-SIM,-I] (一心) 원45
불 Un seul cœur. ‖ Tout son cœur.
한 단 하나의 마음 | 자신의 모든 마음

*일심으로 [IL-SIM-EU-RO] (一心) 원45
불 D'un seul cœur. De tout cœur. D'une seule et même volonté.
한 단 하나의 마음으로 | 온 마음으로 | 단 하나의 그리고 같은 의지로

*일식 [IL-SĂIK,-I] (一色) 원45
불 Une seule couleur. ‖ Beauté. ‖ Qui l'emporte en beauté.
한 단 하나의 색깔 | 아름다움 | 아름다움에 있어 우세한 것

*일싱 [IL-SĂING,-I] (一生) 원45
불 Temps de la vie. La durée de la vie, depuis la naissance jusqu'à la mort. ‖ Souvent. ‖ Toujours, sans cesse.
한 삶의 시간 | 사는 기간, 태어나서 죽을 때까지 | 종종 | 항상, 끊임없이

일긋 [IL-KKEUT,-TCHI] (事端) 원43
불 Affaire, action, œuvre. 일긋잡다 Il-kkeut-tjap-ta, Entreprendre une affaire. 일긋내다 Il-kkeut-nai-ta, Terminer une affaire.
한 일, 행동, 활동 | [용례 일긋잡다 Il-kkeut-tjap-ta], 일을 시작하다 | [용례 일긋내다 Il-kkeut-nai-ta], 일을 마치다

일끼다 [IL-KKĂI-TA,-KKĂI-YE,-KKĂIN] (夙興) 원43
불 Se réveiller de bonne heure.
한 일찍 잠을 깨다

*일악 [IL-AK,-I] (一惡) 원42
불 Batailleur, querelleur.
한 싸움하기 좋아하는 사람, 싸우기 좋아하는 사람

*일악디픠 [IL-AK-TĂI-HPĂI] (一惡大悖, (Une méchanceté, grandement, renverser l'urbanité)) 원42
불 Se dit d'un homme colère, emporté, méchant, barbare. Devenu très-méchant du premier coup.
한 화를 잘 내는, 성 잘 내는, 악독한, 무정한 사람에 대해 쓴다 | 처음부터 매우 악독해지다

*일양 [IL-YANG] (一樣, (Une, manière)) 원42
불 Toujours la même chose, dans le même état, semblable, homogène, pas de différence. ‖ En bonne santé, de même, c.a.d. état naturel.
한 항상 같은 것, 같은 상태로, 유사하다, 동일하다, 다름이 없다 | 건강하게, 마찬가지로, 즉 자연적인 상태

*일언가파 [IR-EN-KA-HPA] (一言可破, (Une, parole, il faut, décider)) 원42
불 Hésitation. Délibération. Il n'y a pas à hésiter, il faut décider d'un seul mot. On peut tout éclairer d'un seul mot.
한 망설임 | 숙고 | 주저하면 안 된다, 단 한마디로 결정해야 한다 | 단 한마디로 모두 밝힐 수 있다

*일영표 [IL-YENG-HPYO] (日影表) 원42
불 Cadran solaire.
한 해시계

*일용ᄒᆞ다 [IL-YONG-HĂ-TA] (日用) 원43
불 Quotidien, de chaque jour. Tout ce qui est d'un usage journalier.
한 일상의, 매일의 | 매일 사용하는 모든 것

일우다 [IL-OU-TA,-OUE,-OUN] (成) 원43
불 Achever, finir, perferctionner, faire, parfaire. (Act. et neut.)
한 완성하다, 끝내다, 완벽하게하다, 하다, 완전하게 하다 | (능동형과 자동형)

일월 [IL-OUEL,-I] (日月) [원]43
[불] Soleil et lune.
[한] 해와 달

일위다 [IL-OUI-TA,-OUI-YE,-OUIN] (成) [원]43
[불] Devenir, se faire, être produit. Pass. de 일우다 Il-ou-ta
[한] ~이 되다, 만들어지다, 생기다 | 일우다 Il-ou-ta 의 피동형

*일읍 [IL-EUP,-I] (一邑) [원]43
[불] Une seule ville, un district.
[한] 단 하나의 도시, 한 지역

*일인 [IL-IN,-I] (一人) [원]43
[불] Homme transcendant, le plus distingué, le premier de tous. ‖ Un seul homme.
[한] 탁월한, 가장 뛰어난, 모든 사람 중에서 으뜸인 사람 | 단 하나의 사람

일일이 [IL-IL-I] (事事) [원]43
[불] Peu à peu, l'un après l'autre, à la file.
[한] 조금씩, 차례로, 연달아

*일일학 [IL-IL-HAK,-I] (一日瘧) [원]43
[불] Fièvre tierce, qui revient tous les deux jours.
[한] 이틀마다 돌아오는 3일 간격의 간헐열

*일졀 [IL-TJYEL] (一切) [원]45
[불] En un mot, ensemble, surtout, tout, entièrement.
[한] 한마디로, 함께, 특히, 모두, 전부

*일제이 [IL-TJYEI-I] (一齊) [원]45
[불] Ensemble.
[한] 함께

*일죠에 [IL-TJYO-EI] (一朝) [원]45
[불] Jour au matin. ‖ Dans un moment, tout à coup.
[한] 하루, 아침에 | 잠시 후에, 갑자기

*일죠일셕 [IL-TJYO-IL-SYEK,-I] (一朝一夕) [원]45
[불] Du matin au soir. ‖ Un matin et un soir. ‖ En peu de temps.
[한] 아침부터 저녁까지 | 한 아침과 한 저녁 | 짧은 시간에

*일죡 [IL-TJYOK,-I] (一族) [원]46
[불] Parent.
[한] 친척

*일죵ᄒᆞ다 [IL-TJYONG-HĂ-TA] (日終) [원]46
[불] Faire du matin au soir sans interruption. ‖ Une journée du matin au soir.
[한] 멈추지 않고 아침부터 저녁까지 하다 | 아침부터 저녁까지 하루 종일

일죽다 [IL-TJOUK-TA,TJOUK-E,-TJOUK-EUN] (早死) [원]46
[불] Mourir de bonne heure.
[한] 일찍 죽다

일즉 [IL-JEUK] [원]45 ☞일즉

*일지 [IL-TJI] (一支) [원]45
[불] Parent, de la même famille, de la même branche.
[한] 친척, 같은 집안의, 같은 지류의

*일ᄌᆞ [IL-TJĂ] (日子) [원]45
[불] Temps, espace de temps.
[한] 시간, 시간의 간격

*일ᄌᆞ부지 [IL-TJĂ-POU-TJI] (一字不知, (Un caractère d'écriture, ne pas, savoir)) [원]45
[불] Imbécile, ignorant. Ne savoir ni a ni b. Ne savoir pas un seul caractère.
[한] 어리석다, 무지하다 | a도 b도 모르다 | 한 글자도 모르다

일ᄌᆞᆨ [IL-TJĂK] (早) [원]45
[불] De bonne heure, de grand matin, prématurément.
[한] 일찍이, 아침 일찍, 너무 이르게

일ᄌᆞᆨ이 [IL-TJĂK-I] (曾) [원]45
[불] De bonne heure, avant l'heure, avant le temps ordinaire, prématurément.
[한] 일찍, 시간 전에, 일상적인 시간 이전에, 너무 이르게

*일ᄌᆡ [IL-TJĂI] (一才) [원]45
[불] Le plus habile. Adresse extraordinaire, intelligence extraordinaire.
[한] 가장 솜씨 좋다, 비범한 재주, 뛰어난 지능

*일초일목 [IL-TCHO-IL-MOK,-I] (一草一木) [원]46
[불] Un brin d'herbe et un arbre.
[한] 풀잎 하나와 나무 하나

*일촌 [IL-TCHON,-I] (一村) [원]46
[불] Un village. ‖ Tout le village.
[한] 한 마을 | 마을 전체

*일춍ᄒᆞ다 [IL-TCHYŌNG-HĂ-TA] (一寵) [원]46
[불] Aimer. Le plus aimé, le plus chéri.
[한] 좋아하다 | 가장 좋아하는, 가장 애지중지하는

*일츌동산 [IL-TCHYOUL-TONG-SAN,-I] (日出東山) [원]46
[불] Le soleil se lève derrière les montagnes à l'orient. Aurore, aube, soleil levant, lever du soleil.

한 해가 동쪽 방향에 있는 산 뒤에서 떠오르다 | 여명, 새벽, 뜨는 해, 일출

*일취월장 [IL-TCHYŌŪI-OUEL-TJYANG] (日就月將, (Jour, croître, mois, croître)) 원46

불 Facilité. Chaque jour les choses grossissent. Croître de jour en mois, croître très-vite.

한 능력 | 매일 일들이 성장하다 | 날로 달로 성장하다, 아주 빨리 성장하다

일타 [IL-HTA,-HE,-HEUN] (失) 원45

불 Perdre.

한 잃다

*일태 [IL-HTAI] (一馱) 원45

불 Une charge (de bête de somme).

한 (짐을 나르는 가축의) 짐

*일태군 [IL-HTAI-KOUN,-I] (一馱軍) 원45

불 Celui qui transporte des grains à dos de bœuf; qui achète le grain et le transporte.

한 소 등에 곡식들을 실어 운반하는 사람 | 곡식을 사고 그것을 운반하는 사람

*일톄 [IL-HTYEI] (一體) 원45

불 Une seule substance. ‖ Une seule manière. 일톄로 Il-htyei-ro, D'une seule manière.

한 단 하나의 실체 | 유일한 방법 | [용례 일톄로 Il-htyei-ro], 단 하나의 방법으로

*일통 [IL-HTONG] (一統) 원45

불 En somme, communément, en résumé.

한 결국, 보통, 요컨대

*일파일쇽 [IL-HPA-IL-SYOK,-I] (一巴一束) 원44

불 Une poignée, une gerbe. Une brasse et une brassée.

한 한움큼, 다발 | 발[역주 두 팔을 벌린 길이]과 한 아름

*일편지역 [IL-HPYEN-TJI-YEK,-I] (一鞭之力) 원44

불 Appui, soutien, renfort d'un parti contre l'autre. ‖ Soutenir un seul côté, se montrer partial.

한 지지, 받침대, 다른 쪽에 기댄 한 쪽의 보강 | 한쪽만 지지하다, 편파적인 태도를 보이다

*일포식 [IL-HPO-SIK,-I] (一飽食, (Une fois, le ventre plein, manger)) 원44

불 Manger une fois de manière à avoir le ventre plein.

한 배가 가득 차도록 한 번 먹다

일포식도저수 [IL-HPO-SIK-TO-TJĂI-SOU] 원44

불 Avoir eu le destin, la bonne fortune, de manger une fois à satiété.

한 한 번 실컷 먹을 운명, 좋은 운이었다

*일푼여금 [IL-HPOUN-YE-KEUM,-I] (一分如金, (Une, sapèque, semblable, or)) 원44

불 Ne serait-ce qu'une sapèque, ce serait comme de l'or. Précieux.

한 엽전 하나라도 금과 같을 것이다 | 소중하다

*일품 [IL-HPOUM,-I] (一品) 원44

불 Le premier degré, le plus haut, le principal.

한 첫 번째 등급, 가장 높다, 가장 중요하다

*일필난긔 [IL-HPIL-NAN-KEUI] (一筆難記, (Un pinceau, difficile, raconter)) 원44

불 Il est difficile de tout écrire avec un seul pinceau, Il y a beaucoup de choses à écrire.

한 단 하나의 붓으로 전부 쓰기는 어렵다, 쓸 것들이 많다

*일필휘지 [IL-HPIL-HOUI-TJI] (一筆揮之) 원44

불 Ecrivant avec un seul pinceau, il faudrait se hâter. Il y a beaucoup de choses à écrire. Ecrire d'un seul coup de pinceau rapidement et beaucoup de choses.

한 하나의 붓으로 쓰면 서둘러야 할 것이다 | 쓸 것들이 많다 | 빨리 그리고 많은 것들을 단 한 번의 붓질로 쓰다

*일픽도지 [IL-HPĂI-TO-TJI] (一敗到之) 원44

불 Ruine complète et subite.

한 완전하고 급작스러운 파괴

*일합 [IL-HAP,-I] (一合) 원43

불 Une rencontre, un combat, une mêlée, une fois.

한 한 번의 만남, 한 번의 전투, 한 번의 접전, 한 번

*일향 [IL-HYANG,-I] (一向) 원43

불 Etre dans le statu quo. C'est la même chose, cela revient au même, pas de changement, toujours dans le même état. Quid unum et idem.

한 이전의 우세한 상태에 있다 | 똑같다, 다시 같게 되다, 변화가 없다, 항상 같은 상태로 있다 | 〈어떤 것과 동일한 것〉

일허부리다 [IL-HE-PĂ-RI-TA,-RYE,-RIN] (失) 원43

불 Perdre.

한 잃다

*일호 [IL-HO] (一毫) 원43

불 Un cheveu, un poil, très-peu.

한 머리털 한 올, 털 한 올, 아주 조금

*일후 [IL-HOU] (日後) 원43

불 Après des jours, dans la suite.

한 여러 날 후에, 그 후에

*일훈 [IL-HOUN,-I] (日暈) 원43

불 Halo, cercle autour du soleil.

한 태양 주위의 무리, 원

일흔 [IL-HEUN] (七十) 원43

불 Soixante-dix, 70. V. 닐흔 Nil-heun.

한 일흔, 70 | [참조어 닐흔, Nil-heun]

[1]일흠 [IL-HOM,-I] (名) 원43

불 Nom (en général).

한 (일반적으로) 이름

[2]일흠 [IL-HOM,-I] (名聲) 원43

불 Renommée, réputation, renom, estime, célébrité

한 명망, 명성, 호평, 평판, 높은 평판

일희 [IL-HEUI] (狼) 원43

불 Loup.

한 늑대

*일희일비 [IL-HEUI-IL-PI] (一喜一悲, (Une, joie, une, douleur)) 원43

불 Joie et douleur, rires et pleurs. Chose qui cause de la joie et du chagrin. Qui a un bon et mauvais côté.

한 기쁨과 고통, 웃음과 눈물 | 기쁨과 고통을 야기하는 것 | 좋은 면과 나쁜 면을 가진 것

*일힝 [IL-HĂING,-I] (一行) 원43

불 Compagnie de voyageurs.

한 여행자들 일동

임 [IM,-I] (頭載) 원38

불 Charge portée sur la tête, fardeau sur la tête (mode usité par les femmes coréennes).

한 머리 위에 지워진 짐, 머리 위의 짐(조선 여성들이 사용하는 방법)

*임쇼 [IM-SYO] (任所, (Charge, lieu)) 원38

불 Chambre ou lieu donné pour y passer quelque temps, afin d'y traiter une affaire de sa charge. Hôtel du mandarin

한 자신의 책무로 주어진 일을 처리하도록, 얼마간의 시간을 보내기 위해 주어진 방 또는 장소 | 관리의 대저택

*임슐 [IM-SYOUL,-I] (壬戌) 원39

불 59e année du cycle de 60 ans. 1742, 1802, 1862, 1922.

한 60년 주기의 59번째 해 | 1742, 1802, 1862, 1922년

*임신 [IM-SIN,-I] (壬申) 원38

불 9e année du cycle de 60 ans. 1692, 1752, 1812, 1872, 1932.

한 60년 주기의 아홉 번째 해 | 1692, 1752, 1812, 1872, 1932년

*임ᄉᆞ [IM-SĂ] (任事) 원38

불 Chargé d'affaires, délégué.

한 일을 맡다, 위임되다

*임오 [IM-O] (壬午) 원38

불 19e année du cycle de 60ans. 1702, 1762, 1822, 1882

한 60년 주기의 열아홉 번째 해 | 1702, 1762, 1822, 1882년

[1]임의 [IM-EUI] (旣) 원38

불 Déjà, puisque, parce que.

한 이미, 왜냐하면, ~때문에

[2*]임의 [IM-EUI] (任意) 원38

불 Volonté libre, gré. 임의로 Im-eui-ro, A son gré.

한 자유 의지, 의사 | [용례 임의로 Im-eui-ro], 자신의 의사대로

임의롭다 [IM-EUI-ROP-TA,-RO-OA,-RO-ON] 원38

불 Selon sa volonté libre, à son gré.

한 자유 의지에 따라, 자신의 의사대로

*임인 [IM-IN,-I] (壬寅) 원38

불 39e année du cycle de 60 ans. 1722, 1782, 1842, 1902.

한 60년 주기의 39번째 해 | 1722, 1782, 1842, 1902년

*임쟈 [IM-TJYA] (壬者) 원39

불 Propriétaire, possesseur, maître.

한 소유자, 소지자, 주인

*임쟝 [IM-TJYANG,-I] (任掌) 원39

불 Un des trois hommes d'affaires d'un village ou d'un quartier de la capitale. ‖ Crieur public, homme de bas étage employé pour le service de sûreté publique. Esclave public d'un village.

한 한 마을이나 수도의 한 구역의 일을 맡아보는 세 사람 중 하나 | 포고사항을 공고하는 관원, 공공 안전 업무를 위해 고용된 낮은 계급의 사람 | 마을의 공공 노예

*임진 [IM-TJIN] (壬辰) 원39

불 29e année du cycle de 60 ans. 1712, 1772, 1832, 1892.

한 60년 주기의 29번째 해 | 1712, 1772, 1832, 1892년

*임ᄌᆞ [IM-TJĂ] (壬子) 원39

불 49e année du cycle de 60 ans. 1732, 1792, 1852, 1912.

한 60년 주기의 49번째 해 | 1732, 1792, 1852, 1912년

[1*]입 [Ip] (入) 원41

불 En agr.Entrer.

[한] 한자어로 들어가다

²입 [Ip,-I] (口) [원]41

[불] Bouche, gueule, bec, ouverture. ‖ Le goût (un des cinq sens).

[한] 입, 아가리, 부리, 열린 부분 | 미각(오감 중 하나)

¹*입계ᄒᆞ다 [IP-KYEI-HĂ-TA] (入繼) [원]41

[불] Enfant adoptif. Adopter.

[한] 입양아 | 입양하다

²*입계ᄒᆞ다 [IP-KYEI-HĂ-TA] (入啓, (Entrer, parler au roi)) [원]41

[불] Référer au roi.

[한] 왕에게 호소하다

*입고ᄒᆞ다 [IP-KO-HĂ-TA] (入庫, (Entrer, grenier)) [원]41

[불] Mettre dans les greniers, dans les magasins.

[한] 곡식 창고에, 저장고에 넣다

*입관ᄒᆞ다 [IP-KOAN-HĂ-TA] (入棺, (Entrer, cercueil)) [원]41

[불] Mettre dans le cercueil.

[한] 관에 넣다

*입교ᄒᆞ다 [IP-KYO-HĂ-TA] (入教) [원]41

[불] Entrer dans la religion. Se faire chrétien. Commencer à pratiquer la religion

[한] 종교 활동에 참가하다 | 기독교인이 되다 | 종교 활동에 참가하기 시작하다

입김 [IP-KIM,-I] (口氣, (Bouche, air)) [원]41

[불] Haleine condensée, vapeur de la bouche, haleine.

[한] 압축된 호흡, 입에서 나오는 김, 입김

*입납 [IP-NAP,-I] (入納, (Entrer, offrir)) [원]42

[불] Sur l'adresse d'une lettre, signifie: veuillez recevoir.

[한] 편지의 주소에, '받아 주십시오'를 의미한다

입내내다 [IP-NAI-NAI-TA,-NAI-YE,-NAIN] [원]42

[불] Imiter, singer (en se moquant).

[한] 모방하다, (놀리면서) 흉내 내다

입되다 [IP-TOI-TA] (嚼) [원]42

[불] Mâcher.

[한] 씹다

입마초다 [IP-MA-TCHO-TA,-THO-A,-TCHON] (親口) [원]42

[불] Baiser, toucher avec les lèvres.

[한] 입맞춤하다, 입술로 건드리다

*입문관 [IP-MOUN-KOAN] (入門官) [원]42

[불] Portier de l'enceinte où se tiennent les examens.

[한] 시험이 개최되는 구내의 문지기

*입문ᄒᆞ다 [IP-MOUN-HĂ-TA] (入門) [원]42

[불] Rentrer à la maison.

[한] 집에 돌아가다

*입방 [IM-PANG,-I] (任紡) [원]38

[불] Lieu accordé aux marchands ambulants pour s'établir, étaler et vendre leurs marchandises.

[한] 자리를 잡도록 행상인들에게 승인된 장소, 자신들의 상품들을 진열하고 팔다

입버리다 [IP-PE-RI-TA,-RYE,-RIN] (開口) [원]42

[불] Ouvrir la bouche.

[한] 입을 열다

*입산ᄒᆞ다 [IP-SAN-HĂ-TA] (入山) [원]42

[불] Aller habiter la montagne.

[한] 산에 살러 가다

*입셜 [IP-SYEL,-I] (脣) [원]42

[불] Lèvres.

[한] 입술

*입셩 [IP-SYENG,-I] (入聲) [원]42

[불] Son des consonnes finales ㄱ k, ㄹ l, ㅅ t, ㅂ p. ‖ 5e ton dans la prononciation des caractères chinois. ‖ Dans la musique, ton moyen, doux; recto tono.

[한] 끝자음 ㄱ k, ㄹ l, ㅅ t, ㅂ p의 소리 | 중국 글자들의 발음에 있어 다섯 번째 성조 | 음악에서 중간의, 부드러운 음 | recto tono

입슈얼 [IP-SYOUL-EL,-I] [원]42

[불] Lèvres.

[한] 입술

입슑 [IP-SYOULK] (脣, (Bouche, bordure)) [원]42 ☞입슈얼

*입시율 [IP-SI-YOUL,-I] (脣) [원]42

[불] Lèvres.

[한] 입술

¹*입시ᄒᆞ다 [IP-SI-HĂ-TA] (入侍, (Entrer, en présence du roi)) [원]42

[불] Aller vister le roi (se dit des dignitaires).

[한] 왕을 방문하러 가다 (고관들에 대해 쓴다)

²입시ᄒᆞ다 [IP-SI-HĂ-TA] [원]42

[불] Goûter, manger un peu.

[한] 맛보다, 조금 먹다

입쓰다 [IP-TTEU-TA,-TTE,-TTEUN] [원]42

[불] Mal parler, balbutier, bégaver. Etre bègue, parler lentement et difficilement. ‖ Parler peu.

한 서투르게 말하다, 말을 더듬다, 더듬더듬 말하다 | 말을 더듬다, 천천히 그리고 힘들게 말하다 | 말을 별로 하지 않다

[1]입씨름ᄒᆞ다 [IP-SI-REUM-HĂ-TA] (爭) 원42

불 Disputer, se disputer doucement. Discuter, contester tranquillement.

한 다투다, 조용히 언쟁하다 | 토의하다, 침착하게 이의를 제기하다

[2]입씨름ᄒᆞ다 [IP-SI-REUM-HĂ-TA] 원42

불 Etre dégoûté de la nourriture (femme enceinte).

한 (임신한 여성이) 음식이 역겹다

입쯍긋쯍긋ᄒᆞ다 [IP-TTJYOUNG-KOUT-TTJYOUNG-KOUT-HĂ-TA] 원42

불 Remuer les lèvres (par envie de parler ou de rire).

한 (말하거나 웃고 싶은 욕구에 의해) 입술을 움직이다

*입쟝ᄒᆞ다 [IP-TJYANG-HĂ-TA] (入場) 원42

불 Entrer dans l'enceinte affectée aux examens de baccalauréat.

한 바칼로레아 시험에 할당된 구내에 들어가다

입져르다 [IP-TJYE-REU-TA] (口短) 원42

불 Manger peu.

한 별로 먹지 않다

입졀다 [IP-TJYEL-TA,-TJYE-RE,-TJYE-REUN] (口短) 원42

불 Manger peu, être petit mangeur.

한 별로 먹지 않다, 적게 먹다

입졍 [IP-TJYENG] (口情) 원42

불 Nature de la bouche.

한 입의 본성

*입학ᄒᆞ다 [IP-HAK-HĂ-TA] (入學) 원41

불 Commencer ses études de caractères.

한 글자 공부를 시작하다

*입향슌쇽 [IP-HYANG-SYOUN-SYOK,-I] (入學循俗, (Entré, village, science, usages)) 원41

불 Il faut suivre les usages des lieux où l'on est.

한 처해 있는 장소의 관례를 따라야 한다

*입협ᄒᆞ다 [IP-HYEP-HĂ-TA] (入狹, (Entrer, montagne)) 원41

불 Aller habiter les montagnes.

한 산에 살러 가다

*입후ᄒᆞ다 [IP-HOU-HĂ-TA] (入後, (Entrer, postérité)) 원41

불 Enfant adoptif. Adopter (un enfant).

한 입양아 | (아이를) 입양하다

잇 [IT,-SI] (茜) 원46

불 Garance. Plante dont la fleur rouge sert à teindre en rouge.

한 꼭두서니 | 그 붉은 꽃이 붉게 물들이는 데 사용되는 식물

잇그다 [IT-KEU-TA,-KEU-RE,-KEUN] (䕨) 원46

불 Conduire à la main, attirer, tirer à soi, traîner, entraîner, indure, allécher.

한 손으로 인도하다, 끌어당기다, 자기에게로 잡아당기다, 끌다, 끌고 가다, 유인하다, 유혹하다

잇글니다 [IT-KEUL-NI-TA,-NYE,-NIN] (䕨引) 원46

불 Etre traîné conduit, induit, alléché. pass. de 잇그다 It-keu-ta.

한 끌리다, 안내되다, 유도되다, 유인되다 | 잇그다 It-keu-ta의 수동형

잇ᄂᆞ니마니 [IT-NĂ-NI-MA-NI] 원46

불 Il est certainement.

한 확실하다

잇다 [IT-TA,-SE,-SĂN] (有) 원46

불 Etre, avoir. Honorif. 계시다 Kyei-si-ta. Nég. 업다 Ep-ta et 아닛다 A-nit-ta. Il a le sens d'avoir, avec le datif: j'ai, à moi est. L'indicatif présent ressemble à l'infinitif. 잇다 It-ta, être, avoir, j'ai, il est, etc.

한 ~있다, 가지다 | (경칭) 계시다 kyei-si-ta | 부정. 업다 Ep-ta 와 아닛다 A-nit-ta | 여격과 함께 갖다의 의미를 지닌다 : 내가 갖다, 나에게 ~있다 | 직설법 현재는 부정법과 유사하다 | 잇다 It-ta, ~이 있다, 갖다, 내가 갖다, 그가 ~있다 등

잇다가 [IT-TA-KA] (姑徐) 원46

불 Tout à l'heure, dans un instant.

한 즉시, 잠시 후에

잇다감 [IT-TA-KAM] (或間) 원46

불 Quelquefois, à certaines époques, de temps en temps, de temps à autre.

한 때때로, 어느 시기에, 이따금, 때때로

잇시락말낙ᄒᆞ다 [IT-SI-RAK-MAL-NAK-HĂ-TA] (若有若無) 원46

불 Termin. du verbe 잇다 It-ta. Indique le manque d'assiduité, de clarté: y en a-t-il, n'y en a-t-il pas? on ne peut voir, on ne peut savoir.

한 동사 잇다 It-ta의 어미 | 끈기, 명확성이 없음을 가리킨다 : 있는가, 없는가? 볼 수 없다, 알 수 없다

잇틀 [IT-HTEUL,-I] (二日) 원46
불 Le deuxième jour de la lune, deux jours.
한 달의 두 번째 날, 2일

잇틀거리 [IT-HTEUL-KE-RI] (二日瘧) 원46
불 Fièvre quarte.
한 4일 열

[1]잇흘 [IT-HEUL,-I] (二日) 원46
불 Le second jour de la lune, deux jours.
한 달의 두 번째 날, 2일

[2]잇흘 [IT-HEUL] 원46 ☞잇틀

*잉 [ING,-I] (剩) 원41
불 Reste, le reste, ce qui reste. =낫다 -nat-ta, Rester. =내다 -nai-ta, Faire du reste
한 나머지, 나머지, 남아 있는 것 | [용례 =낫다, -nat-ta], 남아 있다 | [용례 =내다, -nai-ta], 나머지를 만들다

*잉부 [ING-POU] (孕婦) 원41
불 Femme enceinte.
한 임신한 여성

*잉아 [ING-A] 원41
불 Ficelle qui, attachée aux différents fils de la chaine, les soulève pour tisser.
한 다른 날실에 붙어서 직조하기 위해 그것들을 들어 올리는 가는 끈

잉어 [ING-E] (鯉魚) 원41
불 Esp. de poisson d'eau douce. Carpe vulgaire.
한 민물고기의 종류 | 보통의 잉어

*잉틱ᄒᆞ다 [ING-HTĂI-HĂ-TA] (孕胎) 원41
불 Conception; concevoir; être enceinte; devenir enceinte.
한 임신 | 임신하다 | 임신하다 | 임신되다

잉편ᄒᆞ다 [ING-HPYEN-HĂ-TA] 원41
불 Abondance. Avoir tout en abondance (des enfants, des richesses, des esclaves.).
한 풍부함 | (아이들, 재산, 노예들을) 모두 많이 가지다

[1]*ᄋᆡ [CI] (愛) 원15
불 Charité, amour.
한 자비, 사랑

[2]*ᄋᆡ [ĂI] (哀) 원15
불 Tristesse.
한 슬픔

*ᄋᆡ걸ᄒᆞ다 [ĂI-KEL-HĂ-TA] (哀乞) 원16
불 Supplier.
한 애원하다

*ᄋᆡ경ᄒᆞ다 [ĂI-KYENG-HĂ-TA] (愛敬) 원16
불 Aimer et respecter (Se dit à l'égard d'un supérieur).
한 사랑하고 존경하다 | (윗사람에 관해서 쓴다)

ᄋᆡ고 [ĂI-KO] 원16
불 Hélas! (cri de douleur, de surprise).
한 아아! 슬프도다! (괴로움, 놀람의 외침)

ᄋᆡ고머니 [ĂI-KO-ME-NI] 원16
불 Holà! (cri de surprise, de peur).
한 아이고! (놀람, 공포의 외침)

*ᄋᆡ곡ᄒᆞ다 [ĂI-KOK-HĂ-TA] (哀哭) 원16
불 Pleurer amèrement.
한 비통하게 울다

*ᄋᆡ교 [ĂI-KYO] (愛敎) 원16
불 Doctrine d'amour, aimable loi de charité.
한 사랑의 가르침, 상냥한 자선의 법

*ᄋᆡ구ᄒᆞ다 [ĂI-KOU-HĂ-TA] (愛仇) 원16
불 Aimer ses ennemis.
한 적들을 사랑하다

*ᄋᆡ긍 [ĂI-KEUNG,-I] (哀矜) 원16
불 Aumône, œuvre de miséricorde.
한 적선, 자선 활동

*ᄋᆡ당ᄒᆞ다 [ĂI-TANG-HĂ-TA] (愛黨) 원16
불 Amour de ceux de sa condition, de son espèce; amour pour ses semblables. esprit de corps.
한 자신과 같은 신분의, 자신과 같은 류의 사람들의 사랑 | 자신과 비슷한 사람들에 대한 사랑 | 몸의 영혼

*ᄋᆡ덕 [ĂI-TEK,-I] (愛德) 원16
불 Vertu de charité.
한 자비를 베푸는 미덕

ᄋᆡᄃᆞ르다 [ĂI-TĂ-REU-TĂ] (惱恨) 원16
불 Regretter, se repentir de.
한 애석해하다, ~을 후회하다

ᄋᆡ돌나ᄒᆞ다 [ĂI-TĂL-NA-HĂ-TA] (哀恨) 원16
불 Détester, haïr, regretter.
한 싫어하다, 증오하다, 애석해하다

ᄋᆡ돏다 [ĂI-TĂLP-TA,-TĂLP-E,-TĂLP-EUN] (恚) 원16
불 Détester, regretter, se repentir de.
한 싫어하다, 애석해하다, 후회하다

*ᄋᆡ락 [ĂI-RAK,-I] (哀樂) 원16
불 Chagrin et joie.
한 슬픔과 기쁨

*ᄋᆡ련 [ĂI-RYEN,-I] (愛憐) 원16

불 Amour et pitié.
한 사랑과 연민

*익련ᄒᆞ다 [ĂI-RYEN-HĂ-TA] (哀憐) 원16
불 Pitoyable, digne de pitié. Qui fait pitié, compatir.
한 가련하다, 연민을 느낄 만하다 | 가엾다, 동정하다

*익막죠지 [ĂI-MAK-TJYO-TJI] (愛莫助之) 원16
불 Etat de celui qui voudrait porter secours à quelqu'un en danger et qui ne le peut pas, embarras.
한 위험에 처한 사람을 도우려고 하나 그럴 수 없는 사람의 상태, 곤경

*익모ᄒᆞ다 [ĂI-MO-HĂ-TA] (愛慕) 원16
불 Penser avec amour.
한 애정을 갖고 생각하다

익목 [ĂI-MOK,-I] (兒木) 원16
불 Bois jeune.
한 어린 나무

*익무ᄒᆞ다 [ĂI-MOU-HĂ-TA] (碍無) 원16
불 N'être pas coupable, être innocent.
한 죄가 없다, 결백하다

익물 [ĂI-MOUL] (愛物) 원16
불 Chose aimée.
한 애호하는 것

*익민ᄒᆞ다 [ĂI-MIN-HĂ-TA] (愛民) 원16
불 Aimer le peuple.
한 백성을 사랑하다

익ᄆᆡᄒᆞ다 [ĂI-MĂI-HĂ-TA] 원16
불 N'avoir pas rapport à, être en dehors de.
한 ~와 관계가 없다, ~의 밖에 있다

[1]익발이 [ĂI-PAL-I] 원16
불 Effort, tension violente.
한 노력, 강렬한 긴장

[2]익발이 [ĂI-PAL-I] (慳吝) 원16
불 Avare, crasseux.
한 아끼다, 인색하다

*익셕ᄒᆞ다 [ĂI-SYEK-HĂ-TA] (愛惜) 원16
불 Aimer et épargner. C'est dommage.
한 사랑하고 아끼다 | 유감이다

익수하다 [ĂI-SOU-HĂ-TA] 원16
불 Etre dommage, pénible, regrettable.
한 유감이다, 가슴 아프다, 애석하다

익쓰다 [ĂI-SSEU-TA,ĂE-SSE,ĂI-SSEUN] (勞苦) 원16
불 S'efforcer, se donner de la peine pour.
한 노력하다, 수고스럽게도 ~하다

익씌우다 [ĂI-SSEUI-OU-TA,-OUE,-OUN] 원16
불 Causer de la peine, être cause des efforts. (Factit.de 익쓰다, Ăi-sseu-ta).
한 수고의 원인이다, 수고하는 원인이 되다 | (익쓰다, Ăi-sseu-ta의 사동형)

*익오분구 [ĂI-O-POUN-KOU] (哀惡忿懼) 원16
불 Les quatre passions; chagrin, haine, colère, peur.
한 네 가지의 열정 | 슬픔, 증오, 분노, 두려움

*익욕 [ĂI-YOK,-I] (愛欲, (Amour, passion)) 원16
불 La volonté, amour.
한 의지, 애정

*익인 [ĂI-IN] (愛人) 원15
불 Amour du prochain. =ᄒᆞ다, -hă-ta, Aimer la prochain.
한 이웃사랑 | [용례 =ᄒᆞ다, -hă-ta], 이웃을 사랑하다

익잔ᄒᆞ다 [ĂI-TJAN-HĂ-TA] 원16
불 Posé, tranquille, sage, beau, aimable.
한 침착하다, 조용하다, 현명하다, 아름답다, 사랑스럽다

*익졍 [ĂI-TJYENG,-I] (愛情) 원17
불 Cœur aimant, charité, affection, sentiment affectueux.
한 애정이 깊은 마음, 자비, 애정, 다정한 감정

*익쥬 [ĂI-TJYOU] (愛主) 원17
불 Amour de dieu.
한 신의 사랑

익즁 [ĂI-TJYOUNG,-I] 원17
불 Amour respectueux.
한 소중히 여기는 사랑

*익지즁지ᄒᆞ다 [ĂI-TJI-TJYOUNG-TJI-HĂ-TA] (愛之重之) 원17
불 Aimer et regarder avec admiration.
한 사랑하고 감탄하여 바라보다

*익ᄌᆞ지졍 [ĂI-TJĂ-TJI-TJYENG] (愛子之情, (Aimer, enfant, de, sentiment)) 원16
불 Affection des parents pour leurs enfants.
한 자식들에 대한 부모의 애정

*익쳡 [ĂI-TCHYEP,-I] (愛妾) 원17
불 Amour d'une concubine. Concubine préférée.
한 첩의 사랑 | 좋아하는 첩

익치ᄒᆞ다 [ĂI-TCHI-HĂ-TA] (愛喫) 원17
불 Manger avec plaisir une chose que l'on aime.
한 좋아하는 것을 기꺼이 먹다

이친ᄒᆞ다 [ĂI-TCHIN-HĂ-TA] (愛親) [원] 17
[불] Amour des parents, amour filial. Aimer ses parents; aimer ses proches, ses amis.
[한] 부모의 사랑, 자식으로서의 사랑 | 자신의 부모를 사랑하다 | 자신의 이웃 사람들, 자신의 친구들을 사랑하다

*이통ᄒᆞ다 [ĂI-HTONG-HĂ-TA] (哀痛) [원] 16
[불] Gémir, être désolé, avoir une douleur intérieure.
[한] 신음하다, 애석하다, 내부의 고통이 있다

1*이호ᄒᆞ다 [Ă-HO-HĂ-TA] (哀呼) [원] 16
[불] Pousser des cris de douleur, jeter les hauts cris, crier en pleurant.
[한] 괴로움의 비명을 지르다, 큰 고함을 지르다, 울면서 외치다

2*이호ᄒᆞ다 [Ă-HO-HĂ-TA] (愛護) [원] 16
[불] Aimer et protéger.
[한] 사랑하고 보호하다

*이휼ᄒᆞ다 [ĂI-HYOUL-HĂ-TA] (愛恤) [원] 16
[불] Aimer et regarder en pitié, compatir avec affection. (Se dit à l'égard d'un inférieur).
[한] 사랑하고 측은히 바라보다, 자애롭게 동정하다 | (아랫사람에 관하여 쓴다)

*익 [ĂIK,-I] (厄) [원] 16
[불] Chance malheureuse, malheur.
[한] 불운, 불행

*익각 [ĂIK-KAK] (腋角) [원] 16
[불] Tumeur sous l'aisselle.
[한] 겨드랑이 아래에 난 종기

*익긔 [ĂIK-KEUI] (厄氣) [원] 16
[불] Air méphitique, malsain, corrompu.
[한] 유독한, 유해한, 부패한 공기

*익닉 [ĂIK-NĂI] (額內) [원] 16
[불] Les gens de la maison. En dedans (de l'étable, du cercle), entre, parmi, faire partie de. (Opposé de 익외, Aik-oi, en dehors, ne pas faire partie de).
[한] 집안의 사람들 | (외양간, 동아리의) 안에, ~사이에, ~중에, ~에 속하다 | (익외 Aik-oi, 밖에, ~에 속하지 않다)

1*익식ᄒᆞ다 [ĂIK-SĂIK-HĂ-TA] (阨塞) [원] 16
[불] Regrettable, être méchant jusqu'à faire souffrir le sang. ‖ C'est dommage, c'est malheureux.
[한] 애석하다, 피를 흘리게 할 정도로 악독하다 | 유감스럽다, 불운하다

2익식ᄒᆞ다 [ĂIK-SĂIK-HĂ-TA] (阨甚) [원] 16
[불] Impitoyable, impossible.
[한] 냉혹하다, 불가능하다

익ᄯᅵ오다 [ĂIK-TTĂI-O-TA,-TTĂI-OA,-TTĂI-ON] [원] 16
[불] Empêcher le malheur.
[한] 불행을 막다

*익외 [ĂIK-OI] (額外) [원] 16
[불] En dehors, ne pas faire partie de.
[한] 밖에, ~에 속하지 않다

*익하죵 [ĂIK-HĂ-TJYONG] (掖下瘇) [원] 16
[불] Loupe ou clou sous l'aisselle.
[한] 겨드랑이 아래의 종창 또는 종

*잉 [ĂING,-I] (癭) [원] 16
[불] Loupe, tumeur, goître.
[한] 종창, 종양, 갑상선종

잉금조다 [ĂING-KEUM-TJO-TA,-TJO-A,-TJON] [원] 16
[불] Sauter à clochepied.
[한] 한 발로 뛰다

*잉도 [ĂING-TO] (櫻桃) [원] 16
[불] Esp. de petites cerises.
[한] 작은 버찌의 종류

잉도라지다 [ĂING-TO-RA-TJI-TA,-TJYE,TJIN] [원] 16
[불] Pencher, incliner.
[한] 기울어지다, 기울다

*잉무 [ĂING-MOU'] (鸚鵡) [원] 16
[불] Perroquet.
[한] 앵무새

잉상이 [ĂING-SANG-I] [원] 16
[불] Homme mal fait.
[한] 빈약한 체격의 남자

잉잉 [ĂING-ĂING] [원] 16
[불] Bruit des cris, des pleurs d'un petit enfant.
[한] 어린아이의 외침, 울음소리

1잉ᄒᆞ다 [ĂING-HĂ-TA] [원] 16
[불] Etre douloureux, être affligé sans motif.
[한] 고통스럽다, 이유 없이 슬퍼하다

2잉ᄒᆞ다 [ĂING-HĂ-TA] [원] 16
[불] Bourdonner, bourdonnement des mouches.
[한] 윙윙거리다, 파리의 윙윙거리는 소리

ㅈ

ㅈ [TJ] [원]523
[불] 24me lettre de l'alphabet, consonne qui correspond à tj ou ts ou tch. (Il est difficile d'en exprimer la valeur en lettres européennes)
[한] 자모의 24번째 글자, tj 또는 ts 또는 tch에 상응하는 자음 | (유럽 글자로 그 가치를 나타내기 어렵다)

¹자 [TJA] (尺) [원]523
[불] Mesure de longueur, mètre, coudée, pied coréen. (Egale 0^m 53 centimètres ; mais cette longueur n'est pas fixe : elle varie suivant les différents métiers).
[한] 길이의 측정단위, 미터, 약 0m 50㎝, 조선의 척 | (53㎝와 같다. 그러나 그 길이는 불변의 것이 아니다. 그것은 다른 직업에 따라 변화한다)

²자 [TJA] [원]523
[불] Tiens, accipe.
[한] 자, 잡아

자갈 [TJA-KAL] (鉗) [원]523
[불] Mors, frein (de cheval, de bride)
[한] 재갈, (말의, 말굴레의) 재갈

자갈거리다 [TJA-KAL-KE-RI-TA,-RYE,-RIN] [원]523
[불] Prendre le mors aux dents, être insupportable, indompté.
[한] 이빨에 재갈을 물다, 참을 수 없다, 굴하지 않다

자개 [TJA-KAI] (貝) [원]523
[불] Nacre.
[한] 나전

*자고새다 [TJA-KO-SAI-TA,-SAI-YE,-SAIN] [원]524
[불] Se lever le matin après le sommeil, dormir et se lever le matin.
[한] 자고 난 후 아침에 일어나다, 자고 아침에 일어나다

자귀 [TJA-KOUI] (斫器) [원]524
[불] Doloire, herminette, hachette.
[한] 손도끼, 손도끼, 작은 도끼

자귀나무 [TJA-KOUI-NA-MOU] [원]524
[불] Mimosa (esp. d'arbuste). Nom d'une sorte d'arbuste dont les feuilles se ferment chaque soir au coucher du soleil et s'ouvrent le matin à son lever.
[한] 미모사(소관목 종류) | 잎들이 매일 저녁 해가 지면 닫히고 아침에 해가 뜨면 열리는 소관목 종류의 이름

자귀풀 [TJA-KOUI-HPOUL,-I] [원]524
[불] Sorte d'herbe, de plante qui ressemble au 자귀나무 Tja-koui-na-mou, et dont les feuilles se replient le soir et s'ouvrent le matin : p. ê. la sensitive.
[한] 자귀나무 Tja-koui-na-mou와 유사하고 입들이 저녁에 접히고 아침에 열리는 풀, 식물의 종류, 아마도 미모사

자글자글 [TJA-KEUL-TJA-KEUL] [원]523
[불] Bruit de l'eau qui commence à bouillir. =끌타-kkeul-hta, Frémir en bouillant (dans un vase de terre)
[한] 끓기 시작하는 물소리 | [[용례] =끌타, -kkeul-hta], (흙으로 된 그릇 안에서) 비등하며 끓기 시작하다

자긔자긔ᄒᆞ다 [TJA-KEUI-TJA-KEUI-HĂ-TA] [원]523
[불] Désigne un bruit sec, agaçant ; bruit des dents. ‖ Frémir d'horreur.
[한] 딱딱한, 성가신 소리를 가리킨다 | 이가 부딪치는 소리 | 무서움에 떨다

*자킥 [TJA-KĂIK,-I] (刺客) [원]523
[불] Homme qui, armé d'un couteau, cherche à se glisser près de celui qu'il veut tuer, qu'il veut frapper ; assassin gagé.
[한] 칼을 차고 죽이고자 하는, 칠려고 하는 사람 가까이 교묘하게 끼어들려 하는 사람 | 고용된 암살자

¹자다 [TJA-TA] [원]530
[불] Cri pour s'exciter mutuellement.
[한] 서로 자극하기 위한 외침

²자다 [TJA-TA,TJA,TJAN] [원]530
[불] (Impératif irrégulier : 자거라 Tja-ke-ra)
[한] (불규칙 명령형 : 자거라 Tja-ke-ra)

³자다 [TJA-TA,TJA,TJAN] (宿) [원]530
[불] Dormir.
[한] 자다

*자도 [TJA-TO] (紫桃) [원]530
[불] Pêche rouge, espèce de prune.
[한] 붉은 복숭아, 자두의 종류

자ᄃᆡ잔 [TJA-TĂI-TJAN] (細而極細) [원]530
[불] Petit.
[한] 작다

자라 [TJA-RA] (鱉) [원]529
[불] Tortue d'eau douce.
[한] 민물 거북

자라초 [TJA-RA-TCHO] (渠車) [원]529
[불] Nom d'une plante (officinale).

한 (약용의) 식물의 이름

[1]자락 [TJA-RAK] (衣襜) 원529

불 Bordure d'habit, pan d'habit.

한 옷의 가장자리 장식, 옷의 늘어진 자락

[2]자락 [TJA-RAK] 원529

불 Espèce d'herbe dont on fait des cordes.

한 끈을 만드는 풀의 종류

[3]자락 [TJA-RAK,-I] (犂) 원529

불 Numéral de la quantité de pluie. 흔보자락 Hăn po-tja-rak, La profondeur d'un soc de charrue.

한 비의 양을 나타내는 수사 | [용례 흔보자락, Hăn po-tja-rak], 쟁기 보습의 날의 깊이

자랑흐다 [TJA-RANG-HĂ-TA] (誇) 원529

불 Se vanter, se prévaloir, s'enorgueillir.

한 자기 자랑을 하다, ~을 통해 자신을 뽐내다, 거만해지다

[1]자로 [TJA-RO] (槖) 원529

불 Manche d'instrument. ‖ Numéral des pinceaux, des couteaux, etc., peut-être de tout ce qui a un manche.

한 도구의 손잡이 | 붓, 칼 등, 아마 자루가 있는 모든 것을 세는 단위

[2]자로 [TJA-RO] (槖) 원529

불 Sac de toile.

한 천으로 된 가방

[1]자루 [TJA-ROU] 원529

불 Poche, sac, bourse.

한 주머니, 자루, 돈주머니

[2]자루 [TJA-ROU] 원529

불 Manche d'instrument.

한 도구의 손잡이

자르다 [TJA-REU-TA,TJAL-NE,TJA-REUN] (短) 원529

불 Etre court, bref ; qui dure peu exigu, petit ; être trop court ; accourcir.

한 짧다, 간단하다 | 조금 지속되다, 적다, 작다 | 너무 짧다 | 짧게 하다

자르르 [TJA-REU-REU] 원529

불 Bruit de voix confuses et éloignées.

한 확실치 않고 멀리서 나는 목소리

[1]자리 [TJA-RI] (席) 원529

불 Natte, place, lit, lieu où l'on peut s'asseoir.

한 돗자리, 자리, 밑받침, 앉을 수 있는 곳

[2]자리 [TJA-RI] (處) 원529

불 Endroit ; numéral des endroits, pour les champs, les rizières, les boucheries, les places.

한 장소 | 밭, 논, 도살장, 자리를 위한, 장소를 세는 수사

자리갑 [TJA-RI-KAP,-SI] 원529

불 Se dit d'un homme mal bâti. (Injur.).

한 체격이 좋지 않은 사람에 대해 쓴다 | (욕설)

자리옷 [TJA-RI-OT,-SI] (寢衣) 원529

불 Habit de nuit pour dormir.

한 잠잘 때 입는 야간 의복

자르다 [TJA-RĂ-TA,TJA-RĂ,TJA-RĂN] (長) 원529

불 Grandir, croître, grossir, devenir grand, se fortifier.

한 자라다, 성장하다, 커지다, 크게 되다, 튼튼해지다

자마리 [TJA-MA-RI] 원524

불 Æshne, demoiselle (insecte).

한 잠자리, 잠자리류 (곤충)

자마리동동 [TJA-MA-RI-TONG-TONG] 원524

불 Cri que poussent les enfants en frappant dans leurs mains, lorsqu'ils aperçoivent un 자마리 Tja-ma-ri qu'ils veulent prendre.

한 잡고 싶은 자마리 Tja-ma-ri를 봤을 때, 아이들이 손뼉을 치면서 내는 소리

*자만호 [TJA-MAN-HO] (紫滿瑚) 원524

불 Sorte de pierre, de cristal (rouge brun), p. ê. l'agate.

한 돌, 수정(붉은 갈색)의 종류, 아마도 마노

자박이 [TJA-PAK-I] (土器) 원527

불 Espèce de terrine, de vase, plat en terre, bassin plat et large.

한 평평하고 흙으로 된 일종의 항아리, 단지, 평평하고 넓은 수반

자박자박흐다 [TJA-PAK-TJA-PAK-HĂ-TA] (片片) 원527

불 Se dit des premiers pas que fait un petit enfant qui commence à marcher. ‖ Crier (le sable sous les pas).

한 걷기 시작하는 어린아이가 하는 첫 걸음들에 대해 쓴다 | (발 아래 모래가)날카로운 소리를 내다

자밤 [TJA-PAM,-I] 원527

불 Une pincée, une prise (de tabac), une poignée.

한 손가락 끝으로 집을 만큼의 양, (담배의) 1회 용량, 한 줌

자새 [TJA-SAI] 원530

불 Manivelle qui sert à tordre une corde (cordier).

한 줄을 꼬는 데 사용하는 크랭크 (밧줄 제조업자)

자시다 [TJA-SI-TA,-SYE,-SIN] (饗) 원530

불 Manger. (Un peu honorif.).
한 먹다 | (약경칭)

자아내다 [TJA-A-NAI-TA,-NAI-YE,-NAIN] (引出) 원523
불 Faire, traiter une affaire.
한 하다, 일을 처리하다

자오락 [TJA-O-RAK,-I] 원529 ☞자락

자욱밧다 [TJA-OUK-PAT-TA,-PAT-A,-PAT-EUN] 원523
불 Suivre à la trace des pas, suivre la piste, être à la piste (v. g. d'un animal qui s'est échappé, d'un homme).
한 발자국을 따라가다, 발자취를 따르다, (예. 도망친 동물의, 사람의) 종적을 따르는 중이다

자욱ᄒᆞ다 [TJA-OUK-HĂ-TA] (四塞) 원523
불 Se former, se lever, s'étendre en grande quantité (v. g. nuage, fumée) ; être rempli de nuages, de fumée ; être très-épais.
한 만들어지다, 일어서다, 많은 양이 펼쳐지다(예. 구름, 연기) | 구름, 연기로 가득 차다 | 아주 빽빽하다

[1]자이다 [TJA-I-TA,TJA-YE,TA-IN] (量尺) 원523
불 Mesurer avec un mètre ou un pied.
한 미터 또는 피에로 측정하다

[2]자이다 [TJA-I-TA,-YE,-IN] 원538 ☞ᄌᆞ이다

자작자작 [TJA-TJAK-TJA-TJAK] (兒步貌) 원530
불 Désigne la manière de marcher à petits pas d'un enfant, la marche chancelante.
한 아이의 작은 발걸음으로 걷는 방식, 비틀거리는 걸음을 가리킨다

자작자작ᄒᆞ다 [TJA-TJAK-TJA-TJAK-HĂ-TA] 원530
불 Se dit de l'eau qui couvre très-peu le sol et sèche facilement.
한 바닥을 아주 조금 덮고 쉽게 마르는 물에 대해 쓴다

자잡은ᄒᆞ다 [TJA-TJAP-EUN-HĂ-TA] (細微) 원530
불 Petit.
한 작다

자장자장 [TJA-TJANG-TJA-TJANG] (寢兒聲) 원530
불 Chant pour endormir les petits enfants.
한 어린 아이들을 재우기 위한 노래

자져 [TJA-TJYE] (頻) 원530
불 Souvent, fréquemment.
한 종종, 자주

자조 [TJA-TJO] 원530 ☞자져

*자쥬 [TJA-TJYOU] (紫紬) 원531
불 Violet, couleur violette, soie violette.
한 보라색, 보라색, 보라색 비단

*자쥭 [TJA-TJOUK,-I] (雌竹) 원531
불 Bambou noir.
한 검은색 대나무

자증내다 [TJA-TJEUNG-NAI-TA,-NAI-YE,-NAIN] (不樂貌) 원530
불 Se fâcher, se mettre un peu en colère, s'impatienter.
한 화내다, 약간 성나다, 참지 못하다

자질구러ᄒᆞ다 [TJA-TJIL-KOU-RE-HĂ-TA] (細微) 원530
불 Petit.
한 작다

자착이ᄒᆞ다 [TJA-TCHAK-I-HĂ-TA] (嚔) 원531
불 Eternuer.
한 재채기하다

자최 [TJA-TCHOI] (跡) 원531
불 Empreinte des pas, trace des pieds, vestige.
한 발자국, 발의 흔적, 자취

자칫자칫 [TJA-TCHIT-TJA-TCHIT] 원531
불 Boiter un peu. ‖ Etre inégal (surface).
한 약간 흔들리다 | 울퉁불퉁하다 (표면)

자히다 [TJA-HI-TA,-HYE,-HIN] 원539 ☞ᄌᆞ히다

*작 [TJAK] (昨) 원523
불 En agr. Précédent, immédiat. 작일 Tjak il, Hier.
한 한자어로 먼저의, 당장의 | [용례 작일, Tjak il], 어제

*작간농간 [TJAK-KAN-NONG-KAN] (作奸弄奸) 원524
불 Faire un faux.
한 위조하다

작근 [TJIK-KEUN] 원524
불 Bruit de vaisselle cassée.
한 깨진 식기류 소리

작근작근 [TJAK-KEUN-TJAK-KEUN] (折聲) 원524
불 Désigne le bruit que l'on fait en écrasant à coups de marteau des choses dures (verre, chaux, etc.). ‖ Bruit de vaisselle cassée (fréquentatif de 작근 Tjak-keun).
한 단단한 것들(유리, 석회 등)을 망치로 내리쳐 으스러뜨리면서 내는 소리를 가리킨다 | 깨진 식기류 소리(작근 Tjak-keun의 반복형)

*작근ᄒᆞ다 [TJAK-KEUN-HĂ-TA] (作斤) 원524
불 Diviser par livres.
한 리브르로 나누다

*작금 [TJAK-KEUM,-I] (昨今) 원524
불 Hier, aujourd'hui : l'année dernière, cette année.

ㅈ

한 어제, 오늘 : 작년, 올해

작금작금 [TJAK-KEUM-TJAK-KEUM] (嚙石聲) 원524

불 Désigne le bruit d'un gravier qui se rencontre sous les dents en mangeant. =거리다 - ke-ri-ta, Craquer sous les dent (comme un grain de sable dans le riz)

한 먹으면서 이로 씹을 때 충돌하는 조약돌의 소리를 가리킨다 | [용례 =거리다, -ke-ri-ta], 이로 와삭 씹는 소리를 내다(쌀 속의 모래알처럼)

작긋작긋 [TJAK-KEUT-TJAK-KEUT] (引貌) 원524

불 Désigne l'état d'une chose qui est tirée, qui se retire, se détend, etc. ; tirailler doucement à plusieurs reprises.

한 당겨진, 오그라드는, 느슨해지는 등의 어떤 것의 상태를 가리킨다 | 여러 번 되풀이하여 천천히 잡아 당기다

*작냥ᄒᆞ다 [TJAK-NYANG-HA-TA] (作兩) 원524

불 Diviser par onces.

한 온스로 나누다

*작년 [TJAK-NYEN,-I] (昨年) 원524

불 L'an passé, l'année dernière.

한 작년, 작년

작녹 [TJAK-NOK,-I] 원524

불 Nom d'une plante.

한 식물의 이름

작다 [TJAK-TA,TJAK-A,TJAK-EUN] (小) 원524

불 Etre petit, mince, chétif.

한 작다, 얇다, 허약하다

작닥이 [TJAK-TAK-I] (丫) 원524

불 Bâton fourchu à un bout, et qui sert à retenir le crochet ou la hotte déposée à terre (tous les porteurs de crochets s'en servent). baguette.

한 끝에서 두 갈래로 갈라진 막대기로, 갈고리나 땅에 놓인 채롱을 잡아매는 데 사용된다(갈고리를 운반하는 모든 사람이 그것을 사용한다) 막대기

작달이 [TJAK-TAL-I] (短體人) 원524

불 Nain, homme de petite taille, nabot. (Injur., popul.).

한 난쟁이, 키가 작은 사람, 난쟁이 | (욕설, 속어)

작대바놀 [TJAK-TAI-PA-NĂL,-I] (大針) 원524

불 Grande aiguille.

한 큰 바늘

*작뎡ᄒᆞ다 [TJAK-TYENG-HĂ-TA] (酌定) 원524

불 Déterminer, décider, arrêter, fixer.

한 결심하다, 결정하다, 결정하다, 결심시키다

*작도 [TJAK-TO] (斫刀) 원524

불 Instrument pour hacher la paille, couteau à couper la paille pour les bestiaux, hachoir pour la paille, hache-paille.

한 짚을 잘게 베기 위한 도구, 가축들에게 줄 짚을 자르는 칼, 짚 전용 칼, 짚 써는 기구

*작량ᄒᆞ다 [TJAK-RYANG-HĂ-TA] (酌量) 원524

불 Réfléchir, penser.

한 숙고하다, 생각하다

*작록 [TJAK-ROK,-I] (爵祿) 원524

불 Dignité et appointements.

한 고관직과 봉급

*작반ᄒᆞ다 [TJAK-PAN-HA-TA] (作伴) 원524

불 Se rassembler, se tenir compagnie, être en semble.

한 모이다, 동행하다, 함께 있다

작살 [TJAK-SAL,-I] (弋) 원524

불 Harpon.

한 갈고리

*작셕 [TJAK-SYEK,-I] (昨夕) 원524

불 Hier soir.

한 어제 저녁

*작셕ᄒᆞ다 [TJAK-SYEK-HĂ-TA] (作石) 원524

불 Diviser par 셤 Syem (20 boisseaux).

한 셤 Syem (20브와소)으로 나누다

작셜 [TJAK-SYEL,-I] 원524

불 Bourgeon d'une feuille qui commence à se former. Feuille naissante d'arbre dont on fait des infusions comme le thé.

한 만들어지기 시작하는 잎의 싹 | 차처럼 우려내는, 나무의 나오기 시작하는 잎

작알 [TJAK-AL,-I] 원523

불 Petites pierres nombreuses, en tas.

한 수많은, 쌓인 작은 돌들

작암이 [TJAK-AM-I] (腋) 원523

불 Ligne de jonction de la cuisse à l'abdomen, pli de la cuisse au bas du ventre, aine.

한 넓적다리와 복부를 연결하는 선, 배 아래쪽 넓적다리의 주름, 서혜부

*작약 [TJYAK-YAK,-I] (芍藥) 원531

불 Nom d'une plante, pivoine.

한 식물의 이름, 작약

*작위 [TJAK-OUI] (爵位) 원524

불 Dignité et personnage, place.

한 고관직과 인물, 지위

작으락작으락 [TJAK-EU-RAK-TJAK-EU-RAK] [원]523
[불] Bruit d'une petite dispute.
[한] 작은 다툼 소리

작은작은 [TJAK-EUN-TJAK-EUN] [원]523
[불] Désigne le bruit lent et cadencé de personnes qui battent le linge. Par petits coups (presser à diverses reprises et légèrement).
[한] 세탁물을 가볍게 두드리는 사람들의 느리고 리듬에 맞춘 소리를 가리킨다 | (다양하게 반복하여, 그리고 가볍게 움직임을 빠르게 하다)

*작일 [TJAK-IL,-I] (昨日) [원]524
[불] Hier, la veille, le jour passé.
[한] 어제, 전날, 어제

작쟝이ᄒᆞ다 [TJAK-TJYANG-I-HĂ-TA] [원]524
[불] Remuer les mains d'une certaine façon (amusement de petit enfant).
[한] 어떤 방법으로 손을 움직이다(어린아이들의 놀이)

1잔 [TJAN,-I] (杯) [원]525
[불] Verre, vase à boire, coupe, tasse, mesure du vin. Numéral des tasses de vin.
[한] 잔, 마시는 그릇, 잔, 찻잔, 포도주 용기 | 포도주 용기를 세는 수사

2잔 [TJAN] [원]525
[불] (Part, de 작다 Tjak-ta) menu, mince, chétif, petit.
[한] (작다 Tjak-ta의 소사) 가느다랗다, 얇다, 허약하다, 작다

*잔골 [TJAN-KOL,-I] (殘骨) [원]526
[불] Petit os, c. a. d. homme sans force, faible, délicat.
[한] 작은 뼈, 즉 힘이 없는 사람, 약하다, 허약하다

잔기다 [TJAM-KI-TA,TJAM-KYE,TJAM-KIN] [원]525
[불] Etre fermé (à clef, avec une serrure).
[한] (열쇠로, 자물쇠와 함께) 닫히다

잔누비 [TJAN-NOUI-PI] (數行衣) [원]526
[불] Piqué, esp. d'habit formé de deux tissus réunis par une couture à points rapproché formant ordinairement des carrés ou des losanges.
[한] 피케[역주 골무늬지게 짠 무명], 일반적으로 정사각형 또는 마름모 모양을 이루는, 촘촘한 바느질로 연결된 두 직물로 만들어진 옷의 종류

잔둥잔둥가다 [TJAN-TOUNG-TJAN-TOUNG-KA-TA,-KA,-KAN] (蹇貌) [원]526
[불] Désigne la marche d'un homme qui boite ; boiter.
[한] 다리를 저는 사람의 걸음을 가리킨다 | 다리를 절다

잔등이 [TJAN-TEUNG-I] (背) [원]526
[불] Echine, dos.
[한] 척추, 등

잔듸 [TJAN-TEUI] (莎) [원]526
[불] Gazon, verdure, pelouse, herbe.
[한] 잔디, 초목, 잔디밭, 풀

잔듸찰방가다 [TJAN-TEUI-TCHAL-PANG-KA-TA,-KA,-KAN] (莎察訪) [원]526
[불] Mourir (se dit par plaisanterie).
[한] 죽다 (농담으로 쓴다)

1잔ᄃᆡ [TJAN-TĂI] (沙蔘) [원]526
[불] Esp. de plante dont la racine se mange comme légume (p. ê. le salsitis). Esp. d'herbe médicinale qui donne du lait aux nourrices (sa feuille ressemble un peu au 도라지 To-ra-tji).
[한] 채소처럼 뿌리를 먹는 식물의 종류(아마도 선모) | 젖을 먹이는 여자에게 젖을 나오게 하는 약용 풀의 종류(그 잎이 도라지 To-ra-tji와 약간 유사하다)

2잔ᄃᆡ [TJAN-TĂI] (盞盤) [원]526
[불] Soucoupe (de la tasse).
[한] (찻잔의) 받침 접시

*잔력ᄒᆞ다 [TJAN-RYEK-HĂ-TA] (殘力) [원]526
[불] Mettre toutes ses forces, être affaibli, perdre ses forces.
[한] 온 힘을 쏟다, 약해지다, 제 힘을 잃다

잔말 [TJAN-MAL,-I] (銷語) [원]526
[불] Paroles inutiles, bavardage oiseux.=ᄒᆞ다-hă-ta, Parler beaucoup.
[한] 쓸데없는 말, 무익한 수다 | [용례 =ᄒᆞ다, -hă-ta], 말을 많이 하다

1*잔망ᄒᆞ다 [TJAN-MANG-HĂ-TA] (殘忘) [원]526
[불] Etourdi, qui oublie tout, lourdaud.
[한] 경솔하다, 모두 잊다, 서투르다

2잔망ᄒᆞ다 [TJAN-MANG-HĂ-TA] (殘亡) [원]526
[불] Etre faible et chétif.
[한] 약하고 허약하다

*잔멸ᄒᆞ다 [TJAN-MYEL-HĂ-TA] (殘滅) [원]526
[불] Anéantir, détruire, massacrer. Etre ruiné absolument, livré au pillage.
[한] 없애다, 파괴하다, 살육하다 | 완전히 파괴되다, 약탈에 내맡겨지다

*잔명 [TJAN-MYENG,-I] (殘命) [원]526
[불] Petite vie, pauvre vie. Homme dénué de tout, réduit à la dernière misère, à l'extrême pauvreté.

ㅈ

한 짧은 삶, 가엾은 삶 | 모든 것이 없는, 최악의 빈곤 상태가 된, 지극히 가난한 사람

잔물잔물ᄒᆞ다 [TJAN-MOUL-TJAN-MOUL-HĂ-TA] 원526

불 Désigne l'état de paupières malades, rouges ; avoir les yeux larmoyants. ‖ Etre mou et humide (un furoncle).

한 아픈, 붉은 눈꺼풀의 상태를 가리킨다 | 눈에 눈물이 나다 | 부드럽고 축축하다(절종)

*잔민 [TJAN-MIN,-I] (殘民) 원526

불 Homme dénué de soutien, d'appui, sans protection. ‖ Petit peuple, homme du petit peuple.

한 후원이 없는, 도움이 없는, 후원자가 없는 사람 | 하찮은 백성, 하찮은 평민

*잔박ᄒᆞ다 [TJAN-PAK-HĂ-TA] (殘薄) 원526

불 Etre méchant, féroce, cruel.

한 심술궂다, 잔인하다, 냉혹하다

*잔반 [TJAN-PAN,-I] (殘班) 원526

불 Noble sans dignité et sans fortune, sans influence.

한 고관직에 있지 않고 재산이 없는, 영향력이 없는 귀족

*잔병 [TJAN-PYENG,-I] (殘病) 원526

불 Petite maladie, indisposition.

한 잔병, 몸이 불편함

잔삭단이 [TJAN-SAK-TAN-I] (細細緣由) 원526

불 Petite cause, petit motif. ‖ Vérité, paroles selon la vérité.

한 작은 이유, 작은 동기 | 진실, 진실에 따른 말

*잔산단록 [TJAN-SAN-TAN-ROK,-I] (殘山短麓) 원526

불 Petite montagne, petite pente, colline, coteau.

한 작은 산, 작은 비탈, 언덕, 작은 언덕

*잔샹ᄒᆞ다 [TJAN-SYANG-HĂ-TA] (殘傷) 원526

불 Casser, briser, abîmer, nuire, faire mal à.

한 깨뜨리다, 부수다, 망가뜨리다, 해를 끼치다, 아프게 하다

잔소릐 [TJAN-SO-RĂI] 원526

불 Paroles dites à voix basse, chuchotement. Paroles inutiles, bavardage sans rime ni raison.

한 낮은 목소리로 하는 말, 속삭이기 | 쓸데없는 말, 터무니없는 수다

잔숄밧 [TJAN-SYOL-PAT,-TCHI] (細松田) 원526

불 Champ de petits sapins, plant de petits pins.

한 작은 전나무의 밭, 작은 소나무 묘목

잔슬긔 [TJAN-SEUL-KEUI] (多慧) 원526

불 Beaucoup d'esprit, d'adresse pour faire de petites choses, des bagatelles ; finesse, adresse.

한 많은 재능, 작은 것들, 사소한 것들을 만드는 많은 재주 | 술책, 재주

잔쯕 [TJAN-TTEUK] (多貌) 원526

불 Beaucoup.

한 많이

*잔약ᄒᆞ다 [TJAN-YAK-HĂ-TA] (殘弱) 원525

불 Faible, délicat, sans force, petit et faible.

한 약하다, 허약하다, 힘이 없다, 작고 약하다

*잔읍 [TJAN-EUP,-I] (殘邑) 원525

불 District pauvre, petite ville.

한 가난한 지역, 작은 마을

*잔인 [TJAN-IN,-I] (孱人) 원525

불 Petit homme, homme petit de taille, nain. ‖ Homme timide, faible, inepte.

한 작은 사람, 키가 작은 사람, 난쟁이 | 소심한, 약한, 어리석은 사람

*잔인ᄒᆞ다 [TJAN-IN-HĂ-TA] (殘忍) 원525

불 Etre mauvais, méchant, féroce.

한 나쁘다, 심술궂다, 잔인하다

잔잉ᄒᆞ다 [TJAN-ING-HĂ-TA] (可憐) 원526

불 Pauvre, malheureux, à plaindre ; faire pitié, être digne de compassion.

한 가난하다, 불행하다, 불쌍히 여길 정도이다 | 동정하다, 동정 받을 만하다

잔자리 [TJAN-TJA-RI] (蜻蜓) 원526

불 Demoiselle (sorte d'insecte), æshne, agrion.

한 잠자리류(곤충의 종류), 잠자리, 심잠자리속

잔자븨 [TJAN-TJA-PEUI] 원526

불 Beaucoup d'esprit, d'adresse, pour faire de petites choses, des bagatelles. ‖ Petites affaires.

한 많은 재능, 작은 것들, 사소한 것들을 만드는 많은 재주 | 작은 소지품들

*잔잔ᄒᆞ다 [TJAN-TJAN-HĂ-TA] (孱孱) 원526

불 Etre calme, sans vent ; s'affaiser, tomber (le vent, les flots, la guerre).

한 평온하다, 바람이 없다 | 내려앉다, 약해지다(바람, 파도, 전쟁)

잔쟉ᄒᆞ다 [TJAN-TJYAK-HĂ-TA] 원526

불 Nain, petit de taille, être petit et faire.

한 난쟁이, 키가 작다, 작고 행하다

잔젼 [TJAN-TJYEN,-I] (小錢) 원526

불 Argent d'un homme pauvre, petite fortune, bourse

mal garnie.
한 가난한사람의 돈, 작은 재산, 가득 차지 못한 돈지갑

*잔질 [TJAN-TJIL,-I] (殘質) 원526
불 Homme sans force, faible, délicat. || Petite maladie, indisposition.
한 힘이 없는, 약한, 허약한 사람 | 작은 병, 몸이 불편함

잔질이치다 [TJAN-TJIL-I-TCHI-TA,-TCHYE,-TCHIN] (驚却貌) 원526
불 Frémir, frissonner.
한 몸을 떨다, 부르르 떨다

[1]잔질ᄒᆞ다 [TJAN-TJIL-HĂ-TA] 원526
불 Frémir, frissonner d'horreur, de crainte.
한 공포로, 두려움으로 몸을 떨다, 떨다

[2]잔질ᄒᆞ다 [TJAN-TJIL-HĂ-TA] 원526
불 Transvaser un liquide.
한 액체를 옮겨 붓다

[3]잔질ᄒᆞ다 [TJAN-TJIL-HĂ-TA] (斟酌) 원527
불 Délibérer, penser seul.
한 숙고하다, 혼자 생각하다

잔창이 [TJAN-TCHANG-I] (細微物) 원527
불 Ce qui est moins beau, le rebut, avorton, nabot.
한 덜 보기 좋은 것, 쓰레기, 난쟁이, 난쟁이

잔치 [TJAN-TCHĂI] (讌) 원527
불 Festin, repas splendide, gala, banquet.
한 향연, 화려한 식사, 축제, 연회

잔탈이 [TJAN-HTAL-I] 원526
불 Bois taillis, buisson épais où il n'y a pas de gros arbres.
한 잡목림, 큰 나무가 없는 무성한 덤불

[1]*잔폐 [TJAN-HPYEI] (殘廢) 원526
불 Pauvre, misérable.
한 가난하다, 매우 가난하다

[2]*잔폐 [TJAN-HPYEI] (殘弊) 원526
불 Petits inconvénients, petits abus.
한 작은 장애, 작은 악습

*잔포ᄒᆞ다 [TJAN-HPO-HĂ-TA] (殘暴) 원526
불 Etre méchant, cruel, féroce.
한 심술궂다, 가혹하다, 잔인하다

잔풀나기 [TJAN-HPOUL-NA-KI] (細草生) 원526
불 Commencement de la verdure des champs au printemps.
한 봄에 밭의 푸르름이 시작됨

*잔풍 [TJAN-HPOUNG,-I] (殘風) 원526
불 Mauvaises coutumes, abus.
한 나쁜 관습, 악습

*잔풍ᄒᆞ다 [TJAN-HPOUNG-HĂ-TA] (殘風) 원526
불 Air calme. Etre calme (jour sans vent)
한 평온한 공기 | 평온하다(바람이 없는 날)

*잔학ᄒᆞ다 [TJAN-HAK-HĂ-TA] (殘虐) 원526
불 Méchant.
한 심술궂다

[1]잘 [TJAL] (善) 원529
불 Bien.
한 잘

[2]잘 [TJAL,-I] 원529
불 Tache blanche de la peau de zibeline sous la gorge.
한 검은담비의 목 아래 피부에 있는 흰 점

잘각 [TJAL-KAK] 원529
불 Bruit du battement des mains.
한 손뼉 치는 소리

잘겁ᄒᆞ다 [TJAL-KEP-HĂ-TA] (怯) 원529
불 Craindre, avoir peur de ; être saisi de frayeur. Etre transi de froid.
한 무서워하다, 두려워하다 | 두려움에 사로잡히다 | 추위에 얼어붙다

잘근잘근널다 [TJAL-KEUN-TJAL-KEUN-NEL-TA] 원529
불 Désigne l'action d'un homme qui n'a pas de dents et qui mâche longtemps.
한 이가 없어서 오랫동안 씹는 사람의 행동을 가리킨다

잘근잘근묵다 [TJAL-KEUN-TJAL-KEUN-MOUK-TA, -MOUK-E,-MOUK-EUN] 원529
불 Lier très-fortement, avec effort.
한 아주 세게, 힘들게 묶다

잘근잘근씹다 [TJAL-KEUN-TJAL-KEUN-SSIP-TA] 원529 ☞잘근잘근널다

잘나다 [TJAL-NA-TA,TJAL-NA,TJAL-NAN] (善生) 원529
불 Bien né, orné de tous les avantages de l'esprit et du corps, beau, grand, fort, intelligent.
한 잘 타고나다, 정신과 몸의 모든 장점으로 더 매력적이게 되다, 아름답다, 크다, 강하다, 영리하다

잘냥 [TJAL-NYANG,-I] (狗皮) 원529
불 Tapis en peau de chien, fourrure de chien ou de chèvre qui sert de tapis, de couverture.
한 개의 가죽으로 만든 카펫, 카펫, 덮개로 사용되는 개 또는 염소 모피

잘너가다 [TJAL-NE-KA-TA,-KA,-KAN] [원] 529
[불] S'accourcir.
[한] 짧아지다

잘녹ᄒᆞ다 [TJAL-NOK-HĂ-TA] (中細貌) [원] 529
[불] Etre fait en gorge, en goulot ; se dit du point de jonction de deux angles opposés. Etre plus mince au milieu qu'aux deux bouts.
[한] 목처럼, 목구멍 모양으로 만들어지다 | 두 대각의 결합점에 대해 쓴다 | 양끝보다 가운데가 더 얇다

잘눅잘눅 [TJAL-NOUK-TJAL-NOUK] [원] 529
[불] Boiter ; se dit du mouvement d'un homme qui a une jambe plus courte que l'autre. ‖ Etre plus mince au milieu qu'aux deux bouts.
[한] 다리를 절다 | 한쪽 다리가 다른 쪽보다 더 짧은 사람의 움직임에 대해 쓴다 | 양끝보다 한가운데가 더 얇다

잘니다 [TJAL-NI-TA,TJAL-NYE,TTAL-NIN] [원] 529
[불] Serrer en tirant (une corde), accourcir.
[한] 당기면서 조이다(줄), 짧아지다

잘다 [TJAL-TA,TJAL-A,TJAN] (小) [원] 530
[불] Peu ; être court, trop court ; être petit.
[한] 조금 | 짧다, 너무 짧다 | 작다

잘막잘막ᄒᆞ다 [TJAL-MAK-TJAL-MAK-HĂ-TA] [원] 529 ☞ 잘막ᄒᆞ다

잘막ᄒᆞ다 [TJAL-MAK-HĂ-TA] (短貌) [원] 529
[불] Etre court.
[한] 짧다

잘박잘박 [TJAL-PAK-TJAL-PAK] (步水聲) [원] 529
[불] Désigne le bruit des pas sur la boue.
[한] 진흙 위에서 나는 발소리를 가리킨다

잘삭잘삭 [TJAL-SAK-TJAL-SAK] [원] 530
[불] Bruit de la main appliquée plusieurs fois sur le visage d'un adversaire (soufflet). V. 잘각Tjal-kak.
[한] 적수의 얼굴에 여러 번 대는 손의 소리(따귀) | [참조어] 잘각,Tjal-kak]

잘ᄭᅳᆫ [TJAL-KKEUN] (厭飫) [원] 529
[불] A satiété.
[한] 실컷

잘ᄭᅳᆫᄒᆞ다 [TJAL-KKEUN-HĂ-TA] [원] 529
[불] Affectueux, liés, resserrés par les liens de l'amitié, intimes.
[한] 다정하다, 관계가 깊다, 친밀한 우정의 관계로 서로 가깝다

잘ᄯᅮᆨ이 [TJAL-TTOUK-I] [원] 530
[불] Gorge, passage étroit entre deux montagnes, entre deux pics, ‖ Petite butte.
[한] 협로, 두 산 사이에, 두 봉우리 사이에 난 좁은 통로 | 작은 언덕

잘ᄶᅳᆨᄒᆞ다 [TJAL-TTJEUK-HĂ-TA] [원] 530
[불] Petit, peu long, court. ‖ Etre long, un peu long.
[한] 작다, 길지 않다, 짧다 | 길다, 조금 길다

잘안잘안ᄒᆞ다 [TJAL-AN-TJAL-AN-HĂ-TA] [원] 529
[불] Se dit des habits trop longs qui frappent le talon. ‖ Etre à fleur de ; affleurer (un liquide à pleins bords).
[한] 뒤꿈치를 때리는 너무 긴 옷에 대해 쓴다 | 거의 같은 수준이다 | (가장자리까지 가득한 액체가) 같은 높이에 이르다

잘잘흐르다 [TJAL-TJAL-HEU-REU-TA,-HEUL-NE,-HEU-REUN] [원] 530
[불] Désigne le bruit de l'eau qui dégoutte, qui tombe goutte à goutte.
[한] 방울져 떨어지는, 방울방울 떨어지는 물소리를 가리킨다

잘칵잘칵 [TJAL-HKAK-TJAL-HKAK] [원] 529
[불] Bruit saccadé d'un métier à tisser. ‖ Bruit du battement des mains.
[한] 베틀의 급격하고 불규칙한 소리 | 손뼉 소리

잘코산이 [TJAL-HKO-SAN-I] (暗喜貌) [원] 529
[불] C'est bien fait, j'en suis content (se dit en apprenant le mal arrivé au prochain, à son ennemi).
[한] 잘되다, 나는 그것에 만족한다 (이웃에게, 적에게 일어난 불행을 알게 되면서 쓴다)

잘판ᄒᆞ다 [TJAL-HPAN-HĂ-TA] (平貌) [원] 529
[불] Se dit d'une plaine qui s'étend très-loin en suivant un plan horizontal ; plaine très-plane ; être bien uni, bien plan.
[한] 수평면을 따라 아주 멀리 펼쳐지는 평야에 대해 쓴다 | 아주 평평한 평야 | 아주 평탄하다, 아주 평평하다

잘포 [TJAL-HPO] (蒲) [원] 530
[불] Esp. de grande herbe qui vient dans les marais et sert à faire des nattes.
[한] 늪에서 자라고 돗자리를 만드는 데 쓰이는 큰 풀의 종류

잘ᄒᆞ다 [TJAL-HĂ-TA] (善) [원] 529
[불] Bien faire, bien agir.
[한] 잘하다, 잘 행동하다

[1]잠 [TJAM,-I] (寐) [원]524
[불] Sommeil.
[한] 잠

[2]*잠 [TJAM] (暫) [원]524
[불] En agr. Peu, court, de peu de durée.
[한] 한자어로 작다, 짧다, 기간이 길지 않다

*잠결 [TJAM-KYEL,-I] (潛訣) [원]525
[불] Demi-sommeil. ‖ Parole expirante. ‖ Conversation à voix basse.
[한] 선잠 | 사라지는 말 | 낮은 목소리로 하는 대화

*잠고 [TJĀM-KO] (暫苦) [원]525
[불] Douleur d'un instant, qui passe promptement ; peine passagère ; souffrance de peu de durée.
[한] 신속하게 지나가는 잠깐의 고통 | 지나가는 고통 | 기간이 짧은 고통

[1]잠그다 [TJAM-KEU-TA,TJAM-KE,TJAM-KEUN] (潛) [원]525
[불] Submerger, mettre dans l'eau, plonger dans l'eau, baigner.
[한] 물에 잠기게 하다, 물속에 넣다, 물에 잠그다, 담그다

[2]잠그다 [TJAM-KEU-TA,TJAM-KE,TJAM-KEUN] (鎖) [원]525
[불] Cadenasser, fermer (à clef).
[한] 자물쇠로 잠그다, (열쇠로) 닫다

잠기다 [TJAM-KI-TA] (潛) [원]525
[불] Etre plongé, être submergé dans l'eau, être absorbé, être baigné.
[한] 잠기다, 물속에 침몰되다, 흡수되다, 적셔지다

*잠농 [TJAM-NONG,-I] (蚕農) [원]525
[불] Cultiver les vers à soie ; élevage des vers à soie, magnanerie.
[한] 누에를 키우다 | 누에 배양, 양잠

*잠두마뎨 [TJAM-TOU-MA-TYEI] (蚕頭馬蹄) [원]525
[불] Tête de ver à soie et pied de cheval. (Dans les instructions aux enfants qui étudient, se dit de la forme d'un trait d'écriture qui ressemble, par une de ses extrémités, à une tête de ver à soie, et par l'autre, à un pied de cheval).
[한] 누에의 머리와 말의 발 | (공부하는 아이들의 교육에서, 양끝의 한쪽은 누에의 머리와, 다른 한쪽은 말의 발과 비슷한 글씨 선의 형태에 대해 쓴다)

*잠락 [TJAM-RAK,-I] (暫樂) [원]525
[불] Joie passagère ; plaisir d'un instant, de peu de durée.
[한] 일시적인 기쁨 | 잠깐의, 기간이 길지 않은 기쁨

잠방이 [TJAM-PANG-I] (襦) [원]525
[불] Relever son caleçon et le réduire presque à la forme de langouti (travailleur) ; caleçon court des paysans pour leurs travaux.
[한] 바지를 들어 올리고 그것을 거의 랑구티[[역주] 허리를 죄는 천 조각] 모양으로 만들다(노동자) | 일하기 위한 농부들의 짧은 바지

*잠벌 [TJĀM-PEL,-I] (暫罰) [원]525
[불] Punition passagère ; peine d'un moment, de peu de durée.
[한] 일시적인 처벌 | 잠깐의, 오래 지속되지 않는 고통

*잠복 [TJĀM-POK,-I] (暫福) [원]525
[불] Bonheur éphémère, prompt. Félicité d'un moment, de peu de durée.
[한] 일시적인, 순간의 행복 | 잠깐의, 오래 지속되지 않는 행복

잠사로자다 [TJAM-SA-RO-TJA-TA,-TJA,-TJAN] (不深寐) [원]525
[불] Ne dormir que d'un œil, avoir un sommeil inquiet (v. g. de crainte des voleurs).
[한] 편히 자지 못하다, (예. 도둑들이 두려워) 불안하게 자다

*잠샹ᄒᆞ다 [TJAM-SYANG-HĂ-TA] (潛商) [원]525
[불] Fraude ; vendre en fraude une marchandise prohibée.
[한] 사기 | 금지된 상품을 사기로 팔다

*잠셰 [TJĀM-SYEI] (暫世) [원]525
[불] Le monde passager, qui ne dure que peu ; monde fugitif ; temps qui passe vite.
[한] 덧없는 현세, 조금만 지속되는 것 | 덧없는 세상 | 빠르게 지나가는 시간

*잠쇼암삭ᄒᆞ다 [TJAM-SYO-AM-SAK-HĂ-TA] (潛消暗爍) [원]525
[불] Diminuer insensiblement, s'éteindre insensiblement.
[한] 눈에 띄지 않게 줄다, 눈에 띄지 않게 흐려지다

*잠시 [TJĀM-SI] (暫時) [원]525
[불] Temps d'un instant, qui s'envole promptement ; un court espace de temps.
[한] 재빨리 사라지는 잠깐의 시간 | 짧은 시간의 간격

*잠심 [TJAM-SIM,-I] (箴心) [원]525
[불] Grande attention ; précaution.
[한] 크게 조심함 | 신중

*잠심ᄒᆞ다 [TJAM-SIM-HĂ-TA] (潛心) [원]525

불 Penser sans distraction ; fermer à clef la porte de son cœur ; être très-attentif, absorbé par l'attention.
한 방심하지 않고 생각하다 | 마음속의 문을 열쇠로 잠그다 | 아주 주의 깊다, 주의하여 몰두하다

잠깐 [TJAM-KKAN,-I] (暫) 원525
불 Peu de temps, un instant, un moment, un petit moment. =동안에 - tong-an-ei, En l'espace d'un instant.
한 약간의 시간, 순간, 잠깐, 짧은 순간 | [용례 =동안에, - tong-an-ei], 잠깐 동안에

*잠꼬대 ᄒᆞ다 [TJAM-KKO-TAI-HĂ-TA] (譫語) 원525
불 Etre somnambule ; parler, se battre, etc., en dormant ; rêver tout haut ; pousser un cri en dormant.
한 몽유병이 있다 | 자면서 말하다, 싸우다 등 | 큰 소리로 꿈꾸다 | 자면서 소리를 지르다

잠ᄭᆡ다 [TJAM-KKĂI-TA,-KKĂI-YE,-KKĂIN] (睡覺) 원525
불 Eveiller ; se réveiller.
한 깨우다 | 깨다

1잠으다 [TJAM-EU-TA,TJAM-A,TJAM-EUN] (鎖) 원524
불 Fermer (à clef, avec une serrure), cade nasser.
한 닫다(열쇠로, 자물쇠로) 맹꽁이 자물쇠로 잠그다

2잠으다 [TJAM-EU-TA,TJAM-A,TJAM-EUN] (浸) 원525
불 Plonger dans l'eau ; mettre dans l'eau.
한 물에 잠그다 | 물속에 넣다

잠을쇠 [TJAM-EUL-SOI] (鑰) 원524
불 Serrure, fer qui sert à fermer, cadenas.
한 자물쇠, 문을 닫을 때 사용하는 철제품, 맹꽁이 자물쇠

잠의악 [TJAM-EUI-AK,-I] 원524
불 Fleur des blés.
한 밀의 꽃

잠의악질 ᄒᆞ다 [TJAM-EUI-AK-TJIL-HĂ-TA] (潛水) 원524
불 Plonger dans l'eau pour pêcher les coquillages ; folâtrer dans l'eau en se baignant, plonger.
한 조개를 채취하기 위해 물에 잠수하다 | 물놀이하면서 물에서 장난치다, 잠수하다

잠자다 [TJAM-TJA-TA,TJAM-TJA,TJAM-TJAN] (寐) 원525
불 Dormir.
한 자다

잠자리 [TJAM-TJA-RI] (蜻蜓) 원525
불 Æshne, demoiselle (insecte), agrion vierge.
한 잠자리, 잠자리류 (곤충), 순수한 실잠자리속

*잠죵ᄒᆞ다 [TJAM-TJYONG-HĂ-TA] (潛蹤) 원525
불 Voyager en fraude, en se cachant ; cacher ses traces.
한 불법으로, 숨어 다니면서 여행하다 | 자신의 흔적을 감추다

잠직ᄒᆞ다 [TJAM-TJIK-HĂ-TA] 원525
불 Pusillanime, mou, sans force de caractère. ‖ Où l'on peut dormir.
한 소심하다, 나약하다, 기개의 힘이 없다 | 잘 수 있는 곳

*잠착ᄒᆞ다 [TJAM-TCHAK-HĂ-TA] (潛着) 원525
불 Attentif, sans distraction, absorbé. Syn. 잠심ᄒᆞ다 Tjam-sim-hă-ta.
한 주의깊다, 방심하지 않다, 열중하다 | [동의어 잠심ᄒᆞ다, Tjam-sim-hă-ta]

*잠통ᄒᆞ다 [TJAM-HIONG-HĂ-TA] (潛通) 원525
불 S'accorder ; consentir pour ; faire en secret, à l'insu de tout le monde ; communiquer secrètement avec ; avoir des intelligences secrètes.
한 의견이 일치하다 | 동의하다 | 비밀로, 모든 사람이 모르게 하다 | 비밀리에 연락을 취하다 | 비밀리에 내통하다

*잡 [TJAP,-I] (雜) 원527
불 En agr. Mêlé, promiscuus (souvent en mauvaise part)
한 한자어로 섞이다, (자주 나쁜 의미로) 뒤섞이다

잡것 [TJAP-KET,-SI] (雜物) 원528
불 Chose mêlée. ‖ Choses assorties, assortiment de marchandises. ‖ (Terme injurieux) homme sans politesse, sans civilité. (Syn. 잡놈 Tjap-nom).
한 뒤섞인 것 | 잘 어울리는 것들, 여러 가지 상품들의 모음 | (모욕적인 말) 예의 없는, 예절 바르지 않은 사람 | [동의어 잡놈, Tjap-nom]

잡고 [TJAP-KO] 원528
불 Beaucoup (devant un verbe), en grand nombre, longtemps, etc…
한 많이 (동사 앞에), 많이, 오래 등

잡고보다 [TJAP-KO-PO-TA,-PO-A,-PON] (熟視) 원528
불 Regarder longtemps, considérer attentivement.
한 오랫동안 보다, 주의 깊게 주시하다

*잡곡 [TJAP-KOK,-I] (雜穀) 원528
불 Les céréales (à l'exception du riz et peut-être du froment). ‖ Graines mêlés, diverses sortes de graines.
한 (쌀과 제외하고 아마도 밀의) 곡식들 | 섞인 종자들, 다양한 종류의 종자들

*잡귀 [TJAP-KOUI] (雜鬼) [원]528
[불] Lutin, diablotin, mauvais démon.
[한] 꼬마 악마, 꼬마 악마, 나쁜 악마

*잡기 [TJAP-KI] (雜技) [원]528
[불] Jouer ; jeu de hasard, sorcellerie.
[한] 놀이 하다 | 도박, 마술

*잡난ᄒᆞ다 [TJAP-NAN-HĂ-TA] (雜亂) [원]528
[불] Etre distrait ; être en désordre.
[한] 주의가 산만하다 | 뒤죽박죽이다

잡년 [TJAP-NYEN,-I] (雜女) [원]528
[불] Mauvaise fille ou femme.
[한] 나쁜 소녀나 부인

*잡념 [TJAP-NYEM,-I] (雜念) [원]528
[불] Distraction, vaine pensée.
[한] 방심, 쓸데없는 생각

잡놈 [TJAP-NOM,-I] (雜漢) [원]528
[불] Mauvais garnement, vaurien, polisson, drôle.
[한] 나쁜 몹쓸 놈, 말썽꾸러기, 악동, 불량배

1잡다 [TJAP-TA,TJAP-A,TJAP-EUN] (拿) [원]528
[불] Prendre, saisir, ravir, s'emparer de, tenir (ne se dit que des hommes).
[한] 잡다, 붙잡다, 빼앗다, 독점하다, 잡다(사람들에 대해서만 쓴다)

2잡다 [TJAP-TA,TJAP-A,TJAP-EUN] (秉) [원]528
[불] Posséder, avoir en sa possession, tenir, saisir, ravir, prendre (un objet)
[한] 소유하다, 가지고 있다, 가지다, 잡다, 빼앗다, 탈취하다(사물)

3잡다 [TJAP-TA,TJAP-A,TJAP-EUN] (殺) [원]528
[불] Tuer, abattre.
[한] 살해하다, 죽이다

*잡담 [TJAP-TAM,-I] (雜談) [원]528
[불] Paroles mêlées, c. a. d. paroles légères, plaisanteries bouffonnes et souvent obscènes. Licencieux dans ses paroles.
[한] 잡다한 말, 즉 가벼운 말, 우스꽝스럽고 종종 음란한 농담 | 말이 음탕하다

*잡뎐 [TJAP-TYEN,-I] (雜廛) [원]528
[불] Boutique de toute espèce de choses (on appelle ainsi toutes les boutiques particulières).
[한] 모든 종류의 물건을 파는 가게(모든 개개의 상점들을 이렇게 부른다)

*잡동산이 [TJAP-TONG-SAN-I] (雜同散異) [원]528
[불] Inutilités, objets sans utilité, bagatelles ; choses de rebut, de peu de valeur.
[한] 불필요, 필요 없는 물건들, 하찮은 것들 | 쓰레기 같은, 가치가 적은 것들

*잡되다 [TJAP-TOI-TA,-TOI-YE,-TOIN] (雜) [원]528
[불] Devenir mauvais ; être immodeste, sans retenue, sans tenue ; être débraillé.
[한] 나쁘게 되다 | 무례하다, 조심성이 없다, 품행이 좋지 않다 | 단정하지 못하다

잡됴지 [TJAP-TYO-TJI] [원]528
[불] Les deux anses d'une urne.
[한] 유골 단지의 두 개의 손잡이

잡두리 [TJAP-TOU-RI] (執處) [원]528
[불] Manière, méthode. ‖ Ardeur au travail, application.
[한] 방식, 방법 | 일에 대한 열의, 전념

*잡란ᄒᆞ다 [TJAP-RAN-HĂ-TA] (雜亂) [원]528
[불] Etre en désordre.
[한] 무질서하다

*잡류 [TJAP-RYOU] (雜類) [원]528
[불] Mauvaise compagnie, mauvais compagnons, mauvaise race.
[한] 나쁜 한패, 나쁜 동료, 나쁜 족속

잡맛 [TJAP-MAT,-SI] (雜味) [원]528
[불] Goût mêlé. ‖ Mauvais goût.
[한] 뒤섞인 맛 | 나쁜 맛

*잡목 [TJAP-MOK,-I] (雜木) [원]528
[불] Tous les arbres à l'exception du chêne et du sapin. ‖ Bois de diverses espèces.
[한] 참나무와 전나무를 제외한 모든 나무 | 다양한 종류의 나무

*잡물 [TJAP-MOUL,-I] (雜物) [원]528
[불] Chose mauvaise, objet de mauvaise qualité. V. 잡것 Tjap-ket.
[한] 나쁜 것, 나쁜 품질의 물건 | [참조어 잡것, Tjap-ket]

잡밥 [TJAP-PAP,-I] (雜食) [원]528
[불] Bouillie d'orge, de millet··· bouillie de riz mêlée d'autres grains.
[한] 보리로 만든, 조···로 만든 죽, 다른 곡물들이 섞인 쌀로 만든 죽

*잡비 [TJAP-PI] (雜費) [원]528
[불] Dépenses inutiles, pour des choses qui ne sont pas de première nécessité. ‖ Argent pour le voyage ; frais divers.

ㅈ

한 꼭 필요한 것이 아닌 것들을 위한 쓸데없는 지출 | 여행을 위한 돈 | 다양한 경비

*잡샹스럽다 [TJAP-SYANG-SEU-REP-TA,-SEU-RE-OUE, -SEU-RE-ON] (雜象) 원528

불 Qui dit des paroles indécentes, déshonnètes. ‖ Etre mauvais, n'être pas digne de confiance.

한 저속한, 추잡한 말을 하다 | 나쁘다, 신뢰할 만하지 않다

*잡셜 [TJAP-SYEL,-I] (雜說) 원528

불 Mélange de paroles.

한 말이 섞임

잡수시다 [TJAP-SOU-SI-TA,-SYE,-SIN] 원528 ☞잡숩다

잡숩다 [TJAP-SOUP-TA,TJAP-SOU-E,TJAP-SOUN] (喫) 원528

불 Prendre un repas, manger. (Honorif.).

한 식사를 하다, 먹다 | (경칭)

*잡슐 [TJAP-SYOUL,-I] (雜術) 원528

불 Malœ artes, sciences occultes, sorcellerie, magie.

한 〈나쁜 기술〉, 신비술, 마법, 마술

*잡신 [TJAP-SIN,-I] (雜神) 원528

불 Lutin, mauvais génie.

한 꼬마 악마, 나쁜 정령

*잡식 [TJAP-SĂIK,-I] (雜色) 원528

불 Réunion, amas confus de diverses couleurs qui font un mauvais effet. Diverses couleurs.

한 나쁜 효과를 발휘하는 다양한 색깔의 결합, 혼잡한 무더기 | 다양한 색깔

잡아드리다 [TJAP-A-TEU-RI-TA,-TEU-RYE,-TEU-RIN] (拿入) 원528

불 Faire arrêter (un coupable).

한 (죄인을) 체포시키다

잡아먹다 [TJAP-A-MEK-TA,-MEK-E,-MEK-EUN] (殺食) 원527

불 Prendre et manger, tuer et manger, dévorer, saisir et dévorer.

한 잡아서 먹다, 죽여서 먹다, 먹어치우다, 잡아서 먹어치우다

*잡역 [TJAP-YEK,-I] (雜役) 원528

불 Diverses espèces de travaux. ‖ Corvée ; action de prendre, d'arrêter pour soumettre à l'ouvrage (mandarin).

한 다양한 종류의 일 | 부역 | 작업을 부과하기 위해 잡는, 붙잡는 행동(관리)

*잡용 [TJAP-YONG,-I] (雜用) 원528

불 Dépenses inutiles, pour des choses qui ne sont pas de première nécessité ; frais divers ; dépenses folles.

한 꼭 필요하지 않은 것들을 위한 쓸데없는 지출 | 다양한 비용 | 무분별한 지출

잡을손쓰다 [TJAP-EUL-SON-TTEU-TA,-TTE,-TTEUN] (懶) 원528

불 Hésiter à entreprendre, être long à commencer.

한 시작하기를 망설이다, 시작하는 데 오래 걸리다

잡이 [TJAP-I] 원528

불 Pêcher ; prise, action de prendre.

한 낚다 | 잡기, 잡는 행동

잡이군 [TJAP-I-KOUN,-I] 원528

불 Musicien.

한 음악가

*잡인 [TJAP-IN,-I] (雜人) 원528

불 Intrus, qui entre sans motif dans une maison. Gens sans aveu.

한 집에 이유없이 들어온 불청객 | 동의 없이 들어온 사람

*잡젼 [TJAP-TJYEN,-I] (雜錢) 원529

불 Mauvaise monnaie.

한 불량 동전

잡죄다 [TJAP-TJOI-TA,-TJOI-YE,-TJOIN] (緊執) 원529

불 Exhorter, encourager, exciter.

한 격려하다, 장려하다, 자극하다

*잡죵 [TJAP-TJYONG,-I] (雜種) 원529

불 Bagatelle. ‖ Chose mêlée.

한 하찮은 것 | 뒤섞인 것

*잡치 [TJAP-TCHĂI] (雜菜) 원529

불 Légumes de mauvaise qualité. ‖ Mélange de légumes ou d'herbes.

한 나쁜 품질의 채소들 | 채소 또는 풀의 혼합

*잡탕 [TJAP-HTANG,-I] (雜湯) 원528

불 Soupe à la viande, aux herbes et aux légumes, etc⋯ bouillon de plusieurs espèces de viandes mêlées.

한 고기, 풀과 채소 등으로 만들어진 수프, 다양한 종류의 고기가 섞인 국물

*잡텰 [TJAP-HTYEL,-I] (雜鐵) 원528

불 Mauvais métal, fer de mauvaise qualité, ferraille.

한 불량 금속, 나쁜 품질의 철제품, 고철

잣 [TJAT,-SI] (栢) 원530

불 Graine de pin bonne à manger.

한 먹기 좋은 소나무 씨

잣감 [TJAT-KAM,-I] (盡汐) 원530

[불] Marée basse.
[한] 간조

잣걸잣걸ᄒᆞ다 [TJAT-KEL-TJAT-KEL-HĂ-TA] (噐貌) [원]530
[불] Se dit des enfants qui parlent entre eux ; babiller.
[한] 자기끼리 말하는 아이들에 대해 쓴다 | 재잘거리다

잣나무 [TJAT-NA-MOU] (栢木) [원]530
[불] Pin (qui produit une grosse pomme de pin) qui donne des amandes comestibles appelées 잣 Tjat. Esp. de cèdre.
[한] 잣 Tjat이라 불리는 아몬드가 열리는 (굵은 솔방울이 생기는) 소나무 | 서양 삼나무 종류

잣나비 [TJAT-NA-PI] (猱) [원]530
[불] Singe.
[한] 원숭이

잣널잣널십다 [TJAT-NEL-TJAT-NEL-SIP-TA,-SIP-E,-SIP-EUN] (囓貌) [원]530
[불] Mordre avec les dents de devant ; mâcher et remâcher, mâchonner.
[한] 앞니로 물다 | 씹고 다시 씹다, 우물우물 씹다

[1]**잣다** [TJAT-TA,TJA-A,TJA-EUN] [원]530
[불] Filer, faire le fil, tordre le fil. ‖ Diminuer peu à peu, se réduire.
[한] 실로 만들다, 실을 만들다, 실을 꼬다 | 조금씩 줄다, 줄어들다

[2]**잣다** [TJAT-TA,TJA-TJA,TJA-TJĂN] (頻) [원]530
[불] Etre fréquent ; souvent.
[한] 빈번하다 | 종종

잣드듸다 [TJAT-TEU-TĂI-TA,-TĂI-YE,-TĂIN] (後踏) [원]530
[불] Marcher comme si on voulait reculer ; reculer ; aller en traînant les jambes, à contre-cœur. ‖ S'appuyer sur ses talons, marcher sur ses talons.
[한] 뒷걸음치듯이 걷다 | 물러서다 | 다리를 질질 끌며, 마지못해 가다 | 발뒤꿈치에 기대다, 발뒤꿈치로 걷다

잣바지다 [TJAT-PA-TJI-TA,-TJYE,-TJIN] (沛) [원]530
[불] Tomber à la renverse, sur le derrière, être renversé sur le dos. (Popul.).
[한] 바닥에 등을 대고, 뒤로 넘어지다, 등을 대고 넘어지다 | (속어)

잣박쁠 [TJAT-PAK-PPOUL,-I] (捄角) [원]530
[불] Animal qui a les cornes renversées en arrière ; cornes de bœuf qui s'avancent et se recourbent en dedans.
[한] 뒤로 뒤집힌 뿔들이 있는 동물 | 돌출하고 안으로 휘어지는 소의 뿔들

잣박ᄒᆞ다 [TJAT-PAK-HĂ-TA] (背却) [원]530
[불] Se désister, refuser ce qu'on avait promis, manquer de parole.
[한] 취하하다, 약속했던 것을 거절하다, 말을 지키지 않다

잣숑이 [TJAT-SYONG-I] (栢鈴) [원]530
[불] Cône du pin (maritime).
[한] (해송의) 솔방울

잣ᄯᆞ다 [TJAT-TTĂ-TA,-TTĂ-RA,-TTĂN] (細瑣) [원]530
[불] Petit, peu, trop petit.
[한] 작다, 적다, 너무 작다

잣자부등ᄒᆞ다 [TJAT-TJA-POU-TEUNG-HĂ-TA] (後傾) [원]530
[불] Renverser la tête en arrière.
[한] 머리를 뒤로 젖히다

잣차다 [TJAT-TCHA-TA,-TCHA,-TCHAN] (除却) [원]530
[불] Renverser tourner sens dessus dessous.
[한] 위 아래로 방향을 돌려 반대로 하다

잣착이ᄒᆞ다 [TJAT-TCHAK-I-HĂ-TA] (嚔) [원]530
[불] Eternuement, éternuer.
[한] 재채기, 재채기하다

잣치다 [TJAT-TCHI-TA,TJAT-TCHYE,TJAT-TCHIN] [원]530
[불] Redresser une chose penchée. ‖ Finir, achever, parachever une chose commencée.
[한] 기울어진 것을 다시 세우다 | 끝내다, 완성하다, 시작된 것을 완성하다

잣칫 [TJAT-TCHIT] (少頃) [원]530
[불] Un peu, un tant soit peu, un peu plus (s'en falloir de peu, un peu plus il tombait, il a bien manqué de tomber, s'il avait avancé un peu plus il tombait).
[한] 약간, 조금이라도, 조금 더(간발의 차이이다, 조금 더하면 떨어졌을 것이다, 떨어질 뻔했다, 조금 더 나아갔다면 떨어졌을 것이다)

잣ᄎᆞ [TJAT-TCHĂ] (正租) [원]530
[불] Premier riz de l'année, riz précoce.
[한] 그 해의 첫 쌀, 철 이른 쌀

잣ᄎᆡ [TJAT-TCHĂI] [원]530 ☞ 잣ᄎᆞ

[1]**장** [TJANG] (市) [원]527
[불] Marché, foire.

ⓗ 시장, 장

[2]장 [TJANG,-I] (葬) ⓦ527

ⓑ En agr. Funérailles.

ⓗ 한자어 장례

[3*]장 [TJANG,-I] (醬) ⓦ527

ⓑ En agr. Saumure, espèce de liquide très-noir composé d'eau, de pois et de sel.

ⓗ 한자어로 소금물, 물, 콩, 그리고 소금으로 이루어진 아주 검은 액체의 종류

[1*]장각 [TJANG-KAK,-I] (獐脚) ⓦ527

ⓑ Jambe de chevreuil.

ⓗ 노루의 다리

[2]장각 [TJANG-KAK,-I] (獐角) ⓦ527

ⓑ Corne de chevreuil.

ⓗ 노루의 뿔

장강틀 [TJANG-KANG-HTEUL,-I] ⓦ527

ⓑ Brancard orné pour porter les cercueils, corbillard en forme de brancard.

ⓗ 관을 들기 위한 장식된 들것, 들것 모양의 영구차

*장강혈 [TJANG-KANG-HYEL,-I] (長江穴) ⓦ527

ⓑ Au bas de l'échine, immédiatement sous la naissance de la queue (acuponcture).

ⓗ 척추 아래에, 꼬리가 시작되는 부분 바로 아래에

[1]쟝계 [TJYANG-KYEI] ⓦ532

ⓑ Ouvrage de longue haleine, acte dont les effets doivent durer longtemps à l'avantage de celui qui le fait.

ⓗ 시일을 요하는 일, 그것을 하는 사람에게 유리하도록 결과가 오래 지속되도록 되어 있는 행위

[2*]장계 [TJYĂNG-KYEI] (狀啓) ⓦ533

ⓑ Adresse, lettre du gouverneur de province au roi.

ⓗ 지방의 지사가 왕에게 보내는 청원서, 문서

[1*]장군 [TJANG-KOUN,-I] (場軍) ⓦ527

ⓑ Homme qui va au marché, à la foire.

ⓗ 시장, 장에 가는 사람

[2]장군 [TJANG-KOUN,-I] ⓦ527

ⓑ Baril à eau, vase en bois où l'on met de l'eau, tonneau.

ⓗ 물통, 물을 담는 나무 그릇, 큰 통

*장군초 [TJANG-KOUN-TCHO] (將軍草) ⓦ527

ⓑ Gentiane.

ⓗ 용담속

장그럽다 [TJANG-KEU-REP-TA,-RE-OUE,-RE-ON] (可愛) ⓦ527

ⓑ Bien, beau, joli. ‖ Etre très-content, enchanté.

ⓗ 좋다, 보기 좋다, 예쁘다 | 아주 만족하다, 매우 기쁘다

장글장글ᄒᆞ다 [TJANG-KEUL-TJANG-KEUL-HĂ-TA] ⓦ527

ⓑ Etre enchanté, ne pas se posséder de joie.

ⓗ 매우 기쁘다, 기쁨을 자제하지 못하다

[1*]장기 [TANG-KI] (長技) ⓦ527

ⓑ Adresse des mains. Le fort de l'homme ; sa principale qualité ; capacité.

ⓗ 손재주 | 사람의 장점 | 그 주된 자질 | 능력

[2]장기 [TJANG-KI] (耟) ⓦ527

ⓑ Charrue.

ⓗ 쟁기

장단지 [TJANG-TAN-TJI] (腨) ⓦ527

ⓑ Mollet, le gras de de la jambe.

ⓗ 장딴지, 정강이의 살이 많은 부분

*장도 [TJANG-TO] (粧刀) ⓦ527

ⓑ Couteau à monture en argent, que l'on porte suspendu à la ceinture.

ⓗ 은으로 된 자루가 달린, 허리띠에 매달고 다니는 칼

장도리 [TJANG-TO-RI] (長頭鐵) ⓦ527

ⓑ Instrument pour préparer le trou d'un clou. ‖ Marteau.

ⓗ 못 구멍을 준비하기 위한 도구 | 망치

장ᄃᆞᆰ [TJANG-TĂLK,-I] (雄鷄) ⓦ527

ⓑ Coq.

ⓗ 수탉

장ᄃᆡ [TJANG-TĂI] ⓦ527

ⓑ Nom d'un poisson de mer.

ⓗ 바닷고기의 이름

*장례 [TJĀNG-RYEI] (葬禮) ⓦ527

ⓑ Lois, coutumes, règles, rites des funérailles ; cérémonies des funérailles.

ⓗ 장례의 법, 관습, 규범, 의식 | 장례식

장마지 [TJANG-MA-TJI] ⓦ527

ⓑ Rendez-vous, lieu de réunion (ne sert que pour les satellites)

ⓗ 만날 약속, 모임 장소(부하들에게만 쓰인다)

*장방 [TJANG-PANG,-I] (將房) ⓦ527

ⓑ Chambre en dehors de la porte et où se tiennent les derniers valets du mandarin. ‖ Bureau, lieu où l'on fait les écritures.

ⓗ 문 밖에 있고 관리의 최하위의 하인들이 있는 방

| 사무실, 소송문서를 만드는 장소

장변리 [TJANG-PYEN-RI] (市邊) [원]527

[불] Intérêt pour 5 jours, c. a. d. pour le marché qui a lieu tous les 5 jours.

[한] 5일 동안의, 즉 5일마다 열리는 시장에 대해 내는 이자

장사 [TJANG-SĂ] (商賈) [원]527

[불] Commerce.

[한] 상업

장사지내다 [TJANG-SĂ-TJI-NAI-TA] [원]527 ☞ 장사ᄒᆞ다

장사질ᄒᆞ다 [TJANG-SĂ-TJIL-HĂ-TA] (賈) [원]527

[불] Faire le commerce.

[한] 거래하다

***장사ᄒᆞ다** [TJANG-SĂ-HĂ-TA] (葬事) [원]527

[불] Faire les funérailles, un enterrement, la sépulture.

[한] 장례, 매장, 장례를 거행하다

장끼 [TJANG-KKI] (雄雉) [원]527

[불] Faisan mâle.

[한] 수컷 꿩

장엣지 [TJANG-EIT-TJI] (醬菜) [원]527

[불] Morceaux de choux ou de navets confits, trempés dans la saumure noire ; légumes confits dans le piment.

[한] 검은 소금물에 담근, 절인 배추나 무 조각들 | 고추 속의 절인 채소

장이 [TJANG-I] (匠) [원]527

[불] Particule qui, ajoutée à un mot, lui donne le sens de la terminaison ator des Latins. 노름장이 No-răm-tjang-i, Joueur. S'emploie surtout après les noms de la matière ou de l'objet sur lesquels s'exerce l'action de l'ouvrier, pour exprimer l'auteur de cette ac

[한] 단어에 덧붙여져, 라틴어 어미 ator의 의미를 단어에 부여하는 소사 | [용례] 노름장이, No-răm-tjang-i], 노름꾼 | 노동자의 행동이 미치는 재료, 물건의 이름 다음에 특히 사용되며, 이 행동의 장본인을 표현하기 위한 것이다

***장인** [TJANG-IN] (匠人) [원]527

[불] Artisan, ouvrier, artiste, faber. (S'ajoute à différents mots).

[한] 장인, 노동자, 기술자, 잘되다 | (다른 단어들에 덧붙여진다)

***장일** [TJANG-IL,-I] (葬日) [원]527

[불] Le jour des funérailles.

[한] 장례를 치르는 날

장작 [TJANG-TJYAK,-I] (火木) [원]527

[불] Morceau de bois pour le foyer ; bois à feu, bûche de bois à brûler.

[한] 난로용 나무 조각 | 땔나무, 땔감용 나무 장작

1***장젼** [TJANG-TJYEN,-I] (葬前) [원]527

[불] Avant les funérailles.

[한] 장례 전

2**장젼** [TJANG-TJYEN,-I] [원]527

[불] Enjeu, mise.

[한] 내기, 돈을 걸기

장터 [TYANG-HTE] (場墟) [원]527

[불] Place du marché, champ de foire. V. 장 Tjang.

[한] 시장의 자리, 장터 [[참조어] 장, Tjang]

***장텰** [TJANG-HTYEL,-I] (長鐵) [원]527

[불] Longue pointe de fer, longue barre de fer. ‖ Espèce de poêle à frire en fonte.

[한] 철로 된 긴 송곳, 긴 철 막대기 | 일종의 주철 프라이팬

***장피** [TJANG-HPI] (獐皮) [원]527

[불] Peau de chevreuil.

[한] 노루의 가죽

***장후** [TJANG-HOU] (葬後) [원]527

[불] Après les funérailles.

[한] 장례 후

1**재** [TJAI] (次) [원]523

[불] Particule finale des nombres ordinaux ; désinence qui rend ordinaux les nombres cardinaux ; répond à ième du français ; le quantième (se met après les mots). 몃재 Myet-tjai, Lequel (dans l'ordre numérique)? 다ᄉᆞᆺ재 Ta-săt-tjai, Le cinquième.

[한] 서수 끝에 붙는 소사 | 기수를 서수로 만드는 곡용 | 프랑스의 ième에 해당한다 | 네 번째 (단어들 뒤에 놓인다) | [[용례] 몃재, Myet-tjai], (수의 순서에서) 몇 번째 | [[용례] 다ᄉᆞᆺ재, Ta-săt-tj], 다섯 번째

2**재** [TJAI] (灰) [원]523

[불] Cendres.

[한] 재

3**재** [TJAI] (峙) [원]523

[불] Gorge ou passage élevé dans les montagnes.

[한] 산에 있는 높은 협곡 또는 통행로

4**재** [TJAI] [원]536 ☞ 7지

재간 [TJAI-KAN,-I] (灰間) [원]523

[불] Appartement où l'on met la cendre, c. a. d. lieux

ㅈ

d'aisance.

한 재를 두는 공간, 즉 편안한 장소

재바르다 [TJAI-PA-REU-TA,-PAL-NA,-PA-RĂN] 원523

불 Aller vite, être alerte, éveillé (celui, entre plusieurs enfants, qui attrape le premier un objet lancé).

한 빨리 가다, 민활하다, 활발하다 (몇 명의 아이들 사이에서, 던져진 물건을 첫 번째로 잡는 아이가)

재분 [TJAI-POUN,-I] (灰粉) 원523

불 Céruse, fard de mauvaise qualité.

한 분, 나쁜 품질의 분

재빗 [TJAI-PIT,-SI] (灰色) 원523

불 Couleur cendrée, couleur grise.

한 재가 섞인 색, 회색

[1]재우다 [TJAI-OU-TA,TJAI-OUE,TJAI-OUN] (臥) 원523

불 Consoler, calmer, apaiser un petit enfant qui pleure, endormir, faire dormir.

한 달래다, 진정시키다, 울고 있는 어린 아이를 달래다, 재우다, 자게 하다

[2]재우다 [TJAI-OU-TA,-OUE,-OUN] (度) 원523

불 Mesurer au pied.

한 발로 측정하다

재재 [TJAI-TJAI] 원523

불 Babil (bruit de). =ᄒᆞ다 -hă-ta, Babiller.

한 재잘거리는 (소리) | [용례 =ᄒᆞ다, -hă-ta], 종알거리다

[1]재틔 [TJAI-HTEUI] (灰燼) 원523

불 Poussière de cendres.

한 잿가루

[2]재틔 [TJAI-HTEUI] 원523

불 Passage élevé dans les montagnes.

한 산속의 높은 통행로

[1]재히다 [TJAI-HI-TA,TJAI-HYE,TJAI-HIN] 원523 ☞재우다

[2]재히다 [TJAI-HI-TA,-HYE] (臥) 원523

불 Endormir, faire dormir.

한 재우다, 자게 하다

[1]잿갑스럽다 [TJAIT-KAP-SEU-REP-TA,-SEU-RE-OUE,-SEU-RE-ON] 원523

불 Avancé, lancé (jeune homme qui fait comme les plus âgés).

한 조숙하다, 유명하다 (가장 나이 많은 사람처럼 행동하는 젊은 사람)

[2]잿갑스럽다 [TJAIT-KAP-SEU-REP-TA,-SEU-RE-OUE,-SEU-RE-ON] (諠嚣) 원523

불 Radoter, déraisonner.

한 허튼 소리하다, 헛소리를 하다

*쟈 [TJYA,쟈가TJYA-KA] (者) 원531

불 La personne qui, celui qui. (Se met après les mots). 욕뵈려던쟈가 Yok poi-rye-ten tjya-ka, Celui qui voulait faire injure.

한 ~하는 사람, ~하는 사람 | (단어 뒤에 놓인다) | [용례 욕뵈려던쟈가, Yok poi-rye-ten tjya-ka], 욕하기를 원하는 사람

쟈ᄀᆡ [TJYA-KĂI] 원531

불 Nacre.

한 나전

쟈뢰ᄒᆞ다 [TJYA-ROI-HĂ-TA] (資) 원536

불 Etre la cause, le principe : fournir à la subsistance, fournir aux besoins, entretenir. Vivre des bienfaits d'un autre.

한 ~의 원인, 원동력이다 : 생필품의 경비를 부담하다, 필요한 것들의 경비를 부담하다, 유지하다 | 다른 사람의 선행 덕분으로 살다

*쟈반 [TJYA-PAN,-I] (煮飯) 원536

불 Salaison de poisson ; mettre du poisson dans le sel. Salaisons sèches. 콩쟈반 Hkong-tjya-pan, Haricots salés.

한 생선을 소금에 절임 | 생선을 소금 속에 넣다 | 소금에 절인 마른 식료품 | [용례 콩쟈반, Hkong-tjya-pan], 소금에 절인 제비콩

쟈발 [TJYA-PAL,-I] 원536

불 Intelligence, adresse, ruse, finesse.

한 지성, 솜씨, 술책, 간책

쟈발업다 [TJYA-PAL-EP-TA,-EP-SE,-EP-SĂN] 원536

불 N'avoir pas de patience, pas d'intelligence ; être curieux.

한 참을성, 지혜가 없다 | 호기심이 많다

쟈분치 [TJYA-POUN-TCHI] (鬢髮) 원536

불 Petits cheveux au devant de l'oreille.

한 귀 앞에 난 작은 머리카락들

*쟈산 [TJYA-SAN,-I] (赭山) 원536

불 Montagne dépouillée d'arbres, où il n'y a que de l'herbe ; montagne de sable sans verdure.

한 풀만 있는 나무가 없는 산 | 초목이 없는 모래산

*쟈셰ᄒᆞ다 [TJYA-SYEI-HĂ-TA] (藉勢) 원536

불 S'appuyer sur ; être fort de la protection de, de l'appui de ; compter sur.

한 의지하다 | ~의 보호, ~의 원조에 힘을 얻다 | ~을 믿다

*쟈쟈ᄒᆞ다 [TJYA-TJYA-HĂ-TA] (藉藉) 원536
불 Etre très-répandu, su dans le public, divulgué.
한 아주 널리 알려져 있다, 대중들에게 알려지다, 누설되다

쟈지 [TJYA-TJĂI] 원536
불 Sceau imprimé en Chine sur le front des voleurs.
한 중국에서 도둑들의 이마에 찍는 도장

*쟉 [TJYAK] (作) 원531
불 En agr. Faire, fabriquer, construire.
한 한자어로 만들다, 만들다, 제조하다

*쟉경 [TJYAK-KYENG,-I] (作梗) 원531
불 Dispute, querelle ; chercher à frapper, frapper, battre.
한 논쟁, 말다툼 | 치려 애쓰다, 치다, 때리다

*쟉고ᄒᆞ다 [TJYAK-KO-HĂ-TA] (作故) 원531
불 Mourir, trépasser.
한 죽다, 운명하다

*쟉킥 [TJYAK-KĂIK,-I] (作客) 원531
불 Hôte, devenir hôte, recevoir l'hospitalité ; être logé chez quelqu'un ; être étranger, voyageur.
한 주인, 주인이 되다, 환대를 받다 | 누군가의 집에 숙박하다 | 낯설다, 여행을 좋아하다

*쟉난군 [TJYAK-NAN-KOUN] (作亂軍) 원531
불 Qui aime à s'amuser, à badiner.
한 즐기는 것을, 농담하는 것을 좋아하다

*쟉난ᄒᆞ다 [TJYAK-NAN-HĂ-TA] (作亂) 원531
불 Amusement, jeu, badinage : folâtrer, s'amuser, sauter ; plaisanterie, jeu de mains, malice, mauvais tour, méchanceté ; en somme, tous les sens possibles de lusus et de ludere.
한 오락, 놀이, 농담 : 장난치다, 즐기다, 뛰어오르다 | 장난, 손장난, 깜찍스러운 장난, 나쁜 장난, 심술궂음 | 결국, 놀이와 놀다의 가능한 모든 의미

*쟉농ᄒᆞ다 [TJYAK-NONG-HĂ-TA] (作農) 원531
불 Cultiver, faire la culture, labourer.
한 경작하다, 재배하다, [역주 땅을] 갈다

*쟉닌ᄒᆞ다 [TJYAK-NIN-HĂ-TA] (作隣) 원531
불 Voisin ; être voisins, vivre dans le même endroit.
한 이웃 | 서로 이웃하다, 같은 장소에 살다

*쟉답ᄒᆞ다 [TJYAK-TAP-HĂ-TA] (作畓) 원531
불 Faire des rizières.
한 논을 만들다

쟉란ᄒᆞ다 [TJYAK-NAN-HĂ-TA] 원531 ☞쟉난ᄒᆞ다

쟉만ᄒᆞ다 [TJYAK-MAN-HĂ-TA] (排置) 원531
불 Préparer, acquérir, se procurer.
한 준비하다, 획득하다, 마련하다

*쟉말 [TJYAK-MAL,-I] (作末) 원531
불 Faire de la farine, moudre, mettre en poudre, pulvériser.
한 가루를 만들다, 빻다, 가루로 만들다, 가루로 빻다

1*쟉명 [TJYAK-MYENG,-I] (爵名) 원531
불 Nom d'une dignité.
한 고관의 이름

2*쟉명 [TJYAK-MYENG,-I] (作名) 원531
불 Nom du fermier.
한 소작인의 이름

*쟉명ᄒᆞ다 [TJYAK-MYENG-HĂ-TĂ] (作名) 원531
불 Imposer un nom.
한 이름을 부여하다

*작미ᄒᆞ다 [TJAK-MI-HĂ-TA] (作米) 원531
불 Piler le riz, écosser le riz.
한 쌀을 찧다, 쌀 껍질을 까다

*쟉반ᄒᆞ다 [TJYAK-PAN-HĂ-TA] (作伴) 원531
불 Compagnon, camarade ; s'associer, aller ou faire de compagnie.
한 친구, 동료 | 협력하다, 함께 가다 또는 하다

쟉별 [TJYAK-PYEL,-I] (磧) 원531
불 Lieu où il y a beaucoup de pierres rondes, de galets.
한 둥근 돌, 자갈들이 많은 곳

*쟉별ᄒᆞ다 [TJYAK-PYEL-HĂ-TA] (作別) 원531
불 Avertir pour partir, avertir qu'on va partir, donner le signal du départ, se séparer.
한 떠나는 것을 알리다, 떠날 것을 알리다, 출발신호를 주다, 분리되다

*쟉병ᄒᆞ다 [TJYAK-PYENG-HĂ-TA] (作餠) 원531
불 Faire des gâteaux de remèdes, mettre les remèdes en forme de gâteaux.
한 약덩어리를 만들다, 약재를 덩어리 모양으로 만들다

*쟉부ᄒᆞ다 [TJYAK-POU-HĂ-TA] (作夫) 원531
불 Obtenir, recevoir un mari (ne se dit que d'une esclave à laquelle le maître donne un mari). Marier une esclave à un homme libre qui sert comme domestique.
한 획득하다, 남편을 맞이하다(주인이 결혼시키는 여

ㅈ

자 노예에 대해서만 쓴다) | 하인으로 봉사하는 자유로운 남자와 여자 노예를 결혼시키다

*쟉비 [TJYAK-PĂI] (作配) 원531
불 Faire une paire. Les époux.
한 짝을 만들다 | 배우자

*쟉사도방 [TJYAK-SA-TO-PANG] (作舍道傍) 원531
불 Maison bâtie près de la route, c. a. d. chose dont tout le monde parle, sur laquelle chacun donne son avis.
한 길 가까이에 세운 집, 즉 모든 사람이 말하는, 각자가 그것에 대해 자신의 의견을 제시하는 것

*쟉인 [TJAK-IN,-I] (作人) 원531
불 Fermier.
한 소작인

쟉일 [TJYAK-IL,-I] (昨日) 원531
불 Hier.
한 어제

1*쟉쟈 [TJYAK-TJYA] (作者) 원531
불 Laboureur, fermier. ‖ Acheteur, qui achète.
한 농부, 소작인 | 구매자, 사는 사람

2쟉쟈 [TJYAK-TJYA] 원531
불 Tuteur, protecteur.
한 후원자, 보호자

*쟉죄ᄒᆞ다 [TJYAK-TJOI-HĂ-TA] (作罪) 원531
불 Pécher, commettre une faute.
한 죄를 짓다, 잘못을 범하다

*쟉쥬 [TJYAK-TJYOU] (酌酒) 원531
불 Vin versé, vin servi dans un verre.
한 따른 포도주, 잔에 부어진 포도주

1쟉쳐ᄒᆞ다 [TJYAK-TCHYE-HĂ-TA] 원532
불 Homicide ; tuer un homme.
한 살인자 | 사람을 죽이다

2*쟉쳐ᄒᆞ다 [TJYAK-TCHYE-HĂ-TA] (作處) 원532
불 Arranger, disposer.
한 정돈하다, 배열하다

*쟉쳑ᄒᆞ다 [TJYAK-TCHYEK-HĂ-TA] (作隻) 원532
불 Devenir ennemis, plaider l'un contre l'autre, avoir un différend.
한 적이 되다, 서로를 비난하다, 분쟁이 있다

*쟉츅ᄒᆞ다 [TJYAK-TCHYOUK-HĂ-TA] (作軸) 원532
불 Réunir 10 mains de papier ; faire des 츅 Tchyouk de papier (le 츅 Tchyouk contient 10 mains) ; faire des paquets appelés 츅 Tchouk.
한 서류 열 권을 모으다 | 종이의 츅 Tchyouk을 만들다(츅 Tchyouk은 열 권이다) | 츅이라 불리는 뭉치를 만들다

쟉키나 [TJYAK-HKI-NA] (甚幸) 원531
불 Trop, très, extrêmement. 쟉키나됴타 Tjyak-hki-na-tyo-hta, C'est bon, c'est bien.
한 너무, 매우, 극히 | [용례 쟉키나됴타, Tjyak-hki-na-tyo-hta], 좋다, 좋다

쟉키다 [TJYAK-HKI-TA,-HKYE,-HKIN] 원531
불 Renverser en arrière.
한 뒤로 뒤집다

*쟉통ᄒᆞ다 [TJYAK-HTONG-HĂ-TA] (作統) 원531
불 Mettre des tresses de tabac en paquets qui en contiennent chacun 50 brasses.
한 담배 엮음을 각각 50발을 담는 꾸러미로 만들다

1*쟉판ᄒᆞ다 [TJYAK-HPAN-HĂ-TA] (斫判) 원531
불 Ecorcher et diviser les parties, les chairs d'un animal (boucher).
한 (푸주한이) 동물의 부분들, 살코기의 껍질을 벗기고 나누다

2*쟉판ᄒᆞ다 [TJYAK-HPAN-HĂ-TA] (作板) 원531
불 Faire des planches, scier en planches, débiter des planches.
한 널빤지를 만들다, 판을 톱으로 자르다. 판자를 자르다

*쟉패ᄒᆞ다 [TJYAK-HPAI-HĂ-TA] (作牌) 원531
불 Troupe de soldats ; aller par escouades ou envoyer par escouades.
한 군대 | 분대로 가거나 분대로 파견하다

1*쟉편ᄒᆞ다 [TJYAK-HPYEN-HĂ-TA] (作片) 원531
불 Mettre en morceaux.
한 조각으로 만들다

2*쟉편ᄒᆞ다 [TJYAK-HPYEN-HĂ-TA] (作篇) 원531
불 Assembler plusieurs parties d'un tout.
한 전체의 여러 부분들을 조합하다

*쟉폐ᄒᆞ다 [TJYAK-HPYEI-HĂ-TA] (作弊) 원531
불 Exactions des satellites dans un village ; esp. de pillage, de maraude, etc. ; commettre des abus, des extorsions.
한 마을에서 부하들의 비리 | 일종의 횡령, 농작물 도둑질, 등 | 남용, 강탈을 저지르다

*쟉희ᄒᆞ다 [TJYAK-HEUI-HĂ-TA] (作戲) 원531
불 Entraver une affaire, empêcher un autre de réussir, mettre obstacle, empêcher.

한 일을 방해하다, 다른 사람이 성공하는 것을 방해하다, 훼방하다, 방해하다

쟛 [TJYAT] 원536

불 Nom de la consonne ㅈ tj.

한 자음 ㅈ tj의 이름

1* 쟝 [TJYANG,-I] (杖) 원532

불 Coup.

한 타격

2* 쟝 [TJYANG,-I] (帳) 원532

불 Rideau, tenture, moustiquaire, tente.

한 커튼, 벽지, 모기장, 천막

3* 쟝 [TJYANG,-I] (長) 원532

불 Aîné, supérieur.

한 연장자, 상급자

4* 쟝 [TJYANG,-I] (藏) 원532

불 Armoire, placard. ‖ Cloison.

한 장롱, 벽장 | 장벽

5* 쟝 [TJYANG,-I] (獐) 원532

불 Chevreuil.

한 노루

6* 쟝 [TJYANG,-I] (丈) 원532

불 Une hauteur d'homme.

한 사람 키 높이

7* 쟝 [TJYANG,-I] (張) 원532

불 Page d'un livre.

한 책의 페이지

8* 쟝 [TJYANG,-I] (墻) 원532

불 Mur. Fortifications, murs de la capitale.

한 벽 | 요새, 수도의 성벽

9* 쟝 [TJYANG,-I] (長) 원532

불 Longueur (d'un objet) ; long ; longtemps ; toujours ; sans cesse.

한 (물건의) 길이 | 길다 | 오랫동안 | 항상 | 끊임없이

*쟝가 [TJYANG-KA] (丈家) 원532

불 Maison du beau-père. ‖ Mariage d'un garçon.

한 장인의 집 | 소년의 결혼

쟝가들다 [TJYANG-KA-TEUL-TA,-TEUL-E,-TEUN] (娶) 원532

불 Se marier (se dit du jeune homme), entrer dans la maison de son beau-père.

한 결혼하다(젊은 사람에 대해 쓴다), 장인의 집에 들어가다

쟝가락 [TJYANG-KA-RAK,-I] (長指) 원532

불 Le médius, grand doigt, doigt du milieu de la main.

한 가운데 손가락, 큰 손가락, 손 한가운데 있는 손가락

*쟝감 [TJYANG-KAM,-I] (長感) 원532

불 Coryza, rhume de cerveau, grippe. ‖ Longue maladie, p. ê. la fièvre typhoïde.

한 코감기, 코감기, 유행성 감기 | 오랜 병, 아마도 장티푸스

*쟝갑 [TJYĂNG-KAP,-I] (掌甲) 원532

불 Gants.

한 장갑

*쟝검 [TJYANG-KEM,-I] (長釰) 원532

불 Long couteau, sabre, épée, coutelas.

한 긴 칼, 검, 검, 단검

1* 쟝고 [TJYANG-KO] (長鼓) 원533

불 Tambour long.

한 긴 북

2 쟝고 [TJYANG-KO] 원533 ☞ 2 쟝구

*쟝곡 [TJYANG-KOK,-I] (長谷) 원533

불 Vallée profonde, qui s'avance au loin ; long défilé ; longue rue.

한 멀리 흘러가는 깊은 골짜기 | 긴 협로 | 긴 길

*쟝골 [TJYANG-KOL,-I] (壯骨) 원533

불 Grands os, c. a. d. homme de grande taille.

한 큰 뼈, 즉 키가 큰 사람

*쟝곽 [TJYANG-KOAK,-I] (長藿) 원533

불 Herbe marine très-longue, algues que l'on donne aux femmes accouchées. Syn. 매억 Mei-ek.

한 아주 긴 해초, 해산한 여성들에게 주는 해초 | [동의어 매억, Mei-ek]

*쟝관 [TJYĀNG-KOAN,-I] (壯觀) 원533

불 Beau spectacle.

한 멋진 풍경

*쟝관ᄒᆞ다 [TJYANG-KOAN-HĂ-TA] (掌管) 원533

불 Surveiller, administrer, diriger, être chargé de, avoir la direction.

한 감독하다, 관리하다, 지도하다, ~을 맡다, 책임이 있다

*쟝광 [TJYANG-KOANG,-I] (長廣) 원533

불 Longueur et largeur, dimensions, étendue.

한 길이와 넓이, 크기, 넓이

*쟝교 [TJYĀNG-KYO] (將校) 원533

불 Esp. de satellites, de gendarmes, gardes (un peu élevés) de province.

한 일종의 부하들, 헌병들, 지방의 (조금 높은) 관리인

[1]쟝구 [TJYANG-KOU] 원533 ☞ [1]쟝고

[2]쟝구 [TJYANG-KOU] (缶) 원533

불 Tambour long. =치다-tchi-ta, Battre du tambour. (On le bat par les deux extrémités à la fois avec une baguette de chaque main).

한 긴 북 | [용례 =치다, -tchi-ta], 북을 치다 | (각각의 손에 막대기를 가지고 동시에 두 끝으로 북을 친다)

*쟝구ᄒᆞ다 [TJYANG-KOU-HĂ-TA] (長久) 원533

불 Long, qui dure longtemps ; durable ; être ancien.

한 길다, 오랫동안 지속되다 | 오래 견디다 | 오래되다

[1*]쟝군 [TJYĀNG-KOUN,-I] (將軍) 원533

불 Général d'armée, chef élevé, conducteur. (Cri, exclamation au jeu d'échecs).

한 군대 장군, 높은 우두머리, 지도자 | (체스 놀이에서 외치는 소리, 외침)

[2]쟝군 [TJYANG-KOUN,-I] (壼) 원533

불 Baril, barrique.

한 작은 통, 큰 통

[3*]쟝군 [TJYANG-KOUN,-I] (壯軍) 원533

불 Homme très-fort, athlète.

한 아주 강한 사람, 건장한 사람

*쟝궤ᄒᆞ다 [TJYANG-KOUEI-HĂ-TA] (長跪) 원533

불 Se mettre à genoux, être à genoux, droit ; se tenir droit à genoux.

한 무릎을 꿇다, 무릎을 꿇은 채로 똑바로 있다 | 무릎을 꿇고 몸을 바로 유지하다

쟝그럽다 [TJYANG-KEU-REP-TA,-RE-OUE,-RE-ON] (妙) 원533

불 Etre bien.

한 좋다

[1]쟝긔 [TJYANG-KEUI] (博) 원533

불 Esp. de jeu d'échecs. Pion des échecs.

한 일종의 체스 놀이 | 체스의 졸

[2*]쟝긔 [TJYANG-KEUI] (瘴氣) 원533

불 Brume, brouillard de la mer, vapeur malfaisante sur la mer.

한 안개, 바다의 안개, 바다 위의 유해한 수증기

*쟝긔ᄃᆡ [TJYĀNG-KEUI-TĂI] (張旗臺) 원533

불 Mât de pavillon du général ; mât de drapeau, qui sert à mettre, à arborer le drapeau militaire.

한 장군 관저의 깃대 | 군대 깃발을 다는 데에, 게양하는 데에 쓰이는 깃발의 깃대

*쟝기 [TJYANG-KI] (長技) 원533

불 Adresse, habileté.

한 솜씨, 능란함

*쟝남ᄒᆞ다 [TJYANG-NAM-HĂ-TA] (壯男) 원533

불 Grandir promptement ; faire sa croissance tout d'un coup.

한 신속히 커지다 | 갑자기 증가하다

*쟝니 [TJYANG-NI] (將吏) 원533

불 Archer et prétoriens.

한 사수와 친위병들

쟝님 [TJYANG-NIM,-I] 원533

불 Aveugle (honorif.), aveugle qui dit la bonne aventure.

한 맹인 (경칭), 운수를 점치는 맹인

[1]쟝닙 [TJYANG-NIP,-I] 원533

불 Fils aîné.

한 큰 아들

[2]쟝닙 [TJYANG-NIP,-HI] (長葉) 원533

불 Feuille longue au-dessus de l'endroit où se forme l'épi de riz.

한 쌀이삭이 형성되는 곳 위에 있는 긴 잎

*쟝ᄂᆡ [TJYANG-NĂI] (墻內) 원533

불 En dedans des murs.

한 성벽 내에서

*쟝ᄂᆡ에 [TJYANG-NĂI-EI] (將來) 원533

불 Après (temps futur). Syn. 쟝릭 Tjyang-răi.

한 후에 (미래의 시간) | [동의어 쟝릭, Tjyang-răi]

쟝다리 [TJYANG-TA-RI] 원535

불 Tige ou pousse tendre des fleurs (v. g. du tabac, des navets, des choux, etc.).

한 (예. 담배, 무, 배추 등의) 꽃의 부드러운 줄기나 싹

[1*]쟝단 [TJYANG-TAN,I] (長短) 원535

불 Long et court ; longueur et brièveté.

한 길고 짧다 | 길고 짧음

[2*]쟝단 [TJYANG-TAN,-I] (粧丹) 원535

불 Couleur rouge, vermillon.

한 빨간색, 주홍빛

쟝단치다 [TJYANG-TAN-TCHI-TA,-TCHYE,-TCHIN] (擊節) 원535

불 Esp. de tambour ; accompagner (un chanteur) en battant du tambour, battre la mesure en frappant sur un tambour.

한 북의 종류 | 북을 치면서 (가수를) 반주하다, 북을

치면서 박자를 치다

*쟝담 [TJYĀNG-TAM,-I] (壯談) [원]535

[불] Grande parole, parole forte, c. a. d. vanterie, forfauterie.

[한] 큰 말, 강한 말, 즉 허풍, 허세

*쟝대 [TJYANG-TAI] (壯大) [원]535

[불] Ferme et gros.

[한] 단단하고 크다

*쟝대셕 [TJYANG-TAI-SYEK,-I] (長大石) [원]535

[불] Dure et grosse pierre, longue et grande pierre.

[한] 단단하고 큰 돌, 길고 큰 돌

쟝뎜ᄒᆞ다 [TJYANG-TYEM-HĂ-TA] [원]535

[불] Préparer une nouvelle propriété (v. g. bâtir une maison, tracer les routes, planter les arbres).

[한] 새로운 소유지를 준비하다(예. 집을 짓다, 길을 내다, 나무를 심다)

*쟝뎡 [TJYANG-TYENG] (壯丁) [원]535

[불] Ni vieux ni jeune, entre les deux (v. g. de 27, 30 ou 34 ans). Jeune homme, homme dans la force de l'âge (de 15 à 45 ans).

[한] 늙지도 않고 젊지도 않고, 둘 사이에 있다(예. 27, 30살 또는 34살) | 젊은 사람, 한창 나이인 사람(15~45살)

쟝도리 [TJYANG-TO-RI] (椎鐵) [원]535

[불] Marteau.

[한] 망치

*쟝독 [TJYANG-TOK,-I] (杖毒) [원]535

[불] Blessure, venin occasionné par la torture, plaie des verges, etc., inflammation causée par la bastonnade.

[한] 부상, 고문에 의해 야기된 독, 회초리의 상처 등, 태형으로 인한 염증

*쟝독교 [TJYANG-TOK-KYO] (帳獨轎) [원]535

[불] Chaise à porteurs de mandarin.

[한] 관리의 가마

*쟝두 [TJYANG-TOU] (壯頭) [원]535

[불] Chef, représentant des autres, le premier.

[한] 우두머리, 다른 사람들의 대표자, 첫째

*쟝두은미ᄒᆞ다 [TJYANG-TOU-EUN-MI-HĂ-TA] (藏頭隱尾) [원]535

[불] Cacher la tête et la queue, se cacher, se tenir caché, se bien cacher.

[한] 머리와 꼬리를 숨기다, 숨다, 숨어 있다, 잘 숨다

*쟝등 [TJYANG-TEUNG,-I] (長登) [원]535

[불] Longue montagne, longue montée. || Crête des montagnes, cime.

[한] 긴 산, 긴 언덕길 | 산의 능선, 꼭대기

*쟝등ᄒᆞ다 [TJYANG-TEUNG-HĂ-TA] (長燈) [원]535

[불] Ne pas éteindre sa lampe, veiller toute la nuit ; entretenir une lampe perpétuelle.

[한] 램프를 끄지 않다, 밤새하다 | 램프를 영구적으로 유지하다

1*쟝ᄃᆡ [TJYANG-TĂI] (將臺) [원]535

[불] Pavillon, tente du général ; place élevée, natte élevée du général.

[한] 침대 닫집, 장군의 천막 | 높은 장소, 장군의 높은 돗자리

2쟝ᄃᆡ [TJYANG-TĂI] (長木) [원]535

[불] Longue perche en bambou.

[한] 대나무로 만들어진 긴 막대기

*쟝략 [TJYANG-RYAK,-I] (將畧) [원]534

[불] Parole qui a de la force, de la vigueur. || Ruse, plan, projet, entreprise. || Homme très-habile, très-rusé, fin politique.

[한] 힘, 활력이 있는 말 | 교활한 꾀, 계획, 기획, 기도 | 아주 재주 있는, 아주 교활한 사람, 교활한 정치가

*쟝려ᄒᆞ다 [TJYĀNG-RYE-HĂ-TA] (壯麗) [원]534

[불] Magnifique, beau ; être brillant, pompeux, fastueux.

[한] 웅장하다, 멋지다 | 빛나다, 화려하다, 호사스럽다

*쟝력 [TJYĀNG-RYEK,-I] (壯力) [원]534

[불] Grande force, force de Samson, vigueur.

[한] 큰 힘, 삼손의 힘, 기운

*쟝령 [TJYĀNG-RYENG,-I] (將令) [원]534

[불] Ordre d'un supérieur, du général.

[한] 상관, 장군의 명령

*쟝로 [TJYANG-RO] (長老) [원]534

[불] Vieillard.

[한] 노인

*쟝류슈 [TJYANG-RYOU-SYOU] (長流水) [원]534

[불] Eau qui coule toujours dans la même direction, fleuve, rivière.

[한] 같은 방향으로 항상 흐르는 물, 큰 강, 강

*쟝륜 [TJYANG-RYOUN,-I] (長輪) [원]534

[불] Sorte de maladie. Syn. 쟝감 Tjyang-kam.

[한] 병의 종류 | [[동의어] 쟝감, Tjyang-kam]

1*쟝림 [TJYANG-RIM,-I] (長林) [원]534

[불] Bois, forêt, lieu planté de grands arbres et prairies.

[한] 숲, 숲, 큰 나무들이 심겨진 곳과 대초원

2* 쟝림 [TJYANG-RIM,-I] (將臨) 원534
불 Avent, le temps de l'Avent.
한 대림절, 대림 시기

* 쟝림슈쥬일 [TJYANG-RIM-SYOU-TJYOU-IL] (將臨首主日) 원534
불 Premier dimanche de l'Avent.
한 대림의 첫 번째 일요일

* 쟝림ᄒᆞ다 [TJYANG-RIM-HĂ-TA] (將臨) 원534
불 Venir.
한 오다

* 쟝ᄅᆡ [TJYĀNG-RĂI] (將來) 원534
불 Après, ensuite, désormais, un jour, plus tard, à l'avenir, un jour à venir.
한 후에, 그러고 나서, 이제부터, 어느 날, 나중에, 장차, 다가오는 날에

쟝마 [TJYANG-MA] (霖) 원533
불 Pluie continuelle et abondante pendant plusieurs jours (4 ou 5 jours) en été ; grandes pluies d'été.
한 여름에 여러 날(4일 또는 5일) 동안의 연속적이고 많은 양의 비 | 여름의 많은 비

* 쟝막 [TJYANG-MAK,-I] (帳幕) 원533
불 Tente, moustiquaire, tente de marché, tente de soldat au camp, pavillon.
한 천막, 모기장, 시장 천막, 야영 부대 군인 천막, 침대 닫집

쟝만ᄒᆞ다 [TJYANG-MAN-HĂ-TA] (磨鍊) 원533
불 Préparer.
한 준비하다

* 쟝명 [TJYANG-MYENG,-I] (長命) 원533
불 Ordre d'un supérieur, du général.
한 상관, 장군의 명령

1* 쟝모 [TJYANG-MO] (長母) 원533
불 Belle-mère ; mère de la femme, de l'épouse.
한 장모 | 부인, 아내의 어머니

2* 쟝모 [TJYANG-MO] (長毛) 원533
불 Longs poils, longues plumes de la queue du faisan.
한 긴 털, 꿩 꼬리의 긴 깃털

1 쟝목 [TJYANG-MOK] 원533
불 Queue de faisan, longues plumes de la queue du faisan.
한 꿩의 꼬리, 꿩의 꼬리의 긴 깃털들

2* 쟝목 [TJYANG-MOK,-I] (長木) 원533
불 Longue pièce de bois.
한 나무의 긴 단편

쟝목븨 [TJYANG-MOK-PEUI] 원533
불 Balai fait avec les longues plumes de la queue du faisan.
한 꿩꼬리의 긴 깃털로 만들어진 비

* 쟝무군관 [TJYANG-MOU-KOUN-KOAN,-I] (掌務軍官) 원533
불 Chef militaire, celui des satellites qui tient la bourse et est chargé de la cuisine.
한 군 우두머리, 돈을 관리하고 주방을 책임지는 부하들의 장

1* 쟝문 [TJYANG-MOUN] (將門) 원533
불 Porte du camp ou d'une forteresse.
한 야영부대나 요새의 문

2* 쟝문 [TJYANG-MOUN] (藏門) 원533
불 Porte à deux battants. ‖ Porte d'armoire.
한 문짝이 두 개인 문 | 장롱의 문

쟝문잡다 [TJYANG-MOUN-TJAP-TA,-TJAP-A,-TJAP-EUN] 원533
불 Garder la porte ; demander, donner l'ordre d'ouvrir la porte (le roi se présentant à une porte que les soldats, avertis de son arrivée, ont fermée et qu'ils gardent).
한 문을 지키다 | (왕이 도착이 예고되어 군인들이 닫고 지키는 문에 왕이 모습을 나타낼 때) 문을 열라고 요구하다, 명령하다

* 쟝물 [TJYANG-MOUL,-I] (賬物) 원533
불 Objet suspect, objet qui est une preuve de ; marque, signe (de culpabilité) ; pièce de conviction.
한 수상한 물건, ~의 증거인 물건 | 표시, (유죄의) 기미 | 증거품

1* 쟝미 [TJYANG-MI] (長眉) 원533
불 Sourcils aux poils longs, poils de sourcils très-longs.
한 긴 털의 눈썹, 아주 긴 눈썹의 털

2* 쟝미 [TJYANG-MI] (長尾) 원533
불 Longue queue.
한 긴 꼬리

쟝미ᄭᅩᆺ [TJYANG-MI-KKOT,-SI] (薔薇) 원533
불 Esp. de fleur.
한 꽃의 종류

쟝밋 [TJYANG-MIT,-TCHI] (長櫓) 원533
불 Rame pour les barques.
한 작은 배의 노

* 쟝병 [TJYANG-PYENG,-I] (長病) 원534

불 Longue maladie.
한 오랜 병

*쟝보교 [TJYANG-PO-KYO] (帳步轎) 원534
불 Chaise à porteurs fermée de tous côtés pour les nobles et les riches.
한 귀족들과 부자들을 위한 사방이 닫힌 가마

1*쟝복 [TJYANG-POK,-I] (長服) 원534
불 Long habit, habit de cérémonie.
한 긴 옷, 예복

2쟝복 [TJYANG-POK,-I] 원534
불 Queue de faisan, plumes de la queue du faisan.
한 꿩의 꼬리, 꿩의 꼬리의 깃털들

3쟝복 [TJYANG-POK,-I] 원533 ☞ 1장목

*쟝복ᄒᆞ다 [TJYANG-POK-HĂ-TA] (長服) 원534
불 Se bien nourrir, manger de bonnes choses (manger habituellement de la viande et boire du vin), prendre de bons remèdes. Manger toujours, manger habituellement.
한 잘 먹다, 좋은 것들을 먹다(습관적으로 고기를 먹고 술을 마시다), 좋은 약을 먹다 | 매일 먹다, 습관적으로 먹다

*쟝본일다 [TJYANG-PON-IL-TA] (張本) 원534
불 Signe précurseur, principe, source, symptôme, marque, indice.
한 미리 알리는 신호, 근원, 원천, 조짐, 표시, 징후

*쟝봉 [TJYANG-PONG,-I] (將蜂) 원534
불 Le chef, le général des abeilles (la reine des abeilles).
한 꿀벌들의 우두머리, 장 (여왕벌)

*쟝부 [TJYANG-POU] (丈夫) 원534
불 Mari, époux ; homme, personne du sexe masculin.
한 남편, 배우자 | 남자, 남성인 사람

*쟝비 [TJYANG-PI] (張飛) 원534
불 Nom d'un général chinois des temps anciens très-renommé par sa force (c'est l'Hercule de l'extrême-Orient).
한 그 힘으로 아주 유명한 옛날 중국 장군의 이름(극동의 헤라클레스이다)

쟝빗ᄃᆡ [TJYANG-PIT-TĂI] (長肋) 원534
불 Petits bambous collés au fond du chapeau pour le consolider. Chapeau noir en bambous, un peu grossier, mais solide.
한 튼튼히 하기 위해 모자 깊숙이 붙인 작은 대나무들 | 대나무로 만들어진, 조금 거칠지만 튼튼한 검은 모자

*쟝빅의 [TJYANG-PĂIK-EUI] (長白衣) 원533
불 Aube (vêtement ecclésiastique).
한 장백의 (성직자의 옷)

쟝빅이 [TJYANG-PĂIK-I] 원534
불 Tige(v. g. de navet) pour graine. Pousse tendre des fleurs (v. g. choux, navets, tabac, etc.).
한 씨앗을 얻기 위한 (예. 무의) 줄기 | 꽃들의 부드러운 새싹(예. 배추, 무, 담배 등)

*쟝산 [TJYANG-SAN,-I] (壯山) 원534
불 Grande montagne. || Grande montagne à l'ouest de la province de Hoang-hăi.
한 큰 산 | 황해 지방의 서쪽에 있는 큰 산

1*쟝삼 [TJYANG-SAM,-I] (長衫) 원534
불 Long habit noir des bonzes chez eux et dans les cérémonies ; habit de dessus des bonzes.
한 승려들이 절에서, 그리고 예식에서 입는 검고 긴 옷 | 승려들의 겉옷

2쟝삼 [TJYANG-SAM,-I] (秸) 원534
불 Première et grosse enveloppe du grain de froment, d'orge.
한 밀, 보리 씨앗의 첫 번째 큰 껍질

*쟝샹 [TJYĀNG-SYANG,-I] (將相) 원534
불 Général et maréchal, général et ministre de premier ordre.
한 장군과 원수, 장군과 첫 번째 계급의 장관

*쟝셕 [TJYANG-SYEK,-I] (長席) 원534
불 Natte très-longue.
한 아주 긴 돗자리

1*쟝셜 [TJYĀNG-SYEL,-I] (丈雪) 원534
불 Neige abondante (de la hauteur d'un homme).
한 (한 사람 키 높이의) 많은 눈

2*쟝셜 [TJYANG-SYEL,-I] (粻設) 원534
불 Soldats chargés de faire la cuisine.
한 취사를 하는 일을 맡은 군인들

*쟝셜ᄒᆞ다 [TJYANG-SYEL-HĂ-TA] (粻設) 원534
불 Faire préparer un repas pour plusieurs personnes.
한 여러 사람들을 위해 식사를 준비시키다

*쟝셩ᄒᆞ다 [TJYANG-SYENG-HĂ-TA] (壯成, (Grand, être devenu)) 원534
불 Devenir homme, atteindre la taille d'homme (vers 17 ou 18 ans).
한 남자가 되다, 성인 남자(17살 또는 18살 정도)의 키에 도달하다

*쟝손 [TJYANG-SON,-I] (長孫) 원535
불 Descendants par les branches aînées, fils aîné du

fils aîné.
한 첫째 지파들로부터 내려오는 후손, 첫째 아들의 첫째 아들

*쟝슈 [TYĀNG-SYOU] (將帥) 원535
불 Géant, homme d'une force extraordinaire.
한 거인, 비범한 힘을 가진 사람

*쟝슈ᄒᆞ다 [TJYANG-SYOU-HĂ-TA] (長壽) 원535
불 Vieillesse, longue vie.
한 노후, 긴 수명

쟝승 [TJYANG-SEUNG,-I] (堠) 원534
불 Homme de bois le long de la route, poteau qui indique les distances ; borne militaire en bois affectant grossièrement la forme d'un homme.
한 길을 따라 있는 나무로 된 사람, 거리를 나타내는 말뚝 | 사람의 형태로 대강 꾸민 나무로 만든 군사 경계표

*쟝식 [TJYANG-SIK,-I] (裝飾) 원534
불 Ferrure, garniture. =ᄒᆞ다 - hă-ta, Ferrer, garnir de fer ; mettre des ferrures (c. a. d. des ornements de fer, de métal, à un meuble).
한 철물, 부속품 | [용례 =ᄒᆞ다, - hă-ta], 쇠를 씌우다, 철을 붙이다 | 철제 부품들을 (즉 철, 금속 장식들을, 가구에) 붙이다

*쟝심 [TJYĀNG-SIM,-I] (掌心) 원534
불 Le milieu de la paume de la main, du dessous du pied, la plante du pied.
한 손바닥, 발 아래의 한가운데, 발바닥

*쟝ᄉᆞ [TJYANG-SĂ] (壯士) 원534
불 Homme fort, espèce d'Hercule, athlète.
한 힘 있는 남자, 일종의 헤라클레스, 건장한 사람

*쟝ᄉᆡᆨ [TJYANG-SĂIK,-I] (匠色) 원534
불 Artisan, ouvrier.
한 장인, 일꾼

쟝뼘 [TJYANG-PYEM,-I] (長指巴) 원534
불 Empan, espace compris entre le pouce et le médius très-étendus (mesure de longueur).
한 한 뼘, 쫙 뻗은 엄지손가락과 가운뎃손가락 사이에 있는 아주 넓은 공간(길이의 측정 단위)

*쟝악 [TJYANG-AK,-I] (掌握) 원532
불 Paume de la main.
한 손바닥

*쟝악관 [TJYANG-AK-KOAN,-I] (掌樂官) 원532
불 Maison où se réunissent les musiciens du gouvernement. Ecole de musique royale.
한 정부의 음악가들이 모이는 시설 | 왕립 음악 학교

*쟝안 [TJYANG-AN,-I] (長安) 원532
불 La capitale, la ville où réside le souverain.
한 수도, 군주가 거주하는 도시

쟝알쟝알 [TJYANG-AL-TJYANG-AL,-I] 원532
불 Bruit de murmure v. g. d'un enfant mécontent.
한 예. 불평하는 아이의 중얼중얼거리는 소리

*쟝어 [TJYANG-E] (長魚) 원532
불 Anguille.
한 뱀장어

쟝옷 [TJYANG-OT,-SI] (長衣) 원532
불 Habit à manches que portent les femmes du peuple à la capitale, et qui les couvre entièrement lorsqu'elles sortent, ne laissant voir que les yeux.
한 수도의 평민 여성들이 입는, 그녀들이 외출할 때 완전히 덮어 눈만 보이게 두는, 소매가 있는 옷

*쟝외 [TJYANG-OI] (墻外) 원532
불 En dehors des murs. La capitale en dehors des fortifications.
한 성벽 밖에 | 요새 밖의 수도

1*쟝원 [TJYANG-OUEN,-I] (墻垣) 원532
불 Mur, mur d'enceinte.
한 벽, 성벽

2*쟝원 [TJYANG-OUEN,-I] (壯元) 원532
불 Le vainqueur, le plus habile, le plus adroit, le plus savant, celui qui fait le mieux une chose, qui excelle. Le premier dans une composition, le premier gradué aux examens.
한 승리자, 가장 유능한 사람, 가장 솜씨 좋은 사람, 가장 박식한 사람, 어떤 것을 가장 잘하는, 뛰어난 사람 | 시험에서 일등, 시험에서 수여받은 일등

*쟝원례 [TJYANG-OUEN-RYEI] (壯元禮) 원532
불 Coutume, cérémonie du vainqueur (qui doit régaler les autres). Fête donnée au premier dans une composition.
한 (다른 사람들을 대접해야 하는) 승리자의 관습, 의례 | 시험에서 일등한 사람에게 주어지는 축제

*쟝유유셔 [TJYANG-YOU-YOU-SYE] (長幼有序) 원532
불 La 4me des 5 relations de la société : jeunes à l'égard des vieux, respect.
한 사회에서 다섯 가지 관계들 중에서 네 번째 : 나이 많은 사람들에 대하여 젊은이들, 존경

*쟝유지별 [TJYANG-YOU-TJI-PYEL,-I] (長幼之別) 원532

불 Différence entre un enfant et un homme marié ; différence de l'aîné au jeune.

한 아이와 결혼한 남자 사이의 차이점 | 손윗사람과 어린 사람의 차이점

1* 쟝의 [TJYANG-EUI] (張儀) 원532

불 Nom d'un Chinois de l'ancien temps renommé par son éloquence.

한 옛날, 웅변으로 유명했던 중국인의 이름

2* 쟝의 [TJYANG-EUI] (長衣) 원532

불 Habit long.

한 긴 옷

3* 쟝의 [TJYANG-EUI] (掌議) 원532

불 Nom d'une dignité, gardien des temples de Confucius. Syn. 직임 Tjăi-im.

한 고관의 이름, 공자의 사원을 지키는 사람 | [동의어 직임, Tjăi-im]

1 쟝이 [TJYANG-I] 원527 ☞ 장이

2* 쟝이 [TJYANG-I] 원532

불 V. 장이 Tjang-i.

한 [참조어 장이, Tjang-i]

3* 쟝이 [TJYANG-I] (壯) 원532

불 Grandement, très.

한 크게, 매우

1 쟝인 [TJYANG-IN,-I] 원527 ☞ 장인

2* 쟝인 [TJANG-IN,-I] (丈人) 원532

불 Beau-père, père de la femme.

한 장인, 부인의 아버지

쟝작 [TJYANG-TJAK,-I] (火木) 원535

불 Bois fendu, bois à brûler, bois de chauffage. Syn. 장작 Tjang-tjyak.

한 갈라진 나무, 땔나무, 난방용 나무 | [동의어 장쟉, Tjang-tjyak]

1* 쟝쟈 [TJYANG-TJYA] (長者) 원535

불 Homme respectable.

한 존경받을 만한 사람

2 쟝쟈 [TJYANG-TJYA] 원535

불 Solliciteur, demandeur : celui qui entre à la préfecture pour présenter un placet, une pétition au mandarin.

한 청원하는 사람, 청원자 : 진정서, 청원서를 관리에게 제출하기 위해 도청으로 들어가는 사람

*쟝쟝츈일 [TJYANG-TJYANG-TCHYOUN-IL,-I] (長長春日) 원535

불 Jour de printemps long, long ; très-long jour de printemps.

한 긴 봄날, 길다 | 봄의 아주 긴 해

*쟝죵비젹ᄒᆞ다 [TJYANG-TJYONG-PI-TJYEK-HĂ-TA] (藏蹤秘跡) 원535

불 Cacher ses traces, se cacher, se tenir retiré.

한 흔적을 감추다, 숨다, 은둔해 있다

*쟝죠 [TJYANG-TJYO] (丈祖) 원535

불 Grand-père de la femme.

한 부인의 할아버지

*쟝죠모 [TJYANG-TJYO-MO] (丈祖母) 원535

불 Grand'mère de la femme.

한 부인의 할머니

*쟝죠부 [TJYANG-TJYO-POU] (丈祖父) 원535

불 Grand-père de l'épouse.

한 아내의 할아버지

*쟝죨지분 [TJYĀNG-TJYOL-TJI-POUN,-I] (將卒之分) 원535

불 Distinction, différence entre les soldats et le général ; différence du général aux soldats.

한 군인들과 장군 사이의 구별, 차이 | 장군과 군인의 차이

쟝죨ᄒᆞ다 [TJYANG-TJYOL-HĂ-TA] 원535

불 Bien terminer, conduire à bien, mener à bonne fin une entreprise ; abréger.

한 잘 끝마치다, 잘 이끌다, 계획을 좋은 결말로 이끌다 | 줄이다

*쟝죵 [TJYĀNG-TJYONG,-I] (將種) 원535

불 Homme chez qui la grande taille et la force sont héréditaires ; grande force qui tient de famille, qui est héréditaire dans la famille.

한 큰 키와 힘이 유전성인 사람 | 혈통에서 받는, 집안에서 유전되는 큰 힘

*쟝쥭 [TJYANG-TJYOUK,-I] (長竹) 원535

불 Longue pipe.

한 긴 담뱃대

1* 쟝즁 [TJYANG-TJYOUNG,-I] (場中) 원535

불 Enclos pour l'examen du baccalauréat.

한 바칼로레아 시험을 위한, 울타리 내의 땅

2* 쟝즁 [TJYANG-TJYOUNG,-I] (掌中) 원536

불 Dans la main, dans la paume de la main.

한 손 안에, 손바닥 안에

1* 쟝지 [TJYĀNG-TJI] (壯紙) 원535

불 Grand papier très-épais.

한 아주 두꺼운 큰 종이

2* 쟝지 [TJYANG-TJI] (長指) 원535

불 Le doigt du milieu.

한 가운데 손가락

3* 쟝지 [TJYANG-TJI] (幛紙) 원535

불 Porte qui s'ouvre en se levant (étant levée elle forme le plafond de la chambre ; abaissée, une cloison) ; fenêtre en coulisse.

한 들리면서 열리는 문 (들어 올려지면 천정을 이룬다 : 낮춰지면, 칸막이벽을 이룬다) | 비스듬한 창

1* 쟝질 [TJYANG-TJIL,-I] (長疾) 원535

불 Fièvre quarte. qui dure longtemps.

한 오래 지속되는 4일열

2* 쟝질 [TJYANG-TJIL,-I] (長侄) 원535

불 Fils aîné du frère aîné.

한 손위 형의 첫째 아들

1* 쟝ᄌᆞ [TJYANG-TJĂ] (長子) 원535

불 Fils aîné.

한 장남

2* 쟝ᄌᆞ [TJYANG-TJĂ] (幛子) 원535

불 Porte qui s'ouvre en se levant.

한 들리면서 열리는 문

쟝치다 [TJYANG-TCHA-TA,-TCHA,-TCHAN] (長) 원536

불 Très-long, être long.

한 아주 길다, 길다

* 쟝창 [TJYANG-TCHANG,-I] (長鎗) 원536

불 Longue lance.

한 긴 창

1* 쟝쳐 [TJYANG-TCHYE] (長處) 원536

불 Les bonnes qualités ; vertu ; belle ou bonne action.

한 좋은 품질 | 미덕 | 훌륭하고 선한 행동

2* 쟝쳐 [TJYANG-TCHYE] (杖處) 원536

불 Plaie causée par la torture, par le fouet, par la bastonnade.

한 고문, 채찍, 태형에 의한 상처

* 쟝츈 [TJYANG-TCHYOUN,-I] (長春) 원536

불 Long printemps, jour long de printemps, le printemps.

한 긴 봄, 봄의 긴 해, 봄

* 쟝취불셩 [TJYANG-TCHYOUI-POUL-SYENG,-I] (長醉不醒) 원536

불 Ivrogne, toujours ivre, être dans un état d'ivresse continuelle.

한 항상 취해 있는 술꾼, 계속 취한 상태로 있다

쟝치 [TJYANG-TCHI] 원536

불 Manche de la pelle.

한 삽자루

* 쟝치ᄒᆞ다 [TJYANG-TCHI-HĂ-TA] (藏置) 원536

불 Déposer, mettre.

한 내려놓다, 놓다

* 쟝침 [TJYANG-TCHIM,-I] (長枕) 원536

불 Long oreiller de bois qui peut servir à plusieurs à la fois.

한 동시에 여러 사람이 사용할 수 있는 긴 나무 베개

쟝ᄎᆞᆺ [TJYANG-TCHĂT] (將) 원536

불 Maintenant, tout à l'heure, ensuite, dans un instant, dès lors, tout à coup, désormais, sur le point de.

한 지금, 바로, 그러고 나서, 잠깐 후에, 따라서, 갑자기, 이제부터, ~하려는 참에

쟝ᄎᆡ [TJYANG-TCHĂI] (掌差) 원536

불 Satellites et valets de préfecture chargés de prendre ceux que le mandarin veut faire arrêter.

한 관리가 체포시키기를 원하는 사람들을 잡는 일을 맡은 도청의 부하들과 하인들

* 쟝탄 [TJYANG-HTAN,-I] (長嘆) 원535

불 Long soupir ; exprimer son étonnement par un soupir prolongé.

한 긴 한숨 | 오래 끄는 한숨으로 놀라움을 표현하다

* 쟝텽 [TJYANG-HTYENG,-I] (將廳) 원535

불 Préfecture de police, lieu où sont les policemen, les satellites, maison où se réunissent les 쟝교 Tjyang-kyo.

한 경찰청, 경찰들, 부하들이 있는 곳, 쟝교 Tjyang-kyo들이 모이는 시설

쟝통 [TJYANG-HTONG,-I] 원535

불 Boite à mettre des vivres pour la route.

한 길에서 가기 위해 식량을 두는 상자

* 쟝파 [TJYANG-HPA] (長派) 원534

불 Le premier-né ; branche aînée d'une famille.

한 첫 번째로 태어난 사람 | 집안의 장자의 지파

* 쟝판 [TJYANG-HPAN,-I] (張板) 원534

불 Parquet en papier huilé, papier ciré faisant comme un parquet, papier huilé pour le parquet.

한 기름을 바른 종이로 만든 마루판, 마루판처럼 만든 밀랍을 먹인 종이, 마루판용 기름 바른 종이

*쟝패 [TJYĀNG-HPĂI] (將牌) 원534
불 Sorte de petit bâton long d'un ou de-deux pieds, que portent au côté les chefs militaires comme insigne de leur autorité.
한 군 우두머리들이 자신의 권위의 표상처럼 갖고 다니는 1 또는 2피에 길이의 작은 막대기 종류

*쟝폐ᄒᆞ다 [TJYANG-HPYEI-HĂ-TA] (杖斃) 원534
불 Mourir sous le bâton, sous les coups de fouet dans la torture donnée par ordre du mandarin.
한 몽둥이로, 관리의 명령으로 주어진 고문에서의 채찍질로 죽다

*쟝하 [TJYANG-HA] (帳下) 원532
불 Sous la tente du général.
한 장군의 천막 아래에

쟝하에죽다 [TJYANG-HA-EI-TJOUK-TA,-TJOUK-E,-TJOUK-EUN] (死於杖下) 원532
불 Sous les coups ; mourir sous les coups.
한 매질하에 | 매질하에 죽다

*쟝학 [TJYANG-HAK,-I] (長瘧) 원532
불 Fièvre tierce, fièvre quotidienne.
한 3일 간격으로 일어나는 간헐열, 매일 나는 열

*쟝혈 [TJYANG-HYEL,-I] (獐血) 원532
불 Sang de chevreuil.
한 노루의 피

*쟝형 [TJYANG-HYENG,-I] (長兄) 원532
불 Le plus âgé des frères, le premier frère, l'aîné.
한 형제들 중 가장 나이 많은 사람, 첫 번째 형제, 맏이

*쟝황ᄒᆞ다 [TJYANG-HOANG-HĂ-TA] (長遑) 원532
불 Traîner en longueur, diffus, qui dure trop long-temps, prolixe.
한 질질끌다, 장황하다, 너무 오랫동안 지속하다, 지루하다

[1]쟝횡 [TJYANG-HOING,-I] 원532
불 Esp. de maladie du côté.
한 옆구리 병의 종류

[2]*쟝횡 [TJYANG-HOING,-I] (長橫) 원532
불 Planche que l'on met par dessus le cercueil pour faire une sorte de petite voûte.
한 일종의 둥근 천장을 만들기 위해 관 위에 놓는 판자

*쟝히 [TJYANG-HI] (壯) 원532
불 Beaucoup, grandement, très.
한 많이, 크게, 아주

*쟝ᄒᆞ다 [TJYANG-HĂ-TA] (壯) 원532
불 Beau et abondant ; être très-grand, très.
한 아름답고 풍부하다 | 아주 크다, 아주

저 [TJE] 원542
불 Lui, celui-là, lui-même.
한 그, 그 사람, 그 자신

[1]저다 [TJE-TA,TJE-RE,TJEN] (蹇) 원542
불 Boiter.
한 다리를 절다

[2]저다 [TJE-TA] 원542
불 Faire macérer, mettre (des choux, des navets, des poissons, etc.) dans le sel ; saler, faire des salaisons. S'imprégner (de sel).
한 담그게 하다, 소금에 (배추, 무, 생선 등을) 넣다 | 소금을 치다, 소금에 절이다 | (소금에) 배어들다

저르릉 [TJE-REU-REUNG] 원542
불 Bruit de monnaie dans un sac. Vibrer comme un instrument de métal qui tombe à terre. Retentir.
한 자루 속 동전 소리 | 땅에 떨어지는 금속 도구처럼 진동하다 | 반향을 일으키다

*저사 [TJE-SA] (苧絲) 원542
불 Sorte de tissu de soie très-souple. Esp. de crêpe de Chine.
한 아주 부드러운 명주 천 종류 | 중국 크레이프[역주 비단이나 가는 모직의 주름진 천] 종류

*저슈하다 [TJĒ-SYOU-HĂ-TA] (儲水) 원542
불 Provision d'eau. Conserver l'eau, avoir de l'eau (rizière). Recueillir les eaux dans un réservoir.
한 물 비축 | 물을 저장하다, (논에) 물이 있다 | 저수지에 물을 거두어들이다

*저슐ᄒᆞ다 [TJE-SYOUL-HĂ-TA] (著述) 원542
불 Composer, faire un livre ; être l'auteur d'un livre ; l'écrire.
한 책을 작성하다, 만들다 | 책의 작가이다 | 그것을 쓰다

*저싀ᄒᆞ다 [TJĒ-SEUI-HĂ-TA] (儲柴) 원542
불 Faire un tas de bois, une provision de bois.
한 나무 더미를 만들다, 나무를 비축하다

*저ᄉᆞᄒᆞ다 [TJE-SĂ-HĂ-TA] (沮死) 원542
불 S'obstiner, s'obstiner à faire une chose (quand bien même on mourrait ou on s'exposerait à mourir) ; compter pour rien la mort, vouloir réussir ou mourir.

한 고집하다, (죽을 것임에도 불구하고 또는 죽을 위험을 무릅쓰고라도) 어떤 것을 만들기를 고집하다 | 죽음을 하찮은 것으로 여기다, 성공하거나 죽기를 원하다

*저주ᄒᆞ다 [TJE-TJOU-HĂ-TA] (咀罵) 원542

불 Murmurer, bougonner, parler tout bas, entre les dents, pour se plaindre. Menacer, imprimer la crainte.

한 중얼중얼거리다, 투덜대다, 불평하기 위해 아주 낮게, 입 안에서 어물어물 말하다 | 협박하다, 두려움이 느껴지게 하다

*저축ᄒᆞ다 [TJE-TCHYOUK-HĂ-TA] (儲築) 원542

불 Ménager, épargner, économiser ; être ménagé, conservé, épargné (avec parcimonie). ‖ Faire provision de.

한 아끼다, 저축하다, 절약하다 | 절약되다, 보존되다, 아껴지다 (인색하게) | ~을 충분히 비축하다

*저포 [TJE-HPO] (紵布) 원542

불 Toile de 모시 Mo-si (esp. d'ortie)

한 모시 Mo-si (쐐기풀 종류) 직물

저프다 [TJE-HPOU-TA,-HPE,-HPOUN] (恐) 원542

불 Craindre un peu, être un peu interdit. Syn. 졉흐다 Tjyep-heu-ta.

한 약간 무서워하다, 약간 당황하다 | [동의어 졉흐다, Tjyep-heu-ta]

*적 [TJEK,-I] 원542

불 Epoque, temps. 계실적에 Kyei-sil tjek-ei, 《Au temps qu'il était》, lorsqu'il était.

한 시대, 시기 | [용례 계실적에 Kyei-sil tjek-ei], 있었던 시기에, 있었을 때

*적국 [TJEK-KOUK,-I] (賊國) 원542

불 Royaume de voleurs, de brigands (injure) royaume qui fait la guerre à un autre, royaume ennemi.

한 도둑, 강도의 왕국 (욕설), 다른 왕국과 전쟁을 하는 왕국, 적대 관계에 있는 왕국

[1]적다 [TJEK-TA,TJEK-E,TJEK-EUN] (少) 원542

불 Petit, peu, médiocre.

한 작다, 적다, 보잘것없다

[2]적다 [TJEK-TA,TJEK-E,TJEK-EUN] (寫) 원542

불 Marquer d'un point avec le bout du pinceau, inscrire.

한 붓끝으로 점을 표시하다, 글을 쓰다

*적당 [TJEK-TANG,-I] (賊黨) 원542

불 Bande de voleurs, de brigands, de pirates.

한 도둑, 악당, 해적의 무리

*적당ᄒᆞ다 [TJEK-TANG-HĂ-TA] (適當) 원542

불 Etre à peine suffisant.

한 가까스로 충분하다

적이 [TJEK-I] 원542

불 Un peu.

한 조금

*적쟝 [TJEK-TJYANG,-I] (賊將) 원542

불 Chef de voleurs, de brigands, de pirates. ‖ Général ennemi.

한 도둑들의, 악당들의, 해적들의 우두머리 | 적의 장군

*적진 [TJEK-TJIN,-I] (賊陣) 원542

불 Camp de brigands, retraite de pirates, repaire de voleurs. ‖ Armée ennemie.

한 악당들의 야영지, 해적들의 은둔처, 도둑들의 굴 | 적의 군대

*적한 [TJEK-HAN,-I] (賊漢) 원542

불 Voleur, brigand, pirate.

한 도둑, 악당, 해적

*전근곽난 [TJEN-KEUN-KOAK-NAN] (轉筋藿亂) 원542

불 Esp. de maladie en été (elle cause des souffrances horribles accompagnées de dyssenterie et de convulsions) ; esp. de choléra, les crampes du choléra.

한 여름에 생기는 병의 종류 (이질과 경련을 동반하는 끔찍한 고통을 야기하는 병) | 콜레라의 일종, 콜레라의 경련

*전뎍 [TJEN-TYEK,-I] (典籍) 원542

불 Licencié qui reçoit sa première charge. Esp. de dignité.

한 첫 번째 임무를 받은 학사학위 소지자 | 고관의 종류

절넝절넝 [TJEL-NENG-TJEL-NENG] 원542

불 Bruit d'un objet en métal agité et qui frappe contre un autre.

한 다른 사람을 때리는 흔들리는 금속 물체의 소리

절믄이 [TJEL-MEUN-I] 원552 ☞ 졀믄이

절썩절썩 [TJEL-KKEK-TJEL-KKEK] 원542

불 Bruit du bâton sur le corps d'un criminel, d'un soufflet sur la joue.

한 죄인의 몸을 방망이로 때리는, 빰에 따귀를 때리는 소리

절ᄒᆞ다 [TJEL-HĂ-TA] 원552 ☞ 졀ᄒᆞ다

젓 [TJET,-SI] 원542

불 V. 졋나무 Tjyet-na-mou.
한 [참조어 졋나무, Tjyet-na-mou]

젓뚝젓뚝 [TJET-TTOUK-TJET-TTOUK] (蹇步) 원542
불 Mouvement d'un homme qui boite.
한 다리를 저는 사람의 움직임

1* 져 [TJYE] (箸) 원542
불 Bâtonnets pour manger.
한 식사용 작은 막대기들

2* 져 [TJYE] (笛) 원542
불 Flûte traversière.
한 가로로 된 플루트

3 져 [TJYE] 원542
불 Soi-même, ce, celui-là, celle-là, son.
한 자기 자신, 이, 이 사람, 저 사람, 자신의

져가락 [TJYE-KA-RAK,-I] (箸) 원545
불 Bâtonnets pour manger, pour pincer les mets (ils remplacent la fourchette).
한 먹기 위한, 음식을 집기 위한 작은 막대기들 (포크를 대신한다)

*져구리 [TJYE-KOU-RI] (著裘裏) 원545
불 Gilet, esp. d'habit.
한 조끼, 옷의 종류

1 져긔 [TJYE-KEUI] (彼處) 원545
불 Là, isthìc.
한 저기, 〈그곳에〉

2 져긔 [TJYE-KEUI] 원545
불 Soi-même.
한 자기 자신

져기 [TJYE-KI] (毽) 원545
불 Volant, petit morceau de bois garni de plumes que l'on fait voler en le lançant avec le pied.
한 깃털공, 발로 던질 때 날도록 하는 깃털이 달린 작은 나무 조각

져녁 [TJYE-NYEK,-I] (夕) 원546
불 Soir.
한 저녁

져녁먹다 [TJYE-NYEK-MEK-TA,-MEK-E,-MEK-EUN] (喫夕) 원546
불 Prendre le repas du soir, manger le riz du soir. Manger le soir, souper.
한 저녁 식사를 하다, 저녁밥을 먹다 | 저녁에 먹다, 저녁 식사

져다 [TJYE-TA,TJYE-RE,TJYEN] (蹇) 원554
불 Boiter. Syn. 졀다 Tjyel-ta.
한 다리를 절다 | [동의어 절다, Tjyel-ta]

져릅 [TJYE-REUP,-I] (麻木) 원551
불 Bâton de chanvre dépouillé de son écorce, tige de chanvre dépouillée de son écorce.
한 그 껍질을 벗긴 대마 막대기, 그 껍질을 벗긴 대마의 대

져리 [TJYE-RI] (彼處) 원552
불 Là, là-bas.
한 저기, 저기에

져리다 [TJYE-RI-TA,-RYE,-RIN] 원552
불 Faire imprégner; être imprégné.
한 스며들게 만들다 | 스며들다

져리로 [TJYE-RI-RO] 원552
불 Par là.
한 저리로

져리져리ᄒᆞ다 [TJYE-RI-TJYE-RI-HĂ-TA] 원552
불 Avoir les jambes engourdies.
한 다리가 마비되다

져분져분 [TJYE-POUN-TJYE-POUN] 원551
불 Etat de ce qui n'a pas de force, pas de liaison (v.g. pâte). ‖ Aller bien au goût sans avoir une saveur bien prononcée. (Se dit aussi des hommes).
한 힘이 없는, 끈기가 없는 상태(예. 반죽) | 분명히 두드러진 맛 없이 입맛에 잘 맞다 | (사람들에 대해서도 쓴다)

져붓져붓 [TJYE-POUT-TJYE-POUT] 원551
불 Etat d'un homme timide, retenu, qui n'ose demander même ce qui est nécessaire. ‖ Etre chiffonné, faire beaucoup de plis.
한 필요한 것조차 대담하게 요구하지 않는 소심한, 신중한 사람의 상태 | 구겨지다, 주름을 많이 만들다

져비ᄲᅩᆸ다 [TJYEP-PI-PPOP-TA,-PPOP-E,-PPOP-EUN] (抽籤) 원551
불 Tirer au sort.
한 제비를 뽑다

져비엇다 [TJYE-PI-ET-TA,-ET-E,-ET-EUN] (得籤) 원551
불 Tomber au sort, être élu par le sort.
한 우연히 제비 뽑히다, 제비로 뽑히다

져ᄇᆞ리다 [TJYE-PĂ-RI-TA,-RYE,-RIN] (負棄) 원551
불 Rejeter, oublier.
한 거절하다, 잊다

져셩영히치명 [TJYE-SYENG-YENG-HĂI-TCHI-MYENG,-I] (諸聖嬰孩致命) 원554

ㅈ

불 (Fête des) Saints Innocents.
한 순진무구한 성인들(의 축제) [역주 헤롯 왕에 의해 죽임을 당한 어린아이들을 기리는 날]

*저셩쳠례 [TJYE-SYENG-TCHYEM-RYEI] (諸聖瞻禮) 원 554
불 Fête de tous les Saints.
한 모든 성인의 축제

*저셩통공 [TJYE-SYENG-HTONG-KONG,-I] (諸聖通功) 원554
불 Communion des Saints.
한 성인들의 영성체

*저슐ᄒᆞ다 [TJYE-SYOUL-HĂ-TA] (著述) 원554
불 Composer, faire un livre.
한 책을 작성하다, 만들다

져승 [TJYE-SEUNG,-I] (地獄) 원554
불 Lieu où vont les âmes des défunts, l'enfer des bonzes.
한 고인들의 영혼이 가는 곳, 승려들의 지옥

져울 [TJYE-OUL,-I] (衡) 원544
불 Balance, instrument pour peser.
한 저울, 무게를 재는 도구

져울ᄯᅵ [TJYE-OUL-TTĂI] (天秤) 원544
불 Fléau de la balance.
한 저울의 가로장

져울판 [TJYE-OUL-HPAN,-I] (衡局) 원544
불 Plateau de la balance.
한 저울판

져재 [TJYE-TJAI] (市) 원555
불 Marché, foire, champ de foire
한 시장, 정기적으로 서는 장, 장터

져쟉ᄒᆞ다 [TJYE-TJYAK-HĂ-TA] (咀嚼) 원555
불 Mâcher (des dents).
한 (이로) 씹다

져젹져젹 [TJYE-TJYEK-TJYE-TJYEK] (習步) 원555
불 Doucement, lentement (marche), tout doucement, ni trop vite ni trop lentement, sans se presser.
한 서서히, 천천히(걸음), 아주 천천히, 너무 빨리도 너무 느리게도 아니게, 서두르지 않고

져주다 [TJYE-TJOU-TA,-TJOU-E,-TJOUN] (咀呪) 원555
불 Gronder.
한 꾸짖다

져줍다 [TJYE-TJOUP-TA,-TJOU-E,-TJOU-EUN] 원555
불 Etre intimidé, être timide. Syn. 굽쥐다 Koup-jyoui-ta.
한 주눅들다, 소심하다 | [동의어 굽쥐다, Koup-jyoui-ta]

져즘ᄭᅴ [TJYE-TJEUM-KKEUI] (向者) 원555
불 Cinq jours avant ou moins; la semaine passée; il y a cinq jours ou davantage; dix jours avant, etc.; l'autre fois, il a quelque peu de temps.
한 5일 전 또는 더 적게 | 지난주 | 5일 전이나 더 오래 | 10일 전 등 | 지난번에, 얼마 전에

져지다 [TJYE-TJI-TA,-TJYE,-TJIN] 원555
불 Etre humide, être mouillé.
한 축축하다, 젖다

져ᄌᆞ [TJYE-TJĂ] 원555 ☞져재

져ᄌᆡ [TJYE-TJĂI] 원555 ☞져재

져츅ᄒᆞ다 [TJYE-TCHYOUK-HĂ-TA] (賭蓄) 원555
불 Conserver, réserver une grande quantité.
한 많은 양을 보관하다, 비축하다

져퀴 [TJYE-HKOUI] 원545
불 Génie, lutin, génie du mal. ‖ Espèce de maladie supposée venir de la possession du démon ou d'une âme en grande peine, comme celle d'un homme mort sans enfant.
한 수호신, 작은 요정, 나쁜 수호신 | 악마에게 들린 것에서나 아이 없이 죽은 사람의 고통처럼 큰 고통을 겪은 영혼에게서 온다고 추측되는 병의 종류

1져포 [TJYE-HPO] 원542 ☞저포

2져포 [TJYE-HPO] (紵布) 원551
불 Toile de 모시 Mo-si, esp. d'ortie, urticanivea.
한 모시 Mo-si의 직물, 쐐기풀, 흰쐐기풀 종류

져허ᄒᆞ다 [TJYE-HE-HĂ-TA] (恐) 원544
불 Avoir peur, craindre, être effrayé (par respect)
한 두렵다, 무서워하다, (존경심으로) 겁먹다

져히다 [TJYE-HI-TA,-HYE,-HIN] (嚇) 원544
불 Menacer, effrayer, faire craindre.
한 위협하다, 무섭게 하다, 겁먹게 하다

1*젹 [TJYEK] (赤) 원544
불 En agr. Rouge.
한 한자어로 붉은색

2*젹 [TJYEK,-I] (炙) 원544
불 Esp. de gâteaux de farine frits dans l'huile ; nom commun à diverses préparations de viande, v. g. 힝누룸이 Hăing-nou-roum-i, 산젹 San-tjyek, 젼유어 Tjyen-you-e.

한 기름에 튀긴 밀가루로 만든 떡의 종류 | 고기로 만드는 다양한 조리한 식품에 붙이는 보통명사, [참조어 힝누룸이, Hăing-nou-roum-i], [참조어 산적, San-tjyek], [참조어 젼유어, Tjyen-you-e]

³적 [TJYEK] 원544

불 Vix, à peine, avec peine, juste. || De suite, tout de suite, sans interruption.

한 겨우, 겨우, 간신히, 정확하게 | 계속해서, 바로, 연속해서

*적간ᄒᆞ다 [TJYEK-KAN-HĂ-TA] (摘奸) 원545

불 Donner l'ordre d'examiner, examiner d'après les ordres reçus, se rendre compte de.

한 조사하라는 명령을 내리다, 받은 명령에 따라 조사하다, ~을 납득하다

적게 [TJYEK-KEI] 원545 ☞ 적이

*적곡 [TJYEK-KOK,-I] (積穀) 원545

불 Amas de blé en sacs, grands monceaux de sacs de blé, grains ramassés.

한 자루에 담긴 곡식의 더미, 곡식 자루의 큰 더미들, 모아진 곡식

*적년 [TJYEK-NYEN,-I] (積年) 원545

불 Plusieurs années écoulées, il y a longtemps.

한 지나간 여러 해, 오래전에

*적니 [TJYEK-NI] (赤痢) 원545

불 Claires, selles glaireuses et sanguinolentes, flux de sang, dyssenterie rouge.

한 물이 맑은 늪, 점액질이고 피 빛깔의 대변, 피의 유출, 붉은 이질

¹적다 [TJYEK-TA] 원542 ☞ ¹적다

²적다 [TJYEK-TA] 원542 ☞ ²적다

³적다 [TJEK-TA,TJYEK-E,TJYEK-EUN] (微) 원545

불 Peu, petit.

한 적다, 작다

⁴적다 [TJyEK-TA,TJYEK-E,TJYEK-EUN] (記) 원545

불 Prendre note en écrivant, inscrire, enregistrer.

한 쓰면서 메모하다, 기입하다, 기록하다

*적덕 [TJYEK-TEK,-I] (積德) 원545

불 Plusieurs ver tus; beaucoup de rares qualités. =ᄒᆞ다-hă-ta, Amasser des vertus.

한 많은 미덕 | 드문 장점이 많다 | [용례 =ᄒᆞ다, -hă-ta], 미덕을 쌓다

*적도 [TJYEK-TO] (赤道) 원545

불 Zodiaque; route annuelle apparente du soleil ou l'écliptique.

한 황도대 | 태양 또는 황도의 1년간의 뚜렷한 여정

*적두 [TJYEK-TOU] (赤豆) 원545

불 Pois rouge, petit haricot rouge.

한 붉은 콩, 작고 붉은 제비콩

*적물ᄒᆞ다 [TJYEK-MOUL-HĂ-TA] (籍物) 원545

불 Confisquer les biens, les propriétés d'un condamné (rebelle ou chrétien, etc.).

한 재산을 빼앗다, 유죄 선고를 받은 사람(반역자 또는 기독교 신자 등)의 소유물

적버리다 [TJYEK-PE-RI-TA,-RYE,-RIN] 원545

불 Inscrire sur le registre ses dépenses et ses recettes (livre de comptes).

한 지출과 수입 장부에 (계좌 장부) 기입하다

*적벽대젼 [TJYEK-PYEK-TAI-TJYEN,-I] (赤壁大戰) 원545

불 La grande bataille de 적벽 Tjyek-pyek (hist. ancienne). Se dit de quelqu'un qui se dispute. Nom d'un ancien champ de bataille en Chine devenu proverbial, pour désigner un grand combat avec la mort de beaucoup d'hommes.

한 적벽 Tjyek-pyek 의 큰 전투(고대 역사) | 서로 다투는 어떤 사람에 대해 쓴다 | 많은 사람들이 죽은 큰 전투를 가리키기 위한, 잘 알려진 중국의 오래된 전장의 이름

*적보ᄒᆞ다 [TJYEK-PO-HĂ-TA] (的報) 원545

불 Vérité, nouvelle certaine; être très-clair, certain, indubitable.

한 진실, 확실한 정보 | 아주 명확하다, 확실하다, 의심할 여지가 없다

*적복 [TJYEK-POK,-I] (赤茯) 원545

불 Esp. de boule, d'excroissance sous la racine des pins et qui renferme une farine très-employée en médecine.

한 내복약으로 매우 많이 쓰이는 가루를 담고 있는, 소나무 뿌리 아래의 공, 혹의 종류

*적빈 [TJYEK-PIN,-I] (赤貧) 원545

불 Dénûment; pauvreté extrême; grande pauvreté; très-pauvre.

한 가난 | 극심한 가난 | 대단한 빈곤 | 매우 가난하다

*적빈하다 [TJYEK-PIN-HĂ-TA] (適賓) 원545

불 Recevoir, traiter des hôtes.

한 손님들을 맞이하다, 대접하다

*적삼 [TJYEK-SAM,-I] (積衫) 원545

ㅈ

불 Esp. de gilet de toile simple qui se porte sur la peau et descend peu au-dessous de la ceinture. Esp. de chemise.

한 피부 위에 입고 허리띠 아래로 조금 내려오는 천 조끼의 종류 | 셔츠의 종류

젹샹ᄒᆞ다 [TJYEK-SYANG-HĂ-TA] 원545

불 Souffrir, endurer des peines intérieures. (Augmentatif de 샹ᄒᆞ다 Syang-hă-ta.).

한 견디다, 내부의 고통을 참다 | (샹ᄒᆞ다 Syang-hă-ta의 확대사)

*젹션ᄒᆞ다 [TJYEK-SYEN-HĂ-TA] (積善) 원545

불 Amonceler des bonnes actions, faire beaucoup d'actes de vertu.

한 좋은 행동을 하나씩 쌓다, 덕이 있는 행위를 많이 하다

젹쇠 [TJYEK-SOI] (炙鐵) 원545

불 Gril.

한 석쇠

1*젹슈 [TJYEK-SYOU] (敵手) 원545

불 L'égale, le pareil. = 맛낫다-mat-nat-ta, Il a rencontré son pareil.

한 대등한 사람, 견줄 만한 사람 | [용례 =맛낫다, -mat-nat-ta], 적수를 만났다

2*젹슈 [TJYEK-SYOU] (赤手) 원545

불 Main nue, c.a.d. vide, main vide.

한 맨손, 즉 비다, 빈 손

*젹슈공권 [TJYEK-SYOU-KONG-KOUEN,-I] (赤手空拳, (Nue, main, vide, poignée)) 원545

불 Se dit de celui qui n'a pas de présents à offrir, ou qui n'a rien pour vivre.

한 줄 선물이 없는, 또는 살아가는 데 필요한 것이 아무 것도 없는 사람에 대해 쓴다

젹시다 [TJYEK-SI-TA,-SYE,-SIN] (漬) 원545

불 Mouiller, mettre dans l'eau, arroser, humecter (choses sèches), tremper. (Fact. de 졋다 Tjyet-ta). ‖ Tremper dans un crime, en être complice.

한 적시다, 물에 담그다, 물을 뿌리다, (마른 것들을) 축축하게 하다, 담그다 | (졋다 Tjyet-ta의 사동형) | 범죄에 가담하다, 그것의 공범이다

*젹신 [TJYEK-SIN,-I] (赤身) 원545

불 Nudité, corps nu.

한 벌거숭이, 벌거벗은 몸

*젹실ᄒᆞ다 [TJYEK-SIL-HĂ-TA] (的實) 원545

불 Clair, distinct.

한 확실하다, 명확하다

1*젹심 [TJYEK-SIM,-I] (赤心) 원545

불 Cœur de petit enfant, innocent, pur, sans détour, candide.

한 어린아이의 마음, 순진하다, 순수하다, 솔직하다, 천진난만하다

2*젹심 [TJYEK-SIM,-I] (賊心) 원545

불 Cœur de voleur.

한 도둑의 마음

*젹악ᄒᆞ다 [TJYEK-AK-HĂ-TA] (積惡) 원544

불 Amonceler des crimes, de mauvaises actions ; faire du mal à.

한 범죄, 나쁜 행동들을 쌓아 올리다 | ~에게 해를 끼치다

젹으나 [TJYEK-EU-NA] 원545

불 Un peu, un peu plus, plus, beaucoup, (ordin. indique une raison); seulement un peu, un peu plus et, il ne s'en est fallu que d'un peu.

한 약간, 약간 더, 더, 많이 (일반적으로 이유를 가리킨다) | 조금만, 조금 더 그리고, 하마터면 ~할 뻔했다

젹이 [TJYEK-I] 원545

불 (de 젹다 TJYEK-TA). Peu, un peu. V. 젹으나 Tjyek-eu-na.

한 (젹다 TJYEK-TA로부터) 적게, 조금 | [참조어 젹으나, Tjyek-eu-na]

젹자라다 [TJYEK-TJA-RA-TA] 원546

불 Avoir à peine le suffisant; avoir juste le suffisant.

한 가까스로 충분하다 | 정확히 충분한 양이 있다

젹자약 [TJYEK-TJA-YAK,-I] 원546

불 Pivoine blanche.

한 흰 작약

*젹젹ᄒᆞ다 [TJYEK-TJYEK-HĂ-TA] (寂寂) 원546

불 Désert, où il n'y a personne, inhabité (v.g. maison vide, etc.). Etre silencieux, paisible (v.g. lieu désert).

한 사람이 없다, 아무도 없는 곳, 아무도 살지 않다 (예. 빈 집 등) | 조용하다, 평온하다(예. 황량한 곳)

*젹조ᄒᆞ다 [TJYE-TJO-HĂ-TA] (積阻) 원546

불 Mettre obstacle aux communications; (nouvelle) interrompue; être interrompu.

한 의사소통을 방해하다 | (소식이) 중단되다 | 중단되다

*젹ᄌ [TJYEK-TJĂ] (赤子) 원546

불 Enfant rouge, enfant qui vient de naître, tout petit enfant, petit garçon.
한 붉은 우아, 방금 태어난 아이, 아주 어린 아이, 어린 소년

*젹탈 [TJYEK-HTAL,-I] (赤脫) 원545
불 Avoir des habits tellement déchirés que le corps est à peine couvert; tout déguenillé.
한 옷이 너무 많이 찢어져서 몸이 겨우 가려지다 | 누더기를 걸치다

*젹토마 [TJYEK-HTO-MA] (赤兎馬) 원545
불 Nom d'un cheval rouge très-célèbre en Chine (il traversait un fleuve d'un seul bond); le Bucéphale de la Chine. Cheval tacheté de rouge.
한 중국에서 아주 유명한 붉은 말의 이름(말은 단 한 번 껑충 뛰어 강을 건너곤 했다) | 중국의 부세팔루스 | 붉은 반점이 있는 말

젹휘 [TJYEK-HOUI] 원545 ☞ 져퀴

*젹흉빅옥계 [TJYEK-HYOUNG-PĂIK-OK-KYEI] (赤胷白玉鷄) 원545
불 Poule qui a la poitrine rouge, tout le corps blanc, la chair vert-foncé (elle est employée en médecine; elle est assez rare). Poule qui a la peau noire, le plumage blanc, la poitrine rouge et le dos noir.
한 가슴이 붉은, 온몸이 하얀, 살은 짙은 초록색인 암탉(내복약으로 사용된다; 꽤 희귀하다) | 피부가 검은, 깃털이 흰, 가슴이 붉고 등은 검은 색인 암탉

1 젼 [TJYĒN,-I] 원474 ☞ 1 뎐

2* 젼 [TJYEN] (前) 원546
불 En agr. Avant; devant; en présence; précédent.
한 한자어로 전에 | 앞에 | 마주보고 | 앞서다

3* 젼 [TJYEN] (傳) 원546
불 Propager.
한 퍼뜨리다

4* 젼 [TJYEN,-I] (錢) 원546
불 Argent, sapèques.
한 돈, 엽전들

5* 젼 [TJYEN,-I] (全) 원546
불 Tout, entièrement, entier.
한 모두, 전부, 전체

*젼갈 [TJYEN-KAL,-I] (全蝎) 원546
불 Esp. de bigorneau, limaçon de mer, qu'on ne mange pas, et dont on réduit la coquille en poudre pour en faire un remède, (il entre dans le 만응고 Man-eung-ko). ‖ Scorpion.
한 뿔이 둘 있는 작은 모루의 종류, 먹지 않고 약을 만들기 위해 그 껍질을 가루로 만드는 바다의 달팽이 (만응고 Man-eung-ko에 들어간다) | 전갈

*젼갈ᄒᆞ다 [TJYEN-KAL-HĂ-TA] (傳喝) 원546
불 Envoyer exprès dire; envoyer exprès avertir; envoyer ses compliments par un serviteur.
한 특별히 말하러 보내다 | 특별히 알리러 보내다 | 하인 편으로 축사를 보내다

*젼감 [TJYEN-KAM,-I] (前鑑) 원546
불 Chose vue autrefois; expérience; par expérience; exemple du passé.
한 예전에 본 것 | 경험 | 경험에 의해 | 과거의 예

*젼거후옹 [TJYEN-KE-HOU-ONG,-I] (前去後擁, (Devant, aller, derrière, accompagner)) 원546
불 Cortége; être accompagné de nombreux valets par devant et par derrière; avoir une escorte.
한 행렬 | 앞뒤로 수많은 하인들로 수행되다 | 호위대가 있다

*젼건 [TJYEN-KEN,-I] (前愆) 원547
불 Faute ancienne, défaut précédent.
한 지난 잘못, 이전의 결점

*젼골 [TJYEN-KOL,-I] (全骨) 원547
불 Tous les os d'un corps, sans exception.
한 예외 없는, 신체의 모든 뼈

1* 젼공 [TJYEN-KONG,-I] (前工) 원547
불 Travail d'autrefois, travail précédent.
한 예전 일, 이전 일

2 젼공 [TJYEN-KONG,-I] (前功) 원547
불 Mérites d'autrefois, mérites anciens.
한 예전 공로, 지난 공로

*젼관 [TJYEN-KOAN,-I] (前官) 원547
불 Mandarin précédent, ancien mandarin.
한 이전 관리, 예전의 관리

1* 젼교ᄒᆞ다 [TJYEN-KYO-HĂ-TA] (傳教) 원547
불 Evangéliser, faire mission, faire l'administration des chrétiens, propager la religion (missionnaire).
한 복음을 전파하다, 포교하다, 기독교인의 성사를 집행하다, 종교를 퍼뜨리다(선교사)

2* 젼교ᄒᆞ다 [TJYEN-KYO-HĂ-TA] (傳教) 원547
불 Ordre du roi, donner un ordre (le roi).
한 왕의 명령, (왕이) 명령하다

1* 젼구 [TJYEN-KOU] (前驅) 원547

불 Précurseur, courrier en avant.
한 전조, 미리 받는 우편물

2*젼구 [TJYEN-KOU] (轉求) 원547
불 Intercession, prières pour, suffrages.
한 중재, ~을 위한 기도, 중재 기도

1젼구ᄒᆞ다 [TYEN-KOU-HĂ-TA] 원474 ☞ 1뎐구ᄒᆞ다

2*젼구ᄒᆞ다 [TJYEN-KOU-HĂ-TA] (轉求) 원547
불 Prier pour, intercéder pour.
한 ~을 위해 기도하다, ~을 위해 중재하다

*젼권대신 [TJYEN-KOUEN-TAI-SIN] (專權大臣) 원547
불 Grand dignitaire du royaume, grand courtisan qui résume toute l'autorité du roi.
한 왕국의 중요 고관, 왕의 모든 권한의 축도인 중요 조신

*젼규구 [TJYEN-KYOU-KOU] (前規矩) 원547
불 Les anciens usages.
한 옛날 관습

*젼긔보 [TJYEN-KEUI-PO] (電寄報) 원547
불 Télégraphe électrique.
한 전기 전신기

*젼긔ᄒᆞ다 [TJYEN-KEUI-HĂ-TA] (前期) 원547
불 Avant, autrefois, auparavant; anticiper, avancer, faire d'avance, préparer à l'avance.
한 이전에, 예전에, 먼저 | 미리 하다, 앞당기다, 미리 하다, 미리 준비하다

*젼년 [TJYEN-NYEN,-I] (前年) 원547
불 L'année passée, l'année dernière.
한 지난해, 작년

*젼능 [TJYEN-NEUNG,-I] (全能) 원547
불 Toute-puissance.
한 절대 권력

1젼달ᄒᆞ다 [TJYEN-TAL-HĂ-TA] 원475 ☞ 뎐달ᄒᆞ다

2*젼달ᄒᆞ다 [TJYEN-TAL-HĂ-TA] (轉達) 원548
불 Intercéder pour. Syn. 뎐달ᄒᆞ다 Tyen-tal-hă-ta.
한 ~를 위해 중재하다, [동의어 뎐달ᄒᆞ다, Tyen-tal-hă-ta]

*젼당ᄒᆞ다 [TJYEN-TANG-HĂ-TA] (專當) 원548
불 Faire par ses propres forces, sans être secouru, sans s'appuyer sur le secours des autres; supporter tous les frais de.
한 자기 자신의 힘으로, 도움을 받지 않고, 다른 사람들의 도움에 기대지 않고 하다 | ~의 모든 비용을 감당하다

젼당 [TJYEN-TANG,-I] 원548 ☞ 젼장

젼독젼독 [TJYEN-TOK-TJYEN-TOK] 원583 ☞ 쥰독쥰독

젼둥발이 [TJYEN-TOUNG-PAL-I] (蹇脚) 원548
불 Boiteux.
한 절름발이

*젼드리다 [TJYEN-TEU-RI-TA,-RYE,-RIN] (奠) 원548
불 Offrir des présents en sacrifice. (Superst.)
한 선물을 희생물로 주다 | (미신)

1*젼ᄃᆡ [TJYEN-TĂI] (錢袋) 원548
불 Esp. de long sac étroit, percé par les deux bouts, qu'on lie ensemble, après avoir fait entrer ce que l'on veut y mettre.
한 양쪽 끝에 구멍이 뚫린, 거기에 넣고자 하는 것을 넣은 후 함께 연결하는 길고 좁은 자루의 종류

2*젼ᄃᆡ [TJYEN-TĂI] (前代) 원548
불 Génération précédente.
한 이전 세대

*젼라도 [TJYEN-RA-TO] (全羅道) 원547
불 Province du S. O. de la Corée, Cap. 젼쥬 Tjyen-tjyou.
한 조선의 남서쪽 지방 | 중심지. 젼쥬 Tjyen-tjyou

*젼력 [TJYEN-RYEK,-I] (全力) 원547
불 Toutes ses forces; mettre toutes ses forces.
한 모든 힘 | 모든 힘을 다하다

*젼렴 [TJYEN-RYEM,-I] (全念) 원547
불 Toute la pensée, toute l'application, tout le soin.
한 모든 생각, 모든 열의, 모든 정성

*젼렴ᄒᆞ다 [TJYEN-RYEM-HĂ-TA] (專斂) 원547
불 Faire une quête à laquelle chacun doit donner la même somme.
한 각자가 같은 총액을 내야 하는 모금을 하다

*젼령ᄒᆞ다 [TJYEN-RYENG-HĂ-TA] (傳令) 원547
불 Ordre écrit du mandarin au peuple, circulaire du mandarin. Mandement. Transmettre les ordres.
한 관리가 백성에게 쓴 명령, 관리의 통첩 | 명령서 | 명령을 전달하다

*젼례 [TJYEN-RYEI] (前例) 원547
불 Lois, règles, rites d'autrefois; anciens rites.
한 법칙, 규칙, 예전의 의식 | 옛날 의식

*젼류ᄒᆞ다 [TJYEN-RYOU-HĂ-TA] (傳類) 원547
불 Propager son espèce, se propager (animaux, plantes, etc.); propager la race ou sa race.
한 자신의 종을 퍼뜨리다, (동물, 식물 등이) 번식하다

| 종족이나 자신의 종족을 번식시키다

*젼면 [TJYEN-MYEN,-I] (前面) 원547
불 Le devant.
한 앞

*젼목 [TJYEN-MOK,-I] (全木) 원547
불 Pièce de bois brut non équarrie; tronc d'arbre entier.
한 네모지게 절단되지 않은 천연의 나무 조각 | 온전한 나무 몸체

젼목칼 [TJYEN-MOK-HKAL,-I] (全木枷) 원547
불 Cangue épaisse et lourde.
한 두껍고 무거운 [역주 중국에서 죄인의 목과 손목에 씌우던] 칼

*젼번 [TJYEN-PEN,-I] (前番) 원547
불 Avant, la fois d'avant.
한 전에, 이 지난번에

*젼병 [TJYEN-PYENG,-I] (煎餅) 원547
불 Gâteaux de farine de froment.
한 밀가루로 만든 과자

*젼복 [TJYEN-POK,-I] (全鰒) 원547
불 Nom d'un coquillage, l'huitre à perles desséchée, coquille longue, large, percée de trous et dont l'intérieur est multicolore; huitre perlière.
한 조개류 이름, 말라붙은 진주조개, 긴, 넓은, 구멍이 뚫리고 속이 다색인 조개 | 진주조개

*젼부 [TJYEN-POU] (前夫) 원547
불 Le premier mari; mari précédent.
한 첫 번째 남편 | 이전 남편

*젼비 [TJYEN-PĂI] (前陪) 원547
불 Valets qui sont à la tête d'un cortége, qui vont devant; serviteurs qui précèdent, les premiers dans un cortége.
한 행렬의 선두에 있는, 앞에 가는 하인들 | 앞서가는 하인들, 행렬의 첫 번째 사람들

*젼샤 [TJYEN-SYA] (全赦) 원547
불 Indulgence plénière.
한 전적인 관용

*젼셔ᄒᆞ다 [TJYEN-SYE-HĂ-TA] (傳書) 원547
불 Copier, transmettre une lettre, une dépêche.
한 베끼다, 편지, 공문을 전달하다

*젼션 [TJYĒN-SYEN,-I] (戰船) 원547
불 Navire de guerre.
한 군함

*젼션ᄒᆞ다 [TJYEN-SYEN-HĂ-TA] (全善) 원547
불 Tout à fait bon, toute bonté, tout bon.
한 완전히 선하다, 완전한 선함, 아주 선하다

*젼셜ᄒᆞ다 [TJYEN-SYEL-HĂ-TA] (傳說) 원547
불 Révéler un secret; ne pas savoir retenir sa langue; divulguer une chose confiée; transmettre les paroles.
한 비밀을 밝히다 | 입 다물 줄 모르다 | 부탁받은 것을 폭로하다 | 말을 전달하다

*젼숑 [TJYEN-SYONG,-I] (前誦) 원547
불 Actes avant, actes ou prières préparatoires.
한 ~전의 행동, 예비하는 행위나 기도

1*젼숑ᄒᆞ다 [TJYEN-SYONG-HĂ-TA] (傳送) 원548
불 Congédier un hôte, faire la conduite; 젼숑쥬 Tjyen-syong-tjyou, Vin de l'accompagnement. ‖ Alléguer.
한 손님을 내쫓다, ~을 전송하다 | [용례 젼숑쥬, Tjyen- syong-tjyou], 동반하는 술 | 인용하다

2*젼숑ᄒᆞ다 [TJYEN-SYONG-HĂ-TA] (全誦) 원548
불 Achever ses prières; avoir tout récité.
한 기도를 끝마치다 | 모두 암송했다

젼슈밧다 [TJYEN-SYOU-PAT-TA,-PAT-A,-PAT-EUN] 원548
불 Vendre une place, un office.
한 지위, 관직을 팔다

*젼슈ᄒᆞ다 [TJYEN-SYOU-HĂ-TA] (傳授) 원548
불 Acheter une place, un office vénal de sa nature (v.g. une place de prétorien). ‖ Transmettre, délivrer de main en main, passer (un objet à quelqu'un). Tradition.
한 지위, 본래 돈으로 매매되는 관직(예. 친위병의 자리)을 사다 | 전달하다, 손에서 손으로 주다, (누군가에게 물건을)건네주다 | 전통

*젼신 [TJYEN-SIN,-I] (全身) 원547
불 Tout le corps.
한 온몸

*젼실 [TJYEN-SIL,-I] (前室) 원547
불 La première femme; femme précédente; femme défunte d'un veuf.
한 첫 번째 부인 | 이전 부인 | 홀아비의 죽인 부인

*젼심ᄒᆞ다 [TJYEN-SIM-HĂ-TA] (全心) 원547
불 Cœur entier; tout son cœur; de tout cœur; attentif; appliqué. 젼심으로 Tjyen-sim-eu-ro, De tout son cœur, avec ferveur.
한 마음 전체 | 온 마음 | 온 마음으로 | 주의 깊다 |

ㅈ

열심이다 | [용례 젼심으로, Tjyen-sim-eu-ro], 온 힘을 다해, 열성적으로

*젼악 [TJYEN-AK,-I] (前惡) ⓐ546

불 Ancien crime, mauvaise action précédente.

한 옛날 범죄, 이전의 나쁜 행동

*젼어 [TJYEN-E] (鱣魚) ⓐ546

불 Poisson, poisson qui ressemble à la sardine.

한 생선, 정어리와 비슷한 생선

*젼언ᄒᆞ다 [TJYEN-EN-HĂ-TA] (傳言) ⓐ546

불 Se divulguer, se répandre.

한 누설되다, 퍼지다

젼얼 [TJYEN-EL,-I] (傳語) ⓐ546

불 Dépêches que l'on envoie à tout instant au palais royal, pour donner des nouvelles de la santé ou des actions du roi en voyage.

한 여행 중인 왕의 건강이나 행동에 대한 소식을 전하기 위해, 왕궁에 계속해서 보내는 통신문

젼얼군 [TJYEN-EL-KOUN,-I] (傳語軍) ⓐ546

불 Ordonnance du général, soldat qui porte ses ordres.

한 장군의 기마전령병, 그의 명령을 전달하는 군인

*젼에 [TJYEN-EI] (前) ⓐ546

불 Avant, auparavant, d'abord, autrefois.

한 전에, 이전에, 먼저, 옛날에

젼연 [TJYEN-YEN] (全然) ⓐ546

불 Entièrement.

한 전부

*젼염ᄒᆞ다 [TJYEN-YEM-HĂ-TA] (傳染) ⓐ546

불 (La peste) se propager, se communiquer par contagion; être contagieux; contracter une maladie par contagion.

한 (페스트가) 퍼지다, 전염되어 번지다 | 옮기기 쉽다 | 전염에 의해 병에 걸리다

*젼운옥편 [TJYEN-OUN-OK-HPYEN,-I] (全韻玉篇) ⓐ546

불 Dictionnaire des caractères, livre précieux qui contient tous les caractères. Nom d'un dictionnaire chinois.

한 문자 사전, 모든 문자들을 담고 있는 귀중한 책 | 중국어 사전 이름

1*젼위ᄒᆞ다 [TJYEN-OUI-HĂ-TA] (專委) ⓐ546

불 Envoyer à sa place; envoyer un exprès; déléguer spécialement.

한 자신의 위치로 보내다 | 특사를 보내다 | 특별히 대표로 파견하다

2*젼위ᄒᆞ다 [TJYEN-OUI-HĂ-TA] (傳位) ⓐ546

불 Abdiquer en faveur d'un autre (roi); transmettre une dignité; se démettre en faveur de.

한 (왕이) 다른 사람에 유리하게 양위하다 | 고관직을 물려주다 | ~을 위해 사임하다

*젼유어 [TJYEN-YOU-E] (煎油魚) ⓐ546

불 Tranche de viande ou de poisson enduite d'œufs et fricassée dans l'huile.

한 계란을 입히고 기름 속에서 익힌 고기나 생선의 얇은 조각

*젼의 [TJYEN-EUI] (前誼) ⓐ546

불 Ancienne amitié, liaison de famille, amitié précédente.

한 오래전부터의 우정, 가족 관계, 이전의 우정

*젼인ᄒᆞ다 [TJYEN-IN-HĂ-TA] (專人) ⓐ546

불 Envoyer un homme exprès pour traiter une affaire.

한 일을 처리하기 위해 사람을 특별히 보내다

*젼일 [TJYEN-IL,-I] (前日) ⓐ546

불 Jadis; le jour d'autrefois, d'avant; jour précédent.

한 옛날 | 옛날의, 이전의 날 | 전날

*젼일ᄒᆞ다 [TJYEN-IL-HĂ-TA] (專一) ⓐ546

불 Etre entier; faire entièrement; recueilli, appliqué à une chose.

한 온전하다 | 전부 하다 | 명상에 잠기다, 어떤 것에 전념하다

젼자리 [TJYEN-TJA-RI] ⓐ548

불 Sorte de poisson de mer à peau rude comme le requin ou chien de mer (c'est le 빙어 Paing-e ou éperlan). ‖ Esp. de galette de petits poissons séchés.

한 상어나 작은 상어처럼 피부가 거친 바다의 생선 종류 (빙어 Paing-e 또는 바다빙어 무리) | 작은 마른 생선들로 만든 [역주 둥글고 납작한] 케이크의 종류

*젼장 [TJYEN-TJYANG] (戰場) ⓐ548

불 Champ de bataille.

한 전장

*젼젼긍긍ᄒᆞ다 [TJYEN-TJYEN-KEUNG-KEUNG-HĂ-TA] (戰戰兢兢) ⓐ548

불 Grande précaution, grande retenue (devant un homme élevé ou dans une route difficile). Se tenir avec un respect extrême en présence de.

한 대단히 신중함, (높은 사람 앞에서나 어려운 길에서) 대단한 절제 | ~의 앞에서 극도의 존경심을 갖고 행

동하다

*젼젼년 [TJYEN-TJYEN-NYEN,-I] (前前年) [원]548
[불] L'année d'avant la précédente. Syn. 그럭게 Keu-rek-kei.
[한] 전년보다더이전의해 | [동의어] 그럭게, Keu-rek- kei]

*젼젼ᄒᆞ다 [TJYEN-TJYEN-HĂ-TA] (輾轉) [원]548
[불] Rouler, tourner.
[한] 구르다, 돌다

1*젼졍 [TJYEN-TJYENG,-I] (前程, (Devant, chemin)) [원]548
[불] La conduite à venir, l'avenir d'un homme (la route à venir).
[한] 앞으로 올 행동, 사람의 미래 (오게 될 길)

2*젼졍 [TJYENG-TJYENG,-I] (前情) [원]548
[불] Ancienne affection; pensée, désir qu'on a de voir quelqu'un a cause de l'affection qu'on lui a portée autrefois.
[한] 옛 애정 | 예전에 어떤 사람에게 가졌던 애정 때문에 그를 보려는 생각, 욕구

1*젼쥬 [TJYEN-TJYOU] (前主) [원]548
[불] Ancien maître.
[한] 옛 주인

2*젼쥬 [TJYĒN-TJYOU] (錢主) [원]548
[불] Maître d'une somme d'argent, maître ou propriétaire de l'argent.
[한] 어떤 금액의 돈 주인, 돈의 주인 또는 소유자

*젼쥬ᄒᆞ다 [TJYEN-TJYOU-HĂ-TA] (專主) [원]548
[불] Faire pour cela seulement.
[한] 그것을 위해서만 하다

1*젼지ᄒᆞ다 [TJYEN-TJI-HĂ-TA] (全知) [원]548
[불] Omniscience, savoir tout (Dieu).
[한] 전지, 모두를 알다 (신)

2*젼지ᄒᆞ다 [TJYEN-TJI-HĂ-TA] (前知) [원]548
[불] Prévoir, connaître d'avance.
[한] 예측하다, 미리 알다

1*젼진 [TJYEN-TJIN,-I] (前進) [원]548
[불] Progrès dans le bien; avancer.
[한] 좋은 쪽으로의 발전 | 나아가다

2*젼진 [TJYEN-TJIN,-I] (前陣) [원]548
[불] Armée en bataille, avant-garde.
[한] 전투에 참가 중인 군대, 전위대

*젼질 [TJYEN-TJIL,-I] (全帙) [원]548
[불] Ouvrage complet (auquel ne manque pas un seul volume).
[한] (단 한 권도 부족하지 않는) 완전한 작품

1젼짐 [TJYEN-TJIM,-I] [원]548
[불] Charge entière.
[한] 짐 전부

2젼짐 [TJYEN-TJIM,-I] [원]548
[불] Menstruaire.
[한] 월경

*젼집ᄒᆞ다 [TJYEN-TJIP-HĂ-TA] (專執) [원]548
[불] S'emparer de tout le pouvoir, prendre toute l'autorité, commander à tout.
[한] 모든 권위를 독점하다, 모든 권력을 가지다, 모두를 지휘하다

*젼ᄌᆡ [TJYEN-TJĂI] (錢財) [원]548
[불] Richesses.
[한] 재산

*젼ᄎᆞ로 [TJYEN-TCHĂ-RO] (轉借) [원]548
[불] Par intercession; en intercédant, en intervenant pour.
[한] 중재에 의해 | 개입으로, ~을 위해 개입하여

*젼탁ᄒᆞ다 [TJYEN-HTAK-HĂ-TA] (全托) [원]548
[불] Confier tout entier, se reposer entièrement sur un autre du soin de, remettre entièrement aux soins de.
[한] 전부 맡기다, ~에 대한 배려에 있어 다른 사람에게 완전히 일임하다, ~의 수고에 완전히 맡기다

1*젼통 [TJYEN-HTONG,-I] (箭筒) [원]548
[불] Carquois.
[한] 전동

2*젼통 [TJYEN-HTONG,-I] (全統) [원]548
[불] Le tout, l'entièrement.
[한] 전부, 전체

*젼파ᄒᆞ다 [TJYEN-HPA-HĂ-TA] (傳播) [원]547
[불] Révéler un secret, publier de tous côtés, divulguer; être divulgué.
[한] 비밀을 폭로하다, 사방으로 발표하다, 누설하다 | 폭로되다

1*젼편 [TJYEN-HPYEN,-I] (前篇) [원]547
[불] La partie précédente.
[한] 이전 부분

1*젼편 [TJYEN-HPYEN,-I] (全篇) [원]547
[불] Ouvrage (un seul ou plusieurs volumes formant un ouvrage).
[한] 저작물(저작물을 이루는 단 한 권 또는 여러 권)

ㅈ

[1]*젼폐 [TJYEN-HPYEI] (前弊) ⓦ547
불 Abus précédent.
한 이전의 악용

[2]*젼폐ᄒᆞ다 [TJYEN-HPYEI-HĂ-TA] (全廢) ⓦ547
불 Cesser entièrement, omettre complétement. S'abstenir de (gouv. l'accusatif.). 식음을젼폐ᄒᆞ다 Sik-eum-eul tjyen-hpyei-hă-ta, S'abstenir de toute nourriture, s'abstenir de boire et de manger.
한 완전히 멈추다, 완전히 생략하다 | ~을 삼가다 (여격을 지배한다) | [용례 식음을젼폐ᄒᆞ다, Sik-eum-eul tjyen-hpyei-hă-ta], 모든 음식을 삼가다, 마시고 먹는 것을 삼가다

젼혀 [TJYEN-HYE] (全) ⓦ546
불 Entièrement, tout ou à peu près tout, presque tout; tout à fait. ‖ Au contraire, bien plus.
한 완전히, 모두 또는 거의 모두, 거의 모두 | 완전히 | 반대로, 더 많이

*젼ᄒᆞ다 [TJYEN-HĂ-TA] (傳) ⓦ546
불 Propager, répandre, communiquer, faire circuler, étendre, transmettre, porter et remettre (v.g. une lettre).
한 퍼뜨리다, 널리 퍼뜨리다, 전하다, 순환시키다, 펼치다, 전달하다, 전달하고 건네주다 (예. 편지)

[1]졀 [TJYEL,-I] (寺) ⓦ551
불 Pagode, temple de Fô, bonzerie.
한 동양 사원의 탑, 부처의 사원, 절

[2]*졀 [TJYEL,-I] (切) ⓦ551
불 En agr. Ardeur, zèle; très; excessif.
한 한자어로 열렬함, 열성 | 아주, 지나치다

[3]*졀 [TJYEL,-I] (節) ⓦ551
불 Temps, saison, division de l'année. ‖ Tempérance (vertu cardinale).
한 시간, 계절, 한 해의 구분 | 절제(기본적인 미덕)

[4]졀 [TJYEL,-I] ⓦ551
불 Une paire, un couple (v.g. souliers, animaux).
한 짝, 쌍 (예. 신발, 동물들)

*졀각 [TJYEL-KAK,-I] (折角) ⓦ552
불 Animal qui a une corne brisée.
한 뿔이 부러진 동물

*졀각ᄒᆞ다 [TJYEL-KAK-HĂ-TA] (折脚) ⓦ552
불 Avoir la jambe cassée (animal).
한 다리가 부러져 있다 (동물)

*졀감 [TJYEL-KAM,-I] (節減) ⓦ552
불 Remise d'une parite d'une dette. =ᄒᆞ다-hă-ta, Remettre la moitié de la dette à un homme qui ne peut payer le tout.
한 빚의 일부분의 감면 | [용례 =ᄒᆞ다, -hă-ta], 전부를 갚을 수 없는 사람에게 빚의 반을 감면해 주다

*졀곡 [TJYEL-KOK,-I] (絶穀) ⓦ552
불 Manque d'appétit. Suppression de nourriture; défaut de céréales. 졀곡ᄒᆞ다 Tjyel-kok-hă-ta, N'avoir plus de riz à manger.
한 식욕의 결핍 | 음식을 없애기 | 곡식의 부족 | [용례 졀곡ᄒᆞ다, Tjyel-kok-hă-ta], 더 이상 먹을 쌀이 없다

[1]*졀골 [TJYEL-KOL,-I] (節骨) ⓦ552
불 Articulation, os.
한 관절, 뼈

[2]*졀골 [TJYEL-KOL,-I] (折骨) ⓦ552
불 Os rompu.
한 부러진 뼈

*졀교ᄒᆞ다 [TJYEL-KYO-HĂ-TA] (絶交) ⓦ552
불 Rupture entre amis; se fâcher, se brouiller (deux amis).
한 친구들 사이의 절교 | 화내다, (두 친구가) 사이가 나빠지다

졀구 [TJYEL-KOU] (臼) ⓦ552
불 Grand mortier en bois pour nettoyer le riz, vase en bois dans lequel on pile le riz.
한 쌀을 깨끗이 하기 위한 나무로 된 큰 막자사발, 쌀을 빻는 나무 그릇

졀구공이 [TJYEL-KOU-KONG-I] ⓦ552
불 Pilon du 졀구 Tjyel-kou.
한 졀구 Tjyel-kou의 막자

졀구ᄃᆡ [TJYEL-KOU-TĂI] ⓦ552 ☞졀구공이

졀구질ᄒᆞ다 [TJYEL-KOU-TJIL-HĂ-TA] (舂臼) ⓦ552
불 Piler le riz pour l'écosser ou le moudre.
한 쌀의 껍질을 벗기거나 가루로 만들기 위해 그것을 빻다

*졀귀 [TJYEL-KOUI] (絶句) ⓦ552
불 Ecriture, phrase mesurée composée de cinq caractères, quatrain.
한 문학, 5개 문자로 이루어진 규칙적인 문장, 4행시

*졀금ᄒᆞ다 [TJYEL-KEUM-HĂ-TA] (絶禁) ⓦ552
불 Prohibition rigoureuse. Défendre très-exprssément, très-sévèrement.
한 엄격한 금지 | 아주 단호하게, 아주 엄하게 금지하다

*졀긔 [TJYEL-KEUI] (節氣) ⓦ552

불 Division de l'année en saisons et en quinzaines de jours. Syn. 절후 Tjyel-hou.
한 계절로 그리고 15일씩 한 해를 구분 | [동의어 절후, Tjyel-hou]

*절긴 [TJYEL-KIN,-I] (切緊) 원552
불 Etre très-utile, très-nécessaire. ‖ Etre très-intime.
한 아주 유용하다, 꼭 필요하다 | 아주 긴밀하다

*절긔 [TJYEL-KĂI] (節概) 원552
불 Vertu, courage, fidélité inviolable; qui meurt plutôt que de violer son serment, sa foi, sa foi jurée (se dit surtout d'une femme).
한 미덕, 용기, 침범할 수 없는 충성심 | 자신의 맹세, 신념, 맹세한 신념을 어기느니 죽다 (특히 여성에 대해 쓴다)

절노 [TJYEL-NO] (自) 원553
불 De soi, naturellement, par la force des choses et sans qu'on ait besoin (d'y toucher), de soi-même.
한 본래, 당연히, 사물들의 힘으로 그리고 (그것을 만질) 필요 없이, 저절로

졀눅졀눅ᄒᆞ다 [TJYEL-NOUK-TJYEL-NOUK-HĂ-TA] (蹇步) 원553
불 Boiter.
한 다리를 절다

[1]절다 [TJYEL-TA,TJYEL-E,TJYEN] (蹇) 원553
불 Boiter.
한 다리를 절다

[2]절다 [TJYEL-TA,TJYEL-E,TJYEN] 원553
불 S'imprégner (v.g. de sel). Fact. et pass.: 져리다 Tjye-ri-ta.
한 (예. 소금이) 베어들다 | 사동형과 수동형 : 져리다 Tjye-ri-ta.

*절당ᄒᆞ다 [TJYEL-TANG-HĂ-TA] (切當) 원553
불 Semblable; pareil; avoir de la similitude. ‖ Etre très-convenable, très-juste, très à propos.
한 유사하다 | 비슷하다 | 유사성이 있다 | 아주 적절하다, 아주 정확하다, 아주 시기적절하다

*절덕 [TJYEL-TEK,-I] (切德) 원553
불 Vertu de tempérance, une des quatre vertus cardinales.
한 절제의 미덕, 기본적인 네 가지 미덕들 중 하나

*절도 [TJYEL-TO] (絕島) 원553
불 Ile très-éloignée en pleine mer.
한 아주 멀리 떨어진 바다 한가운데의 섬

[1]*절도ᄒᆞ다 [TJYEL-TO-HĂ-TA] (節度) 원553
불 Loi; mesure; degré; économie, limite (dans les dépenses). ‖ Semblable, avoir de la similitude.
한 법칙 | 정도 | 단계 | 절약, (지출에서의) 한계 | 유사하다, 유사성이 있다

[2]절도ᄒᆞ다 [TJYEL-TO-HĂ-TA] (絕倒) 원553
불 Etre très-agréable, plein de sel, plaisant.
한 아주 유쾌하다, 재치가 넘치다, 재미있다

*절등 [TJYEL-TEUNG,-I] (絕等) 원553
불 Supérieur (pour l'esprit à ses camarades), transcendant, plus élevé que les autres.
한 (재치 면에서 동료들보다) 더 낫다, 탁월하다, 다른 사람들보다 더 높다

*절등ᄒᆞ다 [TJYEL-TEUNG-HĂ-TA] (絕等) 원553
불 Très-bon, très-beau, très-heureux, très-bien fait, très à propos.
한 아주 훌륭하다, 아주 보기 좋다, 아주 좋다, 아주 잘되다, 아주 시기에 적절하다

*절만 [TJYEL-MAN,-I] (節晩) 원552
불 Etre trop tard (pour faire les semences, etc.).
한 (파종 등을 하기에) 너무 늦다

*절멸ᄒᆞ다 [TJYEL-MYEL-HĂ-TA] (絕滅) 원552
불 Consommer (les provisions); détruire, absorber, anéantir, éteindre (la race); être détruit, être éteint.
한 (저장품들을) 소모하다 | 파괴하다, 흡수하다, 없애다, (혈통을) 끊어지게 하다 | 파괴되다, 소멸되다

*절명ᄒᆞ다 [TJYEL-MYENG-HĂ-TA] (絕命) 원552
불 Rendre le dernier soupir, expirer, mourir.
한 마지막 숨을 거두다, 숨지다, 죽다

*절목 [TJYEL-MOK,-I] (節目) 원552
불 Alinéa, article.
한 줄바꿈, 조항

*절묘ᄒᆞ다 [TJYEL-MYO-HĂ-TA] (絕妙) 원552
불 Beau, d'une beauté admirable, charmant, ravissant, admirable.
한 멋지다, 감탄할 만큼 아름답다, 매력적이다, 황홀케 하다, 감탄할 만하다

절믄이 [TJYEL-MEUN-I] (少年) 원552
불 (De 졂다 TJYELM-TA) jeune, homme ou femme jeune, adolescent, homme peu âgé.
한 (졂다 TJYELM-TA로부터) 젊다, 젊은 남자 또는 여자, 청춘기의 남녀, 나이가 많지 않은 남자

*절미 [TJYEL-MI] (折米) 원552

불 Riz dont les grains sont brisés, grains de riz brisés.
한 낟알들이 부서진 쌀, 부서진 쌀 낟알

*졀미ᄒᆞ다 [TJYEL-MI-HĂ-TA] (絕美) 원552
불 Beau, beauté remarquable; dignité dans les manières; être digne, grave dans son maintien, dans sa pose.
한 아름다움, 뛰어난 아름다움 | 품행에서의 위엄 | 품위 있다, 태도, 자세가 근엄하다

*졀박ᄒᆞ다 [TJYEL-PAK-HĂ-TA] (切迫) 원553
불 Se dit d'une douleur vive qui brise le cœur. Etre déchirant; être dans un état déplorable; c'est déplorable.
한 마음을 상하게 하는 강한 고통에 대해 쓴다 | 가슴을 찢는 듯하다 | 한탄스러운 상태에 있다 | 한탄스럽다

*졀반 [TJYEL-PAN,-I] (折半) 원553
불 Moitié, milieu.
한 반, 한가운데

졀벅졀벅 [TJYEL-PEK-TJYEL-PEK] 원553
불 Bruit des pas sur un terrain couvert d'un peu d'eau, sur le sol détrempé.
한 약간의 물로 덮인, 흠뻑 적신 땅 위를 걷는 발소리

*졀벽 [TJYEL-PYEK] (絕壁) 원553
불 Versant de montagne à pic, couvert de pierres, de rochers, et inaccessible. (Se dit aussi d'un homme sourd). Rocher à pic, montagne à pic.
한 돌로, 바위로 덮이고 접근할 수 없는 깎아지른 산의 경사면 | (귀가 들리지 않는 사람에 대해서도 쓴다) | 수직 바위, 깎아지른 산

*졀분ᄒᆞ다 [TJYEL-POUN-HĂ-TA] (切憤) 원553
불 Très-ennuyeux, très-vexant; est-il possible! faut-il ! être excessivement vexé ou vexant.
한 아주 불쾌하다, 아주 화나게 하다 | 가능하다니! 해야만 한다니! 과하게 기분이 상하거나 화나게 하다

*졀사 [TJYEL-SA] (節死) 원553
불 Sacrifices du 15 de la 8me lune; sacrifices dans les pagodes à certaines époques de l'année.
한 여덟 번째 달 15일의 제사 | 한 해의 어떤 시기에 파고다에서 지내는 제사

졀셕졀셕 [TJYEL-SYEK-TJYEL-SYEK] 원553
불 Bruit des verges sur le corps d'un patient, du battement des mains, etc.
한 수형자의 몸에 가하는 회초리, 손으로 때리는 등의 소리

*졀손ᄒᆞ다 [TJYEL-SON-HĂ-TA] (絕孫) 원553
불 Qui n'a pas d'enfant mâle, qui n'a pas ou n'a plus de postérité; mourir sans postérité.
한 남자 아이가 없다, 후손이 없거나 더 이상 후손이 없다 | 후손 없이 죽다

*졀수 [TJYEL-SOU] (節數) 원553
불 Division de l'année en saisons et en quinzaines de jours.
한 계절로 또는 15일씩 한 해를 나눔

*졀승ᄒᆞ다 [TJYEL-SEUNG-HĂ-TA] (絕勝) 원553
불 Transcendant, supérieur, élevé(génie, esprit, adresse). ‖ Etre très-beau à voir (un point de vue, une montagne).
한 탁월하다, 뛰어나다, 높다 (타고난 재능, 정신, 솜씨) | 보기에 아주 아름답다 (전망, 산)

[1]졀ᄉᆞᄒᆞ다 [TJYEL-SĂ-HĂ-TA] (絕祀) 원553
불 Interrompre les sacrifices, ne plus les faire.
한 제사를 중단하다, 그것을 더 이상 하지 않다

[2]졀ᄉᆞᄒᆞ다 [TJYEL-SĂ-HĂ-TA] (節死) 원553
불 Mourir de fidélité, par fidélité, par dévouement.
한 충성심으로, 충성심으로, 헌신하여 죽다

*졀ᄉᆡᆨ [TJYEL-SĂIK,-I] (絕色) 원553
불 Très-belle personne; beauté ineffable, extrême beauté de la figure.
한 아주 아름다운 사람 | 이루 말할 수 없는 아름다움, 외모의 지극한 아름다움

*졀ᄉᆡᆨᄒᆞ다 [TJYEL-SĂIK-HĂ-TA] (絕色) 원553
불 Renoncer aux désirs déréglés des sens, les morigéner.
한 감각의 방탕한 욕망을 단념하다, 그것을 훈계하다

졀쑥발이 [TJYEL-TTOUK-PAL-I] (蹇足) 원553
불 Boiteux. (Popul.).
한 절름발이 | (속어)

졀쑥졀쑥 [TJYEL-TTOUK-TJYEL-TTOUK] 원553
불 Démarche d'un boiteux.
한 절름발이의 걸음걸이

*졀용ᄒᆞ다 [TJYEL-YONG-HĂ-TA] (節用) 원552
불 Modération, frugalité, sobriété. Economiser, modérer ses dépenses, les régler; user avec économie.
한 절제, 검소, 절도 | 절약하다, 지출을 절제하다, 그것을 억제하다 | 검소하게 사용하다

*졀원ᄒᆞ다 [TJYEL-OUEN-HĂ-TA] (絕遠) 원552
불 Eloigné; être très-éloigné.
한 멀다 | 아주 멀다

절을치다 [TJYEL-EUL-TCHI-TA,-TCHYE,-TCHIN] [원]551
[불] Prendre une résolution ferme, une détermination énergique; se décider avec force à…, en frappant du poing.
[한] 확실한 결심, 단호한 결정을 하다 | 주먹을 치면서 강력하게 ~하기로 결심하다

절음나다 [TJYEL-EUM-NA-TA,-NA,-NAN] (生蹇病) [원] 551
[불] Devenir boiteux (bœuf, cheval), boiter (se dit des animaux).
[한] (소, 말이) 다리를 절게 되다, 다리를 절다(동물들에 대해 쓴다)

1*절음식ᄒᆞ다 [TJYEL-EUM-SIK-HĂ-TA] (節飮食) [원]551
[불] Etre sobre, frugal, tempérant.
[한] 간소하다, 소식하다, 절식하다

2절음식ᄒᆞ다 [TJYEL-EUM-SIK-HĂ-TA] (絕飮食) [원]551
[불] Ne plus manger, cesser de manger (maladie).
[한] 더 이상 먹지 않다, 음식을 끊다(병)

*절의 [TJYEL-EUI] (節義) [원]551
[불] Fidélité.
[한] 충성

*절의ᄒᆞ다 [TJYEL-EUI-HĂ-TA] (絕義) [원]551
[불] Se fâcher, se brouiller, rompre les rapports (deux amis). ‖ Renoncer à.
[한] 화내다, 사이가 나빠지다, (두 친구가) 관계를 단절하다 | 교제를 끊다

*절일 [TJYEL-IL,-I] (節日) [원]552
[불] Le 15 de la 8me lune, jour de la fête des tombeaux, où l'on fait de grands sacrifices pour les défunts. On appelle ainsi les deux fêtes 한식 Han-sik (à la 2me lune) et 츄셕 Tchyou-syek (le 15 de la 8me lune).
[한] 여덟 번째 달의 15일, 고인들을 위한 큰 제사를 지내는 묘들의 축제날 | 한식 Han-sik(두 번째 달에)과 추석(여덟 번째 달의 15일) 두 축제를 이렇게 부른다

*절쟝보단ᄒᆞ다 [TJYEL-TJYANG-PO-TAN-HĂ-TA] (絕長補短) [원]553
[불] Briser le plus long pour allonger le plus court (soit un bâton de 3 pieds et un batôn de 1 pied; couper 1 pied au premier pour l'ajouter au second). Compenser, égaliser. Se dit de la compensation qui se fait v.g. entre un fils et son père : le fils n'a pas assez de blé. Le père en a trop; celui-ci donne son trop plein à son fils. Prendre de l'excédent d'une chose pour suppléer à ce qui manque à une autre. Rattraper, regagner, recouvrer ce qu'on avait perdu.
[한] 가장 짧은 것을 길게 하기 위해 가장 긴 것을 꺾다 (3피에 막대기와 1피에 막대기라 하자 ; 두 번째 막대기에 그것을 보태기 위해 첫 번째 막대기에서 1피에를 자르다) | 보충하다, 같게 하다 | 예. 아들과 아버지 사이에 균등하게 맞춰지는 것에 대해 쓰인다 | 아들은 밀을 충분히 갖고 있지 않다. 아버지는 너무 많이 가졌다. 아버지는 자신이 넘치게 갖고 있는 밀을 준다 | 타인에게 부족한 것을 채우기 위해 초과분을 떼어주다 | 만회하다, 다시 얻다, 잃었던 것을 되찾다

*절젹ᄒᆞ다 [TJYEL-TJYEK-HĂ-TA] (絕迹) [원]553
[불] Cesser de tracer ses pas, interrompre ses traces, c.a.d. ne plus fréquenter; s'abstenir de mettre les pieds; ne pas aller; ne pas venir.
[한] 발자국 남기는 것을 멈추다, 흔적을 중단하다, 즉 더 이상 자주 드나들지 않다 | 발자국 남기는 것을 삼가다 | 가지 않다 | 오지 않다

*절죠 [TJYEL-TJYO] (節措) [원]554
[불] Econome, modéré dans ses dépenses; qui sait dépenser juste ce qui est raisonnable et rien de plus. Ordre, régularité.
[한] 검소하다, 지출을 절제하다 | 합리적이고 것만 지출하고 더 이상은 지출하지 않을 줄 알다 | 질서, 규칙성

*절죵ᄒᆞ다 [TJYEL-TJYONG-HĂ-TA] (絕種) [원]554
[불] La graine est épuisée, c.a.d. il n'y en a plus; manquer; être tout dépensé; n'être pas du tout.
[한] 곡식이 고갈되다, 즉 더 이상 없다 | 부족하다 | 모두 써버리다 | 전혀 없다

*절증 [TJYEL-TJEUNG,-I] (切憎) [원]554
[불] Avoir un air de mécontentement, de colère, d'irritation.
[한] 불만스러운, 화난, 노여운 기색이다

*절증지ᄒᆞ다 [TJYEL-TJEUNG-TJI-HĂ-TA] (切憎之) [원]554
[불] Haïr extrêmement, détester; être odieux.
[한] 극히 미워하다, 싫어하다 | 밉살스럽다

*절지 [TJYEL-TJI] (絕紙) [원]554
[불] Morceau de papier, une partie de feuille de papier.
[한] 종잇조각, 종잇장의 일부분

*절ᄌᆡ [TJYEL-TJĂI] (絕才) [원]553
[불] Génie transcendant, qui n'a pas de semblable; très-grand talent; habileté supérieure.

한 비길 만한 사람이 없는 탁월한 재능 | 아주 대단한 재능 | 더 나은 능란함

*졀지ᄒᆞ다 [TJYEL-TJĂI-HĂ-TA] (絕財) 원553

불 Renoncer aux richesses. ‖ Etre à bout de ses ressources, avoir épuisé tout son bien.

한 재산을 포기하다 | 재력이 한계에 이르다, 자신의 재산을 모두 다 써버리다

*졀초 [TJYEL-TCHO] (折草) 원554

불 Tabac haché.

한 잘게 썬 담배

*졀초뎐 [TJYEL-TCHO-TYEN,-I] (絕草廛) 원554

불 Magasin où l'on coupe le tabac, bureau de tabac, magasin où l'on vend du tabac haché.

한 담배를 자르는 가게, 담배 가게, 잘게 썬 담배를 파는 가게

*졀초ᄒᆞ다 [TJYEL-TCHO-HĂ-TA] (折草) 원554

불 Couper les jeunes pousses des arbres pour les mettre comme fumier dans les rizières.

한 논에 비료처럼 넣기 위해 나무의 어린 싹들을 자르다

*졀치부심ᄒᆞ다 [TJYEL-TCHI-POU-SIM-HĂ-TA] (切齒腐心) 원554

불 Grincer des dents et graver dans son cœur; penser à se venger; conserver une haine implacable.

한 이를 갈고 마음에 새기다 | 복수할 생각이다 | 달래기 어려운 증오를 간직하다

*졀치ᄒᆞ다 [TJYEL-TCHI-HĂ-TA] (切齒) 원554

불 Grincer des dents.

한 이를 갈다

*졀친ᄒᆞ다 [TJYEL-TCHIN-HĂ-TA] (切親) 원554

불 Très-aimé, être très-uni, très-intime.

한 아주 좋아하다, 아주 화합되다, 아주 친밀하다

*졀ᄎᆞ [TJYEL-TCHĂ] (節次) 원554

불 Ordre, arrangement des choses suivant leur rang; régularité.

한 순서, 그 서열에 따른 물건들의 정돈 | 가지런함

*졀통ᄒᆞ다 [TJYEL-HTONG-HĂ-TA] (切痛) 원553

불 Regretter beaucoup; être très-fâcheux; très-affligé.

한 많이 후회하다 | 아주 유감스럽다 | 아주 괴로워하다

졀퍽지다 [TJYEL-HPEK-TJI-TA,-TJYE,-TJIN] (太多) 원553

불 Qui est très-nombreux, qui a beaucoup (de richesses, d'objets, etc.); être en grande quantité.

한 아주 많다, (재산, 물건들 등이) 많이 있다 | 상당한 양이다

*졀편 [TJYEL-HPYEN,-I] (絕鯿) 원553

불 Nom de certains gâteaux ronds.

한 몇몇 둥근 떡의 이름

*졀핍ᄒᆞ다 [TJYEL-HPIP-HĂ-TA] (絕乏) 원553

불 Entièrement dépensé; dont il ne reste plus rien; manquer; faire défaut; être épuisé; être à bout.

한 전부 써버리다 | 그에서 더 이상 아무것도 남지 않은 | 부족하다 | ~이 없다 | 다 써버리다 | 한계에 이르다

*졀험ᄒᆞ다 [TJYEL-HEM-HĂ-TA] (絕險) 원552

불 Très-dangereux (route, endroit); être très-ardu, très-escarpé, inaccessible (endroit).

한 아주 위험하다 (길, 장소) | 아주 험하다, 매우 가파르다, 접근할 수 없다 (장소)

*졀협 [TJYEL-HYEP,-I] (絕峽) 원552

불 Très-escarpé, abrupt (montagne); vallée profonde et reculée.

한 아주 가파르다, 험하다 (산) | 깊고 외진 계곡

*졀화ᄒᆞ다 [TJYEL-HOA-HĂ-TA] (絕火) 원552

불 Avoir éteint son feu (se dit d'un homme extrêmement pauvre qui, n'ayant rien à manger, ne fait pas de cuisine et reste à jeun); être dans la plus profonde misère.

한 자신의 불을 껐다 (먹을 것이 아무것도 없어서, 요리를 하지 않고 아무것도 먹지 않는 상태로 있는, 극도로 가난한 사람에 대해 쓴다) | 가장 깊은 빈곤 상태로 있다

*졀후 [TJYEL-HOU] (節侯) 원552

불 Division de l'année en saisons et en quinzaines de jours. On appelle ainsi les 24 quinzaines de l'année chinoise.

한 계절로 그리고 15일씩 한 해를 구분함 | 중국의 한 해를 24개의 1주간을 그렇게 부른다

¹졀히다 [TJYEL-HI-TA,-HYE,-HIN] (合鹽) 원552

불 Saler, mettre dans le sel, confire dans le sel.

한 소금을 치다, 소금에 넣다, 소금에 절이다

²졀히다 [TJYEL-HI-TA,-HYE,-HIN] 원552

불 Etre engourdi (un membre mis dans une fausse position); sentir des fourmillements.

한 마비되다 (잘못된 자세로 있는 손발) | 따끔따끔한 감각을 느끼다

졀ᄒᆞ다 [TJYEL-HĂ-TA] (拜) 원552

불 Saluer en se mettant à genoux et en courbant doucement la tête et le haut du corps; se prosterner, s'incliner devant; prostration, inclination, prosternation (faire la).
한 무릎을 꿇고 머리와 상반신을 부드럽게 구부리면서 인사하다 | 엎드리다, 앞쪽으로 숙이다 | 엎드림, 머리를 숙이기, 엎드려 절하기 (하다)

졂다 [TJYELM-TA, TJYELM-E, TJYELM-EUN] (少年) 원552
불 Etre jeune; jeune, adolescent. (Peu usité à l'infinitif).
한 젊다 | 젊다, 청춘기의 남녀의 | (부정법으로 별로 사용되지 않는다)

*졈 [TJYEM] (漸) 원546
불 Un peu de.
한 조금의

*졈다 [TJYEM-TA, TJYELM-E, TJYELM-EUN] (少年) 원546
불 Jeune, être jeune. Syn. 졂다 Tjyelm-ta.
한 젊다, 젊다 | [동의어 졂다, Tjyelm-ta]

졈믈다 [TJYE-MOUL-TA, -MOU-RE, -MOUN] (暮) 원546
불 Tard, le soir vers le coucher du soleil; être tard; faire tard.
한 늦다, 해가 질 때쯤의 저녁 | 늦다 | 늦다

*졈미 [TJYEM-MI] (粘米) 원546
불 Riz particulier dont on fait une pâte liante. Esp. de riz blanc dont on fait le vin. Syn. 찹쌀 Tchap-ssal.
한 부드러운 반죽을 만드는 특별한 쌀 | 술을 만드는 흰 쌀 종류 | [동의어 찹쌀, Tchap-ssal]

졈잔타 [TJYEM-TJAN-HTA, -TJAN-HA, -TJAN-HEUN] (長者) 원546
불 Non jeune. Qui n'agit pas comme un jeune homme; qui est plus raisonnable que ne le comporte son âge ordinairement. Etre grave, posé, digne.
한 젊지 않다 | 젊은 사람처럼 행동하지 않다 | 보통 자신의 나이가 허용하는 것보다 더 합리적이다 | 근엄하다, 침착하다, 의젓하다

졈직ᄒᆞ다 [TJYEM-TJIK-HĂ-TA] (羞愧) 원546
불 Avoir honte; rougir par honte honnête ou par timidité; pudique; qui a de la pudeur.
한 부끄럽다 | 정숙한 수치심으로 또는 수줍음으로 붉어지다 | 수줍어하다 | ~하는 것을 수줍어하다

*졈ᄎᆞ지공 [TJYEM-TCHĂ-TJI-KONG,-I] (漸次之工) 원546
불 Ouvrage de longue haleine; peu à peu et souvent répété devient beaucoup; petit à petit l'oiseau fait son nid; les petits ruisseaux font les grandes rivières.
한 긴 시간을 요구하는 작업 | 조금씩 그리고 자주 반복되는 것이 많게 된다 | 조금씩 새가 집을 만들다 | 작은 시냇물들이 큰 강들을 만든다

*졉 [TJYEP,-I] (接) 원551
불 Compagnie, nombre quelconque (30, 50, 100) de personnes sous un même parapluie, sous une même ombrelle à l'examen. Compagnie d'étudiants aux examens. ‖ Numéral des centaines de fruits, des 100 têtes d'ail. ‖ Greffe.
한 동석, 시험에서 같은 우산 아래, 같은 양산 아래에 있는 어떤 수(30, 50, 100)의 사람들 | 시험을 치르는 학생들 일동 | 수백 개의 과일, 마늘 100개씩 세는 수사 | 접목

*졉구ᄒᆞ다 [TJYEP-KOU-HĂ-TA] (接口) 원551
불 Goûter; ne prendre qu'un peu, seulement pour goûter; porter à la bouche.
한 맛보다 | 조금만, 맛보기 위해서만 먹다 | 입에 대다

졉나기ᄒᆞ다 [TJYEP-NA-KI-HĂ-TA] (賭接) 원551
불 Vainqueur au jeu d'échecs et qui, à chaque partie, prend un pion de moins pour favoriser son adversaire. Rendre des points au jeu.
한 체스 게임에서 이기고 각각의 판에서 상대방에 혜택을 주기 위해 한 개의 졸을 더 적게 쓰는 사람 | 게임에서 핸디캡을 주다

[1]졉다 [TJYEP-TA, TJYEP-E, TJYEP-EUN] 원551
불 Oublier l'injure; pardonner l'offense; user de modération, de miséricorde.
한 욕을 잊다 | 무례함을 용서하다 | 절제, 관용을 행사하다

[2]졉다 [TJYEP-TA, TJYEP-E, TJYEP-EUN] (捲) 원551
불 Plier, replier.
한 접다, 다시 접다

졉대 [TJYEP-TAI] (昨時) 원551
불 L'autrefois, l'autrejour, il n'y a pas longtemps.
한 예전, 요전 어느 날, 얼마 전에

졉등 [TJYEP-TEUNG,-I] 원551
불 Lanterne en papier qui se plie et se déplie à volonté.
한 마음대로 접히고 펼쳐지는 종이 초롱

*졉ᄃᆡᄒᆞ다 [TJYEP-TĂI-HĂ-TA] (接待) 원551
불 Traiter, recevoir.
한 대우하다, 접대하다

*졉마ᄒᆞ다 [TJYEP-MA-HĂ-TA] (接魔) 원551

불 Etre possédé du démon, hanté par le démon.
한 악마에 정신을 빼앗기다, 악마에 사로잡히다

*졉빈ᄒᆞ다 [TJYEP-PIN-HĂ-TA] (接賓) 원551
불 Recevoir, traiter, loger des hôtes.
한 손님들을 맞이하다, 대접하다, 묵게 하다

졉샤 [TJYEP-SYA] (蓑) 원551
불 Manteau d'herbe sèche contre la pluie.
한 비를 막기 위해 마른 풀로 만들어진 외투

졉샤리 [TJYEP-SYA-RI] 원551 ☞ 졉샤

*졉샤ᄒᆞ다 [TJYEP-SYA-HĂ-TA] (接邪) 원551
불 Magicien; faire de la magie; sorcier, associé du diable; être associé au diable.
한 마술사 | 마술하다 | 마법사, 악마의 협력자 | 악마와 일체가 되다

*졉쇽ᄒᆞ다 [TJYEP-SYOK-HĂ-TA] (接續) 원551
불 Etre à la file, à la suite, successif, sans interruption; être continu.
한 일렬로, 연이어 있다, 연속적이다, 계속적이다 | 계속되다

졉시 [TJYEP-SI] (碟) 원551
불 Tout petit plat de table, assiette, soucoupe.
한 아주 작은 식탁 접시, 접시, 받침 접시

1졉어보다 [TJYEP-E-PO-TA,-PO-A,-PON] 원551
불 User de miséricorde, réprimer avec modération, en pensant que soi-même on n'eût pas mieux fait ou qu'on eût fait encore plus mal.
한 관용을 베풀다, 자기 자신이 더 잘할 수 없거나 더 나쁘게 했을 수 있다고 생각하면서 적당히 억제하다

2졉어보다 [TJYEP-E-PO-TA,-PO-A,-PON] (下視) 원551
불 Mépriser, regarder avec mépris.
한 경멸하다, 멸시하며 보다

*졉쟝 [TJYEP-TJYANG,-I] (接長) 원551
불 Maître, président d'une compagnie, d'une réunion de lettrés, d'une assemblée, d'une étude, d'une classe. le plus âgé de ceux qui étudient ensemble.
한 주인, 무리, 학식 있는 사람들의 모임, 모임, 학교, 교실의 장 | 함께 공부하는 사람들 중 가장 나이가 많은 사람

*졉젼ᄒᆞ다 [TJYEP-TJYEN-HĂ-TA] (接戰) 원551
불 Attaquer, livrer bataille, avoir un engagement, combattre, se battre, en venir aux mains (deux armées), aller à la rencontre pour se battre.
한 공격하다, 전투를 시작하다, 교전하다, 싸우다, 투쟁하다, 완력을 쓰다 (두 군대), 싸우기 위해 맞으러 가다

졉졔ᄒᆞ다 [TJYEP-TJYEI-HĂ-TA] 원551
불 Recevoir, traiter. ‖ Aider, secourir un homme pauvre, l'assister.
한 맞이하다, 대우하다 | 돕다, 가난한 사람을 구제하다, 그를 보살피다

*졉쥬인ᄒᆞ다 [TJYEP-TJYOU-IN-HĂ-TA] (接主人) 원551
불 Recéleur des objets volés; homme qui a des relations avec les voleurs et qui se charge de cacher et de vendre les objets volés; faire métier de recéleur.
한 도난당한 물건들을 가지고 있는 장물아비 | 도둑들과 관계가 있고 도난당한 물건들을 숨기고 파는 일을 맡은 사람 | 장물아비를 직업으로 삼다

1졉지 [TJYEP-TJI] 원551
불 Papier plié.
한 접힌 종이

2*졉지 [TJYEP-TJI] (接枝) 원551
불 Sujet d'une greffe, branche d'arbre que l'on doit greffer sur un sauvageon.
한 접목 재료, 자연목에 접목해야 하는 나뭇가지

졉흐다 [TJYEP-HEU-TA,-HE,-HEUN] (恐懼) 원551
불 Craindre, avoir peur, être effrayé.
한 두려워하다, 무섭다, 겁먹다

*졉ᄒᆞ다 [TJYEP-HĂ-TA] (接) 원551
불 Greffer, joindre, insérer, enter.
한 접붙이다, 합치다, 삽입하다, 접을 붙이다

1졋 [TJYET,-SI] (乳) 원554
불 Mamelle, sein. ‖ Lait.
한 유방, 젖가슴 | 젖

2졋 [TJYET,-SI] (醢) 원554
불 Salaison de poisson de mer, marinade d'huîtres, de crevettes ou de petits poissons.
한 바다 생선을 소금에 절임, 굴, 작은 새우 또는 작은 생선들을 소금에 절인 음식

3졋 [TJYET,-SI] 원554
불 Fruit ou baie du 졋나무 Tjyet-na-mou.
한 졋나무 Tjyet-na-mou의 열매 또는 장과

졋가솜 [TJYET-KA-SĂM,-I] (乳胸) 원554
불 Mamelle.
한 유방

졋국 [TJYET-KOUK,-I] (醢水) 원554

불 Eau salée qui suinte des salaisons de poisson, eau de sel des marinades. 젓국ᄀᆞᆺ흔세간 Tjyet-kouk kăt-heun syei-kan, Ménage excessivement pauvre, où il n'y a rien du tout.
한 생선을 소금에 절인 것에서 스며 나오는 소금물, 소금에 절인 음식의 소금물 | [용례 젓국ᄀᆞᆺ흔세간, Tjyet-kouk kăt-heun syei-kan], 아무 것도 없는 지나치게 빈곤한 살림

젓국김치 [TJYET-KOUK-KIM-TCHI] (醢水沉菜) 원554
불 Légume salé, où l'on a mis de l'eau salée des marinades.
한 절이는 데 쓰는 소금물에 담근 절인 채소

젓나무 [TJYET-NA-MOU] 원554
불 Esp. de cèdre ou de sapin., (il diffère un peu du 잣나무 Tjat-na-mou). V. 잣나무 Tjat-na-mou.
한 삼나무 또는 전나무의 종류 (잣나무 Tjat-na-mou와는 조금 다르다) | [참조어 잣나무, Tjat-na-mou]

젓내나다 [TJYET-NAI-NA-TA,-NA,-NAN] (乳臭) 원554
불 Sentir l'odeur de lait, sentir le lait.
한 우유 냄새가 나다, 우유 맛이 나다

¹젓다 [TJYET-TA,TJYE-TJYE,TJYE-TJEUN] (濕) 원554
불 Mouillé, trempé, humecté; se mouiller.
한 젖다, 담기다, 적셔지다 | 젖다

²젓다 [TJYET-TA,TJYE-E,TJYE-EUN] 원554
불 Agiter les bras en rond pour faire signe de loin. 노젓다 No-tjyet-ta, Godiller.
한 멀리서 신호를 보내기 위해 팔을 둥글게 흔들다 | [용례 노젓다, No-tiyet-ta], 고물노를 저어가다

젓담다 [TJYET-TAM-TA,-TAM-A,-TAM-EUN] (沉醢) 원554
불 Faire les salaisons de poisson, mettre le poisson dans des pots en entremêlant chaque couche d'une couche de sel.
한 생선을 소금물에 절이다, 각각의 층을 소금 한 층과 섞으며 단지에 생선을 넣다

젓동싱 [TJYET-TONG-SĂING,-I] (乳同生) 원554
불 Frère de lait.
한 젖 형제

젓먹다 [TJYET-MEK-TA,-MEK-E,-MEK-EUN] (吮乳) 원554
불 Téter.
한 젖을 빨다

젓먹이다 [TJYET-MEK-I-TA,-MEK-YE,-MEK-IN] (哺乳) 원554
불 Faire téter, donner le sein, allaiter.
한 젖을 빨게 하다, 젖을 주다, 젖을 먹이다

젓ᄉᆞᆸ다 [TJYET-SĂP-TA,-SĂ-OA,-SĂ-ON] 원554
불 Etre saisi de crainte.
한 두려움에 사로잡히다

젓ᄭᅩᆨ지 [TJYET-KKOK-TJI] (乳蔕) 원554
불 Embouchure de la mamelle, tétin, bout de la mamelle.
한 유방의 취구, 젖꼭지, 유방의 끝

젓ᄭᅳᆫ타 [TJYET-KKEN-HTA,-KKEUN-HE,-KKEUN-HEUN] (絕乳) 원554
불 Ne pas donner le sein, ne pas faire téter, sevrer; être sevré.
한 젖을 주지 않다, 젖을 먹이지 않다, 젖 떼다 | 젖 떼게 되다

젓ᄯᅦ다 [TJYET-TTEI-TA,-TTEI-YE,-TTEIN] (絕乳) 원554
불 Ne pas donner le sein, sevrer.
한 젖을 주지 않다, 젖 떼다

젓ᄧᅡ다 [TJYET-TTJA-TA,-TTJA,-TTJAN] (搾乳) 원554
불 Traire; presser, tordre la mamelle pour en en extraire du lait; exprimer le lait.
한 젖을 짜다 | 짜다, 젖을 뽑기 위해 유방을 쥐어짜다 | 우유를 짜내다

젓줄 [TJYET-TJOUL,-I] (乳脈) 원554
불 Fibres intérieures de la mamelle. ‖ Allaitement (pour un enfant).
한 유방의 내부 섬유 | (아이를 위해) 젖을 먹임

젓치다 [TJYET-TCHI-TA,-TCHYE,-TCHIN] 원554 ☞젓ᄎᆞ다

젓ᄎᆞ다 [TJYET-TCHĂ-TA,-TCHĂ,-TCHĂN] (除置) 원554
불 Cesser, mettre de côté.
한 멈추다, 따로 떼어놓다

젓ᄎᆞ두다 [TJYET-TCHĂ-TOU-TA,-TOU-E,-TOUN] 원554 ☞젓ᄎᆞ다

젓통이 [TJYET-HTONG-I] (乳筩) 원554
불 Mamelle, gonflement de la mamelle.
한 유방, 유방이 부어오름

¹졍 [TJYENG] 원475 ☞ ²뎡

²*졍 [TJYENG,-I] (情) 원548
불 En agr. Affection, amour, cœur, sentiment. ‖ Passion, convoitise. ‖ Humeur, caprice.
한 한자어로 애정, 사랑, 마음, 감정 | 열정, 갈망 | 기

분, 변덕

[3]*졍 [TJYENG,-I] (正) [원]548

[불] En agr. Droit, vrai légitime, juste.

[한] 한자어로 바르다, 참되다, 합법적이다, 올바르다

[4]*졍 [TJYENG,-I] (貞) [원]548

[불] Pur; chaste.

[한] 순수하다 | 정숙하다

[5]졍 [TJYENG,-I] (淨) [원]548

[불] Propre, net.

[한] 깨끗하다, 청결하다

졍가ᄒᆞ다 [TJYENG-KA-HĂ-TA] [원]549

[불] Médire, rappeler un déshonneur de famille.

[한] 욕을 하다, 가족의 불명예를 상기시키다

[1]*졍간 [TJYENG-KAN,-I] (井間) [원]549

[불] Transparent pour écrire droit.

[한] 똑바로 쓰기 위해 밑에 받치는 괘지

[2]졍간 [TJYENG-KAN,-I] [원]549

[불] Espace compris entre deux lignes.

[한] 두 선 사이에 놓인 공간

졍갈스럽다 [TJYENG-KAL-SEU-REP-TA,-SEU-RE-OUE,-SEU-RE-ON] [원]549

[불] Propre, net, avoir un air de propreté.

[한] 깨끗하다, 청결하다, 깨끗한 모습이다

*졍감녹 [TJYENG-KAM-NOK,-I] (鄭監錄) [원]549

[불] Prophéties de Tjyeng-kam, qui vivait il y a 500 ans en Corée (elles sont renommées).

[한] 500년 전 조선에 살았던 정감의 예언 (그 예언은 유명하다)

졍강이 [TJYENG-KANG-I] (脛) [원]549

[불] Devant de la jambe au tibia; os de la jambe.

[한] 다리의 넓적다리 뼈 앞부분 | 다리의 뼈

졍검졍검 [TJYENG-KEM-TJYENG-KEM] [원]549

[불] Désigne une marche lente à grands pas. ‖ De place en place.

[한] 큰 보폭의 느린 걸음을 가리킨다 | 이곳저곳에

[1]*졍결ᄒᆞ다 [TJYENG-KYEL-HĂ-TA] (貞潔) [원]549

[불] Pureté, chasteté; pur, chaste, continent.

[한] 깨끗함, 순수함 | 순수하다, 순결하다, 정숙하다

[2]졍결ᄒᆞ다 [TJYENG-KYEL-HĂ-TA] (淨潔) [원]549

[불] Propre, net.

[한] 깨끗하다, 정결하다

*졍경 [TJYENG-KYENG,-I] (情境) [원]549

[불] Situation, position malheureuse; état de gêne; embarras. Syn. 경상 Tjyeng-syang.

[한] 상황, 불행한 상황 | 곤란한 상태 | 곤경 | [동의어 경샹, Tjyeng-syang]

*졍경부인 [TJYENG-KYENG-POU-IN,-I] (貞敬夫人) [원]549

[불] Femme d'un ministre.

[한] 장관의 부인

*졍과 [TJYENG-KOA] (正果) [원]549

[불] Compote, confiture.

[한] 과일의 설탕 졸임, 잼

*졍구불식ᄒᆞ다 [TJYENG-KOU-POUL-SIK-HĂ-TA] (正狗不食) [원]549

[불] A la première lune on ne mange pas de chien; ne pas manger de viande de chien dans la première lune (superst.).

[한] 첫 번째 달에는 개를 먹지 않는다 | 첫 번째 달에 개고기를 먹지 않다 (미신)

[1]*졍구지역 [TJYENG-KOU-TJI-YEK,-I] (井臼之役, (Puits, moulin à moudre, ouvrage)) [원]549

[불] Ouvrage de la cuisine.

[한] 부엌일

[2]*졍구지역 [TJYENG-KOU-TJI-YEK,-I] (定矩之役) [원]549

[불] Charge ordinaire d'un village, travail imposé de règle.

[한] 마을의 통상적인 임무, 규정에 의해 강제된 일

졍궁 [TJYENG-KOUNG,-I] [원]475 ☞ 뎡궁

*졍근ᄒᆞ다 [TJYENG-KEUN-HĂ-TA] (情近) [원]549

[불] Affection particulière; aimer particulièrement, spécialement.

[한] 특별한 애정 | 특별히, 특히 좋아하다

[1]*졍긔 [TJYENG-KEUI] (精氣) [원]549

[불] Partie pure, essentielle d'un être; quintessence. Air subil, éther. Vigueur animale. Clarté dans l'esprit, lucidité. En médecine; vertu des remèdes, force pure ou propre.

[한] 존재의 순수한, 본질적인 부분 | 정수 | 감지하기 힘든 공기, 에테르 | 동물적 활기 | 정신의 명확성, 명철함 | 의학에서 | 약의 효능, 순수한 또는 고유의 힘

[2]*졍긔 [TJYENG-KEUI] (淨氣) [원]549

[불] Air de pureté.

[한] 순수한 공기

[3]졍긔 [TJYENG-KEUI] (貞氣) [원]549

불 Tempérament chaste.
한 정숙한 기질

1*정긴ᄒᆞ다 [TJYENG-KIN-HĂ-TA] (情緊) 원549
불 Affectueux.
한 다정하다

2*정긴ᄒᆞ다 [TJYENG-KIN-HĂ-TA] (精緊) 원549
불 Etre propre et utile.
한 깨끗하고 유용하다

*졍녀 [TJYENG-NYE] (貞女) 원549
불 Femme chaste, probe, vierge.
한 정숙한, 성실한, 순결한 여자

*졍녈부인 [TJYENG-NYEL-POU-IN,-I] (貞烈夫人) 원549
불 Femme forte et chaste; nom d'une dignité honorifique conférée à une femme qui a su défendre son honneur, même par le meurtre du séducteur; femme d'une fidélité héroïque.
한 강하고 정숙한 여인 | 유혹자의 살인에 의해서도 자신의 명예를 지킬 줄 알았던 여인에게 주는 명예로운 품격의 명칭 | 영웅적인 충성심을 지닌 여성

*졍담 [TJYENG-TAM,-I] (情談) 원550
불 Parole aimable; dire des paroles aimables.
한 다정한 말 | 다정한 말을 하다

*졍당ᄒᆞ다 [TJYENG-TANG-HĂ-TA] (正當) 원550
불 Convenable, raisonnable.
한 적절하다, 이치에 맞다

*졍대ᄒᆞ다 [TJYENG-TAI-HĂ-TA] (正大) 원550
불 Etre sage, prudent, réfléchi.
한 현명하다, 신중하다, 사려 깊다

1졍덕 [TJYENG-TEK,-I] 원476 ☞ 뎡덕

2*졍덕 [TJYENG-TEK,-I] (貞德) 원550
불 Pureté, chasteté.
한 순수성, 순결함

*졍도 [TJYENG-TO] (正道) 원550
불 Doctrine vraie, droite, selon la raison.
한 진실된, 옳은, 이성에 따른 가르침

*졍동 [TJYENG-TONG,-I] (正東) 원550
불 Direct orient.
한 곧은 동쪽

*졍됴문안 [TJYENG-TYO-MOUN-AN,-I] (正朝問安) 원550
불 Saluer le roi le premier jour de l'an (les courtisans); réception des grands chez le roi pour le saluer le premier jour de l'an.
한 (조신들이) 한 해의 첫 번째 날 왕에게 인사드리다 | 한 해의 첫 번째 날 왕에게 인사하기 위해 왕궁에서 이루어지는 귀족들의 접견

졍드다 [TJYENG-TEU-TA,-TEU-RE,-TEUN] (托情) 원550
불 Qui est arrivé au comble, au sommet de l'affection; affectionné.
한 절정, 애정의 절정에 이르다 | 사랑받다

1*졍디 [TJYENG-TI] (情地) 원550
불 Etat de fortune, position pécuniaire.
한 재정 상태, 금전적 상황

2*졍디 [TJYENG-TI] (正志) 원550
불 Affection, sentiment, disposition.
한 애정, 감정, 의향

*졍력 [TJYENG-RYEK] (精力) 원549
불 Clarté, force; application; vertu; bon effet.
한 명확성, 힘 | 복용 | 효력 | 좋은 효과

1*졍리 [TJYENG-RI] (情理) 원549
불 Intimité.
한 친밀함

2*졍리 [TJYENG-RI] (正理) 원549
불 Vraie doctrine; doctrine vraie, juste, selon la droite raison.
한 참된 교리 | 도리에 따른 참된, 공정한 가르침

졍말ᄒᆞ다 [TJYENG-MAL-HĂ-TA] (實言) 원549
불 Parler suivant la vérité, ne pas tromper.
한 진실에 따라 말을 하다, 속이지 않는다

*졍명ᄒᆞ다 [TJYENG-MYENG-HĂ-TA] (精明) 원549
불 Avoir un bel esprit, beaucoup de raison.
한 재기가 있고, 이성적이다

*졍문 [TJYENG-MOUN,-I] (旌門) 원549
불 Porte rouge de la maison. Petite maison, cabane ou arcde-triomphe élevé par le gouvernement en l'honneur d'un fils respectueux envers ses parents, ou d'une femme héroïquement fidèle.
한 집의 붉은 문 | 부모에 대해 공손한 아들이나 영웅적으로 절조를 지키는 부인에 경의를 표하기 위해 정부에서 세운 작은 집, 오두막집, 또는 개선문

*졍미ᄒᆞ다 [TJYENG-MI-HĂ-TA] (精微) 원549
불 Admirable.
한 훌륭하다

*졍벌ᄒᆞ다 [TJYENG-PEL-HĂ-TA] (征伐) 원549
불 Vaincre les ennemis, les chasser, remporter la vic-

toire, battre l'ennemi.

한 적들을 무찌르다, 그들을 내쫓다, 승리를 쟁취하다, 적을 쳐부수다

[1*]**졍병** [TJYENG-PYENG,-I] (精兵) 원549

불 Soldat choisi, soldat d'élite, soldat valeureux, héros.

한 선택받은 군인, 정예 군인, 용감한 군인, 영웅

[2*]**졍병** [TJYENG-PYENG,-I] (鼎餠) 원549

불 Sorte de pâtisserie, esp. de beignets.

한 과자 종류, 튀김 요리의 종류

*__졍분__ [TJYENG-POUN,-I] (情分) 원549

불 Amitié, affection, intimité.

한 우정, 애정, 친밀함

졍빅이 [TJYENG-PĂIK-I] (白虎穴) 원549

불 Dessus de la tête, la partie du crâne entre le front et le sommet.

한 머리 위, 이마와 꼭대기 사이의 머리 부분

*__졍샹__ [TJYENG-SYANG] (情傷) 원549

불 Position difficile, état de gêne. Syn. 졍경 Tjyeng-kyeng.

한 어려운 위치, 곤란한 상태 | [동의어 졍경, Tjyeng-kyeng]

*__졍셔__ [TJYENG-SYE] (正西) 원549

불 Direct occident.

한 곧바른 서쪽

*__졍셔ᄒᆞ다__ [TJYENG-SYE-HĂ-TA] (正書) 원549

불 Composer un liver d'après le canevas, transcrire le brouillon, mettre au net.

한 초안에 따라 책을 저작하다, 초고를 베껴쓰다, 정서하다

졍셩ᄒᆞ다 [TJYENG-SYENG-HĂ-TA] (誠) 원549

불 S'efforcer, être dévoué pour ses parents; dévouement, piété, assiduité à l'égard des parents, des proches. Dévotion; tout le cœur; ferveur.

한 노력하다, 자신의 부모에게 헌신적이다 | 헌신, 경건한 마음, 부모, 친척들의 곁에 늘 붙어 있음 | 헌신 | 온 마음 | 열정

*__졍소ᄒᆞ다__ [TJYENG-SO-HĂ-TA] (呈訴) 원550

불 Présenter une pétition au mandarin.

한 관리에게 청원서를 제출하다

*__졍쇄ᄒᆞ다__ [TJYENG-SOAI-HĂ-TA] (整刷) 원550

불 Gai, agréable (v.g. chambre bien ornée, propre).

한 즐겁다, 기분 좋다 (예. 잘 꾸며진, 깨끗한 방)

[1*]**졍쇼ᄒᆞ다** [TJYENG-SYO-HĂ-TA] (精踈) 원550

불 Qui a peu d'affection, peu affectueux

한 애정이 별로 없다, 별로 다정하지 않다

[2*]**졍쇼ᄒᆞ다** [TJYENG-SYO-HĂ-TA] (呈訴) 원550

불 Présenter une requête au mandarin. Syn. 쇼지뎡ᄒᆞ다 Syo-tji-tyeng-hă-ta.

한 관리에게 탄원서를 제출하다 | [동의어 쇼지뎡ᄒᆞ다, Syo-tji-tyeng-hă-ta]

*__졍수__ [TJYENG-SYOU] (正數) 원550

불 Nombre juste.

한 정확한 수

졍슈리 [TJYENG-SYOU-RI] (頂) 원550

불 Dessus de la tête.

한 머리 위

*__졍슉ᄒᆞ다__ [TJYENG-SYOUK-HĂ-TA] (情熟) 원550

불 Qui est arrivé au comble, au sommet de l'affection.

한 절정, 애정의 절정에 이르다

졍스럽다 [TJYENG-SEU-REP-TA,-SEU-RE-OUE,-SEU-RE-ON] (多情) 원549

불 Aimable.

한 다정하다

*__졍승__ [TJYENG-SEUNG,-I] (政丞|相) 원549

불 Les trois premiers ministres. Les trois dignitaires qui sont immédiatement au-dessous du roi.

한 3명의 첫째 장관들 | 왕 바로 아래인 3명의 고관들

*__졍시__ [TJYENG-SI] (廷試) 원550

불 Licence (grade des licenciés).

한 학사학위 (학사학위 소지자들의 등급)

*__졍신__ [TJYENG-SIN,-I] (精神) 원550

불 Esprit, présence d'esprit, raison, pensée, sang-froid.

한 정신, 재치, 이성, 사고, 침착함

[1]**졍실** [TJYENG-SIL,-I] 원476 ☞뎡실

[2*]**졍실** [TJYENG-SIL,-I] (正室) 원550

불 Epouse.

한 아내

*__졍실곡__ [TJYENG-SIL-KOK,-I] (精實穀) 원550

불 Beau blé, blé bien préparé, bien épuré.

한 훌륭한 곡식, 잘 준비된, 잘 정제된 곡식

*__졍심__ [TJYENG-SIM,-I] (正心) 원550

불 Esprit recueilli, cœur sans trouble.

한 명상에 잠긴 정신, 동요 없는 마음

*__졍ᄉ__ [TJYENG-SĂ] (政事) 원549

[불] Administration, gouvernement. =ᄒᆞ다-hă-ta, Administrer, gouverner, régir.

[한] 행정, 정부 | [[용례] =ᄒᆞ다, -hă-ta], 다스리다, 지배하다, 관리하다

졍싀 [TJYENG-KKEUI] (원)549

[불] A peu près, environ.

[한] 거의, 대략

***졍언** [TJYENG-EN,-I] (正言) (원)548

[불] Nom d'une espèce de dignité, censeur (du roi).

[한] 고관 종류의 이름, (왕의) 검열관

***졍욕** [TJYENG-YOK,-I] (情慾) (원)548

[불] Passion (mauvaise), passion (du corps, de la chair) sentiment et désir.

[한] (나쁜) 격정, (몸, 살의) 격정, 감정과 욕구

***졍원** [TJYENG-OUEN,-I] (情愿) (원)548

[불] Désir, ambition.

[한] 욕구, 야망

***졍월** [TJYENG-OUEL,-I] (正月) (원)548

[불] 1re lune.

[한] 첫 번째 달

***졍의샹통** [TJYENG-EUI-SYANG-HTONG,-I] (情意相通) (원)548

[불] Communication des sentiments du cœur; sympathie; grande intimité.

[한] 마음의 감정을 소통함 | 호감 | 대단히 친밀함

졍쟝 [TJYENG-TJYANG,-I] (원)550

[불] Jeune soldat.

[한] 젊은 군인

***졍쟝ᄒᆞ다** [TJYENG-TJYANG-HĂ-TA] (呈狀) (원)550

[불] Présenter une pétition au mandarin, porter plainte au mandarin.

[한] 관리에게 청원서를 제출하다, 관리에게 하소연하다

1***졍졀** [TJYENG-TJYEL,-I] (貞節) (원)550

[불] Chasteté (se dit pour les veuves.).

[한] 정절 (과부들에 대해 쓴다)

2***졍졀** [TJYENG-TJYEL,-I] (情節) (원)550

[불] Affaire, état d'une affaire.

[한] 일, 일의 상태

***졍졀ᄒᆞ다** [TJYENG-TJYEL-HĂ-TA] (貞節) (원)550

[불] Etre chaste.

[한] 정숙하다

***졍졍ᄒᆞ다** [TJYENG-TJYENG-HĂ-TA] (貞貞) (원)550

[불] Qui a conservé sa force d'esprit et de corps (vieillard); être encore vert.

[한] (노인이) 정신과 신체의 힘을 유지했다 | 아직 원기 왕성하다

***졍제ᄒᆞ다** [TJYENG-TJYEI-HĂ-TA] (整齊) (원)550

[불] Préparer; être prêt; se disposer à, se préparer pour.

[한] 준비하다 | 채비를 갖추다 | ~할 채비를 하다, ~을 위해 준비하다

***졍죵** [TJYENG-TJYONG,-I] (疔瘇) (원)550

[불] Ffuroncle, abcès qui s'étend promptement. Furoncle aux articulations.

[한] 절종, 신속하게 퍼지는 종기 | 관절에 생기는 절종

***졍죵대왕** [TJYENG-TJONG-TAI-OANG,-I] (正宗大王) (원)550

[불] Nom du roi de Corée qui régnait lors de l'introduction de la religion catholique dans ce royaume (il mourut en 1820).

[한] 이 왕국에 가톨릭 종교가 도입될 때 통치하던 조선 왕의 이름 (1820년에 죽었다)

***졍지ᄒᆞ다** [TJYENG-TJI-HĂ-TA] (停止) (원)550

[불] Cesser, ne pas continuer.

[한] 멈추다, 계속하지 않다

***졍직희다** [TJYENG-TJIK-HEUI-TA,-HEUI-YE,-HEUIN] (守貞) (원)550

[불] Conserver, garder la continence, la chasteté

[한] 유지하다, 절제, 정절을 지키다

***졍직ᄒᆞ다** [TJYENG-TJIK-HĂ-TA] (正直) (원)550

[불] Droit, juste, sérieux, sincère, loyal.

[한] 올바르다, 공정하다, 진지하다, 성실하다, 충실하다

***졍ᄌᆞ** [TJYENG-TJĂ] (亭子) (원)550

[불] Petit pavillon construit sur le bord d'un fleuve ou dans tout autre endroit pittoresque, pour venir s'y amuser et jouir d'un beau coup d'œil, d'un panorama.

[한] 그곳에서 즐기고 아름다운 경관, 전경을 누리러 오기 위해, 큰 강가나 완전히 다른 그림 같은 장소에 지어진 작은 별장

졍ᄌᆞ나무 [TJYENG-TJĂ-NA-MOU] (亭子木) (원)550

[불] Arbre qui donne un bel ombrage et sert de lieu de réunion.

[한] 멋진 나무 그늘을 제공해 주고 모임 장소로 쓰이는 나무

***졍초** [TJYENG-TCHO] (正初) (원)550

[불] Les premiers jours de la première lune.

[한] 첫 번째 달의 처음 며칠

*졍츙신이 [TJYENG-TCHYOUNG-SIN-I] (鄭忠臣) [원] 550
[불] Nom de M. Tjyeng-tchyoung-sin-i.
[한] 정충신의 이름

*졍치ᄒᆞ다 [TJYENG-TCHI-HĂ-TA] (政治) [원] 550
[불] Manière d'administrer, règlement d'administration, gouverner, administrer (se dit du roi et des mandarins).
[한] 다스리는 방법, 행정 규정, 지배하다, 다스리다 (왕과 관리들에 대해 쓴다)

*졍친ᄒᆞ다 [TJYENG-TCHIN-HĂ-TA] (情親) [원] 550
[불] S'aimer d'une tendre affection, être très-amis, très-intimes.
[한] 다정한 애정을 갖고 서로 좋아하다, 아주 친하다, 아주 친밀하다

*졍침ᄒᆞ다 [TJYENG-TCHIM-HĂ-TA] (靖沉) [원] 550
[불] Se corriger, corriger une mauvaise habitude, renoncer à, interrompre l'habitude.
[한] 행실을 고치다, 나쁜 습관을 바로잡다, 습관을 그만두다, 중단하다

*졍ᄎᆡ [TJYENG-TCHĂI] (精彩) [원] 550
[불] Eclat, lustre, feu (des pierres précieuses, des yeux).
[한] (보석들의, 눈의) 광채, 광택, 빛

*졍톄 [TJYENG-HIYEI] (政體) [원] 550
[불] (Substance du gouvernement) manière d'administrer, règlement d'administration, administration, gouvernement.
[한] (정부의 본질) 다스리는 방식, 행정 규정, 행정, 정부

1*졍토ᄒᆞ다 [TJYENG-HTO-HĂ-TA] (征討) [원] 550
[불] Vaincre les ennemis.
[한] 적들을 무찌르다

2*졍토ᄒᆞ다 [TJYENG-HTO-HĂ-TA] (情吐) [원] 550
[불] Exprimer ses sentiments, en donner des marques.
[한] 자신의 감정을 표현하다, 그 증거를 보여주다

*졍표 [TJYENG-HPYO] (情表) [원] 549
[불] Gage d'amitié; présent d'amitié, marque d'intimité.
[한] 우정의 증거 | 우정의 선물, 친밀함의 증거

*졍향 [TJYENG-HYANG,-I] (正向) [원] 548
[불] Intention.
[한] 의도

*졍회 [TJYENG-HOI] (情懷) [원] 549
[불] Sentiments du cœur, pensée intime.
[한] 마음의 감정, 내면의 생각

*졍히 [TJYENG-HI] (正) [원] 548
[불] Directement, exactement, vraiment.
[한] 직접적으로, 정확하게, 정말로

1*졍ᄒᆞ다 [TJYENG-HĂ-TA] (淨) [원] 548
[불] Pur, propre, net.
[한] 순수하다, 깨끗하다, 정결하다

2*졍ᄒᆞ다 [TJYENG-HĂ-TA] (呈) [원] 548
[불] Porter plainte : intenter un procès.
[한] 고소하다 | 소송을 제기하다

3졍ᄒᆞ다 [TJYENG-HĂ-TA] (貞) [원] 548
[불] Chaste.
[한] 순수하다

1졔 [TJYEI] [원] 542
[불] Son, sa, ses, leur, leurs.
[한] 자신의, 자신의, 자신의, 그들의, 그들의

2*졔 [TJYEI] (祭) [원] 542
[불] Sacrifice, holocauste.
[한] 제사, 제물

3*졔 [TJYEI] (猪) [원] 542
[불] En agr. Porc.
[한] 한자어로 돼지

4제 [TJEI] [원] 542
[불] Son, sa, ses, leur, leurs. 제입으로 Tjei-ip-eu-ro, De sa propre bouche.
[한] 그의, 그녀의, 그의, 그들의, 그들의 | [[용례] 제입으로, Tjei-ip-eu-ro], 자기 자신의 입으로

5*제 [TJEI] (祭) [원] 542
[불] Au temps de, époque. 먹을제 Mek-eul-tjei, Le temps de manger.
[한] ~때에, 시대 | [[용례] 먹을제 Mek-eul-tjei], 먹을 때

*졔감ᄒᆞ다 [TJYEI-KAM-HĂ-TA] (除減) [원] 543
[불] Retrancher ; soustraire ; faire la soustraction ; diminuer, remettre une dette.
[한] 삭제하다 | 빼버리다 | 제거하다 | 줄이다, 빚을 면제해 주다

*졔관 [TJYĒI-KOAN,-I] (祭官) [원] 543
[불] Sacrificateur ; mandarin qui offre un sacrifice au nom du roi. Celui qui préside aux sacrifices des particuliers. Dignité du sacrifice.
[한] 제물을 바치는 사람 | 왕의 이름으로 제사를 하는 관리 | 개개의 제사를 주관하는 사람 | 제사의 고관직

*졔구 [TJYEI-KOU] (諸具) [원] 543
[불] Catalogue, liste de tous les objets qui ont servi à

une chose (v. g. à un mariage, à un enterrement, etc.) ; matériaux ; matière et instruments.

한 목록, 어떤 것에 쓰인 모든 물건의 목록(예. 결혼식에, 장례식에 등) | 재료 | 재료와 도구

[1]졔금 [TJYEI-KEUM,-I] (當金) 원543

불 Cymbales.

한 심벌즈

[2]졔금 [TJYEI-KEUM,-I] 원543

불 Chaque, chacun, en particulier, à part.

한 각각의, 각자, 특별히, 따로

*졔긔 [TJYĒI-KEUI] (祭器) 원543

불 Vases du sacrifice, pour mettre les offrandes, les chairs des victimes offertes.

한 봉헌물, 제공된 제물의 고기를 넣기 위한 제물 단지

*졔긔ᄒᆞ다 [TJYEI-KEUI-HĂ-TA] (提起) 원543

불 Se rappeler ; rappeler ; tirer de l'oubli. ‖ Commencer (act. et neut.) ‖ Donner naissance, exciter, causer.

한 상기하다 | 상기시키다 | 망각에서 끌어내다 | 시작하다 (능동과 자동) | 시작하다, 일으키다, 야기하다

*졔도 [TJYEI-TO] (制度) 원544

불 Façon (d'un habit), exécution d'un ouvrage (maison, etc.); architecture, manière dont un ouvrage est fait, est exécuté ; mode, manière de faire.

한 (의복의) 양식, 건축물 (집 등)의 제작 | 건축, 건축물이 만들어지는, 제작되는 방식 | 양식, 하는 방법

*졔독ᄒᆞ다 [TJYEI-TOK-HĂ-TA] (除毒) 원544

불 Contrepoison. Enlever la force du poison, désempoisonner, détruire l'effet du poison, le combattre par un remède.

한 해독제 | 독의 영향력을 제거하다, 독을 제거하다, 독의 효력을 파괴하다, 약으로 그것을 억제하다

*졔두 [TJYEI-TOU] (猪頭) 원544

불 Tête de porc, de sanglier ; hure.

한 돼지, 멧돼지의 머리 | 돼지 머리고기 요리

*졔ᄃᆡ [TJYĒI-TĂI] (祭臺) 원544

불 Autel.

한 제단

*졔량 [TJYEI-RYANG,-I] (濟輛) 원544

불 Bord de chapeau en bambou fabriqué à quelpaërt.

한 제주도에서 만들어진 대나무 모자의 챙

*졔렴ᄒᆞ다 [TJEI-RYEM-HĂ-TA] (除念) 원544

불 Rejeter les pensées d'inquiétude ; ne pas se mettre en peine de ; n'y plus penser.

한 불안한 생각을 떨쳐버리다 | ~을 걱정하지 않다 | 더 이상 그것을 생각하지 않다

*졔례 [TJYĒI-RYEI] (祭禮) 원544

불 Rit du sacrifice, sacrifice.

한 제사 의식, 제사

*졔례ᄒᆞ다 [TJYEI-RYEI-HĂ-TA] (除禮) 원544

불 Dispenser des rites, des cérémonies ; exempter des exigences du cérémonial ; abréger les cérémonies, et par suite supprimer, laisser de côté.

한 의례, 예식을 면제하다 | 예식의 요구사항을 면제하다 | 예식을 줄이고 그래서 폐지하다, 내버려 두다

*졔마 [TJYĒI-MA] (濟馬) 원543

불 Cheval de quelpaërt.

한 제주도의 말

졔면장ᄉᆞ [TJYEI-MYEN-TJANG-SĂ] 원543

불 Faire des instances pour vendre sa marchandise. Marchand qui sacrifie une partie de ses marchandises en les vendant à très-bon marché pour gagner les pratiques et se rattraper sur les autres.

한 상품을 팔기 위해 간청하다 | 단골손님들을 얻고 다른 상인들에 대해 뒤처지는 것을 메우기 위해 상품들의 일부를 아주 싼 가격에 팔면서 그것을 희생하는 상인

[1]*졔명ᄒᆞ다 [TJYEI-MYENG-HĂ-TA] (題名) 원543

불 Désigner par le nom ; nommer ; déterminer nommément, nominalement, nominativement.

한 이름으로 가리키다 | 명명하다 | 지명하여, 이름으로, 지명으로 결정하다

[2]*졔명ᄒᆞ다 [TJYEI-MYENG-HĂ-TA] (除名) 원543

불 Retrancher un nom. Rayer un soldat des rôles de l'armée.

한 이름을 삭제하다 | 징병 목록에서 한 군인을 [역주 줄을 그어] 삭제하다

*졔모 [TJYEI-MO] (猪毛) 원543

불 Soie, poil de porc.

한 명주, 돼지털

*졔문 [TJYĒI-MOUN,-I] (祭文) 원543

불 Eloge funèbre, compliment au défunt pendant le sacrifice qu'on fait aux parents morts.

한 조사, 죽은 부모에게 제사를 올리는 동안 고인에게 하는 조사

*졔물 [TJYĒI-MOUL,-I] (祭物) 원543

불 Matière du sacrifice ; objets, mets offerts en sacrifice ; objets qui servent au sacrifice.

ㅈ

한 희생물 | 희생물로 제공된 물건들, 요리들 | 희생물로 쓰이는 물건들

[1]*졔미 [TJYEI-MI] (猪尾) 원543

불 Queue de cochon (dont le sang, qui est froid comme la glace, sert de remède pour la petite vérole).

한 (얼음처럼 차가운 그 피가 천연두의 약으로 쓰이는) 돼지 꼬리

[2]*졔미 [TJYEI-MI] (祭米) 원543

불 Riz pour le sacrifice. ‖ Très-bon et beau riz écossé.

한 희생을 위한 쌀 | 아주 맛있고 보기 좋은 껍질을 깐 쌀

[1]*졔반 [TJYEI-PAN,-I] (除飯) 원543

불 Restes (de nourriture), restes de la table.

한 (음식의) 나머지, 식사의 나머지

[2]*졔반 [TJYEI-PAN,-I] (祭飯) 원543

불 Riz offert ou à offrir en sacrifice.

한 희생물로 제공된 또는 제공할 쌀

졔발 [TJYEI-PAL] 원543

불 Plaise à dieu que, de grâce (locution qui ajoute de la force aux verbes).

한 ~이면 좋겠는데, 제발 (동사에 강도를 더하는 표현)

졔발덕분 [TJYEI-PAL-TEK-POUN] 원543

불 En grâce, de grâce, (exclamation déprécatoire). Je vous supplie instamment (comme dans un sacrifice).

한 제발, 부디 (탄원의 감탄사) | (제사에서처럼) 간곡하게 간청합니다

졔밥도독 [TJYEI-PAP-TO-TOK,-I] 원543

불 Le plus grand ver à soie, qui mange tout.

한 모두 먹는 가장 큰 누에

*졔번ᄒᆞ다 [TJYEI-PEN-HĂ-TA] (除煩) 원543

불 En abrégé ; brièvement ; à peu près ; en substance. (dans les lettres) : aller au fait sans s'arrêter aux compliments.

한 요컨대 | 짧게 | 대략 | 요약하면 | (편지에서) : 인사말에 멈추지 않고 본론으로 들어가다

졔법 [TJYEI-PEP] (依數) 원543

불 A sa manière. = 됴타- tyo-hta, C'est assez bien, ce n'est pas mal dans son genre. ‖ Grande, tenue, toilette (se dit d'un homme qui, toujours en habit d'ouvrier, se met un jour en toilette).

한 자기 식으로 | [용례 = 됴타, - tyo-hta], 꽤 좋다, 나름대로 나쁘지 않다 | 정장, 단장 (항상 일꾼의 옷을 입지만 어느 날 단장을 하는 사람에 대해 쓴다)

*졔병 [TJYĒI-PYENG,-I] (祭餠) 원543

불 Gâteau de sacrifices, offert en sacrifice. ‖ Hostie, pain d'autel.

한 제물로 제공되는 제사의 과자 | 제물, 제단의 빵

*졔복 [TJYEI-POK,-I] (祭服) 원543

불 Vêtement pour le sacrifice. (Mot païen).

한 제사를 위한 의복 | (이교의 단어)

졔비 [TJYEI-PI] (燕) 원543

불 Hirondelle. 귀졔비 Koui-tjyei-pi, Le martinet. V. 명막이 Myeng-mak-i.

한 제비 | [용례 귀제비, Koui-tjyei-pi], 명매기 | [참조어 명막이, Myeng-mak-i]

졔비잡다 [TJYEI-PI-TJAP-TA,-TJAP-A,-TJAP-EUN] (抽籤) 원543

불 Tirer au sort. V. 져비 Tjye-pi ou 츄쳠 Tchyou-tchyem.

한 제비뽑다 | [참조어 져비, Tjye-pi] 또는 [참조어 츄쳠, Tchyou-tchyem]

*졔빈ᄒᆞ다 [TJYĒI-PIN-HĂ-TA] (濟貧) 원543

불 Aumône ; faire l'aumône, secourir les pauvres.

한 동냥 | 적선하다, 가난한 사람들을 도와주다

*졔ᄇᆡ [TJYEI-PĂI] (儕輩) 원543

불 Semblables, de même condition, de même âge, camarades.

한 같은 조건의, 같은 나이의 닮은 사람들, 동료들

졔ᄇᆡ간 [TJYEI-PĂI-KAN] 원543 ☞ 졔ᄇᆡ

*졔ᄇᆡᆨᄉᆞᄒᆞ다 [TJYEI-PĂIK-SĂ-HĂ-TA] (除百事) 원543

불 Laisser tout de côté pour…, quitter son ouvrage, laisser ses affaires pour…, renoncer à toute autre chose pour…

한 ~을 위해 모두 버려두다, 일을 그만두다, ~을 위해 자신의 일을 놓다, ~을 위해 다른 모든 것을 포기하다

*졔상 [TJYĒI-SANG,-I] (祭床) 원544

불 Table du sacrifice. (Mot païen).

한 제사의 식탁 | (이교의 용어)

*졔셕 [TJYĒI-SYEK,-I] (祭席) 원544

불 Natte du sacrifice.

한 제사의 돗자리

졔셕항하리 [TJYEI-SYEK-HANG-HA-RI] (異端缸) 원544

불 Vase dans lequel on conserve un peu de riz offert

au diable pour qu'il enrichisse la maison.

한 집을 부유하게 하기 위해 악마에게 바쳐진 쌀 조금을 보관하는 단지

*졔셩ᄒᆞ다 [TJYEI-SYENG-HĂ-TA] (題醒) 원544

불 Convertir, faire changer ; encourager, fortifier, exhorter.

한 바꾸다, 변하게 하다 | 북돋우다, 강화하다, 격려하다

졔슈ᄒᆞ다 [TJYEI-SYOU-HĂ-TA] (除授) 원544

불 Ordonner officiellement de sa propre autorité. Nommer, désigner à une dignité un homme qui n'a pas été proposé. Accorder une dignité par une faveur spéciale (le roi).

한 자기 자신의 권한으로 공식적으로 명하다 | 추천되지 않았던 사람을 고관으로 임명하다, 지명하다 | (왕이) 특별한 호의로 고관직을 부여하다

*졔슐 [TJYEI-SYOUL,-I] (題術) 원544

불 Versification, composition mesurée dont chaque vers est de 5 ou 7 pieds (à l'examen du baccalauréat). Etude de la poésie chinoise telle qu'elle sert aux examens.

한 시풍, (바칼로레아 시험에서) 각 행이 5음절 또는 7음절인 운율적인 작문| 시험에 쓰이는 대로 중국 시를 공부함

*졔ᄉᆞ [TJYĒI-SĂ] (祭祀) 원544

불 Sacrifice ; sacrifier, faire un sacrifice. (Mot païen et chrétien).

한 제사 | 제사 지내다, 제사를 지내다 | (이교의 그리고 기독교의 단어)

*졔안ᄒᆞ다 [TJYEI-AN-HĂ-TA] (除案) 원542

불 Effacer des listes, du registre, le nom d'un prétorien, d'un soldat, qui se retire entièrement. Dégrader un soldat, le retirer des rôles de d'armée.

한 목록, 장부에서 완전히 은퇴하는 친위병, 군인의 이름을 지우다 | 군인 자격을 박탈하다, 군대 징집 목록에서 그를 빼내다

*졔약국 [TJYEI-YAK-KOUK,-I] (劑藥局) 원542

불 Pharmacie où l'on prépare les paquets de remèdes.

한 약꾸러미를 준비하는 약국

*졔약ᄒᆞ다 [TJYEI-YAK-HĂ-TA] (劑藥) 원542

불 Mettre les remèdes en paquets selon les formules.

한 처방에 따라 약재를 꾸러미로 만들다

*졔어ᄒᆞ다 [TJYEI-E-HĂ-TA] (制御) 원542

불 Pousser, repousser (un ennemi, une tentation); parer un coup ; subjuguer ; vaincre ; résister et chasser (assaillant); contenir dans le devoir.

한 내몰다, (적, 유혹을) 배척하다 | 일격을 준비하다 | 정복하다 | 무찌르다 | 저항하고 (침략자를) 내쫓다 | 의무 속에 억제하다

*졔역하다 [TJYEI-YEK-HĂ-TA] (除役) 원542

불 Exemption des contributions ; être exempt des contributions. = ᄒᆞ여주다 - hă-ye-tjou-ta, Exempter des contributions ; exempter les soldats des autres corvées publiques.

한 세금 면제 | 세금이 면제되다 | [용례 =ᄒᆞ여주다, - hă-ye-tjou-ta], 세금을 면제하다 | 다른 공공 부역으로부터 군인들을 면제해 주다

졔우다 [TJYEI-OU-TA,-OUE,-OUN] 원543

불 Menacer, faire peur, effrayer par des menaces (pour empêcher de…).

한 위협하다, 두렵게 하다, (~하는 것을 막기 위해) 협박으로 무섭게 하다

*졔육 [TJYEI-YOUK,-I] (猪肉) 원543

불 Chair, viande de porc.

한 돼지의 살, 고기

*졔의 [TJYEI-EUI] (祭衣) 원543

불 Vêtement, habit, ornement pour le sacrifice. Chasuble.

한 옷, 의복, 제사를 위한 장식물 | 상제의[역주 上祭依]

*졔익 [TJYEI-IK,-I] (諸益) 원543

불 Tous les amis.

한 모든 친구

*졔잡담 [TJYEI-TJAP-TAM,-I] (除雜談) 원544

불 Ne pas ajouter de paroles, se taire ; cesser les discours frivoles ou qui ne sont pas ad rem.

한 말을 덧붙이지 않다, 침묵하다 | 시시하거나 질문에 대한 답변이 아닌 말을 그치다

*졔작 [TJYEI-TJYAK,-I] (制作) 원544

불 Façon, manière de faire. = ᄒᆞ다 - hă-ta, Faire, confectionner, construire.

한 방법, 하는 방식 | [용례 =ᄒᆞ다, - hă-ta], 만들다, 제조하다, 구성하다

1*졔졀 [TJYEI-TJYEL,-I] (諸節) 원544

불 Toutes les affaires, tous les détails de…

한 모든 일, ~의 세부 사항들

2*졔졀 [TJYEI-TJYEL,-I] (梯節) 원544

불 Degrés d'une échelle. Degrés au devant.

한 사다리의 계단들 | 앞의 계단들

*졔쪽 [TJYEI-TJYOK,-I] (諸族) ⑳544
불 Tous les parents, parenté, toute la famille.
한 모든 친척, 친척 관계, 온 집안

1*졔죵 [TJYEI-TJYONG,-I] (諸種) ⑳544
불 Toutes choses, tous les objets existants.
한 모든 것, 존재하는 모든 사물

2*졔죵 [TJYEI-TJYONG,-I] (諸宗) ⑳544
불 Tous les parents de même degré entre eux.
한 서로 같은 촌수의 모든 친척

*졔쥬싱면 [TJYEI-TJYOU-SĂING-MYEN,-I] (祭酒生面, (Sacrifice, vin, apparaître, figure)) ⑳544
불 Présenter le vin réuni dans un sacrifice commun, comme étant sa propriété, pour se faire valoir, par orgueil ou vanité ; présenter le bien d'une communauté comme son bien particulier ; se faire honneur du vin d'autrui en en régalant quelqu'un.
한 공동의 제사에서 모인 술을 자신의 소유물인 것처럼, 자화자찬하기 위해, 자만심이나 허영심으로 내놓다 | 공동체의 재산을 자신의 개인 재산을 내놓다 | 타인의 술을 자기 공으로 돌리다

*졔증 [TJYEI-TJEUNG,-I] (諸症) ⑳544
불 Toutes les maladies réunies ; plusieurs espèces de maladies.
한 결합된 모든 병 | 여러 종류의 병들

졔지내다 [TJYEI-TJI-NAI-TA,-NAI-YE,-NAIN] (奉祭) ⑳544
불 Sacrifier, faire des sacrifices, offrir un sacrifice, célébrer un sacrifice.
한 제물로 바치다, 제물로 만들다, 제물을 바치다, 제사를 올리다

*졔초ᄒᆞ다 [TJYEI-TCHO-HĂ-TA] (除草) ⑳544
불 Sarcler ; enlever, arracher les mauvaises herbes des champs.
한 풀을 뽑다 | 밭의 나쁜 풀들을 제거하다, 뽑다

*졔태 [TJYEI-HTAI] (祭太) ⑳544
불 Présents que le roi fait au fils ou aux descendants d'un homme qui s'est rendu utile à l'état, pour faire des sacrifies en son honneur. ‖ Paquet d'objets servant au sacrifice.
한 국가에 쓸모 있었던 사람의 아들이나 후손들에게, 그를 위해 제사를 지내기 위해 왕이 주는 선물 | 제사에 쓰이는 물건들의 꾸러미

*졔텽 [TJYĒI-HIYENG,-I] (祭廳) ⑳544
불 Maison ou chambre où l'on place les tablettes des parents défunts, pendant les trois années qui suivent le décès. (superst.). Cabane pour les sacrifices devant le tombeau.
한 사망에 이어 3년 동안 고인이 된 부모의 작은 패들을 놓아두는 집이나 방 | (미신) | 무덤 앞에 제사를 위해 있는 오두막집

*졔편 [TJYEI-HPYEN,-I] (祭餠) ⑳543
불 Gâteaux de sacrifices, offerts en sacrifice.
한 제물로 제공된 제사의 떡

*졔픔 [TJYEI-HPEUM,-I] (祭品) ⑳544
불 Matière de sacrifice.
한 제사의 재료

*졔피 [TJYEI-HPI] (猪皮) ⑳544
불 Peau de cochon, couenne, cuir de porc.
한 돼지 껍질, 돼지가죽, 돼지가죽

1*졔향 [TJYEI-HYANG,-I] (祭享) ⑳543
불 Sacrifice du roi ; sacrifice offert à confucius au nom du roi.
한 왕의 제사 | 왕의 이름으로 공자에게 바쳐진 제사

2졔향 [TJYEI-HYANG,-I] (祭香) ⑳543
불 Odeur de sacrifice dont se repait le génie.
한 수호신이 즐기는 희생물의 냄새

*졔헌ᄒᆞ다 [TJYEI-HEN-HĂ-TA] (祭獻) ⑳543
불 Offrir le sacrifice, faire l'offrande dans le sacrifice, offrir.
한 제사를 바치다, 제사에서 봉헌하다, 제공하다

*졔후 [TJYEI-HOU] (諸侯) ⑳543
불 Tributaire.
한 종속자

*졔후왕 [TJYEI-HOU-OANG,-I] (諸侯王) ⑳543
불 Roi tributaire, qui paie le tribut.
한 조공을 지불하는, 속국의 왕

1*졔ᄒᆞ다 [TJYĒI-HĂ-TA] (除) ⑳543
불 Retrancher, soustraire, faire une soustraction. Diminuer (act. et neut.).
한 삭제하다, 제거하다, 빼다 | 줄이다 (능동형과 자동형)

2*졔ᄒᆞ다 [TJYEI-HĂ-TA] (祭) ⑳543
불 Faire un sacrifice, offrir un sacrifice, sacrifier.
한 제사를 지내다, 제물을 바치다, 제물로 바치다

1조 [TJO] (粟) ⑳568
불 Millet.
한 조류의 곡물

[2]조 [TJO] (원)568

[불] Aconit (herbe, poison).

[한] 바곳 (풀, 독)

[3]* 조 [TJO] (朝) (원)568

[불] (Et non pas 죠 TJYO) en agr. Matin.

[한] (그리고 죠 TJYO가 아니라) 한자어로 아침

[4]* 조 [TJO] (早) (원)568

[불] En agr. De bonne heure, de bon matin.

[한] 한자어로 일찍, 아침 일찍

[5]* 조 [TJO] (兆) (원)568

[불] Un million.

[한] 100만

조각 [TJO-KAK,-I] (片) (원)570

[불] Morceau, pièce, rognure, portion, copeau, partie, fragment.

[한] 조각, 부분, 부스러기, 나누어진 부분, 부스러기, 일부, 단편

조고마흔 [TJO-KO-MA-HĂN] (원)570

[불] Petit.

[한] 작다

[1]조곰 [TJO-KOM] (小) (원)570

[불] Peu, un peu.

[한] 적게, 조금

[2]조곰 [TJO-KOM] (潮減) (원)570

[불] Temps des petites marées (le 8 et le 23 de la lune).

[한] 낮은 조수 시간(달의 8일과 23일)

[3]조곰 [TJO-KOM] (원)575 ☞ [2]죠곰

조곰아치 [TJO-KOM-A-TCHI] (원)575 ☞ 죠곰아치

*조과 [TJO-KOA] (早課) (원)570

[불] Prière du matin.

[한] 아침 기도

*조곽 [TJO-KOAK,-I] (條藿) (원)570

[불] Herbe marine (메역 Mei-ek) recueillie avant la saison.

[한] 계절이 오기 전에 딴 해초 (메역Mei-ek)

*조관ᄒᆞ다 [TJO-KOAN-HĂ-TA] (照管) (원)570

[불] Administration, attention; (mandarin, magistrat) gouverner, régir, administrer.

[한] 행정, 관심 | (관리, 사법관 관리) 통치하다, 지배하다, 관리하다

조구리다 [TJO-KOU-RI-TA,-RYE,-RIN] (跍) (원)570

[불] Etre accroupi, s'accroupir.

[한] 웅크리다, 쭈그리다

*조달ᄒᆞ다 [TJŌ-TAL-HĂ-TA] (早達) (원)574

[불] Précoce pour l'esprit: être encore jeune et savoir beaucoup; devancer les années par la sagesse.

[한] 정신이 조숙하다 | 아직 어리지만 많이 알다 | 현명함으로 여러 해를 앞서다

*조담ᄒᆞ다 [TJO-TAM-HĂ-TA] (助痰) (원)574

[불] Augmenter la bile, produire la pituite.

[한] 화를 상승시키다, 콧물을 나게 하다

*조당 [TJO-TANG,-I] (阻擋) (원)574

[불] Empêchement, opposition, obstacle. 혼ᄇᆡ조당 Hon-păi-tjo-tang, Empêchement de mariage. =ᄒᆞ다-hă-ta, Empêcher.

[한] 방해, 대립, 장애 | [[용례] 혼ᄇᆡ조당, Hon-păi-tjo-tang], 결혼 장애물 | [[용례] =ᄒᆞ다, -hă-ta], 방해하다

*조련ᄒᆞ다 [TJO-RYEN-HĂ-TA] (操鍊) (원)572

[불] Apprendre l'exercice militaire, s'exercer au maniement des armes, exercer des soldats.

[한] 군대 훈련을 배우다, 무기들을 조작하는 법을 연습하다, 군인들을 훈련시키다

조렷조렷ᄒᆞ다 [TJO-RYET-TJO-RYET-HĂ-TA] (원)572

[불] Etre inquiet (ne sachant pas si…), être troublé (pensant que peut-être…), être sur le qui-vive, craindre un peu, n'être par rassuré.

[한] (~인지 알지 못하여) 불안하다, (아마 ~일것이라고 생각하여) 동요되다, 수하를 믿다, 약간 두려워하다, 안심하지 않다

조로록조로록 [TJO-RO-ROK-TJO-RO-ROK] (원)573

[불] Bruit de la pluie tombant du toit; bruit de l'agitation des vagues, de l'eau sur les cailloux; clapotis. =ᄒᆞ다-hă-ta, Clapoter.

[한] 지붕에서 떨어지는 빗소리 | 파도가 출렁거리는, 자갈들 위의 물의 소리 | 찰랑거리는 소리 | [[용례] =ᄒᆞ다, -hă-ta], 찰랑거리다

*조롱 [TJO-RONG,-I] (譏弄) (원)573

[불] Moqueries, railleries, plaisanteries.

[한] 우롱, 빈정거림, 농담

*조롱ᄒᆞ다 [TJO-RONG-HĂ-TA] (譏弄) (원)573

[불] Plaisanter, se moquer, se jouer, attraper, railler (pour s'amuser, pour rire).

[한] 농담하다, 놀리다, 무시하다, 흉내 내다, (즐기기 위해, 웃기 위해) 비웃다

[1]조르다 [TJO-REU-TA,TJOL-NA,TJO-REUN] (원)573

[불] Insister; ennuyer pas ses demandes réitérées, par

ㅈ

ses importunités; importuner; tourmenter; excéder.
한 고집하다 | 반복된 요구로, 귀찮게 굴어서 난처하게 하다 | 귀찮게 굴다 | 괴롭히다 | 몹시 귀찮게 굴다

[2]조르다 [TJO-REU-TA,TJOL-NA,TJO-REUN] 원573
불 Serrer, rétrécir, lier fortement.
한 꽉 죄다, 좁히다, 강하게 연결하다

[1]조름 [TJO-REUM] (眠) 원572
불 Sommeil, assoupissement.
한 잠, 졸음

[2]조름 [TJO-REUM,-I] 원572
불 Ouïes des poissons.
한 생선들의 아가미

조릐 [TJO-REUI] (拯器) 원572
불 Espèce de petit panier à manche en forme de cuillère, pour prendre le riz dans l'eau où il a été lavé et laisser les pierres au fond.
한 숟가락 형태의 손잡이가 달린 작은 바구니 종류로, 쌀을 씻고 돌들이 바닥에 남는 물속에서 쌀을 얻기 위한 것이다

조릐도다 [TJO-REUI-TO-TA,-TOI-A,-TON] (回循) 원572
불 Faire circuler dans le marché un coupable, les mains attachées par derrière, la figure barbouillée de chaux, le dos chargé d'un tambour ou d'un tam-tam, qu'un satellite frappe par intervalles en criant: 《il a fait (telle faute), ne faites pas comme lui》.
한 시장에서 범죄자가 손을 위로 묶인 채, 얼굴은 석회로 칠한 채, 등에는 북이나 탐탐을 짊어진 채 돌아다니도록 하다. 부하가 "그가 (이런 잘못을) 했어요, 이 사람처럼 하지 마시오"라고 소리치며 간간이 때린다

조리다 [TJO-RI-TA,-RYE,-RIN] 원573
불 Abréger, diminuer.
한 줄이다, 축소하다

조ᄅᆞ다 [TJO-RĂ-TA,TJOL-NA,TJO-RĂN] 원572
불 Ennuyer.
한 지루하게 하다

*조만과 [TJO-MAN-KOA] (早晩課) 원570
불 Prières du matin et du soir.
한 아침과 저녁의 기도

*조면ᄒᆞ다 [TJO-MYEN-HĂ-TA] (阻面) 원570
불 Se séparer pour toujours, rompre entièrement toute relation.
한 영원히 헤어지다, 모든 관계를 완전히 끊다

조물쥬 [TJO-MOUL-TJYOU] (造物主) 원571
불 Créateur, dieu créateur.
한 창조주, 창조자 신

*조물ᄒᆞ다 [TJO-MOUL-HĂ-TA] (造物) 원570
불 Créer (dieu).
한 (신이) 창조하다

[1]*조미ᄒᆞ다 [TJO-MI-HĂ-TA] (造米) 원570
불 Ecosser (les céréales).
한 (곡식의) 껍질을 까다

[2]*조미ᄒᆞ다 [TJO-MI-HĂ-TA] (調味) 원570
불 Faire un mets dans lequel entrent toutes sortes d'ingrédients, d'épices, (gingembre, ail, ognon, huile, etc.); améliorer le goût.
한 모든 종류의 재료, 양념들(생강, 마늘, 양파, 기름 등)이 들어가는 음식을 만들다 | 맛을 더욱 좋게 하다

*조반 [TJO-PAN,-I] (早飯) 원572
불 Riz du matin, le déjeuner, repas du matin.
한 아침의 밥, 아침 식사, 아침의 식사

*조변셕개ᄒᆞ다 [TJO-PYEN-SYEK-KĂI-HĂ-TA] 원578
☞죠변셕개ᄒᆞ다

*조병ᄒᆞ다 [TJŌ-PYENG-HĂ-TA] (助病) 원572
불 Soigner un malade; aider, secourir un malade; lui rendre tous les services que réclame son état.
한 환자를 돌보다 | 환자를 돕다, 구조하다 | 그 상태가 요구하는 모든 도움을 그에게 주다

조비ᄒᆞ다 [TJO-PI-HĂ-TA] 원572
불 Préparer, donner un apprêt à une étoffe.
한 준비하다, 직물에 채비를 갖추다

*조셔 [TJO-SYE] (詔書) 원573
불 Composition de l'empereur de Chine. =ᄒᆞ다-hă-ta, Envoyer une lettre, un message (se dit d'un grand empereur qui envoie un message à un roi inférieur, son tributaire).
한 중국 황제의 작문 | [용례 =ᄒᆞ다, -hă-ta], 편지, 메시지를 보내다(하급의 왕, 그 종속자에게 메시지를 보내는 큰 황제에 대해 쓴다)

조셕 [TJO-SYEK,-I] 원578 ☞죠셕

*조셩ᄒᆞ다 [TJO-SYENG-HĂ-TA] (造成) 원573
불 Créer.
한 창조하다

*조속ᄒᆞ다 [TJO-SOK-HĂ-TA] (操束) 원573
불 Exhorter, exciter à bien faire.
한 격려하다, 잘하도록 자극하다

*조수ᄒᆞ다 [TJO-SOU-HĂ-TA] (操數) 원573

불 Compter.
한 세다

[1*]조식ᄒᆞ다 [TJŌ-SIK-HĂ-TA] (早食) 원573
불 Manger de bonne heure, de grand matin; le déjeuner.
한 일찍, 매우 아침 일찍 먹다 | 아침 식사

[2]조식ᄒᆞ다 [TJO-SIK-HĂ-TA] 원578 ☞죠식ᄒᆞ다

*조실부모 [TJO-SIL-POU-MO] (早失父母) 원573
불 Perdre ses parents jeune, être orphelin dès l'enfance, de bonne heure.
한 어려서 부모를 여의다, 어릴 때부터, 일찍부터 고아이다

조심ᄒᆞ다 [TJO-SIM-HĂ-TA] (小心) 원573
불 Faire attention, prendre garde, être sur ses gardes; prudent, attentif; précaution; prendre des précautions.
한 주의하다, 조심하다, 방심하지 않다 | 신중하다, 주의 깊다 | 신중함 | 미리 대비하다

조ᄉᆞ [TJŌ-SĂ] 원578 ☞ [1]죠ᄉᆞ

조아판 [TJO-A-HPAN,-I] 원569
불 Table sur laquelle on expose la marchandise.
한 상품을 진열하는 탁자

조아ᄑᆞᆯ다 [TJO-A-HPĂL-TA,-HPĂL-A,-HPĂN] (散賣) 원569
불 Vendre en détail.
한 소매로 팔다

[1*]조양 [TJO-YANG,-I] (早穰) 원569
불 Riz précoce, de la primeur, venu de bonne heure.
한 올된, 만물인, 일찍 자란 쌀

[2*]조양 [TJO-YANG,-I] (朝陽) 원569
불 Soleil du matin.
한 아침 해

[3]조양 [TJO-YANG,-I] 원574 ☞ 죠양

*조역 [TJO-YEK,-I] (助役) 원569
불 Secourir, aider pour un travail; donner un coup de main.
한 도와주다, 일을 도와주다 | 도와주다

*조요ᄒᆞ다 [TJO-YO-HĂ-TA] (照耀) 원570
불 Briller, (plusieurs feux) Etre illuminé, être brillant, être étincelant.
한 빛나다, (여러 불이) 밝혀지다, 빛나다, 반짝이다

조으다 [TJO-EU-TA,-EU-RE,-EUN] (睡) 원569
불 Sommeiller, faire des mouvements de tête en sommeillant, avoir envie de dormir.
한 졸다, 졸면서 머리를 움직이다, 자고 싶다

조이 [TJO-I] 원569
불 Dénonciateur, délateur.
한 밀고자, 밀고자

조이군 [TJO-I-KOUN,-I] 원569
불 Dénonciateur, délateur (v. g. celui qui indique la retraite d'un voleur).
한 밀고자, 밀고자(예. 도둑의 은신처를 알려주는 사람)

[1]조이ᄒᆞ다 [TJO-I-HĂ-TA] 원569
불 Dénoncer, indiquer la retraite d'un voleur.
한 고발하다, 도둑의 은신처를 알려주다

[2*]조이ᄒᆞ다 [TJO-I-HĂ-TA] (早移) 원569
불 Faire les semailles de bonne heure, ensemencer les semis avant les autres.
한 일찍 씨 뿌리다, 다른 사람들보다 앞서 파종하다

조작조작 [TJO-TJAK-TJO-TJAK] 원574
불 Désigne la manière de marcher peu assurée d'un petit enfant, d'un petit chien, etc.; se dit des mouvements encore incertains des petits enfants.
한 어린아이, 강아지 등이 자신 없이 걷는 방식을 가리킨다 | 어린아이들의 아직 불확실한 움직임에 대해 쓴다

*조작ᄒᆞ다 [TJO-TJAK-HĂ-TA] (造作) 원574
불 Créer.
한 창조하다

*조증 [TJO-TJEUNG,-I] (燥症) 원574
불 Feu à l'intérieur; dessèchement par suite de chagrin, d'inquiétude.
한 내부 화끈거림 | 고통, 걱정 뒤에 따르는 수척함

조짐박이ᄒᆞ다 [TJO-TJIM-PAK-I-HĂ-TA] 원574
불 Défendre de dire.
한 말하는 것을 금지하다

조차 [TJO-TCHA] (從) 원574
불 De, e, ex, a, ab, abs, (gouv. l'instrumental)
한 de, e, ex, a, ab, abs, (도구격을 지배한다)

조차가다 [TJO-TCHA-KA-TA,-KA,-KAN] (從去) 원574
불 Accompagner en allant.
한 가면서 동행하다

*조차뎐픠 [TJO-TCHA-TYEN-HPĂI] (造次顚沛) 원574
불 Un clin d'œil, comme l'éclair, un instant.
한 눈 깜짝할 사이, 번개처럼, 잠깐

조차오다 [TJO-TCHA-O-TA,-OA,-ON] (從來) 원574
불 Accompagner en venant.
한 오면서 동행하다

조찰ᄒᆞ다 [TJO-TCHAL-HĂ-TA] (潔淨) 원574
불 Propre, net, pur, chaste.
한 깨끗하다, 깔끔하다, 순수하다, 순결하다

조참이 [TJO-TCHAM-I] 원574
불 Substantif verbal de 좇다 Tjot-ta, accompagner, suivre.
한 동사 좇다 Tjot-ta의 명사, 동반하다, 따르다

[1]조청 [TJO-TCHENG,-I] (飴) 원574
불 Pâte de germe d'orge et de riz cuits ensemble. v. 엿 Yet.
한 보리싹과 쌀을 함께 익힌 반죽 | [참조어 엿, Yet]

[2*]조쳥 [TJO-TCHYENG,-I] (粗淸) 원574
불 Miel de rebut.
한 질이 나쁜 꿀

조촘조촘 [TJO-TCHOM-TJO-TCHOM] 원574
불 Regarder de côté et d'autre en se remuant en tous sens, de tous côtés.
한 모든 방향, 모든 쪽으로 움직이면서 이쪽저쪽을 보다

조춈조춈 [TJO-TCHYOM-TJO-TCHYOM] 원579 ☞죠춈죠춈

조취모산ᄒᆞ다 [TJO-TCHYOUI-MO-SAN-HĂ-TA] 원579 ☞죠취모산ᄒᆞ다

조타 [TJO-HTA,TJO-HA,TJO-HEUN] (好) 원574
불 Bien, bon, beau.
한 만족스럽다, 좋다, 훌륭하다

[1*]조텬ᄒᆞ다 [TJO-HTYEN-HĂ-TA] (朝天) 원574
불 Aller saluer l'empereur de Chine et lui offrir des présents (le roi en personne ou par ses ambassadeurs).
한 중국 황제에게 인사하러 가서 선물을 주다(왕이 직접 또는 그의 대사들을 통해)

[2*]조텬ᄒᆞ다 [TJO-HTYEN-HĂ-TA] (早天) 원574
불 Offrir sa composition de bonne heure, avant les autres.
한 다른 사람들보다 먼저, 일찍 자신의 답안을 제출하다

조포 [TJO-HPO] 원572
불 Esp. de pâte, le 두부 Tou-pou.
한 반죽의 종류, 두부 Tou-pou

*조합ᄒᆞ다 [TJO-HAP-HĂ-TA] (調合) 원570
불 Délayer ensemble, mêler en délayant (remèdes), faire un amalgame.
한 함께 녹이다, 녹이면서 섞다(약), 혼합하다

*조홍 [TJO-HONG,-I] (皀紅) 원570
불 Gris foncé et rouge. ‖ Excellent kaki.
한 짙은 회색과 붉은색 | 훌륭한 감

조힘셩 [TJO-HIM-SYENG,-I] (望心) 원570
불 Caractère vif, ardent.
한 격한, 불같은 성격

*조ᄒᆞ다 [TJO-HĂ-TA] (燥) 원570
불 Etre sec (caractère), se briser facilement, s'emporter facilement.
한 무뚝뚝하다(성격), 쉽게 좌절하다, 쉽게 화를 내다

[1*]족 [TJOK,-I] (足) 원570
불 Pied.
한 발

[2]족 [TJOK,-I] 원574 ☞ [1]족

족지개 [TJOK-TJI-KAI] 원570
불 Pincettes.
한 핀셋

족ᄌᆞ리 [TJOK-TJĂ-TI] 원570
불 Oreilles, anses d'un vase, poignées d'un vase.
한 손잡이, 그릇의 손잡이, 그릇의 손잡이

족치다 [TJOK-TCHI-TA,-TCHYE,-TCHIN] (碎) 원570
불 Briser en frottant entre ses mains, froisser (v. g. du papier).
한 제 손을 비비면서 부수다, (예. 종이)구기다

*족통 [TJOK-HTONG,-I] (足筒) 원570
불 Pieds d'animaux, pieds des grands animaux, la corne.
한 동물들의 발, 큰 동물들의 발, 뿔

족편 [TJOK-HPYEN,-I] 원570
불 Ragoût de pied de bœuf.
한 소의 발로 만든 스튜의 일종

*존 [TJON] (尊) 원571
불 (Devant les mots signifie:) grand, haut, élevé, illustre, noble, célèbre.
한 (단어 앞에서) 대단하다, 높다, 고결하다, 유명하다, 고귀하다, 저명하다를 뜻한다

*존경ᄒᆞ다 [TJON-KYENG-HĂ-TA] (尊敬) 원571
불 Honorer beaucoup; honneur.
한 많이 존경하다 | 명예

*존고ᄒᆞ다 [TJON-KO-HĂ-TA] (尊高) 원571
불 Etre haut, élevé, illustre, noble et renommé, excellent, grand.
한 높다, 고결하다, 유명하다, 고귀하고 명성이 높다, 훌륭하다, 위대하다

*존귀ᄒᆞ다 [TJON-KOUI-HĂ-TA] (尊貴) 원571

불 Elevé et rare, illustre et précieux, grand, noble.
한 고결하고 희귀하다, 저명하고 소중하다, 위대하다, 고귀하다

*존킥 [TJON-KĂIK,-I] (尊客) 원571
불 Hôte élevé, illustre, auguste, noble hôte.
한 높은, 유명한, 존엄한 손님, 고귀한 손님

*존독존독ᄒᆞ다 [TJON-TOK-TJON-TOK-HĂ-TA] 원571
불 Un peu mou et élastique.
한 약간 무르고 유연하다

*존ᄃᆡᄒᆞ다 [TJON-TĂI-HĂ-TA] (尊待) 원571
불 Recevoir grandement, avec pompe; traiter (un hôte, un étranger) avec honneur, d'une manière grandiose, imposante.
한 넉넉히, 성대하게 대접하다 | (주인, 이방인을) 예의를 갖춰, 웅장한, 위엄 있는 방식으로 대접하다

*존망 [TJON-MANG,-I] (存亡) 원571
불 Existence ou non existence, vie et mort, conservation et ruine. =ᄒᆞ다-hă-ta, Etre ou n'être pas, vivre ou être mort.
한 존재 또는 비존재, 삶과 죽음, 보존과 폐허 | [용례 =하다, -hă-ta], 있다 또는 없다, 살다 또는 죽다

*존문 [TJON-MOUN,-I] (尊問) 원571
불 Lettre en blanc qu'un mandarin ou un noble élevé adresse à un individu su la recommandation d'un ami, afin de donner du renon à ce protégé (le porteur, en cherchant le destinataire, fait connaître partout que celui-ci reçoit un message de haut lieu, et lui fournit ainsi l'occasion d'être considéré comme un personnage important). ‖ Dans les lettres, formule honorifique : comment vous portez-vous?
한 친구의 추천으로 관리 또는 높은 귀족이 한 개인에게 보내는 하얀 편지로, 이 피보호자에게 명성을 부여하기 위해서이다 (전달자가 수취인을 찾으면서 이 사람이 높은 곳으로부터 메시지를 받는다는 것을 사방에 알리고 그렇게 그에게 중요한 인물로 간주될 기회를 제공한다) | 편지에서 존대의 관례적인 문구 : 어떻게 지내십니까?

*존비 [TJON-PI] (尊卑) 원571
불 Elevé et bas, haut et vil; noblesse et bassesse.
한 높고 낮다, 높고 비천하다 | 고귀함과 천함

*존슝ᄒᆞ다 [TJON-SYOUNG-HĂ-TA] (尊崇) 원571
불 Haut, élevé, illustre, auguste, excellent; honorer, traiter avec honneur.
한 높다, 고결하다, 유명하다, 존엄하다, 훌륭하다 | 존경하다, 예의를 갖춰 대우하다

*존시 [TJON-SI] (尊侍) 원571
불 Supérieur et inférieur, noble et vil ‖ Homme plus âgé de 14 ou 15 ans, du même âge à peu près que le père (quand il n'y a que 5 ou 6 ans de différence, on se traite en amis, en camarades, familièrement; s'il y a 10 ans, on traite le plus âgé comme un suprérieur).
한 상급과 하급, 고귀하고 비천하다 | 아버지와 거의 같은 나이의, 14살 또는 15살 나이가 더 많은 사람(다섯 살이나 여섯 살 차이만 있을 때, 서로 친구로, 동무로 격식을 차리지 않고 대한다. 열 살이라면 더 나이 많은 사람을 윗사람으로 대우한다)

*존엄ᄒᆞ다 [TJON-EM-HĂ-TA] (尊嚴) 원571
불 Haut et sévère, illustre, auguste, majestueux, pompeux, grave, excellent; être grand et important.
한 높고 엄격하다, 유명하다, 존엄하다, 위엄 있다, 엄숙하다, 근엄하다, 훌륭하다 | 대단하고 중요하다

*존위 [TJON-OUI] (尊位) 원571
불 Dignité très-élevée. ‖ Personne élevée, illustre. ‖ Noble ou maire qui dirige les affaires d'un village, un des trois hommes d'affaires d'un village ou d'un quartier de la capitale.
한 아주 높은 고관직 | 높은, 유명한 사람 | 마을의 일을 좌지우지하는 귀족이나 시장, 수도의 마을이나 구역의 일을 담당하는 3인 중 한 명

*존쟝 [TJON-TJYANG,-I] (尊丈) 원571
불 Homme respectable, homme excellent, élevé (v. g. ami du père). Noble seigneur (terme honorifique en parlant à un homme âgé).
한 존경받을 만한 사람, 훌륭한, 고결한 사람(예. 아버지의 친구) | 존귀한 나리 (나이 많은 사람에게 말하면서 쓰는 경어)

*존젼 [TJON-TJYEN,-I] (尊前) 원571
불 Devant un haut personnage. Noble père.
한 높은 인물 앞에서 | 위엄 있는 아버지

*존졀ᄒᆞ다 [TJON-TJYEL-HĂ-TA] (遵節) 원571
불 Tempérant, frugal, sobre; prendre juste le suffisant, prendre avec réserve; économe.
한 절제하다, 검소하다, 절도 있다 | 충족시켜줄 것만 갖다, 신중하게 갖다 | 검소하다

*존즁ᄒᆞ다 [TJON-TJYOUNG-HĂ-TA] (尊重) 원571
불 Elevé et précieux (v. g. calice); grand et respectable (homme); noble et grave.
한 (예. 술잔) 고급이고 값지다 | 대단하고 존경받을

만하다 (사람) | 고귀하고 근엄하다

*존톄 [TJON-HIYEI] (尊體) [원]571

[불] Corps illustre, précieux, auguste (v. g. le corps du roi, etc.). ‖ Dans les lettres: votre noble personne.

[한] 유명한, 소중한, 존엄한 몸(예. 왕의 몸 등) | 편지에서 : 고귀하신 분

*존호 [TJON-HO] (尊號) [원]571

[불] Nom, nom illustre (honorif.), nom noble.

[한] 이름, 유명한 이름(경칭), 고귀한 이름

1*졸 [TJOL,-I] (卒) [원]572

[불] Soldat, pion aux échecs.

[한] 군인, 체스에서의 졸

2졸 [TJOL,-I] [원]572

[불] Esp. d'ail, d'ognon dont on ne mange que la feuille, esp. de petite ciboule à feuille plate.

[한] 그 잎만 먹는 마늘, 양파의 종류, 잎이 평평한 작은 파의 종류

졸가리 [TJOL-KA-RI] (孽木) [원]573

[불] Petite branche d'arbre, baguette, extrémité mince d'une branche; tronc, tige, grosse nervure des feuilles.

[한] 작은 나뭇가지, 막대기, 나뭇가지의 얇은 끝 | 줄기, 대, 잎의 굵은 잎맥

*졸경 [TJOL-KYENG,-I] (卒更) [원]573

[불] Patrouille de nuit, garde de nuit.

[한] 야간 순찰, 밤 당직

*졸경군 [TJOL-KYENG-KOUN,-I] (卒更軍) [원]573

[불] Ceux qui font la garde de nuit.

[한] 밤 당직을 서는 사람들

졸경도다 [TJOL-KYENG-TO-TA,-TO-RA,-TON] (循卒更) [원]573

[불] Faire la ronde de nuit.

[한] 밤 순찰을 하다

*졸곡 [TJOL-KOK,-I] (卒哭) [원]573

[불] Cesser les pleurs, les cris, les gémissements cinq ou six jours après les funérailles. (Superst.)

[한] 장례식이 끝난 5일이나 6일 후에 울음, 외침, 탄식을 멈추다 | (미신)

*졸기 [TJOL-KĂI] (卒介) [원]573

[불] Valet, domestique, suivant. ‖ Le dernier, le plus bas.

[한] 하인, 하인, 수행원 | 최하위의 사람, 가장 낮은 사람

*졸난변통 [TJOL-NAN-PYEN-HTONG] (猝難變通) [원]573

[불] Difficile à préparer tout de suite, à trouver si promptement; c'est bien difficile à arranger.

[한] 바로 준비하기, 그렇게 신속하게 찾는 것이 어렵다 | 정돈하기 아주 어렵다

졸낭졸낭 [TJOL-NANG-TJOL-NANG] [원]573

[불] Désigne la manière de marcher peu assurée d'un petit enfant, d'un petit chien: manière de marcher sans dignité.

[한] 어린아이, 강아지가 자신 없게 걷는 모양을 가리킨다 : 품위 없이 걷는 모양

졸내졸내 [TJOL-NAI-TJOL-NAI] [원]573

[불] Manière de marcher peu assurée d'un petit enfant, d'un petit chien, etc.; manière de marcher sans dignité, en trottinant.

[한] 어린아이, 강아지 등의 자신 없이 걷는 모양 | 품위 없이, 종종걸음으로 걷는 모양

졸니다 [TJOL-NI-TA,-NYE,-NIN] [원]573

[불] Etre ennuyé par les demandes répétées, par les importunités; être importuné, tourmenté.

[한] 반복된 요구, 성가신 재촉으로 난처하다 | 성가시다, 고통받다

1졸다 [TJOL-TA,TJOL-A,TJON] (眠) [원]573

[불] Sommeiller, faire des mouvements de tête dans un assoupissement, être assoupi.

[한] 졸다, 졸면서 머리를 움직이다, 선잠이 들다

2졸다 [TJOL-TA,TJOL-A,TJON] (煎縮) [원]573

[불] Se réduire, diminuer (v. neuf.).

[한] 줄어들다, 줄어들다 (자동사)

*졸디에 [TJOL-TI-EI] (猝地) [원]573

[불] Vite, à l'improviste, subitement.

[한] 빨리, 뜻밖에, 급작스레

졸막졸막 [TJOL-MAK-TJOL-MAK] [원]573

[불] Désigne les inégalités d'un sas plein de petits objets (v. g. de châtaignes, de pommes de terre, etc.). Etre de surface inégale, couvert d'aspérités. ‖ Etre fréquemment interrom pu. a bâtons rompus.

[한] 작은 물건들(예. 밤, 감자 등)로 가득한 자루의 울퉁불퉁함을 가리킨다 | 표면이 울퉁불퉁하다, 우툴두툴함으로 덮이다 | 자주 중단되다 | 두서없이

*졸부 [TJOL-POU] (猝富) [원]573

[불] Homme à l'aise, qui a le suffisant pour vivre, un peu riche, pas beaucoup. =되다-toi-ta, Devenir tout-à-coup riche, se trouver dans une certaine aisance.

한 사는 데 충분한 것이 있는, 약간 부유하지만 많지는 않은, 살림이 넉넉한 사람 | [용례 =되다, -toi-ta], 갑자기 부자가 되다, 어느 정도 여유가 있다

*졸셰 [TJOL-SYEI] (卒世) 원573

불 Jusqu'à la fin des temps, pour toujours, toujours, in œternum.

한 세상이 끝날 때까지, 영원히, 언제나, 〈영구히〉

*졸셰ᄒᆞ다 [TJOL-SYEI-HĂ-TA] (卒歲) 원573

불 Passer l'année (compliments de bonne année).

한 해를 보내다 (새해의 복을 비는 축사)

졸ᄉᆞᄒᆞ다 [TJOL-SĂ-HĂ-TA] (猝死) 원573

불 Mourir subitement.

한 급작스럽게 죽다

*졸연이 [TJOL-YEN-I] (猝然) 원572

불 Vite, prompt, tout à coup, subitement.

한 빨리, 지체 없다, 갑자기, 급작스레

*졸쟝부 [TJOL-TJYANG-POU] (拙丈夫) 원573

불 Homme mesquin, pingre, petit d'esprit, timide, sans énergie.

한 쩨쩨한, 인색한, 편협한, 소심한, 힘이 없는 사람

*졸직ᄒᆞ다 [TJOL-TJIK-HĂ-TA] (拙直) 원573

불 Etre mesquin, petit (d'esprit).

한 쩨쩨하다, (정신이) 편협하다

졸콤졸콤 [TJOL-HKOM-TJOL-HKOM] 원573

불 En détail, peu à peu, petit à petit.

한 상세하게, 조금씩, 조금씩

졸토 [TJOL-HOT] 원573

불 Le dernier, le plus bas. || Petit lièvre (inj.) c.a.d. poltron, petit esprit.

한 최하위의 사람, 가장 낮은 사람 | 작은 토끼 (욕설) 즉 겁쟁이, 편협한 사람

졸피다 [TJOL-HPI-TA,-HPYE,-HPIN] (狹) 원573

불 Mesquin, étroit, petit (cœur, esprit): se dit d'un homme de mauvaise nature, dont on ne peut rien tirer (comme du bœuf dur).

한 쩨쩨하다, 옹졸하다, (마음, 정신이) 편협하다 : (둔한 소처럼) 아무것도 얻을 수 없는, 본성이 나쁜 사람에 대해 쓴다

*졸한 [TJOL-HAN,-I] (猝寒) 원573

불 Froid subit, froid qui vient subitement.

한 급작스러운 추위, 급작스럽게 오는 추위

*졸ᄒᆞ다 [TJOL-HĂ-TA] (拙) 원573

불 Mesquin, petit (esprit, cœur); être de petit esprit, de peu de courage, n'avoir pas l'âme grande.

한 쩨쩨하다, (정신, 마음) 편협하다 | 편협하다, 용기가 없다, 마음이 크지 않다

[1]좀 [TJOM,-I] 원570

불 Direction d'un fusil qu'on tire.

한 총을 쏘는 방향

[2]좀 [TJOM,-I] (拳) 원570

불 Poing fermé, poignée, plein la main.

한 쥔 주먹, 줌, 손 가득

[3]좀 [TJOM] (少) 원570

불 Peu, un peu; petit.

한 조금, 약간 | 작다

[4]좀 [TJOM] 원570

불 En agr. Défectueux, mauvais.

한 한자어로 결함이 있다, 나쁘다

좀것 [TJOM-KET,-SI] (細物) 원571

불 Petite et mauvaise chose (terme de mépris); homme méprisable.

한 작고 나쁜 것(경멸 용어) | 멸시할 만한 사람

좀놈 [TJOM-NOM,-I] (細人) 원571

불 Mesquin (esprit); homme méprisable, mal né.

한 쩨쩨하다 (정신) | 무시해도 상관없는, 낮은 가문의 사람

좀더 [TJOM-TE] (少加) 원571

불 Encore un peu plus.

한 다시 조금 더

좀덜 [TJOM-TEL] (少許) 원571

불 Un peu moins.

한 약간 적게

좀도젹 [TJOM-TO-TJYEK,-I] (蠹賊) 원571

불 Petit voleur, voleur de choses de peu de valeur.

한 하찮은 도둑, 값어치가 별로 없는 물건들을 훔치는 도둑

좀뒤 [TJOM-TOUI] (弓手後) 원571

불 Côté gauche (opposé au bassinet) d'un fusil qu'on tire. || Au delà du but (tir). || Le dos du poing fermé.

한 발사하는 총의 (도화선부에 대칭되는) 왼쪽면 | 과녁 너머(조준) | 쥔 주먹의 등

좀숌씨 [TJOM-SYOM-SSI] (拙手) 원571

불 Maladroit; petite adresse des mains, peu d'adresse.

한 서투르다 | 시시한 손재주, 솜씨가 별로 없다

좀압 [TJOM-AP,-I ou -HI] (弓前) 원570

불 Côté de droite (côté du bassinet) d'un fusil qu'on tire.

‖ En deçà du but (tir).
한 발사하는 총의 오른쪽 면(도화선부 쪽) | 과녁 이쪽에 (조준)

좀일 [TJOM-IL,-I] (小事) 원570
불 Petite affaire, bagatelle, chose de peu d'importance.
한 사소한 일, 쓸데없는 일, 중요하지 않은 일

좀텨로 [TJOM-HTYE-RO] 원571
불 Un tant soit peu. ‖ Trop faible, à cause de la faiblesse.
한 조금이라도 | 매우 약하다, 약해서

좀톄썻 [TJOM-HTYEI-KKET,-SI] (細物) 원571
불 Chose de peu de valeur.
한 가치가 별로 없는 것

좀통 [TJOM-HTONG,-I] (弓中筒) 원571
불 Poignée de l'arc au milieu; endroit où l'on saisit l'arc d'une main pour décocher une flèche (c'est le milieu de l'arc que l'on tient de la main droite ou de la main gauche).
한 가운데에 있는 활의 손잡이 | 화살을 쏘기 위해 손으로 활을 잡는 곳(오른손이나 왼손으로 잡는 활 가운데이다)

좀팡이 [TJOM-HPANG-I] 원571
불 Mesquin, vain(esprit et corps); homme ou chose de rebut.
한 쩨쩨하다, (정신과 몸이) 경박하다 | 질이 매우 나쁜 사람 또는 물건

좃다 [TJOT-TA,TJOT-TCHA,TJOT-TCHAN] (從) 원574
불 Suivre, aller à la suite, accompagner en suivant.
한 뒤따르다, 뒤따라서 가다, 뒤따르며 수행하다

*종 [TJONG,-I] (種) 원571
불 Espèce (numéral d'objets).
한 종류(물건을 세는 수사)

*종가 [TJONG-KA] (宗家) 원572
불 Le fils aîné, la branche aînée, la maison du fils aîné, la maison de l'aîné de la famille.
한 맏아들, 손위의 분파, 맏아들의 집안, 가족 중 장남의 집안

*종계 [TJONG-KYEI] (宗契) 원572
불 Société de parents qui prètent de l'argent à intérêt; masse générale dont les intérêts servent à différentes œuvres communes à la famille; association d'argent entre membres d'une même famille.
한 이자를 받고 돈을 빌려주는 친척 모임 | 그 이자가 가족 공통의 다양한 일에 쓰이는 추렴 | 같은 가족 구성원들 사이에서의 돈과 관련한 단체

종고리 [TJONG-KO-RI] (小筐) 원572
불 Petite corbeille ronde, toute petite moitié de calebasse, moitie de petite courge qui sert de vase.
한 작고 둥근 바구니, 호리병박의 아주 작은 반, 그릇으로 쓰이는 작은 호리병박의 반

종고리다 [TJONG-KO-RI-TA,-RYE,-RIN] (聳) 원572
불 Remuer, dresser les oreilles (se dit des animaux, v. g. cheval).
한 움직이다, 귀를 쫑긋 세우다(동물들, 예. 말에 대해 쓴다)

종곳종곳ᄒᆞ다 [TJONG-KOT-TJONG-KOT-HĂ-TA] 원572
불 Désigne le mouvement des plantes qui, penchées à cause de la chaleur du soleil, se relèvent, le matin, ranimées par la fraîcheur de la nuit, de la rosée. ‖ Agiter les oreilles ou le nez, les dresser.
한 태양의 열기 때문에 숙여졌다가 밤의, 이슬의 냉기에 의해 다시 생기를 찾아 다시 바로 서는 식물들의 움직임을 가리킨다 | 귀 또는 코를 움직이다, 그것들을 세우다

*종과 [TJONG-KOA] (宗科) 원572
불 Examen de baccalauréat; où ne sont admis que les parents du roi; examens pour les seuls membres de la famille royale.
한 바칼로레아 시험 | 왕의 친척들에게만 허용되는 | 왕족들만을 위한 시험

종구리 [TJONG-KOU-RI] (小筐) 원572
불 Toute petite moitié de calebasse.
한 호리병박의 아주 적은 반

종긋종긋ᄒᆞ다 [TJONG-KOUT-TJONG-KOUT-HĂ-TA] 원572
불 Agiter les oreilles ou le nez, les dresser (les gros animaux).
한 (큰 동물들이) 귀 또는 코를 흔들다, 귀나 코를 세우다

*종답 [TJONG-TAP,-I] (宗畓) 원572
불 Rizière achetée en commun par des parents, afin d'en employer le revenu à faire des sacrifices pour les ancêtres; rizières affectées à l'entretien de la branche aînée de la famille et aux sacrifices dont elle est chargée.
한 조상들에게 제사를 지내는 데에 그 수입을 사용하기 위해 친척들이 공동으로 구입한 논 | 집안의 장자계의 생계와 장자계가 맡은 제사에 할당된 논

*종도 [TJONG-TO] (宗徒) 원572
불 Apôtre.

한 사도

*종도신경 [TJONG-TO-SIN-KYENG,-I] (宗徒信經) 원572

불 Symbole des Apôtres.

한 사도신경

종ᄃᆞ리 [TJONG-TĂ-RI] 원572

불 Alouette.

한 종달새

종ᄃᆞᆯ새 [TJONG-TĂL-SAI] 원572 ☞종ᄃᆞ리

종발 [TJONG-PAL,-I] (小沙鉢) 원572

불 Tout petit vase dans lequel on sert la saumure, etc. sur une table; tasse profonde.

한 식탁에서 소금물 등을 담아 대접하는 아주 작은 그릇 | 깊은 잔

*종손 [TJONG-SON,-I] (宗孫) 원572

불 Descendants de l'aîné par les aînés, par la branche aînée. L'aîné de la branche aînée de la famille, le premier en titre des descendants directs.

한 장남들에 의한, 장자계에 의한 장남의 후손들 | 집안의 장자계의 장남, 직계 후손 자격을 지닌 첫째

*종실 [TJONG-SIL,-I] (宗室) 원572

불 Parents du roi, ceux. Qui descendent d'une même souche que le roi, qui ont le même nom. Famille royale.

한 왕의 친척들 | 왕과 같은 선조로부터 내려오는 같은 성을 가진 사람들 | 왕가

*종씨 [TJONG-SSI] (宗氏) 원572

불 Parents, tous ceux qui descendent d'une même souche, ont le même nom (et non pas les alliés). ‖ Cousin. Monsieur mon cousin, (ainsi s'appellent entre eux tous les parents très-éloignés).

한 친척들, 같은 시조에서 내려오는, 같은 성을 가진 (그리고 인척은 아닌) 모든 사람 | 사촌 | 내 사촌님 (아주 먼 모든 친척이 서로 이렇게 부른다)

종알종알ᄒᆞ다 [TJONG-AL-TJONG-AL-HĂ-TA] 원571

불 Murmurer, marmonner; se dit du bruit d'un petit enfant qui commence à parler et qui exprime des sons et non des paroles.

한 중얼거리다, 웅얼대다 | 말을 하기 시작하고 말이 아닌 음성을 표현하는 어린아이의 소리에 대해 쓴다

종업다 [TJONG-EP-TA] (無終向) 원571

불 Sans prudence, sans sagesse; étourdiment; absurde; qui n'a pas de raison.

한 조심성 없이, 현명하지 못하게 | 경솔하게 | 부조리하다 | 이치에 맞지 않다

종종거리다 [TJONG-TJONG-KE-RI-TA,-RYE,-RIN] 원572

불 Aller et venir, ne pas demeurer en place. ‖ Murmurer, marmonner (se dit surtout des femmes).

한 가고 오다, 제자리에 머물지 않다 | 중얼거리다, 웅얼대다(특히 여자들에 대해 쓴다)

*종즁 [TJONG-TJYOUNG,-I] (宗中) 원572

불 Assemblés de parents; entre parents; dans la famille.

한 친척들의 모임 | 친척들 사이에서 | 가족 내에서

*종지 [TJONG-TJI] (宗志) 원572

불 Première pensée, premier sentiment.

한 첫 번째 생각, 첫 번째 감정

*종ᄌᆞ [TJONG-TJĂ] (種子) 원572

불 Très-petite tasse.

한 매우 작은 찻잔

*종친 [TJONG-TCHIN,-I] (宗親) 원572

불 Parents du roi (de même nom), les proches parents du roi, la famille royale.

한 (같은 성의) 왕의 친척들, 왕의 가까운 친척들, 왕가

*종통 [TJONG-HTONG] (宗統) 원572

불 La descendance directe par l'aîné. ‖ Résumé, sommaire, tête. Abrégé (v. g. péchés capitaux, qui sont la tête des autres).

한 장남에 의한 직계 후손 | 요약, 약술, 시작 | 개요 (예. 다른 것들에 앞서는 중대한 죄)

*종파 [TJONG-HPA] (宗派) 원572

불 Fils aîné, branche aînée d'une famille.

한 장남, 집안의 장자계

*종회ᄒᆞ다 [TJONG-HOI-HĂ-TA] (宗會) 원571

불 Assemblée de famille; se rassembler, tenir un conseil de famille (parents, membres de la famille), réunir toute la famille.

한 집안의 모임 | 집결하다, 집안(친척들, 가족 구성원들) 회의를 열다, 가족 전체를 모으다

1*좌 [TJOA] (左) 원568

불 Gauche, côté gauche. (En Corée, la gauche est le côté le plus hônorable; elle a le pas sur la droite).

한 왼쪽, 왼쪽 | (조선에서 왼쪽은 더 명예로운 쪽이다 ; 왼쪽은 오른쪽의 우위에 있다)

2*좌 [TJOA] (座) 원568

불 Natte, siége, trône.

한 돗자리, 자리, 왕좌

*좌긔ᄒᆞ다 [TJOA-KEUI-HĂ-TA] (座起) 원569
불 Expédier une affaire, juger.
한 일을 신속하게 처리하다, 판단하다

*좌뎡ᄒᆞ다 [TJOA-TYENG-HĂ-TA] (座定) 원569
불 S'asseoir, prendre un siége, fixer au siége.
한 앉다, 자리를 잡다, 자리를 고정시키다

*좌르르 [TJOA-REU-REU] 원569
불 Bruit v. g. de graines qui tombent avec rapidité d'un sac percé.
한 예. 구멍이 뚫린 자루로 빠르게 떨어지는 곡물 소리

*좌마 [TJOA-MA] (座馬) 원569
불 Cheval de selle.
한 승용마

*좌부승지 [TJOA-POU-SEUNG-TJI] (左副承旨) 원569
불 Chambellan de 2e ordre, celui de gauche.
한 두 번째 서열의 시종, 왼쪽의 시종

*좌불안셕 [TJOA-POUL-AN-SYEK,-I] (座不安席) 원569
불 Etre assis comme sur des charbons enflammés, remuer continuellement.
한 타는 숯 위에 있는 것처럼 앉아 있다, 계속해서 움직이다

*좌샹 [TJOA-SYANG,-I] (左相) 원569
불 Le ministre de la gauche, un des trois 졍승 Tjyeng-seung. Le 2me 졍승 Tjyeng-seung.
한 왼쪽의 장관, 세 명의 졍승 Tjyeng-seung 중 하나 | 두 번째 졍승 Tjyeng-seung

좌셩 [TJOA-SYENG,-I] 원569
불 Le plus âgé (v. g. d'une barque).
한 (예. 작은 배에서) 가장 나이가 많다

*좌슈 [TJOA-SYOU] (座首) 원569
불 Assistant, secrétaire et quelquefois substitut du mandarin du district (il y en a un en chaque district); un des conseillers du mandarin. Syn. 아관 A-koan.
한 보좌인, 구역 관리의 비서이자 때로는 대리인 (각 구역에 한 명이 있다) | 관리의 고문들 중 한 명 | [동의어 아관, A-koan]

*좌우 [TJOA-OU] (左右) 원569
불 Gauche et droite.
한 왼쪽과 오른쪽

*좌의졍 [TJOA-EUI-TJYENG,-I] (左議政) 원568
불 Conseiller de gauche, le deuxième des trois ministres de premier ordre.
한 왼쪽의 고문, 첫 번째 서열의 세 장관들 중 두 번째

*좌포쟝 [TJOA-HPO-TJYANG,-I] (左捕將) 원569
불 Lieutenant de gauche du commandant des satellites.
한 부하들의 지휘관의 왼쪽 부관

*좌포텽 [TJOA-HPO-HTYENG,-I] (左捕廳) 원569
불 Tribunal de gauche, cour d'enquête de gauche, pour examiner la cause.
한 왼쪽 법정, 사건의 조사를 위한 왼쪽의 수사 재판소

*좌합 [TJOA-HAP,-I] (左閤) 원569
불 V. 좌의졍 Tjoa-eui-tjyeng.
한 [참조어 좌의졍, Tjoa-eui-tjyeng]

*좌향 [TJOA-HYANG,-I] (座向) 원569
불 Façade, exposition de la façade d'une maison.
한 정면, 집 정면의 방향

좍좍 [TJOAK-TJOAK] 원569
불 Bruit du rabot sur le bois. =밀다- mil-ta, Raboter du bois ou le gratter avec bruit.
한 대패로 나무를 미는 소리 | [용례 =밀다, -mil-ta], 나무에 대패질을 하다 또는 소리 내면서 나무를 긁다

좔좔 [TJOAL-TJOAL] 원569
불 Bruit de l'eau tombant en filet continu.
한 계속 가늘게 떨어지는 물소리

좡이 [TJOANG-I] 원569
불 Filet.
한 그물

*죄 [TJOI] (罪) 원569
불 Péché, délit, faute, transgression.
한 죄, 부정행위, 잘못, 위반

*죄고 [TJOI-KO] (罪罟) 원569
불 Lacet du péché; lacs, lien du péché; chaîne du crime; filet du péché.
한 죄의 올가미 | 죄의 올가미, 속박 | 범죄의 사슬 | 죄의 그물

*죄과 [TJOI-KOA] (罪過) 원569
불 Péché, faute, crime, défaut.
한 죄, 잘못, 범죄, 결함

*죄근 [TJOI-KEUN,-I] (罪根) 원569
불 Commencement d'une faute, racine du péché.
한 잘못의 시작, 죄의 근원

*죄기죄ᄒᆞ다 [TJOI-KI-TJOI-HĂ-TA] (罪其罪) 원569
불 Selon le péché; ne punir que le coupable.
한 죄에 따라 | 죄인만을 처벌하다

[1]죄다 [TJOI-TA,TJOI-YE,TJOIN] [원]570

[불] Etre impatient de, attendre avec avec impatience.

[한] ~하기를 안달하다, 초조하게 기다리다

[2]죄다 [TJOI-TA,TJOI-YE,TJOIN] [원]570

[불] Serrer, tendre un corde. ‖ Sentir la peau se resserrer comme si de la colle se séchait sur les mains.

[한] 줄을 죄다, 당기다 | 풀이 손에서 마르듯이 피부가 죄이는 것을 느끼다

*죄대악극 [TJOI-TAI-AK-KEUK,-I] (罪大惡極) [원]570

[불] Grand péché, crimes nombreux, très-grand crime, crime abominable.

[한] 큰 죄, 많은 범죄, 아주 큰 범죄, 가증스러운 범죄

*죄만ᄒᆞ다 [TJOI-MAN-HĂ-TA] (罪滿) [원]569

[불] Péchés nombreux; être couvert de péchés, en être rempli.

[한] 많은 죄 | 죄로 덮이다, 죄로 가득하다

*죄명 [TJOI-MYENG,-I] (罪名) [원]569

[불] Nom de la faute, du péché, du crime.

[한] 잘못, 죄, 범죄의 명목

*죄목 [TJOI-MOK,-I] (罪目) [원]569

[불] Nombre des fautes, des crimes; énumération des péchés; articles d'accusation, chefs d'accusation.

[한] 잘못, 범죄의 수 | 죄의 목록 | 기소 사항들, 기소 사실들

*죄물 [TJOI-MOUL,-I] (罪物) [원]570

[불] Chose du péché, qui appartient au péché; le pécheur; matière à péché.

[한] 죄에 속하는 죄의 문제 | 죄인 | 죄의 구성사실

*죄벌 [TJOI-PEL,-I] (罪罰) [원]570

[불] Peine du péché, du crime, de la faute; supplice, punition, pénitence; faute et punition.

[한] 죄, 범죄, 잘못에 대한 형벌 | 형벌, 처벌, 벌 | 잘못과 처벌

*죄샤ᄒᆞ다 [TJOI-SYA-HĂ-TA] (罪赦) [원]570

[불] Absoudre du péché.

[한] 죄를 사하다

*죄샹 [TJOI-SYANG,-I] (罪狀) [원]570

[불] Forme du péché, circonstance de la faute; péché, faute.

[한] 죄의 양상, 잘못의 상황 | 죄, 잘못

*죄송 [TJOI-SYONG,-I] (罪悚) [원]570

[불] Honteux, tremblant, dans la crainte; remords, crainte, honte qui suit le péché (terme de politesse dans les lettres).

[한] 수치스럽다, 두려움에 떨다 | 후회, 두려움, 죄에 따른 수치(편지에서 예의를 갖춘 용어)

*죄슈 [TJOI-SYOU] (罪囚) [원]570

[불] Prisonnier.

[한] 죄수

*죄ᄉᆞ무셕 [TJOI-SĂ-MOU-SYEK,-I] (罪死無惜) [원]A-DDENDA

[불] Crime punissable de mort. Voy. 만ᄉᆞ무셕 Man-să-mou-syek.

[한] 죽음으로 처벌될 수 있는 범죄 | [[참조어] 만ᄉᆞ무셕, Man-să-mou-syek]

죄씻다 [TJOI-SSIT-TA,-SSI-SYE,-SSI-SĂN] (洗罪) [원]570

[불] Effacer, laver la faute (par le baptême, par la confession); expier ses fautes; absoudre de la faute.

[한] (세례로, 고백으로) 잘못을 지우다, 씻다 | 자신의 잘못을 속죄하다 | 죄를 사하다

*죄악 [TJOI-AK,-I] (罪惡) [원]569

[불] Péché et crime, délit et crime, iniquité, action honteuse, mauvaise; malice du péché.

[한] 죄와 범죄, 부정행위와 범죄, 타락, 수치스러운, 나쁜 행동 | 죄의 악의

*죄안 [TJOI-AN,-I] (罪案) [원]569

[불] Sentence, énumération des crimes pour lesquels on condamne, sentence de condamnation.

[한] 선고, 그 형을 선고하는 범죄의 목록, 형의 선고

죄약이 [TJOI-YAK-I] (拳塊) [원]569

[불] Petit tas fait avec une poignée de légumes, que l'on presse avec les mains, pour en extraire l'eau dans laquelle ils avaient trempé quelque temps: poignée de marc de 두부 Tou-pou arrangé pour être vendu aux pauvres; masse pétrie avec les mains, motte.

[한] 채소 한 줌으로 쌓은 작은 무더기로, 얼마 동안 담가 두었던 물을 빼내기 위해 그것을 손으로 압착한다 | 가난한 사람들에게 팔기 위해 준비된 두부 Tou-pou의 찌꺼기 한 줌 | 손으로 빚어진 덩어리, 덩어리

죄약죄약 [TJOI-YAK-TJOI-YAK] [원]569

[불] Désigne l'état du corps couvert de 쇼름 Syo-reum. ‖ Etre par poignées, par pelottes. ‖ Etre chiffonné.

[한] 쇼름 Syo-reum으로 덮인 몸의 상태를 가리킨다 | 한 줌씩, 둥근 덩어리 단위로 있다 | 구겨지다

ㅈ

죄얌발 [TJOI-YAM-PAL,-I] (小足) 원569
불 Pied déformé, pied des femmes chinoises, petit pied.
한 일그러진 발, 중국 여자들의 발, 작은 발

죄얌이 [TJOI-YAM-I] (拳拳) 원569
불 Mouvement des mains qui s'ouvrent et se ferment (amusement d'enfants). ‖ Une poignée.
한 펼쳐지고 오므려지는 손의 움직임 (아이들의 놀이) | 한 줌

***죄얼** [TJOI-EL,-I] (罪孽) 원569
불 Péché, faute, délit; suite de la faute, ses conséquences.
한 죄, 잘못, 부정행위 | 잘못의 여파, 그것의 결과

***죄인** [TJOI-IN,-I] (罪人) 원569
불 Pécheur, coupable, criminel. Qualification qui prennent les chrétiens coréens devant les missionnaires: pauvre pécheur.
한 죄인, 죄인, 범죄자 | 선교사들 앞에서 조선의 기독교인들이 취하는 호칭 : 불쌍한 죄인

죄죄반반 [TJOI-TJOI-PAN-PAN] 원570
불 Tout, jusqu'au dernier brin (se dit aux chiens). Locution dont on se sert pour exciter un chien à manger et à faire plat net.
한 마지막 오라기까지 모두 (개에게 쓴다) | 개가 먹어서 접시를 깨끗이 하도록 부추기기 위해 쓰이는 관용구

***죄죵** [TJOI-TJYONG,-I] (罪宗) 원570
불 Péché capital.
한 중대한 죄

죄주다 [TJOI-TJOU-TA,-TJOU-E,-TJOUN] (罰罪) 원570
불 Punir, battre pour la faute; faire expier une faute par le châtiment.
한 잘못에 대해 처벌하다, 때리다 | 벌로 잘못을 속죄시키다

***죄칩ᄒᆞ다** [TJOI-TCHIP-HĂ-TA] (罪縶) 원570
불 Etre attaché, retenu par son crime. (Terme d'humilité). ‖ Rester à la maison et ne pas sortir pendant trois ans, après la mort de ses parents.
한 자신의 범죄로 인해 묶이다, 붙잡히다 | (겸손의 용어) | 자신의 부모의 죽음 후에 3년 동안 나가지 않고 집에 머물다

***죄특** [TJOI-HIEUK,-I] (罪忒) 원570
불 Péché, faute, délit.
한 죄, 잘못, 부정행위

[1]**죠** [TJYO] 원568 ☞ [1]조

[2]**죠** [TJYO] (粟) 원574
불 Millet, mil.
한 조류의 곡물, 조

[3]***죠** [TJYO] (祖) 원574
불 Ordin. en agr. Ancêtres.
한 보통 한자어로 조상들

죠각 [TJYO-KAK] 원574
불 Graine d'acacia (en médec. remède).
한 (의학에서, 약으로서의) 아카시아속의 씨

***죠갈증** [TJYO-KAL-TJEUNG,-I] (燥渴症) 원574
불 Maladie dans laquelle on souffre d'une soif insatiable, inextinguible; soif qui ne peut être calmée.
한 만족할 수 없는, 해소되지 않는 갈증을 겪는 병 | 누그러질 수 없는 갈증

[1]***죠갑** [TJYO-KAP,-I] (爪甲) 원574
불 Ongle.
한 손톱

[2]**죠갑** [TJYO-KAP,-I] 원574
불 Morceau(de papier, d'étoffe); pièce; partie.
한 (종이, 천) 조각 | 단편 | 부분

***죠강지쳐** [TJYO-KANG-TJI-TCHYE] (糟糠之妻, (Résidu, paille, épouse)) 원574
불 Femme de basse extraction; épouse de rien; épouse de paille ;épouse obtenue avec des cérémonies, des festins, des fêtes; femme, épouse.
한 낮은 혈통의 부인 | 보잘것없는 아내 | 하찮은 아내 | 예식, 잔치, 축제를 치르고 얻은 아내 | 부인, 아내

죠고마큼식 [TJYO-KO-MA-HKEUM-SIK] (少許) 원575
불 Un peu à chacun.
한 각자 조금씩

[1]**죠곰** [TJYO-KOM,-I] (潮減) 원575
불 Temps des petites, des basses marées, le 8 et le 23 de la lune, premier et dernier quartier.
한 소조[역주 小潮], 간조 시기, 달의 8일과 23일, 상현과 하현

[2]**죠곰** [TJYO-KOM] (少) 원575
불 Un peu.
한 조금

죠곰아치 [TJYO-KOM-A-TCHI] (少許) 원575
불 Un peu, un tant soit peu.
한 조금, 조금이라도

***죠급ᄒᆞ다** [TJYO-KEUP-HĂ-TA] (燥急) 원574

불 Vif; être très-pressant, très-empressé, très-précipité.
한 흥분하기 쉽다 | 아주 절박하다, 매우 바쁘다, 아주 급하다

죠긔 [TJYO-KEUI] (石魚) 원574
불 Sorte de poisson de mer.
한 바닷물고기 종류

죠기 [TJYO-KĂI] (蛤) 원574
불 Coquillage à deux valves, bivalve; esp. d'huître.
한 껍질이 두 개인 조개, 쌍각조개 | 굴의 종류

*죠뎡 [TJYO-TYENG,-I] (朝廷) 원579
불 Nattes, places qu'occupent les courtisans en présence du roi; cour d'un roi; la cour du roi.
한 돗자리, 왕 앞에 조신들이 차지하는 자리 | 왕의 조신들 | 왕의 조신들

*죠도지졀 [TJYO-TO-TJI-TJYEL,-I] (調度之節) 원579
불 Position, la manière de vivre, l'état de fortune; les soins ordinaires de la vie, le train ordinaire.
한 지위, 사는 방식, 재산 상태 | 생활의 일반적인 보살핌, 일반적인 생활 양식

죠라써다 [TJYO-RA-TTE-TA,-TTE-RE,-TTEN] 원578
불 N'avoir pas de chance.
한 운이 없다

죠로록죠로록 [TJYO-RO-ROK-TJYO-RO-ROK] 원578
불 Désigne le bruit de la pluie, de l'eau qui tombe en filet.
한 빗소리, 조금씩 떨어지는 물소리를 가리킨다

죠룩죠룩 [TJYO-ROUK-TJYO-ROUK] 원578
불 Bruit imitaif de la pluie, bruit de l'eau qui tombe en filet.
한 비를 흉내낸 소리, 조금씩 떨어지는 물소리

*죠률ᄒᆞ다 [TJYO-RYOUL-HĂ-TA] (調律) 원578
불 Appliquer les lois à un coupable, le juger et le châtier selon les lois. Examiner la loi, voir ce qu'elle prescrit.
한 죄인에게 법을 적용하다, 법에 따라 죄인을 판결하고 벌하다 | 법을 심의하다, 법을 규정하는 것을 검토하다

죠리다 [TJYO-RI-TA,-RYE,-RIN] 원578
불 Raccourcir, retrancher, diminuer sur la longueur, sur le volume, sur la quantité (eau, etc.).
한 단축하다, 삭제하다, 길이, 부피, 양을 줄이다 (물 등)

*죠리ᄒᆞ다 [TJYO-RI-HĂ-TA] (調理) 원578
불 Etre en convalescence, se fortifier par des remèdes et une bonne nourriture après une maladie; se soigner; soigner sa santé; garder la chambre.
한 회복기에 있다, 아프고 난 후 약과 좋은 음식으로 튼튼해지다 | 자기 자신을 돌보다 | 자신의 건강을 돌보다 | 회복기에 자기 집에 따뜻하게 있다

죠막손 [TJYO-MAK-SON,-I] (無指手) 원575
불 Main qui n'a plus de doigts; petite main, c.a.d. main contractée par infirmité.
한 더 이상 손가락이 없는 손 | 작은 손, 즉 쇠약하여 오그라든 손

*죠명 [TJYO-MYENG,-I] (釣名) 원575
불 Mauvaise réputation, réputation acquise par brigue.
한 나쁜 평판, 술책을 써서 얻은 평판

*죠명나다 [TJYO-MYENG-NA-TA,-NA,-NAN] (釣名, (Pêcher, nom)) 원575
불 Jouir d'une réputation obtenue par brigue. Avoir la réputation de, être connu pour.
한 술책으로 얻은 평판을 즐기다 | ~의 평판이 있다, ~로 알려지다

*죠모 [TJYO-MO] (祖母) 원575
불 Grand mère paternelle, mêre du père.
한 친할머니, 아버지의 어머니

*죠목 [TJYO-MOK,-I] (條目) 원575
불 Paragraphe, phrase, alinéa, période.
한 절, 문장, 줄바꿈, 총합문

죠믈죠믈ᄒᆞ다 [TJYO-MEUL-TJYO-MEUL-HĂ-TA] 원575
불 Pétrir, remuer avec les mains, manier, manipuler, palper, tâter.
한 주무르다, 손으로 뒤적거리다, 만져보다, 조작하다, 손으로 만져보다, 만지다

죠미롭다 [TJYO-MI-ROP-TA,-RO-OA,-RO-ON] (稠密) 원575
불 Admirable, beau; petit, peu considérable, mais bien conditionné.
한 훌륭하다, 멋지다 | 작다, 별로 대단하지 않지만 잘 꾸며지다

*죠발낭 [TJYO-PAL-NANG,-I] (爪髮囊, (Ongles, poils [barbe et cheveux], sac)) 원578
불 Petit sac dans lequel les vieillards ramassent soigneusement les rognures d'ongles, les poils de la barbe et les cheveux qui tombent, afin qu'on puisse les mettre avec le corps dans le cercueil.
한 관에 시체와 함께 넣을 수 있도록, 떨어지는 손톱 조각, 수염의 털과 머리카락을 노인들이 정성 들여

모으는 작은 자루

죠밥 [TJYO-PAP,-I] (粟飯) [원]578

[불] Bouillie épaisse de millet.

[한] 조로 만든 걸쭉한 죽

1* 죠방군 [TJYO-PANG-KOUN,-I] (助帮軍) [원]578

[불] Aide, qui porte secours.

[한] 도움, 도와주는 사람

2 죠방군 [TJYO-PANG-KOUN,-I] (助房軍) [원]578

[불] Entremetteur de mauvaises femmes.

[한] 나쁜 여자들의 중매인

* 죠변셕개ᄒᆞ다 [TJYO-PYEN-SYEK-KĂI-HĂ-TA] (朝變夕改, (Matin, changer, soir, changer)) [원]578

[불] Changeant, qui change continuellement d'avis, du soir au matin; être variable, inconstant; changer du matin au soir.

[한] 변하기 쉽다, 아침저녁으로 의견을 계속해서 바꾸다 | 변하기 쉽다, 불안정하다 | 아침저녁으로 바꾸다

* 죠보 [TJYO-PO] (朝譜) [원]578

[불] Journal quotidien du gouvernement, le moniteur coréen, gazette.

[한] 정부의 일간신문, 조선의 모니터, 신문

* 죠부 [TJYO-POU] (祖父) [원]578

[불] Grand-père paternel, père du père.

[한] 아버지 쪽 할아버지, 아버지의 아버지

* 죠ᄇᆡᄒᆞ다 [TJYO-PĂI-HĂ-TA] (朝拜) [원]578

[불] Saluer, s'incliner devant, se prosterner (se dit pour le roi, pour Dieu). Syn. 됴ᄇᆡᄒᆞ다 Tyo-păi-hă-ta.

[한] 인사하다, ~에게 굴복하다, 엎드리다(왕, 신에 대해 쓴다) | [[동의어] 됴ᄇᆡᄒᆞ다, Tyo-păi-hă-ta]

* 죠ᄇᆡᆨ [TJYO-PĂIK,-I] (皀白) [원]578

[불] Noir, blanc, c.a.d. la différence, la méthode, la manière de faire bien ou mal. =알다-al-ta, Savoir distinguere le blanc du noir, savoir un peu une chose.

[한] 검은색, 흰색, 즉 잘하거나 잘 못하는 차이, 방법, 방식 | [[용례] =알다, -al-ta], 흰색을 검은색과 구별할 줄 알다, 어떤 것을 조금 알다

죠삭죠삭 [TJYO-SAK-TJYO-SAK] [원]578

[불] Désigne le mouvement de tête d'un homme ou d'un animal (chien, chat, poule) qui sommeille dans une maladie. Par petits brins, par petits mouvements.

[한] 병에 걸려 조는 사람이나 동물(개, 고양이, 닭)의 머리의 움직임을 가리킨다 | 조금씩, 조금씩 움직여

죠새 [TJYO-SAI] [원]578

[불] Instrument en fer, crochet de fer pour briser les coquilles d'huîtres qu'on veut recueillir.

[한] 철제 도구, 따려고 하는 굴 껍질을 부수기 위한 작은 쇠갈퀴

1* 죠샹 [TJYŌ-SYANG,-I] (早霜) [원]578

[불] Gelée précoce, qui vient de bonne heure.

[한] 철 이른, 일찍 오는 서리

2* 죠샹 [TJYO-SYANG,-I] (祖上) [원]578

[불] Ancêtres, aïeux, souche de la famille.

[한] 조상들, 선조들, 집안의 시조

* 죠셕 [TJYO-SYEK] (朝夕) [원]578

[불] Matin et soir.

[한] 아침저녁

* 죠션 [TJYO-SYEN,-I] (朝鮮, (Matinale, fraîcheur)) [원]578

[불] Corée; nom actuel du royaume de Corée.

[한] 코레 | 코레 왕국의 현재 이름

* 죠셥ᄒᆞ다 [TJYO-SYEP-HĂ-TA] (調攝) [원]578

[불] Etre en convalescence, se fortifier par des remèdes et une nourriture saine après une maladie. Soigner; se soigner.

[한] 회복기에 있다, 아픈 후 약과 건강에 좋은 음식으로 튼튼해지다 | 돌보다 | 자기 자신을 돌보다

* 죠쇼ᄒᆞ다 [TJYO-SYO-HĂ-YA] (嘲笑) [원]579

[불] Se moquer, se rire, se railler, se jouer de; moquerie, risée.

[한] 놀리다, 조소하다, 비웃다, ~을 농락하다 | 우롱, 조소

* 죠슈 [TJYO-SYOU] (潮水) [원]579

[불] Marée, le flux et le reflux.

[한] 조수, 밀물과 썰물

죠슈군 [TJYO-SYOU-KOUN,-I] (隨從軍) [원]579

[불] Soldats qui, chaque jour, portent des vivres aux japonais qui habitent le poste japonais au sud de la Corée. ‖ Aide, celui qui aide les autres.

[한] 조선의 남쪽 일본의 부서에 사는 일본인들에게 매일 식량을 가져다주는 군인들 | 도움, 다른 사람들을 돕는 사람

* 죠식ᄒᆞ다 [TJYO-SIK-HĂ-TA] (早食) [원]578

[불] Manger de bonne heure.

[한] 일찍 먹다

1* 죠ᄉᆞ [TJYŌ-SĂ] (朝事) [원]578

[불] Salut que font chaque matin au mandarin les employés de préfecture.

한 도청에 직원들이 매일 아침 관리에게 하는 인사

[2]죠ᄉᆞ [TJYO-SĂ] (下等物) 원578

불 Le dernier pour la quantité ou pour le rang.

한 양 또는 서열에서 마지막

[1*]죠ᄉᆞᄒᆞ다 [TJŌ-SĂ-TĂ-TA] (早死) 원573

불 Mourir jeune, mourir de bonne heure.

한 젊은 나이에 죽다, 일찍 죽다

[2*]죠ᄉᆞᄒᆞ다 [TJYO-SĂ-HĂ-TA] (早死) 원578

불 Mourir jeune.

한 젊어서 죽다

*죠안ᄒᆞ다 [TJYO-AN-HĂ-TA] (粗安) 원574

불 Bien portant, en santé, être en paix, en bonne santé. (Honorif.)

한 건강이 좋다, 건강하다, 평온하다, 건강이 좋다 | (경칭)

죠약 [TJYO-YAK] (粗果) 원574

불 Sorte de gâteaux cuits à l'huile et farcis de farine de haricots.

한 제비콩 가루로 속을 채워 기름에 익힌 떡 종류

*죠양 [TJO-YANG,-I] (早陽) 원574

불 Soleil du matin, rayon de soleil du matin.

한 아침 해, 아침 햇빛

죠용ᄒᆞ다 [TJYO-YONG-HĂ-TA] 원574

불 En secret, silencieux.

한 비밀리에, 조용하다

죠자리 [TJYO-TJA-RI] 원579

불 Oreilles, anses d'un vase, poignée d'un vase faisant corps avec lui.

한 그릇의 귀, 손잡이, 함께 몸통을 이루는 그릇의 손잡이

[1]죠잘죠잘ᄒᆞ다 [TJYO-TJAL-TJYO-TJAL-HĂ-TA] 원579

불 Désigne l'abondance des grains d'une grappe, d'un épi (raisins, riz).

한 한 송이, 하나의 이삭의 낟알들이 풍성함을 가리킨다 (포도, 쌀)

[2]죠잘죠잘ᄒᆞ다 [TJYO-TJAL-TJYO-TJAL-HĂ-TA] (瑣語) 원579

불 Gazouiller, babiller.

한 지저귀다, 종알거리다

*죠종 [TJYO-TJONG,-I] (朝宗) 원579

불 Ancêtres, aïeux. ‖ Le plus haut, le plus élevé, le plus grand, le premier, le meilleur.

한 조상들, 선조들 | 가장 높은 것, 가장 높은 것, 가장 큰 것, 첫 번째 것, 최고의 것

[1]죠쥭 [TJYO-TJYOUK,-I] (粟粥) 원579

불 Bouillie claire de millet.

한 조로 만든 묽은 죽

[2*]죠쥭 [TJYO-TJYOUK,-I] (彫竹) 원579

불 Belle pipe.

한 멋진 담뱃대

죠집 [TJYO-TJIP,-HI ou -I] (粟稾) 원579

불 Paille de millet.

한 조짚

죠촘죠촘 [TJYO-TCHOM-TJYO-TCHOM] 원579

불 Désigne l'état d'un petit enfant qui reste auprès d'un cuisinier, etc. pour en obtenir quelques morceaux. ‖ Très-lentement, pas à pas, comme en se traînant.

한 몇 조각 얻기 위해 요리사, 등의 곁에 남아 있는 어린아이의 상태를 가리킨다 | 아주 천천히, 한 걸음 한 걸음, 질질 끌듯이

*죠총 [TJYO-TCHONG,-I] (鳥銃) 원579

불 Petit fusil, pistolet, carabine.

한 작은 총, 권총, 기병총

*죠취모산ᄒᆞ다 [TJYO-TCHYOUI-MO-SAN-HĂ-TA] (朝聚暮散, (Matin, assemble, soir, disperse)) 원579

불 Se dit des gens qui changent souvent d'habitation, nomades. Se réunir le matin, se disperser le soir.

한 거주지를 자주 바꾸는 사람들에 대해 쓴다, 유목민 | 아침에 모이고, 저녁에 흩어지다

죠치개 [TJYO-TCHI-KAI] (食饌) 원579

불 Bouillon d'herbe avec un peu de viande. ‖ Ce qui accompagne nécessairement, la garniture, les accessoires.

한 고기를 조금 넣어 풀로 만든 수프 | 곁들인 요리, 부차적인 것들을 반드시 곁들이는 것

*죠치ᄒᆞ다 [TJYO-TCHI-HĂ-TA] (調治) 원579

불 Etre en convalescence, se fortifier par des remèdes et une bonne nourriture après une maladie. Soigner, se soigner.

한 회복기에 있다, 아픈 후 약과 좋은 음식으로 튼튼해지다 | 돌보다, 자기 자신을 돌보다

*죠회ᄒᆞ다 [TJYO-HOI-HĂ-TA] (朝會) 원574

불 Saluer le roi. Souhaiter le bonjour. (honorif.).

한 왕에게 경례하다 | 인사를 하다 (경칭)

*죠흘쳬 [TJYO-HEUL-TCHYEI] (照訖帖) [원]574
[불] Certificat, bonne note que donne le mandarin à un homme qui sait bien lire, et qui vient d'en donner une preuve à domicile, avant de se présenter à l'examen appelé 조시 Tcho-si.
[한] 초시 Tcho-si라 불리는 시험에 지원하기 전에, 잘 읽을 줄 알고 집에서 그것을 막 증명한 사람에게 관리가 주는 증명서, 좋은 점수

¹족 [TJYOK] (片) [원]574
[불] Morceau (de tout ce qui se coupe), une tranche, un zeste Syn. 조각 Tjo-kak.
[한] (잘리는 모든 것의) 조각, 얇은 조각, 극소량 | [[동의어] 조각, Tjo-kak.]

²*족 [TJYOK,-I] (族) [원]574
[불] Parent. Membre de la famille (souvent en agr.); bien souvent dégisne un parent au delà du 8me degré.
[한] 친척 | (흔히 한자어로) 가족 구성원 | 매우 자주 여덟 번째 촌수 이상의 친척을 가리킨다

족닥이다 [TJYOK-TAK-I-TA,-TAK-YE,-TAK-IN] (打攻) [원]575
[불] Couper les branches, émonder, scier, fendre en long. ‖ Tourmenter de questions; maltraiter.
[한] 나뭇가지를 자르다, 소용없는 가지를 쳐내다, 톱으로 켜다, 길이로 쪼개다 | 질문으로 괴롭히다 | 학대하다

*족당 [TJYOK-TANG,-I] (族堂) [원]575
[불] Parents.
[한] 친척들

*족뎨 [TJYOK-TYEI] (族弟) [원]575
[불] Parent du même nom, à un degré éloigné, et qui est plus jeune que soi; parents moins âgés au delà du 8me degré.
[한] 같은 성의, 먼 촌수의, 그리고 자신보다 더 어린 친척 | 여덟 번째 촌수 이상의 나이가 적은 친척

족도리 [TJYOK-TO-RI] (花冠) [원]575
[불] Esp. de chapeau, coiffure en soie des femmes.
[한] 모자의 종류, 비단으로 만들어진 여자들의 머리 장식

족듸 [TJYOK-TĂI] [원]575
[불] Esp. de filet en forme de poche pour prendre le poisson.
[한] 생선을 잡기 위한 주머니 모양의 그물의 종류

족박 [TJYOK-PAK,-I] (小匏) [원]575
[불] Vase formé d'une demi-calebasse.
[한] 호리병박의 반으로 만들어진 그릇

*족보 [TJYOK-PO] (族譜) [원]575
[불] Généalogie, titre de noblesse, annales de la famille.
[한] 족보, 귀족의 작위, 집안의 연대기

*족쇽 [TJYOK-SYOK,-I] (族屬) [원]575
[불] Tous les parents par alliance du côté des femmes, qui ont un nom différent et qui ne descendent pas de la même souche par les hommes; parents, membres de la famille.
[한] 성이 다르고 같은 시조에서 남자들에 의해 내려오지 않는, 여자들 쪽의 모든 인척 | 친척들, 가족 구성원들

*족슉 [TJYOK-SYOUK,-I] (族叔) [원]575
[불] Parents très-éloignés qui sont au même degré de la souche que le père; parents de même nom et de degré supérieur.
[한] 시조로부터 아버지와 같은 등급인 매우 먼 친척 | 성이 같고 더 높은 등급의 친척

족이다 [TJYOK-I-TA,TJYOK-YE,TJYOK-IN] (拉) [원]574
[불] Couper les branches, émonder.
[한] 나뭇가지를 자르다, 소용없는 가지를 쳐내다

*족쟝 [TJYOK-TJYANG,-I] (族長) [원]575
[불] Parents éloignés, plus éloignés que le 9me degré, sur la même ligne transversale que le père et qu'on doit respecter. Syn. 족슉 Tjyok-syouk.
[한] 아버지와 같은 가로선상에 있으며 존경해야 하는 9촌보다 더 먼 친척 | [[동의어] 족슉, Tjyok-syouk]

족져비 [TJYOK-TJYE-PI] [원]575
[불] Belette (animal).
[한] 족제비(동물)

*족족ᄒᆞ다 [TJYOK-TJYOK-HĂ-TA] (足足) [원]575
[불] Suffisant, suffire.
[한] 충분하다, 충분하다

*족질 [TJYOK-TJIL,-I] (族姪) [원]575
[불] Arrière-petit-fils du neveu du bisaïeul; parents très-éloignés qui sont au même degré de la souche que le fils.
[한] 증조부의 조카의 증손자 | 시조로부터 아들과 같은 등급의 아주 먼 친척들

*족질녀 [TJYOK-TJIL-NYE] (族姪女) [원]575
[불] Arrière-petite-fille du neveu du bisaïeul.
[한] 증조부 조카의 증손녀

족집개 [TJYOK-TJIP-KAI] (鑷子) [원]575

불 Petite pince pour retirer une épine des chairs.
한 살의 박힌 가시를 뽑아내기 위한 작은 집게

*쪽징ᄒᆞ다 [TJYOK-TJING-HĂ-TA] (族徵) 원575
불 Réunoin de famille pour payer les redevances au gouvernement. ‖ Réclamer une dette aux parents du débiteur.
한 정부에 납부금을 지불하기 위한 집안의 모임 | 채무자의 친척들에게 채무를 요구하다

쪽ᄌᆞ [TJYOK-TJĂ] 원575
불 Image, peinture, tableau (encadré à la coréenne).
한 초상, 회화 작품, (조선식으로 틀에 끼워진) 그림

쪽하 [TJYOK-HA] (侄) 원575
불 Neven, fils du frère.
한 조카, 남자 형제의 아들

쪽하며ᄂᆞ리 [TJYOK-HA-MYE-NĂ-RI] (姪婦) 원575
불 Femme du fils du frère.
한 남자 형제의 아들의 부인

쪽하사회 [TJYOK-HA-SA-HOI] (姪婿) 원575
불 Mari de la fille du frère.
한 남자 형제의 딸의 남편

쪽하ᄯᆞᆯ [TJYOK-HA-TTĂL,-I] (姪女) 원575
불 Nièce.
한 조카딸

*쪽형 [TJYOK-HYENG,-I] (族兄) 원575
불 Parent de même nom à un degré éloigné, et qui est plus âgé, qui est l'aîné; parent plus âgé que soi au delà du 8me degré.
한 멀리 떨어진 촌수이고 나이가 더 많고 맏이인, 같은 성을 가진 친척 | 자신보다 나이가 더 많은 8촌 이상의 친척

*쪽히 [TJYOK-HI] (足) 원575
불 Assez de, assez pour, suffisamment.
한 ~이 충분하다, ~하기에 충분하다, 충분히

*쪽ᄒᆞ다 [TJYOK-HĂ-TA] (足) 원575
불 Suffisant; suffire.
한 충분하다 | 충분하다

죤독죤독ᄒᆞ다 [TJYON-TOK-TJYON-TOK-HĂ-TA] 원576
불 Désigne l'état d'un cire un peu molle. Se dit des gâteaux de riz ciuts à la vapeur, qui ne s'en vont pas en bouillie dans la bouche, mais se mâchent comme un champignon.
한 약간 무른 밀랍의 상태를 가리킨다 | 입속에서 흐물흐물해지지 않고, 버섯처럼 씹히는, 증기로 익힌 쌀떡에 대해 쓴다

죤죤ᄒᆞ다 [TJYON-TJYON-HĂ-TA] (精細) 원576
불 Fin (toile, étoffe); être d'un tissu bien égal.
한 (삼베, 천) 가늘고 섬세하다 | 매우 균등하게 직조되다

[1]좀 [TJYOM,-I] (蟲) 원575
불 Teigne, ver, mite.
한 곡식좀나방의 일종, 벌레 유충, 좀

[2]좀 [TJYOM] (少許) 원575
불 Un peu, peu.
한 조금, 적게

좀먹다 [TJYOM-MEK-TA,-MEK-E,-MEK-EUN] (蠹嚙) 원575
불 Etre mangé, piqué de la teigne (livre, toiles); être vermoulu.
한 곡식좀나방의 일종에 의해 먹히다, (책, 피륙) | 벌레 먹다

좀샹스럽다 [TJYOM-SYANG-SEU-REP-TA,-RE-OUE,-RE-ON] 원575
불 Se dit d'un homme qui fait l'ouvrage d'une femme (v. g. la couture). ‖ Etre petit, très-petit, trop petit.
한 여성의 일 (예. 재봉)을 하는 남자에 대해 쓴다 | 작다, 아주 작다, 너무 작다

좀셩이 [TJYOM-SYENG-I] 원576
불 Etoiles d'une constellation, p. ê. les pléiades, la poussinière; amas de petites étoiles.
한 한 별자리의 별들, 아마도 황소좌의 6별, 병아리장 | 작은 별들의 성단

[1]죱다 [TJYOP-TA,TJYOP-A,TJYOP-EUN] (陜隘) 원578
불 Etroit, serré.
한 좁다, 조밀하다

[2]죱다 [TJYOP-TA,TJYO-A,TJYO-EUN] (啄) 원578
불 Becqueter, piquer, tailler une pierre.
한 부리로 쪼아 먹다, 찌르다, 돌을 깎다

[1]죱볏ᄒᆞ다 [TJYOP-PYET-HĂ-TA] 원578
불 Etre élancé en aiguille (loupet des hommes, pic de montagne).
한 (남자들의 끝을 올린 머리, 뾰족한 산봉우리) 바늘 모양으로 길고 가늘다

[2]죱볏ᄒᆞ다 [TJYOP-PYET-HĂ-TA] 원578
불 Se fâcher aisément, être susceptible.
한 쉽게 화내다, 격하기 쉽다

죱쌀 [TJYOP-SSĂL] (小米) 원578

불 Millet écossé.
한 껍질을 깐 조

좁히다 [TJYOP-HI-TA,-HYE,-HIN] (狹) 원578
불 Rétrécir, rendre plus étroit, retrancher sur la largeur, diminuer.
한 줄이다, 더 좁게 만들다, 폭을 잘라내다, 줄이다

좃 [TJYOT,-SI ou -I] (腎) 원579
불 Urètre.
한 요도

[1]좃다 [TJYOT-TA,TJYOT-TCHA,TJYOT-TCHAN] (從) 원579
불 (Ou mieux 좇다 Tjot-ta) suivre, aller à la suite, accompagner en suivant.
한 (혹은 더 낫게는 좇다 Tjot-ta) 뒤따르다, 뒤따라가다, 뒤따르며 수행하다

[2]좃다 [TJYOT-TA,TJYO-A,TJYO-EUN] 원579
불 Incliner la tête, annuere.
한 머리를 숙이다, 〈동의하다〉

[3]좃다 [TJYOT-TA,TJYO-A,TJYO-EUN] 원579 ☞쑛다

좃작좃작 [TJYOT-TJAK-TJYOT-TJAK] 원579
불 Désigne l'état d'une plante qui est bien prise, qui se tient droite. ‖ A petits pas; marcher comme les petits enfants.
한 뿌리를 잘 내린, 똑바로 서 있는 식물의 상태를 가리킨다 | 종종걸음으로 | 어린아이들처럼 걷다

[1*]죵 [TJYONG,-I] (終) 원576
불 Fin, finale. ‖ Tout, entier, jusqu'à la fin.
한 끝, 피날레 | 모두, 전부, 끝까지

[2*]죵 [TJYONG,-I] (瘇) 원576
불 Furoncle.
한 절종

[3*]죵 [TJYONG,-I] (鐘) 원576
불 Cloche, horloge.
한 종, 괘종시계

[4]죵 [TJYONG,-I] (奴) 원576
불 Esclave; servitude.
한 노예 | 노예 신분

[5*]죵 [TJYONG,-I] (種) 원576
불 Grain, graine, semence.
한 낟알, 씨, 종자

[6*]죵 [TJYONG,-I] (從) 원576
불 En agr. Cousin germain; 4me degré; parents de degré égal.
한 한자어로 사촌 | 네 번째 촌수 | 같은 등급의 친척들

죵가래 [TJYŌNG-KA-RAI] (小鍤) 원576
불 Petite bêche, petite pelle.
한 작은 가래, 작은 삽

*죵각 [TJYONG-KAK,-I] (鐘閣) 원576
불 Maison de la cloche; cloche, où est suspendu un gros tam-tam.
한 종의 집 | 큰 징이 매달려 있는 종

*죵경도 [TJYONG-KYENG-TO] (從卿圖) 원576
불 Jeu des dignités, sorte de jeu dans lequel on fait tourner un petit rouleau où sont écrites toutes sortes de dignités.
한 고관직들의 놀이, 모든 종류의 고관직이 적힌 작은 두루마리를 돌리는 놀이 종류

*죵계 [TJYONG-KYEI] (種鷄) 원576
불 Coq et poule conservés pour obtenir une couvée.
한 한 배의 병아리 새끼를 얻기 위해 보존된 수탉과 암탉

[1*]죵고 [TJYONG-KO] (從古) 원576
불 Depuis longtemps, depuis l'antiquité.
한 오래전부터, 먼 옛날부터

[2*]죵고 [TJYONG-KO] (鍾皷) 원576
불 Tambour, cloche; cloche et tambour.
한 북, 종 | 종과 북

죵고리 [TJYONG-KO-RI] (小筐) 원576
불 Petite demi-calebasse.
한 작은 호리병박의 반

죵고리다 [TJYONG-KO-RI-TA,-RYE,-RIN] (聳) 원576
불 Remuer les oreilles (cheval, animal).
한 (말, 동물) 귀를 움직이다

*죵고모 [TJYONG-KO-MO] (從姑母) 원576
불 Cousine germaine paternelle.
한 아버지의 친사촌

*죵고모부 [TJYONG-KO-MO-POU] (從故母夫) 원576
불 Mari de la cousine germaine paternelle.
한 아버지의 친사촌의 남편

[1*]죵과ᄒᆞ다 [TJYŌNG-KOA-HĂ-TA] (種瓜) 원576
불 Semer des melons, des concombres, etc.
한 멜론, 오이 등을 심다

[2]죵과ᄒᆞ다 [TJYŌNG-KOA-HĂ-TA] (種果) 원576
불 Semer, planter des arbres fruitiers.
한 과실수의 씨를 뿌리다, 심다

*죵궁 [TJYONG-KOUNG,-I] (終窮) 원576
불 Fin du monde, la fin, la ruine complète. (Mot chrét.).

한 세상의 끝, 끝, 완전한 파괴 | (기독교 용어)

1*죵긔 [TJYŌNG-KEUI] (瘇氣) 원576
불 Plaie, furoncle, tumeur, abcès, apostume, clou.
한 상처, 절종, 종양, 종기, 농양, 정

2*죵긔 [TJYONG-KEUI] (終期) 원576
불 Temps de la mort; la fin, le terme, le moment où une chose finit.
한 죽는 때 | 끝, 종말, 어떤 것이 끝나는 순간

죵녀 [TJYONG-NYE] 원576
불 Palmier éventail.
한 부채 모양의 야자나무

1*죵년 [TJYONG-NYEN] (終年) 원576
불 La fin de l'année.
한 해의 끝

2죵년 [TJYŌNG-NYEN] (婢女) 원576
불 Esclave femelle.
한 여자 노예

*죵년ᄒᆞ다 [TJYONG-NYEN-HĂ-TA] (終年) 원576
불 Passer l'année entière, faire pendant une année.
한 한 해를 다 보내다, 한 해 동안 하다

죵놈 [TJYŌNG-NOM,-I] (男奴) 원576
불 Esclave mâle. L'esclavage est héréditaire en Corée: les enfants, garçons et filles, nés dans cette condition, deviennent la propriété du maître, qui peut les vendre.
한 남자 노예 | 조선에서 노예 신분은 세습된다 | 이 신분으로 태어난 아이들, 소년들과 소녀들은 그들을 팔 수 있는 주인의 소유가 된다

*죵ᄂᆡ [TJYONG-NĂI] (終來) 원576
불 Jusqu'à présent, enfin, à la fin.
한 지금까지, 마침내, 결국

죵다락기 [TJYONG-TA-RAK-KI] 원577
불 Petit vase rond en osier, petite corbeille ronde en branches de saule.
한 버들로 만든 작고 둥근 그릇, 버드나무 가지로 만들어진 작고 둥근 바구니

*죵대부 [TJYŌNG-TAI-POU] (從大父) 원577
불 Le frère du grand-père, grand-oncle ou cousin du grand-père, au même degré que lui.
한 할아버지의 형제, 할아버지의 큰삼촌 또는 할아버지와 같은 등급인 사촌

*죵덕 [TJYŌNG-TEK,-I] (種德) 원577
불 Semer des vertus, des actes de vertu; faire des actes de vertu.
한 미덕, 덕행을 흩뿌리다 | 덕행을 하다

*죵뎨 [TJYŌNG-TYEI] (從弟) 원577
불 Cousin germain paternel cadet, cousin germain paternel plus jeune que soi, mais du même degré.
한 아버지 쪽 손아래 사촌, 자신보다 더 어리지만 같은 등급인 아버지 쪽 사촌

죵도리 [TJYONG-TO-RI] 원577
불 Résumé, sommaire, téte, souche; cardinal (v. g. vertus), capital (v. g. péchés); la fin.
한 요약, 개요, 시작, 근원 | (예. 미덕) 기본적이다, (예. 죄) 중대하다 | 끝

*죵두 [TJYŌNG-TOU] (種痘) 원577
불 Croûte des pustules de petite vérole qui, insérée dans le nez d'un autre enfant, lui donne la petite vérole (manière de vacciner des Coréens); petite vérole communiquée exprès.
한 다른 아이의 코 안에 삽입되어 천연두를 유발하는 천연두의 농포 껍질 (조선인들의 종두법) | 일부러 전염되는 천연두

*죵두너타 [TJYONG-TOU-NE-HTA,-NE-HE,-NE-HEUN] (種痘) 원577
불 Greffer la petite vérole au nez (vaccine des enfants)
한 코에 천연두를 이식하다(아이들의 종두방법)

*죵두지미 [TJYONG-TOU-TJI-MI] (從頭至尾) 원577
불 De la téte aux pieds.
한 머리부터 발끝까지

죵ᄃᆞ다 [TJYŌNG-TĂ-TA,-TĂL-A,-TĂN] 원577
불 Se propager, se répandre (furoncle, plaie, pustule) se succéder sans interruption.
한 전파되다, (정저, 상처, 농포) 퍼지다, 쉬지 않고 잇달아 오다

*죵락 [TJYONG-RAK,-I] (種絡) 원577
불 Race, graine, racine, souche (se dit surtout des hommes). genre, espèce, espèce voisine très-semblable.
한 품종, 종자, 뿌리, 선조(특히 사람들에 대해 쓴다), 종류, 종, 아주 유사한 종

*죵로 [TJYONG-RO] (鐘路) 원577
불 Grandes routes qui se croisent et divisent la capitale en quatre quartiers; le milieu de la ville à Sye-oul.
한 서로 교차하여 수도를 4개의 구로 나누는 큰 길들 | 서울에서 도시의 중심

*죵루 [TJYONG-ROU] (鐘樓) 원577
불 Pavillon, tour, clocher.

한 정자, 탑, 종탑

*죵류 [TJYŌNG-RYOU] (種類) 원577

불 Graine, géniture, espèce, genre, race.

한 종자, 자식, 종, 종류, 품종

*죵말 [TJYONG-MAL,-I] (終末) 원576

불 Après. La fin, le terme.

한 이후에 | 끝, 종말

*죵매 [TJYŌNG-MAI] (從妹) 원576

불 Cousine germaine paternelle, fille du frère du père, fille de l'oncle paternel.

한 아버지 쪽의 사촌, 아버지의 남자 형제의 딸, 아버지 쪽 삼촌의 딸

*죵매부 [TJYŌNG-MAI-POU] (從妹夫) 원576

불 Mari de la cousine germaine paternelle.

한 아버지 쪽 여자 사촌의 남편

*죵매형 [TJYONG-MAI-HYENG,-I] (從妹兄) 원576

불 Cousine germaine paternelle (plus âgée).

한 (더 나이가 많은) 아버지 쪽 여자 사촌

*죵묘 [TJYONG-MYO] (宗廟) 원576

불 Temple au roi défunt.

한 사망한 왕의 사원

*죵부 [TJYONG-POU] (終傅) 원576

불 Extrême-onction. (Mot chrét.).

한 종부성사 | (기독교 용어)

죵ᄇᆡ [TJYONG-PĂI] 원576

불 Dernière couvée.

한 마지막 한 배의 병아리 새끼

죵산이 [TJYONG-SAN-I] 원577

불 Esprit, raison; qui n'est pas bête, qui sait se débrouiller; intelligence. (Popul.).

한 재치, 이성 | 어리석지 않다, 요령 있게 행동할 줄 알다 | 지능 | (속어)

*죵삼 [TJYŌNG-SAM,-I] (種蔘) 원577

불 Semer le jensen; jeune plant de jen-sen.

한 인삼의 씨를 뿌리다 | 인삼의 어린 식물

*죵션 [TJYŌNG-SYEN,-I] (從船) 원577

불 Petite barque, embarcation dépendant d'un navire plus grand; canot, chaloupe.

한 작은 배, 더 큰 배에 속하는 소형보트 | 보트, 작은 보트

1*죵셰 [TJYONG-SYEI] (終世) 원577

불 Fin de la vie; fin du monde.

한 삶의 끝 | 세상 끝

2죵셰 [TJYONG-SYEI] (終歲) 원577

불 Fin de l'année.

한 한 해의 끝

*죵손 [TJYŌNG-SON,-I] (從孫) 원577

불 Petits-neveux; fils du neveu.

한 조카의 자식들 | 조카의 아들

*죵손녀 [TJYONG-SON-NYE] (從孫女) 원577

불 Fille du neveu.

한 조카의 딸

*죵손부 [TJYONG-SON-POU] (從孫婦) 원577

불 Femme du fils du neveu.

한 조카의 아들의 부인

*죵손셔 [TJYONG-SON-SYE] (從孫婿) 원577

불 Mari de la fille du neveu.

한 조카의 딸의 남편

*죵슈 [TJYONG-SYOU] (從嫂) 원577

불 Femme du cousin germain paternel et de tous les cousins du même degré.

한 아버지 쪽의 사촌과 같은 등급의 모든 사촌의 부인

1*죵시 [TJYONG-SI] (終始) 원577

불 La fin et le commencement.

한 끝과 시작

2*죵시 [TJYONG-SI] (終時) 원577

불 Jusqu'à présent; enfin, à la fin.

한 지금까지 | 결국, 마침내

*죵시가 [TJYONG-SI-KA] (終市價, (Suivre, le marché, prix)) 원577

불 Suivant le prix du marché, prix courant.

한 시장의 가격을 따라, 시세

*죵신 [TJYONG-SIN,-I] (終身) 원577

불 Mort du corps, la mort, litt.: la fin du corps.

한 육체의 죽음, 죽음, 글자대로 : 육체의 끝

*죵신ᄒᆞ다 [TJYONG-SIN-HĂ-TA] (終身) 원577

불 Assister à la mort de ses parents.

한 자기 부모님의 죽음을 곁에서 지키다

*죵ᄉᆞ [TJYONG-SĂ] (終思) 원577

불 Dernier point, conclusion.

한 마지막 지점, 결론

*죵ᄉᆞ관 [TJYONG-SĂ-KOAN,-I] (從事官) 원577

불 Petite dignité à la préfecture de police; mandarin attaché à la police, au-dessous du 포장 Hpo-tjyang et sous sa dépendance.

한 경찰청에 있는 낮은 관직 | 포장 Hpo-tjyang 아래

이고 그에 종속된, 경찰에 결부된 관리

*죵씨 [TJYŎNG-SSI] (從氏) [원]577

[불] Cousin germain paternel, fils de l'oncle paternel, fils du frère du père.

[한] 아버지 쪽의 사촌, 아버지 쪽의 삼촌 아들, 아버지의 남자 형제의 아들

죵아리 [TJYONG-A-RI] (脛) [원]576

[불] Mollet, jarret, gras de la jambe.

[한] 장딴지, 오금, 다리에서 살이 많은 부분

*죵야ᄒᆞ다 [TJYONG-YA-HĂ-TA] (終夜) [원]576

[불] Toute la nuit; passer la nuit entière sans dormir, être occupé toute une nuit.

[한] 밤새도록 | 자지 않고 온밤을 보내다, 밤새도록 바쁘다

*죵요롭다 [TJYONG-YO-ROP-TA,-RO-OA,-RO-ON] (從要) [원]576

[불] Admirable, beau; utile et agréable.

[한] 감탄할 만하다, 멋지다 | 쓸모 있고 뜻에 맞다

죵요ᄒᆞ다 [TJYONG-YO-HĂ-TA] [원]576

[불] Tranquille.

[한] 고요하다

*죵용ᄒᆞ다 [TJYONG-YONG-HĂ-TA] (從容) [원]576

[불] Tranquille, silencieux, à tête reposée, à l'aise, en silence, en secret, tout doucement, sans faire de bruit.

[한] 고요하다, 조용하다, 침착하게, 편안하게, 묵묵히, 비밀리에, 가만히, 소리 내지 않고

*죵의 [TJYŌNG-EUI] (瘇醫) [원]576

[불] Médecin spécial pour les plaies, les furoncles, les clous.

[한] 상처, 절종, 종에 대해 전문적인 의사

*죵인 [TJYONG-IN,-I] (從人) [원]576

[불] Suivant du 어ᄉᆞ E-să, espion qui l'accompagne.

[한] 어ᄉᆞ E-să의 수행원, 그를 수행하는 비밀 정보원

*죵일 [TJYONG-IL,-I] (終日) [원]576

[불] Toute la journée; passer le jour entier, être occupé tout un jour.

[한] 하루 종일 | 하루 전체를 보내다, 하루 종일 바쁘다

죵잘죵잘ᄒᆞ다 [TJYONG-TJAL-TJYONG-TJAL-HĂ-TA] (囂囂) [원]577

[불] Désigne les premiers efforts que fait un enfant pour parler, les premiers sons articulés qu'il prononce. Murmurer, bougonner.

[한] 아이가 말하기 위해 하는 처음의 노력들, 아이가 발음하는 분명한 첫 음들을 가리킨다 | 중얼거리다, 투덜대다

*죵쟈 [TJYONG-TJYA] (從者) [원]577

[불] Suivant, servant.

[한] 수행원, 하인

*죵쟝 [TJYONG-TJYANG,-I] (終章) [원]577

[불] Troisième et dernière composition d'un examen. ‖ La dernière feuille d'un livre.

[한] 시험의 세 번째이자 마지막 답안 | 책의 마지막 장

*죵젹 [TJYONG-TJYEK,-I] (踪跡) [원]577

[불] Empreinte des pieds, trace des pieds (sur le sol), traces, vestiges.

[한] 발자국, (땅 위의) 발자취, 흔적, 자취

죵젹이얼얼ᄒᆞ다 [TJYONG-TJYEK-I-EL-EL-HĂ-TA] [원]577

[불] Etre égaré, ne rien connaître.

[한] 방황하다, 아무것도 알지 못하다

*죵죠 [TJYŌNG-TJYO] (從祖) [원]578

[불] Frère du grand-père, grand-oncle paternel, frère de l'aïeul.

[한] 할아버지의 남자 형제, 아버지의 큰삼촌, 조부의 남자 형제

*죵죠모 [TJYONG-TJYO-MO] (從祖母) [원]578

[불] Femme du frère de l'aïeul.

[한] 조부의 남자 형제의 부인

*죵죠부 [TJYONG-TJYO-POU] (從祖父) [원]578

[불] Frère de l'aïeul.

[한] 조부의 남자 형제

*죵죵ᄒᆞ다 [TJYONG-TJYONG-HĂ-TA] (種種) [원]578

[불] Très-souvent; frèquent; nombreux.

[한] 아주 자주 | 빈번하다 | 수많다

*죵증손 [TJYONG-TJEUNG-SON,-I] (從曾孫) [원]577

[불] Petit-fils du neveu.

[한] 조카의 손자

*죵증손녀 [TJYONG-TJEUNG-SON-NYE] (從曾孫女) [원]577

[불] Petite-fille du neveu.

[한] 손자의 손녀

*죵증손부 [TJYONG-TJEUNG-SON-POU] (從曾孫婦) [원]577

[불] Femme du petit-fils du neveu.

[한] 조카의 손자의 부인

*죵증손셔 [TJYONG-TJEUNG-SON-SYE] (從曾孫婿) [원]

ㅈ

577
불 Mari de la petite-fille du neveu.
한 조카의 손녀의 남편

*죵증죠 [TJYONG-TJEUNG-TJYO] (從曾祖) 원577
불 Frère du bisaïeul.
한 증조부의 남자 형제

*죵증죠모 [TJYONG-TJEUNG-TJYO-MO] (從曾祖母) 원577
불 Femme du frère du bisaïeul.
한 증조부의 남자 형제의 부인

1*죵ᄌᆞ [TJYONG-TJĂ] (宗子) 원577
불 Neveu à la mode de Bretagne, fils d'un cousin de même degré.
한 브레타뉴식의 조카, 같은 등급의 사촌의 아들

2죵ᄌᆞ [TJYONG-TJĂ] (小器) 원577
불 Très-petite tasse.
한 아주 작은 찻잔

3*죵ᄌᆞ [TJYONG-TJĂ] (種子) 원577
불 Semence, graine.
한 종자, 씨

*죵쳐 [TJYONG-TCHYE] (瘇處) 원578
불 Plaie, cicatrice d'un furoncle; place où se trouve un furoncle.
한 상처, 절종의 흉터 | 절종이 있는 자리

죵쳡 [TJYONG-TCHYEP,-I] (婢妾) 원578
불 Esclave élevée au rang de concubine; prendre son esclave pour concubine.
한 첩의 신분으로 높여진 여자 노예 | 자신의 노예를 첩으로 취하다

*죵ᄎᆞ [TJYONG-TCHĂ] (從次) 원578
불 Doucement, tout à l'heure, par la suite.
한 천천히, 조금 후에, 나중에

죵파 [TJYONG-HPA] (種葱) 원576
불 Ognon long et peu gros; ognon pour graine.
한 길고 크지 않은 양파 | 씨로 쓰이는 양파

*죵풍이미 [TJYONG-HPOUNG-I-MI] (從風而靡) 원576
불 Plier au gré du vent, fléchir à tous vents. qui fait toujours comme les autres veulent (en mauvaise part).
한 바람이 부는 대로 휘다, 모든 방향으로 아무렇게나 휘다 | (나쁘게) 항상 다른 사람들이 바라는 대로 행하다

*죵향 [TJYONG-HYANG,-I] (終向) 원576
불 La fin; terme; but; motif qu'on se propose, vers lequel on tend.
한 끝 | 종말 | 목표 | 계획을 품는, 지향하는 동기

*죵형 [TJYONG-HYENG,-I] (從兄) 원576
불 Cousin germain paternel aîné, cousin germain paternel plus âgé qui soi; cousin de même nom et de même degré.
한 아버지 쪽의 손위 사촌, 자신보다 나이가 더 많은 아버지 쪽의 사촌 | 성이 같고 같은 등급의 사촌

1*주 [TJOU] (註) 원579
불 Commentaire, explication du texte, sommaire, interprétation.
한 주석, 본문 해석, 약술, 해석

2*주 [TJOU] (朱) 원579
불 En agr. Rouge.
한 한자어로 붉다

3*주 [TJOU] (走) 원579
불 En agr. S'enfuir.
한 한자어로 도망가다

4*주 [TJOU] (株) 원579
불 Numéral des pieds d'arbres, des arbres.
한 나무의 밑동, 나무를 세는 수사

주걱 [TJOU-KEK,-I] (食械) 원580
불 Cuillère plate pour prendre le riz.
한 밥을 뜨기 위한 평평한 숟가락

주근주근씹다 [TJOU-KEUN-TJOU-KEUN-SSIP-TA,-SSIP-E,-SSIP-EUN] 원580
불 Manière de mâcher propre aux vieillards qui n'ont plus de dents.
한 더 이상 이가 없는 노인들이 씹는 특유의 방법

*주급ᄒᆞ다 [TJOU-KEUP-HĂ-TA] (賙給) 원580
불 Faire l'aumône; secourir.
한 적선을 하다 | 도와주다

주내다 [TJOU-NAI-TA,-NAI-YE,-NAIN] (註釋) 원580
불 Faire des commentaires, donner une explication d'un texte, gloser, controverser, discuter, expliquer.
한 주해하다, 본문을 해석하다, 해설하다, 논쟁하다, 토의하다, 설명하다

주눅 [TJOU-NOUK,-I] 원580 ☞준욱

주다 [TJOU-TA,TJOU-E,TJOUN] (給) 원581
불 (V. act. et n., gouv. l'accus. et le dat.) Donner remettre, fournir, gratifier. Terminaison des verbes leur donnant le sens de; faire pour un autre.

한 (능동형 동사와 자동사, 대격과 여격을 지배한다) | 다시 놓도록 주다, 제공하다, 베풀어 주다 | 동사들에 의미를 주는 동사 어미 | 다른 사람을 위해 하다

주러지다 [TJOU-RE-TJI-TA,-TJYE,-TJIN] (縮) 원581

불 Diminuer, décroître, baisser (vent) être moindre, être diminué, avoir du déchet.

한 줄어들다, 감소하다, 약해지다(바람), 더 작다, 줄여지다, 손실이 있다

주렁주렁 [TJOU-RENG-TJOU-RENG] (連續) 원581

불 Etre à égale distance en lignes.

한 일렬로 똑같은 거리에 있다

주루루주루루 [TJOU-ROU-ROU-TJOU-ROU-ROU] 원581

불 Murmure d'une eau courante.

한 흐르는 물의 졸졸 소리

주루루주루루외오다 [TJOU-ROU-ROU-TJOU-ROU-ROU-OI-O-TA,-OI-OA,-OI-ON] (達誦) 원581

불 Réciter couramment.

한 유창하게 암송하다

주루룩주루룩 [TJOU-ROU-ROUK-TJOU-ROU-ROUK] 원581

불 Bruit d'une pluie abondante, bruit de gouttes d'eau tombant sur l'eau. =비오다-pi-o-ta, Pleuvoir ainsi.

한 많은 양의 빗소리, 물 위에 떨어지는 물방울 소리 | [용례 =비오다, -pi-o-ta], 그렇게 비가 오다

1주리다 [TJOU-RI-TA,-RYE,-RIN] 원581

불 Faire décroître, diminuer (acrif), rendre moindre, raccourcir, mutiler.

한 줄어들게 만들다, 줄이다(능동형), 더 작게 만들다, 단축하다, 절단하다

2주리다 [TJOU-RI-TA,-RYE,-RIN] (飢) 원581

불 Souffrir de la faim, jeûner parce qu'on n'a pas à manger; manquer du nécessaire; être sobre, frugal dans le manger; avoir faim; avoir besoin de; manquer de; être dans l'indigence.

한 배고픔을 겪다, 먹을 것이 없기 때문에 밥을 굶다 | 필요한 것이 없다 | 검소하다, 식사에 있어서 간소하다 | 배고프다 | 필요하다 | 부족하다 | 빈곤한 상태이다

주먹구구ᄒᆞ다 [TJOU-MEK-KOU-KOU-HĂ-TA] (拳九九) 원580

불 Compter sur ses doigts, calculer sur ses doigts (quand on ne sait pas calculer autrement).

한 자신의 손가락으로 세다, (달리 계산할 줄 모를 때) 자신의 손가락으로 계산하다

주무럭주무럭 [TJOU-MOU-REK-TJOU-MOU-REK] (拳拳) 원580

불 Palper; manier; presser entre ses mains, avec ses doigts; pétrir.

한 손으로 만져보다 | 손으로 다루다 | 자신의 손 사이에, 자신의 손가락으로 누르다 | 주무르다

*주문ᄒᆞ다 [TJOU-MOUN-HĂ-TA] (奏文) 원580

불 Consulter l'empereur (se dit du roi qui s'adresse à l'empereur de Chine); exposer à l'empereur de Chine.

한 황제에게 의뢰하다(중국 황제에게 문의하는 왕에 대해 쓴다) | 중국 황제에게 설명하다

*주변ᄒᆞ다 [TJOU-PYEN-HĂ-TA] (周變) 원581

불 Préparer, disposer.

한 준비하다, 배치하다

주살 [TJOU-SAL,-I] (弋) 원581

불 Flèche captive, c.a.d. attachée à un fil au moyen duquel on peut la retirer après l'avoir lancée.

한 매어 놓은, 즉 화살을 쏜 후에 그것을 다시 쏠 수 있도록 줄에 매달린 화살

주저ᄒᆞ다 [TJOU-TJE-HĂ-TA] (躕躇) 원581

불 Hésiter, être timide.

한 주저하다, 소심하다

*주판지셰 [TJOU-HPAN-TJI-SYEI] (走坂之勢) 원581

불 Situation d'un homme qui court en descendant une pente et ne peut plus se retenir. Glisser sur un plan incliné (manière, état). Une fois commencé, il faut aller jusqu'au bout; on ne peut s'arrêter sur un terrain glissant et en pentel ce qui est fait est fait; le vin est tiré, il faut le boire.

한 비탈을 내려가면서 달리고 더 이상 멈출 수 없는 사람의 상황 | 경사면 위에서 미끄러지다(방식, 상태) | 한 번 시작하면 끝까지 가야 한다 | 미끄럽고 비탈진 땅에서 멈출 수 없다 | 끝난 일은 도리가 없다 | 포도주 마개를 땄으면 마셔야 한다

죽고말병 [TJOUK-KO-MAL-PYENG,-I] (死而已病) 원580

불 Maladie qui ne cessera qu'à la mort.

한 죽을 때에야 멈출 병

죽구리다 [TJOUK-KOU-RI-TA,-RYE,-RIN] (蹲) 원580

불 Etre assis sur le derrière (se dit des animaux, chiens, tigres, etc.) courber le dos.

한 엉덩이 위에 앉다 (동물, 개, 호랑이 등에 대해 쓴다), 등을 구부리다

ㅈ

죽굼이 [TJOUK-KOUM-I] [원]580

[불] Morceau de bois rond traversé de deux longues chevilles en croix, sur lequel on pelote le fil de chanvre.

[한] 두 개의 긴 쐐기가 십자형으로 가로지르는, 그 위로 삼실을 둥글게 감는 둥근 나무 조각

죽굼죽굼ᄒᆞ다 [TJOUK-KOUM-TJOUK-KOUM-HĂ-TA] [원]580

[불] Se dit d'un homme qui rôde pour obtenir quelque chose et qui ne s'en va pas, quoiqu'il ennuie tout le monde. Hésiter, faire en hésitant.

[한] 무언가를 얻기 위해 어슬렁거리고 모든 사람을 성가시게 함에도 불구하고 가지 않는 사람에 대해 쓴다 | 주저하다, 주저하며 하다

죽다 [TJOUK-TA,TJOUK-E,TJOUK-EUN] (死) [원]580

[불] Mourir.

[한] 죽다

죽담 [TJOUK-TAM,-I] (土垣) [원]580

[불] Petit mur en terre autour de la maison, de la cour d'une maison. Mur de renfort pour en soutenir un autre.

[한] 집, 집의 안마당 둘레의 작은 흙벽 | 다른 것을 지탱하기 위한 보강용 벽

죽방울 [TJOUK-PANG-OUL,-I] (毬) [원]580

[불] Diable (jouet) instrument que l'on fait tourner avec force sur une corde attachée aux extrémités de deux petits bâtonnets et qu'on lance en l'air pour le rattraper sur cette corde (jouet coréen) ‖ Bulle qui se forme sur l'eau quand la pluie tombe.

[한] 뚜껑을 열면 인형이 튀어나오는 장난감(장난감), 두 개의 작은 막대기의 끝에 묶인 줄 위에서 힘껏 돌리고 공중으로 던져 올려 다시 이 줄로 잡는 도구(조선의 장난감) | 비가 떨어질 때 물 위에 생기는 거품

1 죽비 [TJOUK-PI] [원]580

[불] Esp. de battoir en peau garnie de coton, qu'on emploie pour frapper légèrement un membre malade et opérer ainsi une sorte de massage.

[한] 솜이 가득 찬 가죽 라켓 종류로, 아픈 팔다리를 가볍게 두드리기 위해, 그리고 그렇게 일종의 마사지를 실행하기 위해 사용한다

2* 죽비 [TJOUK-PI] (竹扉) [원]580

[불] Porte en bambou.

[한] 대나무로 만들어진 문

1 죽살이치다 [TJOUK-SAL-I-TCHI-TA,-TCHYE,-TCHIN] (苦痛) [원]580

[불] Etre en danger de mourir. Avoir une maladie grave et douloureuse.

[한] 죽을 위험에 처해 있다 | 심각하고 고통스러운 병에 걸리다

2 죽살이치다 [TJOUK-SAL-I-TCHI-TA,-TCHYE,-TCHIN] [원]580

[불] Finir, mettre la dernière main.

[한] 끝마치다, 마지막 손질을 하다

죽엄 [TJOUK-EM,-I] (尸) [원]580

[불] Cadavre, mort.

[한] 시체, 죽음

죽을번ᄒᆞ다 [TJOUK-EUL-PEN-HĂ-TA] (幾死) [원]580

[불] Etre sur le point de mourir, avoir manqué de mourir.

[한] 막 죽으려 하다, 죽을 뻔했다

죽이다 [TJOUK-I-TA,TJOUK-YE,TJOUK-IN] (殺) [원]580

[불] Tuer, occire, assassiner, faire mourir, massacrer, immoler. Fact. de 죽다 Tjouk-ta.

[한] 죽이다, 죽이다, 암살하다, 죽게 하다, 학살하다, 희생시키다 | 죽다 Tjouk-ta의 사동형

죽이이다 [TJOUIK-I-I-TA,-I-YE,-I-IN] [원]580

[불] Etre tué (《être fait mourir》)

[한] 죽임을 당하다(《죽이게 되다》)

죽젓쌍이 [TJOUK-TJYET-KKANG-I] (粥杖) [원]580

[불] Cuillère ou morceau de bois pour brasser la bouillie.

[한] 걸쭉한 죽을 휘저어 섞기 위한 숟가락이나 나무 조각

죽졍이 [TJOUK-TJYENG-I] (空穀) [원]580

[불] Cosse vide, coque vide, graine où il n'y a rien.

[한] 빈 껍질, 빈 껍질, 아무것도 없는 씨

*준가 [TJOUN-KA] (準價) [원]581

[불] Cherté, prix exorbitant.

[한] 값비쌈, 터무니없는 가격

*준걸 [TJOUN-KEL,-I] (俊傑) [원]581

[불] Grand cœur, grand esprit; grandeur d'âme, élévation d'esprit etc. homme bien né, c.a.d. beau, grand, fort, beau parleur, capable.

[한] 마음이 큰 사람, 재능 있는 사람 | 영혼의 위대함, 정신의 고귀함 등, 잘 타고난, 즉 잘 생긴, 큰, 강한, 말을 잘하는, 능력 있는 사람

*준령 [TJOUN-RYENG,-I] (峻嶺) [원]581

[불] Haut passage dans les montagnes, passage d'une montagne élevée.

한 산속 높은 통로, 높은 산의 통로

*준론ᄒᆞ다 [TJOUN-RON-HĂ-TA] (準論) 원581

불 Parler très-haut, crier, pousser de grands cris. ‖ Traiter un sujet noble, en conversation ou par écrit.

한 아주 크게 말하다, 고함치다, 큰 소리를 지르다 | 대화나 글에서 고결한 주제를 다루다

*준마 [TJOUN-MA] (駿馬) 원581

불 Beau cheval, bon cheval.

한 멋진 말, 좋은 말

*준비ᄒᆞ다 [TJOUN-PI-HĂ-TA] (準備) 원581

불 Préparer, se disposer à.

한 준비하다, ~할 채비를 하다

*준슈ᄒᆞ다 [TJOUN-SYOU-HĂ-TA] (俊秀) 원581

불 Grand, gigantesque(homme); être bien né, c.a.d. beau, fort, beau parleur, adroit.

한 크다, 거대하다(사람) | 잘 타고나다, 즉 잘 생긴, 강한, 구변이 좋은, 솜씨가 좋다

준욱 [TJOUN-OUK,-I] 원580

불 Sang-froid, aplomb, hardiesse; état de quelqu'un qui se possède calme, qui ne craint pas. impudent, homme qui ne sait pas rougir.

한 냉정, 침착성, 대담함 | 두려워하지 않는, 침착하게 감정을 자제하는 사람의 상태 | 파렴치하다, 낯을 붉히는 것을 모르는 사람

*준총 [TJOUN-TCHONG,-I] (駿驄) 원581

불 Beau cheval, bon cheval.

한 멋진 말, 좋은 말

*준험ᄒᆞ다 [TJOUN-HEM-HĂ-TA] (峻險) 원580

불 Escarpé; montagne d'un accès dangereux, abrupt, haut et difficile.

한 가파르다 | 접근하기 위험한, 가파른, 높고 어려운 산

[1]줄 [TJYOUL,-I] (絃) 원586

불 Corde, ligne, fil, lien, cordon.

한 줄, 선, 실, 끈, 줄

[2]줄 [TJOUL,-I] 원581

불 Lime.

한 줄

[3]*줄 [TJOUL,-I] (茁) 원581

불 Esp. de grande herbe marécageuse à grandes feuilles.

한 잎이 큰, 늪에 사는 큰 풀 종류

[4]줄 [TJOUL,-I] (行) 원581

불 Ligne d'écriture. etc. (Les Coréens écrivent de haut en bas en colonnes verticales qui se suivent de droite à gauche).

한 글씨 등의 줄 | (조선인들은 위에서 아래로 오른쪽에서 왼쪽으로 잇따르는 수직열로 글을 쓴다)

[5]줄 [TJOUL] 원581

불 La chose de; terminaison des verbes qui correspond au que retranché du latin.

한 ~인[역주 한] 것 | 라틴어에서 분리된 que 에 상응하는 동사 어미

[6]줄 [TJOUL,-I] (把) 원581

불 Guirlande ou liasse de tabac longue de deux brasses, deux empans.

한 두 발, 두 발 길이의 담배 화환 또는 묶음

줄기차다 [TJOUL-KI-TCHI-TA,-TCHA,-TCHAN] (莖强) 원581

불 Etre grand et fort.

한 크고 강하다

줄다 [TJOUL-TA,TJOUL-E,TJOUN] (縮) 원581

불 Diminuer (neut.), décroître, être moindre, être diminué.

한 줄다(자동형), 감소하다, 더 작아지다, 줄여지다

줄드리다 [TJOUL-TEU-RI-TA,-RYE,-RIN] (交索) 원581

불 Tordre trois fils pour faire une corde en trois, faire des cordes.

한 세 가닥 줄을 만들기 위해 세 개의 실을 꼬다, 줄을 만들다

줄방셕 [TJOUL-PANG-SYEK,-I] 원581

불 Natte faite de 줄 Tjoul.

한 줄 Tjoul로 만들어진 돗자리

줄번ᄌᆞ [TJOUL-PYEN-TJĂ] (唐鞋) 원581

불 Esp. de soulier.

한 신발의 종류

줄ᄯᆡ [TJOUL-TTĂI] 원581

불 Pivot (de meule en cône)

한 (원추형 절구의) 축

줄팔미 [TJOUL-HPAL-MĂI] (絃擲石) 원581

불 Fronde.

한 투석기

줌 [TJOUM,-I] (握) 원580

불 Poignée, une poignée (mesure de capacité). ‖ Très-peu, un peu.

한 줌, 한 움큼(용량 측정 단위) | 아주 적게, 조금

줌쏠모호다 [TJOUM-SSĂL-MO-HO-TA,-MO-HOA,-MO

-HON] (合米) ⓐ580

불 Emporter, dérober poignées par poignées le riz du maître, gaspiller (serviteur, esclave). Amasser une poignée de riz.

한 주인의 쌀을 한 움큼씩 가져가다, 훔치다, (하인, 노예) 허비하다 | 쌀을 한 움큼 모으다

줌으르다 [TJOUM-EU-REU-TA,TJOUM-EUL-NE,TJOUM-EU-REUN] (撫摩) ⓐ580

불 Masser (le corps); pétrir avec les mains (la pàta); manier; palper; pétrir.

한 (몸을) 안마하다 | (반죽을) 손으로 반죽하다 | 손으로 다루다 | 손으로 만져 보다 | 주무르다

줌으시다 [TJOUM-EU-SI-TA,-EU-SYE,-EU-SIN] (就寢) ⓐ580

불 Dormir. (Honorif.).

한 자다 | (경칭)

줌치 [TJOUM-TCHI] (囊) ⓐ580

불 Bourse, petit sac.

한 돈주머니, 작은 자루

줌추다 [TJOUM-TCHĂ-TA,-TCHĂ,-TCHĂN] (滿握) ⓐ580

불 Poignée pleine; être difficile; difficulté.

한 한 움큼 가득 | 어렵다 | 어려움

줍다 [TJOUP-TA,TJOU-E,TJOU-EUN] (拾) ⓐ581

불 Ramasser (une chose tombée), relever de terre.

한 (떨어진 것을) 줍다, 땅에서 들어 올리다

줏쳑ᄒᆡ다 [TJOUT-TCHYEK-TĂI-TA,-TĂI-YE,-TĂIN] (自矜) ⓐ581

불 Faire semblant d'être habile, faire l'habile.

한 솜씨 좋은 체하다, 능숙한 체하다

중 [TJOUNG,-I] (僧) ⓐ581

불 Bonze.

한 승려

중년 [TJOUNG-NYEN,-I] (女僧) ⓐ581

불 Bonzesse de la secte de Fô.

한 부처 종파의 여자 승려

중놈 [TJOUNG-NOM,-I] (男僧) ⓐ581

불 Bonze de la secte de Fô.

한 부처 종파의 승려

중쇽한이 [TJOUNG-SYOK-HAN-I] (退俗漢) ⓐ581

불 Bonze qui a quitté sa bonzerie pour retourner dans le siècle, bonze redevenu homme ordinaire.

한 속세로 돌아오기 위해 절을 떠난 승려, 다시 세속인이 된 승려

중중거리다 [TJOUNG-TJOUNG-KE-RI-TA,-RYE,-RIN] ⓐ581

불 Murmurer, marmonner (se dit plutôt des hommes).

한 중얼거리다, 중얼 중얼 말하다 (비교적 사람들에 대해 쓴다)

중틔 [TJOUNG-HTĂI] ⓐ581

불 Nom d'un petit poisson d'eau douce.

한 민물에 사는 작은 물고기의 이름

[1]쥐 [TJOUI] (鼠) ⓐ579

불 Rat, souris, marte, zibeline, etc.; tous les petits animaux à poils de ce genre.

한 쥐, 생쥐, 흰담비, 검은담비 등 | 이런 종류의 털을 가진 모든 작은 동물

[2]쥐 [TJOUI] ⓐ579

불 Crampe.

한 경련

쥐나다 [TJOUI-NĂ-TA,-NA,-NAN] (動筋) ⓐ579

불 Avoir des crampes.

한 쥐가 나다

쥐날 [TJOUI-NAL,-I] (子日) ⓐ579

불 Jour de la souris. (Pour: ᄌᆞ일 Tjă-il. -ᄌᆞ Tjă [子] est un nom horaire, correspondant à un signe du zodiaque [le Bélier] qui est symbolisé en Corée par la souris)

한 쥐의 날 | ᄌᆞ일 Tjă-il에 있어, 황도 12궁 중 하나[염소자리]에 해당하는 것으로 조선에서는 쥐로 상징되는 시간 명칭이다

쥐다 [TJOUI-TA,TJOUI-YE,TJOUIN] (握) ⓐ579

불 Prendre à la main, tenir à la main (de 줍다 Tjoup-ta)

한 손으로 쥐다, (줍다 Tjoup-ta의) 손으로 잡다

쥐닥이 [TJOUI-TAK-I] ⓐ579

불 Sans ordre, sans plan.

한 질서 없이, 계획 없이

쥐덧 [TJOUI-TET,-TCHI] (鼠梏) ⓐ580

불 Souricière, ratière.

한 쥐덫, 함정

쥐며ᄂᆞ리 [TJOUI-MYE-NĂ-RI] (鼠婦) ⓐ579

불 Insecte gris, cosaque, clou à porte ou cloporte, porcelet de St Antoine. (En médec., remède dans les fièvres). syn. 셔부 Sye-pou.

한 회색의, 난폭한 곤충, 문의 못 또는 쥐며느리, 성 앙트완 새끼 돼지 | (의학에서, 열이 날 때의 약) | [동의어 셔부, Sye-pou]

쥐부리 [TJOUI-POU-RI] ⓐ579

불 Endroit où se joignent, fortement attachés, deux pièces de bois ou objets longs placés longitudinalement de chaque côté sur un bœuf.

한 소의 각 옆구리에 세로로 놓인 두 개의 나무 조각이나 긴 물건들이 단단히 묶여 합쳐지는 곳

쥐불 [TJOUI-POUL,-I] 원579

불 Feu de la souris. (A la 12me lune, le jour de la souris, les enfants courent dans les champs avec des brandons allumés, et mettent le feu aux herbes sèches, aux petits arbustes sur le bord des chemins, pour brûler les poils d'animaux et obtenir par là une grande abondance de coton).

한 쥐의 불 | (달의 12일, 쥐의 날에, 아이들이 불 붙이는 짚단을 가지고 밭에 뛰어다니고, 동물들의 털을 태우고 그리하여 목화를 대단히 많이 얻기 위해 길가의 마른 풀들에, 작은 소관목들에 불을 놓는다)

쥐똥나무 [TJOUI-TTONG-NA-MOU] (鼠尿木) 원580

불 Arbre de crottes de rat (ainsi appelé à cause de ses graines, qui ont la même forme. il fournit la matière dont on fait la cire blanche; les Coréens ne la tirent pas de la graine même d'un arbre), troëne,vulg. duret.

한 쥐똥의 나무 (같은 모양으로 생긴 씨 때문에 이렇게 불린다 | 흰색 밀랍을 만드는 재료를 제공한다 | 조선인들은 그 나무의 씨 자체에서 그것을 뽑지 않는다), 쥐똥나무, 속칭으로 단풍나무

쥐염나무 [TJOUI-YEM-NA-MOU] (朱髥木) 원579

불 Esp. d'acacia (arbre). Syn. 쥬염나무 Tjyou-yem-na-mou.

한 아카시아(나무)의 종류 | [동의어 쥬염나무, Tjyou-yem-na-mou.]

쥐통 [TJOUI-HTONG] (鼠痛) 원580

불 Maladie des crampes, choléra.

한 경련이 일어나는 질환, 콜레라

[1]* 쥬 [TJYOU] (主) 원582

불 En agr. Maître, seigneur.

한 한자어로 주인, 주

[2]* 쥬 [TJYOU] (柱) 원582

불 Chevalet, support des cordes d'un violon.

한 받침대, 바이올린 현 지지대

[3]* 쥬 [TJYOU] (冑) 원582

불 Casque.

한 투구

[4]* 쥬 [TJYOU] (晝) 원582

불 En agr. Jour.

한 한자어로 낮

[5]* 쥬 [TJYOU] (酒) 원582

불 En agr. Vin.

한 한자어로 술

[1]* 쥬가 [TJYOU-KA] (酒家) 원582

불 Buvette, auberge.

한 작은 술집, 여관

[2]* 쥬가 [TJYOU-KA] (酒價) 원582

불 Prix du vin.

한 술 값

*쥬간ᄒᆞ다 [TJYOU-KAN-HĂ-TA] (主干) 원582

불 Veiller, surveiller, garder, régir, gouverner, dominer. Etre maître de, avoir en sa puissance une chose qui se fera ou ne se fera pas, suivant qu'on voudra, et qui dépend de.

한 감시하다, 보살피다, 지키다, 관리하다, 다스리다, 지배하다 | 마음대로 할 수 있다, 원하는 바에 따라 되거나 되지 않거나 하는, ~에 예속된 것을 마음대로 사용하다

쥬걱 [TJYOU-KEK,-I] (飯匙) 원582

불 Esp. de cuillère pour mettre le riz de la chaudière dans les écuelles. Esp. de grande spatule pour remuer le riz dans la chaudière.

한 가마솥에 있는 밥을 사발에 담기 위한 숟가락의 종류 | 가마솥의 밥을 젓기 위한 큰 주걱의 종류

쥬걱새ᄒᆞ다 [TJYOU-KEK-SAI-HĂ-TA] 원582

불 Se plaindre toujours de son indigence, exagérer son indigence en se plaignant.

한 자신의 빈곤을 항상 한탄하다, 한탄하며 자신의 빈곤을 과장하다

쥬걱턱 [TJYOU-KEK-HTEK,-I] (長頷) 원582

불 Menton prolongé, menton proéminent.

한 긴 턱, 돌출한 턱

*쥬견 [TJYOU-KYEN,-I] (主見) 원582

불 Libre arbitre, propre volonté, opinion, sentiment, manière de voir.

한 자유 의지, 자신의 의지, 의견, 감정, 보는 방식

*쥬경야독 [TJYOU-KYENG-YA-TOK] (晝耕夜讀, (Le jour, ouvrage des champs, la nuit, étude des caractères)) 원582

불 (Le jour, ouvrage des champs, la nuit, étude des caractères). Faire pendant le jour les travaux des champs et pendant la nuit étudier les caractères.

한 (낮에는 밭일, 밤에는 글공부) | 낮에는 밭일을 하고, 밤에는 글자를 공부하다

*쥬과포 [TJYOU-KOA-HPO] (酒果脯, (Vin, fruits, viande ou poisson sec)) 원582
불 Présents ou matière du sacrifice que fait à ses parents un homme pauvre.
한 가난한 사람이 자신의 부모에게 지내는 제사의 선물이나 재료

*쥬관ᄒᆞ다 [TJYOU-KOAN-HĂ-TA] (主管) 원582
불 Présider, garder, veiller, surveiller, régir, gouverner, dominer,être maître de. Syn. 간셥ᄒᆞ다 Kan-syep-hă-ta.
한 주재하다, 관리하다, 감시하다, 감독하다, 지배하다, 다스리다, 지배하다, ~을 마음대로 하다 | [동의어 간셥ᄒᆞ다, Kan-syep-hă-ta]

*쥬광 [TJYOU-KOANG,-I] (酒狂) 원582
불 Folie de l'ivresse; être fou dans l'ivresse.
한 취기로 인한 터무니없는 짓 | 취하여 제정신이 아니다

*쥬교 [TJYOU-KYO] (主教) 원582
불 Evêque, prélat, vicaire apostolique. (Mot chrét.)
한 주교, 고위 성직자, 교구의 보좌 신부 | (가톨릭 단어)

*쥬금 [TJYOU-KEUM,-I] (酒禁) 원582
불 Prohibition du vin, défense de faire et de vendre du vin.
한 술의 금지, 술을 빚거나 파는 것에 대한 금지

1*쥬긱 [TJYOU-KĂIK,-I] (主客) 원582
불 Maître de maison et hôte.
한 집 주인과 손님

2*쥬긱 [TJYOU-KĂIK,-I] (酒客) 원582
불 Ivrogne.
한 술꾼

*쥬년 [TJYOU-NYEN,-I] (週年) 원583
불 Le cours d'une année, une année.
한 1년의 흐름, 1년

*쥬달 [TJYOU-TAL,-I] (酒疸) 원588
불 Jaunisse causée par le vin, consomption qui est l'effet du vin.
한 술에 의한 황달, 술의 효력인 쇠약

*쥬담 [TJYOU-TAM,-I] (酒談) 원588
불 Bavardage des gens qui ont un peu trop bu. =ᄒᆞ다 -hă-ta, Parler beaucoup dans l'ivresse, à cause de l'ivresse.
한 술을 약간 과하게 마신 사람들이 하는 객설 | [용례 =ᄒᆞ다, -hă-ta], 취한 채, 취기 때문에 말을 많이 하다

*쥬당 [TJYOU-TANG,-I] (主堂) 원588
불 Maison de Dieu, église, temple. (Mot chrét.).
한 신의 집, 교회, 사원 | (기독교 단어)

*쥬뎜 [TJYOU-TYEM,-I] (酒店) 원588
불 Auberge, cabaret.
한 여관, 선술집

*쥬독 [TJYOU-TOK,-I] (酒毒) 원588
불 Poison du vin; force du vin.
한 술의 독 | 술의 힘

쥬동이 [TJYOU-TONG-I] (喙) 원588
불 Bouche, gueule, bec, museau, etc.
한 입, [역주 동물의] 입, [역주 새의] 부리, 주둥이 등

쥬둥이 [TJYOU-TOUNG-I] (喙) 원588
불 Bouche (injure), museau, gueule, bec.
한 입 (욕설), 주둥이, 아가리, [역주 새의] 부리

1*쥬ᄃᆡ [TJYOU-TĂI] (酒帒) 원588
불 Sac où l'on met la lie du vin à s'égoutter, pour en extraire ce qui reste de ce liquide. ‖ Sac à vin, homme qui boit beaucoup.
한 액체에 남은 것을 추출하기 위해 물기를 뺄 술의 찌기를 담는 자루 | 술 자루, 술을 많이 마시는 사람

2쥬ᄃᆡ [TJYOU-TĂI] 원588
불 Cordages (terme de matelots).
한 밧줄 (선원들의 용어)

쥬라 [TJYOU-RA] (喇叭) 원586
불 Sorte de trompette à timbre fort et sourd, Syn. 나발 Na-pal.
한 강하고 둔탁한 소리의 나팔의 종류 | [동의어 나발, Na-pal]

*쥬량 [TJYOU-RYANG,-I] (酒量) 원587
불 Mesure de vin; capacité de quelqu'un pour le vin, ce qu'il peut en boire. ‖ Estomac du vin, poche où va le vin dans l'estomac.
한 술의 한도 | 술에 대한 어떤 사람의 능력, 그가 마실 수 있는 양 | 술의 배, 술이 들어가는 위의 주머니

쥬럽드다 [TJYOU-REP-TEU-TA,-TEU-RE,-TEUN] (拙縮) 원587
불 Malpropre, sale, en désordre; avoir l'air pauvre, misérable; mort de faim.
한 불결하다, 더럽다, 난잡하다, | 가난해, 비루해 보이다 | 배고파 죽다

*쥬련 [TJYOU-RYEN,-I] (朱練) 원587

불 Décor en caractères d'écriture sur des bandes de papier qui retombent le long de la muraille; tableaux de beaux caractère d'écriture; caractères chinois pour ornement. Syn. 부벽 Pou-pyek.

한 벽을 따라 다시 내려오는 종이 띠에 쓴 글자로 된 장식 | 글씨의 아름다운 자체[역주 字體]의 판들 | 장식을 위한 중국 글자들 | [동의어 부벽, Pou-pyek]

*쥬렴 [TJYOU-RYEM,-I] (珠簾) 원587

불 Esp. de jalousie en bambou très-fi. Store en perles.

한 아주 가는 대나무로 만든 블라인드의 종류 | 진주로 만든 차양

쥬루루 [TJYOU-ROU-ROU] 원587

불 Bruit d'un écoulement d'eau ou de grains. sans interruption (couler).

한 끊임없는 물이나 낟알의 배출 소리 (흐르다)

쥬루룩쥬루룩 [TJYOU-ROU-ROUK-TJYOU-ROU-ROUK] 원587

불 Bruit de l'eau en tombant.

한 떨어지는 물 소리

쥬룩쥬룩 [TJYOU-ROUK-TJYOU-ROUK] 원587

불 Désigne les plis d'un habit piqué, d'une couverture. ‖ Bruit d'une pluie continue.

한 퀘맨 옷, 이불에 잡힌 주름을 가리킨다 | 비가 계속 내리는 소리

쥬름 [TJYOU-REUM,-I] (縮) 원587

불 Pli, ride.

한 접힌 자국, 주름살

쥬름자비다 [TJYOU-REUM-TJA-PI-TA] 원587 ☞쥬름접이다

쥬름잡다 [TJYOU-REUM-TJAP-TA,-TJAP-E,-TJAP-EUN] (皺) 원587

불 Plisser, rider, faire des plis, froncer.

한 주름을 잡다, 주름지게 하다, 주름을 잡다, 주름을 잡다

쥬름잡이다 [TJYOU-REUM-TJAP-I-TA,-YE,-IN] 원587

불 Etre plissé.

한 주름이 잡히다

쥬름잡히다 [TJYOU-REUM-TJAP-HI-TA,-HYE,-HIN] 원587 ☞쥬름잡이다

쥬름졉다 [TJYOU-REUM-TJYEP-TA,-TJYEP-E,-TJYEP-EUN] 원587 ☞쥬름잡다

쥬름졉이다 [TJYOU-REUM-TJYEP-I-TA,-YE,-IN] 원587

불 Etre plissé, ridé.

한 주름지다, 주름지다

쥬름졉히다 [TJYOU-REUM-TJYEP-HI-TA] 원587 ☞쥬름졉이다

*쥬릐 [TJYOU-REUI] (朱牢) 원587

불 Supplice de la dislocation et de la courbure des os; torture qui consiste à mettre un gros morceau de bois entre les deux jambes au-dessous du genou et à serrer les pieds et les genoux de manière que cette partie des jambes décrive un arc; esp. de supplice, le ploiement des os des jambes.

한 뼈가 탈구 되거나 뼈를 휘게 하는 형벌 | 양다리 사이 무릎 아래에 굵은 나무조각을 놓고 다리의 이 부분이 아치 모양을 이루도록 발과 무릎을 조이는 것으로 구성되는 고문 | 형벌의 종류, 다리뼈의 휨

쥬리다 [TJYOU-RI-TA,-RYE,-RIN] 원587

불 Faire décroître, rendre moindre; être moindre, être diminué.

한 감소시키다, 더 작게 만들다 | 더 작다, 감소되다

*쥬립 [TJYOU-RIP,-I] (朱笠) 원587

불 Chapeau rouge des grands dignitaires accompagnant le roi dans ses sorties.

한 외출 시 왕을 수행하는 중요한 고관들의 붉은색 모자

*쥬막 [TJYOU-MAK,-I] (酒幕) 원583

불 Auberge, cabaret, hôtel.

한 식당 겸 여인숙, 선술집, 여관

쥬머귀 [TJYOU-ME-KOUI] 원583 ☞쥬먹

쥬먹 [TJYOU-MEK,-I] (拳) 원583

불 Poing.

한 주먹

쥬먼이 [TJYOU-MEN-I] (囊) 원583

불 Bourse, gibecière, petit sac que l'on pend à la ceinture pour servir de poche (les habits n'en ayant pas).

한 돈주머니, 메는 가방, 주머니로 쓰기 위해 허리에 다는 작은 가방(옷에 그것이 없을 때)

*쥬명 [TJYOU-MYENG,-I] (主命) 원583

불 Ordre de Dieu, volonté de Dieu, décret divin.

한 신의 명령, 신의 의지, 신에게서 오는 포고

1*쥬모 [TJYOU-MO] (酒母, (vin, mère)) 원583

불 Mère du vin. Levain qui sert à la préparation du vin. ‖ Maîtresse d'auberge, femme qui vend du vin.

한 술의 어머니 | 술을 만드는 데 쓰이는 효모 | 여인숙의 여주인, 술을 파는 여자

2*쥬모 [TJYOU-MO] (主母) 원583

불 Maîtresse, femme du maître.

한 여부인, 주인의 부인

3* 쥬모 [TJYOU-MO] (主母) 원583

불 La mère de Dieu, la Très-Sainte Vierge.

한 신의 어머니, 성모 마리아

* 쥬모경 [TJYOU-MO-KYENG,-I] (主母經) 원583

불 Le Pater et l'Ave.

한 주기도와 [역주 아베 마리아로 시작되는] 천사축사

* 쥬물상 [TJYOU-MOUL-SANG,-I] (酒物床) 원583

불 Table sur laquelle on sert le vin. || Premier service (table chargée: viande, fruits, vin, etc., pour un mandarin qui prend possession de son district)

한 술을 대접하는 탁자 | 첫 번째 대접 (자신의 구역을 차지하는 관료를 위한 고기, 과일, 술 등이 차려진 식탁)

* 쥬밀ᄒᆞ다 [TJYOU-MIL-HĂ-TA] (周密) 원583

불 Econome, prudent, prévoyant, conservateur, précautionneux.

한 검소하다, 신중하다, 용의주도하다, 보수적이다, 빈틈없다

* 쥬발 [TJYOU-PAL,-I] (酒鉢) 원586

불 Ecuelle en métal, en cuivre, pour le riz. Syn. 식긔 Sik-keui.

한 쌀을 담기 위한, 금속, 구리로 된 사발 | [동의어 식긔, Sik-keui]

쥬벅 [TJYOU-PEK,-I] 원586

불 Barrage en petits morceaux de bois pour le poisson.

한 물고기를 잡기 위해 작은 나무 조각으로 만든 바리케이트

* 쥬벌 [TJYOU-PEL,-I] (主罰) 원586

불 Punition de Dieu, punition infligée par Dieu.

한 신의 벌, 신에 의해 과해진 벌

쥬볏쥬볏ᄒᆞ다 [TJYOU-PYET-TJYOU-PYET-HĂ-TA] 원586

불 Se dresser sur la tête (cheveux qui se se dressent à cause de la peur) || Hésiter, montrer de l'hésitation.

한 머리 위로 솟다 (두려움으로 인해 솟구쳐진 머리카락) | 망설이다, 주저하다

1* 쥬병 [TJYOU-PYENG,-I] (酒餠) 원586

불 Vin et gâteaux.

한 술과 과자

2* 쥬병 [TJYOU-PYENG] (酒甁) 원586

불 Bouteille de vin, bouteille à vin.

한 술병, 술을 담는 병

* 쥬보 [TJYOU-PO] (主保) 원586

불 Patron, protecteur, défenseur. (Mot chrét.).

한 후견인, 보호자, 수호자 | (기독교 단어)

* 쥬보ᄒᆞ다 [TJYOU-PO-HĂ-TA] (主保) 원586

불 Protéger, patronner,

한 보호하다, 후원하다

* 쥬비 [TJYOU-PI] (注批) 원586

불 Homme désigné par le mandarin pour recueillir, ou recevoir chez lui l'argent des contributions de plusieurs villages.

한 여러 마을들에 할당된 세금을 그의 집에 거두어 들이거나 받아들이기 위해서 관료에 의해 지정된 사람

쥬비ᄶᆞ다 [TJYOU-PI-TTJA-TA,-TTJA,-TTJAN] (織矣) 원586

불 Etablir la surveillance de cinq en cinq maisons.

한 다섯 집마다 감시하다

쥬비치다 [TJYOU-PI-TCHI-TA,-TCHYE,-TCHIN] (打矣) 원586

불 Etablir quelqu'un pour recueillir l'argent des contributions de plusieurs villages.

한 여러 마을에 할당된 세금을 거두어들이기 위해서 누군가를 정하다

* 쥬산 [TJYOU-SAN,-I] (主山) 원587

불 Montagne derrière la maison ou la ville à laquelle la maison ou la ville est adossée.

한 집이나 마을이 기대 세워진 집이나 마을의 뒷산

* 쥬셔 [TJYOU-SYE] (奏書) 원587

불 Première dignité qu'obtient un docteur.

한 박사가 얻는 첫 번째 고관직

1 쥬셕 [TJYOU-SYEK,-I] (錫) 원587

불 Composition d'un certain métal qui sert à faire les cuillères et les bâtonnets (il y entre du cuivre rouge, du zinc, etc.), laiton.

한 숟가락이나 작은 막대기들을 만드는 데 쓰이는 어떤 금속의 성분 (붉은 구리, 아연 등이 들어간다), 놋쇠

2* 쥬셕 [TJYOU-SYEK,-I] (酒席, (vin et natte)) 원587

불 Place où l'on boit; auberge, buvette.

한 술을 마시는 장소 | 주막, 작은 술집

* 쥬셕지신 [TJYOU-SYEK-TJI-SIN,-I] (柱石之臣, (Pilier, base, courtisan)) 원587

불 Courtisan important pour le roi, qui appuie le roi; soutien de l'Etat; ministre ou grand sur lequel l'Etat est appuyé comme une maison sur sa pierre

fondamentale.
한 왕을 지지하는, 왕에겐 중요한 조신 | 정부의 지지 세력 | 기초가 되는 돌 위의 집처럼 정부가 의지하는 장관 또는 귀족

*쥬션ᄒᆞ다 [TJYOU-SYEN-HĂ-TA] (周旋) 원587
불 Préparer, disposer, ordonner, préparer les voies, aider, prêter son concours (pour une affaire), prêter main-forte.
한 준비하다, 배치하다, 정돈하다, 길을 준비하다, 돕다, (일을 위해) 찬조하다, 협력하다

*쥬셩 [TJYOU-SYENG,-I] (主性) 원587
불 Nature divine. (Mot chrét.).
한 신의 본질 | (기독교 단어)

*쥬슈병 [TJYOU-SYOU-PYENG,-I] (酒水甁) 원588
불 Petites bouteilles de vin et d'eau; burettes. (Mot chrét.)
한 술이나 물을 담는 작은 병 | [역주 미사용] 포도주 병 | (기독교 단어)

1*쥬실ᄒᆞ다 [TJYOU-SIL-HĂ-TA] (酒失) 원587
불 Fair une faute dans l'ivresse, à cause de l'ivresse.
한 술에 취해서, 술 때문에 실수를 하다

2*쥬실ᄒᆞ다 [TJYOU-SIL-HĂ-TA] (周實) 원588
불 Etre prudent, sage et ferme.
한 신중하다, 현명하고 확고하다

*쥬ᄉᆞ [TJYOU-SĂ] (朱砂) 원587
불 Cinabre, sulfure de mercure (remède en poudre rouge) ; vermillon, rouge de cinabre.
한 진사[역주 辰沙], 수은의 황화물 (붉은 가루로 된 약) | 주홍빛, 진사[역주 辰沙]의 붉은 색

*쥬ᄉᆞ야탁ᄒᆞ다 [TJYOU-SĂ-YA-HTAK-HĂ-TA] (晝思夜度) 원587
불 Le jour et la nuit penser à.
한 밤낮으로 ~에 대해 생각하다

*쥬ᄉᆞᄒᆞ다 [TJYOU-SĂ-HĂ-TA] (主事) 원587
불 Faire travailler, faire faire l'ouvrage, distribuer l'ouvrage.
한 일하게 하다, 일을 하게 하다, 일을 분배하다

*쥬ᄉᆡᆨ [TJYOU-SĂIK,-I] (酒色) 원587
불 Vin et femmes, vin et luxure, débauche. 쥬ᄉᆡᆨ잡다 Tjyou-săik-tjap-ta, Se livrer à la débauche.
한 술과 여자, 술과 사치, 방탕 | [용례 쥬ᄉᆡᆨ잡다, Tjyou-săik-tjap-ta], 방탕함에 빠지다

쥬안 [TJYOU-AN,-I] (酒肴) 원582
불 Vin et mets que l'on prend après le vin, vin et bouchée.
한 술을 마신 후에 먹는 술과 음식, 술과 한입에 먹는 음식

*쥬야 [TJYOU-YA] (晝夜) 원582
불 Jour et nuit.
한 낮과 밤

*쥬역 [TJYOU-YEK,-I] (周易) 원582
불 Nom d'un livre chinois attribué à Confucius.
한 공자가 지었다고 하는 중국의 책

쥬염나무 [TJYOU-YEM-NA-MOU] (朱髥木) 원582
불 Nom d'un arbre dont les fruits sont comme des cosses de pois, mais plus grands.
한 그 열매가 콩깍지와 같지만 더 크기가 큰 나무의 이름

*쥬옹 [TJYOU-ONG,-I] (主翁) 원582
불 Maître, chef, propriétaire, vieux maître.
한 주인, 장, 지주, 늙은 주인

*쥬우 [TJYOU-OU] (主佑) 원582
불 Secours de Dieu. Grâce, bienfait.
한 신의 도움 | 은혜, 선행

*쥬유고 [TJYOU-YOU-KO] (酒乳膏) 원582
불 Nom d'un remède, mélange de lait et de vin bouillis ensemble.
한 약 이름, 우유와 술을 함께 끓인 혼합물

*쥬은 [TJYOU-EUN,-I] (主恩) 원582
불 Bienfait de Dieu.
한 신의 은혜

*쥬의 [TJYOU-EUI] (主意) 원582
불 Pensée, volonté, opinion, volonté libre.
한 생각, 의지, 의견, 자유 의지

*쥬이복시ᄒᆞ다 [TJYOU-I-POK-SI-HĂ-TA] (周而復始) 원582
불 Faire un nouveau tour(année qui recommence), revenir dans le même ordre, recommencer et faire de la même manière.
한 새로 다시 돌아오다 (다시 시작하는 해), 같은 순서대로 돌아오다, 다시 시작하고 같은 방식으로 하다

*쥬인 [TJYOU-IN,-I] (主人) 원582
불 Maître, chef, propriétaire, qui habite chez soi.
한 자신의 집에 사는 주인, 장, 소유주

*쥬일 [TJYOU-IL,-I] (主日) 원582
불 Le jour du Seigneur, dimanche.
한 주 예수의 날, 일요일

ㅈ

[1]*쥬쟝 [TJYOU-TJYANG,-I] (主張) ㊊588
불 Volonté, gré, libre arbitre.
한 의사, 의향, 자유 의지

[2]*쥬쟝 [TJYOU-TJYANG,-I] (主長) ㊊588
불 Chef, supérieur, maître.
한 장, 상사, 주인

*쥬쟝ᄃᆡ [TJYOU-TJYANG-TĂI] (朱杖) ㊊588
불 Bâton rouge long de cinq pieds, plus gros que le pouce, avec l'extrémité duquel on aiguillonne les criminels.
한 엄지손가락 보다는 굵고, 그 끝으로 죄인들을 찌르는, 5피에 길이의 붉은 방망이

*쥬쟝질ᄒᆞ다 [TJYOU-TJYANG-TJIL-HĂ-TA] (朱杖) ㊊588
불 Supplice du 쥬쟝ᄃᆡ Tyou-tjyang-tăi; le faire subir.
한 쥬쟝ᄃᆡ Tyou-tjyang-tăi의 형벌 | 그것을 받게 하다

*쥬쟝ᄒᆞ다 [TJYOU-TJYANG-HĂ-TA] (主張) ㊊588
불 Gouverner, administrer, être chef.
한 통치하다, 관리하다, 우두머리이다

쥬절이 [TJYOU-TJYEL-I] (上盖) ㊊588
불 Couverture, toiture; sommet, extrémité d'une toiture en paille pour préserver de la pluie.
한 덮개, 지붕 | 꼭대기, 비로 부터 보호하기 위해 짚으로 된 지붕의 끝

*쥬져ᄒᆞ다 [TJYOU-TJYE-HĂ-TA] (躕躇) ㊊588
불 Hésiter.
한 주저하다

쥬젹쥬젹ᄒᆞ다 [TJYOU-TJYEK-TJYOU-TJYEK-HĂ-TA] ㊊588
불 Audacieux, effronté, courageux; avoir de la rondeur dans les manières.
한 대담하다, 뻔뻔하다, 과감하다 | 품행에 있어 솔직함이 있다

*쥬젼ᄌᆞ [TJYOU-TJYEN-TJĂ] (酒煎子) ㊊588
불 Casserole, esp. de théière où l'on fait chauffer vin; vase à manche; grande cuillère soupe.
한 냄비, 술을 데우는 찻주전자 종류 | 손잡이 있는 그릇 | 큰 수프 숟가락

*쥬젼ᄒᆞ다 [TJYOU-TJYEN-HĂ-TA] (鑄錢) ㊊588
불 Monnayage; monnayer.
한 화폐 주조 | 화폐를 주조하다

쥬졀쥬졀ᄒᆞ다 [TJYOU-TJYEL-TJYOU-TJYEL-HĂ-TA] ㊊588
불 Nombreux, à foison, beaucoup. ‖ Babiller, jaser.
한 수많다, 수북이, 많이 | 종알거리다, 수다 떨다

*쥬졉ᄒᆞ다 [TJYOU-TJYEP-HĂ-TA] (住接) ㊊588
불 Etre établi (en passant), demeurer, résider, stationner.
한 (지나가면서) 거처가 정해지다, 머물러 있다, 거주하다, 잠깐 머무르다

[1]*쥬졍 [TJYOU-TJYENG,-I] (酒政) ㊊588
불 Appréciation du vin; manière d'offrir du vin.
한 술의 맛을 보기 | 술을 대접하는 방법

[2]쥬졍 [TJYOU-TJYENG,-I] (酒情) ㊊588
불 Goût, pensée du vin.
한 술의 맛, 생각

*쥬졍ᄒᆞ다 [TJYOU-TJYENG-HĂ-TA] (酒酲) ㊊588
불 Etre agité par le vin, être ivre; faire des folies dans l'ivresse.
한 술에 의해 흥분 되다, 술에 취하다 | 술에 취해서 주책없는 터무니없는 짓을 하다

*쥬졔 [TJYOU-TJYEI] (主祭) ㊊588
불 Sacrificateur, prêtre.
한 제물을 바치는 사람, 제사장

쥬졔넘 [TJYOU-TJYEI-NEM,-I] (過分) ㊊588
불 Ignorant qui fait le savant.
한 학자인 체하는 무식한 사람

쥬졔넘다 [TJYOU-TJYEI-NEM-TA,-NEM-E,-NEM-EUN] (過分) ㊊588
불 Ignorant qui fait semblant de tout savoir; faire semblant de savoir; faire le savant; dépasser ses pouvoirs; qui fait le fameux.
한 모든 것을 다 아는 체하는 무식한 사람 | 아는 척하다 | 박식한 체하다 | 자신의 역량을 넘어서다 | 유명한 체하다

쥬졔꼴 [TJYOU-TJYEI-KKOL,-I] ㊊588
불 Mine, aspect (toujours en mauvaise part, v. g. mauvaise mine). ‖ Vêtement, costume.
한 안색, 모습(항상 나쁘게, 예. 나쁜 안색) | 옷, 의상

쥬죱다 [TJYOU-TJYOUP-TA,TJYOU-TJYOU-OUE,TJYOU-TJOU-OUN] (羞態) ㊊588
불 Avoir l'air embarrassé; avoir la parole difficile; parler difficilement.
한 당황한 것처럼 보인다 | 말을 어렵게 하다 | 간신히 말하다

*쥬지 [TJYOU-TJI] (主旨) ㊊588

불 Volonté divine.
한 신의 의지

*쥬지 [TJYOU-TJAI] (主宰) 원588
불 Chef, supérieur, maître, gouverneur, roi.
한 장, 상관, 주인, 지도자, 왕

*쥬착ᄒᆞ다 [TJYOU-TCHAK-HĂ-TA] (住着) 원588
불 Etre établi, demeurer, résider (pour quelque temps), être retiré à, stationner.
한 거처가 정해지다, 머무르다, (얼마 동안) 거주하다, ~에 은둔하다, 잠깐 머무르다

*쥬찬 [TJYOU-TCHAN,-I] (酒饌) 원588
불 Vin et mets qui se prennent après le vin.
한 술 마신 후에 먹는 술과 요리

쥬쳑쥬쳑ᄒᆞ다 [TJYOU-TCHYEK-TJYOU-TCHYEK-HĂ-TA] 원588
불 Jubiler, danser, sauter de joie (v. g. un enfant qui reçoit un gâteau) ‖ Se mouvoir difficilement par impuissance ou défaut de volonté.
한 몹시 기뻐하다, 춤추다, 기뻐서 펄쩍 뛰다 (예. 과자를 받은 아이) | 무력함 또는 의지 부족으로 간신히 움직이다

1*쥬쳬 [TJYOU-TCHYEI] (酒滯) 원588
불 Indigestion de vin.
한 술에 의한 소화불량

2쥬쳬 [TJYOU-TCHYEI] (周置) 원588
불 Arrangement, disposition.
한 배열, 배치

쥬쳬굿다 [TJYOU-TCHYEI-KOUT-TA,-KOUT-TJYE,-KOU-TJĂN] (周置亂) 원588
불 Impossible; il n'y a pas moyen; les circonstances sont embarrassantes; on ne sait comment faire.
한 불가능하다 | 방법이 없다 | 상황이 난처하다 | 어떻게 해야 할지 모른다

*쥬초 [TJYOU-TCHO] (柱礎) 원588
불 Socle, base d'une colonne; pierre que l'on met sous un pilier, servant de fondement d'une colonne, d'un pilier; pierre fondamentale.
한 기둥을 받치는 초석, 주춧돌 | 기둥, 지주의 토대 역할을 하는 지주 밑에 놓인 돌 | 기초가 되는 돌

*쥬춍 [TJYOU-TCHYONG,-I] (主寵) 원589
불 Grâce divine, faveur divine, amitié de Dieu.
한 신의 은총, 신의 총애, 신의 호의

*쥬츄 [TJYOU-TCHYOU] (柱樞) 원589
불 Base d'une colonne.
한 기둥의 주춧돌

쥬츔쥬츔ᄒᆞ다 [TJYOU-TCHYOUM-TJYOU-TCHYOUM-HĂ-TA] 원589
불 Retarder, différer, lambiner. se mouvoir difficilement.
한 늦추다, 연기하다, 늑장부리다 | 겨우 움직이다

*쥬토 [TJYOU-HTO] (朱土) 원588
불 Terre rouge, sanguine, mine de fer d'un rouge foncé qui sert à écrire, ocre rouge.
한 붉은, 붉은 빛의 흙, 글을 쓸 때 사용 되는 짙은 붉은 색의 철광, 붉은 황토

1*쥬통ᄒᆞ다 [TJYOU-HTONG-HĂ-TA] (周通) 원588
불 Erudit, qui sait tout, étonnant.
한 박식하다, 모든 것을 다 알다, 놀랄 만하다

2*쥬통ᄒᆞ다 [TJYOU-HTONG-HĂ-TA] (走通) 원588
불 Courir pour avertir.
한 미리 알리기 위해 달리다

*쥬판 [TJYOU-HPAN,-I] (籌板) 원586
불 Abaque ou compteur, tablette dont se servent les Chinois et les Coréens pour calculer (pour faire les additions, les soustractions, etc.)
한 주판식 계산 기구 또는 계산기, 중국과 조선 사람들이 계산(덧셈, 뺄셈 등)하기 위해 사용하는 작은 패

쥬푸리 [TJYOU-HPOU-RI] 원586
불 Chaise à porteurs d'une femme pauvre, et dont le haut est formé de quatre pièces de bois recouvertes d'une robe ou d'un autre grand vêtement en forme de tente. Esp. de palanquin improvisé sur le dos d'un bœuf.
한 가난한 여인들이 타는, 상부는 원피스나 천막 모양의 다른 큰 옷으로 덮인 4개의 나무 조각으로 만들어진 가마 | 소의 등에 즉석으로 만든 가마의 종류

*쥬필 [TJYOU-HPIL,-I] (朱筆) 원586
불 Pinceau rouge; pinceau à encre rouge; écriture à l'encre rouge.
한 붉은 붓 | 붉은 잉크를 사용하는 붓 | 붉은 잉크로 쓴 글씨

*쥬혼ᄒᆞ다 [TJYOU-HON-HĂ-TA] (主婚) 원582
불 Diriger les cérémonies d'un mariage (maître des cérémonies dans les noces) ‖ Négocier un mariage.
한 (혼례에서 예식의 우두머리) 결혼식을 지휘하다 | 결혼을 논의하다

쥬홍 [TJYOU-HONG,-I] (朱紅) 원582
불 Peintures, dessins rouges, couleurs rouges.
한 붉은색 그림, 소묘, 붉은 색

*쥬효 [TJYOU-HYO] (酒肴) 원582
불 Vin et mets coupés en petits morceaux prêts à être mangés après avoir bu, vin et bouchée après.
한 술과, 술을 마신 후에 먹도록 준비된 작은 조각들로 자른 요리, 술, 그리고 다음에 한입에 들어가는 음식

*쥬훈 [TJYOU-HOUN,-I] (主訓) 원582
불 Révélation de Dieu, enseignement de Dieu.
한 신의 계시, 신의 가르침

*쥬흔 [TJYOU-HEUN,-I] (酒痕) 원582
불 Couleur rouge du visage qui indique qu'on a bu du vin.
한 술을 마신 것을 보여주는 얼굴의 붉은 색

*쥬흥 [TJYOU-HEUNG,-I] (酒興) 원582
불 Gaîté causée par le vin.
한 술로 인한 얼근함

1*쥭 [TJYOUK,-I] (粥) 원582
불 Bouillie claire de riz ou d'autre grain.
한 쌀이나 다른 곡식을 묽게 끓인 죽

2*쥭 [TJYOUK,-I] (竹) 원582
불 En agr. Bambou, quelquefois pipe.
한 한자어로 대나무, 때때로 담뱃대

3쥭 [TJYOUK,-I] (肘) 원582
불 Epaule.
한 어깨

4쥭 [TJYOUK,-I] (軸) 원582
불 Numéral des dizaines d'habits, de couvertures, de souliers, de pipes, etc.
한 옷, 덮개, 신발, 담뱃대 등 수십 개를 세는 수사

*쥭근 [TJYOUK-KEUN,-I] (竹根) 원582
불 Racine de bambou.
한 대나무 뿌리

*쥭녁 [TJYOUK-NYEK,-I] (竹瀝) 원582
불 Séve de bambou; eau du bambou vert (remède, boisson agréable; on l'extrait en faisant chauder le bambou, d'où elle s'égoutte dans un bassin)
한 대나무 진액 | 초록색의 대나무 수액 (약, 상쾌한 음료 | 대나무를 끓는 물에 대쳐 거기에서 대야에 물기가 빠져 그것을 추출한다)

*쥭농 [TJYOUK-NONG,-I] (竹籠) 원583
불 Vase ou corbeille en bambou, coffre en bambou.
한 대나무로 만든 그릇이나 바구니, 대나무로 만든 상자

*쥭님 [TJYOUK-NIM,-I] (竹林) 원583
불 Bois, forêt de bambous, place de bambous.
한 대나무 숲, 숲, 대나무가 있는 곳

*쥭도 [TJYOUK-TO] (竹刀) 원583
불 Couteau dont le manche et l'étui sont en bambou.
한 손잡이와 갑이 대나무로 만들어진 칼

쥭ᄃᆡ [TJYOUK-TĂI] 원583
불 Bambou qui sert à faire entrer, glisser dans une caisse un objet trop gros (c'est le même objet que le chausse-pied européen) ‖ Morceau de bois rond au bas d'une image ou d'une carte pour la rouler dessus, et la tenir étendue quand on la suspend au mur.
한 너무 무거운 물건을 상자 안에 넣거나 밀어 넣는 데 쓰이는 대나무 (유럽의 구두 주걱과 같은 물건이다) | 그림이나 지도를 위에서 말기 위해, 그리고 벽에 그것을 매달 때 그것을 펼쳐진 상태로 유지하기 위해 그림이나 지도 아랫부분에 있는 둥근 나무 조각

*쥭마고우 [TJYOUK-MA-KO-OU] (竹馬故友) 원582
불 Amis d'enfance qui ont persévéré dans leur amitié.
한 우정을 유지한 유년시절의 친구들

*쥭마붕우 [TJYOUK-MA-POUNG-OU] (竹馬朋友, (Bambou, cheval, ami, ami)) 원582
불 Amitié d'enfance, amis d'enfance qui ont persévéré dans leur amitié.
한 유년시절의 친구, 우정을 유지한 유년시절의 친구

쥭슈판 [TJYOUK-SYOU-HPAN] 원583
불 Etre en grand embarras, en grande difficulté.
한 크게 당황하다, 크게 곤란한 처지에 있다

*쥭슌 [TJYOUK-SYOUN,-I] (竹筍) 원583
불 Tige, jet nouveau de bambou; pousse de bambou.
한 대나무의 줄기, 새 순 | 대나무 싹

*쥭ᄉᆞ [TJYOUK-SĂ] (竹絲) 원583
불 Filament de bambou.
한 대나무의 가는 섬유

*쥭ᄉᆞ마 [TJYOUK-SĂ-MA] (竹駟馬) 원583
불 Cheval de grandeur naturelle fait en bambou, et que l'on traîne devant le cercueil aux funérailles d'un grand dignitaire ou ministre; on le brûle avec les habits du défunt, que l'on a déposés dessus.
한 중요한 고관이나 장관의 장례식에 관 앞에서 끄는, 대나무로 만들어진 실물 크기의 말 | 그 위에 둔

고인의 옷가지들과 함께 이것을 태운다

[1]쥭쎄다 [TJYOUK-TTEI-TA,-TTEI-YE,-TTEIN] (打弓臂) [원]583

[불] Démancher, déboîter l'épaule pour faciliter le tir des grands arcs.

[한] 큰 활 쏘기를 쉽게 하기 위해 어깨를 탈구시키다, 탈골시키다.

[2]쥭쎄다 [TJYOUK-TTEI-TA,-TTEI-YE,-TTEIN] (散轉) [원]583

[불] Séparer du reste une dizaine ou 쥭 TJYOUK; répartir par dizaines.

[한] 10여 개나 쥭 TJYOUK을 나머지와 분리하다 | 약 10개씩 나누다

*쥭엽 [TJYOUK-YEP,-I] (竹葉) [원]582

[불] Feuille du bambou.

[한] 대나무 잎

*쥭장 [TJYOUK-TJYANG,-I] (竹杖) [원]583

[불] Bâton, canne de bambou.

[한] 대나무 방망이, 지팡이

*쥭져 [TJYOUK-TJYE] (竹箸) [원]583

[불] Batonnets en bambou.

[한] 대나무로 만든 작은 막대기

*쥭졀 [TJYOUK-TJYEL,-I] (竹節) [원]583

[불] Nœud du bambou. ‖ Grande aiguille de tête des femmes.

[한] 대나무 마디 | 여성들의 머리에 사용하는 비녀

[1]쥭지 [TJYOUK-TJI] (翔肢) [원]583

[불] Aile des oiseaux.

[한] 새들의 날개

[2]*쥭지 [TJYOUK-TJI] (竹枝) [원]583

[불] Branche de bambou.

[한] 대나무 가지

*쥭진지 [TJYOUK-TJIN-TJI] (粥珍旨) [원]583

[불] Bouillie claire. (Honorif.).

[한] 묽은 죽 | (경어)

[1]*쥭창 [TJYOUK-TCHANG,-I] (竹牕) [원]583

[불] Porte en bambou, fenêtre en bambou.

[한] 대나무로 만든 문, 대나무로 만든 창문

[2]*쥭창 [TJYOUK-TCHANG,-I] (竹鎗) [원]583

[불] Lance en bambou.

[한] 대나무로 만든 창

[1]*쥭침 [TJYOUK-TCHIM,-I] (竹枕) [원]583

[불] Oreiller en bambou.

[한] 대나무로 만든 베개

[2]*쥭침 [TJYOUK-TCHIM,-I] (竹針) [원]583

[불] Aiguille d'acuponcture en bambou. ‖ Aiguille en bambou, qu'on enfonce sous les ongles (torture); cette torture.

[한] 대나무로 만든 침술 바늘 | 손톱 아래를 찌르는 대나무 바늘 (고문) | 이 고문

*쥭통 [TJYOUK-HTONG,-I] (竹筒) [원]583

[불] Pied de bambou, étui en bambou.

[한] 대나무 밑동, 대나무 상자

*쥰골 [TJOUN-KOL,-I] (俊骨) [원]581

[불] Gigantesque; corps de géant; homme vigoureux.

[한] 거대하다 | 거인의 몸 | 기운찬 사람

쥰뎜ᄒᆞ다 [TJYOUN-TYEM-HĂ-TA] [원]583

[불] Suspendre; s'arrêter un instant, quelque temps.

[한] 정지 시키다 | 잠시, 얼마간 중단하다

쥰독쥰독 [TJYOUN-TOK-TJYOUN-TOK] (紉) [원]583

[불] Mou, élastique.

[한] 물렁물렁하다, 유연하다

쥰둑쥰둑 [TJYOUN-TOUK-TJYOUN-TOUK] [원]583

[불] Mou, élastique.

[한] 물렁물렁하다, 탄성이 있다

쥰득쥰득ᄒᆞ다 [TJYOUN-TEUK-TJYOUN-TEUK-HĂ-TA] [원]583

[불] Exprime l'état d'un fruit mou, d'un objet mou sous la dent.

[한] 이로 씹어 무른 과일, 무른 물건의 상태를 나타낸다

*쥰민고튁 [TJYOUN-MIN-KO-HTĂIK,-I] (浚民膏澤) [원]583

[불] Sucer l'huile du peuple; extorquer le bien du peuple; sucer le sang du peuple; commettre des exactions.

[한] 백성의 기름을 빨아먹다 | 백성의 재물을 강탈하다 | 백성의 피를 빨아먹다 | 부당 징수를 저지르다

*쥰시 [TJYOUN-SI] (準柿) [원]583

[불] Kaki desséché (et non enfilé dans une tige de bois)

[한] 마르(고 나뭇가지에 꿰지 않은) 감

쥰의 [TJYOUN-EUI] [원]583

[불] Crainte, peur.

[한] 두려움, 겁

쥰의내다 [TJYOUN-EUI-NAI-TA,-NAI-YE,-NAIN] [원]583

[불] Etre effrayé, avoir peur.

[한] 겁먹다, 두려워하다

*쥰젹 [TJYOUN-TJYEK,-I] (準的) [원]583

불 Motif, prétexte. Preuve claire, évidente.
한 이유, 핑계 | 분명한, 명백한 증거

*쥰좌ᄒᆞ다 [TJYOUN-TJOA-HĂ-TA] (蹲坐) 원583
불 Etre assis accroupi; n'être pas encore en train; pas encore commencé. ‖ Changer d'avis, de résolution et ne pas partir; rester malgré le projet de partir.
한 웅크린 채로 앉아 있다 | 진행 중이지 않다 | 아직 시작되지 않다 | 의견, 결심을 바꾸고 출발하지 않다 | 출발할 것이라는 계획에도 불구하고 머무르다

*쥰측ᄒᆞ다 [TJYOUN-TCHEUK-HĂ-TA] (準測) 원584
불 Imiter, suivre l'exemple de.
한 ~의 예시를 모방하다, 추종하다

쥰치 [TJYOUN-TCHI] (鱒) 원584
불 Nom d'un poisson de mer rempli d'arêtes.
한 뼈가 많은 바닷물고기의 이름

*쥰허ᄒᆞ다 [TJYOUN-HE-HĂ-TA] (準許) 원583
불 Approuver, accepter, permettre, accorder.
한 찬성하다, 받아들이다, 허용하다, 동의하다

*쥰ᄒᆞ다 [TJOUN-HĂ-TA] (準) 원580
불 Vérifier, comparer pour voir la différence; approcher; passer en revue; examiner; collationner; voir une copie et la comparer à l'original.
한 확인하다, 차이점을 보기 위해 비교하다 | 접근하다 | 하나하나 점검하다 | 검사하다 | 대조하다 | 사본을 보고 원본과 비교하다

*쥰힝ᄒᆞ다 [TJOUN-HĂING-HĂ-TA] (遵行) 원580
불 Faire, accomplir, obéir.
한 하다, 이행하다, 따르다

[1]쥴것다 [TJYOUL-KET-TA,-KET-E,-KET-EUN] 원587
불 Marcher sur la corde (funambule).
한 (줄타기 곡예사) 줄 위를 걷다

[2]쥴것다 [TJYOUL-KET-TA,-KET-RE,-KET-REUN] 원587
불 Détacher et ramasser une corde.
한 줄을 풀거나 모으다

쥴고지 [TJYOUL-KO-TJI] (直) 원587
불 Unanimement (tous ensemble), fermement, constamment, sans changement, sans interruption.
한 (모두 함께) 만장일치로, 굳게, 줄곧, 변함없이, 계속해서

쥴글 [TJYOUL-KEUL,-I] (行文) 원587
불 Prose; écriture ordinaire, non mesurée.
한 산문 | 운율이 없는 일반적인 글

쥴긋다 [TJYOUL-KEUT-TA,-KEU-E,-KEU-EUN] (印劃) 원587
불 Tracer des lignes.
한 선들을 그리다

쥴기 [TJYOUL-KI] (莖) 원587
불 Tige, pied des plantes, branche des arbres, côtes des feuilles, tronc.
한 줄기, 식물의 밑동, 나무의 가지, 나뭇잎의 잎맥, 몸체

쥴누기 [TJYOUL-NOU-KI] 원587
불 Esp. d'oiseau, courlis, courlieu.
한 새의 종류, 마도요, 마도요

쥴몽동이 [TJYOUL-MONG-TONG-I] 원587
불 Massue de fer (pour briser des pierres)
한 (돌들을 부수기 위한) 쇠몽둥이

쥴띄우다 [TJYOUL-TTEUI-OU-TA,-OUE,-OUN] 원587
불 Mettre des cordes en travers pour empêcher de passer.
한 지나가는 것을 막기 위해 가로로 줄을 치다

쥴젹ᄒᆞ다 [TJYOUL-TJYEK-HĂ-TA] (縮貌) 원587
불 Céder, plier dans le combat. ‖ Jeûner aujourd'hui pour avoir tout mangé hier; ne pas travailler aujourd'hui pour avoir trop travaillé hier.
한 싸움에서 지다, 굽히다 | 어제 모두 먹었기 때문에 오늘은 단식하다 | 어제 일을 너무 많이 해서 오늘은 일을 하지 않다

쥴쥬리 [TJYOUL-TJYOU-REUI] (綑朱牢) 원587
불 Supplice de la courbure des os des jambes (elles sont séparées par un morceau de bois et rapprochées au moyen de deux cordes attachées aux genoux).
한 다리 뼈를 휘게 하는 형벌 (다리가 나무 조각으로 벌어지고, 무릎에 묶인 두 개의 줄을 이용하여 밀착된다)

쥿ᄃᆡ [TJYOUT-TĂI] 원588
불 Pivot autour duquel tourne une meule en forme de cône tronqué.
한 원뿔대 모양의 맷돌이 도는 축

[1]*즁 [TJYOUNG] (重) 원584
불 Pesant, lourd, grave, important. 즁죄인 Tjyoung-tjoi-in, Grand pêcheur.
한 무게가 나가다, 무겁다, 무게 있다, 중요하다 | [용례 즁죄인 Tjyoung-tjoi-in], 중죄인

[2]*즁 [TJYOUNG,-I] (中) 원584
불 Le milieu, dans, dedans, parmi, moyen.
한 중간, 안, 안에, ~중에, 중간의

*즁가 [TJYŌŪNG-KA] (重價) ㉿584
불 Cher, de grand prix; prix élevé.
한 비싸다, 큰 금액의 | 높은 가격

즁간ᄯᅳ기 [TJYOUNG-KAN-TTĂ-KI] (中間奪) ㉿584
불 Se dit d'un homme qui profite des travaux d'un autre pour acquérir du bien; qui gobe les marrons tirés du feu par un autre.
한 부를 얻기 위해 다른 사람의 일을 이용하는 사람에 대해 쓴다 | 다른 사람이 불에서 꺼낸 밤들을 삼켜버리는 사람

*즁간에 [TJYOUNG-KAN-EI] (中間) ㉿584
불 Au milieu, à demi, en (en route, à moitié chemin), dans l'intervalle.
한 중간에, 반 정도, ~에(길에, 길 중간에) 그사이에

1즁거리 [TJYOUNG-KE-RI] ㉿584
불 Chose de médiocre ou moyenne qualité.
한 보잘것없거나 중간 정도 품질의 물건

2즁거리 [TJYOUNG-KE-RI] ㉿584
불 Scie de moyenne grandeur.
한 중간 정도 크기의 톱

*즁견 [TJYOUNG-KYEN,-I] (中繭) ㉿584
불 Enflure au pied par-dessus une autre enflure (elle se produit v.g. marchant, etc.)
한 다른 붓기 위의 발의 붓기(이 붓기는 걷는 등의 생긴다)

*즁계 [TJYOUNG-KYEI] (中階) ㉿584
불 Plancher à la porte d'une maison sur lequel ne peuvent monter les valets. Le degré du milieu dans un escalier de trois marches.
한 하인들은 오를 수 없는 집 밖의 마루 | 삼단 계단에서 가운데 단

1*즁고 [TJYOUNG-KO] (中古) ㉿584
불 Moyenne antiquité; moyen âge.
한 중간 정도의 고대 | 중세 시대

2*즁고 [TJYOUNG-KO] (重故) ㉿584
불 Grande affliction, grand malheur.
한 큰 비탄, 큰 불행

3*즁고 [TJYOUNG-KO] (重錮) ㉿584
불 Prison la plus sévère; galère rigoureuse.
한 가장 엄격한 감옥 | 혹독한 갤리선

즁고기 [TJYOUNG-KO-KI] ㉿584
불 Nom d'un petit poisson d'eau douce.
한 작은 민물고기 이름

*즁구삭금 [TJYOUNG-KOU-SAK-KEUM] (衆口鑠金, (Plusieurs, bouches, fondre, métul)) ㉿585
불 L'union fait la force.
한 연합하면 힘이 생긴다

*즁국 [TJYOUGN-KOUK,-I] (中國) ㉿584
불 Royaume du milieu, Chine.
한 중앙에 있는 왕국, 중국

*즁군 [TJYOUNG-KOUN,-I] (中軍) ㉿584
불 Mandarin militaire, capitaine; nom d'une dignité militaire d'archers; esp. de préfet de police; (il y a aussi de petits officiers militaires de même nom). Syn. 영쟝 Yeng-tjyang.
한 군의 관리, 대위 | 사수의 군 고위직 이름 | 경찰청장의 종류 | (같은 이름의 낮은 군 관료들도 있다) | [동의어 영쟝, Yeng-tjyang]

즁깃 [TJYOUNG-KIT,-SI] (中房木) ㉿584
불 Montants en bois perpendiculaires dans la carcasse des murs d'une maison.
한 집 벽의 뼈대 속에 나무로 된 수직선 양식의 기둥

*즁난 [TJYOUNG-NAN,-I] (中亂) ㉿585
불 Guerre civile, guerre intestine.
한 내란, 국내의 전쟁

*즁난ᄒᆞ다 [TJYŌŪGN-NAN-HĂ-TA] (重難) ㉿585
불 Difficile et étrange, grave et difficile.
한 어렵고 이상하다, 중대하고 어렵다

즁녁 [TJYOUNG-NYEK,-I] ㉿585 ☞ 1즁력

*즁단 [TJYOUNG-TAN,-I] (中段) ㉿585
불 Habit moyen de deuil que l'on porte à la maison (et en route, mais sous le grand habit) redingote à grandes manches des hommes en deuil.
한 집에서(그리고 길에서도, 그러나 정식 옷 아래에) 입는 약식 상복, 상중인 남자들의 소매가 큰 프록코트

*즁대ᄒᆞ다 [TJYŌŪNG-TAI-HĂ-TA] (重大) ㉿585
불 Lourd et grand, important, grave, extrême, immense, excessivement grand.
한 무겁고 크다, 중요하다, 무겁다, 극도의, 거대하다, 지나치게 크다

*즁뎐 [TJYOUNG-TYEN,-I] (中殿) ㉿585
불 La reine, la femme du roi.
한 왕비, 왕의 부인

*즁뎜ᄒᆞ다 [TJYOUNG-TYEM-HĂ-TA] (中店) ㉿585
불 S'arrêter un peu, se reposer quelque temps.
한 잠시 멈추다, 얼마 동안 쉬다

*즁도 [TJYOUNG-TO] (中道) ㉿586

ㅈ

불 Moyen terme; modération; médiocrité; suivre la route du milieu, tenir le milieu, prendre un moyen terme.

한 절충안 | 절제 | 범용 | 중간의 길을 따라가다, 중도를 지키다, 절충안을 따르다

*즁도이폐ᄒᆞ다 [TJYOUNG-TO-I-HPYEI-HĂ-TA] (中道而廢, (Juste milieu, route, cesser)) 원586

불 Abandonner un ouvrage à moitié fait; laisser une entreprise au milieu.

한 절반쯤 한 일을 포기하다 | 계획을 중간에 포기하다

즁두리 [TJYOUNG-TOU-RI] (中缸) 원586

불 Vase en terre large et peu élevé, grand vase de terre de la forme du 독 Tok, mais moins grand.

한 넓고 별로 높지 않은 흙으로 된 그릇, 독 Tok 모양이지만 덜 큰, 흙으로 된 큰 그릇

*즁등 [TJYOUNG-TEUNG,-I] (中等) 원585

불 Qualité moyenne, de moyenne qualité.

한 중간 정도의 품질, 중간 정도 품질의

*즁등인 [TJYOUNG-TEUNG-IN,-I] (中等人) 원586

불 Bourgeois, homme de moyenne, de deuxième condition, (il exerce les arts libéraux, peut parvenir aux charges de deuxième ordre comme les bâtards; il est plus élevé que le simple peupel; tels sont v. g. les interprètes)

한 부르주아, 중간 정도의, 두 번째 신분의 사람 (자유로운 예술을 행하고, 서출처럼 두 번째 계급의 공직에 도달할 수 있다; 일반 백성보다 더 높다: 예. 통역자들이 그러하다)

1*즁력 [TJYOUNG-RYEK] (中曆) 원585

불 Calendrier de moyenne grandeur (il y a aussi le 대력 Tai-ryek, grand calendrier, et le 쇼력 Syo-ryek, petit calendrier).

한 중간 크기의 달력 (대력 Tai-ryek, 큰 달력과 쇼력 Syo-ryek, 작은 달력도 있다)

2*즁력 [TJYOUNG-RYEK,-I] (中力) 원585

불 Force moyenne.

한 중간 정도의 힘

즁매쟈 [TJYOUNG-MAI-TJYA] (媒子) 원585

불 Entremetteur de mariage.

한 결혼 중개인

즁매ᄒᆞ다 [TJYOUNG-MAI-HĂ-TA] (媒) 원585

불 Entremetteur de mariage, médiateur, arbitre de mariage; arranger un mariage, négocier un mariage, servir d'intermédiaire à un mariage.

한 결혼 중개자, 매개자, 결혼 중재자 | 결혼을 성사시키다, 결혼을 협상하다, 결혼에서 중개의 역할을 하다

즁머럭이 [TJYOUNG-ME-REK-I] 원585

불 Qui a la tête rasée.

한 머리를 짧게 깎은 사람

*즁목 [TJYOUNG-MOK,-I] (中木) 원585

불 Toile de coton de qualité moyenne, qui a de 8 à 9 새 Sai, c.a.d. de 320 à 360 fils à la chaîne.

한 보통 품질의, 8~9새Sai, 즉 320~360개의 날실이 있는 면포

*즁목방ᄆᆡᄒᆞ다 [TJYOUNG-MOK-PANG-MĂI-HĂ-TA] (衆目放賣, (Plusieurs, yeux, lâcher, vendre)) 원585

불 Vendre en public les biens du maître, du propriétaire, à son insu; vendre le bien d'autrui comme le sien propre (voleur), et cela sans se cacher, mais en présence de plusieurs.

한 주인, 소유자의 재물을 그가 모르게 공공연하게 팔다 | (도둑이) 타인의 재물을 본래 자신의 것인 것처럼, 그것도 숨지 않고, 그러나 여러 사람의 면전에서 팔다

*즁문 [TJYOUNG-MOUN,-I] (中門) 원585

불 Porte au milieu de la cour et que les étrangers ne peuvent dépasser, seconde porte conduisant à l'intérieur de la maison.

한 외부인은 넘을 수 없는 뜰 가운데 있는 문, 집 내부로 인도하는 두 번째 문

*즁미 [TJYOUNG-MI] (中米) 원585

불 Riz de moyenne qualité.

한 보통 품질의 쌀

*즁발 [TJYOUNG-PAL,-I] (中鉢) 원585

불 Vase en faïence un peu plus petit que le 사발 Sa-pal, petite écuelle, tasse.

한 사발 Sa-pal보다 조금 더 작은 도기 그릇, 작은 사발, 잔

*즁방 [TJYOUNG-PANG,-I] (中房) 원585

불 Traverse de la charpente de la muraille, seuil, pas de la porte. ‖ Intendant, homme de confiance d'un homme élevé ou riche.

한 성벽 뼈대의 가로대, 문의 것은 아닌 문턱 | 관리인, 높고 부유한 사람의 신뢰를 받는 사람

*즁방목 [TJYOUNG-PANG-MOK,-I] (中房木) 원585

불 Seuil en bois.

한 나무로 된 문턱

*즁변 [TJYŌŪNG-PYEN,-I] (重邊) [원]585
[불] Taux élevé de l'argent, intérêts considérables d'un argent emprunté, grosse usure.
[한] 돈의 높은 이율, 빌린 돈의 막대한 이자, 심한 고리대금

*즁병 [TJYŌŪNG-PYENG,-I] (重病) [원]585
[불] Grande maladie, maladie grave.
[한] 큰 병, 심각한 병

1*즁복 [TJYOUGN-POK,-I] (重服) [원]585
[불] Demi-deuil qui se porte pour les oncles, pour les grands-pères, pour l'épouse.
[한] 삼촌들, 할아버지, 아내를 위해 입는 약식 상복

2*즁복 [TJYOUNG-POK,-I] (中伏) [원]585
[불] Le milieu, la 2me partie des grandes chaleurs; 10 jours au milieu de la canicule, du 22 juillet au 3 Aoùt à peu près.
[한] 큰 더위의 가운데, 두 번째 기간 | 한여름의 가운데 10일, 대략 7월 22일부터 8월 3일까지

1*즁부 [TJYOUNG-POU] (中府) [원]585
[불] Tribunal civil du quartier du milieu à la capitale.
[한] 수도의 중심 구역에 위치한 민사 재판소

2*즁부 [TJYOUNG-POU] (仲父) [원]585
[불] Oncle cadet, frère du père qui n'est ni l'aîné ni le plus jeune, le second des oncles.
[한] 손아래 삼촌, 손위도 아니고 가장 어리지도 않은 아버지의 형제, 삼촌들 중 두 번째

*즁샹 [TJYOUNG-SYANG,-I] (重賞) [원]585
[불] Grande récompense.
[한] 큰 상

*즁셔 [TJYOUNG-SYE] (中庶) [원]585
[불] Homme de moyenne condition et un bâtard, bourgeois et bâtard.
[한] 중간 신분의 사람과 서출, 부르주아와 서출

*즁션 [TJYOUNG-SYEN,-I] (中船) [원]585
[불] Grande jonque, barque de moyenne grandeur.
[한] 큰 정크, 중간 크기의 배

*즁슈ᄒᆞ다 [TJYOUNG-SYOU-HĂ-TA] (重修) [원]585
[불] Restaurer, faire des restaurations, réparer, rétablir.
[한] 재건하다, 복원하다, 수선하다, 복구하다

*즁시급뎨 [TJYOUNG-SI-KEUP-TYEI] (重試及第) [원]585
[불] Etre docteur ès-lettres pour la seconde fois; deux fois licencié dans deux examens différents.
[한] 두 번째로 문학박사이다 | 서로 다른 두 개의 시험에서 두 번 학사학위를 받다

*즁시죠 [TJYOUNG-SI-TJYO] (中始祖, (Milieu, commencement, grand-père)) [원]585
[불] Ancêtre, aïeul qui a été anobli, qui a commencé à être noble; ancêtre illustre, mais non pas le plus ancien.
[한] 작위를 받았던, 귀족이 되기 시작했던 조상, 조부 | 가장 오래된 조상은 아니지만, 저명한 조상

*즁신 [TJYŌŪNG-SIN,-I] (重臣) [원]585
[불] Courtisan considérable, important, qui a du poids, de la valeur; on appelle ainsi les 판셔 Hpan-sye, les ministres.
[한] 영향력, 능력이 있는 매우 존경할 만한, 중요한 조신 | 판서 Hpan-sye, 장관들이라고도 부른다

*즁신ᄒᆞ다 [TJYOUNG-SIN-HĂ-TA] (中信) [원]585
[불] Entremetteur de mariage; négocier un mariage comme intermédiaire.
[한] 결혼 중개인 | 중개인으로 결혼을 협상하다

1*즁심 [TJYOUNG-SIM,-I] (中心) [원]585
[불] Dans le cœur, fond du cœur, au milieu du cœur.
[한] 마음속에, 마음 깊이, 마음 한가운데

2*즁심 [TJYOUNG-SIM,-I] (衆心) [원]585
[불] Sentiment commun.
[한] 공통된 감정

*즁양 [TJYOUNG-YANG,-I] (重陽) [원]584
[불] Le 9e jour de la 9e lune (fête).
[한] 아홉 번째 달의 아홉 번째 날 (기념일)

*즁언부언 [TJYOUNG-EN-POU-EN] (重言復言) [원]584
[불] Recommander avec soin, réitérer les recommandations. ‖ Paroles sans suite.
[한] 세심하게 당부하다, 권고를 반복하다 | 앞뒤가 맞지 않는 말

즁얼즁얼ᄒᆞ다 [TJYOUNG-EL-TJOYUNG-EL-HĂ-TA] (碎語) [원]584
[불] Parler bas, chuchoter, marmotter, murmurer.
[한] 낮게 말하다, 속삭이다, 중얼거리다, 투덜거리다

1*즁에 [TJYOUNG-EI] (重) [원]584
[불] Principalement.
[한] 특히

2즁에 [TJYOUNG-EI] (中) [원]584
[불] Entre, parmi.
[한] ~사이에, ~가운데

1*즁역 [TJYOUNG-YEK,-I] (重役) [원]584

ㅈ

불 Affaire difficile, grave, importante. ‖ Lourde contrition de chaque année.

한 어려운, 중대한, 중요한 일 | 매년마다의 진중한 회개

[2]* 즁역 [TJYOUNG-YEK,-I] (重疫) 원584

불 Petite vérold très-grave.

한 매우 심각한 천연두

* 즁영 [TJYOUNG-YENG,-I] (中營) 원584

불 Préfecture de police, tribunal du 즁군 Tjyoungkoun ou préfet de police.

한 경찰청, 즁군 Tjyoung-koun의 재판소 또는 경찰청

[1]* 즁완 [TJYOUNG-OAN] (中腕) 원584

불 Ecuelle de médiocre grandeur.

한 중간 정도 크기의 대접

[2]* 즁완 [TJYOUNG-OAN,-I] (中脘) 원584

불 Creux de l'estomac.

한 명치

* 즁용 [TJYOUNG-YONG,-I] (中庸) 원584

불 Nom d'un ouvrage païne en 7 volumes.

한 7권으로 된 이교 작품의 이름

* 즁용ᄒᆞ다 [TJYOUNG-YONG-HĂ-TA] (重用) 원584

불 Confier une fonction importante; employer quelqu'un à une affaire importante.

한 중요한 직무를 맡기다 | 중요한 일에 어떤 사람을 고용하다

* 즁원 [TJYOUNG-OUEN,-I] (中原) 원584

불 Chine.

한 중국

[1] 즁의 [TJYOUNG-EUI] (褌) 원584

불 Caleçon, pantalon.

한 남자용 팬츠, 바지

[2]* 즁의 [TJYOUNG-EUI] (衆意) 원584

불 Délibération commune.

한 공통된 의결

[1]* 즁인 [TJYOUNG-IN,-I] (衆人) 원584

불 Plusieurs hommes; société; tous les hommes.

한 여러 사람들 | 사회 | 모든 사람

[2]* 즁인 [TJYOUNG-IN,-I] (中人) 원584

불 Bourgeois, homme de la classe moyenne, homme de moyenne condition; (comme les nobles, il exerce les arts libéraux, obtient des dignités, mais dans un degré inférieur, v.g. interprète).

한 부르주아, 중류 계층의 사람, 중간 신분의 사람 | (귀족처럼, 자유로운 예술을 행하고, 고관직을 얻지만, 낮은 서열에 속한다)

* 즁임 [TJYŌŪNG-IM,-I] (重任) 원584

불 Charge lourde, grande charge, fonction importante. ‖ Un des trois chargés d'affaires d'un village ou d'un des quartiers de la capitale.

한 무거운 임무, 중대한 임무, 중요한 직무 | 한 마을이나 수도의 구역들 중 하나의 일을 맡은 세 명 중 하나

* 즁쟝 [TJYOUNG-TJYANG,-I] (中章) 원586

불 Seconde composition pour un examen (il y en a trois) ‖ En musique, le milieu d'un morceau.

한 한 시험에서의 두 번째 답지 (세 개가 있다) | 음악에서, 소품곡의 가운데 부분

* 즁쟝ᄒᆞ다 [TJYŌŪNG-TJYANG-HĂ-TA] (重杖) 원586

불 (Rude bastonnade) être battu très-fort, par ordre du mandarin. dans la torture.

한 (가차없는 태형) 관리의 명령에 의해 고문을 당하면서 매우 강하게 맞다

즁졀즁졀ᄒᆞ다 [TJYOUNG-TJYEL-TJYOUNG-TJYEL-HĂ-TA] (愠語) 원586

불 Murmurer, marmotter; murmures sourde; prononcer des sons inarticulés (par mauvaise humeur, ou comme un enfant qui, dans ses jeux, parle sans y faire attention et entre les dent).

한 중얼거리다, 중얼중얼 말하다 | 어렴풋한 중얼거림 | (기분이 나빠서, 또는 제 놀이 중에, 주의하지 않고 입 안에서 어물어물 말하는 아이처럼) 소리를 불분명하게 발음하다

* 즁졍 [TJYOUNG-TJYENG,-I] (中情) 원586

불 Fond du cœur, sentiment, fond de la pensée.

한 마음속, 감정, 생각 속

* 즁죄 [TJYOUNG-TJOI] (重罪) 원586

불 Péché grave.

한 무거운 죄

즁즁거리다 [TJYOUNG-TJYOUNG-KE-RI-TA,-RYE,-RIN] (愠語) 원586

불 Parler entre les dents sans articuler.

한 분명히 발음하지 않고 입 안에서 어물어물 말하다

* 즁즁시급뎨 [TJYOUNG-TJYOUNG-SI-KEUP-TYEI] (重重試及第) 원586

불 Etre docteur ès-lettres pour la 3me fois.

한 세 번째로 문학박사가 되다

* 즁즁에 [TJYOUNG-TJYOUNG-EI] (衆中) 원586

불 Entre plusieurs, entre un grand nombre, parmi, par-dessus tous.
한 여럿 가운데, 많은 수 가운데, ~가운데, 모든 것 위로

*즁지ᄒᆞ다 [TJYOUNG-TJI-HĂ-TA] (中止) 원586
불 S'arrêter, cesser, s'interrompre.
한 멈추다, 그치다, 중단되다

*즁창ᄒᆞ다 [TJYOUNG-TCHANG-HĂ-TA] (重創) 원586
불 Restaurer, réparer, rétablir, entretenir une maison, y faire des réparations, radouber.
한 재건하다, 고치다, 복원하다, 집을 유지하다, 거기에서 수선하다, 수리하다

1*즁쵹 [TJYOUNG-TCHOK,-I] (中燭) 원586
불 Chandelle de médiocre grandeur.
한 중간 크기의 양초

2즁쵹 [TJYOUNG-TCHOK,-I] (中軸) 원586
불 Degré moyen; milieu de l'échelle; ordre moyen.
한 중간 단계 | 사다리의 중간 | 중간 순서

*즁촌 [TJYOUNG-TCHON,-I] (中村) 원586
불 Village composé d'hommes de la seconde classe, de la classe moyenne.
한 두 번째 계층의, 중류층의 사람들로 구성된 마을

*즁쵸 [TJYOUNG-TCHYO] (中焦) 원586
불 Partie du corps depuis la poitrine jusqu'au nombril.
한 가슴에서 배꼽까지의 몸의 부분

*즁침 [TJYOUNG-TCHIM,-I] (中針) 원586
불 Aiguille de moyenne grandeur.
한 중간 크기의 침

*즁탕ᄒᆞ다 [TJYOUNG-HTANG-HĂ-TA] (中湯) 원586
불 A demi chaud, au bain-marie, bain-marie.
한 반쯤 뜨거운, 중탕으로, 중탕한 물

1*즁통 [TJYOUNG-HTONG,-I] (中筩) 원586
불 Baril de médiocre grandeur.
한 중간 크기의 통

2*즁통 [TJYOUNG-HTONG,-I] (中筒) 원586
불 Le milieu.
한 중간

*즁통ᄒᆞ다 [TJYŌŪNG-HTONG-HĂ-TA] (重痛) 원586
불 Etre très-malade.
한 매우 아프다

즁툭 [TJYOUNG-HTOUK,-I] (中軸) 원586
불 Pente au milieu d'un versant d'une montagne élevée.
한 높은 산의 경사면 중간에 위치한 언덕

*즁폄 [TJYOUNG-HPYEM,-I] (中窆) 원585
불 Tombeau provisoire, enterrement provisoire.
한 임지 묘지, 임시 매장

*즁풍ᄒᆞ다 [TJYOUNG-HPOUNG-HĂ-TA] (中風) 원585
불 (Etre pris par le vent, rencontrer le vent) être paralysé, être attaqué de paralysie.
한 (바람에 사로잡히다, 바람을 만나다) 마비되다, 중풍에 걸리다

*즁픔 [TJYOUNG-HPEUM,-I] (中品) 원585
불 Degré du milieu, qualité moyenne.
한 중간 등급, 보통의 질

즁혀 [TJYOUNG-HYE] (咽喉症) 원584
불 Seconde petite langue qui pousse sous la première (maladie)
한 첫 번째 아래에 나는 두 번째 작은 혀 (병)

1*즁형 [TJYOUNG-HYENG,-I] (重刑) 원584
불 Supplice grave, peine sévère.
한 무거운 형벌, 엄격한 벌

2*즁형 [TJYOUNG-HYENG,-I] (仲兄) 원584
불 Le deuxième des frères aînés.
한 손위 형제들 중 두 번째

*즁화참 [TJYOUNG-HOA-TCHĂM,-I] (中火站) 원584
불 Lieu où un voyageur prend son repas du milieu du jour; le dîner en voyage; la halte pour dîner.
한 여행자가 하루 중간의 식사를 먹는 장소 | 여행 중의 저녁 | 저녁 식사를 위한 휴식

*즁흥ᄒᆞ다 [TJYOUNG-HEUNG-HĂ-TA] (中興) 원584
불 Régénérer; renaître; se relever; rétablir (sa fortune, etc.) relever de ses ruines (l'Etat)
한 재생시키다 | 다시 태어나다 | 되살아나다 | (자신의 재산 등을) 회복하다, (국가를) 그 폐허에서 재건하다

즁히넉이다 [TJYOUNG-HI-NEK-I-TA,-NEK-YE,-NEK-IN] (重之) 원584
불 Regarder avec estime, estimer.
한 존중하여 보다, 높게 평가하다

*즁ᄒᆞ다 [TJYŌŪNG-HĂ-TA] (重) 원584
불 Lourd; pesant; qui a de la valeur; être grave, important.
한 무겁다 | 무게가 나가다 | 중요성이 있다 | 중대하고, 중요하다

쥐 [TJYOUI] (鼠) 원582
불 Rat. V.Syn. 쥐 Tjoui.

ㅈ

한 쥐, [동의어 쥐, Tjoui]

즈그엽다 [TJEU-KEU-YEP-TA,-YE-OUE,-YE-OUN] (醜惡) 원555

불 Agaçant; mépriser; abhorrer; frémir; avoir horreur; faire horreur.

한 성가시다 | 경멸하다 | 몹시 미워하다 | 전율하다 | 몹시 싫어하다 | 혐오감을 일으키다

즈다 [TJEU-TA,TJEU-RE,TJEUN] (濕) 원557

불 Humide (temps), un peu détrempé (terre, farine) être boueux, trop mouille.

한 (날씨) 축축하다, (땅, 가루) 약간 적셔지다, 진흙투성이이다, 너무 젖다

즈럭즈럭ᄒᆞ다 [TJEU-REK-TJEU-REK-HĂ-TA] 원557

불 Etat d'un terrain mou, boueux. Etre boueux.

한 무른, 진흙투성이의 땅의 상태 | 진흙투성이이다

즈런즈런ᄒᆞ다 [TJEU-REN-TJEU-REN-HĂ-TA] 원557

불 Désigne l'abondance des mets d'un festin. Etre en grande quantité.

한 잔치 음식의 풍성함을 가리킨다 | 양이 많다

즈럼길 [TJEU-REM-KIL,-I] (逕路) 원557

불 Route de traverse qui va plus directement que la grand'route; chemin abrégé, raccourci.

한 대로보다 더 곧바로 가는 지름길 | 단축된 길, 지름길

즈레 [TJEU-REI] (逕) 원557

불 A l'avance, d'avance.

한 미리, 사전에

즈레치다 [TJEU-REI-TCHI-TA,-TCHYE,-TCHIN] 원557

불 Près mer, Conjecturer, juger sur des probabilités; prévenir; connaître à l'avance, avant d'avoir entendu celui qui parle.

한 바다 근처에 | 추측하다, 가능성에 입각해서 판단하다 | 알리다 | 말하는 사람의 말을 듣기 전에 미리 알다

즈릅ᄯᅳ다 [TJEU-REUP-TTEU-TA,-REUP-TTE,-REUP-TTEUN] 원557

불 Faire les petits yeux en les tournant en haut (amusement d'enfants). Se dit aussi des yeux d'une personne qui prie en les levant un peu d'une manière extraordinaire. Froncer le sourcil.

한 눈을 위로 향하게 하면서 눈을 작게 만들다 (아이들의 장난) | 특별한 방식으로 눈을 약간 뜨면서 기도하는 사람의 눈에 대해서도 쓴다 | 눈썹을 찌푸리다

즈린네 [TJEU-RIN-NAI] (尿臭) 원557

불 Odeur d'urine.

한 소변 냄새

[1]즈음 [TJEU-EUM,-I] (際) 원555

불 Commencement. 훌즈음에 Hăl tjeu-eum-ei. Lorsqu'il était sur le point de faire. ‖ Fin, bornes, limites. 즈음업다 Tjeu-eum ep-ta, N'avoir pas de limites, être infini, éternel.

한 시작 | [용례 훌즈음에, Hăl tjeu-eum-ei], 막 하려는 순간이었을 때 | 끝, 한도, 한계 | [용례 즈음업다 Tjeu-eum ep-ta], 한계가 없다, 무한하다, 영원하다

[2]즈음 [TJEU-EUM] 원555

불 A peu près.

한 거의

즈잡ᄒᆞ다 [TJEU-TJAP-HĂ-TA] (不淨) 원558

불 Etre sale, dégoûtant. Licencieux, débauché, désordonné, contraire à la pudeur.

한 더럽다, 불쾌하다 | 난잡하다, 방탕하다, 문란하다, 정숙함의 반대

즈젹즈젹ᄒᆞ다 [TJEU-TJYEK-TJEU-TJYEK-HĂ-TA] 원558

불 Etre un peu humide, avoir un peu d'eau. Etre un peu boueux.

한 약간 축축하다, 물기를 머금다 | 약간 진흙탕이다

즈즐즈즐ᄒᆞ다 [TJEU-TJEUL-TJEU-TJEUL-HĂ-TA] 원558

불 Désigne l'état d'un puits où il reste encore un peu d'eau. ‖ Etre insupportable, très-désagréable.

한 약간의 물이 남아 있는 우물의 상태를 가리키다 | 견딜 수 없다, 매우 불쾌하다

즈즐ᄒᆞ다 [TJEU-TJEUL-HĂ-TA] 원558

불 Ennuyeux. Etre insupportable, très-désagréable.

한 지루하다 | 견딜 수 없다, 매우 불쾌하다

[1]즈치다 [TJEU-TCHI-TA,-TCHYE,-TCHIN] 원558

불 Abîmer, faire du dégât, endommager. ‖ Etre épuisé, hâve, amaigri.

한 망가뜨리다, 피해를 입히다, ~에게 손해를 입히다 | 지쳐빠지다, 핼쑥하다, 홀쭉하다

[2]즈치다 [TJEU-TCHI-TA,-TCHYE,-TCHIN] 원558

불 Glisser, faire une glissade.

한 미끄러지다, 미끄럼질하다

즈칫즈칫ᄒᆞ다 [TJEU-TCHIT-TJEU-TCHIT-HĂ-TA] 원558

불 Désigne l'état d'un homme qui, sur le penchant d'une montagne, craint de tomber, et fait précipitamment des mouvements de jambe. ‖ Tarder, morari, cunctari.

한 산의 비탈면에서 떨어질까 두려워하고 서둘러서 다리를 움직이는 사람의 상태를 가리키다 | 지체하다, 늦어지다, 머무르다

*즉각 [TJEUK-KAK] (卽刻) 원555
불 A l'instant, à cette heure, à ce quart d'heure, aussitôt, maintenant, à ce moment même, tout de suite.
한 당장, 지금은, 현재에, 곧, 지금, 바로 이 순간에, 곧바로

*즉경 [TJEUK-KYENG,-I] (卽景) 원555
불 Comme dans ce temps-là. || Maintenant, à ce moment même, tout de suite.
한 그 즈음처럼 | 지금, 바로 이 순간에, 곧 바로

*즉금 [TJEUK-KEUM] (卽今) 원555
불 Maintenant, à présent, présentement, actuellement. 즉금ᄭᆞ지 Tjeuk-keum kkă-tji, Jusqu'à présent.
한 지금, 현재, 지금, 현재 | [용례 즉금ᄭᆞ지, Tjeuk-keum kkă-tji], 지금까지

*즉디에 [TJEUK-TI-EI] (卽地) 원555
불 En ce temps et en ce lieu, aussitôt, sur l'heure.
한 그 시간 그 장소에, 곧, 당장에

즉살 [TJEUK-SAL] 원555
불 Tout de suite et subitement.
한 곧바로 그리고 갑자기

*즉살ᄒᆞ다 [TJEUK-SAL-HĂ-TA] (卽殺) 원555
불 Tuer du coup. Mourir instantanément sans maladie.
한 단번에 죽이다 | 병 없이 순식간에 죽다

*즉셕 [TJEUK-SYEK] (卽席) 원555
불 En ce temps et en ce lieu, maintenant, tout de suite, aussitôt.
한 이 시간과 이 장소에, 지금, 곧 바로, 곧

*즉시 [TJEUK-SI] (卽時) 원555
불 Maintenant, aussitôt, sur-le-champ, tout de suite, immédiatement.
한 지금, 곧, 당장, 곧 바로, 즉시

*즉ᄉᆞ [TJEUK-SĂ] (卽死) 원555
불 Mourir tout de suite et subitement; mort subite ou instantanée.
한 곧바로 그리고 갑자기 죽다 | 갑작스럽고 즉각적인 죽음

즉어미 [TJEUK-E-MI] (糟) 원555
불 Marc du vin.
한 술 찌꺼기

*즉위ᄒᆞ다 [TJEUK-OUI-HĂ-TA] (卽位) 원555
불 Devenir roi (par la mort du père), monter sur le trône, régner.
한 (아버지의 죽음에 의해) 왕이 되다, 왕위에 오르다, 통치하다

즉으러지다 [TJEUK-EU-RE-TJI-TA,-TJYE,-TJIN] (歪) 원555
불 Tomber en ruines, se renverser.
한 붕괴하다, 전복되다

*즉일 [TJEUK-IL,-I] (卽日) 원555
불 Aujourd'hui.
한 오늘

1*즉젼 [TJEUK-TJYEN] (卽錢) 원555
불 Payer argent comptant.
한 현금으로 지불하다

2*즉젼 [TJEUK-TJYEN] (卽傳) 원555
불 De suite, sans désemparer.
한 즉시, 끊임없이

*즉젼ᄒᆞ다 [TJEUK-TJYEN-HĂ-TA] (卽傳) 원555
불 Faire sur-le-champ, livrer sur-le-champ.
한 당장하다, 당장 넘겨주다

즉즉 [TJEUK-TJEUK] 원555
불 Bruit du sable sous les pieds, de la toile ou du papier qu'on déchire. =ᄒᆞ다-hă-ta. Produire ce bruit.
한 발 아래의 모래 소리, 천이나 종이를 찢는 소리 | [용례 =ᄒᆞ다, -hă-ta], 이 소리를 내다

즉ᄌᆡ [TJEUK-TJĂI] (卽纔) 원555
불 De suite.
한 즉시

*즉차ᄒᆞ다 [TJEUK-TCHA-HĂ-TA] (卽差) 원555
불 Avoir un effet subit (remède); être guéri subitement.
한 급작스러운 효과가 있다 (약) | 갑자기 치료되다

즉치다 [TJEUK-TCHI-TA,-TCHYE,-TCHIN] (急打) 원555
불 Abîmer, faire du dégât; entrer brusquement en campagne, tomber brusquement sur l'ennemi.
한 망가뜨리다, 낭비하다 | 갑자기 전투태세에 들어가다, 갑자기 적을 만나다

*즉ᄎᆞ에 [TJEUK-TCHĂ-EI] (卽次) 원555
불 Tout de suite.
한 곧 바로

*즉효 [TJEUK-HYO] (卽效) 원555
불 Avoir un effet prompt, instantané (remède qui guérit instantanément), effet ou résultat immédiat.

한 신속한, 즉각적인 효과가 있다(즉각적으로 낫게 하는 약), 즉각적인 효과 또는 결과

즌날긔사괴다 [TJEUN-NAL-KĂI-SA-KOI-TA,-KOI-YE,-KOIN] (雨中交狗) 원555

불 Chien qui, un jour de pluie, saute sur vous pour vous caresser. Se dit d'un homme importun, qui vient toujours ennuyer.

한 비오는 날 잘 보이려고 알랑거리기 위해 뛰어오르는 개 | 성가신, 항상 귀찮게 구는 사람에 대해 쓴다

즌늘즌늘ᄒᆞ다 [TJEUN-NEUL-TJEUN-NEUL-HĂ-TA] 원556

불 Désigne le mouvement de la bouche d'un vieillard qui n'a plus de dents. Mâchonner comme un vieillard sans dents.

한 더 이상 치아가 없는 노인의 입의 움직임을 가리킨다 | 이가 없는 노인처럼 우물우물 씹다

즌물즌물ᄒᆞ다 [TJEUN-MOUL-TJEUN-MOUL-HĂ-TA] 원555

불 Qui suinte, qui coule (v.g. œil) rendre du pus ou du jus. être juteux.

한 스며나오다, (예. 눈에서) 나오다, 고름이나 주스를 내다 | 즙이 나다

즌밥 [TJEUN-PAP,-I] (水飯) 원556

불 Riz cuit dans lequel il y a beaucoup d'eau; riz en bouillie épaisse.

한 물이 많은 밥 | 걸쭉한 죽으로 된 밥

즌신 [TJEUN-SIN,-I] (泥鞋) 원556

불 Bottes pour l'eau, pour la boue; bottes imperméables, que l'on met en temps de pluie; souliers en cuir huilé.

한 물에서, 진흙탕에서 신는 장화 | 비가 오는 날씨에 신는, 방수성의 장화 | 기름칠이 된 가죽으로 만든 신발

즌옴 [TJEUN-OM,-I] (爛疥) 원555

불 Gale aqueuse; humeur, eau de gale; gale humide.

한 물이 나오는 옴 | 체액, 옴의 물 | 축축한 옴

1즌자리 [TJEUN-TJA-RI] (嬰孩席) 원556

불 Le moment de la naissance.

한 태어난 순간

2즌자리 [TJEUN-TJA-RI] 원556

불 Vite, tout de suite, sur l'heure.

한 빨리, 곧바로, 당장에

즌졀이 [TJEUN-TJYEL-I] (聳然貌) 원556

불 Frisson; tressaillement; mouvement nerveux produit par une sensation désagréable (v.g. par le froid, par un remède amer); grimace.

한 오한 | 전율 | 불쾌한 느낌 (예. 추위에 의해, 쓴 약에 의해)에 의해 생긴 신경질적인 움직임 | 찌푸린 얼굴

즌틀 [TJEUN-HTEUL,-I] 원556

불 Terrain marécageux.

한 질퍽한 땅

즌펄이 [TJEUN-HPEL-I] (原濕) 원556

불 Terrain détrempé, marécageux. Boue, bourbier.

한 물에 적셔진, 질퍽한 땅 | 진흙, 흙탕

즌허구레 [TJEUN-HE-KOU-REI] 원555

불 Partie molle du côté au-dessous des côtés; le flanc; le défaut des côtés.

한 옆구리 아래에 있는 옆구리의 물렁한 부분 | 옆구리 | 옆구리의 오목한 곳

즌흙 [TJEUN-HEULK,-I] (泥土) 원555

불 Boue, terre délayée, fange, limon, vase, mortier.

한 진창, 질퍽한 흙, 진수렁, 진흙, [역주 물밑의] 진흙, 회반죽

즐겁다 [TJEUL-KEP-TA,-KE-OUE,-KE-ON] (歡) 원557

불 Etre joyeux, agréable, délectable, réjouissant; causer de la joie; divertir, réjouir. Etre content, joyeux, réjoui, gai, enjoué; se réjouir, se délecter, se plaire à, être en joie.

한 즐겁다, 유쾌하다, 기분 좋다, 즐겁다 | 기쁨을 야기하다 | 즐겁게 해주다, 흥겹게하다 | 만족하다, 즐겁다, 기뻐하다, 명랑하다, 쾌활하다 | 기뻐하다, 대단히 즐기다, -을 좋아하다, 기뻐하다

즐겨ᄒᆞ다 [TJEUL-KYE-HĂ-TA] (肯) 원557

불 Faire avec plaisir.

한 기꺼이 하다

즐근즐근 [TJEUL-KEUN-TJEUL-KEUN] 원557

불 Désigne le mouvement des mâchoires d'un vieillard qui n'a plus de dents et qui mâche difficilement. ‖ Par petits coups, à diverses reprises; serré.

한 더 이상 치아가 없어서 힘들게 씹는 노인의 턱의 움직임을 가리킨다 | 미적미적, 여러 번 되풀이하여 | 꽉 죄다

즐긋즐긋 [TJEUL-KEUT-TJEUL-KEUT] 원557

불 Dur, élastique (état d'une viande dure qui se coupe ou se déchire difficilement) ‖ Par petits coups, à diverses reprises; serré.

한 단단하다, 탄성이 있다(어렵게 잘리거나 찢어지는 단단한 고기의 상태) | 미적미적, 여러 번 되풀이하여

| 꽉 죄다

즐긔다 [TJEUL-KEUI-TA,-KEUI-YE,-KEUIN] (紉) 원557

불 Dur, élastique, fort, solide (habit, toile, corde, viande, etc.)

한 단단하다, 탄성이 있다, 강하다, 질기다(옷, 천, 줄, 고기 등)

즐긔ᄒᆞ다 [TJEUL-KEUI-HĂ-TA] (窒氣) 원557

불 Sentir ou causer de l'horreur. Embarrassant, difficile.

한 공포를 느끼거나 불러일으키다 | 성가시다, 곤란하다

즐기다 [TJEUL-KI-TA,TJEUL-KYE,TJEUL-KIN] 원557

불 (Gouv. l'instrum.). Aimer (v.g. aimer le vin), être réjoui de, se délecter de, prendre plaisir à.

한 (도구격을 지배한다) | 좋아하다(예. 술을 좋아하다), ~에 즐거워하다, ~을 대단히 즐기다, ~에 기쁨을 느끼다

즐넘즐넘ᄒᆞ다 [TJEUL-NEM-TJEUL-NEM-HĂ-TA] 원557

불 Désigne le mouvement de l'eau dans un bassin rempli et qu'on veut transporter. Balloter (un liquide dans un vase que l'on remue).

한 옮기고자 하는 가득 찬 대야 속의 물의 움직임을 가리킨다 | (옮기는 그릇 속의 액체) 요동치다

즐다 [TJEUL-TA,TJEUL-E,TJEUN] (濕) 원557

불 Humide (temps), un peu détrempé (farine, terre) être boueux, trop humide.

한 (날씨) 축축하다, (가루, 땅) 물에 적셔지다, 진흙투성이다, 너무 축축하다

즐벅즐벅ᄒᆞ다 [TJEUL-PEK-TJEUL-PEK-HĂ-TA] (濕貌) 원557

불 Désigne l'état d'un terrain gras, humide, qui cède sous les pieds. Etre boueux.

한 발이 쉽게 아래로 빠지는 비옥한, 습기 있는 땅의 상태를 가리킨다 | 진흙투성이다

즐번즐번ᄒᆞ다 [TJEUL-PEN-TJEUL-PEN-HĂ-TA] 원557

불 Désigne l'abondance des mets d'un festin. Etre en grande quantité.

한 잔치음식의 풍성함을 가리킨다 | 매우 양이 많다

즐비ᄒᆞ다 [TJEUL-PI-HĂ-TA] (櫛比) 원557

불 Désigne l'état d'un village dont les maisons bâties en rang se touchent. Se toucher à la file (maisons). Etre en grande quantité, en grand nombre.

한 일렬로 세워진 집들이 서로 맞닿아 있는 마을의 상태를 가리킨다 | (집) 일렬로 맞닿아 있다 | 많은 양, 많은 수가 있다

*즐욕ᄒᆞ다 [TJEUL-YOK-HĂ-TA] (叱辱) 원557

불 Injurier, gronder méchamment, railler, injurier en réprimandant.

한 욕하다, 악의적으로 꾸짖다, 비웃다, 질책하며 욕설을 퍼붓다

즘 [TJEUM] 원555

불 A peu près, environ.

한 거의, 대략

즘승 [TJEUN-SEUNG,-I] (獸) 원555

불 Animal, bête (général, les gros animaux).

한 동물, 짐승 (일반적으로, 큰 동물들)

즘즘ᄒᆞ다 [TJEUM-TJEUM-HĂ-TA] 원555

불 Fade; qui n'a pas assez le goût de sel; insipide.

한 맛없는 | 짠 맛이 충분하지 않다 | 맛없다

[1]즘즛 [TJEUM-TJĂT] (故) 원555

불 Exprès, volontairement, à dessein.

한 일부러, 고의로, 의도적으로

[2]즘즛 [TJEUM-TJĂT] 원555

불 A peu près, presque. =알앗다-al-at-ta, Je l'avais soupçonné, deviné.

한 약, 거의 | [용례 =알앗다, -al-at-ta], 나는 그것을 추측했었다, 짐작했었다

*즙 [TJEUP,-I] (汁) 원556

불 Suc, jus, séve.

한 즙, 주스, 진액

즙나다 [TJEUP-NA-TA,-NA,-NAN] (出汁) 원557

불 Rendre du jus, être juteux. ‖ Avoir la main exercée.

한 주스를 내다, 즙이 많다 | 능숙한 솜씨가 있다

*즙당 [TJEUP-TYANG,-I] (汁醣) 원557

불 Confitures de piment vert, de melons, d'aubergines, etc., mêlès ensemble et cuits pendant plusieurs jours.

한 함께 섞이고 여러 날 동안 익은, 초록 고추, 멜론, 가지 등으로 만든 잼

*즙물 [TJEUP-MOUL,-I] (汁物) 원556

불 Affaires, choses, objets à l'usage de quelqu'un (livres, plumes, lit, boîte, etc.). Tout l'équipement, toute la batterie de cuisine, tout le ménage.

한 누군가가 사용하는 개인 소지품들, 사물들, 물건들 (책, 깃털 펜, 침구, 상자 등) | 부엌의 전체 장비, 전체 세간, 전체 살림살이

즙산젹 [TJEUP-SAN-TJYEK,-I] (汁炙) 원557

불 Brochettes de viande entremèlées de légumes.
한 채소가 혼합된 고기 꼬치구이

[1]즛 [TJEUT] 원557
불 Beaucoup, à l'excès.
한 많이, 지나치게

[2]즛 [TJEUT,TJEU-SI] 원557
불 Geste, signe de la main, signe des yeux. ‖ Chose. (Ce mot s'emploie d'une manière générale, mais dans le sens de reproche). 무ᄉᆞᆷ즛ᄒᆞᄂᆞ냐 Mou-săm tjeut hă-nă-nya, Que fais-tu?
한 몸짓, 손짓, 눈짓 | 물건 | (이 단어는 일반적인 방법으로 사용되지만, 비난의 의미에서) | [용례 무ᄉᆞᆷ즛ᄒᆞᄂᆞ냐 Mou-săm tjeut hă-nă-nya], 너 뭐하니?

즛걸즛걸 [TJEUT-KEL-TJEUT-KEL] 원557
불 Bruit de plusieurs personnes qui parlent.
한 많은 사람들이 말하는 소리

즛굿기다 [TJEUT-KOUT-KI-TA,-KYE,-KIN] (多故) 원557
불 Avoir un grand malheur; être éprouvé par de grands malheurs; être dans une très-grande peine.
한 큰 불행을 겪다 | 큰 불행에 의해 시련을 겪다 | 큰 고통 속에 있다

즛기다 [TJEUT-KI-TA,-KYE,-KIN] 원557
불 Etre dans l'embarras, le tracas (pour une maladie, un accident fâcheux)
한 곤경, 걱정 (질병, 난처한 사고) 속에 있다

즛내다 [TJEUT-NAI-TA,-NAI-YE,-NAIN] 원557
불 Faire avec plaisir.
한 기꺼이 하다

[1]즛다 [TJEUT-TA,TJEUT-HE,TJEUT-HEUN] 원558
불 Etre trop chargé (couleur), être profond, difficile à guérir (maladie).
한 (색) 너무 짙다, 깊다, 치료하기 힘들다(병)

[2]즛다 [TJEUT-TA,TJEUT-TJYE] (吠) 원558
불 Aboyer (chien), croasser (corbeau), jacasser (cri de la pie et de plusieurs autres animaux).
한 (개가) 짖다, (까마귀가) 까악까악 울다, 까치가 울다 (까치와 여러 다른 동물들이 우는 소리)

즛맛다 [TJEUT-MAT-TA,-MA-TJYE,-MA-TJEUN] (亂打) 원557
불 Etre couvert de coups, de blessures. Etre beaucoup battu.
한 구타당하다, 상처 입다 | 많이 맞다

즛먹다 [TJEUT-MEK-TA,-MEK-E,-MEK-EUN] (過食) 원557
불 Manger beaucoup de toutes sortes de mets, manger à l'excès, bâfrer.
한 모든 종류의 요리를 많이 먹다, 지나치게 먹다, 폭식하다

즛ᄇᆞᆲ다 [TJEUT-PĂLP-TA,-PĂLP-A,-PĂLP-EUN] (踏) 원558
불 Presser avec les pieds, piler avec les pieds, marcher sur.
한 발로 짓누르다, 발로 밟다, ~를 밟다

즛씹다 [TJEUT-SSIP-TA,-SSIP-E,-SSIP-EUN] (嚼) 원558
불 Ronger avec les dents, déchirer avec les dents seules, déchirer en mordant. Mâcher longtemps.
한 이로 갉아먹다, 치아로만 찢다, 물어뜯어 찢다 | 오랫동안 씹다

[1]즛젹다 [TJEUT-TJYEK-TA,-TJYEK-E,-TJYEK-EUN] (無顔) 원558
불 Etre attrapé; rougir, être honteux d'avoir été attrapé.
한 붙잡히다 | 붉어지다, 붙잡힌 것이 부끄럽다

[2]즛젹다 [TJEUT-TJYEK-TA,-TJYEK-E,-TJYEK-EUN] (無味) 원558
불 Etre insipide, sans saveur, sans agrément.
한 맛없다, 맛이 없다, 즐거움이 없다

[1]증 [TJEUNG,-I] (錚) 원556
불 Tambour, grand tam-tam.
한 북, 큰 탐탐

[2*]증 [TJEUNG,-I] (證) 원556
불 En agr. Témoin, témoigner.
한 한자어로 증인, 증언하다

[3]증 [TJEUNG,-I] 원556
불 Clou de soulier, pour les souliers.
한 신발의, 신발용 징

[1*]증거ᄒᆞ다 [TJEUNG-KE-HĂ-TA] (證據) 원556
불 Témoigner; donner un témoignage, une preuve; servir de témoin; prouver.
한 증언하다 | 증언, 증거를 제시하다 | 증인의 역할을 하다 | 증명하다

[2*]증거ᄒᆞ다 [TJEUNG-KE-HĂ-TA] (懲據) 원556
불 Réprimer; corriger; réprimander; défendre. ‖ Juger témérairement.
한 억누르다 | 교정하다 | 질책하다 | 방어하다 | 경솔하게 판단하다

증검새오 [TJEUNG-KEM-SAI-O] 원556
불 Crevette d'eau douce.
한 작은 민물 새우

증검이 [TJEUNG-KEM-I] (雜魚) 원556
불 Crevette d'eau douce.
한 작은 민물 새우

증경이 [TJEUNG-KYENG-I] (雎鳩) 원556
불 Nom d'un oiseau semblable au canard.
한 오리와 비슷한 새의 이름

*증계ᄒᆞ다 [TJEUNG-KYEI-HĂ-TA] (懲戒) 원556
불 Défendre de.
한 ~을 금지하다

증그러워ᄒᆞ다 [TJEUNG-KEU-RE-OUE-HĂ-TA] (奇險) 원556
불 Frémir; frisonner de crainte; être saisi d'horreur; se hérisser; faire la grimace ou des grimaces; faire la moue; être renfrogné.
한 전율하다 | 두려움에 몸이 떨리다 | 겁에 사로잡히다 | [역주 머리카락이] 곤두서다 | 싫은 표정이나 찡그린 낮을 하다 | 뾰로퉁하다 | 얼굴을 찌푸리다

증그럽다 [TJEUNG-KEU-REP-TA,-RE-OUE,-RE-ON] (奇險) 원556
불 Horrible, étonnant, redoutable, hideux, désagréable, répugnant, contrariant.
한 끔찍하다, 놀랍다, 가공할 만하다, 흉측하다, 불쾌하다, 혐오스럽다, 불쾌하게 하다

증글증글ᄒᆞ다 [TJEUNG-KEUL-TJEUNG-KEUL-HĂ-TA] 원556
불 Hideux, horrible, affreux. avoir ou inspirer de l'horreur, de la répugnance.
한 보기 흉하다, 끔찍하다, 무시무시하다 | 몹시 싫어하거나 혐오감, 반감을 불러일으키다

증긔다 [TJEUNG-KEUI-TA,-KEUI-YE,-KEUIN] (嚬) 원556
불 Grimacer, faire la grimace.
한 얼굴 찡그리다, 얼굴을 찌푸리다

*증됴 [TJEUNG-TYO] (徵兆) 원556
불 Présage; augure; signe par lequel on juge de l'avenir; indication; pressentiment; auspice; signe précurseur.
한 전조 | 징조 | 미래를 판단하는 징조 | 표시 | 예감 | 징조 | 전조가 되는 표시

증박다 [TJEUNG-PAK-TA,-PAK-A,-PAK-EUN] (鞋鐵) 원556
불 Mettre des clous sous les souliers.
한 신발 아래에 징을 박다

*증셰 [TJEUNG-SYEI] (症勢) 원556
불 Etat (de la santé, de la maladie).
한 (건강, 질병의) 상태

*증손 [TJEUNG-SON,-I] (曾孫) 원556
불 Enfant du petit-fils, arrière-petit-enfant. =ᄌᆞ-tjă, Arrière-petit-fils.
한 손자의 아이, 증손 | [용례 =ᄌᆞ, -tjă], 증손자

*증손녀 [TJEUNG-SON-NYE] (曾孫女) 원556
불 Arrière-petite-fille.
한 증손녀

*증손부 [TJEUNG-SON-POU] (曾孫婦) 원556
불 Epouse du petit-fils du fils.
한 증손자의 부인

*증손셔 [TJEUNG-SON-SYE] (曾孫婿) 원556
불 Mari de la petite-fille du fils.
한 증손녀의 남편

*증손ᄌᆞ [TJEUNG-SON-TJĂ] (曾孫子) 원556
불 Arrière-petit-fils.
한 증손자

*증쇼불의 [TJEUNG-SYO-POUL-EUI] (曾所不意) 원556
불 Chose extraordinaire, étonnante, surprenante, qui approche du miraculeux. A quoi l'on n'a pas même pensé.
한 기적에 가까운 비범한, 놀랄 만한, 놀라운 것 | 생각지도 못했던 것

*증인 [TJEUNG-IN,-I] (證人) 원556
불 Témoin.
한 증인

*증젼 [TJEUNG-TJYEN] (曾前) 원556
불 Avant, autrefois.
한 전에, 이전에

*증졍 [TJEUNG-TJYENG,-I] (症情) 원556
불 Etat (de la santé); état de la maladie.
한 (건강의) 상태 | 질병의 상태

*증죠 [TJEUNG-TJYO] (曾祖) 원556
불 Bisaïeul, grand-père du père.
한 증조부, 아버지의 할아버지

*증죠모 [TJEUNG-TJYO-MO] (曾祖母) 원556
불 Bisaïeule; grand'mère du père; épouse du bisaïeul.
한 증조모 | 아버지의 할머니 | 증조부의 부인

*증죠부 [TJEUNG-TJYO-POU] (曾祖父) 원556
불 Bisaïeul.
한 증조부

*증직 [TJEUNG-TJIK,-I] (贈職) 원556
불 Dignité purement honorifique, dignité posthume.
한 순전히 영예로운 고관직, 사후의 고관직

1증ᄌᆞ [TJEUNG-TJĂ] 원556
불 Bouton au sommet du chapeau des soldats et des mandarins. Globule (au-dessus du chapeau des soldats)
한 군인들과 관리들의 모자 꼭대기에 달린 단추 | (군인들의 모자 위에 달린) 작은 구

2*증ᄌᆞ [TJEUNG-TJĂ] (曾子) 원556
불 Nom d'un disciple de Confucius très-célèbre pour sa piété filiale.
한 그 효심으로 유명한 공자의 제자 이름

*증참ᄒᆞ다 [TJEUNG-TCHAM-HĂ-TA] (證參) 원556
불 L'émoigner, attester, rendre témoignage.
한 증언하다, 증명하다, 증언하다

증치다 [TJEUNG-TCHI-TA,-TCHYE,-TCHIN] (打錚) 원556
불 Frapper le tam-tam. battre du tam-tam.
한 탐탐을 치다 | 탐탐을 두드리다

*증험 [TJEUNG-HEM,-I] (徵驗) 원556
불 Effet, résultat. ‖ Preuve, vérification.
한 효과, 결과 | 증거, 확인

*증험ᄒᆞ다 [TJEUNG-HEM-HĂ-TA] (徵驗) 원556
불 Essayer, faire l'expérience, éprouver.
한 시험하다, 경험해 보다, 시험하다

1*지 [TJI] (至) 원558
불 En agr. Très, fort (superlatif).
한 한자어로 매우, 몹시 (최상급의)

2*지 [TJI] (知) 원558
불 En agr. Connaître.
한 한자어로 알다

3*지 [TJI] (智) 원558
불 Prudence (vertu cardinale).
한 신중 (기본적인 덕)

4*지 [TJI] (之) 원558
불 Terminaison chinoise qui n'a aucun sens; elle s'emploie fréquemment avec les mots chinois pour remplacer le génitif 의 eui.
한 아무 의미도 없는 중국어 어미 | 이것은 속격 의 eui를 대체하기 위해 자주 중국 단어들과 함께 쓰인다

5*지 [TJI] (紙) 원558
불 En agr. Papier.
한 한자어로 종이

지가락 [TJI-KA-RAK,-I] (食指) 원559
불 Index, doigt de la main près du pouce.
한 검지손가락, 엄지손가락 옆의 손가락

*지가잡다 [TJI-KA-TJAP-TA,-TJAP-A,-TJAP-EUN] (止街) 원559
불 Prendre quelqu'un qui veut passer devant le convoi d'un dignitaire, et le confier à un homme du peuple, qui est obligé de le garder jusqu'à ce que le mandarin le fasse demander. Arrêter un homme qui ne descend pas de cheval à la rencontre d'un grand dignitaire.
한 고관의 호위대 앞을 지나가려는 사람을 붙잡아서 관리가 그를 찾게 할 때까지 그를 감시해야만 하는 한 평민에게 그를 맡기다 | 중요한 고관과 마주쳤을 때 말에서 내리지 않는 사람을 붙잡다

*지가ᄒᆞ다 [TJI-KA-HĂ-TA] (止街) 원559
불 Demander le nom, le prénom, le domicile d'un homme avec lequel on fait du commerce, ou que les satellites ont arrêté. ‖ Arrêter un homme qui ne descend pas de cheval à la rencontre d'un grand dignitaire.
한 장사를 하거나 부하들이 붙잡은 사람의 성, 이름, 주소를 묻다 | 중요한 고관을 만났을 때 말에서 내리지 않는 사람을 붙잡다

*지각 [TJI-KAK,-I] (知覺) 원559
불 Intelligence, esprit, raison, instinct, bon sens, science naturelle.
한 지성, 기질, 판단력, 소질, 양식, 자연과학

*지간물 [TJI-KAN-MOUL,-I] (至奸物) 원559
불 Homme excessivement fourbe, grand fourbe.
한 지나치게 교활한 사람, 대단히 교활한 사람

지갈동지 [TJI-KAL-TONG-TJI] 원559
불 Riche, homme qui a des richesses et le titre de 동지 Tong-tji.
한 부자, 재산이 있고 동지 Tong-tji의 직함이 있는 사람

지갈이 [TJI-KAL-I] 원559
불 Riche qui a la dignité de 동지 Tong-tji.
한 동지 Tong-tji라는 직함을 가진 부자

*지갑 [TJI-KAP,-I] (紙匣) 원559
불 Porte-feuille.
한 지갑

지게 [TJI-KEI] (負械) 원559

불 Crochet, sorte de châssis en bois dont les portefaix se servent pour porter les fardeaux sur le dos.
한 갈고리, 등에 짐을 지기 위해 짐꾼들이 사용하는 나무로 된 틀의 종류

*지격ᄒᆞ다 [TJI-KYEK-HĂ-TA] (至隔) 원559
불 Etre proche (ce qui n'est pas éloigné, ce qui est sur le point d'arriver). Etre très-voisin, trop voisin.
한 가깝다 (멀지 않은 것, 막 일어나려는 참인 것) | 매우 가깝다, 너무 가깝다

*지겸 [TJI-KYEM,-I] (至謙) 원559
불 Très-humble. Très-grande humilité.
한 매우 겸손하다 | 매우 대단한 겸손

1*지공ᄒᆞ다 [TJI-KONG-HĂ-TA] (至恭) 원560
불 Très-soumis, très-humble, très-obéissant.
한 매우 유순하다, 매우 겸손하다, 매우 온순하다

2*지공ᄒᆞ다 [TJI-KONG-HĂ-TA] (旨供) 원560
불 Préparer et donner des vivres.
한 식량을 준비하고 주다

3*지공ᄒᆞ다 [TJI-KONG-HĂ-TA] (至公) 원560
불 Très-juste.
한 매우 공정하다

*지궁ᄒᆞ다 [TJI-KOUNG-HĂ-TA] (至窮) 원560
불 Très-pauvre. Etre dans une extrême pauvreté.
한 매우 가난하다 | 극도의 가난한 상태이다

*지귀ᄒᆞ다 [TJI-KOUI-HĂ-TA] (至貴) 원560
불 Très-rare, très-précieux, très-noble.
한 매우 희귀하다, 매우 귀하다, 매우 고귀하다

*지극히 [TJI-KEUK-HI] (至極) 원559
불 Très, extrêmement, grandement, le plus, beaucoup, principalement, très, fort.
한 매우, 극도로, 크게, 가장, 많이, 주로, 매우, 몹시

*지극ᄒᆞ다 [TJI-KEUK-HĂ-TA] (至極) 원559
불 Extrême, grand, suprême; fervent, ardent. pressant.
한 극심하다, 훌륭하다, 최고의 | 열성적이다, 열렬하다 | 열렬하다

지근ᄃᆡ다 [TJI-KEUN-TAI-TA,-TĂI-YE,-TĂIN] 원559
불 Faire des niches, des malices, des espiègleries.
한 짓궂은 장난, 짓궂은 장난, 장난을 하다

지근지근ᄒᆞ다 [TJI-KEUN-TJI-KEUN-HĂ-TA] 원559
불 Eveiller doucement quelqu'un en l'appelant et en le touchant légèrement de la main. ‖ Taquiner, tourmenter.
한 어떤 사람을 부르고 손으로 가볍게 만지면서 부드럽게 깨우다 | 약올리다, 귀찮게 굴다

*지근지디 [TJI-KEUN-TJI-TI] (至近之地) 원559
불 Lieu très-voisin, très-proche.
한 매우 인접한, 매우 가까운 곳

1지금 [TJI-KEUM] 원555 ☞즉금

2*지금 [TJI-KEUM] (至今) 원559
불 Maintemant, à présent.
한 지금, 현재

지긋 [TJI-KEUT,-SI] 원560
불 Nom de la lettre coréenne ㄷ qui répond à t.
한 t에 대응하는 조선의 자음 글자 ㄷ의 이름

지긋지긋ᄒᆞ다 [TJI-KEUT-TJI-KEUT-HĂ-TA] 원560
불 Avoir ou faire horreur. Frémir.
한 ~를 몹시 싫어하거나 혐오감을 일으키다 | 전율하다

지긔업다 [TJI-KEUI-EP-TA] (奇險) 원559
불 Avoir de la répugnance, de l'aversion, de l'horreur pour.
한 불쾌감, 반감, 혐오감을 갖다

*지긔지우 [TJI-KEUI-TJI-OU] (知己之友, (Connaître, soi, ami)) 원559
불 Excellent ami; très-intime, inséparable, pour qui on n'a rien de secret.
한 훌륭한 친구 | 매우 친밀하다, 항상 붙어 다니다, 비밀이 하나도 없다

*지긔지인 [TJI-KEUI-TJI-IN,-I] (知己之人) 원559
불 Homme qui me connaît à fond, qui connaît mes sentiments.
한 나를 깊이 아는, 나의 감정을 아는 사람

지나가다 [TJI-NA-KA-TA,-KA,-KAN] (過去) 원561
불 Aller au delà, passer et aller.
한 저 너머로 가다, 지나고 가다

지나다 [TJI-NA-TA,-NA,-NAN] (過) 원562
불 Passer, dépasser, passer outre, avancer.
한 지나가다, 넘다, 더 멀리 가다, (시간이) 흐르다

지나오다 [TJI-NA-O-TA,-OA,-ON] (過來) 원561
불 Venir en deçà, passer et venir.
한 이쪽으로 오다, 지나고 오다

지날결에 [TJI-NAL-KYEL-EI] (過次) 원561
불 Au temps perdu, en passant, un instant.
한 잃어버린 시간에, 지나면서, 잠깐

*지남거 [TJI-NAM-KE] (指南車) 원561

ㅈ

불 Boussole.
한 나침반

*지남텰 [TJI-NAM-HIYEL,-I] (指南鐵) 원561
불 Fer qui indique le sud, boussole.
한 남쪽을 가리키는 철, 나침반

지낫타 [TJI-NAT-HTA,TJI-NA-HA,TJI-NA-HEUN] (死胎) 원562
불 Venir avant terme (petits des animaux). Etre avorté. Mettre bas avant terme, avorter.
한 (동물들의 새끼들이) 산월 전에 태어나다 | 유산되다 | 산월 전에 낳다, 유산하다

지내다 [TJI-NAI-TA,-NAI-YE,-NAIN] (逕) 원561
불 Célébrer, faire. Passer (le temps). Se porter.
한 (의식을) 거행하다, 하다 | (시간) 지나가다 | 지내다

지너미 [TJI-NE-MI] 원562
불 Nageoire (de poisson)
한 (물고기의) 지느러미

지네 [TJI-NEI] (蜈蚣) 원562
불 Cent-pieds, mille-pieds, chilopode.
한 지네, 다족류, 지네강[역주 綱]

지노 [TJI-NO] (紙繩) 원562
불 Corde en papier.
한 종이로 된 끈

지느러미 [TJI-NEU-RE-MI] 원562
불 Nageoire de poisson.
한 물고기의 지느러미

지늘다 [TJI-NEUL-TA,-NEU-RE,-NEUN] 원562
불 N'être pas entièrement desséché, être encore un peu mou (pois, haricots).
한 전부 메마르지 않다, 아직 약간 무르다(콩, 제비콩)

[1]지다 [TJI-TA,TJYE,TJIN] (負) 원567
불 Porter sur le dos; être sous un fardeau; être chargé, se charger d'un fardeau.
한 등에 지다 | 짐을 지고 있다 | 짐을 실리다, 짐을 지다

[2]지다 [TJI-TA,TJYE,TJIN] 원567
불 Etre vaincu, battu (à la guerre, au jeu); être dessous, renversé.
한 (전쟁에서, 놀이에서) 지다, 패배하다 | 아래에 있다, 타도되다

[3]지다 [TJI-TA,TJYE,TJIN] 원567
불 Termin. qui donne aux mots le sens passif, v. g. être battu, vaincu, renversé. Elle leur donne encore le sens de devenir. Ex.: 커지다 Hke-tji-ta, devenir grand, grandir; 붉어지다 Poulk-e-tji-ta, devenir rouge, rougir.
한 단어들에 수동의 의미를 부여하는 어미 | 예. 패배하다, 지다, 타도되다 | 이것은 '~이 되다'의 의미도 부여한다 | [용례 커지다, Hke-tji-ta], 크게 되다, 커지다 | [용례 붉어지다, Poulk-e-tji-ta], 붉게되다, 붉어지다

[4]지다 [TJI-TA,TJYE,TJIN] (落) 원567
불 Se coucher (astres).
한 (별들이) 지다

*지당ᄒᆞ다 [TJI-TANG-HĂ-TA] (至當) 원567
불 Sûr, vrai (se dit à un supérieur pour approuver ce qu'il vient de dire). Etre très-convenable.
한 틀림없다, 사실이다(방금 한 말을 시인하기 위해 상급자에게 쓴다) | 매우 적절하다

*지대ᄒᆞ다 [TJI-TAI-HĂ-TA] (至大) 원567
불 Etre très-grand, très-important.
한 매우 크다, 매우 중요하다

*지댱 [TJI-TYANG,-I] (紙藏) 원567
불 Armoire en papier.
한 종이로 만든 장롱

지더리다 [TJI-TE-RI-TA,-RYE,-RIN] 원567
불 Avoir peu d'esprit.
한 재치가 별로 없다

*지덕 [TJI-TEK,-I] (智德) 원567
불 Prudence, vertu de prudence. Sagesse.
한 신중함, 신중의 덕 | 지혜

*지뎐 [TJI-TYEN,-I] (紙廛) 원567
불 Boutique où l'on vend le papier. Magasin de papier.
한 종이를 파는 상점 | 종이 가게

지도리 [TJI-TO-RI] (樞) 원567
불 Gonds, pivot et tenon.
한 돌쩌귀, 축과 철제 이음 꺾쇠

*지독ᄒᆞ다 [TJI-TOK-HĂ-TA] (至毒) 원567
불 Très-fort (vin, tabac); très-venimeux (poison); très-cruel, très-méchant, très-fort.
한 매우 강하다(술, 담배) | 독성이 강하다(독) | 매우 잔인하다, 매우 악독하다, 매우 강하다

*지둔ᄒᆞ다 [TJI-TOUN-HĂ-TA] (至鈍) 원567
불 Qui a la tête dure, qui ne peut rien apprendre. Etre très-lourd, stupide.
한 머리가 둔하다, 아무것도 배울 수 없다 | 매우 우둔

하다, 멍청하다
*지락 [TJI-RAK,-I] (至樂) 원566
불 Délices, plaisir, très-grand plaisir.
한 열락, 기쁨, 매우 큰 기쁨
1지란ᄒᆞ다 [TJI-RAN-HĂ-TA] 원566
불 Traîner en longueur, être trop longtemps, durer.
한 길게 끌다, 너무 오래 끌다, 계속되다
2*지란ᄒᆞ다 [TJI-RAN-HĂ-TA] (至難) 원566
불 Etre difficile, très ou trop difficile.
한 어렵다, 매우 또는 너무 어렵다
1지레 [TJI-REI] (器械杖) 원566
불 Levier.
한 지렛대
2지레 [TJI-REI] (逕) 원566
불 D'avance, à l'avance.
한 미리, 일찍
*지령 [TJI-RYENG,-I] (旨令) 원566
불 Saumure.
한 소금물
*지령ᄒᆞ다 [TJI-RYENG-HĂ-TA] (至靈) 원566
불 Pénétrer,deviner les sentiments du cœur, la pensée. être très-intelligent.
한 마음의 감정, 생각을 간파하다, 추측하다 | 매우 똑똑하다
*지로ᄒᆞ다 [TJI-RO-HĂ-TA] (指路) 원566
불 Indiquer la route, enseigner le chemin.
한 길을 가리키다, 길을 알려 주다
*지리ᄒᆞ다 [TJI-RI-HĂ-TA] (支離) 원566
불 Etranger, sans rapport à, vague, évasif. ‖ Tarder, retarder, être longtemps, traîner en longueur.
한 낯설다, ~에 관련이 없다, 불분명하다, 정확성이 없다 | 늦어지다, 늦다, 오래 걸리다, 길게 끌다
지ᄅᆞ다 [TJI-RĂ-TA,TJIL-NE,TJI-RĂN] (刺) 원566
불 Percer, piquer. Syn. 찌ᄅᆞ다 Ttji-ră-ta.
한 구멍을 뚫다, 찌르다 | [동의어 찌ᄅᆞ다, Ttji-ră-ta]
*지만ᄒᆞ다 [TJI-MAN-HĂ-TA] (遲晩) 원561
불 Etre en retard. ‖ Engager à renoncer, forcer à apostasier.
한 지각하다 | 포기하도록 촉구하다, 변절을 강요하다
지망지망ᄒᆞ다 [TJI-MANG-TJI-MANG-HĂ-TA] 원561
불 A l'étourdi, étourdiment, légèrement, à la hâte.
한 경솔하게, 경솔하게, 가볍게, 서둘러서
*지면ᄒᆞ다 [TJI-MYEN-HĂ-TA] (知面) 원561
불 Connaître un homme; connaître la figure d'un homme, le visage.
한 사람을 알다 | 사람의 형체, 얼굴을 알다
1*지명ᄒᆞ다 [TJI-MYENG-HĂ-TA] (指名) 원561
불 Etre très-connu, célèbre. Faire connaître.
한 매우 잘 알려지다, 유명하다 | 알게 하다
2*지명ᄒᆞ다 [TJI-MYENG-HĂ-TA] (至明) 원561
불 Très-clair, très-intelligent, très-savant.
한 매우 분명하다, 매우 똑똑하다, 매우 박식하다
3*지명ᄒᆞ다 [TJI-MYENG-HĂ-TA] (指名) 원561
불 Enseigner le nom.
한 이름을 가리키다
*지모 [TJI-MO] (智謀) 원561
불 Prudence, sagesse. ‖ Ruse, stratagème.
한 신중함, 지혜 | 계략, 책략
*지목ᄒᆞ다 [TJI-MOK-HĂ-TA] (指目) 원561
불 Indiquer; dénoncer (en bon sens); accuser; inculper, imputer. ‖ Assigner les parts.
한 가리키다 | (좋은 의미로) 알리다 | 비난하다 | 고발하다, 책임을 전가하다 | 몫을 할당하다
*지물 [TJI-MOUL,-I] (持物) 원561
불 Objet saisi. ‖ Fortune, état de la fortune, richesse, mobilier.
한 압류당한 물건 | 재산, 재산의 상태, 부, 동산
지믜지다 [TJI-MEUI-TJI-TA,-TJYE,-TJIN] 원561
불 Tache noire sur le visage. Etre tacheté. Rouille sur le fer. Se rouiller, commencer à se rouiller.
한 얼굴 위의 검은 반점 | 반점이 있다 | 철 위에 생긴 녹 | 녹슬다, 녹슬기 시작하다
*지미호 [TJI-MI-HO] (至美好) 원561
불 Perfection. très-beau, admirable (v. g. Dieu) Etre très-parfait.
한 완벽함 | 매우 아름답다, 감탄할 만하다(예. 신) | 매우 완벽하다
1*지미ᄒᆞ다 [TJI-MI-HĂ-TA] (至美) 원561
불 Etre très-beau, très-joli.
한 매우 아름답다, 매우 예쁘다
2*지미ᄒᆞ다 [TJI-MI-HĂ-TA] (知味) 원561
불 Goûter (un mets).
한 (요리를) 맛보다
*지방 [TJI-PANG,-I] (紙方) 원564
불 Papier qui remplace les tablettes ou 목패 Mok-hpai chez les gens pauvres.

ㅈ

한 가난한 사람들의 집에 패나 목패 Mok-hpai를 대체하는 종이

지벅지벅ᄒᆞ다 [TJI-PEK-TJI-PEP-HĂ-TA] 원564

불 Désigne la marche mal assurée la nuit, dans une route difficile. Marcher en tâtonnant. Ne pas voir clair sur son chemin.

한 밤에 험한 길에서 서투르게 걷는 모양을 가리킨다 | 더듬더듬 걷다 | 자기가 가는 길에서 명확하게 보이지 않다

*지번ᄒᆞ다 [TJI-PEN-HĂ-TA] (至煩) 원565

불 Etre très-préoccupé.

한 매우 열중하다

지범지범ᄒᆞ다 [TJI-PEM-TJI-PEM-HĂ-TA] 원565

불 Désigne l'action de la cuisinière qui, en préparant les mets, prend çà et là quelques petits morceaux sous prétexte de goûter. Chiper à plusieurs reprises.

한 요리사가 음식을 준비하면서 맛을 본다는 핑계로 여기저기 몇몇 작은 조각들을 먹는 행동을 가리킨다 | 여러 번 되풀이하여 가로채다

지벙 [TJI-PENG,-I] 원565

불 Plafond.

한 천장

*지보 [TJI-PO] (至寶) 원565

불 Objet très-précieux; grand trésor.

한 매우 소중한 물건 | 대단한 보물

*지비ᄒᆞ다 [TJI-PI-HĂ-TA] (至卑) 원565

불 Très-bas, de très-basse condition. Etre vil, très-abject.

한 매우 낮다, 매우 낮은 신분의 | 비루하다, 매우 천하다

*지빈ᄒᆞ다 [TJI-PIN-HĂ-TA] (至貧) 원565

불 Extrême pauvreté. très-pauvre.

한 극도의 가난 | 매우 가난하다

*지션ᄒᆞ다 [TJI-SYEN-HĂ-TA] (至善) 원567

불 Etre très-bon.

한 매우 착하다

*지셩 [TJI-SYENG,-I] (至誠) 원567

불 Grand dévouement, grande générosité, grande fidélité, grande ferveur.

한 대단한 헌신, 대단한 아량, 대단히 성실함, 대단한 열성

*지손 [TJI-SON,-I] (枝孫) 원567

불 Descendants par les branches cadettes. Petits-fils.

한 손아래 지파들에 의해 내려오는 후손들 | 손자

*지쇽 [TJI-SYOK,-I] (遲速, (Lent, vite)) 원567

불 Lenteur et promptitude. Mobile, changeant plus ou moins vite.

한 느림과 신속함 | 움직이다, 더 빠르거나 느리게 변덕스럽다

지쇽업다 [TJI-SYOK-EP-TA,-EP-SE,-EP-SĂN] (無遲速) 원567

불 On ne sait si ce sera long ou non.

한 오래 걸릴지 아닐지를 알 수 없다

*지슌ᄒᆞ다 [TJI-SYOUN-HĂ-TA] (至順) 원567

불 Très-doux, mitis, doux comme un mouton, très-docile.

한 매우 부드럽다, 무르다, 양처럼 온순하다, 매우 유순하다

*지시ᄒᆞ다 [TJI-SI-HĂ-TA] (指示) 원567

불 Indication, instruction; indiquer, présenter un projet; enseigner, renseigner. V. 쳔거ᄒᆞ다 Tchyen-ke-hă-ta.

한 지시, 교육 | 가리키다, 계획을 발표하다 | 가르치다, 정보를 제공하다 | [참조어 쳔거ᄒᆞ다, Tchyen-ke-hă-ta]

*지식 [TJI-SIK,-I] (知識) 원567

불 Connaissance, érudition, science, talent.

한 앎, 박식, 학식, 재능

*지ᄉᆞ [TJI-SĂ] (知事) 원567

불 Eunuque. ‖ =ᄒᆞ다-hă-ta, Etre habile, expert.

한 환관 | [용례 =ᄒᆞ다,-hă-ta], 능란하다, 능숙하다

*지ᄉᆞ위한 [TJI-SĂ-OUI-HAN,-I] (至死爲限) 원567

불 Persévérance jusqu'à la mort; être décidé à persévérer quand bien même il fallût mourir; faire des efforts désespérés.

한 죽을 때까지의 투지 | 죽어야 할지라도 끈질기게 하기로 결심하다 | 필사적인 노력을 하다

*지ᄉᆡᆨ [TJIL-SĂIK,-I] (紙色) 원567

불 Couleur du papier.

한 종이의 색

지아비 [TJI-A-PI] (夫) 원558

불 Mari, époux.

한 남편, 남편

*지악ᄒᆞ다 [TJI-AK-HĂ-TA] (至惡) 원558

불 S'efforcer, faire des efforts surhumains, faire une œuvre réputée impossible ou extrêmement difficile, être très-actif, très-laborieux.

한 노력하다, 초인적인 노력을 하다, 불가능하거나 극도로 어려운 것으로 유명한 일을 하다, 매우 활동적이다, 매우 힘들다

지알되다 [TJI-AL-TĂI-TA,-TĂI-YE,-TĂIN] (憫倏) 원558

불 Ennuyé. avoir ou causer beaucoup de repugnance. Haïr, être odieux.

한 난처하다 | 많이 불쾌하거나 불괘감을 야기하다 | 미워하다, 가증스럽다

지어내다 [TJI-E-NAI-TA,-NAI-YE,-NAIN] 원558

불 Inventer.

한 지어내다

지어미 [TJI-E-MI] (婦) 원558

불 Femme, épouse.

한 부인, 아내

지언뎡 [TJI-EN-TYENG] (寧爲) 원558

불 Plutôt que… (지 tji, termin. d'un mot précédent).

한 ~하는 것 보다는 (지 tji, 앞 단어의 어미)

*지엄ᄒᆞ다 [TJI-EM-HĂ-TA] (至嚴) 원558

불 Très-sévère, très-rigoureux. Etre très-imposant.

한 매우 엄하다, 매우 엄격하다 | 매우 위엄 있다

지에 [TJI-EI] 원558

불 Riz cuit à la vapeur pour faire du vin.

한 술을 만들기 위해 증기로 조리한 쌀

*지열ᄒᆞ다 [TJI-YEL-HĂ-TA] (至熱) 원558

불 Très-chaud, (remède) très-réchauffant, qui a du calorique, de la force (v.g. eau-de-vie, etc.), brûlant.

한 매우 뜨겁다, (약) 매우 따뜻한 느낌을 주다, 열과 힘이 있다 (예. 화주 등), 몹시 뜨겁다

*지엽 [TJI-YEP,-I] (枝葉) 원558

불 Feuille, feuillage, branche et feuille.

한 나뭇잎, 잎, 나뭇가지와 잎

*지완 [TJI-OAN,-I] (遲緩) 원558

불 Retard, délai, lenteur.

한 지각, 연기, 더딤

*지완ᄒᆞ다 [TJI-OAN-HĂ-TA] (遲緩) 원558

불 Retardé, différé; lent, tardif. retarder, différer, remettre à un autre temps.

한 늦어지다, 지연되다 | 느리다, 늦다 | 늦추다, 미루다, 다른 시간으로 연기하다

*지용ᄒᆞ다 [TJI-YONG-HĂ-TA] (智勇) 원558

불 Qui ne sait pas se mettre en colère; être très-doux, débonnaire.

한 화를 낼 줄 모르다 | 매우 온화하다, 사람이 순하다

[1]지우다 [TJI-OU-TA,-OUE,-OUN] (負) 원559

불 Faire porter sur le dos, charger sur le dos d'un autre. 안쟝지우다 An-tjyang tji-ou-ta, Mettre la selle, seller.

한 등에 짐을 지게 하다, 남의 등에 짐을 지우다 | [용례 안쟝지우다, An-tjyang tji-ou-ta], 안장을 놓다, 안장을 얹다

[2]지우다 [TJI-OU-TA,-OUE,-OUN] (洗) 원559

불 Effacer, nettoyer; essuyer.

한 지우다, 깨끗이 하다 | 닦다

[3]지우다 [TJI-OU-TA,-OUE,-OUN] 원559

불 Donner le dessous, condamner dans un procès.

한 선고의 이유를 설명하다, 소송에서 유죄를 선고하다

지울 [TJI-OUL,-I] 원559

불 Son (de blé)

한 (밀의) 겨

*지원 [TJI-OUEN,-I] (至願) 원558

불 Désir ardent.

한 열렬한 바람

*지원극통 [TJI-OUEN-KEUK-HTONG,-I] (至寃極痛) 원559

불 Chagrin extrême, grand regret, extrême regret.

한 지극한 마음의 고통, 큰 후회, 지극한 후회

*지원ᄒᆞ다 [TJI-OUEN-HĂ-TA] (至寃) 원559

불 Etre très-pénible, qui cause beaucoup de chagrin; très-désagréable, très-regrettable.

한 매우 고통스럽다, 많은 마음의 고통을 일으키다 | 매우 불쾌하다, 매우 유감스럽다

지위 [TJI-OUI] (木匠) 원559

불 Charpentier de maison.

한 집의 목수

*지은보은ᄒᆞ다 [TJI-EUN-PO-EUN-HĂ-TA] (知恩報恩) 원558

불 Rendre un bienfait reçu; rendre service à quelqu'un qui a le premier rendu service. Comprendre un bienfait et le rendre, c.a.d. être reconnaissant.

한 받은 은혜를 되돌려 주다 | 먼저 도와준 사람을 돕다 | 은혜를 알고 그것을 갚다, 즉, 감사히 여기다

지음장이 [TJI-EUM-TJANG-I] (知音客) 원558

불 Qui comprend le langage des oiseaux.

한 새의 언어를 이해하는 사람

*지음ᄒᆞ다 [TJI-EUM-HĂ-TA] (知音) 원558

불 Comprendre le langage des oiseaux. Comprendre le sens d'un chant, d'un air de musique, la marche, la retraite.

한 새의 언어를 이해하다 | 노래, 음악의 곡조의 흐름, 진행, 하강을 이해하다

*지의용졀 [TJI-EUI-YONG-TJYEL,-I] (智義勇節) 원558

불 Prudence, justice, force, tempérance; les quatre vertus cardinales. (M. chr.)

한 신중, 정의, 힘, 절제 | 기본적인 네 가지 미덕 | 기독교 단어

*지이ᄒᆞ다 [TJI-I-HĂ-TA] (至易) 원558

불 Très-facile.

한 매우 쉽다

*지인지감 [TJI-IN-TJI-KAM] (知人之鑑) 원558

불 Connaissance des hommes, appréciation de leurs qualités.

한 사람들에 대한 이해, 그들의 자질에 대한 평가

*지인지ᄌᆞ하다 [TJI-IN-TJI-TJĂ-HĂ-TA] (至仁至慈) 원558

불 Très-bon et très-aimant.

한 매우 착하고 상냥하다

1*지인ᄒᆞ다 [TJI-IN-HĂ-TA] (至仁) 원558

불 Très-miséricordieux; extrêmement bon, compatissant.

한 매우 인자하다 | 극도로 선하다, 동정적이다

2*지인ᄒᆞ다 [TJI-IN-HĂ-TA] (知人) 원558

불 Connaître un homme, bien connaître un homme.

한 사람을 알다, 사람을 잘 알다

1지쟝 [TJI-TJYANG,-I] 원568

불 Millet commun (millet à grappes).

한 일반적인 좁쌀 (다발째인 좁쌀)

2*지쟝 [TJI-TJYANG,-I] (指掌) 원568

불 Instruire sur la main, c.a.d. instruire clairement; savoir ad unguem.

한 손 위에서 가르치다, 즉, 매우 명료하게 가르치다 | 완벽하게 알다

지젹갑이 [TJI-TJYEK-KAP-I] 원568 ☞지젹이

지젹이 [TJI-TJYEK-I] 원568

불 Coupeau, poussière de bois.

한 나무토막, 나무 가루

지젹지젹ᄒᆞ다 [TJI-TJYEK-TJI-TJYEK-HĂ-TA] 원568

불 Qui a les yeux toujours humides. Terrain humide. Humide. Etre un peu mouillé, un peu boueux.

한 눈이 항상 축축하다 | 축축한 땅 | 축축하다 | 약간 축축하다, 약간 진흙투성이이다

지졉은ᄒᆞ다 [TJI-TJYEP-EUN-HĂ-TA] (不淨) 원568

불 Etre sale.

한 더럽다

*지졉ᄒᆞ다 [TJI-TJYEP-HĂ-TA] (支接) 원568

불 Aller vivre ou s'établir en un lieu.

한 어떤 장소에 살러 가거나 자리 잡다

*지존무ᄃᆡ [TJI-TJON-MOU-TĂI] (至尊無對) 원568

불 Très-haut sans semblable. Transcendant. Très-noble et incomparable.

한 비길 만한 사람이 없고 매우 고귀하다 | 탁월하다 | 매우 고귀하고 비길 데 없다

*지존지귀ᄒᆞ다 [TJI-TJON-TJI-KOUI-HĂ-TA] (至尊至貴) 원568

불 Très-haut et très-rare, sublime.

한 매우 귀하고 탁월하다, 고귀하다

*지존ᄒᆞ다 [TJI-TJON-HĂ-TA] (至尊) 원568

불 Très-haut, sublime.

한 매우 고상하다, 고귀하다

*지즁ᄒᆞ다 [TJI-TJYOUNG-HĂ-TA] (至重) 원568

불 Etre très-gros et très-lourd; très-grave; très-important.

한 매우 크고 매우 무겁다 | 매우 중대하다 | 매우 중요하다

지지 [TJI-TJI] (人囂) 원568

불 Bruit de voix éloignées, à peine perceptible. 사름의소릐지지ᄒᆞ다 Sa-răm-eui so-răi tji-tji-hă-ra, Entendre ce bruit.

한 겨우 알아차릴 수 있는, 멀리서 들리는 소리 | [용례 사름의소릐지지ᄒᆞ다, Sa-răm-eui so-răi tji-tji-hă-ra], 그 소리를 듣다

지지다 [TJI-TJI-TA,-TJI-TJYE,-TJI-TJIN] (煮) 원568

불 Cautériser. Fricasser.

한 태우다 | 소스에 넣고 졸이다

지지르다 [TJI-TJI-REU-TA,-TJIL-NE,-TJI-REUN] (壓) 원568

불 Peser, presser.

한 짓누르다, 누르다

*지질 [TJI-TJIL,-I] (痔疾) 원568

불 Esp. de maladie du fondement (dans laquelle se forme

une autre ouverture qui laisse passer les excréments et du sang). Hémorroïdes.
한 (항문 안에 배설물과 피가 빠져나가도록 하는 다른 입구가 형성되는) 항문 질병의 종류 | 치질

*지ᄌᆞ [TJI-TJĂ] (持字) 원568
불 Estafette, courrier accéléré au service du mandarin.
한 속달 파발꾼, 관리를 위해서 빨라진 우편물

*지ᄌᆞᄒᆞ다 [TJI-TJĂ-HĂ-TA] (至慈) 원568
불 Etre aimant, aimable.
한 상냥하다, 친절하다

지참ᄒᆞ다 [TJI-TCHAM-HĂ-TA] (咳嗽) 원568
불 Tousser.
한 기침하다

*지쳑 [TJI-TCHYEK,-I] (咫尺) 원568
불 Voisin, qui est près.
한 이웃, 매우 가까운 사람

*지쳔ᄒᆞ다 [TJI-TCHYEN-HĂ-TA] (至賤) 원568
불 Etre très-vulgaire, très-bas, vil, abject.
한 매우 저속하다, 매우 야비하다, 천하다, 비열하다

지쳠스럽다 [TJI-TCHYEM-SEU-REP-TA,-RE-OUE, -RE-ON] 원568
불 Gourmand; qui mange toutes sortes de choses seul et avec avidité, et qui ne veut pas en donner aux autres. Etre glouton, goinfre.
한 미식가 | 모든 종류의 것들을 혼자, 그리고 탐욕스럽게 먹고, 다른 사람들에게 그것을 주려 하지 않는 사람 | 게걸스럽다, 식충이

*지쳬ᄒᆞ다 [TJI-TCHYEI-HĂ-TA] (遲滯) 원568
불 Attendre, patienter un instant. Tarder, retarder, différer. Etre arrêté par un obstacle.
한 기다리다, 잠시 참고 기다리다 | 지체하다, 연기하다, 미루다 | 장애물에 의해 멈춰지다

*지초 [TJI-TCHO] (芝草) 원568
불 Racine d'une esp. de plante qui donne la couleur violette. Esp. de racine rouge qui donne une teinture. (Officin.).
한 보라색을 띄는 식물 뿌리의 종류 | 염료를 내는 붉은 뿌리의 종류 | (약용)

*지쵹 [TJI-TCHOK,-I] (紙燭) 원568
불 Papier et cierge (dont on se sert pour les superstitions).
한 (미신적인 행위에 쓰이는) 종이와 초

*지총 [TJI-TCHONG,-I] (紙銃) 원568
불 Fusil de papier. Pétard, fusée.
한 종이 총 | 폭죽, 화전

*지취 [TJI-TCHYOUI] (志趣) 원568
불 Cœur.
한 마음

지치다 [TJI-TCHI-TA,-TCHYE,-TCHIN] (疲) 원568
불 Etre fatigué, harassé; être amaigri, fané, flétri par la fatigue ou la maladie.
한 피곤하다, 기진맥진하다 | 야위다, 마르다, 피로나 질병으로 인해 시들다

*지친 [TJI-TCHIN,-I] (至親) 원568
불 Parents, proches parents du même temps. Parents jusqu'au 8e degré
한 친척들, 동시대의 가까운 친척들 | 8촌까지의 친척들

지침개 [TJI-TCHIM-KAI] 원568
불 Esp. de bluet, de centaurée.
한 수레국화, 수레국화의 종류

*지ᄎᆞ [TJI-TCHĂ] (之次) 원568
불 Qui vient après (le second, plus jeune). Tout ce qui n'est par le premier.
한 다음에 오는 사람 (두 번째, 더 어린) | 첫 번째가 아닌 모든 것

*지톄 [TJI-HTYEI] (肢體) 원568
불 Les membres, tout le corps.
한 사지, 온몸

1*지통 [TJI-HTONG,-I] (紙筒) 원568
불 Grand baquet où se prépare la pâte pour faire le papier.
한 종이를 만들기 위해 펄프가 준비되는 큰 통

2*지통 [TJI-HTONG,-I] (至痛) 원568
불 Très-grand chagrin.
한 매우 큰 고통

*지팅ᄒᆞ다 [TJI-TĂING-HĂ-TA] (支撐) 원568
불 Tenir bon, durer, continuer à, soutenir (cet état de choses, ce train de vie), conserver.
한 견디어 내다, 지속하다, 계속해서 ~하다, (이러한 물건의 상태, 이러한 생활양식을) 유지하다, 보존하다

*지파 [TJI-HPA] (枝派) 원565
불 Lignes généalogiques; genre; espèce; tribu; branche d'une famille.
한 혈통 | 종류 | 종류 | 종족 | 집안의 한 분파

지팡이 [TJI-HPANG-I] (杖) 원565
불 Long bâton de voyage (que l'on tient la main appuyée

ㅈ

aux trois-quarts et non pas au sommet), canne.
한 (꼭대기 부분이 아니라 3/4 지점에 손이 놓이도록 잡는) 여행에 사용하는 긴 지팡이, 지팡이

*지필 [TJI-HPIL,-I] (紙筆) 원565
불 Papier et pinceau.
한 종이와 붓

1*지향 [TJI-HYANG,-I] (志向) 원559
불 Intention, volonté propre, sentiment propre, dessein.
한 의향, 본래의 의지, 본래의 감정, 의도

2지향 [TJI-HYANG,-I] 원559
불 Appui, soutien, protection.
한 받침, 받치기, 보호

*지헐ᄒᆞ다 [TJI-HEL-HĂ-TA] (至歇) 원559
불 Très-bon marché, très-peu cher; être à très-bas prix, très-commun.
한 매우 싸다, 매우 조금 비싸다 | 매우 낮은 가격이다, 매우 일반적이다

*지혜 [TJI-HYEI] (智慧) 원559
불 Sagesse, prudence.
한 현명함, 신중함

*지혜롭다 [TJI-HYEI-ROP-TA,-RO-OA,-RO-ON] (智慧) 원559
불 Sage, prudent.
한 현명하다, 신중하다

*지환 [TJI-HOAN,-I] (指環) 원559
불 Anneau, bague. (Les femmes mariées portent deux anneaux à l'annulaire de la main)
한 가락지, 반지 | (결혼한 여자들은 약손가락에 두 개의 가락지를 낀다)

*지효 [TJI-HYO] (至孝) 원559
불 Très-grande piété filiale. Très-respectueux envers ses parents; qui a une grande piété filiale.
한 큰 효심 | 부모에게 매우 공경하다 | 큰 효심을 가진 사람

*지휘ᄒᆞ다 [TJI-HOUI-HĂ-TA] (指揮) 원559
불 Indiquer la manière, instruire, conseiller, enseigner.
한 방법을 가르쳐 주다, 가르치다, 충고하다, 알려 주다

1*직 [TJIK,-I] (職) 원559
불 Dignité.
한 고관직

2직 [TJIK,-I] 원559
불 Accès (de fièvre).
한 (열의) 재발

3*직 [TJIK,-I] (直) 원559
불 Droit, direct.
한 바름, 곧바름

*직고ᄒᆞ다 [TJIK-KO-HĂ-TA] (直告) 원560
불 Avouer la vérité.
한 진실을 자백하다

직근직근ᄒᆞ다 [TJIK-KEUN-TJIK-KEUN-HĂ-TA] 원560
불 Faire des malices, des niches, des espiègleries.
한 장난, 희롱, 장난을 하다

*직녀셩 [TJIK-NYE-SYENG,-I] (織女星) 원560
불 Tisseuse (constell. coréenne); la Tisserande, femme qui habite le ciel de l'autre côté du fleuve (de la voie lactée). (Elle traverse ce fleuve, pour aller voir 견우 Kyen-ou, le Bouvier, une fois l'an, le 7 de la 7e lune, sur un pont que lui font les corbeaux et les pies. Ce jour-là on ne voit ni corbeaux ni pies; et le jour suivant, ils apparaissent avec la tête pelée, preuve des efforts qu'ils ont fait pour ce travail. Ces deux constellations ont : la Lyre et le Capricorne). La Lyre (constell).
한 직녀성(조선의 별자리) | 직녀성, (은하의) 강 반대쪽 하늘에 사는 여인 | (이 연인은 목동인 견우Kyen-ou를 만나기 위해 1년에 한 번 음력으로 일곱 번째 달 7일에 까마귀와 까치들이 만들어주는 다리로 이 강을 건넌다. 이 날에는 까마귀와 까치들이 보이지 않고, 그 다음날 이것들을 머리털이 빠진 채 나타나는데 이는 이 일을 위해 그것들이 기울인 노력의 증거이다. 이 두 별자리는 거문고자리와 염소자리이다) | 거문고자리(별자리)

직닥직닥ᄒᆞ다 [TJIK-TAK-TJIK-TAK-HĂ-TA] 원560
불 Un peu plus vite, vite. ‖ Gaspiller.
한 약간 더 빨리, 빨리 | 낭비하다

*직령 [TJIK-RYENG,-I] (直領) 원560
불 Nom d'un habit de fonctionnaire (ordin. prétorien) dont le collet se termine en rectangle sur la poitrine. Collet rectangulaire par le bas (à l'usage des prétoriens, des gens en deuil).
한 그 옷깃이 가슴 위에서 네모로 마무리되는, 관료(보통 친위대)의 옷의 명칭 | (친위병들, 상중인 사람들이 사용하는) 아래가 네모 모양인 깃

*직로 [TJIK-RO] (直路) 원560
불 Route directe, droit chemin.
한 곧바른 길, 곧은 길

1*직립ᄒᆞ다 [TJIK-RIP-HĂ-TA] (直立) 원560
불 Se tenir droit (se dit des épis de blé qui, peu chargés, se tiennent droits)

한 똑바로 서 있다(별로 차지 않아서 곧게 서 있는 곡식의 이삭에 대해 쓴다)

2*직립ᄒᆞ다 [TJIK-RIP-HĂ-TA] (即立) 원560

불 Succéder, remplacer aussitôt (se dit du roi à la mort de son père).

한 계승하다, 바로 계승하다(그 아버지가 죽은 왕에 대해 쓴다)

*직목 [TJIK-MOK,-I] (直木) 원560

불 Montant d'une croix, pièce perpendiculaire dans une croix. Tige verticale, bois vertical.

한 십자가의 기둥, 십자가의 세로 조각 | 수직의 줄기, 수직의 나무

직분 [TJIK-POUN,-I] (職分) 원560

불 Fonction, charge, occupation de chaque jour, ministère, office, obligation, devoir d'état.

한 직무, 책임, 매일 매일의 일, 임무, 직책, 의무, 사회적 신분상의 의무

*직삼 [TJIK-SAM,-I] (直蔘) 원560

불 Jen-sen qui a été laissé sept à huit ans sans être déplanté (ordin. il se replante tous les ans ou tous les deux ans). Jen-sun séché sans autre préparation.

한 옮겨 심지 않고 7~8년 동안 내버려 둔 지난 인삼(보통, 매년 또는 2년 마다 다시 심는다) | 다른 조제 과정 없이 말린 인삼

*직소 [TJIK-SO] (職所) 원560

불 Endroit où se tient un homme en charge; résidence dans une maison; corps de garde.

한 업무를 보는 사람이 있는 장소 | 시설 내의 관저 | 경비대

*직손 [TJIK-SON,-I] (直孫) 원560

불 Les descendants par les aînés, fils aîné du fils aîné.

한 장손들에 의해 내려오는 후손들, 장남의 장남

*직심 [TJIK-SIM,-I] (直心) 원560

불 Cœur droit, esprit droit, intention droite, droiture, sincérité.

한 곧은 마음, 곧은 정신, 곧은 의도, 올바름, 진실됨

*직어 [TJIK-E] (直語) 원559

불 Parole raisonnable, droite.

한 합당한, 바른 말

*직언ᄒᆞ다 [TJI-EN-HĂ-TA] (直言) 원559

불 Parler raisonnablement, avec droiture.

한 합당하게, 올바르게 말하다

*직업 [TJIK-EP,-I] (職業) 원559

불 Occupation quotidienne, œuvre de chaque jour, profession, devoir, fonction, affaire propre, charge spéciale.

한 일상적인 일, 매일의 작업, 직업, 의무, 직무, 고유의 일, 특별한 직무

직이 [TJIK-I] (守直) 원560

불 Gardien, garde. Termin. qui, ajoutée à certains mots, signifie; gardien de. 문직이 Moun-tjik-i, Portier (gardien de la porte).

한 관리자, 관리인 | 몇몇 단어들에 덧붙여져, '~의 관리자'를 의미하는 어미 | [용례 문직이, Moun-tjik-i], 문지기(문 관리인)

*직임 [TJIK-IM,-I] (職任) 원560

불 Dignité, charge confiée, fonction, ministère, travail confié, devoir.

한 고관직, 맡은 직무, 직무, 임무, 맡은 일, 의무

*직입ᄒᆞ다 [TJKI-IP-HĂ-TA] (直入) 원560

불 Entrer brusquement. Entrer de suite et directement dans une maison sans appeler le maître à la porte. (Les parents eux-mêmes ne se le permettent pas; c'est tout-à-fait contraire aux usages coréens).

한 불쑥 들어가다 | 문 앞에서 주인을 부르지도 않고 즉시 그리고 바로 집에 들어가다 | (부모들도 감히 그렇게 하지 않는다 | 조선의 관습과 완전히 반대되는 일이다)

*직장계 [TJIK-TJANG-KYEI] (直狀啓) 원560

불 Rapport envoyé au roi directement par un mandarin, sans passer par le gouverneur.

한 관리에 의해서 장관을 거치지 않고 왕에게 바로 보내진 보고

*직쟝 [TJIK-TJYANG,-I] (直長) 원560

불 Nom d'une petite dignité.

한 하급 관직의 이름

*직젼 [TJIK-TJYEN,-I] (直錢) 원561

불 Argent comptant.

한 현금

*직젼ᄒᆞ다 [TJIK-TJYEN-HĂ-TA] (即傳) 원561

불 Propager de suite.

한 즉시 전파하다

*직주ᄒᆞ다 [TJIK-TJOU-HĂ-TA] (直走) 원561

불 Ne faire qu'entrer et sortir; ne rester qu'un instant; s'en aller tout de suite.

한 들어오고 나가게만 하다 | 잠시만 머무르다 | 곧 가 버리다

ㅈ

직지 [TJIK-TJĂI] (則時) ㉷560
불 De suite, tout de suite, promptement.
한 바로, 곧바로, 재빨리

*직초ᄒᆞ다 [TJIK-TCHO-HĂ-TA] (直招) ㉷561
불 Parler ouvertement selon la vérité. Avouer la vérité devant le juge.
한 진실에 따라 숨김없이 말하다 | 재판관 앞에서 진실을 자백하다

*직칙 [TJIK-TCHĂIK,-I] (職責) ㉷561
불 Obligation.
한 의무

직커니ᄶᅡ불거니 [TJIK-HKE-NI-KKA-POUL-KE-NI] (或舂或簸) ㉷560
불 Piler le riz et le vanner. ‖ Etre en opposition, être contraire (un monter, l'autre descendre, etc.)
한 쌀을 빻아서 키질을 하다 | 대립하다, 반대다 (하나는 올라가고, 다른 것은 내려오다 등)

*직토ᄒᆞ다 [TJIK-HTO-HĂ-TA] (直吐) ㉷560
불 Parler ouvertement selon la vérité, avouer la vérité.
한 진실에 따라 숨김없이 말하다, 진실을 자백하다

*직통 [TJIK-HTONG,-I] (直通) ㉷560
불 Connaissance infuse, science infuse. = ᄒᆞ다 -hă-ta, Percevoir, comprendre sans effort de l'intelligence, voir par intuition (se dit v. g. des Anges).
한 천부적인 지식, 천부적인 학식 | [용례 = ᄒᆞ다, -hă-ta], 지각하다, 두뇌의 노력 없이 이해하다, 직감으로 알아보다 (예. 천사들에 대해 쓴다)

*직픔 [TJIK-HPEUM,-I] (職品) ㉷560
불 Hiérarchie, dignité d'une charge; degré d'élévation d'une dignité, d'une charge.
한 계급, 임무를 맡은 고위직 | 고위직, 관직의 높은 정도

*직함 [TJIK-HAM,-I] (職緘) ㉷560
불 Noms des dignités, liste des dignités; énumération des charges, des titres d'un individu; titre.
한 고관직들의 이름, 고관직들의 목록 | 직무, 개인의 직함의 열거 | 직함

직희다 [TJIK-HEUI-TA,-HEUI-YE,-HEUIN] (守) ㉷560
불 Garder, veiller sur, faire la garde, surveiller, observer.
한 지키다, ~을 돌보다, 관리하다, 감시하다, 관찰하다

1*진 [TJIN,-I] (陣) ㉷561
불 Régiment, légion, troupe (de soldats), armée.
한 연대, 군단, (군인들의) 무리, 군대

2*진 [TJIN,-I] (鎭) ㉷561
불 Camp, retranchement, petit fort, petite forteresse.
한 주둔지, 방어진지, 작은 보루, 작은 요새

3진 [TJIN,-I] (液) ㉷561
불 Séve, résine, jus, suc.
한 진액, 송진, 즙, 액

4*진 [TJIN] (眞) ㉷561
불 En agr. Vrai.
한 한자어로 참

5*진 [TJIN] (陳) ㉷561
불 Friche, en friche.
한 황무지, 황폐하다

6*진 [TJIN,-I] (辰) ㉷561
불 5e signe du zodiaque, (le Dragon) ‖ 8 heures du matin.
한 황도 12궁의 다섯 번째 별자리 (용). | 아침 8시

7진 [TJIN] ㉷561
불 En agr. Père. (Indique les parents du père).
한 한자어로 아버지 | (아버지의 부모를 가리킨다)

*진가 [TJIN-KA] (眞假) ㉷562
불 Vrai et faux, vérité et fausseté.
한 진짜와 가짜, 진실과 거짓

진가로 [TJIN-KA-RO] (眞末) ㉷562
불 Farine de froment.
한 밀가루

*진겸 [TJIN-KYEM,-I] (眞謙) ㉷562
불 Vraie humilité.
한 진정한 겸손

*진과 [TJIN-KOA] (眞瓜) ㉷562
불 Pastèque, melon.
한 수박, 멜론

*진관 [TJIN-KOUAN,-I] (鎭官) ㉷562
불 Mandarin d'une ville qui a une garnison. Sous-préfet de police.
한 수비대를 가진 마을의 관리 | 경찰 부청장

*진교 [TJIN-KYO] (眞敎) ㉷562
불 Vraie doctrine (religion catholique).
한 진정한 교의 (가톨릭교)

*진교ᄒᆞ다 [TJIN-KYO-HĂ-TA] (進敎) ㉷562
불 embrasser la religion chrétienne, se faire chrétien.
한 기독교를 신봉하다, 기독교인이 되다

*진긔 [TJIN-KEUI] (津氣) ㉷562
불 Force, embonpoint; viande juteuse, grasse; suc

nourrissant, suc fortifiant. Force vitale.
한 힘, 비만 | 육즙이 많은, 기름진 고기 | 영양가 많은 즙, 튼튼하게 하는 즙 | 생명의 힘

*진긔ᄒᆞ다 [TJIN-KEUI-HĂ-TA] (振起) 원562
불 Se remuer, sortir de sa torpeur, se recueillir, se mettre à, s'exciter, rallumer sa ferveur, ranimer sa volonté.
한 움직이다, 그 무감각 상태에서 벗어나다, 묵상하다, 착수하다, 분기하다, 열정에 다시 불을 붙이다, 의지를 되살리다

진닐총 [TJIN-NIL-TCHONG,-I] 원562
불 Eau qui découle d'une entaille.
한 홈에서 흘러나오는 물

진달니 [TJIN-TAL-NI] (杜鵑) 원563
불 Rhododendron, arbuste à fleurs roses. V. 쳘쭉 Tchyel-tjyouk.
한 진달래 속, 분홍색 꽃이 피는 소관목 | [참조어 쳘쭉, Tchyel-tjyouk]

[1]*진담 [TJIN-TAM,-I] (陳談) 원563
불 Parole de l'antiquité, vieux proverbe.
한 오래된 명언, 오래된 속담

[2]*진담 [TJIN-TAM,-I] (眞談) 원563
불 Parole véritable.
한 진실된 말

*진당 [TJIN-TANG] (眞當) 원563
불 Vraiment, est-ce bien vrai? sûrement, réellement.
한 정말로, 그것이 정말인가? 물론, 정말

*진뎍 [TJIN-TYEK,-I] (眞的) 원563
불 Evident, clair; preuve certaine.
한 명백하다, 분명하다 | 확실한 증거

[1]*진뎡ᄒᆞ다 [TJIN-TYENG-HĂ-TA] (鎭定) 원563
불 Apaiser, remettre dans son assiette naturelle, calmer, s'apaiser, se calmer, calmer sa colère, s'adoucir. Se remettre de l'effroi.
한 진정시키다, 본연의 평정심을 되찾다, 가라앉히다, 누그러지다, 평정을 되찾다, 화를 가라앉히다, 진정되다 | 공포에서 진정되다

[2]진뎡ᄒᆞ다 [TJIN-TYENG-HĂ-TA] 원564 ☞진정ᄒᆞ다

*진도 [TJIN-TO] (眞道) 원563
불 Vraie doctrine, doctrine véritable.
한 참된 교리, 진실된 교리

[1]*진두 [TJIN-TOU] (陣頭, (Armée, tête)) 원563
불 Avant-garde de l'armée.
한 군대의 전위대

[2]*진두 [TJIN-TOU] (津頭) 원563
불 Embarcadère, les bords d'une rivière à un passage.
한 부두, 통도가 되는 강기슭

진두물 [TJIN-TOU-MOUL,-I] 원563
불 Puceron des blés, cécidomyie des blés.
한 곡식의 진디, 곡식의 기생충

[1]진득이 [TJIN-TEUK-I] 원563 ☞진듸

[2]진득이 [TJIN-TEUK-I] 원563
불 Avec soin et précaution, attentivement, doucement.
한 정성들여 그리고 신중하게, 주의 깊게, 찬찬히

[3]진득이 [TJIN-TEUK-I] 원563
불 V. 진듸 Tjin-teui.
한 [참조어 진듸, Tjin-teui]

진득진득 [TJIN-TEUK-TJIN-TEUK] 원563
불 Elastique, qui s'étend, qui s'allonge, ferme, solidement.
한 탄성이 있다, 늘어나다, 길어지다, 탄탄하다, 튼튼하게

진득ᄒᆞ다 [TJIN-TEUK-HĂ-TA] 원563
불 Etre lourd, lourdaud.
한 둔하다, 서투르다

진듸 [TJIN-TEUI] (蜱) 원563
불 Ixode. Ricin, tique, genre d'insectes qui s'attachent à la peau des animaux et s'en nourrissent. Vermine des animaux. Vermine spéciale des chiens.
한 진드기 | 아주까리, 진드기, 동물들의 살갗에 붙어 그로부터 양분을 취하는 곤충의 종류 | 동물들의 해충 | 개들에게 있는 특유의 해충

*진락 [TJIN-RAK,-I] (眞樂) 원563
불 Vrai bonheur, vrai plaisir.
한 참 행복, 참 기쁨

*진력ᄒᆞ다 [TJIN-RYEK-HĂ-TA] (盡力) 원563
불 Mettre toutes ses forces; faire tous ses efforts; épuiser ses forces; languissant; être épuisé de forces.
한 모든 힘을 다하다 | 모든 노력을 다 기울이다 | 자신의 힘을 고갈시키다 | 활기 없다 | 힘이 고갈되다

*진로ᄒᆞ다 [TJIN-RO-HĂ-TA] (振怒) 원563
불 Colère du roi ou des parents. se mettre en colère. (Honor.).
한 왕이나 부모의 분노 | 화가 나다 | (경칭)

*진리 [TJIN-RI] (眞理) 원563
불 Vraie doctrine, vraie théorie.
한 참된 교리, 참된 이론

ㅈ

진림ᄒᆞ다 [TJIN-RIM-HĂ-TA] [원]563
[불] V. 강림ᄒᆞ다 Kang-rim-hă-ta.
[한] [[참조어] 강림ᄒᆞ다, Kang-rim-hă-ta]

*진말 [TJIN-MAL,-I] (眞末) [원]562
[불] Farine de froment.
[한] 밀가루

*진멸ᄒᆞ다 [TJIN-MYEL-HĂ-TA] (殄滅) [원]562
[불] Tout mettre à mort, tuer tout sans exception, exterminer.
[한] 모두 죽음에 처하다, 예외 없이 모두 죽이다, 몰살하다

*진문 [TJIN-MOUN,-I] (陣門) [원]562
[불] Entrée, porte du camp.
[한] 주둔지의 입구, 문

진물 [TJIN-MOUL,-I] (液水) [원]562
[불] Pus d'und plaie; larmes de la vigne; séve d'un arbre.
[한] 상처의 고름 | 포도나무의 수액 | 나무의 수액

*진미 [TJIN-MI] (珍味) [원]562
[불] Bon goût, saveur agréable.
[한] 좋은 맛, 마음에 드는 풍미

1*진ᄆᆡᆨᄒᆞ다 [TJIN-MĂIK-HĂ-TA] (殄脈) [원]562
[불] Tâter le pouls.
[한] 맥박을 살펴보다

2*진ᄆᆡᄒᆞ다 [TJIN-MĂI-HĂ-TA] (盡賣) [원]562
[불] Vendre tous ses biens, tout son avoir.
[한] 자신의 모든 재물, 전 재산을 팔다

*진보 [TJIN-PO] (珍寶) [원]563
[불] Trésor précieux, chose de prix.
[한] 진귀한 보배, 값비싼 것

*진복 [TJIN-POK,-I] (眞福) [원]563
[불] Vrai bonheur, bonheur du ciel.
[한] 참 행복, 하늘의 행복

*진복팔단 [TJIN-POK-HPAL-TAN] (眞福八端, (vrai, bonheur, huit, articles)) [원]563
[불] Les huit béatitudes.
[한] 여덟 가지 복

*진봉 [TJIN-PONG,-I] (進奉) [원]563
[불] Présent du mandarin à ses parents, à ses amis; présent des mandarins aux grands.
[한] 친척들, 친구들에게 주는 관리의 선물 | 귀족들에게 주는 관리들의 선물

*진ᄇᆡ [TJIN-PĂI] (進排) [원]562
[불] Offrande de mets qu'un inférieur fait à son supérieur par déférence. Rasade de vin que chacun paie à son tour.
[한] 하급자가 상급자에게 경의의 표시로 하는 요리의 선물 | 각자가 자신의 차례에 사 주는 잔에 가득한 술

*진ᄇᆡᄒᆞ다 [TJIN-PĂI-HĂ-TA] (進拜) [원]562
[불] Vendre ou fournir pour un prix au gouvernement.
[한] 정부에 어떤 가격으로 팔거나 공급하다

*진샹 [TJIN-SYANG,-I] (進上) [원]563
[불] Présent du peuple au roi. Tribut des meilleurs produits de chaque canton payé en nature au roi.
[한] 백성이 왕에게 바치는 선물 | 왕에게 현물로 내는, 각 지역의 가장 좋은 생산품들의 조세

*진셔 [TJIN-SYE] (眞書) [원]563
[불] Vraie écriture, vrais caractères d'écriture. Caractère chinois, écriture chinoise.
[한] 참된 글, 글의 참된 글자 | 중국의 글자, 중국의 글

1*진션 [TJIN-SYEN,-I] (眞善) [원]563
[불] Vraiment bon; vraie bonté.
[한] 정말 착하다, 정말 착함

2*진션 [TJIN-SYEN,-I] (津船) [원]563
[불] Bac du gouvernement pour passer la rivière.
[한] 강을 지나가기 위한 정부 소유의 나룻배

*진션진미 [TJIN-SYEN-TJIN-MI] (盡善盡美, (Tout, bien, tout, admirable)) [원]563
[불] Perfection en tout. Etre accompli.
[한] 모든 것에 있어서의 완벽함, 완전하다

1*진쇽 [TJIN-SYOK,-I] (陣屬) [원]563
[불] Soldat qui dépend du 진영 Tjin-yeng.
[한] 진영 Tjin-yeng에 속하는 군인

2*진쇽 [TJIN-SYOK,-I] (塵俗) [원]563
[불] Ce monde, le monde, ce monde périssable.
[한] 이 세상, 속세, 덧없는 속세

진숄 [TJIN-SYOL,-I] (新衣) [원]563
[불] Habit neuf.
[한] 새 옷

*진슈묘찬 [TJIN-SYOU-MYO-TCHAN,-I] (珍需妙饌, (Précieux, apprêts, excellents, mets)) [원]563
[불] Excellente nourriture, bon festin, bon repas.
[한] 훌륭한 식사, 훌륭한 잔치, 훌륭한 식사

*진시 [TJIN-SI] (辰時) [원]563
[불] 8 h. du matin, de 7 à 9 h.
[한] 아침 8시, 7~9시

진실노 [TJIN-SIL-NO] (固) [원]563

불 Vraiment, en vérité.
한 정말, 진실로

*진실ᄒᆞ다 [TJIN-SIL-HĂ-TA] (眞實) 원563
불 Vrai, véridique, sincère, droit, simple, ferme, loyal, fidèle, sûr, digne de confiance.
한 진실하다, 진실을 말하다, 진지하다, 올바르다, 우직하다, 확고하다, 정직하다, 충직하다, 확실하다, 신뢰할 만하다

*진심 [TJIN-SIM,-I] (眞心) 원563
불 Vrai cœur; cœur vrai, sincère.
한 진실된 마음 | 참된, 성실한 마음

*진심으로 [TJIN-SIM-EU-RO] (盡心) 원563
불 De tout son cœur, sincèrement.
한 온 마음으로, 진심으로

*진심ᄒᆞ다 [TJIN-SIM-HĂ-TA] (盡心) 원563
불 Mettre tout son cœur. Se mettre de tout son cœur à.
한 온 마음을 다하다 | 온 마음을 다해 ~에 임하다

*진ᄉᆞ [TJIN-SĂ] (進士) 원563
불 2e grade, 2e degré littéraire (il suit le 1er degré ou baccalauréat, qui s'appelle 초시 Tcho-si); licence; liencié (il reçoit un diplôme sur papier blanc).
한 두 번째 학위, 문과계의 두 번째 등급 (이것은 초시 Tcho-si라고 불리는 바칼로레아의 첫 번째 등급을 뒤따른다) | 학사 | 학사 학위가 있는 사람 (흰 종이 위에 학위를 받는다)

*진ᄉᆞ뎐 [TJIN-SĂ-TYEN,-I] (眞絲廛) 원563
불 Boutique de cordons, de lacets, etc., de tous les objets faits de fil.
한 줄, 끈 등, 실로 만들어진 모든 물건을 파는 가게

진ᄯᆞᆷ나다 [TJIN-TTAM-NA-TA,-NA,-NAN] (汗出) 원563
불 Etre en transpiration. || Peine, fatigue, travail. Suer sang et eau, s'efforcer.
한 땀투성이이다 | 곤란, 피곤, 일 | 비와 체액을 흘리다, 노력하다

진아ᄌᆞ비 [TJIN-A-TJĂ-PI] (眞叔) 원562
불 Mari d'une sœur (les autres sœurs l'appellent ainsi).
한 여자 형제의 남편 (다른 여자 형제들도 그를 이렇게 부른다)

*진어ᄒᆞ디 [TJIN-E-HĂ-TA] (鎭禦) 원562
불 Apaiser, calmer. Syn. 진뎡ᄒᆞ다 Tjin-tyeng-hă-ta.
한 진정시키다, 가라앉히다 | [동의어 진뎡ᄒᆞ다, Tjin-tyeng-hă-ta]

*진언 [TJIN-EN,-I] (嗔諺) 원562
불 Formule de sorciers, paroles que récitent les sorciers dans les opérations magiques, évocations des sorciers.
한 마법사들의 주문, 마술 행위에서 마법사들이 암송하는 말들, 마법사들이 (망령 따위를) 불러냄

*진영 [TJIN-YENG,-I] (鎭營) 원562
불 Tribunal d'un sous-préfet de police.
한 경찰 부청장의 재판소

*진옥 [TJIN-OK,-I] (眞玉) 원562
불 Vraie pierre précieuse, vrai jade.
한 진짜 보석, 진짜 경옥

*진외 [TJIN-OI] (眞外) 원562
불 En agr. Désigne les parents par la mère du père.
한 한자어로 아버지의 어머니 쪽 친척들을 가리킨다

*진외삼촌 [TJIN-OI-SAM-TCHON,-I] (陳外三寸) 원562
불 Oncle maternel du père, frère de la mère du père.
한 아버지의 어머니 쪽의 삼촌, 아버지의 어머니의 남자 형제

*진외슉모 [TJIN-OI-SYOUK-MO] (陳外叔母) 원562
불 Femme de l'oncle maternel du père.
한 아버지의 어머니 쪽의 삼촌의 부인

*진외ᄉᆞ촌 [TJIN-OI-SĂ-TCHON,-I] (陳外四寸) 원562
불 Parent au 4e degré par la mère du père.
한 아버지의 어머니 쪽으로 4촌인 친척

*진외오촌 [TJIN-OI-O-TCHON,-I] (陳外五寸) 원562
불 Parent au 5e degré par la mère du père.
한 아버지의 어머니 쪽의 5촌 친척

*진외죠모 [TJIN-OI-TJYO-MO] (陳外祖母) 원562
불 Mère de la mère du père.
한 아버지의 어머니의 어머니

*진외죠부 [TJIN-OI-TJYO-POU] (陳外祖父) 원562
불 Père de la mère du père.
한 아버지의 어머니의 아버지

*진유 [TJIN-YOU] (眞油) 원562
불 Huile de sésame.
한 참깨의 기름

*진육 [TJIN-YOUK,-I] (疹肉) 원562
불 Chair d'animal crevé, viande d'animal mort de maladie.
한 죽은 동물의 살, 병으로 죽은 동물의 고기

*진인 [TJIN-IN,-I] (眞人, (vrai, homme)) 원562
불 Homme sincère, véridique.

ㅈ

[한] 성실한, 진실된 사람

*진임 [TJIN-IM,-I] (眞荏) 원 562
[불] Sésame.
[한] 참깨

*진익 [TJIN-ĂIK,-I] (津液) 원 562
[불] Résine; suc; séve; goudron; humeur. Humide (radical de notre ancienne médecine, v. g. la sueur, la salive).
[한] 진 | 즙 | 수액 | 진 | 체액 | 우리의 옛 의학에서 말하는 근원적인 습기, 예. 땀, 침

[1]진쟝 [TJIN-TJYANG,-I] 원 564
[불] Préparation des légumes salés à l'automne.
[한] 가을에 소금에 절인 채소의 가공

[2*]진쟝 [TJIN-TJYANG,-I] (陣將) 원 564
[불] Petite charge qu'exerce un homme du peuple (dans les îles où il y a des soldats et des bateaux de guerre).
[한] (군인들과 전함들이 있는 섬에서) 평민 남자가 종사하는 작은 임무

진졀이치다 [TJIN-TYEL-I-TCHI-TA,-TCHYE,-TCHIN] (聳然) 원 564
[불] Trembler, éprouver un tremblement.
[한] 떨다, 떨림을 느끼다

*진졀ᄒᆞ다 [TJIN-TJYEL-HĂ-TA] (眞切) 원 564
[불] Etre fervent, ardent et sincère. Vraie ardeur.
[한] 열성적이다, 열렬하고 성실하다 | 진정한 열정

*진졍 [TJIN-TJYENG,-I] (眞情) 원 564
[불] Cœur vrai, vrai sentiment du cœur.
[한] 진실된 마음, 마음의 참된 감정

*진졍ᄒᆞ다 [TJIN-TJYENG-HĂ-TA] (陳情) 원 564
[불] Apaiser, reprendre ses sens.
[한] 진정시키다, 자신의 감각을 회복하다

[1*]진쥬 [TJIN-TJYOU] (眞主) 원 564
[불] Vrai maître, seigneur véritable.
[한] 진짜 주인, 실제 소유주

[2*]진쥬 [TJIN-TJYOU] (珍珠) 원 564
[불] Perle.
[한] 진주

*진즁ᄒᆞ다 [TJIN-TJYOUNG-HĂ-TA] (珍重) 원 564
[불] Lourd, pesant, être sérieux, posé, réservé, sage, tranquille (un vieillard, par opposition à un enfant qui est léger); grave, important.
[한] 무겁다, 무겁게 느껴지다, 진지하다, 침착하다, 신중하다, 현명하다, (노인, 가벼운 아이들에 반하여) 조용하다 | 중대하다, 중요하다

*진지 [TJIN-TJI] (眞旨) 원 564
[불] Riz cuit, riz apprêté, rapas. (Honor.)
[한] 익은 쌀, 요리된 쌀, 식사 | (존칭)

*진집 [TJIN-TJIP,-I] (眞執) 원 564
[불] Prise (endroit facile pour prendre). Prétexte, prise (pour attraper un homme). Motif. raison. Défaut dans un objet, endroit faible.
[한] 잡는 곳 (잡기 쉬운 곳) | 핑계, (사람을 잡기 위한) 실마리 | 동기 | 이유 | 물건의 결함, 약한 곳

진짓 [TJIN-TJIT] (眞底) 원 564
[불] Vraiment. exprès, avec connaissance de cause.
[한] 정말 | 일부러, 사정을 알면서

*진ᄌᆞ [TJIN-TJĂ] (眞字) 원 564
[불] Caractère chinois, écriture chinoise.
[한] 중국 글자, 중국 글씨

*진ᄌᆞᆨ [TJIN-TJĂK] (趁作) 원 564
[불] A temps, un peu avant, un instant avant, de bonne heure.
[한] 늦지 않게, 조금 빨리, 조금 전에, 일찍

[1*]진초 [TJIN-TCHO] (陳草) 원 564
[불] Vieux tabac. Tabac de l'année précédente.
[한] 오래된 담배, 앞선 해의 담배

[2*]진초 [TJIN-TCHO] (秦楚) 원 564
[불] Les dynasties 진 Tjin et 초 Tcho en Chine.
[한] 중국의 진 Tjin 과 초 Tcho 왕조

진취셩 [TJIN-TCHYOUI-SYENG,-I] (進取) 원 564
[불] Se dit d'un enfant qui promet de devenir quelque chose de bon. Ressource, étoffe pour.
[한] 좋은 무언가가 될 장래성이 있는 아이에 대해 쓴다 | 가능성, ~에 대한 소질

*진치다 [TJIN-TCHI-TA,-TCHYE,-TCHIN] (陳) 원 564
[불] Ranger les troupes en bataille.
[한] 부대를 전투대형으로 배열하다

*진톄 [TJIN-HIYEI] (眞體) 원 563
[불] Exemple, modèle d'écriture. Esp. d'écriture chinoise.
[한] 예, 글자의 본보기 | 중국 글씨의 종류

*진토 [TJIN-HTO] (塵土) 원 564
[불] Boue.
[한] 진흙

*진퇴유곡 [TJIN-HTOI-YOU-KOK] (進退幽谷) 원 564
[불] Avancer ou reculer est impossible. Affaire très-difficile dont on ne peut se tirer.
[한] 전진하는 것과 후퇴하는 것이 불가능하다 | 벗어

날 수 없는 매우 어려운 일

진틔 [TJIN-HTEUI] ㊌563

불 Cause, occasion.

한 원인, 계기

진틔ᄒᆞ다 [TJIN-HTEUI-HĂ-TA] ㊌563

불 Pleurer parce qu'il a envie de dormir (enfant). ‖ Chercher dispute, chercher querelle.

한 자고 싶어서 울다(아이) | 싸움을 걸다, 싸움을 걸다

*진픔 [TJIN-HPEUM,-I] (眞品) ㊌563

불 Bonne qualité (d'un objet). Vraie, belle chose.

한 (물건의) 좋은 품질 | 진품의, 아름다운 물건

*진피 [TJIN-HPI] (陳皮) ㊌563

불 Cannelle, écorce extérieure du cannellier (remède).

한 육계 껍질, 육계의 겉껍질 (약재)

*진하 [TJIN-HA] (進賀) ㊌562

불 Félicitations des mandarins réunis adressées au roi. =ᄒᆞ다-hă-ta. Aller féliciter, complimenter le roi, lui présenter ses hommanges (courtisans)

한 모인 관리들이 왕에게 보내는 축하 | [용례 =ᄒᆞ다, -hă-ta], 축하하러 가다, 왕에게 축하하다, 왕에게 경의을 표명하다 (조신들)

*진홍 [TJIN-HONG,-I] (眞紅) ㊌562

불 Très-rouge, beau rouge.

한 매우 붉다, 아름다운 빨강

*진화 [TJIN-HOA] (眞禍) ㊌562

불 Vrai malheur.

한 매우 불행함

*진휼 [TJIN-HYOUL,-I] (賑恤) ㊌562

불 Blé que le gouvernement donne au peuple, aux plus pauvres du peuple, en temps de famine. Distribution de riz que fait le gouvernement en temps de famine. =ᄒᆞ다-hă-ta ou =주다-tjou-ta, La faire.

한 기근 시에, 정부가 백성에게, 백성 중 가장 가난한 사람들에게 주는 곡식 | 기근 시에 정부가 시행하는 쌀의 분배 | [용례 =ᄒᆞ다, -hă-ta] 또는 [용례 =주다, -tjou-ta], 그것을 하다

*진ᄒᆞ다 [TJIN-HĂ-TA] (盡) ㊌562

불 Etre achevé; s'achever; se consumer; s'épuiser; être fini, épuisé.

한 완성되다 | 완성하다 | 소모되다 | 고갈되다 | 끝나다, 다 써버리다

1*질 [TJIL,-I] (帙) ㊌565

불 Tous les volumes d'un même ouvrage. Un ouvrage complet. Numéral des ouvrages littéraires, c. a. d. des livres complets.

한 같은 작품의 모든 권 | 완전한 작품 | 문학 작품, 즉, 전체 책을 세는 수사

2*질 [TJIL,-I] (侄) ㊌566

불 En agr. Neveu. (Avec les noms de parenté, désigne ceux qui sont au même degré de la souche que le fils).

한 한자어로 조카 | (친족관계의 명사와 함께, 시조로부터 아들과 같은 촌수인 사람들을 가리킨다)

3*질 [TJIL,-I] (疾) ㊌566

불 Maladie.

한 병

4질 [TJIL,-I] ㊌566

불 Mortier préparé pour les poteries; argile, terre glaise.

한 도기를 만들기 위해 준비된 회반죽 | 찰흙, 점토

5질 [TJIL,-I] ㊌566

불 Termin. qui, ajoutée après certains mots, désigne: l'action de, ex.: 도적 To-tjek, Voleur; 도적질 To-tjek-tjil, Action de voler. 바날 Pa-năl, Aiguille; 바ᄂᆞ질 Pa-nă-tjil, Action de l'aiguille, c.a.d. couture.

한 몇몇 단어 뒤에 덧붙여져서 다음을 가리키는 어미 : ~의 행위, 예. 도적 To-tjek, 도둑 | [용례 도적질 To-tjek-tjil], 훔치는 행위 | 바날 Pa-năl, 바늘 | [용례 바ᄂᆞ질 Pa-nă-tjil], 바늘의 작용, 즉 바느질

*질곡 [TJIL-KOK,-I] (桎梏) ㊌566

불 Fers d'un prisonnier, chaines de prisonnier, menottes. Mettre la cangue au cou et les fers aux pieds.

한 수감자의 쇠사슬, 수감자의 체인, 수갑 | 목에 칼을 씌우고 발에 쇠사슬을 채우다

질그릇 [TJIL-KEU-RĂT,-SI] (甄器) ㊌566

불 Vase d'argile, de terre cuite.

한 점토, 구운 흙으로 된 그릇

*질긔ᄒᆞ다 [TJIL-KEUI-HĂ-TA] (窒氣) ㊌566

불 Tomber subitement sans connaissance.

한 지각없이 갑자기 죽다

질네나무 [TJIL-NEI-NA-MOU] (荊木) ㊌566

불 Nom d'une arbre.

한 나무의 이름

질녀 [TJIL-NYE] (姪女) ㊌566

불 Nièce, fille du frère.

한 조카딸, 형제의 딸

질니다 [TJIL-NI-TA, TJIL-NYE, TJIL-NIN] (刺) ㊌566

불 Etre piqué, percé, blessé, dardé.

한 찔리다, 구멍이 나다, 상처 입다, 투창으로 찔리다

*질뎡ᄒᆞ다 [TJIL-TYENG-HĂ-TA] (質定) 원566

불 Déterminer, ordonner, décider.

한 결정하다, 명하다, 결심하다

*질둔ᄒᆞ다 [TJIL-TOUN-HĂ-TA] (質鈍) 원566

불 Gros, fort, lourd, épais, peu élégant (matière ou esprit). Etre grossier.

한 뚱뚱하다, 강하다, 무겁다, 두껍다, 덜 우아하다 (물질 또는 정신) | 거칠다

질머지다 [TJIL-ME-TJI-TA,-TJYE,-TJIN] (荷負) 원566

불 Porter sur le dos.

한 등에 지다

질모쟉위 [TJIL-MO-TJYAK-OUI] (質模作爲, (Matière, forme, travail, fin ou but)) 원566

불 Les quatre choses qui constituent l'essence d'un objet.

한 물건의 본질을 구성하는 네 가지 것들

*질박ᄒᆞ다 [TJIL-PAK-HĂ-TA] (質朴) 원566

불 Gros, fort, lourd, peu élégant (matière, objet ou esprit).

한 뚱뚱하다, 강하다, 무겁다, 덜 우아하다(물질, 물건 또는 정신)

1*질병 [TJIL-PYENG,-I] (疾病) 원566

불 Maladie.

한 병

2*질병 [TJIL-PYENG,-I] (甕瓶) 원566

불 Bouteille en terre cuite.

한 구운흙으로 만든 병

*질부 [TJIL-POU] (姪婦) 원566

불 Femme du neveu, belle-fille du frère, femme du fils du frère.

한 조카의 부인, 형제의 며느리, 형제의 아들의 부인

질삼ᄒᆞ다 [TJIL-SAM-HĂ-TA] (紡績) 원566

불 Faire de la toile.

한 천을 만들다

*질셔 [TJIL-SYE] (姪婿) 원566

불 Mari de la nièce, gendre du frère, mari de la fille du frère.

한 조카의 남편, 형제의 사위, 형제의 딸의 남편

질솟 [TJIL-SOT,-TCHI] (土鼎) 원566

불 Chaudière d'argile.

한 진흙으로 만든 가마솥

*질실ᄒᆞ다 [TJIL-SIL-HĂ-TA] (質實) 원566

불 Vérace, vrai, droit, véridique, qui ne ment pas, qui ne trompe pas.

한 진실하다, 참되다, 바르다, 진실되다, 거짓말하지 않다, 속이지 않다

*질식ᄒᆞ다 [TJIL-SĂIK-HĂ-TA] (窒色) 원566

불 Avoir une grande peur subite.

한 급작스럽게 큰 겁을 먹다

질쑥질쑥ᄒᆞ다 [TJIL-TTOUK-TJIL-TTOUK-HĂ-TA] 원566

불 Désigne les bords dentelés d'un objet, le sommet découpé d'une montagne. Etre dentelé comme la crête d'une montagne.

한 물건의 톱니 모양의 가장자리, 산의 잘려진 꼭대기를 가리킨다 | 산의 능선처럼 톱니 모양으로 되다

질빵 [TJIL-PPANG,-I] (荷繩) 원566

불 Cordes, bretelles qui servent à attacher et à porter un fardeau sur le dos.

한 등에 짐을 메거나 짊어지는 데 쓰이는 끈, 멜빵

질알 [TJIL-AL,-I] (癎疾) 원566

불 Epilepsie.

한 간질

*질직ᄒᆞ다 [TJIL-TJIK-HĂ-TA] (質直) 원567

불 Vrai, véridique, vérace. ‖ Etre bon et sans dehors brillant.

한 참되다, 정직하다, 진실하다 | 착하고 꾸밈없다

질컥질컥 [TJIL-KKEK-TJIL-KKEK] 원566

불 Désigne l'état d'une terre amollie par l'humidité, d'une pâte molle. Bruit de paille sous la boue.

한 습기에 의해 물러진 땅, 무른 반죽의 상태를 가리킨다 | 진흙 아래 짚의 소리

*질텽 [TJIL-HTYENG,-I] (秩廳) 원566

불 Chambre où se tiennent les prétoriens. Syn. 길텽 Kil-htyeng.

한 친위병들이 있는 방 | [동의어 길텽, Kil-htyeng]

*질통고난 [TJIL-HTONG-KO-NAN,-I] (疾痛苦難, (Maladie, souffrance, peine, difficulté)) 원566

불 Toutes les sortes de peines, de souffrances. Tous les maux. Maladie et afflictions.

한 모든 종류의 벌, 고통 | 모든 병 | 병과 비탄

*질투ᄒᆞ다 [TJIL-HTOU-HĂ-TA] (嫉妬) 원567

불 Envie, jalousie; envieux, jaloux; envier.

한 선망, 질투 | 샘내다, 질투하다 | 시기하다

질ᄒᆞ다 [TJIL-HĂ-TA] 원566

불 (Termin. qui, ajoutée à la fin des noms, en fait des verbes).

Se servir de, faire avec, employer, manier. Ex.: 솔 Sol, brosse; 솔질ᄒᆞ다 Sol-tjil-hă-ta, Brosser. 바ᄂᆞᆯ Pa-năl, Aiguille; 바ᄂᆞ질ᄒᆞ다 Pa-nă-tjil-hă-ta, Coudre.
한 (명사 끝에 덧붙여져 동사로 만드는 어미), 이용하다, ~와 함께 하다, 사용하다, 취급하다 | 예. 솔 Sol, 솔 | [용례 솔질ᄒᆞ다 Sol-tjil-hă-ta], 솔질하다 | 바ᄂᆞᆯ Pa-năl, 바늘 | [용례 바ᄂᆞᆯ질ᄒᆞ다 Pa-nă-tjil-hă-ta], 바느질하다

[1]짐 [TJIM,-I] (負) 원561
불 Charge d'homme, faix; charge d'un animal, d'un bateau; fardeau. Numéral des charges d'homme (vaut 10 뭇 Mout). V. 뭇 Mout.
한 사람의 짐, 무거운 짐 | 동물, 배의 짐 | 짐 | 사람의 짐을 세는 수사(10뭇 Mout에 상당한다) | [참조어 뭇, Mout]

[2]짐 [TJIM,-I] 원561
불 Plante marine (esp.). Esp. d'herbe marine, d'algue marine ou de limon de mer, qu'on mange en feuilles carrées très-minces, noires. (On l'appelle aussi 김 Kim, ᄒᆡ리 Hăi-ri, ᄒᆡ의 Hăi-eui)
한 해초류, 매우 얇고 검은 정사각형의 종잇장 모양인 것을 먹는 해초, 바닷말 또는 바다의 유기체가 있는 진흙 종류 | (이것을 김 Kim, ᄒᆡ리 Hăi-ri, ᄒᆡ의 Hăi-eui라고도 부른다)

[3]*짐 [TJIM] (朕) 원561
불 Je. Moi. (Ainsi parle l'Empereur de Chine)
한 나 | 나 | (중국의 황제가 이렇게 말한다)

[4]*짐 [TJIM,-I] (鴆) 원561
불 Nom d'un oiseau (tellement venimeux que son ombre suffit pour empoisonner les mets).
한 새의 이름 (너무나 독기가 있어 음식에 독을 섞는 데에는 그것의 그림자면 충분하다)

짐군 [TJIM-KOUN,-I] (負軍) 원561
불 Portefaix.
한 짐꾼

*짐독 [TJIM-TOK,-I] (鴆毒) 원561
불 Venin de l'oiseau 짐 Tjim.
한 새 짐Tjim의 독

짐수 [TJIM-SOU] (卜數) 원561
불 Nombre (quantité d'argent) des contributions, somme à payer pour sa cote-part des contributions.
한 세금의 수(돈의 양), 자기의 세금 할당액으로 지불할 총액

짐ᄉᆡ [TJIM-SĂI] (鴆) 원561
불 Nom d'un oiseau (probabl. fabuleux, tellement venimeux que son ombre suffit pour empoisonner les mets).
한 새의 이름 (아마 전설적인, 매우 독성이 강해서 음식에 독을 타기에는 그 그림자로 충분하다)

*짐작ᄒᆞ다 [TJIM-TJYAK-HĂ-TA] (斟酌) 원561
불 Conjecturer, présumer, connaître d'avance, connaître déjà, connaître (la mesure) par l'habitude. Approcher; approchant; environ; à peu près.
한 추측하다, 추정하다, 미리 알다, 이미 알다, 습관으로 치수를 알다 | 다가가다, 가깝다, 대략, 거의

짐지다 [TJIM-TJI-TA,-TJYE,-TJIN] (負笈) 원561
불 Porter un fardeau sur le dos.
한 등에 짐을 지다

짐질ᄒᆞ다 [TJIM-TJIL-HĂ-TA] (負) 원561
불 Porter un fardeau, un faix (sur le dos) être chargé. Faire le métier de portefaix.
한 짐을 지다, 짐이 (등에) 지워지다 | 짐꾼의 일을 하다

짐즛 [TJIM-TJĂT] (故) 원561
불 Exprès, à dessein.
한 일부러, 고의로

짐쳡 [TJIM-TCHYEP,-I] (海衣帖) 원561
불 Paquet de 50 feuilles de la plante marine appelée 짐 Tjim.
한 짐Tjim이라 불리는 해초의 50장 묶음

짐혹ᄒᆞ다 [TJIM-HOK-HĂ-TA] 원561
불 Etre absorbé.
한 정신을 빼앗기다

[1]집 [TJIP,-I] (家) 원564
불 Habitation, maison, logis, chaumière, niche, nid, cage, tanière, de meure. ‖ Etui, case, fourreau.
한 거주지, 집, 숙소, 초가집, 개집, (새의) 둥지, 우리, 소굴, 주거 | 상자, 칸, 케이스

[2]집 [TJIP,-I] (穀草) 원564
불 Paille; tige, pied desséché des céréales coupées (froment. orge, riz, millet, sarrasin).
한 짚 | 줄기, 잘린 곡물(밀, 보리, 쌀, 조, 메밀)의 말라붙은 밑동

집가락 [TJIP-KA-RAK,-I] (食指) 원565
불 Index, doigt de la main.
한 집게손가락, 손가락

집게 [TJIP-KEI] (鉗) 원565
불 Tenailles, pinces, pincettes, bec de corbin.

한 노루발, 집게, 핀셋, 끝이 뾰족한 주둥이

집게버러지 [TJIP-KEI-PE-RE-TJI] 원565

불 Perce-oreille, insecte à pinces.

한 집게벌레 속칭, 집게벌레

집나람이 [TJIP-NA-RAM-I] 원565

불 Epi de blé, de riz battu et égrainé.

한 타작하여 낟알을 떼어낸 밀, 쌀의 이삭

[1]집다 [TJIP-TA,TJIP-E,TJIP-EUN] (拾) 원565

불 Prendre, s'emparer, saisir.

한 잡다, 붙잡다, 잡아쥐다

[2]집다 [TJIP-TA,TJIP-HE,TJIP-HEUN] 원565

불 S'appuyer sur, presser.

한 ~에 기대다, 누르다

집돗 [TJIP-TOT,-TCHI] (家猪) 원565

불 Cochon domestique.

한 집에서 키우는 돼지

집둥우리 [TJIP-TOUNG-OU-RI] (藁器) 원565

불 Esp. de corbeille ronde et peu élevée en paille, dans laquelle sont assis les grands criminels pour être conduits (sur une chaise ou un cheval) à la capitale.

한 짚으로 만든 둥글고 약간 높은 바구니의 일종, 그 안에는 (의자 또는 말 위에 앉은 채) 수도까지 인솔되기 위해 중범죄자들이 앉는다

집뭇 [TJIP-MOUT,-SI] (藁束) 원565

불 Brassée de paille, gerbe de paille.

한 짚 한 아름, 짚 다발

집벅집벅 [TJIP-PEK-TJIP-PEK] 원565

불 Désigne la marche difficile pendant la nuit et les déplacements de pieds qui en résultent. Marcher en tâtonnant.

한 밤 동안 힘들게 걷는 것과 그 결과로 걸어서 이동함을 가리킨다 | 더듬으며 걷다

***집법관** [TJIP-PEP-KOAN] (執法官) 원565

불 Pouvoir exécutif, coercitif, qu'ont les hommes en place, les mandarins. Madarin, juge, magistrat.

한 지위가 있는 사람들, 관리들이 갖는 행정적인, 강제적인 능력 | 관리, 재판관, 사법관

집셤 [TJIP-SYEM,-I] (藁石) 원565

불 Grand sac en paille qui contient 15 à 20 boisseaux.

한 15~20브와소를 넣을 수 있는 짚으로 만든 큰 자루

집신 [TJIP-SIN,-I] (草鞋) 원565

불 Souliers de paille, sandales de paille.

한 짚으로 된 신, 짚으로 된 샌들

***집심** [TJIP-SIM,-I] (執心) 원565

불 Homme de cœur, de résolution, et d'exécution, vaillant.

한 마음이 너그럽고, 결단력이 있고 실행력이 있는 사람, 용감한 사람

***집심ᄒᆞ다** [TJIP-SIM-HĂ-TA] (執心) 원565

불 Retenir, dominer ses passions, son caractère.

한 참다, 그의 열정, 성격을 다스리다

***집ᄉᆞ** [TJIP-SĂ] (執事) 원565

불 Dans l'armée, esp. d'officiers correspondant aux prétoriens des mandarins civils. ‖ Titre honorifique donné à un égal qu'on veut respecter, plus honorif. que ᄌᆞ네 Tjă-nei, Toi, vous. monsieur le lettré. ‖ Contribution. (V. 긔고 Keui-ko).

한 군대에서, 문민 관리들의 친위병들에 해당하는 장교의 종류 | 존중하고자 하는 대등한 사람에게 주어지는 경칭 | [용례 ᄌᆞ네, Tjă-nei], 너, 당신보다 더 존칭 | 학식이 있는 분 | 공헌 | [참조어 긔고, Keui-ko]

집안이 [TJIP-AN-I] (家內) 원564

불 L'intérieur de la maison, la maison, la famille.

한 집 안, 집, 가족

집어씃다 [TJIP-E-TTEUT-TA,-TTEUT-E,-TTEUT-EUN] (握採) 원565

불 Pincer, écorcher.

한 집다, [역주 살갗이] 벗겨지게 하다

집옹 [TJIP-ONG,-I] 원565

불 Toit d'une maison, toiture.

한 집의 지붕, 지붕

***집쟝ᄉᆞ령** [TJIP-TJYANG-SĂ-RYENG,-I] (執杖使令) 원565

불 Valet de préfecture chargé de flageller les coupables, de donner la bastonnade.

한 죄인들을 매질하는, 태형을 가하는 일을 맡은 도청의 하인

집젹집젹ᄒᆞ다 [TJIP-TJYEK-TJIP-TJYEK-HĂ-TA] 원565

불 Désigne l'action d'un homme qui cherche à agacer un autre, qui commence à le faire fâcher. ‖ Remuer ou toucher à diverses reprises.

한 다른 사람을 성가시게 하는, 그를 화나게 하기 시작하는 사람의 행동을 가리킨다 | 여러 번 반복하여 휘젓거나 만지다

집쥬름 [TJIP-TJYOU-REUM,-I] (家居管) 원565

불 Courtier chargé de vendre les maisons à la capitale.

Commissionnaire, acheteur pour un autre.
한 수도에서 집을 파는 일을 하는 중개인 | 위탁판매업자, 다른 사람 대신에 사는 사람

*집증ᄒᆞ다 [TJIP-TJEUNG-HĂ-TA] (執症) 원565
불 Chercher la raison d'une maladie; attribuer une maladie à telle cause; tâter le pouls pour connaître la maladie.
한 병의 원인을 찾다 | 병을 어떤 요인 탓으로 하다 | 병을 알기 위해 맥박을 살펴보다

집집마다 [TJIP-TJIP-MĂ-TA] (家家) 원565
불 Chaque maison, toutes les maisons sans exception. De maison en maison.
한 각각의 집, 예외 없이 모든 집 | 집집마다

집집이 [TJIP-TJIP-I] (家家) 원565
불 Toutes les maisons sans exception. De maison en maison.
한 예외 없이 모든 집 | 집집마다

집총 [TJIP-TCHONG,-I] (藁尾) 원565
불 Montants de paille qui, dans les souliers, vont de la semelle à la courroie supérieure et forment les rebords.
한 신발 안에서, 바닥에서 위의 끈까지 이르고 테두리를 형성하는 짚으로 된 기둥

집치 [TJIP-TCHĂI] 원565
불 Une rangée de maisons. La longueur d'une maison.
한 일렬로 늘어선 집들 | 집의 길이

*집탈 [TJIP-HTAL,-I] (執頉) 원565
불 Défaut, tache dans une belle chose, dans un ouvrage bien exécuté par ailleurs.
한 아름다운 것에, 게다가 잘 실현된 일에 있는 결점, 얼룩

*집탈ᄒᆞ다 [TJIP-HTAL-HĂ-TA] (執頉) 원565
불 Toucher indiscrètement, remuer indiscrètement.
한 조심성 없이 만지다, 조심성 없이 움직이다

집항이 [TJIP-HANG-I] (杖) 원565
불 Bâton pour s'appuyer, canne.
한 기대기 위한 막대기, 지팡이

[1]짓 [Tjit] 원175 ☞깃

[2]짓 [TJIT,TJI-SI] 원567
불 Habit non lissé.
한 매끈매끈하지 않은 옷

짓거리 [TJIT-KE-RI] 원567
불 Bœuf méchant qui frappe de la corne. || Laboureur qui fait des sillons de travers, en zigzag. || Homme ivre qui se dispute. || Gambade, cabriole.
한 뿔로 받는 사나운 소 | 밭고랑을 아무렇게나, z자꼴로 만드는 경작인 | 싸우는 취한 사람 | 깡충거림, 뛰기

짓거리다 [TJIT-KE-RI-TA,-RYE,-RIN] (噪) 원567
불 Faire du bruit (se dit de plusieurs individus qui font du bruit à côté en parlent beaucoup). Bavarder, caqueter, gazouiller.
한 소리를 내다(옆에서 말을 많이 하며 소리 내는 여러 사람들에 대해 쓴다) | 수다를 떨다, 꼬꼬댁거리다, 재잘거리다

짓걸짓걸ᄒᆞ다 [TJIT-KEL-TJIT-KEL-HĂ-TA] (誼譁) 원567
불 Bruit de plusieurs personnes qui, à côté, parlent beaucoup. (Fréquentatif de 짓거리다 Tjit-ke-ri-ta)
한 옆에서 여러 사람들이 말을 많이 하는 소리 | (짓거리다 Tjit-ke-ri-ta의 반복형)

짓굿다 [TJIT-KOUT-TA,-KOUT-TJYE,-KOUT-TJEUN] 원567
불 Qui fait rire; être plaisant, farceur, bon enfant. || Etre importun, fatiguer v. g. par des plaisanteries trop prolongées et qu'on ne veut pas cesser. Goguenarder.
한 웃게 하다 | 재미있다, 익살꾼, 마음씨 착하다 | 귀찮다, 피곤하게 하다, 예. 매우 길어지고 멈추려 하지 않는 농담으로 | 빈정거리다

짓굿이 [TJIT-KOUT-I] 원567
불 Faire rire, amuser (par ses paroles, ses manières). (Adv. de 짓굿다 Tjit-kout-ta) || Très-longtemps, à l'excès, avec importunité.
한 웃게 하다, (그 말, 태도로) 즐겁게 하다 | (짓굿다 Tjit-kout-ta의 부사) | 매우 오래, 지나치게, 귀찮게 굴면서

[1]짓다 [TJIL-TA,TJI-E,TJI-EUN] (作) 원567
불 Faire, fabriquer, bâtir, construire.
한 만들다, 제조하다, 짓다, 건축하다,

[2]짓다 [TJIT-TA,TJIT-HE,TJIT-HEUN] (上重) 원567
불 Fort, nombreux, gros (faix, etc.), foncé(couleur).
한 강하다, 수많다, (짐 등) 크다, (색) 짙다

짓뚱이 [TJIT-TTOUNG-I] (樣子) 원567
불 Esprit, agrément, manières. (Pop.).
한 재치, 멋, 품행 | (속어)

짓뚱이업다 [TJIT-TTOUNG-I-EP-TA,-EP-SE,-EP-SĂN] (無貌樣) 원567

불 Etre sot et ennuyeux.
한 어리석고 성가시다

짓쑹이젹다 [TJIT-TTOUNG-I-TJYEK-TA,-TJYEK-E,-TJYEK-EUN] (少貌樣) 원567
불 N'avoir pas beaucoup de sel, être insipide (plaisanterie, un homme plaisant)
한 재치가 많지 않다, 재미가 없다 (농담, 익살꾼)

1짓옷 [TJIT-OT,-SI] 원175 ☞깃옷

2짓옷 [TJIT-OT,-SI] 원567
불 Habit non lissé, de toile brute.
한 반들반들하지 않은, 투박한 천으로 된 옷

1짓잡다 [TJIT-TJAP-TA,-TJAP-A,-TJAP-EUN] 원567
불 Etre occupé, travailler sans se reposer. ‖ Ne pouvoir pas faire mieux, faute de mieux.
한 바쁘다, 쉬지 않고 일하다 | 더 잘할 수 없다, 하는 수 없이

2짓잡다 [TJIT-TJAP-TA,-TJAP-A,-TJAP-EUN] (因執) 원568
불 Retenir pour un peu de temps.
한 잠깐의 시간 동안 붙잡다

짓젹다 [TJIT-TJYEK-TA,-TJYEK-E,-TJYEK-EUN] (無顔) 원568
불 Etre attrapé, rougir, être honteux d'avoir été attrapé.
한 붙잡히다, 붉어지다, 붙잡힌 것에 부끄러워하다

짓치다 [TJIT-TCHI-TA,-TCHYE,-TCHIN] (强打) 원568
불 Rosser, battre.
한 구타하다, 때리다

짓터가다 [TJIT-HTE-KA-TA,-KA,-KAN] (彌重) 원567
불 S'augmenter, s'aggraver (v.g. maladie).
한 증가하다, 가중되다 (예. 병)

짓흔것 [TJIT-HEUN-KET,-SI] (重物) 원567
불 Chose lourde.
한 무거운 것

징검다리 [TJING-KEM-TA-RI] (徙杠) 원564
불 Passage d'un ruisseau, composé de grosses pierres distantes les unes des autres, et sur lesquelles il faut sauter pour passer. Pierres qui servent de pont.
한 시냇물의 통로, 서로 멀리 있는 큰 돌멩이들로 이루어지고, 지나가려면 그 위에서 뛰어올라야 하는 시냇물의 통로 | 다리로 쓰이는 돌들

징검징검 [TJING-KEM-TJING-KEM] 원564
불 Désigne la marche d'un homme dans l'eau jusqu'aux genoux.
한 무릎까지 오는 물속에서 걷는 사람의 걸음을 가리킨다

징경이 [TJING-KYENG-I] (雎鳩) 원564
불 Gros oiseau un peu plus grand qu'un canard (après la mort de sa compagne, il ne se remarie plus). Esp. d'oiseau de passage du genre canard, p. ê. la grue. Syn. 봉강이 Pong-kang-i.
한 오리보다 좀 더 큰 새(제 아내가 죽은 후에 더 이상 재혼하지 않는다) | 오리류의 철새의 종류, 아마도 두루미 | [동의어 봉강이, Pong-kang-i]

*징계ᄒᆞ다 [TJING-KYEI-HĂ-TA] (懲誡) 원564
불 Gronder, reprocher, réprimander, faire un exemple (en punissant).
한 꾸짖다, 비난하다, 질책하다, (처벌하여)본보기를 만들다

1징구다 [TJING-KOU-TA,-KOUE,-KOUN] 원564
불 Obtenir de l'argent, emprunter.
한 돈을 얻다, 빌리다

2징구다 [TJING-KOU-TA,-KOUE,-KOUN] 원564
불 Etre déterminé, fixé (sur un endroit, sur une personne pour le mariage).
한 결정되다, (결혼을 위한 장소에 대해, 사람에 대해) 정해지다

징두리 [TJING-TOU-RI] 원564
불 Endroit circulaire où le bord du chapeau se joint au fond, à la forme. Endroit où la chaudière touche le fourneau. Le bas d'un mur.
한 모자의 가장자리가 바닥에, 본에 연결되는 둥근 부분 | 큰 가마솥이 요리용 가마와 맞닿는 곳 | 벽의 아랫부분

징미 [TJING-MI] 원564
불 Riz retiré de la mer et qu'on a fait sécher (après un naufrage). Riz gâté par l'eau de mer.
한 바다에서 꺼내고 (난파 후에) 말린 쌀 | 바닷물에 의해 상한 쌀

징밋 [TJING-MIT,-SI] 원564
불 Ligne d'intersection des bords et du fond ou forme d'un chapeau. Cercle saillant autour de la chaudière pour la poser sur l'ouverture du foyer. Le fond. le cul d'un vase.
한 모자의 가장자리와 바닥 또는 본이 교차하는 곳의 선 | 아궁이의 입구 위에 큰 가마솥을 두기 위해 그 둘레에 튀어나온 원 | 밑바닥 | 그릇의 밑바닥

*징셰ᄒᆞ다 [TJING-SYEI-HĂ-TA] (徵稅) 원564

불 Recevoir le tribut, les contributions. Payer les impôts.
한 조공, 조세를 받다 | 세금을 내다

*징조 [TJING-TJO] (徵兆) 원564
불 Présage, augure, auspice, indication, pressentiment, signe de l'avenir, signe précurseur.
한 전조, 징조, 전조, 표시, 예지, 미래의 징후, 미리 알리는 신호

징집ᄒᆞ다 [TJING-TJIP-HĂ-TA] 원564
불 Se corriger, se convertir, former le ferme propos, prendre la résolution de se corriger.
한 행실을 고치다, 개종하다, 확고한 의도를 품다, 행실을 고치기로 결심하다

1징편 [TJING-HPYEN,-I] 원564
불 Gâteau fait avec du riz retiré de la mer.
한 바다에서 꺼낸 쌀로 만든 떡

2*징편 [TJING-HPYEN,-I] (蒸餅) 원564
불 Excellent gâteau (cuit à la vapeur).
한 (증기로 익힌) 훌륭한 떡

*징험ᄒᆞ다 [TJING-HEM-HĂ-TA] (徵驗) 원564
불 Etre expérimenté. Qui a été essayé.
한 노련하다 | 시도되었다

1*ᄌᆞ [TJĂ] (字) 원536
불 Ecriture, lettre, caractère d'écriture.
한 글씨, 문자, 필체

2*ᄌᆞ [TJĂ] (字) 원536
불 Nom d'un homme marié.
한 결혼한 남자의 이름

3*ᄌᆞ [TJĂ] (慈) 원536
불 En agr. Amour, indulgence, miséricorde, bonté, bon.
한 한자어로 사랑, 관용, 연민, 착함, 선[역주 善]

4*ᄌᆞ [TJĂ] (子) 원536
불 En agr. Fils.
한 한자어로 아들

5*ᄌᆞ [TJĂ] (子) 원536
불 1er signe du zodiaque (la souris). ‖ Minuit.
한 황도 12궁의 첫 번째 자리 (생쥐) | 자정

6*ᄌᆞ [TJĂ] (自) 원536
불 En agr. De soi-même, soi-même, sponte.
한 한자어로 자기 자신의, 자기 자신, 자발적으로

ᄌᆞ갈 [TJĂ-KAL,-I] 원523 ☞자갈

*ᄌᆞ겁지심 [TJĂ-KEP-TJI-SIM] (自怯心之) 원539
불 Crainte imaginaire, chimérique ; se forger une crainte ; craindre sans raison, sans fondement.
한 가상의, 가공의 공포 | 두려움을 마음속에 품다 | 이유 없이, 공연히 겁내다

ᄌᆞ겨 [TJĂ-KYE] 원539
불 Il, lui-même, soi-même, lui. (Pronom de la 3me personne, un peu honorif.). ᄌᆞ겨네 Tjă-kye-nei, Eux (plur. une peu honorif.).
한 그, 그 자신, 자기 자신, 저이 | (3인칭 대명사, 약경칭) | [용례 ᄌᆞ겨네, Tjă-kye-nei], 그들 (복수. 약경칭)

*ᄌᆞ결ᄒᆞ다 [TJĂ-KYEL-HĂ-TA] (自決) 원539
불 Se suicider.
한 자살하다

*ᄌᆞ겸ᄒᆞ다 [TJĂ-KYEM-HĂ-TA] (自謙) 원539
불 Humilité privée ; s'humilier, faire de l'humilité.
한 사적인 겸손 | 굴종하다, 겸손하게 행동하다

*ᄌᆞ고로 [TJĂ-KO-RO] (自古) 원539
불 Depuis l'antiquité, depuis longtemps, dès les temps anciens.
한 옛날부터, 오래전부터, 고대 시대부터

*ᄌᆞ고져 [TJĂ-KO-TJYE] (字高低) 원539
불 Accent, intonation du langage ; caractères qu'on prononce en élevant la voix et ceux qu'on prononce en l'abaissant.
한 발음법, 언어의 억양 | 목소리를 높여서 발음하는 글자들과 낮춰서 발음하는 것들

*ᄌᆞ과 [TJĂ-KOA] (自過) 원539
불 Sa propre faute.
한 자기 자신의 잘못

*ᄌᆞ과부지 [TJĂ-KOA-POU-TJI] (自過不知) 원539
불 Ne pas s'apercevoir de ses imperfections et voir celles d'autrui, ne pas connaître ses défauts.
한 자신의 결점들을 깨닫지 못하고 타인의 결점들을 보다, 자신의 단점들을 모르다

*ᄌᆞ관 [TJĂ-KOAN,-I] (茨冠) 원539
불 Couronne d'épines.
한 가시관

*ᄌᆞ금이후 [TJĂ-KEUM-I-HOU] (自今以後) 원539
불 (Depuis maintenant après). Désormais, dorénavant.
한 (현재로부터 뒤에) 이제부터, 앞으로

*ᄌᆞ금졍 [TJĂ-KEUM-TJYENG,-I] (紫金丁) 원539
불 Nom d'un remède stomachique contre les indigestions.
한 소화불량에 대비한 건위 약재의 이름

*ᄌᆞ긍ᄒᆞ다 [TJĂ-KEUNG-HĂ-TA] (自矜) 원539
불 Se vanter, se louer soi-même.
한 자기 자랑을 하다, 자기 자신을 자랑하다

*ᄌᆞ긔 [TJĂ-KEUI] (自己) 원539
불 Soi-même, moi-même, toi-même, lui-même.
한 자기 자신, 나 자신, 너 자신, 그 자신

ᄌᆞ긔ᄌᆞ긔ᄒᆞ다 [TJĂ-KEUI-TJĂ-KEUI-HĂ-TA] 원539
불 Etre hors de soi, n'en pouvoir plus (de joie, de satisfaction), jubiler.
한 제정신이 아니다, (기쁨과 만족을) 더 이상 참지 못하다, 몹시 기뻐하다

ᄌᆞ네 [TJĂ-NEI] 원540
불 Toi, tu, vous. (Honorif, au singulier).
한 너, 너, 당신 | (단수의 경칭)

ᄌᆞ네네 [TJĂ-NEI-NEI] (之子之) 원540
불 Toi, vous. (Honorif.).
한 너, 당신 | (경칭)

*ᄌᆞ녀 [TJĂ-NYE] (子女) 원540
불 Fils et fille.
한 아들과 딸

ᄌᆞᄂᆡ [TJĂ-NĂI] (子之) 원540
불 Toi, tu, vous.
한 너, 너, 당신

*ᄌᆞ단향 [TJĂ-TAN-HYANG,-I] (紫丹香) 원541
불 Boîte à parfums, breloques parfumées, sachet de parfums. ‖ Bois odoriférant, cyprès.
한 향수병, 향기 나는 장신구, 향주머니 | 향기 나는 나무, 실편백 나무

*ᄌᆞ당 [TJĂ-TANG,-I] (慈堂) 원541
불 Bonne mère, mère indulgente, mère. (Honorif.).
한 훌륭한 어머니, 관대한 어머니, 어머니 | (경칭)

*ᄌᆞ당ᄒᆞ다 [TJĂ-TANG-HĂ-TA] (自當) 원541
불 Se rendre responsable, se porter caution pour, répondre soi-même de ou pour, se charger de.
한 책임을 지다, ~의 보증인이 되다, 자기 자신이 ~의, 또는 ~을 위해 책임을 지다, ~을 맡다

*ᄌᆞ뎜죽 [TJĂ-TYEM-TJOUK,-I] (自點竹) 원541
불 Tuyau de pipe en bambou naturellement tacheté de couleurs diverses et non travaillé.
한 다양한 색으로 자연히 얼룩지고 가공되지 않은 대나무 담뱃대

*ᄌᆞ뎨 [TJĂ-TYEI] (子弟) 원541
불 Fils (honorif.), fils et frère, enfant, proles, progenies.
한 아들 (경칭), 아들과 남자 형제, 자식, 자손, 자녀

*ᄌᆞ득ᄒᆞ다 [TJĂ-TEUK-HĂ-TA] (自得) 원541
불 Inventer, obtenir de soi-même ; parvenir par soi-même, naturellement, par ses propres forces.
한 스스로 고안하다, 얻다 | 스스로, 저절로, 자기 자신의 힘으로 이르다

[1]ᄌᆞ락 [TJĂ-RAK,-I] 원529 ☞ [1]자락

[2]ᄌᆞ락 [TJĂ-RAK,-I] 원540
불 Bordure d'habit ; extrémité, pan d'habit.
한 옷의 가장자리 장식 | 옷의 끝, 늘어진 자락

*ᄌᆞ량ᄒᆞ다 [TJĂ-RYANG-HA-TA] (自量) 원540
불 Réfléchir, penser (se tâter le pouls), voir, examiner, délibérer seul. ‖ Estimation de soi-même.
한 숙고하다, 생각하다(자문하다), 혼자 보다, 관찰하다, 심의하다 | 자기 자신의 평가

*ᄌᆞ련ᄒᆞ다 [TJĂ-RYEN-HĂ-TA] (自憐) 원540
불 Se regarder en pitié, avoir pitié de soi-même, s'attendrir sur soi-même.
한 연민을 품고 자기 자신을 돌아보다, 자기 자신을 가엾어 하다, 자신을 측은히 여기다

ᄌᆞ리ᄌᆞ리 [TJĂ-RI-TJĂ-RI] 원540
불 Très… (v. g. très-joli)
한 매우… (예. 매우 예쁘다)

*ᄌᆞ립ᄒᆞ다 [TJĂ-RIP-HĂ-TA] (自立) 원540
불 Qui est de soi, qui tient l'être de soi-même, qui est son principe (dieu). Aséité (pour dieu). ‖ Qui s'est fait ce qu'il est sans le secours de personne (homme instruit, puissant). ‖ Usurper le pouvoir, une dignité. ‖ Fonder une nouvelle école en religion
한 자신에게 속하다, 스스로 존재를 유지하다, 자기 자신을 신조로 삼다(신) | 스스로 존재하는 자의 특성(신에 대해) | 누구(교양 있는, 권력 있는 사람)의 도움이 없는 일이 이루어졌다 | 권력, 고관직을 찬탈하다 | 새 종교 학교를 설립하다

*ᄌᆞ만ᄌᆞ죡ᄒᆞ다 [TJĂ-MAN-TJĂ-TJYOK-HĂ-TA] (自滿自足) 원539
불 Rempli de soi-même, suffisant ; esprit suffisant, vain, plein de soi-même, bouffi d'orgueil.
한 기고만장하다, 거만하다 | 거만한, 건방진, 기고만장한, 오만한 성향

*ᄌᆞ매ᄒᆞ다 [TJĂ-MAI-HĂ-TA] (自賣) 원539
불 Se vendre (pour devenir esclave, comme esclave).
한 (노예가 되기 위해서, 노예처럼) 스스로를 팔다

*ᄌᆞ명악 [TJĂI-MYENG-AK,-I] (自鳴樂) 원540

불 Boîte à musique, qui joue par le moyen d'un ressort sans qu'on y mette la main.

한 손을 대지 않고 태엽을 이용하여 연주하는 오르골

*ᄌᆞ명죵 [TJĂ-MYENG-TJYONG,-I] (自鳴鍾) 원540

불 Musique à ressort, qui va toute seule, boîte de musique à ressort (européen). Réveille-matin.

한 혼자 움직이는 태엽식 음악, (유럽식) 오르골 | 자명종 시계

*ᄌᆞ모 [TJĂ-MO] (慈母) 원540

불 Mère.

한 어머니

*ᄌᆞ모지리 [TJĂ-MO-TJI-RI] (子母之利) 원540

불 Somme doublée (par les intérêts). Intérêt égal au prin- cipal.

한 (이자가 붙어) 두 배로 된 합계 | 원금에서 붙는 동등한 이자

*ᄌᆞ문 [TJĂ-MOUN,-I] (咨文) 원540

불 Lettre, écrit (se dit d'un message de l'empereur de Chine).

한 편지, 문서 (중국 황제의 교서에 대해 쓴다)

*ᄌᆞ문이ᄉᆞᄒᆞ다 [TJĂ-MOUN-I-SĂ-HĂ-TA] (自刎而死) 원540

불 Se suicider avec un couteau, se couper la gorge, s'ouvrir le ventre, etc…

한 칼로 자살하다, 자신의 목을 자르다, 자신의 배를 열다 등…

*ᄌᆞ미 [TJĂ-MI] (滋味) 원540

불 Goût, saveur, attrait, plaisir, jouissance, agrément, qualité agréable, qui plait, intéressant.

한 맛, 풍미, 매력, 기쁨, 즐거움, 멋, 마음에 드는 자질, 기쁘게 하는 것, 흥미로운 것

ᄌᆞ미업다 [TJĂ-MI-EP-TA,-EP-SE,-EP-SĂN] (無滋味) 원540

불 C'est insipide, ennuyeux.

한 무미건조하다, 지루하다

*ᄌᆞᄆᆡ [TJĂ-MĂI] (姊妹) 원540

불 Sœur, sœur aînée et sœur cadette (d'un garçon)

한 여자 형제, (사내아이의) 누나와 여동생

*ᄌᆞ복 [TJĂ-POK,-I] (自服) 원540

불 Soumission volontaire. s'estimer réciproquement, reconnaître son infériorité, s'estimer à sa juste valeur.

한 자발적인 복종 | 상호적으로 서로 존경하다, 자신의 열등함을 인정하다, 자신을 올바르게 평가하다

1*ᄌᆞ봉 [TJĂ-PONG,-I] (慈奉) 원540

불 Orphelin de père, ayant encore sa mère.

한 여전히 자신의 어머니가 있는, 아버지 없이 자란 고아

2*ᄌᆞ봉 [TJĂ-PONG] (自奉) 원540

불 Se bien soigner soi-même, se bien nourrir, se bien vêtir.

한 자기 자신을 잘 돌보다, 잘 먹다, 잘 입다

*ᄌᆞ부 [TJĂ-POU] (子婦) 원540

불 Belle-fille, femme du fils.

한 며느리, 아들의 부인

*ᄌᆞ부월족 [TJĂ-POU-OUEL-TJOK] (自斧刖足, (Soi-même, hache, couper, pied)) 원540

불 Se blesser le pied avec sa hache ; être blessé par sa propre faute.

한 자신의 도끼로 자기 발을 다치다 | 자기 자신의 잘못으로 다치다

*ᄌᆞ비량 [TJĂ-PI-RYANG,-I] (自備粮) 원540

불 Nourriture particulière, qu'on se prépare soi-même. Préparatifs faits par soi-même sans la main ou la bourse d'autrui.

한 스스로 마련하는 개인의 음식 | 타인의 도움이나 돈 없이 자기 자신이 직접 한 채비

*ᄌᆞ비ᄒᆞ다 [TJĂ-PI-HĂ-TA] (慈悲) 원540

불 Miséricorde ; miséricordieux, sensible, compatissant, aimable.

한 자비 | 자비롭다, 정이 많다, 관대하다, 상냥하다

ᄌᆞᄇᆡ [TJĂ-PĂI] 원540

불 Affabilité, bonté, douceur de caractère, droiture, disposition d'esprit, inclination.

한 상냥함, 착함, 성격이 유순함, 정직, 정신 상태, 성향

*ᄌᆞ살ᄒᆞ다 [TJĂ-SAL-HĂ-TA] (自殺) 원540

불 Se suicider, se tuer ; suicide.

한 자살하다, 자살하다 | 자살 행위

1*ᄌᆞ샹ᄒᆞ다 [TJĂ-SYANG-HĂ-TA] (仔詳) 원540

불 Etre clair, distinct, net ; avoir l'esprit net, judicieux et exact.

한 명백하다, 뚜렷하다, 명확하다 | 정신이 명석하다, 분별 있고 정확하다

2*ᄌᆞ샹ᄒᆞ다 [TJĂ-SYANG-HĂ-TA] (自上) 원540

불 Ce qui est venu de plus haut ; ordre, parole venue d'un supérieur.

한 더 높은 곳에서 온 것 | 서열, 윗사람으로부터 온 말

*ᄌᆞ셕 [TJĂ-SYEK,-I] (磁石) [원]540
[불] Aimant, pierre d'aimant ; calamine.
[한] 자석, 자철광 | 이극광

*ᄌᆞ세이 [TJĂ-SYEI-I] (仔細) [원]540
[불] Attentivement, soigneusement, avec attention.
[한] 주의 깊게, 세밀하게, 유심히

*ᄌᆞ세ᄒᆞ다 [TJĂ-SYEI-HĂ-TA] (仔細) [원]540
[불] Exact ; attentif ; clair ; distinct ; en détail ; exactement ; au juste ; nettement, compris ; ou vu, ou su.
[한] 정확하다 | 세심하다 | 분명하다 | 뚜렷하다 | 상세하게 | 엄밀하게 | 정확하게 | 명확하게, 이해되다 | 검토되거나, 알려지거나

ᄌᆞ세히 [TJĂ-SYEI-HI] [원]540 ☞ᄌᆞ세이

*ᄌᆞ손 [TJĂ-SON,-I] (子孫) [원]541
[불] Fils et petits-fils, descendants, race, postérité.
[한] 아들과 손자, 후손, 혈통, 후예

*ᄌᆞ슈통 [TJĂ-SYOU-HTONG,-I] (自水桶) [원]541
[불] Egouttoir.
[한] 물기를 빼는 기구

*ᄌᆞ시 [TJĂ-SI] (子時) [원]541
[불] Minuit, de 11 heures du soir à 1 heure du matin.
[한] 자정, 밤 11시부터 오전 1시까지

*ᄌᆞ시지벽 [TJĂ-SI-TJI-PYEK,-I] (自恃之僻) [원]541
[불] Confiance particulière en soi, témérité, présomption, attache à son propre sentiment.
[한] 자신에 대한 각별한 신뢰, 무모함, 자만, 자기 자신의 감정에 대한 애착

*ᄌᆞ시하 [TJĂ-SI-HA] (慈侍下) [원]541
[불] Qui a sa mère seulement et pas son père.
[한] 아버지 없이 어머니만 있는 사람

*ᄌᆞ식 [TJĂ-SIK,-I] (子息) [원]541
[불] Enfant, fils ou fille, proles, progenies.
[한] 자식, 아들 또는 딸, 자손, 자녀

*ᄌᆞ신방매ᄒᆞ다 [TJĂ-SIN-PANG-MAI-HĂ-TA] (自身放賣) [원]541
[불] Se vendre soi-même pour devenir esclave.
[한] 노예가 되기 위해 스스로를 팔다

*ᄌᆡ식 [TJĂI-SĂIK,-I] (財色) [원]538
[불] Richesses et femmes, richesse et luxure.
[한] 부와 여자들, 부유함과 색욕

*ᄌᆞ약히ᄒᆞ다 [TJĂ-YAK-HI-HĂ-TA] (自若) [원]536
[불] Etre agréable, intéressant, attrayant ; agréablement.
[한] 마음에 들다, 흥미롭다, 매력있다 | 기분 좋게

*ᄌᆞ연이 [TJĂ-YEN-I] (自然) [원]536
[불] De soi-même, par hasard, naturellement.
[한] 저절로, 우연히, 자연적으로

ᄌᆞ옥ᄒᆞ다 [TJĂ-OK-HĂ-TA] [원]539
[불] Etre en abondance.
[한] 많다

*ᄌᆞ용ᄒᆞ다 [TJĂ-YONG-HĂ-TA] (自用) [원]539
[불] Bien propre ; fortune privée, particulière. User soi-même de.
[한] 고유의 재산 | 사적, 개인의 재산 | 스스로 사용하다

*ᄌᆞ웅 [TJĂ-OUNG,-I] (雌雄) [원]539
[불] Femelle et mâle (animaux).
[한] 암컷과 수컷 (동물들)

ᄌᆞ웅ᄭᅵ다 [TJĂ-OUNG-KKI-TA,-KKYE,-KKIN] (雌雄竝) [원]539
[불] Avoir ou mettre par couples (mâle et femelle), accoupler (des animaux).
[한] 쌍 (수컷과 암컷)으로 갖거나 두다, (동물들을) 둘씩 짝짓다

*ᄌᆞ원ᄒᆞ다 [TJĂ-OUEN-HĂ-TA] (自願) [원]539
[불] Propre mouvement ; volonté libre ; désir qui vient de soi-même sans être influencé. Désirer de soi-même.
[한] 자기 자신의 움직임 | 자유의사 | 영향을 받지 않고 저절로 생기는 욕구 | 스스로 바라다

ᄌᆞ의 [TJĂ-EUI] [원]536
[불] Globe (de l'œil).
[한] (눈의) 안구

ᄌᆞ이다 [TJĂ-I-TA] [원]538
[불] endormir un enfant.
[한] 아이를 재우다

*ᄌᆞ임 [TJĂ-IM,-I] (自任) [원]537
[불] Se présenter, s'offrir pour faire une chose ; être de bonne volonté pour. ‖ Propre office, propre affaire, charge spéciale.
[한] 모습을 나타내다, 어떤 것을 하기 위해 자원하다 | ~에 대해 선의를 가지다 | 자신의 직무, 자신의 일, 특별한 임무

*ᄌᆞᄋᆡ [TJĂ-ĂI] (慈愛) [원]536
[불] Amour, humanité, miséricorde, charité, piété.
[한] 사랑, 인간미, 연민, 자비, 경애심

*ᄌᆞᄋᆡ롭다 [TJĂ-ĂI-ROP-TA,-RO-OA,-RO-ON] (慈愛) [원]536
[불] Aimable, charitable, pieux, miséricordieux.

한 상냥하다, 인정 많다, 효성스럽다, 인자하다

*ᄌᆞ쟉지얼 [TJĂ-TJYAK-TJI-EL] (自作之孽) 원541
불 Faute propre ; par sa faute.
한 고유의 잘못 | 자기 잘못으로

*ᄌᆞ쟉ᄌᆞ필ᄒᆞ다 [TJĂ-TJYAK-TJĂ-HPIL-HĂ-TA] (自作自筆) 원541
불 Composer soi-même et écrire sa composition de sa propre main (sans le secours d'un autre).
한 자기 스스로 글을 짓고 (타인의 도움 없이) 자기 손으로 자신의 작문을 직접 쓰다

*ᄌᆞ져ᄒᆞ다 [TJĂ-TJYE-HĂ-TA] (趑趄) 원541
불 Hésiter, être indécis.
한 망설이다, 우물쭈물하다

ᄌᆞ조ᄌᆞ조 [TJĂ-TJO-TJĂ-TJO] (累累) 원541
불 Souvent, fréquemment, vite, vitement.
한 종종, 자주, 곧, 빨리

ᄌᆞ쥬 [TJĂ-TJYOU] 원541 ☞ [1]ᄌᆞ지

*ᄌᆞ쥬쟝 [TJĂ-TJYOU-TJYANG,-I] (自主張) 원541
불 Libre arbitre, liberté.
한 자기 의사, 자유

*ᄌᆞ증ᄒᆞ다 [TJĂ-TJEUNG-HĂ-TA] (自證) 원541
불 Affirmer, prouver, annoncer, certilier, proclamer (v.g. tout l'univers proclame l'existence de dieu). ‖ Rendre témoignage à soi-même.
한 단언하다, 입증하다, 공표하다, 증명하다, 주장하다 (예. 온 우주가 신의 존재를 주장하다) | 자신에게 유리한 증언을 하다

[1]*ᄌᆞ지 [TJĂ-TJI] (紫紬) 원541
불 Couleur violette.
한 자주색

[2]ᄌᆞ지 [TJĂ-TJI] 원541
불 Urètre, verge, virilia. (Mot honnête)
한 요도, 음경, 남성 생식기 | (정중한 말)

ᄌᆞ지러지다 [TJĂ-TJI-RE-TJI-TA,-TJYE,-TJIN] 원541
불 Etre frappé d'une peur subite ; perdre la tête par suite d'une crainte subite.
한 갑작스러운 두려움에 사로잡히다 | 급작스러운 공포의 결과로 분별을 잃다

*ᄌᆞ지ᄒᆞ다 [TJĂ-TJI-HĂ-TA] (自知) 원541
불 Connaître par soi-même.
한 자기 힘으로 알다

*ᄌᆞ진ᄒᆞ다 [TJĂ-TJIN-HĂ-TA] (自盡) 원541
불 Mourir certainement, ne pouvoir pas vivre, s'ensuivre naturellement (la mort) se consumer de chagrin, de maladie.
한 반드시 죽다, 살 수 없다, (죽음이) 자연적인 결과로서 일어나다, 슬픔으로 또는 병으로 쇠약해지다

[1]*ᄌᆞ질 [TJĂ-TJIL,-I] (姿質) 원541
불 Belle nature propre du corps. Bel aspect du corps, belle tournure. ‖ Portée d'esprit, capacité plus ou moins grande, disposition, caractère.
한 신체의 뛰어난 고유한 본성 | 신체의 아름다운 모습, 좋은 풍채 | 정신의 역량, 다소 큰 능력, 자질, 기질

[2]*ᄌᆞ질 [TJĂ-TJIL,-I] (子姪) 원541
불 Fils et neveu.
한 아들과 조카

ᄌᆞ질ᄒᆞ다 [TJĂ-TJIL-HĂ-TA] 원541
불 Etre très-grave, extrême (superlatif).
한 매우 근엄하다, 극단적이다 (최상급)

*ᄌᆞ쳐ᄒᆞ다 [TJĂ-TCHYE-HĂ-TA] (自處) 원541
불 Mourir de sa propre main, se tuer, se suicider. ‖ Se vanter de son esprit, de son savoir faire.
한 자기 손으로 죽다, 죽다, 자살하다, 자살하다 | 자신의 지성, 자신의 수완을 자랑하다

*ᄌᆞ쳥ᄒᆞ다 [TJĂ-TCHYENG-HĂ-TA] (自請) 원541
불 Demander soi-même, inviter de soi-même, c. a. d. s'attirer.
한 자신을 청하다, 스스로 초대하다, 즉 끌리다

*ᄌᆞ초에 [TJĂ-TCHO-EI] (自初) 원541
불 Dès l'origine, depuis le commencement, dès longtemps, jadis, auparavant.
한 당초부터, 시작부터, 오래전부터, 옛날, 그전에

*ᄌᆞ쵸용 [TJĂ-TCHYO-YONG,-I] (紫草茸) 원541
불 Sorte de remède, racine de plante qui donne la teinture violette (le haut de cette racine sert de remède pour la petite vérole).
한 약의 일종, 보라색 염료를 내는 식물의 뿌리 (이 뿌리의 윗부분은 천연두의 약으로 쓰인다)

*ᄌᆞ취지화 [TJĂ-TCHYOUI-TJI-HOA] (自取之禍) 원542
불 Etre cause de sa propre ruine.
한 자기 자신의 파멸의 원인이 되다

ᄌᆞ치 [TJĂ-TCHI] 원541
불 Petit ver qui ronge le bois et dont le bruit ressemble à celui d'une montre.
한 나무를 갉아먹고 회중시계의 소리와 유사한 소

리를 내는 작은 벌레

*ᄌᆞ치가 [TJĂ-TCHI-KA] (雌雉歌) [원]541

[불] Nom d'un chant sur la femelle du faisan, esp. de chant des baladins.

[한] 암꿩에 대한 노래의 이름, 떠돌이 광대들의 노래 종류

*ᄌᆞ친 [TJĂ-TCHIN,-I] (慈親) [원]541

[불] Bonne mère, mère indulgente, mère. (Honorif.).

[한] 훌륭한 어머니, 너그러운 어머니, 어머니 | (경칭)

[1]ᄌᆞ침ᄒᆞ다 [TJĂ-TCHIM-HĂ-TA] (嚔) [원]541

[불] Eternuer.

[한] 재채기하다

[2]*ᄌᆞ침ᄒᆞ다 [TJĂ-TCHIM-HĂ-TA] (自針) [원]541

[불] Se donner à soi-même l'acuponcture, v. g. se percer un furoncle.

[한] 자신에게 침을 놓다, 예. 자신의 종기를 째다

*ᄌᆞ칭왕 [TJĂ-TCHING-OANG,-I] (自稱王) [원]541

[불] Celui qui se croit au-dessus des autres et qui n'est reconnu par personne comme tel.

[한] 다른 사람들보다 우위에 있다고 생각하지만 그 누구에게도 그렇다고 인정되지 않는 사람

*ᄌᆞ칭ᄒᆞ다 [TJĂ-TCHING-HĂ-TA] (自稱) [원]541

[불] Noble manqué; homme qui se croit et se dit noble et qui n'est reconnu pour tel par personne. se vanter.

[한] 귀족이 되다 만 사람 | 자신을 귀족이라고 생각하고 말하지만 그 누구에게도 그런 것으로 인정되지 못하는 사람 | 자기 자랑을 하다

*ᄌᆞ탄ᄒᆞ다 [TJĂ-HTAN-HĂ-TA] (自歎) [원]541

[불] Se désoler ; s'extasier ; exprimer son étonnement, son regret ; s'apitoyer sur son sort.

[한] 가슴 아파하다 | 경탄하다 | 자신이 놀랐음을, 유감의 뜻을 표하다 | 자신의 처지를 불쌍히 여기다

*ᄌᆞ태 [TJĂ-HTAI] (字態) [원]541

[불] Manière admirable.

[한] 감탄할 만한 태도

ᄌᆞ토리 [TJĂ-HTO-RI] [원]541

[불] Nombre de sapèques qui n'atteint pas le chiffre ordinaire d'une ligature de 100 sapèques (v. g. enfilade de 90, 80 ou 70 sap., etc.).

[한] 엽전 백 개의 꾸러미의 일반적인 숫자에 달하지 못하는 엽전의 수(예. 90, 80 또는 70개 등의 엽전을 꿴 것)

*ᄌᆞ퇴ᄒᆞ다 [TJĂ-HTOI-HĂ-TA] (自退) [원]541

[불] S'éloigner, se retirer de son propre gré ; refuser, récuser.

[한] 자의로 멀어지다, 물러가다 | 거부하다, 인정하지 않다

*ᄌᆞ파ᄒᆞ다 [TJĂ-HPA-HĂ-TA] (自罷) [원]540

[불] Cesser naturellement ; ne pas continuer pour une raison de force majeure ; se dédire de soi-même, renoncer de soi-même.

[한] 저절로 중단하다 | 불가항력의 이유로 계속하지 못하다 | 스스로 말을 반박하다, 스스로 그만두다

*ᄌᆞ편 [TJĂ-HPYEN,-I] (自便) [원]540

[불] Propre commodité.

[한] 자신의 편의

*ᄌᆞ편ᄒᆞ다 [TJĂ-HPYEN-HĂ-TA] (自鞭) [원]540

[불] Se flageller soi-même, se donner la discipline.

[한] 스스로를 채찍질하다, 자신에게 규율을 부과하다

*ᄌᆞ폐ᄒᆞ다 [TJĂ-HPYEI-HĂ-TA] (自斃) [원]540

[불] Mourir. de sa propre main, se suicider, se tuer.

[한] 자신의 손으로 죽다 | 자살하다, 자살하다

*ᄌᆞ포ᄌᆞ기ᄒᆞ다 [TJĂ-HPO-TJĂ-KI-HĂ-TA] (自暴自棄) [원]540

[불] Sentiment exagéré de son impuissance, espèce de désespoir, d'abattement, de découragement. S'abandonner au désespoir et agir en conséquence.

[한] 무력함의 과장된 감정, 절망, 낙담, 의기소침의 일종 | 절망에 빠져 그에 따라 행동하다

*ᄌᆞ픔 [TJĂ-HPEUM,-I] (資禀) [원]540

[불] Tempérament propre, particulier ; propre nature de son corps. fond de l'âme ; disposition bonne ou mauvaise ; portée d'esprit.

[한] 고유의, 특유의 기질 | 자신의 신체의 고유한 본성 | 마음속 | 좋거나 나쁜 자질 | 정신의 역량

*ᄌᆞ필 [TJĂ-HPIL,-I] (自筆) [원]540

[불] Ecriture propre, écrit de sa propre main, propre pinceau, propre main.

[한] 특유의 글씨, 손수 쓴 것, 자신의 붓, 자신의 손

*ᄌᆞ하 [TJĂ-HA] (自下) [원]539

[불] De soi-même, de sa propre volonté.

[한] 스스로, 자의로

*ᄌᆞ하거 [TJĂ-HA-KE] (紫河車) [원]539

[불] Prolongement du nombril d'un enfant en naissant.

[한] 태어나는 아이의 배꼽 돌기부

*ᄌᆞ하거ᄒᆞ다 [TJĂ-HA-KE-HĂ-TA] (自下去) [원]539

[불] Aller de son propre mouvement.

한 자발적으로 가다

*ᄌᆞ하로ᄒᆞ다 [TJĂ-HA-RO-HĂ-TA] (自下) 원539

불 De soi-même ; faire de son propre mouvement, de son autrorité privée.

한 스스로 | 자발적으로, 개인자격으로 하다

*ᄌᆞ헌ᄒᆞ다 [TJĂ-HEN-HĂ-TA] (自獻) 원539

불 S'offrir pour, faire offrande de soi-même. 셩모ᄌᆞ헌 Syeng-mo-tjă-hen, Présentation de la Sainte Vierge.

한 ~에 스스로 나서다, 자기 자신을 제물로 바치다 | [용례 셩모ᄌᆞ헌, Syeng-mo-tjă-hen], 성모의 봉헌

*ᄌᆞ현ᄒᆞ다 [TJĂ-HYEN-HĂ-TA] (自現) 원539

불 Se livrer, se présenter de soi-même ; se découvrir de soi-même.

한 스스로 자신의 몸을 맡기다, 모습을 드러내다 | 스스로 드러나다

*ᄌᆞ호 [TJĂ-HO] (字號) 원539

불 Nom que les hommes prennent à leur mariage. ‖ Cachet, sceau, marque.

한 자신의 결혼에서 남자들이 얻는 이름 | 도장, 인감, 인장

*ᄌᆞ혼 [TJĂ-HON] (子婚) 원539

불 Mariage du fils.

한 아들의 결혼

ᄌᆞ회 [TJĂ-HOI] (字彙) 원539

불 Dictionnaire, grammaire, livre qui sert à apprendre les caractères.

한 사전, 문법, 글자들을 배우는 데 쓰이는 책

*ᄌᆞ휘 [TJĂ-HOUI] (字彙) 원539

불 Dictionnaire ; catalogue des mots, des caractères d'écriture.

한 사전 | 단어, 글자의 목록

ᄌᆞ히다 [TJĂ-HI-TA] (量尺) 원539

불 Mesurer (la longueur) en pieds.

한 피에로 (길이를) 측정하다

*ᄌᆞᆷ [TJĂM,-I] (箴) 원539

불 Commentaire.

한 주석

ᄌᆞᆷ기다 [TJĂM-KI-TA,-KYE,-KIN] 원525 ☞잠기다

ᄌᆞᆷᄌᆞᆷᄒᆞ다 [TJĂM-TJĂM-HĂ-TA] (默默) 원540

불 Etre en silence, silencieux, se taire.

한 침묵하다, 고요하다, 잠자코 있다

[1]ᄌᆡ [TJĂI] 원523 ☞ [1]재

[2]*ᄌᆡ [TJĂI] (齊) 원536

불 En agr. Abstinence.

한 한자어로 절제

[3]ᄌᆡ [TJĂI] (灰) 원536

불 Cendres.

한 재

[4]*ᄌᆡ [TJĂI] (災) 원536

불 Malheur, fléau, calamité.

한 불행, 화, 큰 재앙

[5]*ᄌᆡ [TJĂI] (才) 원536

불 En agr. Intelligence, esprit, adresse.

한 한자어로 지능, 기지, 재주

[6]*ᄌᆡ [TJĂI] (財) 원536

불 En agr. Richesses.

한 한자어로 재산

[7]ᄌᆡ [TJĂI] 원536

불 Désinence qui rend ordinaux les nombres cardinaux ; répond à ième, tième du français. 둘ᄌᆡ Toul-tjăi, Le deuxième. 셋ᄌᆡ Seit-tjăi, Le troisième.

한 기수들을 서수로 만드는 곡용 | 불어의 iième, tième에 대응한다 | [용례 둘ᄌᆡ, Toul-tjăi], 둘째 | [용례 셋ᄌᆡ, Seit-tjăi], 셋째

[8]ᄌᆡ [TJĂI] 원536

불 En agr. Avec les mots de parenté, indique une 2me fois et répond à notre mot arrière (comme dans arrière-neveu).

한 한자어로 친족을 나타내는 단어와 함께, (조카의 아들에서처럼) 두 번째를 나타내고 단어 뒤에 붙여서 답을 하다

*ᄌᆡ가승 [TJĂI-KA-SEUNG,-I] (在家僧) 원537

불 Bonze marié, qui vit en famille. Homme très-dévoué à Fô.

한 가족을 이루며 사는 결혼한 승려 | 부처에 매우 헌신적인 사람

*ᄌᆡ간 [TJĂI-KAN,-I] (才幹) 원537

불 Habileté, adresse.

한 좋은 솜씨, 재주

*ᄌᆡ강이 [TJĂI-KANG-I] (粃糠) 원537

불 Lie de vin, marc du vin de riz.

한 포도주의 찌끼, 쌀로 만든 술의 찌꺼기

*ᄌᆡ계 [TJĂI-KYEI] (齋戒) 원537

불 S'abstenir de viande, ne pas manger de viande, faire abstinence ; jeûner.

한 고기를 삼가다, 고기를 먹지 않다, 육식을 하지 않다 | 단식하다

*직골 [TJĂI-KOL,-I] (才骨) 원537
불 Homme habile, adroit, plein d'esprit.
한 수완 있는, 솜씨 좋은, 기지가 넘치는 사람

1*직공 [TJĂI-KONG,-I] (齋宮) 원537
불 Maison, bonzerie auprès d'un tombeau pour le garder.
한 집, 무덤을 지키기 위해 무덤 옆에 지어 놓은 절

2직공 [TJĂI-KONG,-I] 원537
불 Sacrifices à Fô.
한 부처에게 바치는 제사

*직국 [TJĂI-KOUK,-I] (材局) 원537
불 Matériaux, matière. Qualité pour. Capacité d'un homme.
한 재료, 소재 | ~에 대한 자질 | 사람의 능력

*직극 [TJĂI-KEUK,-I] (齋克) 원537
불 S'habituer à garder l'abstinence ; jeûne et mortification.
한 금욕을 지키는 데 익숙해지다 | 단식과 고행

*직년 [TJĂI-NYEN,-I] (災年) 원537
불 Disette, mauvaise année.
한 흉작, 흉년

*직능 [TJĂI-NEUNG,-I] (才能) 원537
불 Habileté, adresse, faculté, esprit, finesse.
한 좋은 솜씨, 재주, 능력, 기지, 술책

직다 [TJĂI-TA,TJĂI-YE,TJĂIN] 원538
불 Faire vite, être prompt.
한 빨리하다, 신속하다

*직담 [TJAI-TAM,-I] (才談) 원538
불 Plaisanterie, bon mot, calembour ; éloquent, qui parle bien.
한 농담, 재치 있는 말, 말장난 | 설득력 있다, 말을 잘하다

*직당고모 [TJĂI-TANG-KO-MO] (再堂姑母) 원538
불 Fille du neveu du bisaïeul.
한 증조부의 조카의 딸

*직당슉 [TJĂI-TANG-SYOUK,-I] (再堂叔) 원538
불 Parent de degré supérieur, cousin au 7e degré, le fils du neveu du bisaïeul.
한 높은 촌수의 친척, 일곱 번째 촌수의 사촌, 증조부의 조카의 아들

*직당슉모 [TJĂI-TANG-SYOUK-MO] (再堂叔母) 원538
불 Epoux du fils du neveu du bisaïeul.
한 증조부의 조카의 아들의 배우자

*직당질 [TJĂI-TANG-TJIL,-I] (再堂姪) 원538
불 Cousin de degré inférieur, au 7me degré coréen, fils du petit-neveu de l'aïeul. Parent, cousin au 7me degré (ligne inverse inférieure). Le petit-fils du neveu du grand-père.
한 조선의 일곱 번째 촌수인 손아래 촌수의 사촌, 조부의 종손의 아들 | 일곱 번째 촌수의 친척, 사촌(손아래 반대 계열) | 할아버지의 조카의 손자

*직당질녀 [TJĂI-TANG-TJIL-NYE] (再堂姪女) 원538
불 Fille du petit-neveu de l'aïeul.
한 조부의 종손의 딸

*직당질부 [TJĂI-TANG-TJIL-POU] (再堂姪婦) 원538
불 Epouse du fils du petit-neveu de l'aïeul.
한 조부의 종손[역주 從孫]의 아들의 아내

*직당질셔 [TJĂI-TANG-TJIL-SYE] (再堂姪婿) 원538
불 Mari de la fille du petit-neveu de l'aïeul.
한 조부의 종손[역주 從孫]의 딸의 남편

*직덕 [TJĂI-TEK,-I] (才德) 원538
불 Habileté et vertu, esprit et vertu.
한 좋은 솜씨와 미덕, 재능과 덕성

*직뎍간 [TJĂI-TYEK-KAN,-I] (災摘奸) 원538
불 Examen par lequel le mandarin s'assure des résultats d'un fléau sur les rizières, afin de déterminer les impôts à la récolte.
한 수확에 대해 조세를 결정하기 위해 관리가 논에 생긴 재해의 결과를 확인하는 검사

*직동 [TJĂI-TONG,-I] (才童) 원538
불 Enfant habile, adroit, spirituel, plein d'esprit.
한 재주 있는, 솜씨 좋은, 재치 있는, 재기 넘치는 아이

*직란 [TJĂI-RAN,-I] (災亂) 원537
불 Désastre, malheur, ruine, calamité.
한 재난, 불행, 파괴, 재앙

*직력 [TJĂI-RYEK,-I] (財力) 원537
불 Richesse et force : frais et travail.
한 부와 힘 : 경비와 노동

직뢰ᄒᆞ다 [TJĂI-ROI-HĂ-TA] 원537
불 Revêtir la forme de.
한 ~의 형태를 띠다

*직료 [TJĂI-RYO] (材料) 원537
불 Matière première matière, matériaux.

한 재료, 원료, 재료

*직리 [TJĂI-RI] (財利) 원537

불 Richesse et avantage, gain, profit.

한 부와 수익, 이득, 수익

*직명년 [TJĂI-MYENG-NYEN,-I] (再明年) 원537

불 L'année d'après la prochaine.

한 내년의 다음 해

*직명일 [TJĂI-MYENG-IL,-I] (再明日) 원537

불 Après-demain.

한 모레

*직목 [TJĂI-MOK,-I] (材木) 원537

불 Matière, matériaux, charpente d'une maison, bois qui entre dans la construction, bois de construction.

한 재료, 자재, 집의 골조, 건축에 들어가는 나무, 재목

1*직물 [TJĂI-MOUL,-I] (財物) 원537

불 Richesse, biens, fortune.

한 부, 재산, 자산

2*직물 [TJĂI-MOUL,-I] (滓物) 원537

불 Bon à rien, inutilité.

한 무용지물, 불필요한 것

*직변 [TJĂI-PYEN,-I] (災變) 원537

불 Désastre, malheur, calamité, fléau.

한 재난, 화, 큰 재앙, 재해

*직봉춘 [TJĀI-PONG-TCHYOUN,-I] (再逢春) 원537

불 Année dans laquelle le commencement du printemps se trouve deux fois ; deux commencements de printemps dans la même année.

한 봄의 시작이 두 번 있는 해 | 같은 해에 두 번의 봄의 시작

*직분 [TJĂI-POUN,-I] (才分) 원537

불 Habileté, adresse, capacité.

한 좋은 솜씨, 재주, 능력

*직빈 [TJĂI-PĂI] (再拜) 원537

불 Deux prostrations ; faire deux prostrations ; double salutation ; salutation redoublée.

한 두 번 엎드림 | 두 번 엎드리다 | 두 번의 인사 | 두 번 반복된 인사

*직빅 [TJĂI-PĂIK,-I] (財帛) 원537

불 Argent et étoffe de soie. Richesses et honneurs.

한 돈과 비단 옷감 | 부와 명예

*직산 [TJĂI-SAN,-I] (財産) 원537

불 Fortune et profession ; état de la fortune, richesses, biens.

한 자산과 직업 | 자산의 상태, 재물, 재산

*직삼 [TJĂI-SAM,-I] (再三) 원537

불 Deux ou trois fois.

한 두 번 또는 세 번

*직삼부탁 [TJĂI-SAM-POU-HTAK,-I] (再三付托) 원537

불 Recommander deux ou trois fois, redire deux ou trois fois.

한 두 번이나 세 번 부탁하다, 두 번이나 세 번 되풀이 해서 말하다

*직상ᄒᆞ다 [TJĂI-SANG-HĂ-TA] (在喪) 원537

불 Perdre ses parents (son père ou sa mère) ; être en deuil.

한 자신의 부모(아버지 또는 어머니)를 여의다 | 상중이다

*직샹 [TJĂI-SYANG,-I] (宰相) 원538

불 Nom général des trois premiers ordres des grands dignitaires, grands du royaume.

한 중요 고관직 중 제3서열인 세 장군의 이름, 왕궁의 요인들

*직쇼 [TJĂI-SYO] (齋素) 원538

불 Abstinence de chair, jeûne et abstinence.

한 금육, 단식과 금욕

*직수 [TJĂI-SOU] (財數) 원538

불 Chance, chance pour les richesses.

한 행운, 재물운

1*직수ᄒᆞ다 [TJĂI-SOU-HĂ-TA] (再數) 원538

불 Recompter, compter de nouveau.

한 다시 세다, 재차 세다

2*직수ᄒᆞ다 [TJĂI-SOU-HĂ-TA] (在數) 원538

불 Le destin (être), c'est le destin (superst.) ; c'est la providence (chrét.).

한 운명(이다), 운명이다(미신) | 신의 섭리이다(기독교)

*직순 [TJĂI-SYOUN,-I] (再巡) 원538

불 La seconde fois, deux fois, deux tours.

한 두 번째, 두 번, 두 바퀴

1*직실 [TJĂI-SIL,-I] (齋室) 원538

불 Petite maison, petit pavillon dans le jardin derrière la maison.

한 작은 집, 집 뒤 정원에 지은 작은 건물

2*직실 [TJĂI-SIL,-I] (再室) 원538

불 Deuxième femme d'un veuf remarié.

한 재혼한 홀아비의 두 번째 아내

*직ᄉᆞ [TJĂI-SĂ] (才士) 원538

불 Lettré habile.
한 재주 있는 교양 있는 사람

*직싱ᄒᆞ다 [TJĂI-SĂING-HĂ-TA] (再生) 원538
불 Nouvelle vie. naître de nouveau (v.g. à la vie de la grâce).
한 새로운 삶 | (예. 은총의 삶으로) 다시 태어나다

*직앙 [TJĂI-ANG,-I] (災殃) 원536
불 Malheur, fléau, calamité, désastre.
한 화, 재해, 재앙, 재난

*직옥ᄒᆞ다 [TJĀI-OK-HĂ-TA] (在獄) 원536
불 Etre en prison, être prisonnier.
한 투옥되어 있다, 죄수이다

*직욕 [TJĀI-YOK,-I] (財慾) 원536
불 Désir des richesses ; envie de posséder des biens ; cupidité ; amour des richesses.
한 부에 대한 욕망 | 재물을 소유하려고 하는 욕구 | 강한 물욕 | 재물에 대한 사랑

*직인 [TJĂI-IN,-I] (才人) 원536
불 Esp. de comédien, baladin, farceur (qui accompagne les nouveaux bacheliers et les conduit en jouant de la flûte).
한 배우의 종류, 무용수, (새로운 바칼로레아 합격자들을 수행하고 플루트를 불면서 그들을 인도하는) 어릿광대

*직일 [TJĂI-IL,-I] (齋日) 원536
불 Jour d'abstinence, de jeûne.
한 금욕의, 단식하는 날

*직임 [TJĂI-IM,-I] (齋任) 원536
불 Le chef des sectateurs de Confucius, le noble qui préside aux sacrifices en l'honneur de Confucius.
한 공자의 신도들의 우두머리, 공자에게 경의를 표하는 제사를 주재하는 귀족

*직익 [TJĂI-ĂIK,-I] (災阨) 원536
불 Malheur, fléau, calamité.
한 화, 재해, 재난

*직작년 [TJĂI-TJAK-NYEN,-I] (再昨年) 원538
불 L'année d'avant l'année dernière.
한 지난해보다 앞선 해

*직작일 [TJĂI-TJAK-IL,-I] (再昨日) 원538
불 Avant-hier.
한 그저께

*직젼 [TJĂI-TJYEN] (在前) 원538
불 Autrefois, jadis, avant.
한 예전에, 옛날, 전에

1*직젼ᄒᆞ다 [TJĂI-TJYEN-HĂ-TA] (再傳) 원538
불 Envoyer une seconde fois un objet déjà refusé.
한 이미 거절당한 물건을 다시 한 번 보내다

2*직젼ᄒᆞ다 [TJĂI-TJYEN-HĂ-TA] (再煎) 원538
불 Remède qui sert pour la 2me fois ; faire une seconde décoction du même remède.
한 두 번째로 쓰이는 약 | 같은 약을 두 번 달이다

직졀직졀 [TJĂI-TJYEL-TJĂI-TJYEL] 원538
불 Cri des oiseaux.
한 새들의 울음소리

*직졔ᄒᆞ다 [TJĂI-TJYEI-HĂ-TA] (才齊) 원538
불 Gouverner, créer et gouverner. (Mot chrét.).
한 다스리다, 창시하여 다스리다 | (기독교 어휘)

1직죠 [TJĂI-TJYO] (才) 원538
불 Adresse, habileté, intelligence.
한 재주, 좋은 솜씨, 지성

2직죠 [TJĂI-TJYO] (在朝) 원538
불 Courtisan, dignitaire.
한 조신, 고관

*직죵 [TJĂI-TJYONG,-I] (再從) 원538
불 Fils du neveu de l'aïeul.
한 조부의 조카의 아들

*직죵고모 [TJĂI-TJYONG-KO-MO] (再從姑母) 원538
불 Tante du fils du petit-fils de l'aïeul, sœur du fils du neveu de l'aïeul, fille du neveu de l'aïeul.
한 조부의 손자의 아들의 고모, 조부의 조카의 아들의 여자 형제, 조부의 조카의 딸

*직죵고모부 [TJĂI-TJYONG-KO-MO-POU] (再從姑母夫) 원538
불 Mari de la 직죵고모 Tjăi-tjyong-ko-mo.
한 직죵고모 Tjăi-tjyong-ko-mo의 남편

*직죵대고모 [TJĂI-TJYONG-TAI-KO-MO] (再從大姑母) 원539
불 Nièce du bisaïeul.
한 증조부의 조카딸

*직죵매 [TJĂI-TJYONG-MAI] (再從妹) 원538
불 Sœur du fils du cousin germain du père, fille du neveu de l'aïeul.
한 아버지의 친사촌의 아들의 누이, 조부의 조카의 딸

*직죵매부 [TJĂI-TJYONG-MAI-POU] (再從妹夫) 원538
불 Mari de la sœur du fils du cousin germain du père.
한 아버지의 친사촌의 아들의 누이의 남편

*직죵손 [TJĂI-TJYONG-SON,-I] (再從孫) 원538

불 Petit-fils du cousin germain.
한 친사촌의 손자

*직죵손녀 [TJĂI-TJYONG-SON-NYE] (再從孫女) 원538
불 Petite-fille du cousin germain.
한 친사촌의 손녀

*직죵손부 [TJĂI-TJYONG-SON-POU] (再從孫婦) 원538
불 Epouse du petit-fils du cousin germain.
한 친사촌의 손자의 아내

*직죵슈 [TJĂI-TJYONG-SYOU] (再從嫂) 원538
불 Femme du fils du cousin germain du père, femme du fils du neveu de l'aïeul.
한 아버지의 친사촌의 아들의 부인, 조부의 조카의 아들의 부인

*직죵슉 [TJĂI-TJYONG-SYOUK,-I] (再從叔) 원539
불 Fils du neveu du bisaïeul.
한 증조부의 조카의 아들

*직죵슉모 [TJĂI-TJYONG-SYOUK-MO] (再從叔母) 원539
불 Epouse du fils du neveu du bisaïeul.
한 증조부의 조카의 아들의 아내

*직죵씨 [TJĂI-TJYONG-SSI] (再從氏) 원538
불 Fils du cousin germain du père, fils du neveu de l'aïeul.
한 아버지의 친사촌의 아들, 조부의 조카의 아들

*직죵죠 [TJĂI-TJYONG-TJYO] (再從祖) 원539
불 Neveu du bisaïeul.
한 증조부의 조카

*직죵죠모 [TJĂI-TJYONG-TJYO-MO] (再從祖母) 원539
불 Epouse du neveu du bisaïeul.
한 증조부의 조카의 아내

*직죵죠부 [TJĂI-TJYONG-TJYO-POU] (再從祖父) 원539
불 Neveu du bisaïeul.
한 증조부의 조카

*직죵증대부 [TJĂI-TJYONG-TJEUNG-TAI-POU] (再從曾大父) 원539
불 Fils du trisaïeul.
한 고조부의 아들

*직죵증죠모 [TJĂI-TJYONG-TJEUNG-TJYO-MO] (再從曾祖母) 원539
불 Epouse du fils du trisaïeul.
한 고조부의 아들의 배우자

*직질 [TJĂI-TJIL,-I] (才質) 원538
불 Adresse, habileté, intelligence.
한 재주, 좋은 솜씨, 지성

*직직년 [TJĂI-TJĂI-NYEN,-I] (再再年) 원538
불 La troisième année après (un événement).
한 (사건) 이후 세 번째 해

직촉ᄒᆞ다 [TJĂI-TCHOK-HĂ-TA] (催促) 원539
불 Presser (action), exciter à faire vite, hâter pour faire faire promptement, accélérer.
한 재촉하다(행동), 빨리하도록 부추기다, 신속하게 하게 하려고 서두르다, 속력을 내다

*직취동셩ᄒᆞ다 [TJI-TCHYOUI-TONG-SYENG-HĂ-TA] (只取同姓) 원568
불 Choisir parmi ceux qui ont le même nom de famille; choisir, pour l'adopter, un enfant qui a le même nom de famille.
한 같은 성을 가진 사람들 중에서 고르다 | 입양하기 위해 같은 성을 가진 아이를 선택하다

*직취ᄒᆞ다 [TJĂI-TCHYOUI-HĂ-TA] (再娶) 원539
불 Second mariage (se dit pour un homme) ; se marier pour la 2me fois (homme).
한 두 번째 결혼(사람에 대해 쓴다) | (남자가) 재혼을 하다

*직치 [TJĂI-TCHI] (才致) 원539
불 Habileté, adresse, esprit, intelligence.
한 좋은 솜씨, 재주, 재치, 지성

*직ᄎᆞ [TJĂI-TCHĂ] (再次) 원539
불 La 2me fois.
한 두 번째

1*직탐 [TJĂI-HTAM,-I] (再探) 원538
불 Nouvelles informations.
한 새로운 정보

2*직탐 [TJĂI-HTAM,-I] (財貪) 원538
불 Désir des richesses.
한 재물에 대한 욕망

*직통ᄒᆞ다 [TJĂI-HTONG-HĂ-TA] (再痛) 원538
불 Rechute ; retomber malade.
한 재발 | 다시 병에 걸리다

직틔 [TJĂI-HTEUI] 원523 ☞ 1재틔

직플 [TJĂI-HPEUL,-I] 원537
불 Herbe coupée pour faire du fumier, pour fumer les rizières.

한 되비를 만들기 위해, 논에 비료를 주기 위해 자른 풀

*지픔 [TJĂI-HPEUM,-I] (才品) 원537

불 Habileté, adresse, capacité.

한 좋은 솜씨, 재주, 능력

1*지필 [TJĂI-HPIL,-I] (才筆) 원537

불 Habileté, adresse, hardiesse de l'écriture, du coup de pinceau.

한 좋은 솜씨, 재주, 글씨의, 붓질의 참신함

2*지필 [TJĂI-HPIL,-I] (再匹) 원537

불 Seconde femme d'un veuf marié.

한 결혼한 홀아비의 두 번째 부인

*지화 [TJĂI-HOA] (災禍) 원536

불 Calamité, malheur.

한 큰 재앙, 화

*지회ᄒᆞ다 [TJĂI-HOI-HĂ-TA] (再會) 원537

불 Seconde assemblée, seconde réunion ; se réunir une seconde fois.

한 두 번째 집회, 두 번째 모임 | 두 번째 모이다

*지힝 [TJĂI-HĂING,-I] (再行) 원536

불 Faire le premier voyage à la maison des parents de sa femme, après le mariage ; second voyage au même lieu.

한 결혼하고 나서 처음으로 아내의 부모 집에 다녀오다 | 같은 장소에서의 두 번째 여행

*징 [TJĂING,-I] (錚) 원537

불 Cymbales, tam-tam.

한 심벌즈, 징

*징반 [TJĂING-PAN,-I] (錚盤) 원537

불 Plat en métal, plateau de métal.

한 금속으로 된 접시, 금속 쟁반

*징션ᄒᆞ다 [TJĂING-SYEN-HĂ-TA] (爭先) 원537

불 Se disputer à qui fera le premier, pour faire le premier ; rivaliser ; se disputer la prééminence, la victoire.

한 누가 처음으로 할지, 처음으로 하기 위해 서로 다투다 | 경쟁하다 | 패권을, 승리를 다투다

*징웅ᄒᆞ다 [TJĂING-OUNG-HĂ-TA] (爭雄) 원537

불 Se disputer la prééminence, la royauté, le commandement ; rivaliser ; se battre (deux armées ennemies), se disputer la victoire.

한 패권, 왕위, 명령권을 갖기 위해 서로 다투다 | 겨루다 | (적대적인 두 군대가) 서로 싸우다, 승리를 다투다

1징치다 [TJĂING-TCHI-TA,-TCHYE,-TCHIN] 원537

불 Etendre, détirer(une étoffe pour enlever les plis, les habits d'été avant que l'amidon sèche).

한 펼치다, (주름을 없애기 위해 옷감을, 전분이 마르기 전에 여름옷을) 잡아당겨 늘리다

2징치다 [TJĂING-TCHI-TA,-TCHYE,-TCHIN] (擊錚) 원537

불 Battre le tam-tam.

한 징을 치다

*징투ᄒᆞ다 [TJĂING-HTOU-HĂ-TA] (爭鬪) 원537

불 Se quereller, se disputer, batailler pour.

한 싸우다, 다투다, ~을 위해 투쟁하다

징퉁이 [TJĂING-HTOUNG-I] 원537

불 Noble de très-basse extraction, tout petit noble pauvre. (Popul.).

한 하층 계급 출신인 귀족, 지위가 아주 낮은 가난한 귀족 | (속어)

ㅊ [TCH] 원589

불 25me lettre de l'aphabet, consonne qui répond à tch.

한 자모의 25번째 글자, tch에 해당하는 자음

1*차 [TCHA] (車) 원589

불 Char, voiture (à roue), brouette.

한 짐수레, (바퀴가 있는) 마차, 손수레

2차 [TCHA] (茶) 원589

불 Thé, infusion de thé; toute espèce d'infusion ou de décoction dans l'eau.

한 차, 달인 차 | 물에 우려내거나 달인 모든 종류

*차감ᄒᆞ다 [TCHA-KAM-HĂ-TA] (差減) 원589

불 Etre un peu mieux, changer (maladie). (Style épist.).

한 (병이) 조금 더 낫다, 바뀌다 | (서간체)

*차관 [TCHA-KOAN,-I] (茶罐) 원589

불 Théière, casserole à thé.

한 찻주전자, 차 끓이는 냄비

1차다 [TCHA-TA,TCHA,TCHAN] (佩) 원593

불 Attacher, pendre à la ceinture ou à l'attache de l'habit (v. g. sac, couteau).

한 비끄러 매다, 허리띠나 옷의 끈에 매달다(예. 자루, 칼)

2차다 [TCHA-TA,TCHA,TCHAN] (寒) 원593

불 Froid, refroidi, frais, glacé.

한 차갑다, 식다, 시원하다, 얼음같이 차다

3차다 [TCHA-TA,TCHA,TCHAN] (踢) 원593

불 Frapper du pied, ruer.
한 발로 치다, 뒷발로 차다

차담 [TCHA-TAM,-I] (膳) 원593
불 Toutes sortes de mets, bon repas.
한 모든 종류의 요리, 맛있는 식사

차돌 [TCHA-TOL,-I] (燧石) 원593
불 Pierre à briquet, à fusil.
한 부싯돌, [역주 화승총의] 발화석

*차듸 [TCHA-TĂI] (次對) 원593
불 Paroles du 졍승 Tjyeng-seung au roi. Grand conseil du roi.
한 왕에게 하는 졍승 Tjyeng-seung의 발언 | 왕의 중요 회의

차리다 [TCHA-RI-TA,TCHA-RYE,TCHA-RIN] (備) 원593
불 Préparer (l'itinéraire), arranger (l'itinéraire d'un voyage); mettre en ordre, disposer.
한 (여정을) 준비하다, (여행의 여정을) 조정하다 | 정돈하다, 배열하다

*차마ᄒᆞ다 [TCHA-MA-HĂ-TA] (磋磨) 원590
불 Polir, rendre uni et luisant (v. g. polir le marbre, le cristal).
한 반들반들하게 닦다, 고르고 윤이 나게 하다 (예. 대리석, 수정을 반들반들하게 닦다)

*차면ᄒᆞ다 [TCHA-MYEN-HĂ-TA] (遮面) 원590
불 Se voiler le visage (homme en deuil; noble devant un personnage important ou devant son égal auquel il ne veut pas parler); se cacher le visage avec son éventail (loi de politesse).
한 (상중인 사람 | 중요한 인물 앞이나 말하고 싶지 않은 그와 대등한 사람 앞의 귀족) 얼굴을 가리다 | 부채로 얼굴을 가리다(예법)

차반 [TCHA-PAN,-I] (饍) 원592
불 Toutes sortes de mets. proie.
한 모든 종류의 요리 | 먹이

*차방 [TCHA-PANG,-I] (次房) 원592
불 Cabinet, petite chambre.
한 작은 방, 작은 방

1*차병ᄒᆞ다 [TCHA-HYENG-HĂ-TA] (遮屛) 원592
불 Mettre un paravent.
한 병풍을 놓다

2*차병ᄒᆞ다 [TCHA-PYENG-HĂ-TA] (差病) 원592
불 Commencer à aller mieux, avoir du mieux (maladie).
한 나아지기 시작하다, 나아지다 (병)

*차부 [TCHA-POU] (車夫) 원592
불 Cocher, conducteur de char, voiturier.
한 마차꾼, 수레의 운전수, 운전자

*차부뎨 [TCHA-POU-TYEI] (次副祭) 원593
불 3me degré (en descendant) du sacrifice; sous-diacre; sacrificateur de 3me degré.
한 제사의 (아래로 내려오는) 세 번째 서열 | 부집사 | 세 번째 서열의 제사장

차부쇼 [TCHA-POU-SYO] (車負牛) 원593
불 Bœuf attelé à un char.
한 수레에 매인 소

*차비 [TCHA-PI] (差備) 원592
불 Instrument, outil, accessoires.
한 기구, 도구, 부속품 들

*차악ᄒᆞ다 [TCHA-AK-HĂ-TA] (嗟惡) 원589
불 (Expression de pitié, de compassion). Malheureux, extrêmement triste et fâcheux, très-pénible.
한 (동정, 연민의 표현) 불행하다 | 극도로 슬프고 유감스럽다, 매우 고통스럽다

*차양 [TCHA-YANG,-I] (遮陽) 원589
불 Jalousies, persiennes, volets; auvent; esp. de tenture, de toiture postiche en saillie au-devant de la porte pour garantir du soleil.
한 블라인드, 덧창, 덧문 | 차양 | 장막, 햇빛을 막기 위해 문 앞으로 튀어 나온 덧붙인 지붕의 종류

1차이다 [TCHA-I-TA,-YE,-IN] (踢) 원589
불 Recevoir une ruade.
한 뒷발차기를 당하다

2차이다 [TCHA-I-TA,-YE,-IN] (佩) 원589
불 Etre pendu à la ceinture.
한 띠에 매달리다

*차일 [TCHA-IL,-I] (遮日) 원589
불 Tente, toile longue et large élevée pour garantir du soleil.
한 천막, 햇빛을 가리기 위해 높은 곳에 설치된 길고 넓은 천

*차일피일 [TCHA-IL-HPI-IL] (此日彼日) 원589
불 Ce jour-ci, ce jour-là; de jour en jour (différer).
한 이날, 그날 | 나날이 (미루다)

*차젼ᄌᆞ [TCHA-TJYEN-TJĂ] (車前子, (char. devant, semence)) 원593
불 Plantain. Graine du plantain. Syn. 길경이 Kil-

ㅊ

kyeng-i.
한 질경이, 질경이의 씨앗 | [동의어] 길경이, Kil-kyeng-i]

차쪽이 [TCHA-TJYOK-I] (蘇) 원593
불 Plante dont les feuilles sont violettes.
한 잎이 보라색인 식물

차지 [TCHA-TJI] 원593
불 District à gouverner; administrateur en chef.
한 다스리는 구역 | 우두머리 행정관

차지시다 [TCHA-TJI-SI-TA,-SYE,-SIN] 원593
불 Honorif. de 찻다 Tchat-ta.
한 찻다 Tchat-ta의 경칭

차지ᄒᆞ다 [TCHA-TJI-HĂ-TA] 원593
불 Avoir en partage; jouir de; avoir sous son administration, sous sa juridiction.
한 제 몫으로 가지다 | ~을 누리다 | 그 관리 하에, 관할 하에 있다

*차착 [TCHA-TCHAK] (差錯) 원593
불 Travers, de travers.
한 결점, 틀리게

*차포오졸 [TCHA-HPO-O-TJOL,-I] (車包五卒, (Char, contenir, cinq, pions)) 원593
불 Expression du jeu d'échecs.
한 체스 놀이의 표현

1차히다 [TCHA-HI-TA,-HYE,-HIN] 원589 ☞ 1차이다

2차히다 [TCHA-HI-TA,-HYE,-HIN] (踢) 원589
불 Recevoir une ruade.
한 뒷발차기를 당하다

3차히다 [TCHA-HI-TA,-HYE,-HIN] (佩) 원589
불 Etre pendu à la ceinture.
한 끈에 매달리다

*착 [TCHAK,-I] (錯) 원589
불 Défaut, tort, mal; de travers.
한 약점, 잘못, 나쁜 점 | 틀리게

1*착가ᄒᆞ다 [TCHAK-KA-HĂ-TA] (着枷) 원589
불 Mettre la cangue au cou, mettre à la cangue.
한 목에 칼을 씌우다, 칼을 채우다

2착가ᄒᆞ다 [TCHAK-KA-HĂ-TA] 원589
불 Fermer une serrure, un cadenas.
한 자물쇠, 맹꽁이 자물쇠를 잠그다

*착강ᄒᆞ다 [TCHAK-KANG-HĂ-TA] (錯講) 원589
불 Faire des hérésies en prêchant, prêcher une fausse doctrine; réciter mal.
한 전도하면서 이단을 저지르다, 잘못된 교리를 전하다 | 잘못 암송하다

*착고 [TCHAK-KO] (着錮) 원589
불 Ceps; pièce de bois dans laquelle on emboîte le pied des prisonniers; pièce de bois dans laquelle sont pratiquées des entailles, où s'engagent les pieds des prisonniers, et que l'on ferme en y boulonnant une applique également en bois; menottes.
한 차꼬 | 수감자들의 발을 끼워 넣는 나무 조각 | 안에 홈이 만들어진 나무 조각으로, 그 안에 수감자들의 발이 속박되고, 역시 나무로 된 덧붙이는 물건을 볼트로 죄어서 그것을 닫는다 | 고사리 같은 귀여운 손

*착관ᄒᆞ다 [TCHAK-KOAN-HĂ-TA] (着冠) 원589
불 Mettre le 관 Koan, le bonnet de crin; porter 관 Koan; mettre un bonnet.
한 관 Koan, 말총으로 된 챙 없는 모자를 쓰다 | 관 Koan을 쓰고 있다 | 챙 없는 모자를 쓰다

1*착근ᄒᆞ다 [TCHAK-KEUN-HĂ-TA] (着根) 원589
불 Prendre (arbre nouvellement planté), être pris; acquérir domicile par deux ou trois années d'habitation dans le même endroit.
한 (새롭게 심은 나무가) 뿌리박다, 뿌리내리다 | 같은 장소에서 2~3년 거주하여 주거를 획득하다

2*착근ᄒᆞ다 [TCHAK-KEUN-HĂ-TA] (着近) 원589
불 Etre trop près.
한 너무 가깝다

*착난ᄒᆞ다 [TCHAK-NAN-HĂ-TA] (錯亂) 원590
불 Etre brouillé, de travers, en désordre.
한 아무렇게나, 무질서하게, 뒤섞이다

*착념ᄒᆞ다 [TCHAK-NYEM-HĂ-TA] (着念) 원590
불 Penser; mettre, graver dans son esprit. ‖ Prendre des précautions, prendre bien garde.
한 생각하다 | 마음속에 두다, 새기다 | 신중을 가하다, 잘 경계하다

*착뎐립 [TCHAK-TYEN-RIP,-I] (着氈笠) 원590
불 Mettre le 뎐립 Tyen-rip (chapeau de cérémonie dont se servent les hauts dignitaires); mettre son chapeau ou son casque.
한 뎐립 Tyen-rip(높은 관리가 쓰는 의례용 모자)를 쓰다 | 자신의 모자나 투구를 쓰다

*착립ᄒᆞ다 [TCHAK-RIP-HĂ-TA] (着笠) 원590
불 Prendre le chapeau (jeune homme à l'époque du mariage); mettre son chapeau.

한 (결혼식 때 젊은 남자가) 모자를 쓰다 | 자신의 모자를 쓰다

*착명ᄒᆞ다 [TCHAK-MYENG-HĂ-TA] (着名) 원589

불 Signer, mettre son nom (au bas d'un écrit), souscrire, mettre sa signature.

한 서명하다, (문서의 아래쪽에) 자신의 이름을 써넣다, 서명하다, 서명을 하다

착살스럽다 [TCHAK-SAL-SEU-REP-TA,-SEU-RE-OUE, -SEU-RE-ON] (汚穢) 원590

불 Etre sale, dégoûtant, crasseux; d'une manière sordide. ‖ Très-petit, très-peu, un rien.

한 더럽다, 역겹다, 때 묻다 | 비열한 방법으로 | 매우 작다, 매우 적다, 아무 것도 아닌 것

1*착숑ᄒᆞ다 [TCHAK-SYONG-HĂ-TA] (錯誦) 원590

불 Récitation fautive, omission, changement dans la récitation; prononcer mal en récitant; réciter mal.

한 잘못된 암송, 암송에서 빠트림, 바꾸기 | 암송하면서 잘못 발음하다 | 잘못 암송하다

2*착숑ᄒᆞ다 [TCHAK-SYONG-HĂ-TA] (捉送) 원590

불 Attraper et envoyer. 착숑관문ᄒᆞ다 Tchak-syong-koan-moun-hă-ta, Saisir (un voleur) et l'envoyer au mandarin.

한 잡아서 보내다 | [용례 착숑관문ᄒᆞ다, Tchak-syong-koan-moun-hă-ta], (도둑을) 잡아서 그를 관리에게 보내다

*착실ᄒᆞ다 [TCHAK-SIL-HĂ-TA] (着實) 원590

불 Gras, beau, prospère, florissant, bien venu (homme, plante) ‖ Etre sincère, loyal, soigneux, attentif, fidèle, juste.

한 기름지다, 아름답다, 번창하다, 번영하다, (사람, 식물) 잘 자라다 | 성실하다, 충성하다, 정성들이다, 주의깊다, 성실하다, 정의롭다

*착심ᄒᆞ다 [TCHAK-SIM-HĂ-TA] (着心) 원590

불 Graver dans son cœur; réfléchir; être attentif; appliquer son esprit à; faire attention; prendre garde; être sur ses gardes.

한 자신의 마음에 새기다 | 반성하다 | 주의 깊다 | 정신을 기울이다 | 집중하다 | 경계하다 | 방심하지 않다

착잡다 [TCHAK-TJAP-TA,-TJAP-A,-TJAP-EUN] (捉錯) 원590

불 Chercher une raison pour nuire; profiter d'une faute pour accuser quelqu'un, pour se plaindre de lui; parler mal de; blâmer; trouver à redire.

한 해를 끼치기 위한 이유를 찾다 | 어떤 사람을 비난하기 위해, 그에 대해 불평하기 위해 잘못을 이용하다 | ~에 대해 나쁘게 말하다 | 비난하다 | ~의 흠을 잡다

*착잡ᄒᆞ다 [TCHAK-TJAP-HĂ-TA] (錯雜) 원590

불 Etre en désordre; être brouillé, de travers.

한 무질서하다 | 뒤섞이다, 아무렇게나 되어 있다

*착지 [TCHAK-TJI] (錯紙) 원590

불 Papier qui a des trous, mauvais papier.

한 구멍 난 종이, 질 나쁜 종이

착ᄒᆞ다 [TCHAK-HĂ-TA,-HĂ-YE,-HĂN] (善) 원589

불 Probe. honnête, juste, vertueux, bon.

한 청렴하다 | 성실하다, 정의롭다, 덕이 있다, 착하다

1*찬 [TCHAN,-I] (饌) 원591

불 Mets pour accompagner le riz.

한 쌀에 곁들이기 위한 요리

2*찬 [TCHAN,-I] (讚) 원591

불 En agr. Louange; louer.

한 한자어로 칭찬 | 칭찬하다

3*찬 [TCHAN,-I] (竄) 원591

불 Exil.

한 유배

4*찬 [TCHAN,-I] (簒) 원591

불 Révolte.

한 폭동

5*찬 [TCHAN,-I] (燦) 원591

불 Beau.

한 아름답다

*찬됴ᄒᆞ다 [TCHAN-TYO-HĂ-TA] (贊助) 원591

불 Aider, secourir.

한 돕다, 구원하다

*찬란ᄒᆞ다 [TCHAN-RAN-HĂ-TA] (燦爛) 원591

불 Beau, joli (couleur); être brillant.

한 아름답다, (색깔) 예쁘다 | 빛나다

*찬류 [TCHAN-RYOU] (竄流) 원591

불 Aller en exil, exil; être en exil.

한 유배가다, 유배 | 유배되어 있다

*찬물 [TCHAN-MOUL] (饌物) 원591

불 Matière des vivres, vivres, choses à manger avec le riz.

한 식량이 되는 재료, 식량, 쌀과 함께 먹는 것

*찬미ᄒᆞ다 [TCHAN-MI-HĂ-TA] (讚美) 원591

불 Louer, célébrer, exalter, bénir.

한 칭찬하다, 축하하다, 찬양하다, 축복하다

찬밥 [TCHAN-PAP,-I] (寒食) [원]591
[불] Riz froid.
[한] 차가운 쌀

1* 찬쇼 [TCHAN-SYO] (饌蔬) [원]591
[불] Légumes; mets de légumes d'herbes potagères.
[한] 채소 | 식용 풀 채소의 요리

2* 찬쇼 [TCHAN-SYO] (竄所) [원]591
[불] Lieu d'exil.
[한] 유배지

*찬숑ᄒᆞ다 [TCHAN-SYONG-HĂ-TA] (讚誦) [원]591
[불] Louer, célébrer, exalter, prêcher.
[한] 칭찬하다, 축하하다, 찬양하다, 복음을 전하다

*찬양ᄒᆞ다 [TCHAN-YANG-HĂ-TA] (讚揚) [원]591
[불] Louer, donner des louanges, célébrer. bénédiction du T. -S. sacrement.
[한] 칭찬하다, 칭찬하다, 축하하다 | 매우 성스러운 성사[역주 聖事]의 축복 | 성사[역주 聖事]

*찬역ᄒᆞ다 [TCHAN-YEK-HĂ-TA] (簒逆) [원]591
[불] Rebelle, révolté, insurgé; se révolter, s'insurger.
[한] 반역하다, 반란을 일으키다, 폭동을 일으키다 | 반란을 일으키다, 폭동을 일으키다

*찬위ᄒᆞ다 [TCHAN-OUI-HĂ-TA] (簒位) [원]591
[불] S'emparer du trône.
[한] 왕좌를 탈취하다

*찬쟝 [TCHAN-TJYANG,-I] (饌藏) [원]591
[불] Garde-manger, armoire pour serrer les aliments, buffet, endroit où l'on dépose la vaisselle.
[한] 찬장, 음식을 보관하기 위한 장, 찬장, 식기류를 놓은 장소

*찬찬의복 [TCHAN-TCHAN-EUI-POK,-I] (燦燦衣服) [원]591
[불] Beaux habits.
[한] 아름다운 옷들

찬찬이 [TCHAN-TCHAN-I] [원]591
[불] Doucement, lentement, avec beaucoup de soin, minutieusement, petit à petit, peu à peu.
[한] 서서히, 천천히, 많은 정성을 들여, 세심하게, 조금씩, 점점

찬찬ᄒᆞ다 [TCHAN-TCHAN-HĂ-TA] [원]591
[불] Soigneux, minutieux.
[한] 꼼꼼하다, 세심하다

*찬탄ᄒᆞ다 [TCHAN-HTAN-HĂ-TA] (讚歎) [원]591
[불] Louer, célébrer, exalter, louer avec sentiment de son infériorité.
[한] 칭찬하다, 축하하다, 찬양하다, 자신이 열등하다고 느끼며 칭찬하다

*찬탈ᄒᆞ다 [TCHAN-HTAL-HĂ-TA] (簒奪) [원]591
[불] Voler, enlever de force.
[한] 훔치다, 억지로 빼앗다

*찬토 [TCHAN-HTO] (竄土) [원]591
[불] Lieu d'exil.
[한] 유배지

*찬품 [TCHAN-HPOUM,-I] (饌品) [원]591
[불] Degré du repas; qualité des mets; les mets eux-mêmes festin.
[한] 식사의 등급 | 요리의 질 | 그 자체로 축하연 같은 요리

*찬합 [TCHAN-HAP,-I] (饌盒) [원]591
[불] Boîte où l'on met des vivres, des mets pour la route.
[한] 길에서 먹을 식량, 요리들을 두는 상자

*찰 [TCHAL,-I] (札) [원]593
[불] Lettre, épître.
[한] 편지, 서간

*찰고ᄒᆞ다 [TCHAL-KO-HĂ-TA] (察考) [원]593
[불] Examiner, faire un examen (de catéchisme).
[한] 시험하다, (교리문답의) 시험을 치다

찰남찰남 [TCHAL-NAM-TCHAL-NAM] (濫貌) [원]593
[불] Désigne l'état d'un vase trop plein d'eau et qui déborde.
[한] 물이 너무 가득하고 넘치는 그릇의 상태를 가리킨다

찰노찰노 [TCHAL-NO-TCHAL-NO] (次例次例) [원]593
[불] En ordre, suivant son rang.
[한] 질서 있게, 순서에 따라

찰닥찰닥 [TCHAL-TAK-TCHAL-TAK] [원]593
[불] Désigne le bruit du battoir sur le linge qu'on lave.
[한] 세탁하는 세탁물 위의 빨래 방망이 소리를 가리킨다

찰머구리 [TCHAL-ME-KOU-RI] (眞蛙) [원]593
[불] Gros crapaud (à peau rude; les enfants en détachent les cuisses, les font griller et les mangent); esp. de grosse grenouille.
[한] 큰 두꺼비 (살갗이 거친; 아이들이 그것의 넓적다리를 떼어낸다, 이것을 석쇠에 구워서 먹는다) | 큰 개구리의 종류

찰박찰박 [TCHAL-PAK-TCHAL-PAK] [원]593
[불] Petit enfant qui, dans l'eau, s'amuse à frapper des

mains à la surface; le bruit qu'il fait. barboter dans l'eau.
한 물속에서 손으로 표면을 치면서 노는 어린아이 | 그것을 하는 소리 | 물속에서 절벅거리다

찰밥 [TCHAL-PAP,-I] (眞食) 원593
불 riz cuit fait de 찹쌀 Tchap-ssal.
한 찹쌀 Tchap-ssal로 만들어진 익은 쌀

*찰방 [TCHAL-PANG,-I] (察訪) 원593
불 Première dignité qu'obtient un docteur après ses examens, et qui consiste à prendre soin des chevaux du gouvernement ou à examiner les actes défectueux des mandarins. Directeurs des postes chargés de surveiller le service des chevaux (ils ont sous leurs ordres un certains nombre d'employés).
한 시험을 치른 후 박사를 획득하는 최고의 고관직으로, 정부 소속의 말들을 관리하거나 관리들의 결함이 있는 행위를 살펴보는 역할을 한다 | 말의 사용을 감시하는 일을 맡은 역참의 장들

찰벼 [TCHAL-PYE] (眞稻) 원593
불 Riz non écossé de 찹쌀 Tchap-ssal.
한 찹쌀 Tchap-ssal의 껍질을 까지 않은 쌀

찰삭찰삭 [TCHAL-SAK-TCHAL-SAK] 원593
불 Barboter dans l'eau; désigne le bruit que fait une laveuse avec son battoir.
한 물속에서 절벅거리다 | 빨래하는 여자가 빨래방망이로 내는 소리를 가리킨다

찰떡 [TCHAL-TTEK,-I] (鎭餠) 원593
불 Gâteau fait de 찹쌀 Tchap-ssal.
한 찹쌀 Tchap-ssal로 만들어진 떡

찰엽 [TCHAL-YEP,-I] 원593
불 Habit peu ouaté.
한 솜을 별로 넣지 않은 옷

*찰찰ᄒᆞ다 [TCHAL-TCHAL-HĂ-TA] (察察) 원593
불 Se dit d'une culture moyenne; qui n'est ni trop abondante ni trop peu abondante. ‖ Etre exact, minutieux.
한 중간 정도 수준의 교양에 대해 쓴다 | 너무 많지도 않고 너무 적지도 않다 | 정확하다, 치밀하다

1*참 [TCHAM,-I] (斬) 원590
불 En agr. Couper.
한 한자어로 자르다

2*참 [TCHAM,-I] (參) 원590
불 En agr. Participer.
한 한자어로 참여하다

3*참 [TCHAM,-I] (慘) 원590
불 Déplorable.
한 한탄스럽다

4*참 [TCHAM,-I] (站) 원590
불 Le point d'arrêt; la marée pleine, la marée haute.
한 멈추는 지점 | 가득한 조수, 만조

5*참 [TCHAM,-I] (僭) 원590
불 En agr. Excès.
한 한자어로 지나침

6*참 [TCHAM,-I] (慚) 원590
불 Honte.
한 부끄러움

*참견ᄒᆞ다 [TCHAM-KYEN-HĂ-TA] (叅見) 원590
불 Participer, prendre part, coopérer, regarder, voir, assister, être témoin.
한 참여하다, 참여하다, 협력하다, 관계하다, 보다, ~에 참석하다, 목격하다

*참경 [TCHAM-KYENG,-I] (慘境) 원590
불 Situation déplorable. Mort d'un enfant (fils ou fille).
한 한탄스러운 상황 | 아이(아들이나 딸)의 죽음

*참관ᄒᆞ다 [TCHAM-KOAN-HĂ-TA] (叅觀) 원590
불 Participer, prendre part à, coopérer, voir, être témoin.
한 참여하다, 참여하다, 협력하다, 보다, 목격하다

*참괴ᄒᆞ다 [TCHAM-KOI-HĂ-TA] (慚愧) 원590
불 Etre honteux, avoir honte.
한 부끄러워하다, 수치심을 갖다

*참남ᄒᆞ다 [TCHAM-NAM-HĂ-TA] (僭濫) 원590
불 Excéder, être excessif, transgresser. ‖ Agir en roi, faire les choses royalement, faire le noble.
한 넘다, 지나치다, 어기다 | 왕처럼 행동하다, 호화롭게 행동하다, 귀족인 체하다

*참두장군 [TCHĀM-TOU-TJYANG-KOUN,-I] (斬頭將軍, (Couper, tête, général)) 원591
불 Celui qui est mis à mort pour ne pas vouloir se soumettre, se parjurer.
한 복종하려, 맹세를 어기려 하지 않은 이유로 죽음에 처해진 사람

*참례ᄒᆞ다 [TCHAM-RYEI-HĂ-TA] (叅禮) 원591
불 Participer, prendre part à, assister (à la messe), coopérer, être présent à.
한 참여하다, 참여하다, (미사에) 참석하다, 협력하다, 출석하다

ㅊ

참마듸 [TCHAM-MA-TEUI] [원]590
[불] Sorte de petit poisson long, rond, tacheté de marques blanches rondes (dans l'eau douce).
[한] 크기가 작고 긴, 둥근 물고기의 종류, 흰색의 둥근 반점 표시가 있다 (민물에)

*참방ᄒᆞ다 [TCHAM-PANG-HĂ-TA] (叅榜) [원]590
[불] Prendre part. ‖ Récompense donnée à des enfants, à des étudiants qui ont bien passé leur examen (pinceau, encre, papier, avec un bon diner); recevoir la récompense pour avoir bien passé ses examens.
[한] ~에 참여하다 | 아이들, 시험을 잘 친 학생들에게 주는 상 (좋은 저녁 식사와 함께 붓, 잉크, 종이) | 시험을 잘쳐서 보상을 받다

*참벌ᄒᆞ다 [TCHAM-PEL-HĂ-TA] (慘罰) [원]590
[불] Torturer, mettre à mort, punir vraiment; être puni très-sévèrement.
[한] 고문하다, 죽음에 처하다, 실제로 벌하다 | 매우 가혹하게 벌 받다

*참봉 [TCHAM-PONG,-I] (叅奉) [원]590
[불] Première dignité d'un licencié, première charge qu'il obtient. Gardien d'un tombeau royal.
[한] 학위를 받은 사람의 첫 번째 직위, 그가 얻는 첫 번째 임무 | 왕의 묘를 지키는 사람

*참ᄇᆡᄒᆞ다 [TCHAM-PĂI-HĂ-TA] (叅盃) [원]590
[불] Boire ensemble.
[한] 함께 마시다

*참상 [TCHAM-SANG,-I] (慘喪) [원]591
[불] Grand, vraimalheur (v. g. mort d'un fils unique) mort déplorable.
[한] 큰, 진정한 불행 (예. 독자의 죽음), 통탄스러운 죽음

*참셕ᄒᆞ다 [TCHAM-SYEK-HĂ-TA] (叅席) [원]591
[불] Etre assis sur la même natte, c. a. d. prendre part à une réunion. Participer, prendre part à, coopérer, faire avec.
[한] 같은 돗자리에 앉아 있다, 즉 모임에 참여하다 | 참가하다, 참여하다, 협력하다, 함께하다

*참셥ᄒᆞ다 [TCHAM-SYEP-HĂ-TA] (叅涉) [원]591
[불] Coopérer, prendre part à, participer.
[한] 협력하다, 참여하다, 참가하다

*참쇼ᄒᆞ다 [TCHĀM-SYO-HĂ-TA] (讒訴) [원]591
[불] Accuser faussement par flatterie; calomnier.
[한] 아첨으로 속여서 비난하다 | 비방하다

*참슈ᄒᆞ다 [TCHĀM-SYOU-HĂ-TA] (斬首) [원]591
[불] Couper la tête, décapiter.
[한] 머리를 자르다, 목을 자르다

*참시 [TCHAM-SI] (叅試) [원]591
[불] Le 3me des examinateurs qui mettent les notes sur les copies, sur les compositions des candidats pour le baccalauréat.
[한] 답안에 점수를 기록하는 검사관들 중 세 번째 | 바칼로레아 후보자들의 답지

*참시ᄒᆞ다 [TCHAM-SI-HĂ-TA] (斬屍) [원]591
[불] Décapiter un cadavre.
[한] 시체의 목을 자르다

*참ᄉᆞᄒᆞ다 [TCHAM-SĂ-HĂ-TA] (叅祀) [원]591
[불] Assister ou participer à un sacrifice.
[한] 제사에 참석하거나 참가하다

참ᄉᆡ [TCHAM-SĂI] (雀) [원]591
[불] Moineau, passereau.
[한] 참새, 참새

1*참악ᄒᆞ다 [TCHAM-AK-HĂ-TA] (慘惡) [원]590
[불] Déplorable; infortuné; être misérable.
[한] 통탄스럽다 | 불행하다 | 불쌍하다

2참약ᄒᆞ다 [TCHAM-YAK-HĂ-TA] [원]590
[불] Nain; tout petit; être trop faible.
[한] 난쟁이 | 매우 작다 | 너무 약하다

*참예ᄒᆞ다 [TCHAM-YEI-HĂ-TA] (叅預) [원]590
[불] Participer, prendre part à, coopérer, assister (à la messe), faire ensemble.
[한] 참가하다, 참여하다, 협력하다, (미사에) 참석하다, 함께 하다

*참욕 [TCHAM-YOK,-I] (慚辱) [원]590
[불] Injure acerbe, grand affront, injure qui fait rougir.
[한] 신랄한 욕설, 큰 모욕, 얼굴을 붉히게 하는 모욕

*참의 [TCHAM-EUI] (叅議) [원]590
[불] Les ministres de 4me ordre, grand dignitaire du 4me ordre, au-dessous du 참판 Tcham-hpan; conseiller d'un 판셔 Hpan-sye.
[한] 네 번째 서열의 장관들, 참판 Tcham-hpan 아래의 네 번째 서열의 중요한 고관 | 판셔Hpan-sye의 조언자

*참쳑 [TCHAM-TCHYEK,-I] (慘慽) [원]591
[불] Grand malheur. mort d'un enfant (fils, fille ou petit-fils).
[한] 큰 불행 | 아이(아들, 딸 또는 손자)의 죽음

*참쳑보다 [TCHAM-TCHYEK-PO-TA,-PO-A,-PON] (慘

慽) ㉶591
불 Eprouver un malheur, la mort d'un enfant.
한 불행을 겪다, 아이의 죽음

참쳔 [TCHAM-TCHYEN,-I] ㉶591
불 Objets précieux.
한 소중한 물건들

*참쵸ᄒᆞ다 [TCHAM-TCHYO-HĂ-TA] (斬草) ㉶591
불 Couper l'herbe (des tombeaux).
한 (묘지들의) 풀을 자르다

*참치 [TCHAM-TCHI] (叅差) ㉶591
불 Inégalité. = ᄒᆞ다-hă-ta, Etre inégal.
한 불균등 | [용례 = ᄒᆞ다, -hă-ta], 불균등하다

*참칭왕 [TCHAM-TCHING-OANG,-I] (僭稱王) ㉶591
불 Faux roi; qui fait le roi; qui joue le personnage du roi.
한 가짜 왕 | 왕의 흉내를 내는 사람 | 왕의 역할을 하다

*참텬ᄒᆞ다 [TCHAM-HTYEN-HĂ-TA] (叅天) ㉶591
불 Etre comme la voûte du ciel (arbres très-touffus).
한 (매우 무성한 나무들이) 하늘의 둥근 천장 같다

참토쟝이 [TCHAM-HTO-TJYANG-I] ㉶591
불 Bourreau. V. 희광이 Heui-koang-i et 막난이 Mak-nan-i.
한 사형집행인 | [참조어 희광이, Heui-koang-I], [참조어 막난이, Mak-nan-i]

*참판 [TCHAM-HPAN,-I] (叅判) ㉶590
불 Les six ministres de 3me ordre; dignité immédiatement au-dessous du 판셔 Hpan-sye; assistant ou substitut (d'un 판셔 Hpan-sye).
한 세 번째 서열의 여섯 장관들 | 판서 Hpan-sye 바로 아래의 고관직 | (판서 Hpan-sye의) 보좌관 또는 대리인

참피리 [TCHAM-HPI-RI] ㉶591
불 Nom d'un poisson d'eau douce.
한 민물 생선의 이름

*참혹ᄒᆞ다 [TCHAM-HOK-HĂ-TA] (慘酷) ㉶590
불 Déplorable, infortuné, regrettable; être misérable, désolant, funeste.
한 한탄스럽다, 불행하다, 유감스럽다 | 비참하다, 한탄할 만하다, 불길하다

1*참ᄒᆞ다 [TCHAM-HĂ-TA,-HĂ-YE,-HĂN] (斬) ㉶590
불 Couper la tête.
한 머리를 베다

2참ᄒᆞ다 [TCHAM-HĂ-TA,-HĂ-YE,-HĂN] (妙) ㉶590
불 Beau joli, mignon.
한 아름답고 예쁘다, 귀엽다

찹쌀 [TCHAP-SSAL,-I] (糯米) ㉶593
불 Riz d'une espèce particulière; sorte de riz, de millet, de sorgho dont la pâte est plus liante que celle du riz ordinaire. Esp. de riz dont on fait le vin et les gâteaux.
한 특별한 종류의 쌀 | 그 반죽이 일반적인 쌀보다 더 탄력성이 있는 쌀, 좁쌀, 수수의 종류 | 술과 떡을 만드는 쌀의 종류

찹은ᄒᆞ다 [TCHAP-EUN-HĂ-TA] ㉶592
불 Etre un peu humide (farine).
한 (가루) 조금 축축하다

찹착이 [TCHAP-TCHAK-I] ㉶593
불 Petit bassin de terre, terrine.
한 흙으로 만든 작은 대야, 단지

찹찹ᄒᆞ다 [TCHAP-TCHAP-HĀ-TA] ㉶593
불 Bien étendu, bien tendu; être épais, serré.
한 잘 펼쳐지다, 잘 당겨지다 | 밀집하다, 촘촘하다

1찻다 [TCHAT-TA,TCHA-TJYE,TCHA-TJĂN] (覔) ㉶593
불 (ou ᄎᆞᆺ다 TCHĂT-TA). Chercher, s'informer de, trouver.
한 (또는 ᄎᆞᆺ다 TCHĂT-TA) | 찾다, ~에 대해 알아보다, 찾아내다

2찻다 [TCHAT-TA,TCHA-TJA,TCHA-TYEUN] ㉶595 ☞ ᄎᆞᆺ다

1*창 [TCHANG,-I] (鎗) ㉶591
불 Lance.
한 창

2*창 [TCHANG,-I] (牕) ㉶591
불 Fenêtre, lucarne (qui ne s'ouvre pas), trou.
한 창문, (열리지 않는) 천창, 구멍

3*창 [TCHANG,-I] (倉) ㉶591
불 Grenier du gouvernement pour les grains.
한 정부의 곡식용 창고

4*창 [TCHANG,-I] (鶬) ㉶591
불 Loriot.
한 꾀꼬리

5*창 [TCHANG,-I] (瘡) ㉶591
불 Cancer, ulcère, clou, furoncle.
한 암, 궤양, 정, 절종

6*창 [TCHANG,-I] (蒼) ㉶591
불 En agr. Bleu.
한 한자어로 파랑

7*창 [TCHANG,-I] (唱) ㉶591
불 Chant.

한 노래

*창가 [TCHANG-KA] (娼家) 원592
불 Maison de prostituées.
한 매춘부들의 집

*창검 [TCHANG-KEM,-I] (鎗劍) 원592
불 Lance et sabre.
한 창과 검

1*창경 [TCHANG-KYENG,-I] (窓鏡) 원592
불 Petit morceau de verre à une porte, à une fenêtre; vitre, porte ou fenêtre vitrée.
한 문, 창에 있는 작은 유리 조각 | 유리, 유리로 된 문이나 창문

2*창경 [TCHANG-KYENG,-I] (鶬鶊) 원592
불 Loriot. Syn. 쇠꼬리 Kkoi-kko-ri.
한 꾀꼬리 | [동의어 쇠꼬리, Kkoi-kko-ri]

*창고 [TCHANG-KO] (倉庫) 원592
불 Grenier; cellier; maison de dépôt des blés, des céréales; magasin du gouvernement.
한 곡식 창고 | 지하 저장실 | 곡식, 곡물의 보관 시설 | 정부의 창고

*창곡 [TCHANG-KOK,-I] (倉穀) 원592
불 Blé du gouvernement.
한 정부의 곡식

*창기 [TCHANG-KI] (娼妓) 원592
불 Femme débauchée, femme publique à la préfecture, courtisane; chanteuse, comédienne.
한 방탕한 여자, 도청에 소속되어 있는 창녀, 화류계의 여자 | 여가수, 여배우

창나다 [TCHANG-NA-TA,-NA,-NAN] (弊穴) 원592
불 Se percer (souliers, sous la semelle); être percé, déchiré.
한 (신발, 신 바닥에) 구멍이 뚫리다 | 구멍이 뚫리다, 찢어지다

*창녀 [TCHANG-NYE] (娼女) 원592
불 Femme débauchée, de mauvaise vie.
한 방탕한, 행실이 나쁜 여자

*창독 [TCHANG-TOK,-I] (瘡毒) 원592
불 Mal d'un cancer, gangrène du cancer, inflammation d'un ulcère.
한 암의 고통, 암의 회저, 궤양의 염증

*창립ᄒᆞ다 [TCHANG-RIP-HĂ-TA] (創立) 원592
불 Fonder, commencer, faire pour la première fois.
한 설립하다, 시작하다, 처음으로 하다

1*창망ᄒᆞ다 [TCHANG-MANG-HĂ-TA] (滄茫) 원592
불 Vaste et confus.
한 광대하고 혼란스럽다

2*창망ᄒᆞ다 [TCHANG-MANG-HĂ-TA] (蒼忙) 원592
불 Etre pressé, empressé.
한 바쁘다, 서두르다

*창문 [TCHANG-MOUN,-I] (窓門) 원592
불 Fenêtre (qui s'ouvre et se ferme à volonté), volet.
한 (마음대로 열리고 닫히는) 창문, 덧문

창밧다 [TCHANG-PAT-TA,-PAT-A,-PAT-EUN] (補底) 원 592
불 Mettre une nouvelle semelle à un soulier.
한 신발에 새로운 밑창을 대다

*창방 [TCHANG-PANG,-I] (唱榜) 원592
불 Faire venir et recevoir les nouveaux bacheliers et licencié (ne se dit que du roi).
한 바칼로레아 시험의 새로운 합격자들과 학사 학위 소지자를 오게 하고 접대하다 (왕에 대해서만 쓴다)

1*창병 [TCHANG-PYENG,-I] (瘡病) 원592
불 Maladie causée par la débauche et dans laquelle le nez disparaît dévoré par un cancer, la gangrène.
한 방탕한 생활에 의해 생기고 암에 먹혀 코가 사라지는 병, 탈저

2*창병 [TCHANG-PYENG] (蒼屛) 원592
불 Haie vive.
한 생울타리

*창부 [TCHANG-POU] (唱夫) 원592
불 Chanteur, musicien, comédien qui accompagne ou qui précède un nouveau bachelier en jouant de la flûte, etc.; baladin, comédien.
한 플룻 등을 연주하며 새 바칼로레아 합격자를 수행하거나 앞서가는 가수, 음악인, 배우 | 떠돌이 광대, 배우

창셩 [TCHANG-SYENG] 원592
불 Tous les hommes.
한 모든 남자

*창셩ᄒᆞ다 [TCHANG-SYENG-HĂ-TA] (昌盛) 원592
불 Florissant, progressant, prospère (royaume etc.); gras, fertile (herbe, etc.).
한 번성하다, 전진하다, 번영하다 (왕국 등) | 기름지다, 비옥하다 (풀 등)

*창쇽 [TCHANG-SYOK,-I] (倉屬) 원592
불 Gardien des magasins de blé du gouvernement;

employés inférieurs des greniers du gouvernement.
한 정부의 곡식 창고를 지키는 사람 | 정부의 곡식창고의 하급 고용인들

*창슈군 [TCHANG-SYOU-KOUN,-I] (鎗手軍) 원592
불 Lancier, soldat qui porte une lance. Chasseurs qui, pendant l'hiver, se servent d'une lance pour percer les animaux, qu'ils poursuivent sur la neige avec des raquettes aux pieds.
한 창기병, 창을 지니는 군인 | 겨울 동안, 발에 눈신을 신은 채 눈 위에서 쫓는 동물들을 찌르기 위해 창을 쓰는 사냥꾼들

창쌀 [TCHANG-SSAL,-I] (窓箭) 원592
불 Barreau de la fenêtre.
한 창문의 창살

창옷 [TCHANG-OT,-SI] (氅衣) 원592
불 Habit de dessus. veste en forme de scapulaire, à manches.
한 위에 입는 옷 | 어깨띠 모양의, 소매가 있는 웃옷

*창졸 [TCHANG-TJOL,-I] (倉卒) 원592
불 Soldat, gardien des magasins de blé du gouvernement. ‖ Subitement, soudain, soudainement.
한 정부의 곡식 창고의 군인, 관리자 | 갑자기, 불시의, 별안간

*창질 [TCHANG-TJIL,-I] (瘡疾) 원592
불 Maladie, cancer causé par la débauche et qui fait tomber le nez des personnes qui en sont atteintes. Maladie du furoncle, d'ulcères. V.Syn. 당창 Tang-tchang.
한 방탕한 생활로 인해 생기고 걸린 사람들의 코를 내려앉게 하는 병, 암 | 절종, 궤양의 병 | [동의어 당창, Tang-tchang]

[1]창ᄌᆞ [TCHANG-TJĂ] (腸) 원592
불 Entrailles, boyaux, intestins.
한 내장, 창자, 장

[2]창ᄌᆞ [TCHANG-TJĂ] 원594 ☞ 챵ᄌᆞ

창ᄌᆞ밧고이다 [TCHANG-TJĂ-PAT-KO-I-TA,-KO-YE,-KO-IN] 원592
불 Changer de boyaux, s'acclimater.
한 창자를 바꾸다, 새 환경에 적응되다

*창창 [TCHANG-TCHANG] (蒼蒼) 원592
불 Loin, éloigné (dans un temps futur), qui ne se fera que longtemps après, dans un avenir lointain.
한 멀다, (미래 시간에서) 멀리 떨어지다, 오래 후에, 먼 미래에나 일어날 것이다

*창창쇼년 [TCHANG-TCHANG-SYO-NYEN,-I] (蒼蒼少年) 원592
불 Tout jeune homme, jeune femme qui est encore dans l'adolescence.
한 아주 어린 남자, 여전히 청춘기에 있는 젊은 여자

*창츌 [TCHANG-TCHYOUL,-I] (蒼朮) 원592
불 Nom d'un remède, racine du 삽쥬 Sap-tjyou.
한 약 이름, 삽쥬 Sap-tjyou의 뿌리

창칼 [TCHANG-HKAL,-I] 원592
불 Couteau qui, dans la maison, sert à toute espèce de choses et est à la disposition de tout le monde. Couteau pendu à la ceinture.
한 집에서, 모든 종류의 것들에 쓰이고 모든 사람이 쓰는 칼 | 허리띠에 매다는 칼

*창텬 [TCHANG-HTYEN,-I] (蒼天) 원592
불 Ciel, firmament, ciel bleu.
한 하늘, 창공, 파란 하늘

*창포 [TCHANG-HPO] (菖蒲) 원592
불 Iris; esp. d'herbe odorante dont la racine sert en médecine, (on l'arrache le 5 de la 5me lune).
한 붓꽃 | 뿌리가 내복약으로 쓰이는 향이 나는 풀의 종류, (다섯 번째 달 5일에 이것을 뿌리채 뽑는다)

*창호 [TCHANG-HO] (牕戶) 원592
불 Fenêtre, grande lucarne (qui peut s'ouvrir). Fenêtre et porte.
한 창문, (열리는) 커다란 천창 | 창문과 문

*창황ᄒᆞ다 [TCHANG-HOANG-HĂ-TA] (蒼黃) 원592
불 Etre troublé, se troubler, perdre un peu son sang-froid.
한 혼란하다, 동요되다, 냉정을 조금 잃다

*창ᄒᆡ [TCHANG-HĂI] (滄海) 원592
불 Mer.
한 바다

[1*]채 [TCHAI] (債) 원589
불 Dettes.
한 빚

[2*]채 [TCHAI] (簀) 원589
불 Baguette de saule, de 비사리 Pi-sa-ri dépouillée de son écorce et qui sert à faire des corbeilles. Fouet, verge.
한 버드나무의, 그 껍질을 벗기고 바구니를 만드는 데 쓰이는 비사리 Pi-sa-ri 막대기 | 채찍, 막대기

[3]채 [TCHAI] (終) 원589

불 Tout à fait, entièrement.
한 완전히, 전적으로

*채농 [TCHAI-NONG,-I] (簀籠) 원589
불 Malle, corbeille en osier, en branches de saule; panier; objet de vannerie.
한 트렁크, 버들이나 버드나무 가지로 만든 바구니 | 바구니 | 광주리 물건

채독 [TCHAI-TOK,-I] 원589
불 Grand panier en osier (en 채 Tchai), manne, mannequin.
한 버들로 만든(채 Tchai로 만든) 큰 바구니, 큰 광주리, 작은 바구니

*채롱 [TCHAI-RONG,-I] (簀籠) 원589
불 Malle, corbeille en osier, en branches de saule; panier; objet de vannerie.
한 트렁크, 버들이나 버드나무 가지로 만든 바구니 | 바구니 | 광주리 제품

채모로다 [TCHAI-MO-RO-TA,-MOL-NA,-MO-RON] (不能的知) 원589
불 Ne pas savoir clairement, sûrement.
한 명확하게, 분명하게는 알지 못하다

*채반 [TCHAI-PAN,-I] (簀盤) 원589
불 Grande corbeille plate d'osier et tressée en forme de plateau.
한 버들로 만들어지고 쟁반모양으로 짜인 크고 납작한 바구니

채발 [TCHAI-PAL,-I] (簀簾) 원589
불 Sorte de jalousie ou claie en 채 Tchai.
한 채 Tchai로 만든 블라인드나 체의 종류

*채ᄉᆞ [TCHAI-SĂ] (差使) 원589
불 Commissionnaire, aide. commis, valet de préfecture pour faire les commissions, satellite du mandarin.
한 심부름꾼, 조수 | 심부름을 하기 위한 관청의 사무원, 하인, 관리의 심복 부하

채아지못ᄒᆞ다 [TCHAI-A-TJI-MOT-HĂ-TA] (終不知) 원589
불 Ne pouvoir pas savoir clairement.
한 명확하게 알 수 없다

채알다 [TCHAI-AL-TA,-AL-A,-AN] (終知) 원589
불 Savoir clairement.
한 명확하게 알다

채잡다 [TCHAI-TJAP-TA,-TJAP-A,-TJAP-EUN] (執柄) 원589
불 Dominer, être au-dessus des autres, commander.
한 지배하다, 다른 사람들 위에 있다, 지휘하다

채직 [TCHAI-TJIK,-I] (鞭) 원589
불 Fouet, cravache, verge.
한 회초리, 승마용 채찍, 채찍

채질ᄒᆞ다 [TCHAI-TJIL-HĂ-TA] (着鞭) 원589
불 Fouetter, agiter le fouet.
한 회초리로 때리다, 회초리를 흔들다

*채칙 [TCHAI-TCHĂIK,-I] (寨柵) 원589
불 Cordon de sentinelles. Ouvrages de défense; fascines; retranchements de fagots, de branchages.
한 보초병들의 줄 | 방어의 건축물 | 섶 다발 | 나무의 단, 가지들로 된 방어 진지

챠 [TCHYA] 원589 ☞ [1]차

*챠력군 [TCHYĂ-RYEK-KOUN,-I] (借力軍) 원594
불 Homme qui cherche à obtenir des forces surnaturelles par des moyens superstitieux. Se dit des hommes qui se donnent au diable et qui en obtiennent le pouvoir de s'élever en l'air, de soulever les plus lourds fardeaux, de faire plus de trente lieues en un jour.
한 미신적인 방법으로 초자연적인 힘을 얻으려 하는 사람 | 악마에 자신을 바치고 그로부터 공중으로 오르는, 가장 무거운 짐들을 들어올리는, 30리의 이상을 가는 힘을 얻는 사람에 대해 쓴다

*챠복 [TCHYĂ-POK,-I] (借服) 원594
불 Habit d'emprunt; habit emprunté.
한 빌린 옷 | 빌린 옷

*챠운ᄒᆞ다 [TCHYA-OUN-HĂ-TA] (次韻) 원593
불 Réponse; répondre en la même forme, de la même manière; répondre par écrit à un autre écrit; réfuter un écrit.
한 대답 | 같은 형태로, 같은 방식으로 대답하다 | 다른 서류에 글로써 답하다 | 서류에 반박하다

*챠작 [TCHYĂ-TJYAK,-I] (借作) 원594
불 Composition empruntée. Faire exécuter par un étranger, demander à un autre de faire un ouvrage qu'on ne peut faire soi-même.
한 빌린 작품 | 다른 사람으로 하여금 실행시키다, 자신이 할 수 없는 일을 외부 사람에게 하기를 요구하다

*챠텽입실ᄒᆞ다 [TCHYA-HTYENG-IP-SIL-HĂ-TA] (借廳入室) 원594

불 Intrigant qui se faufile peu à peu jusque dedans. ‖ Inviter instamment à entrer.

한 내부까지 조금씩 교묘하게 들어가는 음모자 | 간곡하게 들어가기를 권하다

*챵 [TCHYANG,-I] (唱) 원593

불 Chant, musique.

한 노래, 음악

*챵가 [TCHYANG-KA] (唱歌) 원593

불 Chant, musique.

한 노래, 음악

*챵개ᄒᆞ다 [TCHYANG-KAI-HĂ-TA] (創開) 원593

불 Fonder, jeter les fondements, commencer, instituer.

한 기초를 세우다, 기초를 세우다, 시작하다, 설립하다

*챵결ᄒᆞ다 [TCHYANG-KYEL-HĂ-TA] (悵缺) 원593

불 Etre regrettable; être désappointé, mécontent. Syn. 챵탄ᄒᆞ다 Tchyang-htan-hă-ta.

한 유감스럽다 | 실망하다, 불만스럽다 | [동의어 챵탄ᄒᆞ다, Tchyang-htan-hă-ta]

*챵만ᄒᆞ다 [TCHYANG-MAN-HĂ-TA] (漲滿) 원594

불 Etre plein, rempli, à pleins bords.

한 가득하다, 가득 차다, 많다

*챵미사 [TCHYANG-MI-SA] (唱彌撒) 원594

불 Grand messe, messe chantée.

한 대미사, 노래가 있는 미사

*챵업ᄒᆞ다 [TCHYANG-EP-HĂ-TA] (創業) 원593

불 Fonder, jeter les fondements; fonder une dynastie, un empire.

한 창설하다, 기초를 세우다 | 왕조, 제국을 설립하다

*챵연ᄒᆞ다 [TCHYANG-YEN-HĂ-TA] (悵然) 원593

불 Etre chagrin, peiné, affligé.

한 슬퍼하다, 마음이 아프다, 괴로워하다

*챵의 [TCHYANG-EUI] (氅衣) 원593

불 Grand habit de dignitaire fendu par derrière, espèce de redingote bleue des dignitaires.

한 후부가 갈라진 고관이 입는 큰 옷, 고관들의 파란 프록코트의 종류

*챵일ᄒᆞ다 [TCHYANG-IL-HĂ-TA] (漲溢) 원593

불 Déborder (la mer), inonder.

한 넘치다 (바다), 범람하다

챵ᄌᆞ [TCHYANG-TJA] (脹子) 원594

불 Boyaux.

한 창자

*챵탄ᄒᆞ다 [TCHYANG-HTAN-HĂ-TA] (悵歎) 원594

불 Etre regrettable. Syn. 챵결ᄒᆞ다 Tchyang-kyel-ha-ta.

한 유감스럽다 | [동의어 챵결ᄒᆞ다, Tchyang-kyel-ha-ta]

처럼 [TCHE-REM] 원595

불 En, comme, semblablement. (Après un mot, le rend adverbe; v. g. 님군처럼 Nim-koun-tche-rem, en roi, c. a. d. royalement).

한 ~의 모양이 되어, ~처럼, 비슷하게 | (단어 뒤에서, 그것을 부사로 만든다 | 예. 님군처럼 Nim-koun-tche-rem, 왕처럼, 즉 호화롭게)

처로 [TCHE-RO] 원595 ☞처름

처름 [TCHE-REUM] 원595

불 Semblablement, comme.

한 비슷하게, ~처럼

처음 [TCHE-EUM,-I] (初) 원595

불 Commencement. 처음에 Tche-eum-ei, Premièrement, d'abord.

한 시작 | [용례 처음에, Tche-eum-ei], 첫째로, 먼저

천엽 [TCHYEN-YEP,-I] 원513 ☞텬엽

*천엽화 [TCHYEN-YEP-HOA] (千葉花) 원597

불 Nom d'une fleur.

한 꽃 이름

첫 [TCHET] (初) 원595

불 Premier, principal, le plus important.

한 첫째의, 주된, 가장 중요하다

첫귀 [TCHET-KOUI] (初句) 원595

불 Nombre des dizaines de caractères qui composent la leçon, le devoir d'un enfant qui commence à étudier, à écrire. ‖ Le premier vers d'une pièce.

한 공부하기 시작하는, 글을 쓰기 시작하는 아이의 수업, 숙제를 구성하는 수십 개의 글자들의 수 | 한 작품의 첫 번째 행

첫번 [TCHET-PEN,-I] (第一番) 원595

불 Première fois.

한 첫 번

첫지 [TCHET-TJĂI] (第一) 원595

불 Le premier, le 1er.

한 첫째, 첫째

1*쳐 [TCHYE] (妻) 원595

불 Femme, épouse. (Devant un nom de parenté, désigne les parents du côté de l'épouse).

한 부인, 아내 | (친족관계의 명사 앞에서, 아내 쪽의 친척

들을 가리킨다)

2* 쳐 [TCHYE] (處) [원]595
[불] Demeure, asile, lieu, place, endroit.
[한] 주거, 안식처, 장소, 자리, 곳

*쳐가 [TCHYE-KA] (妻家) [원]596
[불] Maison, famille de la femme.
[한] 아내의 집, 가족

*쳐남 [TCHYE-NAM,-I] (妻娚) [원]597
[불] Frère de l'épouse, beau-frère.
[한] 아내의 남자 형제, 인척 남자 형제

*쳐녀 [TCHYE-NYE] (處女) [원]597
[불] Petite fille; fille vers l'âge de 12 à 17 ans, jeune fille, jeune personne.
[한] 소녀 | 12～17세 정도의 소녀, 어린 소녀, 젊은 사람

*쳐단ᄒᆞ다 [TCHYE-TAN-HĂ-TA] (處斷) [원]600
[불] Décider, juger, arranger.
[한] 결정하다, 판단하다, 타결하다

*쳐뎨 [TCHYE-TYEI] (妻弟) [원]600
[불] Sœur cadette de la femme.
[한] 아내의 손아래 여자 형제

쳐듣지르다 [TCHYE-TEUN-TJI-REU-TA,-TJIL-NE,-TJI-REUN] (貪叨) [원]600
[불] Manger, dévorer (injur.).
[한] 먹다, 게걸스럽게 먹다 (욕설)

*쳐디 [TCHYĒ-TI] (處地) [원]600
[불] Position, état, situation.
[한] 위치, 상태, 상황

*쳐디분수 [TCHYE-TI-POUN-SOU] (處地分數) [원]600
[불] Situation, état, position.
[한] 상황, 상태, 위치

*쳐량ᄒᆞ다 [TCHYE-RYANG-HĂ-TA] (凄凉) [원]599
[불] Etre affecté de tristesse, avoir le cœur en peine; se consumer de chagrin ou d'inquiétude.
[한] 슬픔에 마음 아프다, 마음 아파하다 | 슬픔 또는 염려로 쇠약해지다

쳐로 [TCHYE-RO] [원]599
[불] De cette manière, comme, de même que, en (se place après le nom). 왕쳐로 Oang-tchye-ro, En roi.
[한] 이런 식으로, ～처럼, ～와 마찬가지로, ～로(명사 뒤에 위치한다) | [[용례] 왕쳐로, Oang-tchye-ro], 왕처럼

*쳐변 [TCHYE-PYEN,-I] (妻邊) [원]599
[불] Côté de la femme (se dit de la famille, de la parenté).
[한] 부인 쪽 (가족, 친족관계에 대해 쓴다)

*쳐변ᄒᆞ다 [TCHYE-PYEN-HĂ-TA] (處辨) [원]599
[불] Décision subite; se décider, prendre une décision, une résolution, tout-à-coup. Arranger, disposer.
[한] 급작스러운 결정 | 결단을 내리다, 갑자기 결정, 결심을 하다 | 타결하다, 결심을 갖게 하다

*쳐분 [TCHYE-POUN,-I] (處分) [원]599
[불] Pensée, désir, volonté, jugement, délibération, décision (se dit à un supérieur).
[한] 생각, 욕망, 의사, 판단, 숙고, 결정(높은 사람에게 쓴다)

*쳐셔 [TCHYĒ-SYE] (處暑, (cesser, chaleur)) [원]599
[불] 2me quinzaine d'automne, 21 août.
[한] 가을의 두 번째 2주간, 8월 21일

*쳐소 [TCHYĒ-SO] (處所) [원]600
[불] Résidence, habitation, lieu, endroit.
[한] 거주지, 거처, 장소, 곳

*쳐신불공 [TCHYE-SIN-POUL-KONG] (處身不恭) [원]599
[불] Ne pas se tenir honnêtement, n'avoir aucune tenue.
[한] 예의 바르게 처신하지 않다, 행실이 좋지 않다

*쳐신ᄒᆞ다 [TCHYE-SIN-HĂ-TA] (處身) [원]599
[불] Prendre soin de son corps, avoir de la tendre, se tenir honnêtement.
[한] 몸을 보살피다, 애정을 가지다, 예의 바르게 처신하다

*쳐장ᄒᆞ다 [TCHYE-TJANG-HĂ-TA] (妻葬) [원]600
[불] Faire les funérailles de sa femme.
[한] 자기 아내의 장례를 치르다

*쳐족 [TCHYE-TJYOK,-I] (妻族) [원]600
[불] Parents de la femme, les alliés, parents du côté de la femme.
[한] 아내의 친척들, 인척들, 아내 쪽 친척들

쳐지다 [TCHYE-TJI-TA,TCHYE-TJYE,TCHYE-TJIN] (後來) [원]600
[불] Rester en arrière.
[한] 뒤에 남다

1* 쳐ᄌᆞ [TCHYE-TJĂ] (妻子) [원]600
[불] Femme et enfants.
[한] 아내와 자식들

2* 쳐ᄌᆞ [TCHYĒ-TJĂ] (處子) [원]600
[불] Jeune fille, fille vers l'âge de 14 à 18 ans, jeune personne.
[한] 어린 소녀, 14～18세가량의 소녀, 젊은 사람

*쳐참ᄒᆞ다 [TCHYĒ-TCHAM-HĂ-TA] (處斬) [원]600
[불] Couper le cou sans les grandes cérémonies, mais

dans un lieu public.
한 큰 의식은 없지만 공공장소에서 목을 자르다

*쳐쳐 [TCHYE-TCHYE] (處處) 원600
불 (En) tous lieux, (en) chaque endroit.
한 모든 장소(에), 각각의 장소(에)

1*쳐치ᄒᆞ다 [TCHYE-TCHI-HĂ-TA] (處置) 원600
불 Arranger, disposer.
한 해결하다, 정돈하다

2쳐치ᄒᆞ다 [TCHYE-TCHI-HĂ-TA] (處治) 원600
불 Se tirer d'affaire, régler, décider.
한 곤경에서 빠져나오다, 해결하다, 판정을 내리다

*쳔 [TCHYEN,-I] (千) 원597
불 Mille, 1,000.
한 천, 1,000

*쳔거ᄒᆞ다 [TCHYEN-KE-HĂ-TA] (薦擧) 원597
불 Suffrage; donner son suffrage, recommander, faire connaître, indiquer. Servir d'intermédiaire. V. 지시ᄒᆞ다 Tji-si-hă-ta.
한 투표 | 동의하다, 천거하다, 알게 하다, 알려 주다 | 중개의 역할을 하다 | [참조어 지시ᄒᆞ다, Tji-si-hă-ta]

*쳔격 [TCHYEN-KYEK,-I] (賤格) 원597
불 Vain; vanité; extravagance; mauvais goût; manière abjecte.
한 천박하다 | 허영심 | 정상을 벗어남 | 나쁜 기호 | 비열한 방법

*쳔견 [TCHYEN-KYEN,-I] (淺見) 원597
불 Petit esprit; petites idées; vil jugement; vile manière de voir; (en parlant de soi, terme d'humilité)
한 편협한 사람 | 하찮은 생각 | 비루한 판단 | 비루한 소견 | (자기에 대해 말할 때, 겸손의 용어)

*쳔고만란 [TCHYEN-KO-MAN-RAN,-I] (千苦萬難) 원597
불 Mille souffrances, dix mille douleurs; mille afflictions, dix mille peines, c. a. d. toutes sortes de peines.
한 천 개의 고통, 만 개의 고통 | 천 개의 고뇌, 만의 근심, 즉, 모든 종류의 근심

*쳔근ᄒᆞ다 [TCHYEN-KEUN-HĂ-TA] (淺近) 원597
불 Petit; tout petit; peu important; très-près; très-proche de.
한 작다 | 아주 작다 | 별로 중요하지 않다 | 매우 가깝다 | ~에 매우 가깝다

*쳔답ᄒᆞ다 [TCHYEN-TAP-HĂ-TA] (踐踏) 원597
불 Mépriser et fouler aux pieds; regarder avec mépris, mépriser.
한 경멸하고 발로 짓밟다 | 멸시하며 보다, 경멸하다

쳔덕구럭이 [TCHYEN-TEK-KOU-REK-I] 원597
불 Homme vil, méprisé de tout le monde, jouet de tout le monde.
한 비루한 사람, 모두에게 멸시받는 사람, 모두의 놀림감

*쳔ᄃᆡᄒᆞ다 [TCHYĒN-TĂI-HĂ-TA] (賤待) 원597
불 Ne pas bien traiter, ne pas recevoir avec honneur, traiter avec mépris.
한 잘 대접하지 않다, 영예로이 맞이하지 않다, 멸시하며 대하다

쳔량 [TCHYEN-RYANG,-I] (財物) 원597
불 Richesses de toute sorte.
한 모든 종류의 재산

*쳔루ᄒᆞ다 [TCHYEN-ROU-HĂ-TA] (淺陋) 원597
불 Impoli, inutile, incivil, vil et abject, ignorant.
한 버릇없다, 무익하다, 무례하다, 천하고 비열하다, 무식하다

*쳔리경 [TCHYEN-RI-KYENG,-I] (千里鏡) 원597
불 Miroir, glace de cent lieues. longue-vue.
한 거울, 천리외의 거울 | 망원경

*쳔리구 [TCHYEN-RI-KOU] (千里駒) 원597
불 Cheval qui peut faire mille ri (c. a. d. 100 lieues) en un jour. ‖ Un très-beau fils, bien fait, spirituel et fort.
한 하루에 천 리(즉 100리외) 를 갈 수 있는 말 | 매우 아름다운, 체격이 좋은, 재치 있고 강한 아들

*쳔만 [TCHYEN-MAN] (千萬) 원597
불 Mille et dix mille.
한 천과 만[역주 수]

*쳔만년 [TCHYEN-MAN-NYEN,-I] (千萬年) 원597
불 Mille, dix mille années.
한 천 년, 만 년

*쳔만의외 [TCHYEN-MAN-EUI-OI] (千萬意外) 원597
불 Mille, dix mille fois hors de la pensée; j'étais bien loin d'y songer; contre toute attente.
한 천 번, 만 번 생각 밖에 | 그것에 대해 전혀 생각하지 못하고 있었다 | 모든 기대와는 반대로

*쳔만장이 [TCHYEN-MAN-TJANG-I] (喘嘆) 원597
불 Qui tousse toujours et beaucoup.
한 항상 많이 기침하는 사람

*쳔명ᄒᆞ다 [TCHYEN-MYENG-HĀ-TA] (擅名) 원597

ㅊ

불 Etre renommé, avoir de la réputation, devenir célèbre, acquérir de la réputation (soit en bien soit en mal).
한 이름이 나다, 명성이 있다, 유명해지다, (좋게든 나쁘게든) 명성을 얻다

*쳔방빅계 [TCHYEN-PANG-PĂIK-KYEI] (千方百計) 원 597
불 Mille manières, cent stratagèmes; ruses; mille ruses et cent stratagèmes.
한 1,000개의 방법, 100개의 계략 | 술책들 | 1,000개의 술책과 100개의 계략들

1*쳔방ᄒᆞ다 [TCHYEN-PANG-HĂ-TA] (遷方) 원 597
불 Quitter un lieu.
한 한 장소를 떠나다

2*쳔방ᄒᆞ다 [TCHYEN-PANG-HĂ-TA] (川防) 원 597
불 Chaussée, barrage; barrer un ruisseau, empêcher l'eau de passer.
한 제방, 둑 | 개울을 막다, 물이 지나지 못하게 하다

*쳔병만마 [TCHYEN-PYEN-MAN-MA] (千兵萬馬) 원 597
불 Mille soldats, dix mille chevaux; beaucoup.
한 1,000명의 병사들과 10,000마리의 말 | 많음

*쳔봉만악 [TCHYEN-PONG-MAN-AK,-I] (千峯萬嶽) 원 597
불 Mille pics, dix mille ravins; montagne escarpée.
한 1,000개의 산봉우리, 10,000개의 협곡 | 가파른 산

*쳔부당ᄒᆞ다 [TCHYEN-POU-TANG-HĀ-TA] (千不當) 원 597
불 Mille fois peu sûr.
한 1,000번 덜 확실하다

*쳔셕군 [TCHYEN-SYEK-KOUN,-I] (千石軍, (mille, 20 boisseaux, homme)) 원 597
불 Richard, riche qui récolte mille 셕 Syek de blé par an (le 셕 Syek vaut 20 boisseaux)
한 벼락부자, 1년에 천 셕 Syek의 곡식을 수확하는 부자 (셕 Syek은 20브와소에 상당한다)

*쳔션긔과ᄒᆞ다 [TCHYEN-SYEN-KĂI-KOA-HĂ-TA] (遷善改過) 원 597 ☞ 쳔션지악ᄒᆞ다

*쳔션지악ᄒᆞ다 [TCHYEN-SYEN-KĂI-AK-HĂ-TA] (遷善之惡) 원 597
불 Changer de mal en bien, se convertir et se corriger de ses défauts.
한 나쁜 것을 좋게 바꾸다, 자신의 잘못들로부터 전향하고 행실을 고치다

*쳔셰력 [TCHYEN-SYEI-RYEK,-I] (千歲曆) 원 597
불 Calendrier pour mille ans. Esp. de calendrier perpétuel.
한 1,000년을 위한 달력 | 영구적인 달력의 종류

*쳔신만고 [TCHYEN-SIN-MAN-KO] (千辛萬苦) 원 597
불 Mille amertumes, dix mille souffrances; avec peine; avec effort.
한 천 가지 고난, 만 가지 고통 | 간신히 | 힘들게

*쳔어 [TCHYEN-E] (川魚) 원 597
불 Poisson de ruisseau; esp. de petit poisson, p. ê. la sardine.
한 시냇물에 사는 물고기 | 작은 물고기의 종류, 아마도 정어리

*쳔역 [TCHYĒN-YEK,-I] (賤役) 원 597
불 Œuvre ignoble, basse, vile.
한 비천한, 낮은, 비루한 일

*쳔연ᄒᆞ다 [TCHYEN-YEN-HĂ-TA] (遷延) 원 597
불 Différer, remettre à un autre temps, retarder, tarder.
한 미루다, 다른 시간으로 연기하다, 연기하다, 지체하다

쳔의 [TCHYĒN-EUI] 원 597
불 Esp. de camail, de petit manteau des dames; esp. de capuce des femmes en hiver.
한 백의 위에 입는 어깨 망토, 부인들의 작은 망토 종류 | 겨울에 쓰는 여성들의 뾰족 두건 종류

*쳔인 [TCHYĒN-IN,-I] (賤人) 원 597
불 Homme de condition vile, roturier (boucher, comédien, etc.).
한 비천한 신분의 사람, 평민 (푸주한, 배우 등)

*쳔장ᄒᆞ다 [TCHYĒN-TJANG-HĂ-TA] (遷葬) 원 598
불 Exhumer un cercueil pour le transporter ailleurs; faire un second enterrement.
한 다른 곳으로 관을 옮기기 위해 그것을 파내다 | 두 번째 매장을 하다

*쳔ᄌᆞ [TCHYEN-TJĂ] (千字) 원 598
불 Livre des mille caractères.
한 천 개의 글자로 된 책

*쳔ᄌᆞ히ᄒᆞ다 [TCHYĒN-TJĂ-HI-HĀ-TA] (擅恣) 원 598
불 Libre arbitre; faire à sa tête, à son gré, à sa volonté, suivant son caprice; être absolu, avoir un pouvoir absolu.
한 자유의지 | 자기 변덕에 따라 자기 마음대로, 자기

의 의사대로, 자기 의지대로 하다 | 절대적이다, 절대적인 힘을 가지다

*쳔착ᄒᆞ다 [TCHYEN-TCHAK-HĂ-TA] (穿鑿) [원]598

[불] Etre en désordre, être en désaccord, être à côté du sens (contre-sens).

[한] 무질서하다, 일치하지 않다, 방향이 어긋나다 (반대 방향)

*쳔쳡소싱 [TCHYEN-TCHYEP-SYO-SĂING,-I] (賤妾所生) [원]598

[불] Bâtard, fils né d'une vile concubine.

[한] 서자, 비천한 첩에서 태어난 아들

*쳔초 [TCHYEN-TCHO] (川椒) [원]598

[불] Esp. de baie d'un certain arbre qui a un goût poivré.

[한] 후추 맛이 나는 어떤 나무의 장과 종류

*쳔촉ᄒᆞ다 [TCHYEN-TCHOK-HĂ-TA] (喘促) [원]598

[불] Etre essoufflé, facilement essoufflé (vieillard); haleter.

[한] 숨이 가쁘다, 쉽게 숨이 가쁘다 (노인) | 헐떡거리다

*쳔총 [TCHYEN-TCHONG,-I] (千摠) [원]598

[불] Chef qui commande à mille soldats.

[한] 천 명의 군인들을 거느리는 우두머리

*쳔츄만ᄃᆡ [TCHYEN-TCHYOU-MAN-TĂI] (千秋萬代) [원]598

[불] Mille automnes, dix mille générations; nombreux.

[한] 천 번의 가을, 만 대의 자손 | 수많다

*쳔탄ᄒᆞ다 [TCHYĔN-HTAN-HĂ-TA] (淺灘) [원]597

[불] Eau basse du fleuve, le temps où il y a le moins d'eau dans le fleuve; être peu profond (eau).

[한] 큰 강의 간조, 큰 강에서 물이 가장 적을 때 | 별로 깊지 않다 (물)

쳔트다 [TCHYEN-HTEU-TA,TCHYEN-HTE,TCHYEN-HTEUN] (開薦) [원]598

[불] Commencer (à exercer une profession); obtenir les suffrages des dignitaires pour monter à une dignité.

[한] (직업에 종사하기) 시작하다 | 고관직에 오르기 위해 고관들의 동의를 얻다

*쳔ᄒᆞ다 [TCHYĔN-HĂ-TA] (賤) [원]597

[불] Bas, vil, honteux, petit, ignoble, commun, abject, méprisable.

[한] 낮다, 비루하다, 수치스럽다, 하찮다, 상스럽다, 보잘것없다, 비천하다, 멸시할 만하다

쳘 [TCHYEL,-I] (節) [원]599

[불] (Corrupt. de 절 Tjyel). Temps.

[한] (절 Tjyel의 잘못된 표현) | 때

쳘넝쳘넝ᄒᆞ다 [TCHYEL-NENG-TCHYEL-NENG-HĂ-TA] [원]599

[불] Bruit des flots sur le rivage; battre les rives (eau); battre les bords du vase dans lequel elle est contenue (eau).

[한] 기슭에서의 물결 소리 | (물이) 기슭을 치다 | (물이) 그것이 담겨 있는 그릇의 가장자리를 치다

쳘덕쳘덕 [TCHYEL-TEK-TCHYEL-TEK] [원]599

[불] Bruit d'un habit trop long ou d'un habit mouillé qui bat sur les talons.

[한] 발뒤꿈치를 치는 너무 긴 옷이나 젖은 옷의 소리

*쳘렴ᄒᆞ다 [TCHYEL-RYEM-HĂ-TA] (掇簾) [원]599

[불] Suspendre un store, une claie, un treillis. ‖ Gouverner par soi-même (le roi devenu grand assiste au conseil sans le secours de sa mère, qui n'y prend plus part).

[한] 블라인드, 체, 철망을 매어 달다 | 자기 스스로 다스리다 (어른이 된 왕이 거기에 더 이상 참여하지 않는 그 어머니의 도움 없이 회의에 참석하다)

쳘망스럽다 [TCHYEL-MANG-SEU-REP-TA,-SEU-RE-OUE,-SEU-RE-ON] [원]599

[불] Qui est trop vite, ennuyeux à cause de son habitude de tout faire avant l'heure.

[한] 시간 전에 모두 하는 그 습관 때문에 너무 빠르다, 지루하다

쳘모로다 [TCHYEL-MO-RO-TA,-MOL-NA,-MO-RON] [원]599

[불] N'avoir pas la raison (l'âge de raison).

[한] 판단력(철이 들 나이)이 없다

쳘ᄆᆡ [TCHYEL-MĂI] (煤) [원]599

[불] Noir de fumée, suie (v. g. au-dessus d'une lampe).

[한] 연기의 검정, (예. 램프 위의) 그을음

쳘복 [TCHYEL-POK,-I] (節服) [원]599

[불] Habit de saison (selon la saison).

[한] (계절에 따른) 제철의 옷

쳘셕쳘셕 [TCHYEL-SYEK-TCHYEL-SYEK] [원]599

[불] Bruit d'une tape, d'un coup donné avec la main, de terre molle tombant d'en haut.

[한] 손바닥으로 치는, 손으로 때리는, 높은 데서 무른 땅으로 떨어져서 나는 소리

쳘업다 [TCHYEL-EP-TA,-EP-SYE,-EP-SĂN] [원]599

[불] N'avoir pas la raison.

[한] 판단력이 없다

ㅊ

철쥭 [TCHYEL-TJYOUK,-I] (梀杜) 원599
불 Nom d'un arbre qui a de belles fleurs rouges. Esp. de beau rhododendron.
한 아름다운 붉은 꽃들이 피는 나무의 이름 | 아름다운 진달래 속[역주 屬]의 종류

철쳘 [TCHYEL-TCHYEL] 원599
불 Bruit d'un vase fêlé.
한 금이 간 그릇의 소리

철쳘이 [TCHYEL-TCHYEL-I] (節節) 원599
불 En tout temps, en toute saison; chaque saison.
한 언제나, 1년 내내 | 각각의 계절

*쳠지 [TCHYEM-TJI] (僉知) 원597
불 Dignité des gens du peuple. Chef des satellites (titre corresdant à sergent).
한 평민들의 관직 | 심복 부하들의 우두머리(중사에 해당하는 칭호)

*쳠ᄌ [TCHYEM-TJĂ] (籤子) 원597
불 Fer, ou ressort en fer pour empêcher le couteau de sortir, de glisser du fourreau.
한 칼이 빠져나오는 것을, 케이스에서 미끄러지는 것을 막기 위한 철제품, 또는 쇠로 된 용수철

1*쳡 [TCHYEP,-I] (妾) 원599
불 Concubine, épouse de second rang.
한 내연의 처, 두 번째 서열의 아내

2*쳡 [TCHYEP,-I] (帖) 원599
불 Numéral des paquets de médecine.
한 약의 꾸러미를 세는 수사

*쳡경 [TCHYEP-KYENG,-I] (捷逕) 원599
불 Route directe. ‖ Un instant, un moment.
한 곧은 길 | 한순간, 잠깐

*쳡년ᄒᆞ다 [TCHYEP-NYEN-HĂ-TA] (帖連) 원599
불 Ajouter en collant, ajouter à la suite.
한 붙여서 더하다, 연이어 더하다

*쳡쳡리구 [TCHYEP-TCHYEP-RI-KOU] (啑啑利口) 원599
불 Eloquent; langue bien pendue.
한 설득력 있다 | 쉽고 많이 하는 말

*쳡쳡산즁 [TCHYEP-TCHYEP-SAN-TJYOUNG,-I] (疊疊山中) 원599
불 Montagne couverte de ravins, de vallons, etc. Dans le fond d'une montagne sauvage.
한 야생의 산 깊숙한 곳에 협곡, 작은 골짜기 등으로 덮인 산

*쳡쳡약골 [TCHYEP-TCHYEP-YAK-KOL,-I] (疊疊弱骨) 원599
불 Extrêmement faible, homme dénué de forces.
한 극도로 약하다, 힘이 없는 사람

*쳡쳡쳥산 [TCHYEP-TCHYEP-TCHYENG-SAN,-I] (疊疊青山) 원599
불 Groupe de montagnes.
한 산들의 군락

쳣아보다 [TCHYET-A-PO-TA,-PO-A,-PON] (仰視) 원600
불 Regarder en haut, lever la tête et regarder.
한 위를 바라보다, 고개를 들고 보다

*쳥 [TCHYENG,-I] (靑) 원598
불 En agr. Bleu ou vert. 당쳥 Tang-tchyeng, Bleu de Chine; 양쳥 Yang tchyeng, Bleu d'Europe, etc.
한 한자어로, 파란색 또는 초록색 | [용례 당청, Tang-tchyeng], 중국의 파란색 | [용례 양청, Yang tchyeng], 유럽의 파란색 등

쳥가릐 [TCHYENG-KA-RĂI] 원598
불 Esp. de scarabée noir, de cantharide.
한 검은 풍뎅이과의 벌레, 가뢰의 종류

쳥각 [TCHYENG-KAK,-I] (靑藿) 원598
불 Herbe marine qui comme légume, ‖ Esp. de polyte.
한 채소와 같은 해초 | 폴립의 종류

*쳥강셕 [TCHYENG-KANG-SYEK,-I] (靑岡石) 원598
불 Diamant.
한 다이아몬드

*쳥고ᄒᆞ다 [TCHYENG-KO-HĂ-TA] (淸高) 원598
불 Etre désintéressé, être pur et élevé (caractère).
한 무관하다, 순수하고 고결하다 (성격)

쳥국쟝 [TCHYENG-KOUK-TJYANG,-I] (淸湯醬) 원598
불 Saumure de soldats, saumure préparée précipitamment, esp. de brouet.
한 군인들의 소금물, 서둘러서 준비된 소금물, 수프의 종류

쳥군 [TCHYENG-KOUN,-I] (請客) 원598
불 Solliciteur, demandeur. Homme en crédit auprès d'un grand et qui vend son crédit.
한 탄원자, 청원자 | 귀족의 곁에서 신망을 얻어서 그의 신망을 파는 사람

쳥ᄀᆡ고리 [TCHYENG-KĀI-KO-RI] (靑蛙) 원598
불 Petite grenouille verte.
한 작은 초록색 개구리

*쳥년 [TCHYENG-NYEN,-I] (靑年) 원598

[불] Jeunesse, adolescence, âge tendre, jeune homme.
[한] 젊은이, 청춘기, 유년, 젊은 사람

*청념ᄒᆞ다 [TCHYENG-NYEM-HĂ-TA] (淸廉) [원]598
[불] Désintéressé; être pur, limpide.
[한] 공평하다 | 순수하다, 투명하다

청ᄃᆡ [TCHYENG-TĂI] [원]599
[불] Esp. d'indigo.
[한] 쪽의 종류

청ᄃᆡ콩 [TCHYENG-TĂI-HKONG,-I] (靑太) [원]599
[불] Pois verts, non secs; haricots verts.
[한] 초록색의, 마르지 않은 콩 | 깍지에 든 강낭콩

*청명 [TCHYENG-MYENG,-I] (淸明) [원]598
[불] Clarté brillante. 5me Quinzaine de printemps, 5 avril.
[한] 밝은 빛 | 봄의 다섯 번째 2주간, 4월 5일

*청명ᄒᆞ다 [TCHYENG-MYENG-HĂ-TA] (淸明) [원]598
[불] Serein, clair, beau (temps).
[한] 맑다, 밝다, 화창하다 (날씨)

청미릐 [TCHYENG-MI-RĂI] (薜蘿) [원]598
[불] Petit arbrisseau, plante grimpantem dont les baies en grappes peuvent servir à faire des grains de chapelet; on en mange les jeunes pousses; les feuilles s'appliquent sur les plaies; les racines servent à faire des brosses extrêmement fortes pour nettoyer les chaudières.
[한] 송이로 된 장과들은 묵주의 알들을 만드는 데 쓰일 수 있는 작은 관목, 덩굴을 뻗는 식물 | 그것의 새싹을 먹는다 | 잎은 상처 위에 붙여진다 | 뿌리는 청소를 하기 위한 극히 강한 솔들을 만드는 데 쓰인다

청ᄆᆡᆼ관이 [TCHYENG-MĂING-KOAN-I] (淸盲) [원]598
[불] Aveugle dont les yeux ont la même apparence que ceux des autres hommes.
[한] 두 눈은 다른 사람들의 눈과 같은 외관을 가진 맹인

청보 [TCHYENG-PO] [원]598
[불] Bec de lièvre, homme qui a la lèvre supérieure fendue.
[한] 산토끼의 입, 윗입술이 갈라진 사람

*청ᄇᆡᆨᄒᆞ다 [TCHYENG-PĂIK-HĂ-TA] (淸白) [원]598
[불] Désintéressé; être pur et limpide (caractère).
[한] 무관하다 | 순수하고 투명하다 (성격)

*청상 [TCHYENG-SANG,-I] (靑孀) [원]598
[불] Jeune veuve.
[한] 젊은 과부

*청샹 [TCHYENG-SYANG,-I] (靑裳) [원]598
[불] Jupon bleu.
[한] 푸른 속치마

*청셕 [TCHYENG-SYEK,-I] (靑石) [원]598
[불] Pierre bleue.
[한] 푸른 돌

청승스럽다 [TCHYENG-SEUNG-SEU-REP-TA,-SEU-RE-OUE,-SEU-RE-ON] [원]598
[불] Ennuyeux, gênant (homme qui se lève trop matin, fait du bruit chez les voisins, etc.); faire pitié, avoir l'air misérable, être habituellement triste (un vieillard qui ne peut faire ce qu'il veut).
[한] 불쾌하다, 불편하다(너무 이른 아침에 일어나는, 이웃집에 소리를 내는 등을 하는 사람) | 가엾다, 비참해 보이다, 관례적으로 서글프다(원하는 것을 할 수 없는 노인)

*청ᄉᆞ [TCHYENG-SĂ] (靑絲) [원]598
[불] Fil bleu.
[한] 푸른 실

*청어 [TCHYENG-E] (靑魚) [원]598
[불] Hareng (poisson de mer).
[한] 청어 (바닷물고기)

청염 [TCHYENG-YEM,-I] [원]598
[불] V. 붕사 Poung-sa.
[한] [참조어 붕사, Poung-sa]

*청운 [TCHYENG-OUN,-I] (靑雲) [원]598
[불] Nuage bleu (on appelle ainsi les dignitaires).
[한] 푸른 구름(고관들을 이렇게 부른다)

1*청쟝 [TCHYENG-TJYANG,-I] (淸醬) [원]599
[불] Saumure liquide et limpide, eau noire salée claire.
[한] 액체이고 맑은 소금물, 맑은 빛의 검은색 소금물

2*청쟝 [TCHYENG-TJYANG,-I] (靑帳) [원]599
[불] Palanquin qui a des franges à la corniche; planquin dont les rideaux des fenêtres se tiennent levés au moyen d'un petit morceau de bois.
[한] 코니스에 술 장식이 있는 가마 | 창문들의 커튼이 작은 나무 조각을 이용해 올려져 매달리는 가마

*청젼 [TCHYENG-TJYEN,-I] (請錢) [원]599
[불] Argent promis pour un service demandé; prix donné au 청군 Tchyeng-koun.
[한] 요구되는 원조를 위해서 약속된 돈 | 청군 Tchyeng-koun에게 주어지는 값

*청쥬 [TCHYENG-TJYOU] (淸酒) [원]599
[불] Vin clair.
[한] 맑은 술

*청지 [TCHYENG-TJI] (青紙) [원]599
[불] Papier vert ou bleu.
[한] 초록 또는 푸른 종이

*청청ᄒᆞ다 [TCHYENG-TCHYENG-HĂ-TA] (青青) [원]599
[불] Etre verdoyant; être vert. Etre bleu.
[한] 푸르르다 | 초록색이다 | 푸르다

*청쵹ᄒᆞ다 [TCHYENG-TCHOK-HĂ-TA] (請囑) [원]599
[불] Demander, solliciter, recommander instamment.
[한] 요구하다, 간청하다, 간곡하게 부탁하다

*청츈 [TCHYENG-TCHYOUN,-I] (青春) [원]599
[불] Vert printemps; adolescence, jeunesse.
[한] 싱싱한 청춘기 | 청춘기, 젊음

쳥컨ᄃᆡ [TCHYENG-HKEN-TĀI] [원]598
[불] Terminaison de verbe.
[한] 동사의 어미

*청탁 [TCHYENG-HTAK,-I] (淸濁) [원]599
[불] Clair et trouble (eau); clair et obscur (son).
[한] 맑고 탁하다 (물) | 맑고 어렴풋하다 (소리)

1*청태 [TCHYENG-HTAI] (青苔) [원]599
[불] Algue marine verte qui se mange comme légume.
[한] 채소처럼 먹는 초록의 해초

2*청태 [TCHYENG-HTAI] (青太) [원]599
[불] Haricots verts.
[한] 깍지에 든 강낭콩

*청태쟝 [TCHYENG-HTAI-TJYANG,-I] (青笞杖) [원]599
[불] Long bâton de frêne qui sert de verge pour donner la bastonnade.
[한] 태형을 주기 위한 채찍에 쓰이는 서양 물푸레 나무의 긴 막대기

*쳥텬지하 [TCHYENG-HTYEN-TJI-HA] (青天之下, (Bleu, ciel, dessous)) [원]599
[불] Sous le firmament.
[한] 창공 아래

*청텰 [TCHYENG-HTYEL,-I] (青鐵) [원]599
[불] Métal brillant.
[한] 빛나는 금속

*청텰ᄒᆞ다 [TCHYENG-HTYEL-HĂ-TA] (淸澈) [원]599
[불] Etre limpide, clair, pur (caractère, âme).
[한] 투명하다, 맑다, 순수하다 (성격, 영혼)

청편지 [TCHYENG-HPYEN-TJI] (請簡) [원]598
[불] Lettre d'un demandeur, d'un solliciteur; lettre d'invitation.
[한] 청원자, 간청자의 편지 | 초대의 편지

*청포 [TCHYENG-HPO] (青脯) [원]598
[불] Gelée de 녹두 Nok-tou. V. 묵 Mouk.
[한] 녹두 Nok-tou로 만든 젤리 | [[참조어] 묵, Mouk]

*청풍 [TCHYENG-HPOUNG] (淸風) [원]598
[불] Vent clair, vent frais.
[한] 맑은 바람, 신선한 바람

*청피 [TCHYENG-HPI] (青皮) [원]598
[불] Nom d'un remède.
[한] 약의 이름

*청혼ᄒᆞ다 [TCHYENG-HON-HĂ-TA] (請婚) [원]598
[불] Demander en mariage.
[한] 결혼을 요구하다

*청홍식 [TCHYENG-HONG-SĀIK,-I] (青紅色) [원]598
[불] Couleur bleue et rouge.
[한] 푸른색과 붉은색

*청화 [TCHYENG-HOA] (青華) [원]598
[불] Pastel, guède, indigo (plante); eau bleue, teinture bleue.
[한] 파스텔, [[역주] 대청 잎에서 채취한] 남색 연료, 쪽 (식물) | 푸른 물, 파란 염료

*청환 [TCHYENG-HOAN,-I] (淸宦) [원]598
[불] Grande et belle dignité.
[한] 대단하고 훌륭한 고관직

청출치 [TCHYENG-HOUL-TCHI] (葛精) [원]598
[불] Seconde écorce, petite pellicule de la liane et qui sert à faire des cordes. ‖ Petite ficelle.
[한] 줄을 만드는 데 쓰이는 칡 종류의 두 번째 껍질, 작고 얇은 막 | 작은 줄

*청ᄒᆞ다 [TCHYENG-HĂ-TA,-HĂ-YE,-HĂN] (請) [원]596
[불] Demander, prier, inviter, appeler.
[한] 요구하다, 간청하다, 권하다, 요구하다

1체 [TCHYEI] (篩) [원]595
[불] Crible, tamis, bluteau.
[한] 체, 여과기, 체질하는 기구

2*체 [TCHYEI] (滯) [원]595
[불] Indigestion.
[한] 소화불량

3*체 [TCHYEI] (帖) [원]595
[불] Livre où l'on marque les choses reçues ou livrées en vertu d'un abonnement.
[한] 가입료에 근거해 받거나 맡겨진 것들을 표시하는 책

*체긔 [TCHYEI-KEUI] (滯氣) 원595
불 Force d'une indigestion, indigestion, pesanteur d'estomac.
한 소화불량의 힘, 소화 불량, 위의 부담스러움

*체번ᄒᆞ다 [TCHYEI-PEN-HĂ-TA] (替番) 원595
불 Faire à son tour, se succéder à tour de rôle, faire ou faire faire tour à tour.
한 제 차례에 하다, 차례차례로 일어나다, 하게하다 또는 차례차례로 하다

*체병 [TCHYEI-PYENG,-I] (滯病) 원595
불 Indigestion, maladie d'indigestion.
한 소화불량, 소화불량 병

체ᄲᅮᆯ관 [TCHYEI-PPOUL-KOAN] (織冠) 원595
불 Bonnet en crin (des nobles) non maillé, mais tissé. (C'est la dernière qualité).
한 뜨지 않았지만 직조된, (귀족들의) 말총으로 된 챙이 없는 모자 | (최하의 질이다)

*체증 [TCHYEI-TJEUNG,-I] (滯症) 원595
불 Indigestion; manière, forme de l'indigestion.
한 소화불량 | 소화불량의 종류, 형태

체질ᄒᆞ다 [TCHYEI-TJIL-HĂ-TA] (搖篩) 원595
불 Bluter, cribler, passer au crible, tamiser.
한 체질하다, 체로 치다, 체로 거르다, 여과하다

*체ᄒᆞ다 [TCHYEI-HĂ-TA,-HĂ-YE,-HĂN] (滯) 원595
불 Avoir une indigestion, avoir l'estomac bouché. Etre bouché, obstrué (v. g. tuyau de pipe).
한 소화불량이다, 위장이 막히다 | (예. 담뱃대가) 막히다, 막히다

1* 초 [TCHO] (醋) 원605
불 Vinaigre.
한 식초

2* 초 [TCHO] (初) 원605
불 En agr. Commencement (v. g. d'heure), premier, début. ‖ Le (devant les noms des dix premiers jours de la lune). 초ᄒᆞ로 Tcho-hă-ro, Le premier de la lune; 초이틀 Tcho-i-hteul, Le second.
한 한자어로 시작(예. 시간의), 첫 번째, 처음 | (달의 처음 10일의 명사 앞에서) [용례 초ᄒᆞ로, Tcho-hă-ro], 달의 첫 번째 날 | [용례 초이틀, Tcho-i-hteul], 두 번째

3 초 [TCHO] (燭) 원605
불 Cierge, chandelle.
한 큰 양초, 양초

4* 초 [TCHO] (抄) 원605
불 Abrégé d'un livre, sommaire, extrait.
한 책의 요약, 개요, 발췌

5 초 [TCHO] 원607 ☞ 2 쵸

*초검 [TCHO-KEM,-I] (初檢) 원605
불 Première inspection faite par le mandarin, sur l'endroit du crime, auprès du cadavre d'un homme tué (il doit faire trois descentes sur les lieux).
한 관리가 범죄의 현장에, 죽임을 당한 사람의 시체 곁에 하는 첫 번째 시찰(그는 그 장소들에 세 번 내려가야 한다)

1* 초경 [TCHO-KYENG,-I] (初更) 원605
불 La première des cinq veilles de la nuit, la première heure de la nuit divisée en cinq parties, p. ê. de 6 ou 7h à 9h., le premier quart.
한 다섯 번의 야경 중 첫 번째, 다섯 부분으로 나뉜 밤의 첫 시간, 아마도 6시 또는 7~9시까지, 첫 번째 1/4

2 초경 [TCHO-KYENG,-I] 원605
불 Esp. de petit faucon.
한 작은 매의 종류

1* 초계 [TCHO-KYEI] (草啓) 원605
불 Minute, original d'un interrogatoire présenté au roi.
한 왕에게 제출되는 심문조서의 정본, 원본

2* 초계 [TCHO-KYEI] (抄啓) 원605
불 Demande de la dignité ou charge d'envoyé secret (어ᄉᆞ E-să) pour un individu.
한 고관직의 청원 또는 어떤 개인에 대한 비밀 파견원(어ᄉᆞ E-să)의 임무

초고리 [TCHO-KO-RI] 원605
불 Esp. de petit faucon.
한 작은 매의 종류

*초관 [TCHO-KOAN,-I] (哨官) 원605
불 Petit chef militaire qui commande à 120 soldats.
한 120명의 군사를 거느리는 군의 낮은 우두머리

*초긔 [TCHO-KEUI] (草記) 원605
불 Lettre d'un général au roi.
한 장군이 왕에게 보내는 편지

*초남틔 [TCHO-NAM-HTĂI] (初男胎) 원606
불 Le lien ombilical du premier enfant mâle (remède); l'enveloppe du premier fœtus mâle (remède).
한 첫 번째 사내아이의 탯줄(약재) | 첫 번째 남자 태아의 피막 (약재)

ㅊ

*초두 [TCHO-TOU] (初頭) ㉲607

불 Principe, commencement, tout d'abord, dès l'abord, dès le commencement.

한 근본, 처음, 우선, 애초부터, 처음부터

*초등 [TCHO-TEUNG,-I] (初等) ㉲607

불 Commencement, principe; la primeur, les primeurs (se dit des premiers poissons de chaque saison et de quelques légumes).

한 시작, 근본 | 초기, 첫물 (각 계절의 첫 번째 생선들과 몇몇 채소에 대해 쓴다)

1* 초딕 [TCHO-TĂI] (初對) ㉲607

불 Entrevue de cérémonie, de politesse, d'étiquette; première entrevue.

한 의례, 예의, 예의범절의 알현 | 첫 번째 회견

2* 초딕 [TCHO-TĂI] (草帒) ㉲607

불 Sac où les soldats portent du foin pour leur cheval.

한 군인들이 그들의 말을 위해 건초를 옮기는 자루

*초례 [TCHO-RYEI] (醮禮) ㉲607

불 Premières cérémonies du mariage, premières salutations réciproques que se font les deux futurs et qui semblent être l'expression du consentement mutuel.

한 결혼식의 첫 번째 의식, 예비부부가 하는, 그리고 상호 동의의 표현인 것으로 보이는 상호 간의 첫 인사

*초록 [TCHO-ROK,-I] (草綠) ㉲607

불 Soie de couleur vert tendre. 초록빗 Tcho-rok-pit, Couleur de 초록 Tcho-rok (vert tendre).

한 부드러운 초록색의 명주실 | [용례 초록빗, Tcho-rok-pit], 초록 Tcho-rok색 (부드러운 녹색)

초름ᄒᆞ다 [TCHO-REUM-HĂ-TA] (不足) ㉲607

불 N'être pas tout à fait assez.

한 완전히 충분하지 않다

초리 [TCHO-RI] ㉲607

불 Ordre d'entretenir des soldats, des satellites, en expédition contre les voleurs.

한 도둑들에게 대항하기 위해 군인들, 부하들의 원정을 유지하라는 명령

*초면 [TCHO-MYEN,-I] (初面) ㉲606

불 Première entrevue, entrevue de cérémonie, première rencontre.

한 첫 번째 회견, 의례의 회견, 첫 번째 만남

초벌 [TCHO-PEL,-I] (初番) ㉲607

불 Première édition, première fois, première copie.

한 첫 번째 판, 첫 회, 초본

*초복 [TCHO-POK,-I] (初伏) ㉲607

불 Commencement des chaleurs, première partie des grandes chaleurs, les dix premiers jours de la canicule, du 12 au 22 juillet à peu près.

한 더위의 시작, 큰 더위의 첫 번째 부분, 혹서기의 첫 10일, 7월 12일부터 22일경

초불 [TCHO-POUL,-I] (燭火) ㉲607

불 Cierge, chandelle allumée; flambeau allumé; lumière de la chandelle.

한 큰 양초, 불 켜진 양초 | 불 켜진 횃불 | 양초의 빛

*초셩 [TCHO-SYENG] (超性) ㉲607

불 Au-dessus de la nature, au-dessus des forces de la nature; surnaturel.

한 자연 그 위에, 자연의 힘 그 위에 | 초자연적인 것

*초셩죠타 [TCHO-SYENG-TJYO-HTA,-TJYO-HA,-TJYO-HEUN] (招聲) ㉲607

불 Voix belle, beau chant, beau son de la voix.

한 아름다운 목소리, 아름다운 노래, 목소리의 아름다운 소리

*초시 [TCHO-SI] (初試) ㉲607

불 Premier degré du baccalauréat; bachelier; premier examen pour la littérature (il ne confère aucun titre).

한 바칼로레아의 첫 번째 단계 | 바칼로레아 합격자 | 문과의 첫 번째 시험 (어떤 칭호도 수여하지 않는다)

*초ᄉᆞ [TCHO-SĂ] (初思) ㉲607

불 Première pensée. Premier point, première partie, ouverture.

한 첫 번째 생각 | 첫 번째 지점, 첫 번째 부분, 개시

*초ᄉᆡᆼ [TCHO-SĂING,-I] (初生) ㉲607

불 Le premier tiers d'une lune, les dix premiers jours de la lune. 월초ᄉᆡᆼ에 Ouel-tcho-syeng-ei, Dans les dix premiers jours de la lune.

한 달의 첫 번째 1/3, 달의 첫 10일 | [용례 월초ᄉᆡᆼ에, Ouel-tcho-syeng-ei], 달의 첫 10일 안에

*초야통 [TCHO-YA-HTONG,-I] (梢牙筩) ㉲605

불 Etui du cure-dents.

한 이쑤시개의 상자

*초월ᄒᆞ다 [TCHO-OUEL-HĂ-TA] (超越) ㉲605

불 S'élever au-dessus, traverser au-dessus.

한 그 위로 오르다, 그 위로 가로지르다

초이틀 [TCHO-I-HTEUL,-I] (初二日) ㉲605

불 Le second jour de la lune.

한 달의 둘째 날

*초일 [TCHO-IL,-I] (初一) 원605
불 Le premier jour de la lune.
한 달의 첫째 날

*초입 [TCHO-IP,-I] (初入) 원605
불 Entrée, commencement.
한 시작, 처음

초잡다 [TCHO-TJAP-TA] (具草) 원607
불 Ecrire pour la première fois; faire une première copie, le brouillon, le canevas d'un livre.
한 처음으로 글쓰다 | 책의 첫 번째 사본, 초안, 초고를 만들다

1*초쟝 [TCHO-TJYANG,-I] (醋醬) 원607
불 Vinaigre et saumure, mélange des deux.
한 식초와 소금물, 두 가지의 혼합물

2*초쟝 [TCHO-TJYANG,-I] (初場) 원607
불 Première composition pour un examen (il y en a trois pour chacun).
한 시험을 위한 첫 번째 답지 (각자에게 세 가지가 있다)

초지게 [TCHO-TJI-KEI] 원607
불 Mouchettes pour la chandelle.
한 양초의 심지 자르는 가위

*초직 [TCHO-TJIK,-I] (初職) 원607
불 Première dignité obtenue; dignité qui sert d'entrée; première classe d'une dignité. 호반초직 Ho-pan-tcho-tjik, Archer de première classe.
한 처음 얻은 고관직 | 시작 역할을 하는 고관직 | 고관직의 첫 번째 계급 | [용례 호반초직, Ho-pan-tcho-tjik], 첫 번째 계급의 사수

*초직ᄒᆞ다 [TCHO-TJIK-HĂ-TA] (峭直) 원607
불 Etre franc, sincère, loyal.
한 솔직하다, 착실하다, 충성스럽다

*초챵ᄒᆞ다 [TCHO-TCHYANG-HĂ-TA] (怊悵) 원607
불 Regretter, être triste (v. g. du départ d'un ami)
한 (예. 친구가 떠나서) 애석해하다, 슬퍼하다

초친놈 [TCHO-TCHIN-NOM,-I] 원607
불 Hypocrite, qui fait semblant de.
한 위선자, ~하는 척하는 사람

*초판 [TCHO-HPAN,-I] (初板) 원607
불 Première fois.
한 첫 번

*초피 [TCHO-HPI] (貂皮) 원607
불 Peau de zibeline.
한 검은담비의 가죽

1*초학 [TCHO-HAK,-I] (初瘧) 원605
불 La première fièvre, c. a. d. la première fois qu'on est malade. Fièvre intermittente.
한 첫 번째 열병, 즉 처음으로 앓는 것 | 간헐적인 열병

2*초학 [TCHO-HAK,-I] (初學) 원605
불 Les premières études, les éléments, les rudiments (à l'usage des commençants).
한 (초심자들이 사용하는) 첫 번째 공부, 기본 원리, 학문의 기초

*초학입문 [TCHO-HAK-IP-MOUN,-I] (初學入門) 원605
불 Commencement des études, rudiments; étudiant qui commence ses études; novice; apprenti.
한 학문의 시작, 입문 | 공부를 시작한 학생 | 풋내기 | 수습생

1*초ᄒᆞ다 [TCHO-HĂ-TA] (抄) 원605
불 Abréger, abréger en choisissant ce qu'il y a de meilleur.
한 줄이다, 더 좋은 것을 선택하면서 줄이다

2*초ᄒᆞ다 [TCHO-HĂ-TA] (炒) 원605
불 Faire griller.
한 석쇠에 굽게 하다

초ᄒᆞ로 [TCHO-HĂ-RO] (初一日) 원605
불 Le premier jour de la lune, du mois.
한 달, 월의 첫 번째 날

초ᄒᆞ여내다 [TCHO-HĂ-YE-NAI-TA,-NAI-YE,-NAIN] (抄出) 원605
불 Choisir les meilleurs passages, les passages les plus intéressants d'un livre pour les écrire, pour les transcrire.
한 한 책의 가장 좋은 구절들, 가장 흥미로운 구절들을, 그것을 쓰기 위해, 그것을 전사하기 위해 선택하다

*초ᄒᆡᆼ공부 [TCHO-HĂING-KONG-POU] (初行工夫) 원605
불 Travail du commencement, préparation (dans les prières).
한 시작하는 일, (기도에 있어서의) 준비

*초ᄒᆡᆼᄒᆞ다 [TCHO-HĂING-HĂ-TA] (初行) 원605
불 Premier pas. Aller pour la première fois.
한 첫 번째 걸음 | 처음으로 가다

*촉 [TCHOK,-I] (燭) 원605
불 En agr. Chandelle de cire, cierge.
한 한자어로 밀랍의 양초, [역주 성당용의] 큰 양초

ㅊ

*촉누 [TCHOK-NOU] (燭淚, (chandelle, larme)) [원]605
[불] Cire qui coule le long d'un cierge.
[한] 큰 양초를 따라 흐르는 밀랍

*촉닁 [TCHOK-NĂING] (觸冷) [원]605
[불] Maladie.
[한] 질병

*촉로ᄒᆞ다 [TCHOK-RO-HĂ-TA] (觸怒) [원]605
[불] Blesser quelqu'un, le piquer, l'irriter.
[한] 누군가에게 상처를 입다, 그를 찌르다, 그를 성나게 하다

촉새부리 [TCHOK-SAI-POU-RI] [원]605
[불] Homme qui a la bouche en bec d'oiseau.
[한] 입이 새의 부리 같은 사람

*촉수ᄒᆞ다 [TCHOK-SOU-HĂ-TA] (促壽) [원]606
[불] Briser sa vie, hâter sa mort, abréger sa vie.
[한] 삶을 파괴하다, 죽음을 앞당기다, 삶을 단축하다

촉작닥이 [TCHOK-TJAK-TAK-I] [원]606
[불] Clou de fer surmontant une hampe en bois pour moucher la chandelle. Mouchettes pour la chandelle ou petits bâtonnets qui en tiennent lieu.
[한] 초의 심지를 자르기 위한 나무 손잡이 위에 있는 쇠못 | 양초의 심지 자르는 가위 또는 이를 대신하는 작은 막대기들

촉촉ᄒᆞ다 [TCHOK-TCHOK-HĂ-TA] (濕貌) [원]606
[불] Etre un peu humide.
[한] 약간 축축하다

1* 촌 [TCHON,-I] (村) [원]606
[불] Village, campagne, division du 리 Ri ou canton.
[한] 마을, 시골, 리 Ri 또는 면의 구분

2* 촌 [TCHON,-I] (寸) [원]606
[불] Articulation; degré de parenté (en ligne collatérale).
[한] 마디 | 친척관계의 촌수 (방계)

*촌계향텽 [TCHON-KYEI-HYANG-HIYENG,-I] (村鷄鄕廳) [원]606
[불] Coq de village dans une belle maison, c. a. d. homme qui n'a jamais rien vu, qui se trouve transporté tout à coup dans un endroit nouveau où tout le frappe d'admiration.
[한] 아름다운 집 안에 있는 촌의 닭, 즉 결코 아무것도 본 적이 없는, 새로운 곳에서 모든 것에 감탄에 사로잡혀 갑자기 열광하는 사람

촌나기 [TCHON-NA-KI] (村產) [원]606
[불] Villageois, paysan. (Injur.).
[한] 촌의 사람들, 농부 | (욕설)

촌놈 [TCHON-NOM,-I] (村漢) [원]606
[불] Villageois, paysan.
[한] 촌의 사람들, 농부

*촌락 [TCHON-RAK,-I] (村落) [원]606
[불] Village, hameau.
[한] 마을, 부락

*촌명 [TCHON-MYENG,-I] (村名) [원]606
[불] Nom de village.
[한] 마을 이름

*촌민 [TCHON-MIN,-I] (村民) [원]606
[불] Peuple de la campagne, villageois, campagnard, paysan.
[한] 시골 사람들, 촌의 사람들, 시골 사람, 농부

*촌보 [TCHON-PO] (寸步) [원]606
[불] Un pas, (je ne puis faire) un pas.
[한] 한 걸음, 한 걸음도 (나는 걸을 수 없다)

*촌수 [TCHON-SOU] (寸數) [원]606
[불] Nombre des articulations, c. a. d. des degrés de parenté. Degré de parenté (entre deux individus).
[한] 마디의 수, 즉 친족관계의 등급 | (두 개인 간에) 친족관계의 촌수

촌스럽다 [TCHON-SEU-REP-TA,-SEU-RE-OUE,-SEU-RE-ON] (如村) [원]606
[불] Qui sent le villageois, le campagnard; être rustique.
[한] 촌의 사람, 시골 사람 느낌이 나다 | 촌스럽다

*촌음 [TCHON-EUM,-I] (寸陰) [원]606
[불] Un degré de l'ombre du soleil, un tout petit instant.
[한] 태양 그림자의 정도, 아주 잠깐

*촌인 [TCHONG-IN,-I] (村人) [원]606
[불] Compagnard, paysan, villageois.
[한] 시골 사람, 농부, 촌사람

*촌츙이 [TCHON-TCHYOUNG-I] (寸虫) [원]606
[불] Ver intestinal, ver solitaire.
[한] 장 내의 유충, 단생 유충

촐낭촐낭 [TCHOL-NANG-TCHOL-NANG] [원]607
[불] Bruit de l'eau dans un vase que l'on secoue, que l'on agite. = ᄒᆞ다-hă-ta, Clapoter (comme un liquide dans une bouteille qui n'est pas pleine et qu'on remue).
[한] 흔드는, 움직이는 그릇 속의 물소리 | [[용례] = ᄒᆞ다, -hă-ta], (가득하지 않고 움직이는 병 속의 액체처럼) 찰랑거리다

촐촐ᄒᆞ다 [TCHOL-TCHOL-HĂ-TA] ㊊607
불 Avoir envie de manger, avoir faim. (Popul.).
한 먹고 싶다, 배고프다 | (속어)

촘촘ᄒᆞ다 [TCHOM-TCHOM-HĂ-TA] (密密) ㊊606
불 Etre très près à près, pressé, rapproché (points); état d'un tissu serré (v. g. du serre-tête). V.Syn. 밀밀ᄒᆞ다 Mil-mil-hă-ta.
한 (지점들이) 매우 가깝다, 밀집되다, 이웃하다 | 빽빽한 조직의 상태 (예. 머릿수건) | [동의어 밀밀ᄒᆞ다, Mil-mil-hă-ta]

촛ᄃᆡ [TCHOT-TĂI] (燭柱) ㊊607
불 Chandelier, candélabre, lustre. (Abrév. pour 초엣ᄃᆡ Tcho-elt-tăi)
한 촛대, 나뭇가지 모양의 큰 촛대, 촛대 | (초엣ᄃᆡ Tcho-elt-tăi의 약어)

1*총 [TCHONG] (聰) ㊊606
불 En agr. Clair. ‖ Esprit; ruse; raison.
한 한자어로 밝다 | 재치 | 꾀 | 이성

2*총 [TCHONG,-I] (銃) ㊊606
불 Canon, fusil.
한 대포, 총

3*총 [TCHONG,-I] (葱) ㊊606
불 Oignon.
한 양파

4*총 [TCHONG,-I] (鬃) ㊊606
불 Crin de la queue du cheval ou du bœuf.
한 말이나 소의 꼬리의 갈기

5*총 [TCHONG] (總) ㊊606
불 En agr. En un mot, en somme.
한 한자어로 결국, 요컨대

6*총 [TCHONG] (忽) ㊊606
불 Etre pressé ou pressant.
한 바쁘고 긴박하다

*총각 [TCHONG-KAK,-I] (總角) ㊊606
불 Jeune homme non marié et déjà un peu âgé, grand garçon en âge d'être marié.
한 결혼하지 않은 이미 어느 정도 나이 든 남자, 결혼해 있을 나이인 큰 소년

총각아ᄒᆡ [TCHONG-KAK-A-HĂI] (總角兒) ㊊606
불 Grand garçon en âge d'être marié, jeune homme non marié et déjà un peu âgé.
한 결혼해 있을 나이의 큰 소년, 결혼하지 않고 이미 약간 나이가 든 젊은 남자

총감투 [TCHONG-KAM-HTOU] (鬉帽) ㊊606
불 Sorte de bonnet en crin des employés du gouvernement.
한 정부의 직원들이 쓰는 말총으로 된 챙 없는 모자의 종류

*총고ᄒᆡ [TCHŎNG-KO-HĂI] (總告解) ㊊606
불 Confession générale. (Mot chrét.).
한 일상적인 고백 | (기독교 어휘)

총귀 [TCHONG-KOUI] (銃耳) ㊊606
불 Oreille de fusil servant de bassinet pour la poudre d'amorce.
한 뇌관의 화약을 위한 도화선부로 쓰이는 총의 귀 모양 손잡이

*총급ᄒᆞ다 [TCHONG-KEUP-HĂ-TA] (忽急) ㊊606
불 Etre empressé; pressé; pressant.
한 서두르다 | 바쁘다 | 긴박하다

총담 [TCHONG-TAM,-I] (馬尾氈) ㊊606
불 Tapis en crin, en feutre.
한 갈기, 펠트로 만든 양탄자

*총독 [TCHONG-TOK,-I] (總督) ㊊606
불 Nom d'une dignité, général des troupes. = ᄒᆞ다 -hă-ta, Faire une levée de soldats, réunir des troupes.
한 고관직의 이름, 군대의 장군 | [용례 = ᄒᆞ다, -hă-ta], 군인들을 소집하다, 군대를 결성하다

*총령텬신 [TCHŎNG-RYENG-HTYEN-SIN,-I] (總領天神) ㊊606
불 Archange, général des anges, c. a. d. S t Michel. (Mot chrét.)
한 천사장, 천사장, 즉 성 미카엘 | (기독교 어휘)

*총령ᄒᆞ다 [TCHŎNG-RYENG-HĂ-TA] (總領) ㊊606
불 Diriger, commander à, présider.
한 지도하다, 명령하다, 주재하다

*총마 [TCHONG-MA] (驄馬) ㊊606
불 Très-beau cheval à la marche rapide.
한 걸음이 빠른 매우 아름다운 말

*총망ᄒᆞ다 [TCHONG-MANG-HĂ-TA] (忽忙) ㊊606
불 Etre empressé, très-pressé, très-pressant.
한 서두르다, 매우 바쁘다, 매우 긴박하다

*총명ᄒᆞ다 [TCHONG-MYENG-HĂ-TA] (聰明) ㊊606
불 Etre spirituel, intelligent, clair.
한 기지가 있다, 똑똑하다, 명석하다

*총민ᄒᆞ다 [TCHONG-MIN-HĂ-TA] (聰敏) ㊊606
불 Etre intelligent, spirituel.

[한] 똑똑하다, 기지가 있다

*총셥 [TCHONG-SYEP,-I] (總攝) [원]606

[불] Chef des bonses.

[한] 승려들의 우두머리

1*총싱 [TCHONG-SĂING,-I] (叢生) [원]606

[불] Jeune pousse d'un arbre, pousse qui surgit au pied d'un arbre.

[한] 나무의 어린 싹, 나무 밑동에서 솟아오르는 싹

2*총싱 [TCHONG-SĂING,-I] (總生) [원]606

[불] Tous les hommes.

[한] 모든 사람

총열 [TCHONG-YEL,-I] (銃鎰) [원]606

[불] Canon de fusil.

[한] 총신

총장이 [TCHONG-TJANG-I] (砲手) [원]606

[불] Fusilier, qui porte un fusil.

[한] 사수, 총을 드는 사람

*총즁 [TCHONG-TJYOUNG] (叢中) [원]607

[불] Au milieu de plusieurs, entre, parmi.

[한] 여럿 가운데, ~중간에, ~중에

1*총지 [TCHONG-TJI] (總之) [원]606

[불] Sommaire; tout.

[한] 개요 | 전부

2*총지 [TCHONG-TJI] (聰智) [원]606

[불] Prudence, sagesse, habileté.

[한] 용의주도함, 슬기로움, 능란함

*총집ᄒᆞ다 [TCHONG-TJIP-HĂ-TA] (總執) [원]607

[불] Ne pas oublier, se souvenir. ‖ Avoir l'entière administration.

[한] 잊지 않다, 기억하다 | 전체를 관할하다

*총총 [TCHONG-TCHONG] (忽忽) [원]607

[불] Pressé.

[한] 바쁘다

*총통 [TCHONG-HTONG,-I] (總統) [원]606

[불] Tout, en un mot, en somme.

[한] 모두, 결국, 요컨대

*촬 [TCHOAL,-I] (撮) [원]605

[불] Poignée, une poignée.

[한] 움큼, 한 줌

*채 [TCHOAI] (債) [원]605

[불] Dettes.

[한] 빚

*채급 [TCHOAI-KEUP,-I] (債給) [원]605

[불] Prêt, argent prêté.

[한] 대부, 빌린 돈

*채쥬 [TCHOAI-TJYOU] (債主) [원]605

[불] Maître de l'argent prêté, prêteur.

[한] 빌린 돈의 주인, 대금주

1최 [TCHOI] [원]605

[불] Instrument de tisserand.

[한] 직조공의 도구

2*최 [TCHOI] (最) [원]605

[불] Beaucoup, tout à fait, très.

[한] 많이, 완전히, 매우

*최만 [TCHOI-MAN,-I] (最晩) [원]605

[불] Très-tard; long retard; arrière-saison.

[한] 아주 늦다 | 긴 지연 | 늦가을

*최말 [TCHOI-MAL] (最末) [원]605

[불] Tout à la fin; tout ce qu'il y a de pire, de moins bon.

[한] 제일 끝에 | 최악인, 가장 덜 좋은 것

*최초 [TCHOI-TCHO] (最初) [원]605

[불] Tout au commencement; tout ce qu'il y a de mieux et de meilleur.

[한] 제일 처음에 | 가장 좋고 가장 나은 것

*최촉ᄒᆞ다 [TCHOI-TCHOK-HĂ-TA] (催促) [원]605

[불] Presser, exciter, encourager.

[한] 압박하다, 자극하다, 격려하다

*최후 [TCHOI-HOU] (最後) [원]605

[불] Longtemps après.

[한] 오랜 시간 후에

1*쵸 [TCHYO] (草) [원]607

[불] Herbe; se dit souvent du tabac.

[한] 풀 | 담배에 대해 자주 쓴다

2*쵸 [TCHYO] (超) [원]607

[불] Dessus, au-dessus, sur, surpasser.

[한] ~의 위에, 그 위에, 위에, 넘어서다

*쵸가 [TCHYO-KA] (草家) [원]607

[불] Chaumière, maison couverte en paille ou en herbe sèche.

[한] 초가집, 짚이나 마른 풀로 덮인 집

*쵸갑 [TCHYO-KAP,-I] (草匣) [원]607

[불] Bourse à tabac.

[한] 담배 주머니

쵸갓 [TCHYO-KAT,-SI] (草笠) [원]607

[불] Chapeau d'herbe jaune que porte le jeune marié pendant la première année (plus ou moins) de son ma-

riage; il est en paille ou en herbe d'une espèce particulière qui ne croit, dit-on, qu'à Syong-to.
한 신랑이 자신의 결혼 첫 1년(많든 적든) 동안 쓰는 노란 풀로 만든 모자 | 이것은 짚이나 송도에서만 자란다고 하는 특별한 풀로 되어 있다

*쵸군 [TCHYO-KOUN,-I] (草軍) 원608
불 Homme qui va sur la montagne ramasser de l'herbe, lignarius, fagoteur, homme qui ramasse du bois ou de l'herbe à brûler.
한 산에 풀을 모으러 가는 사람, 나무꾼, 장작을 모으는 사람, 땔감으로 사용할 풀이나 나무를 모으는 사람

*쵸군ᄒᆞ다 [TCHYO-KOUN-HĂ-TA] (哨軍) 원608
불 Faire une levée de troupes.
한 군대를 소집하다

쵸김 [TCHYO-KIM,-I] (葉茄) 원607
불 Esp. de flûte en herbe.
한 풀로 만든 피리의 종류

1*쵸달 [TCHYO-TAL,-I] (貂獺) 원609
불 Marte ou zibeline et loutre.
한 담비 또는 검은담비와 수달

2*쵸달 [TCHYO-TAL,-I] (草疸) 원609
불 Sorte de jaunisse (maladie).
한 황달의 종류 (병)

*쵸당 [TCHYO-TANG,-I] (草堂) 원609
불 Maison d'école; pavillon couvert en paille et servant de lieu de réunion.
한 학교 건물 | 짚으로 덮이고 모임의 장소로 쓰이는 별채

*쵸댱 [TCHYO-TYANG,-I] (草場) 원609
불 Prairie, endroit où il y a beaucoup d'herbe; pâturage.
한 목초지, 풀이 많은 장소 | 목장

*쵸독 [TCHYO-TOK,-I] (草毒) 원609
불 Venin de l'herbe, inflammation causée par son humidité ou par son frottement répété sur les jambes de ceux qui marchent pieds nus.
한 풀의 독, 그것의 습기나 맨발로 걷는 사람들의 양 다리를 그것으로 반복해서 마찰하여 생긴 염증

*쵸동 [TCHYO-TONG,-I] (草童) 원609
불 Enfant employé à couper de l'herbe pour les bestiaux; enfant qui va faire le bois.
한 가축들을 위한 풀을 베도록 고용된 아이 | 숲속에 사냥하러 가는 아이

*쵸등ᄒᆞ다 [TCHYO-TEUNG-HĂ-TA] (超等) 원609
불 Excellent, qui surpasse, qui l'emporte sur, transcendant. Exceller, l'emporter sur les autres, être de qualité supérieure.
한 우수하다, 뛰어나다, ~보다 우세하다, 탁월하다 | 뛰어나다, 다른 사람들보다 우세하다, 최고의 품질이다

쵸ᄃᆡ [TCHYO-TĂI] 원609
불 Sac dans lequel les soldats portent le foin pour leur cheval.
한 군인들이 그들의 말을 위해 건초를 넣어 옮기는 자루

쵸라ᄒᆞ다 [TCHYO-RA-HĂ-TA] (不足) 원608
불 Qui n'est pas beau, pas propre, pas convenable (habit, écrit, etc.); être de qualité inférieure, ne pas valoir grand'chose.
한 아름답지 않다, 깔끔하지 않다, 단정하지 않다 (옷, 문서 등) | 질이 낮다, 대단한 가치가 없다

쵸란이 [TCHYO-RAN-I] (戱子) 원608
불 Masque (hideux); nom d'une espèce de masque hideux dont se servent quelques baladins ambulants.
한 (보기 흉한) 가면 | 순회극단 광대들이 쓰는 보기 흉한 가면 종류의 이름

쵸랑쵸랑 [TCHYO-RANG-TCHYO-RANG] 원608
불 Désigne le balancement de l'oiseau sur une branche flexible. ‖ Etre léger, être étourdi. inconsidéré.
한 잘 휘어지는 나뭇가지 위에 있는 새의 흔들림을 가리킨다 | 가볍다, 덤벙거리다 | 경솔하다

1*쵸로 [TCHYO-RO] (草露) 원608
불 Rosée sur l'herbe.
한 풀 위의 이슬

2*쵸로 [TCHYO-RO] (草路) 원608
불 Chemin couvert de mauvaises herbes qui l'embarrassent.
한 길을 방해하는 잡초로 덮인 길

*쵸록 [TCHYO-ROK,-I] (草綠) 원609
불 Vert, couleur verte.
한 초록, 초록색

쵸롱 [TCHYO-RONG,-I] (燭籠) 원609
불 Lanterne, lampe.
한 초롱, 램프

쵸롱쏫 [TCHYO-RONG-KKOT,-TCHI ou -SI] (燭籠花) 원609
불 Digitale pourprée, scrofularinée.

한 자줏빛의 디기탈리스, 현삼과[역주 科]

*쵸막 [TCHYO-MAK,-I] (草幕) 원608
불 Maison dans les montagnes.
한 산속에 있는 집

*쵸목 [TCHYO-MOK,-I] (草木) 원608
불 Herbe et arbre, plantes.
한 풀과 나무, 식물들

*쵸부 [TCHYO-POU] (樵夫) 원608
불 Bûcheron, celui qui coupe du bois.
한 나무꾼, 나무 베는 사람

*쵸셔 [TCHYO-SYE] (草書) 원609
불 Caractères chinois en écriture cursive et liée (par opposition aux cararctères carrés).
한 (네모난 글자들과는 대조적으로) 초서체이고 연결된 글씨의 중국 서체

*쵸셕 [TCHYO-SYEK,-I] (草席) 원609
불 Natte faite d'herbe, de jonc.
한 풀, 골풀로 만든 돗자리

쵸셩 [TCHYO-SYENG,-I] 원607 ☞ 초셩

*쵸셩ᄒᆞ다 [TCHYO-SYENG-HĂ-TA] (超性) 원609
불 Surnaturel. (Mot chrét.).
한 초자연적이다 | (기독교 단어)

*쵸ᄉᆞ [TCHYO-SĂ] (招辭) 원609
불 Interrogatoire; réponse d'un accusé.
한 심문 | 피고의 답변

*쵸ᄉᆞ밧다 [TCHYO-SĂ-PAT-TA,-PAT-A,-PAT-EUN] (招辭) 원609
불 Recevoir les dépositions, les révélations d'un homme appliqué à la torture; faire subir un interrogatoire.
한 고문을 받은 사람의 증언, 정보를 받다 | 심문을 받게 하다

*쵸월ᄒᆞ다 [TCHO-OUEL-HĂ-TA] (超越) 원607
불 Surpasser, l'emporter sur, s'élever au-dessus.
한 능가하다, ~보다 우세하다, 그 위로 더 높이 오르다

*쵸잠식지 [TCHYO-TJAM-SIK-TJI] (稍蚕食之, (Peu à peu, le ver, manger)) 원609
불 Peu à peu; faire disparaître insensiblement; disparaître peu à peu; progrès lent et continuel dont on ne s'aperçoit qu'au bout d'un certain temps.
한 조금씩 | 눈에 띄지 않게 사라지게 하다 | 조금씩 사라지다 | 얼마의 시간 후에야 깨달을 수 있는 느리면서 계속적인 진행

[1]쵸잡다 [TCHYO-TJAP-TA,-TJAP-A,-TJAP-EUN] 원607 ☞ 초잡다

[2]쵸잡다 [TCHYO-TJAP-TA,-TJAP-A,-TJAP-EUN] 원609
불 Ecrire pour la première fois, faire un brouillon.
한 처음으로 글쓰다, 초안을 잡다

*쵸적 [TCHYO-TJEK,-I] (草賊) 원609
불 Voleur de tabac ou de légumes. || Voleur, maraudeur qui ne dérobe que peu de chose et pour vivre.
한 담배나 채소 도둑 | 도둑, 살기 위해 작은 것들만 훔치는 밭 도둑

*쵸쵀ᄒᆞ다 [TCHYO-TCHOUEI-HĂ-TA] (憔悴) 원609
불 Etre sec, desséché, maigre.
한 여위다, 수척하다, 마르다

*쵸피 [TCHYO-HPI] (貂皮) 원608
불 Fourrure de zibeline.
한 검은담비의 모피

*쵸헌 [TCHYO-HEN] (草軒) 원607
불 Chaise à porteurs à une roue des grands dignitaires, des ministres de 2me ordre.
한 중요 고관들, 두 번째 서열의 장관들의 바퀴 하나짜리 가마

*쵸혜 [TCHYO-HYEI] (草鞋) 원607
불 Souliers.
한 신발

*쵹고 [TCHYOK-KO] (數罟) 원608
불 Petit filet en soie pour la pêche, filet de pêche à mailles fines.
한 낚시를 위한 명주로 만든 작은 그물, 코가 가는 낚시용 그물

*쵹관 [TCHYOK-KOAN,-I] (促官) 원608
불 Exprès envoyé pour activer, presser; homme en charge envoyé pour faire exécuter promptement l'ordre du roi.
한 독촉하고, 재촉하기 위해 파견된 특사 | 왕의 명령을 신속하게 실행시키기 위해서 파견된 임무를 맡은 사람

*쵹규화 [TCHYOK-KYOU-HOA] (蜀葵花) 원608
불 Nom d'une fleur, passe-rose, soleil ou tournesol (fleur), vulg. ᄒᆡᄇᆞ라기 Hăi-pă-ra-ki.
한 꽃 이름, 접시꽃, 해바라기 또는 해바라기(꽃), 속칭으로 ᄒᆡᄇᆞ라기 Hăi-pă-ra-ki

*쵹급ᄒᆞ다 [TCHYOK-KEUP-HĂ-TA] (促急) 원608
불 Etre pressé, empressé, pressant.
한 급하다, 서두르다, 긴박하다

촉나라 [TCHYOK-NA-RA] (蜀國) [원]608
[불] Nom du royaume du Sutchuen, nom d'un ancien royaume chinois dans le Yunuan, ou le Sutchuen, ou le Thibet.
[한] 사천 왕국의 이름, 운남 또는 사천 또는 티벳에 있는 고대 중국 왕국의 이름

*촉노ᄒᆞ다 [TCHYOK-NO-HĂ-TA] (觸怒) [원]608
[불] Irriter, aigrir, provoquer, mettre en colère un supérieur.
[한] 성나게 하다, 화나게 하다, 도발하다, 상급자를 화나게 하다

촉ᄂᆡᆼ [TCHYOK-NĂING,-I] [원]605 ☞ 촉ᄂᆡᆼ

*촉ᄂᆡᆼᄒᆞ다 [TCHYOK-NĂING-HĂ-TA] (觸冷) [원]608
[불] Etre plus malade; avoir une rechute déterminée par le froid; prendre un coup d'air qui aggrave la maladie; souffrir du froid. ‖ Maladie qui vient à la suite d'un excès de débauche, d'impureté.
[한] 더 많이 아프다 | 추위로 인해 결정적으로 병이 재발하다 | 바람을 쐬어 병이 중해지다 | 추위 때문에 고통을 느끼다 | 지나치게 방탕한 생활, 외설에 이어 오는 병

*촉도지난 [TCHYOK-TO-TJI-NAN,-I] (蜀道之難) [원]608
[불] Les routes du Sutchuen sont très-difficiles. Se dit d'une chose difficile comme les routes du Sutchuen; difficile comme les chemins du Thibet, c. a. d. très-difficile.
[한] 사천의 길들은 매우 힘들다 | 사천의 길들 만큼 어려운 것에 대해 쓴다 | 티벳의 길들만큼 어렵다, 즉 매우 어렵다

*촉박ᄒᆞ다 [TCHYOK-PAK-HĂ-TA] (促迫) [원]608
[불] Etre pressant; il ne reste plus guère de temps; être sur le point de…; instare, impendere.
[한] 긴박하다 | 더 이상 거의 시간이 남지 않다 | ~할 참이다, 임박하다, 값을 치르다

*촉범ᄒᆞ다 [TCHYOK-PEM-HĂ-TA] (觸犯, (Percer et pécher)) [원]608
[불] Transgresser en péchant.
[한] 도덕상 과오를 저지르며 어기다

*촉비ᄒᆞ다 [TCHYOK-PI-HĂ-TA] (觸鼻) [원]608
[불] Monter au nez, piquer le nez (odeur); piquer l'odorat, c. a. d. sentir bien mauvais.
[한] 코에 오르다, 코를 찌르다 (냄새) | 후각을 찌르다, 즉 아주 나쁜 냄새가 나다

*촉상ᄒᆞ다 [TCHYOK-SYANG-HĂ-TA] (觸傷) [원]608
[불] Souffrir du chaud ou du froid, en contracter une maladie.
[한] 병에 걸려서 더위와 한기에 고통을 느끼다

촉슈ᄒᆞ다 [TCHYOK-SYOU-HĂ-TA] (促壽) [원]608
[불] Abréger sa vie par les fatigues, les travaux, les peines; abréger les jours.
[한] 고역, 일, 마음의 고통으로 인해 자신의 수명을 줄이다 | 수명을 줄이다

촉ᄉᆡ [TCHYOK-SĂI] [원]608
[불] Tout petit oiseau.
[한] 매우 작은 새

*촉쳐 [TCHYOK-TCHYE] (觸處) [원]608
[불] Chaque lieu, tous les endroits, tout lieu.
[한] 각각의 장소, 모든 곳, 모든 장소

*촉촉명쟝 [TCHOK-TCHYOK-MYENG-TJYANG,-I] (矗矗名將) [원]608
[불] Lutteur, combattant très-agile et très-célèbre.
[한] 투사, 매우 민첩하고 매우 유명한 전투원

*촉하 [TCHYOK-HA] (燭下) [원]608
[불] Sous la lumière, à la lampe, à la chandelle (de nuit).
[한] (밤의) 램프나 촛불의 빛 아래에

*춍 [TCHYŌNG,-I] (寵) [원]608
[불] Grâce. ‖ En agr. Aimer; amour.
[한] 은혜 | 한자어로 사랑하다 | 사랑

*춍광 [TCHYŌNG-KOANG,-I] (寵光) [원]608
[불] Lumière de la grâce, lumière d'amour, amour glorieux pour celui qui en est l'objet.
[한] 은혜의 빛, 사랑의 빛, 그 대상에게는 영광스러운 사랑

*춍교 [TCHYŌNG-KYO] (寵敎) [원]608
[불] Loi de grâce, la loi d'amour. Religion catholique. (Mot chrét).
[한] 은혜의 율법, 사랑의 율법 | 가톨릭 종교 | (기독교 단어)

1*춍권ᄒᆞ다 [TCHYŌNG-KOUEN-HĂ-TA] (寵權) [원]608
[불] Exercer une autorité qui vient de l'amitié.
[한] 우정에서 비롯된 권한을 행사하다

2*춍권ᄒᆞ다 [TCHYŌNG-KOUEN-HĂ-TA] (總權) [원]608
[불] Avoir toute l'autorité en main.
[한] 손 안에 모든 권력을 가지다

ㅊ

*총급ᄒᆞ다 [TCHYONG-KEUP-HĂ-TA] (忽急) 원608
불 Empressé, pressant; être très-pressant, très-pressé.
한 바쁘다, 절박하다 | 매우 긴박하다, 매우 바쁘다

*춍됴ᄒᆞ다 [TCHYŌNG-TYO-HĂ-TA] (寵照) 원608
불 Faire briller sa grâce, répandre sa grâce sur quelqu'un (Dieu); gouverner avec amour (Dieu).
한 그 은혜를 빛나게 하다, (신이) 누군가에게 은혜를 베풀다 | (신이) 사랑으로 다스리다

*춍신 [TCHYŌNG-SIN,-I] (寵臣) 원608
불 Courtisan très-aimé, favori du roi; grand favorisé, honoré de l'amitié du roi.
한 왕에게 매우 사랑받고, 총애를 받는 조신 | 왕의 호의를 받는 큰 특혜자, 영광을 누리는 사람

*춍우 [TCHYŌNG-OU] (寵佑) 원608
불 Amour, amitié; grâce, bienfait.
한 사랑, 우정 | 은혜, 선행

*총위영 [TCHYONG-OUI-YENG,-I] (總衛營) 원608
불 Maison de soldats; nom d'une caserne qui n'existe plus.
한 군인들의 시설 | 더 이상 존재하지 않는 병영의 이름

*춍은 [TCHYŌNG-EUN,-I] (寵恩) 원608
불 Grâce et bienfait; amour et bienfait.
한 은혜와 선행 | 사랑과 선행

*춍이ᄒᆞ다 [TCHYŌNG-ĂI-HĀ-TA] (寵愛) 원608
불 Aimer; grâce et amour.
한 좋아하다 | 은혜와 사랑

*총총ᄒᆞ다 [TCHYONG-TCHYONG-HĂ-TA] (忽忽) 원608
불 Vite. ‖ Etre épais, serré, dru.
한 빨리 | 밀집되다, 빽빽하다, 조밀하다

추다 [TCHOU-TA,TCHOU-E,TCHOUN] (抽長) 원609
불 Louer, vanter, exalter, élever, faire ressortir.
한 칭찬하다, 찬양하다, 고양하다, 올리다, 드러나게 하다

*추목 [TCHOU-MOK,-I] (麤木) 원609
불 Toile de coton de qualité grossière qui à 6 ou 7 새 Sai, c. a. d. 240, 280, ou 300 fils à la chaîne.
한 6~7새 Sai, 즉 240, 280 또는 300개의 날실이 있는 거친 질의 면직물

[1]*추창ᄒᆞ다 [TCHOU-TCHANG-HĀ-TA] (趨蹌) 원609
불 Se tenir courbé dans une posture humble.
한 공손한 자세로 굽힌 채로 있다

[2]추창ᄒᆞ다 [TCHOU-TCHANG-HĂ-TA] 원615 ☞ [2]츄창ᄒᆞ다

*춘면곡 [TCHYOUN-MYEN-KOK,-I] (春眠曲) 원612
불 Nom d'un chant, chant du sommeil au printemps.
한 노래 이름, 봄의 자장가

*춘모 [TCHYOUN-MO] (春牟) 원612
불 Orge de printemps, qu'on sème au printemps.
한 봄에 씨를 뿌리는 봄의 보리

[1]춤 [TCHOUM,-I] (舞) 원609
불 Danse.
한 춤

[2]춤 [TCHOUM,-I] (涎) 원609
불 Salive, crachat.
한 침, 가래

[3]춤 [TCHOUM,-I] (束) 원609
불 Paquet des plantes à repiquer (tabac, riz arraché du semis) ‖ Numéral des bottes d'algues marines.
한 이식할 식물 (담배, 모판에서 뽑은 벼) 다발 | 바닷말의 다발의 수를 세는 수사

춤밧다 [TCHOUM-PAT-TA,-PAT-HA,-PAT-HEUN] (唾涎) 원609
불 Cracher.
한 침을 뱉다

춤짓다 [TCHOUM-TJIT-TA,-TJI-E,-TJI-EUN] (作束) 원609
불 Faire des paquets de plantes à repiquer (tabac, riz); mettre en bottes.
한 이식할 식물(담배, 벼)의 다발을 만들다 | 다발로 만들다

춤츄다 [TCHOUM-TCHYOU-TA,-TCHYOU-E,-TCHYOUN] (起舞) 원609
불 Danser.
한 춤추다

춥다 [TCHOUP-TA,TCHOU-E,TCHOU-OUN] (寒) 원609
불 Avoir froid.
한 춥다

*췌탁ᄒᆞ다 [TCHOUEI-HTAK-HĂ-TA] (揣度) 원609
불 Pressentir, prévoir, deviner.
한 예감하다, 예견하다, 예측하다

*취복빅ᄒᆞ다 [TCHOUI-POK-PĂIK-HĂ-TA] (就伏白) 원609
불 Lncliné, exposer une affaire. (style épist.).
한 몸을 숙인 채로, 어떤 일을 설명하다 | (서간체)

[1]*츄 [TCHYOU] (麤) 원609
불 Saleté; grossier.

한 더러움 | 거칠다

2* 츄 [TCHYOU] (錘) 원609

불 Poids d'une balance.

한 저울의 분동

3* 츄 [TCHYOU] (秋) 원609

불 Automne.

한 가을

* 츄격 [TCHYOU-KYEK,-I] (追格) 원610

불 Tournoi, lutte des soldats en présence du roi, combat, hataille, petite guerre pour exercer les soldats.

한 시합, 왕 앞에서의 군인들의 결투, 싸움, 전투, 군인들을 훈련시키기 위한 작은 전쟁

* 츄경치다 [TCHYOU-KYENG-TCHI-TA,-TCHYE,-TCHIN] (秋耕) 원611

불 Labour d'automne; labourer en automne.

한 가을의 경작 | 가을에 경작하다

* 츄계쇼지 [TCHYOU-KYEI-SYO-TJĂI] (秋季小齋) 원610

불 Abstinence des quatre-temps d'automne; les quatre-temps d'automne.

한 금욕재인 가을의 사계 대제일 | 가을의 사계 대제일

* 츄고 [TCHYOU-KO] (推考) 원611

불 Reproches du gouverneur à un mandarin. Examen des dignitaires accusés de quelque faute. =맛다 -mat-ta ou =맛나다-mat-na-ta, Subir cet examen.

한 관리에 대한 지사의 비난 | 어떤 잘못으로 비난받는 고관들에 대한 조사 | [용례 =맛다, -mat-ta] 또는 [용례 =맛나다, -mat-na-ta], 이 조사를 받다

츄고맛다 [TCHYOU-KO-MAT-TA,-MAT-TJYE,-MAT-TJEUN] (逢推考) 원611

불 Recevoir les reproches, la désapprobation du gouverneur.

한 지사의 비난, 비난을 받다

1* 츄국 [TCHYOU-KOUK,-I] (推鞫) 원611

불 Délégation spéciale du roi; remplacer le roi dans les interrogations à faire à un coupable.

한 왕의 특별한 위임 | 죄인에게 행해지는 신문에서 왕을 대체하다

2* 츄국 [TCHYOU-KOUK,-I] (秋麴) 원611

불 Levain préparé à l'automne.

한 가을에 빚는 누룩

1 츄다 [TCHYOU-TA,TCHYOU-E,TCHYOUN] (抄幕) 원615

불 Nettoyer, trier, enlever les matières étrangères, purifier en secouant.

한 깨끗이 하다, 분류하다, 이물질들을 제거하다, 흔들어서 정화하다

2 츄다 [TCHYOU-TA,TCHYOU-E,TCHYOUN] (面譽) 원615

불 Flatter.

한 아첨하다

3 츄다 [TCHYOU-TA,TCHYOU-E,TCHYOUN] (舞) 원615

불 Danser, sauter.

한 춤추다, 펄쩍 뛰다

* 츄덕 [TCHYOU-YEK,-I] (樞德) 원615

불 Les quatre vertus cardinales, vertu cardinale.

한 기본적인 네 가지 덕목, 기본적인 덕목

츄들츄들 [TCHYOUL-TEUL-TCHYOUL-TEUL] 원615

불 Se dessécher (plante), être desséché.

한 (식물이) 메마르다, 마르다

* 츄락ᄒᆞ다 [TCHYOU-RAK-HĂ-TA] (墜落) 원613

불 Etre sale et déchiré. ‖ Dégénéré (v. g. fils qui n'égale pas son père).

한 더럽고 찢어지다, 쇠퇴하다 (예. 아버지에 필적하지 않는 아들)

츄람 [TCHYOU-RAM] 원613

불 Expression injurieuse pour désigner le parti des 남인 Nam-in.

한 남인 Nam-in의 당파를 지칭하기 위한 모욕적인 표현

* 츄람ᄒᆞ다 [TCHYOU-RAM-HĂ-TA] (推覽) 원613

불 Examiner en comparant, s'instruire par l'étude ou l'expérience des autres.

한 비교하며 살펴보다, 학습이나 다른 사람들의 경험으로 배우다

츄렁츄렁ᄒᆞ다 [TCHYOU-RENG-TCHYOU-RENG-HĂ-TA] 원613

불 Elastique, pliant (v. g. un pont) être à pleins bords.

한 탄성이 있다, 휘기 쉽다 (예. 다리), 가장자리가 가득하다

* 츄렴ᄒᆞ다 [TCHYOU-RYEM-HĀ-TA] (推斂) 원613

불 Se cotiser.

한 돈을 각출하다

* 츄로ᄒᆞ다 [TCHYOU-RO-HĀ-TA] (推奴) 원613

불 Chercher un esclave et le ramener.

한 노예를 찾아서 데리고 돌아오다

* 츄론ᄒᆞ다 [TCHYOU-RON-HĂ-TA] (推論) 원613

불 Penser, méditer, réfléchir, examiner à lois délibérer mûrement.

ㅊ

한 생각하다, 숙고하다, 깊이 생각하다, 규범에 의거해 검토하다, 신중하게 숙고하다

*츄루ᄒᆞ다 [TCHYOU-ROU-HĀ-TA] (醜陋) 원613
불 Etre sale.
한 더럽다

츄리다 [TCHYOU-RI-TA,-RYE,-RIN] 원613
불 Trier, choisir.
한 고르다, 선택하다

*츄마 [TCHYOU-MA] (趨馬) 원611
불 Cheval couleur de cendres.
한 재색의 말

*츄모 [TCHYOU-MO] (秋牟) 원611
불 Orge d'automne, qui se sème en automne.
한 가을에 파종되는 가을보리

1*츄목 [TCHYOU-MOK,-I] (楸木) 원611
불 Noyer (arbre), noyer sauvage. Syn. 가래 Ka-rai.
한 호두(나무), 야생의 호두나무 | [동의어 가래, Ka-rai]

2*츄목 [TCHYOU-MOK,-I] (秋木) 원611
불 Bois coupé à l'automne.
한 가을에 베어진 나무

*츄물 [TCHYOU-MOUL,-I] (醜物) 원611
불 Objet sale.
한 더러운 것

*츄미 [TCHYOU-MI] (麄米) 원611
불 Riz sale, c. a. d. mauvais riz; riz écossé de mauvaise qualité.
한 더러운 쌀, 즉 나쁜 쌀 | 질 나쁜 껍질 깐 쌀

*츄방 [TCHYOU-PANG,-I] (秋房) 원613
불 Prétorien chargé de rendre la justice.
한 심판을 내릴 임무가 있는 친위병

*츄변식이다 [TCHYOU-PYEN-SIK-I-TA,-SIK-YE,-SIK-IN] (推辨) 원613
불 Confronter deux plaideurs, entendre l'accusateur et l'accusé (le pour et le contre). Décider après une délibération.
한 두 소송인을 대조하다, 고소인과 피고(찬성과 반대)의 말을 듣다 | 심사 후에 결정하다

1츄봉 [TCHYOU-PONG,-I] 원613
불 Après l'automne, automne.
한 가을 후에, 가을

2*츄봉 [TCHYOU-PONG,-I] (秋奉) 원613
불 Impôts qui se paient à l'automne.
한 가을에 지불되는 조세

*츄분 [TCHYOU-POUN,-I] (秋分) 원613
불 Division de l'automne. Milieu de l'automne; 4me quinzaine de l'automne, 21 septembre, équinoxe d'automne.
한 가을의 분할 | 가을의 한가운데 | 가을의 네 번째 2주간, 9월 21일, 추분

*츄셕 [TCHYOU-SYEK,-I] (秋夕) 원614
불 le 15 de la 8me lune, jour de réjouissance pour la récolte.
한 여덟 번째 달의 15일, 수확의 기쁨이 있는 날

1*츄셩 [TCHYOU-SYENG,-I] (樞星) 원614
불 L'étoile polaire (litt.: l'étoile pivot, ou l'étoile gond).
한 북극성 (글자대로 : 축인 별 또는 경첩인 별)

2*츄셩 [TCHYOU-SYENG,-I] (秋成) 원614
불 Le fort des travaux d'automne, les travaux d'automne.
한 가을 작업의 한창 때, 가을의 작업들

*츄세ᄒᆞ다 [TCHYOU-SYEI-HĂ-TA] (趨勢) 원614
불 Faire des préférences, des acceptions de personne; flatter les riches, les plus puissants, vexer les pauvres, les faibles. Se vanter de sa puissance.
한 사람을 편애하다, 차별하다 | 부자들, 가장 힘센 사람들에게 아첨하다, 가난한 사람들, 약한 사람들을 괴롭히다 | 자신의 힘을 과시하다

*츄슈ᄒᆞ다 [TCHYOU-SYOU-HĂ-TA] (秋収) 원615
불 Moissonner, vendanger, recueillir la récolte d'automne, c. a. d. le riz; faire la récolte.
한 수확하다, [역주 포도를] 수확하다, 가을 수확물, 즉 쌀을 거두어들이다 | 수확하다

*츄신ᄒᆞ다 [TCHYOU-SIN-HĂ-TA] (抽身) 원614
불 Pouvoir s'absenter, avoir le temps de s'absenter. Se retirer de; se dégager de; se mettre de côté; échapper à une mauvaise position; s'éloigner d'une mauvaise compagnie.
한 자리를 비울 수 있다, 자리를 비울 시간이 있다 | ~로부터 물러나다 | ~에서 자유롭게 되다 | ~곁에 놓이다 | 나쁜 위치를 모면하다 | 나쁜 무리로부터 벗어나다

*츄심ᄒᆞ다 [TCHYOU-SIM-HĂ-TA] (推尋) 원614
불 S'informer de, requirere, aller chercher et demander compte. Prendre soin qu'on remette (un objet envoyé). Accepter.
한 ~에 대해 알아보다, 찾다, 찾으러 가고 책임을 묻

다 | (보내진 물건을) 건네주도록 유의하다 | 받아들이다

*츄ᄉᆞ [TCHYOU-SĂ] (秋事) ㊊614

불 Ouvrage d'automne, les affaires d'automne, c. a. d. la récolte.

한 가을에 하는 작업, 가을의 일, 즉 수확

*츄ᄉᆞ이망 [TCHYOU-SĂ-I-MANG] (追思已亡, (Réfléchir, penser, avant, mort)) ㊊614

불 Fête des trépassés, la commémoraison des défunts.

한 고인들의 기념일, 고인에 대한 기념 기도

*츄ᄉᆞᄒᆞ다 [TCHYOU-SĂ-HĂ-TA] (追思) ㊊614

불 Penser à l'avance, réfléchir rappeler à la mémoire.

한 미리 생각하다, 생각하다, 기억을 상기시키다

*츄앙ᄒᆞ다 [TCHYOU-ANG-HĂ-TA] (追仰) ㊊609

불 Regarder en haut; espérer; regarder avec respect, avec amour; envier (mais dans un bon sens).

한 위를 쳐다보다 | 기대하다 | 존경심을 갖고, 사랑을 갖고 쳐다보다 | 부러워하다(그러나 좋은 의미로)

*츄열ᄒᆞ다 [TCHYOU-YEL-HĂ-TA] (推閱) ㊊609

불 Mettre à la question, à la torture; examiner un cas (mandarin), examiner et juger.

한 문제시하다, 고문하다 | (관리가) 사건을 조사하다, 조사하고 재판하다

*츄우강남 [TCHYOU-OU-KANG-NAM,-I] (追友江南, (Suivre, ami, rivière, sud)) ㊊610

불 Litt.: aller au Kiang-nan en suivant ses amis, c. a. d. se laisser entrainer par la compagnie là où on n'avait pas d'affaires. Faire comme les autres. Suivre les autres.

한 글자대로 : 제 친구들을 따라 강남에 가다, 즉 볼일이 없는 곳에 친구가 자기를 이끌도록 두다 | 다른 사람들처럼 하다 | 다른 사람들을 따르다

*츄육 [TCHYOU-YOUK,-I] (䐁肉) ㊊610

불 Chairs mortes, pourries d'une plaie; chairs pourries.

한 죽은 살, 상처로 썩은 부분 | 부패한 살

*츄이ᄒᆞ다 [TCHYOU-I-HĂ-TA] (推移) ㊊609

불 Comparer à, se représenter v. g. la souffrance des autres en pensant à soi.

한 ~와 비교하다, 예. 다른 사람들의 고통을 자신에 대해 생각하면서 마음속으로 그려보다

*츄잡ᄒᆞ다 [TCHYOU-TJAP-HĂ-TA] (醜雜) ㊊615

불 Sale, sale et en désordre.

한 더럽다, 더럽고 난잡하다

*츄쟝 [TCHYOU-TJYANG,-I] (酋長) ㊊615

불 De qualité supérieure, excellent.

한 질이 우수하다, 훌륭하다

*츄쟝질 [TCHYOU-TJYANG-TJIL,-I] (推杖秩) ㊊615

불 Supplice de la suspension par les cheveux; (on met aussi le patient à genoux sur des pots cassés et on lui frappe les jambes).

한 머리카락을 매어다는 형벌 | (수형자를 깨진 단지 위에 무릎을 꿇게 하고 그 다리를 때린다)

*츄졀 [TCHYOU-TJYEL,-I] (秋節) ㊊615

불 Temps de l'automne, saison de l'automne.

한 가을 시기, 가을철

*츄존 [TCHYOU-TJON,-I] (追尊) ㊊615

불 Dignité accordée aux ancêtres d'un grand dignitaire.

한 중요한 고관의 조상들에게 부여하는 고관직

*츄죵ᄒᆞ다 [TCHYOU-TJYONG-HĂ-TA] (趨從) ㊊615

불 Suivre, aller à la suite; imiter; être aux ordres de.

한 따르다, 뒤이어 가다 | 모방하다 | ~의 뜻을 따르다

*츄증 [TCHYOU-TJEUNG,-I] (追贈) ㊊615

불 Dignité posthume. Dignité accordée après la mort, pour honorer la mémoire d'un individu.

한 사후의 고관직 | 한 사람의 명성을 공경하기 위해 죽은 후에 부여된 고관직

*츄ᄌᆞ [TCHYOU-TJĂ] (楸子) ㊊615

불 Noix, sorte de noix qui vient sur le 가래나무 Ka-rai-na-mou.

한 호두, 가래나무 Ka-rai-na-mou에 열리는 호두의 종류

*츄착ᄒᆞ다 [TCHYOU-TCHAK-HĂ-TA] (推捉) ㊊615

불 Arrêter un coupable; s'emparer d'un criminel, le prendre. prendre le père, ou l'oncle, ou le chef du village à la place de celui qu'on cherche et qui s'est enfui.

한 죄인을 체포하다 | 범죄자를 붙잡다, 그를 체포하다 | 찾지만 도망친 사람을 대신해서 아버지나 삼촌, 또는 마을장을 체포하다

[1]츄창ᄒᆞ다 [TCHYOU-TCHANG-HĂ-HA] ㊊609 ☞ [1]추창ᄒᆞ다

[2]*츄창ᄒᆞ다 [TCHYOU-TCHANG-HĂ-TA] (趨蹌) ㊊615

불 S'en aller, marcher le corps courbé (par respect); se courber en passant devant, se prosterner.

한 가 버리다, 몸을 굽혀 걷다(경의로) | 앞을 지나면서 몸을 굽히다, 엎드리다

*츄쳔 [TCHYOU-TCHYEN,-I] (鞦韆) ㊊615

불 Escarpolette, balançoire. Syn. 그늬 Keu-neui.
한 그네, 그네 | [동의어 그늬, Keu-neui]

*츄쳠 [TCHYOU-TCHYEM,-I] (抽籤) 원615
불 Sort. =ᄒᆞ다-hă-ta, Tirer au sort, tirer à la courte paille. =엇다-et-ta, Tomber au sort, être élu par le sort. V. 졔비잡다 Tjyei-pi-tjap-ta ou 져비 Tjye-pi.
한 제비 | [용례 =ᄒᆞ다, -hă-ta], 제비를 뽑다, 짧은 지푸라기를 뽑다 | [용례 =엇다, -et-ta], 당첨되다, 제비로 뽑히다 | [참조어 졔비잡다, Tjyei-pi-tjap-ta] 또는 [참조어 져비, Tjye-pi]

*츄층 [TCHYOU-TCHEUNG,-I] (錘稱) 원615
불 Poids et balance; balance. Syn. 져울 Tjye-oul.
한 추와 저울 | 저울 | [동의어 져울, Tjye-oul]

*츄탁ᄒᆞ다 [TCHYOU-HTAK-HĂ-TA] (推托) 원615
불 Prétexter, remettre, différer sous un prétexte.
한 핑계 삼다, 면제해 주다, ~라는 핑계로 미루다

*츄통 [TCHYOU-HTONG,-I] (推通) 원615
불 Science expérimentale, connaissance acquise. =ᄒᆞ다,-hă-ta, Apprendre peu à peu, à force d'efforts, d'étude. V. Opp. 직통 Tjik-htong.
한 실험에 근거를 둔 과학, 후천적 지식 | [용례 =ᄒᆞ다, -hă-ta], 조금씩, 노력 덕분에 공부를 배우다 | [반의어 직통, Tjik-htong]

*츄판 [TCHYOU-HPAN,-I] (秋判, (automne, décider)) 원613
불 Ministre de la justice. On l'appelle ainsi par allusion au caractère décisif et irrésistible de l'automne, au point de vue de la bonne ou de la mauvaise récolte de riz; ainsi le ministre a la sévérité en partage et dans la torture et de la sentence.
한 법무부 장관 | 쌀의 좋거나 나쁜 수확의 관점에서 보면, 가을의 단호하고 저항할 수 없는 성격에 대한 암시로 그를 이렇게 부른다 | 따라서 장관은 고문에서도 판결의 가혹함에서도 천부적인 엄격함이 있다

*츄포 [TCHYOU-HPO] (麁布) 원613
불 Toile de chanvre grossière.
한 거친 삼베

*츄포군 [TCHYOU-HPO-KOUN] (追捕軍) 원613
불 Soldat chargé de poursuivre et d'arrêter.
한 뒤쫓아 체포할 임무를 맡은 군인

*츄포ᄒᆞ다 [TCHYOU-HPO-HĂ-TA] (追捕, (Chasser, arrêter)) 원613
불 Suivre en chassant, chasser, donner la chasse, poursuivre des coupables, des pirates.
한 쫓으며 따라가다, 사냥하다, 추격하다, 죄인들, 해적들을 뒤쫓다

*츄풍 [TCHYOU-HPOUNG,-I] (秋風) 원613
불 Vent d'automne, vent frais et un peu froid.
한 가을바람, 선선하고 약간 찬 바람

*츄향ᄒᆞ다 [TCHYOU-HYANG-HĂ-TA] (趨向) 원610
불 Pensée, objet de la pensée, des désirs. avoir l'esprit ou le cœur fixé à; soupirer après. Syn. 츄앙ᄒᆞ다 Tchyou-ang-hă-ta.
한 생각, 생각, 욕망의 대상 | 정신과 마음이 집중되다 | ~을 갈망하다 | [동의어 츄앙ᄒᆞ다, Tchyou-ang-hă-ta]

*츄호 [TCHYOU-HO] (秋毫) 원610
불 Poil d'automne. les poils de belette, dont on fait des pinceaux, étant plus fins à l'automne, on se sert de cette expression pour désigner une toute petite chose, comme nous disons en français; un rien, un tant soit peu, si peu que rien, un brin.
한 가을의 털 | 가을에 더 가늘어서 붓을 만드는 족제비의 털, 우리가 불어로 말하듯이 아주 작은 물건을 가리키기 위해 이 표현을 쓴다 | 아무것도 아닌 것, 조금이라도, 하찮은 것, 약간

1*츄후 [TCHYOU-HOU] (追後) 원610
불 Plus tard.
한 더 늦게

2*츄후 [TCHYOU-HOU] (秋後) 원610
불 Après l'automne.
한 가을 후에

*츄후ᄒᆞ다 [TCHYOU-HOU-HĂ-TA] (追後) 원610
불 Suivre, aller à la suite.
한 뒤따르다, 뒤에 가다

*츄ᄒᆞ다 [TCHYOU-HĂ-TA] (醜) 원610
불 Sale.
한 추하다

1*츅 [TCHYOUK,-I] (丑) 원610
불 2me signe du zodiaque (le bœuf). ‖ 2 heures du matin.
한 황도 12궁의 두 번째 별자리(소) | 오전 2시

2*츅 [TCHYOUK,-I] (軸) 원610
불 Numéral des paquets de 10 권 Kouen ou de 200 feuilles de papier, des rouleaux de papier appelés 두루말이 Tou-rou-mal-i; 10 doubles feuilles du papier des examens (명지 Myeng-tji).

한 열 권 Kouen 또는 종이 200장 묶음, 두루말이 Tou-rou-mal-i라고 불리는 종이 두루마리를 세는 수사 | 이중의 시험 종이 열 장 (명지 Myeng-tji)

3* 츅 [TCHYOUK,-I] (縮) 원610

불 Déficit, ce qui manque au compte et devrait y être.

한 부족, 있어야 할 것이 없는 것

4* 츅 [TCHYOUK,-I] (祝) 원610

불 Prière.

한 기도

5* 츅 [TCHYOUK,-I] (逐) 원610

불 En agr. Chasser.

한 한자어로 사냥하다

*츅간풍 [TCHYOUK-KAN-HPOUNG,-I] (丑艮風) 원611

불 Vent du N. E., ou plutôt tout vent soufflant entre l'est et le nord.

한 북동풍, 또는 오히려 동쪽과 북쪽 사이에 부는 모든 바람

*츅귀ᄒᆞ다 [TCHYOUK-KOUI-HĂ-TA] (逐鬼) 원611

불 Chasser les génies, le diable.

한 정령들, 악마를 내쫓다

*츅긱ᄒᆞ다 [TCHYOUK-KĂIK-HĂ-TA] (逐客) 원611

불 Faire tout pour donner aux hôtes, aux convives importuns, l'idée de s'en aller. Repousser un étranger qui demande l'hospitalité.

한 손님들에게, 귀찮은 손님들에게 간다는 생각이 들게 하기 위해 모든 것을 하다 | 환대를 요구하는 이방인을 되돌려 보내다

츅나다 [TCHYOUK-NA-TA,-NA,-NAN] (縮出) 원611

불 Etre en moins, en déficit, de manque; être incomplet (v. g. une ligature de sapèques).

한 더 적다, 부족하다, 부족하다 | 불완전하다 (예. 엽전 꾸러미)

츅담ᄒᆞ다 [TCHYOUK-TAM-HĂ-TA] (築垣) 원611

불 Mur (d'enclos), muraille, mur extérieur; construire un mur.

한 (둘러싸인 땅의) 벽, 커다란 벽, 외벽 | 벽을 짓다

*츅디법 [TCHYOUK-TI-PEP,-I] (縮地法) 원611

불 Art de plisser la terre, c. a. d. de diminuer ou d'étendre l'espace à volonté (magie); art du sorcier qui, pour s'exempter de marcher, prend la terre avec les mains, et la fait tourner jusqu'à ce que l'endroit où il voulait aller vienne à passer.

한 땅을 주름지게 하는, 즉 마음대로 공간을 축소시키고 늘리는 기술(마술) | 걷는 것이 면제되기 위해 손으로 땅을 쥐고, 가고자 하는 장소가 지나게 될 때까지 그것을 돌리는 마법사의 기술

1* 츅ᄃᆡ [TCHYOUK-TĂI] (軸臺) 원611

불 Pièce de bois ronde au bas d'une carte, d'une image, et qui sert à la rouler.

한 지도나, 그림 아래에 있고 돌돌 마는 데 쓰이는 둥근 나무 조각

2* 츅ᄃᆡ [TCHYOUK-TĂI] (築臺) 원611

불 Escalier.

한 계단

*츅마ᄒᆞ다 [TCHYOUK-MĀ-HĂ-TA] (逐魔) 원611

불 Chasser le diable.

한 악마를 내쫓다

*츅문 [TCHYOUK-MOUN,-I] (祝文) 원611

불 Oraison; prière avant ou après le repas; le bénédicité et les grâces.

한 연설 | 식사 전 또는 후의 기도 | 식사 전의 기도와 은총

*츅샤ᄒᆞ다 [TCHYOUK-SYA-HĂ-TA] (逐邪) 원611

불 Chasser les mauvais esprits.

한 나쁜 영혼들을 내쫓다

*츅셩ᄒᆞ다 [TCHYOUK-SYENG-HĂ-TA] (祝聖) 원611

불 Bénir, indulgencier, consacrer, dédier à.

한 축성하다, 면죄부를 달다, 신성화하다, 헌납하다

1* 츅슈ᄒᆞ다 [TCHYOUK-SYOU-HĂ-TA] (祝手) 원611

불 Prier en se frottant les mains. Prier le ciel.

한 손을 비비며 기도하다 | 하늘에 기도하다

2 츅슈ᄒᆞ다 [TCHYOUK-SYOU-HĂ-TA] (祝數) 원611

불 Demander du bonheur ou de la chance. (Mot païen).

한 행복이나 행운을 구하다 | (이교도의 단어)

*츅시 [TCHYOUK-SI] (丑時) 원611

불 2h du matin de 1h à 3h du matin.

한 오전 2시, 오전 1~3시까지

*츅ᄉᆞ [TCHYOUK-SĂ] (縮砂) 원611

불 Nom d'un remède (minéral).

한 약 이름 (광물)

*츅원ᄒᆞ다 [TCHYOUK-OUEN-HĂ-TA] (祝願) 원611

불 Demander la réalisation de ses désirs, prier pour obtenir ce qu'on désire, supplier.

한 자신의 욕망들이 실현되길 부탁하다, 원하는 것을 얻도록 기도하다, 애원하다

츅이다 [TCHYOUK-I-TA,-TCHYOUK-YE,TCHYOUK-

IN] (漬) ⓦ611
불 Humecter.
한 축축하게 하다

*축전 [TCHYOUK-TJYEN,-I] (縮錢) ⓦ611
불 Sapèques qui manquent à une ligature incomplète. Imcomplet, auquel il manque quelque chose.
한 불완전한 꾸러미에 부족한 엽전들 | 불완전하다, 어떤 것이 부족하다

축짓다 [TCHYOUK-TJIT-TA,-TJI-E,-TJI-EUN] (作軸) ⓦ611
불 Mettre le papier en paquets de 10 mains.
한 종이를 열 권 묶음으로 만들다

축쳐지다 [TCHYOUK-TCHYE-TJI-TA,-TJYE,-TJIN] ⓦ611
불 Se déchirer à cause de l'humidité (v. g. du papier).
한 (예. 종이) 습기로 인해 찢어지다

축축ᄒᆞ다 [TCHYOUK-TCHYOUK-HĂ-TA] (濕濕) ⓦ611
불 Humide, aqueux, pluvieux, mouillé, arrosé, humecté.
한 축축하다, 물기 있다, 비가 많이 오다, 젖다, 물을 맞다, 적셔지다

*춘 [TCHYOUN,-I] (春) ⓦ611
불 Printemps.
한 봄

*춘계 [TCHYOUN-KYEI] (春季) ⓦ611
불 Printemps.
한 봄

*춘계쇼지 [TCHYOUN-KYEI-SYO-TJĂI] (春季小齋) ⓦ611
불 Abstinence des quatre-temps du printemps; les quatre-temps de printemps.
한 봄에 사계 대제일의 금육 | 봄의 사계 대제일

*춘곤 [TCHYOUN-KON,-I] (春困) ⓦ612
불 Fatigue causée par le printemps, appesantissement causé par le mouvement du sang au printemps.
한 봄으로 인해 생긴 피로, 봄에 피의 움직임에 의한 노곤함

*춘광 [TCHYOUN-KOANG,-I] (春光) ⓦ612
불 Couleur, aspect du printemps ; air, aspect de jeunesse, de printemps.
한 봄의 색, 모습 | 젊음의, 봄의 색, 모습

1*춘궁 [TCHYOUN-KOUNG,-I] (春窮) ⓦ612
불 Pauvreté du printemps.
한 봄철의 궁핍

2*춘궁 [TCHOYUN-KOUNG,-I] (春宮) ⓦ612
불 Fils aîné du roi.
한 왕의 장남

*춘당ᄃᆡ [TCHYOUN-TANG-TĂI] (春塘臺) ⓦ612
불 Enclos où ont lieu les examens à la capitale, dans l'intérieur du palais.
한 수도에서 궁전 내부에 시험을 치러지는, 울타리로 둘러싸인 곳

*춘목 [TCHYOUN-MOK,-I] (春木) ⓦ612
불 Bois coupé au printemps.
한 봄에 잘린 나무

*춘몽 [TCHYOUN-MONG,-I] (春夢) ⓦ612
불 Somnambule, rève, songe de printemps.
한 몽유병자, 꿈, 봄의 몽상

*춘부쟝 [TCHYOUN-POU-TJYANG,-I] (春府丈) ⓦ612
불 (Votre) père. Terme honor. Usité dans le style épist. En s'adressant au fils de celui de qui on parle.
한 (당신의) 아버지 | 말해지는 사람의 아들에게 말을 걸면서 서간체에서 보통 사용하는 경어

*춘분 [TCHYOUN-POUN,-I] (春分) ⓦ612
불 Division du printemps. Moitié du printemps, 4me quinzaine de printemps, 21 mars, équinoxe de printemps.
한 봄의 나뉜 일부 | 봄의 절반, 봄의 네 번째 2주간, 3월 21일, 춘분

*춘ᄉᆡᆨ [TCHYOUN-SĂIK,-I] (春色) ⓦ612
불 Couleur du printemps.
한 봄의 색깔

*춘일 [TCHYOUN-IL,-I] (春日) ⓦ611
불 Jour de printemps.
한 봄날

*춘절 [TCHYOUN-TJYEL,-I] (春節) ⓦ612
불 Temps du printemps, saison du printemps.
한 봄철, 봄철

*춘쵸 [TCHYOUN-TCHYO] (春草) ⓦ612
불 Herbe de printemps.
한 봄풀

*춘츄 [TCHYOUN-TCHYOU] (春秋, (Printemps, automne)) ⓦ612
불 Age, Terme honor. Usité dans des phrases comme celle-ci : 《combien avez-vous de printemps et d'automnes?》
한 나이의 존칭어 | 《춘추가 어떻게 되시는지요?》와 같은 문장에서 쓰인다

*츈치ᄌᆞ명 [TCHYOUN-TCHI-TJĀ-MYENG,-I] (春雉自鳴, (Printemps, faisan, de soi-même, chante)) [원] 612

[불] Le faisan se trahit au printemps par ses cris; par allusion, se trahir soi-même par des paroles ou des démarches imprudentes, se faire découvrir par sa faute.

[한] 봄에 꿩은 그 울음소리로 드러난다 | 암시로, 말과 경솔한 걸음걸이로 스스로 나타난다, 자신의 잘못에 의해 드러나게 되다

*츈태 [TCHYOUN-HTAI] (春鮐) [원] 612

[불] Nom d'un poisson de mer pêché au printemps.

[한] 봄에 낚는 바닷물고기의 이름

*츈풍 [TCHYOUN-HPOUNG,-I] (春風) [원] 612

[불] Vent de printemps, vent tiède.

[한] 봄바람, 미지근한 바람

*츈풍긔샹 [TCHYOUN-HPOUNG-KEUI-SYANG,-I] (春風氣像, (Printemps, vent, air, semblable)) [원] 612

[불] Homme bien fait, bien né, don't l'aspect, la vue produit l'effet d'une douce brise de printemps.

[한] 체격이 좋은, 집안이 좋은, 그 모습, 그를 보는 것은 봄의 부드러운 산들바람의 효과를 만들어낸다

*츈하노골 [TCHYOUN-HA-NO-KOL,-I] (春夏老骨) [원] 611

[불] Vieillard inutile.

[한] 무익한 노인

*츈하츄동 [TCHYOUN-HA-TCHYOU-TONG,-I] (春夏秋冬) [원] 611

[불] Les quatre saisons; printemps, été, automne, hiver.

[한] 사계절; 봄, 여름, 가을, 겨울

*츈향이 [TCHYOUN-HYANG-I] (春香伊) [원] 611

[불] Nom d'une fille chanteuse et danseuse renommée. Nom d'une certaine héroïne de roman.

[한] 가수와 무용수로 이름난 소녀의 이름 | 소설의 어떤 여주인공 이름

츈혀 [TCHYOUN-HYE] (甍) [원] 611

[불] Corniche du toit, avant-toit, rebord du toit.

[한] 지붕의 코니스, 처마, 지붕 가장자리

*츈흥 [TCHYOUN-HEUNG,-I] (春興) [원] 611

[불] Délices du printemps, bien-être ou nouvelle vigueur qu'on sent au printemps, rajeunissement de la nature au printemps.

[한] 봄의 환희, 봄에 느끼는 안락 또는 새로운 활력, 봄에 자연의 신선하게 하기

*츌 [TCHYOUL] (出) [원] 613

[불] En agr. S'en aller.

[한] 한자어로 가 버리다

*츌가ᄒᆞ다 [TCHYOUL-KA-HĂ-TA] (出家) [원] 613

[불] Sortir de la maison, c. a. d. aller à la maison de son beau-père, se marier (fille).

[한] 집을 나가다, 즉, 자신의 시아버지의 집으로 가다, 결혼하다 (여자아이)

*츌계ᄒᆞ다 [TCHYOUL-KYEI-HĂ-TA] (出繼) [원] 613

[불] Devenir enfant adoptif, être adopté.

[한] 양자가 되다, 입양되다

*츌관 [TCHYOUL-KOAN,-I] (出棺) [원] 613

[불] Emporter le cercueil, enterrer.

[한] 관을 가져가다, 매장하다

*츌뉵ᄒᆞ다 [TCHYOUL-NYOUK-HĂ-TA] (出六) [원] 614

[불] Arriver au 6me degré de dignité en commençant par le 9me (ce n'est qu'alors qu'on peut être appointé mandarin). Passer le temps des 6 notes que le gouverneur donne tous les 6 mois aux mandarins, passer ses trois ans d'administration.

[한] 아홉 번째 등급부터 시작해서 고관직의 여섯 번째 등급에 도달하다 (그때에야 관리의 자리가 주어질 수 있었다) | 지사가 6개월마다 관리들에게 주는 여섯 개의 평가를 받는 시간을 보내다, 관공서의 3년을 보내다

*츌력ᄒᆞ다 [TCHYOUL-RYEK-HĂ-TA] (出力) [원] 614

[불] S'efforcer, mettre toutes ses forces.

[한] 노력하다, 자신의 온 힘을 쓰다

*츌렴ᄒᆞ다 [TCHYOUL-RYEM-HĂ-TA] (出斂) [원] 614

[불] Se cotiser.

[한] 각출하다

*츌령ᄒᆞ다 [TCHYOUL-RYENG-HĂ-TA] (出令) [원] 614

[불] Faire des ordonnances au peuple (roi, mandarin), donner des ordres.

[한] 백성에게 처방을 하다 (왕, 관리), 명령하다

*츌류ᄒᆞ다 [TCHYOUL-RYOU-HĀ-TA] (出類) [원] 614

[불] Exceller entre tous, surpasser.

[한] 모두들 중에서 뛰어나다, 뛰어나다

*츌ᄅᆡᄒᆞ다 [TCHYOUL-RĂI-HĂ-TA] (出來) [원] 614

[불] Sortir et venir. ‖ Prêter à intérêt, à usure.

[한] 나가고 오다 | 이자를 받고, 고리를 받고 빌려 주다

*츌막 [TCHYOUL-MAK,-I] (出幕) [원] 613

[불] Lazaret (pour les pestiférés). Cabane pour isoler les malades atteints de maladie contagieuse.

한 (페스트 환자들을 위한) 검역소 | 전염병에 걸린 환자들을 고립시키기 위한 오두막집

*츌몰ᄉᆞᄉᆡᆼ [TCHYOUL-MOL-SĂ-SĂING] (出沒死生) 원613

불 La sortie et l'entrée, la mort, et la vie c. a. d. toujours, invariablement, quoi qu'il arrive. Etre plusieurs fois sur le point de mourir et revenir à la vie. Etre entre la vie et la mort.

한 나가고 들어옴, 죽음과 삶, 즉 항상, 변함없이, 무슨 일이 생기더라도 | 여러 번 죽을 뻔하다가 다시 살아나다 | 삶과 죽음 사이에 있다

*츌문 [TCHYOUL-MOUN,-I] (出門) 원613

불 Départ de la maison.

한 집을 떠남

*츌물 [TCHYOUL-MOUL,-I] (出物) 원614

불 Prix d'une partie de plaisir. Frais, dépenses. =당ᄒᆞ다-tang-hă-ta, Payer une partie de plaisir.

한 오락에 대한 값 | 경비, 지출 | [용례 =당ᄒᆞ다, -tang-hă-ta], 오락에 대해 값을 치르다

*츌반주왈 [TCHYOUL-PAN-TJOU-OAL] (出班奏曰) 원614

불 Celui qui parle le premier.

한 가장 먼저 말을 하는 사람

*츌반ᄒᆞ다 [TCHYOUL-PAN-HĂ-TA] (出班) 원614

불 Sortir des rangs, se présenter pour.

한 열에서 나오다, ~하기 위해 모습을 나타내다

*츌ᄇᆡ [TCHYOUL-PĂI] (出排) 원614

불 Envoyer l'ordre d'arrêter (tel individu nommé sur le mandat).

한 (영장에 지명된 어떤 사람을) 체포하라는 명령을 보내다

*츌션 [TCHYOUL-SYEN,-I] (出船) 원614

불 Départ d'un navire.

한 배의 출발

*츌신ᄒᆞ다 [TCHYOUL-SIN-HĂ-TA] (出身) 원614

불 S'élever au-dessus de sa condition (v. g. homdu peuple qui devient bachelier en arc, archer). Celui qui a réussi aux examens, mais n'est pas encore constitué en dignité.

한 자신의 신분에서 더 위로 올라가다 (예. 궁술 바칼로레아 합격자가 되는 백성, 궁수) | 시험에 합격했으나 아직 관직에 임명되지는 않은 사람

*츌ᄉᆞ [TCHYOUL-SĂ] (出使) 원614

불 Satellites, gendarmes des mandarins.

한 관리들의 부하들, 헌병들

1*츌ᄉᆞᄒᆞ다 [TCHYOUL-SĂ-HĂ-TA] (出仕) 원614

불 Exercer sa première charge, remplir les fonctions de sa première dignité.

한 자신의 첫 번째 임무를 수행하다, 자신의 첫 번째 관위의 직무를 수행하다

2*츌ᄉᆞᄒᆞ다 [TCHYOUL-SĂ-HĂ-TA] (出死) 원614

불 Mourir hors de chez soi.

한 자신의 집 밖에서 죽다

*츌ᄉᆡᆼ후 [TCHYOUL-SĂING-HOU] (出生後) 원614

불 Naissance, commencement (de la vie), depuis la naissance.

한 출생, (삶의) 시작, 태어날 때부터

*츌입ᄒᆞ다 [TCHYOUL-IP-HĂ-TA] (出入) 원613

불 S'absenter; sortir; faire une sortie, une promenade; aller et venir; faire une mission.

한 잠시 떠나다 | 나가다 | 외출하다, 산책하다 | 가고 오다 | 임무를 하다

1*츌쟝ᄒᆞ다 [TCHYOUL-TJYANG-HĂ-TA] (出壯) 원614

불 Convalescence; faire sa convalescence, être convalescent, retourner en bonne santé, être fort.

한 회복기 | 회복하다, 회복기에 있다, 좋은 건강 상태로 돌아오다, 강하다

2*츌쟝ᄒᆞ다 [TCHYOUL-TJYANG-HĂ-TA] (出丈) 원614

불 Se marier (jeune homme).

한 (젊은 남자가) 결혼하다

*츌젼ᄒᆞ다 [TCHYOUL-TJYEN-HĂ-TA] (出戰) 원614

불 Livrer bataille; batailler; faire la guerre; se rendre à l'armée; aller au combat.

한 전투를 개시하다 | 싸우다 | 전쟁하다 | 군대에 가다 | 전투하러 가다

*츌즁ᄒᆞ다 [TCHYOUL-TJYOUNG-HĂ-TA] (出衆) 원614

불 Excellent, beau, entre plusieurs; qui surpasse les autres; transcendant; supérieur; exceller, l'emporter sur.

한 여럿 중에 훌륭하다, 아름답다 | 다른 사람들보다 뛰어나다 | 탁월하다 | 우선하다 | 뛰어나다, ~보다 우세하다

*츌쳐 [TCHYOUL-TCHYE] (出處) 원614

불 Lieu où une chose a été fabriquée. ‖ Cause, principe.

한 어떤 것이 만들어진 곳 | 원인, 원리

*츌쳑 [TCHYOUL-TCHYEK,-I] (黜陟) 원614

불 Dégradation ou élévation des officiers. Répulsion et attraction. Repousser les méchants des dignités et y appeler les bons, c. a. d. choisir son monde; choisir, en général.

한 관료들의 파면 또는 승진 | 반감과 매력 | 고관들 중 악인들을 물리치고, 거기에 선인들을 부르다, 즉 자신의 부하를 선택하다 | 일반적으로 고르다

춀춀오다 [TCHYOUL-TCHYOUL-O-TA,-OA,-ON] 원614

불 Venir en abondance (pluie); pleuvoir à verse.

한 많이 오다 (비) | 비가 억수같이 오다

춀춀ᄒᆞ다 [TCHYOUL-TCHYOUL-HĂ-TA] 원614

불 Avoir le gosier sec, avoir soif.

한 목이 마르다, 목마르다

*춀타ᄒᆞ다 [TCHYOUL-HTA-HĂ-TA] (出他) 원614

불 S'élever au-dessus de sa condition (homme du peuple qui devient docteur en arc). ‖ Aller ailleurs.

한 그의 신분보다 더 높이 오르다 (활에 있어서 박사가 되는 평민 남자) | 다른 곳으로 가다

*춀텬지효 [TCHYOUL-HTYEN-TJI-HYO] (出天之孝) 원614

불 Modèle de piété filiale; enfant très-dévoué, très-pieux envers ses parents et qui fait des merveilles pour les secourir. Homme admirable par sa piété filiale et donné en exemple par le ciel.

한 효심의 본보기 | 매우 충성스러운, 자신의 부모에 대해 매우 효성스럽고 그들을 돕기 위해 훌륭한 일을 해내는 자식 | 그 효성으로 감탄할 만하고 하늘이 예로 보내 준 사람

*춀판ᄒᆞ다 [TCHYOUL-HPAN-HĂ-TA] (出板) 원614

불 Faire une saisie de biens, piller la maison d'un coupable. ‖ Etre ruiné, être réduit à la misère.

한 재산을 압류하다, 죄인의 집을 초토화하다 | 파산하다, 궁핍한 상태에 놓이다

1*춀포ᄒᆞ다 [TCHYOUL-HPO-HĂ-TA] (出浦) 원614

불 Préparer les marchandises sur le bord de l'eau pour les embarquer.

한 상품들을 배에 싣기 위해 물가에서 그것들을 준비하다

2*춀포ᄒᆞ다 [TCHYOUL-HPO-HĂ-TA] (出捕) 원614

불 Envoyer, lâcher les satellites (pour arrêter les coupables), mettre les satellites en campagne pour arrêter quelqu'un.

한 보내다, (죄인들을 체포하기 위해) 부하들을 보내다, 누군가를 잡기 위해 부하들을 출정시키다

*춀호이쟈반호이지 [TCHYOUL-HO-I-TJYA-PAN-HO-I-TJI] (出乎爾者反乎爾) 원613

불 (Chose sortie de vous retourne à vous). Etre pris dans ses filets. Crachez en l'air, ça vous tombe sur le nez.

한 (당신에게서 나간 것이 당신에게 돌아온다) | 자신의 그물에 잡히다 | 공중에 침 뱉으시오, 그것은 당신 코 위에 떨어진다

*츙 [TCHYOUNG,-I] (虫) 원612

불 Esp. d'insecte.

한 벌레의 종류

츙견ᄉᆞ [TCHYOUNG-KYEN-SĂ] 원612

불 Soie préparée ou filée du 뚱나뷔 Ttoung-na-poui (papillon qui tire sa nourriture du ᄀᆡ쥭나무 Kăi-tjyouk-na-mou).

한 뚱나뷔 Ttoung-na-poui 로부터 준비되거나 실로 만들어진 명주 (ᄀᆡ쥭나무 Kăi-tjyouk-na-mou에서 그 영양분의 뽑아내는 나비)

*츙군ᄒᆞ다 [TCHYOUNG-KOUN-HĂ-TA] (充軍) 원612

불 Enrôler comme soldat; inscrire sur la liste des soldats. Condamner ou être condamné à servir comme soldat.

한 군인으로 징집하다 | 군인들의 명부에 등록하다 | 군인으로 복무하도록 강요하거나 강요되다

*츙노 [TCHYOUNG-NO] (忠奴) 원612

불 Esclave respectueux, fidèle à ses maîtres.

한 주인에게 공손한, 충직한 노예

*츙돌ᄒᆞ다 [TCHYOUNG-TOL-HĂ-TA] (衝突) 원613

불 Pénétrer dans les rangs de l'armée ennemie. Entrer dans les fortifications, dans les retranchements en temps de guerre, pour se mettre à l'abri de l'ennemi.

한 적의 군대의 대열로 침투하다 | 적으로부터 피하기 위해, 전쟁 시에 요새, 방어 진지 안에 들어가다

츙동이질ᄒᆞ다 [TCHYOUNG-TONG-I-TJIL-HĂ-TA] 원613 ☞츙동이ᄒᆞ다

*츙동이ᄒᆞ다 [TCHYOUNG-TONG-I-HĂ-TA] 원613

불 Engager, pousser à se venger de ses ennemis; exciter au mal.

한 권유하다, 자신의 적에 대해 복수하도록 부추기다 | 나쁘게 선동하다

츙동질ᄒᆞ다 [TCHYONG-TONG-TJIL-HĂ-TA] 원613 ☞ 츙동ᄒᆞ다

*츙동ᄒᆞ다 [TCHYOUNG-TONG-HĂ-TA] (衝動) 원613

ㅊ

불 Exciter, encourager, engager à se venger de ses ennemis. conseiller (la révolte). Induire (au mal).
한 부추기다, 격려하다, 자신의 적들에 대해 원수를 갚도록 촉구하다 | (폭동을) 권하다 | (나쁘게) 유인하다

*츙만ᄒᆞ다 [TCHYOUNG-MAN-HĂ-TA] (充滿) 원612
불 Plein, copieux, abondant.
한 가득하다, 풍부하다, 많다

*츙복ᄒᆞ다 [TCHYOUNG-POK-HĂ-TA] (充腹, (Remplir, ventre)) 원612
불 Satisfaire son appétit; se rassasier.
한 식욕을 만족시키다 | 포식하다

츙셩되다 [TCHYONG-SYENG-TOI-TA] 원612 ☞ 츙셩ᄒᆞ다

*츙셩ᄒᆞ다 [TCHYOUNG-SYENG-HĂ-TA] (忠誠) 원612
불 Dévoué, fidèle au roi (sujet), à ses maîtres (esclave), loyal.
한 왕에게 (신하가), 주인에게 (노예가) 헌신하다, 충실하다, 충성스럽다

*츙수군 [TCHYOUNG-SOU-KOUN] (充數軍) 원612
불 Homme inutile, comparse, qui ne fait que compléter un nombre.
한 무용한 사람, 하수인, 수 만 채우는 사람

*츙수ᄒᆞ다 [TCHYOUNG-SOU-HĂ-TA] (充數) 원612
불 Compléter le nombre.
한 수를 채우다

*츙신 [TCHYOUNG-SIN,-I] (忠臣) 원612
불 Courtisan dévoué, fidèle; sujet dévoué.
한 헌신적이고 성실한 조신 | 헌신적 부하

*츙신ᄒᆞ다 [TCHYOUNG-SIN-HĂ-TA] (忠信) 원612
불 Etre dévoué et fidèle.
한 헌신적이고 성실하다

1*츙실ᄒᆞ다 [TCHYOUNG-SIL-HĂ-TA] (充實) 원612
불 Etre florissant, être de belle venue, bien portant, (v. g. enfant gros, gras, homme qui, après une maladie, a repris sa santé, ses forces, qui a achevé sa convalescence).
한 건강해 보이다, 잘 자라다, 건강하다 (예. 뚱뚱하고 큰 아기, 병치레 후 건강과 힘을 되찾은 사람, 회복기를 마친 사람)

2*츙실ᄒᆞ다 [TCHYOUNG-SIL-HĂ-TA] (忠實) 원612
불 Etre probe, loyal.
한 성실하다, 충성스럽다

*츙심 [TCHYOUNG-SIM,-I] (忠心) 원612
불 Cœur fidèle, fidélité, loyauté.
한 성실한 마음, 충성, 충성심

*츙우 [TCHYOUNG-OU] (忠友) 원612
불 Ami fidèle, dévoué.
한 충성스럽고 헌신적인 친구

*츙의 [TCHYOUNG-EUI] (忠義) 원612
불 Esp. de petite dignité; homme du peuple qui a rendu de grands services au gouvernement, qui a bien mérité de la partrie.
한 작은 관직의 종류 | 정부에서 큰일을 받았던 사람, 조국에 공로가 있는 사람

*츙직ᄒᆞ다 [TCHYOUNG-TJIK-HĂ-TA] (道直) 원613
불 Dévoué et droit, fidèle et juste, fidèle et loyal; dévouement et droiture, fidélité et justice.
한 헌신적이고 바르다, 성실하고 정의롭다, 성실하고 충성스럽다 | 충성과 정직, 충실과 정의

*츙지 [TCHYOUNG-TJĂI] (虫災, (Insecte, fléau)) 원613
불 Fléau, calamité des insectes, des vers, des chenilles (qui mangent les blés).
한 재앙, (곡식들을 먹는) 곤충들, 벌레들 또는 애벌레들의 재해

*츙쳥도 [TCHYOUNG-TCHYENG-TO] (忠淸道) 원613
불 Province du S. O. de la Corée, capit. 공쥬 Kong-tjyou.
한 조선의 남서쪽의 지방 | 수도. 공쥬 Kong-tjyou

*츙츙ᄒᆞ다 [TCHYOUNG-TCHYOUNG-HĂ-TA] (充充) 원613
불 Etre profond (eau). Etre profond, large et obscur (maison).
한 (물이) 깊다 | (집) 안이 깊다, 크고 어둡다

*츙치 [TCHYOUNG-TCHI] (虫齒, (ver, dent)) 원613
불 Ver qui cause le mal de dents; dent gâtée.
한 치아의 질환을 일으키는 벌레 | 썩은 치아

*츙텬ᄒᆞ다 [TCHYOUNG-HIYEN-HĂ-TA] (衝天) 원613
불 Pénétrer dans le ciel. c. a. d. s'élever en l'air, monter dans l'atmosphère. S'exhaler (fumée, odeur).
한 하늘 속으로 깊숙이 들어가다 | 즉, 공중에 떠오르다, 공중에 올라가다 | (연기, 향기) 내뿜다

*츙화ᄒᆞ다 [TCHYOUNG-HOA-HĂ-TA] (衝火) 원612
불 Incendier exprès pour se venger d'un ennemi; embraser, mettre le feu à.
한 적에게 원수를 갚기 위해 일부러 불 지르다 | 태우다, ~에 불을 놓다

*츙효졀의 [TCHYOUNG-HYO-TJYEL-EUI] (忠孝節義, (Fidé lité, piété ou respect, tempérance, justice)) 원

612

불 Etre fidèle au roi, dévoué pour ses parents, fidèle à son mari, tempérant, juste.

한 왕에 대해 충실하다, 부모에게 헌신적이다, 남편에게 충실하다, 절제를 지키다, 올바르다

*츙훈부 [TCHYOUNG-HOUN-POU] (忠勳府) 원612

불 Temple dédié aux grands hommes. Nom d'une maison de mandarin, où les descendants (seuls) de ceux qui ont bien mérité de la patrie sont admis à passer leurs examens.

한 위인들에 헌정된 사원 | 조국에 크게 공헌한 사람들의 자손들(만)이 그들의 시험을 치르도록 허락되는 관리의 집의 이름

1*취 [TCHYOUI] (醉) 원609

불 En agr. Ivresse.

한 한자어로 취기

2*취 [TCHYOUI] (醜) 원609

불 Sale.

한 더럽다

3*취 [TCHYOUI] (取) 원609

불 En agr. Saisir, prendre, acquérir, choisir, obtenir.

한 한자어로 잡다, 취하다, 취득하다, 선택하다, 획득하다

*취결례 [TCHYOUI-KYEL-RYEI] (取潔禮) 원610

불 Purification de la S te Vierge (fête). ‖ Cérémonie des relevailles, benedictio mulieris post partum.

한 성모의 정결의식 (축제) | 산후 산부의 축성 예식, benedictio mulieris post partum

*취군ᄒᆞ다 [TCHYOUI-KOUN-HĂ-TA] (聚軍) 원610

불 Battre le rappel, rassembler les soldats, réunir des soldats.

한 규합하다, 군인들을 집결시키다, 군인들을 모으다

*취락 [TCHYOUI-RAK,-I] (取樂) 원610

불 Jouissance, sensualité, volupté, plaisir des sens; sensuel, voluptueux.

한 쾌락, 관능성, 쾌감, 육체적 쾌락 | 육감적이다, 향락적이다

*취락ᄒᆞ다 [TCHYOUI-RAK-HĂ-TA] (取樂) 원610

불 Rechercher les plaisirs, en être avide; chercher des jouissances.

한 쾌락을 찾다, 그것을 갈구하다 | 즐거움을 찾다

*취렴ᄒᆞ다 [TCHYOUI-RYEM-HĂ-TA] (推斂) 원610

불 Payer sa cote pour avoir part à un festin.

한 축하연에 참여하기 위해 자신의 부과금을 지불하다

*취루ᄒᆞ다 [TCHYOUI-ROU-HĂ-TA] (醜陋) 원610

불 Sale, malpropre.

한 더럽다, 불결하다

*취리ᄒᆞ다 [TCHYOUI-RI-HĂ-TA] (取利) 원610

불 Chercher du gain, être avide de gain.

한 이득을 얻으려고 애쓰다, 이득을 갈구하다

*취모멱ᄌᆞ [TCHYOUI-MO-MYEK-TJĂ] (吹毛覓疵) 원610

불 Litt.: souffler sur le poil pour voir s'il y a une cicatrice, c.a.d. chercher à reprendre dans la conduite d'un autre, vulg.; chercher des poux sur la tête d'un autre. Taquin, scrutateur de la conduite des autres, qui remarque les petits défauts des autres.

한 글자대로 : 흉터가 있는지 보기 위해 털을 불다, 즉 타인의 행실에서 비난할 것을 찾다, 속되게 ; 다른 사람의 머리에 있는 이를 찾으려 애쓰다 | 놀리기 좋아하다, 다른 사람들의 행실을 자세히 조사하다, 다른 사람들의 사소한 결점을 지적하다

*취반ᄒᆞ다 [TCHYOUI-PAN-HĂ-TA] (炊飯) 원610

불 Préparer le riz, faire le riz (le faire cuire). Préparer le repas et manger.

한 밥을 준비하다, (쌀을 익혀서) 밥을 짓다 | 식사를 준비하여 먹다

*취병 [TCHYOUI-PYENG,-I] (翠屛) 원610

불 Arabesques, ornements, dessins comme ceux qu'on voit sur les paravents. arbre taillé, arrangé en forme de pyramide, de spirale, etc. Haie vive.

한 아라베스크 장식, 장식 문양, 병풍 위로 보이는 것들과 같은 그림들 | 가지를 친, 피라미드 모양, 나선형 등으로 꾸며진 나무 | 생울타리

취병틀다 [TCHYOUI-PYENG-HIEUL-TA,-HIEUL-E,-HIEUN] (翠屛搆) 원610

불 Faire des arabesques. Entrelacer les branches d'un arbre pour la beauté.

한 아라베스크 무늬를 만들다 | 아름다움을 위해 나뭇가지들을 서로 얽히게 하다

*취식긱 [TCHYOUI-SIK-HĂIK,-I] (取食客) 원610

불 Qui ne cherche que le plaisir du boire et du manger; gourmand, gourmet, parasite, piqueur d'assiettes.

한 단지 마시고 먹는 즐거움만 찾는 사람 | 식도락가, 미식가, 기생충, 식객

*취신ᄒᆞ다 [TCHYOUI-SIN-HĂ-TA] (取信) 원610

불 Etre digne de foi; à qui on peut se fier.
한 신뢰받을 만하다 | 믿을 수 있다

*취악ᄒᆞ다 [TCHYOUI-AK-HĂ-TA] (醜惡) 원609
불 Sale; sentir mauvais.
한 더럽다 | 나쁜 냄새가 나다

*취졸 [TCHYOUI-TJOL,-I] (皺拙) 원610
불 Balourdise, acte ridicule ou mal conçu et qui devient un sujet de moqueries.
한 서툰 말, 우스꽝스러운 행동 또는 잘못 생각을 품어 조롱의 대상이 되는 행위

*취졸ᄒᆞ다 [TCHYOUI-TJOL-HĂ-TA] (皺拙) 원610
불 Gronder, reprocher.
한 꾸짖다, 비난하다

*취즁 [TCHYOUI-TJYOUNG] (醉中) 원610
불 Dans l'ivresse.
한 취기 상태로

취지밧다 [TCHYOUI-TJĀI-PAT-TA,-PAT-A,-PAT-EUN] (試才) 원610
불 Essayer, éprouver l'habileté; essayer la bonté ou la capacité.
한 능숙함을 검사하다, 시험하다 | 호의 또는 능력을 시험하다

*취쳐ᄒᆞ다 [TCHYOUI-TCHYE-HĂ-TA] (娶妻) 원610
불 Obtenir une femme, prendre femme, se marier (homme)
한 아내를 얻다, 결혼하다, 장가를 들다 (남자)

*취츙수 [TCHYOUI-TCHYOUNG-SOU] (推充數, (Ecarter, emplir, nombre)) 원610
불 Compensation, dédommagement.
한 보상, 손해 배상

*취침ᄒᆞ다 [TCHYOUI-TCHIM-HĂ-TA] (就枕) 원610
불 Etre endormi, dormir. (Honorif.).
한 잠들다, 자다 | (경칭)

*취태ᄒᆞ다 [TCHYOUI-HTAI-HĂ-TA] (吹打) 원610
불 Musique instrumentale; sonner de la trompette pour annoncer la sortie, le passage du roi.
한 기악 | 왕의 외출, 행차를 알리기 위해 나팔을 울리다

*취틱ᄒᆞ다 [TCHYOUI-HTĂIK-HĂ-TA] (取擇) 원610
불 Choisir (entre plusieurs), élire, trier.
한 (여럿 사이에서) 선택하다, 뽑다, 고르다

*취필ᄒᆞ다 [TCHYOUI-HPIL-HĂ-TA] (取筆) 원610
불 S'appliquer à bien écrire, désirer une belle écriture. ‖ Choisir un bon pinceau, c. a. d. un bon copiste.
한 글을 잘 쓰려고 열중하다, 글씨를 잘 쓰기를 바라다 | 좋은 붓, 즉 훌륭한 필경사를 선택하다

*취한ᄒᆞ다 [TCHYOUI-HAN-HĂ-TA] (取汗) 원609
불 Suer, dans une maladie, à dessein ou par l'effet du mal.
한 병에 걸려서, 고의로 또는 병의 결과로 땀을 흘리다

1*취ᄒᆞ다 [TCHYOUI-HĂ-TA] (醉) 원609
불 S'enivrer, être ivre.
한 도취하다, 취하다

2*취ᄒᆞ다 [TCHYOUI-HĂ-TA,-HĂ-YE,-HĂN] (取) 원609
불 Prendre, choisir, rechercher, obtenir, emprunter, emporter.
한 취하다, 선택하다, 찾다, 획득하다, 빌리다, 가져가다

3*취ᄒᆞ다 [TCHYOUI-HĀ-TA] (推) 원610
불 Représenter, être l'image, le symbole.
한 나타내다, [역주 사실 그대로의] 재현이다, 상징하다

*취ᄒᆞ야주다 [TCHYOUI-HĂ-YA-TJOU-TA,-TJOU-E,-TJOUN] (取給) 원609
불 Prêter sans intérêt.
한 이자 없이 빌려주다

츠다 [TCHEU-TA,TCHYE,TCHKUN] 원600
불 Nettoyer (un peigne), purifier, essuyer, vider. ‖ Passer (la farine dans un tamis). ‖ Traiter des hôtes.
한 깨끗이 하다 (빗), 깨끗하게 하다, 닦다, 비우다 | (가루를 체에) 통과시키다 | 손님들을 대접하다

츠렁츠렁ᄒᆞ다 [TCHEU-RENG-TCHEU-RENG-HĂ-TA] 원600
불 Avoir en abondance; être en grande quantité.
한 많이 가지다, 많은 양이 있다

츠루다 [TCHEU-ROU-TA,TCHEUL-OUE,TCHEUL-OUN] 원600 ☞츠르다

츠르다 [TCHEU-REU-TA] 원600
불 Recevoir (les sacrements, un hôte); s'acquitter de, être quitte de.
한 (성례, 손님을) 받다 | ~을 면제받다, ~이 면제되다

*측량ᄒᆞ다 [TCHEUK-RYANG-HĂ-TA] (測量) 원600
불 Savoir au juste, penser, délibérer, apprécier, calculer, supputer, énumérer, se figurer, se faire une idée.
한 정확하게 알다, 생각하다, 숙고하다, 평가하다, 셈하다, 계산하다, 열거하다, 생각하다, 파악하다

*측목ᄒᆞ다 [TCHEUK-MOK-HĂ-TA] (側目) 원600
불 Regarder de travers, de côté, sans remuer la tête.
한 비뚤게, 비스듬히, 머리를 움직이지 않고 보다

*측빅 [TCHEUK-PĂIK,-I] (側栢) [원]600
[불] Nom d'une espèce d'arbre.
[한] 나무 종류의 이름

측간 [TCHEUK-KKAN,-I] (厠) [원]600
[불] Latrines.
[한] 변소

*측연이ᄒᆞ다 [TCHEUK-YEN-I-HĂ-TA] (惻然) [원]600
[불] Avec pitié, en pitié.
[한] 동정하여, 불쌍히

*측은ᄒᆞ다 [TCHEUK-EUN-HĂ-TA] (惻慇) [원]600
[불] Avoir pitié; regarder en pitié, avec commisération.
[한] 동정심을 갖고 | 연민으로, 동정어리게 보다

*츤챡ᄒᆞ다 [TCHEUN-TCHYAK-HĂ-TA] (襯着) [원]600
[불] Etre utile, nécessaire.
[한] 쓸모 있다, 필요하다

츤츤ᄒᆞ다 [TCHEUN-TCHEUN-HĂ-TA] [원]600
[불] Un peu humide, mouillé; frissonner au contact de l'eau, de la sueur froide.
[한] 약간 축축하다, 젖다 | 물에 접촉해서, 차가운 땀으로 몸을 떨다

츨츨ᄒᆞ다 [TCHEUL-TCHEUL-HĂ-TA] (準備) [원]600
[불] Adroit, habile, exercé.
[한] 솜씨 좋다, 노련하다, 능숙하다

[1]츩 [TCHEULK,-I] (葛) [원]600
[불] Grande liane, esp. de féverole, dolic, dolichus urticus.
[한] 큰 칡, 잠두의 종류, 까치콩, 제비콩

[2]츩 [TCHEULK,-I] [원]603 ☞칡

츩아리 [TCHEULK-A-RI] (葛) [원]600
[불] Grande liane, dolic. (Provinc. pour 츩 Tcheulk).
[한] 큰 칡, 제비콩 | (츩 Tcheulk의 지역어)

츰얼츰얼 [TCHEUM-EL-TCHEUM-EL] [원]600
[불] S'arrêter à regarder, lambiner; lentement, avec paresse.
[한] 보느라 멈추다, 꾸물거리다 | 천천히, 느리게

[1]*층 [TCHEUN,-I] (層) [원]600
[불] Etage, degré, rang, gradation, gradin, échelon.
[한] 층, 단, 열, 점층, 단, 계단

[2]*층 [TCHEUNG,-I] (稱) [원]600
[불] Balance. Syn. 져울 Tjye-oul; 츄층 Tchyou-tcheung.
[한] 저울 | [[동의어] 져울, Tjye-oul] | [[동의어] 츄층, Tchyou-tcheung]

*층급 [TCHEUNG-KEUP,-I] (層級) [원]600
[불] Hauteur et profondeur; étage, degré, rang, gradin; qualité.
[한] 높이와 깊이 | 층, 단계, 열, 단 | 자격

*층등 [TCHEUNG-TEUNG,-I] (層等) [원]600
[불] Etage; degré; qualité.
[한] 층 | 단계 | 자격

*층ᄃᆡ [TCHEUNG-TĂI] (層臺) [원]600
[불] Etage, escalier et perron.
[한] 층, 계단과 층계

*층슈 [TCHEUNG-SYOU] (層數) [원]600
[불] Etage, degré; qualité.
[한] 층, 단계 | 자격

*층암졀벽 [TCHEUNG-AM-TJYEL-PYEK,-I] (層巖絶壁) [원]600
[불] Montagne très-élevée, à pic, et couverte de rochers, de pierres; lieu inaccessible dans les montagnes.
[한] 매우 높은, 깎아지른, 그리고 바위와 돌로 덮인 산 | 산에서 접근할 수 없는 장소

층지다 [TCHEUNG-TJI-TA,-TJYE,-TJIN] (有等) [원]600
[불] Etre à étages, par degrés; différer de qualité.
[한] 층, 단계가 나 있다 | 질이 다르다

층층나무 [TCHEUNG-TCHEUNG-NA-MOU] (層層木) [원]600
[불] Arbre à étages (nom d'un arbre dont les branches entourent le tronc, d'où elles sortent à des distances égales).
[한] 층이 난 나무 (그 가지가 몸체를 둘러싸는, 가지들이 같은 길이로 나오는 나무의 이름)

*층층이 [TCHEUNG-TCHEUNG-I] (層層) [원]600
[불] Pardegré, au rang; à étage.
[한] 점차로, 서열대로 | 층으로

[1]치 [TCHI] (寸) [원]600
[불] Mesure de longueur, un pouce, une phalange de doigt.
[한] 길이의 측정 단위, 푸스, 손가락의 지골

[2]치 [TCHI] (舵) [원]600
[불] Gouvernail (de navire).
[한] (배의) 키

[3]*치 [TCHI] (齒) [원]600
[불] En agr. Dents (en général); dents de devant.
[한] 한자어로 (일반적으로) 치아 | 앞니

[4]치 [TCHI] (箕) [원]600
[불] Van (à vanner).
[한] (키질하는) 키

[5]치 [TCHI] [원]600
[불] Lacet, corde à nœud coulant, filet pour prendre les oiseaux.
[한] 끈, 풀매듭 끈, 새를 잡기 위한 그물

[6]*치 [TCHI] (治) [원]600
[불] En agr. Gouverner.
[한] 한자어로 통치하다

[1]*치가ᄒᆞ다 [TCHI-KA-HĂ-TA] (致家) [원]601
[불] Prospérer, parvenir à la fortune, devenir riche.
[한] 번영하다, 재산을 갖기에 이르다, 부자가 되다

[2]*치가ᄒᆞ다 [TCHI-KA-HĂ-TA] (治家) [원]601
[불] Gouverner bien sa maison.
[한] 자신의 집을 잘 다스리다

[3]*치가ᄒᆞ다 [TCHI-KA-HĂ-TA] (置家) [원]601
[불] Prendre une concubine, entretenir une femme dans une maison particulière.
[한] 첩을 두다, 특정한 집에 여자를 두다

[1]*치경ᄒᆞ다 [TCHI-KYENG-HĂ-TA] (致經) [원]601
[불] Apprendre par cœur (plusieurs livres) pour se préparer aux examens, étudier les classiques chinois.
[한] 시험을 준비하기 위해 (여러 권의 책을) 외우다, 중국의 고전을 공부하다

[2]*치경ᄒᆞ다 [TCHI-KYENG-HĂ-TA] (治經) [원]601
[불] Soigner une maladie et réciter des formules (se dit des aveugles sorciers qui soignent ainsi les malades).
[한] 환자를 보살피고 서식을 암송하다(이렇게 환자들을 보살피는 눈 먼 마법사들에 대해 쓴다)

[1]*치관ᄒᆞ다 [TCHI-KOAN-HĂ-TA] (治官) [원]601
[불] Etre constitué en dignité.
[한] 관직이 부여되다

[2]*치관ᄒᆞ다 [TCHI-KOAN-HĂ-TA] (置棺) [원]601
[불] Mettre dans le cercueil, déposer dans le cercueil.
[한] 관 안에 넣다, 관 안에 내려놓다

[1]치다 [TCHI-TA,TCHYE,TCHIN] [원]604
[불] A la fin des mots, en fait des verbes et remplace ᄒᆞ다 hă-ta pour un grand nombre.
[한] 단어 끝에서, 그것을 동사화하고 많은 경우 ᄒᆞ다 hă-ta 를 대체한다

[2]치다 [TCHI-TA,TCHYE,TCHIN] (打) [원]604
[불] Frapper; battre; renverser; détruire; faire la guerre; combattre; dresser des embûches, etc.
[한] 치다 | 때리다 | 넘어뜨리다 | 파괴하다 | 전쟁하다 | 싸우다 | 함정 등을 설치하다

[3]치다 [TCHI-TA,TCHYE,TCHIN] [원]604
[불] Lâcher; échapper.
[한] 놓아주다 | 벗어나다

[4]치다 [TCHI-TA,TCHYE,TCHIN] (養) [원]604
[불] Nourrir, élever (des animaux), entretenir (en parlant des animaux de petite taille).
[한] 기르다, (동물들을) 기르다, 부양하다(작은 크기의 동물들에 대해 말하면서)

치닥거리ᄒᆞ다 [TCHI-TAK-KE-RI-HĂ-TA] [원]604
[불] Entretenir, nourrir, loger et vêtir; puis donner des gages. ‖ Mettre en ordre la maison, le ménage. ‖ Traiter un hôte (peu honorif.); le tracas de la réception d'un hôte.
[한] 부양하다, 기르다, 재우고 입히다 | 그러고 나서 급료를 주다 | 집, 살림을 정돈하다 | 손님을 대접하다 (약경칭) | 손님을 받는 근심

*치담ᄒᆞ다 [TCHI-TAM-HĂ-TA] (治痰) [원]604
[불] Traiter la bile, etc. (par des remèdes); purger, débarrasser de la bile, remédier à son excès.
[한] (약으로) 담즙 등을 치료하다 | 하제를 복용시키다, 담즙을 없애다, 자신의 과도함을 치료하다

*치도곤 [TCHI-TO-KON,-I] (治盜棍) [원]604
[불] Planchette en chêne épaisse de 1/2 pouce, large de 4, longue de 4 à 5 pieds, pour frapper les coupables pendant la torture.
[한] 두께가 엄지손가락 반만한 참나무로 만든 작은 판자로, 넓이는 4, 길이는 4~5피에, 고문하는 동안 죄인을 때리기 위한 것이다

치도권 [TCHI-TO-KOUEN,-I] [원]604
[불] Supplice de la planche (sur les mollets).
[한] 판자의 형벌 (장딴지에)

*치도ᄒᆞ다 [TCHI-TO-HĂ-TA] (治道) [원]604
[불] Réparer les chemins, faire les routes, arranger un chemin.
[한] 길을 수리하다, 도로를 만들다, 길을 정비하다

[1]*치독ᄒᆞ다 [TCHI-TOK-HĂ-TA] (致毒) [원]604
[불] Venimeux, dangereux, qui fait du mal (nourriture, boisson).
[한] 유독하다, 위험하다, 해를 끼치다 (음식, 음료)

[2]*치독ᄒᆞ다 [TCHI-TOK-HĂ-TA] (治毒) [원]604
[불] Remédier au venin ou au poison.
[한] 독액 또는 독을 치료하다

치ᄃᆞᆺ다 [TCHI-TĂT-TA,-TĂ-RA,-TĂ-REUN] (上走) [원]604

불 Monter rapidement.
한 빠르게 오르다

*치례ᄒᆞ다 [TCHI-RYEI-HĀ-TA] (侈例) 원603
불 Etre somptueux, revêtir de beaux habits, faire toilette.
한 사치스럽다, 아름다운 옷을 입히다, 잘 차려 입다

*치료ᄒᆞ다 [TCHI-RYO-HĂ-TA] (治療) 원603
불 Soigner un malade, traiter un malade; se soigner.
한 병을 치료하다, 병을 치료하다 | 치료되다

치마 [TCHI-MA] (裙) 원601
불 Robe des femmes (sorte de grand tablier dont les deux extrémités se joignent et se croisent par derrière), jupon de femme.
한 여자들의 원피스 (그 양 끝이 합쳐지고, 뒤에서 교차되는 큰 앞치마 종류), 여자의 속치마

*치명ᄒᆞ다 [TCHI-MYENG-HĂ-TA] (致命) 원601
불 Martyr; être martyr; mourir pour; souffrir le martyre; offrir sa vie.
한 순교자 | 순교하다 | ~을 위해 죽다 | 순교를 당하다 | 목숨을 바치다

*치목ᄒᆞ다 [TCHI-MOK-HĂ-TA] (治木) 원601
불 Préparer le bois pour les meubles; bûcher, raboter le bois, équarrir le bois.
한 가구용 나무를 준비하다 | [역주 목재 따위를 도끼로] 대강 다듬다, 나무를 깎아 내다, 나무를 네모지게 하다

치미다 [TCHI-MI-TA,-MIL-E,-MIN] 원601 ☞치밀다

치밀다 [TCHI-MIL-TA] (上衝) 원601
불 Faire monter, faire s'élever.
한 오르게 하다, 솟아오르게 하다

*치발ᄒᆞ다 [TCHI-PAL-HĂ-TA] (治髮) 원603
불 Faire sa chevelure, soigner sa chevelure.
한 자신의 머리를 하다, 자신의 머리를 다듬다

*치병ᄒᆞ다 [TCHI-PYENG-HĂ-TA] (治病) 원603
불 Soigner une maladie.
한 병을 간호하다

1*치부ᄒᆞ다 [TCHI-POU-HĂ-TA] (置簿) 원603
불 Registre; facture, mémoire de marchand; enregistrer, inscrire.
한 등록부 | 청구서, 상인의 견적서 | 기입하다, 등록하다

2*치부ᄒᆞ다 [TCHI-POU-HĂ-TA] (致富) 원603
불 Devenir riche, s'enrichir.
한 부자가 되다, 부유하게 되다

*치사 [TCHI-SA] (齒刷) 원604
불 Brosse à dents.
한 칫솔

*치상ᄒᆞ다 [TCHI-SANG-HĀ-TA] (治喪) 원604
불 Préparer les funérailles, préparer tout ce qui est nécessaire pour l'enterrement.
한 장례를 준비하다, 매장을 위해 필요한 모두를 준비하다

*치샤ᄒᆞ다 [TCHI-SYA-HĂ-TA] (致謝) 원604
불 Remercier.
한 감사하다

*치셕ᄒᆞ다 [TCHI-SYEK-HĂ-TA] (治石) 원604
불 Tailler des pierres.
한 돌을 깎다

*치셩ᄒᆞ다 [TCHI-SYENG-HĂ-TA] (熾盛) 원604
불 Abondant, bien venu, bien réussi (plantes). Etre fastueux, pompeux, luxueux.
한 풍부하다, 잘 크다, 잘 성장하다 (식물) | 호사스럽다, 화려하다, 호화롭다

*치숑 [TCHI-SYONG,-I] (稚松) 원604
불 Petit sapin, jeune pin.
한 작은 전나무, 어린 소나무

*치숑ᄒᆞ다 [TCHI-SYONG-HĂ-TA] (治送) 원604
불 Envoyer, expédier un homme en voyage, le fournir de tout ce qu'il lui faut et le mettre en route.
한 사람을 여행을 보내다, 파견하다, 그에게 필요한 모든 것을 제공하고 출발시키다

치수 [TCHI-SOU] (寸數) 원604
불 Nombre de pouces. || Pied (mesure de longueur de 10 치 Tchi ou pouces).
한 푸스의 수 | 피에 (10치 Tchi 또는 푸스의 길이의 단위)

치ᄉᆞ스럽다 [TCHI-SĂ-SEU-REP-TA,-SEU-RE-OUE, -SEU-RE-ON] (汚穢) 원604
불 Mauvais, usé, vilain; être sale, malpropre, inconvenant.
한 나쁘다, [역주 오래 사용해서] 더러워지다, 추잡하다 | 부정하다, 부적절하다, 부적당하다

*치ᄉᆞᄒᆞ다 [TCHI-SĀ-HĀ-TA] (致死) 원604
불 Faire jusqu'à la mort.
한 죽을 때까지 하다

치쓰다 [TCHI-TTEU-TA,-TTE,-TTEUN] 원604
불 N'avoir pas de retenue (v. g. manger la nourriture des autres).

ㅊ

한 자제심이 없다 (예. 다른 사람들의 음식을 먹다)

*치아 [TCHI-A] (齒牙) 원601

불 Dents incisives et dents molaires.

한 앞니와 어금니

*치아통 [TCHI-A-HTONG] (齒牙筩) 원601

불 Etui du cure-dents.

한 이쑤시개의 케이스

치우다 [TCHI-OU-TA,TCHI-OUE,TCHI-OUN] (移運) 원601

불 Débarrasser, ôter pour dégager.

한 방해물을 없애다, 치우기 위해 제거하다

치웃치다 [TCHI-OUT-TCHI-TA,-TCHYE,-TCHIN] (偏) 원601

불 Débarrasser, ranger à côté.

한 방해물을 없애다, 옆에 정리하다

치위 [TCHI-OUI] (寒) 원601

불 Froid.

한 차갑다

치위트다 [TCHI-OUI-HTĂ-TA,-HTĂ,-HTĂN] (畏寒) 원601

불 Trembler de froid.

한 추위에 떨다

*치위ᄒᆞ다 [TCHI-OUI-HĂ-TA] (致位) 원601

불 Cesser d'avoir des dignités, avoir sa retraite (sans pension).

한 고관직을 가지기를 멈추다, (연금 없이) 은퇴하다

1*치의ᄒᆞ다 [TCHI-EUI-HĂ-TA] (致疑) 원601

불 Se douter, soupçonner, présumer.

한 의심하다, 혐의를 두다, 추측하다

2치의ᄒᆞ다 [TCHI-EUI-HĂ-TA] 원601

불 Désencombrer, mettre en ordre.

한 장애물을 치우다, 질서를 잡다

치이다 [TCHI-I-TA,TCHI-YE,TCHI-IN] 원601

불 Etudier avec, être instruit par.

한 함께 공부하다, ~에 의해 교육받다

*치장ᄒᆞ다 [TCHI-TJYANG-HĂ-TA] (治裝) 원604

불 Faire toilette, être luxueux, fastueux (ce mot n'indique pas précisément un luxe excessif). Accommoder.

한 차려 입다, 화려하다, 호화롭다 (이 단어는 과도한 호사를 정확히 가리키지는 않는다) | 안락하게 하다

*치제ᄒᆞ다 [TCHI-TJYEI-HĂ-TA] (致祭) 원604

불 Présent envoyé par le roi à la famille d'un défunt qui a rendu des services à l'Etat, afin qu'on fasse des sacrifices à ce défunt. Sacrifices solennels offerts sur l'ordre et au nom du roi.

한 고인에게 제사를 지내기 위해, 국가를 위해 봉사한 고인의 가족에게 왕이 보내는 선물 | 왕의 명령에 따라, 그리고 왕의 이름으로 제공된 성대한 제사

*치죄ᄒᆞ다 [TCHI-TJOI-HĂ-TA] (治罪) 원605

불 Condamner, punir ou corriger une faute.

한 유죄를 선고하다, 잘못을 벌하고 바로잡다

*치지도외ᄒᆞ다 [TCHI-TJI-TO-OI-HĂ-TA] (置之度外) 원605

불 Abandonner, ne plus s'inquiéter de, ne plus prendre soin de.

한 버리다, 더 이상 ~에 대해 걱정하지 않다, ~를 더 이상 돌보지 않다

*치질 [TCHI-TJIL,-I] (痔疾) 원605

불 Esp. de maladie dans laquelle il se forme, à l'anus, une autre ouverture qui laisse passer les excréments; hémorroïdes. (Maladie).

한 항문에 대변이 지나가게 하는 또 다른 입구가 형성되는 병의 종류 | 치질 | (병)

1*치ᄌᆞ [TCHI-TJĂ] (梔子) 원604

불 Nom du fruit d'une plante grimpante qui donne la couleur jaune et s'emploie en médecine. Esp. de baie qui donne une belle couleur jaune.

한 노란색을 띠고 내복약으로 사용되는, 넝쿨식물의 열매 이름 | 보기 좋은 노란색을 띠는 장과의 종류

2*치ᄌᆞ [TCHI-TJĂ] (稚子) 원604

불 Petit enfant, petit fils, parvulus filius.

한 어린아이, 작은 아들, parvulus filius

*치총ᄒᆞ다 [TCHI-TCHONG-HĂ-TA] (置塚) 원605

불 Marquer d'avance une montagne pour y placer un tombeau. (On le fait en cachant le non de ses ancêtres dans une écuelle, que l'on enfouit en secret, pour la retirer devant témoins, faire croire que la montagne à appartenu aux ancêtres et qu'elle est la propriété des descendants).

한 묘지를 그곳에 두기 위해 미리 산에 표시하다 | (자기 선조들의 이름을 대접 안에 감춰서, 그것을 은밀히 땅에 묻어서 그것을 하는데, 그것을 증인들 앞에서 꺼내고 산이 조상들에게 속한 것이고 후손들의 소유지임을 믿게 하기 위함이다)

*치통 [TCHI-HTONG,-I] (齒痛) 원604

불 Mal de dents.

한 치통

*치투ᄒᆞ다 [TCHI-HTOU-HĂ-TA] (薙頭) 원604

불 Raser la tête, couper les cheveux (mot chinois inusité en Corée).
한 머리를 짧게 깎다, 머리카락을 자르다 (조선에서 쓰이지 않는 중국 단어)

*치픿ᄒᆞ다 [TCHI-HPĂI-HĂ-TA] (致敗) 원603
불 Inconvénient, désagrément, malheur. V. 낭픿 Nang-hpăi.
한 불편하다, 불쾌감, 불행 | [참조어 낭픿, Nang-hpăi]

치하ᄒᆞ다 [TCHI-HA-HĂ-TA] (賀) 원601
불 Exprimer sa reconnaissance, offrir ses remerciements, féliciter.
한 자신의 감사를 표현하다, 자신의 감사함을 표하다, 칭찬하다

*치힝ᄒᆞ다 [TCHI-HĂING-HĂ-TA] (治行) 원601
불 Préparer ce qui est nécessaire pour le voyage, faire des préparatifs de voyage, faire son paquet.
한 여행에 필요한 것을 준비하다, 여행 채비를 하다, 짐을 싸다

칙갈스럽다 [TCHIK-KAL-SEU-SEU-REP-TA,-RE-OUE,-RE-ON] (汚穢) 원601
불 Sale.
한 지저분하다

칙범 [TCHIK-PEM,-I] (葛虎) 원601
불 Tigre rayé (de couleur noire, jaune).
한 (검은색, 노란색의) 줄무늬 호랑이

*칙셔 [TCHIK-SYE] (勅書) 원601
불 Message de l'empereur à un roi tributaire.
한 조공국 왕에게 보낸 황제의 메시지

칙쇼 [TCHIK-SYO] (葛牛) 원601
불 Bœuf rayé (de couleur noire, jaune).
한 (검은색, 노란색의) 줄무늬 소

*칙ᄉᆞ [TCHIK-SĂ] (勅使) 원601
불 Ambassadeur de l'empereur de Chine au roi de Corée.
한 조선의 왕에 가는 중국 황제의 사절

칙칙ᄒᆞ다 [TCHIK-TCHIK-HĂ-TA] 원601
불 Obstruer, boucher (v. g. la crasse sur un peigne). || Etre de vilaine couleur.
한 막다, 가로막다 (예. 빗 위의 때) | 보기 흉한 색깔이다

*친 [TCHIN,-I] (親) 원602
불 Parents, parents par le père, parents de même nom. || En agr. Etre étroitement liés par les liens du sang, de l'amitié.
한 친척들, 아버지 쪽 친척들, 같은 성의 친척들 | 한자어로 혈연관계로, 우의로 긴밀히 친교가 있다

*친가 [TCHIN-KA] (親家) 원602
불 Sa propre maison. || La famille du côté paternel.
한 자기 자신의 집 | 아버지 쪽 가족

*친간 [TCHIN-KAN,-I] (親簡) 원602
불 Lettre des parents. || Lettre écrite de la propre main.
한 친척들의 편지 | 손으로 직접 쓴 편지

*친교 [TCHIN-KYO] (親敎) 원602
불 Ordre des parents; volonté des parents; avis des parents, du père ou de la mère.
한 부모의 명령 | 부모의 의사 | 부모님의, 아버지나 어머니의 의견

*친구 [TCHIN-KOU] (親舊) 원602
불 Ami.
한 친구

*친구ᄒᆞ다 [TCHIN-KOU-HĂ-TA] (親口) 원602
불 Baiser, toucher avec les lèvres, embrasser.
한 입 맞추다, 입술로 접촉하다, 입 맞추다

*친국ᄒᆞ다 [TCHIN-KOUK-HĂ-TA] (親鞫) 원602
불 Juger en personne, interroger un coupable (ne se dit que du roi).
한 본인이 직접 판단하다, 죄인을 심문하다 (왕에 대해서만 쓴다)

*친근ᄒᆞ다 [TCHIN-KEUN-HĂ-TA] (親近) 원602
불 Amis et étroitement unis; être très-intimes.
한 친하고 단단히 화합되다 | 매우 친밀하다

*친긔 [TCHIN-KEUI] (親忌) 원602
불 Anniversaire de la mort des parents, du père ou de la mère.
한 부모의, 아버지나 어머니의 죽음의 기념일

*친뎡 [TCHIN-TYENG,-I] (親庭) 원602
불 Maison des parents, famille des parents (pour une femme, par opposition à la famille de son mari).
한 (여자에게, 남편의 가족과는 반대로) 부모의 집, 부모의 가족

*친명 [TCHIN-MYENG,-I] (親命) 원602
불 Ordre du père, des parents.
한 아버지, 부모님의 명령

*친목ᄒᆞ다 [TCHIN-MOK-HĂ-TA] (親睦) 원602
불 Grande amitié, grande concorde; amitié et entente; joindre la concorde à l'amitié réciproque.

ㅊ

한 대단한 우정, 대단한 화합 | 우정과 상호 이해 | 상호간 우정에 화합을 더하다

*친밀ᄒᆞ다 [TCHIN-MIL-HĂ-TA] (親密) 원602

불 Etre unis étroitement d'amitié, être très-intimes.

한 우정으로 단단히 화합되다, 매우 친근하다

*친산 [TCHIN-SAN,-I] (親山) 원602

불 Montagne où sont les tombeaux des parents, du père ou de la mère.

한 부모의, 아버지나 어머니의 묘지가 있는 산

*친소 [TCHIN-SO] (親踈) 원602

불 Ami et non ami, ami et homme ordinaire. intimité et froideur, c. a. d. rapports, relation.

한 친하고 친하지 않음, 친구와 보통 사람 | 친밀함과 냉담, 즉 관계, 교류

*친심ᄒᆞ다 [TCHIN-SIM-HĂ-TA] (親審) 원602

불 Voir de ses propres yeux, s'assurer par soi-même, examiner par soi-même, faire une descente sur les lieux.

한 자기 자신의 눈으로 보다, 자기 힘으로 확인하다, 자기 힘으로 검사하다, 현장검증을 하다

*친압ᄒᆞ다 [TCHIN-AP-HĀ-TA] (親狎) 원602

불 Intimité, relation, familiarité suspecte d'une femme avec un homme qui n'est pas le sien. ‖ Etre liés très-étroitement. être très-intimes. ‖ Coïre.

한 친밀함, 관계, 자신의 남편이 아닌 남자와 함께 있는 여자의 수상한 친근감 | 매우 긴밀하게 친교가 있다 | 매우 친밀하다

*친연ᄒᆞ다 [TCHIN-YEN-HĂ-TA] (親筵) 원602

불 S'asseoir sur la même natte (cérémonie du mariage; la jeune mariée entre dans une chambre, le mari y vient quelques instants après, s'assied sur la même natte un instant, puis la fiancée se retire).

한 같은 돗자리 위에 앉다 (결혼식 | 신부가 방 안에 들어가고, 남편은 얼마 후에 거기로 가서 잠시 같은 자리에 앉는다, 그러고 나서 약혼녀는 물러간다)

*친우 [TCHIN-OU] (親友) 원602

불 Ami cher, aimé, chéri, intime.

한 소중한, 사랑하는, 애지중지하는, 친밀한 친구

*친의 [TCHIN-EUI] (親義) 원602

불 Sentiment d'amitié; intimité.

한 우정의 감정 | 친밀함

*친ᄋᆡᄒᆞ다 [TCHIN-ĂI-HĀ-TA] (親愛) 원602

불 Aimer.

한 사랑하다

*친졀 [TCHIN-TJYEL,-I] (親節) 원602

불 Tout ce qui regarde le père ou la mère. (Style épist.).

한 아버지 또는 어머니와 관계된 모든 것 | (서간체)

*친졀ᄒᆞ다 [TCHIN-TJYEL-HĂ-TA] (親切) 원602

불 Très-cher; s'aimer beaucoup; être entièrement unis, très-intimes.

한 매우 소중하다 | 서로 많이 사랑하다 | 완전히 화합하다, 매우 친밀하다

*친족 [TCHIN-TJYOK,-I] (親族) 원603

불 Parents de même nom.

한 같은 성의 친척들

*친족지간 [TCHIN-TJYOK-TJI-KAN] (親族之間) 원603

불 Entre parents.

한 친척들 간에

*친집ᄒᆞ다 [TCHIN-TJIP-HĂ-TA] (親執) 원603

불 Faire de sa propre main, en personne. Labourer de ses propres mains.

한 손수, 몸소 직접 하다 | 자기 손으로 직접 밭을 갈다

*친찰 [TCHIN-TCHAL,-I] (親札) 원603

불 Lettre écrite de sa propre main. ‖ Lettre reçue.

한 자기 손으로 직접 쓴 편지 | 받은 편지

*친쳑 [TCHIN-TCHYEK,-I] (親戚) 원603

불 Parents de même nom et ceux de nom différent, c. a. d. toute la famille; parents, parenté (친 Tchin, de même nom, et 쳑 Tchyek, de nom différent).

한 같은 성의 친척들과 다른 성의 친척들, 즉 모든 가족 | 친척들, 친척관계 (같은 성의 친 Tchin, 다른 성의 척 Tchyek)

*친필 [TCHIN-HPIL,-I] (親筆) 원602

불 Propre pinceau, c. a. d. écrit de sa propre main, écriture propre.

한 자신의 붓, 즉, 자기 손으로 쓴 글, 고유한 필적

*친합ᄒᆞ다 [TCHIN-HAP-HĂ-TA] (親合) 원602

불 Etre réunis par les liens de l'amitié, êtres liés très-étroitement, très-intimes. ‖ Coïre.

한 우정의 관계로 모이다, 매우 긴밀하게 친교가 있다, 매우 친밀하다

*친환 [TCHIN-HOAN,-I] (親患) 원602

불 Maladie des parents, du père ou de la mère. = 계시다-kyei-si-ta, Etre malades (parents).

한 부모의, 아버지나 어머니의 병 | [용례 = 계시다,

-kyei-si-ta], (부모가) 아프다

*친히 [TCHIN-HI] (親) ⓦ602

불 Même, soi-même, vous-même, en personne, etc. (Honor.)

한 자신, 그 자신, 당신 자신, 몸소 등 | (경칭)

*친ᄒᆞ다 [TCHIN-HĂ-TA,-HĂ-YE,-HĂN] (親) ⓦ602

불 Etre ami, aimé, cher, chéri, intime.

한 친하다, 좋아하다, 사랑하다, 애지중지하다, 친밀하다

1*칠 [TCHIL,-I] (漆) ⓦ603

불 Laque. (vernis), gomme laque.

한 옻 | (니스), 옻 고무

2*칠 [TCHIL,-I] (七) ⓦ603

불 Sept, 7.

한 일곱, 7

3칠 [TCHIL,-I] ⓦ603

불 Quantième, jour.

한 날짜, 날

*칠관ᄒᆞ다 [TCHIL-KOAN-HĂ-TA] (漆棺) ⓦ603

불 Vernir un tombeau, un cercueil.

한 묘지, 관의 외관을 장식하다

*칠규 [TCHIL-KYOU] (七竅) ⓦ603

불 Les sept cavités du cœur, les sept trous de la tête.

한 마음에 있는 7개의 구멍, 머리에 있는 일곱 개의 구멍

*칠극 [TCHIL-KEUK,-I] (七克) ⓦ603

불 Les sept vertus opposées aux sept péchés capitaux; les sept mortifications. nom d'un livre qui en traite.

한 일곱 개의 중대한 죄에 반대되는 일곱 개의 덕 | 일곱 개의 금욕 | 이것을 다루는 책의 이름

*칠긔 [TCHIL-KEUI] (漆器) ⓦ603

불 Vase en terre vernie, vase en terre cuite revêtu de laque.

한 니스칠을 한 토기, 옻칠을 입혀 구운 토기

*칠긔구 [TCHIL-KEUI-KOU] (七祈求) ⓦ603

불 Les sept intentions pour lesquelles il faut ordinairement prier. Les sept prières. (Mot chrét.).

한 보통 기도를 해야 하는 일곱 개의 의향 | 일곱 개의 기도 | (기독교 단어)

*칠긔뎜 [TCHIL-KEUI-TYEM] (漆器店) ⓦ603

불 Fabrique de poterie vernie, poterie.

한 니스칠한 도자기 제조소, 도기 제조소

*칠닙 [TCHIL-NIP,-I] (漆笠) ⓦ603

불 Chapeau noir, verni, laqué.

한 니스칠을 한, 옻칠을 한, 검정 모자

*칠ᄃᆡ죠 [TCHIL-TĂI-TJYO] (七代祖) ⓦ604

불 Ascendant au 7e degré (d'après la généalogie coréenne).

한 (조선의 계보학에 따르면) 일곱 번째 촌수의 선조

*칠립 [TCHIL-RIP,-I] (漆笠) ⓦ604

불 Chapeau noir, verni.

한 옻칠한 검정 모자

1*칠목 [TCHIL-MOK,-I] (漆木) ⓦ603

불 Bois, arbre à vernis, qui produit la laque ou gomme résine; sumac vernix du Japon.

한 옻이나 고무송진을 생산하는 옻나무, 옻나무 | 일본의 니스칠을 한 수막[역주 열대산 옻나무의 일종]

2칠목 [TCHIL-MOK,-I] ⓦ603

불 Bâtonnets dont on se sert à la garde-robe.

한 변소에서 사용되는 막대기들

*칠반쳔역 [TCHIL-PAN-TCHYEN-YEK,-I] (七般賤役) ⓦ603

불 Les sept conditions viles ou réputées telles, les sept basses professions (batelier, prétorien, esclave des postes, bonze, boucher, sorcier, marchand).

한 비천하거나 그런 평판이 있는 7개의 신분, 7개의 하층 직업 (뱃사공, 친위병, 역참의 노예, 승려, 푸주한, 마법사, 상인)

1*칠보 [TCHIL-PO] (七寶) ⓦ603

불 Les sept choses précieuses pour orner la tête des femmes.

한 여성의 머리를 장식하기 위한 7개의 값비싼 것들

2*칠보 [TCHIL-PO] (七步) ⓦ603

불 Sept pas.

한 일곱 걸음

*칠보시 [TCHIL-PO-SI] (七步詩) ⓦ603

불 Nom d'une pièce de littérature de 됴식이 Tyo-sik-i ou 됴ᄌᆞ건이 Tyo-tjă-ken-i, célèbre improvisateur d'autrefois, dont l'existence est peut-être fabuleuse.

한 됴식이 Tyo-sik-i 또는 됴ᄌᆞ건이 Tyo-tjă-ken-i의 문학 작품의 이름, 아마 그 존재가 공상적인 예전에 유명한 즉흥시인

*칠셕 [TCHIL-SYEK,-I] (七夕) ⓦ604

불 Le 7 de la 7me lune au soir, jour où les corbeaux vont faire le pont sur la voie lactée, et s'y donnent tant de peine qu'ils en perdent toutes les plumes de la tête. V. 견우 Kyen-ou et 직녀 Tjik-nye.

ㅊ

한 일곱 번째 달의 7일 저녁, 까마귀들이 은하수에 다리를 만들러 가서, 거기에서 노고를 많이 하여 머리의 모든 털을 잃는 날 | [참조어 견우 Kyen-ou 와 직녀 Tjik-nye]

*칠셩 [TCHIL-SYENG,-I] (七星) 원604
불 La grande ourse (constellation), chariot de David, les sept étoiles.
한 큰 곰좌 (별자리), 다비드의 짐수레, 7개의 별

*칠셩스 [TCHIL-SYENG-SĂ] (七聖事) 원604
불 Les sept sacrements.
한 일곱 지 성사

*칠셩판 [TCHIL-SYENG-HPAN,-I] (七星板) 원604
불 Planche légère pour porter un cadavre.
한 시체를 옮기기 위한 가벼운 판자

*칠식 [TCHIL-SĂIK,-I] (漆色) 원604
불 Laque, gomme-résine d'un rouge jaunâtre, gomme- laque, vernis de la Chine; couleur de vernis, peinture, enduit.
한 옻, 누르스름한 빨간색의 고무 송진, 고무 옻, 중국의 니스 | 니스 색깔, 페인트, 도료

*칠야 [TCHIL-YA] (漆夜) 원603
불 Nuit profonde, très-noire, obscure.
한 깊은, 매우 캄캄한, 어두운 밤

*칠언 [TCHIL-EN] (七言) 원603
불 Sept paroles, sept caractères, vers de sept pieds.
한 일곱 개의 말, 일곱 개의 글자, 7음절 시

칠우다 [TCHIL-OU-TA] 원603
불 V. 츠루다 Tcheu-rou-ta.
한 [참조어 츠루다, Tcheu-rou-ta]

*칠졍 [TCHIL-TJYENG,-I] (七情) 원604
불 Les sept passions; joie, colère, ennui, pensée, chagrin, peur, effroi.
한 일곱 가지 열정 | 기쁨, 화, 권태, 생각, 슬픔, 두려움, 공포

*칠죄종 [TCHIL-TJOI-TJONG,-I] (七罪宗) 원604
불 Les sept péchés capitaux.
한 일곱 가지 기본적인 죄

*칠촌 [TCHIL-TCHON,-I] (七寸) 원604
불 7me degré, parent au 7me degré.
한 일곱 번째 촌수, 일곱 번째 촌수의 친척

*칠ᄒᆞ다 [TCHIL-HĂ-TA,-HĂ-YE,-HĂN] (漆) 원603
불 Vernir, crépir, teindre, enduire, barbouiller.
한 니스를 칠하다, 초벽을 바르다, 물들이다, 칠하다, 되는대로 그리다

칡 [TCHILK] (葛) 원603
불 Liane.
한 칡의 일종

*침 [TCHIM,-I] (針) 원601
불 Acuponcture, aiguille (d'acuponcture), lancette, aiguillon, aiguille.
한 침술, (침술의) 바늘, 랜싯, 침, 바늘

침노ᄒᆞ다 [TCHIM-NO-HĂ-TA] (侵) 원601
불 Molester; ennuyer; être à charge; chatouiller; tourmenter; vexer. ᄒᆞᆫ푼침노치못ᄒᆞ다 HĂN HPOUN TCHIM-NO-TCHI MOT HĂ-TA, 《Ne pas pouvoir vexer même d'une seule sapèque》.
한 괴롭히다 | 귀찮게 굴다 | 부담이 되다 | 간지르다 | 고통을 주다 | 기분을 상하게 하다 | [용례 ᄒᆞᆫ푼침노치못ᄒᆞ다, HĂN HPOUN TCHIM-NO-TCHI MOT HĂ-TA], 《엽전 하나로도 성가시게 할 수 없다》

*침닉ᄒᆞ다 [TCHIM-NIK-HĂ-TA] (浸溺) 원601
불 Perdu dans, plongé dans, être enfoncé dans, être adonné à (en mauvaise part).
한 ~에 몰두하다, ~에 빠지다, ~에 열중하다, (나쁜 방향으로) ~에 전념하다

침당그다 [TCHIM-TANG-KEU-TA,-TANG-KA,-TANG-KEUN] (浸) 원602
불 Mettre à tremper (des kakis après les avoir piqués) dans de l'eau tiède avec du sel pour en ôter l'âcreté.
한 신맛을 없애기 위해 ([역주 침으로] 찌른 후에 감들을) 소금을 넣은 미지근한 물에 담가 두다

*침모 [TCHIM-MO] (針母) 원601
불 Couturière.
한 여자 재봉사

*침믁ᄒᆞ다 [TCHIM-MEUK-HĂ-TA] (沉默) 원601
불 Etre en silence, garder le silence, ne rien dire, être taciturne.
한 조용히 하다, 침묵을 지키다, 아무것도 말하지 않다, 과묵하다

1*침방 [TCHIM-PANG,-I] (針房) 원601
불 Chambre de couture, atelier de couturières.
한 바느질하는 방, 여자 재봉사들의 작업장

2*침방 [TCHIM-PANG,-I] (寢房) 원601
불 Chambre à coucher.
한 잠자는 방

*침셕 [TCHIM-SYEK,-I] (寢席) 원601

불 Oreiller et natte; lit; natte qui sert de lit.
한 베개와 자리 | 침대 | 침대로 쓰이는 자리

*침션방젹 [TCHIM-SYEN-PANG-TJYEK,-I] (針線紡績, (Aiguille, coudre, tisser)) 원602
불 Couture et tissage. Femme qui sait coudre et tisser.
한 재봉과 직조 | 바느질을 하고 베를 짤 줄 아는 여자

1*침션ᄒᆞ다 [TCHIM-SYEN-HĂ-TA] (沉船) 원601
불 Couler à fond (barque), faire naufrage.
한 밑으로 침몰하다 (작은 배), 파선하다

2*침션ᄒᆞ다 [TCHIM-SYEN-HĂ-TA] (針線) 원601
불 Couture; coudre.
한 재봉 | 바느질하다

*침소 [TCHIM-SO] (寢所) 원602
불 Dortoir, lieu où l'on dort, chambre à coucher.
한 공동 침실, 잠자는 장소, 침실

*침시 [TCHIM-SI] (浸柿) 원602
불 Kaki auquel on a enlevé son amertume en le faisant bouillir; kaki auquel on a enlevé son âcreté en le faisant tremper dans l'eau salée.
한 끓여서 쓴맛을 없앤 감 | 소금물에 담가 쓴맛을 없앤 감

*침식 [TCHIM-SIK,-I] (寢食) 원602
불 Dormir et manger; sommeil et nourriture.
한 자고 먹다 | 잠과 식사

*침식ᄒᆞ다 [TCHIM-SIK-HĂ-TA] (浸息) 원602
불 Cesser, finir (se dit de la guerre, de la persécution, de la maladie).
한 멈추다, 끝내다 (전쟁, 박해, 질병에 대해 쓴다)

*침실 [TCHIM-SIL,-I] (寢室) 원602
불 Chambre à coucher.
한 잠자는 방

*침약 [TCHIM-YAK,-I] (針藥) 원601
불 Acuponcture et potion.
한 침술과 물약

*침잠ᄒᆞ다 [TCHIM-TJAM-HĂ-TA] (沉潛) 원602
불 Etre silencieux, taciturne; garder le silence; vivre dans la retraite. || Etre enfoncé dans, adonné à. (V.Syn. 침닉ᄒᆞ다 Tchim-nik-hă-ta).
한 조용하다, 과묵하다 | 침묵을 지키다 | 은둔생활을 하다 | ~에 몰두하다, ~에 전념하다 | [동의어 침닉ᄒᆞ다, Tchim-nik-hă-ta]

*침장이 [TCHIM-TJANG-I] (針匠) 원602
불 Celui qui donne l'acuponcture; médecin pour l'acuponcture.
한 침을 놓는 사람 | 침술 의사

침주다 [TCHIM-TJOU-TA,-TJOU-E,-TJOUN] (下針) 원602
불 Donner l'acponcture, piquer.
한 침을 놓다, 찌르다

*침침ᄒᆞ다 [TCHIM-TCHIM-HĂ-TA] (沉沉) 원602
불 Etre nuageux, sombre (aspect du temps), obscur.
한 흐리다, 어두컴컴하다 (날씨의 양상), 어둡다

*침치 [TCHIM-TCHĂI] (沉菜) 원602
불 légumes salés.
한 소금에 절인 채소

*침통 [TCHIM-HTONG,-I] (針筒) 원602
불 Etui de l'aiguille d'acuponcture, étui à lancette.
한 침술 바늘 케이스, 란세트 케이스

*침학ᄒᆞ다 [TCHIM-HAK-HĂ-TA] (侵虐) 원601
불 Tyranniser.
한 폭정을 펴다

*침향 [TCHIM-HYANG,-I] (沉香) 원601
불 Nom d'un bois; chêne dont le bois peut rester plus de cent ans dans l'eau sans se gâter; bois de chêne devenu noir dans l'eau.
한 나무의 이름 | 재목이 물에서 상하지 않고 100년 이상 있을 수 있는 참나무 | 물에서 검게 된 참나무 재목

*침향식 [TCHIM-HYANG-SĂIK,-I] (沉香色) 원601
불 Couleur jaune-brun, couleur brune.
한 황갈색, 갈색

*침혹ᄒᆞ다 [TCHIM-HOK-HĂ-TA] (浸惑) 원601
불 Etre absorbé dans, enfoncé, perdu dans (se dit en mauvaise part).
한 ~에 열중하다, 몰두하다, ~에 전념하다 (나쁜 방향에서 쓴다)

칩다 [TCHIP-TA,TCHI-OUE,TCHI-OUN] (寒) 원603
불 Etre froid, faire froid (température), avoir froid (homme).
한 차갑다, 차다 (기온), 춥다 (사람)

칩칩ᄒᆞ다 [TCHIP-TCHIP-HĂ-TA] (貪饕) 원603
불 Manger gloutonnement; dévorer; manger chez les autres.
한 게걸스럽게 먹다 | 모조리 먹어치우다 | 다른사람들의 집에서 먹다

칫들다 [TCHIT-TEUL-TA,-TEUL-E,-TEUN] (不好樣)

[원]604
[불] N'avoir pas de vergogne, (v. g. manger le bien des autres).
[한] 수치심이 없다 (예. 다른 사람들의 이익을 먹다)

칫치다 [TCHIT-TCHI-TA, TCHI-TCHYE, TCHIT-TCHIN] [원]604
[불] Faire un trait en relevant le pinceau, achever un trait.
[한] 붓을 들어 올려 선을 긋다, 선을 완성하다

*칭 [TCHING,-I] (稱) [원]603
[불] En agr. Désigner, appeler. ‖ Complimenter. ‖ Prétexte, excuse.
[한] 한자어로 가리키다, 부르다 | 축하하다 | 핑계, 변명

*칭명ᄒᆞ다 [TCHING-MYENG-HĂ-TA] (稱名) [원]603
[불] Surnom (en bien), surnom honorifique; désigner par un titre. ‖ De nom, faux, qui n'a que le nom et non la réalité.
[한] (좋게 부르는) 별명, 명예 별명 | 직함으로 지칭하다 | 명목상, 가짜의, 이름만 있고 실제는 없다

*칭병ᄒᆞ다 [TCHING-PYENG-HĂ-TA] (稱病) [원]603
[불] Prétexter une maladie pour s'exempter de; dire que l'on est malade; s'excuser sur une maladie.
[한] 면제받기 위해 병을 핑계로 삼다 | 아프다고 말하다 | 병으로 변명하다

*칭숑ᄒᆞ다 [TCHING-SYONG-HĂ-TA] (稱頌) [원]603
[불] Louer, dire du bien de.
[한] 칭찬하다, ~에 대해 좋게 말하다

*칭양ᄒᆞ다 [TCHING-YANG-HĂ-TA] (稱揚) [원]603
[불] Louer, célébrer, dire du bien de.
[한] 칭찬하다, 축하하다, ~에 대해 좋게 말하다

*칭원ᄒᆞ다 [TCHING-OUEN-HĂ-TA] (稱寃) [원]603
[불] Murmurer.
[한] 불평하다

*칭찬ᄒᆞ다 [TCHING-TCHAN-HĂ-TA] (稱讚) [원]603
[불] Louer, dire du bien de. 기림칭찬ᄒᆞ다 Ki-rim tching-tchan-hă-ta, Donner des éloges.
[한] 칭찬하다, ~에 대해 좋게 말하다 | [용례 기림칭찬ᄒᆞ다, Ki-rim tching-tchan-hă-ta], 칭찬하다

*칭탁ᄒᆞ다 [TCHING-HTAK-HĂ-TA] (稱托) [원]603
[불] Prétexte; prétexter.
[한] 변명 | 변명하다

*칭탈ᄒᆞ다 [TCHING-HTAL-HĂ-TA] (稱頉) [원]603
[불] Prétexte. prétexter.
[한] 핑계 | 핑계로 삼다

*칭호 [TCHING-HO] (稱號) [원]603
[불] Nom, surnom, titre.
[한] 이름, 이명, 직함

1* ᄎᆞ [TCHĂ] (次) [원]594
[불] Fois (avec les mots chinois); ordre, rang. ᄆᆡᄎᆞ Măi-tchă, Chaque fois. 그ᄎᆞ에 Keu-tchă-ei, ensuite. ᄎᆞ후에 Tchă-hou-ei, Désormais.
[한] 번 (중국 단어들과 함께) | 순서, 순위 | [용례 ᄆᆡᄎᆞ, măi-tchă], 매번 | [용례 그ᄎᆞ에, Keu-tchă-ei], 그러고 나서 | [용례 ᄎᆞ후에, Tchă-hou-ei], 이제부터

2* ᄎᆞ [TCHĂ] (此) [원]594
[불] En agr. Ce, celui-ci.
[한] 한자어로 이, 이것

ᄎᆞ다 [TCHĂ-TA, TCHĂ, TCHĂN] (滿) [원]595
[불] Etre plein; être satisfait.
[한] 가득하다 | 만족하다

1* ᄎᆞ대 [TCHĂ-TAI] (次對) [원]595
[불] Conseil royal, conseil du roi.
[한] 왕의 회의, 왕의 회의

2* ᄎᆞ대 [TCHĂ-TAI] (差代) [원]595
[불] Etre à la place de. = ᄒᆞ다-hă-ta, Succéder à.
[한] ~을 대신하다 | [용례 =ᄒᆞ다, -hă-ta], ~을 계승하다

1* ᄎᆞ뎨 [TCHĂ-TYEI] (次第) [원]595
[불] Rang. ordre.
[한] 순위 | 순서

2* ᄎᆞ뎨 [TCHĂ-TYEI] (次弟) [원]595
[불] Frère né immédiatement après.
[한] 곧이어 태어난 형제

*ᄎᆞ도 [TCHĂ-TO] (差度) [원]595
[불] Le mieux dans une maladie.
[한] 병의 호전

*ᄎᆞ등 [TCHĂ-TEUNG,-I] (次等) [원]595
[불] Rang, série, ordre, degré immédiatement inférieur, qualité immédiatement inférieure.
[한] 서열, 배열, 순서, 바로 아래의 등급, 바로 아래의 지위

*ᄎᆞ례 [TCHĂ-RYEI] (次例) [원]595
[불] Rang, ordre, série.
[한] 서열, 순서, 배열

ᄎᆞ리다 [TCHĂ-RI-TA,-RYE,-RIN] (備) [원]595
[불] Préparer, arranger, disposer.

한 준비하다, 마련하다, 배열하다

*ᄎᆞ셔 [TCHĂ-SYE] (次序) 원595

불 Rang, ordre.

한 순위, 순서

*ᄎᆞ수 [TCHĂ-SOU] (次數) 원595

불 Nombre.

한 화

*ᄎᆞ시 [TCHĂ-SI] (此時) 원595

불 Ce temps, ce temps présent.

한 그때, 이 시간 현재

ᄎᆞ죵이 [TCHĂ-TJYONG-I] 원595

불 Très-petite tasse.

한 아주 작은 찻잔

1 ᄎᆞ지ᄒᆞ다 [TCHĂ-TJI-HĂ-TA] 원593 ☞차지ᄒᆞ다

2 ᄎᆞ지ᄒᆞ다 [TCHĂ-TJI-HĂ-TA] (領管) 원595

불 Avoir sous sa dépendance; être le maître, le gouverneur de; régir, gouverner, avoir sous sa juridiction, exercer sa juridiction sur.

한 그에 속해 있다 | ~을 지배하다, 다스리다 | 지배하다, 통치하다, 그 관할 하에 있다, ~를 관할하다

*ᄎᆞᄎᆞ [TCHĀ-TCHĀ] (次次) 원595

불 Peu à peu, insensiblement, par degrés.

한 점차, 조금씩, 서서히

*ᄎᆞ후 [TCHĂ-HOU] (此後) 원595

불 Après, désormais, ensuite, à l'avenir.

한 후에, 이제부터, 그러고 나서, 장차

ᄎᆞᆯ하리 [TCHĂL-HA-RI] (寧) 원595

불 Plutôt que…, quand bien même. ᄎᆞᆯ하리… 언뎡 Tchăi-ha-ri… en-tyeng, Plutôt que.

한 ~보다 오히려, 설령 | [용례 ᄎᆞᆯ하리… 언뎡, Tchăi-ha-ri… En-tyeng], ~보다 오히려

1* ᄎᆞᆷ [TCHĂM,-I] (站) 원595

불 Instant, temps, quelque temps de répit.

한 휴식의 순간, 때, 얼마간의 시간

2 ᄎᆞᆷ [TCHĂM] (眞) 원595

불 Vrai, vraiment; c'est vrai, en vérité, certes, assurément, en effet; naturel, réel.

한 참되다, 정말 | 참되다, 정말, 확실히, 틀림없이, 실제로 | 당연하다, 실제이다

ᄎᆞᆷ기름 [TCHĂM-KI-REUM,-I] (香油) 원595

불 Huile de sésame.

한 참깨 기름

ᄎᆞᆷ나무 [TCHĂM-NA-MOU] (眞木) 원595

불 Chêne (arbre).

한 떡갈나무 (나무)

ᄎᆞᆷ다 [TCHĂM-TA,TCHĀM-A,TCHĀM-EUN] (忍耐) 원595

불 Patienter, se résigner, souffrir, supporter.

한 참다, 감수하다, 견디다, 감당하다

ᄎᆞᆷ멸 [TCHĂM-MYEL,-I] 원595

불 Esp. de grande plante potagère, asperge sauvage.

한 큰 식용 식물 종류, 야생 아스파라거스

ᄎᆞᆷ바 [TCHĂM-PA] (眞綯) 원595

불 Corde solide.

한 단단한 줄

ᄎᆞᆷ벌 [TCHĂM-PEL,-I] (家蠭) 원595

불 Abeille domestique.

한 인가에 사는 꿀벌

ᄎᆞᆷ빗 [TCHĂM-PIT,-SI] (眞梳) 원595

불 Peigne fin.

한 가는 빗

ᄎᆞᆷᄭᆡ [TCHĂM-KKĂI] (眞荏) 원595

불 Sésame.

한 참깨

ᄎᆞᆷ아ᄒᆞ다 [TCHĂM-A-HĂ-TA] (忍耐) 원595

불 Se contenir.

한 자제하다

ᄎᆞᆷ외 [TCHĂM-OI] (眞瓜) 원595

불 Melon (de Chine).

한 (중국의) 멜론

ᄎᆞᆷ으로 [TCHĂM-EU-RO] (眞) 원595

불 Réellement, en vérité, pour de bon.

한 실제로, 정말로, 진심으로

ᄎᆞᆷ을셩 [TCHĂM-EUL-SYENG,-I] (忍性) 원595

불 Patience.

한 인내

ᄎᆞᆷᄎᆞᆷᄒᆞ다 [TCHĀM-TCHĀM-HĂ-TA] 원595

불 Etre silencieux, recueilli, sans bruit.

한 조용하다, 명상에 잠기다, 소리가 없다

ᄎᆞᆺ다 [TCHĂT-TA,TCHĀ-TJA,TCHĂ-TYEUN] (尋) 원595

불 Trouver, chercher, deviner, obtenir.

한 찾아내다, 찾다, 알아채다, 얻다

1* ᄎᆡ [TCHĂI] (菜) 원594

불 Herbe potagère, légume.

한 식용 풀, 채소

2* ᄎᆡ [TCHĂI] (採) 원594

불 En agr. Arracher en déterrant. V. ᄏᆡ다 Hkăi-ta.

한 한자어로 파내어 뿌리째 뽑다 | [참조어 ᄏᆡ다, Hkăi-ta]

*치근ᄒᆞ다 [TCHĂI-KEUN-HĂ-TA] (採根) 원594
불 Arracher la racine, chercher la source, l'origine.
한 뿌리를 뽑다, 근원, 출처를 찾다

치다 [TCHĂI-TA,TCHĂI-YE,TCHĂIN] (捲) 원594
불 Relever les bords (v. g. d'une natte pour rassembler le grain), retrousser, relever sa robe, son habit par le bas.
한 (예. 곡식을 모으기 위해 거적의) 가장자리를 올리다, 걷어 올리다, 자신의 원피스, 자신의 옷 아래를 올리다

*치단 [TCHĂI-TAN] (彩緞) 원594
불 Soierie de couleur, étoffe de couleur, robe de soie ou de coton que donne le fiancé à sa future pour le mariage.
한 색깔 있는 비단, 색깔 있는 옷감, 결혼식을 위해 약혼자가 자신의 미래의 신부에게 주는 비단이나 면으로 된 드레스

*치뎐 [TCHĂI-TYEN,-I] (菜田) 원594
불 Champ de légumes, jardin à légumes, jardin potager.
한 채소밭, 채소를 키우는 뜰, 채소밭

*치뎡ᄒᆞ다 [TCHĂI-TYENG-HĂ-TA] (差定) 원595
불 Désigner nommément, indiquer par le nom; assigner; envoyer un homme.
한 지정하여 가리키다, 이름으로 가리키다 | 지정하다 | 사람을 보내다

*치마ᄒᆞ다 [TCHĂI-MA-HĂ-TA] (菜麻) 원594
불 Cultiver des légumes.
한 채소를 재배하다

*치문ᄒᆞ다 [TCHĂI-MOUN-HĂ-TA] (採問) 원594
불 S'informer, s'enquérir, interroger à fond.
한 알아보다, 조사하다, 자세히 묻다

*치본 [TCHĂI-PON,-I] (彩本) 원594
불 Peinture, image polychrome.
한 다색의 그림, 화상

*치비관 [TCHĂI-PI-KOAN,-I] (差備官) 원594
불 Intendant, homme envoyé pour surveiller et faire exécuter un travail.
한 경비원, 감시하고 일을 집행시키기 위해 파견된 사람

*치삼ᄒᆞ다 [TCHĂI-SAM-HĂ-TA] (採蔘) 원594
불 Arracher le jen-sen.
한 인삼을 캐다

*치쇼 [TCHĂI-SYO] (菜蔬) 원594
불 Herbe potagère.
한 식용 풀

*치ᄉᆞ [TCHĂI-SĂ] (差使) 원594
불 Commissionnaire, aide, commis, valet de préfecture pour faire les commissions, satellite du mandarin.
한 심부름꾼, 조수, 대리인, 심부름을 하기 위한 도청의 하인, 관리의 부하

*치식 [TCHĂI-SĂIK,-I] (彩色) 원594
불 Couleur pour peindre; peintures.
한 색칠할 색 | 도료

*치약ᄒᆞ다 [TCHĂI-YAK-HĂ-TA] (採藥) 원594
불 Arracher des racines de plantes médicinales, cueillir des simples, herboriser.
한 약용 식물의 뿌리를 뽑다, 약초를 따다, 식물을 채집하다

1치오다 [TCHĂI-O-TA,TCHĂI-OA,TCHĂI-ON] (滿) 원594
불 Remplir, emplir, combler.
한 가득 채우다, 메우다, 보충하다

2치오다 [TCHĂI-O-TA,TCHĂI-OA,TCHĀI-ON] (鎖) 원594
불 Fermer à clef.
한 잠그다

*치칙 [TCHĂI-TCHĂIK,-I] (寨柵) 원595
불 Barrière, muraille en bois.
한 울타리, 나무로 된 벽

치칼 [TCHĂI-HKAL,-I] (鋸刀) 원594
불 Rape, ustensile de ménage.
한 분쇄기, 가정용품

1*칙 [TCHĂIK,-I] (冊) 원594
불 Livre, cahier, registre, etc.
한 책, 공책, 장부 등

2칙 [TCHĂIK,-I] (隻) 원594
불 Numéral des barques, des navires, etc.
한 작은 배, 선박 등을 세는 수사

*칙력 [TCHĂIK-RYEK,-I] (冊曆) 원594
불 Calendrier civil, almanach.
한 민간 역법, 달력

*칙망ᄒᆞ다 [TCHĂIK-MANG-HĂ-TA] (責望) 원594
불 Censurer, gronder, reprocher, blâmer, gourmander, réprimander.
한 비난하다, 꾸짖다, 나무라다, 징계하다, 야단치다, 질책하다

*칙면 [TCHĂIK-MYEN,-I] (簀麵) 원594
불 Vermicelle.
한 버미첼리

1*칙문 [TCHĂIK-MOUN,-I] (柵門) 원594
불 Porte des retranchements des soldats en temps de guerre. ‖ Lieu où chaque année se tient la foire aux frontières du Léao-tong.
한 전쟁 기간 중 병사들의 방어 진지의 문 | 랴오둥의 국경지대에서 매년 장이 열리는 곳

2*칙문 [TCHĂIK-MOUN,-I] (策文) 원594
불 Projet par écrit, sorte d'écriture, grande composition écrite pour l'examen du doctorat.
한 서면으로 한 계획, 글씨의 종류, 박사 시험을 위해 쓰인 중요한 답안

*칙박ᄒᆞ다 [TCHĂIK-PAK-HĂ-TA] (窄薄) 원594
불 Petit, étroit.
한 작다, 협소하다

*칙방 [TCHĂIK-PANG,-I] (冊房) 원594
불 Imprimerie, bibliothèque, archives. ‖ Parent ou ami qu'un mandarin emmène avec lui, et qu'il fait son conseiller, en lui confiant l'administration intérieure de sa maison.
한 인쇄소, 도서관, 기록 보관소 | 관리가 자신과 함께 데려가며 자신의 집안 관리를 맡겨 자신의 조언자로 만드는 친척 또는 친구

*칙벌ᄒᆞ다 [TCHĂIK-PEL-HĂ-TA] (責罰) 원594
불 Châtier, gronder, punir, réprimander.
한 벌하다, 꾸짖다, 처벌하다, 질책하다

칙보다 [TCHĂIK-PO-TA,-PO-A,-PON] (觀書) 원594
불 Lire, voir un livre.
한 읽다, 책을 보다

*칙사 [TCHĂIK-SA] (冊舍) 원594
불 Imprimerie.
한 인쇄소

*칙상 [TCHĂIK-SANG,-I] (冊床) 원594
불 Bibliothèque, table où l'on met des livres.
한 책장, 책을 올려놓는 탁자

*칙씨시ᄒᆞ다 [TCHĂIK-SSI-SI-HĂ-TA] (冊畢禮) 원594
불 Offrir du vin, des gâteaux, etc., après avoir achevé l'étude d'un volume.
한 책 한 권 공부를 마친 후 술, 떡 등을 제공하다

*칙임 [TCHĂIK-IM,-I] (責任) 원594
불 Fonction, emploi.
한 임무, 직무

칫열 [TCHĂIT-YEL,-I] (鞭繩) 원595
불 fouet, cravache.
한 회초리, 승마용 채찍

ㅋ

ㅋ [HK] 원214
불 14e lettre de l'alphabet, 3e consonne, répond à k aspiré, hk.
한 자모의 열네 번째 문자, 세 번째 자음, 유기음 k, hk에 대응한다

카랑카랑ᄒᆞ다 [HKA-RANG-HKA-RANG-HĂ-TA] 원214
불 Etre excessivement froid. ‖ Un peu ferme, raide, excessif. ‖ Etre actif, vif, agité.
한 극도로 차갑다 | 약간 단호하다, 뻣뻣하다, 지나치다 | 활동적이다, 활발하다, 흥분되다

칵 [HKAK] 원214
불 Avec violence, avec force. (Palcé devant un verbe, indique la force, la violence de l'action).
한 난폭하게, 세게 | (동사 앞에 놓여, 행동의 힘, 폭력성을 가리킨다)

1칼 [HKAL,-I] (釰) 원214
불 Couteau, sabre, épée.
한 칼, 검, 검

2칼 [HKAL,-I] (枷) 원214
불 Cangue.
한 [역주 중국에서 죄인의 목에 씌우던] 칼

칼ᄉᆡ [HKAL-SĂI] 원214
불 Nom d'un oiseau un peu semblable à la pie (un peu plus petit, p.ê. la pie grièche).
한 까치를 약간 닮은 새 이름(약간 더 작다, 아마도 때까치)

캄캄ᄒᆞ다 [HKAM-HKAM-HĂ-TA] (沉昏) 원214
불 Etre très-noir, obscur, ténébreux, sombre.
한 매우 캄캄하다, 어둡다, 캄캄하다, 어둡다

캉캉 [HKYANG-HKYANG] 원214
불 Cri du renard. =울다-oul-ta, Glapir comme le renard. ‖ Bruit de la toux. =깃츰ᄒᆞ다-kit-tcheum-hă-ta, Tousser en faisant ce bruit.
한 여우의 울음소리 | [용례 =울다-oul-ta], 여우처럼 울다 | 기침 소리 | [용례 =깃츰ᄒᆞ다-kit-tcheum-hă-ta],

이 소리를 내며 기침하다

캬캬ᄒᆞ다 [HKYANG-HKYANG-HĂ-TA] [원]214

[불] D'une mauvaise manière. =듸답ᄒᆞ다-tăi-tap-hă-ta, Répondre avec insolence.

[한] 나쁜 방법으로 | [[용례] =듸답ᄒᆞ다-tăi-tap-hă-ta], 건방지게 대답하다

커녕 [HKE-NYENG] [원]214

[불] Ah bien oui! Au contraire.

[한] 쳇! 그렇기는커녕

커다란 [HKE-TA-RAN] (大貌) [원]214

[불] Grand, bien grand.

[한] 크다, 매우 크다

컬넉컬넉 [HKEL-NEK-HKEL-NEK] [원]214

[불] Exprime le bruit d'une toux opiniâtre.

[한] 고질적인 기침 소리를 표현한다

컴컴ᄒᆞ다 [HKEM-HKEM-HĂ-TA] [원]214

[불] Etre obscur, très-sombre.

[한] 어둡다, 매우 캄캄하다

컹컹 [HKENG-HKENG] [원]214

[불] Cri des grands chiens, aboiement. ‖ Retentissant dans la montagne. ‖ Avec force.

[한] 큰 개가 짖는 소리, 개가 짖음 | 산에서 울리다 | 세게

켕켕 [HKEING-HKEING] [원]214

[불] Cri des petits chiens. Bruit de la toux. bruit de petits coups.

[한] 작은 개들이 짖는 소리 | 기침 소리 | 작은 타격 소리

켜내다 [HKYE-NAI-TA,-NAI-YE,-NAIN] [원]214

[불] Appeler quelqu'un en secret, faire signe de venir.

[한] 누군가를 비밀리에 부르다, 오라고 신호를 하다

[1]**켜다** [HKYE-TA,HKYE,HKYEN] [원]214

[불] Scier avec une scie.

[한] 톱으로 톱질하다

[2]**켜다** [HKYE-TA,HKYE,HKYEN] [원]214

[불] Allumer (une lampe).

[한] (램프를) 켜다

켜레 [HKYE-REI] [원]214 ☞켜리

켜리 [HKYE-RI] (雙) [원]214

[불] Une paire; numéral des paires de souliers.

[한] 한 쌍 | 신발 쌍의 수를 세는 수사

켜켜 [HKYE-HKYE] [원]214

[불] Chaque fois.

[한] 매번

켸 [HKYEI] [원]214

[불] Une fois; une partie (de jeu).

[한] 한 번, (게임의) 한 판

코 [HKO] (鼻) [원]215

[불] Nez.

[한] 코

코고으다 [HKO-KO-EU-TA,-EU-RE,-EUN] (鼾) [원]215

[불] Ronfler.

[한] 코를 골다

코노래 [HKO-NO-RAI] (鼻歌) [원]215

[불] Chant sourd, nasillard, entre les dents. =ᄒᆞ다-hă-ta, Chanter à demi; chantonner.

[한] 잘 울리지 않는, 콧, 입 속의 노래 | [[용례] =ᄒᆞ다,-hă-ta], 반쯤 노래하다 | 흥얼거리며 노래하다

코물 [HKO-MOUL,-I] (鼻涕) [원]215

[불] (Eau du nez) morve, roupie.

[한] (코의 물) 콧물, 콧물

코키리 [HKO-HKI-RI] (象) [원]215

[불] Eléphant (nez long).

[한] 코끼리(긴 코)

코플다 [HKO-HPEUL-TA,-HPEUL-E,-HPEUN] (放鼻) [원]215

[불] Se moucher.

[한] 코를 풀다

콜녹콜녹 [HKOL-NOK-HKOL-NOK] [원]215

[불] Bruit de la toux très-forte. rhume.

[한] 매우 강한 기침 소리, 감기

콧두레 [HKOT-TOU-REI] (穿鼻) [원]215

[불] Boucle, anneau passé dans le nez des bœufs.

[한] 소의 코를 관통하는 고리, 고리쇠

콩 [HKONG,-I] (太) [원]215

[불] Pois; haricots; esp. de gros haricots à cosse velue.

[한] 콩 | 제비콩 | 콩깍지에 털이 난 큰 제비콩의 종류

콩시 [HKONG-SĂI] (太鳥) [원]215

[불] Sorte d'oiseau, le geai (?).

[한] 새의 종류, 어치 (?)

콩콩 [HKONG-HKONG] [원]215

[불] Cri des petits chiens. =울니다-oul-ni-ta, Résonner comme un tremblement de terre.

[한] 작은 개의 울음소리 | [[용례] =울니다,-oul-ni-ta], 지진처럼 울리다

[1]**콩팟** [HKONG-HPAT,-TCHI] (腎) [원]215

[불] Rognons, reins.

불 콩팥, 신장

[2]콩팟 [HKONG-HPAT,-TCHI] (太) 원215

불 Pois.

한 콩

콱콱 [HKOAK-HKOAK] 원215

불 Bruit de la bêche, etc. sur la terre. =박다-pak-ta, enfoncer (un pieu en terre) en frappant dessus.

한 땅에 삽 등의 소리 | [용례 =박다,-pak-ta], 위를 치면서 (땅에 말뚝을) 박다

콸콸 [HKOAL-HKOAL] (湧湧) 원215

불 Bruit de l'eau sortant avec précipitation par un trou. glou-glou (d'une bouteille).

한 구멍으로 급히 나오는 물의 소리 | (병의) 콸콸하는 소리

쾅쾅 [HKOANG-HKOANG] 원215 ☞콱콱

쾌 [HKOAI] 원215

불 Numéral des vingtaines de harengs; des dizaines de nyang; des paquets ou enfilades.

한 청어 스무 마리씩, 열 냥씩, 꾸러미나 꿰미를 세는 수사

*쾌락ᄒᆞ다 [HKOAI-RAK-HĂ-TA] (快樂) 원215

불 Agréable et joyeux; proprice. suivant ses désirs.

한 유쾌하고 즐겁다 | 순조롭다 | 자신의 욕망에 의거하여

*쾌션 [HKOAI-SYEN,-I] (快船) 원215

불 Navire rapide.

한 빠른 배

*쾌ᄌᆞ [HKOAI-TJĂ] (快子) 원215

불 Habit de dessus et sans manches, des soldats et des mandarins.

한 군인들과 관리들의 소매 없는 윗옷

*쾌차ᄒᆞ다 [HKOAI-TCHA-HĂ-TA] (快差) 원215

불 Etre entièrement rétabli, guéri. syn. 회복ᄒᆞ다 hoi-pok-hă-ta.

한 완전히 회복되다, 낫다 | [동의어 회복ᄒᆞ다, hoi-pok-hă-ta]

*쾌쾌ᄒᆞ다 [HKOAI-HKOAI-HĂ-TA] (快快) 원215

불 Agréable. ‖ être à l'aise, content, heureux.

한 유쾌하다 | 편하다, 만족하다, 행복하다

*쾌활ᄒᆞ다 [HKOAI-HOAL-HĂ-TA] (快活) 원215

불 Bienfaisant; rafraichissant; favorable; agréable. abondant.

한 친절하다 | 산뜻한 기분이 들게 하다 | 호의적이다 | 유쾌하다 | 풍부하다

*쾌히ᄒᆞ다 [HKOAI-HI-HĂ-TA] (快) 원215

불 Rendre rafraichissant, agréable, favorable. ‖ devenir suivant les désirs.

한 산뜻한 기분이 들게 되다, 유쾌하다, 호의적이다 | 욕망에 따라 되다

*쾌ᄒᆞ다 [HKOAI-HĂ-TA] (快) 원215

불 Agréable; rafraîchissant; bienfaisant. ‖ être selon ses désirs.

한 유쾌하다 | 마음을 산뜻하게 하다 | 친절하다 | 자신의 욕망에 의거하다

[1]쿡 [HKOUK] 원203 ☞쑥

[2]쿡 [HKOUK] 원215

불 Avec force. syn. 쑥 kkouk.

한 세게 | [동의어 쑥, kkouk]

쿨눅쿨눅 [HKOUL-NOUK-HKOUL-NOUK] 원215

불 Bruit imitatif de la toux. =ᄒᆞ다,-hă-ta ou =거리다-Ke-ri-ta, tousser; avoir un rhume.

한 기침을 모방한 소리 | [용례 =ᄒᆞ다-hă-ta] 또는 [용례 =거리다,-Ke-ri-ta], 기침하다 | 감기에 걸리다

퀴퀴ᄒᆞ다 [HKOUI-HKOUI-HĂ-TA] (變味) 원215

불 Odeur d'excrément. être pourri.

한 배설물 냄새 | 썩다

크나큰 [HKEU-NA-HKEUN] 원215

불 Grand; important; pour un si grand…

한 크다 | 중요하다 | 그렇게 큰 ~로

크다 [HKEU-TA,HKE,HKEUN] (大) 원215

불 Etre grand, de grande taille.

한 크다, 크기가 크다

큼 [HKEUM] 원215

불 Ainsi, de cette manière. (Se met à la fin des mots).

한 이렇게, 이와 같이 | (단어 끝에 놓인다)

[1]킈 [HKEUI] (身長) 원214

불 Taille, stature, grandeur.

한 키, 신장, 크기

[2]*킈 [HKEUI] (箕) 원215

불 Van (à vanner).

한 (키질하는) 키

*키 [HKI] (箕) 원215

불 Van (à vanner).

한 (키질하는) 키

킬ᄂᆡ [HKIL-NĂI] 원215

불 Par conséquent. (terminais.). ‖ Enfin, à la fin. syn. 죵ᄂᆡ tjyoung năi.

한 따라서 | (어미) | 결국, 끝내 | [동의어 죵닉, tjyoung năi]

킬킬킬 [HKIL-HKIL-HKIL] 원215
불 hi! hi! hi! (bruit d'un rire niais).
한 히! 히! 히! (바보 같은 웃음소리)

킈다 [HKĂI-TA,HKĂI-YE,HKĂIN] (採) 원214
불 Arracher, déraciner en employant un instrument; creuser, fouiller. ‖ Faire instance, chercher (à savoir) 킈여뭇지아녀셔요. Hkăi-ye mout-tji a-nye-sye yo, creusant ou faisant instance, je n'ai pas interrogé.
한 뿌리째 뽑다, 도구를 사용해서 뿌리를 뽑다 | 구멍을 뚫다, 땅을 파다 | 간청하다, (알려고) 애쓰다 [용례 킈여뭇지아녀셔요, Hkăi-ye mout-tji a-nye-sye yo] | 파고들거나 간청하면서, 나는 묻지 않았다

ㅌ [HI'] 원505
불 23e lettre de l'alphabet, consonne, répond à t aspiré.
한 자모의 23번째 문자, 자음, 유기음 t에 대응한다

1 타 [HTA] (泰) 원505
불 En agr. Grand.
한 한자어로 크다

2* 타 [HTA] (他) 원505
불 En agr. Etranger, autre.
한 한자어로 생소하다, 별개이다

*타고 [HTA-KO] (龜鼓) 원506
불 Tambour en forme de tortue.
한 거북 모양의 북

*타관 [HTA-KOAN,-I] (他官) 원506
불 Mandarin étranger, qui n'est pas le mandarin propre, du lieu, ou de la personne. ‖ autre province.
한 본래의 관리가 아닌, 장소나 사람이 낯선 관리 | 다른 지방

타구 [HTA-KOU] (唾器) 원506
불 Crachoir.
한 타구[역주 唾具]

*타국 [HTA-KOUK,-I] (他國) 원506
불 Royaume étranger, pays étranger.
한 외국 왕국, 외국

*타급 [HTA-KEUP,-I] (他給) 원506
불 Argent emprunté, dette. =지다 - tji-ta, emprunter de l'argent.
한 빌린 돈, 빚 | [용례 =지다, - tji-ta], 돈을 빚지다

타닥타닥 [HTA-TAK-HTA-TAK] 원509
불 Marcher à petits pas (v. g. un enfant).
한 (예. 아이가) 종종걸음으로 걷다

타달타달ᄒᆞ다 [HTA-TAL-HTA-TAL-HĂ-TA] (汨沒) 원509
불 Faire tous ses efforts ; s'efforcer ; se donner du mouvement, de la peine pour. ‖ Marcher en chancelant.
한 모든 노력을 다하다 | 노력하다 | ~을 위해 움직이다, 수고하다 | 비틀거리며 걷다

*타당ᄒᆞ다 [HTA-TANG-HĂ-TA] (妥當) 원509
불 Sûr, fidèle, en qui on peut se confier ; capable ; être très convenable.
한 확실하다, 충실하다, 신임할 수 있다 | 능력 있다 | 매우 단정하다

*타뎜ᄒᆞ다 [HTA-TYEM-HĂ-TA] (打點) 원509
불 Mettre un petit signe, une marque ; marquer d'un trait de pinceau.
한 작은 신호, 표시를 하다 | 붓으로 표시하다

*타도 [HTA-TO] (他道) 원509
불 Province différente, autre province que celle où l'on est. ‖ Doctrine différente.
한 다른 지방, 있는 곳과 다른 지방 | 다른 교리

*타동 [HTA-TONG,-I] (他洞) 원509
불 Autre village, village différent.
한 다른 마을, 다른 마을

*타둔ᄒᆞ다 [HTA-TOUN-HĂ-TA] (打臀) 원509
불 Donner le fouet, frapper sur le derrière, battre sur les fesses.
한 채찍으로 때리다, 엉덩이를 치다, 엉덩이를 때리다

1* 타락 [HTA-RAK,-I] (駝酪) 원508
불 Lait de vache. ‖ Vache laitière.
한 암소의 젖, 젖소

2* 타락 [HTA-RAK,-I] 원508
불 Cheveux.
한 머리털

타락죽 [HTA-RAK-TJOUK,-I] (孎粥) 원508
불 Soupe au lait, bouillie au lait.
한 우유 수프, 우유 죽

타락줄 [HTA-RAK-TJOUL,-I] (毛索) 원508
불 Corde de cheveux.

한 머리카락 끈

타래 [HTA-RAI] (編) 원508

불 Numéral des paquets, des enfilades d'herbes, tresse d'ognons ou d'autres légumes.

한 풀의 다발, 연속된 줄기를 세는 수사, 양파나 다른 채소의 엮음

타래박 [HTA-RAI-PAK,-I] (柄匏) 원508

불 Demicalebasse emmanchée d'un morceau de bois, et qui sert à puiser de l'eau (esp. de grande cuillère).

한 나무 조각으로 만든 손잡이가 달린, 물을 (예. 큰 국자로) 풀 때 쓰이는 절반 크기의 작은 국자

*타렴 [HTA-RYEM,-I] (他念) 원508

불 Pensée, sentiment, goût.

한 생각, 감정, 맛

타령 [HTA-RYENG,-I] (戱唱) 원508

불 Nom d'un chant populaire.

한 인기 있는 노래의 이름

타리기 [HTA-RI-KĂI] 원508

불 Instrument ou manche pour tourner une meule, tordre les cordes, etc. ; vis. Syn. 탕기 Htang-kăi.

한 맷돌을 돌리기 위한 도구 또는 자루, 끈 등을 비틀다 | 나사 | [동의어 탕기, Htang-kăi]

타리버션 [HTA-RI-PE-SYEN,-I] (兒襪) 원508

불 Petits bas de toutes couleurs d'un petit enfant, bas brodés des petits enfants.

한 어린아이의 모든 색깔로 된 작은 양말, 어린아이들의 수놓은 양말

타박타박ᄒᆞ다 [HTA-PAK-HTA-PAK-HĂ-TA] 원508

불 Se dit du sable qui cède sous les pieds et de la fatigue qu'il cause. ‖ Etat d'un fruit qui a peu du jus ; ce qui n'est pas juteux.

한 발밑에 빠지는 모래와 그것이 일으키는 피곤에 대해 쓴다 | 즙이 별로 없는 과일의 상태 | 즙이 많지 않은 것

*타박ᄒᆞ다 [HTA-PAK-HĂ-TA] (打拍) 원508

불 Voir tout en mal ; trouver toujours tout mal fait ; réprimander.

한 모두 나쁘게 보다 | 항상 모든 것을 잘못되었다고 생각하다 | 나무라다

*타방 [HTA-PANG,-I] (他方) 원508

불 Lieu différent, lieu étranger.

한 다른 장소, 낯선 장소

타불타불 [HTA-POUL-HTA-POUL] 원508

불 S'efforcer, faire tous ses efforts en courant (se dit des petits enfants à la démarche encore peu affermie).

한 애쓰다, 급히 서둘러서 자신의 모든 노력을 기울이다 (어린 아이들의 아직 별로 확고하지 않은 걸음걸이에 대해 쓴다)

*타살ᄒᆞ다 [HTA-SAL-HĂ-TA] (打殺) 원509

불 Tuer à coups de verges, faire mourir sous les coups, assommer.

한 회초리로 쳐서 죽이다, 때려서 죽게 하다, 죽이다

*타셩 [HTA-SYENG,-I] (他姓) 원509

불 Nom de famille différent.

한 다른 성

타스마 [HTA-SEU-MA] (海帶) 원509

불 Goëmon ; algues, herbes marines (dont on fait un mets).

한 해초 | (요리로 만드는) 바닷말, 해초

*타인 [HTA-IN,-I] (他人) 원505

불 Prochain ; autre homme (tout ce qui n'est pas soi) ; homme étranger ou différent.

한 이웃 | 다른 사람(자기가 아닌 다른 모든 사람) | 외부의 또는 다른 사람

*타인ᄒᆞ다 [HTĀ-IN-HĂ-TA] (打印) 원505

불 Poser le sceau, mettre le scellé, mettre le cachet.

한 봉인하다, 봉인하다, 봉인하다

타쟉 [HTA-TJYAK] 원509

불 Bail à moitié.

한 절반의 임대차 계약

*타쟉군 [HTA-TJYAK-KOUN,-I] (打作軍) 원509

불 Batteur de blé.

한 곡물을 타작하는 사람

*타쟉ᄒᆞ다 [HTA-TJYAK-HĂ-TA] (打作) 원509

불 Battage du riz ; battre les blés.

한 쌀의 타작 | 곡식을 치다

*타쳐 [HTA-TCHYE] (他處) 원509

불 Lieu différent, autre que celui où l'on habite.

한 다른 장소, 사는 곳과 다른 곳

*타파ᄒᆞ다 [HTA-HPA-HĂ-TA] (打罷) 원508

불 Briser, rompre; se désister; ne pas faire ce que l'on avait résolu; cesser entièrement une entreprise.

한 부수다, 부러뜨리다 | 취하하다 | 결심한 것을 하지 않다 | 계획을 완전히 중단하다

*타향 [HTA-HYANG,-I] (他鄕) 원506

불 Pays étranger ; provinces étrangères, d'un autre

royaume ; province différente.
한 외국 | 낯선, 다른 왕국의 지방 | 다른 지방

*탁긱 [HTAK-KĂIK,-I] (濁客) 원506
불 Homme qui a l'esprit trouble, obscur. qui ne saisit pas la différence des choses, bête, imbécile.
한 정신이 혼란스럽고, 흐린 사람 | 사물의 차이를 파악하지 못하는 사람, 바보, 어리석은 사람

*탁난ᄒᆞ다 [HTAK-NAN-HĂ-TA] (濁亂) 원506
불 Etourdissant ; ennuyeux ; qui cause des chagrins ; être confus et en désordre.
한 성가시게 하다 | 성가시다 | 불쾌하게 하다 | 혼잡하고 무질서하다

*탁뇌ᄒᆞ다 [HTAK-NOI-HĂ-TA] (托賴) 원506
불 Etre appuyé ; s'appuyer sur ; se confier en ; se réfugier auprès : se mettre sous la protection de ; avoir confiance en (ne se dit que pour l'appui moral).
한 기대다 | 의지하다 | 의뢰하다 | ~곁에 피난하다 | ~의 보호 하에 놓이다 | ~을 신뢰하다(정신적 도움에 대해서만 쓴다)

탁닥탁닥 [HTAK-TAK-HTAK-TAK] (困步) 원506
불 Désigne l'état d'un petit enfant qui ne peut marcher et qui, couché sur le ventre, agite les bras et les jambes ; exprime la démarche incertaine d'un petit enfant.
한 걸을 수 없는, 엎드려 팔과 다리를 흔드는 어린아이의 상태를 가리킨다 | 어린아이의 불확실한 걸음을 나타낸다

*탁덕 [HTAK-TEK,-I] (鐸德, (Cloche, vertu)) 원506
불 Vertu de la cloche. ‖ Qui excite à la vertu ; prêtre.
한 종의 미덕 | 덕을 불러일으키는 사람 | 사제

탁방하다 [HTAK-PANG-NA-TA,-NA,-NAN] (坼榜出) 원506
불 C'en est fait, c'est fini.
한 만사 다 틀렸다, 끝나다

*탁셩 [HTAK-SYENG,-I] (濁聲) 원506
불 Voix âpre, qui n'est pas claire ; voix enrouée, embarrassée, rauque.
한 거친, 맑지 않은 목소리 | 쉰, 부자유스러운, 쉰 목소리

*탁신ᄒᆞ다 [HTAK-SIN-HĂ-TA] (托身) 원506
불 S'appuyer sur ; se confier en ; se mettre (mettre son corps) sous la protection de; se réfugier auprès ; vivre par le secours d'un autre.
한 ~에 기대다 | 신뢰하다 | ~ 보호 하에 (그의 몸을 두다) 몸을 맡기다 | ~에 피난하다 | 다른 이의 도움으로 살다

*탁죡ᄒᆞ다 [HTAK-TJYOK-HĂ-TA] (濯足) 원506
불 Se laver les pieds.
한 발을 씻다

*탁쥬 [HTAK-TJYOU] (濁酒) 원506
불 Vin trouble (sorte de vin toujours trouble et épais). Syn. 막걸니 Mak-kel-ni.
한 탁한 술 (항상 탁하고 진한 술의 종류) | [동의어 막걸니, Mak-kel-ni]

탁쥬부ᄃᆡ [HTAK-TJYOU-POU-TĂI] (濁酒伓) 원506
불 Qui a l'habitude de s'enivrer, ivrogne, sac à vin (injur.).
한 술 취하는 습관이 있는 사람, 술꾼, 주정뱅이 (욕설)

*탁ᄌᆞ [HTAK-TJĂ] (卓子) 원506
불 Table, pupitre, (pour écrire, pour mettre des livres). ‖ Casier, rayon de bibliothèque ou de dressoir.
한 (글을 쓰기 위한, 책을 놓기 위한) 탁자, 작은 책상 | 도서관이나 찬장의 정리선반, 선반

*탁춘츄 [HTAK-TCHYOUN-TCHYOU] (濁春秋) 원506
불 Homme qui a l'esprit obscur, obtus, ténébreux ; sot, stupide, bête, grosse bête.
한 어두운, 우둔한, 음험한 성격을 가진 사람 | 바보, 멍청이, 바보, 얼간이

탁탁 [HTAK-HTAK] 원506
불 Bruit d'un choc fort. =치다 - tchi-ta ou =박다 - pak-ta, choquer, Heurter.
한 강한 충돌 소리 | [용례 =치다, - tchi-ta] 또는 [용례 =박다, - pak-ta], 충돌하다, 부딪치다

탁탁ᄒᆞ다 [HTAK-HTAK-HĂ-TA] 원506
불 Qui a l'apparence de l'opulence, de la richesse. être bien ferme, bien uni.
한 풍채가 호사스럽다, 부유해 보이다 | 탄탄하다, 고르다

*탁ᄒᆞ다 [HTAK-HĂ-TA] (濁) 원506
불 Trouble, qui n'est pas clair, pas limpide (liquide).
한 흐리다, 맑지 않다, 투명하지 않다(액체)

1*탄 [HTAN,-I] (炭) 원507
불 En agr. Charbon.
한 한자어로 석탄

2*탄 [HTAN,-I] (誕) 원507
불 En agr. Naissance.
한 한자어로 탄생

*탄로ᄒᆞ다 [HTAN-RO-HĂ-TA] (脫露) ⓦ507

불 Découvrir (le coupable) ; divulguer ; venir à la connaissance de ; devenir public ; être divulgué.

한 (죄인을) 발견하다 | 폭로하다 | ~에게 알려지다 | 공공연하게 되다 | 누설되다

*탄막 [HTĀN-MAK,-I] (炭幕) ⓦ507

불 Auberge, guinguette.

한 식당 겸 여인숙, 술집

*탄복ᄒᆞ다 [HTĀN-POK-HĂ-TA] (歎伏) ⓦ507

불 S'extasier sur le bonheur des autres et s'apitoyer sur son propre malheur ; admirer le bonheur d'autrui.

한 다른 사람들의 행복에 경탄하고 자기 자신의 불행에 연민을 느끼다 | 타인의 행복에 감탄하다

*탄식ᄒᆞ다 [HTAN-SIK-HĂ-TA] (歎息) ⓦ507

불 Exprimer la douleur, l'admiration : soupirer ; déplorer ; gémir. Hélas ! c'est désolant, c'est malheureux.

한 고통, 감탄을 표현하다 | 한숨짓다 | 슬퍼하다 | 신음하다 | 아아! 가슴 아프다, 유감스럽다

*탄ᄉᆡᆼᄒᆞ다 [HTĀN-SĂING-HĂ-TA] (誕生) ⓦ507

불 Naissance ; naître.

한 탄생 | 태어나다

*탄일 [HTĀN-IL,-I] (誕日) ⓦ507

불 Jour anniversaire de la naissance.

한 태어난 기념일

탄쟝이 [HTAN-TJANG-I] (牛且) ⓦ507

불 Boucher (celui qui tue les bœufs).

한 푸주한 (소를 죽이는 사람)

1*탄ᄌᆞ [HTAN-TJĂ] (炭子) ⓦ507

불 Charbonnier.

한 석탄 제조인

2탄ᄌᆞ [HTAN-TJĂ] (丸子) ⓦ507

불 Flèche chargée, grenaille.

한 장전한 화살, 과립형태의 금속

3탄ᄌᆞ [HTAN-TJĂ] ⓦ507

불 Numéral des centaines de mains de papier, des sacs de charbon.

한 종이 수백 권, 석탄 자루를 세는 수사

*탄탄대로 [HTAN-HTAN-TAI-RO] (坦坦大路) ⓦ507

불 Grande et belle route, beau chemin.

한 크고 아름다운 길, 아름다운 길

탄평치 [HTAN-HPYENG-TCHĂI] ⓦ507

불 Nom d'une espèce de mets, mélange de 묵 Mouk, de viande et de légumes.

한 음식의 종류의 이름, 묵 Mouk, 고기, 채소의 혼합물

*탄평ᄒᆞ다 [HTĀN-HPYENG-HĂ-TA] (坦平) ⓦ507

불 Etre en paix, tranquille, sans souci, sans peine, sans trouble, sans inquiétude.

한 평온하다, 고요하다, 걱정 없다, 고통 없다, 문제 없다, 근심이 없다

1*탈 [HTAL,-I] (頉) ⓦ508

불 Inconvénient ; défaut ; accident fâcheux ; prétexte.

한 불리한 점 | 결점 | 난처한 사건 | 구실

2탈 [HTAL,-I] ⓦ508

불 Figure, portrait, forme d'homme ou d'animal ; mannequin ; déguisement ; masque.

한 얼굴, 초상화, 사람이나 동물의 형태 | 마네킹 | 가장 | 가면

1*탈겁ᄒᆞ다 [HTAL-KEP-HĂ-TA] (脫刼) ⓦ508

불 Qui est tranquille, calme, sans inquiétude.

한 평온하다, 침착하다, 걱정없다

2*탈겁ᄒᆞ다 [HTAL-KEP-HĂ-TA] (奪刼) ⓦ508

불 S'emparer de. ‖ Etre beau, bien fait.

한 ~을 탈취하다 | 아름답다, 잘되다

*탈관ᄒᆞ다 [HTAL-KOAN-HĂ-TA] (脫冠) ⓦ509

불 Oter son chapeau.

한 자신의 모자를 벗다

1*탈급ᄒᆞ다 [HTAL-KEUP-HĂ-TA] (頉給) ⓦ509

불 Exempter, faire remise (v.g. d'une contribution à un homme qui a déjà payé à un autre mandarin).

한 면제하다, 감면하다 (예. 다른 관리에게 지급한 사람에게 주어지는 세금의 감면)

2탈급ᄒᆞ다 [HTAL-KEUP-HĂ-TA] ⓦ509

불 S'emparer de. V. 탈겁ᄒᆞ다 Htal-kep-hă-ta.

한 ~을 탈취하다 | [참조어 탈겁ᄒᆞ다, Htal-kep-hă-ta]

*탈긔ᄒᆞ다 [HTAL-KEUI-HĂ-TA] (奪氣) ⓦ508

불 Perdre ses forces, être comme paralysé par la peur, par la maladie. ‖ S'extasier sur la beauté d'un objet et le désirer.

한 자신의 힘을 잃다, 두려움으로, 병으로 인해 마비된 듯하다 | 물건의 아름다움에 경탄하고 그것을 탐내다

탈나다 [HTĀL-NA-TA,HTAL-NA,HTAL-NAN] (頉出) ⓦ509

불 Malheureux ; c'est malheureux ; c'est triste ; c'est dommage : accident (arriver).

[한] 불행하다, 애석하다 | 비극이다 | 유감스럽다 | 사고 (생기다)

탈노롬 [HTAL-NO-ROM,-I] (戱子) [원] 509

[불] Comédie, pasquinade, mascarade qui a lieu surtout au 15 de la 1 re lune et en d'autres temps (les acteurs sont masqués).

[한] 첫 번째 달 15일과 다른 때에 열리는 희극, 풍자문, 가면무도회(배우들은 가면을 썼다)

탈노하다 [HTAL-NO-HĂ-TA] [원] 507 ☞ 탄로ᄒᆞ다

탈니다 [HTAL-NI-TA,HTAL-NYE,HTAI-NIN] (相交) [원] 509

[불] Se tordre ou se détordre (fil) ; être tordu, flétri, ridé.

[한] (실이) 꼬이거나 꼬인 것이 풀리다 | 비틀어지다, 시들다, 주름지다

*탈망ᄒᆞ다 [HTAL-MANG-HĂ-TA] (脫網) [원] 509

[불] Oter son serre-tête.

[한] 자신의 머리띠를 벗다

탈매쓰다 [HTAL-MAI-STEU-TA,-SSE,-SSEUN] [원] 509

[불] Moisir, devenir moisi ; moisissure.

[한] 곰팡이가 슬다, 곰팡이가 슬다 | 곰팡이

탈박다 [HTAL-PAK-TA,-PAK-A,-PAK-EUN] [원] 509

[불] Faire une statue, la figure d'un diable, d'un monstre, etc. ; sculpter ; donner la forme ; prendre la forme, l'allure.

[한] 악마, 괴물 등의 상, 인물상을 만들다 | 조각하다 | 형태를 부여하다 | 형태, 외관을 잡다

탈방탈방ᄒᆞ다 [HTAL-PANG-HTAL-PANG-HĂ-TA] [원] 509

[불] Désigne l'action d'un tout petit enfant qui s'amuse à sauter dans l'eau, à frapper l'eau de la main, etc. ; se dit du bruit que fait l'eau agitée ou battue.

[한] 물에 뛰어들고, 손으로 물을 치는 등을 하며 노는 아주 어린 아이의 행동을 가리킨다 | 움직이거나 부딪치는 물이 내는 소리에 대해 쓴다

*탈복ᄒᆞ다 [HTAL-POK-HĂ-TA] (脫服) [원] 509

[불] Quitter le deuil d'un oncle ou d'un autre parent, mais non du père.

[한] 삼촌이나 다른 친척의, 그러나 아버지가 아닌 사람에 대한 상복을 벗다

*탈상ᄒᆞ다 [HTAL-SANG-HĂ-TA] (脫喪) [원] 509

[불] Quitter le deuil du père ou de la mère.

[한] 아버지나 어머니에 대한 상복을 벗다

*탈셰ᄒᆞ다 [HTAL-SYEI-HĂ-TA] (脫世) [원] 509

[불] Se retirer du monde ; quitter le monde.

[한] 세상으로부터 물러나다 | 속세를 떠나다

*탈쇽ᄒᆞ다 [HTAL-SYOK-HĂ-TA] (脫俗) [원] 509

[불] Se retirer du monde, quitter le monde.

[한] 속세로부터 물러나다, 속세를 떠나다

*탈신ᄒᆞ다 [HTAL-SIN-HĂ-TA] (脫身) [원] 509

[불] Se racheter (esclave) pour se retirer ; se retirer du service (employé de préfecture) ; se tirer de, se débarrasser de.

[한] 스스로를 구하기 위해 (노예가) 몸값을 주고 명예를 회복하다 | 임무를 그만두다(도청의 직원) | ~을 벗어나다, ~을 청산하다

탈쓰다 [HTAL-SSEU-TA,HTAL-SSE,HTAL-SSEUN] (冒戱) [원] 509

[불] Se coiffer d'une tête d'homme en bois ; se masquer ; prendre la forme, l'allure, les manières ; se déguiser pour jouer la comédie.

[한] 머리에 나무로 된 사람 머리를 쓰다 | 가면을 쓰다 | 형체, 외관, 태도를 갖추다 | 연극을 하기 위해 분장하다

1*탈위ᄒᆞ다 [HTAL-OUI-HĂ-TA] (脫危) [원] 508

[불] Passer le moment critique (se dit, dans la peste, de celui qui, au bout de sept jours, rend beaucoup de sueur et par là se trouve guéri).

[한] 위기의 순간을 보내다 (흑사병에서, 일주일 후에, 많은 땀을 흘리고, 그 방법으로 치유되는 사람에 대해 쓴다)

2*탈위ᄒᆞ다 [HTAL-OUI-HĂ-TA] (奪位) [원] 508

[불] Usurper le trône.

[한] 왕위를 찬탈하다

*탈음ᄒᆞ다 [HTAL-EUM-HĂ-TA] (奪陰) [원] 508

[불] Se dit d'une maladie des femmes, p. ê. descente de matrice ; chute de la matrice.

[한] 여성 질환에 대해 쓴다, 아마도, 자궁 하수 | 자궁의 하수

*탈의탈관 [HTAL-EUI-HTAL-KOAN] (脫衣脫冠) [원] 508

[불] Sans grand habit, sans chapeau.

[한] 좋은 옷 없이, 모자 없이

*탈채ᄒᆞ다 [HTAL-TCHOAI-HĂ-TA] (脫債, (Dépouiller, dettes)) [원] 509

[불] Payer toutes ses dettes, se libérer de ses dettes.

[한] 자신의 모든 부채를 지불하다, 자신의 부채를 변제하다

*탈취ᄒᆞ다 [HTAL-TCHYOUI-HĂ-TA] (奪取) [원] 509

불 Enlever de force, usurper, ravir, arracher de force, voler.
한 강제로 빼앗다, 부당하게 차지하다, 빼앗다, 강탈하다, 훔치다

탈탈이령ᄒᆞ다 [HTAL-HTAL-I-RYENG-HĂ-TA] ㊊509
불 Détruire, anéantir, faire disparaître.
한 파괴하다, 없애다, 사라지게 하다

*탈홍 [HTAL-HOANG,-I] (脫肛) ㊊508
불 Descente, chute du rectum (maladie).
한 직장의 탈장, 하수 (질병)

*탈ᄒᆞ다 [HTĀL-HĂ-TA,-HĂ-YE,-HĂN] (頉) ㊊508
불 Donner un prétexte futile, une excuse vaine, pour une chose qu'on ne veut pas faire. ‖ Blâmer.
한 하고 싶지 않은 것에 대해, 하찮은 핑계, 쓸데없는 변명을 내세우다, | 비난하다

*탐 [HTAM,-I] (貪) ㊊506
불 En agr. Avidité cupidité.
한 한자어로 갈망, 탐욕

*탐관 [HTAM-KOAN,-I] (貪官) ㊊506
불 Mandarin qui convoite des richesses, avide, cupide.
한 부를 탐하는, 탐욕스러운, 욕심 많은 관리

*탐관오리 [HTAM-KOAN-O-RI] (貪官汚吏) ㊊506
불 Mandarin avide et prétorien sordide.
한 탐욕스러운 관리와 비열한 근위대

*탐나국 [HTAM-NA-KOUK,-I] (耽羅國) ㊊506
불 Le royaume de Htam-na situé autrefois dans l'île de quelpaërt, au temps de son indépendance ; l'île de quelpaërt.
한 그 독립 시기에, 예전에 제주도에 위치한 탐라 왕국 | 제주도

*탐낙ᄒᆞ다 [HTAM-NAK-HĂ-TA] (貪樂) ㊊506
불 Se livrer à la joie, rechercher les plaisirs, être avide de plaisirs.
한 기쁨에 전념하다, 기쁨을 추구하다, 기쁨을 탐하다

*탐남ᄒᆞ다 [HTAM-NAM-HĂ-TA] (貪婪) ㊊507
불 Avidité, envie, désir immodéré des rechesses (se dit des dignitaires seulement) ; être avide.
한 탐욕, 선망, 부에 대한 과도한 욕망 (고관들에 대해서만 쓴다) | 탐욕스럽다

*탐도 [HTAM-TO] (貪饕) ㊊507
불 Gourmandise.
한 식탐

탐스럽다 [HTAM-SEU-REP-TA,-SEU-RE-OUE,-SEU-RE-ON] (可貪) ㊊507
불 Enviable ; qui excite les désirs : appétissant. envieux, avide, désireux d'avoir ce que l'on voit.
한 부럽다 | 욕망을 불러일으키다 | 마음을 끌다 | 부러워하다, 갈망하다, 보이는 것을 갖고 싶어 하다

*탐식킥 [HTA-SIK-KĂIK,-I] (貪食客) ㊊507
불 Gourmand ; gourmet.
한 미식가, 식도락가

*탐식ᄒᆞ다 [HTAM-SIK-HĂ-TA] (貪食) ㊊507
불 Etre gourmand, goulu, vorace, avide pour le boire et le manger.
한 많이 먹다, 게걸스럽게 먹다, 탐식하다, 마시고 먹는 것에 탐욕스럽다

*탐심 [HTAM-SIM,-I] (貪心) ㊊507
불 Cœur envieux, passionné pour, avide ; avidité.
한 부러워하는 마음, ~에 열광하다, 탐욕스럽다 | 갈망

*탐식ᄒᆞ다 [HTAM-SĂIK-HĂ-TA] (貪色) ㊊507
불 Avide de luxure, passionné pour les femmes, luxurieux, licencieux, dissolu, débauché; s'adonner à la luxure, rechercher la volupté.
한 사치를 탐하다, 여자를 탐하다, 사치스럽다, 방탕하다, 문란하다, 타락하다 | 사치에 몰두하다, 쾌락을 찾다

*탐장 [HTAM-TJYANG,-I] (貪贓) ㊊507
불 Mandarin, dignitaire avide de richesses et concussionnaire ; avidité, cupidité (mandarin).
한 부를 탐내고 공금을 횡령하는 관리, 고관 | 탐욕, 강한 물욕 (관리)

*탐졍 [HTAM-TJYENG,-I] (貪情) ㊊507
불 Sentiment d'avidité, cœur passionné pour ; cupidité, passion.
한 탐하는 감정, ~에 대한 열정적인 마음 | 강한 물욕, 열정

*탐쥬ᄒᆞ다 [HTAM-TJYOU-HĂ-TA] (貪酒) ㊊507
불 Avide de vin, passionné pour le vin ; aimer beaucoup le vin.
한 술을 탐하다, 술에 대해 열정적이다 | 술을 좋아하다

*탐지군 [HTAM-TJI-KOUN,-I] (探知軍) ㊊507
불 Espion.
한 첩자

*탐지ᄒᆞ다 [HTAM-TJI-HĂ-TA] (探知) ㊊507
불 Eclairer; espionner ; reconnaître ; s'informer ;

E

chercher à savoir.

한 정찰하다 | 정탐하다 | 알아보다 | 조사하다 | 알려고 하다

*탐진 [HTAM-TJĂI] (貪財) 원507

불 Désir, passion immodérée des richesses ; cupidité.

한 욕망, 부에 대한 부절제한 열정 | 강한 물욕

탐탐ᄒᆞ다 [HTAM-HTAM-HĂ-TA] 원507

불 Extrême ; extrêmement ; qui fait beaucoup de plaisir. ‖ Etre très-unis, étroitement liés d'affection.

한 극도의, 극도로, 매우 기쁘게 하다 | 잘 화합하다, 애정으로 긴밀히 이어져 있다

*탐ᄒᆞ다 [HTAM-HĂ-TA,-HĂ-YE,-HĂN] (貪) 원506

불 Désirer, convoiter, envier, être passionné pour, avoir de l'avidité, avide.

한 원하다, 탐내다, 부러워하다, ~에 열중하다, 갈망이 있다, 탐욕스럽다

*탑 [HTAP,-I] (榻) 원508

불 Tour, turris.

한 탑, turris

탑삭나룻 [HTAP-SAK-NA-ROT,-SI] (多鬚髥) 원508

불 Etat d'une barbe qui a été coupée et qui, commençant à repousser, ressembe à une brosse ; barbe courte et épaisse.

한 잘렸다가 다시 자라기 시작하면서 솔과 비슷한 수염의 상태 | 짧고 굵은 수염

탑삭부리 [HTAP-SAK-POU-RI] (多鬚髥) 원508

불 Barbe courte et touffue qui commence à pousser. (Injur.).

한 자라기 시작하는 짧고 빽빽한 수염 | (욕설)

[1]탑삭이 [HTAP-SAK-I] 원460 ☞답삭이

[2]탑삭이 [HTAP-SAK-I] 원508

불 Balayures. V.Syn. 답삭이 Tap-sak-i.

한 쓰레기 | [동의어 답삭이, Tap-sak-i]

*탑삭이주다 [HTAP-SAK-I-TJOU-TA,-TJOU-E,-TJOUN] (蹋削) 원508

불 Nuire ; faire du mal. frapper à tort et à travers (se dit d'un satellite qui emméne un malfaiteur et qui le frappe avec un bâton long de deux pieds à peu près).

한 해치다 | 해를 끼치다 | 함부로 때리다 (악당을 데려가서 그를 대략 1피에 길이의 막대기로 때리는 부하에 대해 쓴다)

*탑젼 [HTAP-TJYEN,-I] (榻前) 원508

불 Titre honorifique que l'on donne au roi ; en présence du roi.

한 왕에게 부여하는 경칭 | 왕의 앞에서

탓 [HTAT] (罪) 원509

불 Faute, maladresse (par la faute de).

한 잘못, 서투른 짓 (-의 실수로)

탓ᄒᆞ다 [HTAT-HĂ-TA] (怨尤) 원509

불 Rejeter la faute sur un autre ; accuser un autre d'être la cause de.

한 잘못을 남의 탓으로 돌리다 | 다른 사람이 그 원인이라고 비난하다

[1*]탕 [HTANG,-I] (湯) 원507

불 Bouillon épais ; consommé de viande ; remède infusé, consommé ; eau thermale ; eau.

한 진한 수프 | 맑은 고기 국 | 우려낸 약, 콩소메 | 온천수 | 물

[2]탕 [HTANG,-I] 원507

불 Objet donné en gage à un particulier ou au mont-de-pié té.

한 개인이나 공영 전당포에 담보로 잡힌 물건

*탕감ᄒᆞ다 [HTANG-KAM-HĂ-TA] (蕩減) 원507

불 Remise d'une partie de la somme prêtée, que le prêteur accorde à l'emprunteur : remettre une dette au débiteur.

한 돈을 빌려준 사람이 차용자에게 동의한, 빌린 총액의 일부에 대한 감면 : 차용자에게 빚을 면제해 주다

*탕건 [HTĀNG-KEM,-I] (宕巾) 원507

불 Bonnet en crin des officiers du gouvernement, comme celui des mandarins, mais sans ailes.

한 관리들의 그것처럼, 그러나 날개는 없는, 정부 관료들의 말총으로 만든 챙 없는 모자

*탕검ᄒᆞ다 [HTANG-KEM-HĂ-TA] (蕩檢) 원507

불 Faire abandon, abandonner, laisser un objet prêté.

한 빌린 물건을 양도하다, 포기하다, 버리다

*탕관 [HTANG-KOAN,-I] (湯罐) 원507

불 Petite chaudière en terre cuite.

한 흙을 구워 만든 작은 가마솥

탕국 [HTANG-KOUK,-I] (湯羹) 원507

불 Bouillon gras, épais et consommé ; soupe.

한 기름지고 진하며 맑은 수프 | 수프

*탕긔 [HTANG-KEUI] (湯器) 원507

불 Grande tasse.

한 큰 잔

탕기 [HTANG-KĂI] (交索) 원507

불 Corde qui relie par le haut deux montants (v.g. de scie) et se serre au moyen d'une cheville qui, placée en travers, tourne sur elle-même ; toute autre corde semblable.

한 (예. 톱의) 두 기둥 상부를 연결하고, 가로로 놓여 스스로 도는 쐐기를 이용해 죄이는 끈 | 비슷한 완전히 별개의 끈

*탕킥 [HTĀNG-KĂIK,-I] (蕩客) 원507

불 Homme qui laisse son ouvrage pour aller se promener, s'amuser : farceur, homme de plaisir, qui ne vit que pour s'amuser.

한 산책하러, 놀러 가기 위해 자신의 일을 내버려 두는 사람 : 성실치 못한 사람, 방탕한 사람, 놀기 위해서만 사는 사람

*탕난ᄒᆞ다 [HTANG-NAN-HĂ-TA] (蕩亂) 원507

불 Etourdissant, ennuyeux, à charge. Syn. 탁난ᄒᆞ다 Htak-nan-hă-ta.

한 성가시게 하다, 귀찮게 하다, 부담이 되다 | [동의어 탁난ᄒᆞ다, Htak-nan-hă-ta]

*탕면ᄒᆞ다 [HTANG-MYEN-HĂ-TA] (蕩免) 원507

불 Faire abandon.

한 양도하다

*탕슈 [HTANG-SYOU] (湯水) 원508

불 Bouillon épais et consommé.

한 진하고 맑은 수프

*탕연ᄒᆞ다 [HTANG-YEN-HĂ-TA] (蕩然) 원507

불 Etre en paix, tranquille, comme un désert.

한 평안하다, 고요하다, 사막 같다

*탕직이 [HTĀING-TJIK-I] (湯直) 원508

불 Gardien des eaux thermales, des eaux minérales.

한 온천수, 광천수 지키는 사람

*탕진가산ᄒᆞ다 [HTANG-TJIN-KA-SAN-HĂ-TA] (蕩盡家產) 원508

불 Ruine complète ; se ruiner entièrement ; fortune complètement ruinée.

한 완전한 파산 | 완전히 파산하다 | 완전히 몰락한 재산

*탕ᄌᆞ [HTANG-TJĂ] (蕩子) 원508

불 Prodigue, fils prodigue.

한 방탕자, 낭비하는 아들

*탕창ᄒᆞ다 [HTANG-TCHANG-HĂ-TA] (宕氅) 원508

불 Bonnet en crin et grand habit fendu par derrière des officiers ; porter le bonnet 탕건 Htang-ken avec l'habit bleu et la ceinture rouge, habit des dignitaires.

한 관료들이 착용하는 말총으로 된 챙 없는 모자와 뒤가 트인 큰 옷 | 푸른 옷과 붉은 허리띠를 탕건 챙 없는 모자 탕건 Htang-ken 과 함께 착용하다, 고관들의 옷

*탕쳑ᄒᆞ다 [HTANG-TCHYEK-HĂ-TA] (蕩滌) 원508

불 Remise d'une partie de la somme prêtée ; remettre une dette. ‖ Quitter sa maison pour vivre ailleurs, cesser de tenir ménage.

한 빌린 돈의 총액 중 일부의 감면 | 빚을 감면하다 | 다른 곳에 살기 위해 집을 떠나다, 집안 살림을 그만두다

탕치다 [HTANG-TCHI-TA,-TCHYE,-TCHIN] (打蕩) 원508

불 Remise complète de la somme empruntée et de toutes les dettes ; remettre une dette. ‖ Ne plus tenir ménage parce qu'on est trop pauvre ou obligé de s'enfuir.

한 빌린 총액과 모든 빚의 완전한 면제 | 빚을 면제하다 | 매우 가난하거나 도망가야 해서 집안 살림을 더 이상 하지 않다

*탕패ᄒᆞ다 [HTANG-HPAI-HĂ-TA] (蕩敗) 원507

불 Se ruiner, être ruiné complétement (riche qui devient pauvre).

한 파산하다, 완전히 파산하다 (가난해진 부자)

*탕평 [HTANG-HPYENG,-I] (蕩平) 원507

불 Etre en paix.

한 평안하다

*태 [HTAI] (太) 원505

불 En agr. Grand. ‖ Pois.

한 한자어로 크다 | 콩

*태고 [HTAI-KO] (太古) 원505

불 L'antiquité, les temps les plus reculés.

한 먼 옛날, 아주 먼 옛날

*태과ᄒᆞ다 [HTAI-KOA-HĂ-TA] (太過) 원505

불 Infini ; immodéré ; excessivement nombreux ; innombrable. Etre surabondant, excessif.

한 무한하다 | 과도하다 | 과하게 많다 | 셀 수 없을 정도로 많다 | 과다하다, 지나치다

*태극 [HTAI-KEUK,-I] (太極) 원505

불 Matière première existant avant la création du monde, chaos. (Dans la cosmogonie chinoise, c'est la 3e période du monde, qu'on pourrait désigner par plénitude,

née de 무극 Mou-keuk, qui est la force primitive). V.홍몽 Hong-mong.
한 세상이 만들어지기 전에 존재하던 최초의 물질, 혼돈 | (중국의 우주생성론에서, 이는 우주의 세 번째 기간으로, 원초적 힘인 무극 Mok-Keuk에서 발원한 충만함으로 나타낼 수 있을 것이다) | [참조어 홍몽, Hong-mong]

*태다ᄒᆞ다 [HTAI-TA-HĂ-TA] (太多) 원506
불 Innombrable, excessif.
한 셀 수 없을 정도로 많다, 지나치다

*태두 [HTAI-TOU] (太豆) 원506
불 P. ê. les rognons.
한 아마도 신장

*태령 [HTAI-RYENG,-I] (泰嶺) 원506
불 Passage très-élevé dans les montagnes.
한 산에 있는 매우 높은 길

*태반 [HTAI-PAN,-I] (太半) 원506
불 La grande moitié, la moitié, plus de la moitié, un peu plus de la moitié.
한 반 이상, 반, 절반 이상, 반보다 조금 더 많다

*태산 [HTAI-SAN,-I] (泰山) 원506
불 Grande montagne.
한 큰 산

*태식ᄒᆞ다 [HTAI-SIK-HĂ-TA] (太息) 원506
불 Déplorer, soupirer, regretter.
한 슬퍼하다, 한숨짓다, 애석해하다

*태ᄉᆞ혜 [HTAI-SĂ-HYEI] (紽絲鞋) 원506
불 Jolis souliers de cuir ornés, pour les femmes.
한 여성용인, 장식된 예쁜 가죽 신발

1*태양 [HTAI-YANG,-I] (太陽) 원505
불 Le soleil.
한 태양

2태양 [HTAI-YANG,-I] 원509 ☞ ᄐᆡ양

*태양혈 [HTAI-YANG-HYEL,-I] (太陽穴) 원505
불 Tempes.
한 관자놀이

*태연이 [HTAI-YEN-I] (泰然) 원505
불 Sans peur ; à l'ordinaire.
한 두려움 없이, 평상시처럼

*태연ᄒᆞ다 [HTAI-YEN-HĂ-TA] (泰然) 원505
불 Etre ordinaire, comme à l'ordinaire ; sans s'émouvoir, de sang-froid.
한 평범하다, 평상시와 같다 | 마음의 동요가 없다, 침착하다

*태음 [HTAI-EUM,-I] (太陰) 원505
불 La lune.
한 달

*태쟝 [HTAI-TJYANG,-I] (笞杖) 원506
불 Baguette ronde ou tige de bois pour frapper les coupables ; verge pour les supplices.
한 죄인들을 치기 위한 둥근 막대기 또는 나무로 된 막대 | 체형을 위한 가는 막대

*태젼군 [HTAI-TJYEN-KOUN,-I] (駄錢軍) 원506
불 Portefaix (qui apporte à la capitale les marchandises des provinces du midi).
한 짐꾼 (남도 지방에서 수도로 상품들을 가져오는 사람)

*태조 [HTAI-TJO] (太祖) 원506
불 Le premier roi (d'un royaume ou d'une dynastie).
한 (왕국 또는 왕조의) 첫 번째 왕

*태즁ᄒᆞ다 [HTAI-TJYOUNG-HĂ-TA] (泰重) 원506
불 Etre lourd, trop lourd, trop pesant, très-important, très-grave.
한 무겁다, 너무 무겁다, 너무 무게가 나가다, 매우 중요하다, 매우 중대하다

태질ᄒᆞ다 [HTAI-TJIL-HĂ-TA] (打禾) 원506
불 Battre le riz, en frappant violemment les gerbes contre une pierre ou un billot.
한 다발들을 바위나 통나무에 강하게 치면서 벼를 치다

*태ᄌᆞ [HTAI-TJĂ] (太子) 원506
불 Fils aîné du roi, héritier présomptif du trône.
한 왕의 장남, 왕위 추정 후계자

*태평ᄒᆞ다 [HTAI-HPYENG-HĂ-TA] (太平) 원506
불 Etre en paix, tranquille, sans souci, sans peine, sans aucun trouble ni inquiétude.
한 평안하다, 고요하다, 걱정 없다, 근심 없다, 어떠한 문제도 근심도 없다

*태학관 [HTAI-HAK-KOAN] (太學關) 원505
불 Une université, académie.
한 대학, 아카데미

태학승 [HTAI-HAK-SEUNG,-I] 원505 ☞ 태학ᄉᆡᆼ

*태학ᄉᆞ [HTAI-HAK-SĂ] (太學士) 원505
불 Bachelier très-lettres. Nom qu'on donne au 진ᄉᆞ Tjin-să.
한 학식이 매우 많은 바칼로레아 합격자 | 진ᄉᆞ Tjin-să에게 부여하는 이름

*태학ᄉᆡᆼ [HTAI-HAK-SĂING] (太學生) 원505

불 Précepteur du roi ; savant précepteur du roi.
한 왕의 스승 | 왕의 박식한 스승

터 [HIE] (基) 원511
불 Emplacement, place, sol. ‖ Position, état, situation.
한 부지, 자리, 토지 | 위치, 상태, 상황

터노타 [HIE-NO-HTA,-NO-HA,-NO-HEUN] (抶放) 원511
불 Laisser libre, donner la liberté de.
한 자유롭게 두다, ~할 자유를 주다

터닥다 [HIE-TAK-TA,-TAK-KA,-TAK-KEUN] (修基) 원512
불 Aplanir, dresser un emplacement.
한 부지를 평평하게 하다, 세우다

터덕터덕ᄒᆞ다 [HIE-TEK-HIE-TEK-HĂ-TA] 원512
불 Désigne la manière de marcher des individus. Se traîner en marchant (homme fatigué).
한 사람들이 걷는 방식을 가리킨다 | (피곤한 사람이) 간신히 걸어가다

터덜터덜 [HIE-TEL-HIE-TEL] (奔走) 원512
불 Désigne les efforts d'un homme fatigué pour marcher.
한 걷기에는 피곤한 사람의 노력을 가리킨다

터뎐 [HIE-TYEN,-I] (垈田) 원512
불 Champs près de la maison, qui entourent la maison ; champ sur lequel la maison est bâtie.
한 집을 둘러싼 집 가까이의 밭 | 집이 지어지는 넓은 터

터럭 [HIE-REK,-I] (髮) 원511
불 Poil, cheveu.
한 털, 머리카락

터문 [HIE-MOUN,-I] 원511
불 Motif, raison, fondement.
한 동기, 이유, 근거

터문업다 [HIE-MOUN-EP-TA,-EP-SE,-EP-SĂN] (無痕) 원511
불 N'avoir plus rien, ni feu ni lieu.
한 더 이상 아무것도 없다, 집이 없다

터벅터벅 [HIE-PEK-HIE-PEK] 원511
불 Désigne l'effet que produit une farine très-sèche introduite subitement dans la bouche. Bruit du sable qui s'enfonce sous les pieds du cheval.
한 입속에 갑자기 들어온 매우 건조한 가루를 만드는 효과를 가리킨다 | 말의 발아래 푹 들어가는 모래 소리

터분ᄒᆞ다 [HIE-POUN-HĂ-TA] (不淨) 원511
불 Désigne l'état des blés où se trouvent beaucoup de pierres, de sable, etc. commencer à avoir une mauvaise odeur (viande).
한 많은 돌, 모래 등이 있는 곡식의 상태를 가리킨다, 나쁜 냄새가 나기 시작하다 (고기)

터셰 [HIE-SYEI] (基貰) 원512
불 Impôt foncier, sur les maisons.
한 집에 대한 토지세

터셰ᄒᆞ다 [HIE-SYEI-HĂ-TA] (基勢) 원512
불 Mépriser ; être jaloux.
한 멸시하다 | 시기하다

터슈 [HIE-SYOU] (情境) 원512
불 Situation, état, passe (difficile), position.
한 상황, 상태, (어려운) 처지, 위치

터울 [HIE-OUL,-I] 원511
불 Temps qui s'écoule entre la naissance d'un enfant et celle de celui qui le suit.
한 한 아이 탄생과 그 뒤를 잇는 아이의 탄생 사이에 경과하는 시간

터잡다 [HIE-TJAP-TA,-TJAP-A,-TJAP-EUN] (定基) 원512
불 Commencer (à pousser, barbe), (à bâtir, hirondelle qui commence son nid).
한 (수염이 나기), (자기 둥지를 짓기 시작한 제비가 짓기) 시작하다

터쥬 [HIE-TJYOU] (基主) 원512
불 Génie du lieu où est bâtie la maison. (Superst.).
한 집을 지은 장소의 정령 | [미신]

터쥬항 [HIE-TJYOU-HANG,-I] (垈主缸) 원512
불 Vase en terre qui contient le riz offert au génie du lieu.
한 장소의 정령에게 제공된 쌀이 담긴 흙으로 된 항아리

터지다 [HIE-TJI-TA,-TJYE,-TJIN] (潰) 원512
불 Casser, se casser, se briser, crever, se fondre, s'entr'ouvrir.
한 깨뜨리다, 깨지다, 부서지다, 파열하다, 녹다, 갈라지다

터쳔 [HIE-TCHYEN,-I] 원512
불 Emplacement, ‖ Situation présente.
한 부지 | 현재의 위치

터흔 [HIE-HEUN,-I] 원511
불 Position, affaire, état, situation.
한 위치, 일, 상태, 상황

E

[1]턱 [HTEK,-I] (頷) [원]511
[불] Menton, mâchoire inférieure.
[한] 턱, 아래턱

[2]턱 [HTEK,-I] (巡) [원]511
[불] Numéral des parties à boire, des ribotes.
[한] 술을 마시는 파티, 폭음폭식을 세는 수사

[3]턱 [HTEK,-I] [원]511
[불] Motif, raison, fondement, prétexte.
[한] 동기, 이유, 근거, 구실

턱거리혼인ᄒᆞ다 [HTEK-KE-RI-HON-IN-HĂ-TA] [원]511
[불] Se marier avec une personne d'une condition plus élevée.
[한] 더 높은 신분의 사람과 결혼하다

턱거리ᄒᆞ다 [HTEK-KE-RI-HĂ-TA] (掛頤) [원]511
[불] Se pendre par les mains à une pièce de bois en travers, et s'élever jusqu'à mettre son menton au-dessus de cette pièce (tour de trapèze, gymnastique).
[한] 가로로 놓인 나뭇조각에 손으로 매달려서, 그 조각 위에 턱을 놓을 때까지 오르다 (사다리꼴의 탑, 체조)

[1]턱걸니다 [HTEK-KEL-NI-TA,-NYE,-NIN] [원]511
[불] Etre sur le point de ; être instant.
[한] 막 ~하려 하다 | 급박하다

[2]턱걸니다 [HTEK-KEL-NI-TA,-NYE,NIN] [원]511
[불] Ne pas pouvoir traiter en amis ; tutoyer un homme que son père tutoie.
[한] 친구로 여길 수 없다 | 자신의 아버지와 말을 놓는 사람과 말을 놓다

턱무ᄒᆞ다 [HTEK-MOU-HĂ-TA] (無磨鍊) [원]511
[불] N'avoir pas de raison, de prétexte pour.
[한] ~에 대한 이유, 구실이 없다

턱밧기 [HTEK-PAT-KI] (頤奉) [원]511
[불] Bavette.
[한] 침받이

턱살 [HTEK-SAL,-I] (頤下肉) [원]511
[불] Menton.
[한] 턱

턱슐 [HTEK-SYOUL,-I] (巡酒) [원]511
[불] Vin payé tour à tour par tous les assistants.
[한] 모든 참석자에 의해 차례대로 지불되는 술

턱쓰긔 [HTEK-TTJEU-KEUI] (餕餘) [원]511
[불] Petit reste de nourriture après le repas (dans les dents).
[한] 식사 후 (치아에) 음식물의 작은 찌꺼기

턱어리 [HTEK-E-RI] (頤) [원]511
[불] Menton.
[한] 턱

턱업다 [HTEK-EP-TA,-EP-SYE,-EP-SĂN] [원]511
[불] N'avoir pas de raison, de motif de ; sans raison.
[한] ~에 대한 이유, 동기가 없다 | 이유 없다

턱지다 [HTEK-TJI-TA,-TJYE,-TJIN] (有閾) [원]511
[불] Voir difficilement à cause d'un objet placé devant et par-dessus lequel on est obligé de regarder. ‖ Etre un peu haut, un peu proéminent.
[한] 앞에 놓여 그것 위로 바라봐야 하는 물건 때문에 어렵게 보다 | 약간 높다, 약간 도드라지다

턱ᄌᆞ감이 [HTEK-TJĂ-KAM-I] (頷關) [원]511
[불] L'extrémité de la mâchoire, sous l'oreille. ‖ Partie du harnais, courroie à la bouche du cheval et où vient s'attacher la bride.
[한] 귀 아래 턱의 끝 | 말굴레가 고정되는 마구의 일부, 말 주둥이의 끈

털 [HTEL,-I] (毛) [원]511
[불] Poil (de la barbe) ; cheveu ; crin ; filament (de laine) ; chevelure ; toison.
[한] (수염의) 털 | 머리털 | 갈기 | (양모의) 가는 섬유 | 두발 | 텁수룩한 털

털나다 [HTEL-NA-TA,HTEL-NA,HTEL-NAN] (生毛) [원]511
[불] Naître (les poils) ; naissance des poils ; entrer dans l'âge de puberté.
[한] (털이) 나다 | 털이 나기 시작함 | 사춘기에 접어들다

털뇨 [HTEL-NYO] (氈) [원]511
[불] Lit, natte en poils.
[한] 침대, 털로 된 돗자리

털다 [HTEL-TA,HTEL-E,HTEN] (振) [원]511
[불] Secouer (pour nettoyer ; v. g. un habit pour en faire tomber la poussière).
[한] (청소하기 위해 | 예. 먼지를 떨어지게 하기 위해 옷을) 흔들다

털목 [HTEL-MOK,-I] (綿花) [원]511
[불] Coton avec sa graine. toile de coton un peu velue.
[한] 씨가 있는 목화 | 약간의 털로 덮인 면포

털북숭이 [HTEL-POUK-SYOUNG-I] (多毛物) [원]511
[불] Animal qui a le poil long et touffu ; velu, qui a beaucoup de poil.
[한] 길고 무성한 털을 가진 동물 | 털이 많다, 털이 많

은 사람

털쯧 [HTEL-KKEUT,-TCHI] (毫末) ㉠511

불 Extrémité d'un cheveu, un brin d'herbe, un rien.

한 머리카락의 끝, 풀 한 잎, 사소한 것

털집 [HTEL-TJIP,-I] ㉠512

불 Maison riche : riche.

한 부유한 집 | 부자

털털ᄒᆞ다 [HTEL-HTEL-HĂ-TA] ㉠511

불 Acre ; être âcre. ‖ Rendre un son fêlé.

한 자극적인 | 자극적이다 | 갈라지는 소리를 내다

텀벙텀벙 [HTEM-PENG-HTEM-PENG] ㉠511

불 Désigne l'action d'un homme qui s'amuse à sauter, à se battre dans l'eau ; bruit de l'eau où tombé un corps lourd.

한 물속에 뛰어들며, 싸우며 노는 사람의 행동을 가리킨다 | 무거운 몸이 물에 떨어지는 소리

텁셕ᄲᅮ리 [HTEP-SYEK-PPOU-RI] (多鬚人) ㉠511

불 Homme qui a la barbe fournie et courte.

한 술 많고 짧은 수염을 가진 사람

텁텁ᄒᆞ다 [HTEP-HTEP-HĂ-TA] (不淨) ㉠511

불 Désigne l'état de la figure d'un homme qui ne s'est pas lavé ; être sale, dégoûtant.

한 씻지 않은 사람의 얼굴 상태를 가리킨다 | 더럽다, 역겹다

텅텅 [HTENG-HTENG] ㉠511

불 Bruit de petits coups : pan, pan. = ᄒᆞ다-hă-ta, = 울니다-oul-ni-ta, Faire pouf ; retentir (v.g. un coup de fusil).

한 작은 타격 소리 : 팡, 팡 | [용례 = ᄒᆞ다, -hă-ta], 쿵 하는 소리를 내다 | [용례 = 울니다, -oul-ni-ta], 울리다 (예. 총성)

테 [HTEI] (圈) ㉠511

불 Cercle (de barrique, de baquet, de vase quelconque en bois).

한 (큰 통의, 나무통의, 나무로 만든 어떤 그릇의) 원

테메우다 [HTEI-MEI-OU-TA,-MEI-OUE,-MEI-OUN] (飾輪) ㉠511

불 Cercler, entourer avec des cercles ou des cordes.

한 테를 두르다, 원 또는 끈으로 두르다

테셕테셕ᄒᆞ다 [HTEI-SYEK-HTEI-SYEK-HĂ-TA] ㉠511

불 Etre gercé. désigne l'état d'une chose qui se détériore, dont la poussière, le sable tombe facilement (v. g. plaque de chaux sur un mur, terre en pente au dégel).

한 금이 가다 | 그 먼지, 모래가 쉽게 떨어지는, 손상되는 어떤 것의 상태를 가리킨다 (예. 벽의 석회판, 해빙 때 비탈진 땅)

*텩죄졍규 [HTYEK-TJOI-TJYENG-KYOU] (滌罪正規) ㉠512

불 Enseignement pour obtenir le pardon de ses fautes (nom d'un livre chrétien). La véritable méthode pour effacer les péchés (titre d'un livre de religion).

한 자신의 잘못에 대한 용서를 구하기 위한 가르침 (기독교 책의 이름) | 죄를 지우기 위한 실제 방법 (종교 서적의 제목)

텩텩ᄒᆞ다 [HTYEK-HTYEK-HĂ-TA] (濕貌) ㉠512

불 Humide ; sentir le contact de l'eau, d'un corps humide.

한 습하다 | 물, 축축한 몸체가 닿는 것을 느끼다

*텬 [HTYEN] (天) ㉠513

불 Ciel.

한 하늘

*텬국 [HTYEN-KOUK,-I] (天國) ㉠513

불 Royaume du ciel.

한 하늘의 왕국

*텬금 [HTYEN-KEUM,-I] (天衾) ㉠513

불 Couverture en soie qui recouvre le corps dans un tombeau.

한 무덤 안에서 송장을 덮는 비단으로 만든 이불

*텬긔 [HTYEN-KEUI] (天氣) ㉠513

불 Air du ciel, temps, température (il fait beau temps), l'atmosphère.

한 하늘의 공기, 날씨, 기온 (좋은 날씨다), 대기

*텬ᄀᆡ [HTYEN-KĂI] (天盖) ㉠513

불 Couvercle de cercueil, planche de dessus qui sert à fermer le cercueil.

한 관 뚜껑, 관을 덮을 때 사용하는 위의 판자

*텬남셩 [HTYEN-NAM-SYENG,-I] (天南星) ㉠513

불 Alkékenge, coqueret. Syn. 남셩이 Nam-syeng-i.

한 꽈리, 꽈리 | [동의어 남셩이, Nam-syeng-i]

*텬노 [HTYEN-NO] (天怒) ㉠513

불 Colère du ciel.

한 하늘의 노여움

*텬당 [HTYEN-TANG,-I] (天堂) ㉠513

불 Paradis, ciel (une des quatre fins dernières).

한 천국, 하늘 (네 가지 종말 중 하나)

E

*텬동ᄒᆞ다 [HTYEN-TONG-HĂ-TA] (天動) [원]513
[불] Tonnerre, bruit du tonnerre ; tonner.
[한] 천둥, 천둥소리 | 천둥치다

*텬디 [HTYEN-TI] (天地) [원]513
[불] Ciel et terre, le ciel et la terre, le monde.
[한] 하늘과 땅, 하늘과 땅, 세상

텬디보기 [HTYEN-TI-PO-KI] (乾坤目) [원]513
[불] Regarder le ciel et la terre, homme qui d'un œil regarde en haut, et de l'autre en bas.
[한] 하늘과 땅을 보다, 한 눈으로 높은 곳을 보고 다른 눈으로 낮은 곳을 보는 사람

*텬디상 [HTYEN-TI-SANG,-I] (天地喪) [원]513
[불] Mort du père et de la mère.
[한] 아버지와 어머니의 죽음

*텬로 [HTYEN-RO] (天路) [원]513
[불] Route du ciel, chemin du ciel. (Mot chrét.).
[한] 하늘의 길, 하늘 길 | (기독교 어휘)

*텬릭 [HTYEN-RIK,-I] (天翼) [원]513
[불] Sorte d'habit que portent les valets des grands dignitaires.
[한] 고위 관리들의 하인들이 입는 옷의 종류

*텬명 [HTYEN-MYENG,-I] (天命) [원]513
[불] Ordre du ciel.
[한] 하늘의 명령

*텬문 [HTYEN-MOUN,-I] (天文, (Ciel, science)) [원]513
[불] Science du ciel, astronomie, astrologie.
[한] 하늘의 학문, 천문학, 점성술

*텬변 [HTYEN-PYEN,-I] (千變) [원]513
[불] Malheur, mauvais présage du ciel ; changement extraordinaire dans le ciel.
[한] 불행, 하늘의 불길한 징조 | 하늘에서의 기이한 변화

*텬복 [HTYEN-POK,-I] (天福) [원]513
[불] Bonheur du ciel.
[한] 하늘의 행복

텬봉 [HTYEN-PONG,-I] [원]513
[불] Ciel (de lit, etc.).
[한] (침대 등의) 닫집

텬봉직이 [HTYEN-PONG-TJIK-I] (乾沓) [원]513
[불] Rizières qui ne recoivent que l'eau du ciel, que la pluie.
[한] 하늘의 물만, 비만 받는 논

*텬붕 [HTYEN-POUNG,-I] (天崩) [원]513
[불] La chute du ciel, c. a. d. la mort du roi ou du père.
[한] 하늘이 무너짐, 즉 왕이나 아버지의 죽음

*텬붕지통 [HTYEN-POUNG-TJI-HTONG,-I] (天崩之痛, (Ciel, tomber, souffrir)) [원]513
[불] Souffrance d'un malheur égal à la chute du ciel. Se dit pour la mort du père.
[한] 하늘이 무너지는 것과 같은 불행의 고통 | 아버지의 죽음에 대해 쓴다

*텬상 [HTYEN-SANG,-I] (天喪, (Ciel, deuil)) [원]513
[불] Mort du père. (Le père est comme le ciel et la mère est comme la terre. La mort de la mère se dit 디상 Ti-sang).
[한] 아버지의 죽음 | (아버지는 하늘과 같고, 어머니는 땅과 같다. 어머니의 죽음은 디상 Ti-sang이라 말해진다)

1*텬샹 [HTYEN-SYANG,-I] (天上) [원]513
[불] Au-dessus du ciel ; le ciel.
[한] 하늘의 위 | 하늘

2*텬샹 [HTYEN-SYANG,-I] (天賞) [원]513
[불] Récompense du ciel.
[한] 하늘의 보상

텬샹ᄇᆞ락이 [HTYEN-SYANG-PĂ-RAK-I] (乾坤目) [원]513
[불] Homme qui regarde toujours en l'air, qui a toujours les yeux en l'air, qui marche la tête renversée en arrière.
[한] 항상 허공을 바라보는 사람, 항상 허공에 시선을 두는 사람, 머리를 뒤로 젖힌 채 걷는 사람

*텬셩 [HTYEN-SYENG,-I] (天性) [원]513
[불] Nature du ciel. ‖ Naturel, caractère naturel.
[한] 하늘로부터의 기질 | 본성, 천성

텬슈밧이 [HTYEN-SYOU-PAT-I] (受天水) [원]513
[불] Rizières qui ne reçoivent d'eau que la pluie du ciel. Maison dont le toit est en mauvais état, qui reçoit la pluie du ciel.
[한] 하늘의 비만 물로 받는 논 | 그 지붕이 나쁜 상태인 집, 하늘의 비를 맞는 집

*텬시 [HTYEN-SI] (天時) [원]513
[불] Temps marqué par le ciel.
[한] 하늘에 의해 표시된 시기

*텬신 [HTYEN-SIN,-I] (天神) [원]513
[불] Esprit céleste, ange.
[한] 천국의 영[역주 靈], 천사

*텬신구픔 [HTYEN-SIN-KOU-HPEUM,-I] (天神九品) [원]513
[불] Les neuf chœurs des anges.

한 천사들의 아홉 개의 계급

*텬안 [HIYEN-AN,-I] (天顔, (Ciel, face)) 원513

불 Figure du roi, visage du roi ; la face du roi.

한 왕의 얼굴, 왕의 얼굴 | 왕의 얼굴

*텬연ᄒᆞ다 [HIYEN-YEN-HĂ-TĂ] (天然) 원513

불 Etre ressemblant ; ressembler à.

한 닮다 | ~와 유사하다

*텬엽 [HIYEN-YEP] (千葉) 원513

불 Espèce de viscère de l'intérieur des animaux ; partie de l'estomac du bœuf, le feuillet.

한 동물들의 내부에 있는 내장의 종류 | 소의 위장 부분, 엽위 [역주 반추 동물의 세 번째 위]

*텬은 [HIYEN-EUN,-I] (天恩) 원513

불 Bienfait du ciel.

한 하늘의 은혜

*텬의 [HIYEN-EUI] (天意) 원513

불 Pensée du ciel, dessein du ciel, la volonté du ciel.

한 하늘의 생각, 하늘의 의도, 하늘의 의지

*텬쟝 [HIYEN-TJYANG,-I] (天藏) 원513

불 La voûte du ciel ; plafond, grenier, voûte. 입=Ip -, Palais de la bouche, la voûte du palais.

한 하늘의 둥근 천장 | 천장, 곡식 창고, 둥근 천장 | [용례 입=, Ip -], 입천장, 경구개

*텬쥬 [HIYEN-TJYOU] (天主) 원513

불 Le maître du ciel, dieu.

한 하늘의 주인, 신

*텬쥬경 [HIYEN-TJYOU-KYENG,-I] (天主經) 원514

불 Pirère du maître du ciel, oraison dominicale, pater noster.

한 천주의 기도, 주기도문, 주기도문

*텬쥬셩 [HIYEN-TJYOU-SYENG,-I] (天主性) 원514

불 Essence divine, nature divine.

한 신의 본질, 신의 본성

*텬쥬악 [HIYEN-TJYOU-AK,-I] (天主惡) 원513

불 Dénomination injurieuse par laquelle les païens désignent les chrétiens.

한 이교도인들이 기독교인들을 가리키는 모욕적인 호칭

*텬쥬학 [HIYEN-TJYOU-HAK,-I] (天主學) 원514

불 Théologie, science de dieu, la religion chrétienne.

한 신학, 신의 학문, 기독교

*텬쥬학문 [HIYEN-TJYOU-HAK-MOUN,-I] (天主學文) 원514

불 Théologie, écrit ou livre qui traite de la religion catholique.

한 신학, 가톨릭교를 다루는 문서나 책

*텬ᄌᆞ [HIYEN-TJĂ] (天子) 원513

불 Empereur de Chine.

한 중국 황제

*텬츅국 [HIYEN-TCHYOUK-KOUK,-I] (天竺國) 원514

불 Inde (ainsi appelée dans les livres bouddhiques). ‖ Thibet, royaume du Thibet.

한 (불교서적에서 이렇게 불리는) 인도 | 티벳, 티벳왕국

*텬판 [HIYEN-HPAN,-I] (天板) 원513

불 Couvercle de cercueil.

한 관 뚜껑

*텬하 [HIYEN-HA] (天下) 원513

불 Au-dessous du ciel. univers ; le monde. 온텬하 On htyen-ha, Tout l'univers.

한 하늘 아래 | 세계 | 세상 | [용례 온텬하, On htyen-ha], 온 세계

*텬하무젹 [HIYEN-HA-MOU-TJYEK] (天下無敵) 원513

불 (Dans tout l'univers, adversaire n'est pas). L'emporter sur tous (par la force du corps ou de l'esprit).

한 (전 세계에서 적수가 없다) | (몸이나 정신의 힘에 있어) 모두에 대해 우세하다

텬하셩 [HIYEN-HA-SYENG,-I] (喇叭) 원513

불 Bruit de trompettes.

한 나팔 소리

*텬ᄒᆡᆼ [HIYEN-HĂING,-I] (天幸) 원513

불 Secours du ciel, action du ciel.

한 하늘의 도움, 하늘의 영향력

*텰 [HIYEL,-I] (鐵) 원514

불 En agr. Métal, fer.

한 한자어로 금속, 철

*텰가도쥬 [HIYEL-KA-TO-TJYOU] (撤家逃走) 원514

불 S'enfuir en emportant tout son ménage, tout son bien ; mettre la clef sous la porte c. a. d. fermer la porte à clef et s'enfuir.

한 자신의 모든 살림살이, 자신의 모든 재산을 가지고 도망가다 | 문 아래에 열쇠를 두다, 즉 열쇠로 문을 잠그고 도망가다

*텰갑 [HIYEL-KAP,-I] (鐵甲) 원514

불 Cuirasse de fer.

한 철로 만든 갑옷

[1]*텰긔 [HTYEL-KEUI] (鐵氣) ㉰514
불 Force du fer, des métaux.
한 철, 금속의 힘

[2]*텰긔 [HTYEL-KEUI] (鐵器) ㉰514
불 Vase en métal.
한 쇠로 만든 그릇

[3]*텰긔 [HTYEL-KEUI] (鐵騎) ㉰514
불 Cavaliers armés de lances et de sabres.
한 창과 검으로 무장한 기병들

*텰년 [HTYEL-NYEN,-I] (鐵鍊) ㉰514
불 Fer réuni ; réunion des fers ; chaîne. Nom de la fête de S' Pierre aux Liens.
한 결합된 철 | 철의 결합 | 사슬 | 쇠사슬의 성 베드로 축제일의 이름

*텰념 [HTYEL-NYEM,-I] (鐵鹽) ㉰514
불 Grande chaudière pour faire le sel. sel préparé dans une chaudière en fer.
한 소금을 만들기 위한 큰 가마솥 | 쇠로 된 가마솥에 준비된 소금

[1]*텰뎡 [HTYEL-TYENG] (鐵釘) ㉰515
불 Clou de fer.
한 쇠못

[2]텰뎡 [HTYEL-TYENG,-I] ㉰515 ☞ [2]텰졍

*텰독 [HTYEL-TOK,-I] (鐵毒) ㉰515
불 Venin du fer (v. g. de l'aiguille d'acuponcture mal nettoyée).
한 (예. 잘못 청소된 침술용 바늘의) 쇠독

*텰란 [HTYEL-RAN,-I] (鐵卵) ㉰514
불 Balle, boulet, plomb de chasse.
한 총알, 포환, 사냥용 산탄

*텰렴ᄒᆞ다 [HTYEL-RYEM-HĂ-TA] (撤簾) ㉰514
불 Relever la grille de bambou fin qui ferme la fenêtre. ‖ Enlever le rideau, le voile, la tapisserie qui cachait le roi et sa mère pendant la séance du conseil. (Comme la même ne peut paraître en public, elle se tient cachée derrière une tapisserie, d'où elle dicte ses ordres; à son départ, la tapisserie se baisse et le roi apparaît).
한 창문을 닫는, 가는 대나무로 만든 창살을 올리다 | 회의가 열리는 동안 왕과 그의 어머니를 가려주는 커튼, 장막, 장식 융단을 제거하다 | (어머니는 대중 앞에 나타날 수 없기 때문에, 그녀는 장식 융단 뒤에 숨어 있다, 그곳으로부터 그녀는 자신의 명령을 받아쓰게 한다 | 그녀가 떠나면, 장식 윤단이 내려지고 왕이 나타난다)

*텰로 [HTYEL-RO] (鐵路) ㉰515
불 Chemin de fer.
한 철도

*텰롱 [HTYEL-RONG,-I] (鐵籠) ㉰515
불 Lanterne en métal.
한 금속등

*텰롱ᄒᆞ다 [HTYEL-RONG-HĂ-TA] (収農) ㉰515
불 Récolte ; recueillir les moissons.
한 수확 | 수확물을 거두다

*텰망 [HTYEL-MANG,-I] (鐵網) ㉰514
불 Filet de fer ; chemise de force pour contenir les fu-rieux ; grillage en fer.
한 쇠로 된 그물 | 난폭한 미치광이들을 제지하기 위한 구속의[역주 拘束衣] | 쇠창살

*텰못 [HTYEL-MOT,-SI] (鐵釘) ㉰514
불 Clou de fer.
한 쇠못

*텰물 [HTYEL-MOUL,-I] (鐵物) ㉰514
불 Objet en fer, en métal ; quincaillerie.
한 쇠, 금속으로 만든 물건 | 철물류

*텰병 [HTYEL-PYENG,-I] (鐵柄) ㉰514
불 Couteau dont le fourreau est en métal.
한 케이스가 금속으로 된 칼

*텰비 [HTYEL-PI] (鐵碑) ㉰514
불 Colonne en fer portant une inscription ; inscription sur une plaque en fer.
한 글을 적어 넣은 쇠로 된 기둥 | 쇠로 만든 판 위의 글

*텰빈 [HTYEL-PIN,-I] (鐵貧) ㉰514
불 Grande pauvreté, extrême indigence.
한 절핍, 극도의 가난

*텰사 [HTYEL-SA] (鐵絲) ㉰515
불 Fil de fer, fil de métal.
한 쇠로 된 실, 금속실

*텰상 [HTYEL-SANG,-I] (鐵床) ㉰515
불 Table en métal, en fer.
한 금속으로 된, 철로 된 탁자

*텰상ᄒᆞ다 [HTYEL-SANG-HĂ-TA] (撤床) ㉰515
불 Remporter la table après le repas.
한 식사 후 탁자를 다시 가져가다

*텰셕간쟝 [HTYEL-SYEK-KAN-TJYANG,-I] (鐵石肝腸, (Fer, pierre, foie, entrailles)) ㉰515
불 Cœur de pierre, entrailles de fer, homme dur, sans miséricorde, c. a. d. fermeté extraordinaire.

[한] 냉정한 사람, 무정한 사람, 몰인정한, 관용이 없는 사람, 즉 극도의 단호함

[1]*텰셩 [HTYEL-SYENG,-I] (鐵聲) 원515

[불] Parole de fer, parole dure, ferme.

[한] 냉혹한 말, 몰인정한, 단호한 말

[2]*텰셩 [HTYEL-SYENG,-I] (鐵城) 원515

[불] Muraille de fer, c. a. d. très-solide, quoique en pierre.

[한] 철로 된 벽, 즉 매우 단단하다, 돌로 만들었다고 해도

텰안 [HTYEL-AN,-I] (鐵卵) 원514

[불] Balle (de fusil), plomb de chasse en fer, boulet, grenaille.

[한] (총의) 총알, 쇠로 된 사냥용 추, 포탄, 과립 형태의 금속

텰알 [HTYEL-AL] 원514

[불] Œuf de fer. balle(de fusil), boulet, grenaille.

[한] 철로 된 알 | (총의) 총알, 포탄, 과립 형태의 금속

*텰야ᄒᆞ다 [HTYEL-YA-HĂ-TA] (徹夜) 원514

[불] Passer la nuit sans dormir.

[한] 자지 않고 밤을 보내다

*텰쟝 [HTYEL-TJYANG,-I] (鐵杖) 원515

[불] Barre de fer ; bâton de fer ; verge en fer ; tringle en fer.

[한] 철봉 | 쇠막대기 | 철로 된 가는 막대 | 철로 된 봉

*텰쟝금신 [HTYEL-TJYANG-KEUM-SIN,-I] (鐵腸金身, (Fer, entrailles, métal, corps)) 원515

[불] Avoir le cœur dur, solide.

[한] 마음이 냉혹하다, 딱딱하다

텰쟝ᄯᅵ [HTYEL-TJYANG-TTĂI] (鐵杖) 원515

[불] Baguette de fusil.

[한] 총대

[1]텰졍 [HTYEL-TJYENG] 원515 ☞ [2]텰뎡

[2]*텰졍 [HTYEL-TJYENG] (鐵釘) 원515

[불] Clou de fer.

[한] 쇠못

*텰ᄌᆞ [HTYEL-TJĂ] (鐵子) 원515

[불] Moule en fer ; fer à hosties.

[한] 철로 만든 거푸집 | 제물용 철

*텰창 [HTYEL-TCHANG,-I] (鐵鎗) 원515

[불] Lance de fer, pique de fer.

[한] 철창, 철창

*텰텬지원 [HTYEL-HTYEN-TJI-OUEN,-I] (徹天之怨, (Pénétrer, ciel, regret)) 원515

[불] Grand regret, regret qui pénètre le ciel.

[한] 큰 후회, 하늘을 뚫고 들어가는 후회

*텰통 [HTYEL-HTONG,-I] (鐵通) 원515

[불] Fer qui sert à percer le bambou des tuyaux de pipe; long perçoir.

[한] 담뱃대의 대나무를 뚫을 때 쓰이는 쇠 | 긴 송곳

*텰퇴 [HTYEL-HTOI] (鐵椎) 원515

[불] Bâton à tête de fer ; boule de fer avec un manche en peau pour frapper ; casse-tête ; gros marteau de fer.

[한] 머리 부분이 철로 된 몽둥이 | 때리기 위한, 가죽 손잡이가 있는 쇠공 | 곤봉 | 큰 철 망치

*텰파ᄒᆞ다 [HTYEL-HPA-HĂ-TA] (撤罷) 원514

[불] Détruire, ruiner.

[한] 파괴하다, 무너뜨리다

*텰판 [HTYEL-HPAN,-I] (鐵板) 원514

[불] Planche d'imprimerie en métal; table ou feuille de fer.

[한] 금속으로 된 인쇄판 | 철로 만든 탁자나 얇은 판자

*텰패 [HTYEL-HPAI] (鐵牌) 원514

[불] Médaille en métal ; plaque métallique.

[한] 금속으로 된 메달 | 금속판

*텰편 [HTYEL-HPYEN,-I] (鐵鞭) 원514

[불] Espèce de verge en métal, de casse-tête en fer dont sont armés les satellites ; massue de fer.

[한] 금속으로 된 막대기, 부하들이 무장하는 철로 된 곤봉의 종류 | 철퇴

[1]*텰포ᄒᆞ다 [HTYEL-HPO-HĂ-TA] (撤庖) 원514

[불] Empêcher, défendre de tuer des bœufs (pour honorer le ciel par l'abstinence, v. g. pendant trois mois quand la reine est enceinte ; pour obtenir de la pluie, etc.).

[한] 소들을 죽이는 것을 못 하게 하다, 금지하다 (예. 왕비가 임신했을 때 세 달 동안 금욕으로 하늘을 경배하기 위해, 비를 얻어내기 위해 등)

[2]*텰포ᄒᆞ다 [HTYEL-HPO-HĂ-TA] (撤捕) 원514

[불] Rappeler les satellites ; faire cesser les recherches, les arrestations.

[한] 부하들을 부르다 | 수사, 체포를 멈추게 하다

*텰환 [HTYEL-HOAN,-I] (鐵丸) 원514

[불] Balle, boulet, plomb (de-chasse), grenaille.

[한] 총알, 포탄, (사냥용) 산탄, 과립 형태의 금속

*텸 [HTYEM,-I] (僉) 원512

[불] Général, universel, plusieurs.

한 일반적이다, 보편적이다, 여럿의

1*텸의 [HTYEM-EUI] (僉議) 원512

불 Avis général, sentiment universel, unanimité.

한 일반적의 의견, 보편적인 감정, 만장일치

2*텸의 [HTYEM-EUI] 원512

불 Dignité au-dessous du 참판 Tcham-hpan.

한 참판 Tcham-hpan의 하급자

*텸잔 [HTYEM-TJAN,-I] (添盞) 원512

불 Verre de vin qui suit immédiatement un premier.

한 처음 것을 즉시 따르는 술잔

*텸잔ᄒᆞ다 [HTYEM-TJAN-HĂ-TA] (添盞) 원512

불 Verser d'un verre dans un autre la quantité de liquide qu'on a de trop.

한 과하게 있는 액체의 양을 잔으로 다른 잔에 따르다

*텸젼 [HTYEM-TJYEN,-I] (僉前) 원512

불 En présence de plusieurs.

한 여럿이 있는 자리에서

*텸졍 [HTYEM-TJYENG,-I] (僉正) 원512

불 Interprète, (dignité où ceux de la seconde classe sont élevés).

한 통역자, (두 번째 계급의 사람들이 올라가게 되는 고관직)

*텸지 [HTYEM-TJI] (僉知) 원512

불 Nom d'une dignité. ‖ Titre honorifique donné à un vieillard du peuple.

한 고관직의 이름 | 백성의 노인에게 주는 경칭

*텹셕 [HTYEP-SYEK] (疊石) 원514

불 Pierre au-dessus d'une autre (dans les bâtisses).

한 (건물의 석조 부분에서) 다른 것 위에 있는 돌

*텹츌ᄒᆞ다 [HTYEP-TCHYOUL-HĂ-TA] (疊出) 원514

불 Double ; deux fois. 일=IL-, Une affaire en amène une autre ; une difficulté se présente quand l'autre est surmontée.

한 두 배의 | 두 배 | [용례 일, =IL], 다른 일을 초래하는 일 | 다른 어려움이 극복될 때 나타나는 어려움

*텹텹리구 [HTYEP-HTYEP-RI-KOU] (喋喋利口) 원514

불 Se dit d'un homme qui parle bien ; être éloquent.

한 말을 잘하는 사람에 대해 쓴다 | 능변이다

*텹텹히 [HTYEP-HTYEP-HI] (疊疊) 원514

불 A étages ; en dentelures.

한 층층이 | 톱니 모양으로

*텹텹ᄒᆞ다 [HTYEP-HTYEP-HĂ-TA] (疊疊) 원514

불 Etre sinueux, avoir beaucoup de plis et de replis.

한 구불구불하다, 기복과 습곡이 많다

1*텽 [HTYENG,-I] (廳) 원514

불 Galerie, etc.

한 좁고 긴 방 등

2*텽 [HTYENG] (聽) 원514

불 En agr. Ecouter ; obéir.

한 한자어로 듣다 | 복종하다

*텽도리ᄒᆞ다 [HTYĒNG-TO-RI-HĂ-TA] (聽道理) 원514

불 Entendre, écouter l'exposé, l'explication de la doctrine, la prédication.

한 교리의 보고, 해설, 설교를 듣다, 듣다

*텽령ᄒᆞ다 [HTYENG-RYENG-HĂ-TA] (聽令) 원514

불 Obéir à un ordre.

한 명령에 복종하다

*텽명ᄒᆞ다 [HTYENG-MYENG-HĂ-TA] (聽命) 원514

불 Entendre le commandement, obéir.

한 명령을 듣다, 복종하다

*텽상ᄇᆡᄒᆞ다 [HTYENG-SYANG-PĂI-HĂ-TA] (廳上拜) 원514

불 Monter sur la galerie pour saluer en dehors le maître qui est dans la chambre.

한 방에 있는 주인에게 밖에서 인사하기 위해 회랑 위에 올라가다

*텽슌ᄒᆞ다 [HTYENG-SYOUN-HĂ-TA] (聽順) 원514

불 Entendre et obéir, être docile.

한 듣고 따르다, 온순하다

*텽죵ᄒᆞ다 [HTYĒNG-TJYONG-HĂ-TA] (聽從) 원514

불 Entendre et faire selon le commandement, obéir.

한 듣고 명령대로 하다, 복종하다

*텽직이 [HTYENG-TJIK-I] (廳直) 원514

불 Intendant, homme d'affaires, homme de confiance d'un homme élevé ou riche ; secrétaire ; serviteur qui reste au salon pour servir les étrangers.

한 경리관, 사업가, 높거나 부유한 사람의 신뢰를 받는 사람 | 비서 | 외부인들을 대하기 위해 살롱에 머무는 하인

*톄 [HTYEI] (體) 원512

불 Le corps, tout le corps ; substance, substance corporelle ou spirituelle.

한 몸, 온몸 | 실체, 육체적 또는 정신적 실체

*톄격 [HTYEI-KYEK,-I] (體格) 원512

불 Apparence, forme extérieure. ‖ Art, méthode.

한 외모, 외관 | 기법, 방법

*톄경 [HIYEI-KYENG,-I] (體鏡) 원512

불 Miroir, grande glace où l'on peut voir son corps tout entier.

한 거울, 몸 전체를 비추어 볼 수 있는 큰 거울

톄과리 [HIYEI-KOA-RI] (偶人) 원512

불 Polichinelle, marionnette.

한 꼭두각시, 꼭두각시 인형

*톄도 [HIYEI-TO] (體度) 원512

불 Apparence, forme extérieure. ‖ Civilité, savoir-vivre.

한 외모, 외관 | 예의, 예의범절

*톄례 [HIYEI-RYEI] (體禮) 원512

불 Politesse, convenance, urbanité, cérémonie, cérémonial. Syn. 톄면 Htyei-myon.

한 예절, 예법, 고상함, 의례, 예식 | [동의어 톄면, Htyei-myon]

*톄면 [HIYEI-MIEN,-I] (體面) 원512

불 Point d'honneur ; honneur ; faste ; fierté ; vanité ; convenance ; usage ; civilité ; la face. 톄면에걸니다 Htyei-myen-ei kel-ni-ta, Etre retenu par (la face) le point d'honneur.

한 명예에 관한 일 | 명예 | 호사 | 자존심 | 자만심 | 예법 | 관습 | 예의 | 체면 | [용례 톄면에걸니다, Htyei-myen-ei kel-ni-ta], (체면) 명예에 관한 일로 참다

1*톄모 [HIYEI-MO] (體貌) 원512

불 Forme extérieure, apparence du corps, du maintien ; maintien ; tenue ; convenances.

한 외형, 몸의, 태도의 외양 | 몸가짐 | 태도 | 예법

2*톄모 [HIYEI-MO] (體毛) 원512

불 Poil du corps (par opposition à celui de la queue des animaux qui est bien meilleur pour les pinceaux).

한 몸의 털 (붓을 위한 훨씬 더 좋은 동물의 꼬리의 그것과는 반대로)

*톄목 [HIYEI-MOK,-I] (體木) 원512

불 Gros matériaux, pièces principales (pour la construction d'une maison).

한 (집을 만들기 위한) 굵은 자재, 주된 조각

톄밧다 [HIYEI-PAT-TA,-PAT-A,-PAT-EUN] (受帖) 원512

불 Copier un modèle ; imiter ; faire une copie : écrire, dessiner en suivant un modèle.

한 견본을 복사하다 | 모방하다 | 복사하다 | 본을 따라 쓰다, 그리다

*톄셩 [HIYEI-SYENG,-I] (體姓) 원512

불 Substance du corps. ‖ Corps et nom, le nom du corps, le propre nom de la famille.

한 몸의 실체 | 몸과 이름, 몸의 이름, 집 안 고유의 성

*톄쇼ᄒᆞ다 [HIYEI-SYO-HĂ-TA] (體小) 원512

불 Etre petit, grêle ; avoir le corps petit, mince et fluet.

한 작다, 호리호리하다 | 몸이 작다, 마르고 날씬하다

*톄습 [HIYEI-SEUP] (體習) 원512

불 Substance et nature, la nature. habitude.

한 본질과 본성, 본성 | 습관

*톄용 [HIYEI-YONG,-I] (體用) 원512

불 Substance, forme, manière d'être, apparence, force ou puissance. ‖ But ou fin.

한 본체, 형태, 존재방식, 외관, 힘이나 체력 | 목표 또는 목적

*톄읍ᄒᆞ다 [HIYEI-EUP-HĂ-TA] (涕泣) 원512

불 Pleurer (eu silence, sans cri) ; être triste.

한 (조용히, 눈물 없이) 울다 | 슬프다

*톄즁ᄒᆞ다 [HIYEI-TJYOUNG-HĂ-TA] (體重, (Corps lourd)) 원512

불 Devenir grave, sérieux ; marcher gravement.

한 근엄하게, 진지하게 되다 | 근엄하게 걷다

톄톄ᄃᆡ통 [HIYEI-HIYEI-TĂI-HIONG] (隨體) 원512

불 Suivant la forme, suivant l'apparence.

한 형태에 따라, 외형에 따라

*톄통 [HIYEI-HIONG,-I] (體統) 원512

불 Urbanité, convenance, politesse, bienséance, civilité.

한 예의바름, 예법, 공손함, 예의, 예절

*톄후 [HIYEI-HOU] (體候) 원512

불 Santé. (Honorif.).

한 건강 | (경칭)

*톄ᄒᆞ다 [HIYEI-HĂ-TA] (體) 원512

불 (Terminaison) faire semblant de ; se vanter de.

한 (어미) ~하는 척하다 | ~라고 자랑하다

텡 [HIEING] 원511

불 Tout à fait, entièrement.

한 완전히, 전부

1*토 [HIO] (土) 원516

불 Terre, mortier, terre où il n'y a pas de pierres.

한 토양, 회반죽, 돌멩이가 없는 땅

2토 [HIO] 원516

불 Terminaison des mots (opposé à radical).

한 (어근에 반대되는) 단어들의 어미

*토가 [HTO-KA] (土價) 원517

불 Prix du terrain, (prix de fabrique).

한 땅 가격, (공장도 가격)

1*토굴 [HTO-KOUL] (土窟) 원517

불 Trou dont on a extrait de la terre.

한 흙을 채굴한 구멍

2토굴 [HTO-KOUL] (土花) 원517

불 Grande huître.

한 큰 굴

*토금 [HTO-KEUM,-I] (土金) 원517

불 Or de qualité très-inférieure ; paillette de mica dans la terre ou dans l'eau.

한 매우 낮은 질의 금 | 땅속 또는 물속의 운모의 얇은 조각

토기다 [HTO-KI-TA,-KYE,-KIN] 원517

불 Donner une chiquenaude ; en faire le geste.

한 손가락으로 튀기다 | 그 손짓을 하다

*토논ᄒᆞ다 [HTO-NON-HĂ-TA] (吐論) 원517

불 Faire une conférence, prêcher, délibérer.

한 회의하다, 설교하다, 토의하다

토닥토닥ᄒᆞ다 [HTO-TAK-HTO-TAK-HĂ-TA] 원521

불 Frapper légèrement sur la poitrine d'un petit enfant pour l'endormir. ‖ Désigne le bruit d'un homme qui travaille le bois avec une erminette. ‖ Etre charnu.

한 어린아이를 재우기 위해 그의 가슴을 가볍게 치다 | 손도끼로 목공 일을 하는 사람의 소리를 가리킨다 | 살찌다

토담 [HTO-TAM,-I] (土垣) 원521

불 Mur d'enclos en terre, haie en terre.

한 흙으로 된 울타리 벽, 흙으로 된 울타리

1*토뎡 [HTO-TYENG,-I] (土井) 원521

불 Petite fontaine non murée.

한 벽으로 둘러싸이지 않은 작은 샘

2*토뎡 [HTO-TYENG,-I] (土鼎) 원521

불 Chaudière en terre cuite.

한 흙으로 구운 가마솥

*토둔 [HTO-TOUN,-I] (土屯) 원521

불 Elévation longue et peu large dans une plaine, chaussée.

한 평야에 있는 길고 약간 넓은 높은 곳, 두렁

*토디 [HTO-TI] (土地) 원521

불 Terre, boue et terre, terrain.

한 땅, 진흙과 흙, 토양

*토란 [HTO-RAN] (土卵) 원520

불 Œuf de la terre. taro (plante, racine comestible), gouet comestible, arum esculentum, caladium, caladion, caladium esculentum.

한 땅의 알 | 타로토란 (식물, 먹을 수 있는 뿌리), 먹을 수 있는 아룸속[역주 屬], arum esculentum, 칼라듐, 칼라듐, caladium esculentum

토련 [HTO-RYEN,-I] 원520 ☞토란

토록 [HTO-ROK] 원520

불 Jusqu'à (se met après les noms, les verbes, etc.). 슐취토록먹다 Syoul tchyoui hto-rok mek-ta, Boire du vin jusqu'à l'ivresse, boire jusqu'à s'enivrer.

한 ~까지 (명사, 동사 등의 뒤에 놓인다) [용례 슐취토록먹다, Syoul tchyoui hto-rok mek-ta], 취기가 돌 때까지 마시다, 취할 때까지 마시다

1토론ᄒᆞ다 [HTO-RON-HĂ-TA] 원517 ☞토논ᄒᆞ다

2*토론ᄒᆞ다 [HTO-RON-HĂ-TA] (吐論) 원520

불 Faire une conférence ; prêcher ; délibérer.

한 회의하다 | 설교하다 | 토의하다

토롱ᄒᆞ다 [HTO-RONG-HĂ-TA] 원520

불 Enterrement provisoire ; déposer un cercueil en dehors de la maison et le couvrir de paille en attendant le jour des funérailles.

한 임시 매장 | 관을 집 밖에 두고 장례일을 기다리며 짚으로 덮다

*토리 [HTO-RI] (土理) 원520

불 Avantage d'une terre ; nature du terrain.

한 토양의 유리한 조건 | 토지의 본성

*토마루 [HTO-MA-ROU] (土抹樓) 원517

불 Petite terrasse en terre devant la maison.

한 집 앞에 흙으로 된 작은 테라스

토막 [HTO-MAK,-I] (木枕) 원517

불 Oreiller en bois ; billot de bois.

한 나무로 된 베개 | 나무 작업대

토매 [HTO-MAI] (束) 원517

불 Une brassée.

한 한 아름

*토모 [HTO-MO] (兎毛) 원517

불 Poil de lièvre.

한 토끼털

*토목지역 [HTO-MOK-TJI-YEK] (土木地役, (Terre, bois, travail)) 원517

불 Travaux en terre et en bois ; construction d'une

maison.

한 흙과 나무로 하는 공사 | 집의 건축

*토민 [HTO-MIN,-I] (土民) 원517

불 Terre et peuple, habitant du canton, paysans.

한 땅과 백성, 지역 주민, 농부들

*토밍 [HTO-MĂING,-I] (土氓) 원517

불 Paysan.

한 농부

*토박ᄒᆞ다 [HTO-PAK-HĂ-TA] (土薄) 원520

불 Terre légère, maigre, qui ne produit pas bien ; être maigre (terrain).

한 결핍된, 메마른, 잘 생산되지 않는 땅 | 메마르다 (토양)

*토반 [HTO-PAN,-I] (土班) 원520

불 Tout petit noble n'ayant pour titre de noblesse que la longue file d'ancêtres qui ont habité le même endroit ; noble de province.

한 귀족 호칭을 위해서 가진 것이라고는 같은 장소에 오랫동안 살았던 선조들만 있는 아주 낮은 귀족 | 지방의 귀족

*토방 [HTO-PANG,-I] (土房) 원520

불 Espèce de petite surface plane en terre devant la maison. || Chambre sans natte où il n'y a que la terre nue.

한 집 앞의 흙으로 된 작은 평지의 종류 | 흙만 있는, 돗자리가 없는 방

*토벽 [HTO-PYEK,-I] (土壁) 원520

불 Mur de terre nue.

한 아무것도 바르지 않은 흙벽

1*토분 [HTO-POUN,-I] (土粉) 원520

불 Terre blanche.

한 흰 흙

2*토분 [HTO-POUN,-I] (兎糞) 원520

불 Crotte de lièvre (remède).

한 토끼의 똥 (약)

*토분수 [HTO-POUN-SYOU] (兎糞水) 원520

불 Eau de crottes de lièvre, dissolution de crottes de lapin dans l'eau (remède pour les yeux).

한 토끼의 똥의 물, 토끼의 똥을 물에 푼 용해액 (눈에 쓰는 약)

*토붕와히 [HTO-POUNG-OA-HĂI] (土崩瓦解) 원520

불 Eboulement, renversement, dispersion, fiasco (se dit d'une entreprise qui n'a pas réussi).

한 붕괴, 전복, 흩뜨리기, 실패 (성공하지 못한 기도에 대해 쓴다)

*토사곽난 [HTO-SA-KOAK-NAN,-I] (吐瀉霍亂) 원520

불 Maladie subite et prompte en été ; indigestion très-violente avec vomissement et diarrhée ; p. ê. le choléra.

한 여름에 급작스럽고 돌연한 병 | 구토와 설사를 동반하는 매우 지독한 소화 불량 | 아마도 콜레라

토삭토삭ᄒᆞ다 [HTO-SAK-HTO-SAK-HĂ-TA] 원520

불 Désigne la fraîcheur du visage d'un tout petit enfant très-joli. || Etre un peu enflé.

한 매우 예쁜 아주 어린 아이의 얼굴에 나타나는 생기를 가리킨다 | 약간 부풀다

1*토산 [HTO-SAN,-I] (土山) 원520

불 Montagne de terre où il n'y a pas un seul rocher, où il y a peu de pierres.

한 바위 하나도 없는, 돌이 별로 없는 흙산

2*토산 [HTO-SAN,-I] (土産) 원521

불 Production de la terre. production spéciale d'un pays, spécialité d'un pays.

한 토지의 생산물 | 지방의 특별한 생산품, 지방의 특산품

토산불 [HTO-SAN-POUL,-I] 원521

불 Qui a les testicules de différente grosseur, un tout petit, un très-gros ; testicules inégaux (maladie).

한 고환이 하나는 작고, 하나는 큰, 다른 크기이다 | 불균등한 고환 (병)

토살매다 [HTO-SAL-MAI-TA,-MAI-YE,-MAIN] 원521

불 Barrage en petits morceaux de bois pour prendre de petits poissons sur le bord de de la mer ; faire ces barrages.

한 바닷가에서 작은 물고기들을 잡기 위한 작은 나무 조각들로 된 바리케이트 | 이 바리케이트를 만들다

토상이 [HTO-SANG-I] 원521

불 Peloton de fil, fusée, quantité de fil autour d'un fuseau, fuseau de rouet.

한 작은 실꾸리, 방추 한 개에 감긴 실의 양, 방추 한 개에 감긴 실의 양, 물레의 방추

*토셜ᄒᆞ다 [HTO-SYEL-HĂ-TA] (吐說, (Vomir, parole)) 원521

불 Parler, avouer.

한 말하다, 자백하다

*토셩 [HTO-SYENG,-I] (土城) 원521

불 Remparts en terre, muraille en terre.
한 흙으로 된 성벽, 흙으로 된 큰 벽

*토슈 [HTO-SYOU] (吐手) 원521
불 Bouts de manche, sous-manches, esp. de bracelets, de fausses manches, de manchons d'étoffe qui se portent sur la peau et qui vont du poignet au coude.
한 소매의 말단, 속 소매, 팔찌의, 가짜 소매의, 피부 위에 착용하고 손목에서 팔꿈치까지 이르는 천 토시의 종류

토시 [HTO-SI] (吐手) 원521
불 Bracelets, fausses manches d'étoffe, manchons qui vont du poignet jusqu'au coude sous l'habit.
한 손목에 대는 가죽 밴드, 천으로 된 소매커버, 옷 아래에 팔꿈치에서 손목까지 오는 토시

*토식ᄒᆞ다 [HTO-SIK-HĂ-TA] (討食) 원521
불 Demander encore de la nourriture ; demander de nouveau à boire où à manger ; demander à manger avec importunité.
한 다시 음식을 요구하다 | 마실 것 또는 먹을 것을 다시 요구하다 | 귀찮게 먹을 것을 요구하다

토실토실ᄒᆞ다 [HTO-SIL-HTO-SIL-HĂ-TA] (肥貌) 원521
불 Se dit pour désigner la fraîcheur de visage d'un tout petit enfant très-joli. ‖ Avoir de l'embonpoint (animaux).
한 매우 예쁜 아주 어린 아이의 얼굴에 나타나는 생기를 가리키기 위해 쓴다 | (동물들이) 살집이 좋다

*토심스럽다 [HTO-SIM-SEU-REP-TA,-SEU-RE-OUE, -SEU-RE-ON] (吐心) 원521
불 Se dit de l'amour propre blessé, de la susceptibilité ou de la fierté qui fait que quelqu'un bésite à condescendre aux désirs d'un plus jeune ou moins élevé que soi. ‖ Causer des nausées ; être dégoutant.
한 상처를 입은 자존심, 자존심이 강한 성격, 또는 어떤 사람으로 하여금 자신보다 더 어리거나 덜 높은 사람의 욕구에 응해주기를 망설이게 하는 오만함에 대해 쓴다 | 구역질나게 하다 | 역겹다

*토ᄉᆡᆨ [HTO-SĂIK,-I] (土色) 원521
불 Couleur de la terre.
한 흙색

*토ᄉᆡᆨᄒᆞ다 [HTO-SĂIK-HĂ-TA] (討索) 원521
불 Importuner par ses demandes.
한 자신의 요구로 귀찮게 굴다

토악질 [HTO-AK-TJIL,-I] (吐) 원516
불 Vomissement ; vomir.
한 구토 | 토하다

*토역 [HTO-YEK,-I] (土役) 원516
불 Travail à la terre : bâtir avec de la boue, crépir avec de la boue, employer de la boue pour faire une chose.
한 땅에서 하는 일 | 진흙으로 건축하다, 진흙으로 초벽을 바르다, 어떤 것을 만들기 위해 진흙을 사용하다

*토우 [HTO-OU] (土雨) 원517
불 Pluie de terre, de boue.
한 흙의, 진흙의 비

*토음 [HTO-EUM,-I] (土音) 원516
불 Patois, langage particulier d'un lieu.
한 방언, 지역의 특정 언어

*토장 [HTO-TJANG,-I] (土醬) 원521
불 Résidu de la préparation de la saumure ; lie, marc composé du reste des haricots.
한 소금물의 가공에서 나온 찌꺼기 | 강낭콩 찌꺼기로 구성된 지게미, 찌꺼기

*토졍ᄒᆞ다 [HTO-TJYENG-HĂ-TA] (吐情) 원521
불 Communiquer ses sentiments. Faire des ouvertures de cœur à un ami.
한 자신의 감정을 전하다 | 친구에게 마음을 열다

*토죄ᄒᆞ다 [HTO-TJOI-HĂ-TA] (吐罪) 원521
불 Avouer sa faute. ‖ Reprocher la mauvaise conduite ; faire des reproches sur le déréglement de la vie ; menacer à cause des mauvaises actions.
한 자신의 잘못을 자백하다 | 나쁜 품행을 나무라다 | 생활의 방탕함에 대해 나무라다 | 나쁜 행동 때문에 위협하다

*토쥬관 [HTO-TJYOU-KOAN,-I] (土主官) 원521
불 Propre mandarin.
한 고유의 관리

*토쥬ᄒᆞ다 [HTO-TJYOU-HĂ-TA] (吐酒) 원521
불 S'enivrer et vomir, vomir le vin.
한 취하고 토하다, 술을 토하다

*토진간담ᄒᆞ다 [HTO-TJIN-KAN-TAM-HĂ-TA] (吐盡肝膽) 원521
불 Parler ouvertement, selon sa pensée ; dire tout ce qu'on pense ; s'ouvrir entièrement.
한 숨김없이, 자신의 생각에 따라 말하다 | 생각하는 것을 모두 말하다 | 완전히 터놓다

*토질 [HTO-TJIL,-I] (土疾) 원521

[불] Espèce de maladie qui, dit-on, vient de la terre, de la mauvaise eau ; maladie causée par le 슈토 Syou-hto.
[한] 이른바 흙, 상한 물로부터 생기는 병의 종류 | 슈토 Syou-hto로 인한 병

*토판 [HTO-HPAN,-I] (土板) [원]520
[불] Planche d'imprimerie en terre. ‖ Esplanade en terre.
[한] 흙으로 된 인쇄판 | 흙으로 된 조망대

*토풍 [HTO-HPOUNG,-I] (土風) [원]520
[불] Usage particulier d'un lieu, d'un pays.
[한] 한 지역, 한 고장의 특유한 관습

1*토피 [HTO-HPI] (土皮) [원]520
[불] Peau de la terre, enveloppe de la terre, gazon, verdure, tapis de verdure qui recouvre la terre.
[한] 지표, 흙으로 덮어 가리는 것, 잔디, 초목, 땅을 덮는 녹색의 융단

2*토피 [HTO-HPI] (兎皮) [원]520
[불] Peau de lièvre.
[한] 산토끼 가죽

*토혈 [HTO-HYEL,-I] (吐血) [원]517
[불] Vomissement de sang.
[한] 피를 토함

1*토화 [HTO-HOA] (土話) [원]517
[불] Patois.
[한] 방언

2*토화 [HTO-HOA] (土花) [원]517
[불] Huîtres de banc, de vase.
[한] 긴 의자 모양의, 그릇 모양의 굴

*토ᄒᆞ다 [HTO-HĂ-TA] (吐) [원]517
[불] Vomir, avoir des nausées.
[한] 토하다, 구토가 나다

톡기 [HTOK-KI] (兎) [원]517
[불] Lièvre.
[한] 산토끼

톡비아지다 [HTOK-PI-A-TJI-TA,-TJYE,-TJIN] (尖出) [원]517
[불] Etre proéminent.
[한] 돌출되다

톡이다 [HTOK-I-TA,-YE,-IN] [원]517 ☞ 토기다

톡톡ᄒᆞ다 [HTOK-HTOK-HĂ-TA] [원]517
[불] Dense, serré (se dit des étoffes dont le tissu est très-serré).
[한] 조밀하다, 빽빽하다 (그 조직이 매우 촘촘한 천에 대해 쓴다)

1톱 [HTOP,-I] (鋸) [원]520
[불] Scie.
[한] 톱

2톱 [HTOP,-I] (鉅) [원]520
[불] Ongles (des mains ou des pieds) ; les ongles aux pieds des animaux qui n'ont pas de sabots (v. g. chien, lièvre).
[한] (손이나 발의) 손톱 | 굽이 없는 동물들의 발톱(예. 개, 산토끼)

3톱 [HTOP,-I] [원]520
[불] Franges, fils qui restent à l'extrémité d'une pièce de toile.
[한] 술 장식, 천 조각의 끝단에 남은 실

톱냥 [HTOP-NYANG,-I] (鋸樑) [원]520
[불] Corde de scie qui se serre au moyen d'une cheville ; monture d'une scie.
[한] 쐐기를 이용해서 조이는 톱의 줄 | 톱의 자루

톱다 [HTOP-TA,HTOP-HA,HTOP-HEUN] [원]520
[불] Effiler, amincir, amoindrir pour faire entrer dans un trou.
[한] 날씬하게 하다, 얇게 하다, 구멍에 들어가게 하기 위해 작게 하다

톱톱ᄒᆞ다 [HTOP-HTOP-HĂ-TA] [원]520
[불] Se dit d'un vin fort dans la composition duquel il entre peu d'eau. ‖ Etre d'un très-bon tissu, bien serré.
[한] 물이 별로 들어가지 않는 성분 속의 강한 술에 대해 쓴다 | 매우 잘 짜여있다, 매우 조밀하다

톱밥 [HTOP-PAP,-I] (鋸食) [원]520
[불] Sciure de bois.
[한] 나무 톱밥

톱질 [HTOP-TJIL,-I] [원]520
[불] Supplice du sciage des jambes (au moyen d'une corde qui fait un tour à la jambe, et dont deux hommes tiennent les extrémités).
[한] (다리를 끈으로 한바퀴 돌리고, 두 사람이 양끝을 잡는 방법으로) 다리를 톱으로 자르는 형벌

톱질ᄒᆞ다 [HTOP-TJIL-HĂ-TA] (引鋸) [원]520
[불] Scier.
[한] 톱질하다

톱칼 [HTOP-HKAL,-I] (鋸刀) [원]520
[불] Couteau à scie.
[한] 톱칼

1*톳 [HTOT,-TCHI] [원]521

불 Numéral de 50 feuilles de 짐 Tjim.
한 짐 Tjim 50장을 세는 수사

[2]톳 [HTOT,-TCHI] 원521
불 Une bobine de fil.
한 실패

[3]톳 [HTOT,-TCHI] 원521
불 Liége d'un filet.
한 그물의 코르크 부표

톳기 [HTOT-KI] (兎) 원521
불 Lièvre (lapin).
한 산토끼 (토끼)

톳나무 [HTOT-NA-MOU] 원521
불 Grosse pièce de bois gros pied d'arbre coupé, gros arbre.
한 잘린 나무의 굵은 밑동의 굵은 조각, 굵은 나무

톳드다 [HTOT-TĂ-TA,HTOT-TĂL-A,HTOT-TĂN] 원521
불 Mettre le liége d'un filet, l'attacher au filet.
한 그물의 코르크 부표를 띄우다, 그것을 그물에 묶다

*톳명쥬 [HTOT-MYENG-TJYOU] (土明紬) 원521
불 Très-belle soie, étoffe de bourre de soie.
한 아주 아름다운 명주, 명주 털뭉치의 옷감

[1*]통 [HTONG,-I] (通) 원517
불 En agr. Communiquer, participer.
한 한자어로 통하다, 협력하다

[2*]통 [HTONG,-I] (統) 원517
불 Total, en somme.
한 전체, 요컨대

[3*]통 [HTONG,-I] (桶) 원517
불 Vase en bois, barrique, tonneau, petite boîte ronde, baril.
한 나무로 된 그릇, 큰 통, 술통, 작고 둥근 상자, 통

[4*]통 [HTONG] (痛) 원517
불 En agr. Etre affligé, souffrir.
한 한자어로 괴로워하다, 고통을 겪다

[5*]통 [HTONG,-I] (筒) 원517
불 Numéral des gros paquets d'aiguilles, des paquets d'allumettes, des centaines de queues de blaireau, des pieds d'ail.
한 바늘의 큰 뭉치들, 성냥 뭉치들, 수백 개의 오소리 꼬리, 마늘의 밑동을 세는 수사

*통간ᄒᆞ다 [HTONG-KAN-HĂ-TA] (通奸) 원518
불 Séduire la femme d'un autre ; avoir des rapports secrets avec la femme d'autrui ou avec une fille.
한 다른 사람의 부인을 유혹하다 | 타인의 아내나 처녀와 비밀스러운 관계를 가지다

*통감 [HTONG-KAM,-I] (通鑑) 원518
불 Nom d'un livre qui contient l'histoire des anciens royaumes ; annales du royaume.
한 고대왕국의 역사를 담은 책 이름 | 왕국의 연대기

*통개옥문 [HTONG-KAI-OK-MOUN,-I] (洞開獄門) 원518
불 Amnistie générale, délivrance de tous les prisonniers.
한 일반적인 사면, 모든 죄인의 해방

*통건 [HTONG-KEN,-I] (通巾) 원518
불 Bonnet de chanvre rond, en forme de tuyau de poêle sans fond, que portent les hommes en grand deuil jusqu'à ce que le cadavre du défunt soit mis dans la bière.
한 둥근 삼으로 만든 챙 없는 모자로, 바닥 없는 난로의 연통 모양이며, 정식 상복을 입은 남자가 고인의 시신이 관 속에 놓일 때까지 쓴다

*통경ᄒᆞ다 [HTONG-KYENG-HĂ-TA] (通經) 원518
불 Réciter les prières en commun, ensemble ; faire la prière en commun.
한 공동으로, 함께 기도문을 암송하다 | 공동으로 기도하다

*통고ᄒᆞ다 [HTONG-KO-HĂ-TA] (痛苦) 원518
불 Douleur, affliction, compassion ; souffrir, pâtir. 셩모통고 Syeng-mo-htong-ko, La compassion de la S te Vierge.
한 고통, 고뇌, 동정 | 고통을 느끼다, 괴로워하다 | [용례 셩모통고, Syeng-mo-htong-ko], 성모 마리아의 연민

*통곡ᄒᆞ다 [HTONG-KOK-HĂ-TA] (痛哭) 원518
불 Se lamenter, s'affliger, pleurer avec bruit, avec cris.
한 한탄하다, 몹시 슬퍼하다, 소리내고 고함치며 울다

*통공ᄒᆞ다 [HTONG-KONG-HĂ-TA] (通功) 원518
불 Communication des mérites ; communiquer les mérites ; partager les mérites ; mettre les mérites en commun ; union de bonnes œuvres. 제셩통공 Tjyei syeng htong-kong, La communion des Saints.
한 공적의 발표 | 공적을 알리다 | 공로를 나누다 | 공로를 공동으로 하다 | 좋은 성과의 통합 | [용례 제셩통공, Tjyei syeng htong-kong], 성인들의 교통

*통관 [HTONG-KOAN,-I] (通冠) 원518
불 Bonnet de crin ouvert par le haut.

한 위가 뚫린 말총으로 만든 챙 없는 모자

*통국 [HTONG-KOUK,-I] (通國) 원518

불 Tous les gouvernements, tous les royaumes ; tout le royaume.

한 모든 정부, 모든 왕국 | 왕국 전체

*통금하다 [HTONG-KEUM-HĂ-TA] (統金) 원518

불 Vendre ou acheter en bloc, tout à la fois.

한 도매로, 모두 한꺼번에 팔거나 사다

*통금ᄒᆞ다 [HTONG-KEUM-HĂ-TA] (通禁) 원518

불 Défendre absolument.

한 완전히 금지하다

1*통긔ᄒᆞ다 [HTONG-KEUI-HĂ-TA] (通寄) 원518

불 Transmettre par la parole, dire, faire savoir, communiquer, faire part d'une nouvelle.

한 말로 전하다, 말하다, 알게 하다, 전하다, 소식을 알려주다

2*통긔ᄒᆞ다 [HTONG-KEUI-HĂ-TA] (通氣) 원518

불 Transmettre de l'air, aérer.

한 공기를 옮기다, 환기시키다

*통냥 [HTONG-NYANG,-I] (統輛) 원518

불 Chapeau fait de bambous à gros nœuds, qui, d'ordinaire, se fabrique dans la province de 경샹 Kyeng-syang à 통영 Htong-yeng.

한 보통 경샹 Kyeng-syang에서 통영 Htong-yeng까지의 지방에서 제조되는 큰 매듭이 있는 대나무로 만든 모자

*통노ᄒᆞ다 [HTONG-NO-HĂ-TA] (通路) 원519

불 Communiquer, se fréquenter, se voir ; accessible ; aller de l'un chez l'autre, se visiter mutuellement.

한 소통하다, 교제하다, 서로 만나다 | 쉽게 사귈 수 있다 | 서로의 집에 가다, 상호 방문하다

*통ᄂᆡ외ᄒᆞ다 [HTONG-NĂI-OI-HĂ-TA] (通內外) 원518

불 Homme qui n'est pas parent, mais qui, à cause de ses qualités, de ses relations d'amitié, est admis dans l'intérieur de la maison ; avoir accès dans l'appartement intérieur comme les proches parents.

한 친척이 아니지만, 그의 품성, 우애 관계로 인해, 집안에 들어오는 것이 인정된 사람 | 가까운 친척들처럼 내부 거처에 드나들다

*통달ᄒᆞ다 [HTONG-TAL-HĂ-TA] (通達) 원519

불 Entendement ; pénétrer, connaître, savoir, scruter, bien comprendre, être très-intelligent, perspicace.

한 지적 능력 | 깊이 통찰하다, 알다, 알다, 탐색하다, 잘 이해하다, 매우 똑똑하다, 통찰력이 있다

*통덕낭 [HTONG-TEK-NANG,-I] (通德郞) 원519

불 Fils d'un homme qui a exercé une dignité, titre honorifique, espèce de dignité honorifique.

한 고관직에 종사 하는 사람의 아들, 경칭, 명예 고관직의 종류

*통도ᄉᆞ [HTONG-TO-SĂ] (通道寺) 원519

불 Grande bonzerie, entre Kyeng-syang et Tjyen-ra, où se trouvent beaucoup de livres de Fô.

한 경상도와 전라도 사이에 있는, 부처의 책이 많은 큰 절

통ᄃᆞᆰ [HTONG-TĂLK,-I] (通鷄) 원519

불 Poule entière cuite avec ses plumes, etc… et qu'on sert dans un grand festin ; c'est le nec plus ultra ; aussi dit-on : 통ᄃᆞᆰ으로먹이다 Htong-tălk-eu-ro mek-i-ta, Traiter à la poule entière, en parlant de l'amphitryon qui reçoit bien ses hôtes.

한 큰 연회에서 쓰이는, 깃털 등이 있는 채로 익힌 온전한 닭 | 최고로 좋은 것 | 또 말하기를: [용례 통ᄃᆞᆰ으로먹이다, Htong-tălk-eu-ro mek-i-ta], 자신의 손님들을 잘 접대하는 주인에 대해 말하면서, 암탉을 통째로 가공하다

*통리군ᄌᆞ [HTONG-RI-KOUN-TJĂ] (通理君子) 원519

불 Savant philosophe, qui connaît la raison, le principe de toutes chose. Homme très-sage, très-prudent.

한 모든 것의 이치, 원리를 아는 철학자 | 매우 지혜로운, 매우 신중한 사람

*통리ᄒᆞ다 [HTONG-RI-HĂ-TA] (通理) 원519

불 Perspicace ; qui connaît la raison de toutes choses, le principe de tout ; connaître les sciences naturelles.

한 통찰력이 있다 | 모든 것, 모든 것의 원리를 알다 | 자연과학을 알다

*통마지좌 [HTONG-MA-TJI-TJOI] (通魔之罪) 원518

불 Envoûtement, opération magique qui consiste à percer une figure ou image, dans le dessein de faire souffrir la personne qu'elle représente.

한 저주, 형상이나 그림이 연상시키는 사람을 괴롭힐 의도로 그것을 뚫는 마법의 작업

통멱살 [HTONG-MYEK-SAL,-I] 원518

불 Bas de la gorge, haut de la poitrine, nœud de la gorge, la pomme d'Adam.

한 목 아래, 가슴팍 위, 목의 결절, 목울대

통뫼 [HTONG-MOI] [원]518
[불] Petit monticule près d'une maison.
[한] 집 근처 작은 산

*통문 [HTONG-MOUN,-I] (通文) [원]518
[불] Circulaire, lettre circulaire.
[한] 공문, 회람장

*통발 [HTONG-PAL,-I] (扁) [원]519
[불] Nasse, instrument en osier pour prendre le poisson.
[한] 통발, 물고기를 잡기 위한 버들가지로 만든 도구

1* 통방 [HTONG-PANG,-I] (通房) [원]519
[불] Chambre voisine de celle du mandarin, où couchent les 통인 Htong-in.
[한] 통인 Htong-in들이 자는, 관리의 방의 옆방

2* 통방 [HTONG-PANG,-I] (統方) [원]519
[불] Tout, en somme.
[한] 모두, 요컨대

*통병 [HTONG-PYENG,-I] (統病) [원]519
[불] Amour propre, orgueil propre, vanité, estime de soi-même. ‖ Mauvaise habitude.
[한] 자존심, 고유의 자만심, 자만심, 자만 | 나쁜 습관

*통보 [HTONG-PO] (通寶, (Universel, trésor)) [원]519
[불] Argent monnayé.
[한] 은화

*통부 [HTONG-POU] (通符) [원]519
[불] Plaque en bois que les satellites portent pendue à leur ceinture et qui sert à les faire reconnaître.
[한] 부하들이 자신의 허리띠에 차고 다니고 그들을 알아보게 하는 데 쓰이는 나무로 된 판

*통부ᄒᆞ다 [HTONG-POU-HĂ-TA] (通訃) [원]519
[불] Lettre de faire-part pour la mort de quelqu'un ; donner avis de la mort ; envoyer un billet ou une circulaire annonçant la mort.
[한] 누군가의 죽음에 대한 통지서 | 죽음을 통고하다 | 죽음을 알리는 짧은 편지나 회람장을 보내다

*통분ᄒᆞ다 [HTONG-POUN-HĂ-TA] (痛忿) [원]519
[불] Regrettable, affligeant.
[한] 유감스럽다, 슬프다

*통샹ᄒᆞ다 [HTONG-SYANG-HĂ-TA] (通商) [원]519
[불] Etre en relation de commerce, faire le commerce ensemble.
[한] 거래 관계를 맺고 있다, 함께 교역하다

*통셥ᄒᆞ다 [HTONG-SYEP-HĂ-TA] (通涉) [원]519
[불] Se fréquenter, se voir, communiquer, être en rapport ; accessible ; avoir des rapports avec.
[한] 교제하다, 서로 만나다, 소통하다, 접촉하다 | 만날 수 있다 | 같이 알고 지내다

*통셩명ᄒᆞ다 [HTONG-SYENG-MYENG-HĂ-TA] (通姓名) [원]519
[불] Se demander, se dire ses noms et prénoms (civilité que se font deux hommes qui se rencontrent); se faire connaître mutuellement son nom.
[한] 서로 묻다, 성과 이름을 서로 말하다 (만나는 두 사람이 서로 하는 예의) | 서로 자신의 이름을 알리다

*통셩ᄒᆞ다 [HTONG-SYENG-HĂ-TA] (通姓) [원]519
[불] Demander le nom de famille.
[한] 성을 묻다

*통소 [HTONG-SO] (洞簫) [원]519
[불] Sorte de flûte, flageolet.
[한] 플루트 종류, 프라졸렛

*통솔ᄒᆞ다 [HTONG-SOL-HĂ-TA] (統率) [원]519
[불] Protéger ; présider ; gouverner ; avoir sous sa conduite, sous sa direction.
[한] 보호하다 | 책임을 맡다 | 통치하다 | 자신의 지휘나 지시 아래에 두다

통송곳 [HTONG-SONG-KOT,-SI] (通錐) [원]519
[불] Vrille, perçoir à échancrure qui se dégorge en avançant, vilebrequin.
[한] 덩굴손, 나아가면서 오목하게 뚫리는 송곳, 자루가 굽은 나사송곳

*통수 [HTONG-SOU] (統數) [원]519
[불] Nombre total.
[한] 전체 수

*통슈 [HTONG-SYOU] (統首) [원]519
[불] Surveillant établi sur cinq maisons et qui est responsable de ce qui s'y fait.
[한] 네 채의 집에 대해 정해지고 거기에서 이루어지는 일에 대해 책임이 있는 감시인

통슈간 [HTONG-SYOU-KKAN,-I] (厠間) [원]519
[불] Latrines.
[한] 변소

1* 통신ᄒᆞ다 [HTONG-SIN-HĂ-TA] (通信) [원]519
[불] Etre en rapports par lettres, communiquer par lettres. ‖ Se fréquenter, se voir, communiquer, être en rapport, avoir des rapports avec.
[한] 편지로 교섭하다, 편지로 소통하다 | 교제하다, 서로 만나다, 소통하다, 상관이 있다, ~와 관계가 있다

[2]*통신ᄒᆞ다 [HTONG-SIN-HĂ-TA] (通神) [원]519
[불] Etre en rapport avec le diable, être sorcier.
[한] 악마와 관계가 있다, 마법사다

*통심졍ᄒᆞ다 [HTONG-SIM-TJYENG-HĂ-TA] (通心情) [원]519
[불] Se communiquer ses sentiments, ses pensées ; n'avoir rien de caché l'un pour l'autre ; confier ; faire une confidence ; confier sa pensée.
[한] 자신의 감정, 자신의 생각을 교환하다 | 서로 아무것도 감추지 않다 | 토로하다 | 속내 이야기를 하다 | 자신의 생각을 토로하다

*통ᄉᆞ [HTONG-SĂ] (通辭) [원]519
[불] Interprète, traducteur, entremetteur, truchement (de condition inférieure au 역관 Yek-koan).
[한] 통역자, 번역자, 중개인, (역관 Yek-koan보다 낮은 신분의) 통역

*통영 [HTONG-YENG,-I] (統營) [원]518
[불] Nom d'une place forte au sud, sur le bord de la mer, et qui est la tête, la citadelle des trois provinces du sud ; résidence du grand général en Kyeng-syang-to.
[한] 바닷가의, 남쪽 두 개의 지방의 우두머리, 성채인 남쪽 진지의 이름 | 경상도에 있는 대단한 장군의 거주지

*통용ᄒᆞ다 [HTONG-YONG-HĂ-TA] (通用) [원]518
[불] Public ; commun ; qui est au public ; qui appartient à la communauté ; user en commun ; mettre en commun.
[한] 공공연하다 | 공통되다 | 일반인에게 개방되다 | 공동체에 속하다 | 공통으로 사용하다 | 공용으로 두다

*통인 [HTONG-IN,-I] (通引) [원]518
[불] Enfant de prétorien qui est auprès du mandarin pour le servir ; page, enfant serviteur du mandarin.
[한] 관리를 보좌하기 위해 그 곁에 있는 친위병의 아이 | 시동, 관리의 하인 아이

*통인졍ᄒᆞ다 [HTONG-IN-TJYENG-HĂ-TA] (通人情) [원]518
[불] Charitable, humain, compatissant ; sympathie ; sympathiser.
[한] 자비롭다, 인간적이다, 관대하다 | 호감 | 공감하다

*통일텬하 [HTONG-IL-HTYEN-HA] (統一天下) [원]518
[불] Etre universel ; renfermer tout le monde sous un seul gouvernement.
[한] 보편적이다 | 단 하나의 정부 아래 모든 사람을 거두다

*통일ᄒᆞ다 [HTONG-IL-HĂ-TA] (統一) [원]518
[불] Réunir en un seul ; annexer plusieurs petits Etats pour n'en faire qu'un ; réunir plusieurs royaumes en un seul.
[한] 단 하나로 통일하다 | 하나로만 만들기 위해서 여러 작은 국가들을 합병하다 | 여러 왕국들을 단하나로 통합하다

*통졀이 [HTONG-TJYEL-I] (痛切) [원]520
[불] Fervemment.
[한] 열심히

*통졀ᄒᆞ다 [HTONG-TJYEL-HĂ-TA] (痛切) [원]520
[불] Très-fervent, très-ardent, de tout son cœur. ‖ Regrettable.
[한] 매우 열렬하다, 매우 정열적이다, 온 마음으로 | 유감스럽다

*통졍ᄒᆞ다 [HTONG-TJYENG-HĂ-TA] (通情) [원]520
[불] Sympathie : se communiquer ses sentiments et ses pensées.
[한] 호감: 감정과 생각을 교환하다

*통제ᄉᆞ [HTONG-TJYEI-SĂ] (統制使) [원]519
[불] Général qui, à 통영 Htong-yeng, commande aux soldats des trois provinces du sud.
[한] 통영 Htong-yeng에서 남쪽 두 개 지방의 군인들을 지휘하는 장군

[1]통줄 [HTONG-TJOUL,-I] (圓鐵) [원]520
[불] Lime ronde.
[한] 둥근 줄

[2]통줄 [HTONG-TJOUL,-I] [원]520
[불] Genre de supplice par lequel on fait plier les os des jambes. (Les jambes étant attachées solidement à la cheville du pied, et séparées par un gros morceau de bois de cinq pouces d'épaisseur, qui est interposé à la hauteur du mollet, deux exécuteurs tirent, en sens contraire, des cordes attachées au-dessus des genoux, rapprochant ceux-ci peu à peu jusqu'à les faire joindre).
[한] 다리뼈를 꺾는 형벌의 한 종류 | (다리를 접어 발목과 단단히 묶고, 5푸스 두께의 큰 나무 조각을 종아리에 끼워 놓고 벌려서 무릎이 서로 가까워지면서 맞닿게 될 때까지 두 명의 집행관이 무릎 위를 묶은 밧줄을 반대 방향으로 당긴다)

*통창ᄒᆞ다 [HTONG-TCHANG-HĂ-TA] (通暢) [원]520
[불] Clair, évident ; qui perçoit aisément. ‖ Etre à son aise, être bien aise, être bien content.

한 맑다, 명확하다 | 편하게 느끼다 | 마음이 편하다, 매우 만족스럽다, 매우 만족하다

*통쳥ᄒᆞ다 [HTONG-TCHYENG-HĂ-TA] (統靑) 원520

불 Etre tout bleu ou tout vert.

한 아주 파랗고 아주 초록색이다

*통쵹ᄒᆞ다 [HTONG-TCHOK-HĂ-TA] (洞燭) 원520

불 Voir et penser, examiner, réfléchir, examiner à fond.

한 보고 생각하다, 검토하다, 숙고하다, 철저히 심의하다

*통칭 [HTONG-TCHING,-I] (統稱) 원520

불 Tout, en général. ‖ Sujet des conversations de tout le monde.

한 모두, 일반적으로 | 모든 사람의 대화 주제

*통텬관 [HTONG-HTYEN-KOAN,-I] (通天冠) 원519

불 Bonnet rond ou en forme de cône tronqué ouvert au sommet, que porte le roi ; espèce de couronne du roi.

한 왕이 쓰는, 위가 열리는 원뿔형의 둥글고 챙이 없는 모자 | 왕관의 종류

*통텬하 [HTONG-HTYEN-HA] (統天下) 원519

불 Tout l'univers.

한 전 세계

*통텰 [HTONG-HTYEL,-I] (通鐵) 원519

불 Fer qui sert à percer les bambous des tuyaux de pipe, long perçoir.

한 담뱃대의 대나무를 뚫는 데 쓰는 철제품, 긴 송곳

통통거롬 [HTONG-HTONG-KE-RĂM,-I] (疾步) 원519

불 Marche précipitée ; marcher vite.

한 급한 걸음걸이 | 빨리 걷다

통통ᄒᆞ다 [HTONG-HTONG-HĂ-TA] (穩貌) 원519

불 Etre gras, bien engraissé (v. g. une poule).

한 뚱뚱하다, 많이 살찌다 (예. 암탉)

*통투ᄒᆞ다 [HTONG-HTOU-HĂ-TA] (通透) 원519

불 Pénétrer : embrasser, comprendre.

한 깊이 통찰하다 | 전체적으로 파악하다, 이해하다

*통포 [HTONG-HPO] (通浦) 원519

불 Changer le lit, la place d'un canal (qui gêne pour la culture), en faire passer les eaux ailleurs.

한 물을 다른 곳으로 지나가게 하여 물길, (농사를 방해하는) 수로의 자리를 바꾸다

*통합ᄒᆞ다 [HTONG-HAP-HĂ-TA] (統合) 원518

불 Réunir en un seul tout, mêler.

한 단 하나의 전체로 통일하다, 섞다

*통혈 [HTONG-HYEL,-I] (通穴) 원518

불 Trou pour laisser circuler l'air, soupirail, trou percé d'outre en outre.

한 공기가 통하도록 두기 위한 구멍, 채광 환기창, 관통하여 뚫린 구멍

*통혼ᄒᆞ다 [HTONG-HON-HĂ-TA] (通婚) 원518

불 Demander en mariage, faire la proposition de mariage, préparer un mariage.

한 청혼하다, 결혼 제안을 하다, 결혼을 준비하다

*통화식ᄒᆞ다 [HTONG-HOA-SĂIK-HĂ-TA] (通貨色, (Partager, richesses, femmes)) 원518

불 Mettre en commun les biens et les femmes. (Injure que les païens grossiers adressent aux chrétiens).

한 부와 여자를 함께 두다 | (무지한 이교도들이 기독교인들에게 던지는 욕설)

*통회 [HTŌNG-HOI] (痛悔) 원518

불 Douleur et repentir, contrition, componction.

한 고통과 회개, 회개, 회한

통회ᄒᆞ다 [HTONG-HOI-HĂ-TA] (痛悔) 원518

불 (V. act., gouv. l'accus.). Détester, se repentir. 내죄과를통회ᄒᆞ고 Nai tjoi-koa-răl htong-hoi-hă-ko, Je me repens de mes péchés, je déteste mes péchés.

한 (능동형 동사, 대격을 지배한다) | 싫어하다, 뉘우치다 | [용례 내죄과를통회ᄒᆞ고, Nai tjoi-koa-răl htong-hoi-hă-ko], 내 죄를 뉘우친다, 내 죄를 싫어한다

*통ᄒᆞ다 [HTONG-HĂ-TA] (通) 원518

불 Transmettre par la parole, dire, faire savoir, divulguer, communiquer. accessible. faire avoir part, échanger.

한 말로 전하다, 말하다, 알게 하다, 폭로하다, 소통하다 | 접근 가능하다 | 관여하게 하다, 교환하다

*통ᄒᆡᆼ규구 [HTONG-HĂING-KYOU-KOU] (通行規矩) 원518

불 Loi générale ; publique, commune, qui regarde tout le monde(sans exception); usage général.

한 일반의, 공중의, 공동의, (예외 없이) 모든 사람과 관계되는 법규 | 통례

퇴 [HTOI] (利) 원516

불 Avantage, bénéfice, gain, profit.

한 유리한 조건, 이익, 이득, 득

퇴내다 [HTOI-NAI-TA,-NAI-YE,-NAIN] (出退) 원517

불 Etre assouvi, en avoir pris à satiété. ‖ Faire un grand

bénéfice ; réussir ; avoir un grand avantage.
한 충족되다, 실컷 가졌다 | 큰 이익을 보다 | 성공하다 | 크게 우위에 있다

*퇴락ᄒᆞ다 [HTOI-RAK-HĂ-TA] (頹落) 원517
불 Etre ruiné, à bout ; tomber en ruine ; être délabré.
한 끝까지 파괴되다 | 폐허가 되다 | 황폐하다

*퇴령ᄒᆞ다 [HTOI-RYENG-HĂ-TA] (退令) 원517
불 Congédier ses serviteurs, les employés ; renvoyer les satellites, les valets chez eux, (chaque soir le mandarin les renvoie ainsi lorsqu'on n'a plus besoin d'eux). ‖ Révoquer un ordre.
한 하인들, 고용인들을 해고하다 | 부하들, 하인들을 집으로 돌려보내다 (매일 저녁, 관리는 더 이상 그들이 필요하지 않을 때 이렇게 그들을 돌려보낸다) | 명령을 취소하다

*퇴리 [HTOI-RI] (退吏) 원517
불 Prétorien sans emploi, retiré, mis en disponibilité, c. a. d. qui ne peut plus remplir d'office.
한 직무가 없는, 은퇴한, 휴직 중인, 즉 더 이상 직무를 수행할 수 없는 친위병

퇴마루 [HTOI-MA-ROU] (廡抹樓) 원517
불 Petit balcon ou plancher devant la porte, devant la maison.
한 문 앞, 집 앞에 있는 작은 발코니나 마루

*퇴물 [HTOI-MOUL,-I] (退物) 원517
불 Reste d'un autre, objet qui a déjà servi à un autre. ‖ Chose refusée, qui n'a pas trouvé d'acheteurs. ‖ Reste d'un sacrifice.
한 다른 사람의 흔적, 이미 다른 사람이 쓴 물건 | 구매자를 찾지 못한, 인수되지 못한 것 | 제사의 흔적

퇴박맛다 [HTOI-PAK-MAT-TA,-MAT-TJYE,-MAT-TJIN] (退薄) 원517
불 Recevoir son congé pour cause d'incompétence ; être refusé, rejeté ; éprouver un refus.
한 무능함을 이유로 사임을 받아들이다 | 거부되다, 거절되다 | 거절을 당하다

*퇴상ᄒᆞ다 [HTOI-SANG-HĂ-TA] (退床) 원517
불 Desservir, emporter la table après le repas.
한 [역주 식탁을] 치우다, 식사 후 식탁을 치우다

*퇴샹ᄒᆞ다 [HTOI-SYANG-HĂ-TA] (退霜) 원517
불 Retard de la gelée ; gelée qui ne vient pas au temps marqué sur le calendrier.
한 서리의 지연, 달력에 표시된 시기에 오지 않는 서리

*퇴셔ᄒᆞ다 [HTOI-SYE-HĂ-TA] (退暑) 원517
불 La chaleur passer, se passer, cesser.
한 더위가 지나가다, 끝나다, 멈추다

*퇴쇽 [HTOI-SYOK,-I] (退俗) 원517
불 Bonze rentré dans le siècle et qui vit en ménage comme tout le monde; retourner dans le siècle.
한 속세로 돌아가 모든 사람처럼 살림 사는 승려 | 속세로 돌아가다

*퇴숑ᄒᆞ다 [HTOI-SYONG-HĂ-TA] (退送) 원517
불 Refuser, renvoyer, faire reporter (une chose offerte qu'on ne reçoit pas) ; refuser de recevoir une plainte (mandarin).
한 거절하다, 돌려보내다, (제공되었지만 받지 않는 물건을) 도로 가져가게 하다 | (관리가) 하소연을 받는 것을 거절하다

*퇴졍ᄒᆞ다 [HTOI-TJYENG-HĂ-TA] (退定) 원517
불 Retarder le jour (v. g. départ), différer, remettre à un peu plus tard.
한 (예. 도착) 날짜를 늦추다, 조금 늦도록 미루다, 연기하다

*퇴진ᄒᆞ다 [HTOI-TJIN-HĂ-TA] (退陣) 원517
불 Congédier les soldats après un exercice ; ramener l'armée ; battre en retraite.
한 훈련 후에 군인들을 돌려보내다 | 군대를 데려오다 | 후퇴하다

*퇴촌ᄒᆞ다 [HTOI-TCHON-HĂ-TA] (退村) 원517
불 Quitter la ville pour aller habiter la campagne, les villages. ‖ Retourner des montagnes dans la plaine.
한 시골, 촌락에 살러 가기 위해 도시를 떠나다 | 산들을 벌판에 뒤엎다

*퇴튝ᄒᆞ다 [HTOI-TCHYOUK-HĂ-TA] (退蹙) 원517
불 Mouvement rétrograde, recul, retour d'un objet plus au moins élastique qui rencontre un obstacle, répercussion, réfléchissement.
한 역행, 후퇴, 장애물을 만나는 다소 탄력적인 물건의 복귀, 반동, 반사

*퇴침 [HTOI-TCHIM,-I] (椎枕) 원517
불 Oreiller, chevet en forme de petite boîte avec un tiroir.
한 베개, 서랍이 있는 작은 상자 모양의 긴 베개

*퇴판 [HTOI-HPAN,-I] (退板) 원517
불 Grand gain, bénéfice, profit.
한 큰 승리, 이득, 이점

ㅌ

*퇴픽ᄒᆞ다 [HTOI-HPĂI-HĂ-TA] (頹敗) [원]517
[불] Tomber en ruine.
[한] 폐허가 되다

*퇴한ᄒᆞ다 [HTOI-HAN-HĂ-TA] (退限) [원]516
[불] Reculer le terme, le temps fixé ; gagner du temps ; différer l'époque fixée d'abord.
[한] 기한, 정해진 기간을 뒤로 미루다 | 시간을 벌다 | 먼저 정해진 기간을 연기하다

*퇴혼ᄒᆞ다 [HTOI-HON-HĂ-TA] (退婚) [원]517
[불] Refuser une offre de mariage, rompre un mariage.
[한] 청혼을 거절하다, 결혼을 깨다

*퇴환ᄒᆞ다 [HTOI-HOAN-HĂ-TA] (退還) [원]516
[불] Refuser (une chose), racheter une chose vendue, refuser de payer une somme sur billet de change.
[한] (물건을) 인수하지 않다, 판 물건을 다시 사다, 환전지폐의 금액을 지불하는 것을 거절하다

*퇴ᄒᆞ다 [HTOI-HĂ-TA] (退) [원]516
[불] Refuser (une chose offerte), ne pas accepter, repousser.
[한] (제공된 물건을) 인수하지 않다, 받지 않다, 밀어내다

툐헌 [HIYO-HEN,-I] [원]607 ☞ 쵸헌

투구 [HTOU-KOU] (冑) [원]522
[불] Casque(en fer des soldats).
[한] (군인들의 철로 만든) 투구

*투긔ᄒᆞ다 [HTOU-KEUI-HA-TA] (妬忌) [원]521
[불] Envie, jalousie ; être envieux, fâché du bien d'autrui.
[한] 부러움, 질투 | 다른 사람의 재산에 대해 부러워하다, 유감스럽게 생각하다

투덕투덕 [HTOU-TEK-HTOU-TEK] [원]522
[불] Exprime un bruit sourd de coups répétés ; désigne le bruit du fléau tombant sur le blé.
[한] 반복된 타격의 둔탁한 소리를 표현한다 | 곡식 위에 떨어지는 도리깨 소리를 가리킨다

투덜투덜ᄒᆞ다 [HTOU-TEL-HTOU-TEL-HĂ-TA] (不好言) [원]522
[불] Murmurer en secret, entre les dents ; bougonner.
[한] 비밀리에, 입 안에서 어물어물 불평하다 | 투덜대다

*투도ᄒᆞ다 [HTOU-TO-HĂ-TA] (偸盜) [원]522
[불] Vol ; voler, dérober.
[한] 도둑질 | 훔치다, 슬쩍하다

1*투득ᄒᆞ다 [HTOU-TEUK-HĂ-TA] (透得) [원]522
[불] Connaître la raison première, le motif, le mécanisme, la cause(d'un effet).
[한] 첫 번째 원리, 동기, 구조, (결과에 대한) 원인을 알다

2*투득ᄒᆞ다 [HTOU-TEUK-HĂ-TA] (偸得) [원]522
[불] Voler, chiper.
[한] 훔치다, 가로채다

투미ᄒᆞ다 [HTOU-MI-HĂ-TA] (鈍迷) [원]522
[불] Inintelligent, sans esprit.
[한] 우둔하다, 재치가 없다

투셔간 [HTOU-SYE-KKAN,-I] (飮食廳) [원]522
[불] Cuisine de navire, cuisine sur les bâtiments.
[한] 선박의 주방, 건물들 위에서의 주방

투셔치다 [HTOU-SYE-TCHI-TA,-TCHYE,-TCHIN] (打圖書) [원]522
[불] Cachet particulier, sceau particulier. poser son cachet.
[한] 개인의 도장, 개인의 도장 | 자신의 도장을 찍다

*투식ᄒᆞ다 [HTOU-SIK-HĂ-TA] (偸食) [원]522
[불] Voler pour manger en secret, voler le repas d'un autre.
[한] 몰래 먹기 위해 훔치다, 다른 사람의 음식을 훔치다

*투심 [HTOU-SIM,-I] (妬心) [원]522
[불] Cœur envieux, jaloux ; envie basse et jalousie basse.
[한] 부러워하는, 질투하는 마음 | 저급한 부러움과 저급한 질투

*투장ᄒᆞ다 [HTOU-TJANG-HĂ-TA] (偸葬) [원]522
[불] Voler un tombeau ; enterrer secrètement sur la montagne où se trouvent les tombeaux d'un autre.
[한] 묘를 훔치다 | 다른 사람의 묘들이 있는 산에 몰래 매장하다

*투재ᄒᆞ다 [HTOU-TJAI-HĂ-TA] (投齋) [원]522
[불] Présenter ses respects au général (un nouveau soldat). ‖ Désigner une chambre, un appartement à un homme que le mandarin vient de faire prendre pour en faire un chef de canton.
[한] (새로운 군인이) 장군에게 경의를 표하다 | 관리가 방금 구역의 우두머리로 삼은 사람에게 방, 거처를 지정하다

투쟉ᄒᆞ다 [HTOU-TJYAK-HĂ-TA] (偸斫) [원]522
[불] Couper du bois dans une forêt dont le propriétaire s'est réservé la coupe : voler du bois, couper et emporter le bois.
[한] 주인이 벌목을 자신을 위해 남겨둔 숲에서 나무를 베다 : 나무를 훔치다, 나무를 잘라 들고 가다

*투젼 [HTOU-TJYEN,-I] (鬪牋) [원]522
[불] Sorte de jeu de cartes ; jeu de hasard (esp. de brelan) ; cartes à jouer.
[한] 카드놀이의 종류 | 도박(트럼프의 종류) | 놀이용 카드

*투졍ᄒᆞ다 [HTOU-TJYENG-HĂ-TA] (偷情) [원]522
[불] Demander davantage, demander un surcroît.
[한] 더 많이 요구하다, 가중을 요구하다

*투죡ᄒᆞ다 [HTOU-TJYOK-HĂ-TA] (投足) [원]522
[불] Mettre les pieds chez quelqu'un, aller visiter quelqu'un, aller.
[한] 누군가의 집에 발을 놓다, 누군가를 방문하러 가다, 가다

1*투쳘ᄒᆞ다 [HTOU-TCHYEL-HĂ-TA] (透徹) [원]522
[불] Pénétrer (feu, le fer), imbiber (v.g. eau, une éponge).
[한] (불, 철이) 안으로 깊숙이 들어가다, (예. 물이, 스폰지를) 적시다

2*투쳘ᄒᆞ다 [HTOU-TCHYEL-HĂ-TA] (偷撤) [원]522
[불] Voler, friponner.
[한] 훔치다, 교묘히 훔치다

*투향ᄒᆞ다 [HTOU-HYANG-HĂ-TA] (投鄕) [원]521
[불] Aller se faire inscrire sur la liste des sectateurs, des adeptes de confuclus. || Déroger : se dit d'un bon noble qui accepte une place d'adjoint ou de mandarin.
[한] 공자의 신봉자들, 추종자들의 명단에 등록하러 가다 | [[역주] 지위·신분 따위에] 어울리지 않다 | 보좌관이나 관리의 자리를 받아들이는 좋은 귀족에 대해 쓴다

툭 [HTOUK] [원]521
[불] Bruit d'un objet qui tombe.
[한] 떨어지는 물체의 소리

툭기 [HTOUK-KI] (兎) [원]522
[불] Grand lièvre. (Prov.).
[한] 큰 산토끼 | (지역어)

툭던지다 [HTOUK-TEN-TJI-TA,-TJYE,-TJIN] (抛擲) [원]522
[불] Jeter avec bruit.
[한] 소리 내어 던지다

툭박이 [HTOUK-PAK-I] (器名) [원]522
[불] Petit vase en terre, écuelle de terre.
[한] 흙으로 만든 작은 그릇, 흙으로 만든 사발

툭슈리 [HTOUK-SYOU-RI] [원]522 ☞툭박이

툭이다 [HTOUK-I-TA,HTOUK-YE,HTOUK-IN] (逐聲) [원]521
[불] Fouiller, fureter, chercher en poussant des cris pour trouver un animal, un homme ; faire lever (le gibier) ; battre le bois.
[한] 파다, 꼬치꼬치 캐다, 동물, 사람을 찾기 위해 소리를 지르며 찾다 | (사냥감을) 유인하다 | 나무를 치다

툭툭 [HTOUK-HTOUK] [원]522
[불] Bruit d'un choc rude, de coups de hache, de bâton, etc. = 치다 tchi-ta, = 박다 - pak-ta, Choquer, heurter fortement.
[한] 혹독한 충격, 도끼, 방망이 등의 타격 소리 | [[용례] = 치다, - tchi-ta], [[용례] = 박다, - pak-ta], 타격을 주다, 강하게 부딪치다

툭툭ᄒᆞ다 [HTOUK-HTOUK-HĂ-TA] [원]522
[불] Epais (toile, étoffe) ; être d'un bon tissu.
[한] (베, 직물) 두껍다 | 잘 짜이다

툴툴ᄒᆞ다 [HTOUL-HTOUL-HĂ-TA] [원]522
[불] Pleurnichement d'un enfant. || Rendre un son fêlé.
[한] 아기의 훌쩍거림 | 갈라지는 소리를 내다

툽샹스럽다 [HTOUP-SYANG-SEU-REP-TA,-SEU-RE-OUE,-SEU-RE-ON] [원]522
[불] Sale, qui n'est pas nettoyé. || Etre lourd, stupide, grossier.
[한] 더럽다, 청소가 되지 않다 | 아둔하다, 우둔하다, 상스럽다

퉁 [HTOUNG,-I] (鍮) [원]522
[불] Sorte de métal rouge semblable au cuivre, esp. de laiton.
[한] 구리와 비슷한 붉은 금속의 종류, 놋쇠의 종류

퉁노구 [HTOUNG-NO-KOU] (鍮鼎) [원]522
[불] Esp. de chaudière, de casserole en 퉁 Htoung.
[한] 퉁 Htoung으로 만든 가마솥, 냄비의 종류

퉁뎜 [HTOUNG-TYEM,-I] (鍮店) [원]522
[불] Fabrique, fonderie, forge où l'on extrait et l'on prépare le 퉁 Htoung.
[한] 퉁 Htoung을 추출하고 마련하는 제조소, 제련소, 제철소

퉁방울 [HTOUNG-PANG-OUL,-I] (鍮鈴) [원]522
[불] Cellule, nid d'un petit insecte collé solidement sur le tronc des arbres et où il se tient seul renfermé.
[한] 나무의 몸체에 단단히 붙어 그 안에 혼자 들어가 있는 작은 곤충의 작은 방, 둥지

퉁부쳐 [HTOUNG-POU-TCHYE] (鍮佛) [원]522
[불] Statue de Fô en 퉁 Htoung.
[한] 퉁 Htoung으로 만든 부처의 상

퉁비 [HTOUNG-PI] (鍮碑) [원]522

불 Inscription en 퉁 Htoung, sur le 퉁 Htoung.
한 퉁 Htoung으로 만든, 퉁 Htoung 위에 쓴 글씨

1 퉁속 [HTOUNG-SOK,-I] 원522
불 La pensée, les projets, la fin de l'affaire.
한 일의 구상, 계획, 결말

2 퉁속 [HTOUNG-SOK,-I] 원522
불 Du même genre, de même clique.
한 같은 종류의, 같은 패거리의

퉁쇼 [HTOUNG-SYO] (洞簫) 원522
불 Sorte de flûte.
한 플룻의 종류

퉁ᄯᅡᆫ [HTOUNG-TTĂN,-I] (賊) 원522
불 Sorte de soldats, voleurs devenus valets des satellites, de basse condition et sans famille.
한 군인들의 종류, 낮은 신분이며 가족도 없이, 부하들의 하인이 된 도둑들

퉁쏘이다 [HTOUNG-SSO-I-TA,-SSO-YE,-SSO-IN] 원522
불 Recevoir son sac, être congédié. ‖ Etre fortement réprimandé.
한 자신의 자루를 받다, 해고되다 | 강하게 질책을 당하다

퉁어리 [HTOUNG-E-RI] 원522
불 Reproche, opposition (de celui qui trouve qu'un autre ne fait pas bien); vive réprimande, avec colère.(popul.).
한 (다른 사람이 잘하지 않는다고 생각하는 사람의) 비난, 적대 | 호된 질책, 화를 내며 | (속어)

퉁퉁 [HTOUNG-HTOUNG] 원522
불 Bruit de pas lourds, d'un coup de fusil. = ᄒᆞ다-hă-ta, = 울니다 - oul-ni-ta, Faire pouf ; retentir comme un coup de fusil.
한 무거운 발걸음, 총의 발사 소리 | [용례 = ᄒᆞ다, - hă-ta], [용례 = 울니다, - oul-ni-ta], 쿵 소리를 내다 | 총성처럼 울리다

1 퉁퉁이 [HTOUNG-HTOUNG-I] 원522
불 Sorte d'herbe potagère.
한 식용 풀의 종류

2 퉁퉁이 [HTOUNG-HTOUNG-I] (肥大貌) 원522
불 Ventru, gros, enflé.
한 배가 나온 사람, 뚱뚱한 사람, 바보

퉁퉁ᄒᆞ다 [HTOUNG-HTOUNG-HĂ-TA] 원522
불 Gros, enflé, tendu (le ventre après avoir beaucoup mangé). ‖ Rustre, lourdaud.
한 뚱뚱하다, 부풀다, (많이 먹고 난 후의 배) 내밀다 | 거칠다, 서툴다

튀곽 [HTOUI-KOAK,-I] (炙藿) 원521
불 Espèce de mets d'herbe marine, de goëmon grillé, c'est le 다스마 Ta-seu-ma huilé et grillé
한 해초, 석쇠에 구운 해초로 만든 요리의 종류, 기름을 바르고 석쇠에 구운 다스마 Ta-seu-ma이다

튀다 [HTOUI-TA,HTOUI-YE,HTOUIN] 원521
불 Crever avec bruit (v. g. châtaigne dans le feu), péter, pétiller, craquer. ‖ Jaillir, rejaillir.
한 (예. 불 속의 밤) 소리 내며 터지다, 방귀를 뀌다, 탁탁 튀다, 딱 하는 소리를 내다 | 분출하다, 튀다

*튀탁ᄒᆞ다 [HTYOUI-HTAK-HĂ-TA] (推托) 원522
불 Prétexte ; prétexter.
한 구실 | 핑계를 대다

1 트다 [HTEU-TA,HTEUL-E,HTEUN] 원516
불 Sortir un peu ; commencer à paraître, à apparaître (pointe d'un clou ; germe d'une graine ; l'orient, lorsque le soleil est sur le point de se lever). ‖ Trouer, faire une ouverture.
한 약간 나오다 | 나타나기, 보이기 시작하다 (못의 끝, 종자의 싹 | 동쪽 하늘, 해가 막 뜨려고 할 때) | 구멍을 뚫다, 입구를 만들다

2 트다 [HTEU-TA,HTE,HTEUN] 원516
불 Tourner, faire tourner. ‖ Mettre de travers. ‖ Se gercer, être gercé.
한 돌리다, 돌게 하다 | 비스듬히 두다 | 갈라지다, 금이 가다

트러지다 [HTEU-RE-TJI-TA,-TJYE,-TJIN] (歪) 원516
불 Etre de travers, mis de travers ; ne pas cadrer ; ne pas s'ajuster.
한 비스듬하다, 비스듬이 놓이다 | 일치하지 않다 | 부합하지 않다

트렷ᄒᆞ다 [HTEU-RYET-HĂ-TA] 원516
불 Avoir une digestion pénible ; être oppressé ; être bouché, suffoqué (se dit de la poitrine d'un homme qui, ayant trop mangé, ressent une oppression à cause de la nourriture qui ne descend pas).
한 소화불량으로 고통스럽다 | 가슴이 답답하다 | 막히다, 숨 막히다 (너무 많이 먹어서, 내려가지 않는 음식 때문에 숨 막힘을 느끼는 사람의 가슴에 대해 쓴다)

트림ᄒᆞ다 [HTĒŪ-RIM-HĂ-TA] 원516
불 Roter, faire un rot ; rot, vent qui sort avec bruit de l'estomac par la bouche ; rapport, avoir des rapports.
한 트림하다, 트림하다 | 트림, 위장의 소리와 함께

입으로 나오는 바람 | 관계, 관계가 있다

트셕트셕 [HTEU-SYEK-HTEU-SYEK] [원]516

[불] Désigne l'état d'une chose sans force qui s'en va en poussière (mur, etc.) ; se détériorer, se dégravoyer. ‖ Etre rude, inégal, raboteux.

[한] 산산이 부서지는 힘없는 물건의 상태를 가리킨다(벽 등) | 손상되다, 기초가 드러나다 | 투박하다, 불균등하다, 울퉁불퉁하다

트이다 [HTEU-I-TA,HTEU-YE,HTEU-IN] [원]515

[불] Faire sortir, faire germer. (De 트다 Hteu-ta).

[한] 나오게 하다, 싹트게 하다 | (트다 Hteu-ta에서)

트젹타젹 [HTEU-TJYEK-HTA-TJYEK] (不和) [원]516

[불] Désigne l'état de deux personnes qui ne sont pas d'accord.

[한] 일치하지 않는 두 사람의 상태를 가리킨다

트젹트젹 [HTEU-TJYEK-HTEU-TJYEK] [원]516

[불] Désigne l'état de deux personnes qui, sans se disputer, ne sont pas d'accord. ‖ Etre raboteux, inégal.

[한] 서로 말다툼은 하지 않고, 의견이 일치하지 않는 두 사람의 상태를 가리킨다 | 울퉁불퉁하다, 불균등하다

트집나다 [HTEU-TJIP-NA-TA,-NA,-NAN] (隙出) [원]516

[불] Dévier, se tordre, se contourner (chapeau), se gauchir. ‖ Se fendre, se diviser. ‖ Se quereller, être en discorde.

[한] 똑바르지 않다, 뒤틀어지다, 뒤틀어지다(모자), 비틀리다 | 갈라지다, 분할되다 | 서로 싸우다, 불화하다

*특 [HTEUK,-I] (特) [원]515

[불] En agr. Spécial.

[한] 한자어로 특별하다

*특교 [HTEUK-KYO] (特教) [원]515

[불] Ordre spécial, instruction spéciale.

[한] 특별한 명령, 특별한 지시

*특뎨 [HTEUK-TYEI] (特題) [원]515

[불] Réponse claire, nette et précise que le mandarin écrit au bas d'une pétition ; réponse ou décision très-favorable du roi ou des mandarins.

[한] 관리가 청원서의 하단에 쓰는 명확한, 분명하며 정확한 대답 | 왕이나 관리들의 매우 호의적인 대답이나 결정

*특망 [HTEUK-MANG,-I] (特望) [원]515

[불] Espérance spéciale, c.a.d. sans fondement. ‖ Privilége (spécial), préférence (spéciale) ; ne se dit que de celui qui demande des priviléges.

[한] 특별한, 즉 근거 없는 기대 | (특별한)특권, (특별한) 선호 | 특권을 요구하는 사람에 대해서만 쓴다

*특망부리다 [HTEUK-MANG-POU-RI-TA,-RYE,-RIN] (特望) [원]515

[불] Importuner pour obtenir ce qui n'est pas dû.

[한] 정당하지 않은 것을 얻으려 귀찮게 굴다

*특명부리다 [HTEUK-MYENG-POU-RI-TA,-RYE,-RIN] (特命) [원]515

[불] Privilége, préférence ; celui qui demande à être préféré, privilégié.

[한] 특권, 선호 | 선호되기를, 특권을 부여받기를 바라는 사람

*특별ᄒᆞ다 [HTEUK-PYEL-HĂ-TA] (特別) [원]515

[불] Spécial ; particulier ; spécifique ; précis.

[한] 특별하다 | 특이하다 | 특수하다 | 명확하다

*특우 [HTEUK-OU] (特佑) [원]515

[불] Bienfait spécial, grâce particulière.

[한] 특별한 친절, 특별한 은혜

*특은 [HTEUK-EUN,-I] (特恩) [원]515

[불] Bienfait spécial.

[한] 특별한 은혜

1*특이 [HTEUK-I] (特) [원]515

[불] Spécialement, en particulier.

[한] 특별히, 특히

2*특이 [HTEUK-I] (特) [원]515

[불] Animal qui n'est ni bœuf ni cheval et qui cependant en approche (se dit aussi, au figuré, d'un homme qui n'est ni noble ni homme du peuple); métis d'un âne et d'une vache ; mulet ; métis de toute espèce d'animaux (croisement).

[한] 소도 아니고 말도 아니지만 그것에 가까운 동물(비유적으로 귀족도 평민도 아닌 사람에 대해서도 쓴다) | 당나귀와 암소의 혼혈 | 수노새 | 모든 종류의 동물들의 혼혈(교잡)

*특춍 [HTEUK-TCHYONG,-I] (特寵) [원]515

[불] Grâce spéciale ; bienfait particulier ; amour spécial.

[한] 특별한 은혜 | 특별한 호의 | 특별한 사랑

특특ᄒᆞ다 [HTEUK-HTEUK-HĂ-TA] [원]515

[불] Très-spécial ; tout particulier ; très-précis. ‖ Très-mauvais, méchant, pervers.

[한] 매우 특별하다 | 매우 독특하다 | 매우 명확하다 | 매우 나쁘다, 악독하다, 사악하다

E

튼튼ᄒᆞ다 [HTEUN-HTEUN-HĂ-TA] (堅固) 원516

불 Solide, fort.

한 단단하다, 강하다

[1]**틀** [HTEUL,-I] (機) 원516

불 Support, tout ce qui soutient une chose. ‖ Métier à tisser, machine à tisser. ‖ Forme de souliers.

한 받침대, 어떤 것을 떠받치는 모든 것 | 베틀, 베를 짜는 기계 | 구두의 틀

[2]**틀** [HTEUL,-I] 원516

불 Esp. de fauteuil où est assis le patient pendant la torture.

한 고문을 받는 동안 수형자가 앉는 안락의자의 종류

[3]**틀** [HTEUL,-I] 원516

불 Brancard pour porter le cercueil.

한 관을 옮기기 위한 들것

틀니다 [HTEUL-NI-TA,-NYE,-NIN] 원516

불 Etre tourné (vis, perçoir, moulin), tourner sur soi-même. ‖ Etre mis de travers, obliquement ; gauchir.

한 돌려지다 (나사, 송곳, 방아), 스스로 돌다 | 비뚤어지게, 비스듬히 놓이다 | 비틀리다

틀다 [HTEUL-TA,HTEUL-E,HTEUN] 원516

불 Tourner (une vis, un perçoir), faire tourner (tresser). ‖ Mettre de travers, obliquement, tordre. 얽이틀다 Elk-i, hteul-ta, Attacher avec une corde.

한 돌리다 (나사, 송곳), 돌게 하다 (엮다) | 경사지게 하다, 비스듬히 두다, 비틀다 | [용례 얽이틀다, Elk-i, hteul-ta], 얽이틀다, 끈과 함께 붙잡아 매다

틀슈ᄒᆞ다 [HTEUL-SYOU-HĂ-TA] (質朴) 원516

불 Etre imbécile, sans esprit, inintelligent.

한 멍청하다, 재치가 없다, 우둔하다

틀지다 [HTEUL-TJI-TA,-TJYE,-TJIN] 원516

불 Etre fort, ferme, sérieux, de sang-froid, courageux, (se dit d'un homme qui supporte tout sans émotion). ‖ Etre bien, de bonne façon, bien élevé.

한 강하다, 확고하다, 진지하다, 침착하다, 담대하다 (흥분하지 않고 모든 것을 감내하는 사람에 대해 쓴다) | 올바르다, 예절이 바르다, 예의바르다

틈 [HTEUM,-I] (隙) 원516

불 Fente ; crevasse ; division ; espace vide entre ; espace de temps ; instant ; intervalle.

한 균열 | 금 | 분할 | 사이에 빈 공간 | 시간 간격 | 순간 | 사이

틈나다 [HTEUM-NA-TA,-NA,-NAN] (有隙) 원516

불 Se fendre, se séparer, se diviser.

한 쪼개지다, 분리되다, 나누어지다

틈집 [HTEUM-TJIP,-I] (隙痕) 원516

불 Fente, crevasse, division, espace vide, ouverture.

한 균열, 틈, 분할, 빈 공간, 입구

틈틈이 [HTEUM-HTEUM-I] (間間) 원516

불 Dans les moments de repos ; aux moments perdus ; aux instants libres ; de temps en temps ; par ci par là.

한 휴식 때에 | 한가한 때에 | 자유로운 순간에 | 때때로 | 여기저기

틈ᄐᆞ다 [HTEUM-HTĂ-TA,HTEUM-HTĂ,HTEUM-HTĂN] (乘隙) 원516

불 Saisir l'occasion : profiter de l'instant favorable, d'un bon moment.

한 기회를 잡다 : 호기, 좋은 때를 이용하다

톱톱ᄒᆞ다 [HTEUP-HTEUP-HĂ-TA] (重濁) 원516

불 Dense, bien fermé (haie) ; être d'un tissu serré.

한 빽빽하다, 잘 닫히다 (울타리) | 촘촘하게 짜이다

틍이 [HTEUNG-I] 원516

불 Avoir la puissance de, le droit de ; avoir le toupet de…, être de force à…

한 ~할 권력이, ~할 권리가 있다 | 뻔뻔스럽게도 ~하다, ~하기에 충분히 강하다

틔 [HTEUI] (疵) 원515

불 Petite tache ; parcelle, fétu, brin de paille.

한 작은 점 | 작은 조각, 지푸라기, 지푸라기

틔눈 [HTEUI-NOUN,-I] (固肉膚) 원515

불 Cor, œil-de-perdrix, durillon.

한 티눈, 발가락의 티눈, 못

틔셕틔셕 [HTEUI-SYEK-HTEUI-SYEK] 원515

불 Tomber en poussière.

한 가루가 되다

틔ᄭᅳᆯ [HTEUI-KKEUL,-I] (塵) 원515

불 Fétu, toute petite parcelle de poussière, qui apparaît le matin dans un rayon de soleil. Syn. 씌끌 Tteui-kkeul.

한 아침에 햇살 속에 나타나는 지푸라기, 아주 작은 먼지 조각 | [동의어 씌끌, Tteui-kkeul]

틔우다 [HTEUI-OU-TA,HHTEUI-OUE,HTEUI-OUN] 원515

불 Faire sortir, faire apparaître. V._트다 Hteu-ta.

한 나오게 하다, 나타나게 하다 | [참조어 트다, Hteu-ta]

틔젹틔젹ᄒᆞ다 [HTEUI-TJYEK-HTEUI-TJYEK-HĂ-

TA] (不睦) [원]515

[불] Désigne l'état de deux personnes qui, sans se disputer, ne se disent cependant jamais une bonne parole et cherchent à se piquer. ‖ Etre. grossier, brut, mal poli, raboteux.

[한] 말다툼은 하지 않지만 서로 결코 좋은 말을 하지 않고 서로 자극하려고 하는 두 사람의 상태를 가리킨다 | 무례하다, 교양 없다, 예의 없다, 거칠다

틩틩ᄒᆞ다 [HTYEUING-HTEUING-HĂ-TA] (堅貌) [원]515

[불] Dur, ferme (v.g. un furoncle) ; raide (une corde tendue) ; être bouffi, rebondi.

[한] 딱딱하다, 단단하다 (예. 절종) | 빳빳하다 (팽팽하게 당겨진 끈) | 부풀다, 토실토실하다

*티국ᄒᆞ다 [HTI-KOUK-HĂ-TA] (治國) [원]516

[불] Gouverner le royaume.

[한] 왕국을 다스리다

*티민ᄒᆞ다 [HTI-MIN-HĂ-TA] (治民) [원]516

[불] Gouverner, administrer le peuple (roi, mandarin).

[한] 백성을 지배하다, 다스리다 (왕, 관리)

1*티산ᄒᆞ다 [HTI-SAN-HĂ-TA] (治山) [원]516

[불] Soigner, orner la montagne où se trouvent les tombeaux des ancêtres.

[한] 조상들의 묘가 있는 산을 보살피다, 장식하다

2*티산ᄒᆞ다 [HTI-SAN-HĂ-TA] (治産) [원]516

[불] Bien réussir dans son ménage, faire bien ses affaires, bien administrer sa maison. Diriger une maison.

[한] 자기 살림을 잘 하다, 자기 일을 잘하다, 자신의 집을 잘 관리하다 | 어떤 집을 관리하다

1ᄐᆞ다 [HTĂ-TA,HTĂ,HTĂN] (彈) [원]510

[불] Préparer le coton (pour le filer) ; effiler le coton.

[한] (실로 만들려고) 목화를 준비하다 | 목화의 실을 풀다

2ᄐᆞ다 [HTĂ-TA,HTĂ,HTĂN] (乘) [원]510

[불] Etre à (v.g. cheval) ; monter sur (v.g. un cheval); être porté sur. ᄆᆞᆯᄐᆞ다 Mal hta-ta, Monter à cheval. 긔회를 ᄐᆞ다 Keui-hoi-ral hta-ta, Profiter de l'occasion.

[한] (예. 말) 에 있다 | (예. 말) 에 오르다 | ~위에 타 있다 | [[용례] ᄆᆞᆯᄐᆞ다, Măl htă-ta], 말을 타다 | [[용례] 긔회를 ᄐᆞ다, Keui-hoi-răl htă-ta], 시기를 잡다

3ᄐᆞ다 [HTĂ-TA,HTĂ,HTĂN] [원]510

[불] Recevoir ce qu'on doit recevoir à époque fixe.

[한] 정해진 때에 받아야 할 것을 받다

4ᄐᆞ다 [HTĂ-TA,HTĂ,HTĂN] [원]511

[불] Sentir, ressentir l'influence. 봄ᄐᆞ다 Pom htă-ta, Etre indisposé au printemps.

[한] 영향을 지각하다, 느끼다 | [[용례] 봄ᄐᆞ다, Pom htă-ta], 봄에 불편하다

5ᄐᆞ다 [HTĂ-TA,HTĂ,HTĂN] (燒) [원]511

[불] Etre brûlé ; brûler (neutre)

[한] 소각되다 | 불태우다 (중성)

6ᄐᆞ다 [HTĂ-TA,HTĂ,HTĂN] (和) [원]511

[불] Mélanger, mêler.

[한] 섞다, 혼합하다

1ᄐᆞ히다 [HTĂ-HI-TA,-HYE,-HIN] (騎) [원]510

[불] Faire monter sur. ᄆᆞᆯᄐᆞ히다 Măl htă-hi-ta, Faire monter (quelqu'un) à cheval.

[한] ~에 오르게 하다 | [[용례] ᄆᆞᆯᄐᆞ히다, Măl htă-hi-ta], (누군가를) 말에 올라타게 하다

2ᄐᆞ히다 [HTĂ-HI-TA,-HYE,-HIN] [원]510

[불] Faire brûler. (fact. de ᄐᆞ다 Htă-ta).

[한] 태우다 | (ᄐᆞ다 Htă-ta의 사동형)

1ᄐᆞᆺ [HTĂT,-SI] [원]509 ☞탓

2ᄐᆞᆺ [HTĂT,HTĂT-SI] [원]510

[불] Faute. 네ᄐᆞᆺ실다 Nei htăt-sil-ta, C'est ta faute.

[한] 과오 | [[용례] 네ᄐᆞᆺ실다, Nei htăt-sil-ta], 내 잘못이다

1*ᄐᆡ [HTĂI] (胎) [원]509

[불] Sein, entrailles (de la mère) ; matrice : ventre des femelles des animaux ; cavité où sont formés les petits ; enveloppe du foetus.

[한] 가슴, (어머니의) 모태 | 자궁 : 동물들의 암컷의 배 | 새끼들이 만들어지는 구멍 | 태아의 피막

2*ᄐᆡ [HTĂI] (太) [원]509

[불] En agr. Haricots.

[한] 한자어로 강낭콩

3*ᄐᆡ [HTĂI] (笞) [원]509

[불] Verge, baguette.

[한] 가는 막대, 막대기

4ᄐᆡ [HTĂI] [원]509

[불] Corde avec laquelle on lie les gerbes de riz pour les battre.

[한] 타작을 위해 볏단을 묶는 끈

*ᄐᆡ거ᄒᆞ다 [HTĂI-KE-HĂ-TA] (汰去) [원]510

[불] Renvoyer, chasser (casser de sa fonction), dégrader un soldat ; être dégradé.

[한] 돌려보내다, 내쫓다 (그 직위에서 해임하다), 군인을 강등시키다 | 강등되다

*ᄐᆡ긔 [HTĂI-KEUI] (胎氣) [원]510

불 Fœtus ; apparence de grossesse.
한 태아 | 임신의 기미

*틔단 [HTĂI-TAN,-I] (胎丹) 원510
불 Sorte de maladie caractérisée par de grandes taches rouges qui se répandent et s'allongent ; p. ê. la rougeole ; boutons sur la figure des enfants.
한 크고 붉은 점이 퍼져서 길게 늘어지는 것이 특징인 병의 일종 | 아마도 홍역 | 아이들의 얼굴에 난 부스럼

틔당ᄒᆞ다 [HTĂI-TANG-HĂ-TA] 원510
불 Sûr, fidèle.
한 확신하다, 믿을 수 있다

*틔도 [HTĂI-TO] (態度) 원510
불 Manière ; forme ; belle apparence ; beauté.
한 방법 | 형식 | 아름다운 외관 | 아름다움

*틔독 [HTĂI-TOK,-I] (胎毒) 원510
불 Sorte de maladie dans laquelle il sort beaucoup de boutons rouges (p. ê. la rougeole) ; éruption sur le visage des enfants.
한 붉은 부스럼이 많이 생기는 병의 일종 (아마도 홍역) | 아이들의 얼굴에 난 발진

*틔동ᄒᆞ다 [HTĂI-TONG-HĂ-TA] (胎動) 원510
불 Mouvement du fœtus, tressaillement de l'enfant dans le sein de la mère ; le fœtus s'agite dans le sein.
한 태아의 움직임, 어머니의 태내에서 아이가 몸을 떠는 것 | 태아가 태내에서 몸을 심하게 움직이다

*틔봉 [HTĂI-PONG,-I] (胎峯) 원510
불 Montagne où l'on dépose l'urne en argent renfermée dans une urne en pierre, et qui contient les secondines royales (après la naissance d'un prince royal).
한 (왕가의 왕자가 태어난 뒤) 돌로 만든 항아리 안에 넣어 왕가의 태반과 막을 담는 은 항아리를 두는 산

*틔샹 [HTĂI-SYANG,-I] (胎上) 원510
불 Grossesse, gestation ; temps de la grossesse ; être enceinte.
한 임신, 잉태 | 임신 시기 | 임신하다

*틔싱 [HTĂI-SĂING,-I] (胎生) 원510
불 Naissance, génération sexipare (d'après le système chinois). ‖ Conception et naissance (s'entend du lieu, de la patrie, et de l'année de la naissance).
한 출생, (중국 체제에 따르면) 성의 생성 | 임신과 출생 (출생 장소, 고장, 해로 이해되다)

*틔양 [HTĂI-YANG] (太陽) 원509
불 Soleil.
한 태양

*틔양혈 [HTĂI-YANG-HYEL,-I] (太陽穴) 원509
불 Tempes (en acuponcture).
한 (침술에서) 관자놀이

*틔열 [HTĂI-YEL,-I] (胎熱) 원509
불 Boutons de chaleur sur la peau des petits enfants (maladie), éruption sur la figure des enfants.
한 어린아이들의 피부에 난 열로 인한 부스럼 (병), 아이들의 얼굴에 발진하여 돋은 것

[1]틔오다 [HTĂI-O-TA,HTĂI-OA,HTĂI-ON] (賦) 원510
불 Secourir.
한 돕다

[2]틔오다 [HTĂI-O-TA,-OA,-ON] 원510 ☞ [1]틔우다

틔와주다 [HTĂI-OA-TJOU-TA,-TJOU-E,-TJOUN] (賦畀) 원510
불 Donner, répandre (des bienfaits).
한 (선행을) 제공하다, 베풀다

[1]틔우다 [HTĂI-OU-TA,HTĂI-OUE,HTĂI-OUN] (燒) 원510
불 Brûler, faire brûler, brûler un peu.
한 불태우다, 태우다, 조금 태우다

[2]틔우다 [HTĂI-OU-TA,-OUE,-OUN] (賦) 원510
불 Donner (secourir, accorder), donner du riz au peuple, accorder une récompense, une grâce.
한 제공하다 (돕다, 주다), 백성에게 쌀을 주다, 보상, 친절을 제공하다

*틔음 [HTĂI-EUM,-I] (太陰) 원510
불 Lune.
한 달

*틔쟝 [HTAI-TJYANG,-I] (笞杖) 원510
불 Bâton pour donner la bastonnade.
한 몽둥이질을 하기 위한 몽둥이

틔쥬녀 [HTĂI-TJYOU-NYEN,-I] (巫女) 원510
불 Sorcière, femme qui va en chaque maison faire des superstitions.
한 마녀, 각 집에 미신행위를 하러 가는 여자

*틔즁 [HTĂI-TJYOUNG,-I] (胎中) 원510
불 Grossesse ; être enceinte ; dans le sein.
한 임신 | 임신하다 | 태내에

*틔지 [HTĂI-TJI] (胎紙) 원510
불 Petit billet détaché ajouté à une lettre, pour dire ce qu'on avait oublié sur la grande feuille.
한 중요한 서류에서 잊어버린 것을 말하기 위해, 따로 떨어져 있는, 편지에 덧붙인 작은 쪽지

*틱 [HTĂIK,-I] (宅) [원]510
[불] (Prononciation chinoise du coréen 딕). V. 딕 Tăik.
[한] (조선어 딕의 중국 발음) | [[참조어] 딕, Tăik]

*틱견ᄒᆞ다 [HTĂIK-KYEN-HĂ-TA] (擇遣) [원]510
[불] Jeu des enfants, qui consiste à parer, avec le pied ou la main, le coup que porte l'adversaire également avec le pied ou la main ; battre de la semelle, jouer de la savate.
[한] 발이나 손을 써서, 상대 역시 발이나 손으로 가하는 타격으로부터 보호하는 데 있는 아이들의 놀이 | 발로 차다, 상대를 발로 차는 격투기를 하다

*틱근ᄒᆞ다 [HTĂIK-KEUN-HĂ-TA] (宅近) [원]510
[불] Etre proche.
[한] 회사를 떠나다

*틱급ᄒᆞ다 [HTĂIK-KEUP-HĂ-TA] (擇給) [원]510
[불] Envoyer au propriétaire la note de la somme à payer en contributions, pour ses champs, ses rizières (employés de préfecture).
[한] (도청 직원들이) 지주에게 그 밭, 논에 대해 조세로 내야 할 총액 고지서를 보내다

*틱뎡ᄒᆞ다 [HTĂIK-TYENG-HĂ-TA] (擇定) [원]510
[불] Fixer son choix (sur un parti pour le mariage). Fixer un jour.
[한] (결혼 상대를) 선정하다 | 날을 정하다

*틱이치다 [HTĂIK-I-TCHI-TA,-TCHYE,-TCHIN] [원]510
[불] Frapper contre terre, lancer à terre.
[한] 땅에 때리다, 땅에 던지다

*틱인ᄒᆞ다 [HTĂIK-IN-HĂ-TA] (擇人) [원]510
[불] Choix d'un homme, homme de choix ; choisir un homme.
[한] 사람의 선택, 선택된 사람 | 사람을 뽑다

*틱일ᄒᆞ다 [HTĂIK-IL-HĂ-TA] (擇日) [원]510
[불] Choix d'un jour (superst.); choisir un jour.
[한] 날의 선택 (미신) | 날을 택하다

*틱츌ᄒᆞ다 [HTĂIK-TCHYOUL-HĂ-TA] (擇出) [원]510
[불] Trier, choisir et séparer.
[한] 선별하다, 골라서 가려내다

*틱호 [HTĂIK-HO] (宅號) [원]510
[불] Enseigne de la maison, nom de la maison ; nom d'une maison ou famille noble.
[한] 집의 간판, 집의 이름 | 귀족의 집이나 가족의 이름

*틱혼ᄒᆞ다 [HTĂIK-HON-HĂ-TA] (擇婚) [원]510
[불] Choisir un parti pour le mariage, choisir un gendre ou une bru.
[한] 결혼 상대를 고르다, 사위 또는 며느리를 정하다

틩 [HTĂING,-I] (畫像) [원]510
[불] Portrait entier, statue de grandeur naturelle représentant un homme célèbre ; image d'un roi.
[한] 온전한 초상화, 유명인을 재현하는 실물 크기의 상 | 왕의 초상

틩ᄌᆞ [HTĂING-TJĂ] (枳子) [원]510
[불] Sorte d'arbre à grandes épine et qui produit des espèces d'oranges sauvages ; petite orange sauvage.
[한] 야생 오렌지류가 열리는 큰 가시가 나는 나무 종류 | 작은 야생 오렌지

*틩즁ᄒᆞ다 [HTĂING-TJYOUNG-HĂ-TA] (撐中) [원]510
[불] être tout à fait plein (cœur).
[한] (가슴이) 완전히 가득하다

틩틩ᄒᆞ다 [HTĂING-HTĂING-HĂ-TA] [원]510
[불] être tendu, raidi, raide ; vibrer comme une corde tendue. ‖ faire pouf ; retentir comme un coup de fusil.
[한] 팽팽하다, 뻣뻣해지다, 뻣뻣하다 | 팽팽히 당겨진 끈처럼 떨다 | 쿵 하는 소리를 내다 | 총성처럼 울려 퍼지다

ㅍ

ㅍ [HP] [원]351
[불] 19me lettre de l'alphabet, consonne qui répond au p aspiré.
[한] 자모의 열아홉 번째 문자, 유기음 P에 대응하는 자음

1*파 [HPA] (把) [원]351
[불] Une brasse (mesure de longueur).
[한] 한 발 (길이의 단위)

2파 [HPA] (葱) [원]351
[불] Ognon.
[한] 양파

3*파 [HPA] (派) [원]351
[불] Désigne les premières divisions de la souche d'une famille : v. g. sem est le 첫파 Tchet-hpa (1re branche). ; cham, le 둘직파 Toul-tjăi hpa (2e branche).
[한] 집안의 시조의 첫 번째 분파들을 가리킨다 | 예. 셈은 첫파 Tchet-hpa 이다 (첫 번째 분파) | 함은 둘직파

ㅍ

Toul-tjăi hpa 이다 (두 번째 분파)

1* 파건 [HPA-KEN,-I] (破件) 원351

불 Hors de service; qui n'est plus bon à rien; chose usée.

한 사용되지 않는 | 더 이상 아무 쓸모가 없는 것 | 사용한 물건

2* 파건 [HPA-KEN,-I] (破巾) 원351

불 Vieux serre-tête de rebut.

한 질이 매우 나쁜 오래된 머리띠

* 파겁ᄒᆞ다 [HPA-KEP-HĂ-TA] (破刼) 원351

불 Dissiper la crainte; enlever la peur. ‖ Eprouver un sentiment de crainte; commencer à craindre.

한 두려움을 해소하다 | 겁을 없애다 | 두려운 감정을 느끼다 | 두려워하기 시작하다

* 파격 [HPA-KYEK,-I] (破格) 원351

불 Choses dépareillées; manque de symétrie; alliance de choses qui ne sont pas faites pour aller ensemble.

한 짝이 맞지 않는 것들 | 규칙성의 부재 | 조화를 이루기 위해 만들어지지 않은 것들의 결합

* 파격하다 [HPA-KYEK-HĂ-TA] (破格) 원351

불 Rompre; se désister; se démettre.

한 파기하다 | 취하하다 | 사임하다

* 파계ᄒᆞ다 [HPA-KYEI-HĂ-TA] (破契) 원351

불 Rompre une association de prêt à intérêt; rompre le 계 Kyei.

한 이자를 받고 돈을 빌려주는 단체를 해산하다 | 계 Kyei를 깨다

* 파공ᄒᆞ다 [HPA-KONG-HĂ-TA] (罷工) 원351

불 Abstinence du travail un jour de fête d'obligation; s'abstenir d'œuvres serviles. (Mot chrét.). ‖ Vacances; être en vacances.

한 의무 축제일에 일을 삼감 | 육체노동을 삼가다 | (기독교 단어) | 휴가 | 휴가 중이다

* 파관 [HPA-KOAN,-I] (破冠) 원351

불 Bonnet usé; vieux chapeau.

한 챙 없는 해진 모자 | 낡은 모자

* 파국ᄒᆞ다 [HPA-KOUK-HĂ-TA] (罷局) 원352

불 Pharmacie tombée, détruite, ruinée. Vendre son fond de pharmacie; cesser d'exercer la médicine.

한 실추된, 파괴된, 파산한 약국 | 약국의 기반을 팔다 | 의업에 종사하는 것을 그만두다

1* 파군ᄒᆞ다 [HPA-KOUN-HĂ-TA] (罷君) 원352

불 Parent du roi qui, pour une faute, perd son titre de 군 Koun. Cesser de compter au rang des 군 Koun ou proches parents du roi, c.a.d. à la 4me e génération.

한 어떤 잘못으로 군 Koun의 칭호를 잃는 왕의 친척 | 군 Koun 이나 왕의 가까운 친척들, 즉 네 번째 세대의 신분으로 여기기를 그만두다

2 파군ᄒᆞ다 [HPA-KOUN-HĂ-TA] (罷軍) 원352

불 Licencier l'armée.

한 군대를 해산하다

* 파궁ᄒᆞ다 [HPA-KOUNG-HĂ-TA] (罷宮) 원352

불 Maison d'un parent du roi, qui, pour une faute, perd son titre de 궁 Koung. Cesser de compter une maison au nombre des maisons royales, lui en ôter le titre.

한 어떤 잘못으로 그 궁 Koung의 칭호를 잃는 왕의 친척의 집 | 한 집을 왕가의 수에 넣는 것을 그만두다, 그 칭호를 없애다

파근파근ᄒᆞ다 [HPA-KEUN-HPA-KEUN-HĂ-TA] 원351

불 Désigne l'état d'un homme qui veut marcher, mais dont les jambes trop faibles le font souffrir sans avancer. Ce mot exprime le malaise que l'on éprouve dans les jambes en marchant sur du sable mouvant.

한 걷고자 하나 그 너무 약한 다리로 나아가지 못하고 고통스러워하는 사람의 상태를 가리킨다 | 이 단어는 움직이는 모래 위를 걸을 때 다리에 느껴지는 불편함을 표현한다

1* 파긔 [HPA-KEUI] (破器) 원351

불 Vase brisé.

한 깨어진 그릇

2* 파긔 [HPA-KEUI] (把記) 원351

불 Portrait; signalement d'un personnage.

한 초상화 | 인물의 인상착의

1 파다 [HPA-TA,HPA,HPAN] (掘) 원355

불 Creuser; fouir; excaver; percer, creuser la terre pour enterrer ou déterrer.

한 구멍을 뚫다 | 파다 | 구멍을 파다 | 묻거나 파내기 위해 땅을 뚫다, 파다

2 파다 [HPA-TA,HPA-RA,HPAN] (賣) 원355

불 Vendre. V.Syn. 팔다 Hpal-ta.

한 팔다 | [동의어 팔다, Hpal-ta]

* 파다ᄒᆞ다 [HPA-TA-HĂ-TA] (播多) 원355

불 Etre connu de plusieurs; être à l'état de bruit public; être divulgué; se répandre au loin (une nouvelle); faire du bruit; faire beaucoup parler.

한 여럿에게 알려지다 | 공공연하게 소문 난 상태다

| 폭로되다 | (소식이) 멀리 퍼지다 | 소리 내다 | 소문이 많이 나다

*파도 [HPA-TO] (波濤) 원355
불 Vague, lame, flot.
한 파도, 파도, 물결

*파두 [HPA-TOU] (芭荳) 원355
불 Nom d'une espèce de remède qui a la forme de la fève St Ignace, très-violent, p. ê. la noix de galle; graine très purgative, p. ê. le croton.
한 매우 지독한 성 이그나티우스 잠두콩 모양으로 생긴 약 종류의 이름, 아마도 오배자 열매 | 매우 하제 작용을 하는 씨앗, 아마도 파두

파드득나무 [HPA-TEU-TEUK-NA-MOU] (白楊) 원355
불 Tremble, espèce d'arbre à feuilles très-mobiles, qui remuent toujours.
한 사시나무, 나뭇잎들이 매우 잘 움직이는, 항상 움직이는 나무의 종류

파렷다 [HPA-RYET-TA] (瘦) 원353
불 Etre maigre.
한 수척하다

*파루 [HPA-ROU] (罷漏) 원353
불 Grosse cloche, gros timbre que l'on frappe le soir et de grand matin, pour annoncer que l'on ferme ou que l'on ouvre les portes de la capitale.
한 수도의 문을 닫고 여는 것을 알리기 위해 저녁과 아침 일찍 치는 큰 종, 커다란 종

*파류 [HPA-RYOU] (派流) 원353
불 Séparation de l'eau; confluent; réunion de l'eau; embranchement, division d'une rivière, d'un ruisseau.
한 물의 분리 | 합류점 | 물의 결합 | 강, 개울의 분기점, 갈라짐

파릇파릇ᄒᆞ다 [HPA-REUT-HPA-REUT-HĂ-TA] (靑靑) 원353
불 Etre marqueté de taches vertes très petites.
한 매우 작은 초록색의 점으로 얼룩덜룩하다

파리 [HPA-RI] (蠅) 원353
불 Mouche.
한 파리

파리ᄒᆞ다 [HPA-RI-HĂ-TA] (瘦) 원353
불 Etre maigre, maigre, desséché, décharné.
한 여위다, 여위다, 수척하다, 야위다

파ᄅᆡ [HPA-RĂI] (靑菜) 원353
불 Espèce d'herbe marine semblable au 김 Kim.
한 김 Kim과 비슷한 해초의 종류

파ᄅᆡ박 [HPA-RĂI-PAK,-I] (戽) 원353
불 Pelle, pelle pour jeter l'eau.
한 삽, 물을 버리기 위한 삽

*파망 [HPA-MANG,-I] (破網) 원352
불 Serre tête usé, brisé.
한 닳아 떨어진, 부서진 머리띠

*파면ᄒᆞ다 [HPA-MYEN-HĂ-TA] (破面) 원352
불 Se réconcilier.
한 화해하다

*파묘ᄒᆞ다 [HPA-MYO-HĂ-TA] (破墓) 원352
불 Déterrer un cadavre; ouvrir un tombeau. ‖ Changer un tombeau de place; aller enterrer le cercueil dans un autre endroit.
한 시체를 파내다 | 묘를 열다 | 묘의 자리를 바꾸다 | 다른 장소로 관을 묻으러 가다

1*파물 [HPA-MOUL,-I] (破物) 원352
불 Vieilleries; friperies; choses de rebut.
한 고물 | 헌 옷 | 쓰레기 같은 것

2*파물 [HPA-MOUL,-I] (罷物) 원352
불 Achèvement d'une chose; fin; cessation. ‖ Achever la plantation du riz.
한 어떤 것의 완성 | 끝 | 정지 | 모내기를 끝내다

파뭇다 [HPA-MOUT-TA,-MOUT-E,-MOUT-EUN] (埋) 원352
불 Mettre en terre; enterrer; creuser la terre et mettre dedans.
한 땅에 묻다 | 파묻다 | 땅을 파고 안에 넣다

파발 [HPA-PAL,-I] (驛) 원353
불 Cavalier qui va au galop porter une dépêche. Dépêche au roi par la poste, c.a.d. par un courrier exprès.
한 말을 달려 지급[역주 至急] 통신문을 가져다주는 기병 | 역참을 통해, 즉 특급우편으로 왕에게 보내는 지급[역주 至急] 통신문

*파발마 [HPA-PAL-MA] (把撥馬) 원353
불 Cheval d'un courrier.
한 사자[역주 使者]의 말

*파방ᄒᆞ다 [HPA-PANG-HĂ-TA] (罷放) 원353
불 Terminer, achever, cesser de jouer.
한 끝내다, 끝마치다, 노는 것을 그만두다

*파보 [HPA-PO] (派譜) 원353
불 Embranchements, branches des généalogies; gé-

ㅍ

néalogie de chaque branche d'une famille, de chaque tribu.

한 혈통의 분기점, 분파 | 가문의 각 분파, 각 부족의 혈통

*파복 [HPA-POK,-I] (破服) 원353

불 Ouverture d'un paquet. ‖ Signal pour l'ouverture des portes de la ville, vers minuit.

한 상자의 입구 | 자정 무렵 도시의 문들을 열기 위한 신호

*파복ᄒᆞ다 [HPA-POK-HĂ-TA] (破服) 원353

불 Ouvrir une caisse et voir ce qu'elle contient.

한 상자를 열고 그것이 담고 있는 것을 보다

*파빙 [HPA-PING,-I] (破氷) 원353

불 Petit glaçon de rebut dans une glacière.

한 지하 얼음 창고의 쓰레기 같은 작은 얼음 조각

*파빙ᄒᆞ다 [HPA-PING-HĂ-TA] (破殯) 원353

불 Oter la couverture, l'enveloppe en paille d'un cercueil dont on veut faire la sépulture. ‖ Tombeau vide dont on a enlevé le corps; enlever le cercueil de terre.

한 덮개를 치우다, 매장하고자 하는 관의 짚으로 된 덮개 | 시신을 치운 빈 관 | 땅에서 관을 치우다

*파사 [HPA-SĂ] (破寺) 원355

불 Bonzerie ruinée et abandonnée.

한 무너지고 버려진 절

1*파산ᄒᆞ다 [HPA-SAN-HĂ-TA] (破産) 원354

불 Abandonner son état pour aller mendier; s'en aller chercher sa vie chacun de son côté. ‖ Etre miné; s'en aller en morceaux.

한 구걸하러 가기 위해 자신의 신분을 버리다 | 각자가 제 방향에서 생활 방도를 찾으러 가다 | 침식되다 | 조각조각으로 사라지다

2*파산ᄒᆞ다 [HPA-SAN-HĂ-TA] (破山) 원354

불 Changer un tombeau de place; changer le lieu de la sépulture.

한 묘의 자리를 바꾸다 | 매장지를 바꾸다

1파살ᄒᆞ다 [HPA-SAL-HĂ-TA] 원355

불 Abandonner son état, sa demeure, pour aller mendier.

한 구걸하러 가기 위해 자신의 신분, 집을 버리다

2파살ᄒᆞ다 [HPA-SAL-HĂ-TA] 원355

불 Etre détruit ou emporté par l'eau (une pêcherie). Détruire (une pêcherie).

한 (어장이) 물로 파괴하거나 쓸려 가다 | (어장을) 파괴하다

*파샹풍 [HPA-SYANG-HPOUNG,-I] (破傷風) 원355

불 Danger du vent; dégât fait par le vent, ‖ Maladie causée par le vent. ‖ Ruine, masure, vieillerie.

한 바람이 미치는 위험 | 바람에 의한 피해 | 바람에 인한 병 | 폐허, 오막살이, 고물

*파션ᄒᆞ다 [HPA-SYEN-HĂ-TA] (破船) 원355

불 Faire naufrage; perdre son navire.

한 난파되다 | 배를 잃다

1*파슈 [HPA-SYOU] (派水) 원355

불 Embranchement de rivière, de canal, etc.

한 강, 수로 등의 분기점

2파슈 [HPA-SYOU] (罷數) 원355

불 Jour de paiement dans les grandes maisons de commerce à la capitale (il y en a 6 par mois, c.a.d de 5 en jours).

한 수도에서 큰 상사들의 지불일 (한 달에 여섯 번, 즉 5일에 한 번 꼴이다)

*파ᄉᆞ [HPA-SĂ] (破事) 원355

불 Affaire manquée.

한 망친 일

*파양ᄒᆞ다 [HPA-YANG-HĂ-TA] (罷養) 원351

불 Cesser l'adoption; cesser de faire le contrat d'adoption; renvoyer son fils adoptif et ne plus le reconnaître comme tel.

한 입양을 그만두다 | 입양 계약 맺기를 그만두다 | 양자를 돌려보내고 더 이상 그렇게 인정하지 않다

*파영ᄒᆞ다 [HPA-YENG-HĂ-TA] (罷營) 원351

불 Fin de la foire aux remèdes. ‖ Clore la foire appelée 영 Yeng. ‖ Licencier une armée.

한 약재 시장의 끝 | 영 Yeng이라 불리는 장을 닫다 | 군대를 해산하다

*파의ᄒᆞ다 [HPA-EUI-HĂ-TA] (罷議) 원351

불 Se désister; rompre; changer de dessein, d'intention; renoncer à son projet.

한 취하하다 | 파기하다 | 의도, 생각을 바꾸다 | 자신의 계획을 포기하다

*파일 [HPA-IL,-I] (罷日) 원351

불 Jour néfaste, le 5, le 15 et le 25 de la lune. (Superst.).

한 불길한 날, 달의 5, 15, 그리고 25 일 | (미신)

1파쟝 [HPA-TJYANG,-I] 원355

불 Registre de la quantité de riz, de blé livré à chaque individu par le mandarin.

한 관리에 의해 각 개인에게 인도된 다량의 쌀, 밀의 양을 기재한 등록부

[2]* **파쟝** [HPA-TJYANG,-I] (罷場) ⓦ355
불 Fin du marché, lorsque tout le monde, à la nuit, s'en va.
한 모든 사람이 밤에 돌아가는 시장의 끝

파쟝ᄒᆞ다 [HPA-TJYANG-HĂ-TA] ⓦ355
불 Etre un peu plus grand, plus long.
한 조금 더 크고, 더 길다

* **파졉ᄒᆞ다** [HPA-TJYEP-HĂ-TA] (罷接) ⓦ355
불 Sortir de l'école; fin de l'école, de la classe. ‖ Interrompre les études; prendre ses vacances.
한 학교에서 나오다 | 학교, 수업의 끝 | 학업을 중단하다 | 휴가를 가지다

* **파죵ᄒᆞ다** [HPA-TJYONG-HĂ-TA] (破腫) ⓦ355
불 Percer un furoncle avec une lancette.
한 란세트로 절종을 뚫다

* **파직ᄒᆞ다** [HPA-TJIK-HĂ-TA] (罷職) ⓦ355
불 Mandarin cassé de sa place et qui reste sans emploi. Etre cassé (un mandarin). =식이다-sik-i-ta, Le casser.
한 자기 지위에서 면직되고 직무가 없는 상태로 있는 관리 | (관리가) 면직되다 | [용례 =식이다, -sik-i-ta], 그를 면직시키다

* **파진ᄒᆞ다** [HPA-TJIN-HĂ-TA] (罷陣) ⓦ355
불 Retour des soldats à leur maison, après avoir rempli leurs fonctions. licencier l'armée. Mettre fin aux exercices militaires et renvoyer les soldats chez eux.
한 자신의 임무를 수행한 후에 군인들이 자기 집으로 돌아감 | 군대를 해산하다 | 군 훈련을 끝내고 군인들을 집으로 돌려보내다

* **파ᄌᆞᄒᆞ다** [HPA-TJĂ-HĂ-TA] (破字) ⓦ355
불 Expliquer le sens superstitieux des caractères en disant la bonne aventure.
한 운수를 점치면서 글자의 미신적인 의미를 설명하다

* **파ᄌᆡ목** [HPA-TJĂI-MOK,-I] (破材木) ⓦ355
불 Les matériaux, débris d'une maison.
한 집의 재료, 파편

* **파쳔ᄒᆞ다** [HPA-TCHYEN-HĂ-TA] (播遷) ⓦ355
불 Fuite du roi en temps de guerre. S'enfuir devant l'ennemi (le roi).
한 전쟁 기간 중 왕의 도주 | (왕이) 적 앞에서 달아나다

* **파쵸** [HPA-TCHO] (芭蕉) ⓦ355
불 Esp. de plante à larges feuilles, p. ê. la scolopendre officinale.
한 잎이 넓은 식물의 종류, 아마도 약용 골고사리의 일종

* **파쵸션** [HPA-TCHO-SYEN,-I] (芭蕉扇) ⓦ355
불 Esp. de grand éventail violet que l'on porte devant l'un des trois premiers dignitaires du royaume (après le roi). Esp. d'ombrelle en rotin pour les plus hauts dignitaires.
한 왕국의 (왕 다음으로) 최고 고관 3명 중 한 명 앞에 드는 큰 보라색 부채의 종류 | 가장 높은 고관들을 위해 등나무로 만든 양산의 종류

* **파춍** [HPA-TCHONG,-I] (把總) ⓦ355
불 Esp. de chef militaire qui commande à cent soldats. Esp. de dignité militaire.
한 100명의 군인들을 지휘하는 군 우두머리의 종류 | 군대 고관직의 종류

파츌 [HPA-TCHYOUL,-I] ⓦ355
불 Expulsion d'un mandarin de son district par le 어ᄉᆞ E-să.
한 어ᄉᆞ E-să에 의해 자신의 관할구에서 관리가 추방됨

* **파츌ᄒᆞ다** [HPA-TCHOUL-HĂ-TA] (罷黜) ⓦ355
불 Arracher les racines, déraciner.
한 뿌리를 뽑다, 뿌리를 뽑다

파치 [HPA-TCHI] ⓦ355
불 Objet de rebut, hors de service, usé.
한 쓰레기 같은, 쓸모없는, 닳아 떨어진 물건

* **파탈ᄒᆞ다** [HPA-HTAL-HĂ-TA] (罷脫) ⓦ355
불 Qui n'a d'autre habit que sa culotte et sa chemise. ‖ Agir sans cérémonie, se mettre à l'aise.
한 바지와 셔츠 이외의 다른 옷이 없다 | 격식을 차리지 않고 행동하다, 편안하게 되다

* **파텰** [HPA-HTYEL,-I] (破鐵) ⓦ355
불 Fer de rebut; fer qui n'est plus bon à rien; ferraille.
한 쓰레기 같은 철 | 아무 것에도 쓸모없는 철 | 고철

* **파파노인** [HPA-HPA-NO-IN,-I] (皤皤老人) ⓦ353
불 Vieux; décrépit.
한 노인, 늙은이

* **파필** [HPA-HPIL,-I] (破筆) ⓦ353
불 Pinceau usé, hors de service; mauvais pinceau.
한 닳아 떨어진, 쓸모없는 붓 | 나쁜 붓

* **파혹ᄒᆞ다** [HPA-HOK-HĂ-TA] (破惑) ⓦ351
불 Enlever le doute; éclaircir, dissiper le doute.
한 의심을 없애다 | 명확히 하다, 의심을 해소하다

ㅍ

*파혼ᄒᆞ다 [HPA-HON-HĂ-TA] (破婚) 원351

불 Rompre un mariage projeté; se désister d'une promesse de mariage.

한 계획된 결혼을 파기하다 | 결혼 약속을 취하하다

*파흥ᄒᆞ다 [HPA-HEUNG-HĂ-TA] (罷興) 원351

불 Perdre sa joie.

한 즐거움을 잃다

*파ᄒᆞ다 [HPAI-HĂ-TA,-HĂ-YE,-HĂN] (破) 원351

불 Rompre; se désister; rétracter; retirer sa parole; changer d'avis; rompre un engagement.

한 깨뜨리다 | 취하하다 | 철회하다 | 자신의 말을 취소하다 | 의견을 바꾸다 | 약속을 깨다

팍 [HPAK] 원351

불 Bruit d'un coup sec: pouf!

한 부드럽지 못한 쾅 하는 타격 소리

팍팍 [HPAK-HPAK] 원352

불 Bruit de la terre sous le hoyau.

한 작은 괭이로 땅을 파는 소리

팍팍ᄒᆞ다 [HPAK-HPAK-HĂ-TA] 원352

불 Désigne l'état de la farine sèche ou d'une pomme de terre farineuse mâchée. ‖ Etre usé, être rendu trop court par un long usage(outil).

한 마른 가루나 씹어서 부스러지는 감자의 상태를 가리킨다 | 닳아 떨어지다, 오랜 사용으로 너무 짧게 되다(도구)

1*판 [HPAN,-I] (板) 원352

불 Planche.

한 판

2판 [HPAN,-I] (局) 원352

불 Numéral des parties de jeu, surtout de cartes et d'échecs.

한 게임의 경기를 세는 수사, 특히 카드와 체스

3판 [HPAN,-I] 원352

불 Ruine, banqueroute.

한 파산, 파산

4판 [HPAN,-I] 원352

불 Cour; emplacement; lice; lieu pour un jeu, pour une lutte.

한 마당 | 부지 | 원형 경기장 | 놀이를 위한, 싸움을 위한 장소

*판각 [HPAN-KAK,-I] (板刻) 원352

불 Planche d'imprimerie toute préparée, planche gravée.

한 모두 준비된 인쇄 판, 새겨진 판

*판결ᄉᆞᄒᆞ다 [HPAN-KYEL-SĂ-HĂ-TA] (判決事) 원352

불 Déterminer une affaire; décider une affaire.

한 사건을 결정짓다 | 사건의 판정을 내리다

*판결ᄒᆞ다 [HPAN-KYEL-HĂ-TA] (判決) 원352

불 Décider; déterminer; juger; arrêter.

한 판정을 내리다 | 결정짓다 | 판결하다 | 결정하다

판공주다 [HPAN-KONG-TJOU-TA] (許判工) 원352

불 Donner les sacrements; entendre la confession, etc…

한 성사를 주다 | 고백에 듣다 등…

*판공ᄒᆞ다 [HPAN-KONG-HĂ-TA] (判功) 원352

불 Recevoir les sacrements; faire sa confession. (Mot chrét.).

한 성사를 받다 | 고해를 하다 | (기독교 단어)

*판관 [HPAN-KOAN,-I] (判官) 원352

불 Mandarin, lieutenant ou substitut du gouverneur, et chargé d'adminstrer la ville et le district de la capitale de provincem résidence du gouverneur. ‖ Nom d'une dignité; juge criminel de chaque province. ‖ Mandarin de la ville où réside un 류슈 Ryou-syou, (il y en al deux : Koang-tjyou et Syou-ouen).

한 지사의 관저인 지방 수도의 도시와 관할 구역을 다스리는 임무를 맡은, 지사의 보좌 관리나 대리인 | 고관직의 이름 | 각 지방의 형사 재판관 | 류슈 Ryou-syou가 머무르는 도시의 관리 (둘이 있다 : 광주와 수원)

*판관ᄉᆞ령 [HPAN-KOAN-SĂ-RYENG,-I] (判官使令) 원352

불 Valet du 판관 Hpan-koan. on appelle ainsi, par plaisanterie, un homme qui se laisse mener par sa femme.

한 판관 Hpan-koan 하인 | 자신의 부인이 자기를 이끌도록 방임하는 남자를 농담으로 이렇게 부른다

판나다 [HPAN-NA-TA,-NA,-NAN] (出板) 원352

불 Etre ruiné, faire banqueroute.

한 파산하다, 파산하다

*판단ᄒᆞ다 [HPAN-TAN-HĂ-TA] (判斷) 원352

불 Juger; décider.

한 판단하다 | 결정하다

1*판댱 [HPAN-TYANG,-I] (板藏) 원352

불 Cloison en planches.

한 판자로 만든 칸막이

[2]판댱 [HPAN-TYANG,-I] ⓦ352

불 Morceau de fer; gueuse.

한 철 조각 | 용해된 선철

*판도방 [HHAN-TO-PANG,-I] (判道房) ⓦ353

불 Grande chambre d'exercice des bonzes (elle sert de dortoir, de réfectoire, de salle pour les étrangers).

한 승려들이 수련하는 큰 방 (공동침실, 구내식당, 외부인들을 위한 방으로도 쓰인다)

판들다 [HPAN-TEUL-TA,-TEUL-E,-TEUN] (擧板) ⓦ353

불 Faire banqueroute; se déclarer en banqueroute.

한 파산하다 | 자기가 파산했다고 선언하다

판들판들ᄒᆞ다 [HPAN-TEUL-HPAN-TEUL-HĂ-TA] ⓦ353

불 Désigne l'état d'hommes qui ne travaillent pas et ne font que s'amuser. ‖ Etre plat, uni, poli, lisse. ‖ Etre têtu, opiniâtre; ne céder jamais.

한 일하지 않고 놀지 않는 사람들의 상태를 가리킨다 | 평평하다, 고르다, 매끄럽다, 매끈하다 | 고집불통이다, 고집 세다 | 절대 양보하지 않다

판막다 [HPAN-MAK-TA,-MAK-A,-MAK-EUN] (擅局) ⓦ352

불 Invincible; supérieur; le premier. ‖ Mettre fin à. Revient quelquefois à l'expression française: 《tirer l'échelle après soi.》

한 무적이다 | 능가하다 | 으뜸이다 | 종결짓다 | 때때로 결국 프랑스어 표현이 된다: 《자신을 당할 재주가 없다》

*판비ᄒᆞ다 [HPAN-PI-HĂ-TA] (辦備) ⓦ352

불 Préparer; faire des préparatifs (de défense).

한 준비하다 | (방어) 채비를 하다

[1*]판셔 [HPAN-SYE] (板書) ⓦ352

불 Ecriture imprimée.

한 인쇄된 글씨

[2*]판셔 [HPAN-SYE] (判書) ⓦ352

불 Ministère; les six ministres de 2me ordre ou juges qui sont à la tête des six ministères ou tribunaux supérieurs.

한 [역주 정부의] 부[역주 部] | 두 번째 서열의 여섯 명의 장관들이나 6부나 상급 재판소의 우두머리인 재판관들

판슈 [HPAN-SYOU] (盲人) ⓦ352

불 Aveugle.

한 맹인

*판신공 [HPAN-SIN-KONG,-I] (判神工) ⓦ352

불 Réception des sacrements; administration des sacrements.

한 성사를 받음 | 성사의 집행

*판윤 [HPAN-YOUN,-I] (判尹) ⓦ352

불 Nom d'une dignité élevée (grande); chef du tribunal chargé du recensement de la population, espèce de préfet de police.

한 높은(중요한) 고관직의 이름 | 인구 조사를 맡은 법원장, 경찰청장의 종류

*판의금 [HPAN-EUI-KEUM,-I] (判議禁) ⓦ352

불 Nom d'une grande dignité; mandarin geôlier de la prison royale 금부 Keum-pou, (c'est une grande dignité).

한 중요한 고관직의 이름 | 금부 Keum-pou라는 왕립 감옥의 감시 관리, (높은 고관직이다)

*판이ᄒᆞ다 [HPAN-I-HĂ-TA] (判異) ⓦ352

불 Etre différent, très-différent.

한 다르다, 매우 다르다

*판죄ᄒᆞ다 [HPAN-TJOI-HĂ-TA] (判罪) ⓦ353

불 Juger un criminel, un crime; juger un accusé, juger sa cause.

한 죄인, 범죄를 재판하다 | 피고인을 재판하다, 소송을 판결하다

*판ᄌᆡ [HPAN-TJĂI] (板材) ⓦ353

불 Bois de réserve pour la confection, la construction d'un cercueil; planche pour faire un cercueil.

한 제작, 관의 제작을 위해 남겨둔 나무 | 관을 만들기 위한 판

*판탕ᄒᆞ다 [HPAN-HTANG-HĂ-TA] (板蕩) ⓦ353

불 Mauvais; d'une qualité inférieure; perdu sans ressource; vaurien.

한 나쁘다 | 질이 낮다 | 속수무책으로 잃다 | 형편없다

*판판ᄒᆞ다 [HPAN-HPAN-HĂ-TA] (板板) ⓦ352

불 Etendu; dressé; tendu; uni; être poli, lisse.

한 펴지다 | 세워지다 | 팽팽하게 당겨지다 | 평탄하다 | 반들반들하다, 매끈하다

*판하 [HPAN-HA] (判下) ⓦ352

불 Ordre du gouvernement; jugement, sentence, décision écrite du roi.

한 정부의 명령 | 재판, 판결, 왕이 글로 쓴 결정

판혬 [HPAN-HYEIM,-I] (局報還) ⓦ352

불 Action d'un homme qui, ne pouvant payer ses

dettes, fait venir ses créanciers et leur distribue au prorata ce qui lui reste de biens en espèces ou en nature (argent, meubles, maison).

한 자신의 부채를 지불할 수 없어서, 그 채권자들을 오게 하고 현금이나 현물(돈, 가구, 집)로 된 재산 중 남은 것을 그들에게 비례하여 분배하는 사람의 행동

[1]팔 [HPAL,-I] (肱) 원353

불 Bras.

한 팔

[2]*팔 [HPAL,-I] (八) 원353

불 Huit (avec le mot chinois).

한 여덟 (중국 단어와 함께)

*팔각회향 [HPAL-KAK-HOI-HYANG,-I] (八角茴香) 원353

불 Anis étoilé.

한 붓순나무

팔결 [HPAL-KYEL,-I] 원353

불 Le contraire; l'opposé.

한 반대되는 것 | 반대

*팔괘 [HPAL-KOAI] (八卦) 원353

불 Diagrammes composés de lignes continues ou parfaites et de lignes non continues ou imparfaites : parfait. moins parfait. imparfait. plus imparfait. ‖ Arrangement en octogone de huit diagrammes, composés chacun de trois traits parallèles, continus ou coupés, destinés à représenter, par leurs différentes combinaisons, nature. Voici les huit conbinaisons fondamentales : Ciel. Cours d'eau. Tonnerre. Terre. Eau. Feu. Vent. Montagne. ‖ Cette invention attribuée à Fou-hi, 1er empereur de Chine, qui l'avait conçue pour en faire un instrument de spéculations philosophiques, ne sert plus guère qu'aux diseurs de bonne aventure pour tirer les sorts.

한 연속되거나 완전한 선과 비연속적이고 불완전한 선들로 구성된 도식[역주 괘] : 완벽하다 | 덜 완벽하다 | 완벽하지 않다 | 더 완벽하지 못하다 | 각각 3개의 평행선으로 구성된 여덟 괘로 된 팔각형 배열로서 각각의 평행선은 연속된 선이거나 단절되어 있는데 이러한 다양한 결합을 통해 자연을 표상하고자 함 | 다음은 여덟 개의 기본 결합구조이다: 하늘·물 흐름·땅·물·불·바람·산 | 이러한 창안은 중국의 제1대 황제인 복희 덕분인데, 그는 철학적 사변의 도구로 만들기 위해 이것을 고안했으며 이젠 운수를 점치는 사람들만 쓴다

팔굼이 [HPAL-KOUM-I] 원353 ☞팔굼치

팔굼치 [HPAL-KOUM-TCHI] (肘) 원353

불 Coude (du bras).

한 (팔의) 팔꿈치

팔난봉 [HPAL-NAN-PONG,-I] (八亂蓬) 원354

불 Bambocheur; grivois; voyou; vaurien perdu de mœurs. (Ce mot est une allusion à huit gredins célèbres autrefois).

한 난봉꾼 | 노골적인 사람 | 불량배 | 품행을 잃은 악동 | (이 단어는 예전에 유명한 여덟 명의 불한당에 대한 암시이다)

팔낭팔낭ᄒᆞ다 [HPAL-NANG-HPAL-NANG-HĂ-TA] 원354

불 Etre léger, vif, éveillé, gaillard. flotter au vent comme un pavillon.

한 가볍다, 생기 있다, 활발하다, 활기차다 | 깃발처럼 바람에 나부끼다

*팔노 [HPAL-NO] (八路) 원354

불 Les huit routes des huit provinces. Les routes des huit côtés, c.a.d. tous les chemins.

한 여덟 개 지방의 여덟 개의 길 | 여덟 방향의 길, 즉 모든 길

*팔노ᄒᆡᆼ긱 [HPAL-NO-HĂING-KĂIK,-I] (八路行客) 원354

불 Mendiant, vagabond; les voyageurs qui arrivent de tous côtés.

한 거지, 방랑자 | 모든 곳에서 오는 여행자들

팔니다 [HPAL-NI-TA,-NYE,-NIN] (賣) 원354

불 Etre vendu. faire vendre.

한 팔리다 | 팔게 하다

팔다 [HPAL-TA,HPAL-A,HPAN] (賣) 원354

불 Vendre; acheter (lorsqu'il s'agit des blés). ‖ Vendre du blé. c.a.d. livrer l'argent pour avoir du blé (les blés sont comme l'argent).

한 팔다 | (곡물의 경우) 사다 | 곡물을 팔다 | 즉 곡물을 갖기 위해 돈을 건네주다 (곡물은 돈과 같다)

*팔도 [HPAL-TO] (八道) 원354

불 Les huit provinces de Corée.

한 조선의 8개의 지방

*팔ᄃᆡ죠 [HPAL-TĂI-TJYO] (八代祖) 원354

불 Ascendant au 8e degré (d'après la généalogie coréenne), au 7e (d'après la généalogie européenne).

한 (조선식 계보학에 따르면) 여덟 번째, (유럽 계보학에 따르면) 일곱 번째 촌수의 조상

*팔면 [HPAL-MYEN] (八面) 원353

불 Les huit côtés, c.a.d. les quatre points cardinaux et leurs interstices.

한 팔면, 즉 중심이 되는 네 개의 지점과 그것들의 간격

*팔면부지 [HPAL-MYEN-POU-TJI] (八面不知) 원354

불 (Inconnu des huit côtés) homme qu'on n'a pas encore vu, qu'on voit pour la première fois; qui n'est connu ni d'Eve ni d'Adam.

한 (팔면에서 알려지지 않은) 여태껏 본 적 없는, 처음으로 보는 사람 | 이브도 아담도 모르는 사람

팔모 [HPAL-MO] (八隅) 원354

불 Octogone; huit angles.

한 8각형 | 팔각

팔미리ᄒᆞ다 [HPAL-MI-RI-HĂ-TA] (手推) 원354

불 Faire signe avec le bras de s'éloigner. ‖ Signe des deux mains pour inviter à entrer (ne se fait qu'au fiancé le jour de ses noces et à l'ambassadeur de Chine en Corée).

한 팔로 멀어지라는 신호를 하다 | 안으로 들어오라고 권하기 위한 양손의 몸짓 (결혼식 날 약혼자와 조선에 있는 중국 대사에게만 한다)

*팔미환 [HPAL-MI-HOAN] (八味丸) 원354

불 Nom d'un remède en pilules composé de huit espèces d'ingrédients.

한 여덟 가지 종류의 재료로 구성된 환약으로 된 치료제의 이름

팔ᄆᆡ치다 [HPAL-MĂI-TCHI-TA,-TCHYE,-TCHIN] (擲石) 원353

불 Lancer une pierre avec une fronde ou avec la main.

한 새총이나 손으로 돌멩이를 던지다

*팔방 [HPAL-PANG,-I] (八方) 원354

불 Les huit côtés, c.a.d. les quatre points cardinaux avec leurs interstices.

한 팔면, 즉 중심이 되는 4지점과 그것들의 간격

팔방돌니다 [HPAL-PANG-TOL-NI-TA,-NYE,-NIN] (循八方) 원354

불 Lieu des grandes exécutions, autour duquel on promène le condamné, comme pour le montrer aux huit provinces.

한 여덟 개의 지방에 사형수를 보여주려는 것처럼, 그를 그 주위에 끌고 다니는 중대한 집행 장소

*팔셩 [HPAL-SYENG,-I] (八星) 원354

불 Comète à huit queues.

한 8개 꼬리가 있는 혜성

*팔ᄉᆞ [HPAL-SĂ] (八絲) 원354

불 Cordon à huit fils, corde formée de huit cordons.

한 여덟 가닥의 실로 된 끈, 여덟 개의 끈으로 만들어진 밧줄

팔ᄯᅡ시 [HPAL-TTA-SI] (臂) 원354

불 Le bras.

한 팔

팔ᄯᅮᆨ [HPAL-TTOUK,-I] (腕) 원354

불 Bras.

한 팔

팔ᄶᅵ [HPAL-TTJI] (韝) 원354

불 Espèce de bracelet, de bande, qui serre et retient la manche du bras droit de l'archer; bande avec laquelle les archers lient les larges manches de leurs habits pour n'en être pas gênés.

한 궁수의 오른쪽 팔의 소매를 죄고 유지하는 팔찌, 띠의 종류 | 불편하지 않도록 궁수들이 그들의 옷에 있는 넓은 소매들을 묶는 띠

*팔음 [HPAL-EUM,-I] (八音) 원353

불 Les huit sortes de bruits, de sons; métal, pierre, corde, bambou, calebasse, terre, peau, bois.

한 여덟 가지 종류의 소리, 소리 | 금속, 돌멩이, 끈, 대나무, 호리병박, 흙, 가죽, 나무

팔쟉팔쟉ᄒᆞ다 [HPAL-TJYAK-HPAL-TJYAK-HĂ-TA] 원354

불 Flotter au vent; être fouetté par le vent; s'agiter; se remuer vivement; palpiter. ‖ Désigne l'état d'un oiseau attaché à un par la patte et qui saute pour s'échapper.

한 바람에 나부끼다 | 바람에 의해 후려침을 당하다 | 들척거리다 | 세차게 움직이다 | 고동치다 | 발이 묶인 채 벗어나기 위해 뛰어 오르는 새의 상태를 가리킨다

팔쟝지르다 [HPAL-TJANG-TJI-RĂ-TA,-TJIL-NE,-TJI-RĂN] (拱手) 원354

불 Mettre, croiser ses mains dans ses manches.

한 소매 안에 자신의 손을 넣다, 포개다

팔쥬릐 [HPAL-TJYOU-REUI] 원354

불 Supplice de la dislocation des bras, de la courbure des os des bras.

한 팔이 탈구되는, 팔뼈가 휘는 형벌

팔줓ᄒᆞ다 [HPAL-TJEUT-HĂ-TA] (手容) [원]354
[불] Remuer le bras en marchant vite; gesticuler, faire de grands gestes.
[한] 빨리 걸으면서 팔을 휘젓다 | 몸짓을 많이 하다, 큰 몸짓을 하다

*팔진도 [HPAL-TJIN-TO] (八陣圖) [원]354
[불] Les huit manières de ranger les soldats en bataille. (Terme de tactique militaire qui s'applique aussi au jeu d'échecs).
[한] 전투에서 군인들을 정렬하는 여덟 가지 방법 | (체스 놀이에도 적용되는 용병술의 용어)

*팔ᄌᆞ [HPAL-TJĂ] (八字) [원]354
[불] Les huit caractères (l'année, la lune, le jour, l'heure, chacun deux caractères). ‖ Les huit choses qui assurent la prospérité sur la terre : l'heure, le jour, le mois, l'année de la naissance, la vie, la mort, la chance et la vertu; (on apporte tout cela en naissant; c'est ce qu'on examine dans les horoscopes).
[한] 여덟 개의 글자(년, 달, 날, 시, 각 두 자씩) | 지상에서 번영을 보장하는 여덟 개의 것 : 태어난 시, 일, 월, 해, 수명, 죽음, 운과 덕 | (이 모든 것은 태어날 때 갖고 태어난다. 이것이 바로 별자리 운세에서 우리가 살펴보는 것이다)

팔ᄌᆞ됴타 [HPAL-TJĂ-TYO-HTA] (好八字) [원]354
[불] Il est né sous une heureuse étoile.
[한] 행운을 타고 태어나다

*팔쳑쟝신 [HPAL-TCHYEK-TJYANG-SIN,-I] (八尺長身) [원]354
[불] Géant, homme haut de huit pieds.
[한] 거인, 키가 8피에 되는 사람

팔초ᄒᆞ다 [HPAL-TCHO-HĂ-TA] [원]354
[불] Fuyard; qui n'est pas apprivoisé. ‖ Avoir un air misérable, maigre et blème.
[한] 도망자 | 길들여지지 않은 사람 | 초라하고 마르고 창백해 보이다

*팔촌 [HPAL-TCHON,-I] (八寸) [원]354
[불] 8me degré; parent au 8me degré.
[한] 여덟 번째 촌수 | 여덟 번째 촌수의 친척

팔팔날다 [HPAL-HPAL-NAL-TA,-NAL-A,-NAN] (翻翻飛) [원]354
[불] Commencer à voler (petit oiseau).
[한] (작은 새가) 날기 시작하다

팔팔ᄒᆞ다 [HPAL-HPAL-HĂ-TA] [원]354
[불] Fuyard; sauvage; qui n'est pas apprivoisé. ‖ Flotter au vent. ‖ Etre vif, éveillé, gaillard, alerte. ‖ Palpiter, s'agiter, se remuer vivement.
[한] 도망하다 | 거칠다 | 길들여지지 않다 | 바람에 나부끼다 | 생기 있다, 활발하다, 활기차다, 민첩하다 | 고동치다, 흔들리다, 세차게 움직이다

*팔포대샹 [HPAL-HPO-TAI-SYANG] (八鋪大商) [원]354
[불] Gros commerçant.
[한] 큰 상인

팔풍밧이 [HPAL-HPOUNG-PAT-I] (八風所受) [원]354
[불] Qui reçoit le vent de huit côtés; exposé à tous les vents; endroit où le vent souffle de tous côtés.
[한] 여덟 방향으로부터 바람 맞는 것 | 모든 바람에 노출된 것 | 바람이 모든 방향으로부터 부는 장소

팟 [HPAT,-TCHI] (豆) [원]355
[불] Espèce de petits pois ronds très-durs, p. ê. vesces; espèce de petits haricots rouges.
[한] 매우 딱딱한 작고 둥근 콩의 종류, 아마도 잠두 | 작고 붉은 강낭콩의 종류

팟고물 [HPAT-KO-MOUL,-I] (豆屑) [원]355
[불] Farine de petits pois dont on saupoudre les gâteaux.
[한] 떡에 뿌리는 작은 콩의 가루

팟밥 [HPAT-PAP,-I] (豆飯) [원]355
[불] Riz cuit mêlé de petits pois ronds.
[한] 작고 둥근 콩을 섞어 익힌 쌀

팟ᄇᆡ [HPAT-PĂI] (豆梨) [원]355
[불] Espèce de petite poire sauvage grosse comme un pois.
[한] 콩과 같은 굵기의 작은 야생 배의 종류

팟ᄇᆡ나무 [HPAT-PĂI-NA-MOU] (豆梨木) [원]355
[불] Espèce de poirier dont les poires sont grosses comme des pois et l'écorce sert à faire la teinture jaune.
[한] 배가 콩과 같은 굵기이고 그 껍질은 노란색으로 염색할 때 쓰이는 배나무의 종류

팟죽 [HPAT-TJOUK,-I] (豆粥) [원]355
[불] Bouillie de petits pois ronds.
[한] 작고 둥근 콩의 걸쭉한 죽

팡지다 [HPANG-TJI-TA,-TJYE,-TJIN] (縮) [원]353
[불] Etre large, gros et court.
[한] 넓고, 굵고 짧다

*패 [HPAI] (牌) [원]351
[불] Planchette; plaque; medaille; tablette. ‖ Escouade de soldats, de satellites.
[한] 작은 판자 | 판 | 메달 | 패 | 군인들, 부하들의 분대

패다 [HPAI-TA,HPAI-YE,HPAIN] (折) [원]351
[불] Bûcher, fendre du bois, le casser. ‖ Arracher les racines.
[한] [[역주] 목재 따위를 도끼로] 대강 다듬다, 나무를 쪼개다, 그것을 깨다 | 뿌리를 뽑다

*패동기ᄒᆞ다 [HPAI-TONG-KĂI-HĂ-TA] (佩筒盖) [원]351
[불] Suspendre son carquois à son côté; mettre son carquois (il se met sur le côté droit, par-devant); être armé du sabre, de l'arc et des flèches.
[한] 옆구리에 자신의 화살통을 매달다 | 자신의 화살통을 놓다 (오른쪽 앞쪽에 놓인다) | 검, 활, 화살로 무장되다

*패두 [HPAI-TOU] (牌頭) [원]351
[불] Les derniers employés de la préfecture; fonctionnaires aux ordres du ministre des supplices appelé 형죠판셔 Hyeng-tjyo-hpan-sye.
[한] 도청의 최하위 직원 | 형죠판셔 Hyeng-tjyo-hpan-sye라 불리는 형벌을 담당하는 장관의 명령을 따르는 공무원들

*패문 [HPAI-MOUN,-I] (牌文) [원]351
[불] Ecrit de l'empereur de Chine au roi de Corée; dépêche écrite du gouvernement.
[한] 중국의 황제로부터 조선의 왕에게 온 문서 | 정부의 글로 된 지급[[역주] 至急] 통신문

*패물 [HPAI-MOUL,-I] (貝物) [원]351
[불] Breloques.
[한] 장신구들

*패슈ᄒᆞ다 [HPAI-SYOU-HĂ-TA] (怕羞) [원]351
[불] Cacher par honte. (Mot chrét.).
[한] 수치스러워 감추다 | (기독교 어휘)

*패역ᄒᆞ다 [HPAI-YEK-HĂ-TA] (悖逆) [원]351
[불] Etre rebelle.
[한] 반역하다

*패연 [HPAI-YEN] (沛然) [원]351
[불] Vite; prompt; subit.
[한] 빨리 | 재빠르다 | 급작스럽다

1패쟝 [HPAI-TJYANG,-I] [원]351
[불] Préparatifs.
[한] 준비

2*패쟝 [HPAI-TJYANG,-I] (牌將) [원]351
[불] Maître; patron; chef.
[한] 주인 | 주인 | 장

패차다 [HPAI-TCHA-TA,-TCHA,-TCHAN] (佩牌) [원]351
[불] Porter une marque évidente de; avoir, porter écrit sur le front, dans les yeux.
[한] ~에 대한 확실한 표시를 지니다 | 이마에, 눈에 있다, 글로 쓰인 채로 지니다

*패초ᄒᆞ다 [HPAI-TCHO-HĂ-TA] (牌招) [원]351
[불] Mander un ministre (le roi); appeler les grands au palais en leur envoyant une tablette qui marque la volonté du roi.
[한] (왕이) 장관을 불러들이다 | 왕의 의지를 나타내는 패를 요인들에게 보내어 그들을 궁으로 부르다

*패텰ᄒᆞ다 [HPAI-HTYEL-HĂ-TA] (佩鐵) [원]351
[불] Prendre sa boussole, la suspendre à son côté; chercher avec la boussole un excellent endroit pour les tom- beaux.
[한] 자신의 나침판을 잡다, 그것을 허리에 매어 달다 | 묘지를 위한 훌륭한 장소를 나침판으로 찾다

파려스럽다 [HPYA-RYE-SEU-REP-TA] [원]356 ☞퍄려ᄒᆞ다

퍄려ᄒᆞ다 [HPYA-RYE-HĂ-TA] [원]356
[불] Extraordinaire; curieux; drôle; fourbe. Etre d'un drôle de caractère, de mauvais caractère.
[한] 기이하다 | 야릇하다 | 이상하다 | 교활하다 | 성격이 이상하다, 나쁘다

퍄삭퍄삭ᄒᆞ다 [HPYA-SAK-HPYA-SAK-HĂ-TA] [원]356
[불] Désigne l'état d'un homme qui est par trop petit. ‖ Céder et crier sous les pas (sable mouvant).
[한] 너무 작은 사람의 상태를 가리킨다 | (움직이는 모래가) 발 아래에서 움푹 들어가고 소리를 내다

퍅ᄒᆞ다 [HPYAK-HĂ-TA] (愎) [원]355
[불] Susceptible, vif, emporté. avoir un petit esprit, un mauvais caractère.
[한] 격하기 쉽다, 흥분을 잘 하다, 성을 잘 내다 | 편협하다, 성질이 고약하다

퍈잔스럽다 [HPYAN-TJAN-SEU-REP-TA,-RE-OUE,-RE-ON] [원]355
[불] Trop peu, qui n'est pas présentable. ‖ Etre bourru, brusque, braque.
[한] 너무 적다, 내놓을 만한 것이 못되다 | 거칠다, 난폭하다, 약간 머리가 돌다

팽팽ᄒᆞ다 [HPYANG-HPYANG-HĂ-TA] [원]355
[불] Tendu, raide (corde); être juste en équilibre (balance).
[한] 팽팽하게 당겨지다, 팽팽하다 (끈) | 딱 균형이 맞

ㅍ

다 (저울)

퍼귀 [HPE-KOUI] (叢) ㉖356

불 Touffe. Numéral des pieds de tabac, de choux, de navets, etc.

한 뭉치 | 담배, 배추, 무 등을 세는 단위

퍼귀지다 [HPE-KOUI-TJI-TA,-TJYE,-TJIN] (叢生) ㉖356

불 Avoir des branches qui sortent de terre en un faisceau. Etre en touffes, touffu (ne se dit que des plantes à tiges basses).

한 땅에서 다발로 나오는 가지들을 가지다 | 울창하다, 무성하다 (줄기가 낮은 식물에 대해서 쓴다)

퍼붓다 [HPE-POUT-TA,-POU-E(-POUT-SYE),-POU-EUN(-POUT-SĂN)] (注) ㉖356

불 Transvaser; prendre de l'eau et la mettre dans un vase; puiser et verser. Syn. 푸다 Ppou-ta.

한 옮겨 붓다 | 물을 떠 그것을 그릇에 넣다 | 푸고 붓다 | [동의어 푸다, Ppou-ta]

퍼지다 [HPE-TJI-TA,-TJYE,-TJIN] ㉖357

불 Transmettre; se transmettre; se divulguer; se propager; se répandre; s'étendre peu à peu; gagner; se communiquer.

한 전달하다 | 전달되다 | 퍼지다 | 퍼지다 | 조금씩 확장되다 | 퍼지다 | 전해지다

퍽셕퍽셕ᄒᆞ다 [HPEK-SYEK-HPEK-SYEK-HĂ-TA] ㉖356

불 Elastique. ‖ Etre humide, boueux, détrempé.

한 탄성이 있다 | 습하다, 진흙투성이다, 흠뻑 적셔지다

퍽오래다 [HPEK-O-RAI-TA,-RAI-YE,-RAIN] (已久) ㉖356

불 Il y a déjà fort longtemps.

한 이미 오래전에

퍽으나 [HPEK-EU-NA] (不少) ㉖356

불 Beaucoup; à foison.

한 매우 | 많이

퍽퍽 [HPEK-HPEK,-I] ㉖356

불 Bruit de la terre sous le hoyau.

한 작은 괭이로 땅을 파는 소리

퍽퍽먹다 [HPEK-HPEK-MEK-TA,-MEK-E,-MEK-EUN] ㉖356

불 Bruit d'un chien qui mange du riz liquide.

한 묽은 밥을 먹는 개의 소리

퍽ᄒᆞ다 [HPEK-HĂ-TA] (多貌) ㉖356

불 Beaucoup; nombreux; abondant.

한 많이 | 많다 | 풍부하다

펀들펀들ᄒᆞ다 [HPEN-TEUL-HPEN-TEUL-HĂ-TA] ㉖356

불 Indique l'état d'un homme sans ouvrage, qui ne fait que s'amuser. ‖ Etre uni, poli, lisse.

한 일 없는, 놀기만 하는 사람의 상태를 가리킨다 | 고르다, 반드럽다, 매끄럽다

펀펀ᄒᆞ다 [HPEN-HPEN-HĂ-TA] ㉖356

불 Indique l'état des boutons de la petite vérole qui couvrent entièrement une partie du corps. ‖ Etre uni, poli, lisse.

한 몸의 일부를 완전히 덮는 천연두의 종기들의 상태를 가리킨다 | 고르다, 맨들맨들하다, 매끈하다

펀ᄒᆞ다 [HPEN-HĂ-TA] ㉖356

불 Etre plan, uni, large et étendu, sans obstacle qui bouche la vue.

한 평평하다, 고르다, 넓고 광활하다, 시야를 막는 방해물이 없다

펄 [HPEL,-I] ㉖357

불 Lieu marécageux, bourbeux. boue, vase, fange.

한 질퍽한, 진창인 곳 | 진흙, 개흙, 진흙탕

펄군 [HPEL-KOUN,-I] ㉖357

불 Homme qui ne cherche que la dispute, qui boit beaucoup, dit des injures à tout le monde et est toujours prêt à se battre. Ivrogne.

한 말다툼을 할 궁리를 하는, 술을 많이 마시는, 모든 사람에게 욕설하고, 항상 싸울 태세인 사람 | 술꾼

펄넝펄넝ᄒᆞ다 [HPEL-NENG-HPEL-NENG-HĂ-TA] ㉖357

불 Flotter au vent; être léger, remuant, étourdi. follet; gigotter; palpiter. ‖ Désigne l'état d'un homme qui va et vient toujours au même endroit, qui passe souvent.

한 바람에 나부끼다 | 경박하다, 가만히 있지 못하다, 경솔하다 | 터무니없다 | 다리를 떨다 | 고동치다 | 같은 장소에 항상 가고 오는, 자주 들르는 사람의 상태를 가리킨다

펄셕펄셕ᄒᆞ다 [HPEL-SYEK-HPEL-SYEK-HĂ-TA] ㉖357

불 Etre boueux, détrempé. ‖ Désigne l'état d'un homme qui marche difficilement sur un terrain humide et collant, v. g. sur la terre glaise détrempée.

한 진흙투성이다, 푹 적셔지다 | 습하고 끈끈한 땅, 예. 흠뻑 젖은 점토질의 땅 위를 걷는 사람의 상태를 가리킨다,

펄젹펄젹쒸다 [HPEL-TJYEK-HPEL-TJYEK-TTOUI-TA]

[원]357

[불] Désigne l'état d'un oiseau retenu par un filet et qui fait des efforts pour s'échapper. Palpiter, gigotter, se débattre.

[한] 그물에 붙잡혀 빠져나가려 애쓰는 새의 상태를 가리킨다 | 고동치다, 사지를 떨다, 발버둥치다

펄펄쒸다 [HPEL-HPEL-TTOUI-TA,-TTOUI-YE,-TTOUIN] (勇) [원]357

[불] Courir rapidement en sautant (v. g. cerf, chevreuil).

[한] (예. 사슴, 노루) 뛰어 오르면서 빨리 달리다

펄펄ᄒᆞ다 [HPEL-HPEL-HĂ-TA] [원]357

[불] raide, ferme, dur. sauvage, sévère. || Flotter au vent. || Gigotter, palpiter.

[한] 뻣뻣하다, 단호하다, 몰인정하다 | 거칠다, 엄격하다 | 바람에 나부끼다 | 사지를 떨다, 고동치다

펑 [HPENG] [원]356

[불] Bruit d'une bouteille qu'on débouche.

[한] 마개를 따는 병의 소리

펑펑 [HPENG-HPENG] [원]356

[불] Glouglous d'une bouteille.

[한] 병에서 콸콸 흘러나오는 소리

펑펑솟다 [HPENG-HPENG-SOT-TA,-SO-SE,-SO-SEUN] [원]356

[불] Faire glouglou, (v. g. une bouteille pleine qu'on veut vider trop vite).

[한] 콸콸대다 (예. 매우 빨리 비우고자 하는 가득한 병)

펴다 [HPYE-TA,HPYE,HPYEN] (叙) [원]360

[불] Etendre, allonger (les jambes), étaler, dérouler et étendre, déplier, ouvrir et allonger, développer et étaler, déployer.

[한] 늘어놓다, 뻗다 (다리), 펼쳐놓다, 펼치고 벌여놓다, 펴다, 열고 늘이다, 펼치고 늘어놓다, 펼치다

펴랑이 [HPYE-RANG-I] (平笠) [원]360

[불] Esp. de chapeau en bambou blanc des valets, des esclaves, des tueurs de bœufs et des hommes en deuil.

[한] 하인들, 노예들, 백정들과 상중인 사람들이 쓰는 흰색 대나무로 만든 모자의 종류

펴랑이쏫 [HPYE-RANG-I-KKOT,-SI et -TCHI] [원]360

[불] Œillet sauvage. Primevère.

[한] 야생 패랭이꽃의 일종 | 앵초의 일종

펴이다 [HPYE-I-TA,HPYE-YE,HPYE-IN] (伸) [원]357

[불] Etre allongé, déroulé, répandu. S'aplanir, se développer, s'ouvrir.

[한] 펴지다, 펼쳐지다, 퍼지다 | 평평해지다, 확장되다, 열리다

1*편 [HPYEN,-I] (便) [원]358

[불] Occasion.

[한] 기회

2*편 [HPYEN,-I] (餅) [원]358

[불] Gâteau.

[한] 떡

3*편 [HPYEN,-I] (偏) [원]358

[불] Côté, parti, faction.

[한] 편, 당, 분파

4*편 [HPYEN,-I] (篇) [원]358

[불] Paragraphe; chapitre; article; alinéa; morceau.

[한] 단락 | 장 | 항목 | 항 | 부분

*편격 [HPYEN-KYEK,-I] (偏格) [원]358

[불] Partialité. ami qui soutient son ami sans s'occuper s'il a raison, mais parce que c'est son ami.

[한] 편파성 | 친구가 옳은지를 신경 쓰지 않고 자신의 친구이기 때문에 그를 옹호하는 친구

*편기ᄒᆞ다 [HPYEN-KI-HĂ-TA] (偏嗜) [원]358

[불] Manger avec plaisir. Aimer beaucoup; préférer; avoir un goût spécial pour.

[한] 즐겁게 먹다 | 많이 좋아하다 | 선호하다 | ~을 특별히 좋아하다

*편ᄀᆡᆨ [HPYEN-KĂIK,-I] (片刻) [원]358

[불] En peu de temps; un instant; un moment.

[한] 잠깐 사이에 | 한순간 | 잠시

*편논ᄒᆞ다 [HPYEN-NON-HĂ-TA] (遍論) [원]358

[불] Délibérer, décider, considérer, examiner.

[한] 심의하다, 결정하다, 고려하다, 검토하다

*편답ᄒᆞ다 [HPYEN-TAP-HĂ-TA] (偏踏) [원]359

[불] Qui a visité toutes les provinces du royaume. Courir de tous côtés.

[한] 왕국의 모든 지방을 방문했다 | 사방으로 뛰다

*편뎐 [HPYEN-TYEN,-I] (便殿) [원]359

[불] Aile, ou partie latérale, ou pavillon dans la palais.

[한] 궁에서의 익면, 또는 측면, 또는 작은 건물

*편뎐ᄒᆞ다 [HPYEN-TYEN-HĂ-TA] (偏戰) [원]359

[불] Faire des partis pour le combat, le jeu, la lutte, pour l'écriture, etc.

[한] 시합, 놀이, 격투를 위한, 글씨 등을 위한 편을 만들다

편들다 [HPYEN-TEUL-TA,-TEUL-E,-TEUN] (輔便) [원]359

[ㅍ]

불 Etre partial; favoriser une personne au préjudice d'une autre.
한 편파적이다 | 다른 이에게 불리하게 한 사람을 특별 대우하다

*편뢰 [HPYEN-ROI] (片腦) 원358
불 Camphre.
한 장뇌

*편만ᄒᆞ다 [HPYEN-MAN-HĂ-TA] (徧滿) 원358
불 Plein, rempli. être comble, à pleins bords.
한 가득하다, 가득 차다 | 넘칠 만큼이다, 경계까지 가득하다

*편발 [HPYEN-PAL,-I] (編髮) 원358
불 Cheveux réunis et pendant en tresses sur le derrière de la tête. (Les enfants, garçons et filles, portent ainsi les cheveux jusqu'à l'époque du mariage). || Jeune fille non mariée.
한 모아서 머리 뒤로 땋아 늘어뜨린 머리카락 | (아이들, 소년들과 소녀들이 결혼할 때까지 머리카락을 이렇게 기르고 있다) | 결혼하지 않은 어린 소녀

*편벽 [HPYEN-PYEK,-I] (偏僻) 원358
불 Acception de personnes, partialité.
한 사람들에 대한 특별 배려, 편파성

*편벽되다 [HPYEN-PYEK-TOI-TA,-TOI-YE,-TOIN] (偏僻) 원358
불 Injuste, partial. Faire des différences injustes entre des hommes de même condition. Acception de personnes.
한 불공정하다, 편파적이다 | 같은 신분의 사람들 간에 불공정한 차별을 하다 | 사람들에 대한 특별 배려

*편사ᄒᆞ다 [HPYEN-SA-HĂ-TA] (便射) 원358
불 Concours au tir de l'arc (les jouteurs sont répartis en deux camps). Faire des partis, faire deux partis dans les jeux, les luttes, le tir au fusil, à l'arc: (le parti vaincu paie les frais d'un festin).
한 활쏘기 경쟁시험 (경쟁 상대들은 두 진영으로 나뉜다) | 편을 나누다, 놀이, 격투, 사격, 활쏘기에서 두 편을 만들다 : (진 편이 연회의 비용을 지불한다)

*편셩 [HPYĒN-SYENG,-I] (偏性) 원358
불 Injustice, partialité.; petitesse ou étroitesse de caractère, de vues. Caractère de femme, faible, changeant, exalté, irritable.
한 불공정, 편파성 | 성격, 견해의 편협함 또는 옹졸함 | 여성적인, 연약한, 변덕스러운, 흥분하는, 성마른 성격

1*편슈 [HPYEN-SYOU] (便首) 원359
불 Patron; maître; entrepreneur; architecte; charpentier.
한 주인 | 주인 | 기획자 | 건축가 | 목수

2*편슈 [HPYEN-SYOU] (鯿水) 원359
불 Œufs dépouillés de la coque et cuits dans l'eau bouillante.
한 껍질을 벗기고 끓는 물에 익힌 달걀

*편시 [HPYEN-SI] (片時) 원358
불 Un instant, peu de temps. un moment.
한 잠시, 잠깐 | 잠깐

1*편신 [HPYEN-SIN,-I] (遍身) 원358
불 Tout le corps.
한 온몸

2*편신 [HPYEN-SIN,-I] (片身) 원358
불 Seul, isolé, sans parçuts, sans famille.
한 친척 없이, 가족 없이 혼자이다, 고독하다

*편심 [HPYEN-SIM,-I] (偏心) 원358
불 Caractère, cœur. V. 편셩 Hpyen-syeng.
한 성격, 마음 | [참조어 편셩, Hpyen-syeng]

*편쉭 [HPYEN-SĂIK,-I] (偏色) 원358
불 Parti, faction. les quatre partis civils qui se partagent les charges, et que le gouvernement s'efforce de tenir en équilibre.
한 당, 당파 | 직무를 나누어 가지고 정부가 균형을 유지하고자 애쓰는 네 개의 문민 정당

편쌱 [HPYEN-TTJAK,-I] 원359
불 Côté; partie latérale; position.
한 측면 | 옆면 | 위치

*편안ᄒᆞ다 [HPYEN-AN-HĂ-TA] (便安) 원358
불 Etre tranquille, en paix; commode.
한 편안하다, 평온하다 | 안락하다

편얼샹토 [HPYEN-EL-SYANG-HTO] (高結) 원358
불 Joli toupet; chignon bien fait, petit, serré, élégant et renversé en arrière.
한 끝을 올린 멋진 머리 | 잘 쪽진 머리, 예쁜, 촘촘한, 우아하게 뒤로 넘긴

*편역 [HPYEN-YEK,-I] (偏懌) 원358
불 Partialité. approbation aveugle. Qui soutient un autre parce que c'est son ami et sans examiner s'il a bien ou mal agi.
한 편파성 | 맹목적인 찬성 | 다른 사람이 자신의 친구이기 때문에, 그가 잘 처신했는지 아닌지 살펴보지 않고 그를 지지하다

*편육 [HPYEN-YOUK,-I] (片肉) 원358
불 Viande desséchée. Tranche de chair de la tête de boeuf bouillie.
한 말라붙은 고기 | 삶은 소머리의 얇은 고기 조각

1*편익ᄒᆞ다 [HPYEN-IK-HĂ-TA] (偏益) 원358
불 Avantage propre, particulier.
한 고유의, 특유의 이점

2편익ᄒᆞ다 [HPYEN-IK-HĂ-TA] (便益) 원358
불 Utile, avantageux.
한 유익하다, 이점이 있다

*편작이 [HPYEN-TJAK-I] (扁鵲) 원359
불 Nom d'un ancien médicin fort célèbre. Médicin habile qui réussit bien dans ses cures. C'est un Hypocrate.
한 매우 유명한 옛날 의사 이름 | 치료를 잘하는 능란한 의사 | 히포크라테스 같은 사람이다

*편쟝 [HPYEN-TJYANG,-I] (便長) 원359
불 Le chef d'un des quatre partis civils. Chef de parti.
한 네 가지 문민 정당들 중 하나의 우두머리 | 정당의 장

*편젼 [HPYEN-TJYEN,-I] (片箭) 원359
불 Arbalète, petit arc monté sur un fût creux qui sert de canon. petite flèche très-courte.
한 강철활, 대포로 이용되는 속이 빈 밑동 위에 장착된 작은 활 | 매우 짧은 작은 화살

*편졍 [HPYEN-TJYENG,-I] (偏情) 원359
불 Concupiscence, passion. ᄉᆞ욕편졍 Sa-yok hpyen-tjyeng. Cocupiscence, immortification || Injustice; partialité; pensée, habitude de faire des différences injustices entre des hommes de même condition.
한 욕망, 열정 | [용례 ᄉᆞ욕편졍 Sa-yok hpyen-tjyeng], 욕망, 방종 | 부당 | 편파성 | 같은 신분의 사람들을 부당하게 차별하는 생각, 습관

*편지 [HPYEN-TJI] (便紙|簡) 원359
불 Lettre, épître.
한 편지, 서한

편지투 [HPYEN-TJI-HTOU] (簡套) 원359
불 Méthode de faire les lettres; traité du style épistolaire.
한 편지를 작성하는 방법 | 서간체의 조약

편ᄌᆞ [HPYEN-TJĂ] 원ADDENDA
불 Fer de cheval. Voy. ᄃᆡ갈 Tai-kal.
한 말의 편자 | [참조어 ᄃᆡ갈, Tai-kal]

*편친 [HHYEN-TCHIN,-I] (偏親) 원359
불 Le père (ou la mère) veuf. Le survivant du père ou de la mère est ainsi appelé par les enfants.
한 배우자를 잃은 아버지 (또는 어머니) | 아버지 또는 어머니의 살아남은 배우자를 아이들이 이렇게 부른다

*편ᄐᆡ [HPYEN-HTĂI] (鞭苔) 원359
불 Fouet, verges pour flageller. flageller, flagellation, bastonnade. (Mot chrét.).
한 채찍질하기 위한 채찍, 얇은 막대 | 채찍질하다, 매질, 몽둥이질 | (기독교 어휘)

*편편옥토 [HPYEN-HPYEN-OK-HTO] (片片玉土) 원358
불 Lieu pittoresque; site agréable.
한 경치가 좋은 장소 | 기분 좋은 장소

*편편이 [HPYEN-HPYEN-I] (片片) 원358
불 Chaque morceau. || De tous côtés.
한 각각의 조각 | 사방에서

*편포 [HPYEN-HPO] (片脯) 원358
불 Esp. de poisson desséché, le 오젹어 O-tjyek-e sec. || Tranche de boeuf desséchée au soleil.
한 말라붙은 생선의 한 종류, 마른 오젹어 O-tjyek-e sec | 햇빛에 말린 소고기의 얇은 조각

*편ᄒᆞ다 [HPYEN-HĂ-TA] (便) 원358
불 Etre à l'aise, tranquille, en santé. || Etre commode, facile.
한 마음이 편안하다, 평온하다, 건강하다 | 편안하다, 안락하다

1*폄 [HPYEM,-I] (貶) 원358
불 Note que le gouverneur prend sur la conduite de chaque mandarin de sa province. Jugement du gouverneur sur la conduite des madarins de sa province, et qu'il envoie au roi tous les six mois.
한 각각의 그 지방 관리의 품행에 대해 쓰는 의견 | 6개월마다 왕에게 보내는, 그 지방 관리들의 품행에 대한 지사의 의견

2*폄 [HPYEM] (窆) 원358
불 Tombeau.
한 묘

*폄논ᄒᆞ다 [HPYĒM-NON-HĂ-TA] (貶論) 원358
불 Délibérer, juger, décider, apprécier.
한 심의하다, 판결하다, 결정하다, 평가하다

*폄뎨 [HPYĒM-TYEI] (貶題) 원358
불 Circulaire sur laquelle on trouve écrite la note obtenue par chaque mandarin. Note du gouverneur sur les mandarins de sa province.
한 각각의 관리에 의해 얻은 평가가 쓰인 것을 보게

ㅍ

되는 회람장 | 그 지방의 관리들에 대한 지사의 평가

*폄박 [HPYĒM-PAK,-I] (貶駁) 원358

불 Délibération, jugement.

한 의결, 판결

*폄ᄒᆞ다 [HPYEM-HĂ-TA] (貶) 원358

불 Noter chaque mandarin; lui donner une note. Faire les notes sur les mandarins de sa province.

한 각각의 관리들을 평가하다 | 그에게 점수를 주다 | 그 지방의 관리들에 대해 점수를 매기다

평교ᄃᆡ [HPYENG-KYO-TĂI] 원359

불 Corniche du toit.

한 지붕의 코니스

*평교ᄇᆡ [HPYENG-KYO-PĂI] (平交輩) 원359

불 Egal; ami; ami de même condition. Homme du même âge, qu'on n'est pas tenu de respecter.

한 동등한 사람 | 친구 | 같은 신분의 친구 | 공경해야 하지는 않는, 나이가 같은 사람

*평교ᄌᆞ [HPYENG-KYO-TJĂ] (平轎子) 원359

불 Palanquin des trois plus grands dignitaires du royaume. fauteuil portatif des dignitaires.

한 왕국의 가장 중요한 세 고관들의 가마 | 고관들의 운반 가능한 안락의자

*평군 [HPYENG-KOUN,-I] (平軍) 원359

불 Mannequin en forme d'homme, que les cavaliers attaquent avec impétuosité et auquel ils finissent par faire sauter la tête (exercice militaire).

한 기병들이 맹렬하게 공격하고 결국 머리가 튀어 오르게 되는 사람 형태의 인형 (군대 훈련)

평군치다 [HPYENG-KOUN-TCHI-TA,-TCHYE,-TCHIN] (平軍攻擊) 원359

불 Tirer de l'arc en galopant.

한 말을 급히 달리며 활을 쏘다

*평균ᄒᆞ다 [HPYENG-KYOUN-HĂ-TA] (平均) 원359

불 (Planche) unie. Uni, plain, plan.

한 고른 (판자) | 고르다, 평탄하다, 평면이다

*평난ᄒᆞ다 [HPYENG-NAN-HĂ-TA] (平亂) 원359

불 Retour de la paix. Apaiser les troubles; pacifier.

한 평화의 회복 | 혼란을 진정시키다 | 평화를 회복시키다

*평논ᄒᆞ다 [HPYENG-NON-HĂ-TA] (評論) 원359

불 Juger les hommes; voir les défauts, les vertus.

한 사람들을 판단하다 | 결점, 미덕을 보다

*평대문 [HPYENG-TAI-MOUN,-I] (平大門) 원360

불 Porte cochère; grande porte d'entrée qui n'a pas de seuil, et où une roue peut passer.

한 대문 | 문턱이 없고, 바퀴가 지나갈 수 있는 큰 출입문

*평뎡ᄒᆞ다 [HPYENG-TYENG-HĂ-TA] (平定) 원360

불 Retour de la paix. Pacifier.

한 평화의 회복 | 평화를 회복시키다

*평등 [HPYENG-TEUNG,-I] (平等) 원360

불 Homme de même condition, de condition égale, semblable, de même âge, de même rang.

한 같은 신분의, 동등한 신분의, 비슷한, 같은 나이의, 같은 계급의 사람

*평디 [HPYENG-TI] (平地) 원360

불 Emplacement uni; lieu paisible.

한 평탄한 부지 | 평온한 장소

*평론ᄒᆞ다 [HPYENG-RON-HĂ-TA] (評論) 원359

불 Délibérer.

한 심의하다

*평명 [HPYENG-MYENG,-I] (平明) 원359

불 Ciel clair le matin. Le grand jour, le jour tout-à-fait clair.

한 밝은 하늘, 아침 | 대낮, 완전히 밝은 대낮

평미리 [HPYENG-MI-RI] 원359

불 Esp. de rabot, riflard. ‖ Morceau de bois qui sert à niveler le riz dans le boisseau en le mesurant.

한 대패, 큰 대패의 종류 | 쌀의 양을 잴 때 브와소 안에 있는 쌀의 표면을 평평하게 하는 데 쓰이는 나무 조각

1*평발 [HPYENG-PAL,-I] (平髮) 원359

불 Cheveux d'enfant, cheveux non relevés (ne se dit que des filles).

한 아이의 머리카락, 위로 올리지 않은 머리카락 (소녀들에 대해서만 쓴다)

2평발 [HPYENG-PAL,-I] 원359

불 Compagnon de route.

한 길동무

*평복 [HPYENG-POK,-I] (平服) 원359

불 Habit ordinaire, qui n'est pas de deuil.

한 상복이 아닌 평상복

*평샹 [HPYENG-SYANG,-I] (平床) 원359

불 Elévation pour la natte, pour le lit; lit; table de bois servant de lit en été.

한 돗자리를 놓기 위한, 침대를 놓기 위한 높은 장소

| 침대 | 여름에 침대로 사용되는 나무 탁자

*평샹셩춍 [HPYENG-SYANG-SYENG-TCHYONG,-I] (平常聖寵) [원]359
[불] Grâce habituelle.
[한] 통상적인 친절

*평샹ᄒᆞ다 [HPYENG-SYANG-HĂ-TA] (平常) [원]359
[불] Moyen; vulgaire; commun; ordinaire; habituel.
[한] 보통이다 | 통속적이다 | 보편적이다 | 평범하다 | 통상적이다

*평셩 [HPYENG-SYENG,-I] (平聲) [원]359
[불] Accent bref. 2e ton dans la prononciation des caractères chinois. Dans la musique: ton élevé, doux; ton bas.
[한] 짧은 강세 | 중국 글자들의 발음에서 두 번째 톤 | 음악에서 : 높은, 부드러운 음 | 낮은 음

*평슌ᄒᆞ다 [HPYENG-SYOUN-HĂ-TA] (平順) [원]360
[불] Tranquille et doux, pacifique.
[한] 고요하고 부드럽다, 평화롭다

*평시 [HPYENG-SI] (平時) [원]359
[불] Temps ordinaire, non férié, sans rien de remarquable.
[한] 보통의, 공휴일로 정해지지 않은, 주목할 만한 것이 하나도 없는 시기

*평시조 [HPYENG-SI-TJO] (平詩操) [원]360
[불] Manière de chanter, modulation dans le chant.
[한] 노래하는 기법, 노래에서의 전조

*평심ᄒᆞ다 [HPYENG-SIM-HĂ-TA] (平心) [원]359
[불] Cœur calme, tranquille, en paix. Etre sans crainte, sans inquiétude.
[한] 고요한, 평온한, 평화로운 마음 | 두려움 없다, 근심 없다

*평ᄉᆡᆼ [HPYENG-SĂING,-I] (平生) [원]359
[불] Toute la vie; toujours; habituel; habituellement. vie.
[한] 일생 | 항상 | 습관적인 | 습관적으로 | 생애

*평안도 [HPYENG-AN-TO] (平安道) [원]359
[불] Province N. O. de la Corée, cap. 평양 Hpyeng-yang.
[한] 조선의 북서쪽 지방, 수도 | 평양 Hpyeng-yang

*평안ᄒᆞ다 [HPYENG-AN-HĂ-TA] (平安) [원]359
[불] Etre calme, tranquille, en repos; en paix, bien portant; pacifique. Etre à son aise.
[한] 고요하다, 평온하다, 휴식중이다 | 평안하다, 몸이 건강하다 | 평화롭다 | 평안하다

*평인 [HPYENG-IN,-I] (平人) [원]359
[불] Homme qui n'est pas en deuil. Homme du commun.
[한] 상중이 아닌 사람 | 일반적인 사람

*평일 [HPYENG-IL,-I] (平日) [원]359
[불] Jour ordinaire, non férié.
[한] 공휴일이 아닌 평일

*평쵸 [HPYENG-TCHYO] (萍草) [원]360
[불] Tabac de plaine.
[한] 평원의 담배

*평탄ᄒᆞ다 [HPYENG-HTAN-HĂ-TA] (平坦) [원]360
[불] Tranquille et doux, droit, juste. Etre en paix, en repos, en bonne santé.
[한] 평온하고 부드럽다, 바르다, 올바르다 | 편안하다, 휴식중이다, 건강하다

*평토 [HPYENG-HTO] (平土) [원]360
[불] Terrain uni; tombeau dont la surface est unie.
[한] 평평한 땅 | 표면이 평평한 묘

*평평ᄒᆞ다 [HPYENG-HPYENG-HĂ-TA] (平平) [원]359
[불] Horizontal; droit; uni. ‖ Etre insuffisant. ‖ Ordinaire.
[한] 수평이다 | 바르다 | 고르다 | 불충분하다 | 평범하다

*평화ᄒᆞ다 [HPYENG-HOA-HĂ-TA] (平和) [원]359
[불] La paix. Etre en paix.
[한] 평화 | 평화롭다

*평ᄒᆞ다 [HPYENG-HĂ-TA] (平) [원]359
[불] Mettre en paix; pacifier. ‖ Droit; horizontal; uni; plain; commode.
[한] 평화롭게 하다 | 평화를 회복시키다 | 바르다 | 수평이다 | 고르다 | 평평하다 | 편리하다

1*폐 [HPYEI] (閉) [원]357
[불] En agr. Fin. fermer.
[한] 한자어로 끝 | 닫다

2*폐 [HPYEI] (弊) [원]357
[불] En agr. Détérioré, usé.
[한] 한자어로 훼손되다, 닳아 떨어지다

*폐공ᄒᆞ다 [HPYEI-KONG-HĂ-TA] (廢工) [원]357
[불] Cesser d'étudier les caractères des le commencecement; abandonner l'étude; abandonner un travail.
[한] 처음부터 글자를 공부하는 것을 중단하다 | 공부를 포기하다 | 일을 포기하다

*폐과ᄒᆞ다 [HPYEI-KOA-HĂ-TA] (廢科) [원]357

ㅍ

불 Homme qui n'a pas été à l'exmen de baccalauréat. Ne pas aller aux-examens.
한 바칼로레아 시험을 치지 못한 사람 | 시험 치러 가지 않다

*폐국ᄒᆞ다 [HPYEI-KOUK-HĂ-TA] (弊局) 원357
불 Pharmacie où l'on ne vend plus. Abandonner la profession de médicin.
한 더 이상 [역주 약을] 팔지 않는 약국 | 의료업을 포기하다

*폐궁 [HPYEI-KOUNG,-I] (廢宮) 원357
불 Maison d'un parent du roi qui, pour une faute, perd son titre de 궁 Koung.
한 어떤 잘못으로 궁 Koung의 칭호를 잃는 왕의 친척의 집

폐궁ᄒᆞ다 [HPYEI-KOUNG-HĂ-TA] (廢弓) 원357
불 Abandonner l'exercice du tir de l'arc.
한 활 쏘는 연습을 포기하다

*폐긔 [HPYEI-KEUI] (肺氣) 원357
불 Hoquet.
한 딸꾹질

*폐ᄀᆡᆨ [HPYEI-KĂIK,-I] (弊客) 원357
불 Demandeur, solliciteur importun, fatigant. Hôte importun, individu gênant, ennuyeux.
한 성가신, 지치게 하는 의뢰인, 청원하는 사람 | 성가신 주인, 불편한, 귀찮은 사람

*폐단 [HPYEI-TAN,-I] (弊端) 원357
불 Incommodité; mauvaise affaire; embarras; souci; malheur; crime; chose ennuyeuse, fâcheuse, importune, contrariante. abus.
한 불쾌감 | 나쁜 일 | 곤경 | 근심 | 불행 | 범죄 | 싫증나는, 힘든, 성가신, 불쾌한 일 | 잘못

*폐답 [HPYEI-TAP,-I] (廢畓) 원358
불 Rizière hors de service, qui ne peut servir, abandonnée.
한 사용하지 않는, 사용할 수 없는, 버려진 논

*폐댱 [HPYEI-TYANG] (廢庄) 원358
불 Rizières et champs trop endommagés pour pouvoir être cultivés. terrain abandonnée, laissé inculte.
한 농사를 짓기에 매우 손상된 논과 밭 | 버려진, 경작되지 않고 내버려진 땅

*폐동 [HYEI-TONG,-I] (廢洞) 원358
불 Village où il y a quantité de mauvaises actions, d'injustices, etc. ‖ Pauvre et mésirable village.
한 악업, 부당 행위 등이 많은 마을 | 가난하고 비참한 마을

폐되다 [HPYEI-TOI-TA,-TOI-YE,-TOIN] (生弊) 원358
불 Devenir à charge, incommode. Etre embarrassant, comtrariant, gênant.
한 부담이 되다, 불편하다 | 성가시다, 난처하다, 불편하다

*폐로 [HPYEI-RO] (廢路) 원357
불 Route qui n'est pas entretenue.
한 보존되지 않은 길

*폐로ᄒᆞ다 [HPYEI-RO-HĂ-TA] (廢奴) 원357
불 Sortir de l'esclavage, se racheter.
한 노예 신분을 벗어나다, [역주 몸값을 치르고] 석방되다

폐롭다 [HPYEI-ROP-TA,-RO-OA,-RO-ON] (難) 원357
불 Incommode, gênant, ennuyeux, fâcheux, importun.
한 불편하다, 거추장스럽다, 성가시다, 귀찮게 굴다, 귀찮다

*폐롱ᄒᆞ다 [HPYEI-RONG-HĂ-TA] (廢農) 원357
불 Culture manquée, mal réussie. ‖ Renoncer à l'agriculture.
한 실패한, 성공하지 못한 농사 | 농업을 포기하다

*폐륜ᄒᆞ다 [HPYEI-RYOUN-HĂ-TA] (廢倫) 원357
불 Contre nature. Ne pas observer les cinq relations naturelles.
한 본성에 반하여 | 다섯 개의 자연 관계를 준수하지 않다

*폐망 [HPYEI-MANG,-I] (弊網) 원357
불 Serre-tête abandonné, hors de service.
한 버려진, 사용하지 않는 머리띠

*폐목어 [HPYEI-MOK-E] (閉目魚) 원357
불 Poisson aveugle.
한 눈이 먼 물고기

*폐문ᄒᆞ다 [HPYEI-MOUN-HĂ-TA] (閉門) 원357
불 Fermer la porte.
한 문을 닫다

1*폐ᄆᆡᆼ [HPYEI-MĂING,-I] (弊氓) 원357
불 Mauvais citoyen.
한 나쁜 시민

2*폐ᄆᆡᆼ [HPYEI-MĂING,-I] (廢盲) 원357
불 Aveugle (subst.).
한 눈이 멂 (명사)

*폐방 [HPYEI-PANG,-I] (廢房) 원357

불 Chambre abandonnée.
한 버려진 방
*폐빅 [HPYEI-PĂIK,-I] (幣帛) 원357
불 Présent, offrande. présent en nourriture que fait une nouvelle belle-fille à ses beaux-parents.
한 선물, 봉헌 | 새 며느리가 자신의 시부모에게 만들어 주는 음식 선물
*폐읍 [HPYEI-EUP,-I] (幣邑) 원357
불 District où il y a des crimes, beaucoup d'affaires déshonorantes. ‖ Ville ruinée, abandonnée.
한 범죄가 있는, 불명예스러운 일이 많은 구역 | 폐허가 된, 버려진 도시
*폐의파관 [HPYEI-EUI-HPA-KOAN] (獘衣破冠) 원357
불 Habit et chapeau usés. vieil habit et vieux chapeau.
한 닳아서 떨어진 옷과 모자 | 오래된 옷과 오래된 모자
폐이다 [HPYEI-I-TA,HPYEI-YE,HPYEI-IN] (伸) 원357
불 S'étendre; se répandre; être étendu, s'aplanir; se développer; s'ouvrir (comme une fleur), s'épanouir, (mais mieux: 펴이다 Hpye-i-ta).
한 펼쳐지다 | 퍼지다 | 펼쳐지다, 평평해지다 | 확장되다 | 열리다(꽃처럼), 피어나다, (그러나 펴이다 Hpye-i-ta가 더 잘 쓰인다)
*폐인 [HPYEI-IN,-I] (廢人) 원357
불 Homme inutile à cause de ses maladies. ‖ Homme abandonné, délaissé.
한 병 때문에 도움이 안 되는 사람 | 버림받은, 방치된 사람
*폐족 [HPYEI-TJYOK,-I] (廢族) 원358
불 Déshonneur, diffamation, dégrandation, ruine d'une famille. Noble disgracié, qui ne peut plus concourir pour les dignités.
한 가문의 명예 훼손, 중상, 퇴폐, 타락, 몰락 | 파면당한, 고관직을 얻기 위한 경쟁에 참여할 수 없는 귀족
*폐침 [HPYEI-TCHIM,-I] (閉侵) 원358
불 Opposition à la sépulture que fait le propriétaire de l'endroit où l'on veut enterrer sans sa permission. =ᄒᆞ다-hă-ta, Empêcher d'usurper.
한 소유자의 허가 없이 매장하고자 하는 장소의 그 소유자가 매장에 반대함 | [용례 =ᄒᆞ다, -hă-ta], 부당하게 차지하는 것을 막다
*폐침ᄒᆞ다 [HPYEI-TCHIM-HĂ-TA] (廢寢) 원358
불 Passer la nuit sans dormir.
한 자지 않고 밤을 보내다
*폐풍 [HPYEI-HPOUNG,-I] (弊風) 원357
불 Coutume fâcheuse, incommode.
한 좋지 않은, 거북한 풍습
*폐하 [HPYEI-HA] (陛下) 원357
불 Parole, discours, conseils des ministres au roi. ‖ Titre qu'on donne à l'empereur de Chine.
한 장관들이 왕에게 하는 말, 담화, 충고 | 중국 황제에게 붙이는 칭호
*폐혼ᄒᆞ다 [HPYEI-HON-HĂ-TA] (廢婚) 원357
불 Défaire un mariage pour cause de maladie. Rompre un projet de mariage.
한 병을 이유로 결혼을 파기하다 | 결혼 계획을 파기하다
*폐ᄒᆞ다 [HPYEI-HĂ-TA] (廢) 원357
불 Hors de service; inutile. ‖ Enlever; éloigner; ôter; défaire; détruire; renoncer à.
한 사용하지 않다 | 쓸데없다 | 없애다 | 멀리 보내다 | 치우다 | 해체하다 | 파괴하다 | 그만두다
1* 포 [HPO] (布) 원362
불 Toile de chanvre.
한 삼으로 된 천
2* 포 [HPO] (脯) 원362
불 Chair desséchée, viande desséchée au soleil.
한 말린 고기, 햇볕에 말린 고기
3* 포 [HPO] (炮) 원362
불 Remède grillé ou rôti.
한 석쇠에 굽거나 불에 구운 약재
4* 포 [HPO] (浦) 원362
불 Port.
한 항구
5 포 [HPO] 원362
불 Plusieurs (se met après le mot). Après les noms qui expriment la mesure du temps, signifie: et plus. ᄃᆞᆯ포 Tăl-hpo. Un mois et plus.
한 여럿 (단어 뒤에 놓인다) | 시간을 재는 단위를 나타내는 명사들 뒤에서, '그 이상'을 의미한다: [용례 ᄃᆞᆯ포, tăl-hpo], 한 달 그 이상
*포가 [HPO-KA] (飽價) 원362
불 Cherté; prix au-dessus du prix intrinsèque; ce qui est au-dessus de la valeur réelle d'un objet.
한 값비쌈 | 고유 가격보다 더 비싼 값 | 물건의 실제

ㅍ

가치보다 더 비싼 것

*포교 [HPO-KYO] (捕校) 원362
불 Satellites, gardes, gendarmes.
한 부하들, 감시인들, 헌병들

*포구 [HPO-KOU] (浦口) 원362
불 Port, hâvre, rade, rivage, bord de l'eau. || Village sur le bord de l'eau.
한 항구, 항구, 정박지, 기슭, 물가 | 물가의 마을

포긔다 [HPO-KEUI-TA,-KEUI-YE,-KEUIN] (疊置) 원362
불 Mettre en tas, au-dessus les uns des autres; empiler.
한 서로서로 위에 쌓다 | 쌓아 올리다

포닥이 [HPO-TAK-I] (褥) 원363
불 Maillot, couverture de petit enfant. Linge qui sert à porter les petits enfants sur le dos.
한 배내옷, 어린아이의 이불 | 어린 아이들을 등 위에 지는 데 쓰이는 린넨 천

1*포달스럽다 [HPO-TAL-SEU-REP-TA,-RE-OUE,-RE-ON] (暴撻) 원363
불 Etre méchant, cruel, féroce, barbare.
한 사납다, 잔인하다, 흉폭하다, 야만스럽다

2포달스럽다 [HPO-TAL-SEU-REP-TA,-RE-OUE,-RE-ON] (褒達) 원363
불 Vantard, qui fait tout en paroles et rien en actions.
한 허풍 떨다, 말만 하고 행동은 전혀 없다

*포뎐 [HPO-TYEN,-I] (浦田) 원363
불 Champs sur le bord de la mer.
한 바닷가에 있는 밭

*포도 [HPO-TO] (葡萄) 원363
불 Vigne; raisin.
한 포도나무 | 포도

포도덤불 [HPO-TO-TEM-POUL] (葡萄蔓) 원363
불 Vigne; pied de vigne; cep.
한 포도나무 | 포도나무의 밑동 | 포도나무 그루

1*포듸 [HPO-TĂI] (布帶) 원363
불 Ceinture de chanvre.
한 삼베로 된 허리띠

2*포듸 [HPO-TĂI] (砲臺) 원363
불 Fort, forteresse.
한 요새, 보루

1*포락ᄒᆞ다 [HPO-RAK-HĂ-TA] (浦落) 원363
불 Eboulement d'une montagne.
한 산의 무너짐

2*포락ᄒᆞ다 [HPO-RAK-HĂ-TA] (炮烙) 원363
불 Appliques des lames ardentes.
한 불에 달군 얇은 판들을 갖다 대다

*포려ᄒᆞ다 [HPO-RYE-HĂ-TA] (暴戾) 원363
불 Etre féroce, sauvage, cruel, méchant.
한 흉폭하다, 미개하다, 잔인하다, 사납다

*포리 [HPŌ-RI] (逋吏) 원363
불 Prétorien qui a contracté des dettes envers le gouvernement. || Dettes considérables; grande somme d'argent empruntée.
한 정부에 채무를 진 친위병 | 상당한 빚 | 빌린 큰 금액의 돈

*포망 [HPO-MANG,-I] (布網) 원362
불 Serre-tête en chanvre des hommes en deuil. Bandeau en toile écrue des hommes en deuil.
한 상을 당한 사람이 쓰는 삼으로 된 머리띠 | 상을 당한 사람이 쓰는 자연색 그대로의 천으로 만든 띠

*포목 [HPO-MOK,-I] (布木) 원363
불 Chanvre et bois. toile de chanvre et de coton.
한 삼과 나무 | 삼과 면으로 만든 천

*포민 [HPO-MIN,-I] (浦民) 원362
불 Habitants des bords de la mer, d'un port de mer.
한 바닷가의, 바다 항구의 주민들

*포믱 [HPO-MĂING,-I] (浦氓) 원362
불 Habitants des côtes, des rives de la mer; riverains.
한 해안, 바다 연안의 주민들 | 연변의 주민들

*포변 [HPO-PYEN,-I] (逋邊) 원363
불 Bords d'un golfe, bord de l'eau, rivage.
한 만[역주 灣]의 가장자리, 물가, 기슭

*포병긱 [HPŌ-PYENG-KĂIK] (抱病客) 원363
불 Homme qui tient la maladie dans ses bras. homme toujours malade.
한 품 안에 병을 유지하는 사람 | 항상 아픈 사람

*포보 [HPO-PO] (布保) 원363
불 Nom d'une esp. de contribution.
한 조세의 종류의 이름

*포샹 [HPO-SYANG,-I] (布商) 원363
불 Marchand de toile de chanvre.
한 삼으로 만든 천을 파는 상인

*포션 [HPO-SYEN,-I] (布扇) 원363
불 Voile en toile d'un homme en deuil. (Morceau de toile de chanvre adapté par les extrémités à deux bâtonnets, et dont l'homme en deuil se sert pour couvrir le visage).

한 상을 당한 사람이 쓰는 천으로 만든 베일 | (상을 당한 사람이 얼굴을 가리기 위해 사용하는, 끝에 두 개의 막대를 붙인 삼베 조각)

1* 포소 [HPO-SO] (浦所) 원363

불 Bords d'un golfe, bord de l'eau, rivage.

한 만[역주 灣]의 가장자리, 물가, 기슭

2* 포소 [HPO-SO] (圃所) 원363

불 Magasin où on prépare le jen-sen de manière à lui faire prendre la couleur rouge, afin de le vendre plus facilement en Chine.

한 인삼을 중국에서 더 손쉽게 팔기 위해, 그것이 붉은 색을 띠도록 하는 방법으로 인삼을 조제하는 가게

* 포슈 [HPO-SYOU] (砲手) 원363

불 Fusilier, chasseur qui chasse avec le fusil.

한 사수, 총으로 사냥하는 사냥꾼

* 포슈ᄒᆞ다 [HPO-SYOU-HĂ-TA] (泡水) 원363

불 Asperger avec de l'eau qu'on souffle de la bouche.

한 입으로 내부는 물로 뿌리다

* 포식란의ᄒᆞ다 [HPŌ-SIK-RAN-EUI-HĂ-TA] (飽食煖衣) 원363

불 Homme qui mange à satiété et qui a des habits chauds. Se nourrir et se vêtir avec luxe.

한 실컷 먹고 따뜻한 옷이 있는 사람 | 호화스럽게 먹고 입다

* 포식ᄒᆞ다 [HPŌ-SIK-HĂ-TA] (飽食) 원363

불 Satiété. Manger à satiété de manière à avoir le ventre plein, rond. Trop manger; manger à satiété.

한 포만 상태 | 배가 가득하게, 동그랗게 되도록 실컷 먹다 | 너무 많이 먹다 | 실컷 먹다

* 포실ᄒᆞ다 [HPO-SIL-HĂ-TA] (苞實) 원363

불 Qui est dans l'aisance (ni trop riche, ni trop pauvre), vivre dans l'abondance.

한 (너무 부유하지도 너무 가난하지도 않고) 여유롭다, 풍족하게 살다

* 포악ᄒᆞ다 [HPO-AK-HĂ-TA] (暴惡) 원362

불 Barbare, sauvage, cruel, inhumain, féroce, brutal, méchant.

한 야만스럽다, 미개하다, 잔인하다, 비인간적이다, 사납다, 난폭하다, 사납다

* 포어 [HPO-E] (脯魚) 원362

불 Poisson sec.

한 마른 생선

* 포원ᄒᆞ다 [HPO-OUEN-HĂ-TA] (抱怨) 원362

불 Etre ennemi, avoir une grande inimitié.

한 사이가 나쁘다, 큰 적의를 가지다

* 포육 [HPO-YOUK,-I] (脯肉) 원362

불 Chair desséchée, viande desséchée au soleil.

한 말린 고기, 햇볕에 말린 고기

1* 포쟝 [HPŌ-TJYANG,-I] (捕將) 원363

불 Commandant en chef des satellites, des valets des tribunaux et des exécuteurs. Chef de police. grand juge criminel à la capitale, qui est le chef du tribunal 포텽 Hpo-htyeng, (il a sous lui deux lieutenants: 우포쟝 Ou-hpo-tjyang et 좌포쟝 Tjoa-hpo-tjyang).

한 포쟝 부하들, 재판소의 하인들, 그리고 집행관들의 우두머리 지휘관 | 경찰의 우두머리 | 법원 포텽 Hpo-htyeng의 우두머리인 수도의 높은 범죄 재판관 (그 밑에 두 대리인인 우포쟝 Ou-hpo-tjyang 과 좌포쟝 Tjoa-hpo-tjyang이 있다)

2* 포쟝 [HPO-TJYANG,-I] (布帳) 원363

불 Rideau, moustiquaire.

한 커튼, 모기장

3 포쟝 [HPO-TJYANG,-I] 원363

불 Bruit fort.

한 강한 소리

1* 포쟝ᄒᆞ다 [HPO-TJYANG-HĂ-TA] (褒奬) 원363

불 Se vanter; vanter.

한 자기 자랑하다 | 칭찬하다

2 포쟝ᄒᆞ다 [HPO-TJYANG-HĂ-TA] 원363

불 Faire beaucoup de bruit, comme en grondant.

한 으르렁거리는 것처럼 많은 소음을 내다

* 포졸 [HPŌ-TJYOL,-I] (捕卒) 원363

불 Valets des satellites, satellites.

한 부하들의 하인들, 부하들

1* 포진ᄒᆞ다 [HPO-TJIN-HĂ-TA] (鋪陣) 원363

불 Rassembler les soldats.

한 군인들을 집결시키다

2* 포진ᄒᆞ다 [HPO-TJIN-HĂ-TA] (鋪陳) 원363

불 Préparer la place, faire un abri provisoire pour une partie de plaisir.

한 자리를 준비하다, 오락을 위해 임시 오두막을 만들다

* 포지ᄒᆞ다 [HPŌ-TJĂI-HĂ-TA] (抱才) 원363

불 Industrie, adresse. avoir de l'esprit, de l'intelligence.

한 솜씨, 재주 | 재치, 지혜가 있다

* 포촌 [HPO-TCHON,-I] (浦村) 원364

불 Village voisin de la mer, de l'eau.
한 바다, 물에 인접한 마을

*포치ᄒᆞ다 [HPŌ-TCHI-HĂ-TA] (鋪置) 원363
불 Décider; arranger; déterminer; disposer; préparer.
한 결정하다 | 배열하다 | 결정짓다 | 배열하다 | 준비하다

*포ᄎᆡ [HPŌ-TCHĂI] (捕差) 원363
불 Satellites, gardes.
한 부하들, 위병들

*포텽 [HPO-HTYENG,-I] (捕廳) 원363
불 Prison des criminels. tribunal où sont gardés et jugés les malfaiteurs, les criminels, les voleurs. (Il y en a deux à la capitale : 우포텽 Ou-hpo-htyeng, le tribunal de droite, et 좌포텽 Ttjoa-hpo-htyeng, le tribunal de gauche. il y en aussi dans les provinces).
한 죄수들의 감옥 | 악인들, 범죄자들, 도둑들을 감시하고 재판하는 법원 | (수도에 두 군데가 있다 : 우포텽 Ou-hpo-htyeng, 오른쪽의 법정, 좌포텽 Ttjoa-hpo-htyeng, 왼쪽의 법정, 그것이 지방에도 있다)

*포폄ᄒᆞ다 [HPO-HPYEM-HĂ-TA] (褒貶) 원363
불 Changer les dignités; donner des dignités aux uns, les ôter aux autres. ‖ Donner au gouvernement des notes sur les mandarins de sa province (gouverneur).
한 고관직을 바꾸다 | 어떤 사람들에게는 관직을 주고, 다른 사람들에게서는 관직을 빼앗다 | 그 지방의 관리들에 대한 의견서를 정부에 주다

*포한ᄒᆞ다 [HPO-HAN-HĂ-TA] (抱恨) 원362
불 (Empbrasser la haine). Etre dévoré de haine. ‖ Inhumain, méchant, cruel.
한 (증오를 품다) | 증오심으로 괴로워하다 | 비인간적이다, 사납다, 잔인하다

*포함ᄒᆞ다 [HPO-HAM-HĂ-TA] (包含) 원362
불 Etre ensemble; consister; contenir; réunir; mettre ensemble; embrasser; comprendre.
한 함께 있다 | 구성하다 | 포함하다 | 모으다 | 함께 두다 | 포함하다 | 포함하다

*포흠지다 [HPO-HEUM-TJI-TA] (逋欠) 원362
불 Argent emprunté; dettes. Contracter des dettes envers le gouvernement (prétorien).
한 빌린 돈 | 채무 | 정부에게서 빚을 지다 (친위병)

1*폭 [HPOK,-I] (幅) 원362
불 Laize, ce qui est entre deux coutures.
한 [역주 피륙의] 폭, 솔기 사이의 것

2폭 [HPOK,-I] 원362
불 Racine, souche.
한 뿌리, 그루터기

3폭 [HPOK] (深) 원362
불 Beaucoup, trop, entièrement.
한 많이, 매우, 전부

*폭망ᄒᆞ다 [HPOK-MANG-HĂ-TA] (暴亡) 원362
불 Se ruiner promptement; s'éteindre; disparaître promptement. Périr entièrement; être complètement ruiné.
한 빠르게 파산하다 | 절멸하다 | 신속하게 사라지다 | 전부 사라지다 | 완전히 파산하다

*폭ᄇᆡᄒᆞ다 [HPOK-PĂI-HĂ-TA] (暴杯) 원362
불 Boire rapidement et sans interruption plusieurs tasses de vin.
한 급하게 여러잔의 술을 끊임없이 마시다

*폭ᄇᆡᆨᄒᆞ다 [HPOK-PĂIK-HĂ-TA] (暴白) 원362
불 Discuter, soutenir une opinion contraire. Avoir une explication avec celui qui a offensé.
한 토의하다, 반대 의견을 옹호하다 | 모욕하는 사람과 논쟁하다

폭신폭신ᄒᆞ다 [HPOK-SIN-HPOK-SIN-HĂ-TA] 원362
불 Désigne l'état d'une natte flexible, molle. être mou, mollet, souple.
한 탄력성 있는, 푹신푹신한 돗자리의 상태를 가리킨다 | 푹신푹신하다, 폭신하다, 유연하다

*폭ᄉᆞᄒᆞ다 [HPOK-SA-HĂ-TA] (暴死) 원362
불 Mort subite. mourir subitement. mourir de mort violente. Mourir de malemort.
한 갑작스러운 죽음 | 갑자기 죽다 | 비명횡사하다 | 횡사하다

*폭양 [HPOK-YANG,-I] (曝陽) 원362
불 Chaleur du soleil, ardeur du soleil.
한 태양의 열, 태양의 뜨거운 열기

*폭우 [HPOK-OU] (暴雨) 원362
불 Pluie abondante qui tombe avec rapidité; pluie à verse.
한 빨리 내리는 많은 비 | 퍼붓는 비

폭의 [HPOK-EUI] 원362
불 Numéral des plantes, des herbes, des légumes, des pieds de tabac.
한 식물, 풀, 채소, 담배 밑동을 세는 수사

폭죽다 [HPOK-TJOUK-TA,-TJOUK-E,-TJOUK-EUN] 원362

불 Mourir entièrement, jusqu'à la racine (plante).
한 뿌리까지 전부 죽다 (식물)

*폭포슈 [HPOK-HPO-SYOU] (瀑布水) 원362
불 Cascade, chute d'eau, cataracte (la plus belle est à la montagne de 송악 Song-ak).
한 폭포, 폭포, 폭포 (가장 아름다운 것은 송악산에 있다)

*폭풍 [HPOK-HPOUNG,-I] (暴風) 원362
불 Vent rapide, typhon, vent violent.
한 빠른 바람, 태풍, 세찬 바람

폴삭폴삭 [HPOL-SAK-HPOL-SAK] 원363
불 Manière de monter de la fumée, de la vapeur.
한 연기, 수증기가 오르는 방식

퐁당퐁당ᄒᆞ다 [HPONG-TANG-HPONG-TANG-HĂ-TA] 원363
불 Désigne l'état d'une personne qui répond insolemment souvent, v. g. une belle-fille à sa belle-mère. ‖ Imite le bruit d'une pierre s'enfonçant dans l'eau.
한 흔히 건방지게 대답하는 사람의 상태를 가리킨다, 예. 며느리가 자신의 시어머니에게 | 돌이 물에 빠지는 소리를 흉내 낸다

퐁퐁 [HPONG-HPONG] 원363
불 Imite le bruit d'une pierre s'enfonçant dans l'eau.
한 돌이 물에 빠지는 소리를 흉내 낸다

*표 [HPYO] (表) 원364
불 Marque, signe, indice.
한 표시, 기색, 징후

표구 [HPYO-KOU] 원364
불 Nom d'une esp. de champignon; les meilleurs champignons; champignon noir qui vient sur le chêne.
한 버섯 종류의 이름 | 가장 좋은 버섯 | 떡갈나무 위에 자라는 검은 버섯

*표독ᄒᆞ다 [HPYO-TOK-HĂ-TA] (慓毒) 원364
불 Impétueux, cruel, méchant, farouche.
한 맹렬하다, 잔인하다, 사납다, 거칠다

*표리 [HPYO-RI] (表裡) 원364
불 Intérieur et extérieur; le dehors et le dedans.
한 내부와 외부 | 바깥과 안

*표리부동ᄒᆞ다 [HPYO-RI-POU-TONG-HĂ-TA] (表裡不同) 원364
불 (L'extérieur et l'intérieur ne sont pas semblables). Ne pas parler comme on pense.
한 (겉과 속이 비슷하지 않다) | 생각하는 것처럼 말하지 않다

*표박ᄒᆞ다 [HPYO-PAK-HĂ-TA] (漂泊) 원364
불 Vagabond. errer; aller et venir sans but; aller de côté et d'autre. N'avoir point d'habitation.
한 방랑하다 | 방황하다 | 목적 없이 가고 오다 | 여기저기로 가다 | 거주지가 없다

표범 [HPYO-PEM,-I] (豹) 원364
불 Panthère; tigresse; femelle du tigre.
한 표범 | 암호랑이 | 호랑이 암컷

*표셕 [HPYO-SYEK,-I] (標石) 원364
불 Borne, pierre servant de marque. pierre sur laquelle on écrit les noms d'un défunt et que l'on met au-devant du cercueil, dans la fosse, pour le reconnaître.
한 표시로 쓰이는 경계석, 돌 | 고인의 이름들을 쓰고 구덩이 안, 관 앞에, 그것을 알아보기 위해 두는 돌

*표션 [HPYO-SYEN,-I] (漂船) 원364
불 Navire emporté par le vent, poussé suivant la direction du vent sans pouvoir résister.
한 바람에 끌려 가 버린, 저항할 수도 없이 바람의 방향에 따라 밀려난 배

*표신 [HPYO-SIN,-I] (標信) 원364
불 Marque, signe. Flèche servant de moyen de reconnaissance entre le roi et ses généraux.
한 표시, 신호 | 왕과 장군들 사이에 알아보는 방법으로 쓰이는 화살

*표양 [HPYO-YANG,-I] (表樣) 원364
불 Modèle, exemple. 됴흔표양을뵈다 Tyo-heun hpyo-yang-eul poi-ta, Donner le bon exemple.
한 모범, 예 | [용례 됴흔표양을뵈다, Tyo-heun hpyo-yang- eul poi-ta], 좋은 예를 제공하다

*표의 [HPYO-EUI] (表衣) 원364
불 Habit de dessus.
한 겉옷

*표쟝부ᄒᆞ다 [HPYO-TJYANG-POU-HĂ-TA] (標丈夫) 원364
불 Barbe, marque distinctive du sexe masculin. Homme qui a tout juste assez de barbe pour prouver sa virilité, pour le distinguer d'une femme.
한 수염, 남성의 독특한 표시 | 남성다움을 나타내기 위해, 여성과 구별하기 위해 꼭 충분한 수염이 있는 사람

*표져ᄒᆞ다 [HPYO-TJYEK-HĂ-TA] (表著) 원364
불 Notable, visible. Paraître, apparaître, se montrer.
한 주목할 만하다, 보이다 | 나타나다, 보이다, 나타나다

ㅍ

*표젹 [HPYO-TJYEK,-I] (表迹) [원]364
[불] Marque, signe, distinction, indice, trace.
[한] 표시, 기색, 식별, 징후, 자취

*표졍ᄒᆞ다 [HPYO-TJYENG-HĂ-TA] (標情) [원]364
[불] Présent d'amitié; faire un don comme marque d'amitié. Montrer son affection.
[한] 우정의 선물 | 우정의 표시로 증여하다 | 자신의 애정을 드러내다

*표준 [HPYO-TJOUN,-I] (表準) [원]364
[불] Modèle, exemple.
[한] 표본, 예

*표지 [HPYO-TJI] (標紙) [원]364
[불] Marque en papier, que l'on met dans un livre, pour indiquer l'endroit où l'on en est resté, etc.
[한] 머물러 있던 곳 등을 가리키기 위해 책 안에 놓는 종이로 된 표시

표ᄌᆞ박 [HPYO-TJĂ-PAK,-I] (瓢) [원]364
[불] Petite tasse ou moitié de calebasse qu'on emporte pour boire de l'eau en route.
[한] 길에서 물을 마시기 위해 가져가는 작은 컵이나 호리병의 반

*표탕ᄒᆞ다 [HPYO-HTANG-HĂ-TA] (飄蕩) [원]364
[불] Etre ballotté par la mer agitée par les vents; avoir du roulis. errer çà et là.
[한] 바람에 흔들린 바다에 의해 요동치다 | 흔들리다 | 여기 저기 방황하다

*표표ᄒᆞ다 [HPYO-HPYO-HĂ-TA] (飄飄) [원]364
[불] Distinguer. ‖ Etre dégourdi; savoir bien se tirer d'affaire. Différent.
[한] 구별하다 | 날렵하다 | 궁지에서 벗어날 줄을 잘 알다 | 다르다

*표풍ᄒᆞ다 [HPYO-HPYOUNG-HĂ-YA] (飄風) [원]364
[불] Etre emporté au loin par un grand vent (bateau). Etre emporté au gré du vent.
[한] 큰 바람에 의해 멀리 휩쓸려가다 (배) | 바람이 부는 대로 휩쓸려가다

푸다 [HPOU-TA,HPE,HPOUN] (挹注) [원]366
[불] Puiser et verser; verser dans un vase; infundere.
[한] 긷고 붓다 | 그릇에 붓다 | infundere

푸드득푸드득 [HPOU-TEU-TEUK-HPOU-TEU-TEUK] (飛貌) [원]366
[불] Se débattre. v. g. bruit des ailes d'un oiseau qui cherche à s'échapper.
[한] 발버둥 치다 | 예. 벗어나려고 하는 새의 날갯짓 소리

푸ᄃᆡ졉ᄒᆞ다 [HPOU-TĂI-TJYEP-HĂ-TA] (冷待) [원]366
[불] Ne pas bien recevoir.
[한] 잘 대접하지 않다

푸르뎡뎡 [HPOU-REU-TENG-TENG] (半靑) [원]366
[불] Etre un peu vert; tirer sur le vert.
[한] 약간 초록이다 | 초록색을 띠다

푸르스름ᄒᆞ다 [HPOU-REU-SEU-REUM-HĂ-TA] (半靑) [원]366
[불] Etre verdâtre; tirer sur le vert.
[한] 초록색이 돌다 | 초록색을 띠다

푸릇푸릇ᄒᆞ다 [HPOU-REUT-HPOU-REUT-HĂ-TA] (靑靑) [원]366
[불] Etre tacheté de couleur verte, de taches vertes.
[한] 초록색으로, 초록색 반점으로 얼룩지다

푸ᄅᆞ다 [HPOU-RĂ-TA,-RĂ-RE,-REUN] (靑) [원]366
[불] Etre vert, bleu (les Coréens ne distinguent pas ces deux couleurs). Etre de couleur verte.
[한] 초록이다, 푸르다 (조선인들은 이 두 색깔을 구별하지 않는다) | 초록색이다

푸셔 [HPOU-SYE] [원]366
[불] Etoffe dont on a coupé la lisière; lisière coupée et qui peut s'effiler.
[한] 가장자리를 잘라낸 직물 | 잘리고 올이 풀릴 수 있는 직물의 가장자리

푸셩귀 [HPOU-SYENG-KOUI] (靑菜) [원]366
[불] Légume en général; herbes potagères, qu'on peut manger.
[한] 일반적인 채소 | 먹을 수 있는 식용 풀

푸셰다 [HPOU-SYEI-TA,-SYEI-E,-SYEIN] [원]366
[불] Etre trop empesé, trop raide (habit, homme). Etre fort (le vent). (Se dit aussi du caractère, de la volonté).
[한] 너무 풀이 많이 먹여지다, 너무 뻣뻣하다(옷, 사람) | 매우 강하다 (바람) | (성격, 의지에 대해서도 쓴다)

푹 [HPOUK] (多) [원]364
[불] Nombreux, beaucoup.
[한] 수가 많다, 많이

푹신푹신ᄒᆞ다 [HPOUK-SIN-HPOUK-SIN-HĂ-TA] [원]364
[불] Etre mou, moelleux.
[한] 푹신푹신하다, 폭신하다

푹은ᄒᆞ다 [HPOUK-EUN-HĂ-TA] [원]364
[불] Diminuer (le froid); (l'air) se radoucir, être moins

froid. ‖ Etre nombreux.

한 줄어들다(냉기) | (공기) 온화해지다, 덜 차다 | 수많다

푹ᄒᆞ다 [HPOUK-HĂ-TA] (日暖) 원364

불 Faire moins froid, être moins froid (température). être chaud et lourd (temps).

한 덜 춥다, 덜 차다(기온) | 덥고 답답하다 (날씨)

1* 푼 [HPOUN,-I] (分) 원364

불 Sapèque, centième partie du 냥 Nyang (monnaie coréenne). Numéral des sapèques.

한 엽전, 냥 Nyang(한국 동전)의 1/100 | 엽전을 세는 수사

2* 푼 [HPOUN,-I] (分) 원364

불 Poids; (1푼 Hpoun égale 10리 Ri. 10푼 Hpoun égalent 1돈 Ton. 100푼 Hpoun égalent 1냥 Nyang).

한 무게 | (1푼 Hpoun 은 10리 Ri와 같다. 10푼 Hpoun은 1돈 Ton과 같다. 100푼 Hpoun은 1냥 Nyang과 같다)

푼거리 [HPOUN-KE-RI] 원364

불 Paquet de bois qui se vend une sapèque à la capitale. ‖ La valeur d'une sapèque.

한 수도에서 엽전 하나로 팔리는 나뭇짐 | 엽전 하나의 가치

1 푼관 [HPOUN-KOAN,-I] (分貫) 원364

불 Dix nyang (peu usité). Couronne de sapèques (1,000 sapèques coréennes).

한 (거의 사용되지 않는) 10냥 | 관 모양으로 된 엽전들 (조선엽전 1,000개)

2 푼관 [HPOUN-KOAN,-I] (品官) 원364

불 Intendant, homme qui remplace le mandarin absent.

한 경리관, 부재중인 관리를 대신하는 사람

* 푼젼 [HPOUN-TJYEN,-I] (分錢) 원364

불 Une sapèque.

한 엽전 하나

1 푼조이 [HPOUN-TJO-I] 원364

불 La valeur d'une ou deux sapèques (dans une marchandise au détail).

한 (소매로 파는 상품에 있어) 엽전 하나 또는 두 개의 가치

2 푼조이 [HPOUN-TJO-I] 원364

불 Tout petit bec d'âne, ciseau très-petit.

한 매우 작은 당나귀 주둥이, 매우 작은 끌

푼주 [HPOUN-TJOU] 원364

불 Plat creux.

한 오목한 접시

푼푼ᄒᆞ다 [HPOUN-HPOUN-HĂ-TA] (綽綽) 원364

불 Abondant; suffisant; être nombreux.

한 많다 | 충분하다 | 수많다

1 풀 [HPOUL,-I] (糊) 원366

불 Colle.

한 접착제

2 풀 [HPOUL,-I] (草) 원366

불 Herbe, gazon, toute herbe sauvage et non comestible.

한 풀, 잔디, 야생이며 먹을 수 없는 모든 풀

3 풀 [HPOUL,-I] (沙) 원366

불 Plage, rivage, bas-fond, banc de sable dans la mer.

한 해변, 기슭, 여울, 바다의 모래톱

풀넝풀넝 [HPOUL-NENG-HPOUL-NENG] 원366

불 Désigne l'état d'un homme qui va et vient, passant souvent au même endroit. ‖ Flotter au vent.

한 같은 장소를 자주 지나가는, 가고 오는 사람의 상태를 가리킨다 | 바람에 나부끼다

풀니다 [HPOUL-NI-TA,-NYE,-NIN] (解) 원366

불 Se fondre; se dissoudre. ‖ Etre absous; être mis en liberté; obtenir la fin de son exil. ‖ Etre expliqué.

한 녹다 | 용해되다 | 용서되다 | 자유롭게 놓여나다 | 유배를 끝낼 허락을 얻다 | 이해되다

풀님 [HPOUL-NIM,-I] (註) 원366

불 Commentaire, explication, glose.

한 주석, 설명, 주해

풀다 [HPOUL-TA,HPOUL-E,HPOUN] (解) 원366

불 Détacher; dépêtrer; dégager; rompre; séparer; dénouer; délier; délivrer; relâcher; mettre en liberté. ‖ Absoudre. ‖ Expliquer; débrouiller; commenter. ‖ Faire fondre.

한 끄르다 | 풀어 주다 | 빼내다 | [역주 대열 따위를] 흩뜨리다 | 갈라놓다 | 매듭을 풀다 | 풀다 | 풀어주다 | 느슨하게 하다 | 자유롭게 두다 | 용서하다 | 설명하다 | 얽힌 것을 풀다 | 주석을 달다 | 녹게 하다

풀막 [HPOUL-MAK,-I] (草幕) 원366

불 Hutte; cabane; abri provisoire sur les montagnes.

한 오두막 | 오두막집 | 산에 있는 임시 피난처

풀무 [HPOUL-MOU] (冶) 원366

불 Soufflet de forge.

한 대장간의 풀무

풀부레 [HPOUL-POU-REI] (魚膠) 원366

불 Colle de poisson.

한 부레풀

풀썩 [HPOUL-TTEK,-I] (糊餠) 원366

불 Esp. de gâteau de colle; reste de colle de farine, que mangent les enfants.

한 풀로 된 과자의 종류 | 아이들이 먹는 가루 풀의 나머지

풀어닐으면 [HPOUL-E-NIL-Ă-MYEN] (解說) 원366

불 C'est-à-dire; ce qui veut dire; ce qui signifie.

한 즉 | 말하고자 하는 바 | 의미하는 것

풀어지다 [HPOUL-E-TJI-TA,-TJYE,-TJIN] (解) 원366

불 Se détacher; se délier; s'entr'ouvrir; être entr'ouvert.

한 풀리다 | 끌러지다 | 반쯤 열리다 | 반쯤 벌어지다

풀풀ᄒᆞ다 [HPOUL-HPOUL-HĂ-TA] 원366

불 Fuyard; sauvage; qui n'est pas apprivoisé. ‖ Etre rigoureux.

한 도망하다 | 거칠다 | 길들여지지 않다 | 가혹하다

1품 [HPOUM,-I] 원360 ☞ 1픔

2품 [HPOUM,-I] 원360 ☞ 2픔

3품 [HPOUM,-I] 원364

불 Travail.

한 일

4품 [HPOUM,-I] 원364

불 Sein, poitrine. Syn. 픔 Hpeum.

한 젖가슴, 가슴 | [동의어 픔, Hpeum]

품군 [HPOUM-KOUN,-I] (傭) 원364

불 Travailleur, ouvrier, journalier.

한 근로자, 노동자, 날품팔이하는 농민

품다 [HPOUM-TA,HPOUM-E,HPOUM-EUN] (抱) 원364

불 Embrasser; serrer; tenir dans ses bras; conserver dans son cœur.

한 껴안다 | 꽉 죄다 | 품 안에 잡다 | 자신의 마음속에 간직하다

*품셕 [HPOUM-SYEK,-I] (品席) 원364

불 Désigne l'état d'une natte flexible, molle.

한 유연한, 푹신한 돗자리의 상태를 가리킨다

품아시 [HPOUM-A-SI] (相助役) 원364

불 Travail qui se fait à tour de rôle, un jour pour l'un, l'autre jour pour l'autre.

한 차례차례로, 하루는 한 사람을 위해, 다른 날은 다른 사람을 위해 행해지는 일

풋 [HPOUT] (新) 원366

불 Vert, qui n'est pas mûr (en parlant des légumes, des récoltes).

한 초록색의, (채소, 수확물에 대해 말할 때) 성숙하지 않다

풋것 [HPOUT-KET,-SI] 원366

불 Cru, qui n'est pas mûr. Légume, herbe comestible.

한 가공하지 않은 것, 성숙하지 않은 것 | 채소, 먹을 수 있는 풀

풋답셔원 [HPOUT-TAP-SYE-OUEN,-I] 원366

불 Prétorien que le mandarin envoie pour voir si les récoltes sont mûres.

한 수확물이 익었는지 보도록 관리가 파견하는 친위병

풋쵸 [HPOUT-TCHYO] (青草) 원366

불 Tabac vert, non sec, cueilli avant sa maturité.

한 말리지 않은, 성숙하기 전에 딴 초록색 담배

*풍 [HPOUNG,-I] (風) 원365

불 Vent.

한 바람

*풍각 [HPOUNG-KAK,-I] (風角) 원365

불 Instrument de musique. ‖ Soupirail, appareil ventilatoire.

한 악기 | 채광 환기창, 환기 기구

*풍각장이 [HPOUNG-KAK-TJANG-I] (風角匹) 원365

불 Musicien ambulant.

한 순회 음악가

풍거뭇이 [HPOUNG-KE-MOUT-I] 원365

불 Jeu d'enfant, qui consiste à cacher un anneau dans un monceau de sable, où chacun va ensuite enfoncer un bâton pour enfiler l'anneau caché.

한 모래더미 속에 고리를 감추고 이어서 감춰진 고리를 꿰기 위해 막대를 곧 거기에 박아 넣는 데에 있는 아이의 놀이

풍거뭇이ᄒᆞ다 [HPOUNG-KE-MOUT-I-HĂ-TA] 원365

불 Se cacher.

한 숨다

1*풍경 [HPOUNG-KYENG,-I] (風磬) 원365

불 Clochette au battant de laquelle est attaché un poisson de fer, qui, agité par le vent, la fait sonner.

한 쇠로 된 물고기가 매인 추가 있는 작은 종으로, 이 추는 바람에 흔들리면 종이 울리게 한다

2*풍경 [HPOUNG-KYENG,-I] (風景) 원365

불 Lieu agréable, beau séjour, belle promenade.

한 유쾌한 장소, 아름다운 체류지, 아름다운 산책길

*풍골 [HPOUNG-KOL,-I] (風骨) 원365

불 Figure, mine, le physique, l'extérieur du corps. ‖

Homme grand et bien nourri, qui n'a pas l'air pauvre.
한 얼굴, 외모, 용모, 몸의 외형 | 크고 영양을 잘 섭취한, 가난해 보이지 않는 사람

*풍구 [HPOUNG-KOU] (風口) 원365
불 Esp. de soufflet de forge.
한 대장간의 풀무의 종류

*풍긱 [HPOUNG-KĂIK,-I] (風客) 원365
불 Menteur, vantard, hâbleur.
한 거짓말쟁이, 허풍쟁이, 허풍선이

*풍낙목 [HPOUNG-MAK-MOK,-I] (風落木) 원365
불 Arbre brisé par le vent.
한 바람에 의해 부러진 나무

*풍낙쵸 [HPOUNG-NAK-TCHYO] (風落草) 원365
불 Abac renversé par le vent; herbe couchée par le vent.
한 바람에 뒤집힌 담배 | 바람에 의해 누운 풀

*풍낭 [HPOUNG-NANG,-I] (風浪) 원365
불 Vent et vagues de la mer. Tempête, houle, forte vague.
한 바다의 바람과 파도 | 폭풍우, 파랑, 거친 파도

*풍년 [HPOUNG-NYEN,-I] (豊年) 원365
불 Année de fertilité, d'abondance.
한 풍요로운, 풍부한 해

*풍단 [HPOUNG-TAN,-I] (風丹) 원365
불 Esp. de maladie. Erésipèle au visage.
한 병의 종류 | 얼굴의 단독

풍덩이 [HPOUNG-TENG-I] (風虫) 원365
불 Esp. d'insecte.
한 곤충의 종류

풍덩풍덩 [HPOUNG-TENG-HPOUNG-TENG] 원365
불 Indique le bruit de l'eau frappée avec la main, ou agitée vivement par un corps assez lourd qu'on y jette.
한 손에 두드리거나, 물에 던져진 꽤 무거운 몸에 의해 격하게 흔들린 물의 소리를 가리킨다

*풍류 [HPOUNG-RYOU] (風流) 원365
불 Instrument de musique; musique; concert.
한 악기 | 음악 | 콘서트

*풍마우셰ᄒᆞ다 [HPOUNG-MA-OU-SYEI-HĂ-TA] (風磨雨洗) 원365
불 Etre habituellement battu par le vent et la pluie (les rochers battus des flots et des vents sur les bords de la mer).
한 통상적으로 바람과 비에 맞다 (바닷가의 파도와 바람에 맞은 바위들)

*풍문 [HPOUNG-MOUN,-I] (風聞) 원365
불 Bruit, rumeur publique, cancan, commérage.
한 소문, 여론, 험담, 비방

*풍병 [HPOUNG-BYENG,-I] (風病) 원365
불 Epilepsie; haut mal; paralysie. Maladie censée causée par le vent intérieur (v. g. la migraine, la paralysie).
한 간질 | 지랄병 | 마비 | 내부 바람에 의한 원인이라고 여겨지는 병 (예. 편두통, 마비)

*풍비ᄒᆞ다 [HPOUNG-PI-HĂ-TA] (豊肥) 원365
불 Etre abondant, suffisant, en quantité.
한 풍부하다, 충분하다, 다량이다

*풍셕 [HPOUNG-SYEK,-I] (風席) 원365
불 Esp. de nattes en herbe qui servent à faire des voiles de navire.
한 배의 돛을 만드는 데 사용하는 풀로 만든 돗자리의 종류

1*풍셜 [HPOUNG-SYEL,-I] (風雪) 원365
불 Vent et neige.
한 바람과 눈

2*풍셜 [HPOUNG-SYEL,-I] (風說) 원365
불 Mensonge. parole de vanterie, de hâblerie.
한 거짓말 | 자기 자랑을 하는, 허풍을 떠는 말

*풍셩 [HPOUNG-SYENG,-I] (風聲) 원365
불 Réputation renommée; nom. Syn. 명셩 Myeng-syeng.
한 명성, 명망 | 이름 | [동의어 명셩, Myeng-syeng]

*풍셩ᄒᆞ다 [HPOUNG-SYENG-HĂ-TA] (豊盛) 원365
불 Etre abondant, fécond, fertile, prospère, florissant, plantureux.
한 풍부하다, 풍부하다, 비옥하다, 번영하다, 융성하다, 푸짐하다

*풍셰 [HPOUNG-SYEI] (風勢) 원365
불 Vent; manière de venter; force du vent.
한 바람 | 바람이 부는 방식 | 풍력

*풍쇽 [HPOUNG-SYOK,-I] (風俗) 원365
불 Usage; habitude; loi; mode; mœurs; coutume.
한 관례 | 습관 | 규범 | 방식 | 풍습 | 관습

*풍슈 [HPOUNG-SYOU] (風水) 원365
불 Vent et eau. ‖ Vent du bonheur; bonne ou mauvaise force influente (superstition pour élire un lieu favorable à bâtir des maisons ou à placer des tombeaux).
한 바람과 물 | 행운의 바람 | 좋거나 나쁜 영향력 있는 힘 (집들을 짓거나 묘들을 배치하기에 이로운 곳을 고르기 위한 미신)

ㅍ

*풍신 [HPOUNG-SIN,-I] (風神) 원365
불 Air du visage apparence; aspect; air; port; prestance.
한 얼굴의 모양, 외관 | 모습 | 외모 | 태도 | 당당한 풍채

*풍악 [HPOUNG-AK,-I] (風樂) 원365
불 Instrument de musique.
한 악기

*풍안 [HPOUNG-AN,-I] (風眼) 원365
불 Lunettes contre la poussière, pour empêcher la poussière d'entrer dans les yeux.
한 먼지가 눈에 들어오는 것을 막기 위한, 먼지를 막는 안경

*풍우 [HPOUNG-OU] (風雨) 원365
불 Vent et pluie.
한 바람과 비

*풍운 [HPOUNG-OUN,-I] (風雲) 원365
불 Vent et nuage.
한 바람과 구름

*풍월 [HPOUNG-OUEL,-I] (風月) 원365
불 Vent et lune, c.a.d. poésie légère dans le genre de l'idylle.
한 바람과 달, 즉 전원시 장르의 가벼운 시

1*풍증 [HPOUNG-TJEUNG,-I] (風症) 원366
불 Maladie de vent. symptôme de vent comme cause de la maladie.
한 바람의 병 | 병의 원인으로서의 바람의 증상

2*풍증 [HPOUNG-TJEUNG,-I] (豊徵) 원366
불 Signe, présage d'abondance, de fertilité
한 풍성한, 풍요함의 징후, 징조

*풍지 [HPOUNG-TJI] (風紙) 원366
불 Papier que l'on met pour boucher les côtés mal joints d'une porte et empêcher le vent coulis.
한 문의 잘못 결합되는 쪽을 막거나 외풍을 막기 위해 놓는 종이

*풍진 [HPOUNG-TJIN,-I] (風塵) 원366
불 Vent et paille. poussière agitée, soulevée par le vent. ‖ Guerre, désordre causé par la guerre. Désordre.
한 바람과 짚 | 들뜬, 바람에 의해 일으켜진 먼지 | 전쟁, 전쟁으로 인한 혼란 | 혼란

*풍잠 [HPOUNG-TJĂM,-I] (風簪) 원366
불 Esp. de bouton au-dessus du serre-tête pour retenir le chapeau contre le vent.
한 바람을 대비하여 모자를 고정시키기 위한 머리띠 위의 단추의 종류

*풍재 [HPOUNG-TJĂI] (風災) 원366
불 Stérilité causée par le grand vent. Fléau du vent sur les céréales.
한 큰 바람으로 인한 불모 | 곡식에 대한 바람의 재해

*풍차 [HPOUNG-TCHA] (風遮) 원366
불 Contrevent, c.a.d. tout abri fait pour arrêter le vent, comme le mur de paille qui se met souvent en dehors des maisons.
한 덧문, 즉 종종 집 바깥에 놓이는 짚으로 된 벽처럼, 바람을 막기 위해 만들어진 피난처

*풍차휘항 [HPOUNG-TCHA-HOUI-HANG,-I] (風遮揮項) 원366
불 Espèce de petit capuchon.
한 작은 두건의 종류

1*풍치 [HPOUNG-TCHI] (風齒) 원366
불 Mal de dents causé par le vent.
한 바람으로 인한 치아의 통증

2풍치 [HPOUNG-TCHI] 원366
불 Dernière plume de l'aile d'un oiseau.
한 새 날개의 마지막 깃털

풍치다 [HPOUNG-TCHI-TA,-TCHYE,-TCHIN] 원366
불 Appréciation; apprécier, estimer, évaluer.
한 평가 | 감정하다, 평가하다, 산정하다

*풍채 [HPOUNG-TCHĂI] (風彩) 원366
불 Air du visage; mine; apparence; prestance.
한 얼굴의 모양 | 용모 | 외관 | 당당한 풍채

풍채잇는사룸 [HPOUNG-TCHĂI-IT-NĂN-SA-RĂM,-I] (風彩之人) 원366
불 Joyeux, jovial compagnon, de société agréable.
한 유쾌한 집단의 즐거운, 유쾌한 동무

*풍토 [HPOUNG-HTO] (風土) 원366
불 Coutume d'un lieu, d'un endroit particulier.
한 한 고장의, 특정 장소의 풍습

*풍파 [HPOUNG-HPA] (風波) 원365
불 Tempête; vent et grosse mer.
한 폭풍우 | 바람과 거친 바다

*풍편 [HPOUNG-HPYEN,-I] (風便) 원365
불 Occasion de vent, c.a.d. par hasard. ‖ Rumeur publique.
한 바람의 기회, 즉 우연히 | 불리한 여론

풍편에듯다 [HPOUNG-HPYEN-EI-TEUT-TA,-TEU-RE,-TEU-RĂN] (風便聞之) 원365

불 Entendre parler d'une chose de-ci de-là, sans trop savoir à quoi s'en tenir sur la réalité.

한 현실에 대해 사정을 잘 모르면서, 여러 곳에서 어떤 것에 대해 듣다, 말하다

풍풍 [HPOUNG-HPOUNG] 원365

불 Bruit de l'eau qu'on verse dans un grand vase; bruit d'une pierre tombant dans l'eau.

한 큰 그릇에 물을 붓는 소리 | 물에 떨어지는 돌의 소리

*풍한 [HPOUNG-HAN] (風寒) 원365

불 Vent et froid.

한 바람과 추위

*풍헌 [HPOUNG-HEN,-I] (風憲) 원365

불 Chef d'un 면 Myen (arrondissement). Collecteur d'impôts (il y en a un par 면 Myen).

한 면 Myen의 장(구) | 세금 징수원 (면 Myen마다 한 명씩 있다)

*풍후ᄒᆞ다 [HPOUNG-HOU-HĂ-TA] (豊厚) 원365

불 Abondant; large; généreux; libéral.

한 풍부하다 | 넓다 | 너그럽다 | 관대하다

*풍흉 [HPOUNG-HYOUNG,-I] (豊凶) 원365

불 Abondance et disette.

한 풍부함과 결핍

퓌다 [HPOUI-TA,HPOUI-YE,HPOUIN] (發) 원364

불 S'épanouir (fleur).

한 피다 (꽃)

1*픔 [HPEUM,-I] (品) 원360

불 Dignité; qualité; ordre; condition.

한 고관직 | 자질 | 계급 | 신분

2*픔 [HPEUM,-I] (稟) 원360

불 Rapport, instruction sur une affaire, récit, compte -rendu.

한 보고, 일에 대한 회람, 이야기, 보고

3*픔 [HPEUM] (懷) 원360

불 Sein; poitrine, giron.

한 젖가슴 | 가슴, 품

4픔 [HPEUM] 원360

불 Travail de journalier.

한 날품팔이

*픔계 [HPEUM-KYEI] (品階) 원360

불 Degré des dignités, de qualité.

한 고관직의, 지위의 등급

*픔군 [HPEUM-KOUN,-I] (品軍) 원360

불 Mercenaire; journalier; manœuvre; homme de peine, de journée.

한 고용인 | 날품팔이하는 농민 | 일꾼 | 날품팔이 하는 농노

*픔달ᄒᆞ다 [HPEUM-TAL-HĂ-TA] (稟達) 원360

불 Rapporter, dire, raconter, rendre compte, exposer (au supérieur).

한 이야기하다, 말하다, 이야기하다, 보고하다, (상급자에게) 설명하다

*픔부ᄒᆞ다 [HPEUM-POU-HĂ-TA] (稟賦) 원360

불 Don; présent; donation; libéralité; donner; mettre dans (ne se dit que de Dieu qui a donné à l'homme une âme raisonnable).

한 기증 | 선물 | 기부 | 관대함 | 주다 | ~안에 놓다 (인간에게 합리적인 영혼을 준 신에 대해서만 쓴다)

픔아시 [HPEUM-A-SI] 원360

불 V. 품아시 HPOUM-A-SI.

한 [참조어 품아시, HPOUM-A-SI]

*픔위 [HPEUM-OUI] (品位) 원360

불 Dignité.

한 고관직

*픔직 [HPEUM-TJIK,-I] (品職) 원360

불 Dignité; charge; emploi; rang; ordre.

한 고관직 | 공직 | 직무 | 지위 | 계급

*픔ᄒᆞ다 [HPEUM-HĂ-TA] (稟) 원360

불 Rapporter, dire, rendre compte, raconter, exposer (au supérieur).

한 이야기하다, 말하다, 보고하다, 이야기하다, (상관에게) 설명하다

픠다 [HPEUI-TA,HPEUI-E,HPEUIN] (發) 원360

불 Fleurir; s'étendre, se développer. ‖ Allumer.

한 꽃이 피다 | 펼쳐지다, 확장되다 | 불을 밝히다

픠우다 [HPEUI-OU-TA,HPEUI-OUE,HPEUI-OUN] (焚) 원360

불 Allumer le feu, mettre le feu, enflammer, faire du feu.

한 불을 밝히다, 불을 놓다, 불을 붙이다, 불을 피우다

1피 [HPI] (血) 원360

불 Sang.

한 피

2피 [HPI] (稷) 원360

불 Esp. d'ivraie de riz estimée des Coréens, esp. de millet, esp. de céréale semblable à du millet noir. (En Chine on le donne aux chevaux; mais les Coréens s'en nourrissent et le trouvent excellent. Il sert aussi dans les sacrifices à Confucius).

한 조선인들에게 높게 평가되는 쌀 독보리 종류, 좁쌀 종류, 메밀과 비슷한 곡물 종류 | (중국에서는 이것을 말에게 준다 | 그러나 조선인들은 그것으로 양분을 섭취하고, 그것이 훌륭하다고 생각한다 | 이것은 공자에게 지내는 제사에서도 사용된다)

3* 피 [HPI] (皮) 원360

불 Peau; écorce; cuir.

한 피부 | 껍질 | 가죽

4 피 [HPI] 원360

불 Fi; pouah! Dégoût d'une mauvaise odeur.

한 체 | 피이! 악취에 대한 반감

*피곤ᄒᆞ다 [HPI-KON-HĂ-TA] (疲困) 원360

불 Etre lassé, languissant, dépéri; être épuisé de fatigue.

한 지치다, 활기가 없다, 쇠약하다 | 피곤하여 기진맥진하다

*피골 [HPI-KOL,-I] (皮骨) 원360

불 La peau et les os.

한 피부와 뼈

*피근각 [HPI-KEUN-KAK] (皮筋角) 원360

불 Peau, nerfs et cornes.

한 피부, 신경과 뿔

피근피근ᄒᆞ다 [HPI-KEUN-HPI-KEUN-HĂ-TA] 원360

불 Désigne l'état d'un homme grossier et gourmand, impudent, effronté.

한 거칠고 식탐 많은 사람의 상태를 가리킨다, 파렴치하다, 뻔뻔하다

피나귀 [HPI-NA-KOUI] (牝驢) 원360

불 Anesse.

한 암탕나귀

피나무 [HPI-NA-MOU] 원360

불 Tilleul(arbre).

한 보리수(나무)

피등피등ᄒᆞ다 [HPI-TEUNG-HPI-TEUNG-HĂ-TA] 원362

불 Désigne l'état d'un homme gras, plein d'embonpoint. Etre trop gras, obèse, ventru.

한 뚱뚱한, 완전히 비만인 사람의 상태를 가리킨다 | 너무 뚱뚱하다, 비만이다, 배가 뚱뚱하다

*피디 [HPI-TI] (彼地) 원362

불 La Chine (injur.).

한 중국 (욕설)

피ᄃᆡ [HPI-TĂI] (稷藁) 원361

불 Paille de millet. ‖ Pois; les pieds, les feuilles, les cosses de pois.

한 좁쌀의 짚 | 콩 | 콩의 밑동, 잎, 깍지

*피란처 [HPI-RAN-TCHYE] (避亂處) 원361

불 Asile, refuge, retraite en temps de guerre; lieu sauvage où l'on peut trouver un abri en temps de guerre.

한 피난처, 대피처, 전쟁 때 은신처 | 전쟁 때 피난처를 찾을 수 있는 야생의 장소

1* 피란ᄒᆞ다 [HPI-RAN-HĂ-TA] (避亂) 원361

불 Fuir la guerre, l'ennemi.

한 전쟁, 적을 피하다

2 피란ᄒᆞ다 [HPI-RAN-HĂ-TA] (避難) 원361

불 Fuir la persécution.

한 박해를 피하다

*피롱 [HPI-RONG,-I] (皮籠) 원361

불 Boîte en cuir, malle en cuir.

한 가죽으로 만든 상자, 가죽으로 만든 트렁크

1 피리 [HPI-RI] (篥) 원361

불 Esp. de flûte, pipeau, musette.

한 작은 피리 종류, 피리, 백파이프

2 피리 [HPI-RI] 원361

불 Esp. de petit poisson d'eau douce.

한 작은 민물고기 종류

피롬이 [HPI-RĂM-I] 원361

불 Nom d'un poisson d'eau douce (de ruisseau).

한 (시냇물의) 민물 생선의 이름

피마 [HPI-MA] (牝馬) 원360

불 Cavale, jument.

한 [역주 순종의] 암말, 암말

*피마ᄌᆞ [HPI-MA-TJĂ] (皮痲子) 원360

불 Ricin, graine de ricin, Palma-Christi.

한 아주까리, 아주까리의 씨, 아주까리

*피모 [HPI-MO] (皮牟) 원360

불 Orge non écossée, orge non mondée.

한 껍질을 까지 않은 보리, 탈곡하지 않은 보리

*피목 [HPI-MOK,-I] (皮木) 원360

불 Tilleul (arbre).

한 보리수 (나무)

1* 피목ᄒᆞ다 [HPI-MOK-HĂ-TA] (避目) 원360

불 Fuir la vue des autres; agir en secret; se cacher pour.

한 다른 사람들의 시선에서 벗어나다 | 비밀스럽게 행동하다 | ~위해 은신하다

2*피목ᄒᆞ다 [HPI-MOK-HĂ-TA] (皮木) 원360

불 Enlever l'écorce d'un arbre abattu.

한 쓰러진 나무의 껍질을 없애다

*피물 [HPI-MOUL,-I] (皮物) 원360

불 Fourrure.

한 모피

피뭇다 [HPI-MOUT-TA,-MOUT-E,-MOUT-EUN] (血漬) 원360

불 Etre ensanglanté, taché de sang, sanglant.

한 피투성이다, 피로 얼룩지다, 피가 흐르다

피뭇치다 [HPI-MOUT-TCHI-TA,-TCHYE,-TCHIN] (血漬) 원360

불 Ensanglanter, tacher de sang.

한 피로 뒤덮다, 피로 더럽히다

피믯치다 [HPI-MĂIT-TCHI-TA,-TCHYE,-TCHIN] (血結) 원360

불 Etre contusionné.

한 타박상을 입다

*피발 [HPI-PAL,-I] (被髮) 원361

불 Chevelure en désordre.

한 뒤죽박죽인 머리털

피발셔다 [HPI-PAL-SYE-TA,-SYE,-SYEN] 원361

불 Avoir un amas de sang.

한 피가 축적되다

피밤 [HPI-PAM,-I] (皮栗) 원360

불 Châtaigne avec la peau; châtaigne non pelée; châtaigne stérile, qui ne contient rien dans son écorce.

한 껍질이 있는 밤 | 껍질을 벗기지 않은 밤 | 결실을 맺지 못한, 그 껍질 안에 아무것도 담고 있지 않는 밤

*피봉 [HPI-PONG,-I] (皮封) 원361

불 Enveloppe de lettre.

한 편지 봉투

*피부 [HPI-POU] (皮膚) 원361

불 Peau et chair; peau d'homme; peau humaine.

한 피부와 살 | 사람의 피부 | 사람 피부

*피신ᄒᆞ다 [HPI-SIN-HĂ-TA] (避身) 원361

불 S'enfuir, se cacher pour éviter.

한 달아나다, 피하기 위해 은신하다

*피쇡장이 [HPI-SĂIK-TJANG-I] (皮色匹) 원361

불 Corroyeur, tanneur.

한 무두장이, 피혁 제조인

피똥 [HPI-TTONG,-I] (血糞) 원362

불 Flux de sang, sang qui sort par les voies basses dans le flux ou la dyssenterie. Selles sanguinolentes.

한 피의 배출, 배출 또는 이질로 아래 길로 나오는 피 | 피가 섞인 대변

피ᄯᅢ [HPI-TTĂI] (血脈) 원361

불 Veine, artère.

한 혈관, 동맥

*피잔 [HPI-TJAN,-I] (皮盞) 원362

불 Vase à boire fait en cuir ou en écorce.

한 가죽이나 껍질로 만들어진, 마시기 위한 그릇

*피졉ᄒᆞ다 [HPI-TJYEP-HĂ-TA] (避接) 원362

불 S'éloigner de la maison où il y a un pestiféré. Se retirer ou vivre à l'écart pendant qu'on est malade, pour ne pas communiquer la maladie aux autres.

한 페스트 환자가 있는 집에서 떠나다 | 아픈 동안 다른 사람들에게 병을 전염시키지 않기 위해 은거하거나 떨어져서 살다

*피졍ᄒᆞ다 [HPI-TJYENG-HĂ-TA] (避靜) 원362

불 Faire les exercices d'une retraite; faire la retraite; être en retraite; se mettre en retraite. (Mot chrét.).

한 은둔 수련을 하다 | 은거하다 | 은거중이다 | 물러나다 | (기독교 어휘)

피줄 [HPI-TJOUL,-I] (血脈) 원362

불 (Ligne du sang). Veine.

한 (핏줄) | 혈관

*피지 [HPI-TJI] (皮紙) 원362

불 Papier qui sert à envelopper un paquet de papier.

한 종이 꾸러미를 싸는 데 쓰이는 종이

피지다 [HPI-TJI-TA,-TJYE,-TJIN] (血凝) 원362

불 Etre coagulé (le sang dans un furoncle).

한 응고되다 (절종 속의 피)

*피쳑 [HPI-TCHYEK,-I] (彼隻) 원362

불 Adversaire dans un procès, partie opposée dans un procès.

한 소송에서 상대자, 소송에서 반대편

*피ᄎᆞ [HPI-TCHĂ] (彼此) 원362

불 L'un l'autre, les deux, mutuellement, lui et moi.

한 서로서로, 둘 다, 상호간에, 그와 나

피피간 [HPI-HPI-KAN] (皮肉間) 원361

불 Entre chair et cuir; entre peau et chair.

한 살과 가죽 사이 | 피부와 살 사이

*피ᄒᆞ다 [HPĪ-HĂ-TA] (避) 원360

불 Fuir; s'enfuir; éviter; éluder; se réfugier.
한 달아나다 | 도망가다 | 피하다 | 모면하다 | 도피하다

핀잔ᄒᆞ다 [HPIN-TJAN-HĂ-TA] (責望) 원360
불 Gronder, faire rougir quelqu'un, lui faire honte.
한 꾸짖다, 누군가의 낯을 붉히게 하다, 그에게 수치심을 느끼게 하다

1*필 [HPIL,-I] (疋) 원361
불 Numéral des pièces de toile de 40 pieds.
한 40척의 천 조각들을 세는 수사

2*필 [HPIL,-I] (匹) 원361
불 Numéral des bœufs, des chevaux, des ânes.
한 소, 말, 당나귀들을 세는 수사

3*필 [HPIL,-I] (筆) 원361
불 Pinceau.
한 붓

*필갑 [HPIL-KAP,-I] (筆匣) 원361
불 Portefeuille, carton.
한 지갑, 종이 상자

*필경 [HPIL-KYENG] (必境) 원361
불 Certainement, sans aucun doute, enfin.
한 확실히, 어떤 의심도 없이, 결국

*필공이 [HPIL-KONG-I] (筆工) 원361
불 Fabricateur, fabricant de pinceaux.
한 제작자, 붓 제조인

*필납ᄒᆞ다 [HPIL-NAP-HĂ-TA] (畢納) 원361
불 Qui a payé toutes ses contributions. Finir de payer une dette.
한 자신의 세금을 모두 내다 | 빚을 지불하는 것을 끝마치다

*필낭 [HPIL-NANG,-I] (筆囊) 원361
불 Sac pour mettre les pinceaux.
한 붓을 넣기 위한 자루

*필담ᄒᆞ다 [HPIL-TAM-HĂ-TA] (筆談) 원361
불 Se parler en écrivant les caractères; se parler a coups de pinceaux, en écrivant.
한 글자를 써서 서로 말하다 | 붓을 써서, 글을 써서 서로 말하다

*필력 [HPIL-RYEK,-I] (筆力) 원361
불 Force du pinceau, c.a.d. fermeté de la main pour écrire; force pour écrire.
한 붓의 힘, 즉 글을 쓰기 위한 손의 단단함 | 글을 쓰기 위한 힘

*필마 [HPIL-MA] (匹馬) 원361
불 Un cheval, un seul cheval.
한 말 한 마리, 단 한 마리의 말

*필마단긔 [HPIL-MA-TAN-KEUI] (匹馬單騎) 원361
불 Homme en place qui voyage sans appareil, à cheval, avec deux suivants simplement. Cavalier à cheval sans écuyer.
한 도구없이, 말을 타고, 단지 두 수행원과 함께 여행하는 요직에 있는 사람 | 시종 없이 말을 타는 기수

*필목 [HPIL-MOK,-I] (疋木) 원361
불 Toile de coton.
한 면포

*필묵 [HPIL-MOUK,-I] (筆墨) 원361
불 Pinceau et encre.
한 붓과 잉크

*필발 [HPIL-PAL,-I] (蓽撥) 원361
불 Nom d'une esp. de remède très-poivré. =ᄒᆞ다 -hă-ta, Etre froid.
한 후추 향이 많이 나는 약 종류의 이름 | [용례 =ᄒᆞ다, -hă-ta], 차갑다

*필봉ᄒᆞ다 [HPIL-PONG-HĂ-TA] (畢捧) 원361
불 Qui a payé toutes ses contributions. ‖ Achever de recevoir ce qui était dû.
한 자신의 세금을 모두 지불했다 | 지불되어야 할 것을 받기를 끝마치다

*필부 [HPIL-POU] (匹夫) 원361
불 Maladroit; homme du commun.
한 서투른 사람 | 보통 사람

*필시 [HPIL-SI] (必是) 원361
불 Certainement.
한 확실히

*필역ᄒᆞ다 [HPIL-YEK-HĂ-TA] (畢役) 원361
불 Clôture, conclusion, fin, terme. Finir, achever un travail.
한 종결하다, 결론, 끝, 기한 | 일을 끝내다, 완수하다

*필연 [HPIL-YEN] (必然) 원361
불 Certainement, absolument.
한 틀림없이, 꼭

*필유곡졀 [HPIL-YOU-KOK-TJYEL] (必有曲折) 원361
불 Il est clair qu'il y a un motif.
한 동기가 있음이 명확하다

*필유묘리 [HPIL-YOU-MYO-RI] (必有妙理) 원361
불 Certainement il y a une raison.
한 확실히 이유가 있다

*필젹 [HPIL-TJYEK,-I] (筆跡) [원]361
[불] Trace du pinceau, ce qu'on appelle en français la main. écriture, manière d'écrire; forme, marque qui distingue les différentes écritures, ou plutôt l'écriture de personnes différentes.
[한] 붓 자국, 프랑스어로 필치라 부르는 것 | 글씨, 글 쓰는 방법 | 다른 글씨, 보다 정확히 말해 다른 사람들의 글씨를 구별하는 형태, 표시

*필지어셔ᄒᆞ다 [HPIL-TJI-E-SYE-HĂ-TA] (筆之於書) [원]361
[불] Ecrire sur du papier. ‖ Ce n'est pas la peine d'en prendre note, de l'écrire (je me le rappellerai bien).
[한] 종이 위에 쓰다 | 짧은 메모를 할, 그것을 글로 쓸 필요가 없다(나는 그것을 잘 기억하겠다)

*필침 [HPIL-TCHIM,-I] (筆枕) [원]361
[불] Support pour le pinceau (quand on cesse d'écrire, quand on se repose).
[한] 붓 지지대 (글쓰기를 멈출 때, 휴식을 취할 때)

*필통 [HPIL-HTONG,-I] (筆筒) [원]361
[불] Etui, boîte à mettre les pinceaux.
[한] 붓을 넣는 통, 상자

*필혼ᄒᆞ다 [HPIL-HON-HĂ-TA] (畢婚) [원]361
[불] Marier le dernier de ses enfants; achever de marier ses enfants.
[한] 자신의 자식들 중 막내를 결혼시키다 | 자신의 자식들을 결혼시키기를 마치다

*핍궁ᄒᆞ다 [HPIP-KOUNG-HĂ-TA] (乏窮) [원]361
[불] Indigent; être très-pauvre, très-misérable.
[한] 빈곤하다 | 매우 가난하다, 매우 가난하다

*핍박ᄒᆞ다 [HPIP-PAK-HĂ-TA] (逼迫) [원]361
[불] Forcer à faire; violenter; faire violence; contraindre; maltraiter.
[한] 하도록 강요하다 | 강간하다 | 강제하다 | 속박하다 | 가혹하게 대하다

*핍졀ᄒᆞ다 [HPIP-TJYEL-HĂ-TA] (乏絶) [원]361
[불] N'être plus, n'avoir plus; être épuisé, à bout.
[한] 더 이상 아니다, 더 이상 없다 | 기진맥진하다, 한계에 이르다

*핍진ᄒᆞ다 [HPIP-TJIN-HĂ-YA] (乏盡) [원]361
[불] Se ruiner complètement; dépenser toute sa fortune et devenir pauvre; ruiner (sa santé); être épuisé; se perdre entièrement.
[한] 완전히 파산하다 | 자신의 모든 재산을 쓰고 가난해지다 | 망치다(건강) | 기진하다 | 완전히 소멸되다

*핍폐ᄒᆞ다 [HPIP-HPYEI-HĂ-TA] (乏廢) [원]361
[불] Etre chétif, misérable; faire peine à voir.
[한] 초라하다, 비참하다 | 보기 딱하다

핏치 [HPIT-TCHĂI] [원]362
[불] Corde pour enfiler des sapèques. Fouet de cuir; lanière ou longe de cuir; cordon de cuir.
[한] 엽전을 꿰기 위한 끈 | 가죽 채찍 | 가죽으로 된 가는 끈이나 끈 | 가죽으로 된 줄

핑계ᄒᆞ다 [HPING-KYEI-HĂ-TA] (推托) [원]360
[불] Prétexter; user de subterfuges, de prétextes.
[한] 구실로 삼다 | 핑계, 구실을 대다

ᄑᆞᆯ다 [HPĂL-TA,HPĂL-A,HPĂN] (賣) [원]356
[불] Vendre. V.Syn. 팔다 Hpal-ta.
[한] 팔다 | [[동의어] 팔다, Hpal-ta]

ᄑᆞᆯ미더지다 [HPĂL-MĂI-TE-TJI-TA,-TJYE,-TJIN] (擲石) [원]356
[불] Lancer une pierre.
[한] 돌을 던지다

*ᄑᆡ [HPĂI] (敗) [원]356
[불] Perte; dommage; ravage; ruine; destruction; désastre; ruine complète; déroute.
[한] 손실 | 손해 | 큰 피해 | 파멸 | 파괴 | 재앙 | 완전한 폐허 | 파국

*ᄑᆡ가ᄒᆞ다 [HPĂI-KA-HĂ-TA] (敗家) [원]356
[불] Ruine. se ruiner. Tomber en décadence, en ruine.
[한] 몰락 | 파산하다 | 쇠퇴하다, 몰락하다

*ᄑᆡ군지쟝 [HPĂI-KOUN-TJI-TJYANG] (敗軍之將) [원]356
[불] Général qui a perdu son armée; général sans armée. ‖ Chose inutile.
[한] 자신의 군대를 잃은 장군 | 군대가 없는 장군 | 무용지물

*ᄑᆡ귀ᄒᆞ다 [HPĂI-KOUI-HĂ-TA] (敗歸) [원]356
[불] Dommage, perte, ruine. ‖ S'en retourner après avoir subi un échec.
[한] 손해, 손실, 파손 | 실패한 후 돌아가다

*ᄑᆡ담 [HPĂI-TAM,-I] (悖談) [원]356
[불] Parole obscène, indécente, impure; parole libre; discours licencieux.
[한] 외설스러운, 저속한, 불순한 말 | 상스러운 말 | 음탕한 말

*ᄑᆡ려ᄒᆞ다 [HPĂI-RYE-HĂ-TA] (悖戾) [원]356

ㅍ

불 Mauvais; méchant et singulier.
한 나쁘다 | 악독하고 별나다

픽려ᄒᆞᆫ놈 [HPĂI-RYE-HĂN-NOM] 원356
불 Drôle de corps, drôle de pistolet.
한 이상한 녀석, 괴상한 녀석

*픽망ᄒᆞ다 [HPĂI-MANG-HĂ-TA] (敗亡) 원356
불 Etre ruiné, détruit. Tomber en décadence.
한 파멸하다, 파괴되다 | 쇠퇴하다

*픽멸ᄒᆞ다 [HPĂI-MYEL-HĂ-TA] (敗滅) 원356
불 Etre ruiné complètement. Se ruiner.
한 완전히 파괴되다 | 파산하다

*픽물 [HPĂI-MOUL,-I] (佩物) 원356
불 Breloques, bijoux que les femmes suspendent à leur côté droit à l'attache de la chemise; tout ce que l'on pend à la ceinture ou aux cordons de ses habits (petit couteau, hachette, griffe de tigre, boîte à parfums, etc.).
한 패물, 여성들이 오른쪽에, 셔츠의 끈에 매다는 보석 | 허리띠 또는 자신의 옷의 끈에 매다는 모든 것 (작은 칼, 작은 도끼, 호랑이 발톱, 향수통 등)

*픽부진ᄒᆞ다 [HPĂI-POU-TJIN-HĂ-TA] (牌不進) 원356
불 Qui ne répond pas à l'invitation que lui fait le roi de se rendre an palais royal. Ne pas se rendre à l'appel du roi.
한 왕이 궁을 방문하라는 초대에 응하지 않다 | 왕의 부름을 따르지 않다

*픽셜 [HPĂI-SYEL,-I] (悖說) 원356
불 Parole libre; discours licencieux.
한 상스러운 말 | 외설스러운 말

*픽악ᄒᆞ다 [HPĂI-AK-HĂ-TA] (悖惡) 원356
불 Mauvais; méchant; inhumain.
한 나쁘다 | 악독하다 | 비인간적이다

*픽ᄒᆞ다 [HPĂI-HĂ-TA] (敗) 원356
불 Perdre; éprouver une perte; ne pas réussir. Etre ruiné complètement; être battu; être mis en déroute.
한 잃다 | 손실을 당하다 | 성공하지 못하다 | 완전히 파괴되다 | 패배하다 | 패망하다

[1]핑 [HPĂING,-I] 원356
불 Nom d'une esp. de graine blanche.
한 흰 종자 종류의 이름

[2]핑 [HPĂING,-I] 원356
불 Imitation du sifflement d'une pierre lancée avec force, d'une balle, d'une toupie d'enfant.
한 힘껏 던진 돌, 총알, 아이의 팽이가 내는 휙 하는 소리를 흉내 냄

핑개치다 [HPĂING-KAI-TCHI-TA,-TCHYE,-TCHIN] (擲) 원356
불 Palet. lancer le palet. Lancer une pierre.
한 돌 원반 | 돌 원반을 던지다 | 돌을 던지다

핑그람이 [HPĂING-KEU-RAM-I] 원356
불 Esp. de petite toupie qu'on fait tourner avec l'index et le pouce (amusement d'enfants).
한 검지와 엄지손가락으로 돌리는 작은 팽이의 종류 (아이들의 놀이)

핑나무 [HPĂING-NA-MOU] 원356
불 Nom d'une esp. de grand arbre.
한 큰 나무 종류의 이름

*핑이 [HPĂING-I] (砰) 원356
불 Esp. de petite toupie.
한 작은 팽이의 종류

핑핑ᄒᆞ다 [HPĂING-HPĂING-HĂ-TA] 원356
불 Tendu, raide(corde). ‖ Etre juste en équilibre (balance). ‖ Vibrer comme une corde tendue.
한 팽팽하게 당겨지다, 빳빳하다(끈) | 균형 정확하게 잡혀 있다 (저울) | 팽팽하게 당겨진 끈처럼 떨다

*핑ᄒᆞ다 [HPĂING-HĂ-TA] (烹) 원356
불 Faire semblant de faire bouillir un grand mandarin. Faire la cérémonie de la mort civile. (On fait monter le patient sur une chaudière d'huile chaude; et après, ses parents le pleurent comme mort. C'est ordinairement une commutation de la peine de mort en celle d'exil).
한 높은 관리를 끓이는 체하다 | 공권박탈 의식을 치르다 | (수형자를 뜨거운 기름 가마솥 위에 올라가게 하고, 다음으로 그의 부모는 그가 죽은 것처럼 애도한다. 이는 보통 사형의 대체)

ㅎ

ㅎ [H] 원74
불 12e lettre de l'alphabet, consonne qui répond à l'h aspirée.
한 자모의 열두 번째 문자, 유기음 h에 대응하는 자음

[1*]하 [HA] (下) 원74
불 Bas, le bas.
한 아래, 아래쪽

[2]하 [HA] 원74

불 Tant, tellement, beaucoup, si, trop. Exclamat. d'étonnement. 하권ᄒᆞ시옵기에 Ha kouen-hă-si-op-ki-ei, Vous m'avez tellement exhorté à…!

한 그렇게 많이, 그토록, 많이, 그렇게, 너무 | 놀람의 감탄사 | [용례 하권ᄒᆞ시옵기에, Ha kouen-hă-si-op-ki-ei], 내게 그토록 권하였으니…!

[3]*하 [HA] (夏) 원74

불 Été

한 여름

[4]*하 [HA] (河) 원74

불 Eau, cours d'eau.

한 물, 하천

[5]*하 [HA] (何) 원74

불 Pourquoi…

한 왜…

*하감샹셔 [HA-KAM-SYANG-SYE] (下監上書, (Descendre, regarder, présenté, écrit)) 원75

불 Veuillez avoir la bonté de vous abaisser jusqu'à lire l'écrit de votre très-humble serviteur.

한 배상의 글을 너그러이 읽어주십시오

*하감창 [HĀ-KAM-TCHANG,-I] (下疳瘡) 원75

불 Maladie des parties sexuelles, cancer aux parties, maladie vénérienne.

한 성기에 생기는 병, 신체 일부분들에서의 암, 성병

*하감ᄒᆞ다 [HA-KAM-HĂ-TA] (下監, (Descendre et regarder)) 원75

불 Lire une lettre. (Se dit d'un supérieur qui lit la lettre d'un inférieur).

한 편지를 읽다 | (아랫사람의 편지를 읽는 윗사람에 대해 쓴다)

*하계쇼지 [HA-KYEI-SYO-TJĂI] (夏季小齊) 원75

불 Les quatre-temps d'été, abstinence des quatre-temps d'été.

한 여름의 사계 대제일, 여름의 사계 대제일의 금육

*하고초 [HA-KO-TCHO] (夏枯草, (Eté, séchant, herbe)) 원75

불 Esp. de fleur rouge dans le genre campanule, esp. de renoncule.

한 초롱꽃속[역주 屬]의 붉은 꽃의 종류, 미나리아재비속의 종류

*하관 [HA-KOAN,-I] (下官, (Basse, dignité [charge])) 원75

불 Nom que se donnent les mandarins devant les gouverneurs.

한 지사들 앞에서 관리가 스스로에게 부여하는 이름

*하관ᄒᆞ다 [HĀ-KOAN-HĂ-TA] (下棺, (Descendre, cercueil)) 원75

불 Déposer le cercueil dans la fosse.

한 관을 구덩이에 내려놓다

*하교 [HĀ-KYO] (下教, (Descendre, ordre)) 원75

불 Edit royal. Ordre du roi. ‖ Ordre reçu d'un supérieur. (L'inférieur appelle ainsi l'ordre reçu d'un supérieur : v.g. un enfant parlant à son père ; mais il n'emploie pas cette expression, même pour désigner l'ordre de son père, s'il s'adresse à un autre personne).

한 조서 | 왕의 명령 | 윗사람으로부터 받은 명령 | (아랫사람이 윗사람에게서 받은 명령을 이렇게 부른다 : 예. 아버지에게 말하는 아이 | 그러나 다른 사람에게 말한다면 아버지의 명령을 가리키기 위해서라고 해도 이 표현을 쓰지 않는다)

*하긔 [HA-KEUI] (下記) 원75

불 Livre de comptes, de dépenses.

한 회계, 지출 장부

*하긔ᄒᆞ다 [HA-KEUI-HĂ-TA] (下氣, (Descendre, chaleur)) 원75

불 c. a. d. la maladie cesser. ‖ Avoir un air respectueux.

한 즉 병이 멈추다 | 정중한 태도를 취하다

하눌소 [HA-NOUL-SO] 원77

불 Biche.

한 암사슴

하님 [HA-NIM,-I] (侍女) 원77

불 Esclave femelle d'un noble. (Un peu honorif.).

한 귀족의 여성 노예 | (약간 경칭)

하ᄂᆞᆯ [HA-NĂL,-I] (天) 원77

불 Ciel. firmament.

한 하늘 | 창공

하ᄂᆞᆯ밥도독 [HA-NĂL-PAP-TO-TOK,-I] 원77

불 Esp. d'insecte ailé.

한 날개가 있는 곤충의 종류

*하뎡ᄇᆡᄒᆞ다 [HĀ-TYENG-PĂI-HĂ-TA] (下庭拜) 원81

불 Saluer d'en bas, se prosterner d'en bas (v. g. valet qui salue devant la porte sans entrer dans l'appartement).

한 아래로부터 인사하다, 아래에 조아리다 (예. 거처 안에 들어가지 않고 문 밖에서 인사하는 하인)

*하도낙셔 [HA-TO-NAK-SYE] (河圖洛書) 원81

불 Nom d'un livre sacré apporté par une tortue au roi 신롱시 Sin-rong-si de Chine, et qui contient le 팔괘 Hpal-koai et la science des nombres.
한 거북에 의해 중국의 신롱시Sin-rong-si 왕에게 운반된 성스러운 책의 이름, 팔괘 Hpal-koai와 숫자의 과학을 담고 있다

1*하등 [HA-TEUNG] (何等) 원81
불 Comment.
한 어떻게

2*하등 [HĀ-TEUNG,-I] (下等) 원81
불 Degré inférieur, qualité inférieure.
한 낮은 단계, 낮은 질

*하등통회 [HĀ-TEUNG-HTONG-HOI] (下等痛悔, (Inférieur, degré, contrition)) 원81
불 Attrition, contrition imparfaite. Contrition d'un degré inférieur.
한 불완전한 회개, 통회 | 하급의 회개

*하량ᄒᆞ다 [HA-RYANG-HĂ-TA] (下諒, (Courbé, penser attentivement)) 원80
불 Regardez cette lettre avec bonté. (Style épist.).
한 편지를 호의를 갖고 보십시오 | (서간체)

*하렴ᄒᆞ다 [HĀ-RYEM-HĂ-TA] (下念) 원80
불 Penser avec bonté à. Daigner penser à. (Se dit d'un supérieur à l'égard d'un inférieur).
한 ~에 대해 호의적으로 생각하다 | ~에 대해 생각해 주다 | (아랫사람에 관하여 윗사람에 대해 쓴다)

*하령ᄒᆞ다 [HA-RYENG-HĂ-TA] (下令) 원80
불 Donner des ordres à ses inférieurs, à ses administrés.
한 자신의 하급자들에게, 피통치자들에게 명령을 내리다

*하례하다 [HĀ-RYEI-HĂ-TA] (下禮|賀) 원80
불 Remercier, saluer, rendre ses devoirs (à un supérieur); féliciter (du succès); complimenter (sur un événement heureux).
한 감사하다, 인사하다, (윗사람에게) 경의를 표하다 | (성공에 대해) 축하하다 | (경사에 대해) 축하하다

*하륙ᄒᆞ다 [HA-RYOUK-HĂ-TA] (下陸, (Descendre, terre)) 원80
불 Descendre de barque, débarquer.
한 배에서 내리다, 하선하다

하리다 [HA-RI-TA,-RYE,-RIN] 원80
불 Imbécile, niais.
한 멍청하다, 어리석다

하리망당ᄒᆞ다 [HA-RI-MANG-TANG-HĂ-TA] 원80
불 Imbécile, niais. ‖ Etre presque endormi.
한 멍청하다, 저능하다 | 거의 잠들다

*하마비 [HĀ-MA-PI] (下馬碑, (Descendre, cherval, pierre à inscription)) 원76
불 Pierre sur le bord du chemin, et qui indique que l'on doit descendre de cheval.
한 길가에 있는, 말에서 내려야 하는 것을 알려주는 돌

*하마셕 [HĀ-MA-SYEK,-I] (下馬石, (Descendre, cheval, pierre)) 원76
불 Pierre placée à la porte des grandes maisons, et qui sert à monter à cheval ou à en descendre.
한 말에 오르거나 내리는 데 쓰이는, 큰 집들의 문에 놓인 돌

하마터면 [HA-MA-HTE-MYEN] 원76
불 Un peu plus… Oh! … Il a bien manqué de…
한 자칫하면… 오!… | 하마터면 ~할 뻔하다

*하마ᄒᆞ다 [HĀ-MA-HĂ-TA] (下馬, (Descendre, cheval)) 원76
불 Descendre de cheval.
한 말에서 내리다

하막 [HA-MAK,-I] (蝦蟆) 원76
불 Grenouille, rainette.
한 개구리, 청개구리

*하면목 [HA-MYEN-MOK] (何面目, (Quel, figure, yeux)) 원76
불 Quelle figure faire? Comment se présenter (sans rougir)? De quel front…?
한 어떤 얼굴이 하나? (낯이 붉어지지 않고) 어떻게 나타나나? 무슨 낯으로…?

1*하문 [HĀ-MOUN,-I] (下門) 원76
불 Parties naturelles de la femme.
한 여성의 생식기

2*하문 [HĀ-MOUN,-I] (下文) 원76
불 La fin d'un écrit, ce qui reste d'un livre.
한 글의 끝, 책의 남은 부분

*하문ᄒᆞ다 [HĀ-MOUN-HĂ-TA] (下問, (Un inférieur, interroger)) 원76
불 Interroger un inférieur.
한 아랫사람에게 묻다

*하미 [HA-MI] (下米, (Inférieur, riz)) 원76
불 Riz d'une qualité inférieure.
한 질이 낮은 쌀

*하민 [HĀ-MIN,-I] (下民, (Bas, peuple)) 원76
불 Peuple, populace, le bas peuple.
한 백성, 하층민, 낮은 계급의 사람

*하반 [HA-PAN,-I] (下班, (Inférieur, degré)) 원79
불 Valet.
한 하인

*하방 [HA-PANG,-I] (遐方) 원79
불 Lieu éloigné de la capitale.
한 수도에서 멀리 떨어진 곳

하번시기다 [HA-PEN-SI-KI-TA,-KYE,-KIN] 원79
불 Dégrader un soldat.
한 군인의 지위를 박탈하다

*하번ᄒᆞ다 [HĀ-PEN-HĂ-TA] (下番) 원79
불 Etre dégradé. Terminer ses fonctions. Se dit des dignitaires de la capitale qui sont obligés d'aller, chacun à leur tour, passer cinq jours auprès du roi, pour exécuter ses ordres.
한 지위를 박탈당하다 | 자신의 직무를 끝마치다 | 각자가 제 차례에, 그 명령을 이행하기 위해 왕의 곁에서 5일을 보내러 가야 하는 수도의 고관들에 대해 쓴다

*하복 [HĀ-POK,-I] (下腹) 원79
불 Bas-ventre.
한 아랫배

*하분 [HĀ-POUN,-I] (下分) 원79
불 Partie inférieure. (Se dit du corps par rapport à l'âme, partie supérieure, dans l'homme).
한 밑 부분 | (사람에 있어, 윗부분인 영혼과 비교하여 몸에 대해 쓴다)

하분ᄒᆞ니ᄭᅡ [HA-POUN-HĂ-NI-KKA] 원79
불 Oh! combien c'est vexant!
한 오! 얼마나 화나게 하는지!

*하빈 [HA-PIN,-I] (河濱, (Eau, rivage)) 원79
불 Près de la mer, bord de l'eau.
한 바닷가, 물가

*하셔 [HĂ-SYE] (下書) 원81
불 Nom dont un inférieur appelle la lettre qu'il reçoit d'un supérieur. Lettre d'un supérieur à un inférieur.
한 아랫사람이 윗사람으로부터 받은 편지를 부를 때 쓰는 이름 | 아랫사람에게 보내는 윗사람의 편지

*하션연 [HA-SYEN-YEN,-I] (下船宴) 원81
불 Fête, repas de réjouissance sur un navire.
한 축제, 배 위에서의 축하 식사

*하셩 [HĀ-SYENG,-I] (下誠) 원81
불 Le cœur de votre serviteur. (Style épist.).
한 배상의 마음 | (서간체)

하쇼ᄒᆞ다 [HA-SYO-HĂ-TA] (訴) 원81
불 Confier, exposer, dire à un supérieur.
한 윗사람에게 의뢰하다, 설명하다, 말하다

*하쇽 [HĀ-SYOK,-I] (下屬) 원81
불 Valets, esclaves, portefaix.
한 하인들, 노예들, 짐꾼들

*하숄 [HĀ-SYOL,-I] (下率) 원81
불 Valets, gens de service. Les personnes inférieures de la maison.
한 하인들, 시중드는 사람들 | 집의 아랫사람들

*하슈 [HA-SYOU] (下水) 원81
불 La mer, eau, fleuve, rivière.
한 바다, 물, 큰 강, 강

*하슈오 [HA-SYOU-O] (何首烏) 원81
불 Nom d'un remède qui empêche les cheveux de blanchir, et qui fait noircir les cheveux des vieillards.
한 머리카락이 희어지는 것을 막는, 노인들의 머리카락을 검게 만드는 약의 이름

1*하습 [HĀ-SEUP,-I] (下習, (Inférieur, conduite)) 원81
불 Défaut d'un inférieur; vice, mauvaise habitude d'un inférieur.
한 아랫사람의 결점 | 아랫사람의 악덕, 나쁜 버릇

2*하습 [HĀ-SEUP,-I] (下濕) 원81
불 Maladie dans les parties inférieures du corps causée par l'humidité.
한 습기로 인해 몸의 하부에 생기는 병

*하ᄉᆡᆼ [HA-SĂING] (下生) 원81
불 Je, moi. (Terme d'humilité, de politesse).
한 저는, 저 | (겸손, 예의 용어)

*하양편방 [HA-YANG-HPYEN-PANG] (遐鄕偏方, (Province, éloigné, extrémité)) 원74
불 Les provinces les plus reculées.
한 가장 외진 지방들

*하엽 [HA-YEP,-I] (荷葉) 원74
불 Feuille de menthe ou de nénuphar (remède).
한 박하나 수련의 잎사귀 (약)

*하옥ᄒᆞ다 [HĀ-OK-HĂ-TA] (下獄) 원75
불 Mettre en prison.
한 감옥에 가두다

*하우불이 [HĀ-OU-POUL-I] (下愚不移, (Bas, stupide, non, changeant)) 원75

ᄒ

불 Bouché, qui n'a pas d'intelligence. Imbécile, idiot, stupide, bête.
한 지능이 없는 멍청한 사람 | 바보, 얼간이, 얼간이, 바보

*하인 [HĂ-IN,-I] (下人, (Bas, homme)) 원75
불 Valet, portefaix qui accompagne un noble, esclave, porteur de palanquin.
한 하인, 귀족을 수행하는 짐꾼, 노예, 가마의 운반인

1*하일 [HA-IL] (何日) 원75
불 Quel jour? quand?
한 어느 날? 언제?

2*하일 [HA-IL] (夏日) 원75
불 Jour d'été.
한 여름날

하잔타 [HA-TJAN-HTA,-TJAN-A,-TJAN-EUN] (不多) 원81
불 (Pour: 만찬타 Man-tchan-hta, Beaucoup, pas). Peu; très-peu; oh! Si peu; pas beaucoup.
한 (만찬타 Man-tchan-hta, 많이, 않다에 대해) | 적게 | 매우 조금 | 오! 그렇게 적게 | 많지 않다

*하졀 [HĀ-TJYEL,-I] (夏節) 원81
불 Temps de l'été.
한 여름철

*하졍 [HĀ-TJYENG,-I] (下情) 원81
불 Cœur. terme par lequel un inférieur exprime ses sentiments, en écrivant à un supérieur (style épist.). Les humbles sentiments.
한 마음 | 아랫사람이 윗사람에게 글을 쓰면서 자신의 감정을 표현하는 용어(서간체) | 공손한 심정

*하지 [HĀ-TJI] (夏至, (été plein)) 원81
불 4e quinzaine d'été, 19 à 22 juin. Solstice d'été.
한 여름의 네 번째 2주간, 6월 19일부터 22일 | 하지

하직 [HA-TJIK,-I] (辭) 원81
불 Adieu, salut de départ. 하직이오 Ha-tjik-i-o, C'est l'adieu, c'est mon adieu.
한 작별, 떠날 때 하는 인사 | [용례 하직이오, Ha-tjik-i-o], 고별인사입니다, 내 고별인사입니다

하직ᄒᆞ다 [HA-TJIK-HĂ-TA] (辭) 원81
불 Saluer pour le départ, prendre congé avant de partir, dire adieu, faire le salut de départ(celui qui part).
한 떠나기 위해 인사하다, 떠나기 전에 작별 인사를 하다, 작별 인사를 하다, (떠나는 사람이) 떠날 때의 인사를 하다

*하ᄌᆞ [HA-TJĂ] (瑕疵) 원81
불 Tache, souillure, défaut.
한 얼룩, 더러운 자국, 결점

*하쳐 [HA-TCHYE] (何處, (Quel, endroit)) 원81
불 Un endroit.
한 장소

*하초 [HĀ-TCHO] (下焦) 원81
불 Le bas du tronc du corps humain, c. a. d. le bas-ventre, toute la partie du tronc au-dessous du nombril.
한 사람 몸의 아래 몸통, 즉 아랫배, 배꼽 아래의 몸통 전체 부분

하치 [HA-TCHI] (下品) 원81
불 De dernière qualité, de mauvaise qualité.
한 최하의 질인, 질이 나쁜

1*하침ᄒᆞ다 [HA-TCHIM-HĂ-TA] (下針, (Descendre, aiguille d'acuponcture)) 원81
불 Donner l'acuponcture.
한 침을 놓다

2*하침ᄒᆞ다 [HĀ-TCHIM-HĂ-TA] (下沉, (En bas, mettre dans)) 원81
불 Descendre aux enfers, aller en enfer. Damnation. Etre damné.
한 지옥에 내려가다, 지옥에 가다 | 지옥에 떨어지기 | 지옥에 떨어지다

1*하톄 [HA-HTYEI] (下體) 원81
불 Le bas du corps, c. a. d. les parties sexuelles.
한 몸의 아랫부분, 즉 성기

2*하톄 [HA-HTYEI] (下帖) 원81
불 Ordre particulier du mandarin envoyé à un homme ou à un village.
한 사람이나 마을에 보내는 관리의 특별 명령

*하픔 [HA-HPEUM,-I] (下品) 원80
불 Dernier degré, qualité inférieure.
한 최하 등급, 낮은 질

*하필 [HA-HPIL,-I] (何必) 원80
불 Comment se fait-il que…?
한 ~이라니 어찌된 일인가?

하하웃다 [HA-HA-OUT-TA,-OU-SYE,-OU-SĂN] (荷荷笑) 원75
불 Rire en faisant ha ha. Rire aux éclats.
한 하하거리며 웃다 | 웃음을 터트리다

*하향 [HA-HYANG,-I] (遐鄕, (Loin, province)) 원75
불 Lieu éloigné de la capitale. Province éloignée de

la capitale.
한 수도에서 먼 곳 | 수도에서 먼 지방

*하현 [HĀ-HYEN,-I] (下弦, (Le bas, obscur)) 원75
불 Se dit de la lune quand elle a les cornes en bas. Le dernier quartier de la lune, ou lune à son dernier quartier.
한 아래가 뾰족해 질 때의 달에 대해 쓴다 | 달의 마지막 1/4, 또는 마지막 1/4의 달

*하혈ᄒᆞ다 [HĀ-HYEL-HĂ-TA] (下血) 원75
불 Rendre du sang par les voies basses.
한 아랫길로 피를 내보내다

*하휼ᄒᆞ다 [HĀ-HYOUL-HĂ-TA] (下恤, (Descendre, penser)) 원75
불 Penser avec bienveillance, avec miséricorde, avec indulgence.
한 호의적으로, 동정심을 갖고, 관대하게 생각하다

1*학 [HAK,-I] (學) 원75
불 Doctrine, précepte, secte, enseignement.
한 교리, 가르침, 종파, 교육

2*학 [HAK,-I] (瘧) 원75
불 Fièvre accompagnée de froid et de chaud. ‖ Tumeur du furoncle, humeur solidifiée dans un furoncle.
한 오한과 뜨거움을 동반하는 열 | 종기의 종양, 종기에서 응고된 진물

3*학 [HAK,-I] (鶴) 원75
불 Esp. de grand oiseau à tête rouge, p. ê. la grue.
한 머리가 붉은 큰 새의 종류, 아마도 두루미

학건치 [HAK-KEN-TCHI] 원75
불 Simulacre d'oie fait avec un poisson, et que l'on place au-dessus d'un gâteau dans les repas de noce.
한 결혼식피로연의 떡 위에 놓는, 물고기로 만든 거위 모양의 우상

1*학관 [HAK-KOAN,-I] (學管) 원75
불 Ecole, collège, maison d'étude.
한 학교, 중학교, 공부하는 시설

2*학관 [HAK-KOAN,-I] (學官) 원75
불 Nom d'une dignité réservée à un bâtard.
한 서출에게 따로 남겨둔 고관직의 이름

*학논ᄒᆞ다 [HAK-NON-HA-TA] (學論, (Caractères chinois, expliquer)) 원75
불 Discuter sur les doctrines, expliquer les caractères chinois.
한 학설에 대해 토론하다, 중국 글자를 설명하다

*학당 [HAK-TANG,-I] (學堂) 원76
불 Ecole, collége, salle d'étude, petit séminaire, grand séminaire, lycée, maison d'éducation. ‖ Pagode de Confucius.
한 학교, 중학교, 학습실, 작은 양성소, 큰 양성소, 고등학교, 교육 시설 | 공자의 탑

*학동 [HAK-TONG,-I] (學童) 원76
불 Ecolier, étudiant.
한 초등학생, 학생

*학문 [HAK-MOUN,-I] (學文) 원75
불 Écriture ou caractères chinois. Science, talent, connaissance des caractères chinois.
한 중국의 글이나 글자 | 학문, 재능, 중국 문자에 대한 지식

*학방 [HAK-PANG,-I] (學房) 원76
불 Ecole, salle d'étude.
한 학교, 학습실

*학슬풍 [HAK-SEUL-HPOUNG,-I] (鶴膝瘋) 원76
불 (Enflure de genou de grue) Maladie du genou.
한 (두루미의 무릎의 부종) | 무릎의 병

*학습ᄒᆞ다 [HAK-SEUP-HĂ-TA] (學習) 원76
불 Étudier, repasser, répéter pour apprendre par cœur. Etudier et apprendre par cœur.
한 공부하다, 복습하다, 외우기 위해 반복하다 | 공부하고 외우다

*학식 [HAK-SIK,-I] (學識, (Science, talent)) 원76
불 Science, connaissance, talent.
한 학문, 지식, 재능

*학ᄉᆞ [HAK-SĂ] (學士) 원76
불 Lettré, qui connaît bien les caractères chinois. ‖ Nom d'une dignité.
한 학식 있는 사람, 중국 글자들을 잘 아는 사람 | 관직의 이름

*학ᄉᆡᆼ [HAK-SĂING,-I] (學生) 원76
불 Titre posthume d'un noble qui n'a jamais eu de dignités. ‖ Défunt (titre qu'on donne à un mort qui connaissait bien les caractères chinois).
한 관직을 가진 적이 없는 귀족의 사후의 명칭 | 고인 (중국 글자들을 잘 알던 고인에게 부여하는 칭호).

*학업 [HAK-EP,-I] (學業) 원75
불 Étude, travail des enfants qui étudient. Education, instruction.
한 공부, 공부하는 아이의 일 | 교육, 지도

ㅎ

학쟈 [HAK-TJYA] ⓦ76 ☞학ᄌᆞ

*학쟝 [HAK-TJYĂNG,-I] (學長) ⓦ76

불 Maître d'école, professeur.

한 학교의 장, 교사

*학졍ᄒᆞ다 [HAK-TJYENG-HĂ-TA] (虐政, (Méchant, administration)) ⓦ76

불 Chose difficile. Ordonner une chose impossible ou, du moins, très-difficile. Tyranniser le peuple, faire des injustices (v. g. un mandarin qui se laisse suborner par avarice, etc.).

한 어려운 것 | 불가능하거나, 적어도 매우 어려운 것을 정돈하다 | 백성에게 폭정을 펴다, 부정행위를 하다 (예. 탐욕 등에 의해 매수하는 대로 내버려 두는 관리)

*학질 [HAK-TJIL,-I] (瘧疾) ⓦ76

불 Fièvre intermittente, fièvre tierce.

한 불규칙적인 열, 3일 간격으로 일어나는 간헐열

*학ᄌᆞ [HAK-TJĂ] (學者) ⓦ76

불 Lettré, savant, homme de science. Docteur sage, qui sait tout, répond sur tout, se tient à l'écart, et fait tout avec une dignité, une lenteur affectée. V. 학ᄒᆡᆼᄒᆞ다 Hak-hăing-hă-ta.

한 학식 있는 사람, 학자, 학문 하는 사람 | 박식한, 모든 것을 아는, 모든 것에 대해 답하는, 멀리 떨어져 있고, 모든 것을 품위 있게, 짐짓 꾸며 느리게 하는 사람 | [참조어 학ᄒᆡᆼᄒᆞ다, Hak-hăing-hă-ta]

학츔 [HAK-TCHYOUM,-I] (鶴舞, (Grue, danse)) ⓦ76

불 Supplice qui consiste à attacher les bras derrière le dos, à soulever avec une corde attachée aux mains, de manière à déboîter les épaules, et à frapper avec le rotin.

한 팔을 등 뒤로 붙들어 매고, 어깨를 탈구시키도록 손을 붙들어 맨 끈으로 들어 올리며 등나무로 때리는 형벌

*학치 [HAK-TCHI] (鶴治) ⓦ76

불 Le genou au-dessous de la rotule (endroit où l'on frappe dans la torture).

한 슬개골 아래의 무릎 (고문할 때 때리는 곳)

*학형 [HAK-HYENG,-I] (虐刑, (Horrible, torture)) ⓦ75

불 Torture, supplice horrible.

한 고문, 무시무시한 형벌

*학ᄒᆡᆼᄒᆞ다 [HAK-HĂING-HĂ-TA] (學行) ⓦ75

불 Doctrine de Confucius. ‖ Politesse, gravité, belles manières, conduite. V. g. conduite d'un sage qui, toujours revêtu de beaux et grands habits, fait toutes ses actions lentement, avec poids et mesure, parle par sentences, etc., cherchant en tout à imiter Confucius et Mon-tze. V. 산림 San-rim.

한 공자의 가르침 | 예의, 장중함, 예의 바름, 품행 | 예. 항상 아름답고 멋진 옷을 입고, 그 모든 행동을 천천히, 신중하게 하는, ~을 본받으려 하며 모든 일에 있어 격언으로 말하는 현자의 행동 | [참조어 산림, San-rim]

1*한 [HAN,-I] (限) ⓦ77

불 Borne, limite (de temps ou de lieu).

한 (시간이나 장소의) 한도, 한계

2한 [HAN,-I] ⓦ77

불 Râpe, espèce de lime pour râper le bois.

한 줄, 나무를 쓸기 위한 줄의 종류

3*한 [HAN,-I] (漢) ⓦ77

불 Nom d'une célèbre dynastie chinoise, ‖ En agr. Chinois.

한 중국의 유명한 왕조의 이름 | 한자어로 중국인

4*한 [HAN] (韓) ⓦADDENDA

불 S'emploie quelquefois avec le sens de : Corée, coréen. Voy. 삼한 Sam-han.

한 때때로 다음과 같은 뜻으로 쓰인다 : 조선, 조선의 | [참조어 삼한, Sam-han]

한가롭다 [HAN-KA-ROP-TA,-RO-OA,-RO-ON] (閑) ⓦ77

불 Qui ne fait rien, oisif, nonchalant, paresseux, tranquille, paisible, qui est sans mouvement, désœuvré.

한 아무것도 하지 않다, 일이 없다, 나른하다, 태만하다, 평온하다, 평화롭다, 움직임이 없다, 빈둥빈둥하다

*한가ᄒᆞ다 [HAN-KA-HĂ-TA] (閑暇) ⓦ77

불 Oisif, nonchalant, paresseux. Se reposer, ne rien faire.

한 한가하다, 나른하다, 태만하다 | 쉬다, 아무것도 하지 않다

*한강 [HĀN-KANG,-I] (漢江) ⓦ77

불 Fleuve qui passe devant Sye-oul.

한 서울 앞을 지나가는 큰 강

*한고 [HAN-KO] (寒苦, (Froid, douleur)) ⓦ77

불 Douleur causée par le froid.

한 추위로 인한 고통

*한관 [HAN-KOAN,-I] (閑官, (Oisif, mandarin)) ⓦ77

불 Petit district où il y a peu d'ouvrage pour le mandarin. Mandarin qui n'a rien à faire.

한 관리에게 일이 별로 없는 작은 구역 | 아무것도 할 일이 없는 관리

¹*한극 [HAN-KEUK,-I] (閑隙, (Se reposer, intervalle)) 원77

불 Temps de se reposer, un instant pour se reposer; temps de congé, de récréation.

한 쉬는 시간, 쉬기 위한 순간 | 휴가, 휴식의 시간

²한극 [HAN-KEUK,-I] 원77

불 Extrêmement, au possible.

한 극도로, 매우

¹*한긔 [HAN-KEUI] (寒氣, (Froid, air)) 원77

불 Froid, air froid, sensation du froid.

한 추위, 차가운 공기, 추운 느낌

²*한긔 [HAN-KEUI] (旱氣, (Sec, air)) 원77

불 Sécheresse.

한 가뭄

한긔신 [HĀN-KEUI-SIN] 원77

불 Jusqu'à la mort. (V. g. exilé pour la vie)

한 죽을 때까지 | (예. 평생 동안 유배되다)

*한노 [HAN-NO] (寒露, (Froid, rosée)) 원77

불 5ᵉ quinzaine d'automne (froid, gelée), 4 à 7 octobre(rosée froide).

한 가을의 다섯 번째 2주간(추위, 서리), 10월 4일부터 7일까지 (찬 이슬)

한눈팔다 [HAN-NOUN-HPAL-TA] 원78

불 Regarder de tous côtés ce qui se pasee; être distrait de son travail, peu appliqué.

한 일어나는 일을 사방으로 보다 | 자신의 일에 대해 방심하다, 별로 열심이지 않다

*한담 [HAN-TAM,-I] (閑談, (Oisif, parole)) 원78

불 Fable, conte, parole vaine, discours inutile, parole, oiseuse.

한 우화, 이야기, 근거 없는 말, 쓸데없는 이야기, 무익한 말

한뎐ᄒᆞ다 [HAN-TYEN-HĂ-TA] 원78 ☞한젼ᄒᆞ다

¹*한뎡 [HAN-TYENG,-I] (限定, (Limite, déterminée)) 원78

불 Limite fixée(de temps, de lieu, de quantité, de longueur, etc.).

한 (시간, 장소, 양, 길이 등의) 정해진 한도

²*한뎡 [HAN-TYENG] (漢丁) 원78

불 Esp. de contribution que paie le peuple, et dont les nobles sont exempts, ainsi que quelques autres, par privilége.

한 귀족들은 면제되고, 몇몇 다른 사람들도 특혜로 면제되는, 백성이 지불하는 조세의 종류

*한도 [HAN-TO] (捍刀) 원78

불 Sabre, grand couteau.

한 검, 큰 칼

한둔ᄒᆞ다 [HĀN-TOUN-HĂ-TA] (露宿) 원78

불 Coucher en dehors de la maison.

한 집 밖에서 자다

한디 [HAN-TI] (外) 원78

불 Dehors, en dehors.

한 밖에, 밖으로

한ᄃᆡ [HAN-TĂI] (外) 원78

불 Dehors, en dehors.

한 밖, 바깥에

¹*한량 [HAN-RYANG,-I] (閑良) 원78

불 Homme libre, homme qui n'a aucune redevance au gouvernement, v. g. qui n'est ni noble ni soldat.

한 자유로운 사람, 정부에 내야 할 어떤 납부금도 없는 사람, 예. 귀족도 군인도 아닌 사람

²*한량 [HAN-RYANG,-I] (限量, (Limite, supputer, ou compter, ou fixer)) 원78

불 Borne, fin, limite, frontière.

한 경계, 끝, 한계, 경계

한량업다 [HĀN-RYANG-EP-TA,-EP-SE,-EP-SĂN] (無限量) 원78

불 N'avoir pas de bornes; être infini, immense. 한량업ᄉᆞ신인ᄌᆡ Han-ryang ep-să-sin in-tjăi, Miséricorde infinie.

한 한계가 없다 | 끝없다, 무한하다 | [용례 한량업ᄉᆞ신인ᄌᆡ, Han-ryang ep-să-sin in-tjăi], 끝없는 관용

*한림 [HĀN-RIM,-I] (翰林) 원78

불 Grande dignité(des licenciés). ‖ Académie des premiers lettrés de l'empire à Péking. ‖ Ceux qui en sont membres.

한 (학위 소지자들의) 중요 고관직 | 베이징에 있는 제국의 최고 학자들의 아카데미 | 그 구성원인 사람들

*한ᄅᆡᆼᄒᆞ다 [HAN-RĂING-HĂ-TA] (寒冷, (Froid, froid)) 원78

불 Etre froid.

한 차갑다

*한만ᄒᆞ다 [HAN-MAN-HĂ-TA] (汗漫) 원77

불 Longtemps, être long sans raison. ‖ Etre étourdi,

imprudent, sans précaution. ‖ Beaucoup.

한 오랫동안, 이유 없이 오래 걸리다 | 경솔하다, 신중하지 못하다, 조심성이 없다 | 많이

*한미ᄒᆞ다 [HAN-MI-HĂ-TA] (寒微, (Froid, petit)) 원77

불 Etre d'un degré infime. Etre petit, de peu d'importance. (V. g. petit noble).

한 최하위 등급이다 | 작다, 별로 중요하지 않다 | (예. 하찮은 귀족)

*한산 [HAN-SAN,-I] (閒散) 원78

불 Ni noble, ni roturier. Noble peu connu, petit, de bas étage; petit noble sans considération.

한 귀족도 아니고 평민도 아님 | 별로 알려지지 않은, 낮은, 낮은 계층의 귀족 | 존경받지 않는 낮은 귀족

*한삼 [HĀN-SAM,-I] (汗衫) 원78

불 Esp. de manchettes de soie ajoutées aux manches de l'habit, et qui servent à essuyer la figure. Larges manchettes des nouveau mariés, etc.

한 옷의 소매에 덧붙여진, 얼굴을 닦기 위한 비단으로 된 장식 소맷부리의 종류 | 신랑 신부[역주 옷] 등의 넓은 장식 소맷부리

한새 [HAN-SAI] (鸖鳥) 원78

불 Nom d'une esp. d'oiseau.

한 새 종류의 이름

*한셔표 [HAN-SYE-HPYO] (寒暑表, (Froid, chaud, marque)) 원78

불 Thermomètre.

한 온도계

*한셩부 [HĀN-SYENG-POU] (漢城府) 원78

불 Un des trois tribunaux à la capitale.

한 수도에 있는 세 개의 법원 중 하나

*한슈 [HĀN-SYOU] (漢水) 원78

불 Rivière de Sye-oul appelée ordinairement 한강 Han-kang.

한 일반적으로 한강 Han-kang이라고 불리는 서울의 강

한숨 [HAN-SYOUM,-I] (息) 원78

불 Soupir, respiration, émission d'haleine, expiration.

한 한숨, 숨, 입김의 배출, 날숨

한숨쉬다 [HĀN-SYOUM-SOUI-TA,-SOUI-YE,-SOUIN] (息) 원78

불 Soupirer, souffler, respirer.

한 한숨짓다, 숨을 내쉬다, 숨 쉬다

*한식 [HAN-SIK,-I] (寒食, (Froid, riz)) 원78

불 Jour où l'on fait des superstitions, 24e jour de la 2e lune(où il est défendu de faire du feu).

한 미신적인 행위를 하는 날, (불을 피우는 것이 금지되는) 두 번째 달의 24일

*한신 [HAN-SIN,-I] (閑身, (Oisif, corps)) 원78

불 Corps qui n'a rien à faire. Libre, dégagé, indépendant. Libre de tout embarras.

한 아무것도 할 일이 없는 몸 | 자유롭다, 벗어나다, 예속되지 않다 | 모든 곤경으로부터 자유롭다

*한심ᄒᆞ다 [HAN-SIM-HĂ-TA] (寒心) 원78

불 Triste, affligeant, mélancolique. Etre désolant, décourageant, malheureux.

한 슬프다, 비통하다, 침울하다 | 몹시 가슴 아프다, 실망시키다, 딱하다

한ᄉᆞᄒᆞ고 [HAN-SĂ-HĀ-KO] 원78

불 Absolument, de toutes ses forces.

한 절대적으로, 자신의 있는 힘을 다하여

한ᄉᆞᄒᆞ다 [HAN-SĂ-HĂ-TA] 원87 ☞ 혼ᄉᆞᄒᆞ다

한아비 [HAN-A-PI] (祖) 원77

불 Vieillard, grand-père. (Nom qu'on donne quelquefois à un vieillard, quoiqu'il ne soit pas le propre, le vrai grand-père).

한 노인, 할아버지 | (자기 자신의, 진짜 할아버지가 아님에도 불구하고, 때때로 노인에게 주어지는 호칭)

*한양 [HAN-YANG,-I] (漢陽) 원77

불 Nom chinois de la capitale de Corée. 셔울 Sye-oul (Séoul)

한 조선 수도의 중국 이름 | [참조어 셔울, Sye-oul (Séoul)]

*한어 [HAN-E] (漢語, (Chinois, parole)) 원77

불 Langue chinoise.

한 중국어

*한열왕ᄂᆡ [HAN-YEL-OANG-NĂI] (寒熱往來, (Froid, chaud, aller, venir)) 원77

불 Chaud et froid qui se succèdent.

한 연이은 더위와 추위

*한유ᄒᆞ다 [HAN-YOU-HĂ-TA] (閑遊) 원77

불 Ne rien faire et s'amuser; prendre un congé pour s'amuser. Etre oisif.

한 아무것도 하지 않고 즐기다 | 놀기 위해 휴가를 갖다 | 아무것도 하지 않다

한의바람 [HAN-EUI-PA-RAM] (北風) 원77

불 Vent du nord (terme de matelot) Vent froid.
한 북쪽 바람 (선원의 용어) | 찬 바람

한의비 [HĀN-EUI-PI] (汗碑) 원77
불 Nom d'une pierre à la capitale. Sorte d'obélisque en forme de pyramide quadrangulaire un peu écrasée, qui se trouve à la capitale, et qui, dit-on, a été élevé en mémoire de la guerre avec les Chinois, à 3 lieues de Sye-oul.
한 수도에 있는 돌의 이름 | 약간 으깨진 사각형의 피라미드 모양의 오벨리스크 종류로, 수도에 있고, 서울에서 3리외 떨어진 곳에서 중국인들과의 전쟁을 기념하여 세워졌다고 한다

*한쟈 [HAN-TJYA] (閑者) 원78
불 Oisif, qui est oisif.
한 하는 일이 없는 사람, 한가한 사람

*한젹ᄒᆞ다 [HAN-TJYEK-HĂ-TA] (閑寂) 원78
불 Solitaire, peu fréquenté, tranquille.
한 고독하다, 사람이 별로 찾지 않다, 고요하다

*한젼ᄒᆞ다 [HAN-TJYEN-HĂ-TA] (寒戰) 원78
불 Grelotter, trembler à cause des frissons de froid dans une maladie.
한 떨다, 병에 걸려 한기의 오한으로 인해 떨다

1*한증 [HĀN-TJEUNG,-I] (旱徵) 원78
불 Apparence de sécheresse. Présage de sécheresse.
한 가뭄의 기미 | 가뭄의 징조

2*한증 [HAN-TJEUNG,-I] (寒症) 원78
불 Froid, sensation de froid.
한 한기, 추운 감각

*한징 [HĀN-TJING,-I] (汗蒸, (Sueur, se faire)) 원78
불 Bains d'air chaud ou de vapeur: espèce de four en terre de la grandeur d'un homme, que l'on chauffe par dessous et que l'on bouche, après y avoir fait entrer le malade pour le faire suer.
한 뜨거운 공기나 증기로 하는 목욕 : 사람 크기만 한 흙가마의 종류로, 아래에서 데우고, 환자가 땀을 흘리게 하기 위해 그를 들어가게 한 후에 입구를 막는다

*한츌쳠빈 [HĀN-TCHYOUL-TCHYEM-PĂI] (汗出沾背, (Sueur, naître, mouillé, dos)) 원78
불 Avoir le dos tout mouillé de sueur.
한 땀 때문에 등이 흠뻑 젖다

1*한탄ᄒᆞ다 [HAN-HTAN-HĂ-TA] (恨嘆) 원78
불 Se plaindre, faire des lamentations.
한 신음하다, 비탄하다

2한탄ᄒᆞ다 [HAN-HTAN-HĂ-TA] 원87 ☞ 혼탄ᄒᆞ다

1*한ᄒᆞ다 [HĀN-HĂ-TA] (限) 원77
불 Déterminer la limite, le temps; fixer l'époque.
한 한계, 시간을 결정하다 | 시대를 정하다

2*한ᄒᆞ다 [HAN-HĂ-TA] (恨) 원77
불 Être fâché, être peiné, murmurer.
한 불만스럽다, 고통스럽다, 투덜거리다

3한ᄒᆞ다 [HAN-HĂ-TA,-HĀ-YE,-HĂN] 원86 ☞ 흔ᄒᆞ다

*할 [HAL] (割) 원80
불 En agr. Couper.
한 한자어로 베다

할강할강ᄒᆞ다 [HAL-KANG-HAL-KANG-HĂ-TA] 원80
불 Bruit de la respiration. Etre essoufflé.
한 호흡의 소리 | 헐떡거리다

1*할경 [HAL-KYENG,-I] (割耕) 원80
불 Empiétement sur le terrain du voisin.
한 이웃의 땅을 잠식함

2*할경 [HAL-KYENG,-I] (割境) 원80
불 Limite, division.
한 한계, 분할

할그랑할그랑 [HAL-KEU-RANG-HAL-KEU-RANG] 원80
불 Bruit de la respiration d'un homme essoufflé.
한 헐떡이는 사람의 호흡 소리

할근할근ᄒᆞ다 [HAL-KEUN-HAL-KEUN-HĂ-TA] 원80
불 Etre essoufflé, haleter.
한 헐떡이다, 헐떡거리다

할긋할긋ᄒᆞ다 [HAL-KEUT-HAL-KEUT-HĂ-TA] 원80
불 Regarder de tous côtés, tourner continuellement la tête.
한 사방을 보다, 끊임없이 머리를 돌리다

할닥할닥ᄒᆞ다 [HAL-TAK-HAL-TAK-HĂ-TA] (喘) 원80
불 Bruit de la respiration d'un homme essoufflé. Etre essoufflé.
한 헐떡거리는 사람의 호흡 소리 | 헐떡이다

할머니 [HAL-ME-NI] (祖母) 원80
불 Grand'mère.
한 할머니

할메 [HAL-MEI] (祖母) 원80
불 Grand'mère.
한 할머니

*할명ᄒᆞ다 [HAL-MYENG-HĂ-TA] (割名) 원80
불 Effacer un nom d'une liste.
한 명부의 이름을 지우다

할미 [HAL-MI] (姑) [원]80
[불] Vielle femme.
[한] 늙은 여인

할미새 [HAL-MI-SAI] [원]80
[불] Nom d'un petit oiseau, bergeronnette.
[한] 작은 새의 이름, 할미새

할미곳 [HAL-MI-KKOT,-TCHI] (老姑草) [원]80
[불] Fleur de printemps, esp. de renoncule.
[한] 봄꽃, 미나리아재비속의 종류

할믹암 [HAL-MĂI-AM,-I] (祖母) [원]80
[불] Grand'mère.
[한] 할머니

*할봉관ᄒᆞ다 [HAL-PONG-KOAN-HĂ-TA] (割封官, (Couper, cachet, fonction)) [원]80
[불] Nom que l'on met sur un angle de la feuille d'examen (on le plie et on le cachette; il ne doit être décacheté qu'après que les examinateurs ont corrigé la composition et donné la note). Décacheter cette feuille.
[한] 시험지의 귀퉁이에 쓰는 이름 (그것을 접고 그것을 감춘다 | 시험관들이 답안을 채점하고 점수를 준 후에야 개봉되어야 한다) | 이 종이를 개봉하다

*할손례 [HAL-SON-RYEI] (割損禮, (Couper, enlever, rit)) [원]80
[불] Circoncision.
[한] 할례

할ᄯᅡ [HAL-TTA,HALT-HA,HALT-HEUN] (舐) [원]80
[불] Lécher, laper.
[한] 핥다, 혀로 핥다

할아버니 [HAL-A-PE-NI] (祖) [원]80
[불] Grand-père.
[한] 할아버지

할아베 [HAL-A-PEI] (祖) [원]80
[불] Grand-père.
[한] 할아버지

할아비 [HAL-A-PI] (祖) [원]80
[불] Grand-père.
[한] 할아버지

할아빅양 [HAL-A-PĂI-YANG,-I] (祖父) [원]80
[불] Grand-père. (Provinc.).
[한] 할아버지 | (지역어)

*할연명빅ᄒᆞ다 [HAL-YEN-MYENG-PĂIK-HĂ-TA] (豁然明白) [원]80
[불] (Grandement clair). Clair, évident. Etre très-facile à comprendre.
[한] (많이 명확하다) | 명확하다, 명백하다 | 이해하기 매우 쉽다

할옷 [HAL-OT,-SI] [원]80
[불] Vêtement de dessus. Habit de sorcière pour faire des sorcelleries.
[한] 윗옷 | 마술을 하는 위한 마법사의 옷

*할육거피 [HAL-YOUK-KE-HPI] (割肉去皮, (Couper, chair, ôter, peau)) [원]80
[불] Dépouiller un animal et le couper par morceaux. Oter la peau et couper la viande. Dépecer.
[한] 동물의 가죽을 벗겨 이것을 조각내어 자르다 | 가죽을 제거하고 고기를 베어내다 | 잘게 자르다

할작할작ᄒᆞ다 [HAL-TJAK-HAL-TJAK-HĂ-TA] (舐貌) [원]80
[불] Se dit de quelqu'un qui ne mange pas avec appétit et prend du bout des lèvres. Laper (un chien).
[한] 왕성한 맛있게 먹지 않고 억지로 먹는 사람에 대해 쓴다 | (개가) 혀로 핥다

할퀴다 [HAL-HKOUI-TA,-HKOUI-YE,-HKOUIN] [원]80
[불] Egratigner, griffer.
[한] 할퀴다, 긁다

1*함 [HAM,-I] (函) [원]76
[불] Boîte, caisse, malle, cassette.
[한] 상자, 궤짝, 트렁크, 작은 상자

2*함 [HAM,-I] (緘) [원]76
[불] Prénom, nom.
[한] 이름, 성

*함경도 [HAM-KYENG-TO] (咸鏡道) [원]76
[불] Province du N.E. de la Corée, cap.: 함흥 Hamheung.
[한] 조선의 북동쪽 지방, 수도: 함흥 Ham-heung

*함구ᄒᆞ다 [HAM-KOU-HĂ-TA] (含口, (Sceller, bouche)) [원]76
[불] Silence, état d'une personne qui s'abstient de parler; fermer la bouche, garder le silence.
[한] 침묵, 말하기를 삼가는 사람의 상태 | 입을 닫다, 침묵을 지키다

함뎜ᄒᆞ다 [HAM-TYEM-HĂ-TA] [원]77
[불] Penser à se venger, garder de la haine ou de la rancune.
[한] 복수할 생각을 하다, 증오나 반감을 간직하다

*함뎡 [HAM-TYENG] (檻穽) [원]77

불 Piège à tigre, piège pour prendre les bêtes sauvages, fosse servant de piège.
한 호랑이 덫, 야생 짐승들을 잡기 위한 덫, 덫으로 쓰이는 구덩이

*함독ᄒᆞ다 [HAM-TOK-HĂ-TA] (含毒, (Manger, méchanceté)) 원77
불 Désirer une vengeance éclatante. Etre plein de fureur, de colère.
한 분명한 복수를 원하다 | 분노, 화로 가득하다

*함디 [HAM-TI] (陷地, (Précipice, terre)) 원77
불 Trou dans la terre, casse-cou, fosse, fondrière, précipice.
한 땅에 난 구멍, 넘어져 다칠 위험이 많은 곳, 구덩이, 웅덩이, 구렁

*함몰ᄒᆞ다 [HAM-MOL-HĂ-TA] (咸沒) 원76
불 Mourir tous ensemble. Être exterminé
한 모두 함께 죽다 | 몰살되다

*함믁ᄒᆞ다 [HAM-MEUK-HĂ-TA] (含默) 원76
불 Fermer la bouche, se taire. Garder le silence, ne pas parler.
한 입을 닫다, 침묵하다 | 침묵을 지키다, 말하지 않다

*함ᄆᆡ [HAM-MĂI] (啣枚) 원76
불 V. 함오 Ham-o.
한 [참조어 함오, Ham-o]

함박 [HAM-PAK,-I] 원76
불 Vase à étages intérieurs en forme de vis pour laver le riz.
한 쌀을 씻기 위해 내부에 나선형의 층이 있는 그릇

함박살 [HAM-PAK-SAL,-I] 원77
불 Noix ou rouelle (dans le bœuf, le veau).
한 (소, 송아지 안에) 불룩 나온 부분 또는 둥글게 썬 허벅지 고기

함박ᄭᅩᆺ [HAM-PAK-KKOT,-TCHI] (芍藥花) 원76
불 Pivoine.
한 작약

*함복ᄒᆞ다 [HAM-POK-HĂ-TA] (咸服) 원77
불 Tous approuver. Etre soumis; approuver à l'unanimité.
한 모두들 찬성하다 | 따르다 | 만장일치로 찬성하다

*함봉ᄒᆞ다 [HAM-PONG-HĂ-TA] (緘封) 원77
불 Fermer, clore sa bouche. Se dit des animaux engourdis pendant l'hiver, et qui vivent sans manger. ‖ Garder le silence. ‖ Fermer, cacheter (une lettre).
한 닫다, 입을 닫다 | 겨울 동안 동면하고 먹지 않고 사는 동물에 대해 쓴다 | 침묵을 지키다 | (편지를) 닫다, 봉하다

함부로 [HAM-POU-RO] 원77
불 Etourdiment. V. ᄒᆞᆷ보로 Hăm-po-ro.
한 경솔하게 | [참조어 ᄒᆞᆷ보로, Hăm-po-ro]

*함셕 [HAM-SYEK,-I] (鹹石) 원77
불 Esp. de zinc.
한 아연의 종류

*함셩 [HĀM-SYENG,-I] (喊聲, (Tapage, bruit)) 원77
불 Grand cri, clameur de plusieurs personnes réunies, tapage.
한 큰 고함, 모여 있는 여러 사람들의 아우성, 떠들석한 소리

*함실 [HĀM-SIL,-I] (函室) 원77
불 Foyer, trou pour le feu au-dessous d'une chambre, âtre (sans chaudière).
한 가마, 방 아래의 불을 때기 위한 구멍, (가마솥 없는) 아궁이

*함씨 [HAM-SSI] (咸氏) 원77
불 Neveu; nom par lequel on désigne le neveu d'une personne que l'on respecte.
한 조카 | 존경하는 사람의 조카를 가리키는 이름

함오 [HAM-O] (啣枚) 원76
불 Bâillon. (On le passe dans la bouche des soldats qui accompagnent le roi, pour les empêcher de parler).
한 입마개 | (왕을 수행하는 군인들이 말하는 것을 막기 위해 그들의 입에 채운다)

함우 [HAM-OU] (啣枚) 원76
불 Bâillon.
한 입마개

함의 [HAM-EUI] (啣枚) 원76
불 V. 함오 Ham-o.
한 [참조어 함오, Ham-o]

*함인지덕 [HAM-IN-TJI-TEK,-I] (含忍之德) 원76
불 Patience, modération, résignation.
한 참을성, 절제, 감수

*함인ᄒᆞ다 [HAM-IN-HĂ-TA] (含忍, (Manger, patience)) 원76
불 Se contenir, se posséder, se retenir, réprimer sa colère, endurer patiemment, garder la patience.
한 자제하다, 감정을 억제하다, 참다, 자신의 화를 억제하다, 끈기 있게 견디다, 참을성을 간직하다

함졍 [HAM-TJYENG,-I] [원]77 ☞함뎡

함지박 [HAM-TJI-PAK,-I] [원]77
[불] Grand vase rond en bois.
[한] 나무로 만든 크고 둥근 그릇

1*함ᄌᆞ [HAM-TJĂ] (緘字) [원]77
[불] Le caractère du prénom; la lettre du nom, du deuxième nom, du nom ajouté au nom de famille.
[한] 이름의 글자 | 이름의, 두 번째 이름의, 성에 덧붙여진 이름의 글자

2함ᄌᆞ [HAM-TJĂ] [원]77
[불] Seul.
[한] 혼자

*함혐ᄒᆞ다 [HAM-HYEM-HĂ-TA] (啣嫌, (Manger [c. a. d. conserver dans son cœur], rancune)) [원]76
[불] Conserver le désir de se venger, garder de la rancune.
[한] 복수하려는 욕망을 간직하다, 원한을 간직하다

*함호ᄒᆞ다 [HAM-HO-HĂ-TA] (含糊, (Manger, colle, c. a. d. boucher l'ouverture de l'esprit)) [원]76
[불] Obscur, embrouillé (intelligence).
[한] 어둡다, 혼미하다 (이해력)

1*합 [HAP,-I] (盒) [원]79
[불] Petite boîte ronde, étui, écrin.
[한] 둥글고 작은 상자, 통, 보석상자

2*합 [HAP,-I] (合) [원]79
[불] Total, somme, l'ensemble.
[한] 총합, 합계, 전부

3*합 [HAP,-I] (蛤) [원]79
[불] Qui s'unit; tous les coquillages à deux valves.
[한] 합쳐지는 것, 패각이 두 개인 모든 조개들

*합계 [HAP-KYEI] (合啓, (Ensemble, au roi présenter un écrit)) [원]79
[불] Rapport adressé au roi par les deux préfets de police, ou les trois premiers ministres.
[한] 두 명의 경찰청장 또는 세 명의 최고 장관들이 왕에게 보내는 보고서

*합ᄂᆡ [HAP-NĂI] (閤內, (Maison, intérieur)) [원]79
[불] Maisonnée, le personnel de la maison.
[한] [[역주] 동거하는] 가족 전원, 집의 고용인

*합당ᄒᆞ다 [HAP-TANG-HĂ-TA] (合當) [원]79
[불] Apte, convenable. Accord, conformité. Qui cadre, s'accorde.
[한] 알맞다, 적절하다 | 동의, 순응 | 일치하다

*합덕 [HAP-TEK,-I] (合德) [원]79
[불] Assemblage de vertus.
[한] 덕을 모음

*합독 [HAP-TOK,-I] (合櫝) [원]79
[불] Boîte ou piédestal où l'on peut mettre deux tablettes des ancêtres.
[한] 조상의 패 두 개를 놓을 수 있는 상자나 받침

*합독ᄒᆞ다 [HAP-TOK-HĂ-TA] (合讀, (Ensemble, réciter)) [원]79
[불] Réciter ensemble.
[한] 함께 암송하다

*합동 [HAP-TONG,-I] (合洞) [원]79
[불] Tout le village.
[한] 마을 전체

*합두 [HAP-TOU] (榼櫝) [원]80
[불] Reliquaire.
[한] 성유물함

*합력ᄒᆞ다 [HAP-RYEK-HĂ-TA] (合力, (Joindre, force)) [원]79
[불] S'accorder, unir ses forces. S'allier (v. g. contre un ennemi commun).
[한] 의견이 일치하다, 자신의 힘을 합치다 | (예. 공통의 적에 대해) 동맹관계를 맺다

*합로 [HAP-RO] (合路) [원]79
[불] Réunion de deux routes.
[한] 두 길의 결합

*합류 [HAP-RYOU] (合流, (Réunir, couler)) [원]79
[불] Confluent, qui coule avec un autre. Réunion de deux rivières.
[한] 합류점, 다른 것과 함께 흐름 | 두 강의 결합

*합문 [HAP-MOUN,-I] (閤門) [원]79
[불] Majesté. Titre honorifique donné au roi. Roi. le roi en parlant de soi: moi.
[한] 폐하 | 왕에게 부여되는 경칭 | 왕 | 왕이 자신에 대해 말하며 : 나

*합방ᄒᆞ다 [HAP-PANG-HĂ-TA] (合房) [원]79
[불] S'unir, faire le devoir conjugal.
[한] 결혼하다, 부부간의 성적 의무를 이행하다

*합벽ᄒᆞ다 [HAP-PYEK-HĂ-TA] (合壁) [원]79
[불] Couche de mortier que l'on met à l'intérieur, et qui est comme un second mur. Mur enduit des deux côtés. Réunir deux objets (r. g. deux livres) en un seul.
[한] 실내에 칠하고, 두 번째 벽과 같은 회반죽 층 | 양쪽

에 칠해진 벽 | 두 물건(예. 두 책을)을 하나로 결합하다

*합본취리ᄒᆞ다 [HAP-PON-TCHYOUI-RI-HĂ-TA] (合本取利, (Joindre, fonds propres, emporter, gain)) ㉚79

불 Association d'hommes qui mettent la même somme d'argent en commun pour faire le commerce. S'associer pour faire valoir de l'argent en commun.

한 거래를 위해 공동으로 같은 액수의 돈을 대는 사람들의 연합 | 공동자금을 운용하여 증식하기 위해 연합하다

*합빙ᄒᆞ다 [HAP-PING-HĂ-TA] (合氷, (Se joindre, glace)) ㉚79

불 Se geler (rivière) de manière que la glace s'étende d'un côté à l'autre et qu'on puisse passer dessus.

한 (강) 얼음이 한쪽에서 반대쪽까지 넓어지고 그 위를 지나갈 수 있도록 얼다

*합셕ᄒᆞ다[HAP-SYEK-HĂ-TA] (合席, (Réunir, nattes)) ㉚79

불 Etre réunis, être assis sur la même natte.

한 합쳐지다, 같은 돗자리에 앉다

*합셰ᄒᆞ다 [HAP-SYEI-HĂ-TA] (合勢) ㉚79

불 S'unir, joindre ses forces.

한 합치다, 자신의 힘을 합하다

*합솔 [HAP-SOL,-I] (闔率, (Réunir, les inférieurs)) ㉚79

불 Maisonnée, tous les habitants d'une maison(pour le chef de la maison).

한 가족 전원, (가장에게 있어) 집의 모든 거주자

*합숑ᄒᆞ다 [HAP-SYONG-HĂ-TA] (合誦, (Réunir, réciter)) ㉚79

불 Réciter ensemble.

한 함께 암송하다

*합슈 [HAP-SYOU] (合水, (Ensemble, eau)) ㉚79

불 Confluent, affluent; jonction de deux rivières, de deux cours d'eau.

한 합류점, 지류 | 두 강, 두 하천의 합류

*합심ᄒᆞ다 [HAP-SIM-HĂ-TA] (合心, (Réunir, cœur)) ㉚79

불 Unanime. S'accorder; avoir le même cœur, les mêmes sentiments.

한 만장일치의 | 동의하다 | 같은 마음, 같은 감정을 가지다

합ᄉᆞ쥬 [HAP-SĂ-TJYOU] (合紗紬) ㉚79

불 Toile dont la chaîne est composée de fils de soie, et la trame, de fils de coton.

한 그 날실이 명주실로 이루어지고, 씨실이 무명실로 이루어진 직물

*합의ᄒᆞ다[HAP-EUI-HĂ-TA] (合意, (Concorder, pensée)) ㉚79

불 Concorder, s'accorder; avoir la même pensée, les mêmes sentiments; s'entendre, être du même avis.

한 일치하다, 동의하다 | 같은 생각, 같은 감정을 가지다 | 서로의 의견이 일치하다, 같은 의견이다

*합장ᄒᆞ다 [HAP-TJANG-HĂ-TA] (合葬, (Ensemble, enserelir)) ㉚80

불 Mettre dans un même tombeau.

한 같은 묘지에 놓다

*합쟝ᄒᆞ다[HAP-TJYĂNG-HĂ-TA] (合掌, (Réunir, intérieur des mains)) ㉚80

불 Joindre les mains.

한 손을 모으다

*합젼ᄒᆞ다[HAP-TJYEN-HĂ-TA] (合戰, (Joindre, combattre)) ㉚80

불 Mêlée, rencontre de l'ennemi en temps de guerre, escarmouche. Combattre, livrer bataille.

한 접전, 전쟁 시에 적과의 충돌, 소규모 교전 | 싸우다, 교전하다

*합조ᄒᆞ다 [HAP-TJO-HĂ-TA] (合操) ㉚80

불 Exercice militaire. Exercer les soldats.

한 군사 훈련, 군인들을 훈련하다

*합좌ᄒᆞ다[HAP-TJOA-HĂ-TA] (合座, (Réunir, siége)) ㉚80

불 Etre réunis, être assis l'un auprès de l'autre. Etre assis sur un même siége.

한 합쳐지다, 서로 곁에 앉다 | 같은 자리에 앉다

*합죡 [HAP-TJYOK,-I] (合族) ㉚80

불 Tous les parents.

한 모든 친척

*합졸ᄒᆞ다 [HAP-TJYOL-HĂ-TA] (合卒, (Réunir, soldats)) ㉚80

불 Réunir, rassembler les soldats qui ont pris la fuite. ‖ Les pions au jeu d'échecs.

한 도망갔던 군인들을 모으다, 집결시키다 | 체스의 보병들

*합쥬 [HAP-TJYOU] (合酒) ㉚80

불 Nom d'une esp. de vin dont le ferment est fait avec de l'eau-de-vie.

한 그 효모가 증류주로 만들어진 술 종류의 이름

*합쥬ᄒᆞ다 [HAP-TJYOU-HĂ-TA] (合湊) [원]80
[불] Réunir en ordre suivant sa nature.
[한] 그 성격에 따라 질서 있게 결합하다

*합쥭션 [HAP-TJYOUK-SYEN,-I] (合竹扇, (Réunir, bambou, éventail)) [원]80
[불] Eventail dont les rayons(arêtes) sont doubles.
[한] 살(뼈대)이 이중인 부채

*합창ᄒᆞ다 [HAP-TCHANG-HĂ-TA] (合瘡) [원]80
[불] Se guérir, être guéri (se dit d'un furoncle), Se cicatriser. Syn. 아믈다 A-meul-ta.
[한] 치유되다, 치유되다 (종기에 대해 쓴다), 상처가 아물다 | [동의어] 아믈다, A-meul-ta]

*합폄ᄒᆞ다 [HAP-HPYEM-HĂ-TA] (合窆, (Réunir, sépulture)) [원]79
[불] Mettre dans un même tombeau (v. g. les deux époux tout à côté l'un de l'autre, sous le même tumulus)
[한] (예. 같은 봉분 아래 두 배우자를 서로 바로 옆에) 같은 묘지에 두다

*합환쥬 [HAP-HOAN-TJYOU] (合歡酒, (Ensemble, avec joie, vin)) [원]79
[불] Boire à la même coupe. Vin qui se boit à la même coupe (par le marié et la mariée le jour des noces).
[한] 같은 잔으로 마시다 | (결혼식 날 신랑과 신부가) 같은 잔으로 마시는 술

합흠ᄒᆞ다 [HAP-HEUM-HĂ-TA] (欠呻) [원]79
[불] Bâiller.
[한] 하품하다

*합ᄒᆞ다 [HAP-HĂ-TA] (合) [원]79
[불] Concorder, s'accorder, s'unir, se joindre, adhérer, convenir, cadrer. Conforme, convenable. Etre unis, être assemblés.
[한] 일치하다, 의견이 일치하다, 합쳐지다, 결합하다, 동조하다, 뜻이 맞다, 일치하다 | 일치하다, 적합하다 | 합쳐지다, 모이다

핫 [HAT] (綿) [원]81
[불] En agr. Ouaté.
[한] 한자어로 솜이 들다

핫바지 [HAT-PA-TJI] (襖袴) [원]81
[불] pantalon ouaté.
[한] 솜이 든 바지

핫옷 [HAT-OT,-SI] (襖) [원]81
[불] Habit ouaté.
[한] 솜이 든 옷

핫져구리 [HAT-TJYE-KOU-RI] (襖襀) [원]81
[불] Esp. de gilet, de camisole ouatée.
[한] 조끼, 솜이 든 캐미솔의 종류

*항 [HANG,-I] (缸) [원]78
[불] Esp. de vase en terre.
[한] 흙으로 만든 그릇의 종류

*항거ᄒᆞ다 [HĀNG-KE-HĂ-TA] (抗拒) [원]78
[불] Désobéir à un supérieur. ‖ Attaquer.
[한] 윗사람에게 복종하지 않다 | 공격하다

1*항나 [HANG-NA] (亢羅) [원]78
[불] Crêpe, sorte d'étoffe légère.
[한] 크레이프, 얇은 천의 종류

2항나 [HANG-NA] [원]87 ☞ ᄒᆞᆼ나

*항렬 [HANG-RYEL,-I] (行列) [원]78
[불] Degré de parenté. Frères, cousins. Tous ceux qui, dans un arbre généalogique, se trouvent sur la même ligne horizontale(ordinairement leur nom commence par le même caractère).
[한] 친척 관계의 촌수 | 형제들, 사촌들 | 가계도에서 같은 수평선상에 있는 모든 사람 (보통 그들의 이름이 같은 글자로 시작한다)

항복밧다 [HANG-POK-PAT-TA,-PAT-A,-PAT-EUN] (受降) [원]78
[불] Soumettre, dompter.
[한] 복종시키다, 굴복시키다

*항복ᄒᆞ다 [HANG-POK-HĂ-TA] (降服) [원]78
[불] Se soumettre, être battu, être vaincu. Être dompté. Être convaincu. Être subjugué.
[한] 복종하다, 패배하다, 패하다 | 길들여지다 | 설득되다 | 정복당하다

*항셔 [HĀNG-SYE] (降書) [원]79
[불] Ecrit par lequel on se reconnait vaincu, on se soumet.
[한] 패한 것을 인정하는, 복종하게 되는 문서

*항슈 [HANG-SYOU] (項首) [원]79
[불] Maître, supérieur. ‖ Chef des satellites.
[한] 주인, 윗사람 | 부하들의 우두머리

항아리 [HANG-A-RI] (小甕) [원]78
[불] Esp. de vase en terre.
[한] 흙으로 만든 그릇의 종류

*항역ᄒᆞ다 [HANG-YEK-HĂ-TA] (抗逆) [원]78
[불] Désobéir à un supérieur, ne pas accomplir l'ordre d'un supérieur, lui résister; transgresser l'ordre reçu.

한 윗사람에게 복종하지 않다, 윗사람의 명령을 이행하지 않다, 그에게 대항하다 | 받은 명령을 어기다

*항오 [HANG-O] (行伍) 원78

불 Ligne de soldats en ordre.

한 차례대로 선 군인들의 열

*항쟈 [HANG-TJYA] (降者) 원79

불 Soumis, dompté, vaincu.

한 복종하다, 굴복되다, 패하다

*항힌ᄒᆞ다 [HĀNG-HĂI-HĂ-TA] (航海, (Navire, mer)) 원78

불 Naviguer, voyager sur mer.

한 항해하다, 바다 위를 여행하다

*해 [HAI] (害) 원74

불 Tort, dommage, préjudice, injustice.

한 잘못, 피해, 침해, 부당

*해롭다 [HAI-ROP-TA,-RO-OA,-RO-ON] (害) 원75

불 Nuisible, préjudiciable, qui fait tort, pernicieux, funeste.

한 유해하다, 해롭다, 손해를 입히다, 유해하다, 치명적이다

*해망ᄒᆞ다 [HAI-MANG-HĂ-TA] (偕亡) 원75

불 Si étroitement liés qu'on ne peut briser l'un sans l'autre. ‖ Etre enveloppé dans la ruine, périr avec.

한 너무 단단히 결합되어 다른 쪽을 부수지 않고는 한 쪽을 부술 수 없다 | 폐허에 둘러싸이다, 함께 소멸되다

해여드리다 [HAI-YE-TEU-RI-TA,-TEU-RYE,-TEU-RIN] 원75

불 Déchirer.

한 찢다

해여지다 [HAI-YE-TJI-TA,HAI-YE-TJYE,HAI-YE-TJIN] (弊) 원75

불 Etre déchiré.

한 찢어지다

1*해연ᄒᆞ다 [HAI-YEN-HĂ-TA] (駭然) 원74

불 Qui fait rougir, inconvenant, honteux, effrayant. Etre malheureux et surprenant, affreux.

한 얼굴을 붉히게 하다, 무례하다, 수치스럽다, 끔찍하다 | 유감스럽고 놀랍다, 끔찍하다

2해연ᄒᆞ다 [HAI-YEN-HĂ-TA] 원83 ☞ 히연ᄒᆞ다

*해참ᄒᆞ다 [HAI-TCHAM-HĂ-TA] (駭慘) 원75

불 Qui fait rougir les assistants, abominable, affreux, effrayant.

한 참석자들의 낯을 붉히게 하다, 밉살스럽다, 수치스럽다, 끔찍하다

*해ᄒᆞ다 [HAI-HĂ-TA] (害) 원75

불 Nuisible, préjudiciable, faire tort, nuire.

한 해롭다, 유해하다, 손해를 입히다, 해치다

햐듸ᄒᆞ다 [HYA-TĂI-HĂ-TA] (下待, (Inférieur, traiter)) 원82

불 Ne pas avoir d'égards, d'attention, d'estime pour. Traiter avec peu de considération.

한 ~에 대해 존경심, 정중함, 존중하는 마음이 없다 | 별로 존경심 없이 대하다

햐수ᄒᆞ다 [HYA-SOU-HĂ-TA] (下手, (Descendre, main)) 원82

불 Frapper, battre. ‖ Mettre la main à l'œuvre.

한 치다, 때리다 | 일에 착수하다

햐시ᄒᆞ다 [HYA-SI-HĂ-TA] (下示, (Descendre, voir)) 원82

불 Mépriser, dédaigner. Regarder du haut de sa grandeur.

한 무시하다, 경멸하다 | 얕보다

햐져ᄒᆞ다 [HYA-TJYE-HĂ-TA] (下箸, (Descendre, bâtonnets)) 원82

불 Prendre avec des bâtonnets, manger avec des bâtonnets.

한 작은 막대기들로 먹다, 작은 막대기들로 먹다

1*향 [HYANG,-I] (向) 원81

불 Côté vers lequel une chose est tournée ou regarde; exposition.

한 어떤 것이 향하거나 향해 있는 쪽 | 향[역주 向]

2*향 [HYANG,-I] (香) 원81

불 Aromate, senteur, parfum, encens.

한 향료, 향기, 향료, 향

3*향 [HYANG,-I] (鄕) 원81

불 En agr. Province (tout ce qui est en dehors de la capitale).

한 한자어로 지방 (수도 밖에 있는 모든 곳)

*향곡 [HYANG-KOK,-I] (鄕谷, (Province, village)) 원82

불 Province.

한 지방

*향교 [HYANG-KYO] (鄕校) 원82

불 Temple de Confucius(de Kong-tse) qui se trouve en chaque ville.

한 각 도시에 있는 공자의 사원

*향군 [HYANG-KOUN,-I] (鄕軍) 원82

불 Soldat de province.

한 지방의 군인

*향금 [HYANG-KEUM] (鄕禁) 원82

불 Noble dont le nom n'est pas inscrit dans le 향녹 Hyang-nok.

한 그 이름이 향녹 Hyang-nok에 기재되지 않은 귀족

*향긔 [HYANG-KEUI] (香氣) 원81

불 Odeur de parfum.

한 향료 냄새

*향긔롭다 [HYANG-KEUI-ROP-TA,-RO-OA,-RO-ON] (香氣) 원81

불 Odorant, qui exhale une odeur agréable, qui sent bon, parfumé.

한 향내 나다, 좋은 향기를 발산하다, 향이 좋다, 향기나다

향나무 [HYANG-NA-MOU] (香木) 원82

불 Arbre odoriférant, cyprès.

한 향기로운 나무, 실편백

*향낭 [HYANG-NANG,-I] (香囊) 원82

불 Bourse, sachet de parfums.

한 향료를 넣는 주머니, 향주머니

향내 [HYANG-NAI] (香臭) 원82

불 Odeur de parfum.

한 향료 냄새

향내나다 [HYANG-NAI-NA-TA,-NA,-NAN] (香臭) 원82

불 Repandre une odeur de parfum, exhaler une odeur de parfum. Etre odoriférant.

한 향료 냄새를 내뿜다, 향료 냄새를 발산하다 | 향기롭다

*향념ᄒᆞ다 [HYĀNG-NYEM-HĂ-TA] (向念, (Regarder, penser)) 원82

불 Regarder avec un sentiment d'affection.

한 애정 어린 감정으로 보다

*향노 [HYANG-NO] (香爐) 원82

불 Réchaud où l'on brûle le parfum, cassolette, encensoir.

한 향료를 태우는 향로, 향로, 향로

*향녹 [HYANG-NOK,-I] (鄕錄) 원82

불 Registre où sont inscrits les noms des familles vraiment nobles du pays (tous les descendants de ces familles sont 향족 Hyang-tjyok, les autres nobles sont 향금 Hyang-koum).

한 그 고장의 진짜 귀족들의 성이 기재된 장부 (이 가족들의 모든 자손은 향족 Hyang-tjyok이고, 나머지 귀족들은 향금 Hyang-koum이다)

향놈 [HYANG-NOM,-I] 원382 ☞샹놈

*향당 [HYANG-TANG,-I] (鄕黨) 원82

불 Village de province. La province.

한 지방의 마을 | 지방

*향두ᄒᆞ다 [HYĀNG-TOU-HĂ-TA] (向頭) 원82

불 Tourner la tête vers, avoir un but (savoir où donner de la tête). Diriger son intention.

한 ~으로 고개를 돌리다, 목적이 있다 (어디로 머리를 둘 지 알다) | 자신의 의도를 지배하다

향마 [HYANG-MA] (雄馬) 원82

불 Cheval, le mâle du cheval.

한 말, 말의 수컷

*향망ᄒᆞ다 [HYĀNG-MANG-HĂ-TA] (嚮望) 원82

불 Regarder avec espoir. Désirer et espérer.

한 희망을 가지고 바라보다 | 열망하고 희망하다

*향모ᄒᆞ다 [HYĀNG-MO-HĂ-TA] (向慕, (regarder, aimer)) 원82

불 Regarder en pensant, en aimant. Regarder avec amour.

한 생각하며, 애정 어리게 바라보다 | 애정을 갖고 바라보다

*향민 [HYANG-MIN,-I] (鄕民) 원82

불 Peuple de province, provincial.

한 지방의 백성, 지방 주민

*향반 [HYANG-PAN,-I] (鄕班, (Province, noble)) 원82

불 Petit noble de nom seulement, noble de province.

한 이름만 있는 낮은 귀족, 지방의 귀족

*향방ᄒᆞ다 [HYĀNG-PANG-HĂ-TA] (向方) 원82

불 Tendre vers, penser à, se diriger vers, déterminer un but, fixer le but d'un voyage. Direction, orientation.

한 ~을 목표로 하다, ~에 대해 생각하다, ~을 향하다, 목표를 결정하다, 여행의 목적을 정하다 | 방향, 방향 결정

*향복ᄒᆞ다 [HYANG-POK-HĂ-TA] (享福, (jouir, bonheur)) 원82

불 Etre heureux.

한 행복하다

향불 [HYANG-POUL,-I] (香火) 원82

불 Feu pour brûler les parfums.

한 향료를 태우기 위한 불

*향ᄇᆡ [HYĀNG-PĂI] (向背, (En face, par derrière)) 원82

불 De tel endroit à tel autre. But, direction.

한 어떤 곳에서 다른 어떤 곳으로 | 목적, 방향

*향소 [HYANG-SO] (鄕所) 원82

불 Noble qui remplace le mandarin absent. || Le 1er assistant du mandarin. || Fournisseur ou commissaire du mandarin, chargé de l'approvisionnement de la préfecture (bois, charbon, vivres, etc.).
한 부재중인 관리를 대신하는 귀족 | 고관의 첫 번째 보좌관 | 관청의 필수품 (나무, 숯, 식량 등) 공급을 책임지는 관리의 납품업자 또는 경리관

*향슈ᄒᆞ다 [HYANG-SYOU-HĂ-TA] (享壽, (Jouir, longue vie)) 원82
불 Vivre longtemps.
한 오래 살다

*향신 [HYANG-SIN,-I] (鄕信) 원82
불 Lettre de la patrie.
한 고향의 편지

*향안 [HYANG-AN,-I] (鄕案) 원81
불 Registre de chaque district, où sont inscrits les noms des vrais nobles de ce pays.
한 각각의 구역의 장부로, 그 고장의 진짜 귀족들의 이름이 기재되어 있다

*향양ᄒᆞ다 [HYANG-YANG-HĂ-TA] (向陽, (Regarder, le soleil)) 원81
불 Lieu bien exposé au soleil. Etre exposé au midi.
한 태양에 잘 노출된 곳 | 남향이다

*향옥 [HYANG-OK] (鄕獄) 원81
불 Prison de province.
한 지방의 감옥

*향왕ᄒᆞ다 [HYANG-OANG-HĂ-TA] (向往, (Vers, aller)) 원81
불 Aller vers, aller à, se diriger vers.
한 ~로 향해 가다, ~에 가다, ~로 향하다

*향쟈 [HYĀNG-TJYA] (向者) 원82
불 En ce temps-là, il y a qq. Temps. Autrefois. il n'y a pas longtemps.
한 그 당시에, 얼마 전에 | 예전에 | 얼마 전에

*향족 [HYANG-TJYOK,-I] (鄕族) 원82
불 Noble (qui peut remplacer le mandarin absent) et tous ses parents, sa famille. descendants des familles nobles inscrites sur le 향녹 Hyang-nok ou 향안 Hyang-an. Noble de province.
한 (부재한 관리를 대체할 수 있는) 귀족과 그의 모든 친척, 그의 가족 | 향녹 Hyang-nok 이나 향안 Hyang-an에 등록된 귀족 집안의 자손 | 지방 귀족

*향쥬ᄒᆞ다 [HYĀNG-TJYOU-HĂ-TA] (向主) 원82
불 Regarder vers dieu, recourir à dieu, se tourner vers dieu, élever sa pensée vers dieu.
한 신을 향하여 보다, 신에게 도움을 청하다, 신에게 구원을 요청하다, 자신의 생각을 신을 향해 드높이다

*향쵹 [HYANG-TCHOK,-I] (香燭) 원82
불 Parfum et cierge.
한 향료와 초

*향촌 [HYANG-TCHON,-I] (鄕邨) 원82
불 Village de province.
한 지방의 마을

*향취 [HYANG-TCHYOUI] (香臭) 원82
불 Odeur de parfum.
한 향료 냄새

*향텽 [HYANG-HIYENG,-I] (鄕廳) 원82
불 Maison du noble qui remplace le mandarin absent. Bureau, maison du 향소 Hyang-so et du 좌슈 Tjoa-syou.
한 부재중인 관리를 대신하는 귀족의 집 | 사무실, 향소 Hyang-so 또는 좌슈 Tjoa-syou의 집

*향풍ᄒᆞ다 [HYĀNG-HPOUNG-HĂ-TA] (向風, (En face, vent)) 원82
불 Aller contre le vent. Vent debout.
한 바람을 거슬러서 가다 | 역풍

*향합 [HYANG-HAP,-I] (香榼) 원81
불 Boîte à parfums, navette (d'encensoir).
한 향을 담는 통, (향로의) 작은 향합

*향ᄒᆞ다 [HYĀNG-HĂ-TA] (向) 원81
불 Regarder, se tourner vers, se pencher vers. || Penser à.
한 향해 있다, ~을 목표로 삼다, ~로 몸을 구부리다 | ~을 생각하다

1*허 [HE] (許) 원88
불 En agr. Permettre.
한 한자어로 허락하다

2*허 [HE] (墟) 원88
불 Lieu, endroit, emplacement.
한 장소, 곳, 부지

3*허 [HE] (嘘) 원88
불 Cri d'étonnement.
한 놀라서 외치는 소리

4*허 [HE] (虛) 원88
불 Vide.
한 비다

*허가ᄒᆞ다 [HE-KA-HĂ-TA] (虛假) 원88
불 Etre vain, fantastique, futile, faux.

ㅎ

[한] 헛되다, 이상야릇하다, 쓸데없다, 가짜이다

*허겁ᄒᆞ다 [HE-KEP-HĂ-TA] (虛怯) [원]88

[불] Etre enthousiaste, prompt à. ‖ Etre craintif; avoir une vaine crainte, une terreur panique, un scrupule sans fondement.

[한] 열광하다, 지체 없다 | 겁이 많다 | 쓸데없이 무서워하다, 공황 상태이다, 근거 없이 불안해하다

*허교ᄒᆞ다 [HE-KYO-HĂ-TA] (許交) [원]89

[불] Se tutoyer, se traiter familièrement. Etre très familiers, très-libres, s'accointer.

[한] 서로 말을 놓다, 서로 친근하게 대하다 | 매우 친근하다, 매우 자유롭다, 알고 지내다

허구레 [HE-KOU-REI] [원]89

[불] Les reins; le bas de l'épine dorsale; le flanc, au-dessous des côtés, sur les côtés.

[한] 콩팥 | 척추 아래 | 옆구리, 옆구리 아래, 옆구리에

*허구ᄒᆞ다 [HE-KOU-HĂ-TA] (許久) [원]89

[불] Durer longtemps. Longtemps.

[한] 오랫동안 지속되다 | 오래

*허궁 [HE-KOUNG,-I] (虛宮) [원]89

[불] Trou dans la terre où il peut y avoir danger à mettre le pied; fosse, foudrière, casse-cou.

[한] 발을 디디기에 위험할 수 있는 땅에 난 구덩이 | 구덩이, 웅덩이, 넘어져 다칠 위험이 많은 곳

*허급ᄒᆞ다 [HE-KEUP-HĂ-TA] (許給, (Accorder, donner)) [원]89

[불] Concéder, accorder une chose demandée. Donner à quelqu'un la chose qu'il demande.

[한] 주다, 요구된 것을 양도하다 | 누군가에게 그가 원하는 것을 주다

*허긔지다 [HE-KEUI-TJI-TA,-TJYE,-TJIN] (虛飢) [원]89

[불] Famélique; être pressé, accablé par la faim; éprouver une défaillance causée par la faim.

[한] 굶주리다 | 허기에 쪼달리다, 시달리다 | 배고픔으로 인한 쇠약을 느끼다

*허ᄀᆡᆨ [HE-KĂIK,-I] (虛客) [원]88

[불] Prodigue, dissipateur, dépensier. Généreux. Etourdi, bavard, homme léger.

[한] 헤프다, 낭비하다, 돈 쓰기 좋아하다 | 후하다 | 경솔하다, 입이 가볍다, 가벼운 사람

허다 [HĒ-TA,HE-RE,HEN] (毁) [원]91

[불] Usé, déchiré. ‖ Renverser, enlever, défaire. ‖ Médire.

[한] 닳아 떨어지다, 찢어지다 | 넘어뜨리다, 없애다, 해체하다 | 비방하다

*허다ᄒᆞ다 [HE-TA-HĂ-TA,-HĂN,-HI] (許多) [원]91

[불] Nombreux, en grande quantité.

[한] 수 많다, 대량이다

*허당 [HE-TANG,-I] (虛堂, (Vide, maison)) [원]91

[불] Maison vide. ‖ Trou dans la terre, où il peut y avoir danger à mettre le pied; casse-cou; fondrière.

[한] 빈 집 | 땅에 난 구멍, 발을 디디기에 위험할 수 있는 곳 | 넘어져 다칠 위험이 많은 곳 | 웅덩이

허덕허덕ᄒᆞ다 [HE-TEK-HE-TEK-HĂ-TA] [원]91

[불] S'appliquer à. s'efforcer de. Faire des efforts (du corps)

[한] ~에 전념하다 | ~하려고 애쓰다 | (육체적으로) 노력하다

허동허동ᄒᆞ다 [HE-TONG-HE-TONG-HĂ-TA] (虛動) [원]91

[불] Ne pas répondre aux désirs (v. g. les pieds, quand on veut faire une course).

[한] (예. 달리고 싶을 때, 발이) 요구에 답하지 않다

*허두 [HE-TOU] (虛頭) [원]91

[불] Premier mot d'un livre, d'une lettre; le commencement.

[한] 책, 편지의 첫 단어 | 시작

허둥허둥ᄒᆞ다 [HE-TOUNG-HE-TOUNG-HĂ-TA] [원]91

[불] Etat d'un homme qui, après une longue maladie, s'efforce de faire quelques pas; état de faiblesse des jambes. ‖ S'empresser, se précipiter, faire avec trop de précipitation.

[한] 오랜 병치레 후, 몇 걸음 걸으려고 애쓰는 사람의 상태 | 다리가 쇠약한 상태 | 서둘러 하다, 달려들다, 몹시 서둘러 하다

*허락 [HE-RAK,-I] (許諾) [원]90

[불] Permission.

[한] 허락

*허락ᄒᆞ다 [HE-RAK-HĂ-TA] (許諾) [원]90

[불] Accorder, permettre, promettre, consentir, concéder.

[한] 동의하다, 허락하다, 약속하다, 동의하다, 허용하다

*허랑ᄒᆞ다 [HE-RANG-HĂ-TA,-HĂN,-HI] (虛浪) [원]90

[불] Prodigue, généreux, libéral. ‖ Etourdi, léger. Etre irréfléchi.

[한] 낭비가 많다, 후하다, 관대하다 | 경솔하다, 가볍다 | 덜렁대다

*허루증 [HE-ROU-TJEUNG] (虛漏症) [원]90

[불] Faiblesse ou langueur des femmes qui ont eu plu-

sieurs enfants. Mal des femmes; faiblesse après les couches.
한 많은 아이를 낳은 여성들의 쇠약이나 우울 | 여자들의 병 | 출산 후의 몸의 쇠약

허리 [HE-RI] (腰) 원90
불 Reins, lombes. le côté, le milieu du corps.
한 허리, 요부 | 허리, 몸의 중간

허리물 [HE-RI-MOUL,-I] 원90
불 Eau qui a une demi-brasse de profondeur. Profondeur où l'on a de l'eau jusqu'à la ceinture.
한 반 길 정도 깊이의 물 | 허리까지 오는 물의 깊이

허리띄 [HE-RI-TTEUI] (腰帶) 원90
불 Ceinture.
한 허리띠

*허망 [HE-MANG,-I] (虛妄) 원89
불 Vanité, inutilité.
한 헛됨, 무익

*허망ᄒᆞ다 [HE-MANG-HĂ-TA] (虛妄) 원89
불 Vain, frivole, faux.
한 헛되다, 시시하다, 거짓되다

*허명 [HE-MYENG,-I] (虛名, (Vide, nom)) 원89
불 Fausse renommée. ‖ Noms de personnes inconnues ou qui n'existent même pas. Pseudonyme.
한 왜곡된 명성 | 잘 알려지지 않거나 존재하지도 않는 사람들의 이름 | 가명

*허무ᄒᆞ다 [HE-MOU-HĂ-TA] (虛無, (Vain, n'être pas)) 원89
불 Vain, inutile.
한 헛되다, 무용하다

[1]허물 [HE-MOUL,-I] (罪) 원89
불 Défaut, manquement, délit, mauvaise habitude.
한 잘못, 과실, 부정행위, 악습

[2]허물 [HE-MOUL,-I] (殼) 원89
불 Peau, carapace, que déposent chaque année certains animaux (comme crabes, serpents). ‖ Cicatrice.
한 (게, 뱀 같은) 몇몇 동물들이 매년 떼어내는 피부, 등껍질 | 흉터

*허뭉밍낭ᄒᆞ다 [HE-MOU-MĂING-NANG-HĂ-TA] (虛無孟浪) 원89
불 Vain, chimérique.
한 헛되다, 비현실적이다

[1]허믜 [HE-MEUI] (鋤) 원89
불 Sarcloir.
한 호미

[2]허믜 [HE-MEUI] 원110 ☞ 호믜

허박ᄒᆞ다 [HE-PAK-HĂ-TA,-HĂN,-HI] 원90
불 Flasque, lymphatique, mou et sans force.
한 여리다, 둔하다, 무르고 힘이 없다

허발ᄒᆞ다 [HE-PAL-HĂ-TA] 원90
불 Se réjouir à la pensée de, ne se posséder pas de joie à la pensée de.
한 ~생각에 기뻐하다, ~생각에 기쁨을 자제할 수 없다

허벅허벅ᄒᆞ다 [HE-PAK-HE-PEK-HĂ-TA] 원90
불 Qui cède facilement au toucher. Etat d'un fruit mou. mou.
한 만지면 쉽게 부서지다 | 무른 과일의 상태 | 무르다

*허복 [HE-POK,-I] (虛卜) 원90
불 Contribution injuste pour une terre qui n'existe pas, qui n'est plus cultivée, ou dont on n'est pas le propriétaire. Exaction.
한 존재하지 않는, 더 이상 경작하지도 않는, 또는 그 소유자도 아닌 땅에 대한 부당한 조세 | 부당 징수

허분허분하다 [HE-POUN-HE-POUN-HĂ-TA] 원90
불 Mou au toucher, mou.
한 만지면 부서지다, 무르다

*허비ᄒᆞ다 [HE-PI-HĂ-TA] (虛費) 원90
불 Dépenser, consumer, dissiper; user en dehors de; faire des extra ; prodiguer.
한 쓰다, 소비하다, 낭비하다 | ~이외에 더 소비하다 | 추가 지출을 하다 | 낭비하다

허ᄇᆡ하다 [HE-PĂI-HĂ-TA] (虛拜, (Vaine, salutation)) 원90
불 Se prosterner pour une vaine observance, une superstition. Salutation vaine et sans but, c. a. d. prostration devant le cadavre ou la tablette des parents.
한 미신을 위해 엎드리다, 헛된 계율 | 헛되고 목적 없는 인사, 즉 시신이나 부모의 패 앞에 엎드림

허산바산ᄒᆞ다 [HE-SAN-PA-SAN-HĂ-TA] 원91
불 Etre en désordre, pêle-mêle. ‖ Dépenser à tort et à travers.
한 엉망이다, 난잡하다 | 함부로 [역주 돈을] 쓰다

*허샹 [HE-SYANG,-I] (虛像, (Vain, forme)) 원91
불 Portrait imaginaire, fantastique, chimérique, vain. Spectre, fantôme, ombre.
한 상상의, 가공의, 비현실적인, 근거 없는 초상 | 유령, 귀신, 어렴풋한 형체

ㅎ

*허셔 [HE-SYE] (虛誓) [원]91
[불] Faux serment, vain serment. Parjure.
[한] 위증, 무의미한 맹세 | 거짓 선서

*허셜 [HE-SYEL,-I] (虛說) [원]91
[불] Parole vaine. mensonge.
[한] 빈 말 | 거짓말

*허숑ᄒᆞ다 [HE-SYONG-HĂ-TA] (虛送, (Vide, envoyer)) [원]91
[불] Perdre le temps.
[한] 시간을 잃다

허슈아비 [HE-SYOU-A-PI] (偶人) [원]91
[불] Epouvantail pour les oiseaux.
[한] 새들에 대해 쓰는 허수아비

허슈ᄒᆞ다 [HE-SYOU-HĂ-TA,-HĂN,-HI] [원]91
[불] Qui s'use facilement, qui ne dure pas longtemps, qui est promptement hors de service, peu solide.
[한] 쉽게 닳다, 오래 가지 않다, 빨리 사용하지 못하게 되다, 덜 단단하다

*허실 [HE-SIL,-I] (虛實, (Faux, vrai)) [원]91
[불] Le vrai et le faux, vérité et fausseté; le vrai ou le faux.
[한] 참과 거짓, 진실과 거짓말 | 참과 거짓

1*허심ᄒᆞ다 [HE-SIM-HĂ-TA] (虛心) [원]91
[불] Donner son cœur à, mettre son affection en.
[한] ~를 사모하다, ~에 애정을 두다

2*허심ᄒᆞ다 [HE-SIM-HĂ-TA] (許心) [원]91
[불] Accorder ou permettre de bon cœur.
[한] 기꺼이 동의하거나 허용하다

*허ᄉᆞ [HE-SĂ] (虛事, (Vide, chose)) [원]91
[불] Chose inutile. Inutilité. Chose vaine et futile. Futilité.
[한] 쓸데없는 것 | 무익 | 무익하고 쓸데없는 것 | 쓸데없음

허아비 [HE-A-PI] [원]88 ☞헤아비

*허약ᄒᆞ다 [HE-YAK-HĂ-TA] (虛弱, (Vide, faible)) [원]88
[불] Faible, vide et faible, mou.
[한] 연약하다, 비고 연약하다, 무르다

*허언 [HE-EN,-I] (虛言, (Vide, parole)) [원]88
[불] Mensonge.
[한] 거짓말

허여지다 [HE-YE-TJI-TA,-TJYE,-TJIN] (散) [원]88
[불] Se séparer, se désunir, se partager, se déchirer.
[한] 헤어지다, 사이가 나빠지다, 갈라지다, 분열되다

허역허역ᄒᆞ다 [HE-YEK-HE-YEK-HĂ-TA] [원]88
[불] Vite.
[한] 빨리

허욕 [HE-YOK,-I] (虛慾) [원]88
[불] Ambition; désir ardent, immodéré, de richesse, de biens, de gloire, etc. vain désir.
[한] 야심 | 강렬한, 무절제한, 부에 대한, 재산에 대한, 명예 등에 대한 욕망, 헛된 욕망

*허원ᄒᆞ다 [HE-OUEN-HĂ-TA] (許願) [원]88
[불] Vouer, faire un vœu, dévouer, promettre une chose.
[한] 바치다, 소원을 빌다, 헌신하다, 어떤 것을 약속하다

*허장 [HE-TJANG,-I] (虛葬) [원]91
[불] Fausses funérailles, simulacre de sépulture.
[한] 거짓 장례, 장례 시늉

*허쟝ᄒᆞ다 [HE-TJYANG-HĂ-TA] (虛奬) [원]91
[불] Se vanter à faux.
[한] 그릇되게 자기 자랑하다

*허젼관령 [HE-TJYEN-KOAN-RYENG] (虛傳官令) [원]91
[불] Celui qui prétexte faussement l'ordre d'un supérieur pour faire une chose. Faux prétexte de l'ordre d'un supérieur.
[한] 어떤 것을 하기 위해 윗사람의 명령을 속여서 구실로 삼는 사람 | 윗사람의 명령을 거짓으로 핑계댐

허젼허젼령 [HE-TJYEN-HE-TJYEN-RYENG] [원]91 ☞허젼관령

*허증 [HE-TJEUNG,-I] (虛症) [원]92
[불] Faim, pensée de la faim, faiblesse, épuisement.
[한] 배고픔, 배고픈 생각, 허약, 기진맥진

허탁ᄒᆞ다 [HE-HTAK-HĂ-TA] [원]91
[불] Consentir à recevoir en depôt, à se charger de.
[한] 위탁하여 받는 것에, ~을 맡는 것에 동의하다

*허탄ᄒᆞ다 [HE-HTAN-HĂ-TA,-HĂN,-HI] (虛誕) [원]91
[불] Vain, faux, futile.
[한] 쓸데없다, 거짓되다, 무의미하다

*허탕 [HE-HTANG,-I] (虛蕩) [원]91
[불] Chose vide à l'intérieur (v. g. une noix, un œuf, etc.) Coquille ou écorce vide.
[한] 내부가 빈 것(예. 호두, 달걀 등) | 빈 조개껍질 또는 껍질

*허텽 [HE-HTYENG,-I] (虛廳) [원]91
[불] Petit hangar. ‖ Vide, cavité.
[한] 작은 헛간 | 빈자리, 빈 공간

허파 [HE-HPA] (肺) [원]90
[불] Poumons.
[한] 폐

*허풍션 [HE-HPOUNG-SYEN,-I] (噓風扇) ⑳90
불 Soufflet, instrument pour souffler. Par métaph. : un homme vantard.
한 풀무, 바람을 불어넣는 도구 | 비유적으로 : 허풍 떠는 사람

*허한 [HE-HAN,-I] (虛汗, (Vaine sueur)) ⑳88
불 Sueur qui sort sans effort, sueur froide, sueur de faiblesse.
한 쉽게 나오는 땀, 차가운 땀, 몸이 허약하여 나는 땀

허허 [HE-HE] ⑳88
불 Cri de douleur, de regret.
한 고통의, 회한의 소리

*허허실실 [HE-HE-SIL-SIL] (虛虛實實, (Faux, faux, vrai, vrai)) ⑳88
불 En tout cas, que ce soit vrai ou faux, qu'il soit ou qu'il ne soit pas, qu'il y ait ou qu'il n'y ait pas.
한 어쨌든, 참이든 거짓이든, 이것이든 아니든, 있건 없건

허허웃다 [HE-HE-OUT-TA] (大笑) ⑳88
불 Rire aux éclats. Ho! ho! ho! rire franchement.
한 웃음을 터뜨리다 | 호! 호! 호! 솔직하게 웃다

*허호 [HE-HO] (虛戶, (vide, famille)) ⑳88
불 Maisons ou familles qui ne sont pas inscrites sur le recensement.
한 인구조사에 등록되지 않은 집이나 가족들

*허혼ᄒᆞ다 [HE-HON-HĂ-TA] (許婚) ⑳88
불 Promettre le mariage, faire une promesse de mariage.
한 결혼을 약속하다, 결혼 약속을 하다

*허환ᄒᆞ다 [HE-HOAN-HĂ-TA] (虛幻, (Vain, inconstant)) ⑳88
불 Mentir, être contraire à la vérité; mensonger, faux, trompeur.
한 거짓말하다, 사실에 반대되다 | 기만적이다, 거짓되다, 거짓되다

*허황지셜 [HE-HOANG-TJI-SYEL] (虛謊之說, (Vain, léger, parole)) ⑳88
불 Mensonge.
한 거짓말

*허황ᄒᆞ다 [HE-HOANG-HĂ-TA,-HĂN,-I] (虛謊) ⑳88
불 Mentir, être faux, non vrai.
한 거짓말하다, 허황되다, 진실이 아니다

1*허ᄒᆞ다 [HE-HĂ-TA] (許) ⑳88
불 Permettre, promettre, accorder.
한 허락하다, 약속하다, 승인하다

2*허ᄒᆞ다 [HE-HĂ-TA] (虛, (vide)) ⑳88
불 Faible, sans force, vide, vain, faux.
한 허약하다, 힘없다, 비다, 쓸데없다, 잘못되다

*허힝ᄒᆞ다 [HE-HĂING-HĂ-TA] (虛行) ⑳88
불 (vain, voyage). Voyager en vain, aller en vain, faire une course inutile.
한 (무익하다, 여행) | 헛되이 여행하다, 헛되이 가다, 무익한 달리기를 하다

헌거롭다 [HEN-KE-ROP-TA,-RO-OA,-RO-ON] (容易) ⑳89
불 Facile. ‖ Etre beau, avoir un aspect imposant, majestueux.
한 쉽다 | 아름답다, 모습이 위엄 있다, 위풍당당하다

헌것 [HEN-KET,-SI] (弊件) ⑳89
불 Chose usée, déchirée; chiffon; haillon.
한 사용한, 찢어진 것 | 누더기 | 넝마

*헌계ᄒᆞ다 [HEN-KYEI-HĂ-TA] (獻計) ⑳90
불 Présenter, suggérer un stratagème. V.Syn. 헌칙ᄒᆞ다 Hen-tchăik-hă-ta.
한 계략을 내놓다, 제시하다, [동의어 헌칙ᄒᆞ다, Hen-tchăik-hă-ta]

*헌관 [HĒN-KOAN,-I] (獻官) ⑳90
불 Offrande de la coupe de vin dans les sacrifices(du roi).
한 (왕의) 제사에서의 술잔 봉헌

*헌당쳠례 [HĒN-TANG-TCHYEM-RYEI] (獻堂瞻禮) ⑳90
불 Fête de la présentation de N. S.
한 우리 주의 봉헌 축일

헌듸 [HEN-TEUI] (瘇) ⑳90
불 Furoncle, plaie, abcès.
한 절종, 상처, 종기

*헌랍 [HĒN-RAP,-I] (獻納) ⑳90
불 Nom d'une dignité.
한 고위직의 이름

*헌병 [HĒN-PYENG,-I] (獻餠, (Offrande, pain)) ⑳90
불 Offrande de l'hostie à la messe(offertoire).
한 미사 때 성체 빵의 헌납(봉헌)

헌옷 [HEN-OT,-SI] (弊衣) ⑳89
불 Habit déchiré, usé.
한 찢어진, 닳아 떨어진 옷

헌자ᄒᆞ다 [HEN-TJA-HĂ-TA] ⑳90

불 Se répandre, être connu de tout le monde, devenir public.

한 널리 알려지다, 모든 이가 알다, 공공연하게 되다

*헌작 [HEN-TJYAK,-I] (獻酌, (Offrande, coupe)) 원90

불 Offrande du calice à la messe.

한 미사에서 술잔의 봉헌

*헌칙ᄒᆞ다 [HEN-TCHĀIK-HĂ-TA] (獻策) 원90

불 Fournir un moyen, proposer une ruse pour.

한 방법을 제공하다, ~에 대한 책략을 제안하다

*헌헌쟝부 [HEN-HEN-TJYANG-POU] (軒軒丈夫) 원89

불 Homme gigantesque, très-grand. Géant. Grand bel homme. Cavalier accompli.

한 거대한, 매우 큰 사람 | 거인 | 크고 잘생긴 남자 | 완벽한 기수

*헌화 [HEN-HOA] (諠譁) 원89

불 Tumulte, bruit, brouhaha. bruit de paroles. tumulte de voix ou de cris.

한 소란, 소리, 환호 | 말소리 | 목소리나 울음의 소란

1*헌ᄒᆞ다 [HEN-HĂ-TA] (獻) 원89

불 Présenter, offrir.

한 내놓다, 주다

2*헌ᄒᆞ다 [HEN-HĂ-TA] (軒) 원89

불 Etre large.

한 넓다

3헌ᄒᆞ다 [HEN-HĂ-TA] 원89

불 Médire, dire du mal de.

한 비방하다, ~에 대해 나쁘게 말하다

*헐 [HEL,-I] (歇) 원90

불 Moyen. ‖ Peu, très-peu.

한 중간 정도의 | 조금, 아주 조금

*헐가 [HEL-KA] (歇價, (petit, prix)) 원90

불 Bon marché, bas prix.

한 싼 값, 낮은 가격

*헐고 [HEL-KO] (歇庫) 원90

불 Prison où les prisonniers ne sont pas trop maltraités.

한 죄수들이 가혹한 대우를 받지 않는 감옥

헐근헐근ᄒᆞ다 [HEL-KEUN-HEL-KEUN-HĂ-TA] 원90

불 Bruit de la respiration d'un homme essoufflé. Etre essoufflé, haleter (v. g. un chien).

한 헐떡이는 사람의 숨소리 | (예. 개) 헐떡이다, 헐떡이다

헐긱 [HEL-KĂIK,-I] 원90

불 Prodigue, généreux. ‖ Homme léger, étourdi, sur lequel on ne peut compter.

한 낭비가, 관대한 사람 | 가벼운, 경박한 사람, 믿을 수 없는 사람

헐넝헐넝 [HEL-NENG-HEL-NENG] 원90

불 Vacillation d'un objet qui ne remplit pas son étui, qui manque de justesse (se dit v. g. d'un tiroir qui ne s'adapte pas bien, du pied dans une chaussure trop grande). Branler au manche, n'être pas solide, osciller, chanceler.

한 갑에 꽉 차지 않는, 정확함이 부족한 물건의 흔들거림, (예. 잘 들어맞지 않은 서랍, 너무 큰 신발 속의 발에 대해 쓴다) | 자루가 흔들리다, 단단하지 않다, 흔들리다, 흔들리다

헐다 [HĒL-TA,HEL-E,HEN] (毁) 원91

불 Renverser, défaire, démolir. être renversé. être usé, déchiré. être crevassé, entamé (v. g. la peau percée par des clous).

한 쓰러뜨리다, 해체하다, 부수다 | 뒤집히다 | 낡다, 찢어지다 | 갈라지다, 상처 나다 (예. 못에 의해 찢어진 피부)

헐덕이다 [HEL-TEK-I-TA,-YE,-IN] (喘) 원91

불 Etre essoufflé, haletant.

한 숨이 차다, 헐떡이다

헐덕헐덕 [HEL-TEK-HEL-TEK] (喘) 원91

불 Bruit de la respiration d'un homme essoufflé. Etre essoufflé, haletant.

한 숨이 가쁜 사람의 숨소리 | 숨이 차다, 헐떡이다

*헐덕ᄒᆞ다 [HEL-TEK-HĂ-TA] (歇德) 원91

불 Etre très-peu vertueux, avoir peu de vertu.

한 아주 약간 덕이 있다, 별로 덕이 없다

헐벗다 [HEL-PET-TA,-PE-SE,-PE-SEUN] (弊裸) 원90

불 Etre si mal habillé qu'on est presque nu. Etre nu. Etre dénué de tout. Etre couvert de haillons.

한 옷을 너무 차려입지 않아서 거의 벗다시피 하다 | 헐벗다 | 모든 것이 결핍되다 | 누더기를 걸치다

헐보 [HEL-PO] 원90

불 Prodigue, libéral. ‖ Homme léger, étourdi, à qui on ne peut se fier.

한 돈을 헤프게 쓰다, 관대하다 | 경박한, 경솔한, 신뢰할 수 없는 사람

*헐복ᄒᆞ다 [HEL-POK-HĂ-TA] (歇福, (Petit, bonheur)) 원90

불 Malheureux, infortuné, qui n'a pas de chance.

한 불행하다, 운이 없다, 운이 없는 사람

헐부리다 [HEL-POU-RI-TA,-HYE,-RIN] 원90

불 Dire du mal de, médire.

한 ~에 대해 험담하다, 헐뜯다

*헐소텽 [HEL-SO-HTYENG,-I] (歇所廳) 원91

불 Vestibule d'un mandarinat, salle d'attente, antichambre.

한 관리직의 현관, 대합실, 대기실

헐슉ᄒᆞ다 [HEL-SYOUK-HĂ-TA] 원91

불 Diminuer, maigrir. Se flétrir (le visage)

한 줄이다, 야위다 | (얼굴) 생기를 잃다

헐식은헐식은 [HEL-SIK-EUN-KEL-SIK-EUN] 원91

불 Bruit de la respiration. Etre essoufflé.

한 숨 쉬는 소리 | 헐떡이다

*헐이 [HEL-I] (歇) 원90

불 Un peu, peu.

한 조금, 거의 없는

*헐쟝ᄒᆞ다 [HEL-TJYANG-HĂ-TA] (歇杖) 원91

불 Donner un pourboire au bourreau pour qu'il frappe moins fort. || Frapper de manière à épargner le patient.

한 형리에게 덜 세게 때리게 하기 위해 뇌물을 주다 | 수형자를 관대히 다루어 치다

헐헐ᄒᆞ다 [HĒL-HĒL-HĂ-TA] 원90

불 Etre essoufflé, aller et venir, rôder, vaciller.

한 숨 가쁘게 하다, 가고 오다, 어슬렁거리다, 흔들거리다

*헐ᄒᆞ다 [HEL-HĂ-TA] (歇) 원90

불 Qui est à bon marché, à bas prix; qui n'est pas cher. || Etre abondant. || Etre moyen (pas trop, ni trop peu).

한 값이 싸다, 낮은 가격이다 | 비싸지 않다 | 많다 | (너무도 아니고, 너무 적게도 아닌) 이만저만하다

[1]험 [HEM,-I] (罪) 원89

불 Défaut, vice.

한 잘못, 악

[2*]험 [HEM,-I] (險) 원89

불 En agr. Sévère, âpre, vilain.

한 한자어로 준엄하다, 심하다, 저열하다

*험구 [HEM-KOU] (險口) 원89

불 Bouche aux paroles rudes, sévères; lèvres mordantes; langue acérée; rudesse de langage; mauvaise langue.

한 무례한, 호된 말을 하는 입 | 매서운 입술 | 날카로운 혀 | 거친 말 | 나쁜 말

*험긱 [HEM-KĂIK,-I] (險客) 원89

불 Homme sévère, rude, grossier, brutal, malhonnète.

한 엄한, 세련되지 못한, 거친, 난폭한, 무례한 사람

*험난ᄒᆞ다 [HEM-NAN-HĂ-TA,-HĂN,-HI] (險亂) 원89

불 Sévère et difficile, rude, difficile, dur, calamiteux.

한 엄하고 어렵다, 무례하다, 어렵다, 힘들다, 재난이 많다

*험누관 [HEM-NOU-KOAN,-I] (驗漏官, (Surveiller, clepsydre, charge)) 원89

불 Ecole de l'horloge, d'où viennent les directeurs et surveillants de l'horloge hydraulique.

한 물시계의 감독관이나 감시관들이 나오는 시계 학교

*험담 [HEM-TAM,-I] (險談, (Dure, parole)) 원89

불 Médisance. Dire les défauts du prochain, critiquer, censurer, médire.

한 비방하기 | 이웃의 잘못을 말하다, 비판하다, 비난하다, 비방하다

*험덕스럽다 [HEM-TEK-SEU-REP-TA,-RE-OUE,-RE-OUN] (險德) 원89

불 Etre négligé, eu désordre, rustre, mal élevé, grossier, brute.

한 소홀하다, 단정치 못하다, 상스럽다, 예의가 없다, 무례하다, 난폭하다

*험디 [HEM-TI] (險地) 원89

불 Lieu escarpé, sauvage, de difficile accès.

한 가파른, 야생의, 접근이 어려운 곳

*험로 [HEM-RO] (險路) 원89

불 Route raboteuse, âpre, difficile; chemin ardu.

한 울퉁불퉁한, 기복이 심한, 통행하기 힘든 도로 | 오르기 어려운 길

*험물 [HEM-MOUL,-I] (險物) 원89

불 Objet rude, âpre.

한 투박한, 울퉁불퉁한 물건

*험샹스럽다 [HEM-SYANG-SEU-REP-TA,-RE-OUE,-RE-OUN] (險象) 원89

불 Etre négligé, mal léché, rude, grossier, mal élevé, brute.

한 소홀하다, 조잡하다, 세련되지 못하다, 거칠다, 점잖치 못하다, 난폭하다

*험샹ᄒᆞ다 [HEM-SYANG-HĂ-TA] (險象, (Sévère, aspect)) 원89

불 Etre négligé.

한 소홀히 하다

*험ᄉᆞ [HEM-SĂ] (險死) 원89

불 Mort affreuse, effravante; état d'un homme qui, au moment de la mort, a une mine de damné.

ㅎ

한 끔찍한, 소름끼치는 죽음 | 죽음의 순간에, 영벌을 받은 안색을 하고 있는 사람의 상태

*험악ᄒᆞ다 [HEM-AK-HĂ-TA,-HĂN,-HI] (險惡) 원89
불 Etre accidenté, abrupt, déchiré, sauvage, escarpé, raboteux, (pays) âpre, vilain.
한 기복이 있다, 가파르다, 찢어지다, 황량하다, 가파르다, 울퉁불퉁하다, (지형) 험하다, 위험하다

*험언 [HEM-EN,-I] (險言) 원89
불 Parole dure, sauvage.
한 거친, 잔인한 말

*험절 [HEM-TJYEL,-I] (險截) 원89
불 Le faible d'une personne, vice, défaut.
한 사람의 약점, 악덕, 결점

*험죠ᄒᆞ다 [HEM-TJYO-HĂ-TA] (險阻) 원89
불 Rude, âpre, infranchissable, impraticable.
한 거칠다, 기복이 심하다, 뛰어넘을 수 없다, 통행이 불가능하다

*험쥰ᄒᆞ다 [HEM-TJŌŪN-RĂ-TA] (險峻) 원89
불 Escarpé, haut. haute montagne accidentée. Haut et escarpé.
한 가파르다, 높다 | 기복이 심한 높은 산 | 높고 가파르다

*험쳐 [HEM-TCHYE] (險處) 원89
불 Lieu escarpé, âpre. || Vice dominant, vice, défaut, le faible d'une personne.
한 가파른, 험한 장소 | 주된 악덕, 악덕, 결점, 사람의 약점

*험ᄒᆞ다 [HEM-HĂ-TA] (險) 원89
불 Sévère (homme) escarpé, âpre, rude, brut, raboteux, sauvage, déchiré, accidenté, difficile, abrupt (route, pays).
한 엄하다, (사람이) 까다롭다, 악착스럽다, 무례하다, 원시적이다, 투박하다, 미개하다, 찢어지다, 기복이 심하다, 어렵다, 가파르다 (도로, 지방)

*험ᄒᆡ [HEM-HĂI] (險海) 원89
불 Mer sauvage; mer où il y a beaucoup de dangers, d'écueils.
한 황량한 바다 | 암초가 많은 바다, 위험 요소들

협방 [HEP-PANG] 원90
불 Le côté, le côté de la poitrine, le flanc.
한 옆구리, 가슴의 측면, 옆구리

협슈룩ᄒᆞ다 [HEP-SYOU-ROUK-HĂ-TA] 원90
불 Etre en désordre (v. g. chevelure, etc).
한 (예. 두발 등이) 엉망이다

협신협신ᄒᆞ다 [HEP-SIN-HEP-SIN-HĂ-TA] 원90
불 Etre mou, céder au toucher.
한 무르다, 만지면 부서지다

[1]협협ᄒᆞ다 [HEP-HEP-HĂ-TA] 원90
불 Prodigue, généreux, libéral, large.
한 낭비하다, 관대하다, 도량이 크다, 대범하다

[2]협협ᄒᆞ다 [HEP-HE-PHĂ-TA] 원90
불 Avoir faim.
한 배고프다

[3]협협ᄒᆞ다 [HEP-HEP-HĂ-TA] 원90
불 Mou, sans résistance.
한 무르다, 저항력이 없다

헛 [HET] (虛) 원91
불 Vain, faux, vide.
한 헛되다, 거짓되다, 비다

헛것 [HET-KET,-SI] (虛件) 원91
불 Chose vaine, fantastique, chimérique, fausse, futile.
한 헛된, 상상의, 공상의, 거짓된, 쓸데없는 것

헛되다 [HET-TOI-TA,-TOI-YE,-TOIN,-TOI-I] 원91
불 Etre vain, frivole, fragile, vide, imaginaire, faux.
한 헛되다, 시시하다, 약하다, 비어 있다, 가상이다, 거짓되다

*헛ᄆᆡᆼ셰 [HET-MĀING-SYEI] (虛盟誓) 원91
불 Parjure, faux serment.
한 거짓 선서, 거짓 맹세

헛ᄲᅮ리다 [HĒT-PPOU-RI-TA,-RYE,-RIN] (誹謗) 원91
불 Calomnier. dire du mal de. Faire des reproches malhonnètes.
한 비방하다 | 나쁘게 말하다 | 무례한 비방을 하다

헛집다 [HET-TJIP-TA,-HE,-HEUN] 원91
불 S'appuyer sur le vide; frapper dans le vide; mettre à côté; poser le pied dans le vide; prendre le vide; compter sur une planche pourrie. || Se tromper, faire erreur.
한 허공에 의지하다 | 허공을 치다 | 옆에 두다 | 허공에 발을 두다 | 허공을 잡다 | 썩은 판자에 기대다 | 실수하다, 잘못하다

헛틀다 [HET-HTOUL-TA,-HTOUL-E,-HTOUN] 원91
불 Entrelacer, brouiller, embrouiller, enlacer, mêler(cheveux, fils). Brouillé.
한 서로 얽히게 하다, 뒤섞다, 얽히게 하다, 둘둘 감다, (머리카락, 실을) 헝클다 | 뒤섞이다

헛헛ᄒᆞ다 [HET-HET-HĂ-TA] 원91

불 Ne pas répondre aux désirs(v. g. estomac qui refuse la nourriture dont on a besoin).
한 요구에 응하지 않다(예. 필요한 음식을 거부하는 위장)

헛흐러지다 [HET-HEU-RE-TJI-TA,-TJYE,-TJIN] 원91
불 Etre en désordre, brouille.
한 엉망이다, 반목하다

헝겁 [HENG-KEP,-I] (弊衣) 원90
불 Haillon, chiffon.
한 넝마, 낡은 헝겊

헝클다 [HENG-HKEUL-TA,-HKEUL-NE,-HKEUN] 원90
불 Etre brouillé (v.g. fil). (Fact. : Hang-hkeul-ni-ta, -nye,-nin
한 엉클어지다(예. 실) | [사동형 : 헝클니다, Hang-hkeul-ni-ta,-nye,-nin]

헤그놈 [HEI-KEU-NOM,-I] 원88
불 Eh! celui-là! Ah quel coquin! Ah! quel enfant! (Pour gronder).
한 어! 거기! 어휴 저 놈! 아! 저 자식! (꾸짖기 위해)

헤ᄃᆡ다 [HEI-TĂI-TA,-TĂI-YE,-TĂIN] 원88
불 Agir avec empressement, avec précipitation. 음식 =Eum-sik -, Manger avec gloutonnerie.
한 열의를 갖고, 황급하게 행동하다 | [용례 음식 =, Eum-sik -], 폭식을 하다

헤매다 [HEI-MAI-TA,-MAI-YE,-MAIN] 원88
불 Aller et venir, aller de côté et d'autre comme en cherchant un objet perdu.
한 가고 오다, 잃어버린 물건을 찾듯이 이쪽저쪽으로 가다

헤식다 [HEI-SIK-TA,-SIK-E,-SIK-EUN] (未堅) 원88
불 Mou, lymphatique, fragile, délicat, éphémère.
한 무르다, 둔하다, 약하다, 허약하다, 단명하다

헤아비 [HEI-A-PI] (偶人) 원88
불 Epouvantail en paille et en forme d'homme, que l'on met dans les champs pour effrayer les oiseaux.
한 새들을 두렵게 하기 위해 밭에 두는, 짚으로 만든 사람모양의 허수아비

헤여나다 [HEI-YE-NA-TA,-NA,-NAN] (脫出) 원88
불 Se tirer de, venir à bout de.
한 모면하다, 끝장내다

헤여지다 [HEI-YE-TJI-TA,-TJYE,-TJIN] (散) 원88
불 Se séparer, se défaire, se délier, se désunir, s'éparpiller, se séparer chacun de son côté.
한 헤어지다, 해체되다, 해방되다, 사이가 나빠지다, 흩어지다, 각자의 방향으로 헤어지다

헤염치다 [HEI-YEM-TCHI-TA,-TCHYE,-TCHIN] (泅) 원88
불 Nager.
한 헤엄치다

헤염ᄒᆞ다 [HEI-YEM-HĂ-TA] (泅) 원88
불 Nager.
한 수영하다

헤지르다 [HEI-TJI-REU-TA,-TJIL-NE,-TJI-REUN] 원88
불 Aller en tous sens, s'éparpiller (sans raison).
한 사방으로 가다, (이유 없이) 흩어지다

헤집다 [HEI-TJIP-TA,-E,-EUN] (散) 원88
불 Séparer, faire des parts, partager, désunir, défaire, éparpiller.
한 분리하다, 여러 몫으로 나누다, 나누다, 떼어놓다, 해체하다, 흩뜨리다

헤치다 [HEI-TCHI-TA,-TCHYE,-TCHIN] (散) 원88
불 Partager en deux, séparer, ouvrir.
한 양분하다, 나누다, 가르다

헤푸다 [HEI-HPOU-TA,-HPE,-HPOUN] 원88
불 Passer rapidement, s'épuiser promptement, durer peu, être éphémère.
한 빨리 지나가다, 재빨리 고갈되다, 별로 지속되지 않다, 덧없다

헤헤 [HEI-HEI] 원88
불 Bruit en riant.
한 웃는 소리

헤헤헤 [HEI-HEI-HEI] 원88
불 Cris en riant. = 웃다-out-ta, Rire bêtement.
한 웃는 큰 소리 | [용례 = 웃다, -out-ta], 바보같이 웃다

헷 [HEIT] (虛) 원88
불 Vain, frivole, vide, pauvre, faux.
한 쓸데없다, 하찮다, 비다, 부족하다, 잘못되다

헷간 [HEIT-KKAN,-I] (虛間) 원88
불 Chambre de décharge.
한 헛간

헷헷ᄒᆞ다 [HEIT-HEIT-HĂ-TA] 원88
불 Envier, désirer ardemment.
한 부러워하다, 열렬히 열망하다

헹ᄒᆞ다 [HEING-HĂ-TA] 원88
불 Etre vide, dénudé.
한 비다, 벌거벗다

혀 [HYE] (舌) 원92

불 Langue.
한 혀

혀굳다 [HYE-KOUT-TA,-E,-EUN] (舌固) 원92
불 Avoir la langue liée, ne pouvoir parler(v. g. un malade).
한 침묵을 강요당하다, (예. 환자가) 말할 수 없다

[1]혀다 [HYE-TA,HYE,HYEN] 원95
불 Allumer (une bougie, une lampe).
한 (초, 램프) 불을 켜다

[2]혀다 [HYE-TA,HYE,HYEN] 원95
불 Descendre (se dit de la marée)
한 내려가다 (조수에 대해 쓴다)

[3]혀다 [HYE-TA,HYE,HYEN] 원95
불 Filer le coton avec un rouet.
한 물레로 솜을 틀다

[4]혀다 [HYE-TA,HYE,HYEN] 원96
불 Scier, couper avec une scie.
한 톱질하다, 톱으로 자르다

[5]혀다 [HYE-TA,HYE,HYEN] 원96
불 Etre insatiable (soif).
한 (갈증이) 채워지지 않다

*혁 [HYEK,-I] (革) 원92
불 Bride de cheval, licou.
한 말굴레, 고삐

*혁딕하다 [HYEK-TĀI-HĂ-TA] (革代) 원92
불 Supprimer, casser un homme en place.
한 파직하다, 지위가 있는 사람을 없애다

*혁셰ᄒᆞ다 [HYEK-SYEI-HĂ-TA] (革世) 원92
불 Renverser le monde, c. a. d. changement de roi, changer le roi et supprimer un impôt.
한 세상을 뒤집다, 즉 왕의 교체, 왕을 바꾸고 조세를 없애다

*혁파ᄒᆞ다 [HYEK-HPA-HĂ-TA] (革破) 원92
불 Changer par punition, casser un homme en place. Supprimer.
한 처벌에 의해 바꾸다, 지위가 있는 사람을 파직하다 | 없애다

*혁혁ᄒᆞ다 [HYEK-HYEK-HĂ-TA] (赫赫) 원92
불 Avare de son bien; qui tient à ce qui lui appartient et s'en réserve l'usage exclusivement. Pingre. Petit esprit susceptible.
한 자신의 재산을 아끼다 | 자신에게 속하는 것을 쥐고 그것에 대한 사용은 배타적으로 자신에게 남겨두다 | 인색하다 | 자존심이 강하고 편협한 사람

*혁ᄒᆞ다 [HYEK-HĂ-TA] (革) 원92
불 Abaisser, humilier, changer en abaissant. ‖ Enlever, détruire, supprimer.
한 낮추다, 모욕하다, 품위를 떨어뜨려 바꾸다 | 제거하다, 파괴하다, 없애다

*현 [HYEN,-I] (弦) 원92
불 L'aspect de la lune au premier et au dernier quartier, quand elle a la forme d'un arc ou croissant.
한 달의 첫 번째와 마지막 1/4의 모습, 달이 활이나 초승달의 모양일 때

*현감 [HYEN-KAM,-I] (縣監) 원92
불 Nom d'une dignité de mandarin. Mandarin civil de 6e degré. Mandarin gouvernant une ville de dernier ordre, le 6e dans l'ordre civil (vient après le [군슈] 현령 [Koun-syou] Hyen-ryeng).
한 관리의 관직 명칭 | 여섯 번째 등급의 문민 관리 | 최하위 서열의 도시를 다스리는 관리, ([군슈] 현령 [Koun-syou] Hyen-ryeng 다음에 오는) 문민 계급에서 여섯 번째

*현고학싱 [HYĒN-KO-HAK-SĂING,-I] (顯考學生) 원92
불 Inscription de l'étendard rouge que l'on porte aux enterrements. Titre qu'on donne aux parents morts, et qu'on écrit sur la tablette.
한 장례 행렬에서 드는 붉은 깃발에 있는 글 | 죽은 부모님께 부여하는, 패 위에 쓰는 칭호

*현구고 [HYĒN-KOU-KO] (見舅姑) 원92
불 Première visite de la bru à ses beaux-parents, ou visite qu'elle leur fait chaque matin dans les premiers jours du mariage.
한 며느리가 자신의 시부모에게 하는 첫 번째 방문, 또는 결혼 초기 며칠 동안 아침마다 며느리가 시부모를 방문하는 것

*현긔 [HYĒN-KEUI] (眩氣) 원92
불 Etourdissement, vertige.
한 현기증, 어지러움

*현긔증 [HYĒN-KEUI-TJEUNG,-I] (眩氣症) 원92
불 Etourdissement.
한 현기증

*현뎐 [HYEN-TYEN,-I] (賢傳) 원93
불 Livre qui rapporte les actes de vertu des saints. bon livre (mais non livre sacré).

한 성인들의 덕이 있는 행동들을 알려 주는 책 | 좋은 (그러나 신성한 책은 아닌) 책

1*현란ᄒᆞ다 [HYĔN-RAN-HĂ-TA,-HĂN,-HI] (眩亂) 원93

불 Avoir la vue obscure, ne pas voir clair; difficile à voir (ou en soi-même, ou à cause de la faiblesse des yeux).

한 침침하다, 분명히 보이지 않다 | (그 자체로 또는 시력이 약하기 때문에) 보기 힘들다

2*현란ᄒᆞ다 [HYĔN-RAN-HĂ-TA,-HĂN,-HI] (現亂) 원93

불 Faire du tapage, du bruit.

한 떠들썩한 소리를 내다, 소리를 내다

1*현령 [HYEN-RYENG,-I] (縣令) 원93

불 Mandarin civil de 5e degré.

한 다섯 번째 계급의 문민 관리

2*현령 [HYEN-RYENG,-I] (懸鈴, (Pendue, cloche)) 원93

불 Cloche suspendue, qu'on peut agiter. 현령줄 Hyen- ryeng-tjoul, Corde de la cloche.

한 흔들 수 있는, 매달린 종 | [용례 현령줄, Hyen-ryeng-tjoul], 종의 줄

*현로ᄒᆞ다 [HYĔN-RO-HĂ-TA] (現露) 원93

불 Dévoiler, découvrir, faire connaître.

한 베일을 벗기다, 발견하다, 알게 하다

*현명ᄒᆞ다 [HYEN-MYENG-HĂ-TA] (顯明) 원92

불 Beau, clair, distinct.

한 아름답다, 밝다, 뚜렷하다

*현몽ᄒᆞ다 [HYEN-MONG-HĂ-TA] (現夢) 원92

불 Voir en songe. Etre vu, apparaître en songe.

한 꿈에서 보다 | 꿈에 보이다, 나타나다

*현묘ᄒᆞ다 [HYEN-MYO-HĂ-TA] (顯妙) 원93

불 Etre mystérieux. V.Syn. 오묘하다 O-myo-hă-ta.

한 불가사의하다 | [동의어 오묘하다, O-myo-hă-ta]

*현미경 [HYĔN-MI-KYENG,-I] (顯微鏡, (Montrer, petit, verre)) 원92

불 Microscope, miroir où l'on voit les petites choses, loupe.

한 현미경, 작은 것들을 볼 때 쓰는 거울, 돋보기

*현미ᄒᆞ다 [HYEN-MI-HĂ-TA] (顯微) 원92

불 Beau et bon, délicat, pénétrant. ‖ Très-petit, presque imperceptible, microscopique.

한 뛰어나고 좋다, 섬세하다, 뚫고 들어가다 | 매우 작다, 거의 지각될 수 없다, 아주 작다

*현발ᄒᆞ다 [HYEN-PAL-HĂ-TA] (現撥) 원93

불 Apparaître.

한 나타나다

*현벌ᄒᆞ다 [HYEN-PEL,-I] (顯罰) 원93

불 Punition naturelle du ciel. Punition éclatante et surnaturelle. Punition visible.

한 하늘의 당연한 처벌 | 분명하고 초자연적인 벌 | 가시적인 벌

*현부 [HYEN-POU] (賢婦) 원93

불 Bru vertueuse. ‖ Femme vertueuse.

한 덕이 높은 며느리 | 덕이 있는 부인

*현샹ᄒᆞ다 [HYEN-SYANG-HĂ-TA] (顯像) 원93

불 Apparaître, se présenter en vision. Etre vu en vision. Rêve ou illusion.

한 나타나다, 가시적으로 나타나다 | 환상 속에 보이다 | 망상 또는 꿈

*현셩용 [HYEN-SYENG-YONG] (顯聖容) 원93

불 Transfiguration. 예수= Yei-sou-, Transfiguration de notre-seigneur.

한 변모 | [용례 예수=, Yei-sou-], 우리 주의 변모

*현손 [HYEN-SON,-I] (玄孫) 원93

불 Arrière-petit-fils du fils. Descendants à la 6e génération.

한 아들의 증손자 | 여섯 번째 세대의 후손

*현손녀 [HYEN-SON-NYE] (玄孫女) 원93

불 Arrière-petite-fille du fils.

한 아들의 증손녀

*현손부 [HYEN-SON-POU] (玄孫婦) 원93

불 Femme de l'arrière-petit-fils du fils.

한 아들의 증손자의 부인

*현손셔 [HYEN-SON-SYE] (玄孫婿) 원93

불 Mari de l'arrière-petite-fille du fils.

한 아들의 증손녀의 남편

*현신ᄒᆞ다 [HYĔN-SIN-HĂ-TA] (現身) 원93

불 Se présenter devant, se montrer; saluer son maître, se prosterner. (Se dit d'un esclave qui salue son maître, d'un prétorien saluant le mandarin).

한 ~앞에 나타나다, 나타나다 | 자신의 주인에게 인사하다, 엎드리다 | (주인에게 인사하는 노예나, 관리에게 인사하는 친위병에 대해 쓴다)

*현악 [HYEN-AK,-I] (絃樂) 원92

불 Instrument de musique à cordes.

한 현악기

*현양ᄒᆞ다 [HYEN-YANG-HĂ-TA] (顯揚) 원92

불 Glorifier, honorer.

한 찬양하다, 숭배하다

*현연ᄒᆞ다 [HYEN-YEN-HĂ-TA] (顯然) [원]92
[불] Clair, ‖ Paraître, sembler, avoir l'apparence. ‖ Faire connaître, montrer ce qu'on pense à l'intérieur, découvrir sa pensée.
[한] 분명하다 | ~처럼 보이다, ~인 듯하다, 보이다 | 내보이다, 속으로 생각하는 것을 알게 하다, 자신의 생각을 드러내다

*현영ᄒᆞ다 [HYĒN-YENG-HĂ-TA] (現影, (Montrer, ombre [silhouette])) [원]92
[불] Montrer son ombre, être présent, faire acte de présence. Se montrer, être vu, apparaître.
[한] 자신의 그림자를 내보이다, 참석하다, 잠깐 참석하다 | 나타나다, 보이다, 나타나다

*현인 [HYEN-IN,-I] (賢人) [원]92
[불] Brave homme, homme vertueux. Homme de bien, homme sage.
[한] 용감한 사람, 덕이 있는 사람 | 선행을 하는 사람, 현명한 사람

*현져ᄒᆞ다 [HYĒN-TJYE-HĂ-TA,-HĂN,-HI] (顯著) [원]93
[불] Connaître clairement. voir évidemment. Clair, manifeste. Découvrir, révéler.
[한] 분명히 알다 | 틀림없이 보다 | 분명하다, 명백하다 | 드러나게 하다, 드러내다

1*현죠 [HYEN-TJYO] (玄祖) [원]93
[불] Ascendant à la 6e génération.
[한] 6세대 위 선조

2*현죠 [HYEN-TJYO] (顯祖) [원]93
[불] Ascendant illustre.
[한] 유명한 조상

*현직 [YĒNH-TJĂI] (現在) [원]93
[불] Maintenant.
[한] 현재

*현쳐 [HYEN-TCHYE] (賢妻) [원]93
[불] Epouse vertueuse.
[한] 덕이 높은 아내

*현판 [HYEN-HPAN,-I] (懸板) [원]93
[불] Affiche collée sur une planche. Enseigne d'une boutique.
[한] 판자에 붙여진 게시문 | 가게의 간판

*현합 [HYEN-HAP,-I] (賢閤) [원]92
[불] Epouse vertueuse (titre honorif.)
[한] 덕이 높은 아내 (경칭)

*현형ᄒᆞ다 [HYEN-HYENG-HĂ-TA] (現形, (Montrer, visage)) [원]92
[불] Se montrer, se rendre présent, faire acte de présence, apparaître.
[한] 나타나다, 참석하다, 잠깐 참석하다, 나타나다

*현훈 [HYEN-HOUN,-I] (玄纁) [원]92
[불] Superstition à l'enterrement (elle consiste en ce que deux proches parents du défunt mettent deux morceaux d'étoffe. l'un noir, l'autre rouge, sur le cercueil descendu dans la fosse).
[한] 장례에서의 미신 (고인의 가까운 친척 두 사람이 하나는 검고 다른 하나는 붉은 천 두 조각을 구덩이 안에 내려진 관 위에 둔다)

*현훈증 [HYEN-HOUN-TJEUNG,-I] (眩暈症) [원]92
[불] Etourdissement.
[한] 현기증

1*혈 [HYEL,-I] (穴) [원]95
[불] En agr. Trou.
[한] 한자어로 구멍

2*혈 [HYEL,-I] (血) [원]95
[불] Sang.
[한] 피

*혈갈 [HYEL-KAL,-I] (血渴) [원]95
[불] Esp. de remède pour arrêter le sang d'une blessure. Etanchement du sang.
[한] 상처의 피를 멈추게 하기 위한 약의 종류 | 지혈

*혈갈증 [HYEL-KAL-TJEUNG,-I] (血渴症, (Sang, dessécher, maladie)) [원]95
[불] Appauvrissement du sang, anémie.
[한] 빈혈, 빈혈

*혈괴 [HYEL-KOI] (血塊, (Sang, boule)) [원]95
[불] Boule de sang; boule hystérique dans l'estomac, au bas de la poitrine, et qui remonte.
[한] 핏덩어리 | 가슴 아래쪽의, 그리고 위로 올라가는, 위 속의 극도로 예민한 둥근 덩어리

*혈긔 [HYEL-KEUI] (血氣, (Sang, force)) [원]95
[불] Force du sang, couleur vermeille du teint, force du corps, santé.
[한] 피의 기운, 안색의 붉은 빛, 몸의 기운, 건강

*혈농 [HYEL-NONG,-I] (穴農) [원]95
[불] Culture alternativement bien réussie dans un endroit, mal réussie dans un autre. Culture inégalement réussie.
[한] 번갈아가며 한 장소에서 매우 성공하고, 다른 곳

에서는 성공하지 못하는 농사 | 좋은 성과를 불균등하게 올리는 농사

*혈누 [HYEL-NOU] (血淚) ⓦ95
불 Larmes de sang.
한 피눈물

*혈누병 [HYEL-NOU-PYENG,-I] (血漏病) ⓦ95
불 Hémorragie, flux de sang, perte de sang (chez les femmes).
한 출혈, 피의 흐름, (여성에게서의) 출혈

*혈담 [HYEL-TAM,-I] (血痰) ⓦ95
불 Crachat mêlé de sang. Crachement de sang.
한 피가 섞인 가래 | 각혈

혈듸 [HYEL-TAI] (穴竹) ⓦ95
불 Bambou qui sert à faire des tuyaux de pipe. Tuyau de pipe en bambou.
한 담뱃대들을 만드는 데 쓰이는 대나무 | 대나무로 만든 담뱃대

*혈리 [HYEL-RI] (血痢) ⓦ95
불 Maladie dans laquelle on rend du sang. Flux de sang.
한 피를 토하는 병 | 출혈

*혈림 [HYEL-RIM,-I] (血淋) ⓦ95
불 Perte de sang, flux de sang (pour les hommes).
한 출혈, (남자들에 있어서) 피의 유출

*혈마 [HYEL-MA] (誤麼) ⓦ95
불 Exclam. Certes! vraiment!
한 감탄사 | 물론! 진짜!

혈목 [HYEL-MOK,-I] ⓦ95
불 Lieu de réunion, repaire, lieu de sabbat.
한 모임 장소, 은신처, 마녀 집회의 장소

*혈믹 [HYEL-MĂIK,-I] (血脈, (Sang, nerfs)) ⓦ95
불 Artères, veines. ‖ Circulation du sang.
한 동맥, 혈관 | 피의 순환

*혈분 [HYEL-POUN,-I] (血分) ⓦ95
불 Pauvreté du sang. qualité du sang riche ou pauvre. ‖ Menstrues.
한 빈혈 | 풍부하거나 부족한 피의 질 | 월경

*혈셔ᄒᆞ다 [HYEL-SYE-HĂ-TA] (血書) ⓦ95
불 Signer de son sang. Se mordre le doigt de manière à en faire sortir du sang, dont on se sert pour tracer sa signature.
한 자신의 피로 서명하다 | 서명을 하기 위해 쓰는 피가 나게 하도록 손가락을 물어 뜯다

*혈세 [HYEL-SYEI] (血洗, (Sang, laver)) ⓦ95
불 Baptème de sang, c. a. d. martyre.
한 피의 세례, 즉 순교

*혈손 [HYEL-SON,-I] (血孫, (Sang, descendants)) ⓦ95
불 Descendants en ligne directe (sans y comprendre l'adoption).
한 직계 자손 (여기에 입양은 포함하지 않고)

*혈쇽 [HYEL-SYOK,-I] (血屬) ⓦ95
불 Descendants naturels et directs, véritables (et non pas les adoptifs).
한 서출이고 직계이며 실제(그리고 입양은 아닌) 자손들

*혈식ᄒᆞ다 [HYEL-SIK-HĂ-TA] (血食, (Sang, manger)) ⓦ95
불 Offrir un sacrifice, offrir le sang des victimes (v. g. aux images des grands hommes).
한 (예. 위대한 인물들의 상에) 제물을 바치다, 제물의 피를 바치다

1*혈신 [HYEL-SIN,-I] (孑身, (Isolé, corps)) ⓦ95
불 Seul au monde, isolé, sans parents.
한 세상에 혼자이다, 고독하다, 부모가 없다

2*혈신 [HYEL-SIN,-I] (血身) ⓦ95
불 Corps ensanglanté, couvert de sang.
한 피투성이가 된, 피로 뒤덮인 몸

*혈심 [HYEL-SIM,-I] (血心, (Sang, cœur)) ⓦ95
불 Ferveur, tout son cœur. Dévouement.
한 열정, 전심 | 헌신

*혈육 [HYEL-YOUK,-I] (血肉) ⓦ95
불 Sang et chair. ‖ Descendants, postérité.
한 피와 살 | 후손들, 자손

*혈젹 [HYEL-TJYEK,-I] (血積, (Sang, agglomération)) ⓦ95
불 Boule de sang dans l'estomac. Boule hystérique.
한 위장에 생기는 핏덩어리 | 극도로 예민한 덩어리

*혈합 [HYEL-HAP,-I] (穴檻, (Trou, étui)) ⓦ95
불 Tiroir d'un meuble, étui.
한 가구의 서랍, 상자

*혈혈단신 [HYEL-HYEL-TAN-SIN,-I] (孑孑單身, (Etre seul, un corps)) ⓦ95
불 Etre seul au monde, sans parents ni amis.
한 부모도 친구도 없이 세상에 홀로 있다

*혈혹 [HYEL-HOK,-I] (血疣, (Sang, tumeur)) ⓦ95
불 Loupe, amas de sang formant une grosse tumeur dont la peau s'allonge et retombe en forme de sac.

[한] 혹, 그 피부가 길어져서 자루 모양으로 늘어지는 큰 종양을 형성하는 축적된 피

혐쓹ᄒᆞ다 [HYEM-TTEULK-HĂ-TA] 원92

[불] Etre désappointé.

[한] 실망하다

*혐의 [HYEM-EUI] (嫌意) 원92

[불] Raison de convénance. ‖ Rancune.

[한] 사정의 원인 | 원한

혐의롭다 [HYEM-EUI-ROP-TA,-RO-OA,-RO-ON] (嫌) 원92

[불] Qui n'ose pas pour une raison futile. susceptible, sensible, soupçonneux, rancunier. ‖ Agir par raison de convenance.

[한] 하찮은 이유로 감행하지 않다 | 민감하다, 예민하다, 의심이 많다, 앙심을 품다 | 적합한 이유에 의해 행동하다

*혐의ᄒᆞ다 [HYEM-EUI-HĂ-TA] (嫌疑) 원92

[불] Ne pas oublier les injures. Avoir de la rancune.

[한] 모욕을 잊지 않다 | 원한을 품다

1*협 [HYEP] (峽) 원94

[불] Montagne.

[한] 산

2*협 [HYEP] (陜) 원94

[불] Etroit.

[한] 협소하다

3협 [HYEP] (夾) 원94

[불] De côté, par côté.

[한] 옆으로, 옆으로

4*협 [HYEP] (協) 원94

[불] Ensemble.

[한] 함께

*협공ᄒᆞ다 [HYEP-KONG-HĂ-TA] (挾攻, (réunir, battre)) 원94

[불] Abuser. ‖ Eune armée, l'envelopper. (Express. usitée dans les livres).

[한] 남용하다 | 군대를 둘러싸다, 에워싸다 | (책에서 사용되는 표현)

*협긔ᄒᆞ다 [HYEP-KEUI-HĂ-TA] (俠氣) 원94

[불] Venger.

[한] 복수하다

*협긱 [HYEP-KĂIK,-I] (俠客) 원94

[불] Vengeur, brave, fier-à-bras, batailleur.

[한] 복수하는 사람, 용감한 사람, 허세 부리는 사람, 싸움하기 좋아하는 사람

*협년군 [HYEP-NYEN-KOUN,-I] (挾輦軍, (A côté, palanquin royal, valets)) 원94

[불] Ceux qui ont la fonction d'accompagner le roi, de le servir, de se tenir aux côtés de sa chaise dans les sorties, etc. Les porteurs du palanquin royal.

[한] 왕을 수행하는, 왕의 시중을 드는, 왕이 외출하면 그의 의자 곁에 있는 등의 직무가 있는 사람들 | 왕의 가마를 운반하는 사람들

*협농 [HYEP-NONG,-I] (峽農) 원94

[불] Culture dans les montagnes.

[한] 산속에서 짓는 농사

*협도 [HYEP-TO] (挾刀) 원94

[불] Couteau en forme de ciseaux pour couper les remèdes.

[한] 약재들을 자르기 위한 가위 모양의 칼

*협력ᄒᆞ다 [HYEP-RYEK-HĂ-TA] (協力, (Ensemble, force)) 원94

[불] Faire ensemble (plusieurs individus). S'entr'aider.

[한] (여러 사람들이) 함께 하다 | 협력하다

1*협로 [HYEP-RO] (峽路) 원94

[불] Route dans les montagnes.

[한] 산 속에 난 길

2*협로 [HYEP-RO] (夾路) 원94

[불] Route à côté.

[한] 옆길

*협문 [HYEP-MOUN,-I] (夾門) 원94

[불] Petite porte à côté.

[한] 옆에 난 작은 문

*협민 [HYEP-MĂING,-I] (峽民) 원94

[불] Montagnard, peuple des montagnes.

[한] 산골 주민, 산에 사는 백성

*협방 [HYEP-PANG,-I] (夾房) 원94

[불] Petite chambre contiguë, cabinet de toilette, etc.

[한] 인접한 작은 방, 화장실 등

*협부ᄒᆞ다 [HYEP-POU-HĂ-TA] (挾富, (Agglomérer, richesses)) 원94

[불] Richard, riche. Etre riche et vaniteux.

[한] 벼락부자, 부자 | 부유하고 자만심이 강하다

*협셰ᄒᆞ다 [HYEP-SYEI-HĂ-TA] (挾勢, (Entasser, forture et puissance)) 원94

[불] Avoir la liberté de tout faire, se donner des licences (se dit des valets d'un homme puissant). Avoir de la force,

de l'autorité.
한 모든 것을 할 자유가 있다, 무람없이 굴다(세도가의 하인들에 대해 쓴다) | 힘, 권위를 가지다

*협식ᄒᆞ다 [HYEP-SIK-HĂ-TA] (挾食) 원94
불 Indigestion. avoir une indigestion.
한 소화불량 | 체하다

*협읍 [HYEP-EUP,-I] (峽邑) 원94
불 Ville dans les montagnes. Ville dans une vallée.
한 산속 마을 | 골짜기에 있는 마을

*협익ᄒᆞ다 [HYEP-ĂIK-HĂ-TA] (陜阨) 원94
불 Petit d'esprit, susceptible. ‖ Etroit, petit, resserré (au physique et au moral).
한 정신이 편협하다, 예민하다 | 협소하다, 작다, (육체적으로 그리고 정신적으로) 좁다

*협잡ᄒᆞ다 [HYEP-TJAP-HĂ-TA,-HĂN,-HI] (挾雜) 원95
불 Avoir une arrière-pensée; cacher une autre pensée sous celle qu'on affiche. Ne suivre que sa passion, son caprice; n'agir que pour soi.
한 속셈이 있다 | 드러내는 것 아래 다른 생각을 숨기다 | 자신의 열정, 자신의 변덕만 따르다 | 자기만을 위해 행동하다

*협졍왕 [HYEP-TJYENG-OANG,-I] (挾政王, (Prendre, administration, roi)) 원95
불 Roi qui prend l'administration de son royaume.
한 자신의 왕국의 행정권을 쥔 왕

*협조ᄒᆞ다 [HYEP-TJO-HĂ-TA] (挾助, (A côté, aider)) 원95
불 Venir en aide.
한 도와주다

*협쥭 [HYEP-TJYOUK,-I] (夾竹) 원95
불 Esp. de pied ou de montant joint au tire-ligne pour empêcher l'encre de toucher la règle.
한 잉크가 자에 묻는 것을 막기 위해 오구에 연결된 발이나 다리의 종류

*협즁 [HYEP-TJYOUNG,-I] (峽中, (Montagne, milieu)) 원95
불 Milieu des montagnes. Dans les replis d'une montagne.
한 산 한가운데 | 산의 습곡 속에서

*협창외입 [HYEP-TCHANG-OI-IP,-I] (挾娼外入, (A côté, femme débauchée, libertin)) 원95
불 Débauché avec les femmes, libertin.
한 여자들과의 난봉꾼, 방탕한 사람

*협촌 [HYEP-TCHON,-I] (峽村, (Montagne, village)) 원95
불 Village de montagne.
한 산골 마을

*협칙ᄒᆞ다 [HYEP-TCHĂIK-HĂ-TA] (陜窄) 원95
불 Etroit.
한 좁다

*협태산이초북ᄒᆡ [HYEP-HTAI-SAN-I-TCHO-POUK-HĂI] (鋏泰山以超北海) 원94
불 Sauter de l'autre côté de la mer du nord, avec une grande montagne sous le bras.
한 북쪽 바다의 저쪽에서 겨드랑이에 큰 산을 끼고 뛰어오르다

*협텬ᄌᆞ이령제후 [HYEP-HIYEN-TJĂ-I-RYENG-TJYEI-HOU] (挾天子以令諸候) 원94
불 Simuler ou prétexter faussement l'ordre du fils du ciel, pour commander. Abuser de la protection d'un plus puissant, pour…
한 명령하기 위해, 사실과 달리 신의 아들의 명령으로 가장하거나 핑계를 대다 | ~을 위해 더 힘이 있는 사람의 보호를 남용하다

*협호 [HYEP-HO] (挾戶) 원94
불 Qui a obtenu une partie de la maison pour s'y loger(locataire) être dans la même maison quoique séparé de ménage. Chambre empruntée dans la maison d'un autre.
한 (세입자가) 살기 위해 집의 일부를 얻었다, 살림이 나누어져 있지만 같은 집에 있다 | 다른 사람의 집 안에 빌린 방

1*협ᄒᆞ다 [HYEP-HĂ-TA] (陜) 원94
불 Etroit, resserré.
한 협소하다, 좁다

2*협ᄒᆞ다 [HYEP-HĂ-TA] (挾) 원94
불 Mettre sous le bras, tenir sous le bras.
한 겨드랑이 아래에 놓다, 겨드랑이 아래에 잡다

1혓가래 [HYET-KA-RAI] (椽) 원96
불 Chevron.
한 서까래

2혓가래 [HYET-KA-RAI] 원408 ☞셧가래

1*형 [HYENG,-I] (刑) 원93
불 Supplice, torture.
한 형벌, 고문

2*형 [HYENG,-I] (兄) 원93

불 Frère aîné (d'un frère cadet) sœur aînée(d'une sœur cadette) aîné (frère ou sœur). || Terme de politesse pour dire : toi, vous. || Une fille appelle ainsi la femme de son frère aîné.

한 (남동생의) 손위 남자 형제 | (여동생의) 손위 여자 형제 | (남자 형제 또는 여자 형제의) 손윗사람 | 너, 당신이라고 말하기 위한 예절 용어 | 소녀가 자신의 손위 남자 형제의 부인을 이렇게 부른다

1*형관 [HYENG-KOAN,-I] (刑官) 원93

불 Office du grand préfet de police, du grand justicier. Ministre des supplices. Syn. 형조판셔 Hyeng-tjyo-hpan-sye.

한 대경찰청장의, 대재판장의 직책 | 형벌을 담당하는 장관 | [동의어 형조판셔, Hyeng-tjyo-hpan-sye]

2형관 [HYENG-KOAN,-I] 원93

불 Tort.

한 잘못

1*형구 [HYENG-KOU] (形具) 원93

불 Instrument de supplice.

한 고문 기구

2*형구 [HYENG-KOU] (形軀) 원93

불 Corps.

한 몸집

*형극 [HYENG-KEUK,-I] (荊棘) 원93

불 Epine; arbre épineux, à épines.

한 가시 | 가시가 있는, 가시가 달린 나무

*형뎨 [HYENG-TYEI] (兄弟) 원94

불 Aîné et cadet; frères, deux ou plusieurs frères; sœurs, deux ou plusieurs sœurs.

한 손윗사람과 손아랫사람 | 남자 형제들, 둘 또는 여럿의 형제들 | 여자 형제들, 둘 또는 여럿의 여자 형제들

*형디 [HYENG-TI] (形地) 원94

불 Apparence, aspect.

한 외관, 상

*형륙ᄒᆞ다 [HYENG-RYOUK-HĂ-TA] (刑戮, (Supplice, couper.)) 원93

불 Faire mourir dans les supplices.

한 체형 중에 죽게 하다

*형리 [HYENG-RI] (刑吏) 원93

불 Secrétaire du mandarin, commis. Prétorien attaché au 형조 Hyeng-tjyo, ou ministère de la justice.

한 관리의 비서, 사무원 | 형조 Hyeng-tjyo에 매인 친위병, 또는 법무부

*형문 [HYENG-MOUN,-I] (刑問) 원93

불 Le devant de la jambe, entre le genou et le pied, où l'on frappe dans la torture. Ce supplice.

한 무릎과 발 사이에 있는, 고문할 때 때리는 다리 앞부분 | 그 체형

*형문치다 [HYENG-MOUN-TCHI-TA,-TCHYE,-TCHIN] (刑問) 원93

불 Donner des coups sur le devant des jambes; infliger le supplice du 형문 Hyeng-moun.

한 정강이에 타격을 주다 | 형문 Hyeng-moun의 체형을 가하다

*형방 [HYENG-PANG,-I] (刑房) 원93

불 Secrétaire du mandarin. || Prétorien chargé de la police des supplices, des prisons.

한 관리의 비서 | 체형, 감옥에 대한 경찰의 임무가 있는 친위대

*형벌 [HYENG-PEL,-I] (刑罰, (Supplice, punir)) 원93

불 Supplice, torture, tourment, punition.

한 체형, 고문, 고통, 처벌

*형상 [HYENG-SANG,-I](形像) 원93

불 Matière, forme, apparence, aspect, substance corporelle, figure extérieure.

한 물질, 형태, 외관, 상, 유형의 실체, 외부의 모습

*형샹 [HYENG-SYANG,-I] 원94 ☞형상

*형샹ᄒᆞ다 [HYENG-SYANG-HĂ-TA] (形像) 원94

불 Prendre modèle sur, copier, calquer, reproduire la forme.

한 ~에 대한 모범으로 삼다, 따라하다, 모방하다, 모양을 복제하다

*형셰 [HYENG-SYEI] (形勢) 원94

불 Fortune et force, événement heureux, bonheur; état de fortune et de puissance, c. a. d. position dans le monde, condition.

한 재산과 권력, 경사, 행복 | 재산과 권력의 상태, 즉 세상에서의 지위, 신분

*형슈 [HYENG-SYOU] (兄嫂) 원94

불 Epouse d'un frère aîné (ainsi appelée par les frères cadets de son mari).

한 손위 형의 아내 (자신의 남편의 손아래 남동생들에 의해 이렇게 불린다)

*형신 [HYENG-SIN,-I] (形身) 원94

불 Corps.

한 신체

*형식 [HYENG-SĂIK,-I] (形色) 원94

불 Forme et couleur, c. a. d. apparence, couleur de la matière, mine extérieure.

한 형상과 빛깔, 즉 외형, 물질의 색깔, 외적인 용모

*형언ᄒᆞ다 [HYENG-EN-HĂ-TA] (形言) 원93

불 Représenter par la parole. Dire, peindre, exprimer vivement par la parole.

한 말로 재현하다 | 말하다, 그리다, 말로 생생하게 표현하다

1*형연ᄒᆞ다 [HYĒNG-YEN-HĂ-TA] (逈然) 원93

불 Etre éloigné.

한 멀리 떨어지다

2*형연ᄒᆞ다 [HYENG-YEN-HĂ-TA] (形然) 원93

불 Semblable.

한 유사하다

*형용ᄒᆞ다 [HYENG-YONG-HĂ-TA] (形容) 원93

불 Portrait, représentation, buste. statue. Se faire une idée, savoir, décrire. Représenter, se figurer. ᄆᆞ음에 = Mă-ăm-ei-, Se faire une idée, se représenter à l'esprit.

한 초상화, 그림, 흉상 | 조각상 | 파악하다, 알다, 묘사하다 | 나타내다, 상상하다 | [용례 ᄆᆞ음에=, Mă-ăm-ei-], 파악하다, 마음속에 그려보다

*형쟝 [HYENG-TJYANG,-I] (刑杖) 원94

불 Supplice de la règle sur le devant des jambes; des verges, sur tous les membres; et des bâtons pointus, avec lesquels on pique les hanches, les cuisses, la poitrine, etc. ‖ Planchette longue de 2 pieds, sur 2 pouces de large, 2 lignes d'épaisseur (à peu près), avec laquelle on frappe le devant des jambes du supplicié. (Il y en a de plus grandes).

한 정강이를 치는 형벌 | 가는 막대로 사지 전체를 치는 형벌 | 그리고 뾰족한 몽둥이로, 허리, 넓적다리, 가슴 등을 찌르는 형벌 | 길이 2피에, 넓이 2푸스, 두께 2린느의 작은 판자(대략 가로 2푸스, 두께는 두 개의 1/12 인치 정도), 이것으로 수형자의 정강이를 친다.

*형죠 [HYENG-TJYO] (刑曹) 원94

불 Tribunal des crimes, cour composée de juges qui portent la sentence sur les conclusions du 포텽 Hpo-htyeng. Maison du mandarin grand justicier. Tribunal du ministre de la justice (un des trois tribunaux à la capitale).

한 범죄 재판소, 포텽 Hpo-htyeng의 결론에 따라 선고하는 재판관들로 구성된 법정 | 대재판관의 건물 | 법무부 장관의 재판소(수도에 있는 세 개의 재판소 중 하나)

*형죠판셔 [HYENG-TJYO-HPAN-SYE] (刑曹判書) 원94

불 Grand justicier, mandarin chargé de la police et de l'exécution des criminels. Ministre de la justice, des supplices.

한 대재판관, 범죄자들에 대한 경찰과 형 집행의 임무가 있는 관리 | 법무, 형벌 장관

*형지 [HYENG-TJI] (形止) 원94

불 L'essentiel, l'essence, la substance, ce qui est absolument nécessaire.

한 핵심, 본질, 요지, 절대적으로 필요한 것

*형질 [HYENG-TJIL,-I] (形質) 원94

불 Matière, substance corporelle. ‖ Forme, apparence.

한 물질, 유형의 실체 | 형태, 외양

*형츄 [HYENG-TCHYOU] (刑推) 원94

불 Supplice, torture.

한 형벌, 고문

형틀 [HYENG-HTEUL,-I] (刑架) 원94

불 Esp. de fauteuil de bois sur lequel on attache le patient par les pieds, les mains, les cheveux, pour lui faire endurer le supplice de la bastonnade sur le devant des jambes.

한 정강이에 태형을 견디게 하기 위해 수형자의 발, 손, 머리카락을 묶는 나무 의자 종류

1*형판 [HYENG-HPAN,-I] (刑板) 원93

불 Planche sur laquelle on étend le patient pour le torturer. Chevalet, instrument de torture.

한 수형자를 고문하기 위해 그의 몸을 펼쳐 놓는 판자 | 받침대, 고문 도구

2*형판 [HYENG-HPAN,-I] (刑判) 원93

불 Grand justicier. V.Syn. 형죠판셔 Hyeng-tjyo-hpan-sye.

한 대재판관 | [동의어 형죠판셔, Hyeng-tjyo-hpan-sye]

형편 [HYENG-HPYEN,-I] 원403 ☞셩편

*혜가 [HYEI-KA] (惠駕) 원92

불 Vous(honorif.)

한 당신 (경칭)

혜다 [HYEI-TA,HYEI-YE,HYEIN] (算數) 원92

불 Compter, voir le nombre de.

한 세다, ~의 수를 살펴보다

*혜셔 [HYEI-SYE] (惠書) 원92

불 Lettre d'un autre. (Honorif.)

한 다른 사람의 편지 | (경칭)

*혜셩 [HYEI-SYENG] (彗星) 원92

불 Comète.

한 혜성

혜아리다 [HYEI-A-RI-TA,-RYE,-RIN] (商量) 원92

불 Conjecturer, penser, méditer, raisonner, supputer, calculer, examiner le nombre.

한 짐작하다, 생각하다, 심사숙고하다, 추론하다, 산정하다, 계산하다, 수를 검토하다

*혜튁 [HYEI-HTĂIK,-I] (惠澤) 원92

불 Bienfait, vertu, bienfaisance.

한 혜택, 덕, 선행

[1]혬 [HYEIM] 원92

불 Etat, condition, position.

한 신분, 신분, 지위

[2]혬 [HYEIM] (數) 원92

불 Nombre; calcul, supputation.

한 수 | 계산, 산정

혬두다 [HYEIM-TOU-TA,-TOU-E,-TOUN] (算數) 원92

불 Calculer, nombrer, compter, supputer, faire des opérations de mathématique.

한 계산하다, 세다, 계산하다, 산정하다, 수학 연산을 하다

혬마련ᄒᆞ다 [HYEIM-MA-RYEN-HĂ-TA] 원92

불 Délibérer seul, examiner dans son esprit, réfléchir.

한 홀로 숙고하다, 자기 마음속으로 검사하다, 숙고하다

[1*]호 [HO] (戶) 원99

불 Numéral des maisons. ‖ Contribution assignée à une maison et inscrite sur les registres.

한 집을 세는 수사 | 한 집에 할당되고 장부에 기재된 분담금

[2*]호 [HO] (胡) 원99

불 Etranger.

한 이방인

*호가사 [HŌ-KA-SA] (好家舍, (jolie, maison)) 원109

불 Jolie maison de grandeur moyenne. Belle maison.

한 중간 크기의 예쁜 집 | 아름다운 집

*호가ᄌᆞ뎨 [HŌ-KA-TJĂ-TYEI] (豪家子弟) 원109

불 Fils d'une famille à l'aise, où il n'y a aucune inquiétude.

한 어떠한 근심도 없는 유복한 집안의 아들

*호강ᄒᆞ다 [HO-KANG-HĂ-TA] (豪剛) 원109

불 Qui est tout-puissant; faire tout ce que l'on veut sans crainte; être au comble du bonheur; être fastueux, luxueux.

한 전능하다 | 두려움 없이 원하는 모든 것을 하다 | 더할 나위 없이 행복하다 | 사치스럽다, 호화롭다

호갬질ᄒᆞ다 [HO-KAIM-TJIL-HĂ-TA] 원109

불 Coudre, passer l'aiguille.

한 바느질하다, 바늘을 통과시키다

*호거ᄒᆞ다 [HŌ-KE-HĂ-TA] (豪居, (A l'aise, vivre)) 원109

불 Habiter dans une maison de moyenne aisance; vivre à grande aise sans trop de superflu. Bien vivre, être riche.

한 중간 정도의 여유 있는 집에서 살다 | 과하게 남지 않으면서 아주 여유롭게 살다 | 잘 살다, 부유하다

*호걸 [HO-KEL,-I] (豪傑) 원109

불 Adroit en tout; fort; remarquable par son esprit élevé, son adresse, etc. Héros. Homme accompli, adroit, fort.

한 모든 것에 능숙하다 | 강하다 | 자신의 높은 기상, 자신의 능란한 솜씨 등으로 뛰어나다 | 영웅 | 완벽한, 능수능란한, 강한 사람

*호골 [HO-KOL,-I] (虎骨) 원109

불 Os du tigre.

한 호랑이의 뼈

*호교ᄒᆞ다 [HO-KYO-HĂ-TA] (虎咬, (Tigre, mordre)) 원109

불 Mourir des suites de la blessure d'un tigre. Etre tué par un tigre.

한 호랑이에 의한 부상의 결과로 죽다 | 호랑이에 의해 죽임을 당하다

*호구지ᄌᆡ [HO-KOU-TJI-TJĂI] (糊口之資, (Coller, bouche, vivres)) 원109

불 Provisions en grains. ‖ Matière à coller la bouche, c. a. d. juste assez de riz pour ne pas mourir de faim.

한 곡물 비축 | 입에 풀칠하는 물질, 즉 허기로 죽지 않을 만큼만의 쌀

*호국 [HO-KOUK,-I] (胡國, (Barbare, royaume)) 원109

불 Royaume des barbares. Tous les royaumes excepté la Corée. Pays étranger.

한 미개인들의 왕국 | 조선을 제외한 모든 왕국 | 외국

*호군ᄒᆞ다 [HO-KOUN-HĂ-TA] (犒軍) 원109
불 Régaler les soldats, donner une ration extra-ordinaire aux soldats.
한 군인들에게 연회를 베풀다, 군인들에게 비상의 하루 식량을 주다

*호급ᄒᆞ다 [HO-KEUP-HĂ-TA] (豪急) 원109
불 Vif, ardent, très-prompt, agile.
한 민첩하다, 격렬하다, 매우 신속하다, 민첩하다

*호긔 [HO-KEUI] (呼器) 원109
불 Trompette.
한 나팔

*호긔롭다 [HO-KEUI-ROP-TA,-RO-A,-RO-ON] (豪氣) 원109
불 Vif, allègre, dispos, gai, agile, adroit:
한 생기 있다, 쾌활하다, 생기발랄하다, 명랑하다, 명민하다, 재주가 있다

호다 [HO-TA,HO-A,HON HO-A HON] (縫) 원114
불 Passer l'aiguille (en causant, en faufilant).
한 (이야기하면서, 시침질하면서) 바늘을 통과시키다

*호뎍 [HO-TYEK,-I] (胡笛) 원114
불 Esp. d'instrument de musique en métal. Esp. de trompette.
한 금속으로 만든 악기의 종류 | 나팔의 종류

1*호뎡 [HO-TYENG,-I] (戶庭) 원114
불 Latrines, lieux d'aisance. ‖ Place au devant de la maison.
한 변소, 화장실 | 집 앞에 있는 장소

2*호뎡 [HO-TYENG,-I] (虎阱) 원114
불 Fosse pour prendre les tigres.
한 호랑이들을 잡기 위한 구덩이

*호뎨 [HO-TYEI] (呼弟) 원114
불 Appeler son frère cadet. Traiter quelqu'un de frère, lui en donner le nom.
한 자신의 남동생을 부르다 | 누군가를 남자 형제로 대우하다, 그에게 그 호칭을 주다

*호도 [HO-TO] (胡桃) 원114
불 Noix.
한 호두

호도나무 [HO-TO-NA-MOU] (胡桃木) 원114
불 Noyer (arbre).
한 호두나무 (나무)

호도독호도독ᄒᆞ다 [HO-TO-TOK-HO-TO-TOK-HĂ-TA] 원114
불 Pétiller (bruit du sel dans le feu).
한 탁탁 튀다 (불 속에서 소금이 내는 소리)

호독이 [HO-TOK-I] (骨獨魚) 원114
불 Esp. de poisson.
한 생선의 종류

호독ᄒᆞ다 [HO-TOK-HĂ-TA] (酷毒) 원114
불 Impétueux, violent.
한 격렬하다, 난폭하다

호되다 [HO-TOI-TA,-TOI-YE,-TOIN] 원114
불 Impétueux, violent, fort.
한 격렬하다, 난폭하다, 강하다

*호디 [HO-TI] (胡地) 원114
불 Pays des barbares, la Chine.
한 미개인들의 나라, 중국

*호란 [HO-RAN,-I] (胡亂, (Chine, guerre)) 원113
불 Guerre avec la Chine.
한 중국과의 전쟁

*호랑이 [HŌ-RANG-I] (虎狼, (Tigre, loup)) 원113
불 Tigre (il y en a de plusieurs espèces désignées toutes sous ce nom générique). Panthère, etc.
한 호랑이 (모두 속명[역주 屬名]하에 지칭되는 여러 종[역주 種]이 있다) | 표범 등

호량 [HO-RYANG,-I] 원113
불 Viatique; argent pour le voyage, pour les dépenses de la route.
한 노자 | 여행, 여정의 지출을 위한 돈

호령소릐 [HO-HYENG-SO-RĂI] 원113
불 Cri que poussent les valets du mandarin sur la route, v. g. 예 Yei, avec des modulations, suivant la longueur de la respiration.
한 길 위에서 관리의 하인들이 외치는 소리, 예. 예 Yei, 억양과 함께, 호흡의 길이에 따라

*호령ᄒᆞ다 [HŌ-RYENG-HĂ-TA] (號令) 원113
불 Prendre le ton haut. Gourmander, gronder comme un maître ses esclaves.
한 높은 어조를 띠다 | 제 노예들의 주인처럼 야단치다, 꾸짖다

*호로 [HO-RO] (葫蘆) 원113
불 Courge. ‖ Herbe, roseau.
한 호박류 | 풀, 갈대

1*호리 [HO-RI] (毫釐) 원113
불 Pointe d'un poil, très-peu, un très-petit peu, tant

soit peu.

한 털의 끝, 아주 조금, 아주 적은 것, 아주 조금

2* 호리 [HO-RI] (鋘犁) 원113

불 Petite charrue.

한 작은 쟁기

3* 호리 [HO-RI] (狐狸) 원113

불 Renard, chat sauvage.

한 여우, 야생고양이

호리다 [HO-RI-TA,-RYE,-RIN] 원113

불 Menu (corde).

한 가느다랗다 (끈)

* 호마 [HO-MA] (胡馬) 원109

불 Cheval de Chine.

한 중국의 말

1* 호말 [HO-MAL,-I] (毫末, (Poil, extrémité)) 원109

불 Très-peu, comme la pointe d'un cheveu. Un tant soit peu, si peu que rien.

한 머리카락 끝만큼 아주 조금 | 아주 조금, 무시해도 좋을 만큼 적은 양

2 호말 [HO-MAL,-I] (胡語) 원109

불 Langue des barbares, langue chinoise.

한 미개인들의 언어, 중국어

1* 호망 [HŌ-MANG,-I] (虎網) 원109

불 Filet en paille que l'on tend autour des maisons pour empêcher le tigre de pénétrer.

한 호랑이가 침입하는 것을 막기 위해 집들을 둘러 치는 짚으로 만든 그물

2* 호망 [HO-MANG,-I] (狐網) 원109

불 Filet pour prendre les renards (여호) Ye-ho.

한 여우(여호Ye-ho)들을 잡기 위한 그물

* 호면 [HŌ-MYEN,-I] (好面) 원110

불 Belle figure.

한 아름다운 얼굴

1* 호명 [HO-MYENG,-I] (好名) 원110

불 Belle renommée.

한 훌륭한 명성

2* 호명 [HO-MYENG,-I] (呼名) 원110

불 Nommer, désigner par le nom ceux qui sont reçus bacheliers, ou bien les lauréats, dans une distribution de récompenses.

한 상을 나누어줌에 있어, 바칼로레아 합격자 또는 입상한 사람들을 명명하다, 이름으로 지명하다

* 호모ᄒᆞ다 [HO-MO-HĂ-TA] (呼母, (Appeler, mère)) 원110

불 Appeler la mère, appeler sa mère.

한 어머니를 부르다, 자신의 어머니를 부르다

호목 [HO-MOK,-I] 원427 ☞소목

호무거리 [HO-MOU-KE-PI] 원110

불 Hydrocorises. Punaise d'eau. scorpion d'eau.

한 〈물빈대〉 | 물둥구리의 일종 | 물빈대의 일종

호믜 [HO-MEUI] (鋤) 원110

불 sarcloir.

한 호미

1* 호미 [HO-MI] (好味) 원110

불 Bon goût, saveur agréable.

한 좋은 맛, 마음에 드는 맛

2* 호미 [HO-MI] (虎尾) 원110

불 Queue de tigre.

한 호랑이의 꼬리

* 호미난방 [HO-MI-NAN-PANG] (好尾難放, (Tigre, queue, difficile, lâcher)) 원110

불 Difficile de lâcher la queue du tigre, c. a. d. on ne peut plus reculer.

한 호랑이 꼬리를 놓기 어렵다, 즉 더 이상 물러설 수 없다

1* 호박 [HŌ-PAK,-I] (琥珀) 원112

불 Esp. de diamant, pierre précieuse, d'un jaune rougeâtre. Ambre. succin.

한 다이아몬드의 일종, 불그스름한 황색의 보석 | 호박 | 황호박

2 호박 [HO-PAK,-I] (南瓜) 원112

불 Citrouille.

한 호박

호박이 [HŌ-PAK-I] 원112

불 Grand chien de Chine.

한 중국의 큰 개

호반 [HO-PAN,-I] (武) 원112

불 Militaire noble. archers militaires, soldat de milice.

한 귀족인 군인 | 군의 궁수들, 민병대 군인

호반급뎨 [HO-PAN-KEUP-TYEI] (武班及弟) 원112

불 Docteur en arc. docteur militaire. Degré qui s'obtient par le tir de l'arc, ou par un examen sur l'art militaire.

한 활 박사 | 군의 박사 | 활쏘기나 전술에 대한 시험으로 획득되는 계급

호반새 [HO-PAN-SAI] (武鳥) 원112

불 Oiseau dont le cri imite le bruit d'une flèche.
한 우는 소리가 화살 소리와 비슷한 새

호반초시 [HO-PAN-TCHO-SI] (武班初試) 원112
불 Bachelier en arc. bachelier militaire. degré qui s'obtient par le tir de l'arc, et quelquefois par un examen sur l'art militaire.
한 활 바칼로레아 합격자 | 군 바칼로레아 합격자 | 활쏘기로, 그리고 때때로 전술에 대한 시험으로 획득되는 계급

*호발 [HO-PAL,-I] (毫髮) 원112
불 Très-peu, un cheveu, la pointe d'un cheveu, un peu, tant soit peu.
한 아주 조금, 머리카락 한 올, 머리카락 끝, 조금, 조금이라도

*호방 [HŌ-PANG,-I] (戶房) 원112
불 Prétorien d'un mandarin. Officier de préfecture. Prétorien chargé de la perception des impôts. (Dans les districts, c'est un prétorien qui remplit cette charge; à la capitale de la province, c'est un 비쟝 Pi-tjyang qui en est revêtu).
한 관리의 친위병 | 도청의 관료 | 세금 징수를 맡은 친위병 | (구역에서, 이 임무를 이행하는 것은 친위병이다; 지방의 중심지에서, 이 지위를 맡은 사람은 비쟝 Pi-tjyang 이다)

*호번ᄒᆞ다 [HO-PEN-HĂ-TA,-HĂN,-HI] (浩繁, (Vaste, nombreux)) 원112
불 Nombreux, chargé de (couleurs, etc) ‖ Qui parle beaucoup, qui a une grande loquacité. ‖ Etre abondant (herbes, fleurs, fruits) ‖ Affairé, qui a toujours l'air pressé.
한 수많다, (색 등) 장식이 지나치다 | 말이 많다, 매우 수다스럽다 | (풀, 꽃, 과일) 풍부하다 | 분주하다, 항상 바쁜 기색이다

*호변긱 [HŌ-PYEN-KĂIK,-I] (好辯客) 원112
불 Beau parleur, homme éloquent.
한 말을 잘하는 사람, 능변가

*호변ᄒᆞ다 [HŌ-PYEN-HĂ-TA] (好辯, (Bien, parler)) 원112
불 Qui parle bien. Parler bien, parler facilement.
한 말을 잘하다 | 말을 잘하다, 쉽게 말하다

*호복 [HO-POK,-I] (胡服) 원112
불 Habit d'étranger, de barbare, des Chinois et des barbares.
한 외국인의, 미개인의, 중국인들과 미개인들의 옷

*호부 [HO-POU,-I] (好否) 원112
불 Le bon et le mauvais.
한 좋음과 나쁨

[1]*호부ᄒᆞ다 [HO-POU-HĂ-TA] (呼父) 원112
불 Appeler son père.
한 자신의 아버지를 부르다

[2]*호부ᄒᆞ다 [HO-POU-HĂ-TA] (豪富) 원112
불 Etre riche.
한 부유하다

*호빅구 [HO-PĂIK-KOU] (狐白裘, (Renard, blanc, habit)) 원112
불 Habit fait avec la partie la plus fine de la fourrure du renard (celle qui se trouve sous l'aisselle).
한 여우 모피의 가장 질 좋은 부분(겨드랑이 아래에 있는 부분)으로 만든 옷

*호상 [HŌ-SANG,-I] (護喪) 원114
불 Gardien, protecteur d'un cercueil. Maître des cérémonies dans les funérailles.
한 지키는 사람, 관을 보호하는 사람 | 장례식에서의 의전장

[1]*호샤ᄒᆞ다 [HO-SYA-HĂ-TA] (豪奢) 원114
불 Aimer le luxe, le faste, la parure, la bonne chère.
한 사치, 호사, 몸치장, 맛있는 식사를 좋아하다

[2]호샤ᄒᆞ다 [HO-SYA-HĂ-TA] 원114
불 Mince, fluet.
한 얇다, 가늘고 호리호리하다

*호샹 [HO-SYANG] (好裳) 원114
불 Bel habit.
한 좋은 옷

*호션 [HO-SYEN,-I] (胡船) 원114
불 Navire chinois. Navire étranger, navire de barbare.
한 중국 선박 | 외국 선박, 미개인의 선박

*호숑ᄒᆞ다 [HŌ-SYONG-HĂ-TA] (護送, (Protéger, envoyer)) 원114
불 Congédier les hôtes en leur fournissant tout ce dont ils ont besoin pour le voyage.
한 여행을 위해 필요한 모든 것을 손님들에게 제공하여 손님들을 돌려보내다

*호수 [HŌ-SOU] (戶數, (Maison, nombre)) 원114
불 Nombre des maisons.
한 집들의 수

[1]*호슈 [HO-SYOU] (湖水) 원114
불 Grande étendue d'eau. Rivière, fleuve.
한 광대한 면적의 물 | 강, 큰 강

[2]*호슈 [HŌ-SYOU] (虎鬚) 원114

불 Barbe de tigre.
한 호랑이 수염

*호슈입식ᄒᆞ다 [HŌ-SYOU-IP-SIK-HĂ-TA] (虎鬚笠飾, (Tig re, barbe, chapeau, orné)) 원114
불 Habit que revêt le premier employé de préfecture devant le gouverneur. Avoir un chapeau orné d'une aigrette en moustaches de tigre (il ne sert qu'aux grands qui accompagnent le roi).
한 도청의 최고 직원이 지사 앞에서 입는 옷 | 호랑이 수염으로 만든 깃털 묶음으로 장식된 모자를 갖다 (왕을 수행하는 요인들에게만 쓰인다)

*호슈텬신 [HŌ-SYOU-HIYEN-SIN] (護守天神, (protéger, veiller, ciel, esprit)) 원114
불 Ange gardien.
한 수호천사

*호슈ᄒᆞ다 [HO-SYOU-HĂ-TA] (護守) 원114
불 Garder, protéger.
한 지키다, 보호하다

*호승ᄒᆞ다 [HŌ-SEUNG-HĂ-TA] (好勝) 원114
불 Qui se plait à vaincre, qui se réjouit de l'emporter sur.
한 이기는 것을 좋아하다, ~에 우세하는 것을 좋아하다

*호시지덕 [HŌ-SI-TJI-TEK,-I] (好施之德, (Aimer à, donner, vertu)) 원114
불 Qualité de celui qui aime à donner, qui se réjouit en faisant le bien. Libéralité, générosité (vertu de).
한 주는 것을 좋아하는, 선행하면서 기쁨을 얻는 사람의 기질 | 관대함, 이타성(의 미덕)

*호시ᄒᆞ다 [HO-SI-HĂ-TA] (好施) 원114
불 Aimer à donner; être libéral, généreux.
한 주는 것을 좋아하다 | 관대하다, 자비롭다

*호ᄉᆞ [HO-SĂ] (好事) 원114
불 Belle affaire.
한 좋은 일

*호ᄉᆞ다마 [HŌ-SĂ-TA-MA] (好事多魔) 원114
불 Belle occasion, beaucoup de diables. affaire heureuse contre laquelle le diable réunit toutes ses forces; c. a. d. belle affaire, mais bien des obstacles.
한 좋은 기회, 많은 악 | 악마가 제 모든 힘을 모아 대항하는 행복한 일 | 즉 좋은, 그러나 많은 장애물이 있는 일

*호ᄉᆞ쟈 [HŌ-SĂ-TJYA] (好事者) 원114
불 Qui aime à faire quelque chose, à s'occuper. Homme affairé, brouillon, intrigant.
한 어떤 것을 하기를, 소일하기를 좋아하는 사람 | 분주한 사람, 말썽꾼, 음모가

*호식ᄒᆞ다 [HŌ-SĀIK-HĂ-TA] (好色) 원114
불 Aimer le libertinage, aimer les femmes.
한 방탕을 좋아하다, 여자를 좋아하다

1* 호언 [HO-EN] (胡言) 원106
불 Langage chinois.
한 중국어

2* 호언 [HO-EN] (好言) 원106
불 Belle ou bonne parole.
한 아름답거나 좋은 말

*호역 [HO-YEK,-I] (戶役) 원106
불 Contribution pour une maison. Impôt sur les maisons.
한 집에 대한 조세 | 집에 대한 세금

*호연ᄒᆞ다 [HO-YEN-HĂ-TA] (浩然) 원106
불 Etre joyeux, à l'aise.
한 기쁘다, 편안하다

*호위군 [HO-OUI-KOUN,-I] (護衛軍) 원108
불 Garde royal.
한 왕의 친위대

*호위ᄒᆞ다 [HO-OUI-HĂ-TA] (護衛, (Protéger, entourer)) 원108
불 Protéger. Défendre, couvrir, être favorable. Entourer par honneur ou pour protéger.
한 보호하다 | 지키다, 감싸다, 호의적이다 | 존경의 표시로, 또는 보호하기 위해 둘러싸다

1* 호의 [HO-EUI] (狐疑) 원106
불 Soupçon, doute.
한 의혹, 의심

2* 호의 [HO-EUI] (好意) 원106
불 Belle ou bonne pensée, bonne signification.
한 아름답고 좋은 생각, 좋은 의미

3* 호의 [HO-EUI] (胡衣) 원106
불 Habit chinois.
한 중국의 옷

*호의호식ᄒᆞ다 [HŌ-EUI-HŌ-SIK-HĂ-TA] (好衣好食) 원106
불 Bel habit et bon riz. Se bien nourrir et vêtir.
한 아름다운 옷과 맛있는 밥 | 잘 먹고 입다

*호의ᄒᆞ다 [HO-EUI-HĂ-TA] (狐疑) 원106

불 Soupçonner, douter.
한 혐의를 두다, 의심하다

[1]* **호인** [HO-IN,-I] (胡人) 원107
불 Etranger, barbare. Chinois, sujet de l'empire chinois.
한 이방인, 미개인 | 중국인, 중국 제국의 백성

[2]* **호인** [HO-IN,-I] (好人) 원107
불 Bon, brave homme.
한 좋은, 용감한 사람

* **호쟝** [HŌ-TJYANG,-I] (戶長) 원114
불 Officier de préfecture très-éléve. premier prétorien. Chef des prétoriens. Un des trois conseillers du mandarin qui se trouve au 공텽 kong-htyeng.
한 매우 높은 도청의 관료 | 최고 친위병 | 친위대의 장 | 공텽 kong-htyeng에 있는 관리의 세 명의 고문 중 한 명

* **호젹** [HŌ-TJYEK,-I] (戶籍) 원114
불 Cens, recensement qui se fait tous les trois ans. Recensement des maisons et des familles.
한 호구 조사, 매 3년마다 하는 인구 조사 | 집과 가족에 대한 인구 조사

* **호죠** [HŌ-TJYO] (戶曹) 원114
불 Maison, palais d'un 호죠판셔 Ho-tjyo-hpan-sye. un des six ministères du second ordre. Ministère du tribunal des finances.
한 호죠판셔 Ho-tjyo-hpan-sye의 건물, 관저 | 두 번째 서열의 여섯 장관 중 하나 | 재정 법정의 부[역주 部]

* **호죠판셔** [HŌ-TJYO-HPAN-SYE] (戶曹判署) 원115
불 Un des six ministres ou juges du royaume. Juge ou ministre des finances.
한 왕국의 여섯 장관들이나 재판관들 중 하나 | 재정의 재판관이나 장관

[1]* **호쥬** [HO-TJYOU] (戶主) 원115
불 Chef d'une fabrique de vases, de pots en terre, de porcelaine, de vases en fer. Le chef civil responsable.
한 단지, 흙 항아리, 자기, 철로 된 그릇을 만드는 제조소의 장 | 책임이 있는 민간의 장

[2]* **호쥬** [HŌ-TJYOU] (好酒) 원115
불 Bon vin.
한 좋은 술

* **호쥭** [HO-TJYOUK,-I] (胡竹) 원115
불 Pipe de Chine.
한 중국의 [역주 갈대] 피리

* **호즁** [HO-TJYOUNG,-I] (湖中, (Lac, intérieur)) 원115
불 Nom d'une grande plaine près du golfe du prince jérôme. Le Năi-hpo.
한 제롬 왕자의 만에서 가까운 큰 평원의 이름 | 내포

* **호쵸** [HO-TCHO] (胡椒) 원115
불 Poivre.
한 후추

* **호탕ᄒᆞ다** [HO-HTANG-HĂ-TA,-HĂN,-HI] (浩蕩) 원114
불 Prodigue. débauché. Aimer le libertinage, le plaisir, les dépenses, le faste.
한 낭비하다 | 방탕하다 | 방탕, 쾌락, 소비, 사치를 좋아하다

* **호텬ᄒᆞ다** [HO-HTYEN-HĂ-TA] (呼天) 원114
불 Invocation au ciel. invoquer le ciel.
한 하늘에 기원함 | 하늘에 기원하다

* **호통ᄒᆞ다** [HO-HTONG-HĂ-TA] (呼通) 원114
불 Crier, jeter de grands cris. Crier très-haut.
한 고함치다, 큰 고함을 지르다 | 언성을 매우 높여 고함치다

* **호패** [HŌ-HPAI] (號牌, (Nom, tablette)) 원112
불 Tablette longue de quatre pouces, large d'un pouce, sur laquelle se trouvent écrits le nom et la résidence du porteur, dont elle sert à constater l'identité. (Pour le peuple, elle est en bois; pour les archers, en corne; pour les lettrés, en os).
한 길이 4푸스, 넓이 1푸스의 패로, 그것을 지니는 사람의 이름과 거주지가 적혀 있으며 신분을 확인하는 데 쓰인다 | (백성용은 나무로 되어 있다; 궁수용은 뿔로 되어 있다; 학식 있는 사람들용은 뼈로 되어 있다)

[1]* **호표** [HŌ-HPYO] (好表, (Bon, exemple)) 원112
불 Exemple édifiant.
한 모범적인 본보기

[2]* **호표** [HŌ-HPYO] (虎豹) 원113
불 Tigre, mâle et femelle du tigre.
한 호랑이, 호랑이의 수컷과 암컷

* **호풍** [HO-HPOUNG] (胡風) 원113
불 Vent de Chine. ‖ Usage des barbares, des étrangers, des Chinois.
한 중국의 바람 | 미개인들의, 이방인들의, 중국인들의 풍습

* **호풍신** [HO-HPOUNG-SIN,-I] (好風神) 원113
불 Belle figure, belle apparence, belles manières.

한 아름다운 모습, 아름다운 외관, 아름다운 품행

*호피 [HŌ-HPI] (虎皮) 원112

불 Peau de tigre.

한 호랑이 가죽

*호학ᄒᆞ다 [HO-HAK-HĂ-TA] (好學, (Bien, étudier)) 원108

불 Studieux, aimer l'étude.

한 학구적이다, 공부를 좋아하다

*호협ᄒᆞ다 [HO-HYEP-HĂ-TA] (豪俠) 원108

불 Qui excelle en tout, adroit, agile, leste, bien fait, spirituel, etc. ‖ Faire la vie, mener joyeuse vie.

한 모든 것에 있어 뛰어나다, 솜씨가 좋다, 명민하다, 민첩하다, 선행, 재치 있다 등 | 쾌락을 즐기다, 즐거운 삶을 영위하다

*호형ᄒᆞ다 [HO-HYENG-HĂ-TA] (呼兄, (Appeler, frère aîné)) 원108

불 Appler quelqu'un son frère aîné, quoiqu'il ne le soit pas, c. a. d. être amis intimes.

한 어떤 사람이 손위 형이 아닐지라도, 그를 손위의 형이라 부르다, 즉 절친한 친구이다

호호ᄒᆞ다 [HO-HO-HĂ-TA] 원109

불 Ronfler (se dit d'un vieillard)

한 코를 골다 (노인에 대해 쓴다)

호화롭다 [HO-HOA-ROP-TA,-RO-OA,-RO-ON] (豪華) 원109

불 Etre sans inquiétude, sans souci, riche, à l'aise.

한 근심이 없다, 걱정이 없다, 부유하다, 안락하다

호화ᄌᆞ뎨 [HO-HOA-TJĂ-TYEI] (豪華子弟) 원109

불 Fils, enfant d'un homme opulent, c. a. d qui n'a à s'inquiéter de rien.

한 부유한 사람의 아들, 자식, 즉 전혀 걱정이 없는 사람

1*호환 [HO-HOAN,-I] (糊丸) 원109

불 Esp. de pilule dans la composition de laquelle se trouve de l'amidon de riz.

한 구성 성분에 쌀의 녹말이 들어 있는 환약의 종류

2*호환 [HO-HOAN,-I] (戶還) 원109

불 Riz des greniers publics, que le gouvernement donne aux particuliers en échange du nouveau.

한 정부가 개인에게 금년에 수확된 것과 바꿔 주는 공공 곡식 창고의 쌀

3*호환 [HO-HOAN,-I] (虎患, (Tigre, calamité)) 원109

불 Calamité, fléau du tigre; ravages des tigres dans le pays.

한 큰 재앙, 호랑이에게 당하는 화 | 그 고장에서 호랑이들로 인한 큰 피해

*호황모 [HO-HOANG-MO] (胡黃毛, (Chine, jaune, poil)) 원109

불 Poil d'un animal de Chine (p. ê. Le blaireau), avec lequel on fait des pinceaux. ‖ Poil de queue de belette.

한 붓을 만드는 중국 동물(아마도, 오소리)의 털 | 족제비 꼬리의 털

*호흡ᄒᆞ다 [HO-HEUP-HĂ-TA] (呼吸) 원109

불 Respirer. mouvement de l'expiration et de l'aspiration.

한 숨 쉬다 | 숨 내쉬기와 들이쉬기의 활동

*호ᄒᆡᆼᄒᆞ다 [HO-HĂING-HĂ-TA] (護行) 원108

불 Etre le protecteur et le guide de quelqu'un pendant le voyage.

한 여행하는 동안 누군가를 보호하고 인도하다

1*혹 [HOK] (或) 원109

불 Ou, ou bien, si, de temps en temps, peut-être, probablement, supposé, par comparaison, parfois, si par hasard. ‖ Suivi de la terminaison 이 I : il y en a qui, quelqu'un peut-être, forsan aliquis, si quelqu'un; indique une supposition, ce qui.

한 또는, 혹은, 만약, 때때로, 아마도, 아마, ~을 가정하면, 비교해서, 때때로, 혹시 ~하면 | 어미 이 I가 뒤따른다 : ~하는 사람이 있다, 아마도 누군가, 아마도 누군가, 만약 누군가 | 가정을 가리킨다, ~하는 것

2*혹 [HOK,-I] (疣) 원109

불 Goître, poche sous la gorge, tumeur grosse et spongieuse sous la gorge. Loupe; tumeur permanente, plus ou moins considérable, et de la couleur de la peau.

한 갑상선종, 목 아래의 낭, 목 아래의 크고 해면질의 종양 | 혹 | 다소 크고 피부색인 영구적인 종양

3*혹 [HOK,-I] (惑) 원109

불 Entraînement; force qui entraîne, qui pousse, qui porte à; passion; ensorcellement; fascination; charme; illusion; éblouissement; attraction; séduction.

한 이끌림 | 이끄는, 미는, 인도하는 힘 | 정열 | 매혹 | 매혹 | 매력 | 환영 | 눈부심 | 매력 | 유혹

*혹간 [HOK-KAN] (或間) 원109

불 De temps en temps, parfois, quelquefois.

한 이따금, 때때로, 때때로

*혹독ᄒᆞ다 [HOK-TOK-HĂ-TA,-HĂN,-HI] (酷毒) 원109

불 Atroce, terrible, affreux, extrême, cruel, barbare.

한 끔찍하다, 무시무시하다, 소름끼치다, 극심하다, 잔인하다, 야만적이다

*혹벌 [HOK-PEL,-I] (酷罰, (Très-forte, punition)) 원109

불 Punition terrible.

한 무시무시한 벌

혹부리 [HOK-POU-RI] 원109

불 Qui a une loupe, un goître.

한 혹이 있는 사람, 갑상선 종양

*혹시 [HOK-SI] (或時) 원109

불 De temps en temps, parfois.

한 이따금, 때때로

혹이 [HOK-I] 원109

불 Il y en a qui.

한 ~하는 사람들이 있다

*혹한 [HOK-HAN,-I] (酷寒) 원109

불 Extrêmement froid. Grand froid.

한 극도로 차다 | 큰 추위

*혹형 [HOK-HYENG,-I] (酷刑, (Extrême, supplice)) 원109

불 Supplice terrible, atroce. Cruel supplice.

한 무시무시한, 끔찍한 벌 | 잔인한 벌

*혹화 [HOK-HOA] (酷禍) 원109

불 Grand désastre, ruine, grand malheur.

한 큰 재난, 폐허, 큰 불행

*혹ᄒᆞ다 [HOK-HĂ-TA] (惑) 원109

불 Fasciné, passionné, forcené, ensorcelé, fanatique, aveuglé, entraîné, absorbé (en mauvaise part).

한 매료되다, 열광적이다, 열렬하다, 홀리다, 광신적이다, 맹목적이다, 끌려가다, (나쁜 쪽으로) 열중하다

[1]*혼 [HON,-I] (魂) 원110

불 Ame.

한 영혼

[2]*혼 [HON,-I] (婚) 원110

불 En agr. Mariage.

한 한자어로 결혼

[3]*혼 [HON] (混) 원110

불 Tout.

한 모두

[1]*혼가 [HŌN-KA] (渾家, (Tout, maison)) 원110

불 Toute la maisonnée, tous les habitants de la maison, toute la famille.

한 가족 전원, 집의 모든 거주자, 모든 가족

[2]*혼가 [HON-KA] (婚家, (Mariage, maison)) 원110

불 Famille du marié et famille de la mariée.

한 신랑의 가족과 신부의 가족

*혼겁ᄒᆞ다 [HON-KEP-HĂ-TA] (魂怯, (Ame, crainte)) 원110

불 Craindre, avoir peur. Etre très-effrayé, avoir grand'-peur.

한 무서워하다, 겁내다 | 매우 겁먹다, 몹시 겁내다

*혼곤ᄒᆞ다 [HON-KON-HĂ-TA] (昏困, (Assoupi, fatigué)) 원110

불 Etre assoupi de fatigue, avoir besoin de dormir. Etre excessivement fatigué.

한 피곤해서 졸다, 잠이 필요하다 | 지나치게 피곤하다

*혼교 [HON-KYO] (魂轎, (Ame, chaise)) 원110

불 Chaise à porteurs pour l'âme. Chaise où l'on dépose les tablettes du défunt, pour les porter au lieu de l'enterrement et les rapporter.

한 영혼을 위한 가마 | 장지까지 고인의 패[역주 牌]들을 가져가고 그것들을 다시 가져오기 위해 고인의 패[역주 牌]들을 놓는 가마

*혼구 [HON-KOU] (婚具, (Mariage, attirail)) 원110

불 Tout ce qui sert à la cérémonie ou au festin du mariage, des noces.

한 결혼의 의식이나 연회, 혼인에 쓰이는 모든 것

*혼금ᄒᆞ다 [HON-KEUM-HĂ-TA] (閽禁, (Porte, défendre)) 원110

불 Défendre, empêcher de venir à la maison. Défendre sévèrement.

한 막다, 집으로 오는 것을 금지하다 | 엄격하게 금지하다

혼나게ᄒᆞ다 [HON-NA-KEI-HĂ-TA] (魂出) 원110

불 Faire peur.

한 겁주다

혼나다 [HON-NA-TA,-NA,-NAN] (魂出, (Ame, sortir)) 원110

불 Perdre l'esprit par suite de la peur, être éperdu.

한 겁이 난 나머지 정신을 잃다, 이성을 잃다

*혼뎐 [HON-TYEN,-I] (魂殿, (Ame, maison royale)) 원111

불 Chambre à coucher du roi. ‖ Temple, chambre, où l'on conserve le corps du roi jusqu'à l'enterrement.

한 왕의 침실 | 매장할 때까지 왕의 시신을 보관하는 사원, 방

*혼도ᄒᆞ다 [HŌN-TO-HĂ-TA] (昏倒, (Obscur, tomber)) [원]111
[불] Tomber sans connaissance. S'évanouir, perdre ses sens.
[한] 의식 없이 쓰러지다 | 기절하다, 의식을 잃다

*혼돈슈디 [HŌN-TŌN-SYOU-TI] (混沌水地, (Mélange, eau, terre)) [원]111
[불] Chaos. Tous les éléments confondus.
[한] 혼돈 | 뒤섞인 모든 요소

*혼돈ᄒᆞ다 [HŌN-TŌN-HĂ-TA] (混沌) [원]111
[불] Etre mêlé, brouillé, confondu.
[한] 섞이다, 뒤섞이다, 혼동되다

*혼동ᄒᆞ다 [HŌN-TONG-HĂ-TA] (混同) [원]111
[불] Presser de faire vite, activer. presser vivement, exciter fortement.
[한] 빨리 하라고 재촉하다, 독촉하다 | 격한 어조로 재촉하다, 강하게 자극하다

*혼란ᄒᆞ다 [HON-RAN-HĂ-TA] (混亂) [원]110
[불] Etre troublé, être distrait, obscur (esprit).
[한] 불안하다, 산만하다, (정신) 흐리다

*혼례 [HON-RYEI] (婚禮) [원]111
[불] Cérémonie du mariage, rit des noces.
[한] 결혼식, 혼인의 의식

*혼로 [HON-RO] (婚路) [원]111
[불] Route pour le mariage, c. a. d. moyen d'arriver à le conclure. Un parti pour le mariage.
[한] 결혼을 위한 길, 즉 그것을 성사시키는 방법 | 결혼을 위한 혼처

*혼망ᄒᆞ다 [HON-MANG-HĂ-TA] (昏忘, (Obscur, imbécile)) [원]110
[불] Qui a peu de mémoire et d'esprit (vieillard). Perdre l'esprit et la mémoire; avoir l'esprit affaibli; radoter.
[한] 기억과 정신이 별로 없다 (노인) | 정신과 기억을 잃다 | 정신이 쇠약해지다 | 같은 소리를 되풀이하다

*혼모ᄒᆞ다 [HON-MO-HĂ-TA] (昏耗, (Obscur, vieux)) [원]110
[불] Perdre l'esprit et la mémoire. Qui n'a presque plus de mémoire ni d'intelligence (vieillard).
[한] 정신과 기억을 잃다 | 더 이상 기억도 지적 능력도 거의 없는 사람 (노인)

*혼미ᄒᆞ다 [HON-MI-HĂ-TA] (昏迷, (Obscur, étourdi[aveuglé])) [원]110
[불] Perdre connaissance(dans la maladie, dans le sommeil). Etre abruti. S'affaiblir. Perdre de ses facultés (intelligence, mémoire). ‖ Etre dans l'obscurité, être dans les ténèbres.
[한] 의식을 잃다 (병중에, 수면 중에) | 맹하다 | 쇠약해지다 | 자신의 능력을 잃다 (지적 능력, 기억) | 암흑 속에 있다, 어둠 속에 있다

*혼반 [HON-PAN] (婚班, (Mariage, parti)) [원]110
[불] Un parti pour le mariage, parti convenable pour le mariage, un des deux partis, un des deux fiancés.
[한] 결혼을 위한 혼처, 결혼을 위해 적당한 혼처, 양쪽 혼처 중 하나, 두 약혼자 중 하나

*혼ᄇᆡ보례 [HON-PĂI-PO-RYEI] (婚配補禮) [원]110
[불] Supplément des cérémonies du mariage.
[한] 결혼식의 추가분

*혼ᄇᆡᄒᆞ다 [HON-PĂI-HĂ-TA] (婚配, (Mariage, paire)) [원]110
[불] Se marier. Marier (quelqu'un).
[한] 결혼하다 | (누군가를) 결혼시키다

*혼ᄇᆡᆨ [HON-PĂIK,-I] (魂魄) [원]110
[불] Ame en général. ‖ Esp. de tablette ou papier blanc sur lequel se trouve une inscription, et où est censée résider l'âme du défunt (pagan.).
[한] 일반적으로 영혼 | 위에 글이 쓰인 패나 흰 종이의 종류로, 고인의 영혼이 머무는 것으로 여겨진다 (이교)

*혼상 [HON-SANG,-I] (婚喪) [원]111
[불] Mariage et funérailles (les deux plus grandes affaires de la vie).
[한] 혼인과 장례 (인생의 가장 큰 두 가지 일)

*혼셔지 [HON-SYE-TJI] (婚書紙, (Mariage, écrit, papier)) [원]111
[불] Papier épais sur lequel se trouve écrit le nom du futur et de son père, et que le fiancé remet à son futur beau-père. Contrat de mariage, acte de mariage. (Le marié le remet à ses beaux-parents comme preuve de son mariage).
[한] 미래의 신랑과 그 아버지의 이름이 적혀 있는 두꺼운 종이로, 정혼자는 이것을 자신의 미래의 장인에게 건네준다 | 결혼 계약서, 결혼증명서 | (신랑은 이것을 장인, 장모에게 결혼의 증거로 건네준다)

*혼솔 [HON-SOL,-I] (渾率) [원]111
[불] Toutes les personnes de la maison, toute la famille.
[한] 집에 있는 모든 사람, 가족 전체

혼숄 [HŌN-SYOL,-I] (縫) [원]111

불 Couture.
한 바느질

*혼신 [HŌN-SIN,-I] (渾身) 원111
불 Tout le corps.
한 온몸

*혼실 [HŌN-SIL,-I] (渾室) 원111
불 Toute la maison. Toutes les personnes de la maison. toute la famille.
한 온 집안 | 집의 모든 사람 | 온 가족

*혼ᄉᆞ [HON-SĂ] (婚事, (Mariage, affaire)) 원111
불 Mariage.
한 결혼

혼ᄯᅳ다 [HON-TTEU-TA,-TTE,-TTEUN] (魂浮) 원111
불 Avoir grand'peur. Etre éperdu de frayeur.
한 크게 겁먹다 | 두려움으로 이성을 잃다

*혼암ᄒᆞ다 [HON-AM-HĂ-TA] (昏暗) 원110
불 Qui a la mémoire et l'esprit un peu obscurs (vieillard). Avoir les idées un peu troublées. Commencer à radoter. Perdre la mémoire et les autres facultés. Être lourdaud, stupide.
한 기억과 정신이 약간 흐리다 (노인) | 생각이 약간 흐리다 | 허튼 소리를 해대기 시작하다 | 기억과 다른 능력을 잃어버리다 | 칠칠맞다, 어리석다

혼연ᄒᆞ다 [HON-YEN-HĂ-TA] 원110
불 Etre grave, posé.
한 진중하다, 침착하다

*혼인 [HON-IN,-I] (婚姻) 원110
불 Mariage.
한 결혼

혼인지내다 [HON-IN-TJI-NAI-TA,-TJI-NAI-YE,-TJI-NAIN] (成婚) 원110
불 Se marier (les futurs). Marier (se dit des parents qui marient leurs enfants).
한 (미래의 배우자들이) 결혼하다 | 결혼시키다 (자신의 자식들을 결혼시키는 부모에 대해 쓴다)

혼자 [HON-TJA] (獨) 원111
불 Seul, unique, un seul. 나혼자 Na-hon-tja, Moi seul.
한 혼자, 유일하다, 단하나 | [용례 나혼자Na-hon-tja], 나 혼자

*혼잡ᄒᆞ다 [HŌN-TJAP-HĂ-TA] (混雜) 원111
불 Mélanger le bon et le mauvais. Etre mélangé, sans distinction. Etre pèle-mêle (hommes, femmes). Etre mêlé.
한 좋은 것과 나쁜 것을 섞다 | 뒤섞이다, 구별이 없다 | (남자들, 여자들) 뒤죽박죽이다 | 섞이다

*혼ᄌᆡ [HON-TJĂI] (婚材) 원111
불 (matière à mariage). nubilité, âge requis pour le mariage, qualité pour le mariage. personne nubile.
한 (결혼의 주제) | 결혼 적령기, 결혼을 위해 요구되는 나이, 결혼을 위한 자질 | 결혼 적령기인 사람

*혼창 [HON-TCHANG,-I] (肛脹) 원112
불 Viande d'une certaine partie du bœuf. Le gros intestin du bœuf; l'anus; le gros colon.
한 소의 어떤 부분의 고기 | 소의 큰 창자 | 항문 | 대장

*혼쳐 [HON-TCHYE] (婚處) 원111
불 Un lieu pour se marier, c. a. d. un parti pour le mariage.
한 결혼하기 위한 자리, 즉 결혼 상대

*혼취ᄒᆞ다 [HON-TCHOUI-HĂ-TA] (婚娶) 원111
불 Se marier.
한 결혼하다

*혼탁ᄒᆞ다 [HŌN-HTAK-HĂ-TA] (溷濁) 원111
불 Etre troublé. ‖ Etre ravi d'admiration, être éperdu de joie. ne se sentir pas de contentement, ne se posséder pas de joie.
한 혼란하다 | 감탄하여 매료되어 있다, 기쁨에 이성을 잃다 | 만족을 느끼지 못하다, 기쁨을 억제하지 못하다

*혼합ᄒᆞ다 [HON-HAP-HĂ-TA] (混合) 원110
불 Fusion, confusion. confondre, mélanger. Etre unis.
한 융합, 혼돈 | 섞다, 뒤섞다 | 합쳐지다

*혼호 [HON-HO] (魂號) 원110
불 Nom d'un caractère chinois (de l'âme).
한 (영혼의) 중국 글자의 이름

*혼혼ᄒᆞ다 [HON-HON-HĂ-TA] (昏昏) 원110
불 Etre absorbé, distrait, endormi; être assoupi.
한 탕진되다, 멍하다, 잠든 상태다 | 선잠이 들다

*혼ᄒᆡᆼ [HON-HĀING,-I] (婚行) 원110
불 Voyage de mariage, pour le mariage. (Ne se dit que du marié et de la mariée, avant et après le mariage).
한 결혼을 위한 결혼 여행 | (결혼 전후로, 신랑과 신부에 대해서만 쓴다)

*홀 [HOL,-I] (笏) 원113
불 Instrument en jade ou en ivoire, qu'on tient entre les mains (on le voit principalement entre les mains des stat-

ㅎ

ues). V.Syn. 홀긔 Hol-keui.
[한] 손안에 쥐는, 비취나 상아로 된 도구 (주로 조각상의 손에서 그것이 보인다) | [[동의어] 홀긔, Hol-keui]

홀가분ᄒᆞ다 [HOL-KA-POUN-HĂ-TA,-HĂN,-HI] (忽輕) [원] 113
[불] Léger, peu embarrassant. Facile à emporter.
[한] 가볍다, 덜 성가시다 | 가져가기 쉽다

*홀긔 [HOL-KEUI] (笏記) [원] 113
[불] Inscription incrustée ou gravée. || Esp. de bâton de commandement pour les grands mandarins militaires. Tablette large en haut, mince en bas, longue de 1 p. 1/2, que certains grands dignitaires tiennent à la main en présence du roi.
[한] 박아 넣고 새긴 글귀 | 고위 군 관리들이 쓰는 지휘봉 종류 | 1피에 반의 길이로 위쪽은 넓고 밑은 얇은 패로, 몇몇 중요 고관들이 왕이 있는 자리에서 손에 쥔다

*홀난스럽다 [HOL-NAN-SEU-REP-TA,-SEU-RE-OUE, -SEU-RE-ON] (惚爛) [원] 113
[불] Qui exagère, exagérateur. || Très-beau, très-brillant.
[한] 과장하는 사람, 과장하는 사람 | 매우 아름답다, 매우 빛나다

홀노 [HOL-NO] (獨) [원] 113
[불] Seul, simple, qui est sans compagnie. Seulement, mais seulement, au contraire, sed.
[한] 혼자, 단순하다, 동행이 없다 | 오직, 그러나 단지, 반대로, 그러나

홀니다 [HOL-NI-TA,-NYE,-NIN] [원] 113
[불] Etre trompé, attrapé, joué. (Se dit surtout à propos des tromperies, des amusements du diable et des sorciers).
[한] 속다, 걸려들다, 속다 | (특히 악마와 마법사들의 사기, 장난에 관하여 쓴다)

홀닥홀닥ᄒᆞ다 [HOL-TAK-HOL-TAK-HĂ-TA] [원] 113
[불] Action du forgeron qui remue son feu. || Remuer, n'être pas attaché ou enfoncé solidement (un chapeau sur la tête).
[한] 불을 뒤적거리는 대장장이의 행동 | (머리 위의 모자가) 움직이다, 견고하게 묶이거나 박히지 않다

*홀디에 [HOL-TI-EI] (忽地) [원] 113
[불] Soudainement, à l'improviste, lorsqu'on n'y pense pas.
[한] 졸지에, 갑작스레, 생각지도 못할 때

*홀ᄃᆡᄒᆞ다 [HOL-TĂI-HĂ-TA] (忽待) [원] 113
[불] Mépriser, traiter sans considération.
[한] 무시하다, 배려 없이 대하다

*홀시ᄒᆞ다 [HOL-SI-HĂ-TA] (忽視) [원] 113
[불] Mépriser.
[한] 무시하다

홀싹홀싹ᄒᆞ다 [HOL-SSAK-HOL-SSAK-HĂ-TA] [원] 113
[불] Ne pas s'emboîter juste, vaciller.
[한] 딱 맞게 서로 끼지 않다, 흔들거리다

홀아비 [HOL-A-PI] (鰥夫) [원] 113
[불] Veuf.
[한] 홀아비

홀악홀악ᄒᆞ다 [HOL-AK-HOL-AK-HĂ-TA] [원] 113
[불] Faible, qui n'a pas d'autorité ni de puissance. Etre sans force, débile.
[한] 약하다, 권위도 권력도 없다 | 힘이 없다, 나약하다

*홀약ᄒᆞ다 [HOL-YAK-HĂ-TA] (忽弱) [원] 113
[불] Faible, qui n'a aucune force soit de l'âme, soit du Corps. débile.
[한] 약하다, 마음이든 몸이든 어떤 힘도 없다 | 나약하다

홀양홀양ᄒᆞ다 [HOL-YANG-HOL-YANG-HĂ-TA] [원] 113
[불] Qui a le corps fluet, mince. Faible, débile.
[한] 몸이 가늘고 호리호리하다, 날씬하다 | 약하다, 허약하다

홀어미 [HOL-E-MI] (寡婦) [원] 113
[불] Veuve.
[한] 과부

홀에ᄌᆞ식 [HOL-EI-TJĂ-SIK,-I] (無親之子) [원] 113
[불] Enfant qui a perdu son père avant de naître. || Fils de veuve, c. a. d. mal élevé, voyou.
[한] 태어나기 전에 아버지를 잃은 아이 | 과부의 아들, 즉 버릇없다, 불량소년

*홀연이 [HOL-YEN-I] (忽然) [원] 113
[불] Subitement, soudainement, tout à coup, à l'improviste, quand on n'y pense pas.
[한] 급작스레, 별안간, 갑자기, 느닷없이, 생각도 하지 않을 때

홀이다 [HOL-I-TA,-YE,-IN] (誘媚) [원] 113
[불] Séduire, tenter, cajoler.
[한] 마음을 사로잡다, 유혹하다, [[역주] 감언이설로] 꼬이다

홀작홀작 [HOL-TJAK-HOL-TJAK] [원] 113
[불] Bruit d'un rire étouffé d'enfants qui s'amusent et parlent tout bas. Bruit des petits oiseaux qui s'envolent.

Bruit de l'eau passant par le gosier. = ᄒᆞ다-hă-ta, Renifler bruyamment. = 울다-oul-ta, Sangloter sans pouvoir s'arrêter.

한 높고 아주 낮게 말하는 아이들의 숨죽인 웃음소리 | 날아오르는 작은 새들의 소리 | 목구멍을 통과하는 물소리 | [용례 = ᄒᆞ다, -hă-ta], 코를 시끄럽게 훌쩍이다 | [용례 = 울다, -oul-ta], 멈추지 못하고 흐느껴 울다

홀쪽ᄒᆞ다 [HOL-TJYOK-HĂ-TA] 원114

불 Celui qui a le front large et le bas de la figure maigre. Avoir le visage maigre. ‖ Etroit, insuffisant.

한 이마가 넓고 얼굴의 아래쪽이 빈약한 사람 | 얼굴이 야위다 | 협소하다, 부족하다

홀통이 [HOL-HIONG-I] 원113

불 Vallée très-resserrée, très étroite, dans les montagnes.

한 매우 좁은, 아주 좁은, 산속의 골짜기

1* 홀틔 [HOL-HTĂI] (忽胎) 원113

불 Poisson vide, c. a. d. qui n'a pas d'oeufs ni de laitance dans le corps.

한 빈, 즉 몸 안에 알도 어백도 없는 생선

2 홀틔 [HOL-HTĂI] 원113

불 Deux baguettes en forme de pincettes pour égrainer les blés.

한 곡식의 낟알을 떼어내기 위한 핀셋 모양의 두 막대기

홀틔질ᄒᆞ다 [HOL-HTĂI-TJIL-HĂ-TA] 원113

불 Egrainer les blés en se servant de deux baguettes.

한 두 막대기를 이용해 곡식의 낟알을 떼어내다

홀패다 [HOL-HPAI-TA,-HPAI-YE,-HPAIN] (發穟) 원113

불 Ne pas donner en proportion de sa taille (blé, pied de blé, de froment, de riz, haut et très-beau en herbe, qui donne cependant un épi très-petit).

한 그 크기와 비례하여 산출하지 않다 (풀의 키가 높고 매우 아름답지만 매우 작은 이삭을 산출하는 곡식, 곡식의, 밀의, 쌀의 밑동)

홀홀 [HOL-HOL] 원113

불 A petits intervalles. = 부다- pou-ta, Souffler à de petits intervalles (v. g. pour faire refroidir le bouillon).

한 짧은 간격으로 | [용례 = 부다, - pou-ta], (예. 수프를 식히기 위해) 짧은 간격으로 입김을 불다

*홀홀ᄒᆞ다 [HOL-HOL-HĂ-TA] (忽忽) 원113

불 Léger, qui n'a pas de corps, (se dit v. g. du vin, du bouillon). ‖ Vite, sans tarder.

한 약하다, 풍부한 맛을 지니지 않다 (예. 술, 수프에 대해 쓴다) | 빨리, 지체 없이

*홀ᄒᆞ다 [HOL-HĂ-TA] (忽) 원113

불 Etre insuffisant.

한 불충분하다

홅다 [HOLT-TA,HOLT-HA,HOLT-HEUN] 원113

불 Egrainer les épis un à un. Diminuer la grosseur ou assouplir en frottant dans le sens de la longueur.

한 이삭을 하나씩 떼어내다 | 굵기를 줄이거나 세로로 문질러서 부드럽게 하다

*홈 [HOM,-I] (梘) 원109

불 Conduit pour l'eau, canal en bois pour faire passer l'eau. Gouttière en bois ou en fer blanc.

한 물을 위한 도관, 물을 통과시키기 위한 나무 수로 | 나무나 양철로 만든 빗물받이 홈통

홈질ᄒᆞ다 [HOM-TJIL-HĂ-TA] (縫) 원110

불 Faire une espèce de couture, p. ê. ourler. Coudre à grands points, faufiler.

한 바느질 같은 것을 하다, 아마도 가장자리를 접어 감치다 | 듬성듬성 꿰매다, 시침질하다

홈착홈착ᄒᆞ다 [HOM-TCHAK-HOM-TCHAK-HĂ-TA] 원110

불 Qui a l'habitude de tout ramasser et emporter (chiffons, etc). ‖ Tourner et retourner la besogne entre ses mains, c. a. d. travailler sans avancer.

한 (낡은 헝겊 등이) 모든 것을 뭉쳐서 가져가는 습성이 있다 | 자신의 손에서 일을 돌리고 뒤집다, 즉 진전 없이 일하다

홈츄리 [HOM-TCHYOU-RI] 원110

불 Détour; moyen d'obtenir; ruse; expédient; finesse. Petite ruse, petit artifice pour tromper.

한 우회 | 획득 방법 | 책략 | 수단 | 술책 | 작은 책략, 속이기 위한 작은 기교

홈츄리바르다 [HOM-TCHOU-RI-PA-REU-TA,-PAL-NE,-PA-REUN] 원110

불 Agir de ruse pour savoir, chercher à tirer les vers du nez.

한 알기 위해 술수를 써서 행동하다, 입을 열게 하려고 애쓰다

홉 [HOP,-I] (合) 원112

불 Une poignée.

한 한 움큼

*홉ᄉᆞ [HOP-SĂ] (合夕) 원112

불 Poignée et 10e partie de poignée.
한 한 움큼과 한 움큼의 1/10

홋 [HOT,-HI ou -TCHI] (單) ⓦ114
불 Simple, un seul; (habit) simple, sans doublure.
한 간단하다, 단 하나 | (옷이) 홑겹이다, 안감이 없다

홋것 [HOT-KET,-SI] (單) ⓦ114
불 Chose simple (non double). Se dit beaucoup des habits d'été.
한 (이중이 아닌) 홑겹의 것 | 여름옷들에 대해 많이 쓴다

홋옷 [HOT-OT,-SI] (單衣) ⓦ114
불 Habit-simple, non doublé, pour l'été.
한 이중이 아닌, 여름용 홑겹의 옷

홋ᄎᆞ로 [HOT-TCHĂ-RO] (單) ⓦ114
불 Seulement.
한 오직

홋홋ᄒᆞ다 [HOT-HOT-HĂ-TA] ⓦ114
불 Beaucoup de vivres, peu de convives. Beaucoup de meubles, peu d'habitants. Etre à son aise, dans l'abondance.
한 식량은 많고 손님이 별로 없다 | 가구는 많고, 거주자가 별로 없다 | 안락하다, 풍족하다

*홍 [HONG] (紅) ⓦ111
불 En agr. Rouge.
한 한자어로 붉은색

*홍고랑 [HONG-KO-RANG,-I] (紅鋼囊, (Rouge, entraves)) ⓦ111
불 Corde rouge dont les satellites se servent pour attacher les criminels.
한 부하들이 죄인들을 묶을 때 쓰는 붉은 끈

홍구레 [HONG-KOU-REI] (紅羈, (Rouge, bride)) ⓦ111
불 Licou rouge, bride rouge; (le rouge indique les chevaux du gouvernement).
한 붉은 고삐, 붉은 말굴레 | (붉은색은 정부의 말들을 가리킨다)

*홍도화 [HONG-TO-HOA] (紅桃花, (Rouge, pêche, fleur)) ⓦ112
불 Pêche rouge.
한 붉은 복숭아

홍두ᄭᆡ [HONG-TOU-KKĂI] ⓦ112
불 Grand rouleau en bois qui sert à enrouler la toile ou le papier, lorsqu'on les bat ou qu'on les foule.
한 천이나 종이를 치거나 밟아 다질 때, 그것들을 감는 데 사용하는 큰 나무 롤러

*홍마목 [HONG-MA-MOK,-I] (紅馬木, (Rouge, cheval, bois)) ⓦ111
불 Grands chevaux de bois peints en rouge, de chaque côté de la porte du palais royal.
한 왕궁의 문 양편에 있는 붉은색으로 칠해진 나무로 만든 큰 말들

*홍명쥬 [HONG-MYENG-TJYOU] (紅明紬, (Rouge, soie)) ⓦ111
불 Soie rouge.
한 붉은 명주

*홍몽 [HONG-MONG,-I] (鴻濛) ⓦ111
불 Dans la cosmogonie chinoise, 홍몽 Hong-mong, le chaos, engendra 무극 Mou-keuk, qui veut dire force primitive. Celui-ci produit 태극 Htai-keuk, la plénitude. Celle-ci engendre 음양 Eum-yang, qui est l'ombre et la lumière, le principe mâle et le principe femelle. Celui-ci engendre ᄉᆞᆼ sa-saing, qui sont les 4 points cardinaux, dequels sortent Htyen-ti, ciel et terre.
한 중국의 우주 생성 이론에서, 홍몽 Hong-mong, 카오스가 원초적인 힘을 의미하는 무극 Mou-keuk을 낳았다. 무극은 태극 Htai-keuk, 충만함을 만들어 낸다. 태극은 그림자와 빛, 수컷의 원리와 암컷의 원리인 음양 Eum-yang을 낳는다. 음양은 주요 4점인 ᄉᆞᆼ Să-săing을 낳고, 이로부터 하늘과 땅인 텬디 Htyen-ti가 나온다.

*홍문뎨학 [HONG-MOUN-TYEI-HAK,-I] (弘文提學) ⓦ112
불 Grande dignité, emploi supérieur, qui semble être celui de secrétaire du roi (il y en a trois, avec autant de sous-secrétaires).
한 왕의 비서의 직무와 비슷한 중요 고관직, 상급직 (세 명으로, 같은 수의 차관을 둘 수 있다)

*홍문박ᄉᆞ [HONG-MOUN-PAK-SĂ] (弘文博士) ⓦ112
불 grande dignité à la capitale.
한 수도의 중요 고관직

*홍보 [HONG-PO] (紅褓) ⓦ112
불 Toile rouge, voile rouge, qu'on met sur la tête des grands criminels pour les voiler.
한 중죄인들의 머리를 가리기 위해 그들의 머리에 씌우는 붉은 천, 붉은 베일

홍비단 [HONG-PI-TAN,-I] (紅緞, (Rouge, soie)) ⓦ112
불 Soie rouge tissée avec fleurs.

한 꽃과 함께 짜인 붉은 명주

홍살문 [HONG-SAL-MOUN,-I] (紅箭門, (Rouge, lance, porte)) 원112

불 Simulacre de porte devant la préfecture (deux grands montants en bois avec une traverse, où l'on met des lances, ce qui indique une maison de mandarin).

한 도청 앞의 모의 문 (나무로 만든 두 개의 지주, 창을 걸어두고, 관리의 청사임을 가리키는 가로대가 있다)

*홍삼 [HONG-SAM,-I] (紅蔘) 원112

불 Jen-sen rouge. (Le jen-sen [ginseng] est ordinairement blanc; mais on lui donne une couleur rouge pour le vendre aux Chinois).

한 붉은 인삼 | (인삼[ginseng]은 일반적으로 희다 | 그러나 그것을 중국에 팔기 위해 그것에 붉은색을 부여한다)

*홍샹 [HONG-SYANG,-I] (紅裳, (rouge, jupe)) 원112

불 Robe rouge, jupe rouge.

한 붉은 원피스, 붉은 치마

*홍슈 [HONG-SYOU] (洪水, (Vaste, eau)) 원112

불 Déluge.

한 홍수

*홍시 [HONG-SI] (紅柿) 원112

불 Kaki rouge.

한 붉은 감

*홍ᄉᆞ [HONG-SĂ] (紅絲, (Rouge, fil)) 원112

불 Corde rouge avec laquelle les satellites lient les grands coupables.

한 부하들이 중죄인들을 묶을 때 쓰는 붉은 끈

*홍ᄉᆡᆨ [HONG-SĂIK,-I] (紅色, (Rouge, couleur)) 원112

불 Couleur rouge.

한 붉은색

*홍안 [HONG-AN,-I] (紅顔) 원111

불 Figure rouge; figure fraîche, jeune; visage enflammé.

한 붉은 얼굴 | 생기발랄한, 젊은 얼굴 | 붉게 물든 얼굴

*홍안ᄇᆡᆨ발 [HONG-AN-PĂIK-PAL,-I] (紅顔白髮, (rouge, figure, blancs, cheveux)) 원111

불 Figure fraîche, vermeille, avec des cheveux blancs.

한 흰머리에 붉고 생기 있는 얼굴

*홍양산 [HONG-YANG-SAN,-I] (紅陽傘) 원111

불 Bannière rouge du roi. parasol ou dais rouge du roi (esp. de grand parapluie rouge qu'on porte devant le roi, quand il sort).

한 왕의 붉은 기 | 왕의 대형 양산이나 붉은 천개 (왕이 외출할 때, 왕 앞에서 쓰는 크고 붉은 우산의 종류)

*홍어 [HONG-E] (洪魚) 원111

불 Esp. de poisson de mer. Raie.

한 바닷물고기의 종류 | 가오리류

*홍역 [HONG-YEK] (紅疫, (Rouge, bouton)) 원111

불 Rougeole (maladie)

한 홍역 (병)

*홍예 [HONG-YEI] (虹霓) 원111

불 (Arc-en-ciel). Plein cintre. Demi-cercle. = 문 -moun, Porte en plein cintre. = 교 - kyo, pont en plein cintre.

한 (무지개) | 반원형 아치 | 반원 | [용례 = 문, -moun], 반원형의 문 | [용례 = 교, - kyo], 반원형의 다리

*홍우 [HONG-OU] (弘佑, (Large, secours)) 원111

불 Grande grâce, grande faveur.

한 큰 자비, 큰 호의

*홍은 [HONG-EUN,-I] (弘恩, (Large, bienfait)) 원111

불 Grand bienfait.

한 큰 은혜

*홍의 [HONG-EUI] (紅衣) 원111

불 Habit rouge.

한 붉은 옷

*홍진 [HONG-TJIN,-I] (紅塵, (Rouge, poussière)) 원112

불 Boutons rouges, tumeurs rouges sur la peau. Rougeole (maladie)

한 붉은 반점, 피부에 나는 붉은 종양 | 홍역 (병)

*홍초 [HONG-TCHO] (紅椒) 원112

불 Esp. d'arbuste qui a des graines rougeâtres, noires, avec lesquelles on fait des chapelets.

한 묵주를 만드는, 불그스름한, 검은 씨를 갖는 소관목의 종류

*홍패 [HONG-HPAI] (紅牌) 원112

불 Diplôme sur papier rouge des licenciés.

한 붉은 종이에 쓴 학사학위 소지자들의 자격증서

*홍합 [HONG-HAP,-I] (紅蛤, (Rouge, coquillage)) 원111

불 Moule. Coquillage, coquille à deux valves.

한 홍합 | 조개껍질, 패각이 두 개인 조개

홍홍홍 [HONG-HONG-HONG] 원111

불 Bruit de trompette. hennisement, grognement d'un cheval qui demande à manger.

한 나팔 소리 | 말의 울음소리, 먹을 것을 요구하는 말의 히힝거리는 소리

*홍화 [HONG-HOA] (紅花, (rouge, fleur)) 원111

불 Garance ou safran. Fleur de 잇 It, dont on se sert

pour faire la teinture rouge. Safran bâtard, qui croît sur les montagnes, (par opposition au safran cultivé).
한 꼭두서니 또는 사프란 | 붉은 염료를 만드는 데 쓰이는 잇It 꽃 | (재배된 사프란과는 반대로) 산에서 자라는 잡종의 사프란

1*화 [HOA] (化) 원99
불 Changement en bien, amélioration.
한 호전, 개선

2*화 [HOA] (華) 원99
불 Beauté, excellence.
한 아름다움, 우수함

3*화 [HOA] (火) 원99
불 En agr. Feu.
한 한자어로 불

4*화 [HOA] (禍) 원99
불 En agr. Malheur.
한 한자어로 불행

5*화 [HOA] (花) 원99
불 En agr. Fleur.
한 한자어로 꽃

화가릭 [HOA-KA-RĂI] 원100
불 Grande bêche que deux hommes font mouvoir au moyen de cordes, tandis qu'elle est tenue par un troisième.
한 두 사람이 줄을 이용하여 움직이게 하는 큰 삽, 이때 세 번째 사람이 줄을 쥐고 있는다

*화가여싱 [HOĀ-KA-YE-SĂING] (禍家餘生, (Ruine, maison, rester, vivre)) 원100
불 Né après la ruine de la famille. Les descendants d'une famille ruinée, ou dispersée, ou disgraciée.
한 가족의 몰락 후에 태어난 사람 | 몰락하거나 흩어진, 또는 파면당한 가문의 자손들

*화갑되다 [HOA-KAP-TOI-TA,-TOI-YE,-TOIN] (花甲) 원100
불 Avoir atteint sa 60e année; avoir 61 ans. (Honorif.).
한 60번째 해에 도달하다 | 61살이다 | (경칭)

*화경 [HOĀ-KYENG,-I] (火鏡, (Feu, verre)) 원100
불 Lentille qui sert à enflammer les objets placés à son foyer. Loupe, miroir ardent.
한 화덕에 놓인 물건들에 불을 붙일 때 쓰는 렌즈 | 돋보기, 화경

*화계 [HOA-KYEI] (花階, (Fleur, parterre)) 원100
불 Elévation, de chaque côté d'une allée, pour mettre des pots de fleurs. Terrasse couverte de fleurs. Parterre un peu plus élevé que le terrain environnant.
한 화분들을 두기 위한, 통로 양쪽의 높은 곳 | 꽃으로 덮인 테라스 | 주변의 땅보다 약간 더 높은 화단

*화공 [HOĀ-KONG] (畵工, (Dessin, artiste)) 원100
불 Peintre.
한 화가

*화공ᄒᆞ다 [HOĀ-KONG-HĂ-TA] (火攻) 원100
불 Entretenir le feu, mettre le feu. Incendier en temps de guerre.
한 불을 유지하다, 불을 놓다 | 전쟁 때 방화하다

*화관 [HOA-KOAN,-I] (花冠, (Fleur, couronne)) 원100
불 Couronne de fleurs.
한 화관

*화광 [HOĀ-KOANG,-I] (火光) 원100
불 Couleur du feu. l'éclat du feu.
한 불의 색 | 불의 광채

*화구 [HOA-KOU] (和煦) 원100
불 Soleil, belle lumière du soleil. (Opposé à ombre).
한 태양, 태양의 아름다운 빛 | (그림자와 반대되는)

*화근 [HOĀ-KEUN,-I] (禍根, (Malheur, racine)) 원100
불 Source de malheurs. Source du mal.
한 불행의 근원 | 악의 근원

1*화긔 [HOĀ-KEUI] (火氣) 원100
불 Force du feu, chaleur du feu. ‖ Esp. de maladie.
한 불의 기운, 불의 열 | 병의 일종

2*화긔 [HOA-KEUI] (和氣, (Concorde, air)) 원100
불 Air de visage d'un homme calme, doux, paisible. Aspect du visage, air calme, paisible.
한 침착한, 부드러운, 평화로운 사람의 얼굴 표정 | 얼굴 모습, 평온한, 평화로운 얼굴 표정

3*화긔 [HOA-KEUI] (畵器, (Dessin, vase)) 원100
불 Dessin, peinture, sur un vase. Porcelaine peinte.
한 그릇에 그린 소묘, 그림 | 그림이 그려진 사기 그릇

*화늬바룸 [HOA-NEUI-PA-RĂM,-I] 원100
불 Vent d'O.N.O.
한 서북서쪽의 바람

*화답ᄒᆞ다 [HOA-TAP-HĂ-TA] (和答, (Concorder, répondre)) 원105
불 Accompagner le chant. Répondre en chœur (v. g. aux prières.).
한 노래에 반주하다 | (예. 기도에서) 일제히 대답하다

*화대모 [HOA-TAI-MO] (火玳瑁) 원105

불 Dessin, écaille du ventre de la tortue. Ecailles du ventre de la tortue de mer tachetées de rouge.
한 거북의 배의 그림, 껍질 | 붉은 반점이 있는 바다거북의 배 껍질

*화덕 [HOA-TEK,-I] (火德) 원105
불 Foyer, âtre, lieu où l'on fait du feu.
한 화로, 아궁이, 불 피우는 장소

1*화뎐 [HOA-TYEN,-I] (花田) 원105
불 Parterre, lieu planté de fleurs. || Champ de coton.
한 화단, 꽃이 심어진 장소 | 목화밭

2*화뎐 [HOA-TYEN,-I] (火田) 원105
불 Défrichement.
한 개간

*화뎐군 [HOĀ-TYEN-KOUN,-I] (火田軍, (Feu, champ, ouvrier)) 원105
불 Qui prépare un champ en brûlant les plantes qui s'y trouvent, pour débarrasser le terrain, et faire un engrais avec la cendre.
한 토양에서 잡초를 치우고, 재로 비료를 만들기 위해, 그곳에 있는 풀을 태워 밭을 준비하는 사람

*화뎐ᄒᆞ다 [HOĀ-TYEN-HĂ-TA] (火田) 원105
불 Mettre le feu pour brûler les herbes et faire un champ. défricher.
한 풀을 태우고 밭을 만들기 위해 불을 놓다 | 개간하다

*화뎨 [HOA-TYEI] (畵題) 원105
불 Explication d'un dessin. || Formule, ordonnance de médecin.
한 그림의 설명 | 의사의 처방, 처방전

화도불 [HOA-TO-POUL,-I] 원105
불 Feu en plein air, foyer en plein vent.
한 야외에서 피우는 불, 노지에서의 화덕

*화독 [HOĀ-TOK,-I] (火毒, (Feu, venin)) 원105
불 Venin du feu, suites mauvaises d'une brûlure. Inflammation qui suit une brûlure.
한 불의 독기, 화상의 나쁜 여파 | 화상에 뒤따르는 염증

화드등화드등ᄒᆞ다 [HOA-TEU-TEUNG-HOA-TEU-TEUNG-HĂ-TA] 원105
불 Cris des enfants en jouant. Pousser des cris en jouant.
한 놀면서 외치는 아이들의 소리 | 놀면서 소리를 지르다

화ᄃᆡ모 [HOA-TĂI-MO] 원105 ☞화대모

화라지 [HOA-RA-TJI] (松薪) 원104
불 Branche d'arbre. Appendice qui sort d'un tronc ou corps principal, comme les branches d'arbre, les bras étendus.
한 나뭇가지 | 나뭇가지, 뻗은 팔처럼 몸체나 주요 몸통에서 나오는 부속기관

화랑이 [HOA-RANG-I] (覡) 원104
불 Comédien, esp. de sorcier. Mari de la 무당 Mu-tang.
한 배우, 주술사의 일종 | 무당 Mu-tang의 남편

*화려ᄒᆞ다 [HOA-RYE-HĂ-TA,-HĂN,-HI] (華麗) 원104
불 Brillant, beau, splendide, magnifique.
한 빛나다, 아름답다, 화려하다, 웅장하다

*화력 [HOĀ-RYEK,-I] (火力) 원104
불 Force du feu.
한 불의 힘

*화렴산 [HOA-RYEM-SAN,-I] (火鹽山) 원104
불 Gros tas de sel dans les marais.
한 늪지대의 큰 소금 더미

화령뎐 [HOA-RYENG-TYEN,-I] 원104
불 Palais, maison du roi à Syou-ouen, où il va en cortége.
한 왕이 행렬을 대동하고 가는 궁, 수원에 있는 왕의 집

*화로 [HOĀ-RO] (火爐) 원104
불 Vase à feu, vase où l'on met du feu pour allumer la pipe.
한 불 피우는 그릇, 담뱃대에 불을 붙이기 위해 불을 담는 그릇

*화류 [HOA-RYOU] (樺榴) 원104
불 Nom d'une esp. d'arbre, au bois noir, propre aux ouvrages d'ébénisterie, prob. Le palissandre.
한 목재가 검은, 고급 가구 세공 작업에 적합한 나무 종류의 이름 | 아마도 자단[역주 紫檀]

*화류ᄒᆞ다 [HOA-RYOU-HĂ-TA] (花柳, (fleurs, saules)) 원104
불 Se promener sur les montagnes au printemps; faire une partie de plaisir.
한 봄에 산에서 산책하다 | 오락을 즐기다

*화륜거 [HOĀ-RYOUN-KE] (火輪車, (Feu, roue, char)) 원104
불 Voitures à feu, chemin de fer, voiture à vapeur.
한 증기 자동차, 철도, 증기 자동차

*화륜션 [HOĀ-RYOUN-SYEN,-I] (火輪船, (Feu, roue,

bateau)) ㊊104
불 Bateau à vapeur, pyroscaphe.
한 기선, 증기선
화르르셜사 [HOA-REU-REU-SYEL-SA] ㊊104
불 Bruit d'une diarrhée abondante.
한 많은 양의 설사 소리
1화리 [HOA-RI] ㊊104
불 Blé sur pied.
한 살아 있는 곡식
2화리 [HOA-RI] ㊊104
불 V. 화로 Hoa-ro.
한 [참조어 화로, Hoa-ro]
*화면 [HOA-MYEN,-I] (和面, (Paisible, figure)) ㊊100
불 Mine paisible, calme. Figure calme et paisible.
한 평화로운, 평온한 안색 | 평온하고 평화로운 모습
1*화목 [HOĀ-MOK,-I] (火木, (Feu, bois)) ㊊100
불 Bois à brûler.
한 불에 태울 나무
2*화목 [HOA-MOK,-I] (花木) ㊊100
불 Arbre à fleurs.
한 꽃나무
*화목ᄒᆞ다 [HOA-MOK-HĂ-TA] (和睦) ㊊100
불 Paix, concorde, accord, harmonie, union.
한 평화, 화합, 일치, 조화, 융합
*화문 [HOĀ-MOUN,-I] (火門, (Feu, porte)) ㊊100
불 Lumière d'un fusil.
한 총의 개구부[역주 開口部]
*화문셕 [HOA-MOUN-SYEK,-I] (花紋席, (Fleur, dessin, natte)) ㊊100
불 Natte qui a des dessins, des peintures.
한 소묘, 그림이 그려진 돗자리
*화ᄆᆡᄒᆞ다 [HOA-MĂI-HĂ-TA] (和賣, (Accord, commerce)) ㊊100
불 Associé pour le commerce. Acheteur et vendeur; les deux parties contractantes.
한 거래를 위해 결합되다 | 구매자와 판매자 | 두 계약 당사자
1화반 [HOA-PAN,-I] ㊊103
불 Dessous du pied des gros animaux, entre les cornes du pied pardessous; la fourchette; milieu de la plante du pied des gros animaux.
한 발 아래 뿔 모양의 돌기 사이에 있는, 큰 짐승의 발바닥 | [역주 말의] 발굽 아귀 | 큰 짐승들의 발바닥 가운데
2*화반 [HOA-PAN,-I] (畵盤) ㊊103
불 Petite table coloriée, plateau historié.
한 색칠된 작은 탁자, 아름답게 꾸며진 쟁반
1*화반셕 [HOA-PAN-SYEK,-I] (畵班石) ㊊103
불 Pierre marquetée de différentes couleurs, avec laquelle on fait des vases. Marbre de diverses couleurs.
한 그릇을 만드는, 여러 가지 색깔의 반점이 있는 돌 | 다양한 색깔의 대리석
2*화반셕 [HOA-PAN-SYEK,-I] (畵班席) ㊊103
불 Tapis ou natte aux couleurs assorties, avec dessins de fleurs.
한 조화로운 색으로, 꽃 그림이 있는 양탄자나 돗자리
1*화방 [HOA-PANG,-I] (花房) ㊊103
불 Maison d'une prostituée (기싱 Ki-săing).
한 매춘부(기싱 Ki-săing)의 집
2*화방 [HOA-PANG,-I] (火房) ㊊103
불 Mur qui forme le tuyau de la cheminée sous une chambre. soubassement d'une maison.
한 방 아래 난로의 관을 형성하는 벽 | 집의 토대
3화방 [HOA-PANG,-I] ㊊103
불 Remous, tourbillon ou trou en forme d'entonnoir.
한 소용돌이, 회오리 또는 깔때기 모양의 구멍
1*화병 [HOA-PYENG,-I] (畵甁, (fleur, bouteille)) ㊊103
불 Bouteille peinte.
한 그림이 그려진 병
2*화병 [HOA-PYENG,-I] (畵屛) ㊊103
불 Paravent orné de dessins.
한 그림으로 장식된 병풍
3*화병 [HOA-PYENG,-I] (畵餠) ㊊103
불 Gâteau peint.
한 그림이 그려진 케이크
*화병군 [HOĀ-PYENG-KOUN,-I] (火兵軍) ㊊103
불 Soldat préposé à la garde des calorifères de roi. ‖ Soldat incendiaire, chargé de mettre le feu à la flotte ennemie.
한 왕의 난방장치를 지키는 직무를 맡은 군인 | 적의 함대에 불을 지르는 임무를 맡은 방화 군인
1*화복 [HOA-POK,-I] (華服, (Elégant, habit)) ㊊104
불 Bel habit, habit brillant.
한 아름다운 옷, 화려한 옷
2*화복 [HOA-POK,-I] (禍福) ㊊104
불 Malheur et bonheur.

한 불행과 행복

*화분 [HOA-POUN,-I] (花盆) 원104

불 Vase à fleurs, pot à fleurs.

한 꽃병, 화분

1*화샹 [HOA-SYANG,-I] (畵像) 원105

불 Image coloriée.

한 채색된 상

2*화샹 [HOA-SYANG,-I] (和尙) 원105

불 Bonze.

한 승려

*화셩 [HOA-SYENG,-I] (火星) 원105

불 Etincelle.

한 불똥

*화셩ᄒᆞ다 [HOA-SYENG-HĂ-TA] (化成) 원105

불 Créer, faire.

한 창조하다, 만들다

*화쇽 [HOA-SYOK,-I] (火粟) 원105

불 Contribution pour les terrains. Contribution et loyer du terrain pour le défrichement des montagnes (comme compensation du bois détruit).

한 토지에 대한 세금 | (파괴된 숲에 대한 보상처럼) 산을 개간하기 위한 토지에 대한 조세와 세

화슈분 [HOA-SYOU-POUN,-I] 원105

불 Esp. de racine médicinale (?)

한 약용 뿌리(?)의 종류

*화슌ᄒᆞ다 [HOA-SYOUN-HĂ-TA] (和順, (Paisible, doux)) 원105

불 Vertueux, sage. Doux, paisible, tranquille.

한 고결하다, 현명하다 | 온화하다, 평화롭다, 평온하다

*화승 [HOĀ-SEUNG,-I] (火繩, (Feu, corde)) 원105

불 Mèche de fusil, mèche.

한 총의 신관, 신관

*화식 [HOĀ-SIK,-I] (火食, (Feu, mets)) 원105

불 Mets cuits (par opposition aux mets qui se mangent crus). Aliments cuits.

한 (날것으로 먹는 요리와는 반대로) 익힌 요리 | 익힌 음식

*화ᄉᆞ [HOA-SĂ] (花蛇) 원105

불 Esp. de serpent rouge.

한 붉은 뱀의 종류

1*화ᄉᆡᆨ [HOĀ-SĂIK,-I] (火色) 원105

불 Visage rouge, figure rouge.

한 붉은 얼굴, 붉은 얼굴

2*화ᄉᆡᆨ [HOA-SĂIK,-I] (和色) 원105

불 Belle couleur, teint fleuri, air de sérénité.

한 아름다운 색깔, 화색이 도는 안색, 차분한 안색

*화ᄉᆡᆼ [HOA-SĂING,-I] (花生, (Transformer, naître)) 원105

불 Métamorphose (des insectes). ‖ Insecte parasite, parasite (v. g. les poux).

한 (곤충들의) 변태 | 기생 곤충, 기생충 (예. 이)

화ᄉᆡᆼᄒᆞ다 [HOA-SĂING-HĂ-TA] (化生) 원105

불 Se dit des insectes produits par métamorphose, 2e partie de l'entomologie chinoise. Se métamorphoser (chenille qui devient papillon). Naître ou croître sans le travail de l'homme ‖ Créer.

한 중국 곤충학에서의 두 번째 부분인 변태에 의해 생긴 곤충에 대해 쓴다 | (나비가 되는 애벌레가) 변태하다 | 사람의 작업 없이 태어나거나 자라나다 | 만들어 내다

*화앙 [HOA-ANG,-I] (禍殃) 원99

불 Calamité, malheur, fléau.

한 재난, 불행, 재앙

*화약 [HOĀ-YAK,-I] (火藥) 원99

불 Poudre (à canon).

한 (대포용) 화약

*화양포 [HOA-YANG-HPO] (花洋布) 원99

불 Toile européenne à fleurs. Indienne.

한 꽃무늬가 있는 유럽식 천 | 인도 사라사

*화염 [HOĀ-YEM,-I] (火炎) 원99

불 Flamme (du feu).

한 (불의) 불꽃

1*화원 [HOĀ-OUEN,-I] (花園) 원99

불 Parterre, jardin à fleurs.

한 화단, 꽃이 있는 정원

2*화원 [HOA-OUEN,-I] (畵員) 원99

불 peintre, dessinateur.

한 화가, 도안가

*화위ᄒᆞ다 [HOA-OUI-HĂ-TA] (和慰) 원99

불 (Concorde, consolation). Accommoder (un différent, des personnes brouillées), concilier.

한 (조화, 위안) | (분쟁, 사이가 틀어진 사람들을) 조화시키다, 화해시키다

*화음 [HOA-EUM,-I] (華音) 원99

불 Langue chinoise parlée.

한 중국의 입말

*화인 [HOĀ-IN,-I] (火印, (Feu, sceau)) 원99

불 Sceau rougi au feu pour être appliqué sur le bois. = 치다 Tchi-ta, Marquer avec un fer chaud.

한 나무 위에 찍기 위해 불에 빨갛게 달구어진 낙인 | [용례 =치다, Tchi-ta], 뜨거운 철로 표시하다

*화장 [HOĀ-TJĀNG] (火葬) 원105

불 (Enterrer dans le feu). Brûler un cadavre, réduire en cendres le corps d'un défunt.

한 (불 속에 매장하다) | 시신을 불태우다, 고인의 육신을 재로 만들다

1화쟝 [HOA-TJYANG,-I] 원105

불 Trot, allure du cheval (particulière en Corée, les quatre pieds l'un après l'autre).

한 속보, (네 발을 차례로, 조선에서 고유한) 말의 걸음걸이

2*화쟝 [HOA-TJYANG,-I] (火掌) 원105

불 Coq, cuisinier de navire.

한 [역주 선상의] 조리사, 배의 요리사

3*화쟝 [HOA-TJYANG,-I] (華長) 원105

불 Longueur, le sens de la longueur.

한 길이, 길이 방향

*화적 [HOĀ-TJEK,-I] (火賊, (Feu, voleur)) 원105

불 Voleurs enrégimentés, qui forcent les maisons et volent à main armée. Incendiaires qui pillent et brûlent.

한 집에 침입해 무기를 들고 훔치는, [역주 군대식 조직체에] 가입한 도적들 | 약탈하고 방화하는 방화자들

*화져 [HOA-TJYE] (火箸, (Feu, bâtonnets)) 원105

불 Pincettes en fer pour le feu (elles consistent en deux petites tiges de fer unies en haut par une chaînette). Bâtonnets qui servent de pincettes.

한 쇠로 만든 부집게 (위쪽이 가는 사슬로 합쳐진 두 개의 쇠막대로 이루어져 있다) | 부젓가락으로 쓰이는 작은 막대기들

1*화젼 [HOĀ-TJYEN,-I] (火箭, (Feu, flèche)) 원105

불 Flèche incendiaire, bombe.

한 화재를 일으키는 화살, 폭탄

2*화젼 [HOA-TJYEN,-I] (火煎, (Feu, frire)) 원105

불 Gâteau de farine mêlée de fleurs, cuit dans l'huile.

한 기름에 익힌, 꽃이 섞인 가루로 만든 케이크

*화죵 [HOA-TJYONG,-I] (花種) 원105

불 Graine de coton, semence de coton. graines semées çà et là pour remplir les vides dans un champ (v.g. pois semés çà et là dans un champ où il y a soit du blé, soit d'autres plantes, froment, orge, etc).

한 목화의 종자, 목화의 씨 | 밭에 빈 곳을 채우기 위해 여기저기에 파종된 씨앗들 (예. 곡식이나 다른 식물들, 밀, 보리 등이 있는 밭의 여기저기에 뿌려진 콩)

*화쥬 [HOĀ-TJYOU] 원105

불 Qui installe, celui qui établit une chose (v. g. un marché, un jeu). Ordornnateur, fondateur.

한 정착시키는 사람, 어떤 것(예. 시장, 놀이)을 설립하는 사람 | 조직자, 설립자

화쥬역쟝이 [HOA-TJYOU-YEK-TJANG-I] (畫周易) 원106

불 Diseur de bonne aventure. Qui se sert d'un livre pour prédire l'avenir.

한 운수를 점치는 사람 | 미래를 예언하기 위해 책을 이용하는 사람

*화증 [HOA-TJEUNG,-I] (火症, (Feu, air)) 원105

불 Air de colère, air menaçant.

한 화난 모습, 위협적인 태도

*화직 [HOA-TJIK,-I] (華職) 원105

불 Belle et bonne dignité.

한 대단하고 훌륭한 고관직

*화직 [HOĀ-TJĂI] (火災, (Feu, désastre)) 원105

불 Incendie.

한 화재

*화직박두 [HOĀ-TJĂI-PAK-TOU] (禍災迫頭, (Calamité, imminent, tête)) 원105

불 Calamité, malheur imminent, menaçant, sur le point d'arriver. Malheur éminent.

한 큰 재앙, 임박한, 위협적인, 도착지점에 다다른 불행 | 각별한 불운

*화창ᄒᆞ다 [HOA-TCHANG-HĂ-TA] (和暢) 원106

불 Etre à l'aise, en paix, joyeux, dispos, allègre.

한 편안하다, 평안하다, 즐겁다, 생기발랄하다, 경쾌하다

*화쳥 [HOA-TCHYENG] (和淸, (Mélanger, miel)) 원106

불 Esp. de vin dans lequel on mêle du miel. Vin très-doux. = ᄒᆞ다-hă-ta, Edulcorer avec du miel.

한 꿀이 섞인 술의 종류 | 매우 단 술 | [용례 =ᄒᆞ다, -hă-ta], 꿀을 첨가하다

*화초 [HOA-TCHO] (花草) 원106

불 Fleurs et herbes, arbre et fleurs.

한 꽃과 풀, 나무와 꽃

*화초댱 [HOA-TCHO-TYANG,-I] (花草場) 원106

불 Parterre, lieu où il y a des fleurs. ‖ Bûcher.
한 화단, 꽃이 핀 장소 | 화형대

*화친ᄒᆞ다 [HOA-TCHIN-HĂ-TA] (和親, (Concorde, amitié)) 원106
불 Faire la paix, faire un traité de paix et d'amitié.
한 화해하다, 평화와 우호조약을 맺다

*화침 [HOĀ-TCHIM,-I] (火針) 원106
불 Fer rouge, aiguille rougie au feu, pour percer un furoncle, etc.
한 종기 등을 찌르기 위한, 빨갛게 달아오른 쇠, 불로 빨갛게 달구어진 바늘

*화치 [HOA-TCHĂI] (花菜) 원106
불 Esp. de mets, fraises au vin ou choses semblables, comme cerises à l'eau-de-vie.
한 요리의 종류, 브랜디에 담근 버찌처럼 술에 담근 딸기 또는 그 비슷한 것들

*화타 [HOA-HTA] (華佗) 원105
불 Nom d'un médecin célèbre.
한 유명한 의사의 이름

*화판 [HOA-HPAN,-I] (花板, (Fleur, planche)) 원104
불 Planche gravée pour appliquer les couleurs différentes sur les étoffes. Planche pour imprimer les étoffes.
한 직물 위에 다른 색깔들을 입히기 위해 조각된 판자 | 직물들에 인쇄하기 위한 판

*화평ᄒᆞ다 [HOA-HPYENG-HĂ-TA,-HĂN,-HI] (和平) 원104
불 Qui n'a pas d'inquiétude. Etre tranquille, sans souci; n'avoir rien à craindre.
한 근심이 없다 | 평온하다, 걱정 없다 | 두려워할 것이 전혀 없다

1*화포 [HOA-HPO] (花布, (Fleur, toile)) 원104
불 Toile européenne à fleurs; indienne.
한 꽃무늬가 있는 유럽식 천 | 인도 사라사

2*화포 [HOA-HPO] (火炮) 원104
불 Canon.
한 대포

*화합ᄒᆞ다 [HOA-HAP-HĂ-TA] (和合, (Concorde, réunir)) 원99
불 Harmonie, concorde. Etre en bonne harmonie, être d'accord.
한 조화, 일치 | 좋은 조화를 이루다, 일치하다

*화호ᄒᆞ다 [HOA-HO-HĂ-TA] (化好) 원99
불 Conversion au bien. Se convertir.
한 좋게 전향함 | 개종하다

*화회ᄒᆞ다 [HOA-HOI-HĂ-TA] (和會, (Accord, réunion)) 원99
불 Harmonie, bon accord, bonne entente. Se réconcilier, faire la paix ensemble.
한 조화, 바람직한 일치, 바람직한 합의 | 화해하다, 함께 화해하다

1*화ᄒᆞ다 [HOA-HĂ-TA] (化) 원99
불 Changer, métamorphoser en bien. Perfectionner, convertir.
한 좋게 바꾸다, 변신시키다 | 개량하다, 변화시키다

2*화ᄒᆞ다 [HOA-HĂ-TA] (和) 원99
불 Se réconcilier, se raccorder, s'unir, s'allier. Etre d'accord, vivre en bonne harmonie, v. g. correspondre. Se parler réciproquement. ‖ Mélanger.
한 화해하다, 연결되다, 합쳐지다, 결합되다 | 일치하다, 좋은 조화를 이루며 살다, 예. ~에 일치하다 | 상호 간에 서로 말하다 | 섞다

화ᄒᆡ붓치다 [HOA-HĂI-POUT-TCHI-TA] 원99 ☞ 화히ᄒᆞ다

*화ᄒᆡᄒᆞ다 [HOA-HĂI-HĂ-TA] (和解, (Concorde, briser [l'inimitié])) 원99
불 Accommoder (un différent). Apaiser, concilier, unir.
한 (분쟁을) 조화시키다 | 진정시키다, 화해시키다, 통합하다

확 [HOAK,-I] (臼) 원100
불 Mortier dans lequel on écrase le riz. ‖ Trou, ouverture v. g. de chapeau.
한 쌀을 빻는 유발 | 구멍, 예. 모자의 열린 부분

확근확근ᄒᆞ다 [HOAK-KEUN-HOAK-KEUN-HĂ-TA] (熱氣) 원100
불 Sensation d'une chaleur trop forte, d'un feu trop ardent. être très-chaud, trop chaud, brûlant.
한 너무 강한 열, 너무 뜨거운 불의 느낌 | 매우 뜨겁다, 너무 뜨겁다, 몹시 뜨겁다

*확실ᄒᆞ다 [HOAK-SIL-HĂ-TA,-HĂN,-HI] (確實) 원100
불 Solide, ferme. ‖ Vrai, véridique.
한 견고하다, 단단하다 | 참이다, 사실이다

*확연무의 [HOAK-YEN-MOU-EUI] (確然無疑, (Clairement, n'être pas, doute)) 원100
불 certain, sans doute.
한 확실하다, 확실히

1*환 [HOAN,-I] (丸) 원100
불 Pilule, remède ou nourriture en boulettes. ‖ nu-

méral des pilules (peu usité; on dit plutôt 개 Kai).

한 환약, 작은 공 모양의 약이나 영양물 | 환약을 세는 수사 (별로 사용되지 않는다 | 오히려 개 Kai를 더 쓴다)

²환 [HOAN,-I] 원100

불 Lime, rape, (pour le bois).

한 줄, 줄 (목공용)

³*환 [HOAN,-I] (還) 원100

불 En agr. Retour, retourner.

한 한자어로 돌아옴, 돌아오다

⁴환 [HOAN,-I] (畫) 원100

불 Dessin, peinture.

한 소묘, 그림

⁵*환 [HOAN,-I] (鰥) 원100

불 Veuf.

한 홀아비

⁶*환 [HOAN,-I] (宦) 원100

불 Dignité.

한 고위직

⁷*환 [HOAN,-I] (患) 원100

불 Malheur, calamité, fléau, ruine.

한 불행, 재난, 화, 몰락

⁸*환 [HOAN,-I] (換) 원100

불 Echange.

한 교환

*환갑 [HOĀN-KAP,-I] (還甲) 원100

불 Révolution du cycle. 60e anniversaire. Retour de l'année du cycle de 60 ans, où l'on est né, où l'on a fait qq.chose de mémorable. ‖ Le 60e anniversaire de la naissance. ‖ Qui a 61 ans.

한 수기의 순환 | 60번째 생일 | 태어난, 기억할 만한 어떤 것을 했던 60년의 주기의 해가 되돌아옴 | 태어난지 60번째 되는 생일 | 61살이다

*환거ᄒᆞ다 [HOAN-KE-HĂ-TA] (鰥居, (veuf, vivre)) 원100

불 Vivre veuf, vivre seul (honorif.). Vivre dans le veuvage.

한 홀아비로 살다, 홀로 살다 (경칭) | 홀아비 생활을 하다

*환결 [HOAN-KYEL,-I] (還結) 원100

불 Contribution du 환ᄌᆞ Hoan-tjă. Le riz des greniers publics et les impôts.

한 환ᄌᆞ Hoan-tjă의 세금 | 공공의 곡식창고의 쌀과 조세

*환곡 [HOAN-KOK,-I] (還穀) 원101

불 V. 환ᄌᆞ Hoan-tjă.

한 [참조어 환ᄌᆞ, Hoan-tjă]

*환과 [HOAN-KOA] (鰥寡) 원101

불 Veuf et veuve.

한 홀아비와 홀어미

*환관ᄒᆞ다 [HOAN-KOAN-HĂ-TA] (還官, (Revenir, mandarin)) 원101

불 Revenir au mandarinat, à la préfecture. (Se dit d'un mandarin qui s'est absenté et qui retourne chez lui). Rentrer à son hôtel (mandarin).

한 관리의 직, 도지사의 직으로 다시 돌아오다 | (잠시 떠났다가 다시 자신의 고장으로 돌아오는 관리에 대해 쓴다) | (관리가) 자신의 관저로 돌아오다

¹*환국ᄒᆞ다 [HOĀN-KOUK-HĂ-TA] (換局, (Changer, échecs)) 원101

불 Changer le jeu d'échecs; recommencer en défaisant ce qui était fait.

한 체스 기구를 바꾸다 | 했던 것을 해체하여 다시 시작하다

²*환국ᄒᆞ다 [HOĀN-KOUK-HĂ-TA] (換國) 원101

불 (Changer le roi, en mettre un autre à sa place; changer de dynastie.

한 왕을 바꾸다, 그 대신에 다른 사람을 왕으로 두다 | 왕조를 바꾸다

*환궁ᄒᆞ다 [HOAN-KOUNG-HĂ-TA] (還宮, (Revenir, palais)) 원101

불 Revenir au palais. (se dit du roi qui rentre d'une promenade).

한 궁으로 돌아오다 | (산책 갔다가 다시 돌아오는 왕에 대해 쓴다)

*환귀ᄒᆞ다 [HOAN-KOUI-HĂ-TA] (還歸) 원101

불 Revenir.

한 돌아오다

¹*환긔ᄒᆞ다 [HOAN-KEUI-HĂ-TA] (換氣, (Changer, température)) 원101

불 Changement de température.

한 기온의 변화

²*환긔ᄒᆞ다 [HOAN-KEUI-HĂ-TA] (還期) 원101

불 L'époque du retour, le temps fixé pour revenir.

한 돌아올 무렵, 돌아오기로 정해진 시간

³*환긔ᄒᆞ다 [HOAN-KEUI-HĂ-TA] (還起) 원101

불 Recommencer. (Act. et neut.)

한 다시 시작하다 | (능동형, 그리고 자동형)

*환난 [HOAN-NAN,-I] (患難, (Inquiétude, difficile)) 원101

불 Calamité, désastre, infortune, tribulation, malheur, affliction.

한 큰 재앙, 재난, 역경, 괴로운 체험, 불행, 불행

*환도 [HOAN-TO] (環刀, (Boucle, couteau)) 원101

불 Long couteau, sabre, épée, coutelas.

한 장도, 군도, 검, 단검

환도뼈 [HOAN-TO-PPYE] (大腿) 원101

불 Os de la hanche.

한 엉덩이의 뼈

환도ᄒᆞ다 [HOAN-TO-HĂ-TA] (幻生) 원101

불 Métempsycose. V.Syn. 환ᄉᆡᆼᄒᆞ다 Hoan-săing-hă-ta.

한 윤회 | [동의어 환ᄉᆡᆼᄒᆞ다, Hoan-săing-hă-ta]

*환란 [HOAN-RAN] (患難) 원101

불 Mal, malheur, calamité. Pour : 환난 Hoan-nan.

한 재난, 불행, 큰 재앙 | 환난 Hoan-nan에 대해

*환로 [HOAN-RO] (宦路, (Dignité, chemin)) 원101

불 Chemin des dignités. Route pour arriver aux dignités.

한 고관직의 길 | 고관직에 다다르는 길

*환ᄆᆡᄒᆞ다 [HOĂN-MĂI-HĂ-TA] (換買, (Changer, acheter)) 원101

불 Echanger, faire le commerce.

한 교환하다, 거래하다

*환방ᄒᆞ다 [HOĂN-PANG-HĂ-TA] (換方, (Changer, endroit)) 원101

불 Changer d'endroit, de dignité, avec un autre. Permuter avec un autre.

한 장소, 관직을 다른 사람과 바꾸다 | 다른 사람과 교대하다

*환복 [HOAN-POK,-I] (宦福) 원101

불 Bonheur des dignités. =잇다-it-ta, avoir Du bonheur, de la chance, pour les dignités.

한 관직의 운 | [용례 =잇다, -it-ta], 관직에 대한 행운, 운이 있다

*환복ᄒᆞ다 [HOĂN-POK-HĂ-TA] (換服, (Changer, habit)) 원101

불 Changer d'habit, prendre un autre habit.

한 옷을 갈아입다, 다른 옷을 입다

*환부 [HOAN-POU] (鰥夫, (Veuf, mari)) 원101

불 Veuf.

한 홀아비

*환부역죠ᄒᆞ다 [HOĂN-POU-YEK-TJYO-HĂ-TA] (換父易祖, (Changer, son père, changer, ses aïeux)) 원101

불 Qui renie son père et en désigne un autre. Qui fait semblant de descendre de tel noble, et qui se tait sur ses véritables parents de bas étage.

한 자신의 아버지를 부인하고 다른 사람을 그렇게 지칭하다 | 어느 귀족의 후손인 척하고, 낮은 계층의 제 실제 부모를 숨기다

*환샹 [HOAN-SYANG,-I] (還上) 원101

불 V. 환ᄌᆞ Hoan-tjă.

한 [참조어 환ᄌᆞ, Hoan-tjă]

*환세ᄒᆞ다 [HOĂN-SYEI-HĂ-TA] (換歲, (Changer, année)) 원101

불 Passer les premiers jours de l'an. Epoque du renouvellement de l'année.

한 새해의 첫 며칠을 보내다 | 한 해가 다시 시작되는 시기

*환소쥬 [HOAN-SO-TJYOU] (還燒酒) 원101

불 Alcool, esprit de vin, trois-six, seconde distillation d'une eau-de-vie, eau-de-vie deux fois distillée.

한 알코올, 주정[역주 酒精], 도수 높은 증류주, 두 번째 증류한 증류주, 두 번 증류한 증류주

*환숑ᄒᆞ다 [HOAN-SYONG-HĂ-TA] (還送) 원101

불 Faire reporter, renvoyer à quelqu'un (un objet prêté).

한 다시 갖다 놓게 하다, (빌렸던 물건을) 누군가에게 다시 보내다

*환슈ᄒᆞ다 [HOĂN-SYOU-HĂ-TA] (換手, (Changer, main)) 원101

불 Changer d'ouvrage, d'emploi, avec un autre. Changer mutuellement d'ouvrage. Se rendre mutuellement service pour la composition et l'écriture (aux examens).

한 다른 사람과 일, 직무를 바꾸다 | 상호간에 일을 바꾸다 | (시험에서) 답안과 글쓰기를 위해 서로 돕다

*환슐 [HOĂN-SYOUL,-I] (幻術, (Métamorphose, art)) 원101

불 Charlatan, sorcier, prestidigitateur. Sorcellerie, charlatanisme.

한 약장수, 마법사, 마술사 | 마법, 협잡

*환ᄉᆡᆨ [HOĂN-SĂIK,-I] (換色, (Changer, couleur)) 원101

불 Changer de couleur, changer de nature. ‖ Changer

ㅎ

de parti.

한 색깔을 바꾸다, 본질을 바꾸다 | 정당을 바꾸다

*환싱ᄒᆞ다 [HOAN-SĂING-HĂ-TA] (還生) 원101

불 Métamorphose. métempsycose. Revivre par la métem psycose.

한 변모 | 윤회 | 윤회로 인해 다시 살다

*환약 [HOAN-YAK,-I] (丸藥) 원100

불 Pilules, grosses pilules.

한 환약, 굵은 환약

*환양년 [HOAN-YANG-NYEN,-I] (歡兩女) 원100

불 Terme injurieux désignant une fille de mauvaise vie.

한 방탕한 여자를 가리키는 모욕적인 말

*환양ᄒᆞ다 [HOĂN-YANG-HĂ-TA] (換樣) 원100

불 Changer de figure, de mine. avoir le visage défait (v. g. par une maladie ou autres causes).

한 얼굴, 안색을 바꾸다 | (예. 병이나 다른 이유로 인해) 얼굴이 초췌하다

*환역 [HOĀN-YEK,-I] (換易) 원100

불 Changement; échange.

한 교체 | 교환

*환쟈 [HOĀN-TJYA] (宦者) 원101

불 Eunuque du palais royal.

한 왕궁의 환관

*환장ᄒᆞ다 [HOAN-TJYANG-HĂ-TA] (換腸) 원101

불 Changer d'intestins, de boyaux; s'acclimater; se mettre, se faire à un régime nouveau. (Se dit de quelqu'un qui va dans un endroit, qui embrasse un état, où la nourriture est toute différente de celle dont il a usé jusqu'alors).

한 장, 창자를 바꾸다 | 새 환경에 적응하다 | 길들다, 새로운 체제에 놓이다 | (음식이 그때까지 사용했던 것과 완전히 다른 장소에 가는, 그런 상태를 선택하는 누군가에 대해 쓴다)

*환젼ᄒᆞ다 [HOĀN-TJYEN-HĂ-TA] (換錢, (Changer, sapèques)) 원101

불 Echange d'argent; change; échanger.

한 돈의 교환 | 환전 | 교환하다

*환졀 [HOĀN-TJYEL,-I] (換節, (Changer, saison)) 원101

불 Changement de saison.

한 계절이 바뀜

*환쥬 [HOAN-TJYOU] (環珠) 원102

불 Bague à chapelet, bague sur laquelle il y a une dizaine de points.

한 묵주 반지, 10여 개의 점이 있는 반지

*환지 [HOAN-TJI] (還紙, (Redevenir, papier)) 원101

불 Papier fait avec de vieux papier. Papier neuf fait avec du papier usé.

한 낡은 종이로 만든 종이 | 사용한 종이로 만든 새 종이

*환ᄌᆞ [HOAN-TJĂ] (還子) 원101

불 reste du blé du gouvernement distribué au peuple, qui devra, à l'automne suivant, rendre la même quantité, même davantage, et de bonne qualité. ‖ riz que l'on met dans les greniers à l'automne, et que chaque année on change pour du nouveau. V.Syn. 국곡 Ko.

한 백성에게 분배된 정부 곡식의 나머지로, 이는 다음 가을에 같은 양, 더 많게까지, 품질이 좋은 것으로 반환해야 한다 | 가을에 곡식 창고에 두는 쌀로, 매년 새로운 것으로 교환한다 | [동의어 국곡, Kouk-kok]

*환ᄎᆞ [HOAN-TCHĂ] (還次) 원102

불 Retour d'un voyage. (Honorif.).

한 여행에서 돌아옴 | (경칭)

*환판 [HOĀN-HPAN,-I] (換板, (Changer, de fond en comble)) 원101

불 Calamité, malheur, désastre, tribulation, affliction. ‖ Changement de dynastie, d'état. ‖ Changement complet.

한 큰 재앙, 불행, 재난, 시련, 불행 | 왕조, 나라의 교체 | 완전히 바뀜

*환표 [HOĀN-HPYO] (換標, (Change, billet)) 원101

불 Billet de change, lettre de change.

한 환어음, 약속어음

*환형ᄒᆞ다 [HOĀN-HYENG-HĂ-TA] (換形, (Changer, aspect)) 원100

불 Transfigurer. Changement de visage. Transfiguration.

한 변모시키다 | 얼굴의 변화 | 변모

*환후 [HOAN-HOU] (患候, (Maladie, santé)) 원100

불 Maladie, l'état du mal, l'état de santé. (Honorif.). = 계시다 - kyei-si-ta, (Le roi) être malade (lang: de ses sujets)

한 병, 질병의 상태, 건강 상태 | (경칭) | [용례 = 계시다, - kyei-si-ta], (왕이) 아프다 (그 신하들이 쓰는 말)

*환희ᄒᆞ다 [HOAN-HEUI-HĂ-TA] (歡喜) 원100

불 Réjouissant, joyeux.

한 유쾌하다, 즐겁다

[1]* 환호다 [HOĂN-HĂ-TA] (煥) [원]100

[불] Clair, brillant, resplendissant.

[한] 밝다, 빛나다, 반짝이다

[2]* 환호다 [HOAN-HĂ-TA] (換) [원]100

[불] Echanger.

[한] 교환하다

활 [HOAL,-I] (弓) [원]104

[불] Arc.

[한] 활

*활달호다 [HOAL-TAL-HĂ-TA] (闊達, (Large, pénétrant)) [원]104

[불] Intelligent; accommodant.

[한] 현명하다 | 원만하다

*활동첨례 [HOAL-TONG-TCHYEM-RYEI] (活動瞻禮, (Mobiles, fêtes)) [원]104

[불] Fêtes mobiles.

[한] [[역주] 해에 따라] 날짜가 바뀌는 축제일

*활동호다 [HOAL-TONG-HĂ-TA] (活動, (Vivant, remuant)) [원]104

[불] Mobile; qui a la faculté de se remuer; qui se remue.

[한] 움직이다 | 움직이는 능력을 갖다 | 움직이다

활량 [HOAL-RYANG,-I] (武士) [원]104

[불] Archer.

[한] 활 쏘는 사람

*활발호다 [HOAL-PAL-HĂ-TA] (活潑) [원]104

[불] Qui a l'esprit dans une grande quiétude; allègre, dispos, gai. Avoir le cœur élargi, dilaté par la joie ou par le vin.

[한] 정신이 매우 평온하다 | 발랄하다, 생기발랄하다, 명랑하다 | 놀이나 술에 의해 마음이 넓어지다, 들뜨다

*활변 [HOAL-PYEN,-I] (滑便) [원]104

[불] Diarrhée qui s'échappe avec violence. Diarrhée violente. ‖ Petite diarrhée.

[한] 심하게 새어 나오는 설사 | 심한 설사 | 약한 설사

*활별호다 [HOAL-PYEL-HĂ-TA] (活別, (Vivant, se séparer)) [원]104

[불] Ne pouvoir plus se rencontrer sur la terre, se séparer pour toujours.

[한] 더 이상 지상에서 만날 수 없다, 영원히 헤어지다

활부븨 [HOAL-POU-PEUI] (弓洞鐵, (Arc, perçoir)) [원]104

[불] Perçoir mis en mouvement par la corde d'un arc. = 호다-hă-ta, Percer des trous au moyen d'une vrille, que l'on tourne vivement avec une corde d'arc.

[한] 활시위에 의해 작동하는 송곳 | [[용례] = 호다, -hă-ta], 활시위로 힘차게 돌리는 나사 송곳을 이용하여 구멍을 뚫다

활삭 [HOAL-SAK] [원]104

[불] Vite, tout de suite.

[한] 빨리, 바로

*활셕 [HOAL-SYEK,-I] (滑石) [원]104

[불] Esp. de pierre tendre, dont la poudre enlève les taches d'huile, de graisse. Stéatite. (Sert aussi en médecine). Syn. 곱돌 Kop-tol.

[한] 연석의 종류, 그 가루로 기름, 지방의 얼룩을 없앤다 | 동석 | (의학에서도 쓰인다) | [[동의어] 곱돌, Kop-tol]

*활슈 [HOAL-SYOU] (活水) [원]104

[불] Eau vive.

[한] 흐르는 물

*활슈호다 [HOAL-SYOU-HĂ-TA] (濶手, (Larges, mains)) [원]104

[불] Libéral, prodigue, généreux. De grand cœur.

[한] 관대하다, 낭비하다, 후하다 | 진심으로

[1]* 활신 [HOAL-SIN,-I] (活信, (Vivante, foi)) [원]104

[불] Foi vive, foi vivante.

[한] 열렬한 믿음, 살아 있는 믿음

[2] 활신 [HOAL-SIN] [원]104

[불] Vite, promptement.

[한] 빨리, 신속하게

활쏘다 [HOAL-SSO-TA,-SSO-A,-SSON] (射弓) [원]104

[불] Tirer de l'arc, lancer des flèches.

[한] 활을 쏘다, 화살을 쏘다

*활인호다 [HOAL-IN-HĂ-TA] (活人, (Sauver la vie, homme)) [원]104

[불] Bienfaiteur, sauveur, qui a sauvé la vie à un homme. Sauver la vie à un homme.

[한] 은혜를 베푸는 사람, 구제자, 사람의 목숨을 구해 준 사람 | 사람의 목숨을 구하다

활작 [HOAL-TJAK] [원]104

[불] A la hâte, vite.

[한] 서둘러서, 빨리

활집 [HOAL-TJIP,-I] (韔, (Arc, fourreau)) [원]105

[불] Etui ou fourreau de l'arc.

[한] 활의 집 또는 케이스

*활협호다 [HOAL-HYEP-HĂ-TA] (濶俠, (large, étroit)) [원]104

불 Etre bon; qui se fait tout à tous; miséricordieux; être compatissant, bienfaisant.
한 좋다 | 모든 사람에게 도움이 되다 | 자비롭다 | 동정적이다, 친절하다

활활나라가다 [HOAL-HOAL-NA-RA-KA-TA,-KA,-KAN] (迅飛去) 원 104
불 S'envoler. (Désigne le vol des grands oiseaux).
한 날아오르다 | (큰 새들의 비상을 가리킨다)

활활풀다 [HOAL-HOAL-HPOUL-TA,-HPOU-RE,-HPOUN] 원 104
불 Défaire promptement (un paquet). Quitter promptement (les habits).
한 (꾸러미를) 재빠르게 풀다 | (옷들을) 재빠르게 벗다

홝 [HOALK] 원 104
불 Promptement, subitement, vite.
한 신속하게, 급작스레, 빨리

홝부다 [HOALK-POU-TA,-POU-RE,-POUN] 원 104
불 Souffler pour épousseter.
한 먼지를 털기 위해 입김을 불다

홝홝풀다 [HOALK-HOALK-HPOUL-TA,-HPOU-RE,-HPOUN] 원 104
불 Se moucher avec force, bruyamment. Exprime le grondement ou sifflement du feu dans un incendie.
한 힘껏, 큰 소리로 코를 풀다 | 화재 시 불이 요란하게 울리는 소리나 휙휙거리는 소리를 나타낸다

홧홧ᄒᆞ다 [HOAT-HOAT-HĂ-TA] 원 105
불 Très-chaud, brûlant (v. g. la tête, dans un grand mal de tête).
한 (예. 머리가, 매우 심한 두통이 있을 때) 매우 뜨겁다, 열이 있다

1*** 황** [HOANG,-I] (磺) 원 102
불 Soufre.
한 유황

2*** 황** [HOANG,-I] (皇) 원 102
불 Empereur.
한 황제

3*** 황** [HOANG] (黃) 원 102
불 Jaune.
한 노랗다

황각 [HOANG-KAK,-I] (黃藿, (Jaune, algue)) 원 102
불 Esp. d'algue marine de couleur jaune.
한 노란색 바닷말의 종류

1*** 황감** [HOANG-KAM,-I] (黃柑, (Jaune, kaki)) 원 102
불 Orange. Nom d'un fruit semblable à l'orange, à un kaki jaune.
한 오렌지 | 오렌지, 노란 감과 비슷한 과일의 이름

2 **황감** [HOANG-KAM,-I] 원 102
불 Nom d'un examen public.
한 공적인 시험의 이름

*** 황건젹** [HOANG-KEN-TJYEK,-I] (黃巾賊, (Jaune, mouchoir, voleur)) 원 102
불 Voleur qui se coiffe d'un turban ou d'un mouchoir jaune.
한 터번이나 노란 손수건을 머리에 쓰는 도적

*** 황겁ᄒᆞ다** [HOANG-KEP-HĂ-TA] (慌怯) 원 102
불 Crainte, frayeur. avoir peur, craindre beaucoup.
한 두려움, 공포 | 겁먹다, 많이 두려워하다

*** 황경피** [HOANG-KYENG-HPI] (黃梗皮, (Jaune, tronc, écorce)) 원 102
불 Esp. d'arbre à liége; son écorce; liége. V. 굴피 Koul-hpi; 황벽 Hoang-păik.
한 코르크 나무의 종류 | 그것의 껍질 | 코르크 | [참조어 굴피 Koul-hpi | 황벽 Hoang-păik]

*** 황계** [HOANG-KYEI] (黃鷄) 원 102
불 Poule jaune.
한 노란 닭

*** 황공ᄒᆞ다** [HOANG-KONG-HĂ-TA] (惶恐) 원 102
불 Faire attention et avoir un peu peur. Craindre, éprouver une crainte respectueuse. Craindre et respecter. Etre confus. Etre troublé, craintif. Appréhender.
한 유념하고 조금 겁먹다 | 두려워하다, 경외감을 느끼다 | 두려워하고 존경하다 | 송구스러워하다 | 심란하다, 두려워하다 | 염려하다

*** 황과** [HOANG-KOA] (惶瓜) 원 102
불 Concombre. (Inusité).
한 오이 | (쓰이지 않는다)

*** 황구피** [HOANG-KOU-HPI] (黃狗皮, (Jaune, chien, peau)) 원 102
불 Peau de chien jaune.
한 누런 개의 가죽

*** 황구ᄒᆞ다** [HOANG-KOU-HĂ-TA] (惶懼) 원 102
불 Crainte respectueuse. Craindre par respect.
한 경외심 | 존경하여 두려워하다

*** 황극뎐** [HOANG-KEUK-TYEN,-I] (皇極殿, (Jaune, sommet, maison)) 원 102

불 Palais impérial, palais de l'empereur de Chine à Pékin.

한 황제의 궁전, 북경에 있는 중국 황제의 궁전

1*황금 [HOANG-KEUM,-I] (黃金, (Jaune, or)) 원102

불 Or jaune, or (métal).

한 황금, 금 (금속)

2*황금 [HOANG-KEUM,-I] (黃芩) 원102

불 Nom d'une racine jaune, médicinale, très-employée contre les fièvres; (au Japon on s'en sert comme teinture). Safran.

한 노란색의, 약용의, 열에 대해 매우 많이 사용되는 뿌리의 이름 | (일본에서 염료로 사용한다) | 사프란

*황기 [HOANG-KI] (黃芪, (Jaune, racine)) 원102

불 Esp. de racine médicinale, d'une couleur un peu jaune.

한 약간 노란색인 약용 뿌리의 종류

1*황년 [HOANG-NYEN,-I] (黃蓮, (Jaune, nénuphar)) 원102

불 Nom d'une plante médicinale, dont les feuilles ressemblent à celles du nénuphar, et dont la racine est jaune.

한 잎은 수련의 잎과 비슷하고 뿌리는 노란색인 약용 식물의 이름

2*황년 [HOANG-NYEN,-I] (荒年) 원102

불 Année de disette.

한 흉년

*황뉼 [HOANG-NYOUL,-I] (黃栗, (Jaune, châtaigne)) 원102

불 Châtaigne desséchée.

한 말린 밤

*황단 [HOANG-TAN,-I] (黃丹, (Jaune, rouge)) 원103

불 Nom d'une esp. de remède en poudre. Poudre qui semble composée d'arsenic et d'étain; on l'emploie contre la fièvre.

한 가루로 된 약 종류의 이름 | 비소와 주석으로 구성된 것처럼 보이는 가루 | 그것을 열이 날 때 사용한다

*황단ᄒᆞ다 [HOANG-TAN-HĂ-TA] (荒短) 원103

불 Etre difficile.

한 어렵다

*황달 [HOANG-TAL,-I] (黃疸) 원103

불 Jaunisse.

한 황달

*황당ᄒᆞ다 [HOANG-TANG-HĂ-TA] (荒唐) 원103

불 Etre en danger de, être exposé à. dangereux. Etre incertain, douteux, exposé à ne pas se réaliser.

한 ~의 위험에 처하다, ~에 노출되어 있다 | 위험하다 | 불확실하다, 확실치 않다, 실현되지 않을 위험에 처하다

*황댱 [HOANG-TYANG,-I] (皇塲, (Empereur, cour)) 원103

불 Forêt du gouvernement, où il est interdit de couper du bois. Bois réservé du roi.

한 벌목이 금지된 정부의 산림 | 왕 전용의 숲

황덕이 [HOANG-TEK-I] 원103

불 Feu en plein air (pour se chauffer).

한 (난방을 하기 위한) 야외에서의 불

*황뎨 [HOANG-TYEI] (皇帝, (Empereur, empereur)) 원103

불 Empereur; empereur de Chine.

한 황제 | 중국의 황제

*황도 [HOANG-TO] (黃道) 원103

불 Route du soleil dans le ciel. Zodiaque.

한 하늘에서의 태양의 길 | 황도대

*황디 [HOANG-TI] (荒地) 원103

불 Terrain en friche, non cultivé.

한 황무지 상태의, 경작되지 않은 땅

*황력 [HOANG-RYEK,-I] (皇曆) 원103

불 Calendrier impérial.

한 황제의 책력

*황력ᄉᆞ [HOANG-RYEK-SĂ] (皇曆使, (Empereur, calendrier, envoyé)) 원103

불 Ambassadeur qui va chercher le calendrier en Chine.

한 중국에 책력을 찾으러 가는 사절

*황룡 [HOANG-RYONG,-I] (黃龍) 원103

불 Dragon jaune.

한 노란색 용

*황망ᄒᆞ다 [HOANG-MANG-HĂ-TA] (慌忙) 원102

불 Se presser par crainte, ne pas se posséder par suite de la crainte, être troublé par la crainte. Etre pressé, être pressant.

한 두려움에 짓눌리다, 두려움의 결과로 감정을 억제하지 못하다, 두려움으로 인해 심란하다 | 짓눌리다, 절실하다

*황모 [HOANG-MO] (黃毛, (jaune, poil)) 원102

불 Poil jaune, poil de belette, avec lequel on fait des

pinceaux. Esp. de blaireau dont le poil sert à faire les pinceaux à écrire.
한 노란 털, 붓을 만드는 족제비의 털 | 그 털이 글 쓰는 붓을 만드는 데 쓰이는 족제비 종류

*황문이 [HOANG-MOUN-I] (肛門) 원 102
불 Anus; le rectum.
한 항문 | 직장

*황미 [HOANG-MĂI] (黃梅) 원 102
불 V. 아ᄒᆡ나무 A-hăi-na-mou.
한 [참조어 아ᄒᆡ나무, A-hăi-na-mou]

황발이 [HOANG-PAL-I] 원 102
불 Esp. de crabe qui a deux longues pinces antérieures plus grosses que lui.
한 자기보다 더 두꺼운 두 개의 긴 집게가 있는 게의 종류

황복일다 [HOANG-POK-IL-TA] 원 103
불 Etre d'un pays très-éloigné.
한 매우 멀리 떨어진 고장 출신이다

황복ᄒᆞ다 [HOANG-POK-HĂ-TA] 원 103
불 V. 항복ᄒᆞ다 Hang-pok-hă-ta.
한 [참조어 항복ᄒᆞ다, Hang-pok-hă-ta]

*황빅 [HOANG-PĂIK,-I] (黃栢) 원 102
불 Nom d'une esp. de remède. Seconde écorce du 황경피나무 Hoang-kyeng-hpi-na-mou; elle sert en médecine et en teinture (pour la couleur jaune).
한 일종의 약 이름 | 황경피나무 Hoang-kyeng-hpi-na-mou의 두 번째 껍질 | 내복약으로, 그리고 (노란색을 내기 위한) 염료로 쓰인다

*황샹 [HOANG-SYANG,-I] (皇上, (Empereur, élevé au-dessus [du peuple])) 원 103
불 Empereur, empereur de Chine.
한 황제, 중국의 황제

황셕이 [HOANG-SYEK-I] 원 103
불 Petit poisson de mer.
한 작은 바닷물고기

*황셜 [HOANG-SYEL,-I] (謊說, (Mensongère, parole)) 원 103
불 Mensonge.
한 거짓말

*황셩 [HOANG-SYENG,-I] (皇城) 원 103
불 Murailles de la ville impériale, de Pékin, de Chine.
한 중국 북경의 황제가 있는 도시의 성벽

황소 [HOANG-SO] (牡牛) 원 103
불 Taureau, bœuf.
한 황소, 소

*황숑즁에 [HOANG-SYONG-TJYOUNG-EI] (惶悚中) 원 103
불 Dans la crainte.
한 ~을 두려워해서

*황숑ᄒᆞ다 [HOANG-SYONG-HĂ-TA] (惶悚) 원 103
불 Crainte respectueuse et reconnaissante. Etre confus. oser à peine.
한 존경과 감사의 두려움 | 송구스러워하다 | 겨우 단행하다

*황ᄉᆞ [HOANG-SĂ] (黃絲) 원 103
불 Fil jaune.
한 노란 실

황ᄉᆡ [HOĀNG-SĂI] (鸛) 원 103
불 Esp. d'oiseau, p. ê. le héron, l'aigrette ou la cigogne. Cigogne blanche. Héron commun (blanc, avec des taches noires et une aigrette).
한 새의 종류, 아마도 왜가리, 백로 또는 황새 | 흰 황새 | 보통의 왜가리 (검은 반점을 가진 흰색의, 그리고 백로)

*황어 [HOANG-E] (黃魚) 원 102
불 petit poisson jaune de mer.
한 노란 바닷물고기

*황연대각ᄒᆞ다 [HOANG-YEN-TAI-KAK-HĂ-TA] (恍然大覺, (Clairement, grand, comprendre)) 원 102
불 Etre clairement instruit. Etre éclairée ou être clairement ouverte (l'intelligence).
한 확실히 유식하다 | 식견을 갖추다 또는 확실히 총명하다 (지성)

*황연ᄒᆞ다 [HOĀNG-YEN-HĂ-TA,-HĂN,-HI] (恍然) 원 102
불 Clair; apprendre clairement.
한 명석하다 | 확실히 배우다

[1]황오리 [HOANG-O-RI] (黃鴨) 원 102
불 Canard jaune.
한 노란 오리

[2]황오리 [HOANG-O-RI] (黃稻) 원 102
불 Riz jaune.
한 노란 쌀

*황옥 [HOANG-OK,-I] (黃玉, (Jaune, jade)) 원 102
불 Marbre jaune, jade jaune.
한 황색의 대리석, 노란 비취

황요 [HOANG-YO] (黃牛) 원 102

불 Taureau, bœuf.
한 황소, 소

황우쟝ᄉ [HOANG-OU-TJYANG-SĂ] 원102
불 Petit marchand ambulant qui vend toutes sortes de petits objets, étoffe, articles de toilette, etc.
한 모든 종류의 작은 물건들, 옷감, 화장 도구들 등을 파는 소규모 행상인

*황육 [HOANG-YOUK,-I] (黃肉, (jaune, viande)) 원102
불 Viande de bœuf.
한 쇠고기

*황잉 [HOANG-ĂING,-I] (黃鶯) 원102
불 Loriot.
한 꾀꼬리

*황졍 [HOANG-TJYENG,-I] (黃精) 원103
불 Nom d'une esp. de remède.
한 약 종류의 이름

*황지 [HOANG-TJI] (黃紙) 원103
불 Papier jaune (qui se fabrique dans la province de Ham-kyeng).
한 (함경 Ham-kyeng지방에서 만들어진) 노란 종이

*황챠 [HOANG-TCHYA] (况且) 원103
불 A fortiori, à plus forte raison.
한 하물며, 말할 것도 없이

*황촉 [HOANG-TCHOK,-I] (黃燭) 원103
불 Cierge jaune, chandelle de cire jaune.
한 노란 초, 노란 밀랍의 양초

*황츙 [HOANG-TCHYOUNG,-I] (黃虫) 원103
불 Insecte jaune.
한 노란 곤충

*황츙이 [HOANG-TCHYOUNG-I] (蝗虫) 원103
불 Larve du bombyx livrée; chenille; chenille de chène (venimeuse). Bombyx du pin.
한 천막벌레나방의 유충 | 애벌레 | (독이 있는) 떡갈나무 애벌레 | 소나무에 있는 누에나방

*황칠 [HOANG-TCHIL,-I] (黃漆) 원103
불 Vernis jaune, peinture jaune.
한 노란 유약, 노란색의 칠

*황칠ᄒᆞ다 [HOANG-TCHIL-HĂ-TA] (黃漆) 원103
불 Peindre en jaune.
한 노란색으로 칠하다

*황ᄎᆞ [HOANG-TCHĂ] (黃茶) 원103
불 Thé jaune.
한 노란 차

*황토 [HOANG-HTO] (黃土) 원103
불 Terre jaune. argile. Boue.
한 노란색의 흙 | 점토 | 진흙

1*황토슈 [HOANG-HTO-SYOU] (黃土水) 원103
불 Eau dans laquelle on a éteint une motte de terre jaune rougie au feu (remède).
한 불에 붉게 달구어진 황토의 덩어리를 냉각시킨 물 (약)

2황토슈 [HOANG-HTO-SYOU] 원103
불 Forêt réservée du gouvernement. V.Syn. 황댱 Hoang-tyang.
한 정부 전용의 숲 | [동의어 황댱, Hoang-tyang]

*황티ᄌᆞ [HOANG-HTĂI-TJĂ] (皇太子) 원103
불 Fils aîné de l'empereur de Chine.
한 중국 황제의 장남

*황혼 [HOANG-HON,-I] (黃昏, (Jaune, crépuscule du soir)) 원102
불 Crépuscule du soir. Commencement de la nuit.
한 저녁의 어스름한 빛 | 밤의 시작

*황홀ᄒᆞ다 [HOANG-HOL-HĂ-TA] (恍惚) 원102
불 Etre étincelant, brillant. ‖ Difficile à savoir, à connaître. ‖ Etre d'une beauté ou d'une bonté inexplicable.
한 현란하다, 빛나다 | 알기, 알기 힘들다 | 설명할 수 없이 아름답거나 착하다

*황후 [HOANG-HOU] (皇后, (Empereur, épouse)) 원102
불 Impératrice, femme de l'empereur de Chine.
한 황후, 중국 황제의 부인

*황ᄒᆡ [HOANG-HĂI] (黃海) 원102
불 mer jaune, la mer de Chine.
한 황해, 중국의 바다

*황ᄒᆡ도 [HOANG-HĂI-TO] (黃海道) 원102
불 Province de Corée sur les bords de la mer de Chine au n.o., capit. ᄒᆡ쥬 Hăi-tjyou.
한 북서쪽 중국 바다와의 경계에 있는 조선의 지방 | 수도. ᄒᆡ쥬 Hăi-tjyou

1홰 [HOAI] (桅) 원99
불 Portemanteau.
한 외투걸이

2홰 [HOAI] (塒) 원99
불 Juchoir: perche en travers, sur laquelle se mettent les poules, etc. pour dormir.

한 홰 | 잠을 자기 위해 암탉들이 앉는 가로 장대

³홰 [HOAI] 원99

불 Pièce de bois qui flotte en travers du courant, afin de retenir les brindilles, les feuilles, etc. réservées pour le feu.

한 불을 피우기 위해 따로 잡아 둔 잔가지나 잎사귀 등을 고정시키기 위해서, 흐름을 가로질러 떠 있는 나무 조각

⁴홰 [HOAI] (炬) 원99

불 Torche.

한 횃불

홰군 [HOAI-KOUN,-I] (炬軍) 원99

불 Porte-torche.

한 횃불을 나르는 사람

횃대 [HOAIT-TAI] (椸) 원99

불 Portemanteau. perche sur laquelle on met les habits. Bambou suspendu horizontalement par les deux extrémités, et qui sert à suspendre les habits, etc.

한 외투걸이 | 옷을 두는 장대 | 양끝에 수평으로 매달리고, 옷 등을 걸어두는 데 쓰이는 대나무

횅ᄒᆞ다 [HOAING-HĂ-TA] (空) 원99

불 Etre vide, désert.

한 비다, 사람이 살지 않다

¹*회 [HOI] (灰) 원106

불 Chaux. ‖ Cendre.

한 석회 | 재

²*회 [HOI] (蛔) 원106

불 Ver intestinal.

한 기생충

³*회 [HOI] (膾) 원106

불 Mets de poisson cru ou de viande crue.

한 날 생선이나 날고기 요리

⁴*회 [HOI] (會) 원106

불 Assemblée, société, confrérie, réunion, association, synode, concile, congrégation.

한 모임, 공동체, 조합, 집회, 협회, 교구 회의, 종교 회의, 수도회

⁵*회 [HOI] (檜) 원106

불 Ecorce du 회나무 Hoi-na-mou.

한 회나무 Hoi-na-mou의 껍질

*회갑 [HOI-KAP,-I] (回甲, (Revenir, l'année)) 원106

불 Retour de la même année du cycle après 60 ans. 60ᵉ anniversaire.

한 60세 후에 주기의 같은 해가 돌아옴 | 60번째 생일

*회계 [HŌI-KYEI] (會計, (Rassembler, compter)) 원106

불 Calcul exact des dépenses. ‖ Association basée sur une mise de fonds, que l'on fait valoir par usure de diverses manières.

한 지출의 정확한 계산 | 투자에 기반을 둔 협회로, 그 자금을 다양한 종류의 높은 이자를 통해 운용하여 증식한다

*회계칙 [HŌI-KYEI-TCHĂIK] (會計冊) 원106

불 Livre de comptes.

한 회계 장부

¹*회곡ᄒᆞ다 [HOI-KOK-HĂ-TA] (回曲) 원106

불 Irritable, iráscible, petit d'esprit, susceptible. D'un caractère inégal, susceptible.

한 성마르다, 화를 잘 내다, 마음이 편협하다, 격하기 쉽다 | 성격이 한결같지 않다, 격하기 쉽다

²*회곡ᄒᆞ다 [HOI-KOK-HĂ-TA] (會哭, (Se rassembler, pousser des gémissements)) 원106

불 Se réunir pour pleurer.

한 울기 위해 모이다

*회공도다 [HOI-KONG-TO-TA,-TO-RA,-TON] (回孔, (Tourner, issue, tourner)) 원106

불 Nouvelle connue de tout le monde, quoique le gouvernement voulût la cacher. Se divulguer, se répandre. ‖ Consulter tous les mandarins (se dit du gouvernement).

한 정부가 그것을 감추고 싶어 함에도 불구하고 모든 사람에게 알려진 소식 | 폭로되다, 널리 알려지다 | 모든 관리에게 문의하다 (정부에 대해 쓴다)

*회과ᄌᆞ칙ᄒᆞ다 [HŌI-KOA-TJĂ-TCHĂIK-HĂ-TA] (悔過自責, (Repentir, défaut, soi-même, se gronder)) 원106

불 Corriger ses défauts et se châtier. Se perfectionner.

한 자신의 잘못을 고치고 고행하다 | 발전하다

*회규 [HŌI-KYOU] (會規, (Société, règlement)) 원107

불 Lois, règles d'une société, d'une confrérie, etc.

한 단체, 조합 등의 법칙, 규율

*회기ᄒᆞ다 [HOI-KĂI-HĂ-TA] (悔改, (Repentir, conversion)) 원106

불 Se convertir, se repentir et changer. Se reconnaître, se corriger.

한 개종하다, 회개하고 바뀌다 | 자신이 ~함을 인정하다, 행실을 고치다

회나무 [HOI-NA-MOU] (栦木) [원] 107
[불] Nom d'une esp. d'arbre (dont l'écorce sert à border le talon des souliers, et dont la graine réduite en farine a la propriété de tuer les poux).
[한] 나무 종류의 이름 (그 껍질은 신발의 뒤축을 두르는데 쓰이고, 가루로 빻은 그 종자는 이를 죽이는 속성이 있다)

*회노 [HOI-NO] (回路, (Revenir, voyage)) [원] 107
[불] Le voyage de retour, le retour. Voyage en retour.
[한] 돌아오는 여행, 돌아옴 | 돌아오는 길

*회답ᄒᆞ다 [HOI-TAP-HĂ-TA] (回答, (Revenir, répondre)) [원] 108
[불] Répondre à une lettre. || Informer, rapporter, raconter, rendre compte de.
[한] 편지에 답하다 | 알려주다, 보고하다, 이야기하다, ~을 보고하다

*회뎡ᄒᆞ다 [HOI-TYENG-HĂ-TA] (回程, (Revenir, route)) [원] 108
[불] Retourner, partir pour s'en retourner, revenir sur ses pas, retourner chez soi.
[한] 돌아오다, 돌아가기 위해 출발하다, 발걸음을 돌리다, 자신의 집에 돌아가다

*회두ᄒᆞ다 [HOI-TOU-HĂ-TA] (回頭) [원] 108
[불] Conversion, changement. Se convertir. || Tourner casaque, tourner le dos, abandonner ce que l'on avait entrepris, pour faire le contraire.
[한] 전향, 변경 | 전향하다 | 훼절하다, 등을 돌리다, 반대로 하기 위해 착수했던 것을 그만두다

회득이 [HOI-TEUK-I] [원] 108
[불] Sifflet en écorce d'arbre.
[한] 나무껍질로 만든 호루라기

회득ᄒᆞ다 [HOI-TEUK-HĂ-TA] [원] 108
[불] Tourner la tête, c. a. d. abandonner ce que l'on faisait.
[한] 머리를 돌리다, 즉 하던 것을 그만두다

*회로 [HOI-RO] [원] 108
[불] V. 회노 Hoi-no.
[한] [[참조어] 회노, Hoi-no]

*회마 [HOI-MA] (回馬, (Revenir, cheval)) [원] 107
[불] Cheval qui revient.
[한] 돌아오는 말

1*회목 [HOI-MOK,-I] (回項) [원] 107
[불] Partie du corps qui forme la jonction du pied à la jambe, au-dessous de la cheville. || Le bas de la jambe au-dessus de la cheville. || Poignet.
[한] 발목 아래에 발에서 다리까지의 관절을 형성하는 몸의 부분 | 발목 위의 다리 아랫부분 | 손목

2*회목 [HOI-MOK,-I] (栦木) [원] 107
[불] V. 회나무 Hoi-na-mou.
[한] [[참조어] 회나무, Hoi-na-mou]

*회문 [HOI-MOUN,-I] (回文, (Revenir, écrit)) [원] 107
[불] Réponse. || Circulaire pour informer d'une affaire.
[한] 답장 | 어떤 일을 알리기 위한 회람장

회바르다 [HOI-PA-RĂ-TA,-PAL-NE,-PA-RĂN] (塗灰) [원] 107
[불] Crépir avec de la chaux.
[한] 석회를 애벌로 바르다

*회보ᄒᆞ다 [HOI-PO-HĂ-TA] (回報, (Répondre, informer le supérieur)) [원] 107
[불] Rapporter à un supérieur ce que l'on a vu ou fait. Informer un supérieur en réponse à l'ordre reçu.
[한] 보거나 행한 것을 윗사람에게 보고하다 | 받은 명령에 대한 대답으로 윗사람에게 알려 주다

*회복ᄒᆞ다 [HOI-POK-HĂ-TA] (回復, (Revenir, de nouveau)) [원] 107
[불] Se rétablir. Reprendre ses forces. Redevenir ce qu'on était autrefois. || Restituer. Réparer. Réintégrer.
[한] 회복되다 | 기력을 되찾다 | 다시 예전처럼 되다 | 복구하다 | 수리하다 | 복귀하다

*회빈쟉쥬 [HOI-PIN-TJYAK-TJYOU] (回賓作主, (Revenir, hôte, devenir, maître)) [원] 107
[불] Etranger devenu maître. Etranger qui, en l'absence du maître, attend au salon, et reçoit ce dernier comme un hôte, les rôles étant changés. = ᄒᆞ다 - hă-ta, Faire le maître chez un autre.
[한] 주인이 된 손님 | 주인이 없을 때, 거실에서 기다리고, 역할이 바뀌어 주인을 손님처럼 맞이하는 손님 | [[용례] = ᄒᆞ다, - hă-ta], 다른 사람 집에서 주인 행세를 하다

*회샤ᄒᆞ다 [HOI-SYA-HĂ-TA] (回謝, (Retourner, remercier)) [원] 108
[불] Remercier, rendre grâce. || Rendre une visite.
[한] 감사하다, 감사하다 | 방문하다

1*회시ᄒᆞ다 [HOI-SI-HĂ-TA] (灰矢) [원] 108
[불] Badigeonner, barbouiller de chaux.
[한] 도료를 칠하다, 석회를 서투르게 칠하다

2*회시ᄒᆞ다 [HOI-SI-HĂ-TA] (回示) [원] 108

ᄒ

불 Répondre (un supér. à un infér.).
한 (윗사람이, 아랫사람에게) 회답하다

[3]*회시ᄒᆞ다 [HOI-SI-HĂ-TA] (回視) 원108
불 Punition qui consiste en ce que le coupable, ayant un tambour sur le dos, est forcé de parcourir ainsi tout le village, tandis qu'un homme frappe sur le tambour en criant: 《venez, venez voir.》 Infliger cette punition.
한 죄인이 등에 북을 진 채로, 어떤 사람이 "오시오, 보러 오시오"라고 외치며 그 북을 치는 동안 온 마을을 돌아다녀야만 하는 것으로 이루어지는 처벌 | 이 처벌을 가하다

*회신곡 [HOI-SIN-KOK,-I] (回神曲) 원108
불 Bruit de trompette, de tambour, etc. que l'on fait après une exécution, pour congédier l'âme du supplicié et lui souhaiter bon voyage. ‖ Chant d'un bonze mendiant à la porte d'une maison.
한 사형당한 사람의 영혼을 돌려보내고 그 영혼에게 평안한 여행이 되기를 기원하기 위해 사형 집행 후에 부는 나팔, 북 등의 소리 | 집 문간에서 동냥하는 승려의 노래

*회심ᄒᆞ다 [HOI-SIM-HĂ-TA] (回心) 원108
불 Avoir des pensées de tristesse, éprouver le besoin de pleurer. ‖ Se repentir, regretter.
한 슬픈 생각을 하다, 눈물을 흘릴 필요를 느끼다 | 회개하다, 후회하다

*회식 [HOI-SĂIK,-I] (灰色, (Cendres, couleur)) 원108
불 Cendré, couleur de cendre.
한 회색의, 회색

*회쌘 [HOI-PPAN,-I] (灰盤) 원107
불 Morceau de chaux. Plaque de ciment, de chaux, mêlée de terre.
한 석회 조각 | 흙이 섞인 시멘트, 석회의 판

*회양목 [HOI-YANG-MOK,-I] (檜陽木) 원106
불 Buis (arbre).
한 회양목 (나무)

*회우 [HŌI-OU] (會友, (Société, membre)) 원106
불 Confrère; associé; congréganiste; ami, camarade de société. Membre d'une société.
한 동료 | 회원 | 수도회원 | 친구, 모임의 동료 | 모임의 구성원

*회장ᄒᆞ다 [HŌI-TJANG-HĂ-TA] (會葬, (Se réunir, faire les funérailles)) 원108
불 Se réunir pour faire les funérailles.
한 장례를 치르기 위해 모이다

[1]*회쟝 [HOI-TJYANG,-I] (回裝) 원108
불 Etoffe d'une couleur différente ajoutée à la petite camisole des femmes (au cou, sous les aisselies et aux poignets). Camisole chamarrée des femmes.
한 여성용 작은 캐미솔에 (목에, 겨드랑이 아래와 손목에) 더해진 다른 색깔의 천 | 장식된 여성용 캐미솔

[2]*회쟝 [HŌI-TJYANG,-I] (會長, (Assemblée, chef)) 원108
불 Catéchiste, chef d'un village chrétien pour ce qui regarde la religion.
한 교리 문답 지도 교사, 종교와 관련된 일에 있어서 기독교 마을의 장

회젹ᄒᆞ다 [HOI-TJYET-HĂ-TA] (回寂) 원108
불 Inhabité, désert, solitaire. D'une solitude qui inspire la crainte.
한 사람이 살지 않다, 사람이 없다, 혼자 살다 | 불안을 불러일으키는 고독의

*회죄경 [HŌI-TJOI-KYENG,-I] (悔罪經, (Repentir, fautes, prière)) 원108
불 Acte de contrition.
한 참회의 기도

회즙 [HOI-TJEUP,-I] (檜) 원108
불 Genévrier.
한 노간주나무

*회집ᄒᆞ다 [HŌI-TJIP-HĂ-TA] (會集) 원108
불 Réunion d'hommes. Se réunir, s'assembler.
한 사람들의 모임 | 모이다, 참석하다

회창회창ᄒᆞ다 [HOI-TCHANG-HOI-TCHANG-HĂ-TA] 원108
불 Fragile, qui oscille, élastique, mobile, flexible, frêle.
한 연약하다, 흔들거리다, 탄성이 있다, 움직이다, 낭창낭창하다, 날씬하다

*회초간에 [HOI-TCHO-KAN-EI] (晦初間) 원108
불 A la fin, ou au commencement, v. g. d'une lune.
한 마지막에, 또는 초입에, 예. 한 달의

회츄리 [HOI-TCHYOU-RI] 원108
불 Badine, verge.
한 가는 막대, 가는 막대

*회츈ᄒᆞ다 [HOI-TCHYOUN-HĂ-TA] (回春, (Revenir, printemps)) 원108
불 Retour du printemps. ‖ Rétablissement complet,

retour en santé après une maladie. Se rétablir, revenir à la santé.
한 봄의 회귀 | 완쾌, 병을 앓은 후 건강한 상태로 돌아감 | 회복되다, 다시 건강해지다

[1]회춤 [HOI-TCHYOUM,-I] 원 108
불 Esp. d'herbe potagère.
한 식용 풀의 종류

[2]회춤 [HOI-TCHYOUM,-I] (簷隅) 원 108
불 Angle, gouttière, larmier d'un toit, bords du toit.
한 모퉁이, 처마, 지붕의 빗물막이, 지붕의 가장자리

*회츙 [HOI-TCHYOUNG,-I] (蛔虫) 원 108
불 Ver intestinal.
한 기생충

회치다 [HŌI-TCHI-TA,-TCHYE,-TCHIN] (裁膾) 원 108
불 Couper en petits morceaux le poisson, la viande, pour les manger crus.
한 생선, 고기를 날 것으로 먹기 위해 작은 조각으로 자르다

회침 [HOI-TCHIM,-I] (屋隅) 원 108
불 Angle du toit d'une maison, formé par l'intersection de deux plans inclinés. ‖ Angle. ‖ Gouttière, larmier d'un toit.
한 두 빗면의 교차점에 의해 생긴 집 지붕의 모퉁이 | 모퉁이 | 빗물받이 홈통, 지붕의 빗물막이

회ᄎᆞ리 [HOI-TCHĂ-RI] 원 108
불 Badine, verge.
한 가는 막대, 가는 막대

[1*]회통 [HOI-HTONG,-I] (回通) 원 108
불 Lettre circulaire.
한 회람장

[2*]회통 [HOI-HTONG,-I] (回痛) 원 108
불 Maladie épidémique (qui cause la mort subite).
한 (급사를 일으키는) 전염병

*회편 [HOI-HPYEN,-I] (回便, (Revenir, occasion)) 원 107
불 Le retour d'une occasion ou d'un courrier.
한 기회나 우편물이 되돌아옴

*회포 [HOI-HPO] (懷抱) 원 108
불 Esprit, cœur. pensée, rêve. Se dit surtout des choses mélancoliques, v. g. de la patrie absente.
한 정신, 마음 | 생각, 꿈 | 특히 우울한 것들에 대해 쓴다, 예. 떨어져 있는 고향에 대해

*회피ᄒᆞ다 [HOI-HPI-HĂ-TA] (回避, (Détourner, fuir)) 원 108
불 S'enfuir en secret. ‖ Eviter; faire un détour ou s'écarter pour éviter.
한 몰래 달아나다 | 피하다 | 피하기 위해 우회하거나 비켜나다

*회하 [HOI-HA] (回下, (Revenir, descendre)) 원 106
불 Réponse du gouverneur à la consultation du mandarin.
한 관리의 자문에 대한 지사의 답변

*회향 [HOI-HYANG,-I] (茴香) 원 106
불 Anis. 팔각=Hpal-kak-, Anis étoilé. 쇼= Syo-, Anis commun.
한 아니스 | [용례 팔각=, Hpal-kak-], 붓순나무 | [용례 쇼=, Syo-], 일반적인 아니스

회호리바롬 [HOI-HO-RI-PA-RĂM] (旋風) 원 106
불 Tourbillon de vent; trombe; typhon.
한 회오리 바람 | 소용돌이 | 태풍

*회혼례 [HOI-HON-RYEI] (回婚禮, (Revenir, mariage, cérémonies)) 원 106
불 Cérémonies des secondes noces ou du renouvellement des noces, que font les époux 60 ans après leur mariage, c. a. d. la même année du cycle de 60 ans.
한 결혼 60년 후, 즉 60년 주기의 같은 해에 부부가 치르는 두 번째 결혼식 또는 되풀이하는 결혼

*회화나무 [HOI-HOA-NA-MOU] (檜花木) 원 106
불 Nom d'une esp. d'arbre dont les fleurs sont blanches.
한 꽃이 흰 나무 종류의 이름

*회환ᄒᆞ다 [HOI-HOAN-HĂ-TA] (廻還, (Revenir, revenir)) 원 106
불 Retour, retourner, revenir.
한 귀환, 돌아오다, 다시 오다

*회회 [HOI-HOI] (回回) 원 106
불 Hommes du retour, c. a. d. mahométans, ainsi appelés: 1e à cause de leur croyance à la métempsycose; 2e parce que leurs ancêtres étaient de la tribu de oui-gour.
한 돌아온 사람, 즉 회교도인, 첫째, 윤회에 대한 그들의 믿음 때문에 | 둘째, 그들의 조상들이 위구르족에 속하기 때문에 이렇게 불린다

회회도다 [HOI-HOI-TO-TA,-TO-RA,-TON] (回回旋) 원 106
불 Tourner.
한 돌다

*회회쳥 [HOI-HOI-TCHYENG,-I] (回回靑) 원 106
불 Bleu de prusse.

한 프러시안 블루

*회히ᄒᆞ다 [HOI-HĂI-HĂ-TA] (詼諧) 원106

불 S'amuser, jouer, se récréer. Se plaisanter mutuellement.

한 즐기다, 놀다, 기분 전환을 하다 | 서로 장난삼아 놀리다

획 [HOIK,-I] (畫) 원106

불 Trait, trait d'écriture. Coup de pinceau ou de plume.

한 선, 글씨의 선 | 붓이나 펜의 놀림

*횡 [HOING] (橫) 원107

불 En agr. De travers, en travers, à tort, obliquement.

한 한자어로 비스듬히, 옆으로, 부당하게, 비스듬히

횡듯다 [HOING-TEUT-TA,-TEU-RE,-TEU-RĂN] (橫聞, (De travers, entendre)) 원107

불 Ne pas bien entendre. Mal entendre.

한 잘 듣지 못하다 | 잘못 듣다

횡ᄃᆡ [HOING-TĂI] (橫板, (en travers, planches)) 원107

불 Planchettes avec lesquelles on recouvre le cercueil, quand il est déposé dans la fosse; (leur longueur est égale à la largeur du cercueil, sur lequel elles sont rangées transversalement). ‖ Second couvercle qu'on met au-dessus du cercueil.

한 관이 구덩이 안에 놓일 때 관을 덮는 작은 판자들 | (그것들의 길이는 관의 너비와 같고, 관 위에 가로로 배치된다) | 관 위에 놓는 두 번째 덮개

*횡목 [HOING-MOK,-I] (橫木, (En travers, bois)) 원107

불 Pièce de bois placée horizontalement. Pièce de bois transversale.

한 수평으로 놓인 나무 조각 | 가로질러 놓은 나무 조각

횡보다 [HOING-PO-TA,-PO-A,-PON] (橫視, (De travers, voir)) 원107

불 Ne pas bien voir, se tromper en regardant.

한 잘 보지 못하다, 보는 데에 있어 혼동하다

*횡산 [HOING-SAN,-I] (橫産) 원107

불 Couches de travers. Se dit des couches dans lesquelles l'enfant se présente de travers.

한 비스듬한 출산 | 아기가 비스듬히 나오는 출산에 대해 쓴다

*횡셜 [HOING-SYEL,-I] (橫說) 원107

불 Parole inutile, vaine.

한 쓸데없는, 헛된 말

*횡셜슈셜ᄒᆞ다 [HOING-SYEL-SYOU-SYEL-HĂ-TA] (橫說竪說) 원107

불 Dire des paroles inutiles.

한 쓸데없는 말을 하다

*횡슈 [HOING-SYOU] (橫數, (De travers, chance)) 원107

불 Faute en jouant. Se tromper, jouer mal. Mauvaise chance, chance contraire.

한 놀이에서의 잘못 | 실수하다, 게임을 잘못하다 | 좋지 않은 기회, 불리한 기회

*횡ᄉᆞᄒᆞ다 [HOING-SĂ-HĂ-TA] (橫死, (De travers, mourir)) 원107

불 Mourir sans motif (v. g. si un innocent meurt pour le coupable, à la place du coupable).

한 이유 없이 죽다 (예. 죄 없는 사람이 죄인을 위해, 죄인을 대신해 죽다)

*횡예 [HOING-YEI] (橫霓, (Arc-en-ciel, nuage)) 원107

불 Plein cintre ou ogive, arc, arcade, arc-de-triomphe, courbure.

한 반원형 또는 첨두아치, 활, 아치형 통로, 개선문, 만곡

횡예틀다 [HOING-YEI-HIEUL-TA,-HIEUL-E,-HIEUN] (搆虹霓) 원107

불 Cintrer; bâtir, construire en plein cintre ou en ogive, faire des cintres.

한 아치형으로 만들다 | 건축하다, 반원형이나 첨두아치형으로 짓다, 아치를 만들다

*횡ᄋᆡᆨ [HOING-ĂIK,-I] (橫厄, (en travers, malheur)) 원107

불 Chose qui ne devrait pas être. Se dit, v. g. de l'erreur par suite de laquelle on est pris à la place du coupable, on est chargé d'une affaire qui ne vous regarde pas.

한 존재하면 안 되는 것 | 예. 죄인을 대신해 잡힌 결과로 잘못이나 당신이 보지 못한 일이 바뀐 것을 말한다

*횡지 [HOING-TJI] (橫紙, (En travers, papier)) 원107

불 Esp. de papier dont les veines claires sont en travers de l'écriture.

한 성긴 결이 글자의 가로로 있는 종이의 종류

*횡ᄌᆡᄒᆞ다 [HOING-TJĂI-HĂ-TA] (橫財, (de travers, riche)) 원107

불 Devenir riche sans s'y attendre, sans avoir rien fait pour le devenir (v.g. par héritage). ‖ Richesses mal acquises.

한 예상치 못하고, 부자가 되기 위해 아무것도 한 것이 없이 (예. 유산에 의해) 부자가 되다 | 부정하게 얻은 재산

*횡치ᄒᆞ다 [HOING-TCHI-HĂ-TA] (橫馳, (De travers, aller à cheval)) 원107

불 Aller à cheval au galop. Errer ou se promener en liberté.

한 질주하는 말을 타고 가다 | 자유롭게 떠돌거나 산책하다

*횡판 [HOING-HPAN,-I] (橫板, (Transversale, planche)) 원107

불 Planche horizontale. ‖ Ecrit, inscription sur une planche placée horizontalement, et qui ordinairement sert d'enseigne.

한 수평의 판자 | 보통 간판으로 쓰이고, 수평으로 놓인 판자 위의 글, 글귀

*횡힝ᄒᆞ다 [HOING-HĂING-HĂ-TA] (橫行, (En travers, se promener)) 원107

불 Voyager sans danger, être en sûreté. Errer ou se promener en liberté.

한 위험 없이 이동하다, 안전하게 있다 | 자유롭게 떠돌거나 산책하다

*효 [HYO] (孝) 원115

불 Respect ou piété filiale.

한 자식으로서의 존경심 또는 경애심

*효경ᄒᆞ다 [HYO-KYENG-HĂ-TA] (孝敬) 원115

불 Piété filiale et respect. être pieux et respectueux (à l'égard de ses parents).

한 자식으로서의 경애심과 존경심 | (자신의 부모에 대해) 효성스럽고 존경하다

*효뎨츙신 [HYO-TYEI-TCHYOUNG-SIN,-I] (孝悌忠信) 원115

불 Respect, amitié, dévouement et fidélité. Les quatre devoirs.

한 존경심, 우애, 희생, 그리고 충성심 | 네 가지 의무

*효도ᄒᆞ다 [HYO-TO-HĂ-TA] (孝道, (Piété filiale, accomplir)) 원115

불 Honorer ses parents, respecter ses parents, avoir de la piété filiale. Observer la piété filiale.

한 자신의 부모를 공경하다, 자신의 부모를 존경하다, 자식으로서의 경애심을 갖다 | 자식으로서의 경애심을 고수하다

*효법ᄒᆞ다 [HYO-PEP-HĂ-TA] (效法) 원115

불 Suivre l'exemple, marcher sur les traces, imiter.

한 모범을 따르다, 발자취를 따라 걷다, 본받다

*효부 [HYO-POU] (孝婦, (Pieuse, bru)) 원115

불 Bru pieuse, respectueuse envers ses beaux-parents.

한 시부모에 대한 효성스러운, 공손한 며느리

*효셩 [HYO-SYENG,-I] (孝誠, (Pieux, cœur)) 원115

불 Cœur respectueux envers les parents. Piété filiale.

한 부모에 대해 존경하는 마음 | 효심

*효슈ᄒᆞ다 [HYO-SYOU-HĂ-TA] (梟首) 원115

불 Exécuter, mettre à mort en grand apparat. Attacher, suspendre la tête à un arbre pour l'exposer. Faire une exécution sur les bords du fleuve de la capitale, avec toutes les cérémonies de la chaux sur la figure, des flèches dans les oreilles, etc.

한 사형을 집행하다, 장중하게 사형에 처하다 | 머리를 전시하기 위해 머리를 나무에 매달다 | 얼굴에 석회를 바르고 귀에 화살을 꽂는 등의 모든 의식을 치르며 수도의 강가에서 사형을 집행하다

*효슌ᄒᆞ다 [HYO-SYOUN-HĂ-TA] (孝順) 원115

불 Respectueux et obéissant envers ses parents.

한 자신의 부모에 대해 공손하고 순종하다

*효양ᄒᆞ다 [HYO-YANG-HĂ-TA] (孝養) 원115

불 Respect et entretien des parents. Respecter, honorer et nourrir ses parents.

한 존경과 부모의 부양 | 자신의 부모를 존경하고 공경하며 봉양하다

*효요ᄒᆞ다 [HYO-YO-HĂ-TA] (殽擾) 원115

불 Tumultueux, bruyant, qui fait du tapage. Faire du bruit, faire beaucoup parler.

한 소란스럽다, 시끄럽다, 떠들썩한 소리를 내다 | 시끄럽게 하다, 소문이 많이 나다

*효유ᄒᆞ다 [HYO-YOU-HĂ-TA] (曉諭, (Faire comprendre, parler)) 원115

불 Instruire, enseigner, exhorter le peuple. (Se dit d'un mandarin, d'un supérieur).

한 가르치다, 교육하다, 백성에게 권고하다 | (관리, 윗사람에 대해 쓴다)

*효ᄋᆡ [HYO-ĂI] (孝愛, (Piété filiale, amour)) 원115

불 Respect et amour. Piété filiale.

한 존경과 사랑 | 효심

효쥬 [HYO-TJYOU] 원436 ☞ 쇼쥬

ㅎ

*효즁 [HYO-TJYOUNG] (孝中, (Pieux, dans)) ⓦ115

불 Dénomination qu'on donne à un homme en deuil en lui parlant.

한 상중인 사람에게 말할 때 그에게 부여하는 호칭

*효ᄌᆞ [HYO-TJĂ] (孝子) ⓦ115

불 Fils respectueux. Fils pieux. (Se dit même des filles et des brus).

한 공손한 아들 | 효자 | (딸과 며느리들에 대해서도 쓴다)

*효험 [HYO-HEM,-I] (效驗) ⓦ115

불 Bon effet, mieux, efficacité, force, vertu, avantage, fruit.

한 좋은 효과, 회복, 효율, 힘, 덕, 이점, 결실

*효화ᄒᆞ다 [HYO-HOA-HĂ-TA] (燒火) ⓦ115

불 Incendier, brûler.

한 불 지르다, 불태우다

*효ᄒᆡᆼ [HYO-HĂING,-I] (孝行, (Respect et action)) ⓦ115

불 Piété filiale, acte de piété filiale.

한 효심, 효심에서 나온 행위

1*후 [HOU] (厚) ⓦ115

불 Abondant, épais.

한 풍부하다, 농후하다

2*후 [HOU] (後) ⓦ115

불 Derrière, après.

한 ~뒤에, ~후에

*후가ᄒᆞ다 [HOU-KA-HĂ-TA] (後嫁, (Après, se marier)) ⓦ116

불 Prendre un second mari après la mort du premier.

한 첫 번째 남편이 죽고 난 후 두 번째 남편을 맞이하다

*후간 [HOU-KAN,-I] (後間) ⓦ116

불 Lieu où l'on met les provisions. Cellier.

한 식량을 두는 장소 | 지하 저장실

후걸이 [HOU-KEL-I] (後鞨) ⓦ116

불 Partie du harnais du cheval qui descend à mi-jambe par derrière.

한 뒤쪽 다리 중간까지 내려오는 말의 마구 일부

*후궁 [HOU-KOUNG,-I] (後宮) ⓦ116

불 Concubine ou femme secondaire du roi. Désigne les concubines du roi prises parmi les filles du palais pour le service du roi; elles sont au nombre de quatre-vingt-dix-neuf. ‖ L'appartement des filles du palais.

한 왕의 첩 또는 두 번째 부인 | 왕의 시중을 들기 위한 궁의 처녀들 중에서 맞이한 왕의 첩들을 가리킨다 | 모두 합하여 99명이다 | 궁의 처녀들의 거처

1*후긔 [HOU-KEUI] (後期) ⓦ116

불 Temps fixé pour l'avenir.

한 미래를 위해 정해진 시간

2*후긔 [HOU-KEUI] (後氣) ⓦ116

불 Force, force d'élasticité (les vieillards n'en ont pas). ‖ Force des intestins pour se retenir quand on a besoin d'aller au privé. (Ceux qui ont le dévoiement l'ont perdue). ‖ Effet, conséquence. (Se dit du vin et de la chaleur qu'il produit).

한 힘, 탄성력 (노인들은 그것이 없다) | 화장실에 갈 필요가 있을 때 변을 참기 위한 장의 힘 | (설사를 하는 사람들은 이것을 잃은 것이다) | 효과, 결과 | (술과 그것이 만들어내는 흥분에 대해 쓴다)

*후년 [HOU-NYEN,-I] (後年) ⓦ117

불 L'année d'après, la prochaine année.

한 다음 해, 내년

후덕지근ᄒᆞ다 [HOU-TEK-TJI-KEUN-HĂ-TA] ⓦ118

불 Faire chaud et humide.

한 덥고 습하다

후덕후덕ᄒᆞ다 [HOU-TEK-HOU-TEK-HĂ-TA] ⓦ118

불 Faire très-chaud.

한 매우 덥다

*후덕ᄒᆞ다 [HOU-TEK-HĂ-TA] (厚德, (Libéral, vertu)) ⓦ118

불 Vertus nombreuses. Etre bon, généreux, libéral. Avoir beaucoup de vertus.

한 많은 덕 | 성품이 좋다, 관대하다, 도량이 크다 | 덕이 많다

*후뎡 [HOU-TYENG,-I] (後庭, (Derrière, cour)) ⓦ118

불 Petite cour derrière la maison.

한 집 뒤의 작은 안뜰

후뎡화 [HOU-TYENG-HOA] ⓦ118

불 De nouveau, une seconde fois (v. g. retourner)

한 다시, 두 번째 (예. 돌아오다)

후두ᄒᆞ다 [HOU-TOU-HĂ-TA] (愚) ⓦ118

불 Niais.

한 어리석다

후둔ᄒᆞ다 [HOU-TOUN-HĂ-TA] ⓦ118

불 Avoir besoin d'aller à la selle et ne pouvoir rien rendre. Etre constipé.

한 화장실에 갈 필요가 있지만 아무것도 배설할 수

없다 | 변비에 걸리다

*후듸 [HOU-TĂI] (後代) 원118

불 Les générations suivantes.

한 다음 세대들

*후듸ᄒᆞ다 [HOU-TĂI-HĂ-TA] (厚待) 원118

불 Bien traiter; traiter libéralement, de grand cœur.

한 잘 대우하다 | 관대하게, 기꺼이 대우하다

*후락ᄒᆞ다 [HOU-RAK-HĂ-TA] (厚落) 원117

불 Figure décharnée. Etre maigre après une maladie. ‖ Etre usé, déchiré, en mauvais état.

한 야윈 모습 | 병을 앓고 난 후에 야위다 | 닳아 떨어지다, 찢어지다, 상태가 나쁘다

1*후렴ᄒᆞ다 [HOU-RYEM-HĂ-TA] (後染) 원117

불 Teindre ou plutôt reteindre.

한 물들이거나 오히려 다시 물들이다

2*후렴ᄒᆞ다 [HOU-RYEM-HĂ-TA] (厚念) 원117

불 Penser beaucoup.

한 많이 생각하다

*후로 [HOU-RO] (後) 원117

불 Après, dans la suite.

한 후에, 다음에

*후록 [HOU-ROK,-I] (厚祿) 원117

불 Traitement abondant du gouvernement.

한 정부의 풍족한 급여

후료 [HOU-RYO] (厚料) 원117

불 Paye excessive des hommes en place. Gros traitements. Gros salaires pour les soldats ou les prétoriens.

한 지위 있는 사람들의 과도한 급여 | 많은 급여 | 군인들이나 친위대의 많은 급여

후루루날다 [HOU-ROU-ROU-NAL-TA,-NA-RA,-NAN] 원117

불 S'envoler avec bruit.

한 소리 내며 날다

후리다 [HOU-RI-TA,-RYE,-RIN] 원117

불 Tromper par ruse, séduire, tromper, allécher.

한 술책으로 속이다, 유혹하다, 속이다, 유인하다

후림 [HOU-RIM,-I] 원117

불 Ruse, artifice, piége.

한 책략, 계교, 함정

후림군 [HOU-RIM-KOUN,-I] 원117

불 Rusé, qui emploie la ruse.

한 술책, 술책을 이용하는 사람

후림ᄯᅢ [HOU-RIM-TTĂI] 원117

불 Artifice, ruse.

한 기교, 계략

후림장이 [HOU-RIM-TJANG-I] 원117

불 Qui se sert d'artifices.

한 책략을 쓰는 사람

*후릐 [HOU-RĂI] (後來) 원117

불 Après, ensuite, plus tard.

한 후에, 뒤이어, 나중에

*후면 [HOU-MYEN,-I] (後面) 원116

불 Le derrière v. g. d'une maison. La face postérieure.

한 예. 집의 뒤 | 뒷면

1*후박 [HOU-PAK,-I] (厚朴) 원117

불 Nom d'une esp. de remède, d'écorce médicinale.

한 약, 약용 껍질 종류의 이름

2*후박 [HOU-PAK,-I] (厚薄) 원117

불 Libéralité et avarice.

한 관대함과 인색함

*후발졔 [HOU-PAL-TJYEI] (後髮際, (Derrière, poils, sur les bords)) 원117

불 Petits cheveux fins derrière la tête, à la naissance des autres cheveux. ‖ Furoncle très-dangereux sur la nuque. La nuque.

한 다른 머리카락들이 날 때, 머리 뒤 쪽에 나는 가늘고 짧은 머리카락 | 목덜미의 아주 위험한 절종 | 목덜미

*후복통 [HOU-POK-HTONG,-I] (後腹痛, (Après, ventre, maladie)) 원117

불 Maladie du ventre après l'accouchement. Colique qui suit les couches.

한 출산 후의 배의 병 | 출산에 뒤따르는 복통

*후부 [HOU-POU] (後夫) 원117

불 Second mari.

한 두 번째 남편

후비다 [HOU-PI-TA,-PYE,-PIN] 원117

불 Nettoyer (v. g. les oreilles) en extrayant.

한 파내면서 (예. 귀를) 깨끗이 하다

*후비창 [HOU-PI-TCHANG,-I] (喉痺瘡) 원117

불 Homme qui a un trou dans la joue. Cancer au nez. Cancer au larynx. Ulcère qui ronge le nez, qui ronge les amygdales.

한 볼에 구멍이 난 사람 | 코의 암 | 후두의 암 | 코를 좀먹는, 편도선을 좀먹는 종양

*후븨 [HOU-PĂI] (後陪) 원117

ㅎ

불 Suite du mandarin, hommes qui accompagnent le mandarin en voyage. Suivant d'un grand. Esclave qui l'accompagne.

한 관리의 수행원, 여행 중인 관리를 수행하는 사람 | 귀족의 수행원 | 그를 수행하는 노예

*후산 [HOU-SAN,-I] (後産) 원118

불 Secondines, enveloppe du fœtus.

한 태반과 막, 태아를 둘러싼 막

후살이 [HOU-SAL-I] (後嫁, (De nouveau, se marier)) 원118

불 Veuve qui se remarie.

한 개가한 과부

*후셰 [HOU-SYEI] (後世) 원118

불 Le monde à venir, la vie future, le monde futur.

한 도래할 세계, 미래의 삶, 미래의 세계

*후손 [HOU-SON,-I] (後孫) 원118

불 Descendants, postérité.

한 자손들, 후손

*후숑 [HOU-SYONG,-I] (後誦) 원118

불 Actes après.

한 후의 행동

*후실 [HOU-SIL,-I] (後室, (Après, épouse)) 원118

불 La femme d'un veuf.

한 홀아비의 부인

1*후ᄉᆞ [HOU-SĂ] (後嗣) 원118

불 Descendants.

한 자손들

2*후ᄉᆞ [HOU-SĂ] (後事) 원118

불 Affaire postérieure.

한 뒷일

*후ᄉᆡᆼ [HOU-SĂING,-I] (後生) 원118

불 Successeur. Plus jeune, qui est né après, qui succède. ‖ Descendant, postérité.

한 더 젊은 | 후에 태어난, 뒤를 잇는 계승자 | 자손, 후손

*후ᄉᆡᆼ이가외 [HOU-SĂING-I-KA-OI] (後生而可畏) 원118

불 Dépasser son maître; être plus instruit, plus savant que ceux qui précèdent.

한 자신의 스승을 앞지르다 | 앞선 사람들보다 더 유식하다, 더 박식하다

후억지다 [HOU-EK-TJI-TA,-TJYE,-TJIN] 원115

불 Etre grand et beau.

한 크고 아름답다

*후에 [HOU-EI] (後) 원115

불 Après, ensuite. Locat. de 후 Hou. 밥 먹은 후에 Pap mek-eun hou-ei, Après avoir mangé le riz.

한 후에, 곧이어 | 후 Hou의 처격 | [용례 밥 먹은 후에, Pap mek-eun hou-ei], 밥을 먹은 후에

*후엣 [HOU-EIT] (後) 원115

불 Postérieur, qui vient après.

한 후의, 다음에 오는

*후예 [HOU-YEI] (後裔) 원115

불 Descendants, postérité.

한 자손들, 후손

*후원 [HOU-OUEN,-I] (後園, (Derrière, jardin)) 원116

불 Petite élévation derrière la maison, où se trouvent des arbres, des fleurs, etc. jardin derrière la maison.

한 나무들과 꽃 등이 있는, 집 뒤의 작은 언덕, 집 뒤의 정원

*후일 [HOU-IL,-I] (後日) 원116

불 Le lendemain, le jour suivant.

한 그 다음날, 익일

*후쥬 [HOU-TJYOU] (後酒, (après, vin)) 원118

불 Piquette. Vin fait avec le marc du bon vin. Eau-de-vie sans force, qui vient à la fin de la distillation. ‖ Homme ivre.

한 피케트 | 좋은 포도주에서 찌꺼기로 만든 술 | 증류 끝에 만들어지는, 강하지 않은 증류주 | 취한 사람

*후즁ᄒᆞ다 [HOU-TJYOUNG-HĂ-TA,-HĂN,-HI] (後重, (Derrière, lourd)) 원118

불 Avoir besoin d'aller à la selle et ne pouvoir rien rendre. ‖ Sentir une pesanteur comme dans la dyssenterie.

한 화장실에 갈 필요는 있지만 아무것도 배출할 수 없다 | 이질처럼 묵직함을 느끼다

후지다 [HOU-TJI-TA,-TJYE,-TJIN] 원118

불 Etre nombreux, avoir beaucoup…

한 많다, ~을 많이 가지고 있다

1후지르다 [HOU-TJI-REU-TA,-TJIL-NE,-TJI-REUN] 원118

불 Rendre trop craintif, retenir trop, gronder trop. Menacer, crier en faisant des menaces.

한 너무 두려워하게 하다, 너무 제지하다, 매우 꾸짖다 | 위협하다, 위협하며 소리치다

2후지르다 [HOU-TJI-REU-TA,-TJIL-NE,-TJI-REUN] 원118

불 Flétrir, faner, froisser, gâter un habit à la pluie ou autrement.

한 비옷을 시들게 하다, 건조시키다, 구기다, 못쓰게 만들거나 다르게 하다

[3]후지르다 [HOU-TJI-REU-TA,-TJIL-NE,-TJI-REUN] 원118

불 Aller de tous côtés, à droite, à gauche, sans attention, étourdiment.

한 사방으로, 이리저리로, 조심하지 않고, 경솔하게 가다

*후진 [HOU-TJIN,-I] (後陣) 원118

불 Suite du roi en procession, arrière-garde.

한 행렬을 이루고 있는 왕의 수행원, 후위

*후쳐 [HOU-TCHYE] (後妻) 원118

불 Seconde femme, femme de secondes noces.

한 두 번째 부인, 두 번째 혼인에서의 부인

*후츈 [HOU-TCHYOUN,-I] (厚春) 원118

불 Horizon, partie du ciel qui semble toucher la terre.

한 지평선, 땅과 맞닿은 보이는 하늘의 부분

후투싀 [HOU-HTOU-SĂI] 원118

불 La huppe (oiseau).

한 오디새 (새)

*후환 [HOU-HOAN,-I] (後患) 원116

불 Calamité future.

한 미래의 큰 재앙

*후회막급 [HOU-HOI-MAK-KEUP,-I] (後悔莫及, (Après, repentir, ne peut, atteindre)) 원116

불 Stérilité du repentir tardif.

한 뒤늦은 후회의 헛됨

*후회ᄒᆞ다 [HOU-HOI-HĂ-TA] (後悔, (Après, regretter)) 원116

불 Se repentir après, regretter.

한 후에 뉘우치다, 후회하다

*후후년 [HOU-HOU-NYEN,-I] (後後年) 원116

불 L'année après l'année qui suit la prochaine, c. a. d. la troisième année après.

한 내년의 다음에 뒤따르는 해 다음의 해, 즉 후에 세 번째 오는 해

*후ᄒᆞ다 [HOU-HĂ-TA] (厚) 원116

불 Prodigue; libéral; large; qui donne avec largesse, munificence. Généreux. ‖ Abondant. ‖ Epais.

한 낭비하다 | 관대하다 | 대범하다 | 후한 인심을 쓰는 사람, 너그러움 | 후하다 | 풍요롭다 | 두껍다

*후힝 [HOU-HĂING,-I] (後行, (A la suite, aller)) 원116

불 Suivant, qui accompagne, qui va à la suite pour accompagner. Celui qui accompagne le jeune fiancé qui va se marier.

한 수행하는, 수행하기 위해 뒤따르는 수행원 | 결혼할 젊은 약혼자를 수행하는 사람

훅근훅근ᄒᆞ다 [HOUK-KEUN-HOUK-KEUN-HĂ-TA] 원116

불 Exprime la sensation produite par un vêtement trop chaud, très-chaud. Etre chaud par bouffées. Sentir ou émettre des bouffées de chaleur.

한 너무 더운, 매우 더운 옷에 의해 생긴 감정을 나타낸다 | 입김에 의해 뜨겁다 | 갑작스레 얼굴까지 치미는 열기를 느끼거나 발산하다

[1*]훈 [HOUN,-I] (暈) 원116

불 Halo.

한 후광

[2*]훈 [HOUN,-I] (焄) 원116

불 Bougie composée de poudre mécicinale, qu'on applique en la faisant brûler.

한 약효가 있는 가루로 구성된 양초로, 이것을 태우면서 쐰다

훈감ᄒᆞ다 [HOUN-KAM-HĂ-TA] 원117

불 Qui n'a ni trop ni trop peu de goût. Goût ni trop faible ni trop fort. bon.

한 맛이 너무 강하지도 너무 없지도 않다 | 너무 약하지도 너무 강하지도 않는 맛 | 맛있다

*훈계ᄒᆞ다 [HŌŪN-KYEI-HĂ-TA] (訓誡, (Instruire, exhorter)) 원117

불 Exhortation, recommandation. Instruire, enseigner. Faire l'éducation de. Instruction.

한 격려, 충고 | 교육하다, 가르치다 | ~를 교육시키다 | 교육

훈도 [HOUN-TO] 원117

불 Interprète japonais résidant à Tong-năi.

한 동래에 상주하는 일본어 통역자

*훈련대쟝 [HOUN-RYEN-TAI-TJYANG,-I] (訓練大將, (Instruire, exercice, général)) 원117

불 Le premier des cinq généraux.

한 다섯 장군들 중 첫째

*훈련도감 [HŌŪN-RYEN-TO-KAM,-I] (訓鍊都監) 원117

불 Maison d'exercices militaires. Caserne où l'on exerce les soldats à Sye-oul. ‖ Nom d'une dignité militaire.

한 군사 훈련을 하는 시설 | 서울에서 군인들을 훈련시키는 병사[역주 兵舍] | 군 고관직의 이름

ㅎ

*훈명 [HŌŪN-MYENG,-I] (訓命, (Instruire, ordonner)) [원]117
[불] Exhortation qui est un ordre. Enseignement, instruction, paroles d'éducation, éducation.
[한] 명령인 권고 | 가르침, 교육, 교육적인 말, 교육

[1]훈슈ᄒᆞ다 [HŌŪN-SYOU-HĂ-TA] (挈) [원]117
[불] Corriger les épreuves.
[한] 시험 답안을 채점하다

[2*]훈슈ᄒᆞ다 [HŌŪN-SYOU-HĂ-TA] (訓數) [원]117
[불] Enseigner, donner des conseils.
[한] 가르치다, 충고하다

[1*]훈쟝 [HŌŪN-TJYANG,-I] (訓將) [원]117
[불] Général instructeur des soldats.
[한] 군인을 지도하는 장군

[2*]훈쟝 [HŌŪN-TJYANG,-I] (訓長, (Instruire, maître)) [원]117
[불] Professeur de caractères d'écriture. Maître d'école, instituteur. (Ses élèves l'appellent 선싱 Syen-săing).
[한] 글을 가르치는 선생 | 학교 선생님, 가정교사 | (학생들은 선싱 Syen-săing이라 부른다)

*훈학ᄒᆞ다 [HOUN-HAK-HĂ-TA] (訓學, (Instruire, écriture)) [원]117
[불] Enseigner l'écriture, les caractères. Instruire, faire l'école, professer.
[한] 글이나 문자를 가르치다 | 가르치다, 가르치다, 가르치다

*훈회ᄒᆞ다 [HŌŪN-HOI-HĂ-TA] (訓誨) [원]117
[불] Enseigner, instruire, faire l'éducation.
[한] 가르치다, 가르치다, 교육하다

*훈훈ᄒᆞ다 [HOUN-HOUN-HĂ-TA] (薰薰) [원]117
[불] Qui n'est ni trop chaud, ni trop froid. Tiède. un peu chaud.
[한] 너무 덥지도 춥지도 않다 | 미지근하다 | 약간 따뜻하다

훌늉ᄒᆞ다 [HOUL-NYOUNG-HĂ-TA] [원]118
[불] Etre bien, être beau.
[한] 좋다, 훌륭하다

훌다 [HOUL-TA,-HE,-HEUN] [원]118
[불] Dépouiller de l'écorce. Amincir.
[한] 껍질을 벗기다 | 얇게 하다

*훌연 [HOUL-YEN] (倏然) [원]117
[불] Subitement, soudainement, tout à coup, à l'improviste.
[한] 급작스레, 별안간, 갑자기, 느닷없이

훌이다 [HOUL-I-TA,-YE,-IN] [원]117
[불] Enlever par force, par violence, une personne veuve ou une poule. Dérober. Rapt d'une veuve. ‖ Frapper, couper, émonder.
[한] 배우자를 잃은 사람이나 정부를 강제로, 난폭하게 납치하다 | 훔치다 | 과부를 유괴함 | 치다, 자르다, 소용없는 가지를 잘라내다

훌쥭ᄒᆞ다 [HOUL-TJYOUK-HĂ-TA] [원]118
[불] Avoir la figure maigre et décharnée (après une maladie) être mou, flasque, comme un sac vide (v. g. une figure amaigrie).
[한] (병을 앓고 난 후에) 모습이 마르고 야위다, 빈 자루처럼 무르고 연하다 (예. 야윈 모습)

*훌훌 [HOUL-HOUL] (倏倏) [원]117
[불] Manière rapide de voler.
[한] 빠르게 나는 방법

훌훌날다 [HOUL-HOUL-NAL-TA,-NA-RA,-NAN] [원]117
[불] S'envoler avec bruit.
[한] 소리를 내며 날아오르다

훌훌늣기다 [HOUL-HOUL-NEUT-KI-TA,-KYE,-KIN] [원]117
[불] Se dit d'un enfant qui a des convulsions.
[한] 경련을 하는 아이에 대해 쓴다

훌훌ᄯᅥ다 [HOUL-HOUL-TTE-TA,-TTE-RE,-TTEN] [원]117
[불] Voler (poussière).
[한] (먼지가) 날리다

*훌훌ᄒᆞ다 [HOUL-HOUL-HĂ-TA] (倏倏) ([원]117
[불] Passer vite (se dit du temps). Se rencontrer et se séparer presque aussitôt.
[한] 빠르게 지나가다 (시간에 대해 쓴다) | 만나고 거의 바로 헤어지다

훍부다 [HOULK-POU-TA,-POU-RE,-POUN] [원]118
[불] Souffler vivement.
[한] 힘차게 입김을 불다

훍훍마시다 [HOULK-HOULK-MA-SI-TA,-SYE,-SIN] [원]118
[불] Faire du bruit en buvant un liquide chaud. Boire avec avidité.
[한] 뜨거운 액체를 마시며 소리를 내다 | 게걸스럽게 마시다

훔이 [HOUM-I] [원]116
[불] Lieu très-retiré. Enfoncement composé de circuits. Lieu profond où l'on ne peut arriver qu'en tournant une montagne.

한 아주 외딴 곳 | 복잡한 길로 구성된 외진 곳 | 산 하나를 돌아서야 도착할 수 있는 아주 깊은 곳

[1]훔치다 [HOUM-TCHI-TA,-TCHYE,-TCHIN] 원116
불 Voler, emporter secrètement, dérober.
한 훔치다, 몰래 가져가다, 슬쩍하다

[2]훔치다 [HOUM-TCHI-TA,-TCHYE,-TCHIN] 원116
불 Frapper, battre.
한 치다, 때리다

훗 [HOUT] (後) 원118
불 (Contract. pour 후엣 Hou-eit). Postérieur, après, futur, à venir.
한 (후엣 Hou-eit의 준말) | 후에, 이후에, 미래의, 장래에

훗훗ᄒᆞ다 [HOUT-HOUT-HĂ-TA] 원118
불 Etre chaud(habit, maison).
한 (옷, 집이) 따뜻하다

훗훗ᄒᆡ [HOUT-HOUT-HĂI] (來後年) 원118
불 La 3e année après.
한 이후 세 번째 해

훙훙ᄒᆞ다 [HOUNG-HOUNG-HĂ-TA] (訩訩) 원117
불 Etre en tumulte, en désordre (le peuple qui est dans la peur de voir arriver l'ennemi). On n'entend parler que de cela. faire beaucoup de bruit, faire beaucoup parler, tenir tout le monde en émoi (se dit d'une nouvelle).
한 소란스럽다, 무질서하다 (적이 도착하는 것을 보는 두려움 속에 있는 백성) | 시끄럽게 하다, 소음이 많이 나다, 모든 사람을 계속 동요시키다(소식에 대해 쓴다)

훤 [HOUEN] 원115
불 En agr. Etre clair (sans obscurité).
한 한자어로 (어둠 없이) 밝다

훤죠 [HOUEN-TJYOU] 원115
불 Esp. d'herbe.
한 풀의 종류

훤츨ᄒᆞ다 [HOUEN-TCHEUL-HĂ-TA] 원115
불 Spacieux.
한 넓다

훨셕 [HOUEL-SYEK] 원115
불 Très, subitement.
한 아주, 급작스레

*훼방ᄒᆞ다 [HOUEI-PANG-HĂ-TA] (毁謗) 원115
불 Médire, décrier, critiquer, blâmer, détruire la réputation d'autrui.
한 비방하다, 헐뜯다, 비판하다, 비난하다, 다른 사람의 명성을 허물어뜨리다

*훼픠ᄒᆞ다 [HOUEI-HPĂI-HĂ-TA] (毁敗) 원115
불 Empêcher, mettre obstacle, ruiner, renverser, détruire. v. g. endommager le bien d'autrui; briser une chose empruntée; se servir des instruments d'autrui et les détériorer.
한 방해하다, 장애물을 놓다, 파괴하다, 엎다, 파괴하다 | 예. 남의 재산에 손해를 입히다 | 빌린 물건을 부수다 | 다른 사람의 도구들을 이용하고 그것들을 훼손하다

*훼혼ᄒᆞ다 [HOUEI-HON-HĂ-TA] (毁婚) 원115
불 Empêcher un mariage, en ruinant la réputation par des paroles.
한 말로 평판을 크게 손상시켜 결혼을 방해하다

[1]*휘 [HOUI] (諱) 원115
불 Prénom. (Honorif.).
한 이름 | (경칭)

[2]휘 [HOUI] (斛) 원115
불 Mesure de quinze boisseaux. Boisseau légal, dont la capacité est fixée par le gouvernement et qu'on ne peut changer.
한 15 브와소의 측정 단위 | 그 용량이 정부에 의해 정해져 있고 바꿀 수 없는 합법적인 브와소

*휘갑ᄒᆞ다 [HOUI-KAP-HĂ-TA] (揮匣) 원116
불 Faire une bordure en cousant; faire un ourlet; mettre en bordure. ‖ Mettre une couverture; envelopper pour protéger.
한 바느질로 가장자리를 만들다 | 접어 감치다 | 가장자리 장식을 놓다 | 덮개를 놓다 | 보호하기 위해 감싸다

*휘건 [HOUI-KEN,-I] (揮巾) 원116
불 Devant d'autel.
한 제단 앞

휘광이 [HOUI-KOANG-I] (斬刀漢) 원116
불 Bourreau, exécuteur des hautes œuvres.
한 형리, 사형 집행인

휘다 [HOUI-TA,HOUI-YE,HOUIN] 원116
불 Etre courbé.
한 휘다

휘달니다 [HOUI-TAL-NI-TA,-NYE,-NIN] 원116
불 Aller vite, aller au galop.
한 빨리 가다, 빨리 달려서 가다

휘두루다 [HOUI-TOU-ROU-TA,-TOUL-NE,-TOU-ROUN] 원116
불 Tourner, arrondir, tourner autour, agiter en rond, imprimer un mouvement circulaire.

ㅎ

한 돌리다, 둥글게 하다, 주위를 돌다, 둥글게 움직이다, 둥글게 움직이게 하다

*휘딕 [HOUI-TĀI] (揮袋) 원116

불 Devant d'autel. Enveloppe.

한 제단의 정면 | 덮개

휘모다 [HOUI-MO-TA,-MO-RE,-MON] 원116

불 Presser, exciter. Presser la marche; presser quelqu'un; faire aller vite. Faire très-promptement.

한 압력을 가하다, 부추기다 | 걸음을 재촉하다 | 누군가를 재촉하다 | 빨리 가게 하다 | 매우 신속하게 하다

휘우다 [HOUI-OU-TA,HOUI-OUE,HOUI-OUN] (揉) 원115

불 Courber, plier, ployer, fléchir, replier. pass.: 휘다 Houi-ta, Etre courbé.

한 구부리다, 접다, 휘게 하다, 굽히다, 다시 접다 | 휘다 Houi-ta의 수동형, 휘어지다

휘움ᄒᆞ다 [HOUI-OUM-HĂ-TA] 원115

불 Etre courbé, crochu.

한 휘다, 갈고리 모양으로 굽다

*휘쟝 [HOUI-TJYANG,-I] (揮帳) 원116

불 Rideau, tenture, moustiquaire.

한 장막, 벽지, 모기장

휘죽은ᄒᆞ다 [HOUI-TJOUK-EUN-HĂ-TA] 원116

불 Flasque, mou, sans force.

한 연약하다, 무르다, 힘이 없다

휘쥬잡기 [HOUI-TJYOU-TJAP-KI] (酗酒雜技) 원116

불 Ivrogne et joueur.

한 술꾼과 노름꾼

*휘쥬ᄒᆞ다 [HOUI-TJYOU-HĂ-TA] (酗酒) 원116

불 Etre ivre. faire des folies, du tapage, dans l'ivresse.

한 취하다 | 취해서 터무니없는 짓을 하다, 소란을 피우다

휘츄리 [HOUI-TCHYOU-RI] 원116

불 Petit bâton mince. Baguette flexible. verge.

한 작고 가는 막대기 | 잘 휘어지는 막대기 | 가는 막대

*휘하 [HOUI-HĂ] (麾下) 원115

불 Votre excellence (titre qu'on donne à un général en lui parlant). 휘하에 Houi-ha-ei, En maître.

한 각하 (장군에게 말할 때 그에게 부여하는 직함) | [용례 휘하에, Houi-ha-ei], 위엄 있게

*휘항 [HOUI-HANG,-i] (揮項) 원115

불 Voile de tête, capuchon qui descend sur les épaules pour se garantir du froid. Capuce.

한 얼굴을 가리는 베일, 추위로부터 자신을 지키기 위해 어깨까지 내려오는 두건 | 두건

*휘황ᄒᆞ다 [HOUI-HOANG-HĂ-TA] (輝煌) 원115

불 Avoir des couleurs brillantes et belles. Très-brillant, très-éclatant.

한 색이 화려하고 아름답다 | 매우 반짝이다, 매우 빛나다

휘휘ᄂᆡ싀다 [HOUI-HOUI-NĂI-SOUI-TA,-SOUI-YE,-SOUIN] 원116

불 Soupirer profondément.

한 깊이 한숨짓다

*휘휘두루다 [HOUI-HOUI-TOU-ROU-TA,-TOUL-NE, -TOU-ROUN] (揮揮) 원116

불 Tourner, faire tourner.

한 돌리다, 돌리다

휘휘ᄒᆞ다 [HOUI-HOUI-HĂ-TA] 원116

불 Graintif; avoir peur; craindre.

한 두려워하다 | 겁먹다 | 무서워하다

*휘ᄒᆞ다 [HOUI-HĂ-TA] (諱) 원115

불 Faire en secret; faire en sorte que les autres ne sachent pas; cacher; celer.

한 은밀히 하다 | 다른 사람들이 알지 못하도록 하다 | 감추다 | 숨기다

휙휙날니다 [HOUIK-HOUIK-NAL-NI-TA,-NYE,-NIN] 원116

불 Crier pour chasser les oiseaux. (Cri imitat).

한 새들을 사냥하기 위해 소리치다 | (모방한 울음소리)

휙휙두루다 [HOUIK-HOUIK-TOU-ROU-TA,-TOUL-NE, -TOU-ROUN] 원116

불 Faire siffler une verge, une cravache. Tourner, faire tourner. (Bruit imitat. d'un objet qui tourne en sifflant).

한 가는 막대, 승마용 채찍으로 휙휙 소리를 내다 | 감다, 돌리다 | (휙휙 소리를 내며 도는 물체를 모방한 소리)

휫두로 [HOUIT-TOU-RO] 원116

불 Ça et là, de tous côtés, partout.

한 여기저기, 사방에, 도처에

*휴유 [HYOU-YOU] (休由) 원118

불 Permission, licence congé pour les soldats ou les employés absence temporaire avec permission. =밧다 -pat-ta, Recevoir un congé.

한 군인들이나 피고용인들을 위한 휴가 허락, 허가, 허락을 받고 일시적으로 자리를 비움 | [용례 =밧다,

- pat-ta], 휴가를 받다

*흉 [HYOUNG,-I] (凶) [원] 118

[불] défaut.

[한] 결점

*흉가 [HYOUNG-KA] (凶家) [원] 118

[불] maison hantée du diable. || maison de malheur, trop malsaine, où il est mort beaucoup de monde.

[한] 악마의 귀신들린 집 | 많은 사람이 죽은, 불길한, 매우 위험한 집

*흉격 [HYOUNG-KYEK,-I] (胸膈) [원] 119

[불] poitrine, l'intérieur de la poitrine.

[한] 가슴, 가슴 속

*흉계 [HYOUNG-KYEI] (凶計) [원] 119

[불] ruse, expédient, artifice, mauvaise ruse, ruse méchante.

[한] 계략, 술책, 책략, 나쁜 계략, 악독한 계략

*흉계군 [HYOUNG-KYEI-KOUN,-I] (凶計軍, (mauvaise, ruse, celui qui fait)) [원] 119

[불] fourbe, qui agit avec une grande malice et fourberie.

[한] 교활한 사람, 크게 교활하고 간교한 사람

*흉괴ᄒᆞ다 [HYOUNG-KOI-HĂ-TA] (凶恠) [원] 119

[불] être abominable, horrible.

[한] 고약하다, 끔찍하다

*흉긔ᄒᆞ다 [HYOUNG-KEUI-HĂ-TA] (凶奇) [원] 119

[불] ruse méchante, mauvais artifice, méchanceté. être méchant.

[한] 교활한 책략, 나쁜 계교, 악의 | 심술궂다

흉내 [HYOUNG-NAI] [원] 119

[불] singerie, imitation ridicule. || défaut.

[한] 우스꽝스러운 몸짓, 우스꽝스런 흉내 | 결함

흉내내다 [HYOUNG-NAI-NAI-TA,-NAI-YE,-NAIN] [원] 119

[불] Se moquer de, imiter, contrefaire, singer.

[한] ~을 놀리다, 모방하다, [[역주] 비웃으려고] 흉내 내다, 가장하다

*흉년 [HYOUNG-NYEN,-I] (凶年) [원] 119

[불] Année de disette, de famine.

[한] 흉작, 기근의 해

*흉독ᄒᆞ다 [HYOUNG-TOK-HĂ-TA] (凶毒) [원] 119

[불] Mauvais et nusible (goût des mets, etc.). Méchant et violent.

[한] (음식의 맛 등) 나쁘고 해롭다 | 악독하고 난폭하다

*흉령ᄒᆞ다 [HYOUNG-RYENG-HĂ-TA] (凶獰) [원] 119

[불] Mauvais.

[한] 악하다

*흉모 [HYOUNG-MO] (凶謀, (Mauvais, artifice)) [원] 119

[불] Ruse, artifice, détours cruels, méchants. Méchanceté.

[한] 책략, 계략, 잔인한, 악덕한 수단 | 악의

흉보다 [HYOUNG-POK-TA,-PO-A,-RON] [원] 119

[불] Voir les défauts d'autrui, médire, dire du mal, se moquer de.

[한] 다른 사람의 흉을 보다, 비방하다, 음해하다, ~을 놀리다

*흉복 [HYOUNG-POK,-I] (胷腹) [원] 119

[불] Poitrine et ventre.

[한] 가슴과 배

*흉복통 [HYOUNG-POK-HTONG,-I] (胷腹痛) [원] 119

[불] Maladie de poitrine et de ventre ; mal d'estomac.

[한] 흉부와 복부의 병 | 위장병

*흉빅 [HYOUNG-PĂI] (胷褙) [원] 119

[불] Plaque ronde brodée sur la poitrine et sur le dos (v. g. des dignitaires qui accompagnent le roi dans ses sorties, ou des jeunes mariés).

[한] (예. 왕이 외출할 때 왕을 수행하는 고관들 또는 신혼부부의) 가슴과 등 위에 수놓인 둥근 판

*흉샹 [HYOUNG-SYANG,-I] (凶像) [원] 119

[불] Portrait terrible; aspect féroce ; méchant, mauvais, vilain aspect.

[한] 흉한 얼굴 | 사나운 모습 | 사나운, 악한, 보기 흉한 모습

*흉ᄉᆞᄒᆞ다 [HYOUNG-SĂ-HĂ-TA] (凶死) [원] 119

[불] Mort terrible. mourir avec un aspect de damné. Faire une mort funeste (soit mort violente, soit mort d'un pécheur endurci).

[한] 끔찍한 죽음 | 영벌을 받은 사람의 모습으로 죽다 | 비통한 죽음을 당하다 (난폭한 죽음이나, 냉혹한 죄인의 죽음)

*흉악ᄒᆞ다 [HYOUNG-AK-HĂ-TA,-HĂN-HI] (凶惡) [원] 118

[불] Mauvais, méchant, sinistre, atroce, barbare, terrible, dur, âpre, cruel, féroce, funeste, sauvage, vilain, horrible, abominable.

[한] 악하다, 사납다, 험악하다, 끔찍하다, 야만적이다, 무시무시하다, 가혹하다, 사납다, 잔인하다, 흉폭하다, 치명적이다, 미개하다, 비열하다, 혐오스럽다, 고약하다

*흉참ᄒᆞ다 [HYOUNG-TCHAM-HĂ-TA] (凶慘) [원] 119

[불] Portrait terrible, aspect féroce.

[한] 끔찍한 형상, 사나운 모습

ㅎ

[1]* 흉통 [HYOUNG-HTONG,-I] (胸痛) ㉮119
불 Maladie de poitrine.
한 흉부의 병

[2]* 흉통 [HYOUNG-HTONG,-I] (胸筒) ㉮119
불 Poitrine.
한 가슴

* 흉픽ᄒᆞ다 [HYOUNG-HPĂI-HĂ-TA,-HĂN,-HI] (凶悖, (Méch ant, opposé [au bien])) ㉮119
불 Méchant, mauvais, cruel, féroce.
한 악독하다, 악하다, 잔인하다, 사납다

* 흉풍 [HYOUNG-HPOUNG,-I] (凶豊) ㉮119
불 Disette et abondance.
한 흉작과 풍부함

* 흉험ᄒᆞ다 [HYOUNG-HEM-HĂ-TA] (凶險) ㉮118
불 Etre en danger, en péril.
한 위험하다, 위태롭다

* 흉황지년 [HYOUNG-HOANG-TJI-NYEN] (凶荒之年) ㉮118
불 Année de grande disette ou famine.
한 큰 흉작이나 기근이 든 해

* 흉황ᄒᆞ다 [HYOUNG-HOANG-HĂ-TA] (凶荒) ㉮118
불 Stérile (année), mauvais, difficile, vexant.
한 결실이 없다(해), 이득이 없다, 어렵다, 화나게 하다

[1]* 흉흉ᄒᆞ다 [HYOUNG-HYOUNG-HĂ-TA] (洶洶) ㉮118
불 S'élancer, sauter (ne se dit que des vagues).
한 우뚝 솟다, 뛰어오르다 (파도에 대해서만 쓴다)

[2]* 흉흉ᄒᆞ다 [HYOUNG-HYOUNG-HĂ-TA] (凶凶) ㉮118
불 Etre difficile. Avoir des calamité, des désastres.
한 힘들다 | 큰 재앙, 재난을 겪다

* 흉ᄒᆞ다 [HYOUNG-HĂ-TA] (凶) ㉮118
불 Funeste, mauvais, méchant, vilain, abominable.
한 불길하다, 나쁘다, 사납다, 비열하다, 고약하다

흐늙흐늙ᄒᆞ다 [HEU-NEULK-HEU-NEULK-HĂ-TA] ㉮97
불 Etre très-amolli (v. g. la viande, par la cuisson).
한 (예. 고기가, 익혀서) 매우 물렁물렁하다

흐덕지근ᄒᆞ다 [HEU-TEK-TJI-KEUN-HĂ-TA] ㉮118 ☞ 후덕지근ᄒᆞ다

흐드러지다 [HEU-TEU-RE-TJI-TA,-TJYE,-TJIN] ㉮99
불 Etre devenu très-tendre (par la cuisson).
한 (익혀서) 매우 부드러워지다

흐럭흐럭ᄒᆞ다 [HEU-REK-HEU-REK-HĂ-TA] ㉮98
불 Sans consistance, délié, fragile, mou, frais, sans résistance (v. g. sable du rivage).
한 점도가 없다, 가늘다, 연약하다, 무르다, 신선하다, 저항력이 없다 (예. 해안의 모래)

흐렁흐렁ᄒᆞ다 [HEU-RENG-HEU-RENG-HĂ-TA] ㉮98
불 Sans consistance, délié, fragile, mou, faible.
한 점도가 없다, 가늘다, 연약하다, 무르다, 약하다

흐레 [HEU-REI] (交合) ㉮98
불 Accouplement (des animaux).
한 (동물들의) 짝짓기

흐레ᄇᆞᆺ다 [HEU-REI-PAT-TA,-PAT-A,-PAT-EUN] ㉮98
불 S'accoupler (se dit de la femelle).
한 교미하다 (암컷에 대해 쓴다)

흐레식하다 [HEU-REI-SIK-HI-TA,-HYE,-HIN] ㉮98
불 Faire s'accoupler (les animaux).
한 (동물들이) 교미하게 하다

흐레ᄒᆞ다 [HEU-REI-HĂ-TA] (交合) ㉮98
불 S'accoupler (se dit des animaux). Couvrir (se dit du mâle).
한 교미하다 (동물들에 대해 쓴다) | 교미하다 (수컷에 대해 쓴다)

흐려지다 [HEU-RYE-TJI-TA,-TJYE,-TJIN] (濁) ㉮98
불 S'obscurcir, devenir trouble.
한 흐려지다, 혼탁해지다

흐루다 [HEU-ROU-TA,HEUL-NE,HEU-ROUN] ㉮98
불 Couvrir (se dit du mâle), s'accoupler.
한 교미하다 (수컷에 대해 쓴다), 짝짓기 하다

흐르다 [HEU-REU-TA,HEUL-NE,HEU-REUN] ㉮98
불 S'accoupler (le mâle).
한 교미하다 (수컷)

흐르르ᄒᆞ다 [HEU-REU-REU-HĂ-TA] ㉮98
불 Etre faible, être déchiré(un tissu).
한 약하다, 찢어지다 (직물)

흐리다 [HEU-RI-TA,HEU-RYE,HEU-RIN] (濁) ㉮98
불 Trouble(eau, verre), pas clair. ‖ Turbulent. ‖ Peu intelligent.
한 탁하다(물, 유리), 맑지 않다 | 소란스럽다 | 머리가 나쁘다

흐리우다 [HEU-RI-OU-TA,-OUE,-OUN] (濁) ㉮98
불 Effacer, barbouiller pour effacer. Troubler (l'eau, l'esprit), mélanger.
한 지우다, 지우기 위해 더럽히다 | (물, 정신을) 흐리게 하다, 섞다

흐ᄅᆞ다 [HEU-RĂ-TA,HEUL-NE,HEU-RĂN] (流) ㉮98
불 S'écouler, dériver, découler, couler.

한 흐르다, 방향을 바꾸다, 흘러나오다, 흐르다

*흑 [HEUK] (黑) 원96

불 En agr. Noir.

한 한자어로 검정

*흑각 [HEUK-KAK,-I] (黑角, (Noire, corne)) 원96

불 Corne (de bœuf, de buffle) toute noire.

한 새까만 (소의, 물소의) 뿔

*흑고약 [HEUK-KO-YAK,-I] (黑膏藥, (Noir, onguent)) 원96

불 Esp. d'onguent(remède) pour les furoncles.

한 종기를 위한 고약 (약)의 종류

*흑달 [HEUK-TAL,-I] (黑疸) 원97

불 Décomposition du sang. nom d'une maladie très-dangereuse, qui est la suite de la jaunisse, et dans laquelle le visage devient noir. (Si à la 6e lune on arrose les légumes avec de l'urine fraîche, ces légumes, au dire des Coréens, donnent cette maladie).

한 혈액의 분해 | 황달에 따라 오는 것으로 얼굴이 검게 되는 매우 위험한 병의 이름 | (조선인들의 말에 따르면, 음력 6월에 방금 눈 오줌을 채소에 뿌리면, 그 채소가 이 병을 유발한다)

흑뒤 [HEUK-TOUI] 원97

불 Talon, extrémité postérieure du talon.

한 발뒤꿈치, 발뒤꿈치의 가장 뒤쪽

*흑립 [HEUK-RIP,-I] (黑笠) 원96

불 Chapeau noir.

한 검은색 모자

*흑마포 [HEUK-MA-HPO] (黑麻布, (Noir, chanvre, toile)) 원96

불 Toile de chanvre noire.

한 검은색의 삼베

*흑반 [HEUK-PAN,-I] (黑礬) 원96

불 Esp. de couperose qui sert à teindre en noir. V.Syn. 검금 Kem-keum.

한 검은 색으로 물들이는 데에 쓰이는 농진의 종류 | [동의어 검금, Kem-keum]

*흑빅 [HEUK-PĂIK,-I] (黑白) 원96

불 Noir et blanc. Le noir et le blanc. Noir ou blanc.

한 검고 희다 | 검은색과 흰색 | 검거나 희다

흑쇼 [HEUK-SYO] (黑牛) 원97

불 Bœuf noir.

한 검은 소

흑시 [HEUK-SI] (意外) 원96

불 Accidentellement.

한 우연히

*흑심 [HEUK-SIM,-I] (黑心) 원96

불 Cœur noir; cœur avide de, passionné.

한 검은 마음 | ~을 탐하는, 정열적인 마음

*흑어 [HEUK-E] (黑魚) 원96

불 Poisson noir. Poisson de mer qui prend la couleur des objets qui l'environnent.

한 검은색의 물고기 | 저를 둘러싸는 물건들의 색깔을 띠는 바닷물고기

*흑운 [HEUK-OUN,-I] (黑雲) 원96

불 Nuage noir.

한 검은 구름

*흑의 [HEUK-EUI] (黑衣, (Noir, habit)) 원96

불 Habit noir. Habit noir des soldats.

한 검은색의 옷 | 군인들의 검은색 옷

*흑인 [HEUK-IN,-I] (黑人) 원96

불 Nègre, homme noir.

한 흑인, 피부가 검은 사람

흔 [HEUN] (多) 원97

불 En agr. Beaucoup.

한 한자어로 많이

흔감스럽다 [HEUN-KAM-SEU-REP-TA,-RE-OUE,-RE-ON] 원97

불 Qui fait beaucoup de démonstrations d'amitié, quoique, au fond, il n'aime guère. Faire trop de démonstrations, etc.

한 속으로는 별로 좋아하지 않으면서 환대의 표시를 많이 하다 | 과도하게 [역주 감정 따위를] 표명하다

*흔관ᄒᆞ다 [HEUN-KOAN-HĂ-TA,-HĂN,-HI] (欣款, (Joyeux et poli)) 원97

불 Poli, libéral, qui reçoit bien ses hôtes. Large, généreux.

한 공손하다, 관대하다, 자신의 손님들을 잘 대접하다 | 대범하다, 관대하다

*흔구덕ᄒᆞ다 [HEUN-KOU-TEK-HĂ-TA] (掀咎德) 원97

불 Médire.

한 비방하다

*흔구ᄒᆞ다 [HEUN-KOU-HĂ-TA] (掀咎) 원97

불 Médire, parler mal du prochain. Dire du mal de.

한 비방하다, 이웃에 대해 나쁘게 말하다 | ~에 대해 나쁘게 말하다

*흔극 [HEUN-KEUK,-I] (釁隙, (Fente, ouverture)) 원97

불 Ouverture, et fig. occasion, loisir, espace de, temps libre. Occasion favorable, conjoncture propice, circonstance fortuite.

한 열림 그리고 비유적으로 기회, 여가, ~의 폭, 자유 시간 | 호기, 유리한 상황, 뜻밖의 사태

*흔근ᄒᆞ다 [HEUN-KEUN-HĂ-TA,-HĂN,-HI] (忻勤, (joie, effort)) 원97

불 Extrême, avec effort. ‖ Etre content; faire de bon cœur, avec plaisir.

한 극심하다, 간신히 | 만족하다 | 기꺼이, 즐겁게 하다

*흔담 [HEUN-TAM,-I] (釁談, (fente, parole)) 원97

불 Médisance.

한 비방하기

흔덕이다 [HEUN-TEK-I-TA,-YE,-IN] (擾) 원97

불 Etre peu solide, remuer.

한 별로 단단하지 않다, 움직이다

흔드다 [HEUN-TEU-TA,-TEU-RE,-TEUN] (搖) 원98

불 Secouer, agiter, remuer.

한 뒤흔들다, 흔들다, 움직이다

흔드러ᄯᆞ다 [HEUN-TEU-RE-TTĂ-TA,-TTĂ,-TTĂN] (搖摘) 원97

불 Cueillir en secouant l'arbre.

한 나무를 흔들어 채취하다

흔들니다 [HEUN-TEUL-NI-TA,-NYE,-NIN] (搖動) 원97

불 Vaciller; être agité, secoué, ébranlé. (Pass. et fact. de 흔들다 Heun-teul-ta)

한 흔들거리다 | 동요되다, 뒤흔들리다, 동요되다 | 흔들다 Heun-teul-ta의 피동형과 사동형

흔들다 [HEUN-TEUL-TA,-TEUL-E,-TEUN] (搖) 원98

불 Faire vaciller, faire chanceler, agiter, ébranler, secouer.

한 흔들다, 뒤흔들다, 흔들다, 흔들다, 흔들다

흔들흔들ᄒᆞ다 [HEUN-TEUL-HEUN-TEUL-HĂ-TA] (搖搖) 원97

불 Trembloter, chanceler, balancer, être agité (v. g. les branches sous l'action du vent). Etre un peu remué, secoué; branler (comme les dents qui vont tomber, un clou qui ne tient pas).

한 (예. 바람의 영향을 받은 나뭇가지들이) 떨다, 흔들리다, 흔들다, 들썩들썩하다 | 약간 움직이다, 뒤흔들리다 | (곧 빠질 치아, 고정되지 않는 못처럼) 흔들리다

*흔락 [HEUN-RAK] (欣樂) 원97

불 Joie, réjouissance.

한 기쁨, 환희

*흔령션권ᄒᆞ다 [HEUN-RYENG-SYEN-KOUEN-HĂ-TA] (欣領善勸, (Joyeux, recevoir, bon, avis)) 원97

불 Recevoir bien les exhortations. Recevoir avec plaisir les bons avis.

한 권고를 잘 받아들이다 | 좋은 의견을 기꺼이 받아들이다

*흔연ᄒᆞ다 [HEUN-YEN-HĂ-TA] (欣然) 원97

불 Bon, bien, heureux, joyeux, réjoui.

한 기분 좋다, 만족스럽다, 행복하다, 즐겁다, 기뻐하다

흔열ᄒᆞ다 [HEUN-YEL-HĂ-TA] (欣悅) 원97

불 Joyeux, heureux.

한 즐겁다, 행복하다

흔이 [HEUN-I] (多) 원97

불 Beaucoup.

한 많이

*흔젹 [HEUN-TJYEK,-I] (痕跡) 원98

불 Cicatrice, marque d'une plaie. ‖ Prétexte.

한 흉터, 상처 자국 | 구실

흔젼ᄒᆞ다 [HEUN-TJYEN-HĂ-TA] (俱全) 원98

불 Nombreux, être en grande quantité.

한 많다, 양이 많다

*흔희ᄒᆞ다 [HEUN-HEUI-HĂ-TA] (欣喜) 원97

불 Joyeux.

한 기뻐하다

흔ᄒᆞ다 [HEUN-HĂ-TA] (多) 원97

불 Nombreux, beaucoup.

한 수많다, 많이

흘게 [HEUL-KEI] 원98

불 Jointure.

한 이음새

흘게눈 [HEUL-KEI-NOUN] (横目) 원98

불 Les deux yeux de travers.

한 사시인 두 눈

*흘공ᄒᆞ다 [HEUL-KONG-HĂ-TA] (訖工, (achever, œuvre)) 원99

불 Achever, clore, finir

한 완성하다, 끝맺다, 마치다

흘근흘근ᄒᆞ다 [HEUL-KEUN-HEUL-KEUN-HĂ-TA] 원99

불 N'être pas fixe, ferme. Jouer librement (se dit d'une coulisse, d'un tiroir).

한 고정되지 않다, 단단하지 않다 | [역주 헐거워서] 자유롭게 놀다 (홈, 서랍에 대해 쓴다)

[1]흘긔다 [HEUL-KEUI-TA,-KEUI-YE,-KEUIN] 원98

불 Regarder de travers. 눈흘긔다 Noun-heul-keui-ta (même sens).

한 비뚤게 보다 | 눈흘긔다 Noun-heul-keui-ta (같은 뜻)

[2]흘긔다 [HEUL-KEUI-TA,-KEUI-YE,-KEUIN] 원99

불 Ajourner, faire attendre, différer, lambiner.

한 연기하다, 기다리게 하다, 미루다, 늑장부리다

흘긧흘긧ᄒᆞ다 [HEUL-KEUIT-HEUL-KEUIT-HĂ-TA] 원99

불 Regarder de côté, derrière.

한 비스듬히, 몰래 보다

흘니다 [HEUL-NI-TA,-NYE,-NIN] 원99

불 Découler, tomber. (Passif de 흐ᄅᆞ다 Heu-ră-ta).

한 뚝뚝 떨어지다, 떨어지다 | (흐ᄅᆞ다 Heu-ră-ta의 피동형)

흘령 [HEUL-RYENG] 원99

불 Accouplement des animaux. Syn. 흐레 Heu-rei.

한 동물들의 교미 | [동의어 흐레, Heu-rei]

*흘역ᄒᆞ다 [HEUL-YEK-HĂ-TA] (迄役) 원98

불 Clore, achever, finir les travaux.

한 노역을 끝맺다, 완성하다, 마치다

흘치다 [HEUL-TCHI-TA] 원99

불 Chausser les plantes.

한 식물들을 흙으로 덮다

흘흘ᄒᆞ다 [HEUL-HEUL-HĂ-TA,-HĂN,-HI] 원98

불 Nombreux, en grande quantité. ‖ Etre libéral, généreux, de bon caractère.

한 수많다, 다량이다 | 도량이 넓다, 관대하다, 성품이 좋다

흙 [HEULK,-I] (土) 원98

불 Boue, vase, mortier, terre pétrie, argile, terre.

한 진흙, 개흙, 회반죽, 반죽된 흙, 점토, 흙

흙덩이 [HEULK-TENG-I,-I] (土壤|土塊) 원99

불 Un peu de mortier, de boue; une masse, une boule de mortier.

한 약간의 회반죽, 진흙 | 회반죽 더미, 덩어리

흙불다 [HOLK-POUL-TA,-POU-RE,-POUN] 원113

불 Souffler vivement avec la bouche.

한 입으로 힘차게 입김을 내불다

흙손 [HEULK-SON,-I] (鏝) 원99

불 Truelle.

한 흙손

[1]*흠 [HEUM,-I] (欠) 원97

불 Tache, défaut, vice.

한 얼룩, 결함, 결점

[2]*흠 [HEUM] (欽) 원97

불 En agr. Respecter.

한 한자어로 존경하다

*흠결ᄒᆞ다 [HEUM-KYEL-HĂ-TA] (欠缺) 원97

불 Défaut. Manquer de. Etre ébréché. Omettre. Etre déplacé. N'être pas conforme à la droite raison, aux bienséances, aux devoirs, à la position, aux circonstances. Avoir un défaut, un manque de.

한 결핍 | ~이 부족하다 | [역주 접시나 칼날의] 이가 빠지다 | 생략하다 | 부적당하다 | 도리, 예의, 의무, 신분, 상황에 부합하지 않다 | ~이 결핍되다, 부족하다

*흠명 [HEUM-MYENG,-I] (欽命, (Honorer, ordre)) 원97

불 Ordre du roi, ordre d'un supérieur.

한 왕의 명령, 윗사람의 명령

*흠모ᄒᆞ다 [HEUM-MO-HĂ-TA] (欽慕, (Respecter, aimer)) 원97

불 Regarder en pensant. Regarder avec affection.

한 생각하며 바라보다 | 자애롭게 바라보다

흠벅지다 [HEUM-PEK-TJI-TA,-TJYE,-TJIN] 원97

불 Etre en grande quantité.

한 양이 많이 있다

흠벅흠벅ᄒᆞ다 [HEUM-PEK-HEUM-PEK-HĂ-TA] 원97

불 Etre mou, tendre, céder facilement au toucher (v. g. furoncle, sable).

한 무르다, 부드럽다, 만지면 쉽게 부서지다 (예. 종기, 모래)

*흠션ᄒᆞ다 [HEUM-SYEN-HĂ-TA] (欽羨, (Honorer, envier)) 원97

불 Envier, désirer ce que l'on voit. Porter envie.

한 부러워하다, 보는 것을 원하다 | 부러워하다

*흠슝ᄒᆞ다 [HEUM-SYOUNG-HĂ-TA] (欽崇, (Honorer, très- haut)) 원97

불 Honorer, révérer, vénérer, adorer. (Se dit à l'égard de dieu seul).

한 존경하다, 공경하다, 숭배하다, 경배하다 | (오직 신에 대하여 쓴다)

흠썩ᄒᆞ다 [HEUM-SSEK-HĂ-TA] 원97

불 Etre gigantesque, énormément grand.

한 거대하다, 엄청나게 크다

*흠앙ᄒᆞ다 [HEUM-ANG-HĂ-TA] (欽仰, (Respecter

et regarder en l'air)) ㉪97

불 Regarder en haut en pensant. Suspicere. Elever son cœur avec respect.

한 생각하며 위로 보다 | 정중히 자신의 마음을 드높이다

흠으러지다 [HEUM-EU-RE-TJI-TA,-TJYE,-TJIN] ㉪97

불 Etre très-cuit. ‖ Etre très-beau, de très-belle apparence.

한 매우 잘 익다 | 매우 아름답다, 외관이 매우 아름답다

흠을흠을ᄒᆞ다 [HEUM-EUL-HEUM-EUL-HĂ-TA] ㉪97

불 Etre mou, céder facilement. Rendre mou, amollir en cuisant. ‖ Etre agité, bouger, remuer.

한 무르다, 쉽게 부서지다 | 익혀서 눅이다, 부드럽게 하다 | 동요되다, 움직이다, 옮기다

*흠쳐 [HEUM-TCHYE] (欠處, (Défaut, en droit)) ㉪97

불 Mauvaise action. Défaut, tache, vice, tare.

한 나쁜 행동 | 결함, 얼룩, 결점, 결함

*흠ᄎᆞ [HEUM-TCHĂ] (欽差) ㉪97

불 Mandarin qui a des pouvoirs spéciaux du roi.

한 왕으로부터의 특권을 가진 관리

*흠ᄎᆞ대신 [HĒŪM-TCHĂ-TAI-SIN] (欽差大臣, (Respectable, envoyé, grand, ministre)) ㉪97

불 Ambassadeur, ministre plénipotentiaire.

한 대사, 전권을 가진 장관

*흠향ᄒᆞ다 [HEUM-HYANG-HĂ-TA] (歆享) ㉪97

불 Sentir l'odeur des mets. (Se dit des génies, dans les sacrifices).

한 음식 냄새를 맡다 | (제사에서, 정령들에 대해 쓴다)

흡 [HEUP,-I] (吸) ㉪98

불 Respiration ou plutôt aspiration.

한 호흡 또는 보다 정확히 들이쉬기

*흡당ᄒᆞ다 [HEUP-TANG-HĂ-TA] (翕當) ㉪98

불 Convenable, très-convenable. ‖ Valide.

한 적절하다, 매우 적절하다 | 정당하다

*흡ᄉᆞ하다 [HEUP-SĂ-HĂ-TA] (恰似) ㉪98

불 Similitude, ressemblance. Avoir du rapport, de la ressemblance. Semblable.

한 유사성, 닮음 | 공통점, 유사점이 있다 | 유사하다

*흡의ᄒᆞ다 [HEUP-EUI-HĂ-TA] (翕意|洽意, (Accorder, pensée)) ㉪98

불 Avoir les mêmes sentiments, s'accorder, être de même avis.

한 같은 감정을 가지다, 일치하다, 같은 의견이다

*흡족ᄒᆞ다 [HEUP-TJYOK-HĂ-TA,-HĂN,-HI] (洽足) ㉪98

불 Suffisant. suffire.

한 충분하다 | 충분하다

*흡합ᄒᆞ다 [HEUP-HAP-HĂ-TA] (翕合, (Accorder, unir)) ㉪98

불 Accord, conformité, concordance; qui cadre. S'accorder, cadrer.

한 일치, 부합, 일치 | 일치하는 것 | 일치하다, 일치하다

흣다 [HEUT-TA,-HE,-HEUN] (散) ㉪99

불 Disperser, dissiper, distribuer.

한 흩뜨리다, 소산시키다, 나누어 주다

흣허주다 [HEUT-HE-TJOU-TA,-TJOU-E,-TJOUN] (散) ㉪99

불 Distribuer, donner en distribuant.

한 분배하다, 분배해 주다

흣허지다 [HEUT-HE-TJI-TA,-HE-TJYE,-HE-TJIN] (散) ㉪99

불 (Fact. de 흣다 Heut-ta). Se disperser. Se dissiper (nuages).

한 (흣다 Heut-ta의 사동형) | 흩어지다 | (구름이) 흩어지다

*흥 [HEUNG,-I] (興) ㉪98

불 Plaisir.

한 즐거움

흥글흥글ᄒᆞ다 [HEUNG-KEUL-HEUNG-KEUL-HĂ-TA] ㉪98

불 Etre sans dessein arrêté, sans but fixe. hésitation, manque de détermination. Hésiter, ne savoir à quoi se résoudre. Manquer de résolution.

한 확고한 의도가 없다, 고정된 목적이 없다 | 망설임, 결심의 부족 | 망설이다, 어떤 결심을 해야 할지 모르다 | 결단성이 부족하다

*흥긔ᄒᆞ다 [HEUNG-KEUI-HĂ-TA] (興氣, (Prospérer [se lever], force)) ㉪98

불 Se réveiller, sortir de son assoupissement. ‖ Etre florissant, dans un état prospère.

한 깨어나다, 졸음에서 벗어나다 | 번영하다, 번성하다

*흥락 [HEUNG-RAK,-I] (興樂) ㉪98

불 Joie, plaisir.

한 기쁨, 즐거움

*흥리ᄒᆞ다 [HEUNG-RI-HĂ-TA] (興利, (Faire naître, gain)) ㉪98

불 Faire le commerce avec succès.

한 성공적으로 거래하다

*흥망 [HEUNG-MANG,-I] (興亡, (Prospérité, décadence)) ㉪98

불 Hausse et baisse. S'enrichir et s'appauvrir. Prospérité et décadence.
한 오름과 내림 | 부유해지고 가난해지다 | 번영과 쇠퇴

*흥미 [HĒŪNG-MI] (興味) 원98
불 Goût de l'esprit, saveur spirituelle, pensée qui réjouit l'esprit; onction, suavité intérieure. Plaisir, satisfaction, contentement que l'on prend à une chose.
한 정신의 안목, 정신적인 풍미, 정신을 기쁘게 하는 생각 | 감동적인 언행, 내적인 감미로움 | 충족, 만족, 어떤 것에서 얻는 즐거움

*흥셩흥셩ᄒᆞ다 [HEUNG-SYENG-HEUNG-SYENG-HĂ-TA] (興盛興盛) 원98
불 Nombreux, qui est en grande quantité.
한 수많다, 양이 많이 있다

*흥심 [HĒŪNG-SIM,-I] (興心, (joie, cœur)) 원98
불 Jubilation de l'esprit exprimée par des battements de mains. Joie.
한 박수로 표현되는 정신의 환희 | 즐거움

흥졍군 [HEUNG-TJYENG-KOUN,-I] (興成軍) 원98
불 Entremetteur de commerce, compradore.
한 거래의 중개인, 매판 상인

흥졍ᄒᆞ다 [HEUNG-TJYENG-HĂ-TA] (興成) 원98
불 Faire le commerce. Faire des commissions au marché.
한 거래하다 | 시장에서 장을 보다

*흥진비릐 [HEUNG-TJIN-PI-RĂI] (興盡悲來, (Joie, passée, chagrin, vient)) 원98
불 Après la prospérité, les revers; après le beau temps, la pluie; après la joie, les larmes.
한 번영 후에, 실패 | 좋은 날씨 이후에, 비 | 기쁨 이후에, 눈물

흥츙거리다 [HEUNG-TCHYOUNG-KE-RI-TA,-KE-RYE,-KE-RIN] 원98
불 Apparaître avec un visage réjoui. ‖ Perdre son temps, flaner.
한 기뻐하는 얼굴로 나타나다 | 시간을 허비하다, 빈둥거리다

*흥픠 [HEUNG-HPĂI] (興敗, (Prospérité, décadence)) 원98
불 Victoire ou défaite, réussite et non réussite. Succès ou insuccès.
한 승리 또는 패배, 성공과 실패 | 성공이나 실패

*흥ᄒᆞ다 [HEUNG-HĂ-TA] (興) 원98
불 Prospérer, croître; être florissant, dans un état brillant; bien réussir.
한 번영하다, 성장하다 | 번창하다, 번창하는 상태이다 | 흥하다

1*희 [HEUI] (喜) 원96
불 En agr. Se réjouir.
한 한자어로 기쁘다

2*희 [HEUI] (希) 원96
불 En agr. Rare.
한 한자어로 드물다

3희 [HEUI] (白) 원96
불 En agr. Blanc
한 한자어로 희다

희광이 [HEUI-KOANG-I] (斬刀漢) 원96
불 Bourreau d'un degré un peu plus élevé que le 막난이 Mak-nan-i, et réservé pour les exécutions supérieures.
한 막난이 Mak-nan-i보다 약간 높은 신분의 형리로, 상급의 형 집행만을 맡는다

*희귀ᄒᆞ다 [HEUI-KOUI-HĂ-TA] (稀貴) 원96
불 Rare.
한 드물다

희긋희긋ᄒᆞ다 [HEUI-KEUT-HEUI-KEUT-HĂ-TA] 원96
불 Etre de couleur noire tachetée de blanc.
한 흰색으로 얼룩덜룩한 검은색이다

*희긔만안ᄒᆞ다 [HEUI-KEUI-MAN-AN-HĂ-TA] (喜氣滿顏) 원96
불 Avoir le visage resplendissant de joie.
한 얼굴이 기쁨에 빛나다

희다 [HEUI-TA,HEUI-YE,HEUIN] (白) 원96
불 Blanc.
한 희다

*희락ᄒᆞ다 [HĒŪI-RAK-HĂ-TA] (喜樂, (joie, plaisir)) 원96
불 Jubilation. Jubiler, se réjouir.
한 환희 | 몹시 기뻐하다, 즐거워하다

*희로 [HĒŪI-RO] (喜怒) 원96
불 Joie et colère.
한 기쁨과 노여움

*희롱ᄒᆞ다 [HEUI-RONG-HĂ-TA] (戲弄) 원96
불 Folâtrer, plaisanter, s'amuser, rire, jouer, badiner. ‖ Etre licencieux, folâtre, enjoué dissolu.

한 장난치다, 농담하다, 놀다, 웃다, 희롱하다, 음탕하다 | 장난치기 좋아하다, 방탕하다, 문란하다

*희마 [HEUI-MA] (戱魔, (Plaisanterie, diable)) 원96
불 Tour du diable, artifice diabolique, amusement des génies.
한 악마의 장난, 악마의 계략, 정령들의 장난

*희면 [HEUI-MYEN,-I] (喜面) 원96
불 Figure réjouie, riante, ouverte. bon visage.
한 기뻐하는, 웃는, 개방적인 얼굴 | 좋은 얼굴

*희미ᄒᆞ다 [HEUI-MI-HĂ-TA] (稀微) 원96
불 Peu clair, demi-obscur, peu distinct.
한 별로 분명하지 않다, 반쯤 어둡다, 별로 뚜렷하지 않다

*희소식 [HEUI-SO-SIK,-I] (喜消息) 원96
불 Bonne nouvelle, nouvelle qui réjouit.
한 좋은 소식, 기쁘게 하는 소식

*희소ᄒᆞ다 [HEUI-SO-HĂ-TA] (喜笑) 원96
불 Se réjouir, jubiler, rire.
한 기뻐하다, 몹시 기뻐하다, 웃다

*희ᄉᆡᆨ [HEUI-SĂIK,-I] (喜色) 원96
불 Air de réjouissance, aspect joyeux.
한 기뻐하는 모습, 즐거운 모습

*희ᄉᆡᆼ [HEUI-SĂIN,-I] (犧牲) 원96
불 Victime, hostie, animal offert en sacrifice (bœuf, mouton, porc).
한 희생자, 희생의 제물, 제물로 제공된 동물(소, 양, 돼지)

희ᄯᅥᆸ다 [HEUI-TTEP-TA] (白) 원96
불 Blanc.
한 희다

희얼식ᄒᆞ다 [HEUI-EL-SIK-HĂ-TA] 원96
불 Etre pâle, défiguré (par la maladie, l'anémie).
한 (병, 체력저하로) 창백하다, 흉하게 되다

희이다 [HEUI-I-TA,-I-YE,-IN] 원96
불 Blanchir, faire blanchir. (Fact. de 희다 Heui-ta).
한 희게 하다, 하얗게 하다 | (희다 Heui-ta의 사동형)

*희작ᄒᆞ다 [HEUI-TJAK-HĂ-TA] (戱作) 원96
불 S'opposer par méchanceté.
한 악의로 반대하다

*희죵ᄒᆞ다 [HEUI-TJYONG-HĂ-TA] (稀種, (Rare, semence)) 원96
불 Clair-semé.
한 듬성듬성하다

*희쥭 [HEUI-TJYOUK,-I] (稀粥) 원96
불 Esp. de bouillon de riz très-clair (beaucoup d'eau et peu de viande). Bouillie claire de riz.
한 매우 묽은 쌀로 만든 수프의 종류(물이 많고 고기는 별로 없다) | 묽은 쌀 수프

*희짓다 [HEUI-TJIT-TA,-TJI-E,-TJI-EUN] (作戱) 원96
불 S'opposer, empêcher par ruse; faire avorter un projet.
한 반대하다, 술수를 써서 방해하다 | 계획을 무산시키다

*희ᄌᆞ [HEUI-TJĂ] (戱子) 원96
불 Comédien, farceur, bateleur.
한 배우, 희극배우, 곡예사

희쳠 [HEUI-TCHYEM,-I] 원96
불 Nom d'une plante dont les graines s'attachent aux habits des passants. Esp. d'herbe médicinale.
한 씨가 지나가는 사람들의 옷에 붙는 식물의 이름 | 약용 식물의 종류

*희학ᄒᆞ다 [HĒŪI-HAK-HĂ-TA] (戱謔) 원96
불 Plaisanter, badiner, s'amuser, rire. Folâtrer. ‖ Bouffonner avec des filles de mauvaise vie; mener une vie de plaisir avec des filles de joie.
한 농담하다, 희롱하다, 즐기다, 웃다 | 장난치다 | 방탕한 여자들과 함께 익살떨다 | 창녀들과 함께 방탕한 삶을 영위하다

*희한ᄒᆞ다 [HEUI-HAN-HĂ-TA] (稀罕) 원96
불 Rare.
한 드물다

*희환ᄒᆞ다 [HĒŪI-HOAN-HĂ-TA] (喜歡) 원96
불 Jubiler, se réjouir.
한 몹시 기뻐하다, 즐거워하다

*희희낙낙ᄒᆞ다 [HĒŪI-HĒŪI-NAK-NAK-HĂ-TA] (喜喜樂樂) 원96
불 Jubilation. jubiler, se réjouir avec transport, témoigner une joie bruyante.
한 환희 | 몹시 기뻐하다, 흥분하여 즐거워하다, 수선스럽게 기쁨을 표현하다

흰ᄌᆞ의 [HEUIN-TJĂ-EUI] (白眸) 원96
불 Blanc de l'œil; blanc d'un œuf.
한 눈의 흰자위 | 알의 흰자

흿긋흿긋ᄒᆞ다 [HEUIT-KEUT-HEUIT-KEUT-HĂ-TA] 원96
불 Grisonner, commencer à blanchir.
한 [역주 머리·수염이] 세다, 하얗게 되기 시작하다

흿독머룩 [HEUIT-TOK-ME-ROUK] 원96

불 Etre tacheté, sali de blanc.
한 흰색으로 얼룩지다, 더럽혀지다

흿부기 [HEUIT-POU-KI] 원96
불 Homme qui a les yeux de travers, et qui ne laisse apercevoir que le blanc de l'œil en regardant.
한 눈이 사시인, 볼 때 눈의 흰자위만 보이는 사람

흿흿웃다 [HEUIT-HEUIT-OUT-TA] 원96
불 Rire de plaisir, rire bruyamment, rire méchamment.
한 기뻐하며 웃다, 깔깔거리다, 심술궂게 웃다

흥ᄒᆞ다 [HEUING-HĂ-TA] 원96
불 Avoir mal à la tête.
한 머리가 아프다

*힐난ᄒᆞ다 [HIL-NAN-HĂ-TA] (詰亂) 원99
불 Lutter en disputant. Se disputer. Taquiner. Contester.
한 언쟁하며 싸우다 | 서로 말다툼하다 | 짓궂게 굴다 | 이의를 제기하다

*힐문ᄒᆞ다 [HIL-MOUN-HĂ-TA] (詰問) 원99
불 Interroger un coupable sur son crime. Interroger scrupuleusement sur les moindres détails.
한 범인에게 그 범행에 대해 심문하다 | 가장 작은 세부 사항들에 대해 철저히 심문하다

힘 [HIM,-I] (力) 원99
불 Force, fermeté, vigueur, énergie.
한 힘, 굳셈, 기운, 기력

힘닙다 [HIM-NIP-TA,-NIP-E,-NIP-EUN] (藉力) 원99
불 Revêtir la force de, c. a. d. être soutenu, fortifié par un autre; se confier en; recevoir grandement.
한 ~의 힘을 입다, 즉 강해지다, 다른 사람에 의해 기운이 나다 | ~에게 기대다 | 많이 받다

힘씟ᄒᆞ다 [HIM-KKET-HĂ-TA] (盡力) 원99
불 Mettre toutes ses forces.
한 온 힘을 쓰다

힘쓰다 [HIM-SSEU-TA,-SSE,-SSEUN] (用力) 원99
불 S'efforcer, s'appliquer. 이긔기로힘쓰다, I-keui-ki-ro him-sseu-ta, S'efforcer de vaincre.
한 노력하다, 전념하다 | [용례 이긔기로힘쓰다, I-keui-ki-ro him-sseu-ta], 이겨내려고 애쓰다

힘줄 [HIM-TJOUL,-I] (脈, (Force, corde)) 원99
불 Nerf, tendon.
한 인대, 건

ᄒᆞ고 [HĀ-KO] 원86
불 Et, avec.
한 ~와, ~와 함께

ᄒᆞ고시부다 [HĀ-KO-SI-POU-TA,-SI-PE,-SI-POUN] (欲爲) 원86
불 Vouloir faire.
한 하기를 원하다

ᄒᆞ고져ᄒᆞ다 [HĀ-KO-TJYE-HĂ-TA] (欲) 원86
불 Vouloir faire.
한 하기를 원하다

ᄒᆞ나 [HĂ-NA] (一) 원86
불 Un, 1.
한 하나, 1

ᄒᆞ나히 [HĀ-NA-HI] (一) 원86
불 Seulement un, un seul.
한 오직 하나, 단 하나

ᄒᆞ니마니 [HĀ-NI-MA-NI] 원86
불 Certainement.
한 틀림없이

ᄒᆞ다 [HĂ-TA,HĂ-YE,HĂN] 원88
불 Faire. ‖ Etre. ‖ Quelquef. : dire. (Ce mot se joint comme terminaison à une foule d'autres mots, dont il fait des verbes ou des adjectifs). Nég.: 아니ᄒᆞ다 A-ni-hă-ta ou, par contract., 안타 An-hta.
한 하다 | 있다 | 때때로 : 말하다 | (이 단어는 어미처럼 다른 많은 단어들과 결합하여 동사 또는 형용사를 만든다) | 부정: 아니ᄒᆞ다 A-ni-hă-ta 또는 축약하여, 안타 An-hta

ᄒᆞ로 [HĂ-RO] (一日) 원87
불 Un jour, un jour entier. ᄒᆞ로밤에 Hă-ro-pam-ei, Un jour pendant la nuit. 초ᄒᆞ로 Tcho-hă-ro, Le 1re jour du mois.
한 하루, 하루 전체 | [용례 ᄒᆞ로밤에, hă-ro-pam-ei], 밤 사이의 하루 | [용례 초ᄒᆞ로, Tcho-hă-ro], 달의 첫 번째 날

ᄒᆞ로갈이 [HĀ-RO-KAL-I] (一日耕) 원87
불 Ce que peut labourer un bœuf dans une journée.
한 하루 동안에 소가 경작할 수 있는 양

ᄒᆞ로걸이 [HĀ-RO-KEL-I] (一日瘧) 원87
불 Fièvre tierce.
한 3일 간격으로 일어나는 간헐열

ᄒᆞ로살이 [HĂ-RO-SAL-I] 원87
불 Qui ne vit qu'un jour, éphémère.
한 하루만 사는 것, 하루살이

ᄒᆞ릅 [HĂ-REUP] (一年) 원87

불 Un an (âge pour les bestiaux).
한 한 살 (가축들의 나이)

ᄒᆞ마터면 [HĂ-MA-HTE-MYEN] (如或) 원86
불 Peu s'en est fallu que…, il a bien manqué de…, il a été sur le point de…
한 …을 할 뻔했다, 하마터면 …할 뻔했다, 막 …하려 했다

ᄒᆞ마턴들 [HĂ-MA-HTEN-TEUL] 원86 ☞ ᄒᆞ마터면

ᄒᆞ믈며 [HĂ-MEUL-MYE] (況) 원86
불 A plus forte raison.
한 하물며

ᄒᆞ여곰 [HĂ-YE-KOM] (使) 원82
불 Postposition, gouv. l'instrum. Pour, afin que, par. 날노ᄒᆞ여곰 Nal-no hă-ye-kom, Afin que je…
한 후치사, 도구격을 지배한다 | ~을 위해, ~하기 위하여, ~에 의해 | [용례 날노ᄒᆞ여곰, Nal-no hă-ye-kom], 내가…하기 위해

ᄒᆞ여보다 [HĂ-YE-PO-TA,-PO-A,-PON] 원82
불 Essayer, tenter.
한 해 보다, 시도하다

ᄒᆞ여야 [HĂ-YE-YA] (爲) 원82
불 Pour, afin que, il faut, ce n'est qu'en faisant, nécessaire ment.
한 ~을 위해, ~하기 위해, 필요하다, ~할 뿐이다, 반드시

ᄒᆞ여주다 [HĂ-YE-TJOU-TA,-TJOU-E,-TJOUN] 원82
불 Faire pour un autre, travailler pour un autre v. g. un domestique pour son maître.
한 타인을 위해 행하다, 타인을 위해 일하다 예. 하인이 주인을 위해

1 ᄒᆞ옵다 [HĂ-OP-TA] 원86
불 Faisable. terminais. Qui donne au mot le sens de: possible, digne de.
한 할 수 있다 | 단어에 '가능하다, ~할 만하다'의 의미를 부여하는 어미

2 ᄒᆞ옵다 [HĂ-OP-TA] 원86
불 Terminais. honorifique.
한 경칭 어미

ᄒᆞ이다 [HĂ-I-TA,-I-YE,-IN] 원86
불 Etre fait.
한 이루어지다

ᄒᆞᆫ [HĂN] (一) 원86
불 (Pron. indéf). Un. ᄒᆞᆫ사ᄅᆞᆷ Hăn sa-răm, Quelqu'un, un homme.
한 (부정 대명사) | 하나 | [용례 ᄒᆞᆫ사ᄅᆞᆷ, hăn sa-răm], 누군가, 어떤 사람

ᄒᆞᆫ가지 [HĂN-KA-TJI] (同) 원87
불 Une seule espèce, une seule chose.
한 단 하나의 종류, 단 하나의 것

ᄒᆞᆫ가지로 [HĂN-KA-TJI-RO] (俱) 원87
불 Ensemble, en même temps, avec. Comme un seul (homme). Comme une seule(chose).
한 함께, 동시에, ~와 같이 | 단 한 (사람)처럼 | 단 하나의 (것)처럼

ᄒᆞᆫ갓 [HĂN-KAT,-SI] (徒) 원86
불 Seul, seulement.
한 오직, 단지

ᄒᆞᆫ겁에 [HĂN-KEP-EI] (一蕃) 원87
불 A la fois, ensemble, tout d'un bloc, d'une seule fois.
한 동시에, 함께, 한꺼번에, 단번에

ᄒᆞᆫ결ᄀᆞᆺ치 [HĂN-KYEL-KĂT-TCHI] (如一) 원87
불 A l'unanimité, unanimes.
한 만장일치로, 전원이 의견이 같다

ᄒᆞᆫ겻 [HĂN-KYET,-SI et -TCHI] (半日) 원87
불 Une demi-journée.
한 반나절

ᄒᆞᆫ ᄀᆞᆺ [HĂN-KĂT,-SI] (半級) 원87
불 Une enfilade de poissons. Une couple(v. g. de pigeons, de poulets).
한 일렬로 물고기를 꿴 것 | 한 쌍 (예. 비둘기, 닭) 한 쌍

ᄒᆞᆫ도 [HĂN-TO] (捍刀) 원87
불 Grand couteau, sabre. Syn. 한도. Han-to.
한 큰 칼, 검 | [동의어 한도, Han-to]

ᄒᆞᆫᄃᆡ셔 [HĂN-TAI-SYE] 원87
불 Par, avec, de, ensemble.
한 ~에 의해, ~와 함께, ~의, 함께

ᄒᆞᆫᄃᆡᄒᆞ다 [HĂN-TĂI-HĂ-TA] 원87
불 Faire ensemble, faire de la même manière.
한 함께 하다, 똑같이 하다

ᄒᆞᆫ모쓰다 [HĂN-MO-SSEU-TA] 원87 ☞ ᄒᆞᆫ목당ᄒᆞ다

ᄒᆞᆫ목당ᄒᆞ다 [HĂN-MOK-TANG-HĂ-TA] 원87
불 Contribuer à une œuvre suivant ses facultés, contribuer pour une partie (ᄒᆞᆫ목시당ᄒᆞ다 Hăn mok-si-tang-hă-ta).
한 자신의 능력에 따라 일에 기여하다, 한 부분에 이바지하다 (ᄒᆞᆫ목시당ᄒᆞ다 Hăn mok-si tang-hă-ta)

ᄒᆞᆫ숨에 [HĂN-SOUM-EI] (一息) 원87
불 D'une seule haleine, en une respiration, tout d'un coup, sans respirer, sans se reposer, vite.
한 단숨에, 한숨에, 단번에, 숨도 쉬지 않고, 쉬지 않고, 재빨리

*ᄒᆞᆫᄉᆞᄒᆞ다 [HĂN-SĂ-HĂ-TA] (限死) 원87
불 Etre entêté, obstiné, énergique.
한 고집이 세다, 완고하다, 단호하다

ᄒᆞᆫ쁠 [HĂN-PPOUL,-I] (一角) 원87
불 Une tête. (Numéral des oignons, des coquillages).
한 머리 | (양파, 조개를 세는 수사)

ᄒᆞᆫ쌈이 [HĂN-SSAM-I] (一包) 원87
불 Un paquet. (Numéral des paquets d'aiguilles).
한 다발 | (바늘 다발을 세는 수사)

ᄒᆞᆫ창 [HĂN-TCHANG,-I] (方將) 원87
불 Etre rendu, être plein, être homme fait. Se dit d'un homme de 25 à 30ans. le moment de la beauté, de la force(pour une fleur, un fruit).
한 다다르다, 가득하다, 성숙한 사람이다 | 25세에서 30세까지의 사람에 대해 쓴다 | (꽃, 열매에 있어) 아름다울 때, 활력이 있을 때

1 ᄒᆞᆫ치 [HĂN-TCHI] (一寸) 원87
불 Un pouce (mesure de long).
한 푸스 (길이의 단위)

2 ᄒᆞᆫ치 [HĂN-TCHI] 원87
불 Trente coups sur le devant des jambes. (Numéral des coups dans la torture).
한 다리 앞쪽을 30번 때리기 | (고문에서 때리는 횟수를 세는 수사)

ᄒᆞᆫ탄ᄒᆞ다 [HĂN-HTAN-HĂ-TA] (恨歎) 원87
불 Regretter, avoir regret de, se repentir de, être tâché de, se plaindre, faire des lamentations.
한 애석해 하다, ~을 후회하다, ~을 뉘우치다, ~로 얼룩지다, 눈물을 흘리다, 통곡하다

ᄒᆞᆫ톳 [HĂN-HTOT,-TCHI et -SI] 원87
불 Peloton. (Numéral des pelotons de fil).
한 작은 실꾸리 | (작은 실꾸리를 세는 수사)

ᄒᆞᆫ판 [HĂN-HPAN,-I] (一枰) 원87
불 Une partie, une fois. (Numéral des parties au jeu d'échecs).
한 한 승부, 한 번 | (체스 놀이에서 게임 횟수를 세는 수사)

ᄒᆞᆫ폭이 [HĂN-HPOK-I] (一朶) 원87
불 Une racine, une souche. (Numéral des pieds de courges, de choux, d'arbres. etc. se dit même, au fig., pour la souche, l'origine, d'une lignée).
한 뿌리, 그루터기 | (호박, 배추, 나무 등의 밑동을 세는 수사. 비유적으로 혈통의 시조, 기원에 대해서도 쓴다)

*ᄒᆞᆫᄒᆞ다 [HĂN-HĂ-TA] (恨) 원86
불 Haïr, avoir en horreur, détester. Se repentir, être mécontent de soi. Murmurer, être fâché, peiné.
한 미워하다, 두려워하다, 싫어하다 | 회개하다, 스스로에게 불만스럽다 | 투덜거리다, 불만스럽다, 괴롭다

ᄒᆞᆯ그랑ᄒᆞᆯ그랑ᄒᆞ다 [HĀL-KEU-RANG-HĂL-KEU-RANG-HĂ-TA] (喘) 원88
불 Vaciller, n'être pas solide.
한 흔들거리다, 견고하지 않다

ᄒᆞᆯ근ᄒᆞᆯ근ᄒᆞ다 [HĀL-KEUN-HĂL-KEUN-HĂ-TA] (喘) 원87
불 Etre essoufflé, vaciller.
한 숨 가쁘다, 흔들거리다

ᄒᆞᆯ만ᄒᆞ다 [HĂL-MAN-HĂ-TA] (可爲) 원88
불 Faisable.
한 할 수 있다

ᄒᆞᆯ셩부르다 [HĂL-SYENG-POU-REU-TA] 원88
불 Il fera probablement.
한 아마도 할 것이다

ᄒᆞᆯ쌍ᄒᆞᆯ쌍ᄒᆞ다 [HĂL-KKANG-HĀL-KKANG-HĂ-TA] (喘) 원87
불 Etre essoufflé, vaciller.
한 숨이 차다, 흔들거리다

ᄒᆞᆯ일업시 [HĀL-IL-EP-SI] (無可奈何) 원87
불 Certainement, nécessairement, il n'y a pas de ressource, il n'y a pas moyen de faire autrement.
한 틀림없이, 반드시, 달리 할 수단이 없다, 방법이 없다

ᄒᆞᆷ보로 [HĂM-PO-RO] 원86
불 Etourdiment. V.Syn. 마고. Ma-ko.
한 경솔하게 | [동의어 마고, Ma-ko]

ᄒᆞᆷᄭᅴ [HĂM-KKEUI] (偕) 원86
불 Ensemble, en même temps. tout d'une fois, tout à la fois.
한 함께, 동시에 | 단번에, 한 번에

*ᄒᆞᆼ [HĀNG] (恒) 원87
불 Toujours.
한 항상

*ᄒᆞᆼ구ᄒᆞ다 [HĂNG-KOU-HĂ-TA,-HĂN,-HI] (恒久, (Toujours, longtemps)) (원)87

[불] Constant, persévérant, persistant, durable, stable, ferme.

[한] 흔들리지 않다, 참을성 있다, 오래 지속하다, 지속적이다, 안정되다, 확고부동하다

ᄒᆞᆼ나 [HĂNG-NA] (亢羅) (원)87

[불] Nom d'une étoffe de soie très-claire. Crèpe. Sorte d'étoffe très-légère.

[한] 매우 밝은 색 견직물의 이름 | 크레이프 | 매우 가벼운 천의 종류

*ᄒᆞᆼ다반 [HĂNG-TA-PAN,-I] (恒多伴) (원)87

[불] Le plus grand nombre, la plupart.

[한] 대다수, 대부분

*ᄒᆞᆼ덕 [HĂNG-TEK,-I] (恒德, (Toujours, vertu)) (원)87

[불] Vertu de constance, de persévérance.

[한] 불변의, 확고부동의 덕

*ᄒᆞᆼ샹 [HĂN-SYANG] (恒常) (원)87

[불] Toujours, continuellement, sans cesse, éternellement.

[한] 언제나, 계속, 끊임없이, 영원히

*ᄒᆞᆼ습ᄒᆞ다 [HĂNG-SEUP-HĂ-TA] (恒習, (Toujours, s'exercer)) (원)87

[불] Apprendre, se perfectionner.

[한] 배우다, 발전하다

*ᄒᆞᆼ심 [HĂNG-SIM,-I] (恒心, (Toujours, cœur)) (원)87

[불] Constance, courage, uniformité, opiniàtreté, durée, persévérance.

[한] 불변, 요지부동, 변함없음, 완강함, 지속성, 확고부동

*ᄒᆞᆼ언 [HĂNG-EN,-I] (恒言, (Toujours, parole)) (원)87

[불] Parole habituelle, qui revient sans cesse, qu'on répète souvent. Dire toujours. La même parole, la même chose.

[한] 끊임없이 다시 생각나는, 자주 반복하는 습관적인 말 | 늘 말하다 | 같은 말, 같은 것

*ᄒᆞᆼ업 [HĂNG-EP,-I] (恒業, (Toujours, travail)) (원)87

[불] Ouvrage auquel on travaille continuellement. Métier. Profession, emploi, industrie, art. Faire toujours le même ouvrage.

[한] 계속해서 하고 있는 일 | 직무 | 직업, 직장, 생업, 기술 | 항상 같은 일을 하다

*ᄒᆞᆼ용ᄒᆞ다 [HĂNG-YONG-HĂ-TA] (恒用, (Toujours, servir)) (원)87

[불] Usuel, d'un usage continuel et journalier.

[한] 상용의, 지속적이고 매일 사용하는

*ᄒᆞᆼ죵특우 [HĂNG-TJYONG-HIEUK-OU] (恒從特佑, (Toujours, obéissant, particulière, grdre)) (원)87

[불] Aller suivant les grâces particulières.

[한] 특별한 은총에 따라 가다

[1]ᄒᆡ [HĂI] (年) (원)83

[불] Année, an.

[한] 해, 년

[2]ᄒᆡ [HĂI] (日) (원)83

[불] Soleil.

[한] 태양

[3]*ᄒᆡ [HĂI] (海) (원)83

[불] Mer.

[한] 바다

[4]*ᄒᆡ [HĂI] (解) (원)83

[불] En agr. Développer, expliquer, dissiper, dépouiller, quitter, chasser, ôter.

[한] 한자어로 발달시키다, 설명하다, 흩뜨리다, 벗기다, 버리다, 내몰다, 없애다

[5]*ᄒᆡ [HĂI] (亥) (원)83

[불] 12e signe du zodiaque(le Cochon). ‖ 10 h. du soir.

[한] 황도 12궁의 열두 번째 자리(돼지) | 저녁 10시

[1]ᄒᆡ가 [HĂI-KA] (원)83

[불] Espace de temps.

[한] 시간의 간격

[2]ᄒᆡ가 [HĂI-KA] (원)83

[불] Nom d'un violoniste très-célèbre des anciens temps.

[한] 옛날에 아주 유명했던 바이올리니스트의 이름

*ᄒᆡ갈ᄒᆞ다 [HĂI-KAL-HĂ-TA] (解渴) (원)83

[불] (Dissiper la soif). Boire quand on a le gosier sec. Désalterer. ‖ Etre tiré d'un grand embarras.

[한] (갈증을 해소하다) | 목이 마를 때 마시다 | 갈증을 풀어주다 | 큰 곤경에서 구출되다

ᄒᆡ갸오리 [HĂI-KYA-O-RI] (向日葵) (원)83

[불] Hélianthe, héliotrope, soleil.

[한] 해바라기, 향일성 식물, 해

*ᄒᆡ거ᄒᆞ다 [HĂI-KE-HĂ-TA] (駭擧) (원)83

[불] Manque de respect envers un supérieur. se conduire d'une manière inconvenante, déshonorante.

[한] 윗사람에게 대한 불경 | 무례하게, 수치스럽게 행동하다

*ᄒᆡ골 [HĂI-KOL,-I] (骸骨, (Os, os)) (원)83

불 Os d'un mort, squelette.
한 죽은 사람의 뼈, 해골

[1*] 히공ᄒᆞ다 [HĂI-KONG-HĂ-TA] (害工) 원83
불 Obstacle, empêchement, embarras.
한 장애물, 방해, 곤경

[2] 히공ᄒᆞ다 [HĂI-KONG-HĂ-TA] (解工) 원83
불 Interrompre son travail.
한 자신의 일을 중단하다

* 히곽 [HĂI-KOAK,-I] (海藿) 원83
불 Esp. d'herbe marine comestible.Syn. 메억 Mei-ek.
한 식용 바다풀의 종류 | [동의어 메억, Mei-ek]

* 히괴ᄒᆞ다 [HĂI-KOI-HĂ-TA] (駭怪, (effrayant, mauvais)) 원83
불 Indécent, inconvenant, honteux. Effronté, qui ne sait plus rougir, qui a perdu toute pudeur. Barbare.
한 정숙하지 못하다, 저속하다, 수치스럽다 | 부끄러워할 줄 모르다, 더 이상 낯을 붉힐 줄 모르다, 모든 수줍음을 잃어버렸다 | 미개하다

* 히구 [HĂI-KOU] (海狗) 원83
불 Chien de mer, esp. d'amphibie (p. ê. la loutre marine ou le castor), phoque ou morse.
한 돔발상어, 양서류의 종류 (아마도 바다 수달 또는 비버), 바다표범 또는 바다코끼리

* 히구신 [HĂI-KOU-SIN,-I] (海狗腎) 원83
불 Laitance du chien de mer (remède).
한 돔발상어의 어백 (약)

* 히국도지 [HĂI-KOUK-TO-TJI] (海國圖誌) 원83
불 La carte générale des mers et des royaumes (nom d'un livre).
한 바다와 왕국들의 전체 지도 (책 이름)

* 히근ᄒᆞ다 [HĂI-KEUN-HĂ-TA] (解斤, (Développer, livre)) 원83
불 Vendre en petit, en détail, à la livre.
한 작게, 소매로, 파운드로 팔다

히글히글ᄒᆞ다 [HĂI-KEUL-HĂI-KEUL-HĂ-TA] 원83
불 Eboulement du sable mis en tas, et de toutes choses qui ne peuvent tenir amoncelées. S'ébouler peu à peu(comme un tas de sable).
한 더미로 쌓인 모래, 쌓은 채로 유지할 수 없는 모든 것의 붕괴 | (모래더미처럼) 조금씩 허물어지다

히금 [HĂI-KEUM,-I] (嵇琴) 원83
불 Esp. de petit violon à deux cordes.
한 줄이 두 개 달린 작은 바이올린의 종류

히긋히긋ᄒᆞ다 [HĂI-KEUT-HĂI-KEUT-HĂ-TA] 원83
불 Etre de couleur noire tachetée de tout petits points blancs.
한 아주 작은 흰 점으로 얼룩진 검은색이다

* 히당화 [HĂI-TANG-HOA] (海棠花, (Mer, églantier, fleur)) 원86
불 Rose, fleur d'églantier.
한 장미꽃, 들장미 나무의 꽃

히뎨 [HĂI-TYEI] 원86 ☞ 히졔

* 히도 [HĂI-TO] (海島) 원86
불 Ile.
한 섬

* 히독ᄒᆞ다 [HĂI-TOK-HĂ-TA] (解毒) 원86
불 Prévenir les effets d'un principe mauvais; neutraliser l'action du poison. Prendre un contrepoison, annuler le poison. Conjurer un mal.
한 나쁜 성분의 효과를 예방하다 | 독의 효력을 중화시키다 | 해독제를 먹다, 독을 무효화하다 | 해악을 모면하다

* 히동 [HĂI-TONG,-I] (孩童) 원86
불 Petit enfant âgé d'un à deux ans.
한 한 살에서 두 살 된 어린아이

* 히동ᄒᆞ다 [HĂI-TONG-HĂ-TA] (解凍, (Se fondre, gelée)) 원86
불 L'hiver s'en aller; l'hiver disparaître. Dégeler.
한 겨울이 가버리다 | 겨울이 사라지다 | 얼음이 녹다

* 히ᄃᆡ [HĂI-TĂI] (海帶) 원86
불 Esp d'algue, herbe marine comestible.
한 바닷말의 종류, 식용 해초

* 히랑적 [HĂI-RANG-TJEK,-I] (海浪賊) 원85
불 Pirate.
한 해적

* 히룡피 [HĂI-RYONG-HPI] (海龍皮) 원85
불 Peau de dragon de mer. ‖ (Nom d'un remède).
한 해룡의 가죽 | (약의 이름)

* 히륙 [HĂI-RYOUK,-I] (海陸) 원85
불 Mer et terre.
한 바다와 육지

히리 [HĂI-RI] 원85
불 Esp. de plante marine. V.Syn. 짐 Tjim.
한 바다 식물의 종류 | [동의어 짐, Tjim]

* 히리ᄒᆞ다 [HĂI-RI-HĂ-TA] (海理, (Expliquer, raison)) 원85

불 Connaître, expliquer la nature des choses.

한 사물들의 본성을 알다, 설명하다

*ᄒᆡ마 [HĂI-MA] (海馬, (mer, cheval)) 원83

불 Esp. de petit poisson de mer.

한 작은 바닷물고기의 종류

*ᄒᆡ매ᄒᆞ다 [ĂI-MAI-HĂ-TA] (僾昧) 원16

불 Etre innocent et puni comme coupable, n'avoir point de fautes. N'être pas coupable de ce dont on est accusé. Etre accusé faussement.

한 결백하지만 죄인으로 처벌되다, 조금도 잘못이 없다 | 고소된 일에 대해 죄가 없다 | 잘못 고소되다

1*ᄒᆡ몽쟝이 [HĂI-MONG-TJANG-I] (解夢) 원83

불 Celui qui explique les songes.

한 꿈을 해석해 주는 사람

2*ᄒᆡ몽쟝이 [HĂI-MONG-TJANG-I] (解蒙) 원83

불 Instituteur, maître d'école.

한 선생님, 학교 교사

1*ᄒᆡ몽ᄒᆞ다 [HĂI-MONG-HĂ-TA] (解夢) 원83

불 Expliquer les songes.

한 꿈을 해석하다

2*ᄒᆡ몽ᄒᆞ다 [HĂI-MONG-HĂ-TA] (解蒙) 원83

불 Instruire un enfant, bien enseigner les caractères.

한 아이를 가르치다, 글자를 잘 가르치다

1*ᄒᆡ물 [HĂI-MOUL,-I] (海物, (Mer, objet)) 원83

불 Production marine, chose de la mer.

한 바다 생산물, 바다의 것

2ᄒᆡ물 [HĂI-MOUL,-I] (太陽暈) 원83

불 Halo, cercle autour du soleil.

한 [역주 해, 달] 무리, 태양 둘레의 원

*ᄒᆡ변 [HĂI-PYEN,-I] (海邊) 원85

불 Bord de la mer.

한 해변

ᄒᆡ볏 [HĂI-PYET,-TCHI] (太陽) 원85

불 Soleil (par opposition à l'ombre).

한 (그늘과 반대하여) 양지

*ᄒᆡ복ᄒᆞ다 [HĂI-POK-HĂ-TA] (解腹) 원85

불 Accoucher.

한 해산하다

ᄒᆡ빗 [HĂI-PIT,-TCHI et -SI] (日光) 원85

불 Lumière du soleil.

한 햇빛

*ᄒᆡ빙ᄒᆞ다 [HĂI-PING-HĂ-TA] (解氷, (Fondre, glace)) 원85

불 La neige, la glace fondre; le printemps commencer.

한 눈, 얼음이 녹다 | 봄이 시작되다

ᄒᆡᄇᆞ라기쏫 [HĂI-PĂ-RA-KI-KKOT,-TCHI] (向日葵) 원85

불 Tournesol, hélianthe, esp. d'héliotrope.

한 해바라기, 성상체의 쌍떡잎 식물군, 향일성 식물의 종류

*ᄒᆡ산ᄒᆞ다 [HĂI-SAN-HĂ-TA] (解產) 원86

불 Accouchement. Accoucher, enfanter, mettre au monde.

한 출산 | 해산하다, 출산하다, 아이를 낳다

*ᄒᆡ삼 [HĂI-SAM,-I] (海蔘) 원85

불 Holothuria edulis. Ver de mer. Ver marin, Esp. de mollusque connu sous le nom vulgaire de trépang ou balate; il passe pour très-fortifiant.

한 holothuria edulis | 바다의 지렁이 | 바다 지렁이, 해삼 또는 해삼이라는 속칭으로 알려진 연체동물의 종류 | 몸을 아주 튼튼하게 하는 것으로 알려져 있다

*ᄒᆡ상ᄒᆞ다 [HĂI-SANG-HĂ-TA] (解喪) 원86

불 Quitter le deuil.

한 상복을 벗다

*ᄒᆡ셕ᄒᆞ다 [HĂI-SYEK-HĂ-TA] (解釋) 원86

불 Commenter, expliquer. ‖ Se réconcilier.

한 주석을 달다, 설명하다 | 서로 화해하다

1*ᄒᆡ소ᄒᆞ다 [HĂI-SO-HĂ-TA] (解蘇) 원86

불 Terminer l'abstinence et commencer à manger de la viande. ‖ Terminer le temps d'exil.

한 금욕을 끝내고 고기를 먹기 시작하다 | 유배 기간을 마치다

2*ᄒᆡ소ᄒᆞ다 [HĂI-SO-HĂ-TA] (咳嗽) 원86

불 Tousser continuellement par suite de maladie ou d'indisposition.

한 병 또는 몸이 불편한 결과로 계속해서 기침하다

*ᄒᆡ숑 [HĂI-SYONG,-I] (海松) 원86

불 Sapin de la mer, des îles; pins maritimes; pins des sables de la mer.

한 바다의, 섬의 전나무 | 해안의 소나무 | 바닷모래의 소나무

*ᄒᆡ숑판 [HĀI-SYONG-HPAN,-I] (海松板) 원86

불 Planche de sapin ou de pin maritime.

한 전나무 또는 바다 소나무로 만든 판자

*ᄒᆡ슈 [HĀI-SYOU] (海水) 원86

불 Mer, eau de mer.

[한] 바다, 해수

*히시 [HĂI-SI] (亥時) [원]86

[불] 10h. du soir, de 9 à 11h.

[한] 저녁 10시, 9~11시

1*히식 [HĂI-SĂIK,-I] (海色) [원]86

[불] Couleur de la mer.

[한] 바다의 빛깔

2*히식 [HĂI-SĂIK,-I] (該色) [원]86

[불] Prétorien ou employé, en chaque district, qui a pour un an l'administration des blés du gouvernement; qui a pour charge de surveiller les blés du gouvernement, de les faire garder, de recevoir les impôts, de préparer les provisions du mandarin, etc.

[한] 각 구역에서, 1년간 정부의 곡식을 관리하는 친위대 또는 직원 | 정부의 곡식을 감시하는, 그것을 지키게 하는, 세금을 받는, 관리의 구입품을 마련하는 등의 직무를 맡은 사람

히쑥 [HĂI-SSOUK,-I] (海芠) [원]86

[불] Armoise du bord de la mer.

[한] 바닷가의 쑥

히앗쓱ᄒᆞ다 [HĂI-AT-SSEUK-HĂ-TA] [원]83

[불] Etre pâle, avoir un air de maladie.

[한] 창백하다, 아픈 것처럼 보이다

*히애 [HĂI-AI] (海艾) [원]83

[불] Esp. d'herbe médicinale qui pousse sur les rivages de la mer, armoise de mer, artémise.

[한] 바다 기슭에서 자라는 약용 풀의 종류, 바다의 쑥, 다북쑥

*히어 [HĂI-E] (海魚) [원]83

[불] Poisson de mer (en général).

[한] (일반적으로) 바닷물고기

*히연ᄒᆞ다 [HĂI-YEN-HĂ-TA] (駭然) [원]83

[불] Honteux, effrayant.

[한] 수치스럽다, 끔찍하다

히오락이 [HĂI-O-RAK-I] (鷺) [원]83

[불] Héron commun.

[한] 일반 왜가리

히우라비 [HĂI-OU-RA-PI] (鷺) [원]83

[불] Héron commun, ou plutôt l'aigrette blanche sans autres couleurs.

[한] 일반 왜가리, 보다 정확히 말해 다른 색깔이 없는 백로

*히우샹봉ᄒᆞ다 [HĂI-OU-SYANG-PONG-HĂ-TA] (邂逅相逢) [원]83

[불] Rencontrer par hasard quand on n'y pense pas. Se rencontrer avec un autre loin de chez soi.

[한] 생각지도 못할 때 우연히 만나다 | 집에서 멀리 떨어진 곳에서 다른 사람과 만나다

*히읍 [HĂI-EUP,-I] (海邑) [원]83

[불] Ville sur les bords de la mer, ville maritime, district sur les bords de la mer.

[한] 해변의 도시, 해안 도시, 바닷가 구역

*히의 [HĂI-EUI] (海衣) [원]83

[불] Esp. de goëmon ou d'herbe marine dont on fait un mets très-estimé des Coréens.

[한] 조선인들로부터 매우 인정받는 요리를 만드는 바닷말 또는 해초의 종류

*히의ᄒᆞ다 [HĂI-EUI-HĂ-TA] (解疑, (Enlever, doute)) [원]83

[불] Etre certain, n'avoir plus de doute.

[한] 확실하다, 더 이상의 의심도 없다

*히일 [HĂI-IL,-I] (海溢, (Mer, déborder)) [원]83

[불] Débordements de la mer qui ont lieu à certaines époques non fixes et très-éloignées.

[한] 정해지지 않고 아주 먼 어떤 시기에 일어나는 바닷물의 범람

*히작이 [HĂI-TJAK-I] (海作) [원]86

[불] Pêcheur d'huitres, de coquillages, de poissons, etc. Ceux qui ramasseut les coquillages sur le bord de la mer pour les vendre.

[한] 굴, 조개, 고기 등을 잡는 어부 | 팔기 위해 바닷가에서 조개를 채취하는 사람들

*히적 [HĂI-TJEK,-I] (海賊) [원]86

[불] Pirate.

[한] 해적

*히졍쥬 [HĂI-TJYENG-TJYOU] (解酲酒, (Chasser, maladie de vin, vin)) [원]86

[불] Verre de vin que prend un ivrogne le lendemain de son ivresse(s'il ne le prenait pas, il serait exposé à faire une maladie). Remède homéopathique.

[한] 술꾼이 취한 다음 날 마시는 술잔(그것을 마시지 않으면 병에 걸릴 위험에 처할 수도 있을 것이다) | 유사요법의 약

*히졔 [HĂI-TJYEI] (孩提) [원]86

[불] petit enfant d'un à deux ans.

[한] 한 살에서 두 살 된 어린아이

ㅎ

*히죄경 [HĂI-TJOI-KYENG,-I] (解罪經, (Oter, péchés, prière)) 원86
불 Absolution, prière de l'absolution.
한 사면, 사죄의 기도

*히죄ᄒᆞ다 [HĂI-TJOI-HĂ-TA] (解罪, (Oter, péchés)) 원86
불 Absoudre des péchés.
한 죄를 사하다

1*히ᄌᆞ [HĂI-TJĂ] (解字) 원86
불 Ecriture bien distincte.
한 아주 뚜렷한 글씨

2히ᄌᆞ [HĂI-TJĂ] (濠) 원86
불 Petit canal pour l'écoulement des eaux.
한 물의 배출을 위한 작은 수로

*히쳔ᄒᆞ다 [HĂI-TCHYEN-HĂ-TA] (咳喘) 원86
불 Tousser beaucoup (vieillard). Etre asthmatique.
한 (노인이) 기침을 많이 하다 | 천식을 앓다

히테 [HĂI-HTĂI] (日輪) 원86
불 Le disque du soleil.
한 태양의 가시[역주 可視] 표면

*히토ᄒᆞ다 [HĂI-HTO-HĂ-TA] (解土) 원86
불 Dégel à la fin de l'hiver. Disparition de l'hiver; venue du printemps. Dégeler.
한 겨울의 끝에 눈이 녹음 | 겨울이 사라짐 | 봄의 도래 | 녹다

*히틔 [HĂI-HTĂI] (懈怠) 원86
불 Paresse.
한 나태

1히파리 [HĂI-HPA-RI] 원85
불 Esp. d'insecte qui ressemble au cancrelat.
한 바퀴와 유사한 곤충의 종류

2히파리 [HĂI-HPA-RI] (海蠅) 원85
불 Masse rose ou blanche, transparente et croquante, qui flotte à la surface de la mer; les Chinois la mangent. la méduse.
한 분홍빛 또는 흰색의, 투명하고 바삭바삭한, 바다 표면에 뜨는 덩어리 | 중국인들은 그것을 먹는다 | 해파리강

*히폐ᄒᆞ다 [HĂI-HPYEI-HĂ-TA] (害蔽) 원85
불 Détraction nuisible, médisance, mensonge pernicieux. dire du mal du prochain.
한 유해한 비방, 비방하기, 해로운 거짓말 | 이웃에 대해 나쁘게 말하다

히포 [HĂI-HPO] (經年) 원85
불 Une année environ.
한 약 1년

*히표쵸 [HĂI-HPYO-TCHYO] (海縹綃) 원85
불 Os de seiche. ‖ Biscuit de mer (remède).
한 오징어의 뼈 | 바다의 오징어 뼈 (약)

*히풍 [HĂI-HPOUNG,-I] (海風) 원85
불 Vent de la mer, brise de mer.
한 바닷바람, 해풍

*히혹ᄒᆞ다 [HĂI-HOK-HĂ-TA] (解惑) 원83
불 Enlever tout doute.
한 모든 의혹을 없애다

힉 [HĂIK] (覈) 원83
불 En agr. Approfondir.
한 한자어로 깊이 파고들다

*힉관 [HĂIK-KOAN,-I] (覈官) 원83
불 Envoyé du gouvernement pour examiner une affaire, instruire un procès.
한 일을 조사하기 위한 정부의 파견원, 소송의 예심을 하다

*힉실ᄒᆞ다 [HĂIK-SIL-HĂ-TA] (覈實) 원83
불 Examiner une affaire, instruire un procès, discuter, approfondir.
한 일을 조사하다, 소송의 예심을 하다, 검토하다, 깊이 파고들다

힘스름ᄒᆞ다 [HĂIP-SEU-REUM-HĂ-TA] 원85
불 Blanc.
한 하얗다

힛귀 [HĂIT-KOUI] (煦) 원86
불 Lumière du soleil, jour. Le jour(opposé à l'obscurité).
한 햇빛, 햇빛 | (어둠과 반대되는) 햇빛

힛긋힛긋ᄒᆞ다 [HĂIT-KEUT-HĂIT-KEUT-HĂ-TA] 원86
불 Avoir de petites taches blanches.
한 작고 흰 얼룩들이 있다

1*힝 [HĂING,-I] (幸) 원83
불 Heureux. chance. Bonheur. Chanceux.
한 행복하다 | 행운 | 행복 | 운이 좋다

2힝 [HĂING,-I] 원83
불 Nom d'une lettre de l'alphabet coréen, qui s'écrit: ㅇ. Devant une voyelle ou au-dessus, elle n'a pas de son; après, c. a. d. au-dessous, elle a le son de ng ou de gn.
한 'ㅇ'로 쓰이는 조선 자모의 글자 이름 | 모음 앞이나 위에에서는 소리가 나지 않는다 | 뒤에서는, 즉 아

래에서는 ng 또는 gn 소리가 난다

3* 힝 [HĂING,-I] (杏) [원]83
[불] En agr. Abricot.
[한] 한자어로 살구

4* 힝 [HĂING,-I] (行) [원]84
[불] Voyage, pas(gressus), progrès. ‖ Action.
[한] 이동, 걸음(보행), 진보 | 행동

힝검 [HĂING-KEM,-I] (行檢) [원]84
[불] Action, œuvre, conduite.
[한] 행동, 활동, 행실

1* 힝공ᄒᆞ다 [HĂING-KONG-HĂ-TA] (行工) [원]84
[불] Commencer à pratiquer la religion. ‖ Exercer le métier de. S'occuper à. Avoir la fonction de.
[한] 종교상의 의례를 지키기 시작하다 | ~의 직업에 종사하다 | ~에 종사하다 | ~을 맡다

2* 힝공ᄒᆞ다 [HĂING-KONG-HĂ-TA] (行公) [원]84
[불] Prendre part au gouvernement.
[한] 정부에 참여하다

* 힝관ᄒᆞ다 [HĂING-KOAN-HĂ-TA] (行官, (Aller, mandarin)) [원]84
[불] Envoyer des ordres aux mandarins. (Se dit en parlant du roi ou du gouverneur).
[한] 관리들에게 명령을 보내다 | (왕 또는 지사에 대해 말할 때 쓴다)

* 힝군ᄒᆞ다 [HĂING-KOUN-HĂ-TA] (行軍) [원]84
[불] Partir (se dit des soldats qui se mettent en marche). Marcher à la tête de l'armée(général).
[한] 출발하다 (행진하는 군인들에 대해 쓴다) | (장군이) 군대의 선두에서 걷다

* 힝궁 [HĂING-KOUNG,-I] (行宮) [원]84
[불] Maison où se repose le roi en voyage.
[한] 여행 중인 왕이 머무르는 건물

힝금 [HĂING-KEUM,-I] (嵇琴) [원]84
[불] Violon à deux cordes. Syn. 히금 Hăi-keum.
[한] 줄이 두 개인 바이올린 | [[동의어] 히금, Hăi-keum]

* 힝긔ᄒᆞ다 [HĂING-KEUI-HĂ-TA] (行氣, (Exciter, rigueur)) [원]84
[불] Se promener, marcher, aller et venir de long en large. ‖ Reprendre haleine. Renouveler ses forces (v. g. boire un peu de vin).
[한] 산책하다, 걷다, 이리저리 왔다 갔다 하다 | 숨을 돌리다 | 자신의 힘을 되살아나게 하다 (예. 술을 조금 마시다)

힝길 [HĂING-KIL,-I] (大路) [원]84
[불] Grand'route, chemin.
[한] 대로, 길

* 힝긱 [HĂING-KĂIK,-I] (行客) [원]84
[불] Hôte voyageur.
[한] 여행하는 손님

* 힝낙ᄒᆞ다 [HĂING-NAK-HĂ-TA] (行樂, (faire, joie)) [원]84
[불] Mener une vie licencieuse, débauchée. S'amuser, se livrer au plaisir, mener joyeuse vie.
[한] 방탕한, 타락한 생활을 하다 | 즐기다, 쾌락에 빠지다, 즐겁게 생활하다

* 힝낭 [HĂING-NANG,-I] (行廊) [원]84
[불] Petite maison pour les gens de service. Dépendance de la maison principale, et où logent les esclaves. Les communs.
[한] 하인들을 위한 작은 집 | 노예들이 거주하는, 주된 건물의 부속 건물 | 부속 건물

힝낭것 [HĂING-NANG-KET,-SI] (廊屬) [원]84
[불] Homme de service. V.Syn. 낭한 Nang-han.
[한] 하인 | [[동의어] 낭한, Nang-han]

* 힝노 [HĂING-NO] (行路) [원]84
[불] Voyage, trajet.
[한] 여행, 도정

힝놈 [HĂING-NOM,-I] (常漢) [원]84
[불] Homme vil, petit, peu puissant, peu rusé.
[한] 비천한, 작은, 강하지 못한, 교활하지 못한 사람

* 힝뇌ᄒᆞ다 [HĂING-NOI-HĂ-TA] (行賂, (Faire, don d'argent)) [원]84
[불] Corrompre, soudoyer, gagner à prix d'argent. Se tirer d'affaire en donnant de l'argent aux satellites qui viennent exécuter un mandat.
[한] 부패시키다, 매수하다, 돈을 써서 얻다 | 영장을 집행하러 오는 부하들에게 돈을 줘서 궁지에서 벗어나다

힝누룸이 [HĂING-NOU-ROUM-I] [원]84
[불] Brochettes fricassées, composées de viande et de légumes, avec un enduit de farine et d'œufs.
[한] 밀가루와 계란을 입혀, 고기와 채소를 혼합한 프리카세 꼬치들

* 힝담 [HĂING-TAM,-I] (行擔) [원]85
[불] Panier long et creux, ovale, avec un couvercle de même forme.

ᄒ

[한] 길고 속이 빈, 타원형의, 같은 모양의 뚜껑이 있는 바구니

*ᄒᆡᆼ동 [HĂING-TONG,-I] (行動) 원85
[불] Conduite, tenue.
[한] 행실, 태도

*ᄒᆡᆼ동거지 [HĂING-TONG-KE-TJI] (行動擧止) 원85
[불] Conduite, tenue.
[한] 행동, 태도

*ᄒᆡᆼ동ᄒᆞ다 [HĂING-TONG-HĂ-TA] (行動) 원85
[불] Remuer, changer de place, aller et venir. Se relever de maladie. Commencer à marcher.
[한] 움직이다, 위치를 바꾸다, 왔다 갔다 하다 | 병에서 회복되다 | 움직이기 시작하다

*ᄒᆡᆼ령ᄒᆞ다 [HĂING-RYENG-HĂ-TA] (行令) 원84
[불] Ordre d'un noble. Commander (se dit du gouverneur ou du mandarin).
[한] 귀족의 명령 | 명령하다 (지사 또는 관리에 때해 쓴다)

*ᄒᆡᆼ례ᄒᆞ다 [HĂING-RYEI-HĂ-TA] (行禮, (faire, civilité)) 원84
[불] Prosternation réciproque. Salut que se font les jeunes mariés (c'est l'acte qui, dit-on, exprime le consentement réciproque, et constitue le mariage).
[한] 서로 엎드려 절하기 | 신랑신부가 서로 하는 인사 (상호 동의를 나타내고 결혼식을 이루는 행위라고 한다)

*ᄒᆡᆼ마하다 [HĂING-MA-HĂ-TA] (行馬, (Aller, cheval)) 원84
[불] Savoir un peu le jeu d'échecs.
[한] 체스를 조금 둘 줄 알다

*ᄒᆡᆼ문ᄒᆞ다 [HĂING-MOUN-HĂ-TA] (行文) 원84
[불] Savoir un peu, être un peu instruit des caractères; connaître la manière d'écrire toutes sortes de sujets, lettres, suppliques, placets, narrations, etc.
[한] 조금 알다, 문자에 대해 조금 교육을 받다 | 모든 종류의 주제, 공문, 탄원서, 청원서, 이야기 등을 쓰는 법을 알다

*ᄒᆡᆼ방ᄒᆞ다 [HĂING-PANG-HĂ-TA] (行房) 원84
[불] Devoir conjugal. Coucher ensemble (gens mariés).
[한] 부부간의 성적 의무 | (결혼한 사람들이) 같이 자다

*ᄒᆡᆼ보셕 [HĂING-PO-SYEK,-I] (行步席, (Aller, pas, natte)) 원84
[불] Nattes mises sur la route, devant la porte, pour la réception d'un grand personnage. Natte étendue pour ne pas salir ses bas en marchant.
[한] 중요한 인물을 접대하기 위해 길 위, 문 앞에 놓인 돗자리 | 걸을 때 자신의 양말을 더럽히지 않기 위해 펼쳐진 돗자리

*ᄒᆡᆼ보ᄒᆞ다 [HĂING-PO-HĂ-TA] (行步) 원84
[불] Marcher, aller à pied.
[한] 걷다, 걸어서 가다

*ᄒᆡᆼ불의 [HĂING-POUL-EUI] (行不義) 원84
[불] Méfait, crime, péché, faute, injustice.
[한] 나쁜 짓, 범죄, 죄악, 잘못, 부당 행위

*ᄒᆡᆼ비 [HĂING-PI] (行費) 원84
[불] Viatique. Dépenses de voyage.
[한] 여비 | 여행 경비

*ᄒᆡᆼ상 [HĂING-SANG,-I] (行喪) 원85
[불] Brancard qui sert à porter le cercueil. ‖ Convoi funèbre.
[한] 관을 나르는 데 쓰이는 들것 | 장례 행렬

1*ᄒᆡᆼ션ᄒᆞ다 [HĂING-SYEN-HĂ-TA] (行船) 원85
[불] Départ d'un navire. Partir, mettre à la voile (navig.)
[한] 배의 출발 | 떠나다, 출항 준비를 하다(항해)

2*ᄒᆡᆼ션ᄒᆞ다 [HĂING-SYEN-HĂ-TA] (行善) 원85
[불] Faire le bien.
[한] 선행을 하다

*ᄒᆡᆼ셰ᄒᆞ다 [HĂING-SYEI-HĂ-TA] (行世, (Aller, ce monde)) 원85
[불] Bonnes œuvres, le bien. ‖ Conduite, tenue. ‖ Etat, profession. ‖ Tenir le rang de noble.
[한] 자선, 선행 | 행실, 태도 | 신분, 직업 | 귀족 지위를 유지하다

*ᄒᆡᆼ슈 [HĂING-SYOU] (行首) 원85
[불] Chef, chef des satellites. V.Syn. 항슈 Hang-syou.
[한] 우두머리, 부하들의 우두머리 | [동의어 항슈, Hang-syou]

*ᄒᆡᆼ습ᄒᆞ다 [HĂING-SEUP-HĂ-TA] (行習) 원85
[불] Pratique, coutume, exercice, usage, habitude, expérience. s'habituer, prendre l'habitude.
[한] 관행, 관습, 행사, 관례, 습관, 경험 | 익숙해지다, 습관이 들다

*ᄒᆡᆼ신ᄒᆞ다 [HĂING-SIN-HĂ-TA] (行身) 원85
[불] Œuvre, action, conduite, tenue.
[한] 활동, 행위, 행실, 태도

*ᄒᆡᆼ실 [HĂING-SIL,-I] (行實) 원85
[불] Conduite, action morale, acte, fait, œuvre.
[한] 행실, 정신적 행동, 행위, 행위, 활동

*힝亽 [HĂING-SĂ] (行事) ㊊85
불 Conduite (morale), urbanité
한 (정신적) 행실, 예의바름

*힝쇡 [HĂING-SĂIK,-I] (行色) ㊊85
불 Démarche, mine, apparence, air, conduite.
한 거동, 용모, 외모, 풍채, 행실

*힝악ᄒᆞ다 [HĂING-AK-HĂ-TA] (行惡, (Faire, méchanceté)) ㊊84
불 Méfaire, mal faire, agir méchamment. Faire le mal c. a. d. piller le peuple (en parlant d'un noble). Abuser en pressurant le peuple.
한 나쁜 짓을 하다, 해를 끼치다, 심술궂게 행동하다 | (귀족에 대해 말할 때) 악행을 하다, 즉 백성을 약탈하다 | 백성을 착취하며 속이다

*힝어亽 [HĂING-E-SĂ] (行語事) ㊊84
불 Action, parole, affaire.
한 행동, 말, 일

*힝역ᄒᆞ다 [HĂING-YEK-HĂ-TA] (行役, (Voyager, l'affaire de)) ㊊84
불 Voyage. Voyager, aller, faire route.
한 여행 | 여행하다, 가다, 길을 가다

*힝위 [HĂING-OUI] (行爲) ㊊84
불 Œuvre, action.
한 활동, 행위

*힝음ᄒᆞ다 [HĂING-EUM-HĂ-TA] (行婬) ㊊84
불 Forniquer, se livrer à l'impureté.
한 간음죄를 범하다, 부도덕에 빠지다

*힝의 [HĂING-EUI] (行衣) ㊊84
불 Habit de bachelier.
한 바칼로레아 합격자의 옷

*힝의ᄒᆞ다 [HĂING-EUI-HĂ-TA] (行醫) ㊊84
불 Médecin. exercer la médecine.
한 의사 | 의업에 종사하다

1*힝인 [HĂING-IN,-I] (行人) ㊊84
불 Voyageur, passant.
한 여행자, 지나가는 사람

2*힝인 [HĂING-IN,-I] (杏仁) ㊊84
불 Noyau d'abricot.
한 살구씨

*힝장 [HĂING-TJYANG,-I] (行裝, (Voyage, paquets)) ㊊85
불 Préparation de tout ce qui est nécessaire pour le voyage. Préparatifs de voyage.
한 여행에 필요한 모든 것을 준비함 | 여행의 채비

*힝젹 [HĂING-TJYEK,-I] (行蹟) ㊊85
불 Action.
한 행위

*힝젼 [HĂING-TJYEN,-I] (行纏) ㊊85
불 Esp. de guêtres en toile, qui s'attachent au-dessous du genou sur le pantalon, et vont jusqu'à la cheville du pied.
한 바지 위 무릎 아래에 매고 발목까지 오는, 천으로 된 각반의 종류

*힝젼ᄒᆞ다 [HĂING-TJYEN-HĂ-TA] (行錢, (Envoyer, argent)) ㊊85
불 Payer la partie perdue (au jeu). ‖ Mettre de nouvelles sapèques en circulation).
한 (게임에서) 진 경기에 대한 돈을 내다 | 새 엽전을 유통시키다

힝쥬 [HĂING-TJYOU] ㊊85
불 Torchon, bouchon de vaisselle.
한 행주, 식기류를 닦는 짚 수세미

*힝즁 [HĂING-TJYOUNG,-I] (行中, (Voyage, milieu [dans])) ㊊85
불 Pour la route, en route, en voyage.
한 길에서, 여정 중에, 여행 중에

*힝지 [HĂING-TJI] (行止) ㊊85
불 Mine, apparence, acte, action, conduite.
한 용모, 외모, 행위, 행동, 품행

1힝ᄌᆞ [HĂING-TJĂ] ㊊85
불 Esclave femelle qui va à l'enterrement pour préparer les mets.
한 음식을 준비하러 장례식에 가는 여자 노예

2힝ᄌᆞ [HĂING-TJĂ] ㊊85
불 Bouchon de vaisselle, torchon.
한 식기류의 짚수세미, 행주

힝ᄌᆞ치마 [HĂING-TJĂ-TCHI-MA] ㊊85
불 Tablier de cuisine.
한 부엌용 앞치마

*힝찬 [HĂING-TCHAN,-I] (行饌) ㊊85
불 Vivres pour la route. Provisions destinées à être mangées avec le riz des auberges.
한 여정을 위한 식량 | 여인숙의 밥과 함께 먹기로 되어 있는 식량

*힝창ᄒᆞ다 [HĂING-TCHANG-HĂ-TA] (行娼) ㊊85
불 Se prostituer. forniquer. Se dit d'une (femme).

[한] 몸을 팔다 | 간음죄를 범하다 | (여성)에 대해 쓴다

*힝초 [HĂING-TCHO] (行草) [원]85

[불] Tabac pour le voyage.

[한] 여행용 담배

*힝ᄎᆞ칼 [HĂING-TCHĂ-HKAL,-I] (行次枷) [원]85

[불] Petite cangue de prisonnier pour la route.

[한] 길을 가기 위해 죄수에게 씌우는 작은 칼

*힝ᄎᆞ하다 [HĂING-TCHĂ-HĂ-TA] (行次) [원]85

[불] Voyage. Faire un voyage. (Honorif.).

[한] 여행 | 여행하다 | (경칭)

힝혀 [HĂING-HYE] (倖) [원]84

[불] Heureusement, par bonheur.

[한] 다행히도, 다행히

*힝형ᄒᆞ다 [HĂING-HYENG-HĂ-TA] (行刑, (Faire, supplice)) [원]84

[불] Mettre à mort, exécuter un criminel.

[한] 사형에 처하다, 죄인의 사형을 집행하다

*힝호령ᄒᆞ다 [HĂING-HO-RYENG-HĂ-TA] (行號令, (Faire, ordre)) [원]84

[불] Grand cri d'un noble, menace d'un noble pour affrayer le peuple. Crier, parler haut, d'un ton impérieux et menaçant.

[한] 귀족의 큰 고함 소리, 백성을 겁주기 위한 귀족의 협박 | 외치다, 큰 소리로, 강압적이고 위협적인 어조로 말하다

*힝ᄒᆞ [HĂING-HA] (行下) [원]84

[불] Don, pourboire que donne un noble. Argent donné en récompense à une chanteuse, à une danseuse.

[한] 귀족이 주는 증여품, 팁 | 여자 가수, 여자 무용수에게 대가로 주는 돈

*힝ᄒᆞ다 [HĂING-HĂ-TA] (行) [원]84

[불] Agir, faire, exécuter, accomplir. || Voyager.

[한] 행동하다, 하다, 실행하다, 수행하다 | 여행하다

ㅏ [A] [원]1

[불] Première lettre de l'alphabet. Voyelle qui répond à l'a du français.

[한] 자모의 첫 번째 글자 | 프랑스어의 a에 해당하는 모음

ㅑ [YA] [원]11

[불] Deuxième lettre de l'alphabet, voyelle qui répond à ia prononcé d'une seule émission de voix.

[한] 자모의 두 번째 글자, 단 한 번의 발성으로 발음되는 ia에 해당하는 모음

ㅓ [E] [원]17

[불] Quatrième lettre de l'alphabet. Voyelle qui répond à e muet, ou à eu, ou à o bref.

[한] 자모의 네 번째 글자 | 무성음 e나 eu 또는 단모음 o에 해당하는 모음

ㅕ [Ye] [원]25

[불] Cinquième lettre de l'alphabet, voyelle qui correspond à ieu, ou io bref.

[한] 자모의 다섯 번째 글자, ieu 또는 단모음 io에 해당하는 모음

ㅗ [O] [원]47

[불] Huitième lettre de l'alphabet, voyelle qui répond à o.

[한] 자모의 여덟 번째 글자, o에 해당하는 모음

ㅛ [YO] [원]59

[불] Neuvième lettre de l'alphabet, voyelle qui répond à io.

[한] 자모의 아홉 번째 글자, io에 해당하는 모음

ㅜ [OU] [원]61

[불] Dixième lettre de l'alphabet, voyelle qui répond à ou.

[한] 자모의 열 번째 글자, ou에 해당하는 모음

ㅠ [YOU] [원]70

[불] Onzième lettre de l'alphabet, voyelle répondant à iou.

[한] 자모의 열한 번째 글자, iou에 해당하는 모음

ㅡ [EU] [원]31

[불] Sixième lettre de l'alphabet, voyelle qui correspond à eu ou à e muet et quelquefois à u.

[한] 자모의 여섯 번째 글자, eu 또는 무음 e와 때때로 u에 해당하는 모음

ㅣ [I] [원]37

[불] Septième lettre de l'alphabet, voyelle qui répond à i.

[한] 자모의 일곱 번째 글자, i에 해당하는 모음

ㅣ [I] [원]37

[불] Terminaison du nominatif.

[한] 주격 어미

ㆍ [Ă] [원]15

[불] Troisième lettre de l'alphabet. Voyelle qui correspond à l'a bref.

[한] 한글 자모의 세 번째 글자 | 단모음 a에 해당하는 모음

『현대 한국어로 보는 한불자전』이 출판되기까지 애써주신 모든 분들께 감사의 마음을 전합니다. 아울러 소명출판의 박성모 대표님과 사전의 교정 작업을 꼼꼼하게 보아주신 편집부 여러분께도 깊은 감사의 말씀을 드립니다.

사전의 입력에서 교정까지 수고해주신 분

권현정, 김수련, 김시은, 김영은, 김유경, 김정호, 김현희, 남 웅, 노문희, 민경진, 민경혜, 박우철, 박은진, 박정선, 박지혜, 박찬솔, 변선경, 서현주, 설승환, 손현정, 신상필, 심순정, 안진영, 우혜수, 이동희, 이선영, 이주은, 임나래, 임지선, 정민정, 정수현, 정우진, 정휘웅, 조은아, 차유나, 최나현, 최민서, 최성기, 황수현, 황은지